# ビジネス・技術・産業の賞事典

日外アソシエーツ

# A Reference Guide
## to
## Awards and Prizes
## of
## Business, Technology and Industry

Compiled by

Nichigai Associates, Inc.

©2011 by Nichigai Associates, Inc.

Printed in Japan

本書はディジタルデータでご利用いただくことができます。詳細はお問い合わせください。

●編集担当● 木村 月子
装 丁：浅海 亜矢子

# 刊行にあたって

　本書は、日本の経済・産業分野の主要な賞の概要と創設以来の受賞情報を集めた「賞の事典」である。

　日本経済の発展は、経済・社会情勢に応じた新事業の開拓や技術開発によって支えられてきた。そして、独創的な経営や研究・技術開発、それらに携わった人物や企業・団体を顕彰する賞が、経済・産業の各分野で設けられ、新しい研究成果の発掘・普及が図られている。本書はその中でも著名な109賞を、「経済・経営」、「科学・技術」、「農林水産業」、「製造業」、「通信・サービス」の分野別に収録した。各賞ごとに、趣旨・主催者・選考基準などの概要と、創設以来の歴代の受賞記録を掲載し、その分野の研究開発の潮流をたどることができる。また、受賞者名索引では、特定の人物・団体の受賞歴を通覧することも可能である。

　小社では、賞の概要や受賞者を調べるための「賞の事典」シリーズを刊行している。「文学賞事典」「音楽・芸能賞事典」「美術・デザイン賞事典」「科学賞事典」「文化賞事典」の5分野について、数年ごとに最新情報を調査・追補収録した新版を編集・刊行している。本書と併せてご利用いただければ幸いである。

　2011年4月

日外アソシエーツ

# 凡　例

1．本書の内容

　　本書は国内の経済・産業分野の経営・研究・技術開発に関する109賞の受賞情報を収録した事典である。

2．収録範囲

　　経済・産業分野の経営・研究・技術開発に関する賞を2011年4月現在で収録した。

3．賞名見出し

　1) 賞名の表記は原則正式名称を採用した。
　2) 改称や他の呼称がある場合は目次に個別の賞名見出しを立て、参照を付した。

4．賞の分類と賞名見出しの排列

　　「経済・経営」「科学・技術」「農林水産業」「製造業」「通信・サービス」の5分野に分類し、それぞれの見出しの下では賞名の五十音順に排列した。その際、濁音・半濁音は清音とみなし、ヂ→シ、ヅ→スとした。促音・拗音は直音とみなし、長音（音引き）は無視した。「日本」の読みは「ニホン」に統一した。

5．記載内容

　1) 概　要

　　　賞の概要を示すために、賞の由来・趣旨／主催者／選考委員／選考方法／選考基準／締切・発表／賞・賞金／公式ホームページURLを記載した。

　2) 受賞者・受賞理由

　　　創設以来の歴代受賞者・受賞理由を受賞年ごとにまとめ、部門・席

次／受賞者（受賞時の所属・肩書等）／受賞理由の順に記載した。

6．受賞者名索引

1) 受賞者名から本文での記載頁を引けるようにした。
2) 排列は人名の場合、姓の読みの五十音順、同一姓のもとでは名の読みの五十音順とした。なお、濁音・半濁音は清音とみなし、ヂ→シ、ヅ→スとした。促音・拗音は直音とみなし、長音（音引き）は無視した。

# 目　　次

## 経済・経営

- *001* 医療経済賞 …………………………………… 3
- *002* エコノミスト賞 ……………………………… 4
- *003* 企業広報賞 …………………………………… 6
- *004* グッドカンパニー大賞 ……………………… 9
- *005* 経営者賞 ……………………………………… 25
- *006* 経済界大賞 …………………………………… 28
- *007* 財界賞 ………………………………………… 29
- 　　　渋沢栄一社会貢献賞　→*008* 渋沢栄一賞
- *008* 渋沢栄一賞 …………………………………… 31
- *009* 女性起業家大賞 ……………………………… 32
- *010* 高橋亀吉記念賞 ……………………………… 37
- 　　　高橋亀吉賞　→*010* 高橋亀吉記念賞
- *011* 中小企業研究奨励賞 ………………………… 39
- 　　　中小企業研究センター賞　→*004* グッドカンパニー大賞
- 　　　東洋経済高橋亀吉賞　→*010* 高橋亀吉記念賞
- *012* 日本イノベーター大賞 ……………………… 44
- *013* 日本経営工学会特別賞 ……………………… 45
- *014* 毎日経済人賞 ………………………………… 46

## 科学・技術

- *015* 明日への環境賞 ……………………………… 49
- *016* 市村学術賞 …………………………………… 51
- *017* 市村産業賞 …………………………………… 65
- *018* 井上春成賞 …………………………………… 73
- *019* 岩谷直治記念賞 ……………………………… 77
- *020* エネルギー・資源学会技術賞 ……………… 79
- 　　　大河内記念賞　→*021* 大河内賞
- *021* 大河内賞 ……………………………………… 81
- *022* 環境技術賞 …………………………………… 104
- *023* 環境賞 ………………………………………… 106

(6)

## 目　次

- *024* 環境デザイン賞 ……………………………………………………… 112
- *025* 機械振興協会賞 ……………………………………………………… 113
    - 近畿化学協会環境技術賞　→*022* 環境技術賞
    - 建設技術開発賞　→*026* 国土技術開発賞
- *026* 国土技術開発賞 ……………………………………………………… 120
- *027* 材料科学技術振興財団山﨑貞一賞 ………………………………… 127
- *028* 新機械振興賞 ………………………………………………………… 130
    - 地球環境技術賞　→*034* 日経地球環境技術賞
- *029* 中堅・中小企業新機械開発賞 ……………………………………… 131
- *030* 中小企業優秀新技術・新製品賞 …………………………………… 137
- *031* 東レ科学技術賞 ……………………………………………………… 150
- *032* 独創性を拓く先端技術大賞 ………………………………………… 154
- *033* ナイス ステップな研究者 …………………………………………… 163
    - 日刊工業新聞社日本産業技術大賞　→*036* 日本産業技術大賞
- *034* 日経地球環境技術賞 ………………………………………………… 166
- *035* 日経BP技術賞 ………………………………………………………… 169
- *036* 日本産業技術大賞 …………………………………………………… 183
    - 日本騒音制御工学会環境デザイン賞　→*024* 環境デザイン賞
- *037* 日本バイオベンチャー大賞 ………………………………………… 186
- *038* 日本ロボット学会賞 ………………………………………………… 187
- *039* パピルス賞 …………………………………………………………… 196
- *040* 光産業技術振興協会 櫻井健二郎氏記念賞 ………………………… 197
- *041* 堀場雅夫賞 …………………………………………………………… 201

## 農林水産業

- *042* 漁業経済学会賞 ……………………………………………………… 203
- *043* 漁船協会賞 …………………………………………………………… 204
    - 斉藤賞　→*045* 日本草地学会賞
    - 白沢賞　→*048* 日本森林学会賞
- *044* 森林技術賞 …………………………………………………………… 205
    - 鈴木賞　→*046* 日本農学賞
- *045* 日本草地学会賞 ……………………………………………………… 210
- *046* 日本農学賞 …………………………………………………………… 214
- *047* 日本農業研究所賞 …………………………………………………… 226
- *048* 日本森林学会賞 ……………………………………………………… 228
    - 日本林学会賞　→*048* 日本森林学会賞
    - 日本林学会賞林学賞　→*048* 日本森林学会賞
    - 日本林業技術協会林業技術賞　→*044* 森林技術賞

(7)

農学賞　→046 日本農学賞
049　農業機械学会賞……………………………………236
　　　農芸化学賞　→046 日本農学賞
050　農村計画学会ベストペーパー賞………………241
　　　富民協会賞　→046 日本農学賞
　　　林学賞　→048 日本森林学会賞
　　　林業技術賞　→044 森林技術賞
051　林木育種賞………………………………………242

## 製造業

052　アイリス生活用品デザインコンクール…………247
　　　浅原賞　→068 自動車技術会賞
053　アジアデジタルアート大賞……………………249
054　伊丹国際クラフト展……………………………255
055　市川賞……………………………………………258
056　エコ&アート アワード………………………259
057　エコ・プロダクツデザインコンペ………………260
058　エネルギー・資源学会 茅奨励賞………………262
059　エネルギー・資源学会論文賞…………………264
060　エネルギーフォーラム賞………………………265
　　　カー・オブ・ザ・イヤー　→077 日本カー・オブ・ザ・イヤー
061　環境・設備デザイン賞…………………………267
062　機械工業デザイン賞……………………………270
063　キッズデザイン賞………………………………280
064　グッドデザイン賞………………………………287
　　　グッド・デザイン商品及び施設選定制度　→064 グッドデザイン賞
　　　暮らしを創るクラフト展　→078 日本クラフト展
065　KOKUYO DESIGN AWARD…………………324
　　　斎藤賞　→068 自動車技術会賞
066　JIA環境建築賞…………………………………325
067　JWDA WEBデザインアワード………………329
　　　次世代高品質テレビジョン技術賞　→087 ハイビジョン・次世代テレビ技術賞
068　自動車技術会賞…………………………………330
069　JAGDA賞………………………………………349
070　ジャパン・テキスタイル・コンテスト………350
071　十大新製品賞……………………………………353
072　素形材産業技術賞………………………………365
073　デジタルクリエイターズコンペティション…372

(8)

目　次

*074*　東京クリエイション大賞 …………………………………………………… 374
*075*　土木学会景観・デザイン委員会デザイン賞 ………………………………… 376
　　　土木学会デザイン賞　→*075* 土木学会景観・デザイン委員会デザイン賞
　　　中川賞　→*068* 自動車技術会賞
　　　日刊工業新聞社十大新製品賞　→*071* 十大新製品賞
*076*　日本エネルギー学会賞 ………………………………………………………… 385
*077*　日本カー・オブ・ザ・イヤー ………………………………………………… 393
*078*　日本クラフト展 ………………………………………………………………… 401
*079*　日本クリエイション大賞 ……………………………………………………… 406
*080*　日本建築学会賞 ………………………………………………………………… 407
*081*　日本建築学会大賞 ……………………………………………………………… 431
*082*　日本塗装技術協会賞 …………………………………………………………… 434
　　　日本ニュークラフト展　→*078* 日本クラフト展
*083*　日本パッケージデザイン大賞 ………………………………………………… 439
　　　日本発明振興協会発明大賞　→*088* 発明大賞
*084*　日本品質管理賞 ………………………………………………………………… 442
*085*　日本品質奨励賞 ………………………………………………………………… 443
　　　日本木材加工技術協会市川賞　→*055* 市川賞
　　　燃料協会賞　→*076* 日本エネルギー学会賞
*086*　ハイビジョン・アウォード …………………………………………………… 444
　　　ハイビジョン技術賞　→*087* ハイビジョン・次世代テレビ技術賞
*087*　ハイビジョン・次世代テレビ技術賞 ………………………………………… 449
*088*　発明大賞 ………………………………………………………………………… 450
*089*　光・量子エレクトロニクス業績賞 …………………………………………… 457
　　　毎日産業デザイン賞　→*090* 毎日デザイン賞
*090*　毎日デザイン賞 ………………………………………………………………… 458
　　　増田賞　→*071* 十大新製品賞
*091*　メディア・ユニバーサルデザインコンペティション ……………………… 461
*092*　ロボット大賞 …………………………………………………………………… 463

## 通信・サービス

*093*　朝日社会福祉賞 ………………………………………………………………… 466
*094*　映像技術賞 ……………………………………………………………………… 469
　　　映像情報メディア学会技術振興賞　→*097* 技術振興賞
*095*　映像情報メディア学会船井賞 ………………………………………………… 473
　　　AVA映像ソフト大賞　→*101* デジタルコンテンツグランプリ
　　　小倉・佐伯賞　→*105* 日本映画テレビ技術協会個人賞
*096*　技術開発賞 ……………………………………………………………………… 475

(9)

目　次

- *097* 技術振興賞 …………………………………………………………………… 484
- *098* C&C賞 ………………………………………………………………………… 495
   - 柴田賞　→*105* 日本映画テレビ技術協会個人賞
- *099* 新聞協会賞 …………………………………………………………………… 498
   - 鈴木賞　→*105* 日本映画テレビ技術協会個人賞
- *100* ソフトウェア・プロダクト・オブ・ザ・イヤー …………………………… 509
- *101* デジタルコンテンツグランプリ …………………………………………… 513
   - テレビジョン技術振興賞　→*097* 技術振興賞
- *102* 電気通信協会賞 ……………………………………………………………… 527
   - 日経インターネットアワード　→*103* 日経地域情報化大賞
- *103* 日経地域情報化大賞 ………………………………………………………… 540
- *104* 日本映画技術賞 ……………………………………………………………… 544
- *105* 日本映画テレビ技術協会個人賞 …………………………………………… 552
   - 日本映画テレビ技術協会賞　→*096* 技術開発賞
   - 日本産業映画コンクール　→*106* 日本産業映画・ビデオコンクール
- *106* 日本産業映画・ビデオコンクール ………………………………………… 558
- *107* 日本テレビ技術賞 …………………………………………………………… 565
   - 日本テレフィルム技術賞　→*107* 日本テレビ技術賞
- *108* 日本放送文化大賞 …………………………………………………………… 575
   - 春木賞　→*105* 日本映画テレビ技術協会個人賞
- *109* ふるさとイベント大賞 ……………………………………………………… 576
   - 放送文化大賞　→*108* 日本放送文化大賞
   - 増谷賞　→*105* 日本映画テレビ技術協会個人賞
   - マルチメディアグランプリ　→*101* デジタルコンテンツグランプリ

**受賞者名索引** ………………………………………………………………… 581

# ビジネス・技術・産業の賞事典

# 経済・経営

## 001 医療経済賞

医療と経済の調和を図り、社会保障のあるべき姿を模索し、医療政策などに反映させることにより、わが国の社会保障、とりわけ医療保障の充実に期することが、医療経済フォーラム・ジャパンの目的とするところである。そのため、医療に関する経済学的調査研究に対して論文を募り、医療経済学の深耕を行うものである。平成16年創設。

**【主催者】** 医療経済フォーラム・ジャパン

**【選考委員】** (第5回)加藤寛(千葉商科大学名誉学長・医療経済フォーラム・ジャパン会長)、川原丈貴(医療経済フォーラム・ジャパン専務理事・事務局長)、田中滋(慶應義塾大学大学院経営管理研究科教授)、西村周三(京都大学大学院経済研究科教授)、水野肇(医事評論家・医療経済フォーラム・ジャパン副会長)、宮島洋(早稲田大学法学部教授)、渡辺俊介(日本経済新聞社論説委員会論説委員)

**【選考方法】** 公募

**【選考基準】** (1)原稿字数：20,000字以上(図表を含む)。(2)抄録(1,000字程度)及び目次を付すこと。(3)他の論文等を引用した場合、必ず出典を付すこと。(4)原稿は未発表論文、もしくは既発表論文については平成18年4月1日以降に発表されたものに限る。(5)原則として単著とする。(6)応募様式として、氏名・住所(郵便番号、電話番号、FAX番号を含む)・所属・略歴を記載した書面を添付すること。(7)既発表論文については、発表先を応募書面に記載するとともに、掲載紙を事務局に送付すること。(8)原稿とともに、応募様式・本文・図表・抄録・目次を入力したFDまたはCDを事務局に添付すること。(9)原稿及びフロッピーディスクは返却しない。

**【締切・発表】** 既発表論文：平成19年7月末日(必着)、未発表論文：平成19年9月末日(必着)

**【賞・賞金】** 賞金100万円(1作)。受賞者は医療経済フォーラム・ジャパンの正会員の資格を得る。受賞論文については著名誌等に掲載する

**【URL】** http://www.healtheconomics.gr.jp/

第1回(平16年)　柿原宏明(医師、立命館大学経済学部教授)　「生活習慣病の医療経済」

第2回(平17年)　中村洋(慶應義塾大学大学院経営管理研究科教授)　"診療報酬点数設定の透明化・適正化と医療機関の経営・オペレーション効率化に向けた長期的な診療報酬制度改革への一考察―「政策的割増分」の別建ておよび「出口」の明確化とヤードスティック競争原理の適用」"

第3回(平18年)　河口洋行(国際医療福祉大学大学院兼医療福祉学部准教授)　"我が国病院市場の競争形態と病床規制政策に関する研究―我が国の病院市場における競争促進は「価格低下と品質向上」をもたらすか」"

第4回(平19年)　該当作なし

## 002　エコノミスト賞

　日本経済および日本経済と世界経済との関連について実証的,理論的分析に優れた業績を上げた著書あるいは論文を称えるため、昭和35年に創設された。
【主催者】毎日新聞社エコノミスト編集部
【選考委員】委員長：石弘光（放送大学学長）,委員：伊藤邦雄（一橋大学教授）,小川一夫（大阪大学教授）,奥野正寛（東京大学教授）,吉野直行（慶応義塾大学教授）
【選考方法】アンケートによる選考後審査
【選考基準】〔対象〕11月～翌年10月までに発表された著書・論文
【締切・発表】発表は毎年「エコノミスト」4月第1週号
【賞・賞金】記念品と賞金
【URL】http://mainichi.jp/enta/book/economist/index.html

第1回（昭35年度）　並木 正吉　「農村は変わる」（岩波書店）「農村における農村人口の補充傾向」（経済研究 第11巻第4号）
第2回（昭36年度）　宮沢 健一　「資本集中と二重構造」（「資本蓄積と金融構造」東洋経済新報社）
第3回（昭37年度）　宮崎 義一　「過当競争の論理と現実」（エコノミスト1962年秋季別冊）
第4回（昭38年度）　該当者なし
第5回（昭39年度）　梅村 又次　「戦後日本の労働力」（一橋大学経済研究叢書 岩波書店）
第6回（昭40年度）　藤野 正三郎　「日本の景気循環」（経済学全集 勁草書房）
第7回（昭41年度）　該当者なし
第8回（昭42年度）　該当者なし
第9回（昭43年度）　該当者なし
第10回（昭44年度）
　中村 静治　「戦後日本経済と技術発展」（日本評論社）
　今井 賢一　「産業組織からみたエネルギー産業」（「日本の産業組織」岩波書店）
　降矢 憲一、中村 厚史、鈴木 孝雄　「賃金変動要因の研究」（経済企画庁経済研究所研究シリーズ）
第11回（昭45年度）　志村 嘉一　「日本資本市場分析」（東京大学出版会）
第12回（昭46年度）　中村 隆英　「戦前期日本経済成長の分析」（岩波書店）
　◇特別賞　後藤 新一　「日本の金融統計」（東洋経済新報社）

第13回（昭47年度）
　藤田 晴　「日本財政論」（勁草書房）
　高須賀 義博　「現代日本の物価問題」（新評論）
　並木 信義　「国際経済時代の日本」（毎日新聞社）
第14回（昭48年度）　該当者なし
第15回（昭49年度）
　辻村 江太郎、黒田 昌裕　「日本経済の一般均衡分析」（筑摩書房）
　鈴木 淑夫　「現代日本金融論」（東洋経済新報社）
第16回（昭50年度）　山崎 広明　「日本化繊産業発達史論」（東京大学出版会）
第17回（昭51年度）
　石弘光　「財政構造の安定効果」（勁草書房）
　井原 哲夫　「個人貯蓄の決定理論」（東洋経済新報社）
第18回（昭52年度）
　小池 和男　「職場の労働組合と参加」（東洋経済新報社）
　岩田 規久男　「土地と住宅の経済学」（日本経済新聞社）
第19回（昭53年度）　新保 博　「近世の物価と経済発展」（東洋経済新報社）
第20回（昭54年度）
　今村 奈良臣　「補助金と農業・農村」（家の光協会）
　野口 悠紀雄　「予算編成における公共的意思決定過程の研究」（経済企画庁経済研究所研究シリーズ第33号）
第21回（昭55年度）　岩田 一政　「金融政策と

銀行行動」(東洋経済新報社)
第22回(昭56年度) 小野 旭 「日本の労働市場」(東洋経済新報社)
第23回(昭57年度) 寺西 重郎 「日本の経済発展と金融」(岩波書店)
第24回(昭58年度) 蝋山 昌一 「日本の金融システム」(東洋経済新報社)
第25回(昭59年度)
　橋本 寿朗 「大恐慌期の日本資本主義」(東京大学出版会)
　米沢 康博, 丸 淳子 「日本の株式市場」(東洋経済新報社)
第26回(昭60年度) 古川 顕 「現代日本の金融分析」(東洋経済新報社)
第27回(昭61年度) 宮島 洋 「租税論の展開と日本の税制」(日本評論社)
第28回(昭62年度) 竹中 平蔵, 小川 一夫 「対外不均衡のマクロ分析」(東洋経済新報社)
第29回(昭63年度) 森口 親司 「日本経済論」
◇特別賞 朝鮮銀行史研究会 「朝鮮銀行史」
第30回(平1年度) 該当者なし
第31回(平2年度) 伊藤 正直(名古屋大学助教授)「日本の対外金融と金融政策」(名古屋大学出版会)
第32回(平3年度)
　大野 健一(筑波大学助教授)「国際通貨体制と経済安定」(東洋経済新報社)
　中尾 茂夫(大阪市立大学助教授)「ジャパンマネーの内幕」(岩波書店)
第33回(平4年度) 吉川 洋(東京大学経済学部教授)「日本経済とマクロ経済学」(東洋経済新報社)
第34回(平5年度) 関 満博(東京情報大学助教授)「フルセット型産業構造を超えて」(中央公論社)
第35回(平6年度) 鹿野 嘉昭 「日本の銀行と金融組織」(東洋経済新報社)
第36回(平7年度) 伊藤 修(神奈川大学経済学部教授)「日本型金融の歴史的構造」(東京大学出版会)
第37回(平8年度) 西村 清彦(東京大学大学院教授)「『価格革命』のマクロ経済学—流通構造変革の実証分析」(日本経済新聞社)
第38回(平9年度) 該当者なし
第39回(平10年度)
　橘木 俊詔(京都大学経済研究所教授)「日本の経済格差」(岩波新書)
　神野 直彦(東京大学大学院教授)「システム改革の政治経済学」(岩波書店)
第40回(平11年度)
　広井 良典(千葉大学法経学部助教授)「日本の社会保障」(岩波新書)
　沼上 幹(一橋大学商学部助教授)「液晶ディスプレイの技術革新史—行為連鎖システムとしての技術」(白桃新書)
第41回(平12年度) 該当者なし
第42回(平13年度)
　樋口 美雄(慶応義塾大学商学部教授)「雇用と失業の経済学」(日本経済新聞社)
　ロナルド・ドーア(ロンドン大学経済パフォーマンス研究所特別研究員)「日本型資本主義と市場主義の衝突」(東洋経済新報社)
第43回(平14年度) 該当者なし
第44回(平15年度) 該当作なし
第45回(平16年度)
　三品 和広(神戸大学大学院経営学研究科教授)「戦略不全の論理—慢性的な低収益の病からどう抜け出すか」(東洋経済新報社)
　玄田 有史(東京大学社会科学研究所助教授)「ジョブ・クリエイション」(日本経済新聞社)
第46回(平17年度)
　貞広 彰(早稲田大学政治経済学部教授)「戦後日本のマクロ経済分析」(東洋経済新報社)
　大竹 文雄(大阪大学社会経済研究所教授)「日本の不平等」(日本経済新聞社)
第47回(平18年度) 該当者なし
第48回(平19年度)
　齊藤 誠 「資産価格とマクロ経済」(日本経済新聞出版社)
　赤井 伸郎 「行政組織とガバナンスの経済学」(有斐閣)
第49回(平20年度) 髙木 朋代 「高年齢者雇用のマネジメント」(日本経済新聞出版社)
第50回(平21年度) 花崎 正晴 「企業金融とコーポレート・ガバナンス—情報と制度からのアプローチ」(東京大学出版会)

## 003　企業広報賞

広く広報活動の活性化を図ることを目的に、昭和59年に創設された。前年4月から当該年3月の間に、総合的な企業広報活動に、優れた業績を挙げた企業及び個人に贈られる。

【主催者】（財）経済広報センター
【選考委員】委員長：伊藤邦雄（一橋大学大学院商学研究科教授・商学博士）、井口哲也（日本経済新聞社経済金融部長）、池内清（朝日新聞東京本社経済エディター）、逸見義行（毎日新聞東京本社経済部長）、小室淑恵（ワーク・ライフバランス代表取締役社長）、高岡美佳（立教大学経営学部教授・経済学博士）、田中久夫（ダイヤモンド社「週刊ダイヤモンド」編集長）、寺山正一（日経BP社「日経ビジネス」編集長）、丸山淳一（読売新聞東京本社経済部長）
【選考方法】広報専門家、経済・経営評論家、経済・経営学者、ジャーナリスト、および当センター会員企業に対し各賞候補者の推薦を依頼、候補企業・個人から提出された詳細資料をもとに選考委員会にて審査、決定
【選考基準】〔対象〕企業広報大賞：社会から求められているものを見極め、それを経営に反映させるとともに、ステークホルダーに対し企業活動の的確な情報を発信・伝達し、社会に貢献している企業。企業広報経営者賞：経営トップ自らが広報の重要性を認識し、社内外の情報によく耳を傾け、経営環境や経営方針などについて、社会（マスコミ、投資家、消費者など）や従業員に語り、コミュニケーションを積極的に推進している経営者。企業広報功労・奨励賞：広報活動に携わり企業広報の発展に功労の大きかった個人やチーム、あるいは奨励に値する独創的な企業広報を実践している実務者（個人・チーム）
【締切・発表】（第26回）平成22年5月7日締切、9月上旬表彰式
【賞・賞金】企業受賞：表彰状とトロフィー。個人受賞：表彰状とクリスタルトロフィー
【URL】http://www.kkc.or.jp

第1回（昭60年）
◇優秀企業広報賞
● 国内広報部門
　住友銀行
　西武百貨店
　日本アイ・ビー・エム
　日本電気
● 海外広報部門　該当者なし
◇企業広報経営者賞　関本 忠弘（日本電気社長）
◇企業広報功労者賞　小島 正興（丸紅専務取締役）

第2回（昭61年）
◇優秀企業広報賞
● 国内広報部門
　ジョンソン
　日本電信電話
　本田技研工業
● 海外広報部門　吉田工業
◇企業広報経営者賞　山下 俊彦（松下電器産業取締役相談役）

◇企業広報功労者賞
　諸井 虔（秩父セメント社長）
　水野 要（三井物産役員待遇広報室参与）

第3回（昭62年）
◇優秀企業広報賞
● 国内広報部門
　INAX
　資生堂
　第一生命保険相互会社
　三菱重工業
● 海外広報部門　本田技研工業
◇企業広報経営者賞
　伊藤 昌寿（東レ会長）
　立石 一真（立石電機会長）
　盛田 昭夫（ソニー会長）
◇企業広報功労者賞
　小原 鉄五郎（全国信用金庫協会名誉会長）
　鈴木 建（元電気事業連合会理事・広報部長）

第4回（昭63年）
◇優秀企業広報賞
● 国内広報部門

エイボンプロダクツ
オリエント・リース
ヤマト運輸
- 海外広報部門　八百半デパート
◇企業広報経営者賞
　川上 哲郎(住友電気工業社長)
　真藤 恒(日本電信電話社長)
◇企業広報功労者賞
　松岡 紀雄(神奈川大学国際経営研究所教授)
　村井 勉(アサヒビール会長,西日本旅客鉄道会長)

第5回(平1年)
◇優秀企業広報賞
- 国内広報部門
　味の素〈代表・鳥羽薫〉
　トマト銀行〈代表・吉田憲治〉
　日産自動車〈代表・久米豊〉
- 海外広報部門　該当者なし
◇企業広報特別賞
- 企業
　朝日生命保険相互会社〈代表・若原泰之〉
　東陶機器〈代表・古賀義根〉
- 個人
　小林 陽太郎(富士ゼロックス社長)
　土屋 斉(大垣共立銀行会長)
◇企業広報功労者賞　池田 喜作(PR研究会代表)

第6回(平2年)
◇優秀企業広報賞
- 国内広報部門　オムロン
- 海外広報部門
　キッコーマン
　松下電器産業
◇企業広報特別賞
- 企業
　サントリー
　ホテルオークラ
- 個人　福原 義春(資生堂社長)
◇企業広報功労者賞　壱岐 晃才(東京経済大学教授)

第7回(平3年)
◇優秀企業広報賞
　大阪ガス
　クボタ
◇企業広報特別賞
- 企業
　オリエンタルランド
　ヤクルト本社
- 個人　丸田 芳郎(花王会長)
◇企業広報功労者賞　大束 正之(前新日本製鉄秘書部広報室部長代理)

第8回(平4年)
◇優秀企業広報賞
　富士ゼロックス
　東陶機器
◇企業広報特別賞
- 企業　日本生命保険
- 個人　久米 豊(日産自動車会長)
◇企業広報功労者賞
　木村 幸男(静岡銀行総合企画部広報文化室長)
　椿 市造(石川島播磨重工業広報部長代理)

第9回(平5年)
◇優秀企業広報賞
　東レ
　三菱電機
◇企業広報特別賞
- 企業
　朝日印刷
　前川製作所
- 個人　小倉 昌男(ヤマト運輸会長)
◇企業広報功労者賞　野村 寿量(花王社史編纂室長)

第10回(平6年)
◇優秀企業広報賞
　シチズン時計
　ジャスコ
◇企業広報特別賞
- 企業　大井川鉄道
- 個人　中内 功(ダイエー会長兼社長)
◇企業広報功労者賞
　日下部 昌和(デサントエンタープライズ取締役)
　堀 章男(堀章男広報事務所代表)

第11回(平7年)
◇優秀企業広報賞
　城南信用金庫〈代表・真壁実〉
　岩谷産業〈代表・斎藤興二〉
　シャープ〈代表・辻晴雄〉
◇企業広報特別賞
- 企業
　セコム〈代表・飯田亮〉
　プロクター・アンド・ギャンブル・ファー・イースト・インク〈代表・ピーター・エルシング〉
- 個人
　稲盛 和夫(京セラ会長,第二電電会長)
　立石 信雄(オムロン副会長)
◇企業広報功・奨励賞　島田 京子(日産自動車広報部主管・社会文化室長)

## 003 企業広報賞　経済・経営

第12回（平8年）
◇優秀賞
ジャストシステム〈代表・浮川和宣〉
富士通
◇特別賞
● 企業
劇団四季〈代表・浅利慶太〉
ミスミ
● 個人
堀場 雅夫（堀場製作所会長）
宮内 義彦（オリックス社長）
◇功労・奨励賞
雨宮 正一（ホンダ総合建物社長）
福西 七重（リクルート広報室「かもめ」編集長）

第13回（平9年）
◇優秀賞
東芝
アサヒビール
◇特別賞
● 企業
サカタのタネ
三菱広報委員会
● 個人
出井 伸之（ソニー社長）
島 正博（島精機製作所社長）
◇功労・奨励賞
鶴見 靖子（昭和シェル石油環境安全部担当課長）
井坂 博恭（伊藤忠商事広報部長）

第14回（平10年）
◇優秀賞
● 最優秀賞　富士写真フイルム
● 優秀賞
日本アイ・ビー・エム
エムケイ
エーエム・ピーエム・ジャパン
◇優秀経営者賞
鈴木 敏文（イトーヨーカドー社長）
鈴木 修（スズキ社長）
◇功労・奨励賞
吉沢 一成（サントリー生活環境部お客様相談室長）
小野 豊和（松下電器産業国際人事センター東京人事グループ主担当）

第15回（平11年）
◇優秀賞
● 最優秀賞　トヨタ自動車
● 優秀賞
マツダ

ソニー
◇優秀経営者賞
佐藤 安弘（キリンビール社長）
松井 道夫（松井証券社長）
◇功労・奨励賞
渋谷 高允（東レ常務取締役）
山下 健（大成建設広報部長）

第16回（平12年）
◇優秀賞
● 最優秀賞　セブン-イレブン・ジャパン
● 優秀賞　良品計画
◇優秀経営者賞
庄山 悦彦（日立製作所社長）
安居 祥策（帝人社長）
◇功労・奨励賞
神尾 隆（トヨタ自動車常務取締役）
三枝 稔（朝日生命保険相互会社広報部長）
渋谷 房子（津軽鉄道総務課長）

第17回（平13年）
◇優秀賞
ジャパンエナジー
TDK
東海旅客鉄道
ミズノ
◇優秀経営者賞
カルロス・ゴーン（日産自動車社長）
丹羽 宇一郎（伊藤忠商事社長）
◇功労・奨励賞
萬田 和彦（日本電気常務理事・支配人）
三隅 説夫（ジャパン・コンファーム社長）

第18回（平14年）
◇優秀賞
● 最優秀賞　吉野家ディー・アンド・シー
● 優秀賞
東日本旅客鉄道
リコー
◇優秀経営者賞
御手洗 冨士夫（キヤノン社長）
井植 敏（三洋電機会長兼CEO）
◇功労・奨励賞
松本 伸一（キッコーマン理事, 広報・IR部長）
中村 誠（日本ビクター理事, ワールドカップ推進室長）

第19回（平15年）
◇企業広報大賞
アスクル
花王
カゴメ
京王電鉄

◇企業広報経営者賞
　加賀見 俊夫(オリエンタルランド代表取締役社長)
　金川 千尋(信越化学工業代表取締役社長)
◇企業広報功労・奨励賞
　鈴木 奎三郎(資生堂執行役員常務, コーポレートコミュニケーション本部長)
　山中 塁(旭化成理事, 総務センター長兼広報室長)

第20回(平16年度)
◇企業広報大賞　キヤノン
◇企業広報経営者賞
　中村 邦夫(松下電器産業代表取締役社長)
　茂木 友三郎(キッコーマン代表取締役会長CEO)
◇企業広報功労・奨励賞
　泉 博二(神戸製鋼所理事秘書広報部長)
　白鳥 美紀(ヤマト運輸広報部長)

第21回(平17年度)
◇企業広報大賞　シャープ
◇企業広報経営者賞
　永守 重信(日本電産代表取締役社長CEO)
　新浪 剛史(ローソン代表取締役社長兼CEO)
◇企業広報功労・奨励賞
　青木 日照(日本電気広報部エグゼクティブエキスパート)
　新貝 寿行(アフラック(アメリカンファミリー生命保険会社)常務執行役員・広報部長)

第22回(平18年度)
◇企業広報大賞　ダイキン工業
◇企業広報経営者賞
　竹本 正道(日東電工取締役社長CEO兼COO)
　西田 厚聰(東芝代表執行役社長)
　渡辺 美樹(ワタミ代表取締役社長・CEO)
◇企業広報功労・奨励賞
　早川 満久(肥銀用度センター取締役)
　広田 康人(三菱商事総務部長)

第23回(平19年度)
◇企業広報大賞　三井不動産
◇企業広報経営者賞　岡部 弘(デンソー相談役, 前・取締役会長)
◇企業広報功労・奨励賞
　風間 眞一(三菱UFJニコス広報部上席調査役プロデューサー)
　吉川 勝(帝人 帝人グループ常務理事, 広報・IR室長)

第24回(平20年度)
◇企業広報大賞　東芝
◇企業広報経営者賞
　片山 幹雄(シャープ代表取締役社長兼COO)
　西松 遙(日本航空代表取締役社長)
◇企業広報功労・奨励賞
　井上 喜久栄(スタッフサービスオフィス事業本部コーディネート部キャリアアドバイスセンターマネージャー)
　鴇田 穂積(コスモ総合研究所経済調査部CSR・環境グループグループ長)

第25回(平21年度)
◇企業広報大賞　ファーストリテイリング
◇企業広報経営者賞
　樋口 武男(大和ハウス工業代表取締役会長兼CEO)
　福井 威夫(本田技研工業取締役相談役, 前代表取締役社長)
◇企業広報功労・奨励賞
　岩原 雅子(P&Gジャパンエクスターナルリレーションズ マネージャー)
　中井 昌幸(デルフィス取締役副社長, 前トヨタ自動車常務役員)

第26回(平22年度)
◇企業広報大賞　東武鉄道
◇企業広報経営者賞
　鈴木 茂晴(大和証券グループ本社執行役社長)
　長谷川 閑史(武田薬品工業代表取締役社長)
　西尾 進路(JXホールディングス代表取締役会長), 高萩 光紀(JXホールディングス代表取締役社長)
◇企業広報功労・奨励賞
　鍛治舍 巧(パナソニック常務役員)
　坂倉 隆仁(花王コーポレートコミュニケーション部門広報部長)
　桝本 晃章(東京電力顧問)

# 004　グッドカンパニー大賞

昭和42年に設立され, 全国の中小企業の中から優れた成果をあげた企業を顕彰し, 我国中小

## 004 グッドカンパニー大賞

経済・経営

企業の発展に資することを目的とする賞。平成18年度から「社団法人中小企業研究センター賞」を「グッドカンパニー大賞」と改称。

**【主催者】**(社)中小企業研究センター
**【選考方法】**文部科学省、各経済産業局・沖縄総合事務局、商工会議所、中小企業投資育成株式会社からの推薦による
**【選考基準】**〔対象〕表彰企業は、資本金または出資総額3億円以下の法人企業(共同事業体を含む)および個人企業。なお、技術開発奨励賞については、創業あるいは設立後3年以上16年未満の企業とする。但し、株式公開企業および既に全国表彰を受けた企業は除く。全国表彰は全国水準において優れた企業、地区表彰は地区毎に全国表彰に準ずる優れた企業、特別奨励賞は現代社会の緊要な要請に対してとくに貢献度が高く今後も有望と認められる企業、技術開発奨励賞は技術、ソフト、システム等の開発・考案に独創性を発揮し、事業として成果を挙げている企業に、それぞれ贈られる
**【締切・発表】**例年、推薦の締切は6月末、発表は11月末頃、表彰式は翌年1月中旬
**【賞・賞金】**全国表彰:純銀メダル、副賞奨励金各100万円。地区表彰:純銀メダル、副賞奨励金各40万円。特別奨励賞:純銀メダル、副賞奨励金各30万円。技術開発奨励賞:20万円
**【URL】**http://www.chukiken.or.jp/

第1回(昭42年度)
◇全国
　京都セラミック〈代表・稲盛和夫〉(京都市中京区)"電子工業用,その他特殊磁器の製造"
　笹倉機械製作所〈代表・笹倉鉄五郎〉(大阪市西淀川区)"船舶用,陸上用海水淡水化装置,各種熱交換器,油水分離器の製造"
　林製作所〈代表・林茂木〉(東京都大田区)"土木建設機械コンクリート・バイブレーターの製造"
　古野電気〈代表・古野清孝〉(西宮市)"船舶用電子,通信機器の製造"
　武藤工業〈代表・武藤与四郎〉(東京都世田谷区)"製図機,その他精密機器の製造"
第2回(昭43年度)
◇全国
　相川鉄工〈代表・相川繁吉〉(静岡市)"製紙機械の製造"
　オイレス工業〈代表・川崎景民〉(藤沢市)"オイルレス・ベアリング橋梁,高架用支承の製造"
　佐竹製作所〈代表・佐竹利彦〉(東京都千代田区)"精米麦機,乾燥機,同附帯設備の製造"
　杉野クリーナー製作所〈代表・杉野健二〉(魚津市)"管加工機器,空気工具類の製造"
　田葉井製作所〈代表・田葉井五郎〉(大阪市北区)"環境試験器,その他科学機器の製造"

◇北海道地区　土谷特殊農機具製作所〈代表・土谷清〉(帯広市)"酪農用機器の製造"
◇東北地区　本山製作所〈代表・本山軍蔵〉(仙台市)"暖冷房熱管理機器,バルブ,工業機器の製造"
◇関東甲信越静地区
　三輪精機〈代表・西海敏夫〉(与野市)"自動車用・鉄道車両用機器,油圧機器の製造"
　電気音響〈代表・奥義一〉(東京都大田区)"各種応用電子機器の製造"
　奈良機械製作所〈代表・奈良自由造〉(東京都品川区)"粉砕機,乾燥機の製造"
◇東海・北陸地区　兼房刃物工業〈代表・渡辺鈴雄〉(名古屋市熱田区)"機械刃物の製造"
◇近畿地区　ユシロ化学工業〈代表・森本貫一〉(枚方市)"金属工作油剤,繊維油剤の製造"
◇中国地区　熊平製作所〈代表・熊平清一〉(広島市)"金庫,鉄扉,鋼製家具の製造"
◇四国地区　石垣機工〈代表・石垣栄一〉(坂出市)"濾過機の製造"
◇九州地区　唐津鉄工所〈代表・竹尾彦己〉(唐津市)"工作機械の製造"
第3回(昭44年度)
◇全国
　大阪真空機器製作所〈代表・笠岡亥一郎〉(大阪市浪速区)"真空ポンプ,真空バルブ,真空装置の製造"
　共栄工業〈代表・高橋保元〉(東京都大田区)

経済・経営　　　　　　　　　　　　　　　　　　　　　　　　　　　　004　グッドカンパニー大賞

"ファイリング・キャビネット等の製造"
日東工器〈代表・御器谷俊雄〉（東京都大田区）　"空気動工具の製造"
山田ドビー製作所〈代表・山田繁尾〉（名古屋市中川区）　"ドビー機，機械プレスの製造"
レオン自動機〈代表・林虎彦〉（宇都宮市）　"自動製パン機の製造など"
◇北海道地区　光合金製作所〈代表・井上良次〉（小樽市）　"不凍給水栓，ほか各種水道機器の製造"
◇東北地区　原町精器〈代表・古小高三夫〉（原町市）　"旅行用目覚時計の製造"
◇関東甲信越静地区
川研ファインケミカル〈代表・福田昌雄〉（東京都中央区）　"界面活性剤，触媒の製造"
東京オイレスメタル工業〈代表・菊池辰之介〉（大宮市）　"含油合金軸受の製造"
日本アキュムレータ〈代表・杉山一夫〉（清水市）　"油圧用ブラダ型アキュムレータの製造"
◇東海・北陸地区　豊臣工業〈代表・中村一治〉（名古屋市瑞穂区）　"石油ストーブ，コンロ等の製造"
◇近畿地区　赤ちゃん本舗〈代表・小原正司〉（大阪市東区）　"ベビー用品の製造卸"
◇中国地区　第一製砥所〈代表・関家三男〉（東京都港区）　"人造切断砥石，研削砥石の製造"
◇四国地区　ニッポン高度紙工業〈代表・関頼次〉（高知市）　"電解コンデンサー紙の製造"
◇九州地区　岩尾磁器工業〈代表・岩尾新一〉（佐賀県西松浦郡）　"陶磁器の製造"

第4回（昭45年度）
◇全国
クレトイシ〈代表・高橋満〉（呉市）　"人造研削砥石の製造"
西村製作所〈代表・西村久雄〉（京都市南区）　"スリッターの製造"
浜松テレビ〈代表・堀内平八郎〉（浜松市）　"電子管および電子機器の製造"
◇東北地区　天童木工〈代表・加藤徳吉〉（天童市）　"家具・各種木製品の製造"
◇関東甲信越静地区
オリエンタル・エンジニアリング〈代表・大友弥栄〉（東京都荒川区）　"熱処理設備機器，熱処理剤製造，ならびに熱処理加工"
日本開閉器工業〈代表・大橋重雄〉（東京都大田区）　"産業用各種スイッチの製造"

富士ダイス〈代表・新庄鷹雄〉（東京都大田区）　"超硬工具の製造"
◇東海・北陸地区
伊勢電子工業〈代表・中村正〉（伊勢市）　"蛍光文字表示用電子管等の製造"
富士機械製作所〈代表・生田幾也〉（名古屋市中村区）　"自動包装機・食品機械の製造"
◇近畿地区　オークラ輸送機〈代表・大庫典雄〉（加古川市）　"各種荷役・運搬・包装機械の製造"
◇中国地区
不二輸送機工業〈代表・早内利実〉（小野田市）　"各種運搬・荷役機械の製造"
マルニ木工〈代表・山中武夫〉（広島県佐伯郡）　"各種洋家具の製造"
◇四国地区　富士ファニチア〈代表・布川隆美〉（徳島県板野郡）　"木製応接セットの製造"
◇九州地区　東洋バンボード〈代表・嶺川利三〉（佐賀市）　"竹・桜化粧合板の製造"

第5回（昭46年度）
◇全国
内田製作所〈代表・内田鉄衛〉（三条市）　"燃焼器具，ステンレス流台の製造"
三進製作所〈代表・柳下相三郎〉（名古屋市中村区）　"精密濾過機，濾過装置の設計製作"
東海機器工業〈代表・木村日出雄〉（名古屋市西区）　"製畳機および畳自動縫着機械の製造"
三井工作所〈代表・三井孝昭〉（北九州市八幡区）　"金型および工作機械等の製造"
安田工業〈代表・安田信次郎〉（岡山県浅口郡）　"工作機械の製造"
◇北海道地区　北原電牧〈代表・北原鉱介〉（札幌市）　"畜産酪農機材の製造販売"
◇東北地区　松村製作所〈代表・松村英弥〉（天童市）　"ミシン部品，自動車部品，電算機部品等の製造"
◇関東甲信越静地区　山下電気〈代表・山下在〉（東京都品川区）　"電気機械器具およびプラスチック成形品の製造"
◇東海・北陸地区
橋本電機工業〈代表・橋本三郎〉（高浜市）　"合板機械の製造"
津根精機〈代表・津根良〉（富山県）　"金鋸盤，研削盤，油圧ポンプ部品の製造"
◇近畿地区
広瀬鋼材産業〈代表・広瀬勘一郎〉（大阪市

ビジネス・技術・産業の賞事典　11

西区）　"建設資財の賃貸，販売，施工"
　　富士電線工業〈代表・永野忠男〉（柏原市）
　　　"各種電線の製造"
　◇中国地区　因島鉄工業団地（協組）〈代表・田頭正士〉（因島市）　"船舶船体，艤装工事およびその他関連工事"
　◇九州地区　辻産業〈代表・辻一三〉（佐世保市）　"船舶用機械，陸上機械の設計製作"

第6回（昭47年度）
　◇全国
　　カルビー製菓〈代表・松尾孝〉（広島市）
　　　"菓子および加工食品の製造"
　　島精機製作所〈代表・島正博〉（和歌山市）
　　　"手袋編機，横編機等の製造"
　　島崎製作所〈代表・島崎俶男〉（東京都荒川区）　"攪拌機，化学機械の製造"
　　中埜酢店〈代表・中埜又左衛門〉（半田市）
　　　"醸造酢・サワー食品の製造"
　　モリタ製作所〈代表・長谷川俊夫〉（京都市伏見区）　"歯科医療機械の製造"
　◇北海道地区　北海道開発農機〈代表・奈良定美〉（岩見沢市）　"自動溝掘機の製造，暗渠，排水工事の請負施工"
　◇東北地区　エビー〈代表・平野敬二〉（盛岡市）　"ふとん綿，ふとん類の製造"
　◇関東甲信越静地区
　　日本電熱〈代表・有田耕政〉（東京都大田区）
　　　"電熱体ならびにその応用機器等の製造"
　　亀屋工業所〈代表・根本甲子男〉（日立市）
　　　"継電器，家電スイッチ・タイマーの製造"
　◇東海・北陸地区
　　桜井製作所〈代表・桜井美国〉（美濃市）
　　　"凸版ならびにスクリーン印刷機の製造"
　　中村留精密工業〈代表・中村留男〉（石川県石川郡）　"油圧自動タレット旋盤，光学機械の製造"
　◇近畿地区
　　明成化学工業〈代表・貫志久太郎〉（京都市右京区）　"繊維，一般工業薬品の製造"
　　丸善ミシン〈代表・三国義雄〉（守口市）
　　　"家庭用ミシンおよび事務機の製造"
　　マンテン〈代表・横田辰三〉（大阪市南区）
　　　"建築金物，金属建材の製造販売"
　◇中国地区　米子木工〈代表・松篠重允〉（米子市）　"収納家具の製造"
　◇九州地区
　　ニシキゴム〈代表・多川博〉（福岡市東区）
　　　"おむつカバーの製造販売"
　　佐賀鉄工所〈代表・勝谷登介〉（佐賀市）
　　　"各種ボルトの製造"

第7回（昭48年度）
　◇全国
　　亀山蝋燭〈代表・谷川正士〉（亀山市）　"各種ローソクの製造"
　　シャチハタ〈代表・舟橋高次〉（名古屋市西区）　"文具事務用品ならびに印判用品の製造"
　　長府製作所〈代表・川上米男〉（下関市）
　　　"温水ボイラー石油熱機器の製造"
　　東京タツノ〈代表・竜野目吉〉（東京都港区）
　　　"給油機器の製造，給油設備の設計施工"
　　日本科学工業〈代表・加野元〉（吹田市）
　　　"精密電気計測器の製造"
　　ピジョン〈代表・仲田祐一〉（東京都千代田区）　"哺乳器および育児用品の製造販売"
　◇関東甲信越静地区　日本ユニット工業製作所〈代表・新崎福三郎〉（東京都港区）
　　　"産業用各種ブラシ，ローンマットの製造"
　◇東海・北陸地区
　　渋谷工業〈代表・渋谷庚子智〉（金沢市）
　　　"瓶詰プラントおよび搬送機器の製造"
　　竹川鉄工〈代表・竹川重義〉（名古屋市瑞穂区）　"木工機械の製造"
　◇近畿地区
　　三鬼エンジニアリング〈代表・布垣寛一〉（長岡京市）　"精密機器，情報機器，科学機器の製造"
　　ノーリツ鋼機〈代表・西本貫一〉（和歌山市）
　　　"写真処理機器の製造"
　◇中国地区
　　坂本デニム〈代表・坂本恭士〉（広島県深安郡）　"インジゴデニムの糸染，デニムの縫製"
　　ナカシマプロペラ〈代表・中島保〉（岡山市）
　　　"船舶用プロペラの製造"
　◇九州地区
　　長崎県金属工業（協組）〈代表・石田砂一〉（諫早市）　"機械，製缶，鋳造，亜鉛メッキ等金属製品の製造"
　　白山陶器〈代表・松尾勝美〉（長崎県東彼杵郡）　"和洋食器類の製造"

第8回（昭49年度）
　◇全国
　　石田衡器製作所〈代表・石田隆一〉（京都市左京区）　"各種計量器の製造"
　　日本コルコート化学〈代表・野口雪雄〉（東京都大田区）　"帯電防止塗料および特殊塗料製造，合成樹脂製品の製造"
　　松ід鉄工所〈代表・安西武二〉（津市）　"作業用工具，電動配管用機器の製造"

◇東北地区　最北精密〈代表・赤松勇太郎〉（新庄市）　"収納家具，木工品の製造"
◇関東甲信越静地区
　ソマール工業〈代表・曽谷正〉（東京都中央区）　"感光・非感光性フィルム，工業用各種合成樹脂製品の製造"
　太産工業〈代表・千葉博〉（東京都大田区）　"電磁ポンプ，給油機の製造"
◇東海・北陸地区
　シルバー樹脂工業〈代表・渡辺信安〉（富山市）　"家庭用プラスチック成型品の製造"
　飛騨産業〈代表・日下部礼一〉（高山市）　"木製家具の製造"
◇近畿地区
　三田工業〈代表・三田繁雄〉（大阪市東区）　"複写機，感光紙の製造"
　柳本製作所〈代表・柳本茂温〉（京都市伏見区）　"分析機器，環境公害計測機器，理化学機器，医学用機器の製造"
◇中国地区
　興亜耐火工業〈代表・磯田正雄〉（備前市）　"耐火レンガの製造"
　新ダイワ工業〈代表・浅本数正〉（広島市）　"産業用電動工具の製造"
◇四国地方　長野瓦工業〈代表・長野国昌〉（安芸市）　"各種瓦の製造"
◇九州地区
　光洋鋳機〈代表・大滝繁次〉（熊本市）　"ブロックマシン・自動鋳造機の製造"
　峰製作所〈代表・峰嘉六〉（東京都千代田区）　"鉄道保安機器の製作，軌条溶接"
　山崎組〈代表・山崎精一〉（大牟田市）　"築炉工事の請負"

第9回（昭50年度）
◇全国
　アトム化学塗料〈代表・西川桂之助〉（東京都板橋区）　"塗料製造，道路塗装の施工ならびに施工機械の製造"
　大川原製作所〈代表・大川原代治〉（静岡県榛原郡）　"乾燥装置，公害防止装置の製造"
　大成機工〈代表・矢野信吉〉（大阪市北区）　"水道管用特殊継手類の製造"
　武内プレス工業〈代表・武内宗八〉（富山市）　"アルミ等各種容器類の製造"
◇東海・北陸地区
　岡崎マルサン〈代表・佐藤公治〉（岡崎市）　"みその製造"
　山森食品醸造〈代表・三林忠衛〉（桑名市）　"醤油醸造，加工食品の製造"

◇近畿地区
　王子精機工業〈代表・笹山武彦〉（神戸市長田区）　"油圧機器類の製造"
　小浜製綱〈代表・木下也雄〉（小浜市）　"各種繊維ロープの製造"
　関西化学機械製作〈代表・野田泰夫〉（尼崎市）　"化学機械装置の設計・製造"
　藤井電工〈代表・藤井勉〉（兵庫県加東郡）　"安全器具・電気工具の製造"
◇中国地区
　中国機械製作所〈代表・児玉孝逸〉（福山市）　"製材機械・チップ製造機械の製造"
　万国製針〈代表・高橋敏雄〉（広島市）　"手縫針・釣針の製造および線材加工"
　藤原醸機産業〈代表・藤原章夫〉（岡山市）　"醸造機械の製造"
◇九州地区
　有田物産〈代表・松本哲雄〉（佐賀県西松浦郡）　"陶磁器，タイルの製造"
　溝田工業〈代表・井田円之〉（佐賀市）　"水門設備，汚水処理設備および灌漑施設工事"

第10回（昭51年度）
◇全国
　オルガン針〈代表・増島芳美〉（上田市）　"ミシン針，メリヤス針，その他針類の製造"
　タテホ化学工業〈代表・河辺正〉（赤穂市）　"電融マグネシア，酸化マグネシウム等の製造"
　立川ブラインド工業〈代表・立川孟美〉（東京都渋谷区）　"各種ブラインドおよび間仕切の製造"
　保志〈代表・保志潔之〉（会津若松市）　"宗教用具の製造"
　朋来鉄工所〈代表・鈴木啓文〉（東大阪市）　"プラスチック等再生用粉砕機，産業廃棄物処理用破砕機の製造"
◇東海・北陸地区
　岩田食品〈代表・岩田富雄〉（一宮市）　"調理食品の製造"
　敷島チップトン〈代表・小林久峰〉（名古屋市南区）　"バレル研磨機，研磨石の製造"
◇近畿地区
　阪本練染化学〈代表・阪本忠一郎〉（京都市南区）　"合成繊維ニット糸，およびニット生地の染色整理加工"
　藤井合金製作所〈代表・藤井利雄〉（京都市南区）　"都市ガス用，LPガス用ガスコックの製造"

◇特別奨励賞　成茂科学器械研究所〈代表・成茂栄一〉〈東京都中野区〉　"理化学器械の製造"

第11回（昭52年度）
◇全国
菊水化学工業〈代表・遠山昌夫〉〈名古屋市中村区〉　"建築用塗料,塗材等の製造"
京都機械工具〈代表・斉藤喜一〉〈京都市伏見区〉　"作業工具の製造"
西川ゴム工業〈代表・西川一平〉〈広島市〉　"工業用スポンジゴム製品の製造"
◇関東地区　鈴木楽器製作所〈代表・鈴木万司〉〈浜松市〉　"リード楽器,打楽器,電子オルガン等の製造"
◇東海地区　成田製陶所〈代表・成田釬一〉〈瀬戸市〉　"工業用陶磁器の製造"
◇近畿地区
東亜医用電子〈代表・中谷太郎〉〈神戸市兵庫区〉　"医用電子機器ならびにその周辺機器の製造"
ハマナカ〈代表・浜中力雄〉〈京都市右京区〉　"手芸手編糸,服飾付属装粧品の製造卸"
播磨化成工業〈代表・長谷川末吉〉〈加古川市〉　"塗料用樹脂,製紙用サイズ剤,トール油等の製造"
◇中国・四国地区
日本ホイスト〈代表・村上松夫〉〈福山市〉　"電動ホイスト・クレーンおよび付属部品の製造"
日亜化学工業〈代表・小川信雄〉〈阿南市〉　"蛍光灯用蛍光体原料,カラーテレビ用蛍光体の製造"
◇特別奨励賞
鶴崎海陸運輸〈代表・疋田功〉〈大分市〉　"港湾運送,一般区域貨物自動車運送,構内作業"
源〈代表・源初太郎〉〈富山市〉　"鱒のすし,弁当類の製造"

第12回（昭53年度）
◇全国
高砂工業〈代表・鈴木喜義〉〈土岐市〉　"トンネル窯,窯業機械,タイル・瓦等の製造"
竹村製作所〈代表・竹村敏男〉〈長野市〉　"水道管不凍装置の製造"
みのる産業〈代表・生本実〉〈岡山県赤磐郡〉　"農機具等の製造"
◇北海道・東北地区　北興化工機〈代表・近藤英夫〉〈札幌市西区〉　"化学機械装置・産業機械装置の設計・製作"
◇東海地区　長大〈代表・長尾広勝〉〈一宮市〉　"毛織物の製造,毛糸の染色加工"
◇近畿地区
高沢製作所〈代表・高沢勲〉〈東大阪市〉　"中小船舶用軸系装置,船舶用省労機器の製造"
冨士シール工業〈代表・藤尾正明〉〈大阪市鶴見区〉　"キャップシール・収縮ラベル包装関連機器の製造"
◇中国・四国地区　タカキベーカリー〈代表・高木俊介〉〈広島市〉　"パン,洋菓子類の製造"
◇特別奨励賞　東洋農機〈代表・山田武〉〈帯広市〉　"農業用機械器具の製造"

第13回（昭54年度）
◇全国
ディスコ〈代表・関家三男〉〈東京都港区〉　"研削切断砥石・精密研削切断機械・同部品の製造"
日本全薬工業〈代表・福井貞一〉〈郡山市〉　"動物用医薬品の製造販売"
ノーリツ鋼機〈代表・西本貫一〉〈和歌山市〉　"写真処理機械器具の製造"
◇関東地区　鈴木製作所〈代表・鈴木島蔵〉〈勝田市〉　"プリント配線基板,小型チェンホイストの製造"
◇東海地区　磯輪鉄工所〈代表・磯輪英一〉〈名古屋市北区〉　"段ボール機械の製造"
◇近畿地区
内外カーボンインキ〈代表・松田努〉〈大阪市福島区〉　"各種事務用複写用紙・電算機用連続伝票の製造,裏カーボン伝票用インキの販売"
山本防塵眼鏡〈代表・山本健治〉〈東大阪市〉　"各種保護眼鏡の製造"
◇中国・四国地区　日本植生〈代表・柴田正〉〈津山市〉　"植生緑化保全工事の施工,人工芝の製造販売"
◇九州地区　中山鉄工所〈代表・中山安弘〉〈武雄市〉　"砕石機械,砕石プラントの製造"
◇特別奨励賞
サークル鉄工〈代表・少覚納〉〈滝川市〉　"農業用機械製造および建築請負,空調・給排水衛生設備設計施工"
ワイエス磁器管製作所〈代表・山田正吉〉〈瀬戸市〉　"電子工業用セラミック絶縁材料の製造"

第14回（昭55年度）
◇全国
トミー工業〈代表・富山允就〉〈東京都葛飾

区）"各種玩具の製造"
　日研工作所〈代表・松本政一〉（東大阪市）"精密治具工具の製造"
　パロマ工業〈代表・小林進一〉（名古屋市瑞穂区）"ガス器具の製造"
◇北海道・東北地区　仙台卸商センター〈代表・高橋由松〉（仙台市）"総合卸団地"
◇北陸・信越地区　鈴木〈代表・鈴木武〉（須坂市）"精密プレス金型、プレス部品、各種自動機器の製造"
◇関東地区
　山王鍍金〈代表・荒巻芳太郎〉（横浜市港北区）"電子部品の金・銀メッキ加工"
　理想科学工業〈代表・羽山昇〉（東京都港区）"事務機器、教育機器およびその消耗品の製造"
◇近畿地区
　大阪自動機製作所〈代表・森本政雄〉（堺市）"自動包装機械の製造"
　松浦機械製作所〈代表・松浦敏男〉（福井市）"各種マシニングセンターの製造"
◇九州地区　日本磁力選鉱〈代表・原田源三郎〉（北九州市小倉北区）"選鉱、製錬事業、磁鉱機器の製造、住宅事業"
◇特別奨励賞
　佐藤忠〈代表・佐藤秀雄〉（福島県伊達郡）
　三和ダイヤモンド工業〈代表・松田正雄〉（大阪市南区）"ダイヤモンド工具および機械の製造"

第15回（昭56年度）
◇全国
　アイホン〈代表・市川利夫〉（名古屋市熱田区）"インターホンの製造"
　キタムラ機械〈代表・北村耕一郎〉（高岡市）"工作機械の製造"
　東京オイレスメタル工業〈代表・菊池辰之介〉（大宮市）"粉末冶金製品の製造"
　八幡電機製作所〈代表・小林滝造〉（加古川市）"電子複写機用高圧電源、ほか製造"
◇北海道・東北地区　ベルマート〈代表・小苅米瑞代〉（岩手県紫波郡）"共同仕入ほか共同事業"
◇関東地区　トキナー光学〈代表・川口伝吉〉（東京都新宿区）"写真機用交換レンズの製造"
◇東海地区　キング名刺〈代表・棚橋峻〉（名古屋市中村区）"事務用封筒・名刺用紙の製造"
◇近畿地区
　銭屋アルミニウム製作所〈代表・竹安猪三郎〉（池田市）"各種浮標・アルミ製品の製造"
　千代田精機〈代表・谷口義明〉（神戸市長田区）"ガス溶断機器の製造"
◇中国・四国地区　三興化学工業〈代表・望戸剛四郎〉（大竹市）"ゴム手袋の製造"
◇特別奨励賞
　竹中エンジニアリング工業〈代表・竹中新策〉（京都市山科区）"警備関連機器の製造"
　北海バネ〈代表・岸条太郎〉（小樽市）"スプリング・スパイラルの製造"

第16回（昭57年度）
◇全国
　長野計器製作所〈代表・溝呂木雅之〉（東京都大田区）"計量計測器の製造"
　ホーユー〈代表・水野金平〉（名古屋市東区）"染毛剤・化粧品・医薬品の製造販売"
　山田製作所〈代表・山田正行〉（長野県埴科郡）"半導体関連精密金型・自動機の製造"
◇関東地区　栄通信工業〈代表・下田栄太郎〉（川崎市）"ポテンショメータ・制御用部品製造"
◇東海地区
　サンクス〈代表・森野勲〉（小牧市）"光電スイッチ、周辺システム機器製造"
　太陽社電気〈代表・桑原完之〉（岐阜県可児郡）"炭素皮膜固定抵抗器ほか製造"
◇近畿地区
　サトーセン〈代表・佐藤光治〉（大阪市住之江区）"めっき、プリント配線基板などめっき関連事業"
　トーフレ〈代表・三隅田悦朗〉（大阪市北区）"金属螺旋管製造"
◇中国・四国地区
　冨士高圧フレキシブルホース〈代表・藤井軒逸〉（光市）"各種フレキシブルホース継手金具類製造"
　松永化学工業〈代表・杉之原角造〉（福山市）"各種化学工業薬品・医薬品の製造"
◇特別奨励賞
　興洋〈代表・高村大五〉（いわき市）"漁業用省力化機械の製造"
　武陽ガス〈代表・山下光一〉（福生市）"都市ガス製造と一般供給事業"

第17回（昭58年度）
◇全国
　国際計装〈代表・青井完吉〉（東京都新宿区）"計装工事（システムエンジニアリング、

計装エンジニアリング,計装・電気工事の設計施工,計装盤製作)"
スガ試験機〈代表・須賀長市〉(東京都新宿区)"試験機械および測定器製造"
東洋コンタクトレンズ〈代表・田中恭一〉(名古屋市西区)"医療用コンタクトレンズの製造販売"
◇北海道・東北地区　山本製作所〈代表・山本惣一〉(山形県天童市)"農業機械製造販売"
◇北陸・信越地区　北商〈代表・北村友正〉(石川県金沢市)"コンベアー及びその周辺自動装置製造,工作機械・生産パーツの販売"
◇関東地区
アタゴ〈代表・雨宮喜平治〉(東京都板橋区)"屈折計その他精密理化学機器の製造"
助川電気工業〈代表・百目鬼甲吉〉(茨城県日立市)"シース型熱電対,工業用ヒータ,原子力関連周辺機器の製造"
◇近畿地区
非破壊検査〈代表・山口多賀司〉(大阪市東区)"プラント・溶接構造物の非破壊検査"
フジキン〈代表・小川修平〉(大阪市北区)"特殊精密バルブ・特殊流体制御ユニット製造"
◇中国・四国地区　古川製作所〈代表・古川喬雄〉(東京都大田区(本部：広島県尾道市))"包装機械製造販売"
◇九州地区　祐徳薬品工業〈代表・森田直樹〉(佐賀県鹿島市)"医薬品の製造および販売"
◇特別奨励賞　東陽理化学研究所〈代表・兼古敏男〉(新潟県燕市)"電解研磨等の金属表面処理並に製品加工"

第18回(昭59年度)
◇全国
荻原鉄工所〈代表・荻原栄一〉(太田市)"プレス用金型の設計製作"
シバソク〈代表・重崎伸矩〉(東京都新宿区)"電気通信機用測定器製造"
潤工社〈代表・嶋村美昭〉(東京都世田谷区)"特殊電線・チューブ・ホースの製造販売"
未来工業〈代表・山田昭男〉(大垣市)"プラスチック製電設資材の製造販売"
◇北海道・東北地区　日進堂印刷〈代表・冨塚建吉〉(福島市)"総合印刷業"
◇関東地区　日本オートマチックマシン〈代表・水野正次〉(東京都大田区)"全自動端子圧着機・圧着端子・精密バイス・卓上精密プレス・各種自動化専用機等の製造販売"
◇東海地区
荻原電気〈代表・荻原忠臣〉(名古屋市)"電気電子に関する機器・部品の製造販売"
富士スチール〈代表・大川博美〉(岡崎市)"一般家具・室内装飾品・事務用家具製造販売"
◇近畿地区
をくだ屋技研〈代表・奥田源三郎〉(大阪府南河内郡)"油圧運搬機製造"
釣谷導入線工業〈代表・釣谷俊彦〉(東大阪市)"電子機器部品(リード線)製造"
福井光器〈代表・木村賢治〉(鯖江市)"眼鏡枠製造"
◇特別奨励賞
岩下食品工業〈代表・岩下邦夫〉(栃木市)"漬物製造"
ダックエンジニアリング〈代表・伊藤隆夫〉(京都市)"各種知能ロボットの設計製作"

第19回(昭60年度)
◇全国
三和ニードルベアリング〈代表・中村謙治〉(東京都葛飾区)"精密マイクロシャフト・各種精密機器の製造"
ゼンリン〈代表・大迫忍〉(北九州市小倉北区)"住宅地図出版"
冨士シール工業〈代表・藤尾正明〉(大阪市鶴見区)"収縮ラベル・各種キャップシール・包装関連機器の製造"
◇北海道・東北地区　太子食品工業〈代表・工藤一男〉(青森県三戸郡)"豆腐・納豆ほか大豆関連商品の製造卸"
◇関東地区　日東造機〈代表・森山昭雄〉(茂原市)"電子部品・油圧ポンプの製造"
◇東海地区
刈谷木材工業〈代表・加藤英二〉(刈谷市)"家具の製造"
東郷製作所〈代表・相羽鉎一〉(愛知県愛知郡)"小物ばね・小組立品の製造"
名古屋製酪〈代表・日比孝吉〉(名古屋市天白区)"乳製品・冷凍食品ほかの製造販売"
◇近畿地区　タカトリ機械製作所〈代表・高鳥王昌〉(大和高田市)"繊維機械の製造"
◇中国・四国地区　あじかん〈代表・足利政春〉(広島市)"食品加工製造販売"

◇九州地区　三和酒類〈代表・和田昇〉（宇佐市）　"麦焼酎・清酒・果実酒の醸造"
○特別奨励賞
　空知単板工業〈代表・松尾隆〉（赤平市）"家具用・建材用単板の製造販売"
　東北電子産業〈代表・佐伯昭雄〉（仙台市）"電子応用装置の製造販売"
　日学〈代表・吉田富雄〉（東京都港区）"スチール黒板・白板・掲示板・電子黒板・黒板関連商品の製造販売"

第20回（昭61年度）
◇全国
　アイジー工業〈代表・石川堯〉（東根市）"建築用外壁材（金属サイディング材）ほか製造販売"
　きもと〈代表・木本氏仁〉（東京都新宿区）"設計製図用・製版用フィルム，自動現像機，画像処理システムなどの製造販売"
　東洋炭素〈代表・近藤照久〉（大阪市西淀川区）"炭素製品の製造"
◇関東地区　桜井製作所〈代表・柴田義文〉（浜松市）"工作機械製造・輸送用機械器具製造"
◇東海地区
　共栄社〈代表・林雅巳〉（豊川市）"緑地管理機械等製造販売"
　中央化学工業〈代表・岡部修二〉（岐阜県羽島郡）"車輛用部品及び用品の製造・販売"
◇近畿地区
　奥野製薬工業〈代表・奥野義一〉（大阪市東区）"めっき薬品・低融ガラス・食品添加物の製造販売"
　ハンマーキャスター〈代表・宝角正〉（東大阪市）"運搬用具等のキャスター製造"
◇中国・四国地区　日本感光色素研究所〈代表・小合康長〉（岡山市）"有機化学工業（銀塩写真用増感色素・化粧品配合剤感光素・カラー液晶用2色性色素）"
◇九州地区　西日本流体技研〈代表・石井千里〉（佐世保市）"流体に係る研究開発，実験装置・試験計器の設計製作"
○特別奨励賞
　協業組合青森スキー製作所〈代表・内山昇〉（青森市）"スキーの製造・運動用具および運動服製品の販売"
　大同塗料〈代表・吉治仁義〉（大阪市淀川区）"合成樹脂塗料・特殊塗料の製造"

第21回（昭62年度）
◇全国
　旭製作所〈代表・伊藤吉則〉（岩槻市）"小型高圧ガス容器・ポータブルガスコンロの製造"
　日本地工〈代表・渡辺彦逸〉（川口市）"アンカー・アース等電設資材の製造・接地工事"
◇北海道・東北地区　寿産業〈代表・鈴木俊也〉（札幌市中央区）"圧延用ローラーガイド，一般産業機械の製造"
◇北陸・信越地区
　エルコー〈代表・飴久晴〉（富山市）"直流安定化電源等の製造"
　小松ウォール工業〈代表・加納実〉（小松市）"間仕切の製造販売・設計施工"
◇関東地区　榎本製作所〈代表・榎本保雄〉（山梨県北都留郡）"精密金型設計製作・半導体リードフレーム・電子部品の製造"
◇東海地区
　三陽電機製作所〈代表・天野真徹〉（岐阜市）"バス用電装品・産業用小型変圧器・産業用電源機器・医療機器等の製造"
　日本コーンスターチ〈代表・倉地英雄〉（名古屋市中区）"コーンスターチ・異性化糖・化工澱粉等の製造販売"
◇近畿地区　立井電線〈代表・立井弘〉（東大阪市）"同軸ケーブル等電線製造"
◇中国・四国地区
　協和化学工業〈代表・松島良平〉（高松市）"酸化マグネシウム・医薬用制酸剤・合成吸着剤・難燃剤等の製造"
　三島食品〈代表・三島哲男〉（広島市中区）"ふりかけ・レトルト食品の製造"
◇九州地区　長工醤油味噌（協組）〈代表・宮崎達雄〉（長崎市）"醤油・味噌の共同生産"
○特別奨励賞　ジャストシステム〈代表・浮川和宣〉（徳島市）"パソコン用パッケージ・ソフトウエアの開発，販売"

第22回（昭63年度）
◇全国
　大協ゴム精工〈代表・須藤真通〉（東京都墨田区）"医薬用ゴム栓の製造販売"
　松谷製作所〈代表・松谷貫司〉（栃木県塩谷郡）"治療用機器具の製造販売"
　三住商事〈代表・田口弘〉（東京都江東区）"金型用標準部品の企画・販売並びにCAD/CAMシステムの開発販売"
◇北海道・東北地区　八戸総合卸センター〈代表・鈴木継男〉（青森県八戸市）"卸団地"

◇北陸・信越地区　大明化学工業〈代表・池上房男〉（長野県上伊那郡）"ポリ塩化アルミニウム・硫酸アルミニウム・ミョウバン・高純度アルミナほか製造販売"
◇東海地区
　金印わさび〈代表・小林一光〉（名古屋市中川区）"わさび・しょうが・にんにく・マスタード等食品製造"
　東海サーモ〈代表・浅野重雄〉（岐阜県大垣市）"毛芯地・接着芯地の製造販売"
　日本高圧電気〈代表・高岡正次〉（名古屋市南区）"電磁器・配電用電気機械器具製造販売、セラミックス部品および建築材料の製造販売"
◇近畿地区
　石原薬品〈代表・阿久津敏次〉（神戸市兵庫区）"自動車用ワックス・メッキ薬品・溶接薬品の製造販売および工業薬品の卸"
　関西触媒化学〈代表・箕浦敏雄〉（大阪府堺市）"試薬・触媒化学薬品製造"
　山本ビニター〈代表・山本晴敏〉（大阪市天王寺区）"高周波応用電気機械の製造販売、合成樹脂製品の製造卸販売"
◇特別奨励賞
　赤羽電具製作所〈代表・赤羽勲〉（長野県伊那市）"各種固定抵抗器など電子部品の製造販売"
　オタフクソース〈代表・佐々木繁明〉（広島市西区）"ソース・酢・調味料の製造販売"
　日農機製工〈代表・安久津義人〉（北海道足寄郡）"農業用機械製造業"
第23回（平1年度）
◇全国表彰
　エム・システム技研（大阪市）"電子式信号処理機器の製造販売"
　トックベアリング（東京都）"プラスチックベアリング製造"
◇地区表彰
　ミクロン精device（山形市）"機械器具（心無研削盤）製造"
　高松機械工業（松任市）"旋盤（CNC、油圧自動、面取）、コレットチャック、産業用機器製造"
　東洋産業（富山県）"エレクトロニクス部品用端子、実験用小動物運動解析装置製造"
　二宮産業（千葉市）"建設用機械の運転室・ブーム等構造部品、多段式駐車場装置製造"
　高千穂通信機器製作所（犬山市）"電話機、電話端末機器など電気通信機器製造販売"
　帝国チャック（八尾市）"工作物保持機器、プレス用機器製造"
　山崎産業（大阪市）"清掃器具、環境施設備品の製造卸"
　田窪工業所（東予市）"鋼製組立式物置、ガレージ、ステンレスパイプ棚、タオル掛の製造販売"
　テラルキョクトウ（福山市）"ポンプ、送風機、給水装置、防災機器の製造"
　二階堂酒造（大分県）"本格焼酎の製造販売"
◇特別奨励賞
　さえら（岡山市）"自社ブランドの総合アパレルメーカー"
　第一製鋼（荒尾市）"海苔養殖資材・栄養剤、建設用安全ネット、ゴルフネット製造販売"
第24回（平2年度）
◇全国表彰
　福井鋲螺（福井県）"各種空中リベット・特殊圧造パーツ・各種ブラインドリベット・鋲螺締結機器等の製造"
　平安コーポレーション（浜松市）"木工機械の製造"
◇地区表彰
　大山ブロー工業（仙台市）"プラスチック製品の企画・製造・販売"
　ハイメカ工機（米沢市）"タンタルコンデンサ生産システムなど省力自動機の製造"
　石川ガスケット（東京都）"内燃機関用各種ガスケットおよびパッキンの製造"
　小原歯車工業（川口市）"標準歯車の製造"
　キクチメガネ（名古屋市）"メガネ・コンタクトレンズ・補聴器販売"
　タカコ精機（東大阪市）"高圧油圧ポンプ部品・精密小物鍛造品・電子部品供給装置等の製造販売"
　小松電機産業（島根県）"高・低圧配電盤、自動制御盤の製造、計装システムの設計施工、シート・シャッターの製造"
　日東林業（都城市）"桧フローリングの製造および製材業"
◇特別奨励賞
　シンワ測定（三条市）"金属長さ計ほか計器類および電子部品の製造"
　不二見セラミック（名古屋市）"タイル製造業"
第25回（平3年度）
◇全国表彰

梶原工業(東京都) "製菓・食品加工機械の製造"
京都第一科学(京都市) "医療用機器および体外診断用医薬品の製造販売"
ブンリ工業(都城市) "研削・切削液の各種濾過装置,各種工作機械切粉処理装置の製造"
◇地区表彰
共和工業所(小松市) "各種太径強力ボルト製造"
池上金型工業(久喜市) "プラスチック射出成形用金型製造,同金型標準部品販売,ニッケル電鋳加工"
安田鉄工所(鴨川市) "食料品加工機械製造業"
伊藤機工(名古屋市) "金属研掃材・高合金鋳物・ブラストマシンの製造販売"
森松工業(岐阜県) "製缶業"
レッキス工業(大阪市) "配管用機械工具の製造販売"
アルファー食品(島根県) "食品・食品添加物の製造"
四国建機(高知市) "全旋回船用クレーン製造販売"
ふくや(福岡市) "明太子の製造販売"
◇特別奨励賞
エー・アイ・エム(札幌市) "ステンレス加工販売・室内外装飾工事"
燕物産(燕市) "金属洋食器の製造販売"

第26回(平4年度)
◇全国表彰
旭サナック(尾張旭市) "塗装機械,塗装システムおよび圧造機械の設計・製造・販売"
大森機械工業(越谷市) "自動包装機械,包装システムの製造"
フセラシ(東大阪市) "精密ネジおよび各種圧造部品製造"
◇地区表彰
トヨックス(黒部市) "各種耐圧ホースの製造"
フレックス(更埴市) "ドレスシャツ,カジュアルシャツの製造"
五十鈴製作所(名古屋市) "各種産業機械設備設計・製作・販売"
バルダン(一宮市) "多頭式刺繍機製造販売"
大伸社(大阪市) "カタログ類の企画制作・印刷・加工"
布引製作所(神戸市) "金属製品製造(精密打抜金網)"
山本鉄工所(小松島市) "ホットプレス,油圧プレスの製造"
霧島酒造(都城市) "本格焼酎の製造"
◇特別奨励賞 アンデス電気(三沢市) "電気通信機器・音響完成品の製造販売"

第27回(平5年度)
◇全国表彰
棚橋工業(岐阜市) "店舗装飾品の製造"
パール金属(三条市) "家庭用品,アウトドアー用品の卸売"
マルコメ(長野市) "味噌,インスタント味噌汁,スープ原料の製造・卸"
◇地区表彰
高桑美術印刷(石川県) "印刷業"
鈴寅整染工場(蒲郡市) "短繊維織物の染色整理"
ワーロン(名古屋市) "合成樹脂の生産・加工,販売。建材,室内装飾品および日用品雑貨の生産,販売"
三容真空工業(東大阪市) "薄膜加工,特に液晶用透明導電膜加工"
岩城興業(愛媛県) "船体用ブロック,ハッチカバー,ハウスおよび鋼構造物製作"
共和機械(津山市) "鶏卵自動処理包装機および自動割卵機の製造販売"
一番食品(飯塚市) "スープ,たれ類,だしの素,調味料の製造販売"
東亜工機(鹿島市) "船舶用各種内燃機関部品の製造"
◇特別奨励賞
協業組合郡山とうふセンター(郡山市) "とうふおよびとうふ関連食品の製造"
東京レーダー(横浜市) "無線通信機器など電子電波応用機器の設計製造"
根来産業(貝塚市) "タフトカーペット製造販売"

第28回(平6年度)
◇全国表彰
オクダソカベ(東大阪市) "ベローズ形伸縮管継手,フレキシブルメタルホース製造"
松山(長野県) "農業用作業機等の製造販売"
モルテン(広島市) "競技用ボール,自動車・工業用精密ゴム樹脂製品の製造販売"
◇地区表彰
セキネシール(埼玉県) "自動車内燃機関用ガスケット材料の製造販売"
アサダ(名古屋市) "配管用機械・工具等

の製造販売"
    大洋技研(名古屋市) "燃料用フィルター・コック, ガスコック等の製造販売"
    鍋屋工業(岐阜市) "プーリー, カップリング等の各種伝動機器の製造販売"
    オリベスト(滋賀県) "各種無機繊維紙の製造・販売"
    クマリフト(摂津市) "エレベーター, ダムウェーター, 搬送機, 福祉機器など昇降機の製造販売, 据付, 保守"
    不二精機(福岡市) "食品機械の開発および販売"
  ◇特別奨励賞
    印伝屋上原勇七(甲府市) "鹿革製品製造・販売"
    ラグノオささき(弘前市) "菓子製造, 販売, レストラン経営"

第29回(平7年度)
  ◇全国表彰
    カナエ(大阪市) "軟包装資材による受託包装加工および資材販売"
    サイデン化学(東京都) "合成樹脂接着剤, 化工澱粉製造"
  ◇地区表彰
    岩手阿部製粉(岩手県) "製粉, 冷凍和菓子・米菓の製造ならびにアンテナショップ経営"
    アイエイエム電子(駒ヶ根市) "電子部品製造"
    アイエムアイ(清水市) "産業用ロボットの製造・販売"
    日東電機製作所(群馬県) "電子制御装置等の設計製造, コンピュータ周辺装置の開発"
    東海光学(岡崎市) "眼鏡レンズの製造・販売"
    山田電機製造(名古屋市) "自動電気制御機器の製造販売"
    アカマツフォーシス(牧方市) "精密冷間鍛造金型, 粉末成型金型, ギア鍛造金型の設計, 製造"
    伊藤工機(東大阪市) "LPガス減圧弁, ガス, 水等の圧力調整器等の製造販売"
  ◇特別奨励賞
    アミノアップ化学(札幌市) "生理活性物質の開発製造"
    ヒロボー(広島県府中市) "ラジコン模型, プラスチック加工製品等の製造販売"

第30回(平8年度)
  ◇全国表彰
    石川ガスケット(東京都) "エンジン用ガスケット製造"
    日進医療器(愛知県) "医療機械器具(車椅子, 歩行車等)の製造・販売"
    光精工(桑名市) "自動車用部品(軸受, 精密機能部品)製造"
  ◇地区表彰
    ベル開発(盛岡市) "惣菜製造販売, ディスカウントスーパーマーケットおよび店舗企画・施工等"
    吉田オリジナル(東京都) "ハンドバック等皮革袋物製品の企画・製造, 卸売・小売"
    東振精機(石川県) "ベアリング組込用ローラー, ピン, シャフトの製造"
    サラダコスモ(中津川市) "もやし, かいわれ大根の製造・販売"
    近計システム(大阪市) "計測器(自動オシログラフ等)の製造・販売"
    メイト(岡山県) "磁石素材製品(フェライト系コンパウンド等)の製造販売"
  ◇特別奨励賞
    アクトリームラタ(松任市) "産業廃棄物焼却炉プラント製造・販売"
    金星製紙(高知市) "不織布および機械抄和紙製造業"
  ◇技術開発奨励賞
    ニッシーン機器(東大阪市) "レーザー・センサー応用測量機器, 作業用照明機器等の製造・販売"
    フロンティア・ラボ(郡山市) "分析機器, 測定器に関する研究開発および製造, 研究開発受託等"
    レアックス(札幌市) "地質調査および地質調査用機器の開発・製造販売"

第31回(平9年度)
  ◇全国表彰
    メガチップス(大阪市) "VLSIおよびシステムの設計・開発・販売"
    各南製作所(大阪市) "合板機械(ロータリーレース, コンポーザー等)の製造販売"
    ヤマキ(伊予市) "水産食品(花かつお, カツオパック, だしの素, めんつゆ等)の製造販売"
  ◇地区表彰
    マルキュー(大宮市) "釣り餌製造"
    システム精工(長岡市) "ハードディスク製造自動化装置の開発・製造・販売"
    光生アルミニューム工業(豊田市) "自動車用アルミニューム鋳造, アルミホイール製造"

高木製作所（名古屋市）"自動車用小物プレス部品等製造"
カクダイ（大阪市）"水道用品（給排水・散水器具等）の製造販売"
備前化成（岡山県）"医薬品，栄養補助食品，食品添加物の製造販売"
◇特別奨励賞
岩田レーベル（一宮市）"タックラベル，ステッカー及び包装関連機械の製造販売"
竹中製作所（東大阪市）"機械工業用等のねじ製品の製造販売，電子機器部品の開発・設計・製造"
◇技術開発奨励賞
クリスタルシステム（山梨県）"単結晶溶融装置等の製造販売"
テンドレ（田辺市）"冷凍豆腐の製造"
ナベル（上野市）"各種ジャバラ製造業"
日本パフテム（東京都）"硬質ウレタンシステム原料の製造販売"

第32回（平10年度）
◇全国表彰
エーワン（東京都）"紙・紙製品（OA用ラベル等）卸売"
大昭和精機（東大阪市）"ツーリング（精密機械保持具），センサー等の設計・製造販売"
◇地区表彰
朝日ラバー（福島県）"工業用（彩色・弱電・医療・スポーツ）ゴム製品の製造販売"
岡本硝子（柏市）"ガラス製品（自動車・医療・液晶用等）の製造販売"
オキツモ（名張市）"耐熱塗料・フッ素塗料・接着剤，離型剤，紙用糊の製造販売"
扶桑工機（桑名市）"産業用機械器具（専用機，金型）の製造"
カネミツ（明石市）"自動車，農業機械，一般機械用の鋼板製プーリーの開発・設計・製造及び販売"
ホーコス（福山市）"工作機械，環境改善機器及び建築設備機器の製造販売"
金剛（熊本市）"鋼製什器の製造販売及び事務用機械器具の販売"
◇特別奨励賞
高砂電気工業（名古屋市）"自動制御用電気機器（ソレノイド及びソレノイドバルブ）の製作・販売"
東洋システム（いわき市）"電子応用機器，各種試験・検査機器の設計・製作・販売"
◇技術開発奨励賞

アドテックス（高崎市）"自動制御装置の開発・製造"
ホロン（滋賀県）"自動制御機器，端末機器，計測機器等の応用システムの設計・製造販売"
リック（神戸市）"エステリア＆ガーデン専用CADソフトプロデュース"

第33回（平11年度）
◇全国表彰
オフテクス（大阪市）"コンタクトレンズケア用品，眼科医薬品等の製造販売"
ネクスタ（大阪市）"紙袋等の包装用品の企画・販売"
光製作所（岐阜県）"航空宇宙，電子機器関係等の精密機器の加工"
◇地区表彰
明石合銅（松任市）"銅合金鋳物およびバイメタル製品の製造販売"
コイケ（山梨県）"水晶SAWフィルター用ウェハー等の電子部品製造"
野口製作所（豊橋市）"金属製品（自動車用電装，乾電池，エアコン圧力弁等の部品）製造"
梅田真空包装（東大阪市）"真空成型加工，ブリスターパック等の成型加工"
ゴウダ（茨木市）"包装資材の製造販売ならびにセラミック外装建材の加工および施工"
山本貴金属地金（高知県）"歯科用貴金属の製造販売ならびに各種貴金属地金の売買"
◇特別奨励賞
内堀醸造（岐阜県）"食酢製造業"
ヨシカワ（川内市）"粉粒体供給機の製造"
◇技術開発奨励賞
江東クリスタル（福島県）"ニオブ酸リチウム等単結晶の製造販売"
サキコーポレーション（川崎市）"電気計測器製造"
サワーコーポレーション（枚方市）"超音波洗浄器開発・製造・販売"
進和技術開発（福岡市）"地下トンネル新工法機械の製造・工事施工"
田中技研（東予市）"電子機器関連部品組立，精密機械加工"

第34回（平12年度）
◇全国表彰
星野楽器（名古屋市）"楽器の開発・企画・輸出入・卸販売"
マルヨ水産（八戸市）"水産加工食品製造,

## 004 グッドカンパニー大賞

卸"
◇地区表彰
　ディップソール(東京都) "金属の表面処理薬品の製造販売"
　ナミックス(新潟市) "電子部品用導電・絶縁材料の研究,開発,製造,販売"
　土肥研磨工業(松任市) "旋回軸受,立体駐車場装置等の製造販売"
　イイダ産業(名古屋市) "自動車用シーリング材・防音材等の製造"
　第一樹脂工業(八尾市) "合成樹脂の成形品・ビニール品製造"
　富田製薬(鳴門市) "医薬原料,食品添加物,高純度無機化学品の製造"
　西部技研(古賀市) "公害防止機器・省エネ機器の製造販売"
◇特別奨励賞
　ダイア(犬山市) "油圧・電動機器および道路標識機器製造"
　ヤマナカゴーキン(東大阪市) "冷温熱間鍛造の金型設計,開発および製造(自動車部品用)"
◇技術開発奨励賞
　アジェンダ(札幌市) "パッケージソフトの開発・販売"
　ムサシノエンジニアリング(岩槻市) "精密機械器具製造"
　ランゲード(京都市) "TVアンテナ共聴配線を利用したLANの開発・販売・提案"

第35回(平13年度)
◇全国表彰
　菊水酒造(新発田市) "清酒の製造・販売"
　サンコーインダストリー(大阪市) "鋲螺及び関連工具の販売"
◇地区表彰
　電研精機研究所(東久留米市) "電磁波障害防止装置・電源機器等の開発・製造"
　生方製作所(名古屋市) "各種バイメタル・感震器・センサーの開発・製造"
　ナベヤ(岐阜市) "金属切削加工工作用補要工具の製造"
◇特別奨励賞
　岡島パイプ製作所(東海市) "小径薄肉鋼管の製造"
　高橋金属(滋賀県) "金属加工,組立加工,オリジナル機器等設計製作"
◇技術開発奨励賞
　エヌテック(大垣市) "産業用機械製造"
　マイクロニクス(八王子市) "電子計測器,通報通信機器,FA機器の開発及び製販"

レイメイコンピュータ(宜野湾市) "ソフトウエアの開発販売"

第36回(平14年度)
◇全国表彰
　塚谷刃物製作所(八尾市) "工業用特殊刃物及び付属部品の製造販売"
　ユケン工業(刈谷市) "金属表面処理剤製造,プラスチック表面処理加工"
◇地区表彰
　共同カイテック(東京都) "電路資材・OAフロア・屋上緑化システム製造"
　白鳥製薬(習志野市) "医薬品原体・医薬品製剤・健康食品製造"
　ユニゾーン(富山市) "金属表面処理,金属プレス加工"
　ニッタイ工業(愛知県武豊町) "陶磁器タイルの製造"
　日プラ(香川県三木町) "水槽用アクリルパネル製造・施工"
　日本フィルム(大分市) "ポリエチレンフィルム製品製造販売"
◇特別奨励賞
　ダイマツ(米子市) "水産加工食品の製品販売"
　ハードロック工業(東大阪市) "緩み止め機能付特殊ナットの製造販売"
◇技術開発奨励賞　日本宅配システム(名古屋市) "宅配ボックス製造販売・管理"

第37回(平15年度)
◇全国表彰
　ツカサ工業(愛知県) "粉体関連機器等製造"
　日高精機(長野県) "熱交換器製造システムの技術開発・設計・製造"
◇地区表彰
　ウエノテックス(新潟県) "クレーン自動化機械等製造"
　北陸化成工業所(富山県) "無機工業薬品等製造"
　中島紙工(愛知県) "医療用紙等製造"
　ジェフコム(大阪府) "省力電設工具等製造"
　日本フネン(徳島県) "マンション玄関ドア等製造"
　九州木材工業(福岡県) "防腐処理木材等製造"
◇技術開発奨励賞
　トヨシステムプラント(山口県) "容器リサイクル機器等製造"
　日本アイテックス(東京都) "人事管理ソ

フト等開発"
第38回（平16年度）
◇全国表彰
　栗山米菓（新潟県）　"米菓製造販売"
　三琇プレシジョン（愛知県）　"精密プラスチック部品等製造"
◇地区表彰
　岐阜工業（岐阜県）　"トンネル建設機械製造等"
　パモウナ（愛知県）　"家具の企画・製造・販売"
　本多電子（愛知県）　"超音波応用機器製造"
　最上インクス（京都府）　"薄板金属精密試作加工等"
　佐藤薬品工業（奈良県）　"医薬品・健康食品製造"
　大東電機工業（大阪府）　"電気バリカン・医療機器製造"
　阿波スピンドル（徳島県）　"紡織機械部品製造等"
　櫻井精技（熊本県）　"省力化自動機製造等"
◇特別奨励賞
　青森総合卸センター（青森県）　"卸団地管理運営"
　インテリアセンター（北海道）　"木製家具製造"
◇技術開発奨励賞
　ウェッジ（東京都）　"デジタルフォトプリンタ・関連製品開発等"
　コムテック2000（北海道）　"情報通信システム開発"
第39回（平17年度）
◇全国表彰　日本メタルガスケット（埼玉県）"エンジン用メタルガスケット製造"
◇地区表彰
　キンセイ産業（群馬県）　"焼却装置等の設計・施工"
　北村製作所（新潟県）　"自動車車体等の製造・販売"
　中京油脂（愛知県）　"油脂化学製品の製造・販売"
　名古屋特殊鋼（愛知県）　"特殊鋼販売、金型等設計製作"
　栗原（大阪府）　"帽子の企画、製造卸・小売"
　ジーエスフード（大阪府）　"食品等の製造・加工・販売"
　安成工務店（山口県）　"総合建設業"
　パラマ・テック（福岡県）　"医療機器製造販売"

◇特別奨励賞
　ウエカツ工業（新潟県）　"HD用アルミ基板等製造"
　髙安（岐阜県）　"ナイロン等樹脂の再生販売"
◇技術開発奨励賞
　コアーズ（山梨県）　"電気計測装置開発・製作"
　メガオプト（埼玉県）　"固体レーザー開発・製造"
第40回（平18年度）
◇グランプリ　伊那食品工業（長野県）　"寒天、食料品等製造販売"
◇優秀企業賞
　竹内精工（福島県）　"リニアシステム製品製造"
　東葛工業（千葉県）　"フレキシブルホース加工販売"
　関ケ原製作所（岐阜県）　"精密機器、大型製品等製造"
　東海メディカルプロダクツ（愛知県）　"医療機器の開発・製造・販売"
　アイセル（大阪府）　"産業用省力化機械等製造"
　加貫ローラ製作所（大阪府）　"印刷・工業用ゴムローラ製造"
　寿工業（広島県）　"製鋼、鋳鋼、化学機械等製造"
◇特別賞
　カツロン（大阪府）　"プラスチック異形押出成形"
　ミカドテクノス（長野県）　"精密機械製作、プレス加工"
◇新技術事業化推進賞
　オプトロン（神奈川県）　"工業用センサの開発・製造"
　シーア・インサイト・セキュリティ（東京都）　"セキュリィティシステム開発"
第41回（平19年度）
◇グランプリ　日本フイルター（神奈川県）"精密ろ過機、工場排水処理装置設計・製造"
◇優秀企業賞
　ラインワークス（千葉県）　"産業用ロボット等設計・製造・販売"
　クリーン・テクノロジー（新潟県）　"液晶製造装置設計・製造・販売"
　マコー（新潟県）　"表面処理装置の開発・製造・販売"
　あいや（愛知県）　"抹茶等茶製品全般の卸

売販売"
　ナガセインテグレックス（岐阜県）"産業用工作機械の設計・製造・販売"
　福井製作所（大阪府）"パイロット弁付安全弁等製造"
　コアテック（岡山県）"産業用省力化機械の設計・製造"
　藤田ワークス（鹿児島県）"高精度精密板金加工業"
◇特別賞
　木村技研（東京都）"節水洗浄装置・床システム等製造・販売"
　ナミテイ（大阪府）"異型線及び冷間圧造部品製造・販売"
◇新技術事業化推進賞
　アイ・タック技研（愛知県）"洗車用ケミカル・機器販売、洗車専門店"
　ゼイヴェル（東京都）"ファッションイベントプロデュース"

第42回（平20年度）
◇グランプリ　小松精機工作所（長野県）"自動車部品を中心とした精密プレス部品・切削部品の製造"
◇優秀企業賞
　しのはらプレスサービス（千葉県）"プレス機械法令点検代行、リビルト・レトロフィット、オーダーメイドプレス製造・販売、安全装置及び自動化装置の開発・製造・販売"
　ティービーエム（長野県）"タービンブレードおよび機械部品の加工"
　アサヒフォージ（愛知県）"自動車・ベアリング・産業機械向け部品等の鍛造・熱処理・機械加工"
　紀州ファスナー工業（和歌山県）"冷間圧造部品（ナット等）製造"
　木ノ本伸線（大阪府）"磨棒鋼（異形シャフト、特殊鋼シャフト等）製造・販売"
　アドバンテック（愛媛県）"半導体製造装置向け部品（真空配管および真空排気管）の製造・販売、テストウェハーの販売、環境事業等"
　大昌鉄工所（愛媛県）"シート状製品（特殊紙、不織布、フィルム）用産業機械の製造・販売"
　石橋製作所（福岡県）"高精度歯車増・減速機の設計・製造"
◇特別賞
　大川原化工機（神奈川県）"噴霧乾燥装置、排ガス処理装置等の製造・販売"

　武生特殊鋼材（福井県）"クラッドメタル（異種金属接合材料）、オリジナル刃物専用鋼の受注生産・販売"
　山崎技研（高知県）"工作機械（フライス盤）の製造・販売、魚の種苗生産・販売"
◇新技術事業化推進賞　カツラ・オプト・システムズ（神奈川県）"光学電子機器の開発・販売・企画"

第43回（平21年度）
◇グランプリ　京都科学（京都府）"医学看護教育用シミュレーター製造、文化財修複保存、博物館展示品製造"
◇優秀企業賞
　吉城光科学（福島県）"OA機器用ミラー、光学フィルターの製造販売"
　計測技術研究所（神奈川県）"電子機器設計製造販売"
　檜山工業（茨城県）"光部品の製造、フィルム・金属・テープ加工、弱粘着塗工品の製造"
　加積製作所（富山県）"電力機器（変圧器）用パネルラジエーター、純水冷却装置、各種熱交換器の設計・製作"
　新中村化学工業（和歌山県）"感光性樹脂材料、各種合成樹脂、アクリル系エマルジョン等の製造販売"
　弘木技研（山口県）"鉄道車両部品製造及びユニット組立と艤装、アルミ特殊加工"
　サニー・シーリング（宮崎県）"特殊印刷"
◇特別賞
　ソルダーコート（愛知県）"各種はんだの製造・販売、はんだリサイクル"
　成田デンタル（千葉県）"歯科技工物販売"

第44回（平22年度）
◇グランプリ
　アイジーエー（福井県）"レディースカジュアルウエアの企画・製造・販売（専門店チェーン）"
　日新製薬（山形県）"医療用医薬品の製造・販売"
◇優秀企業賞
　共和産業（群馬県）"精密自動車部品、試作開発品、ロケット・航空機・宇宙関連機器、液晶・半導体製造装置関連製造"
　サイベックコーポレーション（長野県）"超精密金型の開発・設計・製作およびプレス加工"
　エステム（愛知県）"水処理施設の維持管理ならびに設計・施工管理およびコンサルティング業務"

経済・経営

旭酒造（山口県）　"酒類製造販売"
ササヤマ（鳥取県）　"金属精密金型設計・製作"

◇新技術事業化推進賞　悠心（新潟県）　"液体包装機械の開発・製造・販売および関連資材の製造・販売"

## 005　経営者賞

昭和30年に創設され，その年の企業経営に功績のあった経営者に贈られる賞。
【主催者】財界研究所
【選考委員】大宅映子，小熊征人，嶌信彦，浅野純次，堺屋太一，山本良一，伊藤邦雄，福川伸次
【選考方法】産業のトップ経営者のアンケートによる
【締切・発表】その年の11月末に新聞発表，その年12月「財界」誌上発表，翌年1月贈呈式
【賞・賞金】賞状と賞品（受賞者のレリーフ）
【URL】http://www.zaikai.jp/

第1回（昭30年度）　桜田 武
第2回（昭31年度）　永野 重雄
第3回（昭32年度）　倉田 主税
第4回（昭33年度）
　松下 幸之助
　大川 博
第5回（昭34年度）　田代 茂樹
第6回（昭36年度）
　吉田 秀雄
　西山 弥太郎
第7回（昭37年度）
　井深 大
　大屋 晋三
第8回（昭38年度）
　水野 成夫
　土光 敏夫
第9回（昭39年度）
　中島 慶次
　武藤 糸治
第10回（昭40年度）
　本田 宗一郎
　中島 董一郎
第11回（昭41年度）
　出光 佐三
　岩切 章太郎
第12回（昭43年度）
　岡田 完二郎
　江戸 英雄
　日向 方斉

第13回（昭44年度）
　奥村 綱雄
　瀬川 美能留
　北裏 喜一郎
　石田 退三
　神谷 正太郎
　早川 徳次
第14回（昭45年度）
　駒井 健一郎
　中司 清
　小林 宏治
第15回（昭46年度）
　堀田 庄三
　高橋 荒太郎
第16回（昭47年度）
　川又 克二
　中内 功
第17回（昭48年度）
　小幡 謙三
　立石 一真
第18回（昭49年度）
　茂木 啓三郎
　北島 織衛
　鈴木 治雄
第19回（昭50年度）
　江崎 利一
　真藤 恒
第20回（昭51年度）
　松本 望
　石塚 庸三
　佐治 敬三

広 慶太郎

第21回（昭52年度）
　豊田 英二
　清水 雅
　進藤 貞和
　久保 富夫

第22回（昭53年度）
　弘世 現
　吉山 博吉
　塚本 幸一
　伊藤 雅俊

第23回（昭54年度）
　佐伯 勇
　岩田 弐夫
　大植 武士
　稲盛 和夫

第24回（昭55年度）
　石原 俊
　渡辺 文蔵
　小林 大祐
　吉田 忠雄

第25回（昭56年度）
　磯田 一郎
　新井 正明
　山下 俊彦
　堤 義明

第26回（昭57年度）
　宮崎 輝
　素野 福次郎
　河合 良一
　小倉 昌男
　稲葉 清右衛門

第27回（昭58年度）
　坪内 寿夫
　関本 忠弘
　青井 忠雄
　飯田 亮

第28回（昭59年度）
　田淵 節也
　豊田 章一郎
　小林 庄一郎

第29回（昭60年度）
　丸田 芳郎
　千野 宜時
　土井 定包
　堤 清二
　森 英恵

第30回（昭61年度）
　椎名 武雄
　戸崎 誠喜
　米倉 功
　宮内 義彦
　村田 昭

第31回（昭62年度）
　村井 勉
　樋口 広太郎
　田淵 義久
　保坂 誠
　水島 広雄
　歌田 勝弘

第32回（平1年度）
　青井 舒一（東芝社長）
　飯田 庸太郎（三菱重工業会長）
　久米 豊（日産自動車社長）
　小林 繁峯（ニチイ社長）
　高橋 政知（オリエンタルランド会長）
　寺井 千代乃（アート引越センター社長）

第33回（平2年度）
　大賀 典雄（ソニー社長）
　神近 義邦（長崎オランダ村社長）
　亀高 素吉（神戸製鋼社長）
　小林 陽太郎（富士ゼロックス社長）
　福武 総一郎（福武書店社長）
　松本 誠也（パイオニア社長）

第34回（平3年度）
　稲葉 興作（石川島播磨重工業社長）
　伊夫伎 一雄（三菱銀行会長）
　川上 哲郎（住友電気工業会長）
　立石 孝雄（オムロン会長）
　中村 裕一（三菱自動車工業社長）
　福原 義春（資生堂社長）
　森 泰吉郎（森ビル社長）
　山内 溥（任天堂社長）

第35回（平4年度）
　池谷 正成（東京製鉄社長）
　石橋 信夫（大和ハウス工業相談役）
　李 勝載（信用組合大阪興銀理事長）
　中山 隼雄（セガ・エンタープライゼス社長）
　藤井 義弘（日立造船社長）
　和田 一夫（国際流通グループヤオハン代表）

第36回（平5年度）
　川淵 三郎（Jリーグチェアマン）
　安藤 百福（日清食品会長）
　河村 喜典（三共社長）
　住田 正二（JR東日本会長）
　前田 勝之助（東レ社長）

山科 誠(バンダイ社長)
第37回(平6年度)
　鈴木 敏文(イトーヨーカ堂社長)
　孫 正義(ソフトバンク社長)
　真壁 実(城南信用金庫理事長)
　鈴木 修(スズキ社長)
　本庄 正則(伊藤園会長)
　栢森 新治(ダイコク電機社長)
第39回(平8年度)
　相川 賢太郎(三菱重工業会長)
　佐藤 文夫(東芝会長)
　藤村 宏幸(荏原会長)
　島 正博(島精機製作所社長)
　斑目 力曠(ネミック・ラムダ会長)
　◇経営者賞特別賞　中坊 公平(住宅金融債権管理機構社長)
第40回(平9年度)
　奥田 碩(トヨタ自動車社長)
　出井 伸之(ソニー社長)
　大迫 忍(ゼンリン社長)
　佐藤 研一郎(ローム社長)
　八城 政基(元・シティバンク在日代表)
　藤田 田(日本マクドナルド社長)
第41回(平10年度)
　永守 重信(日本電産社長)
　海崎 洋一郎(ブリヂストン社長)
　神谷 聡一郎(静岡銀行頭取)
　沢田 秀雄(エイチ・アイ・エス社長)
　杉町 寿孝(セコム社長)
　川本 信彦(本田技研工業相談役)
第42回(平11年度)
　秋草 直之(富士通社長)
　北城 恪太郎(日本アイ・ビー・エム社長)
　川田 達男(セーレン社長)
　松田 昌士(東日本旅客鉄道社長)
　角川 歴彦(角川書店社長)
第43回(平12年度)
　岩田 彰一郎(アクスル社長)
　大星 公二(NTTドコモ会長)
　武田 国男(武田薬品工業社長)
　安居 祥策(帝人社長)
　柳井 正(ファーストリテイリング社長)
　山本 英樹(日東電工社長)
第44回(平13年度)
　加賀見 俊夫(オリエンタルランド社長)
　カルロス・ゴーン(日産自動車社長兼CEO)
　河野 栄子(リクルート社長)
　巽 悟朗(大阪証券取引所社長)
　御手洗 冨士夫(キヤノン社長)

村田 泰隆(村田製作所社長)
第45回(平14年度)
　井植 敏(三洋電機会長)
　金川 千尋(信越化学工業社長)
　桜井 正光(リコー社長)
　鳥羽 博道(ドトールコーヒー社長)
　昼馬 輝夫(浜松ホトニクス社長)
　矢野 博丈(大創産業社長)
第46回(平15年度)
　張 富士夫(トヨタ自動車社長)
　葛西 敬之(東海旅客鉄道社長)
　町田 勝彦(シャープ社長)
　高田 明(ジャパネットたかた社長)
　加藤 義和(加ト吉社長)
　菊川 剛(オリンパス社長)
第47回(平16年度)
　中村 邦夫(松下電器産業社長)
　小林 一雅(小林製薬会長)
　三木谷 浩史(楽天会長兼社長)
　池田 弘(アルビレックス新潟社長)
　和地 孝(テルモ会長・CEO)
　加藤 公人(加森観光社長)
第48回(平17年度)
　茂木 友三郎(キッコーマン会長)
　花房 正義(日立キャピタル会長)
　岩沙 弘道(三井不動産社長)
　石橋 博良(ウエザーニューズ会長兼社長)
　大橋 洋治(全日本空輸会長)
　北 修爾(阪和興業社長)
第49回(平18年度)
　佐々木 幹夫(三菱商事会長)
　井上 礼之(ダイキン工業会長)
　北島 義俊(大日本印刷社長)
　高田 紘一(滋賀銀行頭取)
　金子 剛一(住友スリーエム副社長)
　野沢 宏(富士ソフト会長兼社長)
第50回(平19年度)
　西田 厚聰(東芝社長)
　米倉 弘昌(住友化学社長)
　岩田 聡(任天堂社長)
　中尾 哲雄(インテックホールディングス会長兼社長)
　山口 多賀司(非破壊検査会長)
　大沼 淳(文化学園理事長)
第51回(平20年度)
　大坪 文雄(パナソニック社長)
　前田 新造(資生堂社長)
　似鳥 昭雄(ニトリ社長)
　樋口 武男(大和ハウス工業会長兼CEO)

塚本 勲(加賀電子会長)
第52回(平21年度)
　坂根 正弘(コマツ会長)
　米田 道生(大阪証券取引所社長)
　村石 久二(スターツコーポレーション会長兼グループCEO)
　滝崎 武光(キーエンス会長)
　滝 久雄(ぐるなび会長)
　木村 修(伊賀の里モクモク手づくりファーム代表)

第53回(平22年度)
　小林 喜光(三菱ケミカルホールディングス社長)
　吉川 廣和(DOWAホールディングス社長)
　藤原 秀次郎(しまむら取締役相談役)
　佐伯 達之(アイ・エム・エス・ジャパン会長)

## 006　経済界大賞

　昭和50年に雑誌「経済界」が月刊誌から月2回刊誌へ移行するのに伴って創立された。オイルショック以降未曾有の危機に直面した日本経済の中で奮闘する、優秀かつ品格ある経営者に贈られる。

【主催者】経済界
【選考委員】島田晴雄(千葉商科大学学長)、茂木友三郎(キッコーマン代表取締役会長)、小林陽太郎(富士ゼロックス元取締役会長)、北尾吉孝(SBIホールディング代表取締役執行役員CEO)、藤﨑勝彦(弁護士・日本プロ野球コミッショナー顧問)、冨山和彦(経営共創基盤代表取締役CEO)、二宮清純(スポーツジャーナリスト)
【選考方法】上場企業経営者のアンケートによる推薦
【選考基準】〔対象〕上場企業及びそれに準ずる企業の経営者、日本経済のために国内外で活躍している財界人。当該年度において最もめざましい活躍をした経営者
【締切・発表】アンケートの締切は9月末日、12月発売の雑誌「経済界」誌上で発表、翌年1月中に表彰式
【URL】http://www.keizaikai.co.jp/

第1回(昭50年)　永野 重雄(日本商工会議所会頭)　"日本経済への貢献大"
第2回(昭51年)　高橋 亀吉(経済評論家)　"オイルショック以降の経済に警鐘ならす"
第3回(昭52年)　石田 退三(トヨタ自動車工業相談役)　"トヨタ自動車の経営発展に尽くす"
第4回(昭53年)　松下 幸之助(松下電器産業相談役)　"世界のナショナルを作る"
第5回(昭54年)　江戸 英雄(三井不動産会長)　"超高層ビルの夜明けを築く"
第6回(昭55年)　中内 功(ダイエー社長)　"流通革命の旗手として活躍"
第7回(昭56年)　小林 宏治(日本電気会長)　"C&Cで通信時代を制する"
第8回(昭57年)　本田 宗一郎(本田技研工業最高顧問)　"文字通り裸一貫から世界のホンダを築く"
第9回(昭58年)　豊田 英二(トヨタ自動車会長)　"売上げ、利益日本一を達成"
第10回(昭59年)　田淵 節也(野村証券社長)　"東京を世界の金融マーケットに育てる"
第11回(昭60年)　真藤 恒(日本電信電話社長)　"NTT民営化に成功"
第12回(昭61年)　五島 昇(東急電鉄社長)　"日商会頭としてアジア太平洋時代に先べんつける"
第13回(昭62年)　米倉 功(伊藤忠商事社長)　"売上高ナンバーワンの商社となる"
第14回(昭63年)　盛田 昭夫(ソニー会長)、大賀 典雄(ソニー社長)　"コンビ経営で世界のソニーをつくる"
第15回(平1年)　久米 豊(日産社長)
第16回(平2年)　鈴木 永二(日本経営者団体連盟会長)　"真のリーダー役として日本経済を先導"

経済・経営

第17回（平3年）　稲盛 和夫（京セラ会長）
第18回（平4年）　豊田 章一郎（トヨタ自動車会長）
第19回（平5年）　鈴木 敏文（セブン・イレブン・ジャパン会長）
第20回（平6年）　関本 忠弘（NEC会長）"パソコン市場を育成し王国を育て上げた"
第21回（平7年）　樋口 広太郎（アサヒビール会長）"アサヒの活性化だけでなく，日本経済全体の舵取り役を果たした"
第22回（平8年）　牛尾 治朗（ウシオ電機会長）"経済同友会代表幹事として活躍"
第23回（平9年）
　　大賀 典雄（ソニー会長）
　　出井 伸之（ソニー社長）
第24回（平10年）　小林 陽太郎（富士ゼロックス会長）"日本と海外の相互理解を深めた手腕"
第25回（平11年）　飯田 亮（セコム最高顧問）"35期連続増収増益を続ける元祖ベンチャー"
第26回（平12年）　大星 公二（NTTドコモ会長）"負け組みだったNTTドコモを戦う軍団に変身させ，最先端企業へと導いた"
第27回（平13年）　石原 慎太郎（東京都知事）"トップダウンで東京大改造を訴える剛腕"
第28回（平14年）　宮内 義彦（オリックス会長兼グループCEO）"規則改革の断行とコーポレートガバナンスの実践を提唱"
第29回（平15年）　カルロス・ゴーン（日産自動車社長）
第30回（平16年）　中村 邦夫（松下電器産業社長）
第31回（平17年）　孫 正義（ソフトバンク社長）
第32回（平18年）　山口 信夫（日本商工会議所会頭）
第33回（平19年）　茂木 友三郎（キッコーマン会長）
第34回（平20年）　浅利 慶太（劇団四季代表）
第35回（平21年）　桜井 正光（経済同友会代表幹事・リコー会長）
第36回（平22年）　佐治 信忠（サントリーホールディングス社長）

## 007　財界賞

昭和28年に創設され，その年の財界活動に著しく貢献のあった財界人に贈られる賞。
【主催者】財界研究所
【選考委員】同賞選考委員会
【選考方法】産業界のトップ経営者のアンケートによる
【締切・発表】その年の11月頃に新聞発表，その年12月「財界」誌上発表，翌年1月贈呈式
【賞・賞金】賞状と賞品（受賞者のレリーフ）
【URL】http://www.zaikai.jp/

第1回（昭28年度）　石坂 泰三
第2回（昭29年度）　太田垣 士郎
第3回（昭30年度）　藤山 愛一郎
第4回（昭31年度）　杉 道助
第5回（昭32年度）　植村 甲午郎
第6回（昭33年度）　足立 正
第7回（昭34年度）　諸井 貫一
第8回（昭36年度）　菅 礼之助
第9回（昭37年度）　河合 良成
第10回（昭38年度）　木田川 一隆
第11回（昭39年度）　中山 素平
第12回（昭40年度）　工藤 昭四郎
第13回（昭41年度）　前田 一
第14回（昭43年度）　小林 中
第15回（昭44年度）　宇佐美 洵
第16回（昭45年度）
　　谷口 豊三郎
　　宮崎 輝

第17回（昭46年度）
　盛田 昭夫
　今里 広記
第18回（昭47年度）　岡崎 嘉平太
第19回（昭48年度）
　岩佐 凱実
　松根 宗一
　◇特別賞
　　本田 宗一郎
　　藤沢 武夫
第20回（昭49年度）　土光 敏夫
第21回（昭50年度）　桜田 武
　◇特別賞　早川 種三
第22回（昭51年度）
　永野 重雄
　芦原 義重
第23回（昭52年度）　松下 幸之助
第24回（昭53年度）
　稲山 嘉寛
　岡崎 嘉平太
第25回（昭54年度）　森永 貞一郎
　◇特別賞　花村 仁八郎
第26回（昭55年度）　郷司 浩平
第27回（昭56年度）　牛場 信彦
　◇特別賞　土光 敏夫
第28回（昭57年度）
　大槻 文平
　日向 方斉
　◇特別賞　瀬島 竜三
第29回（昭58年度）　亀井 正夫
第30回（昭59年度）
　前川 春雄
　真藤 恒
第31回（昭60年度）　五島 昇
　◇特別賞　盛田 昭夫
第32回（昭61年度）
　斎藤 英四郎
　佐治 敬三
　諸井 虔
第33回（昭62年度）　平岩 外四
第34回（平1年度）
　石原 俊（経済同友会代表幹事, 日産自動車会長）
　宇野 収（関西経済連合会会長, 東洋紡会長）
第35回（平2年度）　鈴木 永治（日本経営者団体連盟会長, 三菱化成相談役）

第36回（平3年度）　該当者なし
　◇特別賞　緒方 貞子（国連難民高等弁務官）
第37回（平4年度）　石川 六郎（日商会頭）
　◇特別賞　井深 大（ソニー名誉会長）
第38回（平5年度）　稲盛 和夫（京セラ会長）
第39回（平6年度）　永野 健（日経連会長）
第40回（平7年度）　豊田 章一郎（トヨタ自動車会長）
第41回（平8年度）　宮内 義彦（オリックス社長）
第42回（平9年度）　樋口 広太郎（アサヒビール会長）
第43回（平10年度）　牛尾 治朗（経済同友会代表幹事）
第44回（平11年度）　奥田 碩（日経連会長）
　◇特別賞　堀田 力（さわやか福祉財団理事長）
第45回（平12年度）　出井 伸之（ソニー会長）
　◇特別賞　石原 慎太郎（東京都知事）
第46回（平13年度）　今井 敬（経団連会長）
　◇特別賞　長嶋 茂雄（読売巨人軍前監督）
第47回（平14年度）　小林 陽太郎（経済同友会代表幹事）
　◇特別賞　小倉 昌男（ヤマト福祉財団理事長）
第48回（平15年度）　山口 信夫（日本商工会議所会頭）
　◇特別賞　森 稔（森ビル社長）
第49回（平16年度）　御手洗 冨士夫（キヤノン社長）
　◇特別賞　浅利 慶太（劇団四季芸術総監督）
第50回（平17年度）　該当者なし
　◇特別賞
　　豊田 章一郎（トヨタ自動車名誉会長）
　　重光 武雄（ロッテ社長）
第51回（平18年度）　北城 恪太郎（経済同友会代表幹事）
　◇特別賞　生田 正治（日本郵政公社総裁）
第52回（平19年度）　該当者なし
　◇特別賞　倉本 聰（作家, 富良野塾・富良野自然塾主宰）
第53回（平20年度）　丹羽 宇一郎（伊藤忠商事会長）
第54回（平21年度）　茂木 友三郎（キッコーマン会長兼CEO）
　◇特別賞　柳井 正（ファーストリテイリング会長兼社長）
第55回（平22年度）　該当者無し

◇特別賞
　川口 淳次郎（宇宙航空研究開発機構「はやぶさ」プロジェクトマネージャー）
　橋下 徹（大阪府知事）

## 008　渋沢栄一賞

多くの企業の設立や育成に携わる一方で，福祉や教育などの社会事業にも尽力した渋沢栄一の生き方や功績を顕彰するとともに，今日の企業家のあるべき姿を示すため，渋沢栄一の精神を今に受け継ぐ全国の企業又は企業経営者に「渋沢栄一賞」を贈る。

【主催者】埼玉県
【選考委員】渋沢栄一賞選考委員会の審査を経て，埼玉県知事が決定
【選考方法】国，地方自治体や商工経済団体，社会福祉団体等からの推薦による
【選考基準】対象は，渋沢栄一の精神を受け継ぐような企業活動と社会貢献を行っている，地域に根ざした全国の企業または企業経営者
【締切・発表】〈例年〉10月締切，翌年1月発表，2月表彰式
【賞・賞金】賞状と記念品
【URL】http://www.pref.saitama.lg.jp/page/sibusawaeiichishou.html

第1回（平14年度）
　小島 鐐次郎（小島代表取締役社長）"中国等への国際貢献や地域での福祉活動，教育機関への支援に貢献"
　鈴木 稔彦（日吉代表取締役）"海外技術研修生の受け入れ，地域小学校での環境教育への協力に貢献"
　鈴木 吉太郎（ココ・ファーム・ワイナリー代表取締役）"障害者の雇用を目的とした企業経営や山林保全活動に貢献"

第2回（平15年度）
　石原 義正（俵屋吉富代表取締役社長）"京菓子文化の伝統を踏まえながら芸術的な造形美を取り入れた新しい商品づくりに努める。また京菓子資料館を設立。さらに，京菓子業界を中心とした人材育成や産業振興にも顕著な功績を残す"
　西河 紀男（三ツ星ベルト代表取締役社長）"「高機能，高精密，高品質な製品の提供を通して社会に貢献する」という経営基本方針を掲げ，経営を進める。社内のボランティア団体「三ツ星ベルトふれあい協議会」を結成して活発な地域活動も展開。また「学校ビオトープ」への支援を行うなど，社会的に顕著な功績を上げる"
　前川 正雄（前川製作所取締役会長）"独立法人と呼ばれる分社を全国各地に持ち，それぞれの地域のニーズに対応したベンチャー活動を進める。また，大学生のための塾（財団法人）の理事として，人材の育成にも貢献"

第4回（平17年度）
　川本 宜彦（LPガス供給業サイサンガスワングループ社主取締役会長）"各種ガスの安全確保，安定供給に尽力し，LPガス新供給システム確立の実証実験に取り組んでいるほか，環境保全活動への助成基金創設，民間団体やNPO団体，学術研究などを支援し，社会貢献に尽力している点"
　河北 博文（河北総合病院理事長）"医療評価制度の導入など患者本位の病院経営を実践，地域住民を対象にした講座などを開催するなど，地域社会への貢献"

第5回（平18年度）
　笹崎 龍雄（埼玉種畜牧場代表取締役会長）"本物の食と健康を志向した生産，加工，販売の一環経営を実践。戦後いち早く豚の育種改良に取り組むなど，畜産振興に多大な貢献。また，海外及び全国の研修生受け入れや国内外での講演活動等，教育や国際貢献に尽力"
　平沼 康彦（埼玉トヨペット代表取締役会長）"埼玉県内トップクラスのカーディーラーとして，安定した業績を確保。障害者や高齢者，子育てサークルなどへの活動の場の提供や，運営のサポートのほか，30年間継続して植樹活動を行うなど，地域の社会貢献に尽力"
　山本 徳次（たねや代表取締役社長）"自社

農業で、食の安心・安全、美味しさを追求した経営を実践。菓子職業訓練校を設立し、多数の菓子職人を輩出。近江の風土、歴史、文化の研究及び発信を目的としたNPO法人を設立運営するなど、地域文化の振興や環境保全に尽力"

第6回（平19年度）
神野 信郎（中部ガス取締役会長）　"エネルギーから生活関連に至る幅広い事業を興し、地域の総合生活関連企業として地域産業の発展に寄与。また、交響楽団による地域文化の高揚、森づくりの会による環境保全活動、国際交流事業への貢献などに尽力"

中村 俊郎（中村ブレイス代表取締役社長）　"独自技術と人に喜ばれる義肢装具製造で世界的な優良企業とした経営力を持つ。また、世界遺産登録に向けた石見銀山の町並み再生や資料館の整備など様々な地域社会に貢献"

山田 裕通（山田食品産業代表取締役会長）　"低価格メニューによる外食産業を展開する一方、女性の積極登用により地域の優良企業とした経営力を持つ。日本赤十字社への寄附や新潟県中越地震での被災者支援などの社会貢献活動に尽力"

第7回（平20年度）
大山 泰弘（日本理化学工業取締役会長）　"粉が飛び散らないチョークが国内シェアトップの30％。昭和35年から障害者の雇用を開始し、昭和50年心身障害者多数雇用モデル工場を開設。現在障害者雇用率75％"

川野 幸夫（ヤオコー代表取締役会長）　"スーパーマーケット展開で19年連続増収増益。平成元年川野小児医学奨学財団を設立、以来、小児医療研究者への助成（計3億5千万円）、医学生への奨学金貸与（105名）を実施"

後藤 磯吉（はごろもフーズ顧問）　"缶詰の「シーチキン」ブランド確立でシェアトップ。昭和62年財団法人はごろも教育研究奨励会を設立し静岡県の教育研究機関・教職員への助成を実施。市に福祉・教育目的で2億円寄附"

第8回（平21年度）
栗原 敏郎（大協製作所代表取締役社長）　"連合処理を行う紡績一貫メーカーとして、経済産業省のIT経営100選優秀賞認定。46年前から障害者雇用に取り組み、障害者雇用率56％、うち重度障害者20％"

正木 萬平（埼玉県民共済生活協同組合組合長理事）　"年齢や性別に関係なく掛金も保障も一律で格安な掛金という画期的で斬新なビジネスモデルを構築。組合として、日本点字図書館等に毎年2千万円（累計5億3千万円）寄附"

米屋（代表取締役社長・諸岡靖彦）　"栗羊羹を成田山参詣客向けに日本初の開発販売。（財）諸岡報恩会から市内高校生に奨学金支給。総本店2階に成田生涯学習市民ギャラリーを私費建設し開放。福祉施設（900所）に水羊羹を寄贈"

第9回（平22年度）
小松 安弘（エフピコ代表取締役会長兼最高経営責任者）　"食品トレーの製造、販売の専業メーカー。簡易食品容器（発泡スチロールトレー）製造のトップメーカーで、エコ（再生）トレーの生産や回収などリサイクル等によるCo2削減などの環境負荷低減に向けた取組。特例子会社（株）ダックス等を設立し、多くの障がい者に働く場を提供することで、障がい者の自立支援を行うなどの取組。（財）小松育英会などを設立し、高校生等に資金援助するなどの教育支援に関する取組を高く評価。"

中山 輝也（キタック代表取締役社長）　"防災のキタックと呼ばれ数多くの復旧・復興業務を全国に展開するとともに、地理情報システムを活用した地形・地質解析技術やGPSを活用した斜面監視システム等を駆使した「防災」活動。（財）産業地質科学研究所を設立し若手研究者に助成金による支援を行うほか、研究成果を一般公開し社会に還元するなどの取組。知足美術館を設立し歌川広重の「東海道五十三次」を展示するほか、福祉活動として老人ホーム「知足荘」を設立・運営するなどの取組を高く評価。"

---

## 009　女性起業家大賞

女性の視点で革新的・創造的な企業の創業や経営を行い、事業を成功させている女性起業家

を顕彰し,督励・支援する。
【主催者】日本商工会議所,全国商工会議所助成連合会
【選考委員】全国商工会議所女性会連合会役員・日本商工会議所役員、学識経験者等
【選考方法】公募
【選考基準】〔対象〕創業期(創業から10年未満)の女性経営者で,日々,経営革新・創意工夫に果敢に取り組み,他の女性経営者の範となる企業経営・事業展開・事業発展等に実績を挙げている人物。グロース(Growth)部門(創業から5年以上10年未満)とスタートアップ(Start up)部門(創業から5年未満)がある。〔応募規定〕所定の「応募用紙」により,各地商工会議所女性会を通じて応募する。自薦・他薦は問わない。添付書類は,1次審査:会社・事業に関する資料(会社案内・パンフレット,報道記事等。コピー可)。2次審査:(1次審査通過後)直近の営業報告書(貸借対照表,損益計算書もしくは,確定申告書のコピー)
【締切・発表】(第9回)平成22年5月31日応募締切,10月16日表彰
【賞・賞金】最優秀賞(商工会議所会頭賞→日本商工会議所会頭賞)1名:表賞状・副賞20万円,優秀賞(全国商工会議所女性会連合会会長賞)2名:表賞状・副賞10万円,奨励賞(全国商工会議所女性会連合会企画調査委員長賞)4名:表賞状・副賞5万円,特別賞(「女性起業家大賞」審査委員会委員長賞など)若干名:表賞状
【URL】http://joseikai.jcci.or.jp/

第1回(平14年)
◇最優秀賞 藤田 敏子(クック・チャム代表取締役社長) "お惣菜の製造・販売の直営・FC展開"
◇スタートアップ部門(創業5年未満)
● 優秀賞 志村 薫(RAYFIX(レイフィックス)代表) "おもてなしの心を形にしたブライダルプロデュース"
● 奨励賞
相坂 柚火子(編集工房じゅわ樹代表取締役) "女性の立場から実生活に役に立つ出版物の企画編集"
横山 りえ(日本健康管理センターナチュラルカフェこころん) "自然派石鹸開発,製造委託(障害者作業所),販売卸"
● 特別賞
佐藤 孝子(古河和装代表) "技能士集団による和服の委託加工"
新倉 美佐子(リス・インターナショナル代表取締役) "日本進出・海外進出企業に対する情報サービス"
◇グロース部門(創業5年以上10年未満)
● 優秀賞
杉本 薫子(KAORUKO代表取締役社長) "ブライダルコンサルタント業,フラワーアレンジメント"
東条 初恵(シラネパック代表取締役社長) "ダンボール紙器,包装梱包資材製造。身の回りのダンボールの再生技術の研究により,地球に優しい環境型産業を創造した"
● 奨励賞 村山 由香里(ファウブ代表取締役) "情報誌の編集・出版,イベント事業,FC事業。女性に一歩前に出る勇気を・広告収益モデル"
● 特別賞
武藤 正子(すまいる情報光が丘代表取締役) "公団公社中古分譲マンション売買仲介,賃貸管理"
山崎 比紗子(ヒサコネイル代表取締役) "ネイル美容サービス、ネイルスクール、ネイル用品販売"

第2回(平15年)
◇最優秀賞 小宮山 真佐子(ウォーブンハーツ代表取締役) "認定保育園の運営・保育所の運営受託業務,人材発掘コンサルティング業務"
◇スタートアップ部門(創業5年未満)
● 優秀賞 堀木 エリ子(堀木エリコ&アソシエイツ代表取締役) "和紙作品製作・販売,内装仕上げ工事業,和装インテリア,和紙素材開発"
● 奨励賞
池田 治子(エコトラック代表取締役) "一般貨物自動車運送業。エコトラック運送業で環境保全貢献のモデル"
渡辺 千佳子(マダム・ボー) "農産物加工販売,キャロティー(人参茶),薩摩のさつま芋のポタージュ"

- 特別賞
 森 和子（オルネット代表取締役）"タオル及びタオル縫製品販売。女性の目で欲しくなる商品を企画販売"
 花田 雅江（岡三食品代表取締役）"むき甘栗、天津甘栗製造・販売。むき甘栗の日本市場創造、中国の材料で現地本物加工"
◇グロース部門（創業5年以上10年未満）
- 優秀賞 丸田 好美（サーティースリー代表取締役）"リフレクソロジーサロン業務、技術者養成スクール運営。サロン事業とスクール事業の同時展開"
- 奨励賞 中居 成子（ハート・アンド・キャリア代表取締役）"キャリア開発事業、チャイルドケア事業、調査・研究"
- 特別賞 森田 弘美（グループフィリア代表取締役社長）"社史編集プロダクション（社史、社内報、会社案内のほか映像・作品集など）"

第3回（平16年）
◇最優秀賞 田山 雪江（陽気な母さんの店（大館特産物センター）友の会会長）"小売業（大館特産物直売所）、農業体験・郷土料理体験など。会員制の産地直売と文化の発信"
◇スタートアップ部門（創業5年未満）
- 優秀賞 矢部 みち子（海の恵み代表取締役）"水産加工品の製造販売。「浜焼き鯖寿司」「浜焼き鯛寿司」「小鯛の昆布〆」。地元の焼鯖寿司を機内食として市場創造、スピード成長"
- 奨励賞
 高田 はるみ（ゆとりライフTAKADA代表取締役）"収納カウンセラー。女性の視点で捨てる技術を深め、収納カウンセリングを展開しながらリフォーム需要の開拓"
 砂庭 須美子（スタジオせんじゅ）"布工芸品製造業（洋服・バック・小物）。一品物にこだわり使いやすさ、もとめやすさを追求"
- 特別賞 工藤 あい（エステティック「あいサロン」）"エステティックサロンおよび化粧品販売。中高年の女性を対象に美意識を高めていきたいを理念に高齢起業"
◇グロース部門（創業5年以上10年未満）
- 優秀賞 下河原 朋子（朋コーポレーション代表取締役）"健康食品販売（朋もろみしぼり酢）、レストラン経営、もろみ酢専門店。沖縄のもろみ酢の高い安定供給体制を確立、安定したビジネスモデルと経営"

- 奨励賞
 藤田 徳子（フェアリー・テイル代表取締役）"ブライダルプロデュース業"
 鋤柄 よしこ（アトリエコスモス代表取締役）"全国のクリエーター・SOHOのエージェントなど。SOHO事業者の働きやすい環境支援、安定した収益性"
- 特別賞
 才田 亜希子（ベルディオ・アットマーク代表取締役）"NTTドコモ九州代理店（ドコモショップ等4店舗）など、お客様満足と従業員満足の同時展開"
 大江 世津子（トリプル・ディー代表取締役社長）"サンドクリーン事業（砂場の殺菌・消毒／焼き砂の製造）。母の目で園児の情操・安全・健康を守る砂場浄化事業への参入"

第4回（平17年）
◇最優秀賞 園田 正世（北極しろくま堂代表取締役）"育児用品の企画、製造、販売業など。お母さんに心身ともに健やかな育児ができる育児用品を自分の感動体験から事業化"
◇スタートアップ部門（創業5年未満）
- 優秀賞 織田 静香（HELLO TOMORROW JAPAN ORDER BODY LAB代表）"乳がん手術で乳房を摘出した患者向けの人工乳房やボディパーツ（エピテーゼ）の製作。女性の悩みを女性の感性で解決し、希望と夢を提供する事業の創業"
- 奨励賞
 平舘 美木（Hime & Company代表取締役社長）"女性トレンドマーケティング業務など。女性感覚でのトレンドマーケティングモデルの創造"
 竹川 博子（タケカワダイヤツール代表取締役）"製造業（ダイヤモンド切削工具）。親族の経営から独立し製造業で女性経営者モデルを確立"
- 特別賞
 宮下 啓子（あしすと代表取締役）"訪問入浴介護事業など。入浴をリハビリの一つと位置づけ、入浴の効果と重要性を顧客へアピール"
 明石 春枝（Jinaサロン代表）"美容室、女性用オーダーウイッグメーカー。美容室提携により、大幅に経費削減で価格破壊に成功"
 久富 一代（久富代表取締役）"ビジネスホテル経営。安心、気軽な家庭的ムードのあ

◇グロース部門（創業5年以上10年未満）
- 優秀賞　石川 幸千代（ゼネラルフード事業スタジオ代表取締役）　"フードビジネスにおけるコンルサルタント全般的業務"
- 奨励賞　降矢 恭子（スピカ・麦の穂代表取締役）　"国産小麦の自家培養天然酵母パンの製造、小売など"
- 特別賞　山口 智子（英語教育研究所代表取締役）　"英会話教室の経営・英語教師養成・オリジナル教材の作成など"

第5回（平18年）
◇最優秀賞　池田 治子（エコトラック代表取締役）　"天然ガス自動車で低公害化をすすめるエコトラック理念で創業成長、荷主企業連携・NEDO交流などで環境物流事業の成長と収益安定化"
◇スタートアップ部門
- 優秀賞　伊藤 弘美（フェアベリッシュ代表取締役社長）　"12年間の家族介護体験からの愛着商品の創造、日本初のリハビリ介護靴・商標登録・特許、青空ネット"
- 奨励賞　武石 麗子（マダムモコ代表取締役）　"腰骨・背骨が変形した人のための婦人服でハッピーなシニアーライフを創出、独自の通販・サイトでマダムモコを浸透"
- 特別賞
坂東 未来（藍色工房代表取締役社長）　"ピアニストの感性で自然素材の健やかで楽しい価値の提供、専用手作り工房で手づくり量産"
山根 多恵（旅館吉田屋女将）　"老舗旅館を都会の若女将チームで旅館再生・地域再生、女性のIターン後継創業で地域自立"
千葉 小織（サヨリ商店街代表取締役）　"子供用のバレエ衣装の製造販売で少子化時代の情操教育ニーズを創造、大手バレーメーカー商品・顧客オリジナル商品のネット販売"
◇グロース部門
- 優秀賞　堤 香苗（キャリア・マム代表取締役）　"主婦をターゲットとしたマーケティング・ブランド調査と在宅就労で主婦の社会経済活動を支援、ネット活用でマーケティング調査・ブランド調査・在宅就労支援の3本柱を展開"
- 奨励賞
畠山 さゆり（Bee Creative A,C.代表）　"地元の顧客の持つ本当の魅力を引き出し、集客するITコンテンツ作成とネット販売支援、地域の顧客の広報担当として支援"
関根 千佳（ユーディット代表取締役）　"SOHOネットを活用しユニバーサルデザイン（UD）の専門コンサルタントとして高齢者や障害者に優しいUD社会の実現に貢献、社長を含め全員在宅。登録スタッフ280名は海外も含めて多様なナレッジスキルの保有者"
- 特別賞
玉井 里美（アミックインターナショナル代表取締役）　"地域と世界を結ぶ語学コミュニケーションビジネスの創出、世界的視野で地域に根ざし、生徒・講師・スタッフ・事業所間のコミュニケーションを重視し、地域のグローバル化を推進"
堤 恵美子（ティーツーイー代表取締役）　"顧客のライフスタイルにあわせた不動産情報の提供サイトで価値創造を支援、誠実高潔・本質の追求・独創性を理念に向上心をもってビジネスを進化"

第6回（平19年）
◇最優秀賞　谷口 とよ美（リブネット代表取締役）　"図書館アウトソーシングで図書館を知の創造スペースに変換、公営図書館のみでなく民営図書館の価値創造技術の蓄積"
◇スタートアップ部門
- 優秀賞　久田 真紀子（ヴェス代表取締役社長）　"女性の立場で公平な情報家電などの検証事業の事業化と拡大、レディーステスター育成と検証サービスで女性による顧客の立場に立った検証サービス"
- 奨励賞
阪口 あき子（シンプルウェイ代表）　"懐かしのホームビデオのDVD変換で、想い出映像の価値創造、北海道から思い出の詰まったホームビデオ事業展開"
三林 美雪（ミユキ代表取締役）　"業績不振の家業（魚屋）での知識を活用し、母の作った棒寿司を再現、素材にこだわった棒寿司で空弁・駅弁で独自販路開拓"
- 特別賞
新関 さとみ（さとみの漬物講座企業組合理事長）　"山形発のお母さんの漬物・タレ・教育などの製造販売サービス事業、総合サービス化で山形から東北・東京へ進出"
青木 久子（M&W企画オフィス代表取締役）　"歴史や伝統技術をテーマに暮らし視点からのコンサル事業で地域活性化、暮らし・

自然・文化の3つの再生で自発的事業展開"
高橋 泉（KSGインターナショナル代表取締役）"消費者視点の民間ブライダル電報事業の創造、インターネット電報で写真館・結婚式場と事業連携"

◇グロース部門
- 優秀賞 松田 壽美子（ジェイセレクション代表取締役）"オリジナルバッグで和の感性ブランディングビジネスの創出、使い手と作り手の感動の結びつける仕組み開発"
- 奨励賞
  田澤 由利（ワイズスタッフ代表取締役）"プロジェクト管理メールを自社開発しネットオフィス経営モデルを構築、北見発の問題解決型のしなやかなテレワーク事業開発"
  増田 かおり（マミーズファミリー代表取締役）"お母さんのニーズ先取りし多機能な保育システムの開発、ベビーシッターの養成・派遣、託児施設運営でお母さんの元気支援"
- 特別賞
  清野 めぐみ（ジェイウイング取締役）"女性ならではの感性で豆腐加工機と豆腐商品の両輪事業、機械と製品の両輪事業のコンセプトが女性らしく面白い"
  小出 史（ソルト・ファーム代表取締役）"天日古代製法にこだわった本物の美味しい自然海塩の事業化、熊本の自然海塩とその加工製品の豊富な品揃えで地域力の活性化"

第7回（平20年）
◇最優秀賞 河合 とも子（ズーム・ティー代表取締役）"ドクターベッタ哺乳びんで国内ニッチトップ、少子化社会の価値創造に貢献"
◇スタートアップ部門
- 優秀賞 森田 祥子（Terrace代表取締役）"欧州最新流行の靴をカスタマイズし、女性の夢を叶える都市型サービスの創造"
- 奨励賞
  上野 賢美（共立代表取締役）"顧客視点からの研究開発型環境システムの推進により環境対応を創造"
  浅原 真弓（岡山玉島市場有限責任事業組合職務執行者）"生産者とエンドユーザーの直結化と地産地消で地域農業の活性化"
- 特別賞

山内 美雪（ミユキ・エマイム代表取締役）"安全・安心で健康重視の高機能タイル商品の普及で地元瓦産業の活性化"
浦川 嘉子（はなのわ代表取締役）"困っている方の一人ひとりの思いを大切に、寄り添った介護で豊かな高齢化社会をめざす"

◇グロース部門
- 優秀賞 菅原 あけみ（マスカル代表取締役）"北海道の素材を活かしたプリンを冷凍保存技術により全国商品化し、農商連携を促進"
- 奨励賞
  貴島 清美（ディプロム代表取締役）"顧客視点でIT・クリエイター・人材支援を融合し顧客感動を創造"
  牛来 千鶴（SOHO総研代表取締役）"SOHOのコーディネイトとネットづくりで地域の活性化に貢献"
- 特別賞
  大堀 和子（Duco代表取締役）"古き良き未来というコンセプトで新素材に伝統工芸をほどこし手作りのよさで生活を豊かに"
  栗屋 しのぶ（企業組合オフィスケイ（トラベルネット）代表理事）"別府観光資源のトラベルネットワークで地域資源を活用"

第8回（平21年）
◇最優秀賞 権藤 光枝（Branches代表取締役）"改善手法を磨き上げ、保育サービスのビジネスモデルを進化"
◇スタートアップ部門
- 優秀賞 秋山 晶子（たび寅代表取締役社長）"宿と一心同体支援で不況を勝ち抜く"
- 奨励賞
  阿久津 智子（クルール・プロジェ代表取締役）"社会・地域・企業が子育て支援環境づくり"
  奥間 邦子（BuonoBuono代表取締役）"パンの形をした幸せを提供する店で社会に貢献"
- 特別賞
  佐藤 真琴（ピア代表理事）"ウイッグの提供でがんと前向きに闘っていける環境を整える"
  加藤 元美（やっさ弁当代表）"地産地消で姫路や祭りを発信し、ブランド化で名物へ展開"
  御子柴 真由美（まゆ積み木作家代表）"自分の子供に与えたいと思える五感に響く積み木で想像力を育む"

◇グロース部門

経済・経営

- 優秀賞 光畑 由佳（モーハウス代表）　"授乳服で母親達に自分らしい生き方を提供"
- 奨励賞
  林 志英（KAJIN代表取締役）　"子供フォーマルで子供達に華やかな思い出を提供"
  平井 由紀子（セルフウイング代表取締役社長）　"起業家精神・生きる力の備わった人材育成で社会に貢献する"
- 特別賞
  古関 弘子（みずほフーズ代表取締役）　"地場の知恵を生かし、ほんのりピーチの復活で農商工連携を目指して創業"
  西川 あゆみ（イーブ代表取締役会長）"EAPによる、企業や組織で働く人々の問題解決や生産性向上を支援する"

第9回（平22年）
◇最優秀賞 阪本 惠子（ビッグバイオ代表取締役）　"納豆菌群を利用した水質浄化ブロックのオンリーワン商品の開発"
◇スタートアップ部門
- 優秀賞 大塚 玲奈（エコトワザ代表取締役社長）　"エコ商材を持つ中小企業の、情報発信・販売・コンサルティングで世界のかけ橋"
- 奨励賞
  石田 友子（愛心援助サービス2人3脚代表取締役）　"医療連携で、一対一の寄り添う介護の実現"
  中村 文妃子（マミードルチェ代表取締役）　"食物アレルギーの子供たちに、冷凍パンで家族皆で食べられる喜びを提供"
- 特別賞
  乾 由香（ナンクルナイサァーケアネット代表取締役）　"障害福祉サービスに力を入れ、笑顔いっぱいの社会づくりで成功"
  佐伯 明香（阿蘇デザインファーム代表取締役）　"女性ならではの視点で食育や環境問題を取り入れた体験農業"
◇グロース部門
- 優秀賞 柳生 美江（プチファーマシスト代表取締役）　"薬局再生で、地域NO1のかかりつけ薬局を目指し、成長戦略で成功"
- 奨励賞 青木 由紀子（アライブ・アンド・キッキング代表取締役）　"訪日外国人の増加、エコ・健康志向の高まりで市場は拡大傾向"

## 010　髙橋亀吉記念賞

　日本における経済評論家・エコノミストの草分けである髙橋亀吉（元『東洋経済新報』編集長）の業績を偲んで、昭和59年に「東洋経済・髙橋亀吉賞」として創設された。経済論壇に新風を吹き込むことを目的としている。平成6年度、東洋経済新報社創立100周年を機に賞名が変更された。
【主催者】（株）東洋経済新報社
【選考委員】大田弘子（政策研究大学院大学副学長）、武藤敏郎（大和総研理事長）、若田部昌澄（早稲田大学政治経済学術院教授）
【選考方法】公募
【選考基準】〔対象〕既存の観念にとらわれず、ジャーナリズムに新風を吹き込むような新鮮な論文。但し、学術論文は除く〔応募規定〕8000字程度、横書き、A4用紙を使用し、ワープロの場合は30字×45行で作成し、本文は6枚に納める。図表添付は可、原稿には通し番号を入れる。表紙に住所、氏名、電話番号と簡単なプロフィールを記入する。また、募集テーマとは別に論文にふさわしい個別の表題を付し、200字程度の要約を付ける
【締切・発表】締切9月中旬、発表11月中旬
【賞・賞金】最優秀作：賞金100万円、優秀作：賞金30万円、佳作：賞金10万円
【URL】http://www.toyokeizai.net/corp/award/takahashi/

第1回（昭59年）
◇最優秀作　該当者なし
◇優秀作
福島 清彦（野村総合研究所）「変貌する日米経済関係と日本の進路」
三矢 篤信　「情報化社会と日本的企業の対

応力」
第2回（昭60年）
◇最優秀作　該当者なし
◇優秀作　井戸 智樹（松下政経塾）「未来街の可能性を探る―神戸ファッションタウンの例を中心に」

第3回（昭61年）
◇最優秀作　梅屋 薫（東北大学名誉教授）"「研究大国」こそ国際協調への道―日本版マンハッタン計画を提唱する」"
◇優秀作　該当者なし

第4回（昭62年）
◇最優秀作　該当者なし
◇優秀作　藤野 哲也（石川島播磨重工業）「国際化を担う人材と日本的経営」

第5回（昭63年）
◇最優秀作　伊木 稔（サントリー文化財団事務局長）, 出口 正之（サントリー文化財団）"「「文化の創造」で地方は甦る」"
◇優秀作　小野 五郎（アジア経済研究所）"新広域地域圏「ホロン・ポリス」の提唱」"

第6回（平1年）
◇最優秀作　該当者なし
◇優秀作　北原 彰曠（国際羊毛事務局）「参議院の"超政党化"を提唱する―国家に長期政策の形成機能を」

第7回（平2年）
◇最優秀作　該当者なし
◇優秀作
　城野 敬子（日立総合計画研究所）「複眼的日米構造協議論のすすめ」
　前田 正子（松下政経塾研究員）「米国社会での反日感情を無くすために―日本の企業行動と日本社会の変質を」

第8回（平3年）
◇最優秀作　該当者なし
◇優秀作
　牧田 東一（トヨタ財団）"日本社会の変革とその新しい担い手としての「Third Sector」"
　工藤 由貴子　"「変化への適応」から「変化の取り入れ」への転換を"

第9回（平4年）
◇最優秀作　該当者なし
◇優秀作
　中沢 孝夫（労働評論）「良質な社会と自己訂正能力」
　野口 具信（東レ・ダウコーニングシリコーン）"「「グローバル・オープンシステム」を求めて」"

第10回（平5年）
◇最優秀作　該当者なし
◇優秀作
　関口 益照（富士通システム総研）「競争的広域行政機構による郷土の再興」
　塚本 水樹（自然農業工房アトリエ）「権力のダウンサイジング」

第11回（平6年）
◇最優秀作　神里 常彦（日立製作所）"「「政策市場」における「霞が関株式会社」の寡占状態を排せ」"
◇優秀作
　山崎 元　「官僚を逃がさない官僚制度改革」
　佐藤 英一　「内閣機能の強化と予算審議室構想」

第12回（平7年）
◇最優秀作　該当者なし
◇優秀作　該当者なし

第13回（平8年）
◇優秀作
　宮副 謙司　「新しい「関係づくり」から始まる企業と個人の行動革新」
　池田 信夫　「世界の蜘蛛の巣：インターネットと日本型企業」

第14回（平9年）
◇最優秀作　該当者なし
◇優秀作
　福留 恵子　「少子・高齢化社会のゆくえと対応策」
　池本 美香　「親の時間世界に生じている変化」

第15回（平10年）
◇優秀作
　豊田 尚吾　「真のグローバル・スタンダードとは」
　辻田 昌弘　「守るより攻めろ―事実上のルールとしてのグローバル・スタンダード」

第16回（平11年）
◇優秀作
　田中 のぞみ　「自己責任能力としてのネットワーク社会」
　玉田 洋　「ネットワーク時代の日本経済」

第17回（平12年）
◇最優秀作　加藤 敏春　「イノベイティブで公正な経済社会を実現するために」

経済・経営

◇優秀作　河口　洋行　「社会保障制度統合とTQM導入による国民本位の制度改革を」

第18回（平13年度）
◇最優秀作　該当者なし
◇優秀作　北島　啓嗣　「住宅資産と個人消費―住宅ローンの「レバレッジ効果」軽減を目指して」

第19回（平14年）
◇最優秀作　該当者なし
◇優秀作
　大串　正樹　「ダイアドからトライアドな関係へ―企業・個人・社会の新たな関係構築に向けて」
　片岡　和人　「21世紀型日本的経営の構築に向けて」

第20回（平16年）
◇最優秀作　該当者なし
◇優秀作
　辻田　昌弘（21世紀政策研究所研究主幹）「グローバル競争における地域イノベーション戦略の重要性」
　山﨑　朗（九州大学大学院経済学研究院教授）「アジア時代の産業システムと国土構造の構築に向けて―アジア時代の日本の針路―」

第21回（平17年度）　神山　直樹（モルガン・スタンレー証券日本株ストラテジスト）「会社は『誰か』のために存在するのか」
◇優秀作　吉田　總一郎（吉田藤兵衛＆カンパニー代表取締役社長）「企業価値多様化・増殖の場としての公共領域」

第22回（平18年度）
◇最優秀作　該当者なし
◇優秀作　唐津　秀夫（ジャパン・ペンション・ナビゲーター代表取締役社長）「公共サービスのコストパフォーマンス向上について」

第23回（平19年度）
◇最優秀作　該当者なし
◇優秀作
　浅野　孝志　「M&Aの経営の位置づけ―セル（sell）サイドの思考から始めるM&A」
　勝見　大八（イオン事業推進部サブマネージャー）「時間軸を意識した経営戦略へ―M&Aを経営戦略に取込むことの意義」

第24回（平20年度）
◇最優秀作　該当者なし
◇優秀作　大沼　伯史（電通）「イノベーションを支える先端技術の市場化と需要表現の重要性」

第25回（平21年度）
◇最優秀作　該当者なし
◇優秀作
　宇佐見　信一（エム・ユー・ビジネスサービス名古屋）「BOP市場を新たな事業領域として捉えビジネスモデルを構築せよ」
　桂　次郎（日立製作所）「エレクトロニクス企業の国際競争力再生に向けて―21世紀の楽市楽座」

第26回（平22年度）
◇最優秀作　該当者なし
◇優秀作　該当者なし

## *011*　中小企業研究奨励賞

　中小企業の調査研究に対する助成を行うことにより，中小企業研究の発展ならびに中小企業の発展に寄与することを目的として創設された。著者および出版社に贈られる。
【主催者】（財）商工総合研究所
【選考委員】委員長・経済部門主査：村上敦（神戸大学名誉教授），経営部門主査：古川浩一（東京工業大学名誉教授），清水啓典（一橋大学大学院教授），森本三男（青山学院大学名誉教授），伊藤公一（千葉商科大学教授），足立文彦（金城学院大学教授），三井逸友（横浜国立大学大学院教授），港徹雄（青山学院大学教授），渡辺幸男（慶應義塾大学教授），高原一郎（中小企業庁長官），鶴田欣也（全国中小企業団体中央会会長），関哲夫（株式会社商工組合中央金庫代表取締役社長），児玉幸治（財団法人商工総合研究所理事長）
【選考方法】公募
【選考基準】〔対象〕平成22年度の場合,21年8月1日から22年7月31日までに刊行された，中小企業に関する図書，または定期刊行物に発表された論文。経済部門：経済理論，経済政策，経済史他。経営部門：経営，会計，経営史他

## 011 中小企業研究奨励賞

経済・経営

【締切・発表】締切は毎年10月15日。翌年2月中旬以降に新聞・雑誌で発表
【賞・賞金】計4点,賞金各40万円と記念品。特に優れた作品がある場合には,特賞として2点以内,賞金各60万円と記念品。出版賞として受賞図書を刊行した出版社へ賞牌が贈られる
【URL】http://www.shokosoken.or.jp/index.htm

第1回(昭51年度)
　清成 忠男,日本経済新聞社　「現代中小企業論―経営の再生を求めて」
　丸山 稔,中央経済社　「経済法講義―戦後中小企業法の展開」
　糸園 辰雄,ミネルヴァ書房　「日本中小商業の構造」
◇特賞　佐藤 芳雄,有斐閣　「寡占体制と中小企業」
◇準賞　吉田 敬一,季刊地域と経済　「西ドイツにおける手工業の発展過程」

第2回(昭52年度)
　百瀬 恵夫,白桃書房　「企業集団化の実証的研究―日本家具工業高度化への展開」
　中央大学経済研究所〈編〉,中央大学出版部　「中小企業の階層構造―日立製作所下請企業構造の実態分析」
◇特賞　山崎 充,ダイヤモンド社　「日本の地場産業」
◇準賞　加藤 誠一,水野 武,小林 靖雄〈編〉,同友館　「現代中小企業基礎講座 第1～5巻」

第3回(昭53年度)
　松谷 義範,モンジュ　「経営思想とその計数的展開」
　三村 浩史,北条 蓮英,安藤 元夫,新評論　「住工混合地域の研究・都市計画と中小零細工業」
　久保田 英夫,文真堂　「西独輸出産業の下部構造―石油危機直前における西ドイツ輸出関連中小企業の実態調査と分析」
　鈴木 安昭,日経流通新聞　「昭和初期の小売商問題」

第4回(昭54年度)
　大阪経済大学中小企業経営研究所,日外アソシエーツ　「中小企業研究―潮流と展望」
　松島 静推,東京大学出版会　「中小企業と労務管理」
◇特賞　下平尾 勲,新評論　「現代伝統産業の研究」

第5回(昭55年度)
　辻 弥兵衛,安部 一成〈編著〉,日本評論社　「日本の零細企業―地方の時代をどう生きるか」
　藤井 茂,千倉書房　「輸出中小企業」
◇準賞　志沢 芳夫,同文舘　「ボランタリーチェーン―新展開の指針」
　居城 克治,商工金融　「メカトロニクスの進展と外注依存の変化―NC工作機械化が急な工作機械業界」

第6回(昭56年度)
　佐藤 芳雄〈編著〉,日本経済評論社　「巨大都市の零細工業―都市型末端産業の構造変化」
　森 静朗,日本経済評論社　「庶民金融思想史体系」
　小池 和男,同文舘　「中小企業の熟練―人間形成のしくみ」
　太田 一郎,金融財政事情研究会　「人間の顔をもつ小企業―生業的経営のバイオロジー」
◇準賞　高田 亮爾,商工経済研究　「中小企業における労働・福祉問題の研究―安定成長下での「新たな二重構造問題」の展開」

第7回(昭57年度)
　木村 吾郎,新評論　「現代日本のサービス業」
　同志社大学人文科学研究所〈編〉,ミネルヴァ書房　「和装織物業の研究」
◇準賞　大橋 正彦,産業能率　「専門店チェーンの発展諸条件と今後の戦略展開―発展規定諸要因の解明と具体的行動」

第8回(昭58年度)
　中村 精,東洋経済新報社　「中小企業と大企業―日本の産業発展と準垂直的統合」
　大塚 宗元,日経事業出版社　「中小企業の哀歓―棲み分けそして共生」
　金子 精次〈編著〉,法律文化社　「地場産業の研究―播州織の歴史と現状」
◇特賞　磯部 喜一,商工金融　「伝統産業に関する研究」

第9回(昭59年度)
　吉原 英樹,東洋経済新報社　「中堅企業の海外進出―6社の成功例にみる」

中村 孝士, 東洋経済新報社 「銀座商店街の研究」
内藤 英憲, 産業経営研究ほか 「スウェーデン小売業に関する研究」
◇特賞　関 満博, 新評論 「地域経済と地場産業―青梅機業の発展構造分析」

第10回（昭60年度）
赤羽 幸雄, 日本経済新聞社 「商店街の研究」
矢ケ崎 孝雄, 日本経済評論社 「九谷焼」
坂本 康実, 税務経理協会 「環衛業の現状と経営改善」
栗原 正巳, 小川 正博, 森沢 孝喜, 同文館 「FA戦略」
◇特賞　滝沢 菊太郎〈編〉, 有斐閣 「日本の中小企業研究 全3巻」

第11回（昭61年度）
野口 祐, 日本経済評論社 「先端技術と地場産業」
中村 秀一郎, 小池 洋一, アジア経済研究所 「中小企業のアジア向け投資―環境変化と対応」
谷霧 寛, 通商産業調査会 「中小企業倒産の構図」
中村 和夫, 日本工業新聞社 「下請企業の自立化戦略―脱サラから儲かる会社にするまで」

第12回（昭62年度）
加藤 誠一, 渡辺 俊三, 有斐閣 「中小企業理論」
坂本 光司, 静岡新聞社 「円高, 国際化と地域産業」
木村 泰三, 中小企業リサーチセンター 「与信」
森本 隆雄, 森山書店 「西ドイツ中小企業論」
◇準賞
太田 進一, 中央経済社 「中小企業の比較研究」
高瀬 浄ほか8名, 日本経済評論社 「群馬からみた先端技術と産業構造の変容」

第13回（昭63年度）
日本計画行政学会, 学陽書房 「都市工業の立地環境整備計画」
上野 和彦, 大明堂 「地場産業の展望」
国際女性学会〈中小企業の女性を研究する分科会〉, 未来社 「中小企業の女性たち」
古川 浩一, 寺本 義也, 神田 良, 商工総合研究所 「異業種交流の進化と組織特性」

第14回（平1年度）
土屋 守章, 三輪 芳朗〈編著〉, 東京大学出版会 「日本の中小企業」
内藤 英憲, 大森 暢之, 広江 彰, 太田 一郎, 中小企業リサーチセンター 「中小企業とME革命―第3次産業革命のインパクトを探る」
岩田 勲, 中央経済社 「技術革新と企業成長」
◇準賞
竹内 淳彦, 大明堂 「技術革新と工業地域」
石倉 三雄, ミネルヴァ書房 「地場産業と地域経済」

第15回（平2年度）
有田 辰男, 日本評論社 「戦後日本の中小企業政策」
高田 亮爾, 新評論 「現代中小企業の構造分析―雇用変動と二重構造」
岩佐 三朗, マネジメント社 「日本型リテール・サポートの戦略」
富士総合研究所経営情報部〈編〉, 堀越 昌章〈監修〉, 東洋経済新報社 「労働時間短縮と中小企業」

第16回（平3年度）
三井 逸友, 青木書店 「現代経済と中小企業」
播 久夫, 大蔵財務協会 「実録・青色申告制度四十年史」
◇特賞　寺岡 寛, 信山社出版 「アメリカの中小企業政策」
◇準賞　国民金融公庫調査部〈編〉, 中小企業リサーチセンター 「新規開業の実態―豊かさのなかでの自己実現」

第17回（平4年度）
小原 久治, 勁草書房 「地場産業・産地の新時代対応」
石原 武政, 石井 淳蔵, 日本経済新聞社 「街づくりのマーケティング」
◇特賞　上田 達三, 関西大学出版部 「産業構造の転換と中小企業」

第18回（平5年度）
関 満博, 吉田 敬一〈編〉, 新評論 「中小企業と地域インキュベータ」
本台 進, 同文館 「大企業と中小企業の同時成長―企業間分業の分析」
◇準賞
岩沢 孝雄, 白桃書房 「商店街活性化と街づくり―都市政策と商業政策の融合」
中小企業事業団〈編〉, 企業共済協会 「中小企業とM&A戦略―その実態と成功のポ

イント」
第19回(平6年度)
　石原 武政, 千倉書房　「小売業における調整政策」
　鵜飼 信一, 新評論　「現代日本の製造業—変わる生産システムの構図」
◇準賞
　村本 孜, 有斐閣　「制度改革とリテール金融」
　後藤 新一, 日本金融通信社　「無尽・相銀合同の実証的研究」
第20回(平7年度)
　加藤 秀雄, 新評論　「変革期の日本産業—海外生産と産業空洞化」
　三井 逸友, 白桃書房　「EU欧州連合と中小企業政策」
　岡本 義行, 三田出版会　「イタリアの中小企業戦略」
　松田 修一〈監修〉, 早稲田大学アントレプレヌール研究会〈編〉, 日本経済新聞社　「ベンチャー企業の経営と支援」
第21回(平8年度)
　浜田 康行, 日本経済新聞社　「日本のベンチャーキャピタル—未来への戦略投資」
　鈴木 淳, ミネルヴァ書房　「明治の機械工業—その生成と展開」
　竹内 常善, 阿部 武司, 沢井 実, 大阪大学出版会　「近代日本における企業家の諸系譜」
◇特賞　松永 宣明, 勁草書房　「経済開発と企業発展」
◇準賞
　中熊 祐輔, 日刊工業新聞社　「非創の秘訣—異業種交流の新潮流」
　金原 達夫, 文眞堂　「成長企業の技術開発分析—中堅・中小企業の能力形成」
第22回(平9年度)
　石井 淳蔵, 有斐閣　「商人家族と市場社会」
　柳 孝一, 日本経済新聞社　「起業力をつける」
◇準賞
　酒巻 貞夫, 税務経理協会　「中小企業のトータル人事システム」
　黒瀬 直宏, 同友館　「中小企業政策の総括と提言」
　木村 保茂, 学文社　「現代日本の建設労働問題」
　寺岡 寛, 有斐閣　「日本の中小企業政策」
第23回(平10年度)　谷本 雅之, 名古屋大学出版会　「日本における在来的経済発展と織物業—市場形成と家族経営」
◇特賞　渡辺 幸男, 有斐閣　「日本機械工業の社会的分業構造」
◇準賞
　磯辺 剛彦, 白桃書房　「トップシェア企業の革新的経営」
　山口 光一, ミネルヴァ書房　「ともに生きともに働く」
第24回(平11年度)
　柳沢 遊, 青木書店　「日本人の植民地経験—大連日本人商工業者の歴史」
　忽那 憲治, 山田 幸三, 明石 芳彦, 日本経済評論社　「日本のベンチャー企業—アーリーステージの課題と支援」
　稲上 毅, 八幡 成美〈編著〉, 文眞堂　「中小企業の競争力基盤と人的資源」
◇準賞　岩本 純, 学文社　「「情報」の商品化と消費—ソフトウエア開発の産業・企業・技術者」
第25回(平12年度)
　植田 浩史〈編著 他7名〉, 創風社　「産業集積と中小企業—東大阪地域の構造と課題」
　長谷川 勉, 日本経済評論社　「協同組織金融の形成と動態」
　高橋 徳行, 経済産業調査会　「起業学入門」
　小川 正博, 同文舘出版　「起業のネットワーク革新—多様な関係による生存と創造」
第26回(平13年度)
　中山 健, 同友館　「中小企業のネットワーク戦略」
　福田 昌義, 笠原 英一, 寺石 雅英, 文眞堂　「ベンチャー創造のダイナミクス」
　太田 肇, 中央公論新社　「ベンチャー企業の「仕事」」
第27回(平14年度)
◇経済部門　土井 教之, 西田 稔〈編著〉「ベンチャービジネスと起業家教育」〔御茶の水書房〕
● 準賞
　河崎 亜洲夫　「日本中小企業の適応と変化」〔八千代出版〕
　三谷 真紀, 脇坂 明〈編著〉「マイクロビジネスの経済分析」〔東京大学出版会〕
◇経営部門　金井 一頼, 角田 隆太郎〈編著〉「ベンチャー企業経営論」〔有斐閣〕
● 準賞　伊東 維年, 田中 利彦, 鈴木 茂, 勝部 伸夫, 荒井 勝彦　「ベンチャー支援制度の研究」〔文眞堂〕

第28回（平15年度）
◇経済部門
- 準賞
 渡辺 俊三 「戦後再建期の中小企業政策の形成と展開」〔同文舘〕
 齊藤 正 「戦後日本の中小企業金融」〔ミネルヴァ書房〕
◇経営部門
- 本賞 稲垣 京輔 「イタリアの企業家ネットワーク」〔白桃書房〕
- 準賞
 山本 貢 「中小企業組合の再生」〔中央経済社〕
 井上 善海 「ベンチャー企業の成長と戦略」〔中央経済社〕

第29回（平16年度）
◇経済部門
- 本賞
 家森 信善 「地域金融システムの危機と中小企業金融」〔千倉書房〕
 植田 浩史 「戦時期日本の下請工業」〔ミネルヴァ書房〕
◇経営部門
- 本賞 寺岡 寛 「スモールビジネスの経営学」〔信山社出版〕
- 準賞
 小川 雅人, 毒島 龍一, 福田 敦 「現代の商店街活性化戦略」〔創風社〕
 岩崎 邦彦 「スモールビジネス・マーケティング」〔中央経済社〕

第30回（平17年度）
◇経済部門
- 本賞 駒形 哲哉 「移行期 中国の中小企業論」〔税務経理協会〕
- 準賞
 橘川 武郎〈編著〉, 連合総合生活開発研究所〈編著〉 「地域からの経済再生―産業集積・イノベーション・雇用創出」〔有斐閣〕
 浜松信用金庫〈編〉, 信金中央金庫総合研究所〈編〉 「産業クラスターと地域活性化―地域・中小企業・金融のイノベーション―」〔同友館〕
◇経営部門
- 本賞 忽那 憲治〈編著〉, 安田 武彦〈編著〉 「日本の新規開業企業」〔白桃書房〕
- 準賞
 堀江 康熙〈編著〉 「地域金融と企業の再生」〔中央経済社〕
 南方 建明 「日本の小売業と流通政策」〔中央経済社〕

第31回（平18年度）
◇経済部門
- 本賞 該当者なし
◇経営部門
- 本賞
 南方 建明, 酒井 理 「サービス産業の構造とマーケティング」〔中央経済社〕
 福井 幸男〈編著〉 「新時代のコミュニティ・ビジネス」〔御茶の水書房〕

第32回（平19年度）
◇経済部門
- 本賞
 小野 有人 「新時代の中小企業金融」〔東洋経済新報社〕
 大田 康博 「繊維産業の盛衰と産地中小企業」〔日本経済評論社〕
◇経営部門
- 本賞
 弘中 史子 「中小企業の技術マネジメント」〔中央経済社〕
 神田 善郎 「購買革新のマネジメント」〔中央経済社〕

第33回（平20年度）
◇経済部門
- 準賞
 鹿野 嘉昭 「日本の中小企業」〔東洋経済新報社〕
 小川 一夫 「メインバンクの財務状況と企業行動」〔経済研究（編集者一橋大学経済研究所, 発行者岩波書店）〕
◇経営部門
- 本賞
 樋口 美雄〈編著〉, 村上 義昭〈編著〉, 鈴木 正明〈編著〉, 国民生活金融公庫総合研究所〈編著〉 「新規開業企業の成長と撤退」〔勁草書房〕
 太田 一樹 「ベンチャー・中小企業の市場創造戦略」〔ミネルヴァ書房〕

第34回（平21年度）
◇経済部門
- 本賞
 岡室 博之 「技術連携の経済分析」〔同友館〕
 渡辺 努〈編著〉, 植杉 威一郎〈編著〉 「検証 中小企業金融」〔日本経済新聞出版社〕
◇経営部門
- 本賞 大木 裕子 「クレモナのヴァイオリン工房」〔文眞堂〕

第35回（平22年度）
◇経済部門

- 本賞　韓 載香　「「在日企業」の産業経済史 その社会的基盤とダイナミズム」〔名古屋大学出版会〕
◇経営部門
- 本賞
　山田 基成　「モノづくり企業の技術経営―事業システムのイノベーション能力」〔中央経済社〕
　加藤 厚海　「需要変動と産業集積の力学―仲間型取引ネットワークの研究」〔白桃書房〕

## 012　日本イノベーター大賞

日本の産業界で活躍する独創的な人材にスポットを当てることにより,日本経済に活力を与えようと平成14年に創設。独創力と実行力にあふれた経営者や研究者などを表彰する。
【主催者】日経BP社
【選考委員】委員長：小宮山宏(三菱総合研究所理事長)、委員：槍田松瑩(三井物産会長)、坂村健(東京大学教授)、宮内義彦(オリックス会長)、松永真理(バンダイ取締役)、米倉誠一郎(一橋大学教授)
【選考方法】公募及び推薦
【選考基準】〔基準〕海外のアイデアや技術を加工したものではなく,日本発の独創的なアイデアを持っている人。しかも実行力があって,日本の産業を変える可能性があり,既にある程度の成果を出している人。大学の研究者や企業の技術者,経営者など,ジャンルや職種は問わない
【締切・発表】(第9回)平成22年11月30日表彰式
【賞・賞金】大賞：賞金100万円と副賞,優秀賞：賞金50万円
【URL】http://corporate.nikkeibp.co.jp/

第1回(平14年)
◇大賞　鈴木 敏夫(スタジオジブリ・プロデューサー)
◇優秀賞
　森下 竜一(大阪大学医学部助教授,アンジェスMG取締役)
　郡山 龍(アプリックス会長)
　京塚 光司(イー・エス・アイ社長)
◇特別賞　田中 耕一(島津製作所フェロー)
第2回(平15年)
◇大賞
　坂本 健(東京大学教授)
　飯島 澄男(NEC特別主席研究員)
◇優秀賞　山田 真次郎(インクス社長)
第3回(平16年)
◇大賞　三木谷 浩史(楽天会長兼社長)
◇優秀賞
　上田 泰己(理化学研究所チームリーダー)
　浅川 智恵子(日本IBM東京基礎研究所主任研究員)
　田中 良和(サントリー先進技術応用研究所シニアスペシャリスト)
◇ジャパンクール賞
　三村 仁司(アシックスグランドマイスター)
　草彅 剛(俳優・歌手)
第4回(平17年)
◇大賞　伊賀 章(ソニー コーポレート・エグゼクティブSVP情報技術研究所長)
◇優秀賞
　岩宮 陽子(飾一社長)
　大平 貴之(プラネタリウム・クリエイター)
◇ジャパンクール賞
　岡野 雅行(岡野工業代表社員)
　大谷内 哲也(テルモ甲府東工場開発技術部課長)
　パフィー(女性デュオ)
第5回(平18年)
◇大賞　小菅 正夫(旭川市旭山動物園園長)
◇優秀賞
　上野 隆司(米スキャンポ・ファーマシューティカルズ共同創業者兼CEO)
　山海 嘉之(筑波大学大学院システム情報工学研究科教授)

経済・経営　　　　　　　　　　　　　　　　　　　　　　　　　　　　　　　013　日本経営工学会特別賞

第6回(平19年)
◇大賞　野尻 知里(米テルモハート社長兼CEO(最高経営責任者))
◇優秀賞　原 昌宏(デンソーウェーブ自動認識事業部事業企画室主幹)
◇アイデア賞　千賀 邦行(パイロットインキ商品開発部課長第2開発部主査)

第7回(平20年)
◇大賞　枋迫 篤昌(米マイクロファイナンス・インターナショナル・コーポレーション社長兼CEO(最高経営責任者))
◇優秀賞
　伊藤 高明(住友化学農業化学部門主幹)
　黒田 義光(ファインパーツ社長)

第8回(平21年)
◇大賞　まつもと ゆきひろ(ネットワーク応用通信研究所フェロー,楽天技術研究所フェロー,Rubyアソシエーション理事長)
◇優秀賞
　雨宮 清(山梨日立建機代表取締役)
　三木 康弘(阿波製紙社長)
◇日経ビジネス創刊40周年特別賞　奥山 清行(KEN OKUYAMA DESIGN代表)

第9回(平22年)
◇大賞　川口 淳一郎(宇宙航空研究開発機構(JAXA)教授)
◇優秀賞
　佐藤 謙一(住友電気工業フェロー材料技術研究開発本部技師長)
　平賀 督基(モルフォ社長)
◇特別賞　大山 泰弘(日本理化学工業会長)

## 013　日本経営工学会特別賞

経営工学の実践的研究ならびに技術の発展普及に顕著な業績をあげた者ないし団体等に授与する賞。
【主催者】(社)日本経営工学会
【選考委員】表彰委員会
【選考基準】〔対象〕経営システム賞:同会が発行する経営システムに掲載されたもの。経営工学実践賞:原則として同会が主催する春秋の大会において事例発表あるいは研究発表として発表された実践事例ならびに関連業績。
【賞・賞金】経営システム賞:賞状と文鎮。経営工学実践賞:賞状と盾
【URL】http://www.jimanet.jp/

(平4年度)
◇マネジメント・ソフトウェア賞　石塚 美奈子,ほか(住友金属工業)「製品構内輸送における物流統合官制システムの開発」

(平5年度)
◇経営システム賞　住田 友文(日本開発銀行)"経営の財務的側面におけるフレキシビリティ"〔経営システム 3(2)〕"

(平6年度)
◇マネジメント・ソフトウェア賞　田部 勉(青山学院大学),ほか「内外作決定のための意思決定支援システム」
◇経営システム賞　久我 健夫(豊田工機)"個別受注生産における生産管理システム—豊田工機座席指定システムによる負荷の平準化"〔経営システム 4(1)〕"

(平7年度)
◇経営システム賞　相沢 進(セイコーエプソン)"日本の企業に求められている創造性の追求"〔経営システム 5(3・4)〕"

(平8年度)　池沢 健治(日産自動車)"「インターネットを用いたデイジタルセールスネットワーク」〔経営システム誌Vol.6,No.4〕"

(平9年度)　山路 敬三(日本テトラパック)"有限の経済社会における企業経営"〔経営システム誌Vol.7,No.3〕"

(平10年度)　藤田 昌宏(通商産業省)"国際標準化がなぜ今重要なのか"〔経営システム誌Vol.8,No.1〕"

(平11年度)　三橋 規宏(日本経済新聞論説委員)"循環型経済システムの構築"〔経営システム誌Vol.9,No.4〕"

（平12年度）渡辺 実（東急ホーム）"「iモードによる工事工程管理システムの開発について」〔経営システム誌Vol.10,No.4〕"

（平13年度）松本 陽子（竹中工務店）"「竹中工務店におけるCRMの構築-知的財産活用へのチャレンジ」〔経営システム誌Vol.11,No.1〕"

（平14年度）
◇経営システム賞　佐藤 武久（日本アイ・ビー・エム）"「日本企業におけるeラーニングの展開とその成功要因―企業の変革を支援するJust-in-time Education―」〔経営システム Vol.12,No.4〕"
◇経営工学実践賞　高橋 正三（新潟イーグル）"多品種少量個別受注生産における改善事例"

（平15年度）
◇経営システム賞　柿内 幸夫（改善コンサルタンツ）"「私が考える日本の製造業の将来」〔経営システム Vol.13,No.2〕"
◇経営工学実践賞　山田 日登志（PEC産業教育センター）"トヨタ生産方式の実践"

（平16年度）
◇経営システム賞
　林 利弘（日立製作所）"「開発・設計技術者の視点からMOTを考える―開発・設計プロセス工学技術をベースとした技術マネージメント」〔経営システム Vol.14,No.1〕"
　竹之内 隆（電通国際情報サービス）""ビジネス支援"システムとしての生産管理システムの要件」〔経営システム Vol.14,No.4〕"
◇経営工学実践賞　金子 文彦，橋本 省吾（村田製作所）"最先端部品づくりにおける課題のIE的視点による解決事例"

（平17年度）
◇経営システム賞　関 伸一（ローランド・ディー・ジー）"「進化するデジタル屋台―日本のモノづくりをDVEが変えている！」〔経営システム，Vol.15,No.2,pp.116-120（2005,7）〕"
◇経営工学実践賞
　銀屋 洋（トヨタ自動車）"トヨタ生産方式の幅広い実践とその発展"
　勝呂 隆男（TSCコンサルティング）"安全在庫への取り組みと経営支援での実践"

（平18年度）
◇経営システム賞　中山 清孝（ニースク）"「SCMの原点であるデリバリー設計について」〔経営システム Vol.16,No.2 pp.62-66（2006,6）〕"
◇経営工学実践賞　藤 健嗣，渋下 信明，長野 聡（マツダ）"管理技術の伝承のための産学連携の取り組み"

（平19年度）
◇経営システム賞　佃 純誠，熊谷 敏，山田 哲男（武蔵工業大学），大場 允晶（日本大学），河野 宏和（慶應義塾大学），菅野 敏彦（富士通），斎藤 正武（中央大学），竹田 賢（青山学院大学），斎藤 文（産能大学），藤川 裕晃（近畿大学），西関東支部WG・産学連携研究部会合同チーム
◇経営工学実践賞　下澤 一裕（富士ゼロックス）"プロトタイプレス生産方式構築に関する研究"

（平20年度）
◇経営システム賞　該当無し
◇経営工学実践賞　谷 彰三（シャープ）"シャープにおけるコストマネージメント -原価企画・VE活動の取組み-"

（平21年度）
　秋庭 雅夫（東京工業大学名誉教授）"連載：「経営のためのIE」、経営システム誌"
　田村 豊（住友金属工業）"当所における間接部門効率化活動"

---

## 014　毎日経済人賞

国民生活の向上と日本の国際化に寄与した経済・産業界の指導者の功績を顕彰するため昭和54年に設立された。

**【主催者】** 毎日新聞社
**【選考方法】** 推薦
**【選考基準】**〔対象〕創意工夫によって業界に新風を吹き込み，業界活性化に大きく貢献した経済人。または国内及び国際的に市民経済社会，国民生活の発展向上に大きく寄与した経

経済・経営

済人
【締切・発表】例年1月3日付朝刊で発表
【賞・賞金】賞状と記念品（受賞者の希望する言葉を書家が揮毫）
【URL】http://www.mainichi.co.jp/event/index.html

第1回（昭54年度）
　片岡 勝太郎（アルプス電気社長）
　植良 祐政（飛島建設会長）
第2回（昭55年度）
　御手洗 毅（キヤノン会長）
　牧野 常造（牧野フライス会長）
第3回（昭56年度）
　吉田 忠雄（吉田工業社長）
　小林 大祐（富士通会長）
第4回（昭57年度）
　素野 福次郎（東京電気化学社長）
　飯田 亮（日本警備保障会長）
第5回（昭58年度）
　林 主税（日本真空技術社長）
　鬼塚 喜八郎（アシックス社長）
第6回（昭59年度）
　四島 司（福岡相互銀行社長）
　青木 宏悦（青木建設社長）
第7回（昭60年度）
　山口 多賀司（非破壊検査社長）
　三沢 千代治（ミサワホーム社長）
第8回（昭62年度）
　伊奈 輝三（INAX社長）
　樋口 広太郎（アサヒビール社長）
第9回（昭63年度）
　潮田 健次郎（トーヨーサッシ社長）
　小倉 昌男（ヤマト運輸会長）
第10回（平1年度）
　川村 茂邦（大日本インキ化学工業社長）
　山内 溥（任天堂社長）
第11回（平2年度）
　大賀 典雄（ソニー社長）
　福原 義春（資生堂社長）
第12回（平3年度）
　伊藤 雅俊（イトーヨーカ堂社長）
　立石 義雄（オムロン社長）
　◇特別賞　本田 宗一郎（本田技研工業最高顧問）
第13回（平4年度）
　金川 千尋（信越化学工業社長）
　小松 公平（阪急電鉄社長）

第14回（平5年度）
　村田 昭（村田製作所会長）
　橋本 久雄（マックス社長）
第15回（平6年度）　福武 総一郎（福武書店社長）
第16回（平7年度）
　孫 正義（ソフトバンク社長）
　岡田 卓也（ジャスコ会長）
第17回（平8年度）
　常盤 文克（花王社長）
　北島 義俊（大日本印刷社長）
第18回（平9年度）
　海崎 洋一郎（ブリヂストン社長）
　堀場 雅夫（堀場製作所会長）
第19回（平10年度）
　島 正博（島精機製作所社長）
　小松 安弘（エフピコ社長）
第20回（平11年度）
　鈴木 哲夫（HOYA会長）
　藤村 宏幸（荏原製作所会長）
　◇特別賞
　盛田 昭夫（ソニー名誉会長）
　佐治 敬三（サントリー会長）
第21回（平12年度）
　柳井 正（ファーストリテイリング社長）
　大宮 久（宝酒造社長）
第22回（平13年度）
　武田 国男（武田薬品工業社長）
　桜井 正光（リコー社長）
第23回（平14年度）
　御手洗 冨士夫（キヤノン社長）
　加賀見 俊夫（オリエンタルランド社長）
第24回（平15年度）
　町田 勝彦（シャープ社長）
　森 稔（森ビル社長）
第25回（平16年度）　永守 重信（日本電産社長）
第26回（平17年度）
　大塚 裕司（大塚商会社長）
　張 富士夫（トヨタ自動車副会長）
第27回（平18年度）
　鈴木 修（スズキ会長）

## 014　毎日経済人賞　　　　　　　　　　　　経済・経営

　　木瀬 照男（TOTO社長）
第28回（平19年度）
　　西田 厚聡（東芝代表執行役社長）
　　吉川 廣和（DOWAホールディングス会長・
　　　CEO）
第29回（平20年度）
　　大坪 文雄（パナソニック社長）
　　佐治 信忠（サントリー社長）
第30回（平21年度）
　　佃 和夫（三菱重工業会長）
　　矢崎 和彦（フェリシモ社長）
第31回（平22年度）
　　坂根 正弘（コマツ会長）
　　榊原 定征（東レ会長）

# 科学・技術

## 015 明日への環境賞

朝日新聞創刊120周年を記念して平成11年に創設。地球温暖化防止から家庭のごみ減らしまで、環境保全に関する幅広い分野を対象とし、先見性、モデル性、継続性に富む実践活動を顕彰する。平成21年(第10回)をもって休止。

【主催者】朝日新聞社
【選考委員】同賞審査委員会
【選考方法】公募(自薦・他薦)
【選考基準】〔対象〕(1)環境保全に貢献する実践活動。NGOや自治体、企業などの活動。著作、映像など。いずれも日本国内での活動、および日本人または日本に本拠を置く団体による海外での活動に限る。個人・団体を問わない。〔応募規定〕所定の応募推薦用紙(等倍でのコピー使用可)に記入して郵送
【賞・賞金】正賞(賞杯)と副賞100万円
【URL】http://www.asahi.com/shimbun/award/env/

第1回(平12年)
　霞ケ浦・北浦をよくする市民連絡会議(茨城県牛久市)　"住民、学校、行政、企業などが一体となり、水草のアサザ群落再生事業を中心に「百年後にはトキの舞う湖」を目指す"
　藤前干潟を守る会(愛知県名古屋市)　"ごみ処分場建設を食い止め、日本一のシギ、チドリ類の飛来地、藤前干潟を保全"
　アジア砒素ネットワーク(宮崎県日向市)　"土呂久鉱害支援の経験を生かし、中国、タイ、バングラデシュなどのヒ素汚染地区で地下水汚染の調査や安全な飲み水確保に努める"
◇農業特別賞　木次乳業(島根県木次町)　"「有機農業と食の安全性」という理念のもと、中山間地で地域の生産・加工・流通・消費をつなぐ安定したネットワークを確立"
◇森林文化特別賞　地球緑化センター(東京都中央区)　"中国・内モンゴル自治区と長江流域への植林ボランティア派遣のほか、「緑のふるさと協力隊」として国内過疎地へも希望者を送り込む"

第2回(平13年)
　北海道グリーンファンド(札幌市)　"市民の手で、日本初の「グリーン電力料金」を実現し、風力発電施設を着工"
　富士ゼロックス(東京都港区)　"回収した自社製品から、使用可能な部品を品質保証してリユースするなど、廃棄物を一切出さない「100%再資源化」のシステムを確立"
　福井県大野の水を考える会(福井県大野市)　"四半世紀にわたる地下水保全や節水の活動"
◇農業特別賞　阿蘇グリーンストック(熊本県阿蘇町)　"野焼き支援ボランティアやあか牛の産地直売など、農林畜産業の振興と、阿蘇の大草原を守る活動を続ける"
◇森林文化特別賞　速水林業(三重県海山町)　"「最も美しい森林は最も収穫の高い森林である」との理念を掲げ、環境保全に配慮した森林管理による模範的な林業経営を続ける"

第3回(平14年)
　滋賀県環境生活協同組合(滋賀県安土町)　"菜の花を栽培しクリーン燃料を作る資源

循環モデル「菜の花プロジェクト」を確立」
環境監視研究所(大阪市) "環境汚染に取り組む市民のために水,食料,土壌,大気などを調査・分析"
吉野川シンポジウム実行委員会(徳島市) "吉野川可動堰建設計画の可否を問う住民投票を実現するなど,河川環境を保全する活動を続ける"
◇農業特別賞 日本農書全集編集委員会(東京都港区) "江戸時代の農書の復刻・現代語訳「日本農書全集」72巻(農山漁村文化協会刊)を編集・刊行"
◇森林文化特別賞 トトロのふるさと財団(埼玉県所沢市) "市民から集めた募金で雑木林の保全に努めるとともに,行政や地元自治会と協力して田畑や古い民家の保存,環境教育につとめる"

第4回(平15年)
セイコーエプソン(長野県) "オゾン層を破壊するフロンの全廃,地球温暖化の原因となるガスの大量削減などに取り組む"
気候ネットワーク(京都府) "地球温暖化防止に取り組む全国の個人や団体のネットワークの中心として,市民啓発,調査研究,政策提言などの活動を続ける"
緑の地球ネットワーク(大阪府) "中国の黄土高原での植林活動に取り組み,砂漠化防止や農民の暮らしの向上などにつとめる"
全国合鴨水稲会(岡山県) "アイガモを利用した稲作の除草技術を確立し,我が国の有機農業の発展に大きく寄与するとともに,アジア諸国でのアイガモ農法の普及と向上につとめる"
檮原町(高知県高岡郡) "風力発電を軸に森林認証の取得や千枚田オーナー制度などの施策を展開,環境保護と町の活性化に取り組む"

第5回(平16年)
レインボープラン推進協議会(山形県) "住民,農家,行政が協力して循環型社会の実現に取り組む先駆的な試みが,着実な成果を上げている"
水俣フォーラム(東京都) "わが国の公害の原点とも言われる「水俣病」を風化させないために,全国各地で水俣展を開催するなど,水俣病と市民との出会いの場を設け,歴史の橋渡しをしている"
クマタカ生態研究グループ(滋賀県) "豊かな森林環境の指標であるクマタカの知られざる生態を,長年にわたるフィールド調査で解明した。成果は各地の環境保全に生かされ,東南アジアの人々との協力の輪も広がっている"
廃棄物対策豊島住民会議(香川県) "国内最大級の産廃不法投棄と長年闘い,排出者責任を追及するとともに香川県に撤去・処理させ,国の産廃行政に大きな影響を与えた"

第6回(平17年)
残土・産廃問題ネットワーク・ちば(千葉県) "市民ぐるみで建設残土,産廃に立ち向かう"
日本環境会議(東京都) "「アジア環境白書」の継続的な発行"
愛農学園農業高等学校(三重県) "有機農業教育で農業の後継者を育成"
コウノトリ野生復帰推進連絡協議会(兵庫県) "コウノトリの保護増殖と野生復帰への取り組み"
国頭村安田区(沖縄県) "絶滅の危機にあるヤンバルクイナを守る"

第7回(平18年)
知床財団(北海道) "知床の生態系の調査研究と先進的な保護管理活動"
グラウンドワーク三島(静岡県) "市民の連携による清流の街再生と水辺景観の創造"
矢作川漁業協同組合(愛知県) "ダムで分断された川の蘇生を進める"
宍道湖・中海汽水湖研究所(島根県) "市民とともに公共事業を中止させ,湖の自然修復に取り組む"
農と自然の研究所(福岡県) "田んぼの生物調査を通し,環境に配慮した農業を提言"

第8回(平19年)
山本 純郎(北海道根室市) "絶滅の危機にあるシマフクロウを守るため,長年にわたり生息環境の整備や啓発活動に取り組む。1994年に世界初の人工孵化を成功させる"
シナイモツゴ郷の会(宮城県大崎市) "東北地方の淡水魚シナイモツゴの保護を中心に,ため池,小川,田んぼで成り立つ日本の原風景と生態系を取り戻す活動に取り組む"
公害地域再生センター〈あおぞら財団〉(大阪市) "大気汚染公害訴訟の和解金をもとに設立した財団を拠点に,国や企業に働

きかけながら地域の環境改善に取り組む"
屋久島・ヤクタネゴヨウ調査隊（鹿児島県上屋久町）"学問的に信頼性の高い調査を続けながら、民・官・学協働の事業で中心的な役割を果たし、絶滅が危惧されるヤクタネゴヨウの保全に尽力"

第9回（平20年）
矢作川森の健康診断実行委員会（愛知県）"市民と研究者が一緒に自然に親しみながら参加できる「森の健康診断」というモデル性の高い調査を実施し、森林管理に役立つ基礎的な資料として、行政など関係者に提供している"
緑と水の連絡会議（島根県）"市民、農家、研究者が協働して放牧の再開された三瓶山の草原景観を維持する活動を展開し、生物多様性に富む草原の価値を蘇らせるとともに、地域の自然保全にも取り組む"
宮崎野生動物研究会（宮崎県）"1970年代から30年以上にわたり日本におけるウミガメの科学的な調査を行い、保護活動と環境教育をリード。砂浜減退の問題などにも積極的に取り組む"

第10回（平21年）
大地を守る会〈NGO〉（東京都）"農薬による環境汚染が社会問題化した1970年代から30年以上にわたり、日本の有機農業の拡大をリードし、生産者と消費者を結びつけ、地域の自然保全にも取り組む"
地球環境と大気汚染を考える全国市民会議（大阪府）"地球温暖化問題に対して市民の立場で考え解決策を示そうと、研究者とともに科学的知識に裏付けられた情報を分かりやすく市民に伝えるとともに、政府や国際社会への提言をしている"
ツシマヤマネコを守る会（長崎県）"長崎県の対馬だけに生息しているツシマヤマネコを絶滅の危機から救うために生息環境を改善する活動を展開し、保護のための啓発活動にも積極的に取り組む"

## 016　市村学術賞

　昭和43年に制定された「市村賞」学術の部を発展的に継承して、平成2年度から賞名を「市村学術賞」として表彰し、今日に至っている。日本の学術における優れた国産技術研究を表彰する賞。大学ならびに研究機関で行われた研究のうち、学術分野の進展に貢献し、実用化の可能性のある研究に功績のあった技術研究者に贈られる。

【主催者】（財）新技術開発財団
【選考委員】審査委員長：尾上守夫（東京大学名誉教授）、審査委員：小林繁夫（東京大学名誉教授）、堂山昌男（帝京科学大学名誉教授、東京大学名誉教授）、秋山稔（東京大学名誉教授）、掘越弘毅（海洋研究開発機構極限環境生物圏研究センター長、東京工業大学名誉教授）、吉川恒夫（立命館大学情報理工学部教授、京都大学名誉教授）、岩本正和（東京工業大学資源化学研究所副所長教授）、石原宏（東京工業大学大学院総合理工学研究科教授）
【選考方法】指定大学・研究機関の推薦および公募
【選考基準】〔資格〕実用化の可能性のある技術研究により学術分野の進展に寄与する見込みがある技術研究者またはグループ。〔対象〕応用物理学および工学部関連の実用化の可能性のある応用理工学研究
【締切・発表】申込期間は10月
【賞・賞金】功績賞（2件）：賞状，賞金300万円と記念牌。貢献賞（5件）：賞状，賞金100万円と記念牌
【URL】http://www.sgkz.or.jp

第1回（昭44年）
◇本賞　安 得三〈事業経営者〉（日本合成紙）、井本 商三，谷 包和，塚原 重美 "合成紙（Qバー，Qコート）の開発とその企業化"

◇奨励賞
益田 善雄（防衛庁）、松下 福松（日魯工業）、泉 秀明（緑星社）"波力発電ブイの開発"
鈴木 英雄（通商産業省工業技術院醗酵研究

所)，小沢 良子，吉田 晴己，田辺 脩，上林 明 "酵素を使用する甜菜糖製造新技術の開発"

◇アイデア賞
古賀 常次郎（古賀商事）"皿型ビス用スプリングワッシャーと段付皿ビスの組合せ"
吉田 修（福島県繊維工業試験所），橘内 英勝，佐藤 盛，斎藤 芳夫，山田 弘明 "メリヤス生地の捺染技術の開発"
増淵 正三（日本輸出電球協同組合），大野 義尚（新栄熱計器），横山 幸夫，杉浦 栄一，杉本 嘉正，渡辺 正 "小型電球自動継線ユニットの開発"

第2回（昭45年）
◇本賞
立石 一真〈事業経営者〉（立石電機），山本 通隆（立石電機），水田 幸男，東村 禎三，内藤 進義，田中 寿雄 "無人化システム（駅務合理化システム）の開発"
◇奨励賞
森山 徐一郎（京都大学），小松 龍造（古河マグネシューム），長沢 四郎（日本鋼管），井樋田 睦 "真空脱炭法による低炭素フェロクロムの製造技術の開発"
岩崎 忠彦（日立製作所），広田 亮一，宮崎 源太郎 "カラーテレビ用偏向高圧系の開発によるオールトランジスター化"
◇アイデア賞
関岡 正道（物産プラスチックス開発）"浄化槽用人工濾材（MITRA）"
佐藤 保郎 "自動車急停止用警告スイッチ"
笹沼 喜美賀 "噴流式電気洗濯機用糸屑除去具（クリーニングペット）"
安藤 貞直（リコー），八木 大彦 "全天候用撮影ケース（リコーマリン）"

第3回（昭46年）
◇本賞
土光 敏夫〈事業経営者〉（東京芝浦電気），本間 勉（東京芝浦電機），窪田 亮明（朝日新聞社）"新聞ファックスの開発"
◇奨励賞
小川 一樹（日本タングステン），浜野 義光（元大阪工業技術試験所），大石 行理 "ホットプレス法によるセラミック系工具の製造技術"
田中 俊次（九州耐火煉瓦），渡辺 明（東北大学），梅屋 薫（呉羽化学工業），高橋 良一 "電気炉内張用特殊炭素マグネシア複合体耐火物の開発"
◇アイデア賞
鍋山 紘一（神田センチュリー），田中 武正 "服地自動裁断用採寸器具の開発"

只野 信男（鈴木鉄工所）"自動一本釣装置の開発"

第4回（昭47年）
◇本賞
土光 敏夫〈事業経営者〉（東京芝浦電気），吉山 博吉〈事業経営者〉（日立製作所），伊藤 糾次（早稲田大学），滋賀 弘一郎（東京芝浦電気），難波 進（理化学研究所），大野 稔（日立製作所）"イオン注入法による半導体素子の開発"
◇奨励賞
太刀川 恭治（科学技術庁金属材料技術研究所），林 主税（日本真空技術）"超伝導マグネット用導線（金属間化合物）の開発"
一色 富弥（三菱瓦斯化学），米光 英一，松村 司郎 "エチレングリコール法しゅう酸製造技術の開発"
◇アイデア賞
稲葉 興作（石川島播磨重工業），東瀬 次郎，莇田 誠作 "ノズル霧化式パイルハンマの開発"
小川 幸男（小川研究所）"硬貨選別機の開発"

第5回（昭48年）
◇奨励賞
村井 孝一（新日本理化），調子 康雄（イーシー化学工業），浜田 憲三，内山 宏 "有機性ゲル化剤の開発"
永田 穣（日立製作所），久保 征治，牧本 次生 "電卓用LSIのCADシステムの実用化"
服部 健一（花王石鹸），山川 肇爾 "高強度コンクリート用減水剤の開発"
◇アイデア賞
角田 安弘（三愛），門脇 泰二，藤田 茂一 "継続編立式横編機の開発"
福多 健二（通商産業省工業技術院繊維高分子材料研究所），宮下 利平（萱場工業），関口 純一，茶野 敬 "自動カフス裏返装置の開発"
黒石 義忠（日本バッグ），古谷 巌 "携帯用洋服カバー"
荒田 徳嘉（荒田織物（有）），今井 信次郎（滋賀県繊維工業指導所）"両耳織成多色無杼織機の開発"

第6回（昭49年）
◇奨励賞
林 厳雄（日本電気），南日 康夫 "長寿命，半導体レーザーの開発"
田島 活利（日立製作所），猪山 明義，田村 禎三 "フィールド画像メモリーの開発"
鈴木 洋（古河電気工業），江野窪 文章（日東

電気工業), 菊地 幸司, 吉田 充 "電力・通信用FRP鎧装ケーブルの開発"
◇アイデア賞
小谷川 毅(通商産業省工業技術院北海道工業開発試験所), 山本 光義, 下川 勝義, 吉田 雄次 "選択的アルキルフェノールの製造法"
今 忠正(岩見沢市立総合病院), 青木 利三郎(泉工医科工業), 井上 政昭 "透析パック型人工腎臓"
池田 喜一(通商産業省工業技術院機械技術研究所) "四足歩行機械"
高橋 厳夫(ユニチカ) "紐付きミニスキー"

第7回(昭50年)
◇奨励賞
井本 立也(大阪市立大学), 山岸 厳(永大産業), 西田 国男 "電子線硬化法によるケミカルエンボス化粧合板の製造技術"
中山 雅晴(関西ペイント), 渡辺 忠, 樋本 勲 "高耐久性・常温架橋形水分散形塗料の開発"
◇アイデア賞　鮎川 泰三*(新潟鉄工所), 佐々木 繁夫, 塚越 要一 "プラスチック廃棄物の利用技術(スラッジ混練成形装置)"

第8回(昭51年)
◇本賞　山下 勇〈事業経営者〉(三井造船), 菊井 敬三(三井造船), 野口 忠男, 岡田 首 "バージインテグレータの開発"
◇奨励賞
小川 昭三(東レ), 福沢 空也, 川村 幸男 "漢字情報処理システムの開発"
半井 和三(三井東圧化学), 田中 敬二(東圧ビートケミカル), 出島 長朔 "草炭を原料とする繊維質およびフミン質の製造技術"
渡辺 穎一(日本電気), 森住 祥宏, 篠崎 孝義 "通信・放送用高効率大電力クライストロンの開発・実用化"
大庭 成一(富士写真フイルム), 明石 五郎, 北本 達治 "ベルトライド系新磁性体と高密度ビデオテープ(BERIDOX)の開発・実用化"
◇アイデア賞
田崎 明(大阪大学), 飯塚 正(測機舎) "酸素濃度計の開発"
川合 慧(パイロット万年筆), 池田 保男, 石黒 郁夫 "アルミニウム陽極処理磁性皮膜の開発"
福田 重穂(日立電線), 吉田 博通, 阿部 康一 "反転ヘリカルヒョウタンケーブルの開発"

加藤 誠軌(東京工業大学), 桜井 修(斎藤工機), 斎藤 敏明 "ランナーレス射出成形用ノズルの開発"
仲川 勤(通商産業省工業技術院製品科学研究所), 山田 純男 "多層状のフィルム, シートまたは成形物─光塩化ポリオレフィン─の開発"
◇学術の部・貢献賞
村上 孝一(東北大学), 宮崎 政義(東北金属工業) "感温磁性材料の応用に関する研究"
猪瀬 博(東京大学), 藤崎 博也, 斎藤 忠夫 "PCM統合通信方式の研究"
中 重治(名古屋大学), 堀井 一夫, 塙 琢志 "黒鉛の直接変換によるダイヤモンドの製造法"
桑原 道義(京都大学), 平川 顕名 "心放射図・脳放射図およびレノクラムのシミュレータの開発"
手塚 慶一(大阪大学), 岡田 博美 "データ通信におけるブロック交換方式の開発"
井口 征士(大阪大学) "電磁誘導を利用したデータタブレットの開発"

第9回(昭52年)
◇本賞　吉山 博吉〈事業経営者〉(日立製作所), 川崎 淳(日立製作所), 藤本 好司(日立製作所), 佐野 太一郎 "文字認識技術の開発と実用化"
◇産業の部・功績賞
井上 由己(朝日新聞社), 伊藤 忠(三井東圧化学), 青柳 敏昭(特種製紙), 勝丸 純児(金田機械製作所) "複製印刷版の製造に関するシステムの開発"
南部 正英(東京芝浦電気), 吉田 孝, 国分 幹郎 "レーダ雨量計システムの開発"
木村 峨(東洋インキ製造), 西田 健三(東京農工大学), 安斉 将夫(凸版印刷) "真空転写捺染法の開発"
渡辺 英卉((元)東京工業大学教授), 嶋 武光(住金鋼材工業), 久野 猛(マンテン) "エクスパンデッドの冷間ロール成形技術"
◇産業の部・貢献賞
田中 稔(兵庫県立工業試験場), 橋詰 源蔵, 松井 博 "排煙脱硫石こうの改質とその用途開発"
上野 義人(日本電気) "新変調方式を用いたレーザ通信装置の開発"
中野 隆生(三菱電機), 岡 久雄, 白幡 潔 "縦型注入論理素子(VIL)の開発"

甲田 広行（三菱瓦斯化学），浜屋 邦雄 "ポリカーボネートシートの押出製造技術の開発と工業化"
荒川 潔（三菱化成工業），室井 要 "微量水分計並びに関連装置，試薬の開発，実用化"
◇学術の部・功績賞
高崎 宏（静岡大学電子工学研究所） "モアレを利用した立体計測"
後藤 英一（理化学研究所），相馬 嵩，出沢 正徳 "二重偏向方式高精度ブラウン管の開発"
◇学術の部・貢献賞
山本 毅雄（東京大学），根岸 正光，牛丸 守 "オンライン文献情報検索システムTOOL-IRの開発"
中村 彬（工業技術院電子技術総合研究所），遠藤 忠，小柳 正男 "ジョゼフソン効果電圧標準の新方式"
川上 彰二郎（東北大学），角 正雄（日立製作所） "W型光ファイバの研究開発"
平井 敏雄（東北大学），新原 晧一 "化学気相析出法による超硬窒化硅素の合成"
山下 忠（九州工業大学） "2足歩行系に対するマクロモデルの開発"

第10回（昭53年）
◇産業の部・功績賞
古庄 源治（ケミライト工業），八木 忠翁，金田 圭策 "鋼板酸洗廃液の有効処理システムの開発"
玉城 忠男（明電舎），久保田 富治，宮崎 茂 "自動車の多数台実走行シミュレート耐久試験装置の開発"
柴田 喜三（ホクセイアルミニウム），大塚 一郎，若杉 邦男 "アルミニウム材の模様入り陽極酸化処理法の開発"
◇産業の部・貢献賞
藤江 邦男（日立製作所），中山 恒（日立電線），柿崎 公男 "高性能伝熱管（サーモエクセル）の開発・応用と生産技術"
角田 俊直（味の素），見里 朝正（理化学研究所），本間 保男 "大豆レシチンを原料とした農薬の開発と実用化"
東岡 卓三（豊田自動織機製作所），蓮井 淳（慶応義塾大学） "二軸回転式摩擦圧接機の開発と実用化"
上原 邦吉（長野県農業士） "ブドウの裂果防止方法とオリンピア品種の生産安定技術の確立"
中根 久（東京応化工業），植原 晃（東京大学），戸田 昭二 "超精密連続自動プラズマエッチング装置の開発と実用化"
◇学術の部・功績賞
大塚 二郎（東京工業大学），仲野 雄一（相模工業大学） "数値制御超精密ねじ研削盤の試作研究"
藤田 利夫（東京大学） "12%クロム耐熱鋼に関する研究"
◇学術の部・貢献賞
菊地 新喜（東北大学） "コンダクション形電磁ポンプの高性能化に関する研究"
細江 政弘（名古屋工業大学），阿部 良弘（愛知学院大学），福井 寿男 "生体材料としてのリン酸カルシウム系結晶化ガラスの開発"

第11回（昭54年）
◇本賞 大岳 孝夫〈事業経営者〉（小糸製作所），西口 高清〈事業経営者〉（ニュープレイティング），村山 洋一（東洋大学），山口 聖一（小糸製作所），大田 光思（ニュープレイティング） "高周波励起方式イオン化めっき技術"
◇産業の部・功績賞
渡辺 孝（新日本製鉄），川崎 博信，門 智 "亜鉛めっき鋼材のタンニン酸による無公害化成処理技術の開発"
都丸 敬一（日本専売公社），久保 進（三菱化成工業），松井 和夫 "アルギン酸ナトリウムを主剤とする植物ウイルス病防除農薬の開発・実用化"
◇産業の部・貢献賞
吉田 利三郎（東洋インキ製造），井出 博之（久光製薬），茅野 俊雄（東洋薬品工業） "新規発熱材の開発およびその温湿布への応用"
原田 征喜（日立製作所），佐藤 喜久治，鴨下 源一 "樹脂絶縁法配線技術の開発と実用化"
吉田 恒美（古河電気工業），有沢 邦夫，岡田 哲 "ケーブル用管路"エフレックス"の開発"
熊丸 博之（住友電気工業），斎藤 泰紀，宮後 哲夫 "漏洩同軸ケーブル用らせん薄膜絶縁体の押出成形技術"
稲垣 道夫（金属材料技術研究所），岡田 明，鵜飼 順 "小径配管の精密自動溶接装置の開発・実用化"
◇学術の部・貢献賞
大見 忠弘（東北大学） "表面配線構造静電誘導トランジスタの研究開発"
野村 晴彦（工業技術院電子技術総合研究

所),高久 清,小山 健一 "超電導磁石の安全監視技術の開発"
中井 貞雄(大阪大学レーザー核融合研究センター),的場 幹史 "連続高出力炭酸ガスレーザーの実用化研究"

第12回(昭55年)
◇産業の部・功績賞
永井 淳(東京芝浦電気),飯沼 一浩,竹村 靖彦 "電子走査形超音波診断装置の開発と実用化"
山田 有一(住友電気工業),松井 浩,福井 武 "275kV架橋ポリエチレン絶縁電力ケーブルの開発と実用化"
仲矢 茂長(沖電気工業),村杉 圭司,柴田 進 "ファクシミリ用サーマルヘッドの開発"
隅田 幸男(国立福岡中央病院),石川 慶一(大阪酸素工業),久枝 雄三(泉工医科工業) "冷凍血液製剤製造システムの開発"
◇産業の部・貢献賞
間 剛(日立製作所),鍋山 弘彰,外山 立郎 "カラーテレビ用弾性表面波フィルタおよび大集積ワンチップPIF ICシステムの開発"
沢田 昭二(バブコック日立),堀 勝義,浅野 功 "極厚板溶接に用いられる狭開先(ナローギャップ)溶接装置の開発"
村山 悦朗(三菱電機),山本 哲,鶴田 剛司 "縦形レコードプレーヤの開発・実用化"
丹下 昌吾(大日日本電線),山内 広志,(元)大日日本電線,東 忠夫 "多対通信ケーブル用自動断線・混線試験機の開発"
斎藤 和美(京都市工業試験場),田中 稔也,日比野 武蔵 "特殊窯業製品の射出成形技術の開発と実用化"
◇学術の部・功績賞
鈴木 周一(東京工業大学資源化学研究所) "微生物センサの開発"
掘越 弘毅(理化学研究所),中村 信之(日本食品化工) "アルカリ性発酵法によるβ―サイクロデキストリンの製造法の開発"
◇学術の部・貢献賞
中林 克己(日本放送協会総合技術研究所) "ステレオ音場解析法の開発とステレオ音場拡大装置への応用"
難波 義治(大阪大学) "超精密平面研摩法の開発"

第13回(昭56年)
◇本賞 吉山 博吉〈事業経営者〉(日立製作所),原田 達男(日立製作所),喜多 敏昭,森山 茂夫 "収差補正凹面回折格子の開発と実用化"
◇産業の部・功績賞
乙黒 靖男(新日本製鉄),三吉 康彦,三井田 陞 "溶融亜鉛メッキ釜用耐食鋼の開発"
成田 仁(三井造船),八木 光,吉田 和生 "インテグレイテッドダクトプロペラ(MIDP)の開発"
◇産業の部・貢献賞
渡辺 明(九州耐火煉瓦),高橋 宏邦,太田 福二 "熱間流し込み材の開発と実用化"
西尾 元充(画像工学研究所) "複雑な形態を迅速正確に測定描画する装置の開発"
内田 光夫(三菱化成工業),小栗 康生,岡島 泰三 "超軽量珪酸カルシウム保温材の工業化"
十河 敏雄(三菱電機),白幡 潔(京都セミコンダクター),中田 伎祐 "感熱サイリスタの開発"
◇学術の部・功績賞 曽根 悟(東京大学) "軽快電車の電気システムの開発"
◇学術の部・貢献賞
山口 明良(名古屋工業大学) "酸化クロム系焼結体の製造法"
佐伯 浩(北海道大学) "海氷強度の試験方法と海岸・海洋構造物の耐氷設計法に関する研究"
毛利 佳年雄(九州工業大学) "アモルファス強磁性薄帯による高性能力学量センサの開発研究"
宮本 欽生(大阪大学) "柱状・板状形態をもつダイヤモンド単結晶の育成"

第14回(昭57年)
◇本賞 三田 勝茂〈事業経営者〉(日立製作所),竹本 一八男(日立製作所),増田 美智雄,藤田 努 "家庭用単板半導体カラーカメラの開発"
◇産業の部・功績賞
中里 嘉夫(川崎製鉄),手柴 東光,碇石 孝一 "圧延機における新形式油膜軸受の開発"
母里 昭一(三井石油化学工業),奈良 英雄,正木 剛太郎 "低圧法低密度ポリエチレンの開発と実用化"
◇産業の部・貢献賞
六戸 満(大日日本電線),音居 久雄,内海 厚 "石英ガラスファイバスコープの開発"
今西 正一(東京芝浦電気),福田 文一,岡崎 静夫 "シャワーすすぎ洗濯機の開発"
寺田 一郎(宇部吉野膏),杉山 直正(三菱化成工業),田川 徹 "高撥水性防水石膏ボードの工業化"

高木 健治(日本鋼管工事)、荒木田 史穂、佐藤 滋 "小径パイプライン・配管用磁気駆動アーク溶接装置の開発・実用化"
鳥居 道寛(富士電気化学)、杉本 光男(埼玉大学)、木原 征夫(富士電気化学) "大型マンガン—亜鉛系フェライト単結晶の育成法の開発"
◇学術の部・功績賞
島田 潤一(工業技術院電子技術総合研究所)、三橋 慶喜 "SCOOP(スクープ)方式光ディスク再生法"
藤木 良規(科学技術庁無機材質研究所) "繊維状チタン酸カルウムの開発"
◇学術の部・貢献賞
桑原 誠(九州工業大学) "極めて大きなPTCR効果を示す$BaTiO_3$セラミックスの製造法の確立"
江刺 正喜(東北大学) "医用超小形圧力センサに関する研究"
西田 勲夫(科学技術庁金属材料技術研究所) "高温用エネルギ変換素子としての遷移金属けい化物の実用化研究"
青山 隆彦(名古屋大学) "スパークチェンバ型ベータ線イメージング装置の研究開発"
山崎 滋(日本放送協会総合技術研究所)、宮沢 寛 "ゴーストメータ(PDUR測定器)の開発・実用化"

第15回(昭58年)
◇産業の部・功績賞
片岡 金吉(旭メディカル)、三城 正紘(旭化成工業)、稲垣 健二 "膜による連続体液浄化治療器の開発"
梶谷 征之佑(東京芝浦電気)、菊野 英雄 "郵便集中局における完全自動郵便物処理システムの開発"
後藤 和司(日本鋼管)、原 富啓、藤原 淳二 "高耐食クロメート処理鋼板「UZ—NXコート」の開発"
◇産業の部・貢献賞
山元 深(川崎製鉄)、篠原 慶章、小橋 正満 "連続鋼片加熱炉における伝熱変換装置の開発"
大塚 宏(日本電気)、浜田 薫、北川 邦夫 "日本語処理文字・図形プリンタの開発と実用化"
加村 正夫(明電舎)、木村 敏幸、西原 孝雄 "小径極薄肉電縫管製造技術の開発とラジェータ用チューブへの応用"
高瀬 明生(三菱電機)、小川 幸治、安田 佳則 "マイコンゴルフ練習器の開発・実用化"
坂本 真(日立製作所)、倉田 一宏(日立電線)、古賀 康史(日立製作所) "高速高出力発光ダイオードの開発"
◇学術の部・功績賞 岡部 洋一(東京大学) "ブリッジ型ジョセフソン接合を用いた磁束量子論理回路技術の開発"
◇学術の部・貢献賞
三友 護(科学技術庁無機材質研究所)、牧島 亮男 "窒素含有ガラスの製造法"
戸上 雄司(日本放送協会) "非晶質GdCo薄膜ディスクによる光磁気メモリーの開発"
吉田 国雄(大阪大学レーザー核融合研究センター)、加藤 義章(ウシオ電機)、大久保 啓介 "長寿命大出力フラッシュランプの開発"
林 豊(工業技術院電子技術総合研究所)、山中 光之 "化学蒸着法による酸化錫/シリコン太陽電池の開発"

第16回(昭59年)
◇産業の部・功績賞
海東 幸男(日本電気)、横山 清次郎 "多値デジタルマイクロ波通信装置の開発・実用化"
大矢 雄一郎(日立製作所)、鈴木 仁一郎 "16kビットバイポーラECL RAMの開発"
水野 功(旭化成工業) "全自動感光性樹脂版製版システムSR—Yの開発"
◇産業の部・貢献賞
松尾 謙一(飯田立石電機)、小柳 勝海(立石電機)、西村 功 "高周波リレーの開発・実用化と新規市場への貢献"
山本 隆夫(東京芝浦電気)、井出 祈一、新間 康博 "インバータ搭載能力比例制御冷暖房エアコンの開発"
長坂 幸雄(アトム化学塗料)、岸 直行、田中 次夫 "溶袋式低温溶融型道路標示塗料の開発"
立花 政孝(丸一物産) "鮭種卵自動選別装置の開発"
◇学術の部・功績賞 山之内 和彦(東北大学電気通信研究所) "弾性表面波機能素子の発明および開発"
◇学術の部・貢献賞
雨宮 昭弘(同志社大学) "電流源を用いた能動フィルタの開発研究"
小奈 弘(東京工業大学精密工学研究所) "高精度の冷間ロール成形品を製造するための自動設計システムの開発研究"

吉野 武彦(日本放送協会総合技術研究所),河合 直樹,河本 太郎 "テレビ衛星放送用音声PCM伝送方式の開発"
佐分利 真久(工業技術院電子技術総合研究所) "生体用マルチ微小電極装置の開発研究"
進藤 勇(科学技術庁無機材質研究所) "浮遊帯域法による酸化物単結晶の合成・育成および相平衡の研究"

第17回(昭60年)
◇産業の部・功績賞
江見 俊彦(川崎製鉄),今井 卓雄,藤井 徹也 "噴流式攪拌法による溶鋼の取鍋精錬法(PM法)の開発"
浮橋 寛(旭硝子),山辺 正顕,小島 弦 "塗料用フッ素樹脂の開発"
浅井 治(日立製作所),田中 正美 "高熱伝導・電気絶縁性SiCセラミックスの開発と実用化"
◇産業の部・貢献賞
宮崎 宏之(日本電気),西田 信夫,小野 雄三 "ホログラム式POSスキャナの開発と実用化"
中山 宗雄(東京電子化学),橋本 晃,西村 俊博 "高純度シリカ系被膜形成液の開発と新規用途の開拓"
岡田 明之(大阪変圧器),山本 英幸,長坂 守敏 "トランジスタ・インバータ制御形アーク溶接機の開発"
吉田 雅典(和泉電気),湯川 幸一(アイデックコントロールズ),藤田 順一 "半導体IC(MOS)全自動マーキング装置の開発"
白幡 潔(三菱電機),山根 正熙,岩本 英雄 "新電力用半導体"トランジスタモジュール"の開発と実用化"
◇学術の部・功績賞
中野 馨(東京大学) "連想記憶装置アソシアトロンの研究"
遠藤 忠(科学技術庁無機材質研究所) "立方晶窒化ほう素の製造に関する研究"
◇学術の部・貢献賞
中村 慶久(東北大学電気通信研究所) "垂直磁気記録方式及び垂直磁気記録用磁気ヘッドの研究と開発"
野崎 健(工業技術院電子技術総合研究所),根岸 明,金子 浩子 "電力貯蔵用レドックス・フロー型電池の研究開発"
玉城 孝彦(日本放送協会放送技術研究所) "高性能小型光アイソレータの開発"
田中 寿男(工業技術院機械技術研究所),三留 秀人,柴田 周治 "FM超音波を用いた海中誘導システムの開発"
福富 勝夫(科学技術庁金属材料技術研究所) "イオンプレーティングによる耐熱性被覆材料の開発"

第18回(昭61年)
◇本賞 関本 忠弘(日本電気),黒田 隆二,北爪 進 "高信頼度衛星搭載通信機器の開発・実用化"
◇産業の部・功績賞
池田 賢郎(新日本製鉄),松田 昭一,大野 恭秀 "新しい変態機構を活用した継手靱性のすぐれた鋼の開発"
佐々木 正(シャープ),岡野 孝作,土方 俊樹 "光ディスク用VSIS型半導体レーザの開発とその企業化"
◇産業の部・貢献賞
横山 秀夫(富士電装),伊原 文明 "電子負荷装置の開発"
小林 秀夫(川崎製鉄),緒方 一,清水 孝雄 "逆電解法によるレトルト処理用ティンフリー鋼板の開発"
鈴木 学(鈴木自動車工業),藤原 弘,村山 寛 "オートバイのエキセントリックカム式リヤーサスペンションの開発"
永田 穣(日立研究所),堀江 昇,戸ケ崎 義猛 "$I^2L$によるアナログ・デジタル共存LSI技術の開発と実用化"
◇学術の部・貢献賞
荒井 賢一(東北大学電気通信研究所) "新しい薄帯磁性材料の研究"
中村 尚司(東京大学原子核研究所),鈴木 敏和(富士電機製造東京工場) "高感度中性子線量当量計の開発"
平田 正紘(電子技術総合研究所),国分 清秀 "水晶振動子を用いた摩擦式気体圧力計の開発"
谷本 正幸(名古屋大学) "高品位テレビのTAT帯域圧縮方式の開発"
元木 紀雄(日本放送協会放送技術研究所),杉浦 幸雄,笠井 春雄 "レーザーフィルム録画方式の開発・実用化"
佐々木 孝友(大阪大学) "超大型KDP単結晶育成に関する技術開発"

第19回(昭62年)
◇産業の部
● 功績賞
伊藤 忠雄(ショウティック),鈴木 健司,伊藤 忠直 "アルミニウム合金の水平式完全連続鋳造技術の開発"

藤田 利夫(東京大学工学部金属材料学科教授),肥爪 彰夫(三菱重工業),木下 修司(神戸製鋼所) "超々臨界圧発電用12Cr鋼ロータの開発"
- 貢献賞
諸戸 脩三(アイシン・エイ・ダブリュ),三浦 正勝(トヨタ自動車),久保 政徳 "前輪駆動車用小型4速自動変速機の開発"
安井 正(八光産業),大井 進,上山 紀元 "グラスライニング製多管式熱交換器の開発"
吉田 雄二(松下電器産業),中沢 昭,向井 裕二 "組成可変型混合冷媒ヒートポンプの開発と実用化"
矢野 宣行(松下精工),歌川 敏男,青木 亮 "新しい全熱交換器の開発とその応用"
永谷 隆(日立製作所),斎藤 尚武,黒田 勝広 "超高分解能走査電子顕微鏡の開発"
◇学術の部
- 貢献賞
矢野 信三(東北大学金属材料研究所文部教官助手) "高強度モリブデン合金の開発研究"
東海林 彰(電子技術総合研究所),青柳 昌宏,篠木 藤敏 "高臨界温度ジョセフソン接合素子の開発"
小田 哲治(東京大学工学部電気工学科助教授) "超音波振動を用いた誘電体表面電荷密度の分離測定技術の開発"
福田 忠彦(日本放送協会放送技術研究所),山田 光穂 "視線情報分析装置の開発"
門間 英毅(科学技術庁無機質研究所) "多孔質アパタイト成形体の構造に関する研究"

第20回(昭63年)
◇産業の部
- 功績賞
松岡 京一郎(新日本製鉄),井上 哲(鈴木金属工業),富永 治朗 "高強度・高靭性線材の開発"
筒井 聡明(三菱化成工業),村松 興三,沢井 政信 "光学的免疫血清検査システム"
村田 守康(花王),伊藤 進(理化学研究所微生物生態学研究室),掘越 弘毅 "アルカリセルラーゼの製造法の開発"
- 貢献賞
木股 雅章(三菱電機),伝田 匡彦,坪内 夏朗 "高解像度CSD方式赤外線イメージセンサ"
吉沢 正彬(東芝),田辺 吉久(東芝総合研究所),坂井 邦夫 "手書き漢字OCRの開発"

星野 和夫(日新製鋼),広津 貞雄 "析出硬化型マルテンサイト系ステンレス鋼(NSS15―7PH)の開発"
川崎 正蔵(神戸製鋼所),大城 毅彦,奥島 敢 "転炉―連続鋳造プロセスによる高炭素クロム軸受鋼の製造技術の開発"
佐藤 憲(仙台市交通局),安信 誠二(日立製作所),大島 弘安 "予見ファジィ制御による列車自動運転システムの開発"
秦 好孝(日産自動車),遠藤 拓也,矢野 恒臣 "シリンダ内圧検知による最適制御エンジンの開発"
◇学術の部
- 功績賞 菊池 和朗(東京大学工学部助教授) "コヒーレント光通信の研究"
- 貢献賞
山本 隆一(東京工業大学資源化学研究所教授) "導電性複素5員環ポリマーの合成とポリマーバッテリーへの応用"
大場 良次(北海道大学工学部教授) "光ファブリー・ペロー共振器応用超高感度計測法の開発"
乙黒 靖男(群馬大学工学部教授) "高温装置用低合金鋼の使用中脆化転減に関する研究"
井上 明久(東北大学金属材料研究所助教授) "超急冷法による新材料の開発に関する基礎研究"
難波 誠一(日本放送協会放送技術研究所衛星方式研究部) "緊急警報放送方式の開発・実用化"
熊倉 浩明(金属材料技術研究所筑波支所) "高エネルギービーム照射法による高性能超電導化合物の線材化"

第21回(平1年)
◇産業の部
- 功績賞
佐分利 昭夫(日本電気),島山 博明,三谷 俊彦 "国際衛星通信用TDMA基準局装置の開発・実用化"
太田 清文(富士通),平地 康剛(富士通研究所),常信 和清 "低雑音HEMT(高電子移動度トランジスタ)の開発"
川本 幸雄(日立製作所),久保 征治,荻上 勝己 "Hi―BiCMOS技術開発と実用化"
- 貢献賞
佐藤 邦昭(鹿島建設) "本設地盤アンカー工法の開発"
入江 敏夫(川崎製鉄),佐藤 進,高崎 順介 "焼付硬化型超深絞り性高強度鋼板の開

発"
大隅 研治(神戸製鋼所),小林 恒一,益田 穣司 "非鉄金属溶湯の濾過用フィルターおよび濾過装置の開発"
大浦 好文(東京電力),藍沢 実(テレマティーク国際研究所),古瀬 溢泰(明電舎) "超過密地域電力系統用の高信頼度光伝送利用保護リレーシステムの開発"

◇学術の部
● 功績賞
川口 則幸(郵政省通信総合研究所),高橋 富士信,吉野 泰三 "VLBI技術による史上初の太平洋地殻プレート運動の実測"
山形 敏博(科学技術庁金属材料技術研究所),原田 広史 "Ni基超耐熱合金の合金設計法の開発及びそれを用いた新鋳造合金の開発と実用化に関する研究"

● 貢献賞
宮城 光信(東北大学工学部教授) "赤外波電力伝送用誘電体内装導波路の発明と開発"
飯島 信司(名古屋大学工学部助教授) "濾過型バイオリアクターによる遺伝子組換え菌の効率的培養法の確立"
小田原 修(東京工業大学総合理工学研究科電子化学専攻助教授) "金属―セラミック複合構造管の開発研究"
広瀬 啓吉(東京大学工学部電子工学科助教授) "漢字かな混じり文章からの日本語音声の合成技術"
島田 俊夫(工業技術院電子技術総合研究所),平木 敬,関口 智嗣 "科学技術計算用データ駆動計算機SIGMA―1の開発"

第22回(平2年)
◇功績賞
伊賀 健一(東京工業大学精密工学研究所教授) "面発光半導体レーザの提唱と実現"
大串 秀世(工業技術院電子総合研究所) "半導体中の不純物及び欠陥の電子状態の新測定法の開発"
◇貢献賞
横井 茂樹(名古屋大学工学部情報工学科助教授),安田 孝美(名古屋大学工学部情報工学科助手) "コンピュータ画像処理を利用した外科手術シュミレーションシステムの開発"
軽部 征夫(東京大学先端科学技術研究センター教授) "マイクロバイオセンサーの開発"
小山田 公之(日本放送協会放送技術研究所),前田 幹夫,内海 要三 "ハイビジョン光伝送装置の開発と実用化"
関根 久(科学技術庁金属材料技術研究所),浅野 稔久 "Ti添加Nb3Sn極細多芯線材の研究開発"
竹平 勝臣(工業技術院化学技術研究所) "フェノール類からの有用化学品の製造技術に関する研究"

第23回(平3年)
◇特別賞 青柳 克信,原 民夫(理化学研究所) "新しいビームプロセス技術とビーム源の開発に関する研究"
◇功績賞
井上 廉,竹内 孝夫,飯嶋 安男(科学技術庁金属材料技術研究所) "Nb3Al超極細多芯超電導線材の開発"
谷岡 健吉,山崎 順一,江上 典文(NHK放送技術研究所) "超高感度・高画質撮像管の開発と実用化"
◇貢献賞
小林 哲郎,森本 朗裕(大阪大学基礎工学部電気工学科) "超高速光パルスシンセサイザに関する研究"
岩本 正和(北海道大学触媒化学研究センター) "窒素酸化物の新しい接触除去法の開発"
沢田 嗣郎,北森 武彦(東京大学工学部工業化学科) "光音響効果の基礎研究と新たな分光分析化学への応用"
松本 元(工業技術院電子技術総合研究所) "バイオコンピュータを指向した神経科学の研究"

第24回(平4年)
◇功績賞
佐藤 史衛(東京工業大学生命理工学部) "オレフィンのヒドロアルミニウム化反応"
中谷 功(科学技術庁金属材料研究所) "金属磁性流体の研究"
上原 年博,中山 匡,野村 洋司(日本放送協会) "1/2インチディジタルVTR(D-3フォーマット)の開発と実用化"
◇貢献賞
石橋 忠夫(日本電信電話LSI研究所) "弾道輸送トランジスタ(BCT)の研究開発"
吉田 貞史,三沢 俊司(工業技術院電子技術総合研究所) "高品質大面積SiC単結晶の作製と耐熱・対放射線素子の開発"

第25回(平5年)
◇功績賞

原島 博(東京大学) "次世代情報メディアへ向けた知的画像符号化の先駆的研究"
佐治 哲夫(東京工業大学) "ミセル電解による有機薄膜作製法の開発"
二宮 佑一(NHK放送技術研究所) "ハイビジョンMUSE伝送方式と受像機の開発"
◇貢献賞
沼沢 健則(科学技術庁金属技術研究所),木村 秀夫 "静止型磁気冷凍装置の開発"
内田 龍男(東北大学) "カラー液晶ディスプレーの考案と開発"
樋口 哲也(工業技術院電子技術総合研究所),古谷 立美,半田 剣一 "並列知識処理システムの研究"

第26回(平6年)
◇功績賞
石原 宏(東京工業大学) "絶縁物基板上への単結晶半導体薄膜形成に関する研究"
相川 正義(日本電信電話),村口 正弘,徳満 恒雄 "ユニプレーナ型MMIC技術の開発"
◇貢献賞
川合 知二(大阪大学) "高温超伝導人工格子の研究"
岡田 稔(名古屋大学) "画像処理技術とその循環器系画像診断支援に関する実証的研究"
菅井 勲(東京大学) "高寿命ビームストリッパーフォイルの開発"
野尻 裕司(NHK放送技術研究所),平林 洋志,曽根原 源 "HDTV方式変換の研究・開発"
坪内 和夫(東北大学) "超高信頼性無線通信技術モデムの開発"

第27回(平7年)
◇功績賞
倉根 隆一郎(工業技術院生命工学工業技術研究所) "環境調和型次世代バイオポリマーの微生物生産に関する研究"
杉原 厚吉(東京大学) "誤差があっても暴走しない幾何ソフトウエアの設計法「位相優先法」の確立"
◇貢献賞
笹田 一郎(九州大学) "軽量高性能磁気シールドシステムの開発"
熊谷 俊弥(工業技術院物質工学工業技術研究所),真部 高明,水田 進 "塗布熱分解法による超伝導膜の合成"
上野 昭彦(東京工業大学) "分子認識指示薬の開発"
坂井 義和(科学技術庁金属材料技術研究所) "高強度・高導電性Cu—Ag合金の開発"
黒田 徹(日本放送協会),高田 政幸 "移動受信FM多重放送方式の研究・開発"
山口 喜教(工業技術院電子技術総合研究所),坂井 修一,児玉 祐悦 "新世代並列計算機の開発"

第28回(平8年)
◇功績賞
上田 哲彦(科学技術庁航空宇宙技術研究所) "非定常空気力計算法(ダブレットポイント法)"
大松 繁(大阪府立大学工学部情報工学科),竹田 史章(グローリー工業) "知的OA化のためのニューロ貨幣識別システム"
◇貢献賞
榎並 和雅,八木 伸行,伊藤 泰雅(NHK放送技術研究所) "HD-Picotの開発"
熊倉 浩明,北口 仁(科学技術庁金属材料技術研究所) "ビスマス系酸化物超伝導線材ならびにこれを用いたマグネットの開発"
柿本 雅明(東京工業大学工学部) "前駆体法による耐熱性高分子のラングミュアーブロジェット膜の作製とその応用"
横山 浩,伊藤 順司(工業技術院電子技術総合研究所) "走査型マクスウェル応力顕微鏡の研究開発"
板谷 謹悟(東北大学工学部) "原子レベルでの固液界面反応の解明に関する先導的研究"
矢部 彰(工業技術院機械技術研究所) "電気熱流体力学の基礎的研究と実用化への展開"

第29回(平9年)
◇功績賞
松岡 英明(東京農工大学工学部生命工学科教授),松沼 英雄(バイオ技研代表取締役社長) "バイオセルトレーサー(BCT)の開発"
藤田 博之(東京大学生産技術研究所教授) "集積回路技術に基づくマイクロマシンの研究"
◇貢献賞
一村 信吾(工業技術院電子技術総合研究所極限技術部表面制御研究室室長),関根 重幸(同院同所同部主任研究官) "レーザーを用いたアトムカウンティング技術の開発と極高真空計測への応用"
北爪 智哉(東京工業大学生命理工学部助教授) "フッ素系強誘電性液晶の開発と生体触媒による液晶素材の創製"

森 勇介(大阪大学大学院工学研究科助手)"新紫外光発生用波長変換結晶CsLiB6O10の発見とその実用化に関する研究"
田中 信雄(工業技術院機械技術研究所極限技術部振動制御研究室主任研究官)"静粛化機能を内蔵するスマート・ストラクチャに関する先導的研究"
桜井 健次(科学技術庁金属材料技術研究所主任研究官)"原子レベル物質構造解析のための新しい超強力X線源の開発と実用化"

第30回(平10年)
◇功績賞
松本 和彦(工業技術院電子技術総合研究所主任研究官)"STM超微細加工法による室温動作単一電子トランジスタの研究開発"
木吉 司(科学技術庁金属材料技術研究所強磁場ステーション主任研究官)"21Tを越える強磁場を発生する超伝導マグネットの開発"

◇貢献賞
細川 純(工業技術院四国工業技術研究所企画課長)"天然高分子の複合化フィルム成形技術の開発研究"
細野 秀雄(東京工業大学応用セラミックス研究所)"イオン注入による新機能性ガラス・アモルファス材料の創製"
河田 聡(大阪大学大学院工学研究科応用物理学専攻教授)"近接場光学によるナノ計測・制御・加工技術の開発"
秋葉 悦男(工業技術院物質工学工業技術研究所無機材料部研究室長),早川 博,榎 浩利(主任研究官)"高性能水素輸送用水素吸蔵合金の研究開発"
新井 優(工業技術院計量研究所熱物性部温度標準研究室主任研究官)"高温用白金抵抗温度計の開発"

第31回(平11年)
◇功績賞
丸山 進(工業技術院工業技術研究所酵素システム研究室長)"食用資源からの生理活性ペプチドの開発に関する研究"
長野 哲雄(東京大学大学院薬学系研究科教授)"生体可視化のための機能性蛍光プローブの開発研究"

◇貢献賞
古屋 一夫(科学技術庁金属材料技術研究所精密励起場ステーション高分解能励起場ユニットリーダー)"その場電子顕微鏡法による材料の原子レベル操作・観察技術の開発"
田中 俊雄(大阪市立大学大学院理学研究科助教授)"$\gamma$-ポリグルタミン酸の生産と物性の調節に関する研究"
古津 年章(郵政省通信総合研究所電波計測研究室室長),川西 登喜夫(宇宙開発事業団地球観測システム本部),奥村 実(東芝小向工場宇宙情報システム技術部技術第一担当)"熱帯降雨観測衛星(TRMM)搭載降雨レーダの開発"
伊藤 順司,金丸 正剛(工業技術院電子技術総合研究所電子デバイス部主任研究官)"シリコン集積回路技術を用いた高性能真空マイクロ素子の研究開発"
荒川 裕則(工業技術院物質工学工業技術研究所基礎部長),佐山 和弘(基礎部反応化学研究室主任研究官)"酸化物半導体光触媒を用いた太陽光による水の直接分解法(炭酸塩添加法等)の開発"

第32回(平12年)
◇功績賞
馬場 哲也(工業技術院計量研究所計測システム部計測情報研究室長)"レーザーフラッシュ法熱拡散率測定技術と標準に関する研究"
小黒 啓介(工業技術院大阪工業技術研究所エネルギー・環境材料部水素エネルギー研究室長)"電場応答性高分子複合体による人工鞭毛の研究開発"

◇貢献賞
岸本 直樹(科学技術庁金属材料技術研究所精密励起場ステーション複合励起場研究ユニットリーダー)"大電流負イオンによる金属ナノ粒子・非線形光学材料の開発に関する研究"
遠山 茂樹(東京農工大学工学部機械システム工学科教授)"球面超音波モータの開発と応用"
松本 和子(早稲田大学理工学部教授)"希土類蛍光ラベル剤の開発とバイオテクノロジーへの応用"
田中 順三(科学技術庁無機材質研究所第10研究グループ総合研究官),菊池 正紀(研究員)"自己組織化機構による有機・無機複合構造体の創出"
生田 幸士(名古屋大学工学研究科マイクロシステム工学専攻教授)"マイクロ光造形法と化学ICの創成"

## 016　市村学術賞　　　　　　　　　　　　　　　　　　　科学・技術

第33回(平13年)
- ◇特別賞　坂村 健(東京大学大学院情報学環教授)　"リアルタイム性に優れた基盤ソフトウエアの研究・開発"
- ◇功績賞　多比良 和誠(東京大学大学院工学系研究科教授)　"ポストゲノム時代の新RNA工学の開拓"
- ◇貢献賞
  射場 厚(九州大学大学院理学研究院生物科学部門教授)　"新しい遺伝子工学的手法を用いた高温耐性植物の創製"
  保立 和夫(東京大学大学院新領域創成科学研究科教授)　"光ファイバジャイロの草創期から実用期にわたる先導的,独創的研究"
  安藤 彰男(日本放送協会放送技術研究所主任研究員),今井 亨(技術局研究員),中村 章(技術局副部長)　"ニュース番組の自動字幕化システムの開発と実用化"
  榎原 研正(産業技術総合研究所計量研究所計測システム部産業標準研究室室長)　"気体中微小粒子の質量分析法の開発とその応用に関する研究"
  三上 幸一(東京工業大学大学院理工学研究科応用化学専攻助教授)　"不斉触媒的エン反応,Friedel-craftsの反応の工業化"

第34回(平14年)
- ◇功績賞　大門 寛(奈良先端科学技術大学院大学物質創成科学研究科教授)　"立体原子顕微鏡の開発"
- ◇貢献賞
  中村 安宏(産業技術総合研究所計測標準研究部門主任研究員)　"新たな静電容量電気標準確立のための周波数可変直角相ブリッジの開発"
  持丸 正明(産業技術総合研究所デジタルヒューマン研究ラボ副研究ラボ長)　"3次元形態変換関数による人体適合製品設計技術の研究"
  丸岡 啓二(京都大学大学院理学研究科化学専攻教授)　"キラル相間移動触媒を用いるアミノ酸の実用的合成プロセスの確立"
  目 義雄(物質・材料研究機構材料研究所材料基盤研究センターインテリジェント材料研究グループ第5サブグループリーダー)　"コロイドプロセスによる高機能セラミックスの作製"

第35回(平15年)
- ◇功績賞　高田 十志和(大阪府立大学大学院工学研究科)　"無水ナトリウムオリゴスルフィドの新合成法"
- ◇貢献賞
  井上 克郎(大阪大学大学院情報科学研究科教授),楠本 真二(大阪大学大学院情報科学研究科助教授),神谷 年洋(科学技術振興事業団さきがけ研究21研究員)　"コードクローン検出システム"
  佐々木 仁(産業技術総合研究所エレクトロニクス研究部門主任研究員)　"交流電圧精密計測のためのファスト・リバースDC装置の開発"
  大森 整(理化学研究所中央研究所素形材工学研究室主任研究員)　"電解インプロセスドレッシング(ELID)による鏡面研削法の研究"
  坂 真澄(東北大学大学院工学研究科機械知能工学専攻教授)　"安全性・信頼性確保のための閉じたき裂と界面はく離の高感度定量評価技術の開発"
  佐藤 文彦(京都大学大学院生命科学研究科教授)　"イソキノリンアルカロイド生合成をモデルとした植物有用アルカロイド生産法の開発"

第36回(平16年)
- ◇功績賞
  山村 清隆(中央大学理工学部電気電子情報通信工学科教授)　"大規模集積回路の大域的求解法の開発とその実用化に関する研究"
  小山 二三夫(東京工業大学精密工学研究所教授)　"大容量フォトニックネットワークのための半導体光デバイスの先導的研究"
  長 康雄(東北大学電気通信研究所教授)　"非線形誘電率顕微鏡の発明実用化と超高密度強誘電体記録への応用"
- ◇貢献賞
  三谷 公二(日本放送協会放送技術研究所主任研究員),菅原 正幸(日本放送協会放送技術研究所副部長),山下 誉行(日本放送協会放送技術研究所)　"超高精細テレビカメラの研究開発"
  齊田 要(産業技術総合研究所生物機能工学研究部門主任研究員,連携研究体長)　"ゲノム解析から生体内調節系(ペプチドホルモン)の発見と機能解明,産業化"
  佐々木 高義(物質・材料研究機構物質研究所ディレクター)　"無機ナノシートの創製とその応用"
  木村 健二(京都大学工学研究科教授)　"高

分解能ラザフォード後方散乱法の開発"
井上 光輝（豊橋技術科学大学電気・電子工学系教授）　"磁気光学を用いた超高速固体空間光変調デバイス"

第37回（平17年）
◇功績賞
今中 信人（大阪大学大学院工学研究科教授）　"新規多価イオン伝導性固体の創成と環境汚染ガスセンサへの実用化"
浅田 雅洋（東京工業大学大学院総合理工学研究科教授）　"テラヘルツシステムのための超高周波電子デバイスの研究"
◇貢献賞
湯浅 新治（産業技術総合研究所エレクトロニクス研究部門研究グループ長）　"超Gbit-MRAMのための高性能TMR素子の開発"
鈴木 良一（産業技術総合研究所計測フロンティア研究部門極微欠陥評価研究グループ長），大平 俊行（産業技術総合研究所計測フロンティア研究部門極微欠陥評価研究グループ主任研究員）"エネルギー可変短パルス陽電子ビームの形成とそれを用いた材料評価技術の研究"
金光 義彦（京都大学化学研究所）　"ナノ粒子発光材料の開拓的研究"
中村 直義（日本放送協会放送技術研究所ネットワークシステム主任研究員），倉掛 卓也（日本放送協会放送技術研究所ネットワークシステム研究員），小山田 公之（日本放送協会放送技術研究所ネットワークシステム主任研究員）"1024QAM信号デジタルケーブルテレビ伝送方式の開発"
民谷 栄一（北陸先端科学技術大学院大学材料科学研究科教授）　"新規な電極型遺伝子センサーの開発と実用展開"

第38回（平18年）
◇功績賞
岡部 徹（東京大学生産技術研究所助教授）　"プリフォーム還元法による電子材料用レアメタル粉末の製造技術の開発"
鎌田 俊英（産業技術総合研究所光技術研究部門研究グループ長），小笹 健仁（産業技術総合研究所光技術研究部門主任研究員），吉田 学（産業技術総合研究所光技術研究部門研究員）"フラットパネルディスプレイ用の有機薄膜トランジスタの開発研究"
◇貢献賞
渡邊 澄夫（東京工業大学精密工学研究所教授）　"データ学習システムの解析理論と構造化アルゴリズム"
田中 三郎（豊橋技術科学大学工学部教授）　"SQUID磁気センサを用いた食品内異物検査実用機の開発"
守友 浩（筑波大学大学院数理物質科学研究科教授）　"強磁性を示す強相関酸化物の開拓的研究"
石川 純（産業技術総合研究所計測標準研究部門時間周波数科主任研究員）　"Open Laserの開発と普及"
中川 誠司（産業技術総合研究所人間福祉医工学研究部門研究員）　"骨導超音波知覚の解明と重度難聴者用の新型補聴器への応用に関する研究"
笹井 宏明（大阪大学産業化学研究所教授）　"酵素的な作用機序で反応を促進する不斉有機触媒の創製"

第39回（平19年）
◇功績賞
山根 久典（東北大学多元物質科学研究所教授）　"ナトリウムフラックス法による窒化ガリウム単結晶の作製"
濱住 啓之（日本放送協会放送技術研究所主任研究員），竹内 知明（日本放送協会放送技術研究所研究員），澁谷 一彦（日本放送協会放送技術研究所主任研究員グループリーダー）"OFDMアダプティブアレーによる地上デジタル放送用干渉除去装置の開発"
◇貢献賞
鈴木 嘉昭（理化学研究所先端技術開発支援センター主任研究員）　"イオンビーム照射技術を用いた臨床使用可能な人工硬膜,動脈瘤治療用材料の研究"
小野 輝男（京都大学化学研究所教授）　"微細加工磁性体におけるナノスピン構造制御の開拓的研究"
渡部 司（産業技術総合研究所計測標準研究部門主任研究員）　"ロータリエンコーダ自己校正装置の開発と角度標準の普及"
明渡 純（産業技術総合研究所先進製造プロセス研究部門グループ長）　"常温衝撃固化現象の発見と常温セラミックスコーティング技術の開発"
中野 義昭（東京大学先端科学技術研究センター教授）　"デジタルフォトニクスのための半導体集積光デバイス・回路の開発"
金井 浩（東北大学大学院工学研究科電子工学専攻教授）　"心筋と動脈壁の組織性状

の超音波による高精度可視化に関する研究"

第40回（平20年）
◇功績賞
新納 弘之, 川口 喜三, 佐藤 正健（産業技術総合研究所）"レーザーによる石英ガラス等の透明材料微細加工技術の開発"
川勝 英樹（東京大学）"液中原子間力顕微鏡と水和構造可視化"
寒川 誠二（東北大学）"パルス時間変調プラズマによる超低損傷・超高精度微細加工技術の開発"
◇貢献賞
日暮 栄治（東京大学）"光実装とマイクロシステム応用に関する研究開発"
野村 信福, 豊田 洋通（愛媛大学）"液中プラズマプロセスの開発"
青木 孝文（東北大学）"位相情報に基づく超高精度画像マッチング技術の開発"
藤井 正明（東京工業大学）"多波長時間分解赤外分光法の開発とその超解像赤外顕微鏡への応用"
中谷 和彦（大阪大学）"ミスマッチ結合分子の創製、遺伝子検査技術への応用"

第41回（平21年）
◇功績賞　秩父 重英（東北大学）"Inを含む窒化物半導体混晶の光物性研究"
◇貢献賞
貝沼 亮介, 須藤 祐司, 大森 俊洋（東北大学）"新型Cu系形状記憶材料の開発とその変形爪矯正デバイスへの応用"
林 琢磨（信州大学）"LMP2の子宮平滑筋肉腫の鑑別マーカーと診断基準の確立"
阿部 宏之（山形大学）, 珠玖 仁（東北大学）"超高精度非侵襲細胞呼吸計測装置の開発と医療応用"
浜口 斉周（日本放送協会）, 道家 守（NHKエンジニアリングサービス）, 林 正樹（インターネット総合研究所）"TVML、TV4Uの開発"
藤田 大介（物質・材料研究機構）"制御された環境場におけるアクティブナノプローブ計測技術の開発"

第42回（平22年）
◇特別賞　香取 秀俊（東京大学）"光格子時計の提案・実証による新たな原子時計手法の確立"
◇功績賞　川崎 雅司（東北大学）"原子レベル制御した酸化亜鉛ヘテロ接合の形成と新光電子機能の開発"
◇貢献賞
羽生 貴弘（東北大学）"不揮発性ロジックインメモリ集積回路の開発"
加藤 英幸（産業技術総合研究所）"周期加熱法による熱特性計測技術の開発と先端材料評価技術への応用"
上原 宏樹（群馬大学）"インプロセス計測技術による高分子材料の高性能化・高機能化"
上殿 明良（筑波大学）"低速陽電子ビームによる材料評価手法の開発"
鈴木 義茂（大阪大学）, 久保田 均, 福島 章雄（産業技術総合研究所）"トンネル磁気抵抗素子におけるスピンダイナミクスの解明と制御"
伊藤 智義（千葉大学）"3次元テレビの実用化に向けた専用計算システムによる電子ホログラフィ"

第43回（平23年）
◇功績賞
平山 秀樹（理化学研究所）"AlGaN系精密結晶成長技術の開拓と深紫外LEDの先駆的研究"
出口 茂, 津留 美紀子（海洋研究開発機構）"セルロースナノファイバーを担体とした有用微生物培養技術の開発"
◇貢献賞
近藤 勝義, 今井 久志（大阪大学）, 小島 明倫（サンエツ金属）"環境低負荷型完全鉛フリー快削性・超高強度黄銅粉末合金の開発"
石原 達己（九州大学）"新規高酸素イオン伝導体の創出と高効率エネルギー変換への応用"
木俵 豊, 黒橋 禎夫, 赤峯 享（情報通信研究機構）"情報分析システムWISDOMの開発"
奥野 恭史（京都大学）"機械学習に基づく革新的なドラッグデザイン計算技術の開発"
臼田 孝（産業技術総合研究所）"振動加速度計測の高精度化と普及"

## 017　市村産業賞

昭和43年に制定された「市村賞」産業の部を発展的に継承して、平成2年度から賞名を「市村産業賞」として表彰し、今日に至っている。日本の産業における優れた国産新技術を表彰する賞。科学技術の進歩、産業の発展、文化の向上、その他国民の福祉に関し技術上貢献し、優秀な国産技術の育成に功績のあった事業経営者ならびに技術開発者に贈られる。
【主催者】（財）新技術開発財団
【選考委員】審査委員長：菅野卓雄（東京大学名誉教授）、審査委員：森口泰孝（文部科学省文部科学審議官）、菅原郁郎（経済産業省産業技術環境局長）、岩井良行（特許庁長官）、北澤宏一（独立行政法人科学技術振興機構理事長）、田中正人（富山県立大学学長）
【選考方法】関係機関の推薦、公募
【選考基準】〔資格〕日本の産業分野の進展に貢献し、功績のあった技術開発者またはグループならびに事業経営者。〔対象〕産業分野に関する新技術。但し、薬物およびソフトのみのものを除く
【締切・発表】申込期間は11月
【賞・賞金】本賞（1件）：賞状、賞金1000万円と記念牌。功績賞（2件）：賞状、賞金300万円と記念牌。貢献賞（5件）：賞状、賞金100万円と記念牌
【URL】http://www.sgkz.or.jp

第22回（平2年）
◇功績賞
祝迫 敏之（旭化成工業）、正本 順三、井上 俊夫 "ポリアセタール樹脂の新製造技術の開発"
大見 忠弘（東北大学工学部電子工学科）、高石 一英（神戸製鋼所）、浜田 汎史 "高純度ガス供給系ステンレス鋼電解研磨管の開発・実用化"
岩田 修司（三菱電機）、寺崎 信夫、萱島 帯刀 "大型フルカラー表示装置の開発と実用化"
◇貢献賞
御子柴 晃一（日立電線）、深堀 敏夫、高島 秀之 "光伝送用多心光ロータリージョイントの開発"
斉藤 了造（バブコック日立）、山本 義淳（造水促進センター）、高橋 燦吉（日立製作所）"太陽光発電利用電気透析塩水淡水化システムの開発"
稲垣 雄史（富士通研究所）、野田 茂（富士通）、池田 弘之 "ホロウィンド方式による超小型POSスキャナの開発"
竹本 豊樹（松下電器産業）、照井 康明、野村 登 "高精度アナライナー用ホログラフィ重ね合わせ技術"

第23回（平3年）
◇功績賞
中島 龍一、炭竈 隆志、牧 章（日本鋼管）"高炉制御技術の開発による低シリコン銑の製造"
酒井 修二、永井 康睦、菅谷 和雄（日立電線）"機能性無酸素銅の開発"
杉尾 彰俊、古沢 友宜、梅村 俊和（三菱瓦斯化学）"ポリアセタールの新規製造技術の開発"
◇貢献賞
牧野 由明、影山 英明、福田 敬爾（新日本製鉄）"インラインによる高深度、高強度熱処理レールの開発"
横山 豊彦、田村 昇、小豆沢 照男（東芝）"磁気浮上搬送システムの実用化"
荻野 正規、安藤 久仁夫（日立製作所）、伊沢 晃（大日本印刷）"高性能背面投写形ディスプレイの開発"
下田 達也、小此木 格（セイコーエプソン）"Sm2 TM17系希土類磁石の開発"
宇田 応之（早稲田大学理工学部）、桐畑 文明（富士電機総合研究所）、中島 嘉之（理研計器）"低速電子計数装置の開発"

第24回（平4年）
◇功績賞
長沢 雅浩、長岡 良富（松下電器産業）、住田 正利（住田光学ガラス）"オプトエレクトロニクス用超精密非球面ガラスレンズ"
樽谷 芳男、小池 正夫（住友金属工業）、鋸谷

# 017 市村産業賞

科学・技術

正喜(日本ステンレス) "Nb,Cu含有高性能フェライト系ステンレス鋼板の開発"
◇貢献賞
小林 佳和(日本電気), 高橋 慶行(日本電気通信システム), 良知 忠明(静岡日本電気) "プライマリーレートISDN通信ターミナルアダプタの開発と実用化"
宇野 正, 堺 由輝, 宇賀 克夫(川崎重工業) "英仏海峡海底鉄道トンネル用掘削機(TBM)の開発及び完遂"
井上 和雄, 宮野 英世, 利光 一成(本田技術研究所) "可変バルブを用いたリーンバーンエンジンの開発"
大西 勝, 山田 敬真, 岡 賢一郎(三菱電機) "CAD高精細昇華形フルカラープリンタの開発と実用化"
伊藤 叡, 伊佐 隆善, 村田 朋美(新日本製鉄) "電気化学測定法による構造物の腐食診断技術の開発"
高橋 紀雄, 大塚 公輝, 笹井 隆之(日立金属) "高性能自動車エンジンのタービンハウジング用耐熱鋳鋼の開発と実用化"

第25回(平5年)
◇功績賞
長棟 輝行(理化学研究所), 遠藤 勲(小松川化工機), 川村 欽一 "リアルタイム細胞濃度自動測定装置の開発"
三浦 秀一(宇宙開発事業団), 森下 洋治(NHK放送技術研究所), 久保 英一(日本電気) "放送衛星3号a/b搭載用高信頼度TWTの開発と実用化"
◇貢献賞
江口 紀久男(住友電気工業), 高田 満, 兼作 明吉 "海底ケーブル埋設深度測定法の開発"
宮藤 元久(神戸製鋼所), 蝦名 清(神鋼メタルプロダクツ), 辻野 憲一 "鋼電磁撹拌鋳造用高性能銅合金管状鋳型の開発"
高嶋 和夫(三菱電機), 植木 勝也(東燃), 藤本 純司 "パイプ内面検査システムの開発と実用化"
田村 喜生(日新電機), 大西 豊一, 前田 尚志 "回転注入機構付き中電流イオン注入装置"
杉山 一彦(松下電器産業), 丸山 照雄, 浅田 隆文 "OA・AV機器用精密流体軸受の開発"
大山 宜茂(日立製作所), 須田 正爾(日立オートモティブエンジニアリング), 乾 知次 "高精度センシングによるエンジン制御システムの開発"

第26回(平6年) 金井 務(日立製作所), 森 欣司, 中西 宏明, 増田 崇雄 "自律分散計算機制御システム"
◇功績賞
三村 栄紀(国際電信電話), 鶴島 克明(ソニー) "磁界変調方式光磁気ディスクの開発および商品化"
鈴木 孝幸(日野自動車), 小幡 篤臣(東芝), 内野 広 "ディーゼル・電気新型ハイブリッドシステム採用の低公害低燃費大型商用車の開発"
◇貢献賞
林 宏美(日本電気), 藤井 章, 野口 俊武 "超小型地球局(VSAT)システムの開発実用化"
霜 幸雄(日本電信電話), 堀井 清之(白百合女子大学), 大隅 角治(東亜機械工業) "スパイラルフローを用いた送通装置の開発"
土居 大治(住友金属工業), 難波 清海, 八尋 昭人 "広幅アルミニウム/ステンレス鋼クラッドコイルの開発"
中栄 篤男(花王), 塩崎 良次, 矢和田 勝 "水解紙を用いたトイレ用ウェットクリーナーの開発"
畑村 耕一(マツダ), 後藤 剛(石川島播磨重工業), 高部 茂 "自動車用ミラーサイクルエンジン"

第27回(平7年)
◇功績賞
飯沼 一元(日本電気), 飯島 征彦(日本電気エンジニアリング), 古閑 敏夫(日本電気) "動画像高能率符号化装置の開発と実用化"
吉田 淑則(日本合成ゴム), 竹内 安正, 後藤 幸平 "フルカラーアクティブマトリックスLCD用低温処理型配向膜の開発"
◇貢献賞
横山 文友(アイシン・エィ・ダブリュ), 加納 威倍, 倉持 耕治郎(トヨタ自動車) "FF乗用車用フルタイム4WD自動変速機の開発"
和島 修三(三菱電機), 小池 光裕, 市川 宏 "パルス圧縮超音波探傷器の開発"
宮藤 元久(神戸製鋼所), 松井 隆, 細川 功 "電子部品用高性能銅合金材料の開発と工業化"
河合 末男, 石原 政道(日立製作所), 長谷川 新一(日本テキサス・インスツルメンツ) "高密度実装新構造パッケージ(LOC構造

パッケージ)の開発"
中道 忍(ヤマハ発動機),勝岡 達三,生熊 克己 "電動ハイブリッド自転車「ヤマハPAS」の開発"

第28回(平8年)
◇功績賞
北川 信(本州四国連絡橋公団),高橋 稔彦(新日本製鉄),隠岐 保博(神戸製鋼所)"橋梁用超高張力鋼線の開発"
◇貢献賞
戸谷 敦(東京電力),池田 忠禧,遠藤 桓(日立電線)"超高圧CVケーブル線路の部分放電測定技術の開発"
久間 和生,太田 淳,Eberhard Lange(三菱電機)"Si—人工網膜チップの開発"
田口 整司,板谷 宏,松本 敏行(川崎製鉄)"2段羽口式コークス充填層型溶融還元法の開発"
吉沢 克仁,山内 清隆,目黒 卓(日立金属)"ナノ結晶軟磁性材料「ファインメット」の開発"
井上 秀雄,山本 真規,杉山 瑞穂(トヨタ自動車)"VSC(Vehicle Stability Control)システムの開発"
戸所 秀男,水野 文夫,寺門 貞夫(日立製作所)"ミラクルアイ(HM-2000)の開発"

第29回(平9年)
◇本賞
金井 務(日立製作所取締役社長),小林 二三幸(汎用コンピュータ事業部技術開発本部長),安斎 昭夫(デバイス開発センタ副センタ長)"超高速1モジュールプロセッサの開発"
◇功績賞
荒木 茂(日本電気ビデオ開発センター長),関口 通(同社無線事業本部映像開発本部第二開発部長),稲田 博司(同社機能エレクトロニクス研究所メカトロニクス研究部長)"大容量・高転送レートデジタル光ビデオディスクレコーダの開発と実用化"
山田 善郎(日本鋼管基盤技術研究所計測制御研究部計測システム本部主任研究員),大角 明(同社京浜製鉄所プロセス制御部開発室総括スタッフ),山中 善吉(ヘリオス課長)"浸漬型光ファイバ溶湯温度計の開発"
◇貢献賞
浜津 享助(三菱電機通信機製作所指揮通信・情報システム部システム第四課長),渡辺 伸一郎(同社同部同課主幹),畑 清人(同社同部同課主任)"空港気象ドップラーレーダーの開発"

大須賀 直(日立建機専務取締役),神谷 健次郎(同社技術研究所所長),大坪 和彦(同社特機事業部次長)"超大型油圧ショベルの開発"
三沢 誠(ヤマハ発動機GHP開発部商品開発グループ技師),有村 正嗣,大橋 秀幸(同社同部主事)"ガスヒートポンプ新排熱回収システム「Y-HOT」"
小林 尚(新日本製鉄中央研究本部第三技術研究所電磁鋼研究センター主任研究員),黒木 克郎(同社同所同センター研究員),広瀬 喜久司(同社同所広畑技術研究部研究員)"方向性電磁鋼板の耐熱型磁区制御技術"
志村 晶(理学電機代表取締役社長),小林 勇二(同社専用機2グループグループ長),菊池 哲夫(同社専用機1グループ)"半導体プロセス用X線評価装置の開発"

第30回(平10年)
◇功績賞
森 一生(東芝医用機器・システム技術研究所主幹),荒舘 博(同社同所主査),東木 裕介(東芝アメリカメディカルシステムズ社マネージャー)"ヘリカルスキャンX線CT装置の開発"
上等 吉則(東京機械製作所研究開発部研究課係長),飯島 孝之(同社取締役品質保証部長)"定量カラーインキ供給式タワー型輪転印刷機の開発"
真目 薫(住友金属工業ハイクォリティライフ研究所環境・エネルギー研究センター主席研究員),山口 英良(同社関西造所製鋼工場参事),永幡 勉(同社和歌山製鉄所副所長)"真空下粉体上吹による溶鋼精錬技術の開発"
◇貢献賞
木原 利昌(日立製作所半導体事業部マイコン・ASIC本部本部長),稲吉 秀夫(同社同部副本部長),内山 邦男(同社中央研究所システムLSI研究室主管研究員)"民生情報機器向け低消費電力マイコンSuperHシリーズの開発と実用化"
井手 由紀雄(リコーDMS事業部DMセンター副所長),影山 喜之(同社研究開発本部OD開発センター課長代理研究員),金子 裕治郎(同社DMS事業部DMセンターPC推進グループリーダー)"CD-ReWritable(CD-RW)メディアの開発と実用化"
松山 駿介(富士通PDP事業部長),広瀬 忠

## 017 市村産業賞　　　　　　　　　　　　科学・技術

継(同社PDP事業部長代理)、篠田 伝(富士通研究所ペリフェラルシステム研究所主管研究員)"大型カラープラズマディスプレイパネルの開発"

檜垣 俊郎(松下電器産業モータ社モータ技術研究所副理事所長)、山下 文敏(同社同所主席技師)、福永 博俊(長崎大学工学部教授)"希土類-鉄系急冷磁石とモータへの応用"

田辺 治良(NKK福山製鉄所製鋼部品質・開発グループマネージャー)、滝 千尋(同社原価総括部企画室統括スタッフ)、高岡 利夫(NKK総合材料技術研究所プロセス研究センター製鋼研究室主任研究員)"ステンレス新精錬法の開発"

### 第31回(平11年)
◇功績賞

阿部 真一(トヨタ自動車EHV技術部主幹)、小木曽 聡(同社第2開発センターZi主担当員)、馬場 陽一郎(同社電子生技部担当員)"乗用車用量産型ハイブリッドシステムの開発"

山田 尚志(東芝記憶情報メディア事業本部首席技監)、谷口 宏(松下電器産業半導体開発本部DVD事業担当参与)、村松 純孝(パイオニアホームエンターティメントカンパニー事業企画部次長)"DVD(DVDvideo,DVD-ROM)の開発と実用化"

◇貢献賞

安藤 正博(日立製作所システム事業部主管技師長)、磯部 栄介(同社交通事業部事業部長付)、小沢 勉(同社水戸工場交通設計部専門部長)"都市交通用リニアモータ電車の開発"

山田 博右(川崎製鉄東京本社監査役)、二階堂 英幸(同社千葉製鉄所設備技術部兼熱間圧延部主査)、林 寛治(三菱重工業広島製作所製鉄機械設計部主査)"熱間圧延におけるエンドレス圧延技術の開発"

山本 章夫(新日本製鉄技術開発本部主幹研究員)、長谷 泰治(日鉄溶接工業技術本部次長)"チタンクラッド熱延薄鋼板の開発"

南海 史朗(松下電器産業研究本部健康医療開発推進室リーダー)、吉岡 俊彦(主任研究員)、堤 治寛(松下寿電子工業松山事業部ME部参事)"微量サンプル対応型電気化学血糖センサの開発と工業化"

柏 幹雄(日立電線日高工場半導体技術部副

技師長)、稲田 知己(同社高砂工場半導体技術部主任技師)、高橋 進(同社アドバンスリサーチセンタセンタ長)"高周波デバイス用GaAsウエハの開発"

### 第32回(平12年)
◇本賞　西室 泰三(東芝取締役社長)、白田 理一郎(同社東芝セミコンダクター社マイクロエレクトロニクス技術研究所主査)、中根 正義(同社メモリ事業部主幹)、舛岡 富士雄(東北大学電気通信研究所教授)"大容量NAND型フラッシュメモリの開発とその応用分野の開拓"

◇功績賞

田中 裕成(日立製作所ディスプレイグループ次長)、大石 志郎(同社デジタルメディアグループ メディアプラットホーム部長)、近藤 克己(同社日立研究所画像デバイス研究部副主任研究員)"超広視野角を実現したスーパーTFTカラー液晶ディスプレイの開発"

篠原 紘一(松下電器産業AVC商品開発研究所デバイス開発G主担当)、吉田 秀樹(同社同所担当副参事)、小田桐 優(同社同所リーダー)"ダイアモンド状炭素保護膜付き蒸着型磁気テープの開発と工業化"

◇貢献賞

岩井 健治(神戸製鋼所アルミ銅カンパニー技術部開発グループ長)、田中 俊光(同社技術開発本部機械研究所研究首席)、杉本 明男(同社同部振動音響研究室主任研究員)"樹脂複合型アルミ制振形材「ダンシェープ」の開発"

田名網 健雄(横河電機技術開発プロジェクトセンター係長)、御厨 健太(横河エー・ディー・エス取締役)、梅木 和博(リコー光学MP企画室室長)"高速画像観測が可能な共焦点顕微鏡の開発と実用化"

冨田 幸男(新日本製鉄鉄鋼研究所主幹研究員)、紀平 寛(同社同所主任研究員)、都築 岳史(同社名古屋製鉄所厚板工場マネジャー)"海浜耐候性鋼の開発"

久村 春芳、中野 正樹(日産自動車総合研究所動力環境研究所主任研究員)、忍足 俊一(同社同所シニアリサーチエンジニア)"トロイダルCVTの研究開発"

### 第33回(平13年)
◇功績賞

中島 孝之(エイ・ティーバッテリー技術開発部課長)、吉野 彰(旭化成イオン二次電池事業推進グループ部長)、大塚 健司(エ

科学・技術

イ・ティーバッテリー経営企画部課長）"リチウムイオン二次電池（LIB）の開発と製品化"

新井 栄（東芝ディスプレイ・部品材料社統括技師長），茨木 伸樹（同社液晶事業部経営変革上席エキスパート），鈴木 幸治（同社研究開発センター技監）"低温ポリシリコンTFT-LCDの開発と実用化"

坂田 文男（坂田電機専務取締役），遠藤 真一（同社企画室次長），山崎 宣悦（同社企画室部長）"地中通信システム"

◇貢献賞

戸沢 奎三郎（ソニー元専務ソニーエナジーテック前会長），西 美緒（ソニー常務），横川 雅明（ソニー福島Li技術部主幹技師）"リチウムイオン二次電池の開発と実用化"

柴川 徳夫（富士写真フィルム生産技術部課長），小松 和則（同社同部主任技師），稲波 博男（同社記録メディア事業部同部研究開発センター主任研究員）"極薄層塗布型デジタル磁気記録メディアの開発と量産化"

清水 真二（エルピーダメモリ取締役開発本部本部長），安斎 昭夫（日立製作所デバイス開発センタセンタ長），武川 英次（同社中央研究所所長）"五酸化タンタル膜をキャパシタ絶縁膜とする超高集積DRAMの開発"

工藤 康夫（松下通信工業品質改革推進部主席技師），吉村 進（松下電器産業デバイス・環境技術担当室副理事），倉貫 健司（松下電子部品コンデンサ事業部主席技師）"導電性高分子を用いたアルミニウム固体電解コンデンサの開発と工業化"

佐藤 彰（ヤマハ発動機スカイ事業部技術開発グループ主任），中村 克，鈴木 弘人（同社同グループ主任）"自律制御型無人ヘリコプターによる有珠山火山観測"

第34回（平14年）

◇功績賞

葛原 正明（日本電気光・無線デバイス研究所研究部長），岩田 直高（NEC化合物デバイスエキスパートエンジニア），伊東 明弘（同社部長）"携帯電話端末用ヘテロ接合FETの開発と実用化"

沖野 孝之（富士通トランスポート事業本部統括部長），丸橋 大介（同社同部部長），山口 伸英（富士通研究所ネットワークシステム研究所部長）"テラビット級超大容量光波長多重伝送システムの開発と実用化"

017 市村産業賞

南 真一（日立製作所半導体グループ主任技師），長崎 信孝（日立超LSIシステムズICカード設計センタ室長），神垣 良昭（香川大学工学部材料創造工学科教授）"シリコン窒化膜を用いたロジック混載用不揮発性メモリ技術の開発と実用化"

吉住 恵一（松下電器産業生産技術本部主席技師），久保 圭司，竹内 博之（同社同部主任技師）"原子間力プローブ搭載超高精度三次元測定機の開発と実用化"

◇貢献賞

松野 繁（三菱電機先端技術総合研究所主席研究員），内川 英興（同社同所部門統轄）"次世代誘電体メモリ製造用CVD技術の開発"

高田 博史（住友電気工業播磨研究所所長），平田 嘉裕（同社同所主査），沼沢 稔之（同社同所）"超音波検査用複合圧電振動子の開発"

藤原 知哉（住友金属工業総合技術研究所材料研究部主任研究員），川畑 友弥（同社鹿島製鉄所厚板管理室担当員），渡辺 祐一（同社東京本社厚板技術部専任部長）"画期的な溶接施工を実現した高性能60キロ厚鋼板の開発"

池田 辰雄（神戸製鋼所鉄鋼部門神戸製鉄所執行役員神戸製鉄所），市田 豊（同社同所条鋼技術部部長），土井 健司（同社同所条鋼圧延部部長）"制御圧延・冷却技術を駆使した地球環境に貢献できる線材新製品の開発"

第35回（平15年）

◇本賞 野間口 有（三菱電機取締役社長），松井 充，山岸 篤弘，時田 俊雄（三菱電機情報技術総合研究所主席研究員）"第3世代携帯電話W-CDMA用国際標準暗号の技術開発と実用化"

◇功績賞

赤嶺 政巳（東芝研究開発センター研究企画室企画グループリーダー），籠嶋 岳彦（東芝研究開発センターマルチメディアラボラトリー研究主務）"高音質音声合成方式の開発・実用化"

大越 春喜（古河電気工業ファイテル製品事業部光サブシステム部長），鈴木 修三（住友電気工業取締役支配人光機器事業部長），中沢 正隆（東北大学電気通信研究所教授）"エルビウム添加光ファイバ増幅器の開発と実用化"

田中 裕久（ダイハツ工業材料技術部主担当

員)、丹 功(ダイハツ工業材料技術部材料開発室触媒グループ副担当員)、上西 真里(ダイハツ工業材料技術部材料開発室触媒グループ)"インテリジェント触媒(自己再生型自動車排ガス浄化触媒)の研究"
◇貢献賞
吉田 功(日立製作所半導体グループアナログ技術本部主管技師)、堀田 正生(日立製作所半導体グループアナログ技術本部本部長)、小林 邦雄(日立製作所半導体グループRFデバイス本部長) "Si-MOS FETを用いた移動体通信用高周波電力増幅器モジュールの開発と実用化"
大井 康(NECエレクトロニクス第二システムLSI事業部シニアデザインエンジニア)、横山 裕(日本電気マルチメディア研究所主任)、水野 正之(日本電気シリコンシステム研究所主任)"MPEG-2 エンコーダLSIコアの開発・実用化"
押谷 政彦(ユアサコーポレーション執行役員先端電池第2研究所長)、綿田 正治(ユアサコーポレーション執行役員先端電池第2研究所電池開発部長)、片山 禎弘(ユアサコーポレーション執行役員先端電池第2研究所電池開発部)"革新的ニッケル電極技術による大容量ニッケル水素電池の実用化"
大嶋 邦雄(松下電器産業精密キャパシタ事業部長)、陶澤 眞一(松江松下電器面実装グループグローバルマネージャー)、森脇 正志(松江松下電器面実装グループ技術チームリーダー)"小型・高耐熱性チップ型フィルムコンデンサの開発と量産化"

第36回(平16年)
◇本賞 岡村 正(東芝代表取締役社長)、渡邊 敏明(東芝デジタルメディアネットワーク社コアテクノロジーセンター参事)、菊池 義浩(東芝デジタルメディアネットワーク社コアテクノロジーセンター主務)、中條 健(東芝研究開発センターマルチメディアラボラトリー研究主務)"情報通信における動画像誤り耐性技術の開発・実用化"
◇功績賞
奥野 晃康(東京電力技術開発研究所電力貯蔵ソリューショングループマネージャー)、十時 孝夫(日本ガイシ電力事業部NAS事業部長)"電力貯蔵用NAS電池システムの開発と実用化"
中田 義朗(松下電器産業半導体社プロセス開発センター主席技師)、三橋 龍郎(松下

電器産業生産技術センターチームリーダー)、竹田 聡(松下電器産業魚津工場長)"ウェーハレベルバーンイン技術の開発と実用化"
◇貢献賞
中川 八穂子(日立製作所エンタープライズサーバ事業部長)、藤田 不二男(日立製作所ソフトウェアー事業部主管技師)、金田 康正(東京大学情報基盤センター教授)"ベクトル・スカラー融合型スーパーコンピュータSR8000テクノロジー"
児島 明彦(新日本製鐵技術開発本部鉄鋼研究所主任研究員)、皆川 昌紀(新日本製鐵技術開発本部大分技術研究部主任研究員)、清瀬 明人(新日本製鐵技術開発本部環境・プロセス研究開発センター主任研究員)"ナノ粒子を利用した溶接部高靭性高張力厚鋼板の開発"
片岡 義弘(JFEスチール知多製造所製造部鋳造技術室長)、市野 健司(JFEスチールスチール研究所鋼管・鋳物研究部主任研究員)、平岡 久(JFEスチール知多製造所製造部鋳造技術室主任部員)"遠心鋳造による熱間圧延仕上げミル用ハイスロール製造技術の開発"
広田 信也、大木 久(トヨタ自動車第2パワートレーン開発部グループ長)、大坪 康彦(トヨタ自動車第2エンジン技術部担当員)"ディーゼルPM,NOx同時低減システム"
外村 博史(日産自動車総合研究所車両交通研究所主担)、松田 俊郎(日産自動車先行車両開発本部HEVシステム開発部主管)、福田 光伸(日産自動車先行車両開発本部HEVシステム開発部主担)"電動4WD(e・4WD)の研究開発"

第37回(平17年)
◇功績賞 桜田 新哉(東芝研究開発センター環境技術ラボラトリー研究主務)、川島 史行(東芝マテリアル開発部主務)、入山 恭彦(大同特殊鋼技術開発研究所電磁材料研究部長)"世界最強新等方性ボンド磁石の開発と実用化"
◇貢献賞
杉浦 博明(三菱電機先端技術総合研究所映像エンジン技術部グループマネージャー)、香川 周一(三菱電機先端技術総合研究所映像エンジン技術部主席研究員)"ディスプレイ用カラーマネジメント技術の開発と実用化"

科学・技術　　　　　　　　　　　　　　　　　　　　017　市村産業賞

幸 英昭(住友金属工業総合技術研究所厚板・建材研究開発部長研究員)，上村 隆之(住友金属工業総合技術研究所厚板・建材研究開発部主任研究員)，中原 勝也(住友金属工業エンジニアリングカンパニー建設エンジニアリング事業部鉄鋼技術部担当副長)"耐候性鋼の保護性さび生成促進処理技術の開発"

佐伯 英一郎(新日本製鐵建築事業部長)，渡辺 厚(新日本製鐵建築事業部マネージャー)，和田 章(東京工業大学建築物理研究センター長・教授)"アンボンドブレースの発明と高性能鋼による革新的耐震技術の開発"

鈴木 延明(スズキ開発部係長)，石塚 哲(スズキ開発部長)，張 鐘植(アイシン高丘生技革新部主事補)"排気マニホールド用バナジウム添加耐熱鋳鉄の開発"

遠藤 真(日野自動車執行役員)，高田 斎(日野自動車パワートレーンRE部長)，辻田 誠(日野自動車パワートレーンR&D部長)"大型商用車用超低排出ガスディーゼルエンジンの開発"

## 第38回(平18年)

### ◇本賞

福井 威夫(本田技研工業取締役社長)，清水 康夫(本田技術研究所栃木研究所主任研究員)　"電動式パワーステアリングの開発と普及・市場拡大"

### ◇功績賞

村田 力(放電精密加工研究所開発事業部加工開発グループマネージャー)，金子 広光(放電精密加工研究所開発事業部メカトログループ製造係長)，稲田 篤盛(放電精密加工研究所開発事業部メカトログループ制御係長)"直動式4軸平行加圧高精度デジタルサーボプレスの開発"

宮武 孝文(日立製作所中央研究所研究主管)，梅村 晋一郎(京都大学医学部保健学科)"指静脈認証技術の先駆的研究開発と実用化"

奥田 博明(東芝研究開発センターLSI基盤技術ラボラトリー研究主管)，坂田 浩実(東芝デジタルメディアネットワーク社青梅デジタルメディア工場磁気ディスク設計部グループ長)，堀 昭男(東芝ビジネス＆ライフサービス川崎支店受託グループ)"超小型・大容量HDD用記録再生一体型磁気ヘッドの開発と実用化"

### ◇貢献賞

三浦 昭憲(日産ディーゼル工業研究部技監)，堀江 恒之(日産ディーゼル工業パワートレイン開発部主管)，赤川 久(日産ディーゼル工業研究部主管)"尿素選択還元触媒搭載新長期排出ガス規制適合大型トラックの開発"

井上 愛一郎(富士通サーバシステム事業本部エンタープライズサーバ開発統括部長代理)，淺川 岳夫(富士通サーバシステム事業本部エンタープライズサーバ開発統括部第一プロセッサ開発部長)，木本 雅義(富士通電子デバイス事業本部自社統括部第一設計部長)"最先端半導体テクノロジーを使用したサーバ用プロセッサの開発"

真崎 仁詩(新日本石油研究開発本部中央技術研究所情報化学材料グループマネージャー)，豊岡 武裕(新日本石油研究開発企画部R&D企画グループマネージャー)，伊藤 宏之(新日本石油研究開発本部中央技術研究所研究顧問)"液晶ディスプレイ用液晶性高分子光学フィルムの開発"

牧野 滋(三菱電機情報技術総合研究所アンテナ技術部長)，土谷 牧夫(三菱電機通信機製作所通信情報システム部衛星通信プロジェクト部長)，飯田 明夫(三菱電機特機システム東部事業部プロジェクト部長)"民間航空機搭載用Ku帯衛星通信アンテナサブシステム"

## 第39回(平19年)

### ◇功績賞

宇佐見 明(新日本製鐵技術開発本部鉄鋼研究所鋼材第一研究部主任研究員)，奥島 基裕(新日本製鐵名古屋製鐵所厚板工場マネージャー)，児嶋 一浩(新日本製鐵技術開発本部鉄鋼研究所マネージャー)"耐塩酸性を飛躍的に向上させた耐硫酸性鋼 新S-TEN1の開発"

畑中 正宏(ルネサステクノロジ汎用製品統括本部マイコン事業部主管技師長)，松原 清(ルネサステクノロジ汎用製品統括本部マイコン事業部センター長)，木村 紳一郎(日立製作所中央研究所ULSI研究部主管研究員)"FLASHメモリ搭載マイコンの開発と製品化によるパラダイムシフト"

### ◇貢献賞

奥村 治彦(東芝研究開発センターヒューマンセントリックラボラトリ研究主幹)，馬場 雅裕(東芝研究開発センターマルチメディアラボラトリ研究主務)，藤原 久男

(東芝松下ディスプレイテクノロジー主務)"LCD用高速応答オーバードライブ技術の開発と実用化"
川井 若浩(オムロン事業開発本部RFID事業開発部技術専門職),岩前 好樹(オムロン事業開発本部RFID事業開発部生産グループリーダ),岡田 政信(オムロン事業開発本部)"ICタグを低コストで大量に生産するための生産技術開発と実用化"
田中 一郎(住友金属工業総合技術研究所 薄板研究開発部副主任研究員),屋舗 裕義(住友金属工業総合技術研究所 薄板研究開発部長研究員),中山 大成(住友金属工業和歌山製鐵所薄板生産技術部参事)"高効率モータ用無方向性電磁鋼板の開発"
坂入 実(日立製作所基礎研究所主管研究長),高田 安章,和氣 泉(日立製作所中央研究所主任研究員)"リアルタイム質量分析技術によるセキュリティシステムの研究開発と実用化"

第40回(平20年)
◇功績賞
山下 英明(JFEスチール),宇城 工,柳沼 寛"SUS304代替Ni,Moフリー21%クロムステンレス鋼の開発 技術開発者"
前田 勝美,岩佐 繁之,中野 嘉一郎(日本電気)"最先端LSI製造用ArFレジスト材料の開発 技術開発者"
市川 宗次,増田 富雄(シグマテック),大塚 二郎(静岡理工大学)"ボールねじ駆動によるナノメートル分解能位置決め装置 技術開発者"
◇貢献賞
長谷川 善郎,渡辺 直樹(キヤノンアネルバ),高橋 研(東北大学)"超高密度HDD用ディスク/ヘッド作製スパッタ装置の開発と実用化 技術開発者"
田中 滋久,辻 伸二(日立製作所),高井 厚志(日本オプネクスト)"ブロードバンド社会を支える10Gbps光トランシーバの開発 技術開発者"
沢井 誠二,坂井 浩二,近藤 勝広(ヤマハ発動機)"自動車用車体制振ダンパーの開発 技術開発者"
吉田 栄吉,佐藤 光晴,小野 裕司(NECトーキン)"ノイズ抑制シートの開発・事業化と測定法の国際標準化 技術開発者"
久原 重英,金山 省一,佐藤 幸三(東芝メディカルシステムズ)"EPI基本画像化技術の開発と本技術搭載MRIの実用化 技術開発者"

第41回(平21年)
◇功績賞
高橋 悌史,小林 信高,鉾館 俊之(三菱電機)"プリント基板穴あけレーザ加工機の高速化技術 技術開発者"
金岡 晃嘉,高野 照久,菅原 大輔(日産自動車)"アラウンドビューモニターの開発 技術開発者"
浅田 俊昭,杉村 一昭,酒井 和人(トヨタ自動車)"Stop&Start システムにおける常時噛合いギヤ式始動機構 技術開発者"
◇貢献賞
仲 正裕(ミヤコシ)"間欠送り兼用型フォーム印刷機の開発 技術開発者"
黒崎 将夫,後藤 靖人,水口 俊則(新日本製鐵)"耐食性を飛躍的に向上させた環境適合燃料タンク用鋼板の開発 技術開発者"
村松 仁,河合 眞,石塚 哲(スズキ)"低価格・低環境負荷を実現した高速めっきシステムの開発と実用化 技術開発者"
有持 和茂,稲見 彰則,誉田 登(住友金属工業)"疲労寿命延伸を可能とした新機能鋼材の開発及び実用化 技術開発者"
大塚 雅生,白市 幸茂,竹田 康堅(シャープ)"冷え抑制・抗疲労の医学的効果を有するエアコン新気流の実用化 技術開発者"

第42回(平22年)
◇本賞 濱辺 孝二郎,吉田 尚正(日本電気)"移動通信システムの送信電力制御技術 技術開発者"
◇功績賞
西木 直巳(パナソニック プロダクションテクノロジー),久保 和彦(パナソニック エレクトロニックデバイスジャパン),吉村 進(長崎総合科学大学)"柔軟性を有する結晶性グラファイトの開発と実用化 技術開発者"
吉田 裕明,和田 憲一郎,岩男 明信(三菱自動車工業)"高性能リチウムイオン電池を搭載した新世代電気自動車の実用化 技術開発者"
◇貢献賞
竹内 敏惠,有岡 正博(三菱電機)"受配電用ドライエア絶縁開閉装置シリーズ化によるSF6ガス撤廃 技術開発者"
金子 雅人,谷 徳孝,古川 直宏(神戸製鋼所)"高い船体安全性を備え地球温暖化防止に寄与する高強度鋼板の開発 技術開発者"
猿渡 健一郎,田賀 淳一,水落 洋行(マツダ)

科学・技術

"マツダ/アイドリングストップ技術 技術開発者"
加村 久哉, 鈴木 伸一, 石川 操（JFEスチール）"超高層ビルの安心・安全・省資源設計施工に対応した高耐震性高強度鋼の開発 技術開発者"

第43回（平23年）
◇本賞 門田 道雄, 中尾 武志, 西山 健次（村田製作所）"平坦化SiO2膜/Cu電極/基板構造小型弾性表面波デュプレクサ 技術開発者"
◇功績賞
藤倉 序章, 柴田 真佐知, 大島 祐一（日立電線）"大型高均一GaN基板の量産技術開発 技術開発者"
宮崎 美津恵, 杉浦 聡, 葛西 由守（東芝メディカルシステムズ）"造影剤を用いずに血管を良好に描出できるMRI装置 技術開発者"

◇貢献賞
白河 暁, 斎藤 勝夫, 木村 修二（日産自動車）"世界初, ポスト新長期排出ガス規制対応ディーゼルエンジンの開発 技術開発者"
小田 直樹, 田中 昭生, 飯田 潔（日本電気）"非冷却高感度赤外線カメラの開発と実用化 技術開発者"
加藤 謙治, 西村 誠二（新日本製鐵）
佐藤 秀彦（日本郵船）"地球環境にやさしい原油タンカー用高耐食性鋼板の開発 技術開発者"
藤井 映志（パナソニック）, 小牧 一樹, 山本 幸二（パナソニックエレクトロニックデバイス）"圧電薄膜の開発と角速度センサの実用化 技術開発者"
関森 俊幸, 大年 浩太（豊田自動織機）, 柳本 茂（昭和電工）"新型ハイブリッド車に搭載されたパワー半導体用冷却器の開発 技術開発者"

# 018 井上春成賞

新技術事業団初代理事長, 工業技術庁初代長官・故井上春成氏が我が国科学技術の発展に貢献した業績にかんがみ, 同事業団の創立15周年を記念して創設された。大学・国公立研究所・公益性の高い研究機関等第三者の研究成果をもとにして企業が開発し, 企業化に成功し, わが国科学技術の進展に寄与し, 経済の発展, 福祉の向上に貢献したものの中から特に優れた技術について研究者および企業を表彰し, もって我が国の科学技術の振興に寄与することを目的としている。
【主催者】井上春成賞委員会
【選考委員】選考委員長：末松安晴（公益財団法人高柳記念電子科学技術振興財団理事長）, 選考委員：今井秀孝）独立行政法人製品評価技術基盤機構顧問）, 神谷武志（独立行政法人情報通信研究機構プログラムコーディネーター, 独立行政法人大学評価・学位授与機構客員教授）, 工藤俊章（長崎大学水産学部教授）, 佐々木寛（東京農業大学客員教授, 元独立行政法人食品総合研究所長）, 柴﨑正勝（財団法人微生物化学研究会常務理事, 微生物化学研究センター長）, 富山朔太郎（元新技術審議会委員）, 中西八郎（東北大学監事）, 廣部雅昭（東京大学名誉教授）, 安田榮一（元東京工業大学応用セラミックス研究所, 構造デザイン研究センター長）, 吉田光昭（財団法人癌研究会癌化学療法センター所長）
【選考方法】自薦, 他薦
【選考基準】〔資格〕(1) 大学, 国公立研究所, 公益性の高い研究機関等第三者の研究成果であること。(2) 前項の研究成果を受けて企業が開発し, 企業化に成功した技術であること。(3) 我が国科学技術の発展・福祉の向上に大きく寄与したものであること。(4) 原則として企業化されてから5年以内のものであること。(5) 他の顕著な賞を受賞した技術でないこと
【締切・発表】応募は2月上旬から。3月31日締切, 7月上旬プレス発表, 「日本経済新聞」等紙上に記事を掲載, 7月中旬贈呈式
【賞・賞金】原則として2件（表彰対象技術ごとに研究者代表1名および企業代表者1名）。表彰状と井上ゴールドメダル, 研究者に対して研究奨励金を贈呈

【URL】http://inouesho.jp/

第1回（昭51年度）
　石坂 誠一〈研究者〉（工業技術院東京工業試験所），笹倉 鉄五郎〈企業化〉（笹倉機械製作所）"高流速長管式多段フラッシュ蒸発法による海水淡水化装置"
　村上 孝一〈研究者〉（東北大学），牧野 又三郎〈企業化〉（東北金属工業）"感温磁性材料による制御素子"

第2回（昭52年度）
　加藤 政雄〈研究者〉（工業技術院繊維高分子材料研究所），向井 繁正〈企業化〉（東京応化工業）"超微細加工用フォトレジスト"
　田村 正平〈研究者〉（東京大学物性研究所），堀内 平八郎〈企業化〉（浜松テレビ）"原子吸光分析用中空陰極ランプ"

第3回（昭53年度）
　石丸 寿保〈研究者〉（大阪大学），中野 譲〈企業化〉（富山化学工業）"アンピシリンおよびセファレキシンの新合成法"
　渡 真治郎〈研究者〉（工業技術院公害資源研究所），馬越 伊右衛門〈企業化〉（伯方化学）"石炭を原料とする球形活性炭の製造技術"

第4回（昭54年度）
　柴山 乾夫〈研究者〉（東北大学），竹内 正道〈企業化〉（日本電波工業）"通信用超高周波帯弾性表面波フィルタ"
　依田 連平〈研究者〉（科学技術庁金属材料技術研究所），河野 典夫〈企業化〉（日立金属）"鉄・マンガン・クロム系半硬質磁石"

第5回（昭55年度）
　原田 耕介〈研究者〉（九州大学），斎藤 英四郎〈企業化〉（新日本製鉄）"マグネットメータによる高炉のセンシング"
　庄野 達哉〈研究者〉（京都大学），大塚 公〈企業化〉（大塚化学薬品）"電解有機合成法によるマルトール類の製造技術"

第6回（昭56年度）
　堀越 弘毅〈研究者〉（理化学研究所），坂部 順一〈企業化〉（日本食品化工）"アルカリ性発酵法によるシクロデキストリン製造技術"
　松原 清〈研究者〉（東海大学，（元）工業技術院機械技術研究所），山崎 六哉〈企業化〉（シチズン時計）"多陰極方式イオンプレーティングによる窒化チタン被膜形成技術"

第7回（昭57年度）
　西沢 潤一〈研究者〉（東北大学，半導体研究振興会半導体研究所），北野 隆興〈企業化〉（スタンレー電気）「高輝度発光ダイオードの連続製造技術」
　干川 圭吾〈研究者〉（日本電信電話公社武蔵野電気通信研究所），中村 昇〈企業化〉（国際電気）「高品質大形シリコン単結晶引上装置」

第8回（昭58年度）
　河合 七雄〈研究者〉（大阪大学，（元）科学技術庁無機材質研究所），篠原 晃〈企業化〉（電気化学工業）"単結晶ほう化ランタン熱電子放射陰極"
　唐沢 孝〈研究者〉（理化学研究所），舘野 万吉〈企業化〉（日本製鋼所）"超小型サイクロトロン（ベビーサイクロトロン）"

第9回（昭59年度）
　菅野 卓雄〈研究者〉（東京大学），林 主税〈企業化〉（日本真空技術）"プラズマによる半導体処理装置"
　片岡 照栄〈研究者〉（工業技術院電子技術総合研究所），井植 薫〈企業化〉（三洋電機）"磁気抵抗センサ"

第10回（昭60年度）
　千田 昌平〈研究者〉（建設省土木研究所），牧 冬彦〈企業化〉（神戸製鋼所）"粉体噴射攪拌による軟弱地盤改良工法"
　市村 国宏〈研究者〉（工業技術院繊維高分子材料研究所），村上 静男〈企業化〉（村上スクリーン）"高精度スクリーン印刷用感光材料"

第11回（昭61年度）
　河田 修〈研究者〉（日本電信電話NTT茨城電気通信研究所主任研究員），加賀谷 誠一〈企業化〉（藤倉電線代表取締役社長）"コア直視法による光ファイバ融着接続技術"
　山田 竜作〈研究者〉（和歌山県立医科大学放射線科教授，元大阪市立大学医学部助教授），伊藤 昌寿〈企業化〉（東レ代表取締役社長）"スーパーセレクティブガイドワイヤー"

第12回（昭62年度）
　矢島 聖使〈研究者〉（元東北大学金属材料研究所教授），石川 敏功〈企業化〉（日本カー

科学・技術

ボン代表取締役社長〉"炭化ケイ素繊維"
田畑 米穂〈研究者〉（東京大学工学部原子力工学研究施設教授），古本 次郎〈企業化〉（旭硝子代表取締役社長）"四フッ化エチレン－プロピレンゴム"

第13回（昭63年度）
浜川 圭弘〈研究者〉（大阪大学基礎工学部教授），新納 真人〈企業化〉（鐘淵化学工業代表取締役社長）"アモルファス炭化珪素ヘテロ接合光電池"
佐田 登志夫〈研究者〉（理化学研究所理事），西八条 実〈企業化〉（島津製作所代表取締役社長）"負荷・変位測定方式による超微小硬度計"

第14回（平1年度）
三友 護〈研究者〉（科学技術庁無機材質研究所主任研究官），鈴木 亭一〈企業化〉（日本特殊陶業代表取締役社長）"ガス圧焼結法による窒化珪素焼結体の製造技術"
大見 忠弘〈研究者〉（東北大学工学部教授），田村 公孝〈企業化〉（ウルトラクリーンガスシステム開発グループ代表，大阪酸素工業代表取締役社長）"超高密度LSI製造のための超高純度ガス供給システム"
竹本 俊雄〈研究者〉（竹本建築研究所所長），室伏 稔〈企業化〉（伊藤忠商事代表取締役社長）"版状立体溶接鉄筋の製造及び施工技術"
中川 威雄〈研究者〉（東京大学生産技術研究所教授），永井 譲〈企業化〉（新東工業取締役社長）"通気性セラミック型"

第15回（平2年度）
竹本 俊雄（竹本建築研究所所長），室伏 稔（伊藤忠商事社長）"版状立体溶接鉄筋の製造及び施工技術"
中川 威雄（東京大学生産技術研究所教授），永井 譲（新東工業社長）"通気性セラミック型"

第16回（平3年度）
松原 謙一（大阪大学細胞工学センター長），野中 実男（化学及血清療法研究所理事長）"組み換えDNAによるB型肝炎ワクチンの製造技術"
中井 順吉（元大阪大学教授），鎌居 五朗（日東電工社長）"高周波グロー放電によるフッ素樹脂の表面処理技術"

第17回（平4年度）
元広 輝重（元鹿児島大学教授），上野 隆三（上野製薬社長）"魚類プロタミンを主成分とする食品保存料"
宮坂 勝之（国立小児病院麻酔科医長），青木 由雄（泉工医科工業社長）"高頻度ピストン式人工呼吸器"

第18回（平5年度）
西沢 潤一（半導体研究振興会半導体研究所所長），磯谷 智生（豊田自動織機製作所社長）"電力用表面ゲート型ノーマリオフ静電誘導トランジスタ"
藤木 良規（科学技術庁無機材質研究所所長），三井 康平（クボタ社長）"溶融法によるチタン酸カリウム繊維の製造技術"

第19回（平6年度）
高久 史麿（国立国際医療センター総長），大野 晃（森永乳業社長）"ヒト尿由来白血球増殖因子製剤"
佐々木 堯（農水省農業研究センター総合研究官），石野 良房（日研化学社長）"発酵法によるエリスリトールの生産技術"

第20回（平7年度）
小林 禧夫（埼玉大学教授），村田 泰隆（村田製作所社長）"移動体通信基地局用誘電体フィルタの開発"
小久保 正（京都大学教授），岸田 清作（日本電気硝子社長）"高強度生体活性人工骨の開発"

第21回（平8年度）
後藤 尚久（拓殖大学工学部教授），今井 敬（新日本製鉄社長）"船舶車両用衛星放送受信平面アンテナ"
竹松 哲夫（植物科学研究所所長），辻 薫（トクヤマ社長）"高活性水田用除草剤"

第22回（平9年度）
坪内 和夫〈研究者〉（東北大学電気通信研究所教授），石坪 一三〈開発企業代表者〉（クラリオン代表取締役社長）"超高信頼性スペクトラム拡散無線通信モデム"
小玉 正智〈研究者〉（滋賀医科大学教授），平井 克彦〈開発企業代表者〉（東レ代表取締役社長）"重症敗血症治療のための内毒素吸着血液浄化材料"

第23回（平10年度）
藤島 昭〈研究者〉（東京大学大学院教授），重渕 雅敏〈開発企業代表者〉（TOTO代表取締役社長）"酸化チタン光触媒による多機能タイル"
中沢 弘基〈研究者〉（科学技術庁無機材質研究所総合研究官），堀場 厚〈開発企業代表者〉（堀場製作所社長）"エックス線導管

による走査型エックス線分析顕微鏡」
赤崎 勇〈研究者〉（名城大学理工学部教授），堀篭 登喜雄〈開発者企業代表〉（豊田合成代表取締役社長）"窒化ガリウム系高性能青色発光素子"

第24回（平11年度）
内田 岱二郎〈研究者〉（東京大学名誉教授，名古屋大学名誉教授），中村 久三〈開発代表者〉（日本真空技術代表取締役社長）"磁気中性線放電プラズマによる表面処理装置"
戸田 芙三夫〈研究者〉（岡山理科大学教授），三東 崇秀〈開発企業代表者〉（栗田工業代表取締役社長）"抗菌剤の新しい包接材料の設計と開発"

第25回（平12年度）
山本 格〈研究者〉（岡山大学薬学部教授），林原 健〈開発企業代表者〉（林原生物化学研究所代表取締役）"新規L-アスコルビン酸配糖体とその製造方法"
小林 千尋〈研究者〉（東京医科歯科大学大学院医歯学総合研究科助教授），森田 隆一郎〈開発企業代表者〉（モリタ製作所代表取締役社長）"根管拡大用自動ハンドピース"

第26回（平13年度）
内田 龍男〈研究者〉（東北大学大学院工学研究科電子工学専攻教授），町田 勝彦〈開発企業代表者〉（シャープ代表取締役社長）"超低消費電力反射型カラー液晶ディスプレイ"
山田 宰〈研究者〉（日本放送協会放送技術研究所所長），桑野 幸徳〈開発企業代表者〉（三洋電機代表取締役社長）"FM多重放送技術（DARC方式）"
亀田 幸彦〈研究者〉（北陸大学薬学部教授），武田 国男〈開発企業代表者〉（武田薬品工業代表取締役社長）"新規糖尿病治療薬"

第27回（平14年度）
中沢 正隆〈研究者〉（東北大学教授），古河 潤之助〈開発企業代表者〉（古河電気工業代表取締役社長）"エルビウム添加光ファイバ増幅器（EDFA）"
宮坂 貞〈研究者〉（昭和大学名誉教授），堀 澄也〈開発企業代表者〉（ヤクルト本社代表取締役社長）"新規抗癌剤塩酸イリノテカンとその製造方法"

第28回（平15年度）
岡田 保典〈研究者〉（慶応義塾大学教授），玉井 隼也〈開発代表者〉（ファインケミカル社長）「関節リウマチ関節病変を反映するMMP-3測定法」
谷口 久次〈研究者〉（和歌山県工業技術センター化学技術部長），築野 富夫〈開発代表者〉（築野食品工業社長）「米糠を原料とするフェルラ酸の製造技術」
大橋 裕二〈研究者〉（東京工業大学教授），志村 晶〈開発代表者〉（理学電機社長）「迅速X線回折装置」

第29回（平16年度）
石原 一彦〈研究者〉（東京大学大学院工学系研究科 教授），中嶋 洋平〈開発企業代表者〉（日本油脂 代表取締役社長） 高生体親和性リン脂質ポリマーバイオマテリアル
鯉沼 秀臣〈研究者〉（東京工業大学応用セラミックス研究所 所長），東堤 秀明〈開発企業代表者〉（パスカル 代表取締役） コンビナトリアル新材料開発システム

第30回（平17年度）
増田 俊夫〈研究者〉（京都大学大学院工学研究科教授），坂本 真治〈開発企業代表者〉（パナソニックエレクトロニックデバイス松江 代表取締役社長）"高流量酸素富化膜ユニット"
大津 元一〈研究者〉（東京大学大学院工学系研究科 教授），武田 順司〈開発企業代表者〉（日本分光 代表取締役社長）"近接場光学顕微分光システム"
寅市 和男〈研究者〉（筑波大学先端学際領域研究センター アスペクト教授），池田 毅〈開発企業代表者〉（新潟精密）"音響・映像用の高精細信号処理IC化技術"

第31回（平18年度）
山本 博徳〈研究者〉（自治医科大学内科学講座消化器内科学部門 助教授），樋口 武〈開発企業代表者〉（フジノン 代表取締役社長）"ダブルバルーン内視鏡"
木吉 司〈研究者〉（物質・材料研究機構 強磁場研究センター 副センター長），犬伏 泰夫〈開発企業代表者〉（神戸製鋼所代表取締役社長）"強磁場NMR超伝導磁石の開発"
首藤 紘一〈研究者〉（乙卯研究所所長），小林 洋一〈開発企業代表者〉（東光薬品工業 代表取締役社長）"抗白血病薬タミバロテンの創薬"

第32回（平19年度）
木村 良晴〈研究者〉（京都工芸繊維大学工芸

科学・技術

科学部生体分子工学課程教授)、水谷 成彦〈開発企業代表者〉(水谷ペイント 代表取締役社長)"ナノコンポジットエマルションの合成および塗料化技術"

前田 弘〈研究者〉(物質・材料研究機構 特別名誉研究員)、松本 正義〈開発企業代表者〉(住友電気工業 代表取締役社長)"ビスマス系高温超電導線材"

第33回(平20年度)

清水 昌(さかゆ)〈研究者〉(京都大学大学院農学研究科 教授)、玉井 隼也〈開発企業代表者〉(第一ファインケミカル 代表取締役社長)"微生物酵素を利用したD-パントラクトンの新規製造プロセス"

北村 健二〈研究者〉(独立行政法人物質・材料研究機構 フェロー)、古川 保典〈開発企業代表者〉(オキサイド 代表取締役社長)"欠陥制御育成による高機能光学結晶"

興梠 元伸〈研究者〉(元 東京工業大学大学院総合理工学研究科 助手)、興梠 元伸〈開発企業代表者〉(光コム 代表取締役社長)"光コム発生技術とその応用"

第34回(平21年度)

川島 隆太〈研究者〉(東北大学 加齢医学研究所 教授)、大竹 洋司〈開発企業代表者〉(くもん学習療法センター 代表取締役社長)"高齢者への学習介入による認知症の改善・予防の実践"

湯浅 新治〈研究者〉(独立行政法人産業技術総合研究所エレクトロニクス研究部門 スピントロニクスグループ長)、市川 潤二〈開発企業代表者〉(キヤノンアネルバ 代表取締役会長兼社長)"酸化マグネシウム系トンネル磁気抵抗素子及びその量産技術"

都甲 潔〈研究者〉(九州大学大学院 システム情報科学研究院長 主幹教授)、池崎 秀和〈開発企業代表者〉(インテリジェントセンサーテクノロジー 代表取締役社長)"生体を模倣した味認識装置(味覚センサー)"

第35回(平22年度)

小久保 正〈研究者〉(中部大学 生命健康科学部 教授)、興松 英昭〈開発企業代表者〉(日本メディカルマテリアル 代表取締役社長)"高生体活性能を有する人工股関節"

及川 勝成〈研究者〉(東北大学 大学院工学研究科 准教授)、日野 光興〈開発企業代表者〉(JFE条鋼 代表取締役社長)"環境にやさしい低炭素非鉛快削鋼の開発"

## 019 岩谷直治記念賞

わが国高圧ガス関係諸事業の発展に尽力した岩谷直治氏の業績を記念し、エネルギー、環境の分野で優れた技術を開発し、かつ産業上の貢献が認められた業績を顕彰して、斯界の発展と国民生活の向上に寄与することを目的として設立された

【主催者】(財)岩谷直治記念財団

【選考委員】委員長:濱川圭弘(大阪大学名誉教授)、副委員長:森謙治(東京大学名誉教授)、委員:秋元肇((独)海洋研究開発機構地球環境フロンティア研究センター大気組成変動予測研究プログラムディレクター)、池上詢(京都大学名誉教授)、石田愈(神奈川工科大学客員教授・東京工業大学名誉教授)、齋藤泰和(東京理科大学教授・東京大学名誉教授)、藤森啓安((財)電気磁気材料研究所顧問・東北大学名誉教授)、古崎新太郎(崇城大学教授・東京大学名誉教授)、渡辺公綱((独)産業技術総合研究所生物情報解析研究センター長・東京大学名誉教授)

【選考方法】関連する学・協会または研究機関の代表者等の推薦による

【選考基準】〔対象〕(1)諸学・協会および研究機関において下記項目に関し優れた技術開発と産業上の貢献が認められたもの。(a)生産プロセスの合理化により、エネルギーの有効利用、効果的な環境保全、あるいは効果的な災害防止の達成。(b)エネルギー、環境に関する独創的な技術の開発。(c)エネルギー、環境に関連した新素材、バイオ新技術、エレクトロ新技術の開発。(2)候補者は個人または研究グループとし、グループの場合はその代表者を候補者とする。(3)候補者は必ずしも学協会会員または研究機関所属員であることを要しない

## 019 岩谷直治記念賞

科学・技術

【締切・発表】例年8月末日推薦締切,11月下旬頃直接通知,翌年3月贈呈式
【賞・賞金】毎年2件以内。賞状,賞牌と副賞300万円
【URL】http://www.disclo-koeki.org/02a/00331/

第1回（昭49年度）　田辺 治光他（東京液化酸素）"液化天然ガス（LNG）の寒冷利用の工業化諸技術（LNGの冷熱を利用する空気液化分離装置による液体酸素液体窒素の製造技術）"

第2回（昭50年度）
等々力 達他（工業技術院電子技術総合研究所）"電磁流体（MHD）発電に関する諸技術の開発（大型超電導電磁石とタービン式ヘリウム冷凍液化装置の開発、並びにこれらを組合せたMHD発電機の試運転の成功）"
山元 深他（川崎製鉄）"高炉ガスエネルギー回収発電設備の開発（非燃焼式輻流式タービンの大型高炉への先駆的適用と運転の成功）"

第3回（昭51年度）　該当者なし

第4回（昭52年度）　田中 駿一他（日本鋼管福山製鉄所）"分塊均熱炉の逆L字型燃焼パターンの開発"

第5回（昭53年度）　橋口 幸雄他（工業技術院東京工業試験所）"高圧ガスの爆発防止に関する研究"

第6回（昭54年度）　瀬賀 浩二他（石川島播磨重工業）"中低温廃熱回収におけるフロンタービン発電システムの開発と実用化"

第7回（昭55年度）
阿部 亨他（神戸製鉄所）"微圧振動による燃焼制御法の開発"
大岡 五三実他（大阪瓦斯）"LNG冷熱利用発電システムの実用化"

第8回（昭56年度）　山根 孝（川鉄化学）,西野 一弘（川崎製鉄）,井上 和美（石川島播磨重工業）"大型CDQと発電利用技術の開発"

第9回（昭57年度）　渡部 康一他（慶応大学,日本冷凍協会）"冷媒熱物性値表─R22R12蒸気表"の企画,編集および刊行"

第10回（昭58年度）　該当者なし

第11回（昭59年度）　倉橋 基文（新日本製鉄）,安藤 正夫（日本鉱業）,内川 武,松尾 浩平 "省エネルギー型ギヤ油の開発"

第12回（昭60年度）　該当者なし

第13回（昭61年度）　松浦 宗孝（東邦ガス）,橋本 謙治郎（三菱重工業）,下里 省夫,荒井 敬三 "サーキュラーグレート式コークス乾式消化装置の開発（大型省エネルギー技術の開発）"

第14回（昭62年度）　該当者なし

第15回（昭63年度）
町 末男（日本原子力研究所）,徳永 興公（荏原製作所）,平山 詳郎,川邑 啓太 "電子ビーム照射による排煙処理技術の開発"
川名 昌志（川崎製鉄）,早瀬 鉱一（三菱重工業）,永井 康男,佐藤 友彦 "低カロリー副生ガス焚き高効率コンバインド発電技術の開発"

第16回（平1年度）　該当者なし

第17回（平2年度）
吉田 弘（日本鋼管エネルギー技術室長）"薄鋼板連続焼鈍プロセスにおける直火還元加熱技術の開発"
相山 義道（電子技術総合研究所統括主任研究官）"超伝導機器および極低温冷却に関する先導的技術開発"

第18回（平3年度）　岩崎 徹治（花王化学品研究所第1研究室室長）"古紙再生用高機能脱墨システムの開発"

第19回（平4年度）　中込 秀樹（東芝研究開発センター機械・エネルギー研究所主任研究員）"磁性蓄冷材料を用いた高性能極低温ヘリウム冷凍機の開発と実用化"

第20回（平5年度）　木吉 司（科学技術庁金属材料技術研究所強磁場ステーション主任研究官）"21.IT大口径超電導マグネットの開発"

第21回（平6年度）　該当者なし

第22回（平7年度）　該当者なし

第23回（平8年度）
堀内 健文（神戸製鋼所電子・情報事業本部理事役）"高分解能NMR用高磁場超電導マグネットに関する諸技術の開発"
脇元 一政（NKK京浜製鉄所鉄鋼部経営スタッフ）"熱風制御弁使用による高炉高

効率操業技術の開発"

第25回(平10年度)
小川 一文(松下電器産業技術部門主席技師) "化学吸着法を用いた防汚性単分子膜の開発と実用化"
河野 隆之(三菱重工業材料・溶接研究室主査) "高周波ボルトヒータ装置によるタービン車室ボルトの高速・高能率緩め・締め付け技術"

第27回(平12年度) 原田 広史(文部科学省金属材料技術研究所) 「高効率発電ガスタービン翼用第三世代単結晶超合金の開発」

第28回(平13年度) 小野 通隆(東芝電力システム社) 「シリコン単結晶引上げ装置用高温超伝導マグネットの開発」

第29回(平14年度) 小俣 一夫(NKK鉄鋼事業部) 「限界冷却速度によるオンライン加速冷却技術の開発と厚板・形鋼・熱延鋼管への適用」

第30回(平15年度) 清水 正文(神戸製鋼所加古川製鉄所技術研究センター表面処理研究開発室) 「放熱性薄鋼板「コーベホーネツ」の開発と商品化」

第31回(平16年度) 本田 国昭(大阪ガス家庭用コージェネレーションプロジェクト部技術部門理事) 「出力1kW家庭用ガスエンジンコージェネレーション・商品名「ECOWILL(エコウィル)」の開発」

第32回(平17年度) 塩田 俊明(住友金属建材常務取締役) "遮熱塗装鋼板の開発と実用化"

第33回(平18年度)
佐賀 達男(シャープソーラシステム事業本部副本部長) "高性能太陽電池の大量生産システムの開発と実用化"
渡部 繁則(東京電力本店建設部水力電気グループ副長) "世界初の高効率新型ポンプ水車ランナの開発・実用化"

第34回(平19年度) 影近 博(JFEスチール・スチール研・所長) "局部座屈性能に優れた高強度鋼管の開発と実用化"

第35回(平20年度) 佐藤 純一(東芝・電力・社会システム技術開発セ・主務) "地球環境に配慮した24/36kV固体絶縁スイッチギヤの開発・実用化"

第36回(平21年度) 該当案件無し

第37回(平22年度) 加幡 安雄(東芝・電力・社会システム技術開発セ・グループ長) "大容量高効率水素間接冷却タービン発電機の開発"

## 020 エネルギー・資源学会技術賞

　エネルギー・資源に関する科学技術の発展のため,基礎または応用に関して,特に顕著な業績をあげた者に贈られる(昭和62年に制定)。
【主催者】エネルギー・資源学会
【選考委員】非公開
【選考方法】自薦,他薦
【選考基準】〔資格〕同会会員に限る
【締切・発表】例年10月末日〆応募締切,定時総会後に表彰,学会誌「エネルギー・資源」9月号誌上で紹介
【賞・賞金】賞状と副賞(記念品と金一封)
【URL】http://www.jser.gr.jp/

第1回(昭63年) 高原 北雄(航空宇宙技術研究所熱流体力学部長),ほか 「高温タービン技術の開発」
第2回(平1年) 森 友三郎(大阪ガス特需営業部部長補佐),ほか 「重質油トータルエネルギー利用システムの開発(チェリーPプロセス)」
第3回(平2年) 寺田 房夫(三洋電機空調事,研究センター所長),ほか 「フロンを使わない次世代冷暖房給湯システムDDHPの

開発」

第4回(平3年)　野間口 有(三菱電機開発部次長)、ほか 「高効率・脱フロン極低温フリーザーの開発」

第5回(平4年)　石井 国義(九州電力取締役火力部長)、ほか 「石炭灰による人骨軽量骨材の製造技術(廃棄物の再資源化技術)」

第6回(平5年)　西野 敦(松下電器産業電子化学材料研究所長)、ほか 「電気二重層キャパシタ」

第7回(平6年)　小島 民生(東京電力火力部副部長)、ほか 「コンバインドサイクル用ガスタービン低NOX燃焼器の開発」

第8回(平7年)
　鈴木 皓夫(シャープ太陽電池事業部長)、ほか 「住宅用太陽光発電システム」
　高橋 史郎(中外炉工業環境事業部課長)、ほか 「燃却灰リサイクルレンガ製造技術の開発」

第9回(平8年)　気賀 尚志(石川島播磨重工業)、ほか 「微粉炭燃焼ボイラ用内部セパレート型ワイドレンジバーナ」

第10回(平9年)
　木下 幸治(TDKフェライト第2事業部素材開発部部長)、高橋 弘泰、須田 茂昭(TDK)、北川 武生(TDKテクノ)、菱丸 敏(野村興産) "使用済み乾電池のソフトフェライト原料への応用"
　山下 義彦(大阪ガス設備管理チーム機械グループチーフ)、岩田 幸雄、山崎 恭士(大阪ガス)、伊藤 裕、新居 敏則、山根 政美(神戸製鋼所) "蓄冷技術を用いたボイルオフガス再液化システム"

第11回(平10年)　大西 宏(松下電器産業生活環境システム開発センター主таш技師)、寺田 貴彦、山下 文敏、山県 芳和、渡辺 彰彦(武生松下電器) "リサイクル性を向上したモールドモータ"

第12回(平11年)　該当なし

第13回(平12年)
　青木 康芳(東北電力火力原子力本部火力部取締役火力部長)、五十嵐 喜良、遠藤 幸雄、阿部 信志、山田 昇(東北電力) "1,450℃級ガスタービンの実用化による高効率コンバインドリサイクル発電所の開発"

葛本 昌樹(三菱電機環境システム技術部放電応用グループマネジャー)、田畑 要一郎、八木 重典、塩野 悟、和田 昇、太田 幸治(三菱電機) "高効率・高濃度オゾン発生器の開発"

第14回(平13年)　長谷川 泰三(関西電力総合技術研究所長兼電力技術研究所長)、徳田 信幸、菊岡 泰平(関西電力)、重松 敏夫、筒井 康充(住友電気工業) "電力貯蔵用レドックスフロー電池の開発"

第15回(平14年)　須田 泰一朗(関西電力環境室環境部長)、飯島 正樹(三菱重工業)、三村 富雄(関西電力) "発電所排ガス中の二酸化炭素回収に関する技術開発"

第16回(平15年)　町田 明登(前川製作所 技術研究所次長)、赤星 信次郎、池田 泰之、M.N. ネルソン(前川製作所)、和田 通夫、松永 辰三、佐野 和善(関西電力) "高効率自然冷媒冷却装置($CO_2$・$NH_3$超低温二元冷凍装置)の開発"

第17回(平16年)　西村 寛之(大阪ガス エネルギー技術研究所エグゼクティブリサーチャー)、加藤 真理子、川口 隆文、川崎 真一、阪本 浩規、狩屋 嘉弘(大阪ガス)、佐藤 正洋、近藤 義和(KRI) "廃PET/PEの新相溶化剤活用高機能化によるリサイクル技術の開発"

第18回(平17年)　井川 清光(タクマ 計画本部エネルギー技術部第四課課長)、喜多 照之(タクマ) "効率的な木質バイオマス燃焼熱併給発電システムの開発"

第19回(平18年)　該当者なし

第20回(平19年)
　栗本 駿(新日本石油 社会環境安全部長)、藤山 和久、西山 典行、土田 進一、田中 公二(新日本石油) "ランドン油田随伴ガス回収・有効利用プロジェクトのCDM登録"
　増田 孝人(住友電気工業 電力・エネルギー研究所超電導ケーブルプロジェクトリーダー)、廣瀬 正幸、八束 健、渡部 充彦、芦辺 祐一、滝川 裕史(住友電気工業) "高温超電導ケーブル"

第21回(平20年)　岸本 章、西村 浩一、柏木 愛一郎(大阪ガス) "ビル空調用冷温水圧損圧減剤―可逆的自己組織化有機塩による伝熱低下防止型新材料の開発"

## 021　大河内賞

理研コンツェルン創始者,理化学研究所所長・大河内正敏博士の我が国学術・産業の発達に貢献した功績を記念し,科学技術の向上ならびに産業の振興に資し,もって我が国経済および文化の進展に寄与することを目的として創設された。生産工学,生産技術および高度生産方式等の実施に関し,特に功績顕著なものに贈られる。

【主催者】（財）大河内記念会
【選考委員】同賞審査委員会
【選考方法】全国各理工関係機関の推薦による
【選考基準】(1)賞：〔資格〕個人,5名以内のグループ。〔対象〕生産工学上優れた独創的研究成果をあげ公表された論文,または学術上価値ある発表により学術の進歩に多大の貢献をした業績。(2)技術賞：〔資格〕個人,5名以内のグループ。〔対象〕生産工学,生産技術の研究により得られた優れた発明または考案に基づく産業上の顕著な業績。(3)生産特賞：〔資格〕事業体。〔対象〕生産工学上の優れた独創的研究によりあげられた産業上の特に顕著な業績。(4)生産賞：〔資格〕事業体。〔対象〕生産工学,高度生産方式等の研究により得られた優れた発明または考案に基づく産業上の顕著な業績
【締切・発表】毎年,推薦締切は9月上旬,翌年2月中旬発表
【賞・賞金】賞：賞状と副賞（賞牌と賞金各100万円）,技術賞：賞状と副賞（賞牌と賞金各30万円）,生産特賞：賞状と副賞（大型賞牌）,生産賞：賞状と副賞（大型賞牌）
【URL】http://www.okochi.or.jp/hp/top.html

第1回（昭29年度）
◇大河内記念賞　鳳 誠三郎（東大）,倉藤 尚雄,小池 正雄,左治木 清吾,前田 禎三,松山 芳治 "放電加工法の発明とその応用"
◇大河内記念技術賞
　坂崎 勇（新三菱重工業）,沖野 修平,松永 鏘助,野坂 哲治 "トランスファーマシンの研究とその実施"
　鈴木 弘（東大生産技術研究所）,橋爪 伸,関 忠三郎,米谷 春夫 "逆張力伸線機の研究とその実施"
　蓮 精（東京教育大光学研究所）,巨勢 寛,一丸 哲也,塩原 都 "合成真珠箔の研究とその実施"
　山本 晃（東工大）,明石 和彦 "精密ねじ転造盤の発明とその実施"
◇大河内記念生産賞
　川崎製鉄千葉製鉄所　"ペレタイジングの研究とその工業化"
　鬼頭製作所　"チェーンブロック及びレバーブロックに関する発明とその工業化"
　日東重工業　"精紡機におけるハイドラフト装置の研究とその工業化"
　日立精機　"専用工作機械による機械の多量生産方式の確立"
　八幡製鉄八幡製鉄所条鋼部鋼片課六分塊掛　"分塊連続ロール機の圧延分野の拡張"

第2回（昭30年度）
◇大河内記念賞
　永瀬 恒久（池貝鉄工）,猪熊 一平,相原 健三,村上 正平 "工作機械における倣い削りの研究及び自動倣い旋盤の完成"
　金子 錬造（富士精機研究所）,磯江 道夫,能登 鉄治,藤井 約孝,前川 良雄,山田 国男 "玉軸受走路面の超仕上法"
◇大河内記念技術賞
　北川 徹三（横浜国立大）,小林 義隆,小川 忠彦,津村 精太郎 "検知管法の発明実施とそれの微量迅速分析への応用"
　五弓 勇雄（東大）,鈴木 寿,宮本 鬼外,児玉 藤雄 "衝撃押出加工法の研究とその実施"
　荒木 貞彦（東京ガス）　"都市ガスの熱量自動調節装置"
　高石 義雄（大阪製鋼）　"連続式条鋼圧延機の研究とその実施"
◇大河内記念生産賞
　日立製作所,日新製鋼 "可逆式冷間ストリップ圧延設備国産化の成功"
　富士製鉄室蘭製鉄所　"高温冷コークス炉ガスによる平炉操業について"
　住友金属工業鋼管製造所　"高温高圧ボイラ用鋼管の製造技術の確立"

ヤンマーディーゼル長浜工場 "小型ディーゼルエンジンの多量生産"
日本無線 "バリウムゲッターの量産化"
理研ピストンリング工業 "ピストンリング多量生産方式の改善"

第3回(昭31年度)
◇大河内記念賞
宮下 格之助(日立金属)、安高 忠雄、河原 英麿 "鋳鉄ロール製造技術の改善と鋼材圧延能率の向上"
住友 元夫(住友金属)、長谷川 太郎、鈴木 和郎、牧田 光広 "ガスタービン並びにジェットエンジン用翼材の生産技術の確立"
星野 敏雄(東工大)、佐藤 徹雄 "ビタミン$B_2$の合成と製造法の研究"
◇大河内記念技術賞
高松 徹( 日本蓄電池製造)、横須賀 誠治 "ネオクラッド式蓄電池の発明とその実施"
石原 誠一郎(三菱日本重工) "空気マイクロメーターの研究とその普及"
谷口 紀男(山梨大)、織岡 貞次郎、杉 長介 "衝撃破砕加工法の研究とその応用"
伊藤 幸人(名古屋工業技術試験所)、芦部 好孝 "ビトリファイド研削砥石の研究とその応用"
村上 信三(大阪大)、竹本 常松 "海人草から駆虫有効成分カイニン酸を結晶状に製造する方法の研究"
◇大河内記念生産賞
日本ブラッド・バンク "固形血漿の量産方式の確立"
日産自動車、日立精機、東芝機械 "トランスファーマシンの研究とその実施"
理研光学工業 "カメラの多量生産方式の確立"
キャノンカメラ "高性能カメラの量産化"
川崎製鉄 "平炉に大量酸素を使用する製鋼法"
横崎電機製作所 "自動制御装置に関する発明とその実施"

第4回(昭32年度)
◇大河内記念賞
佐藤 尚武(協和醱酵)、木下 祝郎、田中 勝宜、田中 正生、鵜高 重三 "醱酵法によるグルタミン酸の工業的製法の発見とその確立"
二島 松大(日本マイクロモーター) "極小型整流子輪電動機の発明とその実施"
◇大河内記念技術賞
太田 信之(都立工業奨励館) "ダイカスト の研究とその普及"
川面 隆平(鐘淵紡績)、藤井 数雄、藤原 勝 "ラップ連続自動製造装置の発展"
雲瀬 富三郎(三菱日本重工)、吉田 免四郎、阿部 武、尾上 久浩 "一層盛隅肉熔接の角変形防止法の改良"
中島 敏(綜研化学) "新伝熱媒体油の考案と媒体加熱装置の設計製作"
牧野 純夫(東芝) "人工放射性同位元素照射器の開発"
◇大河内記念生産賞
揖斐川電気工業 "映画用炭素電極棒製造工程の機械化"
王子製紙工業苫小牧工場 "広葉樹から新聞紙用微酸性S・C・Pの製造"
東京芝浦電気管球事業部 "テレビジョン用ブラウン管の性能向上とその量産"
日本鋼管川崎製鉄所 "ドワイトロイド式焼結工場の合理化"

第5回(昭33年度)
◇大河内記念賞
野上 隆雄(帝国人造絹糸)、浅治 袈裟男、標葉 二郎、橋本 啓三 "合成繊維テビロンの発明とその工業化"
吉田 忠雄(吉田工業) "スライドファスナーの製造技術の発明とその多量生産方式の実施"
筒井 蛙声(東洋工業) "ガス浸炭、焼入、焼戻し連続作業の研究およびその工業化"
◇大河内記念技術賞
武長 章夫(福染興業) "繊物捺染法の研究とその実施"
江口 荒太(八幡製鉄) "新品種形鋼圧延の技術"
工藤 恵栄(東京教育大研究所)、中村 正年、宮崎 直 "ダブルビームトリプルパス型赤外分光光度計の研究とその生産"
羽田 清作(大阪機械製作所)、有賀 正彦 "長繊維紡績用篠むら自動制御装置としてのオートイブナーの発明とその工業化"
長岡 振吉(大隈鉄工所)、福島 政澄、武野 仲勝、後藤 佳昭 "非真円平軸受の実用化"
菊池 喜充(東北大)、広根 德太郎、下飯坂 潤三 "フェライト磁歪振動子とその材料の研究"
三浦 勇三(東芝)、加藤 享、奥野 健男 "プリント配線用銅貼積層板の研究とその実施"
平田 森三(東大) "捕鯨用平頭銛の研究"
◇大河内記念生産賞
日本光学工業 "鋳込方式による光学硝子製

科学・技術　　　　　　　　　　　　　　　　　　　　　　　　　　　　　　　021　大河内賞

　　造法の確立"
　後藤合金鋳工所　"高炉用羽口, 冷却函, 冷却板, 熱風弁および弁座の鋳造"
　住友金属工業小倉製鉄所　"自熔性焼結鉱の製造とその焼結鉱のみによる高炉操業の確立"
　日本揮発油, 日本瓦斯化学工業, 日揮化学　"炭化水素の接触改質装置に関する研究とその実施"
　東芝タンガロイ, 理化学研究所, 日立製作所日立工場　"超硬工具の製造低圧式空気液化分離装置の研究とその工業化"
　日本電子光学研究所　"高低温両用高性能電子顕微鏡の製造"
第6回（昭34年度）
◇大河内記念賞
　永井 信雄（神戸製鋼所）, 荒木 逸夫, 阿部 太郎　"高級アーク溶接棒の完成とその量産"
　八谷 泰造（日本触媒化学工業）, 石川 三郎, 佐久山 滋　"酸化エチレンおよびエチレングリコールの国産技術による企業化"
◇大河内記念技術賞
　大島 康次郎（東大生産技術研究所）, 左治木 清吾, 土井 康弘, 池辺 洋, 池辺 潤, 元岡 達　"工作機械の数値制御に関する研究"
　木本 陽三　"メリヤス擬革の製法"
◇大河内記念生産賞
　九州耐火煉瓦　"安定化ドロマイト煉瓦製造"
　コパル光機製作所　"カメラ用レンズシャッタの性能向上と超精密作業の多量生産化"
　日本電気電子管工業部　"高信頼度ゲルマニウム・ダイオードの開発とその量産方式の確立"
　東亜合成化学工業　"アクリル酸エステルの工業的製造"
　東京芝浦電気電球事業部　"トランジスタの量産化"
　日立製作所茂原工場　"テレビジョン用ブラウン管の量産"
　安川電機製作所　"全鋼板製電動機の生産"
第7回（昭35年度）
◇大河内記念賞　雨宮 登三（工業技術院資源技術第三部）, 加藤 長治　"キシレンの異性化の基礎研究並びにパラキシレンの国産技術による工業化"
◇大河内記念技術賞
　池田 巌（光洋精工）, 前川 良雄, 斎藤 正之, 斎藤 正也　"軸受軌道輪のアプセッターリングロールによる鍛造圧延生産方式"

　小林 滝造（エフコン電気）　"予熱型蛍光灯の新作動装置の発明とその実施"
　志村 義博（理学電機）, 内田 博　"連続自動記録式高低温X線回折装置の研究と製作"
　田中 実（石川島播磨）　"金属板の曲げ加工法"
　長沢 正雄（庵原農薬研究所）, 今宮 洋二, 永水 克美, 山本 福太郎, 久保田 連治　"農薬有機砒素材の開発研究とその企業化"
　藤井 約孝（不二越鋼材）, 石坂 悌輔, 久道 卓, 矢野 勝雄　"鋼板よりの軸受輪の製造方式"
　倭 周蔵（三井精機工業）, 坪井 亮二, 岡村 一夫, 丸山 修治　"光学式ジグ中ぐり盤の製作"
◇大河内記念生産賞
　新東工業　"鋳物清掃機としてのショットプラストの開発"
　住友金属工業車輌鋳鍛事業部　"鋼の連続鋳造法の実施"
　日本カーバイト工業　"乾式アセチレン発生法の発明とその工業化"
　日本電気部品工業部, 日立製作所戸塚工場　"ワイヤ・スプリング継電機の開発と量産"
　日立製作所笠戸工場　"鉄道車輌の多量生産方式の実施"
　三菱化成工業　"プロピレンからの2―エチルヘキサノールの国産技術による工業化"
　矢作製鉄　"炉ガスを合成化学原料に利用する熔鉱炉操業"
　横河電機製作所　"全電子式工業計器の量産"
第8回（昭36年度）
◇大河内記念賞
　青野 英夫（東洋紡績）, 中村 勝　"連続自動紡績方式の研究"
　植田 四郎（旭硝子）, 八幡屋 正, 高倉 勇, 安田 宣義　"塩安, ソーダ併産法の研究"
◇大河内記念技術賞
　泉 量一（日本カロライズ工業）　"アルミニウム滲透法の研究と工業化"
　岡本 辰美（第一高周波工業）　"高周波熱処理による軌条の強化"
　音谷 登平（東北大金属材料研究所）, 益子 美明　"球状黒鉛鋼ロールの発明と開発"
　川島 勘市（川島紡績）　"合成繊維絡縮法の発明"
　木村 恒行（石原産業四日市研究所）, 益川 三良, 太田 成夫, 山田 有義　"廃硫酸の工業的利用"

堺 千代次(大阪製鋼) "高能率の高炉製銑法"
椎名 敏夫(名機製作所) "大型射出成形機の設計製作"
◇大河内記念生産賞
明石製作所, 日立製作所亀戸工場 "全自動式ふつりあい修正機"
新日本化学工業 "カーバイド残滓を利用した高品位海水マグネシヤクリンカーの製造"
新日本電気電子管事業部大津工場 "気密電気端子の研究ならびに開発"
住友電気工業横浜製作所 "プラスチック絶縁通信ケーブルの連続自動生産方式"
東北電化工業 "砂鉄の半環元海綿鉄電気製銑法の研究開発"

第9回(昭37年度)
◇大河内記念技術賞
小川 潔(東工大), 島田 三朗 "6節リンク天ビンを有する新しいミシンの工業化"
鴨川 浩(東芝), 杉本 俊, 和知 正治, 橋本 健二郎, 仲村 節雄 "医療用, 工業用ベータトロンの開発"
五弓 勇雄(東大), 堀内 良, 大久保 忠恒, 清水 一之 "ローラーダイス伸線法の発明とその工業化"
斉藤 哲夫(日立電線), 山路 賢吉 "冷間圧接による複合金属線の製造方法の発明とその工業化"
西沢 吉彦(住友化学), 鈴木 信一, 藤井 邦義 "低毒性新有機燐剤の発明"
服部 行彦(理化学研究所) "深部培養法による糖化酵素の生産とその利用"
◇大河内記念生産賞
相川鉄工 "製紙機械リファイナー等の開発"
川崎製鉄千葉製鉄所 "製鉄所分塊工場の作業管理情報シテテムの開発"
神戸製鋼所 "チタン, ジルコニウム, タンタルの化学工業用機器への応用"
日本化薬厚狭作業所, 仁豊野作業所, 折尾作業所 "新雷管および耐高熱火薬の研究開発"

第10回(昭38年度)
◇大河内記念賞
山下 彰(NHK技術研究所), 松山 喜八郎, 岡部 豊比古, 岩浅 義孝, 中山 良明 "イメージオルシコンの研究と開発"
湯川 正夫(八幡製鉄), 岡庭 慶次 "純酸素転炉の未燃焼ガス回収技術の開発"

◇大河内記念技術賞
植田 久一(日新電機), 上田 寛 "コンデンサ形計器用変圧器の実用化"
海輪 利正(富士通信機), 稲葉 清右衛門, 元岡 達, 山口 楠雄, 清水 寛亮, 吉武 智士 "工作機械数値制御装置の改良と実用化"
隈部 淳一郎(東工大) "振動切削法の研究と実用化"
合田 真一(日本曹達高岡工場), 上口 茂, 小田 仲彬, 中西 宏 "国産技術によるTDIの工業化"
西山 太喜夫(日立亀有工場), 守永 孫江, 宮崎 勢四郎, 谷口 実, 南郷 忠勇 "発熱自硬性鋳型造型法「N・プロセス」の発明と工業化"
藤島 亀太郎(東芝機械), 朝倉 行一, 中田 孝, 和栗 明 "高精度5メートル親歯車ホブ盤"
三沢 正之(松下電器産業), 藤沢 徳善, 佐久間 史郎 "積層乾電池素電池の量産方式"
吉崎 鴻造(東洋鋼鈑), 北村 陽一 "電解クロム酸処理鋼板の発明と工業化"
◇大河内記念生産賞
黒崎窯業 "製鋼用純酸素LD転炉々材としてのタールドロマイト煉瓦の製造"
住友電気工業大阪製作所 "真空被鉛設備の開発"
大同製鋼 "250屯製鋼用アーク炉の完成"
電気化学工業 "クロロプレンゴムの製造技術"
東北金属工業, 日本電気 "高性能マンガン亜鉛フエライト(ネフエライト)の量産化"
日本化薬染料研究部・王子染料工場 "堅牢度の高い高級直接染料(シリアス級)の製造法の研究と工業化"
日本鋼管 "純酸素転炉の計算制御(コンピューター・コントロール)"

第11回(昭39年度)
◇大河内記念賞 田中 勘七(久保田鉄工), 河井 貞一 "ダクタイル鋳鉄管製造法の研究と開発"
◇大河内記念生産賞
旭化成工業 "アクリル系合成繊維(カシミロン)の製造研究と工業化"
味の素 "合成法によるL-グルタミン酸ナトリウムの製造"
科研化学, 東亜農薬, 日本農薬 "農薬プラストサイジンSの研究と開発"
呉羽紡績 "細糸連続自動紡績装置の研究と開発"
秩父セメント "セメント製造工程の計算機

制御方式の開発"
東京芝浦電気電子事業部 "角形カラーブラウン管の量産"
◇大河内記念技術賞
大黒 竹司(尼崎製鉄)、林 登、矢倉 林之助、若松 幸平 "逆転式揺動とりべの研究と開発"
亀山 昂(東芝)、野村 誠夫、橋本 恒一、川島 正三、山本 孝一 "蛍光ランプの改良"
五味 真平(呉羽化学工業)、伊藤 広二、佐藤 全男、十川 透、鷲見 弘一 "石油溜分からの塩化ビニール製造法の開発"
水津 寛一(川崎重工) "パイプ加工法の研究と開発"
田地川 健一(富士製鉄)、内田 弘、堀口 彰、柳父 修、佐藤 秀之 "缶用クロームメッキ鋼板の研究と開発"
舘野 万吉(日本製鋼室蘭製作所)、鹿野 昭一 "大型鋼材の温間鍛錬法の発明と開発"
毛利 保吉(日本電々公社電気通信研究所)、川又 晃、明山 正元、久米 正雄、山辺 知定、中村 良男 "磁性体のメッキを施したコンピューター用磁気ドラムの開発"

第12回(昭40年度)
◇大河内記念賞 原口 成人(日立日立工場)、梶原 利幸、福井 嘉吉 "油圧圧下式圧延機の研究と開発"
◇大河内記念生産賞
昭和電工秩父工場 "極超低炭素フエロクロム製造技術の開発"
日本鋼管水江製鉄所 "高炉操業の改善"
日本大洋海底電線、古河電気工業、住友電気工業、藤倉電線 "太平洋横断SDケーブルの製造"
日本電気 "パラメトロン式超小型電子計算機の量産"
三菱電機稲沢製作所 "エレベータ、エスカレータの量産方式の研究と実施"
八幡製鉄光製鉄所 "連続鋳造によるステンレス鋼スラブの製造"
理研ビタミン油 "蒸留モノグリセライドの国産技術による企業化"
◇大河内記念技術賞
片桐 道男(横河電機)、山崎 弘郎、石川 宏俊 "固体回路化したエレクトロメーターの開発"
木野 親之(東方電機)、衣川 正男、前原 秀行、安岡 真衛 "新聞フアクシミリ装置の国産化"
鈴木 太郎(東芝)、青木 一郎、三村 浩康、小川 忠 "UHFテレビサテライト用進行波管の開発と実用化"
陶山 英成(日本ビニロン)、渦巻 光孝、上月 栄一、久本 和慶 "乾式紡糸法によるビニロンフイラメント製造法"
中村 孝(電元社製作所)、岡部 義雄、浜崎 正信 "製鉄ライン用各種自動溶接装置の開発"
中村 素(石川島播磨技術研究所) "IN高張力鋼の研究と開発"
和田 雄次(パイロット万年筆)、山口 忠正、柳田 清吉、福間 崇志、山崎 国弘 "キャップレス万年筆の発明と実用化"

第13回(昭41年度)
◇大河内記念賞 山本 登(川崎重工神戸工場)、寺井 清、有川 正康、鈴木 春義、長谷川 光雄 "造船における溶接の自動化、専用化の研究と成果"
◇大河内記念生産賞
大阪チタニウム製造 "スポンジ・チタン製造技術の改良と合理化"
川崎製鉄千葉製鉄所 "純酸素転炉の生産性向上"
広栄化学工業 "合成ピリジン塩基類(ピリジン,$\alpha$-,$\beta$-,$\gamma$ピコリン)の製造"
東京芝浦電気硝子事業部 "小型硝子バルブの量産"
日本化薬仁鹿野作業所 "安全且つ高能率な雷管製造プラントの研究およびその実施"
日本電気半導体事業部 "マイクロディスクトランジスタの工業化"
◇大河内記念技術賞
大津 武通(住友軽金属工業)、佐藤 史郎、関 淳夫、後藤 靖夫 "汚染海水耐食性新合金管の発明ならびに実用化"
大原 儀作(東北大電気通信研究所)、国富 稔、武田 秋津 "電子工業用人工水晶の量産的育成研究"
川上 寛(安川電機東京工場)、福田 光之 "平滑電機子形直流サーボモータの開発と応用"
佐々木 秀雄(日立笠戸工場)、大久保 道次郎、亀石 正之、富安 富士男 "爆発圧接法の開発および化学装置への実用化"
外岡 英徳(日立日立工場)、岡野 金平 "NC型セグメント軸受の開発と実用化"
平塚 喜造(三菱江戸川化学研究所)、和田 益雄、松村 司郎、米光 英一、石井 博 "自動酸化法による過酸化水素製造技術"
三田 繁(東芝中央研究所)、竹谷 武男、林 周

一 "進行波管レーダ方式の実用化"

第14回（昭42年度）
◇大河内記念生産特賞
　東洋レーヨン　"光ニトロソ化法（PNC法）によるε-カプロラクタムの製造"
　日本ゼオン　"国産技術によるC$_4$溜分からのブタジエン製造"
◇大河内記念生産賞
　高周波熱錬焼入製品部　"特殊異形PC鋼線（ウルボン）の開発"
　神戸工業　"応用放射線計測器の設計理論と実用化"
　津上製作所　"転造技術の研究と開発"
　日新製鋼　"溶融メッキにおけるガスワイピング法の開発"
　日本鋼管鶴見製鉄所　"溶接による高級大径鋼管製造技術の開発"
　日本電気回路部品事業部　"高信頼度ソリッドタンタル電解コンデンサの実用化"
　ブリヂストンサイクル工業　"ダイカスト法による自転車フレーム製造法の研究と開発"
　松下電器産業無線研究所機構部品事業部　"金属粉末法印刷配線板の開発と実用化"
　八幡製鉄　"新しい化成処理鋼板スーパーコートの開発"
◇大河内記念技術賞
　嘉戸 勝（イハラ農薬），吉永 英一，金沢 定一，前田 泰三　"いもち病防除剤の開発とその企業化"
　風戸 健二（日本電子），日永 康，芦沼 寛一，中村 修，渡辺 勝　"100万ボルト超高圧電子顕微鏡の製造"
　堤 照男（石川島重工），山田 竜男　"高炉の新型炉頂装入装置の開発"
　原田 巽（東洋達工業），井本 利一郎　"オキシクロリネーション法塩化ビニルモノマー合成プロセスの工業化"
　村田 禎介（村田機械），関 与志雄，松井 勇　"村田#10D超高速自動コーンチーズワインダーの発明とその実施"
　毛利 定男（品川白煉瓦），田畑 勝弘，林 武志，土井原 健雄　"酸化物含滲系耐火物製造技術の開発とその耐火物の工業化"
　吉村 正道（藤倉電線），田中 重信，高田 寿久　"SZより方式通信ケーブルおよび製造装置の開発"

第15回（昭43年度）
◇大河内記念賞　入江 俊昭（日本電気），中尾 英夫，柳井 隆之，黒沢 敏夫，尾山 守信　"超高周波トランジスタの開発"
◇大河内記念生産特賞　久保田鉄工　"建築構造用遠心力鋳鋼管柱「Gコラム」の開発およびその生産技術の確立"
◇大河内記念生産賞
　味の素　"発酵法と合成法の組合せによる5′—ヌクレオチド製造法の工業化"
　トヨタ自動車工業　"閉そく鍛造の研究とその実用化"
　日産自動車　"プリンスジェットルーム"
　日本電気集積回路事業部　"MOS集積回路の工業化"
　播磨耐火煉瓦　"膨脹性高珪酸質不焼成および低温焼成塊用耐火物の研究と開発"
　日立造船　"船殻生産設計における数値制御システム"
　三菱化成工業　"緩効性肥料イソブチリデンジウレアの開発および工業化"
　三菱油化，千代田化工建設　"MHC法芳香族脱アルキル技術"
◇大河内記念技術賞
　井上 隆之（三井東圧化学），村木 茂寿，加藤 吉郎，篠田 秀臣，遠山 輝彦　"水稲除草剤MO-338の開発とその企業化"
　川船 和儀（日立），能戸 幸一，御子柴 佑恭，平田 健二郎　"電解形彫り加工法の研究と実用化"
　鈴木 和郎（住友金属中央技術研究所），堤 三郎，青柳 哲夫，佐々木 寛太郎，嶋村 行俊　"シェルモールド—流気鋳造法による鋳造磁石ならびに大型鋳鋼品の生産技術の開発"
　伴野 正美（日立製作所武蔵工場），阿部 亨，徳山 巍，佐藤 興吾，山本 雅幸　"LTP（低温安定化処理）シリコントランジスタの工業化"
　西脇 敏雄（東亜合成化学工業），笹井 治男，鈴木 喜隆　"エチレンよりトリクロルエチレン・パークロルエチレンおよび塩化ビニルモノマーの製造の工業化"
　広田 栄一（松下無線研究所），長岡 忠，森田 稔，千葉 博之，菅谷 汎　"ホットプレスフェライトおよび磁気記録用ヘッドの開発"
　矢田 直樹（日本鉱業水島製油所），松田 健三郎，藤本 昭三，森田 唯助　"ノルマルパラフィンの製造技術"

第16回（昭44年度）
◇大河内記念賞　岡本 彰祐（神戸大），横井 弥毅男，万行 光男，内藤 武男，奥田 教幸　"抗プラスミン剤としての4-アミノメチルシ

科学・技術

クロヘキサンカルボン酸の研究"
◇大河内記念生産特賞　旭化成工業,旭硝子,徳山曹達 "イオン交換膜による製塩の工業化"
◇大河内記念生産賞
　鐘淵紡績　"毛織物の仕上工程における熱処理の研究と実施"
　神戸製鋼所　"大型鋳鋼製クランク軸の量産"
　電気化学工業　"アセチレンブラックの製造"
　日本電気電子交換製造本部　"水銀接点スイッチの国産実用化"
　日立製作所半導体事業部　"高性能シリコンパワートランジスタの工業化"
　保土谷化学工業　"新しいカチオン染料の製造"
　谷村新興製作所　"加入電信宅内装置の量産"
◇大河内記念技術賞
　玄地 宏(東芝電子機器研究所),森 健一 "手書き文字認識方式を用いた郵便物自動区分機の研究と開発"
　斉藤 進六(東工大),梅田 夏雄,竹内 稔,大井 修一郎,河波 利夫 "アイソスタチックプレス法による粉体の加圧成形技術の開発"
　広瀬 輝夫(大同製鋼知多工場),大石 康夫,高橋 利夫,大久保 博之,早乙女 滋男 "シングルプラネタリミルの開発"
　牧野 純夫(東芝),相浦 正信,鈴木 太郎,平田 信二 "医療用リニア・アクセラレータの開発"
　山田 弥彦(日立中央研究所),原田 達男,近藤 弥太郎,赤松 貫之,佐藤 繁 "回折格子の国産化とその応用"
　山本 久夫(住友化学)　"N-ベンゾイルインドール誘導体(抗炎症剤)の新合成法の開発"
　吉川 義夫(三菱江戸川化学),杉尾 彰俊,西川 礼二 "ギ酸ソーダ法によるナトリウムハイドロサルファイトの製造技術"

第17回(昭45年度)
◇大河内記念賞　五味 真平(呉羽化学工業),鷲見 弘一,細井 卓,神林 正昭,金井 俊夫 "原油分解によるアセチレン・エチレン等の製造と副生物の完全利用"
◇大河内記念生産特賞　石川島播磨重工業船舶事業部東京第二工場　"船舶の多量急速建造法"

◇大河内記念生産賞
　大阪電気　"多点溶接機の標準化および自動化装置の開発"
　シャープ　"電子卓上計算機のIC化およびLSI化の開発とその量産化"
　日本瓦斯化学工業　"弗化水素・弗化硼素によるキシレン分離異性化技術の確立と工業化"
　日本電気マイクロ波衛星通信事業部,電子装置事業部　"マイクロ波衛星通信装置の量産化"
　富士通　"大型コンピューターの設計ならびに製造自動化システムの開発"
　本州製紙,日本専売公社 "パルプを原料とする乾式抄紙法技術の開発とその応用研究"
　三菱重工業長崎造船所艤装工作部,第一高周波工業 "高周波誘導加熱による管曲げ加工"
◇大河内記念技術賞
　岩井 喜典(東芝),飯田 晶,岡本 行二,牧野 雄一,原野 秀永 "総合健診システムの開発"
　春日 裟裟治(日東紡績),佐藤 正逸,館野 守久 "グラスウール製造技術の開発"
　加藤 孝之(日立),森 省二,西村 和美,梶原 利幸 "タンデム式コールドセンジマーミルの開発"
　黒田 秀郎(日本電気),坂本 一郎,小川 裕秀,小林 英樹,高田 允 "連続型部分真空式電子ビーム溶接機の開発と実用化"
　鈴木 三郎(理化学研究所),磯野 清,永津 順作,佐々木 茂樹,橋本 研介 "新抗生物質ポリオキシンの発見とその農薬への応用"
　西沢 潤一(東北大電気通信研究所),白石 正,佐藤 富,小沼 毅,助市 徳三 "合金拡散法によるシリコン可変容量ダイオードの開発"
　柳沢 寛(四国化成),矢野 利通,斎藤 義隆,香川 利博,真重 卓雄 "イソシアヌル酸およびトリクロルイソシアヌル酸の生産技術の開発"

第18回(昭46年度)
◇大河内記念賞　飯田 義男(松下無線研究所),辻 敬三,増山 勇,松岡 道雄,口羽 健介 "酸化亜鉛バリスタの開発と実用化"
◇大河内記念生産特賞　京都セラミック　"大規模集積回路用セラミック多層パッケージの開発"
◇大河内記念生産賞
　興人　"エマルジョン紡糸法によるコーデラ

ン繊維製造法の工業化"
昭和電工秩父工場,周南電工 "低品位クロム鉄鉱石の固相還元による高炭素フェロクロム製造技術の開発"
東京瓦斯,石川島播磨重工業 "セグメント式地下タンクの開発"
日本触媒化学工業 "プロピレンの酸化によるアクリル酸およびそのエステル製造技術の確立とその工業化"
日本電気交換事業部 "クロスバ・スイッチの量産技術の確立"
日本電気集積回路事業部 "アルミニウム化成配線法の開発と集積回路への実用化"
松下電器産業生産技術研究所乾電池事業部 "高速衝撃押出加工装置の開発と実用化"

◇大河内記念技術賞
石原 米彦(帝都高速度交通営団),北畠 顕正,松田 新市 "直流電気車用主回路チョッパ制御装置の開発"
山東 美一(山東鉄工所) "織物の連続精練漂白装置の開発とその実施"
渋田見 裕彦(安川電機),大楽 澄夫,山田 明,田上 宗男 "電磁ポンプ式自動注湯装置の開発と実用化"
住友 元夫(住友金属),白岩 俊男,広島 龍夫,中西 章人,橘 芳実 "棒鋼,鋼管の自動磁気探傷システム"
春川 忠二(武田薬品化学研究所),橋本 芳郎,小西 和雄,崎浴 幾雄,坂井 道彦 "ニカメイチュウ防除剤の開発と企業化"
細田 喜六郎(古河電工中央研究所),上島 精一,丸田 隆美,椎名 直礼 "ポリオレフィン発泡体の製造法の研究と開発"
松井 正二(日本電子),新谷 房夫,長谷川 実郎,坂口 比佐二,早瀬 敏夫 "漢字電算植字システム"

第19回(昭47年度)
◇大河内記念賞 藤木 俊三(新日鉄),田口 悟,坂倉 昭,植野 清 "新しい方向性珪素鋼板オリエントコア・ハイビーの開発"
◇大河内記念生産特賞 日本鋼管 "完全連続式冷間圧延法による薄鋼板製造技術の開発"
◇大河内記念生産賞
石川島播磨重工業,秩父セメント "SF式新セメント焼成法の開発"
神戸製鋼所機械事業部呉工場 "舶用大型プロペラの技術開発と生産方式の改善"
東京芝浦電気電子事業部 "CMOS・LSIの開発と実用化"
トヨタ自動車工業 "多様化した自動車生産のためのデイリーオーダーシステム"
豊和工業,東レ "オープンエンド精紡機MS400の発明およびその工業化"
三菱化成工業 "C₄留分からの無水マレイン酸の製造技術の確立"
横河電機製作所 "ダイレクトデイジタル制御装置の開発"

◇大河内記念技術賞
川崎 景民(オイレス工業),村越 新一,堀川 昌行,高田 弥太郎,住吉 喜久夫 "含油プラスチック軸受の量産化"
木村 一郎(クミアイ化学),高橋 善郎,佐藤 弘成,白鳥 勝治,松井 貞良 "新除草剤サターンの開発とその企業化"
杉本 要(林原),平尾 守,吉田 幹彦,栗本 雅司,横林 康之 "新しい酵素による澱粉の酵素分解物の開発"
武尾 敬之助(住友電気工業),白潟 佳敏,小杉 一雄,山田 勝彦,上瀬 忠興 "水の沸騰熱伝達を用いた熱間圧延高炭素鋼線材の直接熱処理方法"
千畑 一郎(田辺製薬応用生化学研究所),土佐 哲也,佐藤 忠司,森 孝夫 "不溶性酵素による光学活性アミノ酸の製法"
西村 真二郎(松下製品開発研究所),菅谷 汎,小林 深,矢野 孟彦,原園 信一 "高速度ビデオテープ接触複写装置の研究"
吉田 進(ソニー),大越 明男,宮岡 千里 "単電子銃三ビーム方式カラーブラウン管の開発"

第20回(昭48年度)
◇大河内記念賞 村岡 久志(東芝),竹大 正孝,布施 昇,米沢 敏夫,渡辺 正晴 "完全結晶素子技術(PCT)の開発と半導体デバイスへの適用"
◇大河内記念生産特賞 新日本製鉄,三菱電機,三菱重工業,山九運輸機工 "H形鋼の連続式製造方法の開発"
◇大河内記念技術賞
秋田 正弥(大同製鋼),浅田 千秋 "ガス被包アーク溶接鋼線の開発と実用化"
今村 舜仁(NHK放送科学基礎研究所),千川 純一,藤本 勲,吉松 満,水沼 守 "X線回折像じん速処理システムの研究と工業化"
古賀 正三(東大応用微生物研究所),木村 英一,柴田 進,布垣 寛一 "血球細胞検診システム"
世古 真臣(旭化成工業),読谷山 昭,小川 晋策,加藤 正明,三宅 哲也 "電解二量体化法

によるアジポニトリルの製造法"
田高 稔康(電源開発),山本 景彦,立石 貞夫 "高落差大容量ポンプ水車および発電電動機の完成"
福田 神郎(富士写真フィルム),吉田 哲郎,近 政裕,黒木 基晴,高木 彬 "無接触つる巻型乾燥方式を用いたレントゲンフィルム量産技術の確立"
師橋 洋(池貝鉄工),藤田 元造,沢田 武彦,井原 滋 "スクリューダイ方式による多層軽量構造板製造技術"
◇大河内記念生産賞
神戸製鋼所鉄鋼事業部神戸製鋼所 "冷間圧造用高級線材製造技術の開発とその量産
東京芝浦電気 "Gap発光素子の開発および工業化"
東レ "新しいパラキシレンの製造技術の開発と工業化"
日産自動車,三菱電機 "汎用制御装置および故障検知装置の開発と実用化"
日本ゼオン "副生$C_5$溜分より高品位イソプレンの抽出技術(GPI法)"
日立製作所電子管事業部 "カラーブラウン管製産工程に用いられる特殊不連続面補正レンズの開発"
安川電機製作所東京工場 "打抜きによる軸方向空隙直流モータの開発と実用化"

第21回(昭49年度)
◇大河内記念賞 戸田 健三(新日本製鉄君津製鉄所),権藤 永,森本 磨瑳雄,川崎 文一郎,南 昭三 "薄鋼板連続焼鈍処理設備による深絞り用冷延鋼板製造技術の開発"
◇大河内記念生産特賞 日産化学工業 "高圧法による尿素法メラミンの工業化"
◇大河内記念技術賞
大塚 英二(三井東圧化学),高橋 達,松田 藤夫,吉村 清孝,橋本 順義 "直接水和によるアクリルアマイド製造技術の確立と工業化"
小津 厚二郎(東芝),高橋 健二,垂井 忠明,武石 喜幸 "マイクロコンピュータシステムとそのLSI群の開発"
粂野 幸三(日立日立工場),有泉 英雄,二宮 敏,中崎 久夫 "火力発電用大型蒸気タービンの計算機による組立合理化システムの開発"
高橋 壮治(日立中央研究所),明山 正元,橋本 誠也,久田 宏,太田 唯男 "電子部品等難加工形状製品のホビング加工技術の研究と工業化"

坪内 享嗣(日本国有鉄道),黒鳥 滋,中山 孚光,富田 三郎,桜木 丈爾 "新幹線列車番号送受信装置の開発と実用化"
富田 和男(三共農薬研究所),大波多 一彦,中村 紀雄,高日 幸義,高岡 恭 "土壌殺菌剤タチガレンの開発と企業化"
仲矢 茂長(沖電気工業部品研究所),米川 元庸,高野 陸男,渡辺 昭則 "高速高信頼度サーマルプリンタの開発"
◇大河内記念生産賞
神戸製鋼所鉄鋼事業部 "自溶性ペレットの量産と大型高炉への実用化"
東京芝浦電気 "エレクトレットコンデンサーカートリッジの開発"
日産自動車 "ロボットハンド組込み歯車生産加工システムの開発"
日本ビクター "ディスクリート4チャンネルレコード及びその再生方式の開発"
三菱化成工業 "高活性触媒を用いた中低圧ポリエチレン製造技術の確立並びに工業化"
三菱電機 "換気扇生産におけるMAN - MACHINE - SYSTEMの研究と新量産方式の導入"
三菱油化,三菱重工業 "広領域炭化水素熱分解プロセス"

第22回(昭50年度)
◇大河内記念賞 石井 敬一郎(日本曹達),小坂 璋吾,先本 礼次,矢尾 利夫,野口 照久 "チオファネート系殺菌剤(トップジン)の研究と開発"
◇大河内記念生産特賞 第二精工舎,諏訪精工舎 "腕時計自動組立ラインの開発"
◇大河内記念技術賞
梶原 利幸(日立日立工場),児子 茂,古谷 尚,志田 茂,西 英俊 "高性能形状制御新形圧延機の開発"
片桐 信二郎(日立那珂工場),菰田 孜,白石 香澄,斎藤 尚武 "電界放射形高分解能走査電子顕微鏡の開発"
斎藤 長男(三菱電機),青島 富士雄,荒井 伸治,葉石 雄一郎,高鷲 民生 "高精度化プロセス制御を含む電解加工自動化システムの開発"
高野 広(日本鋼管),白松 爾郎,山近 純一郎,牛込 幸一,藤井 行雄 "製鋼取鍋用ロータリー・ノズルの開発と工業化"
津村 武夫(日本農薬),谷中 国昭,村田 菊蔵,三宅 利雄,杉本 達芳 "浸透性植物保護剤イソプロチオラン(フジワン)の開発"

村田 和美(北大)、藤野 米吉、宮田 尚一、松井 弘之、関根 靖雄 "光学レンズのレスポンス関数測定機の開発と実用化"
山本 久夫(住友化学医薬事業部研究開発センター)、稲葉 茂穂、広橋 敏之、石墨 紀久夫 "ベンゾジアゼピン誘導体の新合成法とその応用"
◇大河内記念生産賞
宇部興産 "大容量海底同軸ケーブル絶縁用ポリエチレンの開発"
新日本製鉄、山里エレクトロナイト、川惣電機工業 "転炉製鋼法におけるダイナミック操業技術の確立"
東京芝浦電気 "セレン化カドミウムを用いた光導電形撮像管の開発"
東レ "溶融紡糸延伸直結法の開発と工業化"
丸善石油、鐘紡、松山石油化学、カネボウポリエステル "新しい高純度テレフタル酸(HTA)とその直接重合技術の開発ならびに企業化"
三菱電機 "ガスプラズマエッチング技術の開発と工業化"
安川電機製作所省力機械部 "パイプ自動切断機および溶接機の開発と実用化"

第23回(昭51年度)
◇大河内記念賞 永野 健(三菱金属)、森崎 寿一、鈴木 尚、幸野 博、田知本 一雄 "連続製銅システムの研究開発"
◇大河内記念生産特賞 川崎製鉄水島製鉄所 "厚板製造における自動操業技術の確立"
◇大河内記念技術賞
内野 憲二(川崎重工業)、佐藤 吉雄 "大型ヘリコプタ用自動飛行装置の開発と実用化"
尾崎 知良(新日本製鉄)、井口 光雄、中村 正明、安宅 弘、松本 光昭 "コークス炉ガス脱硫システムの開発"
小沢 重樹(日立那珂工場)、保田 和雄、大石 公之助、小泉 英明 "ゼーマン効果を応用した原子吸光分析計の開発"
片岡 正三(石原産業)、木野 九、山田 茂樹、福永 史朗、石田 昭二 "イルメナイトよりの合成ルチル製造方法の開発と工業化"
黒坂 隆(笹倉機械製作所)、塩田 安、森岡 錠一、森谷 政志、平石 順久 "多段フラッシュ蒸発法による海水淡水化装置の開発"
中田 邦位(ナカタ技研)、久保 好政、永井 譲、浜 鉄夫、大西 俊輔 "新鋳造法「Vプロセス」の研究開発"
南 博(東芝)、小林 憲治、住田 恒世、早戸 武、恒岡 卓二 "沃化セシウムX線イメージインテンシファイアの研究開発"
◇大河内記念生産賞
明石製作所 "小形走査電子顕微鏡の開発"
住友金属工業 "製鋼における溶鋼中へのアルミニウム等の新添加方法の開発"
日本電気集積回路事業部 "NチャンネルMOSメモリの工業化"
日本陶器 "高級白色磁器製造の自動化"
ミドリ十字 "線溶酵素活性化物質「ウロキナーゼ」の製剤化開発と企業化"

第24回(昭52年度)
◇大河内記念賞 小野 小三郎(武田薬品工業)、柴田 元雄、山本 弘一、若江 治、立花 裕彦 "バリダマイシンの開発とその企業化"
◇大河内記念生産特賞 日立製作所、日本放送協会総合技術研究所 "カラーテレビカメラ用高性能撮像管(サチコン)の開発と製品化"
◇大河内記念技術賞
猪股 茂男(神戸製鋼所)、佐伯 修、伊与木 健、泉地 哲夫、土渕 省二 "鉄鋼業における大型空気分離装置の計算機による自動運転システムの開発"
遠山 健次郎(島津製作所)、小野 準一、小野寺 政昭、佐伯 正夫 "パルス分布測定法による発光分析法の開発"
平賀 貞太郎(東京電気化学工業)、今岡 保郎、梅木 信治 "記録用新磁性材料の開発とその企業化"
藤原 達雄(大同特殊鋼)、伊藤 哲朗、牛山 博美、阿部山 尚三 "カルシウム快削鋼の開発"
松岡 行雄(富士通)、林 孝雄、中野 喬、境 茂郎、小関 利雄 "超大型コンピュータ用LSI論理プリント板の自動試験システムの開発"
村田 卓哉(東京芝浦電気三重工場)、村田 正美、羽中田 映夫、野々村 有二、谷川 忠義 "交流電動機用固定子巻線の高速自動化製造装置の開発"
◇大河内記念生産賞
旭化成工業 "イオン交換膜法(複極式)食塩電解"
伊勢電子工業、日本陶器 "平型蛍光表示管の開発と量産化"
川崎重工業、ブリヂストン液化ガス "セミメンブレン方式LPG船の開発とその建造"
住友金属工業 "鉄道車輌用車輪車軸機械加

科学・技術　　　　　　　　　　　　　　　　　　　　　　　　021　大河内賞

　　工の無人化システムの開発"
　　日本触媒化学工業　"n-パラフィンの酸化による高級第二アルコール並びにエチレンオキサイド付加物の製造"
　　松下電器産業生産技術本部　"電子部品自動挿入機の開発と事業化"

第25回（昭53年度）
◇大河内記念賞　入江 俊昭（日本電気），神津 英明，金子 幸雄，長谷川 文夫，東坂 浅光　"砒化ガリウム電界効果形トランジスタの開発・量産化"
◇大河内記念生産特賞　住友金属工業　"特殊加工熱処理法による高靭性低温用鋼の製造方法の開発"
◇大河内記念技術賞
　　石丸 寿保（阪大産業科学研究所），桜井 久之，高野 俊太郎，才川 勇，児玉 寛　"アンピシリン，セファレキシンの新製造法の確立"
　　島 正博（島精機製作所）　"手袋編機の自動化に関する研究開発"
　　田中 利明（日電バリアン），花沢 国雄，鵜飼 勝三，細川 直吉　"平面電極型自動ドライ・エッチング装置の開発"
　　直原 敏衛（徳山積水工業），秋山 司郎，大野 勝彦　"ユニット住宅の研究開発と工業化"
　　三井田 逸朗（川崎製鉄水島製鉄所），岩岡 昭二，大橋 延夫，太田 豊彦　"高純度フェライト系ステンレス鋼量産方式の開発"
　　若沢 正（明治製菓），関 誠夫，関沢 泰治，間瀬 定明，渡辺 哲郎　"プロベナゾールの開発と工業化"
　　日新製鋼　"広幅連続式電気メッキラインによる銅めっき鋼板の製造技術の開発および量産化"
◇大河内記念生産賞
　　日本電装　"自動車用計器の多種ランダム流動高速自動化組付ライン"
　　富士通　"高密度多層プリント配線板の量産化技術の開発"
　　三菱化成工業　"ロジウム法オキソ技術の工業化"
　　三菱レイヨン　"メチルメタクリレート樹脂板の連続製造技術の確立"
　　明電舎　"酸化亜鉛系電力用ギャップレス避雷器の開発と生産"

第26回（昭54年度）
◇大河内記念賞　濤崎 忍（川崎製鉄水島製鉄所），清水 勇夫，柳沢 忠昭，大島 真　"厚板圧延における新平面形状制御法（MAS圧延法）の開発"
◇大河内記念生産特賞　住友金属鉱山　"溶媒抽出法を用いたコバルトの分離精製の研究とその工業化"
◇大河内記念技術賞
　　内山 康（日本自動制御），粟村 大吉　"LSIフォトマスク欠陥検査装置の開発"
　　菅野 光一（積水化学工業），羽田 明，森本 達　"軽量，耐食性新構造材の開発"
　　高橋 貞夫（東京芝浦電気総合研究所），平野 均，福田 承生，宮代 文夫，尾上 彰　"タンタル酸リチウム単結晶によるカラーTV受像機用弾性表面波フィルタの開発実用化"
　　手島 透（スタンレー電気），西沢 潤一，奥野 保男，高橋 香，坂田 雅昭　"高輝度発光ダイオードの連続成長技術の開発"
　　中村 秀雄（九州電力），内田 主幹，北見 恒雄，赤池 弘次　"火力発電所の最適蒸気温度制御の研究と実用化"
　　橋爪 伸（日立製作所東海工場），松永 誠，杉本 登，宮川 正威，岸 正也　"テープレコーダメカニズムの自動組立システムの開発"
◇大河内記念生産賞
　　川崎化成工業　"ナフタリンを原料とするナフトキノンおよびアントラキノン製造技術の確立とその工業化"
　　協和醗酵工業防府工場　"醗酵母液の完全利用による化成肥料の製造"
　　信越化学工業　"医薬用フイルムコーティング材の開発と工業化"
　　日産自動車　"単一治具方式による車体の高精度組立量産システムの確立"
　　リケン柏崎工場　"ピストンリング自動加工ラインの開発"

第27回（昭55年度）
◇大河内記念賞　豊田 茂（新日鉄），柳本 左門，中島 浩衛，木村 達也，長阪 哲男　"プレスロール穿孔法の工業化による新継目無鋼管製造法の開発"
◇大河内記念生産特賞　日本電気集積回路事業部　"マイクロコンピュータ用ファミリーLSIの開発・量産化"
◇大河内記念技術賞
　　岩松 誠一（超LSI技術研究組合共同研究所），百瀬 克己　"遠紫外線による反射投影露光装置の開発"
　　小松 登（豊田中央研究所），新井 透　"拡散浸透法による金属表面処理技術（TDプロセス）"
　　坪内 夏朗（三菱電機LSI研究所），三好 寛和，

ビジネス・技術・産業の賞事典　91

阿部 東彦 "シリコンの高圧酸化技術の開発と工業化"
中川 越(明治製菓),土屋 務,村瀬 正夫,深津 俊三 "ジベカシンの開発とその企業化"
馬島 寛治(花王石鹸),伝 慶一,武井 憲輔 "上昇薄膜式反応器による連続硫酸化反応技術の開発"
松井 利光(住友金属工業小倉製鉄所),美坂 佳助,緒方 俊治,浅井 基男,近藤 勝也 "直接的張力検出方式による条鋼連続圧延法(SNTC)の開発"

◇大河内記念生産賞
川崎製鉄 "底吹転炉による鋼の大量生産技術の開発"
シャープ産業機器事業本部 "小型電卓の組立,検査,包装工程の自動化"
東京応化工業 "半導体素子加工用高性能ホトレジストの開発と生産技術の確立"
日産自動車 "自動車車体塗装における粉体上塗り塗装の量産方式の確立"
日立製作所,大阪変圧器 "大出力電子ビーム溶接技術の開発"
三菱化成工業 "コールタール系ニードルコークスの製造技術の確立"

第28回(昭56年度)
◇大河内記念賞 小方 和夫(帝人),村方 正信,野口 照久,大友 信也,富部 克彦 "静脈注射用人免疫グロブリン製剤の開発"
◇大河内記念生産特賞 日本鋼管 "高級厚鋼板製造におけるオンライン制御冷却法(OLAC)の開発"
◇大河内記念技術賞
漆山 信夫(大同特殊鋼),楠 謙吾,湯浅 悟郎,矢島 忠正,岡田 竹司 "取鍋炉による溶鋼の還元精錬法(LF法)の開発"
坂内 良二(新潟コンバーター),和田 顕一,額田 厚,瀬高 貫一,大平 憲司 "夜間無人機械加工システムの開発"
須藤 常太(日本電信電話公社武蔵野電気通信研究所),一宮 善近,万永 昇 "超LSI試験装置の開発"
濤崎 忍(川崎製鉄),柳沢 忠昭,田中 輝昭,山下 政志,佐々木 徹 "スラブよりH形鋼を製造する新圧延法の開発"
掘越 弘毅(理化学研究所),中村 信之,篠田 晃,岩ण 慎二郎,三輪 泰造 "アルカリ性醗酵法による有用酵素の開発とこれを用いるシクロデキストリン製造技術の確立"
山崎 弘郎(東大),沢山 武弘,栗田 良夫,伊藤 一造,阿賀 敏夫 "カルマン渦流量計の

開発と実用化"
◇大河内記念生産賞
神戸製鋼所 "火力および原子力発電所復水器用チタンの製造加工技術の開発"
東京芝浦電気生産技術研究所電子事業部 "レーザ溶接を主体とするカラーブラウン管用小形電子銃の量産技術の確立"
日鉄建材工業,新日本製鉄,東京大学生産技術研究所木内研究室 "ロール成形法による大形角鋼管製造技術および設備の開発"
富士通,富士通研究所 "プリント板用フォトマスク自動検査装置の実用化"
富士通ファナック "機械加工セルを核とする大規模フレキシブル生産システムの実用化"
本州製紙 "キノン添加パルプ蒸解法の研究と工業化"

第29回(昭57年度)
◇大河内記念賞 吉岡 宏輔(住友化学工業農業研究所),大野 信夫,藤本 敬明,平井 元,平野 雅親 "フエンバレレートの開発"
◇大河内記念生産特賞 川崎製鉄知多製造所 "シームレス鋼管数値管理圧延技術の開発"
◇大河内記念技術賞
奥村 勝弥(東芝),三好 元介,石川 光昭,佐野 哲也,佐野 俊一 "電子ビームを利用した超LSI解析装置(EBテスター)の開発"
中沢 喜和雄(日本光学工業),安西 暁,田中 博,坂戸 啓一郎,諏訪 恭一 "縮小投影型露光装置の開発"
難波 進(理化学研究所),青柳 克信,真壁 英樹,佐野 一雄 "新しい高性能エッシェレット回折格子製造法の開発"
森本 徹(エヌデーシー),松沢 健二,大崎 剛,大川 敏夫 "アルミニウム及びその合金の多孔質板の開発"
吉井 省三(住友金属工業),山田 純造,布川 剛,益居 健,安居 栄蔵 "圧延制御機能を有した可変クラウンロール(VCロール)の開発"
藁科 達夫(旭化成工業),橋野 康雄,小林 忠弘 "中空糸型限外濾過システムの開発"
◇大河内記念生産賞
科研製薬 "抗生物質サリノマイシンの開発と工業化"
神戸製鋼所溶接棒事業部 "LNGタンクを始めとする大型鋼構造物の自動溶接施工法(TIL法)の開発と実用化"
日本鋼管 "連続鋳造用モールド湯面レベル

制御技術の開発"
日本電気情報処理事業グループ "大型コンピュータ用マルチチップパッケージ量産技術の開発"
富士通, 富士通研究所 "レーザプリンタの開発"
山崎鉄工所 "高性能フレキシブル生産システムの開発"

第30回(昭58年度)
◇大河内記念賞 石原 重利(新日本製鉄), 蜂谷 整生(日新製鋼), 藤沢 二次夫(菅原鉄工所), 小野 修二朗(新日本製鉄), 山口 武和 "製鋼—圧延直結プロセスの開発"
◇大河内記念生産特賞 三菱レイヨン, 日揮 "メチルメタクリレートの新しい製造法の開発とその工業化"
◇大河内記念技術賞
植之原 道行(日本電気), 藤野 喜一, 祢津 孔二, 岩元 莞二, 紫合 治 "ソフトウェア生産・保守システムの開発と実用化"
小川 智也(理化学研究所), 新内 忠巳(帝国化学産業), 中嶋 勲 "有機スズを用いる含糖系生理活性物質の合成法の確立と工業化"
川上 常太(精工舎), 千田 吉範, 水谷 征機, 島田 辰雄, 多田 悟 "ユニハンマ方式プリンタの開発と量産化"
木住 雅彦(田辺製薬), 小松原 三郎, 杉浦 正毅, 高木 勉, 中西 憲之 "細胞内遺伝子組換え技術によるアミノ酸新発酵法の開発"
野々垣 三郎(日立製作所), 冨田 好文, 西沢 昌紘, 赤城 元男, 小橋 隆裕 "カラーブラウン管けい光面製作ドライプロセス"
安田 修朗(東京芝浦電気), 真下 正夫, 米山 恒雄, 森 昌文, 永合 千徹 "テルル—炭素光ディスクメモリー"
◇大河内記念生産賞
ソニー "リードレス部品を用いた基板実装方式の開発と実用化"
東洋工業, 小松製作所 "自動車用超大型パネルの生産システム"
富士通 "ゲートアレイ技術の開発と実用化"
三菱化成工業, 三菱化成テクノエンジニアズ "高純度果糖製造技術の工業化"
安川電機製作所行橋工場 "制御盤設計・製造のためのフレキシブル生産システム"

第31回(昭59年度)
◇大河内記念賞 佐藤 直夫(日本曹達), 内山 芳雄(宇都宮大), 浅田 三津男, 岩滝 功, 竹松 哲夫 "シクロヘキサンジオン系除草剤の研究と開発"
◇大河内記念生産特賞 日本電気 "高集積化マイクロ波通信装置の開発と量産化"
◇大河内記念技術賞
市山 正(日本金属), 山口 重裕(新日本製鉄), 井内 徹, 中村 元治, 岩崎 勝 "レーザー照射による極低鉄損方向性珪素鋼板の開発"
小島 啓示(住友電気工業), 江口 紀久男, 竹本 泰敏 "海底ケーブル三条同時3.5m埋設機"
後藤 英一(理化学研究所), 相馬 嵩(日本電子), 出沢 正徳, 宮内 栄, 田中 一光 "可変面積型高性能電子ビーム露光装置の開発"
高橋 朗(トヨタ自動車), 岡本 勲夫, 森 達博, 平松 辰夫, 山田 登 "コンピュータ援助によるプレス金型設計とその評価システムの開発と実用化"
田中 孝秀(住友金属工業), 逸見 晃典, 林 千博, 宇多小路 勝, 西川 幸一良 "交叉穿孔法を中心とする継目無鋼管製造技術の開発"
◇大河内記念生産賞
旭メディカル "膜による体液浄化器の開発"
川崎製鉄 "高炉の総合管理技術の開発"
リコー "普通紙複写機の多品種複合生産システムの開発"
松下電器産業技術本部, 九州松下電器 "薄膜磁気ヘッドの開発と実用化"
レンゴー "ダンボールの連続製造装置(コルゲータ)の開発"

第32回(昭60年度)
◇大河内記念賞 山田 浩蔵(日本鋼管), 阪本 英一, 川和 高穂, 半明 正之, 本田 旭 "高級鋼用水平連続鋳造プロセスの開発"
◇大河内記念生産特賞 三菱化成工業 "1,4-ブタンジオール及びテトラヒドロフランの新製造技術の開発と工業化"
◇大河内記念技術賞
内田 晴夫(日本農薬), 黒野 等, 笠井 勉, 大野 堯, 加藤 稔 "肝たん白質代謝改善剤マロチラートの開発"
古角 文雄(川崎製鉄), 久々湊 英雄, 市田 敏郎, 望月 一雄 "食缶用新表面処理鋼板の開発"
手島 透(スタンレー電気), 内田 竜男(東北大学), 安井 茂男(日本感光色素研究所藤田研究所), 有賀 数夫(スタンレー電気), 相沢 正宣 "ゲスト・ホスト型二層式大型

カラー液晶表示器の開発と量産化"
中川 威雄(東京大学生産技術研究所)、鈴木 清(アイシン精機)、伊藤 清、石井 正巳、山田 益雄 "びびり振動切削による金属短繊維の製造技術の開発"
守時 正人(神戸製鋼所)、都築 秀浩、井上 陽一、福田 保、藤川 隆男 "熱間等方圧加圧(HIP)装置の開発と実用化"
吉本 庄治(日立製作所茂原工場)、都築 信頼(日本電信電話厚木電気通信研究所)、山本 瑗夫(日立製作所中央研究所)、杉田 恒 "磁気バブルメモリの開発と製品化"

◇大河内記念生産賞
三共 "ピラゾール系除草剤の開発と製造法の確立"
新日本製鉄 "溶銑予備処理法による新製鋼プロセスの開発"
東芝 "大容量ゲートターンオフサイリスタ(GTO)と鉄道車両用応用製品の開発"
ホンダエンジニアリング "高集積・高密度型車体溶接システムの開発"

第33回(昭61年度)
◇大河内記念賞 戸田 健三(新日本製鉄取締役副社長)、今井 一郎、浅村 峻、菊間 敏夫 "大規模熱間圧延ミルにおける高精度・即応生産技術の開発"
◇大河内記念生産特賞 富士通 "光通信機器の多品種自動生産システムの開発"
◇大河内記念技術賞
有田 伝蔵(群栄化学工業代表取締役社長)、有田 喜一、藤居 良助、小形 文麿、入沢 正夫 "ノボロイド繊維の工業化"
北川 紀佳(日本電気化合物デバイス事業部長)、岩本 邦彬、佐久間 勇、小林 功郎、水戸 郁夫 "光通信用長波長帯半導体レーザの開発と量産化"
小林 正和(日立製作所システム開発研究所主任研究員)、中所 武司、野木 兼六、葉木 洋一、津田 道夫 "ソフトウェア一貫生産システムの開発と実用化"
田中 春馬(三秀プレス工業相談役)、大橋 泰雄、佐藤 泰一、渡辺 穆 "板材成形によるポリV(多溝)プーリの開発と量産"
干川 圭吾(日本電信電話厚木電気通信研究所主幹研究員)、平田 洋、香田 拡樹、大坂 次郎 "垂直磁界印加単結晶引上げ技術の開発"

◇大河内記念生産賞
東レ "天然型ヒト・インターフェロン-$\beta$製剤の生産技術の開発"

日産自動車 "車両組立自動化ラインシステムの開発と実用化"
日本鋼管 "熱処理型高強度レール製造プロセスの開発"
松下電器産業、松下電子工業 "高感度撮像管の開発と工業化"
三井東圧化学、宇都宮大学農学部雑草防除研究施設 "水田除草剤ナプロアニリドの開発"

第34回(昭62年度)
◇大河内記念賞 中島 昌也(松下電器産業取締役技術本部長)、長岡 良富、平井 健一、今中 敏男、金井田 浩司 "オプトエレクトロニクス用超精密非球面レンズの開発と工業化"
◇大河内記念生産特賞 旭硝子 "高性能イオン交換膜による食塩電解新システムの開発"
◇大河内記念技術賞
勝村 竜雄(大坂曹達代表取締役会長)、中田 哲也、小松原 智光 "新しい触媒とプロセスによるエピクロロヒドリンゴムの工業化"
行俊 照夫(住友金属工業取締役システムエンジニアリング本部副本部長)、成輪 秀之、広島 竜夫、田中 英彰、広田 哲也 "複合磁場探傷法による高精度非破壊探傷技術の開発"
松尾 誠太郎(日本電信電話LSI研究所プロセス自動化研究部主幹研究員)、木内 幹保、伊野 洋一、佐々木 正巳 "電子サイクロトロン共鳴プラズマによる薄膜加工装置の開発"
前川 定文(日本農薬研究開発本部技術主幹)、池田 健一、菅野 英夫、安井 通宏、薮谷 邦宏 "昆虫成長制御剤ブプロフェジンの研究開発"
掛川 良治(富士通情報機器事業本部長代理)、大木 登、伊藤 治幸、横沢 道夫、竹田 勇吉 "高密度42層プリント配線板の開発と量産化"

◇大河内記念生産賞
旭化成工業 "高感度InSbホール素子の開発と量産化"
川崎製鉄千葉製鉄所、川崎製鉄技術研究本部 "鋳込圧延クラッド鋼製造技術の開発"
新日本製鉄 "ステンレス鋼の分塊圧延を省略した直接熱間押出技術の開発"
東芝半導体事業本部 "1MビットダイナミックRAMの開発"
三菱電機 "超LSI工場における全自動一貫

生産システムの開発と実用化"

第35回（昭63年度）
◇大河内記念賞　安部田 貞治（住友化学工業大阪研究所主席研究員）,尾村 隆,今田 邦彦,栢根 豊,手塚 康男 "異種二官能型反応染料の開発"
◇大河内記念生産特賞　日東化学工業 "アクリルアミドの新しい製造法の開発と工業化"
◇大河内記念技術賞
　山口 篤重（旭化成工業特殊樹脂事業部次長）,鈴木 勇,石田 慎一,祝迫 敏之,正本 順三 "メチラール法高濃度ホルマリンを原料とするポリアセタール樹脂製造技術の開発"
　柳沢 忠昭（川崎製鉄常務取締役水島製鉄所長）,三宅 祐史,中西 恭二,吉原 正典 "高効率ホットインラインサイジング技術の開発"
　中根 靖章（ソニー総合研究所統括課長）,佐藤 昇,牧野 宏,宮岡 千里 "合金型光記録ディスクの開発と量産化"
　平野 幸久（トヨタ自動車第1生技部部長）,佐原 伸彦,氷島 一男,伊藤 哲也 "中種中量フレキシブル生産システムの開発と実用化"
　林 勉（日立製作所日立工場副工場長）,好永 俊昭,木口 高志,徳増 真司,熊本 健二郎 "原子力発電プラント三次元CADシステムの開発"
◇大河内記念生産賞
　新日本製鉄 "鉄鋼窯炉用大容量火炎溶射補修技術の開発"
　住友金属工業鹿島製鉄所 "熱間電気抵抗溶接鋼管製造法の開発"
　大日本印刷生産技術研究所 "オフセット印刷における刷版絵柄面積率測定装置の開発"
　日産自動車 "自動車車体用プレス金型の自動生産システム開発と実用化"
　日新製鋼,三菱重工業 "連続式真空蒸着亜鉛めっき法の開発"
　富士通半導体事業本部 "大容量ECL RAMの開発と量産化"
　松下電器産業生産技術本部,松下電器産業ビデオ事業部 "ダブルアジマスヘッド用ビデオヘッド巻線機の開発と実用化"
　明治製菓 "微生物源除草剤ビアラホスの開発と企業化"

第36回（平1年度）
◇大河内記念賞　鈴木 敬三（日立製作所）,川崎 義直,掛樋 豊,野尻 一男,清水 真二 "有磁場マイクロ波プラズマエッチング技術の開発と実用化"
◇大河内記念生産特賞　トヨタ自動車 "年間無休型高度フレキシブル生産システムの開発と実用化"
◇大河内記念技術賞
　西山 隆三（石原産業）,橋本 忠,小橋 一介,那須 陸男,辻井 康弘 "生理活性物質の有用中間体として2-クロロ-5-トリフルオロメチルピリジンの工業的製造法の開発"
　大友 信也（元化学及血清療法研究所常務理事）,浜田 福三郎（化学及血清療法研究所分子遺伝研究室長）,溝上 寛（同試作研究課長）,水野 喬介（同研究開発部次長）,大橋 高明（同常務理事） "遺伝子組換えB型肝炎ワクチンの製造技術の開発"
　太田 定雄（神戸製鋼所）,稲葉 晋一,清水 正賢,桑野 恵二,堀 隆一 "コークス中心装入による新しい高炉操業技術の開発"
　高谷 稔（TDK）,海原 伸男,池田 次男,望月 宜典,岡崎 充穂 "積層集積回路の技術開発と量産化"
　佐伯 修三（東芝）,倉本 毅,秀島 誠,大橋 弘通,中川 明夫 "大電力絶縁ゲート・バイポーラトランジスタ（IGBT）の開発"
　佐藤 恒彦（富士写真フィルム）,千野 直義,柴田 徳夫,近 政裕,森 健一 "同時重層塗布方式を用いたビデオテープ量産技術"
◇大河内記念生産賞
　新日本製鉄 "粒度偏析制御式鉄鉱石焼結法の開発"
　セイコーエプソン "コンタクトレンズ自動生産ラインの開発と実用化"
　ソニー "MOCVD法による化合物半導体デバイスの開発と量産化"
　日産自動車,川崎製鉄 "自動車用高鮮映性鋼板の開発"
　日本電装 "自動車用発電機多サイズ共用高速生産システムの開発"

第37回（平2年度）
◇大河内記念賞　仙石 忠正（中部プラントサービス技術開発部長）,大地 昭生（東芝火力プラント技術部長）,宮崎 松生（東芝重電技術研究所材料開発担当主幹）,羽田 寿夫（三菱重工業熱エネルギーシステム技術部次長） "超々臨界圧変圧運転火力発電プラントの開発"

◇大河内記念生産特賞　新日本製鉄,川崎製鉄"H形鋼の高効率自在成形技術の開発"
◇大河内記念技術賞
　村田 守康ほか(花王川崎工場長)　"アルカリセルラーゼ含有超コンパクト洗剤の開発"
　町田 勝己ほか(住友金属鉱山電子材料研究所光エレクトロニクスグループリーダー)　"光アイソレーター用ファラデー回転子厚膜結晶材料の開発"
　大見 忠弘ほか(東北大学工学部教授)　"増幅型新固体撮像素子の開発と実用化"
　羽鳥 幸男ほか(NKK特別顧問)　"高炉用新塊成鉱製造技術の開発"
　昼馬 輝夫ほか(浜松ホトニクス社長)　"超高速ストリークカメラシステムの開発と実用化"
　竹内 富雄ほか(微生物化学研究所長)　"抗腫瘍剤ピラルビシンの開発"
◇大河内記念生産賞
　トヨタ自動車　"自動車ボディーの統合型フレキシブル溶接組付システムの開発と実用化"
　日立製作所　"超大型コンピューター自動設計システムの開発と実用化"
　ホンダエンジニアリング　"高密度・集約型四輪車体塗装システム"
　松下精工,松下電器産業　"外巻式内転型コンデンサ誘導電動機の開発と実用化"

第38回(平3年度)
◇大河内記念賞　宮原 諄二(富士写真フイルム宮台技術開発センター研究部長代理),園田 実(富士写真フイルム常務),高野 正雄(富士メディカルシステム取締役),加藤 久豊(富士写真フイルム宮台開発センター研究部長代理)"放射線イメージングシステムの開発"
◇大河内記念生産特賞　三共　"高脂血症治療薬プラバスタチンの開発"
◇大河内記念技術賞
　内野 哲也ほか(旭硝子常務)　"高性能撥水剤の開発"
　森 健一ほか(東芝情報機器事業本部技師長)　"日本語ワードプロセッサーの開発"
　阪本 英一ほか(日本鋼管専務)　"耐震性に優れた建築構造用厚肉高張力鋼の製造技術の開発"
　中村 行宏ほか(日本電信電話情報通信網研究所研究グループリーダー)　"新しい動作記述言語による理論LSIの知的合成システム"
　小柳 光正ほか(広島大学集積化システム研究センター教授)　"高集積・大容量スタックドキャパシターDRAM技術の開発"
　菊本 亮二ほか(三菱化成医薬品事業本部製品計画部長)　"選択的抗トロンビン剤の薬物設計とアルガトロバンの開発"
　河津 元昭ほか(リコー研究開発本部副本部長)　"高精度プラスチックレンズの新成形法の開発"
◇大河内記念生産賞
　川崎製鉄　"高温連続焼鈍法による自動車用超極低炭素鋼板の開発"
　コスモ石油,コスモ総合研究所,コスモペトロテック"潤滑油用高性能清浄添加剤の開発"
　新日本製鉄　"非調質型高級油井用電縫鋼管製造技術の開発"
　ソニー,ソニー・マグネ・プロダクツ"蒸着ビデオテープの開発と実用化"
　トヨタ自動車　"レーザー溶接による一体化ボディーパネル生産システムの設計"
　日産自動車　"インテリジェント車体組立システムの開発"
　ヤマザキマザック　"板金部品の多品種生産システムの開発"

第39回(平4年度)
◇大河内記念賞　津屋 英樹ほか(NEC研究開発グループ主席研究員)　"超LSI用DZIGシリコン基板の開発・実用化の成果"
◇大河内記念生産特賞　鐘紡　"ナイロン/ポリエステル二成分超極細繊維による新ファブリックの開発"
◇大河内記念技術賞
　酒井 芳也ほか(神戸製鋼所)　"炭素鋼溶接用各種フラックス入りワイヤの開発と実用化"
　植松 豊ほか(東芝)　"0.6ミクロン帯可視光半導体レーザーの開発"
　伊藤 文和ほか(日立製作所)　"LSIオンチップ配線直接形成システムの開発"
　丹羽 紘一ほか(富士通研究所)　"超高密度大型ガラスセラミックス多層基板の開発"
　吉本 武雄ほか(三井東圧化学)　"低毒性殺虫剤エトフェンプロックスの開発"
◇大河内記念生産賞
　アイシン精機　"フレキシブルなドアロック組立システムの開発と実用化"
　川崎製鉄　"ステンレス継ぎ目なし鋼管の高

生産性製造技術の確立"
　住友金属工業　"高強度・高耐食ニッケル基合金油井管の開発"
　松下電器産業, 九州松下電器　"偏向ヨーク, フライバックトランスの新工法, 新巻き線器の開発と実用化"
　三菱ガス化学　"芳香族ポリカルボン酸の新製造技術の開発"
　三菱電機　"レーザー溶接による電動機用フレーム製作技術の開発と実用化"

第40回（平5年度）
◇大河内記念賞　高間 栄三（住友特殊金属専務）　"高性能希土類・鉄・ホウ素系永久磁石の開発"
◇大河内記念生産特賞　松下電器産業, 松下電子部品　"電気二重層パワーキャパシターの開発"
◇大河内記念技術賞
　福岡 陽平（旭化成工業参事）　"シクロヘキサノールの新製造技術の開発"
　大森 尚（川崎製鉄常務）　"連続鍛圧による連続鋳造の中心偏析解消技術の開発"
　平井 洋治（神戸製鋼所神戸製鉄所副所長）　"超高強度低炭素鋼極細線の開発"
　池田 勉ほか（東芝ドキュメントファイル営業部長）　"電子ファイリングシステムの開発"
　小谷野 敬之（NKK常務）　"サンドイッチ型組み立てスラブを用いた高性能「圧延クラッド鋼板」の製造技術の開発"
　谷岡 健吉（NHK放送技術研究所主任研究員）　"アバランシェ増倍型高感度撮像管の開発"
◇大河内記念生産賞
　科研製薬　"外用抗真菌剤塩酸ブテナフィンの開発"
　クボタ　"CIM志向型ダクタイル鋳鉄管加工処理ラインの開発"
　大正製薬　"マクロライド系抗生物質クラリスロマイシンの開発"
　トヨタ自動車, トヨタ自動車九州　"新しい自動車組み立てラインの開発"
　日本電装　"多種多量生産型セルによる自動車専用メーター文字盤ジョブショップ生産システムの開発"
　松下電工　"超小型電磁継電器の開発"
　マツダ　"自動車組み立て工場における多品種混流モジュール組み立てシステムの開発"

第41回（平6年度）
◇大河内記念賞　原田 謹爾（横河電機センサ事業部センサ開発センター）　"マイクロマシニング技術を用いたシリコン振動式圧力センサの開発"
◇大河内記念生産特賞　富士通, 富士通研究所, 富士通カンタムデバイス　"有機V族原料を用いた有機金属気相成長法の開発と実用化"
◇大河内記念技術賞
　国岡 計夫（NKK常務）　"鋼・コンクリート合成構造用リブ付き鋼管の製造および利用技術の開発"
　川島 宏文（セイコー電子工業主査研究員）　"新形状小型GTカット結合水晶振動子の開発"
　戸沢 奎三郎ほか（元ソニー専務）　"リチウムイオン蓄電池の開発"
　大野 清隆（東レ基礎研究所副所長）　"ベラプロストナトリウムの開発と企業化"
　門田 道雄（村田製作所技術開発本部第三開発グループ開発二部課長）　"TV・VTR用酸化亜鉛圧電膜弾性表面波デバイス（フィルタ）の量産化"
◇大河内記念生産賞
　黒沢建設　"全塗装PC鋼より線および全塗装アンボンドPC鋼より線の開発"
　住金ステンレス鋼管　"ステンレス溶融溶接鋼管の高速製造技術の開発"
　住友金属工業　"高速・高性能鉄道用台車の開発"
　東芝　"ラップトップおよびノートブック型パーソナルコンピュータの開発"
　三菱化学　"N-ビニルホルムアミド合成の工業化"
　三菱重工業高砂製作所, 三菱重工業高砂研究所　"高効率・高温ガスタービンの開発と工業化"

第42回（平7年度）
◇大河内記念賞　神田 基ほか（東芝研究開発センター材料デバイス研究所）　"ニッケル水素二次電池の開発"
◇大河内記念生産特賞　新日本製鐵　"低コスト・低環境負荷製鉄用コークス製造技術を開発"
◇大河内記念技術賞
　鈴木 顕ほか（キリンビール横浜工場副工場長）　"動物細胞大量培養ローラーボトルシステムの開発"
　吉野 雅士（セイコーエプソンウォッチ事業

部W開発部長）"自動巻発電クォーツウォッチの開発"

小林 希一ほか（NHK放送技術研究所イメージデバイス研究部主任研究員）"ハイビジョン受信機用LSIの開発"

村山 義彦ほか（根本特殊化学副社長）"放射性物質を用いない長残光性夜光塗料の開発"

上田 大助ほか（松下電子工業電子総合研究所室長）"小型携帯電話用ICの開発"

◇大河内記念生産賞

神戸製鋼所 "高能率連続鋳造プロセスの開発"

住友金属工業、三菱重工業 "原子力プラント用高信頼性伝熱管の開発"

住友金属鉱山 "高効率のニッケル新精製法の開発"

浜松ホトニクス "メタルパッケージ光電子増倍管の開発"

ファナック "多層プリント配線板の全自動生産システムの開発"

松下電工 "ミクロ形状加工技術と材料改質技術による電気カミソリ刃の開発"

第43回（平8年度）

◇記念賞 中村 修二（日亜化学工業第2部門開発部主幹研究員）、向井 孝志、妹尾 雅之、長浜 慎一、岩佐 成人 "III族窒化物半導体を用いた青〜緑色発光ダイオードと半導体レーザーの開発"

◇生産特賞 東レ "磁気テープ用多層ポリエステルフィルムの開発"

◇技術賞

大須賀 立美（NKK特別顧問）、岡見 雄二、倉田 雅之、高田 芳一、阿部 正広 "6.5%けい素鋼板の工業的製造技術の開発"

内多 稔（大塚製薬徳島研究所安全性研究センター合成研究室長）、中川 量之、小松 真、大坪 潤一郎、高田 茂 "抗潰瘍剤レバミピドの開発"

寺田 昌章（オリンパス光学工業取締役第3事業部長）、洲脇 利孝、宇津木 幹夫 "超音波内視鏡の開発"

塚田 清（花王素材研究所研究室長）、羽柴 域三、服部 泰幸、田端 修 "天然系高級アルコール新規製造技術の開発と工業化"

伊藤 国雄（松下電子工業電子総合研究所第2研究部長）、吉川 昭男、太田 一成、武者 徹 "超小型光ピックアップ用ホログラムユニットの開発と量産化"

大森 整（理化学研究所素形材工学研究室研

究員）、中川 威雄、高橋 一郎、萩生田 義明、刘込 勝比古 "鋳鉄ボンド砥石による電解インプロセスドレッシング（ELID）鏡面研削法の開発"

◇生産賞

新日本製鉄、住友金属工業、三菱重工業 "ロールペア・クロス方式による高精度・高効率鋼板圧延法の開発"

セイコーエプソン "高精細インクジェトプリンタの開発"

ソニー "業務用VTRデジタルベータカムの開発と量産化"

本田技研工業 "新構造アルミニウムシリンダブロック4連スリーブブロックの開発"

第44回（平9年度）

◇記念賞 中原 裕治（三菱電機生産技術センター量産化技術推進部グループマネージャー）、東 健一、三瓶 利正、池田 洋一、橋本 昭 "新型鉄心構造と高速高密度巻線による高性能モータ製造法の開発"

◇生産特賞 東芝、東芝メカトロニクス "ノート型パソコンの生産技術開発とその応用"

◇技術賞

渡辺 之（NKK取締役・総合材料技術研究所長）、秋吉 孝則、望月 正、林 美孝、小林 周司 "鉄鋼高機能迅速分析装置の開発と実用化"

大西 正之（川崎製鉄取締役・化学事業部長）、山中 栄輔、金堂 秀範、中野 善文、重松 鉄哉 "高寸法精度線材・棒鋼の高効率多サイズ圧延技術の開発"

野村 武史（TDK基礎材料研究所長）、原田 拓、石垣 高哉、井手口 順一、伊藤 潔 "高信頼性Ni内部電極積層セラミックコンデンサの開発および量産化"

永妻 忠夫（日本電信電話システムエレクトロニクス研究所主幹研究員）、品川 満 "超高速IC試験装置（EOSプローバ）の研究実用化"

能田 純隆（富士写真フイルム富士宮研究所研究部長代理）、玉置 宏行、舟橋 進一、名和野 隆、境 隆志 "新写真システム用PENベースのプラズマおよびBTA処理の生産技術の開発"

◇生産賞

三共 "ミルベマイシンの発見と殺ダニ剤ミルベメクチンおよび動物駆虫薬ミルベマイシンオキシムの開発"

山陽特殊製鋼、川崎重工業 "遊星型傾斜ロール圧延機の大型化と特殊鋼鋼片製造技術

科学・技術

の高度化"
清水建設 "全天候型ビル自動施工システムの開発とその実用化"
新日本製鉄,日立金属 "連続鋳掛け方法による熱延ハイスロールの開発"
日本電気 "光通信装置用光インターフェースモジュールの開発と量産化"

第45回(平10年度)
◇記念賞 岸本 純幸(NKK取締役・福山製鉄所副所長),福嶋 信一郎,鈴川 豊,杉山 峻一,長谷川 敏明 "環境調和型蓄熱式バーナ加熱システムの開発と実用化"
◇生産特賞 新日本製鉄 "難処理性鉄鉱石資源の環境調和型焼結技術の開発"
◇技術賞
  数土 文夫(川崎製鉄常務取締役・経営企画部長),藤井 徹也,武 英雄,松木 敏行,野村 寛 "環境調和型高純度ステンレス鋼の高効率型製造プロセスの開発"
  寺西 洋志(住友金属工業技術部クリーンステンレス特別チーム長),古堅 宗勝,東 茂樹,安藤 善信,大見 忠弘 "超高純度ガス供給用ステンレス鋼管の開発"
  砂田 潤(住友製薬総合研究センター製剤技術研究所長),松村 春記,深沢 万左友,野口 哲男,森 忠範 "1β-メチルカルバペネム系抗生物質 メロペネムの開発"
  三谷 明男(東芝家電機器事業部統括技師長),谷木 茂也,岡崎 静夫,秋田 伸一,遠藤 正実 "薄型・大トルク・低騒音ブラシレスDCモータの製造技術の開発"
  清野 実(富士通研究所ネットワークシステム研究所主管研究員),米納 和哉,峠 隆,菊池 英治,柿沼 佑治 "光通信用ニオブ酸リチウム高速外部変調器の開発と実用化"
◇生産賞
  東燃 "セラミック前駆体ペルヒドロシラザンの開発と半導体集積回路への応用"
  日本電気 "DRAMデバイス技術の開発と実用化"
  日本バイエルアグロケム "新規クロロニコチニル系殺虫剤イミダクロプリドの開発"
  古河電気工業 "光ファイバー増幅器用高出力LD(半導体レーザ)の開発"
  松下電工 "埋込配線器具の無人一貫生産技術の開発"

第46回(平11年度)
◇記念賞 今津 勝弘(東洋製缶グループ綜合研究所研究部長),金子 俊治,池上 保,森田 俊一,田中 厚夫 "高品質・低コスト・低環境負荷金属缶製造技術の開発と実用化"
◇生産特賞 松下電器産業,松下電子部品 "新樹脂多層基板ALIVHの開発と量産化"
◇技術賞
  河内 正夫(NTT未来ねっと研究所長),中原 基博,宮下 忠,宮 哲雄,野沢 敏矩 "石英系平面光波回路の開発"
  関 浩二(京セラ常務取締役),厳島 圭司,水沼 勇次,小沢 夫夫 "長寿命電子写真プロセスの開発と環境配慮プリンタの商品化"
  平林 集(日立製作所中央研究所主任研究員),坂入 実,平林 由紀子,小泉 英明,三村 忠男 "音速イオン化質量分析装置の開発と実用化"
  伊藤 隆司(富士通研究所Tプロジェクト所長),土川 春穂,金沢 政男,高橋 金剛 "LSI製造におけるシリコン熱窒化技術の開発と実用化"
  長沢 紘一(三菱電機取締役・半導体事業本部長),久間 和生,中川 興一,中川 治,有馬 裕 "人工網膜LSIの開発と量産化"
  小瀬古 久秋(リコー研究開発本部生産技術研究所加工プロセス研究センター13研究室長),渡部 順,井関 敏之,寒河江 英利,井口 敏之 "高精度プラスチック光学部品の再溶融成形技術の開発"
◇生産賞
  新日本製鉄 "衝突エネルギー吸収能とプレス成形性に優れたTRIP型自動車用鋼板の開発"
  住友金属工業 "型鍛造クランク軸の高性能化と高生産トータルシステムの開発"
  トヨタ自動車 "モータリングによるエンジン機能自動検査システムの開発"
  三菱化学 "γ-ブチロラクトンの新規製造技術の確立"

第47回(平12年度)
◇記念賞 今中 宏(元藤沢薬品工業専務・研究開発総本部長) "免疫抑制薬FK506(タクロリムス)の研究開発"
◇生産特賞 トヨタ自動車,虹技 "高靱性・焼入れ鋳鉄の開発による自動車ボデー薄鋼板プレス用金型の短期開発・低コスト化"
◇技術賞
  内田 繁孝(NKK常務・京浜製鉄所長),中島 広久(同社総合材料技術研究所副所長),高橋 謙治(同社同研究所主幹研究員),田辺 治良(同社製鋼技術開発部長),渡辺 敦(同社福山製鉄所製鋼部統括スタッフ) "転炉ゼロスラグ吹錬による環境調和型新

製鋼プロセスの開発"
小倉 敏之(富士写真フイルム足柄工場LF部長)、深野 彰(同社光機部技術部長代理)、松下 敏広(同社吉田南工場製造部主任技師)、亀山 信行(同社足柄工場LF部主任技師)、鎌田 光郎(同社同工場胴部主任技師)"レンズ付フイルム循環生産自動化システムの開発"
佐藤 良夫(富士通研究所ペリフェラルシステム研究所主管研究員)、伊形 理、宮下 勉(同社同研究所主任研究員)、大森 秀樹(富士通メディアデバイスピエゾデバイス事業部長)、藤原 嘉朗(同社同事業部長代理)"携帯電話用SAWフィルタの開発"
高原 寿雄(横河電機M&M事業部LAセンター部長)、岩崎 元明(同社同事業部同センター課長)、谷端 康弘(同社同事業部同センター係長)、高松 幸彦(同社同事業部レスポンスセンター長)、鈴木 俊之(同社同事業部LAセンター主任)"マイクロ波誘導プラズマを用いた微粒子分析装置の開発"

◇生産賞

川崎製鉄、新日本製鉄、三菱重工、石川島播磨重工業 "世界初のエンドレス熱間圧延プロセスの開発と新製品の商品化"

セイコーエプソン "小型・高画質液晶データプロジェクタの開発"

東北パイオニア、パイオニア総合研究所 "薄膜発光型有機ELディスプレイの開発と量産化"

東レ "パラ系アラミドフィルムの開発"

日立製作所, The Welding Institute〈英国溶接研究所〉"摩擦攪拌接合の鉄道車両への適用"

松下電子工業半導体社 "移動体通信用低消費電力/小型GaAsパワーモジュールの開発と量産化"

第48回(平13年度)

◇記念賞 神原 秀記(日立製作所中央研究所技師長)、穴沢 隆(同社同研究所研究員)、釜堀 政身(同社同研究所主任研究員)、高橋 智(日立ハイテクノロジーズ主任技師)、時永 大三(同社主任技師)"キャピラリーアレー方式DNAシーケンサーの開発"

◇生産特賞 東芝 "大型低温ポリシリコンTFT-LCDの量産技術開発と実用化"

◇技術賞

北田 豊文(NKK専務)、上杉 満昭(同社基盤技術研究所計測制御研究部主幹研究員)、狩野 久宜(同社福山製鉄所生産統括部長)、金藤 秀司(同社同製鉄所自動車商品技術部長)、風間 彰(同社鉄鋼技術センター鉄鋼技術総括部総括スタッフ)"3チャンネル偏光式表面検査装置の開発と実用化"
村上 宏(元日本放送協会放送技術研究所研究主幹)、米沢 武敏(松下電器産業デバイス・環境・生産技術企画室副理事)、杉本 昌穂(パイオニア技術戦略最高顧問)、松山 駿介(富士通日立プラズマディスプレイ専務取締役)、世古 澄人(日本電気ディスプレイ事業本部長)"ハイビジョン用プラズマディスプレイの実用化"

◇生産賞

デンソー、豊田紡織 "環境調和型オイルフィルタの開発とその生産システム"

松下電器産業 "狭角オイル動圧軸受による高速ポリゴンミラースキャナモータの開発と量産化"

第49回(平14年度)

◇記念賞 辰巳 徹(日本電気シリコンシステム研究所主席研究員)、渡辺 啓仁(同社同研究所主任研究員)、酒井 朗(名古屋大学大学院工学研究科助教授(元日本電気社員))、岡村 健司(山口日本電気生産技術部長)、三宅 秀治(エルピーダメモリデバイステクノロジーグループ部長)"大容量DRAM用HSG-Siキャパシタの開発と実用化"

◇生産特賞 松下電器産業 "小型・高効率・ハイパワー誘導加熱ユニット搭載調理家電の開発と量産化"

◇技術賞 小畠 達雄(NKK専務、福山製鉄所長)、小俣 一夫(福山製鉄厚板セクター部部長)、和田 典巳(福山製鉄厚板セクター部統括スタッフ)、藤林 晃夫(同社総合材料技術研究所圧延プロセス研究部主査)、本屋敷 洋一(同社福山製鉄所熱延鋼板部統括スタッフ)"限界冷却速度によるオンライン加速冷却技術の開発と厚鋼板・形鋼・熱延鋼帯への適用・工業化"

◇生産賞

川崎製鉄、川鉄マシナリー、山九 "革新的な大型高炉改修技術による超短期改修の実現"

住友化学工業 "昆虫成長制御剤ピリプロキシフェンの開発"

東レ "ポリアミド複合逆浸透膜および逆浸

科学・技術

透膜システムの開発"
トレセンティテクノロジーズ,日立製作所 "Φ300mmウェハ対応新半導体生産システムの開発と実用化"
ファナック,ヤマザキマザック,牧野フライス製作所 "知能ロボットを利用した長時間無人機械加工システムの開発"

第50回(平15年度)
◇記念賞 牧 敦(日立製作所基礎研究所主任研究員),小泉 英明(日立製作所研究開発本部技師長),山本 剛(日立製作所基礎研究所研究員),川口 文男(日立メディコ技術研究所主任技師),市川 祝善(日立メディコ技術研究所応用機器開発室主幹技師) "近赤外光を用いた脳活動の画像計測法光トポグラフィの開発と実用化"
◇生産特賞 東京電力,日本ガイシ "電力貯蔵用ナトリウム—硫黄電池の開発と実用化"
◇技術賞
神崎 昌久(中山製鋼所代表取締役社長),倉橋 隆郎(中山製鋼所顧問),竹士 伊知郎(中山製鋼所商品開発部長),箱守 一昭(中山製鋼所生産技術部長),金子 英夫(川崎重工業プラントビジネスセンター技師長) "超微細粒熱延鋼板の製造を可能とした偏芯異径片駆動圧延設備の開発"
門田 道雄(村田製作所圧電応用技術統括部長),川端 章一(金沢村田製作所生産技術部長),多田 光弘(同社同部生産技術課長),岩佐 進吾(同社第1製造部技術1課長),米田 年麿(同社第1高周波部品商品部商品設計1課主任) "横波(SH)型弾性表面波を用いた超小形中間周波数用フィルタの開発と実用化"
御厨 健太(横河電機ATE第2事業部BIOセンター部長),田名網 健雄(横河電機技術開発本部バイオ計測プロジェクトセンター長),梅木 和博(リコー光学事業本部MP企画室長),河村 信一郎(横河電機ATE第2事業部ハンドラセンター課長),根岸 秀臣(横河電機ATE第2事業部BIOセンター) "分子のダイナミズム解析が可能な高速共焦点顕微鏡の開発と実用化"
◇生産賞
JFEスチール "高炉におけるプラスチック再資源化技術の確立"
住友金属工業 "新世代中径シームレス鋼管製造技術の開発"
日清ファルマ "コエンザイムQ10の工業生産とバイオアベイラビリティ向上技術の開発"
松下電工 "立体成形回路基板(MID)技術の開発と実用化"
マツダ "自動車塗装工場における新塗装方法の開発"

第51回(平16年度)
◇記念賞 田村 泰孝(富士通研究所システムLSI開発研究所主席研究員),酒井 敏昭(富士通LSI事業本部テクノロジ開発統括部第三設計技術部長),後藤 公太郎(富士通研究所システムLSI開発研究所ネットワークSOC開発部主任研究員),石田 秀樹(富士通研究所システムLSI開発研究所ネットワークSOC開発部主任研究員),寺島 一宏(富士通エルエスアイソリューションネットワーク開発部プロジェクト課長) "マルチギガビット CMOS高速I/O技術の開発と実用化"
◇生産特賞 三菱電機 "DVD記録用赤色高出力レーザの開発と生産"
◇技術賞
隠岐 保博(神戸製鋼所神戸製鉄所条鋼開発部部長),茨木 信彦(神戸製鋼所神戸製鉄所条鋼開発部室長),福崎 良雄(神戸製鋼所神戸製鉄所製銑製鋼部室長),外山 雅雄(コベルコ科研技術本部神鉄事業所主任部長),小椋 大輔(神戸製鋼所神戸製鉄所条鋼技術部主任部長) "高清浄高疲労寿命弁ばね用細線材の開発"
高田 博史(住友電気工業エレクトロニクス・材料研究所所長),平田 嘉裕(住友電気工業エレクトロニクス・材料研究所グループ長),羽賀 剛(住友電気工業エレクトロニクス・材料研究所プロジェクトリーダ),依田 潤(住友電気工業エレクトロニクス・材料研究所主査),岡田 一範(住友電気工業エレクトロニクス・材料研究所研究員) "IC検査用微細コンタクトプローブの量産技術の開発"
黒木 俊昭(日野自動車技術研究所材料研究室長),菅野 義久(日野自動車シャシ機構R&D部走行設計室後軸設計グループ長),山口 栄二(日野自動車車両RE部シャシ信頼性実験室),馬場 泰(福島製鋼生産部門・技術部門統括・総務担当常務取締役),佐藤 一広(福島製鋼技術部鋳造設計・開発グループ長) "鋳造同時接合によるアクスルハウジングのFCD化"
◇生産賞 東芝 "地球環境に配慮した24kV固体絶縁スイッチギヤの開発と実用化"

第52回（平17年度）
◇記念賞 福岡 伸典（元旭化成理事・MET技術開発プロジェクト長）,府川 伊三郎（旭化成顧問）,河村 守（旭化成エンジニアリング取締役・エンジニアリング事業部長）,松崎 一彦（旭化成ケミカルズ常務理事・技術ライセンス室長）,紺野 茂紀（旭化成ケミカルズ理事・川崎製造所長）"二酸化炭素を原料とするポリカーボネート樹脂製造プロセスの開発と工業化"
◇生産特賞 富士通研究所,富士通,山形富士通 "交換結合型磁気記録媒体の開発と実用化"
◇技術賞 佐々木 格（富士写真フイルム取締役・執行役員・記録メディア事業部長）,名和野 隆（富士写真フイルム生産技術本部技術担当部長）,伊藤 秀知（富士写真フイルム神奈川工場電子ディスプレイ材料生産部主任技師）,疋田 伸治（富士写真フイルム生産技術本部主任研究員）,石塚 誠治（富士写真フイルム生産技術本部）"LCDパネル用視野角拡大フィルムの生産技術の開発"
◇生産賞
東芝 "薄厚メモリチップの多段積層マルチチップパッケージ量産技術の開発"
東レ "非感光ポリイミド法による携帯電話用液晶ディスプレイ向け高性能カラーフィルターの開発"
三菱電機 "トランスファーモールド形インテリジェントパワーモジュールの開発と生産"

第53回（平18年度）
◇生産特賞
島精機製作所 "無縫製コンピュータ横編機およびデザインシステムを活用したニット製品の高度生産方式の開発"
住友金属工業 "高品質・高効率・低環境負荷を同時実現する次世代製鋼プロセスの開発"
◇技術賞 田中 陽一郎（東芝デジタルメディアネットワーク社 HDD商品企画部 部長）,田中 勉（東芝デジタルメディアネットワーク社 磁気ディスク設計部 主幹）,山本 耕太郎（東芝デジタルメディアネットワーク社 SD品質保障部 部長）,彦坂 和志（東芝デジタルメディアネットワーク社 磁気ディスク設計部 主務）,田口 知子（東芝デジタルメディアネットワーク社 磁気ディスク開発部 主査）"垂直磁気記録方式ハードディスク装置の開発と実用化"
◇生産賞
アステラス製薬 "抗真菌剤ミカファンギンの原薬生産技術の開発と工業化"
木村鋳造所 "ITを基軸とした革新的フルモールド鋳造システムの開発"
住友化学 "硫安フリーのカプロラクタムプロセスの開発とその工業化"
日立製作所,日立グローバルストレージテクノロジーズ "垂直磁気記録方式ハードディスク装置の実用化"
松下電器産業 "手ブレ補正機能付コンパクトデジタルスチルカメラの開発と量産化"

第54回（平19年度）
◇記念賞 大下 孝裕（荏原総合研究所代表取締役社長）,永東 秀一（荏原製作所環境事業カンパニー環境プラント事業本部インフラサーブプロジェクト統括部長）,小杉 茂（荏原エンジニアリングサービス技術本部 環境プラント統括環境プラント技術四部 部長）,三好 敬久（荏原製作所環境事業カンパニー環境プラント事業本部企画業務室 副室長）,豊田 誠一郎（荏原製作所技術・研究開発統括部知的財産室知財第一グループ）"内部循環型流動層技術の開発"
◇生産特賞 新日本石油,新日本石油精製 "サルファーフリー燃料の製造技術の開発と実用化"
◇技術賞
影近 博（JFEスチール専務執行役員スチール研究所長）,大崎 恭紀（JFEスチール西日本製鉄所（福山地区）冷延部長）,吉見 直人（JFEスチールスチール研究所表面処理研究部主任研究員）,松崎 晃（JFEスチールスチール研究所電機・機能材研究部主任研究員）,山下 正明（JFEテクノリサーチ取締役 福山事業所長）"家電用高機能クロメートフリー被覆鋼板の開発と量産化"
元木 健作（住友電気工業半導体技術研究所主幹）,岡久 拓司（住友電気工業半導体事業部 主席）,松本 直樹（住友電気工業半導体事業部 主査）,上松 康二（住友電気工業半導体技術研究所 主査）,中畑 成二（住友電気工業半導体事業部 グループ長）"青紫色レーザ用窒化ガリウム基板の開発"
今井 篤（日本放送協会放送技術研究所主任研究員）,都木 徹（日本放送協会放送技術

研究所主任研究員），清山 信正（財団法人NHKエンジニアリングサービスチーフエンジニア），武石 浩幸（日本ビクターAVシステムカテゴリー主席技師），藤浪 喜久（日本ビクターAVシステムカテゴリー主席技師）"話速変換技術機能を搭載したラジオ・テレビの開発"

◇生産賞

新日本製鐵株式會社，三菱重工業 "大型コンテナ船用高強度鋼板の開発と新規船体構造設計"

東レ "液晶ディスプレイバックライト用高性能反射ポリエステルフィルムの開発"

日立製作所，日立ハイテクノロジーズ，日立ハイテクフィールディング "半導体超微細パターン計測用測長SEMの開発と実用化"

第55回（平20年度）

◇記念賞 仲 建彦（元武田薬品工業化学研究所コーポレートオフィサー化学研究所長），久保 惠司（武田薬品工業研究戦略部主席部員），西川 浩平（元武田薬品工業創薬研究本部シニアリサーチャー），稲田 義行（元武田薬品工業主席部員），古川 純康（元武田薬品工業創薬研究本部シニアリサーチャー）"高血圧治療薬アンジオテンシンII受容体拮抗薬カンデサルタンシレキセチルの創製"

◇生産特賞 住友金属工業 "超々臨界圧石炭火力発電を実現させたステンレスボイラーチューブの開発"

◇技術賞 世界初有機ELテレビの開発と量産化
占部 哲夫（ソニー業務執行役員），白石 由人（ソニーTV事本・FTV事業部門・E事業開発部統括部長），吉田 昭彦（ソニーAD事業開発室・AD事業部統括部長），山内 正弥（ソニーMEDC・FPD生技開発部統括部長）

常木 英昭（日本触媒研究開発本部技監），桐敷 賢（日本触媒基礎基盤研究所主任研究員），奥 智治（日本触媒基礎基盤研究所グループリーダー），進藤 久和（日本触媒基礎基盤研究所アシスタントリサーチリーダー），武田 浩治（日本触媒川崎製造所技術部主任技術員）"ジエタノールアミン選択的製造触媒プロセスの開発"

前田 勝美（日本電気ナノエレクトロニクス研究所主任研究員），岩佐 繁之（日本電気ナノエレクトロニクス研究所主任研究員），中野 嘉一郎（日本電気ナノエレクトロニクス研究所主任研究員），長谷川 悦雄（日本電気ナノエレクトロニクス研究所シニアエキスパート）"最先端LSI量産を可能にしたArFレジスト材料の開発"

酒匂 裕（日立製作所中央研究所主管研究員），影広 達彦（日立製作所中央研究所主任研究員），永吉 洋登（日立製作所中央研究所研究員），吉田 和司（日立製作所機械研究所部長），長屋 裕士（日立オムロンターミナルソリューションズ開発センタ課長）"還流型ATM向け海外紙幣汎用識別方式の開発と実用化"

◇生産賞

新日本製鐵株式會社 "コークス炉リフレッシュの実現を可能にした極限環境下での診断・補修技術の開発"

住友金属鉱山，Coral Bay Nickel Corporation "低品位ニッケル酸化鉱からのニッケル・コバルトの回収技術開発"

ファナック "知能ロボットセルで構成された高度自動化モータ組立工場の実現"

第56回（平21年度）

◇大河内記念賞 竹中 登一（アステラス製薬代表取締役会長），藤倉 峻（元山之内製薬理事・信頼性保証本部長），本田 一男（元山之内製薬理事・信頼性保証本部副本部長・現昭和大学薬学部 教授），浅野 雅晴（アステラス製薬執行役員信頼性保証本部長），新形 邦宏（元山之内製薬創薬研究本部化学研究所主席研究員）"前立腺肥大症に伴う排尿障害治療薬塩酸タムスロシンの創製"

◇大河内記念生産特賞 中田製作所 "高機能造管成形機の開発と実用化"

◇大河内記念技術賞

片山 幹雄（シャープ代表取締役社長），米田 裕（シャープモバイル液晶事業本部モバイル液晶第一事業部事業部長），足立 昌浩（シャープモバイル液晶事業本部モバイル液晶第二事業部副事業部長），山﨑 舜平（半導体エネルギー研究所代表取締役），小山 潤（半導体エネルギー研究所取締役）"高性能結晶性シリコンTFTを用いた周辺回路一体化液晶パネルの開発と実用化"

早川 勇夫（第一三共 研究開発本部 フェロー），半田 光（元第一製薬 理事・学術開発部長），古濱 和久（元第一製薬 安全性研究所長），采 孟（第一三共 取締役専務執行役員），佐藤 謙一（元第一製薬創薬第一研究所長現セラバリューズ 札幌研究所長）

## 022 環境技術賞

"広範囲キノロン系抗菌薬レボフロキサシンの研究開発"
青山 正義（日立電線 技術本部 技術研究所理事・主管研究長）、瀬谷 修（日立電線ファインテック電子機器部品部 主管技師）、松井 量（日立電線ファインテック電子機器部品部 課長代理）、岡田 良平（日立電線ファインテック線材・特殊線部 係長）、蛭田 浩義（日立製線 技術部 部長）"先端医療・情報通信機器用の極細径・高強度・高導電率銅合金線の開発と製造技術"
◇大河内記念生産賞
旭化成,旭化成ケミカルズ,旭化成イーマテリアルズ "高安全性・高性能リチウムイオン二次電池用セパレーターの開発"
JFEスチール "ナノ表面制御による自動車用高機能鋼板の開発"
新日本製鐵株式會社,新日鐵住金ステンレス "回転炉床式還元炉による製鉄ダスト類リサイクルプロセスの開発"
パナソニック "大容量片面2層50GBの記録型ブルーレイディスクの開発と量産化"
第57回（平22年度） 船川 義正（JFEスチール スチール研究所 主任研究員）、塩崎 毅（JFEスチール スチール研究所 主任研究員）、山本 徹夫（JFEスチール 東日本製鉄所 主任部員）、佐藤 馨（JFEスチール スチール研究所 部長）、瀬戸 一洋（JFEスチール スチール研究所 部長）"大河内記念賞 ナノ炭化物制御による自動車用高加工性新高強度鋼板の開発"
◇大河内記念生産特賞 三菱電機 "高密度ビルドアップ配線板加工用高速マイクロ穴あけレーザ加工機の開発と実用化"
◇大河内記念技術賞 武智 敏（富士通セミコンダクター 知的財産本部 標準推進部 プロジェクト課長）、羽入 勇（富士通セミコンダクター 開発・製造本部 デバイス開発統括部 主管部長）、野崎 耕司（富士通研究所 基盤技術研究所 主管研究員）、矢野 映（富士通研究所 取締役）、阿部 直道（元富士通マイクロエレクトロニクス［現富士通セミコンダクター］デバイス開発統括部 専任部長）"最先端LSIを実現したArFエキシマレーザーリソグラフィ用新規レジスト材料の開発と実用化"
◇大河内記念生産賞
新東工業 "エアレーション造型法の開発と実用化"
住友金属工業 "高炉長寿命化技術の開発"
ソニー,ソニーセミコンダクタ九州 "高画質裏面照射型CMOSイメージセンサの開発と量産化"
日立金属 "自動車の無段変速機用金属製ベルト材の製造方法の開発"

## 022 環境技術賞

平成12年、化学に関連する研究・技術で、地球環境との共存並びにその維持・改善を積極的に意識し、方向付けがなされた新技術・改良技術で、特に顕著な業績のあった者を讃えることを目的として設立された。
【主催者】（社）近畿化学協会
【選考方法】関係機関・学識経験者の推薦による
【選考基準】〔資格〕同会会員で、当該年度の3月末日で45歳に達しない者。〔対象〕化学に関連する研究・技術で、地球環境との共存並びにその維持・改善を積極的に意識し、方向付けがなされた新技術・改良技術で顕著な業績と認められた者。〔基準〕研究業績の独自性,工業的社会的価値など
【締切・発表】毎年11月末日締切、翌年5月通常総会席上で表彰
【賞・賞金】表彰状と副賞トロフィー
【URL】http://www.kinka.or.jp/

第1回（平12年度）
石井 徹,塩田 祐介（日本触媒）「触媒湿式酸化法による排水処理システムの開発」

石野 政治,中井 孝弘,大賀 隆史（東洋ゴム工業）「硬質ウレタンフォームのケミカルリサイクル実用化技術」

科学・技術　　　　　　　　　　　　　　　　　　　　　　　　022　環境技術賞

山口 敦史, 平野 正人, 桑田 秀典, 宇田 和博 (松下電器産業), 高野 宏明 (松下テクノリサーチ)「鉛フリーはんだ接合技術の開発とその製品化」

早味 宏, 宿島 悟志, 森内 清晃 (住友電気工業)「自動車・電子機器用環境対応型電線の開発」

吉江 直樹, 藤原 利光 (ミノルタ)「水膨潤膜方式リユーザブルメディアの開発」

第2回 (平13年度)

石川 博之, 前田 直彦 (松下電工), 松下 真一郎, 下間 澄也 (コニシ)「リサイクル対応『接着・分離技術』の開発」

河原 正佳 (ホソカワミクロン)「小型焼却炉のダイオキシン類抑制技術開発と熱処理工程への適用」

岡本 功一, 岡村 一弘, 松永 俊明, 村上 洋平 (日本触媒)「フリクションカット被覆剤＆塗布剤〈高分子含水ゲルの埋設鉄鋼材引抜撤去技術 (環境保全技術) への応用」

第3回 (平14年度)

藤井 弘明 (クラレ西条)「担体法による排水処理システムの開発」

中村 明則, 武本 隆志, 小川 勝也 (トクヤマ)「ごみ焼却灰のセメント原料化技術の開発」

第4回 (平15年度)

長田 尚理, 森内 清晃 (住友電機工業)「ノンハロゲン光コードの開発」

板倉 雅彦, 辻岡 邦夫 (ダイセルポリマー), 鈴木 晋介 (ダイセル化学工業)「成形加工機用洗浄剤の開発」

第5回 (平16年度)

北坂 和也, 島尻 はつみ (住化分析センター)「新規アルデヒドサンプラー (CNET) の研究開発」

正木 信之, 森田 敦, 生田 伸治, 熊 涼慈 (日本触媒)「ダイオキシン類分解触媒の開発」

岸本 章, 柏木 愛一郎, 西村 浩一 (大阪ガス)「空調ポンプ動力を30%削減する配管摩擦低減剤の開発」

第6回 (平17年度)

船山 俊幸, 羽井 康, 大髙 豊史, 田中 秀一, 服部 弘一 (ダイソー)「エピクロロヒドリン系共重合体ゴムにおける環境対応技術の開発」

住田 康隆, 下村 雅俊, 北島 光弘, 伊奈 智美, 齋藤 周 (日本触媒)「環境適合型キレート剤 (ヒドロキシイミノジコハク酸) の開発」

加藤 真理子, 阪本 浩規, 川口 隆文, 川崎 真一 (大阪ガス)「廃PET/PEの新相溶化剤活用高機能化によるリサイクル技術の開発」

第7回 (平18年度)

横田 善行, 内田 雅也, 白石 諭勲, 中尾 貫治 (日本触媒)「環境対応型塗料用アクリルエマルションの開発」

濱多 広輝, 櫻井 良寛, 中谷 隆, 矢野 隆行 (荒川化学工業)「環境対応を指向した水系エマルジョン型タッキファイヤー (粘着付与樹脂) の開発」

第8回 (平19年度)　中村 卓志, 冨田 理会 (日本ペイント)"低汚染型粉体塗料の開発と応用"

第9回 (平20年度)

西本 幸史, 岡 茂範 (長瀬産業), 川西 優喜, 椎﨑 一宏 (大阪府立大学)"遺伝子組換え酵母を用いた簡便な環境ホルモン類検出キットの開発"

深谷 重一 (積水化学工業)　"遮熱中間膜の開発"

第10回 (平21年度)

大西 勇, 枡田 一明, 中村 勲 (日本ペイント), 島田 守, 南 晴康 (日本ペイントマリン)"低摩擦機能を有する, 新規な船底防汚塗料の研究開発"

武中 晃, 岸本 洋昭, 森 雅弘, 森若 博文 (花王)"環境調和型改質PLA樹脂の開発"

第11回 (平22年度)

吉田 佳弘, 佐直 英治 (宇部興産)"環境にやさしい香料ヘリオフレッシュ (HLF) の開発"

川本 英貴 (日油), 加治木 武"生分解性合成エステル系潤滑油 (ミルルーブ E シリーズ) の開発"

古川 敏治 (徳山積水工業), 山内 博史 (積水化学工業)"セラミックフィルター用中空粒子の開発"

## 023 環境賞

環境保全に貢献した個人またはグループを表彰することにより，我が国の環境保全活動の一層の発展をはかることを目的として，昭和49年に創設された。

【主催者】（財）日立環境財団，日刊工業新聞社
【選考委員】審査委員長：不破敬一郎（東京大学名誉教授），石井吉徳（もったいない学会会長，東京大学名誉教授），大井玄（東京大学名誉教授），大塚柳太郎（（独）国立環境研究所理事長），合志陽一（筑波大学監事），高多明（元工業技術院公害資源研究所長），西尾哲茂（環境省総合環境政策局長），松野健一（日本工業大学教授，工業技術博物館長），丸山瑛一（（独）理化学研究所知的財産戦力センター特別顧問），横山榮二（元国立公衆衛生院長），樋上照直（日刊工業産業研究所所長）
【選考方法】関係学会・団体等の推薦，自薦
【選考基準】〔対象〕環境への負荷の少ない持続的発展が可能な研究・開発・調査で画期的な成果を上げるか，その成果が期待される個人や企業・団体
【締切・発表】例年1月締切，発表は5月「日刊工業新聞」誌上，表彰式は環境月間中の6月初旬に行われる
【賞・賞金】優秀賞：賞状，楯と副賞100万円。優良賞：賞状，楯と副賞50万円。環境大臣賞：環境賞のうちとくに優秀と認められるものに環境大臣賞の楯が授与される
【URL】http://www.hitachi-zaidan.org/kankyo/index.html

第1回（昭49年度）
◇優良賞
　高田 利夫（京都大学科学研究所），木山 雅雄（日本電気中央研究所），辻 俊郎，菅野 出 "フェライト製造技術を応用した重金属イオン除去方式の実用化"
　渡辺 貞良（北海道大学） "パルプの酸素酸化精製"
　大阪府公害防止計画プロジェクトチーム "大阪府環境管理計画"
◇特別賞　産業公害問題法理研究委員会 "産業公害に関する法理的経済的研究"

第2回（昭50年度）
◇優良賞
　砂原 広志（工技院名古屋工業技術試験所），永瀬 六郎（東亜共石名古屋製油所） "石油精製排水処理の自動計測管理法"
　新田 忠雄（日本エヌ・ユー・エス） "産業排水等の海域に及ぼす影響の研究"
　政策科学研究所環境調査研究委員 "生きもの指標を用いた総合的な環境診断とその土地利用計画，環境事前評価への応用"

第3回（昭51年度）
◇優良賞
　川崎製鉄粉塵処理システム開発グループ，川鉄鉱業粉塵処理グループ "製鉄所粉塵の完全処理"
　三井 茂夫（工技院北海道工業開発試験所），佐伯 康治（日本ゼオン），野村 平典（日本揮発油） "古タイヤ等廃ゴム類の流動熱分解による資源化プロセス"
　青淵 静郎（アオカ産業） "ミミズによる産業廃棄物の処理及び有効利用について"

第4回（昭52年度）
◇環境庁長官賞　協和醱酵工業防府工場 "発酵廃液処理のクローズド化と周辺海域の水質改善"
◇優良賞
　阿部 英彦（日本国有鉄道），荒井 昌昭，谷口 紀久 "鉄道の鉄桁防音工法の開発"
　西田 耕之助（京都大学），川村 弘一（住友金属鉱業），森口 義人，小島 康彦 "製鉄所高炉滓処理場の防臭方法の開発"
　岡田 克人（森永乳業），田中 俊郎（森永エンジニアリング） "長時間曝気法による有機廃水の安定化処理"

第5回（昭53年度）
◇優良賞
　涌島 滋（神戸製鋼所），鈴木 昭男（住友重機械工業），坪田 晋三，野村 努 "工業建屋用直接搭載型電気集塵装置"
　コークス工場排水処理技術開発グループ（新日本製鉄化学工業，日鉄化工機）

"コークス工場排水の総合処理技術"
鈴木 智雄(工技院微生物工業技術研究所), 太宰 宙朗(クラレ), 福永 和二 "ポリビニルアルコールの微生物分解とその含有排水処理への応用"
バブコック日立 "汚泥流動焼却システムにおける無公害技術の開発"

第6回(昭54年度)
◇優良賞
大阪市立環境科学研究所衛生工学課 "廃棄物埋立に伴う環境汚染防止に関する研究"
東レ・エンジニアリング, 東レエンジニアリング研究所, 日本紙業 "硫酸バンド回収法排煙脱硫技術の開発"
通産省工技院公害資源研究所公害第一部第一課 "大気境界層の拡散に関する構造の解明と汚染質拡散シミュレーション手法の研究"
ブリヂストンタイヤ, 日本セメント "古タイヤ処理システムとセメントキルンへの燃料化技術の開発"
同和鉱業中央研究所 "鉄粉による排水中の重金属等の除去方法の開発"

第7回(昭55年度)
◇環境庁長官賞 荏原インフィルコ "循環式硝化脱窒素法の研究開発とし尿処理への適用"
◇優良賞
東レ, 東レ・エンジニアリング "新規生物膜装置の開発と余剰汚泥クローズド化システムへの応用"
花嶋 正孝(福岡大学工学部), 山崎 惟義, 松藤 康司, 下司 裕子, 長野 修治 "廃棄物の処理処分と埋立構造に関する研究"
今上 一成(通産省工技院公害資源研究所), 田森 行男, 小暮 信之 "発生源ばいじん濃度測定装置の開発"

第8回(昭56年度)
◇優良賞
植下 協(名古屋大学工学部), 佐藤 健 "濃尾平野における広域地盤沈下対策に関する研究"
ミウラ化学装置 "濡れ網式脱臭技術の開発"
日立プラント建設集塵装置事業部, 日本石油精製横浜製油所 "移動電極形電気集塵装置の実用化"
東洋紡績AC事業部 "活性炭素繊維(Kフィルター)による公害防止装置の開発"
高木 正巳(松下電工津工場), 中山 俊一, 小野 靖則, 浦口 良範 "金属表面処理クロム酸使用工程クローズドシステムの確立"

第9回(昭57年度)
◇優良賞
荏原製作所 "中性亜硫酸ソーダパルプ蒸解薬品回収装置"
北川原 徹(建設省土木研究所), 西ヶ谷 忠明(日本建設機械化協会), 川添 紀一(建設機械調査), 田崎 靖朗(高橋エンジニアリング) "低公害形杭打機械の研究開発"
日色 和夫(通産省工技院大阪工業技術試験所), 田中 孝, 川原 昭宣 "海水中の富栄養化成分の自動計測技術の開発"
本田技研工業鈴鹿製作所, 富士化水工業 "微生物処理による脱臭技術の開発と実用化"
小野田セメント "膨張性破砕剤「ブライスター」の開発"

第10回(昭58年度)
◇優良賞
住友重機械エンバイロテック, 山陽国策パルプ "パルプ排水のメタン発酵処理"
三菱樹脂 "自然流下型接触酸化による排水処理システム"
三重県環境汚染解析プロジェクトチーム "四日市地域における硫黄酸化物総量規制方式の確立"
大阪府新環境計画プロジェクトチーム "大阪府環境総合計画"
清水建設, 徳山 曹達 "スタックレイン処理に関する研究開発"
静岡県経済農業協同組合連合会 "と畜血液の分離とその肥料化"

第11回(昭59年度)
◇環境庁長官賞 竹中工務店 "ヘドロ処理技術「竹中式スラッジ処理システム」の開発"
◇優良賞
鎮守の森保存修景研究会 "鎮守の森の保存修景に関する一連の基礎調査研究"
久保田鉄工 "生物学的脱窒素法にもとずくし尿の無希釈処理方式の開発"
通産省工技院中国工業技術試験所, 内海環境部環境化学研究室 "瀬戸内海の底質汚染と二次汚染に関する研究"

第12回(昭60年度)
◇優良賞
日本鋼管, 三菱重工 "転炉スラグ風砕システム"
栗原 淳(農水省農業環境技術研究所), 井ノ子 昭夫, 渡辺 光昭 "都市ごみコンポスト

の品質評価と利用指針"
裾野長泉清掃施設組合「いずみ苑」 "し尿高次処理への自然浄化能の活用と公園化並びに汚泥の発酵肥料化"
大阪府メタン発酵研究委員会 "廃棄物のメタン発酵システムに関する研究"
佐藤 吉彦(鉄道技術研究所),大石 不二夫(日清紡績),本宮 達也,鈴木 敏夫,小川 嘉彦 "新幹線等高速軌道における振動騒音低減材料の開発と工業化"

第13回(昭61年度)
◇優良賞
ダイキン工業 "有機溶剤の脱臭と回収システム"
渡辺 守(三重大学教育学部),大沢 尚之(私立清真学園高等学校),田口 正男(神奈川県立橋本高等学校) "均翅亜目群集を生物指標とした樹林―池沼複合生態系の定量的評価法に関する基礎的研究"
荏原インフィルコ「し尿新処理技術開発チーム」 "し尿の無希釈高負荷処理方式の開発"
滋賀県琵琶湖研究所 "環境情報のデータベース化と"滋賀県地域環境アトラス"の作成"
日立脱硝装置開発グループ "板状触媒を用いる排煙脱硝システムの開発"

第14回(昭62年度)
◇優良賞
橋本 奨(大阪大学工学部) "PVA―固定化活性汚泥法の開発"
フジクリーン工業 "家庭用小型合併処理浄化槽の開発と普及"
日本鋼管 "ごみ焼却炉排ガスの無触媒脱硝法の開発"
三浦 裕二(日本大学理工学部),矢島 富広(東京都板橋区役所) "透水性舗装の研究・開発と普及"
ミヨシ油脂キレート樹脂開発グループ "キレート樹脂の開発研究"

第15回(昭63年度)
◇優良賞
小倉 紀雄(東京農工大学農学部) "都市河川の水質汚濁機構の解明と保全対策"
工業技術院微生物工業技術研究所 "回分式活性汚濁法におけるバルキング防止と窒素・リンの高度同時処理技術の開発"
トヨタ自動車,ガデリウス "フェノール系排ガスの新脱臭技術の開発"
岐阜県紙業試験場,長良製紙,富士総合設備 "再々生紙の製造技術の開発"
荏原インフィルコ,荏原総合研究所 "アメニティ優先指向の技術手法によるごみ処理施設"

第16回(平1年度)
◇優良賞
出光興産,出光バルクターミナル "石炭物流基地における炭じん飛散防止システムの開発"
小瀬 洋喜(各務原市地下水汚染研究会代表) "各務原台地の地下水汚染の原因究明と将来予測"
安渓 遊地(山口大学教養部) "西表島における生活と自然に関する総合的研究"
久保田 宏(東京工業大学名誉教授) "活性汚泥法における微細気泡と全面ばっ気による性能向上ならびに省エネルギー"
埼玉県東部清掃組合,栗田工業 "限外ろ過膜を利用したし尿処理技術の開発"

第17回(平2年度)
◇環境庁長官賞 大阪ガス,大阪ガスエンジニアリング "コークスベッド式下水汚泥溶融再資源化プロセスの開発"
◇優秀賞 日本電気 "未然防止・自主管理をベースとする環境管理"
◇優良賞
中川 吉弘(兵庫県立公害研究所),光木 偉勝 "着生植物による複合大気汚染環境の評価法に関する研究"
北海道電力,日立製作所,バブコック日立 "石炭灰利用乾式脱硫装置の開発"
川崎重工業 "半乾式簡易脱硫装置の開発"

第18回(平3年度)
◇環境庁長官賞・優秀賞
陽 捷行,野内 勇,八木 一行(農林水産省農業環境技術研究所) "水田におけるメタン発生量の評価とその放出機構に関する研究"
西山 昌史,細川 純(工業技術院四国工業技術試験所) "微生物分解性プラスチックの開発"
◇優良賞
上村 桂(新潟県衛生公害研究所所長),ほか "有機塩素系溶剤の環境中の動態及び分解性に関する研究"
本田 繁,村上 幸夫,田中 博史,矢沢 哲夫,江口 清久(工業技術院大阪工業技術試験所) "外孔質ガラスを利用した微生物による排水処理法の研究"
馬場 研二,依田 幹男(日立製作所),小野 二男(福岡県南広域水道企業団),平岡 正勝,

津村 和志（京都大学工学部）"上下水道システムの画像監視制御技術の開発"
大阪市建設局, 大阪ガス "道路廃材の総合的再利用システムの開発"

第19回（平4年度）
◇環境庁長官賞・優秀賞
幸田 文男, 森田 茂雄, 中下 成人, 吉廻 秀久（バブコック日立）, 小豆畑 茂（日立製作所）"火炎内脱硝による微粉炭燃低NOxバーナーの開発"
岡田 斉夫（農林水産省農業環境技術研究所）"天敵微生物による害虫の防除"
常盤 寛（福岡県保健環境研究所）"大気中変異原物質の汚染と評価"
小林 正幸, 辻 藤吾, 長谷川 清善, 大橋 恭一（滋賀県農業試験場）"琵琶湖集水域における農業排水の水質改善に関する研究"
吉田 博次, 長屋 利郎, 北浜 弘宰, 山本 康弘（キリンビール）"流量調整式高度小規模合併処理浄化槽の開発"

第20回（平5年度）
◇環境庁長官賞・優秀賞 三野 重和, 清水 健二, 山田 豊, 和泉 清司, 師 正史, 石田 宏司（クボタ）"浸漬型有機平膜による生活排水処理システムの開発"
◇優良賞
小川 英夫, 河ばた 公昭, 藤本 光昭（名古屋大学理学部）, 今村 健（富士通研究所）"超伝導ミクサを用いたオゾン高度分布測定装置の開発"
中山 哲男（通商産業省工業技術院）, 横山 伸也, 小木 知子, 土手 裕, 美濃輪 智朗（資源環境技術総合研究所）, 中村 忠, 鈴木 明, 伊藤 新治（オルガノ）"下水汚泥油化によるエネルギー自立型処理システムの開発"
玉置 元則, 平木 隆年, 正賀 充, 光木 偉勝（兵庫県立公害研究所）"酸性雨調査手法の確立と降水化学としての酸性化機構の解明"
金盛 弥（大阪府土木部）"箕面川ダムの環境保全に関する調査研究"

第21回（平6年度）
◇優良賞
大内 出夫, 水野 光一（通産省工業技術院資源環境技術総合研究所）, 吉田 豊信（東京大学工学部）, 朝倉 友美（東京電力）, 植松 伸行, 原 行明, 中村 正和（新日本製鉄グループ）, 小牧 久（日本電子）"フロン分解のためのプラズマ反応装置の開発"
阿南 文政, 藤井 憲二, 福田 光信（九州電力）, 新藤 泰宏, 北島 正一, 石田 昌彦（日立製作所）"新型バイオ式生ゴミ処理機の開発"
田中 信男, 細矢 憲, 荒木 長男（京都工芸繊維大学）, 木全 一博（ナカライテスク）"ダイオキシン異性体の分離法の確立および水系環境中からの連続的濃縮と光分解の試み"
鈴木 喜計, 楢井 久, 佐藤 賢司, 吉野 邦雄, 原田 泰雄, 村田 順一（千葉県君津市内箕輪地下水汚染現場・調査チーム）"揮発性有機塩素化合物による土壌・地下水汚染をはじめとする地質汚染浄化の推進―その1―"
渡辺 征紀（熊本県環境公害部）, 東 軍三（熊本市環境保全局）"揮発性有機塩素化合物による土壌・地下水汚染をはじめとする地質汚染浄化の推進―その2―"
中山 隆志（光洋精工）, 神田 耕治（スズキ）"電動式パワーステアリングの実用化"

第22回（平7年度）
◇優良賞
草木 一男, 倉田 周一（鐘紡）, 三宅 裕幸, 春田 昌宏（キヤノン）"コンピュータデザイン・バブルジェットプリントシステムの開発"
徳永 興公（日本原子力研究所）, 田中 雅（中部電力）, 土居 祥孝（荏原製作所）"電子ビーム照射による排煙処理技術の開発"
日野自動車 "ディーゼル・電気ハイブリッド低公害車の実用化"
小松 一也, 重津 雅彦, 高見 明秀, 斉藤 史彦, 竹本 崇, 清水 多恵子, 市川 智士, 京極 誠, 磯部 正（マツダ）"リーンバーンエンジン用三元触媒の開発"
岩本 真二（福岡県保健環境研究所）"浮遊粒子状物質の汚染予測手法と動態に関する研究"

第23回（平8年度）
◇環境庁長官賞・優秀賞 日本下水道事業団, 日立プラント建設 "包括固定化硝化細菌による排水の窒素除去技術の開発"
◇優良賞
金沢大学大学院 "発癌性ニトロアレーンの超高感度分析法の開発"
玉川大学農学部 "日本在来種マルハナバチの実用化に関する研究"
出光興産 "石炭燃焼におけるNOx生成機構の解明"
タクマ "天然ガスを用いたごみ焼却炉の有害ガス抑制技術の開発"

第24回(平9年度)
◇優秀賞　安東 弘光(三菱自動車工業乗用車開発本部)　"筒内噴射ガソリンエンジンの開発"
◇優良賞
バイオーレ研究会(大成建設)　"微生物製剤を用いた厨房排水処理システムの開発"
位地 正年,横山 貞彦(日本電気資源環境技術研究所)"プリント基板の再資源化秘術の開発"
土壌地下浄化技術グループ(大成建設)"揮発性有機塩素化合物汚染土壌の浄化に関する技術開発"
辻 征雄(大阪府企業局)　"りんくうタウン事業のミティゲーション施設と効果追跡調査"
井上 孝太郎(日立製作所機械研究所),寺薗 勝二(ダム水源地環境整備センター),大槻 均(琵琶湖・淀川水質保全機構)"ソーラー駆動流動床型生物膜ろ過装置の開発"

第25回(平10年度)
◇環境庁長官賞・優秀賞　八重樫 武久,内山田 竹志(トヨタ自動車)"乗用車用量産型ハイブリッドシステムの開発"
◇優良賞
井出 温,新井 作司,村石 忠,松木 正人,深川 正美(本田技術研究所)"超低公害天然ガス自動車エンジンの開発"
神島 敬介(大阪ガス)　"実験集合住宅NEXT21における環境技術の研究・開発"
有本 由弘,岸井 貞浩,中村 亘,畑田 明良,鈴木 隣太郎(富士通研究所基板技術研究所)"リサイクルが可能な酸化マンガン研磨剤の開発"
井手 寿之,市川 芳明(日立製作所),荘村 多加志(中央法規出版)"環境マネジメント支援システムの開発"
田中 一彦(工業技術院名古屋工業技術研究所)"酸性雨のモニタリングシステムの開発に関する研究"

第26回(平11年度)
◇優秀賞　藤本 弘次,玉田 慎,菅野 周一,黒川 秀昭(日立製作所)"触媒式PFC分解装置"
◇優良賞
パッシブサンプラー開発グループ　"パッシブサンプラー方式有害大気物質簡易測定器"
渡辺 富夫(富士ゼロックス),渡辺 祐二(宇部サイコン)"ABS樹脂のリサイクル技術"
武岡 栄一(タケオカ自動車工芸),長坂 秀雄(北陸電力地域総合研究所)

第27回(平12年度)
◇優秀賞　王 青躍(国際善隣協会環境推進センター),溝口 次夫(佛教大学社会学部),北村 必勝(国際善隣協会環境推進センター),坂本 和彦(埼玉大学大学院理工学研究科),丸山 敏彦(北海道科学・産業技術振興財団)"バイオブリケットの開発と実用化"
◇優良賞
木村 信夫,上田 博信,林 政克,高村 義之,藤森 幹治,福本 千尋,桑原 崇行(日立製作所)"冷蔵庫断熱材フロンの回収装置"
藤原 恭司(九州芸術工科大学)　"新型遮音壁の研究"
工藤 鴻基,中里 広幸(トップエコロジー)
町井 光吉,新井 徹(横浜市水道局),津久井 裕己,篠崎 功,草間 伸行(東芝)"汚泥消化ガス燃料電池発電システム"

第28回(平13年度)
◇優秀賞
無鉛はんだ導入推進プロジェクト(ソニー)"無鉛はんだ材料の開発と実用化"
峠田 博史(産業技術総合研究所中部センターセラミックス研究部門),山田 善市(新東工業抗菌剤技術部),相沢 和宇(ヤマダ・インダストリー)
◇優良賞
田中 茂,成田 祥(慶応義塾大学理工学部応用化学科),藤井 雅則,米津 晋(三機工業開発本部技術研究所)"拡散スクラバー法を用いた新しい空気清浄技術の開発"
北村 精男(技研製作所)　"低振動・低騒音パイラーによるシステム施工技術の開発"

第29回(平14年度)
◇優良賞
東京電力,電力中央研究所,デンソー"家庭用CO2ヒートポンプ給湯器の開発と実用化"
河原 秀夫,浅野 修,皆合 哲男,御園生 雅郎,森 重樹(日本板硝子)"断熱二重真空ガラスの開発"
今野 次雄(旭化成機能製品カンパニー新事業企画開発室),藤埜 一仁(旭エンジニアリングプラントエンジ事業部九州事業所)"焼酎蒸留残渣の資源化"
沢 俊雄,大月 惇,広瀬 保男(日立製作所原子力事業部),上田 禎俊(日立インダスト

リイズエンジニア事業部),石井 淑升(グローバル・ニュークリア・フュエル・ジャパン環境安全部)"電気化学プロセスによる窒素含有核燃料廃液処理技術の開発"

第30回(平15年度)
◇優良賞
加美 陽三,藤澤 義和,藤本 幸人,小椋 正巳(本田技術研究所)"実用的燃料電池車の開発"

河合 大洋,堀尾 公秀,水野 誠司,松本 克成,浜島 清高(トヨタ自動車)"実用的燃料電池車の開発"

大見謝 辰男(沖縄県衛生環境研究所)"赤土汚染の簡易測定法の開発とサンゴ礁保全への貢献"

滝口 健一,小川 朗二,勝又 正治,清水 英樹,林原 茂(前田建設工業)"建設汚泥・浚渫土のリサイクルを目的とした脱水固化,及び流動化技術"

リコー研究開発本部"何回も書き換えられるペーパーとプリントシステムの開発"

清水 勝一(キヤノンインクジェット事業本部)"インクジェットプリンタにおける高付加価値プラスチックリサイクル技術の開発と実用化"

第31回(平16年度)
◇環境大臣賞・優秀賞
特定非営利活動法人 北の海の動物センター"北方四島周辺における生態系の調査と保全"

フジクリーン工業"高度処理型家庭用浄化槽の開発"

◇優良賞
栗屋野 香,高瀬 昭三,栗屋野 伸樹,石川 栄(盛和工業)"光触媒セラミックフィルターを用いた空気浄化システム"

茅野 政道,永井 晴康,山澤 弘実,西沢 匡人(日本原子力研究所)"大気環境予測システムの開発と適用"

第32回(平17年度)
◇環境大臣賞・優秀賞
岡本 正英,池田 靖(日立製作所),加藤 力弥,山形 咲枝,長谷川 永税(千住金属工業)"高温無鉛はんだ材料の開発"

橘井 敏弘,佐藤 仁俊,裝地 伸治,久保 昌則(正和電工),寺沢 実(北海道大学)"おが屑を用いた乾式し尿処理装置の開発"

◇優良賞
村上 良一,吉原 望,村山 哲(日本ペイント),東郷 育郎,伊藤 孝良(旭化成ケミカルズ)"電着塗装洗水循環方式の実用化"

今井 登,寺島 滋,太田 充恒,御子柴 真澄,立花 好子(産業技術総合研究所)"環境評価の基盤となる地球化学図の作成"

鈴木 孝治,柳沢 三郎(慶應義塾大学理工学部),佐伯 正夫,小野 昭紘(新日本製鐵),柴田 正夫(空港環境整備協会)"排ガス中窒素酸化物の国際標準分析法の確立"

第33回(平18年度)
◇環境大臣賞・優秀賞 遠藤 栄治,中尾 真,沢田 直行(旭硝子)"脱水銀・アスベスト苛性ソーダ製造法の開発 ― 高耐久性活性陰極の開発と実用化 ―"

◇優秀賞
山田 益義,和気 泉,坂入 実(日立製作所),阪本 将三(日立ハイテクコントロールシステムズ),森田 昌敏(国立環境研究所)"PCBの連続オンライン測定技術の実用化"

池田 正之,小泉 昭夫(京都大学人体試料バンク研究班)"環境汚染物質のリスク評価にむけた人体試料バンクの創設"

◇優良賞
青木 久治,大平 博文,外川 浩司(青木科学研究所)"Water Free 離型剤とその極少量スプレー方法による環境改善"

舟ヶ崎 剛志,豊久 志朗,松本 勝生,宮本 博司,小山 忠志(神鋼環境ソリューション)"下水汚泥消化ガスの精製法の開発"

第34回(平19年度)
◇環境大臣賞・優秀賞 松村 文代,小倉 靖弘,齊官 貞雄,高山 曉,佐野 健二(東芝)"消去可能インクの開発"

◇優良賞
日立化成工業機能性材料研究所 リサイクル技術グループ"常圧溶解法を用いたFRPリサイクル技術"

宮本 誠,樋野本 宣秀,上山 智嗣,溝上 陽介,前川 滋樹(三菱電機)"マイクロバブルを用いた洗浄技術の開発と実用化"

栗本 駿,土田 進一(新日本石油),大橋 秀俊(新日本石油開発)"ベトナム・ランドン油田随伴ガス回収・有効利用プロジェクトのCDM登録"

第35回(平20年度)
◇優秀賞
望月 明,武村 清和(日立プラントテクノロジー),佐保 典英(日立製作所),小佐古 修士(三菱重工業),村上 好男(日本船舶技術研究協会)"凝集・磁気分離技術によ

るバラスト水浄化装置の開発"
谷本 浩志, 猪俣 敏(国立環境研究所)"大気中揮発性有機化合物の多成分同時計測手法の開発"
◇優良賞
ジェイベック 若松環境研究所 "開発途上国における生ごみ堆肥化技術の普及"
大林 久(大林環境技術研究所)"杉・ヒノキの樹皮を用いた急勾配大屋根緑化技術の開発"
梶 さち子, 村上 忠明, 辻 英之, 村上 由紀, 辻 典子(グリーンウッド自然体験教育センター)"僻地農山村における自然体験教育システムの開発と実践"

第36回(平21年度)
◇環境大臣賞・優秀賞 真藤 豊, 山口 巌, 山中 敦(IDCフロンティア)"外気活用によるデータセンターの空調動力削減"
◇優秀賞 新日本石油基地, 新日本石油 "原油中継備蓄基地におけるタンカー排出ガス処理設備"
◇優良賞
神戸製鋼所 加古川製鉄所 "薄板全製品のクロメートフリー化"
柿沼 博彦, 井原 禎之(北海道旅客鉄道), 小田 哲也, 柄沢 亮, 小野 貴博(日立ニコトランスミッション)"ディーゼル・電動パラレルハイブリッド鉄道車両の開発"

第37回(平22年度)
◇環境大臣賞・優秀賞 三菱電機 "使用済み家電プラスチックの高度回収・再生技術"
◇優秀賞 ブリヂストン "高純度SiC製プロセスウエハーの開発"
◇優良賞
Hi Star Water Solutions LLC., 日立プラントテクノロジー "MBR-RO法による水再生システム"
東邦レオ "多目的耐圧基盤土壌の開発"

## 024 環境デザイン賞

都市環境, 住環境, 作業環境等を対象として音環境の快適性向上のための計画, 実施例, 及びこれらに関する研究・技術開発を表彰する賞。

【主催者】日本騒音制御工学会
【選考委員】同賞選考委員会
【選考方法】推薦(自薦, 他薦を問わず)
【選考基準】〔対象〕平成19年の場合, 18年度間に貢献があったもの
【締切・発表】(平成19年)12月末日締切(学会事務局必着), 総会席上で表彰
【賞・賞金】賞状と副賞
【URL】http://www.ince-j.or.jp

(平8年)
千代田化工建設 "札幌高架下屋内街路「音の遊歩道」の設計施工"
電力中央研究所横須賀研究所, 鹿島建設横浜支店 "周辺住居の音と環境保全に考慮した巨大放電実験施設の防音設計施工"
横浜市環境科学研究所 "快適音環境の関する横浜市の一連の調査研究"
電源開発 "発電所の周辺の音環境保全計画"

(平9年)
阪神高速道路公団 "阪神高速道路3号線神戸線の環境対策"
大成建設, 梓設計, 松田平田, 日本空港コンサルタンツ "東京国際空港新旅客ターミナルビルチェックインロビーの音響設計"

(平10年)
東日本旅客鉄道東京工事事務所 "軌道が貫通する建物における列車振動及び騒音対策"
東海旅客鉄道技術本部 "音響インテンシティを用いた低騒音化技術の開発"
静岡新聞, 大成建設, 音環境研究所 "静岡新聞社製作センター作業環境改善対策"

(平11年)
九州旅客鉄道, 鉄道総合技術研究所, トーニチコンサルタント, 鹿島建設 "JR小倉駅ビルにおける列車などの振動や固体音対策"

科学・技術

飛島建設, 飛騨庭石 "地下空間の音環境を考えた高山祭りミュージアム"

（平12年）
西日本旅客鉄道 "在来線における環境対策の実施"
日本道路公団東名古屋工事事務所 "東名阪自動車道特殊吸音ルーバーの環境対策工事"

（平13年）
日本道路公団東京第二管理局, 荏原製作所エンジニアリング事業本部 "東京湾アクアライン浮島換気所における総合環境対策"
静岡県本川根町 "「音戯の里」の建設及び管理"

（平14年）
北海道旅客鉄道, 鉄道総合技術研究所 "学園都市線におけるフローティング・ラダー防振起動工事"
国土交通省北九州国道工事事務所, 東京製綱 "国道3号線における新型遮音壁防音工事"
名古屋高速道路公団, オリエンタルコンサルタンツ "名古屋高速道路都心環状線高架部（明道町地区）のTMDを利用した低周波音対策工事"
東日本旅客鉄道東京工事事務所 "弾性バラスト軌道による騒音低減対策"

（平15年） 日本電波塔, 千代田化工建設 "東京タワー展望台リニューアルプロジェクトにおける「静けさ創出による音環境デザイン」"

（平16年）
日本道路公団中部支社名古屋工事事務所 "伊勢湾岸自動車道における騒音低減効果の高い大型の分岐型遮音壁の設置"
東北大学, 関・空間設計, 戸田建設, 東亜建設, ヤクモ "将来の音振動環境に配慮した高品位な講義スペースの設計と施工—東北大学マルチメディア棟—"

（平17年） 受賞者なし

（平18年）
中部国際空港, 日建・梓・HOK・アラップ中部国際空港設計監理共同企業体 "中部国際空港ターミナルビルにおける「サイレントエアポート」を目指した一連の取り組み"
東海旅客鉄道 建設工事部 "東海道新幹線品川駅における音環境対策"

（平19年） 京都市, 熊谷組, ガイアートT・K, ジオスター "京都市北部クリーンセンタートンネル吸音壁"

（平20年） 小林 真人（飛鳥建設技術研究所）"工事騒音リアルタイム評価・対応システム"

（平21年） 藤本 一壽（九州大学大学院教授）"ポリエステル不織布とその端材のリサイクル材を利用した吸音材料の開発"

## 025 機械振興協会賞

優秀な研究開発を行い, またその成果を実用化することによって, 我が国の機械工業技術の進歩・向上に著しく貢献した企業および研究開発担当者を表彰し, もって我が国機械工業の振興に資することを目的とする。平成15年度より中堅・中小企業新機械開発賞と共に整理統合され, 新機械振興賞に継承される。

【主催者】（財）機械振興協会
【選考委員】同賞審査委員会
【選考方法】機械工業関係団体および, 機械関係学会の推薦による
【選考基準】〔対象〕おおむね過去3年以内に, 機械工業の技術にかかる研究または開発において独創性および経済性に富む業績をあげ, 機械工業における新製品の製造, 製品の品質性能の改善または生産の合理化等に顕著な業績をあげた主たる企業（各業績につきそれぞれ1社）および研究開発担当者（各業績につきそれぞれ5名以内）
【賞・賞金】賞状と副賞（記念品）
【URL】http://www.tri.jspmi.or.jp/

第1回（昭41年度）
　本田技術研究所　"自動車用超高速エンジン"
　富士通、黒田精工、東京工業大学精密工学研究所 "電気―油圧パルスモータ"
　日本電気 "郵便機械化装置（書状選別、取りそろえ、押印）"
　日本照明器具工業会道路照明設備研究会 "道路照明設備の標準化研究"
　通商産業省工業技術院電気試験所 "磁気抵抗効果素子とその電子工業への応用に関する研究"
　表面あらさ研究会 "表面のあらさに関する集団研究"
　安並 三男（神戸製鋼所） "超高圧・流体（1万気圧）用圧力親標準装置"
第2回（昭42年度）
　村田機械 "#10D超高速全自動コーンチーズワインダ"
　レオン自動機 "粘性素材の球型重合体をつくる「自動包餡機」"
　豊田工機 "特殊流体軸受を用いた高性能研削盤"
　日立製作所 "可逆ポンプ水車"
　NHK総合技術研究所、東京芝浦電気 "低雑音放電灯"
　三菱重工業 "渦巻式多層巻圧力容器"
　手塚 国利（手塚興産） "電気炉用スクラッププレス"
第3回（昭43年度）
　新日本工機、川崎航空機工業、富士通 "数値制御翼桁フライス盤"
　豊精密工業 "マガリバカサ歯車専用創成歯切盤"
　上滝圧力機 "500トン高速全自動粉末冶金プレス"
　日産自動車 "ジェットルーム"
　石川島播磨重工業、富士製鉄 "高炉の新形炉頂装入装置"
　日本電子、日立製作所 "1000KV超高圧電子顕微鏡"
第4回（昭44年度）
　東洋工業 "ロータリエンジン"
　三菱重工業 "双発ターボプロップ多用途機MU―2"
　利根ボーリング "連続地中壁構築BW工法"
　黒沢通信工業、富士通、沖電気工業 "200ビット/秒用キーボード・プリンタ"
　日立製作所 "ルーリングエンジンの開発による回折格子の国産化"
　東京芝浦電気 "郵便自動化機器（選別機、押印機、自由手書郵便番号自動読取区分機）"
第5回（昭45年度）
　武藤工業 "自動製図機械およびそのシステム"
　富士通 "モジュールNC"
　アイダエンジニアリング "ドラム缶天板地板加工全自動複合ライン"
　三菱金属鉱業、玉川機械金属 "油隔膜式高圧スラリポンプ設備"
　新明和工業 "STOL飛行艇"
　住友金属工業、日立製作所 "ホットストリップミルの計算機制御"
　立石電気 "キャッシュディスペンサ"
第6回（昭46年度）
　牧野フライス製作所 "適応制御マシニングセンタ"
　豊田工機 "AC（適応制御）円筒研削盤"
　ダイハツ工業 "電気自動車"
　新日本製鉄、日立製作所 "分塊工場総合制御システム"
　シャープ "超小型電子式卓上計算機（LSI化）"
　小松製作所 "水中ブルトーザー（水底作業者）"
　川崎重工業 "高性能船舶用主推進タービンプラント（Uプラント）"
第7回（昭47年度）
　三菱重工業 "超大形マシニングセンタ"
　豊田自動織機製作所、豊田中央研究所 "高速カード（梳綿機）"
　日本ビクター "ディスクリート4チャンネルレコード（CD‐4）システム"
　東京精密 "空気軸受と自動偏心補正アンプを採用した半径法真円度測定機"
　ミウラ化学装置 "旋回気流による高性能湿式集塵、ガス処理装置"
　東京芝浦電気、石川島播磨重工業 "電算機による船舶の高度集中制御システム"
　神鋼電機、日本国有鉄道 "機械式乗車券印刷発行機"
第8回（昭48年度）
　本田技術研究所 "CVCCエンジン"
　大隈鉄工所 "DNCトランスファーセンタワーク用加工システム"
　国際電気 "超精密パターン・ジェネレータ"
　石川島播磨重工業、秩父セメント "SF式セ

科学・技術

メント焼成法"
東京芝浦電気,日本生命済生会付属日生病院,東京電子工業,日本ビジネスオートメーション "超音波同時断層診断装置"
日立造船,日産自動車 "3次元作動トランスファープレス"
三菱電機,大日本インキ化学工業 "特別分解用自動色分離装置"
日立製作所,動力炉・核燃料開発事業団 "原子力発電用希ガスホールドアップ装置"

第9回(昭49年度)
富士通ファナック,川崎重工業,山武ハネウェル "DNCロボットシステム"
三菱重工業 "大形二方向地震振動台"
東芝機械 "横形舶用小歯車ホブ盤"
小松製作所 "数値制御によるクランクピンミラー"
笹倉機械製作所 "多段フラッシュ蒸発法による海水淡水化装置"
山武ハネウェル,日立精機,富士通ファナック "電算機による数値制御トランスファーライン"
島津製作所 "ガスクロマトグラフ用ディジタルインテグレータ"

第10回(昭50年度)
日立精機 "複合NCタレット旋盤"
三菱重工業 "クロスロールマシン"
新東工業,アキタ,長野県工業試験場 "VプロセスおよびVプロセス装置"
住友金属工業,日本電気,三菱電機,古野電気 "厚板工場総合一貫管理システム"
大成建設 "無人メッキ装置"
東京芝浦電気,名古屋大学医学部 "高速度走査超音波心臓断層診断装置"
日立製作所 "時分割パターン認識による全自動トランジスタ組立システム"
谷村新興製作所 "600ビット/秒シリアルプリンタ"

第11回(昭51年度)
シチズン時計 "複合精密NC自動旋盤"
北越工業 "液冷式回転圧縮機の液体処理による無負荷運転装置"
日本鋼管,日立製作所 "連続形鋼圧延機の張力制御システム"
粉研 "粉体の連続定量供給機とその精密流量制御装置"
日立製作所 "ジョブショップ型工場における統合生産システム"
横河電機製作所 "総合計装制御システム"
住友電気工業 "新撚返し方式による市内通

025 機械振興協会賞

信ケーブル用カッド撚線機群とその自動リール給送システム"
平野金属,ユニチカ,日本染色協会他 "天然繊維・合成繊維等の織・編物の連続式溶剤精練仕上げ装置"

第12回(昭52年度)
豊田工機 "CBNといしを用いたカム研削盤"
細井工作所,ダイジェット工業,安川電機製作所 "倣いフライス切削による高精度高能率金型加工技術とその工具および装置"
東芝機械 "射出ピストンを前進させる側に直接高圧ガスを作用させたダイカストマシン"
アイダエンジニアリング "大形モータコアーの量産用高速打抜自動化ライン"
川崎製鉄 "クリーン・オートマチック造塊装置"
タケダ理研工業 "新LSI用試験システム"
島津製作所 "3000t大形構造物万能試験機"

第13回(昭53年度)
池貝鉄工 "加工寸法計測補正装置付NC旋盤"
小松製作所 "小口径管推進機"
日立建機,大豊建設 "泥土加圧式シールド工法(遠隔自動制御装置付)"
横河電機製作所 "自動車排気ガス測定器"
三菱重工業,三菱自動車工業 "モジュール式ロボット"
川崎製鉄 "冷間圧延におけるチャタリング現象の解明とその防止技術"
日本電気 "手書カナOCR端末装置"
東京芝浦電気,徳田製作所 "半導体製造用ケミカル・ドライ・エッチング装置"

第14回(昭54年度)
牧野フライス製作所 "操作指令記憶制御による3次元自動倣いフライス盤"
東京計器,東洋基礎工業 "拡底リバース掘削機"
日本鋼管,ダイヤ機械,三菱電機 "クレーン無人運転システム"
日本電信電話公社武蔵野電気通信研究所,日本電気,日立製作所,富士通 "800メガバイト磁気デスク記憶装置"
日本碍子 "ノンサンプリング方式ジルコニア式酸素分析計"
日立製作所 "大電流イオン打込み機"

第15回(昭55年度)
豊田工機 "特殊静圧軸受を用いた超精密旋盤の開発"

ビジネス・技術・産業の賞事典 115

## 025 機械振興協会賞

富士通ファナック、日立製作所、富士通 "大容量バブルメモリとカスタムLSIをもったCNCの開発"

新東工業 "流気による鋳物砂充填造型システムの開発"

石川島播磨重工業 "インダストリアルプラットホームシステムによるパルププラントの設計製作および建設方法の開発実用化"

東芝機械 "5000トン超大型射出成形機の開発"

三菱重工業、九州電力 "ダブルフラッシュサイクル地熱発電の開発"

諏訪精工舎 "リソグラフ技術による小型水晶振動子を用いた超高精度時計(ツインクオーツ)の開発と量産化"

神戸製鋼所、東京製鉄 "直線棒鋼の高速圧延システムの開発"

住友金属工業、川崎重工業 "転炉排ガス処理装置用冷却温水からの排熱回収発電システムの開発"

日本電子、理化学研究所 "可変面積形電子ビーム露光装置の開発"

東京芝浦電気 "日本語ワードプロセッサを中心とする日本語処理装置の開発"

日立製作所 "光デスク技術の開発"

第16回(昭56年度)

宇部興産 "1500トン堅型特殊スクイズキャステングマシンの開発"

川崎製鉄 "多目的連続焼鈍ラインの開発"

小松フォークリフト "無人フォークリフトシステムの開発"

ソニー "高速ピクチャーサーチを採用した多機能型小型家庭用VTR(ベーターマックス方式)の開発"

東京芝浦電気 "生産用電子ビーム描画装置の開発"

東芝機械 "多品種少量生産用高精度加工システムの開発"

東洋工業 "安定燃焼方式小形ガソリン機関の開発"

日本ビクター "ファインスロー機能を有する多機能VTR(VHS方式ホームビデオ)の開発"

粉研 "微粉炭連続定重量供給装置の開発"

安川電機製作所 "全電気式関節型アーク溶接ロボットの開発"

第17回(昭57年度)

キャノン "イオン流変調方式を用いた超高速複写機の開発"

新日本製鉄 "厚板高速オンライン自動超音波探傷装置の開発"

東京電力 "大容量高効率中間負荷用火力プラントの開発(広野1.2号超臨界圧変圧運転発電プラント)"

日本鋼管 "転炉スラグ風砕システムの開発"

日本電信電話公社武蔵野電気通信研究所 "サブミクロンパタン用ステップアンドリピート形X線露光装置の開発"

日野自動車工業 "複合過給式低燃費ディーゼルエンジンの開発"

村田機械 "二つの回転方向反対の空気ジェットノズルを使用した超高速短繊維精紡機の開発"

油化工業 "ラバーパットフォーミングプレスの開発"

第18回(昭58年度)

川崎製鉄 "回転炉床式連続コイル焼鈍炉の開発"

キャノン "半導体レーザを用いた小型プリンタの開発"

ソデック "NC4軸プラス回転主軸をもった放電加工機の開発"

ダイハツ工業 "自動車用3気筒1リッターディーゼルエンジンの開発"

電源開発 "多銘柄炭使用の最新鋭大容量火力プラントの開発(松島火力1,2号500MW用ボイラ)"

日本製鋼所 "セラミックス成形用射出成形機の開発"

日本電子 "サブミクロンイオンプローブ注入装置の開発"

日立メディコ "陽電子放出核種横断断層装置(ポジトロンCT)の開発"

牧野フライス製作所 "倣い制御による金型加工マシニングセンタの開発"

第19回(昭59年度)

荏原製作所 "都市ごみ無破砕流動床式焼却システムの開発"

大阪ジャッキ製作所 "油圧プレス(プレスブレーキ)の開発"

川崎製鉄 "鉄鋼製造ライン用レーザー溶接システムの開発"

キャノン "レーザー複写機システムの開発"

小松製作所 "水中捨石ならし機の開発"

新日本製鉄 "酸洗―冷延直結プロセス技術の開発"

豊田工機　"小形高精度ロボットを用いた全自動組立ラインの開発"
ホンダエンジニアリング　"スラッシュ製品の急速成形量産システムの開発"
マツダ　"スーパーインジェクション型ロータリエンジンの開発"

第20回（昭60年度）
キャノン　"レーザ走査を用いた逐次自動位置合せ投影露光装置の開発"
鈴木自動車工業　"スクェアフォアエンジンの開発"
帝人製機　"油圧掘削機走行駆動装置の開発"
日本製鋼所　"射出成形同時転写絵付けシステムの開発"
日本電子　"広領域高速度元素分布分析装置の開発"
日本ビクター　"溝なし静電容量方式（VHD）ビデオディスクシステムの開発"
日立造船　"リボンスクリュー式泥漿シールド掘進機の開発・実用化"
富士通　"ホログラムスキャナーを用いたPOSバーコードリーダーの開発"
丸機械工業　"NC上型長さ自動変換装置付きパネルフォーマーの開発"
横河メディカルシステム　"リニア・セクター電子走査超音波診断装置（Model RT3000）の開発"

第21回（昭61年度）
大阪ダイヤモンド工業　"焼結ダイヤモンド加工用工具研削盤ならびに砥石の開発"
コータキ　"フローティングシステム・トランスファモールドプレス機の開発"
神鋼電機　"薄形リニアパルスモータの開発"
新日本製鉄　"熱間圧延用ペアクロス方式板厚・形状制御圧延機の開発"
大日本スクリーン製造　"平面走査型モノクロ電子網掛け装置の開発並びに実用化"
東京計器　"ディジタル弁とその制御システムの開発"
日本電気　"円筒内面走査型版下プリンタの開発・実用化"
日本電子　"高分解能分析電子顕微鏡（JEM-4000EX型）の開発"
ファナック　"純電子式プラスチック射出成形機の開発"
牧野フライス製作所　"グラファイト電極およびモデルの高速NC加工機械の開発"

第22回（昭62年度）
神戸製鋼所　"熱間静水圧押出し技術及び押出しプレス設備の開発"
島津製作所　"三電極式細管等速電気泳動分析装置の開発"
住友金属工業　"配管用高速完全自動溶接法の開発"
日立建機　"拡底杭施工用アースドリルの開発"
富士写真フィルム　"簡易電子ファイリングシステムの開発"
三菱プレシジョン　"宇宙用チューンド・ドライ・ジャイロの開発"
油研工業　"電気・油圧比例式可変容量形ピストンポンプの開発"
横河電機　"光ディスクテストシステムの研究開発"

第23回（昭63年度）
アミノ　"コンピュータ制御による対向液圧成形機の開発"
キヤノン　"カラーレーザーコピアの実用化"
神戸製鋼所　"ステンレス鋼用水平連鋳機の開発"
庄田鉄工　"五軸同時制御多機能複合ルータの開発"
精工舎　"ステップモータ駆動による自動露出プログラムシャッタの開発"
日本電信電話　"大容量・高速磁気ディスク装置の開発"
日立メディコ　"永久磁石方式磁気共鳴イメージング装置（MRP-20シリーズ）の開発"
ファナック　"アーク溶接専用ロボット装置の開発"
三菱自動車工業　"自動車の運動性能総合制御システムの開発"
村田機械　"精紡機・ワインダー連結システム（リンクコーナー）の開発"
ヤマザキマザック　"1台でFMCを実現するターニングセンタの開発"

第24回（平1年度）
島津製作所　"ピーク値保持式ディジタル血管造影装置の開発"
神鋼電機　"クリーンルーム用移動ロボットの開発"
セイコーエプソン　"NTN液晶表示体の開発"
ソニー　"多種少量生産対応汎用自動組立システムの開発"

豊田工機　"CNC/CBN生産形マスタレスカム研削盤の開発"
日本電気　"12.5MB/枚の大記憶容量を実現した3.5″形フロッピーディスク装置の開発"
日立精機　"アイドル時間を大幅に削減したCNC旋盤の開発"
富士ゼロックス　"新聞接静電印刷機の開発"
マツダ　"超仕上り塗装「ハイレフコート」の開発"
三菱自動車工業　"プレストローク制御式燃料噴射ポンプの開発"

第25回（平2年度）
神戸製鋼所　"効能率スラブ連鋳機の開発"
小松ゼノア　"揺動ハサミ式草刈機の開発"
日産自動車　"油圧アクティブサスペンションの開発"
日立金属　"鋳造ライン後処理用堰折りマニプレータ（湯口折りロボット）の開発"
日立製作所　"超微細電子ビーム描画装置（HL-700F）の開発"
富士通　"ホロウィンド方式による超小型POSスキャナの開発"
三井造船　"マルチソリッド型循環流動層ボイラの開発"
三菱自動車工業　"フルタイム4WD車用油圧カップリングの開発"
リコー　"曲面の表現処理能力を高めたソリッドモデリングシステムの開発"

第26回（平3年度）
オリンパス光学工業　"光学顕微鏡と完全一体化した走査型トンネル顕微鏡の開発"
クボタ　"ノークラッチ変速式農業用四輪駆動トラクタの開発"
小森コーポレーション　"オフセット枚葉印刷機の完全自動刷版交換装置の開発"
太平工業　"スラット多条連続塗装プラントの開発"
日本電気　"サブミクロン薄膜の機械的性質測定装置の開発"
日立製作所　"極細線トロイダル巻線機の開発"
ファナック　"ロボットによる車体シーリングシステムの開発"
ブラザー工業　"超小型CNCタッピングセンターの開発"
ホンダエンジニアリング　"多種多量生産用高精度・高能率歯車研削盤の開発"
本田技術研究所　"可変バルブタイミング・リフト機構の開発"
三菱重工業　"フィルム用連続真空蒸着装置の開発"

第27回（平4年度）
ササクラ　"ヒートパイプ式冷却ロールの開発"
新日本製鉄　"自動コイル金属梱包ラインの開発"
トヨタ自動車　"バイブロブローチホーニング（VBH法）の開発"
日本電信電話　"ピン挿抜ロボットを用いた通信網配線自動化システムの開発"
日野自動車工業　"ディーゼル―電気新型ハイブリッドシステム採用の低公害低燃費大型バスの開発"
富士通研究所　"相転移型液晶ディスプレイの開発"
マツダ　"重点多層プラスチック製フューエルタンクの開発"
牧野フライス製作所　"大物金型のリブ溝及び微細形状部高能率加工システムの開発"
郵政省郵務局　"郵便物あて名自動読取区分機の開発と実用化"

第28回（平5年度）
東芝　"ヘリカルスキャンX線CT装置の開発"
石川島播磨重工業　"ハイブリッド制振装置の開発"
川崎重工業　"小型航空機用GPS・MAP航法支援装置の開発"
新日本製鉄　"アモルファス合金ファイバを用いた浄液装置の開発"
住友電気工業　"エア・ブローン・ファイバシステムの実用化"
トヨタ自動車　"組付作業用複腕ロボットの開発"
日立造船　"高速フラックス銅バッキング方式片面溶接法の開発"
松下電器産業　"超微細放電加工機の開発"
三菱電機　"モータロータアルミ導体の無欠陥溶湯鍛造技術の開発"

第29回（平6年度）
日立製作所　"低温ドライエッチング装置の開発"
キヤノン　"小型バブルジェットプリンターの開発"
クボタ　"消失模型法による軽量鋳鉄排水集合管の開発"
太平製作所　"遠心力利用ロック機構をもつ鋸間隔任意設定の多刃丸鋸盤の開発"

東京機械製作所 "新聞用タワー型オフセット輪転機の実用開発"
日本電子 "温度可変型超高真空走査トンネル顕微鏡の開発"
日野自動車工業 "最適遮熱率による低燃費ディーゼルエンジンの開発"
マツダ "V型6気筒ミラーサイクルエンジンの開発"
三菱自動車工業 "乗用車エンジンシリンダボアー内面レーザ焼入れ量産技術の開発"
ミノルタ "レンズシャッターカメラ用非球面多用ズームレンズの開発"
ヤマハ発動機 "電動ハイブリッド自転車の開発"
横河アナリティカルシステムズ "ベンチトップ型誘導プラズマ質量分析装置の開発"

第30回(平7年度)
川崎製鉄 "ステンレス鋼板のオンライン表面光沢測定装置の開発"
クボタ "槽浸せき方式セラミック膜を用いた水処理システムの開発"
東芝 "超LSIホトマスク製作システムの開発・実用化"
東芝機械 "セミホットチャンバダイカストマシンの開発"
トヨタ自動車 "NOx吸蔵還元型三元触媒付きリーンバーンエンジンの開発"
日産自動車 "CFRP製ターボチャージャーインペラーの開発"
日立製作所 "超高感度LSIパターン検査装置の開発"
マツダ "自動車用ワイドレンジリーンバーンエンジンの開発"
三菱自動車工業 "新型オートマチックトランスミッションの先進制御技術の開発"

第31回(平8年度)
◇通商産業大臣賞 トヨタ自動車 "横滑り防止車両安定性制御システムの開発"
◇機械振興協会賞
石川島播磨重工業 "鉄鉱石用連続アンローダの開発"
荏原製作所 "小型高速汎用バレルドモータポンプの開発"
大林組 "ジャイロモーメントを利用した吊荷旋回制御装置の開発"
豊田工機 "コンタリング研削方式CBN超高速円筒研削盤の開発"
ファナック "加工用高周波励起高出力CNC炭酸ガスレーザシステムの開発"

牧野フライス製作所 "高速重切削対応高精度マシニングセンタの開発"
三菱電機 "三軸光走査型炭酸ガスレーザ加工機の開発"

第32回(平9年度)
◇通商産業大臣賞 キヤノン "同期走査方式を用いた高速液晶パネル露光装置の開発"
◇機械振興協会賞
三社電機製作所 "携帯型インテリジェントアーク溶接機の開発"
篠原鉄工所 "多色印刷機用刷版の絵柄面積率及び位置決めマーク位置の同時測定装置の開発"
JUKI "工業用本縫いミシンの下糸自動供給装置の開発"
ダイキン工業 "高性能・代替冷媒対応空調用スイング圧縮機の開発"
東芝機械 "高精度ガラス部品成形装置の開発"
日産自動車 "可搬型ガスタービン発電機の開発"
日立工機 "微粒子分離用世界最高速小形超遠心機の開発"
富士ゼロックス "移動体通信機器との接続機能を有する携帯型音声翻訳機の開発"

第33回(平10年度)
◇通商産業大臣賞 トヨタ自動車 "乗用車用量産化ハイブリッドシステムの開発"
◇機械振興協会賞
旭光学工業 "光磁気ディスク用回折色収差補正対物レンズの開発"
文部省宇宙科学研究所,三菱電機 "科学衛星搭載用大型展開アンテナの開発"
セイコーインスツルメント "超小型超音波モータの開発"
タダノ "ファジィ制御を用いた高性能高所作業車の開発"
日産自動車 "高トルク容量型ベルト式無段変速機の開発"
日本電信電話 "導電膜形成用電子サイクロトロン共鳴プラズマ装置の開発"
三菱自動車工業 "筒内噴射ガソリンエンジンの開発"
三菱電機 "電極製作を不用とした高精度創成放電加工機の開発"
リコー "自動ページめくりデジタル複写機の開発"

第34回(平11年度)
◇通商産業大臣賞 デンソー "移動機能を有する自律・協調ロボットの開発"

## 026 国土技術開発賞

◇機械振興協会賞
- キヤノン "フラットパネルセンサーを用いたX線デジタル撮影装置の開発"
- トヨタ自動車 "曲線表現工具経路による高速・高精度金型加工CAMシステムの開発"
- 新潟鉄工所 "三軸式精密射出成形機の開発"
- 日産自動車 "低温予混合燃焼を適用した高効率・低エミッション小型直噴ディーゼルエンジンの開発"
- 日本製鋼所 "マグネシウム合金用射出成形機の実用化"
- 日立製作所 "パーソナルコンピュータ制御走査電子顕微鏡の開発"
- 富士ゼロックス "低価格・高品質カラーレーザープリンタの開発"

第35回(平12年度)
◇通商産業大臣賞 ホンダエンジニアリング "自動車用アルミニウム骨格部材高精度曲げ加工システムの開発"
◇機械振興協会賞
- 川崎製鉄 "超音波探知式放電検出装置の開発"
- キヤノン "高品質SOIウエハ形成技術の開発"
- トヨタ自動車 "自動車のシュレッダーダストリサイクルシステムの開発"
- 豊田工機 "C-X軸同期制御式クランクシャフト研削盤の開発"
- 日立造船, 中国電力 "復水器細管清掃・検査ロボットの開発"
- 富士通 "半導体デバイス対応振動検知式機械化学研磨モニタの開発"
- ホソカワミクロン "多機能型流動層造粒装置の開発"
- 明電舎 "ディーゼルエンジン発電機用尿素式脱硝装置の開発"

第36回(平13年度)
◇経済産業大臣賞 日産自動車 "ガソリンエンジンのゼロエミッション化技術の開発"
◇機械振興協会賞
- 石川島播磨重工業 "船舶用自動線状加熱曲げ加工システムの開発"
- 和泉電気 "FA機械用安全操作ペンダントの開発"
- 川崎製鉄 "冷延薄板用空気浮上式通板方向変換装置の開発"
- デンソー "ディーゼルエンジン用電子制御高圧燃料噴射システムの開発"
- 東芝キヤリア "ヘリカル方式コンプレッサの開発"

第37回(平14年度)
- 石川島播磨重工業, 九州電力 "低環境負荷特性世界最大級石炭流動床ボイラの開発"
- 宇部興産機械 "高サイクル新レオキャスト成形システムの開発"
- キヤノン "130nm対応KrFエキシマレーザ露光装置の開発"
- 日本電信電話 "極微細パターン形成用超臨界乾燥装置の開発"
- 日本ビクター "パーソナル空間用ダイレクトドライブスピーカの開発"
- 三菱電機 "関節型連結コア適用による高効率圧縮機用モータの開発"

---

## 026 国土技術開発賞

　住宅・社会資本の各分野における新技術は,「世界に誇れる暮らしぶり」の実現を下支えするものであり, 社会に果たす役割並びに期待が極めて大きいことから, 今後とも新たな技術開発の積極的な推進が不可欠である。「国土技術開発賞」は, 建設産業におけるハードのみならず, ソフトな面も含めた広範な新技術を対象として優れた新技術並びに技術開発に携われた方々を表彰することにより, 技術開発者に対する研究開発意欲の啓発並びに建設技術水準の向上を図ることを目的として行うものである。「建設技術開発賞」として平成11年度より表彰を開始し, 13年1月の国土交通省発足を機に, 現在の賞名に改称された。

【主催者】(財)国土技術研究センター(JICE), (財)沿岸開発技術研究センター(CDIT)
【選考委員】委員長:中村英夫(東京都市大学学長), 委員:土岐憲三(立命館大学教授), 国土交通省技監, 国土交通省大臣官房技術総括審議官, 国土交通省大臣官房技術審議官, 国土交通省国土技術政策総合研究所長, 国土交通省国土地理院長, 独立行政法人土木研究所理事長, 独立行政法人建築研究所理事長, 独立行政法人港湾空港技術研究所理事長, 財団法人国

科学・技術　　　　　　　　　　　　　　　　　　　　　　　　026　国土技術開発賞

土技術研究センター理事長,財団法人沿岸技術研究センター理事長
【選考方法】上記の選考委員により構成される国土技術開発賞選考委員会における書類選考
【選考基準】〔資格〕(1)応募者：応募者は、応募技術の開発を中心となって実施した者(個人、民間法人、行政機関等)とする。(2)共同開発者(応募技術が入賞した際の公表対象)：共同開発者は、応募技術の開発に関し、応募者とはならないまでも参画を行った者(個人、民間法人、行政機関等)とする。(3)技術開発者(応募技術が入賞した際の個人表彰の対象者)：技術開発者は、応募技術の開発に"直接"かつ"中心"となって携わった者の内、"技術的に重要な役割"を担った担当者とする。〔対象〕住宅・社会資本に係わる、計画・設計手法、施工方法、維持管理手法、材料、機械などの広範に亘る技術で、近年に開発し、かつ実用に供された新技術
【締切・発表】募集期間：毎年2月上旬〜4月中旬、発表・表彰式：毎年7月中旬
【賞・賞金】最優秀賞(国土交通大臣表彰)1件、優秀賞(国土交通大臣表彰)数件、入賞(選考委員会委員長表彰)数件
【URL】http://www.jice.or.jp/

第1回(平11年度)
◇最優秀賞　大成建設　"地中障害物回避地中連続壁構築システム"
◇優秀賞
　ケミカルグラウト,不動建設　"JACSMAN工法"
　鹿島建設,小堀鐸二研究所　"既存建物制震補強構法"
　大成建設　"中空スラブを利用した躯体蓄熱空調システム"
◇奨励賞
　ハラダ総業,タダノ　「超高揚程・高所作業車」スカイステーションAT-550S"
　黒沢建設　"SCストランド"
　フタバコンサルタント　"浸透化地盤造成工法"
　五洋建設　"回転バケット式集泥機による浚渫システム"
　岳南光機　"視覚障害者用誘導・警告ライン施工機並びに材料"
　三井建設,テクノバンガード,近計システム,古野電気,建設省国土地理院　"GPSリモート観測システム"
　大林道路,世紀東急工業,大成ロテック,東亜道路工業,前田道路,新潟鉄工所,ユアサ商事　"マルチアスファルトペーパー(MAP)による舗装施工法"
　竹中工務店　"施工プロセスを考慮した建築構造体の挙動予測解析技術および計測管理技術"
　杉江製陶　"建設汚泥を原料として取り入れた資源循環型リサイクル製品セラダクトA"
　大成建設　"超高層RC造建築の設計・施工技術"

第2回(平12年度)
◇最優秀賞　清水建設　"バーコードを利用したセグメント・ジャストインタイム施工管理システム"
◇優秀賞
　大和ハウス工業　"DSQフレームシステム"
　清水建設　"層別地下水処理工法"
　大林組　"ABCS(Automated Building Construction System)"
　日本舗道　"スピードセーブ工法"
　鹿島建設　"スーパーRCフレーム構法による「鹿島超高層フリープランハウジング」"
◇奨励賞
　ゴトウコンクリート　"都市型側溝シェイプアップスリット"
　住友建設,東亜建設工業,日本国土開発,住建コンクリート工業　"P&PCセグメント"
　日本舗道　"環境保全に対応した中温化アスファルト混合物「ECOFINE」"
　大林組　"特殊形上超高RC塔状構造物の施工技術"
　フジタ　"土壌を用いた大気浄化システム(EAP)"
　巴コーポレーション,新日本製鉄,日本鋼管,川崎製鉄,住友金属工業,神戸製鋼所,巴技研,西村 宣男(大阪大学),宮田 利雄,山田 均(横浜国立大学)　"ジャッキアップ回転架設工法"
　青木建設　"オーリス(AURIS)"
　竹中工務店,栗本鉄工所,山田 優(大阪市立

大学）"高品質再生粗骨材「サイクライト」"
YKKアーキテクチュラルプロダクツ "集合住宅における太陽光発電システム"
青木建設, 安達 洋（日本大学）"制震ブレースを用いた耐震補強システム"
大成建設 "室内空気の科学汚染物質評価技術"

第3回（平13年度）
◇最優秀賞 奥村組, 石川島播磨重工業, 石川島建材工業 "ハニカムセグメントを用いた同時施工法"
◇優秀賞
湘南合成樹脂製作所 "ICPブリース工法"
五洋建設, 善 功企（九州大学）"浸透固化処理工法"
大林組 "ウォークスルー型耐火スクリーン"
◇入賞
大林組 "省エネビル総合評価システム「エコナビTM」"
東洋建設, 国土総合建設, 井森工業, 家島建設 "SDP工法"
大林組 "環境に優しい底泥処理システム"
東日本旅客鉄道, 大成建設 "ストランド場所打杭工法"
沿岸環境開発資源利用センター "FSコンクリート"
清水建設, 鉄道総合技術研究所, ラサ工業, 日本触媒 "既設トンネル覆工背面空洞の新充填工法「アクアグラウト工法」"
大林組 "BIGCANOPY"
間組, 日本ヒューム "ビックリート"
大林組 "GPSおよび加速度センサーを用いた盛土締固め管理システム"
佐藤工業 "TBMによる小断面トンネルの合理化施工システム"
清水建設, 鹿島建設, コンステック, ショーボンド建設, 新日本製鉄, 大成建設, 東邦アーステック, 東レ, 日鉄コンポジット, 三菱化学産資 "SR-CF工法"
奥村組 "エコカラムユニット工法"
日立造船, 三井造船, 横河ブリッジ, 春本鉄工, 三菱重工業, 川崎重工業, 松尾橋梁, 片山ストラテック "大型浮体橋梁の設計・施工技術"
日本鋪道 "1層で2層分の機能を有する機能傾斜系瀝青舗装材料「スーパーエスマック」"
住友建設 "AWS工法"

第4回（平14年度）
◇最優秀賞 関電工 "ゼロスペース工法"
◇優秀賞
五洋建設 "高含水泥土造粒固化処理工法"
清水建設, 第一高周波工業 "Tヘッドバー工法"
テトラ, 日鉄建材工業 "近自然型海浜安定化工法"
◇入賞
大林組, 東レ, 日本シーカ "トレカラミネート工法"
大林組 "トンネル軸方向水平コッター式RCセグメント"
東急建設, 明治ゴム化成, タキロン, 三菱商事プラスチック "アクアプラ工法"
大林組 "高耐震性・低コストの鉄骨柱・梁接合技術"
西松建設, 山伸工業 "AMP（Air Mixing Pillar）工法"
大林組, 竹中工務店, 竹中土木, 不動建設 "TOFT工法"
間組, ジオスケープ "3次元GISによる精密施工法"
フジタ "ロボQ"
エマキ "動画データから連続静止画作製技術"
銭高組, 前田建設工業, 日本国土開発 "既存構造物のコンクリート強度調査法「ソフトコアリング」"

第5回（平15年度）
◇最優秀賞 後藤 徹（清水建設土木技術本部技術第二部, 担当部長）, 杉元 裕紀（清水建設九州支店土木部西部ガス洞海湾シールド作業所, 副所長）, 三谷 典夫（小松製作所地下建機事業室営業部部長）"F-NAVIシールド工法の開発・実用化"
◇優秀賞
紙屋 東明（フジタ首都圏土木支店土木部担当部長）, 松尾 宗義（フジタ土木本部土木統括部機械部担当課長）, 池庄司 和臣（フジタ土木本部設計部部長）, 澤口 正彦（フジタ東京支店 技術部次長）, 関原 弦（フジタマルチメディアネットワーク事業部）, 畔上 裕行（フジタ東北支店 土木部主任）"FCF（Fast Failsafe Climbing Form）工法"
田中 宏明（土木研究所水循環研究グループ上席研究員）, 中村 栄一（昭和情報プロセス代表取締役）, 多田 弘（富士電機水処理システム事業部副事業部長）, 田中 良春

(富士電機総合研究所機器技術研究所主席研究員)"水質監視システム"

◇入賞

田崎 和之(新日本製鐵建材開発技術部マネージャー)、佐久間 誠也(間組土木事業総本部都市土木統括部部長)、前 孝一(清水建設土木事業本部設計部主査)、平井 正哉(大林道路エンジニアリング部部長)、村田 俊彦(鹿島建設土木技術本部工務部次長)、酒井 邦登(東急建設土木エンジニアリング部企画課長)"鋼製地中連続壁工法"

深田 和志(銭高組技術本部技術研究所長)、高田 優(積水化学工業環境・ライフラインカンパニーFFU事業部部長)"SEW工法(Shield Earth Retaining Wall System)"

出雲井 雄二郎(大本組技術本部技術開発部課長)、福嶋 昭(兵庫県立農林水産技術総合センター北部農業技術センター農業部主任研究員)、吉田 修(吉田建設代表取締役社長)"ビオ・セル・ショット工法"

三島 徹也(前田建設工業技術本部技術研究所副部長)"PRISM工法(Precast Rapid Intensification System to Manipulate rc piers)"

山田 俊一(鹿島建設小堀研究室制震構造研究部部長)、栗野 治彦(鹿島建設小堀研究室制震構造研究部主管研究員)、田上 淳(鹿島建設技術研究所建築構造グループ上席研究員)"HiDAX(ハイダックス: High DAmping system in the neXt generation)"

松井 信行(鹿島建設技術研究所建築構造グループ上席研究員)、片山 泰雄(鹿島建設広島支店沼隈幹線JV工事所長)、松島 達男(鹿島建設機械部 機械技術センター機械運営部次長)、小杉 佐内(住友金属工業エンジニアリングカンパニーエネルギー技術部部長)、福永 剛(住友金属工業エンジニアリングカンパニーエネルギープロジェクト部副部長)、斉藤 和夫(関西設計産機統括部統括部長)、吉良 浩司(関西設計産機統括部産業機械二部主任)、原田 眞樹(関西設計産機統括部 産業機械二部)"カプセル空気輸送による立坑ズリ出しシステム"

橋本 典明(港湾空港技術研究所海洋・水工部海洋水理研究室長)、川口 浩二(港湾空港技術研究所海洋・水工部主任研究官)"日本沿岸波浪推算処理解析システム"

猪腰 友典(清水建設技術研究所先端技術開発センター主席研究員)、平林 裕治(清水建設技術研究所インキュベートセンター主任研究員)、名知 洋子(清水建設技術研究所生産技術開発センター研究員)、飯島 康(清水建設土木事業本部工事管理部副部長)、内山 義次(清水建設技術戦略室調査グループ副部長)、菊池 雄一(アクティオ営業推進部部長)、村松 敏光(国土交通省近畿地方整備局近畿技術事務所)、吉田 正(土木研究所技術推進本部主席研究員)、藤野 健一(先端建設技術センター普及振興部長)、荘野 聡(大成建設土木本部土木部安全・品質・環境推進室次長)、鈴木 明人(大成情報システム取締役)、及川 仁(大成建設土木本部機械部部長)、宮嶋 俊和(鹿島建設機械部部長)、羽山 勢隆(鹿島建設土木管理本部土木企画部次長)、植田 陽介(鹿島建設安全環境部労働管理課)、近藤 操可(西松建設技術研究所技術研究部機電技術研究課課長)、中澤 秀吉(日本建設機械化協会調査部部長)"建設ICカード"

野村 和弘(間組技術・環境本部環境事業開発部課長)、山口 修一(間組技術・環境本部環境事業開発部部長)、則松 勇(間組技術・環境本部環境事業開発部主任)、野原 勝明(間組技術・環境本部環境修復事業部主任)"「リバ・フレッシュ」システム"

太田 正規(東亜建設工業本社第一営業本部エンジニアリング営業部次長)、坂本 暁紀(東亜建設工業土木本部機電部分室)、土山 徹也(東亜建設工業土木本部機電部分室)、沼尻 義春(東亜建設工業横浜支店営業部副長)、坂野 先司(東亜建設工業北陸支店工事部主査)、西川 豊(信幸建設専務取締役)、竹内 基幸(信幸建設機電部)"プラグマジック工法"

第6回(平16年度)

◇最優秀賞 寺田 幸博(日立造船技術研究所要素技術センター生産技術研究室長)、伊藤 恵二(日立造船技術研究所要素技術センター生産技術研究室主管研究員)、阿部 武徳(日立造船技術研究所要素技術センター生産技術研究室研究員)、永田 修一(日立造船技術研究所製品・システムセンター鉄構・海洋研究室長)、藤田 孝(日立造船技術研究所製品・システムセンター鉄構・海洋研究室主任研究員)、吉田 晴彦(日立造船技術研究所要素技術研究セン

ター情報制御技術研究室主任研究員),服部 隆二(日立造船技術研究所要素技術研究センター情報制御技術研究室主任研究員),三宅 寿英(日立造船技術研究所要素技術研究センター情報制御技術研究室研究員),松岡 幸文(日立造船鉄構事業本部海洋・鉄構エンジニアリング室設計グループ長代理),加藤 照之(東京大学地震研究所地震予知研究推進センター教授),永井 紀彦(港湾空港技術研究所海洋・水工部海象情報研究室長),越村 俊一(阪神・淡路大震災記念協会人と防災未来センター,専任研究員)"GPS津波計測システム"

◇優秀賞
三木 慶造(大林組東京本社土木技術本部技術第二部グループ長),武田 邦夫(大林組東京本社土木技術本部技術第二部),上田 尚輝(大林組本店土木工事計画部仮設(機械設備)グループ長),田中 淳一(三菱重工業神戸造船所建設機械部設計課主任技師)"テレスコープビット"

坊垣 和明(建築研究所研究総括監),福森 幹太(三機工業技術開発本部研究開発部主任),奥村組(奥村組技術本部技術研究所住環境グループ長)"パッシブリズミング空調"

◇入賞
渡辺 耕一(大成建設土木技術部ダム技術室次長),道場 信昌(大成建設土木技術部ダム技術室次長),栗林 潤(大成建設北信越支店大坪頭首工作業所課長代理),三井 康徳(クリモトメック素形材技術部素形材技術グループ長)"鋼矢板岩盤打込み工法の開発と実用化"

別所 俊彦(日本製鋼所室蘭製作所鉄構製品部企画・管理グループグループマネージャー),佐藤 昌志(国土交通省北海道開発局道路維持課長),池田 憲二(国土交通省北海道開発局小樽開発建設部),三田村 浩(北海道開発土木研究所構造部構造研究室主任研究員)"鋼製リンク支承"

前田 敏也(清水建設土木事業本部技術第一部課長),坪内 賢太郎(新日本石油新エネルギー本部新商品事業部CF事業室シニアスタッフ),藤間 章彦(東邦アーステック建設事業本部樹脂部部長)"HiPer CF (High Performance Carbon Fiber Sheet)工法"

並木 哲(大成建設技術センター建築技術研究所建築工法研究室課長),原 孝文(大成建設設計本部構造グループグループリーダー),陣内 浩(大成建設技術センター技術企画部企画室長代理),是永 健好(大成建設技術センター建築技術研究所建築工法研究室次長),今井 和正(大成建設技術センター建築技術研究所建築構工法研究室主任),渡辺 英義(大成建設技術センター建築技術研究所建築構工法研究室課長代理),小坂 英生(大成建設技術センター建築技術研究所建築構工法研究室研究員),黒岩 秀介(大成建設技術センター建築技術研究所建築構工法研究室課長),久保田 浩(大成建設技術センター建築技術研究所建築構工法研究室課長),渡邉 悟士(大成建設技術センター建築技術研究所建築構工法研究室研究員),小田切 智明(大成建設設計本部構造グループシニアエンジニア),小室 努(大成建設設計本部構造グループプロジェクトリーダー),河合 邦彦(大成建設東京支店太平四丁目錦糸町開発計画作業所長),寺内 利恵子(大成建設建築本部技術部建築技術部)"超高強度コンクリートの開発と超高層マンションへの適用"

谷 雄一(五洋建設技術研究所施工技術グループ部長)"煙突除染技術"

川端 一三(大成建設技術センター参事),青島 一樹(大成建設技術センター建築技術研究所建築構工法研究室課長代理),安田 聡(大成建設技術センター建築技術研究所建築構工法研究室長代理),島田 博志(大成建設設計本部構造グループプロジェクトリーダー),征矢 克彦(大成建設設計本部構造グループプロジェクトエンジニア)"F.T.Pile(Flex Top Pile)構法"

岡田 哲一(東亜建設工業土木本部技術開発部部長),加藤 謙(東亜建設工業土木本部機電部担当部長),薄井 治利(東亜建設工業土木本部技術開発部技術開発二課副参事),峯吉 武志(東亜建設工業)"ソイルセパレータ工法"

第7回(平17年度)
◇最優秀賞 外舘 寛(間組建築事業本部技術部長),松浦 恒久(間組技術・環境本部技術研究所技術研究部建築研究室主任研究員),冨士川 俊輔(三宿工房代表取締役),弥永 努(三宿工房設計主任),八木 清勝(建築文化研究所代表),木岡 敬雄(竹林舎建築研究所代表),前川 康(前川建築研究室代表取締役),増田 一眞(増田建築構

造事務所代表取締役),山田 憲明(増田建築構造事務所主任技術者)"伝統構法による大規模木造天守の復元技術"
◇優秀賞
大迫 勝彦(東日本旅客鉄道建設工事部構造技術センター課長),深尾 康三(竹中工務店技術研究所長)"吊り免振工法"
落 修一(土木研究所材料地盤研究グループ主任研究員),成田 晃(苫小牧市下水道部建設課技師),平岡 直輝(歌登町建設水道課上下水道係主任)"下水汚泥の重力濃縮技術"
◇入賞
久保田 敏和(京都市交通局建設室長),古川 衛(京都市交通局建設室土木担当課長),溝田 正志(鹿島建設関西支店土木部技術グループ担当部長)"地下鉄複線断面矩形シールドトンネル構築技術"
柳井 泰三(柳井通商代表取締役)"鉄筋ジャバラユニット工法"
佐藤 修一(JFE建材スライドゲートプロジェクトリーダー),鱒淵 健(JFE建材地下土木技術部担当),福元 福幸(佐藤工業東京支店土木部門工事部長),森山 光雄(佐藤工業東京支店上野公園作業所長)"スライドゲート"
田畑 茂清(砂防フロンティア整備推進機構砂防フロンティア研究所長),大岡 侑三(東亜グラウト工業事業統括本部副社長)"ワイヤネット工法"
米谷 富裕(北陸電力福井支店技術部土木建築チーム総括(課長)),福與 智(五洋建設東京支店愛川トンネル工事事務所工事主任),藤山 浩司(前田建設工業本店土木本部土木技術部プロジェクト推進グループ専任部長)"海底トンネル内部からの立坑構築工法"
福原 輝幸(福井大学工学部建築建設工学科教授)"水平U-チューブ(HUT)システムによるトンネル坑口凍結防止システム"
大下 武志(土木研究所技術推進本部施工技術チーム主席研究員),福井 次郎(土木研究所構造物研究グループ長),相良 昌男(フジタ技術センター土木研究部主任研究員),岸下 崇裕(フジタ技術センター土木研究部主任研究員),中田 順憲(極東工業東京支店技術課長),菊地 将朗(三信建設工業広島支店長),荻須 一致(利根地下技術技術開発本部長),外崎 亘(日特建設東京支店技術部副部長),中原 巌(日本基礎技術常務取締役本部長),大谷 義則

(ヒロセ補強土カンパニー技術統括部技術開発次長),長谷川 泉(ライト工業技術本部法面技術部執行役員部長)"高耐力マイクロパイル工法による耐震補強技術"
佐藤 孝一(熊谷組技術研究所部長)"スーパーパフォーマンスコンクリート"
船迫 俊雄(鹿島建設関西支店関空エアサイト地区止水壁JV工事事務所),谷井 史郎(鹿島建設関西支店島屋第5工区JV工事事務所),石川 矩希(ケミカルグラウト大阪支店常務取締役),木下 文男(コベルコクレーン営業本部シニアマネージャー)"ラッピングウォール工法"
田端 竹千穂(関西国際空港用地造成常任参与),坂井 彰(関西国際空港用地造成事業推進部参事),角渕 俊太(前田建設工業香港支店課長),山根 信幸(東亜工業大阪支店関西国際空港総合事務所技術課長),西山 泰弘(五洋建設大阪支店土木部技術課長),吉野 洋一(東洋建設大阪本店工事主任)"関西国際空港用地造成転圧締固めシステム"
宮沢 和夫(清水建設土木事業本部土木技術本部技術開発部主査),岡村 和夫(清水建設技術研究所社会基盤技術センター環境バイオグループ長),不破 隆(睦商事工事部取締役工事部長),濱田 智子(睦商事工事部設計課長)"新濾過処理システム"

第8回(平18年度)
◇最優秀賞 守屋 進(土木研究所つくば中央研究所材料地盤研究グループ(新材料)総括主任研究員),臼井 明(山一化学工業生産本部改修事業部常務取締役),荒川 伸彦(山一化学工業生産本部那須工場技術課主任)"「インバイロワン工法」鋼製橋梁等鋼構造物,環境対応型現場塗膜除去技術"
◇優秀賞
岡野 素之(大林組技術研究所土木構造研究室構造性能グループ長),喜多 直之(大林組東京本社土木技術本部設計第一部副主査),関 雅樹(東海旅客鉄道総合技術本部技術開発部執行役員次長),吉田 幸司(東海旅客鉄道総合技術本部技術開発部主幹研究員)"圧縮型鋼製ダンパー・ブレース"
福田 瑞盟子(エンテック事業開発部部長),福田 章子(エンテック研究開発部主任研究員)"吸水型保水性焼成物"
◇入賞
前 孝一(清水建設土木事業本部土木技術本

部設計部主査)、吉武 謙二(清水建設技術研究所社会基盤技術センター研究員)"SCCW(Steel & Concrete Composite Wall)工法"

横山 勝彦(清水建設土木技術本部技術第一部地盤グループ課長)、久保 正顕(清水建設関西事業本部土木技術部主任)、三反畑 勇(間組技術・環境本部技術研究所技術研究第一部主席研究員)、木村 誠(間組技術・環境本部技術研究所技術研究第一部研究員)、神田 勇二(鴻池組東京本店土木技術部主任)、加藤 満(鴻池組東京本店土木技術部主任)、中熊 和義(丸山工業代表取締役社長)、市川 尋士(丸山工業富士見事務所取締役技術設計担当)、土田 旦(大豊建設エンジニアリング本部土木技術設計部部長)、小林 昭仁(大豊建設エンジニアリング本部土木技術設計部部員)、諏訪薗 篤信(青山機工土木部技術課課長)、内野 雪子(青山機工基礎工事部工事課課員)"高真空N&H(re-Newal & High-quality)工法"

熊谷 仁志(清水建設技術研究所主任研究員)、岡田 敬一(清水建設技術研究所主任研究員)"構造モニタリングによる建物健全性診断システム"

吉田 正(鹿島建設土木設計本部設計技術部交通インフラグループ担当部長)"交通・環境シミュレーション「REST(商標)」"

稲田 勉(東洋建設環境エンジニアリング部部長)"多様な主体とのパートナーシップ構築によるアマモ場再生手法"

第9回(平19年度)
◇最優秀賞　山内 裕之(清水建設土木東京支店土木第一部工事長)、吉田 順(清水建設技術研究所社会基盤技術センターグループ長)、根岸 明廣(宮内庁管理部工務課土木係専門官)、冨沢 和義(宮内庁管理部工務課土木係内閣府技官)、西村 正(計測リサーチコンサルタントクリエイティブ事業部取締役事業部長)、蔵重 裕俊(計測リサーチコンサルタントクリエイティブ事業部技術職員)、渡辺 晶照(日石石材代表取締役)、村上 金治(日石石材技術顧問(石匠))"石垣修復支援システム"

◇優秀賞
五十殿 侑弘(鹿島建設専務執行役員)、荒木 玄之(鹿島建設建築設計本部構造設計統括グループ統括グループリーダー)、長尾 徳博(富士ピー・エス代表取締役専務執行役員)、田中 恭哉(富士ピー・エス技術本部建築技術グループリーダー)"パラレル構法の開発"

植田 堅朗(大成建設東京支店土木工事作業所長)、小柳 善郎(大成建設東京支店土木工事作業所課長)、門田 克美(IHI鉄構事業部油機・シールド設計部主任技術者)、中根 隆(IHI鉄構事業部油機・シールド設計部課長)、若林 正憲(石川島建材工業セグメント事業本部技術部)、進藤 芳典(石川島建材工業セグメント事業本部技術部)"大断面分割シールド工法(ハーモニカ工法)"

下西 四郎(淺沼組本社技術本部土木技術部部長)、森山 保彦(淺沼組本社技術本部土木技術部課長)、村上 豊(田中環境製品事業部次長)"自動漏水検知修復システム"

◇入賞
森 雅人(森環境技術研究所代表取締役)、高橋 弘(東北大学大学院環境科学研究科教授)"ボンテラン工法"

眞鍋 匠(五洋建設土木部門土木本部機械部係長)"UCIS(ケーソン無人化据付システム)"

大槻 明(清水建設技術研究所上席研究員)、磯田 和彦(清水建設技術研究所上席研究員)、田中 宏征(住友金属工業建設技術部土木技術研究室長)、小林 洋一(住友金属工業建設技術部担当部長)"拡頭リング工法"

石山 明久(東京都港湾局東京港建設事務所長)、大槻 康雄(日本工営総合技術センター地盤技術室課長補佐)、山下 徹(五洋建設東京土木支店技術部課長)"海面処分場の容量拡大技術"

寺издание 溥(八千代エンジニアリング総合事業本部技師長)"連続サイホン式取水設備"

第10回(平20年度)
◇最優秀賞　寺島 善宏、深山 大介(首都高速道路)、吉川 正、林 昇(鹿島建設)、田辺 清、深澤 裕志(大成建設)、齋藤 雅春、伊藤 康裕(鉄建建設)"太径曲線パイプルーフ工法"

◇優秀賞
杉山 直、堀 長生(大林組)"新石綿除去システム"

前田 宏(東京都港湾局)、宮崎 祥一(国土交通省東京港湾事務所)、諸星 一信(国土交通省横浜港湾空港技術調査事務所)、長廻

幹彦(若築建設),馬場 英之(大林組)"三重管基礎杭工法の開発・施工"
◇入賞
中村 健二,薬師寺 圭(清水建設),藤井 一徳,森下 照久(みのる産業)"パラビエンタ"
谷中 聡久,小池 洋平(横河ブリッジ),佐合 大,谷 一成(高田機工),鵜野 禎史,姫野 岳彦(川口金属工業)"せん断パネル型制震ストッパー"
野口 仁志(港湾空港技術研究所)"網チェーン式回収装置"
田端 竹千穂(関西国際空港用地造成)"長期沈下が生じる地盤での沈下を活用した構造物の建設方法"
高雄 信吾,杉山 正行(JFEエンジニアリング),生越 英雅(JFE技研)"水和物スラリを用いた蓄熱空調システム"

第11回(平21年度)
◇最優秀賞
大塚 繁充,小林 実(鹿島建設)"鹿島カットアンドダウン工法"
段塚 隆雄,新明 克洋(五洋建設),津田 修一(内閣府沖縄総合事務局),大山 洋志(近畿地方整備局)"キーエレメント工法"
◇優秀賞
松永 久宏,谷敷 多穂(JFEスチール),高野 良広,篠崎 晴彦(新日本製鐵),田口 博文(東亜建設工業),濱田 秀則(九州大学大学院)"鉄鋼スラグ水和固化体勢人工石材(フロンティアストーン,フロンティアテック)・ブロック"
藤澤 侃彦,樋口 淳美,吉田 等((財)ダム技術センター),鈴木 孝雄(アイ・エヌ・エー),柳澤 得寿(アイドールエンジニヤリング),前田 研治(ドーコン),川崎 秀明(山口大学),山口 嘉一((独)土木研究所)"台形CSGダム技術"

◇入賞
平山 克也,平石 哲也(港湾空港技術研究所)"沿岸域における高精度波浪変形計算モデル"NOWT-PARI""
服部 敦志,山本 佳城(大成建設)"HSPC構真柱"
金澤 正澄,百代 淳一(大旺新洋)"加熱蒸気を用いたダイオキシン類汚染土壌の浄化技術"
中庭 和秀(関西工事測量)"KUMONOS"
春日 昭夫,益子 博志(三井住友建設)"U桁リフティング架設工法"

第12回(平22年度)
◇最優秀賞 野沢 有(エム・シー・エル・コーポレーション),飯原 明彦(川崎重工業)"ベル工法"
◇優秀賞
阪上 精希,藤川 敬人(新日鉄エンジニアリング),森 浩章,岩廣 真悟(JFE エンジニアリング)"ジャケット式桟橋の長期防食システム"
吉住 夏輝(港湾空港技術研究所),白井 一洋(国土交通省 関東地方整備局)"非接触肉厚測定装置"
若林 伸介(竹中道路),原川 健一(竹中工務店),尹 恢允(グリーンアーム),秋山 和夫(技術開発研究所)"IH式舗装撤去工法"
山本 耕三(東洋建設)"油圧ハンマ騒音低減装置"
細澤 治,須田 健二(大成建設)"T-RESPO構法"
佐藤 眞弘,石井 雄輔(大林組)"ナックル・ウォールおよびナックル・パイル"
泉 信也,宮下 広樹(東亜建設工業),小林 敏晴(東京電力),志村 厚(東京電設サービス)"マジックボールシステム"

## 027 材料科学技術振興財団山﨑貞一賞

科学技術水準の向上とその普及啓発に寄与することを目的とし,また,初代理事長を勤めた故山崎貞一氏の科学技術および産業の発展に対する功績,人材の育成に対しての貢献を記念して創設された。科学技術上貢献し,優秀な国産技術の開発・育成に寄与した,又は寄与すると見られる技術者・研究者に対して贈呈される。

【主催者】(財)材料科学技術振興財団
【選考委員】選考委員長:白川英樹(筑波大学名誉教授・内閣府総合科学技術会議議員),選考委員:伊藤清男(株式会社日立製作所フェロー),伊藤正男(東京大学名誉教授・理化学研究所脳科学総合研究センター所長),久保田正明(独立行政法人産業技術総合研究所研究顧

問・財団法人環境地質科学研究所所長)、小泉英明(株式会社日立製作所参与・基礎研究所・中央研究所主幹研究長)、永井克孝(東京大学名誉教授・三菱化学生命科学研究所所長)、成瀬雄二郎(株式会社東芝研究開発センター個別半導体基盤技術ラボラトリー研究主幹)、二瓶好正(本東京大学生産技術研究所教授・東京理科大学理工学部工業化学科教授)、丹羽紘一(株式会社富士通研究所常務取締役)、福山秀敏(東京大学物性研究所所長)、御子柴克彦(東京大学医科学研究所所長)、吉村進(財団法人地球環境産業技術研究機構参与・大阪大学客員教授)、渡辺久恒(日本電気株式会社NECラボラトリーズ支配人)

【選考方法】推薦並びに公募(自薦・他薦を問わず)

【選考基準】「材料」「半導体及び半導体装置」「計測評価」「バイオサイエンス・バイオテクノロジー」の4分野のいずれかに該当する論文の発表、特許取得又は方法・技術の開発を通じて、実用的効果につながる創造的業績をあげた、もしくは今後そのような業績をあげる可能性が高い将来性のある研究者又はグループ

【締切・発表】申込期間2月1日〜4月末日、10月中旬〜下旬発表、11月中旬〜下旬贈呈式

【賞・賞金】各分野1件(計4件)。本賞：賞状、副賞：金メダル、賞金300万円

【URL】http://www.mst.or.jp

第1回(平13年度)
◇材料分野　豊岡 高明ほか5名(川崎製鉄技術研究所鋼管・鋳物研究部門)「省エネ化に貢献する高強度高加工性次世代電縫鋼管」
◇半導体及び半導体装置分野　松波 弘之(京都大学大学院工学研究科電子物性工学専攻教授)「半導体シリコンカーバイドの高品質エピタキシャル成長とパワーデバイスの先駆的研究」
◇計測評価分野　片山 光浩(大阪大学大学院工学研究科電子工学専攻助教授)「同軸型直衝突イオン散乱分光法の開発と材料最表面その場解析への応用」
◇生理学・生化学分野(現：バイオサイエンス・バイオテクノロジー分野)　木下 一彦(岡崎国立共同研究機構統合バイオサイエンスセンター教授)「一分子動態解析法の開発」

第2回(平14年度)
◇材料分野　宮崎 修一(筑波大学物質工学系教授)「Ti-Ni系形状記憶合金の研究開発と実用化への貢献」
◇半導体及び半導体装置分野　西永 頌(豊橋技術科学大学長)「横方向成長による転位密度の大幅低減化技術の発明―マイクロチャネルエピタキシ」
◇計測評価分野　毛利 佳年雄(名古屋大学大学院工学研究科電気工学専攻教授)「アモルファス磁性ワイヤによる超高感度マイクロ磁気センサ(磁気インピーダンス効果素子)の開発」

◇バイオサイエンス・バイオテクノロジー分野　長野 哲雄(東京大学大学院薬学系研究科分子薬学専攻教授)「新規生体画像化プローブの開発とその実用化」

第3回(平15年度)
◇材料分野　石川 敏弘(宇部興産 宇部研究所機能材料部門長)"有機ケイ素ポリマーを前駆体とした各種機能性セラミックスの開発と工業化"
◇半導体及び半導体装置分野　室田 淳一(東北大学 電気通信研究所 教授)"IV族半導体ヘテロCVD技術の開発と原子制御プロセスの創生"
◇計測評価分野　岩槻 正志(日本電子 半導体機器技術本部取締役本部長)"温度可変SPM(走査型プローブ顕微鏡)の開発"
◇バイオサイエンス・バイオテクノロジー分野　遠藤 弥重太(愛媛大学工学部応用化学科教授,無細胞生命科学工学研究センター長)"実用的な無細胞タンパク質合成法の確立"

第4回(平16年度)
◇材料分野　田中 裕久,上西 真里(ダイハツ工業),西畑 保雄(日本原子力研究所放射光科学研究センター)"自己再生型排ガス浄化用自動車触媒の研究と実用化"
◇半導体及び半導体装置分野　若林 一敏(日本電気システムデバイス研究所)"システムLSIの上流自動設計システムの研究開発"
◇計測評価分野　黒田 玲子(東京大学大学院総合文化研究科教授)"全偏光現象対応

型分光計(Universal Chiropitical Spectrophotometer)の開発と固体状態試料への応用"
◇バイオサイエンス・バイオテクノロジー分野　宮脇 敦史(理化学研究所脳科学総合研究センター)　"蛍光タンパク質の開発に基づくバイオイメージング技術の学際的革新"

第5回(平17年度)
◇材料分野　宮崎 照宣(東北大学大学院教授)　"トンネル磁気抵抗素子の応用に関する研究"
◇半導体及び半導体装置分野　宇佐美 光雄,井村 亮(日立製作所)　"超小型ICタグチップとその関連技術の開発"
◇計測評価分野　小池 和幸(北海道大学大学院教授)　"スピン偏極走査電子顕微鏡の開発と応用"
◇バイオサイエンス・バイオテクノロジー分野　藤吉 好則(京都大学大学院教授)　"膜蛋白質の構造と機能の解明"

第6回(平18年度)
◇材料分野　橋本 和仁(東京大学教授,東京大学先端科学技術研究センター),渡部 俊也(東京大学国際・産学共同研究センター)　"太陽光を利用する光触媒環境材料の開発"
◇半導体及び半導体装置分野　伊藤 隆司(東北大学大学院教授,元富士通)　"シリコン直接窒化による高信頼CMOSゲート絶縁膜の先駆的研究"
◇計測評価分野　宮原 裕二(物質・材料研究機構生体材料センター,東京大学大学院教授教授),坂田 利弥(物質・材料研究機構生体材料センター,東京大学大学院特任講師)　"バイオトランジスタによる生体分子認識の電気的検出と遺伝子解析技術への応用"
◇バイオサイエンス・バイオテクノロジー分野　島本 啓子(サントリー生物有機科学研究所)　"新しい分子プローブの創製とそれを用いた興奮性神経伝達系の研究"

第7回(平19年度)
◇材料分野　川崎 雅司(東北大学教授)　"酸化亜鉛による新半導体機能発現"
◇半導体及び半導体装置分野　岩井 洋(東京工業大学教授),百瀬 寿代,大黒 達也(東芝)　"サブ50nm MOSFETの先駆的研究開発"
◇計測評価分野　長谷川 健(東京工業大学准教授)　"多角入射分解分光法の開発と超薄膜の構造解析への応用"
◇バイオサイエンス・バイオテクノロジー分野　Carninci,Piero〈カルニンチ, ピエロ〉(理化学研究所)　"キャップトラッパー法の開発、完全長cDNAの単離とゲノム機能注釈(アノテーション)のための基盤技術"

第8回(平20年度)
◇材料分野　藤田 照典(三井化学),三谷 誠　"オレフィン重合新触媒の開発とポリオレフィン新材料の創製"
◇半導体及び半導体装置分野　笹子 勝(パナソニック)　"エキシマレーザリソグラフィ技術の先駆的研究と工業化推進"
◇計測評価分野　山中 一司(東北大学未来科学技術共同研究センター教授)　"球状弾性表面波センサ(ボールSAWセンサ)の開発"
◇バイオサイエンス・バイオテクノロジー分野　山中 伸弥(京都大学)　"多能性幹細胞の維持と誘導"

第9回(平21年度)
◇材料分野　増本 健(電気磁気材料研究所,東北大学名誉教授),藤森 啓安(電気磁気材料研究所,東北大学名誉教授)　「アモルファス合金の開発と工業化への貢献」
◇半導体及び半導体装置分野　中込 儀延,堀口 真志(ルネサス),河原 尊之(日立製作所)　「低リーク電流CMOS基本回路の先駆的研究開発」
◇計測評価分野　髙田 安章,山田 益義,橋本 雄一郎(日立製作所)　「社会の安全・安心に資するリアルタイム質量分析技術の実用化」
◇バイオサイエンス・バイオテクノロジー分野　岡野 光夫(東京女子医科大学教授),菊池 明彦(東京理科大学教授),大和 雅之(東京女子医科大学教授)　「インテリジェント表面による細胞シート工学の創出と再生治療の実現」

第10回(平22年度)
◇材料分野　武智 敏(富士通セミコンダクター),野崎 耕司(富士通研究所)　「ArFエキシマレーザリソグラフィ用新規レジスト材料の開発と実用化」
◇半導体及び半導体装置分野　木下 博雄(兵庫県立大学教授)　「極端紫外線リソグラフィ技術の先駆的研究と工業化への継続的貢献」

◇計測評価分野　安藤　敏夫（金沢大学教授）
　　"高速原子間力顕微鏡の開発と生体分子の動態観察への応用"
◇バイオサイエンス・バイオテクノロジー分野　若山　照彦（理化学研究所）　"生殖工学を用いた新たな動物繁殖技術の開発"

## 028　新機械振興賞

中小企業の技術開発水準の向上に鑑み、大企業と中小企業等の技術を対等の立場で評価することにより、わが国機械工業における技術開発の一層の促進を図るため、「機械振興協会賞」及び「中堅・中小企業新機械開発賞」の制度を整理統合して、平成15年度「新機械振興賞」を創設。
【主催者】（財）機械振興協会
【選考委員】同賞審査委員会
【選考方法】推薦
【締切・発表】（第5回）平成19年5月18日締切
【URL】http://www.tri.jspmi.or.jp/

第1回（平15年度）
◇経済産業大臣賞　マツダ　"環境対応スリー・ウエットオン塗装技術の開発"
◇中小企業庁長官賞　ダイヤ精機製作所　"力センサ内蔵旋盤型微細穴加工機の開発"
◇新機械振興賞
　アークレイ　"遠心機内蔵型乾式臨床化学分析装置の開発"
　桜護謨　"サニタリー用オスメスなしワンタッチ継手の開発"
　ダイキン工業　"冷蔵・冷凍の排熱で暖房を行う複合システムの開発"
　ダイハツ工業　"自己再生型触媒搭載クリーンエンジンの開発"
　日本キャリア工業　"食肉細断装置の開発"
　日立製作所　"平面アンテナ型UHF波プラズマエッチャーの開発"
　フジワラテクノアート　"完全無通風自動製麹装置の開発"
　三菱電機　"フレームコンプライアンス機構スクロール圧縮機の開発"
第2回（平16年度）
◇経済産業大臣賞　日立インダストリイズ　"液晶真空充填組立てシステムの開発"
◇中小企業庁長官賞　トキワ精機　"油圧配管継手の製造方法における技術革新"
◇機械振興協会会長賞
　神戸製鋼所　"高速電動機直結型高効率、増風量スクリュ圧縮機の開発"
　JFEスチール　"限界冷却速度によるオンライン加速冷却設備"
　ツカサ工業　"粉粒体空気輸送配管中に設置する篩い装置"
　東芝キヤリア　"可変気筒機構ロータリコンプレッサの開発"
　トヨタ自動車　"ディーゼルPM,NOx同時低減触媒システム"
　日野自動車,福島製鋼　"大型トラック用アクスルハウジングのFCD化"
　ミクニ・マキノ工業　"転がり摩擦駆動車いすユニットの開発"
　リープル　"半導体製造用低加速電子ビーム近接転写装置"
第3回（平17年度）
◇経済産業大臣賞　ダイハツ工業　"イオン電流検出システムの低環境負荷型エンジンへの適用"
◇中小企業庁長官賞　ペアック　"フレキシブルプリント基板用穴あけ加工機"
◇機械振興協会会長賞
　旭サナック　"水性塗料用新型静電塗装機"
　キヤノン　"高生産性大型液晶パネル露光装置"
　住友電気工業　"マイクロマシン技術によるIC検査プローブ"
　タミックス　"新ホーニング加工技術の開発"
　東京エレクトロンAT　"高性能半導体熱処理成膜装置"
　中井機械工業　"食材の蜜漬け作業の自動化

科学・技術　　　　　　　　　　　　　　　　　　　029　中堅・中小企業新機械開発賞

　　および高効率化"
　ヤマハ発動機　"車両用車体制振ダンパーの開発と実用化"

第4回（平18年度）
◇経済産業大臣賞　ファナック　"超精密5軸ナノ加工機の開発"
◇中小企業庁長官賞　大岡技研　"高精度鍛造ヘリカルギヤの量産技術開発"
◇機械振興協会会長賞
　コーヨー　"縦横併用造型機"
　日立金属，アスリートFA　"微小球対応はんだボールマウンタの開発"
　フジキン　"半導体製造用集積化ガス供給システム"
　放電精密加工研究所　"直動4軸式高精度平行加圧サーボプレス機"
　三菱重工プラスチックテクノロジー　"超大型電動射出成形機の開発"

第5回（平19年度）
◇経済産業大臣賞　沖デジタルイメージング，沖データ 東京都八王子市"エピフィルムボンディング技術の実用化"
◇中小企業庁長官賞　シロク　"電磁誘導方式圧力分布センサーの開発"
◇機械振興協会会長賞
　オサチ　"痛み定量化装置の開発"
　ダイハツ工業　"3軸ギヤトレーン無段変速機の開発"
　東洋高圧，広島県立総合技術研究所"超高圧食品処理装置の開発"
　日産自動車，リケン，日立製作所，日本アイ・ティ・エフ"エンジン用水素フリーDLCバルブリフター"
　古河産機システムズ　"気流式微粉末製造装置の開発"
　マツダ　"水素ロータリーエンジン車の開発"

第6回（平20年度）
◇経済産業大臣賞　JFEスチール　"厚板オンライン熱処理設備"
◇中小企業庁長官賞　オプトン　"ロボットベンダーによるパイプ曲げ加工技術"
◇機械振興協会会長賞
　IHI　"大型ガラス基板用浮上搬送技術の開発"
　エスアイアイ・ナノテクノロジー　"高品位TEM試料作製装置の開発"
　富士重工業　"水平対向ディーゼルエンジンの開発"
　富士通，富士通オートメーション　"磁気ヘッド・サスペンション調整技術の開発"
　リアライズ，高知県工業技術センター"高意匠性乾式加飾技術の開発"

第7回（平21年度）
◇経済産業大臣賞　日精，共和真空技術，ホソカワミクロン"密閉型凍結乾燥無菌粉末製造システム"
◇中小企業庁長官賞　ロボテック　"振動によるダイカストのセキ折り装置の開発"
◇機械振興協会会長賞
　クロノファング　"コイル固定型リニアモータの開発"
　ダイキン工業　"温度・湿度個別コントロール空調システム"

第8回（平22年度）
◇経済産業大臣賞　デンソー，東洋機械金属，宮本工業所　"省エネ小型低圧ダイカストシステム"
◇中小企業庁長官賞　アールインバーサテック，東京都立産業技術研究センター　"廃塩ビ壁紙リサイクルシステム"
◇機械振興協会会長賞
　片山商店，村田機械，桑村繊維，兵庫県立工業技術センター"多柄たて糸準備システム"
　技工社，アクト　"自動路面描画装置"
　マツダ　"瞬時起動アイドリングストップシステム"

---

## 029　中堅・中小企業新機械開発賞

　中堅・中小企業において，優秀な技術開発を行い，その成果を実用化し，我が国機械工業の振興に著しく貢献した企業および技術開発担当者を表彰し，我が国中堅・中小企業の技術力向上に資することを目的として，平成7年に創設された。「中小企業向け自動化機械開発賞」（第1回〜第25回）の実施回数を引き継いでいる。15年度より機械振興協会賞と統合され，新機械振興賞に継承される。

【主催者】（財）機械振興協会

## 029 中堅・中小企業新機械開発賞　　科学・技術

【選考委員】同賞審査委員会
【選考方法】地方自治体・公共団体,機械工業関連団体および国・公立試験研究機関の推薦による
【選考基準】〔対象〕おおむね過去3年以内に,中堅・中小企業において革新性の高い機械の技術開発を行い,これを実用化した企業および技術開発担当者(1業績につき5名以内,但し当該企業に属さない者も含む)。(1)応募対象企業は中堅企業(資本金3億円超〜50億円以下,従業員300人超〜1500人以下のいずれかに該当する企業)および中小企業(資本金3億円以下,従業員300人以下のいずれかに該当する企業)。(2)外国からの導入技術に基づくものは除く。但し,独創的な改善が加えられた場合は可。(3)助成金,奨励金等を受けて行われた技術開発の業績も可。(4)他の同種の表彰を受けた業績も可
【賞・賞金】賞状と副賞記念品
【URL】http://www.tri.jspmi.or.jp/

第1回(昭45年度)
　宮野鉄工所　"4軸ロクロ自動盤"
　礫々産業　"数値制御汎用ボール盤"
　一杉機械製作所　"万能型自動折曲げプレス"
　新東工業　"自動スクイーズ・ドロー・モールディングマシンASD型ライン"
　カワサキ機工　"連続自動製茶(煎茶)機械"
　田村 千秋他2名(アマダ)　"金型等の曲線の切削を自動的に行う縦型帯鋸盤"
　北浦 慎三他13名(大阪鉄工)　"スピーカー用コーン紙自動製造装置"
　奥村 幸明他6名(大印機協同製作グループ)　"700mm油圧締高速度全自動断裁機"
　森本 康之亮他6名(大阪自動機械製作所)　"カプセル充てん機"
　加藤 顕剛(三協精機製作所)　"ビルディング・ブロック式小型専用機"
　滝沢 金一(滝沢絨氈(有))　"段通(絨氈)自動織機"

第2回(昭46年度)
　日立精機　"D型タレット旋盤"
　島精機製作所　"全自動シームレス手袋編機"
　写研　"電算写植サブトンシステムによる組版の自動化"
　春田 博他8名(シチズン時計)　"汎用形自動組立機"
　浅尾 省三他1名(太洋鋳機)　"生型造型機における自動パターン交換装置"
　在田 一雄他4名(縞経マシンサイジング研究グループ)　"糊付糸セパレート乾燥方式による高速縞経整経糊付機"
　竹川鉄工,竹川 敏夫他4名　"全自動制御式コンタクト・パット型ワイルド・ベルト・サンダー"
　河村 明男(河村包装機研究所)　"真空密着包装機〈全自動機〉"

第3回(昭47年度)
　ジャパックス　"キーボード方式による最適制御放電加工機"
　山名製作所　"石材用多軸式全自動平面研磨機"
　松本機械製作所　"空気圧操作式全自動転倒排出型遠心分離機"
　二上鉄工所　"全自動合紙機"
　八光活字鋳造機製作所　"文選植字機"
　杉原 吉昭他5名(杉原製作所)　"全自動海苔製造機"
　丹羽 彰он他2名(日本産業機械)　"四方シーラーにおける連続サイドシール方式を具備した包装機"
　榎本 昭三他3名(和歌山鉄工)　"捺染布発色用高温高圧スチーマー"
　長谷川 一秋他3名(自転車産業振興協会技術研究所)　"全スポーク同時締上機"

第4回(昭48年度)
　池貝鉄工　"ターニングセンタ"
　ワシノ機械　"再生制御ならい研削盤"
　島津製作所　"自動綴机"
　永田醸造機械　"自動圧濾圧搾機(醤油用)"
　細川工作所　"両面同時打オートステッチャー"
　新興技術研究所　"プリント板用部品取り付け指示装置"
　河原 滋他4名(プレス技術研究所)　"全自動制御プレス加工装置"
　羽根 弘他4名(山本水圧工業所)　"丸鋸連続自動熱処理装置"
　高垣 一郎他4名(三和自動機製作所)　"ネッ

132　ビジネス・技術・産業の賞事典

科学・技術　　　　　　　　　　　　　　　029　中堅・中小企業新機械開発賞

ト連続自動包装機"
第5回(昭49年度)
　宮野鉄工所　"カムレス自動盤"
　東和精機　"全自動歪取り油圧プレス機"
　日精樹脂工業　"ブレンドフィーダ付き自動射出成型機"
　藤原醸機産業,日本丸天醤油　"連続蒸煮装置"
　志村鉄工所　"プロフィルエッジ曲面サンダー"
　大森機械工業　"高速ストレッチ自動包装機"
　三洋機工　"円筒表面傷検査装置"
　鳥居 宗一(鳥居鉄工所)　"全自動駒巻機"
　佐々木 正巳他4名(福井県繊維工業試験場)　"経編機の電算機システムによる自動柄出し装置"
第6回(昭50年度)
　富士通ファナック　"NCドリル"
　豊田工機　"プーリ転造機"
　東芝精機　"プレス用高速ロボット"
　敷島チップトン　"自動レシプロ研磨機"
　名南製作所　"ホットメルトコンポーザ"
　中川鉄工所　"生利節自動製造機"
　岩子 博行(粉研)　"小型製麺用加湿型連続噴射混合機"
　小出 栄他8名(田原昭栄機工)　"研磨ベルト接合機"
　近藤 信策他3名(八光活字鋳造機製作所)　"研削砥石仕上機"
　宮崎 二良他1名(宮崎鉄工)　"二度撚集合撚線機"
第7回(昭51年度)
　富士電機製造　"プレス作業用「プレスハンド」"
　コヤマ　"自動バリ取り装置"
　大阪電気　"汎用普及型半自動アーク溶接機"
　安藤電気　"倣い読取り方式による数値制御ボール盤"
　庄田鉄工　"NCルータボーラ"
　宮川工機　"建築用自動仕口加工盤"
　大東製機　"コンピュータージャガード・トランスファー・ガーメントレングス丸編機"
　大野 家建(ダイヤ工業)　"全自動遠心流動研磨装置"
　渡辺 高文他3名(太洋鋳機)　"簡易型自動鋳物廃砂再生装置"
　斎藤 実他4名(横河・ヒューレット・パッカード)　"実装プリント板の自動試験装置"
第8回(昭52年度)
　萱場工業,東京重機工業　"布端倣い自動縫製装置"
　大隈鉄工所　"円弧座標系を用いたATC付数値制御ボール盤"
　アマダ　"定尺材における多列取り加工NC自動プレス"
　沖電気工業　"簡易形自動NCテープ作成装置"
　新東工業　"2ステーション鋳型自動造型機"
　中国機械製作所　"製材用プレプログラム多列移動刃自動丸のこ盤"
　二上鉄工所　"全自動レコードジャケット・ファイル糊付け,貼合機"
　飯田 英治他1名(飯田製作所),佐藤 嘉一(佐藤システムエンジニヤリング)　"超精密NC彫刻盤"
　片岡 捷昭他3名(日阪製作所)　"全自動急速液流式布帛染色機"
第9回(昭53年度)
　ワシノ機械　"図面寸法直接入力方式のCNC旋盤"
　野水機械製作所,新潟県工業技術センター　"手引鋸の自動目立装置"
　三菱電機　"胡瓜の自動選別装置"
　野崎工機,東京計器,老川工芸所　"精密木工用NC2軸ミゾ削り盤"
　日精樹脂工業　"コード付きさし込みプラグ自動成形機"
　宮崎 治郎衛門他2名(宮崎鉄工)　"弓型案内高速撚線機"
　小嶺 隆一(小嶺機械)　"漬物自動粕取り機"
　戸谷 幹夫(トタニ技研工業)　"全自動ゴミ袋製袋包装システム"
第10回(昭54年度)
　山崎鉄工所　"バーフィーダ付CNC旋盤"
　キタムラ機械　"新しい自動工具交換装置を有するマシニングセンター"
　ダイハツ工業,松下産業機器　"プログラマブルNC旋盤"
　日本染色機械　"低浴比染色処理装置"
　新居鉄工所　"全自動オイルシール用バネ結環機"
　高橋精機工業所　"三次元ブロー成形機"
　松下産業機器　"多目的形自動溶接機"
第11回(昭55年度)
　市光エンジニアリング　"射出成形機用同期形高速取出しロボット"

## 中堅・中小企業新機械開発賞

エンジニアリングシステム　"全自動"の
し"製造機"
写研　"電子制御式手動写真植字機"
庄田鉄工　"コンピュータ仕口・継ぎ手加工
機"
フジパックシステム　"ノートレイ包装機の
開発"
永田醸造機械　"食品工業における穀類の調
質,炒熱装置"
富士通ファナック　"図形表示機能付卓上形
NC自動プログラミング装置"
池貝鉄工　"専用ロボット組込形NC旋盤"
旭精機工業　"数値制御式自動ばね製造機"
石塚 新一他7名(シチズン時計)　"小物精
密部品向け生産形NC自動盤"

第12回(昭56年度)
渡辺 至,佐藤 嘉一(浦和製作所)"省スペー
ス・高精密門形マシニングセンタ(ツール
プリセッタ及びプリチェッカ含む)の開
発"
湯浅 健次ほか　"パターン制御によるNC装
置を付けた小形旋盤の開発"
山本 陽禧,守田 健佑(東京自働機械製作所)
"みやげ物包装機の開発"
麻生 正ほか(日立精工)　"マイコン制御半
自動アーク溶接機の開発"
桃井 昭二ほか(山崎鉄工所)　"日常言語に
よる対話形CNC旋盤の開発"

第13回(昭57年度)
本間 秀夫ほか(日立精工)　"対話形自動製
図システム(COMDESIGN‐HS)の開発"
松井 勇ほか(村田機械)　"スプライサー付
き単錘形自動ワインダーの開発"
山田 義昭ほか(名南製作所)　"スカーフ・
コンポーザ(SCF‐4)の開発"
松井 祥記ほか(リョービ)　"複合機能を有
する省エネ形オフセット印刷機の開発"
田中 弘造(ワシノ機械)　"NCデータ入力
簡易形CNCならい研削盤の開発"

第14回(昭58年度)
池田 哲雄ほか(石田衡器製作所)　"自動計
量機(コンピュータスケール)の開発"
小林 信樹ほか　"丁合ミス検出装置の開発"
中村 芳美ほか(神戸製鋼所)　"回転振動自
動酸洗装置の開発"
石田 健一ほか(ツガミ)　"中小物用垂直パ
レット方式マシニングセンタの開発"
野沢 量一郎ほか(ファナック)　"シンボ
リック対話方式による携帯形NC自動プロ
グラミング装置の開発"

畑野 真人ほか(富士機械製作所)　"マイク
ロコンピュータ制御の横形ピロー包装機
の開発"

第15回(昭59年度)
上野 克美ほか(シチズン時計)　"電子部品
自動装入機の開発"
鈴木 喜作(鈴茂機械工業)　"寿司自動製造
機(寿司ロボット)の開発"
真野 利行(ニッキ工業)　"ブリスボックス
自動製凾機械(2ボックス兼用機)の研究
開発"
古谷 哲郎ほか(福井機械)　"精密超高速自
動プレス用下死点精度自動制御システム
の開発"
鈴木 伸夫(富士鋼業)　"間伐材等小幅板の
ダボ接合による広幅板製造装置の開発"
後藤 誠ほか(ブラザー工業)　"小形ワイヤ
カット放電加工機の開発"
村上 謙次,平井 勤(ムラカミ)"全自動連続
加圧式茹釜の開発"

第16回(昭60年度)
新東工業　"全自動小型抜枠造型機"
大和精機　"工具の切り込み割り出し同時制
御方式のNC自動盤"
日本電気オフィスシステム　"軽印刷用トー
タル印刷システム"
日立精機　"多重対話式CNC旋盤"
三菱電機　"新言語を用いたプログラマブル
コントロールシステム"
ミヤノ　"二次加工を不要とする四軸複合
NC旋盤"
安川電機製作所　"コイル巻線機自動化シス
テム"

第17回(昭61年度)
矢島 敏男(小松製作所),北野 博史,大喜 弘
志,橋本 和彦,角谷 正一 "視覚付自動パン
チングプレスシステムの開発"
佐塚 省吾(志村鉄工所),曾根 達志,久保田
正人 "木工用CNC複合式ロータリプロ
フィールサンダの開発"
鈴木 博之(新日本機械工業),田中 忠勝,佐
藤 善治,増田 文治,古屋 訓男 "コン
ピュータ付万能製菓機(システム・ワン)
の開発"
岸 雅一(日立精工),荒屋 静夫,石井 隆,今
永 慈聡,羽田 光明 "高能率NC形彫り放電
加工機の開発"
渡辺 喜久夫(ブラザー工業),広瀬 昇,朝倉
功市,出村 誠 "CNCタッピングセンター
の開発"

第18回（昭62年度）
　坪井 幸一（池貝鉄工），柏 正博，横山 徳衛，古都 人士，長谷川 一夫 "省スペース,L型構造立形マシニングセンタの開発"
　増田 耕治（カヤバ工業），武藤 重幸，赤見 仁 "ジャカード織機自動制御装置の開発"
　渥美 猪三男（新東工業），原田 久，杉本 和男 "生砂による中間鋳型造型システムの開発"
　大場 貞義（スギノマシン），橘 俊作，村椿 良司，宮崎 満，坂田 誠 "超高圧水噴射三次元自動加工機の開発"
　大槻 博（ソニー），寺西 洋，菅野 敏彦，太田 好紀，関根 淳一 "高速X・Yリベッティングマシン（CCX・20年）の開発"

第19回（昭63年度）
　森田 敏明（島精機製作所），有北 礼治，中森 歳徳，平井 郁人，小滝 賢治 "コンピュータ制御横編機の開発"
　手柴 充雅（ジャパックス），佐野 定男，菅原 正見，佐々木 和夫 "下穴加工・線通し機能付きワイヤ放電加工機の開発"
　津本 勇治（津本鉄工所），津本 善弘，上谷 正寿，金城 栄哲 "全自動ファイバードラム平巻機の開発"
　山口 政男（長瀬鉄工所），松波 康治，野口 典孝，大塚 孝，江川 勝則 "金型みがき機の開発"
　森沢 嘉昭（モリサワ），末兼 多好保，岡本 昭夫，河内 宥巳，斎藤 光隆 "作図機能を付加した写真植字機の開発"
　水門 正良（ヤマザキマザック），田代 稔，武藤 善博，伊藤 正樹 "炭酸ガスレーザー加工機の開発"

第20回（平1年度）
　山下 秀一郎（シチズン時計），竹内 庸二，金子 成人，松本 仁，河出 孝司 "生産性と操作性を改善した精密自動旋盤の開発"
　奈良 道哉（デック・システム），中嶌 厚，南出 昇一 "木材乾燥操作の自動化システムの開発"
　中村 良信（日本スピンドル製造），秋吉 秀保，白崎 和則，黒河 得臣 "CNCスピニングマシンの開発"
　福田 克正（福田鉄工所） "鈑金自動ロール機の開発"
　堀 浩道（ブリヂストン），井上 完治，荒木 裕介，佐々木 栄治，西川 俊博 "塗装ロボット・システムの開発"
　斉藤 昌平（礫々産業），杉本 睦，大坪 晴夫 "マルチ対応立形マシニングセンタの開発"

第21回（平2年度）
　新明和工業 "全自動電線両端端子打機の開発"
　大日本スクリーン製造 "ベルト搬送式印刷版全自動多面焼付機の開発"
　ヒューテック "印刷欠点検出装置の開発"
　福伸工業 "ポリエステル織編物用全自動減量加工システムの開発"
　三菱重工業 "シェーピングセンタの開発"
　ヤマゲ "省力型CNCスロッターの開発"

第22回（平3年度）
　北芝電機 "球面カッター式ナメコ自動収穫機の開発"
　新東工業 "小型低圧鋳造機の開発"
　ダイキン工業 "金型自動みがき装置の開発"
　トキメック "コンクリート床直仕上げロボットの開発"
　豊田工機 "インテリジェント研削加工システムを搭載したCNC汎用円筒研削盤の開発"
　北海道銑鉄鋳物工業組合 "迅速自動生型砂試験装置の開発"
　三菱電機 "ファジィ適応制御搭載・形彫り放電加工機の開発"

第23回（平4年度）
　石田鉄工所 "いかの自動つぼ抜き装置の開発"
　今村機械 "菊重量選別機の開発"
　長菱エンジニアリング "軽量可搬型多層盛自動溶接機の開発"
　ツガミ "二重構造主軸による強力重切削主軸台移動形CNC精密自動旋盤の開発"
　ニッコー "鮭自動内臓除去装置の開発"
　福井県工業技術センター "全自動高密度おさ通し機の開発"

第24回（平5年度）
　キタムラ機械 "多面加工装置を備えた横型マシニングセンターの開発"
　協和工業 "摩擦を利用した穀類中の異物除去装置の開発"
　小松製作所 "プレスブレーキロボットシステムの開発"
　ジャパンロイヤル精機 "CNCスウェージングマシンの開発"
　ファナック "AI機能付全電気式射出成形機の開発"
　牧野フライス製作所 "操作フライス盤の開

第25回（平6年度）
　ISOWA　"段ボールシート用高性能印刷装置の開発"
　コバード　"立体包あん機の開発"
　津田駒工業　"電動式パレットチェンジャの開発"
　日本製鋼所　"全電動式小型中空成形機の開発"
　フジキカイ　"トレイ, ノートレイ兼用型包装機の開発"
　牧野フライス製作所　"精密微細ワイヤ放電加工機の開発"

第26回（平7年度）
　ミクロン精密　"研削砥石2軸可動型センターレスグラインダの開発"
　イセキ開発工機　"全地質対応型掘進機の開発"
　エス・アンド・シー　"超音波微小バリ取り装置の開発"
　谷口インキ製造　"インキ自動調合装置の開発"
　東京自働機械製作所　"コンパクト型印刷物包装システムの開発"
　日本アビオニクス　"携帯型赤外線熱画像装置の開発"
　日本トムソン　"コンパクトで高速性に優れたリニアモータテーブルの開発"
　日立テクノエンジニアリング　"液晶用シール, 電極剤塗布乾燥装置の開発"
　ヤンマー農機, 昭和精機工業　"果菜用全自動接ぎ木ロボットの開発"
　吉喜工業　"プレシジョンNCサーボプレスの開発"

第27回（平8年度）
　◇中小企業庁長官賞　テクノ・テクノス（中小）　"汎用高精度トレンド・センシング外観検査システムの開発"
　◇中堅・中小企業新機械開発賞
　　旭サナック（中堅）　"高塗着効率多色用静電塗装ハンドガンの開発"
　　デジタル（中堅）　"FA用高機能表示装置の開発"
　　日本フライホイール（中小）　"フライホイール式無停電電源装置の開発"
　　日本レーザ電子（中小）　"生体分子反応測定装置の開発"
　　日本真空技術（中堅）　"全自動ヘリウムリークディテクタの開発"
　　ミヤノ（中堅）　"専用機の特性を備えた高速セルフロード汎用NC旋盤の開発"
　　豊精密工業（中堅）　"CNCハイポイドギア成形歯切盤の開発"

第28回（平9年度）
　◇中小企業庁長官賞　ニュークリエイション（中小）　"大口径半導体ウェハ平坦度高精度光学式計測装置の開発・実用化"
　◇中堅・中小企業新機械開発賞
　　荒川化学工業（中堅）　"密集部品洗浄・乾燥用高能率直通式洗浄装置の開発"
　　石井工業（中小）　"柑橘類回転式外観検査及び非破壊品質判定全自動選果システムの開発"
　　四国化工機（中堅）　"高速紙容器成型液体充填機の開発"
　　ジャクティ・エンジニアリング（中小）　"ショベルカー装着式バケット型コンクリート廃材再生化装置の開発"
　　綜研化学（中小）　"多目的適応型高性能攪拌装置の開発"
　　チップトン（中小）　"多重多段槽振動バレル研磨装置の開発"
　　松尾産業（中小）　"粉体塗料定量安定供給装置の開発"
　　明大（中小）　"四軸織機の開発"

第29回（平10年度）
　◇中小企業庁長官賞　金森新東（中小）　"ダブルスクイズ造型法による自動生型造型機の開発"
　◇中堅・中小企業新機械開発賞
　　岳将（中小）　"超音波微振動複合加工機の開発"
　　特殊機化工業（中小）　"サブミクロン分散・乳化攪拌機の開発"
　　藤井精密工業（中小）　"高把握力精密加工用エヤバルーンチャックの開発"
　　ホソカワミクロン（中堅）　"高能率内部分級型乾式微粉砕機の開発"
　　碌々産業（中小）　"高精度小径微細加工機の開発"

第30回（平11年度）
　◇中小企業庁長官賞　インステック（中小）　"静電容量式粉粒体流量計測装置の開発"
　◇中堅・中小企業新機械開発賞
　　エリオニクス（中小）　"高加速電界放射型電子線描画装置の開発"
　　ソディック（中堅）　"リニアモータを搭載した形彫り放電加工機の開発"
　　デルタツーリング（中小）　"救急車用磁気浮上式防振装置の開発"

科学・技術

脳機能研究所(中小) "感性スペクトル解析装置の開発"
プレシジョン・システム・サイエンス(中小) "磁性体微粒子応用全自動核酸抽出・精製装置の開発"
ホリゾン・インターナショナル(中小) "高速丁合製本システムの開発"
ヤマトミシン製造(中堅) "中筒型高速偏平縫いミシンの開発"

第31回(平12年度)
◇中小企業庁長官賞 ニッセー(中小) "多機能高精度CNC転造機の開発"
◇中堅・中小企業新機械開発賞
榎本機工(中小) "サーボモーター駆動による鍛造用スクリュープレスの開発"
エルム(中小) "害虫発生予察用自動計数式フェロモントラップの開発"
セイシン工業(中小) "複合材用固定刃式切断装置の開発"
トリム(中小) "ガラスびん再資源化プラントの開発"
ハイテック(中小) "定寸・定量・定形天然腸ソーセージ用充填機の開発"
ムラタ溶研(中小) "帯状金属薄板の突き合せ接合装置の開発"

第32回(平13年度)
◇中小企業庁長官賞 中田製作所(中小) "高機能電縫鋼管ミルの開発"
◇中堅・中小企業新機械開発賞
村田機械(中堅) "弾性糸用高性能紡糸巻取機の開発"
前川製作所(中堅) "高効率食鶏解体機の開発"
技研製作所(中小) "硬質地盤対応杭材圧入機の開発"
日本インスツルメンツ(中小) "液晶表示装置用バックライト管内の水銀量測定装置の開発"
カノマックス技術研究所(中小) "飛翔粒子形状・速度同時測定装置の開発"

第33回(平14年度)
◇中小企業庁長官賞 テクノアオヤマ "スタッドボルト・薄鋼板用電気抵抗溶接システムの開発"
◇機械振興協会会長賞
梶原工業 "ハイブリッド加熱撹拌機の開発"
関西化学機械製作 "撹拌タンク用高効率伝熱装置の開発"
大和化成工業 "ハンディタイプ射出成形装置の開発"
ホーコス "クーラントレスマシニングセンタの開発"
ワイビーエム "噴流ボックスを使用した水浄化装置の開発"

## *030* 中小企業優秀新技術・新製品賞

中小企業が開発した優れた技術や新製品を毎年表彰することにより、中小企業における技術の振興と我が国産業の発展に寄与することを目的とする。

**【主催者】**財団法人りそな中小企業振興財団、日刊工業新聞社

**【選考委員】**(第23回)委員長:吉川弘之(科学技術振興機構研究開発戦略センター長),委員:髙原一郎(中小企業庁長官),前田正博(中小企業基盤整備機構理事長),小原満穂(科学技術振興機構理事),青木利晴((株)NTTデータシニアアドバイザー),浅井紀子(中京大学教授),玉井哲雄(東京大学大学院教授),中川威雄(東京大学名誉教授),橋本久義(政策研究大学院大学教授),堀池靖浩(物質・材料研究機構名誉フェロー),岡村裕(りそな総合研究所(株)社長),水田廣行(りそな中小企業振興財団 理事長(主催者)),越智道雄(日刊工業新聞社取締役編集局長(主催者))

**【選考方法】**公募

**【選考基準】**技術・製品部門:〔資格〕原則として中小企業、個人企業および異業種交流グループ。〔対象〕過去2年間に開発を完了あるいは販売を開始した新技術・新製品のうち、わが国産業界の技術向上に寄与するとみられるもの、優秀性、独創性、市場性がきわめて高いとみられるもの。ソフトウェア部門:〔資格〕原則として中小企業、個人企業および異業種交流グループ。〔対象〕過去2年間に販売を開始したソフトウェアのうち、わが国のソフトウ

エア分野において，コンピューター利用の高度化や新たな利用分野の開拓により，情報化社会の発展に寄与するとみられるもの，機能・性能などの優秀性，着眼・新規性などの独創性，競争力・将来性などの市場性が極めて高いとみられるもの
【締切・発表】(第20回)12月17日締切，翌3月下旬の「日刊工業新聞」紙上に発表，4月上旬に贈賞式
【賞・賞金】〔技術・製品部門〕中小企業庁長官賞(1件)：表彰状と楯，副賞100万円，優秀賞(10件程度)：表彰状と楯，副賞100万円，優良賞(10件程度)：表彰状と楯，副賞30万円，奨励賞(10件程度)：表彰状と楯，副賞10万円。〔ソフトウェア部門〕優秀賞(数件程度)：表彰状と楯，副賞100万円，優良賞(数件程度)：表彰状と楯，副賞30万円，奨励賞(数件程度)：表彰状と楯，副賞10万円
【URL】http://www.nikkan.co.jp/sanken/index.html

第1回(昭63年度)
　◇入賞
　　石橋鉄工所(大阪府東大阪市) "システムキッチン専用機能付きステンレス製シンクVALLEY LINE SERIES"
　　イーディーコントライブ(大阪府吹田市) "フロッピーディスク高速伝送装置DIX-ISDN"
　　エクセル(東京都中央区) "MES-EXCHANGEブロー成形法"
　　エス・エル・ティ・ジャパン(東京都千代田区) "SLTコンタクトレーザーシステムメディカルレーザー"
　　エヌ・デー・ケー・レーザー(埼玉県狭山市) "ホローカソード型He‐Cd白色レーザーRGBレーザー"
　　神港精機(兵庫県神戸市) "多目的イオンプレーティング装置AIF‐22100SBT型"
　　鈴木製作所(東京都足立区) "新工法ヘッダー機による複合冷間圧着塑性加工法"
　　スリーボンド(東京都八王子市) "シール材一体成形システムハイモールドシステムD方式"
　　ニチエー吉田(静岡県浜松市) "水を使わないモルタル楽塗り"
　　日本フィジテック機器(東京都大田区) "静電高電圧イオン・電子加速器積層型ディスクトロン"
　◇奨励賞
　　サンケンスチール(東京都港区) "防雪用吹払い柵フライトフェザー"
　　住田光学ガラス(東京都千代田区) "ふっ化物ガラスファイバーの製造技術"
　　ローマン(東京都台東区) "イメージコート法によるプラスチックヒール"

第2回(平1年度)
　◇入賞
　　協育歯車工業(東京都台東区) "高強度歯形ロジックス歯車"
　　三新化学工業(山口県熊毛郡) "ペプチド修飾試薬"
　　スリーボンド(東京都八王子市) "紫外線硬化エポキシ樹脂組成物SINX"
　　セミテックス(東京都多摩市) "非接触・非破壊キャリアライフタイム計測装置"
　　中央精機(東京都千代田区) "レーザーによる真直度測定機ストレーター"
　　東京電測(神奈川県鎌倉市) "超高輝度・長寿命・低熱のバックライト用蛍光ランプ"
　　ニチエー吉田(静岡県浜松市) "高耐久性打放しコンクリート仕上げ工法SEFシステム"
　◇奨励賞
　　総研電気(東京都渋谷区) "超電導交流コイルの通電損失評価装置"
　　ソーラーリサーチ研究所(大阪府豊中市) "微小無接触搬送装置フロートチャックMA型"
　　テクノス(東京都大田区) "汎用視覚検査システムニューロビジョン2000H"
　　日東光器(東京都渋谷区) "エキシマレーザーステッパー用ファブリペロー・エタロン"
　　日本エアーカーテン(東京都豊島区) "人工竜巻式喫煙所システムトルネックス"

第3回(平2年度)
　◇入賞
　　エヌ・エー・シー(熊本県八代郡) "デスクトップ型自動封書作成機「NACMAT-300MAIL-FORMER」"
　　住田光学ガラス(東京都千代田区) "多成

分系ガラスファイバースコープ「マイスコープ細径」"
ソーラーリサーチ研究所(大阪府豊中市) "空気流による積層シート送り出し装置"
日東鉄工所(神奈川県横浜市) "PC斜張橋斜材(FRP管)架設装置"
ニベックス(東京都港区) "薄板切削による金属繊維とその製造装置"
ビーバ(東京都港区) "スピーカー用騒音感応音量自動切替器「ワンダーボリュームAT-1」"
フガク工機(静岡県小笠郡) "ラムに油タンクを内蔵した省エネ型圧縮成形機"
北海バネ(北海道小樽市) "降雪センサ「スノーハンター」"
明光技術研究所(神奈川県平塚市) "ランプの炎の熱を利用した熱電発電装置"
リキッドコンセンド(大阪市淀川区) "静電凝集を利用した静電フィルタ"

◇奨励賞
ウチヤ・サーモスタット(埼玉県三郷市) "浸水感知電源遮断器"
共和真空技術(東京都港区) "全工程密閉系・シェルチューブ凍結乾燥機「アイセル」"
旭新(愛知県尾張旭市) "塗装FAライン"
テクノ21(岡山県岡山市) "曇らないカーブミラー"
ナスカ(大阪府守口市) "超音波モータ制御システム"
ニッソーテクノコーポレーション(東京都中央区) "新仮設構造システム「ニッソー3Sシステム・オメガシリーズ」"
日本エレクトロニクス(東京都港区) "多機能スキャナ「ネオス・アイ・ビーム」"
藤井精密工業(奈良県奈良市) "空気圧による膜弾性変形を利用した把持具「エヤーバルーンチャック」"
フジキン(大阪市北区) "姿勢制御衛星推進薬供給機器"
ワールドケミカル(埼玉県三郷市) "超MAGポンプ「ケミフリー」"

第4回(平3年度)
◇入賞
アクト電子(神奈川県川崎市) "非接触測長器「ダイナミックレーザスケーラ」"
石井工作研究所(大分県大分市) "静かなソフトプレスを軸としたICの後工程一貫製造装置"
岡本硝子(千葉県柏市) "多品種少量生産向きガラス巻き取りロボット"
オプテル(東京都中央区) "光ファイバー溶融カプラ製造装置「OPX-201」"
オリエンタルエンジニアリング(東京都荒川区) "量産型プラズマCVD装置によるセラミックコーティング技術"
鋼管電設工業(神奈川県横浜市) "電磁雑音簡易測定器「ノイズハンター P-1001」"
三工機器(愛知県稲沢市) "自動端末処理装置"
シントーケミトロン(東京都江東区) "カラー液晶用電着法カラーフィルターの製造技術"
東海メディカルプロダクツ(愛知県春日井市) "機能的で安全な大動脈内バルーンポンピングカテーテル"
レティク(京都市山科区) "駆動式複線レーザーマーカー装置"

◇奨励賞
笠松化工研究所(東京都葛飾区) "ピッチ類の造粒装置"
環境保全開発(埼玉県川口市) "オゾン多目的水処理装置「AQUAZONシステム」"
三和研究所(東京都板橋区) "水溶液タイプSMT用プリフラックス「ドーコートH」"
三和ハイドロテック(兵庫県尼崎市) "大型コンピュータ冷却用マグネットポンプ「MMA型」"
曽根工具製作所(茨城県つくば市) "電動式超小型軽量鉄筋ベンダー"
テーシーシー(東京都板橋区) "省エネ型向心力式浮上油回収装置"
名古屋電機工業(愛知県海部郡) "クリームハンダの形状検査機「ソルダーペーストインスペクター」"
松阪鉄工所(三重県津市) "電動パイプレンチ「ラッカル」"
山本光学(大阪府東大阪市) "電動ファン付き呼吸用保護具「半面型ビルドインタイプライフセーバー」LS-800"
ユーシー産業(大阪府大阪市) "大地震対策用液状化防止スパイラルドレーン"

第5回(平4年度)
◇入賞
朝日商会システム技研サービス(埼玉県浦和市) "ボロン・高分子電解質系無臭化剤"
アルム(福岡県大牟田市) "斜切り路面カッター「ECH-1」"
大岡技研(愛知県豊田市) "鍛造成形によ

中小企業優秀新技術・新製品賞　　　　　　　　　　　　　　　　　　科学・技術

るクラッチギア付きヘリカルスピードギア」
曽根工具製作所（茨城県つくば市）"全ネジカッター「ステンキラー」"
テクノス（大阪府枚方市）"全反射蛍光X線分析装置「TREX610T」"
東陽理化学研究所（新潟県燕市）"カメラボディ用チタニウム材の液圧成形加工技術"
常盤電機（岐阜県各務原市）"不燃性紙の抄造技術とその関連加工製品の開発"
日本レック（大阪府高槻市）"特殊印刷法による半導体の封止技術「PESシステム」"
ピー・エス・エー工房（大阪市西成区）"高周波平面トランス"
三浦技術士事務所（東京都杉並区）"全自動アルマイト加工機"
◇奨励賞
荏原実業（東京都中央区）"腐植質によるバイオリアクターシステム「ボエフリアクター」"
オーク製作所（東京都調布市）"高分子フィルム用光粘弾性測定装置「オプトレオメーター」"
スエヒロEPM（三重県四日市市）"搾油・脱汁機「2軸エキスペラー」"
タイセー（埼玉県秩父郡）"超小型2重平衡型周波数変調混合器（ダブル・バランスド・ミキサー）"
ナカテック（大阪府八尾市）"作業台ロボット「ごくらくだい」"
ノースジャパン研機（北海道登別市）"アスファルト廃材100％再生装置「KRP-MT-3100NJ型」"
古川精機製作所（東京都大田区）"CNC治具研削盤「FKS-3500型」"
フロイント産業（東京都新宿区）"シームレスミニカプセル実験機「SPHEREX-Labo機」"
メカノエレクトロニック（東京都立川市）"表面実装LSI用クリップ・タッチツール・システム"
和工（東京都江戸川区）"硬軟地層対応ボーリングDPOS（デポス）工法および装置"

第6回（平5年度）
◇入賞
エクセル（東京都中央区）"R-MES法による樹脂製インテークマニホールド"

クレアテラ（東京都世田谷区）"濾材型における水質浄化用高性能吸りん材"
鈴木油脂工業（大阪市東淀川区）"2液硬化性・1液硬化性塗料の洗浄剤"
タイセー（埼玉県秩父郡）"表面実装用方向性結合器（CMカプラー）"
トリー食品工業（埼玉県行田市）"色付き、味付きかちわり氷の製造技術"
ナノマイザー（東京都足立区）"超微粒化装置ナノマイザーシステム"
日本システム研究所（神奈川県川崎市）"複合磁気センサーによる高性能検知機器"
ポーライト（埼玉県大宮市）"超微小焼結含油軸受"
横井機械工作所（名古屋市守山区）"蓄熱式バーナー「セルフリジェネレーティブバーナ」"
ワタコン（埼玉県川口市）"梱包用緩衝材の製造機械「エコワットKパッキン」"
◇奨励賞
アイテック（群馬県太田市）"エア駆動式立体搬送システム「シャトルムーバー」"
オーク製作所（東京都調布市）"ウエハーインスペクション装置（ウエハーバンプ測定装置）"
三水（埼玉県大宮市）"タコグラフ記録紙"
シモン（東京都文京区）"表底3層構造安全靴「トリフタン」"
湘菱電子（神奈川県鎌倉市）"溶接継手母材専用超音波テスター「SUT-1」"
デンケンエンジニアリング（大分県大分市）"3次元光プロッターシステム「SLP-3000/4000」"
新潟精密（新潟県上越市）"半導体製分布定数型ノイズフィルター「マイクロフィルマック」"
ニチエー吉田（静岡県浜松市）"ALC外壁対応・打放しコンクリートフェイス仕上げ"
フィグラ（東京都港区）"省エネルギー新機構複層ガラス「ECOSS」"
ホームコネクター（大分県大分市）"金物と接着剤を併用した木材接合技術「ホームコネクター工法」"

第7回（平6年度）
◇入賞
MSTコーポレーション（奈良県生駒市）"工作機械用補要工具「データワンコレットホルダC型」"

科学・技術

京都技術研究所(京都市伏見区) "セラミック(圧電)トランス"
サワーコーポレーション(大阪府枚方市) "フリーサイズ版洗浄機「サワー・クリーン」"
筑水キャニコム(福岡県浮羽郡) "土木・建設用自走式クローラ乗用運搬車「BFG1303」"
日本テレソフト(東京都千代田区) "点字読み取り装置「ブレイル・リーダー」"
日本ワコン(横浜市保土ヶ谷区) "光・オゾン酸化法による産業廃水リサイクル装置"
ニュークリエイション(東京都調布市) "半導体ウエハーID番号認識装置「MIEZO」"
ネオレックス(名古屋市熱田区) "マイクロバーコード タッチスキャナ・ターミナル"
溝尻光学工業所(東京都品川区) "マスク位相差測定装置"
吉喜工業(山形県米沢市) "プレシジョンNCサーボプレス"

◇奨励賞

大阪真空化学(大阪市平野区) "電子チップ部品を埋設した成形立体基板製造技術"
小野鋳造技研工業(大分市城崎町) "ウォーター・リバースシステム"
カータンス・ジャパン(甲府市中央) "各段片持・上昇・引込み式多段駐車装置「R型カータンス」"
住田光学ガラス(浦和市針ヶ谷) "赤外線チェッカー「YAGLASS(ヤグラス)」"
テクノツイン(山形県南陽市) "ハイテクツール「キサゲ ヘッド」"
ともえ(茨城県土浦市) "江戸前寿司ラッピングロボット"
日本鉄工所(横浜市瀬谷区) "タワークレーンのマスト支持装置の開発"
日本プロセスエンジニアリング(大阪府箕面市) "リン除去装置"
ミクロン精密(山形市蔵王) "MPG-500CC型偏心軸研削盤"
ワールドケミカル(埼玉県三郷市) "ノーバルブ自吸式マグネットポンプ「スーパーMAG」"

第8回(平7年度)
◇入賞
オーエックスエンジニアリング(千葉市若葉区) "自操式折りたたみ車いす「オーエックスMX-01」"

030 中小企業優秀新技術・新製品賞

オプトン(愛知県瀬戸市) "非接触三次元形状入力装置「ミニモアレ3Dカメラ」"
開発建材(東京都葛飾区) "竪型防水ルーバー「Uルーバー」"
桜田製作所(埼玉県北埼玉郡) "配管用地中穿孔装置「DIA-500・800」"
サンビックス(福島県郡山市) "ノンウィスカー亜鉛メッキ技術"
大昌建設(千葉県長生郡) "高所のり面掘削機「ラジコンロッククライミングマシーン」"
デジタルストリーム(神奈川県相模原市) "多次元光学ジョイスティック"
ニュークリエイション(東京都調布市) "光学式ウエハ三次元形状評価検査装置「DynaSearch」"
マイクロフィルター(東京都千代田区) "はっ水性焼結金属フィルター「マイクロコートフィルター」"
リョーワ(東京都墨田区) "特殊硝子切断機「竪型硝子切断機」"

◇奨励賞

ウチダ店装(山梨県中巨摩郡) "吸殻自動回収システム「PACC」"
シー・イー・デー・システム(東京都千代田区) "動画像データ・ディスク「IBSシリーズ」"
樹脂印刷社(東京都江戸川区) "吸盤付シートの製造法"
進栄電子(三重県一志郡) "クーロンメモリ式点滅表示装置"
総合プランニングサービス(東京都足立区) "小型自動クラフト包装機「PACKMAN」"
タナック(大阪市北区) "封筒封緘機「TDシーラー」"
テイ・アイ・シー(東京都港区) "埋戻材「マンメイドソイル」"
ティアンドデイ(長野県松本市) "Thermo Recorder「おんどとりRH」"
テクノ・クリーン(埼玉県行田市) "固結剤による焼却灰の自然固結化処理"
日新産業(石川県金沢市) "クイックペインター「ラクラ」"

◇佳作

アトラス(東京都新宿区) "業務用映像プリント供給装置「プリント倶楽部」"
サンキン加工(神奈川県相模原市) "面格子止め金具「かち込ブラケット」"
篠崎製作所(東京都品川区) "複写機,プリンタ用ローラのレーザリサイクル技術"

ゾナジャパン(川崎市高津区) "骨切術支援システム「ZONAOASIS」"
トラスコ(東京都港区) "電子検知型多段式自動濾過器"
トラックス(東京都港区) "通信リモート診断システム「TR8」"
プレシジョン・システム・サイエンス(東京都稲城市) "磁性体粒子を利用した臨床検査装置「HIMICO A-36」"
ホリティック(長野県中野市) "凹凸模様多色塗装「ナチュラルコーティングシステムーデプス」"
松永製作所(横浜市港北区) "電設設備用電力平衡型定電圧電源装置"

第9回(平8年度)
◇入賞
アイ・エッチ・エム(東京都中野区) "磁気ROMカードシステム"
エロイカコーポレーション(兵庫県芦屋市) "建築物の床こて仕上げロボット「MHE-1/さすけ」"
シンク・ラボラトリー(千葉県柏市) "自動グラビア製版システム「トータルブーメラン21」"
住田光学ガラス(埼玉県浦和市) "機能性蛍光ガラス「ルミラス3」"
東陽理化学研究所(新潟県燕市) "金属製二重容器の一体成形加工技術"
トシコ(埼玉県川越市) "粘着・付着の生産障害防止技術「トシカルS UNA-800GY」"
ニチエー吉田(静岡県浜松市) "打放しコンクリート欠損部の表面仕上げ技術"
日本ビーイーイー(大阪市此花区) "高圧ジェット流反転型乳化機「DeBEE 2000」"
ヨコタ工業(大阪府東大阪市) "精算型トルクコントロールレンチ"
ワコー(埼玉県大宮市) "圧電型3軸加速度センサー"

◇奨励賞
朝日インテック(愛知県瀬戸市) "プラスチックガイドワイヤー"
石井工業(松山市高岡町) "果実自動省力選別機「アポロレーザー」"
川上産業(名古屋市中村区) "紙製緩衝材「ペリマット」"
KGS(埼玉県比企郡) "点図触知セル「SC1」"
サカイヤ銘版(埼玉県川越市) "透過照明可能な立体的合成樹脂成形品「PSI」"

昭和機器工業(埼玉県比企郡) "リコイルスタータ「RCDタイプ」"
大商新基(東京都千代田区) "排土式深層混合処理工法"
テン(名古屋市瑞穂区) "電波吸収体「ライトタイル・テン」"
ミネ電業社(東京都墨田区) "型抜きシートの自動剥離と製品整理技術"
矢部自動車(神奈川県藤沢市) "4輪独立ゴムクローラ車「ミュー4クローラ」"

◇佳作
曙機械工業(埼玉県北足立郡) "ハードディスク専用加工機「M2J」"
MEC(東京都三鷹市) "スポーツゴムボール超音波式ピンホール検査装置"
シスコン・カムイ(旭川市東旭川町) "景観材"えぞ木カムイ"シリーズ「ウェーブウッド」"
ステップテクニカ(埼玉県入間市) "電子化電線用デジタル素子「ハイスピードリンクシステム」"
テクノ・テクノス(東京都品川区) "自動外観検査システム「トレンド・センシング」"
東北空調管理(仙台市太白区) "食材洗浄機「あらいぐま」"
ヒビノテルパ(東京都台東区) "無線機自動回転追尾装置「50G 360R」"
不二輸送機工業(山口県小野田市) "パレタイジングロボット「フジエースAC-160」"
リハビリエイド(神奈川県藤沢市) "4輪型ソリ付き歩行器兼用シャワー椅子"

第13回(平12年度)
◇技術・製品部門
●中小企業庁長官賞 エンバイオテック・ラボラトリーズ,北陸先端科学技術大学院大学 "環境ホルモンアッセイ「エンバイオメダカビテロゲニンELISAシステム」"
●優秀賞
イニシアム,東京工業大学 "生体分子間相互作用定量QCM装置「AffinixQ」"
今井三正堂 "鉄道の使用済み定期券の再利用化"
ウエタックス "水中通話装置「ダイバーガードAQ-50S」"
ケンテック "完全密閉システム(PCS)洗浄装置"
鹿浜製作所 "シート搬送用ローラー「グリップフィードローラー」"

ティー・ユー・エム研究所，九州大学 "ECAチップ（次世代DNAチップ）および測定装置"
トッキ "有機ELディスプレー製造システム「ELVESS-Series」"
米山製作所，東京都立科学技術大学 "軽量形材曲げ加工システム"
リタ総合企画 "構造用空洞ブロックの組立工法「ポカラユニット工法」"

- 優良賞
  エアシステム "空調ダクトの施工システム「CDA工法」"
  ケイ・イー・シー "通信機器・通信関連機器の待機電力カット装置「節電虫」"
  小森安全機研究所 "CNCクランクプレスへの改造技術「ソルミック」"
  三友製作所，茨城県工業技術センター "マイクロマニピュレーターシステム"
  地盤試験所 "回収型メカニカルグランドアンカー「リピートアンカー工法」"
  しんくろ "異音検出判定システム「ムーブレット」"
  ステップテクニカ "リアルタイムデータコミュニケーションLSI「CUnet」"
  ハイネット "無溶解アルミ缶リサイクルシステム"
  半導体エネルギー研究所 "アクティブマトリクス型有機ELパネルのTFT技術"
  森製作所 "MTR型破砕機"
- 奨励賞
  井原築炉工業 "乾式ハニカム急速ガス減温装置"
  オプトハイテック "超小型・軽量・高倍率・高被写界深度のCCDカメラ「OPT-HANDY1」"
  サンユレック "耐熱性ポリウレタン樹脂防水絶縁材料「SU-3600、SU-3900、SZ-1183」"
  純正 "サンドイッチパネル「ダンネツハニカム」"
  テラルキョクトウ "直結加圧形ポンプユニット「ミニキャビ MC-DFC型」"
  平井 "マスフローコントローラーのキャリブレーター"
  ベストブラス "トランペット等の金管楽器消音音響技術"
  前田機工，福岡県工業技術センター "木製トレイ連続製造システム"
  矢田産業 "スクリュー式連続溝掘機「ホルゾーくん YK-3-2060」"
◇ソフトウェア部門

- 優秀賞
  アイディーエス "iモード端末認証サーバ「MITS」"
  グローバルソフトウェア "医療支援システム「イージーカルテ」"
- 優良賞 ライフコンプリート "TTIM方式ケアプラン作成ソフト"
- 奨励賞
  テクノスジャパン "農地地図管理システム「FACTOSS+GIS」"
  マキエンタープライズ "インターネット用多言語ソフト"

第14回（平13年度）
◇技術・製品部門
- 中小企業庁長官賞 オキサイド "スーパーLN・スーパーLT単結晶"
- 優秀賞
  アルファシビアルエンジニアリング "多軸ボックス掘進機"
  片岡製作所 "ハイブリッドLDYAGレーザ「KLY-HP300α」"
  環境経営総合研究所 "古紙および廃プラスチックのリサイクルによる住宅断熱材「アースリパブリック」"
  興研 "高効率プッシュプル型換気装置を組み込んだ快適休憩室「オアシス」"
  三共ユナイト工業 "超軽量ステンレス複合板「サスライト」"
  シンキー "自転・公転方式のミキサー「あわとり練太郎/AR-100」"
  生体分子計測研究所 "遺伝子組み換え食品の検査技術"
  ナップエンタープライズ "フォーレス情報通信端末機「マイレクスフォン」"
  ナノテック "マルチレイヤーPVD装置「DASH-800A・S・D」"
  ナミックス "高熱伝導半導体封止剤"
  浜松メトリックス "多体計算加速装置「GRAPE-6」"
- 優良賞
  エス・ティ・エム エンジニアリング "渦創流機「オクタジェット」"
  キクテック "排水性舗装用道路区画線消去工法「Jリムーバー」"
  サンケンスチール "低層型吸音壁「アレストンボックス」"
  サンノハシ "精密冷間鍛造によるヘリカルギヤの量産化"
  ダイニチ，岐阜大学工学部 "研究用人間型ロボットハンド「Gifu Hand III」"

知恵の輪 "フッ素保護光式多点液面レベルセンサ「COP-05」"
ファーネス重工 "アルミ合金の急速昇温熱処理炉"
前田工繊 "落石防護擁壁「ジオロックウォール」"
ワイエス電子工業, 山梨県工業技術センター "高速ツーリング焼きばめ用誘導加熱装置「MEGA HEATER」"
- 奨励賞

エリオニクス "電子線ディスクマスタリング装置"
コメット "光殺菌装置「パルスピーマー」"
第一コンサルタント "高速畜糞発酵装置「Cモード」"
第一施設工業 "ガラス基板の非接触縦型洗浄機"
高橋技研 "ポリマーアロイ玉軸受"
田野井製作所 "盛り上げタップ「ITタフレット」"
ディムコ "省エネ・高速型電子写真用定着ローラー"
テクノ・テクノス "自動外観検査装置「テクノ・トレモア・センシング3510H」"
ビッグ・エッグ "小形船舶エンジン非常停止装置「かえる」"

◇ソフトウエア部門
- 優秀賞 サイテック "tpCAD/CAM-鍛造バージョン"
- 優良賞 イズミソフトウエア "いずみ生産管理システム"
- 奨励賞

アニモ "Voice Passport"
コーデックソフトウエア "高速・工画質Mpeg-4"

第15回(平14年度)
◇技術・製品部門
- 中小企業庁長官賞 住田光学ガラス "精密モールドプレス用光学ガラス「K-PG325(スーパーヴィドロン)」"
- 優秀賞

アドバンストシステムズジャパン "高速・高機能LSIに対応する高周波対応ソケット「スパイラルコンタクト」"
オプトデバイス研究所 "表面実装対応の高輝度反射型LED"
ガステック, 慶応義塾大学理工学部 "ミニチュア拡散スクラバーによる室内空気汚染ガスの簡易測定装置"
共栄木型鋳造 "砂型鋳造法による極薄肉ステンレス鋳造技術"
霧島高原ビール "GEN方式にる生ゴミ飼料化装置"
酒井興産 "廃多芯電線の自動解体システム"
トヤマキカイ "ソーラーセル高速自動配線配列装置"
光コム研究所 "バルク型光コム発生器"
マルイ "生コン単位水量計「W-Checker」"

- 優良賞

元旦ビューティ工業 "リサイクル材の常温固化成形技術"
協立化学産業 "液晶滴下工法用LCDメインシール剤「ワールドロックNo717」"
小坂研究所 "高精度多関節形三次元測定機「ベクトロン」"
山城精機製作所 "ゴム射出成形機「SAN-PICS」"
スターウェイ "環境対応型梱包箱「イースターパック」"
日本原料 "ろ過材交換不要のろ過タンク「シフォンタンク」"
富士シート "人に優しい自動車用シートの組立技術"
ベテル, 独立行政法人産業技術総合研究所計測標準研究部 "熱物性顕微鏡「サーマルマイクロスコープ」"
メガオプト "高速波長可変赤外レーザーシステム「POPO-11」"
リベックス "パルス入力によるリアクタンス変化を利用した小型位置検出器"

- 奨励賞

エム・エステクノロジー "太陽電池充電源装置"
旭東電気 "配線用遮断機「ワンタッチブレーカ」"
形相研究所 "実装はんだ検査装置"
コトブキ技研工業 "乾式製砂プラント「V7製砂システム」"
サイバーレーザー, 慶応義塾大学理工学部 "産業用フェムト秒レーザー「イフリート」"
積層金型研究所 "板材積層による金型製作技術"
ティー・オーカンパニー "高輝度蓄光シートと蓄光機能付き再帰反射機能部材"
ヨコタコーポレーション "自動尿検査システム「UC2000」"
レーベン販売 "学校給食用配食具"

◇ソフトウエア部門
- 優秀賞

ジャパン・インフォメーション・テクノロジー, 独立行政法人通信総合研究所情報通信部門 "データベース暗号化技術「イーサイファーゲート」"

ダイナコム "スニップ疾患解析ソフト「スニップアライズ」"

パルティオソフト "従量制課金・流通プラットフォーム「パルティオソフト電池」"

- 優良賞　ベイテックシステムズ "e-CRMトータルソリューションパッケージ「ベイマーケティング」"
- 奨励賞
  シーズ・ラボ "三次元電子マニュアル支援ソフト「マジックマニュアル」"
  バディ・コミュニケーション, 園田学園女子大学国際文化学部 "教育ソフトウエア＆ASP「Web学級日誌」"

## 第16回（平16年）
### ◇技術・製品部門
- 中小企業庁長官賞　ミナミ "スクリーン印刷技術によるウエハレベルCSPのパッケージング"
- 優秀賞
  エリオニクス "超高精度電子線描画装置"
  オプトハブ "多機能化した非相反光回路による小型高性能光増幅器"
  オプトラン "IAD式光学薄膜成膜装置用大電流RFイオンソース"
  コトブキ技研工業 "ナノ超分散機「ウルトラアペックスミル」"
  ソアテック "レーザー式3次元測定機「ソアリングアイ」"
  大成プラス "アルミ合金に硬質樹脂を射出接合する技術"
  テムテック研究所 "サファイヤ真空センサー"
  脳機能研究所 "脳波解析による痴呆症早期診断法"
  浜松メトリックス "高速光ディスク検査装置「ディスクプロ」"
  ヤマキ "超小型光チョッパモジュール"
- 優良賞
  アンデス電気 "角柱状光触媒を搭載した空気浄化機「青い森の風」"
  ゲノムサイエンス研究所 "ヒト白血球抗原遺伝子型判定キット「ジェノサーチHLAシリーズ」"
  ケミカル山本 "不導態化を増強したステンレス用中性電解焼け取り法"

三共合金鋳造所 "バナジウム球状炭化物材料"

東京インスツルメンツ "顕微ラマン分光装置「Nanofinder 30」"

東京システム開発 "裸眼にて複数同時観察が可能な立体画像ディスプレー"

中井工業 "高張力白心可鍛鋳鉄鋳物（HTMW）"

日本システム開発 "超精密変位計測デジタルセンサー"

マイウッド・ツー "スギ圧密化無垢フローリング「つよスギ」"

レイテック "架橋フッ素樹脂コーティング技術"

- 奨励賞
  エー・ジェー・シー "マグネシウム合金板材の高速超塑性深絞り成形加工技術"
  オビツ製作所 "関節が自由にポーズをとれる人形「オビツボデイ」"
  オメガテクノモデリング "カメラ付き携帯電話使用監視機器「シ La セール」"
  NPO法人環境生物工学研究所 "全自動生ゴミ消化機"
  サンエレクトロニクス "高機能型電子キャンドル「e-Candle ゆらぎ」"
  三輪精機 "インパクトレンチ駆動によるキャブティルトポンプ"
  高村経営技術相談所 "双眼立体視額帯鏡"
  田中環境開発 "ウォータージェットを利用した超高圧水による地層洗浄工法"
  テクネックス工房 "超小型走査電子顕微鏡「Tiny-SEM」"

### ◇ソフトウェア部門
- 優秀賞
  エル・エー・ビー "動作解析・アニメーション統合ソフトウエア「PV-STUDIO」"
  ナブラ "写真を使った立体表示ソフトウエア「フォトポッパー」"
- 優良賞　ティーファイブ "手書きCADソフトウエア「CADPlus EZ Design」"
- 奨励賞
  カイ "医学教育用ソフトウエア「カイ 3D 人体アトラス」"
  コイシ "土木工事測量施工支援システム「KOISHI-3D」"

## 第17回（平17年）
### ◇技術・製品部門
- 中小企業庁長官賞　マイクロエムズ "単体の振動板を用いた双方向同時通話技術"

- 優秀賞
  - アミノ　"25000KNメカニカルリンクサーボプレスの開発"
  - 池上精工　"卓上4軸長尺形材加工装置「Sash-IN」"
  - 上野精機　"半導体テストハンドラー「UBAS」"
  - 英弘精機　"気温・湿度・エアロゾル計測用「EKO マルチライダー システム」"
  - 片山商店　"多品種小ロット織物に対応する生産システム「アレンジワインダー」"
  - 環境浄化研究所　"殺菌製剤固定化膜の製造技術とその応用製品"
  - K.R&D　"高効率ACモーター"
  - ニッサンキ　"洗浄ブラスト装置「アクアブラスター」"
  - 光コム研究所　"導波路型光コム発生器"
  - 双葉エレクトロニクス　"ニオイ情報管理システム「e-nose」"
  - プリンス電機　"高周波点灯専用蛍光ランプ「省ライン」及び専用電子安定器、リニューアルキット"
- 優良賞
  - アキュラホーム　"普及価格帯次世代省エネルギー住宅「はるのSI」"
  - インスタイル　"手作り民族楽器キット「Tinga・Do」"
  - 北星鉛筆　"乾くと木になる木彩画用「ウッドペイント・もくねんさん」"
  - 協同　「モーリアンヒートパック」
  - ジェイネット　"精密測定装置「Jeyecore（ジェイコア）」"
  - フジワラ　"鉛フリー船釣り用オモリ「ワンダー」"
  - プリマックス　"シール剤印刷用スクリーンマスク「マルチプレート」"
  - フルウチ化学　"生体親和性の高い医療用接着剤"
  - レイテック　"金属加工機「Ｚプラズマ」"
- 奨励賞
  - アイオムテクノロジー　"MLCC製造におけるセラミック高度分散技術"
  - アトラテック　"冷陰極管用インバーター駆動LSIとトランス"
  - ウエダ産業　"廃木材切断機「ワニラーV」"
  - 飾一　"完全循環型機能性包装紙の開発"
  - テクノコアインターナショナル　"温度上昇なしで長寿命を実現した急速充電技術"
  - 永松　"新規高分子を用いた調湿シート"
  - ネオアーク　"高倍率動の磁区観察顕微鏡「BH-7861-8I」"
  - 根本特殊化学　"高輝度長残光性蓄光式避難誘導標識"
  - 平和テクニカ　"高速精密切断機「ファインカット SP-310型 ZIIIタイプ」"
- ◇ソフトウェア部門
- 優秀賞　永和システムマネジメント　"オブジェクト指向分析設計をサポートする「JUDE」"
- 優良賞
  - アニモ　"通話録音/検索・分析パッケージ「VoiceTracking Pro.」"
  - ジャスミンソフト　"誰でも簡単にWebアプリ開発ができる「JasmineSoft Harvest」"
- 奨励賞
  - セルシス　"高機能ケータイ画像ビューア「BeView」"
  - ニーモニックセキュリティ　"個人認証・暗号統合ソフト「クリプトニーモ」"

第18回（平18年）
◇技術・製品部門
- 中小企業庁長官賞　ナノフォトン　"レーザーラマン顕微鏡「RAMAN - 11」"
- 優秀賞
  - 入江工研　"差圧キャンセル式大型ゲートバルブ「GARIVA」"
  - カケンジェネックス　"DNA・蛋白質マイクロアレイヤー「Genex 2005 Arrayer」"
  - コーポレーションパールスター　"畦編み式高保温靴下編機と靴下"
  - サスライト　"USBデバイス「SASTIK-OMB（サスティックゼロメガバイト）」"
  - 創造化学研究所　"多検体有機溶媒濃縮回収システム「ソルトラッパー」"
  - タンケンシールセーコウ　"非接触搬送・全面吸着固定用パッド「ポーラスカーボンパッド」"
  - トーヨ　"森林作業防護服「グリーンボーイ」"
  - ネオアーク　"アセチレン安定化半導体レーザー光源「C2H2LDS-1540」"
  - プロサイド　"EDA専用ワークステーション「edAEW216シリーズ」"
  - ヘルツ　"走査型プローブ顕微鏡・超精密機器用アコースティックエンクロージャー"
- 優良賞
  - インターナショナルアロイ　"薄肉パイプ伝動軸の一体塑性加工技術"
  - エムティ技研　"粉粒体用シームレス織物製ローリー"
  - オー・エス・ピー　"ガス検知器「ハンディ

VOCセンサー」"
クロビットジャパン "光学素子「クロビット」"
タイヨー電機 "レーザー式欠陥検査装置「LD-01」"
野毛電気工業 "ウエハーレベルパッケージにおけるめっき技術"
リバテープ製薬 "基礎化粧品「レフリエローション・ウォッシングフォーム・クリーム」"
- 奨励賞
  アイデックス "輸送梱包試験機「BF-50UT」"
  アオイ化学工業 "電気加熱式シート貼り付け自走機械による床版防水工法「プロフレックス工法」"
  イシマット・ジャパン "銀鏡反応塗装システムにおける銀鏡液などとその塗装システム"
  尾池テック "難燃性金銀糸「ルフレーヌ」"
  三進金属工業 "パレット保管用水平流動ラック「ライブストレージ」"
  ジオ "紫外線チェッカー「UV-MONI」"
  システムトライ "フットペダル式スライド型サイクルスタンド"
  テック大洋工業 "環境対応型高機能性の照明ポール「タイヨポール」"
  中田製作所 "極微小径穴加工技術"
  鷹山工房 "蓄光・蛍光特性を持った有田焼「ルナ・ウエア」"
◇ソフトウエア部門
- 優秀賞
  サイバー・ソリューションズ "ネットワークの見張り番「NetSkateKoban」"
  ラティス・テクノロジー "大規模データのデザインレビューツール「XVL Studio Pro」"
- 優良賞
  サイテック "次世代汎用解析ツール「cxCAE悟空(悟空/mdmGOKU)」"
  スパークスシステムズジャパン "要求管理ツール「RaQuest」"
  マイクロフォーサム "文書管理システム「S-Copセキュアキャビネット」"

第19回(平19年)
◇技術・製品部門
- 中小企業庁長官賞 愛知産業 "低加圧力片面スポット溶接機「AS-1」"
- 優秀賞
  エヌエム "無機ガラス系コーティング機「ウォーターコート」"
  カネミヤ "汚濁軟質プラスチックを有価にする洗浄機「Bun-Sen」"
  芝技研 "大型ガラス基板片面研磨装置"
  太陽精機 "自動紙折り機「AFC-566FKT」"
  第和工業 "セラミックハニカムカーボンを使用した有機溶剤回収システム"
  高島産業 "精密微細冷間鍛造技術"
  ティーエヌ工舎 "埋め込み爪を逆V字形に設置した代掻きローラー"
  テクノビジュアル "映像記録装置「デジタルレコーダ(TN-DW1,TN-DW2)」"
  ピアレックス・テクノロジーズ "光触媒機能を有するフッ素樹脂コーティング剤"
- 優良賞
  RPGテクニクス "ランダムパルス発生器(APG)"
  イズム "ソーラー式視線誘導標「サーモアイ」"
  エンバイオテック・ラボラトリーズ "カドミウムの免疫測定試薬「EnBio カドミウム・ラピッド・テスト」"
  関西工事測量 "コンクリート構造物の耐久性調査システム「KUMONOS」"
  静宏産業 "NIGカード(遺伝形式生物資源運搬・保存カード)"
  トップ工業 "直張り防音フローリング「エコ・エアーフローリング」"
  浜松メトリックス "高精度色ムラ検査装置「Techview G1」"
  美希刺繍工芸 "モザイク刺繍技術"
  山本科学工具研究社 "ナノインデンテーション用超微小硬さ基準片"
- 奨励賞
  オプトハイテック "デジタルカメラ顕微鏡"
  鹿沼商工会議所 鹿沼ものづくり技術研究会 "微細ガラス加工機と切削加工技術"
  河合紀陶房 "カルー陶・食器"
  コスモメカニクス "扁平型直流モーター「I・Kモータ DC24」"
  全研 "ろ過装置「STN(すてないん)フィルター」"
  ナディック "パイプ内面バリなし穴あけプレス加工技術"
  日本分析工業 "ガスクロマトグラフ用固体およびガス体試料導入器"
  ビオテック "貼紙・落書予防コーティング剤「Pioシリーズ」"
  メクトロン "6面加工機「MCH-80」"

◇ソフトウエア部門
● 優秀賞
アルモニコス　"非接触測定データからCAD用曲面データを生成するリバースエンジニアリングシステム「spScan」"
ネットディメンション　"組み込み機器向け3Dマルチメディアコンテンツエンジン「MatrixEngine embedded」"
フィアラックス　"3次元アプリケーション融合技術「Fusion」"
● 優良賞
ヴィッツ　"FlexRay通信ソフトウェアセット"
チアル・アンド・アソシエイツ　"ファイルサーバを利用したファイルセキュリティ管理システム「Secure Filer Pro」"
● 奨励賞
カーネルシステムズ　"イメージ変装機能付イメージファイリングシステム"
セキュアブレイン　"企業向けフィッシング詐欺対策ソリューション「SecureBrain PhishWall」"

第20回（平20年）
◇技術・製品部門
● 中小企業庁長官賞　三共合金鋳造所　"環境配慮型「凍結鋳型鋳造」の工場実用化技術"
● 優秀賞
インテリジェントセンサーテクノロジー　"プロの官能試験を強力にサポートする味覚センサー（味認識装置）「TS-5000Z」"
エクセル　"多機能エクスチェンジブロー成形技術"
型研精工　"高速3次元メカニカルトランスファー装置とトランスファー金型"
光学技研　"深紫外対応グラントムソン偏光制御素子"
コロナ工業　"アルミ薄板の彫り抜き成形技術による自動車用メーター"
サタケ　"亀裂の入った玄米の光学式選別機"
セルシード　"環境と人に優しい分離精製プロセス「Aqua Wayシリーズ」"
高桑美術印刷　"ソフトビーズ加工による紙製ディスクパッケージ"
日生バイオ　"有害物質除去バイオフィルター"
ワールドケミカル　"ケミカルスラリーポンプ「YD-LR型リニアシール式」"
● 優良賞
エムズ　"スプリングドリル「ESD40」"
大阪ラセン管工業　"高圧仕様フレキシブルチューブ"
クライムエヌシーデー　"プレス金型縦切り用ロールカットシステム「TSロール」"
ジャパンパック　"切花の鮮度保持輸送ケース「N-フラワーシリーズ」"
創造化学研究所　"有機溶媒濃縮回収システム「ソルトラミニ」"
第一熱研　"超音波式ガス分析計"
司コーポレーション　"住宅用基礎型枠「タイト・モールド」"
安田工業　"線材の連続窒素固相吸収処理技術"
リバテープ製薬　"救急絆創膏「フレックスケア」"
● 奨励賞
インターセプト　"遮熱コーティング剤「エコシールド」"
GEN CORPORATION　"同軸二重反転型一人乗りヘリコプター"
四国化工機　"高速アセプティック紙容器充填機「UP-S120AS」"
品川工業所　"高速混練造粒機"
テクノクラーツ　"次世代アンダーカット成形装置"
東洋高圧　"高圧処理装置「まるごとエキス」"
日本教育楽器　"楽器用リードプレートの新製造技術"
野村乳業　"植物乳酸菌ヨーグルトの製造技術"
ビー・ソフトハウス　"オーディオ信号処理技術「PHISYX」（再生速度/音程変更処理）"
山本貴金属地金　"光重合型歯冠用硬質レジン「ルナウィング」"
◇ソフトウエア部門
● 優秀賞
ソフトアドバンス　"プレゼンテーションソフトウエア「プレジビジョン」"
ハイパーテック　"クラッキング防止ソフト「クラック・プルーフ」"
● 優良賞　学びing　"エデュテイメント・アドツール「けんてーごっこ」"
● 奨励賞　礎デザインオートメーション　"浮動小数点変数の固定小数点高速自動変換ツール「FP-Fixer」"

第21回（平21年）
◇技術・製品部門

科学・技術　　　　　　　　　　　　　　　　　　　　030　中小企業優秀新技術・新製品賞

- 中小企業庁長官賞　マイクロエミッション　"液体電極プラズマによる原子発光分析法を用いたハンディ元素分析器「MH-5000」"
- 優秀賞
  エ・モーション システム　"自己校正機能付きロータリーエンコーダーおよび角度測定装置"
  オプナス　"可変シリンダー錠「メモリス」/施解錠状態表示キー「アイズ」"
  環境経営総合研究所　"廃棄紙を主原料にしたポストプラスチック原料「MAPKA」"
  キューオーエル　"女性のセルフケアをサポートする衣服内温度計測システム「Ran's Night/Ran's Story」"
  神港精機　"ダイヤモンドライクカーボン膜コーティング装置「PIG式DLC膜形成装置」"
  積層金型　"拡散接合による高機能積層金型"
  セルシード　"細胞シート回収用温度応答性培養皿「UpCell」"
  ブレーンベース　"リン酸カルシウム骨造成材「ArrowBone-α」"
  美希刺繍工芸　"刺繍機によるフェザーテックス製法技術"
  三鷹光器　"非接触輪郭形状測定機「MLP-2」"
- 優良賞
  アイエヌジ商事　"コバルトやニッケル基合金の代替最新鉄系合金"
  アルケア　"2品型人工肛門・膀胱用装具「セルケア2」"
  クラーロ　"コンパクトデジタルスライドスキャナー「TOCO」"
  こだま食品　"機能性成分を保持した即席粉末食品「さっ速おろし」"
  シバタシステムサービス　"粘着式ピンセットによる結晶保持技術"
  新光電子　"高精度音叉式分析天びん"
  竹中製作所　"カーボンナノチューブと樹脂の高強度被膜による防食技術「ナノテクト」"
  長崎かなえ　"階段を昇降できる大腿義足膝継ぎ手「NAL-knee」"
  ユーテック〈有〉　"フィルム巻き不要のプラスチックコンテナボックス「フィルムレスボックス」"
  吉田テクノワークス　"錫の不連続蒸着フィルムを用いたインモールド成形技術"
- 奨励賞
  アイスリー　"ゼンマイ装置による引き戸開閉アシスト装置「AIDoor」"
  伊東電機　"マイコン内蔵ローラー「パワーモーラXE」"
  光英システム　"次世代車載端末「K250」"
  コロナ工業　"携帯電話端末用グラデーション装飾パネル"
  藤島　"太陽光発電とLEDを利用した街路灯「スフィア街路灯」"
  プロステップ　"携帯真空ポンプ"
  ミヤコシ　"インクジェット捺染シリアルプリンター「TXP18A」"
  リスダンケミカル　"汚水を出さないワックス皮膜の剥離剤「ドライワックスオフ特撰」"
◇ソフトウエア部門
- 優秀賞
  ジャパンメディアシステム　"Web会議システム「LiveOn（ライブオン）」"
  テンダ　"マニュアル作成ツール「Dojo（道場）」"
- 優良賞　マイクロブレイン　"手書きと部品で自由な発想「白板ソフト」"
- 奨励賞
  アニモ　"5カ国語音声合成・翻訳SaaS「SpeechFactory」"
  サイエンスパーク　"電子情報封印ソフト「NonCopy（ノン・コピー）」"
  ブレイン　"クラッシュ加工織物デザインシステム"

第22回（平22年）
◇一般部門
- 中小企業庁長官賞　KRDコーポレーション　"手術器具用ICタグ管理システム「シムセーフ」"
- 優秀賞
  五合　"天井クレーンコントローラー「zen（禅）」"
  滋賀バルブ協同組合　"鉛フリー銅合金「ビワライト」"
  巴バルブ　"バタフライ式高差圧コントロールバルブ「DTM」"
  日冷工業　"表面張力応用マイクロ蛇腹溝の気液分離器"
  日本伸管　"自動複写機用V型溝付きマグネットロール"
  フォトニックラティス　"ワイドレンジ2次元複屈折評価システム「WPA-100」"
  マイクロテック・ラボラトリー　"超小型・高分解能ハイブリッドロータリーエン

コーダー「EAシリーズ」"
  吉泉産業　"定貫魚切り身スライサー「スーパー魚やさん」"
- 優良賞
  アイテック　"超臨界水を用いた連続式のナノ粒子合成装置"
  アルケア　"可視光硬化骨折治療用スプリント材"
  エイ・アイ・シー　"直接印刷を可能にしたインクジェットプリンター「ダイレクトジェット」"
  ガステック　"ガスボンベを用いない希薄標準ガス調製装置"
  K.R&D　"完全回転バランス型シリンダー装置"
  昭和テックス　"低温熱圧着式のレールボンド接合法「ST式HPレールボンド工法」"
  泉工医科工業　"人工心肺用システム「メラ人工心肺装置HASII」"
  八興　"樹脂ホース「スーパー柔軟フッ素スプリング」"
- 奨励賞
  アサヒ・イー・エム・エス　"超音波複合振動溶接機「LT2000-QC」"
  イズム　"糞便性大腸菌自動計測システム"
  エス・エス・アロイ　"省エネルギーを実現する直接通電熱加工装置「プラズマンキット」"
  エフアイエス　"センサーガスクロマトグラフ「ODSA/ODNA」"

  グラパックジャパン　"印刷物にレンズ効果を施した表面装飾技術「ブリオコート」"
  沢田防災技研　"シャッターガード"
  昭和冷凍プラント　"窒素ガス封入氷製造システム"
  タイカ　"立体的な意匠表現を可能にした水圧転写技術「E-CUBIC」"
  日本ファステム　"ウォーターレス道路カッター"
◇ソフトウエア部門
- 優秀賞
  E.I.エンジニアリング　"エネルギーシミュレーションソフト「ENEPRO21 Regular、Lite」"
  しくみデザイン　"エンタメ・デジタルサイネージソフト「Saika」"
  ファンタジスタ　"電子書籍投稿・配信サービス「mixPaper」"
- 優良賞
  チェプロ　"Webシステム開発支援ツール「WAOtech」"
  フォティーンフォティ技術研究所　"ウイルス対策ソフト「FFR yarai」"
- 奨励賞
  アイ・ツー　"リモートPCミスターオンプラス"
  ダイナトロン　"メタルマスク編集ソフト「シンボル・ビルダー」"
  ライフデザイン　"楽々動画作成・配信システム「ハッピーアピ」"

## 031　東レ科学技術賞

　昭和35年、東レ株式会社の寄付に基づいて、科学技術の研究を助成振興し、科学技術思想の普及を図り、もって科学技術及び文化の向上発展に寄与することを目的として、財団法人東レ科学振興会の設立と同時に開始された。理学・工学・農学・薬学・医学（除・臨床医学）関係で顕著な業績のあった者に贈られる。

【主催者】（財）東レ科学振興会
【選考委員】（第51回）委員長：末松安晴、選考委員：浅島誠、田村剛三郎、末松誠、玉尾皓平、永宮正治、前川禎通、山本雅、岡崎健
【選考方法】関連学協会の推薦による
【選考基準】〔対象〕(1)学術上の業績が顕著なもの。(2)学術上重要な発見をしたもの。(3)重要な発明をしてその効果が大きいもの。(4)技術上重要な問題を解決して技術の進歩に大きく貢献したもの
【締切・発表】毎年10月締切、翌年2月下旬決定しプレス発表。贈呈式は3月下旬
【賞・賞金】1件につき、賞状、金メダルと賞金500万円

【URL】http://www.toray.co.jp/tsf/

第1回（昭35年度）
　内藤 多仲（早稲田大学）　"建築構造における耐震壁の研究"
　桜田 一郎（京都大学）　"合成繊維に関する研究"
　平田 森三（東京大学）　"破壊現象の研究"
　江崎 玲於奈（ソニー）　"半導体電気装置"

第2回（昭36年度）
　牧野 佐二郎（北海道大学）　"哺乳動物および人類の染色体研究"
　加藤 弁三郎（協和醱酵工業）　"醱酵法による諸種アミノ酸の製造に関する研究"

第3回（昭37年度）
　坂口 謹一郎（東京大学）　"核酸の一新分解酵素系とそれを応用した呈味物質に関する研究"
　関口 春次郎（名古屋大学）　"溶接用鋼線についての新提案と新溶接法の創始"

第4回（昭38年度）
　明石 雅夫（日本電気）　"酸化物磁性材料"
　山本 時男（名古屋大学）　"メダカにおける性の人為的転換（魚類の生理遺伝学的研究）"

第5回（昭39年度）
　高橋 秀俊（東京大学）　"情報理論および量子雑音に関する研究"
　西山 善次（大阪大学）　"マルテンサイト変態に関する研究"

第6回（昭40年度）
　上田 良二（名古屋大学）　"電子回折の理論および応用"
　谷 一郎（東京大学）　"粘性流体力学，特に境界層に関する研究"

第7回（昭41年度）
　岡本 剛（北海道大学）　"金属の腐食防食に関する研究"
　小谷 正雄（東京大学，大阪大学）　"分子構造の量子力学的理論"

第8回（昭42年度）
　奥貫 一男（大阪大学）　"チトクロム系の研究"
　永田 武（東京大学）　"岩石磁気の研究"

第9回（昭43年度）
　中村 素（石川島播磨重工業）　"新高張力鋼の開発とその工業的利用に関する研究"
　三宅 静雄（東京大学）　"回折結晶学の基礎研究"

第10回（昭44年度）
　西島 和彦（東京大学）　"素粒子の「奇妙さ」法則の発見"
　前田 憲一（京都大学）　"電離層物理学の研究"

第11回（昭45年度）
　小田 稔（東京大学）　"X線星観測器の開発とX線天文学の研究"
　久保 昌二（名古屋大学）　"核四極共鳴による化学結合の研究"

第12回（昭46年度）
　菊池 喜充（東北大学）　"磁歪振動に関する研究"
　松原 武生（京都大学）　"量子統計力学の研究"

第13回（昭47年度）
　丸安 隆和（東京大学）　"写真測量の応用開発に関する研究"
　八木 国夫（名古屋大学）　"フラビンおよびフラビン酵素の研究"

第14回（昭48年度）
　有馬 啓（東京大学）　"Mucor Renninの発見と研究"
　霜田 光一（東京大学）　"量子エレクトロニクスの研究"

第15回（昭49年度）
　久保田 尚志（大阪市立大学，近畿大学）　"黒斑病甘藷の成分および植物苦味物質に関する研究"
　杉本 健三（大阪大学）　"原子核の磁気および電気モーメントの研究"

第16回（昭50年度）
　乾 崇夫（東京大学）　"球状船首による波なし船型の研究"
　今堀 和友（東京大学）　"生体高分子の構造・物性と機能に関する研究"

第17回（昭51年度）
　大林 辰蔵（東京大学）　"太陽地球系物理学"
　佐藤 了（大阪大学）　"ミクロゾーム電子伝達系の生化学的研究"

第18回（昭52年度）
　向山 光昭（東京大学）　"新しい有機合成反応の開拓と天然有機化合物の合成"
　鈴木 旺（名古屋大学）　"プロテオグリカン

の構造,生合成,生物学的機能"

第19回(昭53年度)
　小川 四郎(東北大学,芝浦工業大学) "回折結晶学の金属物性研究への応用"
　三宅 三郎(東京大学) "深部地下における宇宙線の研究"

第20回(昭54年度)
　三枝 武夫(京都大学) "新しい重合反応の発見とそれによる新規高分子の合成"
　高柳 和夫(東京大学) "原子・分子衝突過程の理論とその宇宙物理学への応用"

第21回(昭55年度)
　団 勝磨(東京都立大学,三菱化成生命科学研究所) "卵の細胞分裂機構に関する研究"
　加藤 範夫(名古屋大学) "X線回折の球面波理論"

第22回(昭56年度)
　力武 常次(東京大学,日本大学) "地球内部における電磁気的諸問題の研究"
　松田 久(大阪大学) "高分解能質量分析計の製作とその分子科学への応用"

第23回(昭57年度)
　内山 龍雄(大阪大学,帝塚山大学) "一般ゲージ場の理論"
　河田 幸三(東京大学) "固体の高速変形力学の研究"

第24回(昭58年度)
　芳田 奎(東京大学,東京理科大学) "近藤効果の理論"
　岩崎 俊一(東北大学) "高密度磁気記録の研究"

第25回(昭59年度)
　田中 郁三(東京工業大学) "光化学基礎過程の解明"
　浜川 圭弘(大阪大学) "アモルファス炭化硅素半導体の価電子制御とその応用に関する研究"

第26回(昭60年度)
　金沢 武(長崎総合科学大学) "溶接した鋼板の脆性破壊の研究とその試験法を開発"
　木幡 陽(東京大学) "糖たんぱく質の糖鎖の構造決定法を開発,糖鎖の生理的役割などを研究"

第27回(昭61年度)
　斎藤 信彦(早稲田大学) "生体高分子の統計力学的研究"
　田部 浩三(北海道大学) "固体酸および固体塩基の研究と開発"

第28回(昭62年度)
　朽津 耕三(東京大学) "気体分子の構造と動的性質の研究"
　森田 正人(大阪大学) "$\beta$崩壊と$\mu$粒子捕獲の理論"
　遠藤 章(東京農工大学) "コレステロール合成阻害剤の研究"

第29回(昭63年度)
　末松 安晴(東京工業大学) "動的単一モード半導体レーザの研究"
　鈴木 増雄(東京大学) "相転移の統計力学的研究"

第30回(平1年度)
　田中 靖郎(宇宙科学研究所) "科学衛星によるX線天文学の研究"
　野依 良治(名古屋大学) "有機金属化学に基づく有機合成"

第31回(平2年度)
　糟谷 忠雄(東北大学) "希土類化合物の磁性と伝導の理論的研究"
　稲場 文男(東京大学) "光エレクトロニクスにおける先駆的研究"

第32回(平3年度)
　茅野 春雄(北海道大学名誉教授) "脂質を運ぶタンパク質,リポホリンの研究"
　小嶋 稔(大阪大学教授) "希ガス地球科学の研究"
　川路 紳治(学習院大学教授) "二次元電子系の量子物理の研究"

第33回(平4年度)
　井村 徹(愛知工業大学教授) "高速回析顕微法の開発と格子欠陥の挙動の研究"
　伊理 正夫(東京大学教授) "離散システムに対する数理的方法の確立と応用"
　斎藤 修二(岡崎国立共同研究機構分子科学研究所教授) "星間分子の分光学的研究"

第34回(平5年度)
　宮沢 弘成(神奈川大学理学部教授) "超対称性の提唱と中間子物理における先駆的業績"
　井上 祥平(東京大学工学部教授) "高分子合成反応の精密制御とその展開"

第35回(平6年度)
　吉沢 透(京都大学名誉教授 大阪産業大学工学部教授) "視覚の光生物物理学の研究"
　伊賀 健一(東京工業大学精密工学研究所教授) "面発光レーザおよびマイクロレンズアレイの発明と実現を中心とする並列光エレクトロニクスの先駆的研究"

科学・技術　　　　　　　　　　　　　　　　　　　　　　　　　　　　031　東レ科学技術賞

第36回（平7年度）
　菅原　寛孝（高エネルギー物理学研究所所長）　"場の量子論の代数的定式化"
　中西　重忠（京都大学大学院医学研究科教授）　"神経伝達物質受容体の構造と機能に関する分子生理学的研究"
第37回（平8年度）
　森　肇（九州大学名誉教授, 九州共立大学工学部教授）　"輸送現象およびカオスに関する統計力学的研究"
　山本　尚（名古屋大学工学部教授）　"精密ルイス酸触媒の開発と応用"
第38回（平9年度）
　木原　太郎（東京大学名誉教授）　"宇宙の構造に関する先駆的研究"
　田中　豊一（マサチューセッツ工科大学物理学科教授）　"ゲルの相転移の発見"
第39回（平10年度）
　堂山　昌男（東京大学名誉教授, 帝京科学大学理工学部教授）　"金属中の結晶欠陥の研究"
　浅島　誠（東京大学大学院総合文化研究科教授）　"試験管内での幼生の形づくりと臓器形成の制御"
第40回（平11年度）
　赤﨑　勇（名古屋大学名誉教授, 名城大学理工学部教授）　"ワイドギャップIII族窒化物半導体の研究"
　柳田　充弘（京都大学大学院生命科学研究科教授）　"染色体分配制御機構の研究"
第41回（平12年度）
　川崎　恭治（九州大学名誉教授, 中部大学工学部教授）　"輸送現象とガラス転移の理論"
　西田　篤弘（宇宙科学研究所名誉教授, 日本学術振興会監事）　"磁気圏の構造とダイナミックスの研究"
第42回（平13年度）
　玉尾　皓平（京都大学化学研究所所長）　"有機合成および物質科学を指向した有機金属化学"
　高柳　邦夫（東京工業大学大学院, 理工学研究科教授）　"超高真空電子顕微鏡法による表面構造の研究"
第43回（平14年度）
　永嶺　謙忠（高エネルギー加速器研究機構物質構造科学研究所教授）　"ミュオン科学の先駆的研究"
　黒岩　常祥（立教大学理学部教授）　"ミトコンドリアと葉緑体の分裂装置の発見と遺伝機構の解明"
第44回（平15年度）
　朝山　邦輔（大阪大学名誉教授）　"核磁気共鳴（NMR）による超伝導の研究"
　柴崎　正勝（東京大学大学院薬学系研究科教授）　"革新的不斉触媒の創製を基盤とする医薬合成・天然物合成に関する研究"
第45回（平16年度）
　奈良坂　紘一（東京大学大学院理学系研究科教授）　"先導的有機合成反応の開発"
　佐藤　矩行（京都大学大学院理学研究科教授）　"ゲノムワイドな発生遺伝子解析システムの確立"
第46回（平17年度）
　竹縄　忠臣（東京大学医科学研究所教授）　"イノシトールリン脂質による細胞骨格, 運動制御"
　中沢　正隆（東北大学電気通信研究所教授）　"エルビウム添加光ファイバ増幅器（EDFA）の先駆的研究開発と光通信技術への応用"
第47回（平18年度）
　永宮　正治（高エネルギー加速器研究機構・日本原子力研究開発機構J-PARCセンター長 教授）　"高エネルギー重イオン反応の研究"
　新海　征治（九州大学大学院工学研究院教授）　"分子認識を基盤とする機能性分子の研究"
平19年度（第48回）
　大高　一雄（千葉大学名誉教授・千葉市科学館館長）　"フォトニック結晶および其の内外の光の性質に関する先導的研究"
　田中　啓二（(財)東京都医学研究機構東京都臨床医学総合研究所 所長代行）　"プロテアソームの動態と作動機構に関する包括的研究"
平20年度（第49回）
　矢川　元基（東洋大学大学院教授・計算力学研究センター長, 東京大学名誉教授）　"ものづくりの基盤となる高精度計算力学の研究"
　岩本　正和（東京工業大学資源化学研究所教授）　"ナノ空間の特性を活かした新しい固体触媒化学の開拓"
平21年度（第50回）
　新庄　輝也（京都大学名誉教授）　"金属人工格子の創製とその機能性の研究"
　岡田　典弘（東京工業大学大学院生命理工

研究科教授）"動物進化プロセスの解明"
平22年度（第51回）
　家 正則（自然科学研究機構国立天文台 教授）"初期宇宙史の観測的研究とレー ザーガイド星補償光学装置の開発"
　山本 雅之（東北大学大学院医学系研究科研究科長・医学部長 教授）"生体の環境ストレス応答の分子機構の解明"

## 032　独創性を拓く先端技術大賞

　自然科学分野の研究者,技術者の独創性と創造性を育み勉学,研究への意欲を高めることを目的に1987年に創設。

【主催者】日本工業新聞社
【選考委員】（第25回）同賞審査委員会 委員長：阿部博之（東北大学名誉教授）,審査委員：〈学生部門〉〈エレクトロニクス・情報〉辻井重男（中央大学教授）,伊藤精彦（北海道大学名誉教授）,中村孝夫（山形大学大学院教授）,〈バイオサンエンス・バイオテクノロジー〉原田宏（筑波大学名誉教授バイオインダストリー協会会長）,軽部征夫（東京工科大学学長）,柳田敏雄（大阪大学大学院特任教授）,〈材料〉斎藤省吾（九州大学名誉教授）,桑原誠（東京大学名誉教授）,増本健（財団法人電気磁気材料研究所理事長）,曽我直弘（滋賀県立大学理事長・学長）〈企業・産学部門〉〈エレクトロニクス・情報〉田井一郎（株式会社東芝取締役代表執行役副社長）,〈バイオサンエンス・バイオテクノロジー〉倉根隆一郎（中部大学教授）,〈材料〉小島彰（社団法人日本鉄鋼協会専務理事）,〈ノンセクション〉高津浩明（東京電力株式会社常務取締役技術開発本部長）
【選考方法】公募「学生部門」「企業・産学部門」の2部門
【選考基準】学生部門：大学,大学院,工業高専の学生及びグループ。企業・産学部門：企業や産学連携による研究開発成果。〔資格〕研究者,研究グループの年齢がおおむね40歳以下。〔基準〕学生部門：独創性,先端性,論文構成力。企業・産学部門：独創性,新規性,実用性,潜在的可能性,市場性。〔テーマ〕(1)エレクトロニクス・情報(2)バイオ,生体・医療,医薬,食品(3)材料(4)環境・エネルギー(5)一般工学（機械・土木など）(6)ノンセクション
【締切・発表】平成20年3月31日（授賞式同年7月予定）
【賞・賞金】最優秀賞に研究奨励金100万円など
【URL】http://www.fbi-award.jp/sentan/

第1回（昭62年）
　◇文部大臣賞　田中 雅明（東京大学大学院工学系研究科博士課程1年）
　◇日本工業新聞社賞　徳元 康人（九州大学医学部大学院研究科初等生）
　◇産経新聞社賞　下吹越 光秀（東京大学大学院工学系研究科修士課程2年）
　◇フジ新聞社賞　山口 信一（東京工業大学大学院理工学研究科修士課程2年）
　◇フジテレビジョン賞　賀 ビン（東京工業大学大学院総合理工学研究科博士課程2年）
　◇ニッポン放送賞　宮本 朗（九州大学大学院工学研究科応用化学専攻修士課程1年）
　◇佳作　角 茂
　◇努力賞
　　朱 小平（熊本大学大学院自然科学研究生産科学専攻応用物質化学講座博士後）
　　永宮 研二（東京農業大学農学部農学科4年）
　◇特別賞
　　木下 宏揚（東京工業大学大学院修士課程2年）
　　松岡 純（京都大学大学院修士課程2年）
　　真野 利之（大阪大学医学部2年）
　　京 正晴（筑波大学大学院生物科学系研究科博士課程5年）

第2回（昭63年）
　◇文部大臣賞　清末 知宏（筑波大学生物科学研究科大学院1年）
　◇日本工業新聞社賞　岸本 昭（東京大学工学系研究科博士課程2年）
　◇産経新聞社賞　趙 晋輝（東京工業大学工学部電気電子工学科博士課程3年）

◇フジテレビジョン賞　安達 千波矢(九州大学大学院総合理工学研究科修士課程2年)
◇特別賞
　山根 浩二(北海道大学大学院工学研究科機械工学博士課程3年)
　室岡 義栄(慶応義塾大学理工学部電気工学科4年)
　蔡 安邦(東北大学工学研究科博士課程1年)
◇努力賞
　栃山 広幸(北海道大学工学部土木工学科4年)
　真鍋 憲一(九州東海大学1年)
　足立 博喜(福岡大学大学院工学研究科修士課程)
　宗像 康充(九州大学大学院総合理工学研究科修士課程2年)
　宮城 布明(筑波大学環境科学研究科)

第3回(平1年)
◇文部大臣賞　小野 明美(筑波大学大学院環境科学研究科(修士課程1年))
◇日本工業新聞社賞　石井 守(長岡技術科学大学大学院電子機器工学専攻(修士課程1年))
◇産経新聞社賞　重満 万里子(九州工業大学工学部環境工学科(1年))
◇フジテレビジョン賞　片寄 晴弘(大阪大学基礎工学部制御工学科(博士課程1年))
◇ニッポン放送賞　裴 哲薫(東京大学大学院総合理工学研究科(博士課程2年))
◇佳作
　朱 暁凡(東京工業大学大学院総合理工学研究科(博士課程3年))
　松田 元秀(長岡技術科学大学大学院材料工学専攻(博士課程1年))
◇努力賞　真鍋 憲一(九州東海大学農学部畜産科(2年))

第4回(平2年)
◇文部大臣賞　田部 勢津久(京都大学大学院工学研究科博士課程2年)
◇日本工業新聞社賞　高橋 泰(東京大学医学部中央医療情報部大学院(博士課程2年))
◇産経新聞社賞　味岡 義明(慶応義塾大学大学院理工学研究科博士課程1年)
◇フジテレビジョン賞　重満 万里子(九州工業大学工学部環境工学科4年)
◇ニッポン放送賞　増田 幸一郎(東京理科大学理工学研究科修士課程2年)
◇佳作
　張 涛(東北大学大学院)
　久冨 輝浩(東京理科大学理工学研究科修士課程2年)
　大和田 仁(東京都立大学大学院工学研究科博士課程3年)
　曽根 雅紀(東京大学理学部生物化学科4年)
　渡辺 正義(東京農工大学3年)

第5回(平3年)
◇文部大臣賞　高橋 泰(東京大学中央医療情報部博士課程3年)
◇日本工業新聞社賞　竹村 泰司(東京工業大学大学院理工学研究科博士課程2年)
◇産経新聞社賞　村田 英幸(九州大学大学院総合理工学研究科博士後期課程3年)
◇フジテレビジョン賞　キム ヨンファ(東北大学大学院博士課程2年)
◇ニッポン放送賞　南任 真史(東京大学大学院工学系研究科修士課程1年)
◇佳作
　味岡 義明(慶応義塾大学大学院理工学研究科博士課程2年)
　岸本 正一(京都大学大学院工学研究科修士課程1年)
　金 辰哲《キム ジンチョル》(九州大学大学院総合理工学研究科博士後期課程1年)
　増沢 俊也(東京理科大学理工学研究科修士課程2年)

第6回(平4年)
◇文部大臣賞　庄野 真理子(筑波大学大学院生物科学研究科博士課程5年)
◇日本工業新聞社賞　河村 能人(東北大学大学院工学研究科博士課程2年)
◇産経新聞社賞　森 俊樹(東京大学大学院工学系研究科情報工学専攻修士課程2年)
◇フジテレビジョン賞　大八木 智仁(京都大学大学院工学研究科修士課程1年)
◇ニッポン放送賞　反田 真之(東京工業大学大学院理工学研究科博士課程3年)
◇佳作
　魚 潤(東北大学大学院工学研究科博士課程後期1年)
　坂口 利文(東京農工大学大学院工学研究科博士後期課程1年)
　遠藤 浩(長岡技術科学大学大学院工学研究科修士課程2年)
　金 辰哲(九州大学大学院総合理工学研究科材料開発工学専攻博士後期課程1年)
　中根 昌夫(東京理科大学理工学部電気工学科4年)
◇努力賞
　楯岡 正道(電気通信大学電子情報学科修士課程2年)

小山 滋(電気通信大学電子情報学科修士課程2年)
野崎 隆生(東京大学大学院工学系研究科化学エネルギー工学専攻博士課程2年)

第7回(平5年)
◇文部大臣賞　横山 嘉彦(東北大学大学院工学研究科博士課程2年)
◇日本工業新聞社賞　乙部 雅則(東京工業大学大学院理工学研究科博士後期課程1年)
◇産経新聞社賞　斎藤 俊晴(大阪府立大学大学院工学研究科博士前期課程2年)
◇フジテレビジョン賞　川本 祥子(大阪大学大学院博士課程2年)
◇ニッポン放送賞　後藤 尚弘(東京大学大学院工学研究科博士課程2年)
◇佳作
　白樫 淳一(東京工業大学大学院理工学研究科博士課程2年)
　和田 仙二(広島大学大学院医学系研究科博士課程2年)
　浜上 寿一(長岡技術科学大学大学院工学研究科修士課程2年)
　山崎 修(東京大学大学院工学系研究科修士課程2年)
◇努力賞　市原 毅(武蔵大学経済学部3年)

第8回(平6年)
◇文部大臣賞　小西 史一(東京都立科学技術大学管理工学科4年)
◇日本工業新聞社賞　椿 範立(東京大学大学院工学研究科博士課程2年)
◇産経新聞社賞　阪本 浩一(筑波大学大学院バイオシステム研究科修士課程1年)
◇フジテレビジョン賞　高田 徳幸(九州大学大学院総合理工学研究科博士後期課程2年)
◇ニッポン放送賞　本間 章彦(東京電気大学大学院理工学研究科博士後期課程1年)
◇佳作
　新毛 勝秀(大阪府立大学大学院工学研究科博士前期課程2年)
　本多 幸太郎(電気通信大学大学院電気通信学研究科博士前期課程2年)
◇努力賞　大越 直樹(早稲田大学理工学部機械工学科1年)

第9回(平7年)
◇文部大臣賞　白樫 淳一(東京工業大学大学院理工学研究科博士課程3年)
◇日本工業新聞社賞　大場 和博(東北大学大学院工学研究科博士課程2年)
◇産経新聞社賞　平井 公一(大阪府立大学大学院工学研究科博士前期課程2年)
◇フジテレビジョン賞　奈良 高明(東京大学工学部4年)
◇ニッポン放送賞　小野 公代(筑波大学大学院生物科学研究科博士課程5年)
◇佳作
　盛 再権(電気通信大学大学院機械制御工学専攻博士課程3年)
　吉原 道宏(宇都宮大学大学院工学研究科博士課程1年)
◇努力賞
　関根 泰(東京大学大学院工学研究科博士課程1年)
　長野 敏明(東京都立高等専門学校電気科5年)

第10回(平8年)
◇文部大臣賞　国田 豊(東京大学工学部計数工学科4年)
◇日本工業新聞社賞　後藤 博正(筑波大学大学院工学研究科博士課程4年)
◇産経新聞社賞　鈴木 勉(東京工業大学大学院生命理工学研究科バイオサイエンス専攻博士課程3年)
◇フジテレビジョン賞
　三原 功雄(東京工業大学大学院情報理工学研究科計算工学専攻修士1年)
　久礼 嘉伸(東京工業大学工学部情報科学科4年)
　佐藤 啓(東京工業大学工学部電気・電子工学科集積システムコース4年)
◇ニッポン放送賞　金子 祐三(早稲田大学大学院理工学研究科応用化学専攻博士後期課程1年)
◇佳作
　福村 知明(東京大学大学院工学系研究科超伝導工学専攻博士後期課程1年)
　外山 利彦(大阪大学大学院基礎工学研究科物理系専攻博士後期課程2年)
　柳瀬 貢(名古屋大学大学院工学研究科生物機能工学専攻博士前期課程1年)
◇努力賞
　宮田 泰彦(中央大学大学院理工学研究科電気工学専攻博士前期課程2年)
　脇屋 栄太郎(東京都立航空工業高等専門学校機械工学科4年)
　羽賀 潤平(東京都立航空工業高等専門学校機械工学科4年)
　吉田 知樹(東京都立航空工業高等専門学校機械工学科4年)
　松本 誠(東京都立航空工業高等専門学校機

械工学科4年）

第11回（平9年）
◇文部大臣賞　山本 格也（京都大学大学院工学研究科情報工学専攻博士後期課程1年）
◇日本工業新聞社賞
　梅野 太輔（九州大学大学院工学研究科分子システム工学専攻博士課程2年）
　川野 雅史（九州大学大学院工学研究科分子システム工学専攻修士課程2年）
◇産経新聞社賞　松林 嘉克（名古屋大学大学院農学研究科農芸化学専攻博士課程2年）
◇フジテレビジョン賞　張山 昌論（東北大学大学院情報科学研究科情報基礎科学専攻博士後期課程3年）
◇ニッポン放送賞　浅村 直也（東京農工大学工学部電子情報工学科4年）
◇佳作
　松尾 圭悟（久留米工業高等専門学校専攻科機械電子システム工学専攻2年）
　小野 健悟（北海道工業大学応用電子学科4年）
　陳 俊明（北海道大学大学院工学研究科修士課程2年）
◇努力賞
　松下 祥子（東京大学大学院工学系研究科修士2年）
　角 茂（東京大学工学部応用化学専攻4年）
　関根 泰（東京大学大学院工学系研究科応用化学専攻博士課程2年）
　松本 知也（筑波大学大学院理工学研究科2年）

第12回（平10年）
◇文部大臣賞　木村 太郎（九州大学大学院工学研究科分子システム工学専攻博士課程2年）
◇日本工業新聞社賞　松下 祥子（東京大学大学院工学系研究科応用化学専攻修士課程2年）
◇産経新聞社賞　大内 将司（名古屋大学大学院生命農学研究科生物機構・機能科学専攻修士課程1年）
◇フジテレビジョン賞　阿部 正英（東北大学大学院工学研究科電気・通信工学専攻博士後期課程2年）
◇ニッポン放送賞
　王 欣雨（東京農工大学大学院工学研究科電子情報工学専攻修士課程2年）
　劉 忻（東京農工大学工学部電子情報工学科4年）
◇佳作
　三浦 成久（東京工業大学大学院理工学研究科博士課程3年）
　梅野 太輔（九州大学大学院工学研究科博士課程2年）
◇努力賞
　近藤 正光（長岡工業高等専門学校電気工学科5年）
　石垣 直也（長岡工業高等専門学校電気工学科5年）
　石田 猛（長岡工業高等専門学校電気工学科5年）
　五十嵐 淳（長岡工業高等専門学校電気工学科5年）
　須貝 圭一朗（長岡工業高等専門学校電気工学科5年）
　月村 慎悟（東京都立工業高等専門学校電気工学科5年）
　月浦 雅章（仙台電波工業高等専門学校電子制御工学科5年）
　武山 慎一（仙台電波工業高等専門学校電子制御工学科5年）

第13回（平11年）
◇文部大臣賞　三和 将史（東京大学大学院工学系研究科応用化学専攻修士課程1年）
◇日本工業新聞社賞　加藤 啓応（東京大学大学院工学系研究科応用化学専攻修士課程2年）
◇産経新聞社賞　渡辺 尚英（奈良先端科学技術大学院大学バイオサイエンス研究科細胞生物学専攻）
◇フジテレビジョン賞　関口 茂昭（東京工業大学大学院総合理工学研究科物理情報工学専攻博士課程1年）
◇ニッポン放送賞　喜多 浩之（東京大学大学院工学系研究科化学システム工学専攻博士課程1年）
◇佳作
　大内 将司（名古屋大学大学院生命農学研究科生物機構・機能科学専攻修士課程2年）
　平塚 真彦（東北大学大学院情報科学研究科システム情報科学専攻博士後期課程2年）
◇努力賞
　篠原 寛之（長岡工業高等専門学校電工学科5年）
　斎藤 言栄（長岡工業高等専門学校電工学科5年）
　宮島 晋介（長岡工業高等専門学校電工学科5年）
　車谷 智美（長岡工業高等専門学校電工学科5年）

鷲尾 司（長岡工業高等専門学校電子工学科5年）
佐々木 晋也（東京農工大学大学院工学研究科情報工学専攻博士前期課程2年）
ウォン フェイ・ション（東京農工大学工学部電気電子工学科4年）
長森 英二（名古屋大学大学院工学研究科生物機能工学専攻博士前期課程2年）
鎌田 智江（奈良先端科学技術大学院大学物質創成科学研究科博士前期課程2年）
中村 祐介（仙台電波工業高等学校電子システム工学専攻2年）

第14回（平12年）
◇文部大臣賞　坂井 真一郎（東京大学大学院工学系研究科電気工学専攻博士課程3年）「電気自動車の新しい車両運動制御に関する研究」
◇日本工業新聞社賞　森永 潤一（大阪府立大学大学院工学研究科物資系専攻博士前期課程2年）「超撥水—超親水パターンを用いた新しい微細加工法の開発」
◇産経新聞社賞　鈴木 雅貴（名古屋大学大学院工学研究科生物機能工学専攻博士後期課程1年）「細胞を利用した医用マイクロマシンの開発—診断と治療の統合をめざして」
◇フジテレビジョン賞　横田 考俊（東京大学大学院工学系研究科建築学専攻博士課程1年）「響の創造」
◇ニッポン放送賞　西村 芳樹（東京大学大学院理学系研究科生物科学専攻博士課程2年）「1個の細胞から母性遺伝の分子機構を解明」
◇佳作
　矢吹 みゆき（千葉大学大学院自然科学研究科物質工学専攻修士課程2年）
　臼井 由美子（千葉大学大学院生命農学研究科応用分子生命科学専攻修士課程2年）
◇努力賞
　布谷 伸浩（東京工業大学大学院総合理工学研究科電子機能システム専攻博士後期課程）
　浅本 誠（徳山工業高等専門学校機械電気工学2年）

第15回（平13年）
◇文部科学大臣賞　西山 雅祥（大阪大学大学院基礎工学研究科システム人間系専攻博士課程3年）「生物分子モーターの力学計測—分子1個の運動をマイクロ秒の分解能で検出する」

◇日本工業新聞社賞　松崎 裕一（東京工業大学大学院理工学研究科電子物理工学専攻博士課程1年）「原子間力顕微鏡を用いたナノ加工技術の開発」
◇産経新聞社賞　佐々木 輝幸（大阪府立大学大学院工学研究科物質系専攻博士前期課程2年）「紫外光照射によるチタニアを含む無機—有機複合透明膜の新規なマイクロパターニング」
◇フジテレビジョン賞　鳴原 良仁（香川医科大学医学部医学科2年）「Camera Sicknessによるヒトへの微少時間の影響の研究」
◇ニッポン放送賞　田中 則子（奈良先端科学技術大学院大学バイオサイエンス研究科細胞生物学専攻博士後期課程2年）「イネの抵抗性反応誘導機構の解析—耐病性イネの作出を目指して」
◇佳作　浦崎 浩平（東京大学大学院工学啓研究科応用化学専攻修士1年）

第16回（平14年）
◇文部科学大臣賞　斉藤 博英（東京大学大学院工学系研究科化学生命工学専攻博士課程3年）"生命の起源の探究と新機能性蛋白質の創成にむけて—試験管内分子進化法を用いて遺伝暗号を創る"
◇フジテレビジョン賞　水口 将輝（東京大学大学院工学系研究科応用化学専攻博士課程2年）"室温巨大磁気抵抗効果材料の開発—高感度磁気センサーをめざして"
◇ニッポン放送賞　伊都 将司（大阪大学大学院工学研究科応用物理学専攻博士後期課程3年）"溶液中における単一ナノ粒子の光操作・固定化法の開発"
◇特別賞
　本田 希美（千葉大学工学部物質工学科4年）「カルシウムヒドロキシアパタイト微粒子のシリカコーティング」
　苗 蕾（名古屋工業大学大学院工学研究科種村栄研究室博士後期課程1年）「RFマグネトロンスパッタ法によるアナターゼとルチル構造を有するエピタキシアルのTiO2薄膜の作製および評価」
◇経済産業大臣賞　金子 真次郎、松岡 才二、坂田 敬（川崎製鉄技術研究所薄板研究部門高加工性薄板グループ）"自動車製造工程でセルフ強化する新高強度熱延鋼板"
◇日本工業新聞社賞　林 貴臣、昇 忠仁（三井化学マテリアルサイエンス研究所非金属分子触媒開発チーム）"非金属分子触媒

科学・技術　　　　　　　　　　　　　　　　　　　　　　　　　　032　独創性を拓く先端技術大賞

（ホスファゼン触媒）―その機能と可能性"
◇産経新聞社賞　広原 陽子（トプコン技術・品質グループ研究所光応用研究室），石倉 靖久（トプコン医用機器事業部医用機器技術部医科・眼鏡グループ）"ウェーブフロントアナライザーKR-9000PW"
◇審査員特別賞
　野坂 秀之（日本電信電話フォトニクス研究所7年）「ユビキタス通信を可能にする超高速切替・超低電力周波数シンセサイザー―ディジタル/アナログ境界技術による任意周波数合成」
　岡村 正愛（キリンビールアグリバイオカンパニー植物開発研究所），田中 淳（日本原子力研究所高崎研究所イオンビーム生物応用研究部植物資源利用研究室）「細胞・組織培養系へのイオンビーム照射によるカーネーション品種シリーズの育成」

第17回（平15年度）
◇学生部門
- 文部科学大臣賞　荏原 充宏（早稲田大学大学院理工学研究科応用化学専攻博士課程3年）「体外での組織再生のための新規培養皿の設計～患者本人の細胞を用いた21世紀型医療をめざして～」
- フジテレビジョン賞　太田 実雄（東京大学大学院工学系研究科応用化学専攻博士課程3年）「機能性基板上へのIII族窒化物薄膜のヘテロエピタキシー～ウェアラブル知能化素子の開発を目指して～」
- ニッポン放送賞　天野 建（東京工業大学大学院物理情報システム創造専攻博士課程3年）「マイクロマシン構成を用いた波長可変光デバイス～マイクロ構造半導体光共振器で光の波長を自在に制御する～」
- 特別賞（審査委員長特別賞）　福井 康人（広島大学大学院歯学研究科歯学臨床系専攻）「アクチビンAによるアフリカツメガエル胚未分化細胞からのin vitroでの顎顔面軟骨の誘導」
- 日本工業新聞創刊70周年特別賞　幾度 明菜（徳山工業高等専門学校機械電気工学科3年）「Give Me Light ！ アイデアの実現を目指して」
◇企業・産学部門
- 経済産業大臣賞　上西 真里，田中 裕久（ダイハツ工業 材料技術部材料開発室），西畑 保雄（日本原子力研究所放射光科学研究センター）「『インテリジェント触媒』の研究開発と実用化～自己再生型排ガス浄化用自動車触媒～」
- 日本工業新聞社賞　曽我 朋義（慶応義塾大学環境情報学部先端生命科学研究所助教授）「メタボローム（細胞内全代謝物）測定法の開発」
- 産経新聞社賞　弘田 泉生，藤田 篤志，片岡 章，藤井 裕二，相原 勝行，宮内 貴宏，槙尾 信芳（松下電器産業・松下ホームアプライアンス社）「オールメタル対応IHクッキングヒータの開発と商品化」
- 特別賞（科学技術政策担当大臣特別賞）　信田 知希，三谷 勝哉，金子 志奈子，吉成 哲也，西山 利彦，紙透 浩幸（NECトーキン技術開発本部）「高出力型大容量プロトンポリマー電池の開発」
- 日本工業新聞創刊70周年特別賞　野村 博，江口 勝（ペンタックス R&Dセンターなど）「超薄型デジタルカメラOptioSに採用された技術」

第18回（平16年度）
◇学生部門
- 文部科学大臣賞　三浦 達（東京工業大学大学院総合理工学研究科物理情報システム創造専攻博士3年）「可変中空光導波路を用いた高機能光波長制御デバイス-光を真空に閉じ込めて光を自由に操る-」
- フジテレビジョン賞　野口 慎一，渋谷 圭祐，伊瀬 裕介，志賀 健史（大阪産業大学工学部機械工学科4回生 機械力学研究室）「介護車両における段差乗り越え装置に関する研究」
- ニッポン放送賞　松石 聡（東京工業大学大学院総合理工学研究科材料物理科学専攻博士課程2年）"ナノポーラス結晶中の高濃度電子アニオン：[Ca24Al28O64]4+(e-)4 －絶縁体12CaO・7Al2O3から電子伝導性「無機エレクトライド」へ～"
- 特別賞
　田端 大助（熊本大学大学院自然科学研究科物質科学専攻博士前期課程1年）「糖を燃料源とした新規糖―空気燃料電池の開発」
　兼重 直樹（徳山工業高等専門学校機械電気工学科4年）「競い合いで育む創造の力」
◇企業・産学部門
- 経済産業大臣賞　富田 優（鉄道総合技術研究所浮上式鉄道開発本部研究開発部極低温技術主任研究員）「高温超電導バルク体の特性向上技術～材料から応用への橋渡し」

- 産経新聞社賞　村垣 善浩,伊関 洋,中村 亮一,丸山 隆志,大和 雅之,高倉 公朋(東京女子医科大学大学院先端生命医科学研究所),鈴川 浩一(インフォコム ライフサイエンス本部),釘貫 敏行(清水建設 東京建築第二事業部),大森 繁(テルモ 研究開発センター),南部 恭二郎(東芝メディカルシステム 研究開発センター),藤田 吉之(日本光電工業 事業本部),杉浦 円(日立製作所 医療福祉システム事業推進室),渡部 滋(日立メディコ MRIシステム本部),紫雲 俊夫(瑞穂医科工業 開発部)「脳腫瘍完全摘出システムの開発」
- フジサンケイビジネスアイ賞　西原 基夫,神谷 聡史,上野 洋史,山田 憲晋,元木 顕弘,市野 清久,百目木 智康(NEC システム プラットフォーム研究所)「超高性能メールフィルターの研究開発と商品化」
- 特別賞　藤原 大介,若林 英行,井上 小夜(キリンビール 基盤技術研究所)「抗アレルギー効果のある乳酸菌KW3110株の発見と活用」

第19回(平17年度)
◇学生部門
- 文部科学大臣賞　森田 恵美(横浜国立大学大学院工学府物理情報工学専攻博士課程前期1年竹村研究室)「MRIがん治療システムの実用化に向けて」
- フジテレビジョン賞　高畑 公紀(京都大学大学院生命科学研究科統合生命科学専攻博士課程4年)「不定胚形成メカニズムの解明に向けて-不定胚形成と細胞接着-」
- ニッポン放送賞　塚﨑 敦(東北大学大学院理学研究科 化学専攻博士後期課程3年川崎研究室(金属材料研究所))「ZnO p-i-nホモ接合発光ダイオード ～安価な紫外光源の実現を目指して～」
- 特別賞
  橋爪 滋郎(東京工業大学大学院総合理工学研究科物理情報システム創造専攻博士課程3年)「金属ナノ開口面発光レーザを用いたナノ光プローブ -ナノの世界を光で照らす-」
  藤井 健(徳山工業高等専門学校機械電気工学科5年)「R/Cカーの世界を拓く新型シャーシ創造の5年間」
◇企業・産学部門
- 経済産業大臣賞　河合 知彦,蛯原 建三,山本 明,小田 隆之,酒井 康宏,見波 弘志,大木 武,矢羽多 義和,中村 文信(ファナック ロボナノ事業部)「超精密加工機の開発-機械加工でマイクロ～ナノ形状に挑戦-」
- 産経新聞社賞　薙野 邦久,中村 史夫,野村 修,瀧井 有樹,市川 真紀子,信正 均(東レ先端融合研究所ナノバイオグループ)「超高感度DNAチップの開発」
- フジサンケイ ビジネスアイ賞　山西 健司,竹内 純一,丸山 祐子(NEC 中央研究所インターネットシステム研究所)「データマイニングに基づくセキュリティ・インテリジェンス技術の研究開発」
- 特別賞
  小林 達彦,橋本 義輝,東端 啓貴,戸来 幸男(筑波大学大学院)「工業的放線菌の誘導発現システムの開発」
  神谷 利夫,野村 研二,細野 秀雄(東京工業大学応用セラミックス研究所,フロンティア創造共同研究センター),雲見 日出也(キヤノン先端融合研究所)「アモルファス酸化物半導体の設計と高性能フレキシブル薄膜トランジスタの室温形成」

第20回(平18年度)
◇学生部門
- 文部科学大臣賞　ファム・ナム・ハイ(東京大学大学院工学系研究科電子工学専攻 修士課程2年)「半導体と強磁性体からなる複合ナノ構造の形成と機能制御—MnAs微粒子を含む半導体ヘテロ構造におけるスピン依存トンネル現象—」
- フジテレビジョン賞　水野 史教(大阪府立大学大学院工学研究科 物質系専攻 機能物質科学分野 博士後期課程3年)「ガラスの結晶化による超イオン伝導性固体電解質の開発～次世代型全固体リチウム二次電池の実現に向けて」
- ニッポン放送賞　田中 陽(東京大学大学院工学系研究科応用化学専攻 博士課程2年)「心筋細胞を駆動素子としたバイオマイクロポンプの創製」
- 特別賞
  多田隈 建二郎(東京工業大学大学院理工学研究科 機械宇宙システム専攻 博士課程2年)「水平多関節式展開型3輪惑星探査ローバ〈Tri-StarIII〉の開発」
  山寺 順哉(早稲田大学理工学部応用化学科4年)「環境調和型エネルギー社会構築のための新規常温常圧反応—非平衡放電を用いた畜産廃棄物の直接転換技術の開発—」
◇企業・産学部門

- 経済産業大臣賞　森田 逸郎、大黒 将弘、田中 英明、鈴木 正敏（KDDI研究所 光ネットワークアーキテクチャーグループ）、宮崎 哲弥、久保田 文人（情報通信研究機構 情報通信部門）「160Gbit/s超高速光伝送技術の研究開発」
- 産経新聞社賞　高井 充、服部 一博、大川 秀一、添野 佳一（TDK SQ研究所次世代磁気記録デバイス開発グループ）「超高密度用ハードディスク用磁気記録メディアの開発—ナノテクノロジーを適用したディスクリートトラックメディア—」
- フジサンケイ ビジネスアイ賞　岩永 寛規、天野 昌朗、相賀 史彦（東芝 研究開発センター）「新規Eu(Ⅲ)錯体の創生—有機蛍光体の新しい照明デバイス応用を目指して—」
- 特別賞　安達 宏昭、新納 愛、松村 浩由、高野 和文、村上 聡、井上 豪（創晶）、森 勇介（大阪大学（創晶技術顧問兼業））「新規タンパク質結晶化法の開発〜若手異分野連携が産む逆転の発想〜」

第21回（平19年度）
◇学生部門
- 文部科学大臣賞　須田 悟史（東京工業大学大学院物理電子システム創造専攻博士課程2年）「微小光共振器構造を用いた光非線形効果補償デバイス〜ナノ構造の光デバイスで超高速光伝送の限界を打破する〜」
- フジテレビジョン賞　佐々木 拓哉、木村 梨絵、高橋 直矢、宇佐美 篤、長谷川 彩子（東京大学大学院薬学系研究科生命薬学専攻修士2年）「多ニューロン画像法〜脳回路システムの機能的画像化〜」
- ニッポン放送賞　豊田 智史（東京大学大学院工学系研究科応用化学専攻博士課程3年）「放射光光電子分光によるゲート絶縁膜／シリコン界面の電子状態解析〜次世代ULSI用MOSFET素子開発の設計指針〜」
- 特別賞
  吉田 大和（東京大学大学院新領域創成科学研究科先端生命科学専攻博士課程1年）「ゲノム解読を基盤にした"葉緑体分裂装置"の単離による葉緑体の分裂機構の解明」
  戸田 喜丈（東京工業大学大学院総合理工学研究科材料物理科学専攻博士課程3年）「低い仕事関数と化学的安定性を併せもつ物質（C12A7エレクトライド）とその電子放出素子への応用」

◇企業・産学部門
- 経済産業大臣賞　奥村 明俊、服部 浩明、磯谷 亮輔、山端 潔、土井 伸一、安藤 真一（NEC メディア情報研究所）「携帯端末用多言語自動通訳システムの実用化技術に関する研究開発」
- 産経新聞社賞　船川 義正、石井 和秀、矢沢 好弘、岡田 修二、石井 知洋、宇城 工（JFEスチール スチール研究所ステンレス鋼研究部）「省資源化に寄与する新高耐食性ステンレス鋼板—21クロムステンレス—」
- フジサンケイ ビジネスアイ賞　西田 健一郎、川上 隆介、伊澤 淳、河口 紀仁、松坂 文夫、正木 みゆき、森田 勝、芳之内 淳、川崎 義則（IHI）「高性能ポリシリコンTFT作製用YAGレーザアニール装置の開発〜次世代シートコンピューターの実現を目指して〜」
- 特別賞　大西 徳幸、畑 英之、松井 景明（マグナビート）、近藤 昭彦（神戸大学工学部応用化学科）「熱応答性磁性ナノ粒子（Therma-Max）の開発とその実用化〜産学連携がもたらした若手研究者たちの挑戦〜」

第22回
◇学生部門
- 文部科学大臣賞　京極 千恵子（神戸大学 医学部医学科 分子薬理・薬理ゲノム学分野 3年）"遺伝学手法を用いたヒトゲノムの疾患感受性遺伝子探索〜全身性エリテマトーデス（SLE）の原因解明を目指して〜"
- フジテレビジョン賞　水野 洋輔（東京大学大学院 工学系研究科 電子工学専攻 博士課程1年）"ブリルアン光相関領域リフレクトメトリの提案〜光ファイバ神経網の実現に向けて〜"
- ニッポン放送賞　近松 彰（東京大学大学院 工学系研究科 応用化学専攻 博士課程3年）"その場放射光光電子分光によるマンガン酸化物薄膜の電子状態解明の研究〜新しい強相関エレクトロニクス素子開発をめざして〜"
- 特別賞
  赤間 康弘（東京都立工業高等専門学校 生産システム工学科5年）"社会問題解決のためのデザイン〜国際学生デザインコンペティショングランプリまでの軌跡〜"

日野 真吾(名古屋大学大学院 生命農学研究科 応用分子生命科学専攻 博士課程後期2年)"II型コラーゲンペプチドを含有するGMライスの開発研究～経口免疫寛容によるリウマチ性関節炎の予防と治療を目指して～"

◇企業・産学部門
- 経済産業大臣賞
 吉川 彰、柳田 健之(東北大学 多元物質科学研究所)
 鎌田 圭、薄 善行(古河機械金属 素材総合研究所)"次世代癌治療の基盤となるPr:LuAGシンチレータを用いた高解像度PET装置の開発"
- 産経新聞社賞 荒西 義高、山田 博之、鹿野 秀和、佐藤 瑛久、市川 智子、佐々木 敏弘、笹本 太(東レ 繊維研究所)"溶融紡糸が可能な次世代型セルロース系繊維"フォレッセ"の研究開発"
- フジサンケイ ビジネスアイ賞
 神田 英輝(財団法人電力中央研究所 エネルギー技術研究所)
 大下 和徹(京都大学大学院 工学研究科 都市環境工学専攻)
 森田 真由美(月島機械 研究開発本部)"DMEを再利用する高水分炭・下水汚泥・PCBs汚染底質の常温省エネルギー脱水・浄化技術の開発"
- 特別賞
 花岡 誠之、山本 淳二、片岡 幹雄、下川 功、石川 崇、山岡 綾史(日立製作所 中央研究所)"複数システムを統合するコグニティブ無線システムの研究開発"
 和泉 博、尾形 敦(産業技術総合研究所 環境管理技術研究部門)
 須納瀬 正範、安藤 聡(セキテクノトロン 科学機器部)"キラル医薬品絶対配置決定法の開発-DNAシーケンサのインパクトを超える汎用構造活性相関解析装置を目指して"

第23回
◇学生部門
- 文部科学大臣賞 望月 理香(中央大学大学院 理工学研究科 情報工学専攻 修士2年)"色弁別閾値に基づく個人特徴に対応できる色弱補正法の提案"
- フジテレビジョン賞 久保 結丸(筑波大学大学院 数理物質科学研究科 物質・材料工学専攻 後期3年)"超伝導量子ビットを目指した銅酸化物超伝導体固有接合における巨視的量子トンネリングの研究"
- ニッポン放送賞 中野 匡規(東北大学大学院 理学研究科 化学専攻 博士課程3年(金属材料研究所))"酸化物・有機物機能性界面の創出とデバイス応用～透明エレクトロニクスの実現を目指して～"
- 特別賞
 島田 麻子(名古屋大学大学院 生命農学研究科 生命技術科学専攻 博士課程後期課程3年 植物分子育種研究分野)"ジベレリン受容体の立体構造とジベレリン認識メカニズムの解析～植物の自在な生長調節による食糧の増産を目指して～"
 曽我 匡統(大阪府立工業高等専門学校 専攻科 総合工学システム専攻 機械工学コース2年)"溶融炭酸塩形燃料電池の低コスト化に資する分割電極の検討"

◇企業・産学部門
- 経済産業大臣賞 釜江 俊也、田中 剛、山崎 真明、岩澤 茂郎、武田 一朗、山口 晃司、和田原 英輔、北野 彰彦、関戸 俊英(東レ)"炭素繊維複合材料"ハイサイクル一体成型技術"の研究開発"
- 産経新聞社賞 櫛部 淳道、西村 章(竹中工務店)、高木 敏晃、槙井 浩一(神鋼製鋼所)、南 知幸(神鋼メタルプロダクツ)、瀧川 順庸、東 健司(大阪府立大学大学院)"強風や地震に対して安心・安全な居住空間を実現する室温超塑性亜鉛アルミ合金制振ダンパーの開発と実用化"
- フジサンケイ ビジネスアイ賞
 片岡 伸元、和田 尚也(情報通信研究機構 第一研究部門新世代ネットワーク研究センター)、北山 研一(大阪大学大学院)
 寺田 佳弘、坂元 明(フジクラ 光電子技術研究所)
 姫野 明氏、才田 隆志、津田 信一(NTTエレクトロニクス フォトニクス事業本部)"光符号分割多重アクセス技術に関する研究開発"
- 特別賞
 大槻 純男(東北大学大学院 薬学研究科)
 上家 潤一(麻布大学 獣医学部)
 岡田 勇彦、山田 茂(アプライドバイオシステムズジャパン 質量分析システム事業部)"バイオマーカー探索を加速する遺伝子情報からの新たなタンパク質群一斉定量技術の開発"

第24回
◇学生部門

科学・技術

- 文部科学大臣賞　五十嵐 悠紀（東京大学大学院 工学系研究科 先端学際工学専攻 博士課程3年 鈴木宏正研究室）"コンピュータを用いた手芸設計支援に関する研究"
- フジテレビジョン賞　生島 弘彬（東京大学大学院 医学系研究科 博士課程4年 医学部医学科5年 分子病理学講座）"癌幹細胞を標的とした新規脳腫瘍治療戦略の構築"
- ニッポン放送賞　小塚 裕介（東京大学大学院 新領域創成科学研究科・物質系専攻・博士課程3年 ファン ハロルド研究室）"SrTiO3ヘテロ構造における高移動度二次元超伝導相の創生 ～遷移金属酸化物メゾスコピック系の確立～"
- 特別賞　德橋 和将（慶應義塾大学大学院 理工学研究科 開放環境科学専攻 修士2年）"次世代PLZT超高速光スイッチによる10Gbps光アクセスネットワークの研究開発"

◇企業・産学部門
- 経済産業大臣賞　有賀 珠子, 小林 聡雄, 横田 毅, 船川 義正, 瀬戸 一洋, 田中 靖（JFEスチール）"自動車重量削減によりCO2排出量を削減するナノテク高強度鋼板 NANOハイテン?"
- 産経新聞社賞　加藤 正徳, 杉山 昭彦, 野村 俊之, 嶋田 修, 芹沢 昌宏, 宝珠山 治（日本電気）"高音質ノイズサプレッサの研究開発"
- フジサンケイ ビジネスアイ賞
中村 秀仁, 白川 芳幸, 北村 尚, 坂上 正敏（放射線医学総合研究所）
硲 隆太（広島大学）
本多 庸郎（応用光研工業）"ライフ・イノベーション構想に資する現場型廉価医療診断装置の開発～サブミリメーターの世界で、がんを観る～"
- 特別賞
江波戸 厚吉, 神谷 光俊, 小池 謙造（花王）
秦 洋二, 東田 克也（月桂冠）"天然由来の原料を用いて、黒髪が本来持つメラニンで白髪を染める技術の開発と実用化"

## 033　ナイス ステップな研究者

「科学技術分野で注目すべき業績を挙げ，経済・社会に貢献したり，国民に夢を与えた方」，「理数離れ対策で顕著な貢献をした方」など，様々な分野で科学技術への顕著な貢献をした個人，グループで研究等が行われた場合はその代表を，科学技術政策研究所の約2000人の専門家ネットワークの意見を参考に選定する。第1回は平成17年に選定。

【主催者】科学技術政策研究所
【URL】http://www.nistep.go.jp/

（平17年度）
◇研究部門
高柳 広（東京医科歯科大学大学院医歯学総合研究科教授）"骨免疫学という新規分野の創出と発展に大きく貢献"
林崎 良英（理化学研究所プロジェクトディレクター）"未踏のRNA大陸の発見"
ヘンシュ 貴雄（理化学研究所グループディレクター）"生後発達期の脳の発達の仕組みの解明と脳神経倫理学の先導"
◇プロジェクト部門
末廣 潔（海洋研究開発機構理事）"スマトラ島沖大地震震源近傍の海底変動をハイビジョンカメラで観る"
鈴木 厚人（東北大学副学長）"『地球ニュートリノ』を世界で初めて検出"
辻井 博彦（放射線医学総合研究所重粒子医科学センター長）"重粒子線がん治療装置HIMAC 2500症例達成"
◇理解増進・教育部門
高田 典雅（秋田県立大館鳳鳴高等学校教諭），秋田県立大館鳳鳴高等学校生徒"論理的思考力や創造性，独創性を培う理数教育の実践"
鳥養 映子（山梨大学教授），女子高校生夏の学校企画委員会 "理工系に関心のある女子高校生の自発的なネットワークづくりを支援「女子高校生夏の学校～科学・技術者のたまごたちへ」"
野口 聡一（宇宙飛行士）"スペースシャトル船外活動でリーダーを務め，青少年に夢と希望を"

茂木 健一郎（SONY Computer Science Laboratory）　"脳科学と『クオリア』"

（平18年度）
◇研究部門
　審良 静男（大阪大学微生物病研究所教授）"被引用論文数世界一"
　伊藤 清（京都大学名誉教授）"数学の応用を顕彰するために創設されたガウス賞受賞"
　渡辺 貞（理化学研究所次世代スーパーコンピュータ開発実施本部プロジェクトリーダー）"スーパーコンピュータ開発の業績に対するシーモア・クレイ賞受賞"
　山中 伸弥（京都大学再生医科学研究所教授）、多田 高（京都大学再生医科学研究所助教授）"再生医療を可能にする画期的な"万能細胞"の作製"
　板垣 公一（アマチュア天文家）"驚異的なスピードでの超新星発見と天文学発展への貢献"
◇プロジェクト部門
　宇宙航空研究開発機構小惑星探査機「はやぶさ」チーム〈代表：川口淳一郎プログラムマネージャー〉"小惑星探査機『はやぶさ』の地球帰還への挑戦"
　防災科学技術研究所実大三次元震動破壊実験施設（E-ディフェンス）の開発運用チーム〈代表：中島正愛兵庫耐震工学研究センター長、小川信行千葉科学大学教授〉"実物大の建物を振動させる世界に類のない先進的施設の開発運用"
◇イノベーション部門　北野 宏明（科学技術振興機構戦略的創造研究推進事業（SORST）北野共生システムプロジェクト総括責任者）、石黒 周（研究開発型NPO振興機構専務理事）、浅田 稔（大阪大学大学院工学研究科教授）"オープンなイノベーションシステムの提案を展開"
◇成果普及・理解増進・男女共同参画部門
　川島 隆太（東北大学加齢医学研究所教授）"脳研究への関心を喚起"
　北原 和夫（国際基督教大学教養学部教授）、大隅 典子（東北大学大学院・医学系研究科・創生応用医学研究センター・形態形成解析分野教授）"研究者自らが行う理解増進活動・女性研究者育成支援態勢整備の促進"

（平19年度）
◇研究部門
　今堀 博（京都大学物質-細胞統合システム拠点・工学研究科分子工学専攻 教授）"有機物質による人工光合成の研究でサイエンスマップ2006における日本シェアNo.1研究領域を牽引"
　河野 友宏（東京農業大学応用生物科学部 教授）"卵子だけで誕生する二母性マウス誕生の成功率を大幅に向上させ、生殖細胞機能開発研究の新しい展開の可能性を提示"
　田村 浩一郎（首都大学東京理工学研究科生命科学専攻 准教授）"計算機科学の分野で世界的注目度の高い解析ソフトウェアMEGAの開発"
◇プロジェクト部門　堀内 茂木（防災科学技術研究所防災システム研究センター 研究参事）、束田 進也（気象庁地震火山部管理課 調査官）"緊急地震速報システムの開発"
◇地域・産学連携・イノベーション部門
　山海 嘉之（筑波大学大学院システム情報工学研究科 教授、CYBERDYNE 代表取締役CEO）"身体機能を拡張するロボットスーツHALの開発と実用化推進"
　二瓶 直登（福島県農業総合センター作物園芸部畑作グループ 副主任研究員）"有機肥料の有機態窒素を中心とした有効成分の解析"
　林 維毅（マルテック 代表取締役）"留学生による地域とアジアを結びつけるイノベーションの推進"
◇人材育成部門
　小舘 香椎子（日本女子大学理学部 教授）"女性研究者の育成・支援"
　若山 正人（九州大学大学院数理学研究院長・教授）、中尾 充宏（九州大学産業技術数理研究センター長・教授）"産業界との連携による若手数学研究者の育成"
◇成果普及・理解増進部門　長谷川 善和（群馬県立自然史博物館 館長）、荒俣 宏（博物学研究家・作家）"サイエンスとアートの融合を実現した科学系博物館展示の企画開催"

（平20年度）
◇研究部門
　新津 洋司郎（札幌医科大学分子標的探索講座 特任教授）"肝硬変など様々な難治性疾患の治療法開発による医療への貢献"
　細野 秀雄（東京工業大学フロンティア研究センター 教授）"第3の超伝導物質、鉄系新高温超伝導体を発見"

三浦 道子（広島大学大学院先端物質科学研究科 教授）　"半導体超微細化時代に適合する技術的に卓越したトランジスタモデルの開発と国際標準化の獲得"

山口 茂弘（名古屋大学大学院理学研究科 教授）　"典型元素の基礎化学を通じて高性能有機エレクトロニクス材料を創出"

若山 照彦（独立行政法人理化学研究所 発生・再生科学総合研究センター ゲノム・リプログラミング研究チーム チームリーダー）　"凍結死体の体細胞からのクローン個体作出に成功"

◇プロジェクト・国際研究交流部門

日本原子力研究開発機構J-PARCセンター（池田裕二郎：物質・生命科学ディビジョン長, 長谷川和男：加速器ディビジョン加速器第1セクションリーダー, 金正倫計：加速器ディビジョン加速器第2セクションリーダー）　"先端的な加速器パルス中性子源の開発"

嶋田 雅暁（長崎大学 熱帯医学研究所 教授）　"ケニアを拠点として感染症対策に係る国際研究交流を推進"

◇人材育成・男女共同参画部門

河野（平田）典子（日本大学理工学部数学科 教授）　"男女共同参画、女性研究者支援、女子学生に対する教育活動に貢献"

米田 仁紀（電気通信大学レーザー新世代研究センター 教授）　"先進的な工学系大学院教育プログラムの開発と実施における貢献"

◇成果普及・理解増進部門　新井 紀子（国立情報学研究所 情報社会相関研究系 教授）　"Webを活用した情報共有サイト構築ソフトを無償公開し、新たな学校教育手法を全国的に展開。また、数学嫌いの人々等を対象に青年・一般向けの数学入門書を多数執筆"

（平21年度）

◇研究部門

田中 啓二（東京都臨床医学総合研究所 所長代行）　"細胞内の不要タンパク質を分解するプロテアソームに関する研究で世界的に注目を集める"

天野 浩（名城大学理工学部材料機能工学科 教授）　"青色LED用半導体の誕生から紫外発光半導体までの最先端の研究をリード"

小池 康博（慶応義塾大学理工学部 教授）　"高速通信用プラスチック光ファイバーの研究および実用化"

渡邉 信（筑波大学大学院生命環境科学研究科 教授）　"炭化水素産生緑藻類による次世代エネルギー資源開発の基盤技術を確立"

原田 広史（物質・材料研究機構 超耐熱材料センター長, ロールス・ロイス航空宇宙材料センター長）　"次世代超合金の開発および実用化推進"

柴田 一成（京都大学大学院理学研究科附属天文台 台長, 京都大学宇宙総合学研究ユニット ユニット長）　"宇宙天気予報の基礎研究としての太陽活動現象の究明に貢献"

◇プロジェクト・産学連携・国際研究交流部門

兼松 泰男（大阪大学先端科学イノベーションセンター 教授）　"大学を核としたイノベーションコアの形成による研究成果の活用と若手人材の活躍の場の創出"

江上 美芽（東京女子医科大学先端生命医科学研究所 客員教授）　"再生医療研究の治療実現に向けた「プロデューサー」活動の実践"

HTVプロジェクトチーム 宇宙航空研究開発機構（JAXA）有人宇宙環境利用ミッション本部（虎野吉彦：プロジェクトマネージャー, 小鑓幸雄：サブマネージャー, 佐々木宏：ファンクションマネージャー）　"高度な安全性・信頼性を満足する宇宙ステーション補給機（HTV）の技術実証"

◇男女共同参画部門　有賀 早苗（北海道大学副理事・女性研究者支援室長, 北海道大学大学院農学研究院/生命科学院環境分子生物科学研究室 教授）　"女性研究者活躍に向けた環境整備と女性研究者採用の促進"

（平22年度）

◇研究部門

間野 博行（自治医科大学分子病態治療研究センターゲノム機能研究部 教授, 東京大学大学院医学系研究科ゲノム医学講座 特任教授）　"肺がん原因遺伝子を発見し、新たな分子標的治療法の研究開発を先導"

まつもと ゆきひろ（合同会社Rubyアソシエーション理事長, ネットワーク応用通信研究所 フェロー, 楽天 楽天技術研究所 フェロー）　"プログラミング言語「Ruby」の開発および標準化に向けた取り組み"

有賀 克彦（独立行政法人物質・材料研究機構国際ナノアーキテクトニクス研究拠点

主任研究者）"超分子の機能性材料への応用研究で世界的な注目を集める"

高井 治（名古屋大学 エコトピア科学研究所 所長, 名古屋大学大学院 工学研究科マテリアル理工学専攻 教授）"バイオミメティクス研究を材料に応用し, 環境負荷低減に貢献"

◇プロジェクト部門　独立行政法人宇宙航空研究開発機構（JAXA）IKAROSデモンストレーションチーム（森治：チームリーダー, 横田力男：ソーラー電力セイル膜面開発担当, 澤田弘崇：ソーラー電力セイル展開ミッション担当）"宇宙ヨット「IKAROS（イカロス）」の技術開発と実証実験の成功"

◇産学連携部門　関山 和秀（スパイバー 代表取締役社長）, 菅原 潤一（スパイバー 相談役 (慶應義塾大学大学院 政策・メディア研究科 後期博士課程在学中)）"次世代バイオ素材「合成クモ糸」の実用化へ向けた学生発ベンチャーの山形県鶴岡市を拠点とした取り組み"

◇国際研究交流部門
渡邉 和男（筑波大学大学院 生命環境科学研究科 生命産業科学専攻 遺伝子実験センター 教授）"アフリカ等での生物多様性保全に配慮した技術移転の実践的取り組み"

甲斐沼 美紀子（独立行政法人国立環境研究所 地球環境研究センター温暖化対策評価研究室 室長）"地球環境問題に貢献するアジア太平洋統合評価モデルの開発"

◇成果普及・理解増進部門
近藤 茂（アマチュア研究家）"πへの探求を通じて研究の面白さを広く伝えた貢献"

倉田 敬子（慶應義塾大学 文学部図書館情報学専攻 教授）"研究活動の情報基盤構築に向けて対応の遅れを警告するフロントランナー"

## 034　日経地球環境技術賞

経済成長と地球環境保護の調和に資することを目的として, 平成3年に創設された。人類が21世紀にも繁栄を続けていくために欠かせない地球環境科学や保全技術の進歩に貢献した個人や研究グループに贈られる。

【主催者】日本経済新聞社

【選考委員】（第20回）委員長：茅陽一（地球環境産業技術研究機構 副理事長）, 新井民夫（東京大学大学院 教授）, 佐和隆光（滋賀大学 学長）, 鈴木基之（放送大学 教授）, 土肥義治（理化学研究所 理事）, 永田勝也（早稲田大学 環境総合研究センター所長）, 中西準子（産業技術総合研究所 安全科学研究部門長）, 山根一眞（ノンフィクション作家）, 鷲谷いづみ（東京大学大学院 教授）

【選考方法】公募（自薦, 他薦不問）

【選考基準】〔対象〕地球環境の保全のための実態把握, 影響評価, 対策技術などで優れた成果をあげた個人や研究グループ。〔基準〕研究の独創性, 実現性, 影響度など

【締切・発表】第12回の場合「日本経済新聞」「日経産業新聞」紙上に募集告知, 6月20日締切, 9月下旬両紙上に発表

【賞・賞金】最大6件を表彰。そのうち最優秀賞として, 最大3件を選び, 表彰状と賞金100万円を授与。他は「優秀賞」とし, 表彰状と記念品（ブロンズ像）授与。最優秀賞の中で, 特に優れた成果には「大賞」（賞金200万円）授与。

【URL】http://www.nikkei-events.jp/chikyu-kankyo/

第1回（平3年）
◇大賞　忠鉢 繁（気象研究所主任研究官）"南極上空のオゾン減少を発見, 世界で最初に報告"

◇環境技術賞
安成 哲三（筑波大学地球科学系助手）"地球気候システムにおけるモンスーン・エルニーニョ結合系を解明"

森田 知二（三菱電機材料デバイス研究所主幹）"磁気ディスクを中心とした高温超純水洗浄・乾燥方式の実用化"

第2回（平4年）
松下電池工業・無水銀アルカリ乾電池研究開発グループ "無水銀アルカリ乾電池の開発"
国立環境研究所オゾン層研究グループ "オゾン観測用レーザーレーダーの開発とオゾン層破壊メカニズムの実証研究"
門村 浩（東京都立大学理学部教授）"西アフリカ・サハラ南縁地帯における環境変動と砂漠化に関する研究"

第3回（平5年）
◇大賞　田中 正之（東北大学理学部教授）"日本におけるCO2濃度の長期及び広域観測ともそれにもとづくCO2循環の研究"
◇環境技術賞
尾上 守夫（リコー副社長）、コピー用紙リサイクル技術開発グループ "コピー用リサイクル技術"
桜井 武一（技術開発本部技術研究所長）、東京電力EV研究会 "高性能電気自動車「IZA」の開発"

第4回（平6年）
◇大賞　森田 恒幸（国立環境研究所総合研究官）、松岡 譲（京都大学助教授）、AIM開発グループ "アジア太平洋地域における地球温暖化対策分析のための総合モデル（AIM）の開発"
◇環境技術賞
深尾 昌一郎（京都大学超高層電波研究センター教授）、MUレーダーグループ "MUレーダーの開発及びそれを用いた大気環境リモートセンシング法の確立と国際化の推進"
向後 元彦（「砂漠に緑を」代表）"地球レベルで応用可能なマングローブ植林技術の開発"

第5回（平7年）
◇大賞　陽 捷行（国際農業水産業研究センター環境資源部長）、農林水産省農業生態系メタン研究グループ "農業生態系から放出されるメタンの発生機構解明と発生量の評価および制御技術"
◇環境技術大賞
滝井 あゆち（日航財団常務理事）、定期航空便による大気観測プロジェクトチーム "定期航空機を利用した温室効果期待の定期観測"

吉岡 完治（慶応義塾大学産業研究所教授）、慶応義塾大学産業研究所環境問題分析グループ "産業連関分析による環境問題と経済活動の相互依存関係の数量的把握"

第6回（平8年）
◇大賞　宮脇 昭（国際生態学センター研究所長）"土地固有の森林生態系回復、環境保全・災害防止林形成の方法と応用化"
◇環境技術大賞
藤田 慎一（電力中央研究所大気物理部研究主幹）、電力中央研究所酸性雨研究グループ "酸性雨の環境影響評価"
倉重 有幸（新エネルギー・産業技術総合開発機構環境技術開発室長）、特定フロン破壊処理技術開発グループ "高周波プラズマを利用した特定フロン破壊処理技術"

第7回（平9年）
◇大賞　気候変動・海面上昇問題研究タスクチーム〈代表・三村信男 茨城大学広域水圏環境科学教育センター教授〉「気候変動・海面上昇の影響評価と対応策に関する総合研究」
◇環境技術賞
桐谷 圭治（農林水産省農業環境技術研究所名誉研究員）「地球温暖化がもたらす農業生態系における昆虫群集の動態予測」
西岡 秀三（国立環境研究所地球環境研究グループ統括研究官）「地球環境管理に向けた科学的知見の反映過程に関する研究と、研究の組織化および政策決定過程への寄与」

第8回（平10年）
ミサワホーム総合研究所太陽光発電研究開発グループ〈代表・石川修 ミサワホーム総合研究所取締役〉「住宅用屋根ふき材としての太陽電池システムの開発」
野口 勉〈代表〉（ソニー中央研究所環境研究センター主任研究員）、松島 稔（ソニー社会環境部リモネンリサイクル推進室統括課長）「リモネンを用いた新規発泡スチロールリサイクルシステムの開発」
熱帯林再生研究グループ〈代表・小川真 関西総合研究環境センター生物環境研究所長〉「菌根菌利用による熱帯林再生技術の開発計画」

第9回（平11年）
◇大賞　高性能工業炉開発プロジェクトチーム〈代表・谷川正 日本興業協会会長〉「高性能工業炉の開発と実用化」
◇環境技術賞

天然ガス自動車開発チーム〈代表・須賀稔之 本田技術研究所栃木研究所アシスタントチーフエンジニア〉「有害排出ガスをほとんどゼロレベルに削減した天然ガス自動車」

電子ビーム排煙処理研究開発グループ〈代表・橋本昭司 特殊法人日本原子力研究所高崎研究所環境保全技術研究室長〉「電子ビームによる燃料排煙の脱硫・脱硝技術の開発」

第10回（平12年）

ダイオキシン計測技術開発グループ〈代表・坂入実 日立製作所中央研究所ライフサイエンス研究センタメディカルシステム研究部部長〉「燃焼炉排ガス中のダイオキシン前駆体のオンライン・連続計測モニタの開発と実用化」

極超低排出ガス技術開発チーム〈代表・木下昌治 日産自動車パワートレイン事業本部主管〉「極超低排出ガス技術の開発」

未利用バイオマス資源化チーム〈代表・小原仁実 島津製作所基盤技術研究所主任研究員〉「生ゴミから生分解性プラスチックであるポリ-L-酸を製造する方法の開発」

第11回（平13年）

加圧二段ガス化システム研究・開発グループ〈代表・大下孝裕 荏原製作所エンジニアリング事業本部取締役環境・エネルギー開発センター長〉「加圧二段ガス化システムによるケミカルリサイクル技術」

家庭用自然冷媒ヒートポンプ給湯機開発グループ（CO2）〈代表・伊藤正彦 デンソー冷暖房事業部特定開発室主幹〉「家庭用自然冷媒（CO2）ヒートポンプ給湯機の製品化」

吉田 尚弘（東京工業大学大学院総合理工学研究科教授）「地球温暖化ガスのアイソトポマー計測法の開発」

第12回（平14年）

ゴムリサイクル研究・開発グループ〈代表・福森健三 豊田中央研究所有機材料研究室主任研究員〉「廃ゴムの高品位マテリアルリサイクル技術の開発」

渡辺 晴男（アフィニティー代表取締役）「自律応答型調光ガラスの開発」

水エマルジョン燃料エンジン開発グループ〈代表・星野光多 小松製作所エンジン・油脂事業本部執行役員事業本部長〉「水エマルジョン燃料を用いた定置式常用発電機用ディーゼルエンジンシステムの開発」

第13回（平15年）

◇大賞 インテリジェント触媒開発グループ〈代表・ダイハツ工業 田中裕久〉「インテリジェント触媒の開発」

◇優秀賞

鵜野 伊津志（九州大学教授）「大気化学物質の飛来予測システムの開発」

廃プラスチック再資源化プロジェクトチーム〈代表・新日本製鐵 近藤博俊〉「廃プラスチック循環資源化技術の開発と普及」

第14回（平16年）

◇大賞 該当者無し

◇優秀賞

旭化成ケミカルズ技術ライセンス室〈代表・松崎一彦〉「環境にやさしいポリカーボネート製造プロセス」

舩岡 正光（三重大学教授）「植物系分子素材の持続的循環活用システムの開発」

橋本 和仁（東京大学教授））「太陽エネルギーを利用する環境保全・改善技術の開発」

第15回（平17年）

◇大賞 該当者無し

◇優秀賞

栗原 英資（帝人）"PETボトルの完全循環を実現したポリエステル原料リサイクル技術の開発・実用化"

東芝 消去可能インク及びトナー開発チーム〈代表・研究開発センター環境技術ラボラトリー 高山暁〉"消去可能インク及びトナーの研究開発"

人・自然・地球共生プロジェクト 温暖化予測第一課題研究グループ〈代表・東京大学気候システム研究センター教授 住明正〉"高分解能大気海洋モデルを用いた地球温暖化予測に関する研究"

第16回（平18年）

◇大賞 該当者無し

◇優秀賞

刈茅 孝一（積水化学工業）"住宅解体廃木材を原料とする住宅用内構造材の製造技術"

下田 達也（セイコーエプソン）"電子デバイスを省エネ・省資源で製造するマイクロ液体プロセス"

三洋電機 "eneloop（エネループ）"開発プロジェクト、前田 泰史（三洋エナジートワイセル）"自己放電を大幅に抑制した新型ニッケル水素電池の開発"

第17回（平19年）

◇大賞 該当者無し

◇優秀賞
　兵庫県立大学 自然・環境科学研究所 田園生態系,兵庫県立コウノトリの郷公園 田園生態研究部〈代表・池田啓〉"コウノトリの野生復帰を基軸とした地域の環境保全"
　JFEエンジニアリング新省エネ空調エンジニアリング部 技術グループ〈代表・髙雄信吾〉"水和物スラリを用いた空調システムの開発"
　静岡大学大学院 創造科学技術研究部エネルギーシステム部門 環境保全工学研究室〈代表・佐古猛〉"亜臨界水を用いたバイオマス廃棄物のエネルギー資源化技術の開発"

第18回（平20年）
◇大賞　地球環境産業技術研究機構・RITE-HONDAバイオグループ〈代表・湯川英明〉"セルロースからの混合糖同時変換によるエタノール製造技術"
◇技術賞
　東京大学生産技術研究所 沖・鼎研究室〈代表・沖大幹〉"バーチャルウォーターを考慮した世界の水需給推計"
　東レ 地球環境研究所〈代表・辺見昌弘〉"ホウ素の除去能力を高めた淡水化用逆浸透膜の開発"

第19回（平21年）
◇地球環境技術賞
　三洋電機ソーラーエナジー研究部HIT太陽電池開発グループ〈代表・丸山英治〉"世界最高効率HIT太陽電池の開発"
　東レ複合材料研究所, アドバンストコンポジットセンター, オートモーティブセンター〈代表・北野彰彦〉"炭素繊維複合材料ハイサイクル一体成形技術の開発"
　宇宙航空研究開発機構GOSATプロジェクトチーム〈代表・浜崎敬〉"温室効果ガス観測技術衛星「いぶき」(GOSAT)の開発と打上げ"
◇ものづくり環境特別賞
　ヤマザキマザックオプトニクス フェニックス研究所 "地温を利用した省エネ地下工場"
　新日本製鉄 大分製鉄所製銑工場 "二酸化炭素排出を削減できる新たなコークス炉の実機"
　富士ゼロックス, 富士ゼロックス・エコマニュファクチャリング "中国での資源循環システムの拠点"

第20回（平22年）
◇大賞　JFEスチール〈東日本製鉄所〉「水素系気体燃料を活用した鉄鉱石焼結プロセスの開発」
◇最優秀賞
　富士ゼロックス〈マーキングプラットフォーム開発部定着技術開発グループ〉「RealGreenを実現したIH定着技術」
　シャープ〈グリーンフロント 堺〉「環境先進ファクトリー『グリーンフロント 堺』」の構築」
◇優秀賞
　高速道路総合技術研究所 「生物多様性を守る高速道路の地域性苗木による緑化」
　トヨタ自動車〈エコプラスチック製自動車内装部品開発プロジェクト〉「植物由来材料製の自動車内装部品の開発」
　日産車体〈日産車体九州〉「CO2・VOCの大幅低減と高い塗装外観品質を両立させた新塗装工法の開発」

## 035　日経BP技術賞

　技術や産業の発展に寄与することを目的に,「電子/情報家電」,「情報通信」,「機械システム」,「建設」,「医療・バイオ」,「エコロジー」の6部門において開発された優秀な技術を表彰するため,平成3年に創設された。

【主催者】日経BP社
【選考委員】（第17回）審査委員長：田中昭二（国際超電導産業技術研究センター副理事長）,審査委員：大石道夫（かずさディー・エヌ・エー研究所所長）,岡田恒男（東京大学名誉教授）,川島一彦（東京工業大学大学院理工学研究科教授）,木村文彦（東京大学大学院工学系研究科精密機械工学専攻教授）,小林繁夫（東京大学名誉教授）,後藤滋樹（早稲田大学理工学部情報学科教授）,櫻井靖久（東京女子医科大学名誉教授）,鈴木基之（放送大学教授）,谷本勝利（埼玉大学工学部建設工学科教授）,中川正雄（慶應義塾大学理工学部情報工学科教

授),永井良三(東京大学医学部附属病院長),永田勝也(早稲田大学理工学部機械工学科教授),中野栄二(千葉工業大学総合研究所教授),西村吉雄(早稲田大学客員教授),水野博之(大阪電気通信大学副理事長),安田浩(東京大学国際・産学共同研究センター教授),山本良一(東京大学生産技術研究所教授),脇英世(東京電機大学工学部情報通信工学科教授)

【選考方法】同社の各刊行物の編集者の推薦による

【選考基準】〔対象〕:前年1年間に主として日本国内で開発された技術(製品となる前の開発段階の技術も含まれる)の開発に当該グループの中核として直接関わった者。〔基準〕純粋に学問的な成果より、産業や社会へのインパクトを重視

【締切・発表】第17回は平成19年2月中旬決定,3月下旬プレス発表。授賞式は4月6日

【URL】http://corporate.nikkeibp.co.jp/

第1回(平3年)
◇大賞 中西 重忠(京都大学医学部附属免疫研究施設教授) "受容体の遺伝子クローン化技術"
◇部門賞
- 電子部門
  塚田 俊久(日立製作所中央研究所主管研究長) "陽極酸化A1ゲート技術で実現した高精細カラーTFT液晶ディスプレー"
  田中 正人(ソニーゼネラルオーディオ事業本部NTプロジェクト) "超小型・高音質のメモ用デジタル録音・再生の開発"
- 情報システム部門
  松崎 純一(ヴェストソフトウエア社長) "本格的CASEツールSAVERの製品化技術"
  松本 行弘(東京証券取引所システム第二部長) "「立会場事務合理化システム」の高信頼・高速技術"
- 機械・材料部門
  村上 雅人(国際超電導産業技術研究センター主管研究員) "高温超電導体による人間浮上実験"
  上杉 邦憲(文部省宇宙科学研究所教授) "実験衛星MUSES-Aの惑星探査基礎技術"
- 建設部門
  三栖 邦博(日建設計東京第三事務所長) "日本電気本社ビルのビル風低減技術"
  本州四国連絡橋公団垂水工事事務所 "明石海峡大橋主塔基礎の設計施工技術"
- 医療部門
  高野 久輝(国立循環器病センター研究所部長),渥美 和彦(東京大学医学部附属医用電子研究施設名誉教授) "補助人工心臓の実用化技術"
  鵜高 重三(名古屋大学農学部食品工業化学科教授) "遺伝子組み換えによるたんぱくの高分泌生産技術"

第2回(平4年)
◇大賞
  中村 武(村田製作所ファンクションデバイス事業部開発担当次長) "独自の形状を用いて検出精度を高めた圧電振動ジャイロの開発"
  大河内 一雄(九州大学医学部附属病院教授) "輸血によるB型肝炎撲滅・感染予防体制の構築"
◇部門賞
- 電子部門
  花輪 誠(日立製作所中央研究所研究員) "1000MIPSの高速RISC型マイクロプロセサ"
  富岡 正雄(シャープ電子機器事業本部緊急プロジェクトチームチーフ) "画質がCRTを超えた200インチ投射型液晶ディスプレー"
- 情報システム部門
  鳥谷 浩志(リコーソフトウェア事業部ソフトウェア研究所第三研究室長) "サーフェス・モデルを統合したライブラリ型三次元ソリッドモデラーの開発"
  岩松 聡(情報処理相互技術運用協会技術部長) "OSI-TPおよびOSI管理の実装規約作成と,OSI相互接続実験の実施"
  片田 和広(藤田保健衛生大学衛生学部教授) "X線CTのヘリカルスキャン実用化技術"
- 機械・材料部門
  高田 昭夫(三菱自動車工業乗用車開発本部エンジン設計部グループ長) "新たな機構を追加せずに希薄燃焼を実現し,大幅な燃費低減を達成したMVVエンジン"
  高原 秀房(三井金属基盤技術研究所担当副所長),太田 浩(理化学研究所マイクロ波物理研究室研究員) "高温超電導磁気シー

科学・技術

ルドによる脳磁界計測"
- 建設部門
  大林組，フォスターアソシエイツ "センチュリータワーの防災システム"
  小笹 博昭（運輸省第四港湾建設局下関調査設計事務所長）"熊本港における軟弱地盤着底式防波堤の設計・施工技術"
- 医療部門
  林 健志（国立がんセンター研究所腫瘍遺伝子研究部腫瘍遺伝子産物研究室長）"一本鎖DNAを用いた新しい遺伝子診断法"

第3回（平5年）
◇大賞
  原 広司（東京大学生産技術研究所教授），木村 俊彦（木村俊彦構造設計事務所代表），吉永 深（竹中工務店総括事務所長）"連結超高層ビルの構築技術"
◇部門賞
- 電子部門
  各務 正一（東芝半導体技術研究所開発主務）"低電力・高速性を両立する，0.15ミクロンまで対応できる新型CMOSトランジスタ構造"
  内田 啓一郎（富士通情報システム事業本部主席部長）"超並列アーキテクチャーとGaAsLSIを使って世界最高速を実現したスーパーコンピューター"
- 情報システム部門
  阿望 博喜（ジャストシステム技術部）"日本語仮名漢字変換技術"
  鈴木 誠一（日本電子工業振興協会ICメモリーカード技術専門委員会代表，日本電子振興協会専務理事）"国際的な実質標準となるICメモリー・カード仕様の規定"
- 機械・材料部門
  三友 護（科学技術庁無機材質研究所総合研究官）"β型窒化ケイ素セラミックスの高じん性化・高信頼性化技術"
  明智 清明（住友電気工業焼結製品事業部スミアルタフ課長），ほか "粉末鍛造法による複雑形状部品のニア・ネット・シェイプ技術"
- 建設部門
  佐野 幸夫（鹿島建設設計・エンジニアリング総事業本部副本部長）"ハイブリッド膜構造による大空間建築の架構技術"
  神崎 正（大成建設技術本部生産技術開発部遠隔計測システム開発室室長）"人工衛星GPS精密測位システムを使った工事管理技術"
- 医療部門

長田 重一（大阪バイオサイエンス研究所第一研究部長），ほか "顆粒球コロニー刺激因子（G-CSF）の製品化技術"
村上 和雄（筑波大学応用生物化学系教授），ほか "高血圧治療薬開発用マウス「つくば高血圧マウス」の作出"

第4回（平6年）
◇大賞
  岩井 洋（東芝研究開発センターULSI研究所第五研究所主任研究員），斎藤 雅伸（東芝研究開発センターULSI研究所第五研究所研究員），小野 瑞城，吉富 崇，大黒 達也 "64ギガ～256ギガビットメモリーに相当するゲート長0.04ミクロンと微細なnMOSトランジスタを試作"
  田中 譲（北海道大学工学部電気工学科教授），古河 建純（富士通PP事業本部長），斎藤 仁志（日立ソフトウェアエンジニアリング専務），村田 利文（ビジョン・コーポレーション社長）"ソフト部品化のための開発・実行環境インテリジェント・パッドの開発と製品化"
◇部門賞
- 電子部門
  中村 修二（日亜化学工業開発部主任研究員）"1カンデラと従来より百倍高い光度を実現したインジウム・ガリウム・窒素青色発光ダイオード"
  栗原 誠司（東芝セラミックスシリコン事業部シリコン技術部主務）"材料側からLSI生産性向上にブレークスルーを起こした新型シリコンウエハー"
- 情報システム部門
  勝山 真（富士通オープンシステム事業本部オープンシステム事業部CG技術担当部長），ほか "高速・高画質を実現したグラフィック・システムの製品化"
  豊泉 泰光（日立製作所コンピュータ事業本部ソフトウェア開発本部第二DC設計部副部長）"汎用機環境の技術をベースにしたオープンなトランザクション処理モニターをUNIX上で製品化"
- 機械・材料部門
  豊住 滋（住友重機械工業パワートランスミッションコントロール事業本部技術部長）"独自の歯形・機構を使い低コストで静粛さ，軽量化を実現した新トロコイド遊星歯車減速機の技術"
  天野 敏男（東亜電波工業常務）"近赤外吸収スペクトルを用いた廃棄プラスチック

ボトルの分別技術"
- 建設部門
  宮武 保義(清水建設副社長技術本部長)、ほか "十六銀行名古屋ビルの自動施行システム"
  岡村 甫(東京大学工学部教授)、ほか "超流動コンクリートの設計・施工法の開発"
- 医療部門
  平尾 泰男(科学技術庁放射線医学総合研究所長) "重粒子線ガン治療装置HIMACの開発"
  野本 明男(東京大学教授)、ほか "遺伝子組み換えにより作製した安定性の高いポリオワクチンの開発"

第5回(平7年)
◇大賞
　正井 一夫(日立製作所ソフトウエア開発本部DB設計部主任技師) "UNIX用RDBMS「HiRDB」の並列一括更新と並列リカバリー技術"
　井上 春夫ほか7名(関西国際空港常務) "関西国際空港の人工島と旅客ターミナルビルの設計・施工技術"
　松尾 寿之ほか4名(国立循環器病センター研究所長) "遺伝子組み換えたんぱくの工業レベル・アミド化技術"
◇部門賞
- 電子部門
  山品 正勝(NECマイクロエレクトロニクス研究所課長) "クールアップ・コンセプトに基づく低電力DSPの開発"
  仮屋 和浩(図研技術本部EDA開発部部長) "オブジェクト指向技術を使った電子回路設計用EDAツールの開発と製品化"
- 情報システム部門
  吉川 勉ほか4名(システムコンサルタントスーパーネットプロダクト部部長) "Freeway/TP-KERNELによる大規模クライアント・サーバー・システム構築支援技術"
  小池 康博(慶応義塾大学理工学部助教授) "プラスチックを用いた高速で安価な光ファイバー「GI-POF」の開発"
- パソコン部門
  中川 博英(シャープ情報システム事業本部携帯システム事業部商品企画部副事業部長兼商品企画部長) "携帯型情報機器「ZAURUS」の実現技術"
  大渡 章夫(セイコーエプソンプリンタ事業部TP開発部TP要素開発設計グループ課長) "低価格で高画質を実現したカラー・インクジェット・プリンター技術"
- 機械・材料部門
  江浦 隆(三菱電機伊丹製作所応用機製造部応用機第一設計課主幹) "大量生産に対応するエキシマレーザー"
  木村 明ほか1名(ソニー生産技術部門プロダクションシステムデザイン部商品開発課統括課長) "機構改善でサイクルタイムを短縮したフルアースロボット"
- 建設部門
  別所 俊彦(大成建設生産技術開発部部長) "球体シールド工法の開発"
  飯田 郁夫(飯田建築設計事務所社長) "逆スラブ工法によるマンションの実用化技術"
- 医療部門
  降籏 広行(オリンパス光学工業技術開発センター石川第三事業部第三開発部部長) "超細径胃内視鏡の開発"
  杉本 利行(林原生物化学研究所長) "臓器や血液の保存に役立つトレハロースの大量生産技術"

第6回(平8年)
◇大賞
　萩尾 剛志(東芝SD事業推進部SDマーケティング担当課長)、ほか "CD-ROMの後継および大容量書き換え可能メディアの展望を示した統一デジタル・ビデオ・ディスクの開発"
　末高 弘之(カシオ計算機QV開発部統轄室長) "液晶デジタルスチル・カメラ「QV10」の小型・軽量化および画像処理ソフトウエア技術"
　近藤 克己(日立製作所日立研究所画像デバイス研究部主任研究員)、ほか "CRT並みの画質を実現可能な「スーパーTFT(薄膜トランジスタ)」技術"
◇部門賞
- 電子部門
  本田 昌実(元日本ユニシス藤が丘研究所主任研究員) "静電気放電にともなう電磁波が引き起こすデジタル機器誤動作現象の解明"
  馬場 志朗(日立製作所半導体事業部マイコン設計部部長)、ほか "マルチメディア民生機器向けマイクロプロセッサー「スーパーHRISCエンジン」シリーズの開発"
- 情報システム部門
  小林 忠男(NTT中央パーソナル通信網取締

役経営企画部長)、ほか "簡易型携帯電話サービスPHSの実用化"
田沢 和彦(富士通アウトソーシング事業部インターネットソフトウェア部課長)、ほか "事例データベース推論を用いた質問応答システム"

- パソコン部門
  庄司 渉(ソフマップエフデザイン副社長)、ほか "高速で操作性の良いマルチメディア・アプリケーション開発方式およびその基礎となった部品化プログラミング技術"
  久多良木 健(ソニーコンピュータエンタテインメント取締役開発部長)、ほか "高速三次元グラフィックス表示とゲーム・ソフト開発の容易さを両立させたゲーム機の開発"

- 機械・材料部門
  魚井 倫武(出光石油化学千葉工場副工場長)、ほか "結晶性ポリスチレンの製品化技術"
  野間 一俊(三菱自動車工業乗用車開発本部エンジン設計部グループ長)、ほか "筒内噴射ガソリンエンジンの開発"

- 建設部門
  中山 清(フジタ技術本部技術企画部長)、ほか "雲仙普賢岳の無人化施行技術"
  藤居 秀男(藤居設計事務所代表)、ほか "森林総合活性化センターの音響技術"

- 医療部門
  石森 義雄(東芝研究開発センター環境技術研究所環境技術センター主任研究員)、ほか "DNA(デオキシリボ核酸)プローブ固定化遺伝子センサーの開発技術"
  三好 健一(湧永製薬バイオ研究所長)、ほか "ED-PCR法などDNAプローブ標識法の開発技術"
  大塚 俊哉(東京大学医学部胸部外科助手)、ほか "肺の探査に有用な触覚センサーの開発技術"

第7回(平9年)
◇大賞
  秦 勝重ほか(ソニーアーキテクチャ研究所課長) "インターネット上の三次元データ標準仕様VRML2.0の策定作業と関連ツールの開発"
  佐橋 政司ほか(東芝研究開発センター材料デバイス研究所プロジェクトマネジャー) "平方インチ当たり5ギガビットのHDDを実現できるGMRヘッド"
  溝下 義文ほか(富士通ストレージプロダクト事業本部テクノロジ開発統括部長) "GMRヘッドで平方インチ当たり5ギガビットのHDDを実証"

◇部門賞
- 電子部門
  西海 宏三ほか(三菱電機マイコンASIC事業統括部長) "DRAMとロジックをワンチップ化する技術体系"
  中村 修二ほか(日亜化学工業第二部門開発部主幹研究員) "窒化ガリウム系青紫色半導体レーザーの室温連続発振"

- 情報システム部門
  平野 聡(通産省工業技術院電子技術総合研究所情報アーキテクチャ部主任研究官) "Java言語ベースの分散オブジェクト間通信技術「HORB」"
  金子 孝夫ほか(NTTヒューマンインターフェース研究所音声情報研究部研究グループリーダー主幹研究員) "インターネット上のリアルタイム音楽伝送用データ圧縮技術「ツインブイキュー」"

- パソコン部門
  竹田 玄洋ほか(任天堂開発第三部部長) "低価格で高度な画像処理能力を備えたゲーム専用機の実現およびゲーム開発プログラミング技術"
  猪口 達也(ソニーCPC DS部門PS一部制御技術課長) "書き換え可能光ディスクに近い感覚でCD-Rを扱えるソフトウェアの開発"

- 機械・材料部門
  尾形 文弘ほか(ナム社長) "コリオリギアを使った減速機の開発"
  卓 雅一ほか(キヤノンカメラ開発センターカメラ二三設計室主任研究員) "APS対応カメラの小型化技術"

- 建設部門
  奥田 一夫ほか(建設省関東地方建設局営繕部長) "免震レトロフィットによる国立西洋美術館本館の改修技術"
  南 兼一郎ほか(運輸省第三港建設局神戸調査設計事務所所長) "沈埋トンネルのVブロック接合技術"

- 医療部門
  福井 巧ほか(ヤマハ発動機技術本部事業開発室) "車いす用電動ユニット「JW-1」「JW-2」"
  小川 克明ほか(片倉工業生物科学研究所所長) "遺伝子組み換えウイルスを含むカイコ人工飼料を用いたたんぱく生産法「スーパーウオーム」の開発"

第8回（平10年）
　◇大賞
　　八重樫 武久ほか（トヨタ自動車EHV技術部シニアスタッフエンジニア）"「プリウス」に搭載したハイブリッドシステム"
　　水嶋 繁光ほか（シャープ液晶天理開発本部液晶研究所第2開発部部長）"世界で初めて実用域に達した反射型TFTカラー液晶ディスプレイ"
　　新村 信雄ほか（日本原子力研究所先端基礎研究センター研究主幹）"生体機能を解明できる中性子回折技術及びそれを可能にしたイメージングプレートの開発技術"
　◇部門賞
　●電子部門
　　西浦 淳治ほか（アドバンテスト常務取締役ATE事業本部副本部長兼ATE事業部事業部長）"1GHZと高速でDRAMセルを試験できるテスター"
　　井野 英哉（日本アイ・ビー・エムストレジ開発製造担当）"GMRヘッドを用いたハード・ディスク装置の製品化技術"
　●情報システム部門
　　小坂 一也（日本アイ・ビー・エム東京基礎研究所オブジェクトテクノロジープロジェクト担当）"Javaベースの移動エージェント技術「Aglets Workbench」"
　　井上 彰（エム研代表取締役社長）"デジタル・データに著作権情報を埋め込む技術「電子透かし」"
　●パソコン部門
　　長谷部 浩一ほか（東芝IP事業推進室主任）"PHSの位置情報を使ってユーザーの位置を特定するサービスの商品化"
　　伊藤 元ほか（ソニーコンピューターペリフェラル＆コンポーネントカンパニーデータストレージ部門パーソナルストレージ2部統括課長）"3.5インチFD互換で容量200Mバイトの大容量フロッピ・ディスクの開発"
　●機械システム部門
　　中園 次郎ほか（東北パイオニア常務取締役）"薄物射出成形品の発泡技術"
　　西堀 貞夫（アイン・エンジニアリング代表取締役社長）"機械的衝撃による複合材料の分離技術"
　●建設部門
　　内田 恵之助ほか（東京湾横断道路代表取締役専務）"東京湾横断道路トンネルの施工技術"
　　溝口 寿孝（兵庫県都市住宅部住宅整備課課長）"集合住宅の建築更新システム"
　●医療・バイオ部門
　　石田 功ほか（キリンビール基盤技術研究所主任研究員）"ヒト抗体を生産するマウスを可能にした染色体断片導入技術"
　　海老沼 宏安ほか（日本製紙研究開発本部中央研究所樹木工学研究室室長）"標識遺伝子を残さず多重に遺伝子導入できる植物の遺伝子組み換え技術「MATベクター・システム」"

第9回（平11年）
　◇大賞
　　上原 政夫ほか（オリンパス光学工業内視鏡開発部副部長）"膵管内に挿入可能な世界最細径の電子内視鏡の開発"
　◇部門賞
　●電子部門
　　河西 純一ほか（富士通LSI事業本部LSI実装開発部統括部長代理）"ウエーハ状態でLSI最終工程まで組み立てる「Super CSP」"
　　日立製作所，松下電器産業，シャープ，ソニー，東芝，Grundig社，Royal Philips Electronics社，Thomson Multimedia社"家庭内AVネットワーク用の相互接続アーキテクチャ「HAVi」"
　●情報通信部門
　　NEC，沖電気工業，住友電気工業，富士通，松下電送システム，三菱電機"ADSLの国内向け技術"
　　ソニー，東芝，日立製作所，松下電器産業，Intel社"ディジタル・コンテンツのコピー防止技術「DTCP」"
　●パソコン部門
　　豊川 哲根（日本アイ・ビー・エムES事業モーバイル・ネットワーク先進PC開発担当次長）"身体に装着可能なほどにしたパソコンの小型化技術"
　　塩崎 拓也（The X-TrueType Server Project），渡辺 剛，丸川 一志，高木 淳司ほか"X Window SystemでTrueTypeフォントを表示させる技術の開発"
　●機械システム部門
　　渡部 俊也ほか（TOTO研究・技術グループ基礎研究センター主席研究主幹）"光触媒の基本技術"
　　杉本 富史ほか（本田技術研究所栃木研究所第1開発室マネージャー）"新規格軽自動車用の衝突安全車体"
　●建設部門
　　保田 雅彦ほか（建設省土木研究所耐震技術

研究センター長）　"明石海峡大橋の建設技術"

五十殿 侑弘ほか（鹿島建設取締役設計・エンジニアリング総事業本部副本部長）"スーパーRCフレーム構法による超高層フリープラン"

- 医療・バイオ部門

尾崎 明夫ほか（協和発酵工業東京研究所主任研究員）"世界初の糖鎖の工業レベル生産システム技術"

日沼 州司ほか（武田薬品工業医薬開拓研究本部開拓第1研究所主席研究員）"プロラクチン分泌刺激ペプチドの発見"

第10回（平12年）

◇大賞　岡本 伸一ほか（ソニー・コンピュータエンタテインメント執行役員兼開発研究本部本部長）"プレイステーション2に向けたLSIのアーキテクチャとその実現技術"

◇部門賞

- 電子部門

松崎 幹男ほか（TDK記録デバイス事業本部開発部部長）"HDDの記録容量を飛躍的に向上させるTMRヘッド技術"

万代 治文ほか（村田製作所回路商品事業部多層商品部部長）"受動部品を集積した多層セラミックス基板技術"

- 情報通信部門

川端 正樹ほか（NTT移動通信網モバイルマルチメディア事業本部ゲートウェイビジネス部部長）"携帯電話からインターネットへのアクセスを実現したiモード"

岡本 龍明ほか（日本電信電話情報流通プラットフォーム研究所フェロー）"安全性を数学的に証明しただ円曲線暗号PSEC"

- パソコン部門

木村 敬治ほか（ソニーパーソナルITネットワークカンパニーバイス・プレジデント）"マルチメディア機能を中心に据えた独自性の高いパソコン開発"

小池 裟裟光ほか（セイコーエプソン小型情報事業推進センター小型商品部部長）"GPSをはじめ多様な機能を携帯情報端末に収めた統合化技術"

- 機械システム部門

大槻 正ほか（ソニーER事業準備室室長）"刺激を受けて行動を決める自律型4足歩行ロボット"

中村 克昭ほか（東陶機器新規事業統括部新規事業推進第1部部長）"新しい銅合金と，その高速・低温超塑性成形法"

- 建設部門

亀井 忠夫ほか（日建設計設計室長）"さいたまスーパーアリーナの「動く設備」"

岡田 喬ほか（熊谷組土木事業本部土木技術推進部専門主幹）"伐採樹木を利用した法面緑化技術「ネッコチップ工法」の開発"

- 医療・バイオ部門

落谷 孝広ほか（国立がんセンター研究所がん転移研究室室長）"アテロコラーゲンを用いたプラスミドDNAなどの徐放化技術"

藤江 正克ほか（日立製作所機械研究所主幹研究員兼第4部医療福祉機器開発研究室室長）"低侵襲脳外科手術戦略システムの開発"

- エコロジー部門

渡辺 富夫ほか（富士ゼロックスアセット・リカバリー・マネジメント部部長）"複写機のプラスチックリサイクルシステム"

小森 照夫ほか（イビデン技術開発本部副本部長）"ディーゼルエンジン用黒煙除去フィルター"

第11回（平13年）

◇大賞　日向 康吉ほか（採種実用技術研究所常務取締役研究部長，東北大学名誉教授）"汎用性の高いハイブリッド種子作製技術"

◇部門賞

- 電子部門

高良 秀彦ほか（日本電信電話未来ねっと研究所主任研究員）"1000チャネルを超えるWDM光通信方式の実現に向けたSC光源技術"

石田 健蔵ほか（ソニーデジタルクリーチャーズラボラトリー担当部長）"民生用を想定した2足歩行ロボットの開発"

広瀬 真人ほか（本田技術研究所和光基礎技術研究センターASIMO開発室マネージャー）"民生用を想定した2足歩行ロボットの開発"

- 情報通信部門

浜田 高宏ほか（KDDメディアウィル代表取締役社長）"高精細テレビ（HDTV）対応の画像品質評価システム"

堀 明宏ほか（電波産業会XML方式作業班主任）"データ放送方式「BML」"

- パソコン部門

前田 悟ほか（ソニーHNC BBC パーソナル

ITTV事業部副事業部長）"インターネット接続機能付き液晶ディスプレイと専用ネットワーク・サービスの開発"
松本 繁幸ほか（キヤノンプラットフォーム開発本部半導体デバイス開発センター所長）"一眼レフ・ディジタル・カメラに採用したCMOSセンサーのノイズ除去技術"
- 機械システム部門
  松井 真二ほか（姫路工業大学高度産業科学技術研究所教授）"ナノ立体構造物を成形する技術"
  三宅 展明ほか（三菱電機生産技術センターモーター製造技術推進部ステータ製造技術グループ）"モーター巻線の占積率を上げられるコアの製法"
- 建設部門
  前田 照信ほか（間組技術・環境本部環境修復事業部部長）"防菌コンクリートによる大口径管の補修技術"
  原 広司ほか（東京大学名誉教授）"ホバリングサッカーステージを備えた札幌ドームの建築計画"
- 医療・バイオ部門
  山口 昌樹ほか（富山大学工学部物質生命システム工学科生命工学講座助教授）"歯肉溝液を用いた非侵襲的血糖測定システム"
  加藤 郁之進ほか（宝酒造代表取締役副社長バイオ事業部門本部長バイオ研究所長遺伝子治療部門コーディネーター）"遺伝子導入効率を高める試薬「レトロネクチン」の開発技術"
- エコロジー部門
  田中 俊明ほか（トヨタ自動車第2パワーレーン開発部主査）"ディーゼル車用新触媒システム「DPNR（Diesel Particulate-NOX Reduction System）」"
  小林 由則ほか（三菱重工業ボイラ技術部ボイラ開発・サービス技術課課長）"草木質バイオマスからメタノールを抽出する技術"

第12回（平14年）
◇大賞
高市 健二ほか（松下冷機冷機研究所商品開発グループ主任技師）"冷蔵庫のノンフロン化を実現した冷媒の防爆技術"
小杉 高生ほか（東芝家電機器社キッチンソリューション部冷蔵庫技術部部長）"冷蔵庫のノンフロン化を実現した冷媒の防爆技術"

◇部門賞
- 電子部門
  花井 嶺郎ほか（デンソー取締役）"一括プレス式で高密度多層基板を作製する技術"
  川平 博一ほか（ソニーセミコンダクタネットワークカンパニーLSIテクノロジー開発部門リソグラフィ技術部統括部長）"次世代システムLSI向け電子ビーム露光技術「LEEPL」の開発"
- 情報通信部門
  細川 哲一（ディア代表）"オープン・ソースのRDBMSであるPostgreSQLをクラスタ化する「Usogres」"
  明石 修ほか（NTT未来ねっと研究所主任研究員）"自立したネットワーク間の経路障害を自動検出する「ENCORE」"
- パソコン部門
  夏野 剛ほか（NTTドコモiモード事業本部iモード企画部長）"携帯電話向けJavaアプリサービスで先陣を切った「iアプリ」"
  吉田 忠雄ほか（ソニーAV/IT開発本部AU開発部門部長）"ネット上の楽曲をMDに高速記録できる「Net MD」技術"
- 機械システム部門
  鳥谷 浩志ほか（ラティス・テクノロジー代表取締役社長）"軽量な3次元データ形式「XVL」"
  嶌崎 陽一ほか（スズキ開発グループ長）"アルミ合金製エンジンのライナレスめっき技術"
- 建設部門
  浅石 優ほか（日本設計第四建築設計群担当部長）"アクロス福岡の緑化技術"
  小川 篤生ほか（日本道路公団技術部長）"鋼・コンクリート複合アーチ橋をはじめとする一連の複合構造橋の実用化"
- 医療・バイオ部門
  多比良 和誠ほか（東京大学大学院工学系研究科化学生命工学専攻教授）"高効率リボザイムの開発"
  小椋 敏彦ほか（日本コーリンATカンパニー開発部フォルム技術開発チームリーダー）"簡便かつ非侵襲的に動脈硬化の進展度が分かる血圧脈波検査装置「フォルムPWV/ABI」の開発"
- エコロジー部門
  栗原 英資ほか（帝人原料重合技術開発部長）"使用済みペットボトルを化学分解し、再びペットボトル原料に戻すリサイクル技術"
  藤田 修ほか（三洋電機ホーム・アプライア

ンスカンパニー電化事業部事業部長）"洗剤不要で洗濯できる電解水・超音波洗浄技術"

第13回（平15年）

◇大賞

大仲 英巳（トヨタ自動車FC開発部長），内田 敏夫（トヨタ自動車第1開発センター主担当員），光山 壮志（トヨタ自動車第1ボデー設計部担当員），石川 哲浩（トヨタ自動車EHV技術部グループ長），佐橋 眞人（トヨタ自動車第2電子技術部グループ長），木崎 幹士（トヨタ自動車FC開発部グループ長）"燃料電池車を実用化した蓄電・制御・駆動の統合"

加美 陽三（本田技術研究所栃木研究所上席研究員），藤本 幸人（本田技術研究所栃木研究所主任研究員），小椋 正巳（本田技術研究所栃木研究所主任研究員）"燃料電池車を実用化した蓄電・制御・駆動の統合"

◇部門賞

● 電子部門

井村 亮（日立製作所ミューソリューションズベンチャーカンパニーカンパニー長），宇佐美 光雄（日立製作所中央研究所研究主管），田中 厚（日立製作所システム開発研究所部長）"世界最小の無線タグIC「ミューチップ」"

佐野 雅彦（日亜化学工業第二部門開発本部窒化物半導体研究所第一グループ主任研究員），森田 大介（日亜化学工業第二部門開発本部窒化物半導体研究所第一グループ主任），明石 和之（日亜化学工業第二部門開発本部窒化物半導体研究所第一グループ係員），山本 正司（日亜化学工業第二部門開発本部窒化物半導体研究所第二グループ第一係主任），野中 満宏（日亜化学工業第二部門開発本部窒化物半導体研究所第二グループ第一係係員），安友 克博（日亜化学工業第二部門開発本部窒化物半導体研究所第二グループ第一係係員）"紫外LED"

● 情報通信部門

佐藤 哲也（海洋科学技術センター地球シミュレータセンターセンター長），小林 一彦（日本電気NECソリューションズカンパニー副社長）"超高速ベクトル並列計算機システム「地球シミュレータ」"

古庄 晋二（ターボデータラボラトリー代表取締役）"独自のLFM（線形フィルタ法）に基づく超高速データベース・エンジ

ン「DayDa. Laboo」の開発"

● コンシューマーIT部門（旧パソコン部門）

川合 勝博（シャープモバイル液晶事業本部システム液晶第二事業部プロセス技術部副参事），吉田 茂人（シャープモバイル液晶事業本部設計センター第四開発部主事），八塚 康史，永井 克治（シャープ情報システム事業本部パソコン・モバイル事業部第三技術部副参事），早川 昌彦，大沼 英人（半導体エネルギー研究所AT管理部サブリーダ）"CGシリコンを使った液晶パネル「システム液晶」の開発"

村野 誠（キヤノンイメージコミュニケーション事業本部カメラ開発センター所長），大原 経昌（キヤノンイメージコミュニケーション事業本部カメラ開発センターカメラ第三開発部部長），加藤 得三（キヤノンイメージコミュニケーション事業本部カメラ開発センターイメージコミュニケーション第五技術開発部部長），一瀬 敏彦（キヤノンデバイス開発本部半導体デバイス開発センター副所長），佐藤 俊則（キヤノンデバイス開発本部半導体デバイス開発センター半導体設計部半導体第三設計室室長）"35mmフィルムと同サイズの1110万画素CMOSセンサーを採用した一眼レフデジタルカメラ「EOS-1Ds」"

● 機械システム部門

松田 俊郎（日産自動車先行技術開発本部第二先行技術開発部主管），外村 博史（日産自動車総合研究所車両交通研究所主任研究員），楠川 博隆（日産自動車ドライブトレイン開発部MT-TF開発グループ主担），深作 良範（日立製作所自動車機器グループEP本部エレクトリックパワートレイン開発センターセンター長），山本 立行（日立製作所自動車機器グループEP本部チーフプロジェクトリーダー），佐山 正幸（栃木富士産業開発本部開発部開発課長）"専用バッテリーがいらない電動式4輪駆動"

村野 実（パナソニックコミュニケーションズ国内システム営業総括グループ中央営業グループコンサルティング営業チームチームリーダー），田中 裕，菊地 多可広，児玉 正巳，戸嶋 和則，佐藤 将哲，玉那覇 仁（パナソニックコミュニケーションズ国内システム営業総括グループ中央営業グループコンサルティング営業チーム）"電子マニュアルを容易に作成できる「easy

- 建設部門
 浅野 成昭(浅野木材工業代表取締役),浅野 天仁(浅野木材工業新事業課課長),浅野 裕弥(アサノ不燃木材不燃木材開発製造部),浅野 正美(浅野木材工業新事業課),宮地 めぐみ(浅野木材工業新事業課) "「不燃木材」の開発"
 浅野 成昭(浅野木材工業代表取締役),浅野 天仁(浅野木材工業新事業課課長),浅野 裕弥(アサノ不燃木材不燃木材開発製造部),浅野 正美(浅野木材工業新事業課),宮地 めぐみ(浅野木材工業新事業課) "「不燃木材」の開発"
- 医療・バイオ部門
 安藤 敏夫(金沢大学理学部物理学科生物物理学研究室教授),古寺 哲幸(金沢大学大学院自然科学研究科数物科学専攻),戸田 明敏(オリンパス光学工業光学機器開発部技術開発グループ課長代理) "ナノの世界を動画でとらえる高速原子間力顕微鏡"
 納富 継宣(栄研化学研究開発統括部生物化学研究所第2部長),高野 弘(栄研化学研究開発統括部製品企画開発室第2部長),神田 秀俊,森 安義,長嶺 憲太郎(栄研化学研究開発統括部生物化学研究所第2部) "日本発遺伝子増幅法LAMP法"
- エコロジー部門
 山崎 庸行(清水建設技術研究所部長),黒田 泰弘,内山 伸(清水建設技術研究所副主任研究員),森 健治(清水建設建築事業本部東京支店統括工事長),宮地 義明(清水建設建築事業本部東京支店工事長),廣瀬 豊(清水建設建築事業本部生産技術統括) "建築現場で廃コンクリートをリサイクルする技術"
 下田 達也(セイコーエプソンテクノロジープラットフォーム研究所所長),石田 方哉(セイコーエプソンテクノロジープラットフォーム研究所第二研究グループ研究室長),森 昭雄(セイコーエプソン生産技術開発本部本部長),有賀 久(セイコーエプソンIJ工業応用プロジェクト部長),木口 浩史(セイコーエプソンIJ工業応用プロジェクト課長),宮下 悟(セイコーエプソンOLED要素技術開発部部長) "有機EL,プラズマディスプレイ,半導体回路形成などに適用できるインクジェット技術"

第14回(平16年)
  ◇大賞
 小泉 英明(日立製作所研究開発本部技師長),牧 敦(日立製作所基礎研究所健康システムラボ主任研究員),山本 剛(日立製作所基礎研究所健康システムラボ研究員),木口 雅史,川口 英夫(日立製作所基礎研究所健康システムラボ主任研究員),市川 祝善(日立メディコ柏事業所応用機器開発室長) "光トポグラフィーを利用した,脳の活動状態を測定する手法の開発と研究"
 最上 明矩(日本電子開発本部専任副理事),竹内 誠(日本電子開発本部技術顧問),小池 克巳(日本電子開発本部主幹研究員),岡村 廸夫(岡村研究所代表取締役) "質量エネルギー密度を従来技術の10倍に高めた電気2重層キャパシタ「ナノゲート・キャパシタ」"
◇部門賞
- 電子部門
 名野 隆夫(三洋電機セミコンダクターカンパニーアドバンストテクノロジーBU専任部長) "五段昇圧時の変換効率が95%と高いチャージ・ポンプ型DC-DCコンバータ技術"
 青井 利樹(TDK開発部部長),宇都宮 肇(TDK新商品事業化推進グループBLDグループ部長),新開 浩(TDK新商品事業化推進グループBLDグループ研究員),加藤 達也,井上 弘康(TDK新商品事業化推進グループBLDグループ研究主任),平田 秀樹(TDK新商品事業化推進グループBLDグループ主任技師) "データ記録速度が200Mビット/秒を超える相変化光ディスク技術"
- 情報通信部門
 佐内 大司(セキュリティフライデー代表取締役),有元 伯治(セキュリティフライデー技術部VISUACT開発室長),関 英信(セキュリティフライデー技術部技術企画室長) "Windowsネットワーク解析ソフト「VISUACT」"
 斎藤 勲(日本電信電話情報流通プラットフォーム研究所主幹研究員),藤木 直人,冨士 仁(日本電信電話情報流通プラットフォーム研究所主任研究員),Eric Chen,柏 大(日本電信電話情報流通プラットフォーム研究所),大西 真樹(日本電信電話情報流通プラットフォーム研究所) "DDos攻撃からネットを守るMovingFirewall"
- コンシューマーIT部門

野村 博(ペンタックスイメージングシステム事業本部開発センター第3開発部), 江口 勝(ペンタックスR&Dセンター第11研究室)"コンパクトデジカメのズームレンズ格納技術「スライディング・レンズ・システム」"

下遠野 享(日本アイ・ビー・エム東京基礎研究所専任研究員), 木下 秀徳(日本アイ・ビー・エムポータブル・システムズ第3ポータブル製品課長), 小川 満, 加藤 敬幸(日本アイ・ビー・エムポータブル・システムズ主任開発技術担当部員), 田中 章義(日本アイ・ビー・エムポータブル・システムズ第二エンジニアリングソフトウェア副主任開発技術担当員), 清水 康仁(日本アイ・ビー・エムダイレクト・ビジネス推進SO担当員)"「ThinkPad」に採用したハードディスク・アクティブ・プロテクション・システム"

- 機械システム部門

古谷 正裕(電力中央研究所原子力技術研究所主任研究員) "蒸気爆発を利用したアモルファス材料の製造"

小寺 敏正(エリジオン代表取締役社長), 相馬 淳人(エリジオン開発1ジェネラル・マネージャ), 盛田 栄(エリジオンマーケティンググループジェネラル・マネージャ), 堀野 文孝(エリジオンマーケティンググループASFALIS担当)"用途に合わせて内容を調整できるCADデータ交換技術"

- 建設部門 野々山 登(フジタ建築本部エンジニアリング統括部環境・エネルギーエンジニアリング部長), 樋口 武志(フジタ道路技術本部技術部長), 津々見 毅(太平洋セメントゼロエミッション事業部電力鉄鋼グループリーダー), 廣部 義夫(石原産業無機化学営業・技術本部機能材料営業部東京営業グループリーダー)"光触媒舗装による環境改善技術の実用化"

- 医療・バイオ部門

中辻 憲夫(京都大学再生医科学研究所教授(所長兼務)), 末盛 博文(京都大学再生医科学研究所附属幹細胞医学研究センター助教授)"国産ヒトES細胞株の樹立に成功, 供給体制を確立"

田中 秀樹(水産総合研究センター養殖研究所生産技術部繁殖グループチーム長), 塩谷 格(日本水産中央研究所養殖系主任研究員), 中森 俊宏(不二製油食品機能剤事業部食品機能材開発室主事)"シラスウナギの人工生産技術"

- エコロジー部門

位地 正年(日本電気基礎・環境研究所エコマテリアルTG研究部長), 芹澤 慎(日本電気基礎・環境研究所エコマテリアルTG主任), 井上 和彦(日本電気基礎・環境研究所エコマテリアルTG主任研究員)"耐熱性, 耐衝撃性などを高めた電子機器向けケナフ強化ポリ乳酸"

業天 正芳(松下電器産業照明社開発グループ主任技師), 関 勝志(松下電器産業照明社開発グループ技師), 片瀬 幸一(松下電器産業照明社高槻工場技師), 保知 昌(松下電器産業照明研究所主任研究員), 倉地 敏明(松下電器産業照明研究所主任研究員), 宮崎 光治(松下電器産業松下技術情報サービス専門部員)"蛍光灯を無電極にして長寿命化する技術"

第15回(平17年)

◇大賞 鈴木 悟(島津製作所医用機器事業部副事業部長), 佐藤 敏幸(島津製作所基盤技術研究所主幹研究員), 石井 裕(シャープディスプレイ技術開発本部副本部長), 山根 康邦(シャープディスプレイ技術開発本部機能デバイス研究所第一研究部主任研究員), 古澤 喜一(新電元工業常務取締役), 吉留 宏広(山梨電子工業理事第二開発部長)"直接変換方式フラットパネル・ディテクタ(FPD)を用いた医療用17インチX線センサー"

◇特別賞 登 大遊(筑波大学第三学群情報学類2年) "仮想ネットワーク構築ソフト「SoftEther」"

◇部門賞

- 電子部門

大和 壮一(ニコン精機カンパニー半導体露光装置第1開発部第4開発課マネジャー), 白石 健一(ニコン精機カンパニー半導体露光装置第1開発部第3開発課長), 坂 博之(ニコン精機カンパニー半導体露光装置第1開発部第4開発課), 西井 康文(ニコン精機カンパニー半導体露光装置第1設計部第1設計課), 榊原 康之(ニコン精機カンパニー半導体露光装置第2設計部第1設計課), 大村 泰弘(ニコン精機カンパニー半導体露光装置光学設計部開発戦略課)"微細化の壁を突破した液浸ArFエキシマ・レーザー露光技術"

中島 規巨(村田製作所野洲事業所モジュール事業本部事業部長代理兼近距離無線商

品部部長)、笈田 敏文(村田製作所野洲事業所近距離無線商品部開発一課課長)、栃木 誠(村田製作所野洲事業所近距離無線商品部開発一課係長)"セラミック多層技術を用いた超小型無線LANモジュール"

- 情報通信部門 田嶋 克介、黒河 賢二(日本電信電話アクセスサービスシステム研究所アクセスメディアプロジェクト主任研究員)、中島 和秀(日本電信電話アクセスサービスシステム研究所アクセスメディアプロジェクト研究主任)、冨田 茂(日本電信電話アクセスサービスシステム研究所アクセスメディアプロジェクト主幹研究員)、三川 泉(日本電信電話アクセスサービスシステム研究所アクセスメディアプロジェクト主幹研究員)"ホーリーファイバ"

- コンシューマーIT部門 大慈彌 雅弘(日本交通事故鑑識研究所会長) "交通事故の自動記録システム「Witness」"

- 機械システム部門
芝端 康二(本田技術研究所栃木研究所LPL室上席研究員)、北村 克弘(本田技術研究所栃木研究所T2設計ブロック主任研究員)、渥美 淑弘(本田技術研究所栃木研究所R1研究ブロック主任研究員)"左右の駆動力を積極的に配分する4輪駆動機構「SH-AWD」"
武内 裕嗣(デンソー熱システム開発部室長)、西嶋 春幸(デンソー熱システム開発部主任部員)、柚原 博(デンソー冷暖房技術4部部長)、松永 久嗣(デンソー冷暖房実験部担当部員)、池上 真(デンソー熱システム開発部)"エジェクタサイクル冷凍機"

- 建設部門
福田 恭彬(三菱マテリアルセメント事業カンパニー生産管理部長補佐)、塩地 博文(三菱商事建材モイス事業部事業統括リーダー)、山崎 淳司(早稲田大学理工学部環境資源工学科教授)、赤尾 晃(早稲田大学理工学総合研究センター客員教授)、尾島 俊雄(早稲田大学理工学部建築学科教授)"シックハウスや廃棄物の問題に対応する環境建材(MOISS)の開発"
安部 俊夫(西松建設北陸支店支店長)、小野 利昭(西松建設北陸支店飯山トンネル出張所所長)、佐藤 幸三(西松建設技術管理部ソリューションチーム副課長)、新藤 敏郎(西松建設技術管理部知的財産チーム副課長)、山川 哲司(東宏代表取締役社

長)、小林 雅彦(東宏企画開発部代表取締役専務)"トンネルコンクリートの養生工法「トンネルバルーン」"

- 医療・バイオ部門 杉原 直樹(東芝メディカルシステムズCT事業部CT開発部システム開発担当参事)、浜田 祐二(東芝メディカルシステムズCT事業部CT開発部システム開発担当主任)"世界初の64列同時撮影マルチスライスCT"

- エコロジー部門
駒田 紀一(三菱マテリアル総合研究所那珂研究センター先進プロジェクト推進部部長補佐)、細井 敬(三菱マテリアルエネルギー・システム戦略カンパニーシステム事業センターシステム機器部部長補佐)、高尾 光昭(関西電力研究開発室エネルギー利用技術研究所所長)、山崎 啓(関西電力研究開発室エネルギー利用技術研究所主席研究員)、滝田 祐作(大分大学工学部応用化学科教授)、石原 達己(九州大学工学研究院応用化学部門教授)"独自の電解質材料を使った高効率の固体酸化物型燃料電池(SOFC)"
知野 圭介、鹿久保 隆志、添川 善弘(横浜ゴム研究本部研究部第1研究グループ)"水素結合を利用した熱可塑性のあるリサイクル可能なゴム"

第16回(平18年)
◇大賞 森 勇介ほか5名(大阪大学大学院工学研究科助教授) "フェムト秒レーザーを使った、たんぱく質結晶化技術"
◇部門賞
- 電子・情報家電部門
田中 陽一郎ほか5名(東芝経営監査部経営監査第五担当参事) "垂直記録方式ハード・ディスク装置(HDD)の実用化"
浜 敦智ほか3名(日亜化学工業第一技術本部LD第一技術部主任) "半導体レーザー光を利用した1000万カンデラ/平方メートルの白色光源"

- 情報通信部門
下田 達也ほか5名(セイコーエプソン研究開発本部副本部長) "SUFTLA(サフトラ)"
ひが やすを(シーサー・ファウンデーションチーフ・コミッター) "Seasar 2"

- 機械システム部門
杉本 英彦ほか3名(福井大学大学院工学研究科教授) "全超電導モーター"
間宮 清孝ほか5名(マツダ技術研究所主幹研

科学・技術　035　日経BP技術賞

究員)　"スマート/アイドリング ストップ システム"
- 建設部門　石橋 忠良ほか5名(東日本旅客鉄道建設工事部構造技術センター所長)　"高架下の難条件を克服する一連の鉄道高架橋耐震補強法の開発"
- 医療・バイオ部門　大杉 義征ほか6名(中外製薬MRAユニットサイエンスディレクター)　"国産初の抗体医薬品「アクテムラ(トシリズマブ)」"
- エコロジー部門
  寺本 一憲ほか3名(ソニーエナジー・デバイスABビジネス部統括部長)　"世界初の水銀ゼロの酸化銀電池"
  望月 政嗣ほか5名(ユニチカ新規事業本部テラマック事業開発部シニアアドバイザー)　"高耐久性の植物由来プラスチック「テラマック」"
◇特別賞　荒尾 和史ほか4名(中部国際空港運用本部運用管理部長)　"中部国際空港建設のプロジェクトマネジメント技術"

第17回(平19年)
◇大賞　まつもと ゆきひろ(ネットワーク応用通信研究所基盤研究グループ特別研究員)　"プログラミング言語「Ruby」"
◇部門賞
- 電子・情報家電部門
  山嵜 正明(住田光学ガラス研究開発本部素材開発部主幹技師)、高久 英明、石井 修(住田光学ガラス研究開発本部素材開発部主任技師)、目黒 友美、大竹 伸彦(住田光学ガラス研究開発本部素材開発部)、永浜 忍(住田光学ガラス研究開発本部取締役研究開発本部長)"青色半導体レーザーと光ファイバーを利用した白色光源"
  荻原 光彦(沖電気工業沖デジタルイメージング社開発部部長)、藤原 博之(沖電気工業沖デジタルイメージング社開発部開発チーム課長)、小泉 真澄(沖電気工業沖デジタルイメージング社技術第2部部長)　"Siウエハー上に異種薄膜を常温接合する技術「EFB」の実用化"
- 情報通信部門　中島 洋(日立製作所情報・通信グループトレーサビリティ・RFID事業部副事業部長)、志村 勲(ルネサステクノロジ汎用製品統括本部汎用デバイス事業部事業部長)、鈴鹿 和男(八木アンテナ取締役社長)「UHF帯電子タグの製造技術及び実装技術の開発」(響プロジェクト)によって開発されたICタグ"

- 機械システム部門
  大野 弘志(本田技術研究所第2技術開発室第1ブロック主任研究員)、神田 智博(本田技術研究所第3技術開発室第4ブロック主任研究員)、佐藤 尚宏(本田技術研究所第2技術開発室第1ブロック研究員)　"ディーゼルエンジン用NOx吸蔵還元触媒"
  菅 博文(浜松ホトニクス中央研究所主幹)、宮島 博文(浜松ホトニクス中央研究所主任部員)、関口 宏(浜松ホトニクスレーザーグループ主任部員)、伊東 勝久(浜松ホトニクスレーザーグループ専任部員)、植田 憲一(電気通信大学レーザー新世代研究センターセンター長教授)、三津間 希(エンシュウ光関連事業部主幹加工チームリーダー)"小型・高出力のファイバーディスクレーザー"
- 建設部門
  斎藤 誠(気象庁地震火山部管理課即時地震情報調整官)、堀内 茂木(防災科学技術研究所総括主任研究員)、芦谷 公稔(鉄道総合技術研究所防災技術研究部地震防災研究室長)"地震の発生を知らせる緊急地震速報システムの開発と運用"
  田村 春男(福田組代表取締役副社長)、西山 陽一郎(福田組土木事業本部常務執行役員土木事業本部長)、鶴木 勇夫(福田組土木事業本部理事土木本部技術顧問)、石塚 千司(福田組土木事業本部土木本部技術部シールド・推進グループ長)、中村 浩(福田組土木事業本部土木本部技術部シールド・推進グループ次長)、斎藤 文雄(福田組土木事業本部土木本部技術部シールド・推進グループ課長)"デュアルシールド工法の開発"
- 医療・バイオ部門
  山中 伸弥(京都大学再生医科学研究所教授)、高橋 和利(京都大学再生医科学研究所特任助手)"マウス体細胞の初期化技術"
  成松 久(産業技術総合研究所糖鎖医工学研究センターセンター長)　"糖鎖遺伝子ライブラリー"
- エコロジー部門
  柴田 昌明(三菱重工業長崎造船所風力発電事業ユニット技術開発課課長)、三宅 寿生(三菱重工業長崎造船所風力発電事業ユニット技術開発課主任)、有永 真司(三菱重工業長崎研究所制御システム研究室主席研究員)、黒岩 隆夫(三菱重工業長崎研究所強度研究室研究室主席研究員)、一瀬 秀和

(三菱重工業長崎造船所プラント技術部計装電気課主任）"国内最大の2400kW大型風力発電設備における大型化・高効率化技術"

河合 哲夫, 萠見 直（松下電器産業ランドリービジネスユニット洗濯機技術グループ主任技師), 田529 己紀夫（松下電器産業松下ホームアプライアンス社技術本部電化住設研究所商品開発第1グループ主任技師), 西畠 秀男（松下電器産業松下ホームアプライアンス社技術本部冷熱空調研究所商品開発第2グループ主任技師), 栗本 充（松下電器産業エアコンデバイスビジネスユニットコンプレッサーエンジニアリンググループ主任技師), 田中 優行（松下冷機冷機デバイスビジネスユニットエンジニアリンググループ主任技師）"ヒートポンプ式洗濯乾燥機を実現させた超小型ヒートポンプユニット"

第18回（平20年）
◇大賞　京都大学山中伸弥研究室〈代表・山中伸弥〉"ヒト人工多能性幹細胞（iPS細胞）の樹立"
◇部門賞
● 電子部門
占部 哲夫, 白石 由人, 楠田 公明（ソニー), 藤富 和良（ソニーイーエムシーエス）"テレビとしての課題を克服し, 11型で製品化を実現した有機EL技術"
中村 彰信, 位地 正年, 平野 啓二（日本電気）"ステンレス鋼板を超える放熱性を備えたバイオ・プラスチック"
● 情報通信部門
丸山 好一, 伊藤 行雄, 山元 正人, 赤津 素康, 西川 岳, 野口 孝行（日本電気）"世界最速を記録したベクトル型スーパーコンピュータ「SX-9」"
暦本 純一（ソニーコンピュータサイエンス研究所, 東京大学大学院教授, クウジット), 末吉 隆彦, 塩野崎 敦（クウジット）"無線LANアクセス・ポイントのビーコン信号を利用する位置推定技術「PlaceEngine」"
● 機械システム部門
栗原 英賞, 豊原 清綱（帝人), 鳥屋尾 学, 立花 圭（帝人ファイバー）"耐熱性を向上したポリ乳酸「ステレオPLA」"
巽 宏平, 星野 泰三, 大谷 昇, 藤本 辰雄, 勝野 正和, 柘植 弘志, 中林 正史（新日本製鐵）"内部欠陥の少ない大口径炭化ケイ素

(SiC）単結晶ウエハーの製造"
● 建設部門
片山 恒雄（東京電機大学教授), 中島 正愛（防災科学技術研究所兵庫耐震工学研究センター長), 山元 弘幸（三菱重工業), 坂本 功（慶應義塾大学教授), 壁谷澤 寿海（東京大学教授), 時松 孝次（東京工業大学教授）"「E-ディフェンス」の建設技術と, これを用いた実大震動実験"
山田 淳（首都高速道路), 林 昇（鹿島建設), 深澤 裕志（大成建設), 澤木 康守（鉄建建設), 山本 善久（コマツ）"2本のトンネルを地中で接合する「太径曲線パイプルーフ工法」の実用化"
● 医療・バイオ部門　大谷 渡, 大井 英之, 大屋 智資（田辺三菱製薬), 鷲見 昭典（バイファ), 小林 薫（こばやし耳鼻咽喉科理事）"遺伝子組み換えヒト血清アルブミン"
● エコロジー部門
北野 彰彦, 和田原 英輔, 山口 晃司, 武田 一朗, 関戸 俊英, 山崎 真明（東レ）"炭素繊維複合材料の革新的な高速加工技術"
早川 尚志, 近藤 雅文, 奈須野 善之, 石河 泰明, 武田 徹, 谷村 泰樹（シャープ）"3層で高効率化したトリプル型薄膜太陽電池"

第19回（平21年）
◇大賞　松隈 正樹, 松井 孝益, 桑原 英明（神戸製鋼所), 木下 史郎（神鋼造機), 森井 高之（テイエルブイ), 垣内 豊嗣（神鋼商事）"スクリュー式の小型蒸気発電機"
◇部門賞
● 電子部門
小高 健太郎, 岩崎 潤, 前川 格（ソニー）"デジタル機器の使い勝手を飛躍的に高める近接無線技術「TransferJet」"
篠田 傳, 粟本 健司, 石本 学, 平川 仁, 四戸 耕治, 山﨑 洋介（篠田プラズマ）"大画面表示の新市場を拓く, 厚さ1mmの超大型ディスプレー「Plasma Tube Array」"
● 情報通信部門
門 勇一, 品川 満（日本電信電話), 松本 充一, 矢野 隆夫（NTTエレクトロニクス）"人体表面通信技術「レッドタクトン」の研究開発と実用化"
加藤 博一（奈良先端科学技術大学院大学教授）"拡張現実を実現するアプリケーション開発のためのC言語ライブラリ「ARToolKit」"
● 機械システム部門
榎本 裕治, 井出 一正（日立製作所), 正木 良

科学・技術　　　　　　　　　　　　　　　　　　　　　　　　　036　日本産業技術大賞

　　三,森永 茂樹(日立産機システム),谷川 茂穂,天野 寿人(日立金属) "希土類磁石を使わずに効率を大幅に高めたモーター技術"
　　渡辺 利隆,石井 和夫(有限会社渡辺鋳造所),山田 享,中野 哲(山形県工業技術センター) "鋳造できる金型材"
- 建設部門
　　川北 眞嗣,森山 守(中日本高速道路),山田 隆昭(ネクスコ東日本エンジニアリング),寺田 光太郎(中日本ハイウェイ・エンジニアリング),松原 利之(飛島建設),小林 伸次(大成建設) "TBM(トンネル・ボーリング・マシン)とNATM法を組み合わせて不良地山を掘り抜いた「飛騨トンネル」の掘削技術"
　　伊藤 仁,川上 敏男,吉川 泰一朗,水谷 亮,森島 洋一,小林 実(鹿島建設) "「ダルマ落とし」のように超高層建築を足元から解体して周辺への影響を軽減した「鹿島カットアンドダウン工法」"
- 医療・バイオ部門
　　山本 博徳(自治医科大学教授),山高 修一(富士フイルム),菊池 克也(富士フイルム),西口 恒雄(ニスコ) "小腸疾患を診断・治療できるダブルバルーン内視鏡"
　　板谷 光泰(慶応義塾大学教授),柘植 謙爾(慶応義塾大学特別研究講師),黒木 あづさ(東京大学/産学連携研究員),藤田 京子(三菱化学科学技術研究センター) "巨大ゲノム再構築技術"
- エコロジー部門　高橋 浄,吉江 建一(三菱樹脂),垣内 博行,武脇 隆彦(三菱化学科学技術研究センター),賀集 豊,配島 明,小松 富士夫(前川製作所) "新型高機能ゼオライト「AQSOA」を応用し、60℃の低温排熱で駆動する吸着式冷凍機"

## 036　日本産業技術大賞

　日本産業技術大賞は、産業界における革新的な大型技術、システム技術の開発を奨励するため、昭和47年に創設された。産業の高度化に伴い、技術開発は総合力の結集が求められており、これにふさわしい独創的で先端的な大型研究成果に贈られる。

【主催者】日刊工業新聞社
【選考委員】(第40回)相澤益男(総合科学技術会議議員),北澤宏一(科学技術振興機構理事長),小野晃(産業技術総合研究所副理事長),福水健文(新エネルギー・産業技術総合開発機構副理事長),井上明久(東北大学総長),間宮馨(日本宇宙フォーラム理事長),土肥義治(理化学研究所理事),魚本健人(土木研究所理事長),泉紳一郎(内閣府政策統括官),森口泰孝(文部科学審議官),菅原郁郎(経済産業省産業技術環境局長),井水治博(日刊工業新聞社社長)
【選考方法】各主要産業団体、学・協会および日刊工業新聞社内の推薦による
【選考基準】〔対象〕当該年度1月～12月までの間に実際に工業化または活用されている次のような技術成果。(1)産業発展に貢献度の高い産業設備の開発。(2)独創的・画期的で産業・社会に変革をもたらす技術開発。(3)技術革新に貢献度の高いシステムの開発。(4)地球環境保全に大きな効果を発揮する設備の開発
【締切・発表】例年、申込期間は11月1日～翌年1月31日、3月発表、表彰は4月
【賞・賞金】内閣総理大臣賞(表彰状と楯),日本工業新聞社賞(表彰状,トロフィーと賞金),文部科学大臣賞(表彰状と楯)
【URL】http://www.nikkan.co.jp

第1回(昭47年)
◇内閣総理大臣賞　富士通,池貝鉄工,大隈鉄工所,東芝機械,日立精機,牧野フライス製作所,工業技術院機械技術研究所 "群自動制御工作機械システム"

第2回(昭48年)
◇内閣総理大臣賞　綜合鋳物センター自動鋳造設備開発研究部会 "自動鋳造システ

ム"

第3回（昭49年）
◇内閣総理大臣賞　沖電気工業, 東京芝浦電気, 日本電気, 富士通, 工業技術院電子技術総合研究所, 東光, 日立製作所, 三菱電機 "高性能電子計算機システムの開発と波及効果"

第4回（昭50年）
◇内閣総理大臣賞　日本国有鉄道, 日立製作所 "大規模全自動音声応答システムの実用化"

第5回（昭51年）
◇内閣総理大臣賞　日本製鋼所　"超大型鍛鋼品製造システムの開発"

第6回（昭52年）
◇内閣総理大臣賞　丸善石油, 松山石油化学 "直接重合用高純度テレフタル酸の新製造法"

第7回（昭53年）
◇内閣総理大臣賞　日立製作所　"視覚認識を用いたLSI自動組立システム"

第8回（昭54年）
◇内閣総理大臣賞　工業技術院地質調査所, 日本重化学工業, 東北電力, 東京芝浦電気 "クローズド地熱発電システムの開発"

第9回（昭55年）
◇内閣総理大臣賞　東京瓦斯, 石川島播磨重工業, 三菱重工業, 清水建設, 鹿島建設 "大容量LNG地下式貯槽の開発"

第10回（昭56年）
◇内閣総理大臣賞　パターン情報処理システム技術研究組合, 東京芝浦電気, 日本電気, 日立製作所, 富士通, 三菱電機, 工業技術院電子技術総合研究所 "パターン情報処理総合システムプロトタイプの開発"

第11回（昭57年）
◇内閣総理大臣賞　日本電信電話公社, 日本電気, 富士通, 日立製作所, 東京芝浦電気, 松下電送, 田村電機製作所, 沖電気工業 "新ファクシミリ通信方式の開発・実用化"

第12回（昭58年）
◇内閣総理大臣賞　航空機用ジェットエンジン技術研究組合, 石川島播磨重工業, 川崎重工業, 三菱重工業, 科学技術庁航空宇宙技術研究所 "航空機用ジェットエンジンの研究開発"

第13回（昭59年）
◇内閣総理大臣賞　日本道路公団, 三菱重工業, 東芝 "磁気カード方式による高速道路料金収受システム"

第14回（昭60年）
◇内閣総理大臣賞　東北電力, 三菱重工業, 三菱電機 "大容量高効率複合発電設備の開発実用化"

第15回（昭61年）
◇内閣総理大臣賞　三菱電機, 日本電気, 富士通, 大成建設, 文部省宇宙科学研究所 「深宇宙探査用追跡管制システムの開発」

第16回（昭62年）
◇内閣総理大臣賞　九州電力, 東芝, 九州電機製造 「配電線自動制御システム」

第17回（昭63年）
◇内閣総理大臣賞　宇宙開発事業団, 科学技術庁航空宇宙技術研究所, 三菱重工業, 石川島播磨重工業, 日産自動車, 日本電気, 日本航空電子工業, 三菱プレシジョン, 三菱スペース・ソフトウエア 「H-Iロケットの開発」

第18回（平1年）
◇内閣総理大臣賞　本州四国連絡橋公団, 石川島播磨重工業, 鹿島建設, 川崎重工業, 熊谷組, 神戸製鋼所, 新日本製鉄, 大成建設, 西松建設, NKK, 三菱重工業, 宮地鉄工所, 横河橋梁製作所 「瀬戸大橋の建設技術開発」

◇特別賞　日本鉄道建設公団, 鉄道総合技術研究所, 鹿島建設, 熊谷組, 大成建設, 鉄建建設, 日本電設工業, 間組, 日立製作所, 前田建設工業 「青函トンネル」

第19回（平2年）
◇内閣総理大臣賞　海洋科学技術センター, 三菱重工業, 川崎重工業, 神戸製鋼所, 昭和高分子, 三菱電機, 日本電池, 沖電気工業, 日本電気, 古野電気, 鶴見精機, 横浜ゴム 「深海潜水調査船「しんかい6500」システムの開発」

第20回（平3年）
◇内閣総理大臣賞　東京証券取引所, 富士通 「東京証券取引所立会場事務合理化システムの開発」

第21回（平4年）
◇内閣総理大臣賞　東海旅客鉄道, 東日本旅客鉄道, 鉄道総合技術研究所, 川崎重工業, 日本車輌製造, 東急車輌製造, 日立製作所, 東芝, 三菱電機, 富士電機, 東洋電機製造, 住友金属工業 「新世代新幹線車両システムの開発」

第22回（平5年）
◇内閣総理大臣賞　三共　「高脂血症治療薬プラバスタチンの開発と醗酵生産システム」

第23回（平6年）
◇内閣総理大臣賞　石川島播磨重工業　「SPB方式LNG船の開発と実用化」

第24回（平7年）
◇内閣総理大臣賞　コスモ石油，コスモ総合研究所，重質油対策技術研究組合　「新規残油分解プロセス技術の開発と実用化」

第25回（平8年）
◇内閣総理大臣賞　日本電信電話，NTT中央パーソナル通信網，DDI東京ポケット電話，アステル東京　「パーソナルハンディホンシステムの開発と実用化」
◇特別賞　三菱電機，住友重機械工業，東芝，日立製作所，科学技術庁放射線医学総合研究所　「放射線医学総合研究所向け重粒子線がん治療装置」

第26回（平9年）
◇内閣総理大臣賞　東京ガス　「フルタイムFDIリジェネレイティブバーナシステムの開発と実用化」

第27回（平10年）
◇内閣総理大臣賞　ファナック，富士電機　「サーボモータの高度ロボット化自動生産システムの開発」

第28回（平11年）
◇内閣総理大臣賞　東京電力，東芝，日立製作所，GE Nuclear Energy　「改良型沸騰水型原子力発電所初号機の完成」

第29回（平12年）
◇内閣総理大臣賞　東北電力，三菱重工業，三菱電機　「高効率大容量ガスタービンを使用した複合発電設備の開発実用化」
◇審査委員会特別賞　三菱電機　「大型光学赤外線望遠鏡（すばる望遠鏡）を実現した主要革新技術」

第30回（平13年）
◇内閣総理大臣賞　東京電力，三菱重工業，三菱電機　「天然液化ガスの精密蒸留による13Cの分離技術とピロリ菌診断薬の開発・実用化」
◇文部科学大臣賞　関西電力，四国電力，電源開発，日立製作所，東芝，三菱電機，日新電機　「紀伊水道直流連系用交直変換設備の完成」
◇審査委員会特別賞　超音速輸送機用推進システム技術研究組合，石川島播磨重工業，川崎重工業，三菱重工業，独立行政法人航空宇宙技術研究所，独立行政法人産業技術総合研究所　「超音速航空機用コンバインド・エンジンの研究開発」

第31回（平14年）
◇内閣総理大臣賞　東日本旅客鉄道　「Suica（ICカード出改札システム）」
◇文部科学大臣賞　東京電力，日本原子力発電，中国電力，日立製作所，東芝，GE Nuclear Energy　「沸騰水型原子炉のシュラウド取替工事の完遂」
◇審査委員会特別賞
　宇部興産，荏原製作所　「加圧二段ガス化システムによるケミカルリサイクル技術」
　東京ガス　「超高密度リアルタイム（SUPREME）地震防災システムの開発・実用化」

第32回（平15年）
◇内閣総理大臣賞　宇宙開発事業団，日本原子力研究所，海洋科学技術センター，日本電気　「地球シミュレータ」
◇文部科学大臣賞　川崎重工業　「航空機用ローコストCFRP（KMS6115）の開発と，国際共同プログラムへの適用」
◇審査委員会特別賞
　JFEスチール　「新オンライン加速冷却技術"スーパーOLAC"の開発と実用化」
　神戸製鋼所　「放熱性薄鋼板（コーベホーネツ）」

第33回（平16年）
◇内閣総理大臣賞　日本電信電話　「ワンチップ MPEG-2 HDTVコーデックLSI『VASA』の開発」
◇文部科学大臣賞　松浦機械製作所，松下電工　"金属光造形複合加工機「M-PHOTON 25C」"
◇審査委員会特別賞　川崎重工業　「フリクションスポット接合法の開発と実用化」

第34回（平17年）
◇内閣総理大臣賞　帝人ファイバー　「『新原料リサイクル技術』によるPETボトルリサイクル」
◇文部科学大臣賞　独立行政法人 理化学研究所，富士通　「『理研スーパー・コンバインド・クラスタ』〜次世代大型計算機センターのモデル〜」
◇審査委員会特別賞
　独立行政法人 海洋研究開発機構，三菱重工業，日本製鋼所，日本航空電子工業　「閉鎖

式燃料電池を搭載した深海巡航探査機『うらしま』の開発」
日立造船,国立大学法人 東京大学地震研究所,独立行政法人 港湾空港技術研究所,阪神・淡路大震災記念 人と防災未来センター 「GPS津波計測システム」

第35回(平18年)
◇内閣総理大臣賞 JFEエンジニアリング 「水和物スラリを用いた新空調システムの開発と実用化」
◇文部科学大臣賞 石川島播磨重工業,住友電気工業,ナカシマプロペラ,新潟原動機,大陽日酸,日立製作所,富士電機システムズ,杉本 英彦(福井大学大学院教授) 「液体窒素冷却全超電導モータの開発」
◇審査委員会特別賞 東日本旅客鉄道,日立製作所 「新幹線の新しい列車制御システム『SAINT』」

第36回(平19年)
◇内閣総理大臣賞 三菱電機 「短ギャップ・高濃度オゾン発生器」
◇文部科学大臣賞 JSR 「ArF液浸露光システム用材料の開発」
◇審査委員会特別賞 大陽日酸,浅野 康一(東京工業大学名誉教授) 「酸素18標識水の量産プラントの開発」

第37回(平20年)
◇内閣総理大臣賞 神戸製鋼所,神鋼商事,神鋼造機,テイエルブイ 「スクリュ式小型蒸気発電機(M.S.E.G.)」
◇文部科学大臣賞 大阪ガス 「ビル空調用冷温水圧損低減剤『エコミセル』の開発」
◇審査委員会特別賞
新日本石油,新日本石油基地 「原油タンカー排出ガス処理設備」
独立行政法人 鉄道建設・運輸施設整備支援機構,財団法人 鉄道総合技術研究所,財団

法人 地域地盤環境研究所,熊谷組,三菱重工地中建機 「NATMとシールドを融合した新しいトンネル工法(SENS)の開発と実用化」

第38回(平21年)
◇内閣総理大臣賞 クリーンコールパワー研究所 「IGCC(石炭ガス化複合発電)実証機」
◇文部科学大臣賞 日本電信電話 「次世代ネットワーク(NGN)技術の開発」
◇審査委員会特別賞
鹿島建設 「ジャックダウンによる高層ビル解体工法の開発」
川崎重工業 「架線レス低床電池駆動LRV『SWIMO』と大型ニッケル水素電池『ギガセル』の開発」
財団法人鉄道総合技術研究所,東洋電機製造,東急車輛製造,ジーエス・ユアサ コーポレーション,アルナ車両 「架線・バッテリーハイブリッド車両」

第39回(平22年)
◇内閣総理大臣賞 日立製作所 「英国High Speed 1路線向け高速鉄道車両(Class395車両)の開発」
◇文部科学大臣賞 独立行政法人宇宙航空研究開発機構,三菱重工業,三菱電機,IHIエアロスペース,有人宇宙システム,宇宙技術開発,日本電気,川崎重工業,IHI,日本航空電子工業,三菱プレシジョン,三菱スペース・ソフトウエア 「HTV/H-IIBロケットの開発」
◇審査委員会特別賞
清水建設 「太陽光発電とガスエンジン発電機を主電源とした都市型マイクログリッドの実用化」
三浦工業,神戸製鋼所 「圧縮熱回収型蒸気駆動エアコンプレッサ」

## 037 日本バイオベンチャー大賞

次代を担う優れたバイオベンチャー企業を表彰して,バイオ産業の育成・振興を目指すため創設。
【主催者】日本工業新聞社
【選考方法】公募
【締切・発表】(第1回)平成14年1月10日締切,2月10日最終審査,3月6日授賞式

第1回(平14年) アンジェスMG(豊中市)

◇経済産業大臣賞 バイオ・エナジー(尼崎

市)
◇文部科学大臣賞　トランスジェニック(熊本市)
◇バイオインダストリー協会賞　ニッポンジーンテク(千代田区)
◇日本工業新聞社賞　ジュオン メディカルシステム(渋谷区)
◇近畿バイオインダストリー振興会議賞　ファーマフーズ研究所(京都市)
◇大阪科学機器協会賞　安井器械(大阪市)
◇特別功労賞　林原生物科学研究所(岡山市)

第2回(平15年)
◇経済産業大臣賞　セレスター・レキシコ・サイエンシズ
◇文部科学大臣賞　ジェネティックラボ
◇バイオインダストリー協会賞　ジーンケア研究所
◇日本工業新聞社(現フジサンケイ ビジネスアイ)賞　クラスターテクノロジー
◇近畿バイオインダストリー振興会議賞　サンルイ・インターナショナル
◇大阪科学機器協会賞　北海道システム・サイエンス
◇日本工業新聞社(現フジサンケイ ビジネスアイ)創刊70周年特別賞　LTTバイオファーマ

第3回(平16年)
◇大賞　該当者なし
◇経済産業大臣賞　バイオニクス
◇文部科学大臣賞　メディカル・プロテオスコープ
◇バイオインダストリー協会賞　ネイチャーテクノロジー
◇フジサンケイ ビジネスアイ賞　東洋新薬
◇近畿バイオインダストリー振興会議賞　ネオケミア
◇大阪科学機器協会賞　京都モノテック

第4回(平17年)
◇大賞　ジャパン・ティッシュ・エンジニアリング
◇経済産業大臣賞　ジーンデザイン
◇文部科学大臣賞　ビークル
◇バイオインダストリー協会賞　日生バイオ
◇フジサンケイ ビジネスアイ賞　シーテック
◇近畿バイオインダストリー振興会議賞　フェニックスバイオ
◇大阪科学機器協会賞　ブレインビジョン

第5回(平18年)
◇大賞　ホソカワ粉体技術研究所
◇経済産業大臣賞　ジェノミディア
◇文部科学大臣賞　オンコリスバイオファーマ
◇バイオインダストリー協会賞　ディナペック
◇フジサンケイ ビジネスアイ賞　メビオール
◇近畿バイオインダストリー振興会議賞　アルブラスト
◇大阪科学機器協会賞　創晶

第6回(平19年)
◇大賞　クリングルファーマ
◇経済産業大臣賞　ワイズセラピューティックス
◇文部科学大臣賞　カイオム・バイオサイエンス
◇バイオインダストリー協会賞　ナノエッグ
◇フジサンケイ ビジネスアイ賞　リジェンティス
◇近畿バイオインダストリー振興会議賞　バイオ21
◇大阪科学機器協会賞　ダナフォーム

## 038　日本ロボット学会賞

ロボット学及び同会が関与する科学技術や産業の分野における研究を奨励しその発展を図ることを目的として,これらの分野での顕著な学術的業績,優秀な実用技術を選び,論文賞,実用化技術賞による表彰を実施している。

【主催者】日本ロボット学会
【選考委員】論文賞選考小委員会委員長：内山勝(東北大),実用化技術賞選考小委員会委員長：榊原伸介(ファナック(株)),研究奨励賞選考委員会委員長：佐藤知正(東京大学)
【選考方法】同会正会員による推薦,実用化技術賞は自薦・他薦いずれも可。同会選考委員会で審議・決定
【選考基準】論文賞：〔対象〕同会会誌に掲載された総合論文,学術論文,技術論文,研究速報,お

よび同会欧文誌に発表されたpaper, short paper, invited paperとする。実用化技術賞：〔資格〕個人の場合は同会の正会員または学生会員，グループの場合は代表者が同会の正会員または学生会員。〔対象〕ロボット技術に関する数年以内に完成した新技術であり，実用化され，顕著な社会的効果を生み出したり，あるいは生産性や品質向上等に寄与したものとする。技術の対象にはハードウエアやソフトウエアの要素技術的なものばかりでなくシステム化技術まで広く含まれる。実用化の範疇には，製品化（販売）されたものはもちろん，販売されていないものの，複数の人に用いられて評価を受けているもの（たとえば福祉機器の類），自社の生産ライン用に開発し実際に稼働し経済効果をあげているもの等も含まれる。

【締切・発表】毎年1月下旬ごろ。その年の学術講演会で発表。

【賞・賞金】論文賞：4件まで。賞状，賞牌。実用化技術賞：3件まで。賞状（全員），賞牌（代表者）

【URL】http://www.rsj.or.jp/

（平11年度）
◇論文賞
　柄川 索（日立製作所），新野 俊樹（理化学研究所），樋口 俊郎（東京大学）"パルス駆動誘導電荷形静電フィルムアクチュエータ"
　小田 光茂（宇宙開発事業団）"衛星搭載ロボットアームと衛星姿勢の協調制御―ロボットアーム動作時の衛星の姿勢安定の保証"
　稲葉 雅幸，星野 由紀子，井上 博允（東京大学）"導電性ファブリックを用いた全身被覆型触覚センサスーツ"
◇実用化技術賞
　藤江 正克，酒井 昭彦，和田 紀彦，藤江 勉，畝田 透（日立製作所）"高齢者の自立生活支援のためのコンプライアンス制御型歩行訓練機の開発"
　大西 献，時岡 淳，大西 典子，弘津 健二，大道 武生（三菱重工業），白須 勲（西菱エンジニアリング）
◇研究奨励賞
　星野 一慶（東京大学工学部機械情報工学科）"複眼を規範とした視覚センサのマイクロ化"
　森田 裕之（豊田工業大学制御情報工学科）"ロボットハンドのための指紋を備えた滑り振動覚センサ"
　和田 隆広（立命館大学理工学部ロボティクス学科）"粗いモデルに基づく伸縮柔軟物体の位置決め作業"
　渡辺 泰之（東京大学大学院工学研究科機械情報工学専攻）"自由落下無重力環境における磁界を利用した傾斜重力場模擬実験"
　石井 抱（東京大学大学院工学系研究科計数工学専攻）"高速ロボット制御のための超並列ビジョンチップシステム"
　遠藤 玄（東京工業大学大学院理工学研究科機械物理工学専攻）"ローラーウォーカーに関する研究第4報：直進ローラーウォークの4脚軌道"
　西田 佳史（電子技術総合研究所知能システム部）"取り巻きセンサシステムによる人の体道の生理的意味理解"
　野方 誠（名古屋大学大学院マイクロシステム工学専攻）"福祉ロボット制御の統一的な安全評価法"
　藤原 伸行（明電舎総合研究所エネルギー研究部）"ロボットハンドとボックスパレットの衝突回避を考慮した視覚ベースビンピッキングシステムの開発"

（平12年度）
◇論文賞
　中村 仁彦，山根 克（東京大学），永嶋 史朗（富士通研究所）"構造変化を伴うリンク系の動力学計算法とヒューマンフィギュアの運動計算"
　生田 幸士，野方 誠（名古屋大学）"福祉ロボットの安全性に関する統一的評価法の提案―危険性の定量化による安全設計対策の評価"
　宮川 豊美，鈴森 康一，木村 正信，長谷川 幸久（東芝）"1インチ用配管作業ロボットの開発"
◇実用化技術賞
　滝口 昌之，鈴木 伊知郎，田中 雅三，酒井 政彦，小南 哲也（デンソー），大熊 学（大信精機）"ミニ組立工場CACの開発―Circular Assembly Cell"
　広瀬 茂男，有川 敬輔，福島 E.文彦（東京工業大学），片桐 正春（東京精機）"研究用

プラットフォームとしての普及型歩行ロボットの開発"
松山 二郎, 前川 清石, 藤田 正弘, 小林 智之, 佐国尾 圭輔（三菱電機）"閉リンク方式による小型精密ロボットの開発"

◇研究奨励賞

松本 吉央（奈良先端科学技術大学院大学情報科学研究科ロボティックス講座）「リアルタイム顔トラッキングシステムを用いた人間の行動計測」

丸尾 昭二（名古屋大学大学院工学研究科マイクロシステム工学専攻）「第3次マイクロファブリケーションの研究（第12報）2光子吸収によるサブミクロン光造形法の開発」

三木 則尚（東京大学大学院工学系研究科機械情報工学専攻）「マイクロ飛行ロボットに関する研究」

村上 慎治（九州電力配電部）「視覚フィードバック制御を用いたマニピュレータによる配電工事作業（第2報）」

山根 克（東京大学大学院工学系研究科機械情報工学専攻）「力学フィルタによるヒューマノイドの運動生成—HRP仮想プラットホームへの適用」

李 湧権（東京大学大学院工学系研究科機械情報工学専攻）「水圧を用いたマイクロ人工筋及びその駆動装置の設計」

金広 文男（東京大学大学院工学系研究科機械情報工学専攻）「人間型全身行動ロボットシステムの発展的構成法と移動行動の発達」

白井 達也（広島大学大学院第二類ロボティクス研究室）「拡張自己姿勢変形動作の提案と把握動作」

立石 淳（名古屋大学大学院工学研究科機械情報システム専）「操作系システムにおける人間ハンチング現象の解析と制御」

長阪 憲一郎（東京大学大学院工学系研究科機械情報工学専攻）「動力学的動作変換フィルタ群を用いた人間型ロボットの全身行動設計」

並木 明夫（東京大学大学院工学系研究科計数工学専攻）「高速センサフィードバックを用いた感覚運動統合把握システム」

（平13年度）

◇論文賞

十河 卓司, 木元 克美, 石黒 浩, 石田 亨（京都大学）"分散視覚システムによる移動ロボットの誘導〔Vol.17,7〕"

並木 明夫, 石川 正俊（東京大学）"視触覚フィードバックを用いた最適把握行動〔Vol.18,2〕"

吉野 龍太郎（本田技術研究所）"歩行パターン・レギュレータによる高速歩行ロボットの安定化制御の研究〔Vol.18,8〕"

町田 和雄, 戸田 義継（電子技術総合研究所）, 三上 龍男, 駒田 聡（富士通）"センサ融合テレロボティクスによる宇宙における遠隔精密作業と遠隔センシング〔Vol.18,8〕"

◇実用化技術賞

小林 政巳, 久保山 隆志, 山角 覚, 小池 雅司, 村上 幹夫（川崎重工業）"罫書き・切断および溶接ロボットシステムの開発"

藤原 茂喜, 北野 斉, 山下 秀樹, 前田 裕史, 福永 秀雄（松下電工）"全方向移動型パワーアシストカート"

◇研究奨励賞

岩田 浩康（早稲田大学大学院）"人間共存ロボットの觝触適応行動—第6報：「作業性と安全性を両立可能な觝触適応動作制御」"

川地 暁子（名古屋大学大学院）"バイオマイクロマニピュレーション（バイオアライナによる対象物の姿勢制御）"

昆陽 雅司（神戸大学大学院）"布の手触り感覚を対象とした触感ディスプレイの研究"

中井 博之（東京大学大学院）"相変化による軟化変形構造をもつ脚型ロボットの環境適合行動の実現"

西脇 光一（東京大学大学院）"全身感覚行動統合研究用人間型ロボットH6の開発"

原田 研介（広島大学大学院）"複数対象物のZero Moment Pushing Manipulation"

原田 達也（東京大学大学院）"全身モデルと圧力センサ分布ベッドを用いた体動追跡システム"

平田 泰久（東北大学大学院）"分散型ロボットヘルパーと人間との協調による単一物体の搬送"

水内 郁夫（東京大学大学院）"多自由度脊柱を持つ全身行動体のための体幹の腱駆動拮抗制御"

望山 洋（防衛大学校）"直鎖型マニピュレータの腕全体の機械インピーダンス"

（平14年度）

◇論文賞

遠藤 玄, 広瀬 茂男（東京工業大学）"ロー

ラーウォーカーに関する研究―システムの構成と基本的動作実験〔Vol.18,2〕"
琴坂 信哉(科学技術振興事業団),Stefan Schaal(南カリフォルニア大学)"神経振動子を用いたロボットのリズミックな運動生成(Vol.19,1)"
山崎 信行(慶応義塾大学),松井 俊浩(電子技術総合研究所)"並列分散リアルタイム制御用レスポンシブプロセッサ〔Vol.19,3〕"
Joseph S. Spano, Haruhiko H. Asada (Massachusetts Institute of Technology) "Design of surface wave active beds based on human tissue physiology〔Advanced Robotics, Vol.14,8〕"

◇実用化技術賞
藤田 雅博,景山 浩二,大槻 正,天貝 佐登史,土井 利忠(ソニー)"エンターテインメントロボット AIBO"
鴻巣 仁司(トヨタ自動車),荒木 勇(アラキ製作所),山田 陽滋(豊田工業大学)"自動車組立作業支援装置「スキルアシスト」"
茶山 和博,鈴木 修,源 雅彦,藤岡 晃(フジタ),河崎 英己,吉永 勝彦(国土交通省)"ロボQ(遠隔操縦ロボット)"

◇研究奨励賞
池田 貴幸(東京工業大学制御システム工学科)"可変拘束制御を用いた3次元脚式ロボットの走行制御"
岩瀬 英治(東京大学大学院情報理工学系研究科知能機械情報学専攻)"磁性体薄膜を用いた3次元微小構造群の一括組み立て"
河合 俊和(日立製作所機械研究所)"微細マニピュレータ用交換可能微細鉗子の動特性向上"
河上 篤史(東京工業大学大学院理工学研究科機械物理工学専攻)"小型単腕型1輪ローバーの開発(第3報)第3次モデルの試作とその動作特性の検討"
川野 洋(東京大学大学院工学系研究科環境海洋工学専攻)"強潮流下での航行を想定した自律型海中ロボットの訓練システム"
斎藤 滋規(東京工業大学大学院理工学研究科国際開発工学専攻)"凝着力を考慮した力学に基づく電顕下微小物体操作法分析"
清水 昌幸(東北大学大学員工学研究科機械知能学専攻)"Structured Compliance を用いた物体の組付けに関する研究(第3

報)Compliance Center を用いた空間内における組付け"
下田 真吾(東京大学宇宙科学研究所)"微小重力下におけるスプリングを利用した移動機構の実験的検証"
福岡 泰宏(電気通信大学大学院情報システム学研究科情報システム運用学専攻)"四足ロボットを用いた創発現象としての不整地動歩行の実現"
福山 純也(名古屋大学工学部マイクロシステム工学専攻)"バーチャル内視鏡システムの研究(第6報)システム全体のポータブル化と大腸大変形モデルの臨床対応化"

(平15年)
◇論文賞
前野 隆司(慶應大学),広光 慎一(豊田織機),河合 隆志(東京歯科大学)"曲面状弾性フィンガの固着・滑り分布推定に基づく把持力の制御〔JRSJ Vol.19,No.1〕"
福岡 泰宏(電気通信大学),木村 浩(電気通信大学)"4足ロボットの生物規範型不整地適応動歩行―体性感覚・前庭感覚による調節―〔JRSJ Vol.19,No.4〕"
齋藤 滋規(東京工業大学),宮崎 英樹(物質・材料研究機構),佐藤 和正(東京大学),高橋 郁夫(東京工業大学)"表面凝着力を考慮した力学に基づく電子顕微鏡下における微小物体操作法分析〔JRSJ Vol.20,No.3〕"

◇実用化技術賞
川﨑 晴久,毛利 哲也,佐藤 聡(岐阜大学),下村 尚之(ダイニチ),松波 俊宣(岐阜ギアー工業),花田 伸(日晃オートメ),東 輝明(ニッタ)"人間型ロボットハンド Gifu Hand III"
菅 和俊,西澤 幸治,河合 俊和,桃井 康行,宮本 潮(日立製作所),高倉 公朋(東京女子医科大学),小林 茂昭(信州大学),橋爪 誠(九州大学),土肥 健純(東京大学),藤江 正克(早稲田大学)"手術支援のためのマニピュレータ技術"

◇研究奨励賞
伊藤 一之(岡山大学工学部システム工学科)"QDSEGA による冗長システムの制御―蛇型ロボットへの適用―〔第20回学術講演会〕"
大武 美保子(東京大学大学院情報理工学系研究科知能機械情報学専攻)"電場応答性高分子ゲルマニピュレータの先端位置

制御〔第20回学術講演会〕"
梶原 秀一（釧路工業高等専門学校電子工学科）"トルクユニットを持つ受動的歩行ロボットRWalker-Iの歩行解析と歩行実験〔第20回学術講演会〕"
神山 和人（東京大学大学院情報理工学系研究科システム情報学専攻）"触覚情報の遠隔伝達を目的とした触覚センサの研究―設計パラメータの決定及び評価―〔第20回学術講演会〕"
子安 大士（大阪大学大学院工学研究科電子制御機械工学専攻）"全方位ステレオ視覚を用いた移動ロボットの自己位置とその誤差の推定〔第20回学術講演会〕"
鈴木 一郎（東京大学大学院情報理工学系研究科知能機械情報専攻）"高速動力学計算法を用いた詳細人体モデルに基づく人間の力学計算〔第20回学術講演会〕"
鈴木 高宏（東京大学 生産技術研究所）"人口食道用螺旋スクリュー機構の開発〔第20回学術講演会〕"
槙原 靖（大阪大学大学院工学研究科電子制御機械工学専攻）"ユーザとの対話を用いたサービスロボットのための物体認識〔第20回学術講演会〕"
光永 法明（大阪大学大学院工学研究科知能・機械創成工学専攻）"歩行中の観測を考慮した情報量に基づく注視制御〔第20回学術講演会〕"
三輪 洋靖（早稲田大学大学院理工学研究科生命理工学専攻）"ヒューマノイドロボット用心理モデルの機構―学習システム・気分ベクトル・2次情動方程式の導入―〔第20回学術講演会〕"
横川 隆司（東京大学大学院工学系研究科電気工学専攻）"生体分子モータ制御のためのアクチンパターニング技術〔第20回学術講演会〕"

（平16年）
◇論文賞
新井 史人（名古屋大学），小川 昌伸（名古屋大学），福田 敏男（名古屋大学）"バイラテラル制御による非接触マイクロマニピュレーション―レーザマイクロマニピュレータによるマイクロツール制御―〔JRSJ Vol.20,No.4〕"
中村 仁彦（東京大学），岡田 昌史（日立製作所），岸 宏亮（東京大学）"高速度カメラを用いた心拍動同期とそれを用いた心臓外科手術支援ロボットシステム〔JRSJ Vol.21,No.4〕"
荒井 裕彦（産業技術総合研究所）"非ホロノミック系操作のためのヒューマンインタフェース〔JRSJ Vol.21,No.5〕"
Ikuo Mizuuchi,Shigenori Yoshida,Masayuki Inaba,Hirochika Inoue（University of Tokyo）"The development and control of a flexible-spine for a human-form robot〔Advanced Robotics Vol.17,No.2〕"

◇実用化技術賞
木村 博志，松岡 博，森 芳弘，近藤 禎樹（デンソー），榊原 聡（デンソーウェーブ）"多機種の製品に適用可能な高速検査ロボットシステム"
村瀬 有一，永嶋 史朗，安川 祐介,Zaier Riadh，境 克司（富士通研究所），木村 公一，舘野 茂夫，石川 日吉，萩野 慶太（富士通オートメーション）"小型ヒューマノイドロボットプラットフォーム―HOAP-1,-2およびNeuROMA"

◇研究奨励賞
上田 隆一（東京大学大学院 工学系研究科 精密機械工学専攻）"ベクトル量子化による状態・行動地図の圧縮〔第8回ロボティクスシンポジア〕"
鏡 慎吾（東京大学大学院 情報理工学系研究科 システム情報学専攻）"通信遅延を考慮したセンサ選択手法〔第21回学術講演会〕"
神田 岳文（岡山大学工学部システム工学科）"微細加工による直径0.8mmの円筒型圧電素子を用いたマイクロ超音波モータ〔第21回学術講演会〕"
武居 直行（大阪大学大学院工学研究科電子制御機械工学専攻）"片側パターン電極によるER流体ダンパの粘性概算法の提案〔第8回ロボティクスシンポジア〕"
田所 直樹（茨城大学大学院理工学研究科システム工学専攻）"蛇型ロボットの斜面蛇行移動体形〔第21回学術講演会〕"
西川 員史（早稲田大学大学院理工学研究科）"発話ロボットの柔軟舌形状のモデル化および音響シミュレータの開発〔第21回学術講演会〕"
濱本 将樹（シャープ技術本部デバイス研究所）"流体・構造連成有限要素法による羽ばたき飛行のfree-flight解析〔第21回学術講演会〕"
前田 雄介（東京大学大学院工学系研究科）"グラスプレス・マニピュレーションのた

めのロボット指の動作計画〔第8回ロボティクスシンポジア〕"
宮田 なつき(産業技術総合研究所デジタルヒューマン研究ラボ)"医用画像を用いた手部リンク構造導出手法の検討〔第21回学術講演会〕"
毛利 哲也(岐阜大学工学部)"ロボットのための省配線システム〔第21回学術講演会〕"

(平17年)
平田 泰久,小菅 一弘(東北大学大学院),浅間 一(東京大学),嘉悦 早人,川端 邦明(理化学研究所)"キャスタ特性を有した複数の人間協調型移動ロボット(DR Helper)と人間との協調による単一物体の搬送"
友納 正裕,油田 信一(筑波大学)"不正確さを許すマップと単眼ビジョンによる物体認識に基づく移動ロボットの屋内ナビゲーション"
梶田 秀司,金広 文男,金子 健二,藤原 清司,原田 研介,横井 一仁,比留川 博久(産業技術総合研究所)"分解運動量制御:運動量と角運動量に基づくヒューマノイドロボットの全身運動生成"
◇実用化技術賞
瀧口 純一,広川 類,梶原 尚幸,島 嘉宏,黒崎 隆二郎(三菱電機),目黒 淳一,石川 貴一朗,天野 嘉春,橋詰 匠(早稲田大学)"GPS自律移動監視システム"
飛田 正俊,西村 利彦,岡本 陽(神戸製鋼所),藤原 昭喜,玉田 喜文(コベルコクレーン),上門 俊夫(コベルコ建機)"ラチスブーム自動溶接システムの開発"
◇研究奨励賞
安藤 慶昭(産業技術総合研究所)"RT複合コンポーネントおよびコンポーネントマネージャの実装-RTミドルウエアの基本機能に関する研究開発〔その8〕—(第22回学術講演会)"
大西 正輝(理化学研究所)"環境との相互作用を行うロボットの身まね学習方式(第22回学術講演会)"
大野 和則(筑波大学)"屋外環境の三次元形状データに基づくランドマーク地図作成〔第9回ロボティクスシンポジア〕"
菊植 亮(名古屋工業大学)"触覚コンタクトレンズ効果の周波数領域解析〔第22回学術講演会〕"
清水 正宏(名古屋大学)"制御系と機構系

の有機的連関を活用したモジュラーロボットの創発的形態制御—原形質流動ならびに表面張力効果の検証—第22回学術講演会〕"
高木 健(東京工業大学)"多指ハンドに有効な負荷感応無段変速機構の性能評価〔第9回ロボティクスシンポジア〕"
高山 俊男(東京工業大学)"レスキュー用連結クローラ走行車「蒼龍III号機」の開発(第22回学術講演会)"
中坊 嘉宏(理化学研究所)"人工筋肉を用いた生物模倣ヘビ型水中推進ロボット〔第22回学術講演会〕"
平井 宏明(立命館大学)"擬似ジャグリングタスクにおける受動的なタイミング選択〔第22回学術講演会〕"
丸山 央峰(名古屋大学)"機能性マイクロツールのオンチップ製作〔第22回学術講演会〕"

(平18年)
◇論文賞
高山 俊男,広瀬 茂男(東京工業大学)"螺旋回転推進を行う三次元索状能動体の研究〔JRSJ Vol.22,No.5,pp.625-635〕"
高木 健,小俣 透(東京工業大学)"ロボットハンドのための負荷感応無段変速機〔JRSJ Vol.23,No.2,pp.238-244〕"
國吉 康夫,大村 吉幸,寺田 耕志(東京大学),長久保 晶彦(産業技術総合研究所)"等身大ヒューマノイドロボットによるダイナミック起き上がり行動の実現〔JRSJ Vol.23,No.6,pp.706-717〕"
Hiroaki Kawamoto, Yoshiyuki Sankai (University of Tsukuba) "Power assist method based on Phase Sequence and muscle force condition for HAL〔AR Vol.19,No.7,pp.717-734〕"
◇実用化技術賞
森 利宏,嶋地 直広,日野 政典,前田 昌之,泉 博之(北陽電機),木造 弘(キズクリ設計事務所),村田 五雄,山下 誠(日本電産),油田 信一,川田 浩彦(筑波大学)"移動ロボット用小型軽量測域センサの開発"
瀬田 良孝,藤本 光生,樫木 一,竹内 康記,福原 一美(川崎重工業)"フリクションスポット接合(Friction Spot Joining:FSJ)ロボットシステムの開発と実用化"
◇研究奨励賞
大村 吉幸(東京大学大学院情報理工学系研究科知能機械情報学専攻)"切り貼り触

覚センサシステム〔第23回学術講演会 講演番号1C17〕"
尾形 勝(東京工業大学大学院理工学研究科機械宇宙システム専攻) "歩行機械の干渉駆動式2自由度能動足首機構〔第10回ロボティクスシンポジア 講演番号1D-4〕"
尾川 順子(東京大学大学院情報理工学系研究科 システム情報学専攻) "電気走性アクチュエーションにおけるゾウリムシの非ホロノミック性〔第23回学術講演会 講演番号3F14〕"
桂 誠一郎(長岡技術科学大学電気系) "マルチラテラル制御による遠隔触覚情報の共有制御〔第23回学術講演会 講演番号3B25〕"
川原 知洋(広島大学大学院工学研究科複雑システム工学専攻サイバネティクス講座ロボティクス研究室) "胸腔鏡手術における腫瘍の位置推定法〔第23回学術講演会 講演番号3J21〕"
岸 宏亮(日立製作所) "MRI環境下対応双腕手術支援マスタ・スレーブ型マニピュレータシステム〔第10回ロボティクスシンポジア 講演番号4C-1〕"
杉原 知道(東京大学大学院情報理工学系研究科 知能機械情報学専攻) "境界条件緩和による二脚ロボットのオンライン歩容計画法〔第10回ロボティクスシンポジア 講演番号2A-3〕"
杉本 靖博(京都大学大学院工学研究科航空宇宙工学専攻) "ポアンカレマップ内に存在するフィードバック構造に着目した受動的歩行の安定解析〔第10回ロボティクスシンポジア 講演番号2A-1〕"
中塚 潤一(慶應義塾大学大学院理工学研究科総合デザイン工学専攻) "底面形状を利用した回転体の変則運動生成〔第10回ロボティクスシンポジア 講演番号2D-5〕"
新山 龍馬(東京大学大学院学際情報学府学際情報学専攻) "筋駆動脚機構による跳躍・着地ロボットの開発〔第23回学術講演会 講演番号3F17〕"
山下 淳(静岡大学工学部機械工学科) "バーチャルワイパー 〜画像処理を用いた屋外環境での視野明瞭化〜〔第10回ロボティクスシンポジア 講演番号6B-2〕"

(平19年)
◇論文賞
杉原 知道(東京大学), 中村 仁彦(東京大学, 科学技術振興事業団) "非駆動自由度の陰表現を含んだ重心ヤコビアンによる脚型ロボットの全身協調反力操作〔日本ロボット学会誌 第24巻 第2号,pp.222-231〕"
川原 知洋(広島大学), 松永 佐斗志(NTTコムウェア), 田中 信治(広島大学), 金子 真(広島大学) "非接触剛性イメージャ〔日本ロボット学会誌 第24巻 第3号,pp.363-369〕"
Suguru Arimoto, Masahiro Sekimoto (Ritsumeikan University), Hiroe Hashiguchi (Ritsumeikan University, existing Daido Institute of Technology), Ryuta Ozawa (Ritsumeikan University) "Natural resolution of ill-posedness of inverse kinematics for redundant robots: a challenge to Bernstein's degrees-of-freedom problem〔Advanced Robotics, Vol.19, No.4, pp.401-434〕"
Daniel M. Helmick (Jet Propulsion Laboratory), Stergios I. Roumeliotis (University of Minnesota), Yang Cheng, Daniel S. Clouse (Jet Propulsion Laboratory) "Slip-compensated path following for planetary exploration rovers〔Advanced Robotics, Vol.20, No.11, pp.1257-1280〕"
◇実用化技術賞
中山 彰(NTTコミュニケーションズ), 町野 保(日本電信電話), 岩城 敏(日本電信電話), 北屋 郁雄(ヤフー), 奥平 雅士(武蔵工業大学) "音によるモーションメディアコンテンツ流通技術"
谷口 恒(ゼットエムピー), 西村 明浩(ゼットエムピー), 原 神一(ライス), 早川 純一(ケンウッド), 岡本 伸一(ブルー・シフト・テクノロジー) "ユーザの好みの場所に移動し, 音楽を再生するロボットmiuro"
◇研究奨励賞
秋山 佳丈(東京農工大学大学院 工学府 機械システム工学専攻) "量産型バイオマイクロアクチュエータを目指した骨格筋細胞収縮の制御法の開発〔第24回学術講演会 講演番号1A25〕"
ハサン アリレザーイー(東京大学大学院 情報理工学系研究科 知能機械情報学専攻) "逆問題解析にもとづく触覚分布センサ:基礎実験〔第24回学術講演会 講演番号1C32〕"
門根 秀樹(東京大学大学院 情報理工学系研究科 知能機械情報学専攻) "パターンの相関と連想記憶に基づく運動パターンの

分節化・記憶・抽象化〔第24回学術講演会 講演番号1D32〕"
坂本 直樹(前川製作所 技術研究所) "Maxwellモデルで近似できる粘弾性物体の最適ハンドリング〔第24回学術講演会 講演番号1G12〕"
佐々木 洋子(東京理科大学大学院 理工学研究科 機械工学専攻) "車輪型ロボットにおけるマイクアレイの移動情報を用いたオンライン複数音源位置推定〔第11回ロボティクスシンポジア 講演番号2A2〕"
寒川 新司(東京大学大学院 情報理工学系研究科 知能機械情報学専攻) "胎児・新生児の身体・脳脊髄モデルと体性感覚野・運動野の自己組織化〔第24回学術講演会 講演番号2L24〕"
戸嶋 巌樹(NTTコミュニケーション科学基礎研究所, 東京工業大学大学院理工学研究科機械物理工学専攻) "音響テレプレゼンスロボットの頭部運動再現における聴覚的時間的余裕の定量的評価〔第24回学術講演会 講演番号1B14〕"
東森 充(広島大学大学院 工学研究科複雑システム工学専攻) "摩擦未知環境下での二次元棒状物体の動的捕獲アルゴリズム〔第11回ロボティクスシンポジア 講演番号1D4〕"
元尾 幸平(名古屋大学大学院 工学研究科マイクロ・ナノシステム工学専攻) "圧電振動型触覚センサを用いた物体把持手法の提案〔第24回学術講演会 講演番号3C35〕"
山田 浩也(東京工業大学大学院 理工学研究科 機械宇宙システム専攻) "多関節ロボットによる連続曲線の近似〔第24回学術講演会 講演番号3F21〕"

(平20年)
◇論文賞(第22回)
中岡 慎一郎(東京大学, 産業技術総合研究所), 中澤 篤志(大阪大学), 金広 文男, 金子 健二, 森澤 光晴, 比留川 博久(産業技術総合研究所), 池内 克史(東京大学) "脚タスクモデルを用いた2足歩行ヒューマノイドロボットによる人の舞踊動作の再現〔日本ロボット学会誌 第24巻 第3号, pp.388-399〕"
井上 貴浩(岡山県立大学), 平井 慎一(立命館大学) "柔軟指による物体把持と操作における力学の実験的解明〔日本ロボット学会誌 第25巻 第6号, pp.951-959〕"
渡辺 義浩, 小室 孝, 石川 正俊(東京大学) "多点瞬時解析高速ビジョンによる運動/変形物体のリアルタイム三次元センシング〔日本ロボット学会誌 第25巻 第6号, pp.1005-1013〕"
Emmanuel B. Vander Poorten(Katholieke Universiteit Leuven), Yasuyoshi Yokokohji(Kyoto University) "Feeling a rigid virtual world through an impulsive haptic display〔Advanced Robotics, Vol.21, No.12, pp.1411-1440〕"

◇実用化技術賞(第13回)
青山 元, 石川 和良, 関 淳也, 石村 左緒里, 薩見 雄一(富士重工業), 橘ヶ谷 修司, 大石 芳明(ツムラ) "連結式医薬品容器交換ロボット"
稲葉 善治, 二瓶 亮, 田村 敏功, 樽林 秀倫, 田中 康好(ファナック) "複数台のM-430iAのビジュアルトラッキングによる高速ハンドリング"

◇研究奨励賞(第23回)
池田 健輔(岡山大学, 現:ソニー・コンピュータエンタテインメント) "空気圧アクチュエータを用いた歩行支援装置の開発"
稲邑 哲也(国立情報学研究所, 総合研究大学院大学) "人間ロボット間の対話に基づく協調的タスク遂行のための確率的空間記憶モデル"
井上 貴浩(岡山県立大学) "力制御入力を必要としない把持対象物姿勢積分制御手法の提案 目標関節角を生成する積分制御器と関節角PD制御器の2段構成"
金田 さやか(京都大学) "電波を用いた小天体探査ローバの位置同定"
神永 拓(東京大学) "ハイドロスタティックトランスミッションを用いた駆動機構をもつロボットハンドの開発"
玄 相昊(科学技術振興機構, 国際電気通信基礎技術研究所) "冗長自由度を有する脚式ロボットの実用的な接触力制御手法とバランス制御への応用"
小林 祐一(東京農工大学) "人と接するロボットのための認識・対話設計法 Petri-netと最適制御からのアプローチ"
多田隈 建二郎(マサチューセッツ工科大学, 現:電気通信大学) "球状全方向車輪 "Omni-Ball""
寺田 耕志(東京大学, 現:トヨタ自動車) "重心の鉛直運動を含む二足歩容の高速生成法"

土肥 徹次（東京大学）"高分解能MRI画像取得のためのMEMS立体コイル"
平塚 啓悟（東京理科大学）"加速度計を用いた住宅内における乳幼児溺れ防止システムの試作"
渡辺 哲陽（山口大学，現：金沢大学）"把持システムのための関節トルク・速度対に基づく可操作性"

(平21年)
◇論文賞(第23回)
佐藤 知正，久保寺 秀幸，原田 達也，森 武俊（東京大学）"日常生活支援のための机上作業のモデル化およびその認識と支援軌道の生成〔日本ロボット学会誌 第25巻 第1号, pp.81-91〕"
菊池 匡晃（東芝），荻野 正樹（JST ERATO），浅田 稔（JST ERATO，大阪大学）"顕著性に基づくロボットの能動的語彙獲得〔日本ロボット学会誌 第26巻 第3号, pp.261-270〕"
大嶋 律也，高山 俊男，小俣 透（東京工業大学），大谷 俊樹，小嶋 一幸，高瀬 浩造，田中 直文（東京医科歯科大学）"腹腔内組立式3指5自由度ハンド〔日本ロボット学会誌 第26巻 第5号, pp.453-461〕"
秋山 佳丈，寺田 玲子，岩淵 喜久男，古川 勇二，森島 圭祐（東京農工大）"昆虫背脈管組織を用いた長期間室温で駆動するバイオアクチュエータの創製〔日本ロボット学会誌 第26巻 第6号, pp.667-673〕"

◇実用化技術賞(第14回)
荒井 裕彦（産業技術総合研究所），藤村 昭造，岡崎 功，安斎 茂宏（大東スピニング），長田 惠一，森田 一久，テクニー，小山 博美，光永 博文（安川エンジニアリング），藍山 三郎（野里電気工業）"異形断面形状が成形可能な力制御スピニング加工機"
村井 亮介，酒井 龍雄，三谷 宏一，中嶋 久人，上松 弘幸（パナソニック電工）"無軌道自律移動ロボットによる検体搬送ロボットシステム"

◇研究奨励賞(第24回)
池内 真志（名古屋大学）"セグメント薄膜ベローズを用いた極細径水圧駆動カテーテルの開発/第26回学術講演会2K1-05"
大脇 大（東北大学）"受動走行の背後に潜む安定化構造の解明/第26回学術講演会3B1-09"
岡本 正吾（東北大学）"皮膚感覚呈示における時間遅れの影響調査と検知限の同定/第13回ロボティクスシンポジア2C4"
奥 寛雅（東京大学）"ミリセカンド高速液体可変焦点レンズとそのロボットビジョン応用への可能性/第26回学術講演会3I1-03"
北 光一（東北大学）"テールシッター型VTOL航空ロボットのホバリング制御/第26回学術講演会3C2-04"
佐久間 臣耶（東北大学）"強磁化と磁場集中による磁気駆動マイクロツールの集積化/第26回学術講演会2M1-03"
但馬 竜介（豊田中央研究所）"人間型ロボットによる高速走行の実現/第26回学術講演会2O1-04"
伊達 央（防衛大学校）"流体によって制御された蛇型推進機構/第26回学術講演会3H2-02"
田中 秀幸（東京大学）"視覚IDタグを用いたロボットのための形状モデリング/第26回学術講演会1L3-08"
中村 太郎（中央大学）"力学的平衡モデルに基づいた軸方向繊維強化型ゴム人工筋の可変剛性制御/第13回ロボティクスシンポジア5B2"
鍋嶌 厚太（東京大学）"適応的身体表象のための持続的な感覚運動変換調整法/第26回学術講演会1N2-04"

(平22年)
◇論文賞(第24回)
岸 宏亮（日立製作所），藤江 正克（早稲田大学），橋爪 誠（九州大学），佐久間 一郎，土肥 健純（東京大学）"ロッド駆動型多関節術具とこれを用いたMRI環境対応小型マスタスレーブマニピュレータ〔日本ロボット学会誌 第27巻 第6号, pp.652-660〕"
田中 健太（京都大学 現：本田技術研究所），木原 康之（京都大学），横小路 泰義（京都大学 現：神戸大学）"人間の直接教示動作の統計的性質に基づいた折り紙ロボットの目標軌道とセンサフィードバック則生成法〔日本ロボット学会誌 第27巻 第6号, pp.685-695〕"
奥 寛雅，石川 正俊（東京大学），石川 貴彦（日本電信電話）"光学系と画像処理系の速度を整合した高速フォーカスビジョン〔日本ロボット学会誌 第27巻 第7号, pp.739-748〕"
有川 敬輔（神奈川工科大学）"数式処理によるロボット機構の自由度解析-基本アルゴリズムと適用例-〔日本ロボット学会誌 第27巻 第8号, pp.900-909〕"

◇実用化技術賞(第15回) 中嶋 勝己,上田 澄広(兵庫県立大学),櫻井 隆,蓮沼 仁志(川崎重工業),羽畑 修,金澤 秀和(カワサキプラントシステムズ),脇谷 滋之(大阪市立大学),田原 秀晃(東京大学),下平 滋隆(信州大学),植村 壽公(産業技術総合研究所)"細胞自動培養システム"
◇研究奨励賞(第25回)
青木 悠祐(東京農工大学)"超音波検査ロボットによる力サーボ/ビジュアルサーボ切り替え制御に基づいたプローブ走査支援システムの構築/第27回学術講演会(3H1-01)"
鮎澤 光(東京大学)"ベースリンクの運動方程式を利用した脚型ロボットの基底力学パラメータの可同定性/第14回ロボティクスシンポジア(1A2)"
井柳 友宏(東北大学)"高性能2DOFマイクロ磁気ツールの設計と評価/第27回学術講演会(2B1-06)"
黒崎 浩介(東京大学)"筋のグルーピングに基づく二次計画法を用いたリアルタイム筋張力推定法/第27回学術講演会(2E2-07)"
田中 由浩(名古屋工業大学)"バルーンの膨張現象を利用した硬さおよび表面状態のアクティブ触覚センシング/第14回ロボティクスシンポジア(1D1)"
辻 俊明(埼玉大学)"拮抗3関節筋を模擬するナメクジウオ型ロボットの機構/第27回学術講演会(1K3-02)"
勅使河原 誠一(電気通信大学)"感圧導電性ゴムを用いた高感度型滑り覚センサの研究開発/第27回学術講演会(3I1-04)"
永瀬 一貴(慶應義塾大学)"ハプティックペダルによるモバイルハプトのバイラテラル力覚フィードバック制御/第27回学術講演会(2M2-05)"
増沢 広朗(豊橋技術科学大学)"移動ロボットによる時間制約を考慮した環境情報要約のための視点計画/第27回学術講演会(2D1-05)"
森 裕紀(東京大学/科学技術振興機構ERATO 浅田共創知能システムプロジェクト)"胎児の子宮内環境における触覚と反射的行為の自己組織化/第27回学術講演会(3S1-03)"
山崎 公俊(東京大学)"生活支援ロボットのためのしわ特徴に基づく衣類発見法/第27回学術講演会(2R1-05)"

## 039 パピルス賞

関科学技術振興記念財団設立10周年を記念し創設。アカデミズムの外で達成された在野の学問的業績,学問と社会をつなぐ業績を顕彰

**【主催者】**(財)関科学技術振興記念財団
**【選考委員】**樋口陽一(日本学士院会員),末松安晴(国立情報学研究所顧問),澤岡昭(大同工業大学学長),板屋義夫(NTTエレクトロニクス取締役),柴垣和夫(東京大学名誉教授),納富信留(慶應大学教授),加藤隆史(東京大学教授),長井寿(物資・材料研究機構)
**【選考方法】**選考委員および財団理事,評議員の推薦に基づき選考委員が決定
**【選考基準】**〔対象〕在野の研究者,またはすぐれた啓蒙的活動をする研究者。〔応募規定〕公刊された推薦する作品に推薦理由(A4判1枚)を付して提出
**【締切・発表】**(第8回)平成22年11月16日授賞式
**【賞・賞金】**賞金各30万円

第1回(平15年)
◇自然科学・技術書部門 山本 義隆(駿台予備校)「磁力と重力の発見」(全3巻,みすず書房)
◇人文・社会科学書部門 若林 啓史(在イラン日本大使館参事官)「聖像画論争とイスラーム」(知泉書館)

第2回(平16年)
◇人文・社会科学書部門 大村 幸弘(中近東文化センター主任研究員)「アナトリア発掘記—カマン・カレホユック遺跡の二十年」(日本放送出版協会)
◇自然科学・技術書部門 該当作なし

科学・技術

## 第3回（平17年）
◇自然・科学技術書部門　大石 道夫（かずさDNA研究所所長）「DNAの時代—期待と不安」〔文春新書〕
◇人文・社会科学書部門　該当作なし

## 第4回（平18年）
◇自然科学・技術書部門　梅田 望夫（はてな取締役）「ウェブ進化論」〔ちくま新書〕
◇人文・社会科学書部門　坂中 英徳（元・東京入国管理局長，外国人政策研究所所長）「入管戦記—「在日」差別，「日系人」問題，外国人犯罪と，日本の近未来」〔講談社〕

## 第5回（平19年）
◇自然科学・技術書部門　五島 綾子（静岡県立大学経営情報学部教授）「ブレークスルーの科学—ノーベル賞受賞学者白川英樹博士の場合」〔日経BP社〕
◇人文・社会科学書部門　小尾 俊人（前・みすず書房編集者）「出版と社会」〔幻戯書房〕

## 第6回（平20年）
◇自然科学・技術書部門　池内 了（総合研究大学大学院教授）"「科学は今どうなっているの？」（晶文社）から「疑似科学入門」（岩波新書）まで，一連の啓蒙的著作"
◇人文・社会科学部門　該当作なし

## 第7回（平21年）
◇自然科学・技術書部門　該当作なし
◇人文・社会科学書部門　加藤 九祚（前・国立民族博物館教授）　一人雑誌「アイハヌム」〔東海大学出版会〕

## 第8回（平22年）
◇自然科学・技術書部門　板倉 聖宣（板倉研究室主宰）「増補 日本理科教育史 付・年表」〔仮説社〕
◇人文・社会科学書部門　松原 國師　「西洋古典学事典」〔京都大学学術出版会〕

## 040　光産業技術振興協会 櫻井健二郎氏記念賞

元電子技術総合研究所・電波電子部長，元当協会理事の故桜井健二郎氏が光産業の発展に尽した多大な功績をたたえるとともに，氏の業績をいつまでも人々の記憶にとどめるため，昭和60年に創設された。光技術の分野に先駆的役割を果した業績のうち，特に光技術の振興・普及・啓蒙に貢献した者に贈られる。

【主催者】（財）光産業技術振興協会
【選考委員】学識経験者で構成される『光産業技術振興協会 櫻井健二郎氏記念賞委員会』で選考
【選考方法】当協会の賛助会員等の推薦による
【選考基準】選考対象：募集年度の6年度前以降，光技術の分野で先駆的役割を果たした業績。対象者：個人またはグループ。応募：当協会の賛助会員等の推薦による。推薦に際しては，所定の用紙による。（例年5月〜8月に当協会ホームページに掲載，当協会機関誌「オプトニューズ」No.4に掲載
【締切・発表】例年8月末締切，12月〜1月に開催される光産業技術シンポジウム席上で発表
【賞・賞金】2件以内。表彰状，メダルと副賞各50万円
【URL】http://www.oitda.or.jp/

### 第1回（昭60年度）
島田 禎晋（NTT通信網第一研究所）"光加入者系のディジタル化，シングルモード化の唱導"
神谷 武志（東京大学）"受発光素子の性能限界を物理的，技術的に論じ，応答速度，消費電力の点からも光を情報処理に使うことの可能性を示唆"

### 第2回（昭61年度）
阪口 光人（日本電気），後藤 裕一，長島 邦雄 "光交換方式の実証的唱導"

### 第3回（昭62年度）
伊賀 健一（東京工業大学精密工学研究所教授）"面発光デバイス，マイクロレンズなどの先駆的研究を行い，それを通じてマ

イクロオプティックスの振興に大きな貢献を行った。"

平野 正浩(通商産業省工業技術院電子技術総合研究所)、池沢 直樹(野村総合研究所)"光産業市場規模の将来予測に当り、中心的役割を果たし、同産業の将来ビジョン策定に大きな貢献を行った。"

第4回(昭63年度)

西原 浩(大阪大学工学部電子工業科教授)"回折格子を用いた光ディスク用ピックアップなどの開発により光IC技術に新しい展開をもたらした。"

今村 修武(東ソー新材料研究所副所長)"光磁気方式書き替え可能型光ディスク実用化への指針を示し、光ディスク技術全般の進展に多大な貢献を行った。"

第5回(平1年度) 中沢 正隆(日本電信電話)、萩本 和男"エルビウムドープファイバ光増幅器の光通信システムにおける優れた特性および実用性を示し、光通信技術開発に新たな流れを起こした。"

第6回(平2年度)

三橋 慶喜(通商産業省電子技術総合研究所)"光ディスクカートリッジの規格開発において中心的役割を果たし、国際標準化に多大な貢献をした。"

峠 隆(富士通研究所)、桑原 秀夫、近間 輝美"位相変調に関する各種の光変復調技術を開発し、コヒーレント光通信技術の実用化に向けて多大な貢献をした。"

第7回(平3年度)

大津 元一(東京工業大学総合理工学研究科教授) "走査型超高解像度光学顕微鏡の開発を通じて、大きな波及効果が期待できる新技術を確立した"

久間 和生(三菱電機中央研究所量子エレクトロニクス研究所) "三次元光集積回路技術を用いた高速光ニューロチップの開発を通じて、光情報処理技術に多大な貢献をした"

第8回(平4年度)

笠原 健一(日本電気光エレクトロニクス研究所)、覧具 博義(NEC基礎研究所長) "面入出力光電融合素子(VSTEP)の開発を通じて光情報処理技術に多大な貢献をした"

内野 修(運輸省気象庁気象研究所) "ピナトゥボ山噴火後の成層圏エーロゾルの観測を通じて、地球環境計測へのライダーの有用性を立証した"

第9回(平5年度)

前田 武志、角田 義人(日立製作所中央研究所)、重松 和男(日立製作所ストレージシステム事業部) "マークエッジ記録方式を光ディスクに初めて適用し、光ディスクの記録密度を2倍以上に向上させ、次世代光ディスクの進展、標準化に貢献した"

中島 啓幾(富士通研究所マルチメディアシステム研究所)、清野 実(富士通パーソナルシステム研究所)、山根 隆志(富士通基幹通信事業本部) "一連のTi:LiNbO3導波路デバイスの研究の末、温度ドリフト及びDCドリフトの問題も解決し実用化に貢献した"

第10回(平6年度)

中村 修二、向井 孝志、妹尾 雅之(日亜化学工業) "MOCVD法を用いた結晶成長技術に独創的な工夫を加えることにより、発光効率が飛躍的に高いInGaAs結晶を開発し、同材料を用いて高輝度の青色発光ダイオードの実用化に成功した。この技術開発によりLEDによるフルカラー表示が可能になるなど、その波及効果は大きい"

河内 正夫(NTT光エレクトロニクス研究所) "光ファイバ製造技術とLSI微細加工技術との融合により、シリコン基板上に低損失な石英系光導波路を形成し、光アクセス網の構築に向けた小型光カプラから次世代の光波ネットワークや光交換を目指した多波長合分波器やマトリクス光スイッチに至る多彩な平面光回路を実現した"

第11回(平7年度)

川西 悟基、高良 秀彦、盛岡 敏夫、猿渡 正俊(NTT光ネットワークシステム研究所) "電気信号処理の限界を越える超高速光通信技術の実現を目指し、スーパーコンティニウム光源、全光時分割多重分離技術、光タイミング抽出技術等の新技術を開発することにより、全光時分割多重分離方式による200Gビット信号の100km伝送実験に成功し、超高速信号伝送・処理技術の新たな可能性を示した"

今中 良一(松下電器産業光ディスク事業部)、竹永 睦生、塩山 忠夫、沖野 芳弘(松下電器産業光ディスク開発センター) "書換可能相変化光ディスクとCD-ROM光ディスクとを同一ドライブで処理できる新技術を内外に先駆けて開発し、光ディス

科学・技術

クの発展に多大な貢献をした"

第12回(平8年度)
池上 徹彦(NTTアドバンステクノロジ代表取締役社長) "光技術に係わる国際学会、国際標準化活動において指導的役割を果たすなど、世界的視野にたった活動及び光デバイスの研究開発を通じ、光産業及び光技術の振興に多大の貢献をした。"
小池 康博(慶応義塾大学理工学部応用科学科助教授) "内外に先駆けて界面ゲル重合法および全フッ素化ポリマーによる集束型広帯域低損失プラスチックファイバーを実現し、光通信の今後の広範囲な応用を可能ならしめた。"

第13回(平9年度)
水戸 郁夫(日本電気光・超高周波デバイス研究所所長代理)、佐々木 達也(同社光・超高周波デバイス研究所研究専門課長)、小松 啓郎(同社ULSIデバイス開発研究所プロジェクトマネージ)、山口 昌幸(同社光・超高周波デバイス研究所研究専門課長) "同一基板上に、異なるバンドギャップを持つ結晶を成長させる狭幅選択MO-CVD成長技術を開発することによって、波長の異なる多数の半導体レーザを1枚のウエーハ上に形成することを可能にし、波長多重光通信のキーデバイスの研究開発に多大の貢献を果たした。"
須藤 昭一(NTT光エレクトロニクス研究所研究企画部長)、大石 泰丈(同所材料研究部ファイバアンプ材料研究グループグループリーダ)、山田 誠(同所材料研究部ファイバアンプ材料研究グループ主任研究員)、金森 照寿(同所材料研究部ファイバアンプ材料研究グループ主幹研究員) "独自に培った光ファイバ作製技術をベースとして新しい光ファイバ増幅器の研究開発に取り組み、従来に比べてその帯域幅を大幅に上回る超広帯域光増幅器を開発し、活発に展開している光通信システムおよびネットワークの研究開発に多大の影響と貢献を果たした。"

第14回(平10年度)
荒川 泰彦(東京大学先端科学技術研究センタ教授) "量子井戸半導体レーザの原理的有望性の予言、量子細線および量子ドット構造による特性改善とそれらの製造方法、発光機構新評価手法の確立により、光通信用半導体レーザの研究開発に多大の貢献をした。"

040 光産業技術振興協会 櫻井健二郎氏記念賞

内池 平樹(広島大学工学部第二類電気系助教授)、篠田 伝(富士通研究所ペリフェラル研究所主管研究) "ADS(ADRESS DISPLAY SEPARATION)方式によるフルカラー中間調表示技術と、MgO保護膜を用いた低電圧駆動方式による長寿命化技術を開発し、AC型PDPの実用化に多大の貢献をした。"

第15回(平11年度)
石川 正俊(東京大学工学系研究科計数工学専攻教授) "光・電子融合による並列処理および光インタコネクションの有効性を「光アソシアトロン」、「光電子並列マシンを具現化したSPE-II」や「超並列・高速ビジョンチップ」等の先進的システムの実現によって明らかにし、光情報処理技術の研究開発に多大の貢献をした。"
太田 憲雄(日立マクセル筑波研究所所長)、島崎 勝輔(同主任研究員)、粟野 博之(同主任研究員) "光磁気ディスクの高密度化を実現する技術として、多値記録、磁区拡大再生方式(MAMMOS)を提唱、これによりハードディスクを越える大容量化への道筋を示すことで、次期メモリ技術の研究開発に多大な貢献をした"

第16回(平12年度)
川上 彰二郎(東北大学未来科学技術共同研究センタ客員教授) "周期的構造を有するフォトニック結晶の重要性に着目し、半導体技術を応用した独自の多層成長技術(自己クローニング法)を開発、さらにその大きな波長分散性や異方性等の特性を利用する光フィルタ、合分波器、偏光素子等の新しい応用分野を拓き、次世代超小型光デバイス等の研究開発に多大な貢献をした。"
久保田 重夫(ソニー執行役員)、岡 美智雄(同社コアテクノロジー&ネットワークカンパニー開発本部主任研究員)、江口 直哉(同社V-S2Project主任研究員)、田附 幸一(同社コアテクノロジー&ネットワークカンパニー開発本部久保田研究室課長) "ベータ硼酸バリウム単結晶育成プロセスの改善、超精密電磁アクチュエータを含む光共振器サーボ機構の開発と光学パラメータの最適化により、半導体レーザ励起Nd-YAGレーザを用いる外部共振器型第四高調波発生装置を開発し、安定かつ信頼性のある連続出力30mWの紫外波長266nmの光源を実現、光ディスクや半導体

製造分野等への産業応用に多大な貢献をした。"

第17回（平13年度）
　浜田 恵美子（太陽誘電事業戦略企画部主席研究員），石黒 隆（同社CD-Rの研究に従事）"高屈折率，低吸収係数を有する色素により記録層に干渉構造を形成するという画期的発想で，CDと完全互換性を有する有機色素使用の記録可能CD（CD-R）を開発，経済性に優れた大容量記録媒体を可能ならしめ，この分野の世界的標準技術としてCD-R自身の普及のみならず，光産業市場拡大に多大な貢献をした。"
　粕川 秋彦（古河電気工業横浜研究所半導体研究開発センター長兼WAチーム長），伊地知 哲朗（同社ファイテル製品事業部光デバイス部部長補佐），池上 嘉一（同社ファイテル製品事業部光デバイス部部長補佐）"光ファイバ増幅器の励起用レーザ（波長1480nmおよび980nm）として，独自に設計した歪補償型量子井戸活性層を導入し，結晶欠陥の少ない生産性に優れた結晶成長法を確立して世界最高の高出力動作と量産化を実現，波長多重（WDM）技術を用いた大容量光ファイバ通信システムの発展・普及に多大な貢献をした。"

第18回（平14年度）
　野田 進（京都大学工学研究科教授）"ナノ周期構造に加工した半導体ウエハを融着積層する方法で光波長帯で動作可能な完全3次元フォトニックバンド結晶を実現するとともに，欠陥の導入による光制御などの解明を行った。また，2次元フォトニック結晶による半導体レーザをはじめ，超小型の各種光デバイスを研究開発した。"
　植田 憲一（電気通信大学レーザー新世代研究センターセンター長教授），柳谷 高公（神島化学工業セラミックス部材料開発課課長）"ナノ微結晶を無圧焼結する方法により，従来不可能であった多結晶粒界での散乱要素を自己消滅させて，光透過性の優れたセラミックの新規な製造技術を確立した。"

第19回（平15年度）
　筒井 哲夫（九州大学），城戸 淳二（山形大学），仲田 仁（パイオニア），當摩 照夫（東北パイオニア）"有機EL（electroluminescence）に関する基礎研究及びその実用化"
　成瀬 央，倉嶋 利雄，大野 博重（日本電信電話）"光ファイバひずみ計測技術の研究と開発"

第20回（平16年度）
　清水 義則，阪野 顕正，野口 泰延，森口 敏生（日亜化学工業）"白色発光ダイオードの発明と実用化"
　関田 仁志，住吉 哲実，高砂 一弥，佐久間 純（サイバーレーザー）"フェムト秒固体レーザーおよび深紫外光発生固体レーザーの実用化"

第21回（平17年度）
　細川 速美（オムロン）"ポリマー光導波路の開発と実用化"
　増原 宏，佐々木 孝夫，森 勇介，細川 陽一郎（大阪大学）"フェムト秒レーザパルスによる蛋白質の結晶化"

第22回（平18年度）　篠原 弘道，田中 孝史，三川 泉（日本電信電話），佐藤 公紀（西日本電信電話）"FTTHのための光アクセス線路・工法・システム関連総合技術の研究開発"

第23回（平19年度）
　宮本 裕，富澤 将人，村田 浩一，松岡 伸治（日本電信電話）「超高速光ネットワーク向けOTNデジタルフレームの国際標準化と多値位相変調方式の研究開発実用化」
　井筒 雅之，川西 哲也（情報通信研究機構），市川 潤一郎，日隈 薫（住友大阪セメント）「集積光変調デバイスによる高速光位相・周波数変調技術の開発」
◇櫻井健二郎氏記念特別賞　中野 義昭（東京大学教授）"フォトニックネットワーク用高速・低電力集積光デバイスの開発と革新的サブシステム実証"

第24回（平20年度）
　宇都宮 肇，林田 直樹，田中 和志，伊藤 秀毅（TDK）"Blu-ray Disc用高性能ハードコート技術の開発および実用化"
　平等 拓範（自然科学研究機構 分子科学研究所）"マイクロ固体フォトニクスの先駆的研究"

第25回（平21年度）
　長濱 慎一，小崎 徳也，柳本 友弥（日亜化学工業）"緑色域から紫外域のGaN系半導体レーザ室温連続発振"
　田中 英明，鈴木 正敏（KDDI研究所），松島 裕一（情報通信研究機構），渇岡 泉（日本航空電子工業）"高信頼度大洋横断光海底ケーブルシステムの実用化"

第26回(平22年度)
　菊池 和朗(東京大学大学院工学系研究科)"デジタルコヒーレント光ファイバ通信の研究"

　荒谷 勝久, 河内山 彰, 甲斐 慎一(ソニー), 峰岸 慎治(ソニーイーエムシーエス)"ブルーレイディスク用PTM原盤作製技術の開発とその実用化"

## 041　堀場雅夫賞

世界の大学または公的な試験研究機関において,計測およびその応用に関する科学技術分野で顕著な業績を挙げつつある研究者・技術者を奨励することを目的として平成15年に創設された。

【主催者】堀場製作所
【選考委員】(平23年)名誉審査委員長:堀場雅夫(株式会社堀場製作所最高顧問),審査委員長:堀場厚(株式会社堀場製作所代表取締役会長兼社長),副審査委員長:馬場嘉信(名古屋大学革新ナノバイオデバイス研究センター センター長),審査委員:佐甲靖志(理化学研究所 基幹研究所 主任研究員),浜地格(京都大学大学院工学研究科 教授),辻幸一(大阪市立大学大学院工学研究科 教授),Dr. David Birch, Professor of Photophysics, University of Strathclyde,三宅司郎(株式会社堀場製作所 先行開発センター バイオ技術担当マネジャー),青山淳一(株式会社堀場製作所 先行開発センター チームリーダー),特別審査委員:川合知二(大阪大学 特任教授)
【選考方法】公募,推薦
【選考基準】〔資格〕大学,公的試験機関に所属し,上記分野の研究・開発に従事し,以下のいずれかに該当する研究者・技術者。(1)上記対象分野において,学術上,技術上の優れた発見,発明を成すことが期待される者,(2)上記対象分野において,学術上,技術上の重要な問題の解決が期待できる者。〔対象〕計測およびその応用に関する科学技術分野で顕著な業績を挙げつつある研究者・技術者。平成19年度の対象分野は医療分析
【締切・発表】(第5回)平成19年5月31日締切,10月17日贈呈式
【賞・賞金】賞状と副賞(50万円)
【URL】http://www.mh-award.org/

第1回(平15年)
　陶 究(東北大学大学院環境科学研究科環境科学専攻助手)「電位差法による超臨界水溶液のpH測定装置の開発」
　杉本 直己(甲南大学先端生命工学研究所所長(理工学部機能分子化学科教授))「DNAをセンシング素材として用いた細胞内pH測定法の開発」
　下島 公紀(電力中央研究所環境科学研究所主任研究員)「ISFET-pH電極を用いた海洋の現場計測用pHセンサの開発」

第2回(平16年)
　佐藤 春実(関西学院大学理工学部博士研究員)「外分光法とX線回折法による生分解性高分子のC-H‥O水素結合の研究——"弱い水素結合"が結晶構造安定化と熱的挙動に果たす役割—」
　長谷川 健(日本大学生産工学部・応用分子化学科助教授)「多角入射分解分光法:仮想光概念を利用した計測法の構築」
　井上 康志(大阪大学大学院生命機能研究科助教授)「近接場ナノ振動分光学の開拓研究」

第3回(平17年)
　寺田 靖子(高輝度光科学研究センター)「高エネルギー放射光を用いたマイクロビーム蛍光X線分析法の革新とその応用」
　林 久史(日本女子大学)「共鳴X線非弾性散乱法を利用した新しいX線分光法の開発」
　JANSSENS, Koen (University of Antwerp) 「X-ray based speciation of major and trace constituents in heterogeneous materials of environmental and cultural heritage origin」

◇特別賞受賞者　安藤 正海（東京理科大学）「乳がんの早期診断をめざすシステム開発」

第4回（平18年）
　粟辻 安浩（京都工芸繊維大学大学院 准教授）「並列ディジタルホログラフィック顕微鏡法による細胞の3次元動画像計測法およびその装置の開発」
　阿部 文快（海洋研究開発機構 極限環境生物圏研究センター グループリーダー）「圧力で探る生体膜と膜タンパク質のダイナミクス研究」
　CULBERTSON, Christopher（Kansas State University）"Rapid Analysis of Individual T-Lymphocyte Cells on Microfluidic Devices"

第5回（平20年）
　相澤 哲哉（明治大学 理工学部機械情報工学科）「ディーゼル噴霧火炎内すす生成過程のレーザー計測」
　ジェイソン・オルファート（米国・ブルックヘブン国立研究所）"内燃機関から排出されるナノ粒子の質量分析装置の開発"（「A New Instrument to Measure the Mass of Nano-particles from an Internal Combustion Engine」）"
　ロサマー, デイヴィッド（米国・ウィスコンシン大学マディソン校）"「HCCI燃焼における残留ガスおよび温度の同時可視化」"（「Simultaneous Imaging of Exhaust Gas Residuals and Temperature During HCCI Combustion」）"
◇特別賞　河原 伸幸（岡山大学大学院 自然科学研究科）「点火プラグ実装型燃料・残留ガス濃度計測センサシステムの開発」

第6回（平21年）
　ホルヘ・ピソネロ（スペイン・オビエド大学）"「半導体表面の無機/有機物計測のための新しいソフトイオン化技術を用いた大気圧グロー放電飛行時間質量分析計の開発および評価」"（「Development and Evaluation of an Innovative "Soft Ionization Technique" based on Atmospheric Pressure Glow Discharges Time-of-flight Mass Spectrometry（AP-GD-TOFMS）for the Determination of Inorganic/organic Contaminants on Semiconductor Surfaces」）"
　桜井 健次（独立行政法人物質・材料研究機構）「蛍光X線分光法による超微量分析-新しい高効率波長分散型X線分光器の開発と高輝度シンクロトロン放射光による全反射蛍光X線分光法への応用」
　大野 真也（横浜国立大学 大学院工学研究院）「表面差分反射分光と反射率差分光によるSi表面上のO2, NO, CO反応の研究」
◇特別賞　国村 伸祐（京都大学 大学院工学研究科）「超高感度小型全反射蛍光X線分析装置の開発」

第7回（平22年）
　染川 智弘（財団法人レーザー技術総合研究所）「高強度フェムト秒レーザーを用いた白色光ライダーの開発」
　ジェラード・ヴィソッキ（米国・プリンストン大学）"レーザー分散効果を応用した大気中の反応性化学種の高感度その場計測技術"（「Ultra-sensitive in-situ molecular detection of reactive chemicals based on laser dispersion effects」）"
　梶井 克純（首都大学東京 大学院都市環境科学研究科）「ポンプ・プローブ法によるOH反応性測定と大気質診断法の開発」

# 農林水産業

## 042 漁業経済学会賞

漁業経済に関する長年の研鑽により達成された,研究業績に贈られる賞。昭和38年から授賞が開始された。
**【主催者】**漁業経済学会
**【選考委員】**同賞選考委員会
**【選考方法】**選考委員の推薦による
**【選考基準】**〔資格〕同学会会員に限る。〔対象〕当該年度末までに発表され,既に印刷されたもので,その一部を学会誌「漁業経済研究」に投稿したもの
**【締切・発表】**例年,推薦の締切は年次大会前日に開かれる選考委員会の1カ月前,発表・表彰は5月の年次大会総会
**【賞・賞金】**賞状と副賞2万円
**【URL】**http://wwwsoc.nii.ac.jp/jsfe/index.html

第1回(昭38年)　平沢 豊(水産庁)「漁業生産の発展構造」
第2回(昭39年)　二野瓶 徳夫(国立国会図書館)「漁業構造の史的展開」
第3回(昭40年)
　布施 正(釧路市役所)「釧路漁業発達史」
　荒居 英次(日本大学)「近世日本漁村史の研究」
第4回(昭41年)　該当者なし
第5回(昭42年)　青塚 繁志(長崎大学)「明治初期漁業布告法の研究」
第6回(昭43年)　該当者なし
第7回(昭44年)　中井 昭(高知県立短期大学)「香川県海外出漁史」
第8回(昭45年)　該当者なし
第9回(昭46年)　岩切 成郎(鹿児島大学)「漁村構造の経済分析」
第10回(昭47年)　浦城 晋一(三重大学)「真珠の経済的研究」
第11回(昭48年)　該当者なし
第12回(昭49年)　大島 襄二(関西学院大学)「水産養殖業の地理学的研究」
第13回(昭50年)　三島 康雄(甲南大学)「北洋漁業の経営史的研究」
第14回(昭51年)　該当者なし
第15回(昭52年)　柿本 典昭(金沢大学)「漁村の地域的研究」
第16回(昭53年)　該当者なし
第17回(昭54年)
　八木 庸夫(鹿児島大学)「漁家経営論」
　石田 好数(日本社会党中央本部)「日本漁民史」
第18回(昭55年)
　吉木 武一(長崎大学)「以西底曳網漁業経営史論」
　薮内 芳彦(関西大学)「漁労文化人類学の基本文献資料とその補説的研究」
第19回(昭56年)　大津 昭一郎(高崎経済大学),酒井 俊二(気象庁)「現代漁村民の変貌過程」
第20回(昭57年)　該当者なし
第21回(昭58年)　庄司 東助(元東北区水産研究所)「日本の漁業問題—その歴史と構造」
第22回(昭59年)　該当者なし

第23回(昭60年)　該当者なし
第24回(昭61年)　長谷川 彰(東京水産大学)「漁業管理」
第25回(昭62年)　清光 照夫(明星大学),岩崎 寿男(日本トロール底魚協会)"水産経済」「水産政策論」"
第26回(昭63年)　該当者なし
第27回(平1年)　加瀬 和俊(東京水産大学)「沿岸漁業の担い手と後継者」
第28回(平2年)　該当者なし

第29回(平3年)　該当者なし
第30回(平4年)
　片岡 千賀之(長崎大学)「南洋の日本人漁業」
　多屋 勝雄(中央水産研究所)「国際化時代の水産物流通」
第31回(平5年)　該当者なし
第32回(平6年)　該当者なし
第33回(平7年)　妻 小波(近畿大学)「水産物産地流通の経済学」

## 043　漁船協会賞

漁船協会創立25周年記念事業の一環として,昭和46年に創設された。漁船および漁船に装備する機器類の改良発達に功労があった者を表彰することにより,漁船の改良に対する意欲の高揚をはかることを目的とする。

【主催者】(社)漁船協会
【選考委員】同賞選考委員会
【選考方法】理事または監事の推薦による
【選考基準】〔資格〕漁船協会の法人会員である事業所または団体等に勤務する者,または会長が適当と認めた者。〔対象〕漁船および漁船に装備する機器類の設計,研究,生産,普及等で,漁船等の改良発達に貢献した業績
【締切・発表】5月の通常総会の席上にて表彰
【賞・賞金】表彰状,記念品10万円相当

(昭46年度)
　小川 豊(日新興業)
　萩原 保(大洋漁業)
　垣副 文生(日本水産)
　高木 剛三(新潟鉄工所)
　只野 信男(鈴木鉄工所)
　西井 進(西井造船所)
　葉室 親正(水産庁漁船研究室)
　春本 勉(ヤンマーディーゼル)
(昭47年度)
　梅田 正志(極洋)
　菅野 毅(日魯漁業)
　孝橋 謙一(阪神内燃機工業)
　小柳 四郎(赤阪鉄工所)
　土屋 孟(水産庁漁船研究室)
　長沢 敏(三保造船所)
　松井 富雄(新潟鉄工所)
　村上 元夫(林兼造船)
(昭48年度)
　磯野 敬一郎(徳島造船)

　泉井 修(泉井鉄工所)
　栗田 英夫(金指造船所)
　藤居 正規(臼杵鉄工所)
　間庭 愛信(水産庁漁船研究室)
(昭49年度)
　山川 雄雄(林兼造船)
　三宅 忠治(徳島造船)
　安藤 和昌(楢崎造船)
　大戸 祐輔(東九州造船)
　星野 久雄(新潟鉄工所)
　山本 武(山西造船鉄工所)
(昭50年度)
　草間 喜代松(住吉漁業技術研究所)
　桑原 衞(臼杵鉄工所)
　五嶋 裕(ダイハツディーゼル)
　塩見 一徳(川崎重工業)
　原田 久明(三菱重工業下関造船所)
　三沢 誠(日本無線)
(昭51年度)
　井上 泉(長崎造船)

農林水産業

　　加藤 増夫（古野電気）
　　神原 英一（大洋電機）
　　斉藤 宗三（新潟鉄工所）
　　平島 覚（日魯漁業）
（昭52年度）
　　小林 務（水産庁漁船研究室）
　　志村 正二郎（日本鰹鮪漁業協同組合連合会）
　　鈴木 茂（大洋漁業）
（昭53年度）
　　津田 俊人（極洋）
　　下河原 栄治（日本水産）
（昭54年度）
　　石井 謙治（（元）水産庁漁船研究室）
　　神代 顗明（金指造船所）
　　名雪 健太郎（三保造船所）
（昭56年度）
　　菅原 元治（昭和重機製作所）
　　関 彦太（三菱重工業下関造船所）
　　高橋 徳雄（内海造船）
　　福島 隆志（ヤンマーディーゼル）
　　正橋 三津夫（阪神内燃機工業）
　　松田 考師（讃岐造船鉄工所）
　　三川 充三郎（強力造船所）
（昭59年度）
　　天野 義一（日本水産）
　　上江田 次雄（（前）沖縄県農林水産部）
　　桑野 貢三（日新興業）
　　中野 早苗（赤阪鉄工所）
（昭61年度）
　　遠藤 孝雄（前川製作所）
　　杉本 良樹（大洋漁業）
　　永井 厳（前新潟鉄工所）
　　三浦 晶一郎（金指エンジニアリング）

（平2年度）　該当者なし
（平3年度）　該当者なし
（平4年度）　該当者なし
（平5年度）
　　馬田 曠之亮（日新興業技術本部開発部次長）
　　硴崎 貞雄（三菱重工業顧問）
　　鈴木 康之（日本無線営業技術部担当部長）
　　平原 功（日本水産部長）
　　堀田 東男（元日立造船）
　　箕原 喜代美（古野電気技術顧問）
　　宮本 啓史（日本遠洋旋網漁業協同組合専務理事）
　　山本 雅章（新潟鉄工所造船事業部副事業部長）
（平6年度）
　　緒方 勇（赤阪鉄工所取締役技術営業部長）
　　岡崎 勇二（新潟鉄工所取締役船舶設計部長）
　　森田 俊一（マルハ生産技術部副部長）
　　和田 忠（元岩手県立宮古水産高等学校校長）
　　渡邉 豊徳（三保造船所設計部長）
（平7年度）
　　稲葉 賢之助（元全国漁業無線協会常務理事）
　　織田 博之（三井造船部長補佐）
　　金山 美彦（元水産工学研究所）
　　鶴崎 公二（古野電気総務部長）
　　水上 洋一（ニチモウ営業第一課長）
（平8年度）
　　大島 捷一（フレッシュテクノ）
　　柿沢 満雄（かもめプロペラ技術部長）
　　櫛野 幸一（長崎造船取締役）
　　坂田 壌（三菱重工業下関造船所）
　　高木 国義（タカギ）
　　前川 勝良（カナサシ技術部長）

## 044　森林技術賞

　林業技術の向上に貢献し，林業の振興に功績があった者を表彰するため，昭和26年に創設された。第51回より「林業技術賞」から「森林技術賞」に改称。
【主催者】（社）日本林業技術協会
【選考委員】審査委員：竹内美次（森林総合研究所・水土保全研究領域長），楠木学（森林総合研究所・森林微生物研究領域長），北原英治（森林総合研究所・野生動物研究領域長），大川畑修（森林総合研究所・森林作業研究領域長），篠原健司（森林総合研究所・樹木分子生物研究室長），林友行（森林総合研究所・材料接合研究室長），弘中義夫（日本林業技術協会・理事長），根橋達三（日本林業技術協会・専務理事），大貫仁人（日本林業技術協会・顧問），藤森隆郎（日本林業技術協会・技術指導役），蜂屋欽二（日本林業技術協会・技術指導役），助言者：梶谷辰哉（林野庁・計画課長），岸純夫（林野庁・研究普及課長），島田泰助（林野

庁・経営企画課長）
【選考方法】同会支部の推薦による
【選考基準】〔対象〕その技術が多分に実施に応用され，また広く普及され，あるいは多大の成果をおさめて，林業技術向上に貢献したと認められる業績
【締切・発表】毎年3月末日締切，5月下旬の通常総会席上において表彰
【賞・賞金】毎年5件以内。賞状，賞品または賞金
【URL】http://www.jafta.or.jp/index.html

第1回（昭26年）　日高 義実（林業試験場，熊本営林局）　"森林病虫害の予防駆除の研究並びに実行"
第2回（昭27年）
　巻田 源久（脇之沢営林署）　"林業機器具の考案，施設"
　武田 繁俊（林業試験場）　「宝川森林治水試験」（第2回報告）"
　白井 弥栄（大阪営林署）　"樺木技術並びにコルクガシ増殖の研究及び普及"
　新井 剛四郎（製炭素・徳島県）　"製炭窯の考案及技術の報告"
　柿木 司（鹿屋営林署）　"床替犬規の考案その他造林育苗の実行"
第3回（昭28年）　該当者なし
第4回（昭33年）　水津 利定（島根県農林部）　"八名窯製炭について"
第5回（昭34年）　該当者なし
第6回（昭35年）
　黒田 清三郎（東京営林局）　"K式縦横線値展開器の考案と現地実績"
　平田 種男（東京大学）　"定角測高器の考案"
　岡田 優（高知営林局）　"根切兼堀取機の考案"
　宮地 義博他3名（高知県林業指導所）　"高林式根揚げ鍬の考案"
第7回（昭36年）
　黒川 忠雄（科学技術庁資源局）　"タンジェント・メーターの考案"
　青木 義雄（県林業試験場）　"外国産早生樹の導入に関する研究"
第8回（昭37年）
　片岡 秀夫（東京営林局大子営林署）　"K式測高器の考案"
　布田 利雄（宮城県林政課）　"本数自動記録計付輪尺の考案"
第9回（昭38年）
　渡辺 太助（新潟県農林部）　"水槽装置黒炭製造法の考案並びに製炭技術改善"

佐藤 己美（熊本営林局）　"中央垂下比測定器の考案"
温水 竹則（林業試験場熊本支場宮崎分場）　"食用菌類の栽培研究，品種改良，育成"
第10回（昭39年）
　鈴木 隆司（愛知県岡崎森林治水事務所）　"治山技術の改善"
　小泉 初雄（北見営林局）　"集材用トラクターの考案改良"
　中原 照男（兵庫県林業試験場）　"クリの山地栽培技術の向上"
第11回（昭40年）
　鳥飼 雄吉（熊本県治山課）　"アカシヤモリシマの造林"
　高倉 章（長野営林局福島営林署）　"円形集材方式の考案"
第12回（昭41年）
　太田 重良（北海道林業講習所）　"治山工法の改良研究"
　池田 充興（宇和島営林署）　"チェーンソウ防振ハンドルの考案"
　常田 修（全国しいたけ普及会）　"しいたけ栽培の研究と普及"
◇努力賞
　内田 勉（北海道滝川林務署）　"とどまつ，からまつの簡易地位判定"
　柏谷 信一（むつ営林署）　"苗畑作業に関する研究と実行"
第13回（昭42年）
　橋本 平一（福岡県林業試験場）　"フサアカシヤ苗の病害防除技術の確立"
　吉永 敏一（佐賀県七山村役場）　"林木育種技術の普及指導"
　若尾 毅（徳島県林政課）　"製材鋸目立技術の普及指導"
第14回（昭43年）
　佐藤 智太郎（群馬県農林機械研究所）　"林業機械の発明考案"
　唐渡 稔（栃木県林務部）　"新らしい集材索

張り法"
清水 敏治(沼津営林署) "草生造林の進め方"

第15回(昭44年)
桑畑 勤(林業試験場北海道支場),増田 久夫 "エゾヤチネズミの飼育実験装置の考案ならびに飼育法についての業績"
白石 明(函館営林局) "人工植栽困難な亜寒性地帯においてカンバ類の下種更新を可能にした業績"
矢野 末士(延岡営林署) "特殊索張方式によるW形曲線集材についての業績"
◇努力賞 庄司 当(福島県林業指導所) "なめこ新品種の選抜に関する業績"

第16回(昭45年)
安藤 実(栃木県林務部) "製材工場における機械診断技術の確立"
磯部 博(新潟県林政課) "炭化炉の考案における工業用木炭製造技術の開発"

第17回(昭46年)
増渕 忍(栃木県林業センター) "ヤマドリの人工受精による増殖技術の確立と普及に関する業績"
大林 正樹〈グループ代表〉(三殿営林署) "全幹集材における安全作確保と集材能率向上に関する業績"

第18回(昭47年)
国吉 清保(沖縄県農林部) "沖縄における森林害虫相の調査研究"
広崎 可也(九州産業) "木酢液利用法の開発に関する研究"
◇努力賞 桑名 輝男(中江産業) "育苗技術に関する業績"

第19回(昭48年)
福本 安正(新潟県農林部) "地すべり防止工法に関する研究と実施の業績について"
沼田営林署訓練システム開発グループ "伐木造材の訓練システムの開発とその普及に関する業績"
三宅 頼雄(高知営林局),大菊 等 "線下作業排除のための引付フック使用作業方法について"

第20回(昭49年) 生方 日出正(前橋営林局),矢吹 久雄 "全幹トラクター集材作業における補助ウィンチの開発"
◇努力賞 長谷川 幸吾(新潟県林業試験場) "集運材架線設計計算の現地指導の実施"

第21回(昭50年)
高知営林局定置式玉切装置開発グループ "高営式自動玉切盤台装置の開発について"
宮脇 定彦(広島県高陽町椎茸研究所) "シイタケ榾場原木運搬用軽架線の改良について"

第22回(昭51年)
鹿児島県マツクイムシ被害防除対策チーム "マツクイムシ被害防除技術の開発とその応用について"
長野営林局上松営林署,上松運輸営林署,合同技術開発委員会 "上松式自動玉切機について"

第23回(昭52年)
作山 建(岩手県林業試験場) "アカマツ苗のマツ葉ふるい病防除リモコンチェンソーの開発"
谷田部 英雄(東京営林局) "リモコンチェンソーの開発"

第24回(昭53年) 大河原 昭二(岩手大学) "岩大式集材法"
◇努力賞 柿本 順一(須崎営林署),藤原 義幸(本山営林署) "間伐材搬出のためのV型集材架線方式"

第25回(昭54年) 大菊 等(高知営林局),小松 清隆,伊藤 留一 "鋼製仕組盤台の開発について"
◇努力賞
小原 敬明(北見営林支局),千葉 七男 "自動玉切り用チェン目立機の開発について"
佐藤 路一郎(北見営林支局) "素輪に代る連結器の試作について"

第26回(昭55年)
大阪営林局「大阪式リモコンチェンソー架台」プロジェクトチーム "「大阪式リモコンチェンソー架台」の開発普及について"
佐々木 佐多目(三次営林署) "崩壊地の山腹工法の新たな工法として軽量鋼枠土留工法の開発について"
金沢 啓三(三重県林業技術センター) "三重県式グリップモノケーブルおよび多支間半架線式索道の開発について"
◇努力賞 坂田 光治(白滝営林署),伊藤 孝嗣 "MS式ワイヤレストラホーン(集材機用有無線インターホーン)の改良について"

第27回(昭56年) 和田 弘(和田鉄工所) "無線操縦小型ウインチの開発について"
◇努力賞 杉山 勘三(和歌山県田辺市) "見ケ川谷団地における林業技術に関する現

地実施について"

第28回（昭57年） 中川 伸策（林業試験場）"カラマツの旋回木理の研究"

第29回（昭58年）
  西尾 茂（鳥取県林業試験場）"木材乾燥の研究―カップ法の研究"
  高知営林局ヘリコプター集材プロジェクトチーム "ヘリコプターを利用した天然施業の推進"
  河野 一高（（有）一高産業）"育林用諸器材の開発"
  ◇努力賞 及川 良一郎（及川自動車）"四輪駆動型林内作業車の開発"

第30回（昭59年）
  大北 英太郎（鳥取大学）"わが国における林木評価慣用法の研究"
  諫本 信義（大分県林業試験場）"ヒノキ人工林の生長と形状に関する研究―大分県におけるヒノキ材について"
  ◇努力賞
  佐藤 勇吉（秋田営林局真室川営林署）"軽架線用万能キャレージの開発と架線方法について"
  山下 幸利（中埜林業）"新らしい技打ち鋸の開発"

第31回（昭60年） 岡田 良仁（尾鷲ポートサービス）"移動式製炭炉の考案"
  ◇努力賞
  氏家 誠悟（岩手県林木育種場）"高能率苗木梱包機の開発"
  佐藤 末吉（宮城県林業試験場）"針葉樹材に適する食用きのこ類の栽培技術開発"
  福島 敏彦（福岡県林業試験場）"林業経営のシステム・プログラムの開発"
  石坂 豪（会社役員），石坂 恵一（農業）"マイタケの菌床栽培技術"

第32回（昭61年）
  野平 照雄（岐阜県林業センター）"ラワン林を加害するヒラタキクイ虫防除技術の確立"
  佐藤 啓祐（山形県立林業試験場）"多，豪雪地帯におけるスギ人工造成に関する広汎な試験研究と技術開発及び研究体制の組織化"
  柴田 叡弐（奈良県林業試験場）"スギカミキリ成虫を捕獲するためのバンド法の開発並びにその防除と生態研究"
  ◇努力賞 林 信一（長野営林局）"長野営林局管内におけるカラマツ造林不適地の土壌条件―特に土壌の理学性について"

第33回（昭62年） 斉藤 諦（元山形県立林業試験場）"スギ・ヒノキの穿孔性害虫スギノアカネトラカミキリの防除技術に関する試験研究"

第34回（昭63年）
  佐藤 平典（岩手県林業試験場）"寒冷地方における松くい虫被害の特徴と防除方法の解明およびその普及"
  金川 侃（茨城県林業試験場）"採種園におけるジベレリンの着花促進効果に関する試験研究"
  武井 富喜雄（長野県林業総合センター木材部代表）"ヤニ滲出防止を含むカラマツ乾燥技術の開発，普及"
  熊本営林局木製品工法開発促進プロジェクトチーム "ウッドブロックの開発，普及"
  ◇努力賞 河村 止（三重緑地）"間伐小径木を利用したコンテナによる大型緑化木の育成"

第35回（平1年） 藤田 博美（京都府林業試験場）"林地利用によるホンシメジ栽培の体系化に関する研究"
  ◇努力賞 渡辺 実（北海道営林局恵庭営林署）"機械器具の考案および機械による苗畑作業の体系化"

第36回（平2年）
  工藤 久樹（元秋田県林務部森林土木課）"地すべり抑止工法（爆圧3工法）の開発研究とその実用化"
  野表 昌夫（新潟県林業試験場）"湿性豪多雪地帯の育林技術の研究とその普及"

第37回（平3年） 武藤 治彦（静岡県林業技術センター）"シイタケ栽培技術の改善"

第38回（平4年）
  吉野 豊（兵庫県立林業試験場）"スギ・ヒノキ採種園におけるカメムシ類の加害実態の解明およびその防除法の確立"
  有岡 利幸（大阪営林局計画課）"ケヤキ林育成技術の体系化"

第39回（平5年）
  ◇特別賞
  パンタバンガン林業開発技術協力計画プロジェクト従事者グループ "パンタバンガン林業開発技術協力計画プロジェクトの開発成果"
  山下 幸利（土佐林業クラブ林業機械開発チームリーダー）"自走式搬器用架設支援車輌「ラジタワー」の開発普及"

金子 周平（福岡県林業試験場）"食用きのこの新技術に関する開発研究とその実用化"

第40回（平6年）
滝沢 南海雄（北海道立林産試験場）"タモギタケの人工栽培法の開発とその普及"
中野 正志（岩手県林業技術センター），東野 正"広葉樹及びアカマツ中小径材等の乾燥技術の開発と普及"
伊藤 貴文（奈良県林業試験場・和紙製造業），植 貞男"スギ（ヒノキ）皮和紙製造技術の開発とその普及"
中島 豊（宮崎県林業総合センター）"きのこ栽培技術の改善，野生きのこ特にウスヒラタケの人工栽培化"

第41回（平7年）
丹原 哲夫（岡山県林業試験場）"ヒノキ精英樹の採種園管理技術の確立とヒノキ精英樹の普及推進"
松尾 芳徳（大分県きのこ研究指導センター）"シイタケほだ木の黒腐病に関する研究"

第42回（平8年）
北海道立林業試験場森林資源部育種科 "グイマツ雑種F1の優良品種の開発と普及"
西村 正史（富山県林業技術センター林業試験場）"スギ林におけるスギカミキリ被害発生機構の解明"

第43回（平9年）
在原 登志男（福島県林業試験場）"福島県におけるマツ材線虫病被害実体の解明と防除法の開発及び普及"
藤下 章男（静岡県林業技術センター）"マツクイムシ被害の防除事業推進に寄与した業績"
渡辺 和夫ほか（奈良県林業試験場）"シイタケの大規模施設園芸栽培に適した栽培技術の開発と普及"
◇努力賞 井上 重徳（元・熊本営林局人吉営林署）"永年にわたり林業機械の改良・考察に取り組み，残した幾多の業績"

第44回（平10年） 小出 博志（長野県林業総合センター）"食用きのこの効率的栽培方法の大系化とその普及"

第45回（平11年）
伊藤 彦紀（宮城県迫農林振興事務所）"難燃性スギLVLの開発とその普及"
崎尾 均（埼玉県林業試験場）"渓畔林の更新機構の解明と再生に関する研究及びその普及"

横井 秀一（岐阜県森林科学研究所）"広葉樹林の造成・保育技術に関する研究とその普及"
太田 明（滋賀県森林センター）"菌根性きのこの栽培技術の開発とその普及"

第46回（平12年）
北海道林業試験場ブナ更新研究グループ "ブナの更新技術の高度化に関する研究とそ普及"
中嶌 厚（北海道林産試験場）"道産針葉樹材の乾燥技術の研究とその普及"
ノンフレーム開発研究グループ（長崎県対馬市庁他）"ノンフレーム工法の開発とその普及"
◇努力賞 高知県森林組合連合会 "マルモリチップマットの開発とその普及"

第47回（平13年）
加藤 正人（北海道林業試験場）"北海道有林の衛星データ利用森林GISの開発とその普及"
吉田 孝久（長野県林業総合センター）"針葉樹構造材の高温乾燥技術の開発と実用化"

第48回（平14年）
富田 守泰（岐阜県森林科学研究所）"在来軸組構法住宅における木製筋かいプレートの開発と木質系接合手法の普及"
池田 浩一（福岡県森林林業技術センター）"ニホンジカの生態と被害回避法の開発と普及"

第49回（平15年）
澤 章三（愛知県林業センター）"エリンギの栽培に関する研究とその普及"
小野 広治，久保 健（奈良県森林技術センター），寺西 泰浩（奈良県中小企業課），山本 泰司（山本ビニター）"スギ材の高周波・蒸気複合乾燥法の開発と普及"
増野 和彦（長野県林業総合センター）"食用きのこ類の育種と栽培技術の開発と普及"

第50回（平16年）
原 秀穂（北海道立林業試験場森林保護部病虫科長）"カラマツを中心とした森林害虫の総合的防除技術の研究とその普及"
石井 邦彦（元森林総合研究所企画調整部連絡室長）"林業労働の安全対策の研究とその普及"
嘉戸 昭夫（富山県林業技術センター）"林業試験場副主幹研究員 食冠雪害の危険度

評価法に関する研究とその実用化"

第51回（平17年）
安久津 久（北海道立林産試験場）"利用部材質科長 北海道における育種種苗の材質改良とその成果の育種への普及並びに市場開拓への試み"
原口 雅人（埼玉県農林総合研究センター）"ハタケシメジの栽培技術の研究とその普及"
藤澤 泰士（富山県林業技術センター）"機能性薄膜を転写したスギ内装材の開発と実用化"

第52回（平18年）
八坂 通敏（北海道立林業試験場緑化樹センター）"グイマツ雑種F1の低密度植栽による低コスト育林システムの開発"
柴田 直明（長野県林業総合センター）"他材料との複合化による間伐材の新用途開発と実用化"
伊藤 孝美（大阪府立食とみどりの総合技術センター）"竹類の繁殖特性の解明および侵入防止法の確立とその普及"

第53回（平19年）
錦織 正智（北海道立林業試験場道北支場）"組織培養による木本性植物クローン苗木生産システムの構築"
柴 和宏（富山県林業技術センター木材試験場）"スギ間伐材を用いた積雪グライド抑制工の開発と実用化"
長濱 孝行（鹿児島県林務水産部林業振興課流域林業推進係）"スギ・ヒノキ長伐期施業に対応した収穫表の開発とその普及"
◇努力賞　森 満範（北海道立林産試験場）"北海道の野外環境下における木材・木製土木構造物の耐朽性の解明及び耐朽性予測手法の確立と普及"

第54回（平20年）
長谷川 幹夫（富山県林業技術センター）"多雪地帯におけるスギ人工林の混交林への誘導に関する研究とその普及"
長坂 有, 長坂 晶子（北海道立林業試験）"流域生態系に配慮した森林管理技術の開発"
◇努力賞　馬場 宰（長崎県島原振興局林務課）"山地災害地区における三次元地理情報の時系列変化を用いた評価・予測システムの開発"

第55回（平22年）
関 一人（北海道立総合研究機構）"ササ類からの機能性オリゴ糖の製造技術に関する研究とその普及"
鳥田 宏行（北海道立総合研究機構）"森林機能（防風防雪機能）と気象害軽減を考慮した森林整備技術の開発"
近藤 道治（長野県林業総合センター）"森林環境に配慮した間伐作業法の研究と林業現場への普及"
◇努力賞
柴田 尚（山梨県森林総合研究所）"亜高山帯針葉樹林の菌根性きのこの生態解明によるハナイグチ林内増殖手法の開発と普及"
大橋 章博（岐阜県森林研究所）"ナラ類集団枯損被害の防除技術の開発と普及"

## 045　日本草地学会賞

我が国草地農業の発展に寄与した研究業績・技術普及などに貢献した者に贈られる賞。
【主催者】日本草地学会
【選考方法】正会員と推薦委員の推薦による
【選考基準】〔資格〕同会正会員。〔対象〕我が国における草地農業の発展上顕著な意義をもつ研究業績をあげた者。我が国の草地農業の推進あるいは新技術の普及などに関し顕著な寄与をなした者
【締切・発表】毎年8月31日推薦締切
【賞・賞金】楯と副賞
【URL】http://grass.ac.affrc.go.jp/

（昭32年度）
大迫 元雄　"わが国の草地農業創始者としての功労"
園田 三次郎　"わが国の草地農業創始者と

しての功労"
　　宮本 三七郎　"わが国の草地農業創始者としての功労"
(昭33年度)
　　小川 二郎　"わが国の草地農業創始者としての功労"
　　河野 岩二郎　"わが国の草地農業創始者としての功労"
　　小佐井 元吉　"わが国の草地農業創始者としての功労"
(昭34年度)　松岡 忠一(元農業技術研究所)　"飼料栽培による高度集約的有畜農業経営への一実験的研究"
(昭35年度)
　　三井 計夫(関東々山農業試験場)　"多年に亘り牧野利用に関する研究に従事し牧草研究の基礎をきずいた"
　　川瀬 勇(川瀬牧草農業研究所)　"マメ科牧草による野草地の改良に関する研究並びに名著「実験牧草講義」によって多大の貢献を果した"
(昭36年度)
　　門馬 二三(農林省畜産局)　"牧野法の成立に参画し集約牧野の造成による草地開発の近代化に貢献した"
　　佐々木 泰斗(東北農業試験場)　"ラジノクローバーの生態的研究とその経営的な利用法に関する研究"
　　山田 岩男(元北海道農業試験場)　"牧草の飼料成分に関する研究並びに牧草試験に関する先駆者的な功績"
(昭37年度)
　　加唐 勝三(農林省農林水産技術会議事務局)　"多年に亘り農林省にあって畜産,飼料作物の研究企画を担当し研究推進に尽力した"
　　江原 薫(九州大学)　"多年に亘り飼料作物の研究を卒先推進し,また後進の指導に尽力した"
　　吉田 重治(東北大学)　"わが国の草地研究分野に生態学的概念をとり入れ草地研究の先駆者として寄与した面が多大である"
(昭38年度)
　　平吉 功(岐阜大学)　"ソルゴ雑種の育種的研究並びにニューソルゴの育成"
　　大原 久友(帯広畜産大学)　"北海道産笹類の家畜栄養学的研究"
(昭39年度)
　　三股 正年(北海道農業試験場)　"北海道域における改良牧野に関する研究"
　　関塚 清蔵(東北農業試験場)　"イタリアンライグラス及びオーチャードグラスの新系統の育成並びに採種に関する研究"
(昭40年度)
　　小原 道郎(畜産試験場)　"草地に対する施肥法に関する研究"
　　須藤 芳兄(農林省畜産局)　"飼料作物の種子生産対策ならびに優良系統検定の成果"
(昭41年度)
　　阿部 広雄(農業技術研究所)　"酪農経営における飼料基礎の確立に関する経営的研究,とくに耕地自給飼料の利用価値評価法について"
　　佳山 良正(兵庫農科大学)　"植物共同体の数的表示法ならびに傾斜草地の牧養力の推定に関する研究"
(昭42年度)
　　村上 馨(北海道農業試験場)　"アカクローバの採種に関する研究ならびに新品種「サッポロ」の育成"
　　中村 三代吉(静岡県西猿農業センター)　"圃場一日乾草調製法"
(昭43年度)
　　高野 定郎(北海道農業改良課)　"草地の技術的開発とその普及法に関する研究"
　　西村 修一(九州大学)　"暖地水田裏作飼料作物の栽培法に関する諸研究"
(昭44年度)　西原 夏樹(畜産試験場)　"牧草病害の病原学的研究"
◇斉藤賞　須藤 浩(岡山大学)　"サイレージの化学成分と品質に関する研究"
(昭45年度)　中島 昌行(小岩井農場)　"大規模草地における造成維持管理および利用技術に関する実証的研究"
◇斉藤賞　小幡 稔実(畜産試験場)　"中部高冷地の酪農における牧草栽培の利用に関する体系的研究"
(昭46年度)　吉原 潔(中央畜産会)　"牧草の混播に関する生態学的研究"
◇斉藤賞　仁木 厳雄(四国農業試験場)　"高標高地の草地に関する探索的研究"
(昭47年度)
　　岩田 悦行(岐阜大学)　"北上山地の二次植生,特に草地植生に関する生態学的研究"
　　松本 聡(中国農業試験場)　"暖地型牧草とくにバヒアグラス,ダリスグラスの導入とバヒアグラス新品種の育種"
◇斉藤賞　高野 信雄(草地試験場)　"牧草お

よび飼料作物の利用技術の改善に関する研究"
(昭48年度) 川鍋 祐夫(草地試験場) "牧草の温度反応に関する種生態学的研究"
◇斉藤賞 兼松 満造(信州大学) "わが国草地農業に寄与した技術開発上の研究"
(昭49年度) 真木 芳助(北海道農業試験場) "チモシー品種「センポク」の育成ならびにイネ科牧草の採種技術に関する研究"
◇斉藤賞 岩波 悠紀(東北大学) "本邦草地の火入れに関する研究"
(昭50年度) 該当者なし
(昭51年度) 西村 格(草地試験場) "草地生産に関与する適正密度と個体密度減少に関する研究"
◇斉藤賞 川関 厳(九州農業試験場) "ソルガムサイレージの利用性向上に関する研究"
(昭52年度) 該当者なし
(昭53年度)
　金子 幸司(熱帯農業研究センター) "アカクローバ生育型に関する生理, 生態学的ならびに育種学的研究"
　吉田 則人(帯広畜産大学) "北海道の高丘地における草地開発に関する研究"
◇斉藤賞 県 和一(九州大学), 窪田 文武(北海道農業試験場) "牧草群落の物質生産解析法の確立とその応用に関する研究"
(昭54年度) 大久保 忠旦(名古屋大学) "草地における光エネルギー利用効率とその指標としてのクロロフィル指数について"
◇斉藤賞 山根 一郎(東京農工大学) "山地草原の植生と土壌の相互関連性ならびに牧草地造成に関する土壌学的研究"
(昭55年度) 熊井 清雄(愛媛大学) "寒地型牧草の季節生産性に関する基礎的ならびに応用的研究"
◇斉藤賞 木下 東三(山口県農業試験場) "イタリアンライグラスの品種特性の比較研究と新品種の育成"
(昭56年度) 吉山 武敏(九州農業試験場) "オチャードグラスの雲形病に対する抵抗性品種の育成ならびに九州管内牧草研究指導"
◇斉藤賞 川端 習太郎(草地試験場) "多年生イネ科牧草の育種ならびに収量評価法に関する研究"
(昭57年度) 関 誠(青森県農業指導課) "牧草栽培技術の普及活動"
◇斉藤賞 上野 昌彦(宮崎大学) "牧草の根群の機能に関する研究"
(昭58年度) 梅津 頼三郎(大分県畜産試験場) "九州高原地域における肉用牛増頭のための草地利用技術の再編とその普及指導"
◇斉藤賞 樺本 勲(草地試験場) "飼料用ソルガムの多収および高消化率品種の育成に関する研究"
(昭59年度)
　西 勲(北海道畜産会) "北海道における草地管理および利用技術の普及奨励"
　向山 新一(静岡県畜産試験場) "中部日本酪農地帯における飼料作物の生産・利用体系に関する技術開発とその実証"
◇斉藤賞 但見 明俊(北海道農業試験場) "イネ科牧草黒さび病の抵抗性遺伝と寄生性分化に関する研究"
(昭60年度)
　大島 光昭(香川大学) "構造分析による牧草の高度利用に関する研究"
　安藤 文桜(草地試験場) "山地傾斜地における育成牛の周年飼養技術の確立に関する研究"
◇斉藤賞 広田 秀憲(新潟大学) "不耕起造成における幼植物の環境改善に関する研究—根の首振り生長と根冠の役割"
(昭61年度) 細山田 文男(九州農業試験場) "暖地・傾斜農業地域における草地開発, 維持管理並びに利用技術に関する研究と技術指針の確立"
◇斉藤賞 尾形 昭逸(広島大学) "飼料作物の栄養生理的特性, 特に暖地型飼料作物の耐旱性の比較栄養生理学的解析"
(昭62年度)
　三秋 尚 "飼料作物の化学成分と飼料価値に関する栽培学的研究"
　塩見 正衛, 秋山 侃, 高橋 繁男 "草地生産系の生産力のシステム分析法に関する研究"
　飯田 克実 "ホールクロップ利用飼料作物等の安定生産システムの開発"
(昭63年度)
　美濃 羊輔, 山本 紳朗 "寒地型イネ科草の再生に伴う貯蔵炭水化物の動態に関する生理生化学的研究"
　井沢 弘一 "病害による牧草・飼料作物の質的被害に関する研究"
(平1年度)
◇斉藤賞 福山 正隆(草地試験場) "短草型

草地の特性の解明と生産力の評価に関する研究"

◇技術功労賞

内田 仙二(岡山大学) "西南暖地におけるサイレージ調製利用技術の改善に関する研究"

野村 忠弘(青森県畜産試験場) "牧草の収量向上と無機組成改善のための施肥管理方式に関する研究"

(平2年度)

愛知県農業総合試験場牧草育種グループ "アルファルファ温暖地・暖地向き品種ナツワカバ・タチワカバの育成とその適応性の解析"

伊藤 巌(東北大学) "永年放牧地における牧草生産と家畜生産に関する生態学的研究"

(平3年度)

名久井 忠(北海道農業試験場) "トウモロコシホールクロップサイレージの飼料特性解明と飼料価値向上に関する研究"

津川 兵衛(神戸大学農学部) "被覆作物クズの群落構造と茎葉生産特性に関する研究"

(平4年度)

石栗 敏機(道立中央農業試験場) "寒地型牧草の消化・採食特性に関する研究"

松村 正幸(岐阜大学農学部) "イネ科野草の種子繁殖特性に関する種生態学的研究"

(平5年度)

三田村 強(北海道農業試験場) "低投入型放牧草地の開発に関する研究"

後藤 正和(三重大学生物資源学部) "粗飼料の栄養資源学的評価に関する研究"

北見農試験牧草育種研究グループ "チモシーの品種「ノサップ, ホクシュウ, クンプウ」の育成"

(平6年度)

渡辺 潔(岩手大学農学部) "牧草の生長解析に基づく寒地型草地の管理方式に関する研究"

細川 吉晴(北里大学獣医畜産学部) "放牧施設に関する技術開発とその実証的研究"

(平7年度) 戸田 忠祐(岩手県経済連) "北東北の落葉広葉樹林を活用した大規模草地の開発とその管理・利用技術の普及"

(平8年度)

近藤 恒夫(東北農業試験場) "牧草リゲノセルロースの化学的解明とその家畜消化管における動態に関する研究"

森田 脩(三重大学生物資源学部) "不耕起草地造成における牧草種子の定着に関する発芽生態学的研究"

(平9年度)

杉信 賢一(東北農業試験場) "雄性不稔利用に関する牧草類の育種学的研究"

伊東 睦泰(新潟大学) "イネ科牧草の分げつ習性に関する生態形態学的研究"

(平10年度)

雑賀 優(岩手大学) "オーチャードグラスのミネラル含有率に関する育種学的研究"

山名 伸樹(生物系特定産業研究推進機構) "作溝型簡易草地更新機の開発・研究と利用指針の策定・普及"

(平11年度)

高橋 佳孝(農林水産省中国農業試験場) "草地植物におけるアレロパシーの解明に関する実験生態学的研究"

増子 孝義(東京農業大学) "実証的研究に基づく良品質サイレージ調製技術の啓蒙ならびに普及"

(平12年度)

平田 昌彦(宮崎大学農学部) "バヒアグラス放牧草地生態系の構造と機能の動態解析とモデル化に関する研究"

吉田 宜夫(埼玉県畜産センター飼料加工部) "粗飼料資源の飼料価値改善と飼料用稲の利用技術に関する研究並びに技術普及"

(平13年度)

高品質ソルガム育種グループ "飼料用高品質ソルガムの品質評価と育成に関する研究"

暖地向きトウモロコシ育種グループ "暖地向きサイレージ用トウモロコシの国産有料品種の育種"

(平14年度) 受賞なし

(平15年度) 今井 明夫(新潟県妙法育成牧場) "低利用飼料資源の保存利用及び飼料栄養評価に関する研究並びに技術普及"

(平16年度)

蔡 義民(畜産草地研究所) "サイレージ乳酸菌の機能解析と高品質調製技術に関する研究"

安宅 一夫(酪農学園大学) "サイレージ発酵における硝酸塩の役割の解明並びにLactobacillus casei 及び糸状菌由来セルラーゼの利用による高品質サイレージ調製法の開発と普及"

（平17年度）　中川 仁（農業生物資源研究所）　"熱帯牧草の細胞遺伝学ならびに育種法に関する研究とその応用"
（平18年度）
　川村 修（宮崎大学農学部）　"牧草・飼料作物における植物細胞壁の反芻胃内消化に関する組織化学的研究"
　石井 康之（宮崎大学農学部）　"ネピアグラス（Pennisetum purpureum Schumach）の乾物生産及び栄養品質特性の解明と南九州における永年利用法の確立"
　浦川 修司（三重県科学技術振興センター）　"稲発酵粗飼料の収穫調製機械の開発と作業技術体系の確立"
（平19年度）　受賞なし
（平20年度）　甘利 雅拡（農研機構 畜産草地研究所）　"近赤外分析法による粗飼料の飼料成分分析と栄養価評価法の確立"
（平21年度）
　永西 修（農研機構 畜産草地研究所）　"低・未利用飼料資源の飼料特性評価と高度利用のための研究開発"
　魚住 順（農研機構 東北農業研究センター）　"環境に対する反応を基にした暖地型飼料作物の安定栽培に関する研究"
　山口県農林総合技術センター牧草育種グループ　"暖地向きイタリアンライグラス品種の育成"
（平22年度）　北海道農業研究センター・道立根釧農業試験場寒地向き飼料用トウモロコシ育種グループ　"寒地栽培限界地帯向き飼料用トウモロコシ品種「ぱぴりか」「たちぴりか」の育成および狭畦交互条播栽培等安定生産技術の開発"

## 046　日本農学賞

　農学上顕著な業績を挙げたものに対し毎年大会において日本農学賞を贈りこれを表彰する。最初は「農学賞」の名称で呼ばれたが, 昭和17年以降「日本農学賞」と改称された。なお, 農芸化学賞および鈴木賞はそれぞれ昭和28, 29年度より, 日本農芸化学会の賞として引きつがれた。
【主催者】日本農学会
【選考方法】受賞者は正会員より推薦されたものにつき評議会において投票によって決定
【選考基準】〔対象〕日本農学会の所属部会の会員であり, 所属部会からの推薦による。発表された論文または著者で, 農学上顕著な業績をあげたもの
【締切・発表】推薦締切：11月中旬。選考日（発表日）：1月中旬
【賞・賞金】賞金を授与
【URL】http://www.ajass.jp/index.html

（大14年度）　渡辺 勘次　「家蚕の化性に関する研究」
（大15年度）　田所 哲太郎　「理化学上より見たる米蛋白質および澱粉の品種による特異性」
（昭2年度）　近藤 万太郎　「米穀貯蔵中における理学的性質の変化に関する研究」
（昭3年度）　蛎崎 千晴　「牛疫予防接種に関する実験的研究」
（昭4年度）　梅谷 与七郎　「家蚕の卵巣移植および血液移注の実験特に化性変化について」（その他3編）
（昭5年度）　佐橋 佳一　「粗オリザニンの分解物たるβ酸に関する研究」
（昭6年度）
　寺崎 渡　「実験間伐法要綱」
　西門 義一　"日本産禾本科植物の「ヘルミントスポリウム」病に関する研究」"
（昭7年度）
　磯 永吉　「台湾稲の育種学的研究」
　山崎 守正　「作物品種の塩素酸加里に対する抗毒性の変異およびその原因について」
（昭8年度）
　勝木 喜董　「家蚕の雌雄分体に関する研究」
　大岳 了　「米糠よりオリザニン結晶（抗神経炎性ビタミン）の分離について」

(昭9年度)
　小平 権一　「農業金融論」
　田中 長三郎　「温州蜜柑譜」
(昭10年度)
　中沢 亮治　「台湾における発酵菌類の研究」
　伊藤 誠哉　「水稲主要病害第一次発生とその総合防除法」
(昭11年度)
　金平 亮三　「南洋群島植物誌」
　鳥井 信平　「伏流水利用による荒蕪地開拓」
(昭12年度)
　佐藤 繁雄　「馬の生殖に関する研究」
　塩人 松三郎　「土壌質および造岩鉱物の微量分析法について」
(昭13年度)
　坂口 謹一郎　「菌類による有機酸類の生産並びにその工業的利用に関する研究」
　鋳方 末彦　「小麦の条斑病に関する研究」
(昭14年度)　橘谷 義孝　「酵母工業に関する研究」
◇鈴木賞　鈴木 寛　「海水の工業化学的新利用法」
(昭15年度)
　渋沢 敬三(台湾総督府鳳山熱帯園芸試験支所)　「豆州内浦漁民資料」
　江口 庸雄　「フォトペリオジズムに関する一新研究」
◇鈴木賞　北川 松之助(九州大学)　「アミノ酸カナバニンの研究」
◇富民協会賞
　高木 五六(朝鮮総督府林業試験場)　「ヌルデ五倍子の人工増殖に関する研究」
　池田 利良(農事試験場)　「本邦小麦の製麺麹試験並びに麺麹用小麦の簡易鑑定法について」
(昭16年度)
　岡村 保(東京農業大学)　「米穀の品質に関する研究」
　福士 貞吉(北海道大学)　「稲萎縮病の研究」
　増井 清(東京大学)　「鶏における卵巣除去による人為的間性の研究」
◇鈴木賞　山崎 何恵(九州大学)　「微生物によるフラビンの生成」
◇富民協会賞　川上 善兵衛　「交配による葡萄品種の育成」
(昭17年度)
　大沢 一衛　「桑の細胞学的研究と桑品種育成上におけるその応用」
　富士川 灌　「あまのりに関する研究」
　根岸 勉治　「南支那農業経済論」
◇富民協会賞　河田 杰　「海岸砂丘造林法」
◇鈴木賞　川島 四郎　「軍食糧食に関する研究」
(昭18年度)
　宮崎 榊　「四国森林植生と土壌形態との関係について」
　吉永 義信　「慈照寺庭園の変遷を論ず」
　藤永 元作　「車蝦の繁殖発生および飼育」
◇富民協会賞　野尻 重雄　「農民離村の実証的研究」
◇鈴木賞　宮本 三七郎　「馬の骨軟症に関する研究」
(昭19年度)
　田島 弥太郎　「蚕の染色体突然変異に関する遺伝学的研究」
　松本 巍　「モザイク病の免疫学的研究」
◇鈴木賞　斉藤 道雄　「畜産物に関する理化学的研究」
◇富民協会賞　長谷川 孝三　「材木種子の活力に関する実験的研究」
◇特別奨励金　加藤 完治　「農民の精神教育および満州開拓民の練成」
(昭20年度)
　林 義三,藤原 彰夫,中村 輝雄,三橋 信郎,長尾 正　「特殊化成肥料製造に関する研究」
　白倉 徳明　「混植に関する生理学的研究」
　千賀崎 義香　「蚕の軟化病に関する細菌学的研究」
　熊田 頭四郎,檜山 義夫　「南洋産有毒魚類の研究」
　中村 樟治　「家兎化牛疫毒を応用せる牛疫免疫法に関する研究」
◇富民協会賞　石山 哲爾　「小麦黒穂病防除法としての温湯消毒法」
◇安藤賞　菊池 秋雄　「本邦における園芸学並びに園芸の発達に対する功績」
◇鈴木賞　山崎 百治　「東亜発酵化学論考」
(昭21年度)
　三好 東一　「檜に関する材質の生態的研究」
　山本 脩太郎　「レプトスピラに関する研究」
　小笠 隆夫　「菊芋の作物学的研究」
◇鈴木賞　中原 和郎　「ビタミンLに関する研究」

(昭22年度)
　荻原 貞夫　「静土圧に関する研究」
　石井 進　「馬の伝染性貧血に関する研究」
　青木 清　「蚕桑の糸状菌に関する研究」
　赤井 重恭　「病体植物の解剖学的研究」
　安田 与七郎　「水管式ボイラー」
　弥富 喜三　「二化螟虫卵寄生峰ズイムシアカタマゴバチの利用に関する試験研究」
◇鈴木賞　阿部 又三　「麦角菌に関する研究」

(昭23年度)
　桑名 寿一　「桑野螟蛾の寄生峰に関する研究」
　古島 敏雄　「日本農学史」
　松尾 孝嶺, 野村 正, 岩切 結　「農作物の雪害防除に関する試験」
　平戸 勝七　「馬の伝染性流産並びに仔馬病に関する研究」
◇鈴木賞　松本 憲次　「発酵の研究および実地の応用」

(昭24年度)
　山崎 次男　「花粉分析法による北日本森林の変遷に関する研究」
　山崎 義人　「禾穀類の胚移植に関する研究」
　橋本 春雄　「家蚕の遺伝学的研究およびその応用」
　伊藤 祐之　「豚の繁殖生理に関する研究」
　久米 清一　「犬糸状虫の研究」
◇鈴木賞
　山田 正一　「酒類に関する研究とその応用」
　片桐 英郎, 北原 覚雄　「乳酸菌の発酵化学的研究とその応用」

(昭25年度)
　木下 虎一郎　「北海道浅海水族の増殖に関する研究」
　浜田 成義　「桑樹繁殖生理に関する研究」
　大川 一司　「農業労働生産力の国際的比較」
　深谷 昌次　「二化螟虫の発生予察に関する基礎的研究」
　有馬 啓　「ペニシリン生産菌の変異に関する研究」
　川上 幸治郎　「馬鈴薯栽培法に関する研究」
◇安藤賞　石塚 喜明　「小麦の生育と養分吸収および利用に関する肥料学的基礎研究」
◇鈴木賞　西川 英次郎　「糸状菌の生産せる色素の化学的研究」

(昭26年度)
　岩田 久敬　「飼料繊維質の動物体における利用に関する研究」
　大島 格　「家蚕微粒子病の病原体並びにその検査法に関する研究」
　喜多村 俊夫　「日本灌漑水利慣行の史的研究」
　西川 五郎　「綿毛並びに綿毛の発育に関する作物学的研究」
　福田 仁郎　「矢の根介殻虫に対する硫酸亜鉛加用石灰硫黄合剤の効果」
　福本 寿一郎　「細菌アミラーゼに関する研究」
　藤原 彰夫　「難溶性燐酸塩の肥料学的研究」
　古井 甫　「稲の線虫心枯病に関する研究」
◇農芸化学賞
　松井 正直　「パイロシンに関する研究」
　横塚 保　「醤油香気成分に関する研究」
◇安藤賞　大政 正隆　「ブナ林土壌の研究」
◇鈴木賞　加藤 正二, 鈴木 正策, 飯田 茂次　「合成清酒生産の工業化に関する研究」

(昭27年度)
　片山 佃　「稲, 麦の分蘖研究—稲, 麦の葉秩序に関する研究」
　小林 嵩　「湖沿干拓不良土壌の改良に関する研究」
　志方 益三, 館 勇　「有機物のポーラログラフ的研究」
　杉 二郎　「入浜塩田地盤の機構について」
◇安藤賞　伊藤 一雄　「紫紋羽病に関する研究」
◇鈴木賞　住木 諭介　「抗生物質に関する研究」

(昭28年度)
　安松 京三　「ルビーアカヤドリコバチに関する研究」
　森本 宏　「葉茎類の飼料価値に関する研究」
　越智 勇一　「自発性伝染病に関する研究」
　朝井 勇宣　「酸化細菌に関する研究」
◇安藤賞　水島 宇三郎　「アブラナ類の種属間雑種とその倍数誘導体との核遺伝学的研究」
◇鈴木賞　武田 義人, 佐藤 喜吉　「アミロ法の基礎的研究とその工業化に関する研究」

(昭29年度)
　清水 滋(農林省蚕糸試験場)　「蚕のマルピギー管に関する研究とその応用」
　松井 魁(農林省水産講習所)　「日本産鰻の

形態生態並びに養成に関する研究」
内藤 元男(東京大学),近藤 恭司(名古屋大学)「山羊間性の内分泌学的並びに遺伝学的研究」
山崎 伝(農林省東海近畿農業試験場)「畑作物の湿害に関する土壌化学的並びに植物生理学的研究」
大後 美保(中央気象台)「農耕地内の微気象に関する研究」
森 高次郎(東京大学)「含硫黄炭水化物に関する研究」
◇安藤賞 松岡 忠一(農林省農業技術研究所)「飼料栽培による高度集約的有畜農業経営への一実験的研究」

(昭30年度)
桑山 覚 「北海道における稲作害虫とその防除に関する研究」
戸苅 義次 「甘藷塊根形成に関する研究」
清水 正徳 「絹のラウジネスに関する化学的研究」
山極 三郎 「家畜脳炎に関する比較病理学的研究」
山田 忍 「火山性地土性調査法と北海道における火山性土壌」
井上 吉之 「窒素配糖体の研究」
◇安藤賞 狩野 徳太郎 「低湿地排水の方式に関する研究」

(昭31年度)
福家 豊 「本邦における主要水稲品種の出穂期に差異を来さしむる遺伝因子ならびにこれら因子が温度および日長時間に対する反応に及ぼす関係について」
平井 敬蔵 「微量要素に関する土壌肥料学的研究」
辻村 みちよ 「緑茶の成分に関する研究」
西田 屹二 「邦産主要木材のパルプ化に関する研究」
◇安藤賞 西川 義正 「家畜に対するエストロゼン処理の影響,特に発情ならびに卵巣機能を中心とした各種の現象とその発現機構について」

(昭32年度)
富山 宏平 「麦類雪腐に関する研究」
山中 金次郎 「土壌の凝集力に関する研究」
三原 義秋(農林省農業技術研究所)「雨滴と土壌侵蝕に関する研究」
二国 二郎 「澱粉に関する研究」
加藤 誠平 「運材用索道主索の設計および検定法に関する研究」

◇安藤賞 馬場 赳 「水稲の胡麻葉枯病および秋落の発生機構に関する栄養生理学的研究」

(昭33年度)
石井 象二郎 「ニカメイチュウの人工培養並びに栄養生理学的研究」
小幡 弥太郎 「食品の香に関する研究」
石原 盛衛 「和牛の経済能力利用の増進に関する総合的研究」
小林 純 「本邦陸水水質の化学的研究」
遠藤 隆一 「重力式砂防堰堤における三次元応力の研究」
石森 直人 「蚕のウイルス病に関する研究」
◇安藤賞 東畑 精一〈代表〉「日本農業発達史(全十巻)―明治以降における」

(昭34年度)
末永 一,中塚 憲次 「稲ウンカ・ヨコバイ類の発生予察に関する綜説」
玉井 虎太郎 「畑作用水法の合理化に関する研究」
鈴木 親祗 「養蚕微気象に関する研究」
山内 亮 「牛の卵巣嚢腫に関する研究」
麻生 清,柴崎 一雄,松田 和雄 「非醗酵性糖に関する研究」
嶺 一三 「収穫表に関する基礎的研究と信州地方カラマツ林収穫表の調製」
◇安藤賞 鴨下 寛 「本邦土壌型に関する研究」

(昭35年度)
田口 亮平 「桑の発育に関する生理学的並びに生態学的研究」
神立 誠 「反芻胃の消化におけるInfusoriaの役割」
三井 進午 「作物の養分吸収に関する動的研究」
大島 康義 「タンニンの化学的研究」
舘脇 操 「北太平洋諸島の森林生態学的研究」
牧 隆泰 「日本水利施設進展の研究」

(昭36年度)
野口 弥吉 「開花の生理生態学的研究」
鳥居 酉蔵 "クリタマバチの生物的防除特にその在来天敵蜂群の利用に関する研究"
長戸 一雄 「水稲の登熟過程よりみた玄米の品質に関する研究」
梅津 元昌 「反芻動物における低級脂肪酸の代謝ならびに代謝異常に関する研究」
中村 輝雄 「微量および特殊成分含肥料の研究」

西田 孝太郎　「アゾオキシ配糖体の研究」
(昭37年度)
　長谷川 金作　「家蚕休眠ホルモンの分離とその作用機構に関する研究」
　清水 和雄, 清水 幸夫　「海水濃縮工程における缶石附着機構および防止について」
　福永 一夫, 米原 弘, 見里 朝正　「抗生物質によるいもち病防除に関する研究」
　細田 達雄　「家畜の血液型に関する研究」
　青峰 重範　「日本土壌の粘土鉱物に関する研究」
　坪井 八十二　「水稲の暴風被害に関する研究」
　玉利 勤治郎　「稲熱病菌の代謝生産物に関する研究」
　原田 浩　「木材の細胞膜構造の電子顕微鏡の研究」
(昭38年度)
　岡 彦一　「栽培稲の起原と品種の分化」
　三宅 利雄　「ウンカ類の越冬並びに休眠に関する一連の研究」
　藤井 義典　「稲, 麦における根の生育の規則性に関する研究」
　有賀 久雄　「家蚕その他数種昆虫におけるウイルス病誘病とウイルス干渉に関する研究」
　星 冬四郎　「哺乳期における卵巣機能に関する研究」
　奥田 東　「水田の窒素固定微生物に関する生化学的研究」
　大西 勲　「葉たばこの香喫味成分の検索と製品の品質改良に関する研究」
(昭39年度)
　伊東 秀夫, 斉藤 隆　「キュウリの雌花・雄花・両性花の分化を支配する条件の研究」
　八木 誠政, 小山 長雄　「鱗翅類の複眼にかんする研究」
　浜村 保次, 福田 紀文, 伊藤 智夫　「蚕の人工飼料に関する研究」
　弘法 健三　「本邦土壌の腐植に関する研究」
　芦田 淳, 村松 敬一郎, 吉田 昭　「物質代謝から見た蛋白質の栄養に関する研究」
　沢 稔　「木材の力学的性質に関する研究」
(昭40年度)
　石沢 修一　「土壌の微生物に関する研究」
　田中 稔　「水稲の冷水被害並びに出穂遅延障害に関する研究」
　丹羽 太左衛門　「豚の繁殖および育種に関する研究」
　中島 稔　「サイクリトール類の合成に関する研究」
　中山 道夫(専売中央研究所)　「海水系三重複塩の開発およびその製造方法」
　右田 伸彦, 中野 準三　「パルプ製造におけるリグニンの挙動に関する研究」
　脇本 哲, 田上 義也, 吉村 彰治　「バクテリオファージの利用によるイネ白葉枯病発生生態に関する研究」
(昭41年度)
　内田 俊郎　「昆虫個体群の生態に関する一連の研究」
　江原 薫　「牧草の再生に関する生理生態学的研究」
　小林 勝利, 桐村 二郎, 鈴木 美枝子　「蚕の脳ホルモンに関する研究」
　添川 正夫　「牛痘に関する研究」
　西潟 高一　「土壌侵蝕の発現機構とその防止に関する研究」
　船津 勝　「酵素蛋白質の構造と機能に関する研究」
(昭42年度)
　上坂 章次　「和牛の生態能力に関する基礎的ならびに応用的研究」
　蕪木 自輔, 加納 孟　「林木の材質に関する研究」
　酒戸 弥二郎　「茶の化学的研究」
　池田 美登, 船田 周　「塩田の枝条架式濃縮製置の蒸発機構についての研究」
　山沢 新吾　「代かきにおける土壌の崩壊機構とその作業機の諸特性に関する研究」
(昭43年度)
　鮎沢 啓夫　「蚕のウイルス病の感染病理に関する研究」
　神谷 慶治　「マルコフ過程の農業への適用」
　桜井 義郎, 鳥山 国士　「イネ縞葉枯病抵抗性水稲品種の育種に関する研究」
　田嶋 嘉雄　「実験動物に関する基礎的研究」
　田村 三郎　「微生物の生産する生理活性物質に関する研究」
　米田 茂男　「本邦干拓地土壌に関する研究」
(昭44年度)
　伊東 正夫, 森 信行　「本邦桑園の土壌類型と施肥改善に関する調査研究」
　落合 敏郎　「放射能式地下水探査法」
　川田 信一郎　「水稲根の生態に関する形態

形成論的研究」
高橋 隆平 「大麦品種の地理的分布と遺伝的分化の研究」
津郷 友吉 「牛乳成分の化学的研究」
原田 登五郎 「水田土壌の地力窒素に関する研究」

(昭45年度)
瓜谷 郁三 「植物病傷害の生化学的研究―黒斑病菌罹病甘藷,切断傷害甘藷を中心として」
金子 良 「農業水文学に関する一連の研究」
熊田 恭一 「腐殖酸に関する化学的研究」
佐藤 博 「病と神経障碍―獣医病理形態学的研究における神経障碍説について」
角田 重三郎 「作物品種の多収性の研究―生育解析の立場より」
吉武 成美 「酵素型からみた家蚕の起源と分化に関する研究」

(昭46年度)
熊代 幸雄 「比較農法に関する研究」
塩谷 勉 「部分林制度の史的研究」
鈴木 三郎 「農業用抗生物質ポリオキシンに関する研究」
西垣 晋 「アイソトープトレーサ法による肥料効率増進に関する研究」
野村 晋一 「筋運動の機構と生理に関する研究」
諸星 静次郎 「蚕における眠性及び化性に関する研究」
渡辺 治人 「林木の材質形成―特に未熟材に関する研究」

(昭47年度)
伊藤 嘉昭 「生命表による害虫の個体群動態に関する研究」
江川 友治 「本邦畑土壌の化学的研究」
藤巻 正生 「食品の香味(フレーバー)に関する化学的研究」

(昭48年度)
小林 章(京都大学)「果樹の温度環境に関する研究―とくにブドウの温度管理について」
田崎 忠良(東京農工大学)「桑を中心とした植物の光合成・水代謝および物質生産に関する研究」
玉木 桂男(農林省農業技術研究所),湯嶋 健「コカクモンハマキの性フェロモンに関する研究」
広瀬 可恒(北海道大学)「反芻家畜の消化,栄養生理に関する基礎的研究ならびに乳

用牛飼養におけるその応用的研究」
前川 一之(九州大学)「肝蛭アレルギンに関する研究」
山田 伴次郎(宇都宮大学)「軟弱地盤の圧密沈下に関する一連の研究」

(昭49年度)
金沢 夏樹 「経済的土地分級の研究」
川口 桂三郎 「世界の主要水稲栽培地土壌の比較研究」
倉沢 文夫 「米に関する食品化学ならびに生化学的研究」
鈴木 善祐 「生殖系ホルモンの作用機序に関する研究―ホルモンの生理的直達作用の解明,ならびに生体内マイクロアッセイの開発」
塚本 洋太郎 「球根類の休眠に関する研究」
徳重 陽山,真宮 靖治,森本 桂 "「マツ類の材線虫に関する研究―いわゆる「松くい虫」被害の原因究明」"
中村 守純 「日本のコイ科魚類に関する研究」

(昭50年度)
近藤 民雄 「抗蟻性木材成分としてのイソプレノイドに関する研究」
杉山 幹雄,増沢 力 「塩の固結に関する研究」
高橋 信孝 「高等植物に含まれるジベレリンに関する研究」
田中 明 「水稲の栄養生理学的研究」
三村 耕 「群飼家畜の生理生態学的研究」
村田 吉男 「作物の光合成の栽培学的意義および種間差に関する研究」
山本 喜一郎 「ウナギの種苗生産に関する基礎的研究」

(昭51年度)
緒方 浩一(京都大学)「酵母の代謝と応用に関する研究」
桐谷 圭治(高知県農林技術研究所)「水稲害虫の個体群動態に関する研究」
四手井 綱英(京都大学)「森林生態学に関する基礎的研究」
中村 明夫(日本専売公社),山田 哲也,角谷 直人 「葯培養によるタバコの半数体育種法に関する研究」
光岡 知足(理化学研究所)「腸内菌叢の分類と生態に関する研究」
南 享二(東京大学)「木材の光分解」

(昭52年度)
嵐 嘉一 「日本赤米考」

佐藤 泰　「動物資源の複合特性に関する食品学的研究」
杉江 佶　「牛および山羊の人工妊娠に関する研究」
田渕 俊雄　「粘土質の水田の排水に関する研究」
天正 清　「湛水土壌—水稲系における微量無機成分の挙動に関するアイソトープ技法による研究,特に開田赤枯病の原因について」
堀江 保宏　「カイコの栄養生理に関する研究」
満久 崇麿　「木材,木質材料の熱伝導および熱放射に関する研究」

(昭53年度)
田島 正典　「家畜の各種病原ウイルスの構造と感染に関する超微形態学的研究」
常脇 恒一郎　「小麦の起原と系統分化に関する比較遺伝学的研究」
土居 養二,石家 達爾,与良 清,明日山 秀文　「植物の病害をおこすマイコプラズマ様微生物の発見」
林 大九郎　「単板切削に関する研究」
古坂 澄石　「水田土壌細菌に関する研究」
矢吹 万寿　「複合環境下における作物光合成の動態に関する研究」

(昭54年度)
熊沢 喜久雄　「発光分光法による微量N-15測定法の開発と植物の窒素栄養に関する研究」
中野 秀章　「森林伐採および伐跡地の植被変化が流出に及ぼす影響に関する研究」
深見 順一(理化学研究所)　「殺虫剤の選択毒性に関する比較生理・生化学的研究」
山田 竜雄　「九州農業史研究」
山田 行雄　「家畜育種理論の研究と鶏育種への応用」

(昭55年度)
尾形 学　「動物のマイコプラズマに関する研究」
賀田 恒夫　「環境変異原に関する研究」
榊原 彰　「リグニンの化学構造と利用に関する研究」
高井 康雄　「水田土壌の動態に関する微生物的研究」
布目 順郎　「養蚕の起源と古代絹」
三橋 淳　「昆虫の細胞培養に関する研究」

(昭56年度)
江藤 守総(九州大学)　「生物活性有機リン化合物に関する研究」

大島 信行　「弱毒ウイルス利用によるトマトモザイク病の防除に関する研究」
坂村 貞雄　「植物病原菌産生の生理活性物質に関する研究」
須藤 清次〈代表〉　「霞ケ浦の水質汚濁に関する研究」
松本 達郎　「家畜家禽の飼料中特殊成分の栄養生理に関する研究」
渡部 忠世　「アジア大陸における栽培稲の変遷と伝播に関する研究」
和田 光史　「黒ボク土の鉱物化学的研究」

(昭57年度)
植木 邦和　「多年生雑草の生態と制御に関する基礎的研究」
江草 周三　「養殖魚介類の疾病に関する病因学的ならびに病理学的研究」
川瀬 茂実,渡部 仁　「家蚕のウイルス病に関する一連の研究」
佐藤 昌　「わが国における公園・緑地の発達,特にその施策,理論及び設計に関する歴史的研究」
中島 巌　「空中写真利用による森林調査法に関する研究」
藤野 安彦　"農畜産物の脂質に関する基礎的研究"
梁川 良　「牛腎盂腎炎菌に関する研究」

(昭58年度)
大沼 匡之　「農業の雪害防止に関する研究」
岸本 良一　「ウンカ類の長距離移動に関する一連の研究」
北岸 碓三　「作物体内における重金属元素の挙動に関する植物栄養学的研究」
田名部 雄一　「家禽の比較内分泌学的研究とその応用」
蓑田 泰治　「微生物による資源の開発に関する研究」
横田 徳郎,白石 信夫　「木材のプラスチック化と溶液化に関する研究」

(昭59年度)
江塚 昭典　「イネいもち病および白葉枯病に対する品種抵抗性に関する研究」
金田 尚志　「脂質の栄養化学的研究」
阪本 楠彦　「農地価格に関する研究」
沢田 敏男　「貯水ダムの設計に関する研究」
林 真二　「ナシ果実の発育と成熟に関する生理学的研究」
藤原 公策　「Tyzzer病の感染病理学的研究」

山本 出（東京農業大学）「害虫防除の毒理学的，化学生態学的研究」

（昭60年度）
岩井 和夫（京都大学）「食品有用特殊成分の生合成機構の解析とその応用」
久馬 一剛（京都大学）「熱帯アジア土壌の生成と肥沃度に関する研究」
清沢 茂久（農林水産省生物資源研究所）「イネのいもち病抵抗性の遺伝・育種学的ならびに疫学的研究」
吉良 八郎（元神戸大学）「灌漑用貯水池の堆砂とその防除に関する研究」
竹松 哲夫（宇都宮大学雑草防除研究施設）「世界の農耕地雑草とその制御に関する研究」
津田 恒之（東北大学）「反芻家畜の生産に及ぼす代謝動態の環境生理学的研究」
樋口 隆昌（京都大学木材研究所）「リグニンの生合成と生分解に関する研究」

（昭61年度）
赤井 弘（農林水産省蚕糸試験場）「カイコの絹蛋白質生成とその制御に関する研究」
江崎 春雄（筑波大学）「日本型コンバインに関する研究」
阪口 玄二（大阪府立大学）「ボツリヌス菌毒素に関する獣医公衆衛生学的研究」
只木 良也（信州大学）「森林生態系の物質生産構造及び環境保全機能に関する研究」
長谷川 彰（東京水産大学）「漁業管理に関する研究」
山下 恭平（東北大学）「植物の生理活性物質に関する有機化学的研究」
和田 秀徳（東京大学）「"動的マイクロペドロジー"に基づく水田土壌の研究」

（昭62年度）
赤沢 堯（日本農芸化学会，名古屋大学教授）"植物に関する生化学的研究とその応用"
緒形 博之（日本農業気象学会，農業機械学会，農業施設学会，農業土木学会，東京農業大学教授）"広域農業水利系のシステム特性と系構造の計画理学に関する研究"
鈴木 正治（日本木材学会，東京農工大学教授）"木材の特性と居住環境性能に関する研究"
田先 威和夫（日本畜産学会，日本家禽学会，名古屋大学教授）"家畜・家禽，特に鶏のエネルギー利用に関する栄養生理学的研究"
中嶋 千尋（日本農業経済学会，京都学園大学教授）"「農家主体均衡論（Subjective equilibrium theory of the farm household）」〔ELSEVIER 1986〕"

（昭63年度）
川村 登（日本農業気象学会，農業機械学会，農業施設学会，農業土木学会，京都大学名誉教授）"農業機械の自動制御に関する研究"
沢崎 坦（日本獣医学会，日本中央競馬会常勤参与，元東京大学教授）"脊椎動物の心臓に関する比較生物学的研究"
高城 成一（日本土壌肥料学会，岩手大学農学部教授）"ムギネ酸の発見とその栄養生理"
栃倉 辰六郎（日本農芸化学会，京都大学農学部教授）"高エネルギー制御発酵の開発と希少酵素の生産並びに応用"
中島 哲夫（日本育種学会，玉川大学農学部教授）"細胞・組織培養による植物育種に関する研究"
西村 正暘（日本植物病理学会，名古屋大学農学部教授），甲元 啓介（鳥取大学農学部教授）"植物病原糸状菌の宿主特異的毒素とその作用機構に関する研究"
松中 昭一（日本雑草学会，日本農薬学会，神戸大学農学部教授）"除草剤の作用機構と選択性機構に関する研究"

（平1年度）
磯野 清（日本農芸化学会，理化学研究所抗生物質研究室主任研究員）"新しい視点に立つ抗生物質の研究とその農業生産への寄与"
斎藤 哲夫（日本応用動物昆虫学会，名古屋大学名誉教授）"殺虫剤抵抗性に関する一連の研究"
杉山 英男（日本木材学会，東京理科大学工学部第二部建築学科教授，東京大学名誉教授）"北米式木造壁体へ木質材料と木材を適用するための力学的研究"
羽生 寿郎（日本農業気象学会，日本生物環境調節学会，農業機械学会，農業施設学会，農業土木学会，千葉大学園芸学部教授）"日本の稲作気候に関する研究"
安井 勉（日本畜産学会，北海道大学農学部教授）"食肉の加工特性に関する蛋白質化学的研究"

（平2年度）
大賀 晧（日本獣医学会，北海道大学獣医学部教授）"各種動物の消化管運動とその神経支配に関する比較生理学的研究"
鍬塚 昭三（日本農薬学会，名古屋大学農学部

教授）"土壌環境中における農薬の代謝・分解および行動に関する研究"

志村 博康（農業土木学会, 日本生物環境調節学会, 日本農業気象学会, 農業施設学会, 東京大学農学部教授）"水田地域農業水利の近代化特性とそのシステム主要部の計画・設計に関する一連の研究"

高橋 英一（日本土壌肥料学会, 京都大学農学部教授）"植物の無機栄養特性に関する比較植物栄養学的研究"

丸山 芳治（日本農芸化学会, 東京大学農学部教授）"窒素固定を中心とした窒素循環系に関する生物化学的研究"

山県 弘忠（日本育種学会, 京都大学農学部教授）"突然変異の誘発と利用に関する遺伝育種学的研究"

山下 興亜（日本蚕糸学会, 名古屋大学農学部助教授）"家蚕における卵休眠の代謝調節に関する研究"

（平3年度）

井上 忠男（日本植物病理学会, 大阪府農林水産部顧問）「日本産植物ウイルスの同定, 分類, 診断に関する一連の研究」

加藤 譲（日本農業経済学会, 農民教育協会農業研修所長）「経済発展と農業金融に関する研究」

藤篠 純夫（日本応用動物昆虫学会, 佐賀大学農学部教授）「昆虫の移動性に関する生理, 遺伝学的研究」

深海 浩（日本農芸化学会, 京都大学農学部付属農薬研究施設教授）「生物間相互認識に関する化学生態学的研究」

松井 健（日本生物環境調節学会・日本農業気象学会ほか, 学校法人九州学園理事長）, 江口 弘美（九州大学生物環境調節センター教授）「環境制御システムの開発と植物環境反応解析に関する研究」

松島 省三（日本作物学会日本工営社友）「水稲収量成立過程の解明とその多収技術への応用」

渡辺 巌（日本土壌肥料学会, 国際稲研究所土壌微生物部長）「アゾラ・らん藻共生系の窒素固定に関する研究とその応用」

（平4年度）

浅平 端（園芸学会, 京都大学農学部教授）「器官培養利用による園芸作物の成育機構の解明に関する研究」

大久保 忠旦（日本草地学会・システム農学会, 東京大学農学部教授）「草地生態系における放牧家畜エネルギー代謝と植生

の適正管理に関する研究」

奥 八郎（日本農薬学会, 岡山大学農学部教授）「植物の病害抵抗性, 発病機構とその制御に関する研究」

角屋 睦（農業土木学会・日本生物環境調節学会ほか, 京都大学防災研究所教授）「極値水文学の展開と農業水利施設防災計画への応用に関する研究」

前田 進（日本蚕糸学会, カリフォルニア大学准教授）「家蚕ウイルスによる遺伝子発現ベクターの開発とその応用に関する研究」

森 謙治（日本農芸化学会, 東京大学農学部教授）「天然生物活性物質の化学合成に関する研究」

山内 一也（日本獣医学会, 東京大学医科学研究所教授）「モービリウイルス感染の発病機構および予防に関する研究」

（平5年度）

岡市 友利（日本水産学会, 香川大学学長）「赤潮発生に関する環境科学的研究」

庄子 貞雄（日本土壌肥料学会, 東北大学農学部教授）「火山灰土壌の生成・国際分類および農業利用に関する研究」

新城 長有（日本育種学会, 琉球大学農学部教授）「雑種イネ品種育成のための細胞質雄性不稔性に関する遺伝・育種学的研究」

鈴木 直義（日本獣医学会, 帯広畜産大学教授）「人畜共通トキソプラズマ原虫症の病態生理学的研究」

高倉 直（日本農業気象・日本生物環境調節ほか, 東京大学農学部教授）「植物生育環境の解析と制御に関する研究」

畑中 顕和（日本農芸化学会, 山口大学農学部教授）「植物起源の"みどりの香り"の発現と生理的意義の解明に関する研究」

山田 昌雄（日本植物病理学会, 日本たばこ産業）「イネいもち病菌レースの生態に関する研究」

（平6年度）

石原 邦（日本作物学会, 東京農工大学農学部教授）「水稲の光合成, 物質生産に対する根の役割と多収性品種の生理生態的特性に関する研究」

高橋 正三（日本応用動物昆虫学会, 京都大学農学部農薬研究施設長）「昆虫の信号物質に関する一連の行動学的研究」

塚本 良則（日本林学会, 東京農工大学農学部長）「侵食谷の発達様式に関する研究」

丹羽 雅子（日本家政学会, 奈良女子大学教

授）「着心地の計量的評価法の確立と衣内微環境の改善」
花田 章（日本畜産学会，農林水産省畜産試験場繁殖部長）「反芻家畜の体外受精に関する研究」
室伏 旭（植物化学調節学会，東京大学農学部教授）「植物の生活環調節機構に関する生物有機化学的研究」
山下 律也（農業機械・日本農業気象ほか，近畿大学生物理工学部教授）「米の収穫後処理技術に関する研究」

(平7年度)
飯塚 敏彦（日本蚕糸学会，北海道大学農学部教授）「Bacillus thuringiensis (BT)における殺虫性タンパク質遺伝子の構造ならびに機能解析」
飯沼 二郎（日本農業経済学会，京都大学名誉教授）「農業革命の研究」
板倉 智敏（日本獣医学会，北海道大学獣医学部長）「鶏病の病理学的研究―特に鶏体の組織反応の特徴とその病理学的診断への応用」
入谷 明（日本畜産学会，近畿大学生物理工学部教授）「家畜精子の受精能獲得と顕微授精による体外受精に関する研究」
正野 俊夫（日本農薬学会，筑波大学農林学系教授）「殺虫剤抵抗性の機構とその遺伝に関する研究」
長堀 金造（農業土木・農業機械ほか，岡山大学農学部教授）「海面干拓農地の高度利用技術の開発と農地管理に関する一連の研究」
中村 充（日本水産工学会，福井県立大学教授）「海洋生態環境造成に関する研究」

(平8年度)
加藤 肇（日本植物病理学会，元神戸大学農学部教授）「いもち病菌の疫学的および起源学的研究」
近内 誠登（日本雑草学会，宇都宮大学雑草科学研究センター教授）「水田雑草の化学的制御剤とその省力施用技術の開発に関する先駆的研究」
佐々木 恵彦（日本林学会，東京大学農学部長）「熱帯多雨林樹種の生理特性と更新機構の解明に関する研究」
長谷川 篤彦（日本獣医学会，東京大学農学部教授）「伴侶動物の真菌性人畜共通伝染病に関する研究」
檜作 進（日本応用糖質科学会，鹿児島大学農学部教授）「澱粉の構造に関する研究」

陽 捷行（日本土壌肥料学会，農林水産省国際農林水産業研究センター環境資源部長）「地球環境変動に及ぼす農業生態系の影響評価とその対策技術に関する研究」
山崎 真狩（日本農芸化学会，東京大学大学院農学生命科学研究科教授）「醗酵微生物学の分子生物学的展開―蛋白分泌から免疫・神経へ」

第34回（平9年度）
唐木 英明（東京大学農学部教授）"平滑筋運動の生理・薬学的研究と医学・獣医学への展開"
塩見 正衞（茨城大学理学部教授）"植物・動物相互作用の数理モデルによる研究"
日向 康吉（東北大学農学部教授）"アブラナ科植物の自家不和合性に関する研究"
杉山 達夫（名古屋大学農学部教授）"C4植物における光合成機能統御の分子機構の研究"
茅野 充男（東京大学農学部教授）"篩管液の生理学的研究"
安元 健（東北大学農学部教授）"海洋生物毒の精密化学構造と動態の解析"
古在 豊樹（千葉大学園芸学部教授）"物理環境調節による培養植物の成長制御と大量増殖に関する研究"

第35回（平10年度）
小西 国義（岡山大学名誉教授）"多年生花卉類の生態反応の解明と近代的花卉生産技術の確立に関する研究"
徳永 光一（岩手大学名誉教授）"土壌間隙の立体構造と透水抑制に関する研究"
満井 喬（理化学研究所名誉研究員）"昆虫の表皮形成と体色変化の機構に関する生理・生化学的研究"
小林 彰夫（お茶の水女子大学生活科学部長）"食品香気に関する化学的研究"
見上 彪（帯広畜産大学教授）"ニワトリのマレック病に関する研究"
大熊 幹章（九州大学農学部教授）"CO2問題から見た木材生産・利用システムの再評価と新しい森林資源活用技術の開発"
高橋 興威（北海道大学農学部教授）"熟成に伴う食肉の軟化機構に関する研究"

第36回（平11年度）
稲葉 右二（元日本大学静物資源科学部教授）"牛のアルボウイルス感染症に関する研究"
梶井 功（東京農工大学学長）"農業生産力構造と農業政策の総合的体系的研究"

後藤 正夫(静岡大学名誉教授) "植物細菌病の病原学的研究"
野口 忠(東京大学大学院農学生命科学研究科教授) "タンパク質代謝に関する分子栄養学的研究"
細野 明義(信州大学農学部教授) "発酵乳の保健効果に関する研究"
堀江 武(京都大学大学院農学研究科教授) "水稲の生産過程のモデル化と水稲生産への地球環境変化の影響予測"
丸山 利輔(石川県農業短期大学学長) "水循環の素過程と農地排水に関する研究"

第37回(平12年度)
木谷 収(日本大学生物資源科学部教授) "農業機械のエネルギー有効利用に関する研究"
久野 英二(京都大学大学院農学研究科教授) "害虫個体群の動態とその調査・解析法に関する数理生態学的研究"
木平 勇吉(東京農工大農学部教授) "持続可能な森林管理のための森林計画システムの研究"
高橋 迪雄(味の素顧問) "哺乳動物の視床下部機能に関する神経生物学的研究"
伏谷 伸宏(東京大学大学院農学生命科学研究科教授) "海洋生化学資源の開発に関する研究"
山本 禎紀(広島大学生物生産学部教授) "家畜の体温調節特性からみた温熱環境, 管理に関する研究"
横田 孝雄(帝京大学理工学部バイオサイエンス学科教授) "植物ステロイドホルモン・ブラシノステロイドに関する生物有機化学的研究"

第38回(平13年度)
梅田 安治(北海道大名誉教授) "北海道における農業生産基盤と農村空間形成に関する研究"
江沢 郁子(日本女子大家政学部教授) "カルシウム代謝および骨粗しょう症予防の基礎および応用に関する研究"
小野寺 良次(宮崎大農学部教授) "第一胃内微生物のアミノ酸代謝と反芻動物の栄養に関する研究"
折谷 隆之(東北大名誉教授) "天然の生物制御物質に関する生物有機化学的研究"
河野 和男(神戸大学農学部教授) "キャッサバ育種研究体制の確立と新品種の開発"
平井 克哉(岐阜大農学部教授) "細胞内寄生性細菌による人獣共通感染症の制圧"

森 敏(東京大大学院農学生命科学研究科教授) "鉄欠乏耐性イネの創製に関する研究"

第39回(平14年度)
仲野 良紀(元岐阜大農学部教授) "農業生産基盤における地盤工学に関する研究"
大内 成志(元近畿大大学院農学研究科教授) "宿主植物・病原体特異性決定機構に関する基礎的研究"
山内 晧平(北海道大大学院水産科学研究科教授) "魚類配偶子形成機構の解析とその応用に関する研究"
前田 和美(高知大名誉教授) "ラッカセイ品種の系統分類と作物学的特性の解析ならびに「Ideotype」の実証に関する研究"
藤原 昇(元九州大大学院農学研究院教授) "先端家畜繁殖技術を応用した希少動物の保護・増殖に関する研究"
秋山 侃(岐阜大流域環境研究センター教授) "持続型農業生産のための先進的計測(リモートセンシングによる予測と評価)"
神谷 正男(北海道大大学院獣医学研究科教授) "エキノコックス生態解析と汚染環境の修復"

第40回(平15年度)
今村 奈良臣(東京大学名誉教授) "農業構造と農政改革の体系的研究"
北原 武(東京大学大学院農学生命科学研究科教授) "顕著な生物活性を有する天然有機化合物の合成研究"
品川 森一(農業技術研究機構動物衛生研究所プリオン病研究センター長) "動物のプリオン病に関する研究"
杉浦 明(京都大学名誉教授) "カキの起源と果実形質の多様性に関する研究"
中野 政詩(東京大学名誉教授) "土の物質移動科学に関する知識体系の確立"
真木 太一(九州大学大学院農学研究院教授) "防風施設による気象改良・沙漠化防止および気象資源の有効利用に関する農業気象学的研究"
正木 進三(弘前大学名誉教授) "昆虫の光周性と季節適応に関する一連の研究"

第41回(平16年度)
赤堀 文昭 "除草剤Paraquatの毒性に関する研究"
秋葉 征夫 "家禽代謝特性の解明と高品質食品開発への応用に関する分子栄養生化学的研究"
市川 友彦 "スクリュ型脱穀選別機構の開

発と実用化に関する一連の研究"
　大類 洋　"生物有機化学における農学的先駆研究"
　川内 浩司　"魚類脳下垂体ホルモンの同定と分子進化に関する研究"
　武田 和義　"作物遺伝資源の開発・評価・利用の研究,特に不良環境耐性麦類の画期的育種の実践"
　橋本 康,高辻 正基　"生体情報(SPA)を活用する環境制御法の確立と植物工場システムの実証に関する研究"
　山口 勇　"環境調和型の植物病害制御剤の薬理機構と代謝に関する研究"
第42回(平17年度)
　伊藤 操子　"雑草の生物学的・生態学的特性に基づく管理法の構築"
　喜田 宏　"インフルエンザウイルスの生態に関する研究"
　佐藤 英明　"家畜卵子の選択的形成,成熟及び死滅の制御機構の解明に関する先駆的研究"
　道家 紀志　"植物における感染防御応答の分子機構と耐病性強化に関する研究"
　則元 京　"木材物性の単純モデル化とその実証的応用に関する研究"
　橋口 公一　"土壌圏・機械システム力学のモデリングとその計算力学の確立"
　松本 英明　"酸性土壌における生産性の向上を目的としたアルミニウム毒性機構の解析と耐性植物の作出"
　吉田 茂男　"植物生長調節の技術基盤開発に関する研究"
第43回(平18年度)
　岩永 勝　"植物遺伝資源の保全と利用のための遺伝育種研究と国際貢献"
　大川 秀郎　"シトクロムP450モノオキシゲナーゼによる生物交換に関する遺伝子工学的研究"
　小原 嘉昭　"乳牛の代謝・泌乳特性の解明と酪農生産技術開発への応用に関する栄養生理学的研究"
　梶原 忠彦　"磯の香りに関する研究"
　坂野 好幸　"澱粉および関連多糖に作用する酵素の基礎と応用に関する先駆的研究"
　進士 五十八　"日本庭園の特質に関する研究"
　中筋 房夫　"害虫の総合的管理に関する一連の研究"
　箕輪 光博　"森林の計測,成長および評価に関する数理科学的研究"

第44回(平19年度)
　楠原 征治　"鳥類の卵殻形成における骨髄骨の機能解明に関する先駆的研究"
　佐竹 徹夫　"イネ生殖生長期における温度障害発生機構の解明および冷害防止のための前歴深水灌漑技術と耐冷性品種評価法の開発"
　田村 俊樹　"遺伝子組換えカイコの作出と利用法に関する研究"
　塚本 勝巳　"ウナギの回遊に関する研究"
　服部 勉　"土壌微生物とその生息環境に関する研究"
　丸本 卓哉　"土壌微生物の養分供給機能と環境修復技術の開発に関する研究"
　山本 昭平　"果実の糖集積・品質向上機構に関する生理・生化学的研究"
　米山 勝美　"植物病原菌の病原因子の解明と病害抵抗性植物の創成に関する先駆的研究"
第45回(平20年度)
　大谷 元　"牛乳たんぱく質の免疫調節機能の探索と利用技術の開発"
　生越 明　"リゾクトニア属菌の分類に関する研究"
　工藤 俊章　"シロアリ―微生物共生系とその効率的分解機構に関する先駆的研究"
　熊井 英水　"クロマグロの完全養殖に関する研究"
　坂 志朗　"超臨界流体技術によるバイオエネルギーの創製に関する研究"
　田中 忠次　"農業用施設に特有の構造安定性解析に適した数値解法の斬新な改良に関する研究"
　日比 忠明　"植物プロトプラストの電気的細胞操作法の開発とその植物ウイルス研究への応用"
第46回(平21年度)
　小野寺 節　"ウイルス性自己免疫病及び遅発性感染症の動物モデルに関する研究"
　木村 眞人　"水田土壌における炭素循環と微生物群集"
　小林 和彦,岡田 益己　"大気CO2増加が水稲の生育と水田生態系に及ぼす影響のFACEによる解明"
　島田 清司　"鳥類繁殖生理の機構解明に関する先駆的研究"
　田中 良和　"花色デザイン技術による青いバラなどの新品種開発と実用化"
　矢澤 進　"Capsicum 属植物における新規遺伝資源の発掘とその実用化への展開"

## 047　日本農業研究所賞

　　湯川　淳一　"害虫および天敵タマバエ類の分類と生態に関する一連の研究"
第47回（平22年度）
　　安部　浩　"天然植物成長調節物質の生物有機化学に関する先駆的研究"
　　碓氷　泰市　"糖質を構造基盤とした生物機能素材の創製に関する研究"
　　神谷　勇治　"ジベレリン生合成と植物生長調節剤の作用機構に関する研究"
　　河岡　義裕　"インフルエンザウイルスの人工合成法を用いた基礎ならびに応用研究"
　　佐々木　卓治　"イネゲノム全塩基配列解読とその利用に関する研究"
　　西澤　直子　"植物の鉄栄養制御に関する研究"
　　寶月　岱造　"分子生態学的手法による樹木―外生菌根菌共生系の繁殖生態に関する先駆的研究"
　　谷田貝　光克　"樹木が生み出す精油成分の化学的特性解明と利用技術に関する研究"
第48回（平23年度）
　　大政　謙次　"植物機能のリモートセンシングと空間情報解析に関する研究"
　　久能　均　"病原糸状菌感染と宿主反応の細胞学的研究～細胞表層における相互認識～"
　　熊谷　進　"食の安全確保に向けた食品汚染微生物とその産生毒素に関する研究"
　　長澤　寛道　"水棲生物におけるバイオミネラリゼーションの制御機構に関する研究"
　　並河　鷹夫，万年　英之　"アジアの在来家畜の起源・系統史研究と遺伝資源の先駆的汎利用"
　　松田　智明　"作物の貯蔵物質の蓄積および動態に関する研究"
　　三野　徹　"社会的共通資本としての灌漑排水の農業工学的評価に関する研究"

## 047　日本農業研究所賞

　日本農業研究所創立以来の功労者・石井英之助同研究所理事長の手で昭和39年に創設された。当時我が国の農業の研究者・技術者に対する表彰が少なかった事情に鑑み，日本農業の発達に貢献した研究者を表彰し，その功績を讃えることを目的としている。
【主催者】（財）日本農業研究所
【選考方法】農学に関する学会・大学・研究機関・団体および個人の推薦による
【選考基準】〔対象〕農業に関する学術研究上顕著な業績をあげ，斯学の発展に多大の貢献をなした者。〔基準〕(1) 過去において既に国際的な賞，日本学士院賞などの権威ある大賞を受けた業績は除外。(2) 学術研究上優れた業績と評価されているが，既に久しくその定評が確立し，更に新たにこれを表彰することはこの表彰制度の趣旨にそわないと認められるものは除外。(3) 研究途上にあって完結していない業績でも，その性格上今後の発展が予測され，農業の発展に多大の貢献を与えることが期待されるものは含まれる
【締切・発表】締切日11月20日，公表3月末日，表彰式原則として5月10日
【賞・賞金】賞状と賞金各100万円
【URL】http://www.nohken.or.jp/

第1回（昭40年度）　大槻　正男（京都大学）　"農家の経済構造ならびに経済活動に関する研究"
第2回（昭41年度）　石塚　喜明（北海道大学），田中　明　"作物，特に水稲の栄養生理に関する研究"
第3回（昭42年度）　西川　義正（京都大学）　"家畜の繁殖並びに人工授精に関する研究"
第4回（昭43年度）　田島　弥太郎（国立遺伝学研究所）　"蚕の放射線遺伝学的研究とその応用"
第5回（昭46年度）
　　上坂　章次（京都大学）　"和牛の生産能力に関する基礎的ならびに応用的研究"
　　松島　省三（農林省農業技術研究所）　"水稲収量の成立理論とその応用に関する研究"
　　定盛　昌助（農林省園芸試験場）　"リンゴの優良品種ふじの育成に関する研究"

第6回(昭48年度)
　高橋 治助(FAO)　"アジアにおける水稲の栄養生理的解析による多収技術の確立"
　有馬 啓(東京大学)　"Mucor Renninの発見と研究"
　笠原 安夫(岡山大学農業生物研究所)　"耕地雑草およびその防除に関する研究"

第7回(昭50年度)
　近藤 康男(東京大学)　"日本農業の経済学的研究"
　嵐 嘉一(元農林省四国農業試験場)　"水稲栽培技術体系の暖地の展開とその史的考証"
　細田 達雄(競走馬理化学研究所)　"家畜の血液型とその応用に関する研究"

第8回(昭52年度)
　加用 信文(農民教育協会農業研修所)　"わが国における農業経済統計の確立"
　福井 重郎(岩手大学)　"ダイズの生理・生態学的並びに育種学的研究"
　大森 常良(農林省家畜衛生試験場)　"牛の急性ウイルス病の防圧に関する研究"

第9回(昭54年度)
　福田 紀文(農林省蚕糸試験場),伊藤 智夫　"蚕の人工飼料の開発と実用化に関する研究"
　川田 信一郎(東京大学)　"わが国における作物栽培の実態解明に関する研究"
　丹羽 太左衛門(岩手大学)　"豚の繁殖と改良技術に関する研究"

第10回(昭56年度)
　野村 吉利(日本生物科学研究所)　"ニューカッスル病に対する新免疫方法(L・K法)の開発"
　石沢 修一(元農林省農業技術研究所)　"本邦農耕地土壌の微生物学的研究"
　彌富 喜三(名古屋大学)　"害虫の生物学的及び化学的防除に関する研究"

第11回(昭58年度)
　石墨 慶一郎(元福井県農業試験場)　"水稲の良質多収品種の育成"
　山田 芳雄(九州大学)　"放射化分析およびアイソトープトレーサ法の植物栄養・土壌肥料研究への応用"
　西野 操(静岡県柑橘試験場)　"柑橘害虫ヤノネカイガラムシの発生予察ならびに生物的防除の研究"

第12回(昭60年度)
　古島 敏雄　"日本農業史の研究"

　江崎 春雄　"穀類収穫機の開発に関する研究"
　西 貞夫　"組織培養の利用による野菜・花き育種技術の開発"

第13回(昭62年度)
　中川 昭一郎　"水田の用排水と圃場整備に関する研究"
　坂井 健吉　"高でんぷん超多収甘藷品種の選抜法の開発および新品種の育成"
　杉江 佶　"家畜の胚(受精卵)移植に関する技術開発研究"

第14回(平1年度)
　梶井 功　"戦後日本の農業経済・農業経営の発展・変化にかんする研究"
　小林 勝利　"蚕の内分泌学的研究とその応用"
　大島 信行　"弱毒ウイルス利用による植物ウイルス病の防除"

第15回(平3年度)
　玉木 佳男　"性フェロモンによる害虫防除に関する研究"
　阿部 猛夫　"豚の系統造成法に関する研究とその実際的応用"
　増田 澄夫　"二条大麦(ビール麦)及び六条大麦優良品種の育成"

第16回(平5年度)
　稲葉 右二　"各種牛ウイルス病の防除技術の開発及び実用化に関する研究"
　飯沼 二郎　"農業近代化の理論的・実証的研究"
　本多 藤雄　"促成栽培用イチゴの栽培技術の開発と"はるのか""とよのか"等優良品種の育成"

第17回(平7年度)
　岡田 吉美　"わが国の植物DNA研究における先駆的研究ならびに指導的活動"
　西山 寿　"暖地における水稲優良品種の育成"
　早瀬 達郎,栗原 淳　"環境にやさしい肥効調節型肥料の開発および施肥技術の確立"

第18回(平9年度)
　川嶋 良一　「農業技術研究の推進方策に関する論考」
　江塚 昭典　「イネの主要病害に対する品種抵抗性の先駆的研究とその利用技術の開発」
　入谷 明　「家畜の繁殖ならびに体外受精に関する研究」

第19回(平11年度)
　石橋 晃　「家禽のアミノ酸要求量に関する研究」
　貝沼 圭二　「澱粉の高度利用化技術の開発に関する研究」
　内嶋 善兵衛　「農業生産における気候資源の利用技術の開発」

第20回(平13年度)
　尾関 幸男, 佐々木 宏　「チホクコムギなど良質多収秋まき小麦品種の育成」
　清水 悠紀臣　「豚ウイルス病の防除法, 特に生ワクチン開発に関わる基盤技術の確立」
　駒田 旦　「フザリウム菌選択培地の創製とその応用によるフリザム病の生態ならびに防除に関する研究」

第21回(平15年度)
　市川 友彦, 杉山 隆夫　「大型汎用コンバイン並びに超小型自脱コンバインの開発」
　岸本 良一　「ウンカ類の海外長距離飛来の実証と防除技術の確立」
　真鍋 勝　「食品のマイコトキシン汚染の解明と防除」

第22回(平17年度)
　西浦 昌男　「カンキツ類の珠心胚利用及び交雑による新品種の育成」
　花田 章　「未成熟卵子を利用した反すう家畜の体外受精技術の開発」
　春見 隆文　「微生物・酵素を利用した新規糖質甘味料の製造技術」

第23回(平19年度)
　三輪 睿太郎　"食料供給に伴う窒素の動態と環境影響のシステム解析"
　森 肇　"カイコ多角体病ウイルスの構造解析と機能利用に関する研究"
　祖田 修　"農学原論の確立"

第24回(平21年度)
　古谷 修　"豚における栄養価評価法の開発とその応用(小腸フィステル装着豚に基づく飼料栄養評価法の開発と真のアミノ酸消化率に基づく精密飼料給与法の確立等)"
　土屋 七郎, 羽生田 忠敬　"リンゴわい性台木の先駆的研究とJM台木シリーズの育成"
　佐伯 尚美　"米流通・米政策学と農協論の確立及び戦後日本農業政策に関する研究"

# 048　日本森林学会賞

昭和10年に「白沢賞」として設立された。「林学賞」と改称された後も,1編は白沢保美博士の業績をたたえ「白沢賞」としていたが,昭和51年度から「林学賞」に呼称が統一された。平成6年度に「林学賞」から「日本林学会賞」に呼称が変更された。また平成7年度から「日本林学会奨励賞」「日本林学会功績賞」を新たに追加された。その後,平成17年(2005年)に会名を「日本林学会」から「日本森林学会」に改称。

【主催者】日本森林学会
【選考委員】表彰委員会
【選考方法】公募
【選考基準】(1)学術賞〔資格〕同会会員。〔対象〕選考の当年を含まない過去5年以内に公刊された論文または著書で, 貴重な学術的貢献をなした者。(2)奨励賞〔資格〕発表時に満35歳以下の同会会員。〔対象〕選考の当年を含まない過去3年以内に同会が発行する刊行物に発表された論文または総説等で, 独創性と将来性をもって学術的貢献をなした者。(3)功績賞〔資格〕同会会員。〔対象〕森林科学にかかわる研究, 調査, 教育, 啓発普及, 出版文化活動等に顕著な功績があった者
【締切・発表】例年, 締切は8月末日, 発表は11月中旬以降
【賞・賞金】学術賞, 奨励賞(各3編以内), 功績賞(1編)。賞状その他
【URL】http://www.forestry.jp/

(昭10年度)
　河田 杰　「森林生態学講義(著書)」
　長谷川 孝三　「金属塩類による種子の治力検定とその応用」

(昭11年度)
　渡辺 治人　「交互式架空索道の曲線長および張力に関する静力学的研究」
　吉田 正男　「理論森林経理学(著書)」
(昭12年度)
　三好 東一　「簡易ソーダ木材パルプ製造法」
　島田 錦蔵　「林業簿記および収益評定論(著書)」
(昭13年度)
　岩出 亥之助　「マツタケの特殊成分に関する研究」
　富樫 兼治郎　「日本海北部沿岸における砂防造林」
(昭14年度)
　江山 正美　「庭園に関する2,3の研究」
　豊島 恕清　「小笠原島の植生ならび熱帯有用植物について」
(昭15年度)
　関谷 文彦　「木材強弱論(著書)」
　柴田 信男　「スギの植栽林における不成績地の研究」
(昭16年度)
　山内 俊枝　「トドマツ,エゾマツの造林(著書)」
　柳田 由蔵　「森林の種苗図説」
(昭17年度)
　原田 盛重　「クス属の研究」
　山田 昌一　「北阿武隈山脈地方の地質および地形ならびに花崗岩地におけるスギの造林」
(昭18年度)
　井上 元則　「実用農林生物被害防除摘要(著書)」
　石井 盛次　「ハイマツならびに北日本産ゴヨウマツの諸型とその分布」
(昭19年度)
　中村 得太郎　「スギ植栽林の生長と土壌の性質」
　山崎 次男　「花粉分析に関する研究」
(昭20年度)
　伊藤 一雄　「酵母菌による植物繊維の醗酵精練法に関する研究」
　山本 孝　「高周波による航空機用強化木製作に関する基礎的研究」
(昭21年度)
　古賀 明　「炭窯利用による松根油製造法」
　宇賀 和彦　「魚梁瀬事業区天然更新実績調査」
(昭22年度)　該当者なし
(昭23年度)　該当者なし
(昭24年度)　該当者なし
(昭25年度)
◇技術賞　小出 重治(九大)　「ロータリーレースによる単枝製作に関する研究」
◇学術賞　尾中 文彦(京大)　「林木肥大成長に関する研究」
◇白沢賞　植杉 哲夫(林野庁)　「岩手地方アカマツ林の生長収穫ならびに施業法に関する研究に関連する事項」
(昭26年度)
◇学術賞　村井 三郎(青森営林局)　「青森営林局管内森林植生に関する研究」
◇技術賞　岸本 定吉(林試)　「電気抵抗による木炭品質判定について」
◇白沢賞　原 勝(鳥取大)　「海岸砂防造林に関する2,3の問題」
(昭27年度)
◇学術賞　西田 屹二(九大),近藤 民雄　「クロキ樹皮成分の研究」
◇技術賞　武藤 和也(熊本営林局)　「エンドレス式架空線集材に関する研究」
◇白沢賞　近藤 助(大阪営林局)　「濶葉樹用材作業(著書)」
(昭28年度)
　坂口 勝美(林試)　「実用ヒノキ育林学(著書)」
　篠田 六郎(林野庁)　「森林経営計算(著書)」
◇白沢賞　岩田 利治(伊勢神宮),草下 正夫(林試)　「邦産松柏類図説(著書)」
(昭29年度)
　長谷川 正男(林試)　「木材のフェノール成分の研究」
　千手 諒一(九大)　「コロイド滴定によるリグニン新定量およびそのパルプ工業への応用」
◇白沢賞　梅田 三樹男(秋田営林局)　「林業の作業研究(著書)」
(昭30年度)　加納 孟(林試),蕪木 自輔　「木材材質の森林生物学的研究,特にトドマツ材質と生長に関する研究」
◇白沢賞　林 弥栄(林試)　「日本産重要樹種の天然分布 針葉樹篇(1～3)」
(昭31年度)
　右田 伸彦(東大),中野 準三　「リグニンの

呈色反応機構の研究」
島薗 平雄（林試）「木材腐朽菌から新に発見した蓚酸脱炭素酵素について」
◇白沢賞 原田 浩（林試）「木材組織の電子顕微鏡による研究」

（昭32年度）
木梨 謙吉（九大）「標本調査法による森林調査」
佐藤 大七郎（東大）「スギ、ヒノキ、アカマツのマキツケナエの耐乾性とくに樹種のあいだのちがいについて」
◇白沢賞 山谷 孝一（青森営林局）「津軽半島南部ヒバ林土壌について」

（昭33年度）
野村 勇（林試）「林産物価格形成の理論的研究」
高原 未基（名大）「枝打に関する研究」
◇白沢賞 藤林 誠（林試），辻 隆道，渡部 庄三郎「林業労働の作業強度に関する研究」

（昭34年度）
樋口 隆昌（岐阜大），川村 一次「植物体中におけるリグニン生成に関する研究」
井上 楊一郎（林試）「草地経営の技術（著書）」
◇白沢賞 沢田 稔（林試）「木材の強度特性に関する研究主としてその木材梁への適用」

（昭35年度）
中塚 友一郎（東大），広瀬 敬之「針葉樹精油に関する研究」
斉藤 雄一（鳥取大）「アオマツ，クロマツ花性分化の人為支配」
◇白沢賞 内田 丈夫（林試北海道支）「北海道における針葉樹林の堆積腐植に関する研究」

（昭36年度）
真下 育久（林試）「森林土壌の理学的性質とスギ，ヒノキの成長に関する研究」
佐藤 邦彦（林試東北支），庄司 次男（秋田営林署），太田 昇「針葉苗の雪腐病に関する研究」
◇白沢賞 井上 由扶（九大）「アカマツ林の中林作業法に関する研究」

（昭37年度）
戸田 良吉（林試九州支）「スギの遺伝変動に関する研究」
上田 弘一郎「竹の生理学的研究」
◇白沢賞 植村 誠次（林試）「ハンノキ属の根粒に関する研究」

（昭38年度）
安藤 愛次（山梨林試）「中部山地の林地生産力に関する研究―とくに山梨県を中心にして」
西沢 正久（林試）「林分生長量の推定および予測方法に関する研究」
◇白沢賞 塘 隆男（林試）「わが国主要造林樹種の栄養および施肥に関する基礎的研究」

（昭39年度）
平田 種男（東大）「定角測定法の研究」
小沢 準二郎（林試）「針葉樹のタネについて（著書）」
◇白沢賞 島地 謙（東大）「ブナ科植物の系統に関する解剖学的研究」

（昭40年度）
浅川 澄彦（林試）「ヤチダモ種子を中心とした林木種子の発芽生理に関する研究」
鈴木 太七（名大）「木材の生産予測について―林業における収穫予定の数字的研究」
◇白沢賞 千葉 修（林試）「葉さび病菌に対するPopulus属植物の抵抗性に関する研究」

（昭41年度）
古野 東洲（京大）「林木の生育におよぼす食葉性害虫の影響」
竹下 敬司（福岡林試）「山地の地形，形成とその林業的意義」
◇白沢賞 橋詰 隼人（鳥取大）「針葉樹類の花芽分化，花性分化に関する形体学的研究」

（昭42年度）
萩野 敏雄（林野庁）「日本資本を中心としたアジア木材経済史の研究」
酒井 昭（北大）「林木の耐凍性」
◇白沢賞 朝日 正美（東大）「東京大学北海道演習林における森林土壌の分類に関する研究」

（昭43年度）
横田 俊一（林試北海道支）「カラマツ先枯病の発生に関与する病原菌の生態ならびに気象因子に関する研究」
寺崎 康正（林試北海道支），小坂 淳一，金 豊太郎「秋田地方スギ人工林の成長と収獲」
◇白沢賞 千葉 茂（王子製紙）「ハンノキ・ポプラ属の交雑並びに倍数性による育種に関する研究」

（昭44年度）
川名 明（東京農工大）「堤列海岸平野の低

地過湿林の改良に関する研究」
根岸 賢一郎(東大) 「アカマツ・スギ・ヒノキ1年生ナエの$CO_2$同化・呼吸・生長」
◇白沢賞 堀 高夫(名大) 「抛物線索理論の一般的展開とその林業索道軌索の設計計算への実用的応用」

(昭45年度) 南方 康(東大) 「林道網計画に関する研究」
◇白沢賞 寺田 喜助(九大) 「北海道森林土壌の地域性ならびにトドマツの地位指数と土壌因子に関する研究」

(昭46年度)
赤井 英夫(林業経営研) 「木材市場の展開過程」
野渕 輝(林試) 「キクイムシ上科成虫の前胃の比較形態学的研究」
◇白沢賞 安藤 貴(林試) 「同齢単純林の密度管理に関する生態学的研究」

(昭47年度)
赤羽 武(東京教大) 「木炭生産の構造とその展開過程に関する研究」
原田 洸(林試) 「スギの成長と養分含有量およびこれに及ぼす施肥の効果に関する研究」
◇白沢賞 森岡 昇(名大) 「架空線集材の集材区域と作業能率に関する研究」

(昭48年度)
大庭 喜八郎(九州林木育) 「林木の放射線育種に関する研究」
鈴木 尚夫(東京教大) 「林業経済論序説」
◇白沢賞 中野 秀章(林試) 「森林伐採および伐跡地の植被変化が流出に及ぼす影響」

(昭49年度)
丸山 幸平(新潟大) 「苗場山ブナ原生林の乾物生産におよぼす高度の影響」
北村 昌美(山形大) 「一致高和による林分材積の推定」
◇白沢賞 徳重 陽山(鹿児島大), 清原 友也(林試九州支), 真宮 靖治(林試), 森本 桂(林試九州支), 遠田 暢男(林試), 岩崎 厚(林試九州支) 「マツノザイセンチュウの生態と寄生性」

(昭50年度) 大金 永治(北大), 生井 郁郎(北海道立総合経済研), 前田 満(林試北海道支), 和 孝雄(北大) 「北海道林業技術発達史論」
◇白沢賞 中島 巌(林試) 「空中写真利用による森林調査法に関する研究」

(昭51年度)
倉田 悟(東大) "「原色日本林業樹木図鑑」〔2巻(改訂版), 4巻〕"
福岡 克也(立正大) 「立木資産会計論」

(昭52年度)
近藤 秀明(茨城林試) 「まつこぶ病に関する研究」
沼田 善夫(山形大) 「林業損益計算に関する理論的研究」
野上 寛五郎(宮崎大) 「林地における施用肥料の効率に関する研究」

(昭53年度)
栗屋 仁志(林試) 「同齢単純林における密度と成長の関係に関する測樹学的研究」
村井 宏(林試東北支), 岩崎 勇作 「林地の水および土壌保全機能に関する研究」
山口 博昭(林試北海道支) 「トドマツオオアブラの個体群動態と多型の出現機構」

(昭54年度)
駒村 富士弥(三重大) 「地すべりの挙動に関するレオロジー的研究」
熊崎 実(林試) 「森林の利用と環境保全—森林政策の基礎理念」
堀内 孝雄(茨城林試) 「スギの幼令林の幹の凍害と防除に関する研究」

(昭55年度)
小川 真(林試) 「アカマツ林における菌根菌(マツタケ)の微生物生態学的研究」
小林 正吾(新潟大) 「カラマツ人工林の林分生長モデルに関する研究」

(昭56年度)
苅住 昇(林試) 「樹木根系図説」
陳野 好之(林試東北支) 「スギ赤枯病菌分生胞子の人工形成に関する研究」
東 三郎(北海道大) 「地表変動論—植生判別による環境把握」

(昭57年度)
高橋 郁雄(東大北海道演) 「北海道中央部における針葉樹の菌類相と病害に関する研究—主として子のう菌類およびさび病菌類について」
筒井 迪夫(東大) 「日本林政史研究序説—日本林政の系譜と課題」

(昭58年度)
金子 繁(日本きのこセンター) 「日本列島所産マツ葉さび病菌(英文)」
畠山 末吉(北海道林試) 「トドマツの産地間変異の地域性に関する遺伝育種学的研究」

神崎 康一(鳥取大)「三支点架線集材システムに関する研究」

(昭59年度)
　木平 勇吉(信州大)「0-1線型計画法による小班別収穫予定」
　生原 喜久雄(東京農工大)「スギ施肥林分の栄養均衡に関する研究—北関東地方の秩父古生層地帯について」
　片岡 寛純(日本大)「ブナ林の保続」

(昭60年度) 有光 一登(林試)「森林土壌の水分動態に関する研究」

(昭61年度)
　梶 幹男(東京大学) "亜高山性針葉樹の生態地理学的研究"
　周藤 靖雄(島根県林業技術センター) "マツ類葉枯病の防除に関する基礎研究"
　遠藤 泰造(林試北海道支) "水源かん養林の機能理論と施業目標"

(昭62年度)
　鈴木 和夫(東京大学) "マツの水分生理状態と材線虫病の進展"
　笠原 六郎(三重大学) "尾鷲林業の成立と展開"
　小林 洋司(宇都宮大学) "山岳林における林道網計画法に関する研究"

(昭63年度)
　染郷 正孝(林試浅川実験林) "ハンノキ植物の細胞遺伝"
　西村 五月(長崎県農林試) "西海地方の林地生産力に関する環境解析"

(平1年度)
　村嶌 由直(岩手大学) "木材産業の経済学"
　塚本 良則(東京農工大学) "樹木根系の崩壊抑止効果に関する研究"
　曽根 晃一(森林総合研究所) "マツノタマバエの生態学的研究"

(平2年度)
　由井 正敏(森林総研東北支所) "森に棲む野鳥の生態学"
　前田 禎三(宇都宮大学) "ブナの更新特性と天然更新技術に関する研究"
　加藤 隆(森林総合研究所) "戦後のアメリカ林業・林産業の構造変化と我が国への影響に関する研究"

(平3年度)
　三上 進(森林総研研究所) "カラマツの材質育種に関する研究"
　万木 豊、永田 洋(三重大学) "マツ属にフォックステイル形成機構の解明と、その人為的誘導について"
　酒井 秀夫(宇都宮大学) "合理的集運材方式に基づく、長期林内路網計画に関する研究"

(平4年度)
　谷本 丈夫(森林総合研究所) "広葉樹施業の生態学"
　山寺 喜成(東京農業大学) "急勾配斜面における緑化工技術の改善に関する実験的研究"

(平5年度)
　阿部 信行(北海道林業試験場) "トドマツ人工林間伐の体系化に関する基礎的研究"
　赤井 龍男(元京都大学) "合自然的な森林造成の技術体系—ヒノキの天然更新法を中心に"
　田中 茂(岩手大学) "森と水の社会経済史"
　下川 悦郎、地頭薗 隆、高野 茂(鹿児島大学) "しらす台地周辺斜面における崩壊の周期性と発生場の予測"

(平6年度)
　北原 曜(森林総研究所) "森林土壌におけるパイプ流の特性"
　山本 博一(東京大学北海演) "択伐林施業計画のシステム化に関する研究"
　大嶋 顕幸(王子緑化) "大規模林業経営の展開と論理—我が国の紙・パルプ産業社有林経営の歴史的変遷"

(平7年度)
　北川 勝弘(名古屋大学) "山岳林地域における地形解析に関する基礎的研究"
　山田 勇(京都大学) "地域研究の場としての東南アジアの熱帯多雨林世界"
　服部 重昭、玉井 幸治、阿部 敏夫(森林総研究所) "ヒノキ林における土壌水分と飽差が蒸発散に及ぼす影響"

(平8年度)
◇学術賞
　上野 洋二郎(東京農工大学) "カウントのみによる立木本数の推定法"
　渡邊 定元(三重大学) "樹木社会学"
　高原 光(京都府立大学) "近畿地方および中国地方東部における最終氷期以降の植生変遷"
◇奨励賞
　梶村 恒(名古屋大学) "養菌性キクイムシと共生する数種アンブロシア菌のタンパク質電気泳動パターン"
　小杉 賢一郎(京都大学) "3パラメータの

対数正規分布モデルを用いた森林土壌の水分特性曲線の解析"
◇功績賞 安藤 貴(元岩手大学) "密度理論の人工林への応用と普及"

(平9年度)
◇林学賞
作山 健(岩手県林業技術センター) "マツ葉ふるい病とその病原菌、とくにLophodermium iwatense Sakuyamaの発生生態と防除に関する研究"
中井 裕一郎(森林総合研究所北海道支所) "トドマツ林における降雪の遮断蒸発(I)水収支の観測"
豊川 勝生(森林総合研究所) "集材機運転作業環境に関する基礎的研究"
◇奨励賞 大類 清和(NY州立大学) "森林集水域での土壌から渓流への水質変化"
◇功績賞 松井 光瑤(元林業試験場) "世界林業研究機関連合(IUFRO)第XVII回世界大会組織運営並びに林学の組織的研究体制の構築"

(平10年度)
◇林学賞
藤澤 秀夫(林政総合調査研究所) "現代森林計画学-その理論と実態分析-"
丹下 健(東京大学) "スギ造林木の成長に関する生態生理学的研究"
相浦 英春(富山県林業技術センター) "多雪山地におけるブナ林皆伐後の伐根の転倒にともなう表層崩壊の発生"
◇奨励賞
戸田 浩人(東京農工大学) "森林土壌中における窒素無機化反応速度論的解析(I)および(II)"
毛利 武(森林総合研究所) "Agrobacterium-mediated transformation of Lombardy poplar (Popllus nigra L. var. itarica Koehne) using stem segments"
蔵治 光一郎(東京大学) "世界の熱帯林地域における水収支研究"
◇功績賞
堤 利夫(京都大学) "森林生態系における物質循環機構についての研究"
山口 博昭(林業科学技術振興所) "「森林科学」の創設における貢献"

(平11年度)
◇林学賞
龍原 哲(新潟大学) "人工複層林の成長に関する理論的研究-スギ2段林の成長モデル"
岸 洋一(東京農工大学) "The pine wood nematode and the Japanese pine sawyer"
猪内 正雄(岩手大学) "モービルタワーヤーダによる間伐作業の経済性と地表攪乱(英文)"
◇奨励賞
福田 健二(東京大学) "Physiological process of the symptom development and resistance mechanism in pine wilt disease"
吉本 敦(宮崎大学) "Economic analysis of harvesting behavior using the modified Gentan probability theory"

(平12年度)
◇林学賞
山本 進一(名古屋大学) "日本の主要森林タイプにおけるギャップ攪乱体制と主要樹種のギャップ更新特性"
山田 利博(森林総合研究所) "菌の侵入に対するスギ生立木辺材の反応に関する研究-特に反応障壁の形成について"
◇奨励賞 野口 正二(森林総合研究所) "Rainfall-runoff responses and roles of soil moisture variations to the response in tropical rain forest, Bukit Tarek, Peninsular Malaysia"

(平13年度)
◇林学賞
栗山 浩一(早稲田大学) "森林の環境価値とそのCVM評価:評価手法の確立と環境政策への適用"
太田 誠一(森林総合研究所) "東南アジア熱帯雨林の土壌特性と森林荒廃に伴う変化に関する研究"
石田 厚(森林総合研究所) "熱帯樹種の強光・高温に対する生理的・形態的防御機構に関する研究"

(平14年度)
◇林学賞
富樫 一巳(広島大学) "松枯れをめぐる宿主-病原体-媒介者の相互作用"
井上 公基(日本大学) "森林作業と労働負担"
太田 伊久雄(京都大学) "アメリカ国有林管理の史的展開-人と森林の共生は可能か?-"
◇奨励賞
石塚 成宏(森林総合研究所) "落葉広葉樹

林におけるN2O生成とその空間的異質性"
井上 昭夫(鳥取大学) "相対成長式によるスギ同齢単純林における樹高曲線の解析-係数の簡単な推定方法-"

(平15年度)
◇林学賞
柿澤 宏昭(北海道大学) "エコシステムマネジメント"
中静 透(総合地球環境学研究所) "Species coexistences in temperate,mixed deciduous forests"
福田 秀志(日本福祉大学) "キバチ類3種の資源利用様式と繁殖戦略"
◇奨励賞
浅野 友子(京都大学) "森林の成立に伴う流域内酸中和機構の変化?植生と土層厚が酸中和機構に与える影響?"
福本 浩士(三重県紀北県民局) "Effects of insect predation on hypocotyls survival and germination success of mature Quercus variabilis acorns"
藤掛 一郎(宮崎大学) "兼業林家における自家労働投下量の決定と世代交代"
◇功績賞 前田 禎三(元宇都宮大学) "森林植生の動態研究と天然更新技術開発"

(平16年度)
◇林学賞
鎌田 直人(金沢大学) "Population dynamics of the beech caterpillar, Syntypistis punctatella,and biotic and abiotic factors."
小杉 賢一朗(京都大学) "森林土壌の雨水貯留能を評価するための新たな指標の検討"
◇功績賞
北村 昌美(山形大学) "森林文化に関する研究,ならびに,その教育・啓蒙活動への貢献"
佐々木 恵彦(日本大学) "フタバガキ科樹木の生理生態の解明と熱帯林再生への貢献"
古越 隆信(林木育種協会) "林木育種計画論の確立とその基礎技術の集大成及び熱帯林造成地帯の国際研究協力への貢献"
宮島 寛(九州大学) "著書「九州のスギとヒノキ」をはじめとするさし木林業地帯における在来品種に関する研究業績と林木育種への貢献"
渡辺 宏(グリーンサーベイ渡辺技術士事務所) "リモートセンシングによる熱帯林管理国際協力事業への貢献?東南アジア8カ国の熱帯林管理情報システムの構築?"

(平17年度)
◇学会賞
中村 太士(北海道大学) "Changes in riparian forests in the Kushiro Mire, Japan,associated with stream channelization"
二井 一禎(京都大学) "マツノザイセンチュウ感染機構に関する微生物生態学的研究"
吉川 賢(岡山大学) "半乾燥地緑化と樹木の耐乾性に関する研究"
◇奨励賞
小野 賢二(森林総合研究所) "Determination of lignin,holocellulose, and organic solvent extractives in fresh leaf,litterfall,and organic material on forest floor using near-infrared reflectance spectroscopy"
坂田 景祐(東京大学) "Difference in cutting age for highest profit by methods for calculation CO2 emission trading and the price of CO2"
◇功績賞
五十嵐 恒夫(北海道大学) "菌類に注目した森林保護研究による北海道の森林管理への貢献"
只木 良也(名古屋大学) "森林生態学と森林環境学の発展ならびにその啓発・普及および出版文化活動への貢献"
橋詰 隼人(鳥取大学) "林木育種ならびに広葉樹造林に関する研究"
半田 良一(京都大学) "林政学・林業経済学の発展、ならびに、森林と林業に対する国民的意見形成に関する貢献"
南方 康(東京大学) "高性能林業機械の開発と普及に尽力"

(平18年度)
◇学会賞
小池 孝良(北海道大学) "Leaf morphology and photosynthetic adjustments among deciduous broad-leaved trees within the vertical canopy profile"
小島 克己(東京大学) "熱帯樹木の環境ストレス応答"
◇奨励賞
泉 桂子(森林総合研究所) "近代水源林の誕生とその軌跡-森林と都市の環境史-"

勝山 正則（総合地球環境学研究所）"風化花崗岩山地源流域の渓流水NO3-濃度形成に対する水文過程のコントロール"
北尾 光俊（森林総合研究所）"樹木の光合成に及ぼす環境ストレスの影響"

（平19年度）
◇学会賞
井上 真（東京大学）"コモンズの思想を求めて：カリマンタンの森で考える"
大住 克博（森林総合研究所）"北上山地の広葉樹林の成立における人為攪乱の役割"
◇奨励賞
石井 弘明（神戸大学）"Exploring the relationships among canopy structure, stand productivity and biodiversity of temperate forest ecosystems"
今 博計（北海道立林業試験場）"Evolutionary advantages of mast seeding in Fagus crenata"
吉岡 拓如（日本大学）"Energy and carbon dioxide ($CO_2$) balance of logging residues as alternative energy resources：system analysis based on the method of a life cycle inventory (LCI) analysis"

（平20年度）
◇学会賞 丸山 毅（森林総合研究所）"Somatic embryogenesis in Sawara cypress (Chamaecyparis pisifera Sieb. et Zucc.) for stable and efficient plant regeneration, propagation and protoplast culture"
◇奨励賞
安部 哲人（森林総合研究所）"小笠原諸島の在来種フロラにおける送粉系の危機"
久保田 多余子（森林総合研究所）"出水中の地中水における酸素同位体比変化と混合過程"
吉田 俊也（北海道大学）"Factors influencing early vegetation establishment following soil scarification in a mixed forest in northern Japan"

（平21年度）
◇学会賞 津村 義彦（森林総合研究所）"Genome-scan to detect genetic structure and adaptive genes of natural populations of Cryptomeria japonica"
◇奨励賞
小松 光（九州大学）"Do coniferous forests evaporate more water than broad-leaved forests in Japan?"
平野 恭弘（森林総合研究所関西支所）"Root parameters of forest trees as sensitive indicators of acidifying pollutants：a review of research of Japanese forest trees"
二村 典宏（森林総合研究所）"Analysis of expressed sequence tags from Cryptomeria japonica pollen reveals novel pollen-specific transcripts"

（平22年度）
◇学会賞 加藤 正人（信州大学）"森林リモートセンシング ― 基礎から応用まで ―"
◇奨励賞
上村 佳奈（森林総合研究所）"Developing a decision support approach to reduce wind damage risk？a case study on sugi (Cryptomeria japonica (L.f.) D. Don) forests in Japan"
真坂 一彦（北海道立林業試験場）"Floral sex ratio strategy in wind-pollinated monoecious species subject to wind-pollination efficiency and competitive sharing among male flowers as a game"
山浦 悠一（森林総合研究所）"広葉樹林の分断化が鳥類に及ぼす影響の緩和―人工林マトリックス管理の提案―"
◇功績賞 平 英彰（新潟大学）"雄性不稔スギの発見とその普及に向けた研究"

（平23年度）
◇学会賞
井鷺 裕司（京都大学）"Effective pollen dispersal is enhanced by the genetic structure of an Aesculus turbinata population"
千葉 幸弘（森林総合研究所）"Effects of a thinning regime on stand growth in plantation forests using an architectural stand growth model"
◇奨励賞
石田 孝英（the Swedish University of Agricultural Sciences）"Host effects on ectomycorrhizal fungal communities：insight from eight host species in mixed conifer-broadleaf forests"
伊藤 雅之（京都大学）"Hydrologic effects on methane dynamics in riparian wetlands in a temperate forest catchment"

山川 博美（森林総合研究所）"Early establishment of broadleaved trees after logging of Cryptomeria japonica and Chamaecyparis obtusa plantations with different understory treatments"

## 049　農業機械学会賞

　（1）学術賞：昭和29年，農業機械に関する学術の進歩を目的として創設。（2）森技術賞：昭和38年，森周六氏の寄託金により，農業機械の技術の進歩を目的として創設。（3）（4）奨励賞：平成6年，農業機械の進歩に寄与する学術・技術に係わる萌芽的研究を対象に創設。（5）功績賞：農業機械学会の発展に顕著な功績者を表彰する。（6）国際賞：平成19年，国際的に農業機械や農業技術の発展に顕著な功績のあった者を表彰する目的で創設。

【主催者】農業機械学会

【選考委員】各賞毎に表彰委員長が5名の選考委員を選び，会長が委嘱する。

【選考基準】（1）（2）（3）（4）（6）は正会員の推薦による。（5）は理事会推薦による。〔資格〕（1）（2）は農業機械学会正会員，（3）（4）は推薦締切日の属する年度の前年度末において35歳以下の正会員または学生会員，（6）は学会員以外も可，（5）は特になし。〔対象〕（1）推薦締切日より過去5年以内に原則として農業機械学会誌に掲載された研究論文のうち農業機械の学術の進歩に特に顕著な貢献をなした論文。農業機械学会誌以外においても，顕著な業績が著書，調査報告書，その他の刊行物としてある場合は対象とし，すでに同学会の他の賞を受けた業績は原則として除外する。（2）成果が公表され，また実施の段階にあるもので，推薦締切日より過去5年間において農業機械学会誌またはこれに準ずる公刊物に掲載され，農業機械技術の進歩に貢献した農業機械試験測定法または装置の作出，農業機械の利用による技術体系の確立等の具体的成果が顕著なもの。すでに同学会の他の賞を受けた業績は原則として除外する。（3）（4）推薦締切日より過去3年以内において，農業機械学会誌に掲載された研究論文，技術論文，速報，または同時期において公刊された研究報告書，技術報告書，調査報告書，著書その他の公刊物に掲載されたもの。（5）農業機械学会の発展のために顕著な功績のあったもの。（6）国際的に顕著な功績のあった個人又はグループ。

【締切・発表】（1）（2）（3）（4）の推薦は毎年8月末。（5）は特になし。発表は大会直近の理事会終了後。例年は3月中旬。表彰は大会時の総会。

【賞・賞金】（1）（2）（3）（4）（6）は原則として各年1件。賞状，賞牌及び賞金。（5）は該当者がある場合。賞状及び賞牌。

【URL】http://www.j-sam.org

第1回（昭29年度）
　◇学術賞
　　川村 登（京都大学）「プラウ曲面の理論的研究」
　　鏑木 豪夫（関東々山農業試験場），手塚 右門「土に関する農機具の試験装置の改良」
　　森 周六（九州大学）「犂と犂耕法（著書）」
　　田伏 三作（新潟県農業試験場）「畜力機械力利用に関する調査研究」

第2回（昭30年度）
　◇学術賞
　　三好 保男（井関農機）「米選機の選別理論に関する研究」
　　渡辺 鉄四郎（関東々山農業試験場）「常温通風乾燥法に関する研究に就いて」
　　二瓶 貞一（全購連）「精米と精穀（著書）」

第3回（昭31年度）
　◇学術賞
　　常松 栄（北海道大学）「1馬曳1畦用カルチベータの発達史並びに性能に関する実験的研究」
　　松田 良一（関東々山農業試験場），江崎 春雄「刈取機の研究」
　　佐藤 正（岩手大学）「農用撒粉機に関する調査試験及び研究」

第4回（昭32年度）
◇学術賞
田村 豊（京都大学），増田 正三 「牽引車工学（著書）」
庄司 英信（東京大学） 「穀粒調整加工用機具の粒体力学的研究」
守島 正太郎（三重大学） 「短床犂に関する二次元的理論考察」

第5回（昭33年度）
◇学術賞
薗村 光雄（大阪府立大学） 「動力耕耘機の振動に関する研究」
新関 三郎（農林省改良局） 「装具の構造と装着理論に関する研究」
長広 仁蔵（ヤンマーディゼル） 「農用作業機とエンジンの作業関連負荷特性に関する研究」

第6回（昭34年度）
◇学術賞
今井 正信（関東々山農業試験場） 「動力噴霧機の散布方法に関する研究」
中馬 豊（鹿児島大学） 「使用上からみた農用発動機の保全管理に関する基礎的諸特性の研究」
田原 虎次（東京農工大学） 「犂耕上からみた軽鬆土の特性とその犂体付着機構に関する研究」

第7回（昭35年度）
◇学術賞
狩野 秀男（関東々山農業試験場） 「籾摺機における脱稃率の向上に関する研究」
土屋 功位（山形大学） 「ロータリ式耕耘刀による水田土壌の耕耘性に関する実験的研究」
清水 浩（井関農機） 「日本における農機具の技術発達史ならびに農業機械化史」

第8回（昭36年度）
◇学術賞
田中 孝（滋賀県立短期大学） 「湿田への動力耕耘機の導入に関する研究」
梅田 重夫（京都大学） 「ロータリ式耕耘爪の耕耘作用の研究」
竹内 竜三（京都大学） 「農業用発動機の振動研究」

第9回（昭37年度）
◇学術賞
石橋 貞人（九州大学） 「製粉（穀類の粉砕）に関する基礎的研究」
松尾 昌樹（山形大学） 「ロータリ耕うんに関する基礎的研究」

第10回（昭38年度）
◇森技術賞 上田 貞夫（京都府農業試験場） 「水稲湛水直播栽培の機械化」
◇学術賞
中村 忠次郎（岩手大学） 「籾摺機の改良に関する実験的研究」
涌井 学（東北農業試験場） 「施肥機改良のための基礎研究」
石原 昂（鳥取大学） 「農薬散布用ノズルの研究」

第11回（昭39年度）
◇森技術賞 山下 律也（京都大学） 「共同乾燥調製施設に関する研究」
◇学術賞
宮北 啓（古川農機具工業） 「スクリュー式耕耘刃に関する研究」
遠藤 俊三（農林省農事試験場） 「振動式心土破砕機に関する研究」
坂井 純（本田技術研究所） 「ロータリー式動力耕うん機の構造性能に関する理論的考察とその応用」

第12回（昭40年度）
◇森技術賞 古池 寿夫（宮崎大学） 「ロータリー式耕耘機の作業特性に関する研究」
◇学術賞 山沢 新吾（東京教育大学） 「代かきにおける土塊の崩壊機構とその作業機の諸特性に関する実験的研究」

第13回（昭41年度）
◇学術賞
吉田 富穂（北海道大学） 「動力耕耘機用鉈刃耕耘刃の形態に関する実験的研究」
荒牧 利武（愛媛大学） 「携帯用草刈機・刈払機の騒音に関する研究」

第14回（昭42年度）
◇森技術賞 竹田 策三（愛媛大学） 「農業機械の燃料，潤滑剤に関する研究および解説」
◇学術賞 武長 孝（農業機械化研究所） 「粒状農薬，とくに除草粒剤の散布機に関する研究」

第15回（昭43年度）
◇学術賞 中川 健治（三重大学） 「茶摘機の設計要素に関する研究」

第16回（昭44年度）
◇森技術賞 島本 隆次（久保田鉄工農機研究所），冷牟田 正太 「小型バインダーの開発研究」
◇学術賞 田辺 一（島根大学） 「傾斜地にお

けるトラクタのけん引性能向上に関する研究」
第17回（昭45年度）
◇学術賞　村田 敏（九州大学）「果実及び野菜の低温輸送技術に関する工学的研究」
第18回（昭46年度）
◇森技術賞　田原迫 昭爾（鹿児島大学）「農産物の熱風乾燥法に関する研究」
◇学術賞　岡村 俊民（北海道大学）「フライホイール型飼料截断機の刃型に関する実験的研究」
第19回（昭47年度）
◇功績賞
　大島 健夫
　岸田 義邦（新農林社）
　佐々木 喜四郎
　庄司 英信
　蘭村 光雄
　田村 豊
　常松 栄
　新関 三郎
　二瓶 貞一
　森田 昇
　横山 偉和夫
◇学術賞　小中 俊雄（三重大学）「しろかき土壌の力学性に関する相似性研究」
第20回（昭48年度）
◇学術賞　森 邦男（三重大学）「乾燥制御系の穀粒含水率検出器の研究」
第21回（昭49年度）
◇森技術賞　清水 靖彦（埼玉県庁）「ごぼう収かく作業の省力化に関する研究―特に掘取用溝掘機の開発とその実用効果について」
◇学術賞
　東条 衛（帯広畜産大学）「菜豆類の乾燥特性に関する実験的研究」
　藍 房和（東京農工大学）「火山灰土畑用犂の土壌付着防止に関する研究」
第22回（昭50年度）
◇森技術賞　国生 哲夫（日本専売公社宇都宮たばこ試験場）、木村 亨、木下 能明、吉野 晴夫「タバコ用小型移植機の開発研究」
◇学術賞　伴 敏三（農業機械化研究所）「人工乾燥における米の胴割れに関する実験的研究」
第23回（昭51年度）
◇森技術賞　高本 宣彦（静岡県農業試験場）、早川 千吉郎「キヌサヤエンドウ選別機

の開発研究」
◇学術賞　木谷 収（三重大学）「ニューマティック耕うんのための基礎的研究」
第24回（昭52年度）
◇功績賞
　今井 正信
　鏑木 豪夫
　渋川 利雄
　手塚 右門（東洋社）
◇学術賞　中 精一（農林省農林水産技術会議）「半乾燥粗飼料の圧縮成形化とその要因に関する研究」
第25回（昭53年度）
◇森技術賞　小嶋 和雄（高知大学）「ビニールハウス内の運搬の機械化に関する研究」
◇学術賞　並河 清（京都大学）「田植機植付機構の研究」
第26回（昭54年度）
◇学術賞　安部 武美（愛媛大学）「農業機械における局所振動に関する研究」
第27回（昭56年度）
◇森技術賞　鈴木 正肚（農業機械化研究所），江崎 春雄（筑波大学），今園 支和（農林水産省畑作研究センター），杉山 隆夫（農業機械化研究所），間中 正雄（農業機械化研究所）「コンバインの穀粒自動袋詰装置の開発研究」
◇学術賞　伊藤 信孝（三重大学）「トラクタのすべり率・負荷制御に関する研究」
第28回（昭57年度）
◇森技術賞　永田 雅輝（宮崎大学）"暖地多雨地帯における水稲乾田直播及び麦播種用複合（同時）作業機の開発研究〔宮崎大学農学部研究報告「耕うん播種機の研究」24(1),25(1)〕"
◇学術賞　川名 茂（農林水産省蚕糸試験場）"「自動索抄緒機の開発に関する研究」〔農業機械学会誌,蚕糸試験場報告〕"
第29回（昭58年度）
◇森技術賞　村井 信仁（北海道立十勝農業試験場）「土地の生産力向上に関連する農業機械の開発と改良に関する研究」
◇学術賞　岩尾 俊男（島根大学）"「揺動選別機に関する研究」〔農業機械学会誌,島根大学農学部研究報告〕"
第30回（昭59年度）
◇森技術賞　村田 利男（久保田鉄工），守田 伸六（大阪府農林技術センター），武長 孝（農林水産省農業研究センター），津賀 幸

之助（農業機械化研究所），梶山 道雄 「ハウス防除機に関する研究」
◇学術賞　加藤 宏郎（京都大学）"穀物乾燥機の省エネルギとその評価法に関する熱力学的研究"〔農業機械学会誌〕

第31回（昭60年度）
◇森技術賞　中村 喜彰（石川県農業短期大学）「水稲の湛水土壌中直播機の開発と利用に関する研究」

第31回（昭61年度）
◇学術賞　笈田 昭（新潟大学）「トラクタキャブの防振と内部騒音軽減に関する研究」
◇森技術賞　市川 友彦（農業機械化研究所），杉山 隆夫，間中 正雄「スクリュ型大豆脱穀機の開発研究」
◇功績賞　岡村 俊民，山中 勇，吉田 富穂，佐竹製作所，東洋社，丸山製作所，八鹿鉄工，ヤンマー農機

第32回（昭62年度）
◇学術賞　三浦 恭三郎（農業研究センター）「トラクタ座席振動の測定法と評価法に関する研究」
◇森技術賞　唐橋 需（東北農業試験場）「結球性葉菜収穫機の開発研究」

第33回（昭63年度）
◇学術賞　石川 文武（生研機構）「トラクタ用安全フレームの研究」

第34回（平1年度）
◇学術賞　佐々木 泰弘（生研機構）「麦の乾燥と品質に関する実験的研究」
◇森技術賞　秋永 孝義（琉球大学）「沖縄産農産物の流通技術の開発研究」

第35回（平2年度）
◇学術賞　橋口 公一（九州大学）「圃場機械に関わる土壌の力学的挙動に関する研究」
◇森技術賞　山影 征郎（生研機構），小西 達也，横尾 光広，吉田 清一「回転式植付機構を用いた高速田植機の開発研究」

第36回（平3年度）　受賞者不明
第37回（平4年度）　受賞者不明
第38回（平5年度）　受賞者不明
第39回（平6年度）　受賞者不明
第40回（平7年度）　受賞者不明

第41回（平8年度）
◇学術賞　新家 憲（専修大学北海道短期大学教授）「流体を噴出するサブソイラの最適形状」
◇森技術賞　山名 伸樹（生研機構），平田 晃（生研機構），滝川 具弘（筑波大学助教授）

（平9年）
◇学術賞　該当者なし
◇森技術賞　小林 研，鈴木 正肚（生研機構），小野田 明彦（中国農業試験場），大月 晴樹（井関農機），猪之奥 康司（四国農業試験場）"ウリ科野菜用接ぎ木装置の開発"
◇研究奨励賞　飯田 訓久（京都大学農学部）"農業用油圧マニピュレータの研究"
◇技術奨励賞　該当者なし
◇功績賞
　藍 房和
　堀端 治夫

（平10年）
◇学術賞
　田中 俊一郎（鹿児島大学農学部）"青果物の予冷過程における伝熱工学的研究"
　野口 伸（北海道大学農学部）"農用移動ロボットの開発に関する基礎研究"
◇森技術賞　田坂 幸平，小倉 昭男（生研センター），名本 学（井関農機）"水稲の水耕育苗と移植技術の開発に関する研究"
◇研究奨励賞　該当者なし
◇技術奨励賞　大谷 隆二（農研センター），横地 泰宏（北海道農業試験場）"寒地大規模直播稲作のための播種技術に関す研究"
◇功績賞　坂井 純

（平11年）
◇学術賞　該当者なし
◇森技術賞　戸崎 紘一，宮原 佳彦（生研機構），水倉 泰治（ヤンマー農機）"誘導ケーブル式果樹無人防除機の開発研究"
◇研究奨励賞　石井 一暢（北海道大学農学部）"農用自律移動ロボットのナビゲーションに関する研究"
◇技術奨励賞　該当者なし
◇功績賞
　森嶋 博
　村田 敏

（平12年）
◇学術賞　近藤 直（石井工業（前岡山大学）），門田 充司（岡山大学）"キクの挿し木作業の自動化に関する基礎的研究"
◇森技術賞　行本 修，松尾 陽介（生研機構），野口 伸（北海道大学）"光学方式航法システム（XNAV）を用いた耕うんロボットの開発研究"
◇研究奨励賞　該当者なし

◇技術奨励賞　該当者なし
◇功績賞
　小中 俊雄
　林 尚孝
(平13年)
◇学術賞　酒井 憲司(東京農工大学農学部)"農用トラクタおよびトラクタ・作業機系における非線形力学とカオス振動に関する研究"
◇研究奨励賞　村上 則幸(北海道農業試験場)"キャベツ収穫ロボットの開発"
◇技術奨励賞　牧野 英二(生研機構)"自動テスト精米機"
◇功績賞
　桑名 隆
　並河 清
　近江度量衡
(平14年)
◇学術賞　井上 慶一(農研機構北海道研究セ)、大塚 寛治(農研機構九州沖縄研究セ)、黎 文(農研機構中央研究セ)"大豆の高品質乾燥調製に関する研究"
◇森技術賞　佐竹 覚(サタケ(故人))、金本 繁晴(サタケ)"米の分光選別機の開発研究"
◇研究奨励賞　田中 史彦(鹿児島大学)"数理モデル解析による食品のマイクロ波加熱シミュレーション"
◇技術奨励賞　該当者なし
◇功績賞
　上出 順一
　木谷 収
　三浦 恭志郎
　アグリテクノ矢崎
　有光工業
　井関農機
　金子農機
　小橋工業
　新農林社
　タカキタ
　本田技術研究所朝霞東研究所
　松山
　マルマス機械
　山本製作所
(平15年度)
◇学術賞
　上野 正実(琉球大学)「土壌変形解析に基づく車輪の走行現象予測に関する基礎研究」
　芋生 憲司(東京大学)"高精度超音波ドップラー速度計の研究"
◇森技術賞
　日高 茂實(ヤンマー農機)"強制デフ式操舵システムの開発"
　西村 洋、後藤 隆志、堀尾 光広(生研機構)、林 和信(生研機構)、浅野 士郎(井関農機)、上田 吉弘(クボタ)、福間 英明(三菱農機)、中尾 敏夫(ヤンマー農機)"高精度水稲湛水直播用機械の開発研究"
◇研究奨励賞　該当者なし
◇技術奨励賞　国立 卓生(石川県農業総合研究センター)"潤土播く水稲における耐倒伏株管理法の研究"
◇功績賞
　板谷 博
　山崎 稔
　高井 宗宏
　穂波 信雄
　武田 勉
　石川島芝浦機械
　ニッカリ
　みのる産業
　川辺農研産業
　斉藤農機
　スガノ農機
　北原電牧
　ケット科学
　豊国工業
　大竹製作所
(平16年度)
◇学術賞　西池 義延(京都大学)"規範モデル追従制御による前後輪自動操舵"
◇森技術賞　ユトリー ウララン バウチスタ(フィリピン稲作研究所)"稲作の深層施肥法確立に関する実証的研究"
◇研究奨励賞　岡安 崇史(九州大学)「圃場機械走行による地盤変形・転圧現象の高精度予測に関する基礎研究」
◇技術奨励賞　該当者なし
◇功績賞
　西山 喜雄
　八木 茂
　寺尾 日出男
　小松ゼノア
　セイレイ工業
　西島製作所
(平17年度)
◇学術賞
　川村 周三(北海道大学大学院)「氷点下の温度を用いた籾の高品質貯蔵技術に関す

る研究」
    竹倉 憲弘(中央農業総合研究センター)
    伊藤 和彦(北海道大学大学院)
◇森技術賞　該当者なし
◇研究奨励賞
    積 栄(生研センター),日吉 健二(宮崎大学)「農用トラクタの実作業における排出ガスの実態に関する研究」
    帖佐 直(中央農業総合研究センター)"自脱コンバイン用収量計測システムに関する研究"
◇技術奨励賞　日高 靖之(生研センター)"紫外線と二酸化チタンを利用した穀物殺菌技術"
◇功績賞　該当者なし
(平18年度)
◇学術賞　松井 正実(井関農機)"コンバインにおける穀粒の風選別に関する研究"
◇森技術賞　後藤 隆志,堀尾 光広(生研センター),市川 友彦(元生研センター),小林 智夫(ヤンマー農機),長屋 克成(小橋工業),久慈 良治(ササキコーポレーション)"水田耕うん整地用機械の高速化に関する研究"
◇研究奨励賞　酒井 悟(千葉大学)"農業用重量物ハンドリングマニュピレータの研究"
◇技術奨励賞　高橋 仁康(生研センター)"ロータリ耕うんによるスクミリンゴガイ防除技術の開発"
◇功績賞
    池田 善郎
    岡本 嗣男
    唐橋 需
    岸田 義典
    瀬尾 康久
    橋口 公一
(平19年度)
◇学術賞　瀧川 具弘(筑波大学)「自律走行車両の走行軌跡制御の開発とその応用に関する研究」
◇森技術賞
    近藤 直(愛媛大学),エスアイ精工(本会特別会員)「トレーサビリティに貢献する果実選別ロボットの開発」
    平田 晃,後藤 裕(生研センター),オリオン機械(本会特別会員)"搾乳ユニット自動搬送システムに関する研究"
◇研究奨励賞　寺脇 正樹(石川島芝浦機械)「直播テンサイのための自動間引き・除草システムの開発に関する研究」
◇技術奨励賞　該当者なし
◇功績賞
    伊藤 信孝
    今西 克巳
    笈田 昭
    笹尾 彰
    佐々木 泰弘
    鷹尾 宏之進
    渡辺 兼五
    東海理化
    クボタ
    サタケ
    共立

# 050　農村計画学会ベストペーパー賞

　農村計画論文集に掲載された学術論文のうち,完成度が高く,優れた知見により農村計画に貢献する論文について顕賞し,もって掲載論文の水準の向上に資することを目的として平成17年に創設された。

【主催者】農村計画学会
【選考委員】同賞選考委員会
【選考基準】〔対象〕当該年度の農村計画論文集に掲載された学術論文で,かつ秋期大会学術論文発表会において筆頭著者が発表するもの。原則として1～2件。
【締切・発表】翌年度の春期大会において表彰
【賞・賞金】賞状および記念品
【URL】http://wwwsoc.nii.ac.jp/arp/

(平17年度)
    山下 良平　「マルチエージェントモデルによる農地流動化要因の影響評価—兵庫県

神埼町Y集落を対象として―」
菅原 麻衣子 「農山村地域における住民の地域社会に関する知識保有と活用実態―高齢社会型の地域社会における高齢者の役割と参画―」
(平18年度)
杉中 淳 「農地所有者の不在村化の進行が土地改良施設の管理に与える影響について」
佐々木 祐介 "象潟の景観形成過程と保全に関する研究"(連名者:三宅諭)"
(平19年度) 受賞者なし
(平20年度) 治多 伸介 "農村地域における戸別合併浄化槽処理水質の季節変動特性"
(平21年度)
山端 直人 "集落ぐるみのサル追い払いによる農作物被害軽減効果"
窪田 和矢 "条例策定過程における関係主体の役割と相互作用"
牧山 正男 "滞在型市民農園利用者への支援を目的とした地元住民組織の実態および計画上の注意点―クラインガルテン八千代の「田舎の親せき制度」を事例として―"

## 051 林木育種賞

　森林・林業に対する多様な国民的要請に応え,林木育種事業のより一層の発展に寄与することを目的として,昭和32年に創設された。

【主催者】(社)林木育種協会
【選考方法】公募および会員の推薦による
【選考基準】〔資格〕なし。〔対象〕材木育種賞:林木育種の試験・研究に関し著しい業績を上げた者。材木育種功労賞:林木育種の推進に貢献した者。材木育種研究奨励賞:優れた業績を上げた若い材木育種研究者
【締切・発表】例年3月末推薦締切,会誌「林木の育種」7月号誌上に掲載
【賞・賞金】賞状と副賞
【URL】http://www11.ocn.ne.jp/~rinboku/index.html

第1回(昭32年度) 福田 孫多(千葉県姉崎町) "スギのクローン育成の功績"〔No.1 1957.4〕"

第2回(昭33年度) 中平 幸助(林業試験場宮崎分場) "ミツマタの育種学的研究"〔No.6 1958.7〕"

第3回(昭34年度) 佐藤 敬二(九州大学) "育種と造林との関連"〔特別号 1959.10〕"

第4回(昭35年度) 岩月 盈夫(林業試験場育種グループ),千葉 茂,戸田 良吉,柳沢 聡雄 "選抜育種事業の基本計画に関する功績"〔特別号 1960.7〕"

第5回(昭36年度) 外山 三郎(宮崎大学) "林木育種及びその基礎研究"〔特別号 1961.9〕"

第6回(昭37年度) 小林 準一郎(林木育種協会),中村 賢太郎(東京大学) "林木育種協会の創設とわが国林業の発展に尽くした功績"〔No.23 1962.10〕"

第7回(昭38年度) 東北パルプ北上造林事業部 "アカマツ採種園の造成とその成果"〔特別号 1963.10〕"

第8回(昭39年度) 宮島 寛(九州大学) "ヒノキ栄養系の育成の功績"〔特別号 1964.11〕"

第9回(昭40年度) 王子製紙栗山林木育種研究所 "林木育種の事業と研究についての民間先駆者として,特に広葉樹の育種に貢献した功績"〔特別号 1965.10〕"

第10回(昭41年度) 横山 緑(静岡県林業試験場) "林木育種研究及び事業の推進についての功績"〔No.38 1966.7〕"

第11回(昭42年度) 百瀬 行男(関東林木育種場長野支場) "カラマツ採種園の育成技術の確立とその実用化"〔No.44 1967.7〕"

第12回(昭43年度) 高橋 延清(東京大学北海道演習林) "カラマツ類の交雑育種に関

する研究とその実用化」〔No.50 1968.7〕"

第13回(昭44年度)　静岡県林木育種場　"「新技術の導入等により林木育種事業の実用化促進」〔No.56 1969.7〕"

第14回(昭45年度)
　猪熊 泰三(東京大学)　"「ポプラの品種管理と普及」〔No.62 1970.7〕"
　堀田 擁喜　"「耐潴性スギ選抜の創意と実行」〔No.62 1970.7〕"

第15回(昭46年度)　有田 学(岐阜大学)　"「スギにおける枝張りの遺伝的及び生態的特性に関する研究」〔No.68 1971.7〕"

第16回(昭48年度)
　平吉 功(元岐阜大学)　"「アイグロマツに関する育種的研究」〔No.80 1973.7〕"
　酒井 寛一(鹿児島大学)　"「アイソザイムによる天然林の遺伝的研究」〔No.80 1973.7〕"

第17回(昭49年度)
　戸田 良吉(林業試験場遺伝育種科)　"「日本林木育種史に関する功績」〔No.86 1974.7〕"
　愛知県林木育種推進協議会　"「林木育種の啓蒙普及について」〔No.86 1974.7〕"

第18回(昭50年度)　宮城県林業試験場　"「宮城県の林木育種事業推進の功績」〔No.91, 92 合併号 1975〕"

第19回(昭51年度)　陣内 巌(筑波大学)　"「林木育種研究の推進の功績」〔No.98 1976.7〕"

第20回(昭52年度)　長野営林局坂下営林署　"「ヒノキ育種事業に関する技術的経営並びにその普及推進の功績」〔No.104 1977.8〕"

第21回(昭53年度)　前田 千秋(兵庫県林業試験場)　"「スギの個体内の変異の利用の関する研究」〔No.108 1978.7〕"

第22回(昭54年度)
　石川 健康　"「林木育種事業の推進の功績」〔No.112 1979.7〕"
　古越 隆信(関東林木育種場)　"「スギ採種園における受粉管理の研究」〔No.112 1979.7〕"

第23回(昭55年度)　原 信義(佐賀県林業試験場)　"「育種苗の実用化促進に関する功績」〔No.116 1980.7〕"

第24回(昭56年度)
　大庭 喜八郎(林業試験場遺伝育種科)　"「林木育種に関する研究並びに成果の普及に対する功績」〔No.120 1981.7〕"
　柴田 勝(王子製紙林木育種研究所)　"「アカマツ/クロマツ及びその種間交雑に関する遺伝育種学的研究」〔No.120 1981.7〕"

第25回(昭57年度)
　熊本営林局　"「林木育種事業推進の経緯と現状」〔No.124 1982.7〕"
　畠山 末吉　"「トドマツの産地間変異の地域性に関する遺伝育種学的研究」〔No124 1982.7〕"

第26回(昭58年度)
　山形県林木育種場　"「山形県の林木育種事業の経緯と今後」〔No.128 1983.7〕"
　佐々木 正臣(広島県林業試験場)　"「林木育種に関する研究成果の普及並びに広島県下における精英樹選抜育種事業の現状と今後」〔No.128 1983.7〕"

第27回(昭59年度)
　橋詰 隼人(鳥取大学)　"「林木育種の基礎―有性生殖とその育種への応用」〔No.132 1984.7〕"
　九州林産　"「社有林の概況と林木育種への取り組み」〔No.132 1984.7〕"

第28回(昭60年度)　三上 進(林業試験場東北支場)　"「カラマツ旋回木理に関する遺伝育種学的研究の成果並びに事業推進に果たした功績」〔No.136 1985.7〕"

第29回(昭61年度)
　岩手県林木育種場　"「耐寒性スギの育成に関する研究並びに林木育種の推進に果たした功績」〔No.140 1986.7〕"
　山梨県林業技術センター　「採種園の育成管理に関する研究並びに林木育種の推進に果たした功績」

第30回(昭62年度)　九州林木育種場, 茨城県林業試験場　"「マツノザイセンチュウ抵抗性育種の実用化に関する研究並びに林木育種の推進に果たした功績」〔No.144 1987.7〕"

第31回(昭63年度)
　明石 孝輝(森林総合研究所)　"「スギの遺伝母数の推定に関する研究業績」〔No.148 1988.7〕"
　倉橋 昭夫(東京大学北海道演習林)　「カラマツ属の交雑育種に関する研究業績」

## 051 林木育種賞

第32回（平1年度）
　戸田 義弘（九州東海大学）　"「スギの核型分析に関する研究業績」〔No.152 1989.7〕"
　原 雅継（福井県総合グリーンセンター）　「多雪地帯における林木育種及び造林事業の推進に寄与した業績」

第33回（平2年度）
　東 俊雄（元名古屋営林局富山営林署）　"「豪雪地帯に育種, 造林事業の推進に貢献」〔No.156 1990.7〕"
　藤本 吉幸（元九州林木育種場）　"「林木の虫害抵抗性育種に関する研究並びに林木育種の推進に貢献」〔No.156 1990.7〕"

第34回（平3年度）
　白石 進（元森林総合研究所）　"「林木アイソザイムの遺伝とその育種への利用に関する研究業績」〔No.160 1991.7〕"
　岡田 滋（元関西林木育種場）　"「スギカミキリ虫害抵抗性育種及びトドマツの遺伝変異に関する研究業績」〔No.160 1991.7〕"

第35回（平4年度）
　栄花 茂（林木育種センター）　"「北海道におけるトドマツの耐凍性に関する生態遺伝学的研究」〔No.164 1992.7〕"
　諫本 信義（大分県林業試験場）　"「ヒノキトックリ病の発生条件と遺伝特性に関する研究」〔No.164 1992.7〕"

第36回（平5年度）　伊藤 信治（新潟県林業試験場）　"「スギのミニチュア採種園による種子生産の業績」〔No.168 1993.7〕"
　◇功労賞　原田 憲顕（林木育種協会）　「永年にわたり林木育種事業に従事し, 林木育種の発展に貢献」

第37回（平6年度）
　寺田 貴美雄（林木育種センター東北育種場）　"「クロマツのタマバエ抵抗性品種の創出に関する研究」〔No.172 1994.7〕"
　佐々木 義則（大分県林業試験場）　"「スギ, ヒノキの細胞遺伝学的研究」〔No.172 1994.7〕"
　◇功労賞　照山 龍男（茨城県林業試験場）　"「永年にわたり林木育種事業に従事し, 林木育種の発展に貢献」〔No.172 1994.7〕"

第38回（平7年度）　黒丸 亮（北海道立林業試験場）　"「組織培養によるグイマツ雑種F1の大量増殖に関する研究」〔No.176 1995.7〕"
　◇功労賞　佐々木 研（前林木育種センター東北育種場）　"「永年にわたり林木育種事業に従事し, 林木育種の発展に貢献」〔No.176 1995.7〕"

第39回（平8年度）
　宮田 増男（林木育種センター九州育種場）　"「クロマツの遺伝資源保存に関する集団遺伝学的研究」〔No.180 1996.7〕"
　内田 煌二（筑波大学農林学系）　"「アイソザイムによるヒノキの遺伝育種に関する研究」〔No.180 1996.7〕"
　◇功労賞　野口 常介（前林木育種センター東北育種場）　"「永年にわたり林木育種事業に従事し, 林木育種の発展に貢献」〔No.180 1996.7〕"

第40回（平9年度）
　津村 義彦（森林総合研究所）　"葉緑体DNA等の材木の系統分類及び集団解析に関する研究"
　藤沢 義武（材木育種センター）　"スギの材質と遺伝変異に関する研究"
　◇材木育種功労賞　永田 義明（王子製紙森林資源研究所）　"永年にわたり材木育種事業に従事し, 材木育種の発展に貢献"

第41回（平10年度）
　向田 稔（林木育種センター東北育種場），太田 昇（元・林木育種センター東北育種場），佐藤 啓祐（元・山形県林業試験場）"スギ雪害抵抗性品種の創出に関する研究"
　向井 譲（静岡大学農学部）　"スギの連鎖地図作成に関する研究"
　◇材木育種功労賞　石井 正気（材木育種センター関西育種場），三浦 尚彦（材木育種センター東北育種場）"永年にわたり材木育種事業に従事し, 材木育種の発展に貢献"

第42回（平11年度）　戸田 忠ери（材木育種センター九州育種場）　"マツノザイセンチュウ抵抗性の向上に関する研究"
　◇材木育種功労賞　小林 怜爾（材木育種センター関西育種場）　"永年にわたり材木育種事業に従事し, 材木育種の発展に貢献"

第43回（平12年度）　近藤 禎二（材木育種センター九州育種場）　"DNA解析等の先端技術による材木育種事業への活用"
　◇材木育種功労賞　河野 耕蔵（材木育種センター）　"永年にわたり材木育種の発展および国際技術協力に貢献"

第44回（平13年度）　清藤 城宏（山梨県森林総合研究所）　"ヒノキ採種園の花粉管理に関する遺伝育種学的研究"
　◇材木育種功労賞　塩川 彰（山口県周南森林

組合）"永年にわたり材木育種に配意した林業経営を行い，材木育種の推進に貢献"
◇材木育種研究奨励賞
後藤 晋（東京大学北海道演習林）"マツノザイセンチュウ抵抗性クロマツ採種園の遺伝子管理に関する研究"
高橋 誠（材木育種センター東北育種場）"ブナ林の遺伝構造に関する研究"

第45回（平14年度） 井出 雄二（東京大学大学院）"樹木組織培養に関する研究"
◇材木育種功労賞 池田 俊二郎（宮城県材木育種推進協議会）"永年にわたり宮城県材木育種推進協議会の会長として会の運営に情熱を注がれ，地域の林木育種の推進に貢献"
◇材木育種研究奨励賞
磯田 圭哉（国際協力事業団）"DNA分析技術を用いたモミ属及びカラマツ属の森林遺伝学的研究"
倉本 哲嗣（材木育種センター九州育種場）"スギ材質関連遺伝子のQTL解析に関する研究"

第46回（平15年度） 栗延 晋（林木育種センター）"インドネシアにおける林木育種計画の成果"
◇功労賞
天草地域森林組合（熊本県本渡市楠浦町）"マツノザイセンチュウ抵抗性松の生産・普及に努め，林木育種の発展に貢献"
西村 慶二（林木育種センター九州育種場）"永年にわたり林木育種事業に従事し，林木育種の発展に貢献"
◇奨励賞
森口 喜成（新潟大学大学院）"DNAマーカーによるスギの遺伝・育種に関する研究"
宮本 尚子（林木育種センター北海道育種場）"サクラバハンノキの保全に関する遺伝・生態学的研究"

第47回（平16年度） 田島 正啓（林木育種センター）"林木の自殖と採種園管理に関する研究 No.212 2004,7"
◇功労賞
伊藤 輝勝（元福島県林業公社）"福島県の育種圃場（大信16ha，会津18ha）を造成し，針葉樹の育種種苗100%を達成"
植木 忠二（林木育種センター関西育種場）"永年にわたり林木育種事業に従事し，林木育種の発展に貢献"

◇奨励賞 福田 陽子（林木育種センター）"スギにおける花粉アレルゲンの遺伝的変異に関する研究"

第48回（平17年度）
王子製紙KK森林資源研究所 "バイオテクノロジーを利用した新規パルプ適木の創出"
大島 紹郎（元北海道立林業試験場）"北海道におけるカラマツ類の材質検定と林木育種事業の推進"
◇功労賞
前田 雅人（兵庫県森林林業技術センター）"永年にわたり林木育種事業に従事し，林木育種の発展に貢献"
丹原 哲夫（岡山県林業試験場）"永年にわたり林木育種事業に従事し，林木育種の発展に貢献"
◇奨励賞
伊原 徳子（森林総合研究所）"スギを中心とする針葉樹の発現遺伝子の収集とそれらの機能推定及び類型化"
津田 吉晃（東大大学院農学生命科学研究科）"ウダイカンバ天然林の遺伝的多様性に関する研究"

第49回（平18年度）
平 英彰（新潟大学大学院）"スギの雄性不稔に冠する研究"
村上 邦睦（日本製紙・森林科学研究所）"ユーカリの精英樹選抜とクローン植林に関する研究"
◇功労賞
影 義明（林育セ西表熱帯林育種技術園）"永年にわたり林木育種における繁殖技術の開発・指導及び国際協力に貢献"
渡邉 次郎（福島県林業研究センター）"永年にわたり林木遺伝資源の増殖・保存事業に貢献"
手塚 賢至（屋久島・ヤクタネゴヨウ調査隊）"絶滅危惧種ヤクタネゴヨウ遺伝資源保全への貢献"
◇奨励賞 斎藤 真己（富山県林業試験場）"スギの雄性不稔性と花粉アレルゲン性に関する研究"

第50回（平19年度） 谷口 亨（林木育種センター）"ヒノキの不定胚による遺伝子組換え系の開発 No.224 2007,7"
◇功労賞
中野 敵夫（元石川県林業試験場）"アテ品種の選抜・増殖等を通じてアテ林業の振興に貢献"

伊藤 克郎（林木育種協会）"永年にわたり林木育種技術の向上及びその普及に貢献"
◇奨励賞　田村 明（林木育種センター北海道育種場）"スギ精英樹クローンにおける炭素貯蔵量の遺伝的改良に関する研究"

第51回（平20年度）
渡邉 敦史（林木育種センター）"DNA解析技術を用いた林木育種の効率化"
北海道林木育種協会 "機関誌の発行、現地研究会の開催等を通じ、北海道の林木育種研究並びに事業の推進に寄与"
◇功労賞　井手 證三（九州森林管理局）"永年にわたり林木育種事業推進に貢献"
◇奨励賞　該当者無し

第52回（平21年度）戸丸 信弘（名古屋大学大学院）"ブナを中心とした林木の集団遺伝学・系統地理学的研究 No.232 2009,7"
◇功労賞
柳原 旲（宮城県林木育種推進協議会）"民間主導により永年にわたり林木育種の推進に貢献"
岡村 政則（林木育種センター関西育種場）"永年にわたり林木育種事業に従事し、林木育種の発展に貢献"
◇奨励賞
平尾 知士（林木育種センター）"スギ葉緑体DNAの全塩基配列解明とそれを利用したDNAマーカーの開発"
内山 憲太郎（東京大学大学院）"ウダイカンバ林の遺伝構造とその形成プロセスに関する研究"
山本（鈴木）節子（森林総合研究所）"希少樹木シデコブシの集団構造、繁殖過程、遺伝子流動に関する研究"

第53回（平22年度）
生方 正俊（林木育種センター北海道育種場）"中国湖北省及び安徽省における林木育種の国際協力の推進"
日尾野 隆, 園田 哲也, 佐藤 茂（王子製紙森林資源研究所）"ユーカリの遺伝子解析及びこれを活用した新品種開発"
◇功労賞　土肥 敬悟（王子製紙森林資源研究所）"組織培養及び遺伝子組換え技術の開発を通じて林木分子育種の推進に貢献"
◇奨励賞
大平 峰子（林木育種センター九州育種場）"さし木繁殖によるマツノザイセンチュウ抵抗性クロマツ苗生産システムの開発"
草野 僚一（熊本県林業研究指導所）"スギ在来品種「シャカイン」のクローン特性の解明とクローン管理型林業への応用"

# 製造業

## 052 アイリス生活用品デザインコンクール

　新進デザイナーの発掘と育成を目的としたコンクールとして,平成5年に創設。コンセプトは「暮らしをもっと快適に,もっと便利に」。生活の中にある潜在的な不満を見つけ出し,それを解決する製品デザインを募集する。

【主催者】アイリスオーヤマ

【選考委員】(第18回)両角清隆(東北工業大学ライフデザイン学部クリエイティブデザイン学科学科長),宮島慎吾(武蔵野美術大学基礎デザイン学科教授),栗坂秀夫(ビートップツー取締役会長),杉山和雄(杉山デザインソリューションズ研究所代表),塚本カナエ(プロダクトデザイナー,Kanae Design Labo代表),大山健太郎(アイリスオーヤマ代表取締役社長),佐藤耕平(アイリスオーヤマ商品開発部マネージャー)

【選考方法】公募

【選考基準】〔資格〕企業・団体・個人・グループ・年齢・職業・性別・国籍不問。〔対象〕日常生活で使う収納用品のデザイン提案。第18回のテーマは「収納する」〔作品規定〕縦・横・高さの合計が200cm以内(1辺の最長が100cm以内),重量が5kg以内の模型。タイトル・コンセプト・用途など作品の説明を自由に表現したイラストボードを1作品につきA2サイズ1枚で提出。〔応募規定〕国内外未発表の作品に限る。応募点数の制限なし

【締切・発表】(第18回)作品受付は平成22年3月1日～3月31日,審査結果の連絡は5月下旬予定

【賞・賞金】最優秀賞(1点):賞金100万円,優秀賞(2点):賞金50万円,佳作(2点):賞金20万円,生活用品特別賞(3点):賞金10万円,学生奨励賞(2点):賞金10万円

【URL】http://www.irisohyama.co.jp

第1回(平5年)
　◇優秀賞　赤川 幸児　「ジャバ丸」
第2回(平6年)
　◇優秀賞
　　阿部 真理,嶋田 理世　「花かご 新しいフラワーバスケットの提案」
　　加藤 先勝　「STEP DUST BOX」
第3回(平7年)
　◇優秀賞
　　浅田 晃　「フリーフリーバスシステム」
　　渋谷 セツ子　「エコ・ルーラー」
　　蒲生 孝志　「Quick Release Hanger」

第4回(平8年)
　◇優秀賞
　　東矢 恭明　「OIL-IS」
　　蒲生 孝志　「WALL GARDEN」
第5回(平9年)
　◇優秀賞
　　朱 漢樹　「TRANSFER」
　　デザインシステム　「Through-lee」
第6回(平10年)
　◇優秀賞　寺島 正之　「スカイプランター」
　◇準優秀賞
　　平田 喜大　「フロア用 システム レンガ案」
　　高 祥佑　「PAPER WORKS」

第7回（平11年）
◇優秀賞
　寺島 正之　「Spring Bag」
　蝦名 茂, 渡部 哲也, 井村 五郎　「正坐用携帯いす」
　平田 喜大　「好気性バクテリア対応型生ゴミ再生機」
第8回（平12年）
◇優秀賞
　守谷 孝子　「gaio（ガイオ）」
　伊藤 昭彦　「ちょこっトレー」
　武藤 晴彦　「きのこピン」
第9回（平13年）
◇優秀賞
　馬場 威彰　「花筒み」
　平石 亜希子　「NICO」
　中村 浩人　「デザインフック」
◇佳作
　川口 信之　「パーソナルシュレッダー」
　渡辺 靖之　「CROOKED CLIP」
　高橋 翼　「Suitsu-key」
◇学生奨励賞
　磯谷 博史　「birth!!」
　千葉大学デザインシステム研究室チームジャンク　「おくたん」
第10回（平14年）
◇優秀賞
　谷藤 直輝　「PASTA」
　黒田 哲治　「Buttonhole sheet」
　鶴見 俊也　「MPC」
◇佳作
　桑野 陽平　「ティッシュディッシュ」
　馬場 威彰　「老犬器」
　下田 正志　「Sombrero」
◇学生奨励賞
　チーム CorruPuted SpAce　「a QUA」
　瀧田 聡士　「Petal」
第11回（平15年）
◇最優秀賞　石田 那緒子　「com-egg（コメッグ）」
◇優秀賞　桜井 信也　「はっかるん」
◇佳作
　丹羽 敦子　「カエルのゆび」
　宮本 修治　「Wall Pin」
◇学生奨励賞
　夜月 夏生　「陽まわり」
　夕暮 千秋　「HAW」
　早朝 冬美　「kick-cut」
　めがねチーム　「めがねのめがねによるめがねのためのまくら」
第12回（平16年）
◇優秀賞
　木村 陽　「非常口のレバー式ドアハンドル」
　犬束 和也　「Flowers in the frame」
　金子 哲　「Color of End」
◇佳作
　浅野 健太　「Bun-co」
　高橋 翼　「Soom」
◇生活用品特別賞
　富永 雪路　「NEWTON CASE」
　梅田 敏史　「LIQUIO FORM」
◇学生奨励賞
　木村 友紀他2名　「Cubic」
　野中 晶美他4名　「Disk×pins」
第13回（平17年）
◇優秀賞
　小松 研治　「Nail File」
　千葉 保明　「Futaba」
　ZIMA　「光源字」
◇佳作
　中村 浩人　「plug hang」
　Edilson Shindi Ueda　「Two in One メジャーカップ」
◇生活用品特別賞　長野 太郎　「Ring Soap」
◇学生奨励賞
　出村 和太　「GAMA」
　M.N.R　「Check-Toc」
第14回（平18年）
◇最優秀賞　田中 健太郎　「ふたえ」
◇優秀賞　黒澤 雄志　「ant」
◇佳作
　内間 直樹　「キャタッチ～」
　水島 脩行　「b：stopper」
◇生活用品特別賞　佐野 契（SKAD）　「Hand in Hand（boy and girl）」
◇学生奨励賞
　水野 広大　「hashioki sack『EN』」
　「04」, 篠塚 慶介, 田勢 淳, 山田 隆介　「Stish」
第15回（平19年）
◇最優秀賞　古賀 貴博　「pacleen」
◇佳作
　鈴木 照人　「蝶」
　石井 智子　「FLOAT floating flower vase」
　澤野 正成　「Hakoniwa」
◇生活用品特別賞
　布目 和也　「ハンカチ＋」

中村 浩人　「ペチャンカート」
飯田 陽子　「mi」
岸 弘視　「マガジンストッカー」
◇学生奨励賞
鷲尾 和哉　「PUNTO」
上條 友也　「shoecolo」

第16回（平20年）
◇最優秀賞　該当者なし
◇優秀賞
ジーマデザイン　「SCALLOP」
中林 大昂　「memo ringo」
小栁津 仁　「hana fook」
◇佳作
間瀬 拓人　「Peta」
冨吉 剣人　「Roll」
◇生活用品特別賞
ジーマデザイン　「T-CAP」
宮本 修治　「フィット印」
◇審査員特別賞　水島 脩行　「20Lポン水ジョーロ」
◇学生奨励賞
睦 槙大　「Index clip」
竹部 徳真　「マグネットオープナー」
岡田 玖美　「らくらくPut」

第17回（平21年）
◇最優秀賞　該当者なし
◇優秀賞
ジーマデザイン　「お散歩リード lux」
立川 和彦（河淳）　「eco cap」
◇佳作
酒井 秀仁（名古屋造形大学）　「TOWEL CLIP」
ジーマデザイン　「霜除けカバー Frost Guard」
木戸 雅史（シャープ）　「TURN CASE」
中尾 真人（京都工芸繊維大学）　「get up stopper」
◇生活用品特別賞
石川 雅文（TOTO）　「Umbrella Sucker」
江畑 潤（静岡文化芸術大学）　「WAKU―わく―」
◇学生奨励賞　津田井 美香　「OBOETOKEI（オボエトケイ）」

第18回（平22年）
◇最優秀賞　該当作なし
◇優秀賞
竹澤 葵（FREEing, 神奈川県）, 赤川 智洋〈技術協力〉「収納する明かり」
神山 将人（東京都）　「やわらかBOX」
三田村 昇明（大阪府）　「rest」
酒井 秀仁（神奈川県）　「Rocking Holder」
◇佳作
シン・ウチョル（東京都）　「COU」
ジーマデザイン（宮城県）　「Press Pail」
◇生活用品特別賞
室伏 翼（静岡県）　「POCKET FRAME」
白木 ゆみ香（東京都）　「スリッパを見せないスリッパ立て」
◇学生奨励賞
福嶋 賢二（大阪府）　「Stone」
加藤 晃（千葉県）　「PASTA-BOTTLE」
狩山 晃輔（京都府）　「moco」

## 053　アジアデジタルアート大賞

　21世紀を機に, 古来よりアジアに向けて開かれてきた福岡で, アジアから世界へ向けた知の発信とデジタルアート＆デザインの普及啓蒙を目的として「アジアデジタルアート大賞」を開設。福岡にアジアにおけるデジタルアートおよびデジタルコミュニケーションの一大知的拠点づくりをめざす。単なるCGソフトの活用に止まらず, メディアテクノロジーを基盤とした人間の論理的思考（アルゴリズム）と豊かな芸術的感性とが融合した, 意欲あふれる作品を募集。

【主催者】アジアデジタルアート大賞展実行委員会, 九州大学, 福岡コンテンツ産業拠点推進会議, 福岡県, 福岡市, 北九州市, 福岡市水道局, 九州大学先導的デジタルコンテンツ創成支援ユニット, 西日本新聞社, 天神エフエム

【選考委員】（第9回）河口洋一郎（東京大学大学院情報学環教授）, 源田悦夫（九州大学大学院芸術工学研究院教授）, 坂井滋和（早稲田大学大学院教授）, 坂根厳夫（IAMAS名誉学長）, 田辺幹夫（九州造形短期大学教授）, 中谷日出（NHK解説委員）, 安永幸一（福岡アジア美術館顧問）, 鄭道成（国民大学校UITデザイン教育院長）, 金鐘棋（中国上海行程技術大学マ

## 053 アジアデジタルアート大賞　製造業

ルチメディア学院院長)、杉山知之(デジタルハリウッド大学学長)、中島信也(東北新社専務取締役)、浜村弘一(エンターブレイン代表取締役社長)

【選考方法】公募

【選考基準】(カテゴリーA)メディアテクノロジーを基盤とした人間の論理的思考と芸術的感性とが融合した、アジアの感性を生かしたデジタルアート作品で、高度な技術や高い芸術的感性をもつ専門家もしくは専門家を目指す方々による作品。〔部門〕静止画:デジタル技術を利用した芸術作品のうち、静止画作品が対象。動画:デジタル技術を利用した芸術作品のうち、動画作品が対象。インタラクティブアート部門:デジタル技術を利用した芸術作品のうち、インタラクティブ性を持った作品が対象。エンターテインメント部門:産業応用を目的とした、CM、プロモーションビデオ、アニメーション等の映像、ゲーム、Webデザインなどが対象。(カテゴリーB)デジタルアートに興味のある方、デジタルアートのスキルアップを図っていこうとしている方などによる、パソコンを使い、制作された静止画および動画などが対象。〔部門〕静止画:デジタル技術を利用した静止画作品が対象。動画:デジタル映像を加工、編集して制作された動画作品その他が対象。

【締切・発表】(第9回)平成22年2月20日表彰式、2月16日～28日アジアデジタルアート大賞展開催

【賞・賞金】(カテゴリーA)アジアデジタルアート大賞(1点):賞金100万円。部門大賞(3点):賞金50万円。エンターテインメント特別奨励賞(2点):賞金10万円。(カテゴリーB)部門大賞(2点):賞金5万円。特別賞(1点):賞金5万円

【URL】http://www.adaa.jp/

第1回(平13年)　Kim,Hyung-mo　「Website：Kinetic Font'MOYEON'」
◇ノンインタラクティブアート部門
● 大賞　竹之内 佳利、山嶺 忠幸　「one time」
● 優秀賞
　大沢 秀直　「orfhee」
　Ki-choul cho　「Thirst」
◇インタラクティブアート部門
● 大賞　みやばら 美か、すぎもと たつお
　「bounce street―弾む街角―」
● 優秀賞
　松永 康佑、石井 達郎　「泉」
　宇田 敦子　「me Vision」
◇デジタルデザイン部門
● 大賞　深谷 崇史(NHK放送技術研究所)
　「バーチャルスコープ」
● 優秀賞
　凸版印刷GALA　「ウロボロスの卵」
　Lee Yuu kyung　「Kinetic Clocks」
◇エントリークラス
● 大賞　徳永 博子　「箱入り娘」
● 優秀賞
　相良 美由紀　「ギッシリ野菜」
　松尾 聡子　「Body キャンバス」

第2回(平14年)　Chenyu,Hsieh
　「Transmigration―輪廻―」

◇ノンインタラクティブアート部門
● 大賞　成瀬 光俊　「妖魔の森」
● 優秀賞
　Hsiao Yung-Sheng Jox　「The Pickets」
　高山 穣　「AFTERGLOW」
◇インタラクティブアート部門
● 大賞　松村 誠一郎、鈴木 太朗　「Liquid Sculpture」
● 優秀賞
　鈴木 康広　「Globe Jungle Project」
　Yang,Minha　「A GARDEN」
◇デジタルデザイン部門
● 大賞　凸版印刷　「IGAS2003」
● 優秀賞
　Wan-Chen Hsieh　「Color Crash.com-Genesis Project」
　井立 彩子　「くるくる玩具」
◇エントリークラス
● 大賞　亀川 良子　「胸騒ぎ/降って来た」
● 優秀賞
　笹原 泉　「情報01/情報02」
　宮崎 渚　「いのちの輪」

第3回(平15年)　Yong-jin Choi　「Side Effect」
◇特別賞　No.5 Animation Studio
　「Dr.Tiny and Friends」

◇ノンインタラクティブアート部門
- 大賞　高山 穣　「MICROCOSM」
- 優秀賞
  長谷 亮平　「crazy animals」
  城戸 幸一, 山村 尚史　「球 sphere」

◇インタラクティブアート部門
- 大賞　Nicolas Miari　「storm」
- 優秀賞
  岡崎 智弘　「虫・虫・虫」
  松尾 高弘　「floating light～光, 降る夜～」

◇デジタルデザイン部門
- 大賞　嶋田 俊宏　「障害」
- 優秀賞
  STUDIO 303　「After Ruin：The Seed of Nimir」
  琉球ALIVEコンソーシアム　「琉球ALIVE」

◇エントリークラス
- 大賞　Lee,Sung Jin,Min Chul Yun　「DANCHUNG3」
- 優秀賞
  篠崎 将吾　「心 燃エアガルトキ/心 穏ヤカナトキ」
  杉本 大　「違世界」

(平16年)
◇カテゴリーA
- ADAA大賞・福岡県知事賞　早川 貴泰(岐阜県立国際情報科学芸術アカデミー)「kashikokimono」
- 特別賞(福岡市長賞)　Yap Shoon Joo (Caustic Artwork, マレーシア)「Land of Dream：KampungKu」
- 静止画部門 大賞　森 貞人(愛知県)「空想昆虫採集」
- 静止画部門 優秀賞
  Chen,Jui-Ho(台湾)「Plug-in Instant City」
  小林 和彦(東北芸術工科大学)「Gate phase II」
- 動画部門 大賞・文部科学大臣奨励賞　本部門よりADAA大賞選出のため, 該当作なし
- 動画部門 優秀賞
  高橋 信雄〈原案・監督〉, 橋本 直樹〈プロデューサー・編集〉, 小田桐 貴司, 小坂 健, 長澤 光恵, 上田 寛, 本間 健太郎〈アニメーション〉, 八幡 浩暢〈音楽〉(吉田学園電子専門学校)「Japan」
  山川 晃(東北芸術工科大学)「TOPE CON GIRO」
  大塚 健司(福岡県)「root」

- インタラクティブアート部門 大賞　該当作なし
- インタラクティブアート部門 優秀賞
  藤木 淳(九州大学)「the Strings 音と踊る曲管遊戯」
  橋田 朋子, 筧 康明, 苗村 健(東京大学大学院学際情報学府)「otoato」
  東 真貴子, 石井 達郎(福岡県)「OPRIDE」
- デジタルデザイン部門 大賞　ワダ チェナナヒロ(che-paradice-group/東京都)「treasure box」
- デジタルデザイン部門 優秀賞
  Kim,Jaein,yeon suk Noh(Graduate School of Techno Design. Kookmin University, 韓国)「獨白」
  Ham,Young Yi(Flur Seoul National Univ. 韓国)「Flurmedia」

◇カテゴリーB
- 静止画部門 大賞　大崎 千恵子(九州造形短期大学)「虹の氾濫と反乱」
- 静止画部門 優秀賞
  川島 ゆかり(東京工学院専門学校)「organic」
  久保田 淳(東京工学院専門学校)「針鏡世界」
- 動画部門 大賞　Gyung-deukLee(Dongguk University, 韓国)「Thief Episode」
- 動画部門 優秀賞
  野口 龍一(東京都)「Sandglass」
  奥泉 遊(東京都)「MATERIALISM」
  長谷 智恵子(武蔵野美術大学)「flowing lights」
- 福岡アジア美術館長賞　Aloysius Yapp (Kulu Studio Unimas Sarawak, マレーシア)「Panglima Bukit Sadok PBS」

(平17年)
◇カテゴリーA
- ADAA大賞・福岡県知事賞　Haque,Usman (Haque Design + Research, 英国)「Sky Ear」
- 静止画部門 大賞　関谷 哲史(Whiteberry Co.,Ltd., 神奈川県)「Funny Faces」
- 静止画部門 優秀賞
  岩崎 潔(福岡県)「moire 1～5」
  森 貞人(アルファ・スタジオ, 愛知県)「アジアン・キャラクター」
  高山 穣(九州大学大学院)「Genera」
- 動画部門 大賞・文部科学大臣奨励賞　岸本 真太郎(神奈川県)「tough guy！2005

特別編集版」
- 動画部門 優秀賞
  小林 和彦(高知情報ビジネス専門学校)「still phantom」
  早川 貴泰(情報科学芸術大学院大学)「阿吽二字」
  名取 祐一郎(東京都)「剣道アニメ "鳥獣剣士" 第一幕」
- インタラクティブアート部門 大賞 本部門よりADAA大賞選出のため,該当作なし
- インタラクティブアート部門 優秀賞
  川島 高(カリフォルニア大学ロサンゼルス校(UCLA)デザイン/メディア芸術学科,USA)「Open the Blind」
  平川 紀道(多摩美術大学)「GLOBAL BEARING」
- デジタルデザイン部門 大賞 權 泰錫(九州大学大学院)「Animatronicsを応用した顔表現」
- デジタルデザイン部門 優秀賞
  藤木 淳(九州大学大学院)「はいぱーぺいんと/IncompatibleBlock」
  ワダ ナナヒロ(千現グラフィック,東京都)「memory park」

◇カテゴリーB
- 静止画部門 大賞 松尾 舞(福岡デザイン専門学校)「デイリィ birth」
- 静止画部門 優秀賞
  大田 房子(麻生情報ビジネス専門学校)「誕生日」
  細田 裕美(九州造形短期大学)「POP & MODERN」
- 動画部門 大賞 武田 直幸(吉田学園電子専門学校)「Colorpens and Blackpens」
- 動画部門 優秀賞
  山路 直樹(EATRIX,大阪府)「灯籠流し」
  Han,SungHo(Dongguk Univ.Graduate School of Digital Image & Contents, 韓国)「Falling Blossom」

(平18年)
◇カテゴリーA
- ADAA大賞・福岡県知事賞・総務大臣特別賞 藤木 淳(京都,九州大学大学院)「OLE Coordinate System」
- 静止画部門 大賞 吉村 順一(福岡)「Cantatas 0210」
- 静止画部門 優秀賞
  鈴木 千尋(スタジオシフト鈴木千尋写真事務所)「古代植物図鑑 Paleobotanical Garden」

  長谷 亮平(神奈川)「彼らの気持ち」
  畔上 奈々(東京)「Felt-Line」
- 動画部門 大賞・文部科学大臣奨励賞 山川 晃(山形,東北芸術工科大学大学院)「La Magistral」
- 動画部門 優秀賞
  杉原 真樹(東京)「無意識の記憶」
  高山 穣(福岡,九州大学大学院ADCDU)「ANNELIDA」
  Lee,Bum(United States)「Sports and Diversions」
- インタラクティブアート部門 大賞 本部門よりADAA大賞選出のため,該当作なし
- インタラクティブアート部門 優秀賞
  尾上 耕一(埼玉)「バーチャルアリジゴク」
  松尾 高弘(福岡)「Phantasm」
- デジタルデザイン部門 大賞 該当者なし
- デジタルデザイン部門 優秀賞
  大西 武(香川) Flashクイズ「Zoo」
  岡田 憲明(New York)「News Checker」
  Ariko Media Project(佐賀,佐賀県立有田工業高等学校) 有田焼ろくろ技能学習DVD「切立湯呑成形編,削り編」

◇カテゴリーB
- 静止画部門 大賞 植木 健一郎(福岡,九州産業大学)「未来想像図」
- 静止画部門 優秀賞
  吉田 依子(福岡)「五福」
  三宅 翠(福岡,九州造形短期大学)「願い事一つ」
- 動画部門 大賞 橋本 大七(神奈川)「THE NAKED APE」
- 動画部門 優秀賞
  鎌田 麻友美(大阪)「幸福本」
  Kim,Hyung Gyu(South Korea,Myong-ji University)「A PARALLEL LINE」
  三浦 祐貴(北海道,吉田学園情報ビジネス専門学校)「graffiti」
- 動画部門 特別賞(福岡市水道事業管理者賞) 梶山 美果子,油谷 美里,五十嵐 彩香(北海道,吉田学園情報ビジネス専門学校)「rain」

(平19年)
◇カテゴリーA
- ADAA大賞・福岡県知事賞・文部科学大臣奨励賞 中間 耕平(東京)「SHATTER」
- 静止画部門 大賞 マツオ アキコ(神奈川)「cluster people」
- 静止画部門 優秀賞
  Lee,ching liang(台湾)「The Modern

Chimera of History」
studio 303（韓国,Graduate school of Techno Design,Kookmin university）「考え図案展」
- 動画部門 大賞・文部科学大臣奨励賞　本部門よりADAA大賞選出のため,該当作なし
- 動画部門 優秀賞
	くろやなぎ　てっぺい（東京）「if time pass」
	Tak,Young-hwan（韓国,Cube-Factory）「Circle of Apollonios」
	山口 翔（静岡文化芸術大学）「Paper Play」
- インタラクティブアート部門 大賞・総務大臣特別賞　Na,Sangho（韓国,ソウル国際大学）「A Flexible Impossible Shape」
- インタラクティブアート部門 優秀賞
	内田 有映（慶應義塾大学稲蔭研究室）,内藤 まみ,平山 詩芳,西尾 淳志　「Kage no Sekai」
	田部井 勝（岐阜）「邂逅 わくらば」
- インタラクティブアート部門 審査員特別賞
	アキラボーイ（東京）「アニメコント ～イヌスケの下着ドロボウ大捜査線～」
- デジタルデザイン（産業応用）部門 大賞・経済産業大臣賞　Youl Cho,Hyun Young Lee,Young Hui Kim,Ju Young Ryu,Jay Young Meng,Won Young Choi,Sang Ha Cho,A Ra Cho（韓国）「Interactive Digital Pond」
- デジタルデザイン（産業応用）部門 優秀賞
	金箱 淳一（情報科学芸術大学院大学）「Mountain Guitar」
	井原 正裕（九州大学ADCDU）「豚とおばさんシステム―いつでもどこでも立体映像―」

◇カテゴリーB
- 静止画部門 大賞　Shon,K.（韓国/Cheju National University,the faculty of ndustrial design）「The Ancient Giant Attack & Characters」
- 静止画部門 優秀賞
	神田 智哉（多摩美術大学）「老いの人々」
	石田 萌（九州造形短期大学）「胎児」
- 動画部門 大賞　ヨシダ ナオヒロ（デジタルハリウッド東京本校）「フライパンの上のたまご」
- 動画部門 優秀賞
	平嶋 成（静岡文化芸術大学）「simple motive」

Kar Lung Li,Ying Ki Ng,Chi Kin Tam,Siu Ming Wong（香港/ IVE/ TSING YI/ MIT）「RETURN」
- 動画部門 特別賞（福岡市水道事業管理者賞）　小山 和希（神奈川）「flower」

（平20年）
◇カテゴリーA
- ADAA大賞・福岡県知事賞・文部科学大臣賞　大橋 陽山,チームラボ（東京）「然」
- 静止画部門 大賞　macoto murayama（情報科学芸術大学院大学）「H.annuus」
- 静止画部門 優秀賞
	伊川 英雄（神奈川）「Animals」
	岡田 尚子（茨城）「あゆの風」「ハルシオン」「つづく道」「誘い」
- 動画部門 文部科学大臣賞　本部門よりADAA大賞選出のため,該当作なし
- 動画部門 優秀賞
	中田 彩郁（埼玉）「コルネリス」
	田口 行弘（ドイツ）「Moment-performatives Spazieren」
	高山 穣（米国/テキサス大学ダラス校平成20年度ポーラ美術振興財団在外研修員）「Orb」
- 釜山・福岡ゲートウェイ賞　Young-hwan Tak（韓国/Studio Paprika Project）「舟遊/ZUYU」
- インタラクティブアート部門 大賞・総務大臣特別賞　FCC〈田尻力也・三宅佑治・森根光春・柳竜馬・山崎隆弘・阿部由布子・大塚健司・福島貢太・砂田向壱〉（九州大学大学院芸術工学府,九州大学/ADCDU）「コンニチワールド」
- インタラクティブアート部門 優秀賞
Chung Han Yoon（Korea,South, Design/Media arts,UCLA）「Harmonia」
	オトコタチ〈宇佐美毅・岩谷成晃〉（九州大学大学院芸術工学府/ADCDU）「ヒッコスボックス」
- エンターテインメント（産業応用）部門 大賞・経済産業大臣　大貫 真史（九州大学）「BattleShellfish」
- エンターテインメント（産業応用）部門 優秀賞
	今川 幸雄〈監修〉（元駐カンボジア全権大使）,東京大学大学院池内研究室（池内克史・大石岳史・高松淳・鎌倉真音）〈3次元デジタル計測〉,BAKU斉藤〈バイヨン寺院尊顔写真〉,樋澤 明〈企画・プロデュー

サー〉，坂田 雅章〈脚本・ディレクター〉，中山 香一郎〈CGディレクター〉，石川 克則〈テクニカルディレクター〉，永野 壮太〈プログラマー〉，永井 英一〈モデリングディレクター〉，ほか 「アンコール遺跡バイヨン寺院『尊顔の記憶』」
jellyfish-lab〈杉原真樹・gO〉（神奈川）「水玉」
- エンターテイメント部門特別奨励賞
  マイケルソフト社〈前川翔太・齋藤あゆみ〉（新潟コンピュータ専門学校）「迷子の達人」
  平野 浩太郎（デジタルハリウッド東京本校）「THE WORLD IS MINE」

◇カテゴリーB
- 静止画部門 大賞 李 東根（韓国/東明大学校）「piece pound」
- 静止画部門 優秀賞
  佐野 皓平（愛知教育大学）「人、機械、創造」
  jyari（九州産業大学）「解放」
  佐藤 順子（東京）「錦秋」
  田中 智恵美（九州造形短期大学）「爽・華・枯」
- 動画部門 大賞 荒木 千穂〈映像〉，新井 俊平〈音楽〉（武蔵野美術大学/エス・シー・アライアンス メディアエンターテイメント社）「ARAKIEFFECT」
- 動画部門 優秀賞
  川田 和賜（デジタルハリウッド東京本校）「全自動洗濯機」
  金澤 邦生（首都大学東京）「RED HOOD」
  横川 和政（デジタルハリウッド大阪校）「innocent days」
  寺園 聖市（デジタルハリウッド大阪校）「umbrella」
- 動画部門 特別賞（福岡市水道事業管理者賞） A.M.P〈中村隆敏・山口史倫・三浦洋輔・吉田惠一〉（佐賀県立有田工業高等学校/佐賀大学）「WANFLOWm」

（平21年）
◇カテゴリーA
- ADAA大賞・福岡県知事賞・文部科学大臣賞
  柴田 大平（WOW）「The Light of Life」
- 静止画部門 大賞 Kim,Sunghun（韓国）「Sea Shell Spiral」
- 静止画部門 優秀賞
  黒滝 淳（版画家）「旅する裸足のレディたち」
  伊藤 峰洋（福島県）「猪苗代湖の白鳥」

- 動画部門 文部科学大臣賞 本部門よりADAA大賞選出のため、該当作なし
- 動画部門 優秀賞
  白川 東一（空気）「Mr.Shape」
  園田 大也，林 裕市朗，永吉 宏行，丹野 寛明，西川 剛史，高口 英隆（九州大学）「motion」
  松下 健太郎（九州大学大学院芸術工学府/ADCDU）「ZURERUZ」
- インタラクティブアート部門 大賞・総務大臣特別賞 山本 和彦，武田 十季，安藤 遼一，河野 彰太（九州大学院芸術工学府/ADCDU）「Darwin's Lake」
- インタラクティブアート部門 優秀賞
  長谷川 昇平（多摩美術大学），加藤 雄大，門脇 玄太，三上 隼也，四元 啓介「See Saw Ball」
  緋田 雅之，山脇 直樹，高見 友幸（大阪電気通信大学デジタルゲーム学科）「不思議な床」
- エンターテインメント（産業応用）部門 大賞・経済産業大臣 Erick Oh（UCLA）「Communicate」
- エンターテインメント（産業応用）部門 優秀賞
  東京新聞，凸版印刷 「古代ローマ帝国 ポンペイ『庭園の風景』」
  タケノコ（東京工芸大学）「BAMBOONO」

◇カテゴリーB
- 静止画部門 大賞 須藤 絵理香（デジタルハリウッド大学）「爆発」「蒼い人」「さかさま」「精神共有」「ひかり」
- 静止画部門 優秀賞
  平湯 竜也（福岡県）「炎龍育成計画」
  泉屋 宏樹（iD.）「composition m-0」「composition bk-0」
- 動画部門 大賞 堀 康史（多摩美術大学）「彼女のきのこは僕が食べるの」
- 動画部門 優秀賞
  今津 良樹（東京）「アトミック・ワールド」
  鄧 穎楡（日本電子専門学校）「目覚ましレモン」
- 動画部門 特別賞（福岡市水道事業管理者賞） 大桃 洋祐（東京藝術大学）「輝きの川」

（平22年）
◇カテゴリーA
- ADAA大賞・福岡県知事賞・文部科学大臣賞 鈴鹿 哲生（東京/ANNY）「Clear Skies in May」

製造業

- 静止画部門 大賞　富崎 NORI（東京都）「見つかる 蝶 触れる ねじれた木 球体関節式 まゆら 壱 球体関節式 アヤノ 壱 球体関節式 りん 壱」
- 静止画部門 優秀賞
中井 勝郎（東京都）「Leda」
伊藤 峰洋（福島県郡山市）「アニマルズ8」
- 動画部門 文部科学大臣賞　本部門よりADAA大賞選出のため，該当作なし
- 動画部門 優秀賞
新山 哲河（東京・太陽企画）「EXIST」
金原 朋哉（東京・WOW.inc）「SUIREN」
古屋 隆介，船津 文弥〈音楽〉（福岡・九州大学）「万手万眼曼荼羅」
- インタラクティブアート部門 大賞・総務大臣特別賞　藤本 実（神戸・神戸大学大学院工学研究科）「Lighting Choreographer」
- インタラクティブアート部門 優秀賞
大石 啓明（福岡・九州大学）「Bioelectri-City」
橋本 俊行，筒井 真佐人，森 浩一郎（東京・aircord inc.）「N-3D」
- エンターテインメント（産業応用）部門 大賞・経済産業大臣　田中 健一（東京・たき工房）「JAPAN - The Strange Country」
- エンターテインメント（産業応用）部門 優秀賞
Libre Head 園田 就久ほか（東京工芸大学）「ブロックる」
Lee,Kwang Hoon（South Korea・Seoul National University）「the Beef Cow」

◇カテゴリーB
- 静止画部門 大賞　芝山 仁也（九州産業大学芸術学部デザイン学科）「bone」
- 静止画部門 優秀賞
櫛橋 康太郎（関東学院大学）「火焔猫」
古賀 優太（福岡）「天照・月読」
- 動画部門 大賞　張 展（國立台北藝術大學新媒體藝術研究所）「ReNew｜The Future not Future」
- 動画部門 優秀賞
鈴木 裕偉，鈴木 護〈音楽〉（多摩美術大学）「時めくり ヴェネチア編」
snack（名古屋市立大学大学院芸術工学研究科）「boxL」
- 動画部門 特別賞（福岡市水道事業管理者賞）　蔡 夢暁（山口大学大学院）「Bio Festivities」

---

## *054*　伊丹国際クラフト展

　平成元年に工芸（クラフト）を通して市民の豊かな暮しを創出するとともに産業の振興と文化の発展を図るためにオープンした工芸センターが，オープン当初から実施している公募展。陶芸・染織・ガラスなどのあらゆるジャンルのクラフト作品を全国公募してきたが，平成9年より主題を絞り，奇数年には「ジュエリー」を，偶数年には「酒器・酒盃台」を主題に開催。平成10年から国際展として広く海外からも作品を募集している。

【主催者】伊丹市，(財)伊丹市文化振興財団，伊丹市クラフト協会

【選考委員】（平成23年）鷲田清一（哲学者・大阪大学総長），佐藤ミチヒロ（ジュエリー作家・伊丹ジュエリーカレッジ講師），菅沼知行（日本ジュウリーデザイナー協会会長），黒川雅之（建築家・金沢美術工芸大学教授），周防絵美子（ジュエリー作家），Dongchun LEE（韓国・Kookmin Univ. 准教授），Susan PIETZSCH（ドイツ・ジュエリー作家）

【選考方法】公募

【選考基準】〔対象〕素材は不問。アート性の高いもの。〔応募資格〕不問。個人でもグループでも可。〔応募制限〕3組（1点扱いで3点も可）まで。〔出品料〕一般3組まで8000円，学生3組まで4000円

【締切・発表】毎年，8月中旬頃登録・搬入締切。発表は，8月下旬に直接通知。展覧会は11月に伊丹市立工芸センターほかで開催

【賞・賞金】大賞（1点）：賞金50万円。伊丹賞（1点）：賞金50万円。大阪市立クラフトパーク賞：（1点）賞金40万円。金津創作の森賞（1点）：賞金30万円。伊丹クラフト賞（1点）：賞金20万円。グッドデザイン賞（1点）：賞金20万円。光陽社賞（1点）：賞金20万円。グッドマテ

リアル賞(1点)：賞金20万円。審査員賞(13点)：各3万円
【URL】http://www.mac-itami.com/

(平13年)
◇ジュエリー
- 大賞　佐藤 享弘　「曼陀羅華の咲く木III」
- 伊丹賞　橋本 リサ　「WHAT ON EARTH？」
- 白雪賞　三成 真規子　「出芽—小芽」
- 優秀賞
  リ・テスゥッ　「Wind & Flower (I,II,III)」
  リ・ソンジン　「time of imprints」
- 大阪市立クラフトパーク賞　インジャード・ヘインボルド　「COLLECTOR'S ring」
- グッドデザイン賞　金 宰勲　「海(磯巾着)」
- グッドマテリアル賞　小田 真紀子　「秋色につつまれて」

(平14年)
◇酒器・酒盃台
- 大賞　コ・ムヨン　「Chorus」
- 伊丹賞　佐野 猛　「on the edge」
- 白雪賞　青木 幸生　「雪氷の花」
- 白雪松緑賞　迫田 民臣　「溢れる形」
- 白雪伊丹諸白賞　新里 明士　「酒のうつわ」
- 白雪酒永代覚帖仕込み賞　大江 さやか　「清」
- 老松賞　神吉 臣人　「桜宵(さくらのよい)」
- 大阪市立クラフトパーク賞　木下 紀子　「水光(すいこう)」
- 伊丹クラフト賞　山野井 恭子　「白砂文様酒器」
- 光陽社賞　浅井 寿美子　「詩器、つきみ」
- グッドデザイン賞　金 鍾其　「心の故郷」
- グッドマテリアル賞　手塚 英明　「酒器セット ○△□」
- 伊丹酒造組合賞　飯干 祐美子　「mobile'UTAGE'tool」
- 大手柄賞　リー・ヨンビル　「white memory」

(平15年)
◇ジュエリー
- 大賞　Mi-Mi MOSCOW〈ジュエリーアートプロジェクト〉「i Don't distRAct！」
- 伊丹賞　カン・ヘリム　「Eternal Flower」
- 大阪市立クラフトパーク賞　管 まりお　「Ring/wing」
- 金津創作の森賞　饗庭 弘治　「からくり宝石箱『てふてふ』」
- 伊丹クラフト賞　石垣 陽子　「手・袋—Pin—」
- グッドデザイン賞　ジョン・ソミ　「A waltz of water I」
- 光陽社賞　城谷 亜子　「キューブ・マトリックス」
- グッドマテリアル賞　井沢 葉子　「Veiled Rings」
- 審査員賞
  小山 泰之　「Ways」
  小倉 理都子　「赤と白の段ボール【記憶の底から/Cube】」
  キム・シンリョン　「Ja…」
  尾崎 武秀　「アルミの顔」
  マガイ・カナル　「Arabian Nights」
  リ・クァンソン　「necklace」
  篠原 啓介　「silver layer I」
  風元 彩　「13のおはなし」
  ウルスラ・グットマン　「SURVIVAL BRACELET」
  パク・ミジン　「A free—floating day」
  飯田 賀奈子　「踊り子」
  飯島 真理子　「ANIMALS ON THE EARTH！」
  石倉 知子　「波間に光るものを見た」

(平16年)
◇酒器・酒盃台
- 大賞　水野 年彦　「OCO」
- 伊丹賞　藪内 由紀子　「happy day」
- 白雪賞　川邉 雅規　「White Voices」
- 白雪松緑賞　キム，ジョンギ　「時間の流れ」
- 白雪伊丹諸白賞　迫田 岳志　「溢れる形—迸る—」
- 白雪永代覚帖仕込み賞　市野 哲欣　「彩色線象嵌酒器 焼締酒器」
- 老松賞　篠原 元郁　「水のカタチ」
- 大阪市立クラフトパーク賞　橋本 リサ　「TSUKIMI」
- 伊丹クラフト賞　津田 清和　「ぐいのみ」
- 光陽社賞　東 早苗　「宇宙ステーション JAPAN」
- グッドデザイン賞　荒木 光信　「酒呑童子」
- グッドマテリアル賞　キム，ウンス

「陽光」
- 白雪酒造組合賞　MIKE SHARPE「AMRIT ALCHEMY」
- 大手柄賞　HERI GAHBLER　「Die rauhe Leichtigkeit」

(平17年)
◇ジュエリー
- 大賞 Grand Prize　Jivetin,Sergey〈U.S.A〉「Time Structures (時計の針)」
- 伊丹賞 Itami Award　中島 俊市郎「STALK」
- 優秀賞 Performance Award　Beate Eismann　「Untitled」
- グッドデザイン賞　Yoon,Dukno〈Korea〉「Wings 1,2,3」
- グッドマテリアル賞　浜口 昌子　「花の名」
- 奨励賞 Incentive Award
  Kim,Hwa-Jin〈Korea〉「Recollection Runnig」
  常名 泰司「crystalring/rattlering/rattleppendant/shortring/stonyring/octring」
- 審査員賞 judge Award
  Chang,Hyun-Sook〈Korea〉「輪廻」
  Schott,Gary〈U.S.A〉「Series of Brancelets」
  鎌田 治朗　「Sunny Ring」
  小牟禮 尊人　「時空(とき)を超えて」
  マロッタ,忍　「Open!」
  Kim,Mi-Hee〈Korea〉「harmony 直線と曲線の調和」
  Micha Maslennikov,Mila Kalnitskaya〈Russia〉 "Eye of ear" 2004 "Cucambe Gray" 2004 "Cucumber Green" 2004
  竹内 美玲　「untitled」
  八木橋 裕美　「月光」"Moonlight"

(平18年)
◇酒器・酒盃台
- 大賞　やまこし かずよ　「四季の遊山匣」
- 準大賞(白雪賞)　河野 隆英　「礫」
- 伊丹賞　河嶋 慎一郎　「ヒトリシズカニ&サシツササレツ」
- 優秀賞(白雪松緑賞)　中岡 祐一朗「酒筒」
- 優秀賞(白雪伊丹諸白賞)　木瀬 浩司「銅の線跡」
- 優秀賞(白雪酒永代覚帖仕込み賞)　松平 彩子　「つつむカタチ」
- 奨励賞(老松賞)　保良 雄　「in rice」
- 奨励賞(光陽社賞)　佐々木 伸佳「monochrome」

- グッドデザイン賞　アンドリュー,マックゴウァン　「スピリッツ」
- グッドマテリアル賞　一色 智登世「CLAY STONE」
- 審査員賞(伊丹酒造組合賞)　坂井 直樹「酔いのはかり」
- 審査員賞(大手柄賞)　池田 尚樹　「連」

(平19年)
◇ジュエリー
- 大賞　平塚 加代子　「そうそう」
- 伊丹賞　中森 宙一　「Shaving let」
- 優秀賞　小山 泰之　「Spin」
- グッドデザイン賞　藪内 由紀子　「colors」
- グッドマテリアル賞　政國 梓　「insignia」
- 奨励賞(光陽社賞)
  馬場 理紗　「そことあそこのあれ」
  綿貫 安則　「Schmuckgebilde Sandra 1,2」
- 審査員賞
  ケリエンヌ・ライーマ　「GO / SO / STORY」
  高橋 涼子　「accessory of hair」
  竹内 美玲　「-untitled」

(平20年)
◇酒器・酒盃台
- 大賞　松本 由衣　「オスミツキ」
- 準大賞(白雪賞)　山田 浩之　「注ぐ、呑む、笑う」
- 伊丹賞　坂井 直樹　「喫酒去」
- 優秀賞(白雪松緑賞)　長松 朋子　「HI, BROTHER(携帯盃)」
- 優秀賞(白雪伊丹諸白賞)　松田 明徳〈日本〉「滴の陰影」
- 優秀賞(白雪酒永代覚帖仕込み賞)　奥村 絵美　「よいのくち」
- 奨励賞(老松賞)　Park,Jun Bum〈韓国〉「Relationship」
- 奨励賞(光陽社賞)　岩城 賢作　「嬉しい酒」
- グッドデザイン賞　ZACHOW,Claudia(ドイツ),Steffen Leuschner　「urban rhapsody 2」
- グッドマテリアル賞　河野 隆英　「玄の方座(くろのほうざ)」
- 審査員賞(伊丹酒造組合賞)　小林 亮二「若竹のかほり」

(平21年)
◇ジュエリー
- 大賞 Grand Prix　奥田 直子　「I am Queen.」

- 準大賞　Sergey Jivetin〈USA〉「Phases, H2O」
- 伊丹賞　Sean O'Connell〈Australia〉「profile」
- 優秀賞（ユーアイ提供）　竹内 美玲 「untitled」
- 奨励賞（光陽社提供）
  山田 真吾　「TEAM WORK」
  SON,CHEY〈Korea〉「Variation」
- グッドマテリアル賞（佐竹ガラス提供）　菊地 ルイ　「PLAnta」
- 審査員賞　Kwon,Seulgi〈Korea〉「Cell」

（平22年）
◇酒器・酒盃台
- 大賞 Grand Prix　金 鍾其（神戸芸術工科大学 特別研究員）「Colorful」
- 準大賞（白雪賞）　澤田 健勝（鉄作家）「錆鉄のしつらえ」
- 伊丹賞　SARAH LIACOS〈AUSTRALIA〉（MONASH UNIVERSITY / STUDENT）「Gathering of Friends」
- 優秀賞（白雪・伊丹諸白賞）　SEO,JINA〈SOUTH KOREA〉（KOOK UNIVERSITY / STUDENT）「IN AND OUT」
- 優秀賞（白雪・クラシック賞）　黒田 昌吾（漆工芸家）「線文長角盛器、ぐい呑」
- 奨励賞（老松賞）　椿 敏幸（玉川大学 大学教員）「継接手酒器」
- 奨励賞（光陽社賞）　CLAUDIA ZACHOW,STEFFEN LEUSCHNER（DESIGNER）「love-hotel」
- 奨励賞（ユーアイ賞）　辻 有希 「some legs」
- グッドマテリアル賞　安東 智香（京都市立芸術大学）「輪(rin)」
- 審査員賞　Alex Anyo Frohlich（ガラス作家）、楠美 克枝（陶芸家）「浮遊」

## 055　市川賞

わが国の木材産業の発展に寄与する新しい研究・技術開発の業績に対して授与する。日本合板技術研究所が主催していた市川記念賞を発展的に継承して平成13年度に創設された。

- 【主催者】（社）日本木材加工技術協会
- 【選考委員】大学、独立行政法人研究機関、民間等から選出された学識経験者10名程度
- 【選考方法】会員による推薦
- 【選考基準】〔資格〕同会会員。〔対象〕木材産業に新しい可能性を提案する業績。革新的な新規開発、技術開発を誘導するような開発・学術研究。近く実用化が見込まれる業績
- 【締切・発表】毎回2月末日締切
- 【賞・賞金】賞状及び賞金（総額10万円）
- 【URL】http://wwwsoc.nii.ac.jp/watj

第1回（平14年度）
　井上 雅文（京都大学木質科学研究所）"液体中ロールプレス法による木材への薬剤注入技術"
　内倉 清隆、鹿子島 真由美（九州木材工業）"国産スギ間伐材を用いた高耐久性木材の開発"

第2回（平15年度）　三井 勝也（岐阜県生活技術研究所）"光照射と熱処理の複合による木材の着色技術"

第3回（平16年度）　岩崎 義弘（岩崎目立加工所）、近藤 雅弘、加藤 礼一（安木製材所目立メタルプレシジョン）"挿し歯帯鋸の開発"

第4回（平17年度）　並木 勝義（三重県科学技術振興センター）"鋼材と木材の複合化による耐火性構造材料の開発"

第5回（平18年度）　該当者なし
第6回（平19年度）　該当者なし

第7回（平20年度）　中川 勝弘（中川木材産業）"「木材情報に特化した統合型データベース」ならびに専用サーチエンジンの開発（iWISEの実現）"

第8回（平21年度）
　三島 昌彦（つみっく）"スギ100％合板を材

料とする乾式嵌合ブロックによる簡易建築工法」
川上 敬介(鳥取県農林総合研究所林業試験場),古川 郁夫(鳥取大学農学部)"スギ3層クロスパネルの住宅用部材としての性能評価と利用技術の向上"
第9回(平22年度) 該当者無し

## 056 エコ&アート アワード

「アート(芸術)」には環境問題の解決に役立つ力があると考え,eco&artというテーマを掲げて平成21年に創設。
【主催者】コニカミノルタホールディングス株式会社
【選考委員】(平成22年)安藤貴之(Pen編集長),高北幸矢(視覚環境デザイナー・名古屋造形大学学長),浅井治彦(プロダクトデザイナー・明星大学造形芸術学部教授),KIKI(モデル・女優)
【選考方法】公募
【選考基準】〔資格〕16歳~35歳に限る。アートの視点で環境活動(エコ)を促進するための芸術作品,製品デザイン,グラフィックデザインなどを制作するアーティスト,クリエーター。プロ・アマ,個人・グループ,法人・学校,国籍不問。〔部門〕ビジュアルアーツ部門:エコロジーに対して提言するファインアートの意識に基づいた作品(純粋美術)絵画,グラフィックアート,インスタレーション,立体アート,CG,映像,絵本等ビジュアルを中心にした作品。プロダクト&コミュニケーション部門:プロダクト化の意識に基づき考えられた工芸,デザイン,もしくはコンセプト・アイデア。自動車,飛行機,家電製品,オフィス用品,産業用,医療用,公共用機器等の工業製品から,家具や,食器等の日用品,服飾デザインまで,工業的に生産されるあらゆるデザイン,もしくはコンセプト,アイデアが対象。〔作品規定〕ジャンル不問。平面作品横80cm×縦80cm×高さ1.5m,立体作品(Aパターン)横80cm×縦80cm×高さ1.5m,立体作品(Bパターン)横1.5m×縦1.5m×高さ1.5m,作品床耐荷重は300kg/m$^2$。〔応募規定〕国内外で未発表かつ過去に公開応募コンテスト等に応募していないものに限る。〔出品料〕無料
【締切・発表】(平成22年)応募期間は平成21年9月1日~12月6日,作品展示は平成22年3月6日~23日コニカミノルタプラザにて開催,公開発表会は3月22日
【賞・賞金】グランプリ(各部門1点):賞金30万円。オーディエンス賞(各部門1点):賞金5万円,Pen年間購読権。審査員特別賞(部門問わず4点):賞金2万円。主催者特別賞(部門問わず1点):賞金2万円
【URL】http://www.konicaminolta.jp/plaza/index.html

(平21年)
◇ビジュアルアーツ部門
- グランプリ GREEN ISLAND project team 「Green Island」
- 準グランプリ
 塩川 友紀 「さいごのゆうひ」
 室 麻衣子 「Marionette」
- オーディエンス賞 櫻庭 萬里夢 「Visionary Garden」
◇プロダクト&コミュニケーション部門
- グランプリ,オーディエンス賞 白鳥 裕之 「脱がせるラベル」
- 準グランプリ
 Carta Design Studio 「OTTO」
 松尾 真吾 「HEART BEAT」

(平22年)
◇ビジュアルアーツ部門
- グランプリ 点colers〈坂本光・佐藤志都穂〉「Plastic Cycle」
- オーディエンス賞 mmm 「ビンテージ・デニム『紙漉き』による再生」
◇プロダクト&コミュニケーション部門

## 057　エコ・プロダクツデザインコンペ　　製造業

- グランプリ　MATHRAX LLC.〈久世祥三・坂本茉里子〉「remo-kuma（リモクマ）」
- オーディエンス賞　対 Tsui-Design　「(e)coパック—エコロジーについて考えさせるビニール袋—」

◇審査員特別賞
宮崎 ひ 宏康　「CO2 mega-net」
宮下 知也　「KNOT」
堀井 将太　「ONE MORE？」
OMOCHIRI　「I'm home.」

◇主催者特別賞　村田 勝彦　「ECO FISH」
（平23年）

◇ビジュアルアーツ部門
- グランプリ　植田 未月　「ENTRANCE」 "（同時受賞：IDEE協賛社特別賞）"
- 準グランプリ　古川 祥智雄　「Paper Theater」
- オーディエンス賞　吉田 孝侑　「NEO BUTTERFLIES」

◇プロダクト＆コミュニケーション部門
- グランプリ　山下 卓也，森分 優太　「Branch」
- 準グランプリ　正光 亜実　「fragments」
- オーディエンス賞　YOSHIOKA PLUS〈吉岡 佑二＋浜崎 美保〉「THANK YOU SO MATCH」

◇審査員特別賞
- 安藤貴之賞　中尾 正風　「melt」
- 浅井治彦賞　大橋 さとみ　「安全な深呼吸」
- 伊藤豊嗣賞　志村 リョウ　「29000→600頭」
- 伊勢谷友介賞　岩田 征一郎　「PET-tree」
- J-WAVE協賛社特別賞　影山 友章　「HOKKYOKUGUMA SEKKEN」

---

## 057　エコ・プロダクツデザインコンペ

　優れた技術を持つ企業から提供される，エコをテーマとした課題に対し，全国より作品を募集，選定，審査を通過した優秀な作品の商品化を目指すコンペティションとして，平成19年に創設。

【主催者】エコ・プロダクツデザインコンペ実行委員会
【選考委員】（第4回）特別審査員：山本良一（東京大学名誉教授/国際グリーン購入ネットワーク会長），惣宇利紀男（大阪市立大学 名誉教授（公共経済学）/関西消費者協会理事長/NPO法人イービーング理事），審査委員長：ムラタ・チアキ（（株）ハーズ実験デザイン研究所代表取締役/METAPHYS代表），審査員：池上俊郎（京都市立芸術大学美術学部教授/NPO法人エコデザインネットワーク理事長），益田文和（（株）オープンハウス/エコデザイン研究所代表取締役デザインコンサルタント），左合ひとみ（（株）左合ひとみデザイン室代表取締役），三木健（大阪芸術大学デザイン学科客員教授/三木健デザイン事務所代表）
【選考方法】公募
【選考基準】〔部門〕企業テーマ部門：企業テーマに沿ったエコデザイン提案。自由テーマ部門：独創的なエコデザイン提案。卒業作品部門：学内で発表された卒業制作などのエコデザイン提案。〔資格〕あらゆる分野のデザイナー，技術者，学生などの団体あるいは個人・グループ。年齢・性別・国籍不問。表彰式に出席できる方（受賞された場合）。〔作品規定〕ジャンル不問。コンペ未発表で本人が知財権を有する作品に限る。〔応募規定〕応募点数の制限なし
【締切・発表】（第3回）応募期間は平成21年9月15日～11月15日，表彰式は平成22年3月11日
【賞・賞金】グランプリ（1点）：賞金100万円，近畿経済産業局賞（1点）：賞金20万円，大阪府知事賞（1点）：賞金20万円，大阪市長賞（1点）：賞金20万円，優秀賞（10点）：賞金5万円，企業賞
【URL】http://compe.osaka-design.co.jp/

---

第1回（平19年）
◇グランプリ　大木 陽平　「引き出すプリンタ」（エプソン販売）
◇近畿経済産業局長賞　Tefu Wu, Hsin Yeh

（ToGo）」「Basin」（資源リサイクルセンター松田商店）
◇大阪府知事賞　平石 はるか（Harukata Design Office）「中空瓦の技術を使ったWall等の制作を目的としたブロック」（ダイトー）
◇大阪市長賞　河端 伸裕　「定形郵便サイズのカートリッジ」（リコー）
◇優秀賞
　稲田 祐介　「紙を無駄にさせないプリンター」（エプソン販売）
　大西 陽子　「ふろしきバッグ『スクエコ』」（おおさかATCグリーンエコプラザ事務局）
　渡邊 隆久　「エコ・パッケージングシステム」
　高 祥佑, 蒲生 孝志（IDs）「Organic WALL」（ダイトー）
　角田 陽太　「Bamboo Door Handle」（ユニオン）

第2回（平20年）
◇グランプリ　羽田 安秀　「MULTI ECO BAG」（ザ・パック）
◇近畿経済産業局長賞　山本 学　「echo blind」（grege社）
◇大阪府知事賞　藤井 マナブ（藤井マナブデザイン室/FACE）「母と子供の$CO^2$削減努力の『見える化』プロジェクト」（エプソン販売）
◇大阪市長賞　本田 敬, 木村 かおり（Design Studio CRAC）「訪問看護士のための消毒液ボトル」（サラヤ）
◇優秀賞
　工古田 尚子（トゥーウェイズ）「タッチパネルを用いた、温暖化対策学習ツール」（おおさかATCグリーンエコプラザ）
　大内 庸博（AZ・ALDO）「Echo-Pot/Echo-Cooler」（grege社）
　岩田 征一郎　「battery box watch」（リコー）

第3回（平21年）
◇グランプリ　園部 竜太　「立体漉和紙ペンダント照明器具 YAMA」（谷口和紙）
◇近畿経済産業局長賞　川島 優（Studio .00）「Hot Carton Can」（ポッカコーポレーション）
◇大阪府知事賞　加賀 大喜　「SOLAR SUCKER」（グルマンディーズ）
◇大阪市長賞　弓田 敦　「現代建築に調和する提案型LED照明システム。LOOP」（マックスレイ）
◇優秀賞
　嶋 淳子　「Lunch Communication Tool」（卒業作品）
　酒井 雄大, 古田 龍司（SLYME）「測れる段ボール」（ザ・パック・自由テーマ）
　中里 洋平　「Soft Heat」（大阪ガス・自由テーマ）
　正徳 理栄子　「無限鉛筆」（自由テーマ）
　廣田 倫央　「distep-display×step」（長谷川工業・森田アルミ工業）
　丁野 博行　「Conect」（ユニオン・自由テーマ）
　橋本 崇秀　「額和紙～GAKUWASHI～」（谷口和紙）
　嶋田 康佑　「Paper place 紙のある場所」（卒業作品）
　小林 雅之（studio vaersgo）「Hinoki Basin + Faucet」（サンワカンパニー）
　大口 進也　「POWER ring」（グルマンディーズ）

第4回（平22年）
◇グランプリ　sono mocci（イタリア）「sunny battery」
◇近畿経済産業局長賞　柿木 一男（千葉県）「Solar&LED Gallery CORNICE」
◇大阪府知事賞　楢 隆一（イギリス）「バイオマス（藻類）を利用し光合成によって水素を作る集合住宅」
◇大阪市長賞　内山 健（allegro progetto, 東京都）「Ecological Bluetooth Headset」
◇優秀賞
　横山 浩史（神奈川県）「DOUZO」
　大口 進也（千葉県）「いぐさのたま」
　山上 義一（長崎県）「手肌と環境にもっとやさしい詰め替えパックの提案」
　平井 孝雄（DESIGN TAKAO HIRAI, 神奈川県）「NOBINOBO コンパクトエコバッグ」
　小林 孝寿（千葉県）「r」
　岩田 賢二（愛知県）「IGUSA LIGHT/IGUSA SLIPPER RACK」
　川嶋 崇史, 山内 真一（兵庫県）「段ゴトク」
　片岡 徹郎（京都府）「ストレッチ電動鋸」
　金 鍾其（兵庫県）「one+one=ECO」
　佐野 誠治（大阪府）「shift（シフト）」
◇企業賞：大阪ガス株式会社　河田 聡, 下地 勇貴, 中島 修, 森 憲朗〈INNOS〉（東京都）「五徳カバー 華凛」
◇企業賞：シャープ株式会社　徳田 祐太朗,

石黒 和寛〈烽火〉(埼玉県) 「光の自転車専用レーン -Light Lane-」
◇企業賞：サラヤ株式会社　鈴木 啓太(鈴木啓太建築設計事務所、神奈川県)「universal-eco-pack」
◇企業賞：おおさかATCグリーンエコプラザ　飯田 澄人(静岡県) 「BAG+U」
◇企業賞：株式会社オフィスジャパン　杉原 加奈(千葉県) 「ふりふりらいと」
◇企業賞：株式会社グルマンディーズ　柳澤 郷司(東京都)「Cyclus」
◇企業賞：株式会社ペーパーワールド　毛塚 順次(東京都)「ペット用ダンボールパッシブエコハウス」
◇企業賞：株式会社添島勲商店　曽田 博文 (大阪府) 「green ball」
◇企業賞：大光電機株式会社　山口 健介(京都府)「Angle Light -For Private Space」
◇企業賞：谷口和紙株式会社　中里 洋平(東京都) 「flask」
◇企業賞：長谷川工業株式会社　大口 進也(千葉県)「PINCH」
◇企業賞：株式会社メディディア医療デザイン研究所　飯田 澄人(静岡県)「evolution Urinal」
◇企業賞：森田アルミ工業株式会社　さかえだ さかえ(千葉県)「best brush eco.」
◇企業賞：山本光学株式会社　仲井 優一(兵庫県)「Molding Glasses MONO」

# 058　エネルギー・資源学会 茅奨励賞

エネルギー・資源・環境に関し優秀な研究業績をあげた新進気鋭の者に授与される。平成9年創設。

【主催者】エネルギー・資源学会
【選考委員】同賞選考委員会
【選考基準】〔資格〕同会会員。〔対象〕原則として同会の研究発表会あるいはコンファレンスにて研究発表したものの中から選考
【締切・発表】定時総会後の表彰式において授与
【賞・賞金】賞状および副賞として金一封
【URL】http://www.jser.gr.jp/

第1回(平9年)
　加賀城 俊正(大阪ガス) "類型化世帯モデルによる家庭用エネルギー消費変化の分析"
　松橋 隆治(東京大学) "地球規模,地域規模の持続可能性を考慮したライフサイクルアセスメント"

第2回(平10年)
　横山 良平(大阪府立大学) "エネルギー供給システム運転支援のための機器起動・停止スケジューリング"
　石坂 匡史(東京ガス) "家庭用ガス使用量の器具種別分析"
　永田 豊(京都大学) "機器効率化によるDSMプログラムの最適導入規模"

第3回(平11年)
　秋澤 淳(東京農工大学) "コージェネレーションを含む電源システムの最適運用に与える熱電化の影響"

廣部 祐司(東京工業大学) "産業廃棄物リサイクルによる環境負荷の低減効果分析"
鈴垣 貴幸(横浜国立大学) "アジア・ユーラシア地域におけるエネルギー輸送インフラの最適配置"
近藤 雅芳(地球環境産業技術研究機構) "固体高分子を用いた水電解槽の開発"
小沼 晶(東京大学) "日本のエネルギー資源輸入におけるリスク分析―ポートフォリオ選択理論を用いた資源価格・市場リスク分析―"

第4回(平12年)
　花岡 達也(東京大学) "$CO_2$排出削減対策としての特定フロンの回収・処理の評価"
　小宮山 涼一(東京大学) "電力・熱ハイブリッドネットワークのモデル解析"
　鈴東 新(大阪大学) "自動計測結果に基づく住宅のエネルギー需要の現状分析(その2)"

藤野 純一（東京大学）　"長期世界エネルギーシステムにおける原子力・バイオエネルギーの供給力評価"

古瀬 智裕（東京理科大学）　"資源の地域分析を考慮したアジア地域の多地域・長期エネルギー需給モデル"

第5回（平13年）

玄地 裕（産業技術総合研究所）　"民生用エネルギーシステムの最適組合せにおける$CO_2$削減ポテンシャル評価"

田中 昭雄（住環境計画研究所）　"家庭の電力負荷計測値の要素分解手法について（その2）―FUZZY推論アルゴリズムの改良―"

佐野 史典（大阪大学）　"自動計測結果を利用した住宅用マイクロコージェネレーションシステム導入効果の分析"

上甲 勝弘（大阪府立大学）　"多目的最適化手法に基づくマイクロガスタービン・コージェネレーション・システムの導入可能性分析"

皆川 農弥（東京大学）　"製材廃材のバイオマスエネルギー利用による$CO_2$廃棄物削減効果の評価"

第6回（平14年）

前田 章（慶應義塾大学）　"グリーン証書取引制度の仕組みと経済分析"

岩船 由美子（住環境計画研究所）　"配電電圧昇圧による省エネルギー・$CO_2$削減効果の評価（家電製品における影響）"

藤井 康正（東京大学）　"需要成長の不確実性に対するオプションとしての分散電源の評価"

平出 貴也（東京理科大学）　"ダイナミック最適化モデルを用いた首都高速道路におけるETC（自動料金収受システム）の導入効果の解析"

川合 拓郎（東京大学）　"世界地域細分化エネルギーモデルによる京都メカニズムの解析"

第7回（平15年）

守井 信吾（東京大学）　"電力・ガスネットワークを考慮した首都圏における$CO_2$削減施策評価モデルの構築"

君島 真仁（東京大学）　"マイクロガスタービン・燃料電池ハイブリッドシステムの部分負荷特性"

工藤 祐揮（国立環境研究所）　"実燃費を考慮した自動車からの都道府県別$CO_2$排出量の推計"

第8回（平16年）

竹本 哲也（大阪ガス）　"小型で高効率なDME燃料電池改質システムの開発"

高橋 雅仁（電力中央研究所）　"エンドユースモデルによる関東圏の空調・給湯用途の需要構造分析"

秋元 圭吾（地球環境産業技術研究機構）　"技術開発投資効果を含む日本における電源計画の評価"

松本 信行（大阪ガス）　"触媒を用いた超臨界水ガス化技術の高含水廃棄物への適用に関する検討"

西尾 健一郎（電力中央研究所）　"RPS制度下での新エネルギー供給曲線に関する解析"

第9回（平17年）

玉理 裕介（荏原製作所）　"内部循環流動床ガス化炉によるバイオマスガス化発電"

末包 哲也（東京工業大学）　"長期安定隔離を目指した$CO_2$の貯留・漏洩メカニズムに関する研究"

塚原 沙智子（東京大学）　"CDMプロジェクトにおける，ホスト国の持続可能性を考慮した日本政府のCDM支援制度最適化の提案"

上野 剛（大阪大学）　"住宅におけるエネルギー消費情報表示システムと省エネ行動の定量的分析"

第10回（平18年）

南形 厚志（名古屋大学）　"実測に基づく電力需要の変動確率を考慮した住宅用コジェネの導入評価モデル―逆潮流可否の影響―"

三好 利幸（村田製作所）　"チタン酸バリウム系廃棄物の光触媒用酸化チタンへのリサイクル"

柴田 善朗（住環境計画研究所）　"実使用条件下における$CO_2$冷媒ヒートポンプ給湯器の性能評価"

森本 慎一郎（東京理科大学）　"カルド型ポリイミド膜を用いた膜分離法$CO_2$分離回収・液化システムの評価"

河本 薫（大阪ガス）　"金融工学を用いたLNG価値フォーミュラの市場価値評価"

第11回（平19年）

吉田 好邦（東京大学）　"物流の波及を考慮した貨物輸送の地域連関"

岡島 敬一（筑波大学）　"廃棄・リサイクルを含めた太陽電池のライフサイクル評価"

斉藤 準（東京ガス）　"バイオガスを用いた

ガスエンジン発電技術に関する研究"
第12回(平20年)
　顔　碧(燕長岡技術科学大学)　"マレーシアにおける長期エネルギー需給展望と再生可能エネルギー開発戦略の検討"
　大島 伸司(新日本石油)　"水素インフラの構築に向けた水素輸送・貯蔵技術の開発"
第13回(平21年)
　伏見 千尋(東京大学)　"バイオマスガス化におけるCo/MgO触媒を用いた揮発分の水蒸気改質"
　大島 寛行(筑波大学)　"純酸素燃焼ガスタービンを利用した原子力複合発電システム"
　渡部 朝史((財)エネルギー総合工学研究所)　"国内外風力発電における電力供給パスのコスト比較"
　永富　悠((財)日本エネルギー経済研究所)

"アジア地域を中心とした石油製品需給及び貿易に関する分析"
第14回(平22年)
　高村 秀紀(信州大学)　"地場産材を使用した住宅における木材のライフサイクルアセスメント調査"
　原　卓也(豊田中央研究所)　"作物適性評価モデルに基づくバイオ燃料の生産ポテンシャルの推計"
　竹下 貴之(立命館大学)　"発展途上アジア地域におけるバイオエネルギー最適導入戦略に関する検討"
　松尾 雄介((財)地球環境戦略研究機関)　"うちエコ診断事業を実施して〜「つもりエコ」の存在とその脱却に向けて〜"
　服部　徹((財)電力中央研究所)　"電力入札における環境配慮契約の推進と競争に関する計量分析"

## 059　エネルギー・資源学会論文賞

　エネルギー・資源および環境に関する科学技術の発展に多大な貢献をした研究論文の著者に授与される。平成17年創設。
【主催者】エネルギー・資源学会
【選考委員】同賞選考委員会
【選考基準】〔資格〕同会会員。〔対象〕前年1月より12月までの会誌「エネルギー・資源」に掲載されたものの中から選考
【締切・発表】定時総会後の表彰式において授与
【賞・賞金】賞状および副賞として記念品
【URL】http://www.jser.gr.jp/

第1回(平17年)
　米谷 龍幸, 手塚 哲央, 佐和 隆光(京都大学)　"電力自由市場への短期的移行過程に関する分析"
　佐野 史典, 鈴東　新, 上野　剛, 佐伯　修, 辻　毅一郎(大阪大学)　"住宅用途別エネルギー消費日負荷曲線の推定/住宅における用途別エネルギー消費構造と暖房需要の省エネポテンシャル"
第2回(平18年)　林 礼美, 時松 宏治(地球環境産業技術研究所(RITE)), 山本 博巳(電力中央研究所), 森 俊介(東京理科大学)

"クロスインパクト分析による地球温暖化対策評価のための叙述的シナリオの構築"
第3回(平19年)　福田 哲久, 黒田 正範, 藤本 真司, 佐々木 義之, 坂西 欣也, 美濃輪 智朗, 矢部　彰(産業技術総合研究所)　"木質系バイオマスからエネルギー物質を作り出すシステムの効率と経済性の検討"
第4回(平20年)　山本 博巳((財)電力中央研究所), 福田　桂, 井上 貴至(三菱総合研究所), 山地 憲治(東京大学)　"中四国の木質バイオマス残さの収集・発電利用のシステム分析"

## 060　エネルギーフォーラム賞

昭和55年5月,電力新報社の創業25周年を記念し,エネルギー論壇の向上に資するために創設された。
【主催者】エネルギーフォーラム(旧・電力新報社)
【選考委員】茅陽一(東京大学名誉教授),木元教子(評論家),佐和隆光(滋賀大学学長),末次克彦(アジア・太平洋エネルギーフォーラム代表幹事),深海博明(慶應義塾大学名誉教授),山地憲治(地球環境産業技術研究機構理事・研究所長)
【選考方法】関係者にアンケートによる推薦を依頼
【選考基準】〔対象〕当該年1月から12月までに発表されたエネルギー問題に関する著作・論文(書籍,雑誌等の一般刊行物)
【締切・発表】アンケートは1月下旬締切,選定2月,表彰3月
【賞・賞金】賞:正賞と副賞20万円。同優秀作:正賞と副賞10万円。普及啓発賞:正賞と副賞10万円。特別賞:正賞と副賞10万円
【URL】http://www.energy-forum.co.jp/

第1回(昭56年)　茅 陽一(東京大工学部教授),ほか〈編著〉「エネルギー・アナリシス」
第2回(昭57年)　該当者なし
◇優秀作
　生田 豊朗(日本エネルギー経済研究所理事長)「茶の間のエネルギー学」
　室田 泰弘(埼玉大助教授)「日本ソフト・パス」
第3回(昭58年)　小峰 隆夫(日本経済研究センター主任研究員)「石油と日本経済」
◇優秀作　田中 靖政(学習院大法学部教授)「原子力の社会学」
第4回(昭59年)　該当者なし
◇優秀作
　大内 幸夫(NHK解説委員)「石油解説」
　田中 紀夫(日本エネルギー経済研究所研究理事)「原油価格」
第5回(昭60年)　佐藤 一男(日本原子力研究所理事)「原子力安全の論理」
◇優秀作　瀬木 耿太郎(評論家)「中東情勢を見る眼」
第6回(昭61年)　石川 欽也(元毎日新聞編集委員)「証言/原子力政策の光と影」
◇普及啓発賞　生田 豊朗(日本エネルギー経済研究所理事長)「エネルギーの指定席」
第7回(昭62年)　該当者なし
◇優秀賞
　日本エネルギー経済研究所〈編〉「戦後エネルギー産業史」
　日本原子力産業会議〈編〉「原子力は,いま」
◇普及啓発賞　岸本 康(前日本原子力文化振興財団専務理事)「原子力その不安と希望」
第8回(昭63年)　十市 勉〈編著〉(日本エネルギー経済研究所第4研究室長)「石油産業」
◇普及啓発賞　岸田 純之助〈監修〉(日本総合研究所会長)「巨大技術の安全性」
第9回(平1年)　大橋 忠彦(東京ガス企画部部長代理)「エネルギーの政治経済学」
◇優秀作　深海 博明(慶応義塾大学経済学部教授)「資源・エネルギーこれからこうなる」
◇普及啓発賞　茅 陽一,鈴木 浩,中上 英俊,西広 泰輝「エネルギー新時代」
第10回(平2年)　該当者なし
◇普及啓発賞
　福間 知之(日本社会党参議院議員)「原子力は悪魔の手先か」
　加納 時男(東京電力取締役)"なぜ「原発」か"
第11回(平3年)　該当者なし
◇優秀作
　十市 勉(日本エネルギー経済研究所研究主幹)「第三次石油ショックは起きるか」
　山地 憲治(電力中央研究所エネルギー研究室長)「原子力は地球環境を救えるか」
第12回(平4年)　松井 賢一(日本エネルギー経済研究所計量分析センター研究部長)

「世界のエネルギー世論を読む」
　◇普及啓発賞　近藤 駿介（東京大学工学部教授）「やさしい原子力教室Q&A」

第13回（平5年）　該当者なし
　◇優秀作
　　森 俊介（東京理科大学理工学部教授）「地球環境と資源問題」
　　近藤 駿介（東京大学工学部教授）「エネルゲイア」
　◇普及啓発賞
　　藤家 洋一（東京工業大学原子炉工学研究所長）「21世紀社会と原子力文明」
　　最首 公司（東京新聞編集員，「アラビア情報」編集人），村上 隆（ソ連東欧経済研究所調査部長）「ソ連崩壊・どうなるエネルギー戦略」

第14回（平6年）　該当者なし
　◇優秀作
　　西堂 紀一郎（アイ・イー・エー・ジャパン社長），J.E. グレイ（世界エネルギー会議米国委員長）「原子力の奇跡」
　　川上 幸一（神奈川大学教授）「原子力の光と影」
　◇普及啓発賞　依田 直〈監修〉（電力中央研究所理事長），地球問題研究会〈編〉「トリレンマへの挑戦」

第15回（平7年）　植草 益〈編〉（東京大学経済学部教授）「講座・公的規制と産業1 電力」（NTT出版）
　◇優秀作
　　末次 克彦（ハーバード大学ケネディスクールフェロー）「エネルギー改革」（電力新報社）
　　矢島 正之（電力中央研究所経済社会研究所上席研究主幹）「電力市場自由化」（日本工業新聞社）
　◇特別賞　柴崎 芳三　「基幹エネルギー産業への軌跡 上下」（日本ガス協会）

第16回（平8年）　山地 憲治，藤井 康正　「グローバルエネルギー戦略」
　◇優秀賞　秋元 勇巳　「しなやかな世紀」
　◇普及啓発賞　佐和 隆光〈編〉「地球文明の条件」

第17回（平9年）　該当者なし
　◇優秀賞　昇 昭三　「隠れたる成長産業 都市ガス」
　◇普及啓発賞　上坂 冬子　「原発を見に行こう」

第18回（平10年）　佐和 隆光　「地球温暖化を防ぐ」
　◇特別賞（奨励賞）　円浄 加奈子　「英国にみる電力ビッグバン」

第19回（平11年）　山地 憲治〈編〉「どうする日本の原子力」
　◇普及啓発賞　小山 茂樹　「石油はいつなくなるのか」
　◇特別賞　依田 直〈監修〉「トリレンマ問題群シリーズ」

第20回（平12年）　該当者なし
　◇優秀賞
　　鳥井 弘之　「原子力の未来」
　　吉岡 斉　「原子力の社会史」

第21回（平13年）　西村 陽　「電力改革の構図と戦略」
　◇普及啓発賞　新井 光雄　「エネルギーが危ない」

第22回（平14年）　該当者なし
　◇優秀賞
　　柏木 孝夫，橋本 尚人，金谷 年展　「マイクロパワー革命」
　　飯島 昭彦　「電力系統崩壊」
　◇普及啓発賞　中村 政雄　「エネルギーニュースから経済の流れが一目でわかる」

第23回（平15年）　該当者なし
　◇優秀賞
　　南部 鶴彦，西村 陽　「エナジー・エコノミクス─電力・ガス・石油：理論・政策融合の視点」〔日本評論社〕
　　新井 光雄　「電気が消える日」〔中央公論新社〕
　◇普及啓発賞　松田 美夜子　「欧州レポート 原子力廃棄物を考える旅」〔日本電気協会新聞部〕

第26回（平18年）　該当者なし
　◇優秀賞
　　穴山 悌三　「電力産業の経済学」〔NTT出版〕
　　橋爪 紳也，西村 陽　「にっぽん電化史」〔日本電気協会新聞部〕
　◇特別賞　藤井 秀昭　「東アジアのエネルギーセキュリティ戦略」〔NTT出版〕

第27回（平19年）　山家 公雄　「エネルギー・オセロゲーム」〔エネルギーフォーラム〕
　◇優秀賞　該当作なし
　◇特別賞　松井 賢一　「国際エネルギー・レジーム」〔エネルギーフォーラ〕

第28回（平20年）
　◇優秀賞

◇普及啓発賞
第29回(平21年)
◇大賞　該当作なし
◇優秀賞
　茅 陽一〈編著〉, 秋元 圭吾, 永田 豊〈著〉「低炭素エコノミー」〔日本経済新聞出版社〕
　脇 祐三　「中東激変」〔日本経済新聞出版社〕
◇普及啓発賞　山名 元　「間違いだらけの原子力・再処理問題」〔ワック〕

◇特別賞　田嶋 裕起　「誰も知らなかった小さな町の『原子力戦争』」〔ワック〕
第30回(平22年)
◇大賞　該当作なし
◇優秀賞　山地 憲治　「原子力の過去・現在・未来 原子力の復権はあるか」〔コロナ社〕
◇普及啓発賞
　志村 嘉一郎　「闘電―電気に挑んだ男たち」〔日本電気協会新聞部〕
　山口 正康　「炎の産業『都市ガス』」〔エネルギーフォーラム〕

## 061　環境・設備デザイン賞

　環境・設備デザインに的確で客観的な評価が広く一般社会に公開され、認知されることが望ましいと考え、そのために優秀な「環境・設備デザイン」に対して賞を贈って表彰することを趣旨とし、平成14年に創設。
【主催者】(社)建築設備綜合協会
【選考委員】(第9回)審査委員長:古谷誠章(早稲田大学理工学部建築学科教授)、審査委員:伊香賀俊治(慶應義塾大学 理工学部システムデザイン工学科教授)、乾久美子(乾久美子建築設計事務所代表)、小玉祐一郎(神戸芸術工科大学建築・環境デザイン学科教授)、佐藤正章(鹿島建設建築設計本部設備担当技師長)、四方裕(新建築編集長)、藤江和子(藤江和子アトリエ代表取締役)、三谷徹(千葉大学教授ランドスケープアーキテクト、オンサイト設計事務所パートナー)
【選考方法】公募
【選考基準】〔部門〕(1)設備器具・システムデザイン部門:設備器具・設備機器・設備システムで審美性・機能性などに優れたデザインを対象とする。(2)建築・設備統合デザイン部門:設備機器、設備システムが調和的、機能的に、主として単体の建築の中に統合化されているデザインを対象とする。(3)環境デザイン部門:太陽光や風などの自然エネルギーの利用や自然環境との調和に積極的に取り組んだ、建築とランドスケープの調和、都市空間や広場の提案など、より広がりのある空間のデザインを対象とする。〔対象〕第8回の場合、2008年末までに竣工した建築物、設備、またはこれに類するもので、本顕彰制度の趣旨に沿ったもの。〔資格〕対象とする施設・設備の発注者、設計者、施工者、製造者、管理者などで、その環境・設備デザインの創出に関わった個人又は会社・団体
【締切・発表】(第8回)応募締切は平成21年12月22日、入賞作品は建築設備綜合協会発行の「BE 建築設備」誌及びホームページで公表、平成22年5月19日開催予定の建築設備綜合協会定時総会で授与式を開催
【賞・賞金】上記3部門ごとに最優秀賞、優秀賞、入賞、BE賞を選定し表彰
【URL】http://homepage2.nifty.com/abee/

第1回(平15年)
◇第I部門:設備器具・システムデザイン部門
● 最優秀賞　INAX　"サティスシャワートイレ"
● 優秀賞
　リコー機器　"ウォーターフライヤー"
　鹿島建設　"ニューフラットコアシステム"
◇第II部門:建築・設備統合デザイン部門
● 最優秀賞　渡辺 誠(アーキテクツオフィス)　"地下鉄大江戸線飯田橋駅"
● 優秀賞
　ピーエス　"ピーエスオランジュリ"

野生司環境設計　"冷暖房時に切替え可能な吹出しスリットと籐網代天井"
◇第III部門：環境デザイン部門
- 最優秀賞　日本設計　"ヒートアイランドを緩和するステップガーデン（アクロス福岡）"
- 優秀賞　長谷エコーポレーション　"プレイシア"

第2回（平16年）
◇第I部門：設備器具・システムデザイン部門
- 最優秀賞　日建設計　"高効率光ダクトシステム"
- 優秀賞
  エヌ・ワイ・ケイ　"自由設計 受水槽"
  三機工業　"パラフルメータ（ダクト風速・風量計測システム）"
  INAX　"センサー一体型ストール小便器"
◇第II部門：建築・設備統合デザイン部門
- 最優秀賞　日本大学理工学部1号館建設委員会　"日本大学理工学部駿河台校舎1号館のトータルデザイン"
- 優秀賞
  森村設計　"大旋回気流による居住域空調"
  鹿島建設　"きんでん東京本社ビル"
◇第III部門：環境デザイン部門
- 最優秀賞　上野藤井建築研究所　"高エネルギー加速器研究機構（KEK）研究棟4号館"
- 優秀賞
  坪山幸王（日本大学理工学部）　"日本大学理工学部テクノプレース15"
  大林組　"栄公園地区（広場ゾーン）【愛称：オアシス21】"
  三洋電機　"SANYO SOLAR ARK"

第3回（平17年）
◇第I部門：設備器具・システムデザイン部門
- 最優秀賞/BE賞　横田雄史（日建設計）　"外部環境呼応型窓システム"
- 優秀賞
  田口哲（サンウエーブ工業）　"サスティナブル・デザイン・キッチンActyes〈アクティエス〉"
  河嶋俊之（東京電力）　"集合住宅設置対応型エコキュート"
◇第II部門：建築・設備統合デザイン部門
- 最優秀賞　渡辺真理（設計組織ADH）　"兵庫県西播磨総合庁舎"
- 優秀賞/BE賞　水出喜多郎（日建設計）　"堺ガスビル"
- 優秀賞　岩本弘光（岩本弘光建築研究所）　"静岡ガス研修センター"

◇第III部門：環境デザイン部門
- 最優秀賞/BE賞　山下和正（山下和正建築研究所）　"亜鉛閣およびその庭園"
- 優秀賞
  中村勉（中村勉総合計画事務所）　"大東文化大学板橋キャンパス（第一期）"
  野呂一幸（大成建設）　"神内ファーム21プラントファクトリー"

第4回（平18年）
◇第I部門：設備器具・システムデザイン部門
- 最優秀賞　藤塚譲二（原田産業）　"クランツ・ドラフトフリーラインディフューザー IN-V"
- 優秀賞/BE賞　林達也（森村設計）　"金沢21世紀美術館の展示光環境制御システム"
- 優秀賞　町井義生（ヴィンボック・ジャパン）　"ヴィンボック厨房換気天井システム"
◇第II部門：建築・設備統合デザイン部門
- 最優秀賞　藤江和子（藤江和子アトリエ）　"Function Wall"
- 優秀賞
  横山孝治（山下設計）　"早稲田大学93号館 早稲田リサーチパーク・コミュニケーションセンター"
  柳井崇（日本設計）　"マブチモーター本社棟"
  宮崎浩（プランツアソシエイツ）　"安曇野高橋節郎記念美術館"
◇第III部門：環境デザイン部門
- 最優秀賞　大平滋彦（竹中工務店）　"聖ヨゼフ学園 京都暁星高等学校"
- 優秀賞/BE賞　齊藤義明（日建設計）　"瀬戸市立品野台小学校"
- 優秀賞　白鳥泰宏（竹中工務店）　"光と風の道（竹中工務店 東京本店）"

第5回（平19年）
◇第I部門：設備器具・システムデザイン部門
- 最優秀賞　水谷優孝（INAX）　"超節水「ECO6（エコシックス）トイレ」"
- 優秀賞
  杉鉄也（竹中工務店）　"ダンボールダクト"
  清水直明（東芝キヤリア空調システムズ）　"Xフレーム（スーパーフレックスモジュールチラー）"
◇第II部門：建築・設備統合デザイン部門
- 最優秀賞　下城宏文（佐藤総合計画）　"高知医療センター"
- 優秀賞/BE賞　安井妙子（安井設計工房）　"白川村合掌造り迎賓館「好々庵」"

◇第III部門：環境デザイン部門
- 最優秀賞　佐藤 昌之（日本設計）　"秋田県立横手清陵学院中学校・高等学校"
- 優秀賞　二井 清治（二井清治建築研究所）　"身体・知的障害者通所授産施設里の風"

第6回（平20年）
◇第I部門：設備器具・システムデザイン部門
- 最優秀賞　井田 卓造（鹿島建設）　"水幕による防火設備 ウォータースクリーン"
- 優秀賞
梶野 勇（新富士空調）　"省資源工法エコダクト0.5（愛称：風船ダクト）"
安藤 秀幸（INAX）　"くるりんポイ排水口"
◇第II部門：建築・設備統合デザイン部門
- 最優秀賞　松川 敏正（竹中工務店）　"岡山県総合福祉・ボランティア・NPO会館「きらめきプラザ」"
- 優秀賞
古岡 清司（大林組）　"平和の門―広島―"
中辻 正明（中辻正明都市建築研究室）　"武庫之荘F邸 CONNECTOR"
五十君 興（日建設計）　"エプソンイノベーションセンター"
◇第III部門：環境デザイン部門
- 最優秀賞　千葉 学（千葉学建築計画事務所）　"日本盲導犬総合センター"
- 優秀賞　河井 敏明（一級建築士事務所河合事務所）　"平安座島のロングハウス"

第7回（平21年）
◇第I部門：設備器具・システムデザイン部門
- 最優秀賞　伊藤 孝信（新日本空調）　"空調用外気取入れルーバー：レインキャプチャー"
- 優秀賞
飯塚 宏（日建設計）　"2-WAYソックフィルタシステム"
小林 光（大成建設）　"建築用フラットパネルスピーカー T-Sound（Stealth）"
◇第II部門：建築・設備統合デザイン部門
- 最優秀賞
本井 和彦（竹中工務店）　"断熱障子"
早川 和男（戸田建設）　"大空間高精度空調"
- 優秀賞　河野 有悟（河野有悟建築計画室）　"東京松屋 UNITY"
◇第III部門：環境デザイン部門
- 最優秀賞
淺石 優（日本設計）　"グランドプラザ"
伊東 豊雄（伊東豊雄建築設計事務所）　"瞑想の森 市営斎場，公園墓地"
- 優秀賞　山口 広嗣（竹中工務店）　"トラスコ中山プラネット北関東"

第8回（平22年）
◇第I部門：設備器具・システムデザイン部門
- 最優秀賞　谷 潤一（TOTO）「RESTROOM ITEM 01 レストルームアイテム01」
- 優秀賞
森 陽司（協立エアテック）「VAVユニット」
小竹 達也（大成建設）「調光天井」
- 入賞/BE賞　浅貝 昇夫（新日空サービス）「細霧冷房・加湿装置〔パワフルミスト〕」
- 入賞
岡崎 慶明（日本サーモエナー）「ハイブリット給湯機「デュオキューブ」」
中村 卓司（清水建設）「PCM躯体蓄熱システム」
平岡 雅哉（鹿島建設）「エコロジカル・ウォーターループ」
櫻井 正昭（パナソニック電工）「EVERLEDSLED BILLBOAD LIGHTING」
小比賀 一史（日建設計）「高機能各階換気型ダブルスキンファサード」
松林 茂樹（キッツ）「水道メータ設置器「メータユニット」」
◇第II部門：建築・設備統合デザイン部門
- 最優秀賞　末光 弘和（末光弘和+末光陽子一級建築事務所/SUEP.）「我孫子の住宅 kokage」
- 優秀賞　山口 広嗣（竹中工務店）「アステラス製薬つくば研究センター/居室・厚生棟」
- 入賞
池原 義郎（池原義郎建築設計事務所）「いしかわ総合スポーツセンター」
船木 幸子（フナキサチコケンチクセッケイジムショ・細矢仁建築設計事務所設計共同体）「沖縄小児保健センター」
桑原 裕彰（竹中工務店 東北支店）「ラ・フォーレ天童のぞみ」
古屋 誠二郎（竹中工務店）「エコとクリエイティブを両立させた次世代オフィス コクヨ東京ショールーム5F・エコライブオフィス」
- BE賞　福井 博俊（三機工業）「サントリー天然水のエネルギー高度利用施設」
◇第III部門：環境デザイン部門
- 最優秀賞　蕪木 伸一（大成建設）「ノリタケの森」

- 優秀賞
  大坪 泰(日本設計)「日産先進技術開発センター」
  小屋 かをり(東京ガス)「SUMIKA Project by Tokyo Gas～プリミティブな暮らし～」
- 入賞　吉田 明弘(アプルデザインワークショップ)「YKK黒部事業所ランドスケーププロジェクト(丸屋根展示館・健康管理センター・古御堂守衛所)」
- BE賞　安澤 百合子(日建設計)「かごしま環境未来館の環境共生手法」

## 062　機械工業デザイン賞

　デザイン技術の進歩とその啓蒙を目的として、昭和45年に設立された。毎年優れたデザインの製品を顕彰し、広く世界に紹介し、我が国機械製品のデザイン技術の向上、発展に寄与することを目的としている。

【主催者】日刊工業新聞社

【選考委員】(第41回)委員長：井水治博(日刊工業新聞社社長)、廣瀬毅(経済産業省製造産業局デザイン・人間生活システム政策室長)、川崎芳孝(特許庁審査業務部部意匠課長)、板倉周一郎(文部科学省科学技術・学術政策局基盤政策課長)、中村利雄(日本商工会議所専務理事)、青木弘行(千葉大学大学院教授)、富山朔太郎(元電子技術総合研究所所長)、松野建一(日本工業大学教授)、尾登誠一(東京芸術大学教授)、松岡由幸(慶應義塾大学大学院教授)、中澤佐市(日本産業機械工業会専務理事)、石丸雍二(日本工作機械工業会専務理事)、早野敏美(日本電機工業会専務理事)、冨士原寛(日本ロボット工業会専務理事)、阿部雅栄(日本産業デザイン振興会常務理事)

【選考方法】公募

【選考基準】〔対象〕前年1月1日から12月31日までに発売された新製品。国産または輸入の生産財(間接生産財も含む)であり、一般に発売されている工業製品に限る。品目は、工作機械、金属加工・処理機械、プラスチック加工機械、土木建設機械、印刷・製本・紙工機械、繊維・縫製機械、商業機械(自動販売機・計量機など)、環境整備機械、鍛圧機械、化学機械、荷役・運搬機械、自動化機械、包装機械、風水力機械、農業機械、電気機械、測定機械、設計・製図機械、食品機械、医療機械、光学機械、電子機械、産業用車輌、ロボット関連製品、その他の生産財。応募点数制限なし。応募者は法人に限る

【締切・発表】第39回の場合、応募期間は平成21年2月1日～3月31日。発表は7月中旬「日刊工業新聞」紙上、贈賞式は7月下旬

【賞・賞金】最優秀賞・経済産業大臣賞(2点)：表彰楯、賞金50万円(日刊工業新聞社賞)と記念ブロンズ像、日本商工会議所会頭賞(2点)、日本産業機械工業会賞、日本工作機械工業会賞、日本電機工業会賞、日本ロボット工業会賞、日本産業デザイン振興会賞(各1点)：表彰楯、審査委員会特別賞(若干)：表彰楯

【URL】http：//www.nikkan.co.jp/cop/prize/priz08000.html

第1回(昭45年度)
◇通商産業大臣賞・日刊工業新聞社賞
　"DM-250N型放電加工機〔三菱電機〕"
　"精密内径測定機〔三豊製作所〕"
◇日本産業機械工業会賞　"小松2000/700t/hリクレイムスタッカ〔小松製作所〕"
◇日本工作機械工業会賞　"BT-10Aテーブル型横中ぐり盤〔東芝機械〕"
◇日本電機工業会賞　"ユニパンチプレスD500型〔アマダツール〕"

第2回(昭46年度)
◇通商産業大臣賞・日刊工業新聞社賞
　"超高速菊半裁オフセット印刷機〔小森印刷機械製作所〕"
　"水陸両用油圧ショベルUH03K〔日立建機〕"
◇日本産業機械工業会賞　"自動小型無線綴機

〔高畠製作所〕"
　◇日本工作機械工業会賞　"マシニングセンタMCP-50型〔牧野フライス製作所〕"
　◇日本電機工業会賞　"指示騒音計OS-11型〔音響測機〕"

第3回(昭47年度)
　◇通商産業大臣賞・日刊工業新聞社賞
　　"BTN-13A型NCテーブル型横中ぐり盤〔東芝機械〕"
　　"375型油圧ショベル〔石川島コーリング〕"
　◇日本産業機械工業会賞　"TOPCONオートレベル〔東京光学機械〕"
　◇日本工作機械工業会賞　"自動製図装置ヌメリコンシステム7000/RISシリーズ〔武藤工業〕"
　◇日本電機工業会賞　"ローレル・カスタム・セット〔帝国デンタル製作所〕"

第4回(昭48年度)
　◇通商産業大臣賞・日刊工業新聞社賞
　　"データレコーダFR-3215〔ソニーマグネスケール〕"
　　"検眼システム〔東京光学機械〕"
　◇日本産業機械工業会賞　"GT-110二軸押出機〔池貝鉄工〕"
　◇日本工作機械工業会賞　"NC精密ボール盤RPD-6型〔碌々産業〕"
　◇日本電機工業会賞　"自動蛍光X線分析装置AFV-777〔東京芝浦電気〕"

第5回(昭49年度)
　◇通商産業大臣賞・日刊工業新聞社賞
　　"電子顕微鏡H-500〔日立製作所〕"
　　"トプコン手術用顕微鏡〔東京光学機械〕"
　◇日本産業機械工業会賞　"バイブレーションローラSV-100型〔酒井重工業〕"
　◇日本工作機械工業会賞　"NC旋盤アストロVターン〔滝沢産業〕"
　◇日本電機工業会賞　"システム顕微鏡BH〔オリンパス光学工業〕"

第6回(昭50年度)
　◇通商産業大臣賞・日刊工業新聞社賞
　　"高速ファックス500シリーズ〔日立電子〕"
　　"DWC75形放電加工機〔三菱電機〕"
　◇日本産業機械工業会賞　"在庫管理機INFORMAX〔シャープ〕"
　◇日本工作機械工業会賞　"アーク熔接ロボット ミスターアロス〔日立製作所〕"
　◇日本電機工業会賞　"総合計装制御装置CENTUM〔横河電機製作所〕"

　◇奨励賞　"電磁クラッチ・ブレーキ内臓型ベルト式無段変速機〔三木プーリ〕"

第7回(昭51年度)
　◇通商産業大臣賞・日刊工業新聞社賞
　　"マシニングセンタBMC-6B〔東芝機械〕"
　　"油圧式パワーショベルNIKKO BH70〔日本製鋼所〕"
　◇日本産業機械工業会賞　"N6390タイプⅡデータステーション〔日本電気〕"
　◇日本工作機械工業会賞　"DCN4ドリリングセンタ〔大隅鉄工所〕"
　◇日本電機工業会賞　"ファクシミリCOPIX―4500〔東京芝浦電気〕"

第8回(昭52年度)
　◇通商産業大臣賞・日刊工業新聞社賞
　　"モジュール型端末装置〔日立製作所〕"
　　"自立型電算写植機SAPTON-Somanechi〔写研〕"
　◇日本産業機械工業会賞　"トプコン・セオドライトTL-20E〔東京光学機械〕"
　◇日本工作機械工業会賞　"ヤスダプロダクションセンタYPC―45型〔安田工業〕"
　◇日本電機工業会賞　"ガンマカメラGCA-401〔東京芝浦電気〕"

第9回(昭53年度)
　◇通商産業大臣賞・日刊工業新聞社賞
　　"プログラマブル・コントロールシステムN―5000〔日立製作所〕"
　　"コルポスコープ・モデルOCS〔オリンパス光学工業〕"
　◇日本産業機械工業会賞　"HD1200ダンプトラック〔小松製作所〕"
　◇日本工作機械工業会賞　"マザック・マイクロセンターV〔山崎鉄工所〕"
　◇日本電機工業会賞　"医療用ライナックML-15MIII〔三菱電機〕"
　◇奨励賞　"ユニデルタ電子式伝送器〔横河電機製作所〕"

第10回(昭54年度)
　◇通商産業大臣賞
　　"日本語ワードプロセッサーWD―3000〔シャープ〕"
　　"オートマチック・ウエハ・プロービングマシン A-PM-3000A〔東京精密〕"
　◇日本産業機械工業会賞　"JSW JI50S 射出成形機〔日本製鋼所〕"
　◇日本工作機械工業会賞　"FX15N数値制御旋盤〔池貝鉄工〕"
　◇日本電機工業会賞　"X線透視撮影台FINALEX(ASZ-10)〔島津製作所〕"

◇日本産業デザイン振興会賞 "トプコン眼底カメラTRC-W〔東京光学機械〕"
◇日本機械デザインセンター賞 "テーブル形横中ぐり盤〔東芝機械〕"
◇奨励賞 "ロックベルトローダR-BCL-2500B〔国土開発工業〕"

第11回(昭55年度)
◇通商産業大臣賞
"ラフターラインクレーンTR-250M〔多田野鉄工所〕"
"キヤノワード55〔キヤノン〕"
◇日本産業機械工業会賞 "N7384-21ページプリンタ〔日本電気〕"
◇日本工作機械工業会賞 "立形マシニングセンタVR5A〔三井精機工業〕"
◇日本電機工業会賞 "グラフメイト〔横河電機製作所〕"
◇日本産業デザイン振興会賞 "立形マニシングセンタFNC106-A20〔牧野フライス製作所〕"
◇日本機械デザインセンター賞 "富士リプリントシステム〔富士写真フイルム〕"
◇奨励賞
"ダイレクトスキャナグラフSG-801〔大日本スクリーン製造〕"
"テルフュージョン輸液ポンプ〔テルモ〕"
"オフィスコンピュータHAYAC-3800〔シャープ〕"

第12回(昭56年度)
◇通商産業大臣賞
"全身診断用CTスキャナーTCT-80A〔東京芝浦電気〕"
"N5000シリーズ スリム型搬送端局装置〔日本電気〕"
◇特別賞 "水道用監視制御装置〔東京芝浦電気〕"
◇日本産業機械工業会賞 "PQC付LITHRONE40〔小森印刷機械〕"
◇日本工作機械工業会賞 "MH-630横形マシニングセンタ〔倉敷機械〕"
◇日本電機工業会賞 "頭頚部用CT装置CT-HSF〔日立メディコ〕"
◇日本産業デザイン振興会賞 "日本語ワードプロセッサWD-1000〔シャープ〕"
◇日本機械デザインセンター賞 "数値制御ねじ研削盤〔三井精機工業〕"
◇奨励賞
"電子式制御装置YEWSERIES80〔横河電機製作所〕"
"富士X-レイプロセサーFPM360〔富士写真フイルム〕"

第13回(昭57年度)
◇通商産業大臣賞
"MI-810自動IC挿入機〔池上通信機〕"
"立型マシニングセンタVR-3A〔三井精機工業〕"
◇日本産業機械工業会賞 "三菱オフセット印刷機DAIYA 1Eシリーズ〔三菱重工業〕"
◇日本工作機械工業会賞 "横形マシニングセンタMC1210-A60〔牧野フライス製作所〕"
◇日本電機工業会賞 "NECレターソーティングマシンNBS-PCシリーズ〔日本電気〕"
◇日本産業デザイン振興会賞 "小型精密複合NC旋盤シンコムF20〔シチズン時計〕"
◇日本機械デザインセンター賞 "EDMセンタDP45NC形彫放電加工機〔ジャパックス〕"
◇奨励賞
"レーザー加工機〔アマダ〕"
"ターレックスMHC-4H〔桜井製作所〕"
"リョービ3200PFA〔リョービ〕"

第14回(昭58年度)
◇通商産業大臣賞
"フジコンピューテッドラジオグラフィーF-CR101〔富士写真フイルム〕"
"循環器X線診断システムCAS-LA/CAS-CP-2S/CAT-FX〔東芝〕"
◇日本産業機械工業会賞 "フレンドロボットRA4-1〔豊田工機〕"
◇日本工作機械工業会賞 "三菱CNC円筒研削盤A6G-2N P6G-2N〔三菱重工業〕"
◇日本電機工業会賞 "ポータブルコンピュータPC-5000〔シャープ〕"
◇日本産業デザイン振興会賞 "コンピュータ断層撮影装置CT8600〔横河メディカルシステム〕"
◇日本機械デザインセンター賞 "超精密旋盤〔日立精工〕"
◇奨励賞
"サンヨーカラーグラフィックプリンターCJ-5000シリーズ〔三洋電機〕"
"31Mトンボリフト〔彦間製作所〕"
"ドリルセンターFMC-6V〔不二精機製造所〕"

第15回(昭59年度)
◇通商産業大臣賞
"OES上部消化管汎用ファイバースコープGIF TYPE Q10〔オリンパス光学工業〕"
"富士モノクロスキャナSCANART30

〔富士写真フイルム〕"
◇日本産業機械工業会賞 "都市モノレール〔日立製作所〕"
◇日本工作機械工業会賞 "6インチ用オートローダ付CVD装置〔日立電子エンジニアリング〕"
◇日本電機工業会賞 "NECスーパーコンピュータSX-2〔日本電気〕"
◇日本産業デザイン振興会賞 "エスパー2001型〔帝国デンタル製作所〕"
◇日本機械デザインセンター賞 "三管式業務用カラービデオカメラBY-110〔日本ビクター〕"
◇奨励賞
"スパイラルエスカレータ〔三菱電機〕"
"クローラクレーンLS-218RH5〔住友重機械工業〕"
"小型精密ワイヤ放電加工機CONT HS-100〔ブラザー工業〕"

第16回(昭60年度)
◇通商産業大臣賞
"全身用東芝スキャナTCT-900S〔東芝〕"
"α-9000〔ミノルタカメラ〕"
◇特別賞・日刊工業新聞社賞 "東芝デジタルカラーコピーFC-50S〔東芝〕"
◇日本産業機械工業会賞 "真円度測定機ロンコム20A〔東京精密〕"
◇日本工作機械工業会賞 "CNC超精密円筒研削盤GXN25〔豊田工機〕"
◇日本電機工業会賞 "透過電子顕微鏡H-7000形〔日立製作所〕"
◇日本産業デザイン振興会賞 "マイクロオージェ/シムスAAS-5050〔日電アネルバ〕"
◇日本機械デザインセンター賞 "IBM5577-B 01印刷装置〔日本アイ・ビー・エム〕"
◇奨励賞
"モノクロスキャナー スキャニカSF-222〔大日本スクリーン製造〕"
"HF300形高精密マシニングセンタ〔日立精機〕"
"心電計〔日本光電工業〕"

第17回(昭61年度)
◇通商産業大臣賞
"炭酸ガスレーザ加工機ML806 T2型〔三菱電機〕"
"磁気共鳴断層撮影装置RESONA〔横河メディカルシステム〕"
◇日本産業機械工業会賞 "トヨタフォークリフトX300シリーズ5FD25〔豊田自動織機製作所〕"
◇日本工作機械工業会賞 "レーザー加工機LCF-644〔アマダ〕"
◇日本電機工業会賞 "光電子分光装置JPS-90SX〔日本電子〕"
◇日本産業デザイン振興会賞 "三次元測定機TRISTATION 600M〔日本光学工業〕"
◇日本機械デザインセンター賞 "フジGX680プロフェッショナル〔富士写真フイルム〕"
◇特別賞 "サイレントパイラーC4(コーナーフォー)〔技研製作所〕"
◇奨励賞
"レーザビームプリンタ8II〔キヤノン〕"
"油圧ショベルEX200〔日立建機〕"
"表面粗さ形状測定機サーフコム1500A〔東京精密〕"

第18回(昭62年度)
◇通商産業大臣賞
"超音波診断装置SSH-160A〔東芝〕"
"三菱高速高精度加工機M-KRシリーズ〔三菱重工業〕"
◇日本産業機械工業会賞 "7150形生化学自動分析装置〔日立製作所〕"
◇日本工作機械工業会賞 "立型マシニングセンターAJV60/120〔ヤマザキマザック〕"
◇日本電機工業会賞 "BVW-505(ベータカムカメラ一体型VTR)〔ソニー〕"
◇日本産業デザイン振興会賞 "プレスケールFPD301・302〔富士写真フイルム〕"
◇日本機械デザインセンター賞 "オートフォーカス一眼レフカメラEOSシステム〔キヤノン〕"
◇特別賞 "全自動X線光電子分光装置XPS-7000〔理学電機工業〕"
◇奨励賞
"業務用三板式CCDカラーカメラFP-C1〔日立電子〕"
"ミニバックホー〔石川島建機〕"
"自立形無人車システム〔神鋼電機〕"

第19回(昭63年度)
◇通商産業大臣賞
"DWC 110 PH型ワイヤ放電加工機〔三菱電機〕"
"総合制御システムCENTUM-XL〔横河電機〕"
◇日本産業機械工業会賞 "富士フイルム ドラフティングコピア コピアート100〔富士写真フイルム〕"
◇日本工作機械工業会賞 "JV5超高精度CNCファインボーラ〔豊田工機〕"
◇日本電機工業会賞 "パナサートMV〔松下

電器産業〕"
◇日本産業デザイン振興会賞 "手術用顕微鏡OME-5033N〔オリンパス光学工業〕"
◇日本機械デザインセンター賞 "MULTIPLEX610〔ヤマザキマザック〕"
◇特別賞 "横形マシニングセンタOSH-54 APC付〔大鳥機工〕"
◇奨励賞
"超音波顕微鏡〔日立建機〕"
"パターンレスエッジャー（メガネレンズ加工機）〔トプコン〕"
"Q-PIC RC-250〔キヤノン〕"

第20回（平1年度）
◇通商産業大臣賞
"NECスーパーコンピュータSX-3モデル44〔日本電気〕"
"日立超電導MRイメージング装置MRH-500〔日立製作所〕"
◇日本産業機械工業会賞 "循環器X線診断システムCAS-30B/110A〔東芝〕"
◇日本工作機械工業会賞 "小松ファインプラズマ加工機KPD0436〔小松製作所〕"
◇日本電機工業会賞 "超高精度三次元測定機〔松下電器産業〕"
◇日本産業デザイン振興会賞 "カラーレーザーコピア200〔キヤノン〕"
◇日本機械デザインセンター賞 "テックスキャニングPOSターミナルU-4シリーズ〔東京電気〕"
◇特別賞 "立形マシニングセンター コンパクトミルCM-2000A・T・C〔静岡鉄工所〕"
◇奨励賞
"インテリジェントX線テレビジョンシステム シマビジョン3200X〔島津製作所〕"
"AHN10CNC 超精密非球面加工機〔豊田工機〕"

第21回（平2年度）
◇通商産業大臣賞
"超音波診断装置TOSBEE SSA-240A〔東芝〕"
"対話型高速レーザー加工機SUPER TURBO-X48〔ヤマザキマザック〕"
◇日本産業機械工業会賞 "超音波探査映像装置MI-SCOPE〔日立建機〕"
◇日本工作機械工業会賞 "三菱CNC多軸自動盤M-T14〔三菱重工業〕"
◇日本電機工業会賞 "超大型汎用コンピューターHITAC M-880プロセッサグループ〔日立製作所〕"

◇日本産業デザイン振興会賞 "フルカラーファクシミリJX-5000〔シャープ〕"
◇日本機械デザインセンター賞 "ニコン眼底カメラNF-505AF〔ニコン〕"
◇特別賞 "ポンチ・穴明け専用機ポイントランナーMP860〔丸昭機械〕"
◇奨励賞
"8mmビデオカメラレコーダーLX-1〔キヤノン〕"
"産業用ロボットムーブマスターRH-M2〔三菱電機〕"
"トラクター サンシャイングランデルGL-29〔クボタ〕"
"多機能自動包あん機火星人111型〔レオン自動機〕"

第22回（平3年度）
◇通商産業大臣賞
"ACサーボ式小型射出成形機パナジェクションシリーズPJ-30〔松下電器産業〕"
"パンチ・レーザー複合加工機APELIO2-357V〔アマダ〕"
◇日本産業機械工業会賞 "シティコンシャスクレーンパンサー500型〔神戸製鋼所〕"
◇日本工作機械工業会賞 "CNC精密自動旋盤S20〔ツガミ〕"
◇日本電機工業会賞 "高機能血液自動分析装置7070形〔日立製作所〕"
◇日本産業デザイン振興会賞 "視力測定機MDR-999システム〔HOYA〕"
◇日本機械デザインセンター賞 "高機能超遠心分離機himac CP100α〔日立工機〕"
◇特別賞
"NC竪型転造盤KX-400型〔共益工業〕"
"自動ハンダ付け装置ハイパーディップ〔千住金属工業〕"
◇奨励賞
"血糖測定器 アントセンスMPG01〔ダイキン工業〕"
"ハウジングモービルタワークレーンTT-210C〔タダノ〕"
"デスクトップカラースキャナーDTS-1015〔大日本スクリーン製造〕"

第23回（平4年度）
◇通商産業大臣賞
"超微細放電加工機MG-ED71〔松下電器産業・松下技研〕"
"オールテレーンクレーンAR1000M〔タダノ〕"
◇日本産業機械工業会賞 "ガスクロマトグラフ質量分析計QP-5000〔島津製作所〕"

製造業

◇日本工作機械工業会賞　"立形マシニングセンタKX形〔碌々産業〕"
◇日本電機工業会賞　"デスクトップテレビ会議システムDP-200〔日立製作所〕"
◇日本産業デザイン振興会賞　"血液分析測定システム 富士ドライケム3000〔富士写真フイルム〕"
◇審査員会特別賞
　"フルオートマチックウェーハプロービングマシンA-PM-90A〔東京精密〕"
　"超音波断層装置ECHOPAL EUB-405〔日立メディコ〕"
　"写真焼付現像装置コニカ フレンディー818SQA〔コニカ〕"
◇特別賞　"PCBセパレータSAM-CT23B〔サヤカ〕"
◇奨励賞
　"NCフライス盤B-5VP〔静岡鉄工所〕"
　"ハンダ付け外観検査装置SV-4000〔シム〕"

第24回（平5年度）
◇通商産業大臣賞
　"電子部品実装機パナサートMSH2〔松下電器産業〕"
　"汎用超音波画像診断装置LOGIQ500〔GE横河メディカルシステム〕"
◇日本商工会議所会頭賞　"車いす用全自動階段昇降機モノベアー〔クマリフト〕"
◇日本産業機械工業会賞　"油圧ショベル ACERA SUPER VERSION SK200〔神戸製鋼所〕"
◇日本工作機械工業会賞　"CNC横中ぐりフライス盤 NB110T〔池貝〕"
◇日本電機工業会賞　"外科用X線テレビジョン装置OPESCOPE〔島津製作所〕"
◇日本産業デザイン振興会賞　"A1サイズフルカラー複写機NEW PIXEL PRO〔キヤノン〕"
◇審査委員会特別賞
　"菊半裁オフセット印刷機SPRINT2 26/28〔小森コーポレーション〕"
　"クローラ式高所作業車スーパーデッキAC-125S〔タダノ〕"
　"デジタルガンマカメラGCA-7200A〔東芝〕"
　"ウォータジェット切断システムD9Xテーブル〔ダイキン工業〕"
　"超精密射出成形機TM-180H〔東洋機械工業〕"

第25回（平6年度）
◇通商産業大臣賞
　"ハイビジョンカメラKH-100〔日本ビクター〕"
　"CNCタレットパンチプレスMOTORUM-2000〔村田機械〕"
◇25回記念賞
　"生化学自動分析装置TBA-80FR NEO〔東芝〕"
　"原稿上向き静電複写機BC3000〔ミノルタ〕"
◇日本商工会議所会頭賞　"CNC精密自動旋盤NN-16H〔野村精機〕"
◇日本産業機械工業会賞　"超小旋回バックホーRX-141〔クボタ〕"
◇日本工作機械工業会賞　"ワイヤ放電加工機SX10〔三菱電機〕"
◇日本電機工業会賞　"LCD用IC実装システム〔九州松下電器〕"
◇日本産業デザイン振興会賞　"医療診断用ハードコピー機レーザーイメージャ Li-7〔コニカ〕"
◇審査委員会特別賞
　"倒立型システム顕微鏡IX70〔オリンパス光学工業〕"
　"油圧駆動式タイヤローラーAUTHENT K20WHA〔川崎重工業〕"
　"高架道路・橋梁点検車ブリッジチェッカーBT-100〔タダノ〕"
　"ウェーハダイシングマシンA-WD-5000A〔東京精密〕"
◇特別賞
　"射出成形機TUPARL TR80S2〔ソディック プラステック〕"
　"クローラ乗用運搬車シャチ BFG1303〔筑水キャニコム〕"

第26回（平7年度）
◇通商産業大臣賞
　「VLSIテスト・システムT6671B」（アドバンテスト）
　「永久磁石式MRイメージング装置AIRIS」〔日立メディコ〕
◇日本商工会議所会頭賞　「浮上油回収分離システムフローテック」（ワールドケミカル）
◇日本産業機械工業会賞　「電動式射出成形機MD30S-II」（新潟鉄工所）
◇日本工作機械工業会賞　「高精度水中ワイヤ放電加工機U32/U53」（牧野フライス製作所）

◇日本電機工業会賞　「超並列コンピュータSR2201」(日立製作所)
◇日本ロボット工業会賞　「高速パラレルメカニズムロボットDELTA C1000」(日立精機)
◇日本産業デザイン振興会賞　「3CCDデジタルカメラレコーダーAG-EZ1」(松下電機産業)
◇審査委員会特別賞
　「循環器X線診断システム CAS 8000V」(東芝)
　「インテリジェント大腿義足膝継手 NI-CIII」(ナブコ)
　「高速オフセット印刷機 RYOBI 520HX」(リョービ)
◇特別賞
　「CNC複軸自動旋盤 Cincom MSL12」(シチズン時計)
　「ミニ油圧ショベル MM55SR」(新キャタピラー三菱)
　「高機能測量機 トータルステーション POWERSET」(ソキア)

第27回(平8年度)
◇通商産業大臣賞
　西日本旅客鉄道,川崎重工業,近畿車輛,日本車輌製造,日立製作所　「500系新幹線電車」
　日立製作所　「透過型電子顕微鏡 H-7500」
◇日本商工会議所会頭賞　近畿工業　「二軸剪断式破砕機『シュレッドキング』」
◇日本産業機械工業会賞　荏原製作所　「ドライ真空ポンプ AA70W」
◇日本工作機械工業会賞　日平トヤマ　「マルチウェーハメーカ『MWM444B』」
◇日本電機工業会賞　島津製作所　「IVR用ディジタルTVシステム『Cvision』」
◇日本ロボット工業会賞　三洋ハイテクノロジー　「電子部品実装装置『TCM-3100S』」
◇日本産業デザイン振興会賞　松下電器産業　「ポータブルデジタルビデオ編集機『ラップトップエディター AJ-LT75』」
◇審査委員会特別賞
　アネルバ　「ヘリウム・リークディテクタ『HELEN A-220M-LD』」
　オリンパス光学工業　「内視鏡洗滌消毒装置 OER」
　松下電送　「新聞製作フィルム出力用ドライプロッタ『GX-3600』」
◇特別賞
　テルモ　「血糖測定システム『メディセーフ』」
　リョービ　「仕口加工機『CJR-440』」

第28回(平10年)
◇通商産業大臣賞
　松下通信工業　「ホール用デジタルオーディオミキシングコンソール『WR-DX1000シリーズ』」
　三菱電機　「超高精度ワイヤ放電工機『PX05』」
◇日本商工会議所会頭賞　飯田工業　「多軸かんな盤『モルダーMC251型』」
◇日本産業機械工業会賞　荏原製作所　「超微細粒オイルミスト噴霧装置『エコミスト』」
◇日本工作機械工業会賞　オークマ　「『CNC旋盤 SPACE TURN LB300/LB300-M』」
◇日本電機工業会賞
　日立製作所　「広視野角液晶搭載デスクトップPC FLORA310」
　松下電器産業　「ノートパソコン PRONOTE FG『CF-25シリーズ』」
◇日本ロボット工業会賞　デンソー　「コンパクト水平多関節ロボット『HCシリーズ』」
◇日本産業デザイン振興会賞　日本光電工業　「携帯型救急モニタWEC-5003/表示ユニットVR-501V」
◇審査委員会特別賞
　オリンパス光学工業　「手術用顕微鏡 OME-8000」
　東海道旅客鉄道,東芝　「新幹線自動改札機」
　リョービ　「菊四裁寸延び高速オフセット5色印刷機RYOBI 525HX」
◇特別賞　特殊機化工業　「薄膜旋回高速ミクサー『T.K.FILMICS 80-50』」

第29回(平11年)
◇通商産業大臣賞
　東芝　「全身用CTスキャナ『TSX-101A』」
　松下電器産業　「DVDマスタリングシステム」
◇日本商工会議所会頭賞　ホーコス　「コラムトラバースタイプ ヨコ型マシニングセンタ『HFN-C50H』」
◇日本産業機械工業会賞　小松製作所　「コマツ ミニ油圧ショベル PC28UU-3」
◇日本工作機械工業会賞　豊田工機　「PICCOCENTER」

製造業

◇日本電機工業会賞　日立製作所　「検体前処理・生化学分析システム」
◇日本ロボット工業会賞　三菱電機　「産業用ロボット MELFA RP-1AH」
◇日本産業デザイン振興会賞　フィリップスエレクトロンオプティックス　「透過電子顕微鏡 Tecnai」
◇審査委員会特別賞
　NEC　「NECスーパーコンピュータ SX-5シリーズ」
　島津製作所　「三次元表面観察装置 SFT-9800」
◇特別賞
　イットモ　「スーパー耐震ジョイント」
　松浦機械製作所　「立形マシニングセンタ『MAM72-3VS』」

第30回(平12年)
◇通商産業大臣賞
　リョービ　「菊半截寸延び高速多色オフセット印刷機『RYOBI 680シリーズ』」
　トヨタ自動車,豊田自動織機製作所　「バッテリー式フォークリフト GENEO-B」
◇第30回特別記念日刊工業新聞社賞　日立精機　「スーパーハイセル250」
◇日本商工会議所会頭賞　大塚鉄工　「コーンクラッシャ GEOPUS」
◇日本産業機械工業会賞　島津製作所　「分析走査電子顕微鏡 SSX-550」
◇日本工作機械工業会賞　松浦機械製作所　「超高速・高精度リニアモータマシン LX-1」
◇日本電機工業会賞　日立製作所　「日立シミュレーションライドシステム」
◇日本ロボット工業会賞　デンソー　「移動ロボット DM-60A0D」
◇日本産業デザイン振興会賞　シチズン時計　「高精度複合型 NC自動旋盤『Cincom M32』」
◇特別賞
　三浦工業　「医療用高圧蒸気滅菌装置 SR-Vシリーズ」
　ニコン　「生物顕微鏡 ECLIPSE-E200」
　森精機製作所　「Partner FM-303」
　NEC　「現金自動預払機 N8370 ATMシリーズ」

第31回(平13年)
◇通商産業大臣賞
　松下通信工業　「ウェーハレベル バーンインテスタ(ウェーハ スクリーニング装置)」

島津製作所　「回診用X線診断装置 MOBILEART(MUX-100シリーズ)」
◇日本商工会議所会頭賞　松浦機械製作所　「立形マシニングセンタ V.MAX-800」
◇日本産業機械工業会賞　クボタ　「自脱型6条刈コンバイン AR90」
◇日本工作機械工業会賞　ヤマザキマザック　「7軸複合加工工作機械『INNTEGREX-100』」
◇日本電機工業会賞　東芝　「超音波画像診断装置 SSA-770A」
◇日本ロボット工業会賞　デンソー　「小型垂直関節ロボット VS-6556E」
◇日本産業デザイン振興会賞　オリンパス光学工業　「システム顕微鏡 PowerBX」
◇審査委員会特別賞
　デンソー　「リニアモータ駆動ワイヤ放電加工機『AQ 550L』」
　筑水キャニコム　「草刈作業車 CM2101(草刈機まさお)」
　日立製作所,Applied Biosystems　「遺伝子解析装置 PRISM3100」
　リョービ　「A3判デジタルオフセット4色印刷機 RYOBI 3404DI」
◇特別賞
　NEC　「パラレルACOSシリーズ i-PX7600」
　日立建機　「油圧ショベル ZX200」

第32回(平14年)
◇通商産業大臣賞
　三菱電機工業　「クリスタルムーバ(APM車両)」
　小森コーポレーション　「菊前版高速多色枚葉オフセット印刷機 LITHRONE S40」
◇日本商工会議所会頭賞　安永　「半導体外観検査装置 LI-2000」
◇日本産業機械工業会賞　豊田自動織機　「トヨタ オーダーピッキングトラック ハイビックリフト」
◇日本工作機械工業会賞　日立精機　「NC旋盤デジターン シリーズ」
◇日本電機工業会賞　富士電機　「サーボアンプ FALDIC-$\beta$」
◇日本ロボット工業会賞　日本トムソン　「ナノリニア NT」
◇日本産業デザイン振興会賞　日立国際電気　「フルデジタル マルチスタンダードカメラ SK-3300P」
◇審査委員会特別賞
　オリンパス光学工業　「内視鏡挿入形状観

測装置 UPD」
オルガノ 「ユニット形超純水装置オルトリア」
島津製作所 「ガスクロマトグラフ質量分析計」
◇特別賞
NEC 「NECスーパーコンピュータ SX-6シリーズ」
オムロン 「自動券売機」
森精機製作所 「立形マシニングセンタ NV5000」

第33回(平15年)
◇経済産業大臣賞
ヤマザキマザック 「スーパーマルチタスキングマシンINTEGREX e-1060V/8」
小松フォークリフト 「エンジン式フォークリフト LEO NXT 109シリーズ FD25N-15」
◇日本商工会議所会頭賞 キタムラ機械 「Mytrunnion 同時制御立形マシニングセンタ」
◇日本産業機械工業会賞 トルンプ 「レーザ切断機『TRUMATIC L3050』」
◇日本工作機械工業会賞 牧野フライス製作所 「超精密ワイヤ放電加工機『UPJ-2』」
◇日本電機工業会賞 オムロン 「ネットワークデジタルファインスコープ VC3000/3500」
◇日本ロボット工業会賞 不二輸送機工業 「パレタイジングロボット『FUJI・ACE EC-201』」
◇日本産業デザイン振興会賞 オリンパス光学工業 「超音波手術システム『SonoSurg』」
◇審査委員会特別賞
NECビューテクノロジー 「ミラー投写型プロジェクタ『WT600』」
日機装 「個人用透析装置『DBB-73』」
日立メディコ 「磁気共鳴イメージング装置『APERTO』」
◇特別賞
キヤノン 「リモートコントロール・パン・チルトカメラ/システム『BU-400N/NU-700N』」
シチズン時計 「高精度超小径NC自動旋盤『Cincom R04』」
三菱重工業 「商業用オフセット輪転機『LITHOPIA MAXシリーズ』」
森精機製作所 「横形マシニングセンタ『NH5000』」

第34回(平16年)
◇経済産業大臣賞
小森コーポレーション 「B縦半裁オフセット輪転機『システム35S』」
東芝 「超電導式磁気共鳴画像診断装置 EXCELART Vantage MRT-2003」
◇日本力(にっぽんぶらんど)賞 アイデエンジニアリング 「デジタルサーボフォーマ」
◇日本商工会議所会頭賞 ミクニ・マキノ工業 「車いす用電動ユニット TRD-1」
◇日本産業機械工業会賞 三菱重工業 「ドライカットホブ盤 GE15A」
◇日本工作機械工業会賞 森精機製作所 「高剛性・高精度CNC旋盤NLシリーズ」
◇日本電機工業会賞 島津製作所 「外科用X線テレビジョン装置 OPESCOPE ACTIVO」
◇日本ロボット工業会賞 松下電工 「病院内自律搬送ロボット『HOSPI』」
◇日本産業デザイン振興会賞 ファナック 「超精密ナノ加工機 FANUC ROBONANOα-0iA」
◇審査委員会特別賞
オークマ 「Universal Center MU-400VA 5軸制御立形マシニングセンタ」
トプコン 「手術用顕微鏡 OMS-800 OFFISS」
◇特別賞
オーエム製作所 「CNC立旋盤 Neo-80」
ソディック 「リニアモータ駆動 小型超精密形彫り放電加工機 AP1L LQ1」

第35回(平17年)
◇経済産業大臣賞
アマダ 「NCタレットパンチプレス EM Z 3510NT」
福岡市交通局,日立製作所 「リニア地下鉄3000系車両」
◇日本力(にっぽんぶらんど)賞 NEC 「NECスーパーコンピュータ SXシリーズモデルSX-8」
◇日刊工業新聞創刊90周年特別賞 トプコン 「MILLIMETER GP」
◇日本商工会議所会頭賞 松浦機械製作所 「5軸制御立形マシニングセンタ MAM72-63V PC2」
◇日本産業機械工業会賞 三菱電機 「形彫放電加工機 EA12VM」
◇日本工作機械工業会賞 オークマ,大隈豊和

製造業　　　　　　　　　　　　　　　　　062　機械工業デザイン賞

機械　「並行2スピンドルCNC旋盤 2SP-150H」
◇日本電機工業会賞　島津製作所　「直接変換方式FPD搭載 デジタルテーブルシステム SONIALVISION safire」
◇日本ロボット工業会賞　該当なし
◇日本産業デザイン振興会賞　シチズン時計　「主軸台移動形CNC自動旋盤『Cincom K16』」
◇審査委員会特別賞
　TCM　「INOMA」
　日本製鋼所　「電動サーボ式射出成形機 J-ADシリーズ」
　森精機製作所　「高精度立形コンパクトマシニングセンタ NV1500DCG」

第36回（平18年）
◇最優秀賞・経済産業大臣賞
　島津製作所　「直接変換方式FPD搭載X線撮影システムRADIOTEX Safire DAR-7000/UD150B・40/CH-200/BR-120F/BK-120F」
　リガク　「薄膜評価用試料水平型 X線回折装置 SmartLab」
◇日本力（にっぽんぶらんど）賞
　日平トヤマ　「超精密微細加工セル Zμ3500」
　三井精機工業　「5軸制御立形マシニングセンタVertex550-5X」
◇日本商工会議所会頭賞　松浦機械製作所　「5軸複合マシニングセンタ CUBLEX-25」
◇日本産業機械工業会賞　小森コーポレーション　「菊半裁・菊半裁寸延オフセット枚葉印刷機 LITHRONE S26/S29シリーズ」
◇日本工作機械工業会賞　牧野フライス製作所　「立形マシニングセンタ V99」
◇日本電機工業会賞　東芝　「銀行券検査機 BI-1200」
◇日本ロボット工業会賞　トプコン　「インライトレイチップ外観検査装置 Vi-3100」
◇日本産業デザイン振興会賞　日本ディエムジー　「5軸マシニングセンタ DMU50」
◇審査委員会特別賞
　日立オムロンターミナルソリューションズ　「現金自動取引装置 AK-1」
　三菱重工プラスチックテクノロジー　「超大型電動射出成形機 3000em-470」
　ヤマザキマザック　「多面5軸加工門形マシニングセンタ VERSATECH V-140N」

第37回（平19年）
◇最優秀賞・経済産業大臣賞
　トプコン　「3次元眼底像撮影装置 3D OCT-1000」
　森精機製作所　「5軸制御立形マシニングセンタ NMV5000 DCG」
◇日本力（にっぽんぶらんど）賞
　日立建機　「油圧ショベル ZX200-3型」
　ヤマザキマザック　「複合加工機 INTEGREX e-650H-SII ロングツールホルダー」
◇日本商工会議所会頭賞
　太陽精機　「オンデマンド自動無線綴機 ホリゾン BQ-470」
　松浦機械製作所　「金属光造形複合加工機 LUMEX Avance-25」
◇日本産業機械工業会賞　豊田自動織機　「エンジン式フォークリフト GENEO」
◇日本工作機械工業会賞　牧野フライス製作所　「精密NC放電加工機 EDAC1」
◇日本電機工業会賞　三菱重工業　「常温ウェーハ接合装置」
◇日本ロボット工業会賞　ヤマハ発動機　「クリームハンダ印刷機 YGP」
◇日本産業デザイン振興会賞　オリンパス　「研究用高級実体顕微鏡システム SZX16」
◇審査委員会特別賞
　シチズンマシナリー　「主軸台移動形CNC自動旋盤 Cincom A20」
　島津製作所　「大量処理型BioMEMS DNAシーケンサ DeNOVA-5000HT」
　ニイガタマシンテクノ　「横形マシニングセンタ ULTY901」
　日本ディエムジー　「5軸マシニングセンタ DMU80 monoBLOCK」
　日立ハイテクノロジーズ　「日立走査透過電子顕微鏡 HD-2700」

第38回（平20年）
◇最優秀賞・経済産業大臣賞
　日立メディコ　「オフセットオープン式 多目的イメージングシステム CUREVISTA」
　ヤマザキマザック　「小型5軸複合加工機 INTEGREX i-150」
◇日本力（にっぽんぶらんど）賞
　日立ビアメカニクス　「プリント基板ドリル穴明機 日立ND-6T210 Twin6 Move」
　森精機製作所　「5軸制御高精度横形マシニングセンタ NMH10000 DCG」
◇日本商工会議所会頭賞

ビジネス・技術・産業の賞事典　279

ニイガタマシンテクノ 「全電動式竪型射出成形機 MDVR100X」
松浦機械製作所 「横形マシニングセンタ H.Plus-300」
◇日本産業機械工業会賞 三菱重工業 「三菱菊全判オフセット枚葉印刷機 DIAMOND 300シリーズ」
◇日本工作機械工業会賞 オークマ 「インテリジェント複合加工機 MULTUS B200」
◇日本電機工業会賞 三菱電機 「炭酸ガス二次元レーザ加工機 NXシリーズ」
◇日本ロボット工業会賞 ユーシン精機 「射出成形機用取出ロボット RAII-α-150-DW」
◇日本産業デザイン振興会賞 キヤノン 「デジタル商業印刷用プリンター imagePRESS C7000VP」
◇審査委員会特別賞
アマダ 「3軸リニアドライブレーザマシン LC-3015F1NT」
NEC 「NECスーパーコンピュータ SXシリーズ モデルSX-9」
島津製作所 「精密万能試験機オートグラフ AG-Xシリーズ」
日本ディエムジー 「5軸マシニングセンタ DMU40monoBLOCK」
日立住友重機械建機クレーン 「クローラクレーン SCX2000-2」

第39回(平21年)
◇最優秀賞・経済産業大臣賞
アマダ 「工程統合・ビルトイン・コンパクト複合マシン LC-C1NTシリーズ」
東芝 「全身用X線CT診断装置 Aquilion ONE」
◇日本力(にっぽんぶらんど)賞
TCM, 日立建機 「ミニホイールローダ ZWシリーズ ZW30, ZW40, ZW50」
リョービ 「RYOBI LED-UV印刷システム」
◇日本商工会議所会頭賞
マスダック 「ユニット式充填成型機 システムデポリー エボリューションII」
和井田製作所 「CNCジグ研削盤 UJG-75」
◇日本産業機械工業会賞 三菱重工業 「三菱商業用オフセット輪転機 LITHOPIA MAX+シリーズ」
◇日本工作機械工業会賞 スター精密 「スイス型自動旋盤 ECAS-20T」
◇日本電機工業会賞 島津製作所 「マイクロフォーカスX線CT装置 inspeXio SMX-225CT」
◇日本ロボット工業会賞 安川電機 「組立・搬送用ロボット MOTOMAN-SDA10」
◇日本産業デザイン振興会賞 三菱電機 「ワイヤ放電加工機 NAシリーズ」
◇審査委員会特別賞
高松機械工業 「CNC精密旋盤 XY-2000PLUS」
トルンプ 「パンチ・レーザ複合機 TruMatic 7000」
日本ディエムジー 「複合旋盤 SPRINT50 linear」
牧野フライス製作所 「立形マシニングセンタ FB127」
森精機製作所 「5軸制御高精度立形マシニングセンタ NMV8000 DCG」
ヤマザキマザック 「HYPER QUADREX 200MSY ロボットローダーシステム」

## 063 キッズデザイン賞

　子どもを産み育てやすい生活環境の実現や、子どもの安全・安心と健やかな成長発達につながる生活環境の創出を目指したデザイン(キッズデザイン)の顕彰制度として、2007年度に創設された。受賞作品には、「キッズデザインマーク」の使用が認められる。

【主催者】キッズデザイン協議会
【選考委員】(第4回)赤池学(審査委員長)、持丸正明、山中龍宏(副審査委員長)、赤松幹之、大月ヒロ子、紺野登、佐藤卓、竹村真一、西田佳史、ひびのこづえ、益田文和、水戸岡鋭治、宮城俊作、山中俊治
【選考方法】公募
【選考基準】〔対象〕応募者は、キッズデザイン3つの理念から設けられた以下にあげる6つの中から応募部門を選択する。(1)子どもたちの安全・安心に貢献するデザイン:キッズ

セーフティ部門,ユニバーサルセーフティ部門。(2)子どもたちの創造性と未来を拓くデザイン：フューチャーアクション部門,フューチャープロダクツ部門。(3)子どもたちを産み育てやすいデザイン：ソーシャルキッズサポート部門,ソーシャルキッズプロダクツ部門。その上で,応募作品の分野を次の4つの中から選択する。(1)商品デザイン分野,(2)建築・空間デザイン分野,(3)コミュニケーションデザイン分野,(4)リサーチ分野。応募対象は,日本国内において製品・コンテンツ・サービスとして市場に出ているもの。また,様々な取り組みや活動で,成果が見られるもの(新たに発売された製品やサービスでなくても,当該年8月1日時点で日本国内で入手可能であれば,応募可能)。〔資格〕応募対象の主たる事業者及びそのデザイン・開発・研究などを担当した事業者。〔応募料〕第1次審査：無料。第2次審査：52,500円。最終審査：第2次審査費用に含む。ただしリサーチ分野の審査料は応募者を問わず無料

【締切・発表】(第4回)申込期間は平成22年4月1日～5月10日,発表は8月上旬
【賞・賞金】最優秀賞：キッズセーフティ賞(経済産業大臣賞),ユニバーサルセーフティ賞(経済産業大臣賞),フューチャーアクション賞(経済産業大臣賞),フューチャープロダクツ賞(経済産業大臣賞),ソーシャルキッズサポート賞(少子化対策担当大臣賞),ソーシャルキッズプロダクツ賞(少子化対策担当大臣賞)。優秀賞(キッズデザイン協議会会長賞)。審査委員長特別賞
【URL】http://www.kidsdesignaward.jp/

第1回(平19年)
◇キッズデザイン大賞(経済産業大臣賞)
ジャクエツ "安全な子ども環境への取り組み"
◇キッズデザイン金賞(経済産業大臣賞)
- セーフティデザイン賞　フレーベル館　"キンダーマーカーたふっこ"
- 共創デザイン賞　国立大学法人九州工業大学伊東啓太郎研究室,福岡市立壱岐南小学校　"壱岐南小学校ビオトープ"
- 感性創造デザイン賞　手塚建築研究所　"ふじようちえん"
- エコデザイン賞　ナック　"フォレストファーム"
- 社会教育デザイン賞　野村ホールディングス　"中学生向け社会科公民の副教材「街のTシャツ屋さん」および金融経済教育の是非を問う対話型コミュニケーション"
- マタニティデザイン賞　ズーム・ティー　"ドクターベッタ哺乳びん"
◇キッズデザイン部門賞(キッズデザイン協議会会長賞)
- 商品デザイン部門賞　コラボ　"ウィルスリー(スプーン/フォーク)"
- 建築・空間デザイン部門賞　アクトウェア研究所,シイナケイジアトリエ,友愛福祉会おおわだ保育園　"おおわだ保育園 1-2歳児のためのオープントイレ"
- コミュニケーションデザイン部門賞　松下電器産業パナソニックセンター東京　"リスーピア 理数の魅力,体感ミュージアム"
- リサーチ部門賞　日本インテリアデザイナー協会　"「総合的な学習の時間」におけるインテリア教育教師用教則本作成"
◇審査委員長特別賞
- 社会貢献企業賞　CSKホールディングス　"CSKグループの社会貢献活動"
- 自治体賞　南阿蘇えほんのくに〈熊本県〉　"南阿蘇えほんのくに"

第2回(平20年)
◇キッズデザイン大賞(経済産業大臣賞)
キューオーエル "衣服内温度計「らん's ナイト」"
◇キッズデザイン金賞(経済産業大臣賞)
- セーフティデザイン賞　坂本石灰工業所　"石灰乾燥剤"
- 共創デザイン賞　三井不動産,三井不動産レジデンシャル　"ピノキオプロジェクト"
- 感性価値デザイン賞　サントリー　"おもしろびじゅつ帖"
- アクティブデザイン賞　オリンパス　"olympus μ 850SW"
- 社会教育デザイン賞　学習研究社　"学研ほたるキャンペーン"
- 創造教育デザイン賞　大阪市教育振興公社,トータルメディア開発研究所　"キッズプラザ大阪 わいわいスタジオ"
◇キッズデザイン部門賞(キッズデザイン協議

会会長賞）
- 商品デザイン部門賞　ジャクエツ　"ワンタッチプール200"
- 建築・空間デザイン部門賞　積水ハウス　"グランドメゾン 伊丹池尻 リテラシティ"
- コミュニケーションデザイン部門賞　福岡県立アジア文化交流センター,トータルメディア開発研究所　"九州国立博物館学校貸出キット「きゅうぱっく」"
- リサーチ部門賞　日本大学,日本福祉大学,積水ハウス　"乳幼児を対象とした身体および動作計測装置の開発と建築安全計画への考察"

◇審査委員長特別賞
- 社会貢献企業賞　電通,東京学芸大学　"「広告小学校」小学生のためのメディアリテラシープログラム"
- 社会貢献メディア賞　デジタルブティック　"ベビカム ウィークリーリサーチ"
- 自治体賞　東京都,東京子どもの事故防止チーム　"東京都商品等の安全問題に関する協議会における「折りたたみ椅子等の安全確保」/乳幼児の事故防止教材"

◇会長特別賞
- 審査委員奨励賞
  日立製作所　"日立エスカレーターVXシリーズ"
  大和ハウス工業　"指はさみ防止配慮ドア（フィンガーセーフドア）"
  岡村製作所マーケティング本部オフィス製品部　"折りたたみ椅子8168ZZ"

第3回（平21年）
◇キッズデザイン大賞（経済産業大臣賞）　三菱電機　"蒸気レスIHジャー炊飯器"
◇キッズデザイン金賞（経済産業大臣賞）
- 社会システムデザイン賞　東急セキュリティ　"キッズセキュリティ"
- 生活安全デザイン賞　クリナップ　"hairo［はいろ］"
- セーフティデザイン賞　パナソニック　"「熱さカット排気」IHジャー炊飯器"
- 創造教育デザイン賞　ロバハウス　"ロバの音楽座"
- 子育て支援デザイン賞　ナビット　"のりかえ便利マップ"
- フードデザインデザイン賞　うどん双樹　"すべらんうどん"

◇キッズデザイン部門賞（キッズデザイン協議会会長賞）
- 商品デザイン部門賞　日立メディコ,日立製作所　"超音波診断装置 HI VISION Preirus"
- 建築・空間デザイン部門賞　沖縄県小児保健協会,フナキサチコケンチクセッケイジムショ・細矢仁建築設計事務所設計共同体　"沖縄小児保健センター"
- コミュニケーションデザイン部門賞　朝日新聞社　"環境教育プロジェクト「地球教室」「地球はいま」"
- リサーチ部門賞　人間生活工学研究センター,日本機械工業連合会　"子どもの身体特性データベースの構築"

◇審査委員長特別賞
- 青少年育成企業賞　酒井産業　"キゴコロン 国産の木を使用した積み木感覚の新しいバランスゲーム"
- 青少年育成自治体賞　兵庫県農政環境部環境創造局環境政策課,遠藤秀平建築研究所　"ひょうご環境体験館"
- 青少年育成研究機関賞　防災科学技術研究所　"Dr.ナダレンジャーの自然災害科学実験教室"

第4回（平22年）
◇最優秀賞（経済産業大臣賞）
- キッズセーフティ部門 商品デザイン分野　オージーケーカブト　「オージーケーカブト チャイルドメットシリーズ」
- ユニバーサルセーフティ部門 商品デザイン分野　有限会社アイ・シー・アイデザイン研究所　「たおれてもこぼれない「Kissシリーズ」」
- フューチャーアクション部門 リサーチ分野　大阪府産業デザインセンター,積水ハウス,大和ハウス工業,パナソニック電工,ジャクエツ環境事業,NPO法人GIS総合研究所　「プレイフル・デザイン・スタジオ ―子どもから学ぶ・おとなが変わる―」
- フューチャープロダクツ部門 商品デザイン分野　日立ハイテクノロジーズ　「卓上電子顕微鏡」
- ソーシャルキッズサポート部門 コミュニケーションデザイン分野　東日本旅客鉄道　「JR東日本の子育て支援プロジェクト「駅型保育園」」
- ソーシャルキッズプロダクツ部門 商品デザイン分野　「お子様連れ配慮商品」
  TOTO,安田 幸一（東京工業大学）「ベビーシート（品番：YKA25）」
  TOTO,安田 幸一（東京工業大学）「ベビーチェア（品番：YKA15）」
  TOTO「フィッティングボード（品番：

YKA40)」
◇優秀賞
- キッズセーフティ部門 商品デザイン分野 ジャクエツ 「JQ遊具安全管理システム」
- キッズセーフティ部門 コミュニケーションデザイン分野 明治安田生命保険相互会社 「子どもの命・安全を守る地域貢献活動「地域安全マップづくり教室」」
- ユニバーサルセーフティ部門 商品デザイン ダイソン 「AMO1 エアマルチプライアー」
- ユニバーサルセーフティ部門 リサーチ分野 東京都生活文化局 「子どもに対するライターの安全対策」
- フューチャーアクション部門 コミュニケーションデザイン分野
  うさぎママのパトロール教室,RoMT〈青年団リンク〉,あなざーわーくす 「あんぜんパワーアップセミナー」
  スポーツニッポン新聞社 「日本初となる子ども向けスポーツ紙「スポニチジュニア」」
- フューチャープロダクツ部門 建築・空間デザイン分野
  学校法人西武学園,鹿島建設 「西武学園文庫幼稚園建替えプロジェクト」
  積水ハウス 「サステナブル・デザイン・ラボラトリー(Sustainable Design Laboratory)」
- ソーシャルキッズサポート部門 商品デザイン分野 こころタクシー〈茂呂運送〉 「こころタクシー」
- ソーシャルキッズサポート部門 コミュニケーションデザイン分野 アイチケット 「アイチケット」
- ソーシャルキッズプロダクツ部門 商品デザイン分野 ズームティー 「ドクターベッタ哺乳びん ブレイン」
- ソーシャルキッズプロダクツ部門 建築・空間デザイン分野 長岡造形大学,長建設計事務所,グリーンシグマ 「長岡市子育ての駅「てくてく」+千秋が原南公園+信濃川桜づつみ遊歩道」
◇審査委員長特別賞
- 子どもたちの安全・安心に貢献するデザイン
  東京ガス,三菱樹脂 「家庭用温水ラジエータ「クリアウォーム」」
  オリエンタルホテル東京ベイ 「オリエンタルホテル東京ベイ11F客室 ベビーズスイート」
- 子どもたちの創造性と未来を拓くデザイン
  有限会社アイ・シー・アイデザイン研究所,錦城護謨 「創造性と想像性を刺激する知育玩具「nocilisシリーズ」」
  CSKホールディングス 「CAMPすいそく・かいぞく・図鑑 ワークショップ」
- 子どもたちを育み育てやすいデザイン
  NicoRide〈ニコライド〉 「Zigo Leader(ジーゴ・リーダー)」
  大和ハウス工業 「ダイワハウスの子育て応援「ダイワハウス版子ども手当」」
◇TEPIA賞 日立メディコ 「マルチスライスCTシステム SCENARIA(シナリア)」
◇キッズセーフティ部門
  ニシムラ 「MAGNEETVERF(マグネットペイント)」
  KDDI,京セラ 「mamorino(マモリーノ)」
  有限会社モーハウス 「モーハウスブラ(その他授乳アイテム)」
  拓殖大学,北里大学病院 「看護師と患児の関係を密にして安心感を支援するツール」
  ティーレックス 「バンボベビーソファー」
  クツワ 「赤白帽子(日差しガード付)」
  有限会社ビバテック 「シグマミニ 子ども360°歯ブラシ」
  三協立山アルミ 「サッシ・引戸のブレーキ機構「セーフキーパー」」
  積水ハウス 「オリジナルユニットバス「バスコアBCH V」」
  エム・アンド・エム 「iimo tricycle #01」
  日立製作所 「「子どもの特性に配慮した製品デザイン」パンフレット」
  椙山女学園大学生活科学部生活環境デザイン学科 橋本雅好研究室 「幼児の心理的領域に関する実験的研究—指示代名詞による領域分節を対象として—」
  山本光学 「SWANS Eye Guard SVS-700/スワンズ アイガード エスブイエス-700」
  こあら 「点滴対応 両肩スナップ・パジャマ」
  トステム,トステム 住宅研究所アイフルホームカンパニー 「チャイルドロック」
  名古屋市立大学大学院芸術工学研究科 鈴木賢一研究室 「壁画による子どもの療養環境整備 プロジェクト」
  パナソニック 「ジューサーミキサー/ミキサー(MJ-M31/21,MX-Xシリーズ)」
◇ユニバーサルセーフティ部門
  トステム 商品本部ドア統轄部 「断熱玄関ドア ES玄関ドア(ES DOOR)」

三菱電機　「液晶テレビREAL」
パナソニック電工　「オートエコ調光付きツインPa」
三惠工業　「HECMEC 折りたたみイス HM02」
KDDI　「KDDIケータイ教室」
大和ハウス工業　「機能性クロス（キトサンクロス、紀州備長炭クロス）」
岐阜県セラミックス研究所　「"ひろいやすい碗"の開発（使い勝手の良い陶磁器製品の開発）」
東海　「アンチャッカブル」
日軽産業、ナブコシステム、ナブテスコ、パナソニック電工、森ビル　「Passmooth（パスムース）」
日立マクセル　「アルカリ乾電池 ボルテージ（単3形・単4形）」
大和ハウス工業　「インテリア引戸 フィンガーセーフ仕様」
日本大学、日本福祉大学、積水ハウス　「ベビーカー及び車いす使用に安全な通路設計の研究」
住友林業　「住友林業株式会社オリジナルEM階段」
積水ハウス　「SH-UD（積水ハウスユニバーサルデザイン）による住空間」
コクヨS&T　「針なしステープラー＜ハリナックス＞（ハンディタイプ）」
パナソニック　「IHホットプレートシリーズ」
積水成型工業　「フォルテファスナー」
三協立山アルミ　「玄関ドア電気錠「キーガル」」
日本自動ドア　「ハイブリッド引戸クローザ」
日立アプライアンス　「ルームエアコン用リチウム＆ソーラー リモコン」
リンナイ、大阪ガス、東京ガス、東邦ガス　「ユニバーサルデザインコンロ『Udea ef（ユーディア エフ）』」
有限会社ランクス・コーポレーション　「再帰反射機能ジャケット」
パナソニック　「加湿機 FE-KFE15シリーズ」
パナソニック　「加湿空気清浄機 F-VXEシリーズ」
サカモト、鳥取県産業技術センター、鳥取県農林総合研究所林業試験場、鳥取大学医学部保健学科　「智頭スギ柾目階段板「うづくり仕上げ」」
レーベン販売　「ののじ 爽快ソフト水枕」

小林製薬, 凸版印刷　「チンしてこんがり魚焼きパック」
トステム、トステム 住宅研究所 アイフルホームカンパニー　「滑り止めクッション付き階段」
トステム住宅研究所 アイフルホームカンパニー　「セシボ「家族の絆と夢を育む家」」
Lee制作室　「Leeチェア」

◇フューチャーアクション部門
博報堂 生活総合研究所　「生活造形プロジェクト「子どものシアワセをカタチにする」」
森ビル　「「ヒルズ街育プロジェクト」パンフレット」
富士通、メタデザイン、長崎県美術館　「子ども達とデザイナーが学びあう創造性開発プロジェクト」
宮城県産業技術総合センター　「みやぎの工芸体験ワークショップ」
ミサワホーム　「ECO・微気候デザインプロジェクト」
松屋, 放課後NPOアフタースクール　「松屋銀座で百貨店のお仕事体験！」
東京ガス、特定非営利活動法人プラス・アーツ　「SAVE YOURSELF CARD GAME「SHUFFLE」」
白梅学園大学杉山ゼミナール、小平市 障害福祉課　「だれでも演劇ワークショップ」
環境デザイン機構　「子どもの感覚を刺激する絵本と共にある空間デザイン-「おいでよ！絵本ミュージアム」における空間デザイン-」
カゴメ　「カゴメ劇場」
積水ハウス　「5本の樹 いきもの調査」
東京大学先端科学技術研究センター　「DO-IT Japanプログラム」
住友林業、国立大学法人京都大学農学研究科　「子供の好む床材に関する調査」
大和ハウス工業　「こどもエコ・ワークショップ～家模型づくり篇～」
アシックス、フレーベル館、アサツー ディ・ケイ、エプソン販売、トステム住宅研究所、大和ハウス工業　「幼児の運動能力向上に向けた取り組み」
CSKホールディングス　「CAMP発明ワークショップ」
明成高等学校調理科 リエゾンキッチン、一般社団法人リエゾンキッチン　「MISO de SMILE プロジェクト（みそでスマイルプロジェクト）」

製造業　　　　　　　　　　　　　　　　　　　　　　　　　　　　　キッズデザイン賞

真鶴町立まなづる小学校, 筑波大学大学院, 社団法人住宅生産団体連合会「まちな・み力創出研究会」「「真鶴の雑誌を作ろう！」プロジェクト」
花野井小学校はなのい山安全プロジェクト実行委員会　「はなのい山安全プロジェクト」
名古屋市立大学大学院芸術工学研究科鈴木研究室, 犬山市学びの学校建築研究委員会「カードゲームを用いた子ども参加型学校づくり」
子ども建築研究会　「ボクのワタシの秘密基地づくり」

◇フューチャープロダクツ部門

パナソニック電工　「レインセラー」
ピーエス　「除湿型放射冷暖房 PS HR-C Focus」
大五木材　「森のかけら100」
ホームメディア, 旺文社, リトルスタジオインク　「子ども教育テレビWii「あいうえ・おーちゃん」」
川木建設　「子どもがすくすく育つ家 プロジェクト」
ジャクエツ　「PEサークルベンチ」
有限会社K&FACTORY, studio EOO有限会社, Rikky Kasso, 学校法人和田実学園「目白幼稚園, 東京教育専門学校, 目白教育ホール新築計画」
大和ハウス工業, ダイワラクダ工業　「シニアポーズ」
グロリア・アーツ　「旭はるかぜ保育園サイン計画」
東日本ハウス　「「トンネルのある家」子どもの道 風の道 気配の道」
プロダクトマーケティングサービス　「リボ社 バランスチェア」
フェリシモ　「500色のクレヨン」
クツワ　「直線定規(15cm)」
墨運堂　「指の感覚と一体化した自由に描ける「ゆび筆」(ポップコーン・シリーズ)」
クツワ　「学童はさみ「ヒラクーノ」」
トンボ鉛筆　「スライド缶入り色鉛筆12色/24色」
パナホーム　「発達段階に合わせた子ども室を計画する「可動間仕切収納」」
トンボ鉛筆　「丸つけ用赤えんぴつ/赤青えんぴつ」
トンボ鉛筆　「入学専用かきかたえんぴつ」
学校法人北見学園 室の木幼稚園, 日比野設計, 横浜建設, ボーネルンド, アーククルー　「室の木幼稚園 園庭 遊び創造計画」
ベネッセコーポレーション 小学生グローバル教育開発部 商品開発セクション　「BE-GO Global」
市場　「E-ko ミニデスク・ミニチェアー」
大和木材　「エイトラン」
インテリアプレゼンテーションワークス・インク　「kids-cad 子ども設計士」
フレーベル館　「ソフト積み木コルク」
フレーベル館　「キンダージャンピング」
フレーベル館　「木製無塗装ままごと」
豊橋市, 山下設計中部支社　「子ども未来館整備事業」
学校法人作新学院, 石本建築事務所　「作新学院幼稚園」
水越　「TENTECU」
光文書院, コンセント　「デジタル漢字ドリル「デジ漢」」
千葉大学工学部デザイン学科　「地域あそび場拠点で活用するための移動式遊具のデザイン」
ラングスジャパン　「プラズマカー」
ヤマハ　「エレクトーン STAGEA mini」
積水ハウス　「CO2バランスモニタ」
NALL　「雫のような積み木『WooDrop』」
コスモ開発　「奥能登珠洲 珪藻土使用『ケーソーエコマット』」
積水ハウス　「MUSIC HOUSE」
花王　「クリアクリーン Kid's ハミガキ・ハブラシ」
学研教育みらい　「できる！をたすけるシリーズ」
フレーベル館　「墨田区横川さくら保育園 低年齢児ままごと スペース」
コビーアンドアソシエイツ, ミサワホーム総合研究所, ミサワホーム　「コビープリスクールかみがくこ」
富山大学芸術文化学部貴志研究室, 貴志雅樹環境企画室, 一級建築士事務所, 社会福祉法人聖実, 福祉会富士みのり保育園　「富士みのり保育園」
福岡大学工学部 景観まちづくり研究室, 千怒めだかの会, 千怒小学校, 津久見市役所「湧水めだか公園 - 十年間に及ぶ保護活動の結実 -」
落合守征+TWOPLUS-A建築設計事務所, ピエロタ　「ピッコリーノ学園・保育園ピクシーホール」
sodatsu factory　「そだつ木」
セントラルライン　「やさいのカード」
アクタス　「SAUTOデスクセット」

ビジネス・技術・産業の賞事典　　285

アクタス 「VARIOデスクシリーズ」
アシックス 「ファブレFIRST ECO」
ハイファイブ クラフトジャム事業部 「3世代で楽しめる「モールアートワークショップ」」
モトクロスインターナショナル 「HARO BIKES Z10」
トヨタテクノミュージアム 産業技術記念館, 丹青社 「トヨタテクノミュージアム 産業技術記念館 テクノランド」
バンダイ プレイトイ事業部 「ステップごとの刺激と遊び♪すくすくプレイマット」
豊橋木工 「子ども用食卓椅子アップライト」
びわこ学園医療福祉センター草津, 滋賀県立大学工学部機械システム工学科 「特別なニーズを持つ子どもたちにPower Mobility Deviceを用いての探索が認知・社会面に及ぼす影響―移動機器の開発を通して動くことができない子どもたちへの支援方法を再考する―」
◇ソーシャルキッズサポート部門
イケヤ 「レンタルキッズコーナー Little TREE」
有限会社キッズスマイルカンパニー 「安心できる子育て支援」
アルビオン 「事業所内保育所Kuukidsを通じた、地域社会交流プログラム」
須坂市『女性の健康応援団』〈キューオーエル, Dream Seed, エイネット, 早稲田大学, 長野県須坂市, 長野県立須坂病院〉「地域女性の健康増進と新少子化対策」
社会福祉法人新栄会, メタデザイン, コクヨ 「ORTOアプローチ 社会福祉法人新栄会乳幼児施設開発プロジェクト 対話からかたちづくられる保育と環境」
コンビ 「「おっぱいからはじまる口腔発育」という概念 "プライマリーオーラルケア"」
キッズベースキャンプ 「民間学童保育事業」
板橋区役所 健康生きがい部健康推進課栄養推進担当係 「離乳食訪問お助け隊」
積水ハウス 「積水ハウスマッチングプログラム 子ども基金」
積水ハウス 「実測に基づく室内干し時における洗濯物の乾燥時間および室内温湿度環境」
エプソン販売 「EPSON PRINTOWN（エプソン プリントタウン）」
富士通, 国立大学法人香川大学 「発達障がいや知的障がいのある子どもたちを、身近なICT機器でいつでもどこでもサポート！」
日本コープ共済生活協同組合連合会 「CO・OP共済〈たすけあい〉ジュニア18コース」
親子の日普及推進委員会〈協力：ADKこども生活力向上プロジェクト〉「親子の日」
◇ソーシャルキッズプロダクツ部門
ビー・インターナショナルグループ 「myplate-mate（マイ プレートメイト）」
パナソニック電工 「「ナノイー」搭載空気循環パネル エアロウォッシャー」
ピーエス 「エントランスに放射の暖かさを。PS HR(E)デザイン 365日」
メディディア医療デザイン研究所 「「feel」div stand」
大和ハウス工業 「xevoAI（ジーヴォ・アイ）」
社会福祉法人祥雲会, アーキポット 「あかつき保育園―福祉村構想」
崇城大学, ひまわりらいふ 「ベジマルキッズシリーズ！(UD食器 食育食器 子ども食器 福祉支援食器)」
スターツCAM, ミキハウス, 子育て総研, 東京電力 「子育て支援賃貸住宅 "アリア・ソワン・プレミアム"」
日比野設計＋幼児の城＋医療法人社団健輝会 「げんきキッズクリニック・げんき夢保育園」
積水成型工業 「工業畳表「美草」シリーズ」
積水ハウス 「共働きファミリーが暮らす家「トモイエ」」
ファシリティソリューションズ, 北海道空港 「新千歳空港国際線旅客ターミナルビル3階出発コンコース内 キッズコーナー」
崇城大学, ひまわりらいふ 「ベジマルキッズシリーズ！(UD食器 食育食器 子ども食器 福祉支援食器)」
スターツCAM, ミキハウス, 子育て総研, 東京電力 「子育て支援賃貸住宅 "アリア・ソワン・プレミアム"」
日比野設計＋幼児の城＋医療法人社団健輝会 「げんきキッズクリニック・げんき夢保育園」
積水成型工業 「工業畳表「美草」シリーズ」
積水ハウス 「共働きファミリーが暮らす家「トモイエ」」
ファシリティソリューションズ, 北海道空港

製造業　　　　　　　　　　　　　　　　　　　　　　　　　　　　　064　グッドデザイン賞

「新千歳空港国際線旅客ターミナルビル 3 階出発コンコース内 キッズコーナー」
ムーンスター　「キャロット1097「歩育」推奨シューズ」
ムーンスター　「キャロット2011「公園シューズ」」
子ども×くすり×デザイン実行委員会　「子どもおくすり手帳 けんこうキッズ」
フレーベル館　「のんびりくまさん高強度磁器食器 ダイアセラム丸型茶碗・丸型お椀」
レーベン販売　「自分で食べるカトラリー（麺フォークとスプーン）」
レーベン販売　「ののじ 離乳食スプーン」
ダッドウェイ　「ERGObaby エルゴベビー・ベビーキャリア」
オリエンタルホテル 東京ベイ, ゲンスラー アンド アソシエイツ インターナショナル リミテッド, 高島屋スペースクリエイツ　「オリエンタルホテル 東京ベイ 12F客室 キディスイート/ソダテリエ」

## 064　グッドデザイン賞

デザインの優れた商品等を選定・推奨することにより，製品のデザイン水準と生活の質的向上を図ることを目的として,1957年に通商産業省によって「グッドデザイン商品選定制度（通称：Gマーク制度）」を創設。1997年より民営化され，「グッドデザイン賞」に改称した。現在のグッドデザイン賞は，「優れたデザイン」を選ぶことにより，人間活動の様々な分野領域でデザインが新しい解答をもたらすことを示しながら，「明日の生活」を実現する手がかりを生活者,産業,そして社会全体に提供していくことを目指している。

【主催者】（財）日本産業デザイン振興会
【選考委員】（平成22年度）審査委員長：深澤直人（プロダクトデザイナー）。ほかデザイナー・識者・専門家によって構成
【選考方法】公募
【選考基準】〔対象〕人間とその社会をとりまく5つの領域（身体領域,生活領域,仕事領域,社会領域,ネットワーク領域）に該当する「もの」や「こと」で，受賞結果発表日（例年10月初旬）に公表でき，翌年3月31日までにユーザーが購入または利用できるもの。〔応募者〕応募対象の「主体者」，およびデザイン事業者。〔審査理念〕人間（HUMANITY）もの・ことづくりへの創発力/本質（HONESTY）現代社会への洞察力/創造（INNOVATION）未来を切り開く構想力/魅力（ESTHETICS）豊かな生活文化への想像力/倫理（ETHICS）社会・環境への思考力
【締切・発表】例年募集期間は,4月下旬〜6月初旬。発表は,10月初旬
【賞・賞金】グッドデザイン大賞（経済産業大臣賞），グッドデザイン金賞（経済産業大臣賞），グッドデザイン・サステナブルデザイン賞（経済産業大臣賞），グッドデザイン・ライフスケープデザイン賞（経済産業大臣賞），グッドデザイン・ロングライフデザイン賞（経済産業省製造産業局長賞），グッドデザイン・フロンティアデザイン賞（日本産業デザイン振興会会長賞），グッドデザイン・中小企業庁長官賞，グッドデザイン・日本商工会議所会頭賞
【URL】http://www.g-mark.org

（昭55年度）
◇大賞　"＜レコードプレーヤー＞SL-10〔松下電器産業〕"
◇部門別大賞
・機器Ⅰ部門　"＜カラーモニターテレビ＞KX-20HFI〔ソニー㈱〕"
・機器Ⅱ部門　"＜ファンコンベクター＞FU-20RP〔日立製作所〕"
・機器Ⅲ部門　"＜和文タイプライター＞HT-101〔シルバー精工〕"
・家具・住宅設備部門　"＜浴槽＞A-1-2SL（R）〔日立化成工業〕"
・雑貨Ⅰ部門　"＜片手鍋＞RA421-2LT〔遠藤製作所〕"

- 雑貨II部門　"<ステープラー>DON-80〔プラス〕"
- 繊維部門　"<タフテッドカーペット（クロス）>AT-0349〔川島織物〕"
◇ロングライフデザイン特別賞
　"蛍光灯スタンドムーンライト506〔日立製作所〕"
　"<タップ>WH2013〔松下電工〕"
　"<ビネガー瓶>S-1,S-2〔保谷硝子〕"
　"<ファイル>No.975（A4判,5センチ厚）〔キングジム〕"
　"<折たたみ椅子>FC-1200型〔愛知〕"
　"<ロッカー>4L-7〔イトーキ〕"
　"<折たたみ椅子>8161ZZ〔岡村製作所〕"
　"<皿及び鉢>大皿（汀）46210,小皿（汀）46211,小鉢（ダイヤ）46023,大皿（ダイヤ）46001,小皿（ダイヤ）46003〔佐々木硝子〕"

（昭56年度）
◇大賞　"<35ミリカメラ>XA2,<エレクトロニックフラッシュ>A11〔オリンパス工学工業〕"
◇部門別大賞
- 機器I部門　"<チューナ>F-780,<プリメインアンプリファイア>A-980,<テープデッキ>CT-97〔パイオニア〕"
- 機器II部門　"<ファンコンベクタ>FU-15VP,FU-20VP〔日立製作所〕"
- 機器III部門　"<電動タイプライタ>JP16-103〔ブラザー工業〕"
- 家具・住宅設備部門　"<金庫>307EL〔イトーキ〕"
- 雑貨I部門　"<ポール>83-1-3〔冨貴工業〕"
- 雑貨II部門　"<シャープペンシル>M5-100〔三菱鉛筆〕"
- 繊維部門　"<マット>BY-10〔板東輸出敷物〕"
◇ロングライフデザイン特別賞
　"<照明器具>KL-2112A〔三菱電機〕"
　"<ソースパン浅型>（16cm,18cm,20cm）,<ソースパン深型>（16cm,18cm）,<シチューパン>（20cm,22cm,24cm）,<フライヤー>（22cm,24cm）〔東新プレス工業〕"
　"<折たたみ椅子>FC-1400G,FC-1400M,FC-1800G,<食堂椅子>パーリー〔愛知〕"
　"<座卓子>#257〔天童木工〕"
　"<灰皿>44104AMB〔佐々木硝子〕"

（昭57年度）
◇大賞　"<ビデオカメラ>GZ-S3,<ビデオテープレコーダ>HR-C3,<ビデオモニター>TM-P3〔日本ビクター〕"
◇部門別大賞
- 機器I部門　"<チューナ>ST-S90,<プリアンプリファイア>SY-A90,<パワーアンプリファイア>SC-A90F〔東京芝浦電気〕"
- 機器II部門　"<ガス温風暖房機>GH-31V〔日立製作所〕"
- 機器III部門　"<タイプライタ>EX42〔シルバー精工〕"
- 家具・住宅設備部門　"<回転いす>2733ZZ〔岡村製作所〕"
- 雑貨I部門　"<まほうびん>〔象印マホービン〕"
- 雑貨II部門　"<運動ぐつ>サンカラーデッキL〔日本ゴム〕"
- 繊維部門　"<ドレープカーテン生地>エミリア〔住江織物〕"
◇ロングライフデザイン特別賞
　"<藤いす>C-110,C-315〔山川ラタン〕"
　"<リビングチェア>#713〔飛騨産業〕"
　"<金属洋食器>No.1100〔小林工業〕"
　"<灰皿>HA-102（大）,HA-101（中）,HA-100（小）〔小林工業〕"
　"<巻尺>リール（30m）,リール（50m）〔積水樹脂〕"
　"<ファイル>No.973（A4判S型）〔キングジム〕"
　"<積み重ね灰皿>円筒型〔佐藤商事〕"

（昭58年度）
◇大賞　"<カメラ>T-50（35～70mm,F3.5～4.5付）〔キヤノン〕"
◇部門別大賞
- 機器I部門　"<テーププレーヤ>WM-F5〔ソニー〕"
- 機器II部門　"<電子レンジ>R-527R（W）〔シャープ〕"
- 機器III部門　"<自転車>B-PW22〔松下電器産業〕"
- 機器IV部門　"<静電式複写機>FX-1075（DSタイプ）〔富士ゼロックス〕"
- 家具・住宅設備部門　"<ベンチ>H084AA〔岡村製作所〕"
- 雑貨I部門　"<はち>鉄鉢一尺,一尺一寸,一尺二寸〔紅房〕"
- 雑貨II部門　"<ファイル>B5判S型No.1651,B5判S型No.1652,A4判S型No.1671,A4判S型No.1672〔キングジム〕"

製造業

- 繊維部門　"<ラッグ>カンサスKS-4〔住江織物〕"
◇ロングライフデザイン特別賞
"<携帯電灯>K-86〔東芝電池〕"
"<双眼鏡>フジノンメイボー(3×25)〔富士写真光機〕"
"<いす>FRP-7122C〔コトブキ〕"
"<グラス>K18-5047,K18-5048〔佐々木硝子〕"
"<レースカーテン生地>MC100-0〔ドムス〕"

(昭59年度)
◇大賞　本田技術研究所　"<小型乗用車>ホンダシビック3ドアハッチバック25i〔本田技研工業〕"
◇部門別大賞
マリオ・ベリーニ　"<キーボード>ポータトーンキーボーディシモPS-6100〔日本楽器製造〕"
三洋電機デザインセンター岐阜テレビデザイン部　"<カラーテレビ受像機>C-F15"
青木孝章(アンクラフト)　"<洋はさみ>フォールドバックシザーズプロテクトCX-70"
鹿島建設建築設計本部建築設計部,立川ブラインド工業技術開発室　"<ブラインド>断熱ブラインドDAN35"
松下住設機器商品開発センター　"<太陽熱利用温水器>US-300SA(US-300(蓄熱槽),US-100FA(集熱器),US-80HA(熱交換ユニット))〔松下電器産業〕"
日本電気デザインセンター,日本電気ファクシミリ通信事業部　"<ファクシミリ>NEFAX-22(KFT-3501-S(1A))"
くろがね工作所商品開発部　"<学習机>A3-D3W"
東芝デザイン部　"<コンピュータ断層診断装置>TCT-80A"
パイオニア第1デザイン室　"<パーソナルコンピューター>Palcom PX-7"
シーケーディクリエイティブ推進本部デザインチーム　"<空気圧用電磁弁>セレックスバルブ：4KA110-M5,4KA120-M5,4KB110-06,M4KB180-06-5,4L210-06L,4L220-06-L,M4L280-06-L-5,4L310-8,4L320-8,M4L380-8-5"
インターナショナル工業デザイン　"<自転車>スポルディングLA26 PLA-26L〔宮田工業〕"
愛知開発部　"<連結椅子>ミンゴシリーズMIF-B-3FF"

◇外国商品賞
Design section Superior S. A.　"<スーツケース>テー・ジェー・ベー28—765"
Davorin Savnik　"<電話機>ETA8234 K023〔Iskra Commerce〕"
Rudolf Laber　"<はかり>SYROスケールLE-50,LE-100,LE-250,PA-500〔Syro AG〕"
西友商品企画室　"<電気洗濯機>シアーズWX-32C4"
Satoshi Kuratomi(Finland Japan House Corp.),Design section. N.A. Christensen & Co.　"<石炭ストーブ>モルソー3227"
Bo Andersen(CN Bφrma Armatur)　"<混合水栓>バーミックスキッチンタイプ80"
VT series design group　"<CRTディスプレイ>VT240〔Digital Equipment Corporation〕"
Johann Christian Lotter　"<コンパス>LOTTER652"
Equipment division,AMF American Athletic　"<ダンベル>ヘビイハンズ866〔AMF Tyrolia-Freizeitgerate-Ges.m.b.H & Co.〕"
Erich Knothe(Sartorius Gmbh)　"<電子天びん>ザルトリウス1702MP8"
Automobiles Citroën　"<小型乗用車>シトロエンBX16TRS E-XBB2"
◇中小企業商品賞
羽生道雄(モノプロデザイナーズ)　"<ペンチ,ニッパー>レディースペンチ,レディースラジオペンチ,レディースニッパーPK-0115〔高儀〕"
植田商事企画室,三宅一生デザイン事務所　"<衣料用ベルト>No.50-102"
フジマル工業商品開発部　"<フライパン>LS-FP22,LS-FP24,LS-FP26"
村田真巳(二葉工業)　"<肘付椅子>C-855"
ぶんぶく企画部　"<ごみ箱>角型ロータリー屑入(Bライン)RSL-21"
谷伸夫(ジーアイジー)　"<室内用アンテナ>スーパーマトリックスSK-11〔ディエックスアンテナ〕"
日本ヒータテック技術部　"<電気温風暖房機>ホットボーイHB-110"
村上輝義(ヒューマンファクター)　"<X-Yプロッター>RY-1003〔理化電機工業〕"
黒崎晋太郎(造形計画),東亜医用電子商品開発部　"<自動血液凝固測定装置>CA-

100"
ツノダ自転車企画部企画室 "<自転車>SAM3-524"
小笠原宏臣(小笠原プレシジョンラボラトリー) "<電子マイクロインジケーター>ESM-01〔小笠原小型ホブ研究所〕"

◇ロングライフデザイン賞
小林工業開発部 "<洋食器>No.41600(30本セット)"
山田照明企画室 "<吊り下げ灯>P1-1002,P1-1061"
キングジム開発課 "<ファイル,ファイリングキャビネット>名刺ホルダーNo.88,GファイルNo.953(B5判S型),GファイルNo.955(B5判S型),透明ファイルNo.133(A4判S型),キャビネットセットNo.186-NS"
オリンパス光学工業デザイングループ "<35ミリカメラ>OLYMPUS TRIP35"
日立化成工業結城工場デザインセンター "<浴槽>HM-144CSD"
飛騨産業営業部商品開発課 "<食堂いす>#725"
エース商品企画開発室 "<旅行鞄>モーニングケースNo.59011"

(昭60年度)
◇大賞 松下電器産業テレビ本部デザイン部 "<ビデオモニター>アルファチューブモニターTH28-DM03"
◇部門別大賞
- レジャー・ホビー・DIY部門 キヤノンカメラ工業デザイン部 "<一眼レフカメラ>キヤノンT80 AC35-70mm F3.5-4.5付"
- オーディオ・ビジュアル部門 アルパイン商品企画部デザイン室 "<プリメインアンプリファイア>ALPINE/LUXMAN LV-105,ALPINE/LUXMAN LV-103"
- 日用品部門 松下電池工業デザイン室 "<懐中電灯>マイティフレキシブルFF-102〔松下電器産業〕"
- キッチン・食卓・家事部門 パロマ企画部,黒川雅之建築設計事務所 "<ガスこんろ>PA-200K・PA-100K"
- 家具・インテリア部門 鴨志田厚子 "<卓上スタンド>ZライトZ-555〔山田照明〕"
- 住宅設備・エクステリア部門 INAX総合開発室,GKインダストリアルデザイン研究所 "<取付け用便器>サイホンゼットカスカGL DC-4580S"
- オフィス・店舗部門 日本電気ファクシミリ通信事業部日本電気デザインセンター "<ファクシミリ>NEC NEFAX-11 KFT-4516-S(1),NEC NEFAX-11 KFT-4516S(2)"
- 教育用品部門 エバニュー開発部 "<スターティングブロック>平行連結式スタブローII EFC-012"
- 医療・健康・福祉部門 東芝デザイン部 "<コンピューター断層診断装置>全身用東芝スキャナTCT-70A"
- 情報機器部門 富士ゼロックス総合研究所工業デザイン研究室 "<ワークステーション>FUJI XEROX 8080 WS"
- 産業機械部門 平野デザイン設計 "<ペーパーシュレッダー>MSシュレッダー1220MW〔明光商会〕"
- 輸送機器部門 BMW Motorrad GmbH+CO. "<自動二輪車>BMW K-100RS"
- 公共空間部門 Charles Pallock "<肘付椅子>Castelli Penelope HO59AZ〔Castelli S.p.A.〕"

◇外国商品賞
- レジャー・ホビー・DIY部門 Ove Olsson, Victor Hasselblad AB. "<中判カメラ>HASSELBLAD 500ELX"
- オーディオ・ビジュアル部門 Bang & Olufsen Design Laboratory "<スピーカーシステム・ヘッドホン>Beovox Red Line 60・Form 1"
- 日用品部門 Dietrich Lubs "<アラームクロック>Braun quartz AB30vs〔Braun AG〕"
- キッチン・食卓・家事部門 Dieter Sieger "<混合水栓>Domani 33・500・220,Domani 20・700・220〔Aloys F. Dornbracht GmbH & Co. KG〕"
- 家具・インテリア部門 C. Steffen "<電気掃除機>Electrolux D-740〔AB Electrolux〕"
- 住宅設備・エクステリア部門 Adolf Gottwald "<混合水栓>LADY LINE 31310-3・31316-8〔FRIEDRICH GROHE Armaturenfabrik GmbH & Co.〕"
- 医療・健康・福祉部門 Erich Knothe "<電子天びん>Sartorius H51〔Sartorius GmbH〕"
- 情報機器部門 S. Lucente,A. Davis "<CADCAMワークステーション>IBM 5080〔International Business Machines Corp.〕"

- 産業機械部門　Development Room, Electrolux Motor AB. "＜携帯用チェンソー＞Husavarna 40〔Electrolux Motor AB.〕"
- 輸送機器部門　Björn Envall "＜小型乗用車＞SAAB 900 turbo 16 E-AB20S〔Saab-Scania AB.〕"

◇福祉商品賞
- レジャー・ホビー・DIY部門　美津濃商品開発グラブセンター　"＜野球用グラブ＞ワールドウィン2GG-1010"
- 教育用品部門　自由学園工芸研究所　"＜積木＞コルク積木"
- 医療・健康・福祉部門　INAX総合開発室、アイシン精機デザイン課 "＜身障者用自動洗浄便器＞シャワートイレDIF"
- 情報機器部門　日本電信電話通信機器事業部、日本通信工業"＜テレライティング装置＞シルバーホン(ひつだん)"

◇中小企業商品賞
- レジャー・ホビー・DIY部門　デザインエミアソシエイト　"＜のこぎり＞シルキーゴム太郎240mm〔ユーエム工業〕"
- オーディオ・ビジュアル部門　BSRジャパンコンシューマ・プロダクツ・ディビジョン　"＜スピーカーシステム＞dbx LP-204"
- 日用品部門　アルス刃物製造技術開発部、D産業デザイン研究所"＜洋ばさみ＞アルストン27 CS-27R"
- キッチン・食卓・家事部門　エス・ディー・アイ　"＜両手鍋＞エバーウエア・味わい鍋特深厚鍋22, 深型厚鍋22, 角型厚鍋24〔東新プレス工業〕"
- 家具・インテリア部門　サンカーペット企画開発部　"＜カーペット＞プロディー"
- 住宅設備・エクステリア部門　髙橋金物研究室　"＜ドアストッパー＞ドレスタイプBS-051, BS-053"
- 教育用品部門　寺尾昌男　"＜実体顕微鏡＞ELIZA EBSL〔東洋光学工業〕"
- 医療・健康・福祉部門　賀風デザイン事務所　"＜歯科用治療ユニット＞シグノ(タイプI) TU-80〔モリタ東京製作所〕"
- 情報機器部門　牛万商会設計部　"＜面積線長測定器＞X-PLAN360"
- 公共空間部門　GK設計　"＜ベンチ＞ランドスケープファニチュアSBS-1600SB〔中村製作所〕"

◇ロングライフデザイン賞
　菅野久成　"＜カメラ＞ペンタックス6×7標準セット23400〔旭光学工業〕"
　山田照明企画室　"＜シーリングライト＞F-1313"
　森 正洋　"＜皿＞花天目3号皿, 4号皿, 5号皿, 6号皿〔白山陶器〕"
　岡村製作所インダストリアルデザイン部　"＜片袖机, 脇机, タイプ机, 平机, 会議用テーブル＞31型デスク3111DL, 3116DL, 3131ZI, 3131F1, 3116TL, 3121ZL, 3126ZL, 3141ZA"
　東新プレス工業営業部、谷口貴美子 "＜両手鍋＞エバーウェア卓上なべ(浅型22, 浅型24, 浅型26, 深型20, 深型22, 深型24, 深型26)"
　佐々木硝子商品開発部　"＜タンブラー＞ニューシルクLS104-06, LS104-08, LS104-10"
　玉越善太郎　"＜スタンプアルバム＞スタンプA5S-20, スタンプB6S-10〔テージー〕"
　キングジム商品開発部　"＜ファイル＞横書き人名簿No.46"
　ぺんてるデザイン研究室　"＜シャープペンシル＞メカニカMEC"
　エース商品開発室　"＜アタッシュケース＞80703, 80704"

(昭61年度)
◇大賞　稲葉製作所技術部, Uredat Design　"＜平机・移動式キャビネット＞Trygon TJ-1-128, TJ-4-148, TJ-4-108, TJ4-88, TJ-IC60°, JT-C2"
◇部門別大賞
- レジャー・ホビー・DIY部門　キヤノンカメラ工業デザイン部　"＜35ミリレンズシャッターカメラ＞キヤノン35ミリレンズシャッター式AF全自動カメラオートボーイ3クォーツデイト"
- オーディオ・ビジュアル部門　日本ビクターP&Cセンター　"＜ビデオ付テレビカメラ＞ビデオムービーGR-C7"
- 日用品部門　松下住設機器デザインセンター　"＜電気ストーブ＞パワークリスタルQ DS-8054〔松下電器産業〕"
- キッチン・食卓・家事部門　Braun Aktiengesellschaft　"＜コーヒーメーカー＞ブラウンアロマスターKF45"
- 家具・インテリア部門　髙田哲男(ホクセイ日軽家庭用品ホームグッズデザインセンター)　"＜踏み台＞キリンステッピーKS-09"
- 住宅設備・エクステリア部門　日立製作所デザイン研究所　"＜ガス温風暖房機＞壁

掛け式パルヒーターGH-304WT"
- オフィス・店舗部門　Design Team Castelli　"<椅子>アプタ106チェアHO61ZA〔Castelli S.p.A.〕"
- 教育用品部門　バンダイ開発部, テクニカル アンド シィンキングブレーン　"<組立て遊戯具>くみたてやさん(キシャ),(ヒコーキ),(ショベルカー)"
- 医療・健康・福祉部門　日本光電工業技術業務室デザイン課　"<患者監視装置>Life Scope8 OEC-8108, WT-811P"
- 情報機器部門　バロース研究開発部インダストリアルデザイン課　"<CRTディプレイ>PT1500-K"
- 産業機械部門　豊永 俊之(平野デザイン設計), 鱗原 晴彦, シーケーディ技術開発室デザイングループ　"<空気圧用調整ユニット, 空気圧フィルタ, 空気圧用圧力制御弁, 空気圧用ルブリケータ>セレックスF・R・L C4000-10, セレックスフィルタF4000-10, セレックスレギュレータR4000-10, セレックスブリケータL4000-10"
- 輸送機器部門　いすゞ自動車工業デザイン部　"<小型乗用車>いすゞピアッツァ IRMSCHER E-JR120MJG-KK"
- 公共空間部門　日都産業設計技術課, エンデザイン事務所　"<シーソー>弓型シーソー コシ84"

◇外国商品賞
- レジャー・ホビー・DIY部門　Vullierme S.A.　"<ローラースケート>VULLI JOUETS F-1 EQUIPE"
- 日用品部門　Braun Aktiengesellschaft　"<電気かみそり>ブラウンシンクロトラベラーRC BS-5555"
- キッチン・食卓・家事部門　Peter Bodum　"<ティーポット>ボダムビストロティーポットB-1805"
- 家具・インテリア部門　Ruf International GmbH & Co.KG.　"<ベッド>RUF CASUA 671(Q)"
- 住宅設備・エクステリア部門　Gilles Thevenot　"<混合水栓>フロリダ25610〔Friedrich Grohe Armaturenfabrik GmbH & Co.〕"
- オフィス・店舗部門　Mario Bellini　"<肘付回転椅子>BELLINI COLLECTION FIGURA 411-022〔Vitra International Ltd.〕"
- 教育用品部門　Maped S.A.　"<製図器セット>マペットコンパスセットNC-175"
- 医療・健康・福祉部門　Erich Knothe　"<電子天びん>ザルトリウスA200S〔Sartorius GmbH.〕"
- 情報機器部門　IBM, Kingston Design Center　"<CAD/CAMワークステーション>IBM5080グラフィック・システム 5088, 5087, 5081, 5085(4機種), 5083(2機種)〔International Business Machines Corporation〕"
- 輸送機器部門　Daimler-Benz Aktiengesellschaft　"<普通乗用車>MERCEDES・BENZ 300E"

◇中小企業商品賞
- レジャー・ホビー・DIY部門　平和精機工業開発部, ルテック　"<カメラ用三脚>ヘイワAERO-50P"
- オーディオ・ビジュアル部門　岩崎 修(ハクバ写真産業製品開発室)　"<カメラ用三脚>HAKUBA HD-505V"
- 日用品部門　吉川国工業所商品開発部, ライフ商品デザイン研究所　"<ごみ箱>ライクイット7004ダストバスケット角・中(フタ付)"
- キッチン・食卓・家事部門　林刃物企画室　"<ナイフ・フォーク・スプーン・レードル>メルクスプーン・ナイフ・フォークシリーズ12201〜12204"
- 家具・インテリア部門　Valdimar-Hardarson　"<小椅子>ソレイチェア〔ホウトク〕"
- 住宅設備・エクステリア部門　稗苗 慶二　"<折りたたみハンドル>RD-062-DZ-K〔マルト金物工業〕"
- オフィス・店舗部門　豊永 俊之(平野デザイン設計)　"<業種別専用コンピューター>コモタック クリスタル・ソフト7700 7780+7114+7081+7082+7052+7083+7011+180〔コモタ技研〕"
- 教育用品部門　中井 秀樹　"<積み木>カットベジダブル〔木〕"
- 医療・健康・福祉部門　マルト長谷川工作所研究開発部　"<ピンセット>KEIBA(セラミックス・チップ付)NC-70-15"
- 産業機械部門　中井 隆司(ケット科学研究所)　"<木材水分計, コンクリート・モルタル水分計>MOCO HM-500, COCO HI-500"
- 公共空間部門　愛知開発部　"<連結椅子>TS-2000"

◇ロングライフデザイン賞
　ヤマギワ照明開発部　"<スタンド>60SK-

02L1-1W"
岡村製作所インダストリアルデザイン部　"＜両袖机,片袖机,平机,脇置机＞31型デスク 3101DA,3101DB,3101DD,3101EA,3101EB,3101ED,3111DE,3111DM,3116DE,3116DM,3121ZE,3121ZM,3126ZE,3131ZH,3126ZM,3131FH"
不破 由晴　"＜湯わかし＞ホルンケトル3ℓ〔クックベッセル〕"
船越 三郎　"＜しょうゆ差し,塩・コショー容器＞CSN2105,CSN2003〔HOYA〕"
キングジム商品開発部　"＜ファイル＞ボックスファイルNO.270-K,ピットファイル No.333,No.331,No.323"
内田洋行事務機器事業部研究所　"＜番号器,ステープラー＞デート日付用DATE型,No.3-K"
マックス開発部　"＜手動式釘打機＞マックスガンタッカTG-A"
積水化学工業デザインセンター　"＜ポータブルトイレ,ベビートイレ＞セキスイポータブルトイレスタンダードPT1 セキスイベビートイレ"
森 正洋　"＜モーニングカップ,コーヒーカップ,デミタスカップ＞モーニングカップG型,コーヒーカップG型,デミタスカップG型〔白山陶器〕"
筒井 修　"＜洋食器揃＞ノリタケアイボリーチャイナ7021〔ノリタケカンパニーリミテッド〕"

(昭62年度)
◇大賞　リコー経営企画室工業デザインセンター　"＜オーバーヘッドプロジェクター＞RICOH OHP313R"
◇部門別大賞
● レジャー・ホビー・DIY部門　ヤマハデザイン研究室　"＜ウインドミディーコントローラー＞YAMAHA WX7"
● オーディオ・ビジュアル部門　三洋電機テレビ事業部デザイン部　"＜カラーテレビ受像機＞TTR-C1"
● 日用品部門　吉川国工業所商品開発部　"＜バケツ＞モジュール3006キャリーポット(L),モジュール3005キャリーポット(M)"
● キッチン・食卓・家事部門　ブラザー工業開発部プロダクトデザイングループ　"＜ミシン＞ネオパステリアZZ3-B101"
● 家具・インテリア部門　カワキチ企画部　"＜壁張地＞リリカラー素材シリーズ・ビニクロームLY-CD29"

● 住宅設備・エクステリア部門　石田 徹(AA設計所長),トーヨーサッシ開発設計部　"＜テラスドア＞プロユースグランドウインドSF310 AjKK801"
● オフィス・店舗部門　東芝デザインセンター　"＜パーソナルワークステーション＞J-3100SL 002モデル,J-3100SL 011モデル"
● 教育用品部門　ぺんてるデザイン研究室　"＜シャープペンシル＞SMASH Q1005(0.5mm芯用),Q1007(0.7mm芯用),Q1009(0.9mm芯用)"
● 医療・健康・福祉部門　GKインダストリアルデザイン研究所　"＜歯科用治療ユニット＞BELMONT歯科用ユニットSPII〔タカラベルモント〕"
● 情報機器部門　東芝デザインセンター　"＜パーソナルワークステーション＞J-3100GT 021モデル"
● 産業機械部門　楠本化成ETAC事業部技術課, シー・エフ・アイ　"＜環境試験装置＞ウインテクNT1010"
● 輸送機器部門　日産自動車造形部,Nissan Design International,Inc.　"＜小型乗用車＞エクサ キャノピータイプB KEN13GAEL-RR"
● 公共空間部門　東陶機器デザイン部　"＜小便器フラッシュバルブ＞USシステムA型・埋込形感知フラッシュバルブTEA96,USシステムA型・埋込形感知フラッシュバルブTEA96LD"
◇外国商品賞
● レジャー・ホビー・DIY部門　Michael and Peter Zane　"＜二輪車用ロック＞クリプトナイトK4-T〔Kryptonite Corporation〕"
● オーディオ・ビジュアル部門　Bang & Olufsen Design Laboratory　"＜モジュラーステレオ＞Beocenter 9000〔Bang & Olufsen a/s〕"
● 日用品部門　Inter Form　"＜ヘルスメーター＞SECA 760 オプティマ〔Vogel & Halke GmbH Co.〕"
● 家具・インテリア部門　Braun AG Design Department　"＜掛時計＞ブラウンクオーツABK40"
● 住宅設備・エクステリア部門　Adolf Gottwald　"＜混合水栓＞ヨーロープラス33065〔FRIEDRICH GROHE Armaturenfabrik GmbH & Co.〕"
● オフィス・店舗部門　Inc. Apple

*064* グッドデザイン賞　　　　　　　　　　　　　　　　　　　　　　　　　　　　　製造業

　Computer,Frog Design　"＜パソコン用プリンター＞イメージライターII A9M0320J"
- 医療・健康・福祉部門　Erich Knothe　"＜電子微量天びん＞ザルトリウスM500P〔Sartorius GmbH〕"
- 情報機器部門　Tandem Computers Incorporated I.D.Department　"＜大型コンピューター＞Nonstop VLX T16/7141"
- 産業機械部門　Dr.Jahn　"＜測定用試験機器＞INTERPHAKO MICROSCOPE JENA POL INTERPHAKO U〔Kombinat VEB Carl Zeiss JENA〕"
- 輸送機器部門
　Product Engineering Department Adam Opel AG　"＜普通乗用車＞オペル オメガ CD E-120SE"
　Audi AG　"＜小型乗用車＞Audi 80 E-89SD"
◇福祉商品賞
- 日用品部門　Inter Design　"＜ベビースケール＞SECA747〔Vogel & Halke GmbH Co.〕"
- オフィス・店舗部門　日立製作所デザイン研究所　"＜エスカレーター＞CX-シリーズ1200CX-P（車いす兼用）"
◇中小企業商品賞
- レジャー・ホビー・DIY部門　フルプラ　"＜小型エアポンプ＞フルプラ ダイヤポンプNo.900"
- オーディオ・ビジュアル部門　小宮山工業デザイン　"＜プリメインアンプリファイア＞THINDY TA-5450〔西電工〕"
- 日用品部門　オルファ企画室　"＜拡大鏡，カッターナイフ，ナイフ＞オルファマイレンズ，オルファ円切りカッターL型，オルファL刃アートナイフオルファクラフトナイフXL型"
- キッチン・食卓・家事部門
　ミカド家庭用品開発部，フォンタアジュ　"＜片手鍋，フライパン＞コンパス片手鍋（16cm）KH-16，コンパス片手鍋（18cm）KH-18，コンパスフライパン（24cm）KF-24"
　星野 勲雄（星野金属工業）　"＜調理用ボール＞フィンガーボールH-500-205，ワイドフィンガーボールH-500-215"
- 家具・インテリア部門　竹村 貞男（竹村商店）　"＜掛けふとん＞スミソニアンフレーム（羽毛掛けふとん）"

- オフィス・店舗部門　吉田 稔（共同電気）　"＜床配線用マット＞ネットワークフロアベースマット（HM）（クロスカバー：4枚付）"
- 教育用品部門　橘 嘉朗（タチバナ国際マーケティング部）　"＜教育用顕微鏡＞TACON MX-1"
- 医療・健康・福祉部門　朝日レントゲン工業技術部，増山 和夫　"＜歯科用パノラマX線撮影装置＞オート1000"
- 情報機器部門　緑電子企画室，ノンデザイナーズ　"＜磁気記憶装置＞DAXシリーズ DAX-H1,DAX-H2,DAX-F1,DAX-F2"
- 産業機械部門　新潟精機開発課　"＜全円式角度計＞レベルポイントM，レベルポイントS"
- 公共空間部門　黒瀬 渉行（黒瀬デザイン事務所）　"＜路面タイル＞ダイチ・ブレースタイルDRA・DRB・DRC・DRD（パターン：4種類，色：8種類，厚さ：3種類計96点）〔ダイチ〕"
◇ロングライフデザイン賞
　日立製作所デザイン研究所，日立照明　"＜卓上スタンド＞ムーンライトFS-502"
　岡村製作所インダストリアルデザイン部　"＜L型デスク，サイドキャビネット，2段式雑誌架，棚，ライティングボード＞31型デスク3151LZ,31型デスク3151RZ,4465ZZ,4466ZZ,4466LZ,4466RZ,雑誌架6801CZ，ホームユニットポール：88811Y，棚板（大）：88821Y，棚板（小）：88821Y，ホームユニットポール：88811Y，デスク用棚板：88831Y，棚板（小）：88821Y,4391ZZ（両面タイプ），4396ZZ（両面タイプ）"
　東新プレス工業企画開発室　"＜キッチンツール＞エバーウェア網杓子，穴杓子，玉杓子（大，小），ターナー，メジャースプーン（大），メジャースプーン（小），メジャーカップ"
　荒沢 紀一（小林工業デザイン部）　"＜ナイフ，フォーク，スプーン＞ラッキーウッドNo.42100（24本セット），ラッキーウッドNo.83000（24本セット），ラッキーウッドNo.9500（24本セット）"
　橘場 昭雄（マックス意匠課）　"＜ステープラー＞マックスホッチキスHD-3D"
　キングジム商品開発部　"＜ファイル＞グランドファイル1079-2，ボックスファイル250K，ナンバーファイル772"
　オルファ企画部　"＜カッターナイフ＞オルファカッターブラックS型"

製造業　　　　　　　　　　　　　　　　　　　　　　　　　064　グッドデザイン賞

（昭63年度）
◇大賞　日産自動車デザインセンター　"<小型乗用車>シルビアQ'sニッサンE-S13"
◇部門別大賞
- レジャー・ホビー・DIY部門　ヤマハデザイン研究室　"<ミュージックシンセサイザー>YAMAHA YS200"
- オーディオ・ビジュアル部門　九州松下電器意匠部　"<カラーテレビ受像機>Panasonic Piedra 8 TH-8U1〔松下電器産業〕"
- 日用品部門　松下精工技術開発センターデザイン部　"<電気暖房機>Nationalまろやかヒーター FE-12L1E, FE-12L2E, FE-12L3E〔松下電器産業〕"
- キッチン・食卓・家事部門　松下冷機冷蔵庫事業部商品企画部デザイン室　"<冷凍冷蔵庫>Nationalザ・シェイプル45NR-E35A〔松下電器産業〕"
- 家具・インテリア部門　イメージラボテクスト, インデクス, 山田照明　"<照明器具>カルタBE-4329, 4330, 4331, 4377, 4378, 4379, 4380, PW-4777, 4778, PI-4780"
- 住宅設備・エクステリア部門　松下電工住建事業本部デザイン室　"<洗面化粧台>ヘアケア化粧台ソミエールGOB73ST1, GOB7312M"
- オフィス・店舗部門　マスタープラン　"<平机>カレデスクCK-1680-R32〔イトーキ〕"
- 教育用品部門　ニコンカメラ設計部デザイン課　"<教育用顕微鏡>ニコンアルファフォトYS2"
- 医療・健康・福祉部門　日本光電工業共通技術部デザイン課　"<心電図監視装置>ハートメイトIEC-1101（携帯型）"
- 情報機器部門　日本電気デザインセンター　"<静止画テレビ受話機>NEC MP1100〔日本電気〕"
- 産業機械部門　菊水電子工業機械デザイン部, プロダクトKデザイン事務所　"<オシロスコープ>コンパクトオートオシロスコープCOM3000シリーズCOM3050, 3051, 3100, 3101〔菊水電子工業〕"
- 輸送機器部門　本田技術研究所　"<小型乗用車>ホンダCR-X・Si E-EF7〔本田技研工業〕"
- 公共空間部門　GK設計　"<照明用ポール>ヨシモト集合ポールパネルタイプ, フレームタイプ, トラスタイプ, コンテンポラリークラシックタイプ〔ヨシモトポール〕"

◇外国商品賞
- レジャー・ホビー・DIY部門
Polaroid Corporation　"<証明写真用カメラ>ポラロイドミニポートレートカメラ203, 403型"
KOFLACH SPORTS G.m b.H.& Co.KG　"<登山靴>コフラックバリオEX"
- 日用品部門
Offermann GmbH & Co.KG　"<ビジネスバック>OFFERMANN F-8007, OFFERMANN F-8014"
Synertrade & Finance SA　"<ポケットかみそり>スウェジポケットレザー"IT"モデル"
- キッチン・食卓・家事部門　Wagner Gunter, Robert Bosch GmbH "<食器洗い機>BOSCH SPS5120"
- 住宅設備・エクステリア部門　Diter Sieger　"<混合水栓>POINT 33,500,520〔Aloys F.Dornbracht GmbH & Co.〕"
- オフィス・店舗部門　Dozsa-Farkas, Design Team　"<肘付回転椅子, 回転椅子, 肘付椅子, 椅子>ジロフレックス-44 44-6585RSS, ジロフレックス-44 44-2585RSS, ジロフレックス-44 44-6502SS, ジロフレックス-44 44-2504SS〔Giroflex Entwicklungs AG〕"
- 医療・健康・福祉部門　Hans Warden, Guenter Wetzel, Per Herribertsson, Tom Essner "<医療用エックス線撮影設備>モビレットII〔Siemens Elema AB〕"
- 情報機器部門　Jim Lunacek, Mark Johnson, David Storberg "<スーパーマイクロコンピューター>シーピーティー9386A506〔CPT Corporation〕"
- 産業機械部門
Sperry Marine Inc.　"<船舶用レーダー指示器>RASCAR3400M"
Leif Lachonius, Goran Abestam "<コンベヤー>Flex-Link XS, XL, XM, XH〔SKF Specialty Products AB〕"
- 輸送機器部門
Regie Nationale Des Usines Renault　"<小型乗用車>ルノーエスクプレスGTL E-F402"
North American Design Div., Ford Motor Company "<普通乗用車>フォード・トーラス・LXワゴンE-TS302"

◇福祉商品賞
- レジャー・ホビー・DIY部門　パックエム

ビジネス・技術・産業の賞事典　295

企画部 "<ジャングルジム>DODOジム DD8900(大),DD6900(小)"
- 日用品部門 精工舎デザインセンター "<携帯時計>SEIKO DA-705"
- キッチン・食卓・家事部門 大阪富士工業,ジャパンデザインサービス "<自動水栓>ノンタッチ自動水栓フリードポイントタイプ(先付けタイプ),ベースタイプ(元付けタイプ)"
- オフィス・店舗部門 エルム工業企画開発部 "<事務用開封機>レターオープナーOP-90"
- 医療・健康・福祉部門 三菱電機デザインセンター "<エレベーター>三菱ホームエレベーターK3-G-01"

◇中小企業商品賞
- レジャー・ホビー・DIY部門 丸石自転車企画部,GK "<自転車>マルイシ901ATS"
  コーゾーデザインスタジオ "<オトリ缶,引き舟>SASAKI F-8500,SASAKI F-8600〔佐々木〕"
- オーディオ・ビジュアル部門 平賀工業デザイン室,デザインオフィスジー・ワン "<業務用ストロボ電源部,業務用ストロボ発光部>COMET CA-3200,COMET CA-32H〔コメット〕"
- 日用品部門 
  大栄化成企画部 "<ごみ箱>コア・ダストボックス9型(スウィングタイプ),15型(スウィングタイプ),23型(スウィングタイプ),32型(スウィングタイプ)"
  レック特販企画部 "<携帯用浄水器>ゾネス"
- キッチン・食卓・家事部門 森 正洋 "<しょう油つぎ>しょう油さしC型〔白山陶器〕"
- 家具・インテリア部門 イサム・ノグチ "<吊り下げ灯>あかり37D〔尾関次七商店〕"
- 住宅設備・エクステリア部門 協和製作所商品開発部 "<物干し>スイングアームL KS-DA680AP"
- オフィス・店舗部門 カール事務器商品開発部 "<手動式断裁器>ディスクカッターDC-111(A4サイズ),ディスクカッターDC-112(A3サイズ)"
- 医療・健康・福祉部門 林 孝和(林内科) "<医薬品携帯用カプセル>ドクター・ハートP型〔ドクターハート〕"
- 情報機器部門 ディクシー営業技術課,産業デザインZIP "<ディスプレイモニター>プラズマディスプレイモニターDM1002"
- 産業機械部門 
  山田油機製造技術部 "<自動車用タイヤ空気充填機>エアーキャリーATC-99M"
  ローランド ディー.ジー.ID課 "<モデリングマシン>CAMM-3 PNC-3000"
- 輸送機器部門 サンデン電装技術課 "<自転車用発電ランプ>ASHIGARU MINI T1SK9US"
- 公共空間部門 三英商会遊器具事業部 "<サーキット遊具>トレーナージム73-1116"

◇ロングライフデザイン賞
INAXデザイン部 "<手洗器>シェル形手洗器L-50"
浅井 礼二郎 "<ディナープレート,チョッププレート>パティオ オリジナル599 10 1/2",パティオ オリジナル599 7",パティオ オリジナル599 12"〔昭和製陶〕"
日立製作所デザイン研究所,日立照明 "<スタンド>ムーンライトFS221"
柳 宗理 "<缶切り>コフのかんきりKF-800〔小坂刃物製作所〕"
ホーキイ商品企画部 "<手動式掃除機>ホーキイ23T"
キングジム商品開発部 "<ファイル>Gファイル963,965,983,985,993E"
橋本 泰彦(コクヨオフィス紙製造部) "<ファイル>データファイルH EF-351S"
内田洋行研究開発部 "<製図用ペンシル>ドローイングシャープD型"
森 正洋 "<調味料セット,汁わん>U型調味料セット,丸型汁わん〔白山陶器〕"
川島織物デザイン研究所 "<レースカーテン生地>カワシマカーテンKA9914 JM8401"

(平1年度)
◇大賞 ソニークリエイティブ本部デザインセンター "<ビデオ付テレビカメラ>SONY HANDYCAM CCD-TR55"
◇部門別大賞
- レジャー・ホビー・DIY部門 タバタ開発技術部,メディス設計機構 "<潜水用足ひれ,水中用無線通信機>TUSA LIBERATOR TEN SF-5000,TUSA LIBERATOR UWC-1000"
- オーディオ・ビジュアル部門 GK "<システムコンポーネントステレオ>YAMAHA Tiffany AST-C30〔ヤマハ〕"
- 日用品部門 円角 秀世(平野デザイン設

製造業　　　　　　　　　　　　　　　　　　　　　　　　　　064　グッドデザイン賞

計），島川 貴司，新輝合成開発部 "＜ごみ箱＞FABプッシュ15,25,35〔新輝合成〕"
- キッチン・食卓・家事部門　柴田 慶信 "＜飯びつ＞8寸，尺1〔柴田慶信商店〕"
- 家具・インテリア部門　押野見 邦英 "＜ブラケット＞ARCHISIT-VII 60KU-01K2-BS・W〔ヤマギワ〕"
- 住宅設備・エクステリア部門　三洋電機冷熱事業部デザイン部 "＜加湿器＞KIRA CFK-T250"
- オフィス・店舗部門　キヤノンシステムデザイン部 "＜画像表示装置＞Canon ID-A1,ID用スタンド，コントロールボックスA,CS-200"
- 教育用品部門　ヤマハデザイン研究所 "＜電子オルガン＞YAMAHA HA-1"
- 医療・健康・福祉部門　日立製作所デザイン研究所 "＜MRイメージング装置＞MRH-500"
- 情報機器部門　キヤノン複写機デザイン部 "＜電子式複写機＞Canon NP8582RFソーター251b,Canon NP6650ステイブルソーター20,Canon NP4835"
- 産業機械部門　昭和電線電纜電力技術部，関電工内線管理部 "＜ケーブル延線用ローラー＞3面ローラーTR-H-150,TR-H-100,TR-H-75"
- 輸送機器部門　日産自動車デザインセンター "＜普通乗用車＞フェアレディZ300ZXツインターボ2シーターTバールーフニッサンE-CZ32"
- 公共空間部門　INAXデザイン部,GK設計 "＜公衆トイレ＞アーバントイレUBT-3(R),(L)"

◇外国商品賞
- レジャー・ホビー・DIY部門　Robert Bosch GmbH,Hans Erich Slany "＜携帯用電気サンダー＞BOSCH PEX115A, BOSCH PBS75,Robert Bosch GmbH"
- オーディオ・ビジュアル部門　Bang & Olufsen Design Lab. "＜システムコンポーネントステレオ＞Beosystem4500〔Bang & Olufsen A/B〕"
- キッチン・食卓・家事部門　Busse Design "＜はかり＞シェーンレキッチンスケールS-1230〔Soehnle Waagen GmbH & Co.〕"
- 家具・インテリア部門　Hailo Werk "＜ワゴン＞ユニバーサルクイックボード折りたたみ式ワゴン〔Hailo-Werk,Rudolf Loh GmbH & Co.〕"
- オフィス・店舗部門　Roericht,Nick & Schmitz,Burkhard,Roericht Produkt Entwicklung,Wilkhahn,Wilkening & Hahne GmbH & Co.,Wilkhahn, Entwicklungsgesellschaft "＜肘付椅子，テーブル＞ウィルクハーンケンドー335/3，ウィルクハーン510テーマ510/15"
- 教育用品部門　Festo Didactic KG "＜実習訓練設備＞Laboratory Trolley LP1"
- 医療・健康・福祉部門
  Louis L.x GmbH Lepoi "＜マイクロ・ピペット＞トランスファーペッテ7031-06, 08,16,20,28,38,46,48,54,62,68,72,74,76,80〔Rudolf Brand GmbH & Co.〕"
  Siemens AG "＜補聴器＞ストラトスシリーズ102AGC-1,102D-AGC-1,103F, 104PP,104D-PP"
- 情報機器部門　Bill Monaghan,Jo Jonson, Bob Max,Hoa Pahm "＜磁気ディスク装置＞XL80 4170〔Tandem Computers Inc.〕"
- 産業機械部門
  Robert Bosch GmbH,Slany Hans Erich "＜吸じんハンマードリル＞BOSCH GBH2/20S"
  Mettler Instrumente AG "＜分析用電子天びん＞メトラー・スーパーオート天びんAT200"
- 輸送機器部門　Adam Opel AG "＜小型乗用車＞オペル ベクトラCD E-XC200"
- 公共空間部門　Steve King "＜屋外用運動遊具＞アドベンチャー・スケイプスCP-83001～83010,83001A～83010A〔Landscape Structures Inc.〕"

◇福祉商品賞
- 住宅設備・エクステリア部門　日本エヤーブレーキ建築事業部技術部 "＜自動ドア＞ミニグライドアルミ型"
- 医療・健康・福祉部門
  石川 光,佐野 隆 "＜電子体温計＞チビオン〔ビジョン〕"
  内藤工業デザイン研究所 "＜身体障害者用入浴装置＞ベータバスASB-1000〔アマノ〕"
- 情報機器部門　日立製作所デザイン研究所 "＜電話機＞ボンジュールPET-M10"

◇中小企業商品賞
- レジャー・ホビー・DIY部門
  南日本度器 "＜カヤック＞ナノックアールツーリング"
  フォルマ，山本 秀夫 "＜車両用アンテナ＞

スーパーゲイナーシリーズSG7000、SG7500,SG7900,SG2000,K300,K400〔第一電波工業〕"
- オーディオ・ビジュアル部門　コメット開発部、平賀工業デザイン室　"<業務用ストロボ>コメットPMT-1200セット,PMT-1200"
- 日用品部門
  ソーコーデザイングループ　"<衣料ハンガー>スタイリストハンガー（スライド）、スカート・スラックスハンガー"
  ゼロワンデザイン　"<ポートフォリオケース>PROTEX SOFT PORTAFILE SP-A4,SP-B4,SP-B4PRO,SP-A3PRO,SP-A2PRO,SP-A1PRO〔フジコーワ工業〕"
- キッチン・食卓・家事部門　三星刃物　"<クッキングナイフ>XYLO（ザイロ）XY-102"
- 家具・インテリア部門　浅原重明　"<電気スタンド>ZライトーZ-618〔山田照明〕"
- オフィス・店舗部門
  Simon Desanta　"<回転椅子>Kusch6200シリーズK62001,K62003,K62083〔ホウトク〕"
  三原昌平（ラジカルデザインスタジオ）　"<粘着テープカッター>スーパープレゼントST-07〔ワキタハイテクス〕"
- 教育用品部門　パックエム企画部　"<知育玩具>DoDoハンガーDD-706（大）,DD-707（小）,DoDoボックスDD-705,DoDoチェストDD-703（大）,DD-702（小）"
- 情報機器部門
  ワコム研究所デザイン室　"<デジタイザー>SD-32AシリーズSD-320A,321A,322A,SD-42AシリーズSD-420A,421A,422A,SD-31シリーズSD-311,312,SD-510C"
  ローランドID課　"<サーマルプロッター>LTXシリーズLTX-320,LTXシリーズLTX-321,LTXシリーズLTX-420"
- 産業機械部門
  椿本エマソン営業技術部　"<摩擦式トルク伝達・制動装置>トルクキーパーTFK20-1L（1）,（2）,TFK25-1L（1）,（2）,TFK35-1L（1）,（2）,TFK50-1L（1）,（2）,TFK70-1L（1）,（2）"
  日本開閉器工業特機開発部　"<光電スイッチ>ファイバセンサODシリーズOD-1ARN,OD-1ARP,OD-1BRN,OD-1BRP"
  平野デザイン設計　"<溶接ガン>H-200〔日本ドライブイット〕"
- 公共空間部門　愛知開発本部研究開発部　"<ベンチ>シェーマ（SHEMA）SHE-4B"

◇ロングライフデザイン賞
  黒井電機、松下電工住建デザイン室　"<スタンド、携帯用トイレ>自然灯パナアームスタンドSB630、クリーンポットD型CH302"
  三洋電機本社デザイン部　"<携帯用電灯>NL-D53"
  米谷美久　"<35ミリ一眼レフカメラ>OLYMPUS OM-1N〔オリンパス光学工業〕"
  貝印刃物開発センター　"<包丁>ES3000三徳、牛刀210、牛刀180、NS400薄刃、牛刀、三徳"
  佐々木硝子マーケティング部　"<グラス>ドーリアブランデー・L56-25、ドーリアゴブレット・L56-30、ドーリアシャーベット・L56-31、ドーリアカクテル・L56-33、ドーリアシャンパン・L56-34、ドーリアホワイトワイン・L56-36、ドーリアレッドワイン・L56-37、ドーリアリキュール・L56-39、ドーリアサワー・L56-45、ドーリアジュース・L56-50"
  荒沢紀一（小林工業デザイン部長）　"<洋食器セット>ラッキーウッドリビエラNo.43000（24組）"
  内田洋行研究開発部　"<サスペンダー、製図器>デラックス型・6本掛KD-EVセット"
  朝倉瑛（コクヨオフィス家具開発部開発第1課）、谷口伸二（コクヨ特殊家具開発第1課）　"<踏台>キックステップ1 SP-1"
  キングジム商品開発部　"<ファイル>Gファイル972,Gファイル952"
  オルファ企画部　"<カッターナイフ>オルファカッターシルバー"
  長岡貞夫（愛知開発部）　"<汎用いす、折りたたみいす>マルティMF-R,MF-R-C,MF-3B,MF-3BT,FC-1700"
  森正洋（白山陶器）　"<カップ>モーニングC/S H型、コーヒーC/S H型"
  川島織物デザイン研究所　"<レースカーテン生地>カワシマレースカーテンJM8444（KA8974）"

(平6年度)
◇グッド・デザイン大賞　Larks Erik Lundin「普通乗用車 Volvo 850 Estate Series E‐8B5252W,E‐8B5254W,E‐8B5234W」（Volvo Car Corporation/ボルボ・カーズ・ジャパン）
◇グッド・デザイン部門賞

- レジャー・ホビー・DIY部門　黒川雅之建築設計事務所,アルガ　「潜水用エアタンク グランブルー・フィーノ」(グランブルー)
- オーディオ・ビジュアル部門　キヤノン総合デザインセンター　「8ミリビデオカメラ Canonムービーボーイ E1」
- 日用品部門　ヒロモリ企画開発室, シーラスタジオ　「置時計 ターンクロックシリーズ HTC‐8300(タイマー), HTC‐8301(マルチ)」
- キッチン・食卓・家事部門　細江勲夫　「エスプレッソコーヒーマシン マッハ」(Serafino Zani S.R.L./池田製作所)
- 家具・インテリア部門　Sigmar Willnauer (Goods!)　「デスクランプ ジップ・ライト」(Goods!/アイハウス)
- 住宅設備・エクステリア部門　東陶機器デザイン部　「浴室ユニット NEWフローピアDタイプ KRW1616UDM1AR5＋HMH1W＋YYH01＋SWK1S」
- オフィス・店舗部門　望月聡(ミドリ企画部)　「レターオープナー スタンデックス・レターカッターII 49183‐011,49183‐021,49183‐031」
- 教育用品部門　シャープ情報システム事業本部デザインセンター　「電子学習機 GK‐E510」
- 医療・健康・福祉部門　東陶機器デザイン部　「昇降便座 YGC100(レギュラーサイズ), YGC101(エロンゲートサイズ)」
- 情報機器部門　日本アイ・ビー・エム大和事業所デザイン　「パーソナルコンピューター PS/55 モデル5538‐W」
- 産業機械部門　シーケーディ広告宣伝部企画デザイングループ,平野デザイン設計　「圧縮空気除湿器 スーパードライヤ モジュラーシリーズ SDM4050‐4,6,8,10 SDM4075‐4,6,8,10 SDM4100‐4,6,8」
- 輸送機器部門　トヨタ自動車　「小型乗用車 トヨタ RAV4 E‐SXA10G」
- 公共空間部門　東芝ライテックデザインセンター　「屋外用照明器具 プレアシリーズ FUB‐18162N(S)(K)‐GL1,BH‐06122(S)(K),BH‐06123(S)(K),FUB‐18163N(S)(K)‐GL1,BH‐05123(S)(K),BH‐06124(S)(K)」
- 施設部門　白川直行アトリエ,山九　「サンアクアトート―本社工場」

◇グッド・デザイン外国商品賞
- レジャー・ホビー・DIY部門　Nordica S.p.A.　「スキーブーツ ノルディカ SYNTECH NX 9.5」
- オーディオ・ビジュアル部門　David Lewis　「スピーカー Beolab LCS9000」(Bang & Olufsen・日本マランツ)
- 日用品部門　Sensor Task Force　「カミソリ ジレット センサーエクセル SEL‐R」
- キッチン・食卓・家事部門　Ingemar Nåslund　「食品用クリップ クリップイット S」(Weland Medical・ダイセルクラフト)
- 住宅設備・エクステリア部門　V.Kann Rasmussen(VELUX)　「ベルックス ルーフウインドウ GGL‐Jシリーズ」
- オフィス・店舗部門　Antonio Citterio　「デスクシステム SPATIO」(Vitra International/インター・オフィス)
- 医療・健康・福祉部門
  AVL Medical Instruments,Product Management Department　「動脈血採血用器具 AVL マイクロサンプラー」
  Steve McGugan(Novo Nordisk)　「ペン型シリンジ製剤 ノボレット」(Novo Nordisk/ノボノルディスクファーマ)
- 輸送機器部門
  BMW　「自動二輪車 BMW R1100RS」
  Honda R&D North America　「普通乗用車 アコードワゴン 2.2VTL ホンダオブアメリカ・E‐CE1」

◇グッド・デザイン福祉賞
- 日用品部門　中野 超(オムロンデザイン部),大内田 直(ソリデック)　「オムロン音声付電子体温計 けんおんくん MC‐217V」
- キッチン・食卓・家事部門　ブラザー工業研究開発センターデザイングループ　「盲人用ミシン HELEN KELLER(ヘレンケラー) ZZ3‐B571」
- 医療・健康・福祉部門　大日本印刷PAC中部企画部　「妊娠検査薬 チェックワン」(アラクス)

◇グッド・デザインインターフェイス賞
- オーディオ・ビジュアル部門　柿崎 茂之,桜井 修(ソニーコーポレートデザインセンター)　「AVコントロールセンター ビジュアルタッチ AVU‐1000」
- 情報機器部門
  アップルコンピュータ　「パーソナルコンピューター Macintosh PowerBook 540c」
  frogdesign　「マウス LUNARIS‐MOUSEシリーズ M‐L98MD,M‐LMA,M‐LP2」(エレコム)

- 産業機械部門　日本たばこ産業,JTトーシ,平野デザイン設計　「測定試験機 センスターシリーズ SC‐5M」
- 輸送機器部門　エルム・デザイン　「自転車 ヤマハパス XA1」(ヤマハ発動機)

◇グッド・デザイン景観賞
- 公共空間部門　サンポール デザイン室「車止め サンバリカー VL‐110U」

◇グッド・デザイン中小企業庁長官特別賞
- レジャー・ホビー・DIY部門
  - ミツウマ　「長靴 シーゼックス No.500」
  - ランドワークス　「カヌー ナノック マナティ」
- オーディオ・ビジュアル部門　大宮 秀雄(LPL設計部)「カメラ・ビデオ用三脚 アクセス AC‐450」
- 日用品部門
  - ラッキーコーポレーション開発本部　「アクセサリー M23515〜23519,M23522〜23524,M2417〜2421,M2518〜2520,M2425〜2427」
  - 八幡化成企画　「バケツ ウェイビー 102」
- キッチン・食卓・家事部門　荒沢 紀一(小林工業)　「幼児用洋食器 3ピース・チャイルドセット ラッキーウッド G‐15503‐1」
- 家具・インテリア部門　東京ベット製造商品開発課　「ベッド コンフォート・ボゥ」
- 住宅設備・エクステリア部門　Lucia Matteucci,清水 秀男　「浴槽 フォルマーレ ベンティ」(ジャクソンバーニョシステム)
- オフィス・店舗部門　タニタデザイン室「デジタルスケール ポケッタブルスケール No.1210」
- 医療・健康・福祉部門
  - 上田 春野　「コップ ベストカップ(右手用,左手用)」
  - 岡本製作所　「医用放射線フィルムカセテ OKAMOTO医用放射線フィルムカセッテ PL‐B,PL‐BW,PL‐B長尺用」
- 情報部門　frogdesign　「コンピュータ周辺機器システム LUNARIS(ルナリス) HRM‐L17/L15,EHD‐L340/L500/L1000/L2000,EMO‐L230,ECD‐L650,M‐L98MD/LMA/LP2」(エレコム)
- 産業機械部門
  - マルト長谷川工作所研究開発部　「光ファイバーケーブルカッター KEIBA OC‐559T」
  - 玉置 英樹(レッキス工業開発グループ)　「バンドソー MANTIS 180(マンティス180) XB180」
  - 酒井製作所　「精密補正軸継手 UA‐15C,20C,25C,30C,35C,40C」
- 輸送機器部門
  - 北村 直喜(石川技研ゴム開発部)「タイヤ滑り止め装置 アイスセンサーカラーピン」
  - 前田 又三郎(デザイン総研広島)「車両用吊手 アストラムライン HRT GYB92」
- 公共空間部門　藤森 秀男(藤森工業)「消火栓 ネオモルフェ 単口・転倒式・伸縮型」(藤森工業 帝繊北海道)

◇ロングライフデザイン賞
- GK設計　「ベンチ 屑入れ E111AB,E111AC,E113AB,E123AA」(岡村製作所)
- コクヨオフィス家具事業本部商品開発部オフィス家具開発第二課,朝倉 瑛,真野 朝陽(ホーム家具事業本部商品開発部)「クズ入れ F10M イレ-F10M」
- 松下通信工業デザインセンター　「ポータブル拡声機 Panasonic WD‐30A」
- 三洋電機ハイリビング事業本部デザインセンター回転機デザイン部　「換気扇 EK‐13HVT」
- 松下冷機デザインセンター　「パッケージ形エアコンディショナー CS‐71B2(室内機),CU‐71C2(室外機)」
- 松下電工設備A&Iデザイン室　「配線器具フルカラータップ WH2303WP,作業用電源タップ WH2323PK」
- 松下電池工業デザインセンター　「ライト付顕微鏡 FF‐393,FF‐394」
- 黒川 雅之　「把手 卓上容器 コートフック GOMシリーズ NB‐2,NR‐2,NE‐2,NP‐2,PS,PSR,HP‐2」(富双ゴム工業)
- 荒沢 紀一(小林工業)　「ティーポット コーヒーポット ティーケトル ラッキーウッド No.55700,No.55701,No.56322」
- キングジム商品開発部　「ファイル Gファイル 1003E,ドッチファイル 1053」
- 森 正洋　「盛鉢セット 白磁千段 盛鉢・取皿」(白山陶器)
- 長島 伸夫(鳴海製陶)　「洋食器セット シルキーホワイト 9968」
- 住江織物デザイン部　「ケースメントカーテン スミノエカーテン D‐2560」

◇日本産業デザイン振興会会長賞—地球にやさしいデザイン—

シャープ電化システム事業本部デザインセンター 「電気冷凍冷蔵庫 ワークトップスリム SJ‐N45M(A),(C),(H)」
岡崎 敏行(東京アールアンドデースタイリング部) 「電動スクーター ヤマテES600A‐RDE24」(ヤマテ工業,東京アールアンドデー)
松下電工設備A&Iデザイン室,明治ナショナル工業,クロイ電機 「誘導灯 コンパクトスクエア FA11419,21417,21419,11437,11465,21455,11417,21437,21465,11455」

(平7年度)

◇グッド・デザイン大賞 河崎 圭吾,三国 宗良(NECデザイン) 「スーパーコンピューター SX‐4モデル32 N3932」(日本電気)

◇グッド・デザイン部門賞

- レジャー・ホビー・DIY部門 長谷川 真人(キヤノン総合デザインセンター) 「防振機能付き双眼鏡 Canon ビノキュラーズ 12×36IS」
- オーディオ・ビジュアル部門 David Lewis 「モジュラー型ステレオ BeoCenter 2300」(Bang & Olufsen/日本マランツ)
- 日用品部門 相 逸男,豊崎 純一(スタディオファイブ商品企画課) 「下着 スタディオファイブ 95年春夏物」
- キッチン・食卓・家事部門 矢野 宏史(矢野工業デザイン研究室) 「鍋 Ballett EVER WARE そそぎ鍋14cm,片手鍋16cm,18cm(浅・深),20cm,両手鍋20cm,22cm,対流鍋25cm,28cm,兼用蓋」(東新プレス工業)
- 家具・インテリア部門
  荻野 雅弘(オギノデザイン事務所),南雲 勝志(ナグモデザイン事務所),苧阪 崇二(マスタープラン) 「ダイニングテーブル 多目的テーブル 多目的可動台 テレビ・オーディオ置台 多目的ワゴン PROJECT CANDY hishi(DHS‐0704),nami nami(DNN‐0113),(DNN‐0114),W‐Top L(DWT‐0301),(DWT‐0302),(DWT‐0303),coro(DCH‐0110),(DCH‐0109),(DCD‐0111),(DCD‐0112),TV‐Stage(DTS‐0108),obon‐pit(DOP‐0116+DSW‐0119),(DOP‐0116+DST‐0117),(DOP‐0116+DWT‐0120),(DOP‐0116+DST‐0118)」(ダイツウ)
  岡村製作所製品デザイン部 「システム壁面収納棚 ホームユニット アスト・8840ZZ アスト・8841ZZ」
- 住宅設備・エクステリア部門
  東陶機器デザイン部 「トイレ用手洗いユニット レストルームドレッサー UHL‐1200SAN,UHL‐1200SBN,UHL‐1200AAN,UHL‐1200ABN,UHL‐1500SAN,UHL‐1500SBN,UHL‐1500AAN,UHL‐1500ABN,UHW‐1200W/G,UHW‐1500W/G,UGA4,UGA3」
  積水ハウス中層設計部 「工業化住宅 URBIS‐3 PRIVATE 03SF01SP V(T)NXN」
- オフィス・店舗部門 Animos,Partner AG 「椅子 回転椅子 ジロフレックス33 33‐3277,3202,3208,7777」
- 教育用品部門 良品計画 「ランドセル 無印良品」
- 医療・健康・福祉部門 東芝デザインセンター 「循環器X線診断システム保持装置 CAS‐8000V」
- 情報機器部門 IBM Corporation Corporate Design 「パーソナルコンピューター IBM ThinkPad 701C IBM ThinkPad 2630‐5」
- 産業機械部門 クボタ機械研究本部機械研究業務部デザインチーム 「トラクタ GRANDOM MD‐117」
- 輸送機器部門
  Fiat Auto,Pininfarina 「普通乗用車 クーペ・フィアット E‐175A1」
  デザイン総研広島 「旅客車 アストラムライン HRT‐60系」(新潟鉄工所,三菱重工業,広島高速交通)
- 公共空間部門 ティーケーケー開発部,宝角デザイン 「フェンス ユニットレール4型 UTR‐4 横断防止柵ベンチタイプ・センタータイプ,ベンチ棚Jタイプ」
- 施設部門 北川原温建築都市研究所,疾測量,山形一級建築事務所,大林組,早野組,長田組 「アリア ディ フィレンツェ―山梨県甲府市山田町アリア」(ファッションシティ甲府北川原温建築都市研究所)

◇グッド・デザイン外国商品賞

- レジャー・ホビー・DIY部門
  Claudia Schett,Ruedi A. Müller,Jürg Scheurer(TOKO AG) 「スキーワックス TOKO ブロックス ST1123」(Toko AG/アシックス)
  Giotto's Industrial Inc. Promotion/Designing Department 「カ

メラ用三脚 トレミ・ポッドミニミニ TP - MM1〜4」
- Kai Broderix（Noek Witzand）「日よけ SHADEMAKER シェイドメーカー」（P21 SHADEMAKER Pty.Ltd./ルイス・アンド・サンズインターナショナル）
- オーディオ・ビジュアル部門 日本マランツIDセンター 「液晶プロジェクター フィリップス LCP6000」（Phillips Consumer Electronics B.V.）
- 日用品部門 Giorgio Nannini（Giorgio Nannini S.r.L）「眼鏡 コンパクトグラス」（サイモン）
- キッチン・食卓・家事部門 Vacu Products B.V. 「果肉くりぬき器 パイナップルスライサー」（ジャパン・インターナショナル・コマース）
- 家具・インテリア部門 David Oakey（Interface Flooring Systems,Inc.）「タイルカーペット インターフェイス ジャカルタ」（日本インターフェイスヒューガ）
- 教育用品部門 The Gillette Company 「ボールペン ペーパーメイト イターラ」
- 医療・健康・福祉部門 Anders Ahlbertz,Sven-Inge Kjell 「歩行補助器 オパル 2000シリーズ 2000/4500, 2000/5200」（Dolomite Svenska AB/原田産業）
  Hatto Grosse（Medical Engineering Group, Siemens AG）「MR断層撮影装置 MAGNETOM Open」
- 情報機器部門 Michele Bovio 「パーソナルコンピューター Digital HiNote Ultra 475CT（528MB）」（Digital Equipment Corporation/日本ディジタルイクイップメント）
- 産業機械部門 Allen Riblett,Vince Juliana 「ヒンジ DOOR POSITIONING HINGE C6 - 1,2,3,4,5,6,7,8,9,0」（Southco,Inc./鍋屋工業）
  Richard Schlack,Peter Bressler,Edward Spector 「ラッチ SOFT LATCH C7 - 10,11,12,20」（Southco,Inc./鍋屋工業）
  Dean Ransom,Paul Krape 「ラッチ FLEXIBLE DRAW LATCH F7 - 52,53,72,73」（Southco,Inc./鍋屋工業）
- 輸送機器部門 Robert Bosch GmbH 「バッテリー BOSCH ブラック バッテリー」
  児玉 英雄（Technical Development Center Europe,Adam Opel AG）「小型乗用車 オペル ヴィータGLS E - XG140」（ヤナセ）
- 公共空間部門 Paolo Favaretto 「劇場用椅子 DAMA 8065AZ」（Destro/岡村製作所）

◇グッドデザイン・福祉賞
- 日用品部門 マミーアート商品開発部 「だっこ補助ホルダー ポーチラックホルダーE ファースト」
- キッチン・食卓・家事部門 松下電器産業 電化デザイン部 「ベッド専用乾燥機 National DB - B10S,DB - B10M,DB - B10W」
- 医療・健康・福祉部門 梨原 宏,雫石 勝蔵,古川 久三（日進医療器）「車椅子 屋内用木製型」

◇グッド・デザインインターフェイス賞
- オーディオ・ビジュアル部門 日立製作所デザイン研究所 「ナビゲーションシステム『バードビュー』ナビゲーションシステム XA - N1,XA - N1(N),NX - L20H/XA - D1,XA - D1(N)」（ザナヴィ・インフォマティクス）
- オフィス・店舗部門 日立製作所デザイン研究所 「現金自動取引装置 Reception HT - 2808」
- 情報機器部門 富士ゼロックスヒューマンインターフェースアンドデザイン開発部 「デジタルカラー複写機 DocuColor 4040」

◇グッド・デザイン景観賞
- 住宅設備・エクステリア部門
  仲西 祐樹（ミヅシマ工業開発本部）「点字表示 リードマーク L型,P型」
  クボタ住宅機材技術本部 「屋根材 グボタ・カラーベスト・アンテナ・コロニアル」
- 公共空間部門 GK設計 「道路照明柱 KX KX - PB100,P100,KX - ALLY,ABL-4000,ALTH,ALW,AB-4000,ABW-1000,ALRH,ALRL,ALTL,KX - LV,LW,LG,LS」（金門電気）

◇グッド・デザイン中小企業庁長官特別賞
- レジャー・ホビー・DIY部門
  ヤマコウ企画開発部 「キャンプ用鍋 スノーピーク SCS - 101,110,SUG - 001,SCT - 001,SMG - 002」
  デザインオフィスバックス,兼古製作所企画部 「インパクトドライバー アネックス No.1900」
- オーディオ・ビジュアル部門 吉沢 保夫（吉喜工業）「アッテネッター WAVAC

ATT‐S AT‐2」
- 日用品部門　吉川国工業所企画部　「収納ケース スリムストレージ トールストッカー TS‐32, TS‐52」
- キッチン・食卓・家事部門　富田 潤（アダムアンドイヴコーポレーション）「ミネラルウォーター spec 1.6L」（近江ミネラルウォーターサービス）
- 家具・インテリア部門　東京松屋　「襖地 江戸本更紗」
- 住宅設備・エクステリア部門　ヤマキ工業開発部　「金属屋根 パネルーフ・スリット パネルーフ・フリー」
- オフィス・店舗部門
　サンスター文具企画開発部 NBD, 鎌田 幸一「ステープラー ペーパーステッチロック Zn DG104‐1」
　浅原 重明　「卓上スタンド Z ライト Z‐901, Z‐902」（山田照明）
- 教育用品部門
　沢野 和代（京都庭社長室）「カッティングツール ペッシェ PA‐01, PA‐02, ST‐01, RT‐01, RR‐01, PR‐01, PR‐02」
　中国画材企画課　「絵画・デザイン用筆 アルテージュ TR‐7000シリーズ TR‐7000/1505, 1510, 1515, 2010, 2015, 2020, 3015, 3020, 3025, リフィル/R1505, R1510, R1515, R2010, R2015, R2020, R3015, R3020, R3025, 専用ハンガー/H33」
- 医療・健康・福祉部門　塩田 礼仁（オーエックスエンジニアリング車椅子事業部企画開発第2グループ）「車椅子 オーエックス MX‐01」
- 情報機器部門　立花 実（トラス），協和広告「コンピューター周辺機器 CONIGLIO（コニーリョ）C‐10‐340M, 520M, 1000M, 2000M, C11‐2000M, C20‐230M, C30‐4400M, C31‐1000M, C40‐270M, C50‐340M, 520M, 1000M, 2000M, C60‐200M, 300M, 500M, 700M, C‐13‐240M, 340M, 520M, 810M」（ウイン・システム）
- 産業機械部門
　マルト長谷川工作所研究開発部　「ケーブルカッター KEIBA OC‐55IT」（マルト長谷川工作所）
　三木プーリ技術部　「変減速機 RWM RWM‐02‐30, 40, RWM‐04‐40, 50, 63, RWM‐07‐50, 63, 75, RWM‐15‐63, 75, 90」
　エヌエフ回路設計ブロック技術部機構設計課, ドムス・デザイン・エージェンシー「交流電源 P‐STATION シリーズ Q 4420, 4421, 8460」
- 輸送機器部門　関 和治（セグノ・デザイン・アソシエーツ）「自転車用ワイヤー錠 TL‐100」（東京ベル製作所）
- 公共空間部門　ホクショウデザイン室「公衆トイレ HUG（ハグ）・HUG3‐AC」

◇ロングライフデザイン賞
　鳥取三洋電機デザインセンター生活環境デザイン部　「ガステーブルこんろ GC‐B3H」
　キングジム商品開発部　「ファイル クリヤーファイル GL 154, 174, 図面ファイル GL 1177, 1178, 1176」
　LIHIT LAB. デザインプレイス　「クリヤーブック クリヤーブック・ルポ 474, 475, 476」
　石井 ヒロミ（川島織物）　「カーペット エンジェル JT0326 W」
　松下電器産業電化デザイン部　「コーヒー挽き機 National MK‐51M, MK‐52M」
　松下精工換気空質事業部開発デザイングループ　「ナショナルパイプファン（浴室用）FY‐13BR1」
　岡村製作所製品デザイン部, GK　「オフィスデスク DB シリーズ DB04ZA, DB14ZF, DB14LF, DB34ZI」
　岡村製作所製品デザイン部　「オフィスデスク DB シリーズ DB03ZA, DB13ZF, DB13LF, D320ZF, D320LF, DB33ZI」
　岡村製作所製品デザイン部, GK 設計　「ベンチ くず入れ E112AB, E123AB」
　岡村製作所製品デザイン部　「ベンチ E112AC」
　荒沢 紀一（小林工業）　「ケトル ラッキーウッド No.56300」
　小林 恒夫（鳴海製陶）　「飲食器 コンセプト〈ホワイト〉9030」
　HILO デザイン研究所　「コーヒーポット ティーポット シュガーポット ミルクポット アイスペール ユニライン 206011 ミラー仕上げ, 206037 ミラー仕上げ, 206053 ミラー仕上げ, 206079 ミラー仕上げ, 206095 ミラー仕上げ」（明道）
　山崎金属工業企画開発部　「ケトル リッチシリーズ（2.5l）」
　大下 勝二（セーラー万年筆）「万年筆 ハイ・エース 11‐0106」
　アルスコーポレーション　「万能鋏 シャープクラフト直刃, 曲刃 330S‐T, 330S‐M」

# グッドデザイン賞

オルファ企画部 「カッターナイフ オルファ タッチナイフ」

◇日本産業デザイン振興会会長賞―地球にやさしいデザイン―

- 住宅設備・エクステリア部門 ミサワホーム部品開発部 「サッシ アルウッドサッシ 引き違い,縦辷り出し窓,FIXサッシ,勝手口ドア」
- 産業機械部門 森 洋二(ワールドケミカル)「油回収装置 カトレア YD‐450‐FS」

(平8年度)

◇グッド・デザイン大賞 ミサワホーム商品開発1部 「工業化住宅 GENIUS 蔵のある家」

◇グッド・デザイン金賞

- スポーツ・レジャー用品部門 ヤマハデザイン研究所 「電子ドラムシステム YAMAHA サイレントセッションドラム DTX」
- 家庭用メディア機器部門
  塩谷 康(キヤノン総合デザインセンター)「IX240レンズシャッターカメラ Canon IXY」
  森宮 祐次(ソニーコーポレートデザインセンター) 「ワイドカラーテレビ受像機 プラズマトロン PZ‐2500」
- 日用品部門 平野デザイン設計 「つっぱり式棚 くさびラックLS115, くさびラックLS91, くさびラックLS67」(新輝合成)
- インテリア用品部門 平野デザイン設計,エヌ・ティ・ティインテリジェントテクノロジ第四事業部 「タイルカーペット MagicSquare M‐301」
- 工業化住宅・住宅設備部門 東陶機器デザイン部 「システムキッチン ブルトハウプシリーズ システム25」
- オフィス・店舗用品部門 Don Chadwick, Bill Stumpf 「オフィスチェア アーロンチェア」
- 教育用品部門 BC Inventar,Poul Sauer Jensen 「図書館用机 モデル110シリーズ 552012,552013,552014,553033,553066」
- 医療・福祉機器部門 R&D Department, AVL Medical Instrumets AG 「血液ガス・電解質分析装置 AVL OMNIシリーズ OMNI1~6」
- 情報・通信機器部門 Motorola Inc. 「携帯電話機 StarTAC(スタータック)」
- 産業設備・機器部門 トプコンデザイン部 「ローテーティングレーザー RL‐S1A/S1B」
- 輸送機器部門 Design Department,Mercedes‐Benz AG 「普通乗用車 メルセデス・ベンツ Eクラス」
  大角 雅之(本田技研朝霞東研究所デザインBL.) 「船外機 BF90」
- 公共空間用設備・機器部門 東拓工業 「電線管 CCレックス o50,o80,o100」
- 施設部門 ジョンジャーディーパートナーシップ社,福岡地所,エフジェイ都市開発,日建設計,銭高組・大林組・清水建設・フジタ設計コンソーシアム,銭高組・清水建設・大林組・フジタ・大宇・サンライフ・イチケン・松本組・三井建設・九州建設・東建設・善工務店共同企業体,銭高組・ハザマ・住友建設・不動建設・佐藤工業・松尾建設・佐藤組共同企業体 「キャナルシティ博多」(福岡地所・日建設計)

◇グッド・デザイン外国商品賞

- スポーツ・レジャー用品部門 Robert Bosch GmbH 「園芸用散水用品 BOSCH アクアプログラム」
- 家庭用メディア機器部門
  David Lewis 「リモートコントローラー Beo 4」(Bang & Olufsen a/s/日本マランツ)
  Product Strategy Center,Samsung Electronics 「ビデオ一体型カラーテレビ受像機 SAMSUNG CVJ‐14MRS」
- 日用品部門 Moto Design 「空気清浄機 SANG‐A&CHAM GT2‐001」(Sang‐A & Cham Co.,Ltd./大宇電子)
- 家事・キッチン用品部門 Zwilling J.A.Henckels AG 「包丁 TWINSTAR」
  In‐House Design Team of Design Department,Miele & Cie 「電気掃除機 Miele S321i」
- 工業化住宅・住宅設備部門 Domino Triplano Associati 「シャワーボックス プルビア95」(ユニマット プール アンド スパ)
- オフィス・店舗用品部門
  Antonio Citterio 「オフィスファニチャーシステム Ad Hoc」(Vitra International AG/インター・オフィス)
  Klaus Franck,Werner Sauer 「椅子 Modus 273/7,274/71,276/7」(Wilkhahn, Wilkening+Hahne GmbH+Co./ウィルク

製造業

- 教育用品部門　Lorenzo Negrello,Paolo Scagnellato　「講義室用椅子,講義室用机・椅子 ellisse（エリッセ）ELL‐9033A‐TR,B‐TR,C‐TR(V),C‐TR(F1),C‐TR(F2),A‐TL,B‐TL,C‐TL(V),C‐TL(F1),C‐TL(F2),A‐ATR,B‐ATR,C‐ATR(V),C‐ATR(F1),C‐ATR(F2),A‐ATL,B‐ATL,C‐ATL(V),C‐ATL(F1),C‐ATL(F2),ELL‐9004A,B,C(F1),C(F2),9120R」（DEKO COLLEZIONI s.r.l/愛知）
- 医療・福祉機器部門
  Hans Himbert,Carl-Göran Crafoord (Ergonomi Design Gruppen)「注射器 ジェノトロピンペン」（ファルマシア・アップジョン）
  R&D Department,AVL Medical Instruments AG　「電解質分析装置 AVL 9180」
- 産業設備・機器部門　CIMCO Carl Jul.Müller　「ケーブルストリッパー CIMCO 120002」（マルト長谷川工作所）
- 輸送機器部門　Volkswagen AG　「小型乗用車 ポロ（4ドアモデル）」

◇グッド・デザイン福祉賞

- 公共空間用設備・機器部門　松下冷機デザインセンター　「自動販売機 National NS‐F2741W」

◇グッド・デザインインターフェイス賞

- スポーツ・レジャー用品部門　ヤマハデザイン研究所　「電子楽器 YAMAHA MIBURI（ミブリ）R3」
- 家庭用メディア機器部門　大田 潔,寄立 美和子（ソニーコーポレートデザインセンター）「ディスプレイモニター PROFEEL16×9 KV‐32HV50」
- 情報・通信機器部門　オーザックデザイン　「ディスプレイモニター EIZO FlexScan（フレックススキャン）・Eシリーズ15型,17型,20型」（ナナオ）
- 産業設備・機器部門　エヌエフ回路設計ブロック技術部機構設計課,ドムスデザインエージェンシー　「信号発生器 WAVE FACTORY 1900シリーズ 1941,1942,1945,1946,1952,1956」

◇グッド・デザイン景観賞

- 公共空間用設備・機器部門
  セキスイデザインセンター　「ゴミ箱 ダストボックス#700・EDB700H」（積水化学工業）

中野 恒明, ヨシモトポール, アプル総合計画事務所, 近田玲子デザイン事務所, ジイケイ設計, タウンスケープ　「道路照明・信号・ボラード・防護柵 車道照明単独型12M,車道照明・信号共架型12M,車道照明・標識共架型12M,車輌信号単独型6M,歩行者信号単独柱3M,車道照明単独型10M,歩道照明単独型3.5M,フットライト0.65M,ボラード0.8M,防護柵0.8M」

◇グッド・デザイン中小企業庁長官特別賞

- スポーツ・レジャー用品部門　北陽産業技術部技術課　「ラチェットレンチ かるラッチ TLR270」（北陽産業,浅羽製作所）
- 家庭用メディア機器部門
  コメット開発部,平賀工業デザイン室　「業務用ストロボ電源部 コメットCB‐1200III,CB‐2400III」
  インターデザインアーレンス,上村 智（エイシーデザイン）「ラインアプリケーターコンクルージョン」
- 日用品部門
  藤原 浩純（東京金属工業）「ペーパークリップ CLIPPIE（クリッピー）S10‐SV/R/BU/Y/MX,S30‐SV/R/BU/Y,S100‐SV/R/BU/Y,L6‐SV/R/BU/Y/MX,L20‐SV/R/BU/Y」（東京金属工業,文房堂）
  藤田 茂（シゲル工業）「理美容ハサミ ローヤルキンダム プリンセスブレーン,コンコルドラインZ,三梳きヘネシーリスハンドS27」（シゲル工業,ナルト）
- 家事・キッチン用品部門
  精研開発部　「研磨材 シャイネックス 球太郎 荒目（#120）,中目（#240）,細目（#400）,無砥粒」
  涌井 貞義（涌井工業）「焼却炉 CH‐40」
- インテリア用品部門　Wendell B. Colson (Hunter Douglas Inc.)　「ブラインドスクリーン シルエット」
- 工業化住宅・住宅設備部門　兼元 謙任（ダイワ企画開発部）「壁面材 バリアスウォール ハヤテ」
- オフィス・店舗用品部門　黒川 雅之（黒川雅之建築設計事務所）「デザイナー向けバッグ 『K'S』23‐0289,23‐0290」（ウノフク）
- 医療・福祉機器部門
  田中 堅四郎（吉田製薬）,デザイン・ホロン　「消毒器 ヨシダ オートポンプ」
  インターナショナル工業デザイン　「分娩

台 アトムDE-1000型分娩台(マミージョイ)」(アトムメディカル)
- 情報・通信機器部門 安達紙器工業企画開発課 「通信ケーブル用ボビン 光ケーブル用ペーパーボビン」
- 産業設備・機器部門
  小笠原 武雄(オガ・クリエイティブ) 「巻尺 3×スチロン50m,3×ミリオン50m」(ヤマヨ測定機)
  喜多 俊之(アイディケイデザイン研究所) 「検電器 低電圧用ポケットタイプ音響発光式検電器 HT-610α」(長谷川電機工業)
- 輸送機器部門 バナナムーン 「アルミホイール ボルクレーシング F-ZEROシリーズ VOLKRACINGCHALLENGE, VOLKRACINGWINNING, VOLKRACING TROPHY」(レイズ)
- 公共空間設備・機器部門 山本 秀夫(オッティモ) 「ロビーチェア 5100SERIES LS-5101S, LS-5102S, LS-5103S, LS-15104S, LS-5105S」(ユーエム産業, オッティモ)
- 施設部門 ジイケイ設計大阪事務所, 川崎工業 「舞鶴プロムナード三条アーケード—京都府舞鶴市東舞鶴駅前通り」(三条商店街振興組合)

◇ロングライフデザイン賞
長岡 貞夫, 愛知プロジェクトチーム 「システムチェア アイムシリーズ AIM-S, AIM-S-A, AIM-S-T, AIM-3B」
愛知 「小イス タスティ TSY-S(V)」
井関 徹(愛知開発本部) 「連結イス ミンゴシリーズ MBF-3FF, MIF-B-3FF, MBF-B-3FF」
旭光学工業研究開発センター工業デザイン室 「中判カメラ ペンタックス645 smc PENTAX A64575mm F2.8付」
アサヒコーポレーション商品開発本部 「ジョギングシューズ ブルックスチャリオットL」
生田 剛(イシダ開発部), 中村デザイン事務所 「電子天びん ISHIDA CBII-600」
長 大作 「ロビーチェア フリーダムチェア LFD-4030」「LFD-5030」(イトーキ)
Emilio Ambasz, Giancarlo Piretti 「オフィスチェア バーテブラチェア KKV-335」「KKV-330」(イトーキ)
INAXトイレ空間事業部技術開発室, GKデザイン機構 「取付け用便器 カスカディーナGLシリーズ DC-4580S」

広瀬 慎, 及源鋳造商品開発係 「すきやき鍋 かたらい」
大島 豊樹(大島東太郎商店) 「鉢 欅壱の椀 W-4」
小林 洋(オムロンデザイングループ), 木田 豊(GK京都) 「超音波洗浄器エブリクリン HU-10」
オムロンデザイングループ 「工業用タイムスイッチ 電子式ウィークリータイムスイッチ H5L」
オルファ企画部 「カッターナイフ オルファ サブナイフS型」「オルファカッター万能L型」「ゴムL型」「マットカッター45度」「ウェーブカッター」「ワンタッチL型」「メタル150」「スクレーパー オルファファインセラミックスクレーパーL型」
竹市 尚史(カシオ計算機技術本部2デザイン室) 「腕時計 MQ-30W」
兼古 耕一(兼古製作所) 「ドライバー アネックスラチェットドライバー ビット収納タイプ No.360」「ドライバー アネックス 精密ドライバーセット(6本組)No.900」
キングジム開発本部 「ホルダー Lホルダー A4-S No.730」「B5-S No.720」「B4-S No.740」「A3-S No.750」「ファイル サイドインクリヤーファイル B5-S No.127」「A4-S No.137」「プレスロックファイル B5-S No.1651」「B5-S No.1652」「A4-S No.1671」「A4-S No.1672」「事務用クリップ キングクリップマグネット 50mm No.506」「100mm No.507」
絋デザイン研究所 「安全かみそり ブラックT(ライトシェーバー)」(絋デザイン研究所, ニッケンかみそり)
喜多 俊之(アイディケイデザイン研究所) 「ピッチャー メリーナ ピッチャー M154」(国際化工)
小池 誠一(コクヨファイルマーケティング部) 「ファイルボックス ファイルボックス-Pフ-450・B・D・G・M・R・Y」
長井 演志(コクヨオフィス家具事業本部商品開発部開発第2課) 「ファイリングバッグ ドキュメントケース クケ-614C・D・LB・LG」
荒沢 紀一(小林工業開発部) 「ピッチャー ラッキーウッド No.55617」「アイスペール ラッキーウッド No.55616-5」
ティーアイディーデザイン 「楽器用チューナー デジタル・チューナー DT-

1」(コルグ)

石原 憲二(サクラクレパス商品企画部)「シャープペンシル サクラノックス NS100」

三洋電機ソフトエナジー事業本部事業推進統括部デザイン部　「携帯電灯 NL‐F1」

三洋電機産機システム事業本部コールドチェーン事業部プロダクトデザイン課「冷蔵用ショーケース SSR‐DX280G」「SCR‐RX40G」

CKD広告宣伝部企画デザインチーム, 平野デザイン設計　「汎用電磁弁 マルチレックスバルブ AB31‐01‐1,AB41‐02‐1,AB31‐01‐1‐2G,AB41‐02‐1‐2G,AB31‐01‐1‐D,AB41‐02‐1‐D,AP11‐20A‐03A,AD11‐20A‐03A」

自由学園工芸研究所　「コルク積木」

新光金属営業企画開発課　「ミルクポット S80‐102」「シュガーポット S80‐103」「ソースパン 14cm S81‐0014」「片手鍋 18cm S81‐0018」「フライパン 22cm S81‐0022」「フライパン 24cm S81‐0024」

オーサカID　「ガス検知器 ガスリークディテクタ XP‐702S‐A」(新コスモス電機)

住江織物　「カーペット スミノエカーペット アントニオ100」

住江織物インテリア商品企画部　「レースカーテン スワニー」

谷川 憲司(セイコーエプソンライフデザイングループ)　「セイコー 盲人用ウォッチ SQBR014,SQBR016,SQBR994」

鈴木 進(セイコーエプソンデザインセンター)　「ストップウォッチ セイコータイムキーパー SBJ018」

ダイキン工業デザイングループ　「エアコンディショナー UCS3G」

ダイヤコーポレーション開発部, 阿武 興磁(アンノ・オフィス)　「調味料容器 アペックス調味ポット(大)8101」「調理ポット(小)8102」「調理ポット(液体用)8106」

田村 倫昭　「電気測定器 定電圧/定電流直流電源 GP0160‐3R」「周波数変換器 AA330F」(高砂製作所)

小谷口 隆　「あげは菓子鉢 8寸」「あげは菓子鉢 7寸」(たに屋)

デイエックスアンテナ, 谷 伸夫(ジーアイジー)　「室内型テレビ受信アンテナ スーパーマトリックス・SK‐11‐B」

東芝デザインセンター　「プログラマブルコントローラー PROSEC EX250」「PROSEC EX500」

東芝ライテックデザインセンター　「庭園灯 ガーデンライト HGP‐0431」「街路照明 シティ・アンビエント HG‐2531」

島崎 信, 田中 克明(エス・ディー・アイ)　「両手鍋 エバーウエア 味わい鍋 特深厚鍋22」「深型厚鍋22」「角型厚鍋24」「片手厚鍋18」(東新プレス工業)

東陶機器デザイン部　「紙巻器 ワンタッチ紙巻器 TS116MK」

Annie Hiéronimus (Ligne Roset)　「リビングソファー ロゼ・サンドラ(1人掛け)(3人掛け)」(ドリーム総合研究所)

小林 恒夫(鳴海製陶)　「飲食器 ロイヤルコート〈ホワイト〉9265」

日江金属協業組合　「簡易ガレージ カスケードガレージ NS‐2000」

石井 賢俊(ニドインダストリアルデザイン事務所)　「差し込み式便器 安楽便器」(ニドインダストリアルデ事務所, コンビ)

タッパーウェア国際本社デザインスタッフ「食品用密封容器 MM・だ円 #1,#2,#3,#4,#5」「MM・ラウンド #1,#2,#3,#4」「MM・スクエア #1,#2,#3」「MM・ワイド #1,#2」

日本ビクターデザインセンター　「マイクロホン VICTOR 狙撃兵 MZ‐200」「姿見 VICTOR クラフトシリーズ IM492」「マイクロホン VICTOR 千里がん MZ‐110B」

日本ファイリング開発部, GK　「書架 BSO‐26MB」「BGW‐26MB」「BTW‐23MB」「BDO‐26L」

西沢 信雄(日置電機技術本部デザイン係)「クランプ電流計 ディジタル クランプオン ハイテスタ3261 3262」

日立製作所デザイン研究所　「吊り下げ灯 LP10B608AD」

藤寅工業企画開発課　「本職用 DP藤次郎牛刀庖丁 F‐807 180mm」「F‐808 210mm」「F‐809 240mm」「包丁 DP藤次郎 8000 F‐502 薄刃型」「F‐503 三徳型」「F‐504 洋刀型」

ぺんてるデザイン研究室　「シャープペンシル ジェット・クリック PD‐335T」「シャープレット・100 A135」

川上 元美　「ベンチ ホウトク サエラ DFD40」「椅子 ホウトク ラピス RL100, RL101,RL200,RL201」(ホウトク)

北村 八郎　「折りたたみテーブル ウイング FX11S,FX21S,FX31S,FX41S」(ホウ

トク)

栄木 正敏(栄木正敏デザイン研究所) 「土瓶セット 451 白マット釉」(栄木正敏デザイン研究所,セラミック・ジャパン)

高木鉄工開発部,アズインダストリアルデザイン 「米びつ ライスボックス RN‐830」(マッキンリー)

松下精工デザインセンター 「National 天井埋込形換気扇 FY‐24B5/21」「FY‐27B5/21」「FY‐32B5H/21,FY‐32B5M/21」「インテリア形換気扇 FY‐25PEP」「シーリングファン F‐M902H」「F‐M903H」「F‐M131H」「天井埋込形換気扇 FY‐17B5H/33」

松下通信工業デザインセンター 「マイクロホン National WM‐661」「小型ハイパワースピーカシステム RAMSA WS‐A200」「WS‐A10」

松下電器産業総合デザインセンター制作部 「電動ドライバー Panasonic FE‐A111M,FE‐A111MH,FE‐A111L」

松下電工照明A&Iデザイン室 「蛍光灯スポットライト NF41105GL,NF21105GL」「ヘアーアイロン EH141」「ダイアルタイマー(コンセント直結式)TE311,TE321」「門柱灯 HW6871EL」「ブラケット puntata HW730BEL,LW86330BT」「作業用照明器具 EGライト YF21880」「吊り下げ灯 SABOTTO NL16607T,NL16606T」「充電コーキングガン・スピコン EZ3651D」

松下電工IBS・配機A&Iデザイン室 「フルカラースイッチ付コードコネクタ WH4721」「フットスイッチ WH5709」「引掛防雨コンセント WK6330」「煙感知器イオン化式スポット型2種ヘッド BV45178」

松下電工デザイン室 「スイッチ パワーロッカーPRシリーズ J9スイッチ AJ921001R3,AJ921001B3,AJ921001W3」

松下電池工業デザインセンター 「携帯電灯 蛍光灯付強力ライト BF‐769」「パラウォーター二個用 FF‐155」「フレキシブルライト BF‐331P,BF‐333P」「クリプトン強力ライト BF‐773」「マイティフレキシブル FF‐102」「デジタル絶縁抵抗計 BN‐500D」

小杉 二郎,マルト長谷川工作所 「ニッパー KEIBA KM‐007」「スナップリングプライヤー KEIBA S‐026」

三菱鉛筆デザイン室 「シャープペンシル M5‐100BX」

ミノルタデザイン部 「ミノルタ放射温度計 IR‐308」

三木 正(ヨコタ技術課) 「カーテンレール セオリーレール A9901〜9919」

吉川国工業所商品開発課,ライフデザイン研究所 「脱衣かご メッシュラウンドバスケット No.2001」

吉川国工業所商品開発課,ライフデザイン研究所 「洗濯かご ランドリーバスケット メッシュ2012,2014」

リョービマーケティング部,プロダクトデザイン設計事務所 「ドアクローザ S‐101P,S‐102P」

リョービ釣具部設計課 「レジャー用ボート ボートエース GEB‐25」

Jacob Jensen 「ヘッドホン Form 1」(Bang & Olufsen a/s/日本マランツ)

Klaus Franck 「回転小椅子 FS‐Line 211/4,211/8」(Wilkhahn, Wilkening+Hahne GmbH+Co./ウィルクハーン・ジャパン)

◇日本産業デザイン振興会会長賞—地球にやさしいデザイン

- 家事・キッチン用品部門 宿輪 哲也(沖縄県立芸術大学) 「琉球塗 王朝物語シリーズ『華塗』」(琉球うるし工芸)
- 工業化住宅・住宅設備用品部門 山内 一睦(チャンピオン) 「屋根下葺材 セーフティチャンピオンPL」
- 公共空間用設備・機器部門 クレー・バーン・セラミックス 「舗装材 セラロッサ」

◇日本産業デザイン振興会会長賞—家庭用メディア機器・ユーザーインストラクション

- 家庭用メディア機器部門
 David Lewis,Anders Hermansen 「スピーカー,モジュラー型ステレオ BeoLab 2000,BeoSound Ouverture,BeoSound 9000」

 富士通総合デザイン研究所,富士通マニュアル開発部 「ワードプロセッサー OASYS LX‐3500JP OALX35JPS,LX‐3500CT OALX35CTS」

 壁谷 孝晴(松下電器産業AVC商品開発研究所開発デザイン室),宮崎 潤(松下電器産業PC特別事業センター技術グループ),藤井 尚史(松下電器産業メディアサービスセンターマニュアル部) 「家庭用パーソナルコンピューター Panasonic ウッディ・タッチパネルCF‐100A」

製造業　　　　　　　　　　　　　　　　　　　　064　グッドデザイン賞

(平9年度)
◇グッド・デザイン大賞　水野 一郎, 金沢計画研究所, 松本・斎藤建設工事JV, 本田工務店, 稲元工務店 "金沢市民芸術村"
◇グッド・デザイン金賞
- スポーツ・レジャー用品部門　任天堂 "家庭用テレビゲーム機 NINTENDO 64 NUS-001（JPN）, 同コントローラ NINTENDO 64 コントローラ NUS-005"
- 家庭用メディア機器部門　アップルコンピュータ "パーソナルコンピュータ Twentieth Anniversary Macintosh"
- 日用品・衣料品部門
資生堂, Sergio Calatroni "化粧品 アンタイド"
新潟県作業工具協同組合, オープンハウス "ALUTOOL ラチェットレンチ/ドライバー＋・-/メガネレンチ/モンキレンチ/コンビネーションレンチ/両口スパナ/ニッパ/シャコ万力/ラジオペンチ/ペンチ/ウォータポンププライヤ"
- 家事・キッチン用品部門　サイクロンジャパン, James Dyson, Dyson Appliances Ltd. "電気掃除機 Mr.J DC02型（デュアルサイクロン高性能掃除機）"
- インテリア用品部門　INAX "内装材 ソイルセラミックス インテリアシリーズ SCI-200/101〜104, SCI-300/101〜104"
- 工業化住宅・住宅設備部門　ミサワホーム "屋上庭園システム ミサワオリジナル ガーデンシステム"
- オフィス・店舗用品部門　Fritz Hansen, Erik Magnussen "テーブル CLICK SERIES EM345（WHITE LAMINATE）/MODESTY PANEL EM505/CABLE DUCT EM605"
- 教育用品部門　金剛, BC Inventar, Birgitte Borup, Carsten Becker, BC Inventar "児童用組合せ家具 PUZZLE（パズル）机 354000/椅子 354001"
- 医療・福祉機器部門　日本電信電話 "骨伝導ヘッドホン ライブホン「ときめき」"
- 情報・通信機器部門　富士通, オーザックデザイン "携帯情報端末 INTERTop"
- 産業設備・機器部門　コンセック, デザイン総研広島 プロダクトデザイン室 "ダイヤモンドコアドリル Hakken SPJ-5A"
- 輸送機器部門　Audi AG（Germany）/ Volkswagen Group Japan KK. "普通乗用車 アウディA6 2.4FF, 2.8クワトロ"
- 公共空間用設備・機器部門　昭和鉄工, ビー・エー・デザイン "横断防止柵・転落防止柵 アーバネクス高機能防護柵 FTタイプ H800, H1100"
- 施設部門　手塚建築研究所, 医療法人同愛会 副島病院 "副島病院"
◇ユニバーサル・デザイン賞
- 工業化住宅・住宅設備部門　松下電器産業 "National 座シャワー YU-RT21SR, YU-RT21SL, YU-RT21VR, YU-RT21VL, YZ-1001RTAXW, YZ-1001RTBXW"
- 輸送機器部門
トヨタ自動車 "小型乗用車 ラウム E-EXZ10"
宮田工業, エルムデザイン "自転車 グッドラック20 VG-238"
- 施設部門　イマナカデザイン, 工房ユーダ "障害者福祉作業ショップ「布目の里」「ユーダ」「グローバル」"
- スポーツ・レジャー用品部門
松下電器産業 "水中ビデオハウジング Panasonic クリスタルポット VW-MPDJ2"
ヤマハ "電気バイオリン YAMAHA サイレントバイオリン SV-100"
- 情報・通信機器部門
東芝 "GPS付き情報収集端末 GPS Reporter"
ワコム "液晶一体型タブレット PL-300"
- 公共空間用設備・機器部門　姫路タキロン加工 "仮設フェンス クリアフェンス A型"
◇エコロジー・デザイン賞　INAX "舗装用材 ソイルセラミックス SOIL-200B/11, 12, 13 SOIL-300B/11, 12, 13"
◇グッド・デザイン外国商品賞
- スポーツ・レジャー用品部門　McBell Pte.Ltd., Kouo Wai Chiau, Kwan Lok Suen "風向計 KINGFISHER 220"
- 家庭用メディア機器部門　LG Electronics Inc. "電話機 LG・GT-9730"
- 日用品・衣料品部門　Snap-on Incorporated "レンチ スナップオン"
- 家事・キッチン用品部門　Wenger SA, S.Tepic（AO/ASIF Research Institute）"裁ちばさみ スイザーズ"
- インテリア用品部門　Louis Poulsen & Co., Poul Henningsen "吊り下げ灯 PH5プラス"
- オフィス・店舗用品部門
Wilkening Wilkhahn, Hahne GmbH+Co.,

ビジネス・技術・産業の賞事典　309

## グッドデザイン賞　製造業

- Wiege,Fritz Frenkler,Justus Kolberg, Jens Korte "会議用システム Confair（コンフェア）"
  Fritz Hansen,Vico Magistretti "椅子 VICODUO Table Series"
- 教育用品部門　Sebel Furniture Ltd "講義室用机・椅子 ポスチューラ デスク"
- 医療・福祉機器部門　GN Danavox AS, Henrik Nielsen "補聴器 DANASOUND 163"
- 情報・通信機器部門
  Silicon Graphics,Inc.,Inc. Lunar Design "ワークステーション O2"
  Parallax Research Pte. Ltd. "オーバーヘッドディスプレイ Overhead Display for Hewlett-Packard HP-F1212A"
- 輸送機器部門
  Chrysler Corp. "普通乗用車 クライスラー ボイジャー LE"
  Daimler-Benz AG "普通乗用車 メルセデス・ベンツ SLK230 コンプレッサー"
- 公共空間用設備・機器部門　Nomadic Display "ポータブルディスプレイ Instand 100シリーズ"

◇グッド・デザイン中小企業庁長官特別賞
- スポーツ・レジャー用品部門
  東京アールアンドデー "自転車 シティキャット C20"
  スタッフナインハット "スポーティングウォール アソボード（ASO-BOARD）モデル1～モデル5"
- 家庭用メディア機器部門
  エルグ "カメラ用精密雲台 エルグ・タイプS4wayシリーズ"
  シーアンドディ "ハイコンポミニシステム DENON D-M7 Lapisia"
- 日用品・衣料品部門
  エイ.ピー.アイ "電源用差込プラグ プラグ S/プラグSA"
  日本エイテックス "子守帯 ダコビー"
  水島眼鏡,喜多 俊之 "腕時計 ミズ・ウオッチ"
- 家事・キッチン用品部門　竹中製所 "オープナー「ダブルオープナーR」"
- インテリア用品部門　東京松屋 "襖紙 花あかり 楮染和紙"
- 工業化住宅・住宅設備部門
  共和成産 "外床材 システムウッドタイル WT-01,02,03N,P,M,B"
  ユニックス,伊藤 裕之（（有）タマデザイン研究所） "換気口 KRP-A マルチウェザーTMW-S"
- オフィス・店舗用品部門
  吉忠マネキン "発光プレート ピスコ S/ピスコ R"
  中川ケミカル,平野デザイン設計 "屋外装飾用シート・色見本帳 NOCS2500・ツールキット"
- 医療・福祉機器部門
  今仙技術研究所 "義足"
  ティグ "車椅子 チタン モジュラー"
- 情報・通信機器部門　LPL "ハンズフリーユニット カープラグイン・ハンズフリー"
- 産業設備・機器部門
  川本物産 "攪拌機 ケミカルミキサー TCM型"
  キンレイ,今安 規夫（インタースタジオ） "ダブルツイストバンチャー KINREI HK560"
- 輸送機器部門　ニューエラー "DC-AC インバータ トルネード HAT"
- 公共空間用設備・機器部門
  荒川技研工業,丹波 譲治（デザインサークル） "ワイヤー張り"
  ヒガノ,ラファエルヴィニオリ建築士事務所 "車止め プロフィット ムーブボラード・シリンダー PMB-042H"
- 施設部門　竹風堂,竹中工務店 "竹風堂松代店・池田満寿夫美術館"

（平10年度）
◇グッドデザイン大賞　ブリヂストンサイクル "自転車「トランジット T20SCX」"
◇グッドデザイン金賞
- スポーツ・レジャー部門　本田技研工業,本田技術研究所 朝霞研究所第6設計ブロック "電動アシスト自転車「ホンダ ラクーンコンポ UB07」"
- 家庭用メディア部門　日本電気,川上 元美（川上デザインルーム）,金田 充昭,河崎 圭吾,清水 充宏（NECデザイン プロダクトデザイングループ） "ワイドプラズマテレビ「プラズマエックス PX-42V2」"
- 衣料・日用品部門　東芝ライテック "電球形蛍光ランプ「ネオボールZ EFA14EL, EFA14EN,EFA14ED」"
- 家事・キッチン部門　松下電器産業 "電子オーブンレンジ「National NE-J1,NE-J2-HP,NE-J2-H,NE-J3-HP,NE-J3-H」"
- インテリア部門　ファースト・エンジニアリング "パーティション「エコハーモシリーズ SUSK（サスケ）インテリア IS-1CS/AS～IS-6CS/AS,IR-1CS/AS～IR-

- 住宅部門　ミサワホーム　"工業化住宅「HYBRID-Z」"
- オフィス・店舗部門　Vitra International AG, Alberto Meda "回転椅子「ヴィトラ メダチェア・417 002 02」"
- 教育部門　金剛, Bernt Petersen (Bernt arkitekt MAA) "図書館用収納システム「Space Mover (スペースムーバー)」"
- 医療・福祉部門　富士通, Ziba DESIGN "自動取引装置「RZ1100 (富士通標準ハンドセット付)」"
- 情報部門　キヤノン　"デジタルビデオカメラ「Canon XL1」"
- 産業部門　豊田自動織機製作所　"フォークリフト「トヨタフォークリフト ジェネオ」"
- 輸送部門　西日本旅客鉄道, 東海旅客鉄道, 近畿車輛, 川崎重工業, 日本車輌製造, ミサワホーム　"旅客車「285系寝台特急形直流電車」"
- 公共空間部門　蝦名林業　"路面舗装用ブロック「エコルス・エース 二層式路面舗装用ブロック (天然素材：主原料カラマツ樹皮から成る)」"
- 施設部門　資生堂, 鹿島建設, KAJIMA DESIGN "ECOLED DE HAYAMA「資生堂湘南研修所」"

◇ユニバーサルデザイン賞
  松下電子部品, 川村 健 (松下電器産業) "エンハンススピーカー「Panasonic EAB-AE70」"
  全国社会就労センター協議会, 社会福祉法人愛育福祉会, エンバイロ・システム, 木村明彦, 大林組 "いずみ授産所分場 フォンテーヌ (障害者の建築・環境デザインシステム モデル施設)"

◇インタラクションデザイン賞
  日本光電工業　"患者モニタリングシステム「BSS-9800」"
  日本シリコングラフィクス　"ソフトウエア「IRIX 6.5」"

◇エコロジーデザイン賞
  東京松屋　"襖紙「江戸からかみ 楮染和紙」"
  トヨタ自動車　"小型乗用車「プリウス HK-NHW10」"

◇中小企業庁長官特別賞
  長谷幸製作所, 原 文隆 ((有) 原デザインスタジオ) "緊急脱出救出用具「レスキューハンマー たすける君II」"

エルグ　"雲台「エルグ・タイプNシリーズ #N75, #N75L, #GN」"
セイカ　"老眼鏡「ヘルパー・スーパーライト No.888」"
コーボージャパン, 富田 一彦 (デザインアトリエ意匠二次元半) "磁器テーブルウェア「MORODE (モローデ) コレクション」"
日軽プロダクツ, GK プランニング アンド デザイン "収納棚「EZ Wave ESYW-3M, -2M, -1M, -SA, -SB, -SC, -SD, -SE, -SF, -SG, -SH, -SI, -SJ」"
アイジー工業　"外装材「アイジーセラミック 本セラ ナチュラル150」"
愛知　"スタッキングチェア「TECS (テクス)」"
イーケイジャパン　"ロボットアーム「ムービット MR-999」"
社会福祉法人北海点字図書館, 新潟合成, 有馬デザイン事務所 "点字プレート「カラー点字プレート」"
インクス　"ソフトウエア「KATACAD ver1.02」"
ナイガイ, 田中 隆充 (田中デザインオフィス) "梱包機「バンダマチック 7110型」"
スプリットン工業会, 秋山 裕史 (秋山環境デザイン研究所) "コンクリートブロック「ニュースプリットンブロック」"

(平11年度)
◇グッドデザイン大賞　ソニー　"エンタテインメントロボット「AIBO (アイボ)・ERS-110」"
◇グッドデザイン金賞
- パーソナルユース商品部門
  GLOBAL ACT AB, ズジョウ, ジョナス ブランキング, GLOBAL ACT AB "バックパック「BOBLBE-E (ボブルビィー)」"
  富士写真フイルム　"デジタルスチルカメラ「フジフイルム・FinePix2700」"
  シャープ　"パーソナルモバイルツール「ザウルス アイゲッティ MI-P1-W, MI-P1-A, MI-P1-LP, MI-P1-LA」"
- ファミリーユース商品部門
  インテリアセンター, 三井 緑 "応接セット「HANACOリビングシリーズ」"
  ソニー　"パーソナルコンピュータ「バイオ L PCV-L700/BP」"
  アップルコンピュータ　"パーソナルコンピュータ「iMac」"
  トヨタ自動車　"小型乗用車「ヴィッツ GF-SCP10」"

AUDI AG,Peter Schreyer（AUDI AG）"小型乗用車「アウディ TTクーペ 1.8Tクワトロ」"
- ワーキングユース商品部門
USM U. Scharer Sohne AG，インター・オフィス
Florin Baeriswyl "システムオフィス家具「ユーエスエム/イレブントウエンティーツー」"
Mettler-Toledo GmbH，メトラー・トレド "ピペット「リクイシステム（LiquiSystems）-ボリューメイト（VoluMate），マルチメイト（MultiMate）"
Sun Microsystems,Inc. "インフォメーション・アプライアンス「SunRay 1 Enterprise Appliance」"
- ソーシャルユース商品部門
MAQUET AG，ハンセン・マッケ "産婦人科検診台「RADIUS 155702」"
安達紙器工業 "緊急用簡易担架「RESCUE BOARD（レスキューボード）」"
- 施設部門 埼玉県，山本理顕設計工場 "埼玉県立大学/所在地：埼玉県越谷市三野宮820"
◇ユニバーサルデザイン賞
ワコール "マタニティインナーウエア ワコールマタニティ「ラコント」"
広島電鉄，シーメンス，アルナ工機，デザイン総研広島 "鉄道車両「超低床車両グリーンムーバー5000形」"
◇エコロジーデザイン賞
本田技研工業 "近未来型地域交通システム「ICVS」"
青木茂建築工房 "既存建築物の再生提案「宇目町役場庁舎」"
日本板硝子 "窓「シャトルエース（半外付引違い窓タイプ，外付引違い窓タイプ，FIX窓タイプ，縦すべり出し窓タイプ）」"
◇アーバンデザイン賞
鹿島建設 "「フォレステージ高幡鹿島台」〔所在地：東京都日野市南平1-10-135他〕"
千葉県企業庁，幕張ベイタウン住宅事業者グループ，幕張ベイタウン事業推進組織 "幕張ベイタウン パティオス 1～13番街，15～18番街〔千葉県千葉市美浜区打瀬〕"
川越蔵の会，川越商工会議所 "川越一番街蔵造りの町並み「埼玉県川越市幸町他」"
◇グッドデザイン中小企業庁長官特別賞
ケアプラス，荒井 利春（金沢美術工芸大学）"スプーン＆フォーク「TASTE G（グリップタイプ）」"
鎌倉光機，小笠原 武夫（オガ・クリエイティブ（有））"地上用望遠鏡「KAMAKURA SP80ED（ストレートタイプ,45°タイプ）」"
青芳製作所，石井 賢俊（NIDOインダストリアルデザイン事務所）"器「ライト」"
トーヨー工業，清水 英嗣 "システムキッチン「CREA Sy」"
金剛，鶴田 剛司，川嶋 恒美 "耐火金庫「金剛スーパーセーフGシリーズ G-100W，200W,300W,300,500,600,700,800」"
ヤマムラ "側溝蓋「トライアングル側溝蓋」"

（平12年度）
◇グッドデザイン大賞 三宅 一生，藤原 大（三宅デザイン事務所）"A-POC/デザインメソッド，デザインマネージメント"
◇グッドデザイン金賞
- パーソナルユース商品部門
ミズノ，スピード インターナショナルリミテッド "水着「スピード ファーストスキン」"
インテル "コンピュータマイクロスコープ「Intel Play QX3 コンピュータマイクロスコープ」"
バング＆オルフセン a s "ヘッドホン「A8」"
エヌ・ティ・ティ・ドコモ "PHSモデムカード「P-in Comp@ct」"
- ファミリーユース商品部門
松下電器産業 "ジューサーミキサー「National・MJ-W100/MJ-W90/MJ-W80」"
アルフレックスジャパン,Coral Ocean Design inc. "キャビネット「arflex COMPOSER ALUMINA CME-001A CME-008A」"
松下電器産業 "浴室ユニット「Nationalシステムバス『和み』ユニリッチ YU-1620ZN」"
本田技研工業 "小型乗用車「シビック LA-EU1,LA-EU2,LA-EU3,LA-EU4」"
- ワーキングユース商品部門
岡村製作所 "スツール「スツール・8110HZ,8110GZ」"
コダック，イーストマン・コダック社 "コンピューテッド ラジオグラフィー装置「コダック CR800 システム」"

ミツトヨ "マニュアル三次元測定機「現場計測用フレキシブルゲージ・QM-Measure333+QM-Data」"
- ソーシャルユース商品部門　三菱電機,文部省国立天文台 "文部省国立天文台ハワイ観測所大型光学赤外線望遠鏡「すばる」"
- 建築・環境デザイン部門　葉山ハートセンター,SUM建築研究所 "葉山ハートセンター〔神奈川県三浦郡葉山町下山口1898〕"

◇エコロジーデザイン賞　那須電機鉄工,アートフロントギャラリー "00D1824 風力発電機「アウラ500」"
- 新領域デザイン部門
イハラサイエンス "e-fit配管システム"
オフィスミスタージョン "木笑園造林プロジェクト"

◇ユニバーサルデザイン賞
- ファミリーユース商品部門　東洋ガラス "牛乳びん「Z900×280g」"

◇インタラクションデザイン賞
- 新領域デザイン部門
日立製作所 "Mimehand II"
日本電気,NECデザイン,タッチパネル・システムズ "メディアテーブル/インタラクションデザイン"

◇アーバンデザイン賞
- 建築・環境デザイン部門
九州旅客鉄道,九州旅客鉄道一級建築士事務所鹿島,KAJIMA DESIGN,トーニチコンサルタント,ジェイアール九州コンサルタンツ "小倉駅ビル"
新井建築工房,設計同人NEXT,長野県飯田市 "りんご並木 三連蔵交流施設『ダモンデ』"

◇デザインマネージメント賞
- 新領域デザイン部門
良品計画 "無印良品/デザインマネージメント"
エヌ・ティ・ティ・ドコモ "i-mode/デザインマネージメント"

◇年度テーマ賞
- ファミリーユース商品部門　ビー・エム・ダブリュー "ベビーシート,チャイルドシート「BMW ベビーシート,BMW ジュニアシート・クラス1」"

◇中小企業庁長官特別賞
- パーソナルユース商品部門
富士工業 "釣竿用ガイド「LOW RIDER「LCシリーズ」LCSG,MNST」"

ツボタ "彫刻刀「ヨーロピアンライン・オールステンレス製彫刻刀 H・M・N・Yシリーズ」"
- ファミリーユース商品部門
日軽プロダクツ,GKプランニング アンド デザイン "踏み台「スティブル ステップ ST2」"
白山陶器 "浅鉢「ともえ浅鉢S/M/L 白・青白」"
トスカ "テーブル「Table & Desk System」"
飛騨フォレスト "畳「健康ひのき畳」"
- ワーキングユース商品部門
オルファ "カッターナイフ「オルファカッター マガジンAL型」"
レッキス工業 "チューブカッタ「RBチューブカッタ・Model 30,Model 42」"
- ソーシャルユース商品部門　中村多喜弥商店 "ハンギングシステム「コレダーラインシリーズ」"
- 新領域デザイン部門　山田脩二 淡路かわら房 "山田脩二のかわらの使い方/地域に根ざしたデザイン"

(平13年度)

◇グッドデザイン大賞　伊東豊雄建築設計事務所,仙台市 "せんだいメディアテーク"

◇グッドデザイン金賞
- 商品デザイン部門/パーソナルユース　ヤマハ発動機,鈴木 哲弥,星野 茂(エルムデザイン) "スクーター/ヤマハ TMAX (XP500)・5GJ4"
- 商品デザイン部門/ファミリーユース
バング&オルフセン a s,David Lewis "オーディオ/BeoSound 1"
東芝 "電磁調理器/IHC-25PA"
INAX "温水洗浄便座一体型便器/サティスシャワートイレ"
トヨタ自動車 "普通乗用車/ソアラ UA-UZZ40"
日産自動車 "普通乗用車/プリメーラ・ニッサン"
- 商品デザイン部門/ワーキングユース
インターオフィス,マリオ ベリーニ,クラウディオ ベリーニ "椅子/イプシロン"
松下電器産業 "パーソナルコンピュータ/Panasonic CF-28"
ハーズ実験デザイン研究所,アートヘブンナイン "3方向衝撃加速度記録計/TG-301"
- 商品デザイン部門/パブリックユース
金剛,ポール イエンセン(コンゴーデンマー

ク〉,東 俊宏(CTG環境科学T)"ハイパワー収納システム/Hi-Power(HPZ)"
- ヤマハ発動機 "特設プール/ヤマハ・水夢21"
- 建築・環境デザイン部門 都営地下鉄大江戸線選抜駅設計者,東京都交通局,東京都地下鉄建設 "都営地下鉄大江戸線 選抜駅/飯田橋駅,春日駅,大門駅,麻布十番駅,青山一丁目駅,新宿西口駅,牛込神楽坂駅,森下駅,清澄白川駅,国立競技場駅"
- 新領域デザイン部門 ナイキジャパン "NIKEiD/インターネットを利用したアスリートに各個人専用モデルを提供するシステム"

◇エコロジーデザイン賞
- 商品デザイン部門/ファミリーユース グリーンライフ21・プロジェクト,岐阜県セラミックス技術研究所,佐藤 延男(愛知産業大学)"食器/Re-食器(再生の器)土色彩生 GL-saisei001"
- 新領域デザイン部門 クリスタルクレイ "ガラス再資源化ネットワーク/廃ガラスの収集から用途開発,再生品使用までを一貫体制ですすめるリサイクルネットワーク"

◇ユニバーサルデザイン賞
- 商品デザイン部門/ファミリーユース 東洋ガラス "小型牛乳びん/50%軽量Z200"
- 新領域デザイン部門 立命館大学 理工学部ロボティクス学科 川村研究室 "ソフト・メカニカル・スーツ/高齢者・身障者支援,スポーツトレーニング,力感覚仮想現実感などを可能にする装着型人間運動補助機械"

◇インタラクションデザイン賞
- 商品デザイン部門/パーソナルユース 北計工業,有限会社オーディーワークス "携帯型色認識装置/カラートーク"
- コミュニケーションデザイン部門 聴覚障害児と共に歩む会・トライアングル,トライアングル チャリティーコンサート実行委員会,藤幡 正樹,古川 聖 "トライアングル バリアフリー・チャリティーコンサート VOL.2小さな魚(Small Fish)"

◇審査委員長特別賞
- 商品デザイン部門/ファミリーユース 泰光産業,イワサキデザインスタジオ "留守番電話機 ミューテック テレフォン610,810"
- 新領域デザイン部門 小松製作所,平野デザイン設計 "近未来油圧ショベル"
- 毎日放送,テレビマンユニオン,白井 博,河村 盛文 "テレビ番組「世界ウルルン滞在記」"

◇中小企業庁長官特別賞
- 商品デザイン部門/パーソナルユース 増永眼鏡,オーザックデザイン "眼鏡フレーム/カズオ カワサキ アンチーテンションコレクション"
- スノーピーク,オープンハウス "ストーブ/スノーピーク GS-010 ギガパワーWGストーブGS-010"
- メガバス "ルアー/VISION ONETEN, DEEP-X200T,V-3 Bullet Shad,VISION Q-GO,PROPDARTER80"
- 太陽工房,須藤 誠 "モバイル太陽電池/バイオレッタ ソーラーギア VS01"
- 商品デザイン部門/ファミリーユース 宮崎製作所 "鍋/十得鍋"
- アイダ〈家具蔵〉 "スツール/ゼン"
- ウエスト,寳角 光伸,寳角 睦(有限会社寳角デザイン)"レバーハンドル,インテリア金物/アガホ 4"
- 協同組合レングス,三沢 康彦 "Ms建築設計事務所"国産杉三層クロスパネル/Jパネル"
- 商品デザイン部門/ワーキングユース イヨベ工芸社,佐々木 敏光(佐々木デザイン事務所)"椅子/イノセント D910CH"
- タクミナ,並河 伸明(RIKI工業デザイン研究所)"定量パルスポンプ/PZi4・PZi8"
- コミュニケーションデザイン部門 ロッキングオン "企業経営におけるデザインマネージメントの実践"
- 竹尾 "「竹尾 ペーパーショウ 2001」企業経営におけるデザインマネージメントの実践"
- 領域デザイン部門 有限会社足と靴の科学研究所,国本 桂史,カール・ハインツ ショット "カスタマイズされた靴を提供するシステム"

◇グッドデザイン・プレゼンテーション特別賞
- コミュニケーションデザイン部門 D-BROS "新しいデザイン活動の展開"

(平14年度)
◇グッドデザイン大賞 札幌市役所,イサム・ノグチ〈監修〉,ショージ・サダオ〈設計総括〉,アーキテクトファイブ "モエレ沼公園〔札幌市東区丘珠町605番地ほか〕"
◇グッドデザイン金賞

- 商品デザイン部門
  ハーレーダビッドソン ジャパン, ハーレーダビッドソン モーター カンパニー "自動二輪 VRSCA Vロッド"
  デジタルステージ "画像編集ソフト ライフ・ウィズ・フォトシネマ"
  カシオ計算機 "デジタルスチルカメラ EXILIM・EX-S1/EX-S1PW/EX-S2/EX-M1/EX-M2"
  東芝 "IH調理器 IHC-25PB,IHC-25PC"
  大阪西川 "革新的〈3D-Fit〉曲線キルトをデザインした【クリーン＆フィット】をテーマとした〈掛けふとん〉エルゴスター（エンドレスファイバーシート）"
  コクヨ "事務用回転イス アガタ/S CR-G800,801,802,803,811,813,850,851,852,853,861,863"
  ダイハツ工業 "軽自動車 ダイハツ コペン"
  Ergonomidesign AB "Welding Helmet and Respiratory System Speedglass 9000 and Adflo"
  松下電工 "レーザー墨出し器 レーザーマーカー墨出し名人 BTL1101（壁十文字）,BTL1000（壁一文字）"
- 建築・環境デザイン部門
  大成建設, 日本道路公団四国支社徳島工事事務所 "四国横断自動車道鳴門パーキングエリア工事 徳島県鳴門市大麻町"
  コムデザイン "デザイン住宅 9坪ハウス/小泉誠TYPE1 mm001-mk001-001"
- コミュニケーションデザイン部門 日本デザインコミッティー "デザインの解剖シリーズ デザインの解剖シリーズ"
- 新領域デザイン部門 新日本製鐵 "新日鉄の廃プラスチック再資源化プロジェクト コークス炉原料化法によるプラスチックリサイクル"

◇エコロジーデザイン賞
  東芝ライテック "蛍光ランプ 東芝電球形蛍光ランプ「ネオボールZ」電球60ワットタイプレフランプ形"
  横浜ゴム "タイヤ エコタイヤ DNAシリーズ"
  ニッケンメタル, オーシマ・デザイン設計 "屋上緑化システム パレット緑化工法"
◇ユニバーサルデザイン賞
  松下電器産業 "全身浴シャワー National N-SH1"
  日立製作所 "規格形エレベーター 日立機械室レス標準型エレベーター「NEWアーバンエース」"

◇インタラクションデザイン賞 パイロット "磁気筆記板/磁気反転表示式パネルを用いた筆記板 チョークレスボード/CB-90180,CB-90120,CB-6090"
◇中小企業庁長官特別賞
  オーエス "スクリーン キャリアビジョン/BS-80"
  日進木材工業 "住宅用内装材 檜浪漫内装材さざなみ（漣）シリーズ"
  メーコー工業 "遊戯用いす トーカイ/エムネット MD-3000"
  有限会社ナンワ "透明盾 Pシリーズ"
  横テクノプラン "環境保全型ブロック「MPB工法」 環境保全型ブロック「MPB工法」"
  オブザアイ "ハイビジョンTV番組「ポートレイト」"
◇日本商工会議所会頭賞 平野湟太郎デザイン研究室 "八幡ねじのデザインマネージメント"

（平15年度）
◇グッドデザイン大賞 トヨタ自動車 "プリウス"
◇グッドデザイン金賞
  ヤマハ発動機 "エレクトリックコミューター ヤマハ Passol（パッソル）EA06・5UY2"
  日本ビクター "デジタルハイビジョンビデオカメラ VICTOR GR-HD1（JAPAN）"
  松下電器産業 "SDマルチカメラ Panasonic SV-AS10（D-snap）"
  シャープ "液晶カラーテレビ アクオス LC-37BT5"
  ソニー "プラズマテレビ Sony KDE-P42/50HX1"
  松下電器産業 "ドラム式洗濯乾燥機 National NA-V80"
  東芝 "コードレスクリーナー Electrolux by TOSHIBA/ECL-ES1（L）（R）,ES2（K）,ES3（G）"
  キトー "レバー式小型巻上兼牽引装置 キトーレバーブロック LX"
  ナナオ "カラー液晶モニター15型 EIZO FlexScan MultiEdge LCD 15型"
  ナナオ "カラー液晶モニター17型 EIZO FlexScan MultiEdge LCD 17型"
  ナナオ "カラー液晶モニター19型 EIZO FlexScan MultiEdge LCD 19型"
  大林組, 電通 "電通本社ビル 東京都港区東新橋1丁目8番1.2.3号"
  中津市福祉環境部・建築部, オンサイト計画

設計事務所 "風の丘 大分県中津市大字相原3032-16"
国土再生研究所 "グリーンベンチ工法 宮崎県日南市大字板敷"
ブルーミング中西, スコブルコンプレックス会社 "CLASSICS the Small Luxury ハンカチーフの スペシャリティ・ストア"

◇ユニバーサルデザイン賞
セイコーオプティカルプロダクツ "眼鏡用内面累進屈折力レンズ セイコースーパーP-1"
トヨタ自動車 "乗用車 ラウム/UA-NCZ20-AHPXK UA-NCZ25-AHPXK"

◇エコロジーデザイン賞
環境プランニング "オゾン油脂分解システム"
特定非営利活動法人バナナ・ペーパー・プロジェクト国際協力の会 "バナナ・ペーパー・プロジェクト"

◇インタラクションデザイン賞
トヨタ自動車 "車載用情報システム G-BOOK対応DVDボイスナビゲーション付EMV(エレクトロマルチビジョン)"
エイリアス システムズ "三次元コンピュータグラフィックスソフトウェア Maya"

◇中小企業庁長官特別賞
フジ医療器 "マッサージ椅子シリーズ サイバーリラックス S.O AS-878, サイバーリラックス S.O ASB-50, サイバーリラックス S.O AS-300 V6, スーパーリラックス RV-2000, リラックスソリューション SKS-1500, リラックスプロ AJ-250, ソリューションプレミアム VP-800"
キクロン, 有限会社オーザックデザイン "キッチンスポンジ RON"
モナリザ "錨 フロートスタンディングアンカー"
テンパール工業 "電流表示装置 PW-T"
ツヴィリングJ.A.ヘンケルスジャパン "鍋・フライパン ツイン アイ ヴィ アイ"
有限会社ヴォイド, 立基建材工業 "コンクリート雑貨照明 コンクリートデザインキッジ"
三化工業 "IHクッキングヒーター SIH-B236AA-白"
松本工業 "プレススクラップ水平搬出システム ピクシー プッシュタイプ"
アッシュコンセプト "輪ゴム アニマル ラバーバンド"
田川産業 "不焼成しっくいセラミックス ライミックス 床用漆喰タイル・壁用漆喰タイル・漆喰ブロック"
信州グリナリー, 有限会社オーザックデザイン "Shin-shu Social Sustainable Ring Dynamics 身障者社会参加主導によるリサイクルコミュニケーションシステム"

◇日本商工会議所会頭賞 海南市, 海南デザイン・ビエンナーレ実行委員会 "生活グッズ産業都市・海南市のデザイン振興活動 デザイン・コンペティション海南を中心とした地場産業活性化のためのデザイン推進プロジェクト"

◇審査委員長特別賞
森ビル "六本木ヒルズ 東京都港区六本木六本木六丁目地区市街地再開発組合"
岐阜県現代陶芸美術館, 日本放送協会事業局, NHKプロモーション "ロドチェンコ・ルーム・プロジェクトを中心とするロシア・アヴァンギャルドの陶芸展：発想から展開まで Rodchenko Room Project and Russian Avant-Garde Ceramic Art : The Way of Thinking and Doing"
ディアンドデパートメントプロジェクト "D&DEPARTMENT PROJECT デザインの視点を持った消費の新ジャンル「デザインリサイクル」をカジュアルかつ現実的に普及, 提案するデザインリサイクルショップ"

(平16年度)
◇グッドデザイン大賞 日本放送協会 "こども向けテレビ番組 NHK教育テレビ「ドレミノテレビ」「にほんごであそぼ」"
◇グッドデザイン金賞
● 商品デザイン部門
GN リサウンド ジャパン 「耳かけ形デジタル補聴器 リサウンド・エア エア60」
コンビ "子守帯 ニンナナンナ はじめてホールド4ウェイ8スタイル F-180"
ソニー・エリクソン・モバイルコミュニケーションズ "携帯電話機 NTTドコモ ムーバ SO213i「Premini」"
デジオン "5.1チャンネル マルチトラックサウンド編集ソフト/マルチトラックサウンド編集ソフト, デジオンサウンド4プロフェッショナル/デジオンサウンド4/デジオンサウンド4エクスプレス"
松下電器産業 "デジタルオーディオプレーヤー パナソニック SV-MP500V/510V"
アップルコンピュータ "携帯型デジタルオーディオプレーヤー iPod mini"

製造業

サンウエーブ工業 "システムキッチン アクティエス"
トヨタ自動車 "乗用車 クラウンロイヤル/クラウンアスリート CBA-GRS182-AETUH,CBA-GRS182-AETQH,CBA-GRS180-AEAQH,CBA-GRS180-AEASH,CBA-GRS183-AETQH,CBA-GRS182-AETXH,CBA-GRS180-AEAXH"
オリンパス "工業用ビデオスコープシステム OLYMPUS IPLEX MX"
ウシオライティング "安定器内蔵形セラミックメタルハライドランプ U-ONE (UCM1-20DL/N/K/BK,UCM1-20DL/N/K/SL,UCM1-20DL/N/K/WH,UCM1-20DL/N/K7/BK,UCM1-20DL/N/K7/SL,UCM1-20DL/N/K7/WH,UCM1-20DL/W/K/BK,UCM1-20DL/W/K/SL,UCM1-20DL/W/K/WH,UCM1-20DL/W/K7/BK,UCM1-20DL/W/K7/SL)"

- 建築・環境デザイン部門
山本理顕設計工場,SUS "エコムスハウス(佐賀県鳥栖市弥生が丘7町目36番地)"
長崎県,伊藤 滋,アーバンデザインコンサルタント,アジア航測,復建調査設計,篠原修,石井 幹子,上山 良子,林 一馬,鈴木 崇英,上山良子ランドスケープデザイン研究所,石井幹子デザイン事務所,西村 浩,ワークヴィジョンズ "長崎水辺の森公園(長崎市常盤町)"
- 新領域デザイン部門 サントリー,サントリーフラワーズ "青いバラ・青いカーネーション 世界で唯一の青色系バラとカーネーション"

◇ユニバーサルデザイン賞
京セラ "携帯電話機 TU-KA TK50"
オクソー・インターナショナル "アングルドメジャーカップ オクソー グッド・グリップス"

◇エコロジーデザイン賞
田川産業,九州電力 "不焼成リサイクルしっくいセラミックス Limix+(ライミックスプラス)壁材用リサイクルしっくいセラミックス,床材用リサイクルしっくいセラミックス"
積水化学工業 "「積水化学 自然に学ぶものづくり助成プログラム」の広報デザイン,「生物模倣工学」及び研究者の社会啓蒙並びに未来の研究者育成のための総合的なデザインマネジメント"

◇インタラクションデザイン賞
慶應義塾大学佐藤雅彦研究室,毎日新聞社 "日本のスイッチ"
日立製作所 "ミューチップ 世界最小クラスの非接触ICチップとその応用ソリューション"

◇中小企業庁長官特別賞
犬印本舗 "産後リフォーム下着,マタニティ腰部保護プロテクター,妊婦帯 産後すぐニッパー S-3054,腰部保護プロテクター まもり帯 HB-8001,あったかスパッツ妊婦帯ロング HB-8317"
山本光学 "ゴーグル SWANS/RISING SUN"
スリーディーデジタルマックス "編集ソフト 3Dmall DBook"
エレコム "ヘッドホン EHP-700 イヤホン"
ハリオグラス "耐熱ガラス製保存容器 ピタッとレンジ 角"
シバサキ "LIGA-A(デスクライト), LIGA-B(フロアライト),LIGA-A (ALFACTO ALLED#001),LIGA-B (ALFACTO ALLED#002)"
トースト "折り畳み自転車 17バイシクル"
兵神装備 "塗布・充填作業用 高性能工業用ポンプ ヘイシンロボディスペンサー 3ND06G15"
匠工芸 "時計 TO:CA"
荒川技研工業 "ワイヤーハンギングシステム(アラカワグリップ)ゼロ・AMT-5,AM-32,AM-01,AM-60,AM-31,AM-20,AM-21,AM-35,AMK-10,AM-23,AM-23J,AM-23U"
根本杏林堂 "造影剤自動注入装置 デュアルショット GX"
吉田製作所 "歯科診療用ユニット エピセシステム"
明和工業 "グロージョイントシステム グロージョイント 32A,40A,50A,65A,80A,100A,125A,150A,200A"

◇日本商工会議所会頭賞
鯖江市 "SSID鯖江市立インテリジェントデザイン講座"
ハイヒル,高岡市デザイン・工芸センター "ハイヒルプロジェクト"

(平17年度)
◇グッドデザイン大賞 テルモ "インスリン用注射針 ナノパス33"
◇グッドデザイン金賞

- 商品デザイン部門
  松下電器産業 "電池がどれでもライト National BF-104"
  東芝電池 "LEDライト TOSHIBA WEARABLE STAR P-6001/6002/6003/6004"
  アップルコンピュータ "デジタルオーディオプレーヤー iPod shuffle 512MB,1GB"
  プラマイゼロ "加湿器 ±0 XQK-P020(D)オレンジ/XQK-P020(W)ホワイト/XQK-P020(L)ライトブルー/XQK-P020(U)ブルーグレー/XQK-P020(G)グリーン"
  旭硝子 "窓 ビューライトFSW"
  ヤマハ発動機 "エレクトリックコミューター EC-02"
  コクヨ、コクヨS&T "キャンパスノート〈パラクルノ〉ノ-R8A-YR、ノ-R8B-LB、ノ-R108A-P、ノ-R108B-YG、ノ-R108U-M"
  Olympus Winter,Ibe GmbH+Held+Team "needleholder Olympus/HiQ+"
  東芝、東芝メディカルシステムズ "大口径マルチスライスCTスキャナー Aquilion LB TSX-201A"
- 建築・環境デザイン部門
  金沢市、妹島 和世、西沢 立衛、SANAA事務所 "金沢21世紀美術館(石川県金沢市広坂1-2-1)"
  都市再生機構、東京建物 "東雲キャナルコート 中央ゾーン(江東区東雲1-9-11～22)"
- コミュニケーションデザイン部門
  日本電気 "ecotonoha 緑を生み出す言葉の樹"
  竹村 真一(京都造形芸術大学教授、Earth Literacy Program 代表)、岩政 隆一(GKテック取締役社長) "触れる地球 地球を等身大スケールで体感する情報デザイン"
- 新領域デザイン部門 トヨタ自動車、電通 "「愛・地球博」トヨタグループ館出展を契機とした未来モビリティ社会デザインプロジェクト"
◇ユニバーサルデザイン賞 ダイアログ・イン・ザ・ダーク・ジャパン "ダイアログ・イン・ザ・ダーク まっくらな中での対話"
◇エコロジーデザイン賞
  松下電器産業 "家庭用燃料電池コージェネレーションシステム Panasonic 燃料電池ユニット FC1004ARS、貯湯ユニット AWT4204ARS2AW6QU"
  シャープ "薄膜太陽電池・LED一体型モジュール ルミウォール LN-H1W"

五十嵐工業 "ホームタンカー100L 夢の雨水利用システム"
ECODESIGN NETWORK teamAXIS4、科学技術振興機構社会技術研究開発センター "工場型農業装置SEASIDEFARM/生物回帰装置SEAFARM 既存都市・近郊自然の循環型再生大阪モデル"
◇インタラクションデザイン賞 岩井 俊雄、ヤマハ "TENORI-ON 21世紀の音楽インターフェース"
◇中小企業庁長官特別賞
  クオーレ・アモーレ、デルコ "ベビーウェア(乳幼児衣料)クオーレ・アモーレ ベビー"
  コーゾーデザインスタジオ、笠原昇雲堂、能作、二上製作所 "かたり箱・ローティスシリーズ・ラウルスシリーズ AR-R,BRD-B/LO-F-B,LO-F-R,LO-F-S,LO-I-B,LO-I-R,LO-I-S,LO-C-B,LO-C-R,LO-C-S/LA-F-B,LA-F-R,LA-I-B,LA-I-R,LA-C-B,LA-C-R"
  エレコム "メモリリーダライタ(7in1)MR-DU2A7シリーズ"
  シバサキ "アルミ椅子 ALFACTO ALFUNI#501 ALULA CHAIR"
  谷口和紙 "スタンド AOYA washi lamp series "Toh""
  SAKOH "ペット乗せ自転車 DOG BICYCLE"
  英田エンジニアリング "冷間ロール成形機 BURS21 Mark-2"
  長野工業 "高所作業車 重荷重高所作業車 NUZ090D"
  森田工業 "オフィス向けパーテションユニット ラウンドパーテション"
  オプナス "サムターン パタンテ"
  アトリム "災害時緊急初期情報収集無人飛行システム カイトプレーンレスキュー1.0"
  UID一級建築士事務所、福島 博、前田土建工業 "Proto-Quick-House"
  鞆まちづくり工房 "瀬戸内の港町 鞆における空家再生 広島県福山市鞆地区"
  長谷製陶 "伊賀焼の郷 長谷園"
◇日本商工会議所会頭賞
  南部鉄器協同組合、岩手県工業技術センター "鉄瓶 ユニバーサルデザイン鉄瓶 シリーズ"
  にいがた産業創造機構 "百年物語プロジェクト 新潟発・初の国際ブランド構築プロジェクト"

(平18年度)
◇グッドデザイン大賞　三菱自動車工業　"軽自動車「i(アイ)」"
◇グッドデザイン金賞
● 商品デザイン部門
本田技研工業　"電動カート「モンパルML200」"
三洋電機　"「充電式ニッケル水素電池」(電池本体グラフィック/パッケージデザイン)"eneloop"HR-3U-TG(2BP/4BP/8BP),HR-4U-TG(2BP/4BP),N-MDR02S,NCS-TG1-2BP,NCS-TG2-2BP,NC-TG1,N-TG1S単3・単4形対応充電器"
サムスン電子　「デジタル・カムコーダーSC-X210L」
ニコン,ニコンビジョン　"顕微鏡「ニコン ネイチャースコープ ファーブル フォト」"
ソニー　「携帯型リニアPCMレコーダーPCM-D1」
パイオニア　「Power Line Sound System パイオニア music tap」
オクソー・インターナショナル　「ダイコングレーターオクソー グッド・グリップス」
川崎重工業　"鉄道車両「台湾高速鉄路700T型列車」"
● 建築・環境デザイン部門
コムデザイン　「東京ハウス」
横浜市　「横浜市の一連の都市デザイン」
富山県富山市,GK設計,富山ライトレール　「富山ライトレール・富山港線」
● 新領域デザイン部門
三菱地所　「大手町カフェ」
ウィルコム　"WILLCOM「SIM STYLE」"
ロボットスーツ,CYBERDYNE,エルムデザイン　「ロボットスーツ HAL-5」
◇エコロジーデザイン賞
リコー　「デジタルカラー複合機用トナーRICOH imagio トナー タイプC2」
産業技術総合研究所　「アイミュレットLA 竹外装による無電源光音声情報端末」
◇ユニバーサルデザイン賞
九州大学病院,竹中工務店,ジーエータップ　"九州大学病院2期病棟 小児医療センター」のサイン計画"
名古屋大学,ファイン・バイオメディカル　"手術シミュレータ テーラーメイド超精密手術シミュレータ「イブ」"
◇インタラクションデザイン賞
デンソー　"自動車用メーター「レクサスES」"
ステュディオ ハン デザイン,国土交通省中部地方整備局高山国道事務所　"小鳥トンネルシークエンスデザイン"
◇中小企業庁長官特別賞
鈴木楽器製作所　"ハーモニカ「木製10穴ハーモニカ・ピュアハープMR-550」"
イワタデザイン　"キーボード「目にやさしいキーボード ROUSB20-BK」"
丸八製茶場　"ポット(水出し茶用)「加賀棒茶水出し用ポット(ティーバック用)」"
スズサン　"ペンダントランプ「SHIBORIペンダント/ESAR-P07」"
水谷理美容鋏製作所　"ヘアーカットはさみ「アクロ ナイフ」"
日本精密測器　"指先型血中酸素飽和度計「NISSEI OxiHeart OX-700」"
綿半テクノス　"エレベーター昇降路ユニット「綿半ユニバーサルシャフト WUS」"
東海理研　"フリーアクセスゲート FAG-1500"
パイプシステムジャパン　"ガス・水道管パイプラインの空中架設配管工法"
にいがた産業創造機構,技術開発研究所,新潟県工業技術総合研究所,新潟工科大学,山形大学工学部　"自律運行型除雪ロボット「ゆき太郎」"
◇日本商工会議所会頭賞
菊地保寿堂　"山形カロッツェリアプロジェクト「和鉄ポット まゆ」"
加茂商工会議所　"KAMO traditional WOOD Japan「KIRI TV board,KIRI WIDE CHEST,KIRI CHEST」"
◇審査委員長特別賞　サムスン電子　"サムスン・デザインメンバーシップ・プログラム"

(平19年度)
◇グッドデザイン大賞　三洋電機　"「eneloop universe products」eneloop universeをコンセプトとしたプロダクト群[充電式カイロ・充電式ポータブルウォーマー・ソーラー充電器セット・USB出力付充電器セット]"
◇グッドデザイン金賞
● 商品デザイン部門
KDDI,京セラ　"携帯電話機「MEDIA SKIN」"
サムスン電子　"Side by side Refrigerator「Samsung RSJ1KSSV」"
本田技研工業　"小型ビジネスジェット機「HondaJet」"

トプコン, Whipsaw Inc. "GPS受信機「Topcon/GR-3」"
イトーキ "オフィスチェア「スピーナ」"
東芝, 東芝メディカルシステムズ "乳房X線撮影装置「MAMMOREX Peruru MGU-1000A」"
任天堂 "ゲーム・ホームエンタテイメントマシン「Wii, Wiiリモコン, ヌンチャク, クラシックコントローラ」"
東海旅客鉄道, 西日本旅客鉄道, 日本車輌製造, 日立製作所, 川崎重工業, 近畿車輌 "新幹線車両「N700系」"

- 建築・環境デザイン部門
東京工業大学 "東京工業大学緑が丘1号館レトロフィット"
アスコット "STYIM"
特定非営利活動法人サステイナブルコミュニティ総合研究所, 青森県下北地域県民局地域整備部 "木野部海岸心と体を癒す海辺の空間整備事業"

- コミュニケーションデザイン部門
キッズシティージャパン "キッザニア東京"
Linden Lab "セカンドライフ"

- 新領域デザイン部門 独立行政法人産業技術総合研究所 "完全密閉型植物工場システム"

◇エコロジーデザイン賞 昭和シェルソーラー "CIS太陽光発電システム「Solacis (ソラシス)」"

◇ユニバーサルデザイン賞
三菱電機 "NTTドコモ フォーマD800iDS タッチパネルを用いた可変インタフェースによる携帯電話でのユニバーサルデザインの取組"
大阪電気通信大学 "生体エネルギ利用の人工すい臓チップ"

◇中小企業庁長官特別賞
宮崎タオル "今治マフラー70「今治 宮崎」"
諏訪田製作所 "つめ切り「SUWADA」"
ケイス濱文様 "てぬぐい本「濱文様」"
サンワサプライ "USB2.0ハブ「USB-HUB234シリーズ」"
日吉屋 "ペンダントライト「和風照明『古都里-KOTORI-』」"
エム・システム技研 "リモートI/O・信号変換機「R3/R5/R7/M3/M6D/M7E」"
AQUA, ロッド・ワークス "弧印「rod・works」"
オーミック "骨鉗子 (こつかんし)「オークランプ」"
フィンガルリンク "ベッドスケール「フィンガルリンク FL-BS11」"
aya koike design, 永柳工業 "コルクタイル「SOFA BRICK」"
水戸菜園 "立体包装容器「パットラス」"
カクタスデザイン "新日本軍手「New Nippon Working Glove」"
デジタルステージ "ウェブ制作ソフトウェア「バインド・フォー・ウェブライフ」"
O Creation "「入院患児のためのプレパレーション用絵本」2つの視点を取り入れた手術を受ける患児のための説明用絵本"

◇日本商工会議所会頭賞
黒川温泉自治会, 南小国町, 黒川温泉観光協会, 黒川温泉観光旅館組合, 熊本大学, エスティ環境設計研究所 "「黒川温泉の風景づくり」熊本県阿蘇郡南小国町黒川"
商店街振興組合原宿表参道欅会, 博報堂DYメディアパートナーズ "表参道akarium"
鍋屋バイテック "フレキシブルカップリング「カプリコン1 MST-16,20,25,32MST(S)-16,20,25,32,MST-16C,20C,25C,32C, MST(S)-16C,20C,25C,32C」"
コクヨ "展示ケース「ミュージアムケース MU-C163UG」"
コクヨ "展示ケース「ミュージアムケース MU-C183EG」"
鍋屋バイテック "フレキシブルカップリング「カプリコン・ミニ MOL-16,MOL-20, MOL-25,MOL-32,MOL-16C,MOL-20C, MOL-25C,MOL-32C」"
鍋屋バイテック "レバー「プラクランプレバーMk-II LEM-4,5,6,8,10,12 LEF-4,5,6,8,10,12」"
鍋屋バイテック "ノブ「ディンプルノブシリーズ KDM,KDF,KLM,KLF,KRM, KRF,KRR」"
ゼブラ "水性サインペン「蛍光オプテックス太書き MWK-200-OP」"
吉川国工業所 "ゴミ箱「エコアルファAA-2(収納付分別ダストセット),AA-3(スリム収納付ダスト)」"
コーゾーデザインスタジオ, インターフォーム・エム・エフ・ジー "浴室用用品「セリエオネスト SSR-330,SSR-331,SSR-329, SSH-117,SST-217,SST-21701,SWS-716, SFM-914,SFM-915」"
三洋電機 "冷蔵ロッカー「SBR-12K」"
愛知 "講議室用机・椅子「SCM-450 机・

椅子 SCM-450-T・C」"
長谷川刃物 "緊急脱出救出用具「RE-20 緊急ツール」"
アイリスオーヤマ "ペット用バスケット「アイリストラベルキャリー HC-520, HC-630, HC-730」"
松下電池工業 "懐中電灯「水中ライト BF-154P, BF-254P」"
松下電池工業 "ヘッドランプ「リチウムヘッドランプ BF-192」"
山本光学 "スイミングゴーグル「SWANS SR-1」"
東京金属工業 "ペーパークリップ「CLIPPIE (クリッピー) S10-SV/R/BU/Y/MX, S30-SV/R/BU/Y, S100-SV/R/BU/Y, L6-SV/R/BU/Y/MX, L20-SV/R/BU/Y」"
オルファ "カッターナイフ「オルファカッター 特専 A型, M型」"
キングジム "ファイル「葉書ホルダー差し替え式 NO.65C, NO.66C」"
キングジム "アルバム「フォトステージクロスインタイプ NO.2134C, フォトステージポストカードサイズ NO.2065, フォトステージLL・キャビネサイズ NO.2066」"
吉川国工業所 "収納ケース「スリムストレージ トールストッカー TS-111, TS-121」"
兼古製作所 "ハンマー「アネックス」"
ミサワホーム "工業化住宅「GENIUS 蔵のある家」"
岡村製作所 "折りたたみ会議テーブル「サイドフォールドテーブル Lタイプ 8184LB (幕板付), 8184LY (幕板無)」"
松下通信工業 "天井スピーカー「RAMSA WS-A44, WS-P44-W」"
ぺんてる "中性ボールペン「ハイブリッド (ステッチグリップ付) K105-G」"
ニコン "顕微鏡「ネイチャースコープファーブル」"
愛知 "机・椅子「ellisse (エリッセ)」"
吉田製薬 "消毒器「ヨシダ オートポンプ」"
ナナオ "カラーCRTモニター「EIZO FlexScan CRT」"
ヤマヨ測定機 "巻尺「3×スチロン50m, 3×ミリオン50m」"
松下電工 "配線器具「手元開閉器 ケースブレーカー NCD-30, ED-30A, NCD-30防雨型」"

長谷川電機工業 "検電器「低電圧用ポケットタイプ音響発光式検電器 HT-610α」"
島津製作所 "電子顕微鏡「島津原子間力顕微鏡 SPM-9500」"
小田急電鉄,日本車輌製造 "旅客車「ロマンスカー EXE (エクセ) 30000形」"
INAX "洗面器「手洗い洗面器 L-2160」"

(平20年度)
◇グッドデザイン大賞 トヨタ "乗用車 iQ (アイキュー)"
◇グッドデザイン金賞
• 身体・生活領域
タカラトミー "ヒューマノイド型ロボット オムニボットワンセブンミュー アイソボット"
中川政七商店 "ふきん 花ふきん"
坂本乙造商店 "組み立て式和室 箱家"
良品計画, ムジ・ネット "戸建て住宅 無印良品 窓の家"
フレッグインターナショナル "長屋住宅 FLEGバードパーク"
• 産業・社会領域
三菱重工業 "オフセット枚葉印刷機 三菱オフセット枚葉印刷機 DIAMOND300シリーズ"
イトーキ "LANシート"
シンプレクス・インベストメント・アドバイザーズ "SIA青山ビルディング"
• 移動・ネットワーク領域
本田技研工業 "乗用車 FCXクラリティ"
リコー "デジタルスチルカメラ RICOH GR DIGITAL II"
ソニー "デジタルHDビデオカメラレコーダー ハンディカム HDR-TG1"
パイオニア "50, 60V型デジタルハイビジョンプラズマテレビ パイオニア KRP-500A/KRP-600A"
ソニー・コンピュータエンタテインメント "PLAYSTATION (R) 3のFolding@home (TM)プロジェクト協力 PLAYSTATION (R) 3向けアプリケーションでのFolding@home (TM)プロジェクト協力"
エーアンドエー "都市と建築の熱環境設計ツール サーモレンダー3 Pro"
◇サステナブルデザイン賞
インターフェイス オーバーシーズ ホールディングズ インク "タイルカーペット エントロピー/B&W コレクション/ブラスト・フロム・ザ・パスト"
北海道旅客鉄道 "DMV (デュアル・モー

ド・ビークル）JR北海道・DMV"
リコー　"環境調和型デジタル複合機 RICOH imagio Neo603RC/753RC"
◇ライフスケープデザイン賞
ヤマト運輸　"宅配便 宅急便"
ヤマハ　"サイレントバイオリン SV-120"
本田技研工業　"スーパーカブ ホンダ スーパーカブ（2008年モデルまで）"
◇中小企業庁長官特別賞
エバーグリーンインターナショナル　"魚釣用スピニングリール オーパス-1 ネロ"
森商事　"タオル モコモコ タオル"
ドリルデザイン,TAMU "紙製ゴミ箱 トラッシュポット"
川嶋工業　"調理用包丁 MOKAシリーズ"
不易糊工業　"3ウェイペン/2mm芯ホルダーペン メタフィス 43010/43020 ローカス"
濱田修建築研究所　"店舗 そば蕎文+ART WORK STUDIO AN"
アダル　"スツール ザ"
ライトニング　"USBメモリ GRiD TAG"
叶精工　"光ディスクプロテクター プロッティー"
デジタルドメイン　"パワーアンプ B-1a"
ドローイングアンドマニュアル　"企業の原点を売り続けるブランディング ロクマルビジョン"
◇日本商工会議所会頭賞
阿波手漉和紙商工業協同組合　"ア・ウォール"
小野寺康都市設計事務所　"油津堀川運河整備事業（油津堀川運河）"

(平21年度)
◇グッドデザイン大賞　ワークヴィジョンズ,岩見沢レンガプロジェクト事務局"駅舎および複合施設 岩見沢複合駅舎"
◇グッドデザイン金賞
・身体領域　パナソニック電工　"マッサージソファ Panasonic EP-MS40"
・生活領域
ダイソン　"サイクロン掃除機 DC26 タービンヘッド エントリー"
ロスフィー　"フラクタルひよけ フラクタルひよけで快適な OUT DOOR LIFEを"
本田技研工業　"ハイブリッド乗用車 インサイト"
トヨタ　"ハイブリッド乗用車 プリウス"
・仕事領域

三菱電機　"主軸モータ SJ-Dシリーズ"
NECライティング　"長寿命の極細ランプを使用した建築化照明器具 プラスシーライン MMC07101/09101シリーズ"
・社会領域
日立メディコ　"汎用超音波画像診断装置 デジタル超音波診断装置 HI VISION Preirus"
TOTO　"公共トイレ レストルーム アイテム01"
・ネットワーク領域
サムスン電子　"ミニノート型パソコン N310"
パナソニック　"デジタルカメラ パナソニック LUMIX DMC-GF1C"
サムスン電子　"46型LED液晶テレビ LED 7000"
ソニー　"地上・BS・110度CSデジタルハイビジョン液晶テレビ〈ブラビア〉ZX1シリーズ"
GREEN TOKYO ガンダムプロジェクト実行委員会　"GREEN TOKYO ガンダムプロジェクト"
◇サステナブルデザイン賞
川島織物セルコン　"インテリアファブリック フェルタ"
京都大学　"ビニールハウス BGH（バンブーグリーンハウス）"
Biodegradable Packaging for Environment Co.,Ltd.　"Food packaging Bio Packaging"
◇ライフスケープデザイン賞
新日本石油,ENEOSセルテック"エネファーム（PEFCタイプ,家庭用燃料電池システム）エネファーム（燃料電池ユニット：FCP-075CPG2,貯湯ユニット（暖房機能なしタイプ）：FCG-201-RT（FCG-201C））"
UDMプロジェクト実行委員会,リビング・デザインセンター"UDMプロジェクト ユナイテッド デザイン オブ マテリアルス プロジェクト―住宅内装建材における色、形、素材の心地よい調和とコーディネートしやすいシステムの提案―"
イワタ　"フォント イワタUDフォント"
◇中小企業庁長官特別賞
プロイド,フェザー　"ヘアーピースインナーキャップ 髪の毛帽子ウィズウィッグインナーキャップ"
アイ・シー・アイデザイン研究所　"シリコンキャップ Kissシリーズ"

| 製造業 | 064　グッドデザイン賞 |

ビゴーレ・カタオカ　"自転車 UTB-0"
江沼チエン製作所　"オートバイ用ドライブチェーン ThreeD（スリード）"
エビス　"コップ ルオータコップ/C-NA11"
森田アルミ工業　"室内物干しワイヤー pid（ピッド）"
玉俊工業所　"可動ハンギングシステム HANGALL+"
三協リール　"大型オイルリール/大型エアーリール ZSO-308D（L）/ZLA-415L（D）"
ジー・オー・ピー　"アルミ製台車 ヘラクレスキューブ"
ITSアライアンス　"バス通過お知らせシステム あしあとランプ"
LoiLo　"動画編集ソフト スーパーロイロスコープ"

◇日本商工会議所会頭賞
阿部産業　"室内履き KINU HAKI"
飛騨産業　"チェア HIDAシリーズ Arda（アルダ）,Arno（アルノ）,Po（ポー）,Naviglio（ナヴィリオ）,Piave（ピアーヴェ）,Tevere（テヴェーレ）"

（平22年度）
◇グッドデザイン大賞　ダイソン　"エアマルチプライアー（AMO1 エアマルチプライアー,AMO2 エアマルチプライアー,AMO3 エアマルチプライアー）"

◇グッドデザイン金賞
● 身体領域　ヤマハ　"電子ドラム DTX950K"
● 生活領域
日産自動車　"電気自動車「日産リーフ」の普及とゼロ・エミッション社会の推進のための包括的な取り組み"
本田技研工業　"ハイブリッド乗用車 CR-Z"
● 仕事領域
三浦工業　"蒸気ボイラシステム BP-201、SQ-3000/2500/2000AS等の小型貫流蒸気ボイラを組み合わせた蒸気供給システム"
日比谷花壇　"ヒビヤカダン日比谷公園店 日比谷公園売店第一号"
キュービック　"カプセルホテル 9h（ナインアワーズ）"
● 社会領域
Vibringe BV　"歯科用超音波洗浄器 Vibringe"
富士フイルム　"汎用超音波画像診断装置 FAZONE CB"
宇宙航空研究開発機構　"宇宙実験施設「きぼう」日本実験棟"
● ネットワーク領域
ソニー　"レンズ交換式 デジタルカメラ/レンズ交換式 デジタルHDビデオカメラレコーダー Eマウントレンズ商品群 "α" NEX-5 / NEX-3、"ハンディカム"NEX-VG10"
ソニー　"ハイビジョン液晶テレビ ブラビア NX800シリーズ"
Dell Inc.,Experience Design Group　"教育用ノートパソコン Latitude 2100"
コニカミノルタテクノロジーセンター　"モノクロ複合機 コニカミノルタ bizhub 423/363/283/223"
AKS　"エンターテインメントプロジェクトデザイン AKB48"

◇サステナブルデザイン賞
パナソニック電工　"構造用面材 ケナボード"
青木茂建築工房　"集合住宅 高根ハイツ"
梓設計,山梨市役所　"市庁舎 山梨市役所"

◇ライフスケープデザイン賞
ヤマハ発動機　"エレクトリックコミューター EC-03"
板橋区　"子育て支援サービス 赤ちゃんの駅"
良品計画　"良品計画の商品展開 2010年度ロングライフデザイン賞受賞の10L01031～10L01037をまとめて"

◇中小企業庁長官特別賞
アトム　"ゴム張り作業用手袋 エアテクターエックス"
合同会社5LINKS　"折りたたみ自転車 ファイブリンクス"
デザイン創造工房『めがね』,うちわ工房三谷　"丸亀うちわ「Ojigi」"
長谷川工業　"上枠付踏台 メタフィスル カーノ スリーステップ"
我戸幹男商店　"ティーキャニスター Karmi"
椅子製作所　"木製椅子 sansa chair,GINA, Comodo"
MISAWA・international　"住宅 新世代の住まい「HABITA みんなの家」"
システムスクエア　"食品検査用X線異物検査機 SX2040W シリーズ"
三友工業　"ゴム射出成形機 STI-2.0-220VR-Z"
七洋製作所　"製菓製パン用オーブン バッケンスルーオープン・フルオープンエヴォリューション THS-F24T-FOWIN-EVO"

中川政七商店 "社屋 中川政七商店新社屋" 愛知
nextstations, 土佐くろしお鉄道 "ローカル鉄道駅のリノベーション 土佐くろしお鉄道 中村駅 リノベーション"
ベスタクス "ミディコントローラー スピン / タイフーン"
◇日本商工会議所会頭賞 日南飫肥杉デザイン会, 内田洋行 "日南市から発信する飫肥杉プロダクト obisugi design"

## 065　KOKUYO DESIGN AWARD

顧客起点でのモノづくりをより強化することを目的に, 平成14年より開始されたプロダクトデザインの国際コンペティション。平成21年のテーマは「よりどころ」。家族や友人が安心して使えるステーショナリー, ともに働く仲間たちの活力を支えてくれるファニチャー, いざというときに役に立つもの, なくてはならないもの, 買ったときの喜びが持続し, 心の支えとなってくれる道具等, テーマにちなんだアイデアを募集。

【主催者】コクヨ
【選考委員】（アワード2011）川島蓉子, グエナエル・ニコラ, 佐藤可士和, 田川欣哉
【選考方法】公募
【選考基準】〔対象〕仕事で使うファニチャー, 学校や家庭で使うステーショナリー。〔資格〕年齢・性別・職業・国籍不問。企業団体・個人・グループ。未発表のもの。〔応募規定〕1次審査：プレゼンテーションシート, 2次審査：模型。〔審査基準〕(1)テーマとの適合性。(2)商品化の可能性。(3)デザイン力（新規性・機能性・スタイリング・使いやすさ）
【締切・発表】アワード2009の場合, エントリー期間平成21年4月1日〜6月10日, 作品受付期間4月10日〜7月10日（当日必着）。発表12月中旬予定
【賞・賞金】グランプリ(1点)：賞金200万円。優秀賞(4作品)：賞金各50万円。特別賞(5作品)：賞金10万円
【URL】http://www.kokuyo.co.jp/award/award2011/j/

(平14年)
◇グランプリ　水野 啓之　「Simply Pat」
◇優秀賞
　木村 寿樹　「ripples note」
　田辺 陽子, Alessandra Rinaldi, Simone Cattini　「FIT UP」
◇コクヨ賞　小池 岳男　「Pear's」
◇審査員賞　渡辺 武雄　「SHUFFLE TRAY」
◇佳作
　金沢 みずえ　「Wa+Gum」
　神原 秀夫　「カド消しゴム」
　谷口 愛弓　「ワンタッチ安全ピン」
　寺山 紀彦　「wall flower」
　治田 将之　「WPAP FILM OPENER」
(平15年)
◇グランプリ　出戸 克佳　「boxer cap」
◇優秀賞
　大治 将典　「Texture Index&Seal」
　孝忠 義康　「FINGERTIPS MARKER」
　渡辺 純大　「ラクリア」
◇佳作
　長尾 松代　「フリーゆびサック」
　徳井 厚亮　「RISE PACK」
　寺山 紀彦　「hiyoko」
　木綿 啓介　「Cutoff Liner」
(平16年)
◇グランプリ　栗本 隆介　「TapeStocker」
◇優秀賞
　鈴木 奈々瀬　「stampriser」
　David Sukhiashvili　「Mini-Library」
　新 智広　「安全直定規」
　大治 将典　「Switch tray」
◇黒川賞　sleek　「drape wall.」
◇AZUMI賞　笹川 寛司　「Relax」
◇小泉賞　木立 悠子　「測るシャープペンシル」
◇佐藤賞　滝沢 剛　「MEMOGUM」
◇吉岡賞　該当作なし
◇コクヨ賞　相原 祥子　「レベルラベル」

（平17年）
◇グランプリ　リ・ジジャン　「the weight of time」
◇優秀賞
　鈴木 篤, 藤岡 千也　「Hansel & Gretel」
　size　「消刻」
　佐々木 拓　「さじおたま」
　兵藤 岳郎　「こふで」
◇佐藤賞　松永 拓　「タイム・セロハンテープ」
◇石橋賞　清水 聡　「Kubomi」
◇山中賞　折原 尚子, 越 由紀子, 井上 直樹, 高橋 佐門, 山口 光, 小野 里奈　「ORUCHO」
◇吉岡賞　田幸 宏崇　「MANN ENPITSU」
◇コクヨ賞　田嶌 一徳　「Flex Tile」
（平18年）
◇グランプリ　大鋸 幸絵　「Slice」
◇優秀賞
　design office A4　「Leafusen」
　西川 圭, 宮崎 毅　「Pin-bone」
　stripe　「クラストテープCRAST-TAPE」
　谷口 恵理佳　「TAS（紙コップ＋スクラッチシール）」
◇特別賞
・佐藤賞　DEM Industrial-Design Team　「PENCILS FOR GAMBLING」
・石橋賞　日比 将市　「Board」
・山中賞　甲田 克明　「zebra ruler」
・吉岡賞　Debut　「Blooming Period」
・コクヨ賞　Kosin Voravattayagon　「Sharpener pot」
（平19年）
◇グランプリ　三人一組　「紙キレ」
◇優秀賞
　山口 智宏　「tuck」
　parkmisaki　「Beetl head」
　大木 陽平　「yajirushi」
　乙部 博則, 金子 久秀　「number clip」（ほ

か）
◇山中俊治賞　斉藤 ダイスケ　「cashier tray」
◇佐藤オオキ賞　DeMo　「Silhouette」
◇柴田文江賞　宮脇 将志　「wagomu」
◇水野学賞　志喜屋 徹　「コトハリ」
◇コクヨ賞　許 翰鋭　「Double Faces」
（平20年）
◇グランプリ　該当作なし
◇優秀賞
　三人一組　「ガームテープ」
　Xin Se　「Magic Carbon」
　南 政宏　「RED animal crayon」
　FREQUENCE　「おれせん」
◇山中俊治賞　坂田 佐武郎　「WOOD STICK」
◇佐藤オオキ賞　江畑 潤　「けずりん坊」
◇柴田文江賞　川瀬 隆智　「ONE COIN BAND」
◇水野学賞　久松 広和　「のびせん」
◇コクヨ賞　高橋 喜人　「CNOTE」
（平21年）
◇グランプリ　浅沼 尚　「roots」
◇優秀賞
　小玉 一徳　「花鋲」
　小野 耕平　「ヨハク」
　宮窪 翔一, 田邊 智美　「PLANT&GROUND」
　金子 久秀　「Black&White graduation」
◇特別賞
・山中俊治賞　TO-GENKYO　「芯のある消しゴム」
・柴田文江賞　FREQUENCE　「Bit」
◇水野学賞　Double J　「原色」
◇コクヨS&T賞　山本 あやこ　「インデックスノート 見つかるくん：学習帳インデックスカバー」
◇コクヨファニチャー賞　武田 修一　「BAGYARD」

---

## 066　JIA環境建築賞

地球環境時代の建築文化の向上を目的とし，環境を保全しながら高い質をもった建築を顕彰し，環境に配慮した建築の啓蒙と普及のために設立。平成12年より開始された。
【主催者】日本建築家協会
【選考委員】（第12回）委員長：野沢正光（野沢正光建築工房），安田幸一（東京工業大学），三井所清典（アルセッド建築研究所），宿谷昌則（東京都市大学），野原文男（日建設計）

- 【選考方法】日本建築家協会会員のみを対象とする
- 【選考基準】〔資格〕日本建築家協会会員。ただし受賞者決定までに会員として入会を承認された者は可。〔対象〕長寿命、自然共生、省エネルギー、省資源・循環、継続性という特質をそなえた建築で、応募作品が日本国内に実在し、平成3年4月以降、平成13年3月までの10年間に竣工したもの
- 【締切・発表】第4回の場合、登録用紙受付は平成15年5月30日まで。第1次審査は提出図書に基づく書類審査、第2次審査は応募者立ち会いのもとに現地調査
- 【賞・賞金】最優秀賞：一般建築部門1点、住宅部門1点。優秀賞：一般建築部門3点以内、住宅部門2点以内。入賞：第一次審査通過者。表彰は平成15年10月のJIA大会で行う。表彰対象は当該作品を担当した建築家、建築主、施工者の三者とする
- 【URL】http://www.jia.or.jp/

第1回（平12年）
◇住宅
- 最優秀賞　大角 雄三（一級建築士事務所大角雄三設計室）「黒谷の家」
- 優秀賞
  小林 明（市浦都市開発建築コンサルタンツ）、岩村 和夫（岩村アトリエ）「世田谷区深沢環境共生住宅」
  加藤 義夫（加藤義夫環境建築設計事務所）「明野の家」
- 入賞
  井口 直巳（一級建築士事務所井口直巳建築設計事務所）「山梨のCD小屋」
  永岡 久（竹中工務店）「竹中工務店八事家族寮・竹友寮」
  藤島 喬（TAU設計工房）「S邸」

◇一般建築
- 最優秀賞　該当者なし
- 優秀賞
  桜井 潔、野原 文男（日建設計）「コナミ那須研修所」
  中村 勉（中村勉総合計画事務所）「浪合フォーラム」
  遠松 展弘（日建設計）「大阪市中央体育館」
  村尾 成文、斉藤 繁喜、浅石 優、肥田 景明（日本設計）、村松 映二、平田 哲（竹中工務店）、エミリオ アンバーツ（エミリオ アンバーツ アンド アソシエーツ）「アクロス福岡」
  青木 茂（青木茂建築工房）「緒方町役場庁舎」

第2回（平13年）
◇住宅
- 最優秀賞　該当者なし
◇一般建築
- 最優秀賞　川島 克也（日建設計）、国土交通省近畿地方整備局営繕課」「神戸税関本関」
- 優秀賞　桜井 潔、野原 文男、中村 晃子（日建設計）「東京ガスアースポート」

第3回（平14年）
◇住宅部門
- 最優秀賞　倉敷建築工房、楢村 徹（楢村徹設計室）「恒見邸 再生工事」
◇一般建築部門
- 最優秀賞
  野沢 正光（野沢正光建築工房）「いわむらかずお絵本の丘美術館」
  桜井 潔、飯塚 宏、関原 聡（日建設計）「東葛テクノプラザ」
- 優秀賞　横河 健（横河設計工房）、葉山 成三（テーテンス事務所）「埼玉県環境科学国際センター」

第4回
◇住宅部門
- 優秀賞　花田 勝敬（有限会社 HAN環境・建築設計事務所）「江戸川台の家」
- 入賞　鯨井 勇（藍設計室）「大子の民家」
◇一般建築部門
- 優秀賞
  室井 一雄、成田 治、岩村 雅人（松田平田設計）「日新火災本社ビル」
  藤井 進、木村 博則（石本建築事務所）「キッコーマン野田本社屋」
- 入賞
  圓山 彬雄（アープ建築研究所）「地熱利用のSOHO」
  白江 龍三（白江建築研究所）、彦坂 満洲男（郷設計研究所）「カカシ米穀深谷工場オフィス棟」

第5回JIA環境建築賞
◇住宅部門

製造業

- 優秀作品　清水 敬示（（財）住宅都市工学研究所），高澤 静明，栗原 潤一（ミサワホーム），北村 健児（エム住宅販売），梅千野 晃（東京工業大学）「宮崎台「桜坂」」
- 入賞作品
  難波 和彦（難波和彦＋界工作舎）「箱の家-48」
  中村 享一（中村享一設計室）「E7-project」
◇一般建築部門
- 優秀作品
  陶器 二三雄（陶器二三雄建築研究所）「国立国会図書館関西館」
  浜田 明彦（日建設計）「NEC玉川ルネッサンスシティ（I）」
  石井 和紘（石井和紘建築研究所）「CO2：常陸太田市総合福祉会館」
- 入賞作品
  二瓶 博厚（関・空間設計），東北工業大学「東北工業大学 環境情報工学科研究棟・教育棟」
  川島 克也（日建設計）「河合町総合福祉会館"豆山の郷"」

第6回
◇一般建築部門
- 優秀賞
  渡辺 真理，木下 庸子（設計組織ADH），石岡 崇（兵庫県企業庁科学公園都市整備課）「兵庫県西播磨総合庁舎」
  中村 勉（中村勉総合計画事務所），山本 圭介（山本・堀アーキテクツ）「大東文化大学板橋キャンパス」
  川島 克也，堀川 晋（日建設計）「慈愛会 奄美病院」
  若林 亮（日建設計）「瀬戸市立品野台小学校」
  大野 二郎，松本 成樹，佐藤 昌之，吉原 和正，岡地 宏明（日本設計），高宮 眞介，石丸 辰治，早川 真，坪山 幸王（日本大学）「日本大学理工学部船橋校舎14号館」
- 入賞
  宮崎 浩（プランツアソシエイツ），大八木建設，穂高電気工事，中部水工，丹青社「安曇野高橋節郎記念美術館」
  森 浩，前田 哲，蜷川 利彦，桂木 宏昌（日本設計）「早稲田大学大学院情報生産システム研究科」
  富樫 亮（日建設計）「地球環境戦略研究機関（IGES）」
◇住宅部門
- 優秀賞

  小玉 祐一郎（エステック計画研究所）「高知・本山町の家」
  田中 直樹（田中直樹設計室）「静戸の家」
- 入賞　久保 清一（アルキービ総合計画事務所），香川 眞二（グッドデザインスタジオ），森田 真由美（MAYUMIYA）「MAYUMIYAの工房」

第7回
◇一般建築部門
- 最優秀賞　第一工房　「瀬戸愛知県館/あいち海上の森センター」
- 優秀賞
  近藤 建一，千野 保幸，佐藤 昌之，吉原 和正（日本設計），長岐 侃（長岐建築設計事務所），金沢 純治（（有）ミツイ設計）「秋田県立横手清陵学院中学校・高等学校」
  前田 啓介，岩佐 義久（日本アイ・ビー・エム），大坪 泰，栗原 卓也，柳井 崇（日本設計）「マブチモーター株式会社 本社棟」
  輿謝野 久，八幡 健志，堀川 晋（日建設計），猪子 順（日建ハウジングシステム），吉村 晃治（ニュージェック）「関電ビルディング」
  平倉 章二，児玉 耕二，山本 茂義，井上 宏，小塩 智也，三浦 洋介，田村 富士雄，横山 大毅，繊間 正行，小玉 敦，梶川 直樹（久米設計）「Honda和光ビル」
- 入賞
  千鳥 義典，児玉 耕二（日本設計建築設計群），岡村 和典（日本設計九州支社），小野塚 能文，井田 寛（日本設計環境設備設計群），斎藤 公男（日本大学理工学部建築学科）「山口県立きららスポーツ交流公園多目的ドーム「きらら元気ドーム」」
  豊嶋 守，目黒 泰道（画工房）「KB」
◇住宅部門
- 最優秀賞　小室 雅伸（（有）北海道建築工房）「アグ・デ・パンケ農園の住宅」
- 優秀賞　矢作 昌生（矢作昌生建築設計事務所）「唐津山・積み木の家」
- 入賞
  善養寺 幸子（オーガニックテーブル）「K邸」
  二井 清治（二井清治建築研究所）「津山の家」

第8回
◇一般建築部門
- 優秀賞
  亀井 忠夫，村尾 忠彦，野原 文男，本間 睦朗，横田 雄史（日建設計），川瀬 貴晴（千葉大

学),井上 隆(東京理科大学),百田 真史(東京電機大学) 「日建設計東京ビル」
東 利恵(東 環境・建築研究所),長谷川 浩己(オンサイト計画設計事務所),松沢 隆志(星野リゾート) 「星のや 軽井沢」
鬼頭 梓(鬼頭梓建築設計事務所),佐田 祐一((有)佐田祐一建築設計研究所) 「洲本市立図書館」
安田 幸一,竹内 徹(東京工業大学大学院) 「東京工業大学緑が丘1号館 レトロフィット」
葉 祥栄(葉デザイン事務所) 「大野市ビックセンター(学びの里「めいりん」)」
近宮 健一,平山 浩樹(日本設計),大野 秀敏(東京大学) 「東京大学柏キャンパス環境棟」
- 入賞
  五十君 興(日建設計),廣重 拓司,米田 潤,飯塚 宏,滝澤 総,野々瀬 恵司 「エプソンイノベーションセンター」
  福田 卓司,小泉 治(日本設計),長澤 悟(東洋大学) 「武蔵野市立大野田小学校」
  岡村 和典,稲垣 恵一(日本設計九州支社),椿 弘之,鬼木 貴章(日本設計) 「下関市立 豊北中学校」
  富永 譲(富永譲+フォルムシステム研究所) 「成増高等看護学校」
  大野 秀敏(東京大学大学院),吉田 明弘(アプルデザインワークショップ) 「鯖江市環境教育支援センター」
  隈 研吾(隈研吾建築都市設計事務所) 「銀山温泉 藤屋」
  圓山 彬雄(アーブ建築研究所) 「東京未来大学」

◇住宅部門
- 最優秀賞 栗林 賢次(栗林賢次建築研究所) 「亀山双屋」
- 優秀賞 五十嵐 淳(五十嵐淳建築設計) 「ANNEX」
- 入賞 奈良 謙伸,奈良 顕子((有)奈良建築環境設計室) 「南を向く家」

第9回
◇一般建築部門
- 最優秀賞 彦根 アンドレア(彦根建築設計事務所) 「IDIC(PS岩手インフォメーションセンター)」
- 優秀賞
  加藤 誠(アトリエブンク),金箱 温春(金箱構造設計事務所),鈴木 大隆(北海道立北方建築総合研究所) 「黒松内中学校エコ改修(校舎棟)」
  大坪 泰,上口 泰位(日本設計) 「日産先進技術開発センター」
  西方 里見(設計チーム木協同組合) 「国際教養大学学生宿舎」
  富樫 亮,佐竹 一朗(日建設計) 「焼津信用金庫 本部社屋」
- 入賞
  仙田 満(環境デザイン研究所) 「四街道さつき幼稚園」
  平倉 章二,山本 茂義,小堀 哲夫(久米設計) 「東洋ロキグローバル本社ビル」
  近宮 健一(日本設計) 「川越町庁舎」

◇住宅部門
- 優秀賞
  小泉 雅生((有)小泉アトリエ) 「アシタノイエ」
  岩村 和夫(岩村アトリエ) 「望楼の家」
  近角 よう子(近角建築設計事務所),近角 真一(集工舎建築都市デザイン研究所) 「求道学舎 リノベーション」
  峯田 建(スタジオ・アーキファーム) 「川越の家 TERRA」

第10回
◇一般建築部門
- 最優秀賞 江本 正和,宮田 多津夫(松田平田設計) 「松田平田設計本社ビル リノベーション」
- 優秀賞
  古賀 大,田代 彩子(日本設計) 「碧南市藤井達吉現代美術館」
  松永 安光(近代建築研究所) 「環境共生住宅ハーモニー団地」
  安田 幸一(安田幸一研究室,安田アトリエ),福島 祐二(大建設計) 「東急大岡山駅上東急病院」
- 入賞
  遠藤 秀平(神戸大学大学院) 「ひょうご環境体験館」
  吉生 寛(日建設計) 「かごしま環境未来館」
  原田 由紀,山崎 隆盛(日建設計) 「立教学院 太刀川記念交流会館」

◇住宅部門
- 優秀賞
  鈴木 幸治(ナウハウス) 「隙屋(すきや)」
  井口 浩(井口浩フィフス・ワールド・アーキテクツ) 「カムフラージュハウス3」
- 入賞
  奥村 俊慈,奥村 靖子(ケミカルデザイン一級建築士事務所) 「湧き水の家」

製造業　　　　　　　　　　　　　　　　　　　　　067　JWDA WEBデザインアワード

末光 陽子(一級建築士事務所 SUEP.)「我孫子の住宅 Kokage」

第11回
◇一般建築部門
- 優秀賞
  中村 勉(中村勉総合計画事務所)「七沢希望の丘初等学校」
  高木 耕一,瓦田 伸幸(東畑建築事務所名古屋事務所)「北名古屋市立西春中学校」
  石原 直次(日建設計)「川本製作所東京ビル」
- 入賞　菅野 彰一(北海道日建設計)「北海道大学工学部建築・都市スタジオ棟」

- 特別賞　北園 徹(北園空間設計),知久 昭夫(知久設備計画研究所)「株式会社共栄鍛工所 新鍛造工場」
◇住宅部門
- 最優秀賞　佐々木 敏彦(大久手計画工房)「五反田の家」
- 優秀賞
  神家 昭雄(神家昭雄建築研究室)「谷万成の家」
  彦根 アンドレア(彦根建築設計事務所)「風 Fuu」
- 入賞　山下 保博(アトリエ・天工人)「A-ring」

---

## 067　JWDA WEBデザインアワード

ウェブデザイナーの社会的認知向上と業界の活性化を目的として平成18年に創設。
【主催者】(社)日本WEBデザイナーズ協会
【選考委員】(第6回)中西元男(PAOSグループ(東京・上海)代表),谷口正和(株式会社ジャパンライフデザインシステムズ代表),杉山知之(デジタルハリウッド大学学長),江幡哲也(株式会社オールアバウト代表取締役社長兼CEO)
【選考方法】公募
【選考基準】〔対象〕第5回は,平成21年1月1日～12月31日までに公開されたWEBサイトで,審査期間(平成22年1月16日～1月30日)にアクセス可能なもの。新規開設だけではなく,部分的に改善を行ったサイトも含める
【締切・発表】(第5回)エントリー期間は平成21年12月1日～平成22年1月31日,発表は3月18日
【賞・賞金】グランプリ(1名):表彰状,賞牌,賞金30万円,各審査員賞(4名):表彰状,賞牌,賞金5万円
【URL】http://www.jwda.jp/

第1回(平18年)
◇グランプリ　吉村 啓(アースフィア)
◇優秀賞(法人部門)
  大石 高志(ティス)
  佐藤 拓也(コンセント)
◇優秀賞(個人部門)　森本 友理
◇審査員特別賞　須田 真彦
第2回(平19年)
◇グランプリ　西澤 明洋(エイト)「COEDO」
◇企業WEBサイト部門　藤澤 清(東急エージェンシー)「mangrove-world」
◇リッチコンテンツ部門　佐藤 琢也(コンセント)「新潮文庫の100冊スペシャルサイト」
◇オンラインサービス部門　久松 洋祐(ネクスト)「不動産ポータルサイト HOME'S」
◇ECサイト部門　小林 正信「鎌倉ツリープ」
◇個人部門　太刀川 英輔,芝 哲也(NosignDesign)「NosignDesign 'WsaH' website」
◇ニューフェイス部門　関根 麻美,山中 徹(慶應義塾大学環境情報学部)「Weather Transporter」
◇審査員特別賞　上田 晴菜,坂斉 智,白石 哲郎,夏井 瞬,柏木 孝介,遠嶋 伸昭,木戸 寛行,竹本 竜也,北浦 荘二ほか(アイレット)「Peace Hiroshima」
第3回(平20年)
◇グランプリ　田場 晋一朗,小谷 衛(アン

ティー・ファクトリー）「JICA―ボランティア『世界では3秒に1人、子供たちの命が失われている』スペシャルコンテンツ」
◇パソナテック特別賞　乾 陽亮（乾陽亮設計事務所）「snuff」
◇企業WEBサイト部門
　田中 心作, 石黒 三枝子（クーシー）「株式会社オープンキューブ オフィシャルサイト」
　平竹 仁士（プラルト）「プラルトWEB」
◇リッチコンテンツ部門　田場 晋一朗, 小谷 衛（アンティー・ファクトリー）「JICA―ボランティア『WORLD REPORTER』」
◇オンラインサービス部門　鈴木 貴幸, 佐塚 弘之（スワンク）, 鈴木 修一, 栗田 律子（クロスワープ）「エモ［emo］―ブログ書いたら自分がわかった！」
◇ECサイト部門　寺垣 信男（てらがき農園）, 石田 亜弥（D.MEETS）「紀州みなべの梅農家 てらがき農園 有機肥料・低農薬南高梅の青梅販売」
◇ニューフェイス部門　中村 元宣（慶應義塾大学大学院政策・メディア研究科）, 五十畑 文彦（慶應義塾大学環境情報学部）「SKYLIGHT」

第4回（平21年）
◇グランプリ　アスクル, アライドアーキテクツ　「みんなの仕事場」（アスクル）
◇準グランプリ　ロウアンドパートナーズ スタンダード, エーシーシー, アンティー・ファクトリー　「つくろう新入学 キッズスクール」（イオン）
◇特別賞　インヴォーグ　「天のゆりかご」（関西TV）
◇審査員賞
　イクリプス　「USAライス連合会」
　片山 義幸　「conch コンク（時計連動した足跡）」

第5回（平22年）
◇グランプリ　ネイバージャパン　探しあう検索NAVER（ネイバー）
◇谷口賞　ワールドワイドシステム　村越 t.v.
◇中西賞　アサツー ディ・ケイ, アンティー・ファクトリー, アンティー・システム Club Kukini
◇杉山賞　博報堂, 博報堂プロダクツ, スタジオイー・スペース, フォーク, 奥原 しんこ 2009 ビールデンウィーク
◇江幡賞　辻本店, アビーム, Outsidervoice, スウィンギングビッツ, ビデオテック, ネクセルトラスト, 鈴木 勇司, SANDINISTA9 日本酒ナイン
◇奨励賞
　moco03　Twihapi - ついったー友達の誕生日は？
　アジャスト, NPO法人奔流中国　奔流中国～モンゴル・シルクロードを「馬」で旅するキャラバンの旅～
　有限会社ソララ　広島大学大学院分子内科学（内科学第二）
　アライドアーキテクツ, オレンジ・アンド・パートナーズ　ニッポンのお茶の間ピーチク
　パルシステム生活協同組合連合会, 大地を守る会, 生活クラブ, グリーンコープ, ゼネラル・プレス, MOGRA DESIGN　フードマイレージ・プロジェクト
　パワープランニング, インヴォーグ　みんなの生命保険アドバイザー
　財団法人 文化・芸術による福武地域振興財団, イクリプス, オンラインデスクトップ越後妻有サポートサイト
　インヴォーグ, 関西テレビ放送　2011年度関西テレビ新卒採用サイト
　ネクスト　HOME'S iPhoneアプリ

## 068　自動車技術会賞

　浅原賞2賞は自動車技術会初代会長・浅原源七氏の提案により, 自動車工学および自動車技術の向上発展を奨励することを目的として, 昭和26年に創設された。学術貢献賞, 技術貢献賞, 論文賞, 技術開発賞の4賞は, 第3代会長楠木直道氏, 第6代会長荒牧寅雄氏, 第9代会長斎藤尚一氏, 第10代会長中川良一氏, 名誉会員伊藤正男氏の基金をもととして創設された。

【主催者】　（社）自動車技術会
【選考委員】　非公開

製造業　　068　自動車技術会賞

【選考方法】同会会員の推薦による応募
【選考基準】(1)学術貢献賞〔資格〕同会個人会員。ただし同賞または技術貢献賞受賞者を除く。〔対象〕自動車に関する学術の進歩発展に貢献しその功績が顕著な者。(2)技術貢献賞〔資格〕同会個人会員。ただし同賞または学術貢献賞受賞者を除く。〔対象〕自動車に関する技術の進歩発達に貢献し，その功績が顕著な者(3)浅原賞学術奨励賞〔資格〕同会個人会員で，受賞年の3月末日に37歳未満の者。尚，既にいずれかの自動車技術会賞を受賞した者，およびその年に同賞以外の自動車技術会賞を受賞するものは除く。〔対象〕受賞前年11月末日までの1年間に自動車技術に関する公表印刷物に優れた論文等を発表した者。(4)浅原賞技術功労賞〔資格〕同会個人会員。〔対象〕永年自動車技術の進歩向上に努力した功労が大きく，かつその業績があまり世に知られていない者。尚，既にいずれかの自動車技術会賞を受賞した者，およびその年に同賞以外の自動車技術会賞を受賞するものは除く。(5)論文賞〔資格〕同会個人会員および共著者。〔対象〕受賞前年11月末日までの3年間に，自動車技術会論文集，Review of Automotive Engineeringならびに同会主催・共催の国際シンポジウムのProceedingsに論文を発表した者。(6)技術開発賞〔資格〕同会個人会員および共同開発者。〔対象〕受賞前年11月末日までの3年間に自動車技術の発展に役立つ新製品または新技術を開発(在来技術の改良，在来技術の複合適応用，品質の向上，生産性の向上等を含む)した者。
【締切・発表】前年12月31日締切，4月下旬発表，5月同会春季大会会場にて授賞
【賞・賞金】受賞楯・メダル
【URL】http://www.jsae.or.jp/index.php

第1回(昭26年)
◇学術賞　五十川 正八(いすゞ)「スライディング・ギヤの安定回転について」
◇技術賞　長谷川 尊蔵(富士重工)，木村 雅次(民生)"フレームレス・リヤーエンジン・バスの完成"

第2回(昭27年)
◇学術賞　石原 智男(東大生研)「流体変速機の特性について」
◇技術賞
　大原 一男(トヨタ)"鋳造工場技術の向上"
　山田 正直(日産)"自動車部品製作加工技術の向上"

第3回(昭28年)
◇学術賞　該当者なし
◇技術賞
　松下 武幸(いすゞ)"自動車製造技術における実績"
　高津 幸弘(日本発条)，小島 正昭"三枚ばねの製作"

第4回(昭29年)
◇学術賞　該当者なし
◇技術賞
　町田 雅雄(いすゞ)"過給機付自動車ディーゼル機関の実用化"
　尾崎 紀男(愛知機械)，魚住 順蔵"三輪自動車の改善特にその緩衝と消音"

第5回(昭30年)
◇学術賞　光成 卓志(東洋工業)，坂下 和史「三輪自動車の操縦性の研究」
◇技術賞　阿波波 二郎(民生)"高速二サイクル自動車用ディーゼル機関の設計"

第6回(昭31年)
◇学術賞　山田 嘉昭(東大生研)「金属薄板の試験法に関する研究」
◇技術賞
　平林 貞治(トヨタ)"自動車歯車その他の熱処理技術の改善"
　篠崎 二郎(日産)"試作カムシャフトの製作並びにマスターカムシャフト製作法の改善"
　今村 次郎(都交通局)，野寺 哲二郎(新日本交通)"国産バスの使用技術の向上とその性能改善に対する寄与"

第7回(昭32年)
◇学術賞　三井 寿雄(名工技試)，佐藤 敏一「電解加熱法の研究」
◇技術賞　出雲 正敏(新三菱京都)"はすばかさ歯車用刃物の製作法"

第8回(昭33年)
◇学術賞　該当者なし
◇技術賞

田中 次郎(富士精密), 日村 卓也 "トレー型フレームの実用化"
大久保 武(いすゞ) "バスおよびトラックの設計"

第9回(昭34年)
◇学術賞
斉藤 安(運研), 田中 健一「模型によるタイヤの力学的研究」
増田 義郎(トヨタ)「自動車の騒音に関する研究」
◇技術賞 関 真治(新三菱京都) "自動車用小型ディーゼル機関の実用化"

第10回(昭35年)
◇学術賞 菊池 英一(機試) "自動車の操縦性の研究"
◇技術賞 松本 伸(富士精密), 井口 博雄 "自動車部品のメッキ技術の改善"

第11回(昭36年)
◇学術賞 川合 平夫(新三菱) "自動車にかかる荷重と応力の頻度についての統計的考察"
◇技術賞 林 守雄(ダイハツ), 近藤 克己 "軽三輪貨物自動車の設計および開発"

第12回(昭37年)
◇学術賞 坂下 和史(東洋工業), 岡田 正 "自動車のシミーについての研究"
◇技術賞 須田 寿(東発) "小型二輪車用高速二サイクルガソリン機関の性能向上"

第13回(昭38年)
◇学術賞 小笠原 武夫(元東大生研, 豊田中研) "Vベルト自動変速機の変速に関する研究"
◇技術賞
松藤 恭介(東洋工業) "自動車部品に対するダクタイル鋳鉄の応用"
坪田 義夫(トヨタ) "自動車用歯車の設計・製造技術の開発"

第14回(昭39年)
◇学術賞 中村 弘道(日産) "自動車の騒音の解析とその防止に関する研究"
◇技術賞 桜井 真一郎(プリンス), 奥井 四良 "自動車の給油期間延長の実用化"

第15回(昭40年)
◇学術賞
兼重 一郎(いすゞ) "統計的手法による機関の支持の車体振動におよぼす影響の研究"
小林 節夫(日本発条) "自動車用重ね板ばねの研究"

◇技術賞 葛生 秀(日野) "光弾性皮膜法による自動車の応力測定技術の向上"

第16回(昭41年)
◇学術賞
後藤 進(トヨタ) "トルク変動による駆動系, 懸加系の振動に関する研究"
志水 稔(プリンス) "乗用車のロードノイズに関する研究"
◇技術賞 杉浦 博(トヨタ) "自動車の製造法, 検査法ならびに自動車構造各部の開発向上に関する永年の貢献"

第17回(昭42年)
◇学術賞 中塚 武司(いすゞ), 高波 克治 "自動車の曲線運動とくに限界特性に関する研究"
◇技術賞
三木 隆雄(三菱電機) "自動車機関用半導体点火装置の研究開発"
後藤 健一(日産), 榊原 雄二 "高速自動車の開発"

第18回(昭43年)
◇学術賞 松本 俊哲(機試), 猪俣 真三郎, 鈴木 康夫 "自動操縦車に対する誘導システムの研究"
◇技術賞
西山 新一郎(東大生研) "わが国の自動車工学, 技術の研究に関する永年の貢献"
野場 省一(トヨタ) "自動車部品の精密機械加工法の開発向上"
牛島 孝(日産), 酒井 靖郎 "小型自動車ガソリンエンジン(G15)の開発"

第19回(昭44年)
◇学術賞
金 栄吉(東大生研) "ガソリン機関の混合比のばらつきに関する研究"
古庄 宏輔(ダイハツ) "自動車衝突時の乗員挙動に関する研究"
三浦 登(日産), 川村 紘一郎 "自動車の対壁衝突変形機構に関する研究"
◇技術賞 三浦 光男(いすゞ) "標準化活動を通じ自動車技術の進歩向上に寄与した永年の実績"

第20回(昭45年)
◇学術賞
酒井 秀男(JARI) "コーナリングフォースにおよぼす制動力および駆動力の影響の理論"
河野 俊之(トヨタ), 土屋 俊二, 薦田 紀雄, 牧 賢次 "操舵を加えたばあいの自動車の

動特性"
◇技術賞
　岩崎 賢（機試）"自動車用電装品の技術進歩向上に関する貢献"
　鈴木 久実（豊田中研）"自動車部品の材質向上,生産技術改善に関する永年にわたる実績"
　石川 正（トヨタ）"自動車部品に関する専用工作機の開発と部品製造法の確立"

第21回（昭46年）
◇学術賞　該当者なし
◇技術賞
　難波 靖治（日産）"高性能自動車の開発"
　杉浦 慎三（日立製作所）"電装品の設計開発を通じ自動車技術向上に貢献した永年の実績"

第22回（昭47年）
◇学術賞
　桐岡 健他10名・構造解析プロジェクトチーム（東洋工業）"自動車ボデー構造解析に関する研究"
　高橋 邦弘（日産）"自動車フレーム構造解析法に関する研究"
◇技術賞
　鈴木 千介（日産）,中村 康,間瀬 俊明,桜井 洋,福田 水穂"電算機による車体線図自動作成システムの開発"
　森本 真佐男（トヨタ）"自動車のデザイン体制および手法の確立"

第23回（昭48年）
◇学術賞　酒井 靖郎（日産）,宮崎 弘昭,堤 三郎,向井 恒三郎"燃焼解析による排気に関する研究"
◇技術賞　大野 愛二（日産）"自動車に関する標準化活動を通じて技術の進歩,向上に寄与した実績"

第24回（昭49年）
◇学術賞
　金子 靖雄（三菱）,小林 弘幸,駒米 礼二郎,川越 光広,古賀 一雄"自動車用機関の排気ガス性能に及ぼす排ガス再循環と残留ガスの影響"
　山内 照夫（日立）,西宮 寅三,大山 宜茂,宝諸 幸男"希薄混合気における排気浄化に関する研究"
◇技術賞
　渥美 実（本田技研）,宍戸 俊雄,入交 昭一郎"CVCCエンジンの研究開発"
　三上 泰男（いすゞ）,荒井 靖平,金原 源泰,塚原 好二,木村 茂樹"自動車用直接噴射式エンジンの実用化"

第25回（昭50年）
◇学術賞
　黒田 裕（日産）,中島 泰夫,杉原 邦彦,高木 靖雄"予混合ガソリンエンジンのNOx生成および抑制に関する研究"
　今野 勝洋（トヨタ）,中野 謙一,吉村 達彦"有効波による自動車強度部品の加速疲れ試験方法の研究"
◇技術賞　林 敏昭（トヨタ）"車両評価試験法の確立と省力化試験の実用化"

第26回（昭51年）
◇学術賞　中村 裕一（三菱）,木下 光孝,根本 四郎"直列4気筒エンジンにおける2次バランサについて"
◇技術賞　由本 一郎（ダイハツ）,星野 千里,佐藤 信次郎,川勝 史郎"電気自動車の開発とその実用化"

第27回（昭52年）
◇学術賞　中田 雅彦（トヨタ）,小林 伸行"排出ガス特性,燃料消費と運転性の研究"
◇技術賞
　西川 正雄（本田技術研究所）,利光 吉彦,青木 隆"車速応動型パワーステアリングの開発"
　木下 啓次郎（日産）,山崎 慎一,仲西 啓一,住 泰夫"高速ガスタービンバスの開発"

第28回（昭53年）
◇学術賞
　中川 泰彦（日産）,江藤 幸寛,丸山 隆三郎"排気管系におけるHC,COの酸化反応の基礎解析"
　野平 英隆（トヨタ）,許斐 敏明,石山 忍"指圧線図解析による燃焼変動の研究"
◇技術賞
　久保 政徳（トヨタ）,倉持 耕治郎,新藤 義雄,伊藤 寛"オーバドライブ付4速自動変速機の開発と商品化"
　武藤 真理（JARI）"同時に使える縦列2測定部付実車風洞の計画と完成後の活用"

第29回（昭54年）
◇学術賞
　戸倉 尚己（日産）,斉藤 恒明,長谷川 洋二,片山 薫,山田 雅行"酸化触媒システムからのサルフェート排出要因の解析"
　鶴賀 孝広（JARI）,須藤 英夫,岩井 信夫"自動車用メタノール機関の研究"
◇技術賞
　熊倉 栄一郎（JARI）"揺らん期における

国産自動車性能試験及び交通安全に寄与した業績"
　　西川 正一（日野）"自動車用ディーゼル機関の耐久試験法の確立及び同試験装置の実用化に関する業績"

第30回（昭55年）
　◇浅原賞学術奨励賞
　　中西 清（トヨタ）"エンジン―排気処理系―車両システムのシミュレーションと最適化に関する研究"
　　広田 寿男（日産）"メタノール100%改質ガスエンジンの高熱効率の可能性研究"
　◇浅原賞技術功労賞　石原 竹次郎（泉自工）"ディーゼルエンジン用アルミニウム合金ピストンの設計製造に関する技術の開発"
　◇斎藤賞　亘理 厚（JARI）"自動車用重ね板ばねの設計と自動車の振動乗心地の向上とに関する功績"

第31回（昭56年）
　◇浅原賞学術奨励賞
　　福谷 格（職訓大），渡部 英一"平均吸気マッハ数による4サイクル機関の容積効率の整理―臨界流れによる吸気のチョーク現象，限界効率曲線の解明"
　　永田 雅美（職訓大）"訓練用自動車シミュレータに関する研究"
　◇浅原賞技術功労賞
　　小野 雅道（小野測器）"自動車用各種ディジタル測定機器、特にシャシダイナモメータの開発による自動車工業への貢献"
　　松下 英夫"外国自動車技術文献を通して技術の進歩向上に貢献した永年の功績"
　◇斎藤賞　平尾 収（自在研）"人・社会・環境のかかわりにおける人間―自動車系の特性を含めた自動車性能論の体系化による自動車工学技術の進歩・発達への貢献"
　◇中川賞　中村 健也"国産乗用車技術の向上とガスタービン乗用車の研究"

第32回（昭57年）
　◇浅原賞学術奨励賞
　　林 義正（日産）"エンジン運転中のクランク軸および主軸受部の運動解析"
　　河村 英男（いすゞ）"グロープラグの急速加熱制御システム（QOS）の開発"
　◇浅原賞技術功労賞　中込 常雄（いすゞ）"標準化を通じた自動車技術の進歩向上に対する永年の功績"
　◇斎藤賞　該当者なし
　◇中川賞
　　岡田 信近（日野）"電子式燃料噴射時期制御装置付ターボ過給ディーゼルエンジンの開発"
　　大関 博（東洋工業）"自動車用ロータリエンジンの研究開発"

第33回（昭58年）
　◇浅原賞学術奨励賞
　　西口 文雄（日産）"ターボチャージャロータの羽根枚数の減少に関する研究"
　　陰山 興史（東洋工業）"渦室式ディーゼル機関からの微粒子状物質排出特性の研究"
　◇浅原賞技術功労賞
　　立石 泰三"自動車の振動騒音の調査研究に関する多年の功労"
　　矢野 満（日立金属）"自動車用鋳物部品の合理化設計と信頼性向上に対する永年の功績"
　◇斎藤賞　該当者なし
　◇中川賞
　　笹山 隆生（日立）"エンジン制御電子システムおよびその半導体装置に関する研究開発"
　　井上 等（東洋工業）"自己安定式後輪懸架装置の開発"

第34回（昭59年）
　◇浅原賞学術奨励賞
　　中谷 弘能（芝工大），古川 修（本田・和光）"自動車の操安性に関する研究"
　　八木 寿康（マツダ）"ピストン形状の決定法に関する研究"
　◇浅原賞技術功労賞　該当者なし
　◇斎藤賞
　　石原 智男（東大）"動力伝達系の流体理論体系化による自動車工学の進歩・発展への貢献"
　　松岡 信（東工大）"自動車用内燃機関の燃焼解析を主とする学術の進歩発達への貢献"
　◇中川賞
　　阿知波 二郎（日産ディーゼル）"商業車の開発を通じて永年に亘り技術の向上に貢献した実績"
　　大須賀 二朗（ダイハツ）"自動車用3気筒1リッター・ディーゼルエンジンなどのエンジンの開発および商品化"

第35回（昭60年）
　◇浅原賞学術奨励賞
　　瀬古 俊之（JARI）"自動車用メタノールディーゼル機関の研究"
　　河野 誠公（マツダ）"直接噴射式ディーゼル機関の噴射及び燃焼モデリングに関す

製造業

る研究"
◇浅原賞技術功労賞　篠田 和夫(トヨタ)
　"エンジンの性能向上に関する技術開発への貢献"
◇論文賞
　紺谷 和夫(機械技研),後藤 新一「透過光減衰法によるディーゼル機関の煤濃度測定とシャドウグラフによる燃焼観察」
　押野 康夫(JARI),岩元 貞雄,上玉利 恒夫「道路交通騒音に対する住民反応」
　小笹 俊博(豊田中研)「三元触媒装置の性能に関する研究」
◇技術開発賞
　西村 豊(日立),大谷 忠彦,筒井 光囹,上野 定豪,天野 松男 "自動車用エンジン制御用熱線式空気流量計の開発"
　水口 正昭(三菱自工)"電子制御サスペンション(ECS)の開発"
　川崎 芳樹(いすゞ)"新歯車自動選別機の開発"
　畔柳 楯三(いすゞ),杉原 逸夫(富士通),倉林 研(ヂーゼル機器),田子 林七,川崎 忠幸 "イージードライブシステム(NAVI-5)の開発"
◇学術貢献賞　大東 俊一(JARI)"内燃機関の燃焼及び掃・排気系に関する学術の進歩・発展への貢献"
◇技術貢献賞
　大野 耐一(豊田紡織)"独創的生産方式の確立と普及への貢献"
　山本 健一(マツダ)"バンケル型ロータリエンジンの開発への貢献"

第36回(昭61年)
◇浅原賞学術奨励賞
　石川 博敏(JARI)"衝突事故時の車両運動と乗員挙動に関するシミュレーションの研究"
　大島 恵(日産)"スポット溶接構造部材曲げ疲労強度の解析手法の開発"
◇浅原賞技術功労賞
　阿久津 義雄(JARI)"昭和21年より今日まで東京工業大学,日本自動車研究所その他にて自動車技術の進歩向上に努力した大きな功労"
　佐藤 和郎(トヨタ)"車両の性能向上に関する技術開発への貢献"
◇論文賞
　伊東 輝行(日産),高木 靖雄,飯島 有 "レーザーシャドウグラフ法によるノッキング現象の解析〔自動車技術会論文集 No.28 1984〕"
　浜辺 薫(JARI),鬼頭 幸三(東京大学),小林 敏雄(JARI),緒方 広巳 "自然風下における惰行実験による乗用車の抗力係数の予測に関する研究〔自動車技術会論文集 No.30 1985〕"
　林 忠邦(豊田中研),滝 昌弘,小島 晋爾,近藤 照明 "Photographic Observation of Knock with a Rapid Compprression and Expansion Machine〔SAE Transactions Vol.93 1984〕"
◇技術開発賞
　入江 南海雄(日産),宇野 高明,村田 誠 "後輪アクティブコントロールサスペンション(HICAS)の開発"
　貴島 孝雄(マツダ),前林 治郎 "トーコントロール機構付後輪懸架装置の開発"
　小林 育也(トヨタ),後藤 豊(東芝),河村 敬秀(日本電装),根岸 哲,水谷 集治 "自動車シングルチップマイクロコンピュータの開発と実用化"
　中尾 弘英(いすゞ),下向 博,石田 史郎,河口 大介,佐藤 義彦 "DFI(ダブルフォーメイションインジェクター)を用いた低騒音ディーゼル機関の開発"
◇学術貢献賞　佐藤 豪(慶応大)"ディーゼル機関の燃焼に関する体系化研究による自動車工学への貢献"
◇技術貢献賞
　田中 次郎(日産ディーゼル)"各種自動車の開発を通じて永年に亘り,技術の向上発展に貢献した業績"
　中村 良夫(本田技研)"F-1レーシングマシンの開発とレース参加,及び自動車技術の国際交流の推進"

第37回(昭62年)
◇浅原賞学術奨励賞
　古沢 政生(ヤマハ)"2輪車における実験的モード解析の実用技術の確立"
　神谷 純生(トヨタ)"高出力ターボディーゼルエンジン用空化ケイ素渦流室の開発"
◇浅原賞技術功労賞
　中村 由之(日産)"技術情報提供活動を通して自動車技術の発展に貢献した永年の功績"
　山本 新一(自動車部品総合研究所)"自動車の排出ガス浄化技術の進歩に対する試作及び技術開発面での貢献"
◇論文賞
　鮎沢 正(JARI),酒井 孝之,山口 郁夫,滝下

利男, 金 栄吉 "メタノール改質ガス火花点火エンジンの開発研究"

結城 良治 (東京大学), 中務 晴啓 (日産), 大平 寿昭 (東京大学) "破壊力学によるスポット溶接継手の疲労強度の解析"

永井 正夫 (東京農工大), Manfred Mitschke (ブランシュバイク大学), Juergen Maretzke (フォルクスワーゲン) "異常道路環境下の人間一自動車系の適応的挙動"

◇技術開発賞

岡田 健治 (いすゞ), 及川 忠雄, 横田 克彦 "VGS (可変容量形) ターボ電子制御ディーゼル機関の開発"

吉田 寛 (三菱自工), 村井 正夫 (光洋自動機), 野口 昌彦 (三菱電機), 森下 光晴 (三菱自工), 小塚 元 "電子制御パワーステアリング (EPS) の開発"

荒井 宏 (トヨタ), 黒山 俊宣 (松下通信), 近藤 弘志, 杉浦 精一, 荒木 実 "CRTを用いた自動車用情報集中表示装置の開発と実用化"

渡辺 亜夫 (日産), 川崎 肇 (日本特殊陶業), 加藤 倫朗 "セラミックターボチャージャの開発"

◇学術貢献賞

Otto A. Uyehara (ウイスコンシン大学) "内燃機関の燃焼及び排出ガスに関する体系的研究による自動車工学への貢献, 並びにわが国の自動車技術者・研究者に対する永年の研究指導と協力に尽くした功績"

Phillip S. Myers (ウイスコンシン大学) "内燃機関の伝熱, 燃焼及び排出ガスに関する体系的研究による自動車工学への貢献, 並びに日米の研究成果の交流促進への寄与"

◇技術貢献賞

青木 和彦 (曙ブレーキ) "自動車用ブレーキ及び摩擦材の技術向上に貢献した永年の業績"

百瀬 晋六 (富士重工) "各種自動車の開発を通じて永年にわたり技術の向上発展に貢献した業績"

第38回 (昭63年)

◇浅原賞学術奨励賞

小田 博之 (マツダ) "Investigation of High-Compression Lean Burn Engine"

松本 功 (トヨタ) "Variable Induction Systems to Improve Volumetric Efficiency at Low and/or Medium Engine Speeds"

◇浅原賞技術功労賞

須藤 亀蔵 "長年にわたる自動車技術会の各種委員会活動に対する貢献"

山崎 庸光 (トヨタ) "車両の試験評価に関する技術開発への貢献"

◇論文賞

早川 要 (日本電装), 森 幸雄 "Flow Simulation for Optimum Design of Air Flow Meters"

松下 義宜 (防衛庁), 柚原 直弘 (日本大学) "車両のモデリングと適応前輪操舵系について"

安東 弘光 (三菱自工), 白石 一洋 "Influence on Injection and Combustion Phenomena by Elimination of Hole Nozzle Sac Volume"

◇技術開発賞

金沢 啓隆 (マツダ), 古谷 茂樹, 高谷 輝彦, 阿南 義明, 村井 健 "車速感応型4輪操舵システムの開発"

佐野 彰一 (本田技研), 三好 建臣, 古川 修, 二瓶 隆, 鵜飼 紀夫 "舵角応動型4輪操舵システムの開発"

田中 忠夫 (三菱自工), 堅本 実 (三菱電機), 滝沢 省三, 原良 光彦, 和田 俊一 "電子制御サスペンション (アクティブECS) の開発"

栗原 雄毅 (日産), 岡田 行雄, 大野 雅史, 河村 友二郎, 杉本 伸二 "Be-1用樹脂外板車体技術の商品化"

◇学術貢献賞

飯沼 一男 (法政大学) "低公害燃焼に関する学術の進歩・発展への貢献"

斎藤 孟 (早稲田大学) "自動車の排出ガス生成要因の研究による自動車工学への貢献, 並びにその学識に基づく自動車排気対策に関する研究指導と協力に尽した功績"

◇技術貢献賞

後藤 健一 (JARI) "永年に亘り, 各種自動車の研究開発ならびに国際交流を通じ, 自動車技術の向上発展に貢献した業績"

藤田 昌次郎 (鬼怒川ゴム) "各種自動車及びその部品の研究開発を通じて, 永年に亘り, 技術の向上発展に貢献した業績"

第39回 (平1年)

◇浅原賞学術奨励賞

山内 博文 (マツダ) "単孔式直噴ディーゼル機関における噴射系のHC排出特性に及ぼす影響"

立石 一正 (JARI) "道路交通騒音に影響を及ぼす要因の解析—第1報—道路端の騒

音に影響を及ぼす各種要因"
◇浅原賞技術功労賞　該当者なし
◇論文賞
　押野 康夫(JARI), 荒井 紀博 "自動車騒音の音源別寄与度測定に関する研究―第2報―複素音響インテンシティによる音源探査に関する検討"
　桜井 俊明(三菱自工), 鎌田 慶宣 "車体構造の薄内鋼板結合部剛性について"
　石田 明男(三菱自工), 金本 喬, 栗原 茂夫 "Improvements of Exhaust Gas Emissions and Cold Startability of Heavy Duty Diesel Engines by New Injection‐Rate‐Control Pump"
◇技術開発賞
　佃 安彦(日産), 坪田 康正, 外村 博史, 野口 博史 "新型マルチリンクリヤサスペンションの開発"
　後藤 治(本田技研), 乙部 豊, 河本 通郎, 大塚 和男, 小山 英一 "高出力, 低燃費, レース用エンジンの開発"
　石川 公万(トヨタ), 土肥 義彦, 野上 高弘, 野口 登, 峯岸 晴正 "トラクションコントロールシステムの開発と実用化"
◇学術貢献賞　大道寺 達(関東学院大学名誉教授) "ディーゼル機関燃焼室設計手法の開発に貢献した業績"
◇技術貢献賞
　岩崎 三郎(日野車体) "各種自動車の研究開発を通じて, 永年に亘り技術の向上発展に貢献した業績"
　平井 啓輔(栃木富士産業) "永年にわたり各種自動車及びその部品開発を通じて自動車技術の向上発展に貢献した業績"
　尾野 順一(ダイハツ) "各種自動車およびその生産技術の研究開発を通じて, 永年にわたって自動車技術の向上発展に貢献した業績"

第40回(平2年)
◇浅原賞学術奨励賞
　高田 裕久(富士重工業) "「Antifrost System of Windshield」〔SAE Technical Paper Series 890024〕"
　杉浦 繁貴(トヨタ自動車) "「吸気系内流れの数値解析―第1報―新しい陽的差分法による多次元計算」〔自動車技術会論文集 42 1989〕「吸気系内流れの数値解析―第2報―新しい陽的差分法による3次元計算」〔同会学術講演会前刷集 891054〕"
◇浅原賞技術功労賞　該当者なし

◇論文賞
　堀 重雄, 阿部 次雄, 佐藤 辰二(交通安全公害研究所) "「三元触媒装着車から排出される未規制物質の研究―第1報―アンモニア排出特性の解析」〔自動車技術会論文集 40 1989〕"
　清水 健一, 池谷 忠司(機械技術研究所) "「雪氷路用タイヤの室内試験―第1報―試験機の開発と供試氷結路面の特性」〔自動車技術会論文集 38 1988〕"
◇技術開発賞
　井上 和雄, 長弘 憲一, 丸谷 武志, 梶谷 郁夫, 坂 勉(本田技研工業) "可変バルブタイミング・リフト機構の開発"
　山根 貴和, 谷本 義雄, 中浜 忠光(マツダ) "高仕上り塗装技術の開発"
　木津 龍平, 川口 裕, 横矢 雄二, 大橋 薫(トヨタ自動車), 大野 博之(アイシン精機) "アクティブサスペンションと四WSの総合制御システムの実用化"
　安間 徹, 南 清志(日産ディーゼル), 岡林 繁(日産自動車), 石川 知成, 神頭 忠夫(関東精器) "大型トラック用レーザ式追突警報装置の開発"
◇学術貢献賞
　Leonard Segel(ミシガン大学名誉教授) "車両運動力学の分野での基礎理論確立を初めとした体系的研究による自動車工学への貢献, 並びにわが国の技術者への研究指導に尽くした永年の功績"
　古浜 庄一(武蔵工業大学) "内燃機関のピストン系潤滑工学の進歩・発展, 並びに水素自動車の実用化への貢献"
◇技術貢献賞　関口 秀夫 "各種自動車の生産技術及び研究開発を通じて, 永年にわたり技術・品質の向上発展に貢献した業績"

第41回(平3年)
◇浅原賞学術奨励賞
　藤岡 健彦(東京大学) 「可変ダンパの制御方式に関する研究(VSS理論から見た車両振動制御)」
　山本 真規(トヨタ) 「後輪のアクティブ操舵による操舵応答性・外乱安定性の向上」
◇浅原賞技術功労賞　該当者なし
◇論文賞
　横田 治之(日産自動車工業), 神本 武征(東京工業大学), 小林 治樹(流体コンサルタント) 「画像計測による非定常濃噴霧の粒径測定に関する研究―第1報―噴霧全体のザウタ平均径の測定」

西脇 正明, 原田 宏, 岡村 広正, 池内 孝広 (トヨタ)「Study on Disc Brake Squeal」
安東 弘光, 竹村 純, 神品 英一 (三菱自動車工業)「A Knock Anticipating Strategy Basing on the Real-Time Combustion Mode Analysis」
◇技術開発賞
佐藤 宏毅, 神藤 宏明, 緒方 健二 (トヨタ), 寺岡 史法 (東海理化電機), 深堀 光彦 (ダイセルセイフティシステムズ)"機械着火式エアバッグシステムの開発"
本田 聖二, 児山 慎二, 中尾 秀高, 能丸 実 (日産)"インテリジェント車体組立システムの開発と実用化"
村上 拓也, 岩崎 均, 野口 博史 (日産)"新型マルチリンク式フロントサスペンション"
吉田 寛, 田中 忠夫, 山田 喜一, 西川 進, 谷 正紀 (三菱自動車工業)"駆動力制御システム (TCL) の開発"
◇学術貢献賞　該当者なし
◇技術貢献賞
石田 道夫 (東洋工機)"各種自動車の研究開発を通じて永年にわたり技術の向上・発展に貢献した業績"
園田 善三 (日産)"多年にわたる各種自動車の研究開発と広範囲にわたる開発体制の構築を通じ技術の進歩・発達に貢献した業績"

第42回 (平4年)
◇浅原賞学術奨励賞
山本 博之 (マツダ)「火炎伝播形態が燃焼および排気に及ぼす影響―サラウンドコンパッションプロセスによる排気特性改善」
堀之内 克年 (トヨタ)「数値計算による高油圧絞り部のキャビテーションの解析」
◇浅原賞技術功労賞　該当者なし
◇論文賞
中北 清己, 永岡 真, 藤川 武敏, 大沢 克幸 (トヨタ中央研究所), 山口 誉松 (名古屋工業大学)「Photographic and Three-Dimensional Numerical Studies of Diesel Soot Formation Process」
石川 博敏 (日本自動車研究所)「衝突時の車両運動に関する研究 (二次元衝突解析における負の反発係数と回転反発係数の導入)」
内藤 健, 高木 靖雄 (日産), 桑原 邦郎 (宇宙科学研究所)「高次精度差分法によるエンジン吸気・圧縮行程ガス流動場のシミュレーションによる定量化」
◇技術開発賞
北川 勝敏, 石川 宣勝, 浜本 徹, 大村 清治 (トヨタ), 山中 章 (日本電装)"電子制御油圧駆動クーリングファンシステムの開発"
矢野 法生 (コスモ総研), 湯橋 行男 (ビスコドライブジャパン), 寺岡 正夫 (栃木富士産業), 池沢 淳 (ダウコーニング)"ビスカスカップリングオイルの開発と実用化"
清田 雄彦, 岩本 裕彦, 安東 弘光, 福井 豊明 (三菱自動車工業)"縦渦層状吸気リーンバーンエンジン (MVV) の開発"
鈴木 孝幸, 茂森 政, 小池 哲夫, 小幡 篤臣 (日野自動車工業), 田島 敏伸 (東芝)"ディーゼル・電気新型ハイブリッドシステム採用の低公害, 低燃費大型バスの開発"
◇学術貢献賞　村山 正 (北海道大学)"内燃機関の燃焼及び排気に関する学術研究の進歩・発展に対する貢献"
◇技術貢献賞
天野 益夫 (愛知製鋼)"永年にわたり各種自動車技術・部品技術の研究開発及び車両開発を通じて自動車技術の向上・発展に貢献した業績"
小野 義一郎 (小野測器)"ディジタル技術発展のパイオニアであり独自で開発した数多くのディジタル計測器による自動車技術の進歩に対する多大の貢献"
中塚 武司 (いすゞ中央研究所)"各種自動車の研究・開発及び生産を通じ, 永年にわたり自動車技術の向上発展に貢献した業績"

第43回 (平5年)
◇浅原賞学術奨励賞
平坂 直人 (トヨタ)「A Simulation Method of Rear Axle Gear Noise」
中田 勉 (日産)「CARS法の燃焼室内未燃ガス温度測定への適用」
◇浅原賞技術功労賞　該当者なし
◇論文賞
石井 一洋 (東京大学), 塚本 達郎 (東京商船大学), 氏家 康成 (日本大学), 河野 通方 (東京大学)「Analysis of Ignition Mechanism of Combustible Mixtures by Composite Sparks」
常本 秀幸, 山田 貴延, 石谷 博美 (北見工業大学), 今野 安津志 (いすゞ)「直接噴射式ディーゼル機関無負荷運転時のHC気筒間変動」
中嶋 一博 (三菱自動車工業)

製造業　　　　　　　　　　　　　　　　　　　　　068　自動車技術会賞

「Measurement of Structural Attenuation of a Diesel Engine and its Applications for Reduction of Noise and Vibration」
◇技術開発賞
　野村 隆夫, 横井 利男, 西尾 武純, 岩井 久幸（トヨタ）, 河村 信也（トヨタテクニカルセンターUSA）"スーパー・オレフィン・バンパの開発"
　桑原 徹, 西本 浩二, 新谷 広二（いすゞ）, 荒木 健司, 斎藤 晃（住友金属工業）"永久磁石式軽量渦電流リタータの開発"
　金沢 賢（ホンダレーシング）, 赤木 正俊, 佐藤 勇夫, 神野 洋明, 深町 昌俊（本田技研工業）"楕円ピストンエンジンの開発"
　谷 正紀, 田中 忠夫, 清水 勝, 馬越 龍二, 谷本 清治（三菱自動車工業）"ファジィ制御を導入した新アクティブセーフティシステム（INVECS）の開発"
◇学術貢献賞
　佐藤 武（慶応義塾大学）"自動車乗員の安全工学及び人間工学に関する学術の進歩・発展への貢献"
　和栗 雄太郎（福岡大学）"ディーゼル機関の噴霧燃焼と内燃機関における潤滑の体系的研究による学術の進歩・発展への貢献"
◇技術貢献賞
　大浦 政弘（堀場製作所）"自動車排気ガス分析装置及び同試料採取装置等の関連装置の研究開発を通じて自動車の環境への適用, 発展に貢献"
　黒田 裕（慶応義塾大学）"多年にわたる自動車用内燃機関の研究開発及び幅広い学会活動と, 国際的な活動による自動車技術水準向上への貢献"
　武智 弘（福岡工業大学）"自動車用鋼板に関する材料科学研究と高性能自動車用鋼板の開発"

第44回（平6年）
◇浅原賞学術奨励賞
　降幡 健一（いすゞ中央研究所）「A Study of an Active System with Modal Control Algorithm」
　清水 里欧（トヨタ）「Measurement of Air-Fuel Mixture Distribution in a Gasoline Engine Using LIEF Technique」
◇浅原賞技術功労賞　村瀬 功　「エンジン関係の各種計測法及び計測装置の研究開発・普及業務を通して, 自動車技術の発展に貢献した永年の功績」

◇論文賞
　小林 伸治, 酒井 孝之（日本自動車研究所）, 中平 敏夫（いすゞ中央研究所）, 小森 正憲（日産ディーゼル）, 辻村 欽司（新エィシーイー）「Measurement of Flame Temperature Distribution in D.I.Diesel Engine with High Pressure Fuel Injection」
　三田 修三, 斎藤 昭則（豊田中央研究所）, 野平 英隆, 許斐 俊明, 村上 元一（トヨタ）「Scanning-LIF法によるピストンの油膜挙動の解析—計測システムの開発」
　下田 昌利（三菱自動車工業）, 畔上 秀幸（豊橋技術科学大学）, 桜井 俊明, 近藤 祐輔（三菱自動車工業）「Shape Optimization of Solid Structures Using the Growth-Strain Method-Applicaiton to Chassis Components」
◇技術開発賞
　藤沢 義和, 町田 恭一, 成重 丈志, 辻 誠（本田技研工業）"配向メッキ技術を応用したすべり軸受の高性能化研究と実用化"
　東畑 透（日産）, 荒川 卓也（愛知機械工業）"通常ダイカスト法によるアルミクローズドデッキシリンダーブロックの開発"
　芹野 洋一, 小山 原嗣, 河崎 稔, 森 和彦, 神田 睦美（トヨタ）"レーザクラッドバルブシートの開発"
　鈴木 孝之, 佐藤 明彦, 前田 義秀, 辻田 誠, 新井野 哲（日野自動車工業）"最適な遮熱率を備えた低燃費ディーゼルエンジンの開発"
◇学術貢献賞
　五味 努（上智大学）"4サイクル機関のガス交換と燃焼過程を考慮したサイクル論の確立によるエンジン性能論の発展に対する貢献"
　染谷 常雄（武蔵工業大学）"内燃機関の潤滑機構における省エネルギー技術の基礎研究と, 大気汚染の低減のための燃焼の基礎研究による環境改善への貢献"
◇技術貢献賞
　鈴木 孝（日野自動車工業）"永年にわたり各種自動車, 内燃機関の研究開発及び国際的な学会活動を通じて技術の進歩・発展に貢献した業績"
　田中 太郎（日本電装）"電子制御燃料噴射装置などの自動車部品の技術開発・実用化を通じた自動車技術の進歩への多大な貢献"

ビジネス・技術・産業の賞事典　　339

## 第45回(平7年)
◇浅原賞学術奨励賞
森吉 泰生(千葉大学)「シリンダ内空気流動における乱れとサイクル変動の予測」
河西 純一(いすゞ)「プラスチック部品の自動車部品への再生利用」
◇浅原賞技術功労賞　該当者なし
◇論文賞
張 瓏, 南 利貴, 高月 俊昭, 横田 克彦(いすゞ中央研究所)「An Analysis of the Combustion of a DI Diesel Engine by Photograph Processing」
北川 裕一, 萩原 一郎, 津田 政明(日産)「Development of a Collapse Mode Control Method for Side Members in Vehicle Collision」
島田 和彦, 芝端 康二(本田技研工業)「ヨーモーメントによる車両運動制御方法の評価」
◇技術開発賞
江村 順一, 柿崎 忍, 山岡 史之(ユニシアジェックス), 平井 敏郎, 安永 洋一(日産)"スカイフックダンパ理論に基づくセミアクティブサスペンションシステムの開発及び商品化"
木村 良幸, 大城 義孝, 鬼束 博, 関 建三, 後藤 隆治(日産)"新世代小型軽量V6エンジンの開発"
井口 哲, 松本 伸一, 原田 淳(トヨタ), 横田 幸治(豊田中央研究所), 笠原 光一(キャタラー工業)"NOx吸蔵還元型三元触媒付リーンバーンシステムの開発"
藤田 憲次郎, 八田 克弘, 沢山 稔, 臼杵 克俊, 近藤 薫(三菱自動車工業)"新型オートマチックトランスミッション(A/T)の先進制御技術の開発"
◇学術貢献賞
嶋本 譲(滋賀県立大学)"内燃機関におけるガス交換とシリンダ内ガス流動・噴霧に対する数値シミュレーション応用の進歩・発展への貢献"
井口 雅一(日本自動車研究所)"自動車の運動性能及び安全性向上, 並びに自動車交通システムに関わる学術の進歩・発展への貢献"
◇技術貢献賞
芹沢 良夫(ジャトコ)"多年にわたる自動車の安全に関する技術水準の向上, 及び自動車用変速機の普及への貢献"
揚妻 文夫(関東自動車工業)"永年にわたり各種自動車技術・部品の研究開発, 並びに車両開発を通じて自動車技術の向上・発展に貢献した業績"
中西 順三(ナブコ)"多年にわたる自動車用アンチロックブレーキの研究開発, 及びその普及活動による自動車用安全技術の向上への貢献"

## 第46回(平8年)
◇浅原賞学術奨励賞
酒井 英樹(トヨタ)「リヤサスペンション特性と車両運動性能の解析—第2報—ロールセンタ高が操縦応答に及ぼす影響」
平松 真知子(日産)「香りが覚醒に及ぼす効果の研究」
◇浅原賞技術功労賞
本杉 勝彦(オティックス)「乗用車用エンジンの開発。排出ガス対策の先駆的研究開発とその製品化を通して永年にわたり自動車技術の発展に尽くした功績」
高藤 勝(マツダ)「自動車材料の分析及び解析技術に関する永年の功績」
◇論文賞
田中 敏明, 井口 哲, 加藤 健治, 竹島 伸一(トヨタ), 横田 幸治(豊田中央研究所)「NOx吸蔵還元型三元触媒システムの開発—第2報—浄化メカニズムと触媒性能向上」
水野 吉一, 杉田 満, 岡本 裕, 小野 晃, 田中 正(大同メタル)「Fretting Phenomenon on Outer Surface of Connecting Rod Bearings for Automotive Engines.」
◇技術開発賞
伊藤 寛, 中村 信也, 河野 克己, 小嶋 昌洋(トヨタ), 大沢 正敬(豊田中央研究所)"高性能トルクコンバータの開発"
大原 敏夫, 下谷 昌宏(日本電装)"カーエアコン用高性能薄幅エバポレータの開発"
加藤 洋一郎, 立石 芳朗(日産)"FF車用新型マルチリングビーム式リヤサスペンションの開発"
崎川 忠, 松岡 洋司(ザナヴィ・インフォマティクス), 岸 則政, 渡部 真幸(日産)"「バードビュー」ナビゲーションシステムの開発"

## 第47回(平9年)
◇浅原賞学術奨励賞
石川 直也(いすゞ中央研究所)"ノズル噴孔出口形状がディーゼル噴霧の形成に及ぼす影響"
若松 清志(本田技術研究所)"Adaptive Yaw Rate Feedback 4WS with Friction

Coefficient Estimator between Tire and Road Surface"

◇論文賞
　青山 太郎(豊田中央研究所),佐藤 康夫(トヨタ自動車),服部 義昭,水田 準一(豊田中央研究所) "ガソリン予混合圧縮点火エンジンの研究"
　片山 硬(日本自動車研究所),阪井 和男(明治大学),橋本 博(日本自動車研究所) "自動車運転時のドライバーの脈波のゆらぎ"
　栗原 伸夫,石井 俊夫,紀村 博史,高久 豊(日立製作所) "相関法による三元触媒の性能劣化診断"
◇技術開発賞
　槌田 鉄男,大田 淳朗,加藤 正家,西本 幸正,松任 卓志(本田技術研究所) "二輪車用ブレーキの前・後輪連動化及びABS化技術の研究と量産車への適用"
　鈴木 邦彦,西尾 光司,原 智之(日産自動車),古川 真(フジユニバンス),村田 茂雄(日産自動車) "新世代電子制御式トルクスプリット四輪駆動システムの開発"
　松下 宗一,郷野 武(トヨタ自動車),斎藤 昭則(豊田中央研究所),佐藤 充功,沢田 大作(トヨタ自動車) "直噴ガソリンエンジンの開発"
　安東 弘光,岩本 裕宏,中山 修,野間 一俊,山内 孝樹(三菱自動車工業) "GDI(筒内噴射ガソリンエンジン)の開発"
◇技術貢献賞
　三浦 登(三星自動車) "乗用車の車体構造設計技術の先進化や車両の運動性能向上等の技術開発および幅広い学会活動等による自動車技術水準の向上に対する貢献"
　大西 利美(愛知工業大学) "永年にわたり,各種自動車の生産技術開発,生産体制の整備・拡充を通じ自動車技術の向上・発展に貢献した業績"

第48回(平10年)
◇浅原賞技術功労賞　中村 德彦(トヨタ自動車) "自動車用エンジンの先駆的研究開発と製品化を通して,永年にわたり自動車技術の発展に貢献"
◇論文賞
　奥村 健二,栗山 利彦(ダイハツ工業) "過渡的な横風空力解析手法の開発"
　木村 修二,小池 正生(日産自動車),松井 幸雄(東京工業大学) "小形DIディーゼル機関の新燃焼コンセプト/第1報―基本燃焼コンセプトの紹介/第2報―新コンセプト燃焼の多気筒機関への適用"
　石原 紀之,志水 英敏,西脇 正明(トヨタ自動車) "低周波数ブレーキ鳴きの実験解析"
◇技術開発賞
　八重樫 武久,上田 建仁,近藤 宏一(トヨタ自動車),中条 芳樹(トヨタテクノサービス),藤井 雄一(パナソニックEVエナジー) "ハイブリッドシステムの開発"
　藤川 匡,黒沢 実,吉田 賢二(日産自動車) "トルクコンバータ付大容量型ベルトCVTの開発"
　大高 秀績,高梨 等,根岸 秀夫(日野自動車工業),森田 正弘(イズミ工業) "中空耐摩環により冷却効率を向上させた低公害,低燃費,高信頼性ピストンの開発"
◇学術貢献賞　広安 博之(近畿大学) "ディーゼル機関における燃料噴霧,燃焼,排気の機構解明に関する学術の進歩発達への貢献"
◇技術貢献賞
　大橋 正昭(愛知製鋼) "永年にわたり,自動車部品の鋳造技術及び材料技術の研究開発を通して,自動車技術の向上・発展に貢献した業績"
　石川 康雄(トノックス) "乗用車シャシー性能向上等の技術開発や先進技術の商品化推進および永きにわたる学会活動等による自動車技術水準の向上に対する貢献"

第49回(平11年)
◇浅原賞学術奨励賞　佐野 慶一郎(スズキ) "ECRプラズマCVDによるプラスチック材料への硬質SiC薄膜の低温形成-第1報-ECRプラズマCVDによるプラスチック材料への硬質SiC薄膜の低温形成-第2報"
◇浅原賞技術功労賞　酒井 敏光(トヨタ自動車) "自動車の動力伝達系の先駆的研究開発と製品化を通して,永年にわたり自動車技術の発展に貢献"
◇論文賞
　堀之内 克年,内海 聖舟,加納 民夫,長原 芳尚,米川 隆(トヨタ自動車) "Handling Analysis with Vehicle Dynamics Simulator(シャシー動特性解析技術の開発)"
　桜井 実(日本自動車研究所) "オフセット前面衝突時の下肢傷害の発生状況に関する実験的検討"
◇技術開発賞
　間瀬 泰,佐藤 茂樹,村中 重夫,柳沢 隆,渡辺 雅広(日産自動車) "低温予混合燃焼を適用した高効率・低エミッション小型直噴

ディーゼルエンジンの開発"
川鍋 智彦, 赤崎 修介, 菊池 伸一, 岸 則行, 関 康成(日本技術研究所)"超低エミッションガソリンエンジンの開発"
小田 信行, 杉本 幸弘, 藤田 誠, 吉本 和幸(マツダ)"気体加圧複合化技術によるディーゼルエンジンピストンの開発"

◇技術貢献賞
彦坂 陞(いすゞ中央研究所)"自動車, 特に自動車用エンジンの研究・開発を通じ, 永年にわたり自動車技術の向上発展に貢献した業績. 2.自動車技術会, FISITAなど, 国内, 海外での学会活動による国際交流を通し, 自動車技術の向上発展に貢献した業績"
佐野 彰一(本田技術研究所)"競争用自動車の車体レイアウト及び懸架装置設計技術開発, 先進安全技術の研究開発, 先進運動制御技術の研究開発, 幅広い学会活動への貢献"

第50回(平12年)
◇浅原賞学術奨励賞
亀岡 敦志(日本自動車研究所)"ガソリンの芳香族および硫黄分が排出ガスに及ぼす影響"
首藤 登志夫(武蔵工業大学)"Analysis of Thermal Efficiency in a Hydrogen Premixed Spark Ignition Engine"

◇論文賞
小野 古志郎(日本自動車研究所), 稲見 聡(筑波大学), 金岡 恒治(東京厚生年金病院), 林 浩一郎"低速度追突における人間の頸椎挙動解析と傷害メカニズム"
高島 芳樹, 秋浜 一弘, 小川 忠男(豊田中央研究所), 塚崎 之弘(トヨタ自動車), 中北 清己(豊田中央研究所)"軽油性状がディーゼル排気に及ぼす影響"
田口 敏行, 稲垣 大(豊田中央研究所)"ドライバの運転疲労における上下振動の影響-ストレスホルモンを指標とした評価"

◇技術開発賞
高山 光直, 加藤 久人, 西幸 正明, 辻 俊考, 邨瀬 孝彦(愛知機械工業)"自動車用乾式複合ベルト式無段変速機の開発"
宮嶋 則義, 上村 幸男(デンソー), 内田 五郎, 加藤 行志(トヨタ自動車), 四方 一史(デンソー)"内外気2層エアコンユニットの開発"
福尾 幸一, 青木 薫, 梶原 滋正, 佐藤 浩光, 山口 徹朗(本田技術研究所)"超低燃費ハイブリッドパワートレインの開発"
菅野 一彦, 久村 春芳(日産自動車), 竹内 徹(ジャトコ・トランステクノロジー), 畑 一志(出光興産), 町田 尚(日本精工)"ダブルキャビティ方式トロイダル型CVTの開発"

第51回(平13年)
◇技術貢献賞 新宮 威一(ダイハツ工業)"安全・四輪駆動車並びに軽自動車の技術向上・発展への貢献"
◇浅原賞学術奨励賞
神田 靖典(マツダ)"トランスミッションギアノイズの解析技術"
蜂須賀 一郎(トヨタ自動車)"硫黄脱離特性に優れたNOX吸蔵還元型触媒の開発"
草鹿 仁(早稲田大学)"過濃混合気における多環芳香族及び微粒子の生成過程に関する研究"
小野 謙二(東京大学)"マルチレベルメッシュシステムを用いた流れの数値解析によるフロントグリル部通過冷却風量の予測"

◇論文賞
千田 二郎, 藤本 元(同志社大学)"液化CO2溶解燃料によるディーゼル機関のすす, NOXの同時低減"
岡本 裕(大同メタル工業), 青山 俊一, 牛嶋 研次(日産自動車), 北原 健(大同メタル工業), Hao Xu(Glacier Vandervell Ltd.)"A Study for Wear and Fatigue of Engine Bearings on Rig Test by Using Elastohydrodynamic Lubrication Analysis"
清水 康夫, 河合 俊岳, 杠 順司(本田技術研究所)"Improvement in driver-vehicle performance by varying steering gain with vehicle speed and steering angle：VGS(Variable Gear-ratio Steering System)"
小島 幸夫(科学警察研究所), 永井 正夫(東京農工大学)"初心運転者と熟練運転者の運転特性-第2報：カーブ区間での速度制御と方向制御"
北川 裕一, 市川 秀明(日産自動車), Albert I. King, Robert S. Levine(ウェインステート大学)"A Severe Ankle and Foot Injury in Frontal Crashes and Its Mechanism"

◇技術開発賞
杉本 竜雄, 福田 淳, 武藤 聡美(デンソー)

"クーリングモジュールの開発"
中野 史郎, 瀬川 雅也(光洋精工) "ステアバイワイヤ(SBW)開発による操舵性能及び車両挙動安全性の向上"
坂井 浩二(ヤマハ発動機) "相互連携ショックアブソーバシステム "REAS" の考案とその実用化"
杉原 啓之, 貴島 賢, 小湊 郁磨, 清水 隆治, 中川 裕登(日野自動車) "排気脈動を利用したディーゼルエンジン用低排出ガス・低燃費内部EGRシステムの開発"
古野 志健男, 安部 静生, 武田 啓壮(トヨタ自動車), 中島 樹志(日本自動車部品総合研究所), 橋爪 秀史(トヨタ自動車) "低排気エミッション直噴ガソリンエンジン"
吉田 傑, 秋山 朗彦, 今泉 厳, 岡元 雅義, 杉本 富史(本田技術研究所) "歩行者保護を目的とした車体構造と歩行者ダミーの開発"
杉本 富史, 金沢 好宣, 亀井 孝博, 田所 英俊, 本沢 養樹(本田技術研究所) "Gコントロール技術を応用した軽/小型車用新衝突安全ボディー"
木下 昌治, 西沢 公良, 山本 伸司(日産自動車) "ガソリンエンジンのゼロエミッション化技術の開発"

第52回(平14年)
◇技術貢献賞　和田 明広(アイシン精機) "環境技術, スペシャルティーカー開発, ブレーキ技術の向上発展への貢献"
◇浅原賞学術奨励賞
瀬戸 章文(産業技術総合研究所) "ディーゼル排ガス中のナノ粒子荷電状態及び微細構造"
山内 裕司(三菱自動車工業) "タイヤ空洞共鳴音に関する理論解析と走行中の改良手法の提案"
山本 建(日産自動車) "ハーフトロイダルCVTの伝達効率解析"
◇浅原賞技術功労賞　内村 孝彦(日産自動車) "国際統一側面衝突ダミー(World SID)の開発"
◇論文賞
堀井 光雄(日本自動車研究所), 飯田 修司(トヨタ自動車) "使用済み自動車シュレッダーダストの乾留ガス化技術の研究開発"
馬場 直樹(豊田中央研究所), 伊藤 隆晟(トヨタ自動車), 小島 晋爾, 松永 真一, 横田 幸治(豊田中央研究所) "Numerical Simulation of Deactivation Process of Three-way Catalytic Converters"
皆川 正明, 中原 淳(Honda R&D Europe (Deutschland) GmbH), 二宮 次郎(本田技術研究所) "A Vibration Transfer Reduction Technique, Making Use of the Directivity of the Force Transmitted from Road Surface to Tire"
安井 裕司, 赤崎 修介, 岩城 喜久, 上野 将樹(本田技術研究所) "Secondary O2 Feedback Using Predication and Identification Type Sliding Mode Control"
◇技術開発賞
森 一俊, 岡田 誠二, 河合 健二, 酒井 健次, 上滝 裕史(三菱自動車工業) "重量車用ディーゼルエンジンの低排出ガス・低燃費燃焼システムの開発"
大庭 秀洋, 近藤 宏一, 高岡 俊文(トヨタ自動車) "ミニバン用新ハイブリッドシステムの開発"
石川 卓, 荒瀬 智康, 小林 奬英, 兵道 義彦(トヨタ自動車) "燃料ベーパの発生を低減させるタンク(ブラダータンク)システムの開発"
清水 康夫, 河合 俊岳, 滝本 繁規, 杠 順司(本田技術研究所) "車速と操舵角に応じて変化するギヤ比特性を持つステアリングシステム(VGS)の開発"
梅田 敦司, 松原 慎一(デンソー) "車両用交流発電機の高性能化"
長村 弘法, 阿部 信男, 石野 安丈, 小川 王幸, 端無 憲(デンソー) "高性能長寿命イリジウムプラグの開発"
定野 温, 芥川 清, 知久 直弥, 渡辺 敏之(日産自動車) "直線路車線維持支援装置(レーンキープサポートシステム)の開発"

第53回(平15年)
◇技術貢献賞　塩見 正直 "環境技術, スペシャルティーカー開発, シャシー技術の向上発展への貢献"
◇浅原賞学術奨励賞
石川 仁司 "リップル電流によるモータ回転信号の抽出技術と車載用製品への応用"
吉澤 幸大 "エンジン吸排気系シミュレーションを活用したエミッションクリーン化に関する研究"
酒井 克博 "ケーブル式電動パワーステアリング搭載車の操縦性向上に関する研究"
◇浅原賞技術功労賞　鈴木 章 "車両及び駆動系の振動騒音性能と歯車設計技術に関する研究開発, 実用化を通して, 永年に亘

り自動車技術の発展に貢献"
◇論文賞
國嵜 康則 "A study on internal flow field of automotive torque converter - three dimensional flow analysis around a stator cascade of automotive torque converter by using PIV and CT techniques"
森川 弘二, 金子 誠, 伊藤 仁, 最首 陽平 "予混合圧縮着火ガソリン機関の研究(第1報)及び(第2報)"
毛利 宏, 白土 良太, 古性 裕之, 永井 正夫 "拡張カルマンフィルタを用いた車線追従制御の検討"
渡辺 正人, 服部 弘, 辻 孝之, 長岡 伸治 "ナイトビジョンシステムの開発"
◇技術開発賞
杉山 富夫, 内藤 将, 中村 靖紀 "積層O2センサ"
岡崎 昭仁, 荒木 修一, 西川 省吾, 佐々木 正和, 仁科 充広 "キャパシターハイブリッド中型トラックの開発"
岸 郷史, 古賀 英隆, 岩男 信幸, 山崎 淳, 岡本 壮史 "クラッチペダルレス新マニュアル変速システムの開発"
高木 浩之, 神谷 直樹, 横井 道治, 鈴木 将生, 中元 徳也 "車載用超小型モータの開発"
坪内 薫, 三輪 昭彦, 廣田 宣之 "新機構ブレーキアシストの開発(電子制御システム性能をメカニズムのみで達成した新機構ブレーキアシストの開発)"
池田 貞文, 中村 公尚, 得能 英通, 福田 光伸, 谷合 和博 "モータ式4輪駆動システム「e・4WD」の技術開発"
川本 親, 栃岡 孝宏, 杉本 健一郎, 小川 雅規 "構造部品用高強度射出成形ガラス長繊維強化複合材による機能統合モジュールの開発に関する業績"
佐藤 伸, 成田 慶一, 梶田 伸彦, 田中 裕久, 丹 功 "インテリジェント触媒の研究開発とその実用化(自己再生型自動車排ガス浄化触媒)"

第54回(平16年)
◇技術貢献賞 小西 正巳 "エンジン技術, 環境技術, 安全技術の向上発展に貢献"
◇浅原賞学術奨励賞
田中 重行 "A Reduced Chemical Kinetic Model for HCCI Combustion of Primary Reference Fuels in a Rapid Compression Machine"

鴻巣 敦宏 "Development of a Biofidelic Pedestrian Flexible Legform Impactor"
長谷川 亮 "HCCI Combustion in DI Diesel Engine"
◇論文賞
秋浜 一弘, 佐々木 静夫, 伊藤 丈和, 吉崎 康二, 稲垣 和久 "ディーゼル機関の無煙低温燃焼法(第1報, 第2報および第3報)"
渡邊 佳英, 原田 泰生, 上田 松栄, 浅野 明彦 "Optimization of Diesel Engine Aftertreatment System with a Model of Hydrocarbon Selective Catalyst Reduction (HC-SCR) and Evolutionary Programming"
平谷 康治, 長谷川 和也, 漆原 友則, 飯山 明裕, 伊東 輝行 "ガソリン圧縮自己着火エンジンの研究(運転成立範囲の拡大の可能性)"
広田 信也, 中谷 好一郎, 竹島 伸一, 田中 俊明, 堂前 和彦 "ディーゼルPM, NOx同時低減触媒システム"
宮田 学, 酒井 雅晴, 三石 康志 "車両空調用送風機の翼間流れ実験解析"
◇技術開発賞
菅野 一彦, 安保 佳寿, 早崎 康市 "3.5リッターエンジン対応/高トルクベルトCVTの開発"
高木 英夫, 福田 俊一, Chinmoy Pal, 戸畑 秀夫, 渡邊 康晴 "緊急ブレーキ感応型プリクラッシュ・シートベルト・システムの開発"
小高 賢二, 浦井 芳洋, 小田部 誠, 石山 眞人, 望月 和彦 "CMS(追突軽減ブレーキ)の開発"
松岡 英樹, 根本 浩臣, 高橋 彰, 井上 敏郎, 箕輪 聡 "気筒休止エンジン対応ハイブリッドNV制御技術の開発"
関森 俊幸, 北見 明朗, 佐藤 栄次, 灘 光博, 渡辺 敦 "トヨタハイブリッドシステムIIの開発"
藤田 浩一, 所 節夫, 藤波 宏明, 川崎 智哉, 加藤 秀樹 "プリクラッシュセーフティの開発"
辻田 誠, 細谷 満, 村松 俊克, 遠藤 真, 通阪 久貴 "大型商用車用超低排出ガスディーゼルエンジンの開発"

第55回(平17年)
◇学術貢献賞 神本 武征 "内燃機関, 特にディーゼル機関の燃焼の光学計測に関する長年の学術的貢献"

◇技術貢献賞　花岡 正紀　"エンジン技術，環境技術，自動車全般技術の向上発展に貢献"
◇浅原賞学術奨励賞
　川野 大輔　"低エミッション・燃焼制御のための燃料設計コンセプト：第4報"
　福原 千絵　"ドライビングシミュレータによる"加速感"の官能評価—緩加速追従走行時の"加速感"評価における交互作用の定量化—"
　佐藤 博之　"Development of Traction Motor for Fuel Cell Vehicle"
　寺地 淳　"火花点火式内燃機関における火炎伝播モデルの開発"
◇浅原賞技術功労賞　寺谷 達夫　"車載電子システムの開発・設計・評価業務におけるカーエレクトロニクス分野の信頼性確保，および先進環境対応システムや次世代電源（42V）に関する開発，実用化を通して，永年にわたり自動車技術の発展に貢献"
◇論文賞
　中本 一彦，渥美 文治，小寺 治行，金森 等　"乗降時の筋負担定量化研究"
　中北 清己，渡部 哲，稲垣 和久，高須 施閒　"LIIによるディーゼル筒内スートの定量測定"
　千田 二郎，伊藤 貴之，藤本 元，北村 高明　"含酸素燃料のすす生成抑制効果に関する化学反応論的解析（第3報-第4報）"
　岡部 顕史，冨岡 昇，澤村 崇　"面内荷重に対するスポット溶接構造の公称構造応力算出方法"
　佐藤 吉信，川原 卓也，鈴木 桂ရ，山田 喜一　"運転パフォーマンスの変動を考慮した運転支援システムの確率モデルの検討"
　徳永 裕之，瀧本 繁規，清水 康夫，柴田 耕一，見坐地 一人　"Vehicle Dynamics Evaluation by "Analytical Method of Equivalent Linear System using the Restoring Force Model of Power Function Type""
　後藤 博之，甲田 豊，堀江 薫，小川 賢　"DEVELOPMENT OF A HIGH PERFORMANCE AND HIGH FUEL ECONOMY FOUR-VALVE DIRECT-INJECTION ENGINE WITH i-VTEC MECHANISM"
　吉田 誠，永濱 睦久，田中 敏行，新明 正弘，渡辺 陽一郎　"歯面強度に優れた浸炭窒化歯車用鋼の開発"
◇技術開発賞
　山口 克之，服部 義和，鯉渕 健，深谷 克己，梶田 尚志　"車両運動統合制御システムの開発"
　鈴木 延明，石塚 哲，秋田 憲宏，張 鐘植　"低コスト・高性能エキゾーストマニホールドの提供を可能にしたバナジウム鋳鉄の開発"
　都築 史和，菅野 義久，亀崎 誠，山口 栄二，黒木 俊昭　"鋳造同時接合による大型トラック用アクスルハウジングのFCD（球状黒鉛鋳鉄）化"
　林 暢彦，山本 康，成田 裕正，前本 貴宏，江原 達彦　"商用車用AMT（Automated Manual Transmission）システムの開発"
　三浦 昭憲，堀江 恒行，赤川 久，栗田 弘之，高木 起浩　"尿素選択還元触媒搭載新長期排出ガス規制適合大型トラックの開発"
　佐藤 行，戸澤 正洋，瀬戸 陽治，渡辺 隆行，井田 崇之　"低速度追従機能付きACC（アダプティブクルーズコントロール）の開発"
　森 淳，芝端 康二，北村 克弘，本多 健司，大熊 信司　"四輪駆動力自在制御システムの開発"
　鵜浦 清純，池田 哲夫，近藤 聡，石田 真之助，田中 潤　"インテリジェントドライバーサポートシステムの開発"

第56回（平18年）
◇技術貢献賞
　中川 哲　"エンジン・環境・情報通信技術ならびに社外団体活動を通じて自動車技術と社会に貢献"
　鈴木 孝幸　"ディーゼルエンジンの性能・信頼性向上，及び環境負荷低減技術の向上・発展に貢献"
◇浅原賞学術奨励賞
　山内 崇史　"Detailed Surface Reaction Model for Three-Way Catalyst and NOx Storage Reduction Catalyst"
　小熊 光晴　"DME直噴ディーゼルエンジンのPM解析—化学分析によるSOF成分の評価—"
　下城 孝名子　"New Concept Sliding Mode Control for AMT"
　山岡 士朗　"ガソリンHCCI制御システムの開発（第1報，第2報）"
◇浅原賞技術功労賞
　星 博彦　"自動車用燃料業務および周辺技術に永年従事し，低公害自動車技術の進展に寄与"
　清水 多恵子　"自動車排ガス分析技術およ

び有害物質低減技術の研究開発に関する永年の功績"

◇論文賞

漆原 友則, 柴田 元, 仲野 剛, 尾山 宏次 "燃料の組成がHCCIエンジンの燃焼特性に与える影響"

三沢 昌宏, 長田 英朗, 青柳 友三, 小高 松男, 広沢 友章 "単気筒エンジンによる超高過給ディーゼル燃焼の研究(第2報)"

塚 義友, 竹内 良彦, 三好 慶और, 斎木 康平 "トランスミッションギヤの小歯数化"

寺地 淳, 宮窪 博史, 山口 浩一, 漆原 友則, 吉澤 幸大 "ガソリン圧縮自己着火エンジンの運転領域高負荷化に関する研究"

牧田 匡史, Chinmoy Pal "カーツーカーコンパティビリティのための車両間インタラクションの分析・評価手法の検討"

西村 輝一, 島崎 直基 "上死点近傍燃料噴射による予混合ディーゼル燃焼コンセプト"

祖山 均, 坂 真澄, 佐々木 圭, 斎藤 建一 "キャビテーション・ショットレス・ピーニングによる金属材料の疲労強度向上"

◇技術開発賞

鈴村 将人, 藤田 好隆, 小城 隆博, 土屋 義明, 佐久川 純 "アクティブステアリングを統合した車両運動制御システム"

坂井 浩二, 佐藤 正浩, 近藤 勝広, 沢井 誠二 "自動車用車体制振ダンパーの開発"

新村 公秋, 松井 靖浩, 高林 勝, 小澤 芳裕, 棚橋 方明 "ISOおよび国内技術基準/J-NCAP仕様を満足する歩行者頭部インパクタの開発"

石川 日出夫, 図師 耕治, 朝倉 啓之, 川地 利明 "鉛フリー三層軸受の開発"

垪 邦彦, 西口 勝也, 玄蕃 俊行, 高瀬 健志, 庄司 庸平 "鉄-アルミニウム摩擦点接合技術の開発"

橋本 英樹, 服部 弘, 渡辺 正人, 長岡 伸治, 辻 孝之 "夜間の歩行者認知支援システムの開発"

藤原 幹夫, 浅木 泰昭, 澤村 和同, 野口 勝三, 高橋 誠幸 "V型6気筒可変シリンダシステムエンジンの開発"

川野 裕司, 堤 和彦, 田口 元久, 新條 出, 池内 正之 "高温安定性に優れた高精度車載用GMR回転センサの開発"

第57回(平19年)

◇技術貢献賞

高原 正雄 "自動車および装置・部品の高信頼性設計技術の向上発展に貢献"

田中 正 "自動車用エンジン軸受の研究・開発によりエンジン性能の向上・発展に貢献"

◇浅原賞学術奨励賞

髙橋 幸宏 "Analysis of a fuel liquid film thickness on the intake port and combustion chamber of a Port Fuel Injection Engine"

今村 大地 "Adaptability of Sulfur-free Odorous Compounds to Hydrogen Odorants for Fuel Cell Vehicles"

志茂 大輔 "EM Reduction by a Large Amount of EGR and Excessive Cooled Intake Gas in Diesel Engines"

谷畑 昭人 "ダイカスト製法を用いたピストン材料の高強度化"

◇浅原賞技術功労賞 大畠 明 "自動車用エンジンの制御および制御システム開発環境構築に大きく貢献"

◇論文賞

政所 良行, 馬場 直樹, 髙島 芳樹, 中野 道王 "残留ガス制御による2ストローク・ガソリンHCCI燃焼(第1報~第4報)"

久保田 正博, 毛利 宏, 長柄 奈美 "過渡的な操舵力アシスト特性が車両運動に及ぼす影響"

水谷 竜彦, 畑 祐志, 渡邉 秀人, 小嶋 昌洋 "FF SUV用 新ハイブリッドトランスミッションの開発"

山前 康夫, 安木 剛 "歩行者保護脚部インパクター挙動の考察"

浦田 泰弘, 高沢 正信, 柿沼 隆, 粟坂 守良, 高梨 淳一 "電磁式自在バルブタイミング機構を備えたガソリン圧縮着火エンジンの研究~"気筒間EGR過給システム"による高負荷運転範囲拡大~"

青柳 友三, 石井 素, 後藤 雄一, 首藤 登志夫, 野田 明 "エタノール添加によるバイオディーゼル燃料の低温流動性向上および黒煙排出低減に関する研究"

古田 智史, 大森 敬朗, 瀬戸 浩志, 野村 守, 那須野 一八 "最新小型ディーゼル車の低温運転性に及ぼす燃料供給システムの影響"

橋本 英樹, 長岡 伸治, 辻 孝之 "夜間の歩行者認知支援システムの開発"

◇技術開発賞

永露 敏弥, 黒江 毅, 飯島 聡, 並木 秀夫, 南 秀美 "世界初の二輪車用エアバッグの研究開発と量産car への適用"

奥田 紗知子, 馬渕 豊, 和泉 博之, 早坂 宏樹, 出羽 孝洋 "エンジン用水素フリーDLCバ

ルブリフター及び5W30GF4省燃費油の開発"

都築 尚幸, 松本 修一, 沖 守, 石坂 一義 "180MPaピエゾコモンレールシステム"

渡辺 正五, 鈴木 仁治 "水素・燃料電池自動車安全性評価試験設備(Hy-SEF)を完成"

図師 耕治, 酒井 健至, 菅原 博之, 丹羽 正幸 "鉛フリー高荷重用ピストンピンブシュの開発"

吉田 敏弘, 山田 光夫, 重永 勉 "環境にやさしい高付き回り電着塗料の開発および実用化"

山中 章弘, 足立 昌俊, 服部 宏之, 廣中 良臣, 和久田 聡 "FR(後輪駆動)乗用車用ハイブリッドシステムの開発"

村上 真一, 梶原 滋正, 渡辺 勝志, 矢田 茂, 山野 順司 "低燃費・低エミッション新型1.8L吸気遅閉じ可変動弁機構エンジンの開発"

第58回(平20年)
◇技術貢献賞
藤澤 英也 "コモンレールシステムなどの電子制御燃料噴射装置の技術開発・実用化に多大な貢献"

森田 章義 "材料技術を基本とした革新加工技術の開発、実用化により自動車技術と社会に貢献"

◇浅原賞学術奨励賞
吉田 耕平 "Development of NOx Reduction System for Diesel Aftertreatment with Sulfur Trap Catalyst"

飯島 晃良 "発光・吸収計測による予混合圧縮着火燃焼の研究"

大庭 吉裕 "EPSの慣性モーメント制御における安定性について"

◇浅原賞技術功労賞 植田 文雄 "自動車用燃料潤滑油開発業務及び規格策定等に永年従事し、自動車環境技術の進展に寄与"

◇論文賞
佐藤 進, 山下 大輔, 飯田 訓正 "予混合圧縮自己着火燃焼に及ぼす燃料成分の影響(第1報・第2報)"

茨木 茂, 川尻 正吾, 高橋 和也, 馬場 剛志, 遠藤 恒雄 "ランキンサイクルを用いた車載用廃熱回生システムの研究"

伊佐治 和美, 津留 直彦, 土居 俊一, 和田 隆広, 金子 弘 "前後方向の接近に伴う危険状態評価に関する研究(第1報)"

島田 宗勝, 松岡 敏光, 浦本 清弘, 大和田 優,

尾谷 敬造 "電磁鋼板の部分強化技術"

倉橋 哲郎, 大桑 政幸, 坂口 靖雄, 名切 末晴, 瀬口 裕幸 "一般路走行時におけるドライバの減速開始タイミングの解析"

鈴木 研二, 原田 浩一郎, 山田 啓司, 岡本 謙治, 高見 明秀 "Study on Low Temperature Oxidation of Diesel Particulate Matters by Oxygen Storage Component for the Catalyzed Diesel Particulate Filter"

熊谷 孝士, 小河 俊朗, 城岡 正和, 大鉢 次郎 "自動車衝突解析用スポット溶接の破断モデルの開発"

伊東 明美, 土橋 敬市, 中村 正明 "ディーゼルエンジンのオイル消費メカニズムに関する研究(第5報、第6報)"

◇技術開発賞
伊原 徹, Andreas Wingert, 山本 恵一, 樋口 伸一 "運転注意力モニタの開発"

酒井 和彦, 金岡 晃廣, 菅原 大輔, 大泉 謙, 鈴木 政康 "車両上方から見下ろしたビューによる駐車アシスト用カメラシステムの世界初の実用化"

佐々木 勝, 石田 裕之, 米山 正敏, 渡辺 紳也, 毛利 文彦 "LEDヘッドランプの研究開発と世界初の量産車への搭載"

木賀 新一, 赤坂 裕三, 有永 毅, 伊勢木 淳, 鈴木 千里 "エンジンバルブ作動角・リフト量連続可変システムの開発"

嶋本 雅夫, 渡瀬 久朗, 田中 久永, 福元 浩二 "軽自動車用インプットリダクション方式3軸ギヤトレーンCVTの開発"

吉原 裕二, 川竹 勝則, 山田 哲, 濱村 芳彦, 不破 直秀 "新開発連続バルブリフト可変機構付ガソリンエンジンの開発"

澤瀬 薫, 後田 祐一, 三浦 隆未, 林川 一史, 本山 廉夫 "駆動力と制動力を利用した車両運動統合制御システムの開発"

立入 良一, 白木 崇裕, 斎藤 信行, 杉浦 敏充, 渡辺 多佳志 "シフト連動機能付きEPB(Electric Parking Brake)の開発"

第59回(平21年)
◇学術貢献賞
藤本 元(同志社大学) "燃料噴霧およびその燃焼に関する基礎研究により内燃機関の発展に多大な貢献"

豊田 周平(トヨタ紡織) "低燃費と走行安定性の開発、内装品やエンジン部品の開発で自動車技術と社会に貢献"

坂本 雅昭(大同メタル工業) "自動車用エンジン軸受の研究・開発によりエンジン

の高性能化、長寿命化に貢献"
◇浅原学術奨励賞
　福井 健二(豊田中央研究所) "内部EGR分布計測技術の開発(第2報)"
　高田 健太郎(本田技術研究所) "焼結鍛造コネクティングロッドの疲労強度向上技術"
　小竹 元基(東京大学大学院) "自動車乗降時における骨盤周りの身体負担解析と負担評価モデルの構築"
　田川 傑(財団法人日本自動車研究所) "交差点での追突事故に関する人的要因の実験検討"
◇浅原技術功労賞　加納 重人(トヨタ自動車) "自動車の強度信頼性研究開発および車両開発に永年従事し、自動車の信頼性向上に寄与"
◇論文賞
　柴田 元(新日本石油)、漆原 友則(日産自動車) "燃料によるHCCIエンジンの運転性能改善に関する研究"
　李 鉄、鈴木 勝、首藤 登志夫、小川 英之(北海道大学大学院) "大量EGR低温ディーゼル燃焼の混合気形成および燃焼特性に及ぼすセタン価の影響"
　稲垣 和久、冬頭 孝之、西川 一明、中北 清己(豊田中央研究所)、阪田 一郎(トヨタ自動車) "2燃料成層自着火による高効率PCCI燃焼(第1報)"
　加藤 芳章、山﨑 正明(ジヤトコ)、中原 綱光(東京工業大学)、市橋 俊彦(出光興産) "エレメント・プーリ間μ向上によるベルトCVT伝達効率向上"
　皆川 正明(慶應義塾大学) "車体のロールを考慮に入れた3自由度車両モデルのモデルコンセプト"
　堤 陽次郎、丸山 一幸、櫛田 和光(本田技術研究所) "二輪車の被視認性を向上させるLONG灯火器システム"
　平尾 章成、北崎 智之(日産自動車)、山崎 信寿(慶應義塾大学) "生体力学的負荷に着目した疲労低減運転姿勢の開発"
　石橋 基範(マツダ)、大桑 政幸(豊田中央研究所)、土居 俊一(香川大学)、赤松 幹之(独立行政法人産業技術総合研究所) "運転スタイルの指標化と追従運転行動"
　森田 賢治、島村 和樹(財団法人日本自動車研究所) "HILSを用いた重量HEV燃費・排出ガス試験法(第3報)—HEVモデル標準化と試験手順確立—"
◇技術開発賞

　片岡 拓也、熊田 辰己(デンソー) "マトリックスIRセンサシステムの開発"
　茂木 恵美子、溝根 哲也、西谷 広滋、長谷 裕之(本田技術研究所)、水谷 保(東洋ゴム工業) "転がり抵抗・制動距離性能向上のためのタイヤトレッドゴムの粘弾性特性の最適化"
　齊藤 信広、菊池 英明、杉田 成利、稲井 滋、浅野 洋一(本田技術研究所) "自動車用小型燃料電池スタックの開発"
　藤井 秀紀、岡 知生(本田技術研究所)、高木 英俊、渡辺 享(富山合金) "生産エネルギーを低減した高生産性・高強度鍛造ピストン材料の開発"
　山中 章、安部井 淳(デンソー) "ハイブリッド車PCUの小型高出力化のための、素子を両面から冷やす新構造冷却器の開発"
　白河 暁、糸山 浩之、平本 純章、倉石 竜雄、田中 芳彰(日産自動車) "国内ポスト新長期排気規制対応 2.0L 直噴ディーゼルエンジンの開発"
　谷合 和博、奥村 拓洋、岸 郷史、杉立 晴彦、片倉 丈嗣(日産自動車) "世界初独立型トランスアクスル4WDシステムの開発"
　原田 浩一郎、山田 啓司、藤田 弘輝、岡本 謙治、高見 明秀(マツダ) "酸素イオン伝導材を用いた高性能パティキュレート燃焼触媒の開発"

第60回(平22年)
◇技術貢献賞　渡邉 浩之(トヨタ自動車) "安全、環境、情報等自動車全般において自動車技術と社会に貢献"
◇浅原賞学術奨励賞
　村田 豊(本田技術研究所) "尿素SCRシステムのNOx浄化率向上に関する研究"
　萬 菜穂子(マツダ) "Absorption Technique for Road Noise"
　三好 誠治(マツダ) "Development of PGM single nano catalyst technology"
　松田 佳之(財団法人日本自動車研究所) "燃料電池の水素循環系における不純物の濃縮挙動"
◇浅原賞技術功労賞　井上 高志(トヨタ自動車) "自動車用内燃機関開発業務に永年従事し、自動車信頼性向上、燃料消費低減、低公害化に寄与"
◇論文賞
　石田 健二、伊藤 晶子、木村 禎祐(デンソー) "顔画像の観察分析に基づいた眠気表情の特徴を表す因子に関する研究"

製造業

横井 大亮（元 東洋ゴム工業），河村 和彦（TOYO TIRE EUROPE GmbH）"μバリエーションとタイヤ特性の関係について"

宮田 慎司（日本精工），Bernd-Robert Hohn, Klaus Michaelis, Oliver Kreil（ミュンヘン工科大学）"トロイダル形無段変速機のトラクション接触面内部における発熱解析"

鈴木 達也（名古屋大学），秋田 敏和（デンソー），中野 暁斗（トヨタ自動車），早川 聡一郎（三重大学），稲垣 伸吉（名古屋大学）"モード分割に基づく前方車追従行動のモデル化とアシスト系設計への応用"

江村 雅彦，滝澤 敏，樋口 英生，岩部 竜男（本田技術研究所）"車対車の側面衝突時におけるコンパティビリティ性能に関する研究"

上田 松栄，稲垣 和久，水田 準一，白木 睦生（豊田中央研究所），中山 茂樹（トヨタ自動車）"サイクルシミュレーションによるディーゼル燃焼の過渡性能予測（第1報）-マルチゾーンPDFモデルを用いた燃焼予測法の開発-（第2報）-燃焼モデルを利用した加速時エンジン性能推定-"

山脇 茂，清水 康夫，渡辺 勝治（本田技術研究所）"EPS用1条ウォームギヤのかみ合いトルク変動低減に関する一考察"

石川 直也，工藤 和昭（いすゞ中央研究所）"低NOx予混合燃焼方式の多気筒ディーゼルエンジンへの適用（第5報）-二段ターボチャージャーによる排出ガス低減に関する研究-"

鶴島 理史（日産自動車）"3次元HCCIシミュレーションのためのPRF用化学反応モデルの開発"

◇技術開発賞

橘 学，岡崎 一也，坂根 智昭，高橋 大輔，八角 恭介（日産自動車）"人を科学した高品質内装の開発"

中村 雅紀，若松 広憲，菅 克雄，柴田 勝弘，柴山 晴彦（日産自動車）"貴金属使用量低減を可能とする超微細貴金属触媒技術の開発"

江里口 磨，里村 聡，伊藤 浩永，秋山 直之，広瀬 隆（富士重工業）"乗用車用チェーン式縦置きCVTの開発"

三石 康志（日本自動車部品総合研究所），酒井 雅晴，落合 利徳（デンソー）"翼間流れの均一化に着目した，車両空調用小型高性能送風機の開発と実用化"

高野 義昭，押谷 洋，五丁 美歌，中村 友彦，石坂 直久（デンソー）"エネルギー回収により飛躍的に空調動力を低減するエジェクタシステムの開発"

吉田 裕明，岩男 明信，和田 憲一郎，戸塚 裕治（三菱自動車工業）"高性能リチウムイオン電池を搭載した，新世代電気自動車の開発・実用化"

猿渡 健一郎（マツダ）"独自の燃焼を主としたエンジン再始動方式を有するアイドリングストップ技術の開発"

高橋 剛，木崎 幹士，近藤 政彰，滝 正佳，川原 竜也（トヨタ自動車）"優れた氷点下始動性と実用航続距離を実現した新型燃料電池ハイブリッドシステムの開発"

## 069　JAGDA賞

各年度の優れたグラフィックデザインを表彰・記録していくことを，JAGDAの重要な活動の1つととらえ，平成20年より創設（初年度名称は「JAGDAカテゴリー賞」）。年鑑「Graphic Design in Japan」の全出品作品を通して「特に優れたグラフィックデザイン」作品に授与．

【主催者】（社）日本グラフィックデザイナー協会

【選考委員】（平成22年）青木克憲，井上嗣也，葛西薫，菊地敦己，古平正義，佐藤可士和，佐藤晃一，佐藤卓，佐野研二郎，澤田泰廣，澁谷克彦，永井一史，永井一正，仲條正義，長友啓典，中村至男，日高英輝，平野敬子，平林奈緒美，松下計，松永真，三木健，水野学，森本千絵，山田英二，渡邉良重

【選考方法】JAGDA会員から募集

【選考基準】〔資格〕年鑑「Graphic Design in Japan」に出品したJAGDA会員。〔対象〕前年10月から当年10月の間に制作または発表された作品。〔出品料〕1作品につき2000円

【締切・発表】毎年，締切は10月頃，翌年6月発行の年鑑「Graphic Design in Japan」誌上で発

表。JAGDA賞をはじめとした、年鑑入選作品展「日本のグラフィックデザイン」を六本木の東京ミッドタウン・デザインハブで開催

【賞・賞金】5作品以内。賞状授与。受賞作品は年鑑「Graphic Design in Japan」巻頭に掲載

【URL】http://www.jagda.org/

(平20年)
◇JAGDA ポスター賞 2008　服部 一成(服部一成)「グラフィックトライアル2007」
◇JAGDA ジェネラルグラフィック賞 2008　岡室 健(博報堂)「FEEL TYPE」
◇JAGDA VI賞 2008　佐藤 卓(佐藤卓デザイン事務所)「21_21 DESIGN SIGHT VI」
◇JAGDA ブックデザイン賞 2008　仲條 正義(仲條デザイン事務所)「花椿 No.677-688」
◇JAGDA パッケージ賞 2008　福岡 南央子(ドラフト)「世界のKitchenから」
◇JAGDA 雑誌広告賞 2008　澁谷 克彦(資生堂)「SHISEIDO」
◇JAGDA モーショングラフィック賞 2008　葛西 薫(サン・アド)「UNITED ARROWS "lungo"」
◇JAGDA 環境・空間賞 2008　葛西 薫(サン・アド)「とらや東京ミッドタウン店」

(平21年)
色部 義昭(日本デザインセンター)「ポスター『6 sense』」
永井 一正(日本デザインセンター)「ポスター『LIFE』」
佐藤 卓(佐藤卓デザイン事務所)「ポスター『PLEATS PLEASE ISSEY MIYAKE BRAND AD 2009』」
仲條 正義(仲條デザイン事務所)「カレンダー『Graphic arts of Japan：4 春秋六曲」」
佐藤 卓(佐藤卓デザイン事務所)「パッケージ『PLEATS PLEASE ISSEY MIYAKE COLORED PENCILS LIMITED BOX 2008』」

(平22年)
仲條 正義(仲條デザイン事務所)「ポスター『仲條服部八丁目心中〈髑髏〉』」
植原 亮輔、渡邉 良重(ドラフト)「ジェネラルグラフィック『HOTEL BUTTERFLY』」
澁谷 克彦(資生堂)「ポスター『SHISEIDO』」
浅葉 克己(浅葉克己デザイン室)「ジェネラルグラフィック『浅葉克己日記』」
植原 亮輔、渡邉 良重(ドラフト)「VIおよびジェネラルグラフィック『PASS THE BATON』」

(平23年)
廣村 正彰　環境・空間「9h nine hours 京都寺町」
渡邉 良重　ジェネラルグラフィック「12Letters」
服部 一成　ブック・エディトリアル「ロトチェンコ+ステパーノワ—ロシア構成主義のまなざし—」
鎌田 順也　パッケージ「三木田りんご園」
北川 一成　ポスター「北川一成」

---

## 070　ジャパン・テキスタイル・コンテスト

「次代のテキスタイル産業を担う人材の発掘・育成」をテーマに、本コンテストを通じ、テキスタイル産業における技術力・デザイン力・マーケティング力などの強化と、それを支える人材の育成を図り、ビジネスチャンスの拡大と世界への発信を目指している。平成4年より開始された。

【主催者】ジャパン・テキスタイル・コンテスト開催委員会

【選考委員】(平成21年)審査委員長：車純子(OFFICE KURUMA テキスタイルコーディネーター)、審査員：大関徹(文化女子大学造形学部教授)、小森美穂子(ファッション・ディレクター コーディネーター)、竹内忠男(文化ファッション大学院大学ファッションビジネス研究科教授)、中口万寿代(モンリーブ 商品企画部テキスタイル企画)

製造業　　　　　　　　　　　　　　　　　　　　　070　ジャパン・テキスタイル・コンテスト

【選考方法】一次審査として優秀作品（おおよそ合計50点以内）を選出し，二次審査としてその中からグランプリをはじめ各賞を選出する
【選考基準】〔資格〕国内外を問わず，応募者の資格も一切不問。〔作品規定〕洋服など明確な用途を狙って企画，製作されたテキスタイルで未発表のもの。素材の種類混率は問わず，応募点数は1人3点まで。幅30cm以上，長さ2m〜3mで応募者が企画生産したテキスタイルの現物であること。ただし学生はサイズフリー
【締切・発表】2009の場合，作品受付平成21年12月1日〜20日必着。審査会平成22年1月13日〜14日，表彰式2月3日，優秀作品展2月3日〜7日
【賞・賞金】一般の部 グランプリ（1点）：賞金50万円。準グランプリ（1点）：賞金20万円。デザイン賞（2点）：賞金10万円。テクノロジー賞（2点）：賞金10万円。トレンド賞（2点）：賞金10万円。ウール賞（5点）：賞金5万円。尾州賞（5点）：賞金5万円。入選（20点）：奨励金3万円。学生の部 スプラウト賞（1点）：賞金20万円。シーズ賞（10点）：賞金3万円。奨励賞（10点）：賞金1万円
【URL】http://www.fdc138.com/jtc/

第1回（平4年）
◇紳士服地　村松 洋三（長谷川毛織）"ハリのあるタッチで風合感もよい。一枚仕立の柔らかい仕立に合う。ソフトジャケット用"
◇婦人服地　河北 祥幸（鈴憲毛織）"表がドライ裏がソフトのダブルフェースに仕上げられている。安定した出来栄え"

第2回（平5年）
◇紳士服地　古田 成史（木玉毛織）
◇婦人服地　古川 直子（みやしん・生産企画）

第3回（平6年）
◇紳士服地　太田 佳孝（丸音織物）"グランプリでありながら非常にトレンドであり，今の服のデザインにピッタリとはまる素材であり，風合と質感のバランスがマッチしている"
◇婦人服地　山崎 宏樹（山崎ビロード工業）"このところブームを呼んだベルベットがグランプリに輝いた。薄地の和紙感覚の仕事は，ベルベット表現に新しい視野を切り開いている"

第4回（平7年）
◇紳士服地　古田 成史（木玉毛織）「サイバー・シック」
◇婦人服地　丹羽 正蔵（丹羽正毛織工場）"新しい質感の創造，逆説的な発想の物造り。本来ソフトであるウールをペーパーライクに仕上げた作者のパラドックス的発想，その質感をみごとに表現している"

第5回（平8年）
◇紳士服地　水谷 英二（みづほ興業）"ナイロンとウールという馴染み深い複合を取り上げながら，両者のそれぞれの表情を生かしつつ対話させるという，繊細な企画意図は卓越している"
◇婦人服地　棚橋 正亘（中伝毛織）「清流」

第6回（平9年）
◇紳士服地　松山 繁美（ウラセ）「バーンクロス」
◇婦人服地　古田 裕香（宮田毛織工業）「懐古」

第7回（平10年）
◇紳士服地　内藤 篤二（野村産業）「風雪」
◇婦人服地　該当なし

第8回（平11年）
◇紳士服地　森 益一「Argento」
◇婦人服地　橋本 光正（野村産業）「Sheen」

第9回（平12年）　加藤 稔（神田毛織）「ele-su-gabardine」（エレガントスーパーギャバジン）

第10回（平13年）　湯浅 益雄（三星毛糸）「トリプルシェード」

第11回（平14年）　安藤 吉孝（早善織物）「ウイング」

（平15年度）JTC2003
◇グランプリ（経済産業大臣賞）　志知 孝信（早善織物）「ゆるウェーヴ」
◇準グランプリ（中小企業庁長官賞）　羽田野 誠（みづほ興業）「アンティーク加工」
◇デザイン賞　Luc Druez（LcD）「SCREEN3/SCREEN4」
◇テクノロジー賞　古谷 稔（兵庫県立工業技

術センター）「よこ糸が曲がった織物・サッカー調」
◇トレンド賞　苗代 次郎（美希刺しゅう工芸）「デカ・サシコ」
◇審査員特別賞
　鶴岡 孝子　「ウォーターカラー」
　藤田 篤史（ソトー）「冬の麻」
　Li-Chien Hung（Aurotex Industrial CO LTD）「CORRUGATED」

（平16年度）JTC2004
◇グランプリ（経済産業大臣賞）　岡島 光正（QA（クア）企画研究室）「バイオ・テック・ウール」
◇準グランプリ（中小企業庁長官賞）　Luc Druez（LcD）「PANEL1」
◇デザイン賞　Line Kramhoeft（TAKTIL-DESIGN）「ANIMAL SKIN1 ANIMAL SKIN2」
◇テクノロジー賞　志知 孝信（早善織物）「スパイダー」
◇トレンド賞　岩田 真幸（岩田健毛織）「モヘヤタムシャギー」
◇審査員特別賞
　内藤 篤二（野村産業）「温故知新」
　赤澤 結花　「暖かいもてなし」
　Natalia Tsvetkova　「Is Spring coming？」
　板津 敏彦（愛知県産業技術研究所尾張繊維技術センター）「ウール脱色プレス『小枝』」

（平17年度）JTC2005
◇グランプリ（経済産業大臣賞）　岩野 武彦（共立織物）「ルフレーヌ2220」
◇準グランプリ（中小企業庁長官賞）　西野 正弘（日本毛織）「輝くウール」
◇デザイン賞　赤澤 結花（ドレスメーカー学院）「snow white」
◇テクノロジー賞　古谷 英治（日本毛織）「超細番ウール素材スーパーファインダブルクロス」
◇トレンド賞　浅野 芳信（浅信）「地下都市」
◇審査員特別賞
　横田 洋司（吉田整理）「桝（マス）Part-II」
　市野 利行　「ウォームビズコットン」

（平18年度）JTC2006
◇グランプリ（経済産業大臣賞）　古谷 英治（日本毛織）「超軽量ウーステッド」
◇準グランプリ（中小企業庁長官賞）　辻岡 三彦（エムティ・アート）「ミスティーカシミヤスクエア」
◇デザイン賞　市野 利行　「Shrink Check」

◇テクノロジー賞　関戸 晃（小池毛織）「elegance cotton」
◇トレンド賞　古谷 稔（兵庫県立工業技術センター 繊維工業技術支援センター）「クラッシュ起毛（布を創るNo.4）」
◇審査員特別賞　平山 備（石慶毛織）「マスカプリント流し染」
◇学生の部
・スプラウト賞（愛知県知事賞）　石田 真也（大阪成蹊大学芸術学部テキスタイル科）「馴染める布」
・スプラウト賞（特別賞）　小田 明日佳（蒲郡市立蒲郡北部小学校5年生）「夕焼け空で色遊び」

（平19年度）JTC2007
◇グランプリ（経済産業大臣賞）　日置 たか子（アック）「鎧の中のカシミヤ」
◇準グランプリ（中小企業庁長官賞）　古谷 稔（兵庫県立工業技術センター）「パステルウェーブ／トリオカラー・ダーク／ホワイト（よこ糸が曲がる織物）」
◇デザイン賞　石川 奈未（ウエマツ）「metamorphose」
◇テクノロジー賞　森 益一（森技術士事務所）「Natural Poise」
◇トレンド賞　苗代 次郎（美希刺繍工芸）「フェザーテックス」
◇審査員特別賞
　安部 利幸（堀辰）「閾値（いきち）」
　古谷 英治（日本毛織）「フェザーメルトン」
◇学生の部
・スプラウト賞（愛知県知事賞）　寺村 幸子（多摩美術大学）「オクトパス・ガーデン」

（平20年度）JTC2008
◇グランプリ（経済産業大臣賞）　石川 奈未（ウエマツ）「mono-matrix」
◇準グランプリ（中小企業庁長官賞）　辻岡 三彦（エムティ・アート）「和の心、洋の技」
◇デザイン賞　長島 美和（M's color）「Square Candy」
◇テクノロジー賞　桂川 隆志（小池毛織）「本格派」
◇トレンド賞　北島 信義（群馬県繊維工業試験場）「ペーパーウェーブ」
◇審査員特別賞
　佐野 真一郎（遠州ネット）「ボイルカラミ先染」
　関戸 晃（小池毛織）「カシミアビロード」

製造業

◇学生の部
 ● スプラウト賞（愛知県知事賞）　金 希庭（文化服装学院）「波」

(平21年度）JTC2009
◇グランプリ（経済産業大臣賞）　山田 誠一（中外国島）「紙（カミ）シア」
◇準グランプリ（中小企業庁長官賞）　山下 祐三（山崎ビロード）「VELVET PREMIUM（Linen/Wool）」
◇デザイン賞
 上田 善則（丸萬）「錯視『Dot+α』」
 上田 香（岡山県立大学）「ヘンゼルとグレーテル」
◇テクノロジー賞
 安田 篤司（愛知県産業技術研究所尾張繊維技術センター）「海水電池織物」
 浅野 芳信（浅信）「シークレットウール」
◇トレンド賞
 志知 孝信（早善織物）「宇宙への扉」
 森 益一（森技術士事務所）「Miracle Wool II」
◇学生の部
 ● スプラウト賞（愛知県知事賞）　清水 わかな（川島テキスタイルスクール）「YAK」

(平22年度）JTC2010
◇グランプリ（経済産業大臣賞）　日置 晃（アック）「サンドシルク（砂丘の絹）」
◇準グランプリ（中小企業庁長官賞）　森 益一（森技術士事務所）「Fresco（Cool wool）」
◇デザイン賞
 森 益一（森技術士事務所）「漆黒（Black&Black）」
 岩田 真幸（岩田健毛織）「トルネードループカットチェック」
◇テクノロジー賞
 小野内 政一（ソートージェイテック）「next」
 浅野 芳信（浅信）「毛織絵巻」
◇トレンド賞
 上田 善則（丸萬）「Fake」
 畠山 陽子, 中嶋 梨絵（センバタヤ）「PRE - VINTAGE」
◇学生の部
 ● スプラウト賞（愛知県知事賞）　高塩 紗織（多摩美術大学院）「Blur」

## 071　十大新製品賞

優秀新製品の開発奨励と我が国産業界の技術水準の向上に資するため, 昭和33年に創設された. その年に開発・製品化され, 発売されたものの中から10点に贈られる.

【主催者】日刊工業新聞社
【選考方法】公募, 社内・関係機関の推薦による
【選考基準】〔対象〕毎月1月1日から12月末までに「日刊工業新聞」紙上に掲載された新製品で, 次の項に該当するもの. (1)世界的な発明で国内外の反響も大きかったもの. (2)画期的な発明でなくとも, その後の研究改良により, その精度や能率などが世界最高水準に達しているもの. (3)至難とされていた技術上の問題点を解決し, 商品価値からみて我が国産業技術の向上に著しく貢献するとみられるもの. (4)産業, 社会の向上に役立つ先導的な役割を果たしたとみられるもの. (5)販売実績, あるいは受注実績のあるもの（但し, 販売あるいは受注実績が1月1日以降のものは前年以前の掲載分も可）
【締切・発表】毎年, 募集期間は9月2日〜11月末日, 翌年1月上旬「日刊工業新聞」紙上で発表, 表彰式は1月下旬
【賞・賞金】表彰状, 盾と賞金
【URL】http://www.nikkan.co.jp/

第1回（昭33年）
 芝浦機械製作所　"大型精密ホブ盤"
 牧野堅フライス, 富士通信機　"テープコントロールによる完全オートメーション工作機械"
 東京衡機製造所　"1200トン荷重構造物試験機"
 東芝タンガロイ　"セラミック工具"

シチズン時計　"シチズンHS型シャッター"
日本電気　"計数型トランジスター電子計算機"
ソニー　"ビデオテープレコーダー"
川崎車輛, 汽車製造, 近畿車輛　"特急「こだま」"
帝国人造絹糸, 東洋レーヨン　"テトロン"
明治製菓　"カナマイシン"

第2回（昭34年）
工業技術院機械試験所, 三井精機, 日本電子測器　"オートメーションジグ中ぐり盤"
新三菱重工　"油圧式全自動アルミ鋳造機"
五藤工学研究所　"国産プラネタリウム"
東京電気化学　"リアクトロン（電子演算回路素子）"
ソニー　"エサキ・ダイオード"
日本電気　"電子交換機"
東京芝浦電気　"東芝方式ビデオテープレコーダー"
太平電子工業　"純国産技術による半導体"
久野島化学　"ポリカーボネイト樹脂"
協和醗酵　"マイトマイシン"

第3回（昭35年）
日立製作所　"黒川・西山式日立X線間接撮影速写装置"
東京芝浦電気　"ジカ付けによるシリコン整流素子"
島津製作所　"島津真空型カント・レコーダGV—200"
東京電気化学　"フェライトコア「H5A材」"
国際電気　"流動粒子電気炉"
日本光学工業　"放射線用顕微鏡"
大和紡績　"D型カード"
住友電気工業　"サーメット工具「タイカット」"
コパル光機製作所　"コパル・スクエア・シャッター"
味の素　"味の素プラス"

第4回（昭36年）
東京磁石　"高性能永久磁石「TK—8」"
東北特殊鋼　"電解精錬ダイス鋼"
川崎製鉄　"超深しぼり用非時効性冷延鋼板「KTS鋼板」"
富士製鉄　"クロムメッキ鋼板「キャンスーパー」"
日本製鋼所　"層成高圧筒"
吉田記念鉄工, 山武ハネウエル計器, 東洋電機製造, 住友電気工業　"超精密鋼テープ圧延機"
東京芝浦電気　"カラーコンピューター"

国際電気　"シリコン単結晶の性能測定器"
日立製作所　"ハイブリッド型電子計算機を使った経済負荷配分装置"
日本電信電話公社電気通信研究所, 日本電気　"データ伝送試験装置と高速データー伝送装置"

第5回（昭37年）
村田製作所　"ポジスタ＝強誘電性半導体"
松下電器産業　"電子モーター"
日本電気　"高温用固体電池"
早川電機工業　"カラーX線テレビ"
横河電機製作所　"計算機制御装置"
タケダ理研　"超高速カウンター"
日本電子　"高周波熱間歯車転造装置"
東洋歯車　"TANA9型歯切盤"
東洋レーヨン　"光合成法によるカプロラクタム"
電気化学工業　"電化クロロプレン"

第6回（昭38年）
プリンス自動車　"プリンス・ジェットルーム"
ジャパックス　"電解放電加工機ECDM—730A"
東光ラジオコイル研究所, 国際電信電話　"メモリープレーン"
東京芝浦電気　"工業用中性子酸素計アクティバック"
アドス化成　"合成吸着剤「アドスター」"
住友電気工業　"圧延用長尺超硬合金ロール"
三豊製作所　"超精密測長機ウルトラコンパレーター"
日本鉄工所　"1400トン無蓄力式横型油圧押出機"
石川島播磨重工業, 八幡製鉄　"ウエルーテン100N（IN鋼）"
金石舎研究所　"超小型化発振器ユニット"

第7回（昭39年）
千代田化工建設　"キッス・シール・タンク"
新潟鉄工所　"10ST—A形ニイガタ振動ねじ立盤"
東京芝浦電気　"ビューフォーン"
東洋理化工業　"分光老化試験機"
日立製作所　"大型電子計算機HITAC5020"
松下電器産業　"フォルシコン"
富士製鉄, 富士電波工機　"鋼の全自動変態測定記録装置「フォーマスターF」"
呉羽化学工業, 高分子原料技術研究組合　"混合ガス法による塩化ビニールモノマー製造装置"

久保田鉄工　"Gコラム"
日本光学工業　"ウルトラ・マイクロ・ニッコールF1.2,29.5ミリ"

第8回（昭40年）
藤倉電線　"SZ方式通信ケーブル製造設備"
ソニー　"家庭用VTR「CV―2000型」"
キャノンカメラ　"可変収差レンズ"
三菱重工業,中部電力　"乾式排煙脱硫装置「ダップ」"
日本軽金属総合研究所　"硬質アルマイト製品"
八幡製鉄,東立通信工業　"三相定電圧装置「ボルタン」"
国際電気　"迅速自動酸素定量装置「クーロマチックO」"
日立製作所,沖電気工業,東海銀行　"電子交換情報処理システム「エデックス」"
富士電機製造　"同期式一サイクル空気しゃ断器"
日本電気　"24チャンネルPCM通信装置"

第9回（昭41年）
富士通信機製造　"IC化した数値制御装置FANUC260"
島津製作所　"ゲル・パーミェーション・クロマトグラフ"
住友電気工業　"自動緊急ブレーキ「ハンドマチック」"
日本電気　"全面IC化電子計算機2200―500"
東洋レーヨン　"耐熱性エナメル線用ワニス「トレニース」"
東京芝浦電気　"多段形イメージ管"
日立造船　"超高速船の推進器用金属「HZアロイCE」"
東洋金属化学　"滴注式ガス浸炭窒化炉「ユニック」"
松下電器産業　"PCMセラミック素子"
富士産機　"平行平面ホーニング盤FS―FLAT"

第10回（昭42年）
会田鉄工所　"2500トントランスファー・プレス機"
伊勢電子工業　"けい光文字表示用電子管「デジトロン」"
沖電気工業　"ミリ波分光分析装置"
上滝圧力機　"高速型500トン全自動粉末冶金プレス"
東急車輛製造　"衝撃液圧成形機「ハイドロ・パンチ」"
東芝機械,神戸製鋼所　"数値制御式舶用推進器翼面加工機"
日本電気　"テレビ電話システム「ビデオ・ホン」"
富士写真フィルム　"結晶性ガラス「ヒートロン」自動成形装置"
松下電器産業　"セラミック太陽電池「サンセラム」"
◇増田賞　東洋工業　"マツダ・ロータリー・ピストン・エンジン"

第11回（昭43年）
オリンパス光学工業　"心臓ファイバースコープ"
新日本工機,三菱電機　"レーザー無接触式モデル測定機"
ジャパックス　"最適制御放電型彫盤DH200BP"
ソニー　"トリニトロン・カラーテレビ"
第一製砥所　"超極薄レジノイド切断トイシ「ミクロンカット」"
日本電気　"インパット・ダイオード"
日本油脂　"電子線硬化型塗料「ニッサンビームコート」"
日立製作所　"LTPトランジスター"
宮野鉄工所　"NCタレット自動盤MTN300"
◇増田賞　東方電機,松下電器産業　"カラー写真電送装置202型"

第12回（昭44年）
唐津鉄工所,西部電機工業　"HPR―46S型ハイポイド・ピニオン荒削り盤"
住友電気工業　"液体充填式ペックス絶縁ケーブル"
東京芝浦電気　"IBT（イオン注入法）トランジスタ"
東洋理化工業　"太陽追跡暴露装置"
日本加工製紙,日本合成紙　"合成紙「Qパー」"
日本セメント　"アサノスーパー・ベロセメント"
早川電機工業　"ガリウムひ素負性抵抗発光ダイオード"
富士通,旭光学工業　"全自動植システム"
松下電器産業　"高速度ビデオテープ複写装置"
三菱電機　"永久ヒューズ"

第13回（昭45年）
住友電気工業　"化合物半導体材料インジウムアンチモン"
電気化学工業　"セメント混和剤・デンカCSA"
巴川製紙所　"低抵抗処理剤・オリゴ‐Z"

071 十大新製品賞　　　　　　　　　　　　　　　　　　　　　　　　　　　　　　　　　　　　　　製造業

豊田工機　"AC円筒研削盤"
日新製鋼　"ニューステンレス"
古河電気工業　"金属間化合物FAEDIC‐NT合金"
松下電器産業　"超高圧用電圧安定化素子・Hi‐ZNR"
宮本工業　"拘束精密せん断機"
安川電機製作所　"電磁ポンプ式自動注湯装置"
◇増田賞　日立製作所, 工業技術院電子技術総合研究所　"大型電子計算機用の超高速大規模論理集積回路"

第14回（昭46年）
キャノン　"高周波MTF測定装置"
スギノマシン　"超高圧ジェットポンプ"
東京芝浦電気, 工業技術院電子技術総合研究所　"ページ式光学文字読取装置"
東洋理化工業　"デジタル測色・色差計算機"
日本特殊鋼　"ガラス成形用金型鋼（GLD鋼）"
日本電子　"FBRシステム"
日立レントゲン, 芝電気　"医用立体X線テレビ"
古河電気工業　"CF‐CVケーブル"
松下電器産業　"高エネルギー一次電池"
◇増田賞　日本電気　"衛星通信用スペード装置"

第15回（昭47年）
旭硝子　"アフロンCOP"
片寄工業　"カタヨセ式都市ゴミ低温処理装置"
萱場工業, 川島織物, 中央電子, 工業技術院繊維高分子材料研究所　"電子式紋紙自動作製システム"
新東工業, アキタ, 長野県工業試験場　"Vプロセス鋳造装置"
東京芝浦電気　"移動式総合健診システム"
日本工芸工業　"高速静電集塵機"
日立製作所　"カラー複写機"
富士写真工機　"フジノン・ホログラフィーカメラMH‐1"
古河電気工業　"無公害金属酸洗処理システム"
松下電送機器, 松下技研　"レーザー・プレス・ファックス"

第16回（昭48年）
萱場工業, 三菱化成工業, イーシー化学工業, 新日本理化, 新技術開発事業団　"KYB式含有廃水分離装置"

岸和田鉄工　"線材酸化皮膜除去装置「シスラー」"
電気化学工業　"BNコンポジットEC"
東洋工業　"マツダ・CEAPS"
日立精機　"4N型複合NCタレット旋盤"
本田技研工業　"ホンダシビックCVCC"
松下電子工業　"高精細度カラーブラウン管"
松本公害防止工業　"松本式強力冷風機「滝風」"
村田製作所　"二次電子増倍管「セラトロン‐E」"
理研軽金属工業　"T‐プロセス塗装装置"

第17回（昭49年）
明石製作所, 新技術開発事業団 "電子分光極微分析装置「MAX」"
旭化成工業　"旭ハローファイバー・人工腎臓"
鈴木金属工業　"ヒートパイプ（熱輸送体）"
東京芝浦電気　"X線被ばく線量低減装置"
日本電気, 東京放送 "FS‐10フレームシンクロナイザー"
富士通, 日立製作所 "大型高性能電子計算機MシリーズM‐190, M‐180"
富士電機製造　"浄水場用大型凍結融解汚泥脱水装置"
粉研　"粉体加湿型連続噴射混合機「フロージェット・ミキサーMW‐J型」"
松下電器産業中央研究所, 松下通信工業 "高速バーコード読取装置「パナスキャナ」"
安永精研　"ジェット処理装置"

第18回（昭50年）
池貝鉄工 "CNC装置付き特殊ロール加工旋盤"
岡野バルブ製造　"遠隔操作自動摺合装置"
住友電気工業　"移動体制御通信と位置検出装置"
第一製砥所 "半導体等の精密自動切断機「オートマチック・スクラバ・ダイサ」"
東京芝浦電気　"防振合金「サイレンタロイ」"
日本電気, 東京芝浦電気 "新電算機ACOS77シリーズ「オペレーティングシステムACOS14, ACOS16」"
日立製作所 "有視覚溶接ロボット「ミスターアロス」"
古河電気工業, 科学技術庁金属材料技術研究所, 新技術開発事業団 "V3Ga極細多心複合超電導マグネット"
富士化学工業　"工業用炉コーティング材

356　ビジネス・技術・産業の賞事典

製造業

「ハイエミッション」"
松下電器産業 "ヘッドホン音像頭外再生システム「アンビエンスホン」"

第19回（昭51年）
キヤノン "無散瞳眼底カメラCR‐45NM"
香蘭社 "アルミナ磁器製溶鋼連続測温用熱電対保護管"
ダイジェット工業、細井工作所 "ダイジェット・ホソイミル"
東京芝浦電気 "音響素材用のボロン線"
豊田工機 "CBNトイシと全自動カム研削盤GCB7‐63型"
新潟鉄工所、西武化学工業 "家蓄ふん尿堆肥化製造コンポストプラント"
日立製作所 "静圧空気軸受方式超精密平面研削盤"
富士写真フィルム "フジカラーF‐II400"
古河電気工業 "古河センダスト"
松下電器産業 "ナショナルOF式高圧進相コンデンサ"

第20回（昭52年）
小西六写真工業 "コニカC35AF"
焼結金属工業 "多用途制御バルブ"
昭和鉄工 "低NOxユニバーサル・オイル・バーナー"
中央電機製作所 "CNCパイプベンダー"
東京芝浦電気、徳田製作所 "ケミカル・ドライ・エッチング装置「CDE‐IV」"
トーバン工業 "平面バリ取り機"
日本自動制御 "LSIマスク欠陥検査装置"
日立製作所 "高速アミノ酸分析計「835シリーズ」"
松下電器産業 "異方性マンガン・アルミ磁石"
三菱金属、菱高精機 "超硬サイドミリングカッター"

第21回（昭53年）
飯田製作所 "数値制御彫刻形彫盤"
住友電気工業 "超高圧焼結切削工具"
東京芝浦電気、東芝機械 "電子ビームマスク描画装置"
東芝タンガロイ "TPFスピンドル"
日本楽器製造 "磁気ヘッド用材料「ファスロイ」"
日本電気 "音声入力装置「DP‐100」"
富士写真フィルム "圧力判別シート「プレスケール」"
松下電器産業 "セラミック湿度センサー「ヒュミセラム」"
三菱電機 "石油ガス化ファンヒーター"

071 十大新製品賞

油研工業 "Kシリーズ電磁切換弁"

第22回（昭54年）
オリエンタルエンジニアリング "スペリア式光輝熱処理設備"
キヤノン "半導体レーザービームプリンター「LBP‐10」"
シャープ "電訳機「IQ‐3000」"
ダイハツ工業、松下電器産業 "PNC旋盤"
ディスコ "フーリーオートマチック・ダイシング・ソー"
東京芝浦電気 "大型抄紙機駆動用ベクトル制御インバーター装置"
日本電気 "ACOSシステム250"
日立製作所 "二重収束GO質量分析計「M‐80型」"
富士電機製造 "自動外観検査装置「ビデオセンサ」"
松下電器産業 "環境保全用触媒「パナピュール」"

第23回（昭55年）
オリンパス光学工業 "超音波顕微鏡"
コロナ電気 "コロナ二波長マイクロプレート光度計「MTP‐12」"
タケダ理研工業 "ADVANTEST「T3300シリーズ」"
東京芝浦電気、東芝機械 "金属ミラー加工装置"
豊田工機 "超精密旋盤「AHP50—32形」"
日新電機 "縮小新形コンデンサ設備"
日本電気 "不特定話者の音声認識装置「SR‐1000シリーズ」"
林電気 "超音波血流量測定装置"
松下電器産業 "薄膜磁気ヘッド"
三菱重工業 "三菱遊星ローラ減―増速機"

第24回（昭56年）
東京芝浦電気 "64Kビットスタティック形ランダムアクセスメモリ"
日本電気 "パーソナルターミナル「N5200モデル05」"
パイオニア "レーザーディスク「LD‐1000」"
日立製作所、日立電線 "偏波面保存光ファイバ"
富士金属工作、京都セラミックス "セラミックバルブス「フェニックスシリーズ」"
富士電機ファナック "組立ロボット「FANUC ROBOT Aシリーズ」"
古河電気工業 "超弾性NiTi合金線"
松下電器産業、大阪ガス、松下技研 "酸素富化燃焼システム"

三菱電機 "SD式炭酸ガスレーザ加工機「メルレーザML‐1000P」"
山崎鉄工所 "CNC装置「マザトロールT‐1」"

## 第25回（昭57年）
旭硝子 "塗料用フッ素樹脂「ルミフロン」"
キヤノン "パーソナル型普通紙複写機「PC‐10/20」"
島津製作所 "電子線マイクロアナライザ「EPM‐810」"
ジャパックス "3Dセンタ"
東京芝浦電気 "直流送電用水冷光トリガサイリスタモジュール"
豊田工機 "CAD機能付きFMS「AFMS・TIPROS‐90」"
新潟鉄工所 "工作物・工具自動装置機能付きFMS"
日本電気 "フェライト複合材料"
日本自動制御 "LSIレチクル欠陥検査装置"
松下電器産業 "リニアサーボモータ"

## 第26回（昭58年）
新東工業 "吸圧造型機"
スガ試験機 "変角測色計VC‐1型"
第二吉田記念鉄工所 "クロスロールミル"
ディスコ，大阪大学基礎工学部情報工学科 "CCDアライメントシステム"
電気化学工業 "断熱高耐火壁材デンカアルセン＆デンカスタッド"
東京芝浦電気 "核磁気共鳴コンピュータ断層撮影装置"
日本電気 "アモルファスシリコン感光体を使用したページプリンタ"
富士通 "CMOS256キロビットEPROM"
松下電器産業 "超精密射出成形法による非球面プラスチックレンズシステム"
三菱電機 "デジタルテレビプリンター内蔵カラーテレビ"

## 第27回（昭59年）
旭硝子 "硼化ジルコニウム系セラミックス"
いすゞ自動車，ヂーゼル機器，富士通 "電子制御自動五速トランスミッションNAVI5"
高研 "KBカラム"
東芝 "256キロビットCMOSスタティックRAM"
日清製粉，日清エンジニアリング "空気分級機ターボクラシファイアTC‐15N型"
日本電気 "非ノイマン型の画像処理マイクロプロセッサ"
浜松ホトニクス "光子・粒子計数型画像計測装置「PIAS」"
日立金属 "アイソトロピイYSSヤスキハガネ"
日立製作所 "H‐800形超高分解能電子顕微鏡"
松下電器産業 "「パナワード手書きワープロ」RL‐W450"

## 第28回（昭60年）
住友金属鉱山 "GGGレーザースラブ"
住友電気工業 "合成ダイヤモンド単結晶"
東芝 "垂直磁気記録方式のフロッピーディスク"
東レ，第一製薬 "フェロン"
日本電気 "積層圧電アクチュエータ素子"
日立製作所，日立東京エレクトロニクス "超高感度ガス分析装置"
ファナック "ファナックシステムOシリーズ"
富士ダイス，マルトー "鋳鉄ボンドダイヤモンド砥石"
松下電器産業，住田光学硝子製造所 "完全一体型光ピックアップガラスレンズ"
ミノルタカメラ "ミノルタαシステム"

## 第29回（昭61年）
キヤノン "キヤノン電子スチルビデオシステム"
島津製作所 "島津細胞融合装置「SSH‐1」"
立石電機 "センサコントローラ"
東芝 "32ビット超高速画像処理システム"
豊田工機 "CNC/CBN生産形マスタレスカム研削盤"
日産自動車 "フルオート フルタイム4WD"
日本電気 "32ビット・マイクロプロセッサ「V60」"
日立製作所 "HITAC M‐68Xシリーズ超大形プロセッサ"
ブリヂストン "60年耐久免震ゴム"
松下電器産業 "生体機能を応用した「ピエゾフォーカス」"

## 第30回（昭62年）
片岡機械製作所 "SL‐KA700セクショナルドライブ型スリッターリワインダー"
キヤノン "キヤノンカラーレーザーコピア1"
西部技研 "除湿機用超低露点ローター"
ディスコ "デュアルダイサー"
東芝 "ラップトップ形パーソナルワークステーションJ‐3100シリーズ"

製造業　　　　　　　　　　　　　　　　　　　　　　　　　　　071　十大新製品賞

　日立製作所　"日立カラー液晶投射式大形ディスプレイ装置/DP‐200"
　日立ツール　"新素材エンドミル「ESM/MAX1」"
　富士通　"富士通図面入力システム「FADCS」"
　松下電器産業　"転写バンプ法による薄型LSIパッケージ"
　三菱電機　"数値制御装置「MELDAS300シリーズ」"
◇増田賞　日本電気　"ACOSシステム2000シリーズ"

第31回（昭63年）
　キヤノン　"キヤノンパーソナルステーションNAVI"
　東芝　"256キロビット一括消去型EEPROM"
　日本電気, 日本電気市場開発　"パーソナルニューロコンピュータ「Neuro-07」"
　日立金属　"鉄鋼圧延用新世代ロール「ハイネックス」"
　日立製作所　"16メガDRAM級超LSI製造用マイクロ波プラズマエッチング装置"
　日立メディコ, 住友特殊金属　"永久磁石方式磁気共鳴イメージング装置「MRP-20シリーズ」"
　ファナック　"全電動式射出成形機「ファナックオートショットシリーズ」"
　富士写真フイルム　"オフセット印刷用PS版システム「富士PS・スタブロン・システム」"
　松下電器産業, 松下寿電子工業, 松下電子部品　"画振れ防止機構搭載VHSムービー"
　三菱重工業　"三菱CNCハードギヤフィニッシャ「HA25CNC」"

第32回（平1年）
　石川島播磨重工業, 日清エンジニアリング　"スーパーハイブリッド　ミル"
　ソニー　"カメラ一体型8ミリビデオ「ハンディカム55」"
　TDK　"積層混成集積回路「MHC」"
　東芝　"ブック形パソコン「ダイナブック」"
　豊田工機　"CNCクランクピン研削盤「GV70/GV100」"
　日本電気　"新バスアーキテクチャー採用の32ビットパソコン「PC-H98モデル70」"
　日立金属, 日産自動車　"高性能エンジン用超耐熱新素材"
　ファナック　"レーザーロボット「L-1000」"
　富士ゼロックス　"統合図面管理・出図システム「EDMICS」"
　松下電器産業　"超小型半導体ブルーレーザー"

第33回（平2年）
　旭硝子　"透明フッ素樹脂「サイトップ」"
　日立金属　"小型HDD用単結晶フェライトMIGコンポジットヘッド"
　オムロン　"デジタルファジィプロセッサ「FP-3000」"
　ファナック　"32ビットCNC装置「FANUCシリーズ16」"
　キヤノン　"バブルジェットプリンター「BJ-10v」"
　富士機械製造　"高速チップブレーサー「FCP-V」"
　光洋精工, 聖和精機　"トラクションドライブ増速スピンドル「TD6003シリーズ」"
　松下電器産業, 松下通信工業　"言語障害者用発声発語訓練装置"
　東芝　"洗浄用フロン代替製品「テクノケアシリーズ」"
　三菱電機　"多元ICB装置"
◇増田賞
　日本電気　"超大型汎用コンピューター「ACOSシステム3800」"
　日立製作所　"超大型汎用コンピューター「HITAC M-880プロセッサ・グループ」"
　富士通　"超大型汎用コンピューター「M-1800モデルグループ」"

第34回（平3年）
　アイダエンジニアリング　"アイダモールドスタンピングシステム"
　ジー・シー・テクノロジー　"カラー動画像TV電話用VLSIチップセット"
　島津製作所　"同軸形直衝突イオン散乱分光装置"
　住友重機械工業　"超精密平面研削盤「KSX-815」"
　東芝　"ディスプレイファクシミリ「miro」"
　新潟鉄工所　"アスファルトフィニッシャ「セントーレ21」"
　日本電信電話, 日本電気, 松下通信工業, 三菱電機, 富士通　"携帯電話「ムーバ」"
　日立製作所　"アバランシェ増倍型撮影管「ハーピコン」"
　富士写真フイルム　"超高画質カラー複写機「フジックス」ピクトロスタット 100"
　松下電器産業　"D-3方式の1/2インチ放送用デジタルビデオシステム"

## 十大新製品賞　製造業

### 第35回 (平4年)
- 旭硝子　"新機能性複合材料・ホウ化物サーメット「UD-3」"
- 日本電気　"32ビットRISCプロセッサー「V810シリーズ」"
- キヤノン　"AF一眼レフカメラ「EOS 5 クオーツデート」"
- シャープ　"液晶ビデオカメラ「液晶ビューカム (VL-HL1)」"
- 東芝、日本たばこ産業 "世界最高速のチップ部品装着装置「MH-5000」"
- 浜松ホトニクス　"染色体切断装置「C3144」"
- ファナック、オリンパス光学工業 "小ロット完全自動成形システム「FANUC インジェクションセンター」"
- 富士ゼロックス　"デジタル・フルカラー複写機「Aカラー635/630」"
- 富士通　"スーパーコンピューター「VPP-500シリーズ」"
- 牧野フライス製作所、トヨタ自動車 "金型のリブ溝・微細形状加工システム"

### 第36回 (平5年)
- 日本電気、富士通 "「FETEX-150」マルチメディア対応ATM交換機「NEAX61」&「ATOMIS5」"
- シャープ　"新携帯情報ツール・液晶ペンコム「ザウルス」"
- ソニー　"次世代オーディオMDシステム"
- ディスコ　"ダイシングソー「300,600シリーズ」"
- 日立金属　"クリーンエンジン用新鋳造排気系部品"
- 日立製作所　"新型RISCマイコン「SHシリーズ」"
- ファナック　"AI全電気式射出成形機「ROBOSHOTシリーズ」"
- 富士写真フイルム　"フジカラー写ルンです「スーパー800」シリーズ"
- 松下電器産業　"カラーフラットビジョン「TH-14F1」"
- ヤマハ　"アップライトピアノ「サイレントシリーズ」"

### 第37回 (平6年)
- アマダ　"レーザープロセッシングコア「Espacio」"
- 石川島播磨重工業　"Tx150 ターボ圧縮機"
- 日本電気　"新感覚のマルチメディアパソコン「98MULTi CanBe」"
- トーキン　"超小型0.98ミクロンの光アイソレータ"
- 東芝　"「MPEG2」規格準拠のリアルタイム・ビデオ・エンコーダ"
- 豊田工機　"CNC超精密三次元曲面加工機「AHN60-3D」"
- 日本アイ・ビー・エム　"IBM ThinkPad230Cs"
- 日立金属　"高靭性の塑性加工用新ハイス (YXRシリーズ)"
- ファナック　"AI化 ファナック ロボット S-420i"
- 松下電器産業、日本テレビ放送網、松下電子工業 "放送用プログレッシブカメラ"

### 第38回 (平7年)
- 日本電気　"0.35ミクロンCMOSAS-C"
- 荏原製作所　"バレルド モータポンプ「H-PROシリーズ」"
- カシオ計算機　"液晶デジタルカメラ「QV-10」"
- 島精機製作所　"完全無縫製型編機「SWG-V/X」"
- 東芝　"マイクロフィルターカラーブラウン管"
- 日立金属、東京ガス "大口径エレクトロフュージョン継手"
- 日立製作所　"MP5800プロセッサ・グループ"
- 富士ゼロックス　"DocuColor4040"
- 松下電器産業　"新コンセプト光ディスクシステム「PD」"
- 三菱電機　"音声認識応答装置「MELAVIS」"

### 第39回 (平8年)
- NEC、富士通 "大型カラープラズマディスプレー33型,42型「Image Site」"
- 東芝　"DVD製品「DVDビデオプレーヤー/DVD-ROMドライブ」"
- 豊田工機、トヨタ自動車、豊田中央研究所 "パラレルリンク形切削加工機「HexaM」"
- 日立金属、日立フェライト電子 "ナノ結晶軟磁性材料「ファインメット」"
- ファナック　"超精密加工機「FUNUCROBOnano Vi」"
- 富士写真フイルム、イーストマン・コダック、キヤノン、ニコン、ミノルタ "アドバンスト・フォト・システム (APS)"
- 富士ゼロックス　"DocuStation IM200"
- 松下電器産業　"デジタルコンテンツ製作・再生システム「DVCPRO/DVDプレー

ヤー "Dream"」"
三菱自動車工業 "筒内噴射ガソリンエンジン「GDI」"
三菱電機,日立製作所 "高速/大容量フラシュメモリー「8MビットDINOR型」,「64MビットAND型」"

第40回（平9年）
◇増田賞
トヨタ自動車 "トヨタ「プリウス」"
NEC "ISDNワイヤレスターミナルアダプター Aterm IW60"
シャープ "HR-TFT「スーパーモバイル液晶」"
デンソー,日立金属 "複合磁性材料を適用した自動車用小型電磁弁"
トーキン "電磁干渉抑制体 "バスタレイド""
東芝 "セルスイッチルータCSR5300"
日立精機 "逆立ちNC旋盤CS20"
日立製作所 "MPEGカメラ「MP-EG1」"
ファナック "超小型・超薄型CNC FANUC Series 16i/18i/21i"
松下電器産業 "マルチメディア・オンデマンドシステム「Medeia Stage」"
三菱電機 "人工網膜LSI"
◇40回記念特別賞 ミクロン精密 "冷風研削センターレスグラインダ「MD-450I型」"

第41回（平10年）
旭硝子 "物理強化フラットパネルガラス「トリプレッド」"
NEC "64メガビット バーチャルチャネルシンクロナスDRAM"
シチズン時計 "CNC自動旋盤 Cincom FL25"
島津製作所 "エネルギー分散形蛍光X線分析装置 EDX-700/800"
トーキン "マルチモードアクチュエータ "マルチアクター""
東芝 "大型低温ポリシリコン TFT-LCD"
豊田工機 "リニアモータ駆動高速切削加工機 LineaM"
日立金属 "ネオジム系焼結異方性リング磁石"
松下電器産業 "小型DVD製品「携帯型プレーヤ/RAMドライブ」"
三菱電機 "高濃度クリーンオゾン発生器およびクリーンオゾン水製造装置"

第42回（平11年）
アマダ "板金加工用AP100と曲げ加工機のネットワークシステム"

NEC "WDM伝送システムファミリー"
京セラ "超音波モータ型XYステージ"
シャープ "STNプラスチック液晶ディスプレイ"
ソディック "3軸リニアモータ搭載 形彫り放電加工機「AQシリーズ」"
日立金属 "デュアルバンド携帯電話機用アンテナスイッチモジュール"
ファナック "FANUC 知能ロボット I-21iシリーズ"
松下電器産業 "1チップデジタルTVシステムLSI"
三菱電機 "ボリュームグラフィックス"
森精機製作所 "複合加工対応CNC旋盤 MT-250S/1500"
◇ミレニアム賞
NTT移動通信網〈NTTドコモ〉 "iモード"
ソニー "4足歩行型エンタテインメントロボット "AIBO""

第43回（平12年）
旭硝子 "全フッ素樹脂光ファイバー「ルキナ」"
NEC "IPスイッチルータ CX5210"
鹿島建設,日立機材 "マイコン制御によるセミアクティブ型油圧式制震ダンパー"
トーキン "3Dモーションセンサ"
ファナック "超高速電動射出成形機 FANUC SUPERSHOT 100i"
富士ゼロックス "Color DocuTech 60"
双葉電子工業 "MOLD MARSHALLING SYSTEM"
牧野フライス製作所 "マイクロFF加工機 HYPER 2"
三菱電機 "溶接用LD励起2.5kwYAGレーザ ML2525LC"
森精機製作所 "5軸制御立形マシニングセンタ GV-503/5AX"
◇新世紀賞 シャープ,ソニー,東芝,松下電器産業 "フルスペックBSデジタルテレビ・チューナー"

第44回（平13年）
◇増田賞
ファナック "万能知能ロボットFANUC Robot R-2000iA"
旭硝子 "分裂酵母利用蛋白質製造システム「ASPEX」"
三栄化成 "ナノマイザー微粉末"
三洋電機 "全自動洗濯機ASW-ZR700/800「超音波と電解水で洗おう」"
島津製作所 "ミクロバブル超臨界CO2殺

菌装置 MBSS-1000"
シャープ "プラズマクラスターイオン発生装置付き空気清浄機・エアコン"
東京電力,電力中央研究所,デンソー "家庭用自然冷媒($CO_2$)ヒートポンプ給湯機"
トッキ "フルカラー有機ELディスプレイ製造装置(ELVESS-C-Series)"
日本放送協会,NHKアイテック,トーキン "地上波デジタルTV放送用無給電光伝送装置"
日立ツール "α高送り正面フライス"
松下電器産業 "SFコンデンサー ECPU(A)シリーズ"
◇特別賞・夢21　NTTドコモ,NEC,松下通信工業(FOMAサービス及び対応端末 N2001,N2002,P2101V,P2401)

第45回(平14年)
◇増田賞
トヨタ自動車　"トヨタFCHV"
本田技研工業　"Honda燃料電池車「FCX」"
◇本賞
アイダエンジニアリング　"デジタルサーボフォーマ シリーズ"
旭硝子　"DVDの書き込み対応光ピックアップ向け有機プレーナー素子"
アマダ　"MERC type M"
NECエレクトロニクス　"システムLSI設計基盤「CB-90」"
島津製作所 プロテオームシステムズ社　"ハイスループットゲルエクサイズプロセッサー Xcise"
シャープ　"システム液晶"
デンソー　"ディーゼルエンジン用1800気圧コモンレールシステム"
豊田工機　"超精密自由曲面加工機 AHN05 NanoProcessor"
富士ゼロックス　"面発光型半導体レーザー AM-0001 AS-0001 AH-0001"
松下電器産業　"超高精度三次元測定機(UA3P)"
◇中堅・中小企業賞　興研 "全自動内視鏡洗浄装置「鏡内侍」"

第46回(平15年)
◇増田賞 日立製作所 "アンテナ内蔵型非接触ICチップ「ミューチップ」"
◇日本力(にっぽんぶらんど)賞
キヤノン "デジタルAF一眼レフカメラ「キヤノンEOS Kiss Digital」"
トヨタ自動車 "ハイブリッドカー「プリウス」"

◇本賞
NEC "IP電話サービスを支えるSIPサーバ「CX6820-SS」"
NECトーキン "ギガヘルツ時代の新しい電子部品「ブロードライザ」"
オークマ "高精度加工を実現する新コンセプトのマシニングセンター(MC) 環境温度に自律的に対応する高精度横型MC「MA-400H/500H/600H」"
森精機製作所 "高精度加工を実現する新コンセプトのマシニングセンター(MC) 重心駆動の高精度立型・横型MC「NV4000 DCG/NH4000 DCG」"
島津製作所 "直接変換方式FPD搭載の循環器用X線診断装置「DIGITEX Safire HC」"
シャープ "デジタル複合機用データセキュリティキット「AR-FR4」"
ソディック "電子ビーム金型鏡面加工機械「PIKA Finish Machine」"
デンソー "エジェクタサイクル搭載冷凍用冷凍機"
ファナック "最大40軸制御のAIナノCNC「FANUC Series 30i-MODEL A」"
松下電器産業 "モバイル向け地上デジタル放送用OFDM復調LSI「MN88445」"
ユニオンツール,日立ツール "新素材によるプリント基板用極小径超硬ドリル"
◇中堅・中小企業賞　国際計測器 "タイヤ総合評価装置"

第47回(平16年)
◇増田賞 住友電気工業 "ビスマス系高温超電導線"
◇日本力(にっぽんぶらんど)賞
シャープ "ウォーターオーブン「ヘルシオ」"
日立製作所,日立ハイテクノロジーズ "心臓磁気計測システム"
◇本賞
アイダエンジニアリング "アルティメート精密成形機「ULシリーズ」"
NEC "世界最小・薄型のカード型カメラ付き携帯電話「N900」"
オークマ "インテリジェント複合加工機「MULTUS B300」"
グンゼ "水だけで洗える肌着「ECOMAGIC」"
THK "マイクロLMガイド「RSR」"
トヨタケーラム "知識ナビゲーションシステム「指南車」"

豊田工機 "小型円筒研削盤「EGProcessor」"
富士通 "非接触型 手のひら静脈認証装置"
松下電池工業 "オキシライド乾電池(単3形)"
三菱電機 "インテリジェント検査ユニット「MELQIC」"

第48回（平17年）
◇日本力（にっぽんぶらんど）賞
ソディック "ナノ放電加工機「AE05」"
日立製作所, 日立オムロンターミナルソリューションズ, 日立ソフトウェアエンジニアリング, 日立エンジニアリング "指静脈認証装置"
◇本賞
NEC "高性能大容量ストレージシステム「iStorage S4900」"
島津製作所 "高速度ビデオカメラ「HyperVision HPV-1」"
シャープ "視野角制御型液晶ディスプレイ「デュアルビュー液晶/ベールビュー液晶」"
新日本石油 "LPガス仕様家庭用燃料電池「ENEOS ECO LP-1」"
住友電気工業 "マルチサテライトアンテナ「ルネキュー40」"
日進工具 "超微細加工用エンドミル「マイクロエッジ」"
ファナック "電動射出成形機「FANUC ROBOSHOT S-2000i100BR」"
富士通 "基幹IAサーバ「PRIMEQUEST（プライムクエスト）」"
松下エコシステムズ "繊維の奥まで浸透して浄化する空気清浄機「エアーリッチ」"
三菱電機, 三菱プレシジョン "ドーム型シームレスマルチプロジェクタ映像表示システム「プロジェクションクラスタ」"
◇日刊工業新聞創刊90周年特別賞
オークマ "5軸複合マシニングセンタ「MU-500VA」"
三菱重工業 "家庭用ロボット「wakamaru（ワカマル）」"

第49回（平18年）
◇増田賞 トヨタ自動車 "レクサスLS460"
◇日本力（にっぽんぶらんど）賞
日立金属 "統合型高性能冷間金型用鋼 SLD-MAGIC"
富士通 "エンタープライズディスクアレイ「ETERNUS8000」, ミッドレンジディスクアレイ「ETERNUS4000」"
松下電器産業 "4GB SDHC メモリーカード"
◇本賞
アマダ "パルスカッティングバンドソー PCSAW-700"
NEC "新仮想PC型シンクライアントシステム「VirtualPCCenter」"
オークマ "超高速・高精度門形マシニングセンタ MCR-H「Hyper」"
シャープ "モニタリングサービス対応住宅用太陽光発電システム"
ソディック "リニアモータ駆動ハイブリッドワイヤ放電加工機「Hybrid Wire」"
東芝 "HD DVD搭載ハードディスクレコーダー「RD-A1」"
日立製作所, 日立グローバルストレージテクノロジーズ "垂直磁気記録技術を用いた高密度2.5型HDD装置"
ファナック "食品・医薬品ハンドリングロボット FANUC Robot M-430iA"
三菱電機 "三菱広域侵入検知センサー「MELWATCH」"
森精機製作所 "Duraシリーズ「立形マシニングセンタDuraVertical/CNC旋盤DuraTurn」"

第50回（平19年）
◇増田賞 キヤノン "デジタル商業印刷用プリンター imagePRESS C7000VP"
◇日本力（にっぽんぶらんど）賞
シャープ "ワンセグチューナモジュールとワンセグ携帯電話群"
日立製作所 "仮想エンタプライズストレージ装置 USP V"
◇本賞
松下電器産業 "デジタル家電向け 新世代ユニフィエ システムLSI「PH1-ProII」"
オークマ "インテリジェントCNC旋盤 SPACETURN LB EXシリーズ"
島津製作所 "DNA/RNA 分析用マイクロチップ電気泳動装置 MCE-202「MultiNA」"
森精機製作所 "量産対応複合加工機 NZシリーズ"
ソディック "形彫り放電加工機「AGシリーズ」AG35L・AG55L・AG75L"
NEC "世界初のグリッド・ストレージ「HYDRAstor」"
日立金属 "超大型プラスチック成形用金型材 CENA1α"
ファナック "4kW炭酸ガスレーザ

FANUC LASER C4000i-MODEL B"
富士通 "ウルトラモバイルPC「FMV-U8240」"
三菱重工業 "2400kW風車「MWT92/2.4・MWT95/2.4」"
◇50回記念特別賞
ヤマザキマザック "5軸複合加工機 INTEGREX e-RAMTEC V/8"
ホーコス "ベッドレスマシニングセンタ Nシリーズ"

第51回
◇増田賞 ファナック "大ロボット FANUC Robot M-2000iA"
◇日本力（にっぽんぶらんど）賞
キヤノン "デジタル一眼レフカメラ EOS 5D MarkII"
トヨタ自動車 "マイクロプレミアムカー トヨタ iQ"
三菱電機 "レーザTV LASERVUE"
◇モノづくり賞
オークマ "インテリジェント複合加工機 MULTUS B750"
森精機製作所 "高精度・高効率複合加工機 NT6600 DCG"
ヤマザキマザック "5軸複合加工機 INTEGREX i-150"
◇本賞
アイダエンジニアリング "大型ダイレクトサーボプレス"
アマダ "レーザマシン LC-F1NTシリーズ"
NEC "省電力サーバ Express5800/ECO CENTER"
ジェイテクト "超高速・高能率 大型マシニングセンタ FH1250SX"
島津製作所 "シングルナノ粒子径測定装置 IG-1000"
シャープ "第2世代薄膜太陽電池モジュール"
ソディック "ナノマシニングセンタ AZ250"
東芝メディカルシステムズ "全身用X線CT診断装置 Aquilion ONE"
パナソニック "おまかせiA搭載デジタルカメラ LUMIX FXシリーズ"
日立製作所 "Virtage3搭載ブレードサーバ BladeSymphony1000"

第52回（平21年）
◇増田賞 東芝 "新型二次電池 SCiB"
◇日本力（にっぽんぶらんど）賞
キヤノン "カラー複合機 imageRUNNER ADVANCE C5000シリーズ"
シャープ "テレビ向け次世代液晶パネルの中核技術「UV2A技術」"
ヤマザキマザック "CNC旋盤 QUICK TURN SMARTシリーズ"
◇モノづくり賞
ジェイテクト "CNC複合研削盤 TG4グラインディングセンタ"
日立金属 "新プラスチック金型用鋼 HPM-MAGIC"
ローム "不揮発ロジックカウンタIC BU70013TL"
◇本賞
NEC "クラウド指向サービスプラットフォームソリューション"
島津製作所 "キャピラリガスクロマトグラフ GC-2010 Plus"
新日本石油 "指紋除去性付与型長期さび止め油「アンチラストテラミLS-F」"
パナソニック, 東京ガス, 東邦ガス "家庭用燃料電池 FC-109R13（エネファーム）"
日立製作所 "パケットトランスポートMPLS-TPネットワークシステム「AMN1700」"
ファナック "ゲンコツ・ロボット FANUC Robot M-1iA"
富士通 "ノートPCの紛失・盗難対策ソリューション「CLEARSURE」"
三菱自動車工業 "新世代電気自動車 i-MiEV（アイ・ミーブ）"
三菱電機 "iQ Platform対応コントローラ＆エンジニアリング環境"
森精機製作所 "高精度・高効率複合加工機 NT1000"

第53回（平22年）
◇日本力（にっぽんぶらんど）賞
ソディックプラステック "薄肉導光板専用コンプレション成形機 TR650EH2"
東芝 "地上・BS・110度CSデジタルハイビジョン液晶テレビ「CELLレグザ シリーズ」"
パナソニック "フルHD 3D対応テレビを核とする3D製品群"
◇モノづくり賞
オークマ "1サドルCNC旋盤 GENOS Lシリーズ"
キヤノン "デジタルラジオグラフィ CXDI-70C Wireless"
島津製作所 "高速液体クロマトグラフ質量分析計 LCMS-8030"
森精機製作所 "CNC旋盤 NLX2500"

製造業

◇中堅・中小企業賞
シギヤ精機製作所 "立形CNCアンギュラ円筒研削盤 GAV-10・15"
トーヨーエイテック "固定砥粒ワイヤーカッティングマシン T-8252B"
◇本賞
アマダ,アマダマシンツール "正面操作型1スピンドル2タレット CNC複合加工旋盤 S-10"
日本電気 "病理画像診断支援システム e-Pathologist"
川崎重工業 "ごみ焼却・バイオガス化複合施設"
興研 "オープンクリーンシステム「KOACH（コーチ）」"
シャープ "電子書籍サービスに関するプラットフォームの開発と実用化"
日立金属 "新高性能ダイカスト金型用鋼 DAC-MAGIC"
日立製作所,日立プラントテクノロジー "冷媒自然循環システムを導入したモジュール型 データセンタ"
ファナック "AIナノCNC FANUC Series 30i /31i /32i /35i-MODEL B"
富士通 "オンデマンド仮想システムサービス"
ヤマザキマザック "高精度立形マシニングセンタ FJVIIシリーズ"

## 072 素形材産業技術賞

優秀な素形材産業技術の開発等によりわが国素形材産業の技術水準の進歩向上に著しく貢献した技術の開発者を表彰し,もってわが国素形材産業の振興に資する。

【主催者】（財）素形材センター
【選考方法】次のいずれかの推薦(1)素形材産業に関連する業界団体,学協会または公的試験研究機関の代表者(2)素形材産業に関連する企業の代表者またはそれに代わる役員(3)素形材技術に関連する教授,研究者などの学識経験者(4)その他素形材産業技術賞表彰選考委員会が適切と認める者
【選考基準】〔対象〕次のいずれかに該当する功績を収めた技術開発者(1)素形材の品質,性能の向上に寄与する素形材産業技術の開発(2)素形材生産の効率化に寄与する素形材産業技術の開発(3)作業環境の改善又は安全性の向上に寄与する素形材産業技術の開発(4)環境の保全(公害防止,廃棄物処理・再生利用,地球環境保全)に関する素形材産業技術の開発(5)資源及びエネルギー使用の効率化に寄与する素形材産業技術の開発(6)その他素形材産業の発展にきわめて貢献度の高い素形材産業技術の開発
【締切・発表】年1回募集,募集期間4～6月。表彰式は11月。
【URL】http://sokeizai.jp/

第1回（昭60年度）
発熱パッド使用に関する技術研究会（日本鋳鍛鋼会） "鋳鋼品製造における発熱パッド適用技術と使用基準の確立による実用化の促進"
星 昌（日立製作所） "高靱性,高硬化深度鍛鋼製複合組織補強ロールの製造技術"
塩田 亘（泉自動車工業） "耐久性のすぐれた高負荷ディーゼル機関用アルミニウム合金ピストン素形材の開発"
牧村 征雄（高丘工業） "新たな炉前判定法開発を含む信頼性の高いCV黒鉛鋳鉄の量産技術"
荒木 健詞（住友金属工業） "最新のメカトロニクスを活用した型打鍛造クランク軸の高速自動検査ラインの開発"
阿部 春夫（日本鋳鍛鋼） "継目なし一体鍛造ドームの製造"

第2回（昭61年度）
三木 功（日軽中研） "無孔性ダイカストによる自動車用アルミニウムホイールの製造技術の開発"
塚田 尚史（日本製鋼所） "超大型一体ステンレス鍛鋼品の製造技術の開発"
温間閉そく鍛造トータルシステム開発委員会（鍛造技術研究所） "温間閉そく鍛造トータルシステムの開発"

岡本 好弘（岡本鉄工）"パーソナルコンピュータ制御による自由鍛造作業自動化システムの開発"
夫馬 豊治、西川 和之、稲垣 竹裕（新東工業）、中川 威雄、野口 裕之（東京大学生産技術研究所）、柳沢 章（日本大学工学部機械工学科）"通気性セラミック型の開発"
佐伯 啓治（日本鋳鍛鋼）"肉厚鋳鋼品の金型による製造技術の開発"

第3回（昭62年度）
安 文在、香山 和男（神戸製鋼所）、中村 憲市、佐田 裕之、上月 三光（神鋼検査サービス）"海洋構造物用大型鋳鋼ノードの開発"
榎本 新一（榎本鋳工所）"低熱膨張鋳鉄の開発"
福地 紀代司、小屋 栄太郎（本田技術研究所）、今村 一雄（大同工業）"二輪車用ハイブリッド型アルミニウムスイングアームの開発"
大橋 正昭、三宅 譲治、坂口 寛二、小山 原嗣（トヨタ自動車）"TIG再溶融による自動車用アルミニウム合金鋳物の局部強化技術の開発"
中島 光謙（メイチュー精機）"アルミニウム合金小型溶解保持炉の開発"
福光 昭之（福光精機）、藤沢 昌弥（大谷機械製作所）"コンピュータ制御によるエアスタンプハンマの自動運転システムの開発"
吉原 正典（川崎製鉄）、久原 昭夫（久保田鉄工）、新宅 征（中外炉工業）"鋼片加熱炉用セラミック複合材製スキッドボタンの開発"

第4回（昭63年度）
岩淵 義孝、村田 政司、土原 峰雄（日本製鋼所）、山田 政之、角田 英治（東芝）"超々臨界圧火力タービン用12クロム基耐熱鋳鋼ケーシングの開発"
貫名 正彦、荻原 俊男、工藤 正明（イズミ工業）"高圧凝固鋳造による高機能部材の開発"
白井 正勝（トオセイ）"ホットチャンバー法によるマグネシウムダイカスト製造技術の開発"
峰 久充、成田 憲二、伊藤 裕、磯崎 昭夫（神戸製鋼所）、河上 文雄、野島 和夫（第一メテコ）"転造及び特殊プラズマ溶射による熱交換器用高性能伝熱管の製造技術の開発"
竹林 一成、田代 康統（日本鋳鍛鋼）、中村 誠、竹田 頼正、藤田 明次（三菱重工業）"超々臨界圧火力タービン用12クロム基耐熱鋳鋼材の開発"

第5回（平1年度）
木川 富男、重松 治平、喜田 博三、藤本 育宏、小西 邦彦（久保田鉄工）"トンネル用コルゲート型ダクタイルセグメントの開発"
吉岡 一郎、鎌田 俊夫、下夕村 修、児玉 英世、近藤 保夫（日立製作所）"特殊ESR法による圧延機用複合ロールの開発"
青木 源策（旭テック）"球状黒鉛鋳鉄の金型鋳造連続ラインの開発"
堀江 孝男（ナベヤ）"流体透過性鋳鉄の開発"
中山 尚三、倉橋 正幸、竹中 健三（豊田自動織機製作所）、遠藤 良明（東久）、竹添 修（神戸製鋼所）"自動車のエアコンディショナー圧縮機用アルミニウム合金製鍛造ピストンの開発"
松前 利幸、不破 勲、吉岡 伸宏、山本 正、山本 洋一（松下電工）"粉末射出成形法によるセラミックス製家電部品の量産技術の開発"
杉村 幸彦、佐野 義一、坂田 嘉弘、原藤 和敬、村上 文雄（日立金属）"連続肉盛法による熱間圧延用複合ロールの開発"

第6回（平2年度）
檀浦 貞行、松井 勝彦（宇部興産）"横型締・竪鋳込スクイズ鋳造機の開発"
建内 克義（前日産自動車）、高木 憲司（高木鋳工）、宮原 勲夫、岩浪 清（大和工業）"フルモード複合鋳造法による自動車用プレス金型製作技術の開発"
沢田 祐造、山下 正憲（ダイキン工業）"金型自動みがき装置の開発"
矢幡 茂雄、佐古 野修、福井 一弘、床島 輝彦（広島アルミニウム工業）"鋳造・鍛造法による自動車用アルミニウム合金バルブロッカアームの開発"
梅田 孝一、草部 一郎、中村 茂樹、南出 俊幸、森下 政夫（神戸製鋼所）"HIP（熱間等方加圧）拡散接合法によるプラスチック射出成形機用複合シリンダの開発"
杉村 幸彦、是永 逸生、原藤 和敬、沖津 俊夫（日立金属）"サイアロンセラミックス製アルミニウム溶解関連部品の開発"

第7回（平3年度）
内藤 欽志朗、高橋 武（アマダ）、広田 善晴（油研工業）"低騒音パンチプレスの開発"
橘田 栄夫、河井 勇、菅野 秀樹（日立製作所）、中村 幸吉、炭本 治喜（近畿大学）、岡田 千里（日立金属）"連続誘導溶解炉の開発"

杉戸 嘉彦, 鷲 勤, 山口 信勇（旭テック）"コールドボックス法を用いたバックメタル方式による薄肉鋳物の生産システムの開発"

池本 公一, 杉浦 宏明, 尾上 秀郎, 中村 真一郎（トヨタ自動車）"自動車ボデー部品の少量プレス生産システムの開発"

中村 元志, 山本 善章, 米倉 浩司, 岩堀 弘昭（豊田中央研究所）"計測鋳造技術の開発"

長谷川 平一（メタルアート）"熱間・冷間複合鍛造による逆勾配スプライン付きトランスミッションギヤーの生産技術の開発"

井川 良雄, 尾埼 義正, 浜辺 晃弘（住友重機械工業）"オスプレイ法を適用した圧延用ロールの製造技術の開発"

大滝 克治, 水本 泉（コーヨー）"完全無枠水平割造システムの開発"

第8回（平4年度）

高橋 紀雄, 大塚 公輝, 土井 基邦, 岡崎 清治（日立金属）"高性能エンジン用耐熱鋳鋼製排気系部品の開発"

遠藤 裕司（福島製鋼）"ロボットによる鋳鋼品のガス切断システムの開発"

高橋 紀雄, 大塚 公輝, 土井 基邦, 岡崎 清治（日立金属）"高性能エンジン用耐熱鋳鋼製排気系部品の開発"

山田 洋輔, 田村 侃, 比倉 孝, 吉田 寿司（日本製鋼所）, 井巻 久一, 佐々木 満寿一, 福原 啓二（マツダ）"燃料タンク用多層樹脂ブロー成形機の開発"

栗熊 勉, 多田 雅之, 秋田 憲宏（アイシン高丘）"高減衰性鋳鉄部品の開発"

得井 雅昭, 多田 昭治（トヨタ自動車）"渦流式アルミニウム切粉熔解装置の開発"

岡方 義則, 樫 保夫, 原口 哲朗, 八木 良治（住友金属工業）"回転鍛造機を用いた鉄道用車輪製造プロセスの開発"

北村 善男, 坂本 公一, 印田 恒明, 寺島 義明, 森井 進（神戸製鋼所）, 内田 陽三（神鋼メックス）, 東 はるき（岡田電子）"大形厚肉円筒の温間液圧拡管技術の開発"

第9回（平5年度）

川口 正敏, 田島 宜夫, 畑中 節美, 松尾 伸樹, 山口 二三夫, 渡辺 敬夫（ホンダエンジニアリング）"自動車用鋳鉄部品の金型鋳造システムの開発"

塚田 尚史, 池田 保美, 尾崎 信彦, 小野 信市, 田中 泰彦, 舟場 光則, 村井 悦夫（日本製鋼所）"超大型一体低圧ローター軸の製造技術の開発"

大西 脩嗣, 伊藤 哉, 坂元 貞雄, 西本 周二, 藤田 賢二（日立金属）"不活性雰囲気低圧鋳造法によるアルミニウムホイールの製造技術の開発"

木崎 勉, 河波 俊博, 竹内 康夫, 長谷川 猛（トヨタ自動車）"タップホールの炉外交換によるキュポラの長期連続操業技術の開発"

小泉 維昭（大同特殊鋼）, 岡山 栄（富士電機）"真空誘導加熱式取鍋精錬炉の開発"

米田 保夫（ヨネダアドキャスト）, 佐藤 敬二（東北大学）"石灰るつぼを用いたチタン鋳造の製造技術"

藤本 育弘, 岡田 征二, 小西 邦彦, 笹岡 隆, 仲石 正雄（クボタ）"消失模型法による軽量鋳鉄排水集合管の開発"

第10回（平6年度）

萬谷 信広（愛知機械工業）, 東畑 透（日産自動車）"砂型中子を用いたダイカスト法によるクローズドデッキアルミニウム合金シリンダーブロックの開発"

永岡 宜人, 一ノ瀬 進, 田中 守, 山田 義明（第一鍛造）"熱冷間複合鍛造によるフランジ付き異形シャフトの開発"

田畑 命生, 星野 和志, 伊予田 洋海, 川又 民夫, 今中 道雄, 上野 恵尉（日立製作所）"冷間転造による大形多条溝プーリの開発"

市野 健司, 天野 虔一, 今津 司, 小関 智也, 沢 義孝, 宮井 直道, 曽我部 暁（川崎製鉄）"耐候性に優れた景観鋳鉄鋳物の開発"

木村 貞夫, 北脇 岳夫, 上原 孝行（東洋特殊鋼業）"エクストロールフォーミング法を用いたステンレス鋼異形製品の多品種少量製造技術の開発"

浜田 晃, 瀬戸 良登, 橋本 隆, 加藤 正幸, 岡林 昭利, 森川 長（クボタ）"遠心力鋳造法による複合ハイスロールの開発"

江藤 武比古（神戸製鋼所）"航空機部品用超塑性高力アルミニウム合金の開発"

第11回（平7年度）

久保 亮, 小林 勇策, 延吉 良介, 原田 信之（住友金属工業）"高機能鍛造クランク軸の製造プロセスの開発と実用化"

西村 徹三, 宮脇 省二, 待井 和博（松尾工業）"鋳造鍛造プロセス（C&F法）によるアルミニウム合金複雑形状製品への適用"

福田 隆, 中村 雅俊, 田中 賢治, 村井 悦夫, 尾崎 信彦, 早川 保（日本製鋼所）"テンションレグプラットホーム用鍛鋼部材の開発

と実機への適用"
高野 義夫,藤谷 弘樹(TDF),古賀 武博(栗本鉄工所)"低背圧負荷による高精度深穴鍛造技術"
助川 東輔,下田 義人(東洋バルヴ),丹 寿志,大石 恵一郎(三宝伸銅工業)"熱間鍛造用耐脱鉛黄銅材料の開発と鍛造バルブへの実用化"
西村 徹示,宮脇 省二,待井 和博(松尾工業)"鋳造鍛造プロセス(C&F法)によるアルミニウム合金複雑形状製品への適用"
米倉 為,山崎 英雄,長島 友孝(大同特殊鋼)"減圧砂型鋳造法(CLAS法)による薄肉ステンレス部品量産化技術の開発"
土山 友隆,村上 栄一,村井 康生(神戸製鋼所),竹田 頼正,藤川 卓爾,辻 一郎(三菱重工業)"超超臨界タービン用12%Cr鋼ロータの開発と実用化"

第12回(平8年度)
竹本 光弘,縄田 英次,長宗 範明,山田 昌史(アイシン高丘)"エキゾーストマニホールド用球状黒鉛鋳鉄—ステンレス鋼溶接技術の開発"
軍司 義次(自動車鋳物)"鋳物廃砂を利用した環境浄化用焼結多孔質体の開発"
河田 一喜,関谷 慶之,飯沼 育雄(オリエンタルエンヂニアリング)"量産型プラズマCVD装置による耐熱性(Ti,A)N被覆技術の開発"
山田 政之,津田 陽一,金子 丈治,渡辺 修(東芝),池田 保美,田中 泰彦(日本製鋼所)"蒸気タービン用高低圧一体型ロータの開発"
三田村 一広,広藤 雅俊,中沢 達也(日産自動車),浜島 和雄,堀江 別俊,佐藤 公彦(旭硝子)"ホウ化物系サーメットの温間鍛造用金型への適用"
雨宮 洋一,朝場 栄喜,笠間 実,大塚 和久,山本 克彦(ファナック)"アルミニウムダイカストの全自動生産システム"
竹本 光弘,縄田 英次,長宗 範明,山田 昌史(アイシン高丘)"エキゾーストマニホールド用球状黒鉛鋳鉄—ステンレス鋼溶接技術の開発"
林 哲也,藤原 敏男,畔津 健太郎(住友電気工業)"A-Si-Fe系粉末合金基複合2層シリンダーライナーの開発"

第13回(平9年度)
吉岡 英夫,神戸 洋史,三部 隆宏(日産自動車),北岡 山治,橋本 昭男(日本軽金属),藤井 拓己(神戸製鋼所)"鋳造鍛造プロセスによるアルミニウム合金ロードホイールの実用化"
金森 敬,金平 諭三(金森新東)"ダブルスクイズ造型法の開発"
神尾 一,山田 達,勝又 澄男,細野 洋司,鈴木 稔(日本軽金属)"熱間鍛造法によるアルミニウム合金スクロールの実用化"
出向井 登,山本 雅之,山田 敏彦(ダイドープレシジョンパーツ),芝田 智樹(大同特殊鋼)"レビキャストを用いたチタン精密鋳造法の開発"
野原 努,三奈木 義博,大野 丈博,尋木 好幸,矢倉 功(日立金属)"省資源型高強度排気エンジンバルブ材の開発"

第14回(平10年度)
大西 昌澄,藤原 康之,山本 出(トヨタ自動車),田中 利秋(豊田中央研究所),吉沢 保文(アイシン高丘)"熱間歯車転造を用いた鋳鉄歯車の製造技術"
吉村 豹治,島崎 定(ニチダイ)"背圧付加鍛造法によるスクロール製造技術"
河合 久孝,吉川 正一(三菱重工業),田村 至,内山 滋(三菱製鋼),ロジャー・ハンブルトン,福本 哲也(小松ハウメット)"高効率ガスタービン用大型一方向凝固翼の開発・実用化"
佐々木 英樹(河村製作所)"冷間鍛造法による自動車燃料ポンプ用直流モータ平型整流子の製造"
広田 智之,渋谷 和徳,松石 秀明(日産自動車),小林 一登(成形技術センター)"ピニオンプラネタリーギアのヘリカル歯形鍛造"
栗熊 勉,鬼頭 正博,大野 敏夫,秋田 憲宏,佐藤 高浩(アイシン高丘)"鳴き及び振動を抑えた鋳鉄ディスクロータの開発"
伊東 正男,中村 真(日本粉末合金),岡島 博司,吉川 勝久,宮島 和浩(トヨタ自動車)"二層一体形焼結シンクロナイザーリング"
岡村 孝巳(住友電気工業)"粉末成形と焼結ろう材接合によるプラネタリキャリアの製造技術"

第15回(平11年度)
◇通商産業大臣賞 飯芽 強,上田 順一(本田技術研究所),江口 隆夫,谷口 紀男(本田技研工業),増田 栄二,原口 研太(ホンダエンジニアリング)"スクーター用アルミニウムダイカストフレームの開発"

◇中小企業庁長官賞　坂間 宣夫, 永井 盛治, 田中 勝, 松島 正博(ニダック)"高強度・高耐食性2相鋳鋼による大径長尺遠心鋳造管の開発"
◇通商産業省機械情報産業局長賞　加藤 亨, 中出 英治, 鷹島 弘, 小川 淳(トヨタ自動車), 松本 智汎(虹技術)"プレス金型一体構造を可能とする焼入れ鋳鉄の開発"
◇素形材センター会長賞
近藤 幹夫(トヨタ中央研究所), 竹本 恵英, 中谷 和通, 浦田 勇(トヨタ自動車)"高速・高精度粉末成形を可能とするエアレート充填法の開発"
古沢 貞良, 今井 克哉, 岡本 寛, 川田 陽子(日本高周波鋼業), 中田 光昭(エヌケイ精密)"軸受鋼等高強度難加工材の高精度冷間鍛造技術の開発"
藤木 章, 梅垣 俊造, 平尾 隆行, 斎藤 雅基, 今里 博正(日産自動車), 片桐 武司(ヨシツカ精機)"全周アンダー粉末成形法の開発"

第16回(平12年度)
◇通商産業大臣賞　河原 文雄, 加藤 麻美, 尾嶋 平次郎(メックインターナショナル), 竹内 雅彦, 諸石 寿広, 加藤 勝(愛知製鋼)"環境調和型冷間塑性加工用水系潤滑剤の開発"
◇中小企業庁長官賞　新仏 利仲, 吉沢 稔, 天野 秀一(ニッセー)"CNC転造機の開発"
◇通商産業省機械情報産業局長賞　小田 信行, 杉本 幸弘, 藤田 誠(マツダ), 倉本 忠之, 有田 和司, 手島 和之(マイクロテクノ)"気体加圧複合化鋳造技術によるディーゼルエンジンピストンの開発"
◇素形材センター会長賞
四方 英雄, 酒井 純, 石島 善三, 橘 秀史, 市川 淳一(日本粉末冶金), 浦田 秀夫(本田技術研究所)"焼結アルミニウム合金コネクティングロッドの開発"
三田村 一広, 中沢 康一, 浜崎 敬一, 鈴木 久夫, 桜田 豊治(日産自動車)"等速ジョイント・アウターレースのアンダーカット・トラック溝ネットシェープ成形"
初山 圭司, 山内 和美, 平岩 淳伺, 加藤 純二郎, 大沢 修(アイシン高丘)"Sic粒分散アルミニウム基鋳造ディスクロータの開発"
藤井 義正, 藤塚 健二, 伊藤 健児(日立金属)"ウレタンモデルとCAEを利用した排気系鋳造品の短納期開発"

第17回(平13年度)
◇経済産業大臣賞　小沢 賢久, 原 雅徳, 川野 勝海, 金内 良夫(日立金属), 桜木 秀偉(日産自動車)"新半凝固ダイカスト法によるアルミニウム合金サスペンション部品の開発"
◇経済産業省製造産業局長賞　広田 昭之, 川井 俊紀, 西村 文孝, 笹野 秀史(日産自動車), 村田 重雄(日本スピンドル製造)"1ピースドライブプレートのオールスピニング生産モジュールの開発"
◇素形材センター会長賞
駒崎 徹, 井沢 龍介(リョービ)"アルミニウム合金製置き中子を使用したセミクローズドシリンダーブロックのダイカスト鋳造技術の開発"
菅野 利猛, 姜 一求, 水木 徹, 岩橋 淳, 阪口 知(木村鋳造所)"3カップ熱分析法による鋳鉄溶湯の炉前試験法の開発"
久保 晴義, 落 敏行, 吉本 篤人, 石田 斉, 長田 卓(神戸製鋼所)"ニアネット鋳造と熱間ロール加工による高品質鋳鋼製大型舶用クランク軸の開発"

第18回(平14年度)
◇経済産業大臣賞　浅井 宏一, 神戸 洋史, 田代 政巳, 工藤 勝弘, 今野 善裕(日産自動車)"先進鋳造システム(NICS)による強靱性薄肉アルミダイカストの実用化"
◇中小企業庁長官賞　網野 廣之(アミノ), 松原 茂夫(職業能力開発総合大学校), 呂 言(アミノ)"金属板材のダイレスフォーミング加工機の開発"
◇経済産業省製造産業局長賞　中野 英治, 三股 隆, 大沼 寛, 山口 昭憲, 早田 智臣(日立金属)"薄肉耐熱鋳鋼鋳物の生型鋳造プロセスの開発"
◇素形材センター会長賞
浅香 一夫, 荒川 友明(日立粉末冶金), 小松 敏泰, 新崎 知(本田技術研究所)"焼結拡散接合法によるハイブリッド自動車用モータロータの開発"
中嶋 勝司, 小澤 正史, 蟹江 鋭夫(アイシン高丘), 遠藤 孝義(TMS), 岡崎 他家蔵(アサイ産業)"ダイクエンチ工法によるインパクトビームの開発"
大橋 明, 易 宏治, 半田 勝郎, 金本 範彦(山川産業)"球状低膨張鋳造砂(サンパール)の開発"
宮本 武雄(リョービ), 前山 光史(石川島播磨重工業), 篠原 淳, 藤田 章雄(リョー

ビ）"ダイカスト製スクリュースーパーチャージャ用ロータの開発"

第19回（平15年度）
◇経済産業大臣賞　金藤 公一、平田 実（新東工業）"エアレーション・プリセットスクイズ方式枠付生型造型機の開発"
◇中小企業庁長官賞　岡田 民雄、吉川 英雄、佐々木 忠男、畑中 智弘（日本坩堝）、神尾 彰彦（日本坩堝技術顧問、東京工業大学名誉教授）"るつぼ式高性能アルミニウム連続溶解・保持炉の開発"
◇経済産業省製造産業局長賞　関 伊佐夫、山谷 賢二、関 新治、発地 豊、宮里 邦彦（日立金属MPF）"プレスフォージング法によるマグネシウム合金筐体の開発"
◇素形材センター会長賞
　水田 泰次、森棟 文夫、佐伯 伸二、谷口 博康（大阪合金工業所）"Cu-Sn-Ti系超電導用素材の高品質、低コスト製造方法"
　酒井 敦、横尾 敬三、高田 真司、杉山 隆博（ダイハツ金属工業）"高周波誘導加熱による押湯小型化装置の開発"
　真鍋 達也（リョービ）、新田 真、矢口 昌樹（リョービミサカ）"ディーゼルエンジン用アルミダイカスト製シリンダーブロックの開発"
　志水 慶一、中島 洋、松野 裕二、大橋 保夫、田屋 慎一（東洋鋼鈑）"回転工具による金属極薄板の高速穿孔システム"

第20回（平16年度）
◇経済産業大臣賞　赤瀬 誠、藤田 峰隆、生井 亮、宇井 剛昌、宮地 英敏（アーレスティ）"NI鋳造法による自動車向け足回り部品の開発"
◇経済産業省製造産業局長賞　佐藤 一広、馬場 泰、久能 信好、高橋 直人、高橋 直之（福島製鋼）、黒木 俊昭（日野自動車）"鋳造同時拡散接合工法によるFCDハウジングの開発"
◇素形材センター会長賞
　水野 慎也、野崎 美紀也、佐藤 理通、佐藤 三由、遠藤 弘彦、荒川 恭行、稲葉 一顕、小田川 正次（トヨタ自動車）"超高真空ダイカスト法によるサスペンションメンバの開発"
　初山 圭司、鳥居 憲、村上 富幸、出町 友能直、山口 智宏、福井 貴公（アイシン高丘）"アルミニウム半凝固鋳造法によるディスクブレーキキャリパの開発"
　大石 恵一郎、松本 敏一、田中 真次、後藤 佳行（三宝伸銅工業）"鋳造・鍛造・切削用鉛フリー銅合金（Cu-Si-Zn系合金）の開発"
　藤井 達也（リョービ）、小田 洋二（リョービミサカ）"アルミダイカスト製家具の開発"
　中野 義一、小杉 允、成瀬 春彦（日本鋳鍛鋼）"ダイレクト真空鋳造法による高品質大型鍛造用鋼塊製造技術の開発"
　大坪 靖彦、岡崎 俊二、関口 謙一郎、諏訪部 博久、徳留 修（日立金属）"超低PM大型商用車用セラミックフィルタの開発"

第21回（平17年度）
◇経済産業大臣賞　木村 博彦、木村 智昭、金原 昌浩、菅野 利猛（木村鋳造所）"短納期・高品質フルモールド鋳造システムの開発"
◇中小企業庁長官賞　及川 渉、竹内 榮一、宅見 章、善林 智範、工藤 南海夫（日本プレーテック）"鉄合金めっき被膜によるアルミニウム材の表面改質技術の開発"
◇経済産業省製造産業局長賞　木崎 勉、鎌田 青一、山内 真（トヨタ自動車）"鋳造工場の天井クレーン搭載式集塵システムの開発"
◇素形材センター会長賞
　近藤 和利、青山 俊三、酒井 信行、三中西 信治、上田 昭暢、湯橋 智昭、新井 誠一（アーレスティ）、寺内 浩一、長峰 隆司（アーレスティ栃木）"高真空ダイカスト技術を用いた溶接構造用大型フレームの開発"
　タントロン ロン、木本 淳志、南波 聡（東芝）"樹脂系複合材料軸受の開発およびエネルギー機器への適用"
　張 鐘植、佐藤 高浩、山田 英雄（アイシン高丘）、鈴木 延明、山尾 文孝（スズキ）"エキゾーストマニホールド用バナジウム鋳鉄の開発"

第22回（平18年度）
◇経済産業大臣賞　高田 雅広、出来田 博之、加藤 儀和、秀島 保広、奥谷 健一郎、小関 祥代、中島 邦彦、崎川 武直（デンソー）"自動車エンジンスタータ用整流子一体コイルの線材冷鍛システムの開発"
◇中小企業庁長官賞　上野 榮蔵、小林 芳一、花岡 啓文（ナディック）"小径パイプ内面バリなしプレス穴開け加工技術の開発"
◇経済産業省製造産業局長賞　竹内 宏、加藤 利光、柴田 徹（新興セルビック）"歩留り性に優れた小型卓上射出成形機の開発"
◇素形材センター会長賞

製造業

佐藤 育男, 村井 悦夫, 中村 毅, 佐々木 友治, 柴田 尚, 工藤 秀尚, 和田 候衛(日本製鋼所)"EPR型原子炉圧力容器用フランジ一体型ノズルシェルの製造技術の開発"

徳永 延夫, 西川 松之, 首代 英樹, 福田 喜伸(前川製作所)"急速凍結鋳型を用いた鋳造システムの開発"

木村 洋一(トキワ精機), 舟久保 利明(昭和製作所)"厚肉管の熱間曲げ加工による油圧配管継手の製造技術の開発"

西郡 榮, 奥村 正, 西畑 延泰, 服崎 絢子(ゴーシュー)"自動車エンジン用コネクティングロッドへの鍛造恒温微細析出処理法(FIR)の実用化"

第23回(平19年度)

◇経済産業大臣賞 久保田 邦親, 阿部 行雄(日立金属), 小松原 周吾(日立金属工具鋼)"ハイテン成形に優れた次世代冷間金型用鋼の開発"

◇中小企業庁長官賞 河田 一喜, 関谷 慶之, 飯沼 育雄(オリエンタルエンヂニアリング)"プラズマCVD法による高離型性金型表面処理技術の開発"

◇経済産業省製造産業局長賞 鈴木 宏, 内村 勝次, 藤原 徳仁(新東Vセラミックス)"セラミックス大型部品用浸透Vプロセスの開発"

◇素形材センター会長賞

藤原 鉄弥(フジワラ), 吉野 博之(函館地域産業振興財団), 山本 勝太郎(北海道大学名誉教授), 渡辺 貢, 渡辺 力(渡辺鋳工所), 三木 智宏(東和電機製作所)"鉛代替鋳鉄製釣り用高性能オモリの開発"

大杉 泰夫, 金指 研, 田渕 満智, 林 憲司, 宮下 宏明, 山田 雄之介(日産自動車)"高真空ダイカスト法による大型一体サスペンションメンバーの開発"

木下 晋, 清水 敏夫, 小宮 玄, 阪口 修, 松岡 美佳, 佐藤 純一(東芝)"高電圧固体絶縁スイッチギヤを実現した高靱性高強度エポキシ樹脂注型技術の開発"

第24回(平20年度)

◇経済産業大臣賞 初山 圭司, 新美 富男, 澤田 義政, 伊藤 浩一, 金曽 誠, 脇上 一也(アイシン高丘)"プロセス制御と特殊金型機構による高品位ダイカスト技術の開発」

◇中小企業庁長官賞 山下 和秀, 山田 忠郎, 菅原 祐一, 戸柱 慶二郎, 伊佐山 忠弘, 原口 友昌(東京軽合金製作所)"保持炉を水平分離したアルミニウム低圧鋳造法の開発"

◇経済産業省製造産業局長賞 津浦 徳雄(花王クエーカー), 高城 栄政, 小林 洋昭, 竹村 博明, 吉田 昭, 渡辺 洋一(花王)"環境を考慮した紙ベース鋳造用湯道管の開発"

◇財団法人 素形材センター会長賞 真鍋 隆太(道前工業), 林 洋一郎(西条産業情報支援センター), 谷 耕治(新居浜工業高等専門学校)"高温耐摩耗性に優れたアルミニウム青銅鋳物合金の開発"

第25回(平21年度)

◇経済産業大臣賞 久保 忠継, 原田 雅行, 古川 秀樹, 平野 敬三, 野畑 元亨(寿金属工業)"ネジ部機械加工レス化を実現したアルミニウム合金ダイカスト技術の開発"

◇中小企業庁長官賞 国本 幸孝, 国本 裕樹, 鈴木 義典, 北島 英明(國本工業)"アルミニウムダイカストに代わる高度拡縮管加工技術の開発"

◇経済産業省製造産業局長賞 松田 正雄, 松田 雄一, 下川 秀行, 奥根 真次郎, 横田 友彦, 山田 利男(松田金型工業)"分割型コア構造を用いた複雑形状部品の一体成形金型の開発"

◇財団法人 素形材センター会長賞

谷畑 昭人, 小島 久育, 古川 和也(本田技術研究所), 遠藤 修, 飯野 憲一(本田金属技術), 織田 和宏(日本軽金属)"高真空ダイカスト製法を用いた耐熱高強度"

田岡 秀樹, 廻 秀夫(ホンダエンジニアリング), 東 昌幸, 池原 秀徳(本田技研工業), 橋本 政一, 河野 泰幸(アイダエンジニアリング)"自動車車体パネルの世界最速サーボプレスラインの開発"

竹崎 陽二, 島田 登, 浅井 弘, 町田 知誉(ポーライト)「ハンマードリル用過負荷クラッチ部品の粉末成形金型の開発」

山本 出, 近藤 正顕, 志満津 了(トヨタ自動車), 福士 孝聡, 中村 英幸, 穴井 功(新日本製鐵)"環境負荷の小さい高疲労強度中空アクスルビーム製造技術の開発"

峯田 宏之, 仁科 芳彦, 安達 直功, 横井 隆, 小原 卓(豊田自動織機)"エンジンブロック用CV黒鉛鋳鉄の生産技術の開発"

西田 智, 藤浦 貴保, 鈴木 浩則, 谷口 祐司(神戸製鋼所)"機能性潤滑剤を添加した高密度成形用鉄粉の開発"

第26回(平22年度)

◇経済産業大臣賞 大久保 匡浩, 平林 健吾, 笹川 淳, 長田 直樹, 田中 謙一, 白鳥 達也(サイベックコーポレーション)"高機

## 073 デジタルクリエイターズコンペティション

能・低コスト自動車用高精度サイクロイド減速ギヤの開発」
◇中小企業庁長官賞　濵田 一男、橋本 政吉、五十嵐 勉(型研精工)"シングルバー片ブラインガー三次元高速サーボトランスファー装置の開発"
◇経済産業省製造産業局長賞　杉山 昌揮、山口 登士也、大河内 智、岸本 秀史(トヨタ自動車)、服部 毅(豊田中央研究所)、齊藤 貴伸(大同特殊鋼)"車載リアクトルコア用高密度・低損失圧粉磁心の開発"
◇財団法人素形材センター会長賞
渋谷 将行(住友金属)、五十嵐 昌夫、若松 仁(トヨタ自動車)、岡田 登(三五)、中澤 嘉明、西山 佳孝(住友金属工業)"プレス成形法による二重管式エキゾーストマニホールドの開発"
小池 俊勝、稲波 純一、鈴木 敦、塚本 健二、鈴木 貴晴(ヤマハ発動機)"薄肉大型車体構造部品用マグネシウムダイカスト技術の開発"
平野 雅雄、堀部 喜学(新東工業)、大池 俊光、桃原 満紀(美濃工業)、吉田 敏夫、森 義昭(水谷産業)"ダイカスト製品の鋳造不良を低減する金型ディンプル加工技術の開発"
伊達 日出登、野田 泰義、大山 寛治(江南特殊産業)"急速加熱冷却を可能とするプラスチック成形用電鋳金型の開発"
土居 康純、井戸 啓佑(特殊製鋼所)、牧野 浩、村田 証一、安川 昇吾、中川 揮(伊藤忠セラテック)"鋳鋼鋳物の焼着を防止する鋳型技術の開発"
濱吉 繁幸、小川 衛介、清水 健一郎(日立金属)、野田 尚昭(九州工業大学)、岸 和司(産業技術総合研究所)、古賀 慎一(日新製鋼)"連続溶融めっき鋼板製造ライン用大型セラミックスロールの開発"

## 073 デジタルクリエイターズコンペティション

次代を担うクリエーターを発掘、表彰、指導し、コンテンツ制作業界での活躍を支援するものである。同時にコンテンツ産業の活性化と国際構想力の強化を図ることを目指している。
【主催者】（財）デジタルコンテンツ協会
【選考委員】（平21年）委員長：中島信也(東北新社専務取締役広告制作事業統合本部長(CMディレクター))、委員：石川光久(プロダクション・アイジー代表取締役(プロデューサー))、小川洋一(白組取締役副社長(VFXスーパーバイザー))、塩田周三(ポリゴン・ピクチャアズ代表取締役CEO)、真島理一郎(イディオッツ代表(CGクリエイター))、村濱章司(ラムダフィルム代表取締役)、結城徹(イマージュ代表取締役会長)
【選考方法】応募作品は、コンテンツ業界で活躍するプロデューサーやディレクターによって組織された審査委員会で審査し、各賞を選定する
【選考基準】〔応募資格〕コンテンツ産業にたずさわることを目指す個人またはグループ、国籍不問。〔応募規定〕一人1作品とするが共同制作の場合、主要制作メンバーが同一でない限り複数応募も可能。〔作品規定〕デジタル技術を駆使して制作された原則として3分以内の動画。既発表作品も可能（既に商用に供されているものは除く）。実写も応募可能だがデジタル技術が作品制作に活かされていること
【締切・発表】（平成21年）応募締切平成21年8月7日、発表10月13日、贈賞式10月24日
【賞・賞金】金の翼賞(1本)：奨学金20万円。銀の翼賞(2本)：奨学金10万円。優秀賞(3本)：奨学金5万円。韓国文化コンテンツ振興院長賞(1本)：奨学金20万円。ケベックアニメ賞(1本)：奨学金10万円。ソフトバンク賞(1本)：奨学金10万円。東映アニメーション賞(1本)：奨学金10万円
【URL】http://www.dcaj.org/

---

（平16年）
◇金の翼賞　杉山 大樹　「かめのナアシャ」

◇銀の翼賞
森下 征治　「Hai and Low」

吉田学園電子専門学校〈本間健太郎・小坂健・小田桐貴司・長澤光恵〉「JAPAN」
◇優秀賞
名取 祐一郎, 池田 俊彦, 牧野 将子　「うんこがしたい」
松村 麻郁　「カッポロピッタ～まんまくいねい～」
沼口 雅徳　「百怪ノ行列『浅草キケン野郎～泣くな！恋の鉄砲玉～』」
宮本 正成　「Chess」
岸田 幸士　「IMAGES OF THE LASTBATTALION」

(平17年)
◇金の翼賞　半崎 信朗　「Birds」
◇銀の翼賞
U2M〈鵜飼美生・漆原成晃・松井証弘〉「あいべつりく」
青木 純　「コタツネコ」
◇優秀賞
加藤 隆　「around」
日高 晋作　「BoNES」
武田 直幸　「Colorpens and Blackpens」
名取 祐一郎　「鳥獣剣士～第一幕～」
斉藤 壮平　「MICHILD」

(平18年)
◇金の翼賞　久保 亜美香　「おはなしの花」
◇銀の翼賞
村上 英亜　「4600million」
三浦 祐貴　「graffiti」
◇優秀賞
森 瞭維智　「EACH LIFE～チーズケーキ～」
澤田 裕太郎　「じゅうじん」
山田 稔明　「LIFE」
Hunter2　「Anding」

(平19年)
◇金の翼賞　Kim,Sun-Young　「WAY」
◇銀の翼賞
山田 稔明　「Sun Set」
上甲 トモヨシ　「雲の人 雨の人」
◇優秀賞
山口 翔　「Paper Play」
RONES〈茂木光典・木内克典・松田直哉〉「Rights of Nature」
五十嵐 彩香　「GO HOME」
◇韓国コンテンツ文化振興院長賞　Kim,Mi-Jin　「Starry Night」
◇ケベックアニメ賞　Kim,Jin-Man　「Soeyoun」
◇審査員特別賞　Ryu,Jin-Ho　「The Life」

(平20年)
◇金の翼賞　岡本 憲昭　「ALGOL」
◇銀の翼賞
岩井澤 健治　「福来町、トンネル路地の男」
IshiPro　「印鑑検査工場」
◇優秀賞
Lee,liong joo　「TINEBOYS」
武末 浩志　「Transformation」
上甲 トモヨシ　「BUILDINGS」
◇韓国文化コンテンツ振興院長賞　李 圭泰　「Look around」
◇ケベックアニメ賞　Gregory Barth　「Cycle」
◇ソフトバンク賞　山口 翔　「trip」
◇東映アニメーション賞　鄭 敏泳　「The Diary Book」

(平21年)
◇金の翼賞　植草 航　「向ヶ丘千里はただ見つめていたのだった」
◇銀の翼賞
リュ・ジンホ, ソン・ウン　「Black Out」
澤田 裕太郎　「奴との遭遇」
◇優秀賞
堀 康史　「彼女のきのこは僕が食べるの」
パク・キ・ワン　「BIRTH」
浜口 泰昭　「SHIBAINU」
◇韓国コンテンツ振興院長賞　チェ・ジンソン　「Entering the Mind through the Mouth」
◇東映アニメーション賞　ひだか しんさく　「恋するネズミ」
◇ソフトバンク賞　椙本 晃佑　「the TV Show」
◇ケベックアニメ賞　クルーラー, グエンダル　「Tjukrpa」
◇審査員特別賞　リー・ナユン　「View」

(平22年)
◇金の翼賞　竹内 泰人　「魚に似た唄」
◇銀の翼賞
野中 晶史　「CLIMBER」
Choi Jin Sung　「Tom N Jerry」
◇優秀賞
足立 昌彦　「flesh color」
戸川 蛍　「Catharsis」
岡田 拓也, 宮内 貴広, 井筒 臣喜, 近藤 天万里　「CHILDREN」
◇韓国コンテンツ振興院長賞　Kim Ki Bong, Lee Il Ho, Jung Young Sun　「Memory of Childhood」
◇ケベックアニメ賞　Simon Garant　「Thomas」

◇東映アニメーション賞　yamabus　「おもちゃん」　イズ*プラネット」
◇審査員特別賞　山本 蒼美　「ラ/ラジオノ

## 074　東京クリエイション大賞

21世紀を目前に控え、生活をとりまく都市環境や産業・文化、さらには生活そのものの快適なあり方を発想・デザインし、未来に向けて大いなる足跡を残し得る優秀なクリエイションワークを表彰することにより、東京が名実共にクリエイティビティと活気あふれる国際都市として発展していくことを期して創設された。

【主催者】（社）東京ファッション協会
【選考委員】（第16回）選考委員長：石井威望（東京大学名誉教授）、運営委員長：福原義春（東京ファッション協会副会長）、選考委員：大宅映子（評論家）、河原敏文（プロデューサー/CGアーティスト）、隈研吾（建築家）、月尾嘉男（東京大学教授）、出口正之（総合研究大学院大学教授）、永井多恵子（世田谷文化生活情報センター館長）、原由美子（ファッションディレクター）
【選考方法】自薦・他薦
【選考基準】〔対象〕公共性・時代性・創造性・文化性・国際性・話題性などの要素に富み、国際都市東京をステージとして発信するに相応しいクリエイションワーク
【締切・発表】平成15年の場合、10月末締切、3月表彰式
【賞・賞金】大賞（1件）：表彰状、賞牌と賞金50万円。各賞（各1～3件）：表彰状、賞牌と賞金25万円

第1回（昭62年）
◇大賞　日本電信電話　"NTTテレホンカード"
◇話題賞　東京都恩賜上野動物園　"パンダ「童童（トントン）」"
◇特別賞　サントリー　"サントリーホール"
◇海外賞　徐 莉玲（台湾・中興百貨店社長、デザイナー）

第2回（昭63年）
◇大賞　該当者なし
◇話題賞　新宿西戸山開発　"東京グローブ座"
◇生活賞　東レ　"トレシー"
◇創造賞　東京都多摩動物公園　「昆虫生態園」
◇海外賞　シンガポール・フェスティバル・オブ・アート1988運営委員会　"シンガポール・フェスティバル・オブ・アート1988"　インターナショナル・コスメチックスCO., LTD.

第3回（平1年）
◇大賞　島 正博（島精機製作所代表取締役社長）　"島精機製作所のCGシステムにおけるクリエイティブワーク"
◇環境賞　荒井 豊（西洋環境開発代表取締役社長）　"八ヶ岳高原音楽堂"
◇話題賞　宮崎 駿　"「風の谷のナウシカ」「天空の城ラピュタ」「となりのトトロ」「魔女の宅急便」などのアニメーション作品"
◇海外賞　金 寿根（メインスタジアム設計者）、金 重業（メモリアルゲート設計者）"ソウルオリンピックメインスタジアム・メモリアルゲート"
チョウ、レイモンド（香港）　"映画制作"

第4回（平2年）
◇大賞　INAX　"トイレ・バス文化に対する創造活動"
◇開発賞　北一硝子　"小樽市再開発への貢献"
◇特別賞　Bunkamura
◇海外賞　チューキアット・ウタカパン　"高度な印刷技術によるタイの文化、芸術、自然科学の普及に対する貢献"

第5回（平3年）
- ◇大賞　該当者なし
- ◇話題賞　ソニー　"ポータブルGPSレシーバー「ピクセス」"
- ◇環境賞　王子製紙　"林木育種研究所の森林資源造成への取り組み"
- ◇開発賞　セーレン　"革新的テキスタイル企画製造システム「ビスコテックス」"
- ◇特別賞　マツダ　"ル・マン優勝"
- ◇海外賞　モハメド・ノル・ビン・カリッド　"漫画による文化活動"

第6回（平4年）
- ◇大賞　STAR TV〈香港〉　"情報発信基地としてのアジア地区の豊かな生活文化の発展と向上に対する寄与と貢献"
- ◇開発賞　"入院の子供たち，動物園へ行こう──仮想体験システム"
- ◇環境賞　滋賀県琵琶湖研究所　「ホタルダス」をはじめとする活動
- ◇情報発信賞　NHK　"電子立国日本の自叙伝"
- ◇特別賞　長崎オランダ村ハウステンボス　"21世紀の環境を考えたエコロジカル都市開発の先駆的施設としての存在意義"

第7回（平5年）
- ◇大賞　該当者なし
- ◇創造賞　東急ハンズ　"ハンズ大賞"
- ◇環境賞　イオングループ　「ふるさとの森づくり」活動
- ◇国際賞　山本 寛斎　"イベント「ハローロシア」"
- ◇海外賞　李 健省　"マレーシア バティックペインティング"

第8回（平6年）
- ◇大賞　イッセイ・ミヤケ　「プリーツ・プリーズ」
- ◇開発技術賞　"液晶を中心とする蓄積された技術資源"
- ◇国際文化賞　"システィーナ礼拝堂・ミケランジェロ大壁画修復事業"
- ◇海外賞　台湾　"河に生命を与え，住民に喜びを与えた冬山河の整備工事"
- ◇特別賞　姫路市　"城郭を中心とした景観美化の整備事業と文化活動"

第9回（平7年）
- ◇大賞　該当者なし
- ◇福祉賞　E&Cプロジェクト　"暮らしやすい共生社会の実現をめざす活動"
- ◇市民賞　"自主上映映画「地球交響曲（ガイアシンフォニー）」"
- ◇国際賞　木馬リボン　"世界のファッション界の発展と向上に対する大きな貢献"
- ◇特別賞　生命誌研究館　"難解な生命科学の世界を誰にとってもより身近なものとなるようなさまざまな活動"

第10回（平8年）
- ◇大賞　本田技研工業　"クリエイティブ・ムーバー「オデッセイ」"
- ◇海外特別賞　エイサー　"台湾最大で世界第7位のパソコンメーカーに成長"
- ◇タウン賞　銀座百店会　"タウン誌の草分け「銀座百点」"
- ◇文化賞　宝塚市立手塚治虫記念館　"手塚ワールドの夢空間"

第11回（平9年）
- ◇大賞　アイデア対決・ロボットコンテスト〈通称ロボコン〉　"独創性を競うエデュテインメント「ロボコン」"
- ◇創造賞　前田 又兵衛　"趣味のうどん作りから発想を得て，「連続ミキサMY-BOX」を完成させる"
- ◇海外賞　ハングル＆コンピュータ　"ハングルのワープロソフト「アレアハングル」で韓国のソフトウェア産業をリード"

第12回（平10年）
- ◇大賞　山根 一真　"産業，技術，ものづくりへの新しい視点の創造"
- ◇開発賞　パナソニックEVエナジー　"電気自動車用ニッケル水素蓄電池の開発"
- ◇賑わい街かど賞　タイムクリエイト，北山創造研究所　"次世代の下町商店街 亀戸「サンストリート」のプロデュース・運営"
- ◇海外賞　ヒジャス・ビン・カストゥーリ　"マレーシア近代化と文化振興への貢献"

第13回（平11年）
- ◇大賞　国立天文台　"反射望遠鏡すばる"
- ◇海外賞　アリーヤ・チュムサーイ　"タイ女性として新しいライフスタイルを実践し夢と活気を与えた"
- ◇特別賞　髙田 賢三，三宅 一生　"デビュー以来世界のファッション界に衝撃と感動を与え，なおも未来に向かう，その弛まぬ創造の力に対して"

第14回（平12年）
- ◇大賞　NTTドコモ　"iモード"
- ◇創造特別賞　ソニー・コンピュータエンタテインメント　"プレイステーション2"
- ◇スポーツ文化振興賞　関東学生陸上競技連盟　"箱根駅伝"

◇海外賞
　　金 順権（韓国）　"「平和のトウモロコシ」開発と呼ばれる南北協力事業"
　　朱 銘（台湾）　"朱銘美術館"
第15回（平13年）
◇大賞　凸版印刷　"印刷博物館、「印刷博物誌」による社会貢献活動"
◇創造賞　清水 浩〈慶応義塾大学環境情報学部教授〉　"世界最速の電気自動車「KAZ」の開発"
◇環境賞　北九州市　"北九州エコタウン事業"
◇海外賞　ヤーン ケン（マレーシア）　"熱帯の自然環境を利用した空調機能装備の建築"
第16回（平14年）
◇大賞　該当なし
◇メディア環境賞　伊東 豊雄〈建築家〉、奥山 恵美子〈館長〉　"ハードとソフトの両立を実現させた21世紀型市民施設「せんだいメディアテーク」"
◇アートシーン創造賞　滝沢 信一〈実行委員長〉（十日町市長）、北川 フラム〈総合プロデューサー〉〈アートフロントギャラリー代表取締役〉　"多くの人々の心とエネルギーが結集した新しい形のトリエンナーレ・大地の芸術祭「越後妻有アートトリエンナーレ」"
◇特別賞　千速 晃〈新日本製鉄代表取締役社長〉　""鉄"の価値観を変える"電磁鋼板"製造技術"
◇海外賞　リチャード・ヨン（ナショナル腎臓財団シンガポール会長）、TT ドゥレイ（ナショナル腎臓財団シンガポール名誉事務局長）　"民間団体による腎臓透析を中心とした健康の増進・啓発活動"

---

## 075　土木学会景観・デザイン委員会デザイン賞

　土木の分野にデザインで競い合う土壌を醸成し、日本の国土に美しい環境を作り出すことを目的に、平成13年に創設された。
【主催者】土木学会景観・デザイン委員会
【選考委員】（平成21年）選考委員長：島谷幸宏（九州大学教授）、猪熊康夫（中日本高速道路企画本部技術開発部長）、桑子敏雄（東京工業大学大学院社会理工学研究科教授）、小出和郎（都市環境研究所代表取締役）、田中一雄（GKデザイン機構代表取締役）、宮城俊作（奈良女子大学住環境学科・設計組織PLACEMEDIA）、吉村伸一（吉村伸一流域計画室代表取締役）
【選考方法】公募
【選考基準】〔対象〕道路、街路、駅舎、河川、海岸、港湾、空港などの土木空間や、橋梁、堰堤、水門、開渠、堤防などの土木構造物で、竣工後2年以上経過しているもの。〔資格〕優れた風景を作り出した作品、およびその作品の実現に関わった人々の中で、大きく貢献した人物（主な関係者）ならびにそれをサポートした組織（主な関係組織）。〔選考料〕「主な関係者」に土木学会個人会員が含まれる場合、応募作品1件につき30000円。「主な関係者」に土木学会個人会員が含まれない場合、応募作品1件につき50000円
【締切・発表】（平成21年）応募期間は平成21年6月1日～29日、発表は11月中旬、授賞式は平成22年1月下旬
【賞・賞金】最優秀賞、優秀賞、奨励賞
【URL】http://www.jsce.or.jp/committee/lsd/prize/index.html

（平13年）
◇最優秀賞
　　八巻 一幸（東日本旅客鉄道）、篠原 修（東京大学教授）、守屋 弓男（MIA建築デザイン研究所代表取締役所長）、山本 卓朗、石橋 忠良（東日本旅客鉄道）　"中央線東京駅付近高架橋"
　　天野 重一、橘 正博（大日本コンサルタント）、祐乗坊 進（ゆう環境デザイン計画代表取締役）、渡辺 利彦（大日本コンサルタ

ント）"汽車道"

高松 治，長田 一己，高楊 裕幸（大日本コンサルタント），山本 教雄（元志賀高原野外博物館代表），依田 勝雄（長野県中野建設事務所所長）"志賀ルート—自然と共生する道づくり—"

中野 恒明，萩原 貢，小野寺 康，重山 陽一郎（アブル総合計画事務所），南雲 勝志（ナグモデザイン事務所）"門司港レトロ地区環境整備"

岡部 憲明（レンゾ・ピアノ・ビルディング・ワークショップ・ジャパン代表），レンゾ ピアノ（レンゾ・ピアノ・ビルディング・ワークショップ主宰），ピーター ライス（ARUP），伊藤 整一（元マエダ）"牛深ハイヤ大橋"

◇優秀賞

田村 幸久（大日本コンサルタント），至田 利夫（シダ橋梁設計センター），梅津 靖男（豊平製鋼）"滝下橋"

石橋 忠良，高木 芳光（東日本旅客鉄道），鈴木 慎一（ジェイアール東日本コンサルタンツ），大野 浩，高橋 光雄（清水建設）"鳴瀬川橋梁"

西沢 健，宮沢 功，丹羽 譲治（GK設計），渋谷 陽治（住宅都市整備公団筑波開発局局長），田中 一雄（GK設計）"筑波研究学園都市ゲート"

松崎 喬（松崎喬造園設計事務所代表），伊佐 憲明（松崎喬造園設計事務所），藤下 久，吉村 雅宏，宮下 修一（日本道路公団）"千葉東金道路・山武区間"

小野寺 康（小野寺康都市設計事務所），中野 恒明（アブル総合計画事務所），窪田 陽一（埼玉大学教授）"与野本町駅西口都市広場"

長瀬 徳幸（松本市都市開発部），吉田 俊弥（信州大学），西沢 健（ジイケイ設計），藤田 雅俊（元ジイケイ設計）"都市計画道路宮淵新橋上金井線改良事業"

伊藤 清忠（東京学芸大学），筒井 信之（創建会長），清本 三郎，岸本 悦典（創建），高橋 利幸（愛知県半田土木事務所）"フォレストブリッジ"

I.M. Pei（I.M.Pei Architect），Leslie E. Robertson（Leslie E.Robertson Associates），佐藤 修（紀萌館設計室），吉田 功，坪内 秀泰（清水建設）"MIHO MUSEUM APPROACH"

小谷 謙二（八千代エンジニアリング），大野 美代子（エムアンドエムデザイン事務所），吉満 伸一，石黒 富雄（八千代エンジニアリング），前原 恒泰（広島市土木部街路建設課長）"鶴見橋"

高橋 和夫（建設省四国地方整備局），糸林 芳彦（水資源開発公団理事），荒井 治（建設省四国地方整備局），竹林 征三（建設省河川局），岩永 建夫（ダム水源地環境整備センター），岡田 一天（プランニングネットワーク），宝示戸 恒夫（清水建設）"中筋川ダム"

兼子 和彦，町山 芳信，前田 格（地域開発研究所），上園 謙一，森永 明，杉山 充男（鹿児島県土木部鹿児島港湾事務所）"鹿児島港本港の歴史的防波堤"

小宮 正久（日本構造橋梁研究所），友利 龍夫（芝岩エンジニアリング），篠原 修（東京大学教授），上間 清（琉球大学名誉教授），大城 健三（沖縄県中城湾港建設事務所主幹），高野 諭（ピー・エス）"阿嘉大橋"

（平14年）

◇最優秀賞

松崎 喬（松崎喬造園設計事務所代表），平賀 潤（平賀設計代表），日本道路公団東京支社日光宇都宮道路工事事務所（特別業務発注），高速道路調査会道路景観研究部会，道路緑化保全協会 "日光宇都宮道路"

坂田 光一，中尾 昌樹，後田 浩二，山崎 安彦（国土交通省），中山 穣（熊本大学学生）"小浜地区低水水制群"

大野 美代子（エムアンドエムデザイン事務所），永木 卓美（熊本県上益城事務所），林田 秀一（中央技術コンサルタンツ），荒巻 武文（住友建設），八束 はじめ（ユービーエム）"鮎の瀬大橋"

◇優秀賞

大塚 英典，鎌田 久美男，角田 洋，八馬 智（ドーコン），木村 利博（小樽市土木部）"堺町本通"

高橋 恵悟，桃木 洋子，松の木7号橋技術検討委員会，加藤 修平（秋田県土木部），須合 孝雄（ドーピー建設工業）"銀山御幸橋"

松井 幹雄（大日本コンサルタント），小山市都市整備委員会，板橋 啓治，三浦 聡，高柳 乃彦（大日本コンサルタント）"ふれあい橋"

小野寺 康（小野寺康都市設計事務所取締役），南雲 勝志（ナグモデザイン事務所），太田 雄三（開発エンジニアリング），千葉県葛南土木事務所河川改良課，浦安市建設部土木課，篠原 修（東京大学教授）"浦

安・境川"
西沢 健(GKデザイン機構),印南 比呂志,小林 信夫(GK設計)"おゆみ野駅駅舎・駅前広場景観設計"
滝 光夫(滝光夫建築・都市設計事務所主宰),渡辺 茂樹(オリエンタルコンサルタンツ),丹羽 康文(岡崎市土木部)"東岡崎駅前南口広場-ガレリアプラザ"
団 紀彦,針谷 賢,上垣内 伸一,広田 裕一(団紀彦建築設計事務所),志村 勉(川田工業)"スプリングスひよし展望連絡橋"
岡田 一天(プランニングネットワーク代表取締役),村木 繁(大建コンサルタント専務取締役),竹長 常雄(栗栖組取締役管理部),島根県津和野土木事務所,篠原 修(東京大学教授)"津和野川河川景観整備"
望月 秀次,安藤 博文(日本道路公団),牧田 淳二(綜合技術コンサルタント),石原 重孝(鹿島・白石・ピーシー橋梁共同企業体所長),木暮 雄一(鹿島建設)"池田へそっ湖大橋"
橋本 晃(千代田コンサルタント),沖縄総合事務局南部国道事務所,上間 清(琉球大学名誉教授),龍谷 幸二,森尾 有(千代田コンサルタント)"南風原高架橋"

(平15年)
◇最優秀賞
向山 辰夫(パシフィックコンサルタンツ交通技術本部構造部),篠原 修(東京大学工学部土木工学科),杉山 和雄(千葉大学工学部工業意匠学科),大野 美代子(エムアンドエムデザイン事務所),伊東 靖(パシフィックコンサルタンツ交通技術本部構造部),環状2号線川島地区景観検討委員会,横浜市道路建設事業団工務課 「陣ヶ下高架橋」
成原 茂(白川村役場農務課係長),酒井 茂(大日コンサルタント 構造部部長),後藤 隆(大日コンサルタント 構造部構造一課長),中山 繁実(大日コンサルタント 構造部構造二課長),大澤 昭彦(大日コンサルタント 構造部構造二課課長代理),神鋼建材工業 「であい橋」
遠藤 敏行(日本建設コンサルタントGM),小熊 善明(日本建設コンサルタント技師),中野 恒明(アプル総合計画事務所代表取締役),中井 祐(アプル総合計画事務所),石原 淳男(出雲工事事務所工務課河川工務第二係長),国土交通省中国地方整備局出雲河川事務所,島根県教育庁文化

課,松江市都市整備部街路公園課 「岸公園」
後藤 嘉夫(大林組土木技術本部設計第四部),島 秀樹(大林組蒲郡土木工事事務所所長),伊奈 義直(大林組土木技術本部設計第一部課長),河合 高志(蒲郡海洋開発建設計画部課長),伊藤 哲(松田平田建築設計部) 「ラグーナゲートブリッジ」
◇優秀賞
大泉 楯(日建設計土木事務所技師長),増淵 俊夫(大宮市建設局都市計画部街路課副主幹兼工事係長),土屋 愛自(大宮市建設局都市計画部街路課主任),河村 修一(日建設計土木事務所設計部設計主管),瀬尾 芳雄(日建設計土木事務所設計部主任部員),さいたま新都心中核・中核施設建設調整委員会 「さいたま新都心東西連絡路『大宮ほこすぎ橋』」
二宮 純(山口県道路建設課主任技師(計画時),山口県豊田土木事務所工務課橋梁整備班主任(施工時)),寺下 諭吉(八千代エンジニヤリング広島支店技術第2部第1課課長),河辺 真一(八千代エンジニヤリング広島支店技術第2部第1課主幹),山田 謙一(八千代エンジニヤリング環境デザイン部職員),杉山 和雄(千葉大学工学部助教授),山口県自然環境保全審議会,山口県道路建設課,山口県豊田土木事務所 「角島大橋」
天野 重一(大日本コンサルタント横浜事務所技術部),髙楊 裕幸(大日本コンサルタント構造事業部景観デザイン室),友岡 秀秋(ゾーン・プロダクト・アート(大日本コンサルタント技術顧問)),河野 孝明(大日本コンサルタント構造事業部特殊構造課),三浦 聡(大日本コンサルタント構造事業部地下構造課),横浜市港湾局港湾整備部南本牧事業推進担当,横浜市港湾局港湾整備部南本牧ふ頭建設事務所 「南本牧大橋」
安藤 徹哉(琉球大学工学部環境建設工学科助教授),小野 啓子(真地計画室代表),吉川 正英(ダイワエンジニアリング専務取締役),壺屋の通りを考える会,那覇市土木部 「壺屋やちむん通り」
坂手 道明(コンサルタンツ大地代表取締役社長),有水 恭一(日本道路公団高松工事事務所所長),望月 秀次(日本道路公団四国支社建設部構造技術課課長),宮崎 秀幸(日本道路公団高松工事事務所舗装工事長),小林 正美(京都大学教授),尾崎 真

理(オズカラースタジオ代表取締役),高速道路高架橋と都市景観に関する検討会〈高速道路技術センター〉 「高松市内の高速道路」(四国横断自動車道高松西IC〜高松東IC)

富樫 茂樹(トーニチコンサルタント技術本部部長代理),藤沼 俊勝(トーニチコンサルタント第三技術部第八設計室長),今川 憲英(TIS&パートナーズ代表),伊藤 憲昭(清水建設工事長),西山 泰成(トーニチコンサルタント技術本部第十設計室),トーニチコンサルタント,日建設計 「多摩都市モノレール立川北駅」

◇特別賞　中村 良夫(東京工業大学助教授),山本 高義(太田川工事事務所所長),北村 眞一(東京工業大学大学院理工学研究科博士課程),東京工業大学工学部社会工学科中村研究室,建設省太田川工事事務所,広島建設コンサルタント,鴻池組広島支店 「太田川基町護岸」

(平16年)
◇最優秀賞
早川 匡(豊田市都市整備部公園課),中根 一(児ノ口公園愛護会会長),杉山 亘(児ノ口公園愛護会),成瀬 順次(児ノ口公園愛護会),鈴木 元弘(鈴鍵取締役),児ノ口公園管理協議会,バイオフィット研究会,豊田市矢作川研究所 「豊田市児ノ口公園」

渡辺 豊博(静岡県東部農林事務所主任),加藤 正之(地域環境プランナーズ代表取締役),岡村 晶義(アトリエ鯨代表取締役),松井 正澄(アトリエトド代表取締役),杉山 恵一(静岡大学教授),進士 五十八(東京農業大学教授),三島ゆうすい会,NPO法人グラウンドワーク三島,NPO法人自然環境復元協会〈当時:自然環境復元研究会〉,全国土地改良事業団体連合会 「源兵衛川・暮らしの水辺」

◇優秀賞
武末 博伸(建設技術センター技術第1部長),篠原 修(東京大学工学系研究科社会基盤学専攻教授),牛嶋 剛(上陽町長),大津 茂(建設技術センター代表取締役社長),浦 憲治(建設技術センター技術第2部長),朧大橋景観検討会,上陽町役場建設課,福岡県八女土木事務所 「朧大橋」

長友 正勝(綾町役場建設課建設係長),阿久根 清見(綾町役場建設課建設技師),郷田 實(綾町長),坂本 次男(坂本商事代表取締役),尾鼻 俊視(フェニックス測量設計コンサルタント代表取締役),坂本商事 「綾の照葉大吊橋」

関 文夫(大成建設土木設計部設計計画室課長),枡野 俊明(日本造園設計代表・多摩美術大学教授),浅野 利一(日本道路公団四国支社徳島工事事務所所長),中西 正男(日本道路公団四国支社徳島工事事務所鳴門西工事区工事長),山本 徹(大成建設・ベクテル共同企業体部長),大成建設,和泉層群のり面対策検討委員会,四国道路エンジニア 「四国横断自動車道 鳴門西パーキングエリア周辺」

都築 敏樹(日本道路公団名古屋建設局清見工事事務所白川工事長),佐野 信夫(日本道路公団名古屋建設局清見工事事務所白川工事長),小林 正美(京都大学大学院工学研究科教授),佐々木 葉(日本福祉大学情報社会科学部助教授),三浦 健也(長大構造計画第二部副長),西野木 洋(長大シビックデザイン室メンバーチーフ),日本道路公団,長大,東海北陸自動車道白川村景観基礎検討委員会 「世界文化遺産との調和〜東海北陸自動車道白川郷と大牧トンネル〜」

内藤 隆悟(ドーコン環境計画部主幹),小林 英嗣(北海道大学大学院教授),本間 克弘(ドーコン建築都市部技師長),西山 禎彦(ドーコン建築都市部主任技師),福原 賢二(ドーコン環境計画部技師),宮谷内 旨郎(ドーコン環境計画部技師),札幌駅南口街づくり協議会 「札幌駅南口広場」

小野寺 康(小野寺康都市設計事務所),南雲 勝志(ナグモデザイン事務所),佐々木 政雄(アトリエ74建築都市計画研究所),篠原 修(東京大学大学院教授),歴みち事業デザイン検討委員会,桑名市 「桑名 住吉入江」

伊藤 登(プランニングネットワーク),阿部 幸雄(建設省東北地方建設局福島工事事務所伏黒出張所長),御代田 和弘(プランニングネットワーク),渋谷 浩一(渋谷建設常務取締役),中川 博樹(建設省東北地方建設局福島工事事務所伏黒出張所技術係長),国土交通省東北地方整備局福島河川国道事務所,福島市河川課,水辺の会わたり 「阿武隈川渡利地区水辺空間」(水辺の楽校)

(平17年)
◇最優秀賞　吉村 伸一(横浜市下水道局),橋本 忠美(農村・都市計画研究所),漆間 勝

徳（横浜市下水道局），竹内 敏也（アジア航測道路橋梁部），松井 正澄（アトリエト ド），横浜市下水道局河川計画課・河川設計課　「和泉川／東山の水辺・関ヶ原の水辺」

◇優秀賞

中野 恒明，重山 陽一郎（アプル総合計画事務所），南雲 勝志（ナグモデザイン事務所），中村 良夫（東京工業大学教授），篠原 修（東京大学教授），建設省関東地方建設局東京国道工事事務所，道路環境研究所　"皇居周辺道路及び緑地景観整備"

長太 茂樹，上島 顕司（運輸省第一港湾建設局），斎藤 潮（東京工業大学大学院社会理工学研究科助教授），緒方 稔泰（東京工業大学大学院），運輸省第一港湾建設局新潟調査設計事務所技術開発課，運輸省第一港湾建設局新潟港湾空港工事事務所，八千代エンジニヤリング　「新潟みなとトンネル」（西側の堀割区間の道路）

川口 衞（川口衞構造設計事務所），永瀬 克己（法政大学工学部建築学科講師），伊原 雅之（川口衞構造設計事務所），伊藤 孝行，松村 英樹（新構造技術），別府市建設部　「イナコスの橋」

叶内 栄治（日本建設コンサルタント），柴田 興益，米沢谷 誠悦，瀧沢 靖明（建設省東北地方建設局秋田工事事務所），板垣 則昭（村岡建設工業），建設省東北地方建設局秋田工事事務所　「子吉川二十六木地区多自然型川づくり」

◇特別賞　国吉 直行，岩ział 駿介，内藤 淳之，西脇 敏夫，北沢 猛（横浜市都市計画局），横浜市都市計画局都市デザイン室　"横浜市における一連の都市デザイン"

（平18年）

◇最優秀賞

角本 孝夫（特定非営利活動法人サステイナブルコミュニティ総合研究所理事長），清野 聡子（東京大学大学院総合文化研究科広域システム科学科助手），七島 純一（大畑振興建設），特定非営利活動法人サステイナブルコミュニティ総合研究所，青森県下北地域県民局地域整備部　「木野部海岸　心と体を癒す海辺の空間整備事業」

内藤 廣（内藤廣建築設計事務所長），橋本 大二郎（高知県知事），稲田 純一（ウイン代表），黒岩 宣仁（高知県立牧野植物園技師），里見 利彦（サザンクロス・スタジオ），竹中工務店，日比谷アメニス，石勝エクステリア　「牧野富太郎記念館」

宮本 忠長（宮本忠長建築設計事務所），市村 次夫（小布施堂），唐京 彦三（小布施町長），市村 良三（修景区域内住民），久保 隆夫，西沢 広智（宮本忠長建築設計事務所），小布施町デザイン委員会，ア・ラ・小布施　「小布施まちづくり整備計画」

◇優秀賞

村西 隆之（東京コンサルタンツ），篠原 修（東京大学大学院工学系研究科社会基盤工学専攻教授），南雲 勝志（ナグモデザイン事務所代表），石井 信行（東京大学大学院工学系研究科社会基盤工学専攻助手），植村 一盛（東京コンサルタンツ東京支店），福井土木部道路建設課，福井県勝山土木事務所　「勝山橋」

小松原 哲郎（日本道路公団静岡建設局富士工事事務所所長），猪熊 康夫（日本道路公団静岡建設局建設部構造技術課長），高橋 昭一（日本道路公団静岡建設局富士工事事務所構造工事長），加藤 敏明（大林組東京本社土木技術本部構造技術部グループ長），中島 豊茂（オリエンタル建設東京支店技術部設計チーム課長），日本道路公団静岡建設局富士工事事務所〈現・中日本高速道路　横浜支社富士工事事務所〉，ストラット・リブに支持された床版を有するPC橋の設計施工に関する技術検討委員会〈高速道路技術センター〉　「第二東名高速道路　芝川高架橋」

福嶋 健次（応用地質本社河川部主任），熊谷 茂一（応用地質札幌支社設計課長），富田 和久，増岡 洋一（リバーフロント整備センター研究第1部主任研究員），東 三郎（北海道大学名誉教授），小林 英嗣（北海道大学工学部助教授），荒関 岩雄（恵庭市建設部河川担当主幹），沖野 勝（北海道札幌土木現業所千歳出張所河川係長），野口 恭延（北海道札幌土木現業所千歳出張所河川係主任），茂漁川水辺空間整備検討委員会，茂漁川親しむ会，北海道札幌土木現業所千歳出張所　「茂漁川ふるさとの川モデル事業」

伊藤 滋（早稲田大学特命教授），篠原 修（東京大学教授），石井 幹子（石井幹子デザイン事務所代表取締役，光文化フォーラム代表），上山 良子（長岡造形大学教授，上山良子ランドスケープデザイン研究所代表取締役社長），林 一馬（長崎総合科学大学教授），長崎県臨海開発局港湾課（現・長崎港湾漁港事務所港湾課），長崎県土木部

港湾課, 長崎県政策調整局都心整備室 (現・土木部まちづくり推進局景観まちづくり室) 「長崎水辺の森公園」

太田 浩雄(横浜高速鉄道計画課長), 伊東 豊雄(伊東豊雄建築設計事務所代表取締役), 内藤 廣(東京大学助教授, 内藤廣建築設計事務所), 早川 邦彦(早川邦彦建築研究室), 山下 昌彦(UG都市建築代表取締役), 横浜高速鉄道, 独立行政法人鉄道建設・運輸施設整備支援機構 「みなとみらい線」

(平19年)

◇最優秀賞

名合 宏之(岡山大学環境理工学部教授), 千葉 喬三(岡山大学大学院自然科学研究科教授), 清水 國夫(岡山県立大学デザイン学部学部長), 篠原 修(東京大学工学部教授), 内藤 廣(東京大学工学部教授), 岡田 一天(プランニングネットワーク), 高楊 裕幸(大日本コンサルタント), 苫田ダム環境デザイン検討委員会, 国土交通省中国地方整備局苫田ダム工事事務所, ダム水源地環境整備センター 「苫田ダム空間のトータルデザイン」

川村 純一(アーキテクトファイブ), 堀越 英嗣(アーキテクトファイブ), 松岡 拓公雄(アーキテクトファイブ), 斉藤 浩二(キタバ・ランドスケープ・プランニング), 佐々木 喬(佐々木喬環境建築研究所), 札幌市, イサムノグチ財団, アーキテクトファイブ, キタバ・ランドスケープ・プランニング 「モエレ沼公園」

林 寛治(林寛治設計事務所代表), 片山 和俊(東京藝術大学美術学部教授), 住吉 洋二(都市企画工房代表), 松田 貢(金山町長), 岸 宏一(前金山町長), 金山町景観審議会 「山形県金山町まちなみ整備」

◇優秀賞

藤原 浩幸(国土交通省中国地方整備局斐伊川・神戸川総合開発工事事務所調査設計第一課設計係長(設計当時)志津見ダム出張所長(施工当時))

篠原 修(東京大学大学院工学系研究科社会基盤工学専攻教授), 寺田 和己, 城石 尚宏(アジア航測道路・橋梁部), 正司 明夫(オリエンタル建設技術部), 志津見ダム付替道路景観検討委員会, 国土交通省中国地方整備局斐伊川・神戸川総合開発工事事務所, アジア航測道路・橋梁部, オリエンタル建設・富士ピー・エス特定建設工事共同企業体 「志津見大橋」

橋本 真一(北海道技術コンサルタント取締役技術部長), 劔持 浩高(北海道札幌土木現業所事業課河川係技師), 富永 哲三(北海道技術コンサルタント取締役環境計画室長), 北海道札幌土木現業所, 精進川ふるさとの川づくり事業整備計画検討委員会, 札幌市環境局緑化推進部公園計画課, 中の島連合町内会 「精進川〜ふるさとの川づくり〜(河畔公園区間)」

河合 良三(愛知県豊田土木事務所工務第2課河川担当主査), 近藤 朗(愛知県豊田土木事務所建設第1課企画指導(河川砂防)担当主査, 愛知県建設部河川課主査(河川環境担当)), 鷲見 純良(愛知県豊田土木事務所工事課工事担当), 宮田 昌和(豊田市矢作川研究所事務局), 田中 蕃(豊田市矢作川研究所総括研究員), 愛知県豊田土木事務所(現・愛知県豊田加茂建設事務所), 豊田市矢作川研究所, 古鼡水辺公園愛護会, 矢作川「川会議」 「矢作川 古鼡水辺公園/お釣土場」

西村 浩(ワークヴィジョンズ取締役), 清水 清嗣(鳥羽商工会議所専務理事), 渡辺 公徳(三重県県土整備部住民参画室長), 木下 憲一(鳥羽市企画課長), とばベクトル会議, 三重県県土整備部住民参画室(現・三重県県土整備部景観まちづくり室), 伊勢志摩再生プロジェクト 「鳥羽・海辺のプロムナード『カモメの散歩道』」

田中 一雄(GK設計), 加藤 完治(GK設計), 富樫 茂樹(トーニチコンサルタント), 田中 幹治(トーニチコンサルタント), 山田 泰範(山田構造設計事務所), 浜松市都市計画部都市開発課 「JR浜松駅北口駅前広場改修計画」

長谷川 弘直(都市環境計画研究所所長), 藤本 昌也(現代計画研究所主宰), 江川 直樹(現代計画研究所大阪事務所長), 川村 眞次(都市基盤整備公団関西支社都市再開発部市街地設計課長, 関西都市整備センター設計部長), 神戸市住宅局・建設局, 神戸市住宅供給公社, 都市基盤整備公団関西支社(現・UR都市再生機構) 「キャナルタウン兵庫」

仁平 憲雄(兵庫県住宅供給公社総務部企画室副課長), 江川 直樹(現代計画研究所大阪事務所長), 武波 幸雄(兵庫県住宅供給公社事業第1部参事), 寺尾 稔宏(兵庫県住宅供給公社事業第1部用地開発課課長補佐), 横道 匠(兵庫県住宅供給公社事業第1部土木課係長), 堀川 吉彦(兵庫県住

宅供給公社)、兵庫県住宅供給公社、現代計画研究所大阪事務所、住宅生産振興財団、アルカディア21管理組合　「アルカディア21住宅街区」

(平20年)
◇最優秀賞
石川 幹子(慶應義塾大学環境情報学部教授)、森 真(各務原市長)、小林 正美(明治大学理工学部教授)、山下 英也(慶應義塾大学政策・メディア研究科)、岡部 好伸(朝日コンサルタント)、慶應義塾大学石川幹子研究室、各務原市都市建設部水と緑推進課　「学びの森」

宮沢 功(GK設計)、森 雅志(富山市市長、富山ライトレール代表取締役社長)、望月 明彦(富山市助役、富山ライトレール代表取締役副社長、「富山港線デザイン検討委員会」座長)、山内 勝弘(日本交通計画協会)、トータルデザインチーム(GK設計・GKインダストリアルデザイン・GKデザイン総研広島・島津環境グラフィックス)、富山港線デザイン検討委員会　「富山LRT」

◇優秀賞
餘目 祥一(東日本旅客鉄道東北工事事務所東北北課長)、瀧内 義男(東日本旅客鉄道東北工事事務所東北北課副課長)、竹中 敏雄(鉄建建設エンジニア本部土木技術部グループリーダー)、東海林 直人(鉄建建設・三井住友建設共同企業体天間川作業所所長)、齊藤 啓一(ジェイアール東日本コンサルタンツ東北支店技術部部長)、東日本旅客鉄道東北工事事務所、鉄建建設・三井住友建設共同企業体、ジェイアール東日本コンサルタンツ　「天間川橋梁」

島谷 幸宏(国土交通省九州地方整備局武雄河川事務所所長)、吉村 伸一(吉村伸一流域計画室代表取締役)、橋本 忠美(農村・都市計画研究所代表取締役)、逢澤 正行(日本工営技術企画室室長)、高瀬 哲郎(佐賀県立名護屋城博物館学芸課長)、前田 格(地域開発研究所副主任研究員)、谷澤 仁(大和町教育委員会文化財課)、石井樋地区施設計画検討委員会、国土交通省九州地方整備局武雄河川事務所、大和町教育委員会文化財課(現佐賀市教育委員会)、建設技術研究所　「嘉瀬川・石井樋地区歴史的水辺整備事業」

栗生 明(千葉大学)、岩佐 達雄(栗生総合計画事務所所長)、大野 文也(栗生総合計画事務所副所長)、鈴木 弘樹(栗生総合計画事務所)、宮城 俊作(設計組織プレイスメディア)、吉村 純一(設計組織プレイスメディア)、吉田 新(設計組織プレイスメディア)、片山 正文(栗生総合計画事務所)、日高町役場、大林組神戸支店　「植村直己冒険館及び植村直己記念スポーツ公園メモリアルゾーン」

宮沢 功(GK設計)、秋山 哲男(首都大学東京都市環境科学研究科)、須田 武憲(GK設計)、後藤 浩介(GK設計)、加藤 雅彰(地域振興整備公団静岡東部特定再開発事務所計画課)、佐藤 雅史(地域振興整備公団静岡東部特定再開発事務所計画課)、都築 正(日本交通計画協会)、三浦 清洋(日本交通計画協会)、松原 悟朗(日本交通計画協会)、尾座元 俊二(日本交通計画協会)、地域振興整備公団静岡東部特定再開発事務所計画課(現独立行政法人都市再生機構東日本支社静岡東部特定再開発事務所再開発課)　「沼津駅北口広場」

徳永 哲(エスティ環境設計研究所)、和田 拓也(五木村役場)、内山 督(熊本大学教授)、植田 宏(熊本大学助教授)、木藤 亮太(エスティ環境設計研究所)、五木村村づくりアドバイザー会議　「子守唄の里五木の村づくり」

◇奨励賞
中井 祐(東京大学大学院助教授)、西山 健一(イー・エー・ユー代表)、木村 剛(日本海コンサルタント計画本部公園緑地部専門員)、玉田 源(プロトフォルム一級建築士事務所代表)、篠原 修(東京大学大学院教授)、加賀市都市整備部施設整備課(現加賀市建設部整備課)、ナグモデザイン事務所、ロウファットストラクチュア、岸グリーンサービス　「片山津温泉砂走公園あいあい広場」

富樫 茂樹(トーニチコンサルタント施設デザイン室担当部長)、黒田 聡(小田急電鉄工務部施設課)、佐藤 義春(小田急電鉄工務部施設課)、和田 俊彦(小田急設計コンサルタント建築設計部設計課)、中山 卓郎(中山卓郎アトリエ一級建築士事務所)、今川 憲英(TIS&PARTNERS)、田中 幹治(トーニチコンサルタント施設デザイン室室長)、小田急電鉄　「小田急小田原線小田原駅」

◇選考委員特別賞　長谷川 浩己(オンサイト計画設計事務所代表取締役)、鈴木 裕治(オンサイト計画設計事務所取締役)、東

利恵（東環境・建築研究所代表取締役），斯波 薫（東環境・建築研究所取締役），桐野 則（桐野建築構造設計），星野 佳路（星野リゾート代表取締役社長），松沢 隆志（星野リゾート一級建築士事務所）　「星のや軽井沢」

(平21年)
◇最優秀賞
　田村 幸久（大日本コンサルタント専務取締役），高楊 裕幸（大日本コンサルタント技術統括部），池田 大樹（大日本コンサルタント景観デザイン室），遠藤 昭信（独立行政法人都市再生機構東京都心支社），松本 淳一（都市整備プランニング），篠原 修（東京大学大学院工学系研究科教授），独立行政法人都市再生機構東京都心支社，都市整備プランニング，隅田川渡河橋景観委員会，隅田川渡河橋住民懇談会，足立区土木部，北区まちづくり部　「新豊橋」
　樋口 明彦（九州大学大学院工学研究院准教授），松木 洋忠（国土交通省九州地方整備局遠賀川河川事務所所長），田上 敏博（国土交通省九州地方整備局遠賀川河川事務所技術副所長），竹下 真治（国土交通省九州地方整備局遠賀川河川事務所調査課長），古賀 満（国土交通省九州地方整備局遠賀川河川事務所調査課計画係長），和田 淳（東京建設コンサルタント地域環境本部部長代理），宮崎 正和（東京建設コンサルタント九州支店技術第一部次長），野見山 ミチ子（遠賀川水辺館ゼネラルマネージャー，NPO法人直方川づくりの会理事長，市民部会メンバー），国土交通省九州地方整備局遠賀川河川事務所，九州大学建設設計工学研究室景観グループ，東京建設コンサルタント，遠賀川を利活用してまちを元気にする協議会および同市民部会，直方川づくり交流会，直方市　「遠賀川 直方の水辺」
　小野寺 康（小野寺康都市設計事務所），南雲 勝志（ナグモデザイン事務所），篠原 修（東京大学大学院教授），永井 繁光（島根県益田土木建築事務所津和野土木事業所），島根県益田県土整備事務所津和野土木事業所　「津和野 本町・祇園丁通り」
◇優秀賞
　尾下 里治（横河ブリッジ橋梁本部技術部長），熱田 憲司（横河ブリッジ橋梁生産本部設計第二部第一課長補佐），中須 誠（中日本高速道路名古屋支社建設事業部計画設計チームリーダー），忽那 幸浩（日本道路公団中部支社建設第二部構造技術課長代理），依田 照彦（早稲田大学教授），横河ブリッジ，中日本高速道路，オリエンタルコンサルタンツ　「紀勢宮川橋」
　南雲 勝志（ナグモデザイン事務所代表），坪内 昭雄（国土交通省北陸地方整備局新潟国道事務所副所長），渡辺 利夫（開発技建構造部長），萬代橋協議会，萬代橋を愛する会，新潟水辺の会（ほか）　「萬代橋改修工事と照明灯復元」
　平倉 直子（平倉直子建築設計事務所），今川 憲英（TIS&PARTNERS），新井 久敏（群馬県環境森林部自然環境課），白鳥 雅和（群馬県環境森林部自然環境課），環境省中部地区自然保護事務所　「森の小径と鹿沢インフォメーションセンター」
　内山 督（熊本大学教授），植田 宏（熊本大学助教授），後藤 健吾（黒川温泉観光旅館協同組合代表理事），遠藤 敬悟（黒川温泉観光旅館協同組合環境部長），徳永 哲（エスティ環境設計研究所所長），黒川温泉自治会，南小国町役場　「黒川温泉の風景づくり」
◇奨励賞　柳内 克行（国土防災技術環境部長），水山 高久（京都大学大学院農学研究科教授），篠原 修（東京大学大学院工学系研究科教授），渡部 文人（神通川水系砂防工事事務所所長），松下 卓（国土防災技術計画設計課長），井浦 勝美（国土防災技術設計係長），神坂上流砂防堰堤景観デザイン検討委員会，建設省北陸地方整備局神通川水系砂防工事事務所，建設技術研究所筑波試験所，国土防災技術環境防災本部，共和コンクリート工業富山工場，美登建設第二土木部　「地獄平砂防えん堤」

(平22年)
◇最優秀賞
　野村 孝芳（水資源開発公団 滝沢ダム建設所 現：独立行政法人 水資源機構），小島 幸康（水資源開発公団 滝沢ダム建設所 現：独立行政法人 水資源機構），関 文夫（大成建設 土木本部土木設計部），窪田 雅雄（大成建設 関東支店土木部），窪田 陽一（埼玉大学工学部建設工学科），水資源開発公団（現：独立行政法人 水資源機構），大成建設　雷電廿六木橋
　小野寺 康，緒方 稔泰（小野寺康都市設計事務所），南雲 勝志（ナグモデザイン事務所），矢野 和之（文化財保存計画協会），

佐々木 政雄(アトリエ74建築都市計画研究所)、腰原 幹雄(東京大学生産技術研究所)、岡村 仁(空間工学研究所)、萩生田 秀之(空間工学研究所)、熊田原 正一(熊田原工務店)、萩原 岳(日本交通計画協会)、篠原 修(東京大学大学院教授)、宮崎県油津港湾事務所、日南市、宮崎県木材利用技術センター、南那珂森林組合、堀川に屋根付き橋をかくっかい実行委員会、日南市まちづくり市民協議会 油津 堀川運河

久保田 勝(建設省関東地方建設局京浜工事事務所 所長)、成田 一郎(建設省関東地方建設局京浜工事事務所 調査課長)、早迫 義治(建設省関東地方建設局京浜工事務所 調査課調査係長)、佐藤 尚司(建設省関東地方建設局京浜工事事務所 調査課調査係技官)、中田 睦(東京建設コンサルタント 技術第二部 部長)、金原 義夫(東京建設コンサルタント 技術第二部 主任技師)、笹 文夫(東京建設コンサルタント 技術第二部)、木下 栄三((有)エクー 代表)、国土交通省関東地方整備局京浜河川事務所、川崎市建設緑政局道路河川整備部河川課 ニケ領 宿河原堰

◇優秀賞

松井 幹雄(大日本コンサルタント 景観デザイン室室長)、大野 美代子(エムアンドエムデザイン事務所 代表)、池上 和子(エムアンドエムデザイン事務所)、松村 浩司(大日本コンサルタント 景観デザイン室)、原 隆士(大日本コンサルタント 東京支社横浜事務所)、松本 淳一(都市整備プランニング)、鵜飼 幸雄(都市基盤整備公団神奈川地域支社 居住環境整備・再開発部土木課)、中島龍興照明デザイン研究所、都市基盤整備公団 神奈川地域支社(現：都市再生機構 神奈川地域支社)、川崎市 まちづくり局 市街地開発部 市街地整備推進課 川崎ミューザデッキ

佐藤 優(福岡市地下鉄 デザイン委員会委員長)、赤瀬 達三(黎デザイン総合計画研究所)、定村 俊満(ジーエータップ)、横田 保生(ジイケイグラフィックス)、廣谷 勝人(ジーエータップ)、宮沢 功(ジイケイ設計)、福岡市交通局 福岡市営地下鉄七隈線トータルデザイン

岩本 直也(梼原町役場 環境整備課長)、西川 豊正(たくみの会 会長)、高知県 須崎土木事務所 道路建設課、梼原町 木の香りが息づく梼原の街なみ景観

石川 幹子(慶應義塾大学 環境情報学部 教授)、森 真(各務原市長)、山下 英也(慶應義塾大学 政策・メディア研究科)、慶應義塾大学 石川幹子研究室、各務原市 都市建設部水と緑推進課 各務原市 各務野自然遺産の森

◇奨励賞

高尾 忠志(九州大学大学院 工学研究院建設デザイン部門 特任助教)、太田 洋一郎(とこやおおた)、桑野 和泉(玉の湯 代表取締役社長)、池辺 秀樹(玉の湯)、小林 華弥子(由布市議会議員)、湯の坪街道周辺地区景観協定委員会、由布市 都市・景観推進課、由布市 湯布院振興局 由布院・湯の坪街道 潤いのある町並みの再生

大原 邦夫(北九州市 建設局 下水道河川部 水環境課長)、内井 昭蔵(滋賀県立大学 教授)、島谷 幸宏(九州大学大学院 工学研究院 環境都市部門 教授)、中山 歳喜(エコプラン研究所 所長)、穴井 浩二(松尾設計)、北九州市、板櫃川(高見地区)水辺の楽校推進協議会、九州大学大学院 工学研究院 環境都市部門, 松尾設計 板櫃川 水辺の楽校

伊藤 登(プランニングネットワーク 代表取締役)、天野 光一(日本大学 理工学部 社会交通工学科 教授)、三上 聡((社)日本アルミニウム協会 土木製品開発委員会)、安藤 和彦((財)土木研究センター 技術研究所 研究開発2部 次長)、横山 公一(プランニングネットワーク 取締役)、藤原 慈(プランニングネットワーク 研究員)、高堂 治((社)日本アルミニウム協会 土木製品開発委員会 技術小委員会委員長)、冨岡 仁計(住軽日軽エンジニアリング 営業本部デザインチーム長)、加藤 仁丸((社)日本アルミニウム協会 土木製品開発委員会)、景観に配慮したアルミニウム合金製防護柵開発研究会、日本アルミニウム協会,土木製品開発委員会,プランニングネットワーク 景観に配慮したアルミニウム合金製橋梁用ビーム型防護柵アスレール

◇特別賞 川端 五兵衛(社団法人近江八幡青年会議所(JC))、西川 幸治(京都大学 教授)、山崎 正史(京都大学 助手)、白井 貞夫(八幡堀を守る会)、西村 恵美子(八幡堀を守る会)、木ノ切 英雄(八幡堀を守る会)、苗村 喜正(八幡堀を守る会)、社団法人近江八幡青年会議所(JC)、八幡堀を守る会,滋賀県 東近江土木事務所 八幡堀の修景と保全

製造業

## 076 日本エネルギー学会賞

燃料協会前役員数氏の寄付金に基づき，燃料協会の目的の推進をはかるため制定された。その後，学会名を1991年（平成3年）に燃料協会からエネルギー学会へ改称。
【主催者】（社）日本エネルギー学会
【選考基準】〔資格〕同会正会員。〔対象〕同会の目的にそった業績をあげ，学術上・技術上・産業上・および同会に対し顕著または多大な功績のあった個人またはグループ
【締切・発表】8月末日締切，11月10日発表
【賞・賞金】賞記とメダル
【URL】http : //www.jie.or.jp/index.htm

(昭55年度)
◇学術部門
- 協会賞 飯沼 一男（東京大学）"火炎の伝ば並びに噴霧の燃焼に関する研究"
- 進歩賞
 持田 勲（九州大学生産科学研究所）"石炭及びピッチ類の炭化に関する基礎研究"
 奥山 泰男（日本鋼管技術研究所）"高炉用コークス品質評価に関する研究"
◇本会部門
- 功績賞 馬場 有政（元燃料協会会長）"本会に対する功績"
◇技術部門
- 進歩賞
 大岡 五三実（大阪瓦斯），赤阪 泰雄，足立 輝雄，久角 喜徳 "LNG冷熱利用発電システムの開発及び実用化"
 野崎 幸雄（日本鋼管），中山 順夫，岡田 豊，小泉 国平 "近代的コークス工場の建設及び操業技術への貢献"
◇産業部門
- 功績賞 高尾 昇（住友石炭鉱業）"石炭鉱業に対する功績"

(昭56年度)
◇学術部門
- 協会賞
 高橋 良平（九州大学）"石炭組織学ならびにコークス化過程に関する基礎的研究"
 辻 広（東京大学）"火炎構造に関する研究"
- 進歩賞
 菊地 英一（早稲田大学）"触媒を用いる炭化水素の反応と合成"
 野村 正勝（大阪大学）"有機反応論にもとづく石炭の液化研究"
◇技術部門
- 進歩賞 岩子 素也（粉研）"微粉炭用連続定重量供給装置の開発"

◇産業部門
- 功績賞 中安 閑一（宇部興産）"石炭利用の拡大に対する貢献"

(昭57年度)
◇学術部門
- 協会賞 玉井 康勝（東北大学非水溶液化学研究所）"石炭の液安処理および接触ガス化に関する研究"
- 進歩賞
 藤元 薫（東京大学）"間接液化を中心とする燃料化学における触媒反応の研究"
 前河 涌典（北海道工業開発試験所）"石炭の高圧水添液化のメカニズムの研究"
◇本会部門
- 功績賞 伏崎 弥三郎（大阪府立大学）"本会の運営および発展に対する功績"
◇技術部門
- 進歩賞 田口 和正（神戸製鋼所），林 経矩，上仲 俊行，井硲 弘，明田 莞，徳嵩 国彦 "ペレット工場における微粉炭燃焼技術の開発"
◇産業部門
- 功績賞 神原 定良（住金化工）"コークス製造技術の発展に対する功績"

(昭58年度)
◇学術部門
- 協会賞
 秋田 一雄（東京大学）"燃焼特性ならびに発火に関する研究"
 佐藤 豪（慶応義塾大学）"内燃機関の燃焼に関する研究"
- 進歩賞 乾 智行（京都大学）"新規な複合触媒によるガス燃料合成と排気浄化に関する研究"
◇技術部門
- 協会賞 美浦 義明（新日本製鉄第3技術研究

所）"高炉用コークス製造技術に関する研究開発"
- 進歩賞
  佐藤 邦昭（川崎製鉄）"低NOx省エネルギーバーナーによる燃焼システムの開発"
  西田 清二（関西熱化学）,谷端 律男,高原 理,山本 元祥 "コークス炉ガスからの水素製造技術の開発および実用化"

(昭59年度)
◇学術部門
- 協会賞 倉林 俊雄（群馬大学）"液体燃料の微粒化に関する研究"
- 進歩賞
  富田 彰（東北大学非水溶液化学研究所）"炭素質物質の接触低温ガス化に関する研究"
  横野 哲朗（北海道大学）"磁気共鳴吸収法による石炭,ピッチ類の構造解析およびキャラクタリゼーションと炭化・液化反応への応用"
◇技術部門
- 協会賞 吉見 克英（新日鉄化学）"高炉用コークス製造技術の向上ならびに開発"
- 進歩賞
  黒田 武文（東京ガス）,足立 陽二,冨森 邦明,安井 弘之 "コークス炉ガスを原料とするSNGプロセスの開発および工業化"
  長谷部 新次（日本鋼管）,稲葉 護（京浜製鉄所）,藤村 武生 "コークス炉の自動燃焼管理システムの開発"
◇産業部門
- 功績賞 嶋村 晴夫（日本石油精製）"石油精製業界の発展に対する功績"

(昭60年度)
◇学術部門
- 協会賞 塚島 寛（富山大学）"人工石炭化および石炭のアルキル化に関する研究"
- 進歩賞 鈴木 俊光（京都大学）"重質炭素資源の変換利用に関する研究"
◇本会部門
- 功績賞 松本 敬信（日本コールオイル）"本会の運営及び発展に対する功績"
◇技術部門
- 協会賞 松原 健次（日本鋼管中央研究所）"高炉用コークスの製造技術に関する研究"
- 進歩賞 田中 弘一（大阪ガス）"貴金属触媒を用いた水蒸気改質およびメタン化プロセスの開発"
◇産業部門
- 功績賞 佐野 陽（関西熱化学）"コークス製造技術の発展に対する功績"

(昭61年度)
◇学術部門
- 協会賞
  笠岡 成光（岡山大学工学部）"石炭のガス化と排煙脱硫,脱硝に関する基礎研究"
  佐賀井 武（群馬大学工学部）"高炭素質燃料の微粒化と燃焼に関する研究"
- 進歩賞
  佐藤 芳樹（公害資源研究所）"各種石炭の液化特性ならびに液化油の改質反応挙動に関する研究"
  吉田 諒一（新エネルギー総合開発機構）"石炭液化反応過程におけるアスファルテンの化学"
◇本会部門
- 功績賞 本田 英昌（東京理科大学理学部教授,燃料協会元副会長,前石炭科学部会長）"本会の運営および発展に対する功績"
◇技術部門
- 協会賞
  野口 信雄（三井鉱山北九州事業所）"コークス製造設備技術の開発と工業化"
  森 達司（電源開発石川石炭火力建設所）,岸本 進（三井三池製作所）"長期貯蔵に対応できる大規模石炭貯蔵サイロの研究開発"
- 進歩賞 尾前 佳宏（三菱化成工業黒崎工場）,辻川 賢三,吉野 良雄 "コークス炉のプログラム乾留システムの開発と工業化"
◇産業部門
- 功績賞 伊東 昭次郎（東北スチール取締役社長）"コークス製造技術の発展に対する功績"

(昭62年度)
◇学術部門
- 協会賞 横川 親雄（関西大学工学部）"石炭ならびにその炭化物のガス化反応に関する基礎研究"
- 進歩賞 三浦 孝一（京都大学工学部）"石炭のガス化反応に関する基礎的研究"
◇技術部門
- 協会賞 奥原 捷晃（新日本製鉄第三技術研究所）"高炉用コークス製造技術に関する研究開発"
- 進歩賞 鈴木 猛（東邦ガス港明工場）,橋本 謙治郎（三菱重工業広島製作所）,荒井 敬三,三原 一正 "サーキュラグレート式コークス乾式消化装置（CG・CDQ）の開発"
◇産業部門

製造業

- 功績賞
  柴田 松次郎（三菱化成工業取締役副社長）
  "コークス製造技術の発展に対する功績"
  小松原 俊一（三井鉱山代表取締役会長）
  "石炭産業並びに石炭利用技術の発展に対する功績"

（昭63年度）
◇学術部門
- 協会賞
  冨永 博夫（東京大学工学部）"炭化水素の分解に関する基礎研究"
  平戸 瑞穂（東京農工大学工学部）"石炭の高温ガス化に関する基礎研究"
- 進歩賞
  大塚 康夫（東北大学非水溶液化学研究所）"褐炭の低温触媒ガス化反応に関する研究"
  海保 守（工業技術院公害資源研究所）"石炭の水添ガス化過程と粘結性変化に関する研究"
◇本会部門
- 功績賞 吉川 彰一（大阪大学名誉教授, 大阪工業大学教授, 燃料協会参与前関西支部長）"本会の発展に対する功績"
◇技術部門
- 協会賞 薄井 宙夫（三井鉱山副社長）, 井田 四郎（元三井鉱山北九州事業所）, 持田 勲（九州大学機能物質科学研究所）, 藤津 博（電源開発技術開発部）, 中林 恭之 "活性コークスならびに乾式脱硫脱硝装置の開発と工業化"
◇産業部門
- 功績賞 野口 照雄（興亜石油取締役社長）"石油産業の発展に対する功績"

（平1年度）
◇学術部門
- 協会賞 渡部 良久（京都大学工学部）"石炭の接触変換反応の研究"
- 進歩賞
  坂輪 光弘（新日本製鉄第三技術研究所）, 白石 勝彦 "X線断層撮影（CT）装置による石炭乾留過程の直接観察およびその利用による乾留モデルの研究"
  三宅 幹夫（大阪大学工学部）"電子移動反応に基づく石炭の溶媒可溶化に関する研究"
  吉田 忠（工業技術院北海道工業開発試験所）"石炭およびその液化生成物の化学構造解析法に関する研究"
- 論文賞
  貞森 博己（大阪ガス）, 近沢 明夫, 伊藤 誠一, 岡田 治 "拡散式触媒燃焼バーナー"
  瀬間 徹（電力中央研究所）, 佐藤 幹夫 "NH3ガス注入による燃焼排ガス中のNOx低減"
◇本会部門
- 功績賞 森田 義郎（早稲田大学名誉教授, 燃料協会参与）"本会の運営および発展に対する功績"
◇産業部門
- 功績賞 吉田 譲次（大阪ガス技術顧問）"都市ガス関連技術の発展に対する功績"
◇技術部門
- 協会賞
  末山 哲英（宇部アンモニア工業）"高圧石炭ガス化の工業化研究並びにその設備の建設と運転"
  福永 伶二（北海道電力火力保守センター）, 上野 務（総合研究所）, 成田 雅則（日立製作所日立研究所）, 小室 武勇（バブコック日立呉研究所）, 溝口 忠昭 "石炭灰利用乾式脱硫装置の開発"
- 進歩賞
  小山 俊太郎（日立製作所日立研究所）"噴流床石炭ガス化炉に関する設計手法の確立"
  西岡 邦彦（住友金属工業研究開発本部）"石炭乾留反応のモデル化とコークス製造技術の研究開発"

（平2年度）
◇学術部門
- 学会賞
  橋本 健治（京都大学工学部教授）"石炭ガス化の反応工学に関する研究"
  前河 涌典（工業技術院北海道工業開発試験所資源エネルギー工学部長）"石炭の直接液化に関する基礎研究"
- 進歩賞
  光来 要三（九州大学機能物質科学研究所助手）"液晶状態に着目した炭素材形成反応の制御に関する研究"
  二夕村 森（東京大学先端化学技術センター講師）"石炭液化における水素移動過程の解明に関する研究"
◇技術部門
- 学会賞
  井出村 英夫, 金井 俊夫, 柳岡 洋, 浦田 敏昭, 小川 芳雄, 杉谷 照雄, 腰塚 博美（千代田化工）"サラブレッド121排煙脱硫プロセス技術の開発"
  武田 邦彦, 西垣 好和, 浅野 元久, 小花和 平

一郎, 尾花 英朗, 大石 健 (旭化成) "化学法ウラン濃縮の技術開発と工業化研究"
- 進歩賞
  犬丸 淳, 原 三郎 (電中研横須賀), 竹川 敏之 (三菱重工長崎) "加圧二段噴流床石炭ガス化基礎技術の開発"
  渡部 教雄 (東京電力技術開発本部), 宮前 茂弘 (石川島播磨ボイラ事業部) "火力発電所ボイラの個別バーナ燃焼状態診断装置の開発"

(平3年度)
◇学術部門
- 学会賞 横山 晋 (北海道大学工学部) "石炭および石炭液化油の機器スペクトルによる化学構造解析"
- 進歩賞
  宝田 恭之 (群馬大学工学部) "触媒を用いた石炭のガス化、熱分解に関する研究"
  葭村 雄二 (工業技術院化学技術研究所) "石炭液化油のアップグレーディング用触媒に関する研究"

◇技術部門
- 学会賞
  足立 剛 (新日化環境エンジニアリング) "コークス製造技術に関する開発"
  鷲見 弘一, 緒方 義孝, 菊地 克俊 (東洋エンジ), 大坪 利勝, 本田 守 (三井鉱山化成), 中川 久敏 (三菱重工) "高分解ビスブレーカー (HSC) の開発実用化"
  穂積 重友, 村山 禮次郎, 佐藤 春三, 中山 久博, 新井 重郎, 一色 昭, 石栄 燁 (石炭技研), 秋山 寛 (三菱重工), 杉谷 恒雄 (石播), 川真田 直之 (川重), 和田 克夫 (日立), 高本 成仁 (バブ日立), 長谷川 宏 (東芝) "石炭低カロリーガス化発電技術の研究開発"

(平4年度)
◇学術部門
- 学会賞 永井 伸樹 (東北大学工学部教授) "液体微粒化および噴霧燃焼に関する基礎研究"
- 進歩賞 小原 寿幸 (函館工業高等専門学校助教授) "石炭液化およびピッチ類の炭素過程における水素移動反応に関する研究"

◇技術部門
- 学会賞
  日本褐炭液化, 神戸製鋼所, 三菱化成, 日商岩井, 出光興産, コスモ石油 "褐炭液化に関する研究ならびに技術開発"

電源開発, 川崎重工業, 日立製作所, バブコック日立 "石炭の常圧流動床燃焼技術の工業化"
- 進歩賞 桜谷 敏和 (川崎製鉄鉄鋼技術本部), 小泉 進 (水島製鉄所), 林 茂樹 (大阪酸素工業) "転炉ガスからの高純度COガス精製・分離システムの開発"

(平5年度)
◇学術部門
- 学会賞
  中山 哲男 ((社) 産業環境管理協会常務理事) "芳香族炭化水素類の選択的変換反応に対する研究"
  堀尾 正朝 (東京農工大学工学部教授) "流動層燃焼プロセスのクリーン化と高効率化に関する研究"
- 進歩賞
  井上 正志 (京都大学大学院工学研究科助教授) "ミクロ多孔性結晶触媒による石炭液化油の芳香族化反応に関する研究"
  稲葉 敦 (資源環境技術総合研究所主任研究官) "石炭利用技術と地球環境に関する研究"
  杉本 義一 (物質工学工業技術研究所主任研究官) "石炭液化油の科学構造と反応性に関する研究"

◇技術部門
- 学会賞 重質油対策技術研究組合, コスモ総合研究所, コスモ石油 "残油水素化分解触媒およびプロセスの開発と実用化"

(平6年度)
◇学術部門
- 学会賞
  乾 智行 (京都大学大学院工学研究科教授) "多孔性結晶触媒による燃料合成の研究"
  真田 雄三 (北海道大学エネルギー先端工学研究センター長・教授) "石炭・重質炭化水素類の構造と反応に関する研究"
- 進歩賞 京谷 隆 (東北大学反応化学研究所助教授) "石炭ガス化反応における表面含酸素化合物の役割に関する研究"

◇技術部門
- 学会賞 石炭利用水素製造技術研究組合, 出光, 大ガス, 電発, 東ガス, 東邦ガス, ジャパンエナジー, 日本製鋼, 日立, 三井石炭液化 "石炭利用水素製造に関する研究及び技術開発"
- 進歩賞
  片岡 静夫, 野尻 治, 野上 晴男 (タクマ技術開発本部) "一般産業CWM (高濃度石炭

スラリー）専焼ボイラーの開発"
上村 信夫, 渡辺 達也, 武川 安彦, 大西 武, 朝田 真吾, 西村 勝（関西熱化学）"新しい原料炭評価法による高炉用コークス製造技術の実用化"

（平7年度）
◇学術部門
●学会賞
坂輪 光弘（新日本製鐵プロセス技術研究所主任研究員）"コークス製造おうおび石炭転換技術に関わる石炭基礎物性研究"
石田 愈（東京工業大学資源化学研究所教授）"エクセルギーに基づくシステム評価に関する研究"
●進歩賞
前 一廣（京都大学工学部助教授）"溶剤膨潤を利用した石炭の新しい熱分解に関する研究"
守 富寛（資源環境技術総合研究所主任研究官（現・岐阜大学助教授））"石炭燃焼時のNOx, N2Oの生成および低減に関する研究"
菅原 勝康（秋田大学鉱山学部助教授）"石炭の熱分解における形態別硫黄の動的挙動に関する研究"
◇技術部門
●学会賞 荏原製作所 "多品種燃料用内部循環流動床ボイラの開発"
●進歩賞 仲町 一郎, 安岡 省, 小泉 健司, 斎木 直人（東京ガス産業エネルギー事業部）"F.D.I（燃料炉内直接噴射）燃焼技術の開発とその応用"

（平8年度）
◇学術部門
●学会賞
持田 勲（九州大学機能物質科学研究所所長・教授）"石炭・コールタールの構造、反応、利用に関する研究"
富田 彰（東北大学反応化学研究所教授）"石炭ガス化および熱分解反応に関する基礎研究"
●進歩賞
小島 紀徳（成蹊大学工学部教授）"エネルギー転換利用の工学的研究"
二宮 善彦（中部大学工学部教授）"石炭の高温ガス化過程における灰分の溶融挙動解明およびガス化反応速度との相関に関する研究"
永石 博志（北海道工業技術研究所主任研究官）"石炭液化の反応工学的キャラクタリゼーションと反応機構に関する研究"
◇技術部門
●学会賞
松村 雄次（大阪ガス理事・炭素材プロジェクト部長）"石炭を原料とする高機能炭素材の開発と工業化"
石炭ガス化複合発電技術研究組合, 北電ほか "噴流床石炭ガス化複合発電技術に関する研究開発"

（平9年度）
◇学術部門
●学会賞
野村 正勝（大阪大学大学院工学系研究科教授）"石炭構造と石炭転換反応に関する研究"
藤元 薫（東京大学大学院工学系研究科教授）"高品位液体燃料の開発に関する研究"
●進歩賞
坂西 欣也（九州大学機能物質科学研究所助手）"石炭液化プロセス基盤に関する研究"
鷹觜 利公（東北大学反応化学研究所講師）"溶媒抽出による石炭の科学構造に関する研究"
◇技術部門
●学会賞 新日本製鐵, 三井石炭液化, 日本コールオイル "1t/dプロセス・サポート・ユニット（PSU）によるNEDOL法石炭液化技術開発"
●進歩賞 出光興産石炭研究所富永浩章・藤原尚樹・神原信志・佐藤昌弘・山下亨 "石炭の品質評価の開発ならびにその実用化に関する研究"

（平10年度）
◇学術部門
●学会賞
鈴木 俊光（関西大学工学部教授）"石炭および重質炭素資源の高効率変換反応に関する研究"
平野 敏右（東京大学大学院工学系研究科教授）"燃料現象に関する研究"
●進歩賞 阿尻 雅文（東北大学大学院工学研究科助教授）"超臨界流体を反応場とした高分子分解・科学原料回収に関する研究"
◇技術部門
●学会賞
日本コールオイル "150t/d規模石炭液化パイロットプラント（PP）によるNEDOL法の開発研究"

新日本製鐵　"廃棄物の直接溶融・省資源化システムの開発と実用化"
- 進歩賞
東京ガスフロンティアテクノロジー研究所奥井敏治　"ハイドレードのガス貯蔵体としての利用技術に関する研究"
宮寺 達雄（資源環境技術総合研究所燃料工学研究室長）,吉田 清英,角屋 聡（リケン）"銀/アルミナ系触媒を用いたエタノールによる高性能NOx除去の研究"

（平11年度）
◇学術部門
- 学会賞
河野 通方（東京大学大学院領域創成科学研究科教授）"内燃機関のエネルギー有効利用に関する燃焼学的研究"
飯野 雅（東北大学反応化学研究所教授）"石炭の化学構造と可溶化に関する研究"
- 進歩賞
小木 知子（資源環境技術総合研究所）"熱化学的変換法によるバイオマスからのエネルギー製造の研究"
冨重 圭一（東京大学大学院工学系研究科講師）"天然ガスの化学的転換を目指した固体触媒の開発に関する研究"
内田 務（北海道工業技術研究所資源エネルギー基礎工学部）"ガスハイドレートのラマン分光測定に関する研究"
林 潤一郎（北海道大学エネルギー先端工学研究センタ-）"石炭解重合初期反応に関する解析的実験と格子モデル化"
◇技術部門
- 学会賞　東京ガス生産技術部扇島工場"LNG冷熱利用によるLNGおよびLNGのBOG処理技術の開発と実用化"
- 進歩賞　電源開発技術開発部,三菱重工業原動機事業本部"固体電解質型燃料電池（SOFC）加圧10KW級モジュールの開発"

（平12年度）
◇学術部門
- 学会賞
定方 正毅（東京大学教授）"低環境負荷燃焼に関する研究"
千葉 忠俊（北海道大学教授）"石炭転換反応に関する反応工学的研究"
- 進歩賞
佐々木 正秀（工業技術院北海道工業技術研究所）"磁気共鳴法を用いた石炭の物理構造に関する研究"
松方 正彦（早稲田大学助教授）"石灰石と硫黄および塩素化合物との高温反応に関する基礎研究"
椿 範立（東京大学大学院工学研究科応用化学科）"合成液体燃料に関する研究"
◇技術部門
- 学会賞
溶融炭酸塩型燃料電池システム技術研究組合技術部,石播電力事業部エネルギーシステム部,日立電力電機開発研究所火力機械第1部"1000kW級溶融炭酸塩型燃料電池発電プラントの開発"
東京ガス生産技術センター"メタンの精密蒸留による医薬品原料としての13CH4濃縮技術の開発と実用化"
- 進歩賞　地球環境産業技術研究機構,資源環境技術総合研究所"炭酸ガスの接触水素化によりメタノールを合成する触媒の開発"

（平13年度）
◇学術部門
- 学会賞
横山 伸也（(独)産業技術総合研究所）"バイオマスエネルギー変換による地球環境保全の研究"
菅原 拓男（秋田大学教授）"石炭熱処理時における硫黄挙動の研究"
森 滋勝（名古屋大学教授）"石炭および固体燃料の燃焼およびガス化プロセスに関する研究と技術支援"
- 進歩賞
池永 直樹（関西大学工学部）"石炭液化反応における水素移動機構に関する研究"
清水 忠明（新潟大学工学部）"流動層燃焼における汚染物質排出低減に関する研究"
◇技術部門
- 学会賞　石炭利用総合センター,電源開発,石川島播磨,アルストム"灰循環型PFBC技術の開発"
- 進歩賞　東京ガス,前川製作所,河合 素直（早稲田大学教授）"環境対応型ガスエンジン駆動冷房システムの開発"

（平14年度）
◇学術部門
- 学会賞
柏木 孝夫（東京農工大学教授）"エネルギーシステムの研究及びそれに基づくわが国のエネルギー政策立案への学術的貢献"
山田 宗慶（東北大学教授）"低環境負荷型高品位燃料の研究"

製造業

- 進歩賞
  富永 浩章（出光興産）"固体燃料利用プロセスに関する数値解析手法の確立とその応用"
  村田 聡（大阪大学）"13C-NMRと選択的分解を併用した重質炭化水素類の研究"
  小俣 光司（東北大学）"温度勾配型反応器による低圧ジメチルエーテル合成"
◇技術部門
- 学会賞
  日本鋼管 "スラリー床ジメチルエーテル合成技術ならびに利用技術の開発"
  石川島播磨重工業，九州電力 "世界最大360MW六角炉加圧流動層ボイラーの開発と建設"
- 進歩賞
  東京電力，日本鋼管 "LNG直接噴霧・混合でのLNG冷熱利用によるガス冷却装置の開発、実用化"
  日立製作所，東京ガス，大阪ガス，東邦ガス "高効率ガス二重効用吸収冷温水機（冷房COP1.35）の開発"

（平15年度）
◇学術部門
- 学会賞
  荒川 裕則（（独）産業技術総合研究所）"酸化物半導体を用いた新しい太陽光エネルギー利用技術に関する研究"
  三浦 孝一（京都大学大学院工学研究科教授）"石炭の効率的転換法の開発に関する工学的研究"
- 進歩賞
  上宮 成之（岐阜大学）"石炭の高効率ガス化と水素製造・分離に関する基礎研究"
  松村 幸彦（広島大学）"超臨界水を利用したバイオマスガス化技術の開発"
  成瀬 一郎（豊橋技術科学大学）"燃焼プロセスにおける微量金属成分の生成挙動解明とその制御に関する研究"
◇技術部門
- 学会賞
  新日本製鐵 "製鉄用コークス炉を活用した廃プラスチック化学原料化技術の開発"
  電源開発，石川島播磨重工業 "都市型高度環境特性600MW微粉炭焚きタワー型ボイラの建設"
- 進歩賞 東京電力，西淀空調機 "業務用自然冷媒（CO2）給湯機の開発"

（平16年度）
◇学術部門
- 学会賞
  稲葉 敦（（独）産業技術総合研究所）"ライフサイクルアセスメント（LCA）に関する研究"
  藤田 和男（芝浦工業大学教授）"世界の石油・天然ガス資源量評価と供給予測に関する研究"
- 進歩賞
  齊藤 公児（新日本製鐵）"核磁気共鳴法を利用した石炭の精密構造解析技術の開発、及び石炭資源の有効利用技術に関する研究"
  石原 篤（東京農工大学）"トリチウムトレーサー法を用いた石炭の官能基の定量と反応性の解析"
  朝見 賢二（北九州市立大学）"天然ガスからのウルトラクリーン燃料合成用触媒の開発"
◇技術部門
- 学会賞
  石炭利用総合センター，神戸製鋼所，JFEスチール，新日本製鐵，住友金属工業 "次世代コークス製造技術（SCOPE21）の開発"
  石川島播磨重工業 "廃棄物系燃料を主燃料とした高温蒸気ボイラの開発"
- 進歩賞
  三菱重工業 "水流酸化撹拌装置の開発"
  東京電力，大川原製作所 "大幅な省エネ性を実現したヒートポンプ式濃縮装置の開発"

（平17年度）
◇学術部門
- 学会賞
  小島 紀徳（成蹊大学教授）"エネルギー利用およびこれに伴う環境負荷低減に関わる先駆的・俯瞰的研究"
  岡崎 健（東京工業大学教授）"地球環境保全型石炭利用技術と水素・燃料電池・CO2隔離とのシステム統合に関する研究"
- 進歩賞
  山下 亨（出光興産）"石炭燃焼・ガス化プロセスにおける灰の生成・付着挙動に関する研究"
  野村 誠治（新日本製鐵）"劣質資源・環境対応型コークス製造技術の研究"
  米山 嘉治（富山大学）"石炭の直接・間接液化に関する研究"
◇技術部門
- 学会賞 JFEエンジニアリング，千代田化工建設，日本ファーネス，石川島播磨重工業，秋田県立大新岡嵩 "高温空気燃焼制御技

術の研究開発"
- 進歩賞
東京電力 "家庭用自然冷媒（CO2）ヒートポンプ給湯機の開発と普及促進"
日本ガス協会，川重冷熱工業，ダイキン工業，日立空調システム，矢崎総業 "三重効用高性能吸収式冷温水機の開発"

（平18年度）
◇学術部門
- 学会賞
宝田 恭之（群馬大学） "石炭の低温接触ガス化および分解の機構とプロセス開発"
山地 憲治（東京大学） "数理モデルによるエネルギー環境政策に関する研究"
大塚 康夫（東北大学） "触媒を用いる炭素資源の化学的変換利用に関する研究"
- 進歩賞
吉澤 徳子（(独)産業技術総合研究所） "X線回折法による石炭・チャーの構造評価に関する研究"
貴傳 名甲（大阪大学） "石炭の分子構造解析とコークス化および他の利用プロセスに関する研究"

◇技術部門
- 学会賞 新日本石油 "サルファーフリー自動車燃料製造技術の開発"
- 進歩賞
大阪ガス，川崎重工業，住友金属工業，住友金属パイプエンジ "インバー合金製LNG配管の開発と世界初の海底トンネル内配管への適用"
九州電力，神戸工業試験場，住友金属テクノロジー "放電サンプリング装置の開発と研究"

（平19年度）
◇学術部門
- 学会賞
牧野 尚夫（(財)電力中央研究所） "微粉炭の高度燃焼技術の開発"
斎藤 郁夫（(独)産業技術総合研究所） "石炭利用技術の新展開に関わる基礎的・基盤的研究"
- 進歩賞 中川 浩行（京都大学） "水熱処理を利用した褐炭の高効率転換プロセスの開発"

◇技術部門
- 学会賞
東京電力 "スプリッタ型ポンプ水車ランナの開発・実用化"
新エネルギー・産業技術総合開発機構，電源開発 "多目的石炭ガス製造技術開発（EAGLE）"
- 進歩賞
JFEエンジニアリング，岩谷産業 "DME（ジメチルエーテル）大型ディーゼルエンジン発電システムの開発"
神戸製鋼所，中部電力，東京電力，関西電力 "業界最高効率を達成した空冷スクリュヒートポンプの開発"

（平20年度）
◇学術部門
- 学会賞
坂 志朗（京都大学大学院） "超臨界流体によるバイオ燃料の先駆的研究"
市川 勝（東京農業大学） "メタン直接改質技術と有機ハイドライド水素貯蔵・輸送技術に関する研究"
- 進歩賞
松岡 浩一（(独)産業技術総合研究所） "低質炭化水素資源の高効率ガス化プロセス開発に関する研究"
美濃輪 智朗（(独)産業技術総合研究所） "バイオマス・エネルギー変換技術の開発ならびに評価システムの構築"
坪内 直人（東北大学） "石炭利用時の窒素と塩素のケミストリーに関する研究"
青木 秀之（東北大学大学院） "コークス炉内乾留現象とコークス強度発現機構の解明"

◇技術部門
- 学会賞 エネルギーアドバンス "大型CHP導入によるDHCのエネルギー利用技術向上と実用化"
- 進歩賞 日本ガス協会 "天然ガス高圧貯蔵技術の開発と鋼製ライニング式岩盤貯槽の建設"

（平21年度）
◇学術部門
- 学会賞 山崎 陽太郎（東京工業大学大学院） "燃料電池システムの高性能化に関する基礎的研究"
- 進歩賞
山本 博巳（(財)電力中央研究所） "バイオマスを主対象とするエネルギーシステム分析に関する研究"
柳下 立夫（(独)産業技術総合研究所） "電気化学的手法による微生物のエネルギー代謝制御技術の開発"
本藤 祐樹（横浜国立大学） "ライフサイクル思考に基づくエネルギー環境システム

製造業

分析"
◇技術部門
- 学会賞
  タクマ, 東京ガス "下水汚泥ガス化発電システムの開発"
  ENEOSセルテック, 東芝燃料電池システム, パナソニック, 新日本石油, 大阪ガス, 東京ガス, 東邦ガス "家庭用燃料電池「エネファーム」の開発"
- 進歩賞
  東京ガスケミカル, 東京ガス "高効率燃焼式PFC排気処理装置の開発とその市場化"
  (独)産業技術総合研究所, 神戸製鋼所, (財)石炭エネルギーセンター "無灰炭(ハイパーコール)製造及び利用技術の開発"

(平22年度)
◇学術部門
- 学会賞
  成田 英夫((独)産業技術総合研究所) "メタンハイドレート資源からの天然ガス生産手法の開発に関する研究"

  守富 寛(岐阜大学) "石炭利用技術における環境影響物質の排出挙動解明と対策技術に関する研"
- 進歩賞
  児玉 竜也(新潟大学) "高温太陽集熱による水熱分解ソーラー水素製造技術の開発"
  関根 泰(早稲田大学) "化石資源からの水素・合成ガス製造のためのプロセスおよび触媒の開発"
◇技術部門
- 学会賞
  東芝 電力システム社 "樹脂軸受の実用化による水力発電機器の効率向上"
  (財)石炭エネルギーセンター, 新日鉄エンジニアリング, バブコック日立, 三菱化学, (独)産業技術総合研究所 "石炭部分水素化熱分解技術の開発"
- 進歩賞
  東京ガス, 日立アプライアンス "蒸気焚き高効率二重効用吸収ヒートポンプの開発"
  タクマ "水素メタン2段発酵による焼酎粕処理・エネルギー回収システムの開発"

## 077 日本カー・オブ・ザ・イヤー

市販を前提として日本国内で発表される乗用車の中から, 年間を通じて最も優秀なクルマ1車を選定し, そのクルマに日本カー・オブ・ザ・イヤーのタイトルを与え, その開発・製造事業者を称えることにより, 一層の性能・品質・安全の向上を促すと共に業界発展と地球環境保護, 交通安全に寄与する。

【主催者】日本カー・オブ・ザ・イヤー実行委員会

【選考委員】(第31回・2010-2011)青山尚暉, 家村浩明, 石井昌道, 石川真禧照, 石川芳雄, 岩貞るみこ, 岡崎五朗, 岡本幸一郎, 小沢コージ, 片岡英明, 桂伸一, 金子浩久, 川上完, 川上浩平, 河口まなぶ, 川島茂夫, 川端由美, 河村康彦, 木下隆之, 日下部保雄, 九島辰也, 国沢光宏, 熊野学, 五味康隆, 菰田潔, 斎藤聡, 佐藤久実, 島崎七生人, 島下泰久, 清水和夫, 瀬在仁志, 竹岡圭, 竹平素信, 舘内端, 田畑棯, 千葉匠, 津々見友彦, 長嶋達人, 中谷明彦, 西川淳, 西村直人, 萩原秀輝, 服部尚貴, ピーター・ライオン, ピストン西沢, 平田勝, 藤島知子, ボブ・スリーヴァ, 松下宏, 松田秀士, 松任谷正隆, まるも亜希子, 御堀直嗣, 三好秀昌, 森口将之, 森野恭行, 諸星陽一, 山内一典, 横越光廣, 吉田匠

【選考方法】コンセプト, デザイン, 性能, 品質, 安全性, 環境負荷, コストパフォーマンス等を総合的に評価して選考する。第一次(ノミネート)選考により上位10車(10 BEST CAR)を選出し, 第二次(最終)選考によって「日本カー・オブ・ザ・イヤー」「インポート・カー・オブ・ザ・イヤー」「特別賞」(「Most Advanced Technology」「Most Fun」「Best Value」)を決定する。

【選考基準】前年の11月1日から当年の10月31日までに日本国内で発表または発売された全ての乗用車で, 次の条件を満たしているもの。(1)継続的に生産・販売され, 年間の販売台数が年500台以上見込まれる。(2)選考委員にそのクルマを充分に理解する機会が与えられており, 事前にテストドライブ, 資料提供等が可能である。(3)当年の12月下旬までに一般消

## 077 日本カー・オブ・ザ・イヤー　　　製造業

費者が日本国内で購入出来る。(4)「新しいコンセプトに基づいて作られている」か,「本質的に新しい機構を採用している」,もしくは「新しいボディ,あるいは新しいエンジン,ドライブトレイン,サスペンション機構等を採用している」こと。ただし,特別賞3賞については,発表・発売期間を満たしていれば上記(1)〜(4)の条件については問わない。また,対象車は基本的構造,あるいは新しいエンジンあるいはボディスタイル等の同一性を主体とした車名によって区別し,装備やグレードの相違,その他従来のクルマから派生した小変更による細分化は行わない。基本的に同一のクルマで販売上の名称が異なる場合は,クルマの同一性に関して,その都度実行委員会で審議する。

【締切・発表】ノミネートは当年11月中旬まで,最終選考は当年11月末までに行い,結果を公表する。

【賞・賞金】〔日本カー・オブ・ザ・イヤー〕「日本カー・オブ・ザ・イヤー」のタイトルとトロフィー。〔インポート・カー・オブ・ザ・イヤー〕「インポート・カー・オブ・ザ・イヤー」のタイトルとトロフィー。〔10 BEST CAR〕「10 BEST CAR」のタイトルと副賞。〔特別賞〕各特別賞のタイトルと副賞。また,各賞とも,広告,宣伝等にその事実を使用する権利を与えられる。

【URL】http://www.jcoty.org/index.html

第1回(昭55年・1980-1981)
　◇日本カー・オブ・ザ・イヤー　東洋工業　「ファミリア 3ドアハッチバック」
　◇国産車ノミネート
　　東洋工業　「ファミリア 3ドアハッチバック」
　　トヨタ自動車　「マークII」「チェイサー」「クレスタ」
　　日産自動車　「レパード TRX 4ドアハッチバック」
　　東洋工業　「ファミリア 4ドアサルーン」
　　三菱自動車工業　「ギャラン」「エテルナ」「シグマ」
　　トヨタ自動車　「クラウン」
　　ダイハツ工業　「ミラ・クオーレ 3ドアハッチバック」
　　日産自動車　「ブルーバード SSS ターボ・セダン」
　　本田技研工業　「クイント 5ドアハッチバック」
　　日産自動車　「スカイライン ターボGT」

第2回(昭56年・1981-1982)
　◇日本カー・オブ・ザ・イヤー　トヨタ自動車　「ソアラ」
　◇国産車ノミネート
　　トヨタ自動車　「ソアラ」
　　本田技研工業　「シティー」
　　日産自動車　「スカイライン」
　　いすゞ自動車　「ピアッツァ」
　　トヨタ自動車　「セリカ」
　　東洋工業　「コスモ」「ルーチェ」

　　日産自動車　「サニー」
　　日産自動車　「スタンザ」「オースター」「バイオレット」
　　本田技研工業　「アコード」
　　富士重工業　「レオーネ 4WD」

第3回(昭57年・1982-1983)
　◇日本カー・オブ・ザ・イヤー　東洋工業　「カペラ」「テルスター」
　◇国産車ノミネート
　　東洋工業　「カペラ」「テルスター」
　　トヨタ自動車　「ビスタ」「カムリ」
　　本田技研工業　「シティーターボ」
　　日産自動車　「マーチ」
　　日産自動車　「プレーリー」
　　富士重工業　「レオーネ 4WDターボAT」
　　三菱自動車工業　「スタリオン」
　　トヨタ自動車　「スプリンター・カリブ」
　　東洋工業　「コスモ」「ルーチェREターボ」
　　日産自動車　「パルサー」「ラングレー」「リベルタビラ」

第4回(昭58年・1983-1984)
　◇日本カー・オブ・ザ・イヤー　本田技研工業　「シビック」「バラード」
　◇国産車ノミネート
　　本田技研工業　「シビック」「バラード」
　　トヨタ自動車　「カローラ」「スプリンター」
　　日産自動車　「フェアレディーZ」
　　三菱自動車工業　「ギャラン」「エテルナΣ」
　　本田技研工業　「プレリュード」
　　ダイハツ工業　「シャレード」

トヨタ自動車　「コロナ」
　いすゞ自動車　「フローリアン・アスカ」
　日産自動車　「ブルーバード」
　スズキ　「カルタス」

第5回(昭59年・1984-1985)
◇日本カー・オブ・ザ・イヤー　トヨタ自動車　「MR2」
◇国産車ノミネート
　トヨタ自動車　「MR2」
　本田技研工業　「シビック」
　日産自動車　「ローレル」
　トヨタ自動車　「スターレット」
　トヨタ自動車　「マークⅡ」「チェイサー」「クレスタ」
　三菱自動車工業　「ギャラン」「エテルナΣ」
　富士重工業　「レオーネ」
　ダイハツ工業　「シャレード」
　本田技研工業　「シティー」
　日産自動車　「サンタナ」

第6回(昭60年・1985-1986)
◇日本カー・オブ・ザ・イヤー　本田技研工業　「アコード」「ビガー」
◇国産車ノミネート
　本田技研工業　「アコード」「ビガー」
　マツダ　「ファミリア」「レーザー」
　マツダ　「サバンナ RX-7」
　トヨタ自動車　「セリカ」
　日産自動車　「スカイライン」
　いすゞ自動車　「FFジェミニ」
　本田技研工業　「レジェンド」
　ダイハツ工業　「ミラ・クオーレ」
　日産自動車　「サニー」
　富士重工業　「アルシオーネ」

第7回(昭61年・1986-1987)
◇日本カー・オブ・ザ・イヤー　日産自動車　「パルサー・エクサ」「ラングレー」「リベルタ・ビラ」
◇国産車ノミネート
　日産自動車　「パルサー・エクサ」「ラングレー」「リベルタ・ビラ」
　トヨタ自動車　「ソアラ」
　マツダ　「ルーチェ」
　本田技研工業　「シティー」
　マツダ　「フォード・フェスティバ」
　トヨタ自動車　「セリカ GT-FOUR」
　三菱自動車工業　「デボネアV」
　トヨタ自動車　「ビスタ」「カムリ」
　トヨタ自動車　「スープラ」
　日産自動車　「レパード」

第8回(昭62年・1987-1988)
◇日本カー・オブ・ザ・イヤー　三菱自動車工業　「ギャラン」
◇国産車ノミネート
　三菱自動車工業　「ギャラン」
　日産自動車　「ブルーバード」
　本田技研工業　「プレリュード」
　トヨタ自動車　「カローラ」「スプリンター」
　マツダ　「カペラ」「テルスター」
　日産自動車　「セドリック」「グロリア」
　ダイハツ工業　「シャレード」
　トヨタ自動車　「クラウン」
　本田技研工業　「シビック CRX」
　三菱自動車工業　「ミラージュ」

第9回(昭63年・1988-1989)
◇日本カー・オブ・ザ・イヤー　日産自動車　「シルビア」
◇国産車ノミネート
　日産自動車　「シルビア」
　トヨタ自動車　「マークⅡ」「チェイサー」「クレスタ」
　マツダ　「ペルソナ」
　本田技研工業　「コンチェルト」
　三菱自動車工業　「ランサー」「ミラージュ4ドアセダン」
　日産自動車　「セドリック・シーマ」「グロリア・シーマ」
　日産自動車　「マキシマ」
　日産自動車　「セフィーロ」
　スズキ　「カルタス」
　トヨタ自動車　「コロナ」「コロナSF」

第10回(平1年・1989-1990)
◇日本カー・オブ・ザ・イヤー　トヨタ自動車　「セルシオ」
◇国産車ノミネート
　トヨタ自動車　「セルシオ」
　日産自動車　「スカイライン」
　マツダ　「ユーノス・ロードスター」
　富士重工業　「レガシィ」
　本田技研工業　「アコード・インスパイア」「ビガー」
　日産自動車　「インフィニティー Q45」
　日産自動車　「フェアレディーZ」
　三菱自動車工業　「ミニカ」
　本田技研工業　「インテグラ」
　トヨタ自動車　「MR2」

第11回(平2年・1990-1991)
◇日本カー・オブ・ザ・イヤー　三菱自動車工業　「ディアマンテ」

◇特別賞　トヨタ自動車　「エスティマ」
◇国産車ノミネート
　三菱自動車工業　「ディアマンテ」「シグマ」
　本田技研工業　「NSX」
　トヨタ自動車　「エスティマ」
　日産自動車　「パルサー」
　日産自動車　「プリメーラ」
　本田技研工業　「レジェンド」
　マツダ　「ユーノス・コスモ」
　マツダ　「レビュー」
　いすゞ自動車　「ジェミニ・クーペ」
　三菱自動車工業　「GTO」

第12回（平3年・1991-1992）
◇日本カー・オブ・ザ・イヤー　本田技研工業　「シビック」「シビック・フェリオ」
◇特別賞　三菱自動車工業　「パジェロ」
◇国産車ノミネート
　本田技研工業　「シビック」「シビック・フェリオ」
　マツダ　「アンフィニ RX-7」
　本田技研工業　「ビート」
　三菱自動車工業　「パジェロ」
　日産自動車　「ブルーバード」
　トヨタ自動車　「クラウン」「アリスト」
　スズキ　「カプチーノ」
　富士重工業　「アルシオーネ SVX」
　トヨタ自動車　「カローラ」「スプリンター」
　三菱自動車工業　「ミラージュ」「ランサー」

第13回（平4年・1992-1993）
◇日本カー・オブ・ザ・イヤー　日産自動車　「マーチ」
◇特別賞　いすゞ自動車　「ビッグホーン」
◇国産車ノミネート
　日産自動車　「マーチ」
　三菱自動車工業　「ギャラン」「エテルナ」「エメロード」
　富士重工業　「インプレッサ」
　本田技研工業　「ドマーニ」
　トヨタ自動車　「マークII」「チェイサー」「クレスタ」
　トヨタ自動車　「コロナ 4ドア」「5ドアSF」
　いすゞ自動車　「ビッグホーン」
　マツダ　「オートザム AZ-1」
　マツダ　「ユーノス 500」
　富士重工業　「ヴィヴィオ」

第14回（平5年・1993-1994）
◇日本カー・オブ・ザ・イヤー　本田技研工業　「アコード」
◇特別賞　トヨタ自動車　「スープラ」
◇国産車ノミネート
　本田技研工業　「アコード」
　富士重工業　「レガシィ」
　マツダ　「ランティス」
　トヨタ自動車　「スープラ」
　スズキ　「ワゴンR」
　日産自動車　「スカイライン」
　マツダ　「ユーノス 800」
　本田技研工業　「アスコット」「ラファーガ」
　日産自動車　「シルビア」
　三菱自動車工業　「ミニカ」

第15回（平6年・1994-1995）
◇日本カー・オブ・ザ・イヤー　三菱自動車工業　「FTO」
◇特別賞　本田技研工業　「オデッセイ」
◇インポートカー・オブ・ザ・イヤー　ダイムラー・クライスラー日本　「メルセデス・ベンツ C200」
◇国産車ノミネート
　三菱自動車工業　「FTO」
　トヨタ自動車　「RAV4」
　日産自動車　「セフィーロ」
　本田技研工業　「オデッセイ」
　マツダ　「ファミリア」
　トヨタ自動車　「セルシオ」
　日産自動車　「サニー」「ルキノ」
　トヨタ自動車　「ビスタ」「カムリ」
　ダイハツ工業　「ミラ」
　三菱自動車工業　「デリカ・スペースギア」
◇輸入車ノミネート
　メルセデス・ベンツ日本　「メルセデス・ベンツ C200」
　ビー・エム・ダブリュー・ジャパン　「BMW 3シリーズ・コンパクト」
　ヤナセ　「オペル・オメガ」
　コーンズ・アンド・カンパニー・リミテッド　「フェラーリ F355」
　ジャガー・ジャパン　「ジャガー XJシリーズ」
　インチケープ・プジョー・ジャパン　「プジョー 306シリーズ」
　ローバー・ジャパン　「ローバー 600シリーズ」
　フォード自動車日本　「フォード・モンデオ」
　ボルボ・カーズ・ジャパン　「ボルボ 960シリーズ」

マツダ, 西武自動車販売 「シトロエン ZX シリーズ」

第16回（平7年・1995-1996）
◇日本カー・オブ・ザ・イヤー　本田技研工業　「シビック」「シビック・フェリオ」
◇特別賞　日産自動車　「テラノ」
◇インポートカー・オブ・ザ・イヤー　ローバー・ジャパン　「MGF」
◇国産車ノミネート
　本田技研工業　「シビック」「シビック・フェリオ」
　トヨタ自動車　「クラウン」「クラウン・マジェスタ」
　日産自動車　「テラノ」
　本田技研工業　「CR-V」
　マツダ　「ボンゴ・フレンディー」
　三菱自動車工業　「ミラージュ」「ランサー」
　三菱自動車工業　「パジェロ・ミニ」
　三菱自動車工業　「ディアマンテ」
　日産自動車　「セドリック」「グロリア」
　トヨタ自動車　「カローラ」「スプリンター」
◇輸入車ノミネート
　ローバー・ジャパン　「MG F」
　メルセデス・ベンツ日本　「メルセデス・ベンツ Eクラス」
　フォルクスワーゲン・アウディ日本　「アウディ A4」
　フランス・モーターズ　「ルノー・トゥインゴ」
　ヤナセ　「オペル・ヴィータ」
　フィアット・アンド・アルファロメオ・モータース・ジャパン　「アルファロメオ・スパイダー」
　フィアット・アンド・アルファロメオ・モータース・ジャパン　「クーペ・フィアット」
　インチケープ・プジョー・ジャポン　「プジョー 106」
　ローバー・ジャパン　「レンジローバー」
　クライスラー・ジャパン・セールス　「クライスラー・ストラトス」
　フォード自動車日本　「リンカーン コンチネンタル」

第17回（平8年・1996-1997）
◇日本カー・オブ・ザ・イヤー　三菱自動車工業　「ギャラン」「レグナム」
◇特別賞　マツダ　「デミオ」
◇インポートカー・オブ・ザ・イヤー　ダイムラー・クライスラー日本　「メルセデス・ベンツ SLK」
◇国産車ノミネート
　三菱自動車工業　「ギャラン」「レグナム」
　トヨタ自動車　「マークII」「チェイサー」「クレスタ」
　マツダ　「デミオ」
　本田技研工業　「ロゴ」
　日産自動車　「ステージア」
　トヨタ自動車　「イプサム」
　本田技研工業　「ステップワゴン」
　ダイハツ工業　「パイザー」
　トヨタ自動車　「コロナ・プレミオ」
　日産自動車　「シーマ」
◇輸入車ノミネート
　メルセデス・ベンツ日本　「メルセデス・ベンツ SLK」
　フォルクスワーゲン・グループ・ジャパン　「VW・ポロ」
　三和自動車　「ポルシェ・ボクスター」
　ビー・エム・ダブリュー・ジャパン　「BMW 5シリーズ」
　フォルクスワーゲン・グループ・ジャパン　「アウディ A3」
　インチケープ・プジョー・ジャポン　「プジョー 406」
　ジャガー・ジャパン　「ジャガー XK8」
　ビー・エム・ダブリュー・ジャパン　「BMW Z3」
　ヤナセ　「オペル・ベクトラ」
　フランス・モーターズ　「ルノー・メガーヌ」

第18回（平9年・1997-1998）
◇日本カー・オブ・ザ・イヤー　トヨタ自動車　「プリウス」
◇特別賞　いすゞ自動車　「ビークロス」
◇インポートカー・オブ・ザ・イヤー　ルノー・ジャパン　「ルノー・メガーヌ」
◇国産車ノミネート
　トヨタ自動車　「プリウス」
　本田技研工業　「アコード」「トルネオ」「アコード・ワゴン」
　トヨタ自動車　「アリスト」
　三菱自動車工業　「シャリオ・グランディス」
　本田技研工業　「S-MX」
　マツダ　「カペラ」「テルスター」
　トヨタ自動車　「ラウム」
　富士重工業　「フォレスター」
　日産自動車　「ルネッサ」

## 077 日本カー・オブ・ザ・イヤー

　　いすゞ自動車　「ビークロス」
　◆輸入車ノミネート
　　フランス・モーターズ　「ルノー・メガーヌ・セニック」
　　アウディ・ジャパン　「アウディ A6」
　　フォルクスワーゲン・グループ・ジャパン　「VW・パサート」
　　メルセデス・ベンツ日本　「メルセデス・ベンツ CLK」
　　ボルボ・カーズ・ジャパン　「ボルボ 40シリーズ」

第19回（平10年・1998-1999）
　◆日本カー・オブ・ザ・イヤー　トヨタ自動車　「アルテッツァ」
　◆特別賞　本田技研工業　「ホンダ Z」
　◆インポートカー・オブ・ザ・イヤー　ダイムラー・クライスラー日本　「メルセデス・ベンツ Aクラス」
　◆国産車ノミネート
　　トヨタ自動車　「アルテッツァ」
　　富士重工業　「レガシィ」
　　日産自動車　「スカイライン」
　　マツダ　「ロードスター」
　　本田技研工業　「ホンダ Z」
　　トヨタ自動車　「プログレ」
　　トヨタ自動車　「ビスタ」「アルデオ」
　　本田技研工業　「HR-V」
　　三菱自動車工業　「パジェロ io」
　　本田技研工業　「キャパ」
　◆輸入車ノミネート
　　メルセデス・ベンツ日本　「メルセデス・ベンツ Aクラス」
　　フィアット・オート・ジャパン　「アルファ 156」
　　ビー・エム・ダブリュー・ジャパン　「BMW 3シリーズ」
　　フォルクスワーゲン・グループ・ジャパン　「フォルクスワーゲン・ゴルフ」
　　ヤナセ　「オペル・アストラシリーズ」

第20回（平11年・1999-2000）
　◆日本カー・オブ・ザ・イヤー　トヨタ自動車　「ヴィッツ」「プラッツ」「ファンカーゴ」
　◆特別賞　本田技研工業　「S2000」
　◆インポートカー・オブ・ザ・イヤー　ローバー・ジャパン　「ローバー 75」
　◆国産車ノミネート
　　トヨタ自動車　「ヴィッツ」「プラッツ」「ファンカーゴ」
　　本田技研工業　「S2000」
　　日産自動車　「セドリック」「グロリア」

　　富士重工業　「レガシィ B4」
　　本田技研工業　「インサイト」
　　マツダ　「MPV」
　　三菱自動車工業　「パジェロ」
　　トヨタ自動車　「MR-2」
　　トヨタ自動車　「セリカ」
　　トヨタ自動車　「クラウン」
　　マツダ　「プレマシー」
　◆輸入車ノミネート
　　ビー・エム・ダブリュー・ジャパン　「ローバー 75」
　　アウディ・ジャパン　「アウディ TT クーペ」
　　インチケープ・プジョー・ジャポン　「プジョー 206シリーズ」
　　ダイムラー・クライスラー日本　「メルセデス・ベンツ Sクラス」
　　フォルクスワーゲン・グループ・ジャパン　「VWニュービートル」
　　ジャガー・ジャパン　「ジャガー Sタイプ」

第21回（平12年・2000-2001）
　◆日本カー・オブ・ザ・イヤー　本田技研工業　「シビック」「シビック・フェリオ」「ストリーム」
　◆特別賞　富士重工業　「インプレッサ」
　◆インポートカー・オブ・ザ・イヤー　ダイムラー・クライスラー日本　「メルセデスベンツ Cクラス」
　◆国産車ノミネート
　　本田技研工業　「シビック」「シビック・フェリオ」「ストリーム」
　　トヨタ自動車　「セルシオ」
　　富士重工業　「インプレッサ」
　　トヨタ自動車　「カローラ・フィールダー」
　　日産自動車　「エクストレイル」
　　マツダ　「トリビュート」
　　本田技研工業　「オデッセイ」
　　ダイハツ工業　「YRV」
　　トヨタ自動車　「オーパ」
　　日産自動車　「ブルーバード・シルフィー」
　◆輸入車ノミネート
　　ダイムラー・クライスラー日本　「メルセデスベンツ Cクラス」
　　フォード・ジャパン・リミテッド　「フォーカス」
　　ボルボ・カーズ・ジャパン　「ボルボ V70」
　　ダイムラー・クライスラー日本　「PTクルーザー」
　　日本ゼネラルモーターズ　「ザフィーラ」

製造業　　　　　　　　　　　　　　　　　　　　　　077　日本カー・オブ・ザ・イヤー

第22回(平13年・2001-2002)
　◇日本カー・オブ・ザ・イヤー　本田技研工業　「フィット」
　◇特別賞　トヨタ自動車　「エスティマ・ハイブリット」
　◇インポートカー・オブ・ザ・イヤー　フィアット・オート・ジャパン　「アルファ147」
　◇国産車ノミネート
　　本田技研工業　「フィット」
　　日産自動車　「スカイライン」
　　トヨタ自動車　「エスティマ・ハイブリット」
　　日産自動車　「プリメーラ」
　　三菱自動車工業　「ekワゴン」
　　三菱自動車工業　「ランサーエボリューション VII」
　　ダイハツ工業　「MAX」
　　トヨタ自動車　「ソアラ」
　　本田技研工業　「ステップワゴン」
　　日産自動車　「シーマ」
　◇輸入車ノミネート
　　フィアット・オート・ジャパン　「アルファ147」
　　アウディ・ジャパン　「アウディ A4」
　　ボルボ・カーズ・ジャパン　「ボルボ S60」
　　ジャガー・ジャパン　「ジャガー Xタイプ」
　　プジョー・ジャポン　「プジョー 307」

第23回(平14年・2002-2003)
　◇日本カー・オブ・ザ・イヤー　本田技研工業　「アコード」「アコードワゴン」
　◇特別賞 - Most Fun　日産自動車　「フェアレディーZ」
　◇特別賞 - Best Value　該当なし
　◇特別賞 - Most Advanced Technology　ビー・エム・ダブリュー　「BMW 7シリーズ」
　◇ノミネート車(10ベストカー)
　　本田技研工業　「アコード」「アコードワゴン」
　　日産自動車　「フェアレディーZ」
　　マツダ　「アテンザ」
　　ビー・エム・ダブリュー　「ミニ」
　　ダイムラー・クライスラー日本　「メルセデス・ベンツ Eクラス」
　　フォルクスワーゲン・グループ・ジャパン　「ポロ」
　　ダイハツ工業　「コペン」
　　トヨタ自動車　「カルディナ」
　　日本ゼネラルモーターズ　「オペル ベクトラ」
　　ランドローバー・ジャパン　「レンジローバー」

第24回(平15年・2003-2004)
　◇日本カー・オブ・ザ・イヤー　富士重工業　「レガシィ」
　◇特別賞 - Most Fun　マツダ　「RX-8」
　◇特別賞 - Best Value　日産自動車　「ティアナ」
　◇特別賞 - Most Advanced Technology　ジャガー・ジャパン　「ジャガー XJ」
　◇ノミネート車(10ベストカー)
　　富士重工業　「レガシィ」
　　トヨタ自動車　「プリウス」
　　マツダ　「RX-8」
　　本田技研工業　「オデッセイ」
　　ジャガー・ジャパン　「ジャガー XJ」
　　アウディ・ジャパン　「アウディ A3」
　　ビー・エム・ダブリュー　「BMW 5シリーズ」
　　フォルクスワーゲン・グループ・ジャパン　「トゥアレグ」
　　日産自動車　「ティアナ」
　　ボルボ・カーズ・ジャパン　「ボルボ XC90」

第25回(平16年・2004-2005)
　◇日本カー・オブ・ザ・イヤー　本田技研工業　「レジェンド」
　◇特別賞 - Most Fun　BMWジャパン　「BMW 1シリーズ」
　◇特別賞 - Best Value　マツダ　「ベリーサ」
　◇特別賞 - Most Advanced Technology　本田技研工業　「レジェンド」
　◇インポートカー・オブ・ザ・イヤー　フォルクスワーゲン・グループ・ジャパン　「フォルクスワーゲン ゴルフ」「ゴルフ トゥーラン」
　◇ノミネート車(10ベストカー)
　　トヨタ自動車　「トヨタ クラウン」「クラウンマジェスタ」
　　日産自動車　「フーガ」
　　富士重工業　「スバル R2」
　　本田技研工業　「レジェンド」
　　マツダ　「ベリーサ」
　　アウディ　「ジャパン アウディ A6」
　　日本ゼネラルモーターズ　「オペル アストラ」
　　BMWジャパン　「BMW 1シリーズ」
　　フォルクスワーゲン・グループ・ジャパン　「フォルクスワーゲン ゴルフ」「ゴルフ

# 日本カー・オブ・ザ・イヤー

トゥーラン」
ボルボ・カーズ・ジャパン 「ボルボ S40／V50」

**第26回（平17年・2005-2006）**
◇日本カー・オブ・ザ・イヤー マツダ 「ロードスター」
◇特別賞 - Most Fun スズキ 「スイフト」
◇特別賞 - Best Value 該当車なし
◇特別賞 - Most Advanced Technology ホンダ 「シビック／シビックハイブリッド」
◇インポートカー・オブ・ザ・イヤー ビー・エム・ダブリュー 「BMW 3シリーズ」
◇ノミネート車（10ベストカー）
　トヨタ自動車 「レクサスGS」
　日産自動車 「ノート」
　本田技研工業 「シビック／シビックハイブリッド」
　マツダ 「マツダロードスター」
　三菱自動車工業 「アウトランダー」
　スズキ 「スイフト」
　ビー・エム・ダブリュー 「BMW 3シリーズ」
　シトロエン・ジャパン 「シトロエンC4」
　ダイムラー・クライスラー日本 「メルセデス・ベンツ Aクラス」
　プジョー・ジャポン 「プジョー 407」

**第27回**
◇日本カー・オブ・ザ・イヤー トヨタ 「レクサスLS460」
◇特別賞 - Most Fun アウディジャパン 「TTクーペ」
◇特別賞 - Most Advanced Technology 三菱自動車工業 「i」
◇特別賞 - Best Value 本田技研工業 「ストリーム」
◇インポートカー・オブ・ザ・イヤー シトロエン・ジャパン 「C6」
◇ノミネート車（10ベストカー）
　トヨタ自動車 「レクサスLS460」
　本田技研工業 「ストリーム」
　マツダ 「MPV」
　三菱自動車工業 「i」
　スズキ 「SX4」
　アウディジャパン 「TTクーペ」
　シトロエン・ジャパン 「C6」
　ダイムラー・クライスラー日本 「メルセデスベンツ Sクラス」
　ダイムラー・クライスラー日本 「メルセデスベンツE320CDIアバンギャルド」
　プジョー・ジャポン 「1007」

**第28回**
◇日本カー・オブ・ザ・イヤー 本田技研工業 「フィット」
◇特別賞 - Most Fun 三菱自動車工業 「ランサーエボリューションX」
◇特別賞 - Most Advanced Technology フォルクスワーゲングループジャパン 「ゴルフGT TSI／ゴルフトゥーラン／ゴルフヴァリアント」
◇特別賞 - BestValue ダイハツ工業 「ミラ」
◇インポートカー・オブ・ザ・イヤー メルセデス・ベンツ日本 「メルセデス・ベンツCクラスセダン」
◇ノミネート車（10ベストカー）
　トヨタ自動車 「マークXジオ」
　日産自動車 「スカイライン／スカイラインクーペ」
　本田技研工業 「フィット」
　マツダ 「デミオ」
　三菱自動車工業 「ランサーエボリューションX」
　富士重工業 「インプレッサ／インプレッサWRX STI」
　ダイハツ工業 「ミラ」
　フォルクスワーゲン グループ ジャパン 「ゴルフGT／ゴルフ トゥーラン／ゴルフ ヴァリアント」
　メルセデス・ベンツ日本 「メルセデス・ベンツCクラスセダン」
　プジョー・ジャポン 「207／207CC／207GTis」

**第29回**
◇日本カー・オブ・ザ・イヤー トヨタ自動車 「トヨタ iQ」
◇特別賞 - Most Fun 富士重工業 「スバル エクシーガ」
◇特別賞 - Most Advanced Technology 日産自動車 「ニッサン GT-R」
◇特別賞 - BestValue 本田技研工業 「ホンダ フリード」
◇インポートカー・オブ・ザ・イヤー プジョー・シトロエン・ジャパン 「シトロエンC5」
◇ノミネート車（10ベストカー）
　トヨタ自動車 「トヨタiQ」
　プジョー・シトロエン・ジャパン 「シトロエンC5」
　日産自動車 「日産GT-R」
　アウディジャパン 「アウディA4／A4アバ

ント」
　ジャガー・ランドローバー・ジャパン　「ジャガーXF」
　ダイハツ工業　「ダイハツ タント」
　フィアット グループ オートモービルズ ジャパン　「フィアット500」
　本田技研工業　「ホンダ フリード」
　マツダ　「マツダ アテンザ」
　スズキ　「スズキ ワゴンR/ワゴンRスティングレー」
　富士重工業　「スバル エクシーガ」

第30回
◇日本カー・オブ・ザ・イヤー　トヨタ自動車　「トヨタ プリウス」
◇特別賞 - Most Fun　日産自動車　「ニッサン フェアレディZ」
◇特別賞 - Most Advanced Technology　三菱自動車　「ミツビシ i-MiEV」
◇特別賞 - BestValue　富士重工業　「スバル レガシィシリーズ」
◇インポートカー・オブ・ザ・イヤー　フォルクスワーゲングループジャパン　「フォルクスワーゲン ゴルフ」
◇Best 3rd Decade Ca　本田技研工業　「ホンダ フィット(第22回)」
◇ノミネート車(10ベストカー)
　トヨタ自動車　「トヨタ プリウス」
　日産自動車　「ニッサン フェアレディZ」
　本田技研工業　「ホンダ インサイト」
　マツダ　「マツダ アクセラ」
　三菱自動車工業　「ミツビシ i-MiEV」
　富士重工業　「スバル レガシィシリーズ」
　フォルクスワーゲン グループ ジャパン　「フォルクスワーゲン ゴルフ」
　メルセデス・ベンツ日本　「メルセデス・ベンツ Eクラス セダン/クーペ」
　ボルボ・カーズ・ジャパン　「ボルボ XC60」
　フィアット グループ オートモービルズ ジャパン　「アルファロメオ ミト」

第31回
◇日本カー・オブ・ザ・イヤー　本田技研工業　「ホンダ CR-Z」
◇実行委員会特別賞　プジョー・シトロエン・ジャパン　「プジョー RCZ」
◇インポートカー・オブ・ザ・イヤー　フォルクスワーゲングループジャパン　「フォルクスワーゲン ポロ」
◇ノミネート車(10ベストカー)
　トヨタ自動車　「トヨタ マークX」
　日産自動車　「ニッサン マーチ」
　本田技研工業　「ホンダ CR-Z」
　マツダ　「マツダ プレマシー」
　スズキ　「スズキ スイフト」
　フォルクスワーゲン グループ ジャパン　「フォルクスワーゲン ポロ」
　メルセデス・ベンツ日本　「メルセデス・ベンツ Eクラス・セダン(E350 BlueTEC アバンギャルド)」
　ビー・エム・ダブリュー　「BMW 5シリーズ セダン/ツーリング」
　プジョー・シトロエン・ジャパン　「プジョー RCZ」
　ジャガー・ランドローバー・ジャパン　「ジャガー XJ」

---

## 078　日本クラフト展

　クラフトマンやデザイナーのみならず,企業や地場産業との有効な連帯関係を築き上げ,新しい生活文化を創造することを目的として,設立された。昭和35～48年は「日本ニュークラフト展」,48～60年は「暮らしを創るクラフト展」として開催,61年「日本クラフト展」と改称して現在に至る。

【主催者】(社)日本クラフトデザイン協会
【選考委員】(第50回)審査委員長:長谷川武雄(クラフトデザイナー),審査員:相川繁隆(クラフトデザイナー),赤瀬圭子(陶芸家),岡本昌子(テキスタイル作家),菅野靖(金工作家),熊井恭子(繊維造形家),高木晃(漆造形家),高見八洲洋(竹工芸家),西川雅典(漆工芸家),野田収(ガラス作家),水野誠子(ジュエリー作家),招待審査員:下川一哉(日経BP社 日経デザイン編集長),中村好文(建築家・日本大学生産工学部教授)
【選考方法】公募及び会員出品
【選考基準】(第49回)〔選考基準〕(1)創造性があり,もの素材及び技術が的確なもの(2)時代

のニーズに応え，提案性のあるもの(3)安全性・使用環境への配慮がなされているもの (4)未発表の作品(他の公募展に出品されていないもの)。〔出品規定〕展示できる大きさ，重さ，強度及び安全性を十分に考慮したもの。壁面作品は幅1.8m×2.5m以内(空間吊り作品は高さ4m以内)。立体作品は三辺の合計が4m以内で一辺が2mを越えないこと。台上作品は1m×1m以内に収まること(たためる作品は別)。重量50kg以内。出品作品の著作権・意匠権などは出品者に帰属するものとする。出品者は作品応募をもって，作品の展示，主催者側の刊行物，出版物への掲載，パブリシティへの掲載に関する諸権利を主催者側に委託することに同意したものとする。平成20年度の卒業制作は学生部門に出品可能。応募時に卒業制作とわかる資料のコピーを提出。提出されたものは返却しない

【締切・発表】第49回の場合，応募登録締め切り平成21年11月16日消印有効，作品搬入は送付の場合12月9日，直接搬入の場合12月10日，審査結果は郵送，展覧会は平成22年3月6日～14日

【賞・賞金】経済産業大臣賞・日本クラフト大賞(1点)，読売新聞社賞(1点)，丸の内賞(1点)，優秀賞(2点)など

【URL】http://www.craft.or.jp

第1回(昭35年)　授賞制度なし
第2回(昭36年)　授賞制度なし
第3回(昭37年)　授賞制度なし
第4回(昭38年)　授賞制度なし
第5回(昭39年)　授賞制度なし
第6回(昭40年)
　◇ニュークラフト賞
　　加藤 達美(武蔵野美術大学教授)　"テーブルウェア(磁)"
　　町田 悟(デザインセンターシズオカ代表)　"照明器具(木)"
第7回(昭41年)
　◇ニュークラフト賞
　　那賀 清彦(久留米クラフト工房)　"盛器(らんたい)"
　　加藤 嘉明(工房自営)　"蓋物(陶)"
第8回(昭42年)
　◇ニュークラフト賞
　　小松 誠(工房自営)　"陶盤コロナ"
　　田中 忠興(福岡県農業試験場勤務)　"樹川三帖(い草)"
第9回(昭43年)
　◇ニュークラフト賞
　　中村 富栄(工房自営)　"漆角皿"
　　大石 忠美(工房自営)　"鉄灰皿・鍋"
第10回(昭44年)
　◇ニュークラフト賞
　　西村 聖(工房自営)　"ガラス花器"
　　大向 貢　"漆向付"
第11回(昭45年)
　◇ニュークラフト賞
　　平松 保城(東京芸術大学助教授)　"スカルプチュアウェイト・銀リング"
　　有岡 良益(工房自営)　"白いうつわ，しろい木皿(樅)"
第12回(昭46年)
　◇ニュークラフト賞
　　島貫 昭子(東京造形大学教授)　"ケースメント(ウール)"
　　比嘉 信忠　"蓋物(陶)"
第13回(昭47年)
　◇ニュークラフト賞
　　佐野 祐司(秋田県工業試験場勤務)　"銘々皿，小物入六角(杉)"
　　沢田 惇(工房自営)　"蛇の目文ゆのみ，飯碗，皿・深皿・はち(磁)"
第14回(昭48年)
　◇クラフト賞　大西 長利(東京芸術大学講師)　"朱の器"
　◇新人賞　松江 美枝子(スタジオ・ド・オロインストラクター)　"リング"
第15回(昭49年)
　◇クラフト賞　宮崎 珠太郎(大分県日田産業工芸試験所勤務)　"かご"
　◇新人賞　飯野 一朗(東京芸術大学大学院在学中)
第16回(昭50年)
　◇クラフト賞　鶴岡 鉦次郎(工房主宰)　"銅のペンダント(照明)"
　◇新人賞　熊井 恭子(工房主宰)　"吹き抜け用モニュメント"
第17回(昭51年)
　◇日本クラフト賞　田中 勝重(東横美術研究

所勤務）"朱の器"
◇優秀賞
池沢 和平（工房主宰）"盛器"
熊里 さやか（工房主宰）"タピストリー"
時松 辰夫（大分県日田産業工芸試験所勤務）"器"

第18回（昭52年）
◇日本クラフト賞　河野 三秋（工房主宰）"ウイスキーボトル"
◇優秀賞
鵜野 直美（工房主宰）"練込みの器"
十時 啓悦（工房主宰）"彩漆小引出し"
宮 伸穂（工房主宰）"フライパンとトレイ"

第19回（昭53年）
◇日本クラフト賞　橋本 京子（多摩美術大学講師）"タピストリー"
◇優秀賞（松屋賞）
柏原 宏行（佐々木硝子勤務）"ガラスの盛鉢"
島添 昭義（工房主宰）"ぱかぱか"
長田 謙蔵（工房主宰）"手付バスケット"

第20回（昭54年）
◇日本クラフト賞　木全 本（杉野女子短期大学助教授）"蝋燭立て"
◇優秀賞
池沢 和平（工房主宰）"容具と腕輪"
伊藤 慶二（工房主宰）"ゼンシリーズ"
◇新人賞
内海 陽子（工房主宰）"金彩線文角皿"
マヌエル・ベニート（工房主宰），ミツコ ベニート "ペーパーウェイト"

第21回（昭55年）
◇日本クラフト賞　高橋 敏彦（工房主宰）"内へ角漆盛器"
◇優秀賞
影山 公章（ヒコ・みづの宝石専門学校講師）"錫の器"
益田 芳徳（工房主宰）"白い筒"
◇新人賞
中井 啓二郎（旭川市工芸指導所勤務）"木鞄 "KIBAN""
小島 洋子（工房主宰）"マット"

第22回（昭56年）
◇日本クラフト賞　武田 武人（工房主宰）"銀線のパターンによる鉢のシリーズ"
◇優秀賞
十時 啓悦（武蔵野美術大学講師）"洗朱盛皿"
佐伯 和子（東京家政大学非常勤講師）"タピストリー"青い二枚貝""
◇新人賞
中島 万須夫（工房主宰）"石の器"
藤井 啓太郎（工房主宰），藤井 順子 "インテリアバスケット"

第23回（昭57年）
◇日本クラフト賞　関根 正文（女子美術大学短期大学講師）"錫の器"
◇優秀賞
佐藤 万里子（工房主宰）"藍のうつわ ボウル・プレート"
島貫 昭子（東京造形大学教授）"タピストリー"光のドレープ""
◇新人賞
大向 稔（大向高洲堂専務）"帯のついた器シリーズ"
武田 孝三（工房主宰）"ルーム・バスケット"

第24回（昭58年）
◇日本クラフト賞　長谷川 武雄（工房主宰）"片口 "シリーズB""
◇優秀賞
大島 豊樹（大島東太郎商店代表）"欅椀"
熊井 恭子（大分県立芸術短期大学）
◇新人賞
三枝 靖博（工房主宰）"石のオーナメント"
村木 律夫（工房主宰）"黒文土瓶・湯のみ"

第25回（昭59年）
◇日本クラフト賞　川崎 晴健（工房主宰）"スペースディバイダー"組子""
◇優秀賞
中村 ミナト（工房主宰）"ブローチ"
北見 精吾（工房主宰）"魚シリーズ "ソイ" "カレイ""
◇新人賞
阿部 有幸（阿部商店勤務）"和食セット"
榎本 勝彦（工房主宰）"ストーニイ・ブッシュピン"
西野 和宏（工房主宰）"ウオールチェア"

第26回（昭60年）
◇日本クラフト賞　水野 博司（工房主宰）"急須"
◇優秀賞
大河内 信雄（工房主宰）"オーナメント"メンフィスの陶筐""
奥原 博嘉（工房主宰）"箱膳"
◇新人賞
木村 明（工房主宰）"Glass for Two"
村松 司（山梨県立宝石専門学校研究科在学中）"リング"

第27回（昭61年）
◇日本クラフト賞　泉 泰代（工房主宰）　"折敷"
◇優秀賞
　佐伯 和子（東京家政大学非常勤講師）　"タピストリー"パッセージ""
　小笠原 陸兆（工房主宰）　"鉄器"
◇新人賞
　阿部 佐衛子（工房主宰）　"乾漆四方大皿・中皿・深皿"
　中嶋 靖（工房主宰）　"大皿"

第28回（昭62年）
◇日本クラフト賞　水町 真砂子（東京家政大学教授）　"ドラペリイ"イエロークレープ""
◇優秀賞
　川辺 忠（工房主宰）　"インテリアオーナメント"back to back""
　広瀬 慎（工房主宰）　"蓋付鍋"
◇新人賞
　上島 紀子（工房主宰）　"ショルダーバッグ・ポシェット"
　下重 泰江（工房主宰）　"タピストリー"SCENEX""

第29回（昭63年）
◇日本クラフト賞　山本 明彦（工房主宰）　"ブローチ"
◇優秀賞
　榎本 勝彦（工房主宰）　"木の器"
　佐々木 律子（工房主宰）　"タピストリー"蒼茫""
　藤井 啓太郎（工房主宰）　"か〜るいかゴ"
　光島 和子（工房主宰）　"グラス"隅に置けないやつ""

第30回（平1年）
◇日本クラフト賞　林辺 正子（工房主宰）　"円柱の回転体"多様な表面XII""
◇優秀賞
　窪田 美直子（佐々木硝子勤務）　"ホール・コンポート"HORIZON COLLECTION""
　平松 宏造（工房主宰）　"盛器"
　丸山 聡（工房主宰）　"イヤリング・ブレスレット"
　村上 晴香（工房主宰）　"ランチボックス"

第31回（平2年）
◇日本クラフト賞　田尻 誠（工房主宰）　「シリーズくつろぎの器"Tea Time"」
◇テーマ部門賞（古典）　公文 知洋子（工房主宰）　「コート"新裂織事情─作業着からトレンディーへ"」

第32回（平3年）
◇日本クラフト賞　飯野 一朗（東京芸術大学講師）「花器せき」
◇テーマ部門賞（自然）　吉川 道子（工房主宰）「タピストリー"木漏れ日"」

第33回（平4年）
◇日本クラフト賞　石井 克己（高岡短期大学講師）「ペーパーウェイト」
◇テーマ部門賞（あか）　林 真実子（工房主宰）「淡紅のある器」

第34回（平5年）
◇日本クラフト賞　三宅 道子（卯辰山工芸工房研修員）「ペーパーウェイト"光の四角柱"」
◇テーマ部門賞（おもて・うら）　長内 正春（工房主宰）「オーナメント"アングルポーズ"」

第35回（平6年）
◇日本クラフト賞　久山 一枝（工房主宰）「ブラインド」
◇テーマ部門賞（輝き）　吉本 雅孝（工房主宰）「金ボタンの高杯」

第36回（平7年）
◇日本クラフト賞　百瀬 正香（工房主宰）「マント"九と長四四角を合わせてひとつのカタチ"」
◇テーマ部門賞（直・曲）　鬼束 恵司（武蔵野美術大学）「ペーパーナイフ」

第37回（平8年）
◇日本クラフト賞　羽生 野亜（工房主宰）「酒卓二十七」
◇テーマ部門賞（箱）　徳本 芳美（工房主宰）「芽箱」

第38回（平9年）
◇日本クラフト賞　光本 岳士　「銀波の花器」
◇テーマ部門賞　牧 喜代子　「タペストリー『洸』」
◇優秀賞
　磯谷 晴弘　「皿『泉』」
　小園 敏樹　「刀目の器」
　松永 泰樹　「彩色Cups」

第39回（平10年）
◇日本クラフト賞　野田 収　「突き目サザエ杯」
◇テーマ部門賞　坂田 ルツ子　「Round cap」,「Hole stole」

◇優秀賞
　小尾 悠希生　「廃墟―野草花盛り」
　藤倉 一三　「酒 ZEN」
　矢尾板 克則　「土の殻」
第40回（平11年）
◇日本クラフト賞　高 喜淑　「WHITE VESSEL」
◇テーマ賞　和山 忠吉　「ウェーブ ベンチ」
◇優秀賞
　古地 敏彦　「T-box」
　冨士原 文隆　「刃紋の器」
　寺崎 緑　「チョーカー『MOSHA』」
第41回（平12年）
◇日本クラフト賞　武山 直樹　「togetherness」
◇テーマ賞　草野 之夫　「ホイッスルペンダント」
◇優秀賞
　阿部 久仁子　「盛器―On The Paper」
　上島 あい子　「スクロウルの器」
　門田 杏子　「ジーンズ裂き織り草履」
第42回（平13年）
◇日本クラフト賞　酒井 美奈　「ブローチ」
◇テーマ賞　鬼束 恵司　「ソムリエナイフ」
◇優秀賞
　大隈 美佳　「楽園の器」
　菊池 加代子　「水面に風がふく時」
　冨士原 文隆　「注器 くるみぬ器」
第43回（平14年）
◇日本クラフト賞　スタジオ・プロペラ　「アルミと革のハイブリッドバッグ ゴライアス ユンカース "M" ユンカース "S"」
◇優秀賞　市川 恵子　「しずくと葉」
◇学生部門賞　山本 修子　「MEMO―memory bag―」
第44回（平15年）
◇日本クラフト賞　上田 恭子　「タペストリー『My Collection』」
◇優秀賞　岩清水 久生　「酒器『月に恋ふ』」
◇学生部門賞　木瀬 浩嗣　「花器『銅のしわ』」
第45回（平17年）
◇日本クラフト大賞　藤野 征一郎　「FLOWER」
◇優秀賞
　井川 健　「葉のカタチ」
　遠田 草子　「marimoの器」
◇海外研修賞
　指田 えり子〈制作〉, 指田 隆行〈協力〉「メタル・コレクション」
　長嶋 宏之　「ケトル『芽』」
◇学生賞
　中村 靖夫　「リズムテーブル」
　安宮 せい子　「Feeling Vase」
第46回（平18年）
◇日本クラフト大賞　生田 真弓　「漆ポケット」
◇優秀賞
　加護 園　「市松」
　斎藤 寛達　「HAI Table」
◇学生賞
　大場 祥平, 高宮 修平　「艶傘」
　橋本 恵　「大地」
50周年記念特別賞　村田 淳　「夢路」
◇テーマ賞　伊藤 俊　「Orbit 1」
◇読売新聞社賞　柴崎 幸次　「層の行灯」
◇丸ビル賞　松村 潔　「カラーシリンダー」
◇海外研修賞
　大迫 友紀　「はつふゆ」
　内藤 裕孝　「fragile」
◇招待審査員賞
●金子賢治賞　竹村 友里　「呼吸するカタチ」
●藤森照信賞　木瀬 浩詞　「銅の粒」
第47回（平19年）
◇経済産業大臣賞・日本クラフト大賞　時松 辰夫　「えびす弁当」
◇読売新聞社賞　竹村 友里　「お喋りマグ」
◇丸ビル賞　木瀬 浩詞　「銅の布跡」
◇優秀賞
　市野 境子　「プルオーバー」
　宮原 勝　「水玉」
◇学生賞
　佐藤 花織　「ひろがるかたち」
　東京造形大学 プロジェクト エコサークル　「プロジェクト エコサークル」
第48回（平20年）
◇経済産業大臣賞・日本クラフト大賞　OTA GLASS STUDIO　「葉―ヨウ―」
◇読売新聞社賞　松田 光二　「小曲集」
◇丸の内賞　黒田 学　「時の形象」
◇優秀賞
　小牟禮 尊人　「みずたまり」
　堀 紀幸　「カトラリー」
◇学生賞
　黒田 沙知子　「花かざり」
　三重野 陽子　「ひだまり」

## 079 日本クリエイション大賞　　　製造業

第49回（平21年）
- ◇経済産業大臣賞・日本クラフト大賞　森岡希世子　「光の呼吸」
- ◇読売新聞社賞　伊藤 愛香　「季。」
- ◇丸の内賞　藤田 紗代　「はな」
- ◇優秀賞
  - 髙野 紘子　「earth」
  - 堀 紀幸　「BLUE BOWL」
- ◇学生賞　尾崎 佐和子　「Curtain」

第50回（平22年）
- ◇経済産業大臣賞・日本クラフト大賞　水野 太介　「依代」
- ◇読売新聞社賞　露木 清高　「えん」
- ◇丸の内賞　切中 優希子　「軽快な金属」
- ◇優秀賞
  - 中島 俊市郎　「Clairvoyance」
  - 宮﨑 珠太郎　「盛篭「伐り株」」
- ◇学生賞
  - 桂川 美帆　「Good night」
  - 髙塩 紗織　「gnya」

---

### 079　日本クリエイション大賞

　東京ファッション協会主催の東京クリエイション大賞と日本ファッション協会主催の日本生活文化大賞が，平成16年の主催団体の統合を機に合併し，日本クリエイション大賞として創設された。

【主催者】（財）日本ファッション協会

【選考委員】（平成21年）委員長：福原義春（資生堂名誉会長），選考委員長：石井威望（東京大学名誉教授），選考委員：伊東順二（富山大学教授・アートプロデューサー），岩田彰一郎（アスクル代表取締役社長兼CEO），内館牧子（脚本家），大宅映子（評論家），加藤タキ（コーディネーター），河原敏文（プロデューサー・ディレクター・CGアーティスト），隈研吾（建築家），柴田鐵治（科学ジャーナリスト），曽我健（NHK交響楽団名誉顧問），永井多惠子（ユネスコ国際演劇協会会長・前NHK副会長），原由美子（ファッションディレクター）

【選考方法】自薦・他薦

【選考基準】〔対象〕製品，技術，芸術・文化活動，地域振興，環境，福祉など，ジャンルを問わずクリエイティブな視野で生活文化の向上に貢献し，時代を切り拓いた人物や事象

【締切・発表】（平成21年）平成21年10月末締切，平成22年3月中旬発表

【賞・賞金】大賞（1件）：賞牌と賞金50万円。各賞（2〜3件程度）：賞牌と賞金25万円。海外賞（1件）：賞牌と賞金25万円

【URL】http://www.japanfashion.or.jp

---

（平16年）
- ◇大賞　小菅 正夫（旭川市旭山動物園園長）"「人間と動物との共存」を行動展示で実践し全国から集客"
- ◇生活文化創造賞　山出 保（石川県金沢市市長）"過去と未来を共存させる街 金沢"
- ◇教育文化賞　小川 雄一（誠文堂新光社代表取締役社長）"「子供の科学」創刊80周年"
- ◇ニッポンのものづくり賞　辻谷 政久（辻谷工業代表取締役）"世界一の砲丸づくり"
- ◇まちおこし創造賞　中村 哲雄（岩手県葛巻町町長）"北緯40度ミルクとワインとクリーンエネルギーの町くずまき"

（平17年）
- ◇地域創造賞　日本プロサッカーリーグ "21世紀型市民スポーツ文化の創造"
- ◇まちづくり特別賞　大手町・丸の内・有楽町地区再開発計画推進協議会 "ビジネス街を彩りのある都市文化の空間に"
- ◇環境技術賞　東レ "世界の水問題に貢献する分離膜技術の開発"
- ◇起業奨励賞　伊藤 正裕（ヤッパ代表取締役社長）"3D技術による新たなコミュニケーション領域を世界に発信する若き起業家"
- ◇海外賞　クアラルンプール盆踊り実行委員会 "文化の壁を越え集う4万人の大盆踊

り大会"
(平18年)
◇大賞　日プラ　"大型アクリルパネルが拓く展示様式の可能性"
◇特別賞　椎名 武雄(日本アイ・ビー・エム最高顧問)　"日本の英知を育む天城会議"
◇地域活性化賞
　島根県邑智郡邑南町　"過疎化,高齢化,少子化問題解決につながる香木の森研修制度"
　ウィチャイ・スリユット(元警察少尉)　"乱伐進むふるさとに200万本の木を植えた人"
(平19年)
◇大賞　宮本 茂,任天堂開発チーム　"21世紀の新しいライフスタイルを創り出す世界的クリエイティブ集団"
◇環境アート賞　札幌市　"彫刻作品「モエレ沼公園」とその価値を活かす公民協働体制"
◇地域文化振興賞　酒井 忠久(致道博物館館長)　"市民の手で受け継がれ続ける藩校「致道館」の精神"
◇海外賞　ザン・ジャロン　"紫斑蝶の幽谷を守る,一生をかけた取り組み"
(平20年)
◇大賞　宮城 まり子(ねむの木学園)　"隠れたクリエイティビティを開花させた40年の歩み"
◇明日へのメッセージ賞　岡本太郎記念現代芸術振興財団　"人々の思いを引き寄せよみがえった「明日の神話」"
◇エクセレントワーク賞　中村ブレイス　"傷ついた身体と心を支える製品づくり"
◇開発賞　大和田 哲男(アビー代表取締役社長)　"生鮮食品の常識を変える「CAS冷凍」"
(平21年)
◇環境経営賞　東日本旅客鉄道　"$CO_2$ 24%削減を実現した環境創造戦略"
◇創造賞　川崎 和男(デザインディレクター・大阪大学大学院教授・博士(医学))　「世界を変えるデザインの力,PKD(Peace-Keeping Design)プロジェクト」
◇開発賞　淀川メデック　"現代人の日常生活を支える縁の下のものづくり"
◇海外賞　ジューロン広域図書館(Jurong Regional Library)　「ティーンによるティーンのためのライブラリー『Verging All Teens( V.A.T.)』」〈シンガポール〉」
(平22年)
◇大賞　富山市　"路面電車や自転車シェアリングで$CO_2$削減と中心市街地の活性化を両立"
◇ネバー・ギブアップ賞　宇宙航空研究開発機構 はやぶさプロジェクトチーム　"トラブルを乗り越えて帰還した「はやぶさ」が教えてくれたあきらめない大切さ"
◇マイクロ・メディカル賞(共同受賞)
　河野製作所　"外科手術の新領域を切り拓く日本のものづくり技術"
　三鷹光器　"外科手術の新領域を切り拓く日本のものづくり技術"
◇明日を創る若者応援賞　ファッション甲子園実行委員会　"地方都市から若者の夢を応援"

## 080　日本建築学会賞

　我が国の建築に関する学術・技術・芸術の進歩をはかるとともに,建築文化を高め,公共の福祉に寄与せんがため,昭和24年より開始された。論文,作品,技術,論文・作品・技術以外の業績の各部門におけるきわめて顕著な業績に贈られる。
【主催者】(社)日本建築学会
【選考委員】委員長：神田順(東京大学教授),〔論文部会〕部会長：南宏一〔福山大学教授),幹事：清水裕之(名古屋大学教授),藤本一壽(九州大学教授),委員：石田潤一郎(京都工芸繊維大学教授),宇田川光弘(工学院大学教授),佐藤圭二(中部大学教授),時松孝次(東京工業大学教授),桝田佳寛(宇都宮大学教授),真鍋恒博(東京理科大学教授),宗本順三(京都大学教授),室崎益輝(消防研究センター所長),森本信明(近畿大学教授),山田大彦(東北工業大学教授),(作品部会〕部会長：深尾精一〔首都大学東京教授),幹事：平倉章二(久米設計取締役副社長),湯澤正信(関東学院大学教授),委員：青木淳(青木淳建築計画事務所代表取締役),可児才介(大成建設取締役専務執行役員),金田勝徳(構造計画プラス・

ワン代表取締役)、工藤和美(東洋大学教授)、隈研吾(慶應義塾大学教授)、梅干野晁(東京工業大学教授)、渡部和生(惟建築計画代表取締役)、(技術部会)、部会長:後藤剛史〔法政大学教授〕、幹事:稲田泰夫(大崎総合研究所社長)、大野隆司(東京工芸大学教授)、委員:五十殿侑弘(鹿島建設専務取締役)、樫野紀元(前橋市立工科大学教授)、北村春幸(東京理科大学教授)、佐藤英嗣(久米設計取締役執行役員/設計推進本部本部長)、宿谷昌則(武蔵工業大学教授)、細野透(建築&住宅ジャーナリスト)、野城智也(東京大学生産技術研究所教授)、(業績部会)、部会長:三橋博三(東北大学教授)、幹事:竹下輝和(九州大学教授)、矢代嘉郎(清水建設技術戦略室長/技術研究所長)、委員:北泰幸(竹中工務店取締役設計本部長)、小谷部育子(日本女子大学教授)、高橋康夫(京都大学教授)、田辺新一(早稲田大学教授)、東條隆郎(三菱地所設計常務執行役員/ビル開発設計部長)、緑川光正(北海道大学教授)、山本圭介(東京電機大学教授)

【選考方法】公募、推薦
【選考基準】〔対象〕(1)論文部門:近年中に完成し発表された研究論文であって、学術の進歩に寄与する優れた業績。(2)作品部門:近年中、主として国内に竣工した建築の設計(庭園、インテリア、その他の工作物を含む)であって、技術・芸術の進歩に寄与する優れた作品。(3)技術部門:近年中に完成した建築にかかわる技術の発展に寄与し、優れた成果に結実した技術。(4)業績部門:近年中に完成した学術・技術・芸術などの進歩に寄与する優れた業績(論文・作品・技術以外)
【締切・発表】(平成20年の場合)平成19年9月14日締切、翌20年4月発表、5月贈呈式
【賞・賞金】賞状、賞牌と賞金
【URL】http://www.aij.or.jp/aijhomej.htm

(昭12年度)
◇学術賞
　佐藤 武夫 "中空壁の遮音効果"
　関野 克 "古文書による奈良時代住宅建築の研究"
　浜田 稔 "セメント規格改正案作製に関する基礎的研究"
　坂 静雄 "弾性範囲における耐震壁の応力、変形及び剪断負担連層耐震壁の横力分担"
◇技芸賞 田中 誠、永山 昇次、福田 良一 "第12回建築展覧会競技設計課題「青年道場」入選による"

(昭13年度)
◇学術賞
　伊藤 正文 "小学校校舎の衛生に関する研究"
　大熊 喜邦 "中仙道、東海道等における宿駅本陣に関する研究"
　水原 旭 "高層ラーメンの固有振動曲線の計算に就て"
　武藤 清 "材端に剛域を有するラーメンの地震力に依る応力の略算法"
　森 徹 "木材の強度に関する研究"

(昭14年度)
◇学術賞
　内田 祥三 "木造家屋の火災の本質に関する研究"
　北沢 五郎 "東京の地盤沈下とその対策"
　十代田 三郎 "木材の腐朽並にその防止に関する研究"
　谷口 忠 "構造物の振動減衰性に関する研究"
　平山 嵩 "建築物の昼光照明に関する研究"

(昭15年度)
◇学術賞
　木村 幸一郎 "採光に関する研究"
　田辺 平学 "耐震壁に関する実験的研究"
　坪井 善勝 "矩形版に関する研究"
　星野 昌一 "建築物の偽装に関する研究"
　村田 治郎 "支那建築の研究"

(昭16年度)
◇学術賞
　川島 定雄 "二重版の音響伝達損失に関する研究"
　棚橋 諒 "偏心荷重を受ける鉄筋コンクリート柱の終極強度に関する研究及び不静定架構の研究"
　谷口 吉郎 "建築物の風圧に関する研究"
　仲 威雄 "電気熔接に関する研究"
　渡辺 要 "主体角投射写真機の考案と其応

用に関する研究"
(昭17年度)
◇学術賞
　小野 薫　"ラーメン解法に関する研究"
　狩野 春一　"モルタル及びコンクリートの透気に関する研究"
　城戸 久　"伏見城に関する研究"
　佐藤 鑑　"工場における灯火管制時の通気に関する研究"
　鶴田 明　"構造用新特殊鋼の工作物に就て"
(昭18年度)
◇学術賞
　内田 祥文　"木造家屋の防火に関する実験的研究"
　西山 夘三　"庶民住宅の研究"
　藤田 金一郎　"火災に関する輻射熱の研究"
　二見 秀雄　"矩形骨組の研究"
　鷲尾 健三　"不静定骨組解法理論の研究"
(昭24年度)
◇論文
　関原 猛夫　「昼光率算定の研究」
　伴 潔　「ラーメンの理論の研究」
　堀口 捨己　「利休の茶室」
　南 和夫　「筒基礎の研究」
◇作品　谷口 吉郎　"慶応義塾大学校舎「4号館及び学生ホール」及び藤村記念館"
(昭25年度)
◇論文
　浅野 清　「上代建築の復元的研究」
　梅村 魁　「鉄筋コンクリート梁の研究」
　勝田 千利　「鋼コンクリート及び鉄筋コンクリート材の高速破壊に関する研究」
　勝田 高司　「自然換気に関する実験的研究」
◇作品
　堀口 捨己　"八勝館「御幸の間」"
　小坂 秀雄　"東京通信病院高等看護学院"
(昭26年度)
◇論文
　竹山 謙三郎　「木構造」
　中村 伸　「塗壁の材料及び工法の研究」
　西藤 一郎　「建築材料及び建築物の湿気伝播に関する研究」
　前田 敏男　「建築物熱的性状に関する基礎的研究」
　久田 俊彦　「木構造の耐力並びに設計法に関する研究」
◇作品
　アントニン・レーモンド　"リーダーズ・ダイジェスト東京支社"
　小林 利助　"日活国際会館"
◇施工　大内 二男　"日活国際会館の地下構築施工"
(昭27年度)
◇論文
　太田 静六(前橋工業短期大学, 跡見短期大学)　「寝殿造の研究」
　亀井 勇(建設省建築研究所)　「構造物の風圧力に関する研究」
　加藤 六美(東京工業大学)　「鉄筋コンクリート構造における内部応力の伝達に関する研究」
　河角 広　「我国における地震危険度の分布と耐震設計基準震度の研究」
◇作品　前川 国男(前川建築設計事務所)　"日本相互銀行本社"
◇著書　吉田 鉄郎(日本大学)　"JAPANISCHE ARCHITEKTUR「日本の建築」"
(昭28年度)
◇論文
　大野 和男(北海道大学)　「モルタル及びコンクリートの乾燥収縮と亀裂防止に関する研究」
　谷 重雄(北海道庁建築部)　「住宅経営に関する一連の研究」
　福山 敏男(東京国立文化財研究所)　「日本上代建築史研究」
　横尾 義貫(東京大学)　「殻理論に関する研究」
◇作品
　丹下 健三(東京大学), 坪井 善勝　"愛媛県民館"
　村野 藤吾(村野・森建築事務所)　"丸栄百貨店"
　山田 守(山田守建築設計事務所)　"大阪厚生年金病院"
(昭29年度)
◇論文
　太田 博太郎(東京大学)　「日本住宅史の研究」
　後藤 一雄(東京工業大学)　「木構造に関する一連の研究」
　原田 有(熊本大学)　「コンクリート及び鉄筋コンクリートの耐火力に関する研究」
　平賀 謙一(建設省建築研究所)　「軽量コンクリートの施工法に関する研究」
　吉武 泰水　「建築物の規模算定に関する研究」

◇作品
　清家 清（東京工業大学）"一連の住宅"
　丹下 健三（東京大学）"図書印刷（株）原町工場"
　前川 国男（前川建築事務所）"神奈川県立図書館並びに音楽堂"
◇行政　松下 喜一（沼津市建築課）"沼津市防火建築帯の造成"
◇出版　小池 新二（千葉大学），下出 源七（彰国社）"「世界の現代建築」「世界の現代住宅」の企画並びに出版"
◇資料　損害保険料率算定会　"大火（資料）"
（昭30年度）
◇論文
　小木曽 定彰（東京大学）「昼光光源並びに採光計算に関する一連の研究」
　小倉 強（東北大学）「東北民家に関する一連の研究」
　金井 清（東京大学地震研究所）「地盤の振動と建物の耐震性に関する一連の研究」
　新海 悟郎（建設省建築研究所）「都市木造住宅の老朽化傾向とその維持修繕とに関する研究」
◇作品
　坂倉 準三（坂倉建築設計事務所），前川 国男（前川建築事務所），吉村 順三（東京芸術大学）"国際文化会館"
　村野 藤吾（村野・森建築事務所）"広島世界平和聖堂"
◇行政　田中 敏文（北海道知事）"寒地住宅の普及"
◇施工　野平 知（建設省）"ウェル基礎の設計と工法"
（昭31年度）
◇論文
　鬼武 信夫（大阪市立大学）「有壁架構に関する研究」
　川越 邦雄（建設省建築研究所）「耐火造建物の火災性情とその耐火性」
　小島 武男（名古屋工業大学）「日照に関する研究」
　幸田 太一（東京都建築局）「コンクリート強度の統計的研究」
　辻井 静二（千葉大学）「木造複合体の耐力並びにその設計法に関する研究」
　藤岡 通夫（東京工業大学）「京都御所」
　宮脇 泰一（兵庫土木建築部）「商業施設に関する実証的研究」
◇作品
　谷口 吉郎（東京工業大学）"秩父セメント第2工場"
　ミノル・ヤマザキ（在米建築家）"神戸アメリカ総領事館"
　薬師寺 厚（郵政省建築部）"東京空港郵便局"
　山根 正次郎（日建設計工務），杉浦 克美 "厚生年金湯河原整形外科病院"
◇施工　久良知 丑二郎（清水建設）"建築工事施工用器械の一連の考案並びにその実用化の研究"
（昭32年度）
◇論文
　大倉 三郎「ゴットフリートゼムパーの建築論的研究」
　大崎 順彦「建築基礎・地盤ならびに上部構造との関連に関する研究」
　斎藤 平蔵「建物の防湿に関する研究」
　田中 尚「終局荷重設計に関する一連の研究」
◇作品
　岸田 日出刀，丹下 健三 "倉吉市庁舎"
　馬場 知己 "国鉄川崎火力発電所"
◇考案試作　高橋 竜太郎 "強震計の考案と試作"
◇調査事業　村田 治郎 "居庸関"
（昭33年度）
◇論文
　石井 聖光「オーディトリアムの室内音響設計と施工に関する研究」
　大島 久次「特殊骨材を用いるコンクリートの仕様に関する研究」
　亀井 幸次郎「都市大火の性状に関する研究」
　川上 貢「日本中世住宅の研究」
　小堀 鐸二「建築構造の耐震工学的基礎研究」
　若林 実「鉄骨鉄筋コンクリートに関する実験的研究」
◇作品
　大江 宏 "法政大学"
　大沢 秀行，三宅 敏郎 "中国電電ビルディング"
　国方 秀男 "関東通信病院"
◇調査事業　斎藤 立実，広田 美穂，益田 重華 "建築請負工事費積算の合理化"
◇技術指導　竹内 芳太郎 "農村建築の改善指導に関する業績"
◇建築行政　三宅 俊治 "静岡県下における都市不燃化事業の推進"

(昭34年度)
◇論文
　入沢 恒　「住宅団地の計画条件と開発形態とに関する研究」
　洪 悦郎　「寒冷地におけるコンクリートの性状に関する一連の研究」
　田治見 宏　「耐震理論に関する基礎的研究」
　藤本 盛久　「鉄骨剛節骨組の座屈に関する研究」
　森 蘊　「中世庭園史の研究」
◇作品
　芦原 義信　"中央公論ビル"
　今井 兼次　"大多喜町役場"
　佐藤 武夫　"旭川市庁舎"
　佐野 正一　"寿屋山崎工場"
◇技術指導　伊藤 久　"国宝重要文化財建造物の修理技術指導に関する業績"
◇調査事業　北沢 五郎(東京地盤調査研究会代表)　"東京地盤図"
◇技術総合　日本原子力研究所建設部　"日本原子力研究所東海研究所建築施設の建設"

(昭35年度)
◇論文
　伊藤 鄭爾　「日本民家史の研究」
　加藤 渉　「シェルに関する一連の研究」
　岸谷 孝一　「鉄筋コンクリートの鉄筋錆化による寿命とその延命に関する一連の研究」
　小林 文次　「メソポタミヤにおける古拙建築の成立と展開」
　小林 陽太郎　「保温材および保温構造の熱的性状に関する研究」
　日笠 端　「住宅地の計画単位と施設の構成に関する研究」
　松岡 理　「曲面板の近似曲げ理論とその各種曲面板の応力解析への応用」
◇作品
　坂倉 準三　"羽島市庁舎"
　前川 国男　"京都会館"
◇建設事業　電源開発土木部建設課　"只見, 天竜両水系の一連の発電所の建設"
◇都市計画　名古屋市　"名古屋市の都市計画事業の達成"
◇調査事業　奈良国立文化財研究所　"飛鳥地方寺院跡の発掘"
◇技術推進　横山 不学　"構造計画技術の推進"

(昭36年度)
◇論文
　井上 充夫(横浜国立大学)　「日本上代建築における空間の研究」
　石原 正雄(京都工芸繊維大学)　「建築物の自然換気に関する実験的研究」
　榎並 昭(日本大学)　「鉄筋コンクリート角筒形折板構造の極限解析に関する基礎的研究」
　小林 啓美(東京工業大学)　「建築物に作用する震力に関する研究」
　中川 恭次(建設省建築研究所)　「建物の振動特性に関する実験的研究」
　長谷川 房雄(東北大学)　「建築壁体の熱伝導計算法に関する研究」
　松浦 邦男(京都大学)　「昼光照明における相互反射に関する研究」
◇作品
　国方 秀男(日本電信電話公社建築局)　"日比谷電電ビル"
　前川 国男(前川建築事務所)　"東京文化会館"
◇施工技術　中出 定夫(竹中工務店)　"新阪急ビル建設における特殊深礎工法"
◇学術高揚　第2回世界地震工学会議組織委員会〈代表＝武藤清〉　"わが国地震工学の国際的高揚"

(昭37年度)
◇論文
　亀田 泰弘(建設省建築研究所)　「現場打ちコンクリート強度の変動に関する研究」
　久我 新一(建設省建築研究所)　「騒音の伝播性状とその建築的処理方法に関する研究」
　藤井 正一(建設省建築研究所)　「住宅の室内気温に関する研究」
　古川 修(建設省建築研究所)　「建設業綜合工事業の生産規模に関する研究」
　松下 冨士雄(巴組鉄工所)　「鉄骨立体屋根構造の応力解析に関する研究」
　六車 熙(京都大学)　「プレストレストコンクリートの緊張力減退に関する基礎的研究」
　渡辺 保忠(早稲田大学)　「日本建築生産組織に関する研究」
◇作品
　今井 兼次(早稲田大学)　"日本26聖人記念館"
　槇 文彦(ワシントン大学)　"名古屋大学豊田講堂"
　建設省九州地方建設局営繕部〈代表者＝安田臣, 協力者＝流政之〉　"大分県庁舎"

吉阪 隆正(早稲田大学) "アテネフランセ校舎"
◇技術考案　伊藤 豪夫(鹿島建設) "特殊鉄骨トラス構法の開発"
◇団地開発　日本住宅公団技術部門 "団地建設の開発向上に関する一連の技術的業績"

(昭38年度)
◇論文
相川 浩(京都工芸繊維大学) 「アンドレア・パラディオの建築論的研究」
志賀 敏男(東北大学) 「建築物のねじれ振動に関する研究」
鳥海 勲(大阪大学) 「構造物と地盤の動的相関に関する研究」
前川 純一(神戸大学) 「障害(塀)の遮音に関する建築」
太田 実(北海道大学) 「都市の地域構造に関する計画的研究」
仕入 豊和(東京工業大学) 「防水に関連するコンクリートの諸性質とその仕様に関する研究」
◇作品
菊竹 清訓(菊竹建築研) "出雲大社庁の舎"
伊藤 鑛一(日建設計工務), 仲 威雄(東京大学) "神戸ポートタワー"
鹿島 昭一(鹿島建設), 高瀬 隼彦 "リッカー会館"
◇業績
吉岡 保五郎(新建築社) ""JAPAN ARCHITECT"を通じてわが国建築の海外への紹介"
太田 博太郎(建築学大系編集委員会代表), 下出 源七(彰国社) "建築学大系の刊行"
高橋 誠義(大林組), 樋口 成弘, 中坊 俊夫 "大阪神ビルディングの空気調和設備"

(昭39年度)
◇論文
浦 良一(明治大学) 「地域施設の計画に関する研究」
小倉 弘一郎(明治大学) 「高強度鉄筋コンクリートに関する研究」
小池 迪夫(北海道大学) 「屋上アスファルト防水に関する研究」
小泉 安則(建設省) 「東京における建築物の沈下に関する研究」
後藤 滋(横浜国立大学) 「送風設備の騒音制御に関する研究」
紺野 昭(建設省) 「工業地の計画指標に関する一連の研究」
杉山 信三(奈良文化財研究所) 「院の御所と御堂を中心にした院家建築・別院僧房の研究」
日置 興一郎(大阪市立大学) 「円筒曲面構造に関する研究」
◇作品
アントニン・レーモンド(レーモンド建築設計) "南山大学"
浦辺 鎮太郎(倉敷建築) "倉敷国際ホテル"
村野 藤吾(村野・森建築事務所) "日本生命日比谷ビル"
横山 公男(連合設計) "大石寺"
福岡 博次, 小栗 正満, 熊谷 泰, 沢 健一, 十楽寺 義彦, 高木 毅, 竹内 正光, 春山 一郎, 松島 勇雄〈国際設計グループ〉, 太田 和夫 "東海道新幹線旅客駅"
◇業績
鈴木 好一(資源総合開発研究所) "建築ならびに都市工学の分野における地質学的協力"
大成建設 "高層建築「ホテル・ニューオータニ」の総合技術"
清水建設, 大林組 "国立競技場代々木競技場第1体育館第2体育館建築工事における施工技術"
◇特別賞　岸田 日出刀, 芦原 義信, 井上 宇市, 神谷 宏治, 小場 晴夫, 高山 英華, 丹下 健三, 坪井 善勝, 中山 克己, 堀内 亨一 "オリンピック代々木競技場および駒沢公園の企画設計ならびに監理"

(昭40年度)
◇論文
伊藤 延男 「中世和様建築の研究」
岡田 光正 「建築施設の適正規模に関する研究」
徳永 勇雄 「建築産業の構造分析に関する一連の研究」
中野 清司 「プレストレストコンクリート建築構造に関する一連の研究」
堀江 悟郎 「居住室の室内気候に関する一連の研究」
山屑 邦男 「構造物の沈下に関する研究」
◇作品
円堂 正嘉 "山口銀行本店"
前川 国男 "蛇の目ビル"
◇業績
小山 正和 "近代建築思潮の導入育成についての出版活動"
日本住宅公団技術部門, 建設省建築研究所, 大成建設技術研究所〈協力〉"共同住宅の大型PC版によるプレハブ実用化に関する

技術的研究"
大阪府企業局宅地開発技術部門　"千里丘陵住宅地区開発計画"

(昭41年度)
◇論文
青木 正夫　「小中学校の建築計画的研究」
石原 舜介　「都市経営に関する一連の研究」
大沢 胖　「耐震壁に関する一連の研究」
小阪 義夫　「コンクリートの強度ならびに判定に関する研究」
平井 聖　「日本近世住宅の殿舎平面と配置の研究」
◇作品
磯崎 新　"大分県立大分図書館"
西沢 文隆(大阪府建築部), 山西 嘉雄, 太田 隆信, 吉田 好伸　"大阪府総合青少年野外活動センター"
◇業績
遠藤 正明　"油圧式土圧計の考察とその実用普及による根切り工事の安全性の向上"
明治村　"明治村における明治建築保存の業績"

(昭42年度)
◇論文
五十嵐 定義　「繰返し力を受ける鋼構造物の塑性性状に関する研究」
岩下 恒雄　「鉄筋コンクリート構造物の弾塑性解析法および耐震壁に関する研究」
大森 健二　「中世建築技術の研究」
木村 翔　「音響材料の吸音特性に関する研究」
白山 和久　「各種コンクリートの調合に関する研究」
◇作品
安東 勝男, 松井 源吾　"早稲田大学理工学部校舎"
大高 正人　"千葉県文化会館"
◇業績
東京都首都整備局新宿副都心建設公社, 小田急電鉄臨時建設部, 坂倉準三建築研究所　"新宿副都心開発計画における駅前広場の立体的造成"
日建設計工務東京事務所, 清水建設千葉出張所, 川崎重工業鉄鋼事業部野田工場, 神戸製鋼所市場開発部　"船橋市中央卸売市場に採用したつり屋根構法"

(昭43年度)
◇論文
伊藤 克三　「見え方に基づく照明の質的評価と設計法に関する一連の研究」
稲垣 栄三　「神社建築の研究」
鈴木 成文　「集合住宅の計画に関する一連の研究」
南井 良一郎　「建築構造物の地震応答解析法に関する一連の研究」
山田 稔　「構造物の弾塑性変化並にその崩壊性状に関する研究」
吉岡 丹　「建築物床仕上材料の摩耗に関する研究」
◇作品
鬼頭 梓　"東京経済大学図書館・研究室"
白井 晟一　"親和銀行本店"
◇業績
大阪市都市再開発局　"大阪駅前市街地再開発計画とその推進"
三井不動産, 山下寿郎設計事務所, 鹿島建設, 三井建設　"霞が関ビルの建設計画と一連の技術開発"
矢野 一郎　"第一生命保険相互会社大井本社計画ならびに地域開発"

(昭44年度)
◇論文
佐治 泰次　「軟練りコンクリートの物性に関する研究」
下総 薫　「住宅の市場分析に関する一連の研究」
関根 毅　「市街地風の性状解析および自然換気に関する研究」
森田 司郎　「鉄筋コンクリートにおける付着とひび割れに関する一連の研究」
渡部 貞清　「バロックの建築論的研究」
◇作品
大沢 弘　"大手町電電ビル別館"
岡田 恭平　"木更津農業協同組合"
◇業績
国際地震工学研修所　"地震工学研修業務を通じての国際的寄与"
山根 德太郎, 藤原 光輝, 沢村 仁, 中尾 芳治　"難波宮址の発掘"
◇日本万国博特別賞(作品)
Arthur C. Erickson, Geoffrey Massey　"日本万国博覧会カナダ館"
Uladimir Palla, Viktor Rudis, Ales Jencek　"日本万国博覧会チェコスロバキア館"
Willi Walter　"日本万国博覧会スイス館"
◇日本万国博特別賞(業績)
日本万国博覧会協会建設部, 日本万国博覧会建設促進協力会　"日本万国博覧会会場建設の推進と施工管理"
丹下 健三, 神谷 宏治, 磯崎 新, 川崎 清, 大高

正人, 加藤 邦男, 好川 博, 杉 重彦, 福田 朝生, 上田 篤 "日本万国博覧会基幹施設のレイアウト"
坪井 善勝, 平田 定男 "日本万国博覧会お祭り広場大屋根の構造設計と施工技術"
川口 衛, 大林組, 竹中工務店, 藤田組, 新日本製鉄 "日本万国博覧会お祭り広場大屋根の構造設計と施工技術"

(昭45年度)
◇論文
伊藤 誠 「病院の建築計画に関する一連の研究」
今泉 勝吉 「建築工事における接着工法に関する研究」
富井 政英 「耐震壁のせん断抵抗に関する一連の研究」
中村 昌生 「茶室の研究」
西川 幸治 「都市史および保存修景に関する基礎的考察」
◇作品
内井 昭蔵 "桜台コートビレジ"
内田 祥哉, 高橋 靗一 "佐賀県立博物館"
◇業績 島根県 "島根県庁周辺整備計画とその推進"

(昭46年度)
◇論文
伊藤 要太郎(伊藤建築設計事務所) 「匠明を中心とした木割の研究」
内山 謙(小山高等専門学校) 「建設投資の分析に関する一連の研究」
上村 克郎(建設省建築研究所) 「構造用軽量コンクリートの標準化に関する研究」
坂本 順(名古屋大学) 「鋼構造部材ならびに骨組の弾塑性安定に関する研究」
中村 恒善(京都大学) 「構造物の弾塑性解析法に関する研究」
宮野 秋彦(名古屋工業大学) 「建築物における熱ならびに湿気伝播に関する一連の研究」
◇作品
篠原 一男(東京工業大学) "「未完の家」以後の一連の住宅"
林 昌二(日建設計東京事務所), 矢野 克己 "ポーラ五反田ビル"
◇業績
札幌オリンピック冬季大会組織委員会施設専門委員会, 札幌オリンピック冬季大会組織委員会事務局施設部, 札幌市オリンピック局 "札幌オリンピック冬季大会施設の総合計画の立案と建設の推進"

長野県南木曽町商工観光課 "信州妻籠宿の復原整備事業"

(昭47年度)
◇論文
尾島 俊晴(早稲田大学) 「空気調和設備の熱負荷特性とその経済性に関する研究」
大岸 佐吉(名古屋工業大学) 「コンクリートのレオロジー挙動に関する研究」
加藤 勉(東京大学) 「鋼構造の塑性耐力に関する研究」
鈴木 嘉吉(奈良国立文化財研究所) 「奈良時代寺院僧房の研究」
竹島 貞一 「営造法式の研究」
長倉 康彦(東京都立大学) 「小中高等学校の設計計画に関する研究」
◇作品 該当者なし
◇業績
明石 信道 "旧帝国ホテルの実証的研究"
滝野 文雄, 桑形 松夫, 杉本 米夫 "DEMOS(科学技術計算システム)用建築計算ライブラリープログラムの開発とサービス"

(昭48年度)
◇論文
足達 富士夫(北海道大学) 「地域景観の計画に関する研究」
乾 正雄(東京工業大学) 「視環境の心理的評価法の建築設計への応用に関する研究」
笠井 芳夫(日本大学) 「コンクリートの初期性状に関する研究」
川井 純夫(大阪市立大学) 「塔状および吊屋根構造物の風による振動に関する研究」
城谷 豊(福井大学) 「住宅需給の諸形態に関する一連の研究」
関口 欣也(横浜国立大学) 「中世禅宗様建築の研究」
◇作品
池原 義郎(早稲田大学) "所沢聖地霊園の礼拝堂と納骨堂"
佐藤 武夫 "北海道開拓記念館"
◇業績
関野 克 "腐朽木材に科学的処置を加えて耐用化し再使用することによる古建築復原の一連の業績"
NHK建設本部, 山下寿郎設計事務所, 武藤構造力学研究所, 日建設計, 日本技術開発, 梓設計 "NHK放送センター総合施設計画"

(昭49年度)
◇論文
大河 直躬 「日本中世建築工匠史の研究」
太田 利彦 「建築の設計方法に関する

研究」
　　鳥田 専右　「建築工事におけるコンクリートの施工法の合理化に関する研究」
　　斎藤 光　「建築構造物の耐火性に関する一連の研究」
　　柴田 拓二　「鉄筋コンクリート部材の剪断抵抗機構に関する一連の研究」
　　吉沢 晋　「室内空気浄化設計に関する研究」
◇作品
　　浦辺 鎮太郎　"倉敷アイビースクエア"
　　岡田 新一　"最高裁判所"
　　山本 忠司(香川県土木部建築課代表)　"瀬戸内海歴史民俗資料館"
◇業績　該当者なし

(昭50年度)
◇論文
　　荒谷 登(北海道大学)　「住居の熱環境計画への研究」
　　栗原 嘉一郎(筑波大学)　「住宅地施設の計画に関する研究」
　　黒正 清治(東京工業大学)　「鉄筋コンクリート構造の弾塑性性状に関する研究」
　　杉山 英男(東京大学)　「木質構造に関する一連の研究」
　　巽 和夫(京都大学)　「住宅生産・供給に関する一連の研究」
　　内藤 昌(名古屋工業大学)　"「間」に関する一連の研究」"
◇作品
　　日本設計事務所　"新宿三井ビル"
　　磯崎 新　"群馬県立近代美術館"
◇業績
　　大高建築設計事務所,広島市都市計画局建築部　"広島市基町再開発"
　　中原 信生(大林組),蜂須賀 舜治(竹中工務店),貫島 崇,井上 良則,中村 猛,玉田 健　"空気調和設備のコンピューターコントロールシステムによる高品質制御と省エネルギー化"

(昭51年度)
◇論文
　　青山 博之(東京大学)　「鉄筋コンクリート構造の耐震性に関する研究」
　　石田 修三(京都工芸繊維大学)　「弾塑性骨組の静的及び動的大たわみ解析法」
　　小野 英哲(東京工業大学)　「体育館の床の性能評価に関する研究」
　　小林 朝人(熊本大学)　「明るさ知覚に基づく明視照明計画に関する基礎的研究」
　　谷口 汎邦(東京工業大学)　「地域教育関連施設の計画に関する研究」
　　藤本 康雄(京都工芸繊維大学)　「ヴィラール・ド・オヌクールのアルバムに関する研究」
◇作品
　　穂積 信夫(早稲田大学)　"田野畑中学校および寄宿舎"
　　山崎 泰孝(AZ Institute代表)　"善光寺別院願王寺"
　　山下 和正(山下和正建築研究所,東京造形大学)　"フロム・ファーストビル"
◇業績　木村 俊彦(木村俊彦構造設計事務所)　"構造設計活動における業績"

(昭52年度)
◇論文
　　内田 祥哉(東京大学)　「建築生産のオープンシステムに関する研究」
　　国枝 治郎(京都大学防災研究所)　「曲面構造の力学性状に関する理論的研究」
　　黒羽 啓明(熊本大学)　「鋼管構造の溶接継手に関する研究」
　　楢崎 正也(大阪大学)　「室内空気浄化に関する一連の研究」
　　若松 孝旺(建設省建築研究所)　「建物内の煙の流動性状とその制御設計に関する研究」
　　増沢 洵(増沢建築設計事務所)　"成城学園の建築"
　　阪田 誠造(坂倉建築研究所)　"東京都立夢の島総合体育館"
　　畑 利一(建設省中国地方建設局営繕部代表)　"国立室戸少年自然の家"
◇業績
　　茨城県土木部住宅課,現代計画研究所　"茨城県営六番池団地および会神原団地の企画・設計等の事業推進に関する業績"
　　鹿島建設超高層RC技術開発チーム　"鉄筋コンクリート造による建物の高層化に関する一連の研究開発とその成果"
　　堀内 三郎(京都大学)　"都市防災分野における学術研究の体系化とその地域防災計画への応用に関する一連の業績"
　　田村 明(横浜市企画調整局代表)　"横浜市における都市計画活動の一連の業績―都市空間創造への総合的実践"

(昭53年度)
◇論文
　　浦野 良美(九州大学)　「建築物の熱的諸特性に関する一連の研究」

小林 清周(大阪工業大学)「建築物の維持管理に関する一連の研究」
谷 資信(早稲田大学)「耐震要素の配置と復元力特性に関する一連の研究」
西村 敏雄(日本大学)「回転体シェルの静的・動的解析に関する一連の研究」
前川 道郎(京都大学)「ゴシック建築の空間論的研究」
持田 照夫(前橋市立工業短期大学)「農村住宅の平面に関する研究―特に四つ間取りについて」
◇作品　該当者なし
◇業績
大西 国太郎(京都市都市計画局景観対策技術部門代表)"京都市における町並保全修景事業"
郵政大臣官房建築部"中京郵便局庁舎の外壁保存と景観の保持"

(昭54年度)
◇論文
加賀 秀治「軽量コンクリートの生産技術に関する一連の開発研究」
筧 和夫「医療・福祉施設の建築計画に関する研究」
狩野 芳一「鉄筋コンクリート部材の捩れに関する一連の研究」
木村 徳国「日本古代住宅史に関する一連の研究」
中沢 康明「建築の熱的設計に関する基礎的研究」
野中 泰二郎「鉄骨骨組の終局状態に関する一連の研究」
◇作品
安藤 忠雄"住吉の長屋"
谷口 吉生,高宮 真介"資生堂アートハウス"
宮脇 檀"松川ボックス"
◇業績　該当者なし

(昭55年度)
◇論文
岸田 英明「砂質地盤における杭の支持力」
毛見 虎雄「コンクリートポンプ工法の建築現場への適用に関する一連の研究」
佐藤 巧「近世武士住宅に関する研究」
鈴木 敏郎「鉄骨部材の横座屈に関する一連の研究」
住田 昌二「住宅供給計画に関する一連の研究」
中 祐一郎「鉄道駅における旅客の交錯流動に関する研究」

松本 衛「建築壁体における熱・水分の同時移動および水分蓄積に関する研究」
◇作品
高須賀 晋"生闘学舎"
林 雅子"一連の住宅"
◇業績
西岡 常一"伝統的木工技術の継承と昂揚に対する貢献"
北後 寿,松下 一郎,守谷 一彦"高力ボルト接合工法の合理化とその普及に寄与した一連の業績"
沢田 光英(芦屋浜高層住宅プロジェクト発注者等連絡協議会),北畠 照躬,松谷 蒼一郎
山中 孔(ASTM企業連合),岡松 真之"芦屋浜高層住宅事業の企画と実施"
新田 悟(文部省教育施設部工営課代表),土肥 博至(筑波大学施設環境計画室・筑波大学施設部代表),高野 隆(建設大臣官房官庁営繕部代表),市浦 健(市浦都市開発建築コンサルタンツ代表),林 昌二(日建設計代表),池田 武邦(日本設計・坂倉・第一工房設計管理共同企業体代表),東畑 謙三(東畑・構造計画・丹羽設計監理共同企業体代表)"筑波研究学園都市における研究および教育団地の計画と建設"

(昭56年度)
◇論文
岡田 恒男「鉄筋コンクリート造建物の耐震性の評価に関する研究」
小原 二郎「人間工学の室内計画分野への応用に関する一連の研究」
島田 良一「建設活動の季節変動に関する研究」
中村 洋「写真測光法の開発とそれによる天空輝度分布,視環境諸要素等の測定および採光設計法に関する研究」
林野 全孝"論著「近畿の民家」など一連の民家研究"
山本 康弘「鉄筋とコンクリートの付着性状に関する一連の研究・開発」
渡部 丹「設計用模擬地震動に関する研究」
◇作品
高橋 靗一"大阪芸術大学塚本英世記念館・芸術情報センター"
宮本 忠長"長野市立博物館"
末岡 利雄(神戸市住宅局営繕部代表),伊藤 喜三郎,青柳 司"神戸市立中央市民病院"
象設計集団+アトリエ・モビル"名護市庁

◇業績
　堀内 清治(熊本大学環地中海遺跡調査団代表)　"古代地中海の都市と建築に関する調査・研究"

(昭57年度)
◇論文
　木村 建一(早稲田大学)「建築熱エネルギー計画に関する一連の研究」
　武井 正昭(東京理科大学)「都市建築群配置の調整効果に関する研究」
　田村 恭(早稲田大学)「工事計画および管理の体系化に関する一連の研究」
　戸沼 幸市(早稲田大学)「人間尺度論に基礎をおいた居住環境計画に関する一連の研究」
　松本 啓俊(厚生省病院管理研究所)「医療施設の地域的整備計画に関する研究」
　向井 毅(明治大学)「建築解体材および産業副産物の建築材料としての利用に関する一連の研究」
◇作品
　内田 祥哉(東京大学), 三井所 清典(芝浦工業大学)"佐賀県立九州陶磁文化館"
　大谷 幸夫(東京大学)"金沢工業大学キャンパス北校地"
　小倉 善明(日建設計), 浜田 信義"新宿NSビル"
◇業績
　小幡 祥一郎(宮内庁代表)"桂離宮御殿の修復と整備"
　川口 衞　"大空間構造に関する一連の研究と業績"

(昭58年度)
◇論文
　宇野 英隆　「構法計画の要求条件に対する人間工学的手法の導入に関する研究」
　小幡 守　「独立フーチング基礎の応力・変形ならびに終局強度に関する一連の研究」
　谷川 恭雄　「コンクリートの力学的性状に関する一連の研究」
　玉置 伸悟　「公営住宅に関する計画論的研究」
　西 和夫　「日本近世建築技術史に関する一連の研究」
　広沢 雅也　「鉄筋コンクリート構造部材及び建築構造物の強度と靱性に関する一連の研究」
　松尾 陽　「外界気象の影響下における建築物の熱的挙動ならびに熱負荷に関する一連の研究」

◇作品　受賞者なし
◇業績
　千原 大五郎　"学術研究に立って協力・推進したボロブドール遺跡の国際的修復事業についての業績"
　村松 貞次郎(近代建築史研究会代表)"日本近代建築の評価に基づく一連の都市計画上の業績"

(昭59年度)
◇論文
　加藤 邦男(京都大学)「ポール・ヴァレリーの建築論的研究―構築について」
　田中 弥寿雄(早稲田大学)「板構造の性状に関する研究」
　谷村 秀彦(筑波大学)「地域施設の規模と配置計画に関する研究」
　寺井 俊夫(京都大学)「境界積分方程式による建築の音場・伝熱問題の解法および一連の建築伝熱・火災排煙に関する研究」
　土橋 由造(北海道大学)「床版の応力ならびに変形に関する一連の研究」
　友沢 史紀(建設省建築研究所)「各種コンクリートおよびコンクリート用材料の品質向上のための一連の研究」
　三村 浩史(京都大学)「用途複合系市街地における居住環境整備計画に関する研究」
　柳沢 忠(名古屋大学)「使われ方予測を中心とした病院の地域計画・建築計画に関する研究」
◇作品
　戸尾 任宏(建築研究所アーキヴィジョン)"佐野市郷土博物館"
　槇 文彦(東京大学), 槇総合計画事務所"藤沢市秋葉台文化体育館"
　毛綱 毅曠(毛綱毅曠建築事務所)"釧路市博物館・釧路市湿原展望資料館"
◇業績
　久徳 敏治(竹中工務店)"構造設計における基礎理論と設計技術の向上に対する貢献"
　宮田 芳彦(神戸市住宅供給公社)"タウンハウス定着のための多年にわたる実績"
　リトルワールド　"「人間博物館リトルワールド」特に野外民族博物館としての業績"

(昭60年度)
◇論文
　和泉 正哲(東北大学)「建築耐震理論に関する一連の研究」
　江口 禎(武蔵工業大学)「建築生産システムに関する研究」

太田 邦夫(東洋大学)「東ヨーロッパの住居における木造架構の比較研究」
加藤 史郎(豊橋技術科学大学)「回転殻の動的並びに座屈性状に関する解析的研究—薄肉球殻とクーリングタワーについて」
坂田 展甫(九州大学)「建築の音環境評価に関する一連の研究」
杉浦 進(新潟大学)「住居の集合方式の計画に関する研究」
高梨 晃一(東京大学生産技術研究所)「鋼構造の塑性変形能力と復元力特性に関する研究」
山口 広(日本大学)「建築家安井武雄の研究」
依田 彰彦(足利工業大学)「高炉スラグをセメント混和材・骨材として使用したコンクリートに関する一連の実験研究」

◇作品
伊東 豊雄(伊東豊雄建築設計事務所)"シルバー・ハット"
木島 安史(熊本大学)"球泉洞森林館"
長谷川 逸子(長谷川逸子建築計画工房)"眉山ホール"

◇業績
佐藤 邦昭(鹿島建設)"鉄骨構造の信頼性・生産性を高めるための開発研究とその普及実施"
竹中 錬一(竹中工務店)"日本の大工道具の系統的収集と公開"
長谷川 堯(武蔵野美術大学)"日本近代建築史再考に関する評論活動"
舟橋 巌(大林組)"設計における省エネルギー技術の総合化手法の開発と実施"

(昭61年度)
◇論文
荒川 卓 "鉄筋コンクリート部材の剪断性状に関する一連の研究"
小野木 重勝 "明治洋風宮廷建築に関する一連の研究"
鎌田 英治 "コンクリートの凍害に関する一連の研究"
桐敷 真次郎 "パラーディオ「建築四書」の研究"
斎木 崇人 "農村集落の地形的立地条件と空間構成に関する一連の研究"
柴田 明徳 "建築物の弾塑性地震応答に関する一連の研究"
永田 忠彦 "晴天空の輝度分布およびそれに関する一連の研究"
長峯 晴夫 "第三世界諸国の地域開発推進に関する一連の研究"
松井 千秋 "鉄骨系骨組構造の安定性と履歴性状に関する実験的研究"
三宅 醇 "住宅需給構造に関する一連の研究"

◇作品
石井 修 "目神山の一連の住宅"
原 広司 "田崎美術館"

◇業績
斎藤 公男 "空間構造の研究と応用に関する一連の業績"
平井 聖 "中井家文書(内匠寮本図面篇)の研究・整理および刊行"
藤原 武二(福井県立朝倉氏遺跡資料館代表),木村 竹次郎(朝倉氏遺跡保存協会代表)"一乗谷朝倉氏遺跡環境整備事業推進についての業績"

(昭62年度)
◇論文
秋山 宏 "地震時における鋼構造骨組の終局強度に関する研究"
上松 佑二 "建築空間論に関する研究"
岡本 伸 "プレストレストコンクリート造骨組架構の耐震性に関する基礎的研究"
高橋 鷹志 "空間の知覚的尺度に関する研究"
滝口 克己 "コンクリート系複合構造部材の非線形挙動に関する一連の研究"
長谷見 雄二 "区画火災の数学モデルとフラッシュオーバーの物理的機構に関する研究"
船越 徹 "建築・都市空間の解析"
森永 繁 "鉄筋コンクリート建築物の耐久性と寿命予測に関する研究"
山崎 均 "設計基礎としての建築環境情報計算処理に関する一連の研究"
渡辺 定夫 "都市と大学に関する一連の研究"

◇作品
中筋 修,安原 秀,小島 孜 "一連のコーポラティブ住宅"
山本 理顕 "雑居ビルの上の住居"
渡辺 豊和 "竜神村民体育館"

◇業績
多田 英之,山口 昭一 "免震構造設計法の開発に関する研究"
五島 昇(東京急行電鉄代表)"多摩田園都市—良好な街づくりの多年にわたる業績"
四国民家博物館 "四国民家博物館における民俗文化財保存の業績"

製造業

(平1年度)
◇論文
  岡島 達雄 "複合応力を受けるコンクリートの力学的挙動に関する研究"
  鏡味 洋史 "地盤の動特性に基づく地震入力評価に関する研究"
  柏原 士郎 "地域施設の適正配置に関する研究"
  片岡 正喜 "ハンディキャップ者配慮の住宅・施設・環境に関する一連の研究"
  田中 喬 "建築的技術の建築論的研究"
  登坂 宣好 "境界要素法の構造工学問題への適用に関する一連の研究"
  半谷 裕彦 "構造安定理論の基礎的研究と空間構造への応用"
  松本 光平 "住宅保証制度に関する一連の研究"
  村上 周三 "建築・都市における風環境工学に関する一連の研究"
◇作品
  浅石 優, 白江 竜三, 瀬谷 渉 "東京都多摩動物公園昆虫生態園"
  高松 伸 "KIRIN PLAZA OSAKA(キリン・プラザ・大阪)"
  葉 祥栄 "小国町における一連の木造建築"
◇業績
  武田 寿一 "高層鉄筋コンクリート建物の耐震設計法の開発に関する一連の研究"
  永田 穂 "サントリーホールなどの建築音響設計並びに音響コンサルタントの地位確立に関する一連の業績"
  早川 正夫 "近世数寄屋建築に関する一連の業績(特に彦根城表御殿の復原)"
  保坂 誠, 黒岩 博之, 近藤 基樹, 平井 堯, 松村 映一 "大規模空気膜構造に関する一連の技術開発と東京ドームの実施"

(平2年度)
◇論文
  入江 正之(室蘭工業大学助教授) "アントニオ・ガウディ・イ・コルネットに関する一連の研究"
  上谷 宏二(京大助教授) "繰り返し曲げを受ける梁・柱についての対称限界理論と定常状態限界理論"
  延藤 安弘(熊本大教授) "コミュニティを生成するハウジングに関する一連の研究"
  小谷 俊介(東大助教授) "鉄筋コンクリート造建築物の弾塑性地震応答に関する研究"
  柿崎 正義(鹿島建設技術研究所主管研究員) "コンクリートの超高強度化及び品質工場技術の鉄筋コンクリート建造物への応用に関する一連の研究"
  桜井 美政(関西大助教授) "音場計算法ならびに環境計画に関する一連の研究"
  鈴木 祥之(京大防災研究所助教授) "確立微分方程式に基づく履歴構造物の耐震信頼度解析法に関する研究"
  橘 秀樹(東大生産技術研究所助教授) "建築音響測定法に関する一連の研究"
  東樋口 護(京大助教授) "住宅の部品化に関する基礎的研究"
  中村 泰人(京大助教授) "生気象学的建築学の方法に関する研究"
  松井 徹哉(名大助教授) "浮遊式海洋構造物の波浪中における挙動に関する研究"
  本田 昭四 "炭鉱住宅に関する建築計画学的研究"
◇作品
  石井 和紘(石井和紘建築研究所) "数寄屋邑"
  黒川 紀章(黒川紀章建築都市設計事務所) "広島市現代美術館"
  坂本 一成(東京工業大学助教授) "House F"
◇業績
  鹿島建設制震構造研究開発チーム "アクティブ制震構造の研究開発とその実用化"
  降幡 広信(降幡建築設計事務所社長) "民家再生の新しい方法論を確立するに至った多年の業績"

(平3年度)
◇論文
  青木 義次 「建築・都市計画における数理解析研究」
  石田 頼房 「日本近代都市計画史に関する一連の研究」
  大熊 武司 「高層建築物の風応答予測と振動の恕限度に関する研究」
  片山 忠司 「都市・建築における風と熱環境形成に関する一連の研究」
  越野 武 「北海道における初期洋風建築の研究」
  関口 克明 「室内音場の評価と予測に関する一連の研究」
  平居 孝之 「無機複合材料の開発に関する一連の研究」
  布野 修司 「インドネシアにおける住居環境の変容とその整備手法に関する研究」
  松藤 泰典 「セメントモルタル, コンクリート等, 脆性材料の衝撃曲げ性状に関す

る一連の研究」
南 宏一 「コンクリート系構造部材および接合部のせん断破壊に関する研究」
山田 大彦 「殻と空間構造の座屈に関する研究」

◇作品
真喜志 好一 「沖縄キリスト教短期大学」
湯沢 正信,長沢 悟 「浪合学校」
六角 鬼丈 「東京武道館」

◇業績
石川県〈代表・中西陽一石川県知事〉「石川県立歴史博物館における保存再生事業」
OBP企画グループ〈代表・薬袋公明〉「大阪ビジネスパーク(OBP)総合計画のプロジェクト・コーディネーション」
笹田 剛史 「建築におけるコンピューターグラフィックスの可能性追求に関する先導的業績」
竹中工務店建設ロボット研究開発チーム 「コンクリート工事の自動化に関する先駆的業績」

(平4年度)
◇論文
秋浜 繁幸 「繊維補強コンクリート(FRC)に関する一連の基礎的研究と建築構造物への適用に関する研究」
草野 和夫 "「著書「東北民家史研究」」に集大成された一連の民家史研究」"
鈴木 計夫 「プレストレスト鉄筋コンクリート(PRC)構造に関する一連の研究」
高見沢 邦郎 「住宅系市街地の個別更新過程とその制御手法に関する一連の研究」
田中 淳夫 「高力ボルト接合に関する一連の研究」
辻 文三 「鋼構造物の弾塑性変形・崩壊特性に関する一連の研究」
直井 英雄 「建築日常災害に関する一連の研究」
梅干野 晁 「地域・建築熱環境の計測手法の開発とその応用に関する研究」
八木沢 壯一 「火葬場を中心とする葬祭施設に関する一連の研究」
吉野 博 「住宅における熱・空気環境の評価と性能向上に関する一連の研究」

◇作品
滝 光夫 「シャープ労働組合研修レクリエーションセンターI&Iランド」
吉田 桂二 「古河歴史博物館と周辺の修景」
レム・クールハース 「レム棟,クールハース棟」

◇業績
青木 繁 「構造設計における創造的活動と一連の業績」
新日本製鉄耐火鋼と新鉄骨耐火構造開発チーム 「建築構造用耐火鋼(FR鋼)の開発と実用化」
馬場 勇 「建築生産を対象とする価値工学手法の開発とその適用に関する一連の業績」

(平5年度)
◇論文
志水 英樹 「中心地区空間のイメージ構造に関する研究」
田村 幸雄 「建築構造物の風応答とその制御に関する研究」
池濃 茂雄 「初期高温履歴を受けるコンクリートの凝結硬化・強度発現性状に関する一連の研究」
中村 武 「不安定挙動をする構造要素の復元力特性と地震応答に関する実験的研究」
長沢 泰 「病棟の建築計画に関する基礎的研究」
堀越 哲美 「建築気候設計基礎理論としての人体熱収支・温冷感に関する研究」
前田 忠直 「ルイス・カーンの建築論的研究」
松永 裕之 「面構造に関する一連の研究」
丸一 俊雄 「建築仕上げの剥離防止に関する一連の研究」
渡辺 俊行 「建築伝熱のモデル化とシミュレーションに関する研究」
渡辺 史夫 「曲げせん断を受ける鉄筋コンクリート部材の強度と靱性に関する一連の研究」

◇作品
内藤 広 「海の博物館」
船越 徹 「都立東大和療育センター及び北多摩看護専門学校」
水谷 碩之,梅崎 正彦,沢柳 伸 「NTSシステム総合研究所」
室伏 次郎 「ダイキン オー・ド・シエル蓼科」

◇業績
安達 守弘,長田 正至 「超高層建築物の構造設計技術に関する一連の業績」
青柳 幸人(住宅・都市整備公団理事東京支社長),中嶋 文雄(東京都住宅局局長),武井 一郎(東京都住宅供給公社理事),岩波 三郎(東京都練馬区区長),石塚 輝雄(東

京都板橋区区長）「光が丘地区における大規模・高密度複合開発の先駆的共同開発事業に関する一連の業績」

大林組桜宮リバーシティ・ウォータータワープラザ建設プロジェクトチーム「チューブ構造による41階建超高層鉄筋コンクリート造建物の設計・施工」

松井 源吾　「建築構造に関する研究・設計・技術指導の総合的業績」

普請帳研究会〈代表・宮沢智士〉"「『普請研究』刊行を通しての「普請帳研究会」十年間の活動」"

（平6年度）
◇論文
赤坂 裕　「居住環境評価への気象データ応用に関する基礎的研究」

石丸 辰治　「構造物の地震応答制御に関する研究」

小野 徹郎　「鋼構造部材・骨組の信頼性解析および評価法に関する研究」

樫野 紀元　「鉄筋の腐食機構の究明に基づく鉄筋コンクリート造建築物の耐久性向上に関する研究」

梶浦 恒男　「分譲集合住宅の管理に関する一連の研究」

川上 英男　「硬化コンクリートの性質に関する一連の研究」

篠崎 祐三　「不整形地盤域にある構造物の振動特性に関する研究」

高橋 康夫　「中世京都に関する一連の都市史研究」

中原 信生　「空気調和及び熱源システムの設計・制御の最適化のための一連の研究」

西垣 安比古　"朝鮮の「すまい」に関する一連の場所論的研究"

野村 東太　「博物館に関する一連の研究」

森田 耕次　「鋼構造系接合部の力学的挙動に関する研究」

◇作品
トム・ヘネガン, インガ ダグフィンスドッター（The Architecture Factory）, 古川 裕久　「熊本県草地畜産研究所」

早川 邦彦　「用賀Aフラットをはじめとする一連の集合住宅」

村上 徹　「阿品の家をはじめとする一連の住宅」

◇業績
石井 一夫　「膜構造の設計法に関する一連の業績」

川崎市立日本民家園　「日本民家園における近世民家の体系的収集保存, 公開と環境整備」

北九州市, 畠中 洋行（若竹まちづくり研究所）「北方地区住環境整備事業」

竹中工務店不同沈下修正浮き基礎構法開発チーム　「超軟弱埋立地盤における不同沈下修正機構を有する浮き基礎構法の開発と建設」

（平7年度）
◇論文
石野 久弥（東京都立大学教授）「建築物の熱環境設計と空調システム設計における評価理論の研究」

板本 守正（日本大学教授）「空気調和設備における気流による発生騒音に関する一連の研究」

上野 淳（東京都立大学教授）「生活者に立脚した地域公共施設の建築計画に関する一連の研究」

嘉納 成男（早稲田大学教授）「建築工事における工程計画手法に関する一連の研究」

斎藤 英俊（文化庁文化財保護部建造物課主任文化財調査官）「桂離宮を中心とした住宅建築に関する一連の研究」

坂 寿二（大阪市立大学教授）「二層立体トラス平板に関する研究」

服部 岑生（千葉大学教授）「住宅・住宅地に関する一連の建築計画的研究」

三橋 博三（東北大学教授）「コンクリートの破壊力学に関する一連の研究」

渡辺 俊一（東京理科大学教授）「日本近代都市計画の成立過程に関する研究」

和田 章（東京工業大学教授）「建築構造物の非線形挙動の解明とその応用に関する一連の研究」

◇作品
東 孝光（大阪大学教授）「塔の家から阿佐谷の家に至る一連の都市型住宅」

石山 修武（早稲田大学教授）「リアスアーク美術館」

元倉 真琴（スタジオ建築計画代表）「県営竜蛇平団地」

レンゾ・ピアノ（レンゾ・ピアノ・ビルディング・ワークショップ主宰）, 岡部 憲明（レンゾ・ピアノ・ビルディング・ワークショップ・ジャパン代表）「関西国際空港旅客ターミナルビル」

◇業績
金多 潔（京都大学名誉教授）「歴史的建造物の保存修復に関する一連の業績」

民家語彙集録グループ〈代表・草野和夫東北工業大学教授〉「民家語彙集録とその解説に関する一連の業績」

サッポロビール北海道事業部，大成建設設計本部サッポロファクトリープロジェクトチーム「生活工房サッポロファクトリーの建設プロジェクト」

服部 経治（関西国際空港社長），レンゾ ピアノ（レンゾ・ピアノ・ビルディング・ワークショップ主宰），ポール アンドルー（パリ空港公団副総裁），薬袋 公明（日建設計会長），木戸 武（日本空港コンサルタンツ社長）「関西国際空港旅客ターミナルビルのプロジェクト推進と設計監理」

（平8年度）
◇論文

絵内 正道（北海道大学助教授）「積雪寒冷地における居住空間の温度分布，気流分布に関する一連の研究」

近江 隆（東北大学教授）「建物の区分所有の成立形態とその影響に関する一連の研究」

神田 順（東京大学助教授）「最適信頼性指標の建築構造工学における実用化に関する研究」

鈴木 博之（東京大学教授）「英国を中心としてヨーロッパ建築についての一連の歴史意匠研究」

田中 享二（東京工業大学助教授）「合成高分子防水材料および防水層の耐候性に関する研究」

高田 光雄（京都大学助教授）「都市住宅供給システムの再編に関する計画論的研究」

永松 静也（大分大学教授）「水和過程および乾燥下にあるセメント硬化体の諸性質に関する一連の研究」

西村 幸夫（東京大学教授）「歴史的環境の保全に関する一連の研究」

平石 久広（建設省建築研究所第三研究部複合構造研究官）「鉄筋コンクリート造部材の変形能に関する一連の研究」

森野 捷輔（三重大学教授）「鋼構造ならびに合成構造柱および骨組の弾塑性不安定挙動に関する研究」

◇作品

新居 千秋（新居千秋都市建築設計代表）「黒部市国際文化センター（COLARE）」

岸 和郎（京都工芸繊維大学助教授）「日本橋の家」

栗生 明（千葉大学教授），プレイスメディア「植村直己冒険館」

香山 寿夫（東京大学教授）「彩の国さいたま芸術劇場」

◇業績

石黒 良雄（西新宿六丁目東地区再開発推進協議会理事長），木村 光宏（住宅・都市整備公団東京支社都市再開発部長），村尾 成文（日本設計副社長），六鹿 正治（新宿アイランド設計監理チーム代表）「新宿アイランド地区における環境デザインを重視した複合拠点の形成」

照井 進一（建設大臣官房官庁営繕部代表），小峰 信（法務大臣官房営繕課代表）「中央合同庁舎第6号館赤レンガ棟（旧司法省庁舎）の保存活用」

野々村 俊夫（郵政大臣官房建築部代表）「WESTビル建設における免震構造の企画・設計・監理」

浜田 益嗣（赤福代表），西川 創（清水建設開発計画本部副本部長），小川 清一（竹中工務店名古屋支店設計部長），高橋 徹（高橋徹都市建築設計工房主宰），水谷 光男（伊勢市長）「おはらい町の町並み保存再生」

平山 善吉（日本大学理工学部教授），半貫 敏夫（日本大学理工学部教授），佐藤 稔雄（日本大学名誉教授）「南極昭和基地建物の設計と建設に関する一連の業績」

（平9年度）
◇論文

井上 一朗（大阪大学助教授）"耐震要素の履歴挙動と鋼構造骨組の耐震設計に関する研究"

大浜 嘉彦（日本大学教授）"ポリマーセメント系複合材料の製造法と性状に関する一連の研究"

加藤 信介（東京大学生産技術研究所助教授）"室内の流れ場・拡散場・温度場の数値解析手法の開発と応用"

中島 正愛（京都大学防災研究所助教授）"オンライン応答実験の信頼性評価と高度化に関する一連の研究"

野口 博（千葉大学教授）"コンクリート系構造の非線形有限要素解析とその応用に関する研究"

萩島 哲（九州大学教授）"土地利用計画の手法開発に関する一連の研究"

舟橋 国男（大阪大学教授）"環境行動論に関する一連の研究"

鉾井 修一（京都大学教授）"外界気象の確

率的変動を考慮した建築熱環境設計に関する研究"
源栄 正人(東北大学助教授) "地盤に絡む動的境界値問題の解析に関する一連の研究"
吉田 鋼市(横浜国立大学助教授) "A.ペレとT.ガルニエを中心としたフランス近代建築史の研究"

◇作品

隈 研吾(隈研吾建築都市設計事務所代表) 「登米町伝統芸能伝承館」
小嶋 一浩(シーラカンス, 東京理科大学助教授), 工藤 和美, 小泉 雅生, 堀場 弘(シーラカンス) 「千葉市立打瀬小学校」
鈴木 了二(鈴木了二建築計画事務所代表) 「佐木島プロジェクト」
仙田 満(東京工業大学教授), 藤川 寿男(愛知工業大学教授) 「愛知県児童総合センター」

◇業績

佐野 幸夫(鹿島建設設計エンジニアリング総事業本部長), 播 繁(鹿島建設設計エンジニアリング総事業本部構造設計部長), 早川 真(鹿島建設技術研究所部長) "出雲ドームをはじめとする一重膜建築の開発"
平良 敬一(建築思潮研究所相談役) "建築ジャーナリストとしての多年にわたる業績"
沖縄開発庁沖縄総合事務局開発建設部, 住宅・都市整備公団公園緑地部, 日本公園緑地協会, 国建 "首里城の歴史的建造物の復元整備"
枝元 賢造(サッポロビール代表取締役社長), 斎藤 幸一(住宅・都市整備公団東京支社支社長), 桜井 清(久米設計代表取締役社長) "大規模工場跡地を活用した計画的街づくり「恵比寿ガーデンプレイス」"
岡崎 甚幸(京都大学教授), 川口 衞(法政大学教授), 福井県営繕課, 協同組合福井県建築設計監理協会 "地域に密着したサンドーム福井の建設"

(平10年度)

◇論文

石原 修(熊本大学教授) "季間蒸暑地域における気候特性とパッシブ・クーリング効果の定量化に関する一連の研究"
市之瀬 敏勝(名古屋工業大学教授) "鉄筋コンクリート部材の強度・変形モデル"
岩田 衛(新日本製鉄) "システムトラスに関する研究"
菊池 雅史(明治大学助教授) "建設廃材および工業副産物の環境共生型材料としての再資源化技術に関する一連の研究"
菅原 文子(郡山女子大学教授) "建築空間における微生物汚染の防止に関する一連の研究"
藤森 照信(東京大学教授) "日本近代の都市・建築史の研究"
真下 和彦(東海大学教授) "鉄筋コンクリートシェルの耐力に関する一連の研究"
室崎 益輝(神戸大学教授) "人的要素を考慮した建築および都市の防災計画に関する一連の研究"
門内 輝行(早稲田大学教授) "街並みの景観に関する記号学的研究"
吉田 治典(京都大学助教授) "空調システムの熱負荷算定・予測と故障発見に関する一連の研究"

◇作品

飯田 善彦(飯田善彦建築工房代表取締役) 「川上村林業総合センター 森の交流館」
妹島 和世(妹島和世建築設計事務所代表), 西沢 立衛(妹島和世建築設計事務所副代表) 「国際情報科学芸術アカデミー マルチメディア工房」
武田 光史(武田光史建築デザイン事務所代表) 「ふれあいセンターいずみ」
柳沢 孝彦(TAK建築・都市計画研究所代表取締役) 「新国立劇場」

◇業績

山口 育雄(新都市ハウジング協会CFT構造委員会代表) "鋼管コンクリート (CFT)構造の開発と普及"
渡辺 勝彦(日本工業大学教授), 波多野 純(日本工業大学教授), 黒津 高行(日本工業大学助教授) "ネパールにおける仏教僧院の修復保全をとおしての国際協力"
福田 晴虔(九州大学教授) "ジョン・ラスキン著「ヴェネツィアの石」の研究と翻訳・注解"
谷川 正己(日本大学教授) "Frank Lloyd Wright研究に関する一連の業績"
住宅総合研究財団 "創立以来50年にわたる住宅の総合的研究とその普及に関する一連の業績"

(平11年度)

◇論文

宇田川 光弘(工学院大学教授) "太陽エネルギーの建築的利用に関する環境工学的研究"

後藤 剛史（法政大学教授）　"高層建築物の環境振動を対象とした居住性に関する一連の研究"
崎野 健治（九州大学教授）　"鋼管とコンクリートを用いた複合性の耐力変形性状に関する一連の研究"
杉本 俊多（広島大学教授）　"ドイツ新古典主義建築"
田中 哮義（京都大学教授）　"建築火災安全工学手法の開発に関する一連の研究"
滝沢 春男（北海道大学助教授）　"耐震構造解析、特に多次元・多軸問題に関わる一連の研究"
浜本 卓司（武蔵工業大学教授）　"海洋シェルと大規模浮体の流力弾性応答に関する一連の研究"
古阪 秀三（京都大学助教授）　"設計と施工の統合に関する研究"
吉田 長行（法政大学教授）　"建築と地盤の動的相互作用に関する一連の研究"
渡辺 昭彦（豊橋科学技術大学教授）　"建築空間の探索行動実験による分かり易さの研究"
◇作品
青木 淳（青木淳建築計画事務所代表取締役）「潟博物館」
山本 長水（山本長水建築設計事務所長）「高知県立中芸高校格技場」
横河 健（横河設計工房代表取締役）「グラスハウス」
◇業績
今川 憲英（ティアイエス エンド パートナーズ代表）　"素材と空間を結ぶ構造デザインに関する一連の業績"
高秀 秀信（横浜市長）、中國 正樹（松田平田代表取締役社長）、真塚 達夫（東畑建築事務所代表取締役）　"横浜国際総合競技場の建設事業推進と次世代スタジアムの設計監理に関する業績"
樋口 忠彦（新潟大学教授）、団 紀彦（団紀彦建築設計事務所代表取締役）、日吉町、水資源開発公団日吉ダム建設所、ダム水源地環境整備センター、空間創研　"日吉ダム景観整備計画の策定及び実施に関する一連の業績"
古民家再生工房、矢吹 昭良（矢吹昭良建築設計事務所代表）、佐藤 隆（佐藤商業建築研究所代表）、萩原 嘉郎（萩原嘉郎建築事務所代表）、楢村 徹（楢村徹設計室代表）、大角 雄二（倉敷建築工房大角三設計室）、神家 昭雄（神家昭雄建築研究室主宰）　"古民家再生工房"の継続的な活動"

（平12年度）
◇論文
井上 勝夫（日本大学教授）　"住宅床の床衝撃音と歩行感に関する一連の研究"
佐藤 滋（早稲田大学教授）　"街区レベルでの段階的な住環境改善に関する一連の研究"
桜井 敏雄（近畿大学教授）　"近世仏堂建築の系譜と社寺建築の基本計画・空間構造に関する一連の研究"
初田 亨（工学院大学教授）　"職人および都市住民からみた日本の近代建築史に関する一連の研究"
真鍋 恒博（東京理科大学教授）　"建築構法計画学に於ける構法の体系化に関する一連の研究"
三浦 賢治（鹿島建設）　"基礎の地震応答特性に関する一連の研究"
翠川 三郎（東京工業大学教授）　"震源近傍での地震動強さの評価に関する研究"
村川 三郎（広島大学教授）　"建築と都市における水の有効利用とその利用環境評価に関する一連の研究"
守 明子（名古屋工業大学教授）、馬場 明生（山口大学教授）"セメント系材料の押出成形技術に関する一連の研究"
山田 聖志（豊橋技術科学大学助教授）　"シェル・空間構造におけるRS法の適用性とその応用"
◇作品
北川原 温（北川原温建築都市研究所代表）「ビッグパレットふくしま（福島県産業交流館）」
斎藤 裕（斎藤裕建築研究所代表）「曼月居」
◇業績
川澄 明男（川澄建築写真事務所代表取締役）　"40数年に及ぶ建築専門写真家としての業績"
友田 博道（昭和女子大学国際文化研究所教授）、斎藤 英俊（東京国立文化財研究所国際文化財保存修復協力センター長）、福川 裕一（千葉大学教授）、林 良彦（文化庁建造物課調査官）、増田 千次郎（日本建築セミナー事務局長）"元日本人町があった海のシルクロードの商業港 ホイアン町並み保存プロジェクト"
長沢 悟（東洋大学教授）　"福島県三春町における一連の学校計画"
日野原 重明（聖路加国際病院理事長）、小倉

善明（日建設計常務取締役）"聖路加国際病院再開発事業の実現と都市環境整備"

（平13年度）
◇論文
　橘高 義典（東京都立大学教授）"破壊力学手法によるコンクリートの靱性向上に関する一連の研究"
　柴田 道生（摂南大学教授）"合成長柱の耐力評価に関する一連の研究"
　清水 裕之（名古屋大学教授）"現代舞台芸術施設の再構築に関する研究"
　宿谷 昌則（武蔵工業大学教授）"自然のポテンシャルを活かす建築環境システムに関する一連の研究"
　谷池 義人（大阪市立大学教授）"建築構造物の空力不安定振動と剥離渦に関する研究"
　中島 康孝（早稲田大学客員教授，元工学院大学教授）"建築および建築設備における蓄熱システムに関する解析評価と性能設計手法に関する一連の研究"
　深尾 精一（東京都立大学教授）"寸法調整におけるグリッドの機能に関する研究"
　桝田 佳寛（宇都宮大学教授）"構造体コンクリートの品質向上に関する一連の研究"
　皆川 洋一（鹿児島大学教授）"円筒シェルの幾何学的特性に起因する挙動に関する一連の研究"
　森本 信明（近畿大学教授）"供給サイドからみた民間賃貸住宅市場分析に関する一連の研究"
◇作品
　谷口 吉生（谷口建築設計研究所所長）「東京国立博物館法隆寺宝物館」
　藤森 照信（東京大学教授）「熊本県立農業大学校学生寮」
　松永 安光（鹿児島大学教授）「中島ガーデン」
◇業績
　青木 茂（青木茂建築工房代表取締役）"リファイン建築による建物のリサイクルに関する一連の業績"
　瀬口 哲夫（名古屋市立大学教授）"英国を中心とした建築教育，建築家資格，建築家職能，公共発注制度の国際比較に関する一連の調査研究"
　土木研究所，竹中工務店，大林組，不動建設，竹中土木　"耐液状化格子状深層混合処理工法の開発と実施"
　松本 善臣（興和不動産取締役社長），内藤 徹男（日本設計代表取締役会長）"新都心創出のリーディングプロジェクト「品川インターシティ」"

（平14年度）
◇論文
　安藤 元夫（近畿大学教授）「阪神・淡路大震災における被災と復旧・復興過程および復興都市計画諸制度，まちづくり支援に関する一連の研究」
　池田 耕一（国立保健医療科学院建築衛生部部長）「住宅・オフィスビル等の一般住居環境における空気環境問題に関する一連の研究」
　大井 謙一（東京大学生産技術研究所助教授）「鋼構造骨組の終局地震荷重効果評価手法に関する一連の研究」
　大野 隆司（東京工芸大学教授）「建築構法計画・設計・開発に関する研究と関連データの再構成」
　小川 厚治（熊本大学教授）「鋼構造骨組の地震応答と必要耐震性能に関する研究」
　佐藤 圭二（中部大学教授）「密集住宅市街地の住環境整備に関する研究」
　田辺 新一（早稲田大学教授）「室内温熱環境と空気環境の快適性に関する研究」
　林 一馬（長崎総合科学大学教授）「伊勢神宮・大嘗宮建築史論」
　福元 敏之（鹿島建設技術研究所主管研究員）「コンクリート充填鋼管構造柱梁接合部の弾塑性性状に関する研究」
　村上 聖（熊本大学助教授）「繊維補強コンクリートの材料設計とその応用に関する研究」
◇作品
　山本 理顕（山本理顕設計工場代表取締役），木村 俊彦（木村俊彦構造設計事務所長）「公立はこだて未来大学」
　渡辺 明（渡辺明設計事務所代表取締役）「W・HOUSE」
　渡辺 誠（渡辺誠/アーキテクツオフィス代表）「地下鉄大江戸線飯田橋駅」
◇技術
　稲山 正弘（稲山建築設計事務所代表取締役），北川原 温（東京芸術大学助教授）"岐阜県立森林文化アカデミーの木造建築における木材のめり込み特性を活用した設計技術の実用化"
　清水建設技術研究所プロポーザル本部設計部　"電磁シールドビル技術"
　大成建設，竹中工務店，川崎重工業　"天然芝

サッカーフィールド可動システム「ホヴァリングステージ」」

竹中工務店大阪明治生命館プロジェクトチーム　"市街地建物建替え時の既存地下躯体再利用公法の開発—大阪明治生命館ランドアクシスタワー"

◇業績

工藤 圭章(文化財建造物保存技術協会理事),河東 義之(千葉工業大学教授),中村 光彦(宮内庁管理部工務課長),海老原 忠夫(宇都宮大学講師),浅羽 英男(宮内庁管理部工務課総括補佐),今井 正敏(都市計画研究所建築設計室次長)"旧日光田母沢御用邸本邸に関わる調査と修復工事"

中川 武(日本政府アンコール遺跡救済チーム代表,早稲田大学教授)　"アンコール・トム中央寺院バイヨンの北経蔵修復等を通じての国際貢献"

馬場 璋造(建築情報システム研究所代表取締役)　"編集者・評論家としての永年にわたる建築界における諸活動"

林 寛治(林寛治設計事務所/studio KA主宰者),片山 和俊(東京芸術大学教授),住吉 洋二(都市企画工房代表),山形県金山町"山形県金山町「街並みづくり100年運動」の推進に関わる一連の業績"

(平15年度)

◇論文

石田 潤一郎(京都工芸繊維大学教授)　"近代日本の建築と建築家に関する多面的な研究"

小河 利行(東京工業大学教授)　"ラチスシェルの構造安全性に関する研究"

桑村 仁(東京大学教授)　"鋼構造建築物の脆性破壊に関する一連の研究"

陣内 秀信(法政大学教授)　"イタリアおよび日本の都市史に関する研究"

高草木 明(NTT建築総合研究所取締役)　"建築設備の保全・管理に関する一連の研究"

武田 仁(東京理科大学教授)　"温熱環境実測と動的シミュレーション手法に関する一連の研究"

時松 孝次(東京工業大学教授)　"地盤と基礎の地震時挙動の解明とその耐震性評価に関する一連の研究"

福和 伸夫(名古屋大学教授)　"構造物と地盤の振動現象の解明と都市地震防災への活用に関する研究"

藤本 一寿(九州大学教授)　"都市空間の音環境の評価と計画に関する研究"

和田 幸信(足利工業大学教授)　"フランスにおける歴史的環境と景観の保全に関する一連の研究"

◇作品

阿部 仁史(東北大学大学院教授),小野田 泰明(東北大学大学院助教授)「苫北町民ホール」

伊東 豊雄(伊東豊雄建築設計事務所代表取締役),佐々木 睦朗(名古屋大学大学院教授)「せんだいメディアテーク」

富永 譲(富永譲+フォルムシステム設計研究所代表)「ひらたタウンセンター」

◇技術　川合 廣樹(エイ・ビー・エス・ジーコンサルティング シニア・テクニカル・マネジャー),岩田 衞(神奈川大学教授),和田 章(東京工業大学教授)"建築物の損傷制御構造の研究・開発・実現"

◇業績

岩村 和夫(武蔵工業大学教授)　"環境共生住宅の研究開発・実践および普及に関する一連の業績"

坂本 功(東京大学教授)　"木造住宅の耐震診断法の研究・開発および普及・啓蒙活動に関する業績"

楡木 堯(ベターリビング理事・筑波建築試験センター所長)　"建築物の耐久・維持保全技術の開発および普及に関する一連の業績"

(平16年度)

◇論文

安藤 正雄(千葉大学教授)　"インターフェイス・マトリクスによる構工法計画の理論と手法"

井川 憲男(竹中工務店技術研究所主任研究員)　"太陽放射に起因する昼光と日射の設計用データの標準化に関する一連の研究"

大貝 彰(豊橋技術科学大学教授)　"都市の計画策定のための計量的支援ツールの開発に関する一連の研究"

大森 博司(名古屋大学教授)　"構造形態創生法の開発とその空間構造への応用"

竹脇 出(京都大学教授)　"建築構造物の混合逆問題型設計法"

冨板 崇(ウェザリングワークショップ代表)　"建築材料の耐候性予測に関する研究"

野口 孝博(北海道大学助教授)　"積雪寒冷地域における住様式と住宅計画に関する一連の研究"

林 徹夫（九州大学教授）"室温変動・熱負荷シミュレーションによる住宅の熱環境予測に関する一連の研究"

横田 隆司（大阪大学助教授）"数理計画的手法を導入した公共施設の整備方策に関する研究"

横山 裕（東京工業大学助教授）"人間の動作により発生する床振動の居住性からみた評価方法"

◇作品

陶器 二三雄（陶器二三雄建築研究所代表）"国立国会図書館関西館"

安田 幸一（東京工業大学助教授，元日建設計）"ポーラ美術館"

渡部 和生（惟建築計画代表）"福島県立郡山養護学校"

◇技術

矢部 喜堂（清水建設技術研究所副所長），福島 順一（大成建設設計本部チーフエンジニア），井部 博（鹿島建設建築管理本部建築企画部担当部長），塚越 英夫（清水建設技術研究所主席研究員），神野 靖夫（清水建設技術研究所主任研究員），池谷 純一（清水建設技術研究所研究員）"炭素繊維シートとCFアンカーによる既存建築物の耐震補強工法の研究開発と普及展開"

川端 一三（大成建設技術センター参事），高山 正春（大成建設設計本部構造計画グループリーダー），原 孝文（大成建設設計本部構造グループグループリーダー），小室 努（大成建設設計本部構造グループシニアエンジニア），木村 雄一（大成建設設計本部構造計画グループシニアエンジニア）"超高層免震技術の開発と実現"

◇業績

吉岡 努（自由学園明日館名誉館長），若林 邦民（文化財建造物保存技術協会事業部東京支部副支部長），小林 直明（大成建設設計本部プロジェクトリーダー），柳沢 孝次（大成建設技術センター技術顧問）"自由学園明日館の保存と活用"

五十殿 侑弘（鹿島建設専務取締役），島津 護（鹿島建設建築設計エンジニアリング本部技師長），荻原 行正（鹿島建設建築管理本部本部次長）"スーパーRCフレーム構法による超高層フリープランハウジングに関する一連の開発"

黒川 哲郎（東京芸術大学教授），浜宇津 正（H&A構造研究所代表取締役）"地域材と地域技術による公共建築の木造化構法の開発と実践"

横浜市（港湾局赤レンガ倉庫等担当・都市計画局都市デザイン室・市民局市民文化部），横浜市芸術文化振興財団，横浜みなとみらい21，横浜赤レンガ〈代表・村沢彰〉，竹中工務店〈代表・山田健夫〉，新居 千秋（新居千秋都市建築設計代表取締役）"横浜赤レンガ倉庫の再生に至る一連の活動"

（平17年度）

◇論文

稲沼 実（鹿島建設技術研究所上席研究員）"建築の窓が関わる省エネルギーの実証的研究"

笠井 和彦（東京工業大学教授）"剛性・粘性の付加機構をもつ建築構造の地震応答低減効果の解明"

川瀬 博（九州大学教授）"兵庫県南部地震の観測情報に基づく地震被害予測モデルの構築に関する研究"

後藤 春彦（早稲田大学教授）"景域を基礎とする内発的まちづくりに関する一連の研究"

最相 元雄（熊本大学教授）"コンクリート充填鋼管構造の極限耐震性能に関する一連の研究"

竹下 輝和（九州大学教授）"生活の時系変化と状態変化からみた一連の建築計画学的研究"

畑中 重光（三重大学教授）"各種コンクリートの力学的・物理的性状の解明とその改善に関する一連の研究"

堀 勇良（文化庁文化財部参事官付主任文化財調査官）"履歴を通じての近代日本外国人建築家の研究"

松村 秀一（東京大学助教授）"住宅生産の工業化に関する研究"

持田 灯（東北大学助教授）"都市の風環境・温熱空気環境の数値解析手法の開発と応用"

◇作品

大谷 弘明（日建設計大阪設計室設計室長）「積層の家」

ジャック・ヘルツォーク，ピエール・ド・ムーロン（ヘルツォーク＆ド・ムーロン代表），竹中工務店設計部 「プラダブティック青山店」

◇技術

加倉井 正昭（東京ソイルリサーチ取締役技術本部長），山下 清（竹中工務店技術研究所主席研究員），井ノ上 一博，角 彰（竹中

工務店大阪本店設計部構造部門マネージャー）"パイルド・ラフト基礎の開発と超高層建物への応用展開"
北村 春幸（東京理科大学教授），木原 碩美（日建設計構造設計部門構造設計室室長），常木 康弘（日建設計構造設計部門副代表），村上 勝英，小崎 均（日建設計構造設計部門構造設計室構造設計主管），鳥井 信吾（日建設計構造設計部門構造設計室室長）"中間階に免震層を持つ高層建物のマスダンパー効果を利用した設計技術の開発と実現"
黒岩 秀介，陣内 浩（大成建設技術センター建築技術研究所主任研究員），渡辺 英義，今井 和正（大成建設技術センター建築技術研究所副主任研究員），小室 努（大成建設設計本部構造グループプロジェクトリーダー），飯島 真人（大成建設建築本部技術部建築技術部次長）"超高強度鉄筋コンクリート造の開発と高層建築への普及"

◇業績

石山 祐二（北海道大学名誉教授）"建築物及びその他の構造物に対する地震荷重・耐震規定の作成に関する国内外での長年の業績"
新野 耕一郎（日本工業倶楽部常任理事），岩井 光男（三菱地所設計取締役副社長），野上 勇（清水建設東京建築第三事業部工事長）"日本工業倶楽部会館の保存・再現と活用"
三井不動産，小坂 敏夫（日本設計都市計画群担当部長），黒木 正郎（日本設計建築設計群チーフアーキテクト），中村 仁（日本設計建築設計群主任技師）"三井本館の保存と開発を両立させた一連の取り組み"
横浜市（都市整備局・港湾局），横浜国際平和会議場，T・R・Y90事業者組合，中村 光男（日建設計代表取締役社長），伊藤 肇（三菱地所設計取締役副社長）"クイーン軸の建築群によるみなとみらい21の都市景観とにぎわいの創出"

（平18年度）

◇論文

大場 修（京都府立大学教授）"「近世近代町家建築史論」に集大成された一連の町家研究"
郡 公子（宇都宮大学助教授）"建築気候とオフィスの環境設計に関する一連の研究"
称原 良一（清水建設 建築技術部上席エンジニア）"鉄筋コンクリート，鉄骨鉄筋コンクリート構造の耐力と変形性能に関する一連の研究"
谷本 潤（九州大学教授）"人間-環境-社会システムのモデル化に関する都市建築環境論"
中込 忠男（信州大学教授）"鋼構造柱梁溶接接合部における破壊および変形能力に関する一連の研究"
松井 勇（日本大学教授）"建築仕上材料の感触の評価方法に関する研究"
宮本 雅明（九州大学教授）"日本における都市空間の近世史に関する研究"
宮本 裕司（鹿島建設 小堀研究室地震地盤研究グループ長）"杭基礎の非線形動的相互作用の解明と耐震性能評価法の高度化に関する一連の研究"
宗本 順三（京都大学教授）"数理計画法を用いた施設計画に関する一連の研究"
野城 智也（東京大学生産技術研究所教授）"持続可能性の向上に資する建築生産のあり方に関する研究"

◇作品

妹島 和世（SANAA代表取締役），西沢 立衛（SANAA代表取締役）"金沢21世紀美術館"
野口 秀世（久米設計設計本部設計部長）"北上市文化交流センターさくらホール"
ヨコミゾ マコト（aat＋ヨコミゾマコト建築設計事務所代表取締役）"富弘美術館"

◇技術

植草 常雄（エヌ・ティ・ティファシリティーズ研究開発本部環境・エネルギー部門長），藁谷 至誠（エヌ・ティ・ティファシリティーズ研究開発本部環境・エネルギー部門主任研究員），木下 学（エヌ・ティ・ティファシリティーズ研究開発本部環境・エネルギー部門主任研究員）"データセンター向け空調システムの研究開発とその実用化"
桜井 潔（日建設計代表取締役副社長設計統括），慶伊 道夫（日建設計構造設計室長），野原 文男（日建設計設備計画室長），村田 修（日建設計設計長），横田 暉生（横田外装研究室主宰），賀井 伸一郎（日本板硝子建築硝子部主席技師）"超高層ビルのガラスファサード技術—泉ガーデンのリブガラスカーテンウォールとそれを活かす構造・設備技術—"
米沢 敏男（竹中工務店技術研究所建設技術研究部部長），柳橋 邦生（竹中工務店技術研究所先端技術研究部グループリ

ダー），荒川 和明（クリモトメック常務取締役），山田 優（大阪市立大学名誉教授）"偏心ロータ式高品質再生骨材製造技術の開発"
◇業績
延藤 安弘（愛知産業大学教授）"人と縁をはぐくむ住まいまち育て活動"
大阪市中央公会堂，大阪市住宅局営繕部，大阪市中央公会堂保存・再生プロジェクト技術検討会，坂倉・平田・青山・新日設計共同企業体，清水・西松・大鉄特定建設工事共同企業体"大阪市中央公会堂の保存・再生"
大洲市，井波社寺建築〈代表・野村克己〉，冨士川 俊輔（三宿工房一級建築士事務所代表取締役），前川 康（前川建築研究室代表取締役），竹林舎建築研究所"市民参加による大洲城天守の復元"
橋本 篤秀（千葉工業大学教授）"建築鉄骨の品質向上と信頼性確保に関する一連の業績"

(平19年度)
◇論文
石川 廣三（東海大学教授）"建築物の雨仕舞に関する一連の研究"
石丸 紀興（広島国際大学教授）"広島を中心とした都市形成・計画史と建築家の活動内容に関する研究"
畔柳 昭雄（日本大学教授）"人間と水環境系との相互の関係性に関する一連の研究"
後藤 久（早稲田大学客員教授, 日本女子大学名誉教授）"西洋住居史—石の文化と木の文化"
塩崎 賢明（神戸大学教授）"民間自力活用とコミュニティ保全による震災住宅復興のあり方に関する研究"
多田 元英（大阪大学准教授）"地震荷重を受ける鋼構造骨組の座屈挙動の解明と耐座屈性能の向上"
壇 一男（清水建設技術研究所地震動グループ長）"アスペリティモデルの力学特性に基づく広帯域強震動の再現と予測に関する研究"
野﨑 淳夫（東北文化学園大学教授）"ガス状物質による室内空気汚染の予測法と対策技術の開発に関する一連の研究"
林 康裕（京都大学教授）"強震動下における建築物の耐震性能評価に関する研究"
吉村 英祐（大阪工業大学教授）"建築空間の安全化に関する一連の研究"

◇作品 古谷 誠章（早稲田大学教授，NASCA代表）"茅野市民館"
◇技術
大山 巧（清水建設技術研究所流体解析グループ長），猿田 正明（清水建設技術研究所主任研究員），堀 富博（清水建設設計本部副本部長），土屋 宏明（清水建設設計本部設計長）"浮力を利用した免震構造システムの開発と実現"
小野 英哲（東北工業大学教授）"床のすべりの測定・評価技術の開発と適用"
梅干野 晃（東京工業大学教授），浅輪 貴史（エーアンドエー主任研究員），中大窪 千晶（東京工業大学博士課程大学院生），大河内 勝司（エーアンドエー取締役首席研究員）"建築3D-CADを用いた屋外熱環境の設計支援ツール"
◇業績
AAF Asian Architecture Friendship "ネパールにおける学校建設支援活動"
財団法人国際文化会館，国際文化会館建築諮問委員会，三菱地所設計，清水建設"国際文化会館の保存再生"
小林 秀樹（千葉大学教授），スケルトン定借普及センター代表本間博文（放送大学教授）"スケルトン定借の実践を通した建築計画と不動産制度の連携"
平倉 直子（平倉直子建築設計事務所取締役），畠 桂子（平倉直子建築設計事務所元所員），環境省自然環境局，群馬県環境・森林局自然環境課"上信越高原国立公園 鹿沢 自然学習歩道整備に関わる一連の活動"

(平20年度)
◇論文
赤司 泰義（九州大学准教授）"建築空調システムの性能評価と省エネルギーに関する研究"
赤林 伸一（新潟大学教授）"ミクロ解析による建物の換気・通風性能に関する一連の研究"
飯淵 康一（東北大学教授）"平安時代貴族住宅の研究"
大崎 純（京都大学准教授）"空間構造物の最適設計に関する一連の研究"
閑田 徹志（鹿島建設技術研究所上席研究員）"鉄筋コンクリート構造物のひび割れ制御を目的とした解析技術とその応用に関する研究"
小松 幸夫（早稲田大学教授）"建物の寿命

推計に関する研究"
鈴木 克彦（京都工芸繊維大学准教授）"地域コミュニティを活用した持続的住環境管理システムに関する研究-建築協定地区を中心として-"
趙 衍剛（名古屋工業大学准教授）"高次モーメントによる構造信頼性評価法に関する研究"
橋本 典久（八戸工業大学教授）"拡散度法による床衝撃音遮断性能の予測に関する研究"
芳村 学（首都大学東京教授）"柱の崩壊挙動を考慮した鉄筋コンクリート建物の耐震性評価に関する研究"

◇作品
岩﨑 堅一（武蔵工業大学教授）"武蔵工業大学新建築学科棟＃4"
手塚 貴晴（武蔵工業大学准教授、手塚貴晴＋手塚由比、手塚建築研究所代表取締役），手塚 由比（手塚貴晴＋手塚由比、手塚建築研究所代表取締役）"ふじようちえん"

◇技術
陶器 浩一（滋賀県立大学教授），岡田 哲史（千葉大学准教授）"構造用合板を用いてフレキシブルに空間を創出する木造新構法の技術開発"
土橋 稔美，荻原 行正，坂野 弘一（鹿島建設）"集合住宅工事における建設資材の物流合理化手法の開発"
山田 俊一，栗野 治彦，田上 淳，松永 義憲（鹿島建設）"自動油圧開閉機構を搭載した高性能制震オイルダンパの開発"

◇業績
伊東 正示（シアターワークショップ代表取締役）"職能としての劇場コンサルタントの確立と一連の業績"
川村 純一（アーキテクトファイブ代表取締役），堀越 英嗣（芝浦工業大学教授・堀越英嗣ARCHITECT5代表），松岡 拓公雄（滋賀県立大学教授・アーキテクトシップLLC代表），札幌市、イサム・ノグチ財団"札幌モエレ沼公園の実現に関わる17年間の活動"
谷 直樹（大阪市立大学教授・大阪市立住まいのミュージアム館長），北山 啓三（大阪市住まい公社理事長）"大阪市立住まいのミュージアムの企画と活動"
近角 真一（集工舎建築都市デザイン研究所代表取締役），近角 よう子（近角建築設計事務所代表），田村 誠邦（アークブレイン代表取締役），渡邊 保弘（文化財工学研究所代表取締役）"求道会館・求道学舎の保存と再生事業"

（平21年度）
◇論文
井上 哲郎（筑波大学教授）"鋼板の座屈に及ぼす塑性流れの果たす役割に関する一連の研究"
岩田 利枝（東海大学教授）"視的快適性に基づく昼光照明の性能評価に関する研究"
尾崎 明仁（京都府立大学教授）"熱・水分・空気連成を考慮した建築の熱環境予測に関する一連の研究"
河野 昭彦（九州大学教授）"コンクリート充填鋼管構造骨組の耐震性能評価に関する一連の研究"
倉本 洋（大阪大学教授）"静的荷重増分解析を利用した建築物の地震応答評価法に関する研究"
齊藤 広子（明海大学教授）"戸建て住宅地の住環境マネジメントに関する研究"
張 晴原（筑波技術大学教授）"中国における建築熱環境解析と設備設計のための標準気象データベースの開発に関する一連の研究"
西澤 泰彦（名古屋大学准教授）"20世紀前半の東アジア地域における日本人建築家の活動に関する研究"
三田 彰（慶應義塾大学教授）"動的モデルに基づく建築構造の安全性評価・向上に関する一連の研究"

◇作品
石上 純也（石上純也建築設計事務所代表取締役）"神奈川工科大学KAIT工房"
千葉 学（東京大学准教授・千葉学建築計画事務所主宰）"日本盲導犬総合センター"
坂 茂，平賀 信孝（坂茂建築設計）"ニコラス・G・ハイエック センター"

◇技術
小林 実，伊藤 仁，森島 洋一，水谷 亮（鹿島建設）"環境に配慮した高層ビル解体工法の開発-ジャッキダウン工法によるビル解体-"
羽山 広文（北海道大学准教授），渡邉 均（東京理科大学教授），中尾 正喜（大阪市立大学教授），関口 圭輔（NTTファシリティーズ研究開発本部研究主任）"データセンター空調システムの信頼性評価ツールの研究開発"

◇業績　黒正 清治（東京工業大学名誉教授），東京工業大学 黒正清治研究室，東京理科

大学 松崎育弘研究室, 東京工業大学 林静雄研究室, 高周波熱錬 "鉄筋コンクリート構造の可能性を広げた高強度せん断補強筋の開発と実用化に関する業績"

(平22年度)
◇論文
　秋本 福雄(九州大学名誉教授) "カリフォルニアを中心とするアメリカ近代都市計画史に関する一連の研究"
　大鶴 徹(大分大学教授) "建築空間の大規模波動音響解析に関する研究"
　大佛 俊泰(東京工業大学准教授) "市街地変容と人間行動の時空間分析"
　金子 佳生(京都大学教授) "セメント系材料を用いたせん断接合の破壊モデルと新しい接合システムに関する研究"
　小林 茂雄(東京都市大学准教授) "人の行為を軸とした建築環境の評価に関する研究"
　吹田 啓一郎(京都大学教授) "鋼構造柱梁接合部の耐震性能評価と既存構造物の性能検証に関する研究"
　瀬口 哲夫(名古屋市立大学教授) "明治後期から昭和前期における東海の建築家及び地方自治体の設計組織の建築活動に関する研究"
　田村 誠邦(アークブレイン代表取締役) "ストック時代における居住者参加型集合住宅供給の実現プロセスに関する研究"
　久田 嘉章(工学院大学教授) "広帯域強震動の効率的な計算手法の開発と応用に関する一連の研究"
　本橋 健司(芝浦工業大学教授) "建築用塗料・塗装仕様に関する一連の研究"
◇作品
　北山 恒(横浜国立大学教授, architecture WORKSHOP)
　金田 勝徳(構造計画プラス・ワン代表取締役, 芝浦工業大学特任教授) "洗足の連結住棟"
　西村 浩(ワークヴィジョンズ代表取締役) "岩見沢複合駅舎(JR岩見沢駅・岩見沢市有明交流プラザ・岩見沢市有明連絡歩道)"
◇技術
　長瀬 正, 佐分利 和宏, 楠 寿博(竹中工務店), 今西 良男(奈良県教育委員会文化財保存課課長補佐) "国宝・唐招提寺金堂の保存修理における構造解析を中心とした科学的手法の展開"
　細澤 治, 木村 雄一, 須田 健二, 吉村 智昭(大成建設) "既存超高層建築の長周期・長時間地震動対策の技術開発とその実施"
◇業績
　秋元 俊一(明治安田生命保険相互会社不動産部管理グループ・兼運用グループ主席スタッフ), 鰺坂 徹, 萩尾 昌則(三菱地所設計), 菅 順二, 加部 佳治, 中嶋 徹(竹中工務店) "重要文化財「明治生命館」の保存・再生(明治安田生命ビル街区の再開発)"
　加藤 隆久(加藤隆久都市建築事務所代表取締役, 明星大学教授), 一般財団法人 民際センター "ラオスの教育援助活動の一環としての小学校の設計と普及"
　藤井 恵介(東京大学教授), 早乙女 雅博(東京大学准教授), 角田 真弓(東京大学技術専門職員) "関野貞資料の調査・公開と東アジア建築文化財学への貢献に関する一連の業績"
　学校法人 早稲田大学, 佐藤総合計画, 戸田・熊谷建設共同企業体 "大隈講堂の生き続けるための保存再生"

# 081 日本建築学会大賞

　昭和32年(1957)に創設。昭和43年(1968)に初の大賞を贈り, 以後毎年授賞を行っている。昭和61年(1986)は, 創立100周年記念ということから10名に大賞を, それ以外は1〜3名に授賞。大賞は同会の目的に照らし, 建築に関する学術・技術・芸術の発展向上に長年の業績を通じて特に著しく貢献した同会個人会員に贈り, その功績を称えるものである。

【主催者】(社)日本建築学会
【選考方法】学会内の特定機関の推薦による
【選考基準】〔対象〕建築に関する学術・技術・芸術の発展向上に長年の業績を通じて, 特に著しく貢献した同会個人会員(1)選考基準 大賞は, 同会の目的に照らし, 建築に関する学

術・技術・芸術の発展向上に長年の業績を通じて,特に著しく貢献した同会個人会員を対象とする。(2)候補者の資格 同会個人会員とする。大賞の重賞はできない。(3)候補者の推薦 公募しない。同会内の特定機関(支部,調査研究委員会)の推薦による
【締切・発表】締め切り:毎年1月末日,発表:毎年4月理事会開催後
【賞・賞金】賞状と賞牌
【URL】http://www.aij.or.jp/aijhomej.htm

(昭43年度) 前川 国男(前川国男建築事務所) "近代建築の発展への貢献"
(昭44年度) 堀口 捨己 "創作と研究による建築的伝統発展への貢献"
(昭45年度) 武藤 清(東京大学) "耐震工学に関する研究"
(昭46年度) 今 和次郎(早稲田大学) "考現学,生活学の提唱と建築計画学に対する一連の貢献"
(昭47年度) 村野 藤吾(村野・森建築事務所) "永年にわたる優秀な建築の創作活動による建築界への貢献"
(昭48年度) 浜田 稔(東京大学,東京理科大学) "都市防災における火災工学の発展に対する貢献"
(昭49年度) 森田 慶一(京都大学) "ヴィトル・ヴィウス研究,西洋古典学にもとづく建築論形成への貢献"
(昭50年度) 前田 敏男(京都大学) "建築環境工学における理論体系の発展に対する貢献"
(昭51年度) 坪井 善勝(東京大学) "平面および曲面構造に関する研究と設計に関する一連の業績"
(昭52年度) 今井 兼次(早稲田大学) "近代建築のヒューマニゼーションによる建築界への貢献—作家研究と作家活動の詩的統合"
(昭53年度) 高山 英華(東京大学) "都市・農村計画の体系化と発展および建築・都市行政の推進に寄与した功績"
(昭54年度) 狩野 春一(元東京工業大学,元明治大学) "建築材料に関する一連の研究活動による建築界への貢献"
(昭55年度) 福山 敏男(文化財保護審議会専門委員) "日本建築史の研究による建築学および関連史学への貢献"
(昭56年度) 二見 秀雄(東京工業大学) "建築構造学ならびに建築構造学を通じて多年にわたり建築界の発展に貢献した業績"
(昭57年度) 藤田 金一郎(東北工業大学) "都市大火対策の理論体系確立と建築研究の促進に寄与した功績"
(昭58年度) 平山 嵩(東京大学,日本建築設備安全センター) "建築計画原論・環境工学に関する研究,教育の功績"
(昭59年度) 谷口 忠(東京工業大学) "建築耐震構造学の一連の研究と耐震工学の発展に貢献した業績"
(昭60年度) 浅野 清(愛知工業大学) "建築遺構ならびに遺跡にたいする実証的研究方法の確立と復原研究による日本建築史学および関連史学へ貢献した功績"
(昭61年度)
　浦辺 鎮太郎(建築家) "地域の風土に根ざした町づくりと優秀な建築の創作活動による建築界への貢献"
　加藤 六美(人事官,元東京工業大学) "建築構造に関する研究ならびに建築構造を通じて広く関連各界の発展に貢献した業績"
　関野 克(明治村,東京大学) "文化財保存修復技術の近代化と国際交流における功績"
　谷 重雄(東京都立大学) "住宅問題および建築経済における多年の業績"
　丹下 健三(建築家,東京大学) "日本における現代建築の確立と国際的発展への貢献"
　仲 威雄(東京電機大学,東京大学) "鋼構造建築に関する研究と設計に関する一連の業績"
　西山 夘三(京都大学) "住居学・建築計画学・地域計画学の発展に対する貢献"
　坂 静雄(京都大学) "鉄筋コンクリート工学の体系化への貢献"
　藤島 亥治郎(東京大学) "古建築・遺跡の歴史意匠の研究とその復原的設計における功績"
　横尾 義貫(京都大学) "建築構造学,基礎工学の発展とその関連分野の振興への貢献"

(昭62年度)
　鶴田 明(早大名誉教授)　"金属系構造物の発展に対する貢献"
　吉武 泰水(東大名誉教授)　"建築計画学の確立と建築教育の発展に対する貢献"
(昭63年度)
　梅村 魁(東大名誉教授)　"建築耐震構造研究とその発展への貢献に対して"
　大江 宏(法大名誉教授)　"建築設計などにおける一連の業績に対して"
(平1年度)
　太田 博太郎(東大名誉教授,武蔵学園学園長)　"日本建築史の広い分野にわたる顕著な研究業績"
　松下 清夫(東大名誉教授)　"建築構造の発展に寄与した功績"
(平2年度)
　蘆原 義信(東大名誉教授,蘆原建築設計研究所所長)　"建築と都市の持つ文化的意義の高揚及びその建築法制における位置づけに関する功績"
　小堀 鐸二(京大名誉教授,鹿島建設副社長)　"地震工学の発展に関する一連の功績"
(平3年度)
　井上 宇市(早稲田大学名誉教授)　"建築設備の発展に貢献"
　加藤 渉(日本大学名誉教授)　"建築学の海洋学への参加,活動における永年の多大な功績"
　清家 清(東京工業大学,東京芸術大学各名誉教授)　"建築の文化の向上と国際交流に関する多大の功績"
(平4年度)
　勝田 高司(東京大学名誉教授)　"建築環境工学設備工学の発展に関する一連の業績"
　若林 実(京都大学名誉教授)　"建築構造学に関する研究と発展に対する貢献"
(平5年度)
　小林 陽太郎(国立公衆衛生院特別研究員)　"建築環境工学,建築衛生学の発展に寄与した功績"
　西 忠雄(東京大学名誉教授)　"建築材料に関する一連の研究と技術普及活動による建築界への貢献"
(平6年度)
　川越 邦雄(東京理科大学火災研究所顧問)　"建築防火工学の発展と体系確立に対する貢献"
　本城 和彦(日本開発構想研究所理事長)　"戦後わが国の居住水準の向上および地域開発分野における国際技術協力"
(平7年度)
　谷 資信　"建築構造学に関する研究と建築技術普及に寄与した功績"
　村松 貞次郎　"日本近代建築史研究による建築学発展への貢献"
(平8年度)
　内田 祥哉(明治大学教授)　"建築広報計画に関する一連の研究および設計活動により建築界に貢献"
　藤本 盛久(元神奈川大学学長)　"鋼構造建築の研究と発展に寄与"
(平9年度)
　大崎 順彦(東京大学名誉教授)　"耐震工学並びに基礎工学の研究と発展に対して貢献"
　大谷 幸夫(東京大学名誉教授)　"建築と都市の統合的把握に基づく一連の設計活動・社会的活動・建築教育における功績が評価された"
(平10年度)
　斎藤 平蔵(東京大学名誉教授)　"先導的な研究活動で建築環境工学,海洋建築工学,都市計画学などの発展に尽し多くの業績を上げた"
　志賀 敏男(東北大学名誉教授)　"耐震工学,自然災害科学において優れた教育・研究成果を上げた"
(平11年度)
　佐藤 重夫(広島大学名誉教授)　"建築歴史・意匠分野,文化財行政に対する功績に加え,原爆ドームの保存活動に取り組み,技術的に貢献"
　田中 尚(東京大学名誉教授)　"建築構造学とくに極限解析・塑性設計の研究・教育の発展に貢献"
(平12年度)
　五十嵐 定義(大阪大学名誉教授)　"建築構造工学に関する研究と発展に関する貢献"
　田村 明(法政大学名誉教授)　"都市づくりの理論及び手法の構築とその実践"
(平13年度)
　鈴木 成文(東京大学名誉教授,神戸芸術工科大学学長)　"住まいを中心とした建築計画研究の確立と建築教育の発展に対する貢献"
　槇 文彦(槇総合計画事務所代表取締役)　"現代都市における近代建築のあり方を追

求した一連の創作活動による建築界への貢献"
　松岡 理(名古屋大学名誉教授)　"建築構造学, 海洋建築工学の研究とその発展に尽くした功績"
(平14年度)
　石井 聖光(建設工学研究会理事長, 東京大学名誉教授)　"建築環境工学, 特にホールの音響設計法をはじめとする建築音響学の発展に対する貢献"
　加藤 勉(溶接研究所理事長, 東京大学名誉教授)　"建築構造学, 特に鉄骨構造の研究・教育と発展に対する貢献"
(平15年度)
　飯田 喜四郎　"我が国における西洋建築史学の確立と建築文化財保存の実践に対する貢献"
　白山 和久　"建築材料・施工および建築性能論に関する一連の研究と技術普及活動による建築界への貢献"
(平16年度)
　石田 頼房(東京都立大学名誉教授)　"わが国における近代都市計画史の研究とその発展に尽くした功績"
　中村 恒善(京都大学名誉教授, 金沢工業大学客員教授)　"建築設計力学に関する研究と発展に対する貢献"
(平17年度)
　篠原 一男(東京工業大学名誉教授)　"永年にわたる住宅論と都市論を基盤とした優れた建築の創作活動による建築界への貢献"
　多田 英之(日本免震研究センター代表)　"耐震構造, 特に免震構造の研究開発とその発展に対する功績"
　巽 和夫(京都大学名誉教授, 福山大学名誉教授, 巽和夫建築研究所代表)　"建築・住宅における社会・経済システムの再編に関する研究と実践活動の功績"
(平18年度)
　木村 俊彦(建築構造家)　"永年にわたる構造設計活動による建築界への貢献"
　小原 二郎(千葉大学名誉教授, 千葉工業大学常任理事)　"建築人間工学・インテリア計画の確立と発展および「木の文化」の普及に関する一連の功績"
　松浦 邦男(建築研究協会理事長, 京都大学名誉教授)　"建築環境工学, 特に光環境工学の研究・教育とその発展に対する貢献"
(平19年度)
　青木 正夫(九州大学名誉教授, メイ建築研究所最高顧問)　"建築計画学の理論的体系化と東アジア地域の学術交流の発展に尽くした功績"
　青山 博之(東京大学名誉教授)　"鉄筋コンクリート構造の耐震性の高度化に関する一連の研究と国際技術交流に関する貢献"
(平20年度)
　和泉 正哲(東北大学名誉教授・東北芸術工科大学名誉教授)　"建築構造物の設計用荷重ならびに構造安全性の研究と耐震技術の国内外における教育・普及に対する貢献"
　尾島 俊雄(元早稲田大学教授・(社)都市環境エネルギー協会理事長・職藝学院学院長)　"都市環境工学の発展に対する貢献"
(平21年度)
　柴田 拓二(北海道大学名誉教授・前北海道工業大学学長)　"建築構造学の発展と建築教育の国際化に対する貢献"
　堀内 清治(熊本大学名誉教授)　"西洋建築史学に対する顕著な業績と九州の建築および熊本アートポリスへの多大の貢献"
(平22年度)
　岡田 恒男((財)日本建築防災協会理事長・東京大学名誉教授)　"建築物の耐震性評価とその向上に関する一連の研究および地震防災技術の普及に関する貢献"
　川上 貢(京都市埋蔵文化財研究所所長・理事, 京都大学名誉教授)　"日本建築史に関する研究・教育と建築文化遺産保存活動の功績"

# 082　日本塗装技術協会賞

技術賞, 技能賞は昭和46年創設, 論文賞は平成16年創設。
【主催者】日本塗装技術協会
【選考方法】自薦, 他薦いずれも可

【選考基準】〔資格〕表彰時において，同協会の会員であること。〔対象〕技術賞：会員によって開発・改良された技術で，対象となる技術内容が過去5年以内に会誌（塗装工学）に掲載されているか年度内に掲載を予定されており，他の賞を受けていないこと。技能賞：塗装関連業務に長年の経験を有し，卓越した技能を有する，技能発展への顕著な功績を有する又は後進の指導育成に顕著な功績を有すること。論文賞：当該年1月～12月に学会誌（塗装工学）に掲載された論文。

【締切・発表】2月末日締切，5月定時総会にて発表

【URL】http://jcot.gr.jp/

(昭46年度)
◇第1回技術賞　宇佐美 勝敏（北海鋼機），坂井 武夫（日本工芸工業），難波 恂爾（日本ソフラン化工）"軟質発泡ウレタン塗装技術の共同開発"
◇技能賞
　岡田 勇（岡田塗装所）"永年にわたる塗装の実績（金属）"
　井出 幸治（小林製作所）"永年にわたる塗装の実績（木工）"

(昭47年度)
◇第2回技術賞　該当者なし
◇技能賞　三村 治郎左衛門（三村工芸）"永年にわたる木工塗装の実績"

(昭48年度)
◇第3回技術賞　該当者なし
◇技能賞
　松田 三郎（松田三郎商店）"永年にわたる木工塗装の実績（家具）"
　富田 正信（富田塗装店）"木工塗装の実績と技能者の育成"

(昭49年度)
◇第4回技術賞　大塚家具工業"コンピューターによる量産化"
◇技能賞
　高橋 悟（東興金属）
　中谷 敏夫（中谷塗装工業）

(昭50年度)
◇第5回技術賞
　伸田 睦男（日立製作所）"洗濯機粉体塗装の量産"
　菊地 宇兵衛（本田技研工業）"自動車塗装の技術確立"
　石原 巌（日本楽器）"ピアノ塗装の合理化"
◇技能賞
　柳田 光造（柳田工業）
　板垣 七太郎（板倉光機）

(昭51年度)
◇第6回技術賞
　増永 一三他3名（福井県工業試験場）"ロータリースクリーン方法による曲面転写の開発"
　増田 閃一（東京大学），大島 健司（小野田セメント），三沢 輝彦（扶桑動熱）"電界カーテン理論を応用した粉体塗料色替の効果"
◇技能賞
　高木 正義（関東自工）
　岩村 兵二（光塗装工業）
　関根 辰昭（旭塗装工業）

(昭52年度)
◇第7回技術賞
　岩田 弐夫（東芝）"静電塗装ラインにおけるシステム管理"
　小川 磐（日本ランズバーグ）"高効率微粒化塗装機の開発"
　永瀬 喜助（斉藤），照井 蔵人（協誠工芸）"天然漆の吹付塗装法による量産体系の確立"
◇技能賞
　伊藤 嘉泰（伊藤金属塗装）
　関 昌弘（酒井塗装工業）
　眞崎 文雄（大和高工）

(昭53年度)
◇第8回技術賞
　岩田 一也（岩田塗装機），松橋 常夫（東京金属塗装協同組合連合会）"小型焼付乾燥炉廃ガス除去装置の開発"
　松本 十九（太洋塗料），井田 恒次（井田産業）"水系塗料にみられない優れた性質の開発"
◇技能賞
　木村 政昭（東洋塗装）
　村山 晃将（村山塗装工場）
　久島 克忠（城南金属塗装）

(昭54年度)
◇第9回技術賞
　置田 宏，後藤 一生，田辺 国昭，宮脇 憲（日本パーカライジング）"浸漬化成処理法の開発と応用"

中村 定弘（中村塗装店）　"エアーフローで囲まれた塗装工場,塗装方法の開発"
◇技能賞
　池田 耕（三菱電機）
　藤ヶ崎 義雄（ミカサペイント）
(昭55年度)
◇第10回技術賞
　小川 磐（日本ランズバーグ）　"ターボ・Gミニベル静電塗装による色替機構付自動車ボディ上塗り自動システム"
　土井 浩（日本油脂）　"トリブチル錫メタクレート共重合体を用いた船底防汚塗料の発明および実用化"
　萩野 芳夫（友和塗料）　"水溶性塗料によるフローコートシステムの発明および実用化"
◇技能賞
　平野 紀夫（東京芝浦電気）　"金属塗装技能,特に塗装ハンガーの考案,粉体塗装を冷蔵庫に導入,オンライン化における功績"
　鯨井 茂次郎（日本鋼管）　"金属塗装技能,特に塗料の試作,試験片並びに実管への試験塗装,各種鋼管,船舶塗装における功績"
　中条 博（富士重工業）　"バスボディ,小型自動車の塗装技能,基本作業並びに近代科学的塗装技術をもって後進の育成に当られた功績"
(昭56年度)
◇第11回技術賞
　甘利 祐三（旭大隈産業）　"マイクロコンピュータ制御自動塗装機"
　広瀬 昌彦（東京芝浦電気）　"マイクロ波プラズマによる高分子材料の表面処理技術"
　鶴田 光男（日産自動車）　"ロボットによる自動車上塗りの自動化"
◇技能賞
　伊藤 善平（日立製作所）　"塗装設備の計画管理システムの確立合理化の推進による功績"
　高橋 保（アポロ工芸社）　"建築塗装特に寺院の塗装に対する塗装技能の実績"
　堀内 慶治（東京都立品川高等職業訓練校）　"木工塗装における自然色仕上げの技能と後進の育成に対する功績"
(昭57年度)
◇第12回技術賞
　杉山 賢司（関西ペイント）,丸山 孜（大成建設）　"ガラス繊維強化石膏タイル用の電子線硬化高性能塗膜形成技術"
　土生 英司（日立製作所）　"家庭電化製品とくに冷蔵庫の高効率塗装生産システムの開発"
◇技能賞
　山岸 寿治（カバーリング社）　"工業デザインのモデル塗装における各種技法の開発"
　田辺 恒三（タナベ木工塗装）　"木工塗装における木肌着色の技法"
(昭58年度)
◇第13回技術賞
　伊藤 義人他1名（日本ペイント）　"自動計量機に連動するCCMシステムの開発"
　吉田 眞一（日本鋼橋塗装専門会）　"鋼橋防食塗装の品質向上ならびに近代化"
◇技能賞
　小笠原 安吉（東洋インキ製造）　"各種素材のデコレーションを目的とした塗装と印刷の複合技術の確立"
　松村 秀夫（岩佐塗装）　"卓越した建築塗装技術の実績と後進の指導"
(昭59年度)
◇第14回技術賞
　村尾 篤彦他3名（日本鋼管）　"耐侯性鋼のさび安定化処理（カプテンコート）の開発"
　町田 竹雄他1名（扶桑同熱工業）　"高粘度2液ポリエステル樹脂塗料の木製品への静電塗装"
◇技能賞
　保科 幸信（関西ペイント）　"自動車塗料並びに工法,機器の開発,指導等"
　柾川 由紀夫（柾川塗工店）　"建築塗装における卓越した技能と各種工法の考案"
　西沢 照明（元郷塗装工業）　"金属焼付塗装における卓越した技能と万能治具の開発"
(昭60年度)
◇第15回技術賞
　三代沢 良明（関西ペイント）,安谷屋 武志（日本鋼管）,福田 昭光（日本パーカライジング）　"有機複合シリケートを被覆した鋼の高耐食性表面処理システムの開発"
　後藤 健一（職業訓練大学）　"自動車塗装の小型塩害腐食試験器開発のための基礎研究"
◇技能賞
　江刺家 建（近代）　"金属塗装における卓越した技能と各種工法の開発"
　中島 辰男（中島製作所）　"木工塗装における卓越した技能と後進の指導"
　大沢 正男（中村塗装店）　"建築塗装における特殊塗装仕上げの卓越した技能"

(昭61年度)
◇第16回技術賞
森岡 宏次, 松井 義明, 齋藤 正信（大気社）"塗装設備のための溶剤含有排ガスの吸着濃縮処理システムの開発"
小松 泰典（本田技術研究所）, 塩沢 信雄（本田技研工業）"四層塗装四層焼付け塗装システムの開発"
◇技能賞
木村 信男（齋藤）"漆塗装における卓越した技能と新工法の開発"
坂本 朝夫（坂本漆芸）"工業製品に対する新しい漆塗装法の開発"
坂本 勝（桐生工業）"自動車塗装におけるライン生産, 補修作業の卓越した技能"

(昭62年度)
◇第17回技術賞
菅原 鉄也, 和田 敬, 荒井 正義, 小檜山 国雄（カシュー）"カルダノール変性ハイソレッドウレタン塗料とその塗装法に関する研究"
松田 守弘, 久保田 毅, 鬼頭 完爾 "塗装外観品質の定量的測定技術"
中島 孝司, 森田 操, 桑野 浩一（日本ペイント）"塗膜の表面状態の評価に関する計測方法の開発"
加藤 浩一郎（工業技術院）"低活性高分子材料表面の活性化処理法"
◇技能賞
西条 博之（神奈川県家具指導センター）"木材塗装における着色技術の向上と企業技能者の育成"
西条 博之（神奈川県家具指導センター）"GYROMAT式自動塗装装置による塗装工程管理システムの開発"
副島 啓治（ソエジマ）"塗装施工技術の開発と後進技能者の育成"

(昭63年度)
◇第18回技術賞　牛尼 清治（職業訓練大学）, 田中 丈之（日本油脂）, 斉藤 秀隆（オリエンテック）"塗膜の形成課程評価のための剛体振り子振動法の開発"
◇技能賞
津久井 貞雄（津久井工務店）"木工塗装における着色技術の向上と後進の育成"
小原 幸太郎（第一塗装工業）"金属塗装における仕上げ技術の向上と後進の育成"
吉野 隆（吉野塗装）"金属塗装における各種技法の向上と後進の育成"

(平1年度)
◇第19回技術賞
田村 吉宣, 木村 均, 岸 博之, 風間 重徳（日産自動車）"電着塗膜の硬化に関する技術"
島本 孝三, 西山 逸雄（三菱電機）"表面-界面切削法による塗膜物性評価技術の開発"
◇技能賞
大山 幸三（大山工業所）"金属塗装における設備, 工程の改善と後進の指導"
会津 典和（会津塗装店）"建築塗装における後進の指導と技能検定の推進に貢献"

(平2年度)
◇第20回技術賞
井出 正, 原田 邦行, 狩野 佐登視（富士重工業）, 小川 久男, 村上 直司, 柿沼 和夫（日本油脂）"PPバンパー用一液低温硬化型塗料の開発と実用化"
上野 長治, 岡 襄二（新日本製鐵）"トンネル内装板用EBC塗装鋼板の開発"
◇技能賞
阪西 省吾（三浦屋塗装工場）"建築塗装における卓越した技能と技能訓練の実績ならびに後進の育成"
堀切 忠義（堀切塗装工業所）"金属塗装における卓越した技能と特殊模様のデザイン技能ならびに後進の育成"

(平3年度)
◇第21回技術賞
岡本 信吾, 勝山 広樹（日本油脂）"意匠性塗料"リンクルカラー"の開発"
近藤 照夫, 青柳 久, 岡野 正, 山崎 忍（清水建設）, 藤田 宏（日本ビソー）"外壁自動吹きつけ装置の開発とその実用化"
田中 敏之（通産省工業技術院）"VOC大気汚染物質の測定技術に関する研究"
◇技能賞
加藤 守男（国光工業）"金属塗装に精通し, 特に自動車のナンバープレートの印刷塗装に連続印刷塗装を開発, また橋梁等大型製品の色彩模様塗装に卓越した技能"
野村 孝雄（広島市工業技術センター）"木工塗装に精通し, 特に塗り下駄の絵付け法を研究, またゼブラ材等の神代色の着色法の考案指導"
濱田 豊秀（浜田塗装工業）"金属塗装及び噴霧塗装に精通し, 特に精密測定機器の塗装に於けるアルミダイキャスト用特殊塗料の調合技能及び精密塗装加工の卓越した技能"

(平4年度)
◇第22回技術賞
　松井 駒治,江田 猛(関西ペイント)"新車の塗膜外観保護のための長期保護機能を有する粘着フィルム型保護材の開発"
　清水 光俊,国清 功,豊島 和昭(スズキ)"ポリオレフィン系樹脂成形品の塗装について,上塗り塗料にプライマー効果を取り入れた塗料・塗装方法の開発"
◇技能賞
　小島 正文(岐阜大学)"木材の表面処理,木材塗装に於ける木地形成の研究ならびに光変色抑制処理技術の開発"
　吉本 進(ソエジマ)"建築塗装に精通し,特にローラーブラッシ工法の導入を図るとともに,特殊壁紙を貼り,エマルション塗料で仕上げるルナファーザー工法を確立ならびに後進の指導育成に貢献"
　山本 修(日華化成)"色彩用顔料の開発と改良に努めるとともに,重金属を含まない漆用顔料を開発し,後進の指導育成に貢献"

(平5年度)
◇第23回技術賞
　河上 毅(トヨタ自動車),松田 守弘(豊田中央研究所),沢村 隆光(関東自動車工業),狭田 謙一(関西ペイント)"塗装深み感向上技術の開発"
　田村 孝一,西本 芳男(関西ペイント),加藤 健司,山下 博文(松下精工)"油膜易除去性コーティングシステムの開発"
◇技能賞　柳田 昭雄(カンペ・アイ・エス・エス)"塗料及び金属塗装に於ける品質管理手法の卓越した技能と塗装技能者のための職業訓練教育システムを確立し,指導育成に貢献"

(平6年度)
◇第24回技術賞
　松尾 一郎,海住 晴久,吉田 斉,吉崎 晃久(松尾産業)"粉体塗装に於ける塗料の定量供給装置"SFCシステム""
　金井 洋,宮内 優二郎,古川 博康,勝美 俊之(新日本製鐵　西浦塗装工業所)"接着性とプレス性を両立した塗装鋼板の開発"
◇技能賞
　西浦 錬太郎"金属塗装特に多品種少ロット生産及び特殊模様塗装に卓越し多くの技能者の指導育成と塗装技術の向上に貢献"
　大熊 喜一(中村塗装店)"建築塗装特に特殊塗装デザイン塗装に卓越し技能者の指導育成と塗装技術の向上に貢献"

(平7年度)
◇第25回技術賞
　甘利 昌彦,安藤 輝夫,土岐 進佑,羽田 正美(旭サナック)"高塗着効率,多用途用静電塗装ハンドガンの開発"
　中家 俊和,藤田 正敏,広瀬 哲也(関西ペイント)"構造物の汚れ対策—低汚染形塗料"
◇技能賞　渡辺 五十春(ワタナベ塗装工業所)"永年に亘る優れた塗装技能に対して"

(平8年度)
◇第26回技術賞　石戸谷 昌洋,間下 光行,中根 喜則,青木 進(日本油脂)"ブロック化したカルボキシル基を用いた新規架橋型塗料の開発"
◇技能賞　松下 勝昭(松下工業所)"永年に亘る優れた塗装技能に対して"

(平9年度)
◇第27回技術賞
　佐久間 秀夫(アロイ工器)"水系塗料に適する加圧気液併用霧化静電塗装ガンの開発"
　大西 和彦,高林 勇,安達 尚人(関西ペイント)"複層形成粉体塗料の開発"
◇技能賞　石川 勇太(日本ペイント販売東日本)"長年に亘る自動車補修塗装に於ける優れたメタリック(マイカ)色の再現技術と同仕上げ技術によって,技能者の育成と,性能に優れた塗料の普及に貢献した"

(平10年度)
◇第28回技術賞
　山下 正明,吉田 啓二,佐々木 健一,梶田 保之,加藤 博之(NKK)"塗膜硬度と曲げ加工性に優れた家電用新プレコート鋼板の開発"
　植ын 浩平,金井 洋,野村 広正,古川 博康,西岡 良二(新日本製鐵)"深絞りに適したプレコート鋼板"

(平11年度)
◇第29回技術賞
　齋藤 孝夫,川上 一郎,坂本 裕之,堀 仁,川浪 俊孝(日本ペイント)"電解活性型電着塗料(EDA)"
　野本 健,八重樫 英明,森本 辰巳(日産自動車)"鉛フリーカチオン電着塗料の開発"
◇技能賞　相原 延行(相模塗装)

(平12年度)
◇第30回技術賞　宮田 志郎,古田 彰彦,竹村

誠洋,原田 泰宏,森田 和幸"環境調和性・施工性に優れた耐候性鋼さび安定化処理剤の開発"
◇技能賞　井上 芳秋(日本パーカライジング)

(平13年度)
◇第31回技術賞　金井 洋,岡 襄二,岩倉 英昭,稲田 賢治,小谷 英夫,村田 利道,長瀬 孫則,古賀 重信(新日本製鐵)"計量のためのロールを持つ新しいカーテンコーターの開発と塗装鋼板製造ラインへの適用"

(平14年度)
◇第32回技術賞
大村 計治,足立 正行,桐村 勝彦,吉見 基宏(大日本電装)"粉体PCMの量産製造ライン(進化した塗装システム)"
吉田 啓二,大居 利彦,藤田 栄,山下 正明(JFEスチール),大熊 俊之,石川 博司(エヌケーケー鋼板)"加工性に優れた新塗装55%アルミ・亜鉛合金めっき鋼板の開発"

(平15年度)
◇第33回技術賞　該当者なし

(平16年度)
◇第34回技術賞　竹内 徹,鏡山 真行(関西ペイント)"最適希釈塗料供給システム"
◇論文賞　金井 洋,川端 伸一,岡 襄二(新日本製鐵)"耐熱ノンスティック型塗膜中のフッ素樹脂の焼付け過程における形態変化"

(平17年度)
◇第35回技術賞
松原 出(大気社)"電着塗装における循環流の改善"
涌田 充啓,棚橋 朗(ダイハツ工業),遠藤 貢(関西ペイント),児玉 敏(トヨタ自動車)"環境対応水性塗装技術の開発"
◇論文賞
窪田 隆広,佐々木 建一,山下 正明(JFEスチール)"家電用有機複合被覆鋼板における成形性とハンドリング性に及ぼす摺動特性の影響"
吉田 豊彦(日本塗料検査協会),馬場 護郎,新井 宏俊(村上色彩技術研究所)"光学的異方性塗膜の評価方法I,II"

(平18年度)
◇第36回技術賞　渡邉 健太郎,横山 博志,太田 資良,益子 修,勝木 恵子,齋藤 智好(日産自動車),山中 雅彦(元日産自動車,現アドバンスト・ソフトマテリアルズ)"金属調シルバーの開発"
◇論文賞　坪田 実,樋口 大介(職業能力開発総合大学校),中山 宏(アーキヤマデ),長沼 桂(楠本化成)"結露防止を目的とした水性塗装系の開発"

(平19年度)
◇編集委員長賞
中道 敏彦(日本化学塗料)"ラテックスの成膜機構I〜VII"
山村 方人(九州工業大学)"空気同伴現象とその抑制方法"
◇技能賞　大木 洋三(関西ペイント)"板金塗装市場における塗装技能発展への貢献"
◇論文賞　該当なし
◇第37回技術賞　該当なし

(平20年度)
◇第38回技術賞　田村 吉宣,塩田 克博,山本 理絵,阿武 純一(いすゞ自動車)"無人上塗りブースの開発"
◇編集委員長賞　安井 武史,安田 敬史,荒木 勉(大阪大学大学院)"テラヘルツ波を用いた塗膜モニタリング技術"
◇論文賞　該当なし

(平21年度)
◇第39回技術賞　小原 勝彦(上村工業),崎田 賢治,林 慶一(大気社)"仮想表面を使用した自動車ボディーの全体解析"
◇論文賞　鈴木 明,川﨑 慎一朗,相澤 崇史,小野 實信(産業技術総合研究所),早坂 裕,雪下 勝三,早坂 宜見(加美電子工業),佐藤 勲征,千代窪 毅,中塚 朝夫(宮城県産業技術総合センター)"高圧マイクロ混合器を用いた二酸化炭素塗装技術の開発"
◇編集委員長賞　瀬戸口 俊一(東洋アルミニウム)"メタリック塗膜外観についての数値解析"

# 083　日本パッケージデザイン大賞

日本全国からパッケージデザイン作品を募集し,それらの優れた作品を選出・記録するために昭和60年に設立された。

## 日本パッケージデザイン大賞

- 【主催者】（社）日本パッケージデザイン協会
- 【選考委員】選考委員は選挙で選出された会員と特別審査員（会員以外）で構成。第一次審査は選挙で選出された会員44名により審査。第二次審査は選挙で選出された会員23名と特別審査員（赤池学,押金純士,下川一哉,益田文和,三嶋康次郎）5名により審査
- 【選考方法】公募
- 【選考基準】〔対象〕（平成21年）平成18年9月1日から20年10月29日までに日本国内で発売（発表）された作品。〔応募資格〕作品の制作に関係した者。〔応募方法〕実物で提出。11種類のカテゴリー別に受付。(1)食品（加工食品,冷凍食品,健康食品,調味料など）(2)アルコール飲料(3)一般飲料(4)菓子(5)化粧品,香水(6)化粧雑貨（シャンプー,石鹸など）(7)一般雑貨（タバコ,玩具,文具など）,家庭用品（洗剤,ペット用品,家庭器具など）,衣料品,医薬品(8)電気機器・関連商品（ゲームソフト,CD,AV関係,カセットテープなど）(9)包装紙,ショッピングバッグ,ギフトボックス,贈答品(10)輸送用ケース(11)その他（上記のカテゴリーに含まれないもの,PB食品あるいはVI,CIなどでくくるもの）。〔審査手数料〕作品1点につき3000円,シリーズ作品は2点目以降1点当たり1000円を加算。〔デザイン審査基準〕販売喚起力,商品特性のわかりやすさ,挑戦性,コンセプチュアルな視点を重視し,それらの要件に加え「美しさ」と「新しさ」を判断基準とする
- 【締切・発表】（平成21年）作品受付締切は平成20年10月29日,入賞作品は平成21年5月発行予定の「年鑑日本のパッケージデザイン」に掲載
- 【賞・賞金】日本パッケージデザイン大賞(1点),ゴールド（各カテゴリー1点）,シルバー（各カテゴリー1点）,ブロンズ（各カテゴリー1点）,特別賞（エコデザイン,ユニバーサルデザイン）いずれの賞にも賞状とトロフィーを授与
- 【URL】http：//www.jpda.or.jp/

（平17年）
◇大賞　工藤 青石　「SHISEIDO MEN」
◇金賞
　コンドヲトヨカズ　「many many make」
　工藤 青石　「資生堂 唐草オードパルファム」
　加藤 芳夫　「サントリー緑茶 伊右衛門」
　工藤 青石　「イプサ ザ・タイムリセット」

（平19年）
◇大賞　関本 明子　「BOURG MARCHE ブールマルシェCI」
◇金賞
　水田 一久　「eneloop」
　平野 光太郎　「紙リサイクルを訴える・木目グッズ」
　加藤 芳夫　「Prime Blue 17年」

（平21年）
◇大賞　徳田 祐子　「とらや東京ミッドタウン店 パッケージ」
◇金賞
- 食品　佐野 研二郎　「とろっ豆」
- アルコール飲料　森田 充則　「伝匠 月桂冠」
- 一般飲料　福岡 南央子　「世界のKitchenから」
- 菓子　宮脇 亮　「ちびポリ」
- 化粧品・香水　工藤 青石　「イプサ ザ タイム リセット」
- 化粧雑貨　服部 一成　「HOTELS HOMES by UNIQLO Bath Products」
- 一般雑貨　新谷 秀実　「zuan design へちまたわし」
- 電気機器・関連商品　山下 雅丈　「デジタルカメラ PowerShot E1」
- 包装紙,ショッピングバッグ,ギフトボックス,贈答品　永島 学　「クアトロコルソ」
- 輸送用ケース　該当作品なし
- ブランディング　鹿目 尚志　「福寿園京都本店ブランディング計画」

（平23年）
◇大賞　荒木 志華乃,村山 利幸,多田 瑞穂　「然花抄院」〔株式会社ZEN花抄院〕
◇金賞
- 食品　佐藤 可士和,江藤 源　「伊丹米」〔伊丹産業株式会社〕
- アルコール　佐藤 夏生,高橋 コージ,北條 泰之(WATCH),高井 学(WATCH)　「琥珀エビス」〔サッポロビール株式会社〕

製造業　　　　　　　　　　　　　　　　　　　　　　　　　　　　083　日本パッケージデザイン大賞

- 一般飲料　秋山 晶, 堀尾 正己　「ソイッシュ」〔大塚製薬株式会社〕
- 菓子　小島 義広(電通), 小野 恵央(電通), 保持 壮太郎(電通), 端 裕人, コモンデザイン室　「スプーンいらずのチューブヨーグルト グルト！」〔明治乳業株式会社〕
- 化粧品、香水　信藤 洋二, 長崎 佑香　「資生堂オードパルファム」〔株式会社資生堂〕
- トイレタリー用品　重田 元恵, 山崎 蔵人　「ギャツビー クイックムービングミスト クラシックムーブ・クールモーション・スウィングマスター」〔株式会社マンダム〕
- 家庭用品、一般雑貨　池田 明教　「iroshizuku 色彩雫」〔株式会社パイロットコーポレーション〕
- 電気機器、関連商品　矢代 昇吾(エレコム), 中村 拓哉(グラフィックパワー)　「EGG MOUSE MINI」〔エレコム株式会社〕
- 贈答品、詰め合わせ　碓井 建司, 白井 信之, 伊藤 兼太朗　「ポーラ コ・ウ」〔株式会社ポーラ〕
- 輸送用ケース　王子製紙　「有機野菜 輸送兼 展示ケース」〔コストコホールセールジャパン株式会社〕
- CI、VI、BI　樋口 賢太郎, 浦田 進一　「寺岡有機農場」〔寺岡有機農場〕
- エコデザインパッケージ　鎌田 順也, 清野 絵理　「わけあり野菜 梱包用ガムテープ」〔片山農場〕
- 海外向け商品　松本 泉, 信藤 洋二, 川合 加奈子, 山口 崇　「SHANGHAI BOUQUET」〔株式会社資生堂〕
- 記念品、販促用パッケージ
　本多プラス　「うま味調味料 味の素 ストラップ」〔味の素株式会社〕
　瀬川 浩樹, 相川 一明　「味の素 アジパンダ瓶 オリジナルデザイン」〔味の素株式会社〕

◇銀賞
- 食品　鈴木 芳久, 大建 直人, 三近 淳, 工藤 真穂, 阿部 洋一郎, 北田 有一, 梅澤 麻美, 三河 洋子　「ビィータ」〔株式会社アキタ〕
- アルコール　黒柳 潤　「天神囃子 特別本醸造」〔魚沼酒造株式会社〕
- 一般飲料　水口 洋二, 玄覺 景子, 千總　「サントリー緑茶 伊右衛門 秋の茶会 360ml瓶(手提げ袋付)」〔サントリー〕
- 菓子　土井 宏明(ポジトロン), 五十川 健一(ポジトロン)　「Fit'sシリーズ」〔株式会社ロッテ〕
- 化粧品、香水　吉田 聖子, 金澤 正人, 信藤 洋二, 近藤 香織, 石川 北斗, 伊藤 翔太郎　「マジョリカ マジョルカ」〔株式会社資生堂〕
- トイレタリー用品　菊地 泰輔, 駒井 麻耶, 平岡 好泰　「資生堂 ウーノ・フォグバー」〔株式会社資生堂〕
- 家庭用品、一般雑貨　冨山 美紀, 中野 恵一　「スタイルズ」〔株式会社マルカン サンライズ事業部〕
- 電気機器、関連商品　矢代 昇吾(エレコム), 中村 拓哉(グラフィックパワー)　「Sundries Colors」〔エレコム株式会社〕
- 贈答品、詰め合わせ　鎌田 順也　「塩のみ」〔片山農場〕
- 輸送用ケース　佐野 研二郎, 市東 基　「LUMINE CHECK THE BERGAIN」〔株式会社ルミネ〕
- CI、VI、BI　菊地 敦己　「パンとエスプレッソと」〔株式会社パティーナ〕
- エコデザインパッケージ　岩本 恭明(博報堂クリエイティブ・ヴォックス), 徳田 祐司(カナリア), 山崎 万梨子(カナリア), 藤井 幸治(カナリア)　「い・ろ・は・す(天然水)パッケージ」〔日本コカ・コーラ株式会社〕
- 海外向け商品　加藤 芳夫, 古庄 章子, 牛島 志津子, 堀木 エリ子, 喜久 優　「欧州向けクリスマスギフトボックス 3種」〔サントリー〕
- 記念品、販促用パッケージ　信藤 洋二, 平岡 好泰, 薄 希秀　「花椿鏡」〔株式会社資生堂〕

◇銅賞
- 食品　山田 浩司, 石井 寛, 築地 哲平, 榎本 清孝, 小野 彩, 亀井 友吉　「青の洞窟」〔日清フーズ株式会社〕
- アルコール　前田 英樹, 関 玄達, 寿精版印刷デザインセンター　「サントリー角ハイボール」〔サントリー〕
- 一般飲料　岡部 裕介, 藪下 太司　「復刻堂 ウルトラ大怪獣レモネード」〔ダイドードリンコ株式会社〕
- 菓子　岡田 幸生, 近藤 洋一, 遠藤2号, 小川 薫, 益子 佳奈, 凸版印刷　「BLACK BLACK」〔株式会社ロッテ〕
- 化粧品、香水　宮田 識, 石井 昌彦, 渡邉 良重, 久門 剛史, 前原 翔一, 渡辺 恵理子, 矢

ビジネス・技術・産業の賞事典　441

島 由香, 高橋 里英　「ソフィーナボーテ 美白エイジングケアシリーズ」〔花王株式会社〕
- トイレタリー用品　沼田 九里馬, 秋葉 英雄, 山中 美香, 志村 洋平　「メリット」〔花王株式会社〕
- 家庭用品, 一般雑貨　松田 德巳, 河野 賢二, 中村 美加, パブロプロダクション　「トップ NANOX」〔ライオン株式会社〕
- 電気機器, 関連商品　北原 隆幸, 渡辺 智也　「MDR-370・570・770」〔ソニー株式会社〕
- 贈答品, 詰め合わせ　阿部 岳　「ビーグルビーグル」〔株式会社石渡〕
- 輸送用ケース　杉山 紘一　「金八みかん」〔かどや〕
- CI、VI、BI　NOSIGNER　「かんぴょううどん」〔小山商工会議所〕
- エコデザインパッケージ　加藤 芳夫, 藤田 芳康, 大住 裕一, 片岡 啓介, 寿精版印刷デザインセンター　「サントリー天然水 南アルプス 2Lペットボトルエコクリア包装」〔サントリー〕
- 海外向け商品　藤本 勝之, 中屋 英之　「三得利啤酒 純生 金牌・銀牌」〔サントリー〕
- 記念品, 販促用パッケージ　鈴木 奈々瀬, 野川 藍　「キユーピー90周年記念絵皿」〔キユーピー株式会社〕

## 084　日本品質管理賞

　日本品質管理賞は, 昭和44年10月東京で開催した世界初の品質管理国際会議を記念し, その意義を長く将来にわたって維持高揚するとともに, 品質管理界の一層の発展を図るために創設。

【主催者】デミング賞委員会(ただし賞の運営に必要な費用は日本科学技術連盟が負担)
【選考委員】デミング賞実施賞小委員会(狩野紀昭(東京理科大学名誉教授)をはじめ50名)で受賞候補企業を審査・選考。決定はデミング賞委員会が行う。委員長は慣例として社団法人経済団体連合会会長が就任。委員は産学のTQMの見識者で構成。委員会には, 5つの小委員会が設けられ, 審査その他の業務を分担審議している
【選考方法】公募
【選考基準】〔資格〕デミング賞実施賞または日本品質管理賞を受賞後, 受賞年度を含め3年以上を経過した法人企業または事業部。〔対象〕デミング賞実施賞を受賞した後, 受賞年度を含め3年以上, 企業環境の変化の中で「TQM」を継続して重点的に実施し, 着実かつ効果的に企業目的を達成しつつある企業または事業部に対して年度賞として授与
【締切・発表】5月31日締切(ただし, 海外からの場合は2月20日), 10月中旬発表。
【賞・賞金】賞状, 日本品質管理賞メダル
【URL】http://www.juse.or.jp/prize/deming.html

(昭45年)　トヨタ自動車工業
(昭48年)　日本電気
(昭50年)　新日本製鉄
(昭52年)　アイシン精機
(昭55年)　トヨタ車体
(昭56年)　小松製作所
(昭57年)　アイシン・ワーナー
(昭60年)　高丘工業
(平2年)　アイシン精機
(平3年)　アイシン・エィ・ダブリュ
(平4年)
　　アイシン化工
　　竹中工務店
(平6年)　アイシン軽金属
(平7年)　前田建設工業
(平9年)　台湾フィリップス
(平14年)
　　サンデン
　　スンダラム・クレイトン・ブレーキ事業部(インド)
(平16年)　ジーシー〈社長・中尾真〉

製造業

(平17年) Thai Acrylic Fibre Company Limited THAILAND (タイ)
(平18年) ジーシーデンタルプロダクツ
(平19年) マヒンドラ アンド マヒンドラ 農業機械事業部

## 085　日本品質奨励賞

　我が国の企業は品質活動を一層活発なものとすることにより,さらなる発展が期待される。財団法人日本科学技術連盟は創設50周年を記念して,平成12年にこの賞を創設した。日本品質奨励賞には,品質改善が着実に進展しておりISO9000の品質マネジメントシステムを有効に活用し,さらに継続とレベルの向上がはかれれば,企業の業績が向上しデミング賞にチャレンジできると思われる組織に授与される「TQM奨励賞」と,TQMを構成する諸要素(TQM奨励賞の「一般基礎項目」や「個別重点項目」に相当する側面,あるいは「成果評価項目」の側面など)について,他の組織の模範となる創造的で革新性をもった取り組み及びその成果を積極的に表彰する「品質革新賞」の2つがある。「品質革新賞」は平成19年度より実施。
【主催者】(財)日本科学技術連盟
【選考委員】委員長：吉澤正(帝京大学経済学部環境ビジネス学科教授),委員：天坂格郎(青山学院大学理工学部経営システム工学科教授),伊藤要蔵(アイシン精機(株)TQM・PM推進室主査),飯塚悦功(東京大学大学院工学系研究科化学システム工学専攻教授),猪原正守(大阪電気通信大学総合情報学部情報工学科教授),香村求((株)システムSWAT取締役社長),久保元勇(愛和技術研究所代表),今野勤((財)日本科学技術連盟嘱託),国分正義(つくば品質総合研究所所長),三戸辰雄(アイホン(株)TQM推進室室長),新藤久和(山梨大学工学部コンピュータ・メディア工学科教授),慈道順一((財)日本規格協会品質システム審査員評価登録センター),徳田潔((財)日本経済新聞社流通新聞編集長),戸田昌男((財)日本科学技術連盟嘱託),中條武志(中央大学理工学部経営システム工学科教授),西野武彦(前田建設工業(株)情報システムサービスカンパニーMSコンサルティング部長),細谷克也((有)品質管理総合研究所代表取締役所長),堀之内泰雄((財)日本科学技術連盟嘱託),丸山昇(アイソマネジメント研究所所長),宮村鐵夫(中央大学理工学部経営システム工学科教授),村川賢司(前田建設工業(株)総合監査部監査グループ専任部長),武川和洋(ケー・エム・コンサルティング代表),棟近雅彦(早稲田大学創造理工学部経営システム工学科教授),山崎正彦(元コニカマーケティング(株)),久米均(東京大学名誉教授)
【選考方法】TQM奨励賞は公募,品質革新賞は公募で自薦・他薦両方可
【選考基準】資格対象は特に定めていない。TQM奨励賞の審査は(1)書類審査,(2)事前打合会,(3)本審査(実地審査)からなる。書類審査により本審査に移行できるかどうかの確認が行われ,合格した組織が本審査に臨める。(1)書類審査：受審組織が提出する品質管理活動の状況をまとめた「実情説明書」の内容を審査チームが書類審査の合否を審査。(2)事前打合会：本審査の約1ヶ月前に,受審組織へ審査チーム主査が書類審査を検討した合否結果と審査項目ごとに質問事項を事前に提示。(3)本審査：審査チームが受審組織へ出向き,実情説明書の確からしさを審査。本審査は一般基礎項目審査,個別重点項目審査,総括審査により構成。一般基礎項目では,トップのリーダーシップ,日常管理と標準化,品質の改善活動,個別重点項目では,組織が選んだ項目について関係ある部門を中心に一般項目審査と同様の審査を行う。総括質問では,ここまでの審査で受審側が回答を保留していた事項,審査員がこれまで質問できなかった事項などについての質疑を行う。
【締切・発表】応募：当該年度の4月30日,合否の発表：10月上旬
【賞・賞金】賞状牌と賞杯

【URL】http://www.juse.or.jp/prize/syore.html

第1回（平12年度）
　◇TQM奨励賞
　　SCMシステムサービス
　　久保工務店
　　コニカオフィスドキュメントカンパニー機器生産事業部
　　西沢電機計器製作所
　◇品質技術革新賞
　　グローリー工業　"源流で品質・コストを確保し、開発期間を大幅に短縮する新製品開発システム"
　　東京電力　"原子力発電所における線量当量の低減化管理技術"

第2回（平13年度）
　◇TQM奨励賞
　　金秀建設
　　ミツクラテックス
　◇品質技術革新賞　東京電力東火力事業所保修部　"安定供給と経済性を両立するための保修部におけるビジネスプロセス"

第3回（平14年度）
　◇TQM奨励賞
　　沖縄瓦斯
　　キーパー御殿場工場
　　クロス・ロード　ハートぱすてる事業部

（平15年）
　◇TQM奨励賞
　　寿屋フロンテ　埼玉工場
　　コトヒラ工業
　　三和
　◇品質技術革新賞　NTTドコモ　研究開発本部コアネットワーク開発部　「移動通信網交換ソフトウェア開発における効果的レビューおよびその管理技術」

（平16年）
　◇TQM奨励賞
　　アスプコミュニケーションズ
　　KIS
　　大成歯科工業
　　ナブテスコ自動車カンパニー山形工場（旧ナブコ山形工場）
　　ニチベイ　生産本部

（平17年）
　◇TQM奨励賞
　　寿屋フロンテ　九州工場
　　ジーシーアサヒ

（平18年度）
　◇TQM奨励賞
　　アストム
　　キーパー三隅工場第三製造課
　　コロナ　製造本部

（平19年度）
　◇TQM奨励賞
　　アンリツテクマック
　　ナブテスコ　西神工場　製造部　バルブ製造グループ
　　雪国まいたけ　生産本部　研究開発室　品質保証室　TQM推進本部
　　ジーエス・ユアサ　パワーサプライ　電源システム生産本部

（平20年度）
　◇TQM奨励賞
　　永島製作所
　　ナブテスコ　ナブコカンパニー　福祉事業推進部

（平21年度）
　◇TQM奨励賞　関東エラストマー

（平22年度）
　◇TQM奨励賞　長津工業 小松西工場

---

## 086　ハイビジョン・アウォード

　ハイビジョンの走査線数1125本にちなんで昭和62年11月25日が「ハイビジョンの日」と定められ、これを機により一層の普及促進への高揚をはかるとともに、ハイビジョンの進歩・発展を広く一般にアピールすることを目的として創設された。平成12年11月にハイビジョン推進協会が業務を終了したことに伴い表彰を終了。
【主催者】ハイビジョン推進協会
【選考方法】関係者1125人の投票による

製造業　　　　　　　　　　　　　　　　　　　　　　　　　　　086　ハイビジョン・アウォード

【選考基準】〔対象〕郵政大臣賞：ハイビジョンの進歩・発展に最も貢献したもの。ハイビジョン推進協会長賞：ハイビジョンの進歩・発展に多大な貢献をしたもの。選定委員長賞：今後のハイビジョン発展の範として，選定委員会の特に推薦するもの
【賞・賞金】郵政大臣賞(1点)：賞状，盾と30万円。ハイビジョン推進協会長賞(2～3点)：賞状，盾と各10万円。選定委員長賞(7～8点)：賞状と盾

(平1年)
◇郵政大臣賞　日本放送協会放送技術研究所　"20年以上にわたり，先見性のある発想によってハイビジョンの撮像，記録，表示の機器及び伝送システムまでを一貫して研究，開発，実用化するとともに，国内技術基準の検討に貢献し，ハイビジョン技術の発展の牽引力となった"
◇ハイビジョン推進協議会賞
　岐阜県美術館ハイビジョンギャラリー　"岐阜県美術館に開設されたハイビジョン静止画システムを用いたハイビジョンギャラリーであり，世界で初めて美術品の展示にハイビジョンを応用した"
　藤尾　孝(松下電器産業技術本部ハイビジョン開発センター所長)　"ハイビジョンの研究にその初期から従事し，主要機器の開発に成果をあげるとともに，機器の改善・実用化を推進するなど，ハイビジョン技術の普及に努めた"
◇選定委員会特別賞
　ソニー　"ハイビジョンの研究開発に積極的に取組み，いち早く関連機器を実用化し，内外のユーザの要求に応えた"
　信州大学　"世界で初めて，手術顕微鏡を使った脳外科手術をハイビジョンに記録し，ハイビジョンの医療及び教育への利用が実用の域に達したことを実証した"
　東京放送〈制作〉　「まほろば」
　NHK〈製作〉　「ロサンゼルス・オリンピック」

(平2年)
◇郵政大臣賞　日本放送協会　"ハイビジョン定時実験放送"
◇ハイビジョン推進協議会賞
　田所　康　"国際電気通信連合(ITU)の国際無線通信諮問委員会(CCIR)の第11研究委員会(SG11年)第6中間作業班(IWP11/6年)の議長の要職を1983年から務め，その間にハイビジョンの国際規格化に多大な努力をし，その勧告化に貢献した"
　シャープ，ソニー，東芝，日本電気，日立製作所，松下電器産業，日本放送協会，NHKエンジニアリングサービス　"ミューズデコーダのLSI化"
　朝日放送　"夏の高校野球ハイビジョン中継"
◇選定委員会特別賞
　リボHDスタジオ社　"ハイビジョンに対する深い理解により，米国におけるハイビジョンの先駆的プロダクションとして，ハイビジョンの特徴を生かしたソフト制作に取り組み，世界のハイビジョン関係者に大きな刺激を与えるとともに，ハイビジョンの国際的普及に多大な貢献をした"
　ソニー・PCL HD推進部　"ハイビジョンソフト業界でベンチャーとして最も早くソフト制作技術の開発に取り組み，ハイビジョンを利用した映画やCM制作等のソフトの実用化の道を拓くことにより，ハイビジョン・ソフト制作の支援に大きな貢献を果たした"
　日本放送協会　「ジンジャー・ツリー」
　ハイビジョン・マガジン・プロジェクト　"記憶の海・ハイビジョンによるクリムト展"
　日本放送協会，池上通信機，日立製作所　"ハープ管カメラの開発"
　広島市　"広島国際会議場へのハイビジョンシステム導入"
　日本テレビ放送網　"ハイビジョンによる体内病巣内視"

(平3年)
◇郵政大臣賞　国際エレクトロニック・シネマ・フェスティバル日本委員会　"国際エレクトロニック・シネマ・フェスティバル東京―モントル―1990"
◇ハイビジョン推進協議会賞
　沼野　芳脩　"ハイビジョンのソフト開発の初期から一貫して先導的役割を果たし，ハイビジョンの特性を生かした特撮，合成，電子映像などの手法開発，ハイビジョンのマルチユース化を推進"
　名古屋市　"東山植物園動物会館へのハイビジョンシステム導入や新企画の各種イベ

ビジネス・技術・産業の賞事典　445

ントの開催など先進的な取り組みを行うとともに、ハイビジョン・シティ促進協議会の初代会長市としてハイビジョン・シティ構想の推進に多大の貢献をした"

放送音楽文化振興会　"ライブコンサート・ハイビジョン中継実験"

◇選定委員会特別賞

リプチンスキー、ズビグニュー　"「ジ・オーケストラ」をはじめとするハイビジョンの特殊撮影、合成技術を駆使した音楽ソフトを次々に制作するなど、ハイビジョン・ソフト制作の1つのジャンルを開拓し、ソフト制作者に多大の影響を与えた"

国際花と緑の博覧会協会　"国際花と緑の博覧会ハイビジョン展示と伝送"

日本放送協会, NHKエンタープライズ　「ニーベルングの指輪」

東京放送　「陰翳礼讃」

凸版印刷　"HIVISION GRAPH 花博における日刊ハイビジョン新聞"

日本放送協会　"HD/NTSC一体化大相撲中継"

日本テレビ放送網, 大日本印刷, 東芝, 電通　"HD HORIZON SYSTEM ハイビジョン3面連続"

(平4年)

◇郵政大臣賞　日本放送協会　"バルセロナ、アルベールビル両オリンピックでのハイビジョン中継放送の実施"

◇ハイビジョン推進協会会長賞

日本放送協会, NHKエンタープライズ, ニコン, ソニー, 日立電子, 文部省国立天文台, 旭光学工業　"高感度ハイビジョンカメラによる皆既日食撮影に成功"

杉本 昌穂 (パイオニア取締役)　"ハイビジョン規格の世界統一に努め、国内外にわたってハイビジョンの発展に尽力"

東京放送HDソフト部　"TBSエクスペリメンタルシリーズ"

日本放送協会, ソニー, 松下電器産業, 池上通信機　"ユニハイポータブルVTRを使用した簡易ロケシステム"

朝日放送ハイビジョン放送実施グループ　"全国高校野球選手権大会生中継"

◇選定委員長賞

日本テレビ放送網放送実施グループ　"6月14日放送・プロ野球巨人対ヤクルト戦生中継"

FNSグループフジテレビジョン, 関西テレビ放送　"ハイビジョン・クローズドサーキットへの意欲的な取り組み"

NHKエンタープライズ, 大日本印刷　"世界美術シリーズ「エルミタージュ美術館1・フィレンツェルネッサンス」"

ハイビジョン・ミュージアム推進協議会, 東京テレビジョン　"19世紀フランス美術の世界シリーズ「日本で見られる19世紀フランス美術」"

岐阜市科学館　"岐阜市科学館ハイビジョンプラネット"

千葉市　"ハイビジョンへの取組み"

ソニー　"新型フルスペックハイビジョン受像機の発売"

シャープ　"簡易型ミューズデコーダー内蔵ハイビジョン受像機の発売"

日本衛星放送　「WOWOWサウンドスペシャル サザンオールスターズ The音楽祭1991」

日本放送協会, NHKエンタープライズ, 東海大学, 法隆寺　「再現 法隆寺金堂壁画」

(平5年)

◇郵政大臣賞　日本放送協会, 日本テレビ放送網, 東京放送, フジテレビジョン, 全国朝日放送, テレビ東京　"ご成婚番組実施グループ"

◇ハイビジョン推進協会会長賞

原 健一 (NHKテクニカルサービス技師長)　"ハイビジョンの創成期より番組制作手法の開拓、制作システムの確立などに技術的な立場から貢献"

沖電気, 日本放送協会　"1125/1250方式変換機の開発と海外制作への応用"

日本放送協会, NHKエンタープライズ, 日立電子　「オーロラ～アラスカ・天空の彩り」

日本テレビ放送網, 静岡第一テレビ　「Jリーグ ヴェルディ川崎VS清水エスパルス クローズド・サーキット」

◇選定委員長賞

フジテレビジョン　"映画制作へのハイビジョンの積極的な活用"

毎日放送, 日本放送協会　「選抜高校野球」ハイビジョン放送実施グループ"

日本放送協会, NHKエンタープライズ　「青春牡丹灯篭」

ネミックラムダ　「米百俵」

愛があれば大丈夫, ソニー, ソニーミュージックエンターテインメント　「銀河の魚」

テレビ東京　「山手一周 電車でトリップ」

琉球放送, 東京放送　「琉球王朝の栄華」
北九州市　"北九州国際会議場のハイビジョンを有効に活用した国際会議や各種イベントの実施などに対し"
ハドソン　"ハイビジョン用ゲームソフトの開発"
ハイビジョン・ソフト, ソニー, 松下電器産業, パイオニア, 三洋電機, シャープ, 東芝, 日本ビクター, 日立製作所, 富士通ゼネラル, 三菱電機, 日本電機　"ハイビジョンLDゲームプレーヤーの開発とソフトの発売体制の確立"

(平6年)
◇郵政大臣賞　日本放送協会　"リレハンメルオリンピックハイビジョン放送"
◇ハイビジョン推進協会会長賞
二宮　佑一 (NHK放送技術研究所主幹)
村木　良彦 (トゥディ・アンド・トゥモロウ代表)
日本放送協会　「生と死のはざまで〜ヒューストン救急医療サービス」
東京放送, 千葉市, 電通, IMAGICA　「アインシュタインは黄昏の向こうからやってくる」
NHK試験放送送出・送信グループ, 日本衛星放送試験放送送出・送信グループ
◇選定委員長賞
NHKクリエイティブ　「驚異の小宇宙人体2 脳と心『心がうまれた惑星』」
NHK放送技術研究所　"ハイビジョン立体システムの開発と番組制作"
千葉市, 国際映像祭実行委員会　"ハイビジョン国際映像祭〜ちば・モントルー1994"
釧路市
日本放送協会　"NHK自然番組"
フジテレビ　"「ワーズワースの庭」第45話「腕時計の迷宮」"
ソニー　"昆虫を題材にしたシリーズソフトの制作"
KDD　"ハイビジョンのデジタル圧縮伝送実験"
日本ビクター　"大型プロジェクターILA及び初の民生用ハイビジョンVTRの開発・発売"
松下電器　"初の50万円以下のハイビジョン受信機の発売"

(平7年)
◇郵政大臣賞　日本放送協会　"阪神大震災ハイビジョン放送実施グループ"
◇ハイビジョン推進協会会長賞

フジテレビジョン　「北の国から'95 秘密」
日本放送協会, ナインネットワーク (オーストラリア)　"日豪共同制作ドラマスペシャル「最後の弾丸」"
前川　英樹 (東京放送メディア企画局長)
安細　恭弘 (松下電器産業ハイビジョン開発推進部長)
◇選定委員長賞
日本放送協会　"サンデースペシャル「チョモランマ遙か」"
日本テレビ放送網　「南極・ペンギン群島」
日本電気, 4CC　"ブレゲンツ音楽祭「ナブッコ」"
平成6年度ハイビジョンソフト共同制作実行委員会 (千葉市・八王子市・厚木市・大垣市・瑞浪市・名古屋市・四日市市・広島市・北九州市・佐賀市)　「サイエンストラベル〜日本列島誕生の謎」
全国朝日放送　"DO YOU さんでー"
NHKエンタープライズ21, 大日本印刷, 岐阜県博物館　「ハイパーハイビジョン風土記 ひだ・みの紀行」
テレビ東京, IAE (Infas Audiographios, Europe)　"ファッション通信スペシャル パリ・オートクチュールコレクション (プロヴァンスの夏, パリを演出する陰の主役たち, 働く女性たち, 私がパリ, G.コレット物語)"
NHK放送技術研究所, NHKエンジニアリングサービス, 東京ハイビジョン, 松下電器産業, ハイブレインズ　"ハイビジョンを用いた立体物美術品鑑賞システム"
東京放送, リボスタジオ, ソニーPCL　"「NEW YORK：ON THE EDGE」ポストプロシステム"
通信・放送機構, 日本電信電話, 日本電気, 電通関西支社, 電通プロックス　"水槽のない水族館「アクアミュージアム」"
大垣市

(平8年)
◇郵政大臣賞　日本放送協会　"アトランタ・オリンピックハイビジョン放送実施グループ"
◇ハイビジョン推進協会会長賞
NHKハイビジョンカメラ開発グループ, ソニー, 松下電器産業, 池上通信機　"ハイビジョン用小型200万画素CCDカメラの開発・実用化"
佐賀市立図書館
岩井　禧周 (NHKエンタープライズ21 エグ

ゼクティブ・プロデューサー）
寒川 幸一(NHKエンジニアリングサービス理事)
日本放送協会 "NHKスペシャル「故宮」シリーズ"
◇選定委員長賞
フジテレビジョン 「MARAIAH CAREY"Day Dream"Tour」
東京放送 「パパのポケベル」
日本放送協会 「ハイビジョンでこんにちは」
テレビ朝日,NBN 「鈴鹿1,000キロ耐久レース」
関西テレビ放送 「復興の街 神戸から～三宮・長田・この一年」
東芝 「仮想美術館」
(平10年)
◇郵政大臣賞 NHK,TBS,フジテレビ,テレビ朝日 "長野冬季オリンピック放送"
◇ハイビジョン特別功績者
川口 幹夫(NHK顧問)
大賀 典雄(ソニー会長)
大島 渚(映画監督)
梶原 拓(岐阜県知事)
石川 晃夫(元ハイビジョン推進協会理事長)
◇ハイビジョン推進協会会長賞
NHK "'98ワールドカップサッカー・フランス大会の放送"
NHK,ソニー "ハイビジョンVTR一体型カメラの開発"
フジテレビ "ドラマスペシャル「町」"
TBS 「フェルメールの囁き」
西沢 台次(NHK放送技術研究所研究主幹)
関 祥行(フジテレビ総合開発局専任局長)
(平11年)
◇郵政大臣賞 日本放送協会 「ハイビジョン宇宙へ」
◇ハイビジョン推進協会会長賞
フジテレビジョン 「踊る大捜査線 秋の犯罪撲滅スペシャル」
日本放送協会,池上通信機,富士写真光機,浜松ホトニクス "超高感度ハイビジョン(アイアイ)カメラの開発"
小沢 真助(NHKテクニカルサービス顧問)
坂田 俊文(東海大学教授)
◇選定委員長賞
日本放送協会,NHKエデュケーショナル,ティー・ビー・エス・ビジョン "ハイビジョンスペシャル「よみがえる最後の晩餐」"
日本放送協会 "ハイビジョン体感生中継「これがアメリカ大西部だ」～グランドキャニオン・モニュメントバレー"
日本テレビ "川の時代シリーズ「水の島屋久島～天空へ駆け上がる川」"
日本放送協会 "ハイビジョンスペシャル「里山 人と自然がともに生きる」"
フジテレビジョン,関西テレビ放送 "スポーツ生ワイド"
テレビ朝日,テレビ朝日映像 「クロイツェル・ソナタ」
(平12年)
◇郵政大臣賞 NHK,NHKエンタープライズ21 "NHKスペシャル「四大文明」"
◇ハイビジョン推進協会会長賞
ハイビジョン国際標準化グループ(NHK,民放,電機メーカー)
NHK "大河ドラマ「葵 徳川三代」"
フジテレビ,映像京都 「少年H」
NHK "シドニーオリンピック"
磯部 信夫(NHKチーフプロデューサー)
◇選定委員長賞
WOWOW,ワンハート "Railway Storyシリーズ"
TBS 「森の哲学者メイナク族 坂井真紀のアマゾン体験記」
NHK 「アメリカ大統領選挙」「沖縄サミット」関連ニュース及びニュース番組
NHK "白神山地命そだてる森"
朝日放送 「自行化他(じぎょうけた)～比叡山の行」
NHK "移動中継シリーズ「雲南の春」"
平成11年度ハイビジョンシティ・ソフト共同制作実行委員会 「大熊猫～あなたはパンダを知っていますか？」
日本テレビ,日本テレビエンタープライズ "豪華絢爛タイ王朝「今世紀最後の祝祭」"
テレビ東京 "美ら島に神来たる～沖縄・竹富島の種子取祭"
テレビ朝日,ザ・ワークス 「映画監督・鈴木清順～ツィゴイネルワイゼンの旅」
◇郵政大臣賞ハイビジョン特別功労賞
森園 正彦(ソニー顧問)
中村 好郎(前NHK副会長)
高野 悦子(岩波ホール総支配人)
志賀 信夫(放送批評懇談会理事長)
羽鳥 光俊(国立情報学研究所教授)
中谷 芙二子(ビデオアーティスト)
隈部 紀生(ハイビジョン推進協会理事)

# 087 ハイビジョン・次世代テレビ技術賞

IEEE Masaru Ibuka Consumer Electronics Awardsを受賞された森園正彦氏・林宏三氏・藤尾孝氏・杉本昌穂氏・二宮佑一氏を記念して設けられた賞で，平成14年度に創設された。旧名称「次世代高品質テレビジョン技術賞」。

【主催者】（社）映像情報メディア学会
【選考委員】ハイビジョン技術賞選考専門部会（約30名），選奨委員会委員（約20名）による選考
【選考方法】公募，選考専門部会委員からの推薦により，選考専門部会で審議，選奨委員会で確認・審議し，理事会で決定
【選考基準】〔資格〕会員〔対象〕ハイビジョンまたは新しい高品質テレビジョンに関し，ハードウエア，ソフトウエア，方式に関わる研究，開発またはコンテンツ制作技術の開発，または技術の普及を行い，顕著な成果をあげた個人またはグループに贈呈する。業績は選定時から概3年以内
【締切・発表】毎年1月中旬〜下旬締切，発表・贈呈は5月下旬（総会の席上）
【賞・賞金】賞状と賞牌
【URL】http://www.ite.or.jp

第1回（平14年度）
　ハイビジョンPDP開発グループ（パイオニア）"ハイビジョンプラズマディスプレイの開発"
　「HDTV高圧縮」研究グループ（NHK-ES，NHK，KDDI研究所，三菱電機）"デジタル放送用HDTV高圧縮技術に関する研究開発"

第2回（平15年度）
　ロードレース用ハイビジョンディジタルFPU開発グループ（NHK）"ロードレース用ハイビジョンディジタルFPUの開発"
　デュアルモードFPU開発グループ（NHK）"ディジタルハイビジョン・NTSCアナログ伝送機能一体化デュアルモードFPUの開発"
　滝嶋 康弘，酒澤 茂之，和田 正裕（KDDI研）"IP網を用いた高品質モバイルHDTV伝送システムの開発"

第3回（平16年度）
　フジテレビSmart MUX開発チーム（フジテレビジョン）"ハイビジョン中継用多機能多重化装置「Smart MUX」の開発"
　内藤 整，小池 淳（KDDI研）"JPEG2000を用いたハイビジョン低遅延コーデックJH-2000Nの開発"

第4回（平17年度）
　60GHz帯ミリ波ハイビジョン伝送装置開発グループ（NHK）"60GHz帯を用いたミリ波ハイビジョン伝送装置の開発"
　ドラマ・映画制作用高画質ハイビジョンHARPカメラ開発グループ（NHK，日立国際電気，浜松ホトニクス）"ドラマ・映画制作用高画質ハイビジョンHARPカメラの開発"

第5回（平18年度）
　NHKハイビジョンヘリコプター開発チーム〈代表者・守山正巳〉（NHK）"取材用ハイビジョンヘリコプターの開発および全国整備"
　フレーム倍速駆動方式液晶テレビ開発グループ〈代表者・相羽英樹〉（日本ビクター）"フレーム補間型120Hz倍速駆動方式液晶テレビの開発，商品化"

第6回（平19年度）
　NHK・NHK-ES 月探査衛星「かぐや」ハイビジョンカメラシステム開発グループ "月探査衛星「かぐや」ハイビジョンカメラシステムの開発"
　三洋電機 シリコンムービー開発プロジェクト "超小型フルハイビジョンデジタルムービーカメラの開発"

第7回（平20年度）
　NHK・NTT 多視点ハイビジョンシステム開発チーム "多視点ハイビジョンシステム"
　内藤 整，吉野 知伸（KDDI研）"4K解像度対応PCソフトウェアベースH.264リアルタ

イムコーデックの開発"

第8回（平21年度）
　三菱電機 H.264コーデック研究開発グループ　"H.264/AVC High422P@L4.1対応1チップエンコーダLSIの開発"
　NHKデジタル放送映像品質監視装置開発チーム　"デジタル放送映像品質監視装置"

---

## 088　発明大賞

中小企業の発明研究者の優秀発明を表彰し，我が国の科学技術，産業の発展に寄与するため，昭和50年に創設された。独創的な自主技術の開発に取り組み，優れた製品を生み出した中堅・中小企業に贈られる賞。

【主催者】（財）日本発明振興協会，日刊工業新聞社
【選考方法】公募または推薦
【選考基準】〔資格〕中堅企業・中小企業（資本金10億円以下の企業）および個人発明家・グループに限る。〔対象〕画期的な発明考案あるいは科学技術の研究を通じて，我が国産業の発展と国民生活の向上に大きな業績を上げたもの
【締切・発表】9月30日締切，2月中旬日刊工業新聞紙上で発表，表彰式は2月下旬
【賞・賞金】賞状および 発明大賞本賞（1件）：100万円，発明大賞東京都知事賞（1件）：50万円，発明大賞日本発明振興協会会長賞（1件）：50万円，発明大賞日刊工業新聞社賞（1件）：50万円，発明功労賞（7件）：各20万円，考案功労賞（10件）：各10万円，発明奨励賞（5件）：記念品
【URL】http://www.jsai.org

---

第1回（昭51年）
　◇発明大賞　日本自動制御　"顕微鏡の自動焦点装置"
　◇発明大賞池田特別賞　埼玉機器，三輪精機　"重荷重を受ける緩衝材の破損防止構造"
　◇発明大賞福田特別賞　松田ポンプ製作所　"硫酸製造装置用縦軸沈下式ポンプ"

第2回（昭52年）
　◇発明大賞　柴田ハリオ硝子　"電気ガラス溶融方法"
　◇発明大賞笹川特別賞　東洋フィルター工業　"自己再成式フィルターエレメント構成法及び自己再生式エレメント"
　◇発明大賞池田特別賞　理想科学工業　"電子閃光放電管による複写法"
　◇発明大賞福田特別賞　三田屋製作所　"積層ブレンデ"

第3回（昭53年）
　◇発明大賞　シンポ工業　"割り出し用ボールアッセンブリー"
　◇発明大賞笹川特別賞　細井工作所　"高性能倣いフライス盤"
　◇発明大賞池田特別賞　イワキ埼玉工場　"往復可変定量ポンプ"
　◇発明大賞福田特別賞　西村鉄工所　"IBコンベア"

第4回（昭54年）
　◇発明大賞　THK　"無限摺動用ボールスプライン軸受"
　◇発明大賞笹川特別賞　東京応化工業　"感光性フレキソ版材"
　◇発明大賞池田特別賞　赤石金属工業　"シロッコファン"
　◇発明大賞福田特別賞　東洋炭素　"等方性高密度黒鉛の製法"

第5回（昭55年）
　◇発明大賞　東京プレイティング　"アルミニウム材の鏡面処理"
　◇発明大賞笹川特別賞　東洋基礎工業　"拡底リバースサーキュレーションドリル杭工法"
　◇発明大賞池田特別賞　戸田工業　"針状晶磁性粉末の製法"
　◇発明大賞福田特別賞　村上 房子　"リバーシブルアフガン"

第6回（昭56年）
　◇発明大賞　小野測器　"回転力測定装置"
　◇発明大賞笹川特別賞　ワールドケミカル　"油回収ポンプ"
　◇発明大賞池田特別賞　星野物産　"乾麺の早

製造業

茹と食味に関する研究"
◇発明大賞福田特別賞　宮木電機製作所　"交流アーク溶接機用自動電撃防止装置"

第7回（昭57年）
◇発明大賞　グラフテック　"マイコン用自動作図機"
◇発明大賞笹川特別賞　三社電機製作所　"歯科用全自動真空加圧鋳造装置"
◇発明大賞池田特別賞　サンクス　"フリー電源型光電検出装置"
◇発明大賞福田特別賞　渡辺機開工業　"生海苔連続截浄機"

第8回（昭58年）
◇発明大賞　九州耐火煉瓦　"高性能マグネシア・カーボンれんが"
◇発明大賞笹川特別賞　ジャパンパイプコンベヤ　"パイプコンベヤ"
◇発明大賞池田特別賞　フクダ電子　"記録計の直線書き機構"
◇発明大賞福田特別賞　東拓工業　"合成樹脂製螺旋巻管の連続製造装置"

第9回（昭59年）
◇発明大賞　第二吉田記念鉄工所　"リボン線製造法"
◇発明大賞笹川特別賞　横浜機工　"耐熱性高反射鏡"
◇発明大賞池田特別賞　藤井 正視　"接地線の取りつけ工法"
◇発明大賞福田特別賞　丸智工研　"脱油浄化方法"

第10回（昭60年）
◇発明大賞　勧業電気機器　"磁気抵抗素子によるシートコイルモータ"
◇発明大賞笹川特別賞　海研　"漁船付属運搬船の玉網捌き法"
◇発明大賞池田特別賞　鷹羽科学工業　"磁力選鉱装置"
◇発明大賞福田特別賞　鈴茂機械工業　"寿司自動製造機"

第11回（昭61年）
◇発明大賞　黒谷美術　"大型美術鋳造品の製作技術"
◇発明大賞笹川特別賞　菊水化学工業　"無機硬化体組成物"
◇発明大賞池田特別賞　開発農機　"ロータリー除雪車"
◇発明大賞福田特別賞　平安鉄工所　"木工用ルータ機の切削法"

第12回（昭62年）
◇発明大賞　阪神技術研究所　"歯科用Ｘ―レイフィルム現像処理システム"
◇発明大賞笹川特別賞　真空理工　"光交流法薄膜用熱定数測定装置"
◇発明大賞池田特別賞　理研製鋼　"非球面加工用超精密旋盤"
◇発明大賞福田特別賞　三社電機製作所　"高周波スイッチング式溶接機・切断機"

第13回（昭63年）
◇発明大賞　ハンドーザー工業　"車幅内旋回掘削機"
◇発明大賞笹川特別賞　田中科学機器製作　"曇り点測定装置"
◇発明大賞池田特別賞　榎本鋳工所　"低熱膨脹鋳鉄"
◇発明大賞福田特別賞　トーソー　"フレキシブルカーテンレール"

第14回（平1年）
◇発明大賞　石川ガスケット　"金属積層型ガスケット"
◇発明大賞笹川特別賞　マナ　"電話転送装置"
◇発明大賞池田特別賞　日東工器　"空圧式多針剥離工具"
◇発明大賞福田特別賞　千住金属工業　"クリームはんだ"

第15回（平2年）
◇発明大賞　トックベアリング　"一方向ベアリング"
◇発明大賞笹川特別賞　スパンクリート製造　"プレキャスト板を用いた床工法"
◇発明大賞池田特別賞　シミズ　"アニオン電着塗膜の低温硬化法"
◇発明大賞福田特別賞　セイブエンジニアリング　"使用済み注射針の処理装置"

第16回（平3年）
◇発明大賞　ユーシー産業　"樹脂管の製造装置"
◇発明大賞笹川特別賞　セリック　"人工太陽照明灯"
◇発明大賞池田特別賞　ジャパントルクス　"小型スイッチの対向接点部の製造法"
◇発明大賞福田特別賞　機動建設工業　"低耐荷力管推進工法"

第17回（平4年）
◇発明大賞　東亜メッキ工場　"内面メッキ治具"
◇発明大賞笹川特別賞　オスカー工業　"繊維

状粉体送り装置"
- ◇発明大賞池田特別賞　荻原製作所　"自吸式ポンプ"
- ◇発明大賞福田特別賞　八洲工業　"流体収納容器"

第18回（平5年）
- ◇発明大賞　日本ベルパーツ　"紙送りローラ"
- ◇発明大賞笹川特別賞　ユニックス　"金属多孔質材製造法"
- ◇発明大賞池田特別賞　ネオテック　"生コンクリート洗い残渣の再生装置"
- ◇発明大賞福田特別賞　セキ工業　"スポット溶接非破壊測定具"

第19回（平6年）
- ◇発明大賞　エヌエフ計測システム，日本パルスモーター　"ステッピングモータ用負荷トルク測定装置"
- ◇発明大賞笹川特別賞　アツデン　"電気音響交換器の振動板"
- ◇発明大賞池田特別賞　新城製作所　"折取り可能ドリルねじ"
- ◇発明大賞福田特別賞　東洋高圧　"生カニ足皮むき装置"

第20回（平7年）
- ◇発明大賞　住田光学ガラス　"フツリン酸塩光学ガラス"
- ◇発明大賞笹川特別賞　長野計器製作所　"シリコン薄膜ピエゾ抵抗素子の製造法"
- ◇発明大賞池田特別賞　日本エフディ　"即席もち製造法"
- ◇発明大賞福田特別賞　増幸産業　"高速粉砕装置"

第21回（平8年）
- ◇発明大賞　佐久間 孝一（鈴木製作所常務開発部長）　"ミシンの自動エア糸通し装置"
- ◇発明大賞笹川特別賞　古川 良知ほか1名（京都電子工業熱特課課長）　"水分計における電極電位検出方法"
- ◇発明大賞池田特別賞　小田原 大造（丸誠重工業社長）　"海生物を主体とする廃棄物の処理方法"
- ◇発明大賞福田特別賞　北村 耕一郎（キタムラ機械社長）　"パレット交換装置"

第22回（平9年）
- ◇発明大賞　戸田 彰（ワイ・イー・テクノ社長）　"円方向振動形粘度検出装置"
- ◇発明大賞笹川特別賞　山下 直（電気化学計器社長）　"電極体"

- ◇発明大賞池田特別賞　西田 篤生（共立機巧代表取締役）　"二連式プランジャーポンプ"
- ◇発明大賞福田特別賞　山本 正登（ケミカル山本代表取締役）　"合金鋼の溶接に伴うスケールの除去方法"

第23回（平10年）
- ◇発明大賞　今井 一久（アイテック社長）「搬送装置の駆動部材」
- ◇発明大賞笹川特別賞　杉野 芳宏（スギノマシン社長）「外径転圧上げ装置」
- ◇発明大賞池田特別賞　寺内 一秀（ニッショー機器代表取締役）「2軸水平センサ」
- ◇発明大賞福田特別賞　河合 秀明（樹脂印刷社代表取締役）「吸盤付シートの製造方法」

第24回（平11年）
- ◇発明大賞　曽我 信之（スタビック代表取締役）「X線非破壊検査装置」
- ◇発明大賞笹川特別賞　土井 茂ほか（京都第一科学社長）「グルコース濃度の測定方法」
- ◇発明大賞池田特別賞　須山 清記（アワーブレーン環境設計代表取締役）「ゴンドラ足場装置」
- ◇発明大賞福田特別賞　常村 忠生（多機能フィルター社長）「表土保護シートと土壌侵食防止方法」

第25回（平12年）
- ◇発明大賞　岡本 毅（岡本硝子社長）「反射鏡」
- ◇発明大賞笹川特別賞　加藤 忠郎（日進精機社長）「押し通しダイスによる3次元パイプベンダー」
- ◇発明大賞池田特別賞　越智 宏倫（日研フード会長）「DNA損傷度測定方法」
- ◇発明大賞福田特別賞　山野 稔（シグマックス代表取締役）「パターン形成用シート」

第26回（平13年）
- ◇発明大賞　木下 治彦（木下精密工業社長），加藤 征（加藤機械研究所）"ボビン自動交換装置"
- ◇発明大賞笹川特別賞　高嶋 哲（ナナオ社長）"ビデオモニタの調整システム"
- ◇発明大賞池田特別賞　大政 龍晋（日本テクノ代表取締役）"小孔プリント基板用高速・高品位めっき装置"
- ◇発明大賞福田特別賞　高根 重信（精工タカネ代表取締役）"直腸カテーテル"

第27回（平14年）
◇発明大賞　岡崎 稔（新光電子社長）　"音叉振動式荷重変換機構"
◇発明大賞笹川特別賞　児玉 展全（山洋電気クーリングシステム事業部副事業部長），小河原 俊樹（山洋電気クーリングシステム事業部設計部主任技師）"電子部品冷却装置"
◇発明大賞池田特別賞　岡崎 友亮（竹中エンジニアリング社長）"人体検知装置"
◇発明大賞福田特別賞　深町 陸夫（カワデン社長）"電動緊急遮断弁"

第28回（平15年）
◇発明大賞　川口 竹夫（カワグチ代表取締役）"電気配線用ジョイントボックス"
◇発明大賞笹川特別賞　塚田 栄治（塚田螺子製作所専務取締役）"シート送りシャフト"
◇発明大賞池田特別賞　飯島 朝雄（ノース社長）"配線回路基板とその製造方法"
◇発明大賞福田特別賞　児玉 利治（志賀産業代表取締役）"路面用カッター"
◇田邊発明功労賞　秋山 惠男（武陽ガス技術研究室長）"プロパン・エア13Aの製造方法"
◇千葉発明功労賞　根本 喬（瑞穂医科工業代表取締役社長）"人工膝関節"
◇関谷発明功労賞　野村 明（綜研化学粘着剤営業部主査）"偏光板用粘着剤"
◇松原発明功労賞　実盛 祥隆（ナナオ代表取締役社長）"液晶表示装置の光検出器"
◇白井発明功労賞　河野 晃治（九州耐火煉瓦電材部部長），高山 義男（九州耐火煉瓦電材部技術グループグループ長），吉形 健治（九州耐火煉瓦電材部製造グループリーダー）"電子部品焼成用治具の製造方法"
◇池本発明功労賞　渡部 悠次（エムイーシー代表取締役）"超音波無圧式漏れ検査装置"
◇鬼塚発明功労賞　本江 勝郎（理想科学工業開発本部第二開発部次長）"製版印刷一体型同時2色孔版印刷機"
◇持田発明功労賞　高橋 正司（高橋製作所専務取締役），高橋 昭夫（高橋製作所代表取締役社長）"圧力計及びブルドン管の製造方法"
◇粟村発明功労賞　山中 稔（リスダンケミカル代表取締役）"フィラメントループ集合体フロアマット"
◇山口発明功労賞　榎 敏男（九洲日東代表取締役社長）"連続土留壁の構築工法"
◇石井発明功労賞　中井 昭夫　"ガス直下型かまど"
◇考案功労賞
政田 寛（宝計機製作所代表取締役社長）"果実の選別方法とその設備"
原 裕（日本建設技術代表取締役）"法面緑化工法及び部材"
伊佐 達雄（コロナ住設商品開発グループ副部長），高橋 明和（コロナ住設商品開発グループ主事），藤田 隆夫（コロナ住設商品開発グループリーダー），渡部 史生（コロナ住設商品開発グループ）"強制給排気式燃焼装置"
平田 哲夫（平田鉄工取締役社長）"連コア用締結金具"
和田 直哉（キンキ代表取締役社長）"ハンマークラッシャー"
姫野 富治（ケーシーシー商会代表取締役社長）"モザイク式パネル用照光表示装置"
宇治 友一（アクティオエンジニアリング事業部東京営業所所長），上田 良司（日本技術センター常務取締役），米澤 俊裕（日本技術センター生産管理部リーダー），石田 真一郎（日本技術センター技術2部リーダー），赤松 晃（日本技術センター技術1部）"濁水処理装置"
今瀬 憲司（加茂精工代表取締役）"回転運動と直線運動の変換装置"
甘利 昌彦（旭サナック代表取締役社長）"半導体ウェーハ用研磨パッドのドレッシング装置"
石川 真一（ゼブラ代表取締役社長）"筆記具のクリップ取付装置"
崎谷 文雄（ローツェ代表取締役社長）"基盤搬送用スカラ型ロボット"
星 忠一（星プラスチック代表取締役）"樹脂ストランド切断装置"
包行 良人（筑水キャニコム代表取締役社長）"草刈機における刈取伝動機構"
宮井 康隆（カワタ設計部）"粉粒体の定量供給装置"
山本 正登（ケミカル山本代表取締役社長）"銀の変色除去装置"

第29回（平16年）
◇発明大賞　市村 昭二（ファイラックインターナショナル代表取締役）"電荷移動型触媒を利用したセルフクリーニングタイル"
◇発明大賞笹川特別賞　中森 秀樹（ナノテッ

ク社長）"ダイヤモンドライクカーボン薄膜製造装置"
◇発明大賞池田特別賞　松本 繁（国際計測器社長）"タイヤユニフォーミティ試験装置"
◇発明大賞福田特別賞　川日 賢治（京都電子工業京都研究所所長），保田 正範（京都電子工業京都研究所主任）"超音波音速測定方法"
◇田邊発明功労賞　塚本 英樹（アースデザインインターナショナル代表取締役社長）"廃棄物処理状況の追跡管理システム"
◇千葉発明功労賞　江口 健（ビッグ・エッグ代表取締役）"小形船舶用エンジン非常停止装置"
◇関谷発明功労賞　山本 為信（山本光学代表取締役社長）"眼鏡用ポリカーボネート製偏光レンズ"
◇松原発明功労賞　平山 季藤（コーベックス代表取締役）"真空蒸溜洗浄方式"
◇白井発明功労賞　中村 雅英（ミツワガス機器開発室顧問），秋山 惠男（陽光エンジニアリング社技術研究室室長）"感熱自動閉止ガスコック"
◇池本発明功労賞　窪前 孝一（親和製作所取締役自社品事業部長）"生海苔の異物分離除去装置"
◇鬼塚発明功労賞　山崎 繁（オプトデバイス研究所）"高輝度反射型発光ダイオード"
◇持田発明功労賞　神島 昭男（神島組代表取締役）"割岩装置およびこれを用いた心抜き工法"
◇粟村発明功労賞　東 利保（サンエイ代表取締役）"空気揚砂撹拌式沈砂洗浄装置"
◇山口発明功労賞　高 博（エイテック代表取締役）"モータ・インバータの異常劣化診断装置"
◇石井発明功労賞　藤井 正視　"多段階埋設接地電極"
◇考案功労賞
　飴山 善昭（ダンレイ代表取締役）"ダイヤフラム応動弁"
　高野 修（ネオアーク八王子工場製造技術部）"ガスレーザの周波数安定化方法"
　鈴木 三郎（フロンティア常務取締役）"カップ容器の二軸延伸ブロー成形方式"
　廣澤 清（育良精機製作所代表取締役社長）"自動棒材供給機"
　藤林 寅吉（藤商事代表取締役）"大型コンクリートブロックの施工法"
　大岡 裕保　"コンクリート打ち止め用ペーパーコアパネル"
　田中 義弘（スズキワーパー代表取締役）"整列巻き可能な電子制御サンプル整経機"
　須山 清記（アワーブレーン環境設計代表取締役）"室内換気システム"
　山宮 広之（シグマ光機開発本部部長）"粗微動手動用送り装置"
　榎 敏男（九洲日東取締役社長）"杭頭と基礎の結合方法"
　秋山 雄二郎（プラコー技術本部プラスチック機械課），髙橋 実（プラコー技術本部本部長）"プラスチック押出成形機"
　山本 正男（スカラ代表取締役）"携帯型デジタル顕微鏡"
　伊藤 勝夫（光洋器材代表取締役）"ボード用アンカー"
　北堀 礼司（電元社製作所開発部電気開発課課長），広瀬 光康（電元社製作所開発部電気開発課）"抵抗溶接機用制御装置の溶接パラメータ設定方法"
　鈴木 正男（小島プレス工業電子技術部電子回路設計課担当員）"充電装置"

第30回（平17年）
◇発明大賞　清田 茂男（清田製作所代表取締役）"電子デバイス検査用積層型プローブ"
◇発明大賞笹川特別賞　森本 徹（ユニックス吸音材事業部顧問）"透光型膜振動吸音板"
◇発明大賞池田特別賞　戸津 勝行　"リサイクルねじ"
◇発明大賞福田特別賞　村田 彰久　"単管連続自動溶接装置"
◇田邊発明功労賞　新藤 正信（新光電業代表取締役）"鉄道車両輪重測定装置"
◇千葉発明功労賞　木村 滋（淀川メデック常務取締役）"偏光板貼付装置"
◇関谷発明功労賞　大越 秀雄　"平行二軸駆動装置"
◇松原発明功労賞　横道 茂治（エレニックス開発技術部部長）"微細電極自動挿通方法"
◇白井発明功労賞　松橋 章（メトロール代表取締役社長）"真空・圧縮エア式ショックアブソーバ"
◇池本発明功労賞　川﨑 滋夫（神津精機技術部開発課長）"マイクロメータヘッド"
◇鬼塚発明功労賞　徳野 信雄（日本クレセント代表取締役）"回転飲食台における料

金表示方法"
◇持田発明功労賞　根来 功(根来産業代表取締役社長)　"2段カットパイル製品"
◇粟村発明功労賞　羯磨 隆(インターナショナルアロイ代表取締役)　"パイプ伝動軸両端加工装置"
◇山口発明功労賞　岡田 民雄(日本坩堝代表取締役社長)　"アルミニウムインゴット等の溶解保持炉"
◇石井発明功労賞　早川 義久(セフテック代表取締役社長)　"溶接ヒュームガス処理装置"
◇考案功労賞
　望月 俊二(トウネツ代表取締役)　"溶湯定量供給装置"
　出口 吉孝(サッポロ産機代表取締役)　"FRP防火サッシ"
　大井 康弘(シーアールホーム代表取締役社長)　"木造住宅建築用外断熱パネル"
　山本 渡(山本鍍金試験機常務取締役)　"簡易型半導体向けめっき装置"
　西井 和弘(大同テック環境事業部環境技術顧問)　"ガラス製品回収破砕処理車"
　池田 浩之(小島プレス工業新工法開発プロジェクト担当員)　"円筒面を有する樹脂成形品の表面仕上げ装置"
　桂 禎邦(ダスキン開発研究所モップ研究室主任)　"床面洗浄用組成物"
　安田 嘉和(テック・ヤスダ)　"ベアリングハウジング精密加工冶具"
　木村 冨士太　"つり糸整列巻取機"
　畑中 武利(昭電取締役成田工場長)　"地震対応機器移動制御装置"
　山菅 美利(正興電機製作所社会システム事業部情報制御グループ)　"魚類による水質監視方法"
　竹内 明雄(竹内製作所代表取締役社長)　"木質系廃棄物細繊機"
　廣澤 清(育良精機製作所代表取締役社長)　"棒材補給装置"
　鈴木 正喜(ホクエツ代表取締役社長)　"容器投入型電解水生成装置"
　矢野 済(さとうベネック営業推進課長), 松尾 隆(まちづくりコンサルネット代表取締役社長), 木原 直史(さとうベネック設計部構造課長), 渡辺 志郎(さとうベネック技術部副部長)　"床面積可変動型建物"

第31回(平18年)
◇発明大賞本賞　横山 隆邦(不二機社長)　"エアコン用ドレンポンプ"
◇発明大賞日本発明振興協会会長賞　橘井 敏弘(正和電工代表取締役社長)　"廃棄有機物の分解処理装置"
◇発明大賞日刊工業新聞社賞　梶野 二郎(アスク研究所所長), 橋詰 道則(アスク研究所機械開発主担当), 朝尾 伴啓(アスク研究所副所長), 志水 薫(アスク研究所知的財産権主担当)　"円盤式連続点字表示装置"
◇発明功労賞
　野村 信雄(春日電機取締役開発部長)　"高密度除電処理システム"
　吉澤 敏彦(三工社第一技術部副部長), 鈴木 洋司(三工社第二技術部課長), 相川 起康(三工社第一技術部担当部長)　"列車検知装置の故障検知装置"
　前澤 隆英(GAC技術部開発1室担当部員), 辻 匡陛(GAC技術部開発1室担当)　"プレートフィン型熱交換器及びその製造方法"
　中森 俊雄(妙徳代表取締役社長)　"吸着パッド及びその製造方法"
　土本 義紘(東海技研技術部執行役員)　"駐輪場用ゲート装置"
　山木 勝(カネテック技術開発ブロック応用機器担当)　"磁気吸着装置"
　小林 史明(チップトン代表取締役社長)　"菓子類のコーティング装置"
◇考案功労賞
　高屋 義治(淀川ヒューテック生産本部取締役生産本部長), 佐野 英伸(淀川ヒューテック滋賀工場技術課長)　"タンクローリー用タンク"
　平山 季康(コーベックス代表取締役)　"連続廃溶剤蒸溜回収法"
　澤田 光生　"段差, 階段を昇降可能な車輪"
　原 敏幸(四国化工機生産技術本部技術部設計一課主任技師)　"チェーンレス容器搬送装置"
　守田 正(電元社製作所機械技術部技術管理課主管)　"マッシュ・シーム溶接装置"
　吉村 浩喜(ナミックス技術本部受動部材技術ユニット シニアグループマネージャー), 小林 健児(ナミックス技術本部受動部材技術ユニット チームリーダー), 服部 修(ナミックス技術本部受動部材技術ユニット 技師)　"導電ペースト及び外部電極"
　中村 仁人(ワイビーエム技術開発部開発1G主事), 武藤 真幸(ワイビーエム技術開発部開発3G主事)　"全自動型オートマチッ

クラムサウンディング試験機"
　秋山 惠男（武陽ガス技術研究室室長）"電気融着継手を用いた鋼管接続用アダプター"
　安田 嘉和（テック・ヤスダ代表取締役社長）"芯出し機能付きスペーサーブロック"
　浜野 尚吉（共同技研化学代表取締役社長）"両面粘着テープ"
◇発明賞
　金田 良治　"穴あけ不要のC型鋼"
　後藤 一彦　"SPMブラシレスモーター"

第32回（平19年）
◇発明大賞本賞　雨宮 秀行（アタゴ代表取締役社長），村田 充（アタゴ製造部1部部長），天笠 康彦（アタゴ製造部1部），窪寺 猛（アタゴ開発部係長補佐）"光屈折式液体濃度計"
◇発明大賞日本発明振興協会会長賞　湯本 好英（グラパックジャパン代表取締役社長）"大量，安価な裸眼立体視印刷物用マイクロレンズアレイの製造法"
◇発明大賞日刊工業新聞社賞　二木 亮（サーマル代表取締役会長）"廃アルミ缶利用による騒音吸収材"
◇発明功労賞
　山本 正登（ケミカル山本代表取締役社長）"安全無害なステンレス溶接焼け取り用中性電解液"
　畑中 武利（昭電常務取締役海外事業本部長）"無瞬断接続端子"
　井上 充男（旭電機技術部技術グループ部長補佐）"電線把持部を改良したギャロッピング振動抑止法"
　中森 秀樹（ナノテック代表取締役社長）"瞬間着火型ホローカソードガン"
　木村 滋（淀川メデック常務取締役）"基板表面清掃装置"
　志賀 孝（オーサワエンジニアリング）"リード線の処理方法及び処理装置"
　桑山 彰崇（兵神装備滋賀工場技術3G課長補佐）"マグネットカップリング型小型一軸偏心ねじポンプ"
◇考案功労賞
　長倉 正次（丸仲工業代表取締役社長）"均一電気めっき処理システム"
　浅野 忠幸（小島プレス工業プレス部品部プレス技術課主担当員），田中 秀明（小島プレス工業プレス部品部プレス技術課担当員）"プーリの製造方法並びに装置"
　濱野 尚吉（共同技研化学代表取締役社長）"粘接着テープ"
　青木 哲也（不二工機技術三部部長）"電動弁用ロータの一体成形方法"
　山崎 充（日本ベアリング代表取締役社長），風間 豊司（日本ベアリング開発部係長補佐）"ミクロスリップ防止機能付き直線案内軸受け"
　福村 直己（日本フッソ工業技術部第一研究室研究室長）"プライマー層及び塗料組成物"
　下村 通生（桜川ポンプ製作所技術開発部制御システム課課長）"自動運転水中ポンプ"
　吉田 司（エヌエスプランニング代表取締役社長）"ワンタッチペーパークリップ"
　村田 彰久　"TIG溶接装置の電極接触探知装置"
　北村 透（ピアレックス・テクノロジーズ代表取締役）"光触媒フッ素樹脂コーティング剤"
◇発明奨励賞
　古田 義久　"荷崩れ防止フィルムが不要な物品収納ケース"
　松倉 定義　"ボールねじ軸保持装置付き長尺加工機"

第33回（平20年）
◇発明大賞本賞　ヤマシタワークス　"鏡面加工を可能にした食品素材研磨材"
◇発明大賞東京都知事賞　型善　"ポリアミド樹脂成形品の射出成形方法"
◇発明大賞日本発明振興協会会長賞　山川産業　"鋳型用砂及びその製造方法"
◇発明大賞日刊工業新聞社賞　武陽ガス・レッキス工業・斎長物産　"樹脂管遮断工具（スクイズオフ工具）"

第34回（平21年）
◇発明大賞本賞　小野産業　"合成樹脂成形用金型並びに金型温度調整装置及びその方法"
◇発明大賞東京都知事賞　シーケー金属，サンエツ金属　"溶融亜鉛メッキ浴及び亜鉛メッキ処理鉄物製品"
◇発明大賞日本発明振興協会会長賞　日本ファステム　"コンクリート構造物のワイヤーソー切断装置及び切断方法"
◇発明大賞日刊工業新聞社賞　アビー　"超急速冷凍方法及びその装置"

第35回（平22年）
◇発明大賞本賞　ハードロック工業　"緩み止めナットのハードロックナット"

製造業

◇発明大賞東京都知事賞　山田 吉郎　"自動外観検査システム"
◇発明大賞日本発明振興協会会長賞　ヨシダ鉄工　"エプロン式チップ搬送コンベヤ"
◇発明大賞日刊工業新聞社賞　松岡 玄五　"負圧式スプリンクラー"

第36回(平23年)
◇発明大賞本賞　夏 堅勇(タツノメカトロニクス)　"操作性、安全性を向上した環境に優しい給油ノズル"
◇発明大賞東京都知事賞　峯村 陽一(オプナス代表取締役社長)　"レバータンブラー方式のシリンダー錠"
◇発明大賞日本発明振興協会会長賞　木村 滋(淀川メデック常務取締役)　"テーブル回転機構を用いた両面同時式偏光板貼付装置"

## 089　光・量子エレクトロニクス業績賞

宅間宏氏の応用物理学会への寄付金を基金とし，量子エレクトロニクス，光および光エレクトロニクスの研究分野の研究において，新しい発見，発明，理論，実験等を通して，学問分野や産業分野で過去数年間にわたって顕著な業績をあげた者に対して授与し，その功績をたたえるものとする。

【主催者】(社)応用物理学会
【選考基準】原則として主に日本国内で研究活動を行う応用物理学会会員および分科会会員とする
【締切・発表】毎年1件以内とし，応用物理学会春期講演会で表彰を行う。
【賞・賞金】賞状, 記念品
【URL】http://www.jsap.or.jp/

第1回(平12年)　中村 修二(カリフォルニア大学)　「窒化ガリウム系半導体発光ダイオードおよびダイオードレーザーの開発研究」

第2回(平13年)　山西 正道(広島大学先端物質科学研究科)　「量子井戸構造における電気光学効果，非線形光学および量子発光デバイスの研究」

第3回(平14年)　矢島 達夫(東京大学名誉教授)　「非線形光学による高速緩和現象の研究」

第5回(平15年)　中川 賢一(電気通信大学)，大苗 敦(産業技術総合研究所)　「1.5μm光通信帯13C2H2光周波数標準の確立の研究」

第6回(平16年)　野田 進(京都大学)　「半導体フォトニック結晶に関する研究」

第7回(平18年)　高橋 義朗(京都大学)，藪崎 努(大阪電気通信大学)　「イットリビウム原子ボーズ凝縮体の生成」

第8回(平19年)　池末 明生(ワールドラボ)，柳谷 高公(神島化学工業)，植田 憲一(電気通信大学)　「セラミックレーザーの開発」

第9回　伊藤 弘昌(東北大学)，山田 正裕(ソニー)　"周期的分極反転型非線形光学素子に関する先駆的研究"

第10回
神谷 武志(情報通信研究機構、東京大学名誉教授)　"超高速光エレクトロニクスに関する先駆的研究と長年にわたる唱導"
渡部 俊太郎(東京大学)　"コヒーレント短波長光生成に関する先駆的研究とアト秒非線形光学への展開"

第11回　中沢 正隆(東北大学電気通信研究所教授)　"エルビウム光ファイバ増幅器(EDFA)の先駆的研究開発と光通信への応用"

第12回
香取 秀俊(東京大学大学院 工学系研究科 教授)，高本 将男(東京大学大学院 工学系研究科 助教授)　"光格子時計の開拓"
渋谷 眞人(東京工芸大学 工学部メディア画像学科 教授)　"位相シフト法の発明"

## 090　毎日デザイン賞

　過去1年間に優れた作品を制作し、業界に寄与すること大であったデザイナーやグループまたは制作した団体を表彰する国際的・文化的なデザイン賞として、昭和30年に創設された。創設当時は「毎日産業デザイン賞」だったが、51年度から「毎日デザイン賞」と改称された。

**【主催者】** 毎日新聞社

**【選考委員】** (第56回)喜多俊之(プロダクトデザイナー・大阪芸術大学教授)、近藤康夫(デザイナー)、佐藤晃一(グラフィックデザイナー)、高島直之(美術評論家)、内藤廣(建築家)

**【選考基準】** 〔対象〕前年11月から当該年10月末までの間に制作発表された作品。インダストリアルデザイン、グラフィックデザイン、クラフトデザイン、パッケージデザイン、照明・ディスプレーデザイン、空間・インテリアデザイン、ファッション・テキスタイルデザイン、都市・環境デザイン、電子メディアデザイン、などあらゆるデザイン活動で、年間を通じて優秀で新鮮な業績をあげたもの

**【締切・発表】** (第50回・平16年)平成16年12月10日決定、17年2月23日毎日新聞紙上に発表

**【賞・賞金】** 賞金100万円、賞状と賞牌

**【URL】** http://macs.mainichi.co.jp/design/m/

第1回(昭30年)
◇特別賞
- 商業デザイン部門　山名 文夫
- 工業デザイン部門　国井 喜太郎

◇作品賞
- 工業デザイン部門　小杉 二郎　"「マツダ三輪トラック」「蛇の目ミシン」"
- 商業デザイン部門　早川 良雄　「年間を通じての一連の作品」

第2回(昭31年)
◇作品賞
- 工業デザイン部門　佐藤 章蔵　「ダットサン・1951年112型セダン」
- 商業デザイン部門　原 宏、河野 鷹思、亀倉 雄策、伊藤 憲治、大橋 正、早川 良雄、山城 隆一　「グラフィック55展」

第3回(昭32年)
◇作品賞
- 工業デザイン部門　松下電器中央研究意匠部　「真野善一氏を中心とする松下電器中央研究所意匠部」
- 商業デザイン部門　亀倉 雄策　「年間を通じての一連の作品」

第4回(昭33年)
◇作品賞
- 工業デザイン部門　金子 徳次郎　「一連の作品(久保田鉄工のディーゼル・エンジンほか農機具)」
- 商業デザイン部門　東京アートディレクターズ・クラブ　「東京ADC編・57年鑑広告美術」

第5回(昭34年)
◇作品賞
- 工業デザイン部門　河 潤之介、秋岡 芳夫、金子 至　「KAK＝セコニック8ミリ撮影機・映写機ならびにセコニック製品における一連のデザイン活動」
- 商業デザイン部門　寿屋宣伝部、開高 健、柳原 良平、酒井 睦雄、山口 瞳　「テレビコマーシャルを中心とする一連のデザイン活動」

第6回(昭35年)
◇作品賞
- 工業デザイン部門　本田 宗一郎(本田技研工業)　「C100型スーパーカブ号」
- 商業デザイン部門　日本デザインセンター　"山城隆一氏を中心とする日本デザインセンターのアサヒビールの一連の新聞広告デザイン"

◇特別賞　日本宣伝美術会

第7回(昭36年)
◇毎日産業デザイン賞　ソニー　「ソニーの製品における一連のデザイン活動」
◇作品賞
- 重工業　トヨタ自動車工業デザイン課　「トヨペット・コロナ1500」
- グラフィックデザイン　杉浦 康平　「音楽会ポスターを衷心賭する一連のグラフィックデザイン」
- その他　原 弘　「製紙におけるシリーズ・

デザイン（アングルカラー・STカバーなど）」
第8回（昭37年）
　◇準賞
　　GKインダストリアル・デザイン研究所「ヤマハ電動オルガンを中心とする楽器デザイン」
　　ライトパブリシティのフォトデザイニンググループ　「ライトパブリシティにおける村越襄，早崎治，細谷巌氏らを中心とするフォトデザイン」
第9回（昭38年）
　　剣持勇デザイン研究所　「工業生産のためのファニチュア・デザイン一連の作品」
　　亀倉 雄策　「オリンピック公式ポスター三部作」
　◇特別賞　勝見 勝　「季刊―グラフィックデザインにおけるエディターシップ」
第10回（昭39年）　天童木工製作所　「量産家具におけるデザインの確立」
　◇特別賞　竹田 恒徳（日本オリンピック委員会委員長）「オリンピック東京大会運営におけるデザイン・ポリシーの確立」
第11回（昭40年）　伊藤 憲治　「NEC銀座ネオン塔を代表とする一連のネオンサイン広告デザイン」
　◇特別賞　大阪市の街頭ゴミ容器の計画と都市美の推進に貢献した人々
第12回（昭41年）
　　粟津 潔，宇野 亜喜良，片山 利弘，勝井 三雄，木村 恒久，田中 一光，永井 一正，福田 繁雄，細谷 巌，横尾 忠則
　　和田 誠　「グラフィックデザイン展（ペルソナ）」
　◇特別賞　日本インダストリアル・デザイナー協会（JIDA）「15年にわたり工業デザイン運動に貢献」
第13回（昭42年）
　　渡辺 力（Qデザイナーズ代表者）「紙製品家具と卓上電気置時計などの開発」
　　伊藤 隆道　「資生堂ウインドーなど一連の展示構成」
　◇特別賞　日本デザインコミッティ　「国際・国内にわたる15年のデザイン運動」
第14回（昭43年）　本田技研工業KK　「軽量型汎用エンジンG25およびそのアタッチメントシリーズ」
　◇奨励賞　トミー工業　「トミーマジック・スカイレールおよびメカニック・シリーズ」

◇特別賞　東京アートディレクターズ・クラブ　「日本の広告美術―明治・大正・昭和全3巻」
第15回（昭44年）　伊勢丹研究所ID研究室〈チーフ・鈴木庄吾〉「百貨店における商品デザインの組織的研究」
第16回（昭45年）
　　石井 幹子　"照明デザイン活動"
　　福田 繁雄　"3Dデザイン活動"
　◇特別賞　栄久庵 憲司（ディレクター），剣持勇デザイン研究所，トータル・デザイン・アソシエート，GKインダストリアルデザイン研究所　"EXPO'70のストリート・ファニチュアとその展開"
第17回（昭46年）
　◇準賞
　　長 大作，松村 勝男，水之江 忠臣　"ファニチャー・コレクション"
　　粟辻 博　"インテリア・テキスタイル・デザイン活動"
第18回（昭47年）
　　大橋 正　「キッコーマン醤油一連の広告イラストレーション」
　　倉俣 史朗　「商店建築における一連の家具とディスプレイ」
第19回（昭48年）　田中 一光　「西武劇場ポスター，文楽の造本」
　◇特別賞　世界インダストリアル・デザイン会議実行委員会
第20回（昭49年）
　　森 正洋　「白山陶器における新しい食器群」
　　横尾 忠則　"1971-74展―千年王国への旅"（49年10月15日～25日，東京新宿・伊勢丹）"
第21回（昭50年）
　　石岡 瑛子　「パルコ一連のデザイン」
　　羽生 道雄　"デザイン活動"
第22回（昭51年）　三宅 一生　「衣服のデザイン活動」
第23回（昭52年）　仙田 満　「遊具および公園などの環境デザイン」
第24回（昭53年）
　　二川 幸夫　「建築写真とその出版活動」
　　小西六写真工業　「大衆小型カメラコニカC35シリーズ」
　◇特別賞　世界クラフト会議第8回京都実行委員会

第25回（昭54年）　木村 恒久　「木村恒久のフォトモンタージュによる一連の作品」
第26回（昭55年）
　浅葉 克己　「浅葉克己のサントリーの広告活動に於けるアートデレクション」
　桜井 真一郎　「桜井真一郎のスカイラインGTのデザイン」
第27回（昭56年）　浜野 安宏　「ファッションライブシアターとAXISビルの総合的デザインプロデュース」
第28回（昭57年）
　シティ開発グループ　「ホンダシティ」
　永井 一正　「永井一正による富山県立近代美術館のポスターデザイン」
　◇特別賞　勝見 勝　「勝見勝の半世紀にわたるデザイン評論活動」
第29回（昭58年）　葉 祥栄　「葉祥栄のガラスをもちいた一連のデザイン」
第30回（昭59年）　杉本 貴志　「現代彫刻と融合した一連の商業空間」
第31回（昭60年）
　安藤 忠雄　「六甲の集合住宅, 店舗TIME'Sなどにみる斬新な空間構成」
　川久保 玲　「先鋭的コンセプトによる衣服デザイン」
　喜多 俊之　「国内外におけるグローバルなデザイン」
　黒川 雅之　「照明具など高質度で多彩なインダストリアルデザイン」
　杉本 貴志　「鉄や木材などナマの素材を使った空間デザイン」
　小池 一子　「交感スルデザインのプロデュース及び佐賀町エキジビットスペースにおける企画・展示」
第32回（昭61年）　松永 真　「パッケージを中心とする一連のグラフィックデザイン活動」
第33回（昭62年）
　内田 繁　「内田繁のインテリアデザイン活動」
　サイトウ マコト　「大型ポスターに見るグラフィック表現」
第34回（昭63年）　操上 和美　「CFにみる映像表現」
　◇特別賞　日産自動車　「カー・デザインにおける時代感覚」
第35回（平1年）　中西 元男, PAOS　「CIの理論化と実践」

◇特別賞　諸星 和夫, 世界デザイン会議'89名古屋実行委員会　「'89デザインイヤーを盛り上げる機運を作ったタイムリーな企画」
第36回（平2年）
　佐藤 晃一　"グラフィックデザインにおける日本的精神性"
　川崎 和男　"身障者用具へのデザイン的視点"
第37回（平3年）　川上 元美　"拡張のある量産家具デザイン"
第38回（平4年）　仲条 正義　"個性に根ざしたグラフィックデザイン"
第39回（平5年）　河原 敏文　"コンピュータ・グラフィックスによる新しい映像表現"
　◇特別賞　亀倉 雄策　"季刊「クリエイション」の編集・発行"
第40回（平6年）　勝井 三雄　"勝井三雄のハイテクを生かしたグラフィック表現"
第41回（平7年）　坂 茂　"紙の建築のデザインとその社会性"
　◇特別賞　ギンザ・グラフィック・ギャラリー　"10年間の活動"
第42回（平8年）
　塩谷 康　"APSカメラのデザイン"
　皆川 魔鬼子　"プリーツをはじめとする衣服素材の開発"
　◇特別賞　日本玩具協会「小さな凸」実行委員会　"視聴覚障害児と共遊できる玩具の提案とその成果"
第43回（平9年）
　面出 薫　"公共空間の光デザイン活動"
　和田 誠　"和田誠 時間旅行"展の成果"
　◇特別賞　ギャラリー・間　"長年にわたる展覧会, セミナー, 出版活動"
第44回（平10年）　葛西 薫　"さわやかな情感をもつ広告表現"
　◇特別賞　資生堂　"資生堂展にみる企業の文化性"
第45回（平11年）
　ソニーアイボ開発チーム　"ロボット「アイボ」の発想とデザイン"
　日比野 克彦　"境界を超えたアートとデザインの関係"
　◇特別賞　モリサワ　"文字とデザインによる文化活動"
第46回（平12年）
　近藤 康夫　"「東証アローズ」のインテリアデザイン"

原 研哉 "「紙とデザイン」のアートディレクション"
◇特別賞 粟津 潔, 凸版印刷 "「印刷博物館」の開設"

第47回(平13年)
　平野 敬子, 工藤 青石 "化粧品ブランド「qiora(キオラ)」のデザイン"
　吉岡 徳仁 "空間デザインの新たな挑戦"
◇特別賞 前田 ジョン "デジタルデザインの本質を見据えた啓発性"

第48回(平14年)
　佐藤 卓 "展覧会「デザインの解剖」"
　深沢 直人 「環境と行為によりそうデザイン」

第49回(平15年)
　大貫 卓也 "一連の広告アートディレクション"
　藤原 大 "A-POCのデザイン"

第50回(平16年) 山中 俊治 "テクノロジーと人間をつなぐデザイン"
◇特別賞 大迫 修三 "デザインギャラリーの20年間の活動"

第51回(平17年)
◇毎日デザイン賞 佐藤 雅彦, 佐藤雅彦研究室 "「佐藤雅彦研究室展」にみるコミュニケーションワークス"
◇特別賞 五十嵐 威暢(デザイナー・彫刻家) "「五十嵐威暢シリーズ展」の活動"

第52回(平18年)
◇毎日デザイン賞
　須藤 玲子 "ホテル マンダリンオリエンタル東京のテキスタイルに集約された一連の活動"
　佐藤 可士和 "グラフィックデザインを中心とする領域を超えた活動"
◇特別賞 グッドデザイン賞(Gマーク) "半世紀にわたる日本のデザイン振興に対して"

第53回(平19年)
◇毎日デザイン賞
　永井 一史 "一連のブランドづくりとディレクション"
　北山 孝雄 "地域活性とデザインプロデュース"
◇特別賞 松屋銀座 "50年を超えるデザイン啓蒙活動"

第54回(平20年)
◇毎日デザイン賞
　中村 勇吾 "インタラクティブデザインの創造的な活動"
　廣村 正彰 "建築空間と融合した一連のサイン計画"
◇特別賞 日本グラフィックデザイナー協会(JAGDA) "「30年にわたるグラフィックデザイン活動への貢献"

第55回(平21年)
◇毎日デザイン賞 藤井 保 "大気の陰影をとらえた一連の写真"

第56回(平22年)
◇毎日デザイン賞
　水戸岡 鋭治 "JR九州の車両デザインをはじめとする公共デザイン"
　石上 純也 "一連のギャラリー展示・空間構成に対して"

## 091 メディア・ユニバーサルデザインコンペティション

　全日本印刷工業組合連合会・MUD推進プロジェクトの「メディア・ユニバーサルデザイン(MUD)活動」の一環として,一般社会に対してMUD活動の意義と必要性を広くアピールするとともに,印刷業界においても技術の向上を目指すことを目的として,平成19年に創設。
【主催者】全日本印刷工業組合連合会・MUD推進プロジェクト
【選考委員】(第4回)伊藤啓(東京大学分子細胞生物学研究所高次構造研究分野准教授),北山晃一(国際ユニヴァーサルデザイン協議会「メディアのUDプロジェクト」担当理事),武者廣平(NPO法人カラーユニバーサルデザイン機構理事長),土生英彦(色覚問題研究グループぱすてる事務局長),加藤之敏(常葉学園大学造形学部准教授),高橋正実(MASAMI DESIGN),飯野貴敏(東京都印刷工業組合理事),伊藤裕道(NPO法人メディア・ユニバーサル・デザイン協会理事長),橋本博(NPO法人メディア・ユニバーサル・デザイン協会事務局長),森永伸博(全日本印刷工業組合連合会・MUD推進プロジェクト委員長)

## メディア・ユニバーサルデザインコンペティション

【選考方法】公募
【選考基準】〔資格〕一般の部：プロ・アマ不問。学生の部：大学・短期大学・専門学校・高等学校に在籍している学生・生徒。〔対象〕高齢者や弱視者、身体・色覚障がい者等に配慮したカレンダー、パンフレット、ポスター等の作品。〔作品規定〕第4回の場合、平成21年7月以降に制作されたものとし、過去に他のコンクールやコンペティションに応募した作品は対象外（ただし、47都道府県印刷工業組合主催のコンクール、コンペティションに応募した作品は応募可能）。〔応募規定〕作品1点、予備1点（印刷物または出力紙）とデータ1点（CD-Rにai/eps/jpeg形式で保存したもの）を、出品申込書・出品応募票とともに送付。〔出品料〕一般は3000円、学生は無料。
【締切・発表】（第4回）応募期間は平成22年2月22日～5月21日、結果発表は6月22日、展示会は年7月22日～24日「PRIMEDEX2010」全日本印刷工業組合連合会ブースにて開催
【賞・賞金】〔一般の部〕最優秀賞(1点)：賞金30万円、副賞、表彰楯、優秀賞(4点)：賞金10万円、副賞、表彰楯、佳作(2点)：表彰楯。〔学生の部〕最優秀賞(1点)：賞品10万円相当、副賞、表彰楯、優秀賞(2点)：賞品5万円相当、副賞、表彰楯、佳作(5点)：表彰楯
【URL】http://www.aj-pia.or.jp/

第1回（平19年）
　◇最優秀賞（グランプリ）　該当作品なし
　◇優秀賞（準グランプリ）
　　大路 靖司（福島印刷）　"市税口座振替依頼書ハガキ"
　　北村 敏之（一心社）　"病院入院案内パンフレット"
　　山下 禎彦, 山口 麻矢（ネオ・コーテックス）　"ネオ・コーテックス08カレンダー"
　　桐原 真希（大阪シーリング印刷）　"処方薬の用法をシールでユニバーサルデザイン化"
　　松永 明紘（瞬報社オフリン印刷）　「Marukyu Uri-Dashi チラシ」
　　糸原 愛美（山口芸術短期大学）　"2008年度卓上カレンダー"

第2回（平20年）
　◇最優秀賞（グランプリ）
　　日進堂印刷所, 進和クリエイティブセンター（NPO法人ユニバーサルデザイン・結（ゆい））「指さし会話板」
　　國吉 由美, 小粥 将直（カラーユニバーサルデザインエキスプレス）"洪水ハザードマップ"
　◇優秀賞（準グランプリ）
　　プリプレス・センター　"リコー北海道（株）CSR報告書"
　　山本 順也（大兼印刷）　"かんぽの宿 大和平群パンフレット"
　　谷口 絵里（相互印刷工芸）　"AEDポスター"
　　松本 香織（山口芸術短期大学）　"MUD花札"
　　大村 一史（大村印刷）　"2009年 大村印刷卓上カレンダー"

第3回（平21年）
　◇最優秀賞（グランプリ）
　●一般　佐久間 信幸（日進堂印刷所）　"「こおりやま ユニバーサルデザイン」パンフレット"
　●学生　髙橋 宏明（岡山県立大学）　"子ども向けワークショップチラシのデザイン"
　◇優秀賞（準グランプリ）
　●一般
　　三村 慎治（武揚堂）　"さいわいガイドマップ"
　　益永 貴広（長英）　"防災パンフレット"
　　明昌堂新潟支社デザイン課　"MUDごみ分別カレンダー"
　　小粥 将直（カラーユニバーサルデザインエキスプレス）　"椎津川・村田川洪水ハザードマップ"
　●学生
　　髙橋 愛（岡山県立大学）　"Happy Schedule"
　　濡田 亜矢（山口芸術短期大学）　"MUD植物図鑑 やまぐちオリジナルユリ ～プチシリーズ～"

第4回（平22年）
　◇最優秀賞（グランプリ）
　●一般　木村 昌三（ケーエスアイ（大阪府））　MUD大阪アラっ？カルタ
　●学生　飛田 誠（広告デザイン専門学校（愛知県））　UD封筒

◇優秀賞(準グランプリ)
- 一般

伊藤 由美(有限会社チャイナックス/進和クリエイティブセンター(福島県))、後藤 行弘 福島を訪れる海外からのお客様のためのおもてなしガイド

辻岡 優日(瞬報社オフリン印刷(山口県)) 2011カレンダー

川本 直樹(大阪シーリング印刷(大阪府)) 水都大阪 さんぽみち

- 学生

江川 実奈子(大阪コミュニケーションアート専門学校(大阪府)) カンタンケータイの使い方

西岡 侑姫(大阪コミュニケーションアート専門学校(大阪府)) 日本伝統の柄 千代紙のMUD化

リン チョウ(大阪コミュニケーションアート専門学校(大阪府)) MUD絵カード・ゲーム

◇佳作
- 一般

兼清 隆宏(大村印刷(山口県))、下永 幹巳、有川 俊江 2011年 MUDカレンダー

スタジオーネ63〈東京都〉 JAF会員募集のご案内

利根川印刷 ソマード(文京区・文の京わたしの便利帳発行実行委員会(東京都)) 2010 文の京 わたしの便利帳

安東 美奈江(いづみ印刷(大分県)) 均一祭チラシ

北口 忠英(キタグチ印刷(大阪府)) 大阪市西区ふれあいマップ(障がい者・児編、高齢者編、子育て編)

村中 成仁(大阪シーリング印刷(大阪府)) 大阪ジグソーマップ

- 学生

東京都立工芸高等学校(東京都)グラフィックアーツ科 3年生33名 マンガでわかるグラフィックアーツ科

中村 絢香(大阪市立デザイン教育研究所(大阪府))、野田 小百合 大阪市立視覚特別支援学校 ポスター・チラシ

山田 有紀(大阪コミュニケーションアート専門学校(大阪府)) サポートパレット

末吉 幹子(大阪コミュニケーションアート専門学校(大阪府)) ABC Karuta

中山 裕美子(大阪コミュニケーションアート専門学校(大阪府)) パッケージ改善案

島 悦子(大阪コミュニケーションアート専門学校(大阪府)) MUD手帳2011

## 092 ロボット大賞

民間の研究開発とロボット技術の活用を促進するため、平成18年に創設された。その年に活躍したロボットの中から、将来の市場創出への貢献度や期待度が最も高いものを選定し、経済産業大臣賞を与える。サービスロボット部門、産業用ロボット部門、公共・フロンティアロボット部門、部品・ソフトウェア部門の4部門。「第4回 ロボット大賞」は、2006年から2008年に実施した「今年のロボット大賞」の趣旨を踏襲し、名称をリニューアル。2006年から数えて、本年度実施回を「第4回」とした。なお2010年度から隔年開催予定。

【主催者】主催:経済産業省、社団法人日本機械工業連合会 協賛:(財)機械振興協会 協力:(独)中小企業基盤整備機構、日本科学未来館、(社)日本ロボット工業会、(社)日本ロボット学会、(社)日本機械学会、(社)人工知能学会、(社)日本人間工学会

【選考委員】(平成18年度)委員長:三浦宏文(工学院大学学長)、委員:木崎健太郎(「日経ものづくり」編集長)、鈴木一義(国立科学博物館主任研究官)、関口照生(写真家、アイ・バーグマン代表取締役)、瀬名秀明(作家、東北大学工学研究科特任教授)、田中里沙(「宣伝会議」編集長)、中川友紀子(アールティ代表取締役)、比留川博久(産業技術総合研究所知能システム研究部門副部門長)、向殿政男(明治大学理工学部学部長)

【選考方法】公募

【選考基準】〔資格〕応募対象となるロボット等を自薦及び他薦できる個人または企業、大学、研究機関、団体。〔基準〕(1)社会の必要性:導入・販売の実績、将来のロボット市場創出の期待度、メリットの大きさ、公益性、ニーズの強さなど。(2)ユーザーの視点に立った評価:

利便性, 実用性, 経済性, デザイン性, 維持コストなど。(3) 技術的先進性：安全性, 新規性, 技術的安定性, 動作環境の汎用性や操作性など。〔対象〕「今年のロボット」大賞（経済産業大臣賞）：優秀賞の中から, 審査基準に基づいて最も優れたロボット又は部品・ソフトウェア。最優秀中小・ベンチャー企業賞（中小企業庁長官賞）：優秀賞の中から, 特に中小企業分野でのロボット産業の振興において優れたロボット又は部品・ソフトウェア。優秀賞：部門ごとに, 審査基準に基づいて優れたロボット又は部品・ソフトウェア

【締切・発表】（平成19年度）9月7日締切
【URL】http://www.robotaward.jp/

(平18年度)
◇大賞（経済産業大臣賞）富士重工業, 住友商事「ロボットによるビルの清掃システム」
◇中小企業特別賞　近藤科学　「KHR-2HV」
◇審査委員特別賞　セコム　「食事支援ロボット『マイスプーン』」
◇優秀賞
● サービスロボット部門　知能システム, 産業技術総合研究所, マイクロジェニックス「アザラシ型メンタルコミットロボット『パロ』」
● 産業用ロボット部門
  安川電機　「人共生型上半身ロボット（DIA10）・腕ロボット（IA20）MOTOMAN-DIA10 / MOTOMAN-IA20」
  デンソー「人の能力を超えた高速高信頼性検査ロボット」
● 公共・フロンティアロボット部門
  国土交通省九州地方整備局九州技術事務所, フジタ「遠隔操縦用建設ロボット」
  海洋研究開発機構〈独立行政法人〉「深海巡航探査機『うらしま』」
● 中小企業・ベンチャー部門（部品含む）
  北陽電機　「移動ロボット用の小型軽量な測域センサURGシリーズ」
  東和電機製作所　「はまで式全自動イカ釣り機」

(平19年度)
◇「今年のロボット」大賞（経済産業大臣賞）ファナック「2台のM-430iAのビジュアルトラッキングによる高速ハンドリング」
◇最優秀中小・ベンチャー企業賞（中小企業庁長官賞）ゼットエムピー「miuro（ミューロ）」
◇日本機械工業連合会会長賞　松下電工「無軌道自律走行ロボット『血液検体搬送ロボットシステム』」
◇中小企業基盤整備機構理事長賞　ハーモニック・ドライブ・システムズ「超小型高精度高出力トルクACサーボアクチュエータ」
◇審査委員特別賞　九州大学, 日立製作所, 日立メディコ, 瑞穂医工業, 東京大学, 早稲田大学「MR画像誘導下小型手術用ロボティックシステム」
◇優秀賞 ― サービスロボット部門
  レゴジャパン レゴ エデュケーション「教育用レゴ マインドストームNXT」
  富士通, 富士通研究所, 富士通オートメーション「小型ヒューマノイドロボットHOAP」
◇優秀賞 ― 産業用ロボット部門　ツムラ, 富士重工業「連結式医薬品容器交換ロボット」
◇優秀賞 ― 公共・フロンティアロボット部門
  ファイン・バイオメディカル有限会社, 名古屋大学「血管内手術の技術トレーニングのための超精密人体ロボット イブ」
  小松製作所, アイヴィス, アイデンビデオトロニクス, サイヴァース, マルマテクニカ「消防ロボット」
◇優秀賞 ― 部品・ソフトウェア部門
  IDEC「HG1T/HG1H形小形ティーチングペンダント」
  独立行政法人 新エネルギー・産業技術総合開発機構, 独立行政法人 産業技術総合研究所, 社団法人 日本ロボット工業会「国際標準準拠のRTミドルウェア（OpenRTM-aist-0.4.0）」
  デンソーウェーブ「ロボット・FA機器向けオープンネットワークインタフェース"ORiN"」

(平20年度)
◇「今年のロボット」大賞（経済産業大臣賞）タカラトミー「Omnibot17μ i-sobot（オムニボットワンセブンミュー アイソボット）」
◇最優秀中小・ベンチャー企業賞（中小企業

庁長官賞）西澤電機計器製作所 ""「自動ページめくり器「ブックタイム」」"
◇日本機械工業連合会会長賞 安川電機 「第10世代液晶ガラス基板搬送ロボット MOTOMAN-CDL3000D」
◇中小企業基盤整備機構理事長賞 ゼットエムピー 「ロボットを活用したエンジニア育成ソリューション ZMP e-nuvoシリーズ」
◇審査委員特別賞 独立行政法人農業・食品産業技術総合研究機構, 中央農業総合研究センター 「食の安心・安全に貢献する田植えロボット」
◇優秀賞 ― 産業用ロボット部門 デンソーウェーブ 「組込型ロボット XR-Gシリーズ」
◇優秀賞 ― 公共・フロンティアロボット部門 東北大学, 国際レスキューシステム研究機構 「能動スコープカメラ」
◇優秀賞 ― 部品・ソフトウェア部門 東京大学, パナソニック 「超小型MEMS 3軸触覚センサーチップ」

第4回（平22年）
◇ロボット大賞（経済産業大臣賞） トヨタ自動車, オチアイネクサス, 名古屋工業大学, 首都大学東京 「安全・快適に人と協働できる低出力80W駆動の省エネロボット」
◇最優秀中小・ベンチャー企業賞（中小企業庁長官賞） 前川電気 「HAMDAS-R（ハムダスR）」
◇日本機械工業連合会会長賞 パナソニックヘルスケア, パナソニック 「注射薬払出ロボットを起点とした薬剤業務支援ロボット群」
◇中小企業基盤整備機構理事長賞 ハイボット, 東京工業大学, 関西電力, かんでんエンジニアリング, ジェイ・パワーシステムズ ""超高圧送電線の活線点検ロボット「Expliner（エクスプライナー）」」"
◇日本科学未来館館長賞 独立行政法人宇宙航空研究開発機構〈JAXA〉, 日本電気〈NEC〉""「きぼう」ロボットアーム」"
◇優秀賞 ― サービスロボット部門
　川崎重工業 「細S胞自動培養ロボットシステム」
　独立行政法人農業・食品産業技術総合研究機構, 生物系特定産業技術研究支援センター, エスアイ精工 「イチゴ収穫ロボット」
　独立行政法人産業技術総合研究所 「サイバネティックヒューマンHRP-4C」
　国立大学法人 東京農工大学, ニッシン自動車工業 「ジョイスティック式自動車運転システム」
◇優秀賞 ― 産業用ロボット部門 ファナック 「ゲンコツ・ロボットシリーズ」
◇優秀賞 ― 公共・フロンティア部門 三菱電機特機システム, 総務省消防庁消防大学校消防研究センター 「消防用偵察ロボット FRIGO-M（フライゴー・エム）」
◇優秀賞 ― 部品・ソフトウェア部門 D3基盤技術 「D3モジュール」

# 通信・サービス

## 093 朝日社会福祉賞

　昭和22年,「朝日賞」の「社会奉仕賞」として設けられ,昭和50年に独立の賞となった。社会や福祉に貢献し,功績の著しい個人・団体に贈られる。平成21年度から休止。
【主催者】朝日新聞社
【選考委員】同賞委員会
【選考方法】全国の福祉関係団体や専門家の推薦による
【選考基準】〔対象〕社会や福祉に貢献し,功績の著しい個人・団体
【締切・発表】例年,6月から推薦依頼,翌2月贈呈式
【賞・賞金】正賞と副賞
【URL】http://www.asahi.com/shimbun/award/fukushi/

(昭50年度)
　大西 良慶(社会福祉法人同和園理事長)
　　"多年にわたり老人福祉に貢献した功績"
　菅 修(日本精神薄弱者福祉連盟会長)　"精神薄弱者の治療教育に尽くした功績"
　北浦 貞夫(全国重症心身障害児(者)を守る会会長),北浦 雅子(全国重症心身障害児(者)を守る会副会長)"重症心身障害者対策の推進に尽くした功績"
　北海道家庭学校〈代表・留岡清男〉"60余年にわたり少年の教護事業に尽くした功績"

(昭51年度)
　草野 熊吉(秋津療育園理事長)"重症心身障害児の療育に尽くした功績"
　松島 正儀(社会福祉法人東京育成園理事長)"養護施設児童の福祉向上に尽くした功績"

(昭52年度)
　日本キリスト教海外医療協力会　"東南アジアなどに対する民間医療協力活動"
　井深 八重(神山復生病院看護婦長)"半世紀以上にわたり癩者の福祉向上に尽くした功績"

(昭53年度)
　松坂 義正(広島原爆障害対策協議会副会長)"原爆被爆者の救護と医療,研究,援護に尽くした功績"
　天児 民和(労働福祉事業団九州労災病院院長)"リハビリテーション医学の発展と身障者の社会復帰に貢献した功績"
　登丸 福寿(社会福祉法人はるな郷郷長)"多年にわたり精神薄弱者の福祉に貢献した功績"

(昭54年度)
　深津 文雄(かにた婦人の村施設長,ベテスダ奉仕女母の家館長)"転落婦人の保護と更生活動に貢献した功績"
　池田 太郎(社会福祉法人しがらき会精神薄弱者授産施設信楽青年寮寮長)"精神薄弱者の職業指導,社会復帰など福祉の向上に貢献した功績"
　上原 信雄(歯科医師)"沖縄における多年の救癩運動と学徒援護活動に尽くした功績"

(昭55年度)
　本間 昭雄(盲老人ホーム聖明園園長)"盲人とくに盲老人の福祉向上に貢献した功績"
　中村 健二(総合福祉センター弘済学園園長)"精神薄弱児・者の訓練指導方法の確立と実践活動に尽くした功績"

堤 勝彦(堤塾塾長) "長年にわたり独力で精神薄弱者の自立に尽くした功績"
昇地 三郎(しいのみ学園園長) "障害児の教育と福祉の研究,実践に尽くした功績"

(昭56年度)
小杉 長平(精神薄弱者更生施設すぎな会愛育寮寮長) "精神薄弱児のための生活学習法を確立した功績"
金城 妙子(特別養護老人ホームありあけの里所長) "保健婦活動で沖縄県民の健康福祉に尽くした功績"

(昭57年度)
仲野 好雄(社会福祉法人全日本精神薄弱者育成会理事長) "長年にわたり心身障害児・者の福祉向上に寄与した功績"
江草 安彦(社会福祉法人旭川荘旭川児童院院長) "重症心身障害児・者の療育と福祉に尽くした功績"
木口 マツ(社会福祉法人奥浦慈恵院理事長) "離島で恵まれない子供たちの養育活動を続けた功績"

(昭58年度)
渡辺 実(社会福祉法人八幡学園主事) "精神薄弱者福祉の実践と教育に尽くした功績"
中村 裕(社会福祉法人太陽の家理事長) "身体障害者福祉に貢献した功績"

(昭59年度)
重原 勇治(銀鈴会会長) "喉頭摘出者の社会復帰に尽くした功績"
岡崎 英彦(社会福祉法人びわこ学園理事長,滋賀県立むれやま荘所長) "重症心身障害児の療育と福祉に尽くした功績"

(昭60年度)
島田 広子(日本リウマチ友の会理事長) "リューマチの啓蒙活動と患者教育と福祉向上につくした功績"
林 富美子(日本キリスト教救癩協会理事) "半世紀,ハンセン病患者と寝たきり老人に尽くした功績"

(昭61年度)
野村 実(社会福祉法人東京コロニー理事長) "結核回復者や身障者らの社会復帰と授産事業に尽くした功績"
本田 義信(福岡県春日市社会福祉協議会会長) "在宅福祉サービスを創始して実践した功績"

(昭62年度)
田中 皎一(社会福祉法人厚生協会理事長) "聴覚障害者の福祉事業に多年にわたり尽くした功績"
川原 啓美(アジア保健研修所所長) "アジアの人々のため草の根医療の指導者を育成した功績"
中山 和子(聖母の騎士修道女会会長) "心身障害児の療育に尽くし,福祉を推進した功績"

(昭63年度)
阿部 志郎(社会福祉法人横須賀基督教社会館長) "長年にわたる社会福祉実践活動と福祉理論の構築"
山崎 勲(社会福祉法人高知心身障害児・者福祉協会理事長),山崎 祥子(社会福祉法人高知心身障害児・者福祉協会土佐希望の家・地域交流ホーム所長) "地域における重症心身障害児・者福祉対策の推進に尽くした功績"
犀川 一夫(沖縄県ハンセン病予防協会理事長) "沖縄のハンセン病治療,予防,啓発に尽くした功績"

(平1年度)
日本国際ボランティアセンター〈JVC〉 "第三世界の難民救援と住民の自立支援に尽くした功績"
玉井 義臣(交通遺児育英会専務理事) "交通遺児を救済して社会福祉に貢献"
岡島 はなを(精神障害者家族会あすわ会副会長) "多年にわたる精神障害者の家族会活動と社会復帰に尽くした功績"

(平2年度)
松井 新二郎(日本盲人職能開発センター所長) "盲人の新しい職域開拓に尽くした功績"
山口 昇(広島県御調郡御調町公立みつぎ総合病院長) "寝たきり老人を減らす取り組みと,その成果"

(平3年度)
秋山 聡平(北九州いのちの電話理事長,日本いのちの電話連盟理事長) "多年にわたり自殺防止を目的とするいのちの電話に尽くした功績"
相馬 信夫(カトリック名古屋教区長,司教) "障害者および国内,国外の抑圧・疎外された者に対する社会福祉活動の実践"

(平4年度)
山田 富也(ありのまま舎施設長) "難病患者の立場で自ら新しい生き方を示し,社会の理解を広めた功績"

沢村 誠志（兵庫県立総合リハビリテーションセンター所長）"地域に密着したリハビリテーションの推進"

（平5年度）
渡辺 とみ・マルガリータ（救済会会長）"ブラジルにおける半世紀にわたる社会福祉の実践"
高柳 泰世（名古屋大学医学部非常勤講師）"色覚異常者の社会生活改善を推進"

（平6年度）
花田 春兆（日本障害者協議会副代表）"障害を克服し，障害者問題の理解と啓発に尽くした功績"
大谷 貴子（東海骨髄バンク理事，骨髄移植推進財団普及広報副委員長）"「東海骨髄バンク」創設と，公的骨髄バンク設立運動およびその普及活動"

（平7年度）
山城 永盛（沖縄コロニー理事長）"授産事業を中心とした身体障害者福祉に尽くした功績"
下薗 彦二（元高校教師）"創意工夫した点字参考書や点字絵本を長年にわたり作成提供した功績"

（平8年度）
季羽 倭文子（ホスピスケア研究会代表）"訪問看護と終末期ケア普及に寄与した功績"
光野 有次（無限工房代表）"心身障害者の生活用具づくりと普及に貢献した功績"

（平9年度）
中村 哲（医師）"パキスタン，アフガニスタン国境地域でのハンセン病治療，難民医療に尽くした功績"
中村 八重子（大阪水上隣保館理事長）"66年間にわたり地域に根ざした児童福祉に尽力した功績"
羽田 澄子（記録映画監督）"記録映画づくりを通じて高齢者福祉への意識向上に寄与した功績"

（平10年度）
李 仁夏（青丘社理事長）"在日外国人のためのさまざまな人権活動と，地域に根ざした福祉活動での功績"
柏木 哲夫（大阪大学人間科学部教授）"ホスピス運動の先駆者として，末期がん患者のターミナルケアに尽力した功績"
牧口 一二（グラフィックデザイナー）"講演や市民運動などを通じて障害者の理解，社会進出に尽力した功績"

（平11年度）
谷中 輝雄（やどかりの里理事長）"多年にわたり，地域に根ざした精神障害者の生活支援に尽くした功績"
呆け老人をかかえる家族の会〈代表・高見国生〉"痴ほう症の社会的な認知に取り組み，高齢者福祉の向上に寄与した功績"

（平12年度）
伊東 雋祐（全国手話通訳問題研究会運営委員長）"聴覚障害者の福祉向上と手話の普及，手話通訳者の育成に尽くした功績"
子どもの虐待防止ネットワーク・あいち"民間のボランティア組織として児童虐待防止に取り組んできた功績"

（平13年度）
黒柳 徹子（女優）"ユニセフ親善大使として活躍，「トット基金」を通じてろう者の社会参加も支援した功績"
全国ハンセン病療養所入所者協議会〈代表・伊藤文男〉"ハンセン病に対する偏見，差別と闘い，人間の尊厳を広く社会に示した功績"

（平14年度）
日野原 重明（聖路加国際病院理事長）"90歳を超えて，高齢者の新しい福祉文化の形成に尽くしている功績"
小林 信秋（難病のこども支援全国ネットワーク専務理事）"難病の子どもたちとその家族同士をつなげ，生活の質向上に取り組んできた功績"
女性の家HELP "暴力などで人権を侵害された，外国籍を含む女性と子どもの避難所として活動した功績"

（平15年度）
北川 泰弘（地雷廃絶日本キャンペーン代表）"日本の地雷廃絶運動の中心的役割を担ってきた功績"
市川 礼子（尼崎老人福祉会理事長）"介護が必要な高齢者の人権を守るケアを長年続けてきた功績"
あしなが育英会 "あらゆる遺児のための育英制度を創設し，心のケア活動を世界規模で推進"

（平16年度）
黒田 裕子（阪神高齢者・障害者支援ネットワーク理事長）"阪神大震災で被災した高齢者，障害者の生活支援に取り組んだ功績"

佐々木 正美(精神科医師,川崎医療福祉大学教授) "自閉症の人と家族を支援する療育方法の実践と普及に努めてきた功績"
シャプラニール〈市民による海外協力の会〉 "南アジアの貧困地帯で住民の自立支援を長年続けてきた功績"

(平17年度)
岩田 美津子(てんやく絵本ふれあい文庫代表) "点訳絵本の製作と貸し出しに努めた功績"
高齢社会をよくする女性の会 "心豊かな高齢社会の実現に女性の視点で長年取り組んできた功績"

(平18年度)
門屋 充郎 "北海道・帯広十勝地域での精神障害者の社会復帰支援を推進した功績"
斎藤 友紀雄 "長年にわたり自殺予防のボランティア「いのちの電話」の発展に尽力した功績"
松本 茂 "筋萎縮性側索硬化症(ALS)患者として社会啓発に尽くした功績"

(平19年度) 浜本 勝行(日本車椅子バスケットボール連盟名誉会長) "車いすバスケットボールを通じて障害者スポーツの振興に尽くした長年の功績"

(平20年度)
アジア学院 "アジアやアフリカなどの農村指導者の養成を長年続けてきた功績"
小林 美智子 "小児医療を通じて子どもの虐待防止や啓発に尽くした長年の功績"

## 094 映像技術賞

2001年度、「日本テレビ技術賞」と「日本映画技術賞」を統合し、創設された賞。
【主催者】(社)日本映画テレビ技術協会
【URL】http://www.mpte.jp/outline/kennsyou/eg.html

第1回(平13年度)
金沢 正夫 「狗神」(「狗神」製作委員会)の照明
井上 秀司 「千と千尋の神隠し」(「千と千尋の神隠し」製作委員会)の録音
柴山 申広,中村 佳央〈音響効果〉 「GO」(「GO」製作委員会)の録音
本田 孜 「ホタル」(「ホタル」製作委員会)の録音
正木 徹(ピクト) 「協和発酵工業 自然は大きなホスピタル『柿の木薬局』」(ピクト)の撮影
竹内 秀一(NHKテクニカルサービス) 「にんげんドキュメント この命を救いたい 救急医たちの闘い」(NHKテクニカルサービス)の撮影
樋口 勝史(九州朝日放送) 「ニュースピア630 特集 都心に息づくセミの生態」(九州朝日放送)の撮影
溜 昭浩(NHK鹿児島放送局) 「単発ドラマ つま恋」(NHK鹿児島)の撮影
井上 哲(テレビ朝日映像),笹谷 孝司,鈴木 英典,中村 哲 「パンクラス・ハイブリッド・アワー」(テレビ朝日映像)の録音
岡本 幹彦(日本放送協会) 「土曜特集ドラマ MUSIC IN ドラマ 歌恋温泉へようこそ」(日本放送協会)の録音
3D制作グループ(NHKテクニカルサービス) 「The Box」(NHKテクニカルサービス)のアニメーション技術

第2回(平14年度)
長沼 六男 「たそがれ清兵衛」(松竹/日本テレビ放送網/住友商事/博報堂/日本出版販売/衛星劇場)の撮影
中岡 源権 「たそがれ清兵衛」(松竹/日本テレビ放送網/住友商事/博報堂/日本出版販売/衛星劇場)の照明
岸田 和美 「たそがれ清兵衛」(松竹/日本テレビ放送網/住友商事/博報堂/日本出版販売/衛星劇場)の録音
田中 靖志 「OUT」(ムービーテレビジョン、サンダンス・カンパニー)の録音
黒岩 保美(ピクト) 「ハウス食品 北海道シチュー 秋・フィッシング篇 冬・スノーモービル篇」(電通テック)の撮影
鈴木 守(ピクト) 「公共広告機構 IMAGINATION」(電通・電通テック)の撮影
福居 正治(ゴーウエスト) 「夏季特集 麦客」(NHKエンタープライズ)の撮影

原澤 総（フレックス），西村 大樹（全国朝日放送）「ニュースステーション 和歌山たてこもり男」（全国朝日放送）の撮影

佐々木 剛，中野 秀之，野村 宏（日本放送協会）「NHKスペシャル 大河出現 タクラマカン砂漠 ホータン川」（日本放送協会）の撮影

木野 滋雅（NHK名古屋放送局）「風の盆から」（NHK名古屋）の照明

岡田 裕（日本放送協会）「特集ドラマ 抱きしめたい」（日本放送協会）の撮影

竹越 由幸，森田 修（フジテレビジョン）「北の国から 2002遺言」（フジテレビジョン）の撮影

山賀 勉（日本放送協会）「青き復讐の花」（日本放送協会）の録音

曽利 文彦（東京放送）「ピンポン」（アスミック・エース エンタテイメント，小学館，TBS，BS-i，IMAGICA，日本出版販売）のCG技術

高室 麻子 「迷路の歩き方」（NHKエンタープライズ）の編集

第3回（平15年度）

藤石 修 「踊る大捜査線 THE MOVIE 2 レインボーブリッジを封鎖せよ！」（フジテレビジョン，アイ・エヌ・ピー）の撮影

矢野 正人 「わらびのこう 蕨野行」（日本の原風景を映像で考える会，タイムズイン）の録音

小川 信夫 「わらびのこう 蕨野行」（日本の原風景を映像で考える会，タイムズイン）の編集

リンクスデジワークス，IMAGICA 「ドラゴンヘッド」（東京放送，電通，アミューズピクチャーズ，東宝，エフエム東京，毎日新聞社，WOWOW，カルチュア・パブリッシャーズ，スポーツニッポン，ツインズジャパン）のCG技術

安藤 清茂（日本放送協会）「楽園のつくりかた」（日本放送協会）の撮影

中村 寛（WOWOW）「NODA・MAP オイル」（WOWOW）の録音

桂川 英樹（テレビ朝日）「題名のない音楽会21 神田山陽のピノッキオの冒険」（テレビ朝日）の録音

福井 清春（NHK大阪放送局）「新しい朝が来た 8月15日のラジオ体操」（NHK大阪放送局）の録音

山口 類児（日本放送協会）「蝉しぐれ 第1回 嵐」（日本放送協会）の美術

秋田 浩司（東北新社）「JR東日本 SKIキャンペーン」（東北新社）の撮影

富永 真太郎（日本放送協会）「死の国の旋律」（日本放送協会）の撮影

田島 央児（名古屋テレビ放送）「スーパーJチャンネル 名古屋 大曽根、立てこもり爆発」（名古屋テレビ放送）の撮影

横井 勝（テレビ朝日）「テレビ朝日の変化するシンボルロゴ」（テレビ朝日）のCG技術

「こまねこ」制作スタッフ 「こまねこ」（ティー・ワイ・オー）のアニメーション技術

第4回（平16年度）

高野 泰雄 「半落ち」（東映）の録音

福澤 勝広 「赤い月」（東宝映画）の美術

「イノセンス」制作グループ〈代表・押井 守〉「イノセンス」（イノセンス製作委員会）のアニメーション技術

安藤 裕章，高木 真司，松見 真一，佐藤 光洋（サンライズ スチームボーイスタジオ）「スチームボーイ」（スチームボーイ製作委員会）のアニメーション技術

大塚 康弘 「アップルシード」（アップルシード・フィルムパートナーズ）のCG技術

小宮山 充（東北新社）「恋愛小説」（ロボット）の撮影

「砂の器」撮影スタッフ〈代表・原田幸治〉「日曜劇場 砂の器」（東京放送）の撮影

村上 松隆（ピクト）「日本航空 JAL悟空 ループ篇」（ピクト）の撮影

日昔 吉邦（NHK福岡放送局）「にんげんドキュメント 女20歳 競艇にかける」（NHK）の撮影

吉田 純二（山岳班），東野 良（山岳班），上辻 裕己（潜水班），後藤 哲史（潜水班），木原 英雄（潜水班）（日本放送協会）「NHKスペシャル チベット 天空の湖 標高5000メートルに生きる」（NHK）の撮影

安倍 靖（九州朝日放送（KBC映像））「カメラマンリポート 関門をわたる影」（九州朝日放送）の撮影

岩井 和久（長野朝日放送），井上 哲（テレビ朝日映像）「2003サイトウキネンフェスティバル 松本ブルックナー交響曲7番」（長野朝日放送・テレビ朝日映像）の録音

高山 幹久（NHK京都放送局）「にんげんドキュメント いのち刻む京料理」（NHK）録音

「スペシャルドラマ 弟 第3話」美術スタッフ（高原篤、村竹良二、小山晃弘、宮崎洋）「開局45周年記念スペシャルドラマ 弟 第3話」（テレビ朝日・石原プロモーション）の美術

「砂の器」照明スタッフ〈代表・林 明仁〉「日曜劇場 砂の器」（東京放送）の照明

伊達 吉克、西田 孝史（日本放送協会）「NHKスペシャル 地球大進化」（NHK）のCG技術

藤原 徹、神崎 正斗、大竹 潤一郎（日本テレビ放送網）「プロ野球中継 巨人-中日戦のバーチャル映像」（日本テレビ放送網）のCG技術

第5回（平17年度）

水野 研一　ALWAYS 三丁目の夕日」（日本テレビ、ROBOT、小学館、バップ、東宝、電通、読売テレビ、読売新聞、白組、IMAGICA、STV、MMT、CTV、HTV、FBS）の照明

櫻木 晶　「蝉しぐれ」（電通、東宝、セディックインターナショナル、ケイセブン、ジェネオンエンタテイメント、テレビ朝日、朝日放送、メ〜テレ、朝日新聞社、東京都ASA連合会）の美術

秋山 貴彦　「HINOKIO」（松竹、イマージュ、ムービーアイエンタテイメント、H-パートナーズ、東京電力、レントラックジャパン、タカラ、関西テレビ放送、衛星劇場、I&S BBDO）のVFX技術

山本 雅之、浅野 秀二　「交渉人 真下正義」（フジテレビジョン、ROBOT、東宝、スカパー！WT）のVFX技術

佐々木 達之介（日本放送協会）「古代史ドラマスペシャル 大化改新 後編」（NHK大阪放送局）の撮影

堀 武志（NHK大阪放送局）「古代史ドラマスペシャル 大化改新 後編」（同上）の照明

島津 楽貴（日本放送協会）「柳生十兵衛七番勝負 第1回 闇の剣」（NHK）の音響効果

緒形 慎一郎（日本放送協会）「NHKスペシャル 新シルクロード 第3集 草原の道・風の民」（NHK）の録音

永田 周太郎（TBSテレビ）「涙そうそうプロジェクト 広島 昭和20年8月6日」（TBSテレビ）の美術

渡辺 雅己（日本放送協会）「大自然スペシャル 動物カメラマン 野生のまなざし わが心の大草原プレーリージムブランデンバーグ」（NHK）の撮影

報道局取材撮影部（スタッフ代表・中島誠）（フジテレビジョン）「暴走車運転の男 逮捕劇を激撮」（フジテレビジョン）の撮影

広瀬 修、片桐 史人（NHK釧路放送局）、佐藤 伸哉（NHK札幌放送局）「NHKスペシャル ユリばあちゃんの岬 北海道・知床」（NHK）の撮影

赤星 明（日本放送協会）「ドラマ ハルとナツ 届かなかった手紙 第1回」（同上）のVFX技術

福田 隆之（テレビ朝日）「シンクロナイズドスイミング」（テレビ朝日）の新しい映像演出技術

井上 秀明　「ザ・ノンフィクション 笑顔でさようなら 訪問ナースと家族の選択」（フジテレビジョン）の編集

第6回（平18年度）

安藤 清人　「バルトの楽園」（「バルトの楽園」製作委員会）の照明

藤本 賢一　「タイヨウのうた」（「タイヨウのうた」フィルムパートナーズ）の録音

松宮 敏之、近藤 成之　「男たちの大和 YAMATO」（「男たちの大和 YAMATO」製作委員会）の美術

石井 教雄、桑田 秀行（オムニバス・ジャパン）「LIMIT OF LOVE 海猿」（フジテレビジョン、ROBOT、ポニーキャニオン、東宝、小学館、FNS27社）のVFX技術

藤田 浩久（日本放送協会）「土曜ドラマ マチベン 第一回」（NHK）の撮影

佐野 清隆（日本放送協会）「土曜ドラマ マチベン 第一回」（NHK）の照明

中村 寛（WOWOW）「地球ゴージャス HUMANITY THE MUSICAL〜モモタロウと愉快な仲間たち〜」（WOWOW）の録音

藤井 俊樹、山田 崇臣、深尾 高行、小澤 直行（NHK大阪放送局）「連続テレビ小説 芋たこなんきん」（NHK大阪放送局）の美術

小宮山 充（東北新社）「劇団四季・ライオンキング 5歳 東京篇」（東北新社）の撮影

杉江 亮彦（日本放送協会）「福祉ネットワーク 認知症を生きる〜元町長と家族の300日〜」（NHK）の撮影

田村 幸英（日本放送協会）「NHKスペシャル 巨樹・生命の不思議〜緑の魔境・和賀山塊〜」（NHK）の撮影

小林 耕太郎, 西川 亮（読売テレビ放送）

「西成シャブストリート」(読売テレビ放送)の撮影
日本アニメーション, 白組, NHKエンタープライズ 「TVシリーズ うっかりペネロペ」(うっかりペネロペ制作委員会)のCG技術

第7回(平19年度)
◇撮影
- 映画 長沼 六男 武士の一分〔「武士の一分」製作委員会〕
- TVドラマ 清水 昇一郎(日本放送協会) 土曜ドラマ「ハゲタカ 第1回」〔NHK〕
- CM 秋田 浩司(ティーエフシープラス) サントリーBOSS 温泉篇〔東北新社〕
- ドキュメンタリー 相馬 大輔(日本放送協会) にっぽんの現場「ことばあふれ出る教室 横浜市立盲学校」〔NHK〕
- ニュース 宮下 裕史(日本放送協会) NHKニュース「おはよう日本」のカメラマン企画 夏点描「都会の花火」〔NHK〕
- 報道記録 湯浅 次郎(日本テレビ放送網) その薬、ください！ ノー・モア・ドラッグラグ〔NTV〕

◇照明
- 映画 中須 岳士 武士の一分〔「武士の一分」製作委員会〕
- TVドラマ 久慈 和好(日本放送協会) 土曜ドラマ「ハゲタカ 第1回」〔NHK〕

◇録音
- 映画 小松 将人 しゃべれども しゃべれども〔「しゃべれども しゃべれども」製作委員会〕
- TVドラマ 上村 悦也(日本放送協会) 特集ドラマ「すみれの花咲く頃」〔NHK〕

◇美術
- TVドラマ 山口 類児, 日高 一平, 神林 篤(日本放送協会) 土曜ドラマ「ハゲタカ 第1回」〔NHK〕

◇編集
- ドキュメンタリー 中嶋 辰郎(共同エディット) ハイビジョン特集「立川談志71歳の反逆児」〔NHKエンタープライズ、スローハンド〕

◇VFX
- 映画 浅野 秀二, 鹿住 朗生(リンクス・デジワークス) どろろ〔映画「どろろ」製作委員会〕
- TVドラマ 山本 貴蔵, 小林 宏嗣(テレビ朝日), 戸枝 誠憲, 後藤 洋二, 古家 大悟, 西村 江里子(テレビ朝日クリエイト) テレビ朝日開局50周年記念ドラマスペシャル「点と線」〔テレビ朝日、テレビ朝日クリエイト〕

◇アニメ
- 映画 坂本 拓馬(STUDIO 4℃) 鉄コン筋クリート〔「鉄コン筋クリート」製作委員会〕
- TVアニメ N.Y.SALAD製作委員会 やさいのようせい/N.Y.SALAD〔デジタル・メディア・ラボ〕

第8回(平20年度)
◇撮影
- TVドラマ 前田 貢作(NHK広島放送局) NHK広島開局80年特集ドラマ「帽子」〔NHK広島〕
- ドキュメンタリー 根本 隆(日本放送協会), 高橋 克昌(NHK仙台放送局), 田村 幸英(NHK富山放送局) NHKスペシャル「夫婦で挑んだ白夜の大岩壁」〔NHK〕
- ストレートニュース 石渡 裕二(日テレ・テクニカル・リソーシズ)「秋葉原無差別殺傷事件」容疑者逮捕の瞬間スクープ映像〔日本テレビ〕
- 企画ニュース 出雲 守和(NHK大阪放送局) 映像企画「名残のしるし」〔NHK大阪〕

◇照明
- 映画 高屋 齋 おくりびと〔映画「おくりびと」製作委員会〕

◇録音
- 映画 中村 淳 隠し砦の三悪人 THE LAST PRINCESS〔東宝、日本テレビ放送網、小学館、ジェイ・ストリーム、読売テレビ放送、中京テレビ放送、読売新聞、電通〕
- TVドラマ 大塚 茂夫〈録音〉, 上温湯 大史〈音響効果〉(NHK名古屋放送局) 土曜ドラマ「監査法人」第1回「会社、つぶせますか」〔NHK名古屋〕

◇美術
- 映画 小川 富美夫 おくりびと〔映画「おくりびと」製作委員会〕
- TVドラマ 山口 類児, 小味山 潤, 日高 一平, 服部 竜馬(日本放送協会) 大河ドラマ「篤姫」第32回「桜田門外の変」〔NHK〕

◇編集・MA
- バラエティ番組 米山 滋〈編集〉, 坂井 真一〈MA〉(オムニバス・ジャパン) 名曲探偵アマデウス#14 殺しのプレリュード～ショパン「24の前奏曲」〔テレコムス

通信・サービス

タッフ〕
◇VFX
- 映画　増尾 隆幸(ルーデンス),柳川瀬 雅英,石塚 悟(オムニバス・ジャパン)　パコと魔法の絵本〔「パコと魔法の絵本」製作委員会〕
- TVドラマ　田中 浩征(東京放送)　シリーズ激動の昭和 3月10日東京大空襲 語られなかった33枚の真実〔TBS〕
◇CG
- 音楽番組　横井 勝,坂田 敏治,中村 敦(テレビ朝日),村澤 ちひろ,南 治樹,澤口 明子,山内 光史,葛原 健治,永田 晃(テレビ朝日クリエイト)「ミュージックステーション」生放送におけるCG展開〔テレビ朝日〕
◇アニメーション
- 映画　宮崎 駿,奥井 敦(スタジオジブリ)　崖の上のポニョ〔スタジオジブリ、日本テレビ、電通、博報堂DYメディアパートナーズ、ディズニー、三菱商事、東宝〕
- 短編アニメ　木村 卓,岸 宏一(リンクス・デジワークス)　KUDAN〔リンクス・デジワークス〕

第9回(平21年度)
◇撮影
- 映画　木村 大作　劔岳 点の記〔「劔岳 点の記」製作委員会〕
- TVドラマ　佐々木 達之介(日本放送協会)　NHKドラマスペシャル「白洲次郎」第1回 カントリージェントルマンへの道〔日本放送協会〕
- ドキュメンタリー　菅井 禎亮(日本放送協会)　NHKスペシャル「ヤノマミ 奥アマゾン 原初の森に生きる」〔日本放送協会〕
◇照明

- 映画　中須 岳士　沈まぬ太陽〔角川映画、東宝、ケイダッシュ、新潮社、日本出版販売〕
- TVドラマ　鈴木 岳(NHKメディアテクノロジー)　NHKドラマスペシャル「白洲次郎」第1回 カントリージェントルマンへの道〔日本放送協会〕
◇録音
- 映画　湯脇 房雄　ハゲタカ〔NHKエンタープライズ、東宝、講談社、博報堂DYメディアパートナーズ、ヤフー・ジャパン、TOKYO FM、日販、TSUTAYAグループ、読売新聞、ニッポン放送〕
◇音声
- TVドラマ　高橋 英明(日本放送協会)　特集ドラマ「お買い物」〔日本放送協会〕
◇美術
- 映画　瀨下 幸治　ゼロの焦点〔「ゼロの焦点」製作委員会〕
- TVドラマ　永田 周太郎(TBSテレビ)　MR.BRAIN〔TBSテレビ〕
◇編集
- TVドラマ　大庭 弘之(オン・タイム)　NHKドラマスペシャル「白洲次郎」最終回 ラスプーチンの涙〔日本放送協会〕
◇VFX
- TVドラマ　渋谷 紀世子(白組)　K-20 怪人二十面相・伝〔K-20製作委員会〕
- TVドラマ　松野 忠雄,淺野 太郎,松原 貴明(TBSテレビ)　日曜劇場「官僚たちの夏」〔TBSテレビ、OXYBOT〕
◇アニメ
- 映画　「ホッタラケの島」制作スタッフ　ホッタラケの島 〜遥と魔法の鏡〜〔フジテレビジョン、Production I.G、電通、ポニーキャニオン〕

## 095　映像情報メディア学会船井賞

映像情報メディア分野における技術革新に貢献する顕著な成果を上げた個人またはグループに贈呈する。
【主催者】(社)映像情報メディア学会
【選考委員】「船井賞」選考専門部会(約58名)・選奨委員会(約20名)による選考
【選考方法】公募,選考専門部会委員からの推薦により,選考専門部会で審議,選奨委員会で確認・審議し,理事会で決定
【選考基準】〔対象〕船井技術革新賞：過去に同会会誌で発表された論文または研究会で発表された論文の中から学術および/または,産業上の優れた研究成果を上げた個人またはグループから1件を選定する。船井技術賞：別に定める期間内の同会主催または共催の研究

会で登壇して発表し、別に定める選考方法により"優秀研究発表賞"を受けた個人またはグループ及び、同会年次大会または冬季大会で登壇して発表し、別に定める選定方法により"学生優秀発表賞"を受けた個人またはグループを候補として2件以内を選定する。これに準ずる一般推薦も候補とする。成果は選定の時から概ね5年以内のものとする。同一人またはグループは再度受賞することは出来ない。

【締切・発表】毎年1月中旬～下旬締切、発表、贈呈は5月下旬(総会の席上)
【賞・賞金】賞状と賞牌、副賞(船井財団より技術革新賞50万円、船井技術賞20万円)
【URL】http://www.ite.or.jp

第1回(平16年度)
◇船井技術革新賞　上原 道宏、黒田 徹(NHK)"階層伝送と部分受信を可能とした地上デジタル放送方式の実現"
◇船井技術賞
　高橋 正樹(NHK)"野球の投球軌跡表示装置手法〔2004年10月技術報告ME2004-163〕、オブジェクト抽出技術による投球軌跡作画ステムの開発〔2004年年次大会7-4〕"
　佐藤 誠、安藤 聖泰、岡田 直紀、石田 昌之、田中 正克(日本テレビ)"地上デジタル放送波モニタリング装置による監視と解析〔2004年7月技術報告BCT2004-85〕、地上デジタル放送用ポータブル型マージン測定装置の開発〔2003年年次大会19-10〕、地上デジタル放送波モニタリング装置の開発〔2004年年次大会15-4〕"

第2回(平17年度)
◇船井技術革新賞　日立製作所ユビキタスプラットフォームグループ　"DVDカメラ技術の開発"
◇船井技術賞
　青木 奈津子、酒井 宏(筑波大学)"陰影から奥行き知覚を促進させる画像中のホワイトノイズ特性の検討〔2005年3月技術報告HI2005-58〕"
　中戸川 剛、前田 幹夫、小山田 公之(NHK)"デジタル放送波のミリ波ROF伝送用ミリ波受信機〔2005年7月技術報告BCT2005-81〕"

第3回(平18年度)
◇船井技術革新賞　シリコンマイク開発グループ(NHK・東北大学・松下電器)代表:田島利文(NHK)　"高性能シリコンマイクの開発"
◇船井技術賞
　伊藤 真也(静岡大学)"カプセル内視鏡用ワンチップカメラの試作と電磁結合を用いた画像伝送実験"
　佐藤 誠(日本テレビ)"地上デジタル放送用フィルタ(チャンネルイレーサー「凸凹くん」)開発"

第4回(平19年度)
◇船井技術革新賞　合志 清一、真島 恵吾、中村 晴幸(NHK)、鈴木 光義、伊藤 浩、藤井 亮介、山田 浩之、浅井 光太郎(三菱電機)、高井 重典、谷 愉佳里(三菱電機エンジニアリング)"CRT再撮映像に耐性を有する電子透かし技術(2006年11月号会誌)"
◇船井技術賞
　河合 吉彦、住吉 英樹、八木 伸行(NHK)"電子番組表を利用した番組紹介映像の自動生成手法(2007年2月メディア工学研究会)"
　吉田 育弘、藤根 俊之、山本 健一郎、古川 浩之、上野 雅史、菊地 雄二、小橋川 誠司、山田 晃久、竹田 信importe、杉野 道幸(シャープ)"120Hz倍速大画面液晶テレビの開発(2007年7月情報ディスプレイ研究会)"

第5回(平20年度)
◇船井技術革新賞　川那 義則(NHK)、来山 和彦(NHKアイテック)、生岩 量久(広島市大)、森井 豊(NHK-ES)"SFN環境下における長距離遅延プロファイル測定装置の開発(2007年7月号会誌)"
◇船井技術賞
　日下部 裕一、金澤 勝、野尻 裕司(NHK)"広ダイナミックレンジプロジェクタ～MTF特性と、画像の色成分の解像度と画質～(2008年7月情報ディスプレイ研究委員会)"
　長瀬 章裕、香川 周一、染谷 潤、桑田 宗晴、笹川 智広、杉浦 博明、宮田 彰久(三菱電機)"6原色表示技術を用いた広色域PTVの開発(2007年10月情報ディスプレイ研究委員会)"

## 096 技術開発賞

毎年特に優秀な成果,業績を示した映画・テレビ等の技術に関係ある発明・発見・考案・研究などを選定,広く顕彰し,以って我が国映画テレビ技術の向上と発展を更に推進し助長することを目的として創設された。第55回より「日本映画テレビ技術協会賞」から「技術開発賞」に改称。

**【主催者】**(社)日本映画テレビ技術協会
**【選考委員】**映画テレビ技術に関して高度の学識経験を有し,候補物件に直接関係のない者
**【選考方法】**協会員(個人,団体)もしくは関連団体の推薦による
**【選考基準】**〔対象〕毎年著しい成果業績が認められた映画・テレビ等の技術に関係ある発明・発見・考案・研究などから特に優秀なもの。〔基準〕A(学術):「映画テレビ技術」誌等権威ある公刊物,または特許公報に発表された発明・発見・研究等で特に優秀と認められるもの。B(産業):機材・資材またはその生産に関し,特に優れた開発,進歩,改良を行ない,斯界に著しく貢献したと認められるもの。C(現場開発):現場における技術的な着想による開発,工夫,改良等を行ない,その成果を認められるもの
**【締切・発表】**締切は当該年度の12月20日,発表は「映画テレビ技術」誌上3月頃,授賞式は5月25日頃
**【賞・賞金】**賞状と賞牌
**【URL】** http://www.mpte.jp/outline/kennsyou/

第1回(昭22年度)
　藤沢 信(富士写真フイルム) "天然色映画フィルムの研究"
　大宮 公平(富士写真フイルム),坂野 誠一 "録音フィルムの解像力と周波数特性の研究"
　田口 英彦(キヤノン) "スプロケットの精度の研究"
　長村 英一(新東宝) "フィルム録音機の送りむらについての研究"
　佐藤 武夫(早稲田大) "日本映画館の音響に関する佐藤理論の確立及び活動写真画面歪みに対する座席配列の範囲制限に関する研究"
　西村 竜介(小西六写真工業) "天然色映画フィルムの研究及び小型映画用反転フィルムの製造研究"
　福島 信之助(新理研) "タリウム塩添加に依る現像液の疲労回復"

第2回(昭23年度)
　村上 永治(富士写真フイルム) "フジカラーシネフィルムのプリント法"
　青木 康一(小西六写真工業) "シネ用ネガフィルムの帯電防止研究"
　村上 幸雄(日本電子測器),石井 聖光 "小型騒音計の試作"
　田口 柳三郎(科学研究所) "色彩演出に関する所論"

第3回(昭24年度)
　小塚 時雄(大映) "照明器具の改善"
　青木 康一(小西六写真工業) "帯電防止に関する研究"
　富永 栄一(富士写真フイルム),岩崎 勝成 "映画用ポジフィルムの映写耐久実態調査及び研究"
　峰尾 芳男 "記録音響の編集装置"
　村上 幸雄,石井 聖光 "簡易騒音計"
　内堀 芳雄(新東宝) "DS電球"
　大庭 成一(富士写真フイルム),岩崎 勝成,竹中 治夫,坂野 誠一,山村 浩 "映画用フィルムの帯電防止の研究"
　新東宝技術部 "録音装置の改良"
　峰尾 芳男 "ストリング・ガルバノメーターによる可変面積型録音方式の研究"

第4回(昭25年度)
　長部 鋹作(日本映画社) "微速度撮影装置の試作研究"
　堀熊 三郎(高密工業),伊藤 庄衛 "光電管を利用するクレータ位置自動調節装置"
　綾井 九州彦(日本大学) "映画劇場における便器個数決定法の研究"
　荒井 晶(東京計器) "映写機のアパーチュアの過熱防止の研究"
　遠藤 新太郎(北辰精密工業),小出 喜一 "超

高圧水銀灯を用いた16ミリ映写機の試作"

第5回（昭26年度）
東 堯（東芝）"カーボン・アークのスペクトル測定に関する研究"
小林 湜信（小西六写真工業），毛利 広雄"天然色映画フィルムの製造法"
浅井 幸正（富士写真フイルム）"富士シネ・クリスター・レンズの製造"
井深 大（東京通信工業）"映画用磁気録音装置並びに同用フィルムの製作"

第6回（昭27年度）
宮沢 久雄（東芝），岡田 純一"硫化鉛光導電セルの試作研究"
木村 文市（富士精密工業）"富士セントラル35mm映写機の設計及び製作研究"
保坂 勇（精機製作所）"国産35mm撮影機の試作"
藤沢 信（富士写真フイルム）"フジカラー・フィルムの改良"

第7回（昭28年度）
田島 又一（富士写真フイルム），細谷 克己（大映），伊佐山 三郎，東洋現像所"映画用ネガ・フィルムの後露光増感"
馬場 輝郎（小西六写真工業）"零分散光電分光光度計に関する研究"
竜 敬一郎（竜電社）"新型ソーラー・タイプ照明器具"
◇特別賞
東宝撮影所音響技術係"フジ・カラーによる色彩映画の録音"
日本色彩映画"「日輪」におけるコニカラー・プリント作業の迅速処理"
大映京都撮影所"「地獄門」の撮影関係技術"

第8回（昭29年度）
安達 直義（旭化成）"カラー・フィルム用変換フィルタの研究"
林 一太郎（日本ビクター）"パースペクタ・サウンド・インテグレタ国産化の研究"

第9回（昭30年度）
四方 幸夫（三社電機）"映写用セレン整流器の研究"
竜 敬一郎（竜電社）"照明用フィルタの研究"
柴田 俊夫（小西六写真工業）"コニカラー・シネ・カメラの試作研究"
ロバート・A.ヘインズ（米軍映画部）"映写機自動切換装置の研究"

◇特別賞 春木 栄（富士写真フイルム）"不燃性映画用ポジ・フィルムの量産"

第10回（昭31年度）
榊 由信（エルモ社）"8mm磁気録音装置付映写機"
飯田 孝之（東芝），稲垣 保利（東宝）"稲妻効果超大型閃光電球の研究"

第11回（昭32年度）
清水 勝（東芝），勅使 晴夫（エルモ社）"16mmクセノン・アーク映写機"
樋渡 涓二（NHK）"スロー・モーションテレビジョン"
安田 庸三（東洋現像所）"磁気立体録音方式の研究と標準送り穴フィルムへの応用"
竜 敬一郎（竜電社）"20キロワット・ソーラースポットライト"
毛利 広雄（小西六写真工業）"「バリシネスコ」三色分解撮影機用アナモフィック・レンズの研究"
河野 宏（東宝）"ダビング録音における透過式VU計の実用化研究"

第12回（昭33年度）
植村 恒義（東大）"ドラム式超高速度カメラの研究"
福田 神郎（富士写真フイルム）"面積型録音フィルムの製造"
山崎 辰夫（日活）"クロス・モジュレーション試験装置の試作"
◇特別賞 石井 聖光（東大）"オーディトリアムの室内音響設計と施工に関する研究"
◇選奨
新井 正保（東京テレビ映画）"天体撮影用簡易補助装置"
小松 聰一（興和）"実用的なアナモフィック・ブロック・レンズの製作"

第13回（昭34年度）
木村 宏（東京学院大）"映画劇場の空気条件に関する研究"
関 秀光（日本色彩研究所），児玉 晃"色彩映画用メーキャップ材料ハイコンについて"
守 秀雄（北辰電機）"16mmキセノン映写機に関する一連の研究"
福田 神郎（富士写真フイルム）"テレビ用ネガ・フィルムの製造研究"
◇選奨
福田 浩（理科学精機）"オートマティック・オペーク・プロジェクターの開発"
栗山 徹三（日本音響精器）"70/35mmフィルム映写に必要なる装置の開発"
高柳 健次郎（日本ビクター）"35mmカ

ラー・モノクローム兼用テレビジョン映写機の国産化"

第14回（昭35年度） 山路 敬三（キヤノンカメラ） "映画撮影用およびテレビ撮像用ズーム・レンズ系の設計"
◇特別賞
　小林 利央（東京現像所） "「おとうと」の現像技術"
　三輪 晋平（日活） "日活における反射形スクリーン・プロセス法の実用化"
◇選奨
　松林 万里（東映化学工業） "迅速量産焼付装置の国産化"
　三輪 晋平（日活） "直角カーブ移動車およびそのレールの軽金属材料化"

第15回（昭36年度）
　松原 滋（富士写真フィルム） "8/16mm撮影機および映写機用画面安定度テスト・フィルム製造技術の研究"
　德重 政晴（日立工機） "16mmプリズム式高速度カメラの国産化"
　高橋 泰夫（旭光学工業），松本 徹 "スポット露出計（輝度計）の設計"
　小林 節太郎（富士写真フイルム） "35mm磁気録音フィルムの製造技術"
◇特別賞　日本映画新社 ""エラブの海"水中撮影技術報告書"

第16回（昭37年度）
　小林 行雄（東映化学工業），今尾 祐司（八欧電機） "黒白映画用ネガ・フィルム焼検定装置"
　有賀 研一（小西六写真工業） "乳剤面上に磁気録音帯を有する16mm生ポジ・フィルムの生産技術"
◇選奨
　河内 光男（日活） "簡易プレイバック撮影法"
　三堀 家義（NET） "16mmフィルム用テープ接合法の開発"

第17回（昭38年度）
　松野 清（NHK） "テレビジョン用可変速度映写機"
　岩淵 喜一（東宝） "リモートコントロール撮影機の開発"
　坂田 晴夫（NHK） "TVフィルム用プリンター焼度制御の自動化"
◇選奨
　河野 貞寿（松竹） "35mm磁気フィルム・クリーニングマシンの設計および試作"
　松本 安太郎（東宝） "リモートコントロール録音方式の開発"
　山本 宏美（日活） "磁気フィルム消磁装置"

第18回（昭39年度）
　伊藤 宏（キヤノンカメラ） "テレビ用16ミリ同時録音付EEカメラの開発"
　喜多 邦夫（日活） "可変照射角照明器の開発"
　小西 昌三（東映動画） "動画製作におけるゼロックス装置の導入"
　設楽 正三（東映） "東映・光学8ミリトーキー映写機の実用化と関連技術の開発"

第19回（昭40年度）
　柿谷 功（NHK） "逆転可能エンドレスリールの開発"
　岩井 禧周（NHK） "ヘリコプター用防振撮影装置＜エアロジビョン＞の研究開発"

第20回（昭41年度）
　原田 勲（日本テレビ放送網） "NTVにおけるカラー・テレフィルムの制作法"
　伊藤 安雄（NHK） "ルミスコープの開発"
　小布施 英雄（NHK） "テレビカメラ用ロケット追跡装置の開発"
　松岡 清（NHK） "ヘリコプター搭載テレビカメラの防振台"

第21回（昭42年度）
　高橋 正明（ナック） "映像解析のための数値変換装置"
　関西テレビ放送技術局 "ビデオテープ音声自動ダビング方式ならびに自動編集装置の開発"
◇奨励賞
　河野 祐一（NHK），竹内 庸, 岩井 禧周 "水中カメラ・マリンフレックスの開発"
　永田 鎮男（NHK），佐野 鉄男, 野下 清 "スポット・フラッド両用器具の開発"

第22回（昭43年度）
　吉山 一郎ほか（ミノルタカメラ） "ミノルタTVカラーアナライザー"
　富士写真フイルム "フジカラーリバーサルTVフィルムRT-100（タイプ8424）の開発"
　泉沢 延吉ほか（ナック） "動力車運転シミレーター用視界再現装置"
◇奨励賞
　五藤 斉三（五藤光学研究所） "全天映画および全天周映画の開発"
　杉森 吉夫（日本テレビ放送網） "NTVにおけるテレビ用オペークカードの濃度基準"
　宮下 信従（日本テレビ放送網） "テレビ用

フィルム映写機におけるネガ・ポジ自動選別方式"
水口 保美(日本映画新社) "光電式圧縮増幅器の開発"
第23回(昭44年度)
　安永 禎男(朝日放送) "カラーフィルム正・反転編集装置AN-E4"
　ナック "ダブルフレーム撮影機および多面撮影システムの開発"
◇奨励賞
　唐原 久(NHK), 吉田 弘 "自走式5mテレビカメラクレーンの開発"
　岩井 禧周(NHK) "アニマ・ビジョンの研究開発"
　須山 英三(TBS映画社) "ヘイゼルチンカラーフィルムアナライザーとそのタイミング技術"
　毎日放送, 三友, 日本ジープックス "公開スタジオにおけるカラー用大型リヤースクリーン設備"
　フジテレビジョン "E-カムの実用化研究"
第24回(昭45年度)
　室伏 建明(北辰電機), 渡辺 育郎(NHK) "ランダムセレクト自動装填式16mmテレビ用映写機の開発"
　斉藤 留七(NHK), 渡辺 秀男, 山本 和夫 "磁気フィルムの自動選択リレコ装置の開発"
　岩淵 喜一(東宝), 仙田 昌久 "ホリミラー・スクリーンのシステム"
◇奨励賞　宮寺 啓之(横浜シネマ現像所) "現像機の処理液PH自動調節装置"
第25回(昭46年度)
　富士写真フイルム "フジカラーネガティブフィルム16mmタイプ8516の開発"
　相馬 喜三(東京放送), 佐伯 哲馬, 香月 宏介 "単一乾電池を電源とする16mmシネカメラの駆動方式並びにこれに関連する一連の研究"
　湯沢 勝利(富士写真フイルム) "EBCの技術"
◇奨励賞
　湯沢 勝利(富士写真フイルム) "ブジフィルムCVRプレーヤー"
　中村 真明(NHK) "3Pカラーカメラの黒再現の改善"
第26回(昭47年度)
　西沢 台次(NHK), 望月 正己, 日下 秀夫, 野々部 幸男 "4ビジコンフィルムカメラの輪郭補償装置の開発"
　宮北 孝敬(東京放送), 谷田 志津雄(アサカ), 山下 靖, 古見沢 浩一 "超小型ハンディーカラーテレビカメラの開発"
◇奨励賞
　松永 功介(ナック) "電子的フィルム映像処理システム"
　三友, 佐富電機商会 "16mmフィルム・オートスプライサー"
　平田 吉彦(NHK), 栗田 宏 "現像機エレベーター(ローディング)軟着制御装置"
　日本テレビ放送網映画部, 東洋現像所ビデオ部 "ビデオテープの編集にフィルムを使用した自動編集システムについて"
第27回(昭48年度)　鈴木 洋(NHK), 村上 昭治 "新カラー現像機"
◇奨励賞　岩井 禧周(NHK) "ポールリフト撮影装置の開発"
第28回(昭49年度)
　福田 神郎(富士写真フイルム) "フジカラーリバーサルTVフィルムRT400 16mmタイプ8425, フジカラーリバーサルTVフィルムRT100 16mmタイプ8426"
　須山 英三(東京放送), 長谷川 茂(阪田商会) "電子写真法によるカラーテロップの作成法"
◇奨励賞　野々部 幸男(NHK) "カラーネガフィルム反転送像の実用化"
第29回(昭50年度)　橋本 正(NET), 大纏 英夫 "密閉型ニッケル・カドミウム蓄電池の急速充電方式"
◇奨励賞　NHK字幕スーパー自動送出装置開発グループ(NHK), 志田 多市 "字幕スーパー自動送出装置の開発"
第30回(昭51年度)　米沢 洋之(NHK) "電子式ポラロイド複写装置の開発"
◇奨励賞　日本テレビ放送網ヘリカルVTR編集器開発グループ "ヘリカルVTR編集器の開発"
第31回(昭52年度)
　戸田 菊雄(テレビ朝日) "光学ファインダー付テレビカメラの開発"
　福田 神郎(富士写真フイルム) "フジカラーネガティブフィルム(タイプ8517・8527)の開発"
◇奨励賞　鶴田 有一(テレビ朝日), 新村 博 "肌色色紙を用いたカラーカメラ調整用チャートの開発"
第32回(昭53年度)
　一柳 伸(NHK), 佐藤 敏夫, 池上通信機 "FSSテレシネ装置の開発"

種田 悌一（NHK）,杉浦 幸雄,元木 紀雄,横浜シネマ現像所 "レーザー光学録音装置の開発"
◇奨励賞　東京12チャンネル製作局製作部照明班　"エレクトリック・エフェクト・システムの開発"

第33回（昭54年度）
杉浦 幸雄（NHK）,元木 紀雄,益子 仁,奈良岡 実,沓沢 四平,伊波 四郎,梅村 行男 "16mmフィルムレーザー録画装置の開発"
安田リサーチ　"光学ステレオ録音機と再生機の開発"
アオイスタジオ光学ステレオ開発委員会　"RCA方式光学ステレオ録音の実用化"
◇奨励賞
大久保 誠二（東映化学工業）　"オプチカルプリンター用カラーTVビュアー装置の開発"
利根川 基（北辰電機製作所）,長尾 浩史,山本 信幸 "'80音声多重用16mm映写機の開発"
可知 賢次郎（エルモ社）,宮田 紀一 "光学式2トラック/サウンド16mm映写機の開発"

第34回（昭55年度）
苅込 一郎（富士写真フイルム）"フジカラーネガティブフィルムA250の開発"
大友 隆次（オオトモエンジニヤリング）,東京現像所 "35mmカラーポジ用高速現像機の開発"
東京放送テレビ本部技術開発グループ "映像2チャンネル同時伝送装置"
◇奨励賞
池田 亀寿（テレビ朝日）,金子 貞夫 "テレシネカメラ用赤信号輪郭補正装置"
熊田 宏章ほかアニメーショングループ（ナック）,八木 信忠（日本大学）,池田 宏（東映動画）"アニメーション＆グラフィックス機器の開発"
伊藤 清次（NHK）,斉藤 一夫,大村 俊郎,岡部 正幸 "ハンディカメラ用ミニクレーンの開発と番組への積極的運用"

第35回（昭56年度）
杉本 昌穂（NHK）,山県 研二（ソニー）"単管式放送用カラーカメラBVP-110"
海老沢 洋一（東京放送）,林 迪彦,山岡 三郎 "放送サポート・システム"
◇奨励賞
荒瀬 富雄（テレビ新広島）,長井 十志明 "静止画CMのバンクシステム"

三野 三夫（NHK） "ハイラチチュードテレビカメラの開発"

第36回（昭57年度）
高野 昌幸（ソニー）,岩崎 禎二（NHK）,池上 英雄 "カメラ・一体型VTRの開発"
NHK大阪3/4インチVTRクイックスタート開発グループ（NHK大阪）,山村 恵一 "3/4インチVTRのクイックスタート装置の開発"
大野 政夫（NHK編集データ収集システム開発チーム代表）"オフライン編集の編集データ自動収集システムの開発"
◇奨励賞
安部 学（テレビ朝日）"フリッカー抑圧装置の開発"
奥村 重喜（NHK）,和田 正夫,伊東 孝久 "ハンディカメラ用100倍ズームレンズへの工夫"

第37回（昭58年度）　フジテレビジョン制作技術局映像部 "フジ多目的時差放送システム"
◇奨励賞
杉浦 幸雄（NHK）,野尻 裕司,岡田 清孝,二宮 佑一,松本 保男 "高品位テレビ用35mmフィルムレーザー録画装置の開発"
須川 貴夫（NHK）　"ワイヤレスリモコンカメラ装置"

第38回（昭59年度）
日本テレビ放送網ワイヤレスカメラ実験研究グループ　"カメラ一体型アンテナ自動指向装置"
大石 恭史（富士写真フイルム）"フジカラー高感度ネガティブフィルムAX35mmタイプ8514,16mmタイプ8524の完成"
石田 武久（NHK）,林 建一（NHKエンジニアリングサービス）,末岡 多加志,平林 洋志,笠井 春雄,石川 秋男,種田 悌一,ナックレーザー機器開発グループ "高品位テレビ用35mmレーザーテレシネ装置の開発"

第39回（昭60年度）
CCDカメラ開発グループ（日本電気）,放送映像サブグループ,電子デバイスグループ,マイクロエレクトロニクス研究所 "放送仕様のCCDカメラの開発"
日本テレビ放送網MUSICAL言語開発グループ　"MUSICAL言語と音楽入力装置の開発"
◇奨励賞　本石 武夫（NHK）"タイムコードを利用したVロケダブル取材方式"

第40回（昭61年度）
大西 和則（NHK），坂元 友芳，福田 輝文 "ハレーすい星撮像システムの開発"
日本テレビ放送網画質改善開発グループ "画質改善プロセッサ"
井上 裕雄（東京放送），高橋 秋広，中島 博和，林 俊成 "テニスボールの速度測定システム"

◇奨励賞　前田 隆（NHK），宮本 孝，持田 勇夫 "携帯型プロンプター"

第41回（昭62年度）
上瀬 千春（フジテレビジョン），坂本 浩 "リアルタイム処理のできるテレビジョンオプチカル効果システムQuaser Iの開発"
石川 琇一（日本テレビ放送網），高嶋 修，花房 秀治，荒木 洋哉 "吸気雑音除去装置を中心とする水中取材音声システム"

◇奨励賞
平岡 征男（テレビ山口），内山 久宜 "天気予報システム"
今野 清一（NHK）"無線リモコンによる水中撮影装置"

第42回（昭63年度）
NHK画面ゆれ補正装置開発グループ "画面ゆれ補正装置実用機の開発"
荒木 洋哉（日本テレビ放送網），黒崎 忠男，浦野 丈治 "クリアビジョン対応画質改善装置の開発"
上瀬 千春（フジテレビジョン），坂本 浩 "リアルタイム放送用3次元CGシステムの開発"

◇奨励賞　飴井 保雄（東京放送CMバンク更新プロジェクトチーム代表）"バーコード自動認識機構付の映写機とD2VTRによるCMバンク"

第43回（平1年度）
徳永 徹三（IMAGICA），長岡 浩二（ディーエスディー）"モーションボーイC-CAM用新コントロールシステム"
藤田 欣裕（日本放送協会），安藤 文彦，三谷 公二，菅原 正幸，藤原 正雄 "6倍速高速度カメラシステム—アクションアナライザーの開発"
高山 亨（日本テレビ放送網），浦野 丈治 "EDTV用試験信号、テストチャート等の開発"
出来 裕三，岡村 智之，稲田 智徳 "ニュースヘリコプター搭載FPU方向探知受信装置"

◇奨励賞　藤田 純二（日本放送協会），河合 輝男，成田 長人 "ハイビジョン用標準画像の作成"

第44回（平2年度）
西尾 元（IMAGICA），清水 俊行（エスト）"スポット・イレーサー"
日本放送網高画質テレビ開発グループ "非標準カラースーパー信号のクロスルミナンス防止技術の開発"

◇奨励賞　毎日放送音声グループ "SNG中継音声遅延対策送り返し装置"

第45回（平3年度）
日本放送協会，松下電気産業—1/2インチディジタルVTR開発グループ "1/2インチディジタルVTRの実用化"
堀 明宏，黒崎 忠男（日本テレビ放送網）"IDマーク挿入装置の開発"

第46回（平4年度）
西田 和憲，野村 哲夫，水野 雅夫（IMAGICA）"ECN—2定着液再生装置"
加藤 正光，愛甲 進一（日本テレビ放送網）"適応等化器を用いた送り返し音声（N—1）現場生成装置"
福井 一夫，林 正樹，山内 結子，長谷波 一史，秋山 宣英（日本放送協会）"CGと実写画像の合成技術"
日本放送協会，住友電工，丸茂電機液晶照明器具開発グループ〈代表・平林常広〉"液晶内蔵照明器具"

第47回（平5年度）
高山 享，小熊 透，高島 修，宮下 英俊，村上 光一，水島 光一，今村 公威（日本テレビ放送網）"デジタル圧縮音声映像多重装置の開発"
山脇 利捷（松下電器産業）"フラットビジョン"

◇奨励賞
山村 恵一，渡辺 立，和田 雅徳，松永 力（日本放送協会・朋栄）"ワンタッチディジタルカラーコレクター"
湯山 一郎，蓼沼 真，山之上 裕一（NHK放送技術研究所）"立体ハイビジョン撮影技術"
NHK大阪放送局スキップバックレコーダー開発グループ "スキップバックレコーダーの開発"
吉田 勝臣（富士通ゼネラル）"プラズマビジョン—M21"
帆足 勝利，前田 哲志（池上通信機）"液晶シャッター・ディスプレー"

通信・サービス

第48回(平6年度)
　日本テレビ放送網,松下電器産業,松下電子工業順次走査カメラ開発グループ　"525本順次走査カメラ開発"
　山川 清士(ソニー)　"1/2インチデジタルコンポーネントVTR「デジタルベータカム」の開発・商品化"
　滝口 吉郎(NHK放送技術研究所)　"紫外線カラー化カメラの開発"
◇奨励賞
　阿部 博,近野 邦彦,及川 浩(東日本放送)　"国内発のディジタルコンポーネント中継車"
　安部 学,佐々木 哲雄(全国朝日放送)　"テレビジョン方式変換器対応の映像・音声遅延時間測定装置"
　川上 陽介,野崎 慎也(セルシス)　"セルアニメーション制作支援システム「RETAS！Pro」の実用化"
　内田 洋祐(富士写真フイルム)　"フジカラーネガティブフィルムスーパーFシリーズ F-125/F-250,F-64D/F-250D」の開発"

第49回(平7年度)　大森 静雄,久保木 準一(フジテレビジョン)　"PHSを利用したディジタルワイアレスインターカムの開発"
◇奨励賞
　内野 盛和,平林 真喜雄,辻井 一義,吉野 洋雄,宮沢 庸介,福元 昭彦,田代 博一(全国朝日放送)　"小型カメラ用軽量クレーンシステム"
　田中 雅文,鈴木 秀樹(日立電子),杉本 善忠(全国朝日放送)　"水平/垂直偏波切換型7・10GHz用一次放射器の開発"

第50回(平8年度)　東映化学工業,大友製作所,ソニー・プレシジョン・テクノロジー　"カラーポジ現像システム"
◇奨励賞
　久保田 誠司(毎日放送)　"直接変換によるFPU中継機"
　坂本 浩,山崎 吉広(フジテレビジョン)　"サイバー文楽システムの開発"
　林 正樹,福井 一夫,伊藤 泰雅,八木 伸行,石原 達哉,宮田 祐吉(日本放送協会)　"仮想カメラシステムの開発"

第51回(平9年度)
　全国朝日放送,バーチャルスタッフ　"リアルタイムCGキャラクターの運用"
　池和夫とその開発グループ,名雲文男とその開発グループ(ソニー)　"HDVTR『HDCAM』の開発"

◇奨励賞
　二葉工業,東映化学工業,報映産業　「水系フィルムクリーニング装置」
　羽村 滋世(全国朝日放送),アールディエス　"照明バトン名称の発光表示"
　藤掛 英夫,滝沢 国治,小林 道男,根岸 俊裕(日本放送協会)　"液晶偏光フィルターを用いた反射光抑制カメラの開発"

第52回(平10年度)
　笹野 耕治(全国朝日放送)　"テレビジョン音声多重方式"
　日本放送協会,池上通信機,浜松ホトニクス,富士写真光機,細内光機,山崎 順一(超高感度ハイビジョンカラーカメラ開発グループ)　"超高感度ハイビジョンカラーカメラ"
　岩崎禎二とその開発グループ(ソニー)　"マルチレゾリューションテレシネFVS-1000(HDテレシネ)"
　日本テレビ放送網,朝日放送,松下電器産業,堀 明宏(DVC PRO-P開発グループ)　"DVC PRO-Pの開発"
◇奨励賞
　間瀬 仁,林 迪彦,深沢 智巳(東京放送)　"カーブトラッキングカメラシステム"
　野杓 賢悟,須賀川 豊,河内 博司(日本放送協会),生田目 洋(芙蓉ビデオエージェンシー)　"HVCCD白キズ補正装置"

第53回(平11年度)
　山下 雄司(読売テレビ放送),小熊 透(日本テレビ放送網)　"ノンリニア字幕作成装置の開発"
　安部 学,阿部 良幸,吉田 喜平,春日 康志,監物 直(全国朝日放送)　"マルチフォーマット・カラーバー"
◇奨励賞
　堀口 信(NHKテクニカルサービス)　"カメラ補助装置"
　宇賀田 誠,和泉 幸,黒住 幸一(日本放送協会),稲森 功,帯刀 寿和(松下通信工業)　"衣服貫通型ラベルマイクロホンの開発"
　伊藤 泰宏(日本放送協会OFDM-FPU用ダイバーシティ受信機開発グループ代表)　"OFDM-FPU用ダイバーシティ受信機の開発"
　林 俊成(東京放送)　"TV-LANシステム Ver.2"

第54回(平12年度)
　キヤノン放送機器事業部86-IS開発プロジェクト　"光学防振機構内蔵の中継用ズーム

レンズの開発"

山地 直樹, 渡部 悟, 山崎 順一(日本放送協会), 渡辺 和明(昭和機械製作所)"低軌道衛星撮影システムの開発"

安藤 彰男(日本放送協会 ニュース音声自動字幕化システム開発グループ)"音声認識によるニュース音声自動字幕化システムの開発"

日本テレビ放送網, 菊地 秀彦(KDDメディアウィル720p対応画質評価装置開発グループ)"720p対応画質評価装置の開発"

日本ビクターDLA-M4000L開発グループ"D-ILA大型プロジェクターの開発・商品化"

富士写真光機TVレンズ防振装置開発グループ"アダプター式TVレンズ防振装置 オプティカルテクノスタビ"

◇奨励賞 岩松 道夫(読売テレビ放送)"鳥人間コンテストにおける機載カメラ"

第55年度(平13年度)

石井 亜土(IMAGICA)"レーザーフィルムレコーダーのための三次元LUTを使った色変換法"

阪本 善尚(松下電器産業), 東映化学工業"バリアブルフレームカメラレコーダー(シネマガンマ内蔵)の開発"

東京放送 擬似同期化装置開発グループ"BSデジタル放送用擬似同期化装置"

日本放送協会 ベアトス開発グループ"デジタル制作情報システム(ベアトス)の開発"

河合 清, 村上 光(富士写真フイルム足柄研究所)"フジカラー映画用カラーネガティブフィルムReala 500Dの開発"

三牧 靖典, 山田 誠(富士写真フイルム足柄研究所)"フジカラーイメージマネジメントシステムの開発"

◇奨励賞 テレビ朝日映像 清野まさみ"液晶モニタ用ハードケース"

第56年度(平14年度)

宮澤 俊人, 安田 英史(東京放送)"地上デジタル放送用高圧縮HDTVエンコーダの開発"

日本放送協会, 富士写真光機 プレシジョンフォーカスシステム開発グループ"ハイビジョン用プレシジョンフォーカスシステムの開発"

佐藤 誠, 田中 正克, 石田 昌之, 片柳 幸夫(日本テレビ放送網)"地上デジタル放送用フィールド状態検出システム「フィル波ーモニー」の開発"

ソニー コンテンツクリエーション事業部プロダクションプラットフォーム部"HDノンリニア編集に於けるリアルタイム処理技術の開発"

◇奨励賞

中沢 学, 西山 清之(フジテレビジョン), フジミック 放送ソリューション部"字幕制作・送出システムの開発"

河北 真宏, 栗田 泰市郎, 菊池 宏, 山内 結子(NHK放送技術研究所), 井上誠喜(日本放送協会)"ハイビジョン3次元カメラ「Axi-visionカメラ」の開発"

江口 尚裕, 瀬川 圭介, 深栖 邦一(全国朝日放送)"Ethernetによる音声レベルリモートコントローラ"

青山 学(東京現像所), 立川 壮史(高島)"吸気式ドームスクリーンシステムの開発製作"

第57年度(平15年度)

日本テレビ放送網 CCD光学ブロック回転機能付きHDカメラ開発グループ〈代表・甲斐創〉"CCD光学ブロック回転機能付きHDカメラの開発"

中村 晴幸, 鳥居 宏行(日本放送協会), 山之内 達郎(シバソク)"動き補正機能付きマルチフォーマットコンバータの開発"

松下電器産業 メディアネットワーク事業グループ"リアルタイムグラフィックスプロセッサAV-CGP500の開発"

ソニー HDCAM-SR開発グループ"HDCAM-SR VTR"

ナックイメージテクノロジー技術部"デジタルハイスピードカメラ メモリカムfx-K3(ナックfx-Cam)の開発"

◇奨励賞

塩田 真(IMAGICA)"字幕制作支援ソフト「字幕屋」の開発"

鬢農 孝彦(カスタム・テクノロジー), 報映産業"SD/HD対応 フィルム スクラッチ&ダスト リデューサ CINEMA CRAFT reneat"

第58回(平16年度)

関 克哉(フジテレビジョン)"モーションコントロールカメラシステム「Camsat」の開発・運用"

三橋 政次, 宮崎 正之(日本放送協会)"近赤外線対応ハイビジョン超高感度カメラの開発"

松下電器産業パナソニックAVCネットワー

通信・サービス

ク社システム事業グループシステムAVビジネスユニット "高速、耐衝撃・振動、大容量な放送用半導体メモリーシステム「P2」の開発"

ソニー4K SXRD プロジェクター開発グループ "4K SXRD プロジェクターの実用化"

◇奨励賞

フジアール 道具開発プロジェクト "自動原紙(ザラ紙)貼り&原紙剥がし機、通称「ノリ助」の開発"

江東電気 "ハロゲン電球「ライトセイバー」"

テレビ朝日映像 清野まさみ "現場が求めていたバッテリィライト"

讀賣テレビ放送 音声チェッカー開発グループ "監視者の負担を軽減する音声チェッカーの開発"

三島 也守志、三浦 直康、嶺岸 義高、俵 宜士、籬 恵介、高鳥 暁彦(IMAGICA) "テープ編集インターフェースを持つノンリニアオフライン編集システムの開発"

第59回(平17年度)

小笠原 俊英、山内 正仁(日本放送協会)、後藤 正勝(ナックイメージテクノロジー) "毎秒300コマ順次走査HDTVハイスピードカメラの開発"

梶原 巧、深澤 知巳(東京放送) "デジタルFPU方向調整支援システム「見っける君」の開発"

日本テレビ放送網 マージン測定装置開発グループ "地上デジタル放送用マージン測定装置の開発"

横田 耕一、日吉 弘測(富士写真フイルム) "フジカラー映画用カラーネガティブフィルム ETERNA500の開発"

◇奨励賞 讀賣テレビ放送 谷知紀英 "データ放送チェッカーの開発"

第60回(平18年度)

久保田 純ほか(IMAGICAテクノロジーズ)、打出 圭一朗ほか(IMAGICA) "CMビデオ納品コピーの元映像のデジタルビデオノイズ検出/警告システム"

横田 慶太ほか(テレビ朝日) "オンラインテロップ発注システムの開発"

◇奨励賞

読売テレビ放送 窪内 誠 "フラッドライトの開発"

小宮山 摂、吉川 里士(日本放送協会) "簡易操作型サラウンドミキサーの開発"

096 技術開発賞

松尾 幸治(ジーピーエー) "手術撮影用架台「MDクレーン」"

第61回(平19年度)

日本テレビ放送網 "地上デジタル放送用ギャップフィラー装置"

チャンネルイレーサー「凸凹くん」開発グループ "チャンネルイレーサー「凸凹くん」の開発"

日本テレビ放送網、アイベックステクノロジー、MPEG-2 HD素材伝送用超低遅延コーデック開発グループ "MPEG-2におけるHD素材伝送用超低遅延コーデックの開発"

谷知 紀英、近藤 五郎(讀賣テレビ放送) "違法動画サイト対策に絶大な威力「とりし丸」の開発"

村上 光、三木 正章、細谷 陽一、西村 亮治(富士フイルム) "映画用デジタルレコーダー出力専用フィルム「ETERNA-RDI」の開発"

◇奨励賞

高橋 知大(東京放送) "高機能ポータブルモニターの開発"

テレビ朝日、NTI、マーカーレストラッキングシステム「DRAGON」開発チーム "マーカーレストラッキングシステム「DRAGON」の開発"

日本放送協会(放送技術研究所・放送技術局)、近畿大学、日立国際電気、ダルサ、超高速度高感度CCDカメラ開発グループ "超高速度高感度CCD小型カラーカメラの開発"

◇審査員特別賞 日本放送協会、NHKエンジニアリングサービス、宇宙航空研究開発機構、明星電気、池上通信機、フジノン、高知大学、かぐやHDTVグループ "月周回衛星「かぐや(SELENE)」が映し出した月と地球に関する撮影システム"

第62回

佐藤 誠、宮内 聡、田中 正克、和泉田 智志、遠藤 哲(日本テレビ放送網)"地上デジタル放送用スケルチ装置「デジ助」TMの開発"

西川 寛(フジテレビジョン) "映像ダイナミックレンジ補正装置「D-Rex」"

◇技術開発奨励賞

中京テレビ映像企画、映像企画、ウェルクラフト "振動吸収ドリー「HENDE」"

三社電機製作所 "デジタルシネマ・プロジェクタ向インバータ制御方式光源用電

源の開発"
　　木川 豊（日本放送協会）　"スペシャルドラマ「坂の上の雲」制作に於ける「デュアルリンク光伝送装置」と周辺機材の開発と運用改善"
　　テレビ朝日/TIA スーパーモーニング「スパモニ機動中継隊」　"衛星IP通信を利用した低コストで高画質な「VSAR機動中継車」の開発"

　　ソニーF35開発チーム　"デジタルシネマカメラ「F35」の開発・商品化"
　　第63回　牧野 鉄雄, 甲斐 創, 佐治 佳一（日本テレビ放送網）"新方式デジタルFPU用可搬ヘリコプター追尾システム"
　◇技術開発奨励賞　龍口 健二, 牧野 雅哉（日本放送協会）"カラーマトリックスコレクター装置の開発"

## 097　技術振興賞

　わが国の映像情報メディア基礎的研究の振興と、その応用の促進に資するために創設された賞であり、映像情報メディアに関し優れた業績をあげた者に贈られる。「テレビジョン技術振興賞」から現在の賞名に変更された。

【主催者】　（社）映像情報メディア学会
【選考委員】　「技術振興賞」進歩賞・開発賞選考専門部会（約30名）、選奨委員会（約20名）。同放送番組技術賞選考専門部会（約30名）、選奨委員会（約20名）
【選考方法】　公募・選考専門部会委員からの推薦により、選考専門部会で審議、選奨委員会で確認・審議し、理事会で決定
【選考基準】　〔資格〕原則として会員〔対象〕進歩賞：放送現場、製造現場の部門において、映像情報メディアに関する方式、システム、機器、デバイスの改良、運用・技術管理面での優れた考案を行い、実用に供した顕著な効果を示したもの。開発賞：研究開発、設計等の部門において映像情報メディアに関する研究・開発により、斬新な方式、システム、機器、デバイス等を完成または実用化し、顕著な効果を示したもの。放送番組技術賞：放送現業部門において、技術的な創意工夫により制作技術の分野に新機軸をもたらしたものであり、その技術を活用して番組の効果を著しく高めたもの。
【締切・発表】　毎年1月中旬～下旬締切、発表・贈呈は5月下旬（総会の席上）
【賞・賞金】　賞状・賞牌と記念品
【URL】　http://www.ite.or.jp

（昭48年度）
　　田中総理訪中中継担当グループ（NHK, 日本テレビ, 東京放送, フジテレビ, NETテレビ）"田中総理訪中中継番組の制作放送"
　　中村 有光（NHK）, 大川 雅彦 "番組伝送制御システムの開発"
　　カルニコン開発グループ（東芝）"CdSeビジコンの開発実用化"
　　高木 俊彦（コロムビア）, 長原 脩策（日立）, 信力 三郎 "周波数分離方式単管カラーテレビカメラの開発"
　◇著述賞　和久井 孝太郎（NHK）　"ITVカメラ"〔日本放送出版協会 昭和48〕
（昭49年度）
　　カラー水中撮像システム開発グループ（NHK）"カラー水中撮像システムの開発"
　　多田 三郎 "テレシネ設備の保守点検と自動頭出装置その他周辺機器の開発"
　　川村 好永（池上通信機）"放送用小型カラーカメラの開発"
　　鈴木 義二（浜松テレビ）"赤外, 紫外およびX線用撮像管の開発"
　◇著述賞　大越 孝敬（東大）"三次元画像工学"〔産業図書 昭和47〕
（昭50年度）
　　関西テレビ放送送出部 "報道番組用グラフィックスイッチャーの開発"
　　VTR自動編集開発グループ（NHK）"計数アドレス方式によるVTR自動編集システ

ムの開発"
　　荒木 茂(日電),稲葉 雅男 "放送用ヘリカルスキャンVTRの開発"
　　ディジタル方式変換開発グループ(NHK,KDD,沖電気) "ディジタル化したテレビジョン標準方式変換装置の開発"
　◇著述賞 宮川 洋(東大),樋渡 涓二(NHK),渡部 叡(日立),藤尾 孝,中山 剛 "「画像エレクトロニクスの基礎」〔コロナ社 昭和50〕"
(昭51年度)
　　林 義昭(電電公社),碓井 孝義,酒井 克行 "テレビ回線制御システムの実用化"
　　新漢字ディスプレイ開発グループ(NHK) "放送用高品位漢字ディスプレイの開発"
　　角田 健一(日電),森田 稠(電電公社),林 義昭 "見通し外伝搬(OH)によるテレビジョン伝送装置の開発と回線の実用化"
　　川村 俊明(日立電子),五十島 恒好(NHK) "放送用4ヘッドポータブルVTRの開発"
　◇著述賞　該当作なし
(昭52年度)
　　CM自動編集システム共同開発グループ(日本テレビ,札幌テレビ,日電) "CM自動編集システムの開発"
　　VTRテープ自動倉庫システム開発グループ(NHK,松下通信工業) "VTRテープ自動倉庫システムの開発"
　　サチコンカラーカメラ開発グループ(日立,日立電子) "サチコンカラーカメラの実用化"
　　VHS開発グループ(ビクター) "家庭用VTR—VHS方式の開発"
　◇著述賞 二宮 輝雄(NHK),和久井 孝太郎(電通大),小楠 千早,長谷川 伸 "「撮像工学」〔コロナ社 昭和50〕"
(昭53年度)
　　熊倉 国勝(NHK),近藤 達彦 "ソフトクロマキー装置の開発"
　　ディジタル特殊効果共同開発グループ(東京放送,日電) "ディジタル特殊効果装置の開発とその番組への適用"
　　川崎 満(日電),野口 浩(日立電子),北原 繁義(NHK) "超小型高性能ハンディカラーカメラの開発"
　　藤原 淑男(ソニー),田辺 道弘,小池 省造 "放送用1.5ヘット1インチVTRの開発"
　◇著述賞 小西 良弘(NHK) "「電磁波回路」〔オーム社 昭和51〕"

(昭54年度)
　　西原 功(NHK),日高 一孝(東芝),高橋 章(八木アンテナ) "フラッター防止アンテナの開発"
　　テレビ音声多重信号伝送方式開発・実用化グループ(電電公社) "テレビジョン音声多重放送信号中継方式の開発・普及"
　　放送用小形文字発生装置開発グループ(NHK,松下電器,松下通信工業) "放送用小形文字発生装置の開発"
　　高精細度ディスプレイ用カラー受像管開発グループ(松下電子工業) "高精細度ディスプレイ用カラー受像管の開発"
　　LVR開発グループ(東芝) "固定ベッドVTRの開発"
　◇放送番組技術賞
　　南極中継技術グループ(NHK,KDD,日電) "南極中継特別番組"
　　サウンドインS制作技術スタッフ(東京放送) "サウンドインS"
　　海中撮像技術グループ(南海放送) "魚の生態シリーズ"
　◇著述賞 木内 雄二(農工大) "「イメージセンサ」〔日刊工業新聞 昭和53〕"
(昭55年度)
　　ピコ秒ストリークカメラ実用化プロジェクトチーム(浜松テレビ) "ピコ秒ストリークカメラの実用化"
　　映像同時伝送開発グループ(東京放送,日電) "映像2チャンネル同時伝送装置の開発"
　　雷害対策グループ(NHK) "テレビジョン中継放送所の雷害対策"
　　足立SHFテレビ実用化グループ(NHK,郵政省電波監理局) "SHFテレビ放送実用局システムの開発"
　◇放送番組技術賞
　　永田 定昭(NHK制作技術局),今野 泰彦,吉島 忠信 "NHK特集「がん—薬でどこまでなおる」"
　　佐藤 幸一郎(日本テレビ),岩下 莞爾 「生と死に賭けた36時間!これがチョモランマだ」
　　田端 健一(朝日放送) 「THEビック」
　◇著述賞 伊藤 安雄(NHK) "「映像ライティング—画面づくりの第一歩」〔日本映画テレビ技術協会 昭和54〕"
(昭56年度)
　　斎藤 利夫(東京放送) "高性能同時検波型映像復調器の開発"

個体カメラ開発グループ（日立）"家庭用MOSカラービデオカメラの開発"
画像処理開発グループ（日電）"カラーイメージディスプレイ装置の開発"
光伝送テレビ共同受信システム開発グループ（NHK営業技術部, 日立電線）"光伝送テレビ共同受信システムの研究"
◇放送番組技術賞
NHK札幌放送局技術部制作技術グループ"「北炭新夕張炭鉱ガス突出事故の緊急報道番組」＝トンネル内FPU伝送"
東京放送技術局報道・情報番組スタッフ〈代表＝妹川健〉"「ウェザーショウ空とぶお天気スタジオ」＝DVEマークIIとそのサブシステム"
田中 三郎（仙台放送）"「仙台市長選挙開票速報」＝パソコンFM-8のNTSC化とその応用"
◇著述賞 横山 克哉（NHK）"「ホームビデオ技術」〔日本放送出版協会 昭和55〕"

（昭57年度）
大野 政夫（NHK）, 小幡 伊和男 "VTR編集情報自動収集装置の開発と運用"
臼井 映史（中部日本放送）"ディジタルワイプ波形発生器の開発"
田村 健（NHK）, 野谷 正明（松下電器）, 高野 昌幸（ソニー）"放送用小形・高画質VTRの開発"
OLF電子銃開発グループ〈代表＝細越赫一郎〉（松下電子工業）"OLF電子銃の開発"
◇放送番組技術賞
金井 清昌（NHK）"「宇宙からおめでとう」＝ディジタル画像信号処理技術"
中込 清皓（テレビ朝日）, 村瀬 康治 "「ヒントでピント」＝画像処理による番組専用送出システムと周辺装置"
梶浦 秀男（NHK）, 小沢 敏雄, 井上 誠喜 "「ニュース天気予報」＝コンピュータグラフィックスを利用した気象情報システム"

（昭58年度）
柏倉 宏聿（北海道放送）"テレビ伝送特性の測定法の開発"
斉藤 陽平（日立）, 安藤 久仁夫, 宮田 嘉彦 "ビームインデックス法式カラー電子ビューファインダーの開発と実用化"
三浦 真吾（NHK）, 稲本 佳昭, 瀬尾 健三 "文字放送の局間伝送制御方式の開発"
読売テレビ放送技術局技術部開発グループ〈代表＝上田孝爾〉"スーパースクロール装置の開発と実用化"
◇放送番組技術賞
伊藤 英明（NHK）, 下村 隆, 柗野 実 "「発見！飛鳥時代の壁画古墳」＝古墳の画像解析とファイバースコープによる古墳内探査"
小島 一至（NHK）, 国重 静司 "「富山湾不思議の海をさぐる」＝海底深度のメッシュデータを利用した3次元アニメーション"
鈴木 康之（東京放送）, 西沢 正捷, 間瀬 仁 "「'84別府毎日マラソン」＝移動中継, 複数マイクロ受信点からの映像信号自動切替装置"

（昭59年度）
市村 悦二（NHK大阪）, 吉田 晃, 飯田 泰生 "三軸クロマキー信号発生装置の開発"
大光明 宏和（NHK）, 丸山 隆 "サービスエリア内におけるテレビ中継放送所診断システムの開発"
杉森 吉夫（日本テレビ）, 木俣 省英, 荒木 洋哉 "ビデオテックス・文字放送用音符符号化伝送技術の開発と実用化"
◇開発賞
飯沼 一元（日電）, 飯島 征彦, 古閑 敏夫 "テレビ会議用帯域圧縮装置の研究開発実用化"
シャープELディスプレイ開発グループ〈代表＝上出久〉"大表示容量ELディスプレイの開発"
松下単管カラー撮像管ニューコスビコン開発グループ〈代表＝藤原真司〉"単管カラー撮像管ニューコスビコンの開発"
◇放送番組技術賞
門条 由男（NHK）, 田村 久男, 新倉 輝雄 "「山河燃ゆ」＝ビデオマット画像合成システムの開発"
NHK特集日本列島・夜の海制作技術グループ〈代表＝阿部賢造〉"NHK特集「日本列島・夜の海」＝水中送話装置および高感度水中撮影システム"
宮木 健吉（東京放送）"「ニュースコープ」＝指示可能型クロマキーシステム"

（昭60年度）
◇進歩賞
岩本 征（NHK大阪）, 樋上 豊（NHK大津）"オフセットビートキャンセラの開発"
菊川 正一（東芝）, 楢原 公夫（日電）"固体化大電力送信機の開発"
花房 秀治（日本テレビ）"文字放送・キャプテンシステム自動図形入力装置の開発"

◇開発賞
　藤森 明(シャープ),矢野 盛規,山本 三郎 "光ディスク用半導体レーザの開発"
　カラーフラットパネル開発グループ(松下電器,松下技研) "カラーフラットパネル(フラットCRT)"
　ハイビジョン大画面ディスプレイ開発グループ(NHK,NHK・ES,日電,日電HE,関西日電,大日本印刷) "ハイビジョン大画面ディスプレイ"
◇放送番組技術賞
　吉良 健二(NHK),坂本 敏幸(富士通),岡田 高光 "NHK特集「墜落―日航機事故調査報告」=電子映像(コンピュータグラフィックス)"
　上野 益太郎(読売テレビ),杉本 豊郎,永田 賢治 "「「ニュース速報」=手書き文字入力による電子テロップ「テレコピーマスタ」」"
　藤田 利夫(NHK旭川),須賀川 豊,池田 哲臣 "「「高校野球」=データ伝送によるSBO,得点,スコア等の送出」"

(昭61年度)
◇進歩賞
　横山 進(読売テレビ),松浦 暎志 "マージナルチェッカー"
　渡辺 栄太(NHK和歌山),徳永 泰久(NHK大阪),水谷 照一 "文字放送受信特性簡易測定器の開発"
　日本電気放送用CCDカメラ開発グループ(放送映像事業部,マイクロエレクトロニクス研究所,半導体事業グループ) "電子シャッタ機能付放送用CCDカメラ"
◇開発賞
　後藤 敏彦(日立家電研),木村 寛之(日立東海工場),吉田 雅志 "昇華性染料熱転写方式カラービデオプリンタの開発"
　東芝超小型カメラ開発グループ(ビデオ事業部,家電技術研究所,総合研究所) "超小型CCDカラーカメラ"
　松下電器カラー液晶開発グループ(中央研究所,半導体研究センター,テレビ本部) "3インチカラー液晶テレビ"
◇放送番組技術賞
　NHK特集地球大紀行ビデオ特撮グループ "NHK特集「地球大紀行」=ビデオ特殊撮影および画像処理技術"
　画質改善プロセッサ開発グループ(日本テレビ) "コマーシャル番組=画質改善プロセッサの開発"
　平岡 征男(テレビ山口),内山 久宜 "朝ワイド・天気予報ニュース=天気予報アナウンスコメント自動送出装置"

(昭62年度)
◇進歩賞
　大須賀 和夫(テレビ静岡),佐藤 咲男 "水平,垂直偏波対応自動追尾システム"
　砂川 清(NHK),浪元 二三夫 "テレビ放送機用高速合成切替器の開発"
　日本テレビ画質改善研究グループ "適応型リンギング・クロスルミナンス低減装置の開発"
◇開発賞
　利安 雅之(三菱電機),中西 寿夫,渡部 勁二 "37形カラーテレビの開発と実用化"
　東芝アンバーシャドウマスク開発チーム "大形カラーテレビ受像管用アンバーシャドウマスクの開発"
　浜松ホトニクス冷却型CCDカメラ開発プロジェクト "冷却型CCDカメラの開発・実用化"
　松下電器アモルファスヘッド開発グループ(中央研究所,ビデオ事業部) "蓄層アモルファスビデオヘッドの開発"
◇放送番組技術賞
　藤田 利夫(NHK旭川) "「「きょうの北海道―流氷情報」=気象衛星NOAA受信データからの流氷画像生成」"
　山村 恵一(NHK大阪) "「「ニュースワイド近畿」=コンポーネント信号を用いたラインクロマキー装置の開発」"
　時間・距離計測システム開発グループ(日本テレビ) "「「第64回箱根駅伝」=時間・距離計測システムの開発」"

(昭63年度)
◇進歩賞
　井口 博之(NHK技術局) "レベル適応型ディジタルRGBクロマキー装置の開発"
　黒崎 忠男(日本テレビ技術局),浦野 丈治,伊東 俊哉 "EDTV用水平・垂直解像度補償装置の開発"
　CM・番組バンクシステム開発グループ(東京放送,読売テレビ,全国朝日放送,ソニー) "大容量ディジタルカートマシンによるCM,番組バンクシステムの開発"
◇開発賞
　画振れ防止技術開発グループ(松下電器開発研究所,松下寿電子工業,松下電子部品) "画振れ防止機構搭載VHSムービーの開発"

シャープTFTカラー液晶ディスプレイ開発グループ "14型TFTカラー液晶ディスプレイの開発"
IDTV・EDTV開発グループ（日電ホームエレクトロニクスニューメディア事業部・開発研究所，日本電気半導体応用技術本部）"IDTV・EDTV受像機開発と実用化"
FM多重放送実用化開発グループ（NHK放送技術研究所，エフエム東京技術部，日電放送映像事業部・放送システム本部・伝送通信事業部）"FM多重放送用機器の実用化開発"
◇放送番組技術賞
NHK制作技術局字幕スーパーシステム開発グループ "「「芸術劇場」」=字幕スーパーシステムの開発"
日本テレビチョモランマ特番グループ "「「チョモランマがそこにある」」=機器開発，総合企画"
愛甲 明毅（NHK福岡），新城 彰 "「「第23回福岡国際マラソン」」=タッチパネルを使ったスーパー装置"

(平1年度)
◇進歩賞
黒崎 忠男（日本テレビ），藤原 慶太，足立 道夫 "非標準信号カラースーパーのクロスルミナンス除去装置の開発"
3.4GHzSTL/TSL用50kw中波送信鉄塔絶縁共用器開発グループ（中部日本放送，加藤電気工業所）"3.4GHzSTL/TSL用50kw中波送信鉄塔絶縁共用器の開発"
光磁気ディスクによるCMバンクシステム開発グループ（日電，中部日本放送）"光磁気ディスクによるCMバンクシステムの開発"
◇開発賞
ハイバンド8開発グループ（ソニー）"高画質8ミリビデオ「ハイバンド8」の開発"
UNIHI開発グループ（NHK,NHK‐ES，日電，松下電器，東芝，シャープ，ソニー，日立，三洋電機，ビクター，三菱電機，キヤノン）"小型カセットハイビジョンVTR「UNIHI」の開発"
TVゴースト対策用電波吸収パネル開発グループ（TDK）"建材用電波吸収パネルの開発・実用化"
ハイビジョン液晶プロジェクション開発グループ（シャープ）"ハイビジョン液晶プロジェクターの研究開発"
◇放送番組技術賞

岩井 豊（NHK制作技術局），柳井 宗一郎（NHK長野放送局）"NHK特集「樹海—富士山青木ヶ原」=VTR一体型近赤外線カメラの開発"
福山 肇（日本テレビ制作技術局），笠井 高明 "'89参院選挙報道=グラフィック表示システム"
山田 信也（名古屋テレビ業務局），浅井 喬，宮田 政 "コマーシャル番組=CM音声レベル自動認識装置"

(平2年度)
◇進歩賞
NHK緊急放送サポートシステム開発プロジェクト "緊急放送サポートシステムの開発"
毎日放送，日電ディジタル送出システム開発グループ "ラジオ・テレビディジタル送出システムの開発および運用"
中部日本放送サテライト局集中監視制御システム開発グループ "サテライト局集中監視制御システム"
◇開発賞
池上通信機，日立，日立電子，NHK高感度・高画質HARPカメラ開発グループ "高感度・高画質HARPカメラの開発"
ソニー高密度実装開発グループ "小型カムコーダ（CCD TR-55, TR-75, TR-45）のための高密度実装開発"
日本放送協会，東芝，日本電気，松下電器，日立，ソニー，シャープMUSEデコーダ用LSI開発担当者 "MUSEデコーダ用LSIの開発"
◇放送番組技術賞
重永 明義，山本 直弘（日本放送協会）"NHKスペシャル「銀河宇宙オデッセイ」における新手法特撮映像と画像合成"
並川 巌，宮本 仁志（関西テレビ）"「'91大阪国際女子マラソン」におけるマラソンランナーのピッチ・ストライド計測システム"
杉原 尚示（山陽放送）"「ローカルワイドニュース，ニュース速報」における報道記者が操作するLAN電子テロップと速報送出システム"

(平3年度)
◇進歩賞
阿部 和昭（仙台放送）"新放送送出システム"
NHK固体化中波大電力放送機開発グループ "SITを使用した大電力中波放送機の開

発"
　　フジテレビ,日立電子超小型FPU開発グループ　"超小型FPUの開発"
◇開発賞
　　東芝固体ハイビジョンカメラ開発グループ　"ハイビジョンCCDカメラの開発"
　　日本放送協会,松下電器1/2インチコンポジットディジタルVTRの開発グループ　"1/2インチコンポジットディジタルVTRの開発"
　　ソニー,日立,NHKハイビジョン用ディジタルVTRの開発グループ　"ハイビジョン用1インチ・ディジタルVTRの開発"
◇放送番組技術賞
　　坂本 敏幸,長谷川 一史(日本放送協会)　"NHKスペシャル「未登峰ナムチャバルワ」における衛星画像を利用したリアルなCG映像の制作"
　　大西 一孝,山中 隆吉(日本テレビ)　"「'91世界陸上東京大会」におけるゴール判定カメラの開発"
　　大須賀 一夫,木内 敏介(テレビ静岡)　"「ニュース」における無指向ヘリコプター取材システムと超小型FRY PACK"

(平4年度)
◇進歩賞
　　福田 雅之,本田 正巳,瀬尾 健三(日本放送協会)　"MUSE信号記録編集装置の開発"
　　日本放送協会,パイオニア時差再生装置開発グループ　"光磁気ディスクを用いた時差再生装置の開発"
　　長尾 圭祐,中井 正二,飯田 真(朝日放送)　"ラジオマスター管理・支援システム"
◇開発賞
　　日本放送協会,NHKES,キヤノンハイビジョン高速度カメラ開発グループ　"Hi-Vision高速度カメラシステムの開発"
　　東芝,松下電器,三洋電機,三菱電機,日本ビクター,NHKハイビジョン静止画ファイルシステム開発グループ　"ハイビジョン静止画ファイルシステムの開発"
　　富士通カラーPDP開発グループ　"21インチAC型フルカラーPDPの開発"
◇放送番組技術賞
　　NHKリアルタイムCGと実写映像の合成技術開発グループ　"「ナノスペース」リアルタイムCGと実写映像の合成技術開発"
　　佐藤 光雄(フジテレビ),岩井 俊雄(AVAX)　"「ウゴウゴ・ルーガ」AMIGAを利用したリアルタイムCG"

　　北海道放送報道制作局制作技術部　"「がんばれ!たったひとりの1年生」多元生放送"

(平5年度)
◇進歩賞
　　読売テレビAVS開発グループ　"映像・音声時間ズレ測定装置"
　　曽我部 靖,村田 茂樹(松下電器)　"トラックパターン変位測定システムの開発"
　　中島 朋和,清水 武人(NHK釧路)　"副導線式中波空中線着雪障害対策"
◇開発賞
　　松下電子,松下電器,日本テレビM-FITCCDカメラ開発グループ　"順次走査対応M-FIT(Multiple Frame Interline Transfer)CCDの開発"
　　日本ビクターW-VHS技術開発グループ　"家庭用ハイビジョンVTR「W-VHS」の技術開発"
　　松本 修一,浜田 高宏,村上 仁己(国際電信電話)　"テレビ多重ディジタル伝送装置(MUCCS45)の開発"
　　東芝ハイビジョン用カセット型ディジタルVTR開発グループ　"3/4インチハイビジョンディジタルVCRの開発"
◇放送番組技術賞
　　NHKオーロラ撮影技術スタッフ　"「オーロラーアラスカ・天空の彩り」ハイビジョン用スーパーカメラを改修したオーロラの収録と太陽活動の巧みな表現"
　　三浦 邦彦(毎日放送)　"「第4回淡路島女子駅伝」通信衛星を利用したマルチ画面送り返し配信システム"
　　NHKご結婚パレード中継実施プロジェクト,日本テレビ,東京放送,フジテレビ,テレビ朝日,テレビ東京在京民法五社皇太子ご成婚ハイビジョン・プロジェクト「皇太子ご成婚番組」ハイビジョンおよび標準方式大規模中継による歴史的な放送の達成"

(平6年度)
◇進歩賞
　　日立電子放送技術開発協議会第2ディジタル機器測定法作業班　"アナログ入出力を持つディジタル機器の測定法の開発と規格化"
　　毎日放送技術管理部　"空中波合成による混信対策"
　　久下 哲郎,蓼沼 真(日本放送協会),小川 論(NHKテクニカルサービス)　"立体ハイビジョン圧縮伸長装置の開発"
◇開発賞

松下電器D-5VTR開発グループ "D-5:1/2"フルビットコンポーネントディジタルVTRの開発"
相沢 宏紀(パイオニア) "カメラ型高精細度スキャナーシステムの開発"
日本放送協会,池上通信機,富士写真光機4板式ハイビジョンカメラ開発グループ "4板式ハイビジョンカメラの開発"
◇放送番組技術賞
NHKショットビュー・システム開発グループ,NHKテクニカルサービス,NHKコンピュータサービス "「日本オープンゴルフ」ショットビューシステムによるボール飛跡の画面内併示"
曽利 文彦(東京放送) "「乱歩〜妖しき女たち」ドラマ番組へのCGIの効果的導入"
NHK熊本,NHK福岡リニアカムG開発プロジェクト "「博多山笠中継」リニアカムシステムによる迫力あるショットの提供"
舟渡 征男(北日本放送) "「こんにちは富山県です」字幕番組の効率的な局内制作"

(平7年度)
◇進歩賞
菅野 正,桂 信生(北海道放送) "国土数値地図情報の放送技術への応用"
NHK名古屋,NHK放送技術研究所,NHK放送技術局,浜松ホトニクス,松下電器ディジタル光FPU装置開発グループ "ディジタル光FPU装置"
生岩 量久,中 尚(日本放送協会),佐藤 由郎(トーキン) "導波路型光変調器を用いたTV電波受信システムの開発"
◇開発賞
三菱電機,KDDATM対応MPEG-2符号化伝送装置開発グループ "ATM対応MPEG-2符号化伝送装置の開発"
富士通,富士通研究所MUSEデコーダLSI研究開発グループ "第3世代MUSE(ハイビジョン)デコーダLSIの開発"
シャープ光学システム開発プロジェクトチーム "カラーフィルタを用いない高輝度単板液晶プロジェクション装置の開発"
◇放送番組技術賞
日本放送協会,韓国放送公社マルチモーション開発グループ "世界体操選手権鯖江大会における「マルチモーション」システム"
遠藤 和夫(東京放送) "マスターズゴルフトーナメント等のゴルフ中継番組における「パッティングシミュレーター」"

尾上 和穂,東山 隆司(NHK松山) "天皇杯サッカー中継における「タッチスクリーン」を利用したスポーツSEミキシング装置"

(平8年度)
◇進歩賞
ディジタルHDTV符号化伝送装置開発グループ(三菱電機,NHK)(代表・村上篤道(三菱電機)) "ディジタルHDTV符号化伝送装置の開発"
放送映像の認識・合成技術開発グループ(日立,松竹)(代表・武田晴夫(日立)) "放送映像の認識・合成技術"
山添 雅彦,生岩 量久(NHK),三並 道俊(日本無線) "ディジタル直接変調方式100W級中波送信機の開発"
◇開発賞
Multi Format対応CCD Cameraの開発グループ(ソニー,松下電器,池上通信機,NHK)(代表・名雲文男(ソニー)) "Multi Format対応2/3吋 200万画素HD CCD Cameraの開発,商品化"
HDディジタルVCR協議会(代表・角尾昌彦(松下電器)) "家庭用ディジタルVCRの規格作成と実用化の推進"
ハイビジョン小型・高性能カセットVTRの開発グループ(NHK,松下電器)(代表・川野順一郎(NHK)) "ハイビジョン小型・高性能カセットVTRの開発"
◇放送番組技術賞
長江・三峡中継グループ(NHK)(代表・柴田豊博(NHK)) "「悠久の長江・三峡」「CS移動中継装置」の開発"
小口 勝彦,桑原 忠良,曽利 文彦(東京放送) "「お天気クジラ」,「ニュースの森」ウェザーナビシステムの開発"
札幌テレビ番組制作支援システム開発グループ(札幌テレビ)(代表・島昌弘(札幌テレビ)) "「スポーツ・選挙報道」多次元中継番組におけるイントラネットの構築"

(平9年度)
◇進歩賞
牧野 鉄雄,山本 英雄(日本テレビ) "FPU可変偏波アンテナ"
ハイビジョン用MCP内臓I.I.CCDカメラ開発グループ(NHK)(代表:山崎順一(NHK)) "ハイビジョン用MCP内臓I.I.CCDカメラの開発"
◇開発賞

通信・サービス

DVDフォーラムDVD-RAMフォーマット開発グループ（日立，東芝，松下電器，ソニー，フィリップス，三菱電機，パイオニア，日本ビクター，トムソン，コダック）（代表：角田義人（日立））"DVD-RAM統一規格の開発"

Hi-Vision VTR一体型カメラ開発グループ（ソニー，NHK）（代表：富田和男（ソニー））"Hi-Vision VTR一体型カメラ（カムコーダ）の開発・商品化"

衛星ディジタル放送伝送方式開発グループ（NHK，三洋電機，シャープ，ソニー，東芝，NEC，NEC-HE，日本ビクター，日立，松下電器，富士通テ（代表：仁尾浩一（東芝））"衛星ディジタル放送伝送方式の開発"

◇放送番組技術賞

伊達 吉克，深谷 崇史，坂本 敏幸（NHK）"緊急特別番組「ペルー大使公邸密室で何が」"

坂本 浩（フジテレビ），新井 清志（日立）"ディジタルチャット／スーパータイム「麻原裁判」「衆院選特番」"

堀尾 敦史，奥田 仁（NHK広島），豊島 章（NHK山口）「第2回全国都道府県対抗男子駅伝競技」

(平10年度)

◇進歩賞

稲村 俊夫，山本 修（テレビ東京）"アニメチェッカーの開発と運用"

岡本 義信，近藤 寿志（中国放送）"電波伝播シミュレーションシステム「エリアかくべえ」の開発"

ヘリコプター簡易自動追尾システム（NHK山形，NHK仙台）（代表：岸孝一（NHK山形））"ヘリコプター簡易自動追尾システム"

◇開発賞

ハイビジョン用プラズマディスプレイ共同開発協議会（PDP）（代表：倉重光宏（NHK））"ハイビジョン用プラズマディスプレイ（PDP）の開発実用化"

久間 和生，田中 健一，小守 伸史（三菱電機）"人工網膜LSIの開発と事業化"

500kWディジタル処理型中波放送機開発グループ（東芝，NHK）（代表：生岩量久（NHK））"500kWディジタル処理型中波放送機の開発"

◇放送番組技術賞

長野オリンピック放送機構'98（代表：杉山茂（NHK））"長野オリンピック放送"

097 技術振興賞

窪 敬孔，松林 和彦，坂本 敏幸（NHK）「BS健康ほっとライン」

間瀬 仁，林 迪彦，深沢 智巳（東京放送）「長野オリンピックスピードスケート中継」

猪尾 仁，松本 充生，山内 勝弘（NHK徳島）「ほっとチャンネル徳島（徳島ローカル）」

(平11年度)

◇進歩賞

猪尾 仁，松本 充生，杉山 和宏（NHK徳島）"ワンタッチ伝送システムの開発"

藤井 政則，横田 幹次（NHK），山中 徳唯（NHK高知）"ニューインテリジェントロボットカメラの開発"

山下 雄司，沢 利明（読売テレビ），小熊 透（日本テレビ）"ノンリニア字幕作成装置の開発"

◇開発賞

電波産業会（地上デジタル放送システム開発部会・地上デジタル音声放送システム開発部会）（代表：山田宰（NHK））"地上デジタル放送伝送方式の開発"

松下電器産業ケーブルモデム開発チーム（代表：長石康男・近江慎一朗・根津俊一（松下電器））"周波数ホッピング方式ケーブルモデムシステムの開発"

AIBO開発グループ（代表：藤田雅博（ソニー））"エンターテイメントロボットの開発"

◇放送番組技術賞

ハイビジョン大河ドラマCG合成コアグループ（代表：戸村義男（NHK））"ハイビジョン大河ドラマ「葵—徳川三代」"

フジテレビOFDMプロジェクトグループ（代表：広野二郎（フジテレビ））"'99東京国策マラソン"

CG開発プロジェクト（代表：田中美登志（札幌テレビ））"ありがとうコンサドーレ！"

(平12年度)

◇進歩賞

梅津 圭一，本間 康文（東京放送）"BSデジタル放送用擬似同期化装置"

桂 信生，小松 尚史，土田 保樹（北海道放送）"ヘリコプター中継用見通しエリアナビゲータの開発"

和田 哲夫，中島 良隆，尾崎 信也（読売テレビ）"CM差し替え時のチラミエ除去装置の開発"

◇開発賞

デジタルケーブルテレビ研究グループ（代

表：小山田公之（NHK）"デジタルケーブルテレビ複数TS伝送方式の開発"

川田 亮一,和田 正裕,松本 修一（KDD研）"高画質テレビ方式変換装置VISION-TSCの開発"

杉浦 博明,香川 周一,山川 正樹（三菱電機）"標準色空間に準拠したディスプレイの開発と実用化"

◇放送番組技術賞

泉本 貴広,矢島 亮一,木村 広幸（NHK）"全国高校駅伝"

岩松 道夫（読売テレビ）"第24回「鳥人間コンテスト」"

福岡放送技術局技術部（代表：谷口浩司）"めんたいワイド4：55"

(平13年度)

◇進歩賞

竹内 安弘,根岸 俊祐,生岩 量久（NHK）"地上デジタルテレビジョン監視装置"

フィールド状態検出システム開発グループ（代表：佐藤誠（日本テレビ））"地上デジタル放送用フィールド状態検出システム"

山田 秀穂,岡村 智之,久保木 準一（フジテレビ）"デジタル放送におけるデータ放送容量効率化システム"

◇開発賞

MICROMVカムコーダー開発グループ（代表：家坂一行（ソニー））"MICROMVカムコーダーの開発と商品化"

栗田 泰市郎,浜田 宏一（NHK）,山本 久米次（松下電器）"高画質PDP立体ディスプレイの開発"

デジタルTV送信機開発チーム（代表：武田陽夫（日本電気））"自動追従型デジタルリニアリティ補償器の開発"

◇放送番組技術賞

安藤 友則（NHK）"HVサスペンス「茉莉子」"

井上 哲（テレビ朝日映像）"BS朝日「パンクラスハイブリットアワー」"

フジテレビジョン・映像技術部CG技術グループ（代表：浦須内修（フジテレビ））"第29回フジサンケイクラシック・他"

阿部 哲也,森川 貴広（札幌テレビ）「どさんこワイド212」

第30回（平14年度）

◇進歩賞

SDTV2画面伝送装置開発チーム（日本テレビ放送網）"SDTV2画面伝送装置"

日本民間放送連盟技術委員会映像技術専門部会置局シミュレーションTG "地上デジタルテレビ放送置局シミュレーションシステム"

山添 雅彦,石川 貴行,若井 一顕（NHK）"妨害波抑圧型・中波アンテナ定数測定器"

◇開発賞

ワイヤレスAV伝送開発グループ（シャープ）"ワイヤレスAV伝送方式の開発"

人に優しいラジオ研究開発グループ（NHK, 日本ビクター）"人に優しいラジオの実用化"

深谷 崇史,藤掛 英夫（NHK）"インビジブルライトの開発"

◇放送番組技術賞

椎名 努,堂免 大規,服部 多栄子（NHK）"「大相撲初場所」における生字幕放送サービス"

日本テレビ放送網衛星電話映像伝送開発グループ "ニュースプラスワン「アフガニスタンにおける最前線リポート」におけるインマルサットデータ通信サービスとテレビ電話（ビデオフォン）利用の動画伝送"

萩原 直樹（宮城テレビ）"「OH！バンデス」「あっ！晴れテレビ」におけるノンリニア編集システム"

第31回（平15年度）

◇進歩賞

編集ロボットの開発グループ（NHK）"編集ロボットの開発と運用"

CCD光学ブロック回転機能付HDカメラ開発グループ（日本テレビ放送網）"CCD光学ブロック回転機能付きHDカメラの開発"

ローカルCM送出開発プロジェクト（札幌テレビ放送）"デュアル回線セントラルキャスティング方式プログラム差替えシステム"

◇開発賞

有機EL事業部技術部門（東北パイオニア）"パッシブ型フルカラー有機ELディスプレイの量産化"

超薄型・大画面リアプロジェクタの開発グループ（三菱電機）"超薄型・大画面リアプロジェクタの開発"

浜松ホトニクス,理化学研究所,東京大学インテリジェントビジョンシステム開発グループ "インテリジェントビジョンシステムの開発"

通信・サービス　　　　　　　　　　　　　　　　　　　　　　　　097　技術振興賞

VTR一体型ハイビジョン超高感度カメラ開発グループ（NHK）"VTR一体型ハイビジョン超高感度カメラ"
◇放送番組技術賞
宮路 信広, 杉山 吉克, 釣木 沢淳（NHK）"大河ドラマ「武蔵」における多視点撮影システム"
日本テレビデータ放送グループ（日本テレビ放送網）"「第80回東京箱根間往復大学駅伝競走往路・復路データ放送」における番組連動データ放送"
足立 久光, 渡辺 博之（NHK富山放送局）"「気象情報」における自動天気音声アナウンス送出システム"

第32回（平16年度）
◇進歩賞
岡村 智之, 松永 英一（フジテレビ），後藤 真孝（産総研）"「音楽消しゴム」ミュージック・イレーサーの開発"
回線束ね装置開発グループ（NHK, ナノテックス）"回線束ね装置の開発"
マージン測定装置の開発グループ（日本テレビ放送網）"地上デジタル放送用マージン測定装置の開発"
◇開発賞
地上デジタル放送波中継装置の実用化開発グループ（NHK）"地上デジタル放送の放送波中継補償装置の開発"
ソニー IT＆モバイルソリューションズネットワークカンパニー デジタルイメージングカンパニー "民生用ハイビジョンビデオカメラ「HDR‐FX1」に用いた信号処理システム群の開発"
フルスペックHDハイスピードカメラ開発グループ（NHK）"フルスペックHDハイスピードカメラ開発"
◇放送番組技術賞
高橋 正樹, 三須 俊彦, 三角 和浩（NHK）"「NHKプロ野球中継2004年・日本シリーズ第2戦」におけるリアルタイム投球軌跡表示装置"
藤原 徹, 神崎 正斗, 大竹 潤一郎（日本テレビ）"「プロ野球中継巨人-中日戦」におけるバーチャル映像技術"
HDマラソン番組制作チーム, SmartMUX開発チーム（フジテレビジョン）"2005年東京国際マラソン」におけるSmartMUX装置"

第33回（平17年度）
◇進歩賞

梶原 巧, 深沢 知臣（東京放送）"ディジタルFPU方向調整支援システム「みっける君」の開発"
谷知 紀英, 中島 良隆, 小林 祥士（読売テレビ）"データ放送チェッカー」の開発"
災害情報システム開発グループ（札幌テレビ放送）"災害情報システムの開発と実用化"
◇開発賞
光ハイビジョン伝送システム開発チーム（日本ビクター）"光ハイビジョン伝送システムの開発"
高圧縮エンコーダ開発チーム（日本電気）"地上デジタル放送用高圧縮エンコーダの開発"
展開型メッシュ反射鏡アンテナの開発グループ（NHK）"番組素材伝送装置用展開型メッシュ反射鏡アンテナの開発"
◇放送番組技術賞
露口 孝嗣（NHK）"2004年日本オープンゴルフ選手権」におけるハイビジョンワイヤレスカメラ用RF光変換装置の開発"
めんたいプロジェクト（福岡放送）"めんたいワイド」における編集・サーバを基軸としたネットワーク・プロダクション・システム"
リアルタイム字幕開発グループ（日本テレビ放送網）"FIFAクラブワールドチャンピオンシップトヨタカップジャパン2005」におけるリスピーク音声切り分け・作業分散（わんこそば）方式によるリアルタイム字幕制作システム"

第34回（平18年度）
◇進歩賞
北海道放送技術局〈代表者・桂信生〉"ヘリコプター用送電線鉄塔警告システムの開発"
MS方式小型サラウンドマイク開発グループ〈代表者・吉川里士（NHK広島），小宮山 摂（NHK放送技術局），石井武志（三研マイクロホン）〉（NHK広島, NHK放送技術局, 三研マイクロホン）"MS方式小型マイクロホンとVロケサラウンド収音システムの開発"
佐藤 誠, 鈴木 寿晃, 浅見 洋介（日本テレビ）"地上デジタル放送用ギャップフィラー装置（チャンネルイレーサー「凸凹くん」）の開発"
◇開発賞
超高速度高感度CCDカラーカメラ開発チー

ビジネス・技術・産業の賞事典　　493

ム〈代表者・丸山裕孝・大竹浩（NHK），江薗剛治（近畿大学）〉（NHK，近畿大学，日立国際電気，ダルサ）"超高速度高感度CCDカラーカメラの開発"
パイオニア車載地上デジタル受信機開発チーム "MPEG-2システムにおけるエラーコンシールメント技術"
平山 雄三，福島 理恵子，最首 達夫（東芝）"ヒューマンセントリックな平置き型立体ディスプレイ技術"
◇放送番組技術賞
永井 隆光，山下 潤治（NHK）"「ダーウィンが来た！生きもの新伝説〜コモドドラゴン〜」における無線制御によるキャタピラ移動撮影装置を駆使した近接撮影"
中島 良隆，池見 憲一（読売テレビ放送）"「第30回鳥人間コンテスト」におけるリアルタイム軌跡表示装置"

第35回（平19年度）
◇進歩賞
谷知 紀英，近藤 五郎（讀賣テレビ）"違法動画サイト対策に絶大な威力「とりし丸」の開発"
テレビ朝日 レールカメラバーチャル開発チーム "「世界競泳2007」高精度レールカメラ連動バーチャルシステムの開発"
土居 清之，甲斐 創，宮内 聡（日本テレビ）"多重TS-IP変換装置の開発とディジタル多重信号の簡易映像モニタ装置"
◇開発賞
日本テレビ放送網，アイベックステクノロジー，超低遅延放送素材伝送用MPEG-2コーデックの開発グループ "超低遅延放送素材伝送用MPEG-2コーディックの開発"
NHK，フジノン，可変NDフィルタアダプター装置開発グループ "可変NDフィルタアダプタ装置の開発"
日本電気 高感度カメラ開発チーム "超高感度3板式EM-CCDカラーカメラの開発"
◇放送番組技術賞
津田 貴生，柳澤 斉，武藤 一利（NHK）"「つながるテレビ@ヒューマン」における移動ロボットカメラの開発と高精細映像合成システム"
勘解 由哲，飯田 正博，山村 千草（NHK）"「金とくちゅうぶ旬旬（クイズ"ご当地グルメ"大集合）」におけるネットワークプログラミング技術"
秋山 泰彦，水町 勝利，中山 裕（朝日放送）

"ABCチャンピオンシップゴルフトーナメント」におけるリアルタイムCG，仮想現実，3D地形計測，ゲーム用ジョイスティックでの自由移動"

第36回（平20年度）
◇進歩賞
佐藤 誠，宮内 聡，田中 正克（日本テレビ）"地上デジタル放送用スケルチ装置「デジ助」の開発"
西川 寛（フジテレビ）"映像ダイナミックレンジ補正装置「D-Rex」の開発"
柳瀬 健嗣（NHK），水谷 照一 "地上デジタル放送受信不良改善用軽量アンテナ"
◇開発賞
小池 範行（TBS）"確認用映像素材プレビューシステムeSOPII"
日本テレビ放送網，日立国際電気，加藤電気工業所，新方式デジタルFPU用ヘリコプター可搬追尾システム開発グループ "新方式デジタルFPU用ヘリコプター可搬追尾システム"
◇放送番組技術賞
阿部 真由美，高木 市教（NHK）"レーザ光を利用し，目に見えない風をCG化し実写映像に合成する「風カメラ」システム"
日本テレビ放送網東京マラソンCG・データ放送グループ "GPS携帯によるランナー位置測定などの様々なデータを活用したリアルタイムCGとディジタル展開技術"
アール・ケー・ビー毎日放送 RKBロードレース中継グループ "従来型（ARIB-STD-B13方式）800M-FPUでの移動車HD伝搬の実現"

第37回（平21年度）
◇進歩賞
龍口 健二，牧野 雅哉（NHK），須川 兼好（須川映像研）"カラーマトリックスコレクター装置の開発"
岩崎 雅律（テレビ東京）"1/8衛星帯域でのHD-SNG伝送パラメータの策定"
青木 良太（フジテレビ）"UHF帯超小型，高利得アンテナの開発"
◇開発賞
フジテレビジョン 回線センター更新プロジェクト "局内IPネットワーク化を実用した新回線センターシステム"
日立製作所 フルパララックス3D開発チーム "プロジェクタ重畳型インテグラル方式によるフルパララックス3Dディスプレイの開発"

通信・サービス

NHK 地上デジタル放送のACによる緊急地震速報伝送方式開発グループ "地上デジタル放送のACによる緊急地震速報伝送方式の開発"
◇放送番組技術賞
松岡 準志, 佐藤 克彦(NHK) "衛星移動伝送技術, カメラ動揺安定台"
森 享宏(TBSテレビ) "バッティングライン視覚化システム『Player's View』"
吉松 達也, 木村 仁彦, 藤村 毅(山口放送) "マラソン移動中継車の有指向性アンテナ送信雲台装置及び距離計の開発"
テレビ朝日 テレビ朝日技術局制作技術センター "Ultra Vision(SPORTVISION Synthetic Video)"

## 098　C&C賞

情報処理技術と通信技術の融合する分野(Computer and Communications, C&C分野)における開拓活動および研究活動に対する奨励および助成活動を通じて, 世界のエレクトロニクス産業の一層の発展をはかることを目的として, 昭和60年に設立された。

【主催者】(財)NEC C&C財団
【選考委員】同財団審査委員会
【選考方法】各関係部門の推薦による
【選考基準】〔対象〕C&C分野において, その技術的進歩, 産業的発展または社会生活の向上等, 直接担当者・指導者として顕著な貢献のあった者
【締切・発表】10月発表
【賞・賞金】毎年2件。各賞状, 賞牌と賞金1000万円
【URL】http://www.candc.or.jp

(昭60年)
　山下 英男(東京大学), 和田 弘(成蹊大学, 日本アルゴリズム) "日本のコンピュータの草創期においてその技術開発と産業の育成に対する指導的貢献"
　Lawrence A. Hyland(Hughes Aircraft Company), Harold A. Rosen "静止型通信衛星の発明とその実現に対する貢献"
　Joseph V. Charyk(COMSAT Corporation), Sidney Metzger "衛星通信技術の発展と, 国際衛星通信網の実現に対する指導的貢献"

(昭61年)
　Jerome B. Wiesner(Massachusetts Institute of Technology) "コンピュータ・サイエンス及びメディア・テクノロジーの分野の開発, 育成, 確立に対する指導的貢献"
　林 巖雄(光技術共同研究所主席特別研究員), Morton B. Panish(AT&T Bell Laboratories) "室温で連続発振を可能にしたダブルヘテロ構造の半導体インジェクションレーザの創案とその実用化"

(昭62年)
　猪瀬 博(東京大学名誉教授, 学術情報センター所長) "タイムスロット入替交換方式の創案, 相互同期方式の開発等により広くディジタル通信網の技術的基礎確立に対する独創的貢献"
　高 錕(香港中文大学学長) "低損失ガラス・ファイバの可能性と重要性を初めて理論的に指摘し, 光ファイバ通信の実現の端緒を開いた先見的貢献"

(昭63年)
　Maurice V. Wilkes(ケンブリッジ大学教授, Olivetti Research Ltd.) "世界最初の実用プログラム内蔵電子計算機EDSACの開発により, コンピュータ産業の発展に対する先駆的貢献"
　John S. Mayo(AT&T Bell Laboratories), Eric E. Sumner, Robert M. Aaron "世界最初の実用ディジタル搬送通信システム(T-1方式)の実用化により, ディジタル通信の基礎技術確立に対する先駆的貢献"

(平1年)
　高木 昇(東京大学名誉教授, 東京工科大学学

長），斉藤 成文（東京大学名誉教授，宇宙開発委員会委員長代理），野村 民也（東京大学名誉教授，芝浦工業大学教授）"日本における一連の科学衛星に関する開発及びその実施成功に対する指導的貢献"

Dennis M. Ritchie（AT&T Bell Laboratories），Kenneth L. Thompson "実際上，全ての種類と規模の機種間で，ソフトウェアの共通使用を可能とするコンピュータ・オペレーティング・システム "UNIX" 及びシステム記述用 "C言語" の創造によって，コンピュータ産業界に新時代を開拓した革新的貢献"

（平2年）

George H. Heilmeier（Texas Instruments Incorporated Former Head, Device Concepts Research RCA Laboratories）"液晶の電界光学的効果に関する重要な発見と，その応用としての表示デバイスを創造せる先駆的貢献"

村谷 拓郎（KDD America, Inc.），伊藤 泰彦（国際電信電話研究所網設計ソフトウェアグループグループリーダー）"静止衛星位置最適化プログラムORBIT-Iおよび-IIの開発により，国際電気通信連合における静止衛星の軌道及び周波数割り当てプラン作成への顕著な貢献"

（平3年）

垂井 康夫（東京農工大学工学部電子情報工学科教授，元通産省電子技術総合研究所半導体デバイス研究室長），豊田 博夫（NTTエレクトロニクス・テクノロジィ会長，元日本電信電話公社武蔵野電気通信研究所所長）"日本の超LSI開発の草創期における技術開発および産業育成に対する指導的貢献"

Jack M. Sipress（Undersea Systems Laboratory AT&T Bell Laboratories）"大西洋（TAT-8），太平洋（HAW-4/TPC-3）の海底高速光ファイバ・ケーブル・システムの実用化を通じ，大容量のグローバル・ディジタル通信網の実現に対する指導的貢献"

（平4年）

坂井 利之（竜谷大学理工学部長，京都大学名誉教授）"音声文字認識，画像処理，文書言語理解法を応用せるマン・マシン・インターフェース技法，及びそれらのコンピュータ・ネットワークへの統合化に関する先見的研究により通信と情報処理の基礎工学開拓に対する先駆的貢献"

Eberhardt Rechtin, Walter K. Victor, Andrew J. Viterbi（Jet Propulsion Laboratory（Formerly）California Institute of Technology）"外惑星探査衛星ボイジャーI・II号，及び金星探査衛星マゼラン号の輝かしい成功を可能にした深宇宙ディジタル通信システムの設計と開発に対する基本的貢献"

（平5年）

岩崎 俊一（東北工業大学学長，東北大学名誉教授）"合金粉末塗布型記録テープおよび垂直磁気記録方式の発明と開発，ならびに磁気記録機構に関するセルフ・コンシステント磁化理論の創案を通じての高密度，高品質の磁気記録技術の発展に対する顕著な貢献"

William A. Gambling, David N. Payne（Optoelectronics Research Centre University of Southampton, U.K.）"エルビウム・ドープト光ファイバ増幅器の発明の成功に至る光ファイバ通信技術の研究と実用化に対する先駆的且つ指導的貢献"

（平6年）

John Cocke（IBM Thomas J. Watson Research Center（retired））"縮小命令型コンピュータ（RISC）およびプログラム最適化技術の創作と実用化によるコンピュータ産業に対する顕著な貢献"

末松 安晴（日本学術振興会監事，東京工業大学名誉教授），大越 孝敬（通商産業省工業技術院産業技術融合領域研究所所長，東京大学名誉教授）"光ファイバ通信システム技術の進歩発展に対する基礎的且つ先駆的貢献"

（平7年）

長谷川 晃（大阪大学教授）"光ファイバにおける光ソリトンの存在の発見と，その超高速光ファイバ通信への応用の道を開いた独創的，先駆的貢献"

卓 以和（AT&T Bell Laboratories）"エレクトロニクス及び光エレクトロニクス・デバイスに革命的進歩をもたらした，分子線エピタキシー（MBE）技術の発展に対する貢献"

（平8年）

バラン, P.（コム21社長），V. サーフ（MCIエンジニアリング副社長），T. リー（MIT WWWコンソーシアム・ディレクター）"アーパネット，インターネット，WWWお

よび世界規模の情報網構築への技術的貢献"
ペダーソン, D. (UCバークリー大学教授), E. クー (UCバークリー大学教授), R. ローラー (カーネギー・メロン大学教授) "LSIのCAD技術確立に対する先駆的貢献"

(平9年)
ジョン・モル (ヒューレット・パッカード研究所) "半導体デバイス物理への貢献"
バリー・ハスケル (AT&T研究所), アラン ネトラヴァリ (ベル研究所) "ディジタルビデオデータ圧縮技術に関する先駆的研究"

(平10年)
フェルナンド・J. コルバト (マサチューセッツ工科大学名誉教授) "1台の大型コンピューターを複数の利用者が一人で独占しているかのように利用できるシステムを開発"
赤﨑 勇 (名城大学教授), 中村 修二 (日亜化学工業) "窒化ガリウム系化合物半導体を使い高輝度で寿命の長い青色発光素子を開発, 実用化"

(平11年)
長尾 真 (京都大学総長) "自然言語翻訳などの貢献"
ウィラード・S. ボイル, ジョージ・E. スミス (ベル研究所) "電荷結合素子 (CCD) の発明"

(平12年)
金出 武雄 (カーネギーメロン大学教授) "ロボティックスとコンピュータビジョンの研究によるマルチメディア推進への貢献"
ロバート・W. ダットン (スタンフォード大学教授) "半導体プロセスへの計算機シミュレーションの導入に対する先駆的貢献"

(平13年)
草野 卓雄 (東京大学名誉教授) "半導体素子の酸化膜などにおける物理現象を解明し, 高速大規模集積回路 (LSI) の実現に貢献"
アラン・ケイ (ビューポインツ・リサーチ・インスティテュート社長) "ゼロックス・パロアルト研究所研究員だった70年代初め, 高性能でありながら身近で使いやすいパーソナルコンピューターの概念を提唱, 「パソコンの父」と呼ばれる"

(平14年)
梅棹 忠夫 (国立民族学博物館顧問, 京都大学名誉教授) "卓越した研究・実践活動により情報化の歴史的意義や産業の価値を明確にして情報化社会の発展をもたらした先導的貢献"
エズガー・W. ダイクストラ (米国テキサス州立大学オースチン校名誉教授) "ソフトウェア基礎理論, プログラミング方法論, 構造化プログラミング, セマフォなどの独創的研究によりコンピュータソフトウェアの科学的基礎を確立した先駆的貢献"

(平15年)
甘利 俊一 (理化学研究所脳科学総合研究センター長) "ニューロコンピューティングおよび脳の数理情報科学への先駆的かつ指導的貢献"
ゴードン・E. ムーア (インテル社名誉会長) "ムーアの法則として知られるシリコン集積回路の技術開発の指針を示して半導体産業の隆盛を導いた指導的貢献"

(平16年)
喜安 善市 (元東北大学教授, 元岩崎通信機常務取締役) "電子回路・情報通信に関する基礎理論の先駆的研究と著作, およびPCM通信・誤り訂正符号・電子計算機・電子交換機などシステムの開発実用化を通じての指導的貢献"
ヘネシー, ジョン・L. (President & Professor of Electrical Engineering and Computer Science, Stanford University), デービッド・A. パターソン (Professor, Electrical Engineering and Computer Science, Department, University of California, Berkeley President, Association for Computing Machinery) "コンピュータ・アーキテクチャに関する創造的発想を呼ぶテキストの著者, 先駆的研究及び企業活動によるコンピュータ科学技術の開発とその産業発展に対する顕著な貢献"

(平17年)
榎 啓一 (エヌ・ティ・ティ・ドコモ東海代表取締役社長), 夏野 剛 (エヌ・ティ・ティ・ドコモ執行役員, プロダクト&サービス本部マルチメディアサービス部長), 松永 真理 (松永真理事務所代表, バンダイ取締役) "携帯電話のサービスを飛躍的に発展させた"i-mode"を創出し, これを世界中に展開可能なビジネスモデルにまで高め

た業績"
ロバート・E.カーン（President and CEO, Corporation for National Research Initiatives（CNRI）），ローレンス・G. ロバーツ（CEO and President of Anagran, Inc.），レナード クラインロック（Professor of Computer Science Department,University of California,Los Angeles) "情報通信ネットワークの根幹を成すパケット交換原理を提唱し、その通信プロトコルTCP/IPを発明し、ARPANETなどの初期インターネット隆盛の基礎を築き上げた業績"

（平18年）
坂村 健（東京大学大学院情報学環教授，YRPユビキタス・ネットワーキング研究所長） "実時間動作を重視した基本ソフトウェアTRON*を提唱して開発し、技術情報の公開により誰でも利用でき、そして展開させることが可能なオープン・アーキテクチャーの概念によって発展させると共に、組み込み制御システムとして世界に普及させ、どこでもコンピュータの利用が可能な環境（ユビキタス・コンピューティング）の実現に向けた活用によりコンピュータ利用の新たな展開をもたらした業績"
ロバート H.デナード（IBMフェロー） "近年の情報機器で重要な位置を占める半導体集積回路の一つであるランダムアクセスメモリDRAM*の基本的な構成と方式を開発し、更にMOS**型トランジスタのスケーリング則（微細化規範原理）を提言することにより、今日の情報化社会の発展に多大の貢献をした業績"

（平19年）
マウラー，ロバート D.（（元）コーニング社リサーチフェロー），ジョン B. マクチェスニー（（元）ベル研究所 フェロー），伊澤達夫（東京工業大学 理事・副学長）"低損失光ファイバーの研究開発に関する先駆的貢献"
伊賀 健一（東京工業大学 学長）"面発光レーザの発明とその実現による光エレクトロニクス発展への貢献"

（平20年）
相磯 秀夫（東京工科大学理事（前学長），慶應義塾大学名誉教授） "計算機システムの研究開発により計算機産業の育成と発展に寄与した貢献、ならびに情報通信技術分野において学際領域を開拓し、教育・研究の向上に尽くした功績"
アルバート・ラズロ・バラバシ（ノースイースタン大学物理学・計算機科学・生物学教授 兼 複合ネットワーク研究センター長） "実ネットワークの多くがスケールフリー性という共通特性を有することを見出し、ネットワーク研究に新境地を切り拓いた功績"

（平21年）
板倉 文忠（名城大学教授，名古屋大学名誉教授）"音声分析合成による高能率音声符号化技術の先駆的研究"
ロナルド L.リベスト（マサチューセッツ工科大学 アンドリュー＆エルナ ビタービ電気工学・コンピュータ科学教授），アディ シャミア（ワイツマン科学研究所（イスラエル），ポール＆マレーネ ボーマン 応用数学教授），レオナルド M. エーデルマン（南カリフォルニア大学ヘンリー サルバトーレ コンピュータ科学教授ならびにコンピュータ科学・生物科学特別教授）"公開鍵暗号方式RSAアルゴリズムの発明"

（平22年）
榊 裕之（豊田工業大学学長，東京大学名誉教授），荒川 泰彦（東京大学ナノ量子情報エレクトロニクス研究機構長，東京大学生産技術研究所教授）"量子細線・量子ドット半導体デバイスに関する先駆的・先導的貢献"
リーナス・トーバルス（リナックス財団フェロー）"Linuxカーネルの開発とオープンな基本ソフトウェア開発モデルの提唱"
◇C&C財団25周年記念賞　上杉 邦憲（宇宙航空研究開発機構名誉教授），川口 淳一郎（宇宙航空研究開発機構）"地球圏外天体への離着陸と地球帰還を世界で初めて実現した『はやぶさ』の通信・制御を核とする総合システム技術の開発"

## 099　新聞協会賞

通信・放送を含む新聞界全体の信用と権威を高めるような活動を促進することを目的とし

通信・サービス　　　　　　　　　　　　　　　　　　　　　　　　　　099　新聞協会賞

て,昭和32年に設立された。
【主催者】(社)日本新聞協会
【選考方法】各部門別の選考分科会の推薦による
【選考基準】〔資格〕同協会加盟社所属の新聞人。〔対象〕締切指定日までの1年間の業績,長期の活動については過去の総合的業績を評価に加える。(1)編集部門:「ニュース」部門,「写真・映像」部門,「企画」部門,(2)技術部門。(3)経営・業務部門
【締切・発表】例年7月中旬締切,9月上旬発表,新聞週間中(10月15日〜)の新聞大会席上で授賞式
【賞・賞金】表彰状と金メダル
【URL】http://www.pressnet.or.jp/

(昭32年度)
◇編集部門
　朝日新聞東京本社社会部〈代表・宮本英夫社会部長〉「親さがし運動」
　毎日新聞東京本社社会部〈代表・三原信一編集局次長〉"「暴力新地図」「官僚にっぽん」「税金にっぽん」"
　加藤 登信(京都新聞社写真部長)"報道写真についての業績"
◇技術部門
　毎日新聞東京本社印刷局〈代表・後藤弁吉取締役印刷担当〉"全自動モノタイプの実用化"
　中部日本新聞社色彩関係機関〈代表・大野治郎印刷局長〉"新聞原色印刷の発展"
　朝日新聞東京本社報道科学研究室〈代表・富岡辰雄報道科学研究室長〉"模写電送方式による新通信機アーク・ファックスの完成,実用化"

(昭33年度)
◇編集部門
　朝日新聞東京本社社会部〈代表・守山義雄社会部長〉"「神風タクシー」追放の企画記事"
　中部日本新聞社危い遊び場一掃運動推進グループ〈代表・宮岸栄次〉"「危い遊び場一掃運動」の紙面展開"
◇技術部門
　読売新聞社技術部〈代表・福永伊佐男技術部長〉"光電トランジスター採用によるフル・オートペースターの研究,実用化"
　北海道新聞社連絡部〈代表・井ノ内正康〉"「写真電送録画装置」の考案,実用化"
◇経営・業務部門
　ジャパンタイムズ〈代表・福島慎太郎取締役社長〉"国際空輸版の企画ならびに空輸販売"
　神戸新聞社営業局マーケティング部〈代表・長谷正行マーケティング部長〉"新聞広告業務の合理化に関する作業"

(昭34年度)
◇編集部門
　中国新聞社政治・経済・学芸・社会・写真・調査各部〈代表・糸川成辰〉"企画記事「瀬戸内海」"
　西日本新聞社社会部〈代表・正木敬造社会部長〉"「傷ついた記録」「ここに太陽が」「十代」など青少年を守る運動の一連の企画"
◇経営・業務部門
　朝日新聞社〈代表・村山長挙〉"ファクシミリ版による日刊新聞の発行"
　新聞原価計算グループ"新聞原価計算基準の作成"

(昭35年度)
◇編集部門
　西日本新聞社経済部〈代表・勝田洋経済部長〉"「豊かな国土を築こう」など九州地域経済振興にかんする一連の企画"
　山陽新聞社社会部〈代表・水野肇社会部副部長〉「ガンシリーズ」
　朝日新聞社外報部〈代表・鈴川勇外報部長〉「世界の鼓動」
◇技術部門
　朝日新聞社〈代表・吉村正夫取締役〉"日刊新聞の高速度オフセット印刷の成功"
　三木 文夫(京都新聞社製版部長)"絵画の多色刷り製版のレタッチに関する特殊技法の研究"

(昭36年度)
◇編集部門
　北海道新聞社〈代表・上関敏夫編集局次長兼整理部長〉"企画記事「北洋」"
　中部日本新聞社〈代表・横井常光社会部次

ビジネス・技術・産業の賞事典　499

長〉"伊勢湾台風災害復旧の堤防工事の不正を摘発し,一般災害復旧工事に警告を与えた一連のキャンペーン"

長尾 靖(毎日新聞社写真部) "写真「浅沼委員長刺さる」"

◇技術部門 読売新聞社〈代表・小出定雄機械部長〉 "プリントファックス装置を利用した簡易新聞号外発行機"

◇経営・業務部門 信濃毎日新聞社〈代表・小坂武雄取締役社長〉 "漢字テレタイプによる新聞製作"

(昭37年度)
◇編集部門

毎日新聞西部本社〈代表・野村勇三編集局次長〉,RKB毎日放送〈代表・堀康放送業務局次長〉 "北九州合併促進キャンペーン"

茂木 政(朝日新聞東京本社論説委員) "世界移動特派員としての業績"

布施 道夫(日本経済新聞社編集局経済部), 宮智 宗七 "ニュース「米政府が日本企業を誘致」"

西日本新聞社〈代表・草場毅企画委員会委員長〉 "年次計画「石炭を救おう」"

◇技術部門 古川 恒(毎日新聞東京本社企画調査局技術第1部長),ほか "新聞印刷ガイドブック3分冊(活版編・写真製版編・印刷編)の発行"

◇経営・業務部門 神戸新聞社〈代表・藤綱亮三財務部長〉 "RCSによる計算体系"

◇表彰 山梨日日新聞社〈代表・野口英史取締役社長〉 "富士山をきれいにする運動とキャンペーン"

(昭38年度)
◇編集部門

サンケイ新聞東京本社小暴力特別取材班〈代表・青木彰社会部長〉 "「みんな勇気を,許すまじ小暴力」など小暴力追放キャンペーン"

相木 睦雄(東奥日報社編集局政経部) "連載企画「国有林を見直そう」"

毎日新聞東京本社編集局〈代表・藤田信勝論説副委員長〉 "連載企画「学者の森」"

◇技術(印刷)部門 日本経済新聞社総合技術委員会〈代表・堀畑正領工務局技術部長〉 "連数字鋳植機"

(昭39年度)
◇編集部門

新潟日報社編集局〈代表・成沢猛前編集局長〉 "新潟地震と新潟日報"

毎日新聞社編集局〈代表・稲野治兵衛社会部

長〉 "連載企画「組織暴力の実態」"

菊池 俊明(信濃毎日新聞社編集局報道部) "ギャチュン・カン登山の報道"

◇技術部門 中部日本新聞社印刷局〈代表・川井克巳印刷局長〉 "自動計数紙取り装置"

◇表彰 沖縄タイムス社編集局〈代表・上地一史専務取締役〉 "「みどり丸遭難事件」の報道記事と報道写真"

(昭40年度)
◇編集部門

毎日新聞東京本社〈代表・大森実外信部長〉 "企画「泥と炎のインドシナ」"

中国新聞社〈代表・森脇幸次編集局長〉 "特集「ヒロシマ二十年」を頂点とする原爆関係報道"

神戸新聞社〈代表・畑専一郎常務取締役主筆〉 "住民参加の共同開発キャンペーン"

長田 晨一郎(日本テレビ放送網社会部),木村 明(日本テレビ放送網映画部) "国内航空機・帯広で片足着陸—機内でのフィルム取材"

◇技術部門 日本経済新聞社〈代表・武捨久男西部支社工務部長〉 "ラップアラウンド印刷法における丸版腐食機の完成"

(昭41年度)
◇編集部門

山陽新聞社〈代表・松岡良明編集局長〉 "連載キャンペーン「心身障害者に愛の手を」"

読売新聞社〈代表・田中宏経済部長〉 "連載「物価戦争」による物価引き下げキャンペーン"

中部日本新聞社〈代表・深見勝編集局次長〉 "年間キャンペーン「青少年を守ろう」"

◇技術部門 共同通信社〈代表・依田健一郎常務理事〉 "商況紙面機械化に関するカナテレシステム多元化の開発"

(昭42年度)
◇編集部門

松井 淳一(北海道新聞社社会部次長),林 武,佐藤 邦明(社会部) "恵庭事件公判の一連の報道"

毎日新聞社〈代表・森丘秀雄東京本社社会部長〉 "黒い霧キャンペーン"

京都新聞社編集局特別取材班〈代表・高橋邦次社会部長〉 "「宝池を返せ」—「暴走サーキット族」追放キャンペーン"

◇経営・業務部門 日本新聞協会付加価値分析研究会〈代表・鴨志田一郎新潟日報社経理局次長〉 "新聞業の付加価値分析統一

計算基準と分析方式"

(昭43年度)
◇編集部門
佐々木 謙一(共同通信社ワシントン支局員)
"「ポンド切り上げ」の報道(ニュース)"
秋田魁新報社〈代表・鷲尾三郎編集局総務兼社会部長〉 "吹っ飛ばせ県民病」(地域社会に貢献した記事)"
松村 成泰(朝日新聞西部本社写真部員)
"「エンタープライズ日本海入口に」(報道写真)"

(昭44年度)
◇編集部門
菅谷 定彦(日本経済新聞東京本社編集局工業部)、江藤 友彦、末次 克彦 "三菱重工、クライスラー提携へ"
毎日新聞社東京本社〈代表・五味三勇政治部長〉 "紙上国会・安保政策の総討論"
北日本新聞社編集局地方自治取材班〈代表・能島登三編集局次長〉 "年間キャンペーン「地方自治を守ろう」の一連の記事"
古関 正格(日本放送協会ローマ支局長)
"NHK特派員報告・ナイジェリアの悲劇—内戦の現状とビアフラ"
◇技術部門 共同通信社漢テレファックス開発担当〈代表・冨田正章理事待遇連絡局長〉 "漢テレモニター装置における電子化のための研究開発(漢テレファックス)"
◇経営・業務部門 佐賀新聞社〈代表・中尾清澄専務取締役〉 "新聞製作工程の全自動写植化による経営の合理化"

(昭45年度)
◇編集部門
高田 孝男(北日本新聞社編集局社会部長)、堀内 奎三郎(政経部長) "黒部市カドミウム公害のスクープ"
佐橋 嘉彦(中部日本新聞社編集局社会部次長) "解放戦線の光と影・ジャングル抑留記"
三ツ野 真三郎(北国新聞社編集局次長)
"提唱・北陸の道を無雪に"
◇技術部門 日本経済新聞社ファクシミリ高速化研究班〈代表・宮田康光技師〉 "「三値アナログ方式による新聞ファクシミリ高速伝送装置」の完成"

(昭46年度)
◇編集部門
共同通信社・世界卓球取材班〈代表・犬養康彦編集局社会部長〉 "「中国、米卓球チームを招待」のスクープ"

池内 正人、杉田 亮毅、大輝 精一(日本経済新聞社編集局経済部) "「第一・勧銀が対等合併」のスクープ"
金本 春俊(西日本新聞社編集局社会部長)
「いのちを守る—地域医療の確立のために」
坪川 常春(福井新聞社編集局編集部長)
「あしたの人間」
◇経営・業務部門 吉安 登(西日本新聞社販売局長) "西日本新聞の新聞少年キャンペーン"

(昭47年度)
◇編集部門 新潟日報社みんなの階段取材班〈代表・青木研三報道第3部長〉 「みんなの階段—老人問題への提言」
◇技術(印刷)部門 読売新聞社工務局技術部〈代表・佐藤宏技術部長〉 "全自動モノタイプの改良と集中リモート・コントロール・システムについて"

(昭48年度)
◇編集部門 河北新報社〈代表・京極昭編集局報道部長〉 "連載企画「植物人間」"
◇技術(印刷)部門 日本経済新聞社APR製版システム開発グループ〈代表・武捨久男主任技師〉 "日刊紙におけるAPR製版システムの開発"

(昭49年度)
◇編集部門
読売新聞社〈代表・遠藤徳貞社会部長〉
"読売新聞社社会部の「金大中事件に、韓国公的機関が介在」の特報について"
新潟日報社〈代表・藤崎匡史編集委員〉
「水のカルテ—水問題への提言」
秋田魁新報社〈代表・森可昭編集局次長〉
「豊かさの条件」
◇技術(印刷)部門 日本経済新聞社〈代表・宮本英朗技師〉 "新聞の印刷・発送自動化システムの開発"
◇経営・業務部門 日本経済新聞社〈代表・山崎武敏常務取締役、日経広告研究所理事〉 "日経広告研究所の創立・維持を通ずる広告活動近代化の推進"

(昭50年度)
◇編集部門 福井 惇(サンケイ新聞東京本社社会部次長) "「連続企業爆破事件の犯人グループ、きょういっせい逮捕」のスクープ"
◇技術(電気通信)部門 共同通信社〈代表・今井至郎常務理事〉 "ニュース集配信における電算システムの総合的開発"

(昭51年度)
◇編集部門
　サンケイ新聞東京本社〈代表・村上克ニュース総局記者〉　"幸恵ちゃんは無事だった！足立の産院誘かい事件，留置の女性，けさ再逮捕"のスクープ"
　熊本日日新聞社〈代表・続義昭地方部長〉「町と村の議会―分権と福祉をめざして」
◇技術(印刷)部門　静岡新聞社〈代表・中村孝次郎取締役技術担当〉　"新聞の多色刷り技法の開発"
◇技術(電気通信)部門　共同通信社〈代表・今井至郎常務理事〉　"コンピューターによる言語処理システムの研究開発(ローマ字・漢字仮名変換＝略称RKC)"

(昭52年度)
◇編集部門
　村上 吉男(朝日新聞東京本社アメリカ総局員)　"コーチャン・単独会見記事"
　井上 安正(読売新聞社前橋支局)　"「弘前大学教授夫人殺し再審事件」に関する一連の報道"
　日本経済新聞社〈代表・池内正人経済部編集委員〉　"企業問題特別取材班・企業とは何か"
　市坪 弘(南日本新聞社社会部長)　"桜島重点企画「火山灰に生きる」"
　日本放送協会〈代表・山香芳隆〉　"NHK特集「ある総合商社の挫折」"
　荏原 清(北海道新聞函館支社写真課)　"ソ連ミグ25戦闘機によるベレンコ中尉亡命事件"の写真報道"
◇技術(印刷)部門
　サンケイ新聞社〈代表・米村一介電算技術部長〉　"ミニコンネットワーク電算写植システム「サクセス」の開発"
　日本経済新聞社〈代表・大沢正取締役東京本社製作局長〉　"ディップスの開発・実用化"
◇技術(電気通信)部門　中日新聞社〈代表・山中福治郎取締役編集局長〉　"中日「分散出力型」集配信システム"
◇経営・業務部門　服部 敬雄(山形新聞社取締役社長)　"山形中央図書館"

(昭53年度)
◇編集部門
　福原 享一(共同通信社北京支局長)，辺見 秀逸(共同通信社北京支局)　"近代化進める中国に関する報道"
　高知新聞社〈代表・小笠原和彦政経部長〉「ながい坂―老人問題を考える」
　吉田 慎一(朝日新聞東京本社浦和支局)「木村王国の崩壊」
　読売新聞社〈代表・門馬晋社会部長〉「医療をどうする」
　松田 賀勝(琉球新報社写真部副部長)　"中国漁船団による尖閣領海侵犯事件の写真報道"
◇経営・業務部門　大軒 順三(日本経済新聞社代表取締役社長)　"電算機利用による経営合理化―新製作体系への全面移行"

(昭54年度)
◇編集部門
　岡本 健一(毎日新聞大阪本社学芸部編集委員)　"埼玉県・稲荷山古墳の鉄剣から「ワカタケル＝雄略天皇」の銘のスクープ"
　桜井 忠良(北国新聞社珠洲支局)「されど海へ」
　合原 光徳(西日本新聞社写真部)「高校生宙に舞う」
◇技術(電気通信)部門　共同通信社〈代表・今井至郎常務理事〉　"コンピューター処理による写真電送集配信システム"

(昭55年度)
◇編集部門
　森 浩一(毎日新聞東京本社社会部長)　"「早稲田大学商学部入試問題漏えい事件」のスクープ"
　原田 勝広(日本経済新聞社社会部)　"KDD事件特報"
　広田 亮一(南日本新聞社社会部長)「トカラ海と人と」
◇技術(印刷)部門　石原 俊輝(信濃毎日新聞社代表取締役社長)　"レター・オフ機の開発と実用化"
◇経営・業務部門　石原 俊輝(信濃毎日新聞社代表取締役社長)　"コスモスによる新聞製作"
◇経営・業務部門および技術部門　石原 俊輝(信濃毎日新聞社代表取締役社長)　"コスモスによる新聞製作とレター・オフ機の開発，実用化"

(昭56年度)
◇編集部門
　斉藤 明(毎日新聞東京本社政治部編集委員兼論説委員)　"ライシャワー元駐日大使の核持ち込み発言"
　山本 雅生(山陽新聞社編集局長)「あすの障害者福祉」

通信・サービス　　　　　　　　　　　　　　　　　　　　　　　　　　099　新聞協会賞

　　稲積 謙次郎（西日本新聞社社会部長）「『君よ太陽に語れ』─差別と人種を考える」
　　堂本 暁子（東京放送ニュース部）「ベビー・ホテル・キャンペーン」
◇技術（印刷）部門　鈴木 敏男（朝日新聞社制作担当，東京本社制作局長）"新しい新聞編集・製作システム「NELSON」の開発"

（昭57年度）
◇編集部門
　　佐藤 正明（日本経済新聞社産業第1部）"トヨタ・GM提携交渉に関する特報"
　　朝日新聞東京本社〈代表・中川昇三社会部長〉「談合」キャンペーン"
　　日本放送協会〈代表・川上肇報道番組部次長〉"ニュースセンター特集「操縦室で何が起きたのか・日航機墜落事故」"
◇技術（電気通信）部門　共同通信社〈代表・宮地仁連絡局長〉"ニュース集配信および処理における電算システムの開発"

（昭58年度）
◇編集部門
　　塚越 敏彦（共同通信社北京支局員）"「ブレジネフ書記長死去」のスクープ"
　　サンケイ新聞社行政改革取材班〈代表・石川真編集委員〉"行革キャンペーン武蔵野市4000万円退職金引き下げを中心とする報道"
　　足立 明（河北新報社報道部長）"スパイクタイヤ追放キャンペーン"
　　東京新聞〈代表・佐藤毅編集局次長兼特別報道部長〉"長期連載企画「裁かれる"首相の犯罪"のロッキード疑獄法廷全記録」"
◇技術部門　時事通信社〈代表・佐藤澄夫編集局次長〉"報道データベース・JACSと関連システムの開発"
◇経営・業務部門　熊本日日新聞社〈代表・森茂取締役販売・事業担当〉"新聞販売店経営の近代化─新しい流通システムへの挑戦"

（昭59年度）
◇編集部門
　　朝日新聞東京本社〈代表・橘弘道社会部次長〉"東京医科歯科大学教授選考汚職事件の一連の報道"
　　共同通信社〈代表・斎藤茂男社会部兼編集委員〉"連載ルポルタージュ「日本の幸福」"
　　南日本新聞社〈代表・岡本守社会部長〉"連載企画「老春の門」"
　　東京放送〈代表・三好和昭報道局編集部専任部長〉"報道特集「アキノ白昼の暗殺」"
◇技術部門
　　読売新聞社〈代表・自見四郎工務局次長兼技術部長兼紙型鉛版部長〉"KEY-LESS印刷方式その完成と実用化"
　　宮下 明（北国新聞代表取締役社長）"新聞製作のトータルシステム─電算編集「ヘリオス」を中心に"
　　共同通信社〈代表・高橋清連絡局技術部長〉"フィルムダイレクト電送送信機の開発"

（昭60年度）
◇編集部門
　　フジテレビジョン〈代表・柳下茂制作技術局制作技術センター副部長〉"スクープ「日航ジャンボ機墜落事故 墜落現場に生存者がいた！」"
　　中国新聞社〈代表・今中亘報道部長〉"「ヒロシマ40年」報道「段原の700人」「アキバ記者」"
　　熊本日日新聞社〈代表・松永茂生社会部長〉"連載企画「ルポ 精神医療」"
　　伊賀崎 儀一（アール・ケー・ビー毎日放送報道制作局映像部副部長）"ドキュメンタリー「不思議の国の20年─老人性痴呆症の裏側」"
　　信濃毎日新聞社〈代表・麻場栄一郎写真部長〉"カラー写真連載企画「新しなの動植物記」"

（昭61年度）
◇編集部門
　　御田 重宝（中国新聞社編集委員）"連載企画「シベリア抑留」"
　　読売新聞西部本社〈代表・今野奎介編集次長兼社会部長〉"「在韓日本人妻里帰り」キャンペーン"
　　北海道新聞社〈代表・酒井良一東京支社政経部次長〉"連載企画「北の隣人」─日ソ国交回復30年"
　　毎日新聞東京本社〈代表・山本哲正写真部長〉"「車イスの田中元首相」スクープ写真"
◇技術部門　朝日新聞社X版プロジェクトチーム〈代表・小河原忠治〉，朝日新聞社実用化プロジェクトチーム〈代表・井上由巳東京本社工務局主任技師〉"転写製版システム 基礎技術の研究確立と実用機の開発"
◇経営・業務部門　中国新聞社〈代表・山本治朗専務取締役電波担当〉"「地域情報ネットワーク」の展開"

ビジネス・技術・産業の賞事典　503

(昭62年度)
◇編集部門
朝日新聞東京本社〈代表・蔵原惟堯企画報道室副室長〉 "チェルノブイリ原発事故に関するソ連報告書のスクープ"
横田 三郎(毎日新聞大阪本社編集委員) "連載企画「一人三脚・脳卒中記者の記録」"
山陽新聞社〈代表・赤井克己編集局長〉 "連載企画「ドキュメント・瀬戸大橋」"
◇技術部門
朝日新聞社宛名オンラインシステムプロジェクトチーム〈代表・宮田善光工務局技師〉 "宛名オンラインシステム基礎システムの開発と実用化"
読売新聞社制作局技術部〈代表・小口弘幸制作局技術部長〉 "新聞印刷工場の自動化RXシステムの完成と実用化"
◇経営・業務部門 中国新聞社〈代表・山本治朗専務取締役〉 "「ひろしまフラワーフェスティバル」の創造と展開"

(昭63年度)
◇編集部門
朝日新聞東京本社〈代表・岸田英夫〉 "「天皇陛下のご病気、手術」のスクープ"
読売新聞大阪本社〈代表・加茂紀夫社会部次長〉 "大阪府警の警察官による拾得金15万円の横領と届け出た主婦犯人扱い事件に対するキャンペーン"
南日本新聞社〈代表・黒岩千尋社会部長〉 "連載企画・年間シリーズ「火山と人間」同時カラー連載「世界火山の旅」"
日本放送協会〈代表・冨沢満春組制作局教養番組センターチーフプロデューサー〉 "NHK特集「2・26事件 消された真実—陸軍軍法会議秘録」"
柄沢 晋(共同通信社札幌支社編集次長) "「陛下 お元気に日光浴」のスクープ"
◇技術部門 共同通信社〈代表・松宮敏彦総務局長〉 "高速デジタル写真電送システムの開発"
◇経営・業務部門 熊本日日新聞社〈代表・永野光哉代表取締役社長〉 "新聞博物館の開設—新時代の情報文化センターをめざして"

(平1年度)
◇編集部門
毎日新聞東京本社〈代表・長崎和夫政治部副部長〉 "連載企画「政治家とカネ」"
新潟日報社〈代表・鈴木清治報道部第3部長〉 "連載企画「東京都湯沢町」"
日本放送協会〈代表・船山真報道局特報2部チーフプロデューサー〉 "NHKスペシャル「国境を越えた和解—上海列車事故補償交渉の記録」"
◇技術部門 読売新聞社〈代表・内山斉制作局長〉 "新画像システムの開発と実用化"

(平2年度)
◇編集部門
産経新聞東京本社 "「ソ連共産党独裁を放棄へ」のスクープ"
中国新聞社 "連載企画「世界のヒバクシャ」"
岩手日報社 "連載企画「いわて農業市場開放に挑む」"
日本放送協会 "NHKスペシャル「こうして安保は改定された」"
長崎新聞社 "本島長崎市長銃撃現場のスクープ写真"
◇技術部門 山梨日日新聞社 "総合情報システムSAN・NETの構築"
◇経営・業務部門
中日新聞社 "印刷局小集団活動"
京都新聞社 "京都21会議の創設と展開"

(平3年度)
◇編集部門
近藤 勝義(日本経済新聞社証券部),土屋 直也 "四大証券損失補てん先リスト特報"
西日本新聞社〈代表・松永年生編集企画委員〉 "キャンペーン 地方分権—自立と連合を求めて"
北海道新聞社銀のしずく取材班〈代表・島田昭吉社会部長〉 "連載企画「銀のしずく」"
日本テレビ放送網ソ連横断特別取材班〈代表・南勝次郎報道局チーフプロデューサー〉 "特別企画「感動!そして発見!ソ連横断4万キロ—激動編」"
読売新聞大阪本社〈代表・故田井中次一〉 "雲仙・普賢岳噴火、直撃する火砕流の恐怖2枚組み"
中日新聞社大地図編集チーム〈代表・渡辺敬夫編集局次長〉 "緊急特集サンデー版1・終面30段見開き「湾岸情勢大地図」"
◇技術部門 毎日新聞社〈代表・菅原亮東京本社制作局長〉 "新聞制作における衛星ネットワーク—衛星紙面伝送と新聞SNG開発と実用化"
◇経営・業務部門
河北新報社〈代表・丹野太郎専務取締役〉

"事務改善・OA推進運動―多段階方式の管理部門活性化戦略の展開"
西日本新聞社〈代表・清水晃専務取締役〉"新しい時代の新聞像―CIからPI運動へ地域紙、五年がかりの挑戦"

(平4年度)
◇編集部門
毎日新聞社〈代表・吉川順三大阪本社経済部長〉"「リクルート ダイエーの傘下に」江副前会長の持ち株を譲渡"
日本経済新聞社〈代表・石田修大東京本社文化部長、柴崎信三同部長兼ウィークエンド日経編集部長〉"連載企画「美の回廊」"
河北新報社〈代表・相沢雄一郎編集局長〉"「考えよう農薬」「減らそう農薬」キャンペーン(地域から問う環境・人間・食料)"
日本放送協会〈代表・川添武明報道局特報第二部ディレクター〉"NHKスペシャル「化学兵器」"
本間 光太郎(読売新聞社写真部記者)"写真「PKOぐったり『良識の歩み』」"
東京新聞〈代表・鍔山英次編集局色彩監督〉"連載カラー写真企画「渡瀬有情」"
朝日新聞東京本社〈代表・堀鉄蔵社会部長〉"「メディア欄」の創設"
◇技術部門 朝日新聞社〈代表・新田尚道システム技術本部幹事,小沢則利工務局技師〉"CTP(直接製版)システム―基礎技術の研究確立と実用機の開発"
◇経営・業務部門
信濃毎日新聞社〈代表・石原俊輝社長〉"新世代の新聞制作「ニュー・コスモス」への挑戦"
中国新聞社〈代表・村上博彦販売局長〉"「エリアデータベース」の構築と活用(情報新時代の販売所経営)"

(平5年度)
◇編集部門
朝日新聞東京本社〈代表・堀鉄蔵社会部長〉"金丸信自民党副総裁(当時)ら政界の捜査をめぐる一連のスクープ"
産経新聞東京本社〈代表・宮本雅史社会部司法担当キャップ〉"「仙台市長に1億円 ゼネコン巨額汚職」のスクープ"
横山 和夫(共同通信社論説委員兼編集委員)"連載企画「仮面の家」"
熊本日日新聞社〈代表・田川憲生政経部長〉"連載企画「地方政治 永田町の源流」"
信越放送〈代表・岩井まつよ報道制作局制作部次長〉「いのちの水際をささえて―新生病院の試み」
平野 恭子(共同通信社大阪支社社会部)"「橿原神宮・神楽殿炎上」のスクープ写真"
産経新聞東京本社〈代表・広沢淳夫写真部次長〉"連載企画写真「素顔の湿地」"
西日本新聞社〈代表・寺崎一雄編集局次長〉"事件報道の改革「福岡の実験」―容疑者の言い分掲載"
◇技術部門 静岡新聞社〈代表・飯田正取締役印刷局長〉"高精度タワープレスの開発―ファンナウト抑制技術の確立とタワープレスの実用化"

(平6年度)
◇編集部門
産経新聞東京本社〈代表・稲田幸男編集局次長〉"「政治報道をめぐるテレビ朝日報道局長発言」のスクープ"
読売新聞社〈代表・大谷克弥編集局次長〉"連載企画「医療ルネサンス」"
日本経済新聞社〈代表・斎藤史郎編集局経済部次長〉"連載企画「官僚」"
京都新聞社〈代表・芦原正義編集局次長兼政経部長〉"連載企画「こころの世紀」"
全国朝日放送〈代表・堀越むつ子報道局報道センタープロデューサー〉「愛する人たちへ 最期は家で…」
林 泰史(中日新聞社編集局写真部)"「中華航空機・エアバス 墜落・炎上」のスクープ写真"
河北新報社〈代表・馬場道雄編集局写真部長〉"連載写真企画「こころの伏流水―北の祈り」"
北海道新聞社〈代表・小田紘一郎編集局次長〉"地方版のニュースサマリー「きのう 今日 あす」"
◇経営・業務部門 該当者なし
◇技術部門 該当者なし

(平7年度)
◇編集部門
日本経済新聞社〈代表・大塚将司東京本社編集局経済部次長〉"「三菱・東銀の対等合併」の特報"
中国新聞社ヒロシマ50年取材班〈代表・島津邦弘編集局次長〉"「ヒロシマ50年」報道、特集「検証 ヒロシマ1945-1995」,連載「核と人間」,インタビューシリーズ「核時代 昨日・今日・明日」"
神戸新聞社・京都新聞社生きる取材班〈代表・古川潤神戸新聞編集局社会部次長, 田

中雅郎京都新聞編集局企画報道部次長〉"神戸新聞・京都新聞 合同連載企画「生きる」"

山陽新聞社〈代表・越宗孝昌編集局次長〉"連載企画「幸福のかたち―福祉県・岡山を問う」"

信越放送〈代表・長岡克彦報道制作局報道部〉「SBSスペシャル 原告番号38～エイズ・少年の死は訴える」

山梨日々新聞社,靏田 圭吾（社会部副部長〉"オウム真理教 麻原彰晃容疑者の連行写真」のスクープ"

東京新聞社〈代表・田中哲男編集局写真部長〉"連載カラー企画「冨士異彩」"

朝日新聞社東京本社政治部・静岡支局・静岡定点調査チーム〈代表・吉田慎一政治部次長〉「有権者はいま 静岡定点調査」

◇経営・業務部門 南日本新聞社〈代表・日高旺代表取締役社長〉"南日本美術展50回記念「留学生たちのパリ展」地域が発信する芸術文化の国際交流事業"

◇技術部門 該当者なし

（平8年度）
◇編集部門

宮本 明彦（日本経済新聞社米州総局ワシントン支局）"米軍普天間基地の全面返還日米合意」の特報"

産経新聞東京本社未来史閲覧取材班〈代表・編集企画担当部長阿部雅美〉"長期大型連載企画「未来史閲覧」

北海道新聞社公費乱用取材班〈代表・社会部山本牧 政治部加藤雅規〉「北海道庁公費乱用一連の報道」

沖縄タイムス社〈代表・編集局次長金城秀恒〉"総集「沖縄・米軍基地問題」"

長野放送〈代表・報道制作局制作部主任春原晴久〉"報道ドキュメンタリー番組「不妊治療と減胎手術～ある医師と218人の選択」"

西日本新聞社（編集局写真部三苫敏和）「福岡空港でのガルーダ・インドネシア航空機炎上事故」

河北新報社イーハトーブ幻想賢治の遺した風景取材班〈代表・編集局写真部長高木尚夫〉"連載写真企画「イーハトーブ幻想～賢治の遺した風景」"

毎日新聞東京本社アウンサンスーチー取材グループ〈代表・編集局次長兼外信部長河内孝〉「アウンサンスーチー,ビルマからの手紙」

高知新聞社〈代表・編集局長藤戸謙吾〉"NIE運動に先駆ける「こども高知新聞」の成果"

◇経営・業務部門 河北新報社〈代表・常務広告担当高尾実〉"広告業務への電子技術導入による高能率化,省力,省人化の達成"

◇技術部門 日本経済新聞社〈代表・システム局次長石渡晨作〉"日経京都別館におけるダイレクト製版システムの開発・導入―FTP（Facsimile To Plate）システム"

（平9年度）
◇編集部門

阿部 雅美（産経新聞東京本社編集局次長兼社会部長）"北朝鮮による日本人拉致事件疑惑・17年を隔てた2件のスクープ"

共同通信社〈代表・編集局論説委員室副委員長中村輝子〉"海外通年企画「生の時・死の時」"

河北新報社〈代表・編集局長一力雅彦〉"連載企画・キャンペーン「オリザの環」"

西日本新聞社〈代表・編集局社会部長田中充雄〉"全国最悪の58億円余に上る福岡県の公金不正支出スクープと連載企画「出直せ自治体」連載・特集企画記事"

石高 健次（朝日放送東京支社報道部長）"報道スペシャル「空白の家族たち～北朝鮮による日本人拉致疑惑」"

原田 浩司（共同通信社編集局写真部）"ペルーの日本大使公邸人質事件「日本人人質の安否など公邸内写真」のスクープ"

内田 秀夫（熊本日日新聞社編集局写真部）"連載カラーグラフ「また,あした」"

東京新聞〈代表・編集局デスク大西邦彰〉"行政改革読者アンケート"

◇技術部門 毎日新聞社 "SGMLを採用した電子新聞の開発―電子新聞「毎日デイリークリック」の実用化"

（平10年度）
◇編集部門

朝日新聞大阪本社〈代表・編集局写真部長星野忠彦〉「素顔の中学生保健室から」

田中 秀一（読売新聞社編集局医療情報室主任）"卵子提供受け体外受精『妻以外の女性から』国内初"のスクープ"

日本経済新聞社〈代表・編集局証券部中野義一〉"「山一証券自主廃業へ」のスクープ"

琉球新報社〈代表・編集局社会部長伊佐理夫〉"検証・老人デイケア」キャンペーン"

◇技術部門
　読売新聞社〈代表・制作局次長兼新聞システム部長中村清昭〉「素材管理システムの開発と実用化」
　西日本新聞社〈代表・新CTS推進本部長多田昭重〉「21世紀へ『新CTS』全面稼働NWS記者組み版システム/新画像システムの完成」

（平11年度）
◇編集部門
　日本経済新聞社〈代表・経済部吉次弘志〉"「興銀・第一勧銀・富士銀共同持ち株会社を設立」のスクープ"
　野口裕之（産経新聞東京本社政治部）"「北朝鮮がテポドン発射を準備」のスクープ"
　朝日新聞大阪本社〈代表・地域報道部長法花敏彦〉"「和歌山市のカレー毒物混入,詐欺事件」でのスクープ"
　秋元和夫,鈴木竜三（読売新聞社写真部）,小西太郎（読売新聞社国際部（ロンドン支局））"ユーゴ・コソボ紛争の一連の写真報道"
　中国新聞社〈代表・取材班報道センター写真グループリーダー紺野昇〉"連載企画「であい しまなみ」"
　信濃毎日新聞社〈代表・報道部次長丸山貢一〉"「介護のあした」連載企画,フォーラムなど関連キャンペーン"
◇技術部門
　中日新聞社〈代表・取締役製作担当池田義男〉"21世紀の新技術基盤,次世代CTSに対応した新画像システム（CGS）の開発と実用化"
　沖縄タイムス社〈代表・常務取締役川上勝久〉"新聞制作システムOCEANの開発・導入"

（平12年度）
◇編集部門
　時事通信社〈代表・社会部次長松永努〉"集団警ら隊の連続暴行や覚せい剤もみ消し疑惑など,神奈川県警不祥事のスクープ"
　関根孝則（共同通信社編集局写真部）"「夜明けの救出」西鉄高速バス乗っ取り事件で人質の女児救出をスクープ"
　江刺正嘉（毎日新聞東京本社社会部）"「片山隼君事故」から事件事故被害者の権利と支援策の確立を追求し続けたキャンペーン報道"
◇経営・業務部門　読売新聞社〈代表・メディア戦略的データベース部長奥野富士郎　メディア戦略局ネット推進部専任次長戸部恒夫〉"明治の読売新聞CD-ROM"

（平13年度）
◇編集部門
　毎日新聞社旧石器遺跡取材班〈代表・北海道支社報道部長田和義〉"「旧石器発掘ねつ造」のスクープ"
　大山文兄（産経新聞大阪本社写真報道局）「衝撃に震える児童―大阪教育大付属池田小事件」
　高知新聞社〈代表・編集局夕刊情報部副部長佐光隆光〉"「やみ融資問題」の調査報道と企画連載「黒い陽炎―県やみ融資究明の記録」"
◇技術部門　日本経済新聞社〈代表・東京本社製作局長付技師兼製作技術部長・三宅順〉"48ページ一連印刷技術の確立と超々軽量紙（40g紙）の開発・実用化"

（平14年度）
◇編集部門
　大治朋子（毎日新聞東京本社編集局社会部）"防衛庁による情報公開請求者リスト作成に関するスクープ"
　原田浩司（共同通信社編集局写真部）"「カブール陥落」アフガニスタンの首都カブール制圧をスクープ"
　平井久志（共同通信社中国総局）"瀋陽亡命事件のビデオ映像"
　朝日新聞東京本社〈代表・編集局編集委員松本仁一〉"連載「テロリストの軌跡アタを追う」とそれにかかわる一連の報道"
　中日新聞社〈代表・前編集局社会部部次長土岐正紀〉"連載企画「テロと家族」"
　中国新聞社〈代表・編集局社会・経済グループ高本孝〉"キャンペーン断ち切れ暴走の連鎖―「ただいま」が聞きたくて"
　フジテレビジョン〈代表・報道局報道センターニュースJAPAN編集長熱田充克〉"シリーズ検証・C型肝炎"
◇経営・業務部門
　信濃毎日新聞社〈代表取締役社長・小坂健介〉"全社員入力による事務系改革ウェブ連携のトータルシステム"
　中日新聞社〈代表・名古屋本社広告局長中村淳治〉"広告を編集紙面と同じ鮮度に総合デジタル化で開く広告の新境地―仕事の流れが変わる,社員の意識を変える"

（平15年度）
◇編集部門
　毎日新聞東京本社〈代表・大治朋子社会部

員〉「自衛官募集のための住民基本台帳情報収集に関するスクープ」
吉田 忠則（日本経済新聞社中国総局員）、藤井 一明（日本経済新聞社経済部員）「『生保予定利率下げ問題』の一連の報道」
熊本日日新聞社検証・ハンセン病史取材班、丸野 真司（熊本日日新聞社報道部次長兼論説委員）「検証・ハンセン病史」
◇経営・業務部門　受賞なし
◇技術部門　受賞なし

（平16年度）
◇編集部門
発田 真人、矢沢 俊樹（日本経済新聞社編集局経済部）「UFJ、三菱東京と統合へ」の特報
日本放送協会〈代表・ヨーロッパ総局カイロ駐在 別府正一郎〉"イラク国連バグダッド事務所爆破テロ～瞬間映像のスクープ"
北海道新聞社〈代表・編集局報道本部次長 高田昌幸〉"北海道警察の裏金疑惑を追及した一連の報道"
新潟日報社〈代表・編集局報道部長代理兼編集委員 髙橋正秀〉"キャンペーン企画「拉致・北朝鮮」"

（平17年度）
◇編集部門
朝日新聞社〈代表・社会部皇室取材班、編集局編集委員・岩井克己〉「『紀宮さま、婚約内定』の特報」
朝日新聞社〈代表・編集局写真センターマネジャー・佐久間泰雄〉"「JR宝塚線脱線事故の発生から運転再開までの一連の写真報道"
神戸新聞社〈代表・阪神・淡路大震災十年取材班、編集局次長兼社会部長・高士薫〉「阪神・淡路大震災十年キャンペーン報道『守れ いのちを』」
琉球新報社〈代表・沖縄戦六十年取材班、編集局社会部長・玉城常邦〉「企画『沖縄戦新聞』」
◇技術部門
朝日新聞社〈代表・製作本部、製作担当付・村瀬岳彦〉"新聞用FMスクリーンの実用化"
読売新聞社〈代表・制作局、技術三部次長・髙月宏一〉"高位・等品質カラー紙面の自動印刷システム開発と実用化"
信濃毎日新聞社〈代表・技術局長・三沢寛〉"新システム「コスモス3」NewsMLは組み版の世界へ"

（平18年度）
◇編集部門
日本経済新聞社〈編集局社会部 井上亮〉"「昭和天皇、A級戦犯靖国合祀に不快感」を記した富田朝彦・元宮内庁長官の日記・手帳（富田メモ）に関する特報"
毎日新聞東京本社〈編集局社会部（前写真部）佐藤賢二郎〉"「パキスタン地震」一連の写真報道"
京都新聞社〈代表・報道局社会報道部部長代理 向井康〉"連載企画「折れない葦」"
西日本新聞社〈代表・編集局次長兼文化部長 田代俊一郎〉"検証 水俣病50年"
◇技術部門　朝日新聞社製作本部〈代表・システムセクションサブマネジャー 三上完治〉"ATOMシステム～セキュアでオープンなトータルシステムの構築～"

（平19年度）
◇編集部門
北日本新聞社（高岡支社編集部 笹谷泰）"「高校必修科目未履修」の特報"
毎日新聞西部本社（編集局報道部（前長崎支局）長澤潤一郎〉"長崎市長銃撃事件の写真報道"
信濃毎日新聞社〈代表編・集局報道部次長 小市昭夫〉"連載企画「民（たみ）が立つ」"
日本放送協会〈代表・報道局取材センター社会部副部長 中嶋太一〉"NHKスペシャル「ワーキングプア」"
◇経営・業務部門
東奥日報社〈代表・代表取締役社長・主筆 塩越隆雄〉「動く新聞 聞こえる新聞」
静岡新聞社〈代表・編集局 鈴木理久、社長室 渡邊治彦〉"「静岡かがく特捜隊」の取り組み"
◇技術部門　西日本新聞社〈代表・総合工程管理室長兼新編集システム推進本部事務局長 矢野正美〉"創造と改革 マルチユースと究極の効率化を求めて 新編集システム全面稼働 6つの基本システムを同時並行構築"

（平20年度）
◇編集部門
毎日新聞社〈大阪本社編集局科学環境部編集委員・大島秀利〉"「石綿被害 新たに520カ所 厚労省は非公表」のスクープなど アスベスト被害の情報公開と被害者救済に向けた一連の報道"
フジテレビジョン〈代表・報道局バンコク支

局長 青木良樹〉"ミャンマー軍兵士による長井健司さん銃撃の瞬間ビデオ映像スクープ"
新潟日報社〈代表・編集局報道部 三島亮〉"長期連載企画「揺らぐ安全神話 柏崎刈羽原発」と関連ニュース報道"
◇経営・業務部門 信濃毎日新聞社〈代表・技術局技術開発部長 小林義雄〉"緊急時の「事業継続」検証系システムを活用した紙面制作"

(平21年度)
◇編集部門
東京新聞「東京Oh!」取材班〈代表・編集局写真部次長 星野浅和〉"写真連載「東京Oh!」"
毎日新聞大阪本社「無保険の子」取材班〈代表・福井支局長兼北陸総局次長(元社会部副部長)戸田栄〉"「無保険の子」救済キャンペーン"
熊本日日新聞社「川辺川ダムは問う」取材班〈代表・編集局社会部次長兼編集委員 木村彰宏〉"連載企画「川辺川ダムは問う」"
◇経営・業務部門 中国新聞社〈代表・執行役員広告局長 増谷寛〉"～地域とともに歩む総合メディア企業の実践～夢のボールパーク誕生サポート"
◇技術部門 信濃毎日新聞社〈代表・技術局次長兼ネットワーク室長 堀内孝一〉"新AMスクリーン実用化 高精細高品質への挑戦"

(平22年度)
◇編集部門
読売新聞東京本社(編集局医療情報部次長(前政治部次長)吉田清久)"核密約文書 佐藤元首相邸に 日米首脳『合意議事録』存在、初の確認"のスクープ"
朝日新聞大阪本社〈代表・編集局社会エディター 平山長雄〉"大阪地検特捜部の主任検事による押収資料改ざん事件"の特報及び関連報道"
共同通信社(中国総局 岩崎稔)"「北朝鮮の金正日総書記、4年ぶり訪中」のスクープ写真"
日本放送協会(アジア総局(前報道局映像センター映像取材部)山口大純)"奇跡の生還～転覆漁船からの救出の瞬間"
信濃毎日新聞社〈代表・編集局報道部次長 五十嵐裕〉"「笑顔のままで 認知症―長寿社会」(連載企画、関連特集、関連記事などのキャンペーン)"
◇経営・業務部門
日本経済新聞社〈代表・代表取締役社長 喜多恒雄〉"「日本経済新聞 電子版」(Web刊)の創刊"
高知新聞社〈代表・代表取締役社長 宮田速雄〉"郷土の命 見守り続け～「赤ちゃん会」80回の実践～"
◇技術部門 日刊スポーツ 東阪統合組版システム開発プロジェクト〈代表・編集制作センター副センター長 山中俊幸〉"東阪統合組版システム(日刊スポーツ新聞社、日刊スポーツ新聞西日本)"

# 100 ソフトウェア・プロダクト・オブ・ザ・イヤー

優れたソフトウェア・プロダクトを表彰することによって,ソフトウェアの開発者に汎用ソフトウェアの開発意欲を高めることと,ユーザに対して的確なプロダクトを迅速に提供することができる健全なソフトウェア流通市場の形成を促進することを目的として,平成元年より開始された。

【主催者】(独)情報処理推進機構
【選考委員】ソフトウェア・プロダクト・オブ・ザ・イヤー選定委員会
【選考方法】公募されたものを審査
【選考基準】〔対象〕過去1年程度の期間内で,国内において広く利用され流通しているソフトウェア・プロダクト
【締切・発表】(平成19年の場合)7月31日締切,10月上旬発表予定
【URL】http://www.ipa.go.jp/

第1回（平1年）
　パンソフィック　　「Easytrieve Plus」
　ロータス　　「ロータス1-2-3」
　ジャストシステム　　「一太郎」

第2回（平2年）
◇一般部門
　平和情報センター　　「Bride/Happiness」
　富士ソフトウェア　　「毛筆わーぷろ」
◇CAD部門　アンドール　　「CADSUPER SX」

第3回（平3年）
◇一般部門
　TDCソフトウェアエンジニアリング　「MRDB V4」
　マイクロソフト　　「Microsoft Windows Version3.0」
◇財務・会計部門
　システムハウスミルキーウェイ　「三代目大番頭」
　ピーシーエー　　「PCA会計 V2.0」
　オービックビジネスコンサルタント　「TOP財務会計エキスパート2」
◇社会・産業教育部門　アリアドネ・ランゲージ・リンク　「NihongoWare 1」

第4回（平4年）
◇福祉部門
　高知システム開発　　「AOK点字日本語ワープロ」
　斎藤　正夫　　「VDM100」
◇知識情報処理部門　東芝　「ASTRANSAC」
◇セキュリティ部門　メトロ　「SafeWord」
◇意志決定支援部門　ソフトウエア・エージー　「SYSTEM W」

第5回（平5年）
◇マルチメディア対応部門
　富士通ソーシアルサイエンスラボラトリ　「MEDIA IV」
　伊藤忠テクノサイエンス　「GAINMOMENTUM」
◇パーソナル利用部門　夢工房　「クックメイトV2.0」
◇福祉部門　松下通信工業　「発声発語訓練システム」
◇教育部門
　ロゴジャパン　　「ロゴライター・小学校キット」
　NTTデータ通信　「水彩」

第6回（平6年）
◇行政・福祉部門
　システムウェーブ　"「自治体向け福祉総合システム「SWAN」」"
　建築行政情報化センター，建築確認支援システム運用協議会　「建築確認申請書作成プログラム」
◇一般部門
　エー・アイ・ソフト　「Easy Fax」
　日本ユニシス，野村総合研究所　「TIPPLER」

第7回（平7年）
◇システム分野
　オーエスケイ　「Joinus-PCシリーズ」
　野村総合研究所　「Infoworks」
◇ビジネス・アプリケーション分野　ノヴァ　「NetSurfer/ej」
◇エンジニアリング分野　富士通　「ICAD/MX」
◇ソーシャル/ライフ分野　ヤマハ　"「ビジュアル・アレンジャー」「スコアリーダー」"

第8回（平8年）
◇システム分野　エムオーテックス　「LanScopeFOR」
◇ビジネス・アプリケーション分野　エヌジェーケー　「DataNature」
◇エンジニアリング分野　東洋情報システム　「CyberWalker」
◇ソーシャル/ライフ分野
　日立製作所　「Mediachef/CUT for Windows」
　ダットジャパン　「想い出オルゴールWindows版Ver2.0」
　ライテック　"「手話学習用のマルチメディアCAI「手話マスター」」"

第9回（平9年）
◇システム分野　ソフマップフューチャーデザイン　「QUOVIS-AUTHOR」
◇ビジネス・アプリケーション分野　サピエンス　「『超』ファイリングシステム」
◇エンジニアリング分野　東電ソフトウェア　「FEMstar3D for Windows」
◇ソーシャル/ライフ分野
　日本障害者雇用促進協会，システムソリューションセンターとちぎ，リコー　「95Reader」
　タウ技研〈販売〉，リコーシステム開発〈開発〉　「自動書籍朗読システム『よみとも』」

日本データパシフィック,TYPEQUICK PTY 「キワラのタイピングアドベンチャー」

- 第10回（平10年）
  - ◇システム分野
    - ジャストシステム　「ジャストシステム コンセプトベース・サーチ20/1000」
    - 日本アイ・ビー・エム　「ビアボイス98日本語版」
  - ◇ビジネス・アプリケーション分野
    - 富士ゼロックス　「DocuWorks Ver.3.0」
    - 日本システムウエア　「コンダク太4」
  - ◇エンジニアリング分野　日本ユニシス　「CADCEUS」
  - ◇ソーシャル/ライフ分野
    - 三洋電機　「両眼視機能検査ソフトウエア3Dマルチビジョンテスター MVT-200」
    - ヤマハ　「XGworks V2.0」
    - 沖北陸システム開発　「ネイティブ・ワールド」

- 第11回（平11年）
  - ◇システム分野　東芝　「Network CryptoGate」
  - ◇ビジネス・アプリケーション分野　日立エンジニアリング　「SCM（サプライチェーン管理）実行システム SCMJ」
  - ◇エンジニアリング分野　アスプローバ　「ASPROVA」
  - ◇ソーシャル/ライフ分野　エクス・ツールス　「3DCG統合ソフト『Shade（シェード）R3』シリーズ」

- 第12回（平12年）
  - ◇システム分野　富士通　「IntelligentSearch」
  - ◇ビジネス・アプリケーション分野　サイボウズ　「サイボウズ Office」
  - ◇エンジニアリング分野　横河電機　「生産ライン構築ソフトウェア『ASTMAC』」
  - ◇ソーシャル/ライフ分野
    - 東京システムハウス　「歌で覚えるはじめての手話シリーズ」
    - 三洋電機　「Panorama Boutique」

- 第13回（平13年）
  - ◇システム分野　日本電気　「PCGATE Personal Ver 1.0」
  - ◇ビジネス・アプリケーション分野
    - カシス，メディアヴィジョン　「Kacis Publisher/Kacis Writer」
    - メガソフト　「3Dオフィスデザイナー PRO」
  - ◇エンジニアリング分野　富士通　「FJVPS（バーチャルプロダクトシミュレータ）」
  - ◇ソーシャル/ライフ分野
    - ジャストシステム　「一太郎スマイルシリーズ」
    - エーピーピーカンパニー　「江戸東京重ね地図」

- 第14回（平14年）
  - ◇システム分野　アプレッソ　「DataSpiderシリーズ」
  - ◇ビジネス・アプリケーション分野　翼システム　「多次元高速集計レポーティングツール Dr.Sum」
  - ◇エンジニアリング分野　トヨタケーラム　「Caelum XXen」
  - ◇ソーシャル/ライフ分野
    - フォーラムエイト　「UC-win/Road」
    - アニモ　「FineSpeech」
    - レイル　「LiveCreator Ver.3」

- 第15回（平15年）
  - ◇システム分野　大日本印刷　"AD-POWERsR（エイ・ディー・パワーズ）"
  - ◇ビジネス分野　サイボウズ　"サイボウズ・ガルーン"
  - ◇エンジニアリング分野　ヴァイナス　"高速・高安定型連立一次方程式計算ソルバ Super Matrix Solver"
  - ◇ソーシャル/ライフ分野　明電ソフトウエア　"携帯用会話補助装置 トークアシスト"

- 第16回（平16年）
  - ◇システム分野
    - 日本電気　"MM GATE"
    - 富士通　"Interstage Shunsaku Data Manager"
  - ◇ビジネス・アプリケーション分野　パーソナルメディア　"超漢字原稿プロセッサ"
  - ◇エンジニアリング分野
    - オートデスク　"AutoCAD 2005"
    - ティーファイブ　"手書きCADソフトウェア"
  - ◇ソーシアル/ライフ分野　ピー・ソフトハウス　"VOID Modular System"

- 第17回（平17年）
  - ◇家庭・個人分野
    - Lunascape　"Lunascape2"
    - ボイジャー　"T-Time5.5"
  - ◇安心・安全分野　日立ソフトウェアエンジニアリング　"秘文AEシリーズ"

第18回（平18年）
◇ソフトウェア・プロダクト・オブ・ザ・イヤー2006グランプリ
- システム・基盤分野　ソフトイーサ「PacketiX VPN 2.0」

◇ソフトウェア・プロダクト・オブ・ザ・イヤー2006
- 産業・企業・行政分野
  ネットディメンション「MatrixEngine（R）embedded」
  デジタルファッション「LookStailorX（ルックステーラーテン）」
  チェンジビジョン「UML モデリングツール JUDE」
  サイバーステーション「サイトクリエイション（SiteCreation）」
  日本ビズアップ「会計事務所向け会計ASP『BIZUP発展会計』」
- 家庭・個人分野　ピクセラ「StationTV Digital」
- 安心・安全分野　富士通「富士通アクセシビリティ・アシスタンス」
- システム・基盤分野　ネットディメンション「MatrixEngine（R）embedded」

第19回（平19年）
◇ソフトウェア・プロダクト・オブ・ザ・イヤー（R）2007グランプリ
- 家庭・個人 分野　篠塚 勝正（沖電気工業）「組込用顔画像処理ミドルウェア FSE」

◇ソフトウェア・プロダクト・オブ・ザ・イヤー（R）2007
- 産業・企業・行政 分野
  菅原 亘（ソフトアドバンス）"3Dプレゼンテーションソフトウェア「prezvision」（プレジビジョン）"
  浦野 聖人（日本電ండ）"Intellino（インテリーノ）"
  水野 紘一（電通国際情報サービス）"RiskTaker（リスクテーカー）"
- 安心・安全 分野　鎌田 信夫（ソリトンシステムズ）"SmartOn"
- システム・基盤 分野
  竹添 直樹（Project Amateras）"Amateras"
  山下 徹（NTTデータ）"Hinemos - オープンソースの統合運用管理ツール -"
  中嶋 謙互（コミュニティーエンジン）"リアルタイム通信アプリケーション用ミドルウェア「VCE」"

第20回（平20年）
◇ソフトウェア・プロダクト・オブ・ザ・イヤー（R）2008グランプリ
- 安心・安全 分野　小川 秀明（ハイパーテック）"Crack Proof（クラック・プルーフ）"

◇ソフトウェア・プロダクト・オブ・ザ・イヤー（R）2008
- 産業・企業・行政 分野
  牧野 正幸（ワークスアプリケーションズ）"COMPANY Financial Management"
  藤井 博之（ビジネスオンライン）"ネット de会計"
- 家庭・個人 分野　鈴木 清幸（アドバンスト・メディア）"音声入力メール"
- 安心・安全 分野
  池田 実（Eugrid）"Eugrid SecureClient"
  新城 直（ナレッジクリエーション）"Web合成音声配信システム vds（ボイス・デリバリ・システム）"
- システム・基盤 分野　當仲 寛哲（有限会社ユニバーサル・シェル・プログラミング研究所）"ユニケージ開発手法および同開発コマンドセット"

第21回（平21年）
◇ソフトウェア・プロダクト・オブ・ザ・イヤー（R）2009グランプリ　該当なし
◇ソフトウェア・プロダクト・オブ・ザ・イヤー（R）2009
- 産業・企業・行政 分野
  西 淳一郎（ビバコンピュータ）"デジタル画像色解析システム「Feelimage Analyzer」"
  近藤 浩一（インターデザイン・テクノロジー）"仮想メカトロニクス・シミュレータ「Vmech Simulator」"
  駒井 拓央（ネオレックス）"SaaS・ASP型勤怠管理システム「バイバイ タイムカード」"
  寺田 親弘（三三）"Link Knowledge（リンクナレッジ）"

## 101 デジタルコンテンツグランプリ

日本のデジタルコンテンツ産業に大きく貢献する優れた映像作品・製品・サービス・技術・人物を表彰し,広く告知し,受賞者の活動の更なる発展と,これに触発された新たな挑戦者の出現を促すことを目指している。

【主催者】(財)デジタルコンテンツ協会

【選考委員】(第25回)委員長:妹尾堅一郎(東京大学 特任教授 特定非営利活動法人 産学連携推進機構 理事長),委員:石川光久(プロデューサー(プロダクション アイジー社長)),岩谷徹(東京工芸大学 ゲーム学科 教授(パックマン開発者)),大屋哲男(VFXプロデューサー(早稲田大学国際情報通信研究センター客員研究員),尾島和雄(日経おとなのOFF編集長),掛須秀一(エディター(Jフィルム代表)),笠井博之(電気通信大学 准教授 大学院情報システム学研究科),高瀬裕(立命館大学 衣笠総合研究機構 客員研究員),三上浩司(東京工科大学 メディア学部 講師/片柳研究所研究員),森野和馬(アーティスト/CGディレクター(ストライプファクトリー代表取締役))

【選考方法】企業及び団体等からの応募と専門誌編集者等によるノミネート

【選考基準】〔応募資格〕コンテンツ関連製品等を開発・製造,あるいは発売・販売している企業及び団体。〔応募規定〕過去約1年間に市場に出された製品等

【締切・発表】(第24回)応募締切平成21年8月18日,発表10月13日,贈呈式10月24日

【賞・賞金】経済産業大臣賞(1本),DCAJ会長賞(1本),技術賞(1本),優秀賞(1本),コンテンツ制作スタッフ賞(1本),錦賞(1本)

【URL】http://www.dcaj.org/

第1回(昭61年)
◇CG部門
- 映像ソフト大賞・通産大臣賞 トーヨーリンクス "トーヨーリンクスデモ'86"
- 優秀作品賞・大阪府知事賞 Colonna "3D Progression to the Border Line of Mandel BroT Set."
- 優秀作品賞・大阪市長賞 Cranston Csuri Productions Inc. "SIGGRAPH '86 Showreel"
- 優秀作品賞・日本経済新聞社賞 Computer Animation Laboratory GmbH(西独) "Metamorphosis: Analysis and Illusion"
- 奨励賞 Omnibus Computer Graphics "FUGHT OF THE NAVIGATOR"
- 技術賞 ディジタル・アニメーション・クリエーターズ "INTO THE BLUE"
- 芸術賞 Pacific Data Images Inc. "Pacific Data Images In House Work"
- 静止画像賞 村上 佳明(神戸コンピュータスクールメロン) "HAMABE I II III"
- 新人賞 大槻 完勝 "地球"
- 審査員特別賞 Abel Images Reserch "ABEL作品集"
◇ビデオ部門
- 映像ソフト大賞・通産大臣賞 "レーザーディスク 話の話〔ユーリ・ノルシュテイン〕"
- 優秀作品賞・大阪府知事賞 日本ビクター "小沢昭一の新日本の放浪芸"
- 優秀作品賞・大阪市長賞 "レーザーディスク 道成寺・火宅〔川本喜八郎〕"
- 奨励賞 ポニー "妖怪天国"
- アニメ賞 徳間書店 "風の谷のナウシカ"
- 洋楽賞 ワーナーパイオニア "レーザーディスク ボーカリーズ〔マンハッタン・トランスファー〕"
- 邦楽賞 ワーナーパイオニア "矢沢永吉ヒストリー"
- BGV賞 "レーザーディスク オータム・ポートレート"
- ビデオカラオケ賞 ビクター音楽産業 "VHDカラオケ『日本の名曲アルバム2』"
- 芸能・娯楽賞 東宝 "王女メディア"
- 趣味・教養賞 "レーザーディスク 映像の先駆者シリーズ『ロバート・エイブルの世界』"
- 記録・報道賞 TDKコア "NATIONAL GEOGRAPHIC SOCIETY"
- 教育賞 日経映像 "蒔絵—大場松魚の平文

のわざ"
- 企画賞
  東芝EMI "桂枝雀 英語落語独演会"
  CBSソニーグループ "OZAWA〔小沢征爾〕"
  "レーザーディスク SFX MUSEUM" Consolidated Productions Ltd. "WHERE DID I COME FROM?"
- 企画特別賞 ポニー "ウイ・アー・ザ・ワールド〔USA for AFRICA〕"
◇ビデオテックス部門
- 映像ソフト大賞・通産大臣賞 エイ・エム・エス "Advanced Medical Information Services"
- 優秀作品賞・大阪府知事賞 東京テレガイド "東京テレガイド"
- 優秀作品賞・大阪市長賞 北海道情報サービス "総合地域情報システム アリストロン"
- 奨励賞 シフカ "NAPLPSによるCM表現"
- アート賞 シフカ "THE ART OF NAPLPS"
- システム賞 ビデオテックスセンター "VIECOM"
- 表現技能賞 東京テレガイド "天空の城ラピュタ"
- アイデア企画賞 キャノン "CANON いかにも海外ロケーション・ハンティング"

第2回(昭62年)
◇ビデオ部門
- 映像ソフト大賞・通産大臣賞 "レーザーディスク「ジャンピング/手塚治虫」"
- 優秀作品賞・東京都知事賞 東宝 "「マルサの女」をマルサする"
- 奨励賞 "レーザーディスク「視覚美術館 ふしぎな錯覚の世界」〔福田繁雄監修〕"
- アニメ賞 "レーザーディスク「パラダイス・変身/カナディアンアニメーション Vol.1」"
- 洋楽賞 "レーザーディスク「レフト・アローン'86/マル・ウォルドロン〜ジャッキー・マクリーン」"
- 邦楽賞 ワーナー・パイオニア 「時の流れに(I〜V)」
- ビデオカラオケ賞 東映ビデオ 「夜叉のように」
- BGV賞 "レーザーディスク「サイエンスファンタジー Vol.1 マリンフラワー」"
- 芸能・娯楽賞 ポニー 「業界クン物語〜業界人養成ギプス」
- 趣味・教養賞 "レーザーディスク「世界の美術館I ワシントン・ナショナル・ギャラリー・オブ・アート」"
- 記録・報道賞 TDKコア 「発見！タイタニック号 1911年〜1985年」
- 部門賞教育賞 エスコム, 凸版印刷 ㈱エスコム・マイフレンドビデオ 三省堂版 NEW CROWN(1)」
- 審査委員特別賞 "レーザーディスク「昭和史」"
- 部門賞特別賞(記録・音楽賞) ニホンモニター 「バイロイト祝祭劇100年」
◇ビデオテックス部門
- 映像ソフト大賞・通産大臣賞 北海道情報サービス 「アリストロン・コンピュータ・ベスト10」
- 優秀作品賞・東京都知事賞 マリーンテレコム 「釣り情報」
- 奨励賞 日本ソフトウエア開発 「THINKリードシステム」
- 企画賞 日産プリンス東京販売 「日産プリンス中古車セレクション」
- システム賞 東京テレガイド, 凸版印刷 「テレガイドリサーチ」
- 表現技能賞 シフカ 「NAPLPSによるCM表現」
- 特別賞
  キャプテン信州 「宿泊施設等における空室情報提供システム」
  札幌テレガイド "「夏の高校野球 南・北北海道大会情報」を代表とした全応募作品に対して"
  大阪市 「大阪市INFORMATION」
  福岡市 「福岡の観光・タウンガイド」
◇コンピュータ・グラフィックス部門
- 映像ソフト大賞・通産大臣賞 コンピュータ・グラフィック・ラボ 「In my room」
- 優秀作品賞・東京都知事賞 N.Y.I.T.Computer Graphics LAB (U.S.A.) 「Kraftwerk "Musique Nonstop" Music Video」
- 特別賞・日本経済新聞社賞 NCSA Scientific Visualization Program (U.S.A.) 「Scientific Visualization Program "Project Sci-Vi"」
- 奨励賞 mental images GmbH&Co. (W.G.) 「MENTAL IMAGES」
- 技術賞 David Roger Haumann (The Ohio State University) 「Dynamic Simulation of Flexible Objects」
- パソコン賞 四本彬 「マヤの碑文」

- 静止画賞　石垣 修司　「ボトルシップ」
- 新人賞　石塚 晴久　""ガール""約束"」
- 部門内特別賞
  東京工業大学安居院・中嶋研究室, 凸版印刷
  「木削子と案山子の物語り」
  大阪大学工学部笹田研究室, プラスワン
  「KANSAI INTERNATIONAL AIRPORT 19-93」
- 審査委員特別賞　トーヨーリンクス　「'87 Toyo Links Demo Reel for AVA」

◇特別部門
- ビデオゲーム賞　エニックス　「ドラゴンクエストシリーズ」
- 映画ビデオ賞　"レーザーディスク「スターウォーズ ジェダイの復讐」"
- 映像技術賞　REBO HIGH DEFINITION STUDIO INC.　「HDTV方式によるミュージック・クリップ,CF作品に対して」
- マルチ映像賞　チーフイマジニア, 野田 昌宏　"夢工場'87「ディスコビジョン360」"
- 屋外展示映像賞　トップガン　「モーボトロン」
- 資料映像賞　"レーザーディスク「動物映像大百科事典シリーズ」"
- 映像制作賞　日本放送協会　"「ワールドニュース」における日本語キャプションの制作・放送に対して"
- イベント映像賞　三菱電機　「マドンナ日本公演におけるイベント映像及び放送, ビデオ販売に対する活動に対して」
- スペース展示映像賞　日本電気ホームエレクトロニクス　「マジックハイビジョン」

第3回（昭63年）
◇金賞・通産大臣賞　日本ビクター　"音と映像による世界民族音楽大系"
◇銀賞・東京都知事賞
　ワーナー・パイオニア　"クロス・マイ・パーム"
　NCSA.Scientific Visualization Program (USA)　"NCSA.Scientific Visualization'88"
◇銅賞
　"レーザーディスク アメリカンビデオアート・アンソロジーVol.2"
　多田野鉄工所　"マジック・モーション・マシーン"
　Peter Conn（USA）　"Flying Logos"
◇審査委員奨励賞
　ビクター音楽産業　"VHDカラオケ 音多ベスト20 童謡編"

　岩波書店, 大日本印刷　"広辞苑CD-ROM版"
◇ビデオ部門
- ミュージックビデオ賞　ワーナー・パイオニア　"クロス・マイ・パーム〔中森明菜〕"
- ミュージックプロモーションビデオ賞　"レーザーディスク AKIRA─アキラサウンド・クリップBY芸能山城組"
- カラオケビデオ賞　ビクター音楽産業　"VHDカラオケ 音多ベスト20 童謡編"
- 劇場映画洋画ビデオ賞　松竹　"ラストエンペラー"
- 劇場映画邦画ビデオ賞　東宝　"マルサの女"
- 記録・報道ビデオ賞　日本ビクター　"音と映像による世界民族音楽大系"
- 趣味・教養ビデオ賞　"レーザーディスク アメリカンビデオアートアンソロジーVol.2"
- 芸能・娯楽ビデオ賞　ポニーキャニオン　"渡る世界にツバぺっぺっ!"
- アニメビデオ賞　徳間書店　"となりのトトロ"
- 特別賞
　"レーザーディスク ビートクラブ─黄金のロック伝説Vol.1～8"
　日本フォノグラム　"シネマ・クラシックス─驚異の映像創世史Vol.1～3"
　ビクター音楽産業, 全国朝日放送　"さらば海峡の友よ─青函連絡船80年の風雪"
　JR東日本盛岡支店　"さよなら青函連絡船"
　"レーザーディスク アニメーション・アニメーション・シリーズ"

◇ハイテク映像部門
- 博展映像賞　多田野鉄工所　"マジック・モーション・マシーン"
- ビデオテックス賞　大分ニューメディアサービス　"CAPTAIN EXPRESS"
- ハイビジョン賞　日本放送協会　"トウキョウ空の散歩"
- 電子出版賞　岩波書店, 大日本印刷　"広辞苑CD-ROM版"
- ビデオゲーム賞　エニックス　"ドラゴンクエストIII"
- 博展映像特別賞
　ぴあ　"PIT"
　五藤光学研究所　"サッポロビール千葉工場内全天映像他"
- ビデオテックス特別賞　横浜市女性協会　"フォーラメディア"
- ハイビジョン特別賞
　エクゼ　"帝都物語"

大日本印刷,NHKエンタープライズ "坂東玉三郎の世界 写真・篠山紀信"
- 電子出版特別賞
東洋経済新報社, 凸版印刷 "CD-FOREX"
文化学園, 凸版印刷 "FASHION FILE"
- ビデオゲーム特別賞
ナグザット "エイリアン・クラッシュ"
ナムコ "ファイナル・ラップ"
◇コンピュータ・グラフィックス部門
- 静止画CG賞 Shelly Lake(USA) "Shelly Lake 1988"
- 産業応用CG賞 Peter Conn(USA) "Flying Logos"
- 科学CG賞 NCSA.Scientific Visualization Program(USA) "NCSA.Scientific Visualization '88"
- エンターテインメントCG賞 Daniel Borenstein(フランス) "STYLO"
- パソコンCG賞 横山 弥生 "夏の情景"
- 特別賞
リンクス "リンクス・デモリール'88"
Pacific Data Images(USA) "Burning Love"
古田 裕司 "キュクロプス"

第4回(平1年)
◇金賞・通産大臣賞 NHKエンタープライズ "The Universe Within"
◇銀賞・東京都知事賞 長崎オランダ村 "デ・リーフデの大航海"
◇ビデオ部門
- AVAビデオグランプリ TDKコア "ベトナム戦争"
- ミュージックビデオ賞 創美企画 "ディーバ~キャスリーン・バトルの歌声"
- 趣味・教養ビデオ賞 テイチク "おくのほそ道"
- ドキュメンタリービデオ賞 日本ビクター "映像でつづる昭和の記録"
- 劇映画・ドラマ特別賞 ポニーキャニオン "イントレランス"
- 特別賞
パイオニアLDC "「イレ・アイエ(生命の家)」〔デビッド・バーン〕"
ワーナー・パイオニア "ギダー・バイブル〔ジョージ・リンチ〕"
◇CG部門
- AVA CGグランプリ NHKエンタープライズ "The Universe Within"
- アート&エンターテインメントCG賞 Pacific Data Images "Locomotion"
- 産業応用CG賞 プラス・ワン

"Earthtecture Sub-1"
- 科学CG賞 NCSA.Scientific Visualization Program "Study of a Numerically Modeled Severe Storm"
- 特別賞 吉本 聖志 "SUPERBIRD"
- AVAハイビジョングランプリ 東京放送 "芸術家の食卓"
- 産業応用ハイビジョン賞 NHKエンタープライズ, 大日本印刷 "岐阜県美術館ハイビジョンギャラリー"
- 科学ハイビジョン賞 NHKエンタープライズ "HD脳神経外科手術立体映像"
- エンターテインメントハイビジョン賞 大日本印刷,NHKエンタープライズ "蕉景"
- 特別賞 河口 洋一郎 "フローラ"
◇博覧映像部門
- AVA博展映像グランプリ 長崎オランダ村 "デ・リーフデの大航海"
- イベント映像賞 CBS SONYグループ, EPIC SONY RECORDS "クローズド・サーキット・コンサート〔TM NETWORK〕"
- 博展会映像賞 三菱横浜博綜合委員会 "イマジネーション"
- 常設展示映像賞 ナムコ "ユーノスロードスター・オープンエアドライビング・シミュレータ"
- 特別賞
日本石油 "地球だけの物語"
やまや "注文の多い料理店"
- AVA CD映像グランプリ 岩波書店, 大日本印刷 "Tibetan Art in Ladakh(CD-ROM XA)"
◇CD映像部門
- ビジネスアプリケーション賞 ソニー "ソニープロダクツカタログ〔CD-ROM XA〕"
- ホームアプリケーション賞 凸版印刷,電子メディアサービス "トルコ音楽の旅〔CD-I〕"
- 教育アプリケーション賞 New Media(英国) "Spin Education Demonstration Disc Mathematics and Science〔CD-I〕"
◇ビデオゲーム部門
- AVAビデオゲームグランプリ 任天堂 "テトリス〔ゲームボーイ〕"
- 企画賞 テクノスジャパン "ダウンタウン熱血物語〔FC 1M+1M〕"
- 表現技術賞 任天堂 "スーパーマリオブラザース 3"
◇特別部門

- ビデオテックス賞
  北海道情報サービス　"クイックリサーチ"
  鐘紡　"ベルキャップ"

第5回（平2年）
◇通商産業大臣賞　ダットジャパン　「HYPER PLANET」
◇AVA会長賞　菊地滋
◇ビデオ部門
- AVAビデオグランプリ　パイオニアLDC，電通　「宇宙へのフロンティア」
- アニメビデオ賞　徳間書店　「魔女の宅急便」
- ミュージックビデオ賞　ビクター音楽産業　「喜多郎 LIVE-ワールドツアー1990古事記」
- 趣味・教養ビデオ賞　パイオニアLDC　「パーチェ」
- ドキュメンタリービデオ賞　ワーナーパイオニア　「ジャクリーヌ・デュ・プレ ルガー：チェロ協奏曲」
- 劇映画・ドラマ特別賞　日本ビクター　「ミステリートレイン」
- 特別賞
  日経映像　「日本の美（全12巻）」
  東映ビデオ　「ネオチンピラ・鉄砲玉ぴゅー」をはじめとする東映Vシネマ

◇CG部門
- AVA CGグランプリ　RIFF PRODUCTION（フランス）「NATURE MORTE」
- 静止画CG賞　杉山誠　「XO」
- 科学CG賞　Visualization Services and Development　「Smog：Visualizing The Components」
- 産業応用CG賞　大林組　「全自動ビル建設システム」
- アート＆エンターテインメントCG賞　Cox Dona　「Venus & Milo」
- 特別賞
  Leoung O'Yong　「CUISINE ART」
  ポリゴン・ピクチュアズ　「In Search of Muscular Axis」

◇ハイビジョン部門
- AVAハイビジョングランプリ　東京放送　「陰翳礼讃」
- エンターテインメントハイビジョン賞　ズビック・ビジョン，日本放送協会　「オーケストラ」
- 産業応用ハイビジョン賞　NHKエンタープライズ，大日本印刷　「36℃の映像」
- ドキュメンタリーハイビジョン賞　ハイビジョンマガジン・プロジェクト　「記憶の海・ハイビジョンによるクリムト展」
- 特別賞　NHKエンタープライズ，大分市　「風光り澄む郷・大分〜高山辰雄画伯のふるさと」

◇博展映像部門
- AVA博展映像グランプリ　富士通　「ユニバース2」
- イベント映像賞　西武北海道，電通ブロック　「サーチビジョンによる札幌〈五番館SEIBU〉オープニングイベント映像」
- 博覧会映像賞　サントリー　「野性よふたたび」
- 常設展示映像賞　三菱電機　「BUNGA in BALI」
- 特別賞
  日本ガス協会　「シネラビリンス・ガスパビリオン」
  ナムコ　「ギャラクシアン3」

◇CD映像部門
- AVACD映像グランプリ　ダットジャパン　「HYPER PLANET」
- ビジネスアプリケーション賞　JAF出版，凸版印刷　「CD-ROM盤JAFドライブガイド」
- ホームアプリケーション賞　電通，凸版印刷，NHKサービスセンター，電子メディアサービス，電通ブロックス　「『花と緑のライブラリー』をはじめとする花博CD-I作品」
- 教育アプリケーション賞　大日本印刷　「五感」
- 特別賞
  国際花博におけるインタラクティブマルチメディア展開実行委員会（4法人16社）　「花ずきんちゃんのフラワーランド」及び「冒険！ビーグル号」
  Interactive Arts（アメリカ）　「TELL ME WHY」

◇ビデオゲーム部門
- AVAビデオゲームグランプリ　エニックス　「ドラゴンクエストIV 導かれし者たち」
- 企画賞　CBS・ソニーグループ，エピックソニー・レコード　「ソルスティス」
- 表現技術賞　ティーアンドイーソフト　「遙かなるオーガスタ」
- 特別賞
  任天堂　「ファイアーエムブレム」
  ナグザット　「デビルクラッシュ」

◇特別部門

- ビデオテックス賞　日本アムウェイ　「ビデオテックスを利用した受発注・決済システム」
- 特別賞　日本メッセージサービス　「キャプテン情報の電光掲示板表示」

第6回(平3年)
◇AVAマルチメディアグランプリ・通商産業大臣賞　東芝EMI　「Alice」
◇インタラクティブメディア部門
- 最優秀賞　東芝EMI　「Alice」
◇CG部門
- 最優秀賞(AVA NICOGRAPH CGグランプリ)　DIGITAL PICTURES(イギリス)　「HONG KONG」
◇ハイビジョン部門
- 最優秀賞　関西テレビ放送　「愛・LOVE」
◇ビデオゲーム部門
- 最優秀賞　コナミ　「がんばれゴエモン～ゆき姫救出絵巻」
◇展示映像部門
- 最優秀賞　電通プロックス,NHKソフトウェア　「東京・歴史の旅」
◇ビデオ部門
- 最優秀賞　ポニーキャニオン,NHKソフトウェア　「NHK特集 名作100選『地球環境編Ⅰ・Ⅱ・Ⅲ』」
◇MMA会長賞　都政情報センターの映像プロジェクトチーム

第7回(平4年)
◇マルチメディアグランプリ・通商産業大臣賞　エンコム,小学館　「Lost Animals～甦る絶滅動物たち」
◇MMA会長賞　庄野 晴彦(ビジュアリスト)
◇インタラクティブメディア部門
- 最優秀賞　シナジー幾何学,インフォシティ　「L-ZONE」
◇CG部門最優秀賞　大日本印刷　「なみかへし」
◇ハイビジョン部門
- 最優秀賞　エンコム,小学館　「Lost Animals～甦る絶滅動物たち」
◇ビデオゲーム部門
- 最優秀賞　カプコン　「ストリートファイターⅡ」
◇展示映像部門
- 最優秀賞　TBS-VISION,プロペラ・アートワークス　「UNDER THE SEA」
  日本海事科学振興財団,インターボイス
◇ビデオ部門

- 最優秀賞　日本ビクター　「音と映像による日本古典芸能大系(全20巻)」

第8回(平5年)
◇マルチメディアグランプリ・通商産業大臣賞　東芝EMI,シナジー幾何学　「GADGET(ガジェット)」
◇MMA会長賞　河口 洋一郎(CGアーチスト)
◇MMA企画賞
　安斎 哲(ハイパークラフト社長)
　桜井 郁子(フジテレビジョン企画制作部プロデューサー)
◇MMA技術賞
　田城 幸一(ナムコP&S開発部長)
　杉山 誠(グラフィックデザイナー)
◇インタラクティブメディア部門
- 最優秀賞　東芝EMI,シナジー幾何学　「GADGET(ガジェット)」
◇CG部門最優秀賞　AGAVE S.A.(フランス)　「EX MEMORIAM」
◇ハイビジョン部門
- 最優秀賞　NHKエンタープライズ,日本放送協会　「青春牡丹灯篭」
◇展示映像部門
- 最優秀賞　フジテレビジョン　「インタラクティブCGシアター『カ・オ・リ』」

第9回(平6年)
◇マルチメディアグランプリ・通商産業大臣賞　サルブルネイ,アスク,テレビ東京　「Pop Up Computer(ポップ・アップ・コンピューター)」
　テレビ東京ソフトウェア
◇MMA会長作品賞　東京放送,REBOスタジオ(アメリカ)　「グラフィティ・ウォー」
◇MMA会長賞　原田 大三郎(CGアーティスト・Digital Effects Laboratory,Ltd.主宰)
◇MMAアーチスト賞　佐藤 理(コンピュアーティスト)
◇MMA技術賞　鈴木 裕(セガ・エンタープライゼス取締役・アミューズメントソフト研究開発本部第2AM研究開発部長)
◇MMA特別賞　平松 守彦(大分県知事・ニューCOARA名誉会長)
◇パッケージ部門
- 最優秀賞
　サルブルネイ,アスク,テレビ東京　「Pop Up Computer(ポップ・アップ・コンピューター)」
　テレビ東京ソフトウェア
◇シアター・展示部門

- 最優秀賞
  Christa Sommerer（オーストリア），Laurent Mignonneau（フランス）「Interactive Plant Growing」
  日本電信電話
◇ネットワーク部門
- 最優秀賞　ニューCOARA　「COARA WWW-diary」
◇CG部門最優秀賞　AGAVE S.A.（フランス）「TABLEAU D'AMOUR（愛の絵画）」
◇ハイビジョン部門
- 最優秀賞　東京放送（TBS），REBOスタジオ（アメリカ）「グラフィティ・ウォー」

第10回（平7年）
◇マルチメディアグランプリ・通商産業大臣賞　ワープ　「Dの食卓」
◇MMA会長作品賞　National Center for Atmospheric Research（アメリカ）「The Visible Human Project」
◇MMA会長賞　高城 剛
◇MMAアーチスト賞　中ザワ ヒデキ
◇MMA技術賞
　祝田 久
　前田 ジョン
◇MMA特別賞　KIMEC STAFF
◇パッケージ部門
- 最優秀賞　ワープ　「Dの食卓」
◇シアター・展示部門
- 最優秀賞　岩井 俊雄　「映像装置としてのピアノ」
◇ネットワーク部門
- 最優秀賞　キッズスペース，大庭 さち子　「キッズスペース」
◇CG部門最優秀賞　National Center for Atmospheric Research（アメリカ）「The Visible Human Project」
◇ハイビジョン部門
- 最優秀賞　東京放送，大日本印刷　「昏れて後（くれてのち）」
◇パッケージ部門
- エンターテインメント作品賞
  たむら しげる　「愛があれば大丈夫」
  東芝イーエムアイ　「アミューズメント・プラネット ファンタスマゴリア（Amusement Planet PHANTASMAGORIA）」
- ビデオゲーム作品賞　セガ・エンタープライゼス 第二AM研究開発部　「セガサターン版バーチャファイター2」

- 音楽映像作品賞
  ION Inc./BMG International　「ジンジャーブレッド・マン」
  BMGビクター
- 教養・ドキュメンタリー作品賞　フジテレビジョン，インフォシティ　「RMNデジタル・アートセレクションシリーズ 第1弾『レオナルド・ダ・ヴィンチ、ルネサンスの天才』」
- 教育作品賞　アスキー，松井 今朝子，小崎哲哉事務所　「デジタル歌舞伎エンサイクロペディア」
- ビジネス作品賞
  日立マイクロソフトウェアシステムズ，企業開発センター　「危険予知能力診断テスト 予知郎」
  日立製作所，太田 博雄（東北工業大学），宇田川 拓雄（北海道教育大学）
- パブリック作品賞
  滋賀県観光連盟，新江州メディアプランニング事業部　「Japan's LAKE BIWA」
  シフト
- 外国語作品賞
  シンガポール・プレス・ホールディングス 合早報（シンガポール））　「リー・クアンユー CD-ROM」
  ソニー・システムズ・デザイン・インターナショナル（シンガポール）
◇シアター・展示部門
- エンターテインメント賞　フジテレビジョン美術制作局CGセンター　「桑田佳祐 & Mr. Children "Acoustic Revolution with Orchestra"・奇跡の地球 ROCK OPERA コンサート用映像」
- ビジネス賞　サイバーネットワーク　「サイバー・エージェント・システム」
- パブリック賞
  鳥取県，トータル・メディア開発研究所，サウンドクラフト　「わらべ館 唱歌の部屋『子供時代』」
  豊田幸孝映像研究開発室
- 海外優秀賞　Bit Magic Productions Pty Ltd（オーストラリア）「The Midas Touch」
- 映像特別賞
  写楽製作委員会（西友），カルチュア・コンビニエンス・クラブ　「写楽」
  堺綜合企画，表現社，全国朝日放送
◇ネットワーク部門
- アート賞　安斎 利洋，中村 理恵子　「連画」
- エンターテインメント賞　SEA TV

「SEA TV HOME PAGE」
- ビジネス賞　シーワークス　「オートアクセルトゥデイ」
- パブリック賞　神戸市　「神戸市インターネットサービス」
- 特別賞
  朝日新聞社　「朝日新聞asahi.com（アサヒ・コム）」
  ソニー・ミュージックエンタテインメント　BIGTOP

◇CG部門
- アート作品賞　601FX for computer animation（英国）　「Martell The Art of Cognac」
- エンターテインメント作品賞　Doug Aberle（アメリカ）　「FLUFFY」
- 静止画作品賞　西村宜起　「メタル（I,II）」
- ビジネス作品賞　CG Computer Graphics（台湾）　「Garden」
- パブリック作品賞　ポリゴン・ピクチュアズ　「バーチャル・サーカス」

◇ハイビジョン部門
- アート作品賞　日本放送協会,NHKエンタープライズ21　「世界とてもクラフトグローブ～アメリカ～」
- エンターテインメント作品賞　東京放送,REBOスタジオ　「THE FREE ZONE『セントラル・パーク』」
- 静止画作品賞　豊田市美術館,ハイビジョンワールド,大日本印刷　「永遠の美～クリムトの女性肖像画」
- ビジネス作品賞　NHKエンタープライズ21,松下電器産業,大日本印刷　「ハイビジョンマルチメディアソフト『地球大紀行』」
- パブリック作品賞　岐阜県博物館,NHKエンタープライズ21,大日本印刷　「ハイパーハイビジョン風土記『ひだ・みのの紀行』～美濃路編～」
- 特別賞
  電源地域振興センター,愛媛県伊方町,日本交通事業社　「聞いてやんなせや 南予のトッポ話」
  ハイビジョン普及支援センター

◇ビデオ部門
- 映像特別賞　パイオニアLDC,BANZAI Films　「SPIRITUAL EARTH ALOHA WAVES Nalu Pu Loa」

第11回（平8年）
◇マルチメディアグランプリ・通商産業大臣賞　任天堂　「スーパーマリオ64」
◇パッケージ部門

- 最優秀賞　任天堂　「スーパーマリオ64」
- アート賞　祝田久　「ニルヴァーナ」
- エンターテインメント賞　松本弦人（サルブルネイ）,アスク講談社,テレビ東京　「Pop Up Maker」
- ゲーム賞　カプコン　「バイオハザード」
- 音楽映像賞　ソニー・コンピュータエンタテインメント,オーパス,パワーボックス　「Sweep Station DEPTH」
- 教育・教養賞　愛があれば大丈夫　「Seesaw C1 my favorite things すきなものだけえいたんご120」
- レファレンス賞　松竹,オラシオン　「キネマの世紀～松竹映画のあゆみ～」
- ビジネス賞　東海旅客鉄道,ジェイアール東海エージェンシー,電通,凸版印刷　「前略、京都より。」
- 公共サービス賞　三菱電機,アド・メルコ,デジタル・メディア・ラボ　「1.17NOTE-'95阪神大震災。その時、都市インフラに何が起こったか。一」
- 特別賞　アニモ,東京慈恵会医科大学リハビリテーション医学科,富士通,PFU,PFUアクティブメディア　「花鼓（はなつづみ）～失語症リハビリテーション支援ソフト」

◇シアター・展示部門
- 最優秀賞　セガ・エンタープライゼス　「The Crypt」
- エンターテインメント賞　ナムコ　「プロップサイクル」
- ビジネス賞　電通テック,ビジュアルサイエンス研究所　「Sony DIGITAL DINOSAURS」
- 公共サービス賞　北海道上湧別町　「TON-DEN-HEY『苦根楽果』」
- 海外優秀賞　松下電器産業,電通,電通テック,エクスマキナ　「Krakken」
- ハイビジョン特別賞
  電源地域振興センター,ハイビジョン普及支援センター,長坂町,宮下（テクト）　「オオムラサキ 夏空に舞う」
  大日本印刷,ハイビジョン普及支援センター　「日本の名宝 狩野派の屏風 花下遊楽図屏風」

◇ネットワーク部門
- 最優秀賞　リクルート　「Mix Juice」
- アート賞　ソニー・ミュージックエンタテインメント　「VRML Tankbattle」
- エンターテインメント賞　白子正人（フロムホワイト）,大阪新聞社,中国興業　「大阪縁日」

- ビジネス賞　凸版印刷,日本電信電話　「インターネットマーケットモール(マピオン)」
- 海外優秀賞　Akke Wagenaar(オランダ)　「The Hiroshima Project」
- 特別賞　ヤマハ　「MIDPLUG(ミッドプラグ)」

◇CG部門
- 最優秀賞(NICOGRAPH CGグランプリ)　VIDEOLUNE,MIKROS IMAGE, Christian Boustani,Alain Escalle(フランス)　「Cités Antérieures-BRUGGE」
- アート賞　リンクス　「桜亭 A Season of Cherry Blossoms」
- エンターテインメント賞　RHYTHM & HUES STUDIOS(アメリカ)　「KRAFT "Born to Barbeque"」
- 静止画賞　川本O.規子　「Sound of Rain forest」
- インダストリー賞　RENAULT(フランス)　「TARANSPARENCE」
- サイエンス賞　The Palladian Group(アメリカ)　「Fibonacci and the Golden Mean」
- 特別賞　INDUSTRIAL LIGHT & MAGIC(アメリカ)　「Jumanji」

◇マルチメディアグランプリ・MMCA会長賞　押井守(映画監督)
◇MMCAアーチスト賞
　島村達雄(白組代表取締役)
　林田宏之(イエロー取締役・CGアーチスト)
◇MMCA技術賞
　富士通TEO制作技術チーム
　村井純(慶応義塾大学環境情報学部助教授)
　INDUSTRIAL LIGHT & MAGIC(アメリカ)

第12回(平9年)
◇マルチメディアグランプリ・通商産業大臣賞　ソニーコミュニケーションネットワーク　「ポストペット」
◇パッケージ部門
- 最優秀賞　index,Flammarion,Edouard Lussan　「OPERATION TEDDY BEAR」
- アート賞　岩井俊雄,マクシス　「シムチューン」
- エンターテインメント賞　田辺誠一,住正徳(SWIM)　「DISC MAGAZINE SWIM」
- ゲーム賞　ワープ　「リアルサウンド〜風のリグレット」
- 音楽映像賞　セガ・エンタープライゼス　「デジタルダンスミックス 安室奈美恵」
- 教育・教養賞　関西テレビ放送,バーチャル・イースト　「犬養孝の『万葉時空紀行』」
- レファレンス賞　小学館　「CD-ROM『大辞泉』」
- ビジネス賞　シチズン時計,シチズン商事,大日本印刷　「シチズン時計 時計工房 MY CREATION」
- 公共サービス賞　日本電気,京都新聞社　「京都・山鉾・祇園祭」
- 海外優秀賞　Bill Barminski,Webster Lewin,Jerry Hesketh(DE-LUX'O)　「The Encyclopedia of Clamps」

◇シアター・展示部門
- 最優秀賞　藤幡正樹　「Beyond Pages」
- エンターテインメント賞　鳥取県,山陰・夢みなと博覧会協会,電通関西支社,電通テック大阪支社　「DoCoMo 夢みなとスペーシア〜ネプチューン伝説」
- ビジネス賞　ナムコ　「スタアオーディション」
- 公共サービス賞　NHKテクニカルサービス　「加賀・能登の輝き〜伝統文化が育んだ人と技」
- 海外優秀賞　Franz Fischnaller, F.A.B.R.I.CATORS　「MULTIMEGA BOOK IN THE CAVE」

◇ネットワーク部門
- 最優秀賞　ソニーコミュニケーションネットワーク　「ポストペット」
- アート賞　オノヨーコ,大日本印刷　「ACORNS-100days with Yoko Ono」
- エンターテインメント賞　出渕亮一朗,難波克行,アトム　「Devonian Garden」
- ビジネス賞　凸版印刷　「BookPark」
- 公共サービス賞　石川県　「石川新情報書府」
- 海外優秀賞　Kids' Space　「Kids' Space Connection」

◇CG部門
- 最優秀賞(NICOGRAPH CGグランプリ)　AGAVE Images de synthese 3D　「CLOISON」
- アート賞　日本放送協会　「谿山夢想図」
- エンターテインメント賞　ナムコ　「Soul Blade」
- 静止画賞　該当作品なし

- インダストリー賞　Paul Debevec（カリフォルニア大学バークレー校）「FACADE：Modeling and Rendering Architecture from Photographs」
- サイエンス賞　Konrad Polthier, Markus Schmies, Martin Steffens, Christian Teitzel　「Geodesics and Waves」
◇マルチメディアグランプリ・MMCA会長賞
　岩井 俊雄
◇MMCAアーチスト賞
　田尻 智
　松浦 雅也
◇MMCA技術賞　掛須 秀一
◇MMCA特別賞
　スタジオジブリCG部
　ナムコ Soul Blade チーム

第13回（平10年）

◇マルチメディアグランプリ・通商産業大臣賞　アスク，アルファミュージック　「Y.M.O.SELFSERVICE」
◇パッケージ部門
- 最優秀賞　アスク，アルファミュージック　「Y.M.O.SELFSERVICE」
- アート賞　祝田 久　「クラスターワークス」
- エンターテインメント賞　伊丹プロダクション，神原アドプランニングシステムズ　「Making of『マルタイの女』」
- 音楽映像賞　オラシオン，ヤマハ音楽振興会　「中島みゆきCD-ROM『なみろむ』」
- 教育・教養賞　ボイジャー　「T-Timeインターネット〈縦書き〉読書術」
- レファレンス賞　日立デジタル平凡社，平凡社，日立製作所　「CD-ROM『世界大百科事典』プロフェッショナル版」
- ビジネス賞　大伸社　「Our Forest～私たちの森」
- 公共サービス賞　上田市マルチメディア情報センター　「モハ5250丸窓電車 上田丸子電鉄の軌跡」
- 海外優秀賞　メディアファクトリー　「ポムダピワールドVol.1『へんしんするものあつまれ』」
◇シアター・展示部門
- 最優秀賞　電源地域振興センター，新映像産業振興センター，千葉県佐原市　「日本地図事始―伊能忠敬35000キロの足跡」
- アート賞　港 千尋，森脇 裕之　「記憶の庭」
- エンターテインメント賞　うるまでるび　「びっくりマウス」
- ビジネス賞　該当作品なし
- 公共サービス賞　日本放送出版協会　「金田一春彦ことばの資料館『日本の方言コーナー』」
- 海外優秀賞　Troy Innocent　「Iconica」
- 特別賞　American Museum of Natural History　「Spectrum of Life Interactive Panel」
◇ネットワーク部門
- 最優秀賞　東海デジタルホン，デンソー　「まめぞう（by DP-194）」
- アート賞　伊藤 幸治，高木 和夫，寺岡 宏彰，柄沢 祐輔　「Net Rezonator」
- エンターテインメント賞　ホットワイアード・ジャパン推進協議会　「HOTWIRED JAPAN」
- 教育・教養賞　大林組マルチメディアスタジオ　「サイバーミュージアム『火星居住体験館』」
- ビジネス賞　エム・ディー・エム　「インターネットモール楽天市場」
- 公共サービス賞　和歌山県　「わかやま・福祉のまちづくりマップ」
- 海外優秀賞　大谷 秀映　「ZX26」
◇CG部門
- 最優秀賞（NICOGRAPH CGグランプリ）Alain Escalle（Images creation and direction of visual effects）「A viagem」
- アート賞　Constantin Chamski　「MIGRATIONS」
- エンターテインメント賞　トリロジー　「ハッスル!!とき玉くん」
- グラフィックデザイン賞　該当作品なし
- インダストリー賞　日本放送協会　「NHKスペシャル『原爆投下・10秒の衝撃』～広島原爆，CGによる検証と再現」
- サイエンス賞　Cite des Sciences et de l'Industrie-La Villette　「SHAPE OF INVISIBLE：CERAMIC」
- 特別賞　Digital Domain　「TITANIC」
◇マルチメディアグランプリ・MMCA会長賞
　宮本 茂
◇MMCAアーチスト賞
　伊藤 ガビン
　田辺 誠一，住 正徳（SWIM）
◇MMCA技術賞　暦本 純一
◇MMCA特別賞
　石原 恒和
　前田 俊秀
◇金の翼賞　星 健太

◇銀の翼賞
　　佐々木 稔
　　Shift

第14回（平11年）
◇マルチメディアグランプリ・通商産業大臣賞　ソニー・コンピュータエンタテインメント　「どこでもいっしょ」
◇パッケージ部門
- 最優秀賞　ソニー・コンピュータエンタテインメント　「どこでもいっしょ」
- アーカイブ賞　東京放送,TBSビジョン　「世界遺産3周年記念『The Color of Memories』」
- アートツール賞　デジタルステージ　「motion dive 2」
- エンターテインメント賞　ビバリウム　「シーマン～禁断のペット」
- 音楽賞　オラシオン　「GLAY COMPLATE WORKS」
- 教育・教養賞　日経映像,NTTコミュニケーション科学基礎研究所　「イリュージョン～不思議な錯覚の世界」

◇シアター・展示部門
- 最優秀賞　セガ・エンタープライゼス,岐阜県　「水中探検レストラン『Fish "on" Chips』」
- アート賞　岡本 知久　「WAVE MIRAGE」
- インターフェイス賞　道寄 浩美　「Bookshelf Communication」
- パブリック賞　電源地域振興センター,新映像産業推進センター,岐阜県白川村　「結　白川郷に残る日本人の心の絆」
- ビジネス賞　トヨタ自動車,電通,電通テック,三菱重工業,東芝テスコ,三菱電機,ソニー　「MEGA WEB『Driving Simulator』『CAD STADIO』『FUTURE WORLD EXPERIENCE』」
- ミュージアム賞　蒲郡情報ネットワークセンター,電通テック,富士通,キューバス　「生命の海科学館 映像展示コンテンツ」

◇ネットワーク部門
- 最優秀賞　NTT移動通信網　「iモード」
- アート賞　松本 文夫,松川 昌平　「GINGA」
- ウェブパブリッシング賞　NHKエンタープライズ21,アクティブ　「『NHK 大河ドラマ関連 WEBサイト 電網細見 元禄繚乱』及び関連商品」
- エデュテインメント賞　TRY GROUPE,電通,葵プロモーション,Funny Garbage　「Willing-to-TRY」
- 技術賞　インプレス　「Stream Reminder」
- ビジネス賞　日本航空　「JAL ONLINE」

◇CG部門
- 最優秀賞（NICOGRAPH CGグランプリ）トリロジー　「鉄コン筋クリート」
- アート賞　Brandon Mores（アメリカ）「impel」
- エンターテインメント賞　ベルシステム24　「1001 Nights」
- スペシャルエフェクト賞　Digital Domain（アメリカ）「What Dreams May Come」
- テクニカルアート賞　Paul Debevec, Haarm-Pieter Duiker,Westley Sarokin, Tal Garfinkel,Tim Hawkins,Jenny Huang,Christiane Cheng,Jonathan Bach（アメリカ）「Fiat Lax」
- ベストシングル賞　永田 武士,モンノ カツエ,VIBE PICS　「V-hole」
- 特別賞　BLUE SKY STUDIOS,CHRIS WEDGE（アメリカ）「BUNNY」

◇マルチメディアグランプリ・MMCA会長賞　大友 克洋（アニメーション作家,漫画家）
◇MMCAアーチスト賞　小畑 正好,古田 祐司,NHKエンタープライズ21CGルーム
◇MMCA技術賞　ソニーAIBO開発グループ
◇MMCA特別賞
　　福森 大二郎（DNPアーカイブ・コム チーフプロデューサー）
　　樋沢 明（凸版印刷TIC事業推進本部グラフィックアーツ本部）
◇金の翼賞　陳 玲（メディアアーチスト）
◇銀の翼賞
　　富岡 聡
　　平野 友康

第15回（平12年）
◇マルチメディアグランプリ・通商産業大臣賞　黒沢プロダクション,村木 与四郎,大林組　「黒沢明映画のための村木与四郎・忍デジタルアーカイブ」
◇パッケージ部門
- 最優秀賞　NHKエディケーショナル　「アルファベット」
- アーカイブ賞　エーピーピーカンパニー　「古今東西噺家紳士録」
- アート賞　ウィリアム・フォーサイス, ZKM,松沢 慶信,慶応義塾大学出版会　"「インプロヴィゼーション・テクノロジーズ」（日本版）"
- インタラクティブ賞　うるまでるび,岩井

俊雄, ソニー・コンピュータエンタテインメント "びっくりマウス"
- エンターテインメント賞　任天堂　「ゼルダの伝説 ムジュラの仮面」
- 教育・教養賞　デジタローグ, アカンパニー・カンパニー　「マンダラ・コスモロジー チベット仏教の知恵と心の芸術」

◇展示・イベント部門
- 最優秀賞　本阿弥光悦マルチメディア展示プロジェクト実行委員会,IAMAS光悦プロジェクトチーム "本阿弥光悦マルチメディア展示プロジェクト「巻子鑑賞のための装置(鶴下絵三十六歌仙和歌巻)」「茶碗鑑賞のための装置(黒楽茶碗 七里)」"
- イベント賞　キューフロント, メジキューピクチャーズ, トライコムアーツ　"QFRONT MIKEHEADライブ"
- エンターテインメント賞　的場 ひろし, 日本電気　「Digital Fukuwarai」
- 技術賞　エム・アール・システム研究所　「AquaGauntlet」
- 教育賞　乃村工芸社　「ガイアビジョン」
- 地域文化賞　石川県富来町, 電源地域振興センター, 新映像産業推進センター　「渤海使の来たまち・富来」

◇ネットワーク部門　ボイジャー　「ドットブック/立て書き・立ち読みシステム」
- 公共・教養賞　科学技術振興事業団, ウイルアライアンス　「ETをさがせ！ヒトは宇宙でひとりぼっちか？」
- 情報デザイン賞　松本 文夫, 松川 昌平, 脇田 玲　「INFOTUBE」
- 特別賞　Miyagawa Shigeru,Michael Roper, Ellen Sebring,Tom Chang　「StarFestival Network」
- ビジネス賞　講談社Web現代編集部　「Web現代」
- モバイルパイオニア賞　デジタルストリート　「OH！NEW？(おニュー)」

◇CG部門
- 最優秀賞(NICOGRAPH CGグランプリ)　黒沢プロダクション, 村木 与四郎, 大林組　「黒沢明映画のための村木与四郎・忍デジタルアーカイブ」
- エンターテインメント賞　Animusic　「Laserium」
富岡 聡,DJ HASEBE,D's Garage 21　「MASTERMIND」
- サイエンス賞　ALTOMEDIA,cite des Sciences et de l'Industrie,Ex Nihilo,Aune Production　「Le Relief de l'Invisible：Papillon」
- テクニカル賞　日本放送協会　"NHKスペシャル「モナリザ・どうしてあなたは名画なの？」"
- デザイン賞　ミズノ, 電通関西支社　「Dare to Dream 2020」
- 特別賞　SONY PICTURES IMAGEWORKS　「HOLLOW MAN」

◇マルチメディアグランプリ・MMCA会長賞　坂口 博信(スクウェア代表取締役副社長, SQUARE USA,INC.取締役会長)
◇MMCAアーチスト賞　石 茂雄(映像デザイナー)
◇MMCA技術賞　ソニー24P開発グループ
◇MMCA特別賞　梶原 拓(岐阜県知事)
◇金の翼賞　ソーマ カズオ(デザイナー) "「clockWERK」の制作"
◇銀の翼賞
池田 爆発郎(クリエイター)　"CG or not CG-that is not the question「PiNMeN-Mole At tacks！」「PiNMeN-Faces off！」"の原作, 企画, 演出, アニメーション, 音楽"
今泉兄弟(自称iモード業界の寵児/iモード業界最大登録件数, 老舗検索エンジン「OH！NEW？(おニュー)」のプロデュース(兄：隆照), 開発(弟：毅彦)

第16回(平13年)
◇アート部門
- 最優秀賞　児玉 幸子, 竹野 美奈子　「突き出す, 流れる」
- インタラクティブ賞　的場 やすし, 的場 ひろし　「Micro Friendship」
- 映像賞　ESCALLE ALAIN,MISTRAL FILM　「浮世物語」
- モバイルデザイン賞　佐藤 雅彦, 中村 至男, 美術出版社, キャラメル・ママ　「うごく-ID(NTT DoCoMo i-modeサイト)」

第17回(平14年)
◇アート部門
- 最優秀賞　森野 和馬　「BUILD」
- インスタレーション賞　猪又 健志, 山本 努武　「『Talking Tree』～一本の流木から」
- インタラクティブ賞　串本 久美子, トータルメディア開発研究所, 日本電子専門学校　「『Eco-morph』エコモルフ」
- NICOGRAPH CG賞　奥井 宏幸　「affordance～アフォーダンス～」

第18回(平15年)
◇作品表彰の部

- 経済産業大臣賞　東京ゴッドファーザーズ製作委員会　「東京ゴッドファーザーズ」
- 企画賞　サンライズ　「GUNDAM EVOLVE5」
- キャラクター賞　任天堂　「ゼルダの伝説 風のタクト」
- 芸術賞　IMAGICAエンタテインメント, 電通テック　「連句アニメーション『冬の日』」
- デジタル玩具賞　スクウェア・エニックス　「剣神ドラゴンクエスト 甦りし伝説の剣」
- CG技術賞　日本放送協会　「ハイビジョンスペシャル『南極大紀行』」
- 特別賞　松竹　「DVD-BOX小津安二郎」
- 韓国文化コンテンツ振興院長賞　Kim a young　「Iwant to invite you」
- 台湾デジタルコンテンツ産業プロモーションオフィス院長賞　Brigth Ideas Design Company　「"The Magician of Colors-Matisse" Multimedia CD-ROM」

◇サービス・システム表彰の部
- 経済産業大臣賞　セルシス　「RETAS!シリーズ」
- エディティメント賞　エヌ・ティ・ティ エックス　「キッズgoo」
- 技術賞　オムロン, 小田急電鉄, ぴあ　「goopas」
- サクセス賞　KDDI　「EZ『着うたTM』」
- ネットコミュニティー賞　はてな　「はてなダイアリー」
- パーソナルアーカイブ賞　デジタルステージ　「LIFE*with PhotoCinemaX ― Apple Special Editoin―」

◇新しい才能の部
- 金の翼賞　宮谷 大　「BirstTVお笑いチャンネル」
- 銀の翼賞
  清水 由希　「夢の残り」
  末田 航　「コミュニケーションリル・ちゃんぐ亭」
- 優秀賞
  貝羽 直樹　「隣人X」
  馬場 昭年　「Public Life」
  山口 義仁　「BOB&MIKE(デジハリ)」
  Guen,Mi-Jung(韓国)　「I'm in big trouble」
  Patricia Elia(カナダ)　「Pistachio」

◇人物表彰の部
- DCAj会長賞　石川 光久(プロダクションI.G 代表取締役)
- 特別賞

沖縄デジタルアーカイブ『Wonder沖縄』プロジェクトチーム
凸版印刷Eビジネス推進本部VR制作グループ
日本放送協会BS1「デジタル・スタジアム」番組製作チーム

第19回(平16年)
◇サービス・システム創出部門
- 経済産業大臣賞　セルシス　「Comic Studio EX Ver.3.0」
- 優秀賞
  KDDI　「EZ『着うたフルTM』」
  jig.jp　「jigブラウザ」
  イー・マーキュリー　「ソーシャル・ネットワーキングサービス『mixi(ミクシィ)』」
  任天堂　「『ニンテンドーDS』のワイヤレス・システム」

◇ヒットコンテンツ部門
- DCAj会長賞
  堀井 雄二, 鳥山 明, レベルファイブ, すぎやま こういち, スクウェア・エニックス　「ドラゴンクエストVIII 空と海と大地と呪われし姫君」
  押井 守〈監督〉, プロダクションI.G〈制作〉　「イノセンス」
  ROBOT　「『鬼武者3』オープニングシネマティクス」
  新潮社, 男達が後ろから撃たれるスレ, 2ちゃんねる　「電車男」
  ビー・エム・ダブリュー MINIディビジョン, 真島 理一郎(イディオッツ代表取締役)　「MINI CONVERTIBLE."How to Jump"」

◇海外部門
- 優秀賞　Han,Byung A.(韓国)　「Wild Rose」
- 韓国文化コンテンツ振興院長賞　Oh,Ja-Kyun〈監督〉「ESPERANTO」
- 台湾デジタルコンテンツ産業プロモーションオフィス院長賞　BROGENT TECHNOLOGIES INC　「THE FASHIONABLE VS. THE ANTIQUARIAN」
- 特別賞　Tee Youk Yeo(カナダ)　「Tockie, The Blue Rabbit」

第20回(平17年)
◇サービス・システム創出部門
- 経済産業大臣賞　アップルコンピュータ　「iTunes Music Store・iPod・Podcasting」
- 優秀賞

ソニー・コンピュータエンタテインメント PSP「プレイステーション・ポータブル」
USEN 「GyaO」
はてな 「はてなブックマーク」
ジェイアール東日本企画,コネクトテクノロジーズ 「Suicaポスター」

◇デジタルコンテンツ部門
- DCAJ会長賞 山崎 貴〈監督・脚本・VFX〉,白組,ROBOT,日本テレビ放送網 「ALWAYS 三丁目の夕日」
- 優秀賞
  粟津 順〈監督〉 「惑星大怪獣ネガドン」
  BONES〈原作〉,京田 知己〈監督〉,毎日放送〈製作〉,Project EUREKA,ボンズ 「交響詩篇エウレカセブン」
  レベルファイブ,日野 晃博 「ローグギャラクシー」
  富野 由悠季〈総監督〉,サンライズ 「機動戦士Zガンダム II ～恋人たち～」

◇海外部門
- 優秀賞 hyunmyung Choi 「Abandoned Dog」
- 韓国文化コンテンツ振興院長賞 Yu,Seock-Hyun 「The Chamber」
- 台湾デジタルコンテンツ産業プロモーションオフィス院長賞 VIVAVR TECHNOLOGY CO. LTD 「The Dream Festival」

第21回(平18年)
◇DCAJ会長賞 「嫌われ松子の一生」製作委員会,ルーデンス 「嫌われ松子の一生」
◇優秀賞
創通エージェンシー,サンライズ,バンプレスト,バンダイナムコゲームス 「機動戦士ガンダム 戦場の絆」
「時をかける少女」製作委員会,細田 守〈監督〉 「時をかける少女」
ディー・エヌ・エー 「モバゲータウン」
◇審査委員賞
ProductionI.G 「攻殻機動隊STAND ALONE COMPLEX Solid State Society」
コーエー,ソフトバンクBB,BBテクノロジー,ELEVEN-UP 「真・三國無双 BB」
2006「DEATH NOTE」FILM PARTNERS (日本テレビ放送網 集英社 ホリプロ 読売テレビ バップ コナミ 松竹 日活 STV・MMT CTV HTV FBS),大場 つぐみ,小畑 健 「デスノート」「デスノートthe Last name」(集英社ジャンプコミックス

刊)
「日本沈没」製作委員会(TBS/東宝/セディックインターナショナル/電通/J-dream/S・D・P/MBS 小学館/毎日新聞社),樋口 真嗣〈監督〉,尾上 克郎〈特技統括〉,神谷 誠〈特技監督〉,大屋 哲男〈VFXプロデューサー〉 「日本沈没」

第22回(平19年)
◇経済産業大臣賞 吉田鎌ヶ迫 「Spear」「Spear Multi」
◇DCAJ会長賞 カラー 「ヱヴァンゲリヲン新劇場版:序」
◇技術賞
電子情報技術産業協会(JEITA)特定プロジェクト推進室 「緊急地震速報実証試験プロジェクト」
オー・エル・エム・デジタル 東京大学 五十嵐研究室(藤堂英樹・五十嵐健夫) 「演出シェーダー "LoCoStySh"」
◇優秀賞 バンダイナムコゲームス〈発売〉,コーエー〈開発〉 「ガンダム無双」

第23回(平20年)
◇経済産業大臣賞 任天堂 「Wii Fit」
◇DCAJ会長賞 ソフトバンクモバイル,アップルジャパン 「iPhone 3G」
◇優秀賞 プロダクション・アイジー 「スカイ・クロラ The Sky Crawlers」
◇技術賞 カシオ計算機 「HIGH SPEED EXILIM EX-F1」
◇コンテンツ制作スタッフ賞 マクロス製作委員会,サテライト 「マクロスF(フロンティア)」
◇錦賞 琉球カウボーイフィルムス製作委員会 「琉球カウボーイ、よろしくゴザイマス」
◇審査員特別賞 東京オンリーピック製作委員会 「東京オンリーピック」

第24回(平21年)
◇経済産業大臣賞 サマーウォーズ製作委員会 「サマーウォーズ」
◇DCAJ会長賞 芸者東京エンターテインメント 「電脳フィギュアARis(アリス)」
◇優秀賞 スクウェア・エニックス 「ドラゴンクエストIX 星空の守り人」
◇技術賞 パコと魔法の絵本製作委員会 ルーデンス 「パコと魔法の絵本」
◇コンテンツ制作スタッフ賞 京都アニメーション
◇錦賞 富山テレビ放送,ピーエーワークス,The BERITCH(ビリッチ),ファンワー

通信・サービス

クス 「富山観光アニメプロジェクト」
◇審査員特別賞 バンダイナムコホールディングス 「『機動戦士ガンダム』RX-78-2 ガンダム実物大18m立像」
◇審査員特別賞(人物表彰) 金田 伊功

第25回(平22年)
◇経済産業大臣賞 アップルジャパン 「iPad」
◇DCAJ会長賞 「ホッタラケの島〜遥と魔法の鏡〜」製作委員会 「ホッタラケの島〜遥と魔法の鏡〜」
◇優秀賞 コナミ 「ラブプラス」・「ラブプラス+」

◇技術賞 モルフォ 「「Morpho Smart Select」をはじめとする5種のカメラ付き携帯電話向け画像処理ソフトウエア」
◇コンテンツ制作スタッフ賞 スカパーJSAT, ソニー 「Sony Presents 『2010FIFA ワールドカップ南アフリカ3D』」
◇錦賞 みんなで歌おう!キャラソン委員会 「パンパカパンツ」
◇審査員特別賞 FOREST Hunting One, BROSTA TV合同会社,CoMix Wave Films 「Peeping Life-The Perfect Emotion-」

## 102 電気通信協会賞

電気通信事業およびその関連事業の振興において特に功績が顕著な者に贈られる賞。学会創立当初から電気通信事業およびこれに関係ある事業に関する功労者の表彰を企画し,その一部を実施していたが,昭和35年電信事業創始90周年及電話事業創始70周年を記念して電気通信協会賞として設定された。

【主催者】(社)電気通信協会
【選考委員】同賞委員会
【選考方法】関係団体の推薦による
【締切・発表】第47回は平成18年5月19日に贈賞式
【賞・賞金】表彰状と記念品
【URL】http://www.tta.or.jp/

第1回(昭35年度)
 吉田 潤三郎
 浅見 親
 穴沢 忠平
 進藤 誠一
 星合 正治
 相川 省吾
 佐々木 仁
 深川 繁治
 山下 彰
 松下 幸之助
第2回(昭36年度)
 箕原 勉
 町田 勝太郎
 堀江 貞治郎
 沼田 七次郎
 半田 英雄
 道田 貞治
 村上 元紀
 小崎 政臣

 建部 昌満
 和田 恒輔
第3回(昭37年度)
 佐々木 晴雄
 武中 貞津衛
 黒田 憲次郎
 市橋 良治
 村田 直明
 渡辺 孝正
 草間 貫吉
 久我 桂一
 近藤 重幸
 片山 活三
 本多 静雄
 津田 龍三
第4回(昭38年度)
 佐々木 春蔵
 葭村 外雄
 湊 才次郎

## 電気通信協会賞　通信・サービス

真崎　尚忠
横山　又蔵
名和　武
山下　知二郎
幸前　治一
大内　誠三
百束　極
須永　浩夫
上田　勇
楊井　勇三

### 第5回（昭39年度）
茂木　喜一郎
高尾　繁造
天野　栄十郎
大塚　董
福田　舜一
久津　五郎
東　博仁
安田　丈助
長田　太一郎
稲垣　敏夫
遠藤　邦夫
渡辺　音二郎
森原　圭二
古川　梅三郎
嶺　謙也

### 第6回（昭40年度）
山内　秀胤
諏訪　英僖
大矢　治郎作
中村　弥太郎
熊川　巌
岡井　弥三郎
奥村　喜和男
沢山　義一
河原　猛夫
肥爪　亀三
立花　章
佐々木　和夫
磯　英治
田村　邦夫
浜田　成徳

### 第7回（昭41年度）
矢口　音吉
岩田　治一
真家　直三郎
石橋　正三郎
吉田　忠志
木名瀬　松寿
鈴木　恭一

鶴田　誠
中村　純一
都築　武一
神尾　健夫
草苅　鉄太郎
中村　夘三郎
藤倉　啓次郎
春日　由三
毛呂　邦次
林　一郎

### 第8回（昭42年度）
堀　憲一郎
藤井　一市
庄司　養二
真家　賢治
吉村　直二
景山　準吉
菊谷　秀雄
木下　誠二
深水　六郎
池野　幸市
柏原　栄一
鈴木　左門
石田　弥
沼田　宇一郎
公文　陽

### 第9回（昭43年度）
上野　鷹之助（電信電話工事協会東海支部事務局）
山本　俊人（電信電話工事協会九州支部）
大村　尚雄（鈴木電建）
萩原　逸平（田村電機製作所）
松島　正義（タツタ電線）
吉田　浩哉（電信電話工事協会）
津田　鉄外喜（郵政審議会，日本弘信産業）
野崎　毅（北日本通信建設）
辻　正（日本通信協力，日本公衆電話会連合会）
成瀬　英夫（日興電機）
今枝　良三（芝浦工業大学）
高橋　勝（日本大洋海底電線）
太原　彦一（中国放送）
靫　勉（電気通信総合研究所）
足立　迪（電気興業）

### 第10回（昭44年度）
塚田　徳止（アサヒ電機製作所）
田倉　八郎（通信協会）
斎藤　新三郎（睦通信，全国電話設備協会）
古川　健一（石井電設）
倉橋　幾太郎（倉橋電機製作所，通信機械工業

通信・サービス

　　　会関西支部）
　　沼本 実（日本航空電子工業,日本セールス幹
　　　部協会）
　　杉島 久夫（三和大栄電気興業）
　　小野 三彦（北海通信産業）
　　黒川 金治（協和電設）
　　渡 輝雄（明星電気）
　　魚崎 利三郎（パラメトロン研究所,公認会計
　　　士）
　　楠瀬 熊彦（前日本原子力研究所）
　　花岡 薫（日本電気,日本電気エンジニアリン
　　　グ）
　　小串 続（熊本放送技術局）
　　五嶋 丙午郎（池上通信機）
第11回（昭45年度）
　　若山 巌（広島建設工業）
　　須田 兼吉（日田通信工業）
　　目次 藤三（国際整備）
　　瀬戸 憙雄（都築通信建設大阪支店）
　　桑原 信道（東北通信建設）
　　小田 庄市（大興電機製作所）
　　木下 正文（ITU専門家（インドネシア駐在計
　　　画局））
　　後藤 隆吉（藤倉電線）
　　水野 左武郎（日本電話施設）
　　網島 毅（住友スリーエム）
　　西嶋 実（神奈川ナショナル通信工業）
　　佐藤 昌平（品川通信工業）
　　南 務（山陽放送）
　　松田 富哲（松田製作所）
　　菊池 一郎（徳力精工）
第12回（昭46年度）
　　一宮 喜多男（日本電話建設）
　　芦田 玉次郎（昭和電気建設）
　　太田 久広（北陸通信資材）
　　田口 稔（芝浦工業大学）
　　堀 雄一（日本有線放送電話協会）
　　山田 十三（大同通信工業）
　　斎藤 義男（東洋通信機）
　　渡邊 武三郎（大興電機製作所）
　　吉沢 武雄（日本通信サービス）
　　松本 正男（大東通信機）
　　林 謙一（随筆家,ベルくらぶ幹事）
　　平井 始（日本電話建設）
　　鈴木 武二（千葉工業大学）
　　岸田 貫一（東洋電機通信工業）
　　太田 栄三（扶桑通信工業）
　　吉川 政義（日本テレビ放送網）
　　宮川 太一（宮川製作所）

第13回（昭47年度）
　　新居 作郎（電気通信共済不動産）
　　塩田 信次（岩崎通信機）
　　勝田 秀雄（都築通信建設）
　　近藤 泰吉（名古屋無線集中基地協会事務局）
　　福田 宇平（吉野川電線東京営業所）
　　直田 芳太郎（直田電業社）
　　安部 昌二（元KDD同友会）
　　市瀬 幸治（明星電気）
　　萩原 憲三（電気興業）
　　吉田 五郎（日本電気精器）
　　菊地 真澄（電信電話工事協会）
　　真木 正雄（国際電気）
　　尾崎 作太郎（北日本通信建設）
　　西山 栄三（アジアビジョン）
　　高橋 明（日本ケーブルドラム供給）
第14回（昭48年度）
　　赤木 繁三郎（光和建設）
　　桑原 源太郎（田村電機製作所）
　　藤田 栄吉（大信組）
　　遠藤 幸吉（東京エレクトロン研究所）
　　横山 誠太郎（東京電話）
　　根岸 巌（エレクトロニクス協議会）
　　北村 清秀（学校法人情報処理工学院）
　　堀 正（日豊通信工業）
　　岡田 実（工学院大学）
　　木村 六郎（読売テレビ放送放送実施局）
　　長谷 慎一（日本通信協力）
　　庄司 新治（中央工材）
　　山中 浩（日本電気精器）
　　衛藤 行孝（日本通信工業）
　　伊藤 誠（大明電話工業）
　　中山 次郎（日本資料計算）
第15回（昭49年度）
　　鈴木 健治（鈴木電建）
　　川庄 順一（目黒通信建設）
　　奥井 斎松（沖電気工業）
　　奥田 孝一（亜細亜大学）
　　長井 政次郎（信越通信建設,電信電話工事協
　　　会）
　　近藤 精一（日本無線）
　　益子 稍（谷村新興製作所,千代田電気）
　　森本 重武（日本教育テレビ）
　　上野 登（西部電気工業）
　　石川 武二（東北化工）
　　佐々木 卓夫（日本電気）
　　仲田 栄次郎（大栄通信設備）
　　樽松 鏡逸（日本大洋海底電線）
　　山本 英也（電気通信共済会）
　　内田 豊（沖電気工業）

吉村　克彦（白山製作所）
増島　三樹男（日本電気）
神崎　忠三（長村製作所）

第16回（昭50年度）
大西　修吉（関西通信建設）
蓮見　孝雄（東京電機大学）
永谷　悦郎（通信機械工業会事務局）
折笠　寛（沖電気工業）
上　清隆（日本電通建設）
山下　武（日本船舶通信）
松本　喜十郎（東海テレビ放送）
神吉　武男（（元）日本放送協会）
牧野　又三郎（日本電気）
後藤　重雄（中京電話建設）
橋本　静雄（日本ITU協会）
佐々木　栄（日本電話工業）
和気　幸太郎（理研電線）
菊池　武（日本大洋海底電線）
平山　温（協和電設）
水下　照雄（日辰電機製作所）
赤地　久輝（沖電線）

第17回（昭51年度）
小竹　芳雄（共同倉庫）
十河　元（協和電気興業）
泉　節太郎（四国電話印刷）
青木　三郎（新電元工業）
堀越　鉄蔵（電電三広）
鈴木　一松（日本電話施設）
玉川　四良平（池上通信機）
和地　武雄（NHKサービスセンター）
甘利　省吾（沖電気工業）
鈴木　一恵（中部通信建設）
山岸　重孝（日本大洋海底電線）
二見　格男（東京理科大学）
西崎　太郎（東京芝浦電気）
大谷　昌次（三和大栄電気興業）
橋本　一郎（藤倉電線）
岩田　敏男（岩崎通信機）
大西　武夫（北陸電話工業）
吉田　稔（ティービーエス・ブリタニカ）
渡辺　勝三郎（神田通信工業）

第18回（昭52年度）
小泉　吉郎（長谷川電機製作所）
久保　威夫（協電工業）
公文　章忠（（元）日本放送協会中央研修所）
辻　列一郎（日立電子）
広瀬　春男（通信同窓会）
大竹　政雄（秋田放送）
飛山　圭一（東海大学）
永田　良孝（近畿資料計算）

市川　和愛（大和通信建設）
中迫　伊佐雄（大京電業）
水尾　安彦（東日電線）
宮川　岸（日本大洋海底電線）
本多　元吉（西部電気工業）
田中　武英（タツタ電線）
安西　良信（三峰電気）
岡田　恭一（東栄電気工業）
水谷　七代（日本資料計算）

第19回（昭53年度）
大野　煥乎（（元）日本放送協会大阪中央放送局）
川村　作次郎（岩崎通信機）
山口　篤三郎（日立電子）
石田　実（大井電気）
許斐　三夫（第一電子工業）
小林　備（千代田電機）
岩崎　喜一（岩崎特許事務所）
嬉野　獣次（日比谷同友会事務局）
中田　亮吉（日本総合建築事務所）
杉山　栄蔵（近畿電話印刷）
園延　愛助（東京城北整備）
大崎　安二（近畿放送）
舩津　重正（日本通信建設）
肥後　大介（大興電機製作所）
岩元　巌（近畿通信建設）
新　太一郎（富士通）
杉田　慶二（広島建設工業）
大和田　浩（豊国佐々木電線）

第20回（昭54年度）
桜井　貞次郎（三田電気工業）
西山　辰己（（元）日本船舶通信）
中島　博美（（元）日本放送協会技術現業局）
佐原　貞治（（元）日本放送協会放送総局）
友枝　参（藤倉電線）
山口　彊（高千穂通信機器製作所）
市川　秀夫（（元）国際電信電話）
塩沢　弘（旭通信建設）
森脇　潔（津田電線）
横井　元治（近畿電機）
長南　英夫（昭和電気建設）
田淵　石雄（電気通信共済不動産）
素野　福次郎（東京電気化学工業）
苅北　貞雄（ジビネス・コンサルティング・センター）
藤川　貞夫（電気通信共済会）
井上　力夫（大明電話工業）
近藤　漸（三和電線工業）
野口　謙也（東通電子サービス）
小林　仁（松田製作所）

丹後 重治（東栄電気工業）
　新里 文哲（沖電線）
　平野 進（日本資料計算）
第21回（昭55年度）
　三代川 辰五郎（三代川製作所）
　朝倉 忠義（朝倉製作所）
　田中 豊（九州通信サービス）
　城見 多津一（新日本電気）
　平田 健（（元）日本放送協会技術現業局）
　長谷 清（広島建設工業）
　林 一穂（千代田電子システム）
　土居 靖夫（通信土木コンサルタント）
　東 忠夫（（元）大昌通信建設）
　石上 勝（中部通信建設）
　前田 善太郎（全国電電広告連合会）
　上山 猛（SITA（国際航空通信共同体））
　岡村 進（安藤電気）
　竹森 秋夫（通信同窓会）
　行広 清美（電気通信総合研究所）
　栗本 一雄（津田電線）
　税所 正芳（日本通信電材）
　松尾 三郎（日本電子開発）
　宮崎 政義（東北金属工業）
　大泉 周蔵（通信機械工業会）
　福田 実（理研電線）
　前田 三郎（中部日本放送）
第22回（昭56年度）
　金井 正男（国際電設）
　浅川 常五郎（大越電建）
　寺嶋 功（星光社）
　村松 明（（元）日本放送協会技術現業局）
　角南 英敏（（元）日本放送協会技術現業局）
　小林 夏雄（藤倉電線）
　鈴木 高広（東海通信建設）
　鬼鞍 信夫（双信電気）
　広島 通（国際ケーブルシップ）
　西山 千（ソニー）
　横山 一夫（日本アルモウェルド）
　勝見 正雄（ナショナル電送機器販売）
　山田 良治（東京ワイヤー製作所）
　杉本 克己（（元）ラジオ福島）
　吉田 修三（新興通信建設）
　西村 多計司（新潟電話工業）
　所 寅雄（共立建設）
　管原 正夫（目黒通信建設）
　千代 健（日本総合メインテナンス）
　庄司 茂樹（電気通信産業連盟）
　井田 勝造（日本船舶通信）
　滝鼻 久雄（日本大洋海底電線）
　上杉 松治（本多通信工業）
　小野 八郎（東洋電話）
　横堀 禎二（ナカヨ通信機）
第23回（昭57年度）
　有若 義雄（電通工業）
　中村 清（（元）日本放送協会施設局）
　芳川 芳一（三和大栄電気興業）
　柿崎 守彦（（元）日本放送協会業務局）
　根守 孝（太陽電話工業）
　押尾 賢治（大和電気通信工業）
　倉地 孝（（元）新興通信建設）
　佐藤 達也（電気通信福利協会）
　三輪 正二（（元）国際電信電話）
　森山 彰一（科学技術と経済の会）
　山崎 利貞（新興通信建設）
　井上 俊雄（日本電気精器）
　鈴木 康夫（東洋通信機）
　飯森 実（公共電話証券）
　渡辺 武穂（日本通信工業）
　豊島 義二（岡野電線）
　杉山 正夫（東日電線）
　中山 公平（電気通信共済会）
　古川 満雄（南日本放送）
　三宅 正男（沖電気工業）
　小松 改造（東海電線）
　井川 盛長（日本公衆電話会）
第24回（昭58年度）
　三崎 一郎（日本通信協力）
　黒田 治夫（東洋電機）
　河野 勝也（電波技術協会）
　鐘ケ江 猪之助（九州沖通信機）
　武内 幸蔵（（元）全国構内電話設備協力会）
　杉山 一男（日本民間放送連盟）
　永岡 光治（大分県宇佐市長）
　新城 信一（光電気工事）
　後藤 義一（東海通信倉庫）
　浅野 敏夫（日本電業工作）
　池尾 毅（（元）日本電線工業会）
　村本 脩三（国際電信電話,国際電気通信学園）
　鍋田 宗三郎（北部通建）
　青木 東正（青木メタル）
　河野 誠一（日章通信建設）
　遠藤 正孝（関東電気通信資材）
　間瀬 喜好（京三電線）
　角田 和男（東京通信工材）
　島田 芳浩（長野通信サービス）
　西林 忠俊（電気通信総合研究所）
　緒方 研二（安藤電気）
　米田 伸吉郎（兵庫整備）
　浦川 親直（明星電気）

木野 親之（松下電送）
第25回（昭59年度）
　　船津 一満（（元）日本放送協会放送総局技術現業局）
　　藤田 要助（（元）日本放送協会札幌中央放送局）
　　松本 幸輝久（民間放送テレビジョン中継回線運営センター）
　　入江 重男（共和通信建設）
　　今井 慶一（（元）日立電線）
　　中村 昇（国際電気）
　　佐伯 広志（（元）松下電器産業）
　　古瀬 利蔵（（元）国際電信電話）
　　植松 靖（浅羽製作所）
　　富沢 滋（西日本通信建設）
　　種村 省三（中部通信建設）
　　大歳 寛（TDK）
　　津田 高吉（古河産業）
　　野村 隼一（日比谷総合設備）
　　永森 四郎（日本空港無線）
　　牧野 康夫（日本通信協力）
　　荒木 義之（協和電設）
　　小畑 新造（日本船舶通信）
　　高井 大次郎（近畿通信建設）
　　武田 輝雄（日本通信サービス）
　　橋本 真澄（日本通信建設）
　　津田 幸彦（津田電線）
　　大倉 淳平（大倉電気）
　　高木 義一（タカギエレクトロニクス）
　　桂井 仁（（元）津田塾会津田英語会）
第26回（昭60年度）
　　石川 嘉夫（中国電設工業）
　　斎藤 彰英（（元）日本放送協会中央研修所）
　　安田 一次（（元）日本放送協会中央研修所）
　　檜皮 邦夫（三紀電気工業）
　　今北 孝次（（元）三菱電機）
　　土方 三郎（日東電気工業）
　　庭野 増三（全日本電話取引業協会）
　　坂本 忠勝（日本通信協力）
　　土田 久雄（大東材料）
　　松岡 義郎（（元）KDDエンジニアリング・アンド・コンサルティング）
　　松原 美義（第一電工）
　　水沢 慶太郎（神田通信工業）
　　田中 貴行（甲陽電気通信建設）
　　高橋 巳則（目黒通信建設）
　　山本 正司（電気通信共済会）
　　黒岩 太郎（九州通信産業）
　　今井 一郎（大和通信建設）
　　村手 義（富士通）

　　松橋 達良（電信電話工事協会）
　　沼倉 忠男（東北通信建設）
　　山田 実（日本通信工業）
　　鶴田 三雄（（元）松下電器産業）
　　山本 孝（海外通信・放送コンサルティング協力）
　　北山 吉正（北陸放送）
　　大久保 和英（理研電線）
第27回（昭61年度）
　　牧田 康雄（元日本放送協会放送科学基礎研究所所長）
　　谷口 久夫（元日本放送協会監査室長）
　　野田 繁（元福岡電話工業取締役社長）
　　渡辺 栄六（山本通信建設取締役社長）
　　工藤 義男（日本電話施設常任監査役）
　　青木 巳三（日立電線監査役）
　　福地 二郎（元国際電信電話常務取締役）
　　清水 健（日興電建取締役）
　　氏神 正一（東京端一取締役社長）
　　福田 太郎（懇和会館取締役社長）
　　平野 立男（共和通信建設顧問）
　　増尾 秀男（増尾電設代表取締役）
　　鈴木 清（東洋電機通信工業取締役副社長）
　　玉野 義雄（日本船舶通信取締役社長）
　　Kiyo Tomiyasu（ジェネラル・エレクトリック社コンサルタントエンジニア）
　　柿田 潔（日本電気システム建設取締役社長）
　　好本 巧（電気通信総合研究所理事）
　　大守 坦（日本電話番号簿取締役会長）
　　中久保 卓治（新興通信建設取締役会長）
　　廻 健三（日本大洋海底電線取締役社長）
　　原田 安雄（大明電話工業監査役）
　　下村 洋（山陽放送取締役）
　　三上 外喜男（三立電機取締役社長）
　　高橋 哲次（日本通信工業取締役社長）
第28回（昭62年度）
　　木村 勤（元日本放送協会監事事務局次長）
　　吉原 昇（元日本放送協会技術本部主幹）
　　関 英夫（元谷村新興製作所常務取締役）
　　久保村 正治（元国際電信電話大阪支社次長）
　　吉田 周正（長谷川電機製作所取締役会長）
　　井上 洋一（国際通信施設取締役）
　　福島 栄一（国際テレコメット監査役）
　　大矢 晴一（元日本電信電話公社海底線施設事務所所長）
　　林 新二（岩崎通信機取締役社長）
　　田中 一郎（中国電線工業取締役社長）
　　沖田 幸佑（近畿通信サービス取締役会長）
　　川崎 鋼次郎（三和大栄電気興業取締役会長）
　　蔵本 力雄（信越通信建設取締役会長）

大沢 秀行(日本総合メインテナンス取締役社長)
中島 忠雄(松本電気代表取締役)
原田 阿久利(池野通建取締役副社長)
松本 秀夫(帝国電線製造所取締役社長)
妻藤 達夫(住電オプコム取締役社長)
十時 正人(西部電気工業取締役社長)
村山 道夫(花島電線取締役社長)
山内 正弥(日本電気取締役副社長)
剣持 栄一(西浦電線取締役社長)
清水 通隆(高見沢電機製作所取締役社長)
佐藤 幸雄(東北金属工業取締役社長)
高垣 欣也(東京放送取締役特別顧問)

第29回(昭63年度)
村井 勇夫(第一電子工業社長)
小西 一郎(日本自動車電話サービス取締役相談役)
南 隆蔵(大和通信建設相談役)
唐木 貞也(共同倉庫社長)
伏木 富郎(九州通信サービス社長)
小沢 春雄(通信機械工業会専務理事)
赤井 俊雄(国際電信電話共済会理事長)
米山 実(KDD小山サービス社長)
宮原 景雄(元国際電信電話参事・社長室付)
西条 利彦(アンリツ会長)
伊佐 進(日立情報ネットワーク社長)
細川 悦利(日本電気精器社長)
朴木 実(キャプテンサービス社長)
今村 徳輔(昭和電線電纜専務取締役情報通信事業部長)
木島 浩輔(木島通信電線社長)
田中 宗迪(倉茂電工社長)
田中 浩太郎(日本電話施設社長)
久語 章司(大明電話工業会長)
村田 光弘(都築通信技術社長)
春山 巌(関東電気通信資材社長)
喜多 兼昭(宮川電通建設相談役)
難波 誠(鈴電代表取締役)
直田 芳兼(直田電業社長)
大谷 吉雄(電波技術協会参与)
遠藤 敬二(電波技術協会副会長)
河野 義徳(フジテレビジョン取締役)
川原田 安夫(電磁応用研究所理事長)
古市 米雄(関東通信輸送社長)
井坂 栄(インターナショナルソフトウェア常任監査役)

第30回(平1年度)
田村 清(元国際電信電話研修所長)
小林 見吉(元国際電信電話海底線建設本部建設部長)

永野 英雄(永洋電機取締役社長)
遠山 寛一郎(元日本放送協会資材局長)
菅 優(元日本電通工業代表取締役社長)
関口 良雅(日本通信能力代表取締役社長)
窪 宣正(元新興通信建設専務取締役)
高辻 士(元日本放送協会放送総局副総局長)
石昴 正次(大越電建代表取締役社長)
小原 猛(北陸電話工業代表取締役)
奥村 忠男(東京電話施設代表取締役社長)
有賀 主一(元三菱電線工業顧問)
矢田部 俊彦(日本大洋海底電線代表取締役社長)
木村 久生(朝日放送技術顧問)
吉田 仁(旭通信建設代表取締役社長)
中井 頼一(国際総合サービス代表取締役副社長)
稲見 保(電気通信共済会理事長)
柴田 晶(東名通信工業代表取締役社長)
長田 武彦(大興電機製作所代表取締役社長)
高柳 晃(日立テレコムテクノロジ代表取締役社長)
石原 治(電気興業代表取締役社長)
山口 喜八郎(日本製線代表取締役社長)
斎藤 利雄(睦通信社長)
平 三郎(日立電線常任監査役)
広田 憲一郎(未来工学研究所常務理事・所長)
武田 正司(日本データコム常任監査役)

第31回(平2年度)
古田 喜市(国際電信電話大阪国際電報電話局局長)
織田 隆(国際電信電話経営調査室室長)
今 武一(国際電設相談役)
市原 嘉男(元日本放送協会営業総局副本部長)
泉 長人(日本民間放送連盟顧問)
向井 覚(共立建設社長)
横山 正雄(日立電線監査役)
古都 勝寿(日本全国構内電話設備協力会専務理事)
林原 朗(元日本放送協会技術本部副本部長)
工藤 理一郎(第一技術産業社長)
松本 洋(KDDエンジニアリング・アンド・コンサルティング理事長)
今野 守(旭通信建設顧問)
小野 哲男(日本総合建築事務所相談役)
吉村 章雄(日本テレコム専務)
熊谷 直宗(大和電設工業会長)
加藤 秀夫(大和通信建設社長)
鳥山 好三(三和大栄電気興業社長)

染村 憲輔（NTT北陸移動通信相談役）
千野 孝（住友電気工業副社長）
植之原 道行（日本電気特別顧問）
佐野 芳男（近畿プラントレコード会長）
山田 藤次郎（大東通信機社長）
都丸 喜成（松下通信工業社長）
池本 晴雄（広島建設工業社長）
渡邊 卓哉（岩崎通信機社長）
興 寛次郎（日本通信建設社長）
岩永 三樹男（協和電設社長）
白根 礼吉（多摩大学教授）
有若 和弘（電通工業社長）

第32回（平3年度）
西田 健二郎（元国際通信電話国際電気通信学園学園長）
安崎 恒男（京三電線社長）
識名 朝清（元国際電信電話沖縄国際通信事務所所長）
奥村 知衛（東北通信建設顧問）
小松 包治（元日本放送協会研究開発委員会事務局長）
皆川 透（新潟電話工業社長）
窪田 貫（東京城南整備社長）
伊藤 岩夫（元日本放送協会総合技術研究所所長）
宮森 漸（日本通信電材社長）
檜山 茂樹（正電社社長）
池田 茂樹（国際通信施設社長）
小川 晃（エヌ・ティ・ティ中央移動通信社長）
高橋 敏朗（沖エンジニアリング社長）
半田 重雄（信越通信建設社長）
浅原 巌人（情報通信総合研究所社長）
東 勝俊（西日本システム建設会長）
村田 保（新興通信建設会長）
植田 義明（日本電建通信相談役）
小原 明（田村電機製作所社長）
池谷 寛（神田通信工業社長）
矢頭 澄生（水戸テック社長）
相原 保（アンリツ常務）
富田 定佳（全国朝日放送調査役・技術顧問）
江頭 年男（日通工社長）
浅沼 正太郎（全国電話設備協会副会長）
Kosol Petchsuwan（キング・モンクット工科大学学長）

第33回（平4年度）
飯田 哲雄（元国際電信電話国際電気通信学園学園長）
樋渡 渭二（元日本放送協会放送科学基礎研究所所長）

林 和夫（元日本放送協会経営情報室長）
三石 庄一郎（元福岡電話工業社長）
田中 義則（日本電線工業会専務理事）
富永 安（熊本放送顧問）
千葉 謙太郎（元国際電信電話取締役）
佐藤 甲一（元八木アンテナ社長）
鶴田 隆（日本電話施設顧問）
西岡 末章（元三星通信建設社長）
武田 正弘（電通機工社長）
井上 耕平（情報通信設備協会常任理事・東海地方本部長）
田村 善助（大栄製作所相談役）
浜崎 一郎（白山製作所社長）
岡 裕（元水戸テック社長）
豊田 博夫（NTTエレクトロニクステクノロジー会長）
高橋 敏彦（日立電線監査役）
島津 佳夫（東電通社長）
小菅 正夫（東北通信建設社長）
菊地 信一郎（長谷川電機製作所会長）
新村 長門（タツタ電線副社長）
河合 昭三（元国際電信電話総合計画部審議役）
山崎 要（北日本通信建設社長）
関谷 辰延（エヌ・ティ・ティ都市開発社長）
村山 好久（通信機器工業協同組合理事・相談役）
前田 光治（安藤電気会長）
西井 昭（日本船舶通信会長）
松本 高士（北海道情報大学教授）
国広 敏郎（日本電気副社長）

第34回（平5年度）
中村 新太郎（川崎電線会長）
和田 英明（元国際電信電話国際電気通信学園教授）
大城 俊一（安藤電気相談役）
沖津 時造（日興電機製作所会長）
本 忠博（元日本放送協会技術本部副本部長）
脇本 順郎（元電信電話建築部長）
坂部 政夫（電気通信福利協会相談役）
山本 広治（元北陸通信建設社長）
都築 久一（元日本放送協会近畿本部長）
篠 雄雄（東陽工業専務）
佐藤 秀治（東北通信建設社長）
久家 勝美（元国際電信電話取締役）
滝沢 純（スズキ技研社長）
石川 好男（科学技術と経済の会専務理事）
相川 渉（元通信機械工業会常務理事）
永野 忠夫（関東電気通信資材社長）
宮脇 崇夫（鈴電社長）

通信・サービス

酒井 神三郎（ジェイコス社長）
作間 澄久（元日本テレビ放送網常務）
大友 実（日本コムシス相談役）
小野 浄治（住友商事技術顧問）
山県 保（海外通信放送コンサルティング協力専務理事）
今井 龍男（岡野電線会長）
小山内 昭三（西部電気工業社長）
清水 正造（日本電気システム建設会長）
斎伯 哲（大明電話工業社長）
福富 礼治郎（日立製作所専務）

第35回（平6年度）
藤原 正明（元国際電信電話国際電気通信学園教授）
黒木 義人（西部電気工業監査役）
小野 清（大和電設工業常勤監査役）
河井 雅（元国際電信電話海外協力室長）
松本 正夫（元古河電気工業専務）
副島 末好（元日本放送協会技術本部副本部長）
笹川 雅信（中央電気通信建設代表）
大津 常五郎（日比谷同友会常任理事）
高松 章（元国際電信電話常務）
本間 秀夫（元日本放送協会放送総局副総局長）
星 正也（日本メックス顧問）
山根 信義（日本船舶通信顧問）
千葉 芳毅（元電電公社海底線施設事務所長）
寺島 角夫（エヌ・ティ・ティ・リース会長）
大原 文夫（本多通信工業社長）
和泉 厳（日電アネルバ相談役）
松笠 功（日本アビオニクス会長）
山崎 実（三和大栄電気興業会長）
小合 英夫（三菱電線工業顧問）
中嶋 栄之助（大和通信建設社長）
松尾 士郎（東芝顧問）
杉浦 淳一郎（松下電送常務）
上久保 忠男（通信興業会長）
城水 元次郎（富士通インターナショナルエンジニアリング社長）
佐々木 繁雄（トーツ創研社長）
森谷 昭夫（日本データコム社長）
酒井 和義（日立通信システム社長）
山本 浩（東京放送社長室顧問）

第36回（平7年度）
金谷 澄夫（元国際電信電話研究所所長）
藤村 安志（湖北短期大学嘱託）
亀田 治（日本マリテック会長）
矢部 春夫（東電通常勤監査役）

102 電気通信協会賞

大沢 博二（グラドコ監査役）
山野 政信（大和大栄電気興業監査役）
吉村 謙二（共立建設相談役）
藤巻 忠之（新潟電話工業相談役）
柴田 宏（朝日放送常勤顧問）
曽我部 龍夫（日本電通工業相談役）
大山 昇（国際テレコメット社長）
松田 利三（北陸電話工事社長）
岩下 健（日本情報通信相談役）
堀川 一夫（近畿通信産業相談役）
沢田 道夫（電気通信共済会会長）
室賀 弘（日本電気システム建設相談役）
三輪 昭三（岡野電線最高顧問）
信沢 健夫（ユーカード社長）
藤田 史郎（エヌ・ティ・ティ・データ通信社長）
尾羽沢 悦雄（高見沢電機製作所社長）
田代 穣次（協和エクシオ顧問）
安西 美臣（須田製作所社長）
徳永 慎一（昭和電線電纜顧問）
矢代 隆二（フジクラテレコム社長）
田中 潤一（国際電気常勤監査役）
天野 勇（天野電話設備商会社長）

第37回（平8年度）
畑 和夫（元日本大洋海底電線常務）
関 邦秀（元国際電信電話国際電気通信学園長）
鈴木 寅夫（元国際電信電話データ通信部長）
加藤 克巳（日本電話施設会長）
白水 末喜（元日本放送協会営業総局副総局長）
今井 国雄（元日本放送協会経営企画室経営主幹）
鈴木 慶泰（元都築通信建設常務）
加藤 透（エヌ・ティ・ティ情報開発相談役）
杉山 正雄（浅羽製作所社長）
鈴木 敏夫（信利興業社長）
藤井 昭吉（元北日本通信建設常務）
中原 敬夫（元大京電業社長）
稲益 三夫（神田通信工業会長）
岩附 昇（エヌ・ティ・ティ都市開発顧問）
中西 俊雄（毎日放送顧問）
神宮司 順（沖電気工業取締役）
鴨 光一郎（東京メトロポリタンテレビジョン専務）
佐藤 明（新電元工業社長）
荒木 幸之助（NTT関西移動通信網会長）
阿部 泰之（大昌通信建設社長）
池野 正孝（池野通建社長）
塩見 利夫（国際通信工業社長）

ビジネス・技術・産業の賞事典　535

村上 治(協和エクシオ社長)
鈴木 正和(東京通信ネットワーク専務)
井上 誠一(国際通信施設社長)
吉田 禎允(日立電線常任顧問)

第38回(平9年度)
竹内 健二(元・国際電信電話機器部長)
増沢 広(入一通信工業代表取締役会長)
益尾 興(近畿通信産業顧問)
西田 昌弘(元・国際電信電話国際電気通信学園長)
今野 彦正(元・大和電設工業専務取締役)
重田 栄(元・日本放送協会総合技術研究所長)
宮城島 勝也(元・日本放送協会放送総局副総局長)
岡村 哲夫(協栄線材顧問)
立岡 芳彦(エヌ・ティ・ティ・アイ エンジニアリング取締役)
青木 伸夫(大明顧問)
牧絵 義尚(全国通信線路用機器材工業協同組合参与)
守家 一夫(池野通建顧問)
安田 秀夫(元・タムラ製作所専務取締役)
鈴木 功一(日興通信代表取締役会長)
浅原 準平(東洋通信機顧問)
丹野 武宣(田村電機製作所代表取締役社長)
末冨 裕(広島建設工業相談役)
山本 千治(日本大洋海底電線代表取締役)
髙橋 節治(通信機械工業会専務理事)
岩崎 昇三(日本コムシス代表取締役社長)
佐藤 義雄(フジクラ常任顧問)
定行 吉郎(東日電線代表取締役社長)
飯田 克己(日本電信電話顧問)
石川 恭久(ケイディディ・ネットワークシステムズ顧問)
岡本 脩(エフエム大阪顧問)

第39回(平10年度)
末広 卓(元・国際電信電話東京支社副支社長)
安藤 勇(元・西部電気工業常務取締役)
岡部 年定(元・(財)世界通信開発機構(現・(財)新日本ITU協会)専務理事)
鍛治 弘(KDD同友会会長)
荒井 潔(元・日本放送協会放送総局副総局長)
柴田 善夫(元・日本放送協会放送総局副総局長)
竹沢 勉(岩崎通信機顧問)
塚本 昭慶(住電ハイプレシジョン顧問)
上丸 和己(元・日本コムシス常務取締役)
杉田 昭(大明顧問)
阪口 亘(東電通常勤監査役)
花木 充夫(近畿通信建設取締役会長)
深瀬 鋭次郎(三和エレック代表取締役社長)
村松 健彦(元・中部日本放送取締役)
木村 豊(電友会本部常任理事・事務局長)
曽根 錦吾(関東電気通信資材代表取締役社長)
草加 英資(NTTプリンテック代表取締役社長)
村田 茂(住友電装代表取締役会長)
森下 淳(日総建代表取締役社長)
髙橋 一巧(ドコモサービス東北顧問)
市川 勉(大倉システムエンジニアリング相談役)
篠田 謙治(日本FAN倶楽部代表取締役社長)
吉原 稔(フジクラ代表取締役・専務取締役)
小関 康雄(KDDエンジニアリング・アンド・コンサルティング理事長)
酒井 秀樹(ヒロセ電機代表取締役社長)
登家 正夫(日通工代表取締役社長)
須田 忠昌(日田通信工業代表取締役社長)

第40回(平11年度)
池田 忠彦(元・国際電信電話建築部長)
目黒 梧朗(大越電建顧問)
斎藤 嘉博(元・日本放送協会衛星放送推進本部経営主幹)
徳田 泰造(元・日本放送協会松山放送局長)
吉田 庄司(東海大学理事・教授)
勝屋 俊夫(エヌ・ティ・ティテレカ相談役)
佐久本 功(元・国際電信電話東京国際電話局長)
由田 欣一(コムシス通産代表取締役社長)
桜井 国雄(協和エクシオ顧問)
田中 英雄(通信興業代表取締役専務)
三野 昇(東京通建常勤監査役)
中原 道朗(エヌ・ティ・ティプリコム代表取締役社長)
高田 隆志(エルベック代表取締役会長)
本間 雅雄(情報通信総合研究所取締役相談役)
池沢 英夫(新興通信建設代表取締役社長)
飯島 重(東日本システム建設取締役会長)
神林 留雄(エヌ・ティ・ティデータ代表取締役社長)
藤田 孝雄(東海通信工業代表取締役社長)
池田 勉(古河電気工業取締役副社長)
植竹 孝(元・国際電信電話常務取締役)

小林 健一(テレビ東京監査役)
第41回(平12年度)
　進藤 太美雄(元・北陸電話工事専務取締役)
　木下 一郎(協栄線材顧問)
　若林 恂之助(NHKエンジニアリングサービス顧問)
　水野 健二(シーキューブ代表取締役会長)
　花田 昂樹(元・日本放送協会札幌放送局長)
　小泉 友利(元・新興通信建設専務取締役)
　平岡 比与志(大栄製作所代表取締役社長)
　篠原 寿人(中央資材相談役)
　一色 博(元・四国通信産業代表取締役社長)
　阪上 昭二(日本空港無線サービス代表取締役社長)
　川井 淳(NTTデータ顧問)
　高橋 幸男(電気通信普及財団理事長)
　桜木 俊彦(広島建設工業相談役)
　外松 源司(電気通信共済会会長)
　関根 敏雄(三菱電線工業顧問)
　渡辺 靖明(日立電線監査役)
　谷田 志津雄(東京放送社長室顧問)
　小口 弘夫(丸登電業代表取締役社長)
第42回(平13年度)
　中村 進(元・岩通サービスセンター代表取締役社長)
　椎名 洋吉(元・東北通産代表取締役社長)
　野村 昭五郎(元・西部電設代表取締役社長)
　加藤 隆(元・NDSリース取締役社長)
　横倉 章(元・三星通信建設代表取締役社長)
　等々力 啓(元・三和電子代表取締役社長)
　近藤 満郎(元・日本放送協会技術本部副本部長)
　斑目 直方(元・日本放送協会放送総局副総局長)
　北川 正道(元・品川電線専務取締役)
　大橋 幸雄(元・東電通専務取締役)
　前田 喜久男(元・正電社代表取締役社長)
　岡田 忠昭(元・広島建設工業常務取締役)
　吉田 実(日本電信電話監査役)
　武部 綱介(元・米沢電線取締役副社長)
　桑原 守二(日本電信電話特別顧問)
　小川 伸夫(都築通信技術顧問)
　田中 順三(NTTファシリティーズ取締役相談役)
　辻 明(シーキューブ取締役相談役)
　穴沢 喜六(大和電気通信工業代表取締役社長)
　大橋 宗夫(安田総合研究所代表取締役理事長)
　沢口 祐三(朝日レターゴビジョン代表取締役社長)
　羽田 祐一(トーキン代表取締役社長)
　足立 泰男(新電元工業常務取締役)
◇IT事業奨励特別賞　榎 啓一(エヌ・ティ・ティ・ドコモ取締役ゲートウェイビジネス部長)
第43回(平14年度)
　石橋 堅吉(現・通信興業代表取締役会長)
　新城 広(元・琉球通信工事代表取締役社長)
　福田 厚(現・日本電気システム建設相談役)
　栃本 邦夫(現・日設相談役)
　高橋 道清(元・日本放送協会技術局長)
　岡田 清(元・通信電線線材協会専務理事)
　小西 喜一郎(元・日本放送協会技術局技術主幹)
　副島 弘暉(現・エヌ・ティ・ティデータ・セキュリティ取締役顧問)
　中村 鉄治(現・九州通信産業相談役)
　及川 陽(現・通信土木コンサルタント取締役会長)
　坂本 貞雄(元・新興通信建設常務取締役)
　桜井 国臣(現・(財)通信協会理事長)
　市川 量也(元・日本電信電話理事鈴鹿電気通信学園長)
　石井 康雄(元・日本電信電話常務取締役)
　内古閑 篤(元・昭和電線商事取締役社長)
　高橋 承雄(元・日本電信電話理事北陸総支社長)
　林 実信(現・西日本システム建設代表取締役会長)
　寺西 昇(現・岩崎通信機代表取締役会長)
　森本 三雄(現・協和エクシオ顧問)
　室谷 正芳(元・日本電信電話国際部長)
　岡野 章(現・第一電子工業代表取締役社長)
　篠崎 雅美(現・日本航空電子工業代表取締役社長)
　大野 恵通(現・秋田テレビ専務取締役)
　富田 登(現・共立通信代表取締役社長)
　長田 修一郎(元・三興電気代表取締役社長)
◇IT事業奨励特別賞　中原 基博(NTTエレクトロニクス常務取締役フォトニクス事業本部長)
第44回(平15年度)
　中村 克巳(宮川製作所取締役)
　大星 公二(NTTドコモ相談役)
　遠藤 恒雄(シーキューブ相談役)
　近藤 光洋(元・沖電線代表取締役社長)
　酒井 章(一宮電話興業代表取締役社長)
　田邊 善博(元・日本放送協会編成局編成主幹)

徳永 雅(東高通信工業技術開発室長)
戸田 秀明(日本電信電話監査役)
大和田 貞雄(和興エンジニアリング代表取締役会長)
岩附 孝次(不二ビルサービス特別顧問)
木下 光一(中央資材代表取締役社長)
中村 禎昭(元・日本放送協会技術計画部長)
西澤 定律(沖電線取締役会長)
佐々木 茂則(協立情報通信代表取締役社長)
飯村 治(昭和電線電纜顧問)
杉森 吉夫(日本テレビ放送網特別顧問)
松本 芳郎(東京通建代表取締役社長)
持田 國臣(協栄線材顧問)
西村 守正(大明取締役会長)
石野 文雄(元・日本電信電話理事国際部長)
澤村 靖弘(元・四国通建代表取締役社長)
松山 圭宏(日立電線監査役)
鈴木 重信(エヌ・ティ・ティ都市開発取締役相談役)
稲尾 勝三(岡野電線代表取締役社長)

第45回(平16年度)
星野 力男(ナカヨ通信機取締役相談役)
本間 正剛(元・大越電建代表取締役社長)
山田 安幸(大同通信工業代表取締役社長)
下元 三男(四国電話工業代表取締役社長)
小島 信弘(元・大明常務取締役)
前田 行夫(元・公共証券代表取締役社長)
土田 尚平(元・日本電通建設専務取締役)
渡邉 成(江渡工業社取締役会長)
廣瀬 惠(大東設備工業代表取締役社長)
難波 信雄(難波電話電気工業専務取締役)
多田 寛五(元・光和建設代表取締役社長)
松本 哲男(元・ハッコー常務取締役)
仲村 隼一郎(元・日本放送協会放送技術局技術主幹)
横田 剛(西部電気工業代表取締役会長)
小谷 宏(元・日本放送協会技術計画部経営主幹)
戸田 晃二(NTTデータ特別参与)
石井 孝(NTTコムウェア顧問)
加田 五十雄(マミヤ・オーピー取締役会長)
髙木 寛(放送映画製作所代表取締役社長)
松藤 勝亮(元・スズキ技研代表取締役社長)
榛葉 弘(元・住電ハイプレシジョン代表取締役社長)

第46回(平17年度)
立井 弘(立井電線取締役会長)
大平 昭夫(扶桑電通代表取締役社長)
松岡 嵬(元・ジェイコス常務取締役)
松井 眞澄(國際電設顧問)

佐藤 認(元・日本通信電材代表取締役会長)
土屋 治昭(元・大明常務取締役)
植田 譲二(朝日放送常勤顧問)
荒野 龍一(元・日本コムシス取締役副社長)
三角 岑生(TTK相談役)
佐伯 泰顕(元・日本放送協会技術局長)
末吉 勇(元・日本放送協会名古屋放送局長)
林 豊(日本電信電話顧問)
西野 博(元・ジェイコス代表取締役社長)
柳澤 鴻治(元・正電社顧問)
西野 孝平(元・日本無線代表取締役専務取締役研究所長)
山内 一郎(日本電話施設相談役)
宮脇 陸(元・日本電信電話特別顧問)
武内 宏允(コムシスホールディングス代表取締役会長)
鈴木 晴夫(プロサイト監査役)
貝淵 俊二(協和エクシオ代表取締役会長)
池田 博昌(東京情報大学総合情報学部情報システム学科嘱託教授)
髙橋 徹(元・NTTファシリティーズ代表取締役副社長)
如澤 清(西日本電線非常勤顧問)
佐藤 元紀(ソルコム非常勤監査役)
磯川 千秋(サンコーシャ雷対策コンサルティング部長)
小松 亀代治(新英通信工業代表取締役)

第47回(平18年度)
西村 通男(元・東電通取締役副社長)
石川 浩義(元・理研電線代表取締役社長)
信国 弘毅(元・NTTデータ通信代表取締役副社長)
柴田 尚毅(元・日比谷総合設備代表取締役社長)
佐田 啓助(元・日本電信電話常勤監査役)
中川 正(元・広島建設工業専務取締役)
鈴木 敏之(元・ジェイコス代表取締役社長)
阿久沢 弘(元・日本放送協会放送技術局長)
友重 澄雄(元・日本電通代表取締役副社長)
原島 進(田村大興ホールディングス取締役相談役)
田村 健(元・日本放送協会放送技術局技術主幹)
小原 暉章(元・日本電信電話取締役公正市場対策室長)
塩山 弘(元・OCC代表取締役専務)
西井 烈(元・NTTデータ通信代表取締役副社長)
田中 進(東海通信工業代表取締役社長)
村上 憲雄(元・テレビ朝日取締役)

通信・サービス

橋田 公雄(ノキア・ジャパン取締役最高顧問)
成瀬 利英(元・フジクラ常務取締役)
福島 和義(三和通信機代表取締役社長)
竹下 晋平(アドバンテスト取締役会長)
伊藤 裕康(北第百通信電気代表取締役社長)

第48回(平19年度)
松本 満(元・NTTデータ通信 代表取締役副社長)
牧山 武一(元・日本情報通信コンサルティング 代表取締役社長)
政東 孝尚(元・西日本システム建設 常務取締役)
廣末 浩(元・大明 常務取締役)
柴田 明廣(元・日本コムシス 常務取締役)
並木 孝夫(元・古河電気工業 取締役)
菊池 裕宣(元・日本放送協会 技術局技術主幹)
木下 隆介(元・NTT九州移動通信網 代表取締役社長)
風木 修(元・日本電信電話 取締役信越支社長)
井上 秀一(元・東日本電信電話 代表取締役社長)
山本 博也(元・日本放送協会 仙台放送局長)
島 恭一(元・日本電信電話 取締役情報システム本部長)
鍋田 衛(元・日本電信電話 取締役信越支社長)
井関 雅夫(元・NTTテレマーケティング 代表取締役社長)
千葉 正人(元・日本電気 代表取締役副社長)
石井 卓爾(三和電気工業 代表取締役社長)
星川 政雄(元・住友電気工業 専務取締役)
飴井 保雄(TBSサービス 代表取締役社長)
福田 武郎(元・東芝通信システムエンジニアリング 代表取締役社長)
稲田 浩一(フジクラ 常任顧問)
宮川 欣丈(宮川電気通信工業 代表取締役)
吉本 幸男(エフビットコミュニケーションズ 代表取締役社長)

第49回(平20年度)
児玉 光雄(元・広島建設工業 常務取締役)
川村 敏郎(元・日本放送協会 編成局編成主幹)
立花 佑介(元・日本電信電話 代表取締役副社長)

102 電気通信協会賞

桑原 清人(元・日本コムシス 専務取締役)
三原 種昭(元・エヌ・ティ・ティ・コミュニケーションウェア 代表取締役社長)
青木 利晴(エヌ・ティ・ティ・データ 代表取締役社長)
立川 敬二(元・エヌ・ティ・ティ・ドコモ 代表取締役社長)
田中 章夫(元・日本放送協会 放送技術局長)
田﨑 公郎(元・エヌ・ティ・ティ・アドバンステクノロジ 代表取締役社長)
大石 一芳(元・フジクラ 常務取締役)
早田 利雄(元・日本電信電話 代表取締役)
久保田 俊昭(元・つうけん 代表取締役社長)
布谷 龍司(元・NTT ファシリティーズ 代表取締役社長)
御舘 守(元・古河電気工業 取締役)
井上 剛毅(英工電機 代表取締役)
山本 隆臣(元・KDD総研 代表取締役社長)
村山 淳一(元・ニッポン放送 取締役)

第50回(平21年度)
石嶺 眞常(元・琉球通信工事 代表取締役社長)
藤井 友位(元・NTTデータ通信 常務取締役)
林 信幸(現・コミューチュア 取締役相談役)
川内 武(現・日本情報通信コンサルティング 代表取締役会長)
坂本 光(現・住友電工通信エンジニアリング 代表取締役社長)
塚本 潤三(元・日本放送協会 技術局技術主幹)
小幡 弘喜(元・協和エクシオ 専務取締役)
高橋 鶴次郎(元・東電通 代表取締役副社長)
小松 德之(元・和興エンジニアリング 専務取締役)
三輪 佳生(現・NTTカードソリューション 顧問)
池上 徹彦(現・文部科学省 宇宙開発委員会 常勤委員)
杉山 和男(元・古河電気工業 取締役)
小笠原 英夫(元・日本放送協会 大阪放送局副局長)
大熊 長夫(元・ソルコム 代表取締役社長)
金子 貞夫(現・長野朝日放送 技術顧問)
石川 泰弘(現・フジクラ 顧問)
木村 博(現・新東電設 代表取締役)

辰川 伸一(現・北陸通信工業 代表取締役社長)

第51回(平22年度)
　岩崎 正平(元・光和建設 代表取締役社長)
　坂田 雅夫(元・ソルコム 代表取締役社長)
　森脇 輝康(元・中部日本放送 専務取締役)
　田辺 正通(元・日本電信電話 取締役OCN事業部長)
　吉岡 正紀(元・日本電信電話 取締役四国支社長)
　河端 輝次(元・フジクラ 常務取締役)
　中島 博功(元・日本放送協会 情報システム室室長)
　比嘉 悠紀三(元・日設 代表取締役社長)
　伊藤 誠二(現・日本電話施設 顧問)
　田中 良一(元・日立国際電気 執行役副社長)
　縄田 喜代志(元・住電オプコム 代表取締役社長)
　池田 茂(元・日本電信電話 常務取締役マルチメディア推進本部長)
　高木 繁俊(元・NTTデータ 代表取締役副社長)
　齊藤 健(元・大和電設工業 代表取締役社長)
　松﨑 淳嗣(元・日本放送協会 技術局技術主幹)
　峯嶋 利之(元・日本電信電話 常務取締役(法務検査・経理担当))
　松尾 勇二(元・東日本電信電話 代表取締役副社長)
　河合 輝欣(元・NTTデータ 代表取締役副社長)
　二宮 克好(元・エルベック 代表取締役社長)
　木塚 修一(元・日本電信電話 常務取締役再編成室長)
　鶴保 征城(元・NTTデータ 常務取締役技術開発本部長)
　牧野 詔一(元・日本電信電話 取締役長距離通信事業本部長)
　大輪 堅一(現・富士ネットシステムズ 代表取締役社長)

## 103　日経地域情報化大賞

　IT(情報技術)を利用して、地域の自律的な創意・工夫に基づいて地域経済の活性化や生活の向上、文化の振興などに取り組んでいる先進的なプロジェクトを発掘し、顕彰するため創設。平成15年度より「日経インターネットアワード」から「日経地域情報化大賞」に改称。
【主催者】日本経済新聞社、日本インターネット協会、地域活性化センター
【選考委員】(平成20年)審査委員長：國領二郎(慶応義塾大学総合政策学部教授)、審査委員：北川正恭(早稲田大学大学院公共経営研究科教授)、高橋徹(インターネット協会副理事長)、辻正次(兵庫県立大学大学院応用情報科学研究科教授)、林英輔(麗澤大学情報システムセンター長)、小暮純也(地域活性化センター事務局長)、坪田知己(日本経済新聞社日経メディアラボ所長)
【選考方法】公募あるいは推薦
【選考基準】〔対象〕IT(情報技術)を利用して「地域の活性化」を目指しているプロジェクト
【締切・発表】(平成15年)7月18日締切,9月下旬～10月上旬発表
【URL】http://www.nikkei.co.jp/riaward/

第1回(平8年)
　◇ビジネス部門
　●日本経済新聞社賞
　　セコム　"「身体の健康、自己診断システム」「三百六十度まわるショッピング」などインターネットの特性を生かす"
　　大阪ガス　"家庭用レシピ「ボブとアンジーのキッチン」"
　　江崎グリコ　"「栄養成分ナビゲーター」"

「ネットショップ」コーナーなど"
●日本インターネット協会賞　モダス　"インターネットの双方向性を利用して顧客が納得いくまで印影づくりをする仕組みを作り、チタン製の印鑑を海外にも通信販売"
●日本ヒューレット・パッカード特別賞　たもかく　"「本と森の交換」というユニークな事業をホームページを利用して全国

展開"
◇自治体部門
- 日本経済新聞社賞
 函館インフォメーション・ネットワーク "情報は観光・物産,イベント,地域ニュースなど幅広く,地域向けと外部向けの情報量のバランスの良さが評価された"
 富山県 "県の内外の人と電子メールを使って実施した仮想シンポジウムなどユニークな取組みが評価された"
- 日本インターネット協会賞 上野市 "忍者の里にちなんで忍者に特化したアイデアとビジュアルな画面デザインが評価された"
- 地域活性化センター賞 松江警察署 "警察を一般市民に身近に感じさせるページづくりが高い評価を受けた"
- 日本ヒューレット・パッカード特別賞 神戸市 "震災という逆境のなかでインターネットの普及に貢献した点が評価された"

第2回（平9年）
◇ビジネス部門
- 日本経済新聞社賞
 日本銀行 "使い勝手に配慮,「短観」資料提供"
 松下電工 "イントラネットのウェブサーバーを42部署で立ち上げ,すべての部門で業務効率化達成"
 ティーシャツ・ギャラクシー "好みの絵柄でTシャツを通販する"
- 日本インターネット協会賞 築地場外市場商店街振興組合 "各商店の説明,商品の解説を行い商店街の魅力をアッピール"
- 日本ヒューレット・パッカード特別賞 紀伊国屋書店 "図書館ネットによる本の受注を可能にした"
◇自治体部門
- 日本経済新聞社賞
 岡山県 "双方向性に留意"
 黒部市 "市の内容を広く紹介"
- 日本インターネット協会賞 福井県環境科学センター "「みどりネット」のタイトルで環境に特化している"
- 地域活性化センター賞 オホーツク委員会 "過疎地が連携し発信"
- 日本ヒューレット・パッカード特別賞 石川県 "地場産業の振興重視"

第3回（平10年）
◇ビジネス部門
- 日本経済新聞社賞
 旭化成工業 "就職活動する学生向けに採用担当者の考えなどを紹介"
 ものづくり共和国 "製造業の若手経営者らが活発な議論を展開"
 エスエスケイ "スポーツチームの対戦相手を実力に応じて検索"
 フリーウエイ "パソコン7000点の情報を流し実質本位で運営"
- 日本インターネット協会賞 NTT第二法人営業本部 "イントラネットを活用し個人のノウハウを全職場で共有"
◇自治体部門
- 日本経済新聞社賞
 横浜市 "情報内容が整理され検索機能が優れている"
 帯広市 "市民に役立つ情報を提供"
 滋賀県 "環境の視点を軸に発信"
- 地域活性化センター賞 藤沢市 "市民参加で意見交換"
- 日本インターネット協会賞 須玉町歴史資料館 "写真,イラストを多用"

第4回（平11年）
◇ビジネス部門
- 日本経済新聞社賞
 住友海上火災保険（イントラネット） "全国5500店の代理店の営業を支援"
 エヌシネットワーク "東京・葛飾区の中小企業経営者らが共同で設置し,製造業の技術交流や情報交換を行う"
 バンライ "介護情報の提供と用品販売を行うほか,会議室も開く"
 サードウェーブ "消費者同志がオークション形式で商品を売買できる"
- 日本インターネット協会賞 楽天 "日本最大規模の電子モールで情報更新が頻繁"
◇自治体・教育部門
- 日本経済新聞社賞
 三重県 "全国に先駆けて事務事業評価システムの膨大な評価表を公開"
 岩手県 "情報公開にインターネットの持つ双方向性をうまく活用"
 横浜市立本町小学校 "学校内の生き生きとした様子が手に取るようにわかる構成となっている"
- 地域活性化センター賞 神奈川県横須賀市 "情報が「市民にとって必要なもの」という視点で整理・発信されている"
- 日本インターネット協会賞 玉川学園 "幼稚園から大学院まであり,子,親,教師が一体となってネットワークを通じた教育に

取り組む"

## 第5回（平12年）
◇ビジネス部門
- 日本経済新聞社賞
  三井物産 "iモードで地図を配信するサイト「アイマップファン」を運営"
  ツタヤオンライン "総合エンターテインメント情報提供サービス「TSUTAYA Online」を展開"
  DeNA "自社ブランドのネットオークション「BIDDERS（ビッダーズ）」を運営するほか、有力ポータルサイトなどにオークションプラットホームを提供"
  ラクーン "複数のメーカー、問屋、小売業などが参加して過剰在庫を処分できる仮想市場「オンライン激安問屋」を企画、運営"
- 日本インターネット協会賞 ソニー・ミュージックエンタテインメント "インターネットを利用して音楽を有料で配信"

◇自治体・教育部門
- 日本経済新聞社賞
  静岡県 "行政情報を総合的に提供"
  兵庫県西宮市 "豊富な情報を市民が使いやすいように工夫"
  山口県立徳山商業高等学校 "情報化学習の一環として、ホームページ上に地元商店街のモールを作成・提供"
- 地域活性化センター賞 京都府中小企業振興公社 "単なる産業施策の案内や地元産業・企業の紹介などにとどまらず、資材調達・購買に関する受発注情報を提供し、中小企業の販路開拓、取引拡大を支援"
- 日本インターネット協会賞 龍谷大学 "大学図書館が所蔵する大谷探検隊の収集品を精細デジタル撮影し提供"
◇特別賞 ゆびとま "ネット上の同窓生交流サイト「この指とまれ！」を運営"

## 第6回（平13年）
◇ビジネス部門
- 日本経済新聞社賞
  松井証券 "インターネットを通じて、株式やオプションの売買取り次ぎなど従来の対面営業型証券会社で営業員が担当していた業務のすべてを、24時間365日展開"
  マツダ "カスタマイズ専用車「ロードスター」をインターネットを利用して受注生産"
  トラボックス "主に中小トラック運送業界向けに国内最大の荷物・空車電子取引市場「Tr@Box」を運営"
  復刊ドットコム "読者が復刊を希望する絶版本の投票をインターネットで集めるサイト"
- インターネット協会賞 有線ブロードネットワークス "各家庭向けに光ファイバーによるブロードバンド（高速大容量）通信事業を展開、最大速度が毎秒100メガビットの常時接続型超高速インターネット接続サービスを提供"

◇自治体・教育部門
- 日本経済新聞社賞
  大分県 "インターネット上に、一村一品の電子版ともいうべきバーチャル国際見本市を開設"
  千葉県市川市 "市内外のコンビニエンスストアの情報端末から施設予約や子育て施設・行事の検索などができるサービスなど、市民にとってシンプルで使い勝手の良い行政情報の提供に注力"
  兵庫県篠山市 "観光・イベントを中心に丹波地域の情報をきめ細かく発信"
- 地域活性化センター賞 富山インターネット市民塾 "市民主導型の在宅学習講座をインターネット上で開催できる場を提供・運営"
- インターネット協会賞 北陸先端科学技術大学院大学 "博士課程で国立大学では初めてネットによる入試を実施"

## 第7回（平14年）
◇ビジネス部門
- 日本経済新聞社賞
  石井食品 "ミートボール、ハンバーグなど製造販売する商品について、原材料などの情報を消費者に公開している"
  全日本空輸 "インターネットで航空座席の予約ができる「ANASKYWEB」を運営する"
  アイスタイル "化粧品に関する消費者の声を紹介する口コミサイト「@cosme（アットコスメ）」を運営する"
  ゼイヴェル "携帯電話の女性向け情報サイト「ガールズウォーカー」などを運営する"
- インターネット協会賞 オーテック "金型、部品など中小の工業製品メーカー向けの受発注サイト「ものづくりタウン21」を運営する"

◇自治体・教育・NPO部門
- 日本経済新聞社賞

神奈川県大和市 "市民参加型の電子自治体構築に意欲的に取り組んでいる"
WIDE University School of Internet "慶応大学のインターネット工学などの講義を動画ファイル・資料で配信している"
キャンサーネットジャパン "がん専門医がボランティアで海外のがん医療情報を翻訳し、患者・家族に無料で提供している"
- 地域活性化センター賞 埼玉県宮代町 "町民サイドの視点を大事にした情報やサービスを豊富に掲載している"
- 日本インターネット協会賞 ネイチャーネットワーク・プロジェクト "世界中にオルカ（シャチの学名）とアオウミガメの生態を24時間ライブ中継している"

第8回（平15年）
◇大賞 シニアSOHO普及サロン・三鷹（東京都三鷹市）
◇日本経済新聞社賞
NetComさが推進協議会・鳳雛塾（佐賀市）
日本サスティナブル・コミュニティ・センター（京都市）
人吉球磨広域行政組合（熊本県人吉市）
◇地域活性化センター賞 桐生地域情報ネットワーク（群馬県桐生市）
◇インターネット協会賞 関西ブロードバンド（神戸市）
◇CANフォーラム賞 つくば市教育委員会（茨城県つくば市）

第9回（平16年）
◇大賞 鹿児島建築市場（鹿児島市） "地域内サプライチェーン「鹿児島建築市場」"
◇日本経済新聞賞 鶴岡地区医師会（山形県鶴岡市） "地域医療連携ネットワーク「Net4U」"
◇日本産業新聞賞 大阪市都市型産業振興センター・ソフト産業プラザ・イメディオ（大阪市） "受発注業務支援サイト「商談上手」"
◇日経MJ（流通新聞）賞 幡ケ谷・西原・笹塚商店街連合会、アンカーコム "10商店街合同地域サイト「ささはたドッとこむ」"
◇地域活性化センター賞 内子フレッシュパークからり（愛媛県喜多郡内子町） "産直販売支援システム「からりネット」"
◇インターネット協会賞 房総IT推進協議会（NPO）（千葉県館山市） "南房総地域インフラ整備プロジェクト"
◇CANフォーラム賞 はりまスマートスクールプロジェクト（兵庫県姫路市）

第10回（平17年）
◇大賞 きょうと情報カードシステム（京都府） "京都の商業者によるIT決済ネットワークの構築"
◇日本経済新聞賞 千葉県立東金病院（千葉県） "わかしお医療ネットワーク"
◇日経産業新聞賞 豊田市（愛知県） "移動支援ポータルサイト「みちナビとよた」"
◇日経MJ（流通新聞）賞 西条市（愛媛県） "西条市合併記念映画製作と「らくだ銀座」プロジェクト"
◇地域活性化センター賞 にんじんネット協議会（長崎県） "無線LANによる地域ネット構築"
◇インターネット協会賞 長野県共同電算（長野県） "信州ユニバーサル・ブロードバンドサービス"
◇CANフォーラム賞 いろどり（徳島県） "彩事業"
◇京都府知事賞
京都府自治体情報化推進協議会（京都府） "統合システム「TRY-X」等による市町村電算業務の共同化"
京都試作ネット（京都府）

第11回（平18年）
◇大賞 長崎県, オープンソースベンダーフォーラム長崎（長崎県） "長崎県電子県庁システム等のオープンソース公開、"
◇日本経済新聞社賞
有工メディアプロジェクト（A.M.P）（佐賀県有田町） "有田工業高校の地域連携マルチメディアプロジェクト"
e-まなびネット郡山（福島県郡山市） "e-まなびネット郡山が開発した学校用ブログ「スクログ」"
NPO法人はままつ子育てネットワークぴっぴ（静岡県浜松市） "子育て支援ポータルサイト「はままつ子育てネットワークぴっぴ」"
◇佐賀県知事賞 新庄ミニFM発起人会（通称FM FLOWER）（山形県新庄市） "住民参加型ミニFM局「FM FLOWER」"
◇地域活性化センター賞 熊本県八代市 "地域SNSプロジェクト「ごろっとやっちろ」"
◇インターネット協会賞 NPO法人子どもの権利支援センターぱれっと（富山県射水市） "ネット掲示板を使った相談・ピアサポーター育成事業「ほっとスマイル」"
◇CANフォーラム賞 NPO法人STAND（金

沢市）"障害者スポーツ・モバイルライブ中継「モバチュウ」"
◇佐賀新聞社賞　ケーブルワン（佐賀県武雄市）"ケーブルワンの地域映像アーカイブとVODサービス"

第12回（平19年）
◇大 賞　松江市（島根県）"Ruby City MATSUEプロジェクト"
◇日本経済新聞賞
　岩手県医療福祉情報化コンソーシアム「ポラーノ広場」（岩手県）"高齢者安否確認システム――今日も発信・元気だよ！"
　高知県　"高知県地域版アウトソーシング"
◇日経産業新聞賞　ヘルスケア基盤整備事業推進コンソーシアム（熊本県）"オープンプラットフォーム型健康情報基盤（私の健康履歴）"
◇日経MJ（流通新聞）賞　北山村（和歌山県）"ブログポータルサイト「村ぶろ」"
◇新潟県知事賞
　協同組合三条工業会（新潟県）"インダスマーケット"
　藤沢市（神奈川県）"地域が見守る安心ネットワーク"
◇地域活性化センター賞　須坂市,NPO法人信州SOHO支援協議会,須高ケーブルテレビ,須坂新聞,須坂市観光協会（長野県）"寄ってたかって信州須坂発信プロジェクト"
◇インターネット協会賞　松江市（島根県）"Ruby City MATSUEプロジェクト"

◇CANフォーラム賞　シーポイント（静岡県）"浜松地域ブログポータル「はまぞう」"
◇特別賞　柏崎コミュニティ放送「FMピッカラ」（新潟県）"新潟県中越沖地震に伴う緊急災害放送"

第13回（平20年）
◇大 賞　地域SNS基盤連携ネットワーク/インフォミーム（兵庫県）"OpenSNP地域情報プラットホーム連携プロジェクト"
◇日本経済新聞賞　神戸市第二次救急病院協議会（兵庫県）"神戸市第二次救急病院協議会救急医療情報システム"
◇日経産業新聞賞　ワイズスタッフ（北海道）"テレワークの新しい形「ネットオフィス」による全国各地での地域情報化"
◇日経MJ（流通新聞）賞　三陸いわて【魚】情報化チーム（岩手県）"三陸いわて水産分野の情報化"
◇地域活性化センター賞　厚木市（神奈川県）"地域ポータルサイト「マイタウンクラブ」"
◇インターネット協会賞　特定非営利活動法人TRYWARP（千葉県）"大学生がパソコンを教えることを通して、若者と地域住民との世代間交流のきっかけ作り～パソコンプレックス解消大作戦～"
◇CANフォーラム賞　特定非営利活動法人中海再生プロジェクト,中海テレビ放送（鳥取県）"中海再生プロジェクト"
◇特別賞　スルッとKANSAI協議会（大阪府）"スルッとKANSAIプロジェクト"

## 104　日本映画技術賞

　毎年発表された各種の映画作品の中から、特に優れた技術成果を広く顕彰し、我が国映画技術の向上と発展を更に推進し助長することを目的として、昭和21年に創設された。その後、2001年度に「日本テレビ技術賞」（旧「日本テレフィルム技術賞」）と「日本映画技術賞」を統合した上で「映像技術賞」へ名称変更。

【主催者】（社）日本映画テレビ技術協会
【選考委員】協会員および関連団体から技術種別に選出された者および映画技術に関する高度な学識経験者で構成
【選考方法】協会員（個人）および協会加盟の製作会社その他の関連団体の推薦による
【選考基準】〔対象〕前年12月15日から当年12月14日までに公開された日本映画の技術成果のうち、撮影、照明、美術、録音、特殊技術、その他の諸技術における特に優秀なもの。〔部門〕A：劇映画,B：非劇映画,C：ニュース映画,D：その他
【締切・発表】締切は12月末日、3月に「映画テレビ技術」誌上その他にて発表、授賞式は5月25日頃

【賞・賞金】賞状と賞牌
【URL】http://www.mpte.jp/outline/kennsyou/

第1回（昭22年度）
　三浦 光雄〈撮影〉　"「今ひとたびの」"〔東宝〕"
　安恵 重遠〈録音〉　"「女優」"〔東宝〕"
　平川 透徹〈美術〉　"「女優」"〔東宝〕"
　平田 光治〈照明〉　"「女優」"〔東宝〕"
　西川 悦二〈現像〉　"「愛よ星と共に」"〔新東宝〕"
　渡辺 明〈特技〉　"「戦争と平和」"〔東宝〕"
　藤沢 信〈色彩〉,大映技術研究所　"「キャバレーの花籠」"〔大映〕"
　日本映画社ニュース撮影班　「関東大水害記録第89号，第90号」
　八幡 治夫〈撮影〉　"「魚の愛情」"〔日映〕"

第2回（昭23年度）
　菊地 修平〈美術〉　"「好色五人女」"〔大映〕"
　東宝撮影所合成課〈合成技術〉　"「小判鮫・前篇」"〔東宝〕"
　吉野 馨治〈撮影〉　"「霜の花」"〔日映〕"
　日本映画社撮影課　「北陸大震災第一報」

第3回（昭24年度）
　新東宝特殊技術課　"「春の戯れ」"〔新東宝〕"
　平川 透徹〈美術〉　"「恋狼火」"〔東宝〕"
　加藤 庄之丞〈照明〉　"「痴人の愛」"〔大映〕"
　神谷 正和〈録音〉,新東宝技術課音響整備係　"「グッド・バイ」"〔新東宝〕"
　林田 重男,清水 浩〈撮影〉"「海に生きる」"〔日映〕"
　日本映画社〈撮影〉　「日本ニュース第182号々外 国鉄下山総裁謎の死」

第4回（昭25年度）
　中尾 駿一郎〈撮影〉　"「また逢う日まで」"〔東宝〕"
　平田 光治〈照明〉　"「また逢う日まで」"〔東宝〕"
　水谷 浩〈美術〉　"「偽れる盛装」"〔大映〕"
　佐伯 啓三郎〈撮影〉　「理研文化ニュース133号 尾瀬ケ原」
　鈴木 喜代治〈撮影〉　"「稲の一生」"〔日映〕"

第5回（昭26年度）
　伊佐山 三郎〈撮影〉　"「雪割草」"〔大映〕"
　久保田 行一〈照明〉　"「雪割草」"〔大映〕"
　新東宝技術課〈特技〉　"「ブンガワンソロ」"〔新東宝〕"
　完倉 泰一〈撮影〉　"「資源に挑む」"〔東宝〕"
　理研映画社〈撮影・録音・編集〉　「理研文化ニュース229号 アナタハン部隊帰る」
　磯野 剛男〈撮影〉　「日本ニュース272号 噴き出す灼熱の流れ」

第6回（昭27年度）
　日本映画新社技術部〈撮影〉　「朝日ニュース349号 東京メーデー事件」
　小林 米作〈撮影〉　"「結核の生態」"〔東京シネマ〕"
　中井 朝一〈撮影〉　"「生きる」"〔東宝〕"
　三縄 一郎,東宝音響技術課〈録音〉"「生きる」"〔東宝〕"
　岡本 健一〈照明〉　"「西陣の姉妹」"〔大映〕"
　横田 達之〈特技〉　"「死の街を逃れて」"〔大映〕"

第7回（昭28年度）
　三浦 光雄〈撮影〉　"「煙突の見える場所」"〔8プロ・新東宝〕"
　石井 長四郎〈照明〉　"「青色革命」"〔東宝〕"
　西井 憲一〈録音〉　"「地の果てまで」"〔大映〕"
　丸茂 孝〈美術〉　"「縮図」"〔近代映協・新東宝〕"
　東洋現像所〈現像〉　"「地獄門」"〔大映〕"
　林田 重男〈撮影〉　"「世界の動き・朝鮮」"〔日映〕"
　松本 久弥,日本映画新社技術課〈撮影〉　「朝日ニュース第423号 お迎えさん」
　曽我崎 国臣〈撮影〉　「毎日世界ニュース第97号 豪雨北九州を襲う」

第8回（昭29年度）
　宮川 一夫〈撮影〉　"「近松物語」"〔大映〕"
　中井 朝一〈撮影〉　"「七人の侍」"〔東宝〕"
　岡本 健一〈照明〉　"「近松物語」"〔大映〕"
　下永 尚〈録音〉　"「山の音」"〔東宝〕"
　松山 崇〈美術〉　"「七人の侍」"〔東宝〕"
　円谷 英二〈特技〉　"「ゴジラ」"〔東宝〕"
　小村 静夫,伊勢 長之助〈撮影・編集〉"「佐久間ダム」"〔岩波映画〕"
　毎日世界ニューススタッフ〈撮影・録音〉「毎日世界ニュース第145号 衆院大乱闘事件」
　NHK映画部〈TV映画技術〉　"「悲喜交々」"〔NHK〕"
　◇特別賞　依田 孝喜〈撮影〉　"「白き神々の座」"〔毎日新聞社〕"

第9回（昭30年度）
　三浦 光雄〈撮影〉　"夫婦善哉"〔東宝〕"
　藤好 昌生〈録音〉　"夫婦善哉"〔東宝〕"
　杉山 公平〈色彩撮影〉　"楊貴妃"〔大映〕"
　久保田 行一〈照明〉　"楊貴妃"〔大映〕"
　白井 茂〈色彩撮影〉　"フランスの美術"〔日映新社〕"
　大小島 嘉一〈色彩撮影〉　"新しい米つくり"〔東京シネマ〕"
　瀬川 順一〈色彩撮影〉　"日本の鉄鋼"〔岩波映画〕"
　日本映画新社技術部〈撮影〉　「朝日ニュース第511号 楽しい修学旅行を」
　NHK映画部〈TV映画技術〉　"ぼくらの家"〔NHK〕"

第10回（昭31年度）
　三浦 光雄〈撮影〉　"白夫人の妖恋"〔東宝〕"
　石井 長四郎〈照明〉　"流れる"〔東宝〕"
　中古 智〈美術〉　"流れる"〔東宝〕"
　福安 賢洋〈録音〉　"流転"〔松竹〕"
　松竹撮影所関係スタッフ〈特技〉　"忘れえぬ慕情"〔松竹〕"
　林田 重男、中村 誠二〈色彩撮影〉　"カラコルム"〔日映新社〕"
　小林 米作他関係スタッフ〈色彩撮影〉　"クロロマイセチン療法"〔東京シネマ〕"
　読売映画社〈水中撮影〉　"読売国際ニュース第357号 華厳の滝壺"「読売国際ニュース第373号 鳴門の渦潮」「読売国際ニュース第384号 沖縄から来た糸満漁民たち」
　NHK映画部〈TV映画技術〉　"海底の散歩"〔NHK〕"
◇特別賞
　依田 孝喜〈撮影〉　"マナスルに立つ"〔毎日新聞社〕"
　森は生きている関係スタッフ〈諸技術〉　"森は生きている"
　佐々木 巌〈NHK〉　"テレビ放送における迅速現像処理の利用"

第11回（昭32年度）
　宮川 一夫〈撮影〉　"夜の蝶"〔大映〕"
　中岡 源権〈照明〉　"朱雀門"〔大映〕"
　岩田 広一〈録音〉　"米"〔東映〕"
　宮崎 正信〈録音〉　"地球防衛軍"〔東宝〕"
　村木 与四郎〈美術〉　"蜘蛛巣城"〔東宝〕"
　円谷 英二〈特技〉　"地球防衛軍"〔東宝〕"
　林田 重男〈撮影〉　"南極大陸"〔日映新社〕"
　東京シネマ技術部〈特技〉　"太陽と電波"〔東京シネマ〕"
　東京テレビ映画社技術課、ラジオ東京テレビ技術部〈TV映画技術〉　"カメラで把えた人工衛星"〔KR-TV〕"

第12回（昭33年度）
　楠田 浩之〈撮影〉　"楢山節考"〔松竹〕"
　大野 久男〈録音〉　"楢山節考"〔松竹〕"
　神谷 正和〈録音〉　"四季の愛欲"〔日活〕"
　小林 米作　"ミクロの世界"〔東京シネマ〕の顕微鏡撮影を含む撮影"
　日本映画新社製作スタッフ〈色彩撮影〉　"若き美と力"〔日映新社〕"
◇特別賞　東宝撮影所録音部門　"パースペクタ録音方式の研究とその実施"
◇選奨　豊島 良三〈照明〉　"楢山節考"〔松竹〕"

第13回（昭34年度）
　山田 一夫〈撮影〉　"日本誕生"〔東宝〕"
　円谷 英二〈特技〉　"日本誕生"〔東宝〕"
　小島 正七〈照明〉　"日本誕生"〔東宝〕"
　渡会 伸、下永 尚〈録音〉　"独立愚連隊"〔東宝〕"
　丸茂 孝〈美術〉　"第五福竜丸"〔近代映協〕"
　黒沢 治安〈美術〉　"東海道四谷怪談"〔新東宝〕"
　潮田 三代治〈撮影〉　"花嫁の峰チョゴリザ"〔日映新社〕"
　"「ガン細胞」〔東京シネマ〕の顕微鏡による生態観察技術"
　小林 米作

第14回（昭35年度）
　宮川 一夫〈撮影〉　"おとうと"〔大映〕"
　伊ారੂ 幸夫〈照明〉　"おとうと"〔大映〕"
　下河原 友雄〈美術〉　"おとうと"〔大映〕"
　日映新社水中撮影班〈水中撮影〉　"エラブの海"〔日映新社〕"
　小林 米作〈撮影〉　"マリン・スノー"〔東京シネマ〕"
　吉田 六郎〈撮影〉　"新昆虫記・蜂の生活"〔東映〕"
　池田 保彦〈撮影〉　"20世紀フランス美術展"〔NTV〕"
◇選奨
　小村 静夫〈撮影〉　"炎・ルポルタージュ"〔岩波映画〕"
　国島 正男〈録音〉　"エラブの海"〔日映新社〕"
　日本映画新社〈撮影〉　「朝日ニュース第767号 麻薬に手をだすな」

プレミヤ映画製作スタッフ〈撮影〉「サンケイスポーツニュース第632号 中山大障害ロールメリー優勝」

第15回（昭36年度）
　宮島 義勇〈撮影〉　"「人間の条件（完結編）」〔松竹〕"
　中村 公彦〈美術〉　"「豚と軍艦」〔日活〕"
　矢野口 文雄，下永 尚〈録音〉　"「世界大戦争」〔東宝〕"
　日本映画新社〈撮影〉「朝日ニュース第842号 釜ケ崎の手配師」
　小林 米作〈撮影〉　"「潤滑油」〔東京シネマ〕"
　下沢 敬悟〈美術〉　"「はだかっ子」〔東映〕"
◇選奨　豊島 良三〈照明〉　"「永遠の人」〔松竹〕"
◇特別賞　大映　"「釈迦」〔大映〕の撮影・照明・特技・美術・録音"

第16回（昭37年度）
　成島 東一郎〈撮影〉　"「秋津温泉」〔松竹〕"
　小林 節雄〈撮影〉　"「私は二歳」〔大映〕"
　伊藤 幸夫〈照明〉　"「私は二歳」〔大映〕"
　竹中 和雄〈美術〉　"「その場所に女ありて」〔東宝〕"
　西崎 英雄〈録音〉　"「切腹」〔松竹〕"
　古山 恒夫〈録音〉　"「キューポラのある街」〔日活〕"
　加瀬 寿士〈録音〉　"「王将」〔東映〕"
　林田 重男〈撮影〉　"「フランスの近代美術」〔日映新社〕"

第17回（昭38年度）
　成島 東一郎〈撮影〉　"「古都」〔松竹〕"
　飯村 雅彦〈撮影〉　"「五番町夕霧楼」〔東映〕"
　岩木 保夫〈照明〉　"「にっぽん昆虫記」〔日活〕"
　円谷 英二〈特技〉　"「大盗賊」〔東宝〕"
　村木 忍他関係スタッフ〈美術〉　"「社長外遊記（前・後）」〔東宝〕"
　矢野口 文雄他整音スタッフ〈録音〉　"「天国と地獄」〔東宝〕"
　石橋 敏男〈撮影〉　"「朝日ニュース第947号 路地うらの天国」〔日映新社〕"
　中村 誠二〈撮影〉　"「日本の金工」〔日映新社〕"
　根岸 栄〈撮影〉　"「ある機関助士」〔岩波映画〕"
　山口 弌朗〈撮影〉　"「地熱に挑む」〔日映新社〕"
◇選奨
　近藤 照男〈美術〉　"「陸軍残虐物語」〔東映〕"
　古山 恒夫〈録音〉　"「にっぽん昆虫記」〔日活〕"

第18回（昭39年度）
　姫田 真佐久〈撮影〉　"「赤い殺意」〔日活〕"
　三浦 礼〈照明〉　"「五弁の椿」〔松竹〕"
　田中 俊夫，吉田 庄太郎〈録音〉　"「夜の片鱗」〔松竹〕"
　森 幹男〈美術〉　"「越後つついし親不知」〔東映〕"
　日本映画新社〈撮影〉「朝日ニュース第973号 狭き門にひしめく」
　白井 茂〈撮影〉　"「日本のかたなとよろい」〔日映新社〕"

第19回（昭40年度）
　姫田 真佐久〈撮影〉　"「日本列島」〔日活〕"
　中村 明〈照明〉　"「怪談」〔にんじんクラブ〕"
　円谷 英二〈特技〉　"「キスカ」〔東宝〕"
　阿久根 巌〈美術〉　"「侍」〔東宝〕"
　渡会 伸〈録音〉　"「赤ひげ」〔東宝〕"
　田村 修一〈撮影〉「朝日ニュース第1061号 渦まく車の中で」
　杉崎 理〈撮影〉　"「石油の詩」〔日映新社〕"
◇特別賞　東映化学と撮影グループ〈特別処理〉　"「飢餓海峡」〔東映〕"

第20回（昭41年度）
　姫田 真佐久〈撮影〉　"「人類学入門」〔日活〕"
　宮川 一夫〈色彩撮影〉　"「刺青」〔大映〕"
　和多田 弘〈照明〉　"「湖の琴」〔東映〕"
　円谷 英二〈特技〉　"「怪獣大戦争」〔東宝〕"
　高橋 宜雄，正木 凌〈撮影〉「朝日ニュース第1077号 ある生活—受験記」
　奥村 祐治，関 晴夫〈撮影〉"「しょう油」〔岩波映画〕"
　金山 富男〈撮影〉　"「伝統工芸—わざと人」〔記録映画〕"

第21回（昭42年度）
　小林 節雄〈撮影〉　"「華岡清洲の妻」〔大映〕"
　石井 長四郎〈照明〉　"「乱れ雲」〔東宝〕"
　阿久根 巌〈美術〉　"「日本のいちばん長い日」〔東宝〕"
　渡会 伸〈録音〉　"「日本のいちばん長い日」〔東宝〕"
　林田 重男〈撮影〉　"「モントリオール万国博の記録」〔日映新社〕"
　毎日映画社〈撮影〉「毎日ニュース第676号

流血の中の訪米」
平井 寛〈撮影〉 "「マッチ売りの少女」〔学研〕"
◇奨励賞 川原 資三〈美術〉 "「殺しの烙印」〔日活〕"

第22回(昭43年度)
中井 朝一〈撮影〉 "「首」〔東宝〕"
森 弘充〈照明〉 "「首」〔東宝〕"
村木 忍〈美術〉 "「さらばモスクワ愚連隊」〔東宝〕"
田中 俊彦, 松本 隆司〈録音〉 "「わが闘争」〔松竹〕"
根岸 栄〈撮影〉 "「豊かな社会をめざして」〔岩波映画〕"
吉田 庄太郎〈録音〉 "「大和の石」〔新日本プロ〕"
日本映画新社〈撮影〉 「朝日ニュースNo.1212 東大の新学期・闘病」
平井 寛他関係スタッフ〈撮影〉 "「みにくいあひるの子」〔学研〕"

第23回(昭44年度)
中尾 駿一郎〈撮影〉 "「橋のない川 第一部」〔ほるぷ映画〕"
美間 博〈照明〉 "「人斬り」〔勝プロ・フジテレビ〕"
間野 重雄〈美術〉 "「盲獣」〔大映〕"
田中 信行〈録音〉 "「死ぬにはまだ早い」〔東宝〕"

第24回(昭45年度)
姫田 真佐久〈撮影〉 "「戦争と人間」〔日活〕"
中岡 源権〈照明〉 "「座頭市と用心棒」〔勝プロ〕"
井川 徳道〈美術〉 "「緋牡丹博徒お竜参上」〔東映〕"
小尾 幸魚, 松本 隆司〈録音〉 "「家族」〔松竹〕"
浦島 竜夫〈撮影〉 "「和鋼風土記」〔岩波映画〕"
大野 洋〈撮影〉 "「流氷—そのなぞを追って」〔鹿島映画〕"
◇奨励賞 川又 昂〈撮影〉 "「影の車」〔松竹〕"

第25回(昭46年度)
横尾 嘉良, 深民 浩〈美術〉 "「戦争と人間(第2部)」〔日活〕"
古山 恒夫〈録音〉 "「戦争と人間(第2部)」〔日活〕"
豊岡 定夫〈撮影〉 "「振動の世界」〔東京映画〕"
鈴木 博, 松田 重箕〈撮影〉 "「朝日ニュースNo.1340 ついに強制執行」〔日映新社〕"
◇奨励賞
高羽 哲夫〈撮影〉 "「男はつらいよ寅次郎恋歌」〔松竹〕"
正木 凌〈撮影〉 "「海を拓く技術」〔鹿島映画〕"
◇特別賞 水谷 浩 "映画美術における卓抜の業績"

第26回(昭47年度)
坂本 典隆〈撮影〉 "「約束」〔松竹・斉藤プロ〕"
中村 寛, 松本 隆司〈録音〉 "「故郷」〔松竹〕"
八木 正次郎〈撮影〉 "「動物の行動をさぐる」〔学研〕"
オリンピック撮影集団〈撮影〉 「札幌オリンピック」
オリンピック撮影集団〈録音〉 「札幌オリンピック」

第27回(昭48年度)
坂本 典隆〈撮影〉 "「津軽じょんがら節」〔斉藤プロ・ATG〕"
石井 長四郎〈照明〉 "「忍ぶ糸」〔東宝〕"
阿久根 巌〈美術〉 "「日本侠花伝」〔東宝〕"
中村 寛, 松本 隆司〈録音〉 "「男はつらいよ寅次郎忘れな草」〔松竹〕"
奥村 祐治, 手代木 寿雄〈撮影〉 "「世阿弥」〔鹿島映画〕"
千葉県PR映画センター〈撮影〉 「明日へのわだち」
久保田 重幸, 白鳥 一信〈撮影〉 "「朝日ニュースNo.1451 水俣病補償交渉」〔日映新社〕"
◇奨励賞
原 一民〈撮影〉 "「忍ぶ糸」〔東宝〕"
津吹 正〈照明〉 "「花心中」〔松竹〕"
杉崎 喬〈録音〉 "「津軽じょんがら節」〔斉藤プロ・ATG〕"
大前 和美〈撮影〉 "「腹痛を探る」〔電通映社〕"

第28回(昭49年度)
川又 昂〈撮影〉 "「砂の器」〔松竹・橋本プロ〕"
下村 一夫〈照明〉 "「華麗なる一族」〔芸苑社〕"
横尾 嘉良, 大村 武〈美術〉 "「華麗なる一族」〔芸苑社〕"
山本 忠彦, 吉田 庄太郎〈録音〉 "「砂の器」〔松竹・橋本プロ〕"
金山 富男〈撮影〉 "「張子の里デコ屋敷の

第29回（昭50年度）
　高羽 哲夫〈撮影〉　"「同胞」〔松竹〕"
　青木 好文〈照明〉　"「同胞」〔松竹〕"
　佐藤 公信〈美術〉　"「同胞」〔松竹〕"
　中村 寛,松本 隆司〈録音〉"「同胞」〔松竹〕"
　田中 正〈撮影〉　"「彫る・棟方志功の世界」〔毎日映画社・美術映画製作協会〕"
◇奨励賞　久保田 幸雄,小川プロ録音部〈録音〉"「どっこい！人間節」〔小川プロ〕"

第30回（昭51年度）
　松山 善三,岩沢 昭〈特技〉"「ふたりのイーダ」〔ふたりのイーダプロ〕"
　阿久根 巌〈美術〉　"「犬神家の一族」〔角川事務所〕"
　大橋 鉄矢〈録音〉　"「犬神家の一族」〔角川事務所〕"
　桜井 善一郎〈録音〉　"「渦の世界」〔岩波映画〕"
◇奨励賞　村木 忍〈美術〉　"「ふたりのイーダ」〔ふたりのイーダプロ〕"

第31回（昭52年度）
　宮川 一夫〈撮影〉　"「はなれ瞽女おりん」〔表現社・東宝〕"
　村木 忍〈美術〉　"「悪魔の手毬唄」〔東宝映画〕"
　吉田 庄太郎〈録音〉　"「八甲田山」〔橋本プロ・シナノ企画・東宝映画〕"
　鹿野 賢三〈撮影〉　"「白い大陸と男たち（20年目を迎えた南極観測）」〔毎日映画社〕"
　金山 富男〈撮影〉　"「伊勢型紙」〔桜映画社〕"
◇奨励賞
　木村 大作〈撮影〉　"「八甲田山」〔橋本プロ・シナノ企画・東宝映画〕"
　関 晴夫〈撮影〉　"「LSIマイクロ・エレクトロニクスの世界」〔岩波映画〕"

第32回（昭53年度）
　宮島 義勇〈撮影〉　"「愛の亡霊」〔大島渚プロ〕"
　村木 与四郎〈美術〉　"「聖職の碑」〔東宝映画〕"
　田中 俊夫,松本 隆司〈録音〉"「皇帝のいない八月」〔松竹〕"
　金山 富男〈撮影〉　"「柿右衛門―にごしで」〔記録映画社〕"
　阿部 行雄〈撮影〉　"「雪の女王」〔学習研究社映像局〕"
◇奨励賞
　小林 松太郎〈照明〉　"「鬼畜」〔松竹〕"
　東宝特殊機材グループ〈撮影効果〉"「聖職の碑」〔東宝映画〕"

第33回（昭54年度）
　小林 節雄〈撮影〉　"「あゝ野麦峠」〔新日本映画〕"
　下村 一夫〈照明〉　"「あゝ野麦峠」〔新日本映画〕"
　野間 重雄〈美術〉　"「あゝ野麦峠」〔新日本映画〕"
　渡会 伸〈録音〉　"「あゝ野麦峠」〔新日本映画〕"
　並木 菊雄〈撮影〉　"「ウニの発生と変態」〔科学映画製作所〕"
　北川 英雄〈撮影〉　"「みんなで生きるために」〔東京シネ・ビデオ〕"
　向田 吉彦〈撮影〉　"「日本ニュースNo.1659 医療界に旋風」〔日本映画新社〕"
　川本 喜八郎〈アニメーション技術〉"「火宅」〔川本喜八郎プロ〕"
◇奨励賞　東宝美術製作課〈セット製作〉"「あゝ野麦峠」〔新日本映画〕"

第34回（昭55年度）
　川上 皓一〈撮影〉　"「四季・奈津子」〔幻灯社〕"
　佐野 武治〈照明〉　"「影武者」〔黒沢プロ・東宝映画〕"
　村木 与四郎〈美術〉　"「影武者」〔黒沢プロ・東宝映画〕"
　紅谷 愃一〈録音〉　"「復活の日」〔角川プロ〕"
　加藤 孝〈撮影〉　"「ニホンザル母の愛―モズの子育て日記」〔岩波映画製作所〕"
　島倉 政男〈撮影〉　"「金沢―伝統工芸と芸能」〔北陸スタッフ〕"
　中日映画社東京本社制作部撮影課〈撮影〉「中日ニュースNo.1378 38年目の祖国"生きていてよかった"」
◇奨励賞
　上村 栄喜〈照明〉　"「四季・奈津子」〔幻灯社〕"
　出川 三男〈美術〉　"「遙かなる山の呼び声」〔松竹〕"
　中村 寛,松本 隆司〈録音〉"「遙かなる山の呼び声」〔松竹〕"
　末村 萠律喬〈録音〉　"「国宝の旅立」〔岩波映画製作所〕"
　緒方 靖とそのクルー〈撮影〉　"「海峡に架ける―50万ボルト関門連系線」〔RKB映画社〕"

第35回（昭56年度）
　　中尾 駿一郎〈撮影〉　"「日本の熱い日々 謀殺・下山事件」〔俳優座映画放送〕"
　　重田 重盛〈美術〉　"「北斎漫画」〔松竹〕"
　　東宝ダビングスタッフ　"「連合艦隊」〔東宝映画〕の2トラック4チャンネル光学録音の諸技術"
　　酒井 照夫〈撮影〉　"「地球よ永遠に」〔電通映画社〕"
　　瀬川 順一〈撮影〉　"「水俣の図・物語」〔青林舎〕"
◇奨励賞　桑名 忠之〈美術〉　"「野菊の墓」〔東映〕"

第36回（昭57年度）
　　姫田 真佐久〈撮影〉　"「誘拐報道」〔東映・日本テレビ〕"
　　海地 栄〈照明〉　"「蒲田行進曲」〔松竹・角川春樹事務所〕"
　　西岡 善信〈美術〉　"「鬼龍院花子の生涯」〔東映・俳優座映画放送〕"
　　紅谷 愃一〈録音〉　"「海峡」〔東宝映画〕"
　　長谷川 高久〈撮影〉　"「人間」〔シネ・サイエンス〕"
◇特別賞
　　北坂 清〈撮影〉　"「蒲田行進曲」〔松竹・角川春樹事務所〕"
　　高橋 章〈美術〉　"「蒲田行進曲」〔松竹・角川春樹事務所〕"
　　橋本 文雄, 呂 慶昌〈録音〉　"「未完の対局」〔東光徳間・北京映画製作所〕"

第37回（昭58年度）
　　椎塚 彰〈撮影〉　"「南極物語」〔フジテレビ・学研・蔵原プロ〕"
　　岩木 保夫〈照明〉　"「楢山節考」〔東映・今村プロ〕"
　　芳野 尹孝〈美術〉　"「この子を残して」〔ホリ企画・松竹〕"
　　瀬川 徹夫〈録音〉　"「よみがえる東塔」〔TVC山本・フジテレビ〕"
　　田中 正, 中尾 駿一郎, 木塚 誠一, 完倉 泰一〈撮影〉　"「よみがえる東塔」〔TVC山本・フジテレビ〕"
　　大森 公平〈照明〉　"「海底炭鉱に生きる」〔RKB映画社〕"
◇特別賞　鹿野 賢三〈撮影〉　"「南極」〔国立極地研究所・共栄産業〕"

第38回（昭59年度）
　　森田 富士郎〈撮影〉　"「序の舞」〔東映〕"
　　望月 英樹〈照明〉　"「おはん」〔東宝映画〕"
　　井川 徳道, 佐野 義和〈美術〉　"「序の舞」〔東映〕"
　　高橋 和久, 小尾 幸魚〈録音〉　"「上海バンスキング」〔松竹〕"
　　大前 和美〈撮影〉　"「ニッカウ井スキー 浪漫の灯はいまも」〔電通映画社〕"
◇特別賞
　　五十畑 幸勇〈撮影〉　"「おはん」〔東宝映画〕"
　　浦田 厚司〈撮影〉　"「古代埼玉のあけぼの 稲荷山古墳と115文字のなぞ」〔電通映画社〕"

第39回（昭60年度）
　　斉藤 孝雄, 上田 正治〈撮影〉　"「乱」〔ヘラルドエース, グリニッチ・フィルム・プロ〕"
　　佐野 武治〈照明〉　"「乱」〔ヘラルドエース, グリニッチ・フィルム・プロ〕"
　　村木 与四郎, 村木 忍〈美術〉　"「乱」〔ヘラルドエース, グリニッチ・フィルム・プロ〕"
　　矢口 文雄, 吉田 庄太郎〈録音〉　"「乱」〔ヘラルドエース, グリニッチ・フィルム・プロ〕"
　　山崎 堯也〈撮影〉　"「奥羽の鷹使い」〔桜映画社〕"
◇特別賞
　　前田 米造〈撮影〉　"「それから」〔東映〕"
　　矢部 一男〈照明〉　"「それから」〔東映〕"
　　岩田 広一, 大野 映彦〈録音〉　"「妖精フローレンス」〔サンリオ映画〕"
　　豊岡 定夫〈撮影〉　"「四季の星座」〔東映教育映画部〕"

第40回（昭61年度）
　　山崎 善弘〈撮影〉　"「人間の約束」〔キネマ東京〕"
　　加藤 松作〈照明〉　"「人間の約束」〔キネマ東京〕"
　　村木 忍〈美術〉　"「鹿鳴館」〔MARUGEN-FILM〕"
　　吉田 庄太郎〈録音〉　"「鑓の権三」〔表現社〕"
　　大前 和美〈撮影〉　"「生命の水」〔電通映画社〕"
　　宇関 一男〈照明〉　"「生命の水」〔電通映画社〕"
◇特別賞
　　栃沢 正夫〈撮影〉　"「海と毒薬」〔海と毒薬製作委員会〕"
　　岩木 保夫〈照明〉　"「海と毒薬」〔海と毒薬製作委員会〕"

第41回（昭62年度）
　　前田 米造〈撮影〉　"「マルサの女」〔東宝・

伊丹プロ・N.C.P.〕"
　　　桂 昭夫〈照明〉　"「マルサの女」〔東宝・伊丹プロ・N.C.P.〕"
　　　西岡 善信〈美術〉　"「吉原炎上」〔東映〕"
　　　鈴木 功, 松本 隆司〈録音〉"「男はつらいよ 知床慕情」〔松竹〕"
　　　金山 富男〈撮影〉　"「越後のしな布」〔英映画社〕"
　◇特別賞　高橋 慎二〈撮影〉　"「柳川堀割物語」〔二馬力〕"
第42回(昭63年度)
　　　林 淳一郎〈撮影〉　"「嵐が丘」〔西友〕"
　　　増田 悦章〈照明〉　"「華の乱」〔東映〕"
　　　薩谷 和夫〈美術〉　"「異人たちとの夏」〔松竹〕"
　　　橋本 文雄, 橋本 泰夫〈録音〉"「敦煌」〔大映・電通・丸紅〕"
　　　末村 萌律喬〈録音〉　"「南部杜氏」〔岩波映画製作所〕"
　　　高畦 幸一〈撮影〉　"「蒔絵―寺井直次の卵殻のわざ」〔日経映像〕"
　　　藤来 義門〈照明〉　"「利休の茶」〔桜映画社〕"
　◇特別賞
　　　西山 東男〈撮影〉　"「利休の茶」〔桜映画社〕"
　　　松橋 仁之〈照明〉　"「蒔絵―寺井直次の卵殻のわざ」〔日経映像〕"
第43回(平1年度)
　　　川又 昂〈撮影〉　"「黒い雨」〔今村プロダクション, 林原グループ〕"
　　　岩木 保夫〈照明〉　"「黒い雨」〔今村プロダクション, 林原グループ〕"
　　　稲垣 尚夫〈美術〉　"「黒い雨」〔今村プロダクション, 林原グループ〕"
　　　橋本 泰夫〈録音〉　"「あ・うん」〔東宝映画・フィルム・フェース〕"
　　　岩永 勝敏〈撮影〉　"「有明海の干潟漁」〔桜映画社〕の撮影"
　◇特別賞
　　　今村 力〈美術〉　"「キッチン」〔光和インターナショナル〕"
　　　田中 敬子〈撮影〉　"「印西ふるさと紀行」〔共栄産業〕"
第44回(平2年度)
　　　斎藤 孝雄, 上田 正治〈撮影〉　「夢」(黒沢プロダクション)
　　　佐野 武治〈照明〉　「夢」(黒沢プロダクション)
　　　村木 与四郎, 桜木 晶〈美術〉　「夢」(黒沢プロダクション)
　　　本間 喜美雄, 滝沢 修〈録音〉　「夢」(黒沢プロダクション)
　◇奨励賞　高岩 仁〈撮影〉　「浪人街」(山田洋行ライトヴィジョン, 松竹)
第45回(平3年度)
　　　高羽 哲夫〈撮影〉　「息子」(松竹映像)
　　　青木 好文〈照明〉　「息子」(松竹映像)
　　　村木 忍〈美術〉　「天河伝説殺人事件」(角川春樹事務所)
　　　鈴木 功, 松本 隆司〈録音〉　「息子」(松竹映像)
　　　八木 義順〈撮影〉　「病院はきらいだ 老人の在宅ケアを支えるネットワーク」(岩波映画製作所)
　◇特別賞
　　　豊岡 定夫〈撮影〉　「白血球」(桜映画社)
　　　森 準蔵〈照明〉　「久留米絣」(記録映画社)
第46回(平4年度)
　　　森田 富士郎〈撮影〉　「女殺油地獄」(フジテレビジョン, 京都映画)
　　　中岡 源権〈照明〉　「女殺油地獄」(フジテレビジョン, 京都映画)
　　　西岡 善信〈美術〉　「女殺油地獄」(フジテレビジョン, 京都映画)
　　　橋本 泰夫〈録音〉　「おろしや国酔夢譚」(大映, 電通)
　　　石井 菫久〈撮影〉　「細胞性粘菌の行動と分化―解明された土壌の生態」(シネ・ドキュメント)
第47回(平5年度)
　　　高羽 哲夫, 長沼 六男〈撮影〉　「学校」(松竹)
　　　熊谷 秀夫〈照明〉　「学校」(松竹)
　　　江口 憲一〈特殊技術〉　「ゴジラVSメカゴジラ」(東宝)
　　　村木 与四郎〈美術〉　「虹の橋」(小川企画)
　　　鈴木 功, 松本 隆司〈録音〉　「学校」(松竹)
　　　大木 大介〈撮影〉　「変幻自在/田口善国・蒔絵の美」(日経映像)
　◇特別賞
　　　浜田 毅〈撮影〉　「僕らはみんな生きている」(松竹)
　　　高屋 斎〈照明〉　「僕らはみんな生きている」(松竹)
　　　阪本 善尚〈特殊技術〉　「水の旅人/侍KIDS」(フジテレビ, オフィス・トゥー・ワン, 東宝)
　　　竹中 和雄〈美術〉　「水の旅人/侍KIDS」(フ

ジテレビ, オフィス・トゥー・ワン, 東宝)
ゴジラVSメカゴジラ・ダビングスタッフ
「ゴジラVSメカゴジラ」(東宝)
第48回(平6年度)
　加藤 雄大〈撮影〉 「ラストソング」
　大沢 暉男〈照明〉 「ラストソング」
　稲垣 尚夫〈美術〉 「居酒屋ゆうれい」
　斉藤 禎一〈録音〉 「四十七人の刺客」
　井出 情児〈撮影〉 「ティンク・ティンク」
第49回(平7年度)
　熊谷 秀夫〈照明〉 「天守物語」(松竹, エイチ・アイ・ティー)
　竹中 和雄〈美術〉 「あした」(アミューズ, ビー・エス・シー, イマジカ, プライド・ワン)
　瀬川 徹夫〈録音〉 「写楽」(西友, TSUTAYA, 堺綜合企画, 表現社, テレビ朝日)
◇特別賞
　藤沢 順一〈撮影〉 「天守物語」(松竹, エイチ・アイ・ティー)
　北川 弘〈美術〉 「きけ、わだつみの声」(東映, バンダイ)
　武 進〈録音〉 「午後の遺言状」(近代映画協会)
第50回(平8年度)
　丸池 納〈撮影〉 「眠る男」
　山川 英明〈照明〉 「眠る男」
　桜木 晶〈美術〉 「八つ墓村」
　鈴木 功, 松本 隆司〈録音〉 「学校II」

堀田 泰寛〈撮影〉 「サワダ」
◇特別賞
　佐野 哲郎〈撮影〉 「Focus」
　横尾 嘉良〈美術〉 「眠る男」
第51回(平9年度)
　小松原 茂〈撮影〉 「うなぎ」
　岩本 保夫〈照明〉 「うなぎ」
　紅谷 愃一〈録音〉 「うなぎ」
◇特別賞　中沢 克巳〈美術〉 「東京日和」
第52回(平10年度)
　柴崎 幸三〈撮影〉 「愛を乞うひと」
　上田 なりゆき〈照明〉 「愛を乞うひと」
　中沢 克巳〈美術〉 「愛を乞うひと」
　宮本 久幸〈録音〉 「愛を乞うひと」
　弦巻 裕〈録音〉 「鯨捕りの海」
第53回(平11年度)
　阪本 善尚〈撮影〉 「金融腐触列島『呪縛』」
　安藤 清人〈照明〉 「おもちゃ」
　橋本 文雄〈録音〉 「39刑法第三十九条」
　久保田 幸雄〈録音〉 「まひるのほし」
◇特別賞　橋本 泰夫, 伊藤 進一〈録音〉
　「GAMERA3 邪神〈イリス〉覚醒」
第54回(平12年度)
　長沼 六男〈撮影〉 「十五才 学校IV」
　西岡 善信〈美術〉 「長崎ぶらぶら節」
　小野寺 修〈録音〉 「ホワイトアウト」
　大木 大介〈撮影〉 「羅・北村武資のわざ」
◇特別賞
　吉角 荘介〈照明〉 「十五才 学校IV」
　武 進〈録音〉 「三文役者」

## 105　日本映画テレビ技術協会個人賞

　増谷賞は増谷麟氏, 柴田賞は東洋現像所専務・故柴田良隆氏, 小倉・佐伯賞は東洋現像所専務・故小倉寿三と横浜シネマ現像所社長・故佐伯永輔氏, 春木賞は富士写真フイルム社長・春木栄氏, 鈴木賞は故鈴木喜代治氏から寄せられた基金をもとに創設された。映画・テレビ技術の発展に寄与したものに贈られる。

【主催者】　(社)日本映画テレビ技術協会
【選考方法】　同協会員の推薦による
【選考基準】　〔資格・対象〕(1)増谷賞：30年以上にわたり映画・テレビの制作の諸技術に従事し, その進歩に発展を支えてきた人物。60歳以上。(2)柴田賞：映画テレビの諸技術に従事する若い技術者で, 概ね40歳までの個人またはグループ。業績の発表から2年以内のもの。(3)小倉・佐伯賞：機関紙「映画テレビ技術」に年間掲載された記事(現場諸技術の体験報告・映像音響諸技術の研究開発啓蒙等)のうち優れたもの。(4)春木賞：概ね40歳以上の個人。但し, 増谷賞受賞者を除く(5)鈴木賞：概ね30年以上科学映像の撮影に携わっている個人。奨励賞：科学映像のカメラマンとして3年以内または3作品の個人
【締切・発表】　2月末日締切, 発表は「映画テレビ技術」誌上

【URL】http://www.mpte.jp/outline/kennsyou/

(平2年度)
◇増谷賞
　金山 富男 "主として短編記録映画のカメラマンとして活躍,その卓越した映像表現技術と研究努力は,後進に大きな範と刺激を与え,短編映画界の発展に尽力"
　川又 昂 "90本近い映画を撮影し,名カメラマンとしての栄誉に輝く傍ら,映画のテレビ放映やビデオ化の際のトリミングやフレーム設定に独自の研鑽を重ね,ハイビジョンの実用化にも積極的に取り組み,シネマ21の開発にはIMAGICAと協力して,フィルムの色調のビデオへの再現に努め,開発に多大の貢献を果たした"
　原 誠 "映画フィルム商品化に貢献する所大なるものがあった"
　広瀬 文雄 "早くから35mm撮影機を導入して医学映画の撮影を開始し,患者の病態記録・解析,手術時の記録や手術技法の紹介などによって臨床診断,治療効果判定,医学教育研究等に多大の貢献をし,日本医学会において「医学活動写真」を初めて紹介して,医学映画普及の契機とし,その先駆的な役割を果たしてきた"
　森田 正一 "日常のロケーションでの持ち運び簡易な機器の開発,水中,航空,微速度等,特殊撮影のためのシステムや機器の設計製作を数多く手がけ,現在も活躍している多くの技術者の撮影技法の発展のための基礎を築いてきた"
◇柴田賞
　伊藤 孝雄 「社会主義の20世紀」は,厳しい取材条件の中で,カメラマンとしての力量を十分に発揮し好評を得た。またドキュメンタリー番組「ベルリン美術館」では,緻密な映像設計で,戦争の暗い時代を見事に表現し,視聴者に深い感銘を与えた
　浜崎 公男 "大型音楽番組を担当し,豊かな感性と優れた技術力で,音声技術の向上を図った。また音声方式の国際規格化でも成果を得た"
　吉村 隆
◇小倉・佐伯賞
　岡田 一男
　都築 政昭
◇春木賞　八木 信忠
◇鈴木賞　小林 米作 "60余年にわたり,科学映画一筋に歩み,僚友鈴木喜代治氏とともに,科学映画のパイオニアとして,顕微鏡・微速度撮影の諸技術に多大な功績を残し,現在もなお現役として活躍している"
・奨励賞　富田 勉 "科学映像への取り組みはエネルギッシュで創意工夫に満ち,撮影者としての探求心と科学者としての確かな眼が画創りに生かされ,視聴者をひきつける画面を構成している"

(平3年度)
◇増谷賞
　大友 隆次 "40年を超える映画テレビ業界への映像機器面での活動貢献は極めて多大かつ貴重である"
　高嶋 利雄 "照明技術者の中心となって,照明技術者の向上,後輩の育成等に力をそそがれた功績"
　吉野 桂子 "現代劇・時代劇の両分野に跨がって活躍を続け,今尚現役であり続け,その間に新人の育成にも努力し,映画のメイキャップに残した足跡と貢献度は大きなものがある"
◇柴田賞
　飯酒盃 真司 "作品の内容の理解・把握に熱心に取り組み,旺盛な研究心をもち,カメラマンなどとの連携を緊密にとり,常に視聴者に感動を与えるドラマ作りに精進。後輩ライトマンを指導する中心的存在としても高く評価されている"
　伊藤 昭裕 "劇映画・テレビ映画・短編映画・コマーシャルなど幅広い映像分野で,新鮮なみずみずしいカメラワークでもって活躍,映像に対する感性,技術処理など,映像クリエイターとして若手カメラマンの代表的存在であり今後の活躍が大いに期待される"
　佐々木原 保志 「さわこの恋」「激動の1750日」「無能の人」「修羅の伝説」などの話題作を担当
　吉村 浩(トーヨーリンクス) "画像生成コンピュータLINKS-1システムの研究開発に才能を発揮し,1980年代の初頭のCG技術の手探りの時代から一貫してレイトレーシングをはじめ豊かな表現力を持つCG映像製作ソフトシステムを実用化し,CGプロデューサ,デザイナーらに協力してCG制作環境の充実を図り,オムニマックスCG立体映像「ザ・ユニバース」,ハ

イビジョンCG作品「SOMNIUM」、実写との合成作品「The Nature」等数多くの歴史に残るCG映像の技術監修を行い、制作を可能ならしめた"

◇小倉・佐伯賞
大野 健三（TBS）"ソ連の宇宙船に乗り組んだ"日本人初の宇宙飛行士"のTV中継を担当したリポートはソ連でのこの種の取材・中継の難しさやお国柄も紹介され、国内での準備、ソ連での準備、セッティングから中継までを、ともすれば技術的な見地から難しくなりがちなところを、分かり易い文章構成と図等で解説し、TV関係以外の読者にも興味をもって読むことが出来た"

中山 秀一（共同テレビジョン）「映画テレビ技術」438号から472号まで、3年、計31回にわたって連載された「実技のABC：ビデオ取材の実技」は映画、音声にわたる深い知識と膨大な収集資料、及び実際の現場取材を通して得た経験に基づいて書かれた力作であり、これからビデオ取材のプロフェッショナルを志そうという若い人達、あるいはフィルム映像に携わっている人達にも、良い参考書となった

梁井 潤 「映画テレビ技術」460号、461号及び467号に掲載された「立体映像の初歩」は博展映像等に最近再び盛んに使用されるようになった3D映像の制作に関し、その撮影設計から3Dカメラの取り扱い方、また鑑賞時における立体効果に至るまで、とかくこれまで、理論に片寄り難関であった3D映像に関する解説を実践的かつ分かり易く記述された記事で、今後3D映像を手掛ける者にとって、参考になる貴重な資料である

◇春木賞 瀬川 順一（東宝）"常に現場にあって実践により撮影技術者のみならず、演出・製作・企画等多くの人達に映像をつくりあげるための考え方、とりくみ方、表現技術などを伝え、指導し、幅広い影響を与えてきた。今日の記録短編業界の地位向上と発展に寄与してきた功績"

◇鈴木賞 並木 菊雄（科学映画製作所代表取締役）"専門的な医学ものから身の回りの生活科学に至るまで、極めて幅広い分野で意欲的に活躍"

● 奨励賞 豊村 謙治（シネ・サイエンス）「炎症細胞―気管支喘息の新しい視点」

（平4年度）
◇増谷賞
加藤 功（ヨコシネディーアイエー顧問）"現像廃液の公害対策の研究開発に従事、環境問題に果たした功績"

浜村 幸一（東宝）"黒沢明・稲垣浩・内田吐夢監督等日本を代表する監督に師事し、美術的装飾的な造詣を深め、時代劇装飾の第一人者"

何 基明（台湾電影資料館顧問として国内外の映像関係の資料収集と保存の指導に当たってきた功績）

◇柴田賞
川島 章正（日活）「ベスト・ガイ」「大誘拐―RAINBOW KIDS」ほかの編集

小林 治（英映画社）「能舞台―能の演技空間」ほか、ハイビジョン作品や、展示映像の国際花と緑の博覧会「花の江戸東京館」の18面マルチ映像など

田島 正晴（岩波映画製作所）「諏訪の御柱―氏子たちの祭典」「3台のハイビジョン・カメラによる眼科手術と特殊実験」など

藤井 芳保（NHK）「音・静かの海に眠れ」での高音質な音づくりは、高く評価された。音声ミキシング技術の発展のためにも、将来大いに期待される

◇小倉・佐伯賞
浪川 喜一（NHK）"水曜ドラマ「男たちの運動会」土曜ドラマ「新十津川物語」朝のテレビ小説「ひらり」ほか"

三堀 家義 「映画テレビ技術」464～478号に連載された「追憶のテレデキシコン」は、TVとフィルム映像の融合の過程、露出の決定方法に於いてのセンシトメトリーとの関係を再確認する上で、現在にも通用する内容であり、画作りに携わる技術者には熟読に値する記事である

◇春木賞 高村 倉太郎 "今村昌平・蔵原惟人・松尾昭典その他多数の日活から排出した名監督と言われる人々の第一回作品を担当、またにっかつ芸術学院の主任教授として新人育成にも力を注ぎ、業界発展のために尽くしている功績"

◇鈴木賞 豊岡 定夫（映像計画研究所）「ヒトの染色体」「海の牧場」「振動の世界」「生命凍結」「四季の星座」「白血球」など人体の極微の世界、自然界の神秘な営みの数々を新鮮で瑞々しいカメラワークで映像化

● 奨励賞 北原 幸夫（アイカム）「新エコー図で診る虚血性心疾患」「落ち葉とみみ

ず」ほか

(平5年度)

◇増谷賞

西尾 元(IMAGICA) "一貫してフィルムとテレビの境界領域の研究開発に努力し,テレデキシコン,テレビ放送用フィルムの濃度基準の設定等,画質の向上に寄与"

松本 展朗 "一貫して現像関係の業務に従事し,評価されにくい影の業務にあって「フィルムに愛情を注ぐ」真摯な姿勢は高く評価された"

◇柴田賞

郷田 雅男(NHK) 「NHK特集」や「NHKスペシャル」「ドラマ・スペシャル」など伝統ある番組を数多く担当し,独自のカメラアイで追求した映像表現は高い評価を得ている

小林 達比古 「修羅雪姫」「竜馬暗殺」「サード」「四季奈津子」「マノン」「夕暮れまで」「ドン松五郎の生活」「BU・SU」「ご挨拶」「病院で死ぬということ」ほか

村上 松隆(電通プロックス) 「パナソニック"TOYS"」「朝日新聞"語り合うページ親子"」「三共リゲイン さとり篇他」ほか

◇春木賞

下村 一夫 「華麗なる一族」「あゝ野麦峠」「ビルマの竪琴」「鹿鳴館」「竹取物語」「戦争と青春」「47人の刺客」ほか

竹下 彊一(テレビ朝日) "テレフィルム画質向上やテレビのカラー化に際しての諸問題などを技術者として精力的に活動,映画テレビの技術向上に貢献,黎明期の文字放送の技術開発,文字放送の普及推進に大きな役割を果たした"

◇鈴木賞 関 晴夫(岩波映画製作所) 「HIVISION―医療における役割」ではHDTVの特殊撮影システムの開発にも活躍

- 奨励賞 牟田 俊大(NHK) 「地球ファミリー 白夜に踊るフクロウたち」「NHKスペシャル 秘境大崑崙」「生き物地球紀行 小笠原」,HDTV「オーロラ アラスカ天空の彩」「川は生きている」ほか

(平6年度)

◇増谷賞 浦岡 敬一 "豊富な経験と見識を活かし,映像芸術を踏まえた理論と実践に基づく指導は,編集技術の理解を深め,多くの後継者を育成し,若い監督,カメラマンにも影響を与えた。日本映画界における編集者の位置を確立した功績"

◇柴田賞

岸田 和美(大船撮影所) 「スペインからの手紙」「時の輝き」の録音

熊田 典明(NHK) "NHKスペシャル「人体2 脳と心」「SimTV 2 The grobal X'mas」のテクニカル・ディレクターほか"

土屋 裕重(NHK) 「命もえつきる時～作家檀一雄の最後～」「海のシルクロード」「85B列車に何が起こったか～JR東中野事故一年」NHKスペシャル「化学兵器」「ドキュメンタリー90」「プライム10」「宗姉妹」ほか

徳永 徹三(INAGICA) "モーションボーイC-CAMの研究に従事,MC・BOYII,BOYIII,と改良を加えるなどの開発を重ねてきた"

◇小倉・佐伯賞 町田 博祐(日本テレビ放送網) 「映画テレビ技術」506～508号に連載された「実技のABC/テレビ番組制作篇:ニュース」は撮影の基本から現場での取材ルール,臨機応変な対応等を,筆者の豊富な現場経験から具体例をあげて,平易な文章で判りやすく書かれている

◇春木賞 一倉 秀男(フォトロン会長) "常に映画・映像界のニーズに対応するとともに,画質の向上に真摯に取り組み,近年技術革新の激しい電子映像技術を取り込み,「ムービートーン・テレシネ」の製作を始め,フィルム映像とHDTV,デジタル処理技術等の電子映像との融合,高画質・高品位の映像を創り出すことに尽力"

◇鈴木賞 河野 祐一(NHK) "日本の水中映像界の第一人者として,撮影のみならずフィルムカメラから,ハイビジョンに至るまでの水中ハウジングの開発や潜水器の開発に多くの助言を与え,水中映像を定着させた功績"

(平7年度)

◇増谷賞

今田 長一(育映社) "可燃性フィルムや破損・収縮を伴う古い作品の修復作業に目ざましい実績を上げ「突貫小僧(小津安二郎)」,荻野茂二作品などパテ・ベビーから35ミリへ,自らプリンターを開発して復元した功績"

橋本 文雄 「緑はるかに」「太陽の季節」「幕末太陽伝」「にあんちゃん」「豚と軍艦」「虹の橋」「君を忘れない」など秀作

を含む約250本の作品を手掛けた功績
◇春木賞　杉森 吉夫(日本テレビ放送網常務取締役技術局長)
◇柴田賞
　井上 衞(NHK)　「ルポルタージュにっぽん」「ドキュメント日本列島」など数多くの作品を手がけ,カメラマンとして,ジャンルにこだわることなく,ドキュメンタリーからドラマ制作まで幅広く活躍
　岩渕 弘　"教育文化映像一筋に,多くの作品を手がけ,あらゆる映像に積極的に挑戦し,技術の研鑽につとめてきた"
　小椋 俊一(IMAGICA)　「戦争と青春」「女ざかり」「シコふんじゃった」などのカラータイミング
◇鈴木賞
●奨励賞　米代 直人(NHK)　「自然のアルバム」「地球ファミリー」「生き物地球紀行」など多くの作品を手がけ,自然番組に熱意をもって取り組み,地球上の残された大自然の豊かさとそこにいる生き物達の生態を素直な目で記録し,多くの視聴者に感動を与えた

(平8年度)
◇増谷賞　浅井 達三〈撮影〉
◇春木賞　被推薦者なし
◇柴田賞
　吉川 里士〈音声〉(NHK)
　熊谷 正志〈技術〉(NHK)
◇鈴木賞　西山 文夫
●奨励賞　該当者なし
◇小倉・佐伯賞　井上 衞　"NHKスペシャル「終りなき人体汚染〜チェルノブイリ原発事故から10年」の取材"

(平9年度)
◇増谷賞
　諏訪 三千男〈編集〉
　安本 東済(三和映材社)
◇春木賞　被推薦者なし
◇柴田賞
　亀川 徹〈音声〉(NHK)
　板倉 幸次〈技術〉(NHK)
◇鈴木賞　該当なし
●奨励賞　川下 修司(NHK)
◇小倉・佐伯賞　高橋 英夫　「マルチメディア時代のテレビと著作権」

(平10年度)
◇増谷賞　松本 隆司〈録音〉
◇春木賞　登石 雋一(東映化学工業社長)
◇柴田賞
　岡本 幹彦〈音声〉(NHK)
　川邨 亮〈撮影〉(NHK)
　佐野 清隆〈照明〉(NHK)
◇鈴木賞　該当なし
●奨励賞　林 正浩(アイカム)
◇小倉・佐伯賞
　安部 裕　「カメラマンが番組を創るということ〜『NONFIX プライド 松下浩二の卓球』〜一人三役体験記」
　土屋 裕重　「NHKスペシャル『家族の肖像 密告〜母と子の北アイルランド』取材メモより」

(平11年度)
◇増谷賞　西尾 昇〈録音〉
◇春木賞　被推薦者なし
◇柴田賞
　服部 康夫〈撮影〉(NHK)
　藤野 和也〈技術〉(NHK)
◇鈴木賞　小林 一夫
●奨励賞　和田 正志(NHK)
◇小倉・佐伯賞　佐藤 真,大津 幸四郎,久保田 幸雄　"長編映画「まひるのほし」の製作"

(平12年度)
◇増谷賞　該当者なし
◇春木賞　西岡 善信
◇柴田賞
　井上 充夫(IMAGICA)
　小野 さおり〈音声〉(NHK)
　沢村 かおり〈撮影〉(共映)
　菱木 幸司〈撮影〉(NHK)
◇鈴木賞　谷口 常也
●奨励賞　該当なし
◇小倉・佐伯賞　木村 栄二　「『風と共に去りぬ』のリニューアル版〜テクニカラーの今と昔」

平13年度
◇増谷賞(第34回)　佐々木 徹雄〈予告篇製作〉,伊藤 二良(パンジャパン)
◇春木賞(第23回)　田中 章夫(NHKテクニカルサービス専務取締役)
◇柴田賞(第31回)　桜井 勝之(NHK・撮影),秋田 正二(NHK・音声),三島 也守志(IMAGICA)
◇鈴木賞(第12回)　石井 童久
●奨励賞　渡辺 雅己(NHK)
◇小倉・佐伯賞(第31回)
　阪本 善尚　「HDデジタル映像がフィルム映像と手をつないだ日」
　矢島 仁　「記録映画『ギフチョウと生きる郷』の撮影報告」

平14年度
◇増谷賞(第35回)
　萩原 泉(日本映画撮影監督協会)
　河野 進(元：東映ラボ・テック)
◇春木賞(第24回)　被推薦者なし
◇柴田賞(第32回)　井関 修(IMAGICA), 小笠原 洋一(NHK・撮影), 大木 豊男(NHK・照明)
◇鈴木賞(第13回)　該当なし
• 奨励賞　中西 紀雄(NHK)
◇小倉・佐伯賞(第32回)
　奥井 敦　「『千と千尋の神隠し』制作報告」
　糸林 薫　「ハイビジョンスペシャル『いのちの音に抱かれて～三宮麻由子 白神・水の旅～』の5.1chサラウンド制作記」

平15年度
◇増谷賞(第36回)　井川 德道(美術監督)
◇春木賞(第25回)　被推薦者なし
◇柴田賞(第33回)　井上 哲(テレビ朝日映像), 釣木沢 淳(NHK・映像制作システム), 藤田 浩久(NTS・撮影)
◇鈴木賞(第14回)　該当なし
• 奨励賞　該当なし
◇小倉・佐伯賞(第33回)
　境 治男　「ウォルト・ディズニーと日本」
　中野 英世　「プリーモ・レーヴィに始まるたびの途上にて～NHK『わが心の旅 過ぎ去らない証人』～」

平16年度
◇増谷賞(第37回)　被推薦者なし
◇春木賞(第26回)　小池 晴二(武蔵野美術大学理事長)
◇柴田賞(第34回)　國清 大介(NHK・撮影), 嶋岡 智子(NHK・音響制作), 蔦井 孝洋(フリー・撮影)
◇鈴木賞(第15回)　瀧澤 登(フリー)
• 奨励賞　小迫 裕之(NHK)
◇小倉・佐伯賞(第34回)
　常石 史子　「デジタル復元、はじめの一歩～フィルムとデジタルをつなぐインターフェイス～」
　渕上 拳　「アフリカの大地に野生を見つめて」

平17年度
◇増谷賞(第38回)　被推薦者なし
◇春木賞(第27回)　被推薦者なし
◇柴田賞(第35回)
　清水 昇一郎(NHK・撮影)
　竹内 秀一(NHK・撮影)
◇鈴木賞(第16回)　金子 文雄(シネマテック)
• 奨励賞　該当なし
◇小倉・佐伯賞(第35回)
　部谷 京子　「劇映画『北の零年』の美術部開拓日記」
　小迫 裕之　「国際共同制作『赤道・生命の環 アマゾン・黄金の大河』撮影記～体感・思考・映像化の道のり～」
　林 伸彦　「『ハウルの動く城』のデジタル技術～絵を動かすということ」

平18年度
◇増谷賞(第39回)　被推薦者なし
◇春木賞(第28回)　被推薦者なし
◇柴田賞(第36回)
　溜 昭浩(NHK・撮影)
　渡邊 雅己(NHK・撮影)
◇鈴木賞(第17回)　該当なし
• 奨励賞　武田 温(アイカム)
◇小倉・佐伯賞(第36回)
　熊谷 博子, 大津 幸四郎　「三池-終わらない炭鉱の物語--"オーラル・ヒストリーを映像で記述する"」
　牟田 俊大　「国際共同制作『赤道・生命の環 アマゾン・黄金の大河』撮影記～体感・思考・映像化の道のり～」

平19年度
◇増谷賞(第40回)
　新井 靖久(元：IMAGICA)
　町田 博祐(元：日本テレビ放送網)
◇春木賞(第29回)　被推薦者なし
◇柴田賞(第37回)　日昔 吉邦(NHKメディアテクノロジー・撮影)
◇鈴木賞(第18回)　該当なし
• 奨励賞　該当なし
◇小倉・佐伯賞(第37回)　松尾 好洋　「映画フィルムの修復現場から(1)着色フィルムの復元について」

平20年度
◇栄誉賞(第1回)　木村 威夫(日活芸術学院学院長, 美術監督)
◇柴田賞(第38回)
　岡田 裕(NHK・撮影)
　木川 豊(NHK・VE)
◇鈴木賞(第19回)　藤本 ひろみ(フリー撮影)
• 奨励賞　該当なし
◇小倉・佐伯賞(第38回)
　田中 正　「追悼：市川崑監督映画『東京オリンピック』と90人のカメラマン達々」
　宮原 茂春, 吉川 和雄　「撮影部会第25回特

別研究会より～フィルムレンズとビデオレンズを徹底的に解明する～」
平21年度
◇栄誉賞（第2回） 森田 富士郎（〈撮影監督〉）
◇柴田賞（第39回）
　沖村 志宏（日活・撮影）
　堀内 一路（NHK・撮影）

◇鈴木賞（第20回） 該当なし
● 奨励賞 柿崎 耕（NHKメディアテクノロジー）
◇小倉・佐伯賞（第39回）
　大口 孝之 「立体映像新時代10 日本の立体映画」
　宮野 起 「映画『羅生門』のデジタル復元」

## 106 日本産業映画・ビデオコンクール

昭和38年4月、日本国内の産業映画振興のため16ミリフイルムのコンクール「日本産業映画コンクール」として開始された。ビデオの普及に伴い昭和60年度からビデオも加えられ、「日本産業映画・ビデオコンクール」に名称が改められた。優れた産業映画・ビデオを選奨しその質を高め普及をはかるとともに日本の文化の向上と産業の振興に寄与することを目的としている。

【主催者】（社）日本産業映画協議会
【選考委員】映画評論家、大学教授、団体広報担当者など19名
【選考方法】公募、審査委員の推薦による
【選考基準】〔対象〕前年の4月から当該年3月末までに製作された産業・教育・文化映画・ビデオ作品。5分以上50分以内、16mmまたはビデオ（1/2インチVHS）。1人2本以内。〔部門〕(1)企業紹介、(2)技術記録、(3)販売促進、(4)教育訓練、(5)学術研究、(6)広報、(7)観光、(8)教養
【締切・発表】毎年、申込期間は3月1日～31日、5月下旬毎日新聞誌上で発表、6月表彰式
【賞・賞金】賞状と賞牌。日本産業映画・ビデオ大賞（1点）、日本産業映画・ビデオ賞（8点以内）、文部科学大臣賞（1点）、経済産業大臣賞（1点）、経済団体連合会会長賞（1点）、奨励賞、特別賞

第1回（昭38年） 朝日麦酒、日本産業映画センター "一粒の麦〔27分〕"
第2回（昭39年） 三菱化成工業、東京フィルム "近代化を急ぐ日本の農業"
第3回（昭40年） 間組、英映画社 "日比谷279米〔54分〕"
第4回（昭41年） 三菱重工業、シュウ・タグチ・プロダクションズ "MU-2〔18分〕"
第5回（昭42年） トヨタ自動車販売、岩波映画 "スピード・トライアル〔36分〕"
第6回（昭43年） 旭硝子、文化プロダクションズ "ガラスと風―超高層ビルの場合〔20分〕"
第7回（昭44年） 日本道路公団、日本映画新社 "東名高速道路〔45分〕"
第8回（昭45年） 国際電信電話、岩波映画 "衛星通信〔29分〕"

第9回（昭46年） 三光汽船、岩波映画 "試みる企業〔38分〕"
第10回（昭47年） 鹿島建設、鹿島映画 "世界の都市開発―ヨーロッパ編〔34分〕"
第11回（昭48年） 科学技術庁、岩波映画 "はかる〔25分〕"
第12回（昭49年） 鹿島建設、鹿島映画 "水のある砂漠―イラン〔36分〕"
第13回（昭50年） 栗田工業、岩波映画 "水を創る〔30分〕"
第14回（昭51年） 日本道路公団広島建設局、山陽映画 "うず潮の海に架ける―大島大橋土部工〔35分〕"
第15回（昭52年） 帯広営林局、日本林業技術協会 "よみがえる大地―パイロット・フォレスト〔31分〕"
第16回（昭53年） 電気事業連合会、鹿島映画

"明日を考える世界—エネルギーと文明〔27分〕"

第17回（昭54年）　造水促進センター，日本シネセル"明日の水資源—造水〔28分〕"

第18回（昭55年）　電源開発，九州電力，RKB映画社"海峡に架ける—50万ボルト関門連系線〔55分〕"

第19回（昭56年）　電源開発，鹿島映画"斜坑に挑む—下郷発電所・水圧管路工事の記録〔35分〕"

第20回（昭57年）　国際協力事業団，東京シネ・ビデオ"アンデスの嶺のもとに—ボリヴィアへの医療協力〔35分〕"

第21回（昭58年）　鹿島・間・五洋・共同企業体，鹿島映画"長大橋の基礎を築く・第二部—本州四国連絡橋南北備讃瀬戸大橋・7A〔35分〕"

第22回（昭59年）　富士写真フイルム，岩波映画"サイエンスグラフィティ—科学と映像の世界〔26分〕"

第23回（昭60年）　石川島播磨重工業，鹿島映画"溶接—未来へつなぐ先端技術〔27分〕"

第24回（昭61年）　科学技術庁，鹿島映画"明日をひらく新素材〔30分〕"

第25回（昭62年）　本州四国連絡橋公団第二建設局，海洋架橋調査会，山陽映画"架ける—本州四国連絡橋児島坂出ルート大ブロック架設の工事記録〔41分〕"

第26回（昭63年）　東京書籍，東京文映"極限の世界—超高圧・超低温・超強磁場〔31分〕"

第27回（平1年）　国立歴史民俗博物館，桜映画社"有明海の干潟漁〔33分〕"

第28回（平2年）

◇日本産業映画・ビデオ大賞　富士写真フイルム〈企画〉，日本映画新社〈製作〉「I&I（IMAGING AND INFORMATION）」（16mm24分）

◇文部大臣賞　サントリー〈企画〉，ビデオチャンプ〈製作〉「国宝・鳥獣人物戯画」（ビデオ60分）

◇通商産業大臣賞　京都府〈企画〉，毎日映画社〈製作〉「京鹿の小紋」（16mm30分）

◇経済団体連合会会長賞　大成建設〈企画〉，日本映画新社〈製作〉「栄光の疾駆—BMWジャパン本社ビルの計画」（25分）

◇日本観光協会会長賞　八王子市教育委員会〈企画〉，東京シネ・ビデオ〈製作〉「絹の道」（40分）

◇日本産業映画・ビデオ賞

● 企業紹介部門　東京ガス〈企画〉，岩波映画製作所〈製作〉「アーバンライフテクノロジー」（12分）

● 技術記録部門　三菱重工業〈企画〉，宝塚映像〈製作〉「大いなる海のフロンティア」（27分）

● 販売促進部門　川崎製鉄〈企画〉，山陽映画〈製作〉「ようこそ水島製鉄所へ」（35分）

● 教育訓練部門　近畿日本鉄道〈企画〉，メディアート〈製作〉「私たちが取り組んだサービスアップ」（ビデオ27分）

● 学術・研究部門　日立製作所〈企画〉，イメージサイエンス〈製作〉「ナノワールドに挑む」（ビデオ26分）

● 広報部門　豊島区〈企画〉，毎日映画社〈製作〉「それぞれの第九」（ビデオ28分）

● 観光部門　鶴岡市観光連盟〈企画〉，旭映画〈製作〉「鶴岡冬物語」（20分）

● 教養部門　国立歴史民俗博物館〈企画〉，毎日映画社〈製作〉「白山麓の焼畑」（33分）

第29回（平3年）

◇日本産業映画・ビデオ大賞　中外製薬〈企画〉，桜映画社〈製作〉「白血球」（16mm27分）

◇文部大臣賞　北海道新十津川町〈企画〉，北海道映像記録〈製作〉「ふるさと」（16mm28分）

◇通商産業大臣賞　大分エル・エヌ・ジー〈企画〉，RKB映画社〈製作〉「超低温の技術に挑む」（16mm32分）

◇経済団体連合会会長賞　サントリー〈企画〉，サン・アド〈製作〉「水の国」（ビデオ12分）

◇日本観光協会会長賞　佐賀県鎮西町〈企画〉，キネマプロモーション〈製作〉「コッコロの住む島々」（ビデオ18分）

◇日本産業映画・ビデオ賞

● 企業紹介部門　虎屋〈企画〉，日本映画新社〈製作〉「和菓子」（16mm25分）

● 技術記録部門　文化庁〈企画〉，記録映画社〈製作〉「久留米絣」（16mm30分）

● 販売促進部門　日本冷凍食品協会〈企画〉，日本シネセル〈製作〉「新鮮・多彩・冷凍食品」（16mm28分）

● 教育訓練部門　日本船主協会〈企画〉，日本シネセル〈製作〉「日本とヨーロッパを

結ぶ海運」(16mm20分)
- 学術・研究部門　塩野義製薬〈企画〉、シネ・サイエンス〈製作〉「MRSA感染症」(ビデオ16分)
- 広報部門　日本赤十字社〈企画〉、東京シネビデオ〈製作〉「ヒューマニティー」(16mm30分)
- 観光部門　福島県原町市〈企画〉、第一法規出版〈製作〉「「相馬野馬追」戦国を駆けぬける男たち」(ビデオ15分)
- 教養部門　国立歴史民俗博物館〈企画〉、東京シネ・ビデオ〈製作〉「祖谷のかずら橋」(16mm30分)

第30回(平4年)
◇日本産業映画・ビデオ大賞　明石海峡大橋1A下部工大林・清水・飛島・東亜・不動・共同企業体〈企画〉、山陽映画〈製作〉「ある碑―巨大吊橋を支える」(16mm30分)
◇文部大臣賞　橿原市〈企画〉、新日本映像〈製作〉「今井の町とくらし」(16mm20分)
◇通商産業大臣賞　大成建設〈企画〉、日本映画新社〈製作〉「夢をつないで―PC斜張橋の計画」(16mm20分)
◇経済団体連合会会長賞　キヤノン〈企画〉、イマックス〈製作〉「This is Canon」(ビデオ19分)
◇日本観光協会会長賞　倉敷市〈企画〉、山陽映画〈製作〉「KURASHIKI」
◇日本産業映画・ビデオ賞
- 企業紹介部門　竹中工務店〈企画〉、マークマン〈製作〉「竹中の遺構」(16mm30分)
- 技術記録部門　日本栽培漁業協会〈企画〉、岩波映画製作所〈製作〉「よりよい放流種苗を求めて」(ビデオ29分)
- 販売促進部門　塩ビ鋼板会〈企画〉、日本産業映画センター〈製作〉「新時代の建築外装材　魅力ある塩ビ鋼板」(ビデオ17分)
- 教育訓練部門　日本船主協会〈企画〉、日本シネセル〈製作〉「一枚の記念写真―10年前に船出した海の男たちは、今」(ビデオ25分)
- 学術・研究部門　日本グラクソ、田辺製薬〈企画〉、メデュカルトリビューン〈製作〉「難治性感染症とバイオフィルム」(16mm20分)
- 広報部門　沖縄県〈企画〉、シネマ沖縄〈製作〉「ハブ―ハブの被害をなくすために」(16mm30分)
- 観光部門　北海道松前町〈企画〉、北海道映像記録〈製作〉「桜里幻想―北の小京都・松前」(ビデオ18分)
- 教養部門　国立歴史民俗博物館〈企画〉、毎日映画社〈製作〉「日本の水車」(16mm30分)

第31回(平5年)
◇日本産業映画・ビデオ大賞　本州四国連絡橋公団〈企画〉、海洋架橋調査会〈製作〉「海の礎」(16mm46分)
◇文部大臣賞　電通〈企画〉、電通プロックス〈製作〉「小さな羽音」(16mm50分)
◇通商産業大臣賞　三菱重工業〈企画〉、リョーイン〈製作〉「新しい舞台空間の創造」(ビデオ16分)
◇経済団体連合会会長賞　鹿島建設〈企画〉、カジマビジョン〈製作〉「出雲ドーム」(ビデオ15分)
◇日本観光協会会長賞　スミソニアン研究所〈企画〉、カジマビジョン〈製作〉「無窓」(ビデオ58分)
◇日本産業映画・ビデオ賞
- 企業紹介部門　タキイ種苗〈企画〉、電通プロックス大阪支社「ひとつぶのタネに」(ビデオ23分)
- 技術記録部門　花王〈企画〉、花王映像センター〈製作〉「花王の化学品」(ビデオ21分)
- 販売促進部門　神戸製鋼〈企画〉、コベルコビーアールセンター〈製作〉「THE ALUMINIUM」(ビデオ22分)
- 教育訓練部門　日本障害者雇用促進協会〈企画〉、東京シネ・ビデオ〈製作〉「こんな仕事だってできるんだ」(16mm30分)
- 学術・研究部門　中外製薬〈企画〉、桜映画〈製作〉「老化と癌」(16mm18分)
- 広報部門　日本障害者雇用促進協会〈企画〉、岩波映画〈製作〉「仲間たちの歌が聞こえる」(16mm43分)
- 観光部門　北海道様似町〈企画〉、北海道映像記録〈製作〉「アポイ岩と海が守る山」(ビデオ19分)
- 教養部門　日立製作所〈企画〉、イメージサイエンス〈製作〉「半導体世界の深化と拡大」(ビデオ21分)

第32回(平6年)
◇日本産業映画・ビデオ大賞　竹中大工道具館〈企画〉、麦プロダクション大阪〈製作〉「木挽職人―林以一　木と話す」(ビデオ23分)
◇文部大臣賞　全国銀行協会連合会〈企画〉、岩波映画製作所〈製作〉「丸の内の一つ

の試み―銀行倶楽部建物の再生・継承」（16mm35分）
◇通商産業大臣賞　日本機械工業連合会〈企画〉,岩波映画製作所〈製作〉「安全への道 限りなく」（16mm16分）
◇日本産業映画・ビデオ賞
- 企業紹介部門　鹿島建設〈企画〉,カジマビジョン〈製作〉「建設新時代をになうスペシャリスト達」（ビデオ30分）
- 技術記録部門　本州四国連絡橋公団,第一建設局〈企画〉,海洋架橋調査会〈製作〉「主塔―明石海峡大橋工事記録映画」（16mm32分）
- 販売促進部門　新日本製鐵〈企画〉,日本産業映画センター〈製作〉「ビューコートは地球色―新日鐵のプリコート鋼板」（ビデオ15分）
- 教育訓練部門　日本障害者雇用促進協会〈企画〉,東京シネ・ビデオ〈製作〉「分かりあうって素敵です」（16mm30分）
- 学術・研究部門　スミスクライン・ビーチャム製薬〈企画〉,メディアエイト〈製作〉「MINIMALLY INVASIVE SURGERY 低侵襲手術」（ビデオ23分）
- 広報部門　東京都杉並区〈企画〉,毎日映画社〈製作〉「81歳の挑戦―世界ベテランズ陸上への道」（ビデオ30分）
- 観光部門　北海道雨竜町〈企画〉,北海道映像記録〈製作〉「雨竜沼湿原―その不思議な世界」（ビデオ17分）
- 教養部門　国立歴史民俗博物館〈企画〉,桜映画社〈製作〉「津軽のイタコ」（16mm37分）

第33回（平7年）
◇日本産業映画・ビデオ大賞　朝永振一郎伝記製作委員会〈企画〉,山陽映画〈製作〉「映像評伝 朝永振一郎」（ビデオ60分）
◇文部大臣賞　中央工学校〈企画〉,日本映画学校〈製作〉「民と匠の伝説」（16mm49分）
◇通商産業大臣賞　本州四国連絡橋公団〈企画〉,海洋架橋調査会〈製作〉「ある対話―明石海峡大橋アンカレイシ工事の記録」（16mm41分）
◇経済団体連合会会長賞　石川島播磨重工業〈企画〉,カジマビジョン〈製作〉「IHIエアロスペースの最先端へ」（ビデオ15分）
◇日本産業映画・ビデオ賞
- 企業紹介部門　八海醸造〈企画〉,中島太一事務所〈製作〉「魚沼の酒造り」（16mm29分）
- 技術記録部門　九州電力〈企画〉,RKB映画〈製作〉「明日をになう白いドーム」（16mm30分）
- 販売促進部門　雪印乳業〈企画〉,桜映画〈製作〉「チーズ浪漫」（ビデオ18分）
- 教育訓練部門　シマノサイクル開発センター〈企画〉,東急エージェンシー関西支社　「風に向って1、2の3」（ビデオ11分）
- 学術・研究部門　武田薬品工業〈企画〉,岩波映画〈製作〉「HIGH QUALITY AND RAPID HEALING」（ビデオ25分）
- 広報部門　東京都労働経済局職業安定部〈企画〉,東京都映画協会〈製作〉「出会いからのはじまり」（ビデオ20分）
- 観光部門　京都府教育委員会〈企画〉,電通プロックス大阪支社〈製作〉「青竜三年鏡と古代丹後」（ビデオ29分）
- 教養部門　縄文映画製作委員会〈企画〉,アムール〈製作〉「木と土の王国」（16mm49分）

第34回（平8年）
◇日本産業映画・ビデオ大賞　文化工房〈企画〉,文化工房地域情報部〈製作〉「石を架ける―石橋文化を築いた人びと」
◇文部大臣賞　千歳建設〈企画〉,日本シネフイルム研究所〈製作〉「職人の謳―山形県旧県庁舎修復工事記録」
◇通商産業大臣賞　関西電力〈企画〉,毎日映画社〈製作〉「花を咲かそう」
◇経済団体連合会会長賞　大成建設〈企画〉,日本映画新社〈製作〉「よみがえれ明治の威風」
◇日本産業映画・ビデオ賞
- 企業紹介部門　ダスキン,シネマジャパン「ミスタードーナツ創業物語」
- 技術記録部門　大林・鹿島・銭高・竹中土木・アイサワ共同企業体〈企画〉,山陽映画〈製作〉「アングレラ工法―舞子トンネル南工事大阪層群part の記録」
- 販売促進部門　林野庁業務部販売推進室〈企画〉,日本シネセル〈製作〉「木を使って健康的な生活を！」
- 教育訓練部門　東京都福祉人材開発センター〈企画〉,東京シネ・ビデオ〈制作〉「温かい心 確かな手 生活を支える仕事」
- 学術・研究部門　三基商事〈企画〉,岩波映画製作所〈制作〉「客家（ハッカ）の食事と健康―広東省梅県の調査から」
- 広報部門　日本損害保険協会〈企画〉,電通

ブロックス(現電通テック)〈製作〉「ザ・シートベルト2―シートベルトをしなくてもよい席はどこにもない」
- 教養部門　長崎市〈企画〉,日本映画新社〈製作〉「ナガサキの少年少女たち」

第35回(平9年)
◇日本産業映画・ビデオ大賞　文化工房「洪水をなだめた人びと―治水と治水にみる先人の知恵」
◇文部大臣賞　理化学研究所「サイエンスの証言―理研80年」
◇通商産業大臣賞　東北地熱エネルギー,日本重化学工業「深部地熱開発に挑む―葛根田地熱発電所第2号機の建設」
◇経済団体連合会会長賞　関西電力「海よよみがえれ！―ロシアタンカー重油流出事故の記録」
◇日本産業映画・ビデオ賞
- 企業紹介部門　曹洞宗宗務庁「禅のいぶき」
- 技術記録部門　大林組「ピラミッド建設技術の謎に迫る！―ビッグプロジェクトと建設技術」
- 販売促進部門　日本銅センター「『銅』その微量作用」
- 教育訓練部門　茨城県教育庁「明日に向かって」
- 学術・研究部門　国立歴史民俗博物館「海と灯のまつり―滑川のねぶた流しと魚津浦のたてもん」
- 広報部門　国際協力事業団「あざやかなシニアたち―途上国に新たな人生を」
- 観光部門　北九州市「門司港レトロ＆海峡ストーリー」
- 教養部門　キッコーマン「おばんざい歳時記―庶民の味覚と四季」

第36回(平10年)
◇日本産業映画・ビデオ大賞　北海道治山協会「島と水と森のはなし―天売・焼尻島の水源林を育てる」
◇文部大臣賞　藤木工務店「KURASHIKI―和洋の融合する街」
◇通商産業大臣賞　鹿島,鴻池組,住友建設共同企業体「東京湾アクアライン海底トンネルを掘る～川崎トンネル『川人北工事』」
◇経済団体連合会会長賞　大成建設「フランク・ロイド・ライトと日本の美術」
◇日本産業映画・ビデオ賞
- 企業紹介部門　月桂冠「大倉治右衛門が語る 月桂冠の360年」
- 技術記録部門　造水促進センター「水物語―生命を支える水」
- 販売促進部門　ヤマハ発動機「1998 PARIS—GRANADA—DAKAR RALLY―パリ～ダカール ヤマハ4連覇！」
- 教育訓練部門　紀伊国屋書店「読んであげよう 楽しい絵本の世界 幼保・学校篇」
- 学術・研究部門　明治製菓「O157腸管感染症―その病態と抗菌薬療法の効果」
- 広報部門　石川県「よみがえれ、石川の海―ロシアタンカー油流出災害記録」
- 教養部門　文化庁「鍛金―奥山峰石のわざ」
- 観光部門　該当作品なし

第37回(平11年)
◇日本産業映画・ビデオ大賞　上湧別小学校開校百周年記念事業協賛会事業委員会「希望あれ、この学び舎―上湧別小学校百年のあゆみ」
◇文部大臣賞　明治生命保険「明治生命館 昭和の生きた文化遺産」
◇通商産業大臣賞　本州四国連絡橋公団第一管理局「明日への架け橋―明石海峡大橋総集編」
◇経済団体連合会会長賞　大成建設「ニッポン近代化遺産への旅」
◇日本産業映画・ビデオ賞
- 企業紹介部門　王子製紙「森と紙のリサイクル―王子製紙の環境への取りくみ」
- 技術記録部門　鴻池組「天龍寺法堂―改修工事の記録」
- 販売促進部門　帯広大正農業協同組合「メークインのふるさと―JA帯広大正」
- 教育訓練部門　日本障害者雇用促進協会「採用への一歩 障害者の採用面接のポイント」
- 学術・研究部門　花王「初めての食用油脂の誕生―定説をくつがえす新事実の解明」
- 広報部門　理化学研究所「ベンチャービジネスの源流―研究成果を社会へ」
- 観光部門　全国過疎地域活性化連盟「歴史おもてなし 町並み保存と町づくり」
- 教養部門　万有製薬「死を学ぶ その1〔CUREからCAREへ〕末期患者と家族への対応の配慮インフォームド・コンセントシリーズ」

第38回(平12年)
◇日本産業映画・ビデオ大賞　大成建設

「明治建築をつくった人びと―コンドル先生と四人の弟子」
◇文部大臣賞　札幌市環境局緑化推進部造園課　「大地の彫刻 モエレ沼公園」
◇通商産業大臣賞　日立製作所　「電子波で見る量子の世界 外村彰のフランクリン賞」
◇経済団体連合会会長賞　科学技術振興事業団　「1+1+1…＝1 ナノ粒子・ナノワイヤーに潜む謎」
◇日本産業映画・ビデオ賞
- 企業紹介部門　理化学研究所　「サイクロトロン物語―理研の核物理研究」
- 技術記録部門　江東区教育委員会　「木挽林以一 江東区の伝統工芸」
- 販売促進部門　ラリーアート　「2000パリ～ダカール～カイロラリー 三菱パジェロ1-2-3位独占」
- 教育訓練部門　東京シネ・ビデオ　「ケアマネージメントと介護サービス計画～介護支援専門員の活躍」
- 学術・研究部門　花王　「皮膚本来の防御機構をとり戻すために アトピックドライスキンの解明」
- 広報部門　共和町教育委員会　「少年の旅路 西村計雄 画業80年の軌跡」
- 観光部門　環境庁自然保護局　「大雪山の四季」
- 教養部門　御池　「日本の屋根・上巻（茅葺・瓦葺・桧皮葺）葺師の技と心」

第39回（平13年）
◇日本産業映画・ビデオ大賞　大成建設　「日本の近代土木を築いた人びと」
◇文部科学大臣賞　湯川秀樹伝記映像制作委員会，湯川記念財団　「映像評伝 湯川秀樹 自伝『旅人』より」
◇経済産業大臣賞　富士ゼロックス　「棄てるモノは，なにもない。ゼロックスの資源循環型システム」
◇経済団体連合会会長賞　丸紅　「復元 淀君乃小袖 四百年の時を超えて」
◇日本産業映画・ビデオ賞
- 企業紹介部門　中部盲導犬協会　「30年のあゆみ」
- 技術記録部門　札幌市教育委員会　「進化の軌跡 大倉山ジャンプ競技場」
- 販売促進部門　サントリー　「熟茶」
- 教育訓練部門　日本障害者雇用促進協会　「職場へ ふたたびの朝―中途障害者の職場復帰のために」
- 学術・研究部門　理化学研究所　「元素誕生の謎にせまる」
- 広報部門　東京都杉並区　「わたしは一歳 21世紀の杉並で生きる」
- 観光部門　全国過疎地域自立促進連盟　「森の贈りもの 川の贈りもの―自然を活かした地域づくり」
- 教養部門　モロオカプロダクション　「甦る上総掘り」

第40回（平14年）
◇日本産業映画・ビデオ大賞　文化工房　「石を積む～石垣と日本人」
◇文部科学大臣賞　ポーラ伝統文化振興財団，英映画社　「神々のふるさと 出雲神楽」
◇経済産業大臣賞　川崎製鉄水島製鉄所，山陽映画　「世紀をひらくイノベーター～永遠なるものと新しい風と」
◇日本経団連会長賞　日本自動車工業会，電広エイジェンシー，イメージサイエンス　「純国産車 オートモ号誕生」
◇日本産業映画・ビデオ賞
- 企業紹介部門　かんでんエルハート，毎日映画社　「ともに生きる」
- 技術記録部門　竹中工務店，北海道映像記録　「21世紀のスポーツの庭 札幌ドーム 竹中映像ライブラリー」
- 販売促進部門　放電精密加工研究所，イメージサイエンス　「デジタルサーボプレス Divo」
- 教育訓練部門　全国農業協同組合中央会，全国農村映画協会　「営農の復権で元気な地域づくりPART1～JA甘楽富岡の営農事業改革に学ぶ」
- 学術・研究部門　中外製薬，桜映画社　「幹細胞研究が導く再生医学―21世紀の先端医療をめざして」
- 広報部門　九州電力苅田発電所，オリエンタルブレイン　「石炭火力 新時代―PFBC―苅田発電所のご紹介」
- 観光部門　日本観光協会，桜映画社　「川を活かす 里を活かす」
- 教養部門　琉球漆器保存会，シネマ沖縄　「琉球漆器 堆錦」

第41回（平15年）
◇日本産業映画・ビデオ大賞　文部科学省，国立天文台〈企画〉，ユーエヌリミテッド〈製作〉　「未知への航海 すばる望遠鏡建設の記録」
◇文部科学大臣賞　東京シネ・ビデオ〈企画〉，風の舞製作委員会，東京シネ・ビデオ〈製

作」「風の舞 闇を拓く光の詩」
◇経済産業大臣賞 危険物保安技術協会〈企画〉,毎日映画社〈制作〉「危険物の漏えいによる環境汚染を防ぐために―地下埋設危険物施設の腐食と事故防止対策」
◇日本経団連会長賞 日本船主協会〈企画〉,日本シネセル〈制作〉「日本の海運」
◇部門賞
- 企業紹介部門 東日本電信電話〈企画〉,NTTラーニングシステムズ〈制作〉「半導体の常識に挑む―世界が認めたSIMOX技術―情報通信の20世紀シリーズ」
- 技術記録部門 西日本環境エネルギー〈企画〉,オリエントブレイン〈制作〉「限りなき挑戦の記録 九州電力加圧流動床複合発電"PFBC"ドキュメント」
- 販売促進部門 大幸物産〈企画〉,日本産業映画センター〈制作〉「手織 琉球表 匠の技を伝承する」
- 教育訓練部門 富士ゼロックス〈企画〉,デジタルバンク,オフィスジャスト〈制作〉「持続可能な地球環境の実現に向けて 第3回オール富士ゼロックスエコワークショップ」
- 学術研究部門 中外製薬〈企画〉,桜映画社〈制作〉「骨髄の世界―造血幹細胞のすみかを探る」
- 広報部門 高齢者痴呆介護研究・研修東京センター〈企画〉,シルバーチャンネル〈制作〉「身体拘束ゼロ作戦 やってみることから始まる」
- 観光部門 東日本鉄道文化財団〈企画〉,ソニー・ミュージックコミュニケーションズ〈制作〉「五所川原の立佞武多(たちねぶた)―青森県五所川原市」
- 教養部門 八重山上布保存会〈企画〉,シネマ沖縄〈製作〉「八重山上布」

第42回(平16年)
◇日本産業映画・ビデオ大賞 松竹〈企画・制作〉 "小津安二郎監督作品 DVD化の軌跡"
◇文部科学大臣賞 国立天文台〈企画〉,イメージサイエンス〈制作〉「不思議の星地球 国立天文台紹介ビデオシリーズ」
◇経済産業大臣賞 住友商事,住友グループ広報委員会〈企画〉,日本宣伝,ニッポンムービー大阪〈制作〉「大河 明治を貫く住友のこころ」
◇日本経団連会長賞 キッコーマン,キッコーマン国際食文化研究センター〈企画〉,菊

池邦夫事務所〈制作〉「日本の食文化を語り継いできた…醤油樽の物語」
◇部門賞
- 企業紹介部門 サントリー〈企画〉,サン・アド〈制作〉「サントリー天然水の森(2部構成)『いのちがよろこぶ水・未来にのこしたい水』『サントリー天然水の森』」
- 技術記録部門 文化財建造物保存技術協会〈企画〉,日本電波ニュース社〈制作〉「石垣修復の技術~近世篇」
- 販売促進部門 積水ハウス〈企画〉,電通テック〈制作〉「積水ハウスの免震住宅」
- 教育訓練部門 岩波映像〈企画・制作〉「よりどころを求めて~3歳児前半~3年間の保育記録(1)」
- 学術研究部門 中外製薬〈企画〉,桜映画社〈制作〉「赤血球造血の謎 アポトーシス研究からの考察」
- 広報部門 赤池町商工会〈企画〉,ビデオステーションキュー〈制作〉「いま、新たなるとき~上野(あがの)焼の里~上野焼開窯四百年記念」
- 観光部門 環境省西北海道地区自然保護事務所〈企画〉,菱中建設,乃村工芸社,北海道映像記録〈制作〉「支笏湖 火山と森と湖と」
- 教養部門 毎日新聞社〈企画〉,毎日映画社〈制作〉「今、子どもたちは…毎日新聞社世界子ども救援キャンペーン」

第43回(平17年)
◇日本産業映画・ビデオ大賞 沢井製薬,エイズ予防財団〈企画〉,東京シネ・ビデオ〈制作〉「STOP HIV/AIDS エイズストップのために…」
◇文部科学大臣賞 東京ウィメンズプラザ〈企画〉,岩波映像〈制作〉「仕事君はどう思う?」
◇経済産業大臣賞 大阪大学産業科学研究所川合研究室〈企画〉,イメージサイエンス〈制作〉「機能調和材料の創成 原子・分子を扱うナノテクノロジー」
◇日本経団連会長賞 花王ヘルスケア研究所〈企画〉,花王映像制作〈制作〉「自然のしくみを大切に―花王のヘルスケア研究『食』のあり方を捉え直す」
◇部門賞
- 企業紹介部門 エルアイ武田〈企画〉,電通テック関西〈制作〉「ともにはたらくよろこびを」
- 技術記録部門 国土緑化推進機構〈企画〉,

- CNインターボイス〈日本シネセル〉〈制作〉「森を創る―森の名手・名人」
- 販売促進部門　松竹〈企画 制作〉「幕末という時代」
- 学術・研究部門　科研製薬〈企画〉, アイカム〈制作〉「創傷治療 最前線 創傷治癒ストーリーとbFGF」
- 教育訓練部門　ピースクリエイト〈企画 制作〉「頸髄損傷編(第6巻)疾病・形態別介護ビデオシリーズ」
- 広報部門　福島県〈企画〉, シルバーチャンネル〈制作〉「オムツからケアの改善点が見えてきた 平成15年度福島県高齢者排泄自立支援事業」
- 観光部門　福島県須賀川市〈企画〉, 金山プロダクション〈制作〉「松明あかし―炎のレクイエム」
- 教養部門　国立歴史民俗博物館〈企画〉, 英映画社〈製作〉「若狭の六斎念仏～福井県上中町～」(F)

## 107　日本テレビ技術賞

　全国各地にわたるテレビジョン放送の中から, 各種の優れた撮影技術・録音技術・アニメーション技術を選定してそれらを広く顕彰し, 今後のこの分野における技術の前進と成長を促すことを目的として, 昭和36年に創設された。当初は「日本テレフィルム技術賞」であったが, 55年より現在の名称に改められた。その後, 2001年度に「日本テレビ技術賞」(旧「日本テレフィルム技術賞」)と「日本映画技術賞」を統合した上で「映像技術賞」へ名称変更。

【主催者】(社)日本映画テレビ技術協会
【選考委員】会員放送局, 関連団体から部門別に選出された者, テレビ技術に関して充分な学識経験を有する第三者
【選考方法】被推薦者の同意を得た協会員(個人)および協会加盟の放送局, 制作会社その他関連団体の推薦による
【選考基準】〔対象〕テレビ放送を目的として制作され, 毎年1月より12月末日までに放送された, 撮影・録音・アニメーション(含, CG作品)の内特に優秀なもの。〔部門〕A：ドラマ(ドラマ的構成のものも含む), B：教養・その他一般番組, C：報道記録, D：ニュース, E：CM各部門ビデオカメラによる作品
【締切・発表】1月10日締切, 発表は3月, 授賞式は5月25日頃
【賞・賞金】賞状と賞牌
【URL】http://www.mpte.jp/outline/kennsyou/

第1回(昭36年度)
　日本放送協会〈撮影〉「釜ケ崎で群衆さわぎ暴動さわぎ」
　東京テレビ映画社〈撮影〉「百万人のゴルフ」
　日本放送協会〈撮影〉「春の雪」
◇選奨　東京テレビ映画社〈撮影〉「虹ケ丘ニュータウン」
第2回(昭37年度)
　日本放送協会〈撮影〉「集中豪雨で佐幌川はんらん」
　朝日放送テレビ報道部〈撮影〉「タコの子誕生」
　内田 安夫〈撮影〉 "「特別機動捜査隊(禁断の過去)」〔東映テレビプロ〕"
　日本放送協会〈撮影〉「背後の人」
　東京放送テレビ技術局〈録音〉「煙の王様」
第3回(昭38年度)
　日本放送協会〈撮影〉「皆既日食の観測に成功」
　琉球放送〈撮影〉「みどり丸遭難」
　東京放送報道局ニュース部〈撮影〉「日暮里大火」
　日本テレビ放送網映画部〈撮影〉「世界の屋根のヒゲ・ドクター」
　尾崎 義一〈撮影〉(東京放送)「デパートの見える家」
　朝日テレビニュース社〈撮影〉「ガン征圧への道」
　滝口 岩夫〈撮影〉(東京放送)「ひとり帰っ

て来なかった」
日本放送協会〈撮影〉「鋳型」
日本放送協会〈録音〉「鋳型」
土屋 俊忠〈撮影〉(東映テレビプロ)「孤独の賭(第8話)」
◇選奨
日本放送協会〈撮影〉「兇器と童話」
朝日テレビニュース社〈撮影〉「あるガン患者の記録」

第4回(昭39年度)
日本放送協会〈撮影〉「新潟地震」
日本放送協会〈撮影〉「恐山宿坊」
日本放送協会〈録音〉「恐山宿坊」
東京放送テレビ報道部〈撮影〉「黒人キャサリン」
電通映画社〈撮影〉「精工スポーツマティック5」
◇奨励賞
東海テレビ放送〈撮影〉「名古屋テレビ塔から飛び降り自殺はかる」
日本放送協会〈撮影〉「還えらぬ海」

第5回(昭40年度)
朝日テレビニュース社〈撮影〉「ライフル魔捕わる」
日本放送協会〈撮影〉「太閤記(本能寺)」
日本テレビ放送網映画部〈撮影〉「多知さん一家」
日本放送協会〈撮影〉「ある人生・まかしとき」
日本放送協会〈撮影〉「タンチョウヅルの四季」
◇奨励賞
RKB毎日放送〈撮影〉「海より深き」
日本テレビ放送網映画部〈撮影〉「恐怖の片足着陸」
名古屋テレビ制作報道局〈撮影〉「日本の青春ふりむくな和田」
東京テレビ映画社〈撮影〉「ソーダラップ」

第6回(昭41年度)
日本放送協会〈黒白撮影〉「海底で全日空の機体を発見」
日本放送協会〈黒白撮影〉「大市民」
日本放送協会〈録音〉「太陽の丘」
虫プロ〈色彩アニメーション・撮影〉「ジャングル大帝(氷河にほえる虎)」
日本テレビ放送網〈色彩撮影〉「カナダカップゴルフ世界選手権大会」
広島テレビ放送〈黒白撮影〉「人間,そのたくましきもの」
東京テレビ映画社〈黒白撮影〉「大空の限界Gと闘う男・淡野徹」
日本放送協会〈色彩撮影〉「自然のアルバム・高山の蝶」
日本放送協会〈録音〉「ある人生・失明宣言」
東京テレビ映画社〈黒白撮影〉「シスコ・パオ」
◇奨励賞
日活技術スタッフ〈撮影・録音〉「愛妻くん・妻はなんでも知りたがる」
東京テレビ映画社〈録音〉「大空の限界Gと闘う男・淡野徹」
東海テレビ放送報道部〈黒白撮影〉「島の女」
日本テレビ放送網〈色彩撮影〉「すばらしい世界旅行・モーゼル河のブドウ村」

第7回(昭42年度)
広島テレビ放送〈黒白撮影〉「百日紅の花」
日本放送協会〈録音〉「小さな世界」
日本放送協会〈黒白撮影〉「和賀郡和賀町1967年夏」
日本放送協会〈色彩撮影〉「日本の稲作」
日本放送協会〈録音〉「和賀郡和賀町1967年夏」
◇奨励賞
日本放送協会〈照明〉「暗い鏡"広島のオルフェ"」
朝日放送テレビ報道部〈撮影・照明〉「南海電鉄でまた衝突事故75人重軽傷」

第8回(昭43年度)
日本テレビ放送網映画部〈黒白撮影〉「日本の幸福」
日本テレビ放送網映画部〈録音〉「日本の幸福」
日本放送協会〈色彩撮影〉「写楽はどこへいった」
T.C.J.〈総合技術〉「サントリージン」
日本放送協会〈色彩撮影〉「高速」
日本放送協会〈録音〉「高速」
日本放送協会〈黒白撮影〉「乗船名簿AR-29」
日本放送協会〈録音〉「乗船名簿AR-29」
東海テレビ放送〈色彩撮影〉「今は昔・しのとおきな」
◇奨励賞
関西テレビ放送音声課〈録音〉「青やから渡ったんや」
多田 信〈色彩撮影〉(高知放送)「海女」
名古屋テレビ報道部〈黒白撮影〉「ソ連副首相襲わる木刀を持った右翼を逮捕」

第9回（昭44年度）
　日本放送協会〈色彩撮影〉「走れ玩具」
　日本放送協会〈録音〉「絞首台の歌」
　電通映画社〈総合技術〉「ナショナル掃除機」
　日本テレビ放送網映画部〈黒白撮影〉「20世紀アワー・ベトナム戦争テトの3日間」
　日本放送協会〈黒白撮影〉「特集ドキュメンタリー・廃船」
　日本放送協会〈色彩撮影〉「日本の美・紅型-沖縄の染色」
　日本放送協会〈黒白撮影〉「米軍のRF101戦闘機離陸に失敗基地に突込む」
　◇奨励賞
　日本テレビ放送網映画部〈色彩撮影〉「すばらしい世界旅行（自然シリーズ）雪原のトナカイ遊牧民」
　東海テレビ放送〈色彩撮影〉「国境シリーズ・主なき半島」
　日本放送協会〈黒白撮影〉「妻を殺し子供を人質にした男逮捕」

第10回（昭45年度）
　広島テレビ放送〈撮影〉「ささらもさら第1話―海はにがいぜ」
　日本放送協会〈録音〉「遠い愛の日々」
　日本放送協会〈撮影〉「日本の自然・くもの世界」
　日本放送協会〈撮影〉「ドキュメンタリー・エベレスト」
　広島テレビ放送〈撮影〉「旅客船ぷりんす丸乗っ取り犯人・そ撃」

第11回（昭46年度）
　内田 安夫〈撮影〉"「特別機動捜査隊・闇の中」〔東映テレビプロ〕"
　日本放送協会〈撮影〉「日本の自然・ハチの世界」
　T.C.J.〈総合技術〉「高島屋ローゼンタール陶器」
　◇奨励賞
　日本放送協会〈録音〉「さすらい」
　日本放送協会〈撮影〉「スタジオ102厳冬シリーズ・雪の中の登校」
　東海テレビ放送〈撮影〉「ドキュメンタリーシリーズ・母と地球・ペルーの母」
　日本放送協会〈録音〉「ドキュメンタリー・小松川署交通事故調書」

第12回（昭47年度）
　四騎の会〈撮影〉「化石・第2話」
　日本放送協会〈総合技術〉「みんなのうた・アヒルの行列」
　日本放送協会〈撮影〉「日本の自然・清流魚」
　◇奨励賞
　日本放送協会〈撮影〉「霧の旗」
　日本放送協会〈録音〉「ドキュメンタリー・ある生の記録」

第13回（昭48年度）
　国際放映〈撮影〉「ドラマ陽は又のぼる（5回）」
　日本放送協会〈撮影〉「特集アニメーション・ふしぎな手」
　東海テレビ放送報道部〈撮影〉「模作堂々～ある陶工の世界」
　小島 寿〈撮影〉"「ニュースコープ・プノンペンのテロ」〔東京放送〕"
　日本テレビ放送網映画部〈撮影〉「NFアワー驚異の世界 これがアフリカ象で・第4部」
　日本放送協会〈録音〉「ドラマ 出会い」
　日本放送協会〈録音〉「あすへの記録～空白の110秒」
　日本放送協会〈録音〉「文化展望"祭りへの回帰"」
　◇奨励賞
　日本放送協会〈撮影〉「海外取材番組 太陽と人間第1集―黒い太陽」
　朝日放送〈撮影〉「初の新幹線スト乗客に組合員罵声」
　千葉県PR映画センター〈撮影〉「黒潮に生きる―老人船団」
　日本教育テレビ撮影部, 東京サウンドプロ〈録音〉「ある闘いの記録 飛べよピッカロ」

第14回（昭49年度）
　日本放送協会〈撮影〉「じゃあね」
　日本放送協会〈撮影〉「みんなのうた オブラディ・オブラダ, ヒー・ハイ・ホー」
　日本テレビ放送網映画部〈撮影〉「バングラデェシュ飢餓地帯をゆく」
　中谷 英雄〈撮影〉"「生きものばんざい 第17話サケ帰郷の謎」〔岩波映画製作所〕"
　日本放送協会〈録音〉「ドキュメンタリー完走」
　◇奨励賞　東海テレビ放送報道部〈撮影〉「昭和49年春 大沢村」

第15回（昭50年度）
　下村 和夫〈撮影〉"「Gメン75 Gメン皆殺しの予告」〔東映テレビプロ〕"
　東海テレビ放送報道部〈撮影〉「ドキュメンタリー刑事～豊橋母子3人殺し事件

から」
日本放送協会〈撮影〉「未来への遺産 壮大な交流(2)~陶磁の道」
岩田 広一〈録音〉"Ｇメン75 Ｇメン皆殺しの予告"〔東映テレビプロ〕"
日本放送協会〈録音〉「あすへの記録 ウンカと戦う」
◇奨励賞 日本放送協会〈アニメーション技術〉「おかあさんといっしょ はいスタート」

第16回(昭51年度)
勝プロダクション〈撮影〉"「新・座頭市」"〔フジテレビ・勝プロ〕
日本放送協会〈撮影〉「特集 埋もれた報告」
日本放送協会〈撮影〉「特集 チロンヌップの詩」
日本放送協会〈アニメーション技術〉「幼児のための造形アニメーション」
日本放送協会〈録音〉「フィルムドラマ タウン」
日本放送協会〈録音〉「ドキュメンタリー 友だち100人できるかな」
◇奨励賞
河合 孝,村山 利夫〈撮影〉「パレスチナ最前線を往く」
日本放送協会〈録音〉「音楽劇 もがり笛」

第17回(昭52年度)
毎日放送〈撮影〉「K2登頂記録~106日の群像」
日本放送協会〈撮影〉「ニュースセンター9時 ガーデン・イール」
日本放送協会〈撮影〉「NHK特集 遠野物語を行く(第1部)」
日本放送協会〈録音〉「こずえちゃんは今 サリドマイド児17年の記録」
◇奨励賞
宇দ川 満〈撮影〉"青い鳥を撃て"〔テレビ朝日・松竹テレビ室〕
日本放送協会〈撮影〉「日本の自然 フクロウ」
高橋 宏固〈アニメーション技術〉"立体アニメーション 家なき子(第6話)"〔東京ムービー新社〕"

第18回(昭53年度)
日本放送協会〈アニメーション技術〉「たらふくまんまの愉快な冒険(1)」
酒井 忠〈撮影〉"「『風雪の海峡』青函トンネルは,今」〔にんじんくらぶ・フジテレビジョン〕"
毎日放送〈撮影〉「植村直己 北極点を越えて4,000キロ―孤独の106日」
日本放送協会〈撮影〉「NHK金曜特集『海ゆかば』~ソロモン沖の墓碑銘」
降矢 桝次,斉藤 貝功〈録音〉"高く跳べ!ぼくらの先生"〔中京テレビ放送〕"
日本放送協会〈録音〉「ちゃぐちゃぐ馬こ~岩手県盛岡市滝沢村」
◇奨励賞
平林 茂明〈撮影〉"祭ばやしが聞こえる 第20話"(ニーデーグリーディー・NTV・東宝企画)"
日本放送協会〈撮影〉「NHK特集『サダト大統領そのエジプト』~78年2月,3月~」
中神 賢史〈撮影〉"生きものばんざい 第261話―アメンボの水面歩行術"〔毎日放送・岩波映画製作所〕"

第19回(昭54年度)
日本放送協会〈アニメーション技術〉「みんなのうた キャンディの夢」
上田 正治〈撮影〉"土曜ワイド劇場 戦後最大の誘拐,吉展ちゃん事件"〔テレビ朝日・S.H.P〕"
安藤 信充〈撮影〉"ドギュメント'79故郷は戦火のなかに"〔NTV〕"
木村 晴郎〈撮影〉"NNNジャストニュース 所得かくし発覚の日本発馬機会社―小山専務自殺はかる"〔NTV〕"
日本放送協会〈撮影〉"ドキュメンタリー 海に吠える虎舞"
古山 恒夫,辻井 一郎〈録音〉"土曜ワイド劇場 戦後最大の誘拐,吉展ちゃん事件"〔テレビ朝日・S.H.P〕"
日本放送協会〈録音〉「NHK特集 黒沢明の世界」
◇奨励賞
日本放送協会〈撮影〉「音楽ファンタジー 葦舟」
日本放送協会〈撮影〉「ターニャの不思議な絵本」
柴田 剛,桑原 善志登,岩谷 裕允〈撮影〉"聞こえるよ母さんの声が…原爆の子・百合子"(山口放送)"
日本放送協会〈録音〉「音楽ファンタジー 葦舟」

第20回(昭55年度)
原 一民〈撮影〉"木曜ゴールデンドラマ "女たちの他国""〔読売テレビ放送・CAL〕"
東海テレビ放送〈撮影〉「ドキュメンタリー『メッセージはいらない』宮城まり

子・その愛」
日本放送協会〈撮影〉「静岡駅前ガス爆発事故」
木村 静雄他技術スタッフ〈撮影〉 "「生と死に賭けた36時間(これがチョモランマだ)」〔NTV〕"
渡会 伸〈録音〉 "「木曜ゴールデンドラマ "女たちの他国"」〔読売テレビ放送・CAL〕"
日本放送協会〈録音〉「NHK特集『再会』35年目の大陸行」

◇奨励賞
日本放送協会〈撮影〉「四季・ユートピア」
日本放送協会〈撮影〉「NHK特集 シルクロード"幻の黒水城"」
日本放送協会〈撮影〉「日本の自然『子育てトゲウオ』」
広田 泰悠〈撮影〉 "「驚異の世界『タイムトンネルをくぐる!!丸木舟159キロの大冒険」」〔STV〕"

第21回(昭56年度)
森田 富士郎ほか撮影スタッフ一同〈撮影〉 "「時代劇スペシャル 風車の浜吉捕物綴」〔俳優座映画放送・映像京都・フジテレビ〕"
東北新社技術部〈撮影〉「SEIKO無限の1秒篇」
東海テレビ放送報道部〈撮影〉 "ドキュメンタリー『宣告』小児ガンとの戦い"
横見 治樹,谷口 智春〈撮影〉 "「ANNニュース『妻を殺し人質ろう城男捕まる』」〔静岡県民放送・テレビ朝日〕"
日本放送協会〈撮影〉「ドキュメンタリー『がん宣告』」
日本放送協会〈録音〉「ドキュメンタリー『がん宣告』」

◇奨励賞
日本放送協会〈撮影〉「PAPILLON―パピヨン～中也幻影」
野村 義明〈撮影〉 "三菱電機冷蔵庫『みどり』」〔電通映画社〕"
日本放送協会〈撮影〉「NHK特集 アマゾンのゴールドラッシュ」
日本放送協会〈録音〉「PAPILLON―パピヨン～中也幻影」

第22回(昭57年度)
井上 正次〈撮影〉 "「映像詩による交響詩 村の女は眠れない」〔NHK〕"
篠田 雪夫〈撮影〉 "「東芝ビデオ ビュースター総集篇」〔東洋シネマ〕"
新妻 実,三上 正弘〈撮影〉 "「ジャパインドⅡ『インドネシア残留日本兵1982年』」〔朝日放送〕"
若林 茂,福岡 薫〈撮影〉 "「ニュースセンター9時 これが土石流だ」〔NHK〕"
吉田 貞夫〈撮影〉 "「NHK特集『私は日本のスパイだった』―秘密諜報員ベラスコ」〔NHK〕"
伊藤 善則〈録音〉 "「ドラマスペシャル ビゴーを知っていますか」〔NHK〕"

◇奨励賞
藤本 宏三〈撮影〉 "「ドラマスペシャル ビゴーを知っていますか」〔NHK〕"
東京コマーシャルフィルム・スタッフ一同〈撮影〉「東洋タイヤ タイヤホッケー篇」
東海テレビ放送報道部〈撮影〉「ドキュメンタリー『たたかいの海』」
三ツ橋 徹朕〈撮影〉 "「人間の滅ぶ日 イナゴに占領された大地」〔日本テレビ〕"

第23回(昭58年度)
中嶋 靖人〈撮影〉 "(TBS技術局制作技術部代表)"「未知なる反乱」〔東京放送〕"
中山 繁〈撮影〉 "「マクドナルド企業『ビッグマック篇』」〔東洋シネマ〕"
平岡 泰博〈撮影〉 "「ドキュメントα生と死の空白時間～『脳死』現場からの報告」〔関西テレビ放送〕"
小山 光浩〈撮影〉 "「日本海中部地震第一報」〔NHK弘前〕"
本多 洋三〈撮影〉 "「幸福荘界隈～神戸新開地」〔毎日放送〕"
奥村 治郎〈録音〉 "「土曜レポート 君はゴールをめざせ」〔NHK大阪〕"
平野 公一〈録音〉 "「ドラマみちしるべ」〔NHK〕"

◇奨励賞
鈴木 秀夫〈撮影〉 "「野のきよら山のきよらに光さす」〔NHK〕"
正木 徹〈撮影〉 "「ネッスルゴールドブレンド『粋をつかむ』」〔電通映画社〕"
上杉 義雄,鵜沢 信明,初取 伸一〈撮影〉「セイコー『アフター・ファイブ(時計着がえて)』」
須沢 正明,中原 秀樹〈撮影〉 "「ドキュメント'83 素顔の戦士たち～"里親の村"の三年」〔日本テレビ放送網〕"
秋田テレビ報道制作局〈撮影〉「FNNニュース 日本海中部に地震発生」
栗原 等〈撮影〉 "「右翼の暴漢、野坂昭如候補を襲撃」〔東京放送〕"

河野 祐一〈撮影〉 "「日本動物記 ムササビ」〔NHK〕"
第24回(昭59年度)
　中野 英世〈撮影〉 "「リバー 春・音の光―スロバキア篇」〔NHK〕"
　立石 敏雄〈撮影〉 "「雪印バター ジャガ芋篇」〔東洋シネマ〕"
　東海テレビ放送報道部〈撮影〉「ドキュメンタリー 家族」
　鈴木 寿秋〈撮影〉 "「CBCニュースワイド 長野県西部地震」〔中部日本放送〕"
　小高 文夫〈撮影〉 "「NHK特集 トンボになりたかった少年」〔NHK名古屋〕"
　鈴木 清人〈録音〉 "「リバー 春・音の光―スロバキア篇」〔NHK〕"
　長谷川 忠昭〈録音〉 "「NHK特集 リハーサル―ナベサダの熱い夏」〔NHK〕"
◇奨励賞
　相沢 征二〈撮影〉(TBS技術局制作技術部代表) "「虞美人草」〔東京放送〕"
　東京放送報道局取材部取材チーム〈撮影〉 "「ニュースコープ特集 核燃料輸送を追う」〔東京放送〕"
　東海テレビ放送報道部〈撮影〉「ボスの座を狙え～サル山、喜・怒・哀・楽」
第25回(昭60年度)
　奥村 重喜〈撮影〉 "「ドラマスペシャル 冬構え」〔NHK〕"
　高原 幸広〈撮影〉 "「東芝企業 オーストラリア火力発電所編」〔東洋シネマ〕"
　新田 隆〈撮影〉(取材グループ代表) "「シベリア大紀行」〔東京放送〕"
　樋口 一雄、他技術スタッフ〈撮影〉 "「日航機墜落事故～墜落現場に生存者がいた」〔フジテレビジョン〕"
　千葉 健二〈撮影〉 "「NHK特集 大雪山花紀行～神々の庭の短い夏」〔NHK・旭川〕"
　平山 誠〈録音〉 "「ドラマスペシャル 冬構え」〔NHK〕"
　佐々木 盛男〈録音〉(取材グループ代表) "「シベリア大紀行」〔東京放送〕"
◇奨励賞
　石田 節夫〈撮影〉 "「福永洋一の闘い『今、妻の名を呼んだ』」〔読売テレビ放送〕"
　大津 久幸、矢内 万喜男〈撮影〉 "「十勝川の川霧」〔NHK・帯広〕"
　平岡 泰博〈撮影〉 "「ドキュメンタリー『思春期』」〔関西テレビ放送〕"
第26回(昭61年度)
　葛城 哲郎〈撮影〉 "「ドラマスペシャル 匂いガラス」〔NHK〕"
　高間 賢治〈撮影〉 "「さつま白浪 花渡川工場」〔東洋シネマ〕"
　井窪 昭造〈撮影〉 "「NHK特集 のぞみ5歳～手さぐりの子育て日記」〔NHK金沢〕"
　村上 周三、本多 英晴〈撮影〉 "「集団スリ 現行犯逮捕」〔朝日放送〕"
　井原 省悟、河野 祐一〈撮影〉 "「NHK特集 流氷が連れてきた動物たち」〔NHK・釧路〕"
　伊藤 美津夫〈録音〉 "「禅の世界 悟りへの道」〔NHK〕"
◇奨励賞 増本 安雄〈撮影〉 "「ドキュメンタリー『家』」〔関西テレビ放送〕"
第27回(昭62年度)
　原 一民〈撮影〉 "「地方紙を買う女」〔大映テレビ・フジテレビジョン〕"
　鈴木 鎮男〈CG映像制作〉(日本放送協会) "「NHK特集 平安京再現」〔NHK〕"
　市川 隆久〈撮影〉(日本放送協会) "「NHK特集 鶴になった男～釧路湿原タンチョウふれあい日記」〔NHK釧路〕"
　西崎 裕文〈撮影〉(東京放送) "「JNNニュースコープ コロンボの爆弾事件」〔東京放送〕"
　河合 信哉〈撮影〉(日本放送協会) "「日本動物記 アカショウビン」〔NHK札幌〕"
　太田 進滉〈録音〉(日本放送協会) "「ドラマスペシャル 今朝の秋」〔NHK〕"
◇奨励賞
　奥村 重喜〈撮影〉(日本放送協会) "「ドラマスペシャル 今朝の秋」〔NHK〕"
　テレビ山口〈アニメーション〉 "「シベリアの豆の木」〔テレビ山口〕"
　全国朝日放送報道局取材部〈撮影〉 "「ニュースステーション・スペシャル 検証・鉄道は誰のものか」〔全国朝日放送〕"
　地名 伸一〈撮影〉(フジテレビジョン) "「スーパータイム企画 津軽ふくろう一家はリンゴの木を忘れない」〔フジテレビジョン〕"
　降矢 桝次〈撮影〉(中京ビデオセンター) "「ドキュメンタリー 青りんごたちの交差点で」〔中京テレビ〕"
　フジテレビジョンMUSIC FAIR音声担当グループ〈録音〉 "「MUSIC FAIR」〔フジテレビジョン〕"
第28回(昭63年度)
　飯山 孫八〈撮影〉(NTV映像センター制作スタッフ代表) "「ドラマ 明日―1945年8月8日・長崎」〔日本テレビ放送網〕"

通信・サービス　　　　　　　　　　　　　　　　　　　　　　　　107　日本テレビ技術賞

日本テレビ放送網チョモランマ取材スタッフ〈撮影〉"「チョモランマがそこにある!!みんなが頂上に立った」〔日本テレビ放送網〕"
日本放送協会報道局映像部潜水グループ〈撮影〉"「NHKニュース 潜水艦なだしおと大型つり船衝突事故」〔日本放送協会〕"
細田 昇〈撮影〉（日本放送協会）"「NHK特集 どんなご縁で〜ある老作家夫婦の愛と死」〔日本放送協会〕"
近藤 直光〈録音〉（日本放送協会）"「大河ドラマ『武田信玄』より総集編第3回『川中島血戦』」〔日本放送協会〕"
亀川 徹〈録音〉（日本放送協会）"「NHK特集 エディ・終りなき挑戦〜老トレーナーと19歳の世界チャンピオン」〔日本放送協会〕"

◇奨励賞
神田 茂（日本放送協会），郷田 雅男〈撮影〉"「ドラマスペシャル 海の群星」〔NHK大阪〕"
村上 松隆〈撮影〉（電通プロックス）"「三共リゲイン さとり編,市場開拓編,商談成立編」〔電通プロックス〕"
日本テレビ放送網報道局ニュースセンター〈撮影〉"「Time 21 七恵ちゃん明日が聞こえる」〔日本テレビ放送網〕"
山田 紀夫〈録音〉（東京放送制作技術部）"「土曜ドラマスペシャル 風よ,鈴鹿へ」〔東京放送〕"

第29回（平1年度）
杉山 節郎〈撮影〉（日本放送協会）"「ドラマスペシャル 山頭火」〔NHK〕"
黒岩 保美〈撮影〉（電通プロックス）「大阪ガス・日本のシェフ・シリーズ—陳健民編」
村上 長生（福岡放送），井形 隆之，伊藤 恵庸〈撮影〉"「追跡 覚醒剤密売犯を追う！」〔福岡放送〕"
福島 正弘〈撮影〉（毎日放送）"「山口書記長 襲撃の瞬間」〔毎日放送〕"
白石 和敏〈撮影〉（日本放送協会）"「地球ファミリー サケ大遡上〜母なる川での生存競争」〔NHK〕"
金古 光雄（日本放送協会），伊藤 博文〈CG技術〉"「NHKスペシャル 驚異の小宇宙・人体〜生命を守る ミクロの戦士たち」〔NHK〕"
佐藤 重雄〈録音〉（日本放送協会）"「ドラマスペシャル 山頭火」〔NHK〕"

和田 英雄〈録音〉（東京放送）"「春一番 熱唱！美空ひばり」〔東京放送〕"

◇奨励賞
長部 大輔〈撮影〉（東京放送クルー代表）"「報道特集 音楽に国境はあった？」〔東京放送〕"
渡辺 忠志〈撮影〉（フジテレビジョン）"「スーパータイム 特報・狭山のオオタカの巣立ち」〔フジテレビジョン〕"
吉永 秀明〈録音〉（福岡放送）"「追跡 覚醒剤密売犯を追う！」〔福岡放送〕"

第30回（平2年度）
小高 文夫〈撮影〉（日本放送協会）「ニューウェイブドラマ〜ネコノトピア ネコノマニア」（日本放送協会）
和田 洋一〈撮影〉（東京放送）「文豪が愛した日本の美 陰惨礼讃」（東京放送）
塚越 力〈撮影〉「味の素 炊きたて一番—美味しさを求めて 水編・米編・帆立編」（電通プロックス）
東野 良，広田 亮，牟田 俊大，梶川 和義〈撮影〉（日本放送協会）「NHKスペシャル 秘境大コンロン」（日本放送協会）
白水 政広〈撮影〉（RKB毎日放送）「沈没寸前・決死の脱出を撮る」（RKB毎日放送）
尾山 昌幸〈撮影〉（フジテレビジョン）「スーパータイム 特報企画—検証・野尻川土石流」（フジテレビジョン）
桑原 昌之〈撮影〉（日本放送協会）「浄土憧憬〜美しい彼岸結ぶ夢」（日本放送協会）
小林 健一〈録音〉（日本放送協会）「ごめんね コーちゃん」（日本放送協会）
安楽 雄三〈録音〉（テレビ西日本）「蝶々夫人—オペラ歌手喜波貞子の生涯」（テレビ西日本）

◇奨励賞
浜田 泰生〈撮影〉（東京放送）「文豪が愛した日本の美 陰翳礼讃」（東京放送）
深谷 和生〈照明〉（日本放送協会）「ニューウェイブドラマ〜ネコノトピア ネコノマニア」（日本放送協会）
片山 典彰〈撮影〉「ノーサイ 五穀豊穣編」（東急AGC・北欧映像）
永山 真治〈撮影〉（フジテレビジョン）「優猿・ジロー物語」（フジテレビジョン）
宮里 義秀〈撮影〉（毎日放送）「映像'90 おにいちゃんの春」（毎日放送）

第31回（平3年度）
中野 英世〈撮影〉（日本放送協会）「スペ

シャルドラマ 夢みた旅」(日本放送協会)
河崎 敏〈撮影〉(東北新社)「雪印ドール100％ジュースシリーズ 新登場篇・ファイヤーアーク篇・ビリヤード篇」(ニッテン・アルティ)
小山 和彦〈照明〉(電通プロックス)「日本生命ナイスディー 床屋のマドンナ篇・旅館のマドンナ篇」(電通プロックス)
日本テレビ放送網ソ連横断4万キロスタッフ〈撮影〉「ソ連横断4万キロ 激動編」(日本テレビ放送網)
原 和則〈撮影〉(テレビ長崎)「スーパータイム 雲仙普賢岳火砕流被災現場の地撮映像」(テレビ長崎)
秋沢 和雄〈録音〉(日本放送協会)「NHKスペシャル タイス夫妻の戦争〜アメリカ兵捕虜家族の記録」(日本放送協会)
藤井 芳保〈録音〉(日本放送協会)「ニューウェーブ・ドラマ 音・静かの海に眠れ」(日本放送協会)
前田 勝己〈録音〉(日本放送協会)「ミュージックフェスティバル'91」(日本放送協会)

◇奨励賞
熊本県民テレビ制作グループ〈撮影〉「ドラマ 亀蛇が寄り道した」(熊本県民テレビ)
正木 徹〈撮影〉(電通プロックス)「協和発酵工業・企業シリーズ 海底温泉診療所篇・砂漠の太陽先生篇・ドクターフィッシュ篇」(電通プロックス)
武藤 守〈撮影〉(西日本映像)「風雪60年 英子しゃんと嘉穂劇場」(福岡放送)

第32回(平4年度)
東京放送制作技術部〈照明〉「ジャック・アンド・ベティ物語 初恋編」(東京放送)
正木 徹、臼井 俊彦〈撮影〉(電通プロックス)「ナショナルマイクロ波電子焼却機ノラ犬哀話編」(電通プロックス)
河崎 政詔〈撮影〉(日本放送協会)「NHKスペシャル モスクワ冬物語―共同住宅の40日間」(日本放送協会)
吉岡 一美〈撮影〉(フジテレビジョン)「スーパータイム 景品交換所強盗のカーチェイス逮捕映像」(フジテレビジョン)
田中 潤〈撮影〉(日本放送協会)「ニュース21 ある孤独な死を追って」(日本放送協会)
北川 高〈撮影〉(毎日放送)「映像90 伝える言葉」(毎日放送)

川田 修〈録音〉(日本放送協会)「ドラマ チロルの挽歌 前編」(日本放送協会)
山田 憲義、佐々木 隆夫、小野 さおり〈録音〉(日本放送協会)「大モンゴル第二集 蒼き狼 チンギス・ハーン」(日本放送協会)

◇奨励賞
中村 和夫〈撮影〉(NHKテクニカルサービス)「土曜ドラマ 虫の居どころ」(日本放送協会)
烏丸 順一〈撮影〉(東京放送)「報道特集 発掘、日系人を強制収容から救った男」(東京放送)
小嶋 智哉〈撮影〉(宮崎テレビ放送)「初冬の伊豆沼物語」の撮影(宮崎テレビ放送)
秋葉 正弘〈撮影〉(仙台放送エンタープライズ)「日伊合作ドキュメンタリー サムライ〜ドン・フィリッポ・支倉」(仙台放送エンタープライズ)

第33回(平5年度)
大場 俊〈撮影〉(東京放送)、山口 泰博〈撮影〉(エヌ・エス・ティ)「或る『小倉日記』伝」(東京放送)
久保田 芳実〈照明〉(東京放送)「或る『小倉日記』伝」(東京放送)
八城 和敏〈撮影〉(日本放送協会)「NHKスペシャル南極・白い大地〜写真家白川義員 前人未踏の旅路」(日本放送協会)
宮城 角栄(バンエイト)「スーパータイム 漂流ダイバー13人、発見！フジテレビ取材チャーター船が救助」(フジテレビジョン)
川上 順、報道局取材スタッフ〈撮影〉(日本テレビ放送網)「巨大岩魚のはねる里」(日本テレビ放送網)
山口 猶興〈撮影〉(長崎放送)「鯨が翔んだ」(長崎放送)
米山 英明、脇坂 孝行、岩田 広一〈録音〉(映広)「香華」(松竹)
竹原 浩之〈録音〉(日本放送協会)「NHKスペシャル 野村万作、最後の〈狐〉に挑む」(日本放送協会)

◇奨励賞
山口 俊夫〈撮影〉(東北新社)「トヨタ自動車 セリカ"セリカの男"」(東北新社)
岩淵 麿〈撮影〉(北海道企画センター)「STVニュース プラス1『町中に熊！大パニック！』」(札幌テレビ放送)
原嶋 彰〈撮影〉(NHK大阪放送網)「ニュース7 ふたつの影」(日本放送協会)
古山 光一〈撮影〉(毎日放送)「映像90 隣

の家 千里オールドタウン」(毎日放送)

第34回 (平6年度)
佐藤 彰〈撮影〉(日本放送協会) 「ドラマ 雪」(日本放送協会)
米山 晃〈照明〉(ティエルシー) 「私は貝になりたい」
橋本 秀一〈撮影〉(日本放送協会) 「NHKスペシャル4700キロ夢をかけた人たち〜北米大陸横断マラソン」(日本放送協会)
山口 一吉〈撮影〉(日本放送協会) 「ニュース7 一瞬の春」(日本放送協会)
礒沢 亮祐〈撮影〉(毎日放送) 「映像90 癌を生きる」(毎日放送)
冨沢 裕〈録音〉,大塚 茂夫〈録音〉(日本放送協会) 「土曜ドラマ 否認―後編」(日本放送協会)
奥山 操〈録音〉(NHK広島放送局) 「NHKスペシャル 響きあう父と子〜大江健三郎と息子光の30年」(日本放送協会)

◇奨励賞
奥山 哲史〈撮影〉(東京放送) 「報道特集 京都のお寺はんを襲う煩悩の大波」(東京放送)
湯浅 次郎 (日本テレビ放送網),中村 佳央 (スター照明) 「ニュース きょうの出来事 忘れられた皇軍」(日本テレビ放送網)

第35回 (平7年度)
渡辺 恒一〈照明〉(日本放送協会) 「土曜ドラマ 刑事」(日本放送協会)
広川 泰士〈撮影〉 「サントリー ニューオールド 背中」
原口 仁〈撮影〉(日本テレビ放送網) 「あした天気になあれ!」(日本テレビ放送網)
北条 吉彦〈撮影〉(読売テレビ放送) 「震災・突然!母の死の知らせが…」(読売テレビ放送)
石川 博一〈撮影〉(読売テレビ放送) 「震災余波!困ったタタミ騒動」(読売テレビ放送)
平岡 泰博〈撮影〉(関西テレビ放送) 「さよならダックス先生 阪神大震災を体験した教え子たち」(関西テレビ放送)
加村 武,菅野 秀典〈録音〉(日本放送協会) 「土曜ドラマ 刑事」(日本放送協会)
大島 寛司〈録音〉(日本放送協会) 「歌たる!浪速の熱いハーモニー」(日本放送協会)

◇奨励賞
近藤 博英〈撮影〉(日本放送協会) 「ニュース7 夏95 開花」(日本放送協会)

山下 哲治〈撮影〉(日本放送協会) 「生きもの地球紀行 養老山系・湧き水の魚 ハリヨの子育て」(日本放送協会)
高橋 清孝〈録音〉(日本放送協会) 「ふたりのビッグショー 森進一・加藤登紀子 30年いろいろありました」(日本放送協会)

第36回 (平8年度)
小南 朗〈撮影〉 「東京卒業」〔東京放送〕
正木 徹〈撮影〉 「協和発酵工業 自然は大きなホスピタル フクロウ」〔電通テック〕
稲川 英二〈撮影〉 「NHKスペシャル サラエボの光〜平山郁夫 戦場の画家を訪ねて」〔日本放送協会〕
富山 徳之,武田 憲二〈撮影〉 「ニュース・ステーション 震災のあと」〔全国朝日放送〕
戸田 裕治〈撮影〉ほかスタッフ 「きょうの出来事 徹底追及、エイズ大量殺人」〔日本テレビ放送網〕
江頭 徹〈撮影〉 「流氷 白い海〜オホーツクの遙かな旅人」〔北海道テレビ放送〕
末永 拡司〈録音〉 「人間ドキュメント 四人の老童子」〔日本放送協会〕

◇奨励賞
浅野 利泰〈撮影〉 「阪神大震災 映像記録〜被災地無言の変容」〔読売テレビ放送〕
報道局映像部〈撮影〉 「めざましスケッチ」〔東海テレビ放送〕
百崎 満晴〈撮影〉 「ドキュメンタリー・ドラマ 宮沢賢治 銀河の旅びと」〔日本放送協会〕
塚本 健一〈録音〉(西日本映像) 「響け!!ふるさとの炭坑節〜ひかる先生と子どもたちのヨーロッパ演奏旅行」〔福岡放送〕

第37回 (平9年度)
熊本 良次〈撮影〉(日本放送協会) 「土曜ドラマ もうひとつの心臓」〔日本放送協会〕
中山 鎮雄〈照明〉(日本放送協会) 「土曜ドラマ もうひとつの心臓」〔日本放送協会〕
清家 正信〈撮影〉 「三井不動産販売 三井のリハウス オープンハウス」〔東北新社〕
堤 康彦〈撮影〉(東京放送) 「音楽紀行『姫神』が紡ぐ東北大陸」〔東京放送〕
矢野 健太郎〈撮影〉(読売テレビ放送) 「風を感じたい! 左脚に夢をたくして」〔読売テレビ放送〕
松浦 久良,吉沢 正隆〈撮影〉(日本テレビ放送網 ペルー取材クルー) 「ニュースプラス1 ペルー事件武力突入の映像」〔日本テレビ放送網〕

服部 康夫〈撮影〉(日本放送協会)「ドキュメントにっぽん 心で闘う120秒～剣道・日本最難関試験に挑む」〔日本放送協会〕
鈴木 恒次〈録音〉(NHKテクニカルサービス)、今井 裕〈録音〉(日本放送協会)「土曜ドラマ 熱の島で ヒートアイランド東京」〔日本放送協会〕
土肥 直隆〈録音〉(NHKテクニカルサービス)「NHKスペシャル 家族の肖像 第1集 22年目の歌声～祖国ベトナムを離れて」〔日本放送協会〕

◇奨励賞

川瀬 直也〈撮影〉(日本放送協会)「ニュース11 列島夏 都会に生きる蚊」〔日本放送協会〕
橋本 祥子〈撮影〉(NHK札幌放送局)「第2白糸トンネル崩落」〔NHK札幌放送局〕
太田 隆俊〈録音〉(日本放送協会)「ときめき夢サウンド ある恋の物語～カリブ海の熱い調べ」〔日本放送協会〕

第38回(平10年度)

溜 昭浩〈撮影〉(日本放送協会)「上杉鷹山 二百年前の行政改革」〔日本放送協会〕
佐野 清隆〈照明〉(日本放送協会)「上杉鷹山 二百年前の行政改革」〔日本放送協会〕
アリゾナ五郎〈撮影〉(パイプライン)「富士通デジタルムーバーF207ハイパー 待合室」〔ティーシー・マックス〕
小山 光浩、石毛 宏幸、郡司 真、泰 博孝、落合 厚彦、岡本 浩周〈撮影〉(日本放送協会)「延長17回 横浜 VS PL学園・闘いの果てに」〔日本放送協会〕
千原 徹〈撮影〉(読売テレビ放送)「JAZZを君たちへ」〔読売テレビ放送〕
間瀬田 正隆〈撮影〉(日本テレビ放送網)「ニュースプラス1 和歌山カレー事件 被害者の遺影」〔日本テレビ放送網〕
宮下 正幸(毎日放送)、古山 光一〈撮影〉「映像90 シネマ・セラピスト」〔毎日放送〕
和久井 良治〈録音〉(ブル)「天城越え」〔東京放送〕
吉井 正英〈録音〉(日本放送協会)「NHK歌謡コンサート 古賀メロディー 永遠の名曲集」〔日本放送協会〕

◇奨励賞

吉田 正人〈撮影〉(東北新社)「マンダム LUCID 香らないブランド篇」〔東北新社〕
村井 航〈撮影〉(名古屋テレビ放送)「君に吹く風 子供たちの長い坂道」〔名古屋テレビ放送〕

倉垣 明知〈撮影〉(朝日放送)「地域担当カメラマンレポート 舞鶴編 わんぱく坊主の檀家回り」〔朝日放送〕
日昔 吉邦〈撮影〉(日本放送協会)「ドキュメントニッポン 大海原の突きん棒漁 小笠原セーボレー家の人々」
松本 恒雄〈録音〉(日本放送協会)「NHKドラマ館 さよなら五つのカプチーノ」
羽毛 健一〈録音〉(西日本映像)「世界のスーパーオーケストラ ベルリン・フィルがやって来る」〔福岡放送〕

第39回(平11年度)

横山 義行〈撮影〉(日本放送協会)「NHKドラマ館 日輪の翼」
堀篭 功〈照明〉(日本放送協会)「NHKドラマ館 日輪の翼」
阿藤 正一、重松 史郎、矢田 美宏〈撮影〉(東北新社)「日本中央競馬会'99 年間キャンペーン 名馬・女の園・スタミナ野郎・光る夢」
斉藤 耕一〈撮影〉(東京放送)「ニュース23 京葉銀行人質たてこもり事件」
藤田 浩久〈撮影〉(日本放送協会)「NHKスペシャル 空白の自伝 藤田嗣治」
大塚 豊、加藤 直正〈録音〉(日本放送協会)「NHKドラマ館 オルガンの家で」
佐々木 宏幸〈録音〉(日本放送協会)「ふたりのビッグショー 郷ひろみ&MAX」

◇奨励賞

秋田 浩司〈撮影〉(東北新社)「日本電信電話 ブランドビジョン SMAP未来のレコーディング」
福場 清正〈撮影〉(読売テレビ放送)「発砲息子の最期、真実は何か?」
立花 正生、藤本 卓夫、緒方 信昭、本田 啓二、室山 浩〈撮影〉(熊本県民テレビ)「年間企画 21世紀に遺したい風景」
川村 実〈撮影〉(中部日本放送)「崩落の瞬間」
柏原 俊保〈撮影〉(TBSビジョン)「世界遺産 イスファハーンのイマーム広場」
森 俊郎、加藤 正孝〈録音〉(NHK大阪放送局)「NHKドラマ館 終のすみか」

第40回(平12年度)

清水 昇一郎〈撮影〉(日本放送協会)「連続テレビ小説 私の青空 総集編」
佐野 清隆〈照明〉(日本放送協会)「連続テレビ小説 私の青空 総集編」
矢田 美宏〈撮影〉(東北新社)「ナショナルのあかり 21世紀のあかり篇」

伊藤 春夫, 礒崎 貢, 佐藤 裕康〈照明〉(ピクト)「日本コカ・コーラ ジョージア・登場篇/元同僚篇/休日篇」
大井 淳司, 吉田 純二〈撮影〉(日本放送協会)「盗難カード犯罪 摘発」
柳本 大介〈撮影〉(フレックス)「女子高生コンクリート詰め殺人事件 加害者と親のその後」
牟田 俊大〈撮影〉(日本放送協会)「アジア 知られざる大自然 青い宝石 淡水の恵み 亜寒帯の湖と湿原」
三神 強, 太田 岳二〈録音〉(日本放送協会)「土曜特集ドラマ 袖振り合うも」
石川 潤〈録音〉(NHKテクニカルサービス)「オールデイーズがやって来る ザ・プラターズからザ・ピーナッツまで懐かしのハーモニー特集」

◇奨励賞
木原 英雄, 佐藤 一裕, 山本 泰正〈撮影〉(日本放送協会)「NHKスペシャル 地下大水脈に挑む アメリカ・フロリダ」
寺尾 文人〈撮影〉(東京放送)「ニュース23 西鉄バス乗っ取り事件」
湯浅 次郎〈撮影〉(日本テレビ放送網)「特集 南アフリカ エイズと貧困と…」
福居 正治〈撮影〉(ゴーウエスト)「NHKスペシャル 再会 "文革" に翻弄された父と娘」
深田 次郎, 野下 泰之〈録音〉(日本放送協会)「土曜特集ドラマ ネット・バイオレンス 名も知らぬ人々からの暴力」
土方 裕雄〈録音〉(TBSビジョン)「大アフリカ 生命(いのち)篇」

## 108 日本放送文化大賞

日本民間放送連盟の会員各社において, 質の高い番組がより多く制作・放送されることを促す目的で制定された。視聴者・聴取者の期待に応えるとともに, 放送文化の向上に寄与したと評価される番組を顕彰し, 番組のジャンルを問わず, すべての番組が候補となる。また, 受賞番組は, 多くの国民に視聴・聴取される機会を設けるために, 全国向け再放送を行う。平成17年創設, 第1回授賞。
【主催者】日本民間放送連盟
【選考方法】会員各社の応募番組から地区審査を経て推薦されたラジオ, テレビ各7番組を対象として, 中央審査で選考する
【締切・発表】毎年秋に開催される民間放送全国大会の席上で発表・表彰
【賞・賞金】受賞番組を制作・放送した会員社に賞牌と報奨金を授与。テレビ:グランプリ 賞金1000万円, 準グランプリ 賞金500万円。ラジオ:グランプリ 賞金300万円, 準グランプリ 賞金150万円。受賞作品は受賞後3ヶ月以内に, 原則として全国向け再放送を行う
【URL】http://www.nab.or.jp/

第1回(平17年)
　◇テレビ
　・グランプリ フジテレビジョン 「桜の花の咲く頃に」(放送:2005年4月22日(金)21時15分～23時10分)
　・準グランプリ 中部日本放送 「山小屋カレー～2004秋篇」(放送:2004年11月29日(月)1時05分～2時00分)
　◇ラジオ
　・グランプリ 南海放送 「～松山ロシア人捕虜収容所外伝～ソローキンの見た桜」(放送:2004年6月20日(日)13時30分～14時30分)
　・準グランプリ エフエム東京 「ザ・ライン～僕たちの境界線」(放送:2005年5月30日(月)5時00分～6時00分)

第2回(平18年)
　◇テレビ
　・グランプリ 信越放送 「SBCスペシャル 無言館・レクイエムから明日へ」
　・準グランプリ 日本テレビ放送網 「終戦60年スペシャルドラマ・火垂るの墓」
　◇ラジオ
　・グランプリ 日経ラジオ社 「イ・ヒア ショパンの調べ」
　・準グランプリ エフエム宮崎 「椎葉うた

紀行〜26文字のドラマ」

第3回(平19年)
◇テレビ
- グランプリ　毎日放送　「映像'07『私は生きる―JR福知山線事故から2年―』」
- 準グランプリ　中国放送　「子どもと 島とおとなたち」

◇ラジオ
- グランプリ　エフエム東京　「SCHOOL OF LOCK！」
- 準グランプリ　エフエム福岡　「ラジオドラマ『月のしらべと陽のひびき』」

第4回(平20年)
◇テレビ
- グランプリ　山口放送　「山で最期を迎えたい ある夫婦の桃源郷」
- 準グランプリ　東京放送　「3月10日・東京大空襲 語られなかった33枚の真実」

◇ラジオ
- グランプリ　毎日放送　「おれは闘う老人(じじい)となる〜93歳元兵士の証言」
- 準グランプリ　エフエム東京　「苑子ちゃんの手紙」

第5回(平21年)
◇テレビ
- グランプリ　北海道放送　「赤ひげよ、さらば。〜地域医療"再生"と"崩壊"の現場から〜」
- 準グランプリ　テレビ東京　「トンネルの向こうはぼくらの楽園だった〜」

◇ラジオ
- グランプリ　中国放送　「63年目の新聞記者〜35歳の女性記者を取材して〜」
- 準グランプリ　J-WAVE　「J-WAVE 25 DIALOG IN THE DARK〜見えないものを見るということ〜」

第6回(平22年)
◇テレビ
- グランプリ　BSジャパン　「戦場に音楽の架け橋を〜指揮者 柳澤寿男 コソボの挑戦〜」
- 準グランプリ　テレビ金沢　「田舎のコンビニ〜一軒の商店から見た過疎の4年間」

◇ラジオ
- グランプリ　横浜エフエム放送　「海の男たちに愛された本屋さん」
- 準グランプリ　J-WAVE　「〜JK RADIO 〜TOKYO UNITED」

## 109　ふるさとイベント大賞

「ふるさとイベント大賞」は、全国各地で数多く開催されている地域の活力を生み出すイベントを表彰し、全国に向けて紹介することによって、ふるさとイベントの更なる発展を応援することを目的に、平成8年に設けられた賞である。平成22年度で第15回を迎える。

【主催者】財団法人地域活性化センター

【選考委員】(第15回)選考委員長：北山孝雄(プロデューサー、(株)北山創造研究所代表)、選考委員：甲賀雅章(イベントプロデューサー、(株)CIセンター 代表取締役)、セーラ・マリ・カミングス((株)枡一市村酒造場代表取締役)、萩原なつ子(立教大学社会学部教授)、牧村真史(イベントプロデューサー、(株)集客創造研究所所長)、新山賢治(NHK制作局長)、中川浩明(全国知事会事務総長)門山泰明(総務省大臣官房地域力創造審議官)、石田直裕(財団法人地域活性化センター理事長)

【選考方法】応募用紙等をもとに、イベントプロデューサー、学識経験者などをはじめとした方々で構成される「ふるさとイベント大賞」選考委員会において、審査し、各賞を決定する

【選考基準】(第15回)〔対象イベント〕平成22年1月1日から同年12月31日までに市区町村(広域を含む)で開催されたイベントとする。ただし、以下のいずれかに該当するイベントは対象外とする。(1)これまで(第1回〜第14回)に大賞を受賞したイベント(2)直近の5回(第10回〜第14回)に優秀賞等の各賞を受賞したイベント(3)平成22年のみの開催及び平成22年で終了するイベント。〔応募方法〕市区町村は、所管の地域で実施されたイベントに関する応募用紙等の関係書類を取りまとめ、都道府県地域振興担当課へ提出する。都道府県は、「第15回ふるさとイベント大賞実施要領」に定められた選考基準を参照の上、市区町

村から提出されたイベントの中から3イベント以内を選定し、財団法人地域活性化センターに定められた提出期限までに関係書類を提出する

【締切・発表】（第15回）〔締切〕平成22年12月1日（水）、〔発表〕平成23年3月8日（火）に、東京国際フォーラムで開催の「第15回ふるさとイベント大賞表彰式」で発表

【賞・賞金】〔各賞〕大賞（総務大臣表彰）1点、優秀賞（2点）、奨励賞（3点）、選考委員特別賞（1点）。受賞団体には、賞状と楯及び副賞としてイベント支援品を贈呈。受賞イベントは積極的に全国に向けて紹介

【URL】http://www.chiiki-dukuri-hyakka.or.jp/6_gyomu/event_grandprix/event_grandprix_3.htm

第1回（平8年度）
◇大賞　万葉集全20巻朗唱の会（高岡市）
◇優秀賞
　大道芸ワールドカップイン静岡（静岡市）
　かまぼこ板の絵展覧会（愛媛県城川町）
◇部門賞
・展示・博覧会部門　全国小ちゃなしあわせ絵手紙展（長野県栄村）
・祭り部門　吹上浜砂の祭典（加世田市）
・スポーツ・文化部門　昭和新山国際雪合戦（北海道壮瞥町）
◇選考委員特別賞　神戸ルミナリエ（神戸市）

第2回（平9年度）
◇大賞　小学生創作ミュージカル発表会（宮城県歌津町）
◇優秀賞
　星の都絵本大賞（兵庫県佐用町）
　柳川ソーラーボート大会（福岡県柳川市）
◇部門賞
・展示・博覧会部門　あづま造形美術展（鹿児島県東町）
・祭り部門　祭in大町・北安曇'97炎（長野県大町市）
・スポーツ・文化部門　上三原田の歌舞伎舞台公演（群馬県赤城村）
◇選考委員特別賞　1997佐賀熱気球世界選手権（佐賀県佐賀市）

第3回（平10年度）
◇大賞　因島水軍まつり（因島市）
◇優秀賞
　棚田inうきは彼岸花めぐり（福岡県浮羽町）
　立佞武多（たちねぷた）（五所川原市）
◇部門賞
・展示・展覧会部門　青梅宿アートFes招き猫たちの青梅宿（青梅市）
・祭り部門　1万人のエイサー踊り隊（那覇市）
・スポーツ・文化部門　とうもろこし3万坪迷路（北海道本別町）
◇選考委員特別賞　雪だるまウイーク'98（石川県白峰村）

第4回（平11年度）
◇大賞　仁淀川紙のこいのぼり（高知県伊野町）
◇優秀賞
　からくりデザインフェスティバル'99（名古屋市）
　師走祭り迎え火（宮崎県南郷村）
◇部門賞
・文化・交流部門　ドイチェス・フェストinなると（徳島県鳴門市）
・祭り・スポーツ部門　全日本玉入れ選手権（第4回）（北海道和寒町）
・地域経済振興部門　竹光芸まつり（大分県臼杵市）
◇選考委員特別賞　鉄砲組百人隊出陣（東京都新宿区）

第5回（平12年度）
◇大賞　大地の芸術祭・越後妻有アートトリエンナーレ2000（新潟県十日町）
◇優秀賞
　ゲタリンピック2000（広島県福山市）
　長崎ランタンフェスティバル（長崎市）
◇部門賞
・文化・交流部門　全国子供歌舞伎フェスティバルin小松（石川県小松市）
・祭り・スポーツ部門　源平火牛祭り（富山県小矢部市）
・地域経済振興部門　大船渡・かがり火まつり（岩手県大船渡市）
・ミレニアム・世紀越え部門　GET21なんかん　音と光のカウントダウン（熊本県南関町）
◇選考委員特別賞
　たんのカレーライスマラソン（北海道端野町）

西暦2000年世界民族芸能祭 "ワッショイ！2000"（大阪府堺市）

第6回（平13年度）
◇大賞　美濃和紙あかりアート展（美濃市）
◇優秀賞
　松山・21世紀イベント ことばのちから2001（松山市）
　いいだ人形劇フェスタ（飯田市）
◇部門賞
- 文化・交流部門　がいせん桜まつり（岡山県真庭郡新庄村）
- 祭り・スポーツ部門　国際渓流滝登りinなやま（佐賀県東松浦郡七山村）
- 産業・観光部門　しもかわアイスキャンドルフェスティバル（北海道上川郡下川町）
◇選考委員特別賞　21世紀未来博覧会（山口きらら博）（山口県）

第7回（平14年度）
◇大賞　仁尾八朔人形まつり2002（第5回）（香川県三豊郡仁尾町）
◇優秀賞
　松明あかし（福島県須賀川市）
　鹿島ガタリンピック（第18回）（佐賀県鹿島市）
◇部門賞
- 文化・交流部門
　金沢・浅の川園遊会（第16回）（石川県金沢市）
　中馬のおひなさん（第4回）（愛知県東加茂郡足助町）
- 産業・観光部門
　なら灯花会（第4回）（奈良県奈良市）
　農林ピック・そばフェスタ2002（第5回）（福井県今立郡池田町）
- 祭り・スポーツ部門　夜高あんどん祭り（第26回）（北海道雨竜郡沼田町）

第8回（平15年度）
◇大賞・総務大臣表彰　西塩子の回り舞台歌舞伎公演（第4回）（茨城県那珂郡大宮町）
◇優秀賞・地域活性化センター会長表彰　西都古墳まつり（第17回）（宮崎県西都市）
◇優秀賞・朝日新聞社表彰　つがわ狐の嫁入り行列（第14回）（新潟県東蒲原郡津川町）
◇部門賞
- 文化・交流部門
　近江中世城跡琵琶湖一周のろし駅伝（第2回）（滋賀県坂田郡米原町）
　ビッグひな祭り（第15回）（徳島県勝浦郡勝浦町）
- 産業・観光部門
　北房ぶり市（岡山県上房郡北房町）
　えちごせきかわ大したもん蛇まつり（第16回）（新潟県岩船郡関川村）

第9回（平16年度）
◇大賞・総務大臣表彰　あったか高知まんがフェア第13回全国高等学校漫画選手権大会（高知県）
◇優秀賞・地域活性化センター会長表彰
　岡山弁はええもんじゃ〜ことばの祭り・建部（第5回）（岡山県御津郡建部町）
　南の島の星まつり（第2回）（石垣市）
◇部門賞
- 文化・交流部門
　丹波の森国際音楽祭シューベルティアーデたんば2004（第10回）（丹波の森協会）（丹波市・篠山市）
　高開石積ライトアップ（第4回）（吉野川市）
- 産業・観光部門　南総里見まつり（第23回館山城まつり）（館山市）
- 祭り・スポーツ部門　安政遠足侍マラソン（第30回）（安中市・松井田町）
◇選考委員特別賞　えひめ町並博2004（愛媛県）

第10回（平17年度）
◇大賞・総務大臣賞　小樽雪あかりの路（第7回）（小樽雪あかりの路実行委員会、北海道小樽市）
◇優秀賞・財団法人地域活性化センター会長表彰
　藤沢野焼祭（第30回）（藤沢野焼祭実行委員会、岩手県藤沢町）
　エアロバティックジャパンINかくだ2005（第2回）（エアロバティックジャパンINかくだ2005実行委員会、宮城県角田市）
◇部門賞（文化・交流部門）・財団法人地域活性化センター理事長表彰　モントレージャズフェスティバルイン能登2005（第17回）（モントレージャズフェスティバルイン能登開催理事会・実行委員会、石川県七尾市）
◇部門賞（産業・観光部門）・財団法人地域活性化センター理事長表彰
　さくらんぼ種飛ばしジャパングランプリ（第18回）（さくらんぼ種飛ばし実行委員会、山形県東根市）
　土谷棚田の火祭り（第3回）（土谷棚田保存会、長崎県松浦市（イベント開催時は福島町））
◇部門賞（祭り・スポーツ部門）・財団法人地域活性化センター理事長表彰

氷点下の森 氷祭り（第30回）（氷点下の森氷祭り運営委員会, 岐阜県高山市）

獅子舞フェスタ（第14回）（三木町・獅子たちの里三木活き生きふれあいまつり実行委員会, 香川県三木町）

◇選考委員特別賞・選考委員長表彰　第3回コウノトリ未来・国際かいぎ（第3回コウノトリ未来・国際かいぎ実行委員会, 兵庫県豊岡市）

第11回（平18年度）

◇大賞・総務大臣賞　岐阜フラッグアート展2006（第10回）（岐阜市商店街振興組合連合会, 岐阜県岐阜市）

◇優秀賞・財団法人地域活性化センター会長表彰

みやぎ村田町蔵の陶器市（第6回）（みやぎ村田町蔵の陶器市実行委員会, 宮城県村田町）

白根大凧合戦（300年以上）（白根大凧合戦実行委員会, 新潟県新潟市）

◇奨励賞・財団法人地域活性化センター理事長表彰

世界チェンソーアート競技大会IN東栄2006（第6回（世界大会としては第1回））（とうえい宝の山づくり実行委員会, 愛知県東栄町）

天体界道100kmにちなんおろちマラソン全国大会（第6回）（にちなん100kmマラソン実行委員会, 鳥取県日南町）

クイチャーフェスティバル（第5回）（クイチャーフェスティバル実行委員会, 沖縄県宮古島市）

◇選考委員特別賞・選考委員長表彰　大分国際車いすマラソン大会（第26回）（大分県（他7団体）, 大分県）

第12回（平19年度）

◇大賞・総務大臣賞　アース・セレブレーション2007（第20回）（アース・セレブレーション実行委員会, 新潟県佐渡市）

◇優秀賞・財団法人地域活性化センター会長表彰

ふるさと 百餅祭り（第25回）（岩見沢市観光協会, 北海道岩見沢市）

来る福招き猫まつりin瀬戸（第12回）（来る福招き猫まつりin瀬戸実行委員会, 愛知県瀬戸市）

◇奨励賞・財団法人地域活性化センター理事長表彰

全国大学フラメンコフェスティバルin館山（第13回）（館山市・館山市教育委員会, 千葉県館山市）

コトナリエサマーフェスタ2007（第4回）（コトナリエ サマーフェスタ実行委員会, 滋賀県東近江市）

着物ウィークin萩（第2回）（着物ウィークin萩実行委員会, 山口県萩市）

◇選考委員特別賞・選考委員長表彰　わたらせ渓谷鐵道各駅イルミネーション（第4回）（わたらせ渓谷鐵道各駅イルミネーション事業実行委員会, 群馬県みどり市）

第13回（平20年度）

◇大賞・総務大臣賞　月山志津温泉 雪旅籠の灯り（第3回）（月山志津温泉雪旅籠の灯り実行委員会, 山形県西川町）

◇優秀賞・財団法人地域活性化センター会長表彰

全国高等学校写真選手権大会「写真甲子園」（第15回）（写真甲子園実行委員会, 北海道東川町）

成田太鼓祭（第20回）（成田太鼓祭実行委員会, 千葉県成田市）

◇奨励賞・財団法人地域活性化センター理事長表彰

奥地の海のカーニバル（第25回）（みかめイベント実行委員会, 愛媛県西予市）

第3回TAGAWAコールマイン・フェスティバル〜炭坑節まつり〜（第3回）（TAGAWAコールマイン・フェスティバル実行委員会, 福岡県田川市）

椎葉平家まつり2008（第22回）（椎葉平家まつり実行委員会, 宮崎県椎葉村）

◇選考委員特別賞・選考委員長表彰　第34回野毛大道芸（第34回）（野毛大道芸実行委員会, 神奈川県横浜市）

第14回（平21年度）

◇大賞・総務大臣賞　2009しかりべつ湖コタン（第28回）（然別湖コタン実行委員会・鹿追町, 北海道鹿追町）

◇優秀賞・財団法人地域活性化センター会長表彰

KING KALAKAUA THE "MERRIE MONARCH"伊香保ハワイアンフェスティバル（第13回）（渋川市, 群馬県渋川市）

能登ふるさと博 灯りでつなぐ能登半島 能登・千枚田あぜの万燈（第2回）（「ほっと石川」観光キャンペーン実行委員会・輪島市, 石川県輪島市）

◇奨励賞・財団法人地域活性化センター理事長表彰

小袮理(横須賀区祭典総代会,静岡県掛川市)
ゆるキャラ®まつりIN彦根〜キグるミさみっと2009〜(第2回)(井伊直弼と開国150年祭実行委員会,滋賀県彦根市)
鳩間島音楽祭(第12回)(鳩間島音楽祭実行委員会,沖縄県竹富町)
◇選考委員特別賞・選考委員長表彰　日本海政令市にいがた 水と土の芸術祭2009(第1回)(水と土の芸術祭実行委員会,新潟県新潟市)

## 第15回(平22年度)

◇大賞・総務大臣表彰　田んぼアート【稲作体験ツアー】(18回)(田舎館村むらおこし推進協議会,青森県田舎館村)
◇優秀賞・財団法人地域活性化センター会長表彰
スキヤキ・ミーツ・ザ・ワールド2010(20回)(スキヤキ・ミーツ・ザ・ワールド実行委員会,富山県南砺市)
全国高校書道パフォーマンス選手権大会(3回)(書道パフォーマンス甲子園実行委員会,愛媛県四国中央市)
◇奨励賞・財団法人地域活性化センター理事長表彰
ながい黒獅子まつり(第21回)(山形県長井市)
金屋町楽市 in さまのこ(3回)(富山県高岡市)
INAKAイルミ@おおなん(1回)(INAKAイルミ実行委員会,島根県邑南町)
夕焼けプラットホームコンサート(25回)(愛媛県伊予市)
◇選考委員特別賞・選考委員長表彰　瀬戸内国際芸術祭2010(1回)(瀬戸内国際芸術祭実行委員会,香川県)

# 受賞者名索引

## 【あ】

相 逸男 ･･････････････ 301
藍 房和 ･･････････････ 238, 239
アイヴィス ･････････････ 464
相浦 英春 ････････････ 233
相浦 正信 ････････････ 87
アイエイエム電子 ･･････････ 20
アイ・エッチ・エム ････････ 142
アイエヌジ商事 ･･･････････ 149
アイエムアイ ････････････ 20
アイオムテクノロジー ･････ 146
相賀 史彦 ････････････ 161
愛があれば大丈夫 ･･･ 446, 520
アイカム ････････････ 565
相川 一明 ･･･････････ 441
相川 賢太郎 ･････････ 27
相川 省吾 ･･･････････ 527
相川 浩 ･･････････････ 412
相川 正義 ･･･････････ 60
相川 起康 ･･･････････ 455
相川 渉 ･･･････････ 534
相川鉄工 ･･･････････ 10, 84
相木 睦雄 ･･･････････ 500
愛甲 明毅 ･･･････････ 488
愛甲 進一 ･･･････････ 480
相坂 柚火子 ･････････ 33
相沢 和宇 ･･･････････ 110
鮎沢 啓夫 ･･･････････ 218
相沢 進 ･･････････････ 45
相沢 征二 ･･･････････ 570
相澤 崇史 ･･･････････ 439
相澤 哲哉 ･･･････････ 202
相沢 宏紀 ･･･････････ 490
相沢 正宣 ･･･････････ 93
逢澤 正行 ･･･････････ 382
藍沢 実 ･････････････ 59
アイ・シー・アイデザイン研
　究所 ･･････ 282, 283, 322
アイジーエー ･････････ 24
アイジー工業 ･･････ 17, 311
愛子福祉会 ･･････････ 311
アイシン・エィ・ダブリュ
　････････････････････ 442
アイシン化工 ･･･････ 442
アイシン軽金属 ････････ 442
アイシン精機 ････ 96, 442
アイシン精機デザイン課
　････････････････････ 291
アイシン・ワーナー ･･････ 442
会津 典和 ･･･････････ 437
アイスタイル ･･･････ 542
アイスリー ･･･････････ 149
アイセル ･････････････ 23

相磯 秀夫 ････････････ 498
アイダ ･･････････････ 314
アイダエンジニアリング
　････････････ 114,
　115, 278, 359, 362, 364
アイ・タック技研 ･･･････ 24
会田鉄工所 ････････ 355
愛知 ･･ 306, 311, 320, 321, 324
愛知開発部 ･･･････ 289, 292
愛知開発本部研究開発部
　････････････････････ 298
アイチケット ･･･････ 283
愛知県豊田土木事務所（現・
　愛知県豊田加茂建設事務
　所） ･････････････ 381
愛知県農業総合試験場牧草
　育種グループ ･･･････ 213
愛知県林木育種推進協議会
　････････････････････ 243
愛知産業 ････････････ 147
愛知プロジェクトチーム
　････････････････････ 306
アイ・ツー ･･･････････ 150
アイデア対決・ロボットコン
　テスト ･･･････････ 375
アイディーエス ･･･････ 143
ITSアライアンス ･･････ 323
IDTV・EDTV開発グループ
　････････････････････ 488
アイテック ････････ 140, 150
アイデックス ･･･････ 147
アイデンビデオトロニクス
　････････････････････ 464
愛農学園農業高等学校 ･･･ 50
饗庭 弘治 ･･･････････ 256
相原 勝行 ･･･････････ 159
相原 健三 ･･･････････ 81
相原 祥子 ･･･････････ 324
相原 保 ･････････････ 534
相原 延行 ･･･････････ 438
アイベックステクノロジー
　････････････ 483, 494
AIBO開発グループ ･･･････ 491
アイホン ･･････････ 15
あいや ･･･････････ 23
相山 義道 ････････････ 78
アイリスオーヤマ ･･････ 321
アウディ・ジャパン
　････････ 398, 399, 400
青井 舒一 ･･･････････ 26
青井 忠雄 ･･･････････ 26
青井 利樹 ･･･････････ 178
アオイ化学工業 ･･･････ 147
アオイスタジオ光学ステレ
　オ開発委員会 ･･･････ 479
葵プロモーション ･･････ 523

青木 亮 ･･･････････ 58
青木 淳 ･･････････････ 424
青木 一郎 ･･･････････ 85
青木 薫 ･･････････････ 342
青木 和彦 ･･･････････ 336
青木 清 ･･････････････ 216
青木 源策 ･･･････････ 366
青木 康一 ･･･････････ 475
青木 三郎 ･･･････････ 530
青木 繁 ･･････････････ 420
青木 茂 ･･････････ 326, 425
青木 純 ･･････････････ 373
青木 進 ･･････････････ 438
青木 孝章 ･･･････････ 289
青木 隆 ･･････････････ 333
青木 孝文 ･･･････････ 64
青木 哲也 ･･･････････ 456
青木 東正 ･･･････････ 531
青木 利晴 ･･･････････ 539
青木 奈津子 ･･･････････ 474
青木 日照 ･･･････････ 9
青木 伸夫 ･･･････････ 536
青木 久子 ･･･････････ 35
青木 久治 ･･･････････ 111
青木 秀之 ･･･････････ 392
青木 宏悦 ･･･････････ 47
青木 正夫 ･･･････ 413, 434
青木 巳三 ･･･････････ 532
青木 康芳 ･･･････････ 80
青木 悠祐 ･･･････････ 196
青木 幸生 ･･･････････ 256
青木 由紀子 ･････････ 37
青木 義雄 ･･･････････ 206
青木 由雄 ･･･････････ 75
青木 義次 ･･･････････ 419
青木 好文 ･･･････ 549, 551
青木 利三郎 ･････････ 53
青木 良太 ･･･････････ 494
青木建設 ･････････ 121, 122
青木茂建築工房 ･････ 312, 323
青木書店 ･････････ 41, 42
青島 一樹 ･･･････････ 124
青島 富士雄 ･････････ 89
青塚 繁志 ･･･････････ 203
青野 英夫 ･･･････････ 83
青淵 静郎 ･･･････････ 106
青峰 重範 ･･･････････ 218
青森県下北地域県民局地域
　整備部 ････････ 320, 380
青森総合卸センター ･････ 23
青柳 克信 ･････････ 59, 92
青柳 司 ･････････････ 416
青柳 哲夫 ･･･････････ 86
青柳 敏昭 ･･･････････ 53
青柳 友三 ･･･････････ 346
青柳 久 ･････････････ 437

| | | |
|---|---|---|
| 青柳 幸人 …………… 420 | 赤羽 武 …………… 231 | 秋山 司郎 …………… 91 |
| 青柳 昌宏 …………… 58 | 赤羽 幸雄 …………… 41 | 秋山 聡平 …………… 467 |
| 青山 俊一 …………… 342 | 赤羽電具製作所 …… 18 | 秋山 貴彦 …………… 471 |
| 青山 俊三 …………… 370 | 赤林 伸一 …………… 429 | 秋山 侃 ………… 212, 224 |
| 青山 隆彦 …………… 56 | 赤星 明 …………… 471 | 秋山 哲男 …………… 382 |
| 青山 太郎 …………… 341 | 赤星 信次郎 …………… 80 | 秋山 直之 …………… 349 |
| 青山 元 …………… 194 | 赤堀 文昭 …………… 224 | 秋山 宜英 …………… 480 |
| 青山 博之 ……… 415, 434 | 赤間 康弘 …………… 161 | 秋山 宏 …………… 418 |
| 青山 正義 …………… 104 | 赤松 晃 …………… 453 | 秋山 裕史 …………… 311 |
| 青山 学 …………… 482 | 赤松 貫之 …………… 87 | 秋山 泰彦 …………… 494 |
| 青芳製作所 …………… 312 | 赤松 幹之 …………… 348 | 秋山 雄二郎 …………… 454 |
| 阿賀 敏夫 …………… 92 | アカマツフォーシス …… 20 | 秋山 佳丈 ……… 193, 195 |
| 赤井 重恭 …………… 216 | 赤見 仁 …………… 135 | アキュラホーム …… 146 |
| 赤井 龍男 …………… 232 | 赤峯 享 …………… 64 | 秋吉 孝則 …………… 98 |
| 赤井 俊雄 …………… 533 | 赤嶺 政巳 …………… 69 | 秋吉 秀保 …………… 135 |
| 赤井 伸郎 …………… 5 | アカンパニー・カンパニー | 審良 静男 …………… 164 |
| 赤井 英夫 …………… 231 | …………… 524 | アキラボーイ …………… 253 |
| 赤井 弘 …………… 221 | 秋岡 芳夫 …………… 458 | AQUA …………… 320 |
| 赤池 弘次 …………… 91 | 秋草 直之 …………… 27 | アーククルー …………… 285 |
| 赤池町商工会 …………… 564 | 秋沢 和雄 …………… 572 | 阿久沢 弘 …………… 538 |
| 赤石金属工業 …………… 450 | 秋澤 淳 …………… 262 | 芥川 清 …………… 343 |
| 赤尾 勝 …………… 180 | アキタ ………… 115, 356 | アクタス ……… 285, 286 |
| 赤川 幸児 …………… 247 | 秋田 一雄 …………… 385 | 阿久津 智子 …………… 36 |
| 赤川 智洋 …………… 249 | 秋田 浩司 … 470, 472, 574 | 安久津 久 …………… 210 |
| 赤川 久 ……… 71, 345 | 秋田 正二 …………… 556 | 阿久津 義雄 …………… 335 |
| 赤木 繁三郎 …………… 529 | 秋田 伸一 …………… 99 | アクティブ …………… 523 |
| 赤木 正俊 …………… 339 | 秋田 敏和 …………… 349 | アクト …………… 131 |
| 赤城 元男 …………… 93 | 秋田 憲宏 … 345, 367, 368 | アクトウェア研究所 …… 281 |
| 赤坂 裕 …………… 421 | 秋田 正弥 …………… 88 | アクト電子 …………… 139 |
| 赤阪 泰雄 …………… 385 | 秋田県立大新岡嵩 …… 391 | アクトリームラタ …… 20 |
| 赤坂 俊三 …………… 347 | 秋田県立大館鳳鳴高等学校 | 阿久根 巌 … 547, 548, 549 |
| 赤崎 勇 …… 76, 153, 497 | 生徒 …………… 163 | 阿久根 清見 …………… 379 |
| 赤崎 修介 ……… 342, 343 | 秋田魁新報社 …………… 501 | アグリテクノ矢崎 …… 240 |
| 赤沢 堯 …………… 221 | 秋田テレビ報道制作局 … 569 | アークレイ …………… 130 |
| 赤澤 結花 …………… 352 | アーキテクトファイブ | 明田 茪 …………… 385 |
| 明石 修 …………… 176 | ……… 314, 381 | 緋田 雅之 …………… 254 |
| 明石 和彦 …………… 81 | 秋永 孝義 …………… 239 | 明智 清明 …………… 171 |
| 明石 和之 …………… 177 | 秋葉 悦男 …………… 61 | 揚妻 文夫 …………… 340 |
| 明石 孝輝 …………… 243 | 秋葉 英雄 …………… 442 | 明渡 純 …………… 63 |
| 明石 五郎 …………… 53 | 秋庭 雅夫 …………… 46 | 曙機械工業 …………… 142 |
| 明石 信道 …………… 414 | 秋葉 正弘 …………… 572 | 上松 佑二 …………… 418 |
| 明石 春枝 …………… 34 | 秋葉 征夫 …………… 224 | 明山 正元 ………… 85, 89 |
| 赤地 久輝 …………… 530 | 秋浜 一弘 ……… 342, 344 | 浅井 治 …………… 57 |
| 明石 雅夫 …………… 151 | 秋浜 繁幸 …………… 420 | 浅井 宏一 …………… 369 |
| 赤司 泰義 …………… 429 | アーキポット …………… 286 | 浅井 光太郎 …………… 474 |
| 明石 芳彦 …………… 42 | 秋元 和夫 …………… 507 | 浅井 寿美子 …………… 256 |
| 明石海峡大橋1A下部工大林・ | 秋元 圭吾 ……… 263, 267 | 浅井 喬 …………… 488 |
| 清水・飛島・東亜・不動・ | 秋元 俊一 …………… 431 | 宇井 剛昌 …………… 370 |
| 共同企業体 …………… 560 | 秋本 福雄 …………… 431 | 浅井 達三 …………… 556 |
| 明石合銅 …………… 21 | 秋元 勇巳 …………… 266 | 朝井 勇宜 …………… 216 |
| 明石製作所 …… 84, 90, 356 | 秋山 朗彦 …………… 343 | 浅井 弘 …………… 371 |
| 赤瀬 達三 …………… 384 | 秋山 晶 …………… 441 | 浅井 幸正 …………… 476 |
| 赤瀬 誠 …………… 370 | 秋山 和夫 …………… 127 | 浅井 礼二郎 …………… 296 |
| 県 和一 …………… 212 | 秋山 功 …………… 388 | 浅石 優 … 176, 269, 326, 419 |
| 赤ちゃん本舗 …………… 11 | 秋山 恵男 … 453, 454, 456 | 浅尾 省三 …………… 132 |
| 赤津 素康 …………… 182 | 秋山 晶子 …………… 36 | 朝尾 伴啓 …………… 455 |

| | | |
|---|---|---|
| 浅香 一夫 | ………… | 369 |
| 浅貝 昇夫 | ………… | 269 |
| 浅川 澄彦 | ………… | 230 |
| 淺川 岳夫 | ………… | 71 |
| 淺川 智恵子 | ………… | 44 |
| 浅川 常五郎 | ………… | 531 |
| 浅川 基男 | ………… | 92 |
| 浅木 泰昭 | ………… | 346 |
| 朝倉 瑛 | ………… | 298, 300 |
| 朝倉 功市 | ………… | 134 |
| 朝倉 行一 | ………… | 84 |
| 朝倉 忠義 | ………… | 531 |
| 朝倉 友美 | ………… | 109 |
| 朝倉 啓之 | ………… | 346 |
| 浅治 裟裟男 | ………… | 82 |
| 浅島 誠 | ………… | 153 |
| アサダ | ………… | 19 |
| 浅田 晃 | ………… | 247 |
| 朝田 真吾 | ………… | 389 |
| 浅田 隆文 | ………… | 66 |
| 浅田 千秋 | ………… | 88 |
| 浅田 俊昭 | ………… | 72 |
| 浅田 雅洋 | ………… | 63 |
| 浅田 三津男 | ………… | 93 |
| 浅田 稔 | ………… | 164, 195 |
| アサツー ディ・ケイ | … | 284, 330 |
| 浅沼 正太郎 | ………… | 534 |
| 浅沼 尚 | ………… | 325 |
| 浅野 明彦 | ………… | 344 |
| 浅野 功 | ………… | 55 |
| 浅野 修 | ………… | 110 |
| 浅野 清 | ………… | 409, 432 |
| 浅野 健太 | ………… | 248 |
| 浅野 康一 | ………… | 186 |
| 浅野 孝志 | ………… | 39 |
| 浅野 成昭 | ………… | 178 |
| 浅野 士郎 | ………… | 240 |
| 浅野 天仁 | ………… | 178 |
| 浅野 忠幸 | ………… | 456 |
| 淺野 太郎 | ………… | 473 |
| 浅野 敏夫 | ………… | 531 |
| 浅野 利一 | ………… | 379 |
| 浅野 稔久 | ………… | 59 |
| 浅野 利泰 | ………… | 573 |
| 浅野 友子 | ………… | 234 |
| 浅野 秀二 | ………… | 471, 472 |
| 浅野 雅晴 | ………… | 103 |
| 浅野 正美 | ………… | 178 |
| 浅野 元久 | ………… | 387 |
| 浅野 裕弥 | ………… | 178 |
| 浅野 洋一 | ………… | 348 |
| 浅野 芳信 | ………… | 352, 353 |
| 朝場 栄喜 | ………… | 368 |
| 浅葉 克己 | ………… | 350, 460 |
| 浅羽 英男 | ………… | 426 |
| 浅原 厳人 | ………… | 534 |
| 浅原 重明 | ………… | 298, 303 |
| 浅原 準平 | ………… | 536 |
| 浅原 真弓 | ………… | 36 |
| 朝日 正美 | ………… | 230 |
| アサヒ・イー・エム・エス | … | 150 |
| 朝日印刷 | ………… | 7 |
| 朝日インテック | ………… | 142 |
| 旭映画 | ………… | 559 |
| 旭化成 | ………… | 104 |
| 旭化成イーマテリアルズ | ………… | 104 |
| 旭化成ケミカルズ | ………… | 104 |
| 旭化成ケミカルズ技術ライセンス室 | ………… | 168 |
| 旭化成工業 | ………… | 84, 87, 90, 94, 356, 541 |
| 旭硝子 | ……… | 87, 94, 318, 356, 358, 359, 360, 361, 362, 558 |
| 旭光学 | ……… | 119, 355, 446 |
| 旭光学工業研究開発センター 工業デザイン室 | ………… | 306 |
| アサヒコーポレーション商品 開発本部 | ………… | 306 |
| 旭サナック | …… | 19, 130, 136 |
| 旭酒造 | ………… | 25 |
| 朝日商会システム技研サービス | ………… | 139 |
| 朝日新聞大阪本社 | ……… | 506, 507, 509 |
| 朝日新聞社 | ………… | 282, 499, 505, 508, 520 |
| 朝日新聞社宛名オンラインシステムプロジェクトチーム | ………… | 504 |
| 朝日新聞社外報部 | ………… | 499 |
| 朝日新聞社実用化プロジェクトチーム | ………… | 503 |
| 朝日新聞社製作本部 | ………… | 508 |
| 朝日新聞社東京本社政治部・静岡支局・静岡定点調査チーム | ………… | 506 |
| 朝日新聞社X版プロジェクトチーム | ………… | 503 |
| 朝日新聞東京本社 | ……… | 503, 504, 505, 507 |
| 朝日新聞東京本社社会部 | ………… | 499 |
| 朝日新聞東京本社報道科学研究室 | ………… | 499 |
| 旭精機工業 | ………… | 134 |
| 旭製作所 | ………… | 17 |
| 朝日生命保険相互会社 | ………… | 7 |
| 朝日テレビニュース社 | ……… | 565, 566 |
| アサヒビール | ……… | 8, 558 |
| アサヒフォージ | ………… | 24 |
| 朝日放送 | … | 445, 448, 481, 567 |
| 朝日放送テレビ報道部 | ……… | 565, 566 |
| 朝日放送ハイビジョン放送実施グループ | ………… | 446 |
| 旭メディカル | ………… | 93 |
| 浅平 端 | ………… | 222 |
| 朝日ラバー | ………… | 21 |
| 朝日レントゲン工業技術部 | ………… | 294 |
| 浅間 一 | ………… | 192 |
| 朝見 賢二 | ………… | 391 |
| 浅見 親 | ………… | 527 |
| 朝見 直 | ………… | 182 |
| 浅見 洋介 | ………… | 493 |
| 浅村 峻 | ………… | 94 |
| 浅村 直也 | ………… | 157 |
| 浅本 誠 | ………… | 158 |
| 朝山 邦輔 | ………… | 153 |
| 浅利 慶太 | ………… | 29, 30 |
| 浅輪 貴史 | ………… | 429 |
| アジア学院 | ………… | 469 |
| アジア経済研究所 | ………… | 41 |
| アジア航測 | ………… | 317 |
| アジア航測道路・橋梁部 | ………… | 381 |
| アジア砒素ネットワーク | ………… | 49 |
| アジェンダ | ………… | 22 |
| 味岡 義明 | ………… | 155 |
| あじかん | ………… | 16 |
| 鯵坂 徹 | ………… | 431 |
| 芦田 淳 | ………… | 218 |
| 葭田 誠作 | ………… | 52 |
| 芦田 玉次郎 | ………… | 529 |
| アシックス | ……… | 284, 286 |
| 足と靴の科学研究所 | ………… | 314 |
| あしなが育英会 | ………… | 468 |
| 芦沼 寛一 | ………… | 86 |
| 味の素 | …… | 7, 84, 86, 354 |
| 芦原 義重 | ………… | 30 |
| 芦原 義信 | ……… | 411, 412 |
| 蘆原 義信 | ………… | 433 |
| 芦辺 祐一 | ………… | 80 |
| 芦部 好孝 | ………… | 82 |
| 芦谷 公稔 | ………… | 181 |
| アジャスト | ………… | 330 |
| 阿尻 雅文 | ………… | 389 |
| アズインダストリアルデザイン | ………… | 308 |
| アスキー | ………… | 519 |
| 小豆沢 照男 | ………… | 65 |
| アスク | ……… | 518, 522 |
| アスク講談社 | ………… | 520 |
| アスクル | ……… | 8, 330 |
| アスコット | ………… | 320 |

| | | |
|---|---|---|
| 梓設計 ……… 112, 323, 414 | 安達 守弘 …………… 420 | アネルバ …………… 276 |
| アース・セレブレーション 2007(第20回) ……… 579 | 足立 泰男 …………… 537 | アーバンデザインコンサルタント …………… 317 |
| アステラス製薬 ……… 102 | 足立 陽二 …………… 386 | アビー ……………… 456 |
| アステル東京 ………… 185 | 足立区土木部 ………… 383 | アビーム ……………… 330 |
| アストム ……………… 444 | 安達紙器工業 ………… 312 | アブル総合計画事務所 … 305 |
| 小豆畑 茂 …………… 109 | 安達紙器工業企画開発課 …………… 306 | アプレッソ …………… 511 |
| アスプコミュニケーションズ …………… 444 | 足立SHFテレビ実用化グループ …………… 485 | 阿部 和昭 …………… 488 |
| アスプローバ ………… 511 | 安谷屋 武志 ………… 436 | 安部 一成 …………… 40 |
| 東 軍三 ……………… 109 | 新 太一郎 …………… 530 | 阿部 久仁子 ………… 405 |
| 東 健一 ……………… 98 | 新 智広 ……………… 324 | 阿部 康一 …………… 53 |
| 東 早苗 ……………… 256 | アダル ……………… 322 | 阿部 佐衛子 ………… 404 |
| 東 茂樹 ……………… 99 | 阿知波 二郎 …… 331, 334 | 安部 静生 …………… 343 |
| 東 堯 ………………… 476 | 厚木市 ……………… 544 | 安部 昌二 …………… 529 |
| 東 孝光 ……………… 421 | アッシュコンセプト …… 316 | 阿部 志郎 …………… 467 |
| 東 忠夫 …………… 55, 531 | 熱田 憲司 …………… 383 | 阿部 真一 …………… 68 |
| 東 輝明 ……………… 190 | あったか高知まんがフェア第13回全国高等学校漫画選手権大会 …………… 578 | 阿部 信志 …………… 80 |
| 東 俊雄 ……………… 244 | | 阿部 岳 ……………… 442 |
| 東 はるき …………… 367 | | 阿部 猛夫 …………… 227 |
| 東 真貴子 …………… 251 | アツデン ……………… 452 | 阿部 武 ……………… 82 |
| 東 昌幸 ……………… 371 | アップルコンピュータ … 299, 309, 311, 316, 318, 525 | 阿部 武司 …………… 42 |
| 東 利恵 …………… 328, 382 | | 安部 武美 …………… 238 |
| あづま造形美術展 …… 577 | アップルジャパン …… 526, 527 | 阿部 太郎 …………… 83 |
| 明日山 秀文 ………… 220 | 渥美 猪三男 ………… 135 | 阿部 次雄 …………… 337 |
| アスリートFA ………… 131 | 渥美 和彦 …………… 170 | 安部 哲人 …………… 235 |
| 畦上 奈々 …………… 252 | 渥美 淑弘 …………… 180 | 阿部 哲也 …………… 492 |
| 畦上 秀幸 …………… 339 | 渥美 文治 …………… 345 | 阿部 亨 …………… 78, 86 |
| 畦上 裕行 …………… 122 | 渥美 実 ……………… 333 | 阿部 敏夫 …………… 232 |
| 畦津 健太郎 ………… 368 | 阿藤 正一 …………… 574 | 安部 俊夫 …………… 180 |
| 麻生 清 ……………… 217 | アドス化成 …………… 354 | 安部 利幸 …………… 352 |
| 麻生 正 ……………… 134 | アドテックス …………… 21 | 阿部 直道 …………… 104 |
| 阿蘇グリーンストック …… 49 | アドバンストコンポジットセンター …………… 169 | 阿部 信男 …………… 343 |
| 安高 忠雄 …………… 82 | | 阿部 信行 …………… 232 |
| 安宅 弘 ……………… 90 | アドバンストシステムズジャパン …………… 144 | 阿部 春夫 …………… 365 |
| 安宅 一夫 …………… 213 | | 阿部 東彦 …………… 91 |
| アタゴ ………………… 16 | アドバンテック …………… 24 | 阿部 英彦 …………… 106 |
| 足立 明 ……………… 503 | アートフロントギャラリー …………… 313 | 阿部 仁史 …………… 426 |
| 足立 迪 ……………… 528 | | 阿部 広雄 …………… 211 |
| 足立 正 ……………… 29 | アートヘブンナイン …… 313 | 阿部 博 ……………… 481 |
| 安達 千波矢 ………… 155 | アトム …………… 323, 521 | 安部 浩 ……………… 226 |
| 足立 剛 ……………… 388 | アトム化学塗料 ………… 13 | 阿部 宏之 …………… 64 |
| 足立 輝雄 …………… 385 | アド・メルコ …………… 520 | 阿部 武徳 …………… 123 |
| 安達 尚人 …………… 438 | アトラス ……………… 141 | 阿部 文快 …………… 202 |
| 安達 直功 …………… 371 | アトラテック …………… 146 | 阿部 正英 …………… 157 |
| 安達 直義 …………… 476 | アトリム ……………… 318 | 阿部 正広 …………… 98 |
| 足立 久光 …………… 493 | 穴井 功 ……………… 371 | 阿部 雅美 …………… 506 |
| 安達 宏昭 …………… 161 | 穴井 浩二 …………… 384 | 阿部 又三 …………… 216 |
| 足立 博喜 …………… 155 | 穴沢 喜六 …………… 537 | 安部 学 …………… 479, 481 |
| 安達 洋 ……………… 122 | 穴沢 隆 ……………… 100 | 阿部 真由美 ………… 494 |
| 足立 富士夫 ………… 414 | 穴沢 忠平 …………… 527 | 阿部 真理 …………… 247 |
| 足立 昌俊 …………… 347 | あなざーわーくす …… 283 | 安倍 靖 ……………… 470 |
| 足立 昌彦 …………… 373 | 穴山 悌三 …………… 266 | 阿部 泰之 …………… 535 |
| 足立 昌 ……………… 103 | 阿南 文政 …………… 109 | 阿部 有幸 …………… 403 |
| 足立 正行 …………… 439 | 阿南 義明 …………… 336 | 阿部 幸雄 …………… 379 |
| 足立 道夫 …………… 488 | アニモ … 144, 146, 149, 511, 520 | 阿部 行雄 ………… 371, 549 |
| | | 安部 裕 ……………… 556 |

| | | |
|---|---|---|
| 阿部 洋一郎 | ……………… | 441 |
| 阿部 良弘 | ……………… | 54 |
| 阿部 良幸 | ……………… | 481 |
| 安部井 淳 | ……………… | 348 |
| 阿部産業 | ……………… | 323 |
| 安部田 貞治 | ……………… | 95 |
| 阿部山 尚三 | ……………… | 90 |
| 安保 佳寿 | ……………… | 344 |
| 阿望 博喜 | ……………… | 171 |
| 天貝 佐登史 | ……………… | 190 |
| 天笠 康彦 | ……………… | 456 |
| 天草地域森林組合 | ……… | 245 |
| 天児 民和 | ……………… | 466 |
| アマダ | ……… 133, 278, 280, |
| | 360, 361, 362, 363, 364, 365 |
| アマダマシンツール | ……… | 365 |
| 天野 勇 | ……………… | 535 |
| 天野 栄十郎 | ……………… | 528 |
| 天野 建 | ……………… | 159 |
| 天野 虔一 | ……………… | 367 |
| 天野 光一 | ……………… | 384 |
| 天野 重一 | ……… 376, 378 |
| 天野 秀一 | ……………… | 369 |
| 天野 敏男 | ……………… | 171 |
| 天野 寿人 | ……………… | 182 |
| 天野 浩 | ……………… | 165 |
| 天野 昌朗 | ……………… | 161 |
| 天野 益夫 | ……………… | 338 |
| 天野 松男 | ……………… | 335 |
| 天野 義一 | ……………… | 205 |
| 天野 松春 | ……………… | 192 |
| 雨宮 正一 | ……………… | 8 |
| 雨宮 秀行 | ……………… | 456 |
| 甘利 俊一 | ……………… | 497 |
| 甘利 省吾 | ……………… | 530 |
| 甘利 昌彦 | ……… 438, 453 |
| 甘利 雅拡 | ……………… | 214 |
| 甘利 祐三 | ……………… | 436 |
| 餘目 祥一 | ……………… | 382 |
| 網島 毅 | ……………… | 529 |
| アミノ | ……… 117, 146 |
| 網野 廣之 | ……………… | 369 |
| アミノアップ化学 | ……… | 20 |
| アムール | ……………… | 561 |
| 飴井 保雄 | ……… 480, 539 |
| 雨谷 昭弘 | ……………… | 56 |
| 雨宮 清 | ……………… | 45 |
| 雨宮 登三 | ……………… | 83 |
| 雨宮 二一 | ……………… | 368 |
| 飴山 善昭 | ……………… | 454 |
| 綾部 九州彦 | ……………… | 475 |
| 鮎川 泰三 | ……………… | 53 |
| 鮎沢 正 | ……………… | 335 |
| 鮎澤 光 | ……………… | 196 |
| 荒井 晶 | ……………… | 475 |
| 荒居 英次 | ……………… | 203 |
| 荒井 治 | ……………… | 377 |
| 荒井 勝彦 | ……………… | 42 |
| 荒井 潔 | ……………… | 536 |
| 新井 清志 | ……………… | 491 |
| 荒井 敬三 | ……… 78, 386 |
| 荒井 賢一 | ……………… | 57 |
| 新井 栄 | ……………… | 69 |
| 新井 作司 | ……………… | 110 |
| 新居 作郎 | ……………… | 529 |
| 新井 重郎 | ……………… | 388 |
| 新井 俊平 | ……………… | 254 |
| 荒井 伸治 | ……………… | 89 |
| 新井 誠一 | ……………… | 370 |
| 新井 剛四郎 | ……………… | 206 |
| 新居 千秋 | ……… 422, 427 |
| 新井 徹 | ……………… | 110 |
| 新井 透 | ……………… | 91 |
| 新居 敏則 | ……………… | 80 |
| 荒井 利春 | ……………… | 312 |
| 新井 紀子 | ……………… | 165 |
| 荒井 紀博 | ……………… | 337 |
| 新井 久敏 | ……………… | 383 |
| 荒井 宏 | ……………… | 336 |
| 新井 宏俊 | ……………… | 439 |
| 荒井 裕彦 | ……… 191, 195 |
| 新井 史人 | ……………… | 191 |
| 荒井 昌昭 | ……………… | 106 |
| 新井 正明 | ……………… | 26 |
| 新井 正保 | ……………… | 476 |
| 新井 正義 | ……………… | 437 |
| 新井 優 | ……………… | 61 |
| 新井 光雄 | ……………… | 266 |
| 荒井 豊 | ……………… | 374 |
| 新井 靖久 | ……………… | 557 |
| 荒井 靖平 | ……………… | 333 |
| 新井建築工房 | ……………… | 313 |
| アライドアーキテクツ | …… | 330 |
| 荒尾 和史 | ……………… | 181 |
| ア・ラ・小布施 | ……………… | 380 |
| 新形 邦宏 | ……………… | 103 |
| 荒川 和明 | ……………… | 428 |
| 荒川 潔 | ……………… | 54 |
| 荒川 卓 | ……………… | 418 |
| 荒川 卓也 | ……………… | 339 |
| 荒川 友明 | ……………… | 369 |
| 荒川 伸彦 | ……………… | 125 |
| 荒川 裕則 | ……… 61, 391 |
| 荒川 泰彦 | ……… 199, 498 |
| 荒川 恭行 | ……………… | 370 |
| 荒川化学工業 | ……………… | 136 |
| 荒川技研工業 | ……… 310, 317 |
| 荒木 勇 | ……………… | 190 |
| 荒木 逸夫 | ……………… | 83 |
| 荒木 健司 | ……………… | 339 |
| 荒木 健詞 | ……………… | 365 |
| 荒木 玄之 | ……………… | 126 |
| 荒木 幸之助 | ……………… | 535 |
| 荒木 貞彦 | ……………… | 81 |
| 荒木 志華乃 | ……………… | 440 |
| 荒木 茂 | ……… 67, 485 |
| 荒木 修一 | ……………… | 344 |
| 荒木 長男 | ……………… | 109 |
| 荒木 千穂 | ……………… | 254 |
| 荒木 勉 | ……………… | 439 |
| 荒木 洋哉 | ……… 480, 486 |
| 荒木 光信 | ……………… | 256 |
| 荒木 実 | ……………… | 336 |
| 荒木 裕介 | ……………… | 135 |
| 荒木 義之 | ……………… | 532 |
| 荒木田 史穂 | ……………… | 56 |
| 新崎 知 | ……………… | 369 |
| 荒沢 紀一 | ……………… 294, |
| | 298, 300, 303, 306 |
| 嵐 嘉一 | ……… 219, 227 |
| 荒瀬 富雄 | ……………… | 479 |
| 荒瀬 智康 | ……………… | 343 |
| 荒関 岩雄 | ……………… | 380 |
| 荒田 徳嘉 | ……………… | 52 |
| 荒舘 博 | ……………… | 67 |
| 荒谷 勝久 | ……………… | 201 |
| 荒谷 登 | ……………… | 415 |
| 荒西 義高 | ……………… | 162 |
| 荒野 龍一 | ……………… | 538 |
| 荒巻 武文 | ……………… | 377 |
| 荒牧 利武 | ……………… | 237 |
| 荒俣 宏 | ……………… | 164 |
| 新家 憲 | ……………… | 239 |
| 荒屋 静夫 | ……………… | 134 |
| アリアドネ・ランゲージ・リンク | …………… | 510 |
| 有泉 英雄 | ……………… | 89 |
| 有岡 利幸 | ……………… | 208 |
| 有岡 正博 | ……………… | 72 |
| 有岡 良益 | ……………… | 402 |
| 有賀 数夫 | ……………… | 93 |
| 有賀 克彦 | ……………… | 165 |
| 有賀 研一 | ……………… | 477 |
| 有賀 早苗 | ……………… | 165 |
| 有賀 主一 | ……………… | 533 |
| 有賀 珠子 | ……………… | 163 |
| 有賀 久 | ……………… | 178 |
| 有賀 正彦 | ……………… | 82 |
| 有川 敬輔 | ……… 188, 195 |
| 有川 俊江 | ……………… | 463 |
| 有川 正康 | ……………… | 85 |
| 有北 礼治 | ……………… | 135 |
| Ariko Media Project | …… | 252 |
| 有沢 邦夫 | ……………… | 54 |
| アリゾナ五郎 | ……………… | 574 |
| 在田 一雄 | ……………… | 132 |
| 有田 和司 | ……………… | 369 |
| 有田 喜一 | ……………… | 94 |

| | | |
|---|---|---|
| 有田 辰男 ……………… 41 | 阿波手漉和紙商工業協同組合 ……………… 322 | 安藤 文桜 ……………… 212 |
| 有田 伝蔵 ……………… 94 | 粟津 潔 ………… 459, 461 | 安藤 文彦 ……………… 480 |
| 有田 学 ……………… 243 | 粟津 順 ……………… 526 | 安藤 正夫 ……………… 78 |
| 有田物産 ……………… 13 | 阿波スピンドル ………… 23 | 安藤 正雄 ……………… 426 |
| 有永 真司 ……………… 181 | 粟辻 博 ……………… 459 | 安藤 正博 ……………… 68 |
| 有永 毅 ……………… 347 | 粟辻 安浩 ……………… 202 | 安藤 正海 ……………… 202 |
| 在原 登志男 …………… 209 | 粟野 博之 ……………… 199 | 安東 美奈江 …………… 463 |
| 有馬 啓 ……… 151, 216, 227 | 粟村 大吉 ……………… 91 | 安藤 実 ……………… 207 |
| 有馬 裕 ……………… 99 | 粟本 健司 ……………… 182 | 安藤 元夫 ………… 40, 425 |
| 有馬デザイン事務所 …… 311 | 安永 ……………… 277 | 安藤 百福 ……………… 26 |
| 有水 恭一 ……………… 378 | 安永理研 ……………… 356 | 安藤 慶昭 ……………… 192 |
| 有光 一登 ……………… 232 | アンカーコム …………… 543 | 安藤 吉孝 ……………… 351 |
| 有光工業 ……………… 240 | 安渓 遊地 ……………… 108 | 安藤 善信 ……………… 99 |
| 有村 正嗣 ……………… 67 | 安斎 昭夫 ………… 67, 69 | 安藤 遼一 ……………… 254 |
| 有持 和茂 ……………… 72 | 安西 暁 ……………… 92 | 安藤電気 ……………… 133 |
| 有元 伯治 ……………… 178 | 安斎 茂宏 ……………… 195 | アンドリュー, マックゴウァン ……………… 257 |
| 有本 由弘 ……………… 110 | 安斎 哲 ……………… 518 | アンドール ……………… 510 |
| アリーヤ・チュムサーイ … 375 | 安斎 利洋 ……………… 519 | アンドルー, ポール …… 422 |
| 有若 和弘 ……………… 534 | 安斉 将夫 ……………… 53 | 阿武 興磁 ……………… 307 |
| 有若 義雄 ……………… 531 | 安細 恭弘 ……………… 447 | 阿武 純一 ……………… 439 |
| アールインバーサテック ……………… 131 | 安西 美臣 ……………… 535 | アンバーツ, エミリオ …… 326 |
| アルガ ……………… 299 | 安西 良信 ……………… 530 | 安宮 せい子 …………… 405 |
| 有賀 久雄 ……………… 218 | アンジェスMG …………… 186 | 安楽 雄三 ……………… 571 |
| アルカディア21管理組合 ……………… 381 | 安政遠足侍マラソン(第30回) ……………… 578 | アンリツテクマック …… 444 |
| アルケア ………… 149, 150 | 安成工務店 ……………… 23 | |
| RKB映画 ……………… 561 | アンティー・システム …… 330 | 【い】 |
| RKB映画社 …………… 559 | アンティー・ファクトリー ……………… 330 | |
| RKB毎日放送 …… 500, 566 | アンデス電気 ……… 19, 145 | 李 仁夏 ……………… 468 |
| アール・ケー・ビー毎日放送RKBロードレース中継グループ ……………… 494 | 安藤 愛次 ……………… 230 | E.I.エンジニアリング …… 150 |
| | 安藤 彰男 ………… 62, 482 | 飯島 昭彦 ……………… 266 |
| アルスコーポレーション ……………… 303 | 安藤 勇 ……………… 536 | 飯島 晃良 ……………… 347 |
| アルストム ……………… 390 | 安藤 和彦 ……………… 384 | 飯島 聡 ……………… 346 |
| アルス刃物製造技術開発部 ……………… 291 | 安藤 和昌 ……………… 204 | 飯島 重 ……………… 536 |
| アールディエス …………… 481 | 安東 勝男 ……………… 413 | 飯島 信司 ……………… 59 |
| アルナ工機 ……………… 312 | 安藤 清茂 ……………… 470 | 飯島 澄男 ……………… 44 |
| アルナ車両 ……………… 186 | 安藤 清人 ……… 471, 552 | 飯島 孝之 ……………… 67 |
| アルパイン商品企画部デザイン室 ……………… 290 | 安藤 聖泰 ……………… 474 | 飯島 朝雄 ……………… 453 |
| アルビオン ……………… 286 | 安藤 久仁夫 ……… 65, 486 | 飯島 正樹 ……………… 80 |
| RPGテクニクス ………… 147 | 安藤 貞直 ……………… 52 | 飯島 真人 ……………… 428 |
| アルファシビアルエンジニアリング ……………… 143 | 安藤 聡 ……………… 162 | 飯島 真理子 …………… 256 |
| | 安藤 真一 ……………… 161 | 飯嶋 安男 ……………… 59 |
| アルファー食品 ………… 19 | 安藤 貴 ………… 231, 233 | 飯島 康 ……………… 123 |
| アルフミュージック …… 522 | 安藤 忠雄 ……… 416, 460 | 飯島 有 ……………… 335 |
| アルブラスト ……………… 187 | 安東 智香 ……………… 258 | 飯島 征彦 ………… 66, 486 |
| アルフレックスジャパン ……………… 312 | 安藤 徹哉 ……………… 378 | 飯塚 正 ……………… 53 |
| アルム ……………… 139 | 安藤 輝夫 ……………… 438 | 飯塚 敏彦 ……………… 223 |
| アルモニコス ……………… 148 | 安藤 敏夫 ……… 130, 178 | 飯塚 宏 …… 269, 326, 328 |
| 粟坂 守良 ……………… 346 | 安藤 友則 ……………… 492 | 飯田 明夫 ……………… 71 |
| | 安藤 信充 ……………… 568 | 飯田 晶 ……………… 87 |
| | 安藤 秀幸 ……………… 269 | 飯田 郁夫 ……………… 172 |
| | 安藤 裕章 ……………… 470 | 飯田 英治 ……………… 133 |
| | 安藤 博文 ……………… 378 | 飯田 克己 ……………… 536 |
| | 安東 弘光 …… 110, 336, 338, 341 | 飯田 克実 ……………… 212 |

| | | | |
|---|---|---|---|
| 飯田 賀奈子 | 256 | 五十嵐 彩香 | 252, 373 |
| 飯田 喜四郎 | 434 | 五十嵐 喜良 | 80 |
| 飯田 潔 | 73 | 五十嵐 定義 | 413, 433 |
| 飯田 訓久 | 239 | 五十嵐 威暢 | 461 |
| 飯田 茂次 | 216 | 五十嵐 勉 | 372 |
| 飯田 修司 | 343 | 五十嵐 恒夫 | 234 |
| 飯田 澄人 | 262 | 五十嵐 昌夫 | 372 |
| 飯田 孝之 | 476 | 五十嵐 悠紀 | 163 |
| 飯田 哲雄 | 534 | 五十嵐工業 | 318 |
| 飯田 訓正 | 347 | 碇石 孝一 | 55 |
| 飯田 真 | 489 | 井川 清光 | 80 |
| 飯田 亮 | 26, 29, 47 | 井川 健 | 405 |
| 飯田 正博 | 494 | 井川 憲男 | 426 |
| 飯田 泰生 | 486 | 井川 徳道 | 548, 550, 557 |
| 飯田 陽子 | 249 | 伊川 英雄 | 253 |
| 飯田 庸太郎 | 26 | 井川 盛長 | 531 |
| 飯田 義男 | 87 | 井川 良雄 | 367 |
| 飯田 善彦 | 423 | 壱岐 晃才 | 7 |
| 飯田工業 | 276 | 伊木 稔 | 38 |
| イイダ産業 | 22 | 五十君 興 | 269, 328 |
| 飯田市（長野県） | 313 | 生岩 量久 | 474, 490, 492 |
| 飯田製作所 | 357 | 生島 弘彬 | 163 |
| いいだ人形劇フェスタ | 578 | 生田 幸士 | 61, 188 |
| 飯沼 育雄 | 368, 371 | 生田 正治 | 30 |
| 飯沼 一男 | 336, 385 | 生田 伸治 | 105 |
| 飯沼 一浩 | 55 | 生田 剛 | 306 |
| 飯沼 一元 | 66, 486 | 生田 豊朗 | 265 |
| 飯沼 二郎 | 223, 227 | 生田 真弓 | 405 |
| 飯野 一朗 | 402, 404 | 幾度 明菜 | 159 |
| 飯野 憲一 | 371 | 生田目 洋 | 481 |
| 飯野 雅 | 390 | 井口 哲 | 340 |
| 飯原 明彦 | 127 | 井口 敏之 | 99 |
| 飯淵 康一 | 429 | 井口 直巳 | 326 |
| 飯干 祐美子 | 256 | 井口 博雄 | 332 |
| 飯村 治 | 538 | 井口 浩 | 328 |
| 飯村 雅彦 | 547 | 井口 博之 | 487 |
| 飯森 実 | 531 | 井口 雅一 | 340 |
| 飯山 明裕 | 344 | 井口 光雄 | 90 |
| 飯山 孫八 | 570 | 井窪 昭造 | 570 |
| 井植 薫 | 74 | 生熊 克己 | 67 |
| 井植 敏 | 8, 27 | イクリプス | 330 |
| 井内 徹 | 93 | イーケイジャパン | 311 |
| 井浦 勝美 | 383 | 池内 克史 | 194 |
| 家 正則 | 154 | 池内 孝広 | 338 |
| 家島建設 | 122 | 池内 真志 | 195 |
| イエンセン, ポール | 313 | 池内 正人 | 501 |
| 猪尾 仁 | 491 | 池内 正之 | 346 |
| イオングループ | 375 | 池内 了 | 197 |
| 伊賀 章 | 44 | 池尾 毅 | 531 |
| 伊賀 健一 | 59, 152, 197, 498 | 池貝鉄工 | 115, 132, 134, 183, 356 |
| 五十川 正八 | 331 | 池上 嘉一 | 200 |
| 伊賀崎 儀一 | 503 | 池上 和子 | 384 |
| 伊形 理 | 100 | 池上 保 | 99 |
| 鋳方 末彦 | 215 | 池上 徹彦 | 199, 539 |
| 井形 隆一 | 571 | 池上 英雄 | 479 |
| 五十嵐 淳 | 157, 328 | | |

| | | | |
|---|---|---|---|
| 池上 真 | 180 | | |
| 池上金型工業 | 19 | | |
| 池上精工 | 146 | | |
| 池上通信機 | 445, 446, 447, 448, 478, 481, 483, 488, 490 | | |
| 池崎 秀和 | 77 | | |
| 池沢 健治 | 45 | | |
| 池沢 淳 | 338 | | |
| 池沢 直樹 | 198 | | |
| 池沢 英夫 | 536 | | |
| 池沢 和平 | 403 | | |
| 池庄司 和臣 | 122 | | |
| 池末 明生 | 457 | | |
| 池田 明教 | 441 | | |
| 池田 巌 | 83 | | |
| 池田 亀寿 | 479 | | |
| 池田 喜作 | 7 | | |
| 池田 健一 | 94 | | |
| 池田 憲二 | 124 | | |
| 池田 健輔 | 194 | | |
| 池田 賢郎 | 57 | | |
| 池田 浩一 | 209 | | |
| 池田 耕一 | 425 | | |
| 池田 貞文 | 344 | | |
| 池田 茂樹 | 534 | | |
| 池田 茂 | 540 | | |
| 池田 俊二郎 | 245 | | |
| 池田 大樹 | 383 | | |
| 池田 耕 | 436 | | |
| 池田 貴章 | 190 | | |
| 池田 武邦 | 416 | | |
| 池田 穀 | 76 | | |
| 池田 忠彦 | 536 | | |
| 池田 忠禧 | 67 | | |
| 池田 辰雄 | 69 | | |
| 池田 太郎 | 466 | | |
| 池田 次男 | 95 | | |
| 池田 勉 | 97, 536 | | |
| 池田 哲夫 | 345 | | |
| 池田 哲雄 | 134 | | |
| 池田 哲臣 | 487 | | |
| 池田 俊彦 | 373 | | |
| 池田 利良 | 215 | | |
| 池田 尚樹 | 257 | | |
| 池田 信夫 | 38 | | |
| 池田 爆発郎 | 524 | | |
| 池田 治子 | 33, 35 | | |
| 池田 宏 | 479 | | |
| 池田 弘 | 27 | | |
| 池田 博昌 | 538 | | |
| 池田 弘之 | 65 | | |
| 池田 浩之 | 455 | | |
| 池田 正 | 111 | | |
| 池田 充興 | 206 | | |
| 池田 実 | 512 | | |
| 池田 保男 | 53 | | |

| | | |
|---|---|---|
| 池田 靖 ………………… 111 | 石井 和紘 ………… 327, 419 | 石勝エクステリア ……… 380 |
| 池田 保彦 ……………… 546 | 石井 克己 ……………… 404 | 石上 純也 ………… 430, 461 |
| 池田 保美 ………… 367, 368 | 石井 聖光 ‥ 410, 434, 475, 476 | 石上 勝 ………………… 531 |
| 池田 泰之 ………………… 80 | 石井 董久 ……………… 556 | 石川 晃夫 ……………… 448 |
| 池田 洋一 ………………… 98 | 石井 邦彦 ……………… 209 | 石川 秋男 ……………… 479 |
| 池田 善郎 ……………… 241 | 石井 国義 ………………… 80 | 石川 和良 ……………… 194 |
| 池田 喜一 ………………… 53 | 石井 敬一郎 ……………… 89 | 石川 克則 ……………… 253 |
| 池田 美登 ……………… 218 | 石井 謙治 ……………… 205 | 石川 貴一朗 …………… 192 |
| 池谷 寛 ………………… 534 | 石井 賢俊 ………… 307, 312 | 石川 欽也 ……………… 265 |
| 池谷 正成 ………………… 26 | 石井 董久 ……………… 551 | 石川 慶一 ………………… 55 |
| 池永 直樹 ……………… 390 | 石井 淳蔵 …………… 41, 42 | 石川 公万 ……………… 337 |
| 池野 幸市 ……………… 528 | 石井 象二郎 …………… 217 | 石川 栄 ………………… 111 |
| 池濃 茂雄 ……………… 420 | 石井 進 ………………… 216 | 石川 幸千代 ……………… 35 |
| 池野 正孝 ……………… 535 | 石井 正気 ……………… 244 | 石川 三郎 ………………… 83 |
| 池原 秀徳 ……………… 371 | 石井 孝 ………………… 538 | 石川 琇一 ……………… 480 |
| 池原 義郎 ………… 269, 414 | 石井 隆 ………………… 134 | 石川 潤 ………………… 575 |
| 池辺 潤 …………………… 83 | 石井 卓爾 ……………… 539 | 石川 純 ………………… 63 |
| 池辺 秀樹 ……………… 384 | 石井 達郎 ………… 250, 251 | 石川 真一 ……………… 453 |
| 池辺 洋 …………………… 83 | 石井 長四郎 …………… | 石川 崇 ………………… 162 |
| 池見 憲一 ……………… 494 | 545, 546, 547, 548 | 石川 貴彦 ……………… 195 |
| 池本 公一 ……………… 367 | 石井 徹 ………………… 104 | 石川 貴行 ……………… 492 |
| 池本 晴雄 ……………… 534 | 石井 俊夫 ……………… 341 | 石川 卓 ………………… 343 |
| 池本 美香 ………………… 38 | 石井 淑升 ……………… 110 | 石川 武二 ……………… 529 |
| イケヤ ………………… 286 | 石井 智子 ……………… 248 | 石川 健康 ……………… 243 |
| 池谷 純一 ……………… 427 | 石井 知洋 ……………… 161 | 石川 正 ………………… 333 |
| 池谷 忠司 ……………… 337 | 石井 信行 ……………… 380 | 石川 矩寿 ……………… 125 |
| 伊佐 進 ………………… 533 | 石井 教雄 ……………… 471 | 石川 哲浩 ……………… 177 |
| 伊佐 隆善 ………………… 66 | 石井 弘明 ……………… 235 | 石川 敏功 ………………… 74 |
| 伊佐 達雄 ……………… 453 | 石井 寛 ………………… 441 | 石川 敏弘 ……………… 128 |
| 伊佐 憲明 ……………… 377 | 石井 博 ………………… 85 | 石川 知成 ……………… 337 |
| 井坂 栄 ………………… 533 | 石井 裕 ………………… 179 | 石川 直也 ………… 340, 349 |
| 井坂 博恭 …………………… 8 | 石井 ヒロミ …………… 303 | 石川 奈未 ……………… 352 |
| 井鷺 裕司 ……………… 235 | 石井 正巳 ……………… 94 | 石川 宜勝 ……………… 338 |
| 井砂 弘 ………………… 385 | 石井 守 ………………… 155 | 石川 光 ………………… 297 |
| 伊佐治 和美 …………… 347 | 石井 素 ………………… 346 | 石川 日出夫 …………… 346 |
| イサム・ノグチ財団 ‥ 381, 430 | 石井 幹 ………… 317, 380, 459 | 石川 仁司 ……………… 343 |
| 諫本 信義 ………… 208, 244 | 石井 盛次 ……………… 229 | 石川 日吉 ……………… 191 |
| 伊佐山 三郎 ……… 476, 545 | 石井 康雄 ……………… 537 | 石川 博一 ……………… 573 |
| 伊佐山 忠弘 …………… 371 | 石井 康之 ……………… 214 | 石川 博司 ……………… 439 |
| 伊沢 晃 ………………… 65 | 石井 雄輔 ……………… 127 | 石川 廣三 ……………… 429 |
| 井沢 弘一 ……………… 212 | 石家 達爾 ……………… 220 | 石川 宏俊 ………………… 85 |
| 伊澤 淳 ………………… 161 | 石井幹子デザイン事務所 | 石川 博敏 ………… 335, 338 |
| 伊澤 達夫 ……………… 498 | ……………………… 317 | 石川 博之 ……………… 105 |
| 井沢 葉子 ……………… 256 | 石井工業 ………… 136, 142 | 石川 浩義 ……………… 538 |
| 井沢 龍介 ……………… 369 | 石井工作研究所 ………… 139 | 石川 文武 ……………… 239 |
| 石 茂雄 ………………… 524 | 石井食品 ……………… 542 | 石川 北斗 ……………… 441 |
| 位年 正年 ……… 110, 179, 182 | 石井樋地区施設計画検討委 | 石川 正俊 ‥ 189, 194, 195, 199 |
| 石井 昌彦 ……………… 441 | 員会 ………………… 382 | 石川 雅文 ……………… 249 |
| 石井 亜土 ……………… 482 | 石岡 瑛子 ……………… 459 | 石川 幹子 ………… 382, 384 |
| 石井 抱 ………………… 188 | 石岡 崇 ………………… 327 | 石川 操 ………………… 73 |
| 石井 修 ………… 181, 418 | イーシー化学工業 ……… 356 | 石川 光昭 ………………… 92 |
| 石井 一夫 ……………… 421 | 石垣 修司 ……………… 515 | 石川 光久 ……………… 525 |
| 石井 和夫 ……………… 183 | 石垣 高哉 ………………… 98 | 石河 泰明 ……………… 182 |
| 石井 一暢 ……………… 239 | 石垣 直也 ……………… 157 | 石川 康雄 ……………… 341 |
| 石井 和秀 ……………… 161 | 石垣 陽子 ……………… 256 | 石川 恭久 ……………… 536 |
| 石井 一洋 ……………… 338 | 石垣機工 ………………… 10 | 石川 泰弘 ……………… 539 |

| | | |
|---|---|---|
| 石川　勇太 ……… 438 | 石田　健一 ……… 134 | 石橋製作所 ……… 24 |
| 石川　嘉夫 ……… 532 | 石田　健二 ……… 348 | 石橋鉄工所 ……… 138 |
| 石川　好男 ……… 534 | 石田　健蔵 ……… 175 | 石原　昂 ……… 237 |
| 石川　六郎 ……… 30 | 石田　孝英 ……… 235 | 石原　淳男 ……… 378 |
| 石川ガスケット … 18, 20, 451 | 石田　宏司 ……… 109 | 石原　篤 ……… 391 |
| 石川県 …… 420, 521, 541, 562 | 石田　修三 ……… 415 | 石原　巖 ……… 435 |
| 石川県富来町 ……… 524 | 石田　潤一郎 ……… 426 | 石原　治 ……… 533 |
| 石川島建材工業 ……… 122 | 石田　昭二 ……… 90 | 石原　修 ……… 423 |
| 石川島芝浦機械 ……… 240 | 石田　史郎 ……… 335 | 石原　一彦 ……… 76 |
| 石川島播磨重工業 ……… 88, 100, 114, 116, 118, 119, 120, 122, 184, 185, 186, 354, 359, 360, 390, 391, 559, 561 | 石田　慎一 ……… 95 | 石原　邦 ……… 222 |
| | 石田　真一郎 ……… 453 | 石原　憲二 ……… 307 |
| | 石田　真之助 ……… 345 | 石原　重孝 ……… 378 |
| | 石田　真也 ……… 352 | 石原　重利 ……… 93 |
| | 石田　節夫 ……… 570 | 石原　舜介 ……… 413 |
| 石川島播磨重工業船舶事業部東京第二工場 ……… 87 | 石田　退三 ……… 25, 28 | 石原　慎太郎 ……… 29, 30 |
| | 石田　武久 ……… 479 | 石原　誠一郎 ……… 82 |
| 石倉　知子 ……… 256 | 石田　猛 ……… 157 | 石原　俊 ……… 26, 30 |
| 石倉　三雄 ……… 41 | 石田　亨 ……… 189 | 石原　竹次郎 ……… 334 |
| 石倉　靖久 ……… 159 | 石田　徹 ……… 293 | 石原　武政 ……… 41, 42 |
| 石栗　敏機 ……… 213 | 石田　友子 ……… 37 | 石原　達己 ……… 64, 180 |
| 石黒　郁夫 ……… 53 | 石田　秀樹 ……… 101 | 石原　達哉 ……… 481 |
| 石黒　和寛 ……… 261 | 石田　斉 ……… 369 | 石原　恒和 ……… 522 |
| 石黒　周 ……… 164 | 石田　裕之 ……… 347 | 石原　俊輝 ……… 502 |
| 石黒　隆 ……… 200 | 石田　実 ……… 530 | 石原　智男 ……… 331, 334 |
| 石黒　富雄 ……… 377 | 石田　昌彦 ……… 109 | 石原　直次 ……… 329 |
| 石黒　浩 ……… 189 | 石田　方哉 ……… 178 | 石原　紀之 ……… 341 |
| 石黒　三枝子 ……… 330 | 石田　昌之 ……… 474, 482 | 石原　宏 ……… 60 |
| 石黒　良雄 ……… 422 | 石田　愈 ……… 389 | 石原　正雄 ……… 411 |
| 石毛　宏幸 ……… 574 | 石田　道夫 ……… 338 | 石原　政道 ……… 66 |
| 石坂　一義 ……… 347 | 石田　萌 ……… 253 | 石原　盛衛 ……… 217 |
| 石坂　恵一 ……… 208 | 石田　好数 ……… 203 | 石原　義正 ……… 31 |
| 石坂　豪 ……… 208 | 石田　頼房 ……… 419, 434 | 石原　米彦 ……… 88 |
| 石坂　誠一 ……… 74 | 石田　弥 ……… 528 | 石原薬品 ……… 18 |
| 石坂　泰三 ……… 29 | 石高　健次 ……… 506 | 石弘　光 ……… 4 |
| 石坂　匡史 ……… 262 | 石高衡器製作所 ……… 12 | 厳島　圭司 ……… 99 |
| 石坂　悌輔 ……… 83 | 石田鉄工所 ……… 135 | イシマット・ジャパン … 147 |
| 石坂　直久 ……… 349 | 石谷　博美 ……… 338 | 石丸　辰治 ……… 327, 421 |
| 石沢　修一 ……… 218, 227 | 伊地知　哲朗 ……… 200 | 石丸　寿保 ……… 74, 91 |
| 石島　善三 ……… 369 | 石坪　一三 ……… 75 | 石丸　紀興 ……… 429 |
| 礎デザインオートメーション ……… 148 | 石戸谷　昌洋 ……… 438 | 石嶺　眞常 ……… 539 |
| | 石野　政治 ……… 104 | 石村　左緒里 ……… 194 |
| 石塚　哲 ……… 71, 72, 345 | 石野　久弥 ……… 421 | 石本　学 ……… 182 |
| 石塚　悟 ……… 473 | 石野　文雄 ……… 538 | 石本建築事務所 ……… 285 |
| 石塚　成宏 ……… 233 | 石野　安丈 ……… 343 | 石森　直人 ……… 217 |
| 石塚　新一 ……… 134 | 石野　良房 ……… 75 | 石森　義雄 ……… 173 |
| 石塚　誠治 ……… 102 | 石昇　正次 ……… 533 | 石山　明久 ……… 126 |
| 石塚　千司 ……… 181 | 石橋　晃 ……… 228 | 石山　修武 ……… 421 |
| 石塚　輝雄 ……… 420 | 石橋　堅士 ……… 537 | 石山　忍 ……… 333 |
| 石塚　晴久 ……… 515 | 石橋　貞人 ……… 237 | 石山　哲爾 ……… 215 |
| 石塚　美奈子 ……… 45 | 石橋　正三郎 ……… 528 | 石山　那緒子 ……… 248 |
| 石塚　庸三 ……… 25 | 石橋　忠夫 ……… 59 | 石山　眞人 ……… 344 |
| 石塚　喜明 ……… 216, 226 | 石橋　忠良 ……… 181, 376, 377 | 石山　祐二 ……… 428 |
| 石墨　紀久夫 ……… 90 | 石橋　敏男 ……… 547 | 居城　克治 ……… 40 |
| 石田　明男 ……… 337 | 石橋　信夫 ……… 26 | 石渡　裕二 ……… 472 |
| 石田　厚 ……… 233 | 石橋　博良 ……… 27 | 泉井　修 ……… 204 |
| 石田　亜弥 ……… 330 | 石橋　基範 ……… 348 | |
| 石田　功 ……… 174 | | |

| | | |
|---|---|---|
| いすゞ自動車 ……… 358, 394, 395, 396, 397, 398 | 磯谷 晴弘 ……… 404 | 市川 和愛 ……… 530 |
| いすゞ自動車工業デザイン部 ……… 292 | 磯谷 智生 ……… 75 | 市川 量也 ……… 537 |
| | 磯谷 博史 ……… 248 | 市川 恵子 ……… 405 |
| 五十鈴製作所 ……… 19 | 五十川 健一 ……… 441 | 市川 智子 ……… 162 |
| 椅子製作所 ……… 323 | 磯川 千秋 ……… 538 | 市川 智士 ……… 109 |
| 泉地 哲夫 ……… 90 | 礒崎 昭夫 ……… 366 | 市川 淳一 ……… 369 |
| 井筒 臣喜 ……… 373 | 磯崎 新 ……… 413, 415 | 市川 潤一郎 ……… 200 |
| 井筒 雅之 ……… 200 | 礒崎 貢 ……… 575 | 市川 潤二 ……… 77 |
| イーストマン・コダック社 ……… 312, 360 | 礒沢 亮祐 ……… 573 | 市川 宗次 ……… 72 |
| | 五十島 恒好 ……… 485 | 市川 隆久 ……… 570 |
| 飯酒盃 真司 ……… 553 | 磯田 一郎 ……… 26 | 市川 勉 ……… 536 |
| 和泉 巖 ……… 535 | 磯田 和彦 ……… 126 | 市川 友彦 ……… 224, 228, 239, 241 |
| 泉 桂子 ……… 234 | 磯田 圭哉 ……… 245 | 市川 祝善 ……… 101, 178 |
| 泉 信也 ……… 127 | 磯谷 亮輔 ……… 161 | 市川 秀明 ……… 342 |
| 和泉 清司 ……… 109 | 磯野 清 ……… 87, 221 | 市川 秀夫 ……… 530 |
| 泉 節太郎 ……… 530 | 磯野 敬一郎 ……… 204 | 市川 宏 ……… 66 |
| 泉 長人 ……… 533 | 磯野 剛男 ……… 545 | 市川 尋士 ……… 126 |
| 泉 博二 ……… 9 | 五十畑 文彦 ……… 330 | 市川 真紀子 ……… 160 |
| 泉 秀明 ……… 51 | 五十畑 幸勇 ……… 550 | 市川 勝 ……… 392 |
| 和泉 博 ……… 162 | 磯部 栄介 ……… 68 | 市川 芳明 ……… 110 |
| 泉 博之 ……… 192 | 磯部 喜一 ……… 40 | 市川 礼子 ……… 468 |
| 和泉 博之 ……… 346 | 磯辺 剛彦 ……… 42 | 市川市（千葉県） ……… 542 |
| 和泉 正哲 ……… 417, 434 | 磯部 正 ……… 109 | 一倉 秀男 ……… 555 |
| 和泉 幸 ……… 481 | 磯部 信夫 ……… 448 | 市田 敏郎 ……… 93 |
| 泉 泰代 ……… 404 | 磯部 博 ……… 207 | 市田 豊 ……… 69 |
| 泉 量一 ……… 83 | 磯輪鉄工所 ……… 14 | 市坪 弘 ……… 502 |
| 泉沢 延吉 ……… 477 | 井田 勝造 ……… 531 | 市野 清久 ……… 160 |
| 和泉層群のり面対策検討委員会 ……… 379 | 井田 四郎 ……… 387 | 市野 境子 ……… 405 |
| | 井田 崇之 ……… 345 | 市野 健司 ……… 70, 367 |
| イズミソフトウエア ……… 144 | 井田 卓造 ……… 269 | 市野 哲欣 ……… 256 |
| 和泉田 智志 ……… 483 | 井田 恒次 ……… 435 | 市野 利行 ……… 352 |
| 和泉電気 ……… 120 | 井田 寛 ……… 327 | 市瀬 幸治 ……… 529 |
| 泉屋 宏樹 ……… 254 | 板垣 公一 ……… 164 | 一ノ瀬 進 ……… 367 |
| イズム ……… 147, 150 | 板垣 七太郎 ……… 435 | 市之瀬 敏勝 ……… 423 |
| 出雲 正敏 ……… 331 | 板垣 則昭 ……… 380 | 一瀬 敏彦 ……… 177 |
| 出雲 守和 ……… 472 | 板倉 聖宜 ……… 197 | 一瀬 秀和 ……… 181 |
| 出雲井 雄二郎 ……… 123 | 板倉 幸次 ……… 556 | 一宮 喜多男 ……… 529 |
| 泉本 貴広 ……… 492 | 板倉 智敏 ……… 223 | 一宮 善近 ……… 92 |
| 伊勢 長之助 ……… 545 | 板倉 文忠 ……… 498 | 市橋 俊彦 ……… 348 |
| 伊瀬 裕介 ……… 159 | 板倉 雅彦 ……… 105 | 市橋 良治 ……… 527 |
| 井関 修 ……… 557 | 井立 彩子 ……… 250 | 市原 毅 ……… 156 |
| 伊勢木 淳 ……… 347 | 板津 敏彦 ……… 352 | 市原 嘉男 ……… 533 |
| 井関 徹 ……… 306 | 板橋 啓治 ……… 377 | 一番食品 ……… 19 |
| 井関 敏之 ……… 99 | 板橋区 ……… 323 | 一丸 哲也 ……… 81 |
| 井関 洋 ……… 160 | 板橋区役所 健康生きがい部健康推進課栄養推進担当係 ……… 286 | 1万人のエイサー踊り隊 ……… 577 |
| 井関 雅夫 ……… 539 | | 市村 悦二 ……… 486 |
| イセキ開発工機 ……… 136 | | 市村 昭二 ……… 74 |
| 井関農機 ……… 240 | 板櫃川（高見地区）水辺の楽校推進協議会 ……… 384 | 市村 昭二 ……… 453 |
| 伊勢志摩再生プロジェクト ……… 381 | 伊丹プロダクション ……… 522 | 一村 信吾 ……… 60 |
| 伊勢丹研究所ID研究室 ……… 459 | 板本 守正 ……… 421 | 市村 次夫 ……… 380 |
| 伊勢電子工業 ……… 11, 90, 355 | 板谷 謹悟 ……… 60 | 市村 良三 ……… 380 |
| 磯 永吉 ……… 214 | 板谷 宏 ……… 67 | 一柳 伸 ……… 478 |
| 磯 英治 ……… 528 | 板谷 博 ……… 240 | 市山 正 ……… 93 |
| 磯江 道夫 ……… 81 | 板谷 光泰 ……… 183 | 五木村村づくりアドバイザー会議 ……… 382 |
| | 市浦 健 ……… 416 | |

| | | |
|---|---|---|
| 一級建築士事務所 ……… 285 | 伊藤 恵二 ……………… 123 | 伊藤 智義 ………………… 64 |
| 一色 昭 ………………… 388 | 伊藤 慶二 ……………… 403 | 伊東 豊雄 ……………… 269, |
| 一色 智登世 …………… 257 | 伊藤 元 ………………… 174 | 376, 381, 418, 426 |
| 一色 富弥 ………………… 52 | 伊藤 健児 ……………… 369 | 伊藤 延男 ……………… 412 |
| 一色 博 ………………… 537 | 伊藤 憲治 ………… 458, 459 | 伊藤 信孝 ………… 238, 241 |
| イツトモ ………………… 277 | 伊藤 浩一 ……………… 371 | 伊藤 信治 ……………… 244 |
| 逸見 晃典 ………………… 93 | 伊藤 鉱一 ……………… 412 | 伊藤 登 …………… 379, 384 |
| 井出 温 ………………… 110 | 伊藤 幸治 ……………… 522 | 伊藤 憲昭 ……………… 379 |
| 井出 一正 ……………… 182 | 伊藤 恵庸 ……………… 571 | 伊藤 肇 ………………… 428 |
| 井出 祈一 ………………… 56 | 伊藤 滋 …………… 317, 380 | 伊藤 春夫 ……………… 575 |
| 井出 幸治 ……………… 435 | 伊藤 秀毅 ……………… 200 | 伊藤 治幸 ………………… 94 |
| 井出 惰児 ……………… 552 | 伊藤 俊 ………………… 405 | 伊藤 彦紀 ……………… 209 |
| 井手 證三 ……………… 246 | 伊藤 順司 …………… 60, 61 | 伊藤 久 ………………… 411 |
| 井手 寿之 ……………… 110 | 伊東 儁祐 ……………… 468 | 伊藤 英明 ……………… 486 |
| 井出 博之 ………………… 54 | 伊藤 庄衛 ……………… 475 | 伊東 秀夫 ……………… 218 |
| 井出 正 ………………… 437 | 伊東 昭次郎 …………… 386 | 伊藤 豪夫 ……………… 412 |
| 井出 雄二 ……………… 245 | 伊藤 翔太郎 …………… 441 | 伊藤 秀知 ……………… 102 |
| 井手 由紀雄 ……………… 67 | 伊藤 二良 ……………… 556 | 伊藤 仁 ………… 183, 344, 430 |
| 出井 伸之 ……… 8, 27, 29, 30 | 伊藤 進一 ……………… 552 | 伊藤 寛 …………… 333, 340 |
| イーディーコントライブ | 伊藤 新治 ……………… 109 | 伊藤 宏 ………………… 477 |
| ………………………… 138 | 伊藤 真也 ……………… 474 | 伊藤 広二 ………………… 85 |
| 井口 順一 ………………… 98 | 伊藤 祐之 ……………… 216 | 伊藤 浩 ………………… 474 |
| 出渕 亮一朗 …………… 521 | 伊藤 進 ………………… 58 | 伊藤 浩永 ……………… 349 |
| 出光 佐三 ………………… 25 | 伊藤 整一 ……………… 377 | 伊藤 博文 ……………… 571 |
| 出光興産石炭研究所 …… 389 | 伊藤 誠一 ……………… 387 | 伊藤 弘昌 ……………… 457 |
| 出光興産 ……… 108, 109, 388 | 伊藤 清次 ……………… 479 | 伊藤 弘美 ………………… 35 |
| 出光バルクターミナル … 108 | 伊藤 誠二 ……………… 540 | 伊藤 裕康 ……………… 539 |
| 井出村 英夫 …………… 387 | 伊藤 誠哉 ……………… 215 | 伊藤 宏之 ………………… 71 |
| 井戸 啓彰 ……………… 372 | 伊藤 泰雅 …………… 60, 481 | 伊藤 裕之 ……………… 310 |
| 伊都 将司 ……………… 158 | 伊藤 高明 ………………… 45 | 伊藤 文和 ………………… 96 |
| 井戸 智樹 ………………… 38 | 伊藤 孝雄 ……………… 553 | 伊藤 峰洋 ………… 254, 255 |
| 伊藤 愛香 ……………… 406 | 伊藤 隆司 …………… 99, 129 | 伊藤 誠 …………… 414, 529 |
| 伊藤 晶子 ……………… 348 | 伊藤 孝嗣 ……………… 207 | 伊東 正男 ……………… 368 |
| 伊藤 昭彦 ……………… 248 | 伊藤 孝信 ……………… 269 | 伊東 正夫 ……………… 218 |
| 伊藤 昭裕 ……………… 553 | 伊東 孝久 ……………… 479 | 伊藤 正樹 ……………… 135 |
| 伊藤 叡 …………………… 66 | 伊藤 貴文 ……………… 209 | 伊東 正示 ……………… 430 |
| 伊東 明美 ……………… 347 | 伊藤 孝美 ……………… 210 | 伊藤 雅俊 …………… 26, 47 |
| 伊藤 一造 ………………… 92 | 伊藤 隆道 ……………… 459 | 伊藤 正直 ………………… 5 |
| 伊藤 岩夫 ……………… 534 | 伊藤 貴之 ……………… 345 | 伊藤 正裕 ……………… 406 |
| 伊藤 厳 ………………… 213 | 伊藤 孝行 ……………… 380 | 伊藤 正文 ……………… 408 |
| 伊藤 修 …………………… 5 | 伊藤 孝良 ……………… 111 | 伊藤 雅之 ……………… 235 |
| 伊藤 一雄 ………… 216, 229 | 伊藤 丈和 ……………… 344 | 伊藤 操子 ……………… 225 |
| 伊藤 和彦 ……………… 241 | 伊藤 忠雄 ………………… 57 | 伊藤 美津夫 …………… 570 |
| 伊藤 一之 ……………… 190 | 伊藤 忠 ………………… 53 | 伊東 睦泰 ……………… 213 |
| 伊藤 勝夫 ……………… 454 | 伊藤 糾次 ………………… 52 | 伊藤 安雄 ………… 477, 485 |
| 伊藤 克三 ……………… 413 | 伊藤 忠直 ………………… 57 | 伊東 靖 ………………… 378 |
| 伊東 勝久 ……………… 181 | 伊東 維年 ………………… 42 | 伊藤 泰彦 ……………… 496 |
| 伊藤 克郎 ……………… 246 | 伊藤 鄭爾 ……………… 411 | 伊藤 康裕 ……………… 126 |
| 伊藤 哉 ………………… 367 | 伊藤 哲 ………………… 378 | 伊藤 泰宏 ……………… 481 |
| 伊藤 兼太朗 …………… 441 | 伊藤 哲也 ………………… 95 | 伊藤 幸夫 ………… 546, 547 |
| 伊藤 ガビン …………… 522 | 伊藤 哲朗 ………………… 90 | 伊藤 行雄 ……………… 182 |
| 伊藤 喜三郎 …………… 416 | 伊藤 輝勝 ……………… 245 | 伊藤 幸人 ………………… 82 |
| 伊藤 潔 …………………… 98 | 伊東 輝行 ………… 335, 344 | 伊藤 裕 …………… 80, 366 |
| 伊藤 清 …………… 94, 164 | 伊藤 智夫 ………… 218, 227 | 伊藤 由美 ……………… 463 |
| 伊藤 清忠 ……………… 377 | 伊東 俊哉 ……………… 487 | 伊藤 要太郎 …………… 414 |
| 伊藤 国雄 ………………… 98 | 伊東 朋弘 ………………… 69 | 伊藤 嘉昭 ……………… 219 |

| | | |
|---|---|---|
| 伊藤 昌寿 | 6, 74 | |
| 伊藤 義人 | 436 | |
| 伊藤 善則 | 569 | |
| 伊藤 善平 | 436 | |
| 伊藤 嘉泰 | 435 | |
| 伊藤 留一 | 207 | |
| 伊藤 隆晟 | 343 | |
| 伊藤機工 | 19 | |
| 伊藤工機 | 20 | |
| 伊藤忠テクノサイエンス | 510 | |
| 伊東電機 | 149 | |
| 伊東豊雄建築設計事務所 | 313 | |
| イトーキ | 320, 321 | |
| 糸園 辰雄 | 40 | |
| 糸林 薫 | 557 | |
| 糸林 芳彦 | 377 | |
| 糸原 愛美 | 462 | |
| 糸山 浩之 | 348 | |
| 伊奈 輝三 | 47 | |
| 伊奈 智美 | 105 | |
| 伊奈 義直 | 378 | |
| 稲井 滋 | 348 | |
| 稲尾 勝三 | 538 | |
| INAKAイルミ@おおなん（1回） | 580 | |
| 稲垣 栄三 | 413 | |
| 稲垣 和久 | 344, 345, 348, 349 | |
| 稲垣 京輔 | 43 | |
| 稲垣 恵一 | 328 | |
| 稲垣 健二 | 56 | |
| 稲垣 伸吉 | 349 | |
| 稲垣 大 | 342 | |
| 稲垣 竹裕 | 366 | |
| 稲垣 雄史 | 65 | |
| 稲垣 敏夫 | 528 | |
| 稲垣 尚夫 | 551, 552 | |
| 稲垣 道夫 | 54 | |
| 稲垣 保利 | 476 | |
| 稲上 毅 | 42 | |
| 稲川 英二 | 573 | |
| 稲着 功 | 481 | |
| 伊那食品工業 | 23 | |
| 稲積 讓次郎 | 503 | |
| 稲田 篤盛 | 71 | |
| 稲田 賢治 | 439 | |
| 稲田 浩一 | 539 | |
| 稲田 純一 | 380 | |
| 稲田 勉 | 126 | |
| 稲田 智徳 | 480 | |
| 稲田 知己 | 68 | |
| 稲田 博司 | 67 | |
| 稲田 祐介 | 261 | |
| INAX | 6, 267, 268, 309, 313, 321, 374 | |
| INAX総合開発室 | 290, 291 | |
| INAXデザイン部 | 296, 297 | |
| INAXトイレ空間事業部技術開発室 | 306 | |
| 稲波 純一 | 372 | |
| 稲波 博男 | 69 | |
| 稲沼 実 | 427 | |
| 稲葉 敦 | 388, 391 | |
| 稲葉 一顕 | 370 | |
| 稲葉 賢之助 | 205 | |
| 稲葉 興作 | 26, 52 | |
| 稲葉 茂穂 | 90 | |
| 稲葉 晋一 | 95 | |
| 稲葉 清右衛門 | 26, 84 | |
| 稲場 文男 | 152 | |
| 稲葉 雅男 | 485 | |
| 稲葉 雅幸 | 188 | |
| 稲葉 護 | 386 | |
| 稲葉 右二 | 223, 227 | |
| 稲葉 善治 | 194 | |
| 稲葉製作所技術部 | 291 | |
| 稲益 三夫 | 535 | |
| 稲見 彰則 | 72 | |
| 稲見 聡 | 342 | |
| 稲見 保 | 533 | |
| 井波社寺建築 | 429 | |
| 稲邑 哲也 | 194 | |
| 稲村 俊夫 | 491 | |
| 稲本 佳昭 | 486 | |
| 稲元工務店 | 309 | |
| 稲盛 和夫 | 7, 26, 29, 30 | |
| 稲山 正弘 | 425 | |
| 稲山 嘉寛 | 30 | |
| 稲吉 秀夫 | 67 | |
| イニシアム | 142 | |
| 乾 崇夫 | 151 | |
| 乾 知次 | 66 | |
| 乾 智行 | 385, 388 | |
| 乾 正雄 | 414 | |
| 乾 由香 | 37 | |
| 乾 陽亮 | 330 | |
| 犬束 和也 | 248 | |
| 犬伏 泰夫 | 76 | |
| 犬丸 淳 | 388 | |
| 犬山市学びの学校建築研究委員会 | 285 | |
| 井野 英哉 | 174 | |
| 伊野 洋一 | 94 | |
| 井上 愛一郎 | 71 | |
| 井上 昭夫 | 234 | |
| 井上 明久 | 58 | |
| 井上 彰 | 174 | |
| 井上 泉 | 204 | |
| 井上 一朗 | 422 | |
| 井上 宇市 | 412, 433 | |
| 井上 和雄 | 66, 337 | |
| 井上 和彦 | 179 | |
| 井ノ上 一博 | 427 | |
| 井上 和美 | 78 | |
| 井上 勝夫 | 424 | |
| 井上 克郎 | 62 | |
| 井上 完治 | 135 | |
| 井上 喜久栄 | 9 | |
| 井上 慶一 | 240 | |
| 井上 公基 | 233 | |
| 井上 孝太郎 | 110 | |
| 井上 耕平 | 534 | |
| 井上 哲 | 58, 469, 470, 492, 557 | |
| 井上 小夜 | 160 | |
| 井上 重徳 | 209 | |
| 井上 秀一 | 539 | |
| 井上 秀司 | 469 | |
| 井上 正次 | 569 | |
| 井上 祥平 | 152 | |
| 井上 誠一 | 536 | |
| 井上 誠喜 | 482, 486 | |
| 井上 善海 | 43 | |
| 井上 貴至 | 264 | |
| 井上 高志 | 348 | |
| 井上 隆 | 327 | |
| 井上 貴浩 | 194 | |
| 井上 隆之 | 86 | |
| 井上 剛毅 | 539 | |
| 井上 忠男 | 222 | |
| 井上 豪 | 161 | |
| 井上 哲郎 | 430 | |
| 井上 俊夫 | 65 | |
| 井上 俊雄 | 531 | |
| 井上 敏郎 | 344 | |
| 井上 直樹 | 325 | |
| 井上 礼之 | 27 | |
| 井上 春夫 | 172 | |
| 井上 秀明 | 471 | |
| 井上 秀雄 | 67 | |
| 井上 等 | 334 | |
| 井上 裕雄 | 480 | |
| 井上 宏 | 327 | |
| 井上 博允 | 188 | |
| 井上 弘康 | 178 | |
| 井上 真 | 235 | |
| 井上 政昭 | 53 | |
| 井上 正志 | 388 | |
| 井上 雅文 | 258 | |
| 井上 衛 | 556 | |
| 井上 充男 | 456 | |
| 井上 充夫 | 411, 556 | |
| 井上 光輝 | 63 | |
| 井上 元則 | 229 | |
| 井上 康志 | 201 | |
| 井上 安正 | 502 | |
| 井上 洋一 | 532 | |

| | | | | | |
|---|---|---|---|---|---|
| 井上 陽一 | 94 | 今井 克哉 | 369 | 今村 次郎 | 331 |
| 井上 楊一郎 | 230 | 今井 国雄 | 535 | 今村 大地 | 346 |
| 井上 芳秋 | 439 | 今井 慶一 | 532 | 今村 力 | 551 |
| 井上 由扶 | 230 | 今井 賢一 | 4 | 今村 徳輔 | 533 |
| 井上 良則 | 415 | 今井 兼次 | 411, 432 | 今村 奈良臣 | 4, 224 |
| 井上 由己 | 53 | 今井 信次郎 | 52 | 今村 修武 | 198 |
| 井上 吉之 | 217 | 今井 敬 | 30, 75 | 今村機械 | 135 |
| 井上 力夫 | 530 | 今井 卓雄 | 57 | 今安 規夫 | 310 |
| 井上 廉 | 59 | 今井 龍男 | 535 | 井村 五郎 | 248 |
| 猪之奥 康司 | 239 | 今井 亨 | 62 | 井村 徹 | 152 |
| 井口 征士 | 53 | 今井 登 | 111 | 井村 亮 | 129, 177 |
| 猪口 達也 | 173 | 今井 久志 | 64 | イメージサイエンス | |
| 猪熊 一平 | 81 | 今井 裕 | 574 | | 559, 560, 563, 564 |
| 猪熊 泰三 | 243 | 今井 正敏 | 426 | イメージラボテクスト | 295 |
| 猪熊 康夫 | 380 | 今井 正信 | 237, 238 | 芋生 憲司 | 240 |
| 猪子 順 | 327 | 今井三正堂 | 142 | 井本 商三 | 51 |
| 猪腰 友典 | 123 | 今泉 巌 | 343 | 井本 立也 | 53 |
| 猪瀬 博 | 53, 495 | 今泉 勝吉 | 414 | 井本 利一郎 | 86 |
| 「イノセンス」制作グルー | | 今泉兄弟 | 524 | 井森工業 | 122 |
| プ | 470 | 今枝 良三 | 528 | 井柳 友宏 | 196 |
| 猪俣 敏 | 112 | 今尾 祐司 | 477 | 弥富 喜三 | 216 |
| 猪股 茂男 | 90 | 今岡 保郎 | 90 | 猪山 明義 | 52 |
| 猪俣 真三郎 | 332 | 今上 一成 | 107 | 伊与木 健 | 90 |
| 猪又 健志 | 524 | 今川 憲英 | 379, 382, 383, 424 | 伊予田 洋海 | 367 |
| 射場 厚 | 62 | 今川 幸雄 | 253 | イヨベ工芸社 | 314 |
| 伊波 四郎 | 479 | 井巻 久一 | 367 | 伊理 正夫 | 152 |
| 井原 滋 | 89 | 今北 孝次 | 532 | 入江 重男 | 532 |
| 井原 省悟 | 570 | イー・マーキュリー | 525 | 入江 俊昭 | 86, 91 |
| 井原 哲夫 | 4 | 今里 広記 | 30 | 入江 敏夫 | 58 |
| 伊原 徹 | 347 | 今里 博正 | 369 | 入江 南海雄 | 335 |
| 伊原 徳子 | 245 | 今津 勝弘 | 99 | 入江 正之 | 419 |
| 伊原 文明 | 57 | 今津 司 | 367 | 入江工研 | 146 |
| 井原 正裕 | 253 | 今津 良樹 | 254 | 入沢 恒 | 411 |
| 伊原 雅之 | 380 | 今瀬 憲司 | 453 | 入沢 正夫 | 94 |
| 井原 禎之 | 112 | 今園 支和 | 238 | 入谷 明 | 223, 227 |
| 茨木 茂 | 347 | 今田 邦彦 | 95 | 入交 昭一郎 | 333 |
| 茨木 伸樹 | 69 | 今田 長一 | 555 | 入山 恭彦 | 70 |
| 茨木 信彦 | 101 | イマックス | 560 | いろどり | 543 |
| 茨城県教育庁 | 562 | 今永 昭慈 | 134 | 色部 義昭 | 350 |
| 茨城県工業技術センター | | 今中 敏男 | 94 | 岩井 和夫 | 221 |
| | 143 | 今中 信人 | 63 | 岩井 和久 | 470 |
| 茨城県土木部住宅課 | 415 | 今中 宏 | 99 | 岩井 健治 | 99 |
| 茨城県林業試験場 | 243 | 今中 道雄 | 367 | 岩井 俊雄 | 318, |
| イハラサイエンス | 313 | 今中 良一 | 198 | | 489, 519, 521, 522, 523 |
| 井原築炉工業 | 143 | イマナカデザイン | 309 | 岩井 信夫 | 333 |
| 揖斐川電気工業 | 82 | e-まなびネット郡山 | 543 | 岩井 久幸 | 339 |
| 井樋田 睦 | 52 | 今西 克巳 | 241 | 岩井 洋 | 129, 171 |
| 井深 大 | 25, 30, 476 | 今西 正一 | 249 | 岩井 光男 | 428 |
| 井深 八重 | 466 | 今西 良男 | 431 | 岩井 豊 | 488 |
| 伊夫伎 一雄 | 26 | 今堀 和友 | 151 | 岩井 喜典 | 87 |
| 井部 博 | 427 | 今堀 博 | 164 | 岩井 禧周 | 447, 477, 478 |
| 今井 明夫 | 213 | 今宮 洋二 | 83 | 祝迫 敏之 | 65, 95 |
| 今井 篤 | 102 | 今村 一雄 | 366 | 岩井澤 健治 | 373 |
| 今井 一平 | 94, 532 | 今村 威 | 480 | 祝田 久 | 519, 520, 522 |
| 今井 一久 | 452 | 今村 健 | 109 | 岩男 明信 | 72, 349 |
| 今井 和正 | 124, 428 | 今村 舜仁 | 88 | 岩尾 俊男 | 238 |

| | | |
|---|---|---|
| 岩男 信幸 …… 344 | 岩沢 孝雄 …… 41 | 岩浪 清 …… 366 |
| 岩岡 昭二 …… 91 | 岩下 莞爾 …… 485 | 岩波 三郎 …… 420 |
| 岩尾磁器工業 …… 11 | 岩下 恒雄 …… 413 | 岩波 悠紀 …… 212 |
| 岩川 盈夫 …… 242 | 岩下 健 …… 535 | 岩波映画製作所 …… |
| 岩城 賢作 …… 257 | 岩下食品工業 …… 16 | 558, 559, 560, 561 |
| 岩城 敏夫 …… 193 | 岩清水 久生 …… 405 | 岩波映像 …… 564 |
| 岩木 保大 …… 547, 550, 551 | 岩瀬 英治 …… 190 | 岩波書店 …… 515, 516 |
| 岩城 喜久 …… 343 | イワタ …… 322 | 岩野 武彦 …… 352 |
| 岩城興業 …… 19 | 岩田 勲 …… 41 | 岩橋 淳 …… 369 |
| イワキ埼玉工場 …… 450 | 岩田 悦行 …… 211 | 岩原 雅子 …… 9 |
| 岩切 銛 …… 216 | 岩田 弐夫 …… 435 | 岩廣 真悟 …… 127 |
| 岩切 成郎 …… 203 | 岩田 弐夫 …… 26 | 岩淵 喜一 …… 477, 478 |
| 岩切 章太郎 …… 25 | 岩田 一政 …… 4 | 岩淵 喜久男 …… 195 |
| 岩倉 英昭 …… 439 | 岩田 一也 …… 435 | 岩渕 弘 …… 556 |
| 岩子 博行 …… 133 | 岩田 規久男 …… 4 | 岩淵 麿 …… 572 |
| 岩子 素也 …… 385 | 岩田 賢二 …… 261 | 岩淵 義孝 …… 366 |
| 岩佐 三朗 …… 41 | 岩田 広一 …… 546, 550, 568, 572 | 岩船 由美子 …… 263 |
| 岩佐 繁之 …… 72, 103 | 岩田 聡 …… 27 | 岩部 竜男 …… 349 |
| 岩佐 進吾 …… 101 | 岩田 治一 …… 528 | 岩堀 弘昭 …… 367 |
| 岩佐 達雄 …… 382 | 岩田 修司 …… 65 | 岩前 好樹 …… 72 |
| 岩佐 成人 …… 98 | 岩田 彰一郎 …… 27 | 岩政 隆一 …… 318 |
| 岩沙 弘道 …… 27 | 岩田 征一郎 …… 260, 261 | 岩松 聡 …… 170 |
| 岩佐 凱実 …… 30 | 岩田 利枝 …… 430 | 岩松 誠一 …… 91 |
| 岩浅 義孝 …… 84 | 岩田 敏男 …… 530 | 岩松 道夫 …… 482, 492 |
| 岩佐 義久 …… 327 | 岩田 利治 …… 229 | 岩見沢レンガプロジェクト事務局 …… 322 |
| 岩崎 厚 …… 231 | 岩田 直高 …… 69 | |
| 岩崎 修 …… 292 | 岩田 久敬 …… 216 | 岩宮 陽子 …… 44 |
| 岩崎 勝成 …… 475 | 岩田 浩康 …… 189 | 岩村 和夫 …… 326, 328, 426 |
| 岩崎 雅律 …… 494 | 岩田 真幸 …… 352, 353 | 岩村 兵二 …… 435 |
| 岩崎 喜一 …… 530 | 岩田 衛 …… 423, 426 | 岩村 雅人 …… 326 |
| 岩崎 潔 …… 251 | 岩田 美津子 …… 469 | 岩元 巌 …… 530 |
| 岩崎 邦彦 …… 43 | 岩田 幸雄 …… 80 | 岩元 莞二 …… 93 |
| 岩崎 堅一 …… 430 | 岩滝 功 …… 93 | 岩本 邦彬 …… 94 |
| 岩崎 三郎 …… 337 | 岩田食品 …… 13 | 岩元 貞雄 …… 335 |
| 岩崎 潤 …… 182 | イワタデザイン …… 319 | 岩本 真二 …… 109 |
| 岩崎 俊一 …… 152, 496 | 岩谷 裕允 …… 568 | 岩本 純 …… 42 |
| 岩崎 駿介 …… 380 | 岩谷産業 …… 7, 392 | 岩本 征 …… 486 |
| 岩崎 昇三 …… 536 | 岩田レーベル …… 21 | 岩本 直也 …… 384 |
| 岩崎 慎二郎 …… 92 | 岩附 孝次 …… 538 | 岩本 英雄 …… 57 |
| 岩崎 忠彦 …… 52 | 岩附 昇 …… 535 | 岩本 裕彦 …… 338, 341 |
| 岩崎 禎二 …… 479 | 岩槻 正志 …… 128 | 岩本 弘光 …… 268 |
| 岩崎 徹治 …… 78 | 岩出 亥之助 …… 229 | 岩本 正和 …… 59, 153 |
| 岩崎 寿男 …… 204 | 岩手阿部製粉 …… 20 | 岩本 恭明 …… 441 |
| 岩崎 均 …… 338 | 岩手県 …… 541 | 岩本 保夫 …… 552 |
| 岩崎 正平 …… 540 | 岩手県医療福祉情報化コンソーシアム「ポラーノ広場」…… 544 | 尹 恢允 …… 127 |
| 岩崎 賢 …… 333 | | インヴォーグ …… 330 |
| 岩崎 勝 …… 93 | | インクス …… 311 |
| 岩崎 元明 …… 100 | 岩手県工業技術センター …… 318 | インスタイル …… 146 |
| 岩崎 勇作 …… 231 | | インステック …… 136 |
| 岩崎 義弘 …… 258 | 岩手県林木育種場 …… 243 | インター・オフィス …… 312, 313 |
| 岩崎禎二とその開発グループ …… 481 | 岩手日報社 …… 504 | インターセプト …… 148 |
| | 岩永 勝敏 …… 551 | インターデザインアーレンス …… 305 |
| イワサキデザインスタジオ …… 314 | 岩永 建夫 …… 377 | |
| 岩沢 昭 …… 549 | 岩永 寛紀 …… 161 | インターナショナルアロイ …… 146 |
| 岩澤 茂郎 …… 162 | 岩永 勝 …… 225 | |
| | 岩永 三樹男 …… 534 | |

| | | |
|---|---|---|
| インターナショナル工業デザイン | 289, 305 | |
| インターナショナル・コスメチックスCO.,LTD. | 374 | |
| インターフェイス オーバーシーズ ホールディングズ インク | 321 | |
| インターフォーム・エム・エフ・ジー | 320 | |
| インターボイス | 518 | |
| インチケープ・プジョー・ジャポン | 396, 397, 398 | |
| インデクス | 295 | |
| インテリアセンター | 23, 311 | |
| インテリアプレゼンテーションワークス・インク | 285 | |
| インテリジェント触媒開発グループ | 168 | |
| インテリジェントセンサーテクノロジー | 148 | |
| インテル | 174, 312 | |
| 印田 恒明 | 367 | |
| 印伝屋上原勇七 | 20 | |
| 印南 比呂志 | 378 | |
| 因島水軍まつり | 577 | |
| 因島鉄工業団地(協組) | 12 | |
| インフォシティ | 518, 519 | |
| インプレス | 523 | |

【う】

| | | |
|---|---|---|
| ヴァイナス | 511 | |
| ヴィソツキ, ジェラード | 202 | |
| ウィチャイ・スリユット | 407 | |
| ヴィッツ | 148 | |
| ウイルアライアンス | 524 | |
| ウィルコム | 319 | |
| 上 清隆 | 530 | |
| 植 貞男 | 209 | |
| ウエカツ工業 | 23 | |
| 上門 俊夫 | 192 | |
| 植木 勝也 | 66 | |
| 植木 邦和 | 220 | |
| 植木 健一郎 | 252 | |
| 植木 忠二 | 245 | |
| 植草 常雄 | 428 | |
| 植草 益 | 266 | |
| 植草 航 | 373 | |
| 上坂 章次 | 218, 226 | |
| 植下 脇 | 107 | |
| 上島 あい子 | 405 | |
| 上島 顕司 | 380 | |
| 上島 精一 | 88 | |
| 上島 紀子 | 404 | |
| 植杉 威一郎 | 43 | |
| 上杉 邦憲 | 170, 498 | |
| 植杉 哲夫 | 229 | |
| 上杉 松治 | 531 | |
| 上杉 満昭 | 100 | |
| 上杉 義雄 | 569 | |
| ウエスト | 314 | |
| 上園 謙一 | 377 | |
| 上田 昭暢 | 370 | |
| 上田 篤 | 413 | |
| 上田 勇 | 528 | |
| 上田 香 | 353 | |
| 上田 恭子 | 405 | |
| 植田 憲一 | 181, 200, 457 | |
| 上田 建仁 | 341 | |
| 植田 堅朗 | 126 | |
| 上田 弘 | 382, 383 | |
| 上田 弘一郎 | 230 | |
| 植田 浩平 | 438 | |
| 上田 貞夫 | 237 | |
| 上田 禎俊 | 110 | |
| 上田 順一 | 368 | |
| 上田 正治 | 550, 551, 568 | |
| 植田 譲二 | 538 | |
| 上田 大助 | 98 | |
| 上田 達三 | 41 | |
| 上田 澄広 | 196 | |
| 上田 哲彦 | 60 | |
| 上田 尚輝 | 124 | |
| 上田 なりゆき | 552 | |
| 上田 晴菜 | 329 | |
| 上田 春野 | 300 | |
| 植田 久一 | 84 | |
| 上田 泰己 | 44 | |
| 上田 寛 | 84, 251 | |
| 上田 博信 | 110 | |
| 植田 浩史 | 42, 43 | |
| 植田 文雄 | 347 | |
| 上田 松栄 | 344, 349 | |
| 植田 未月 | 260 | |
| 植田 陽介 | 123 | |
| 植田 義明 | 534 | |
| 上田 善則 | 353 | |
| 上田 吉弘 | 240 | |
| 上田 隆一 | 191 | |
| 上田 良司 | 453 | |
| 上田 凛 | 151 | |
| 植竹 孝 | 536 | |
| ウエダ産業 | 146 | |
| 上市マルチメディア情報センター | 522 | |
| 植田商事企画室 | 289 | |
| ウエタックス | 142 | |
| 上谷 宏二 | 419 | |
| 上谷 正寿 | 135 | |
| ウェッジ | 23 | |
| 上殿 明良 | 64 | |
| 上仲 俊行 | 385 | |
| 上西 真里 | 69, 128, 159 | |
| 上野 昭彦 | 60 | |
| 上野 榮蔵 | 370 | |
| 上野 和彦 | 41 | |
| 上野 克美 | 134 | |
| 植野 清 | 88 | |
| 上野 恵尉 | 367 | |
| 上野 淳 | 421 | |
| 上野 隆司 | 44 | |
| 上野 鷹之助 | 528 | |
| 上野 務 | 387 | |
| 上野 剛 | 263, 264 | |
| 上野 定寧 | 335 | |
| 上野 長治 | 437 | |
| 上野 登 | 529 | |
| 上野 洋史 | 160 | |
| 上野 将樹 | 343 | |
| 上野 雅史 | 474 | |
| 上野 昌彦 | 212 | |
| 上野 賢美 | 36 | |
| 上野 正実 | 240 | |
| 上野 益太郎 | 487 | |
| 上野 洋二郎 | 232 | |
| 上野 義人 | 53 | |
| 上野 隆三 | 75 | |
| 上野市 | 541 | |
| 上野精機 | 146 | |
| ウエノテックス | 22 | |
| 植之原 道行 | 93, 534 | |
| 上野藤井建築研究所 | 268 | |
| 植原 晃 | 54 | |
| 上原 邦吉 | 54 | |
| 上原 孝行 | 367 | |
| 上原 年博 | 59 | |
| 上原 信雄 | 466 | |
| 上原 宏樹 | 64 | |
| 上原 政夫 | 174 | |
| 上原 道宏 | 474 | |
| 植原 亮輔 | 350 | |
| 上間 清 | 377, 378 | |
| 上松 康二 | 102 | |
| 植松 伸行 | 109 | |
| 上松 弘幸 | 195 | |
| 植松 靖 | 532 | |
| 植松 豊 | 96 | |
| 上宮 成之 | 391 | |
| 上村 栄喜 | 549 | |
| 上村 悦也 | 472 | |
| 植村 一盛 | 380 | |
| 上村 佳奈 | 235 | |
| 植村 甲午郎 | 29 | |
| 上村 智 | 305 | |
| 植村 四郎 | 83 | |

| | | | | | |
|---|---|---|---|---|---|
| 植村 誠次 | 230 | 臼井 明 | 125 | 内田 有映 | 253 |
| 上村 隆之 | 71 | 碓井 建司 | 441 | 内田 豊 | 529 |
| 植村 恒義 | 476 | 碓氷 泰市 | 226 | 内田 洋祐 | 481 |
| 植村 壽公 | 196 | 臼井 孝義 | 485 | 内田 陽三 | 367 |
| 上村 幸男 | 342 | 臼井 映史 | 486 | 内田 祥三 | 408 |
| 上山 智嗣 | 111 | 臼井 俊彦 | 572 | 内田 祥哉 | 414, 415, 417, 433 |
| 上山 猛 | 531 | 薄井 治利 | 124 | 内田 祥文 | 409 |
| 上山 紀元 | 58 | 薄井 宙夫 | 387 | 内田製作所 | 11 |
| 上山 良子 | 317, 380 | 臼井 由美子 | 158 | ウチダ店装 | 141 |
| 植良 祐政 | 47 | 臼杵 克俊 | 340 | 内田洋行 | 324 |
| ウェルクラフト | 483 | 臼田 孝 | 64 | 内田洋行研究開発部 | 296, 298 |
| 魚井 倫武 | 173 | 渦巻 光孝 | 85 | 内田洋行事務機器事業部研究所 | 293 |
| ヴォイド | 316 | 宇田 敦子 | 250 | | |
| 魚崎 利三郎 | 529 | 宇田 和博 | 105 | 打出 圭一朗 | 483 |
| 魚住 順蔵 | 331 | 宇田 応之 | 65 | 内野 修 | 198 |
| 魚住 順 | 214 | 鵜高 重三 | 82, 170 | 内野 憲二 | 90 |
| ウォン フェイ・ション | 158 | 宇田川 拓雄 | 519 | 内野 哲也 | 96 |
| 宇賀 和彦 | 229 | 歌川 敏男 | 58 | 内野 広 | 66 |
| 宇賀 克夫 | 66 | 宇田川 光弘 | 423 | 内野 盛和 | 481 |
| 鵜飼 勝三 | 91 | 宇田川 満 | 568 | 内野 雪子 | 126 |
| 鵜飼 順 | 54 | 宇多小路 勝 | 93 | 内堀 芳雄 | 475 |
| 鵜飼 信一 | 42 | 歌田 勝弘 | 26 | 内堀醸造 | 21 |
| 鵜飼 紀夫 | 336 | 内井 昭蔵 | 384, 414 | 内間 直樹 | 248 |
| 鵜飼 幸雄 | 384 | 内池 平樹 | 199 | 内村 勝次 | 371 |
| 宇賀田 誠 | 481 | 内海 陽子 | 403 | 内村 孝彦 | 343 |
| 宇関 一男 | 550 | 内海環境部環境化学研究室 | 107 | ウチヤ・サーモスタット | 139 |
| 浮橋 寛 | 57 | | | 内山 諫 | 414 |
| うさぎママのパトロール教室 | 283 | 内川 武 | 78 | 内山 督 | 382, 383 |
| 宇佐見 明 | 71 | 内川 英興 | 69 | 内山 邦男 | 67 |
| 宇佐美 篤 | 161 | 内倉 清隆 | 258 | 内山 健 | 261 |
| 宇佐美 勝敏 | 435 | 内古閑 篤 | 537 | 内山 憲太郎 | 246 |
| 宇佐見 信一 | 39 | 内嶋 善兵衛 | 228 | 内山 滋 | 368 |
| 宇佐美 洵 | 29 | 内田 啓一郎 | 171 | 内山 伸 | 178 |
| 宇佐美 光雄 | 129, 177 | 内田 恵之助 | 174 | 内山 久宜 | 480, 487 |
| 鵜沢 信明 | 569 | 内田 煌二 | 244 | 内山 宏 | 52 |
| 宇治 友一 | 453 | 内田 五郎 | 342 | 内山 康 | 91 |
| 牛尼 清治 | 437 | 内田 繁孝 | 99 | 内山 芳雄 | 93 |
| 氏家 誠悟 | 208 | 内田 繁 | 460 | 内山 義次 | 123 |
| 氏家 康成 | 338 | 内田 仙二 | 213 | 内山 龍雄 | 152 |
| 牛尾 治朗 | 29, 30 | 内田 岱二郎 | 76 | 内山田 竹志 | 110 |
| 潮田 健次郎 | 47 | 内田 丈夫 | 230 | 宇宙開発事業団 | 184, 185 |
| 潮田 三代治 | 546 | 内田 竜男 | 93 | 宇宙技術開発 | 186 |
| ウシオライティング | 317 | 内田 龍男 | 60, 76 | 宇宙航空研究開発機構 | 186, 323, 465, 483 |
| 氏神 正一 | 532 | 内田 勉 | 206 | 宇宙航空研究開発機構小惑星探査機「はやぶさ」チーム | 164 |
| 牛込 幸一 | 89 | 内田 務 | 390 | | |
| 牛嶋 研史 | 342 | 内田 敏夫 | 177 | 宇宙航空研究開発機構 はやぶさプロジェクトチーム | 407 |
| 牛島 志津子 | 441 | 内田 俊郎 | 218 | | |
| 牛島 孝 | 332 | 内田 晴夫 | 93 | 宇宙航空研究開発機構 GOSATプロジェクトチーム | 169 |
| 牛嶋 剛 | 379 | 内田 秀夫 | 506 | | |
| 牛場 信彦 | 30 | 内田 弘 | 85 | 宇宙航空研究開発機構（JAXA）IKAROSデ | |
| 牛丸 守 | 54 | 内田 博 | 83 | | |
| 牛山 博美 | 90 | 内田 雅也 | 105 | | |
| 宇城 工 | 72, 161 | 内田 光夫 | 55 | | |
| 後田 浩二 | 377 | 内多 稔 | 98 | | |
| 後田 祐一 | 347 | 内田 主幹 | 91 | | |
| | | 内田 安夫 | 565, 567 | | |

| | | |
|---|---|---|
| モンストレーションチーム | 166 | |
| うちわ工房 三谷 | 323 | |
| 宇津木 幹夫 | 98 | |
| 宇都宮 肇 | 178, 200 | |
| 宇都宮大学農学部雑草防除研究施設 | 94 | |
| 靫 勉 | 528 | |
| 内海 厚 | 55 | |
| 内海 聖舟 | 341 | |
| 内海 要三 | 59 | |
| うどん双樹 | 282 | |
| 采 孟 | 103 | |
| 畝田 透 | 188 | |
| 宇野 亜喜良 | 459 | |
| 鵜野 伊津志 | 168 | |
| 宇野 収 | 30 | |
| 宇野 高明 | 335 | |
| 宇野 正 | 66 | |
| 鵜野 禎史 | 127 | |
| 鵜野 直美 | 403 | |
| 宇野 英隆 | 417 | |
| 鵜浦 清純 | 345 | |
| 羽畑 修 | 196 | |
| 生方 日出正 | 207 | |
| 生方 正俊 | 246 | |
| 生方製作所 | 22 | |
| 宇部興産 | 90, 116, 185 | |
| 宇部興産機械 | 120 | |
| 馬田 曠之亮 | 205 | |
| 海地 栄 | 550 | |
| 梅垣 俊造 | 369 | |
| 梅木 和博 | 68, 101 | |
| 梅木 信治 | 90 | |
| 梅棹 忠夫 | 497 | |
| 梅崎 正彦 | 420 | |
| 梅澤 麻美 | 441 | |
| 梅津 圭一 | 491 | |
| 梅津 元昌 | 217 | |
| 梅津 靖男 | 377 | |
| 梅津 頼三郎 | 212 | |
| 梅田 敦司 | 343 | |
| 梅田 孝一 | 366 | |
| 梅田 重夫 | 237 | |
| 梅田 敏史 | 248 | |
| 梅田 夏雄 | 87 | |
| 梅田 正志 | 204 | |
| 梅田 三樹男 | 229 | |
| 梅田 望夫 | 197 | |
| 梅田 安治 | 224 | |
| 梅田真空包装 | 21 | |
| 梅野 太輔 | 157 | |
| 梅干 野晁 | 420 | |
| 梅村 晋一郎 | 71 | |
| 梅村 俊和 | 65 | |
| 梅村 魁 | 409, 433 | |
| 梅村 又次 | 4 | |
| 梅村 行男 | 479 | |
| 梅屋 薫 | 38, 52 | |
| 梅谷 与七郎 | 214 | |
| 浦 憲治 | 379 | |
| 浦 良一 | 412 | |
| 浦井 芳洋 | 344 | |
| 浦岡 敬一 | 555 | |
| 浦川 修司 | 214 | |
| 浦川 親直 | 531 | |
| 浦川 嘉子 | 36 | |
| 浦城 晋一 | 203 | |
| 浦口 良範 | 107 | |
| 浦崎 浩平 | 158 | |
| 浦島 竜夫 | 548 | |
| 浦田 厚司 | 550 | |
| 浦田 勇 | 369 | |
| 浦田 進一 | 441 | |
| 浦田 敏昭 | 387 | |
| 浦田 秀夫 | 369 | |
| 浦田 泰弘 | 346 | |
| 浦野 丈治 | 480, 487 | |
| 浦野 聖人 | 512 | |
| 浦野 良美 | 415 | |
| 浦辺 鎮太郎 | 412, 415, 432 | |
| 占部 哲夫 | 103, 182 | |
| 浦本 清弘 | 347 | |
| 浦安市建設部土木課 | 377 | |
| 瓜谷 郁三 | 219 | |
| 漆原 友則 | 344, 346, 348 | |
| 漆山 信夫 | 379 | |
| 漆間 勝徳 | 379 | |
| うるまでるび | 522, 523 | |
| 嬉野 獣次 | 530 | |
| 運輸省第一港湾建設局新潟港湾空港工事事務所 | 380 | |
| 運輸省第一港湾建設局新潟調査設計事務所技術開発課 | 380 | |

## 【え】

| | | |
|---|---|---|
| エー・アイ・エム | 19 | |
| エー・アイ・ソフト | 510 | |
| エアシステム | 143 | |
| エアロバティックジャパンINかくだ2005（第2回） | 578 | |
| エーアンドエー | 321 | |
| AIM開発グループ | 167 | |
| エイ・アイ・シー | 150 | |
| 英映画社 | 558, 563, 565 | |
| エイ・エム・エス | 514 | |
| 栄花 茂 | 244 | |

| | | |
|---|---|---|
| 英弘精機 | 146 | |
| エイサー | 375 | |
| エイズ予防財団 | 564 | |
| 衛星ディジタル放送伝送方式開発グループ | 491 | |
| 映像企画 | 483 | |
| 映像京都 | 448 | |
| 映像同時伝送開発グループ | 485 | |
| HDディジタルVCR協議会 | 490 | |
| 「HDTV高圧縮」研究グループ | 449 | |
| HTVプロジェクトチーム 宇宙航空研究開発機構（JAXA）有人宇宙環境利用ミッション本部 | 165 | |
| HDマラソン番組制作チーム，SmartMUX開発チーム | 493 | |
| 栄通信工業 | 15 | |
| 英田エンジニアリング | 318 | |
| 永東 秀一 | 102 | |
| エイ.ピー.アイ | 310 | |
| エイボンプロダクツ | 7 | |
| エイリアス システムズ | 316 | |
| 永和システムマネジメント | 146 | |
| 江浦 隆 | 172 | |
| エーエム・ピーエム・ジャパン | 8 | |
| 江頭 徹 | 573 | |
| 江頭 年男 | 534 | |
| 江上 典文 | 59 | |
| 江上 美芽 | 165 | |
| 江川 勝則 | 135 | |
| 柄川 索 | 188 | |
| 江川 友治 | 219 | |
| 江川 直樹 | 381 | |
| 江川 実奈子 | 463 | |
| 易 宏治 | 369 | |
| 栄久庵 憲司 | 459 | |
| 江草 周三 | 220 | |
| 江草 安彦 | 467 | |
| エクス・ツールス | 511 | |
| エクスマキナ | 520 | |
| エクゼ | 515 | |
| エクセル | 138, 140, 148 | |
| 江口 荒太 | 82 | |
| 江口 紀久男 | 66, 93 | |
| 江口 清久 | 108 | |
| 江口 憲一 | 551 | |
| 江口 隆夫 | 368 | |
| 江口 健 | 454 | |
| 江口 禎 | 417 | |

えくち

| | | |
|---|---|---|
| 江口 庸雄 | ················· | 215 |
| 江口 尚裕 | ················· | 482 |
| 江口 直哉 | ················· | 199 |
| 江口 弘美 | ················· | 222 |
| 江口 勝 | ············ | 159, 179 |
| 江崎 春雄 | 221, 227, 236, 238 |
| 江崎 利一 | ················· | 25 |
| 江崎 玲於奈 | ················ | 151 |
| 江崎グリコ | ················ | 540 |
| 江刺 正嘉 | ················ | 507 |
| 江刺 正喜 | ················· | 56 |
| 江刺家 建 | ················ | 436 |
| 江沢 郁子 | ················ | 224 |
| エー・ジェー・シー | ···· | 145 |
| エーシーシー | ············· | 330 |
| エスアイアイ・ナノテクノロジー | ················ | 131 |
| エスアイ精工 | ······ | 241, 465 |
| エス・アンド・シー | ···· | 136 |
| エス・エス・アロイ | ···· | 150 |
| エスエスケイ | ············· | 541 |
| エス・エル・ティ・ジャパン | ················ | 138 |
| 江塚 昭典 | ··········· | 220, 227 |
| エスコム | ···················· | 514 |
| SCMシステムサービス | ················ | 444 |
| エース商品開発室 | ······· | 291 |
| エース商品企画開発室 | ···· | 290 |
| エス・ディー・アイ | ···· | 291 |
| エス・ティ・エム エンジニアリング | ················ | 143 |
| エスティ環境設計研究所 | ················ | 320 |
| SDTV2画面伝送装置開発チーム | ················ | 492 |
| エステム | ···················· | 24 |
| 江田 猛 | ················· | 438 |
| 枝元 賢造 | ················ | 423 |
| えちごせきかわ大したもん蛇まつり(第16回) | ····· | 578 |
| エーデルマン，レオナルド M. | ················ | 498 |
| 江戸 英雄 | ············· | 25, 28 |
| 江藤 武比古 | ················ | 367 |
| 江藤 友彦 | ················ | 501 |
| 江藤 源 | ················· | 440 |
| 江藤 守総 | ················ | 220 |
| 衛藤 行孝 | ················ | 529 |
| 江藤 幸寛 | ················ | 333 |
| 絵内 正道 | ················ | 422 |
| 榎並 昭 | ················· | 411 |
| 榎並 和雅 | ················· | 60 |
| 永西 修 | ················· | 214 |
| エニックス | ········· | 515, 517 |

受賞者名索引

| | | |
|---|---|---|
| NEC | ·········· | 174, 277, 278, |
| | 280, 360, 361, 362, 363, 364 |
| NECエレクトロニクス | ··· | 362 |
| NECデザイン | ············· | 313 |
| NECトーキン | ············· | 362 |
| NECビューテクノロジー | ················ | 278 |
| NECライティング | ········· | 322 |
| NHKアイテック | ·········· | 362 |
| NHK映画部 | ········· | 545, 546 |
| NHKエディケーショナル | ················ | 523 |
| NHKエデュケーショナル | ················ | 448 |
| NHK・NHK-ES 月探査衛星「かぐや」ハイビジョンカメラシステム開発グループ | ················ | 449 |
| NHK・NTT 多視点ハイビジョンシステム開発チーム | ················ | 449 |
| NHKエンジニアリングサービス | ······ | 445, 447, 483 |
| NHKエンタープライズ | ····· | 446, 472, 516, 517, 518 |
| NHKエンタープライズ21 | ········ | 447, 448, 520, 523 |
| NHKエンタープライズ21CGルーム | ········ | 523 |
| NHK大阪放送局スキップバックレコーダー開発グループ | ················ | 480 |
| NHK大阪3／4インチVTRクイックスタート開発グループ | ················ | 479 |
| NHKオーロラ撮影技術スタッフ | ················ | 489 |
| NHK画面ゆれ補正装置開発グループ | ················ | 480 |
| NHK緊急放送サポートシステム開発プロジェクト | ················ | 488 |
| NHK熊本 | ················ | 490 |
| NHKクリエイティブ | ······ | 447 |
| NHK建設本部 | ············· | 414 |
| NHK高感度・高画質HARPカメラ開発グループ | ················ | 488 |
| NHKご結婚パレード中継実施プロジェクト | ················ | 489 |
| NHK固体化中波大電力放送機開発グループ | ················ | 488 |
| NHKコンピュータサービス | ················ | 490 |
| NHK札幌放送局技術部制作技術グループ | ················ | 486 |

| | | |
|---|---|---|
| NHKサービスセンター | ················ | 517 |
| NHK試験放送送出・送信グループ | ················ | 447 |
| NHK字幕スーパー自動送出装置開発グループ | ················ | 478 |
| NHKショットビュー・システム開発グループ | ················ | 490 |
| NHK制作技術局字幕スーパーシステム開発グループ | ················ | 488 |
| NHK総合技術研究所 | ····· | 114 |
| NHKソフトウェア | ········· | 518 |
| NHK 地上デジタル放送のACによる緊急地震速報伝送方式開発グループ | ···· | 495 |
| NHKテクニカルサービス | ················ | 490, 521 |
| NHK デジタル放送映像品質監視装置開発チーム | ················ | 450 |
| NHK特集地球大紀行ビデオ特撮グループ | ········· | 487 |
| NHK特集日本列島・夜の海制作技術グループ | ······ | 486 |
| NHK名古屋 | ·············· | 490 |
| NHKハイビジョンカメラ開発グループ | ············ | 447 |
| NHKハイビジョン静止画ファイルシステム開発グループ | ················ | 489 |
| NHKハイビジョンヘリコプター開発チーム | ········ | 449 |
| NHKハイビジョン用ディジタルVTRの開発グループ | ················ | 489 |
| NHK福岡リニアカムG開発プロジェクト | ········· | 490 |
| NHKプロモーション | ····· | 316 |
| NHK放送技術局 | ·········· | 490 |
| NHK放送技術研究所 | ·· | 447, 490 |
| NHKリアルタイムCGと実写映像の合成技術開発グループ | ················ | 489 |
| エヌ・エー・シー | ········· | 138 |
| エヌエフ回路設計ブロック技術部機構設計課 | ··· | 303, 305 |
| エヌエフ計測システム | ···· | 452 |
| エヌエム | ·················· | 147 |
| エヌジェーケー | ·········· | 510 |
| エヌシーネットワーク | ···· | 541 |
| NTT移動通信網 | ······· | 361, 523 |
| エヌ・ティ・ティインテリジェントテクノロジ第四事業部 | ················ | 304 |

600　ビジネス・技術・産業の賞事典

| | | |
|---|---|---|
| エヌ・ティ・ティ エックス ……………… 525 | エビス ……………… 323 | エルム工業企画開発部 …… 296 |
| NTTコミュニケーション科学基礎研究所 ……… 523 | エピックソニー・レコード ……………… 517 | エルム・デザイン ……………300, 309, 319 |
| NTT第二法人営業本部 ……………… 541 | 蝦名 清 ……………… 66 | エレコム ……… 317, 318 |
| NTT中央パーソナル通信網 ……………… 185 | 蝦名 茂 ……………… 248 | エロイカコーポレーション ……………… 142 |
| NTTデータ通信 ……… 510 | 蝦名林業 ……………… 311 | エーワン ……………… 21 |
| NTTドコモ ……… 362, 375 | 海老沼 宏安 ……… 174 | 円角 秀世 ……………… 296 |
| エヌ・ティ・ティ・ドコモ ……… 312, 313 | 蛯原 建三 ……………… 160 | 沿岸環境開発資源利用センター ……………… 122 |
| NTTドコモ 研究開発本部コアネットワーク開発部 ……………… 444 | 海老原 忠夫 ……… 426 | エンコム ……………… 518 |
| | エーピービーカンパニー ……………… 511, 523 | エンジニアリングシステム ……………… 134 |
| NTTラーニングシステムズ ……………… 564 | 愛媛県伊方町 ……… 520 | 円浄 加奈子 ……………… 266 |
| エヌ・デー・ケー・レーザー ……………… 138 | えひめ町並博2004 …… 578 | エンデザイン事務所 …… 292 |
| エヌテック ……………… 22 | エフアイエス ……… 150 | 遠藤 昭信 ……………… 383 |
| エヌ・ワイ・ケイ ……… 268 | FNSグループフジテレビジョン ……………… 446 | 遠藤 章 ……………… 152 |
| ENEOSセルテック … 322, 393 | FM多重放送実用化開発グループ ……………… 488 | 遠藤 哲 ……………… 483 |
| エネルギーアドバンス …… 392 | エフエム東京 …… 575, 576 | 遠藤 勲 ……………… 66 |
| 榎 啓一 ……… 497, 537 | エフエム福岡 ……… 576 | 遠藤 栄治 ……………… 111 |
| 榎 敏男 ……… 453, 454 | エフエム宮崎 ……… 575 | 遠藤 修 ……………… 371 |
| 榎 浩利 ……………… 61 | エフジェイ都市開発 …… 304 | 遠藤 和夫 ……………… 490 |
| 江野窪 文章 ……………… 52 | エプソン販売 …… 284, 286 | 遠藤 桓 ……………… 67 |
| 榎本 勝彦 ……… 403, 404 | エマキ ……………… 122 | 遠藤 邦夫 ……………… 528 |
| 榎本 清孝 ……………… 441 | 江見 俊彦 ……………… 57 | 遠藤 敬悟 ……………… 383 |
| 榎本 昭三 ……………… 132 | エム・アール・システム研究所 ……………… 524 | 遠藤 敬二 ……………… 533 |
| 榎本 新一 ……………… 366 | エム・アンド・エム …… 283 | 遠藤 幸吉 ……………… 529 |
| 榎本 裕治 ……………… 182 | エム・エステクノロジー ……………… 144 | 遠藤 秀平 ……………… 328 |
| 榎本機工 ……………… 137 | | 遠藤 俊三 ……………… 237 |
| 榎本製作所 ……………… 17 | MS方式小型サラウンドマイク開発グループ ……… 493 | 遠藤 真 ……………… 69 |
| 榎本鋳工所 ……………… 451 | エムオーテックス ……… 510 | 遠藤 新太郎 ……………… 475 |
| エバーグリーンインターナショナル ……………… 322 | エムケイ ……………… 8 | 遠藤 泰治 ……………… 232 |
| 江畑 潤 ……… 249, 325 | エム・システム技研 … 18, 320 | 遠藤 孝雄 ……………… 205 |
| 江波戸 厚子 ……………… 163 | エムズ ……………… 148 | 遠藤 孝義 ……………… 369 |
| エバニュー開発部 ……… 290 | エム・ディー・エム …… 522 | 遠藤 拓也 ……………… 58 |
| 江原 薫 ……… 211, 218 | エムティ技研 ……… 146 | 遠藤 忠 ……… 54, 57 |
| 荏原 清 ……………… 502 | MPEG-2 HD素材伝送用超低遅延コーデック開発グループ ……………… 483 | 遠藤 恒雄 ……… 347, 537 |
| 榎原 研正 ……………… 62 | | 遠藤 敏行 ……………… 378 |
| 江原 達彦 ……………… 345 | 江村 順一 ……………… 340 | 遠藤 玄 ……… 188, 189 |
| 荏原 充宏 ……………… 159 | 江村 雅彦 ……………… 349 | 遠藤 浩 ……………… 155 |
| 荏原インフィルコ … 107, 108 | エ・モーション システム ……………… 149 | 遠藤 弘彦 ……………… 370 |
| 荏原インフィルコ「し尿新処理技術開発チーム」 …… 108 | 江本 正和 ……………… 328 | 遠藤 真 ……… 71, 344 |
| 荏原実業 ……………… 140 | 江山 正美 ……………… 229 | 遠藤 正明 ……………… 413 |
| 荏原製作所 ……… 107, | エリオニクス … 136, 144, 145 | 遠藤 正孝 ……………… 531 |
| 116, 119, 185, 276, 360, 389 | 江里口 磨 ……………… 349 | 遠藤 正実 ……………… 99 |
| 荏原製作所エンジニアリング事業本部 ……………… 113 | エルアイ武田 ……… 564 | 円堂 正嘉 ……………… 412 |
| 荏原総合研究所 ……… 108 | エル・エー・ビー ……… 145 | 遠藤 貢 ……………… 439 |
| エビー ……………… 12 | エルグ ……… 310, 311 | 遠藤 弥亜太 ……………… 128 |
| 海老沢 洋一 ……… 479 | エルコー ……………… 17 | 延藤 安弘 ……… 419, 429 |
| | LTTバイオファーマ …… 187 | 遠藤 裕司 ……………… 367 |
| | LVR開発グループ …… 485 | 遠藤 幸雄 ……………… 80 |
| | エルム ……………… 137 | 遠藤 良明 ……………… 366 |
| | | 遠藤 隆 ……………… 217 |
| | | 遠藤秀平建築研究所 …… 282 |
| | | 遠藤2号 ……………… 441 |

| | | |
|---|---|---|
| エンバイオテック・ラボラトリーズ | 142, 147 | |
| エンバイロ・システム | 311 | |
| 塩ビ鋼板会 | 560 | |
| 垣副 文生 | 204 | |

## 【お】

| | |
|---|---|
| 及川 勝成 | 77 |
| 及川 忠雄 | 336 |
| 及川 仁 | 123 |
| 及川 浩 | 481 |
| 及川 陽 | 537 |
| 及川 良一郎 | 208 |
| 及川 渉 | 370 |
| 老川工芸所 | 133 |
| 尾池テック | 147 |
| 笈田 昭 | 239, 241 |
| 笈田 敏文 | 179 |
| オイレス工業 | 10 |
| 王 欣雨 | 157 |
| 王 青躍 | 110 |
| 奥貫 一男 | 151 |
| 桜護謨 | 130 |
| 王子精機工業 | 13 |
| 王子製紙 | 375, 441, 562 |
| 王子製紙栗山林木育種研究所 | 242 |
| 王子製紙工業苫小牧工場 | 82 |
| 王子製紙KK森林資源研究所 | 245 |
| 横井機械工作所 | 140 |
| 旺文社 | 285 |
| 近江中世城跡琵琶湖一周のろし駅伝(第2回) | 578 |
| 近江度量衡 | 240 |
| 近江八幡青年会議所(JC) | 384 |
| 青梅宿アートFes 招き猫たちの青梅宿 | 577 |
| オーエス | 315 |
| オーエスケイ | 510 |
| オー・エス・ピー | 146 |
| オーエックスエンジニアリング | 141 |
| オーエム製作所 | 278 |
| OLF電子銃開発グループ | 486 |
| オー・エル・エム・デジタル 東京大学 五十嵐研究室(藤堂英樹・五十嵐健夫) | 526 |
| 大井 謙一 | 425 |

| | |
|---|---|
| 大井 修一郎 | 87 |
| 大井 淳司 | 575 |
| 大井 進 | 58 |
| 大居 利彦 | 439 |
| 大井 英之 | 182 |
| 大井 康 | 70 |
| 大井 康弘 | 455 |
| 大井川鉄道 | 7 |
| 大池 俊光 | 372 |
| 大石 一芳 | 539 |
| 大石 恵一郎 | 368, 370 |
| 大石 健 | 387 |
| 大石 公之助 | 90 |
| 大石 行理 | 52 |
| 大石 志郎 | 68 |
| 大石 高志 | 329 |
| 大石 忠美 | 402 |
| 大石 啓明 | 255 |
| 大石 泰丈 | 199 |
| 大石 不二夫 | 108 |
| 大石 道夫 | 197 |
| 大石 康夫 | 87 |
| 大石 恭史 | 479 |
| 大石 芳明 | 194 |
| 大泉 謙 | 347 |
| 大泉 周蔵 | 531 |
| 大泉 楯 | 378 |
| 大分エル・エヌ・ジー | 559 |
| 大分県 | 542 |
| 大分国際車いすマラソン大会(第26回) | 579 |
| 大分市 | 517 |
| 大分ニューメディアサービス | 515 |
| 大植 武士 | 26 |
| 大内 将司 | 157 |
| 大内 成志 | 224 |
| 大内 誠三 | 528 |
| 大内 二男 | 409 |
| 大内 庸博 | 261 |
| 大内 日出夫 | 109 |
| 大内 幸夫 | 265 |
| 大内田 直 | 299 |
| 大浦 政弘 | 339 |
| 大浦 好文 | 59 |
| 大江 さやか | 256 |
| 大江 世津子 | 34 |
| 大江 宏 | 410, 433 |
| 大岡 五三実 | 78, 385 |
| 大岡 裕保 | 454 |
| 大岡 侑三 | 125 |
| 大岡技研 | 131, 139 |
| 大賀 晧 | 221 |
| 大鋸 華絵 | 325 |
| 大賀 隆史 | 104 |
| 大賀 典雄 | 26, 28, 29, 47, 448 |

| | |
|---|---|
| 大貝 彰 | 426 |
| 大垣市 | 447 |
| 大金 永治 | 231 |
| 大川 一司 | 216 |
| 大川 秀一 | 161 |
| 大川 敏夫 | 92 |
| 大河 直躬 | 414 |
| 大川 秀郎 | 225 |
| 大川 博 | 25 |
| 大川 雅彦 | 484 |
| 大河原 昭二 | 207 |
| 大川原化工機 | 24 |
| 大川原製作所 | 13, 391 |
| 大木 大介 | 551, 552 |
| 大木 武 | 160 |
| 大木 豊男 | 557 |
| 大木 登 | 94 |
| 大木 久 | 70 |
| 大木 裕子 | 43 |
| 大木 洋三 | 439 |
| 大木 陽平 | 260, 325 |
| 大菊 等 | 207 |
| 大岸 佐吉 | 414 |
| 大北 英太郎 | 208 |
| 大串 秀世 | 59 |
| 大串 正樹 | 39 |
| 大口 進也 | 261, 262 |
| 大口 孝之 | 558 |
| 大久保 和英 | 532 |
| 大久保 啓介 | 56 |
| 大久保 誠二 | 479 |
| 大久保 武 | 332 |
| 大久保 忠旦 | 212 |
| 大久保 忠旦 | 222 |
| 大久保 忠恒 | 84 |
| 大久保 道次郎 | 85 |
| 大久保 博之 | 87 |
| 大久保 匡浩 | 371 |
| 大熊 喜一 | 438 |
| 大熊 信司 | 345 |
| 大熊 長夫 | 539 |
| 大熊 喜夫 | 419 |
| 大熊 俊之 | 439 |
| 大熊 学 | 188 |
| 大隈 美佳 | 405 |
| 大熊 幹章 | 223 |
| 大熊 喜邦 | 408 |
| 大隈鉄工所 | 114, 133, 183 |
| 大隈豊和機械 | 278 |
| 大倉 三郎 | 410 |
| 大倉 淳平 | 532 |
| 大蔵財務協会 | 41 |
| 大黒 竹司 | 85 |
| 大黒 達也 | 129, 171 |
| 大黒 将弘 | 161 |
| 大桑 政幸 | 347, 348 |

| | | | | | |
|---|---|---|---|---|---|
| 大河内　一雄 | 170 | 大阪府企業局宅地開発技術部門 | 413 | 大島　久次 | 410 |
| 大河内　勝司 | 429 | 大阪府公害防止計画プロジェクトチーム | 106 | 大島　安安 | 58 |
| 大河内　智 | 372 | | | 大島　真 | 91 |
| 大河内　信雄 | 403 | 大阪府産業デザインセンター | 282 | 大島　光昭 | 212 |
| 大越　明男 | 88 | | | 大島　恵 | 335 |
| 大越　孝敬 | 484, 496 | 大阪富士工業 | 296 | 大島　康次郎 | 83 |
| 大越　直樹 | 156 | 大阪府新環境計画プロジェクトチーム | 107 | 大島　康義 | 217 |
| 大越　春喜 | 69 | | | 大島　祐一 | 73 |
| 大越　秀雄 | 454 | 大阪府メタン発酵研究委員会 | 108 | 大嶋　律也 | 195 |
| 大小島　嘉一 | 546 | | | 大慈彌　雅弘 | 180 |
| 大坂　次郎 | 94 | 大阪変圧器 | 92 | 大城　健三 | 377 |
| 大阪営林局「大阪式リモコンチェンソー架台」プロジェクトチーム | 207 | 大阪ラセン管工業 | 148 | 大城　俊一 | 534 |
| | | 大崎　純 | 429 | 大城　毅彦 | 58 |
| | | 大崎　千恵子 | 251 | 大城　義孝 | 340 |
| 大阪ガス | 7, 108, 109, 186, 284, 357, 388, 391, 392, 393, 540 | 大崎　剛 | 92 | 大須賀　一夫 | 489 |
| | | 大崎　安二 | 530 | 大須賀　和夫 | 487 |
| | | 大﨑　恭紀 | 102 | 大須賀　二朗 | 334 |
| 大阪ガスエンジニアリング | 108 | 大崎　順彦 | 410, 433 | 大須賀　直 | 67 |
| 大阪経済大学中小企業経営研究所 | 40 | 大迫　勝彦 | 125 | 大須賀　立美 | 98 |
| | | 大迫　忍 | 27 | 大杉　泰夫 | 371 |
| 大阪市 | 514 | 大迫　元雄 | 210 | 大杉　義征 | 181 |
| 大阪市教育振興公社 | 281 | 大迫　友紀 | 405 | 大洲市 | 429 |
| 大阪市建設局 | 109 | 大澤　昭彦 | 378 | 大角　明 | 67 |
| 大阪市住宅局営繕部 | 429 | 大沢　修 | 369 | 大隅　角治 | 66 |
| 大阪市中央公会堂 | 429 | 大沢　一衛 | 215 | 大住　克博 | 235 |
| 大阪市中央公会堂保存・再生プロジェクト技術検討会 | 429 | 大沢　克幸 | 338 | 大隅　研治 | 59 |
| | | 大沢　暉男 | 552 | 大隅　典子 | 164 |
| | | 大沢　尚之 | 108 | 大角　雅之 | 304 |
| 大阪自動機製作所 | 15 | 大沢　秀直 | 250 | 大住　裕一 | 442 |
| 大阪市都市型産業振興センター・ソフト産業プラザ・イメディオ | 543 | 大沢　秀行 | 410, 533 | 大角　雄三 | 326, 424 |
| | | 大沢　弘 | 413 | 大関　博 | 334 |
| | | 大沢　博二 | 535 | 大迫　修三 | 461 |
| 大阪市都市再開発局 | 413 | 大沢　正男 | 436 | 太田　明 | 209 |
| 大阪市の街頭ゴミ容器の計画と都市美の推進に貢献した人々 | 459 | 大沢　正敬 | 340 | 太田　淳朗 | 341 |
| | | 大沢　胖 | 413 | 太田　伊久雄 | 233 |
| | | 大治　朋子 | 507 | 太田　一郎 | 40, 41 |
| 大阪ジャッキ製作所 | 116 | 大治　将典 | 324 | 太田　栄三 | 529 |
| 大阪市立環境科学研究所衛生工学課 | 107 | 大路　靖司 | 462 | 太田　和夫 | 412 |
| | | 大下　和徹 | 162 | 太田　一樹 | 43 |
| 大阪真空化学 | 141 | 大下　勝二 | 303 | 太田　一成 | 98 |
| 大阪真空機器製作所 | 10 | 大下　孝裕 | 102 | 太田　潔 | 305 |
| 大阪新聞社 | 520 | 大下　武志 | 125 | 太田　邦夫 | 418 |
| 大阪大学基礎工学部情報工学科 | 358 | 大嶋　顕幸 | 232 | 太田　幸治 | 80 |
| | | 大島　格 | 216 | 大田　光思 | 54 |
| 大阪大学工学部笹田研究室 | 515 | 大島　寛司 | 264, 573 | 太田　定雄 | 95 |
| | | 大嶋　邦雄 | 70 | 太田　成夫 | 83 |
| 大阪大学産業科学研究所川合研究室 | 564 | 大島　健司 | 435 | 太田　重良 | 206 |
| | | 大島　捷一 | 205 | 太田　実born | 159 |
| 大阪大学出版会 | 42 | 大島　襄二 | 203 | 太田　充恒 | 111 |
| 大阪ダイヤモンド工業 | 117 | 大島　伸司 | 264 | 太田　淳 | 67 |
| 大阪チタニウム製造 | 85 | 大島　健夫 | 238 | 太田　進一 | 41 |
| 大阪電気 | 87, 133 | 大島　紹郎 | 245 | 太田　進深 | 570 |
| 大阪電気通信大学 | 320 | 大島　豊樹 | 306, 403 | 太田　資良 | 439 |
| 大阪西川 | 315 | 大島　渚 | 448 | 太田　誠一 | 233 |
| | | 大島　信行 | 220, 227 | 太田　清文 | 58 |
| | | | | 太田　静六 | 409 |

| | | | | | |
|---|---|---|---|---|---|
| 太田 隆俊 | 574 | 大津 武通 | 85 | 大友 克洋 | 523 |
| 太田 隆信 | 413 | 大津 常五郎 | 535 | 大友 信也 | 92, 95 |
| 太田 岳二 | 575 | 大津 久幸 | 570 | 大友 実 | 535 |
| 太田 唯男 | 89 | 大津 元一 | 76, 198 | 大友 隆次 | 479, 553 |
| 太田 利彦 | 414 | 大塚 公 | 74 | 大友製作所 | 481 |
| 太田 豊彦 | 91 | 大塚 一郎 | 54 | 大苗 敦 | 457 |
| 太田 信之 | 82 | 大塚 英二 | 89 | 大仲 英巳 | 177 |
| 太田 昇 | 230, 244 | 大塚 和男 | 337 | 大西 勲 | 218 |
| 太田 憲雄 | 199 | 大塚 和久 | 368 | 大西 勇 | 105 |
| 太田 肇 | 42 | 大塚 寛治 | 240 | 大西 一孝 | 489 |
| 太田 久広 | 529 | 大塚 公輝 | 66, 367 | 大西 和則 | 480 |
| 太田 浩雄 | 381 | 大塚 健司 | 68, 251 | 大西 和彦 | 438 |
| 太田 博雄 | 519 | 大塚 茂夫 | 472, 573 | 大西 国太郎 | 416 |
| 太田 浩 | 170 | 大塚 繁充 | 127 | 大西 献 | 188 |
| 太田 博太郎 | 409, 412, 433 | 大塚 二郎 | 54, 72 | 大西 修吉 | 530 |
| 太田 福二 | 55 | 大塚 孝 | 135 | 大西 脩嗣 | 367 |
| 太田 房子 | 252 | 大塚 董 | 528 | 大西 俊輔 | 90 |
| 太田 正規 | 123 | 大塚 俊哉 | 173 | 大西 武夫 | 530 |
| 太田 実 | 412 | 大塚 英典 | 377 | 大西 武 | 252, 389 |
| 大田 康博 | 43 | 大塚 宏 | 56 | 大西 利美 | 341 |
| 太田 雄三 | 377 | 大塚 雅生 | 72 | 大西 豊一 | 66 |
| 太田 洋一郎 | 384 | 大束 正之 | 7 | 大西 長利 | 402 |
| 太田 好紀 | 135 | 大塚 宗元 | 40 | 大西 典子 | 188 |
| 太田 佳孝 | 351 | 大塚 康夫 | 387, 392 | 大西 徳幸 | 161 |
| 大高 一雄 | 153 | 大塚 康弘 | 470 | 大西 宏 | 80 |
| 大高 豊史 | 105 | 大塚 裕司 | 47 | 大西 真樹 | 178 |
| 大高 秀樹 | 341 | 大塚 豊 | 574 | 大西 昌澄 | 368 |
| 大高 正人 | 413 | 大塚 玲奈 | 37 | 大西 正輝 | 192 |
| 太田垣 士郎 | 29 | 大塚家具工業 | 435 | 大西 正之 | 98 |
| 大高建築設計事務所 | 415 | 大塚鉄工 | 277 | 大西 勝 | 66 |
| 大滝 克治 | 367 | 大槻 明 | 126 | 大西 陽子 | 261 |
| 大岳 了 | 214 | 大月 惇 | 110 | 大西 良慶 | 466 |
| 大竹 潤一郎 | 471, 493 | 大槻 完勝 | 513 | 大貫 卓也 | 461 |
| 大岳 孝夫 | 54 | 大槻 純男 | 162 | 大貫 真史 | 253 |
| 大竹 伸彦 | 181 | 大槻 正 | 175, 190 | 大沼 匡之 | 220 |
| 大竹 文雄 | 5 | 大月 晴樹 | 239 | 大沼 淳 | 27 |
| 大竹 政雄 | 530 | 大槻 均 | 110 | 大沼 伯史 | 39 |
| 大武 美保子 | 190 | 大槻 博 | 135 | 大沼 英人 | 177 |
| 大竹 洋司 | 77 | 大槻 文平 | 30 | 大沼 寛 | 369 |
| 大竹製作所 | 240 | 大槻 正男 | 226 | 大野 愛二 | 333 |
| 大建 直人 | 441 | 大槻 康雄 | 126 | 大野 晃 | 75 |
| 大谷 幸夫 | 417, 433 | 大坪 和彦 | 67 | 大野 家建 | 133 |
| 大谷 昌次 | 530 | 大坪 潤一郎 | 98 | 大野 和男 | 409 |
| 大谷 貴子 | 468 | 大坪 利勝 | 388 | 大野 和則 | 192 |
| 大谷 忠彦 | 335 | 大坪 晴夫 | 135 | 大野 勝彦 | 91 |
| 大谷 昇 | 182 | 大坪 文雄 | 27, 48 | 大野 煥平 | 530 |
| 大谷 元 | 225 | 大坪 泰 | 270, 327, 328 | 大野 恭秀 | 57 |
| 大谷 秀映 | 522 | 大坪 寛 | 70 | 大野 清隆 | 97 |
| 大谷 弘明 | 427 | 大坪 靖彦 | 370 | 大野 健一 | 5 |
| 大谷 吉雄 | 533 | 大鶴 徹 | 431 | 大野 健三 | 554 |
| 大谷 義則 | 125 | 大手町・丸の内・有楽町地区再開発計画推進協議会 | 406 | 大野 二郎 | 327 |
| 大谷 隆二 | 239 | 大輝 精一 | 501 | 大野 真也 | 202 |
| 大地 昭生 | 95 | 大戸 祐輔 | 204 | 大野 耐一 | 335 |
| 大津 幸四郎 | 556, 557 | 大年 浩太 | 73 | 大野 隆司 | 425 |
| 大津 茂 | 379 | 大歳 寛 | 532 | 大野 堯 | 93 |
| 大津 昭一郎 | 203 | | | 大野 丈博 | 368 |

| | | |
|---|---|---|
| 大野 映彦 …………… 550 | 大鉢 次郎 …………… 347 | 大村 俊郎 …………… 479 |
| 大野 敏夫 …………… 368 | 大浜 嘉彦 …………… 422 | 大村 尚雄 …………… 528 |
| 大野 信夫 …………… 92 | 大林 辰蔵 …………… 151 | 大村 泰弘 …………… 179 |
| 大野 久男 …………… 546 | 大林 久 ……………… 112 | 大村 幸弘 …………… 196 |
| 大野 秀敏 …………… 328 | 大林 正樹 …………… 207 | 大村 吉幸 …………… 192 |
| 大野 弘志 …………… 181 | 大林・鹿島・銭高・竹中土木・ | 大桃 洋祐 …………… 254 |
| 大野 浩 ……………… 377 | アイサワ共同企業体 …… 561 | 大森 健二 …………… 413 |
| 大野 洋 ……………… 548 | 大林組 ……… 119, 121, 122, | 大森 公平 …………… 550 |
| 大野 博重 …………… 200 | 171, 268, 301, 311, 315, 412, | 大森 繁 ……………… 160 |
| 大野 博之 …………… 337 | 414, 425, 517, 523, 524, 562 | 大森 静雄 …………… 481 |
| 大野 文也 …………… 382 | 大林組桜宮リバーシティ・ウ | 大森 常良 …………… 227 |
| 大野 政夫 ……… 479, 486 | ォータータワープラザ建設 | 大森 俊洋 …………… 64 |
| 大野 雅史 …………… 336 | プロジェクトチーム …… 421 | 大森 暢之 …………… 41 |
| 大野 稔 ……………… 52 | 大林組マルチメディアスタジ | 大森 敬朗 …………… 346 |
| 大野 美代子 …… 377, 378, 384 | オ …………………… 522 | 大森 尚 ……………… 97 |
| 大野 恵通 …………… 537 | 大林組神戸支店 ………… 382 | 大森 秀樹 …………… 100 |
| 大野 義尚 …………… 52 | 大林道路 ……………… 121 | 大森 整 …………… 62, 98 |
| 大軒 順三 …………… 502 | 大原 一男 …………… 331 | 大守 坦 ……………… 532 |
| 大場 修 ……………… 428 | 大原 儀作 …………… 85 | 大森 博司 …………… 426 |
| 大場 和博 …………… 156 | 大原 邦夫 …………… 384 | 大森機械工業 ……… 19, 133 |
| 大庭 喜八郎 …… 231, 243 | 大原 経昌 …………… 177 | 大矢 治郎作 ………… 528 |
| 大場 貞義 …………… 135 | 大原 敏夫 …………… 340 | 大屋 晋三 …………… 25 |
| 大庭 さち子 ………… 519 | 大原 久友 …………… 211 | 大矢 晴一 …………… 532 |
| 大場 俊 ……………… 572 | 大原 文夫 …………… 535 | 大屋 哲男 …………… 526 |
| 大場 祥平 …………… 405 | 大東 俊一 …………… 335 | 大谷 俊樹 …………… 195 |
| 大庭 成一 ………… 53, 475 | 大平 昭夫 …………… 538 | 大屋 智資 …………… 182 |
| 大場 つぐみ ………… 526 | 大平 憲司 …………… 92 | 大矢 雄一郎 ………… 56 |
| 大庭 秀洋 …………… 343 | 大平 滋彦 …………… 268 | 大谷 渡 ……………… 182 |
| 大庭 弘之 …………… 473 | 大平 貴之 …………… 44 | 大谷内 哲也 ………… 44 |
| 大場 允忠 …………… 46 | 大平 寿昭 …………… 336 | 大八木 智仁 ………… 155 |
| 大庭 吉裕 …………… 347 | 大平 俊行 …………… 63 | 大八木建設 …………… 327 |
| 大場 良次 …………… 58 | 大平 博文 …………… 111 | 大山 寛治 …………… 372 |
| 大橋 章博 …………… 210 | 大平 峰子 …………… 246 | 大山 幸三 …………… 437 |
| 大橋 明 ……………… 369 | 大船渡・かがり火まつり | 大山 巧 ……………… 429 |
| 大橋 薫 ……………… 337 | ……………………… 577 | 大山 昇 ……………… 535 |
| 大橋 恭一 …………… 109 | 大星 公二 ……… 27, 29, 537 | 大山 洋志 …………… 127 |
| 大橋 さとみ ………… 260 | 大堀 和子 …………… 36 | 大山 文兄 …………… 507 |
| 大橋 高明 …………… 95 | 大前 和美 ……… 548, 550 | 大山 泰弘 ………… 32, 45 |
| 大橋 正 ………… 458, 459 | 大政 謙次 …………… 226 | 大山 宜茂 ……… 66, 333 |
| 大橋 忠彦 …………… 265 | 大政 正隆 …………… 216 | 大山ブロー工業 ……… 18 |
| 大橋 鉄矢 …………… 549 | 大政 龍晋 …………… 452 | 大類 清和 …………… 233 |
| 大橋 延共 …………… 91 | 大松 繁 ……………… 60 | 大類 洋 ……………… 225 |
| 大橋 秀俊 …………… 111 | 大纒 英夫 …………… 478 | 大輪 堅一 …………… 540 |
| 大橋 秀幸 …………… 67 | 近江 隆 ……………… 422 | 大脇 大 ……………… 195 |
| 大橋 弘通 …………… 95 | 大見 忠弘 … 54, 65, 75, 96, 99 | 大和田 貞雄 ………… 538 |
| 大橋 正昭 ……… 341, 366 | 大見謝 辰男 ………… 111 | 大和田 哲男 ………… 407 |
| 大橋 正彦 …………… 40 | 大道 武生 …………… 188 | 大和田 仁 …………… 155 |
| 大橋 宗松 …………… 537 | 大宮 公平 …………… 475 | 大和田 浩 …………… 530 |
| 大橋 泰雄 …………… 94 | 大宮 久 ……………… 47 | 大和田 優 …………… 347 |
| 大橋 保夫 …………… 370 | 大宮 秀雄 …………… 300 | 大渡 章夫 …………… 172 |
| 大橋 裕二 …………… 76 | 大向 貢 ……………… 402 | 岡 賢一郎 …………… 66 |
| 大橋 幸雄 …………… 537 | 大向 稔 ……………… 403 | 岡 茂範 ……………… 105 |
| 大橋 陽山 …………… 253 | 大村 一史 …………… 462 | 岡 襄二 ………… 437, 439 |
| 大橋 洋治 …………… 27 | 大村 社治 …………… 439 | 岡 知生 ……………… 348 |
| 大畠 明 ……………… 346 | 大村 清治 …………… 338 | 岡 彦一 ……………… 218 |
| 大波多 一彦 ………… 89 | 大村 武 ……………… 548 | 岡 久雄 ……………… 53 |

| | | | | | |
|---|---|---|---|---|---|
| 岡 美智雄 | 199 | 岡田 玖美 | 249 | 岡田 勇彦 | 162 |
| 岡 裕 | 534 | 岡田 敬一 | 126 | 岡田 幸生 | 441 |
| 小粥 将直 | 462 | 岡田 健治 | 336 | 岡田 行雄 | 336 |
| 岡井 弥三郎 | 528 | 緒方 健二 | 338 | 岡田 豊 | 385 |
| 岡市 友利 | 222 | 緒方 研二 | 531 | 岡田 裕 | 470, 557 |
| 小笠 隆夫 | 215 | 緒方 浩一 | 219 | 緒方 義孝 | 388 |
| 岡崎 昭仁 | 344 | 岡田 光正 | 412 | 岡田 良仁 | 208 |
| 岡崎 充穂 | 95 | 緒方 貞子 | 30 | 岡田 吉美 | 227 |
| 岡崎 功 | 195 | 岡田 哲 | 54 | 岡田 良平 | 104 |
| 岡崎 一也 | 349 | 岡田 哲史 | 430 | 岡地 宏明 | 327 |
| 岡崎 嘉平太 | 30 | 岡田 滋 | 244 | 岡庭 慶次 | 84 |
| 岡崎 健 | 391 | 岡田 修二 | 161 | 岡野 章 | 537 |
| 岡崎 甚幸 | 423 | 岡田 純一 | 476 | 岡野 金平 | 85 |
| 岡崎 静夫 | 55, 99 | 緒方 俊治 | 92 | 岡野 孝作 | 57 |
| 岡崎 俊二 | 370 | 尾形 昭逸 | 212 | 岡野 正 | 437 |
| 岡崎 清治 | 367 | 岡田 新一 | 415 | 岡野 光夫 | 129 |
| 岡崎 他家蔵 | 369 | 緒形 慎一郎 | 471 | 岡野 雅行 | 44 |
| 岡崎 敏行 | 301 | 岡田 征二 | 367 | 岡野 素之 | 125 |
| 岡崎 友亮 | 453 | 岡田 誠二 | 343 | 岡野バルブ製造 | 356 |
| 岡崎 智弘 | 251 | 岡田 千里 | 366 | 岡林 昭利 | 367 |
| 岡崎 英彦 | 467 | 岡田 喬 | 175 | 岡林 繁 | 337 |
| 岡崎 稔 | 453 | 岡田 高光 | 487 | 岡久 拓司 | 102 |
| 岡崎 勇二 | 205 | 岡田 卓也 | 47 | 岡部 顕史 | 345 |
| 岡崎 慶明 | 269 | 岡田 拓也 | 373 | 岡部 徹 | 63 |
| 岡崎マルサン | 13 | 岡田 竹司 | 92 | 岡部 年定 | 536 |
| 小笠原 武夫 | 312, 332 | 岡田 忠昭 | 537 | 岡部 豊比古 | 84 |
| 小笠原 武雄 | 306 | 岡田 正 | 332 | 岡部 憲明 | 377, 421 |
| 小笠原 俊英 | 483 | 岡田 民雄 | 370, 455 | 岡部 弘 | 9 |
| 小笠原 英夫 | 539 | 岡田 恒男 | 416, 434 | 岡部 正幸 | 479 |
| 小笠原 宏臣 | 290 | 岡田 哲一 | 124 | 岡部 裕介 | 441 |
| 小笠原 安吉 | 436 | 緒方 稔泰 | 380, 383 | 岡部 洋一 | 56 |
| 小笠原 洋一 | 557 | 岡田 直紀 | 474 | 岡部 義雄 | 85 |
| 小笠原 陸兆 | 404 | 岡田 尚子 | 253 | 岡部 好伸 | 382 |
| 岡島 敬一 | 263 | 岡田 斉夫 | 109 | 岡方 義則 | 367 |
| 岡島 泰三 | 55 | 緒方 信昭 | 574 | 岡松 真之 | 416 |
| 岡島 達雄 | 419 | 岡田 信近 | 334 | 岡見 雄二 | 98 |
| 岡島 はなを | 467 | 岡田 登 | 372 | 岡村 一弘 | 105 |
| 岡島 博司 | 368 | 岡田 憲明 | 252 | 岡村 一夫 | 83 |
| 岡島 光正 | 352 | 岡田 典弘 | 153 | 岡村 和夫 | 125 |
| 岡島パイプ製作所 | 22 | 岡田 首 | 53 | 岡村 和典 | 327, 328 |
| 岡田 明之 | 57 | 緒方 一 | 57 | 岡村 健司 | 100 |
| 岡田 明 | 54 | 岡田 博美 | 53 | 岡村 仁 | 383 |
| 尾形 敦 | 162 | 緒方 広已 | 335 | 岡村 進 | 531 |
| 岡田 勇 | 435 | 緒形 博之 | 221 | 岡村 孝巳 | 368 |
| 緒方 勇 | 205 | 尾形 文弘 | 173 | 岡村 正 | 70 |
| 岡田 治 | 387 | 小形 文麿 | 94 | 岡村 保 | 215 |
| 岡田 一男 | 553 | 岡田 政信 | 72 | 岡村 哲夫 | 536 |
| 小方 和夫 | 92 | 岡田 昌史 | 191 | 岡村 俊民 | 238, 239 |
| 岡田 一天 | 377, 378, 381 | 岡田 優 | 206 | 岡村 智之 | 480, 492, 493 |
| 岡田 一範 | 101 | 尾形 勝 | 193 | 岡村 甫 | 172 |
| 岡田 克人 | 106 | 岡田 益己 | 225 | 岡村 広正 | 338 |
| 岡田 完二郎 | 25 | 尾形 学 | 220 | 岡村 政則 | 246 |
| 岡田 恭一 | 530 | 岡田 実 | 529 | 岡村 晶義 | 379 |
| 岡田 恭平 | 413 | 岡田 稔 | 60 | 岡村 正愛 | 159 |
| 岡田 清 | 537 | 緒方 靖 | 549 | 岡村 廸夫 | 178 |
| 岡田 清孝 | 479 | 岡田 保典 | 76 | 岡村製作所 | 312, 321 |

岡村製作所インダストリアル
　デザイン部 … 291, 293, 294
岡村製作所製品デザイン部
　………………… 301, 303
岡村製作所マーケティング本
　部オフィス製品部 …… 282
岡室 健 ………………… 350
岡室 博之 ………………… 43
岡本 昭夫 ……………… 135
岡本 勲夫 ………………… 93
岡本 倚 ………………… 536
岡本 健一 ……………… 545
岡本 健一（毎日新聞）… 502
岡本 謙治 …………… 347, 348
岡本 功一 ……………… 105
岡本 行二 ………………… 87
岡本 正吾 ……………… 195
岡本 彰祐 ………………… 86
岡本 伸 ………………… 418
岡本 伸一 ……………… 193
岡本 伸一（ソニー） … 175
岡本 信吾 ……………… 437
岡本 壮史 ……………… 344
岡本 剛 ………………… 151
岡本 龍明 ……………… 175
岡本 辰美 ………………… 83
岡本 嗣男 ……………… 241
岡本 毅 ………………… 452
岡本 知久 ……………… 523
岡本 憲昭 ……………… 373
岡本 寛 ………………… 369
岡本 浩周 ……………… 574
岡本 正英 ……………… 111
岡元 雅義 ……………… 343
岡本 幹彦 …………… 469, 556
岡本 裕 ……………… 340, 342
岡本 陽 ………………… 192
岡本 義信 ……………… 491
岡本 好弘 ……………… 366
岡本 義行 ………………… 42
岡本硝子 …………… 21, 139
岡本製作所 …………… 300
岡本太郎記念現代芸術振興
　財団 …………………… 407
鍋谷 正喜 ……………… 65
岡安 崇史 ……………… 240
岡山 栄 ………………… 367
岡山県 …………………… 541
岡山弁はええもんじゃ〜こと
　ばの祭り・建部（第5回）
　…………………………… 578
小川 晃 ………………… 534
小川 篤生 ……………… 176
小川 磐 …………… 435, 436
小川 衛介 ……………… 372
小川 王幸 ……………… 343

小川 薫 ………………… 441
小川 一夫 ……………… 5, 43
小川 一樹 ………………… 52
小川 一文 ………………… 79
小川 克明 ……………… 173
小川 勝也 ……………… 105
小川 潔 ………………… 84
小川 賢 ………………… 345
小川 厚治 ……………… 425
小川 幸治 ………………… 56
小川 諭 ………………… 489
小川 淳 ………………… 369
小川 昭三 ………………… 53
小川 四郎 ……………… 152
小川 二郎 ……………… 211
小川 晋策 ………………… 88
小川 清一 ……………… 422
小川 忠男 ……………… 342
小川 忠 ………………… 85
小川 忠彦 ………………… 81
小河 利行 ……………… 426
小河 俊朗 ……………… 347
小川 智也 ………………… 93
尾川 順三 ……………… 193
小川 伸夫 ……………… 537
小川 信夫 ……………… 470
小川 久男 ……………… 437
小川 秀明 ……………… 512
小川 英夫 ……………… 109
小川 英之 ……………… 348
小川 裕秀 ………………… 87
小川 富美夫 …………… 472
小川 真 ………………… 231
小川 雅規 ……………… 344
小川 雅人 ………………… 43
小川 昌伸 ……………… 191
小川 正博 …………… 41, 42
小川 満 ………………… 179
小川 雄一 ……………… 406
小川 幸男 ………………… 52
小川 豊 ………………… 204
小川 芳雄 ……………… 387
小川 嘉彦 ……………… 108
小川 朗二 ……………… 111
小川プロ録音部 ……… 549
小河原 俊樹 …………… 453
小城 隆博 ……………… 346
小木 知子 ………… 109, 390
沖 守 …………………… 347
隠岐 保博 ………… 67, 101
荻上 勝己 ………………… 58
オキサイド ……………… 143
荻須 一致 ……………… 125
小木曽 定彰 …………… 410
小木曽 聡 ………………… 68
沖田 幸佑 ……………… 532

置田 宏 ………………… 435
沖津 時造 ……………… 534
沖津 俊夫 ……………… 366
オキツモ ………………… 21
沖デジタルイメージング
　………………………… 131
沖データ ……………… 131
沖電気工業 …………… 114,
　　　133, 174, 184, 355, 446
沖縄開発庁沖縄総合事務局
　開発建設部 ………… 423
沖縄瓦斯 ……………… 444
沖縄県 ………………… 560
沖縄県小児保健協会 … 282
沖縄総合事務局南部国道事
　務所 ………………… 378
沖縄タイムス社 …… 506, 507
沖縄タイムス社編集局 … 500
沖縄デジタルアーカイブ
　『Wonder沖縄』プロジェ
　クトチーム …………… 525
沖野 勝 ………………… 380
沖野 修平 ………………… 81
沖野 孝之 ………………… 69
荻野 正樹 ……………… 195
荻野 正規 ………………… 65
荻野 雅弘 ……………… 301
沖野 芳弘 ……………… 198
荻原 貞夫 ……………… 216
荻原 俊男 ……………… 366
荻原製作所 …………… 452
荻原鉄工所 ……………… 16
沖北陸システム開発 … 511
興松 英昭 ………………… 77
沖村 志宏 ……………… 558
荻原 光彦 ……………… 181
荻原 行正 …………… 427, 430
奥 寛雅 ………………… 195
奥 智治 ………………… 103
奥 八郎 ………………… 222
奥井 敦 …………… 473, 557
奥井 斎松 ……………… 529
奥井 四良 ……………… 332
奥井 宏幸 ……………… 524
奥泉 遊 ………………… 251
小串 続 ………………… 529
奥島 敢 ………………… 58
奥島 基裕 ………………… 71
小楠 千早 ……………… 485
オーク製作所 ………… 140
オクソー・インターナショナ
　ル ……………… 317, 319
奥田 東 ………………… 218
奥田 一夫 ……………… 173
奥田 孝一 ……………… 529
奥田 紗知子 …………… 346

| | | | | | |
|---|---|---|---|---|---|
| 奥田 直子 | 257 | 小椋 敏彦 | 176 | 小澤 直行 | 471 |
| 奥田 教幸 | 86 | 小倉 敏之 | 100 | 小沢 春雄 | 533 |
| 奥田 仁 | 491 | 小倉 紀雄 | 108 | 小澤 正史 | 369 |
| 奥田 碩 | 27, 30 | 小倉 昌男 | 7, 26, 30, 47 | 小沢 義夫 | 99 |
| 奥平 雅士 | 193 | 小椋 正巳 | 111, 177 | 小沢 良子 | 51 |
| をくだ屋技研 | 16 | 小倉 靖弘 | 111 | 小澤 芳裕 | 346 |
| オクダソカベ | 19 | 小倉 善明 | 417, 424 | 押井 守 | 521, 525 |
| 奥谷 健一郎 | 370 | 小倉 理都子 | 256 | 押尾 賢治 | 531 |
| 小口 勝彦 | 490 | オークラ輸送機 | 11 | 小塩 智也 | 327 |
| 小口 弘夫 | 537 | 小栗 正満 | 412 | オージーケーカブト | 282 |
| 奥地の海のカーニバル（第25回） | 579 | 小栗 康生 | 55 | 尾下 里治 | 383 |
| 奥根 真次郎 | 371 | 小黒 啓介 | 61 | 押谷 政彦 | 70 |
| 奥野 晃康 | 70 | 小合 英夫 | 535 | 押谷 洋 | 349 |
| 奥野 健男 | 82 | 生越 明 | 225 | 忍足 俊一 | 68 |
| 奥野 保男 | 91 | 生越 英雅 | 127 | 押野 康夫 | 335, 337 |
| 奥野 恭史 | 64 | 小此木 格 | 65 | 押野見 邦英 | 297 |
| 奥野製薬工業 | 17 | 苧阪 崇二 | 301 | 尾島 俊雄 | 180, 414, 434 |
| 奥原 捷晃 | 386 | オーサカID | 307 | 尾嶋 平次郎 | 369 |
| 奥原 しんこ | 330 | 尾崎 明夫 | 175 | 小嶋 稔 | 152 |
| 奥原 博嘉 | 403 | 尾崎 明仁 | 430 | オーシマ・デザイン設計 | 315 |
| 奥間 邦子 | 36 | 尾崎 作太郎 | 529 | 小津 厚二郎 | 89 |
| 小熊 透 | 480, 481, 491 | 尾崎 佐和子 | 406 | オスカー工業 | 451 |
| 小熊 光晴 | 345 | 尾崎 信也 | 491 | 小瀬 洋喜 | 108 |
| 小熊 善明 | 378 | 尾崎 武秀 | 256 | 尾関 幸男 | 228 |
| オークマ | 276, 278, 280, 362, 363, 364 | 尾崎 紀男 | 331 | 小関 利雄 | 90 |
| | | 尾崎 知良 | 90 | 小瀬古 久秋 | 99 |
| 奥村 明俊 | 161 | 尾崎 信彦 | 367 | 小田 明日佳 | 352 |
| 奥村 絵美 | 257 | 尾崎 真理 | 378 | 織田 和宏 | 371 |
| 奥村 勝弥 | 92 | 尾崎 義一 | 565 | 織田 静香 | 34 |
| 奥村 喜和男 | 528 | 尾埼 義正 | 367 | 小田 庄市 | 529 |
| 奥村 健二 | 341 | 小笹 健仁 | 63 | 織田 隆 | 533 |
| 奥村 幸明 | 132 | 小笹 俊博 | 335 | 小田 隆之 | 160 |
| 奥村 重喜 | 479, 570 | 小笹 博昭 | 171 | 小田 哲治 | 58 |
| 奥村 俊慈 | 328 | 長田 惠一 | 195 | 小田 哲也 | 112 |
| 奥村 治郎 | 569 | 長田 謙蔵 | 403 | 小田 直樹 | 73 |
| 奥村 拓洋 | 348 | 長田 修一郎 | 537 | 小田 仲彬 | 84 |
| 奥村 忠男 | 533 | 長田 晨一郎 | 500 | 小田 信行 | 342, 369 |
| 奥村 正 | 371 | 長田 正至 | 420 | 小田 博之 | 336 |
| 奥村 綱雄 | 25 | 長田 太一郎 | 528 | 織田 博之 | 205 |
| 奥村 知衛 | 534 | 長田 直樹 | 371 | 小田 真紀子 | 256 |
| 奥村 治彦 | 71 | 長田 尚理 | 105 | 小田 光茂 | 188 |
| 奥村 実 | 61 | 長田 一己 | 377 | 小田 稔 | 151 |
| 奥村 靖子 | 328 | オサチ | 131 | 小田 洋二 | 370 |
| 奥村 祐治 | 547, 548 | 小山内 昭三 | 535 | 小高 健太郎 | 182 |
| 奥村組 | 122, 124 | 長内 正春 | 404 | 小高 文夫 | 570, 571 |
| 奥山 恵美子 | 376 | 長部 鉞作 | 475 | 小高 松男 | 346 |
| 奥山 清行 | 45 | 長部 大輔 | 571 | 小田川 正次 | 370 |
| 奥山 哲史 | 573 | 長村 英一 | 475 | 小田急電鉄 | 321, 382, 525 |
| 奥山 操 | 573 | 長村 弘法 | 343 | 小田急電鉄臨時建設部 | 413 |
| 奥山 泰男 | 385 | 大佛 俊泰 | 431 | 小田桐 貴司 | 251 |
| 小倉 昭男 | 239 | 小沢 賢久 | 369 | 小田切 智明 | 124 |
| 小倉 弘一郎 | 412 | 小沢 重樹 | 90 | 小田桐 優 | 68 |
| 小椋 俊一 | 556 | 小沢 準二郎 | 230 | 尾谷 敬造 | 347 |
| 小椋 大輔 | 101 | 小沢 真助 | 448 | 小谷 俊介 | 419 |
| 小倉 強 | 410 | 小沢 勉 | 68 | オタフクソース | 18 |
| | | 小沢 敏雄 | 486 | | |

| | | |
|---|---|---|
| 小田部　誠 ………… 344 | 小野　古志郎 ………… 342 | 小幡　謙三 ………… 25 |
| 小樽雪あかりの路（第7回） | 小野　五郎 …………… 38 | 小幡　祥一郎 ……… 417 |
| 　………………………… 578 | 小野　さおり ……… 556, 572 | 小畑　新造 ………… 532 |
| 小田原　修 …………… 59 | 小野　修二朗 ………… 93 | 小幡　稔実 ………… 211 |
| 小田原　大造 ……… 452 | 小野　準一 …………… 90 | 小幡　弘喜 ………… 539 |
| 落　修一 …………… 125 | 尾野　順一 ………… 337 | 小畑　正好 ………… 523 |
| 落　敏行 …………… 369 | 小野　浄治 ………… 535 | 小幡　守 …………… 417 |
| 越智　宏倫 ………… 452 | 小野　信市 ………… 367 | 小幡　弥太郎 ……… 217 |
| 越智　勇一 ………… 216 | 小野　貴博 ………… 112 | 尾花　英朗 ………… 387 |
| 落合　厚彦 ………… 574 | 小野　二男 ………… 108 | 尾鼻　俊視 ………… 379 |
| 落合　利徳 ………… 349 | 小野　哲男 ………… 533 | 小花和　平一郎 …… 387 |
| 落合　敏郎 ………… 218 | 小野　徹郎 ………… 421 | 小浜製綱 …………… 13 |
| 落合守征＋TWOPLUS-A建 | 小野　輝男 …………… 63 | 小原　明 …………… 534 |
| 　築設計事務所 …… 285 | 小野　利昭 ………… 180 | 小原　勝彦 ………… 439 |
| オチアイネクサス …… 465 | 小野　豊和 …………… 8 | 小原　幸太郎 ……… 437 |
| 落谷　孝広 ………… 175 | 小野　八郎 ………… 531 | 小原　二郎 ……… 416, 434 |
| オーテック ………… 542 | 小野　英哲 ……… 415, 429 | 小原　卓 …………… 371 |
| 音居　久雄 ………… 55 | 小野　雅道 ………… 334 | 小原　猛 …………… 533 |
| 音環境研究所 ……… 112 | 小野　瑞城 ………… 171 | 小原　鉄五郎 ………… 6 |
| 乙黒　靖男 ……… 55, 58 | 小野　通隆 …………… 79 | 小原　暉章 ………… 538 |
| オトコタチ ………… 253 | 小野　三彦 ………… 529 | 小原　寿幸 ………… 388 |
| 男達が後ろから撃たれるス | 小野　實信 ………… 439 | 小原　久治 …………… 41 |
| 　レ ………………… 525 | 小野　靖則 ………… 107 | 小原　敬明 ………… 207 |
| 音谷　登平 …………… 83 | 小野　裕司 …………… 72 | 小原　道郎 ………… 211 |
| オートデスク ……… 511 | 小野　雄三 …………… 57 | 小原　嘉昭 ………… 225 |
| 乙部　博則 ………… 325 | オノ　ヨーコ ……… 521 | 小尾　幸魚 ……… 548, 550 |
| 乙部　雅則 ………… 156 | 小野　里奈 ………… 325 | 小尾　俊人 ………… 197 |
| 乙部　豊 …………… 337 | 尾上　克郎 ………… 526 | 小尾　悠希生 ……… 405 |
| オートモーティブセンター | 小野内　政一 ……… 353 | オービックビジネスコンサル |
| 　……………………… 169 | 尾上　彰 ……………… 91 | 　タント …………… 510 |
| 小奈　弘 …………… 56 | 尾上　和穂 ………… 490 | オビツ製作所 ……… 145 |
| 尾中　文彦 ………… 229 | 尾上　耕一 ………… 252 | OBP企画グループ … 420 |
| 鬼木　貴章 ………… 328 | 尾上　秀郎 ………… 367 | 帯広営林局 ………… 558 |
| 鬼鞍　信夫 ………… 531 | 尾上　守夫 ………… 167 | 帯広市 ……………… 541 |
| 鬼武　信夫 ………… 410 | 小野木　重勝 ……… 418 | 帯広大正農業協同組合 … 562 |
| 鬼塚　喜八郎 ……… 47 | 小野産業 …………… 456 | オフィスジャスト ……… 564 |
| 鬼束　恵司 ……… 404, 405 | 小野塚　能文 ……… 327 | オフィスミステーション |
| 鬼束　博 …………… 340 | 小野測器 …………… 450 | 　……………………… 313 |
| 小野　昭紘 ………… 111 | 小野田　明彦 ……… 239 | オブザアイ ………… 315 |
| 小野　旭 ……………… 5 | 小野田　泰明 ……… 426 | 小布施　英雄 ……… 477 |
| 小野　晃 …………… 340 | 小野田セメント …… 107 | 小布施町デザイン委員会 |
| 小野　明美 ………… 155 | 小野鋳造技研工業 … 141 | 　……………………… 380 |
| 小野　彩 …………… 441 | 小野寺　修 ………… 552 | オフテクス ………… 21 |
| 小野　有人 …………… 43 | 小野寺　節 ………… 225 | オプテル …………… 139 |
| 小野　薫 …………… 409 | 小野寺　政昭 ………… 90 | オプトデバイス研究所 …… 144 |
| 小野　義一郎 ……… 338 | 小野寺　康 …… 377, 379, 383 | オプトハイテック … 143, 147 |
| 小野　公代 ………… 156 | 小野寺　良次 ……… 224 | オプトハブ ………… 145 |
| 小野　清 …………… 535 | 小野寺康都市設計事務所 | オプトラン ………… 145 |
| 小野　恵央 ………… 441 | 　……………………… 322 | オプトロン ………… 23 |
| 小野　啓子 ………… 378 | 尾前　佳宏 ………… 386 | オプトン ………… 131, 141 |
| 小野　健悟 ………… 157 | 尾羽沢　悦雄 ……… 535 | オプナス ………… 149, 318 |
| 小野　謙二 ………… 342 | オーパス …………… 520 | オープンソースベンダーフ |
| 小野　賢二 ………… 234 | 小幡　篤臣 ……… 66, 218 | 　ォーラム長崎 …… 543 |
| 小野　広治 ………… 209 | 小幡　伊和男 ……… 486 | オープンバス …… 309, 314 |
| 小野　耕平 ………… 325 | 小畑　健 …………… 526 | オホーツク委員会 … 541 |
| 小野　小三郎 ………… 90 | | 朧大橋景観検討会 … 379 |

小俣 一夫 ............... 79, 100
小俣 光司 ................... 391
小俣 透 ............... 192, 195
オーミック ................... 320
五十殿 侑弘 .... 126, 175, 427
尾村 隆 ...................... 95
オムロン ..... 7, 278, 359, 525
オムロンデザイングループ
  ............................. 306
オメガテクノモデリング
  ............................. 145
小柳津 仁 ................... 249
小谷川 毅 .................... 53
親子の日普及推進委員会
  ............................. 286
尾山 宏次 ................... 346
尾山 昌幸 ................... 571
尾山 守信 .................... 86
小山 泰之 ............. 256, 257
小山市都市整備委員会 .... 377
小山田 公之 ..... 59, 63, 474
オラシオン ...... 520, 522, 523
オリエンタル・エンジニアリ
  ング ............ 11, 139, 357
オリエンタル建設・富士ピー・
  エス特定建設工事共同企
  業体 ........................ 381
オリエンタルコンサルタン
  ツ .................. 113, 383
オリエンタルブレイン ..... 563
オリエンタルホテル東京ベ
  イ .................. 283, 287
オリエンタルランド .......... 7
オリエントブレイン .......... 564
オリエント・リース ........... 7
織岡 貞次郎 ................. 82
折尾作業所 ................... 84
オリオン機械 ............... 241
折笠 寛 ..................... 530
折谷 隆之 ................... 224
折原 尚子 ................... 325
オリベスト .................... 20
織間 正行 ................... 327
オリンパス光学工業 ...... 118,
        276, 277, 278, 279,
        281, 317, 355, 357, 360
オリンパス光学工業デザイ
  ンググループ ............. 290
オリンピック撮影集団 .... 548
オルガノ ..................... 278
オルガン針 .................... 13
オルファ ............... 313, 321
オルファ企画部 ............
        294, 298, 304, 306
オルファート, ジェイソン
  ............................. 202

オレンジ・アンド・パートナー
  ズ ........................... 330
遠賀川を利活用してまちを
  元気にする協議会および
  同市民部会 ................ 383
温間閉そく鍛造トータルシ
  ステム開発委員会 ........ 365
オンコリスバイオファーマ
  ............................. 187
オンサイト計画設計事務所
  ............................. 315
御田 重宝 ................... 503
オンラインデスクトップ
  ............................. 330

【か】

何 基明 ..................... 554
賀 ビン ..................... 154
加圧二段ガス化システム研
  究・開発グループ ....... 168
カイ .......................... 145
甲斐 慎一 ................... 201
賀井 伸一郎 ............... 428
甲斐 創 .............. 484, 494
ガイアートT・K ........... 113
貝羽 直樹 ................... 525
カイオム・バイオサイエン
  ス ........................... 187
海研 .......................... 451
開高 健 ..................... 458
皆合 哲男 ................... 110
海崎 洋一郎 ............ 27, 47
貝印刃物開発センター .... 298
海住 晴久 ................... 438
がいせん桜まつり .......... 578
回線束ね装置開発グループ
  ............................. 493
海中撮像技術グループ .... 485
海東 幸男 .................... 56
海南市 ........................ 316
海南デザイン・ビエンナーレ
  実行委員会 ................ 316
貝沼 圭二 ................... 228
甲斐沼 美紀子 ............. 166
貝沼 亮介 ................... 64
開発建材 ..................... 141
開発農機 ..................... 451
海原 伸男 .................... 95
貝淵 俊二 ................... 538
海保 守 ..................... 387
海洋科学技術センター
  ..................... 184, 185
海洋架橋調査会 .. 559, 560, 561

海洋研究開発機構 .... 185, 464
海輪 利正 ................... 84
嘉悦 早人 ................... 192
花王 ..... 8, 285, 560, 562, 563
花王映像制作 ............... 564
花王映像センター .......... 560
花王ヘルスケア研究所 .... 564
加賀 大喜 ................... 261
加賀 秀治 ................... 416
科学技術振興機構社会技術
  研究開発センター ........ 318
科学技術振興事業団 .. 524, 563
科学技術庁 ........... 558, 559
科学技術庁金属材料技術研
  究所 ........................ 356
科学技術庁航空宇宙技術研
  究所 ........................ 184
科学技術庁放射線医学総合
  研究所 ..................... 185
加賀市都市整備部施設整備
  課 ........................... 382
加賀城 俊正 ............... 262
各務 正一 ................... 171
鏡 慎吾 ..................... 191
加賀見 俊夫 ....... 9, 27, 47
鏡味 洋史 ................... 419
各務原市都市建設部水と緑
  推進課 ............ 382, 384
鏡山 真行 ................... 439
加賀谷 誠一 ................. 74
加唐 勝三 ................... 211
香川 眞二 ................... 327
香川 利博 .................... 87
香川 周一 ...... 70, 474, 492
香川大学 ..................... 286
垣内 豊嗣 ................... 182
垣内 博行 ................... 183
柿内 幸夫 .................... 46
柿崎 公男 .................... 54
礒崎 貞雄 ................... 205
柿崎 茂之 ................... 299
柿崎 忍 ..................... 340
柿崎 耕 ..................... 558
蛎崎 千晴 ................... 214
柿崎 正義 ................... 419
柿崎 守彦 ................... 531
柿澤 宏昭 ................... 234
柿沢 満雄 ................... 205
柿田 潔 ..................... 532
柿谷 功 ..................... 477
柿沼 和夫 ................... 437
柿沼 隆 ..................... 346
柿沼 博行 ................... 112
柿沼 佑治 .................... 99
柿木 一男 ................... 261
柿木 司 ..................... 206

| | | |
|---|---|---|
| 柿原 宏明 | ・・・・・・・・・・・・・・・ | 3 |
| 柿本 順一 | ・・・・・・・・・・・・・・・ | 207 |
| 柿本 典昭 | ・・・・・・・・・・・・・・・ | 203 |
| 柿本 雅明 | ・・・・・・・・・・・・・・・ | 60 |
| 学研教育みらい | ・・・・・・・・・ | 285 |
| 学習研究社 | ・・・・・・・・・・・・・ | 281 |
| 岳将 | ・・・・・・・・・・・・・・・・・・・・・ | 136 |
| カクダイ | ・・・・・・・・・・・・・・・・・ | 21 |
| カクタスデザイン | ・・・・・・・・ | 320 |
| 岳南光機 | ・・・・・・・・・・・・・・・・ | 121 |
| 各南製作所 | ・・・・・・・・・・・・ | 20 |
| 角本 孝夫 | ・・・・・・・・・・・・・ | 380 |
| 学文社 | ・・・・・・・・・・・・・・・・・・ | 42 |
| かぐやHDTVグループ | ・・・ | 483 |
| 学陽書房 | ・・・・・・・・・・・・・・・・ | 41 |
| 加倉井 正昭 | ・・・・・・・・・・・ | 427 |
| 影 義明 | ・・・・・・・・・・・・・・・・・ | 245 |
| 筧 康明 | ・・・・・・・・・・・・・・・・・ | 251 |
| 掛川 良治 | ・・・・・・・・・・・・・・ | 94 |
| 掛須 秀一 | ・・・・・・・・・・・・・ | 522 |
| 影近 博 | ・・・・・・・・・・・・ | 79, 102 |
| 筧 和夫 | ・・・・・・・・・・・・・・・・・ | 416 |
| 掛樋 豊 | ・・・・・・・・・・・・・・・・・ | 95 |
| 影広 達彦 | ・・・・・・・・・・・・・・ | 103 |
| 陰山 興史 | ・・・・・・・・・・・・・・ | 334 |
| 影山 公章 | ・・・・・・・・・・・・・・ | 403 |
| 景山 浩二 | ・・・・・・・・・・・・・・ | 190 |
| 蔭山 三郎 | ・・・・・・・・・・・・・・ | 195 |
| 景山 準吉 | ・・・・・・・・・・・・・・ | 528 |
| 影山 友章 | ・・・・・・・・・・・・・・ | 260 |
| 影山 英明 | ・・・・・・・・・・・・・・ | 65 |
| 影山 喜之 | ・・・・・・・・・・・・・・ | 67 |
| 勘解 由哲 | ・・・・・・・・・・・・・ | 494 |
| 科研化学 | ・・・・・・・・・・・・・・・・ | 84 |
| カケンジェネックス | ・・・・・・ | 146 |
| 科研製薬 | ・・・・・・・・ | 92, 97, 565 |
| 加護園 | ・・・・・・・・・・・・・・・・・・ | 405 |
| 梏 弘之 | ・・・・・・・・・・・・・・・・・ | 328 |
| 籠嶋 岳彦 | ・・・・・・・・・・・・・・ | 69 |
| 鹿子島 真由美 | ・・・・・・・・・・ | 258 |
| 鹿児島建築市場 | ・・・・・・・・・ | 543 |
| 鹿児島県マツクイムシ被害 | | |
| 防除対策チーム | ・・・・・・ | 207 |
| カゴメ | ・・・・・・・・・・・・・・・ | 8, 284 |
| 葛西 薫 | ・・・・・・・・・・ | 350, 460 |
| 笠井 和彦 | ・・・・・・・・・・・・・・ | 427 |
| 河西 純一 | ・・・・・・・・・ | 174, 340 |
| 笠井 高明 | ・・・・・・・・・・・・・・ | 488 |
| 笠井 勉 | ・・・・・・・・・・・・・・・・・ | 93 |
| 笠井 春雄 | ・・・・・・・・・・ | 57, 479 |
| 笠井 芳夫 | ・・・・・・・・・・・・・・ | 414 |
| 葛西 由守 | ・・・・・・・・・・・・・・ | 73 |
| 葛西 敬之 | ・・・・・・・・・・・・・・ | 27 |
| 笠岡 成光 | ・・・・・・・・・・・・・・ | 386 |
| 風戸 健二 | ・・・・・・・・・・・・・・ | 86 |
| 笠原 英一 | ・・・・・・・・・・・・・・ | 42 |
| 笠原 健一 | ・・・・・・・・・・・・・・ | 198 |
| 笠原 光一 | ・・・・・・・・・・・・・・ | 340 |
| 笠原 安夫 | ・・・・・・・・・・・・・・ | 227 |
| 笠原 六郎 | ・・・・・・・・・・・・・・ | 232 |
| 笠原昇雲堂 | ・・・・・・・・・・・・ | 318 |
| 風間 彰 | ・・・・・・・・・・・・・・・・・ | 100 |
| 風間 重徳 | ・・・・・・・・・・・・・・ | 437 |
| 風間 眞一 | ・・・・・・・・・・・・・・・・ | 9 |
| 風間 豊司 | ・・・・・・・・・・・・・・ | 456 |
| 笠間 実 | ・・・・・・・・・・・・・・・・・ | 368 |
| 笠松化工研究所 | ・・・・・・・・・ | 139 |
| 梶 さち子 | ・・・・・・・・・・・・・・ | 112 |
| 鍛治 弘 | ・・・・・・・・・・・・・・・・・ | 536 |
| 梶 幹男 | ・・・・・・・・・・・・・・・・・ | 232 |
| 樫 保夫 | ・・・・・・・・・・・・・・・・・ | 367 |
| 梶井 功 | ・・・・・・・・・・・・ | 223, 227 |
| 梶井 克純 | ・・・・・・・・・・・・・・ | 202 |
| 梶浦 恒男 | ・・・・・・・・・・・・・・ | 421 |
| 梶浦 秀男 | ・・・・・・・・・・・・・・ | 486 |
| カシオ計算機 | ・・・ | 315, 360, 526 |
| 梶川 和義 | ・・・・・・・・・・・・・・ | 571 |
| 梶川 直樹 | ・・・・・・・・・・・・・・ | 327 |
| 樫木 一 | ・・・・・・・・・・・・・・・・・ | 192 |
| 加治木 武 | ・・・・・・・・・・・・・・ | 105 |
| 鍛冶舎 巧 | ・・・・・・・・・・・・・・・・ | 9 |
| カシス | ・・・・・・・・・・・・・・・・・・ | 511 |
| 梶田 秀司 | ・・・・・・・・・・・・・・ | 192 |
| 梶田 伸彦 | ・・・・・・・・・・・・・・ | 344 |
| 梶田 尚志 | ・・・・・・・・・・・・・・ | 345 |
| 梶田 保之 | ・・・・・・・・・・・・・・ | 438 |
| 梶谷 郁夫 | ・・・・・・・・・・・・・・ | 337 |
| 梶谷 征之佑 | ・・・・・・・・・・・ | 56 |
| 画質改善プロセッサ開発グ | | |
| ループ | ・・・・・・・・・・・・・・・ | 487 |
| 梶野 勇 | ・・・・・・・・・・・・・・・・・ | 269 |
| 梶野 二郎 | ・・・・・・・・・・・・・・ | 455 |
| 梶野 紀元 | ・・・・・・・・・・・・・・ | 421 |
| 柏原 士郎 | ・・・・・・・・・・・・・・ | 419 |
| 柏原 俊保 | ・・・・・・・・・・・・・・ | 574 |
| 橿原市 | ・・・・・・・・・・・・・・・・・ | 560 |
| 鹿島 | ・・・・・・・・・・・・・・・・・・ | 562 |
| 鹿島 昭一 | ・・・・・・・・・・・・・・ | 412 |
| 鹿島・間・五洋・共同企業体 | | |
| | ・・・・・・・・・・・・・・・・・・・ | 559 |
| 鹿島映画 | ・・・・・・・・・ | 558, 559 |
| 鹿島ガタリンピック（第18 | | |
| 回） | ・・・・・・・・・・・・・・・・・ | 578 |
| 鹿島建設 | ・・・・・ | 112, 121, 122, |
| 184, 186, 267, 268, 283, 311, | | |
| 312, 361, 413, 558, 560, 561 | | |
| 鹿島建設建築設計本部建築 | | |
| 設計部 | ・・・・・・・・・・・・・ | 289 |
| 鹿島建設制震構造研究開発 | | |
| チーム | ・・・・・・・・・・・・・ | 419 |
| 鹿島建設超高層RC技術開発 | | |
| チーム | ・・・・・・・・・・・・・ | 415 |
| 鹿島建設横浜支店 | ・・・・・・・・ | 112 |
| カジマビジョン | ・・・・・ | 560, 561 |
| 梶村 恒 | ・・・・・・・・・・・・・・・・・ | 232 |
| 梶山 美果子 | ・・・・・・・・・・・ | 252 |
| 梶山 道雄 | ・・・・・・・・・・・・・・ | 238 |
| 賀集 豊 | ・・・・・・・・・・・・・・・・・ | 183 |
| 柏 大 | ・・・・・・・・・・・・・・・・・・・ | 178 |
| 柏 正博 | ・・・・・・・・・・・・・・・・・ | 135 |
| 柏 幹雄 | ・・・・・・・・・・・・・・・・・ | 68 |
| 柏木 愛一郎 | ・・・・・・・・・ | 80, 105 |
| 柏木 孝介 | ・・・・・・・・・・・・・・ | 329 |
| 柏木 孝夫 | ・・・・・・・・・ | 266, 390 |
| 柏木 哲夫 | ・・・・・・・・・・・・・・ | 468 |
| 柏倉 宏聿 | ・・・・・・・・・・・・・・ | 486 |
| 柏崎コミュニティ放送「FM | | |
| ピッカラ」 | ・・・・・・・・・・・ | 544 |
| 柏原 栄一 | ・・・・・・・・・・・・・・ | 528 |
| 柏原 宏行 | ・・・・・・・・・・・・・・ | 403 |
| 柏谷 信一 | ・・・・・・・・・・・・・・ | 206 |
| 梶原 滋正 | ・・・・・・・・・ | 342, 347 |
| 梶原 巧 | ・・・・・・・・・・・・ | 483, 493 |
| 梶原 拓 | ・・・・・・・・・・・・ | 448, 524 |
| 梶原 忠彦 | ・・・・・・・・・・・・・・ | 225 |
| 梶原 利幸 | ・・・・・・・・・ | 85, 87, 89 |
| 梶原 尚幸 | ・・・・・・・・・・・・・・ | 192 |
| 梶原 秀一 | ・・・・・・・・・・・・・・ | 191 |
| 梶原工業 | ・・・・・・・・・・・ | 19, 137 |
| 春日 昭夫 | ・・・・・・・・・・・・・・ | 127 |
| 春日 袈裟治 | ・・・・・・・・・・・ | 87 |
| 春日 康志 | ・・・・・・・・・・・・・・ | 481 |
| 春日由三 | ・・・・・・・・・・・・・・・ | 528 |
| 粕川 秋彦 | ・・・・・・・・・・・・・・ | 200 |
| ガステック | ・・・・・・・・・ | 144, 150 |
| カストゥーリ、ヒジャス・ビ | | |
| ン | ・・・・・・・・・・・・・・・・・・ | 375 |
| 鹿住 朗生 | ・・・・・・・・・・・・・・ | 472 |
| 春見 隆文 | ・・・・・・・・・・・・・・ | 228 |
| 霞ケ浦・北浦をよくする市民 | | |
| 連絡会議 | ・・・・・・・・・・・・ | 49 |
| 糟谷 忠雄 | ・・・・・・・・・・・・・・ | 152 |
| 和山 忠吉 | ・・・・・・・・・・・・・・ | 405 |
| 加瀬 和俊 | ・・・・・・・・・・・・・・ | 204 |
| 加瀬 寿士 | ・・・・・・・・・・・・・・ | 547 |
| 風木 修 | ・・・・・・・・・・・・・・・・・ | 539 |
| 加積製作所 | ・・・・・・・・・・・・ | 24 |
| 風の舞製作委員会 | ・・・・・・・・ | 563 |
| 風元 彩 | ・・・・・・・・・・・・・・・・・ | 256 |
| 画像処理開発グループ | ・・・ | 486 |
| 加田 千代雄 | ・・・・・・・・・・・ | 538 |
| 賀田 恒夫 | ・・・・・・・・・・・・・・ | 220 |
| 潟岡 泉 | ・・・・・・・・・・・・・・・・・ | 200 |
| 片岡 和人 | ・・・・・・・・・・・・・・ | 39 |
| 片岡 捷昭 | ・・・・・・・・・・・・・・ | 133 |
| 片岡 勝太郎 | ・・・・・・・・・・・ | 47 |
| 片岡 金吉 | ・・・・・・・・・・・・・・ | 56 |
| 片岡 啓介 | ・・・・・・・・・・・・・・ | 442 |

| | | | | | |
|---|---|---|---|---|---|
| 片岡 静夫 | 388 | 勝田 千利 | 409 | 加藤 謙治 | 73 |
| 片岡 章 | 159 | 勝田 秀雄 | 529 | 加藤 浩一郎 | 437 |
| 片岡 照栄 | 74 | 勝野 正和 | 182 | 加藤 行志 | 342 |
| 片岡 正三 | 90 | 勝プロダクション | 568 | 加藤 公人 | 27 |
| 片岡 伸元 | 162 | 勝部 伸夫 | 42 | 加藤 宏郎 | 239 |
| 片岡 拓也 | 348 | 羯磨 隆 | 455 | 加藤 純二郎 | 369 |
| 片岡 千賀之 | 204 | 勝又 正治 | 111 | 加藤 正徳 | 163 |
| 片岡 徹郎 | 261 | 勝又 澄男 | 368 | 加藤 庄之丞 | 545 |
| 片岡 秀夫 | 206 | 勝丸 純児 | 53 | 加藤 史郎 | 418 |
| 片岡 寛純 | 232 | 勝見 大八 | 39 | 加藤 信介 | 422 |
| 片岡 正喜 | 419 | 勝美 俊之 | 438 | 加藤 仁丸 | 384 |
| 片岡 幹雄 | 162 | 勝見 正雄 | 531 | 加藤 享 | 82 |
| 片岡 義弘 | 70 | 勝見 勝 | 459, 460 | 加藤 征 | 452 |
| 片岡機械製作所 | 358 | 勝村 竜雄 | 94 | 加藤 誠一 | 40, 41 |
| 片岡製作所 | 143 | 勝屋 俊夫 | 536 | 加藤 誠平 | 217 |
| 片桐 信二郎 | 89 | 勝山 広樹 | 437 | 加藤 先勝 | 247 |
| 片桐 武司 | 369 | 勝山 真 | 171 | 加藤 孝 | 549 |
| 片桐 英郎 | 216 | 勝山 正則 | 235 | 加藤 隆 | 232, 373, 537 |
| 片桐 史人 | 471 | 桂 昭夫 | 551 | 加藤 隆久 | 431 |
| 片桐 正春 | 188 | 桂 次郎 | 39 | 加藤 敬幸 | 179 |
| 片桐 道男 | 85 | 桂 誠一郎 | 193 | 加藤 孝之 | 87 |
| 片倉 丈嗣 | 348 | 桂 信生 | 490, 491 | 加藤 忠郎 | 452 |
| 型研精工 | 148 | 桂 禎邦 | 455 | 加藤 肇 | 223 |
| 片瀬 幸一 | 179 | 桂井 仁 | 532 | 加藤 達美 | 402 |
| 型善 | 456 | カツラ・オプト・システムズ | 24 | 加藤 達也 | 178 |
| 片田 和広 | 170 | | | 加藤 長治 | 83 |
| 高根 重信 | 452 | 桂川 隆志 | 352 | 加藤 勉 | 414, 434 |
| 片柳 幸夫 | 482 | 桂川 英樹 | 470 | 加藤 照之 | 123 |
| 片山 薫 | 333 | 桂川 美帆 | 406 | 加藤 登信 | 499 |
| 片山 和俊 | 381, 426 | 葛城 哲郎 | 570 | 加藤 亨 | 369 |
| 片山 硬 | 341 | 桂木 宏昌 | 327 | 加藤 透 | 535 |
| 片山 活三 | 527 | 加貫ローラ製作所 | 23 | 加藤 得三 | 177 |
| 片山 忠久 | 419 | カツロン | 23 | 加藤 敏明 | 380 |
| 片山 佃 | 216 | 家庭用自然冷媒ヒートポンプ給湯機開発グループ（CO2） | 168 | 加藤 敏春 | 38 |
| 片山 恒雄 | 182 | | | 加藤 利光 | 370 |
| 片山 典彰 | 571 | | | 加藤 直正 | 574 |
| 片山 利弘 | 459 | ガデリウス | 108 | 加藤 範夫 | 152 |
| 片山 正文 | 382 | 嘉戸 昭夫 | 209 | 加藤 儀和 | 370 |
| 片山 幹雄 | 9, 103 | 門 智 | 54 | 加藤 久人 | 342 |
| 片山 光浩 | 128 | 嘉戸 勝 | 86 | 加藤 久豊 | 96 |
| 片山 泰雄 | 123 | 門 勇一 | 182 | 加藤 秀夫 | 533 |
| 片山 禎弘 | 70 | 加藤 顕剛 | 132 | 加藤 秀雄 | 42 |
| 片山 義幸 | 330 | 加藤 晃 | 249 | 加藤 秀樹 | 344 |
| 片山商店 | 131, 146 | 加藤 麻美 | 369 | 加藤 英幸 | 64 |
| 片山ストラテック | 122 | 加藤 厚海 | 44 | 加藤 博一 | 182 |
| 片寄 晴弘 | 155 | 加藤 郁之進 | 176 | 加藤 啓応 | 157 |
| 片寄工業 | 356 | 加藤 功 | 554 | 加藤 博之 | 438 |
| カータンス・ジャパン | 141 | 加藤 修平 | 377 | 加藤 弁三郎 | 151 |
| 可知 賢次郎 | 479 | 加藤 雄大 | 254, 552 | 加藤 誠 | 328 |
| 勝井 三雄 | 459, 460 | 加藤 克巳 | 535 | 加藤 雅彰 | 382 |
| 勝岡 達三 | 67 | 加藤 完治 | 215, 381 | 加藤 正明 | 88 |
| 勝木 喜重 | 214 | 加藤 九祚 | 197 | 加藤 正家 | 341 |
| 勝木 恵子 | 439 | 加藤 邦男 | 413, 417 | 加藤 政雄 | 74 |
| 香月 宏介 | 478 | 加藤 謙 | 124 | 加藤 正二 | 216 |
| 月山志津温泉 雪旅籠の灯り（第3回） | 579 | 加藤 健司 | 438 | 加藤 正孝 | 574 |
| | | 加藤 健治 | 340 | 加藤 正人 | 209, 235 |

| | | |
|---|---|---|
| 加藤 誠軌 …………… 53 | 金澤 勝 …………… 474 | 金子 志奈子 ………… 159 |
| 加藤 正光 …………… 480 | 金澤 邦生 …………… 254 | 金子 周平 …………… 209 |
| 加藤 正幸 …………… 367 | 金沢 啓三 …………… 207 | 金子 俊治 …………… 99 |
| 加藤 正之 …………… 379 | 金沢 定一 …………… 86 | 金子 丈治 …………… 368 |
| 加藤 勝 …………… 369 | 金沢 純治 …………… 327 | 金子 真次郎 ………… 158 |
| 加藤 増夫 …………… 205 | 金沢 武 …………… 152 | 金子 精次 …………… 40 |
| 加藤 松作 …………… 550 | 金沢 夏樹 …………… 219 | 金子 孝夫 …………… 173 |
| 加藤 真理子 ……… 80, 105 | 金澤 秀和 …………… 196 | 金子 剛一 …………… 27 |
| 加藤 倫朗 …………… 336 | 金沢 啓隆 …………… 336 | 金子 哲 …………… 248 |
| 加藤 満 …………… 126 | 金沢 政男 …………… 99 | 金子 徳次郎 ………… 458 |
| 加藤 稔 …………… 93 | 金沢 正夫 …………… 469 | 金子 成人 …………… 135 |
| 加藤 稔（神田毛織）…… 351 | 金澤 正澄 …………… 127 | 金子 英夫 …………… 101 |
| 加藤 六美 ……… 409, 432 | 金澤 正人 …………… 441 | 金子 浩子 …………… 57 |
| 加藤 元美 …………… 36 | 金沢 賢 …………… 339 | 金子 弘 …………… 347 |
| 加藤 守男 …………… 437 | 金沢 みずえ ………… 324 | 金子 広光 …………… 71 |
| 加藤 譲 …………… 222 | 金沢 好宜 …………… 343 | 金子 文雄 …………… 557 |
| 加藤 洋一郎 ………… 340 | 金沢・浅の川園遊会（第16 | 金子 文彦 …………… 46 |
| 加藤 嘉明 …………… 402 | 回）…………… 578 | 金子 真 …………… 193 |
| 加藤 義章 …………… 56 | 金沢計画研究所 ……… 309 | 金子 誠 …………… 344 |
| 加藤 芳章 …………… 348 | 金沢市 …………… 318 | 金子 雅人 …………… 72 |
| 加藤 義夫 …………… 326 | 金沢大学大学院 ……… 109 | 金古 光雄 …………… 571 |
| 加藤 芳夫 …… 440, 441, 442 | 金田 康正 …………… 70 | 金子 靖雄 …………… 333 |
| 加藤 義和 …………… 27 | 金田 伊功 …………… 527 | 金子 裕治郎 …………… 67 |
| 加藤 吉郎 …………… 86 | 金出 武雄 …………… 497 | 金子 祐三 …………… 156 |
| 加藤 力弥 …………… 111 | 金本 喬 …………… 337 | 金子 幸雄 …………… 91 |
| 加藤 礼一 …………… 258 | 金本 春俊 …………… 501 | 金子 佳生 …………… 431 |
| 加藤 渉 ……… 411, 433 | 金森 敬 …………… 368 | 金子 良 …………… 219 |
| 門内 輝行 …………… 423 | 金森 照寿 …………… 199 | 金子 錬造 …………… 81 |
| 加藤電気工業所 ……… 494 | 金森 等 …………… 345 | 兼古製作所 …………… 321 |
| 角川 歴彦 …………… 27 | 金盛 弥 …………… 109 | 兼古製作所企画部 …… 302 |
| 門田 克美 …………… 126 | 金森新東 …………… 136 | 金子農機 …………… 240 |
| 門田 杏子 …………… 405 | 金谷 澄夫 …………… 535 | 兼重 一郎 …………… 332 |
| 門田 道雄 …… 73, 97, 101 | 金谷 年展 …………… 266 | 兼重 直樹 …………… 159 |
| 門田 充司 …………… 239 | 金屋町楽市 in さまのこ（3 | 金曽 誠 …………… 371 |
| 門根 秀樹 …………… 193 | 回）…………… 580 | 金田 勝徳 …………… 431 |
| 門村 浩 …………… 167 | 金山 省一 …………… 72 | 金多 潔 …………… 421 |
| 門屋 充郎 …………… 469 | 金山 富男 ………… 547, | 金田 圭策 …………… 54 |
| 角屋 睦 …………… 222 | 548, 549, 551, 553 | 金田 さやか ………… 194 |
| 香取 秀俊 ……… 64, 457 | 金山 美彦 …………… 205 | 金田 尚志 …………… 220 |
| 門脇 玄太 …………… 254 | 金山町景観審議会 …… 381 | 金田 充昭 …………… 310 |
| 門脇 泰二 …………… 52 | カナル, マガイ ……… 256 | 金田 良治 …………… 456 |
| 金井 一頼 …………… 42 | 蟹江 鋭夫 …………… 369 | 兼作 明吉 …………… 66 |
| 金井 清 …………… 410 | 鹿沼商工会議所 鹿沼ものづ | 金箱 淳一 …………… 253 |
| 金井 清昌 …………… 486 | くり技術研究会 ……… 147 | 金箱 温春 …………… 328 |
| 金井 務 ……… 66, 67 | 金内 良夫 …………… 369 | 金原 源泰 …………… 333 |
| 金井 俊夫 ……… 87, 387 | 鐘ケ江 猪之助 ……… 531 | 金原 朋哉 …………… 255 |
| 金井 浩 …………… 63 | 鐘淵紡績 …………… 87 | 金原 昌浩 …………… 370 |
| 金井 洋 ……… 438, 439 | 兼清 隆宏 …………… 463 | 金原 義夫 …………… 384 |
| 金井 正男 …………… 531 | 金子 至 …………… 458 | 金平 諭三 …………… 368 |
| 金井田 浩司 …………… 94 | 兼子 和彦 …………… 377 | 金平 亮三 …………… 215 |
| カナエ …………… 20 | 金子 久秀 …………… 325 | 金広 文男 …… 189, 192, 194 |
| 金岡 晃廣 ……… 72, 347 | 金子 健二 ……… 192, 194 | 金藤 公一 …………… 370 |
| 金岡 恒治 …………… 342 | 兼古 耕一 …………… 306 | 金藤 秀司 …………… 100 |
| 金川 侃 …………… 208 | 金子 幸一 …………… 212 | 鐘紡 ……… 90, 96, 517 |
| 金川 千尋 ……… 9, 27, 47 | 金子 貞夫 ……… 479, 539 | カネボウポリエステル …… 90 |
| 金指 研 …………… 371 | 金子 繁 …………… 231 | 兼松 満造 …………… 212 |

| | | | | | |
|---|---|---|---|---|---|
| 兼松 泰男 | 165 | 鎌田 幸一 | 303 | 神谷 純生 | 335 |
| 金丸 正剛 | 61 | 鎌田 順也 | 350, 441 | 神谷 聡一郎 | 27 |
| カネミツ | 21 | 鎌田 治朗 | 257 | 神谷 武志 | 197, 457 |
| 金光 義彦 | 63 | 鎌田 青一 | 370 | 紙屋 東明 | 122 |
| カネミヤ | 147 | 鎌田 俊夫 | 366 | 神谷 利夫 | 160 |
| 兼元 謙任 | 305 | 鎌田 俊英 | 63 | 神谷 年洋 | 62 |
| 金本 繁晴 | 240 | 鎌田 智江 | 158 | 神谷 直樹 | 344 |
| 金本 範彦 | 369 | 鎌田 直人 | 234 | 神谷 誠 | 526 |
| 金山プロダクション | 565 | 鎌田 信夫 | 512 | 神谷 正男 | 224 |
| 包行 良人 | 453 | 鎌田 久美男 | 377 | 神谷 正和 | 545, 546 |
| カーネルシステムズ | 148 | 鎌田 麻友美 | 252 | 神谷 光俊 | 163 |
| 鹿野 賢三 | 549, 550 | 鎌田 光郎 | 100 | 神谷 勇治 | 226 |
| 狩野 徳太郎 | 217 | 鎌田 慶宣 | 337 | 神山 和人 | 191 |
| 鹿野 秀和 | 162 | かまぼこ板の絵展覧会 | 577 | 神山 直樹 | 39 |
| 狩野 佐登視 | 437 | 釜堀 政男 | 100 | 神山 将人 | 249 |
| 嘉納 成男 | 421 | 加美 陽三 | 111, 177 | 上湧別小学校開校百周年記念事業協賛会事業委員会 | |
| 加納 重人 | 348 | 上家 潤一 | 162 | | 562 |
| 加納 孟 | 218, 229 | 上江田 次雄 | 205 | 蕨村 外雄 | 527 |
| 加納 威倍 | 66 | 神尾 彰彦 | 370 | 加村 武 | 573 |
| 加納 民夫 | 341 | 神尾 隆 | 8 | 加村 久哉 | 73 |
| 加納 時男 | 265 | 神尾 健夫 | 528 | 加村 正夫 | 56 |
| 狩野 春一 | 409, 432 | 神尾 一 | 368 | 蕨村 雄二 | 388 |
| 狩野 久宜 | 100 | 上温湯 大史 | 472 | 亀井 勇 | 409 |
| 狩野 秀男 | 237 | 神垣 良昭 | 69 | 亀井 幸次郎 | 410 |
| 狩野 芳一 | 416 | 上口 茂 | 84 | 亀井 孝博 | 343 |
| 叶内 栄治 | 380 | 上口 泰位 | 328 | 亀井 忠夫 | 175, 327 |
| カノマックス技術研究所 | 137 | 上久保 忠男 | 535 | 亀井 友吉 | 441 |
| 鹿目 尚志 | 440 | 上垣内 伸一 | 378 | 亀井 正夫 | 30 |
| 桃木 洋子 | 377 | 上坂 冬子 | 266 | 亀石 正之 | 85 |
| 河ばた 公昭 | 109 | 神里 常彦 | 38 | 亀岡 敦志 | 342 |
| 加幡 安雄 | 79 | 神島 昭男 | 454 | 亀川 徹 | 556, 571 |
| 賀風デザイン事務所 | 291 | 神島 敬介 | 110 | 亀川 良子 | 250 |
| 蕪木 伸一 | 269 | 上條 友也 | 249 | 亀倉 雄策 | 458, 459, 460 |
| カプコン | 518, 520 | 紙透 浩幸 | 159 | 亀崎 誠 | 345 |
| 蕪木 自輔 | 218, 229 | 上瀬 千春 | 480 | 亀田 治 | 535 |
| 鏑木 豪夫 | 236, 238 | 上玉利 恒夫 | 335 | 亀田 泰弘 | 411 |
| 画振れ防止技術開発グループ | 487 | 神近 義邦 | 26 | 亀田 幸彦 | 76 |
| 加部 佳治 | 431 | 上辻 裕己 | 470 | 亀高 素吉 | 26 |
| 壁谷 孝晴 | 308 | 上出 順一 | 240 | 亀屋工業所 | 12 |
| 壁谷澤 寿海 | 182 | 神永 拓 | 194 | 亀山 昂 | 85 |
| 可変NDフィルターアダプター装置開発グループ | 494 | 神野 信郎 | 32 | 亀山 信行 | 100 |
| 河北新報社 | 501, 504, 505, 506 | 上山良子ランドスケープデザイン研究所 | 317 | 亀山蝋燭 | 12 |
| 河北新報社イーハトーブ幻想賢治の遺した風景取材班 | 506 | 上三原田の歌舞伎舞台公演 | 577 | 鴨 光一郎 | 535 |
| 鎌居 五朗 | 75 | 上丸 和己 | 536 | 蒲生 孝志 | 247, 261 |
| 釜江 俊也 | 162 | 上村 桂 | 108 | 鴨川 浩 | 84 |
| 鎌倉光機 | 312 | 上村 克郎 | 414 | 鴨志田 厚子 | 290 |
| 蒲郡情報ネットワークセンター | 523 | 上村 信夫 | 389 | 鴨下 源一 | 54 |
| 鎌田 英治 | 418 | 神本 武征 | 337, 344 | 鴨下 寛 | 217 |
| 鎌田 圭 | 162 | 神家 昭雄 | 329, 424 | 加茂商工会議所 | 319 |
| | | 神谷 慶治 | 218 | 茅 陽一 | 265, 267 |
| | | 神谷 健次郎 | 67 | 萱島 帯刀 | 65 |
| | | 神谷 宏治 | 412, 413 | 栢根 豊 | 95 |
| | | 神谷 聡史 | 160 | 茅野 俊雄 | 54 |
| | | 神谷 正太郎 | 25 | 萱場工業 | 133, 356 |
| | | | | 香山 和男 | 366 |

| | | |
|---|---|---|
| 佳山 良正 | 211 | |
| 栢森 新治 | 27 | |
| 加用 信文 | 227 | |
| カラー | 526 | |
| 唐木 貞也 | 533 | |
| 唐木 英明 | 223 | |
| からくりデザインフェスティバル'99 | 577 | |
| 柄沢 晋 | 504 | |
| 唐沢 孝 | 74 | |
| 唐沢 彦三 | 380 | |
| 柄沢 亮 | 112 | |
| 柄沢 祐輔 | 522 | |
| カラー水中撮像システム開発グループ | 484 | |
| 烏田 専右 | 415 | |
| 烏丸 順一 | 572 | |
| 唐津 秀夫 | 39 | |
| 唐津鉄工所 | 10, 355 | |
| 唐渡 稔 | 206 | |
| 唐橋 需 | 239, 241 | |
| 唐原 久 | 478 | |
| カラーフラットパネル開発グループ | 487 | |
| 苅北 貞雄 | 530 | |
| 刈込 勝比古 | 98 | |
| 苅込 一郎 | 479 | |
| 刈住 昇 | 231 | |
| カリッド, モハメド・ノル・ビン | 375 | |
| 仮屋 和浩 | 172 | |
| 狩屋 嘉弘 | 80 | |
| 狩山 晃輔 | 249 | |
| 刈谷木材工業 | 16 | |
| 刈茅 孝一 | 168 | |
| カール事務器商品開発部 | 296 | |
| カルチュア・コンビニエンス・クラブ | 519 | |
| カルニコン開発グループ | 484 | |
| カルビー製菓 | 12 | |
| 軽部 征夫 | 59 | |
| 河 潤之介 | 458 | |
| 河井 勇 | 366 | |
| 川合 勝博 | 177 | |
| 川合 加奈子 | 441 | |
| 河合 清 | 482 | |
| 川井 淳 | 537 | |
| 河合 邦彦 | 124 | |
| 河合 健二 | 343 | |
| 河合 慧 | 53 | |
| 河合 七雄 | 74 | |
| 河合 俊雄 | 342, 343 | |
| 河合 昭三 | 534 | |
| 河合 信哉 | 570 | |

| | | |
|---|---|---|
| 河合 末男 | 66 | |
| 河合 素直 | 390 | |
| 河合 大洋 | 111 | |
| 河合 孝 | 568 | |
| 河合 高志 | 378 | |
| 河合 隆志 | 190 | |
| 川合 拓郎 | 263 | |
| 河井 雅 | 535 | |
| 河井 貞一 | 84 | |
| 河合 哲夫 | 182 | |
| 河合 輝男 | 480 | |
| 河合 輝欣 | 540 | |
| 川井 敏明 | 269 | |
| 河合 俊和 | 190 | |
| 川井 俊紀 | 369 | |
| 河合 とも子 | 36 | |
| 川合 知二 | 60 | |
| 河合 知彦 | 160 | |
| 川合 直樹 | 57 | |
| 河合 久孝 | 368 | |
| 河合 秀明 | 452 | |
| 川合 平夫 | 332 | |
| 川合 広樹 | 426 | |
| 河合 眞 | 72 | |
| 河合 良成 | 29 | |
| 河合 吉彦 | 474 | |
| 河合 良一 | 26 | |
| 河合 良三 | 381 | |
| 川井 若浩 | 72 | |
| 河合紀陶房 | 147 | |
| 川内 武 | 539 | |
| 河内 博司 | 481 | |
| 川内 浩司 | 225 | |
| 河内 正夫 | 99, 198 | |
| 河岡 義裕 | 226 | |
| 川勝 史郎 | 333 | |
| 川勝 英樹 | 64 | |
| 河上 篤史 | 190 | |
| 川上 一郎 | 438 | |
| 川上 敬介 | 259 | |
| 川上 幸一 | 266 | |
| 川上 皓一 | 549 | |
| 川上 幸治郎 | 216 | |
| 川上 順 | 572 | |
| 川上 彰二郎 | 54, 199 | |
| 川上 善兵衛 | 215 | |
| 川上 常太 | 93 | |
| 河上 愛二 | 438 | |
| 川上 哲郎 | 7, 26 | |
| 川上 敏男 | 183 | |
| 川上 英男 | 421 | |
| 河上 寛 | 85 | |
| 河上 文雄 | 366 | |
| 川上 貢 | 410, 434 | |
| 川上 元美 | 307, 310, 460 | |
| 川上 陽介 | 481 | |

| | | |
|---|---|---|
| 川上 隆介 | 161 | |
| 川上産業 | 142 | |
| 川木建設 | 285 | |
| 河北 博文 | 31 | |
| 川北 眞嗣 | 183 | |
| 河北 真宏 | 482 | |
| 河北 祥幸 | 351 | |
| カワキチ企画部 | 293 | |
| 川口 桂三郎 | 219 | |
| 川口 賢治 | 454 | |
| 川口 浩二 | 123 | |
| 川口 淳一郎 | 31, 45, 498 | |
| 河口 大介 | 335 | |
| 川口 隆文 | 80, 105 | |
| 川口 竹夫 | 453 | |
| 川口 信之 | 248 | |
| 河口 紀仁 | 161 | |
| 川口 則幸 | 59 | |
| 川口 英夫 | 178 | |
| 河口 洋行 | 3, 39 | |
| 川口 文男 | 101 | |
| 川口 正敏 | 367 | |
| 川口 衛 | 380, 414, 417, 423 | |
| 川口 幹夫 | 448 | |
| 川口 裕 | 337 | |
| 河口 洋一郎 | 516, 518 | |
| 川口 喜三 | 64 | |
| 川久保 玲 | 460 | |
| 川研ファインケミカル | 11 | |
| 川越 邦雄 | 410, 433 | |
| 川越 光広 | 333 | |
| 川越蔵の会 | 312 | |
| 川越商工会議所 | 312 | |
| 河崎 亜洲夫 | 42 | |
| 川崎 淳 | 53 | |
| 川崎 和男 | 407, 460 | |
| 川崎 恭治 | 153 | |
| 川崎 清 | 413 | |
| 川崎 圭吾 | 301, 310 | |
| 川崎 景民 | 88 | |
| 川崎 鋼次郎 | 532 | |
| 川崎 敏 | 572 | |
| 川崎 滋夫 | 454 | |
| 川崎 正蔵 | 58 | |
| 川崎 真一 | 80, 105 | |
| 川﨑 愼一朗 | 439 | |
| 河崎 政詔 | 572 | |
| 川崎 忠幸 | 335 | |
| 川崎 智哉 | 344 | |
| 川崎 肇 | 336 | |
| 川崎 晴健 | 403 | |
| 川崎 晴久 | 190 | |
| 川崎 秀明 | 127 | |
| 河崎 英己 | 190 | |
| 川崎 博信 | 54 | |
| 川崎 文一郎 | 89 | |

## かわさ　受賞者名索引

| | | |
|---|---|---|
| 川崎 雅司 …………… 64, 129 | 川嶋工業 …………… 322 | 河野 晃治 …………… 453 |
| 川崎 満 ……………… 485 | 川重冷熱工業 ………… 392 | 川野 大輔 …………… 345 |
| 河崎 稔 ……………… 339 | 川庄 順一 …………… 529 | 川野 洋 ……………… 190 |
| 川崎 芳樹 …………… 335 | 川尻 正吾 …………… 347 | 川野 雅史 …………… 157 |
| 川崎 義直 …………… 95 | 河津 元昭 …………… 96 | 川野 裕司 …………… 346 |
| 川崎 義則 …………… 161 | 川澄 明男 …………… 424 | 川野 幸夫 …………… 32 |
| 川崎化成工業 ………… 91 | 河角 広 ……………… 409 | 川端 一三 ……… 124, 427 |
| カワサキ機工 ………… 132 | 川面 隆平 …………… 82 | 川端 邦明 …………… 192 |
| 川崎工業 ……………… 306 | 川瀬 勇 ……………… 211 | 川端 五兵衛 ………… 384 |
| 川崎航空機工業 ……… 114 | 川瀬 茂実 …………… 220 | 川端 習太郎 ………… 212 |
| 川崎市建設緑政局道路河川 | 川瀬 隆智 …………… 325 | 川端 章一 …………… 101 |
| 　整備部河川課 ……… 384 | 川瀬 貴晴 …………… 327 | 川端 伸一 …………… 439 |
| 川崎市 まちづくり局 市街 | 川瀬 直也 …………… 574 | 河端 輝次 …………… 540 |
| 　地開発部 市街地整備推進 | 川瀬 博 ……………… 427 | 川畑 友弥 …………… 69 |
| 　課 …………………… 384 | 川関 厳 ……………… 212 | 川端 伸裕 …………… 261 |
| 川崎車輛 …………… 354 | 川惣電機工業 ………… 90 | 川端 正樹 …………… 175 |
| 川崎重工業 ……… 90, 98, | 川添 紀一 …………… 107 | 川原 昭宣 …………… 107 |
| 　108, 114, 115, 116, 118, 122, | 河田 修 ……………… 74 | 河原 滋 ……………… 132 |
| 　184, 185, 186, 276, 311, 319, | 河田 修 ……………… 572 | 川原 資三 …………… 548 |
| 　320, 365, 388, 392, 425, 465 | 河田 和賜 …………… 254 | 河原 尊之 …………… 129 |
| 川崎重工業鉄鋼事業部野田 | 河田 一喜 ……… 368, 371 | 河原 卓也 …………… 345 |
| 　工場 ………………… 413 | 河田 幸三 …………… 152 | 河原 猛夫 …………… 528 |
| 川崎市立日本民家園 … 421 | 河田 聡 ………… 61, 261 | 河原 竜也 …………… 349 |
| 川崎製鉄技術研究本部 … 94 | 川田 信一郎 …… 218, 227 | 河原 敏文 …………… 460 |
| 川崎製鉄知多製造所 … 92 | 川田 達男 …………… 27 | 川原 知洋 …………… 193 |
| 川崎製鉄千葉製鉄所 | 川田 浩彦 …………… 192 | 河原 伸幸 …………… 202 |
| 　………… 81, 84, 85, 94 | 河田 杰 ………… 215, 228 | 河原 秀夫 …………… 110 |
| 川崎製鉄粉塵処理システム | 川田 陽子 …………… 369 | 河原 英麿 …………… 82 |
| 　開発グループ ……… 106 | 川田 亮一 …………… 492 | 川原 啓美 …………… 467 |
| 川崎製鉄水島製鉄所 … 90, 563 | 川竹 勝則 …………… 347 | 河原 文雄 …………… 369 |
| 川崎製鉄 ……………… 82, | 川地 暁子 …………… 189 | 河原 正佳 …………… 105 |
| 　92, 93, 95, 96, 100, 115, | 川地 利明 …………… 346 | 河東 義之 …………… 426 |
| 　116, 119, 120, 121, 354, 559 | 河内 宥巳 …………… 135 | 川平 博一 …………… 176 |
| 川路 紳治 …………… 152 | 河内 光男 …………… 477 | 川淵 三郎 …………… 26 |
| 川下 修司 …………… 556 | 河内山 彰 …………… 201 | 川船 和儀 …………… 86 |
| 川島 章正 …………… 554 | 川出 孝司 …………… 135 | 川辺 真一 …………… 378 |
| 川島 克也 ……… 326, 327 | 川鉄鉱業粉塵処理グループ | 川辺 忠 ……………… 404 |
| 川島 勘市 …………… 83 | 　……………………… 106 | 川邉 雅規 …………… 256 |
| 川島 定雄 …………… 408 | 川鉄マシナリー ……… 100 | 川辺農研産業 ………… 240 |
| 川島 正三 …………… 85 | 川名 明 ……………… 230 | 川又 晃 ……………… 85 |
| 川島 四郎 …………… 215 | 川名 茂 ……………… 238 | 川又 克二 …………… 25 |
| 河嶋 慎一郎 ………… 257 | 川名 昌志 …………… 78 | 川又 昻 ……… 548, 551, 553 |
| 川島 高 ……………… 252 | 川那 義則 …………… 474 | 川又 民夫 …………… 367 |
| 川嶋 崇史 …………… 261 | 川鍋 祐夫 …………… 212 | 川真田 直之 ………… 388 |
| 川嶋 恒美 …………… 312 | 川鍋 智彦 …………… 342 | 河村 明男 …………… 132 |
| 河嶋 俊之 …………… 268 | 河波 利彦 …………… 87 | 川村 一次 …………… 230 |
| 川島 宏文 …………… 97 | 川浪 俊孝 …………… 438 | 川村 修 ……………… 214 |
| 川島 史行 …………… 70 | 河波 俊博 …………… 367 | 河村 和彦 …………… 349 |
| 川島 優 ……………… 261 | 川西 悟基 …………… 198 | 川村 欽一 …………… 66 |
| 川島 ゆかり ………… 251 | 川西 哲也 …………… 200 | 川邑 啓太 …………… 78 |
| 川島 隆太 ……… 77, 164 | 川西 登音夫 ………… 61 | 川村 弘一 …………… 106 |
| 川嶋 良一 …………… 227 | 川西 優喜 …………… 105 | 川村 紘一郎 ………… 332 |
| 川島織物 …………… 356 | 川野 昭暢 …………… 430 | 川村 作次郎 ………… 530 |
| 川島織物セルコン …… 322 | 河野 和男 …………… 224 | 河村 茂邦 …………… 47 |
| 川島織物デザイン研究所 | 河野 克己 …………… 340 | 河村 修一 …………… 378 |
| 　……………… 296, 298 | 河野 勝海 …………… 369 | 川村 周三 …………… 240 |

| | | |
|---|---|---|
| 川村　純一 ………… 381, 430 | 環境庁自然保護局 ……… 563 | 菅野　毅 ……………… 204 |
| 河村　信一郎 …………… 101 | 環境デザイン機構 ……… 284 | 菅野　利猛 ………… 369, 370 |
| 河村　眞次 ……………… 381 | 勧業電気機器 …………… 451 | 菅野　敏彦 ………… 46, 135 |
| 河村　信也 ……………… 339 | 環境プランニング ……… 316 | 菅野　久成 ……………… 291 |
| 川村　純夫 ……………… 414 | 環境保全開発 …………… 139 | 菅野　英夫 ………………  94 |
| 河村　敬秀 ……………… 335 | 韓国放送公社マルチモーショ | 菅野　秀樹 ……………… 366 |
| 川村　健 ………………… 311 | ン開発グループ ……… 490 | 菅野　秀典 ……………… 573 |
| 川村　俊明 ……………… 485 | 関西化学機械製作 …… 13, 137 | 菅野　正 ………………… 490 |
| 川村　敏郎 ……………… 539 | 関西工事測量 …………… 147 | 菅野　義久 ………… 101, 345 |
| 河村　止 ………………… 208 | 関西触媒化学 ……………  18 | 上林　明 …………………  51 |
| 河村　友二郎 …………… 336 | 関西大学出版部 …………  41 | 神林　篤 ………………… 472 |
| 川村　登 ………… 221, 236 | 関西テレビ放送 ……… 330, | 神林　留雄 ……………… 536 |
| 河村　英男 ……………… 334 | 446, 448, 518, 521 | 神林　正昭 ………………  87 |
| 川邨　亮 ………………… 556 | 関西テレビ放送音声課 … 566 | 神原　英一 ……………… 205 |
| 河村　守 ………………… 102 | 関西テレビ放送技術局 … 477 | 神原　定良 ……………… 385 |
| 川村　実 ………………… 574 | 関西テレビ放送送出部 … 484 | 神原　秀夫 ……………… 324 |
| 河村　盛文 ……………… 314 | 関西電力 ……………… 185, | 神原　秀記 ……………… 100 |
| 川村　幸男 ………………  53 | 392, 465, 561, 562 | 神原アドプランニングシス |
| 川村　好永 ……………… 484 | 関西ブロードバンド …… 543 | テムズ ………………… 522 |
| 河村　能人 ……………… 155 | 神坂上流砂防堰堤景観デザ | 神戸　洋史 ………… 368, 369 |
| 河村　喜典 ………………  26 | イン検討委員会 ……… 383 | 丸茂電機液晶照明器具開発 |
| 河本　薫 ………………… 263 | 神崎　康一 ……………… 232 | グループ ……………… 480 |
| 川本　喜八郎 …………… 549 | 神崎　正 ………………… 171 | |
| 河本　祥子 ……………… 156 | 神崎　忠三 ……………… 530 | 【き】 |
| 河本　太郎 ………………  57 | 神崎　正斗 ………… 471, 493 | |
| 川本　親 ………………… 344 | 環状2号線川島地区景観検討 | 木内　敏介 ……………… 489 |
| 川本　直樹 ……………… 463 | 委員会 ………………… 378 | 木内　幹保 ………………  94 |
| 川本　信彦 ………………  27 | 神田　英輝 ……………… 162 | 木内　雄二 ……………… 485 |
| 川本　英貴 ……………… 105 | 神田　耕治 ……………… 109 | 木岡　敬雄 ……………… 124 |
| 河本　通郎 ……………… 337 | 神田　茂 ………………… 571 | 木賀　新一 ……………… 347 |
| 川本　幸雄 ………………  58 | 神田　順 ………………… 422 | 気賀　尚志 ………………  80 |
| 川本　宜彦 ………………  31 | 神田　岳文 ……………… 191 | 木川　富男 ……………… 366 |
| 川本　O.規子 …………… 521 | 閑田　徹志 ……………… 429 | 木川　豊 …………… 484, 557 |
| 川本物産 ………………… 310 | 神田　智博 ……………… 181 | 季刊地域と経済 …………  40 |
| 瓦田　伸幸 ……………… 329 | 神田　智哉 ……………… 253 | 企業開発センター ……… 519 |
| 川原田　安夫 …………… 533 | 神田　秀俊 ……………… 178 | 企業共済協会 ……………  41 |
| 川和　高穂 ………………  93 | 神田　良 …………………  41 | 喜久　優 ………………… 441 |
| 姜　一求 ………………… 369 | 神田　睦美 ……………… 339 | 菊井　敬三 ………………  53 |
| 菅　修 …………………… 466 | 神田　基 …………………  97 | 菊植　亮 ………………… 192 |
| 菅　克雄 ………………… 349 | 神田　靖典 ……………… 342 | 菊岡　泰平 ………………  80 |
| 韓　載香 …………………  44 | 神田　勇二 ……………… 126 | 菊川　正一 ……………… 486 |
| 顔　碧 …………………… 264 | 神田　善郎 ………………  43 | 菊川　剛 …………………  27 |
| カン・ヘリム …………… 256 | 神立　誠 ………………… 217 | 菊水化学工業 ……… 14, 451 |
| カーン, ロバート・E. … 498 | 元旦ビューティ工業 …… 144 | 菊水酒造 …………………  22 |
| 神吉　臣人 ……………… 256 | かんでんエルハート …… 563 | 菊水電子工業機械デザイン |
| 神吉　武男 ……………… 530 | かんでんエンジニアリング | 部 ……………………… 295 |
| 丸機械工業 ……………… 117 | ……………………… 465 | 菊竹　清訓 ……………… 412 |
| 環境監視研究所 …………  50 | 関電工 …………………… 122 | 菊池　秋雄 ……………… 215 |
| 環境経営総合研究所 ‥ 143, 149 | 関電工内線管理部 ……… 297 | 菊池　明彦 ……………… 129 |
| 環境浄化研究所 ………… 146 | 神頭　忠夫 ……………… 337 | 菊地　敦己 ……………… 441 |
| 環境省自然環境局 ……… 429 | 関東エラストマー ……… 444 | 菊地　一郎 ……………… 529 |
| 環境省西北海道地区自然 | 関東学生陸上競技連盟 … 375 | 菊地　宇兵衛 …………… 435 |
| 護事務所 ……………… 564 | 菅野　出 ………………… 106 | 菊池　英一 ……………… 385 |
| 環境省中部地区自然保護事 | 菅野　光一 ………………  91 | 菊池　英一 ……………… 332 |
| 務所 …………………… 383 | 菅野　周一 ……………… 110 | |
| 環境生物工学研究所 …… 145 | 菅野　彰 ………………… 329 | |

| | | | | | |
|---|---|---|---|---|---|
| 菊池 英治 | 99 | 岸 則行 | 342 | 喜多 照之 | 80 |
| 菊池 和朗 | 58, 201 | 岸 宏亮 | 191, 193, 195 | 喜多 敏昭 | 55 |
| 菊地 克俊 | 388 | 岸 弘視 | 249 | 喜多 俊之 | 306, 310, 460 |
| 菊池 克也 | 183 | 岸 博之 | 437 | 喜多 直之 | 125 |
| 菊池 加代子 | 405 | 岸 雅一 | 134 | 喜田 宏 | 225 |
| 菊地 幸司 | 52 | 岸 正也 | 91 | 喜田 博三 | 366 |
| 菊地 滋 | 517 | 岸 洋一 | 233 | 喜多 浩之 | 157 |
| 菊池 修平 | 545 | 岸 和郎 | 422 | 木田 豊 | 306 |
| 菊池 伸一 | 342 | 岸井 貞浩 | 110 | 北一硝子 | 374 |
| 菊地 信一郎 | 534 | 岸グリーンサービス | 382 | 北裏 喜一郎 | 25 |
| 菊地 新喜 | 54 | 岸下 崇裕 | 125 | 北浦 貞夫 | 466 |
| 菊地 泰輔 | 441 | 岸田 和美 | 469, 555 | 北浦 慎三 | 132 |
| 菊池 多可広 | 177 | 岸田 貫一 | 529 | 北浦 荘二 | 329 |
| 木口 高志 | 95 | 岸田 清作 | 75 | 北浦 雅子 | 466 |
| 菊池 武 | 530 | 岸田 幸士 | 373 | 北尾 光俊 | 235 |
| 菊池 哲夫 | 67 | 岸田 純之助 | 265 | 北岡 山治 | 368 |
| 菊池 俊明 | 500 | 岸田 英明 | 416 | 北川 一成 | 350 |
| 菊池 英明 | 348 | 岸田 日出刀 | 410, 412 | 木田川 一隆 | 29 |
| 菊地 秀彦 | 482 | 岸田 義邦 | 238 | 北川 勝敏 | 338 |
| 菊地 宏 | 482 | 岸田 義典 | 241 | 北川 勝弘 | 232 |
| 木口 浩史 | 178 | 岸谷 孝一 | 411 | 北川 紀佳 | 94 |
| 菊池 裕宣 | 539 | 貴島 清美 | 36 | 北川 邦夫 | 56 |
| 菊池 匡晃 | 195 | 貴島 賢 | 343 | 北川 高 | 572 |
| 菊地 将郎 | 125 | 木島 浩輔 | 533 | 北川 武生 | 80 |
| 木口 雅史 | 178 | 貴島 孝雄 | 335 | 北川 徹三 | 81 |
| 菊池 正紀 | 61 | 木島 安史 | 418 | 北川 英雄 | 549 |
| 菊地 雅史 | 423 | 貴志雅樹環境企画室 | 285 | 北川 弘 | 552 |
| 菊地 真澄 | 529 | 岸本 昭 | 154 | 北川 フラム | 376 |
| 木口 マツ | 467 | 岸本 章 | 80, 105 | 北川 信 | 67 |
| 菊地 雄一 | 123 | 岸本 定吉 | 229 | 北川 正道 | 537 |
| 菊地 雄二 | 474 | 岸本 真太郎 | 251 | 北川 松之助 | 215 |
| 菊地 義浩 | 70 | 岸本 進 | 386 | 北川 泰弘 | 468 |
| 菊池 喜充 | 82, 151 | 岸本 純幸 | 99 | 北川 裕一 | 340, 342 |
| 菊地 ルイ | 258 | 岸本 直樹 | 61 | 北川原 温 | 424, 425 |
| 菊池邦夫事務所 | 564 | 岸本 秀史 | 372 | 北川原 徹 | 107 |
| 菊地保寿堂 | 319 | 岸本 洋昭 | 105 | 北川原温建築都市研究所 | |
| キクチメガネ | 18 | 岸本 正一 | 155 | | 301 |
| キクテック | 143 | 岸本 康 | 265 | 北岸 郁雄 | 193 |
| 菊野 英雄 | 56 | 岸本 悦典 | 377 | 北岸 碓三 | 220 |
| 菊間 敏夫 | 94 | 岸本 良一 | 220, 228 | 北九州市 | 376, |
| 菊本 亮二 | 96 | 汽車製造 | 354 | | 384, 421, 447, 562 |
| 菊谷 秀雄 | 528 | 紀州ファスナー工業 | 24 | 北口 忠英 | 463 |
| キクロン | 316 | 技術開発研究所 | 319 | 北口 仁 | 60 |
| 技研製作所 | 137 | 吉城光科学 | 24 | 北区まちづくり部 | 383 |
| 危険物保安技術協会 | 564 | 岸和田鉄工 | 356 | 北坂 和也 | 105 |
| 技工社 | 131 | 木津 龍平 | 337 | 北坂 清 | 550 |
| 気候ネットワーク | 50 | 木塚 修一 | 540 | 北崎 智之 | 348 |
| 気候変動・海面上昇問題研究 | | 木塚 誠一 | 550 | 北里大学病院 | 283 |
| タスクチーム | 167 | 木造 弘 | 192 | 北沢 五郎 | 408, 411 |
| 木崎 幹士 | 177, 349 | 木住 雅彦 | 93 | 北沢 猛 | 380 |
| 木崎 勉 | 367, 370 | 木瀬 照男 | 48 | 北島 織衛 | 25 |
| 岸 和司 | 372 | 木瀬 浩詞 | 257, 405 | 北島 啓嗣 | 39 |
| 岸 宏一 | 381 | 喜多 邦夫 | 477 | 北島 正一 | 109 |
| 岸 郷史 | 344, 368 | 喜多 兼昭 | 533 | 北島 信義 | 352 |
| 岸 直行 | 56 | 北 光一 | 195 | 北島 英明 | 371 |
| 岸 則政 | 340 | 北 修爾 | 27 | 北島 光弘 | 105 |

| | | |
|---|---|---|
| 北島 義俊 ……………… 27, 47 | 北村 必勝 ……………… 110 | 木野 九 ………………… 90 |
| 北爪 進 ………………… 57 | 北村 昌美 …………… 231, 234 | 木野 滋雅 ……………… 470 |
| 北爪 智哉 ……………… 60 | 北村 陽一 ……………… 84 | 木野 親之 …………… 85, 532 |
| 北園 徹 ………………… 329 | 北村 善男 ……………… 367 | 木ノ切 英雄 …………… 384 |
| 北田 豊文 ……………… 100 | キタムラ機械 ………… | 紀伊国屋書店 ……… 541, 562 |
| 北田 有一 ……………… 441 | …………… 15, 133, 135, 278 | 木下 一郎 ……………… 537 |
| 木立 悠子 ……………… 324 | 北村製作所 ……………… 23 | 木下 栄三 ……………… 384 |
| 木谷 収 ……… 224, 238, 240 | 北本 達治 ……………… 53 | 木下 一彦 ……………… 128 |
| 北日本新聞社 …………… 508 | 北森 武彦 ……………… 59 | 木下 啓次郎 …………… 333 |
| 北日本新聞社編集局地方自 | 北山 啓三 ……………… 430 | 木下 憲一 ……………… 381 |
| 治取材班 ……………… 501 | 北山 研一 ……………… 162 | 木下 光一 ……………… 538 |
| 北野 彰彦 …………… 162, 182 | 北山 孝雄 ……………… 461 | 木下 幸治 ……………… 80 |
| 北野 隆興 ……………… 74 | 北山 恒 ………………… 431 | 木下 修司 ……………… 58 |
| 北野 斉 ………………… 189 | 北山 吉正 ……………… 532 | 木下 祝郎 ……………… 82 |
| 北野 宏明 ……………… 164 | 北山創造研究所 ………… 375 | 木下 史郎 ……………… 182 |
| 北野 博史 ……………… 134 | 北山村 ………………… 544 | 木下 晋 ………………… 371 |
| 北の海の動物センター … 111 | 北脇 岳夫 ……………… 367 | 木下 誠二 ……………… 528 |
| 北畠 顕正 ……………… 88 | 木俵 豊 ………………… 64 | 木下 東三 ……………… 212 |
| 北畠 照躬 ……………… 416 | 橘井 敏弘 ………… 111, 455 | 木下 虎一郎 …………… 216 |
| 北浜 弘宰 ……………… 109 | 吉廻 秀久 ……………… 109 | 木下 紀子 ……………… 256 |
| 北原 彰曠 ……………… 38 | 吉川 彰一 ……………… 387 | 木下 治彦 ……………… 452 |
| 北原 覚雄 ……………… 216 | 橘川 武郎 ……………… 43 | 木下 秀徳 ……………… 179 |
| 北原 和夫 ……………… 164 | 吉川 泰一朗 …………… 183 | 木下 博雄 ……………… 129 |
| 北原 繁義 ……………… 485 | 吉喜工業 ………… 136, 141 | 木下 宏揚 ……………… 154 |
| 北原 隆幸 ……………… 442 | 木次乳業 ……………… 49 | 木下 文男 ……………… 125 |
| 北原 健 ………………… 342 | キッコーマン ……… 7, 562, 564 | 木下 昌治 ……………… 343 |
| 北原 武 ………………… 224 | キッコーマン国際食文化研究 | 木下 正文 ……………… 529 |
| 北原 幸夫 ……………… 554 | センター ……………… 564 | 木下 学 ………………… 428 |
| 北原 曜 ………………… 232 | キッズシティージャパン | 木下 光孝 ……………… 333 |
| 北原電牧 …………… 11, 240 | …………………………… 320 | 木下 庸子 ……………… 327 |
| キタバ・ランドスケープ・プ | キッズスペース ………… 519 | 木下 能明 ……………… 238 |
| ランニング …………… 381 | キッズベースキャンプ … 286 | 木下 隆介 ……………… 539 |
| 北星鉛筆 ……………… 146 | 吉泉産業 ……………… 150 | 木ノ本伸線 …………… 24 |
| 北堀 礼司 ……………… 454 | 橘高 義典 ……………… 425 | 季羽 倭文子 …………… 468 |
| 北見 明朗 ……………… 344 | 吉忠マネキン …………… 310 | キーパー御殿場工場 …… 444 |
| 北見 精吾 ……………… 403 | 橘内 英勝 ……………… 52 | キーパー三隅工場第三製造 |
| 北見 恒雄 ……………… 91 | 橘本 泰夫 ……………… 552 | 課 …………………… 444 |
| 北見学園 室の木幼稚園 | 貴傳 名甲 ……………… 392 | 木原 碩美 ……………… 428 |
| ………………………… 285 | キトー ………………… 315 | 木原 太郎 ……………… 153 |
| 北見農試験牧草育種研究グ | 城戸 幸一 ……………… 251 | 木原 利昌 ……………… 67 |
| ループ ………………… 213 | 城戸 淳二 ……………… 200 | 木原 直史 ……………… 455 |
| 北村 精男 ……………… 110 | 木戸 武 ………………… 422 | 木原 英雄 …………… 470, 575 |
| 北村 克弘 ………… 180, 345 | 木戸 久 ………………… 409 | 木原 康之 ……………… 195 |
| 北村 清秀 ……………… 529 | 木戸 寛行 ……………… 329 | 木原 征夫 ……………… 56 |
| 北村 健二 ……………… 77 | 木戸 雅史 ……………… 249 | 紀平 寛 ………………… 68 |
| 北村 耕一郎 …………… 452 | 鬼頭 梓 …………… 328, 413 | 岐阜県 ………………… 523 |
| 北村 眞一 ……………… 379 | 鬼頭 完爾 ……………… 437 | 岐阜県現代陶芸美術館 … 316 |
| 北村 高明 ……………… 345 | 鬼頭 幸三 ……………… 335 | 岐阜県紙業試験場 ……… 108 |
| 北村 健児 ……………… 327 | 鬼頭 正博 ……………… 368 | 岐阜県白川村 …………… 523 |
| 北村 透 ………………… 456 | 木藤 亮太 ……………… 382 | 岐阜県セラミックス技術研究 |
| 喜多村 俊夫 …………… 216 | 機動建設工業 …………… 451 | 所 …………………… 314 |
| 北村 敏之 ……………… 462 | 鬼頭製作所 ……………… 81 | 岐阜県セラミックス研究所 |
| 北村 尚 ………………… 163 | 木梨 謙吉 ……………… 230 | ………………………… 284 |
| 北村 直喜 ……………… 300 | 木名瀬 松寿 …………… 528 | 岐阜県博物館 ……… 447, 520 |
| 北村 八郎 ……………… 307 | 衣川 正男 ……………… 85 | 岐阜県美術館ハイビジョンギ |
| 北村 春幸 ……………… 428 | キネマプロモーション … 559 | ャラリー ……………… 445 |

きふこ　　　　　　　　　　受賞者名索引

| | | |
|---|---|---|
| 岐阜工業 …………… 23 | 木村 寿樹 …………… 324 | キヤノンカメラ工業デザイン部 ………… 290, 291 |
| 岐阜市科学館 ………… 446 | 木村 俊彦 ‥ 171, 415, 425, 434 | |
| 岐阜大学工学部 ……… 143 | 木村 利博 …………… 377 | キヤノンシステムデザイン部 …………… 297 |
| 岐阜フラッグアート展2006 | 木村 敏幸 …………… 56 | |
| 　（第10回）………… 579 | 木村 智昭 …………… 370 | キヤノン総合デザインセンター …………… 299 |
| 木全 一博 …………… 109 | 木村 梨絵 …………… 161 | |
| 木俣 省英 …………… 486 | 木村 信男 …………… 437 | キヤノンハイビジョン高速度カメラ開発グループ …… 489 |
| 木全 本 ……………… 403 | 木村 信夫 …………… 110 | |
| 木股 雅章 …………… 58 | 木村 德国 …………… 416 | キヤノン複写機デザイン部 ………………… 297 |
| 君島 真仁 …………… 263 | 木村 晴郎 …………… 568 | |
| キム，ウンス ………… 256 | 木村 久生 …………… 533 | キヤノン放送機器事業部86-IS開発プロジェクト … 481 |
| 金 宰勲 ……………… 256 | 木村 秀夫 …………… 60 | |
| キム，ジョンギ ……… 256 | 木村 均 ……………… 437 | キャプテン信州 ……… 514 |
| 金 鍾其 ……… 256, 258, 261 | 紀村 博史 …………… 341 | 木山 雅雄 …………… 106 |
| 金 辰哲 ……………… 155 | 木村 宏 ……………… 476 | キャラメル・ママ …… 524 |
| キム・シンリョン ……… 256 | 木村 浩 ……………… 190 | ギャラリー・間 ……… 460 |
| 金 順権 ……………… 376 | 木村 博 ……………… 539 | キャンサーネットジャパン |
| キム ヨンファ ………… 155 | 木村 博志 …………… 191 | ………………… 543 |
| 木村 明彦 …………… 311 | 木村 博則 …………… 326 | 久角 喜徳 …………… 385 |
| 木村 明 ……………… 403 | 木村 博彦 …………… 370 | 及源鋳造商品開発係 …… 306 |
| 木村 明（ソニー）…… 172 | 木村 寛之 …………… 487 | 九州工業大学伊東啓太郎研究室 …………… 281 |
| 木村 明（日本テレビ）… 500 | 木村 広幸 …………… 492 | |
| 木村 一郎 …………… 88 | 木村 冨士太 ………… 455 | 九州大学 ………… 143, 464 |
| 木村 英一 …………… 88 | 木村 文市 …………… 476 | 九州大学建設設計工学研究室景観グループ …… 383 |
| 木村 栄二 …………… 556 | 木村 誠 ……………… 126 | |
| 木村 修 ……………… 28 | 木村 眞人 …………… 225 | 九州大学大学院 工学研究院環境都市部門 ……… 384 |
| 木村 かおり ………… 261 | 木村 政昭 …………… 435 | |
| 木村 敬治 …………… 175 | 木村 雅次 …………… 331 | 九州大学病院 ………… 319 |
| 木村 建一 …………… 417 | 木村 正信 …………… 188 | 九州耐火煉瓦 ……… 83, 451 |
| 木村 健二 …………… 62 | 木村 光宏 …………… 422 | 九州電機製造 ………… 184 |
| 木村 公一 …………… 191 | 木村 保茂 …………… 42 | 九州電力 ………… 116, 120, |
| 木村 幸一郎 ………… 408 | 木村 雄一 ……… 427, 431 | 184, 317, 391, 392, 559, 561 |
| 木村 吾郎 …………… 40 | 木村 友紀 …………… 248 | 九州電力苅田発電所 …… 563 |
| 木村 貞夫 …………… 367 | 木村 幸男 …………… 7 | 九州松下電器 ……… 93, 97 |
| 木村 茂樹 …………… 333 | 木村 豊 ……………… 536 | 九州松下電器意匠部 …… 295 |
| 木村 滋 ……… 454, 456, 457 | 木村 陽 ……………… 248 | 九州木材工業 ………… 22 |
| 木村 静雄 …………… 569 | 木村 洋一 …………… 371 | 九州旅客鉄道 …… 112, 313 |
| 木村 修二 ……… 73, 341 | 木村 良晴 …………… 76 | 九州旅客鉄道一級建築士事務所鹿島 ……… 313 |
| 木村 翔 ……………… 413 | 木村 良幸 …………… 340 | |
| 木村 昌三 …………… 462 | 木村 六郎 …………… 529 | 九州林産 …………… 243 |
| 木村 紳一郎 ………… 71 | 木村技研 ……………… 24 | 九州林木育種場 ……… 243 |
| 木村 仁恭 …………… 495 | 木村鋳造所 …………… 102 | 久間 和生 …… 67, 99, 198, 491 |
| 木村 大作 ……… 473, 549 | きもと ……………… 17 | 久馬 一剛 …………… 221 |
| 木村 泰三 …………… 41 | 木本 淳志 …………… 370 | 牛万商会設計部 ……… 291 |
| 木村 巍 ……………… 53 | 木元 克美 …………… 189 | キューオーエル …… 149, 281 |
| 木村 卓 ……………… 473 | 木本 雅義 …………… 71 | キューバス …………… 523 |
| 木村 威夫 …………… 557 | 木本 陽友 …………… 83 | キュービック ………… 323 |
| 木村 剛 ……………… 382 | 着物ウィークin萩（第2回） | キューフロント ……… 524 |
| 木村 竹次郎 ………… 418 | ………………… 579 | 魚 潤 ………………… 155 |
| 木村 達也 …………… 91 | 喜安 善市 …………… 497 | 京 正晴 ……………… 154 |
| 木村 太郎 …………… 157 | キヤノン ………… 9, 116, | 協育歯車工業 ………… 138 |
| 木村 勤 ……………… 532 | 117, 118, 119, 120, 130, 278, | 共栄木型鋳造 ………… 144 |
| 木村 恒久 ……… 459, 460 | 280, 311, 356, 357, 358, 359, | 共栄工業 ……………… 10 |
| 木村 恒行 …………… 83 | 360, 362, 363, 364, 514, 560 | 共栄社 ……………… 17 |
| 木村 禎祐 …………… 348 | キヤノンカメラ …… 82, 355 | 京王電鉄 ……………… 8 |
| 木村 亨 ……………… 238 | | |

620　ビジネス・技術・産業の賞事典

協業組合青森スキー製作所 ............ 17
協業組合郡山とうふセンター ............ 19
京極 千恵子 ............ 161
京極 誠 ............ 109
京塚 光司 ............ 44
叶精工 ............ 322
京セラ ...... 283, 317, 319, 361
京田 知己 ............ 526
京谷 隆 ............ 388
業天 正芳 ............ 179
京都アニメーション ...... 526
協同 ............ 146
共同カイテック ............ 22
協同組合三条工業会 ...... 544
協同組合福井県建築設計監理協会 ............ 423
協同組合レングス ......... 314
共同通信社 ............ 500, 501, 502, 503, 504, 506, 509
共同通信社漢テレファックス開発担当 ............ 501
共同通信社・世界卓球取材班 ............ 501
京都科学 ............ 24
京都機械工具 ............ 14
京都技術研究所 ......... 141
京都市 ............ 113
京都試作ネット ............ 543
きょうと情報カードシステム ............ 543
京都新聞社 .. 504, 505, 508, 521
京都新聞社編集局特別取材班 ............ 500
京都セラミック ...... 10, 87
京都セラミックス ............ 357
京都第一科学 ............ 19
京都大学 ............ 322
京都大学農学研究科 ...... 284
京都大学山中伸弥研究室 ............ 182
京都府 ............ 559
京都府教育委員会 ......... 561
京都府自治体情報化推進協議会 ............ 543
京都府中小企業振興公社 ............ 542
京都モノテック ............ 187
共立 ............ 241
協立化学産業 ............ 144
協和化学工業 ............ 17
共和機械 ............ 19
協和工業 ............ 135
共和工業所 ............ 19

協和広告 ............ 303
共和コンクリート工業富山工場 ............ 383
共和産業 ............ 24
共和真空技術 ...... 131, 139
協和製作所商品開発部 ...... 296
共和成産 ............ 310
共和町教育委員会 ......... 563
協和醗酵 ............ 354
協和醗酵工業防府工場 .. 91, 106
旭新 ............ 139
極超低排出ガス技術開発チーム ............ 168
旭東電気 ............ 144
清沢 茂久 ............ 221
木吉 司 ...... 61, 76, 78
清末 知宏 ............ 154
清瀬 明人 ............ 70
清田 茂男 ............ 454
清田 雄彦 ............ 338
清成 忠男 ............ 40
清原 友也 ............ 231
清本 三郎 ............ 377
清山 信正 ............ 102
吉良 健二 ............ 487
吉良 浩司 ............ 123
吉良 八郎 ............ 221
「嫌われ松子の一生」製作委員会 ............ 526
桐岡 健 ............ 333
桐敷 賢 ............ 103
桐敷 真次郎 ............ 418
霧島高原ビール ............ 144
霧島酒造 ............ 19
桐谷 圭治 ...... 167, 219
桐野 康則 ............ 382
桐畑 文明 ............ 65
桐原 真希 ............ 462
桐村 勝彦 ............ 439
桐村 二郎 ............ 218
桐生地域情報ネットワーク ............ 543
記録映画社 ............ 559
木綿 啓介 ............ 324
金 希庭 ............ 353
金 重業 ............ 374
金 寿根 ............ 374
金印わさび ............ 18
近畿工業 ............ 276
近畿車輌 .. 276, 311, 320, 354
近畿大学 ............ 483
近畿日本鉄道 ............ 559
キングジム ............ 321
キングジム開発課 ......... 290
キングジム開発本部 ...... 306

キングジム商品開発部 .... 291, 293, 294, 296, 298, 300, 303
キング名刺 ............ 15
近計システム ......... 20, 121
ギンザ・グラフィック・ギャラリー ............ 460
銀座百店会 ............ 375
金秀建設 ............ 444
金城 栄哲 ............ 135
金城 妙子 ............ 467
錦城護謨 ............ 283
キンセイ産業 ............ 23
金星製紙 ............ 20
金石舎研究所 ............ 354
金原 達夫 ............ 42
近宮 建一 ............ 327
銀屋 洋 ............ 46
金融財政事情研究会 ...... 40
キンレイ ............ 310

【く】

クー,E. ............ 497
クアラルンプール盆踊り実行委員会 ............ 406
クイチャーフェスティバル（第5回） ............ 579
空間創研 ............ 424
空知単板工業 ............ 17
クオーレ・アモーレ ...... 318
久我 桂一 ............ 527
久我 新一 ............ 411
久我 健夫 ............ 45
釘貫 敏行 ............ 160
久々湊 英雄 ............ 93
久家 勝美 ............ 534
久下 哲郎 ............ 489
久語 章司 ............ 533
草加 英資 ............ 536
日下 秀夫 ............ 478
草鹿 仁 ............ 342
草下 正夫 ............ 229
草部 一郎 ............ 366
日下部 昌和 ............ 7
日下部 裕一 ............ 474
草刈 鉄太郎 ............ 528
草木 一男 ............ 109
草彅 剛 ............ 44
草野 和夫 ............ 420
草野 熊吉 ............ 466
草野 卓雄 ............ 497
草野 之夫 ............ 405
草野 倬一 ............ 246
草間 貫吉 ............ 527

| | | | | | | | |
|---|---|---|---|---|---|---|---|
| 草間 喜代松 | 204 | 工藤 由貴子 | 38 | 久保木 準一 | 481, 492 |
| 草間 伸行 | 110 | 工藤 圭章 | 426 | 久保工務店 | 444 |
| 久慈 和好 | 472 | 工藤 義男 | 532 | クボタ | 7, 97, 118, 119, 241, 277 |
| 久慈 良治 | 241 | 工藤 理一郎 | 533 | | |
| 櫛田 和光 | 348 | 国井 喜太郎 | 458 | 窪田 和矢 | 242 |
| 櫛野 幸一 | 205 | 国枝 治郎 | 415 | 窪田 貫 | 534 |
| 櫛橋 康太郎 | 255 | 国岡 計夫 | 97 | 久保田 邦親 | 371 |
| 櫛部 淳道 | 162 | 国方 秀男 | 410, 411 | 久保田 行一 | 545, 546 |
| 久島 克忠 | 435 | 国頭村安田区 | 50 | 久保田 重夫 | 199 |
| 串本 久美子 | 524 | 国清 功 | 438 | 久保田 重幸 | 548 |
| 鯨井 勇 | 326 | 國清 大介 | 557 | 久保田 淳 | 251 |
| 鯨井 茂次郎 | 436 | 國嵜 康則 | 344 | 久保田 純 | 483 |
| 釧路市 | 447 | 国重 静司 | 486 | 窪田 亮明 | 52 |
| 久津 五郎 | 528 | 国島 正男 | 546 | 久保田 誠司 | 481 |
| 葛生 秀 | 332 | 国田 豊 | 156 | 久保田 尚志 | 151 |
| 楠川 博隆 | 177 | 国建 | 423 | 窪田 隆広 | 439 |
| 楠田 公明 | 182 | 国立 卓生 | 240 | 久保田 多余子 | 235 |
| 楠田 浩之 | 546 | 国富 稔 | 85 | 久保田 毅 | 437 |
| 楠 謙吾 | 92 | 国広 敏郎 | 534 | 久保田 俊昭 | 539 |
| 楠 寿博 | 431 | 国村 伸祐 | 202 | 久保田 敏和 | 125 |
| 楠瀬 熊彦 | 529 | 国本 桂史 | 314 | 久保田 富治 | 54 |
| 葛原 健治 | 473 | 国本 裕樹 | 371 | 久保田 英夫 | 40 |
| 楠原 征治 | 225 | 国本 幸孝 | 371 | 久保田 均 | 64 |
| 葛原 正明 | 69 | 国吉 清保 | 207 | 久保田 宏 | 108 |
| 楠美 克枝 | 258 | 国吉 直行 | 380 | 久保田 浩 | 124 |
| 楠本 真二 | 62 | 國吉 康夫 | 192 | 窪田 文武 | 212 |
| 葛本 昌樹 | 80 | 國吉 由美 | 462 | 久保田 文人 | 161 |
| 楠本化成ETAC事業部技術課 | 293 | 久野 英二 | 224 | 窪田 雅雄 | 383 |
| 久多良木 健 | 173 | 久能 信好 | 370 | 久保田 正博 | 346 |
| 朽津 耕三 | 152 | 久能 均 | 226 | 久保田 勝 | 384 |
| 口羽 健介 | 87 | 久野島化学 | 354 | 久保田 正人 | 134 |
| 杳沢 四平 | 479 | 久原 昭夫 | 366 | 窪田 美直子 | 404 |
| 掘田 東男 | 205 | 久原 重英 | 72 | 久保田 幸雄 | 549, 552, 556 |
| グッドデザイン賞(Gマーク) | 461 | 久保 亜美香 | 373 | 窪田 陽一 | 377, 383 |
| | | 久保 英一 | 66 | 久保田 芳実 | 572 |
| グットマン, ウルスラ | 256 | 久保 和彦 | 72 | 久保田 連治 | 83 |
| 忽那 憲治 | 42, 43 | 久保 清一 | 327 | クボタ機械研究本部機械研究業務部デザインチーム | 301 |
| 忽那 幸浩 | 383 | 窪 敬孔 | 491 | | |
| クツワ | 283, 285 | 久保 圭司 | 69 | クボタ住宅機材技術本部 | 302 |
| 工藤 あい | 34 | 久保 恵司 | 103 | | |
| 工藤 青石 | 440, 461 | 久保 結丸 | 162 | 久保田鉄工 | 86, 107, 355 |
| 工藤 和昭 | 349 | 久保 進 | 54 | 窪寺 猛 | 456 |
| 工藤 和美 | 423 | 久保 隆夫 | 380 | 久保寺 秀幸 | 195 |
| 工藤 勝弘 | 369 | 久保 威夫 | 530 | 窪前 孝一 | 454 |
| 工藤 恵栄 | 82 | 久保 健 | 209 | 久保村 正治 | 532 |
| 工藤 昭四郎 | 29 | 久保 忠継 | 371 | 久保山 隆志 | 189 |
| 工藤 俊章 | 225 | 久保 富夫 | 26 | 隈 研吾 | 328, 423 |
| 工藤 南海夫 | 370 | 窪 宣正 | 533 | 熊 涼慈 | 105 |
| 工藤 久樹 | 208 | 久保 晴義 | 369 | 熊井 恭子 | 402, 403 |
| 工藤 秀尚 | 371 | 久保 亮 | 367 | 熊井 清雄 | 212 |
| 工藤 鴻基 | 110 | 久保 正顕 | 126 | 熊井 英水 | 225 |
| 工藤 正則 | 366 | 久保 昌二 | 151 | 熊谷 敏 | 46 |
| 工藤 真穂 | 441 | 久保 昌則 | 111 | 熊谷 進 | 226 |
| 工藤 康夫 | 69 | 久保 政徳 | 58, 333 | 熊谷 孝士 | 347 |
| 工藤 祐揮 | 263 | 久保 征治 | 52, 58 | 熊谷 俊弥 | 60 |
| | | 久保 好政 | 90 | | |

| | | | | | | |
|---|---|---|---|---|---|---|
| 熊谷 直宗 | 533 | 倉石 竜雄 | 348 | 栗田 宏 | 478 |
| 熊谷 秀夫 | 551, 552 | クライスラー・ジャパン・セールス | 397 | 栗田 弘之 | 345 |
| 熊谷 仁志 | 126 | | | 栗田 良夫 | 92 |
| 熊谷 博子 | 557 | クライムエヌシーデー | 148 | 栗田 律子 | 330 |
| 熊谷 正志 | 556 | クラインロック, レナード | 498 | 栗田工業 | 108, 558 |
| 熊谷 茂一 | 380 | グラウンドワーク三島 | 50, 379 | クリナップ | 282 |
| 熊谷 泰 | 412 | 倉垣 明知 | 574 | 栗野 治彦 | 123, 430 |
| 熊谷組 | 113, 184, 186 | 倉掛 卓也 | 63 | 栗延 晋 | 245 |
| 熊川 巌 | 528 | 倉沢 文夫 | 219 | 栗林 賢次 | 328 |
| 熊倉 栄一郎 | 333 | 蔵治 光一郎 | 233 | 栗林 潤 | 124 |
| 熊倉 国勝 | 485 | 倉敷建築工房 | 326 | 栗原 | 23 |
| 熊倉 浩明 | 58, 60 | 倉敷市 | 560 | 栗原 淳 | 107, 227 |
| 熊崎 実 | 231 | 倉重 有幸 | 167 | 栗原 英資 | 168, 176, 182 |
| 熊里 さやか | 403 | 蔵重 裕俊 | 126 | 栗原 嘉一郎 | 415 |
| 熊沢 喜久雄 | 220 | 倉嶋 利雄 | 200 | 栗原 茂夫 | 337 |
| 神代 顕明 | 205 | クラスターテクノロジー | 187 | 栗原 潤一 | 327 |
| 熊代 幸雄 | 219 | 倉田 一宏 | 56 | 栗原 誠司 | 171 |
| 熊田 恭己 | 219 | 倉田 敬子 | 166 | 栗原 卓也 | 327 |
| 熊田 辰己 | 348 | 倉田 悟 | 231 | 栗原 敏郎 | 32 |
| 熊田 頭四郎 | 215 | 倉田 周一 | 109 | 栗原 伸夫 | 341 |
| 熊田 典明 | 555 | 倉田 主税 | 25 | 栗原 等 | 569 |
| 熊田 宏章 | 479 | 倉田 雅之 | 98 | 栗原 正巳 | 41 |
| クマタカ生態研究グループ | 50 | 久良知 丑二郎 | 410 | 栗原 雄毅 | 336 |
| 熊田原 正一 | 383 | 倉地 孝 | 531 | 栗本 一雄 | 531 |
| 熊平製作所 | 10 | 倉地 敏明 | 179 | 栗本 駿 | 80, 111 |
| 隈部 淳一郎 | 84 | 倉藤 尚雄 | 81 | 栗本 雅司 | 88 |
| 隈部 紀生 | 448 | 倉貫 健司 | 69 | 栗本 充 | 182 |
| 熊丸 博之 | 54 | 倉根 隆一郎 | 60 | 栗本 隆介 | 324 |
| 熊本 健二郎 | 95 | 倉橋 昭夫 | 243 | 栗本鉄工所 | 121 |
| 熊本 良次 | 573 | 倉橋 幾太郎 | 528 | 栗屋 仁志 | 231 |
| 熊本営林局 | 243 | 倉橋 隆郎 | 101 | 栗屋野 香 | 111 |
| 熊本営林局木製品工法開発促進プロジェクトチーム | 208 | 倉橋 哲郎 | 347 | 栗屋野 伸樹 | 111 |
| | | 倉橋 正幸 | 366 | 栗山 浩一 | 233 |
| 熊本県民テレビ制作グループ | 572 | 倉橋 基文 | 78 | 栗山 徹三 | 476 |
| 熊本大学 | 320 | グラパックジャパン | 150 | 栗山 利彦 | 341 |
| 熊本日日新聞社 | 502, 503, 504, 505 | 倉林 研 | 335 | 栗山米菓 | 23 |
| 熊本日日新聞社「川辺川ダムは問う」取材班 | 509 | 倉林 俊雄 | 386 | 栗生 明 | 382, 422 |
| | | グラフテック | 451 | クリングルファーマ | 187 |
| 熊本日日新聞社検証・ハンセン病史取材班 | 508 | 倉俣 史朗 | 459 | グリーンコープ | 330 |
| | | 倉持 耕治郎 | 66, 333 | クリーンコールパワー研究所 | 186 |
| クマリフト | 20 | 倉本 聰 | 30 | グリーンシグマ | 283 |
| 久米 清治 | 216 | 倉本 毅 | 95 | クリーン・テクノロジー | 23 |
| 久米 正雄 | 85 | 倉本 忠之 | 369 | GREEN TOKYO ガンダムプロジェクト実行委員会 | 322 |
| 久米 豊 | 7, 26, 28 | 倉本 哲嗣 | 245 | | |
| 粂野 幸三 | 89 | 倉本 洋 | 430 | グリーンライフ21・プロジェクト | 314 |
| 雲瀬 富三郎 | 82 | 蔵本 力雄 | 532 | | |
| 雲見 日出也 | 160 | クラーロ | 149 | クールハース, レム | 420 |
| 久門 剛史 | 441 | 栗屋 しのぶ | 36 | 来る福招き猫まつりin瀬戸（第12回） | 579 |
| 公文 知洋子 | 404 | 操上 和美 | 460 | | |
| 公文 昭忠 | 530 | 栗熊 勉 | 367, 368 | 車谷 智美 | 157 |
| 公文 陽 | 528 | クリスタルクレイ | 314 | 来山 和彦 | 474 |
| 久山 一枝 | 404 | クリスタルシステム | 21 | クルーラー, グエンダル | 373 |
| | | 栗田 泰市郎 | 482, 492 | | |
| | | 栗田 英夫 | 204 | | |

| | | | | | |
|---|---|---|---|---|---|
| 久礼 嘉伸 | 156 | 黒住 幸一 | 481 | 桑名市 | 379 |
| クレアテラ | 140 | クロス・ロード ハートぱす | | 桑野 和泉 | 384 |
| グレイ,J.E. | 266 | てる事業部 | 444 | 桑野 恵二 | 95 |
| クレトイシ | 11 | 黒瀬 渉行 | 294 | 桑野 浩一 | 437 |
| 呉羽紡績 | 84 | 黒瀬 直宏 | 42 | 桑野 貢三 | 205 |
| 榑林 秀倫 | 194 | 黒田 勝広 | 58 | 桑野 幸徳 | 76 |
| クレー・バーン・セラミック | | 黒田 憲次郎 | 527 | 桑野 陽平 | 248 |
| ス | 308 | 黒田 沙知子 | 405 | 桑畑 勲 | 207 |
| 樽松 鏡逸 | 529 | 黒田 聡 | 382 | 桑原 清人 | 539 |
| 黒石 義忠 | 52 | 黒田 昌吾 | 258 | 桑原 邦郎 | 338 |
| クロイ電機 | 301 | 黒田 清三郎 | 206 | 桑原 源太郎 | 529 |
| 黒井電機 | 298 | 黒田 武文 | 386 | 桑原 衝 | 204 |
| 黒岩 秀介 | 124, 428 | 黒田 哲治 | 248 | 桑原 崇行 | 110 |
| 黒岩 隆夫 | 181 | 黒田 徹 | 60, 474 | 桑原 忠良 | 490 |
| 黒岩 太郎 | 532 | 黒田 治夫 | 531 | 桑原 徹 | 339 |
| 黒岩 常祥 | 153 | 黒田 秀郎 | 87 | 桑原 信道 | 529 |
| 黒岩 宣仁 | 380 | 黒田 裕子 | 468 | 桑原 英明 | 182 |
| 黒岩 博之 | 419 | 黒田 裕 | 333, 339 | 桑原 秀夫 | 198 |
| 黒岩 保美 | 469, 571 | 黒田 正範 | 264 | 桑原 誠 | 56 |
| 黒江 毅 | 346 | 黒田 昌裕 | 4 | 桑原 昌之 | 571 |
| くろがね工作所商品開発部 | | 黒田 学 | 405 | 桑原 道義 | 53 |
| | 289 | 黒田 泰弘 | 178 | 桑原 守二 | 537 |
| 黒川 紀章 | 419 | 黒田 義光 | 45 | 桑原 裕彰 | 269 |
| 黒川 金治 | 529 | 黒田 隆二 | 57 | 桑原 善志登 | 568 |
| 黒河 賢二 | 180 | 黒田 玲子 | 128 | 桑村 仁 | 426 |
| 黒川 忠雄 | 206 | 黒滝 淳 | 254 | 桑村繊維 | 131 |
| 黒川 哲郎 | 427 | 黒田精工 | 114 | 桑山 彰崇 | 456 |
| 黒河 得臣 | 135 | 黒谷美術 | 451 | 桑山 覚 | 217 |
| 黒川 秀昭 | 110 | 黒津 高行 | 423 | 郡司 真 | 574 |
| 黒川 雅之 | 300, 305, 460 | 黒鳥 滋 | 89 | 軍司 義次 | 368 |
| 黒川温泉観光協会 | 320 | 黒野 等 | 93 | グンゼ | 362 |
| 黒川温泉観光旅館協同組合 | | クロノファング | 131 | 群馬県環境・森林局自然環境 | |
| | 320 | 黒橋 禎夫 | 64 | 課 | 429 |
| 黒川温泉自治会 | 320, 383 | 黒羽 啓明 | 415 | | |
| 黒川雅之建築設計事務所 | | グローバルソフトウェア | | **【け】** | |
| | 290, 339 | | 143 | | |
| 黒木 あづさ | 183 | クロビットジャパン | 147 | ケアプラス | 312 |
| 黒木 克郎 | 67 | 黒部市 | 541 | ケイ, アラン | 497 |
| 黒木 俊昭 | 101, 345, 370 | 黒丸 亮 | 244 | 慶伊 道夫 | 428 |
| 黒木 正郎 | 428 | 畔柳 昭雄 | 429 | ケイ・イー・シー | 143 |
| 黒木 基晴 | 89 | 黒柳 潤 | 441 | 慶應義塾大学石川幹子研究 | |
| 黒木 義人 | 535 | 畔柳 楢三 | 335 | 室 | 382, 384 |
| 黒坂 隆 | 90 | 黒柳 徹子 | 468 | 慶應義塾大学佐藤雅彦研究 | |
| 黒崎 浩介 | 196 | くろやなぎ てっぺい | 253 | 室 | 317 |
| 黒崎 晋太郎 | 289 | 黒山 俊宜 | 336 | 慶応義塾大学産業研究所環 | |
| 黒崎 忠男 | 480, 487, 488 | グロリア・アーツ | 285 | 境問題分析グループ | 167 |
| 黒崎 将夫 | 72 | グローリー工業 | 444 | 慶応義塾大学出版会 | 523 |
| 黒崎 隆二郎 | 192 | 桑形 松夫 | 414 | 慶応義塾大学理工学部 | 144 |
| 黒崎窯業 | 84 | 桑田 秀典 | 105 | 景観に配慮したアルミニウ | |
| 黒沢 敏夫 | 86 | 桑田 秀行 | 471 | ム合金製防護柵開発研究 | |
| 黒沢 治安 | 546 | 桑田 宗晴 | 474 | 会 | 384 |
| 黒沢 実 | 341 | 鍬塚 昭三 | 221 | 経済産業調査会 | 42 |
| 黒澤 雄志 | 248 | 桑名 寿一 | 216 | 芸者東京エンターテインメ | |
| 黒沢建設 | 97, 121 | 桑名 隆 | 240 | ント | 526 |
| 黒沢通信工業 | 114 | 桑名 忠之 | 550 | | |
| 黒沢プロダクション | 523, 524 | 桑名 輝男 | 207 | | |

| | | |
|---|---|---|
| ケイス濱文様 | 320 | |
| 形相研究所 | 144 | |
| 勁草書房 | 41, 42 | |
| 計測技術研究所 | 24 | |
| KDDI | 283, 284, 319, 525 | |
| KDDATM対応MPEG-2符号化伝送装置開発グループ | 490 | |
| 劇団四季 | 8 | |
| 毛塚 順次 | 262 | |
| ゲタリンピック2000 | 577 | |
| 月桂冠 | 562 | |
| ケット科学 | 240 | |
| GET21なんかん 音と光のカウントダウン | 577 | |
| ゲノムサイエンス研究所 | 145 | |
| ケーブルワン | 544 | |
| 毛見 虎雄 | 416 | |
| ケミカルグラウト | 121 | |
| ケミカル山本 | 145 | |
| 玄 相昊 | 194 | |
| 犬印本舗 | 317 | |
| 玄覺 景子 | 441 | |
| 見坐地 一人 | 345 | |
| ゲンスラー アンド アソシエイツ インターナショナル リミテッド | 287 | |
| 建設技術研究所 | 382 | |
| 建設技術研究所筑波試験所 | 383 | |
| 建設省太田川工事事務所 | 379 | |
| 建設省関東地方建設局東京国道工事事務所 | 380 | |
| 建設省九州地方建設局営繕部 | 411 | |
| 建設省建築研究所 | 412 | |
| 建設省国土地理院 | 121 | |
| 建設省東北地方建設局秋田工事事務所 | 380 | |
| 建設省北陸地方整備局神通川水系砂防工事事務所 | 383 | |
| 玄田 有史 | 5 | |
| 現代計画研究所 | 415 | |
| 現代計画研究所大阪事務所 | 381 | |
| 玄地 宏 | 87 | |
| 玄地 裕 | 263 | |
| 建築確認支援システム運用協議会 | 510 | |
| 建築行政情報化センター | 510 | |
| ケンテック | 142 | |
| 玄道 俊行 | 346 | |
| 源平火牛祭り | 577 | |

| | | |
|---|---|---|
| 兼房刃物工業 | 10 | |
| 劔持 栄一 | 533 | |
| 劔持 浩高 | 381 | |
| 剣持勇デザイン研究所 | 459 | |
| 監物 直 | 481 | |

## 【こ】

| | | |
|---|---|---|
| コ・ムヨン | 256 | |
| コアーズ | 23 | |
| コアテック | 24 | |
| こあら | 283 | |
| コイケ | 21 | |
| 小池 和男 | 4, 40 | |
| 小池 一子 | 460 | |
| 小池 和幸 | 129 | |
| 小池 克巳 | 178 | |
| 小池 裂裝光 | 175 | |
| 小池 謙造 | 163 | |
| 小池 淳 | 449 | |
| 小池 省造 | 485 | |
| 小池 新二 | 410 | |
| 小池 誠一 | 306 | |
| 小池 晴人 | 557 | |
| 小池 孝良 | 234 | |
| 小池 岳男 | 324 | |
| 小池 哲夫 | 338 | |
| 小池 俊勝 | 372 | |
| 小池 範行 | 494 | |
| 古池 寿夫 | 237 | |
| 小池 正生 | 341 | |
| 小池 正夫 | 65 | |
| 小池 正雄 | 81 | |
| 小池 雅司 | 189 | |
| 小池 迪夫 | 412 | |
| 小池 光裕 | 66 | |
| 小池 康博 | 165, 172, 199 | |
| 小池 洋一 | 41 | |
| 小池 洋平 | 127 | |
| コイシ | 145 | |
| 小泉 昭夫 | 111 | |
| 小泉 治 | 328 | |
| 小泉 吉郎 | 530 | |
| 小泉 国平 | 385 | |
| 小泉 健司 | 389 | |
| 小泉 維昭 | 367 | |
| 小泉 進 | 388 | |
| 小泉 友利 | 537 | |
| 小泉 初雄 | 206 | |
| 小泉 英明 | 90, 99, 101, 178 | |
| 小泉 雅生 | 328, 423 | |
| 小泉 真澄 | 181 | |
| 小泉 安則 | 412 | |
| 小出 喜一 | 475 | |

| | | |
|---|---|---|
| 小出 栄 | 133 | |
| 小出 重治 | 229 | |
| 小出 博志 | 209 | |
| 小出 史 | 36 | |
| 鯉沼 秀臣 | 76 | |
| 鯉渕 健 | 345 | |
| 高 喜淑 | 405 | |
| 高 錕 | 495 | |
| 高 祥佑 | 247, 261 | |
| 高 博 | 454 | |
| 洪 悦郎 | 411 | |
| 興亜耐火工業 | 13 | |
| 高圧縮エンコーダ開発チーム | 493 | |
| 広栄化学工業 | 85 | |
| 光英システム | 149 | |
| 高開石積ライトアップ（第4回） | 578 | |
| 公害地域再生センター | 50 | |
| 呉羽化学工業 | 354 | |
| 光学技研 | 148 | |
| 鋼管電設工業 | 139 | |
| 虹技 | 99 | |
| 工業技術院機械技術研究所 | 183 | |
| 工業技術院機械試験所 | 354 | |
| 工業技術院繊維高分子材料研究所 | 356 | |
| 工業技術院地質調査所 | 184 | |
| 工業技術院電子技術総合研究所 | 184, 356 | |
| 工業技術院微生物工業技術研究所 | 108 | |
| 航空宇宙技術研究所 | 185 | |
| 航空機用ジェットエンジン技術研究組合 | 184 | |
| 構口 武志 | 179 | |
| 興研 | 143, 362, 365 | |
| 高研 | 358 | |
| 向後 元彦 | 167 | |
| 光合金製作所 | 11 | |
| 溝根 哲也 | 348 | |
| 神崎 昌久 | 101 | |
| 郷司 浩平 | 30 | |
| 合志 清一 | 474 | |
| 神品 英二 | 338 | |
| 高周波熱錬 | 430 | |
| 高周波熱錬焼入製品部 | 86 | |
| 江沼チエン製作所 | 323 | |
| 興人 | 87 | |
| 神津 英明 | 91 | |
| 上月 栄一 | 85 | |
| 上月 三光 | 366 | |
| 光生アルミニューム工業 | 20 | |

## こうせ

高精細度ディスプレイ用カラー受像管開発グループ ……………… 485
高性能工業炉開発プロジェクトチーム ……………… 167
幸前 治一 ……………… 528
高速道路高架橋と都市景観に関する検討会 ……… 378
高速道路総合技術研究所 ……………… 169
高速道路調査会道路景観研究部会 ……………… 377
ゴウダ ……………… 21
香田 拡樹 ……………… 94
合田 真一 ……………… 84
幸田 太一 ……………… 410
甲田 広行 ……………… 54
幸田 文男 ……………… 109
郷田 雅男 ……… 555, 571
郷田 實 ……………… 379
甲田 豊 ……………… 345
甲田 克明 ……………… 325
上滝 裕史 ……………… 343
講談社Web現代編集部 …… 524
高知営林局定置式玉切装置開発グループ ……… 207
高知営林局ヘリコプター集材プロジェクトチーム …… 208
高知県 ……………… 544
高知県工業技術センター ……………… 131
高知県森林組合連合会 …… 209
高知県 須崎土木事務所 道路建設課 …………… 384
高知システム開発 ……… 510
高知新聞社 … 502, 506, 507, 509
高知大学 ……………… 483
孝忠 義康 ……………… 324
紘デザイン研究所 ……… 306
高堂 治 ……………… 384
合同会社5LINKS ……… 323
江東区教育委員会 ……… 563
江東クリスタル ……… 21
江東電気 ……………… 483
高日 幸義 ……………… 89
河野 栄子 ……………… 27
河野 一高 ……………… 208
河野 勝也 ……………… 531
河野 岩二郎 ……………… 211
河野 賢二 ……………… 442
河野 耕蔵 ……………… 244
河野 貞寿 ……………… 477
河野 三秋 ……………… 403
河野 彰二 ……………… 254
河野 典夫 ……………… 74
河野 進 ……………… 557

河野 誠一 ……………… 531
河野 孝明 ……………… 378
河野 鷹思 ……………… 458
河野 隆英 ……………… 257
河野 隆之 ……………… 79
郷野 武 ……………… 341
河野 俊之 ……………… 332
河野 友宏 ……………… 164
河野 宏和 ……………… 46
河野 宏 ……………… 476
幸野 博 ……………… 90
河野 誠公 ……………… 334
河野 通方 ……… 338, 390
河野 泰幸 ……………… 371
河野 祐一 …… 477, 555, 570
河野 有悟 ……………… 269
河野 義徳 ……………… 533
鴻池組 ……………… 562
鴻池組広島支店 ……… 379
鬘島 孝彦 ……………… 482
鴻巣 敦宏 ……………… 344
鴻巣 仁司 ……………… 190
河野製作所 ……………… 407
コウノトリ野生復帰推進連絡協議会 ……………… 50
河野(平田)典子 ……… 165
合原 光徳 ……………… 502
高品質ソルガム育種グループ ……………… 213
工古田 尚子 ……………… 261
高分子原料技術研究組合 ……………… 354
光文書院 ……………… 285
神戸工業 ……………… 86
神戸工業試験場 ……… 392
神戸市 ……… 520, 541
神戸市住宅供給公社 …… 381
神戸市住宅局・建設局 …… 381
神戸市第二次救急病院協議会 ……………… 544
神戸新聞社 …… 500, 508
神戸新聞社営業局マーケティング部 …………… 499
神戸新聞社・京都新聞社生きる取材班 ……… 505
神戸製鋼所 ……… 84, 87, 92, 98, 116, 117, 118, 121, 130, 184, 185, 186, 355, 388, 391, 392, 393, 560
神戸製鋼所 加古川製鉄所 ……………… 112
神戸製鋼所機械事業部呉工場 ……………… 88
神戸製鋼所市場開発部 …… 413
神戸製鋼所鉄鋼事業部 …… 89

神戸製鋼所鉄鋼事業部神戸製鉄所 ……………… 89
神戸製鋼所溶接棒事業部 ……………… 92
神戸ルミナリエ ……… 577
弘法 健三 ……………… 218
工房ユーダ ……………… 309
高木製作所 ……………… 21
弘木技研 ……………… 24
甲元 啓介 ……………… 221
香山 寿夫 ……………… 422
興洋 ……………… 15
高楊 裕幸 … 377, 378, 381, 383
光洋精工 ……………… 359
光洋鋳機 ……………… 13
高良 秀彦 ……… 175, 198
光来 要三 ……………… 387
香蘭社 ……………… 357
高齢社会をよくする女性の会 ……………… 469
高齢者痴呆介護研究・研修東京センター ……… 564
興梠 元伸 ……………… 77
港湾空港技術研究所 …… 186
コーエー ……………… 526
郡 公子 ……………… 428
郡山 龍 ……………… 44
古賀 明 ……………… 229
古賀 一雄 ……………… 333
古賀 重信 ……………… 439
古賀 正三 ……………… 88
古賀 大 ……………… 328
古賀 貴博 ……………… 248
古賀 武博 ……………… 368
古賀 常次郎 ……………… 52
古閑 敏夫 ……… 66, 486
古賀 英隆 ……………… 344
古賀 慎一 ……………… 372
古賀 満 ……………… 383
古賀 康史 ……………… 56
古賀 優太 ……………… 255
五弓 勇雄 ……… 81, 84
国際映像祭実行委員会 …… 447
国際エレクトロニック・シネマ・フェスティバル日本委員会 ……………… 445
国際協力事業団 …… 559, 562
国際計装 ……………… 15
国際計測器 ……………… 362
国際渓流滝登りinななやま ……………… 578
国際地震工学研修所 …… 413
国際女性学会 ……………… 41
国際電気 ……… 114, 354, 355
国際電信電話 …… 354, 558

| | | |
|---|---|---|
| 国際花と緑の博覧会協会 ……………………… 446 | 国立環境研究所オゾン層研究グループ …………… 167 | 小島 正文 ……………… 438 |
| 国際花博におけるインタラクティブマルチメディア展開実行委員会(4法人16社) ………………… 517 | 国立天文台 ……… 375, 563, 564 | 小島 康彦 ……………… 106 |
| | 国立歴史民俗博物館 ……… 559, 560, 561, 565 | 小島 幸夫 ……………… 342 |
| | | 小島 幸康 ……………… 383 |
| 国際文化会館 …………… 429 | 国立歴史民族博物館 …… 562 | 小島 洋子 ……………… 403 |
| 国際文化会館建築諮問委員会 ……………………… 429 | 小暮 信之 ……………… 107 | 小島 義広 ……………… 441 |
| | 木暮 雄一 ……………… 378 | 小島 鐐次郎 …………… 31 |
| 国際放映 ………………… 567 | 五合 …………………… 149 | 越村 俊一 ……………… 123 |
| 国際レスキューシステム研究機構 ……………… 465 | こころタクシー ………… 283 | ゴジラVSメカゴジラ・ダビングスタッフ …… 552 |
| | 古在 豊樹 ……………… 223 | |
| 黒正 清治 ………… 415, 430 | 小佐井 元吉 …………… 211 | 古津 年章 ……………… 61 |
| 国生 哲夫 ……………… 238 | 小坂 一也 ……………… 174 | 小塚 時雄 ……………… 475 |
| コークス工場排水処理技術開発グループ ………… 106 | 小坂 健 ………………… 251 | 小塚 元 ………………… 336 |
| | 小坂 淳一 ……………… 230 | 小杉 一雄 ……………… 88 |
| 国土交通省関東地方整備局京浜河川事務所 …… 384 | 小坂 瑋吾 ………………… 89 | 小杉 賢一朗 …………… 234 |
| | 小坂 敏夫 ……………… 428 | 小杉 賢一郎 …………… 232 |
| 国土交通省北九州国道工事事務所 ……………… 113 | 小坂 英生 ……………… 124 | 小杉 佐内 ……………… 123 |
| | 小坂 秀雄 ……………… 409 | 小杉 茂 ………………… 102 |
| 国土交通省九州地方整備局遠賀川河川事務所 … 383 | 小阪 義夫 ……………… 413 | 小杉 二郎 ………… 308, 458 |
| | 小坂研究所 ……………… 144 | 小杉 高生 ……………… 176 |
| 国土交通省九州地方整備局九州技術事務所 …… 464 | 小崎 德也 ……………… 200 | 小杉 長平 ……………… 467 |
| | 小崎 均 ………………… 428 | 小杉 允 ………………… 370 |
| 国土交通省九州地方整備局武雄河川事務所 …… 382 | 小崎 政臣 ……………… 527 | 小菅 一弘 ……………… 192 |
| | 小崎哲哉事務所 ………… 519 | 小菅 正夫 …… 44, 406, 534 |
| 国土交通省近畿地方整備局営繕課」 …………… 326 | 小佐古 修士 …………… 111 | コスモ開発 …………… 285 |
| | 小迫 裕之 ……………… 557 | コスモ石油 …… 96, 185, 388 |
| 国土交通省中国地方整備局出雲河川事務所 …… 378 | 輿 寬次郎 ……………… 534 | コスモ総合研究所 ……………………… 96, 185, 388 |
| | 越 由紀子 ……………… 325 | |
| 国土交通省中国地方整備局苫田ダム工事事務所 …… 381 | 腰塚 博美 ……………… 387 | コスモペトロテック …… 96 |
| | 越野 武 ………………… 419 | コスモメカニクス ……… 147 |
| 国土交通省中国地方整備局斐伊川・神戸川総合開発工事事務所 ………… 381 | 腰原 幹雄 ……………… 383 | 巨勢 寛 ………………… 81 |
| | 小島 明倫 ………………… 64 | 小関 祥代 ……………… 370 |
| | 児島 明彦 ………………… 70 | 小関 智也 ……………… 367 |
| 国土交通省中部地方整備局高山国道事務所 …… 319 | 小嶋 和雄 ……………… 238 | 古関 弘子 ………………… 37 |
| | 児嶋 一浩 ………………… 71 | 古関 正格 ……………… 501 |
| 国土交通省東北地方整備局福島河川国道事務所 … 379 | 小嶋 一浩 ……………… 423 | 小関 康雄 ……………… 536 |
| | 小嶋 一幸 ……………… 195 | 子育て総研 …………… 286 |
| 国土再生研究所 ………… 316 | 小島 一至 ……………… 486 | コーゾーデザインスタジオ ………… 296, 318, 320 |
| 国土総合建設 …………… 122 | 小島 克己 ……………… 234 | |
| 国土防災技術環境防災本部 ……………………… 383 | 小島 啓示 ………………… 93 | 小園 敏樹 ……………… 404 |
| | 小島 弦 ………………… 57 | 個体カメラ開発グループ ……………………… 486 |
| 国土緑化推進機構 ……… 564 | 小島 正七 ……………… 546 | |
| 国分 清秀 ……………… 57 | 小島 晋爾 ………… 335, 343 | 小平 権一 ……………… 215 |
| 国分 幹郎 ……………… 53 | 小島 武男 ……………… 410 | 小平市 障害福祉課 …… 284 |
| 小久保 正 …………… 75, 77 | 小島 民生 ……………… 80 | 小髙 賢二 ……………… 344 |
| 国民金融公庫調査部 …… 41 | 小島 孜 ………………… 418 | コータキ ……………… 117 |
| 国民生活金融公庫総合研究所 ……………………… 43 | 小島 紀盛 ………… 389, 391 | 小滝 賢治 ……………… 135 |
| | 児玉 利治 ……………… 453 | 小竹 達也 ……………… 269 |
| コクヨ …… 286, 315, 318, 320 | 小嶋 智哉 ……………… 572 | 小竹 元基 ……………… 348 |
| コクヨオフィス家具事業本部商品開発部オフィス家具開発第二課 ………… 300 | 小島 信弘 ……………… 538 | 小竹 芳雄 ……………… 530 |
| | 小島 寿 ………………… 567 | コダック ……………… 312 |
| | 小島 久育 ……………… 371 | 小舘 香椎子 …………… 164 |
| | 小島 正昭 ……………… 331 | 小谷 謙二 ……………… 377 |
| コクヨS&T ……… 284, 318 | 小島 正興 ………………… 6 | 小谷 英夫 ……………… 439 |
| | 小嶋 昌洋 ………… 340, 346 | 小谷 宏 ………………… 538 |
| | | 小谷 正雄 ……………… 151 |

| | | |
|---|---|---|
| 小谷　衛 …………… 329, 330 | 後藤　尚久 …………… 75 | コニカオフィスドキュメント |
| 小谷口　隆 …………… 307 | 後藤　尚弘 …………… 156 | 　カンパニー機器生産事業 |
| 児玉　晃 ……………… 476 | 五島　昇 ………… 28, 30, 418 | 　部 …………………… 444 |
| 小玉　敦 ……………… 327 | 後藤　春彦 …………… 427 | コニカミノルタテクノロジー |
| 小玉　一徳 …………… 325 | 後藤　久 ……………… 429 | 　センター …………… 323 |
| 児玉　耕二 …………… 327 | 五嶋　裕 ……………… 204 | 小西　一郎 …………… 533 |
| 児玉　幸子 …………… 524 | 後藤　博正 …………… 156 | 小西　和雄 …………… 88 |
| 児玉　敏 ……………… 439 | 後藤　博之 …………… 345 | 小西　喜一郎 ………… 537 |
| 児玉　竜也 …………… 393 | 五嶋　丙午郎 ………… 529 | 小西　邦彦 ……… 366, 367 |
| 児玉　展全 …………… 453 | 後藤　誠 ……………… 134 | 小西　国義 …………… 223 |
| 児玉　英雄 …………… 302 | 後藤　正夫 …………… 224 | 小西　昌三 …………… 477 |
| 児玉　英世 …………… 366 | 後藤　正和 …………… 213 | 小西　達也 …………… 239 |
| 児玉　藤雄 …………… 81 | 後藤　正勝 …………… 483 | 小西　太郎 …………… 507 |
| 小玉　正智 …………… 75 | 後藤　真孝 …………… 493 | 小西　史一 …………… 156 |
| 児玉　正巳 …………… 177 | 後藤　靖夫 …………… 85 | 小西　正巳 …………… 344 |
| 児玉　光雄 …………… 539 | 後藤　靖人 …………… 72 | 小西　良弘 …………… 485 |
| 小玉　祐一郎 ………… 327 | 後藤　裕一 …………… 197 | 小西六写真工業 … 357, 459 |
| 児玉　祐悦 …………… 60 | 後藤　雄一 …………… 346 | 小沼　晶 ……………… 262 |
| 児玉　寛 ……………… 91 | 後藤　行弘 …………… 463 | 小沼　毅 ……………… 87 |
| こだま食品 …………… 149 | 後藤　豊 ……………… 335 | コネクトテクノロジーズ |
| 古地　敏彦 …………… 405 | 後藤　裕 ……………… 241 | 　………………………… 526 |
| 五丁　美歌 …………… 349 | 後藤　洋二 …………… 472 | 児ノ口公園管理協会 … 379 |
| 小塚　裕介 …………… 163 | 後藤　佳昭 …………… 82 | 木平　勇吉 ……… 224, 232 |
| コーデックソフトウエア | 後藤　嘉夫 …………… 378 | 許斐　俊明 …………… 339 |
| 　………………………… 144 | 後藤　義明 …………… 531 | 許斐　敏明 …………… 333 |
| 小寺　敏正 …………… 179 | 後藤　佳行 …………… 370 | 許斐　三夫 …………… 530 |
| 古寺　哲幸 …………… 178 | 後藤　隆吉 …………… 529 | 小場　晴夫 …………… 412 |
| 小寺　治行 …………… 345 | 後藤　隆治 …………… 340 | 小橋　一介 …………… 95 |
| 古都　勝寿 …………… 533 | 五藤光学研究所 ……… 515 | 小橋　隆裕 …………… 93 |
| 五島　綾子 …………… 197 | 五藤工学研究所 ……… 354 | 小橋　正満 …………… 56 |
| 後藤　磯吉 …………… 32 | 後藤合金鋳工所 ……… 83 | 小橋川　誠司 ………… 474 |
| 後藤　英一 ………… 54, 93 | ゴトウコンクリート … 121 | 小橋工業 ……………… 240 |
| 後藤　治 ……………… 337 | 琴坂　信哉 …………… 190 | 戸柱　慶二郎 ………… 371 |
| 後藤　一生 …………… 435 | コトナリエサマーフェスタ | 木幡　陽 ……………… 152 |
| 後藤　一雄 …………… 409 | 　2007(第4回) ……… 579 | 小畠　達雄 …………… 100 |
| 後藤　和司 …………… 56 | コトヒラ工業 ………… 444 | コバード ……………… 136 |
| 後藤　一彦 …………… 456 | コトブキ技研工業 … 144, 145 | 小林　彰夫 …………… 223 |
| 後藤　健一 …… 332, 336, 436 | 寿工業 ………………… 23 | 小林　昭仁 …………… 126 |
| 後藤　健吾 …………… 383 | 寿産業 ………………… 17 | 小林　章 ……………… 219 |
| 後藤　浩介 …………… 382 | 寿精版印刷デザインセン | 小林　明 ……………… 326 |
| 後藤　公太郎 ………… 101 | 　ター …………… 441, 442 | 小林　朝人 …………… 415 |
| 後藤　幸平 …………… 66 | 寿屋宣伝部 …………… 458 | 小林　中 ……………… 29 |
| 後藤　重雄 …………… 530 | 寿屋フロンテ 九州工場 | 小林　育也 …………… 335 |
| 後藤　滋 ……………… 412 | 　………………………… 444 | 小林　功郎 …………… 94 |
| 後藤　新一 …………… 335 | 寿屋フロンテ 埼玉工場 | 小林　一雅 …………… 27 |
| 後藤　新一(金融) … 4, 42 | 　………………………… 444 | 小林　治 ……………… 554 |
| 後藤　晋 ……………… 245 | 子ども×くすり×デザイン | 小林　薫 ……………… 182 |
| 後藤　進 ……………… 332 | 　実行委員会 ………… 287 | 小林　一夫 …………… 556 |
| 五藤　斉三 …………… 477 | 子ども建築研究会 …… 285 | 小林　一登 …………… 368 |
| 後藤　隆 ……………… 378 | 子どもの虐待防止ネットワー | 小林　一彦 …………… 177 |
| 後藤　隆志 ……… 240, 241 | 　ク・あいち ………… 468 | 小林　和彦 …… 225, 251, 252 |
| 後藤　剛 ……………… 66 | 子どもの権利支援センター | 小林　勝利 ……… 218, 227 |
| 後藤　剛史 …………… 424 | 　ぱれっと …………… 543 | 小林　華弥子 ………… 384 |
| 後藤　哲史 …………… 470 | 小中　俊雄 ……… 238, 240 | 小林　希一 …………… 98 |
| 後藤　徹 ……………… 122 | コナミ …………… 518, 527 | 小林　邦雄 …………… 70 |
| 後藤　敏彦 …………… 487 | | 小林　研 ……………… 239 |

| | | | | | | |
|---|---|---|---|---|---|---|
| 小林 健一 | 537, 571 | 小林 英嗣 | 379, 380 | コベルコピーアールセン | |
| 小林 見吉 | 533 | 小林 洋昭 | 371 | ター | 560 |
| 小林 健児 | 455 | 小林 洋司 | 232 | コーボージャパン | 311 |
| 小林 憲治 | 90 | 小林 宏嗣 | 472 | 小堀 鐸二 | 410, 433 |
| 小林 恒一 | 59 | 小林 弘幸 | 333 | 小堀 哲夫 | 328 |
| 小林 宏治 | 25, 28 | 小林 啓美 | 411 | 小堀鐸二研究所 | 121 |
| 小林 耕太郎 | 471 | 小林 深 | 88 | コーポレーションパールス | |
| 小林 茂昭 | 190 | 小林 史明 | 455 | ター | 146 |
| 小林 茂雄 | 431 | 小林 二三幸 | 67 | 駒井 健一郎 | 25 |
| 小林 周司 | 98 | 小林 文次 | 411 | 駒井 拓央 | 512 |
| 小林 純 | 217 | 小林 実 | 127, 183, 430 | 駒井 麻耶 | 441 |
| 小林 準一郎 | 242 | 小林 正和 | 94 | 駒形 哲哉 | 43 |
| 小林 庄一郎 | 26 | 小林 正信 | 329 | 小牧 一樹 | 73 |
| 小林 奨英 | 343 | 小林 雅彦 | 180 | 小牧 久 | 109 |
| 小林 正吾 | 231 | 小林 真人 | 113 | 駒米 礼二郎 | 333 |
| 小林 祥士 | 493 | 小林 政巳 | 189 | 駒崎 徹 | 369 |
| 小林 仁 | 530 | 小林 正美 | 378, 379, 382 | 細澤 治 | 127, 431 |
| 小林 信高 | 72 | 小林 雅之 | 261 | 駒田 聡 | 189 |
| 小林 伸次 | 183 | 小林 正幸 | 109 | 駒田 紀一 | 180 |
| 小林 伸治 | 339 | 小林 松太郎 | 549 | 駒田 旦 | 228 |
| 小林 清周 | 416 | 小林 道男 | 481 | 小松 改造 | 531 |
| 小林 節夫 | 332 | 小林 美智子 | 469 | 小松 和則 | 69 |
| 小林 節雄 | 547, 549 | 小林 達彦 | 160 | 小松 一也 | 109 |
| 小林 節太郎 | 477 | 小林 靖雄 | 40 | 小松 包治 | 534 |
| 小林 聡雄 | 163 | 小林 祐一 | 194 | 小松 亀代治 | 538 |
| 小林 備 | 530 | 小林 勇策 | 367 | 小松 清隆 | 207 |
| 小林 大祐 | 26, 47 | 小林 勇二 | 67 | 小松 啓郎 | 199 |
| 小林 尚 | 67 | 小林 行雄 | 477 | 小松 研治 | 248 |
| 小林 嵩 | 216 | 小林 洋 | 306 | 小松 公平 | 47 |
| 小林 孝寿 | 261 | 小林 洋一 | 76, 126 | 小松 聰一 | 476 |
| 小林 滝造 | 83 | 小林 陽太郎 | 7, 26, 29, 30, 411, 433 | 小松 敏泰 | 369 |
| 小林 忠男 | 172 | | | 小松 登 | 91 |
| 小林 忠弘 | 92 | 小林 禧夫 | 75 | 小松 徳之 | 539 |
| 小林 達比古 | 555 | 小林 佳和 | 66 | 小松 光 | 235 |
| 小林 千尋 | 76 | 小林 芳一 | 370 | 小松 尚史 | 491 |
| 小林 務 | 205 | 小林 義隆 | 81 | 小松 富士夫 | 183 |
| 小林 恒夫 | 303, 307 | 小林 由則 | 176 | 小松 真 | 98 |
| 小林 湜信 | 476 | 小林 喜光 | 28 | 小松 誠 | 402 |
| 小林 哲郎 | 59 | 小林 米作 | 545, 546, 547, 553 | 小松 将人 | 472 |
| 小林 敏雄 | 335 | 小林 利助 | 409 | 小松 泰典 | 437 |
| 小林 利央 | 477 | 小林 亮二 | 257 | 小松 安弘 | 32, 47 |
| 小林 敏晴 | 127 | 小林 怜爾 | 244 | 小松 幸夫 | 429 |
| 小林 智夫 | 241 | 小林工業開発部 | 290 | 小松 龍造 | 52 |
| 小林 智之 | 189 | 小林製薬 | 284 | 小松ウォール工業 | 17 |
| 小林 直明 | 427 | 小原歯車工業 | 18 | 小松精機工作所 | 24 |
| 小林 夏雄 | 531 | コバル光機製作所 | 83, 354 | 小松製作所 | 93, 114, 115, 116, 135, 276, 314, 442, 464 |
| 小林 信秋 | 468 | コビーアンドアソシエイツ | | | |
| 小林 信夫 | 378 | | 285 | 小松ゼノア | 118, 240 |
| 小林 信樹 | 134 | 小比賀 一史 | 269 | 小松電機産業 | 18 |
| 小林 伸行 | 333 | 500kWディジタル処理型中波放送機開発グループ | | 小松原 三郎 | 93 |
| 小林 治樹 | 337 | | | 小松原 茂 | 552 |
| 小林 繁峯 | 26 | | 491 | 小松原 周吾 | 371 |
| 小林 光 | 269 | 小檜山 国雄 | 437 | 小松原 俊一 | 387 |
| 小林 秀夫 | 57 | コピー用紙リサイクル技術開発グループ | | 小松原 智光 | 94 |
| 小林 英樹 | 87 | | | 小松原 哲郎 | 380 |
| 小林 秀樹 | 429 | | 167 | 小松フォークリフト | 116, 278 |

| | | |
|---|---|---|
| 「こまねこ」制作スタッフ ……… 470 | 小山 英一 ……… 337 | 近藤 浩一 ……… 512 |
| 駒村 富士弥 ……… 231 | 小山 和希 ……… 253 | 近藤 五郎 ……… 483, 494 |
| 五味 真平 ……… 85, 87 | 小山 和彦 ……… 572 | 近藤 聡 ……… 345 |
| 五味 努 ……… 339 | 小山 健一 ……… 54 | 近藤 重幸 ……… 527 |
| 小湊 郁麿 ……… 343 | 小山 原嗣 ……… 339, 366 | 近藤 成之 ……… 471 |
| 小南 朗 ……… 573 | 小山 茂樹 ……… 266 | 近藤 茂 ……… 166 |
| 小南 哲也 ……… 188 | 小山 滋 ……… 156 | 近藤 駿介 ……… 266 |
| 小峰 隆夫 ……… 265 | 小山 潤 ……… 103 | 近藤 信策 ……… 133 |
| 小峰 信 ……… 422 | 小山 俊太郎 ……… 387 | 近藤 漸 ……… 530 |
| 小嶺 隆一 ……… 133 | 児山 慎二 ……… 338 | 近藤 精一 ……… 529 |
| 小宮 玄 ……… 371 | 小山 忠志 ……… 111 | 近藤 操可 ……… 123 |
| 小宮 正久 ……… 377 | 小山 長雄 ……… 218 | 近藤 泰吉 ……… 529 |
| 小味山 潤 ……… 472 | 小山 博美 ……… 195 | 近藤 助 ……… 229 |
| 小宮山 摂 ……… 483 | 小山 二三夫 ……… 62 | 近藤 達彦 ……… 485 |
| 小宮山 真佐子 ……… 33 | 小山 正和 ……… 412 | 近藤 民雄 ……… 219, 229 |
| 小宮山 充 ……… 470, 471 | 小山 光浩 ……… 569, 574 | 近藤 恒夫 ……… 213 |
| 小宮山 涼一 ……… 262 | コーヨー ……… 131 | 近藤 禎二 ……… 244 |
| 小宮山工業デザイン ……… 294 | 五洋建設 ……… 121, 122 | 近藤 照明 ……… 335 |
| 古民家再生工房 ……… 424 | 牛来 千鶴 ……… 36 | 近藤 照男 ……… 547 |
| コムデザイン ……… 315, 319 | コラボ ……… 281 | 近藤 照夫 ……… 437 |
| コムテック2000 ……… 23 | コルバト, フェルナンド・J. ……… 497 | 近藤 直 ……… 239, 241 |
| 小村 静夫 ……… 545, 546 | 是永 逸生 ……… 366 | 近藤 直光 ……… 571 |
| ゴムリサイクル研究・開発グ ループ ……… 168 | 是永 健好 ……… 124 | 近藤 寿志 ……… 491 |
| 小牟禮 尊人 ……… 257, 405 | コロナ工業 ……… 148, 149 | 権藤 永 ……… 89 |
| 小室 孝 ……… 194 | コロナ 製造本部 ……… 444 | 近藤 秀明 ……… 231 |
| 小室 武勇 ……… 387 | コロナ電気 ……… 357 | 金堂 秀範 ……… 98 |
| 小室 努 ……… 124, 427, 428 | 金 栄吉 ……… 332, 335 | 近藤 弘志 ……… 336 |
| 小室 雅伸 ……… 327 | ゴーン, カルロス ……… 8, 27, 29 | 近藤 博英 ……… 573 |
| 米谷 龍幸 ……… 264 | 權 泰錫 ……… 252 | 近藤 政彰 ……… 349 |
| 米谷 富裕 ……… 125 | 今 武一 ……… 533 | 近藤 正顕 ……… 371 |
| 米谷 春夫 ……… 81 | 今 忠正 ……… 53 | 近藤 雅弘 ……… 258 |
| コメット ……… 144 | 金 豊太郎 ……… 230 | 近藤 雅文 ……… 182 |
| コメット開発部 ……… 298, 305 | 今 博計 ……… 235 | 近藤 正光 ……… 157 |
| 米納 和哉 ……… 99 | 近 政裕 ……… 89, 95 | 近藤 雅芳 ……… 262 |
| 米屋 ……… 32 | 今 和次郎 ……… 432 | 近藤 万太郎 ……… 214 |
| 菰田 孜 ……… 89 | 金剛 ……… 21, 309, 311, 312, 313 | 近藤 幹夫 ……… 369 |
| 薦田 紀雄 ……… 332 | コーンズ・アンド・カンパ ニー・リミテッド ……… 396 | 近藤 道治 ……… 210 |
| 小守 伸史 ……… 491 | コンステック ……… 122 | 権藤 光枝 ……… 36 |
| 小森 照夫 ……… 175 | コンセック ……… 309 | 近藤 光洋 ……… 537 |
| 小森 正憲 ……… 339 | 今仙技術研究所 ……… 310 | 近藤 満郎 ……… 537 |
| 小森安全機研究所 ……… 143 | コンセント ……… 285 | 近藤 基樹 ……… 419 |
| 小森コーポレーション ……… 118, 277, 278, 279 | 紺谷 和夫 ……… 335 | 近藤 康男 ……… 227 |
| コモンデザイン室 ……… 441 | 近藤 昭彦 ……… 161 | 近藤 康夫 ……… 460 |
| 小屋 栄太郎 ……… 366 | 近藤 朗 ……… 381 | 近藤 保夫 ……… 366 |
| 小屋 かをり ……… 270 | 近藤 天万里 ……… 373 | 近藤 弥太郎 ……… 87 |
| 子安 大士 ……… 191 | 近藤 香織 ……… 441 | 近藤 祐輔 ……… 339 |
| 小柳 勝海 ……… 56 | 近藤 薫 ……… 340 | 近藤 洋一 ……… 441 |
| 小柳 四郎 ……… 204 | 近藤 和利 ……… 370 | 近藤 義和 ……… 80 |
| 小柳 正男 ……… 54 | 近藤 勝広 ……… 72, 346 | 近藤 禎樹 ……… 191 |
| 小柳 光正 ……… 96 | 近藤 克己 ……… 68, 172, 332 | 近藤科学 ……… 464 |
| 小柳 善郎 ……… 126 | 近藤 勝也 ……… 92 | コンドヲトヨカズ ……… 440 |
| 小谷野 敬之 ……… 97 | 近藤 勝義 ……… 64, 504 | 近内 誠登 ……… 223 |
| コヤマ ……… 133 | 近藤 恭司 ……… 217 | 紺野 昭 ……… 412 |
| | 近藤 宏 ……… 341, 343 | 今野 安津志 ……… 338 |
| | | 今野 勝洋 ……… 333 |
| | | 今野 邦彦 ……… 481 |

| | | | | | | | | |
|---|---|---|---|---|---|---|---|---|
| 紺野 茂紀 | 102 | | 斎藤 彰英 | 532 | | 斎藤 長男 | 89 |
| 今野 清一 | 480 | | 斎藤 晃 | 339 | | 斎藤 信彦 | 152 |
| 今野 次雄 | 110 | | 斉藤 諦 | 208 | | 齊藤 信広 | 348 |
| 今野 彦正 | 536 | | 斉藤 明 | 502 | | 斎藤 信行 | 347 |
| 今野 守 | 533 | | 斎藤 郁夫 | 392 | | 斎藤 光 | 415 |
| 今野 泰彦 | 485 | | 斎藤 勲 | 178 | | 斎藤 尚武 | 58, 89 |
| 今野 善裕 | 369 | | 西藤 一郎 | 409 | | 斎藤 秀隆 | 437 |
| コンビ | 286, 316 | | 斎藤 潮 | 380 | | 斎藤 英俊 | 421, 424 |
| コンピュータ・グラフィック・ラボ | 514 | | 斎藤 英四郎 | 30, 74 | | 斎藤 仁志 | 171 |
| 昆陽 雅司 | 189 | | 斉藤 一夫 | 479 | | 齊藤 広子 | 430 |
| | | | 斉藤 和夫 | 123 | | 斎藤 裕 | 424 |
| 【 さ 】 | | | 斉藤 員功 | 568 | | 斉藤 博英 | 158 |
| | | | 斎藤 和美 | 55 | | 斎藤 文 | 46 |
| 蔡 安邦 | 155 | | 斎藤 勝夫 | 73 | | 斎藤 文雄 | 181 |
| 蔡 義民 | 213 | | 斎藤 寛達 | 405 | | 斉藤 史彦 | 109 |
| 蔡 夢暁 | 255 | | 西堂 紀一郎 | 266 | | 斎藤 平蔵 | 410, 433 |
| サイヴァース | 464 | | 斎藤 公男 | 327, 418 | | サイトウ マコト | 460 |
| サイエンスパーク | 149 | | 齊藤 啓一 | 382 | | 斎藤 実 | 133 |
| 雑賀 優 | 213 | | 齊藤 健 | 540 | | 斎藤 誠(気象庁) | 181 |
| 災害情報システム開発グループ | 493 | | 齊藤 建一 | 346 | | 齊藤 誠 | 5 |
| 才川 勇 | 91 | | 斎藤 幸一 | 423 | | 斎藤 正夫 | 510 |
| 犀川 一夫 | 467 | | 斉藤 耕一 | 574 | | 斎藤 雅基 | 369 |
| 齊官 貞雄 | 111 | | 斉藤 浩二 | 381 | | 斎藤 真己 | 245 |
| 斎木 康平 | 346 | | 斉藤 公児 | 391 | | 斎藤 正武 | 46 |
| 斎伯 哲 | 535 | | 斎藤 言栄 | 157 | | 斎藤 雅伸 | 171 |
| 斎木 崇人 | 418 | | 斎藤 繁喜 | 326 | | 齋藤 雅春 | 126 |
| 斎木 直人 | 389 | | 齋藤 滋規 | 190 | | 斎藤 正也 | 83 |
| 佐伯 浩 | 55 | | 斉藤 成文 | 495 | | 斎藤 正之 | 83 |
| 佐伯 康治 | 106 | | 齋藤 周 | 105 | | 斉藤 道雄 | 215 |
| サイクロンジャパン | 309 | | 斎藤 修二 | 152 | | 斎藤 光隆 | 135 |
| 西幸 正明 | 342 | | 斎藤 準 | 263 | | 斉藤 安 | 332 |
| 最首 公司 | 266 | | 斎藤 昌平 | 135 | | 斎藤 泰紀 | 54 |
| 最首 達夫 | 494 | | 斎藤 新三郎 | 528 | | 斉藤 雄一 | 230 |
| 最首 陽平 | 344 | | 斉藤 進六 | 87 | | 斎藤 友紀雄 | 469 |
| 税所 正芳 | 531 | | 齋藤 正信 | 437 | | 斉藤 陽平 | 486 |
| 西条 利彦 | 533 | | 斉藤 宗三 | 205 | | 齊藤 義明 | 268 |
| 西条 博之 | 437 | | 斉藤 壮平 | 373 | | 斎藤 義男 | 529 |
| 最相 元雄 | 427 | | 斉藤 ダイスケ | 325 | | 斎藤 芳夫 | 52 |
| 西条市 | 543 | | 斉藤 孝雄 | 550, 551 | | 斎藤 義隆 | 87 |
| 才田 亜希子 | 34 | | 齋藤 孝夫 | 438 | | 斎藤 嘉博 | 536 |
| 齊田 要 | 62 | | 斉藤 隆 | 218 | | 斎藤 立実 | 410 |
| 才田 隆志 | 162 | | 齊藤 貴伸 | 372 | | 斉藤 了造 | 65 |
| 埼玉機器 | 450 | | 斎藤 孟 | 336 | | 斉藤農機 | 240 |
| 埼玉県 | 312 | | 斎藤 忠夫 | 53 | | 西都古墳まつり(第17回) | 578 |
| 埼玉県東部清掃組合 | 108 | | 齊藤 正 | 43 | | サイバーステーション | 512 |
| 埼玉県宮代町 | 543 | | 妻藤 達夫 | 533 | | サイバー・ソリューションズ | 147 |
| さいたま新都心中枢・中核施設建設調整委員会 | 378 | | 斉藤 恒明 | 333 | | サイバーネットワーク | 519 |
| 斎長物産 | 456 | | 斉藤 禎一 | 552 | | サイバーレーザー | 144 |
| サイテック | 144, 147 | | 斎藤 哲夫 | 221 | | サイベックコーポレーション | 24 |
| サイデン化学 | 20 | | 斎藤 哲夫 | 84 | | サイボウズ | 511 |
| 斎藤 昭則 | 339, 341 | | 斎藤 敏男 | 53 | | 最北精密 | 13 |
| | | | 斎藤 利夫 | 485 | | 西松建設 | 122, 184 |
| | | | 斎藤 利廣 | 533 | | | |
| | | | 斎藤 俊晴 | 156 | | | |
| | | | 斉藤 留夫 | 478 | | | |
| | | | 斎藤 智好 | 439 | | | |

| | | |
|---|---|---|
| サウンドインS制作技術スタッフ | 485 | |
| サウンドクラフト | 519 | |
| 佐伯 勇 | 26 | |
| 佐伯 英一郎 | 71 | |
| 佐伯 修 | 90, 264 | |
| 佐伯 和子 | 403, 404 | |
| 佐伯 啓三郎 | 545 | |
| 佐伯 啓治 | 366 | |
| 佐伯 修三 | 95 | |
| 佐伯 伸二 | 370 | |
| 佐伯 達之 | 28 | |
| 佐伯 哲馬 | 478 | |
| 佐伯 尚美 | 228 | |
| 佐伯 広志 | 532 | |
| 佐伯 正夫 | 90, 111 | |
| 佐伯 明香 | 37 | |
| 佐伯 泰顕 | 538 | |
| 三枝 武夫 | 152 | |
| 三枝 稔 | 8 | |
| 三枝 靖博 | 403 | |
| さえら | 18 | |
| 早乙女 滋男 | 87 | |
| 早乙女 雅博 | 431 | |
| 坂 志朗 | 225, 392 | |
| 佐賀 達男 | 79 | |
| 坂 勉 | 337 | |
| 坂 寿二 | 421 | |
| 坂 博之 | 179 | |
| 坂 真澄 | 62, 346 | |
| 酒井 昭彦 | 188 | |
| 坂井 彰 | 125 | |
| 酒井 昭 | 230 | |
| 酒井 章 | 537 | |
| 酒井 朗 | 100 | |
| 酒井 敦 | 370 | |
| 酒井 理 | 43 | |
| 阪井 和男 | 341 | |
| 酒井 和人 | 72 | |
| 酒井 和彦 | 347 | |
| 酒井 和義 | 535 | |
| 境 克司 | 191 | |
| 酒井 克博 | 343 | |
| 酒井 克行 | 485 | |
| 酒井 寛一 | 243 | |
| 坂井 邦夫 | 58 | |
| 酒井 邦登 | 123 | |
| 坂井 健吉 | 227 | |
| 酒井 健至 | 347 | |
| 酒井 健次 | 343 | |
| 酒井 憲司 | 240 | |
| 坂井 浩二 | 343 | |
| 坂井 浩二 | 72, 346 | |
| 酒井 悟 | 241 | |
| 境 茂郎 | 90 | |
| 酒井 茂 | 378 | |

| | | |
|---|---|---|
| 坂井 修一 | 60 | |
| 酒井 修二 | 65 | |
| 坂井 純 | 237, 239 | |
| 酒井 純 | 369 | |
| 酒井 俊二 | 203 | |
| 坂井 真一郎 | 158 | |
| 坂井 真一 | 472 | |
| 酒井 神三郎 | 535 | |
| 境 隆志 | 98 | |
| 酒井 孝之 | 335, 339 | |
| 坂井 武夫 | 435 | |
| 佐賀井 武 | 386 | |
| 酒井 忠 | 568 | |
| 酒井 忠久 | 407 | |
| 酒井 龍雄 | 195 | |
| 堺 千代次 | 84 | |
| 酒井 照夫 | 550 | |
| 酒井 敏昭 | 101 | |
| 酒井 敏光 | 341 | |
| 坂井 利之 | 496 | |
| 坂井 直樹 | 257 | |
| 酒井 信行 | 370 | |
| 境 治男 | 557 | |
| 酒井 秀男 | 332 | |
| 酒井 秀夫 | 232 | |
| 酒井 英樹 | 340 | |
| 酒井 秀樹 | 536 | |
| 酒井 秀仁 | 249 | |
| 酒井 宏 | 474 | |
| 酒井 雅晴 | 344, 349 | |
| 酒井 政彦 | 188 | |
| 酒井 道彦 | 88 | |
| 酒井 美奈 | 405 | |
| 酒井 睦雄 | 458 | |
| 酒井 靖郎 | 332, 333 | |
| 酒井 雄大 | 261 | |
| 酒井 義和 | 60 | |
| 堺 由輝 | 66 | |
| 酒井 芳也 | 96 | |
| 酒井 興産 | 144 | |
| 酒井 産業 | 282 | |
| 酒井 製作所 | 300 | |
| 堺綜合企画 | 519 | |
| 酒井田 康宏 | 160 | |
| サカイヤ銘版 | 142 | |
| 坂入 実 | 72, 99, 111 | |
| 坂内 良二 | 92 | |
| 寒河江 英利 | 99 | |
| 栄木 正敏 | 308 | |
| さかえだ さかえ | 262 | |
| 阪上 昭二 | 537 | |
| 阪上 精希 | 127 | |
| 阪上 正敏 | 163 | |
| 榊 裕之 | 498 | |
| 榊 由信 | 476 | |
| 榊原 彰 | 220 | |

| | | |
|---|---|---|
| 榊原 定征 | 48 | |
| 榊原 聡 | 191 | |
| 榊原 康之 | 179 | |
| 榊原 雄二 | 332 | |
| 阪口 あき子 | 35 | |
| 阪口 修 | 371 | |
| 坂口 勝美 | 229 | |
| 坂口 寛二 | 366 | |
| 坂口 謹一郎 | 151, 215 | |
| 阪口 玄二 | 221 | |
| 阪口 知文 | 369 | |
| 坂口 利文 | 155 | |
| 坂口 比佐二 | 88 | |
| 坂口 博信 | 524 | |
| 阪口 光人 | 197 | |
| 坂口 靖雄 | 347 | |
| 阪口 亘 | 536 | |
| 坂倉 昭 | 88 | |
| 坂倉 準三 | 410, 411 | |
| 坂倉 隆仁 | 9 | |
| 坂倉準三建築研究所 | 413 | |
| 坂倉・平田・青山・新日設計計共同企業体 | 429 | |
| 佐賀県鎮西町 | 559 | |
| 坂斉 智 | 329 | |
| 坂崎 勇 | 81 | |
| 酒澤 茂之 | 449 | |
| 坂下 和史 | 331, 332 | |
| 佐賀市立図書館 | 447 | |
| 佐賀新聞社 | 501 | |
| 阪田 一郎 | 348 | |
| 坂田 敬 | 158 | |
| 坂田 景祐 | 234 | |
| 坂田 光一 | 377 | |
| 坂田 光治 | 207 | |
| 坂田 佐武郎 | 325 | |
| 阪田 誠造 | 415 | |
| 坂田 敏治 | 473 | |
| 坂田 俊文 | 448 | |
| 坂田 利弥 | 129 | |
| 坂田 展甫 | 418 | |
| 坂田 晴夫 | 477 | |
| 坂田 浩実 | 71 | |
| 坂田 文男 | 69 | |
| 坂田 誠 | 135 | |
| 坂田 雅昭 | 91 | |
| 坂田 雅章 | 253 | |
| 坂田 雅夫 | 540 | |
| 坂田 壌 | 205 | |
| 坂田 嘉弘 | 366 | |
| 坂田 ルツ子 | 404 | |
| サカタのタネ | 8 | |
| 坂手 道明 | 378 | |
| 佐賀鉄工所 | 12 | |
| 坂戸 啓一郎 | 92 | |
| 酒戸 弥二郎 | 218 | |

| | | |
|---|---|---|
| 坂中 英徳 ………… 197 | 阪本練染化学 ………… 13 | 桜映画社 …………… 559, |
| 坂西 欣也 …… 264, 389 | 相良 昌男 ………… 125 | 560, 561, 563, 564 |
| 阪西 省吾 ………… 437 | 相良 美由紀 ………… 250 | 櫻木 晶 ……… 471, 551, 552 |
| 坂根 智昭 ………… 349 | 坂輪 光弘 …… 387, 389 | 桜木 丈爾 ………… 89 |
| 坂根 正弘 ……… 28, 48 | 目 義雄 ………… 62 | 桜木 俊彦 ………… 537 |
| 阪野 顯正 ………… 200 | 崎尾 均 ………… 209 | 桜木 秀偉 ………… 369 |
| 坂野 弘一 ………… 430 | 崎川 武直 ………… 370 | 桜田 一郎 ………… 151 |
| 坂野 誠一 ………… 475 | 崎川 忠 ………… 340 | 桜田 新哉 ………… 70 |
| 坂野 先司 ………… 123 | サキコーポレーション …… 21 | 桜田 武 ………… 25, 30 |
| 坂野 好幸 ………… 225 | 崎田 賢治 ………… 439 | 桜田 豊治 ………… 369 |
| 坂部 順一 ………… 74 | 崎野 健治 ………… 424 | 桜田製作所 ………… 141 |
| 坂部 政夫 ………… 534 | 先本 礼次 ………… 89 | 桜谷 敏和 ………… 388 |
| 坂間 宜夫 ………… 369 | 崎谷 文雄 ………… 453 | 櫻庭 萬里夢 ………… 259 |
| 酒巻 貞夫 ………… 42 | 崎浴 幾雄 ………… 88 | さくらんぼ種飛ばしジャパ |
| 坂村 健 ……… 62, 498 | 佐久川 純 ………… 346 | ングランプリ(第18回) |
| 坂村 貞雄 ………… 220 | 作新学院 ………… 285 | ……… 578 |
| サカモト ………… 284 | 佐久間 勇 ………… 94 | サークル鉄工 ………… 14 |
| 坂本 暁紀 ………… 123 | 佐久間 一郎 ………… 195 | 佐合 大 ………… 127 |
| 坂元 明 ………… 162 | 佐久間 孝一 ………… 452 | 酒匂 裕 ………… 103 |
| 坂本 朝夫 ………… 437 | 佐久間 純 ………… 200 | 迫田 岳臣 ………… 256 |
| 坂本 功 ……… 182, 426 | 佐久間 史郎 ………… 84 | 迫田 民臣 ………… 256 |
| 坂本 一郎 ………… 87 | 佐久間 臣耶 ………… 195 | 佐古野 修 ………… 366 |
| 阪本 英一 ……… 93, 96 | 作間 澄久 ………… 535 | 篠 信雄 ………… 534 |
| 坂本 一成 ………… 419 | 佐久間 誠也 ………… 123 | 笹 文夫 ………… 384 |
| 阪本 和彦 ………… 110 | 佐久間 信幸 ………… 462 | 笹井 隆之 ………… 66 |
| 阪本 楠彦 ………… 220 | 佐久間 秀夫 ………… 438 | 笹井 治男 ………… 86 |
| 阪本 惠子 ………… 37 | 佐久本 功 ………… 536 | 笹井 宏明 ………… 63 |
| 坂本 公一 ………… 367 | 佐久山 滋 ………… 83 | 笹尾 彰 ………… 241 |
| 阪本 浩一 ………… 156 | 作山 健 …… 207, 233 | 笹岡 隆 ………… 367 |
| 坂元 光司 ………… 41 | 桜井 郁子 ………… 518 | 笹川 寛司 ………… 324 |
| 坂本 貞雄 ………… 367 | 桜井 修 …… 53, 299 | 笹川 淳 ………… 371 |
| 坂本 貞雄 ………… 537 | 桜井 勝之 ………… 556 | 笹川 智広 ………… 474 |
| 坂本 順 ………… 414 | 桜井 潔 …… 326, 428 | 笹川 雅信 ………… 535 |
| 阪本 将三 ………… 111 | 桜井 清 ………… 423 | 佐々木 格 ………… 102 |
| 坂本 真治 ………… 76 | 桜井 国雄 ………… 536 | 佐々木 巌 ………… 546 |
| 坂本 拓馬 ………… 472 | 桜井 国臣 ………… 537 | 佐々木 栄治 ………… 135 |
| 坂本 健 ………… 44 | 桜井 健次 …… 61, 202 | 佐々木 和夫 …… 135, 528 |
| 坂本 忠勝 ………… 532 | 桜井 真一郎 …… 332, 460 | 佐々木 寛太郎 ………… 86 |
| 坂本 次男 ………… 379 | 桜井 信也 ………… 248 | 佐々木 喜四郎 ………… 238 |
| 坂本 敏幸 …… 487, 489, 491 | 桜井 善一郎 ………… 549 | 佐々木 圭 ………… 346 |
| 坂元 友芳 ………… 480 | 櫻井 隆 ………… 196 | 佐々木 研 ………… 244 |
| 坂本 直樹 ………… 194 | 桜井 武一 ………… 167 | 佐々木 健一 ………… 438 |
| 坂本 典隆 ………… 548 | 桜井 忠良 ………… 502 | 佐々木 建一 ………… 439 |
| 坂本 光 ………… 539 | 桜井 貞次郎 ………… 530 | 佐々木 謙一 ………… 501 |
| 阪本 浩規 …… 80, 105 | 桜井 俊明 …… 337, 339 | 佐々木 剛 ………… 470 |
| 坂本 浩 …… 480, 481, 491 | 桜井 敏雄 ………… 424 | 佐々木 栄 ………… 530 |
| 坂本 裕之 ………… 438 | 桜井 久之 ………… 91 | 佐々木 佐多目 ………… 207 |
| 坂本 真 ………… 56 | 桜井 洋 ………… 333 | 佐々木 惠彦 …… 223, 234 |
| 坂本 雅昭 ………… 347 | 櫻井 正昭 ………… 269 | 佐々木 繁夫 ………… 53 |
| 坂本 勝 ………… 437 | 桜井 正光 …… 27, 29, 47 | 佐々木 繁雄 ………… 535 |
| 坂本 康実 ………… 41 | 桜井 実 ………… 341 | 佐々木 茂樹 ………… 87 |
| 阪本 善尚 …… 482, 551, 552, 556 | 櫻井 良寛 ………… 105 | 佐々木 茂則 ………… 538 |
| 坂本乙造商店 ………… 321 | 桜井 美政 ………… 419 | 佐々木 静夫 ………… 344 |
| 坂本商事 ………… 379 | 桜井 義郎 ………… 218 | 佐々木 春蔵 ………… 527 |
| 坂本石灰工業所 ………… 281 | 櫻井精技 ………… 23 | 佐々木 晋也 ………… 158 |
| 坂本デニム ………… 12 | 桜井製作所 …… 12, 17 | 佐々木 隆夫 ………… 572 |

| | | | | | | | |
|---|---|---|---|---|---|---|---|
| 佐々木 喬 | 381 | 笹田 一郎 | 60 | 札幌市環境局緑化推進部公 | |
| 佐々木 堯 | 75 | 笹田 剛史 | 420 | 園計画課 | 381 |
| 佐々木 孝友 | 57, 200 | 笹沼 喜美賀 | 52 | 札幌市環境局緑化推進部造 | |
| 佐々木 高義 | 62 | 笹野 耕治 | 481 | 園課 | 563 |
| 佐々木 拓 | 325 | 笹野 秀史 | 369 | 札幌市教育委員会 | 563 |
| 佐々木 卓夫 | 529 | 笹原 泉 | 250 | 札幌市役所 | 314 |
| 佐々木 卓治 | 226 | 笹本 太 | 162 | 札幌テレガイド | 514 |
| 佐々木 拓哉 | 161 | 笹谷 孝司 | 469 | 札幌テレビ番組制作支援シス | |
| 佐々木 忠男 | 370 | ササヤマ | 25 | テム開発グループ（札幌テ | |
| 佐々木 正 | 57 | 笹山 隆生 | 334 | レビ） | 490 |
| 佐々木 達之介 | 471, 473 | 篠山市（兵庫県） | 542 | サッポロビール北海道事業 | |
| 佐々木 達也 | 199 | 佐治 佳一 | 484 | 部 | 422 |
| 佐々木 哲雄 | 481 | 佐治 敬三 | 25, 30, 47 | 薩見 雄一 | 194 |
| 佐々木 徹雄 | 556 | 佐治 泰次 | 413 | 薩谷 和夫 | 551 |
| 佐々木 輝幸 | 158 | 佐治 哲夫 | 60 | サテライト | 526 |
| 佐々木 徹 | 92 | 佐治 信忠 | 29, 48 | 佐藤 明彦 | 339 |
| 佐々木 敏弘 | 329 | 佐直 英治 | 105 | 佐藤 鑑 | 409 |
| 佐々木 敏弘 | 162 | 左治木 清吾 | 81, 83 | 佐藤 彰 | 69, 573 |
| 佐々木 敏光 | 314 | 指田 えり子 | 405 | 佐藤 昌 | 220 |
| 佐々木 友治 | 371 | 指田 隆行 | 405 | 佐藤 明 | 535 |
| 佐々木 伸佳 | 257 | 佐塚 省吾 | 134 | 佐藤 育男 | 371 |
| 佐々木 晴雄 | 527 | 佐塚 弘之 | 330 | 佐藤 勇夫 | 339 |
| 佐々木 秀雄 | 85 | サステイナブルコミュニティ | | 佐藤 惠 | 58 |
| 佐々木 英樹 | 368 | 総合研究所 | 320, 380 | 佐藤 英一 | 38 |
| 佐々木 仁 | 62, 527 | サスライト | 146 | 佐藤 栄次 | 344 |
| 佐々木 宏 | 228 | 佐田 啓助 | 538 | 佐藤 瑛久 | 162 |
| 佐々木 泰斗 | 211 | 佐田 登志夫 | 75 | 佐藤 修 | 377 |
| 佐々木 宏幸 | 574 | 佐田 裕之 | 366 | 佐藤 理 | 518 |
| 佐々木 政雄 | 379, 383 | 佐田 祐一 | 328 | 佐藤 花織 | 405 |
| 佐々木 正臣 | 243 | サダオ，ショージ | 314 | 佐藤 馨 | 104 |
| 佐々木 正和 | 344 | 定方 正毅 | 390 | 佐藤 可士和 | 440, 461 |
| 佐々木 正秀 | 390 | サタケ | 148, 241 | 佐藤 一男 | 265 |
| 佐々木 正美 | 469 | 佐竹 一朗 | 328 | 佐藤 一広 | 101, 370 |
| 佐々木 正巳 | 94, 133 | 佐竹 覚 | 240 | 佐藤 一裕 | 575 |
| 佐々木 勝 | 347 | 佐竹 徹夫 | 225 | 佐藤 和正 | 190 |
| 佐々木 満寿一 | 367 | 佐竹製作所 | 10, 239 | 佐藤 克彦 | 495 |
| 佐々木 幹夫 | 27 | 定野 温 | 343 | 佐藤 喜久治 | 54 |
| 佐々木 稔 | 523 | 佐田尾 圭輔 | 189 | 佐藤 己美 | 206 |
| 佐々木 睦朗 | 426 | 貞広 彰 | 5 | 佐藤 仁俊 | 111 |
| 佐々木 盛男 | 570 | 定村 俊満 | 384 | 佐藤 公信 | 549 |
| 佐々木 泰弘 | 239, 241 | 定盛 昌助 | 226 | 佐藤 公彦 | 368 |
| 佐々木 祐介 | 242 | 貞森 博己 | 387 | 佐藤 喜吉 | 216 |
| 佐々木 葉 | 379 | 定行 吉郎 | 536 | 佐藤 邦昭 | 58, 386, 418 |
| 佐々木 洋子 | 194 | サチコンカラーカメラ開発 | | 佐藤 邦明 | 500 |
| 佐々木 義則 | 244 | グループ | 485 | 佐藤 邦彦 | 230 |
| 佐々木 義之 | 264 | 三進製作所 | 11 | 佐藤 勲征 | 439 |
| 佐々木 律子 | 404 | 札幌駅南口街づくり協議会 | | 佐藤 啓 | 156 |
| 佐々木硝子商品開発部 | 291 | | 379 | 佐藤 敬 | 367 |
| 佐々木硝子マーケティング | | 札幌オリンピック冬季大会 | | 佐藤 圭二 | 425 |
| 部 | 298 | 組織委員会施設専門委員 | | 佐藤 敬二 | 242 |
| 佐々木原 保志 | 553 | 会 | 414 | 佐藤 啓祐 | 208, 244 |
| ササクラ | 118 | 札幌オリンピック冬季大会組 | | 佐藤 健 | 107 |
| 笹倉 鉄五郎 | 74 | 織委員会事務局施設部 | | 佐藤 謙一 | 45, 103 |
| 笹倉機械製作所 | 10, 115 | | 414 | 佐藤 研一郎 | 27 |
| 笹子 勝 | 129 | 札幌市 | 381, 407, 430 | 佐藤 賢司 | 109 |
| 笹崎 龍雄 | 31 | 札幌市オリンピック局 | 414 | 佐藤 行 | 345 |

| | | |
|---|---|---|
| 佐藤 豪 …… 335, 385 | 佐藤 敏夫 …… 478 | 佐藤 泰 …… 220 |
| 佐藤 孝一 …… 125 | 佐藤 稔雄 …… 422 | 佐藤 安弘 …… 8 |
| 佐藤 晃一 …… 460 | 佐藤 敏一 …… 331 | 佐藤 保郎 …… 52 |
| 佐藤 甲一 …… 534 | 佐藤 敏幸 …… 179 | 佐藤 勇吉 …… 208 |
| 佐藤 幸一郎 …… 485 | 佐藤 富 …… 87 | 佐藤 幸雄 …… 533 |
| 佐藤 公紀 …… 200 | 佐藤 智太郎 …… 206 | 佐藤 義雄 …… 536 |
| 佐藤 宏毅 …… 338 | 佐藤 友彦 …… 78 | 佐藤 吉雄 …… 90 |
| 佐藤 興吾 …… 86 | 佐藤 知正 …… 195 | 佐藤 芳雄 …… 40 |
| 佐藤 幸三 …… 72, 180 | 佐藤 尚武 …… 82 | 佐藤 良夫 …… 100 |
| 佐藤 光洋 …… 470 | 佐藤 尚宏 …… 181 | 佐藤 嘉一 …… 133, 134 |
| 佐藤 盛 …… 52 | 佐藤 夏生 …… 440 | 佐藤 芳樹 …… 386 |
| 佐藤 咲男 …… 487 | 佐藤 延男 …… 314 | 佐藤 吉信 …… 345 |
| 佐藤 聡 …… 190 | 佐藤 昇 …… 95 | 佐藤 義春 …… 382 |
| 佐藤 了 …… 151 | 佐藤 矩行 …… 153 | 佐藤 善治 …… 134 |
| 佐藤 重夫 …… 433 | 佐藤 春実 …… 201 | 佐藤 義彦 …… 335 |
| 佐藤 重雄 …… 571 | 佐藤 英明 …… 225 | 佐藤 吉彦 …… 108 |
| 佐藤 繁雄 …… 215 | 佐藤 秀治 …… 534 | 佐藤 由郎 …… 490 |
| 佐藤 茂樹 …… 341 | 佐藤 秀彦 …… 73 | 佐藤 路一郎 …… 207 |
| 佐藤 滋 …… 56, 424 | 佐藤 秀之 …… 85 | サードウェーブ …… 541 |
| 佐藤 繁 …… 87 | 佐藤 平典 …… 208 | 佐藤工業 …… 122 |
| 佐藤 茂 …… 246 | 佐藤 博 …… 219 | 佐藤総合計画 …… 431 |
| 佐藤 修一 …… 125 | 佐藤 博之 …… 345 | 佐藤 忠 …… 15 |
| 佐藤 純一 …… 79, 371 | 佐藤 弘成 …… 88 | 佐藤雅彦研究室 …… 461 |
| 佐藤 順子 …… 254 | 佐藤 浩光 …… 342 | 佐藤薬品工業 …… 23 |
| 佐藤 春三 …… 388 | 佐藤 裕康 …… 575 | サトーセン …… 15 |
| 佐藤 章蔵 …… 458 | 佐藤 史衛 …… 59 | 里見 和彦 …… 380 |
| 佐藤 昌平 …… 529 | 佐藤 文夫 …… 27 | 佐富電機商会 …… 478 |
| 佐藤 史郎 …… 85 | 佐藤 文彦 …… 62 | 里村 聡 …… 349 |
| 佐藤 伸 …… 344 | 佐藤 真 …… 556 | 佐内 大司 …… 178 |
| 佐藤 信次郎 …… 333 | 佐藤 真琴 …… 36 | 真田 雄三 …… 388 |
| 佐藤 伸哉 …… 471 | 佐藤 誠 …… 474, | サニー・シーリング …… 24 |
| 佐藤 末吉 …… 208 | 482, 483, 493, 494 | 佐野 一雄 …… 92 |
| 佐藤 進 …… 58, 347 | 佐藤 正明 …… 503 | 佐野 和善 …… 80 |
| 佐藤 泰一 …… 94 | 佐藤 正逸 …… 87 | 佐野 清隆 …… 471, 556, 574 |
| 佐藤 大七郎 …… 230 | 佐藤 全男 …… 85 | 佐野 慶一郎 …… 341 |
| 佐藤 孝子 …… 33 | 佐藤 雅史 …… 382 | 佐野 健二 …… 111 |
| 佐藤 尚司 …… 384 | 佐藤 昌志 …… 124 | 佐野 研二郎 …… 440, 441 |
| 佐藤 隆 …… 424 | 佐藤 将哲 …… 177 | 佐野 皓平 …… 254 |
| 佐藤 高浩 …… 368, 370 | 佐藤 雅彦 …… 461, 524 | 佐野 定男 …… 135 |
| 佐藤 卓 …… 350, 461 | 佐藤 正浩 …… 346 | 佐野 俊一 …… 92 |
| 佐藤 巧 …… 416 | 佐藤 正洋 …… 80 | 佐野 彰一 …… 336, 342 |
| 佐藤 拓也 …… 329 | 佐藤 眞弘 …… 127 | 佐野 正一 …… 411 |
| 佐藤 琢也 …… 329 | 佐藤 理通 …… 370 | 佐野 真一郎 …… 352 |
| 佐藤 武夫 …… 408, 411, 414, 475 | 佐藤 昌之 …… 269, 327 | 佐野 誠治 …… 261 |
| 佐藤 武 …… 339 | 佐藤 優 …… 384 | 佐野 太一郎 …… 53 |
| 佐藤 武久 …… 46 | 佐藤 万里子 …… 403 | 佐野 隆 …… 297 |
| 佐藤 直夫 …… 93 | 佐藤 幹夫 …… 387 | 佐野 武治 …… 549, 550, 551 |
| 佐藤 正 …… 236 | 佐藤 充功 …… 341 | 佐野 猛 …… 256 |
| 佐藤 正健 …… 64 | 佐藤 享弘 …… 256 | 佐野 契 …… 248 |
| 佐藤 辰二 …… 337 | 佐藤 光雄 …… 489 | 佐野 鉄男 …… 477 |
| 佐藤 達也 …… 531 | 佐藤 光晴 …… 72 | 佐野 哲也 …… 92 |
| 佐藤 忠司 …… 88 | 佐藤 三由 …… 370 | 佐野 哲郎 …… 552 |
| 佐藤 恒彦 …… 95 | 佐藤 認 …… 538 | 佐野 信夫 …… 379 |
| 佐藤 徹雄 …… 82 | 佐藤 元紀 …… 538 | 佐野 英伸 …… 455 |
| 佐藤 哲也 …… 177 | 佐藤 康夫 …… 341 | 佐野 史典 …… 263, 264 |
| 佐藤 俊明 …… 177 | 佐藤 和郎 …… 335 | 佐野 雅彦 …… 177 |

| | | |
|---|---|---|
| 佐野 祐司 | ……………… | 402 |
| 佐野 幸夫 | ………… 171, | 423 |
| 佐野 陽 | ……………… | 386 |
| 佐野 芳男 | ……………… | 534 |
| 佐野 義一 | ……………… | 366 |
| 佐野 義和 | ……………… | 550 |
| 鯖江市 | ……………… | 317 |
| 佐橋 政司 | ……………… | 173 |
| 佐橋 眞人 | ……………… | 177 |
| 佐橋 佳一 | ……………… | 214 |
| 佐橋 嘉彦 | ……………… | 501 |
| 佐原 貞治 | ……………… | 530 |
| 佐原 伸彦 | ……………… | 95 |
| サピエンス | ……………… | 510 |
| サーフ, V. | ……………… | 496 |
| 佐分利 昭夫 | ……………… | 58 |
| 佐分利 和宏 | ……………… | 431 |
| 佐分利 真久 | ……………… | 57 |
| 佐保 典英 | ……………… | 111 |
| サマーウォーズ製作委員会 | | |
| | ……………… | 526 |
| 寒川 幸一 | ……………… | 448 |
| 寒川 新司 | ……………… | 194 |
| 寒川 誠二 | ……………… | 64 |
| サムスン電子 | ……… 319, | 322 |
| 佐山 和弘 | ……………… | 61 |
| 佐山 正幸 | ……………… | 177 |
| サラダコスモ | ……………… | 20 |
| 猿田 正明 | ……………… | 429 |
| サルブルネイ | ……………… | 518 |
| 沢 健一 | ……………… | 412 |
| 澤 章三 | ……………… | 209 |
| 佐和 隆光 | ………… 264, | 266 |
| 沢 利明 | ……………… | 491 |
| 沢 俊雄 | ……………… | 110 |
| 沢 義方 | ……………… | 367 |
| 沢井 誠二 | ………… 72, | 346 |
| 沢井 政信 | ……………… | 58 |
| 沢井 実 | ……………… | 42 |
| 沢井製薬 | ……………… | 564 |
| 澤木 康守 | ……………… | 182 |
| ザ・ワークス | ……………… | 448 |
| 澤口 明子 | ……………… | 473 |
| 澤口 正彦 | ……………… | 122 |
| 沢口 祐三 | ……………… | 537 |
| サワーコーポレーション | | |
| | ………… 21, | 141 |
| 沢崎 坦 | ……………… | 221 |
| 澤瀬 薫 | ……………… | 347 |
| 沢田 惇 | ……………… | 402 |
| 沢田 昭二 | ……………… | 55 |
| 沢田 大作 | ……………… | 341 |
| 沢田 武彦 | ……………… | 89 |
| 澤田 健勝 | ……………… | 258 |
| 沢田 嗣郎 | ……………… | 59 |
| 沢田 敏男 | ……………… | 220 |

| | | |
|---|---|---|
| 沢田 直行 | ……………… | 111 |
| 沢田 秀雄 | ……………… | 27 |
| 沢田 道夫 | ……………… | 535 |
| 澤田 光生 | ……………… | 455 |
| 沢田 光英 | ……………… | 416 |
| 沢田 稔 | ………… 218, | 230 |
| 沢田 祐造 | ……………… | 366 |
| 澤田 裕太郎 | ……………… | 373 |
| 澤田 義政 | ……………… | 371 |
| 沢田防災技研 | ……………… | 150 |
| 猿渡 健一郎 | ………… 72, | 349 |
| 猿渡 正俊 | ……………… | 198 |
| 沢野 和代 | ……………… | 303 |
| 澤野 正成 | ……………… | 248 |
| 沢村 かおり | ……………… | 556 |
| 澤村 和同 | ……………… | 346 |
| 沢村 誠志 | ……………… | 468 |
| 澤村 崇 | ……………… | 345 |
| 沢村 隆光 | ……………… | 438 |
| 澤村 仁 | ……………… | 413 |
| 澤村 靖弘 | ……………… | 538 |
| 沢柳 伸 | ……………… | 420 |
| 沢山 義一 | ……………… | 528 |
| 沢山 武弘 | ……………… | 92 |
| 沢山 稔 | ……………… | 340 |
| 佐原市（千葉県） | ……………… | 522 |
| ザン・ジャロン | ……………… | 407 |
| サン・アド | ………… 559, | 564 |
| 山陰・夢みなと博覧会協会 | | |
| | ……………… | 521 |
| サンウエーブ工業 | ……………… | 317 |
| 三栄化成 | ……………… | 361 |
| 三英商会遊器具事業部 | ………… | 296 |
| サンエツ金属 | ……………… | 456 |
| サンエレクトロニクス | ………… | 145 |
| 山海 嘉之 | ………… 44, | 164 |
| 三化工業 | ……………… | 316 |
| サンカーペット企画開発部 | | |
| | ……………… | 291 |
| 三鬼エンジニアリング | ……… | 12 |
| 三機工業 | ……………… | 268 |
| 三基商事 | ……………… | 561 |
| 山九 | ………… 100, | 299 |
| 山九運輸機工 | ……………… | 88 |
| 三共 | ……… 94, 96, 98, | 185 |
| 産業技術総合研究所 ……… 185, | | |
| | 319, 320, 393, 464, | 465 |
| 産業技術総合研究所計測標 | | |
| 準研究部 | ……………… | 144 |
| 産業経営研究 | ……………… | 41 |
| 産業公害問題法理研究委員 | | |
| 会 | ……………… | 106 |
| 三共合金鋳造所 ………… 145, | | 148 |
| 三協立山アルミ ………… 283, | | 284 |
| 産業デザインZIP | ……………… | 296 |
| 産業能率 | ……………… | 40 |

| | | |
|---|---|---|
| 三共ユナイト工業 | ……… | 143 |
| 三協リール | ……………… | 323 |
| サンキン加工 | ……………… | 141 |
| 山宮 広之 | ……………… | 454 |
| サンクス | ………… 15, | 451 |
| 三惠工業 | ……………… | 284 |
| サンケイ新聞社 | ……………… | 502 |
| サンケイ新聞社行政改革取 | | |
| 材班 | ……………… | 503 |
| サンケイ新聞東京本社 | ……… | 502 |
| 産経新聞東京本社 …… 504, | | 505 |
| サンケイ新聞東京本社小暴 | | |
| 力特別取材班 | ……………… | 500 |
| 産経新聞東京本社未来史閲 | | |
| 覧取材班 | ……………… | 506 |
| サンケンスチール …… 138, | | 143 |
| サンコーインダストリー | | |
| | ……………… | 22 |
| 三興化学工業 | ……………… | 15 |
| 三工機器 | ……………… | 139 |
| 三光汽船 | ……………… | 558 |
| 三近 淳 | ……………… | 441 |
| 三社電機製作所 ‥ 119, 451, | | 483 |
| 三琇プレシジョン | ……………… | 23 |
| 三城 正紘 | ……………… | 56 |
| 三新化学工業 | ……………… | 138 |
| 三進金属工業 | ……………… | 147 |
| 山伸工業 | ……………… | 122 |
| 三水 | ……………… | 140 |
| サンスター文具企画開発部 | | |
| NBD | ……………… | 303 |
| 三反畑 勇 | ……………… | 126 |
| サンデン | ……………… | 442 |
| サンデン電装技術課 ……… | | 296 |
| 3.4GHzSTL／TSL用50kw | | |
| 中波送信鉄塔絶縁共用器 | | |
| 開発グループ | ……………… | 488 |
| 三東 崇秀 | ……………… | 76 |
| 山東 美一 | ……………… | 88 |
| 残土・産廃問題ネットワーク・ | | |
| ちば | ……………… | 50 |
| サントリー | ……… 7, | 281, |
| 317, 374, 517, 559, 563, | | 564 |
| サントリーフラワーズ …… | | 317 |
| 三人一組 | ……………… | 325 |
| 山王鍍金 | ……………… | 15 |
| サンノハシ | ……………… | 143 |
| サンビックス | ……………… | 141 |
| 三部 隆宏 | ……………… | 368 |
| 三瓶 利正 | ……………… | 98 |
| サンポール デザイン室 | | |
| | ……………… | 300 |
| 三友 | ……………… | 478 |
| 三友工業 | ……………… | 323 |
| 三友製作所 | ……………… | 143 |
| サンユレック | ……………… | 143 |

山陽映画 ・・・・・・・・・・・・・ 558,
　559, 560, 561, 563
三洋機工 ・・・・・・・・・・・・・・・ 133
山陽国策パルプ ・・・・・・・・・・ 107
三容真空工業 ・・・・・・・・・・・・・ 19
山陽新聞社 ・・・・・・ 500, 504, 506
山陽新聞社社会部 ・・・・・・・・ 499
三洋電機 ・・・・・・・・・・・・・・ 268,
　319, 320, 361, 447, 489, 511
三洋電機産機システム事業
　本部コールドチェーン事
　業部プロダクトデザイン
　課 ・・・・・・・・・・・・・・・・・・・・・・ 307
三洋電機 シリコンムービー
　開発プロジェクト ・・・・・・ 449
三陽電機製作所 ・・・・・・・・・・・・ 17
三洋電機ソフトエナジー事
　業本部事業推進統括部デ
　ザイン部 ・・・・・・・・・・・・・・ 307
三洋電機ソーラーエナジー
　研究部HIT太陽電池開発
　グループ ・・・・・・・・・・・・・・ 169
三洋電機デザインセンター岐
　阜テレビデザイン部 ・・・ 289
三洋電機テレビ事業部デザ
　イン部 ・・・・・・・・・・・・・・・・ 293
三洋電機ハイリビング事業
　本部デザインセンター回
　転機デザイン部 ・・・・・・・ 300
三洋電機本社デザイン部
　・・・・・・・・・・・・・・・・・・・・・・・・ 298
三洋電機冷熱事業部デザイ
　ン部 ・・・・・・・・・・・・・・・・・・ 297
三洋電機 "eneloop(エネ
　ループ)"開発プロジェク
　ト ・・・・・・・・・・・・・・・・・・・・・ 168
山陽特殊製鋼 ・・・・・・・・・・・・・ 98
三洋ハイテクノロジー ・・・・ 276
サンライズ ・・・・・・・・ 525, 526
三陸いわて【魚】情報化チー
　ム ・・・・・・・・・・・・・・・・・・・・・ 544
三輪精機 ・・・・・・・・・ 10, 145, 450
サンルイ・インターナショナ
　ル ・・・・・・・・・・・・・・・・・・・・・ 187
三和 ・・・・・・・・・・・・・・・・・・・・ 444
三和研究所 ・・・・・・・・・・・・・・ 139
サンワサプライ ・・・・・・・・・・ 320
三和自動車 ・・・・・・・・・・・・・・ 397
三和酒類 ・・・・・・・・・・・・・・・・・ 17
三和ダイヤモンド工業 ・・・・・ 15
三和ニードルベアリング
　・・・・・・・・・・・・・・・・・・・・・・・・・ 16
三和ハイドロテック ・・・・・ 139

【し】

シーア・インサイト・セキュ
　リティ ・・・・・・・・・・・・・・・・・ 23
シーアンドディ ・・・・・・・・・ 310
ジイケイ設計 ・・・・・・・・・・・ 305
ジイケイ設計大阪事務所
　・・・・・・・・・・・・・・・・・・・・・・・・ 306
椎﨑 一宏 ・・・・・・・・・・・・・・ 105
椎塚 彰 ・・・・・・・・・・・・・・・・ 550
シー・イー・デー・システム
　・・・・・・・・・・・・・・・・・・・・・・・・ 141
椎名 武雄 ・・・・・・・・・・ 26, 407
椎名 直礼 ・・・・・・・・・・・・・・・ 88
椎名 努 ・・・・・・・・・・・・・・・・ 492
椎名 敏夫 ・・・・・・・・・・・・・・・ 84
椎名 洋吉 ・・・・・・・・・・・・・・ 537
シイナケイジアトリエ ・・・・ 281
椎葉平家まつり2008(第22
　回) ・・・・・・・・・・・・・・・・・・・ 579
仕入 豊和 ・・・・・・・・・・・・・・ 412
紫雲 俊美 ・・・・・・・・・・・・・・ 160
ジェイアール九州コンサルタ
　ンツ ・・・・・・・・・・・・・・・・・・ 313
ジェイアール東海エージェン
　シー ・・・・・・・・・・・・・・・・・・ 520
ジェイアール東日本企画
　・・・・・・・・・・・・・・・・・・・・・・・・ 526
ジェイアール東日本コンサル
　タンツ ・・・・・・・・・・・・・・・・ 382
JR東日本盛岡支店 ・・・・・・・ 515
JAF出版 ・・・・・・・・・・・・・・・ 517
JSR ・・・・・・・・・・・・・・・・・・・ 186
JFEエンジニアリング
　・・・・・・・・・・・・・・・ 186, 391, 392
JFEエンジニアリング新省
　エネ空調エンジニアリン
　グ部 技術グループ ・・・・・ 169
JFEスチール ・・・・・・・・・・・ 101,
　104, 130, 131, 169, 185, 391
JTトーシ ・・・・・・・・・・・・・・ 300
ジェイテクト ・・・・・・・・・・・ 364
ジェイネット ・・・・・・・・・・・ 146
ジェイ・パワーシステムズ
　・・・・・・・・・・・・・・・・・・・・・・・・ 465
ジェイペック 若松環境研究
　所 ・・・・・・・・・・・・・・・・・・・・ 112
CSKホールディングス
　・・・・・・・・・・・・・・・ 281, 283, 284
ジーエスフード ・・・・・・・・・・ 23
ジーエス・ユアサ コーポ
　レーション ・・・・・・・・・・・・ 186

ジーエス・ユアサ パワーサ
　プライ 電源システム生産
　本部 ・・・・・・・・・・・・・・・・・・ 444
ジーエータップ ・・・・・・・・・ 319
CNインターボイス(日本シ
　ネセル) ・・・・・・・・・・・・・・・ 564
GN リサウンド ジャパン
　・・・・・・・・・・・・・・・・・・・・・・・・ 316
ジェネティックラボ ・・・・・ 187
ジェノミディア ・・・・・・・・・ 187
シー・エフ・アイ ・・・・・・・ 293
ジェフコム ・・・・・・・・・・・・・・ 22
CM自動編集システム共同開
　発グループ ・・・・・・・・・・・・ 485
CM・番組バンクシステム開
　発グループ ・・・・・・・・・・・・ 487
ジオ ・・・・・・・・・・・・・・・・・・・ 147
塩川 彰 ・・・・・・・・・・・・・・・・ 244
塩川 友紀 ・・・・・・・・・・・・・・ 259
塩崎 拓也 ・・・・・・・・・・・・・・ 174
塩崎 賢明 ・・・・・・・・・・・・・・ 429
塩崎 良次 ・・・・・・・・・・・・・・・ 66
塩沢 信雄 ・・・・・・・・・・・・・・ 437
塩沢 弘 ・・・・・・・・・・・・・・・・ 530
塩地 博文 ・・・・・・・・・・・・・・ 180
ジオスケープ ・・・・・・・・・・・ 122
ジオスター ・・・・・・・・・・・・・ 113
塩田 克博 ・・・・・・・・・・・・・・ 439
塩田 信次 ・・・・・・・・・・・・・・ 529
塩田 俊明 ・・・・・・・・・・・・・・・ 79
塩田 真 ・・・・・・・・・・・・・・・・ 482
塩田 安 ・・・・・・・・・・・・・・・・・ 90
塩田 祐介 ・・・・・・・・・・・・・・ 104
塩田 礼仁 ・・・・・・・・・・・・・・ 303
塩田 亘 ・・・・・・・・・・・・・・・・ 365
塩谷 格 ・・・・・・・・・・・・・・・・ 179
塩野 悟 ・・・・・・・・・・・・・・・・・ 80
塩野義製薬 ・・・・・・・・・・・・・ 560
塩野崎 敦 ・・・・・・・・・・・・・・ 182
塩原 都 ・・・・・・・・・・・・・・・・・ 81
ジー・オー・ピー ・・・・・・・ 323
塩人 松三郎 ・・・・・・・・・・・・ 215
塩見 一徳 ・・・・・・・・・・・・・・ 204
塩見 利夫 ・・・・・・・・・・・・・・ 535
塩見 正衛 ・・・・・・・・・・ 212, 223
塩見 正直 ・・・・・・・・・・・・・・ 343
塩谷 勉 ・・・・・・・・・・・・・・・・ 219
塩谷 康 ・・・・・・・・・・・・ 304, 460
塩山 忠夫 ・・・・・・・・・・・・・・ 198
塩山 弘 ・・・・・・・・・・・・・・・・ 538
滋賀 弘一郎 ・・・・・・・・・・・・・ 52
志賀 孝 ・・・・・・・・・・・・・・・・ 456
志賀 健史 ・・・・・・・・・・・・・・ 159
志賀 敏男 ・・・・・・・・・・ 412, 433
志賀 信夫 ・・・・・・・・・・・・・・ 448
鹿久保 隆志 ・・・・・・・・・・・・ 180

| | | |
|---|---|---|
| 滋賀県 ……………… 541 | 重松 鉄哉 …………… 98 | システムハウスミルキーウェイ …………………… 510 |
| 滋賀県環境生活協同組合 …………………… 49 | 重松 敏夫 …………… 80 | 静宏産業 ……………… 147 |
| 滋賀県観光連盟 ……… 519 | 重光 武雄 …………… 30 | シーズ・ラボ ………… 145 |
| 滋賀県 東近江土木事務所 …………………… 384 | 重満 万里子 ………… 155 | 資生堂 …… 6, 309, 311, 460 |
| 滋賀県琵琶湖研究所 ‥ 108, 375 | 茂森 政 ……………… 338 | ヂーゼル機器 ………… 358 |
| 滋賀県立大学工学部機械システム工学科 ………… 286 | 重山 陽一郎 …… 377, 380 | 自然環境復元協会 …… 379 |
| 四方 一史 …………… 342 | 資源環境技術総合研究所 …………………… 390 | 志田 茂 ……………… 89 |
| 四方 英雄 …………… 369 | 紫合 治 ……………… 93 | 志田 多市 …………… 478 |
| 志位 益三 …………… 216 | 市光エンジニアリング … 133 | 設楽 正三 …………… 477 |
| 四方 幸夫 …………… 476 | 四国化工機 ……… 136, 148 | 志知 孝信 …… 351, 352, 353 |
| 鹿野 昭一 …………… 85 | 四国建機 ……………… 19 | 七島 純一 …………… 380 |
| 鹿野 嘉昭 …………… 5, 43 | 四国電力 ……………… 185 | シチズン商事 ………… 521 |
| 鹿浜製作所 …………… 142 | 四国道路エンジニア … 379 | シチズン時計 …… 7, 115, 277, 278, 279, 354, 361, 521 |
| 滋賀パルプ協同組合 … 149 | 四国民家博物館 ……… 418 | シチズンマシナリー … 279 |
| 時間・距離計測システム開発グループ ………… 487 | 志沢 芳夫 …………… 40 | 七洋製作所 …………… 323 |
| 敷島チップトン ……… 13, 133 | ジーシー ……………… 442 | 疾測量 ………………… 301 |
| 識名 朝清 …………… 534 | ジーシーアサヒ ……… 444 | 志津見ダム付替道路景観検討委員会 …………… 381 |
| 四騎の会 ……………… 567 | 猪内 正雄 …………… 233 | 実盛 祥隆 …………… 453 |
| 鳴原 良仁 …………… 158 | CG開発プロジェクト … 491 | 四手井 綱英 ………… 219 |
| 志喜屋 徹 …………… 325 | 完倉 泰一 ……… 545, 550 | シティ開発グループ … 460 |
| シギヤ精機製作所 …… 365 | 時事通信社 ……… 503, 507 | シーテック ……………… 187 |
| 珠玖 仁 ……………… 64 | CCDカメラ開発グループ …………………… 479 | 至田 利夫 …………… 377 |
| しくみデザイン ……… 150 | CCD光学ブロック回転機能付HDカメラ開発グループ …………………… 492 | 市東 基 ……………… 441 |
| 宿輪 哲也 …………… 308 | ジー・シー・テクノロジー …………………… 359 | 地頭薗 隆 …………… 232 |
| GKインダストリアル・デザイン研究所 … 290, 293, 459 | ジーシーデンタルプロダクツ …………………… 443 | シトロエン・ジャポン … 400 |
| GK設計 ……………… 291, 295, 297, 300, 302, 303, 315 | 宍戸 俊雄 …………… 333 | シナイモツゴ郷の会 … 50 |
| CKD広告宣伝部企画デザインチーム …………… 307 | 四島 司 ……………… 47 | 品川 満 …………… 98, 182 |
| GKデザイン機構 …… 306 | 獅子舞フェスタ（第14回） …………………… 579 | 品川 森一 …………… 224 |
| GKプランニング アンド デザイン ………… 311, 313 | 市場 ……………………… 285 | 品川工業所 …………… 148 |
| シーケーケー金属 …… 456 | 静岡県 ………………… 542 | シナジー幾何学 ……… 518 |
| 重田 栄 ……………… 536 | 静岡県経済農業協同組合連合会 ………………… 107 | 信濃毎日新聞社 …… 500, 503, 505, 507, 508, 509 |
| 重田 重盛 …………… 550 | 静岡県本川根町 ……… 113 | シニアSOHO普及サロン・三鷹 …………………… 543 |
| 重津 元恵 …………… 441 | 静岡県林木育種場 …… 243 | シネ・サイエンス …… 560 |
| 重津 雅彦 …………… 109 | 静岡新聞社 …………… 41, 112, 502, 505, 508 | シネマ沖縄 …… 560, 563, 564 |
| シーケーディ技術開発室デザイングループ ……… 292 | 静岡第一テレビ ……… 446 | シネマジャパン ……… 561 |
| シーケーディクリエイティブ推進本部デザインチーム …………………… 289 | 静岡大学大学院 創造科学技術研究部エネルギーシステム部門 環境保全工学研究室 ………………… 169 | 篠木 藤敏 …………… 58 |
| シーケーディ広告宣伝部企画デザイングループ … 299 | 零石 勝蔵 …………… 302 | 篠崎 功 ……………… 110 |
| 重永 明義 …………… 488 | シスコン・カムイ …… 142 | 篠崎 将吾 …………… 251 |
| 重永 勉 ……………… 347 | システムウェーブ …… 510 | 篠崎 二郎 …………… 331 |
| 重原 勇治 …………… 467 | システムスクエア …… 323 | 篠崎 孝義 …………… 53 |
| 重渕 雅敏 …………… 75 | システム精工 ………… 20 | 篠崎 晴彦 …………… 127 |
| 重松 和男 …………… 198 | システムソリューションセンターとちぎ ………… 510 | 篠崎 雅美 …………… 537 |
| 重松 治平 …………… 366 | システムトライ ……… 147 | 篠崎 祐三 …………… 421 |
| 重松 史郎 …………… 574 | | 篠崎製作所 …………… 141 |
| | | 篠塚 勝正 …………… 512 |
| | | 篠塚 慶介 …………… 248 |
| | | 篠田 晃 ……………… 92 |
| | | 篠田 和夫 …………… 335 |
| | | 篠田 謙治 …………… 536 |
| | | 篠田 伝 …………… 67, 199 |
| | | 篠田 傳 ……………… 182 |

| | | |
|---|---|---|
| 篠田 秀臣 | ………… | 86 |
| 篠田 雪夫 | ………… | 569 |
| 篠田 六郎 | ………… | 229 |
| 篠原 晃 | ………… | 74 |
| 篠原 修 | ……… | 317, 376, 377, 378, 379, 380, 381, 382, 383 |
| 篠原 一男 | ………… | 414, 434 |
| 篠原 啓介 | ………… | 256 |
| 篠原 元郁 | ………… | 256 |
| 篠原 虔章 | ………… | 56 |
| 篠原 紘一 | ………… | 68 |
| 篠原 淳 | ………… | 369 |
| 篠原 寿人 | ………… | 537 |
| 篠原 弘道 | ………… | 200 |
| 篠原 寛之 | ………… | 157 |
| 篠原鉄工所 | ………… | 119 |
| しのはらプレスサービス | ………… | 24 |
| 四戸 耕治 | ………… | 182 |
| 斯波 薫 | ………… | 382 |
| 柴 和宏 | ………… | 210 |
| 芝 哲也 | ………… | 329 |
| 芝浦機械製作所 | ………… | 353 |
| 柴川 徳夫 | ………… | 69 |
| 芝技研 | ………… | 147 |
| シバサキ | ………… | 317, 318 |
| 柴崎 一雄 | ………… | 217 |
| 柴崎 幸次 | ………… | 405 |
| 柴崎 幸三 | ………… | 552 |
| 柴崎 正勝 | ………… | 153 |
| 柴崎 芳三 | ………… | 266 |
| シバソク | ………… | 16 |
| 柴田 明徳 | ………… | 418 |
| 柴田 明廣 | ………… | 539 |
| 柴田 晶 | ………… | 533 |
| 柴田 叡弐 | ………… | 208 |
| 柴田 一成 | ………… | 165 |
| 柴田 勝弘 | ………… | 349 |
| 柴田 喜三 | ………… | 54 |
| 柴田 耕一 | ………… | 345 |
| 柴田 興益 | ………… | 380 |
| 柴田 周治 | ………… | 57 |
| 柴田 進 | ………… | 55, 88 |
| 柴田 大平 | ………… | 254 |
| 柴田 拓二 | ………… | 415, 434 |
| 柴田 剛 | ………… | 568 |
| 柴田 徹 | ………… | 370 |
| 柴田 徳夫 | ………… | 95 |
| 柴田 俊夫 | ………… | 476 |
| 芝田 智樹 | ………… | 368 |
| 柴田 直明 | ………… | 210 |
| 柴田 尚毅 | ………… | 538 |
| 柴田 信男 | ………… | 229 |
| 柴田 元 | ………… | 346, 348 |
| 柴田 尚 | ………… | 210, 371 |
| 柴田 宏 | ………… | 535 |
| 柴田 昌明 | ………… | 181 |
| 柴田 正夫 | ………… | 111 |
| 柴田 真佐知 | ………… | 73 |
| 柴田 勝 | ………… | 243 |
| 柴田 松次郎 | ………… | 387 |
| 柴田 道生 | ………… | 425 |
| 柴田 元護 | ………… | 90 |
| 柴田 善夫 | ………… | 536 |
| 柴田 慶信 | ………… | 297 |
| 柴田 善朗 | ………… | 263 |
| シバタシステムサービス | ………… | 149 |
| 柴田ハリオ硝子 | ………… | 450 |
| 芝電気 | ………… | 356 |
| 芝端 康二 | ……… | 180, 340, 345 |
| 柴山 乾夫 | ………… | 74 |
| 柴山 申広 | ………… | 469 |
| 柴山 晴彦 | ………… | 349 |
| 芝山 仁志 | ………… | 255 |
| 地盤試験所 | ………… | 143 |
| CBSソニーグループ | ………… | 514, 514, 516, 517 |
| シフカ | ………… | 514 |
| 渋川 利雄 | ………… | 238 |
| 渋沢 敬三 | ………… | 215 |
| 渋下 信明 | ………… | 46 |
| 渋田見 裕彦 | ………… | 88 |
| シフト | ………… | 519 |
| 渋谷 和徳 | ………… | 368 |
| 澁谷 一彦 | ………… | 63 |
| 澁谷 克彦 | ………… | 350 |
| 渋谷 紀世子 | ………… | 473 |
| 渋谷 圭祐 | ………… | 159 |
| 渋谷 浩一 | ………… | 379 |
| 渋谷 セツ子 | ………… | 247 |
| 渋谷 高允 | ………… | 8 |
| 渋谷 房子 | ………… | 8 |
| 渋谷 眞人 | ………… | 457 |
| 渋谷 将行 | ………… | 372 |
| 渋谷 陽治 | ………… | 377 |
| 渋谷工業 | ………… | 12 |
| シーポイント | ………… | 544 |
| 島 悦子 | ………… | 463 |
| 島 恭一 | ………… | 539 |
| 嶋 淳子 | ………… | 261 |
| 嶋 武光 | ………… | 53 |
| 島 秀樹 | ………… | 378 |
| 島 正博 | ……… | 8, 27, 47, 91, 374 |
| 島 嘉宏 | ………… | 192 |
| 嶋岡 智子 | ………… | 557 |
| 島川 貴司 | ………… | 296 |
| 島倉 政男 | ………… | 549 |
| 島崎 勝輔 | ………… | 199 |
| 島崎 定 | ………… | 368 |
| 島﨑 直基 | ………… | 346 |
| 島崎 信 | ………… | 307 |
| 嶋崎 陽一 | ………… | 176 |
| 島崎製作所 | ………… | 12 |
| 島地 謙 | ………… | 230 |
| 嶋地 直広 | ………… | 192 |
| 島尻 はつみ | ………… | 105 |
| 島津 楽貴 | ………… | 471 |
| 島津 護 | ………… | 427 |
| 島津 佳夫 | ………… | 534 |
| 島津製作所 | ……… | 115, 117, 132, 276, 277, 278, 279, 280, 321, 354, 355, 358, 359, 361, 362, 363, 364 |
| 島津製作所 プロテオームシステムズ社 | ………… | 362 |
| 島精機製作所 | ……… | 12, 102, 132, 360 |
| 島添 昭義 | ………… | 403 |
| 島薗 平雄 | ………… | 230 |
| 島田 麻子 | ………… | 162 |
| 嶋田 修 | ………… | 163 |
| 島田 和彦 | ………… | 340 |
| 島田 京子 | ………… | 7 |
| 島田 清司 | ………… | 225 |
| 島田 錦蔵 | ………… | 229 |
| 島田 三朗 | ………… | 84 |
| 島田 潤一 | ………… | 56 |
| 島田 辰雄 | ………… | 93 |
| 島田 禎晋 | ………… | 197 |
| 島田 俊夫 | ………… | 59 |
| 嶋田 俊宏 | ………… | 251 |
| 島田 登 | ………… | 371 |
| 島田 広子 | ………… | 467 |
| 島田 博志 | ………… | 124 |
| 島田 芳浩 | ………… | 531 |
| 嶋田 雅曉 | ………… | 165 |
| 島田 守 | ………… | 105 |
| 島田 宗勝 | ………… | 347 |
| 嶋田 康佑 | ………… | 261 |
| 嶋田 理世 | ………… | 247 |
| 島田 良一 | ………… | 416 |
| 島谷 幸宏 | ………… | 382, 384 |
| 志満津 了 | ………… | 371 |
| ジーマデザイン | ………… | 249 |
| 島貫 昭子 | ………… | 402, 403 |
| 島貫 崇 | ………… | 415 |
| 島根県 | ………… | 414 |
| 島根県邑智郡邑南町 | ………… | 407 |
| 島根県教育庁文化課 | ………… | 378 |
| 島根県津和野土木事務所 | ………… | 378 |
| 島根県益田県土整備事務所 津和野土木事業所 | ………… | 383 |
| シマノサイクル開発センター | ………… | 561 |
| 島村 和樹 | ………… | 348 |
| 島村 達雄 | ………… | 521 |

| | | | | | | | | |
|---|---|---|---|---|---|---|---|---|
| 嶋村 晴夫 | 386 | 清水 充宏 | 310 | 霜田 光一 | 151 |
| 嶋村 行俊 | 86 | 志水 稔 | 332 | 下田 真吾 | 190 |
| 島本 啓子 | 129 | 清水 康夫 | 71, 342, 343, 345, 349 | 下田 達也 | 65, 168, 178, 180 |
| 島本 孝三 | 437 | | | 下田 正志 | 248 |
| 島本 隆次 | 237 | 清水 靖彦 | 238 | 下田 昌利 | 339 |
| 嶋本 雅夫 | 347 | 清水 康仁 | 179 | 下田 義人 | 368 |
| 嶋本 譲 | 340 | 清水 由希 | 525 | 下平 滋隆 | 196 |
| 島山 博明 | 58 | 清水 幸夫 | 218 | 下谷 昌宏 | 340 |
| シミズ | 451 | 清水 悠紀臣 | 228 | 下司 裕子 | 107 |
| 清水 勇夫 | 91 | 清水 義則 | 200 | 下間 澄也 | 105 |
| 志水 薫 | 455 | 清水 隆治 | 343 | 下遠野 享 | 179 |
| 清水 和雄 | 218 | 清水 わかな | 353 | 下永 尚 | 545, 546, 547 |
| 清水 一之 | 84 | 清水建設 | 99, 107, 121, 122, 184, 186, 412, 429 | 下永 幹巳 | 463 |
| 清水 勝一 | 111 | | | 下西 四郎 | 126 |
| 清水 寛亮 | 84 | 清水建設技術研究所プロポーザル本部設計部 | 425 | 下吹越 光秀 | 154 |
| 清水 清嗣 | 381 | | | 下平尾 勲 | 40 |
| 清水 國夫 | 381 | 清水建設千葉出張所 | 413 | 下総 薫 | 413 |
| 志水 慶一 | 370 | 清水・西松・大鉄特定建設工事共同企業体 | 429 | 下向 博 | 335 |
| 清水 敬ույ | 327 | | | 下村 一夫 | 548, 549, 555 |
| 清水 健一 | 337 | 志村 晶 | 67, 76 | 下村 和夫 | 567 |
| 清水 健一郎 | 372 | 志村 厚 | 127 | 下村 隆 | 486 |
| 清水 健二 | 109 | 志村 勲 | 181 | 下村 尚之 | 190 |
| 清水 昌 | 77 | 志村 嘉一 | 4 | 下村 洋 | 532 |
| 清水 里欧 | 339 | 志村 嘉一郎 | 267 | 下村 雅俊 | 105 |
| 清水 聡 | 325 | 志村 薫 | 33 | 下村 通生 | 456 |
| 清水 滋 | 216 | 志村 正二郎 | 205 | 下元 三男 | 538 |
| 清水 昇一郎 | 472, 557, 574 | 志村 勉 | 378 | 下夕村 修 | 366 |
| 清水 正造 | 535 | 志村 洋平 | 442 | シモン | 140 |
| 清水 真二 | 69, 95 | 志村 博康 | 222 | 夏 堅勇 | 457 |
| 清水 多恵子 | 109, 345 | 志村 義博 | 83 | ジャガー・ジャパン | 396, 397, 398, 399 |
| 清水 孝雄 | 57 | 志村 リョウ | 260 | | |
| 清水 健 | 532 | 志村 鉄工所 | 133 | ジャガー・ランドローバー・ジャパン | 401 |
| 清水 武人 | 489 | 標葉 二郎 | 82 | | |
| 清水 忠明 | 390 | シーメンス | 312 | ジャクエツ | 281, 282, 283, 285 |
| 清水 敏夫 | 371 | 志茂 大輔 | 346 | ジャクエツ環境事業 | 282 |
| 清水 敏治 | 207 | 霜 幸雄 | 66 | ジャクティ・エンジニアリング | 136 |
| 清水 俊行 | 480 | 下飯坂 潤三 | 82 | | |
| 清水 直明 | 268 | 下出 源七 | 410, 412 | 写研 | 132, 134 |
| 清水 秀男 | 300 | 下川 功 | 162 | ジャスコ | 7 |
| 志水 英樹 | 420 | 下川 悦郎 | 232 | ジャストシステム | 8, 17, 510, 511 |
| 清水 英樹 | 111 | 下川 勝義 | 53 | ジャスミンソフト | 146 |
| 清水 英嗣 | 312 | 下川 秀行 | 371 | シャチハタ | 12 |
| 志水 英敏 | 341 | しもかわアイスキャンドルフェスティバル | 578 | ジャパックス | 132, 354, 355, 358 |
| 清水 浩 | 237, 376, 545 | | | | |
| 清水 裕之 | 425 | 下河原 栄治 | 205 | ジャパン・インフォメーション・テクノロジー | 145 |
| 清水 正賢 | 95 | 下河原 友雄 | 546 | | |
| 清水 雅 | 26 | 下河原 朋子 | 34 | ジャパンエナジー | 8, 388 |
| 清水 正徳 | 217 | 下里 省夫 | 78 | ジャパンタイムズ | 499 |
| 清水 正宏 | 192 | 下澤 一裕 | 46 | ジャパン・ティッシュ・エンジニアリング | 187 |
| 清水 正文 | 79 | 下沢 敬悟 | 547 | | |
| 清水 昌幸 | 190 | 下地 勇貴 | 261 | ジャパンデザインサービス | 296 |
| 清水 勝 (三菱自動車工業) | 339 | 下重 泰江 | 404 | | |
| | | 下島 公紀 | 201 | ジャパントルクス | 451 |
| 清水 勝 (東芝) | 476 | 下城 孝名子 | 345 | ジャパンパイプコンベヤ | 451 |
| 清水 通隆 | 533 | 下城 宏文 | 268 | | |
| 清水 光俊 | 438 | 下薗 彦二 | 468 | | |

| | | |
|---|---|---|
| ジャパンパック ……… | 148 | |
| ジャパンメディアシステム | | |
| ……………………… | 149 | |
| ジャパンロイヤル精機 …… | 135 | |
| シャープ ……………… | 7, | |
| 9, 87, 114, 169, 174, 311, | | |
| 315, 318, 357, 360, 361, 362, | | |
| 363, 364, 365, 445, 446, 447 | | |
| シャープ光学システム開発プ | | |
| ロジェクトチーム …… | 490 | |
| シャープ産業機器事業本部 | | |
| ……………………… | 92 | |
| シャープ情報システム事業本 | | |
| 部デザインセンター …… | 299 | |
| シャープ電化システム事業本 | | |
| 部デザインセンター …… | 301 | |
| シャプラニール ……… | 469 | |
| シャープELディスプレイ開 | | |
| 発グループ …………… | 486 | |
| シャープMUSEデコーダ用 | | |
| LSI開発担当者 ……… | 488 | |
| シャープTFTカラー液晶デ | | |
| ィスプレイ開発グループ | | |
| ……………………… | 488 | |
| シャミア,アデイ ……… | 498 | |
| 写楽製作委員会（西友） | | |
| ……………………… | 519 | |
| jyari ………………… | 254 | |
| 朱 漢樹 ……………… | 247 | |
| 朱 暁凡 ……………… | 155 | |
| 朱 小平 ……………… | 154 | |
| 許 翰鋭 ……………… | 325 | |
| 朱 銘 ………………… | 376 | |
| 自由学園工芸研究所 ‥ | 291, 307 | |
| 住建コンクリート工業 …… | 121 | |
| 重質油対策技術研究組合 | | |
| ……………………… | 185, 388 | |
| 住宅生産振興財団 ……… | 381 | |
| 住宅生産団体連合会「まち | | |
| な・み力創出研究会」… | 285 | |
| 住宅総合研究財団 ……… | 423 | |
| シュウ・タグチ・プロダクショ | | |
| ンズ ………………… | 558 | |
| 住宅・都市整備公団公園緑地 | | |
| 部 …………………… | 423 | |
| 周南電工 ……………… | 88 | |
| ジュオン メディカル システ | | |
| ム …………………… | 187 | |
| 宿谷 昌則 …………… | 425 | |
| 樹脂印刷社 …………… | 141 | |
| 首代 英樹 …………… | 371 | |
| 濡田 亜矢 …………… | 462 | |
| 首藤 紘一 …………… | 76 | |
| 首藤 登志夫 ……… | 342, 346, 348 | |
| 首都大学東京 ………… | 465 | |
| 十楽寺 義博 ………… | 412 | |
| ジュー ロン 広 域 図 書 館 | | |
| （Jurong Regional Library） | | |
| ……………………… | 407 | |
| 潤工社 ………………… | 16 | |
| 純正 …………………… | 143 | |
| 春本鉄工 ……………… | 122 | |
| 徐 莉玲 ……………… | 374 | |
| 祥雲会 ………………… | 286 | |
| 小学館 ……………… | 518, 521 | |
| 小学生創作ミュージカル発表 | | |
| 会 …………………… | 577 | |
| 焼結金属工業 ………… | 357 | |
| 城見 多津一 ………… | 531 | |
| 上甲 勝弘 …………… | 263 | |
| 上甲 トモヨシ ……… | 373 | |
| 商工金融 ……………… | 40 | |
| 商工経済研究 ………… | 40 | |
| 商工総合研究所 ……… | 41 | |
| 正司 明夫 …………… | 381 | |
| 東海林 彰 …………… | 58 | |
| 庄司 当 ……………… | 207 | |
| 庄子 貞雄 …………… | 222 | |
| 庄司 茂樹 …………… | 531 | |
| 庄司 新治 …………… | 529 | |
| 庄司 次男 …………… | 230 | |
| 庄司 東助 …………… | 203 | |
| 東海林 直人 ………… | 382 | |
| 庄司 英信 ………… | 237, 238 | |
| 庄司 養二 …………… | 528 | |
| 庄司 庸平 …………… | 346 | |
| 庄司 渉 ……………… | 173 | |
| 床島 輝彦 …………… | 366 | |
| 常信 和清 …………… | 58 | |
| 精進川ふるさとの川づくり | | |
| 事業整備計画検討委員会 | | |
| ……………………… | 381 | |
| 上瀬 忠男 …………… | 88 | |
| 城石 尚宏 …………… | 381 | |
| 象設計集団＋アトリエ・モビ | | |
| ル …………………… | 416 | |
| 勝田 高司 ………… | 409, 433 | |
| 上滝圧力機 ………… | 114, 355 | |
| 昇地 三郎 …………… | 467 | |
| 松竹 ‥ | 515, 520, 525, 564, 565 | |
| 松竹撮影所関係スタッフ | | |
| ……………………… | 546 | |
| 商店街振興組合原宿表参道 | | |
| 欅会 ………………… | 320 | |
| 庄田鉄工 …………… | 117, 133, 134 | |
| 上等 吉則 …………… | 67 | |
| 正徳 理栄子 ………… | 261 | |
| 常名 泰司 …………… | 257 | |
| 湘南合成樹脂製作所 … | 122 | |
| 城南信用金庫 ………… | 7 | |
| 小祢理 ………………… | 580 | |
| 城野 敬子 …………… | 38 | |
| 荘野 聰 ……………… | 123 | |
| 庄野 達哉 …………… | 74 | |
| 正野 俊夫 …………… | 223 | |
| 庄野 晴彦 …………… | 518 | |
| 庄野 真理子 ………… | 155 | |
| 称原 良一 …………… | 428 | |
| 荘村 多加志 ………… | 110 | |
| 常村 忠生 …………… | 452 | |
| 縄文映画製作委員会 … | 561 | |
| 庄山 悦彦 …………… | 8 | |
| 上陽町役場建設課 …… | 379 | |
| 湘菱電子 ……………… | 140 | |
| 昭和機器工業 ………… | 142 | |
| 昭和高分子 …………… | 184 | |
| 昭和シェルソーラー … | 320 | |
| 昭和新山国際雪合戦 … | 577 | |
| 昭和精機工業 ………… | 136 | |
| 昭和テックス ………… | 150 | |
| 昭和鉄工 …………… | 309, 357 | |
| 昭和電工秩父工場 … | 85, 88 | |
| 昭和電線電纜電力技術本部 | | |
| ……………………… | 297 | |
| 昭和冷凍プラント …… | 150 | |
| 飾一 …………………… | 146 | |
| 如澤 清 ……………… | 538 | |
| 女子高校生夏の学校企画委 | | |
| 員会 ………………… | 163 | |
| 女性の家HELP ……… | 468 | |
| ショット，カール・ハインツ | | |
| ……………………… | 314 | |
| ショーボンド建設 …… | 122 | |
| ジョン・ソミ ………… | 256 | |
| ジョンジャーディーパート | | |
| ナーシップ社 ……… | 304 | |
| ジョンソン …………… | 6 | |
| 白井 一洋 …………… | 127 | |
| 白井 貞夫 …………… | 384 | |
| 白井 茂 …………… | 546, 547 | |
| 白井 晟一 …………… | 413 | |
| 白井 達也 …………… | 189 | |
| 白井 信之 …………… | 441 | |
| 白井 博 ……………… | 314 | |
| 白井 正勝 …………… | 366 | |
| 白井 弥栄 …………… | 206 | |
| 白石 明 ……………… | 207 | |
| 白石 和敏 …………… | 571 | |
| 白石 一洋 …………… | 336 | |
| 白石 香澄 …………… | 89 | |
| 白石 勝彦 …………… | 387 | |
| 白石 健一 …………… | 179 | |
| 白石 諭勲 …………… | 105 | |
| 白石 進 ……………… | 244 | |
| 白石 正 ……………… | 87 | |
| 白石 哲郎 …………… | 329 | |
| 白石 信夫 …………… | 220 | |
| 白石 由人 ………… | 103, 182 | |

| | | |
|---|---|---|
| 白市 幸茂 ……………… 72 | 信越放送 ……… 505, 506, 575 | 新ダイワ工業 …………… 13 |
| 白岩 俊男 ……………… 88 | 新エネルギー・産業技術総合 | 新宅 征 ………………… 366 |
| 白梅学園大学杉山ゼミナー | 開発機構 ………… 392, 464 | 新谷 広二 ……………… 339 |
| ル ……………………… 284 | 新海 悟郎 ……………… 410 | 新谷 秀実 ……………… 440 |
| 白江 龍三 ………… 326, 419 | 新海 征治 ……………… 153 | 新谷 房夫 ……………… 88 |
| 白樫 淳一 ……………… 156 | 新貝 寿行 ……………… 9 | 新潮社 ………………… 525 |
| 白渇 佳敏 ……………… 88 | 新開 浩 ………………… 178 | 真塚 達夫 ……………… 424 |
| 白河 暁 …………… 73, 348 | シンガポール・フェスティバ | ジーンデザイン ………… 187 |
| 白川 東一 ……………… 254 | ル・オブ・アート1988運営 | 伸田 睦男 ……………… 435 |
| 白川 芳幸 ……………… 163 | 委員会 ………………… 374 | 進藤 勇 ………………… 57 |
| 白川直行アトリエ ……… 299 | シンガポール・プレス・ホー | 進藤 貞和 ……………… 26 |
| 白木 崇裕 ……………… 347 | ルディングス合早報 …… 519 | 進藤 誠一 ……………… 527 |
| 白木 睦生 ……………… 349 | 新漢字ディスプレイ開発グ | 進藤 太美雄 …………… 537 |
| 白木 ゆみ香 …………… 249 | ループ ………………… 485 | 新藤 敏郎 ……………… 180 |
| 白倉 徳明 ……………… 215 | シンキー ……………… 143 | 進藤 久和 ……………… 103 |
| 白子 正人 ……………… 520 | 新輝合成開発部 ………… 296 | 真藤 恒 ……… 7, 25, 28, 30 |
| 白崎 和則 ……………… 135 | 新技術開発事業団 ……… 356 | 神藤 宏明 ……………… 338 |
| 白須 勲 ………………… 188 | 新居鉄工所 ……………… 133 | 新藤 正信 ……………… 454 |
| シーラスタジオ ………… 299 | 信金中央金庫総合研究所 | 新藤 泰宏 ……………… 109 |
| 白田 理一郎 …………… 68 | ………………………… 43 | 真藤 豊 ………………… 112 |
| 白土 良太 ……………… 344 | 新宮 威一 ……………… 342 | 信藤 洋二 ……………… 441 |
| 白鳥 一信 ……………… 548 | 神宮司 順 ……………… 535 | 新藤 義雄 ……………… 333 |
| 白鳥 勝治 ……………… 88 | 真空理工 ……………… 451 | 進藤 芳典 ……………… 126 |
| 白鳥 達也 ……………… 371 | シンク・ラボラトリー … 142 | 新東工業 … 83, 104, 115, 116, |
| 白鳥 裕之 ……………… 259 | しんくろ ……………… 143 | 132, 133, 134, 135, 356, 358 |
| 白鳥 雅和 ……………… 383 | ジーンケア研究所 ……… 187 | 新東宝技術課 …………… 545 |
| 白鳥 美紀 ……………… 9 | 新興技術研究所 ………… 132 | 新東宝技術課音響整備係 |
| 白鳥 泰宏 ……………… 268 | 新光金属営業企画開発課 | ………………………… 545 |
| 白根 礼吉 ……………… 534 | ………………………… 307 | 新東宝技術部 …………… 475 |
| 白根大凧合戦 …………… 579 | 神鋼建材工業 …………… 378 | 新東宝特殊技術課 ……… 545 |
| 白幡 潔 ………… 53, 55, 57 | 新江州メディアプランニング | シントーケミトロン …… 139 |
| 白松 爾郎 ……………… 89 | 事業部 ………………… 519 | 仁豊野作業所 …………… 84 |
| 白水 政広 ……………… 571 | 神鋼商事 ……………… 186 | 陣内 巌 ………………… 243 |
| 白山 和久 ………… 413, 434 | 神港精機 ………… 138, 149 | 陣内 秀信 ……………… 426 |
| シリコンマイク開発グルー | 神鋼造機 ……………… 186 | 陣内 浩 …………… 124, 428 |
| プ ……………………… 474 | 神鋼電機 ………… 114, 117 | 新中村化学工業 ………… 24 |
| シルバー樹脂工業 ……… 13 | 新光電子 ……………… 149 | 新日鉄エンジニアリング |
| シルバーチャンネル ‥ 564, 565 | 新里 文哲 ……………… 531 | ………………………… 393 |
| 知床財団 ……………… 50 | 信山社出版 ……………… 41 | 新日鐵住金ステンレス …… 104 |
| 白水 末喜 ……………… 535 | 進士 五十八 ……… 225, 379 | 新日本映像 ……………… 560 |
| 城岡 正和 ……………… 347 | 宍道湖・中海汽水湖研究会 | 新日本化学工業 ………… 84 |
| シロク ………………… 143 | ………………………… 50 | 新日本工機 ………… 114, 355 |
| 白組 …………… 472, 526 | 信州グリナリー ………… 316 | 新日本製鐵 大分製鐵所製鉄 |
| 塩崎 毅 ………………… 104 | 信州SOHO支援協議会 … 544 | 工場 …………………… 169 |
| 城谷 亜子 ……………… 256 | 信州大学 ……………… 445 | 新日本製鐵耐火鋼と新鉄骨 |
| 城水 元次郎 …………… 535 | 新宿西戸山開発 ………… 374 | 耐火構造開発チーム … 420 |
| 城谷 豊 ………………… 414 | 新城 彰 ………………… 488 | 新日本製鐵 |
| シーワークス …………… 520 | 新條 出 ………………… 346 | ‥ 88, 90, 92, 94, 95, 96, 97, 98, |
| 師走祭り迎え火 ………… 577 | 新城 信一 ……………… 531 | 99, 100, 103, 104, 114, 116, |
| シン・ウチョル ………… 249 | 新城 長有 ……………… 222 | 117, 118, 121, 122, 184, 315, |
| 新内 忠巳 ……………… 93 | 新庄 輝也 ……………… 153 | 389, 390, 391, 414, 442, 561 |
| 新栄会 ………………… 286 | 新城 直 ………………… 512 | 新日本石油 ………… 102, 112, |
| 新映像産業推進センター | 新城 広 ………………… 537 | 186, 322, 363, 364, 392, 393 |
| …………… 522, 523, 524 | 新庄製作所 ……………… 452 | 新日本石油基地 …… 112, 186 |
| 進栄電子 ……………… 141 | 新庄ミニFM発起人会（通称 | 新日本石油精製 ………… 102 |
| 信越化学工業 …………… 91 | FM FLOWER) …… 543 | |

| | | |
|---|---|---|
| 新日本電気電子管事業部大津工場 ............ 84 | スエヒロEPM ............ 140 | 杉浦 聡 ............ 73 |
| 新日本理化 ............ 356 | 末松 安晴 ............ 152, 496 | 杉浦 繁貴 ............ 337 |
| 新野 俊樹 ............ 188 | 末光 弘和 ............ 269 | 杉浦 淳一郎 ............ 535 |
| 神野 直彦 ............ 5 | 末光 陽子 ............ 329 | 杉浦 慎三 ............ 333 |
| 神野 洋明 ............ 339 | 末村 萌律喬 ............ 549, 551 | 杉浦 進 ............ 418 |
| 神野 靖夫 ............ 427 | 末盛 博文 ............ 179 | 杉浦 精一 ............ 336 |
| 陳野 好之 ............ 231 | 末山 哲英 ............ 387 | 杉浦 敏充 ............ 347 |
| 新農林社 ............ 240 | 末吉 勇 ............ 538 | 杉浦 宏明 ............ 367 |
| 榛葉 弘 ............ 538 | 末吉 隆彦 ............ 182 | 杉浦 博明 ............ 70, 474, 492 |
| 新評論 ............ 40, 41, 42 | 末吉 幹子 ............ 463 | 杉浦 博 ............ 332 |
| 新仏 利仲 ............ 369 | 菅 和俊 ............ 190 | 杉浦 正毅 ............ 93 |
| シンプレクス・インベストメント・アドバイザーズ ............ 321 | 菅 順二 ............ 431 | 杉浦 円 ............ 160 |
| | 菅 博文 ............ 181 | 杉浦 幸雄 ............ 57, 479 |
| | 菅 優 ............ 533 | 杉江 亮彦 ............ 471 |
| 新聞原価計算グループ ............ 499 | 管 まりお ............ 256 | 杉江 佶 ............ 220, 227 |
| 新保 博 ............ 4 | 菅 礼之助 ............ 29 | 杉江製陶 ............ 121 |
| 新方式デジタルFPU用ヘリコプター可搬追尾システム開発グループ ............ 494 | 菅井 勲 ............ 60 | 杉尾 彰俊 ............ 65, 87 |
| | 須貝 圭一朗 ............ 157 | 鋤柄 よしこ ............ 34 |
| | 菅井 禎亮 ............ 473 | 杉崎 喬 ............ 548 |
| | 須賀川 豊 ............ 481, 487 | 杉崎 理 ............ 547 |
| シンポ工業 ............ 450 | 須賀川市(福島県) ............ 565 | 杉島 久夫 ............ 529 |
| 新間 康博 ............ 56 | スガ試験機 ............ 16, 358 | 杉信 賢一 ............ 213 |
| 新三菱重工 ............ 354 | 菅野 一彦 ............ 342, 344 | 杉田 昭 ............ 536 |
| 真目 薫 ............ 67 | 菅野 卓雄 ............ 74 | 杉田 虔二 ............ 530 |
| 新明 克洋 ............ 127 | スガノ農機 ............ 240 | 杉田 成利 ............ 348 |
| 新明 正弘 ............ 345 | 菅原 潤一 ............ 166 | 杉田 満 ............ 340 |
| 新明和工業 ............ 114, 135 | 菅原 正夫 ............ 531 | 杉田 愃 ............ 94 |
| 新毛 勝秀 ............ 156 | 菅原 正幸 ............ 62, 480 | 杉田 亮毅 ............ 501 |
| 進和技術開発 ............ 21 | スカパーJSAT ............ 527 | 杉立 晴彦 ............ 348 |
| 進和クリエイティブセンター ............ 462 | 菅谷 和雄 ............ 65 | 杉谷 恒雄 ............ 388 |
| シンワ測定 ............ 18 | 菅谷 定彦 ............ 501 | 杉谷 照雄 ............ 387 |
| | 菅谷 汎 ............ 86, 88 | 杉戸 嘉彦 ............ 367 |
| | 須川 兼好 ............ 494 | 杉中 淳 ............ 242 |
| | 須川 貴夫 ............ 479 | 杉野 道幸 ............ 474 |
| | 菅原 あけみ ............ 36 | 杉野 芳宏 ............ 452 |
| 【す】 | 菅原 勝康 ............ 389 | 杉野クリーナー製作所 ............ 10 |
| | 菅原 大輔 ............ 72, 347 | スギノマシン ............ 356 |
| 水津 寛一 ............ 85 | 菅原 拓男 ............ 390 | 杉原 逸夫 ............ 335 |
| 水津 利定 ............ 206 | 菅原 鉄也 ............ 437 | 杉原 加奈 ............ 262 |
| 吹田 啓一郎 ............ 431 | 菅原 寛孝 ............ 153 | 杉原 邦彦 ............ 333 |
| 水門 正良 ............ 135 | 菅原 博之 ............ 347 | 杉原 厚吉 ............ 60 |
| スウィンギングビッツ ............ 330 | 菅原 文子 ............ 423 | 杉原 尚示 ............ 488 |
| 崇城大学 ............ 286 | 菅原 麻衣子 ............ 242 | 杉原 知道 ............ 193 |
| 末岡 多加志 ............ 479 | 菅原 正見 ............ 135 | 杉原 直樹 ............ 180 |
| 末岡 利雄 ............ 416 | 菅原 元治 ............ 205 | 杉原 啓之 ............ 343 |
| 末兼 多好保 ............ 135 | 菅原 祐一 ............ 371 | 杉原 真樹 ............ 252 |
| 末包 哲也 ............ 263 | 菅原 亘 ............ 512 | 杉原 吉昭 ............ 132 |
| 陶澤 眞一 ............ 70 | 杉 重彦 ............ 413 | 杉町 寿孝 ............ 27 |
| 末田 航 ............ 525 | 杉 二郎 ............ 216 | 杉村 一昭 ............ 72 |
| 末高 弘之 ............ 172 | 杉 長介 ............ 82 | 杉村 幸彦 ............ 366 |
| 末次 克彦 ............ 266, 501 | 杉 鉄也 ............ 268 | 杉本 明男 ............ 68 |
| 末冨 裕 ............ 536 | 杉 道助 ............ 29 | 杉本 薫子 ............ 33 |
| 末永 拡司 ............ 573 | 杉浦 明 ............ 224 | 杉本 和男 ............ 135 |
| 末永 一 ............ 217 | 杉浦 栄一 ............ 52 | 杉本 克己 ............ 531 |
| 末廣 潔 ............ 163 | 杉浦 克美 ............ 410 | 杉本 要 ............ 88 |
| 末広 卓 ............ 536 | 杉浦 康平 ............ 458 | 杉本 健一郎 ............ 344 |

| | | |
|---|---|---|
| 杉本 健三 ............ 151 | 杉山 正雄 ............ 535 | 鈴木 一恵 ............ 530 |
| 椙本 晃佑 ............ 373 | 杉山 昌揮 ............ 372 | 鈴木 計夫 ............ 420 |
| 杉本 俊 ............ 84 | 杉山 正行 ............ 127 | 鈴木 和夫 ............ 232 |
| 杉本 伸二 ............ 336 | 杉山 幹雄 ............ 219 | 鈴木 克彦 ............ 430 |
| 杉本 大 ............ 251 | 杉山 瑞穂 ............ 67 | 鈴木 喜計 ............ 109 |
| 杉本 貴志 ............ 460 | 杉山 充男 ............ 377 | 鈴木 喜作 ............ 134 |
| すぎもと たつお ...... 250 | 杉山 吉克 ............ 493 | 鈴木 恭一 ............ 528 |
| 杉本 竜雄 ............ 342 | 杉山 亘 ............ 379 | 鈴木 喜代治 .......... 545 |
| 杉本 達芳 ............ 89 | 椙山女学園大学生活科学部生 | 鈴木 清 ....... 94, 532 |
| 杉本 俊多 ............ 424 | 活環境デザイン学科 橋 | 鈴木 清人 ............ 570 |
| 杉本 利行 ............ 172 | 本雅好研究室 ........ 283 | 鈴木 清幸 ............ 512 |
| 杉本 富史 ...... 174, 343 | スクウェア・エニックス | 鈴木 邦彦 ............ 341 |
| 杉本 豊邦 ............ 487 | ................ 525, 526 | 鈴木 奎三郎 .......... 9 |
| 杉本 直己 ............ 201 | 直田 芳兼 ............ 533 | 鈴木 桂輔 ............ 345 |
| 杉本 登 ............ 91 | 直田 芳太郎 .......... 529 | 鈴木 敬三 ............ 95 |
| 杉本 英彦 ...... 180, 186 | 勝呂 隆男 ............ 46 | 鈴木 啓太 ............ 262 |
| 杉元 裕紀 ............ 122 | 助川 東輔 ............ 368 | 鈴木 健 ............ 171 |
| 杉本 昌穂 ... 100, 446, 479 | 助川 徳三 ............ 87 | 鈴木 建 ............ 6 |
| 杉本 光男 ............ 56 | 助川電気工業 ........ 16 | 鈴木 健司 ............ 57 |
| 杉本 睦 ............ 135 | スケルトン定借普及セン | 鈴木 健治 ............ 529 |
| 杉本 靖博 ............ 193 | ター ................ 429 | 鈴木 研二 ............ 347 |
| 杉本 幸弘 ...... 342, 369 | 須合 孝雄 ............ 377 | 鈴木 孝 ............ 339 |
| 杉本 義一 ............ 388 | スコブルコンプレックス会 | 鈴木 功一 ............ 536 |
| 杉本 良樹 ............ 205 | 社 ................ 316 | 鈴木 好一 ............ 412 |
| 杉本 善忠 ............ 481 | 須坂市 ............ 544 | 鈴木 孝治 ............ 111 |
| 杉本 嘉正 ............ 52 | 須坂市観光協会 ...... 544 | 鈴木 幸治 ....... 69, 328 |
| 杉本 米夫 ............ 414 | 須坂市『女性の健康応援団』 | 鈴木 旺 ............ 151 |
| 杉森 吉夫 .. 477, 486, 538, 556 | ................ 286 | 鈴木 哲弥 ............ 313 |
| スキヤキ・ミーツ・ザ・ワー | 須坂新聞 ............ 544 | 鈴木 悟 ............ 179 |
| ルド2010(20回) ...... 580 | 須沢 正明 ............ 569 | 鈴木 三郎 ... 87, 219, 454 |
| 杉山 昭彦 ............ 163 | 図師 耕治 ...... 346, 347 | 鈴木 左門 ............ 528 |
| 杉山 栄蔵 ............ 530 | ズジョウ ............ 311 | 鈴木 重信 ............ 538 |
| 杉山 一男 ............ 531 | 鈴鹿 和男 ............ 181 | 鈴木 茂晴 ............ 9 |
| 杉山 和男 ............ 539 | 鈴鹿 哲生 ............ 254 | 鈴木 成文 ...... 413, 433 |
| 杉山 和雄 ............ 378 | 鈴垣 貴幸 ............ 262 | 鈴木 茂 ....... 42, 205 |
| 杉山 一彦 ............ 66 | 鈴川 浩一 ............ 160 | 鈴木 鎮男 ............ 570 |
| 杉山 和宏 ............ 491 | 鈴川 豊 ............ 99 | 鈴木 周一 ............ 55 |
| 杉山 勘三 ............ 207 | スズキ .... 395, 396, 400, 401 | 鈴木 修一 ............ 330 |
| 杉山 恵一 ............ 379 | 鈴木 ............ 15 | 鈴木 修三 ............ 69 |
| 杉山 賢司 ............ 436 | 鈴木 昭男 ............ 106 | 鈴木 淳 ............ 42 |
| すぎやま こういち .... 525 | 鈴木 皓夫 ............ 80 | 鈴木 正策 ............ 216 |
| 杉山 紘一 ............ 442 | 鈴木 顕 ............ 97 | 鈴木 伸一 ............ 73 |
| 杉山 公平 ............ 546 | 鈴木 章 ............ 343 | 鈴木 信一 ............ 84 |
| 杉山 峻一 ............ 99 | 鈴木 明 ...... 109, 439 | 鈴木 慎一 ............ 377 |
| 杉山 節郎 ............ 571 | 鈴木 明人 ............ 123 | 鈴木 仁一郎 .......... 56 |
| 杉山 大樹 ............ 372 | 鈴木 篤 ............ 325 | 鈴木 仁治 ............ 347 |
| 杉山 隆夫 ... 228, 238, 239 | 鈴木 敦 ............ 372 | 鈴木 晋介 ............ 105 |
| 杉山 隆博 ............ 370 | 鈴木 厚人 ............ 163 | 鈴木 進 ............ 307 |
| 杉山 達夫 ............ 223 | 鈴木 功 ...... 551, 552 | 鈴木 正肚 ...... 238, 239 |
| 杉山 富夫 ............ 344 | 鈴木 勇 ............ 95 | 鈴木 千介 ............ 333 |
| 杉山 直 ............ 126 | 鈴木 一松 ............ 530 | 鈴木 孝雄 ....... 4, 127 |
| 杉山 直正 ............ 55 | 鈴木 伊知郎 .......... 188 | 鈴木 貴晴 ............ 372 |
| 杉山 信三 ............ 412 | 鈴木 一郎 ............ 191 | 鈴木 崇英 ............ 317 |
| 杉山 英男 ...... 221, 415 | 鈴木 永二 ...... 28, 30 | 鈴木 高宏 ............ 191 |
| 杉山 誠 ...... 517, 518 | 鈴木 修 .... 8, 27, 47, 190 | 鈴木 高広 ............ 531 |
| 杉山 正夫 ............ 531 | 鈴木 嘉吉 ............ 414 | 鈴木 貴幸 ............ 330 |

| | | | | | |
|---|---|---|---|---|---|
| 鈴木 孝幸 | 66, 338, 345 | 鈴木 大隆 | 328 | 鈴茂機械工業 | 451 |
| 鈴木 孝之 | 339 | 鈴木 弘人 | 69 | 鈴森 康一 | 188 |
| 鈴木 岳 | 473 | 鈴木 浩則 | 371 | 裾野長泉清掃施設組合「いず | |
| 鈴木 武二 | 529 | 鈴木 博之 | 134, 422 | み苑」 | 108 |
| 鈴木 猛 | 386 | 鈴木 正明 | 43 | 須田 兼吉 | 529 |
| 鈴木 太七 | 230 | 鈴木 将生 | 344 | 須田 健二 | 127, 431 |
| 鈴木 達也 | 349 | 鈴木 正男 | 454 | 須田 悟史 | 161 |
| 鈴木 太朗 | 250 | 鈴木 正和 | 536 | 須田 茂昭 | 80 |
| 鈴木 太郎 | 85, 87 | 鈴木 正喜 | 455 | 須田 正爾 | 66 |
| 鈴木 親垢 | 217 | 鈴木 正治 | 221 | 須田 泰一朗 | 80 |
| 鈴木 千里 | 347 | 鈴木 雅貴 | 158 | 須田 武憲 | 382 |
| 鈴木 千尋 | 252 | 鈴木 正敏 | 161, 200 | 須田 忠昌 | 536 |
| 鈴木 勉 | 156 | 鈴木 政康 | 347 | 須田 寿 | 332 |
| 鈴木 恒次 | 574 | 鈴木 勝 | 348 | 須田 真彦 | 329 |
| 鈴木 亭一 | 75 | 鈴木 増雄 | 152 | スターウェイ | 144 |
| 鈴木 哲夫 | 47 | 鈴木 学 | 57 | 須高ケーブルテレビ | 544 |
| 鈴木 照人 | 248 | 鈴木 護 | 255 | スタジオイー・スペース | |
| 鈴木 守 | 81 | 鈴木 守 | 469 | | 330 |
| 鈴木 寿晃 | 493 | 薄 希秀 | 441 | スタジオジブリCG部 | 522 |
| 鈴木 寿秋 | 570 | 鈴木 美枝子 | 218 | スタジオーネ63 | 463 |
| 鈴木 敏男 | 503 | 鈴木 光義 | 474 | スタジオ・プロペラ | 405 |
| 鈴木 敏夫 | 44, 108, 535 | 鈴木 稔 | 368 | スター精密 | 280 |
| 鈴木 稔和 | 57 | 鈴木 元弘 | 379 | スタッフナインハット | 310 |
| 鈴木 稔彦 | 31 | 鈴木 安昭 | 40 | スターツCAM | 286 |
| 鈴木 敏文 | 8, 27, 29 | 鈴木 康夫 | 332, 531 | 須玉町歴史資料館 | 541 |
| 鈴木 俊光 | 386, 389 | 鈴木 康広 | 250 | ステップテクニカ | 142, 143 |
| 鈴木 俊之 | 100 | 鈴木 康之 | 205, 486 | ステュディオ ハン デザイ | |
| 鈴木 敏之 | 538 | 鈴木 勇司 | 330 | ン | 319 |
| 鈴木 敏郎 | 416 | 鈴木 裕治 | 382 | 数土 文夫 | 99 |
| 鈴木 智雄 | 107 | 鈴木 嘉昭 | 63 | 須藤 絵理香 | 254 |
| 鈴木 寅夫 | 535 | 鈴木 淑夫 | 4 | 須藤 亀蔵 | 336 |
| 鈴木 直義 | 222 | 鈴木 義二 | 484 | 須藤 昭一 | 199 |
| 鈴木 奈々瀬 | 324, 442 | 鈴木 義茂 | 64 | 須藤 清次 | 220 |
| 鈴木 延明 | 71, 345, 370 | 鈴木 善祐 | 219 | 須藤 常太 | 92 |
| 鈴木 伸夫 | 134 | 鈴木 喜隆 | 86 | 須藤 英夫 | 333 |
| 鈴木 治雄 | 25 | 鈴木 吉太郎 | 31 | 須藤 浩 | 211 |
| 鈴木 晴夫 | 538 | 鈴木 義典 | 371 | 須藤 芳兄 | 211 |
| 鈴木 春義 | 85 | 鈴木 芳久 | 441 | 須藤 誠 | 314 |
| 鈴木 久夫 | 369 | 鈴木 慶泰 | 535 | 周藤 靖雄 | 232 |
| 鈴木 尚夫 | 231 | 薄 善行 | 162 | 須藤 祐司 | 64 |
| 鈴木 尚 | 90 | 鈴木 祥之 | 419 | 須藤 玲子 | 461 |
| 鈴木 久実 | 333 | 鈴木 隆司 | 206 | ストラット・リブに支持され | |
| 鈴木 英雄 | 51 | 鈴木 竜三 | 507 | た床版を有するPC橋の設 | |
| 鈴木 秀夫 | 569 | 鈴木 良一 | 63 | 計施工に関する技術検討 | |
| 鈴木 秀樹 | 481 | 鈴木 了二 | 423 | 委員会 | 380 |
| 鈴木 英典 | 469 | 鈴木 隣太郎 | 110 | 須永 浩夫 | 528 |
| 鈴木 裕偉 | 255 | 鈴木 和郎 | 82, 86 | 砂川 清 | 487 |
| 鈴木 弘樹 | 382 | 鈴木楽器製作所 | 14, 319 | 砂川 洵 | 99 |
| 鈴木 寛 | 215 | 鈴木金属工業 | 356 | 「砂の器」撮影スタッフ | |
| 鈴木 宏 | 371 | 鈴木自動車工業 | 117 | | 470 |
| 鈴木 弘 | 81 | 鈴木製作所 | 14, 138 | 「砂の器」照明スタッフ | |
| 鈴木 浩 | 265 | 鈴木油脂工業 | 140 | | 471 |
| 鈴木 博 | 548 | スズサン | 319 | 砂庭 須美子 | 34 |
| 鈴木 裕 | 518 | 鈴寅整染工場 | 19 | 砂原 広志 | 106 |
| 鈴木 洋 | 52, 478 | 鈴東 新 | 262, 264 | 角南 英敏 | 531 |
| 鈴木 洋司 | 455 | 鈴村 将人 | 346 | 須納瀬 正範 | 162 |

スノーピーク ……………… 314
スパークスシステムズジャパン ……………… 147
スパンクリート製造 ……… 451
ズビック・ビジョン ……… 517
スピード インターナショナル リミテッド ……… 312
スプリットン工業会 ……… 311
「スペシャルドラマ 弟 第3話」美術スタッフ（高原 篤、村竹良二、小山晃弘、宮崎洋） ……………… 471
スポーツニッポン新聞社 ……………… 283
角 彰 ……………………… 427
角 茂 …………………… 154, 157
鷲見 純良 ………………… 381
角 正雄 …………………… 54
住 正徳 ………………… 521, 522
住 泰夫 …………………… 333
住江織物インテリア商品企画部 ………………… 307
住江織物デザイン部 ……… 300
炭竈 隆志 ………………… 65
住木 諭介 ………………… 216
住金ステンレス鋼管 ……… 97
スミス、ジョージ・E. …… 497
スミスクライン・ビーチャム製薬 ………………… 561
スミソニアン研究所 ……… 560
隅田 幸男 ………………… 55
住田 昌二 ………………… 416
住田 正二 ………………… 26
住田 恒世 ………………… 90
住田 友文 ………………… 45
住田 正利 ………………… 65
住田 康隆 ………………… 105
隅田川渡河橋景観委員会 ……………… 383
隅田川渡河橋住民懇談会 ……………… 383
住田光学ガラス ………… 138, 141, 142, 144, 358, 452
住友 元夫 ……………… 82, 88
住友海上火災保険（イントラネット） ……………… 541
住友化学 ………………… 102
住友化学工業 …………… 100
住友銀行 ………………… 6
住友金属工業 ……………… 90, 91, 97, 98, 99, 101, 102, 103, 104, 114, 115, 116, 117, 121, 184, 391, 392
住友金属工業小倉製鉄所 ……………… 83

住友金属工業鹿島製鉄所 ……………… 95
住友金属工業鋼管製造所 ……………… 81
住友金属工業車輛鋳鍛事業部 ……………… 83
住友金属鉱山 ‥ 91, 98, 103, 358
住友金属テクノロジー …… 392
住友金属パイプエンジ …… 392
住友グループ広報委員会 ……………… 564
住友建設 ……………… 121, 122
住友建設共同企業体 ……… 562
住友重機械エンバイロテック ……………… 107
住友重機械工業 ……… 185, 359
住友商事 ……………… 464, 564
住友電気工業大阪製作所 ……………… 84
住友電気工業横浜製作所 ……………… 84
住友電気工業 ……… 85, 115, 118, 130, 174, 186, 354, 355, 356, 357, 358, 362, 363, 480
住友特殊金属 …………… 359
住友林業 ………………… 284
住江織物 ………………… 307
炭本 治喜 ………………… 366
角屋 聡 …………………… 390
角谷 正一 ………………… 134
角谷 直人 ………………… 219
住吉 喜九夫 ……………… 88
住吉 哲実 ………………… 200
住吉 英樹 ………………… 474
住吉 洋之 ……………… 381, 426
ズーム・ティー ……… 281, 283
須山 英三 ………………… 478
須山 清記 ……………… 452, 454
陶山 英成 ………………… 85
3D制作グループ ………… 469
スリーディーデジタルマックス ……………… 317
スリーボンド …………… 138
スルッとKANSAI協議会 ……………… 544
諏訪 英儁 ………………… 528
諏訪 三千男 ……………… 556
諏訪 恭一 ………………… 92
洲脇 利孝 ………………… 98
諏訪精工舎 …………… 89, 116
諏訪薗 篤信 ……………… 126
諏訪田製作所 …………… 320
諏訪部 博久 ……………… 370
スンダラム・クレイトン・ブレーキ事業部 ……… 442

【せ】

盛 再権 ……………………
ゼイヴェル ……………… 24, 542
セイカ …………………… 311
正賀 充 …………………… 109
生活クラブ ……………… 330
世紀東急工業 …………… 121
清家 清 ……………… 410, 433
清家 正信 ………………… 573
精研開発部 ……………… 305
セイコーインスツルメント ……………… 119
清光 照夫 ………………… 204
精工舎 …………………… 117
精工舎デザインセンター ……………… 296
セイコーエプソン ………… 50, 95, 98, 100, 117
セイコーオプティカルプロダクツ ……………… 316
政策科学研究所環境調査研究委員 ……………… 106
聖実 ……………………… 285
セイシン工業 …………… 137
生体分子計測研究所 …… 143
清藤 城宏 ………………… 244
政末 孝尚 ………………… 539
清野 絵理 ………………… 441
清野 聡子 ………………… 380
清野 実 ……………… 99, 198
清野 めぐみ ……………… 36
井ノ子 昭夫 …………… 107
セイブエンジニアリング ……………… 451
西武化学工業 …………… 357
西武学園 ………………… 283
西部技研 ……………… 22, 358
西武自動車販売 ………… 397
生物系特定産業技術研究支援センター …………… 465
西部電機工業 …………… 355
西武百貨店 ……………… 6
西武北海道 ……………… 517
税務経理協会 ………… 41, 42
生命誌研究館 …………… 375
成茂科学器械研究所 …… 14
西友商品企画室 ………… 289
西淀空調機 ……………… 391
セイレイ工業 …………… 240
西暦2000年世界民族芸能祭"ワッショイ!2000" …… 578
聖和精機 ………………… 359
瀬尾 健三 ……………… 486, 489

| | | |
|---|---|---|
| 瀬尾 康久 | 241 | |
| 瀬尾 芳雄 | 378 | |
| 瀬賀 浩二 | 78 | |
| 世界インダストリアル・デザイン会議実行委員会 | 459 | |
| 世界クラフト会議第8回京都実行委員会 | 459 | |
| 世界チェンソーアート競技大会IN東栄2006（第6回（世界大会としては第1回）） | 579 | |
| 世界デザイン会議'89名古屋実行委員会 | 460 | |
| セガ・エンタープライゼス | 520, 521, 523 | |
| セガ・エンタープライゼス第二AM研究開発部 | 519 | |
| 瀬川 圭介 | 482 | |
| 瀬川 順一 | 546, 550, 554 | |
| 瀬川 徹夫 | 550, 552 | |
| 瀬川 浩樹 | 441 | |
| 瀬川 雅也 | 343 | |
| 瀬川 美能留 | 25 | |
| 関 淳夫 | 85 | |
| 関 淳也 | 194 | |
| 関 伊佐夫 | 370 | |
| 関 一人 | 210 | |
| 関 和治 | 303 | |
| 関 勝志 | 179 | |
| 関 克哉 | 482 | |
| 関 邦秀 | 535 | |
| 関 建三 | 340 | |
| 関 浩二 | 99 | |
| 瀬木 耿太郎 | 265 | |
| 積 栄 | 241 | |
| 関 伸一 | 46 | |
| 関 新治 | 370 | |
| 関 真治 | 332 | |
| 関 忠三郎 | 81 | |
| 関 玄達 | 441 | |
| 関 晴夫 | 547, 549, 555 | |
| 関 彦太 | 205 | |
| 関 英夫 | 532 | |
| 関 英信 | 178 | |
| 関 秀光 | 476 | |
| 関 文夫 | 379, 383 | |
| 関 誠 | 212 | |
| 関 誠夫 | 91 | |
| 関 雅樹 | 125 | |
| 関 昌弘 | 435 | |
| 関 満博 | 5, 41 | |
| 関 康成 | 342 | |
| 関 与志雄 | 86 | |
| 関 祥行 | 448 | |
| 石栄 煇 | 388 | |
| 関岡 正道 | 52 | |
| 関ケ原製作所 | 23 | |
| 関・空間設計 | 113 | |
| 関口 克明 | 419 | |
| 関口 欣也 | 414 | |
| 関口 圭輔 | 430 | |
| 関口 謙一郎 | 370 | |
| 関口 智嗣 | 59 | |
| 関口 茂昭 | 157 | |
| 関口 純一 | 52 | |
| 関口 通 | 67 | |
| 関口 春次郎 | 151 | |
| 関口 秀夫 | 337 | |
| 関口 宏 | 181 | |
| 関口 益照 | 38 | |
| 関口 良雅 | 533 | |
| セキ工業 | 452 | |
| 関沢 泰治 | 91 | |
| 積水化学工業 | 317 | |
| 積水化学工業デザインセンター | 293 | |
| 積水成型工業 | 284, 286 | |
| セキスイデザインセンター | 305 | |
| 積水ハウス | 282, 283, 284, 285, 286, 564 | |
| 積水ハウス中層設計部 | 301 | |
| 関塚 清蔵 | 211 | |
| 積層金型 | 149 | |
| 積層金型研究所 | 144 | |
| 関田 仁志 | 200 | |
| 石炭エネルギーセンター | 393 | |
| 石炭ガス化複合発電技術研究組合 | 389 | |
| 石炭利用水素製造技術研究組合 | 388 | |
| 石炭利用総合センター | 390, 391 | |
| 関戸 晃 | 352 | |
| 関戸 俊英 | 162, 182 | |
| 関根 麻美 | 329 | |
| 関根 重幸 | 60 | |
| 関根 淳一 | 135 | |
| 関根 孝則 | 507 | |
| 関根 毅 | 413 | |
| 関根 辰昭 | 435 | |
| 関根 千佳 | 35 | |
| 関根 敏雄 | 537 | |
| 関根 久 | 59 | |
| 関根 正文 | 403 | |
| 関根 靖雄 | 90 | |
| 関根 泰 | 156, 157, 393 | |
| セキネシール | 19 | |
| 関野 克 | 408, 414, 432 | |
| 石播電力事業部エネルギーシステム部 | 390 | |
| 関原 弦 | 122 | |
| 関原 聡 | 326 | |
| 関原 猛夫 | 409 | |
| 石墨 慶一郎 | 227 | |
| 関本 明子 | 440 | |
| 関本 忠弘 | 6, 26, 29, 57 | |
| 関森 俊幸 | 73, 344 | |
| 関谷 辰延 | 534 | |
| 関谷 哲史 | 251 | |
| 関谷 文彦 | 229 | |
| 関谷 慶之 | 368, 371 | |
| 関山 和秀 | 166 | |
| セキュアブレイン | 148 | |
| 瀬口 哲夫 | 425, 431 | |
| 瀬口 裕章 | 347 | |
| 世古 澄人 | 100 | |
| 瀬古 俊之 | 334 | |
| 世古 真臣 | 88 | |
| セコム | 7, 464, 540 | |
| 妹島 和世 | 318, 423, 428 | |
| 瀬島 竜三 | 30 | |
| 瀬下 幸治 | 473 | |
| 瀬田 良孝 | 192 | |
| 稲田 義行 | 103 | |
| 瀬高 貫一 | 92 | |
| 瀬谷 渉 | 419 | |
| 設計同人NEXT | 313 | |
| ゼットエムピー | 464, 465 | |
| 切中 優希子 | 406 | |
| 瀬戸 章文 | 343 | |
| 瀬戸 一洋 | 104, 163 | |
| 瀬戸 嘉雄 | 529 | |
| 瀬戸 浩志 | 346 | |
| 瀬戸 陽治 | 345 | |
| 瀬戸 良登 | 367 | |
| 瀬戸内国際芸術祭2010（1回） | 580 | |
| 瀬戸口 俊一 | 439 | |
| 銭高組 | 122 | |
| 銭高組・大林組・清水建設・フジタ設計コンソーシアム | 304 | |
| 銭高組・清水建設・大林組・フジタ・大宇・サンライフ・イチケン・松本組・三井建設・九州建設・東建設・善工務店共同企業体 | 304 | |
| 銭高組・ハザマ・住友建設・不動建設・佐藤工業・松尾建設・佐藤組共同企業体 | 304 | |
| 銭屋アルミニウム製作所 | 15 | |
| ゼネラル・プレス | 330 | |
| 妹尾 雅之 | 98, 198 | |
| ゼブラ | 320 | |

セブン-イレブン・ジャパン ・・・・・・・・・・・・・・・・・・ 8
瀬間 徹 ・・・・・・・・・・・・・・・ 387
セミテックス ・・・・・・・・・・ 138
瀬谷 修 ・・・・・・・・・・・・・・・ 104
芹澤 慎 ・・・・・・・・・・・・・・・ 179
芹沢 昌宏 ・・・・・・・・・・・・・ 163
芹沢 良夫 ・・・・・・・・・・・・・ 340
セリック ・・・・・・・・・・・・・・ 451
芹野 洋一 ・・・・・・・・・・・・・ 339
セルシス ・・・・・・・・ 146, 525
セルシード ・・・・・・・ 148, 149
セレスター・レキシコ・サイエンシズ ・・・・・・・・・・・・・ 187
セーレン ・・・・・・・・・・・・・・ 375
「04」 ・・・・・・・・・・・・・・・・・ 248
ゼロワンデザイン ・・・・・・ 298
善 功企 ・・・・・・・・・・・・・・・・ 122
千賀 邦行 ・・・・・・・・・・・・・・ 45
1997佐賀熱気球世界選手権 ・・・・・・・・・・・・・・・・・・・・・ 577
全研 ・・・・・・・・・・・・・・・・・・ 147
泉工医科工業 ・・・・・・・・・・ 150
仙石 忠正 ・・・・・・・・・・・・・・ 95
全国合鴨水稲会 ・・・・・・・・・ 50
全国朝日放送 ・・・・・・・・ 446, 447, 481, 505, 515, 519
全国朝日放送報道局報道取材部 ・・・・・・・・・・・・・・・・・ 570
全国過疎地域活性化連盟 ・・・・・・・・・・・・・・・・・・・・・ 562
全国過疎地域自立促進連盟 ・・・・・・・・・・・・・・・・・・・・・ 563
全国銀行協会連合会 ・・・・・ 560
全国高校書道パフォーマンス選手権大会(3回) ・・・・・ 580
全国高等学校写真選手権大会「写真甲子園」(第15回) ・・・・・・・・・・・・・・・・・・・・・ 579
全国子供歌舞伎フェスティバルin小松 ・・・・・・・・・・・ 577
全国社会就労センター協議会 ・・・・・・・・・・・・・・・・・・・ 311
全国大学フラメンコフェスティバルin館山(第13回) ・・・・・・・・・・・・・・・・・・・・・ 579
全国小ちゃなしあわせ絵手紙展 ・・・・・・・・・・・・・・・・・ 577
全国土地改良事業団体連合会 ・・・・・・・・・・・・・・・・・・・ 379
全国農業協同組合中央会 ・・・・・・・・・・・・・・・・・・・・・ 563
全国農村映画協会 ・・・・・・・ 563
全国ハンセン病療養所入所者協議会 ・・・・・・・・・・・・・ 468
千住金属工業 ・・・・・・・・・・ 451

千手 諒一 ・・・・・・・・・・・・・ 229
千總 ・・・・・・・・・・・・・・・・・・ 441
千田 二郎 ・・・・・・・・ 342, 345
仙田 昌久 ・・・・・・・・・・・・・ 478
仙田 満 ・・・・・・・・ 328, 423, 459
千田 吉範 ・・・・・・・・・・・・・・ 93
仙台卸商センター ・・・・・・・ 15
仙台市 ・・・・・・・・・・・・・・・・ 313
セントラルライン ・・・・・・ 285
全日本空輸 ・・・・・・・・・・・・ 542
全日本玉入れ選手権(第4回) ・・・・・・・・・・・・・・・・・・ 577
善林 智範 ・・・・・・・・・・・・・ 370
善養寺 幸子 ・・・・・・・・・・・ 327
ゼンリン ・・・・・・・・・・・・・・・ 16

【 そ 】

ソアテック ・・・・・・・・・・・・ 145
曽我崎 国臣 ・・・・・・・・・・・ 545
綜研化学 ・・・・・・・・・・・・・・ 136
総研電気 ・・・・・・・・・・・・・・ 138
綜合鋳物センター自動鋳造設備開発研究部会 ・・・・・ 183
増幸産業 ・・・・・・・・・・・・・・ 452
総合プランニングサービス ・・・・・・・・・・・・・・・・・・・・・ 141
創晶 ・・・・・・・・・・・・・・・・・・ 187
造水促進センター ・・・ 559, 562
創造化学研究所 ・・・・・・ 146, 148
早朝 冬美 ・・・・・・・・・・・・・ 248
創通エージェンシー ・・・・・ 526
曹洞宗宗務庁 ・・・・・・・・・・ 562
創美企画 ・・・・・・・・・・・・・・ 516
創風社 ・・・・・・・・・・・・・・・・・ 42
相馬 淳人 ・・・・・・・・・・・・・ 179
相馬 喜三 ・・・・・・・・・・・・・ 478
相馬 大輔 ・・・・・・・・・・・・・ 472
相馬 嵩 ・・・・・・・・・・・・ 54, 93
相馬 信夫 ・・・・・・・・・・・・・ 467
総務省消防庁消防大学校消防研究センター ・・・・・・・ 465
添川 正夫 ・・・・・・・・・・・・・ 218
副島 啓治 ・・・・・・・・・・・・・ 437
副島 末好 ・・・・・・・・・・・・・ 535
副島 弘暉 ・・・・・・・・・・・・・ 537
添田 善弘 ・・・・・・・・・・・・・ 180
添田 佳一 ・・・・・・・・・・・・・ 161
曽我 匡統 ・・・・・・・・・・・・・ 162
曽我 朋義 ・・・・・・・・・・・・・ 159
曽我 信之 ・・・・・・・・・・・・・ 452
曽我部 暁 ・・・・・・・・・・・・・ 367
曽我部 龍夫 ・・・・・・・・・・・ 535
曽我部 靖 ・・・・・・・・・・・・・ 489

十川 透 ・・・・・・・・・・・・・・・・ 85
十河 卓司 ・・・・・・・・・・・・・ 189
十河 敏雄 ・・・・・・・・・・・・・・ 55
十河 元 ・・・・・・・・・・・・・・・ 530
ソーコーデザイングループ ・・・・・・・・・・・・・・・・・・・・・ 298
十代田 三郎 ・・・・・・・・・・・ 408
祖田 修 ・・・・・・・・・・・・・・・ 228
曽田 博文 ・・・・・・・・・・・・・ 262
ソディック ・・・・・・・・・・ 136, 278, 361, 362, 363, 364
ソディックプラステック ・・・・・・・・・・・・・・・・・・・・・ 364
ソデック ・・・・・・・・・・・・・・ 116
ゾナジャパン ・・・・・・・・・・ 142
ソニー ・・・・・・・・・・・・・・・・・・ 8, 93, 95, 96, 98, 104, 116, 117, 174, 311, 315, 319, 321, 322, 323, 354, 355, 359, 360, 361, 375, 445, 446, 447, 448, 458, 488, 489, 516, 523, 527
ソニーアイボ開発チーム ・・・・・・・・・・・・・・・・・ 460, 523
ソニー・エリクソン・モバイルコミュニケーションズ ・・・・・・・・・・・・・・・・・・・・・ 316
ソニークリエイティブ本部デザインセンター ・・・・・・・ 296
ソニー高密度実装開発グループ ・・・・・・・・・・・・・・・・・・ 488
ソニーコミュニケーションネットワーク ・・・・・・・・・ 521
ソニー コンテンツクリエーション事業部プロダクションプラットフォーム部 ・・・・・・・・・・・・・・・・・・・・・ 482
ソニー・コンピュータエンタテインメント ・・・・・・・ 321, 375, 520, 523, 526
ソニー・システムズ・デザイン・インターナショナル ・・・・・・・・・・・・・・・・・・・ 519
ソニーセミコンダクタ九州 ・・・・・・・・・・・・・・・・・・・・・ 104
ソニー・プレシジョン・テクノロジー ・・・・・・・・・・・ 481
ソニー・マグネ・プロダクツ ・・・・・・・・・・・・・・・・・・・・ 96
ソニー・ミュージックエンタテインメント ・・・・・ 520, 542
ソニーミュージックエンターテインメント ・・・・・・・ 446
ソニー・ミュージックコミュニケーションズ ・・・・・・ 564
ソニー24P開発グループ ・・・・・・・・・・・・・・・・・・・・・ 524

ソニー4K SXRD プロジェ
　クター開発グループ .... 483
ソニーF35開発チーム .... 484
ソニー HDCAM-SR開発グ
　ループ ................ 482
ソニー IT&モバイルソリ
　ューションズネットワー
　クカンパニー デジタルイ
　メージングカンパニー
　...................... 493
ソニーPCL ............. 447
ソニー・PCL HD推進部
　...................... 445
曽根 錦吾 .............. 536
曽根 晃一 .............. 232
曽根 悟 ................. 55
曾根 達志 .............. 134
曽根 雅紀 .............. 155
曽根工具製作所 ..... 139, 140
曽根原 源 ............... 60
素野 福次郎 ...... 26, 47, 530
園田 三次郎 ........... 210
園田 善三 .............. 338
園田 大也 .............. 254
園田 哲也 .............. 246
園田 正世 ............... 34
園田 実 ................. 96
園田学園女子大学国際文化
　学部 .................. 145
薗延 愛助 .............. 530
薗部 竜太 .............. 261
薗村 光雄 ......... 237, 238
ソフトアドバンス ........ 148
ソフトイーサ ........... 512
ソフトウエア・エージェ
　ー .................... 510
ソフトバンクモバイル .... 526
ソフトバンクBB .......... 526
ソフマップフューチャーデザ
　イン .................. 510
ソーマ カズオ .......... 524
ソマード ............... 463
ソマール工業 ............ 13
染川 智弘 .............. 202
染郷 正孝 .............. 232
染村 憲輔 .............. 534
染谷 潤 ................ 474
染谷 常雄 .............. 339
征矢 克彦 .............. 124
祖山 均 ................ 346
ソーラーリサーチ研究所
　................... 138, 139
曽利 文彦 ......... 470, 490
反田 真之 .............. 155
ソルダーコート ........... 24
ソン・ウン ............. 373

孫 正義 ........... 27, 29, 47
損害保険料率算定会 ...... 410

【　た　】

泰 博孝 ................ 574
ダイア ................... 22
ダイアログ・イン・ザ・ダー
　ク・ジャパン .......... 318
第一建設局 ............. 561
第一高周波工業 ..... 87, 122
第一工房 ............... 327
第一コンサルタント ...... 144
第一施設工業 ........... 144
第一樹脂工業 ............ 22
第一製鋼 ................ 18
第一砥所 ........ 11, 355, 356
第一生命保険相互会社 ..... 6
第一製薬 ............... 358
第一熱研 ............... 148
第一法規出版 ........... 560
大映 ................... 547
大栄化成企画部 ......... 296
大映技術研究所 ......... 545
大映京都撮影所 ......... 476
ダイオキシン計測技術開発
　グループ .............. 168
タイカ ................. 150
大喜 弘志 .............. 134
大協ゴム精工 ............ 17
ダイキン工業 ............. 9,
　108, 119, 130, 131, 135, 392
ダイキン工業デザイングルー
　プ .................... 307
ダイクストラ, エズガー・W.
　...................... 497
大後 美保 .............. 217
泰光産業 ............... 314
大幸物産 ............... 564
大光明 宏和 ............ 486
大五木材 ............... 285
第3回コウノトリ未来・国際
　かいぎ ................ 579
第3回TAGAWAコールマイ
　ン・フェスティバル～炭坑
　節まつり～(第3回) ..... 579
ダイジェット工業 .... 115, 357
太子食品工業 ............ 16
大昌建設 ............... 141
大商新基 ............... 142
大正製薬 ............... 97
大昌鉄工所 ............. 24
大昭和精機 ............. 21
大伸社 ............ 19, 522

タイセー ............... 140
大成機工 ................ 13
大成建設 ....... 112, 115, 121,
　122, 184, 315, 379, 383, 412,
　425, 559, 560, 561, 562, 563
大成建設技術研究所 ..... 412
大成建設設計本部サッポロ
　ファクトリープロジェクト
　チーム ................ 422
大成歯科工業 ........... 444
大成プラス ............. 145
大成ロテック ........... 121
ダイソン ....... 283, 322, 323
大地を守る会 ....... 51, 330
大地の芸術祭・越後妻有アー
　トトリエンナーレ2000
　...................... 577
大道芸ワールドカップイン静
　岡 .................... 577
大道寺 達 .............. 337
大東製機 ............... 133
大同製鋼 ................ 84
大東電機工業 ............ 23
大同塗料 ................ 17
ダイナコム ............. 145
ダイナトロン ........... 150
第二精工舎 .............. 89
ダイニチ ............... 143
大日本インキ化学工業 ... 115
大日本スクリーン製造
　................... 117, 135
大日本印刷 ............. 446,
　447, 511, 515, 516,
　517, 518, 519, 520, 521
大日本印刷生産技術研究所
　....................... 95
大日本印刷PAC中部企画部
　...................... 299
第二吉田記念鉄工所 . 358, 451
ダイハツ工業 ... 114, 116, 130,
　131, 133, 315, 357, 394, 395,
　396, 397, 398, 399, 400, 401
太平工業 ............... 118
太平製作所 ............. 118
太平電子工業 ........... 354
大豊建設 ............... 115
ダイマツ ................ 22
松明あかし ............. 578
タイムクリエイト ........ 375
ダイムラー・クライスラー日
　本 ... 396, 397, 398, 399, 400
大明化学工業 ............ 18
大明堂 ................. 41
大門 寛 ................. 62
ダイヤ機械 ............. 115

| | | |
|---|---|---|
| ダイヤコーポレーション開発部 | 307 | |
| ダイヤ精機製作所 | 130 | |
| ダイヤモンド社 | 40 | |
| 大洋技研 | 20 | |
| 太陽工房 | 314 | |
| 太陽社電気 | 15 | |
| 太陽精機 | 147, 279 | |
| 大陽日酸 | 186 | |
| タイヨー電機 | 147 | |
| 多比良 和誠 | 62, 176 | |
| 平良 敬一 | 423 | |
| 平 三郎 | 533 | |
| 平等 拓範 | 200 | |
| 平 英彰 | 235, 245 | |
| 大楽 澄夫 | 88 | |
| 大和化成工業 | 137 | |
| 第和工業 | 147 | |
| 大和町教育委員会文化財課（現佐賀市教育委員会） | 382 | |
| 大和ハウス工業 | 121, 282, 283, 284, 285, 286 | |
| ダイワラクダ工業 | 285 | |
| 台湾 | 375 | |
| 台湾フィリップス | 442 | |
| 第2回世界地震工学会議組織委員会 | 411 | |
| 第34回野毛大道芸（第34回） | 579 | |
| タウ技研 | 510 | |
| タウンスケープ | 305 | |
| 田岡 秀樹 | 371 | |
| 峠 博史 | 110 | |
| 田賀 淳一 | 72 | |
| 髙畦 幸一 | 551 | |
| 髙井 厚志 | 72 | |
| 髙井 治 | 166 | |
| 髙井 重典 | 474 | |
| 髙井 大次郎 | 532 | |
| 髙井 学 | 440 | |
| 髙井 充 | 161 | |
| 髙井 宗宏 | 240 | |
| 髙井 康雄 | 220 | |
| 髙石 一英 | 65 | |
| 髙石 義雄 | 81 | |
| 髙市 健二 | 176 | |
| 髙岩 仁 | 551 | |
| 髙尾 繁造 | 528 | |
| 髙雄 信吾 | 127 | |
| 髙尾 忠志 | 384 | |
| 髙尾 昇 | 385 | |
| 鷹尾 宏之進 | 241 | |
| 髙尾 光昭 | 180 | |
| 髙岡 恭 | 89 | |
| 髙岡 利夫 | 68 | |
| 髙岡 俊文 | 343 |
| 髙丘工業 | 442 |
| 髙岡市デザイン・工芸センター | 317 |
| 髙垣 一郎 | 132 |
| 髙垣 欣也 | 533 |
| 髙木 彬 | 89 |
| 髙木 市教 | 494 |
| 髙城 栄政 | 371 |
| 髙木 和夫 | 522 |
| 髙木 義一 | 532 |
| 髙木 国義 | 205 |
| 髙木 健 | 192 |
| 髙木 健治 | 56 |
| 髙木 憲司 | 366 |
| 髙木 耕一 | 329 |
| 髙木 剛三 | 204 |
| 髙木 五六 | 215 |
| 髙木 敏晃 | 162 |
| 髙木 繁俊 | 540 |
| 髙木 淳司 | 174 |
| 髙木 真司 | 470 |
| 髙城 成一 | 221 |
| 髙木 毅 | 412 |
| 髙木 起浩 | 345 |
| 髙木 勉 | 93 |
| 都木 徹 | 102 |
| 髙木 俊彦 | 484 |
| 髙木 朋代 | 5 |
| 髙木 昇 | 495 |
| 髙木 英夫 | 344 |
| 髙木 英俊 | 348 |
| 髙木 寛 | 538 |
| 髙木 浩之 | 344 |
| 髙木 正巳 | 107 |
| 髙木 正義 | 435 |
| 髙木 靖雄 | 333, 335, 338 |
| 髙木 芳光 | 377 |
| タカキタ | 240 |
| 髙木鉄工開発部 | 308 |
| タカキベーカリー | 14 |
| 髙久 英明 | 181 |
| 髙久 史麿 | 75 |
| 髙久 豊 | 341 |
| 髙草木 明 | 426 |
| 髙口 英隆 | 254 |
| 髙倉 章 | 206 |
| 髙倉 勇 | 83 |
| 髙倉 公朋 | 160, 190 |
| 髙倉 直 | 222 |
| 髙桑美術印刷 | 19, 148 |
| タカコ精機 | 18 |
| 髙崎 順介 | 58 |
| 髙崎 宏 | 54 |
| 髙砂 一弥 | 200 |
| 髙砂工業 | 14 |
| 髙砂電気工業 | 21 |
| 髙澤 静明 | 327 |
| 髙沢 正信 | 346 |
| 髙沢製作所 | 14 |
| 髙塩 紗織 | 353, 406 |
| 髙島 修 | 480 |
| 髙嶋 修 | 480 |
| 髙嶋 和夫 | 66 |
| 髙嶋 哲 | 452 |
| 髙嶋 利雄 | 553 |
| 髙島 秀之 | 65 |
| 鷹島 弘 | 369 |
| 髙島産業 | 147 |
| 髙島屋スペースクリエイツ | 287 |
| 髙城 剛 | 519 |
| 髙須 施開 | 345 |
| 髙須賀 晋 | 416 |
| 髙須賀 義博 | 4 |
| 髙瀬 明生 | 56 |
| 髙瀬 浄 | 41 |
| 髙瀬 健治 | 346 |
| 髙瀬 浩造 | 195 |
| 髙瀬 昭三 | 111 |
| 髙瀬 哲郎 | 382 |
| 髙瀬 隼彦 | 412 |
| 髙田 昭夫 | 170 |
| 髙田 明 | 27 |
| 髙田 斎 | 71 |
| 髙田 賢三 | 375 |
| 髙田 健太郎 | 348 |
| 髙田 紘一 | 27 |
| 髙田 茂 | 98 |
| 髙田 真司 | 370 |
| 髙田 孝男 | 501 |
| 髙田 隆志 | 536 |
| 髙田 哲男 | 291 |
| 髙田 徳幸 | 156 |
| 髙田 利夫 | 106 |
| 髙田 十志和 | 62 |
| 髙田 寿久 | 86 |
| 髙田 典男 | 163 |
| 髙田 はるみ | 34 |
| 髙田 博史 | 69, 101 |
| 髙田 裕久 | 337 |
| 髙田 允 | 87 |
| 髙田 雅広 | 370 |
| 髙田 政幸 | 60 |
| 髙田 光雄 | 422 |
| 髙田 満 | 66 |
| 髙田 安章 | 72, 129 |
| 髙田 弥太郎 | 88 |
| 髙田 優 | 123 |
| 髙田 芳一 | 98 |
| 髙田 亮爾 | 40, 41 |
| 髙千穂通信機器製作所 | 18 |

| | | | | | |
|---|---|---|---|---|---|
| 高津 幸弘 | 331 | 高橋 和利 | 181 | 高橋 延清 | 242 |
| 高月 俊昭 | 340 | 高橋 和久 | 550 | 高橋 信孝 | 219 |
| 高辻 士 | 533 | 高橋 和也 | 347 | 高橋 紀雄 | 66, 367 |
| 高辻 正基 | 225 | 高橋 一巧 | 536 | 高橋 徳行 | 42 |
| 高藤 勝 | 340 | 高橋 克昌 | 472 | 高橋 英明 | 473 |
| 高島 暁彦 | 483 | 高橋 亀吉 | 28 | 高橋 英夫 | 556 |
| 高島 芳樹 | 342, 346 | 高橋 浄 | 183 | 高橋 秀俊 | 151 |
| タカトリ機械製作所 | 16 | 高橋 清孝 | 573 | 高橋 仁康 | 241 |
| 高梨 晃一 | 418 | 高橋 邦弘 | 333 | 髙橋 宏治 | 462 |
| 高梨 淳一 | 346 | 高橋 恵悟 | 377 | 高橋 宏固 | 568 |
| 高梨 等 | 341 | 高橋 研 | 72 | 高橋 宏邦 | 55 |
| 高波 克治 | 332 | 孝橋 謙一 | 204 | 高橋 弘 | 126 |
| 高野 悦子 | 448 | 高橋 健二 | 89 | 高橋 弘泰 | 80 |
| 高野 修 | 454 | 高橋 謙治 | 99 | 高橋 富士信 | 59 |
| 高野 和文 | 161 | 高橋 興威 | 223 | 高橋 誠 | 245 |
| 高野 定郎 | 211 | 高橋 コージ | 440 | 高橋 正明 | 477 |
| 高野 諭 | 377 | 高橋 金剛 | 99 | 高橋 正樹 | 474, 493 |
| 高野 茂 | 232 | 高橋 貞夫 | 91 | 髙橋 正司 | 453 |
| 高野 俊太郎 | 91 | 高橋 智 | 100 | 高橋 政知 | 26 |
| 高野 隆 | 416 | 高橋 悟 | 435 | 高橋 雅仁 | 263 |
| 高野 照久 | 72 | 高橋 佐門 | 325 | 高橋 誠幸 | 346 |
| 高野 信雄 | 211 | 高橋 燦吉 | 65 | 高橋 勝 | 528 |
| 高野 久輝 | 170 | 高橋 繁男 | 212 | 高橋 迪雄 | 224 |
| 高野 宏明 | 105 | 高橋 治助 | 227 | 髙橋 道清 | 537 |
| 髙野 紘子 | 406 | 高橋 昭一 | 380 | 高橋 光雄 | 377 |
| 高野 広 | 89 | 高橋 正三 | 46, 222 | 高橋 実 | 454 |
| 高野 弘 | 178 | 高橋 史郎 | 80 | 高橋 康夫 | 421 |
| 高野 正雄 | 96 | 高橋 慎二 | 551 | 高橋 泰夫 | 477 |
| 高野 昌幸 | 479, 486 | 高橋 進 | 68 | 高橋 泰 | 155 |
| 高野 泰雄 | 470 | 高橋 誠義 | 412 | 高橋 幸男 | 537 |
| 高野 義昭 | 349 | 高橋 節治 | 536 | 髙橋 幸宏 | 346 |
| 高野 義夫 | 368 | 高橋 壮治 | 89 | 高橋 宜孝 | 547 |
| 高野 良広 | 127 | 高橋 大輔 | 349 | 高橋 佳孝 | 213 |
| 高野 陸男 | 89 | 高橋 鷹志 | 418 | 高橋 喜人 | 325 |
| 鷹觜 利公 | 389 | 高橋 武 | 366 | 高橋 慶行 | 66 |
| 高羽 哲夫 | 548, 549, 551 | 高橋 保 | 436 | 高橋 義朗 | 457 |
| 高萩 光紀 | 9 | 高橋 承雄 | 537 | 高橋 善郎 | 88 |
| 高橋 愛 | 462 | 高橋 翼 | 248 | 高橋 里英 | 441 |
| 髙橋 昭夫 | 453 | 高橋 剛 | 349 | 高橋 竜太郎 | 410 |
| 髙橋 明和 | 453 | 高橋 鶴次郎 | 539 | 高橋 隆平 | 219 |
| 高橋 秋広 | 480 | 高橋 靛一 | 414, 416 | 高橋 良一 | 52 |
| 高橋 彰 | 344 | 高橋 悌史 | 72 | 高橋 涼子 | 257 |
| 高橋 章 | 485, 550 | 高橋 哲次 | 532 | 高橋 良平 | 385 |
| 高橋 徹 | 422 | 髙橋 徹 | 538 | 高橋金物研究室 | 291 |
| 高橋 明 | 529 | 高橋 達 | 89 | 高橋技研 | 144 |
| 高橋 朗 | 93 | 高橋 徳雄 | 205 | 高橋金属 | 22 |
| 高橋 荒太郎 | 25 | 高橋 利夫 | 87 | 髙橋精機工業所 | 133 |
| 高橋 郁夫 | 190 | 高橋 敏彦 | 403, 534 | 高畑 公紀 | 160 |
| 高橋 郁雄 | 231 | 高橋 稔彦 | 67 | 鷹羽科学工業 | 451 |
| 高橋 泉 | 36 | 高橋 利幸 | 377 | 高林 勇 | 438 |
| 高橋 已則 | 532 | 高橋 敏朗 | 534 | 高林 勝 | 346 |
| 高橋 一郎 | 98 | 高橋 知大 | 483 | 高原 理 | 386 |
| 高橋 巌夫 | 53 | 高橋 直人 | 370 | 高原 北雄 | 79 |
| 高橋 英一 | 222 | 高橋 直矢 | 161 | 高原 寿雄 | 100 |
| 高橋 香 | 91 | 高橋 直之 | 370 | 高原 光 | 232 |
| 高橋 和夫 | 377 | 高橋 信雄 | 251 | 高原 秀房 | 170 |

| | | |
|---|---|---|
| 高原 正雄 ……………… 346 | 宝田 恭之 ……… 388, 392 | 田口 知子 ……………… 102 |
| 高原 未基 ……………… 230 | タカラトミー ……… 321, 464 | 田口 英彦 ……………… 475 |
| 高原 幸広 ……………… 570 | 田川 傑 ……………… 348 | 田口 博文 ……………… 127 |
| 高久 清 ………………… 54 | 田川 徹 ………………… 55 | 田口 正男 ……………… 108 |
| 高秀 秀信 ……………… 424 | 田川産業 ………… 316, 317 | 田口 稔 ………………… 529 |
| 高部 茂 ………………… 66 | 高鷲 民生 ……………… 89 | 田口 元久 ……………… 346 |
| 高間 栄三 ……………… 97 | 滝 千尋 ………………… 68 | 田口 行弘 ……………… 253 |
| 高間 賢治 ……………… 570 | 滝 久雄 ………………… 28 | 田口 洲三郎 …………… 475 |
| 高松 章 ………………… 535 | 滝 昌弘 ………………… 335 | 田口 亮平 ……………… 217 |
| 高松 伸 ………………… 419 | 滝 正佳 ………………… 349 | ダグフィンスドッター, イン |
| 高松 治 ………………… 377 | 滝 光夫 …………… 378, 420 | ガ ……………………… 421 |
| 高松 徹雄 ……………… 82 | 瀧井 有樹 ……………… 160 | 田窪工業所 …………… 18 |
| 高松 幸彦 ……………… 100 | タキイ種苗 …………… 560 | タクマ 章 ……… 109, 393 |
| 高松機械工業 …… 18, 280 | 瀧内 義男 ……………… 382 | 宅見 章 ………………… 370 |
| 髙見 明秀 …… 109, 347, 348 | 滝川 具弘 ……………… 239 | 匠工芸 ………………… 317 |
| 田上 淳 …………… 123, 430 | 瀧川 具弘 ……………… 241 | タクミナ ……………… 314 |
| 田上 敏博 ……………… 383 | 滝川 裕史 ……………… 80 | 田倉 八郎 ……………… 528 |
| 高見 友幸 ……………… 254 | 瀧川 順庸 ……………… 162 | 武 進 …………………… 552 |
| 田上 宗男 ……………… 88 | 滝口 岩夫 ……………… 565 | 武 英雄 ………………… 99 |
| 高見沢 邦郎 …………… 420 | 滝口 克己 ……………… 418 | 武井 一郎 ……………… 420 |
| 高宮 修平 ……………… 405 | 滝口 吉郎 ……………… 481 | 武井 憲輔 ……………… 92 |
| 高宮 眞介 ……… 327, 416 | 滝口 健一 ……………… 111 | 武居 直行 ……………… 191 |
| 高村 倉太郎 …………… 554 | 瀧口 純一 ……………… 192 | 武井 富喜雄 …………… 208 |
| 高村 秀紀 ……………… 264 | 滝口 昌之 ……………… 188 | 武井 正昭 ……………… 417 |
| 高村 義之 ……………… 110 | 滝崎 武光 ……………… 28 | 武石 浩幸 ……………… 102 |
| 高村経営技術相談所 … 145 | 滝沢 修 ………………… 551 | 武石 喜幸 ……………… 89 |
| 髙室 麻子 ……………… 470 | 滝沢 菊太郎 …………… 41 | 武石 麗子 ……………… 35 |
| 高本 成仁 ……………… 388 | 滝沢 金一 ……………… 132 | 竹市 尚史 ……………… 306 |
| 高本 宜彦 ……………… 238 | 滝沢 国治 ……………… 481 | 竹内 明雄 ……………… 455 |
| 高本 将男 ……………… 457 | 滝澤 敏 ………………… 349 | 竹内 淳彦 ……………… 41 |
| 高谷 輝彦 ……………… 336 | 滝沢 純 ………………… 534 | 建内 克義 ……………… 366 |
| 高屋 斎 ………………… 551 | 滝沢 省三 ……………… 336 | 竹内 健二 ……………… 536 |
| 高屋 齋 ………………… 472 | 滝沢 信一 ……………… 376 | 武内 幸蔵 ……………… 531 |
| 高谷 稔 ………………… 95 | 滝澤 総 ………………… 328 | 竹内 秀一 ……… 469, 557 |
| 高屋 義治 ……………… 455 | 滝沢 剛 ………………… 324 | 竹内 純一 ……………… 160 |
| 髙安 ……………………… 23 | 滝沢 南海雄 …………… 209 | 竹内 孝夫 ……………… 59 |
| 高柳 晃 ………………… 533 | 瀧澤 登 ………………… 557 | 竹内 常善 ……………… 42 |
| 高柳 和夫 ……………… 152 | 滝沢 春男 ……………… 424 | 竹内 徹 ……… 328, 342, 439 |
| 高柳 邦夫 ……………… 153 | 瀧澤 靖明 ……………… 380 | 竹内 敏恵 ……………… 72 |
| 高柳 健次郎 …………… 476 | 滝下 利男 ……………… 335 | 竹内 敏也 ……………… 379 |
| 高柳 乃彦 ……………… 377 | 滝嶋 康弘 ……………… 449 | 竹内 富雄 ……………… 96 |
| 高柳 広 ………………… 163 | 滝田 あゆひ …………… 167 | 竹内 知明 ……………… 63 |
| 高柳 泰世 ……………… 468 | 瀧田 聡士 ……………… 248 | 竹内 宏 ………………… 370 |
| 高山 英華 ……… 412, 432 | 滝田 祐作 ……………… 180 | 武内 裕嗣 ……………… 180 |
| 高山 暁 ………………… 111 | 滝野 文雄 ……………… 414 | 武内 宏允 ……………… 538 |
| 高山 亨 ………………… 480 | 滝鼻 久雄 ……………… 531 | 竹内 博之 ……………… 69 |
| 高山 俊男 ……… 192, 195 | 瀧本 繁規 ……… 343, 345 | 竹内 誠 ………………… 178 |
| 高山 正春 ……………… 427 | タキロン ……………… 122 | 竹内 雅彦 ……………… 369 |
| 高山 幹久 ……………… 470 | 卓 以和 ………………… 496 | 竹内 正道 ……………… 74 |
| 高山 光直 ……………… 342 | 卓 雅一 ………………… 173 | 竹内 正光 ……………… 412 |
| 高山 穣 …… 250, 251, 252, 253 | 拓殖大学 ……………… 283 | 竹内 稔 ………………… 87 |
| 高山 義男 ……………… 453 | 田口 和正 ……………… 385 | 竹内 美玲 ……… 257, 258 |
| 鷹山工房 ……………… 147 | 田口 悟 ………………… 88 | 竹内 基幸 ……………… 123 |
| 宝塚映像 ……………… 559 | 田口 整司 ……………… 67 | 竹内 康夫 ……………… 367 |
| 宝塚市立手塚治虫記念館 | 田口 哲 ………………… 268 | 竹内 泰人 ……………… 373 |
| …………………………… 375 | 田口 敏行 ……………… 342 | |

| | | | | | | | |
|---|---|---|---|---|---|---|---|
| 竹内 康記 | 192 | 武田 順司 | 76 | 竹林 一成 | 366 |
| 竹内 安弘 | 492 | 武田 正司 | 533 | 竹林 征三 | 377 |
| 竹内 安正 | 66 | 武田 武人 | 403 | 竹原 浩之 | 572 |
| 竹内 庸 | 477 | 武田 勉 | 240 | 竹平 勝臣 | 59 |
| 竹内 庸二 | 135 | 武田 恒徳 | 459 | 武生特殊鋼材 | 24 |
| 竹内 芳太郎 | 410 | 武田 輝雄 | 532 | 武部 綱介 | 537 |
| 竹内 良彦 | 346 | 武田 徹 | 182 | 竹部 徳真 | 249 |
| 竹内 竜三 | 237 | 武田 寿一 | 419 | 竹松 哲夫 | 75, 93, 221 |
| 竹内精工 | 23 | 武田 直幸 | 252, 373 | 武村 清和 | 111 |
| 武内プレス工業 | 13 | 武田 信弘 | 474 | 竹村 貞男 | 294 |
| 竹尾 | 314 | 武田 仁 | 426 | 竹村 純 | 338 |
| 武尾 敬之助 | 88 | 武田 史章 | 60 | 竹村 真一 | 318 |
| 武岡 栄一 | 110 | 武田 正弘 | 534 | 竹村 誠洋 | 438 |
| 武川 英次 | 69 | 武田 勇吉 | 94 | 竹村 泰司 | 155 |
| 竹川 敏夫 | 132 | 武田 義人 | 216 | 竹村 博明 | 371 |
| 竹川 敏之 | 388 | 武田 頼正 | 366, 368 | 竹村 靖彦 | 55 |
| 竹川 博子 | 34 | 竹大 正孝 | 88 | 竹村 友里 | 405 |
| 武川 安彦 | 389 | 武田薬品工業 | 561 | 竹村製作所 | 14 |
| 武川鉄工 | 12, 132 | タケダ理研工業 | 115, 354, 357 | 竹本 一八男 | 55 |
| 竹倉 憲弘 | 241 | 武智 敏 | 104, 129 | 竹本 恵英 | 369 |
| 竹光芸まつり | 577 | 武智 弘 | 339 | 竹本 崇 | 109 |
| 竹越 由幸 | 470 | 武長 章夫 | 82 | 武本 隆志 | 105 |
| 竹崎 陽二 | 371 | 竹中 和雄 | 547, 551, 552 | 竹本 竜也 | 329 |
| 竹澤 葵 | 249 | 竹中 健二 | 366 | 竹本 常松 | 82 |
| 竹沢 勉 | 536 | 武中 晃 | 105 | 竹本 哲也 | 263 |
| 竹下 彊一 | 555 | 武中 貞津衛 | 527 | 竹本 俊雄 | 75 |
| 竹下 敬司 | 230 | 武長 孝 | 237, 238 | 竹本 豊樹 | 65 |
| 竹下 真治 | 383 | 竹長 常雄 | 378 | 竹本 正道 | 9 |
| 竹下 晋平 | 539 | 竹中 登一 | 103 | 竹本 光弘 | 368 |
| 竹下 貴之 | 264 | 竹中 敏敬 | 382 | 竹本 泰敏 | 93 |
| 竹下 輝和 | 427 | 竹中 治夫 | 475 | 竹森 秋夫 | 531 |
| 竹島 伸一 | 340, 344 | 竹中 平蔵 | 5 | 竹谷 武男 | 85 |
| 竹島 貞一 | 414 | 竹永 睦生 | 198 | 竹山 謙三郎 | 409 |
| 武末 浩志 | 373 | 竹中 錬一 | 418 | 武山 慎一 | 157 |
| 武末 博伸 | 379 | 竹中エンジニアリング工業 | | 武山 直樹 | 405 |
| 竹添 修 | 366 | | 15 | 竹脇 出 | 426 |
| 竹添 直樹 | 512 | 竹中工務店 | 107, | 武脇 隆彦 | 183 |
| 武田 一朗 | 162, 182 | 121, 122, 310, 319, 380, | | 田子 林七 | 335 |
| 武田 温 | 557 | 414, 425, 427, 442, 560, 563 | | 田幸 宏崇 | 325 |
| 武田 和義 | 225 | 竹中工務店大阪明治生命館 | | 田髙 稔康 | 89 |
| 武田 国男 | 27, 47, 76 | プロジェクトチーム | 426 | 太宰 宙朗 | 107 |
| 武田 邦夫 | 124 | 竹中工務店建設ロボット研究 | | 田坂 年平 | 239 |
| 武田 邦彦 | 387 | 開発チーム | 420 | 田崎 明 | 53 |
| 武田 啓壮 | 343 | 竹中工務店設計部 | 427 | 田先 威和夫 | 221 |
| 竹田 賢 | 46 | 竹中工務店不同沈下修正浮き | | 田崎 和之 | 123 |
| 武田 憲二 | 573 | 基礎構法開発チーム | 421 | 田崎 公郎 | 539 |
| 竹田 玄洋 | 173 | 竹中製作所 | 21, 149, 310 | 田崎 忠良 | 219 |
| 竹田 光史 | 423 | 竹中大工道具館 | 560 | 田崎 靖朗 | 107 |
| 竹田 浩治 | 103 | 竹中土木 | 122, 425 | 田沢 和彦 | 173 |
| 竹田 孝三 | 403 | 武波 幸雄 | 381 | 田澤 由利 | 36 |
| 竹田 策三 | 237 | 竹縄 忠臣 | 153 | 太産工業 | 13 |
| 竹田 聡 | 70 | 武野 仲勝 | 82 | 田島 央児 | 470 |
| 武田 繁俊 | 206 | 竹野 美奈子 | 524 | 田嶌 一徳 | 325 |
| 竹田 修一 | 325 | 竹之内 修 | 46 | 田嶋 克介 | 180 |
| 武田 十季 | 254 | 竹之内 佳則 | 250 | 田島 活利 | 52 |
| 武田 秋津 | 85 | タケノコ | 254 | 田島 敏伸 | 338 |

| | | | | | |
|---|---|---|---|---|---|
| 田島 宣夫 | 367 | 立花 圭 | 182 | 堅本 実 | 336 |
| 田島 正典 | 220 | 橘 俊作 | 135 | 帯刀 寿和 | 481 |
| 田島 正晴 | 554 | 橘 秀樹 | 419 | 館脇 操 | 217 |
| 田島 正啓 | 245 | 橘 秀史 | 369 | 田所 哲太郎 | 214 |
| 田島 又一 | 476 | 立花 裕彦 | 90 | 田所 直樹 | 191 |
| 田嶋 裕起 | 267 | 立花 正生 | 574 | 田所 英俊 | 343 |
| 田島 弥太郎 | 215, 226 | 立花 政孝 | 56 | 田所 康 | 445 |
| 田嶋 嘉雄 | 218 | 橘 正博 | 376 | 田名網 健雄 | 68, 101 |
| 但馬 竜介 | 195 | 橘 学 | 349 | 田中 昭生 | 73 |
| 但見 明俊 | 212 | 立花 実 | 303 | 田中 昭雄 | 263 |
| 田治見 宏 | 411 | 立花 佑介 | 539 | 田中 章夫 | 539, 556 |
| 田尻 智 | 522 | 立花 好子 | 111 | 田中 章義 | 179 |
| 田尻 誠 | 404 | 橘 芳実 | 88 | 田中 明 | 219, 226 |
| 田代 彩子 | 328 | 橘 嘉朗 | 294 | 田中 厚夫 | 99 |
| 田城 幸一 | 518 | 橘木 俊詔 | 5 | 田中 淳夫 | 420 |
| 田代 茂樹 | 25 | 田知本 一雄 | 90 | 田中 厚 | 177 |
| 田代 穣次 | 535 | 立井電線 | 17 | 田中 淳 | 159 |
| 田代 博巳 | 481 | 立岡 芳彦 | 536 | 田中 郁三 | 152 |
| 田代 政巳 | 369 | 辰川 伸一 | 540 | 田中 一郎 | 72, 532 |
| 田代 稔 | 135 | 立基建材工業 | 316 | 田中 一光 | 93, 459 |
| 田代 康統 | 366 | ダックエンジニアリング | | 田中 一雄 | 377, 381 |
| ダスキン | 561 | | 16 | 田中 和志 | 200 |
| 田附 幸一 | 199 | 龍口 健二 | 484, 494 | 田中 一彦 | 110 |
| 田勢 淳 | 248 | タッチパネル・システムズ | | 田中 克明 | 307 |
| 多田 寛五 | 538 | | 313 | 田中 勝重 | 402 |
| 多田 悟 | 93 | ダッドウェイ | 287 | 田中 勝宜 | 82 |
| 多田 三郎 | 484 | ダットジャパン | 510, 517 | 田中 幹治 | 381, 382 |
| 多田 昭治 | 367 | ダットン, ロバート・W. | 497 | 田中 勘七 | 84 |
| 多田 高之 | 164 | タッパーウェア国際本社デザ | | 田中 享二 | 422 |
| 多田 英之 | 418, 434 | インスタッフ | 307 | 田中 敬子 | 551 |
| 多田 弘 | 122 | 龍原 哲 | 233 | 田中 啓二 | 153, 165 |
| 多田 信 | 566 | 巽 和夫 | 415, 434 | 田中 敬二 | 53 |
| 多田 雅之 | 367 | 巽 宏平 | 182 | 田中 健一 | 255, 332, 491 |
| 多田 瑞穂 | 440 | 巽 悟朗 | 27 | 田中 謙一 | 371 |
| 多田 光弘 | 101 | 辰巳 徹 | 100 | 田中 賢治 | 367 |
| 多田 元英 | 429 | 伊達 央 | 195 | 田中 堅四郎 | 305 |
| 只木 良也 | 221, 234 | 伊達 日出登 | 372 | 田中 健太 | 195 |
| 多田隈 建二郎 | 160, 194 | 伊達 吉克 | 471, 491 | 田中 健太郎 | 248 |
| タダノ | 119, 121 | 立石 一真 | 6, 25, 52 | 田中 弘一 | 386 |
| 只野 信男 | 52, 204 | 立石 一正 | 336 | 田中 耕一 | 44 |
| 多田野鉄工所 | 515 | 立石 貞夫 | 89 | 田中 皎一 | 467 |
| 館 勇 | 216 | 立石 淳 | 189 | 田中 公二 | 80 |
| 立井 弘 | 538 | 立石 泰三 | 334 | 田中 弘造 | 134 |
| 立入 良一 | 347 | 立石 孝雄 | 26 | 田中 浩太郎 | 533 |
| 太刀川 英輔 | 329 | 立石 敏雄 | 570 | 田中 三郎 | 63, 486 |
| 立川 和彦 | 249 | 立石 信雄 | 7 | 田中 重信 | 86 |
| 太刀川 恭治 | 52 | 立石 義雄 | 47 | 田中 滋久 | 72 |
| 立川 敬二 | 539 | 立石 芳朗 | 340 | 田中 重行 | 344 |
| 田地川 健一 | 85 | 立石電機 | 114, 358 | 田中 茂(岩手大学) | 232 |
| 立川 壮史 | 482 | 楯岡 正道 | 155 | 田中 茂(慶応大学理工学 | |
| 立川ブラインド工業 | 13 | 蓼沼 真 | 480, 489 | 部) | 110 |
| 立川ブラインド工業技術開 | | 舘野 茂夫 | 191 | 田中 秀一 | 105, 506 |
| 発室 | 289 | 舘野 万吉 | 74, 85 | 田中 潤 | 345, 572 |
| 立佞武多(たちねぷた) | | 舘野 守久 | 87 | 田中 駿一 | 78 |
| | 577 | 建部 昌満 | 527 | 田中 淳一 | 124 |
| 立花 章 | 528 | タテホ化学工業 | 13 | 田中 潤二 | 535 |

| | | |
|---|---|---|
| 田中 俊一郎 | ……………… | 239 |
| 田中 俊次 | ……………… | 52 |
| 田中 順三 | …………… 61, | 537 |
| 田中 次郎 | ………… 332, | 335 |
| 田中 心作 | ……………… | 330 |
| 田中 信治 | ……………… | 193 |
| 田中 真次 | ……………… | 370 |
| 田中 進 | ……………… | 538 |
| 田中 喬 | ……………… | 419 |
| 田中 孝 | ………… 107, | 237 |
| 田中 孝史 | ……………… | 200 |
| 田中 孝秀 | ……………… | 93 |
| 田中 隆充 | ……………… | 311 |
| 田中 剛 | ……………… | 162 |
| 田中 武英 | ……………… | 530 |
| 田中 武正 | ……………… | 52 |
| 田中 丈之 | ……………… | 437 |
| 田中 哮義 | ……………… | 424 |
| 田中 忠夫 | …… 336, 338, | 339 |
| 田中 忠興 | ……………… | 402 |
| 田中 忠勝 | ……………… | 134 |
| 田中 正 | ……………… | 340, |
| | 346, 549, 550, | 557 |
| 田中 忠次 | ……………… | 225 |
| 田中 太郎 | ……………… | 339 |
| 田中 智恵美 | ……………… | 254 |
| 田中 長三郎 | ……………… | 215 |
| 田中 次夫 | ……………… | 56 |
| 田中 勉 | ……………… | 102 |
| 田中 輝昭 | ……………… | 92 |
| 田中 俊勝 | ………… 176, | 344 |
| 田中 敏明 | ……………… | 340 |
| 田中 利秋 | ……………… | 368 |
| 田中 利明 | ……………… | 91 |
| 田中 寿男 | ……………… | 57 |
| 田中 寿雄 | ……………… | 52 |
| 田中 俊夫 | …… 547, 548, | 549 |
| 田中 俊雄 | ……………… | 61 |
| 田中 利彦 | ……………… | 42 |
| 田中 敏文 | ……………… | 410 |
| 田中 俊光 | ……………… | 68 |
| 田中 稔也 | ……………… | 55 |
| 田中 敏行 | ……………… | 345 |
| 田中 敏之 | ……………… | 437 |
| 田中 俊郎 | ……………… | 106 |
| 田中 豊 | ……………… | 531 |
| 田中 豊一 | ……………… | 153 |
| 田中 直樹 | ……………… | 327 |
| 田中 直文 | ……………… | 195 |
| 田中 のぞみ | ……………… | 38 |
| 田中 信男 | ……………… | 109 |
| 田中 信雄 | ……………… | 61 |
| 田中 信行 | ……………… | 548 |
| 田中 紀夫 | ……………… | 265 |
| 田中 則子 | ……………… | 158 |
| 田中 春馬 | ……………… | 94 |
| 田中 蕃 | ……………… | 381 |
| 田中 尚 | ………… 410, | 433 |
| 田中 久永 | ……………… | 347 |
| 田中 英彰 | ……………… | 94 |
| 田中 英明 | ………… 161, | 200 |
| 田中 秀明 | ……………… | 456 |
| 田中 英雄 | ……………… | 536 |
| 田中 秀樹 | ……………… | 179 |
| 田中 秀幸 | ……………… | 195 |
| 田中 宏明 | ……………… | 122 |
| 田中 博 | ……………… | 92 |
| 田中 博史 | ……………… | 108 |
| 田中 裕 | ……………… | 177 |
| 田中 裕成 | ……………… | 68 |
| 田中 裕久 | … 69, 128, 159, | 344 |
| 田中 宏征 | ……………… | 126 |
| 田中 浩征 | ……………… | 473 |
| 田中 史彦 | ……………… | 240 |
| 田中 実 | ……………… | 83 |
| 田中 誠 | ……………… | 408 |
| 田中 雅明 | ……………… | 154 |
| 田中 正生 | ……………… | 82 |
| 田中 正克 | ‥ 474, 482, 483, | 494 |
| 田中 雅 | ……………… | 109 |
| 田中 正人 | ……………… | 170 |
| 田中 雅文 | ……………… | 481 |
| 田中 雅三 | ……………… | 188 |
| 田中 正美 | ……………… | 57 |
| 田中 正之 | ……………… | 167 |
| 田中 優行 | ……………… | 182 |
| 田中 勝 | ……………… | 369 |
| 田中 守 | ……………… | 367 |
| 田中 稔 | ………… 53, | 218 |
| 田中 宗迪 | ……………… | 533 |
| 田中 弥寿雄 | ……………… | 417 |
| 田中 靖郎 | ……………… | 152 |
| 田中 靖 | ……………… | 163 |
| 田中 靖志 | ……………… | 469 |
| 田中 康好 | ……………… | 194 |
| 田中 恭哉 | ……………… | 126 |
| 田中 泰彦 | ………… 367, | 368 |
| 田中 靖政 | ……………… | 265 |
| 田中 譲 | ……………… | 171 |
| 田中 陽 | ……………… | 160 |
| 田中 陽一郎 | ……… 102, | 180 |
| 田中 芳彰 | ……………… | 348 |
| 田中 良和 | …… 44, | 225 |
| 田中 義則 | ……………… | 534 |
| 田中 良春 | ……………… | 122 |
| 田中 義弘 | ……………… | 454 |
| 田中 由浩 | ……………… | 196 |
| 田中 義行 | ……………… | 532 |
| 田中科学機器製作 | ……… | 451 |
| 田中環境開発 | ……… | 145 |
| 田中技研 | ……………… | 21 |
| 田中総理訪中中継担当グループ | ……… | 484 |
| 棚田inうきは彼岸花めぐり | ……… | 577 |
| タナック | ……………… | 141 |
| 棚橋 朗 | ……………… | 439 |
| 棚橋 正亘 | ……………… | 351 |
| 棚橋 方明 | ……………… | 346 |
| 棚橋 諒 | ……………… | 408 |
| 棚橋工業 | ……………… | 19 |
| ダナフォーム | ……… | 187 |
| 田辺 脩 | ……………… | 51 |
| 田辺 清 | ……………… | 126 |
| 田辺 国昭 | ……………… | 435 |
| 田部 浩三 | ……………… | 152 |
| 田辺 新一 | ……………… | 425 |
| 田辺 誠一 | ………… 521, | 522 |
| 田部 勢津久 | ……………… | 155 |
| 田中 恒二 | ……………… | 436 |
| 田邊 智美 | ……………… | 325 |
| 田辺 一 | ……………… | 237 |
| 田辺 治光 | ……………… | 78 |
| 田辺 治良 | …………… 68, | 99 |
| 田辺 平学 | ……………… | 408 |
| 田辺 正通 | ……………… | 540 |
| 田辺 道弘 | ……………… | 485 |
| 田名部 雄一 | ……………… | 220 |
| 田辺 陽子 | ……………… | 324 |
| 田辺 吉久 | ……………… | 58 |
| 田邉 善博 | ……………… | 537 |
| 田辺製薬 | ……………… | 560 |
| 谷 一郎 | ……………… | 151 |
| 谷 一成 | ……………… | 127 |
| 谷 耕治 | ……………… | 371 |
| 谷 重雄 | ………… 409, | 432 |
| 谷 潤一 | ……………… | 269 |
| 谷 彰三 | ……………… | 46 |
| 谷 資信 | ………… 416, | 433 |
| 谷 直樹 | ……………… | 430 |
| 谷 伸夫 | ………… 289, | 307 |
| 谷 徳孝 | ……………… | 72 |
| 谷 包和 | ……………… | 51 |
| 谷 正紀 | ………… 338, | 339 |
| 谷 雄一 | ……………… | 124 |
| 谷 愉佳里 | ……………… | 474 |
| 谷合 和博 | ………… 344, | 348 |
| 谷井 史郎 | ……………… | 125 |
| 谷池 義人 | ……………… | 425 |
| 谷岡 健吉 | …………… 59, | 93 |
| 谷川 憲司 | ……………… | 307 |
| 谷川 茂穂 | ……………… | 182 |
| 谷川 忠義 | ……………… | 90 |
| 谷川 正己 | ……………… | 423 |
| 谷川 恭雄 | ……………… | 417 |
| 谷霧 寛 | ……………… | 41 |
| 谷口 愛弓 | ……………… | 324 |

| | | |
|---|---|---|
| 谷口 絵里 …… 462 | タバタ開発技術部 …… 296 | 田村 三郎 …… 218 |
| 谷口 恵理佳 …… 325 | 田原 虎次 …… 237 | たむら しげる …… 519 |
| 谷口 貴美子 …… 291 | 太原 彦一 …… 528 | 田村 修一 …… 547 |
| 谷口 伸二 …… 298 | 田原 秀晃 …… 196 | 田村 正平 …… 74 |
| 谷口 忠 …… 408, 432 | 田原 己紀夫 …… 182 | 田村 善助 …… 534 |
| 谷口 常也 …… 556 | 田原迫 昭爾 …… 238 | 田村 健 …… 486, 538 |
| 谷口 亨 …… 245 | 梼 隆一 …… 261 | 田村 倪 …… 367 |
| 谷口 智春 …… 569 | 田伏 三作 …… 236 | 田村 千秋 …… 132 |
| 谷口 豊三郎 …… 29 | 田淵 石雄 …… 530 | 田村 禎三 …… 52 |
| 谷口 とよ美 …… 35 | 田淵 節也 …… 26, 28 | 田村 敏功 …… 194 |
| 谷口 紀男 …… 82, 368 | 田渕 俊雄 …… 220 | 田村 俊樹 …… 225 |
| 谷口 紀久 …… 106 | 田渕 満智 …… 371 | 田村 昇 …… 65 |
| 谷口 久夫 …… 532 | 田淵 義久 …… 26 | 田村 倫昭 …… 307 |
| 谷口 久次 …… 76 | 田部 勉 …… 45 | 田村 春男 …… 181 |
| 谷口 恒 …… 193 | 田部井 勝 …… 253 | 田村 久男 …… 486 |
| 谷口 汎邦 …… 415 | 玉井 幸治 …… 232 | 田村 富士雄 …… 327 |
| 谷口 宏 …… 68 | 玉井 里美 …… 35 | 田村 誠邦 …… 430, 431 |
| 谷口 博康 …… 370 | 玉井 隼也 …… 76, 77 | 田村 公孝 …… 75 |
| 谷口 実 …… 84 | 玉井 虎太郎 …… 217 | 田村 恭 …… 417 |
| 谷口 祐司 …… 371 | 玉井 康勝 …… 385 | 田村 泰孝 …… 101 |
| 谷口 吉生 …… 416, 425 | 玉井 義臣 …… 467 | 田村 幸雄 …… 420 |
| 谷口 吉郎 …… 408, 409, 410 | 玉尾 皓平 …… 153 | 田村 幸久 …… 377, 383 |
| 谷口インキ製造 …… 136 | 玉川 四良平 …… 530 | 田村 幸英 …… 471, 472 |
| 谷口和紙 …… 318 | 玉川学園 …… 541 | 田村 豊 …… 46, 237, 238 |
| 谷澤 仁 …… 382 | 玉川機械金属 …… 114 | 田村 喜生 …… 66 |
| 谷田 志津雄 …… 478, 537 | 玉川大学農学部 …… 109 | 田村 吉宣 …… 437, 439 |
| タニタデザイン室 …… 300 | 玉木 桂男 …… 219 | 田村電機製作所 …… 184 |
| 谷知 紀英 …… 483, 493, 494 | 玉置 伸悟 …… 417 | たもかく …… 540 |
| 谷畑 昭人 …… 346, 371 | 玉城 孝彦 …… 57 | 田森 行男 …… 107 |
| 谷端 康弘 …… 100 | 玉城 忠男 …… 54 | 多屋 勝雄 …… 204 |
| 谷端 律男 …… 386 | 玉置 英樹 …… 300 | 田屋 慎介 …… 370 |
| 谷藤 直輝 …… 248 | 玉置 宏行 …… 98 | 田山 雪江 …… 34 |
| 谷村 秀彦 …… 417 | 玉置 元則 …… 109 | 垂井 忠明 …… 89 |
| 谷村 泰樹 …… 182 | 玉木 佳男 …… 227 | 垂井 康夫 …… 496 |
| 谷村新興製作所 …… 87, 115 | 玉越 善太郎 …… 291 | ダルサ …… 483 |
| 谷本 潤 …… 428 | 玉田 健 …… 415 | 樽本 勲 …… 212 |
| 谷本 清治 …… 339 | 玉田 慎 …… 110 | 樽谷 芳男 …… 65 |
| 谷本 丈夫 …… 232 | 玉田 洋 …… 38 | 俵 宜士 …… 483 |
| 谷本 浩志 …… 112 | 玉田 源 …… 382 | 丹 功 …… 69, 344 |
| 谷本 雅之 …… 42 | 玉田 喜文 …… 192 | 壇 一男 …… 429 |
| 谷本 正幸 …… 57 | 玉俊工業所 …… 323 | 団 勝磨 …… 152 |
| 谷本 義雄 …… 337 | 玉那覇 仁 …… 177 | 団 紀彦 …… 378, 424 |
| 種田 悌一 …… 479 | 玉野 義雄 …… 532 | 丹 寿志 …… 368 |
| 種村 省三 …… 532 | 玉利 勤治郎 …… 218 | 丹下 健三 …… 409, 410, 412, 413, 432 |
| 田上 義也 …… 218 | 玉理 裕介 …… 263 | |
| 田場 晋一朗 …… 329, 330 | 溜 昭浩 …… 469, 557, 574 | 丹下 健 …… 233 |
| 田葉井製作所 …… 10 | タミックス …… 130 | タンケンシールセーコウ …… 146 |
| 田畑 修 …… 98 | 民谷 栄一 …… 63 | |
| 田畑 勝弘 …… 86 | ダム水源地環境整備センター …… 381, 424 | 丹後 重治 …… 531 |
| 田端 健一 …… 485 | | 段塚 隆雄 …… 127 |
| 田畑 茂清 …… 125 | 田村 明 …… 246, 415, 433 | 丹青社 …… 286, 327 |
| 田端 大助 …… 159 | 田村 至 …… 368 | 暖地向きトウモロコシ育種グループ …… 213 |
| 田端 竹千穂 …… 125, 127 | 田村 清 …… 533 | |
| 田畑 命生 …… 367 | 田村 邦夫 …… 528 | タントロン ロン …… 370 |
| 田畑 要一郎 …… 80 | 田村 孝一 …… 438 | 丹野 昌吾 …… 55 |
| 田畑 米穂 …… 75 | 田村 浩一郎 …… 164 | 丹野 武宣 …… 536 |

| | | |
|---|---|---|
| 丹野 寛明 | ・・・・・・・・・・・・ | 254 |
| 檀浦 貞行 | ・・・・・・・・・・・・ | 366 |
| たんのカレーライスマラソン | | 577 |
| 丹波 譲治 | ・・・・・・・・・・・・ | 310 |
| 丹波の森国際音楽祭シューベルティアーデたんば2004（第10回） | | 578 |
| 丹原 哲夫 | ・・・・・・・・ | 209, 245 |
| 田んぼアート【稲作体験ツアー】(18回) | | 580 |
| 端無 憲 | ・・・・・・・・・・・・ | 343 |

## 【ち】

| | | |
|---|---|---|
| チアル・アンド・アソシエイツ | | 148 |
| 地域地盤環境研究所 | ・・・・・・ | 186 |
| 地域振興整備公団静岡東部特定再開発事務所計画課（現独立行政法人都市再生機構東日本支社静岡東部特定再開発事務所再開発課） | | 382 |
| 地域SNS基盤連携ネットワーク／インフォミーム | | 544 |
| チェ・ジンソン | ・・・・・・・・ | 373 |
| 知恵の輪 | ・・・・・・・・・・・・ | 144 |
| チェブロ | ・・・・・・・・・・・・ | 150 |
| チェンジビジョン | ・・・・・・・・ | 512 |
| 千賀崎 義香 | ・・・・・・・・・・ | 215 |
| 近沢 明夫 | ・・・・・・・・・・・・ | 387 |
| 近角 真一 | ・・・・・・・・ | 328, 430 |
| 近角 よう子 | ・・・・・・・・ | 328, 430 |
| 近田玲子デザイン事務所 | | 305 |
| 近間 輝美 | ・・・・・・・・・・・・ | 198 |
| 近松 彰 | ・・・・・・・・・・・・ | 161 |
| 近宮 健一 | ・・・・・・・・・・・・ | 328 |
| 千川 純一 | ・・・・・・・・・・・・ | 88 |
| 地球環境産業技術研究機構・RITE-HONDAバイオグループ | | 169 |
| 地球環境産業技術研究機構 | | 390 |
| 地球環境と大気汚染を考える全国市民会議 | ・・・・・・ | 51 |
| 地球問題研究会 | ・・・・・・・・ | 266 |
| 地球緑化センター | ・・・・・・・・ | 49 |
| 知久 昭夫 | ・・・・・・・・・・・・ | 329 |
| 知久 直弥 | ・・・・・・・・・・・・ | 343 |
| 竹士 伊知郎 | ・・・・・・・・・・ | 101 |
| 筑水キャニコム | ・・・・・ | 141, 277 |

| | | |
|---|---|---|
| 竹田 康堅 | ・・・・・・・・・・・・ | 72 |
| 竹風堂 | ・・・・・・・・・・・・ | 310 |
| 千倉書房 | ・・・・・・・・・ | 40, 42 |
| 竹林舎建築研究所 | ・・・・・・ | 429 |
| 児子 茂 | ・・・・・・・・・・・・ | 89 |
| 地上デジタル放送波中継装置の実用化開発グループ | | 493 |
| 千代 健 | ・・・・・・・・・・・・ | 531 |
| 千田 昌平 | ・・・・・・・・・・・・ | 74 |
| 秩父 重英 | ・・・・・・・・・・・・ | 64 |
| 秩父セメント | ・・・・・ | 84, 88, 114 |
| チップトン | ・・・・・・・・・・・・ | 136 |
| 千歳建設 | ・・・・・・・・・・・・ | 561 |
| 千鳥 義典 | ・・・・・・・・・・・・ | 327 |
| 千怒小学校 | ・・・・・・・・・・・・ | 285 |
| 千怒めだかの会 | ・・・・・・・・ | 285 |
| 知野 圭介 | ・・・・・・・・・・・・ | 180 |
| 千野 孝 | ・・・・・・・・・・・・ | 534 |
| 千野 直義 | ・・・・・・・・・・・・ | 95 |
| 茅野 春雄 | ・・・・・・・・・・・・ | 152 |
| 茅野 政道 | ・・・・・・・・・・・・ | 111 |
| 茅野 充男 | ・・・・・・・・・・・・ | 223 |
| 千野 保幸 | ・・・・・・・・・・・・ | 327 |
| 千野 宜時 | ・・・・・・・・・・・・ | 26 |
| 知能システム | ・・・・・・・・・・ | 464 |
| 千葉 修 | ・・・・・・・・・・・・ | 230 |
| 千葉 喬三 | ・・・・・・・・・・・・ | 381 |
| 千葉 健二 | ・・・・・・・・・・・・ | 570 |
| 千葉 謙太郎 | ・・・・・・・・・・ | 534 |
| 千葉 小織 | ・・・・・・・・・・・・ | 35 |
| 千葉 茂 | ・・・・・・・・ | 230, 242 |
| 千葉 忠俊 | ・・・・・・・・・・・・ | 390 |
| 千葉 七男 | ・・・・・・・・・・・・ | 207 |
| 千葉 博之 | ・・・・・・・・・・・・ | 86 |
| 千葉 正人 | ・・・・・・・・・・・・ | 539 |
| 千葉 学 | ・・・・・・・・ | 269, 430 |
| 千葉 保明 | ・・・・・・・・・・・・ | 248 |
| 千葉 幸弘 | ・・・・・・・・・・・・ | 235 |
| 千葉 芳毅 | ・・・・・・・・・・・・ | 535 |
| 千葉県葛南土木事務所河川改良課 | ・・・・・・ | 377 |
| 千葉県企業庁 | ・・・・・・・・・・ | 312 |
| 千葉県立東金病院 | ・・・・・・ | 543 |
| 千葉県PR映画センター | ・・・・・・・・・・・・・ | 548, 567 |
| 千葉市 | ・・・・・・・・ | 446, 447 |
| 千畑 一郎 | ・・・・・・・・・・・・ | 88 |
| 千葉大学工学部デザイン学科 | | 285 |
| 千葉大学デザインシステム研究室チームジャンク | ・・・・ | 248 |
| 千速 晃 | ・・・・・・・・・・・・ | 376 |
| 千原 大五郎 | ・・・・・・・・・・ | 417 |
| 千原 徹 | ・・・・・・・・・・・・ | 574 |
| チーフイマジニア | ・・・・・・・・ | 515 |

| | | |
|---|---|---|
| チームラボ | ・・・・・・・・・・・・ | 253 |
| チーム CorruPuted SpAce | | 248 |
| 地名 伸一 | ・・・・・・・・・・・・ | 570 |
| 茶野 敬 | ・・・・・・・・・・・・ | 52 |
| 茶山 和博 | ・・・・・・・・・・・・ | 190 |
| チャンネルイレーサー「凸凹くん」開発グループ | ・・・・ | 483 |
| 中央化学工業 | ・・・・・・・・・・ | 17 |
| 中央経済社 | ・・・・・・・・・ | 40, 41 |
| 中央工学校 | ・・・・・・・・・・・・ | 561 |
| 中央公論新社 | ・・・・・・・・・・ | 42 |
| 中央精機 | ・・・・・・・・・・・・ | 138 |
| 中央大学経済研究所 | ・・・・・・ | 40 |
| 中央大学出版部 | ・・・・・・・・ | 40 |
| 中央電機製作所 | ・・・・・・・・ | 357 |
| 中央電子 | ・・・・・・・・・・・・ | 356 |
| 中央農業総合研究センター | | 465 |
| 中外製薬 | ・・・ | 559, 560, 563, 564 |
| 中海テレビ放送 | ・・・・・・・・ | 544 |
| 中京テレビ映像企画 | ・・・・・・ | 483 |
| 中京油脂 | ・・・・・・・・・・・・ | 23 |
| 中古 智 | ・・・・・・・・・・・・ | 546 |
| 中国画材企画課 | ・・・・・・・・ | 303 |
| 中国機械製作所 | ・・・・・ | 13, 133 |
| 中国興業 | ・・・・・・・・・・・・ | 520 |
| 中国新聞社 | ・・・・・・・・・・ | 500, 503, 504, 505, 507, 509 |
| 中国新聞社政治・経済・学芸・社会・写真・調査各部 | | 499 |
| 中国新聞社ヒロシマ50年取材班 | ・・・・・・・・・・・・・ | 505 |
| 中国電力 | ・・・・・・・・ | 120, 185 |
| 中国放送 | ・・・・・・・・・・・・ | 576 |
| 中山鉄工所 | ・・・・・・・・・・・・ | 14 |
| 中所 武司 | ・・・・・・・・・・・・ | 94 |
| 中條 健 | ・・・・・・・・・・・・ | 70 |
| 中条 博 | ・・・・・・・・・・・・ | 436 |
| 中小企業事業団 | ・・・・・・・・ | 41 |
| 中小企業リサーチセンター | | 41 |
| 中日映画社東京本社制作部撮影課 | ・・・・・・・・・・・ | 549 |
| 中日新聞社 | ・・・・・ | 502, 504, 507 |
| 中日新聞社大地図編集チーム | ・・・・・・・・・・・・・ | 504 |
| 中日本高速道路 | ・・・・・・・・ | 383 |
| 忠鉢 繁 | ・・・・・・・・・・・・ | 166 |
| 中部国際空港 | ・・・・・・・・・・ | 113 |
| 中部水工 | ・・・・・・・・・・・・ | 327 |
| 中部電力 | ・・・・・・・・ | 355, 392 |
| 中部日本新聞社 | ・・・・ | 499, 500 |
| 中部日本新聞社危い遊び場一掃運動推進グループ | ・・・・ | 499 |

| | | |
|---|---|---|
| 中部日本新聞社印刷局 …… | 500 |
| 中部日本新聞社色彩関係機関 …… | 499 |
| 中部日本放送 …… | 575 |
| 中部日本放送サテライト局集中監視制御システム開発グループ …… | 488 |
| 中部盲導犬協会 …… | 563 |
| 中馬　豊 …… | 237 |
| 中馬のおひなさん（第4回） …… | 578 |
| チューキアット・ウタカパン …… | 374 |
| 趙　衍剛 …… | 430 |
| 張　鐘植 …… 71, 345, | 370 |
| 趙　晋輝 …… | 154 |
| 張　晴原 …… | 430 |
| 長　大作 …… 306, | 459 |
| 張　展 …… | 255 |
| 張　涛 …… | 155 |
| 張　富士夫 …… 27, | 47 |
| 長　康雄 …… | 62 |
| チョウ, レイモンド …… | 374 |
| 張　瓏 …… | 340 |
| 超薄型・大画面リアプロジェクタの開発グループ …… | 492 |
| 超音速輸送機用推進システム技術研究組合 …… | 185 |
| 聴覚障害児と共に歩む会・トライアングル …… | 314 |
| 長岐　侃 …… | 327 |
| 長建設計事務所 …… | 283 |
| 長工醤油味噌（協組） …… | 17 |
| 超高速度高感度CCDカメラ開発グループ …… | 483 |
| 超高速度高感度CCDカラーカメラ開発チーム …… | 493 |
| 帖佐　直 …… | 241 |
| 調子　康雄 …… | 52 |
| 朝鮮銀行史研究会 …… | 5 |
| 長大 …… 14, | 379 |
| 超低遅延放送素材伝送用MPEG-2コーデックの開発グループ …… | 494 |
| 長南　英夫 …… | 530 |
| 丁野　博行 …… | 261 |
| 長府製作所 …… | 12 |
| 長菱エンジニアリング …… | 135 |
| 長良製紙 …… | 108 |
| 千代窪　毅 …… | 439 |
| 千代田化工建設 …… 86, 112, 113, 354, | 391 |
| 千代田精機 …… | 15 |
| 池和夫とその開発グループ …… | 481 |
| 陳　俊明 …… | 157 |
| 陳　玲 …… | 523 |
| 鎮守の森保存修景研究会 …… | 107 |

## 【つ】

| | | |
|---|---|---|
| 対 Tsui-Design …… | 260 |
| ツヴィリングJ.A.ヘンケルスジャパン …… | 316 |
| 通産省工技院公害資源研究所公害第一部第一課 …… | 107 |
| 通産省工技院中国工業技術試験所 …… | 107 |
| 通商産業省工業技術院電気試験所 …… | 114 |
| 通商産業調査会 …… | 41 |
| 通信総合研究所情報通信部門 …… | 145 |
| 通信・放送機構 …… | 447 |
| 津浦　徳雄 …… | 371 |
| 津賀　幸之助 …… | 238 |
| 塚　義友 …… | 346 |
| 塚越　力 …… | 571 |
| 塚越　敏彦 …… | 503 |
| 塚越　英夫 …… | 427 |
| 塚越　要一 …… | 53 |
| 塚崎　敦 …… | 160 |
| 塚崎　之弘 …… | 342 |
| ツカサ工業 …… 22, | 130 |
| 司コーポレーション …… | 148 |
| 塚島　寛 …… | 386 |
| 塚田　栄治 …… | 453 |
| 塚田　清 …… | 98 |
| 束田　進也 …… | 164 |
| 塚田　徳止 …… | 528 |
| 塚田　俊久 …… | 170 |
| 塚田　尚史 …… 365, | 367 |
| 塚谷刃物製作所 …… | 22 |
| 塚原　好二 …… | 333 |
| 塚原　沙智子 …… | 263 |
| 塚原　重美 …… | 51 |
| ツガミ …… | 135 |
| 津上製作所 …… | 86 |
| 塚本　勲 …… | 28 |
| 塚本　勝巳 …… | 225 |
| 塚本　健一 …… | 573 |
| 塚本　健二 …… | 372 |
| 塚本　幸一 …… | 26 |
| 塚本　潤三 …… | 539 |
| 塚本　達郎 …… | 338 |
| 塚本　昭　 …… | 536 |
| 塚本　英樹 …… | 454 |
| 塚本　水樹 …… | 38 |
| 塚本　洋太郎 …… | 219 |
| 塚本　良則 …… 222, | 232 |
| 津川　兵衛 …… | 213 |
| つがわ狐の嫁入り行列（第14回） …… | 578 |
| 月浦　雅章 …… | 157 |
| 築地　哲平 …… | 441 |
| 築地場外市場商店街振興組合 …… | 541 |
| 月村　慎悟 …… | 157 |
| 津久井　貞雄 …… | 437 |
| 津久井　裕己 …… | 110 |
| 佃　和夫 …… | 48 |
| 佃　純誠 …… | 46 |
| 佃　安彦 …… | 337 |
| つくば市教育委員会 …… | 543 |
| 筑波大学大学院 …… | 285 |
| 津久見市役所 …… | 285 |
| 柘植　謙爾 …… | 183 |
| 柘植　弘志 …… | 182 |
| 津郷　友吉 …… | 219 |
| 辻　明 …… | 537 |
| 辻　一郎 …… | 368 |
| 辻　夘一郎 …… | 530 |
| 辻　薫 …… | 75 |
| 辻　毅一郎 …… | 264 |
| 辻　敬三 …… | 87 |
| 辻　俊考 …… | 342 |
| 辻　伸二 …… | 72 |
| 辻　隆道 …… | 230 |
| 辻　孝之 …… 344, | 346 |
| 辻　正 …… | 528 |
| 辻　藤吾 …… | 109 |
| 辻　俊明 …… | 196 |
| 辻　俊郎 …… | 106 |
| 辻　典子 …… | 112 |
| 辻　英之 …… | 112 |
| 辻　広 …… | 385 |
| 辻　文三 …… | 420 |
| 辻　誠 …… | 339 |
| 辻　征雄 …… | 110 |
| 辻　匡陛 …… | 455 |
| 辻　弥兵衛 …… | 40 |
| 辻　有希 …… | 258 |
| 辻井　一郎 …… | 568 |
| 辻井　一義 …… | 481 |
| 辻井　静二 …… | 410 |
| 辻井　博彦 …… | 163 |
| 辻井　康弘 …… | 95 |
| 辻岡　邦夫 …… | 105 |
| 辻岡　三彦 …… | 352 |
| 辻岡　優日 …… | 463 |
| 辻川　賢三 …… | 386 |
| 辻倉　孝 …… | 367 |
| 辻産業 …… | 12 |
| 辻田　誠 …… 71, 339, | 344 |
| 辻田　昌弘 …… 38, | 39 |

| | | | |
|---|---|---|---|
| 辻谷 政久 | 406 | 土屋 裕重 | 555, 556 |
| 辻野 憲明 | 66 | 土谷 牧夫 | 71 |
| ツシマヤマネコを守る会 | | 土屋 功位 | 237 |
| | 51 | 土屋 守章 | 41 |
| 辻村 欽司 | 339 | 土屋 義明 | 346 |
| 辻村 江太郎 | 4 | 土谷棚田の火祭り(第3回) | |
| 辻村 みちよ | 217 | | 578 |
| 辻本店 | 330 | 土谷特殊農機具製作所 | 10 |
| 都築 信頼 | 94 | 土山 徹也 | 123 |
| 都築 岳史 | 68 | 土山 友博 | 368 |
| 都築 正 | 382 | 筒井 蛙声 | 82 |
| 都築 敏樹 | 379 | 筒井 修 | 293 |
| 都築 尚幸 | 347 | 筒井 哲夫 | 200 |
| 都築 久一 | 534 | 筒井 聡明 | 58 |
| 都築 秀浩 | 94 | 筒井 信之 | 377 |
| 都築 武一 | 528 | 筒井 真佐人 | 255 |
| 都築 史和 | 345 | 筒井 迪夫 | 231 |
| 都築 政昭 | 553 | 筒井 光圀 | 335 |
| 津田 清和 | 256 | 筒井 康充 | 80 |
| 津田 修一 | 127 | 堤 恵美子 | 35 |
| 津田 貴生 | 494 | 堤 和彦 | 346 |
| 津田 高吉 | 532 | 堤 勝彦 | 467 |
| 津田 恒之 | 221 | 堤 香苗 | 35 |
| 津田 鉄外喜 | 528 | 堤 三郎 | 86, 333 |
| 津田 信一 | 162 | 堤 清二 | 26 |
| 津田 政明 | 340 | 塘 隆男 | 230 |
| 津田 道夫 | 94 | 津々見 毅 | 179 |
| 津田 幸彦 | 532 | 堤 照男 | 86 |
| 津田 陽一 | 368 | 堤 利夫 | 233 |
| 津田 吉晃 | 245 | 堤 治寛 | 68 |
| 津田 龍三 | 527 | 堤 康彦 | 573 |
| 蔦井 孝洋 | 557 | 堤 陽次郎 | 348 |
| 津田井 美香 | 249 | 堤 義明 | 26 |
| 津田駒工業 | 136 | 常石 史子 | 557 |
| 津谷 俊人 | 205 | 恒岡 卓二 | 90 |
| ツタヤオンライン | 542 | 常木 英昭 | 103 |
| 土川 春穂 | 99 | 常木 康弘 | 428 |
| 土田 尚平 | 538 | 津根精機 | 11 |
| 土田 進一 | 80, 111 | 常田 修 | 206 |
| 槌田 鉄男 | 341 | 常松 栄 | 236, 238 |
| 土田 久雄 | 532 | 常本 秀幸 | 338 |
| 土田 保樹 | 491 | 常脇 恒一郎 | 220 |
| 土田 旦 | 126 | 築野 富美 | 76 |
| 土原 峰雄 | 366 | 角田 英治 | 366 |
| 土渕 省二 | 90 | 角田 和男 | 531 |
| 土本 義紘 | 455 | 角田 健一 | 485 |
| 土屋 愛自 | 378 | 角田 重三郎 | 219 |
| 土屋 七郎 | 228 | 角田 俊直 | 54 |
| 土屋 俊二 | 332 | 角田 洋 | 377 |
| 土屋 務 | 92 | 角田 真弓 | 431 |
| 土屋 孟 | 204 | 角田 安弘 | 52 |
| 土屋 俊忠 | 566 | 角田 陽太 | 261 |
| 土屋 直也 | 504 | 角田 義人 | 198 |
| 土屋 治昭 | 538 | 角田 隆太郎 | 42 |
| 土屋 斉 | 7 | ツノダ自転車企画部企画室 | |
| 土屋 宏明 | 429 | | 290 |
| 角渕 俊太 | 125 | | |
| 椿 市造 | 7 | | |
| 椿 敏幸 | 258 | | |
| 椿 範立 | 156, 390 | | |
| 椿本エマソン営業技術部 | | | |
| | 298 | | |
| 翼システム | 511 | | |
| 燕物産 | 19 | | |
| 津吹 正 | 548 | | |
| 円谷 英二 | 545, 546, 547 | | |
| 坪井 幸一 | 135 | | |
| 坪井 八十二 | 218 | | |
| 坪井 善勝 | 408, 409, 412, 414, 432 | | |
| 坪井 亮二 | 83 | | |
| 坪内 昭雄 | 383 | | |
| 坪内 薫 | 344 | | |
| 坪内 和夫 | 60, 75 | | |
| 坪内 享嗣 | 89 | | |
| 坪内 賢太郎 | 124 | | |
| 坪内 直人 | 392 | | |
| 坪内 夏朗 | 58, 91 | | |
| 坪内 寿夫 | 26 | | |
| 坪内 秀泰 | 377 | | |
| 坪川 常春 | 501 | | |
| ツボタ | 313 | | |
| 坪田 晋三 | 106 | | |
| 坪田 実 | 439 | | |
| 坪田 康正 | 337 | | |
| 坪田 義夫 | 332 | | |
| 壺屋の通りを考える会 | 378 | | |
| 坪山 幸王 | 268, 327 | | |
| ツムラ | 464 | | |
| 津村 和志 | 108 | | |
| 津村 精太郎 | 81 | | |
| 津村 武夫 | 89 | | |
| 津村 義彦 | 235, 244 | | |
| 津本 勇治 | 135 | | |
| 津本 善弘 | 135 | | |
| 津屋 英樹 | 96 | | |
| 露木 清高 | 406 | | |
| 露口 孝嗣 | 493 | | |
| 釣木 沢淳 | 493 | | |
| 釣木沢 淳 | 557 | | |
| 釣谷導入線工業 | 16 | | |
| 津留 直彦 | 347 | | |
| 津留 美紀子 | 64 | | |
| 鶴岡 鉦次郎 | 402 | | |
| 鶴岡 孝子 | 352 | | |
| 鶴岡市観光連盟 | 559 | | |
| 鶴賀 孝広 | 333 | | |
| 鶴岡地区医師会 | 543 | | |
| 鶴木 勇夫 | 181 | | |
| 鶴崎 公二 | 205 | | |
| 鶴崎海陸運輸 | 14 | | |
| 鶴島 克明 | 66 | | |

| | | | | | |
|---|---|---|---|---|---|
| 鶴島 理史 | 349 | テイチク | 516 | テーシーシー | 139 |
| 鶴田 明 | 409, 433 | ディップソール | 22 | デジタル | 136 |
| 鶴田 圭吾 | 506 | DDI東京ポケット電話 | 185 | デジタルケーブルテレビ研究グループ | 491 |
| 鶴田 隆 | 534 | ディナベック | 187 | デジタルステージ | 315, 320, 523, 525 |
| 鶴田 剛司 | 55, 312 | TBSビジョン | 518, 523 | デジタルストリート | 524 |
| 鶴田 誠 | 528 | ティー・ビー・エス・ビジョン | 448 | デジタルストリーム | 141 |
| 鶴田 光男 | 436 | ティービーエム | 24 | デジタルドメイン | 322 |
| 鶴田 三雄 | 532 | ティーファイブ | 145, 511 | デジタルバンク | 564 |
| 鶴田 有一 | 478 | DVDフォーラムDVD-RAMフォーマット開発グループ | 491 | デジタルファッション | 512 |
| 鶴保 征城 | 540 | ディムコ | 144 | デジタルブティック | 282 |
| 弦巻 裕 | 552 | ティー・ユー・エム研究所 | 143 | デジタル・メディア・ラボ | 520 |
| 鶴見 俊也 | 248 | ティーレックス | 283 | デジタルTV送信機開発チーム | 492 |
| 鶴見 靖行 | 8 | 出川 三男 | 549 | デジターグ | 524 |
| 鶴見精機 | 184 | 出来 裕三 | 480 | 手柴 東光 | 55 |
| | | 出来田 博之 | 370 | 手柴 充雅 | 135 |
| **【て】** | | 出口 茂 | 64 | 手島 和之 | 369 |
| | | 出口 正之 | 38 | 出島 長朔 | 53 |
| 鄭 敏泳 | 373 | 出口 吉孝 | 455 | 手島 透 | 91, 93 |
| テイ・アイ・シー | 141 | テクニー | 195 | 手代木 寿雄 | 548 |
| ティーアイディーデザイン | 306 | テクニカル アンド シィンキングブレーン | 292 | 手塚 右門 | 236, 238 |
| T・R・Y90事業者組合 | 428 | テクネックス工房 | 145 | 手塚 国利 | 114 |
| ティーアンドイーソフト | 517 | テクノアオヤマ | 137 | 手塚 賢至 | 245 |
| ティアンドデイ | 141 | テクノクラーツ | 148 | 手塚 貴晴 | 430 |
| ディアンドデパートメントプロジェクト | 316 | テクノ・クリーン | 141 | 手塚 哲央 | 264 |
| デイエックスアンテナ | 307 | テクノコアインターナショナル | 146 | 手塚 英明 | 256 |
| ディー・エヌ・エー | 526 | テクノス | 138, 140 | 手塚 康男 | 95 |
| ティーエヌ工舎 | 147 | テクノスジャパン | 143, 516 | 手塚 由比 | 430 |
| テイエルブイ | 186 | テクノツイン | 141 | 手塚 慶一 | 53 |
| ティー・オーカンパニー | 144 | テクノ・テクノス | 136, 142, 144 | 手塚建築研究所 | 281, 309 |
| 定期航空便による大気観測プロジェクトチーム | 167 | テクノバンガード | 121 | テック大洋工業 | 147 |
| テイグ | 310 | テクノビジュアル | 147 | 鉄建建設 | 184 |
| ディクシー営業技術課 | 296 | テクノ21 | 139 | 鉄建建設・三井住友建設共同企業体 | 382 |
| ティーケーケー開発部 | 301 | デザインエミアソシエイト | 291 | 鉄道建設・運輸施設整備支援機構 | 186, 381 |
| 帝国人造絹糸 | 354 | デザインオフィスジー・ワン | 296 | 鉄道総合技術研究所 | 112, 113, 122, 184, 186 |
| 帝国チャック | 18 | デザインオフィスパックス | 302 | 鉄砲組百人隊出陣 | 577 |
| D産業デザイン研究所 | 291 | デザインシステム | 247 | 出戸 克佳 | 324 |
| ディジタル・アニメーション・クリエーターズ | 513 | デザイン総研広島 | 301, 312 | テトラ | 122 |
| ディジタル特殊効果共同開発グループ | 485 | デザイン総研広島 プロダクトデザイン室 | 309 | デナード, ロバート H. | 498 |
| ディジタル方式変換開発グループ | 485 | デザイン創造工房『めがね』 | 323 | 出町 友紀直 | 370 |
| ディジタルHDTV符号化伝送装置開発グループ | 490 | デザイン・ホロン | 305 | 出向井 登 | 368 |
| ティーシャツ・ギャラクシー | 541 | 出沢 正徳 | 54, 93 | テムテック研究所 | 145 |
| 帝人製機 | 117 | 勅使 晴夫 | 476 | 出村 和太 | 248 |
| 帝人ファイバー | 185 | デジオン | 316 | 出村 誠 | 134 |
| ディスコ | 14, 357, 358, 360 | 勅使河原 誠一 | 196 | デュアルモードFPU開発グループ | 449 |
| D3基盤技術 | 465 | | | 寺井 清 | 85 |
| | | | | 寺井 俊夫 | 417 |
| | | | | 寺石 雅英 | 42 |
| | | | | 寺内 一秀 | 452 |

| | | |
|---|---|---|
| 寺内 浩一 | | 370 |
| 寺内 利恵子 | | 124 |
| 寺尾 稔宏 | | 381 |
| 寺尾 日出男 | | 240 |
| 寺尾 文人 | | 575 |
| 寺尾 昌男 | | 291 |
| 寺岡 宏彰 | | 522 |
| 寺岡 寛 | | 41, 42, 43 |
| 寺岡 史法 | | 338 |
| 寺岡 正夫 | | 338 |
| 寺垣 信男 | | 330 |
| 寺門 貞夫 | | 67 |
| 寺崎 信夫 | | 65 |
| 寺崎 緑 | | 405 |
| 寺崎 康正 | | 230 |
| 寺崎 渡 | | 214 |
| 寺沢 実 | | 111 |
| 寺下 諭吉 | | 378 |
| 寺嶋 功 | | 531 |
| 寺島 一宏 | | 101 |
| 寺島 滋 | | 111 |
| 寺島 角夫 | | 535 |
| 寺島 正之 | | 247, 248 |
| 寺島 義明 | | 367 |
| 寺島 善宏 | | 126 |
| 寺蘭 勝二 | | 110 |
| 寺園 聖市 | | 254 |
| 寺田 一郎 | | 55 |
| 寺田 和己 | | 381 |
| 寺田 喜助 | | 231 |
| 寺田 貴美雄 | | 244 |
| 寺田 耕志 | | 192, 194 |
| 寺田 貴彦 | | 80 |
| 寺田 親弘 | | 512 |
| 寺田 千代乃 | | 26 |
| 寺田 溥 | | 126 |
| 寺田 房夫 | | 79 |
| 寺田 昌章 | | 98 |
| 寺田 光太郎 | | 183 |
| 寺田 靖子 | | 201 |
| 寺田 幸博 | | 123 |
| 寺田 佳弘 | | 162 |
| 寺田 玲子 | | 195 |
| 寺谷 達夫 | | 345 |
| 寺地 淳 | | 345, 346 |
| 寺西 重郎 | | 5 |
| 寺西 昇 | | 537 |
| 寺西 洋 | | 135 |
| 寺西 洋志 | | 99 |
| 寺西 泰浩 | | 209 |
| 寺村 幸子 | | 352 |
| 寺本 一憲 | | 181 |
| 寺本 義也 | | 41 |
| 寺山 紀彦 | | 324 |
| テラルキョクトウ | | 18, 143 |
| 寺脇 正樹 | | 241 |
| 照井 蔵人 | | 435 |
| 照井 進一 | | 422 |
| 照井 康明 | | 65 |
| デルコ | | 318 |
| デルタツーリング | | 136 |
| テルモ | | 276, 317 |
| 照山 龍男 | | 244 |
| テレビ朝日 | | 448, 483, 489 |
| テレビ朝日映像 | | 448, 482, 483 |
| テレビ朝日／TIA スーパーモーニング「スパモニ機動中継隊」 | | 484 |
| テレビ朝日 テレビ朝日技術局制作技術センター | | 495 |
| テレビ朝日 レールカメラバーチャル開発チーム | | 494 |
| テレビ音声多重信号伝送方式開発・実用化グループ | | 485 |
| テレビ金沢 | | 576 |
| TVゴースト対策用電波吸収パネル開発グループ | | 488 |
| テレビ東京 | | 446, 447, 448, 518, 520, 576 |
| テレビ東京在京民法五社皇太子ご成婚ハイビジョン・プロジェクト | | 489 |
| テレビ東京ソフトウェア | | 518 |
| テレビマンユニオン | | 314 |
| テレビ山口 | | 570 |
| 出羽 孝洋 | | 346 |
| テン | | 142 |
| 伝 慶一 | | 92 |
| 展開型メッシュ反射鏡アンテナの開発グループ | | 493 |
| 電気音響 | | 10 |
| 電気化学工業 | | 84, 87, 354, 355, 356, 358 |
| 電気事業連合会 | | 558 |
| デンケンエンジニアリング | | 140 |
| 電源開発 | | 112, 116, 185, 388, 390, 391, 392, 559 |
| 電源開発技術開発部 | | 390 |
| 電源開発土木部建築課 | | 411 |
| 電研精機研究所 | | 22 |
| 電源地域振興センター | | 520, 522, 523, 524 |
| 電広エイジェンシー | | 563 |
| 電子情報技術産業協会（JEITA）特定プロジェクト推進室 | | 526 |
| 電子デバイスグループ | | 479 |
| 電子ビーム排煙処理研究開発グループ | | 168 |
| 電子メディアサービス | | 516, 517 |
| 天正 清 | | 220 |
| デンソー | | 100, 110, 119, 120, 131, 276, 277, 319, 361, 362, 464, 522 |
| デンソーウェーブ | | 464, 465 |
| テンダ | | 149 |
| 伝田 匡彦 | | 58 |
| 天体界道100kmにちなんおろちマラソン全国大会（第6回） | | 579 |
| 電通 | | 282, 315, 318, 446, 447, 517, 520, 523, 560 |
| 電通映画社 | | 566, 567 |
| 電通関西支社 | | 447, 521, 524 |
| 電通テック | | 520, 523, 525, 564 |
| 電通テック大阪支社 | | 521 |
| 電通テック関西 | | 564 |
| 電通プロックス | | 447, 517, 518, 560, 561 |
| 電通プロックス大阪支社 | | 560, 561 |
| 天童木工 | | 11 |
| 天童木工製作所 | | 459 |
| テンドレ | | 21 |
| 天然ガス自動車開発チーム | | 168 |
| 電波産業会（地上デジタル放送システム開発部会・地上デジタル音声放送システム開発部会） | | 491 |
| 電発 | | 388 |
| テンパール工業 | | 316 |
| 田野井製作所 | | 144 |
| 電力中央研究所 | | 110, 362 |
| 電力中央研究所酸性雨研究グループ | | 167 |
| 電力中央研究所横須賀研究所 | | 112 |
| 点colers | | 259 |

## 【と】

| | | |
|---|---|---|
| ドーア, ロナルド | | 5 |
| 土居 清之 | | 494 |
| 土肥 敬悟 | | 246 |
| 土井 健司 | | 69 |
| 土井 定包 | | 26 |
| 土井 茂 | | 452 |
| 土居 俊一 | | 347, 348 |
| 土井 伸一 | | 161 |

| | | |
|---|---|---|
| 土居 大治 …………… 66 | 東海旅客鉄道 建設工事部 | 東京子どもの事故防止チーム |
| 土肥 徹次 …………… 195 | ……………………… 113 | ……………………… 282 |
| 土井 利忠 …………… 190 | 東海旅客鉄道技術本部 …… 112 | 東京コマーシャルフィルム・ |
| 土肥 直隆 …………… 574 | 東葛工業 ………………… 23 | スタッフ一同 ………… 569 |
| 土井 教之 …………… 42 | 陶器 浩一 ……………… 430 | 東京サウンドプロ ……… 567 |
| 土井 宏明 …………… 441 | 陶器 二三雄 ……… 327, 427 | 東京慈恵会医科大学リハビ |
| 土井 浩 ……………… 436 | 東急エージェンシー関西支 | リテーション医学科 …… 520 |
| 土居 祥孝 …………… 109 | 社 ……………………… 561 | 東京システム開発 ……… 145 |
| 土井 基邦 …………… 367 | 東急建設 ………………… 122 | 東京システムハウス …… 511 |
| 土居 靖夫 …………… 531 | 東急車輛製造 …… 184, 186, 355 | 東京磁石 ………………… 354 |
| 土井 康弘 …………… 83 | 東急セキュリティ ……… 282 | 東京自働機械製作所 …… 136 |
| 土居 康純 …………… 372 | 東急ハンズ ……………… 375 | 東京シネ・ビデオ ……… 559, |
| 土居 養二 …………… 220 | 東京アートディレクターズ・ | 560, 561, 563, 564 |
| 土肥研磨工業 …………… 22 | クラブ ……………… 458, 459 | 東京シネマ技術部 ……… 546 |
| 登石 篤一 …………… 556 | 東京アールアンドデー … 310 | 東京芝浦電気 …………… 89, |
| 十市 勉 ……………… 265 | 東京インスツルメンツ … 145 | 90, 114, 115, 116, 184, |
| ドイチェス・フェストinなる | 東京ウィメンズプラザ … 564 | 354, 355, 356, 357, 358 |
| と ……………………… 577 | 東京エレクトロンAT …… 130 | 東京芝浦電気硝子事業部 |
| 土井原 健雄 …………… 86 | 東京オイレスメタル工業 | ……………………… 85 |
| 鄧 穎愉 ………………… 254 | ……………………… 11, 15 | 東京芝浦電気管球事業部 |
| 陶 究 …………………… 201 | 東京応化工業 ……… 92, 450 | ……………………… 82, 83 |
| 同愛会副島病院 ………… 309 | 東京オンリービック製作委員 | 東京芝浦電気生産技術研究 |
| 東亜医用電子 …………… 14 | 会 ……………………… 526 | 所電子事業部 ………… 92 |
| 東亜医用電子商品開発部 | 東京学芸大学 …………… 282 | 東京芝浦電気電子事業部 |
| ……………………… 289 | 東京ガス ………………… 88, | ……………………… 85, 88 |
| 東亜建設 ………………… 113 | 184, 185, 283, 284, 360, | 東京重機工業 …………… 133 |
| 東亜建設工業 …………… 121 | 364, 390, 391, 393, 559 | 東京証券取引所 ………… 184 |
| 東亜工機 ………………… 19 | 東京ガスケミカル ……… 393 | 東京書籍 ………………… 559 |
| 東亜合成化学工業 ……… 83 | 東京ガス生産技術センター | 東京新聞社 … 254, 503, 505, 506 |
| 東亜道路工業 …………… 121 | ……………………… 390 | 東京新聞 「東京Oh!」取材 |
| 東亜農薬 ………………… 84 | 東京ガス生産技術部扇島工 | 班 ……………………… 509 |
| 東亜メッキ工場 ………… 451 | 場 ……………………… 390 | 東京製綱 ………………… 113 |
| 東映化学工業 ……… 481, 482 | 東京ガスフロンティアテクノ | 東京製鉄 ………………… 116 |
| 東映化学と撮影グループ | ロジー研究所奥井敏治 | 東京精密 ………………… 114 |
| ……………………… 547 | ……………………… 390 | 東京造形大学 プロジェクト |
| 東映ビデオ ………… 514, 517 | 東京機械製作所 ………… 119 | エコサークル ………… 405 |
| 東奥日報社 ……………… 508 | 東京金属工業 …………… 321 | 東京大学 …………… 464, 465 |
| 東海 ……………………… 284 | 東京計器 ……… 115, 117, 133 | 東京大学インテリジェント |
| 東海機器工業 …………… 11 | 東京建設コンサルタント | ビジョンシステム開発グ |
| 東海銀行 ………………… 355 | ……………………… 383 | ループ ………………… 492 |
| 東海光学 ………………… 20 | 東京現像所 ……………… 479 | 東京大学地震研究所 …… 186 |
| 東海サーモ ……………… 18 | 東京衡機製造所 ………… 353 | 東京大学生産技術研究所 沖・ |
| 東海大学 ………………… 446 | 東京工業大学 …… 142, 320, 465 | 鼎研究室 ……………… 169 |
| 東海デジタルホン ……… 522 | 東京工業大学安居院・中嶋研 | 東京大学生産技術研究所木 |
| 東海テレビ放送 … 566, 567, 568 | 究室 …………………… 515 | 内研究室 ……………… 92 |
| 東海テレビ放送報道部 | 東京工業大学工学部社会工 | 東京大学先端科学技術研究 |
| ……… 566, 567, 569, 570 | 学科中村研究室 ……… 379 | センター ……………… 284 |
| 東海道旅客鉄道 ………… 276 | 東京工業大学 黒正清治研究 | 東京大学大学院池内研究室 |
| 東海北陸自動車道白川村景 | 室 ……………………… 430 | (池内克史・大石岳史・高 |
| 観基礎検討委員会 …… 379 | 東京工業大学精密工学研究 | 松淳・鎌倉真音) ……… 253 |
| 東海メディカルプロダクツ | 所 ……………………… 114 | 東京大学出版会 ……… 40, 41 |
| ………………… 23, 139 | 東京工業大学 林静雄研究 | 東京タツノ ……………… 12 |
| 東海理化 ………………… 241 | 室 ……………………… 430 | 東京建物 ………………… 318 |
| 東海理研 ………………… 319 | 東京ゴッドファーザーズ製作 | 東京都多摩動物公園 …… 374 |
| 東海旅客鉄道 …………… 8, | 委員会 ………………… 525 | 東京テレガイド ………… 514 |
| 184, 311, 320, 520 | | 東京テレビ映画社 … 565, 566 |

とうや

東京テレビ映画社技術課 .................. 546
東京テレビジョン ........ 446
東京電気化学 ............. 354
東京電子工業 ............. 115
東京電測 ................. 138
東京電力 ....... 101, 110, 116, 185, 286, 362, 391, 392, 444
東京電力東火力事業所保修部 ................. 444
東京電力EV研究会 ........ 167
東京都 ................... 282
東京都映画協会 ........... 561
東京都恩賜上野動物園 .... 374
東京都交通局 ............. 314
東京都首都整備局新宿副都心建設公社 .......... 413
東京都杉並区 ....... 561, 563
東京都生活文化局 ......... 283
東京都地下鉄建設 ......... 314
東京都福祉人材開発センター ................. 561
東京都立科学技術大学 .... 143
東京都立工芸高等学校(東京都)グラフィックアーツ科3年生33名 ............ 463
東京都立産業技術研究センター ................. 131
東京都労働経済局職業安定部 ..................... 561
東京農工大学 ............. 465
東京ハイビジョン ........ 447
東京フィルム ............. 558
東京プレイティング ...... 450
東京文映 ................. 559
東京ペット製造商品開発課 ................... 300
東京放送 擬似同期化装置開発グループ ........ 482
東京放送技術局報道・情報番組スタッフ ........ 486
東京放送制作技術部 ...... 572
東京放送テレビ技術局 .... 565
東京放送テレビ報道部 .... 566
東京放送テレビ本部技術開発グループ .......... 479
東京放送報道局取材部取材チーム ............... 570
東京放送報道局ニュース部 ..................... 565
東京放送HDソフト部 ..... 346
東京放送(TBS) ...... 356, 445, 446, 447, 448, 489, 503, 516, 517, 518, 519, 520, 523, 576
東京松屋 ....... 303, 310, 311

東京理科大学 松崎育弘研究室 ..................... 430
東京レーダー ............. 19
東京12チャンネル製作局製作部照明班 .......... 479
垰 邦彦 .................. 346
峠 隆 ............... 99, 198
道家 紀志 ............... 225
道家 守 ................. 64
東光 .................... 184
東郷 育郎 ............... 111
東郷製作所 .............. 16
東光ラジオコイル研究所 ................... 354
東坂 浅光 ............... 91
濤崎 忍 ............ 91, 92
同志社大学人文科学研究所 ................... 40
東芝 .. 8, 9, 94, 97, 98, 100, 101, 102, 118, 119, 174, 184, 185, 276, 277, 278, 279, 280, 309, 313, 315, 318, 320, 358, 359, 360, 361, 363, 364, 445, 446, 447, 448, 488, 489, 510, 511
東芝アンバーシャドウマスク開発チーム ............ 487
東芝EMI ........... 514, 518
東芝イーエムアイ ........ 519
東芝機械 ................. 82, 115, 116, 119, 183, 355, 357
東芝キャリア ...... 120, 130
東芝固体ハイビジョンカメラ開発グループ ........ 489
東芝 消去可能インク及びトナー開発チーム ........ 168
東芝精機 ................ 133
東芝タンガロイ .. 83, 353, 357
東芝超小型カメラ開発グループ ................. 487
東芝デザインセンター ............ 293, 301, 307
東芝デザイン部 ..... 289, 290
東芝テスコ .............. 523
東芝電池 ................ 318
東芝 電力システム社 ..... 393
東芝燃料電池システム .... 393
東芝ハイビジョン用カセット型ディジタルVTR開発グループ ............... 489
東芝半導体事業本部 ...... 94
東芝メカトロニクス ...... 98
東芝メディカルシステムズ ........ 318, 320, 364
東芝ライテック ..... 310, 315
東芝ライテックデザインセンター ........... 299, 307

東条 初恵 ................ 33
東条 衛 ................. 238
東振精機 ................. 20
東新プレス工業営業部 .... 291
東新プレス工業企画開発室 ................... 294
東瀬 次郎 ............... 52
東拓工業 .......... 304, 451
東電ソフトウェア ........ 510
東陶機器 ................. 7
東陶機器デザイン部 ... 293, 299, 301, 304, 307
當仲 寛哲 .............. 512
東燃 .................... 99
藤埜 一仁 .............. 110
東畑 謙三 .............. 416
東畑 精一 .............. 217
東畑 透 ............ 339, 367
東樋口 護 .............. 419
東武鉄道 ................ 9
同文舘 .......... 40, 41, 42
東宝 ........... 513, 514, 515
東邦アーステック ....... 122
東宝音響技術課 .......... 545
東邦ガス ................ 284, 364, 388, 393
東宝撮影所音響技係 ..... 476
東宝撮影所合成課 ....... 545
東宝撮影所録音部門 ..... 546
東宝ダビングスタッフ .... 550
東方電機 ................ 355
東宝特殊機材グループ .... 549
東宝美術製作課 .......... 549
東邦レオ ................ 112
東北金属工業 ............ 84
東北空調管理 ............ 142
東北工業大学 ............ 327
東北新社技術部 .......... 569
東北大学 .......... 113, 465
東北地熱エネルギー ..... 562
東北電化工業 ............ 84
東北電子産業 ............ 17
東北電力 ........ 184, 185, 389
東北特殊鋼 .............. 354
東北パイオニア .......... 100
東北パルプ北上造林事業部 ................... 242
當摩 照夫 .............. 200
堂前 和彦 .............. 344
百目木 智康 ............ 160
堂免 大規 .............. 492
堂本 暁子 .............. 503
とうもろこし3万坪迷路 ................... 577
東矢 恭明 .............. 247
堂山 昌男 .............. 153

| | | |
|---|---|---|
| 同友館 ……………… 40, 42 | 遠山 健次郎 …………… 90 | 徳永 泰久 …………… 487 |
| 東洋ガラス ………… 313, 314 | 遠山 茂樹 ……………… 61 | 徳野 信雄 …………… 454 |
| 東洋機械金属 …………… 131 | 遠山 輝彦 ……………… 86 | 得能 英通 …………… 344 |
| 東洋基礎工業 ……… 115, 450 | 通販 久貴 …………… 344 | 徳橋 和将 …………… 163 |
| 東洋金属化学 …………… 355 | 登家 正夫 …………… 536 | 徳間書店 ……… 513, 515, 517 |
| 東洋経済新報社 … 40, 41, 516 | 戸ケ崎 義猛 …………… 57 | 徳増 真司 ……………… 95 |
| 東洋建設 ………………… 122 | 富樫 一巳 …………… 233 | 徳満 恒雄 ……………… 60 |
| 東洋現像所 ………… 476, 545 | 富樫 兼治郎 ………… 229 | 徳元 康人 …………… 154 |
| 東洋現像所ビデオ部 …… 478 | 富樫 茂樹 …… 379, 381, 382 | 徳本 芳美 …………… 404 |
| 東洋高圧 …… 131, 148, 452 | 富樫 亮 ………… 327, 328 | 徳山 曹達 ………… 87, 107 |
| 東洋工業 ………………… 93, | 戸上 雄司 ……………… 56 | 徳山 巍 ………………… 86 |
| 114, 116, 355, 356, 394 | 戸苅 義次 …………… 217 | 戸倉 尚己 …………… 333 |
| 東洋コンタクトレンズ …… 16 | 外川 浩司 …………… 111 | 都甲 潔 ………………… 77 |
| 東洋産業 ………………… 18 | 戸川 蛍 ……………… 373 | 土光 敏夫 ……… 25, 30, 52 |
| 東洋システム …………… 21 | 土岐 進佑 …………… 438 | 所 節夫 ……………… 344 |
| 東洋社 ………………… 239 | 時岡 淳 ……………… 188 | 所 寅雄 ……………… 531 |
| 東洋情報システム ……… 510 | 「時をかける少女」製作委員 | 土佐 哲也 ……………… 88 |
| 東洋新薬 ………………… 187 | 会 …………………… 526 | 登坂 宜好 …………… 419 |
| 東洋炭素 ………… 17, 450 | 時田 俊雄 ……………… 69 | 戸崎 紘一 …………… 239 |
| 東洋電機製造 … 184, 186, 355 | 鴇田 穂積 ……………… 9 | 戸崎 誠喜 ……………… 26 |
| 東洋農機 ………………… 14 | 時永 大三 …………… 100 | 土佐くろしお鉄道 …… 324 |
| 東洋歯車 ……………… 354 | トキナー光学 …………… 15 | 戸沢 奎三郎 ………… 69, 97 |
| 東洋バンボード …………… 11 | 時松 孝次 ………… 182, 426 | 戸澤 正洋 …………… 345 |
| 東洋フィルター工業 …… 450 | 時松 宏治 …………… 264 | 都市基盤整備公団 神奈川 |
| 東洋紡績AC事業部 …… 107 | 時松 辰夫 ……… 403, 405 | 地域支社（現：都市再生機 |
| 東陽理化学研究所 | トキメック …………… 135 | 構 神奈川地域支社） |
| ………………… 16, 140, 142 | 常盤 寛 ……………… 109 | ………………………… 384 |
| 東洋理化工業 …… 354, 355, 356 | 常盤 文克 ……………… 47 | 都市基盤整備公団関西支社 |
| 東洋レーヨン …… 86, 354, 355 | トキワ精機 …………… 130 | （現・UR都市再生機構） |
| 東立通信工業 …………… 355 | 常盤電機 ……………… 140 | ………………………… 381 |
| 動力炉・核燃料開発事業団 | トーキン ……… 360, 361, 362 | トシコ ………………… 142 |
| ………………………… 115 | 徳井 厚亮 …………… 324 | 都市再生機構 ………… 318 |
| 東レ ……………………… 7, | 得井 雅昭 …………… 367 | 都市再生機構東京都心支社 |
| 88, 89, 90, 94, 98, 100, 102, | 徳重 政晴 …………… 477 | ………………………… 383 |
| 103, 107, 122, 358, 374, 406 | 徳重 陽介 ……… 219, 231 | 都市整備プランニング …… 383 |
| ドゥレイ,TT …………… 376 | 特殊機化工業 …… 136, 276 | 戸嶋 巌樹 …………… 194 |
| 東レエンジニアリング …… 107 | 徳田 泰造 …………… 536 | 戸嶋 和則 …………… 177 |
| 東レエンジニアリング研究 | 徳田 信幸 ……………… 80 | 豊島区 ………………… 559 |
| 所 …………………… 107 | 徳田 祐子 …………… 440 | 利光 一成 ……………… 66 |
| 東レ地球環境研究所 …… 169 | 徳田 祐司 …………… 441 | 利光 吉彦 …………… 333 |
| 東レ複合材料研究所 …… 169 | 徳田 祐太朗 ………… 261 | 利安 雅之 …………… 487 |
| 道路環境研究所 ……… 380 | 徳嵩 国彦 …………… 385 | 土壌地下浄化技術グループ |
| 道路緑化保全協会 ……… 377 | 徳田製作所 ……… 115, 357 | ………………………… 110 |
| 湯脇 房雄 …………… 473 | 特定フロン破壊処理技術開 | トスカ ………………… 313 |
| 同和鉱業中央研究所 …… 107 | 発グループ ………… 167 | トステム ………… 283, 284 |
| 東和精機 ……………… 133 | 徳留 修 ……………… 370 | トステム住宅研究所 …… 284 |
| 東和電機製作所 ……… 464 | 徳永 勇雄 …………… 412 | トステム 住宅研究所 アイ |
| 都営地下鉄大江戸線選抜隊 | 徳永 光一 …………… 223 | フルホームカンパニー |
| 設計者 ……………… 314 | 徳永 興公 ……… 78, 109 | ………………………… 284 |
| 戸枝 誠憲 …………… 472 | 徳永 哲 ………… 382, 383 | トステム 住宅研究所アイフ |
| 戸尾 任宏 …………… 417 | 徳永 慎 ……………… 535 | ルホームカンパニー …… 283 |
| 遠嶋 伸昭 …………… 329 | 徳永 雅 ……………… 538 | トステム住宅研究所 アイフ |
| 遠田 草子 …………… 405 | 徳永 徹三 ……… 480, 555 | ルホームカンパニー …… 284 |
| 遠田 暢男 …………… 231 | 徳永 延夫 …………… 371 | トステム 商品本部 ドア統 |
| 遠松 展弘 …………… 326 | 徳永 博夫 …………… 250 | 轄部 ………………… 283 |
| 遠山 寛一郎 ………… 533 | 徳永 裕之 …………… 345 | トースト ……………… 317 |

都政情報センターの映像プ
　ロジェクトチーム …… 518
トーソー ………………… 451
戸田 明敏 ……………… 178
戸田 彰 ………………… 452
戸田 菊雄 ……………… 478
戸田 喜丈 ……………… 161
戸田 健三 …………… 89, 94
戸田 晃二 ……………… 538
戸田 昭三 ………………… 54
戸田 忠雄 ……………… 244
戸田 忠祐 ……………… 213
戸田 秀明 ……………… 538
戸田 浩人 ……………… 233
戸田 芙三夫 …………… 76
戸田 裕治 ……………… 573
戸田 義継 ……………… 189
戸田 義弘 ……………… 244
戸田 良吉 …… 230, 242, 243
戸田・熊谷建設共同企業体
　………………………… 431
戸田建設 ………………… 113
戸田工業 ………………… 450
外舘 寛 ………………… 124
戸谷 幹夫 ……………… 133
トータル・デザイン・アソシ
　エート ………………… 459
トータルデザインチーム
　(GK設計・GKインダスト
　リアルデザイン・GKデザ
　イン総研広島・島津環境グ
　ラフィックス） ……… 382
トータルメディア開発研究
　所 …… 281, 282, 519, 524
栃岡 孝宏 ……………… 344
栃木 誠 ………………… 179
栃倉 辰六郎 …………… 221
枋迫 篤昌 ………………… 45
栃沢 正夫 ……………… 550
栃本 邦夫 ……………… 537
栃山 広幸 ……………… 155
戸津 勝行 ……………… 454
戸塚 裕治 ……………… 349
トッキ …………… 143, 362
トックベアリング …… 18, 451
鳥取県 …………… 519, 521
鳥取県産業技術センター
　………………………… 284
鳥取県農林総合研究所林業
　試験場 ………………… 284
鳥取三洋電機デザインセン
　ター生活環境デザイン部
　………………………… 303
鳥取大学医学部保健学科
　………………………… 284

凸版印刷 ……………… 250,
　254, 284, 376, 441, 446, 461,
　514, 515, 516, 517, 520, 521
凸版印刷Eビジネス推進本部
　VR制作グループ …… 525
凸版印刷GALA ……… 250
トップガン ……………… 515
トップ工業 ……………… 147
土手 裕 ………………… 109
十時 啓悦 ……………… 403
十時 孝夫 ………………… 70
十時 正人 ……………… 533
戸所 秀男 ………………… 67
等々力 達 ………………… 78
等々力 啓 ……………… 537
トトロのふるさと財団 …… 50
トーニチコンサルタント
　………………… 112, 313, 379
戸沼 幸市 ……………… 417
利根川 基 ……………… 479
利根川印刷 …………… 463
利根ボーリング ……… 114
外岡 英徳 ………………… 85
外崎 亘 ………………… 125
外村 博史 ……… 70, 177, 337
土橋 敬市 ……………… 347
土橋 稔美 ……………… 430
土橋 由造 ……………… 417
戸畑 秀夫 ……………… 344
とばベクトル会議 …… 381
トーバルス, リーナス …… 498
トーバン工業 ………… 357
土肥 健純 ………… 190, 195
土肥 博至 ……………… 416
土肥 義彦 ……………… 337
飛島建設 ……………… 113
飛田 誠 ………………… 462
飛山 圭一 ……………… 530
トプコン …… 278, 279, 320
トプコンデザイン部 …… 304
トーフレ ………………… 15
土木研究所 …………… 425
土木製品開発委員会 …… 384
苫田ダム環境デザイン検討
　委員会 ………………… 381
外松 源司 ……………… 537
トマト銀行 ………………… 7
都丸 敬一 ………………… 54
戸丸 信弘 ……………… 246
登丸 福寿 ……………… 466
都丸 喜成 ……………… 534
富井 政英 ……………… 414
冨板 崇 ………………… 426
富冨 聡 …………… 523, 524
冨田 仁計 ……………… 384
豊岡 高明 ……………… 128

冨岡 昇 ………………… 345
冨岡 正雄 ……………… 170
トミー工業 ………… 14, 459
富崎 NORI …………… 255
冨沢 和義 ……………… 126
冨沢 滋 ………………… 532
富澤 将人 ……………… 200
冨沢 裕 ………………… 573
冨重 圭一 ……………… 390
冨士高圧フレキシブルホー
　ス ………………………… 15
冨士シール工業 …… 14, 16
富田 彰 …………… 386, 389
富田 和男 ………………… 89
富田 一彦 ……………… 311
富田 和久 ……………… 380
富田 定佳 ……………… 534
富田 三郎 ………………… 89
冨田 茂 ………………… 180
冨田 潤 ………………… 303
冨田 勉 ………………… 553
冨田 登 ………………… 537
冨田 正信 ……………… 435
冨田 優 ………………… 159
冨田 守泰 ……………… 209
冨田 幸男 ………………… 68
冨田 好文 ………………… 93
冨田 理会 ……………… 105
富田製薬 ………………… 22
富永 栄一 ……………… 475
富永 治朗 ………………… 58
富永 真太郎 …………… 470
富永 哲三 ……………… 381
冨永 浩章 ……………… 391
冨永 博夫 ……………… 387
富永 安 ………………… 534
富永 雪路 ……………… 248
富永 譲 …………… 328, 426
富野 由悠季 …………… 526
冨森 邦明 ……………… 386
富部 克彦 ………………… 92
富安 富士男 …………… 85
冨山 宏平 ……………… 217
冨山 徳之 ……………… 573
冨山 美紀 ……………… 441
冨吉 剣人 ……………… 249
ドムス・デザイン・エージェ
　ンシー …………… 303, 305
ド・ムーロン, ピエール … 427
ともえ ………………… 141
巴川製紙所 …………… 355
巴技研 ………………… 121
巴コーポレーション …… 121
友枝 参 ………………… 530
巴バルブ ……………… 149
友岡 秀秋 ……………… 378

| | | |
|---|---|---|
| 友沢 史紀 | ................ | 417 |
| 友重 澄雄 | ................ | 538 |
| 友田 博道 | ................ | 424 |
| 朝永振一郎伝記製作委員会 | | |
| | ................ | 561 |
| 伴野 正美 | ................ | 86 |
| 友納 正裕 | ................ | 192 |
| 輎まちづくり工房 | ........ | 318 |
| 友利 龍夫 | ................ | 377 |
| 戸谷 敦 | ................ | 67 |
| 鳥屋尾 学 | ................ | 182 |
| 外山 三郎 | ................ | 242 |
| 外山 立郎 | ................ | 55 |
| 外山 利彦 | ................ | 156 |
| 外山 雅雄 | ................ | 101 |
| 富山インターネット市民塾 | | |
| | ................ | 542 |
| トヤマキカイ | ............ | 144 |
| 富山県 | ................ | 541 |
| 富山港線デザイン検討委員会 | | |
| | ................ | 382 |
| 富山市 | ........ | 319, 407 |
| 富山大学芸術文化学部貴志研究室 | | 285 |
| 富山テレビ放送 | ......... | 526 |
| 富山ライトレール | ........ | 319 |
| トーヨ | ................ | 146 |
| 豊泉 泰光 | ................ | 171 |
| トーヨーエイテック | ...... | 365 |
| 豊岡 定夫 | .. 548, 550, 551, 554 |
| 豊岡 武裕 | ................ | 71 |
| 豊川 勝生 | ................ | 233 |
| 豊川 哲根 | ................ | 174 |
| 豊国工業 | ................ | 240 |
| トーヨー工業 | ............ | 312 |
| 豊崎 純一 | ................ | 301 |
| トーヨーサッシ開発設計部 | | |
| | ................ | 293 |
| トヨシステムプラント | ...... | 22 |
| 豊島 章 | ................ | 491 |
| 豊島 和昭 | ................ | 438 |
| 豊島 恕清 | ................ | 229 |
| 豊嶋 守 | ................ | 327 |
| 豊島 義二 | ................ | 531 |
| 豊島 良日 | ........ | 546, 547 |
| 豊住 滋 | ................ | 171 |
| 豊田 英二 | ........... | 26, 28 |
| 豊田 智史 | ................ | 161 |
| 豊田 茂 | ................ | 91 |
| 豊田 周平 | ................ | 347 |
| 豊田 章一郎 | ..... | 26, 29, 30 |
| 豊田 尚吾 | ................ | 38 |
| 豊田 誠一郎 | ............ | 102 |
| 豊田 博也 | ....... | 496, 534 |
| 豊田 洋通 | ................ | 64 |
| トヨタケーラム | ...... | 362, 511 |

| | | |
|---|---|---|
| 豊田工機 | ........ | 114, 115, 117, 118, 119, 120, 133, 135, 276, 356, 357, 358, 359, 360, 361, 362, 363 |
| 豊田市 | ................ | 543 |
| トヨタ自動車 | ........ | 8, 95, 96, 97, 99, 108, 118, 119, 120, 130, 169, 277, 299, 309, 311, 313, 315, 316, 317, 318, 321, 322, 360, 361, 362, 363, 364, 394, 395, 396, 397, 398, 399, 400, 401, 465, 523 |
| トヨタ自動車九州 | ........ | 97 |
| トヨタ自動車工業 | .. | 86, 88, 442 |
| トヨタ自動車工業デザイン課 | ................ | 458 |
| トヨタ自動車販売 | ........ | 558 |
| 豊田自動織機 | ..... | 277, 279 |
| 豊田自動織機製作所 | | |
| | ........ | 114, 277, 311 |
| 豊田市美術館 | ............ | 520 |
| トヨタ車体 | ................ | 442 |
| 豊田市矢作川研究所 | .. | 379, 381 |
| 豊田中央研究所 | ...... | 114, 360 |
| トヨタテクノミュージアム産業技術記念館 | ........ | 286 |
| 豊田紡織 | ................ | 100 |
| 豊田幸孝映像研究開発室 | | |
| | ................ | 519 |
| トヨックス | ................ | 19 |
| 豊臣工業 | ................ | 11 |
| 豊永 俊之 | ................ | 292 |
| 豊橋市 | ................ | 285 |
| 豊橋木工 | ................ | 286 |
| 豊原 清綱 | ................ | 182 |
| 豊久 志朗 | ................ | 111 |
| 豊村 謙治 | ................ | 554 |
| トーヨーリンクス | ..... | 513, 515 |
| トライアングル チャリティーコンサート実行委員会 | ................ | 314 |
| トライコムアーツ | ........ | 524 |
| 寅市 和男 | ................ | 76 |
| トラスコ | ................ | 142 |
| トラックス | ................ | 142 |
| トラボックス | ............ | 542 |
| ドラマ・映画制作用高画質ハイビジョンHARPカメラ開発グループ | ........ | 449 |
| 虎屋 | ................ | 559 |
| トランスジェニック | ........ | 187 |
| 鳥井 信吾 | ................ | 428 |
| 鳥井 信平 | ................ | 215 |
| 鳥居 宗一 | ................ | 133 |
| 鳥居 道寛 | ................ | 56 |
| 鳥居 酉蔵 | ................ | 217 |

| | | |
|---|---|---|
| 鳥居 憲 | ................ | 370 |
| 鳥井 弘之 | ................ | 266 |
| 鳥居 宏行 | ................ | 482 |
| 鳥海 勲 | ................ | 412 |
| 鳥養 映子 | ................ | 163 |
| 鳥飼 雄吉 | ................ | 206 |
| トリー食品工業 | ............ | 140 |
| 鳥田 宏行 | ................ | 210 |
| 酉島製作所 | ................ | 240 |
| 鳥羽 博道 | ................ | 27 |
| トリム | ................ | 137 |
| 鳥谷 浩志 | ......... | 170, 176 |
| 鳥山 明 | ................ | 525 |
| 鳥山 国士 | ................ | 218 |
| 鳥山 好三 | ................ | 533 |
| ドリルデザイン | ............ | 322 |
| トリロジー | ........ | 522, 523 |
| トルンプ | ........ | 278, 280 |
| トレセンティテクノロジーズ | ................ | 101 |
| ドローイングアンドマニュアル | ................ | 322 |
| トンボ鉛筆 | ................ | 285 |

【な】

| | | |
|---|---|---|
| ナイガイ | ................ | 311 |
| 内外カーボンインキ | ........ | 14 |
| ナイキジャパン | ............ | 314 |
| 内子フレッシュパークから | | |
| り | ................ | 543 |
| 内藤 昌 | ................ | 415 |
| 内藤 淳之 | ................ | 380 |
| 内藤 欽志朗 | ............ | 366 |
| 内藤 健 | ................ | 338 |
| 内藤 進義 | ................ | 52 |
| 内藤 武男 | ................ | 86 |
| 内藤 多仲 | ................ | 151 |
| 内藤 徹男 | ................ | 425 |
| 内藤 篤二 | ......... | 351, 352 |
| 内藤 英憲 | ................ | 41 |
| 内藤 整 | ................ | 449 |
| 内藤 広 | ................ | 420 |
| 内藤 廣 | ......... | 380, 381 |
| 内藤 裕孝 | ................ | 405 |
| 内藤 将 | ................ | 344 |
| 内藤 まみ | ................ | 253 |
| 内藤 元男 | ................ | 217 |
| 内藤 隆悟 | ................ | 379 |
| 内藤工業デザイン研究所 | | |
| | ................ | 297 |
| ナインネットワーク(オーストラリア) | ................ | 447 |
| 苗 蕾 | ................ | 158 |

| | | |
|---|---|---|
| 苗村 健 | 251 | |
| 苗村 喜正 | 384 | |
| 直井 英雄 | 420 | |
| 直原 敏衛 | 91 | |
| 那賀 清彦 | 402 | |
| 中 重治 | 53 | |
| 中 精一 | 238 | |
| 仲 威雄 | 408, 412, 432 | |
| 仲 建彦 | 103 | |
| 中 尚 | 490 | |
| 仲 正裕 | 72 | |
| 中 祐一郎 | 416 | |
| 中井 昭夫 | 453 | |
| 中井 昭 | 203 | |
| 中井 朝一 | 545, 548 | |
| 永井 厳 | 205 | |
| 永井 英一 | 253 | |
| 長井 演志 | 306 | |
| 永井 一史 | 461 | |
| 永井 一正 | 350, 459, 460 | |
| 永井 克治 | 177 | |
| 中井 勝郎 | 255 | |
| 永井 淳 | 55 | |
| 中井 啓二郎 | 403 | |
| 中貞 雄 | 55 | |
| 中居 成子 | 34 | |
| 永井 繁光 | 383 | |
| 中井 順吉 | 75 | |
| 中井 正二 | 489 | |
| 中井 隆司 | 292 | |
| 中井 孝弘 | 104 | |
| 中井 隆光 | 494 | |
| 長井 十志明 | 479 | |
| 永井 信雄 | 83 | |
| 永井 伸樹 | 388 | |
| 永井 紀彦 | 123 | |
| 永井 晴康 | 111 | |
| 中井 秀樹 | 292 | |
| 中井 博之 | 189 | |
| 永井 正夫 | 336, 342, 344 | |
| 長井 政次郎 | 529 | |
| 中井 昌幸 | 9 | |
| 永井 盛治 | 369 | |
| 永井 康男 | 78 | |
| 永井 康睦 | 65 | |
| 中井 祐 | 378, 382 | |
| 仲井 優一 | 262 | |
| 中井 裕一郎 | 233 | |
| 永井 譲 | 75, 90 | |
| 中井 頼一 | 533 | |
| 中家 俊和 | 438 | |
| 中井機械工業 | 130 | |
| 中井工業 | 145 | |
| ながい黒獅子まつり（第21回) | 580 | |
| 永石 博志 | 389 | |
| 仲石 正雄 | 367 | |
| 中内 功 | 7, 25, 28 | |
| 中海再生プロジェクト | 544 | |
| 中栄 篤男 | 66 | |
| 長柄 奈美 | 346 | |
| 長江・三峡中継グループ（NHK) | 490 | |
| 中尾 貫治 | 105 | |
| 長尾 圭祐 | 489 | |
| 中尾 茂夫 | 5 | |
| 中尾 駿一郎 | 545, 548, 550 | |
| 中尾 正風 | 260 | |
| 中尾 武志 | 73 | |
| 長尾 正 | 215 | |
| 中尾 哲雄 | 27 | |
| 長尾 徳博 | 126 | |
| 中尾 敏夫 | 240 | |
| 中尾 英夫 | 86 | |
| 中尾 秀高 | 338 | |
| 中尾 弘英 | 335 | |
| 長尾 浩史 | 479 | |
| 中尾 真 | 111 | |
| 長尾 真 | 497 | |
| 中尾 昌樹 | 377 | |
| 中尾 正喜 | 430 | |
| 中尾 真人 | 249 | |
| 長尾 松代 | 324 | |
| 中尾 充宏 | 164 | |
| 長尾 靖 | 500 | |
| 中尾 芳治 | 413 | |
| 中大窪 千晶 | 429 | |
| 中岡 源権 | 469, 546, 548, 551 | |
| 長岡 浩二 | 480 | |
| 長岡 貞夫 | 298, 306 | |
| 中岡 慎一郎 | 194 | |
| 長岡 振吉 | 82 | |
| 長岡 伸治 | 344, 346 | |
| 長岡 忠 | 86 | |
| 永岡 宣人 | 367 | |
| 永岡 久 | 326 | |
| 永岡 真 | 338 | |
| 永岡 光治 | 531 | |
| 中岡 祐一朗 | 257 | |
| 長岡 良富 | 65, 94 | |
| 長岡造形大学 | 283 | |
| 中神 賢史 | 568 | |
| 中上 英俊 | 265 | |
| 中川 明夫 | 95 | |
| 中川 治 | 99 | |
| 中川 量介 | 98 | |
| 中川 勝弘 | 258 | |
| 中川 恭次 | 411 | |
| 中川 賢一 | 457 | |
| 中川 健治 | 237 | |
| 中川 興一 | 99 | |
| 中川 哲 | 345 | |
| 中川 昭一郎 | 227 | |
| 中川 伸策 | 208 | |
| 中川 誠司 | 63 | |
| 中川 威雄 | 75, 94, 98, 366 | |
| 中川 武 | 426 | |
| 中川 赳 | 92 | |
| 中川 正 | 538 | |
| 仲川 勤 | 53 | |
| 中川 久敏 | 388 | |
| 中川 仁 | 214 | |
| 中川 博樹 | 379 | |
| 中川 裕登 | 343 | |
| 中川 博英 | 172 | |
| 中川 浩行 | 392 | |
| 中川 揮 | 372 | |
| 中川 泰彦 | 333 | |
| 中川 八穂子 | 70 | |
| 中川 吉弘 | 108 | |
| 中川ケミカル | 310 | |
| 中川政七商店 | 321, 324 | |
| 中川鉄工所 | 133 | |
| 永木 卓美 | 377 | |
| 中北 清己 | 338, 342, 345, 348 | |
| 長久保 晶彦 | 192 | |
| 中久保 卓治 | 532 | |
| 中熊 和義 | 126 | |
| 中熊 祐輔 | 42 | |
| 長倉 正次 | 456 | |
| 長倉 康彦 | 414 | |
| 中込 清皓 | 486 | |
| 中込 忠男 | 428 | |
| 中込 常雄 | 334 | |
| 中込 秀樹 | 78 | |
| 中込 儀延 | 129 | |
| 長坂 晶子 | 210 | |
| 長阪 憲一郎 | 189 | |
| 長阪 哲男 | 91 | |
| 長坂 秀雄 | 110 | |
| 長坂 守敏 | 57 | |
| 長坂 有 | 210 | |
| 長坂 幸雄 | 56 | |
| 長坂町 | 520 | |
| 長崎 信孝 | 69 | |
| 中崎 久夫 | 89 | |
| 長崎 佑香 | 441 | |
| 長崎オランダ村 | 516 | |
| 長崎オランダ村ハウステンボス | 375 | |
| 長崎かなえ | 149 | |
| 長崎県 | 317, 543 | |
| 長崎県金属工業（協組) | 12 | |
| 長崎県政策調整局都心整備室（現・土木部まちづくり推進局景観まちづくり室) | 380 | |

| | | |
|---|---|---|
| 長崎県土木部港湾課 …… 380 | 中島 敏 ………… 82 | 中筋 房夫 ………… 225 |
| 長崎県美術館 ………… 284 | 長嶋 茂雄 ………… 30 | 長瀬 章裕 ………… 474 |
| 長崎県臨海開発局港湾課 | 中島 樹志 ………… 343 | 永瀬 一貴 ………… 196 |
| （現・長崎港湾漁港事務所 | 中島 俊市郎 …… 257, 406 | 永瀬 克己 ………… 380 |
| 港湾課）………… 380 | 永嶋 史朗 …… 188, 191 | 永瀬 喜助 ………… 435 |
| 長崎市 ………… 562 | 中島 孝司 ………… 437 | 長瀬 正 ………… 431 |
| 長崎新聞社 ………… 504 | 中島 孝之 ………… 68 | 永瀬 恒久 ………… 81 |
| 長崎ランタンフェスティバ | 中島 忠雄 ………… 533 | 長瀬 徳幸 ………… 377 |
| ル ………… 577 | 中島 辰男 ………… 436 | 長瀬 孫則 ………… 439 |
| 中迫 伊佐雄 ………… 530 | 中嶋 辰郎 ………… 472 | 永瀬 六郎 ………… 106 |
| 長廻 幹彦 ………… 126 | 中嶋 千尋 ………… 221 | ナガセインテグレックス |
| 中里 広幸 ………… 110 | 中島 哲夫 ………… 221 | ………… 24 |
| 中里 洋平 …… 261, 262 | 中島 董一郎 ………… 25 | 中園 次郎 ………… 174 |
| 中里 嘉夫 ………… 55 | 中嶋 徹 ………… 431 | 中園 正樹 ………… 424 |
| 中沢 昭 ………… 58 | 中島 朋和 ………… 489 | 永田 晃 ………… 473 |
| 中澤 篤志 ………… 194 | 長島 友孝 ………… 368 | 中田 彩郁 ………… 253 |
| 中沢 克巳 ………… 552 | 中島 豊茂 ………… 380 | 仲田 栄次郎 ………… 529 |
| 中沢 喜和雄 ………… 92 | 長島 伸夫 ………… 300 | 中田 邦位 ………… 90 |
| 中沢 康一 ………… 369 | 中島 規巨 ………… 179 | 永田 賢治 ………… 487 |
| 長沢 紘一 ………… 99 | 中嶋 久人 ………… 195 | 永田 定昭 ………… 485 |
| 長沢 敏 ………… 204 | 中島 博和 ………… 480 | 長田 重一 ………… 171 |
| 長澤 悟 …… 328, 420, 424 | 中島 啓幾 ………… 198 | 長太 茂樹 ………… 380 |
| 長沢 四郎 ………… 52 | 中島 洋 …… 181, 370 | 永田 鎮男 ………… 477 |
| 中沢 孝夫 ………… 38 | 中島 広久 ………… 99 | 永田 修一 ………… 123 |
| 中沢 達也 ………… 368 | 中島 博文 ………… 540 | 永田 周太郎 …… 471, 473 |
| 中ザワ ヒデキ ………… 519 | 中島 博美 ………… 530 | 中田 順憲 ………… 125 |
| 中澤 秀吉 ………… 123 | 長嶋 宏之 ………… 405 | 中田 伋祐 ………… 55 |
| 長澤 寛道 ………… 226 | 中嶋 文雄 ………… 420 | 中田 孝 ………… 84 |
| 中沢 弘基 ………… 75 | 中島 昌也 ………… 94 | 長田 卓 ………… 369 |
| 長沢 正雄 ………… 83 | 中島 昌行 ………… 211 | 永田 武 ………… 151 |
| 中沢 正隆 | 中島 正愛 …… 182, 422 | 永田 武士 ………… 523 |
| 69, 76, 153, 198, 457 | 中島 万須夫 ………… 403 | 長田 武彦 ………… 533 |
| 長沢 雅浩 ………… 65 | 永島 学 ………… 440 | 永田 忠彦 ………… 418 |
| 中沢 学 ………… 482 | 中島 稔 ………… 218 | 中田 勉 ………… 338 |
| 長澤 光恵 ………… 251 | 長島 美和 ………… 352 | 中田 哲也 ………… 94 |
| 中沢 康明 ………… 416 | 中島 泰夫 ………… 333 | 長田 英朗 ………… 346 |
| 長沢 泰 ………… 420 | 中嶋 靖 ………… 404 | 仲田 仁 ………… 200 |
| 中澤 嘉明 ………… 372 | 中島 康孝 ………… 425 | 永田 洋 ………… 232 |
| 中沢 亮治 ………… 215 | 中嶋 靖人 ………… 569 | 永田 雅輝 ………… 238 |
| 中静 透 ………… 234 | 中島 豊 ………… 209 | 中田 雅彦 ………… 333 |
| 中下 成人 ………… 109 | 中嶋 洋平 ………… 76 | 永田 雅美 ………… 334 |
| 中嶌 厚 …… 135, 209 | 中島 良隆 …… 491, 493, 494 | 中田 光昭 ………… 369 |
| 中嶋 勲 ………… 93 | 中島 嘉之 ………… 65 | 永田 穣 …… 52, 57 |
| 中島 巌 …… 220, 231 | 中嶋 梨絵 ………… 353 | 永田 穂 ………… 419 |
| 中嶋 栄之助 ………… 535 | 中島 龍一 ………… 65 | 中田 睦 ………… 384 |
| 中島 修 ………… 261 | 中島紙工 ………… 22 | 永田 豊 …… 262, 267 |
| 中島 和秀 ………… 180 | 永島製作所 ………… 444 | 永田 義明 ………… 244 |
| 中嶋 一専 ………… 338 | 中島太一事務所 ………… 561 | 永田 良孝 ………… 530 |
| 中嶋 勝司 ………… 369 | ナカシマプロペラ …… 12, 186 | 中田 義朗 ………… 70 |
| 中嶋 勝己 ………… 196 | 中島龍興照明デザイン研究 | 中田 亮吉 ………… 530 |
| 長島 邦雄 ………… 197 | 所 ………… 384 | 長田組 ………… 301 |
| 中島 邦彦 ………… 370 | 仲條 正義 …… 350, 460 | 永田醸造機械 …… 132, 134 |
| 中島 慶次 ………… 25 | 中条 芳樹 ………… 341 | 中田製作所 …… 103, 137, 147 |
| 中嶋 謙互 ………… 512 | 中須 岳士 …… 472, 473 | 中谷 功 ………… 59 |
| 中島 浩衛 ………… 91 | 中須 誠 ………… 383 | 永谷 悦郎 ………… 530 |
| 中島 光謙 ………… 366 | 中筋 修 ………… 418 | 中谷 和彦 ………… 64 |

| | | |
|---|---|---|
| 中谷 好一郎 | …………… | 344 |
| 永谷 隆 | …………… | 58 |
| 中谷 隆 | …………… | 105 |
| 中谷 敏夫 | …………… | 435 |
| 中谷 英雄 | …………… | 567 |
| 中谷 弘能 | …………… | 334 |
| 中谷 和通 | …………… | 369 |
| 永津 順作 | …………… | 87 |
| 中塚 朝夫 | …………… | 439 |
| 中塚 憲次 | …………… | 217 |
| 中塚 潤一 | …………… | 193 |
| 中塚 武司 | … 332, 338 |
| 中塚 友一郎 | …………… | 230 |
| 中司 清 | …………… | 25 |
| 中務 晴啓 | …………… | 336 |
| 長津工業 小松西工場 | … | 444 |
| 中辻 憲夫 | …………… | 179 |
| 中辻 正明 | …………… | 269 |
| 中津市福祉環境部・建築部 | | |
| | …………… | 315 |
| 永妻 忠夫 | …………… | 98 |
| 永露 敏弥 | …………… | 346 |
| 中出 英治 | …………… | 369 |
| 中出 定夫 | …………… | 411 |
| ナカテック | …………… | 140 |
| 長戸 一雄 | …………… | 217 |
| 中戸川 剛 | …………… | 474 |
| 永富 悠 | …………… | 264 |
| 長友 正勝 | …………… | 379 |
| 中西 章人 | …………… | 88 |
| 中西 恭二 | …………… | 95 |
| 中西 清 | …………… | 334 |
| 仲西 啓一 | …………… | 333 |
| 中西 重忠 | … 153, 170 |
| 中西 順三 | …………… | 340 |
| 中西 俊雄 | …………… | 535 |
| 中西 紀雄 | …………… | 557 |
| 中西 憲之 | …………… | 93 |
| 中西 寿夫 | …………… | 487 |
| 中西 宏明 | …………… | 66 |
| 中西 宏 | …………… | 84 |
| 中西 正男 | …………… | 379 |
| 中西 元男 | …………… | 460 |
| 仲西 祐樹 | …………… | 302 |
| 中庭 和秀 | …………… | 127 |
| 長沼 桂 | …………… | 439 |
| 長沼 六男 | … 469, 472, 551, 552 |
| 中根 隆 | …………… | 126 |
| 中根 久 | …………… | 54 |
| 中根 一 | …………… | 379 |
| 中根 昌夫 | …………… | 155 |
| 中根 正義 | …………… | 68 |
| 中根 靖章 | …………… | 95 |
| 中根 喜則 | …………… | 438 |
| 中野 暁斗 | …………… | 349 |
| 中野 英治 | …………… | 369 |
| 中野 嘉一郎 | … 72, 103 |
| 中野 馨 | …………… | 57 |
| 中野 清司 | …………… | 412 |
| 中野 恵一 | …………… | 441 |
| 中野 謙一 | …………… | 333 |
| 中野 哲 | …………… | 183 |
| 長野 聡 | …………… | 46 |
| 中野 早苗 | …………… | 205 |
| 永野 重雄 | … 25, 28, 30 |
| 長野 修治 | …………… | 107 |
| 中野 準三 | … 218, 229 |
| 中野 史郎 | …………… | 343 |
| 永野 壮太 | …………… | 253 |
| 中野 隆生 | …………… | 53 |
| 中野 喬 | …………… | 90 |
| 中野 超 | …………… | 299 |
| 永野 健 | … 30, 90 |
| 永野 忠夫 | …………… | 534 |
| 中野 匡規 | …………… | 162 |
| 長野 太郎 | …………… | 248 |
| 中野 恒明 | … 305, 377, 378, 380 |
| 仲野 剛 | …………… | 346 |
| 長野 哲雄 | … 61, 128 |
| 長野 敏明 | …………… | 156 |
| 中野 敏夫 | …………… | 245 |
| 永野 英雄 | …………… | 533 |
| 中野 秀章 | … 220, 231 |
| 中野 秀之 | …………… | 470 |
| 中野 英世 | … 557, 570, 571 |
| 中野 正樹 | …………… | 68 |
| 中野 政詩 | …………… | 224 |
| 中野 正志 | …………… | 209 |
| 中野 道王 | …………… | 346 |
| 仲野 雄一 | …………… | 54 |
| 中野 譲 | …………… | 74 |
| 中野 義昭 | … 63, 200 |
| 仲野 好雄 | …………… | 467 |
| 中野 義一 | …………… | 370 |
| 中野 善文 | …………… | 98 |
| 仲野 良紀 | …………… | 224 |
| 長野営林局上松営林署, 上松 運輸営林署, 合同技術開発 委員会 | …………… | 207 |
| 長野営林局坂下営林署 | … | 243 |
| 長野オリンピック放送機 構'98 | …………… | 491 |
| 長野瓦工業 | …………… | 13 |
| 長野計器製作所 | … 15, 452 |
| 長野県共同電算 | …………… | 543 |
| 長野県工業試験場 | … 115, 356 |
| 長野県南木曽町商工観光課 | | |
| | …………… | 414 |
| 長野工業 | …………… | 318 |
| 中埜酢店 | …………… | 12 |
| 中の島連合町内会 | …………… | 381 |
| 長野放送 | …………… | 506 |
| 中畑 成二 | …………… | 102 |
| 永幡 勉 | …………… | 67 |
| 永浜 忍 | …………… | 181 |
| 長浜 慎一 | … 98, 200 |
| 長濱 孝行 | …………… | 210 |
| 中浜 忠光 | …………… | 337 |
| 永濱 睦久 | …………… | 345 |
| 中林 克己 | …………… | 55 |
| 中林 大昂 | …………… | 249 |
| 中林 正史 | …………… | 182 |
| 中林 恭之 | …………… | 387 |
| 中原 巌 | …………… | 125 |
| 中原 勝也 | …………… | 71 |
| 長原 脩策 | …………… | 484 |
| 中原 淳 | …………… | 343 |
| 中原 敬夫 | …………… | 535 |
| 中原 綱光 | …………… | 348 |
| 中原 照男 | …………… | 206 |
| 中原 信生 | … 415, 421 |
| 中原 秀樹 | …………… | 569 |
| 中原 道朗 | …………… | 536 |
| 中原 基博 | … 99, 537 |
| 中原 裕治 | …………… | 98 |
| 長原 芳尚 | …………… | 341 |
| 中原 和郎 | …………… | 215 |
| 中平 幸助 | …………… | 242 |
| 中平 敏夫 | …………… | 339 |
| 長弘 憲一 | …………… | 337 |
| 長広 仁蔵 | …………… | 237 |
| 中坊 公平 | …………… | 27 |
| 中坊 俊夫 | …………… | 412 |
| 中坊 嘉宏 | …………… | 192 |
| 長堀 金造 | …………… | 223 |
| 中間 耕平 | …………… | 252 |
| 仲町 一郎 | …………… | 389 |
| 永松 | …………… | 146 |
| 永松 静也 | …………… | 422 |
| 長松 朋子 | …………… | 257 |
| 永水 克美 | …………… | 83 |
| 中道 忍 | …………… | 67 |
| 中道 敏彦 | …………… | 439 |
| 永嶺 謙忠 | …………… | 153 |
| 長嶺 憲太郎 | …………… | 178 |
| 長峰 隆司 | …………… | 370 |
| 長峯 晴夫 | …………… | 418 |
| 永宮 研二 | …………… | 154 |
| 永宮 正治 | …………… | 153 |
| 長棟 輝行 | …………… | 66 |
| 長宗 範明 | …………… | 368 |
| 中村 明夫 | …………… | 219 |
| 中村 晃子 | …………… | 326 |
| 中村 彰信 | …………… | 182 |
| 中村 明則 | …………… | 105 |
| 中村 章 | …………… | 62 |
| 中村 精 | …………… | 40 |
| 中村 彬 | …………… | 54 |

| | | |
|---|---|---|
| 中村　明 …………… 547 | 中村　恒善 ………… 414, 434 | 中村　靖紀 …………… 344 |
| 中村　厚史 ……………… 4 | 中村　哲 …………… 468, 469 | 中村　康 ……………… 333 |
| 中村　敦 …………… 473 | 中村　哲雄 …………… 406 | 中村　泰人 …………… 419 |
| 中村　絢香 …………… 463 | 中村　鉄治 …………… 537 | 中村　安宏 ……………… 62 |
| 中村　勲 …………… 105 | 中村　輝雄 ………… 215, 217 | 中村　弥太郎 ………… 528 |
| 中村　夘三郎 ………… 528 | 中村　得太郎 ………… 229 | 中村　勇吾 …………… 461 |
| 中村　栄一 …………… 122 | 中村　富栄 …………… 402 | 中村　有光 …………… 484 |
| 中村　修 ……………… 86 | 中村　友彦 …………… 349 | 中村　祐介 …………… 158 |
| 中村　和夫 ………… 41, 572 | 中村　直義 ……………… 63 | 中村　行宏 ……………… 96 |
| 中村　克昭 …………… 175 | 中村　信之 ………… 55, 92 | 中村　喜彰 …………… 239 |
| 中村　克巳 ……………… 69 | 中村　昇 …………… 74, 532 | 中村　禎昭 …………… 538 |
| 中村　克巳 …………… 537 | 中村　紀雄 ……………… 89 | 中村　佳央 ………… 469, 573 |
| 中村　公彦 …………… 547 | 中村　至男 …………… 524 | 中村　良男 ……………… 85 |
| 中村　公尚 …………… 344 | 中村　徳彦 …………… 341 | 中村　良夫 …… 335, 379, 380 |
| 中村　久三 ……………… 76 | 中村　晴幸 …………… 474 | 中村　良信 …………… 135 |
| 中村　享一 …………… 327 | 中村　晴幸 …………… 482 | 中村　仁彦 …… 188, 191, 193 |
| 中村　清 …………… 531 | 中村　秀一郎 ………… 41 | 中村　慶久 ……………… 57 |
| 中村　邦夫 ……… 9, 27, 29 | 中村　秀雄 ……………… 91 | 中村　芳美 …………… 134 |
| 中村　憲市 …………… 366 | 中村　秀仁 …………… 163 | 中村　由之 …………… 335 |
| 中村　健二 ………… 127, 466 | 中村　英幸 …………… 371 | 中村　好郎 …………… 448 |
| 中村　賢太郎 ………… 242 | 中村　仁 …………… 428 | 中村　理恵子 ………… 519 |
| 中村　健也 …………… 334 | 中村　裕一 ……… 26, 333 | 中村　亮一 …………… 160 |
| 中村　幸吉 …………… 366 | 中村　寛 …… 470, 471, 548, 549 | 中村　亘 …………… 110 |
| 中村　定弘 …………… 436 | 中村　浩 …………… 181 | 中村多喜弥商店 ……… 313 |
| 中村　茂樹 …………… 366 | 中村　裕 …………… 467 | 中村デザイン事務所 … 306 |
| 中村　修二 …………… 98, | 中村　洋 ………… 3, 416 | 中村ブレイス ………… 407 |
| 　　　171, 173, 198, 457, 497 | 中村　浩人 ……… 248, 249 | 中村留精密工業 ……… 12 |
| 中村　淳 …………… 472 | 中村　仁人 …………… 455 | 中本　一彦 …………… 345 |
| 中村　純一 …………… 528 | 中村　弘道 …………… 332 | 中元　徳也 …………… 344 |
| 仲村　隼一郎 ………… 538 | 中村　文妃子 ………… 37 | 長森　英二 …………… 158 |
| 中村　穆治 …………… 215 | 中村　太士 …………… 234 | 中森　歳徳 …………… 135 |
| 中村　俊郎 ……………… 32 | 中村　史夫 …………… 160 | 永守　重信 ……… 9, 27, 47 |
| 中村　伸 …………… 409 | 中村　文信 …………… 160 | 永森　四郎 …………… 532 |
| 中村　真 …………… 368 | 中村　充 …………… 223 | 中森　俊雄 …………… 455 |
| 中村　真一郎 ………… 367 | 中村　誠 ………… 8, 366 | 中森　俊宏 …………… 179 |
| 中村　新太郎 ………… 534 | 中村　真明 …………… 478 | 中森　秀樹 ……… 453, 456 |
| 中村　信也 …………… 340 | 中村　正明 ……… 90, 347 | 中森　宙一 …………… 257 |
| 中村　進 …………… 537 | 中村　昌生 …………… 414 | 長屋　克成 …………… 241 |
| 中村　素 ………… 85, 151 | 中村　政雄 …………… 266 | 仲矢　茂長 ……… 55, 89 |
| 中村　誠二 ……… 546, 547 | 中村　正和 …………… 109 | 長屋　利郎 …………… 109 |
| 中村　静治 ……………… 4 | 中村　雅紀 …………… 349 | 中屋　英之 …………… 442 |
| 仲村　節雄 ……………… 84 | 中村　雅俊 …………… 367 | 長屋　裕士 …………… 103 |
| 中村　孝 ……………… 85 | 中村　正年 ……………… 82 | 中谷　芙二子 ………… 448 |
| 中村　孝士 ……………… 41 | 中村　雅英 …………… 454 | 中安　閑一 …………… 385 |
| 中村　尚司 ……………… 57 | 中村　勝 ……………… 83 | 永柳工業 ……………… 320 |
| 中村　卓志 …………… 105 | 中村　美月 …………… 442 | 中山　彰 …………… 193 |
| 中村　隆英 ……………… 4 | 中村　光男 …………… 428 | 中山　修 …………… 341 |
| 中村　卓司 …………… 269 | 中村　光彦 …………… 426 | 中山　和子 …………… 467 |
| 中村　拓哉 …………… 441 | 中村　ミナト ………… 403 | 中山　克己 …………… 412 |
| 中村　毅 …………… 371 | 中村　三代吉 ………… 211 | 中山　清 …………… 173 |
| 中村　武 ………… 170, 420 | 中村　元志 …………… 367 | 中山　清孝 ……………… 46 |
| 中村　猛 …………… 415 | 中村　元宣 …………… 330 | 中山　健 ……………… 42 |
| 中村　忠 …………… 109 | 中村　元治 ……………… 93 | 中山　香一郎 ………… 253 |
| 中村　太郎 …………… 195 | 中村　守純 …………… 219 | 中山　公平 …………… 531 |
| 中村　忠次郎 ………… 237 | 中村　八重子 ………… 468 | 中山　歳喜 …………… 384 |
| 中村　勉 …… 268, 326, 327, 329 | 中村　靖夫 …………… 405 | 中山　茂樹 …………… 349 |

| | | |
|---|---|---|
| 中山 繁実 | 378 |
| 中山 繁 | 569 |
| 中山 鎮雄 | 573 |
| 中山 秀一 | 554 |
| 中山 俊一 | 107 |
| 中山 穣 | 377 |
| 永山 昇次 | 408 |
| 中山 尚三 | 366 |
| 中山 次郎 | 529 |
| 永山 真治 | 571 |
| 中山 素平 | 29 |
| 中山 大成 | 72 |
| 中山 隆志 | 109 |
| 中山 卓郎 | 382 |
| 中山 剛 | 485 |
| 中山 匡 | 59 |
| 中山 哲男 | 109, 388 |
| 中山 輝也 | 32 |
| 中山 順夫 | 385 |
| 中山 隼雄 | 26 |
| 中山 久博 | 388 |
| 中山 宏 | 439 |
| 中山 孚光 | 89 |
| 中山 道夫 | 218 |
| 中山 宗雄 | 57 |
| 中山 雍晴 | 53 |
| 中山 裕 | 494 |
| 中山 裕美子 | 463 |
| 中山 良明 | 84 |
| 中山 恒 | 54 |
| 永吉 洋登 | 103 |
| 永吉 宏行 | 254 |
| 半井 和三 | 53 |
| 薙野 邦久 | 160 |
| 名切 末晴 | 347 |
| 名久井 忠 | 213 |
| ナグザット | 516, 517 |
| 南雲 勝志 | 301, 377, 379, 380, 383 |
| ナグモデザイン事務所 | 382 |
| 名雲文男とその開発グループ | 481 |
| 永合 千徹 | 93 |
| 名古屋工業大学 | 465 |
| 名古屋高速道路公団 | 113 |
| 名古屋市 | 411, 445 |
| 名古屋市立大学大学院芸術工学研究科鈴木研究室 | 283, 285 |
| 名古屋製酪 | 16 |
| 名古屋大学 | 319, 464 |
| 名古屋大学医学部 | 115 |
| 名古屋大学出版会 | 42 |
| 名古屋テレビ制作報道局 | 566 |
| 名古屋テレビ報道部 | 566 |
| 名古屋電機工業 | 139 |
| 名古屋特殊鋼 | 23 |
| 梨原 宏 | 302 |
| 那須 陸男 | 95 |
| ナスカ | 139 |
| 那須電機鉄工 | 313 |
| 那須野 一八 | 346 |
| 奈須野 善之 | 182 |
| 灘 光博 | 344 |
| 名知 洋子 | 123 |
| 夏井 瞬 | 329 |
| ナック | 281, 478 |
| ナックイメージテクノロジー技術部 | 482 |
| ナックレーザー機器開発グループ | 479 |
| 夏野 剛 | 176, 497 |
| ナップエンタープライズ | 143 |
| ナディック | 147 |
| 名取 祐一郎 | 252, 373 |
| ナナオ | 315, 321 |
| ナノエッグ | 187 |
| ナノテック | 143 |
| ナノフォトン | 146 |
| ナノマイザー | 140 |
| 那覇市土木部 | 378 |
| ナビット | 282 |
| ナブコシステム | 284 |
| ナブテスコ | 284 |
| ナブテスコ自動車カンパニー山形工場(旧 ナブコ山形工場) | 444 |
| ナブテスコ 西神工場 製造部 バルブ製造グループ | 444 |
| ナブテスコ ナブコカンパニー 福祉事業推進部 | 444 |
| ナブラ | 145 |
| 鍋嶌 厚太 | 195 |
| 鍋田 宗三郎 | 531 |
| 鍋田 衛 | 539 |
| ナベヤ | 22 |
| 鍋屋工業 | 20 |
| 鍋屋バイテック | 320 |
| 鍋山 紘一 | 52 |
| 鍋山 弘彰 | 55 |
| ナベル | 21 |
| 生井 亮 | 370 |
| 生井 郁郎 | 231 |
| 並川 巌 | 488 |
| 浪川 喜一 | 554 |
| 並河 清 | 238, 240 |
| 並河 鷹夫 | 226 |
| 並河 伸明 | 314 |
| 並木 明夫 | 189 |
| 並木 勝義 | 258 |
| 並木 菊雄 | 549, 554 |
| 並木 孝夫 | 539 |
| 並木 哲 | 124 |
| 並木 信義 | 4 |
| 並木 秀夫 | 346 |
| 並木 正吉 | 4 |
| ナミックス | 22, 143 |
| ナミテイ | 24 |
| 浪元 二三夫 | 487 |
| ナムコ | 516, 517, 520, 521 |
| ナムコ Soul Blade チーム | 522 |
| 名本 学 | 239 |
| 名雪 健太郎 | 205 |
| 奈良 顕子 | 328 |
| 奈良 謙伸 | 328 |
| 奈良 高明 | 156 |
| 奈良 英雄 | 55 |
| 奈良 道哉 | 135 |
| 奈良岡 実 | 479 |
| 奈良機械製作所 | 10 |
| 奈良国立文化財研究所 | 411 |
| 奈良坂 紘一 | 153 |
| 楢崎 正也 | 415 |
| なら灯花会(第4回) | 578 |
| 楢原 公夫 | 486 |
| 楢村 徹 | 326, 424 |
| 成重 丈志 | 339 |
| 成田 晃 | 125 |
| 成田 祥 | 110 |
| 成田 一郎 | 384 |
| 成田 慶一 | 344 |
| 成田 憲二 | 366 |
| 成田 治 | 326 |
| 成田 長人 | 480 |
| 成田 英夫 | 393 |
| 成田 仁 | 55 |
| 成田 裕正 | 345 |
| 成田 雅則 | 387 |
| 成田製陶所 | 14 |
| 成田太鼓祭(第20回) | 579 |
| 成田デンタル | 24 |
| 成原 茂 | 378 |
| 成松 久 | 181 |
| 成輪 秀之 | 94 |
| 成島 東一郎 | 547 |
| 成瀬 一郎 | 391 |
| 成瀬 順次 | 379 |
| 成瀬 利英 | 539 |
| 成瀬 春彦 | 370 |
| 成瀬 央 | 200 |
| 成瀬 光俊 | 528 |
| 成瀬 光俊 | 250 |
| 名和 武 | 528 |

| | | |
|---|---|---|
| 苗代 次郎 ………… 352 | 新潟水辺の会（ほか）…… 383 | 西尾 武純 ………… 339 |
| 縄田 英次 ………… 368 | 新倉 輝雄 ………… 486 | 西尾 昇 ………… 556 |
| 縄田 喜代志 ………… 540 | 新倉 美佐子 ………… 33 | 西尾 元 ………… 480, 555 |
| 名和野 隆 ………… 98, 102 | 新里 明士 ………… 256 | 西尾 元充 ………… 55 |
| 南海 史朗 ………… 68 | 新妻 実 ………… 569 | 西岡 邦彦 ………… 387 |
| 南海放送 ………… 575 | 新関 さとみ ………… 35 | 西岡 秀三 ………… 167 |
| 南形 厚志 ………… 263 | 新関 三郎 ………… 237, 238 | 西岡 末章 ………… 534 |
| 南極中継技術グループ … 485 | 新津 洋二郎 ………… 164 | 西岡 常一 ………… 416 |
| 南郷 忠勇 ………… 84 | 新浪 剛史 ………… 9 | 西岡 侑姫 ………… 463 |
| 南総里見まつり（第23回館山 | 新納 愛 ………… 161 | 西岡 善信 … 550, 551, 552, 556 |
| 　城まつり）………… 578 | 新野 耕一郎 ………… 428 | 西岡 良二 ………… 438 |
| 南任 真史 ………… 155 | 新井野 哲 ………… 339 | 西垣 晋 ………… 219 |
| 南那珂森林組合 ………… 383 | 新納 真人 ………… 75 | 西垣 安比古 ………… 421 |
| 南日 康夫 ………… 52 | 新原 皓一 ………… 54 | 西垣 好和 ………… 387 |
| 難波 和彦 ………… 327 | 新美 富男 ………… 371 | 西方 里見 ………… 328 |
| 難波 克行 ………… 521 | 新村 公秋 ………… 346 | 西潟 高一 ………… 218 |
| 難波 清海 ………… 66 | 新村 長門 ………… 534 | 西門 義一 ………… 214 |
| 南波 聡 ………… 370 | 新村 信雄 ………… 174 | 西ヶ谷 忠明 ………… 107 |
| 難波 恂爾 ………… 435 | 新村 博 ………… 478 | 西川 亮 ………… 471 |
| 難波 進 ………… 52, 92 | 新山 哲河 ………… 255 | 西川 あゆみ ………… 37 |
| 難波 誠一 ………… 58 | 新山 龍馬 ………… 193 | 西川 悦二 ………… 545 |
| 難波 信雄 ………… 538 | 新納 弘之 ………… 64 | 西川 一明 ………… 348 |
| 難波 誠治 ………… 533 | 仁尾八朔人形まつり2002（第 | 西川 員史 ………… 191 |
| 難波 靖治 ………… 333 | 　5回）………… 578 | 西川 和之 ………… 366 |
| 難波 義治 ………… 55 | 二階堂 英幸 ………… 68 | 西川 圭 ………… 325 |
| 南部 恭二郎 ………… 160 | 二階堂酒造 ………… 18 | 西川 幸一良 ………… 93 |
| 南部 鶴彦 ………… 266 | 仁木 巌雄 ………… 211 | 西川 幸治 ………… 384, 414 |
| 南部 正英 ………… 53 | 和 孝雄 ………… 231 | 西川 浩平 ………… 103 |
| 南部鉄器協同組合 ………… 318 | 二国 二郎 ………… 217 | 西川 五郎 ………… 216 |
| | ニコン ‥ 277, 319, 321, 360, 446 | 西川 正一 ………… 334 |
| | ニコンカメラ設計部デザイ | 西川 省吾 ………… 344 |
| | 　ン課 ………… 295 | 西川 進 ………… 338 |
| 【に】 | ニコンビジョン ………… 319 | 西川 岳 ………… 182 |
| | 西 勲 ………… 212 | 西川 剛史 ………… 254 |
| 二井 清治 ………… 269, 327 | 西 和夫 ………… 417 | 西川 俊博 ………… 135 |
| 新潟県工業技術センター | 西 貞夫 ………… 227 | 西川 豊正 ………… 384 |
| 　………… 133 | 西 淳一郎 ………… 512 | 西河 紀男 ………… 31 |
| 新潟県工業技術総合研究所 | 西 忠雄 ………… 433 | 西川 創 ………… 422 |
| 　………… 319 | 西 英俊 ………… 89 | 西川 英次郎 ………… 216 |
| 新潟県作業工具協同組合 | 西 美緒 ………… 69 | 西川 寛 ………… 483, 494 |
| 　………… 309 | 西井 昭 ………… 534 | 西川 正雄 ………… 333 |
| 新潟原動機 ………… 186 | 西井 烈 ………… 538 | 西川 松之 ………… 371 |
| 新潟工科大学 ………… 319 | 西井 和弘 ………… 455 | 西川 豊 ………… 123 |
| 新潟合金 ………… 311 | 西井 憲一 ………… 545 | 西川 義正 ………… 217, 226 |
| にいがた産業創造機構 | 西井 進 ………… 204 | 西川 礼二 ………… 87 |
| 　………… 318, 319 | 西井 康文 ………… 179 | 西川ゴム工業 ………… 14 |
| 新潟精機開発課 ………… 294 | 西池 義延 ………… 240 | 西関東支部WG・産学連携研 |
| 新潟精密 ………… 140 | 西海 宏三 ………… 173 | 　究部会合同チーム ……… 46 |
| 新潟鉄工所 ………… 120, | 西浦 淳治 ………… 174 | 西木 直巳 ………… 72 |
| 　121, 354, 357, 358, 359 | 西浦 昌男 ………… 228 | ニシキゴム ………… 12 |
| 新潟日報社 ‥ 501, 504, 508, 509 | 西浦 錬太郎 ………… 438 | 西口 勝也 ………… 346 |
| 新潟日報社編集局 ………… 500 | 西尾 淳志 ………… 253 | 西口 髙清 ………… 54 |
| 新潟日報社みんなの階段取 | 西尾 健一郎 ………… 263 | 西口 恒雄 ………… 183 |
| 　材班 ………… 501 | 西尾 光司 ………… 341 | 西口 文雄 ………… 334 |
| ニイガタマシンテクノ | 西尾 茂 ………… 208 | 西郡 榮 ………… 371 |
| 　………… 279, 280 | 西尾 進路 ………… 9 | 錦織 正智 ………… 210 |

にせん

| | | | |
|---|---|---|---|
| 西崎 太郎 | 530 | 西日本新聞社社会部 | 499 |
| 西崎 英雄 | 547 | 西日本新聞社（編集局写真部 | |
| 西崎 裕文 | 570 | 三苫敏和） | 506 |
| 西澤 明洋 | 329 | 西日本流体技研 | 17 |
| 西沢 公良 | 343 | 西日本旅客鉄道 | |
| 西澤 幸治 | 190 | 113, 276, 311, 320 | |
| 西沢 広智 | 380 | 西野 敦 | 80 |
| 西沢 潤一 | 74, 75, 87, 91 | 西野 一弘 | 78 |
| 西沢 台次 | 448, 478 | 西野 和宏 | 403 |
| 西沢 健 | 377, 378 | 西野 孝平 | 538 |
| 西沢 照明 | 436 | 西野 博 | 538 |
| 西澤 直子 | 226 | 西野 正弘 | 352 |
| 西沢 信雄 | 307 | 西野 操 | 227 |
| 西沢 文隆 | 413 | 西野木 洋 | 379 |
| 西沢 正捷 | 486 | 西宮市（兵庫県） | 542 |
| 西沢 匡人 | 111 | 西畑 延泰 | 371 |
| 西沢 正久 | 230 | 西畠 秀男 | 182 |
| 西沢 昌紘 | 93 | 西畑 保雄 | 128, 159 |
| 西澤 定律 | 538 | 西八条 実 | 75 |
| 西澤 泰彦 | 430 | 西林 忠俊 | 531 |
| 西沢 吉彦 | 84 | 西原 功 | 485 |
| 西沢 立衛 | 318, 423, 428 | 西原 孝雄 | 56 |
| 西沢電機計器製作所 | 444, 464 | 西原 夏樹 | 211 |
| 西塩子の回り舞台歌舞伎公 | | 西原 浩 | 198 |
| 演（第4回） | 578 | 西原 基夫 | 160 |
| 西島 和彦 | 151 | 西広 泰輝 | 265 |
| 西嶋 春幸 | 180 | 西堀 貞夫 | 174 |
| 西嶋 実 | 529 | 西松 遙 | 9 |
| 西田 篤生 | 452 | 西宮 寅三 | 333 |
| 西田 厚聡 | 9, 48 | ニシムラ | 283 |
| 西田 厚聰 | 27 | 西村 明浩 | 193 |
| 西田 篤弘 | 153 | 西村 章 | 162 |
| 西田 勲夫 | 56 | 西村 功 | 56 |
| 西田 和憲 | 480 | 西村 格 | 212 |
| 西田 屹二 | 217, 229 | 西村 恵美子 | 384 |
| 西田 国男 | 53 | 西村 江里子 | 472 |
| 西田 健一郎 | 161 | 西村 和美 | 87 |
| 西田 健二郎 | 534 | 西村 聖 | 402 |
| 西田 健三 | 53 | 西村 清彦 | 5 |
| 西田 孝太郎 | 218 | 西村 慶二 | 245 |
| 西田 耕之助 | 106 | 西村 浩一 | 80, 105 |
| 西田 智 | 371 | 西村 五月 | 232 |
| 西田 清二 | 386 | 西村 修一 | 211 |
| 西田 孝史 | 471 | 西村 正晹 | 221 |
| 西田 信夫 | 57 | 西村 真二郎 | 88 |
| 西田 昌弘 | 536 | 西村 誠二 | 73 |
| 西田 稔 | 42 | 西村 大樹 | 470 |
| 西田 佳史 | 188 | 西村 多計司 | 531 |
| 西谷 広滋 | 348 | 西村 正 | 126 |
| 仁科 充広 | 344 | 西村 徹三 | 367, 368 |
| 仁科 芳彦 | 371 | 西村 輝一 | 346 |
| 西永 頌 | 128 | 西村 敏雄 | 416 |
| 西日本環境エネルギー | 564 | 西村 利彦 | 192 |
| 西日本新聞社 | 500, | 西村 俊博 | 57 |
| 504, 505, 506, 507, 508 | | 西村 宣男 | 121 |
| 西日本新聞社経済部 | 499 | 西村 浩 | 317, 381, 431 |

| | |
|---|---|
| 西村 洋 | 240 |
| 西村 寛之 | 80 |
| 西村 文孝 | 369 |
| 西村 正史 | 209 |
| 西村 勝 | 389 |
| 西村 通男 | 538 |
| 西村 守正 | 538 |
| 西村 幸夫 | 422 |
| 西村 豊 | 335 |
| 西村 陽 | 266 |
| 西村 宜起 | 520 |
| 西村 芳樹 | 158 |
| 西村 竜介 | 475 |
| 西村 亮治 | 483 |
| 西村製作所 | 11 |
| 西村鉄工所 | 450 |
| 西室 泰三 | 68 |
| 西本 幸史 | 105 |
| 西本 浩二 | 339 |
| 西本 周二 | 367 |
| 西本 幸正 | 341 |
| 西本 芳男 | 438 |
| 西山 逸雄 | 437 |
| 西山 夘三 | 409, 432 |
| 西山 栄三 | 529 |
| 西山 清之 | 482 |
| 西山 健一 | 382 |
| 西山 健次 | 73 |
| 西山 新一郎 | 332 |
| 西山 千 | 531 |
| 西山 善次 | 151 |
| 西山 太喜夫 | 84 |
| 西山 辰己 | 530 |
| 西山 利彦 | 159 |
| 西山 典行 | 80 |
| 西山 東男 | 551 |
| 西山 寿 | 227 |
| 西山 文夫 | 556 |
| 西山 昌史 | 108 |
| 西山 雅祥 | 158 |
| 西山 泰成 | 379 |
| 西山 泰弘 | 125 |
| 西山 弥太郎 | 25 |
| 西山 陽一郎 | 181 |
| 西山 喜雄 | 240 |
| 西山 佳孝 | 372 |
| 西山 禎彦 | 379 |
| 西山 隆三 | 95 |
| 21世紀未来博覧会（山口きら | |
| ら博） | 578 |
| 西脇 光一 | 189 |
| 西脇 敏雄 | 86, 380 |
| 西脇 正明 | 338, 341 |
| 2009しかりべつ湖コタン（第 | |
| 28回） | 579 |

2006「DEATH NOTE」
　FILM PARTNERS
　　　　　　　　　　526
日亜化学工業　　　　　　14
日映新社水中撮影班　　　546
日江金属協業組合　　　　307
ニチエー吉田　　138, 140, 142
日外アソシエーツ　　　　40
日学　　　　　　　　　　17
日軽産業　　　　　　　　284
日軽プロダクツ　　　311, 313
日研工作所　　　　　　　15
日鉄建材工業　　　　92, 122
日鉄コンポジット　　　　122
日電ディジタル送出システム
　開発グループ　　　　　488
日都産業設計技術課　　　292
日南飫肥杉デザイン会　　324
日南市　　　　　　　　　383
日南市まちづくり市民協議
　会　　　　　　　　　　383
日農製工　　　　　　　　18
ニチベイ　生産本部　　　444
「日本沈没」製作委員会
　　　　　　　　　　　　526
2ちゃんねる　　　　　　525
日冷工業　　　　　　　　149
日活技術スタッフ　　　　566
ニッカリ　　　　　　　　240
日刊工業新聞社　　　　　42
日刊スポーツ　東阪統合組版
　システム開発プロジェク
　ト　　　　　　　　　　509
日揮　　　　　　　　　　93
日揮化学　　　　　　　　83
日経映像　　　　513, 517, 523
日経事業出版社　　　　　40
日経ラジオ社　　　　　　575
日経流通新聞　　　　　　40
日建・梓・HOK・アラップ
　中部国際空港設計監理共
　同企業体　　　　　　　113
日建設計　　268, 304, 379, 414
日建設計工務東京事務所
　　　　　　　　　　　　413
ニッケンメタル　　　　　315
ニッコー　　　　　　　　135
日産化学工業　　　　　　89
ニッサンキ　　　　　　　146
日産自動車　　　7, 82, 86, 89,
　　91, 92, 94, 95, 96, 114, 115,
　　118, 119, 120, 131, 184, 313,
　　323, 358, 359, 394, 395, 396,
　　397, 398, 399, 400, 401, 460
日産自動車造形部　　　　293

日産自動車デザインセン
　ター　　　　　　295, 297
日産車体　　　　　　　　169
日産プリンス東京販売　　514
日商岩井　　　　　　　　388
ニッショー機器　　　　　20
日進医療器　　　　　　　20
日清エンジニアリング
　　　　　　　　　358, 359
日進工具　　　　　　　　363
日新産業　　　　　　　　141
ニッシン自動車工業　　　465
日新製鋼　　81, 86, 91, 95, 356
日清製粉　　　　　　　　358
日新製薬　　　　　　　　24
日新電機　　　　　　185, 357
日進堂印刷所　　　　16, 462
日清ファルマ　　　　　　101
日進木材工業　　　　　　315
ニッセー　　　　　　　　137
日精　　　　　　　　　　131
日精樹脂工業　　　　　　133
日生バイオ　　　　　148, 187
ニッソーテクノコーポレーシ
　ョン　　　　　　　　　139
新田　悟　　　　　　　　416
新田　隆　　　　　　　　570
新田　忠雄　　　　　　　106
新田　真　　　　　　　　370
ニッタイ工業　　　　　　22
日東化学工業　　　　　　95
日東光器　　　　　　　　138
日東工器　　　　　　11, 451
日東重工業　　　　　　　81
日東造機　　　　　　　　16
日東鉄工所　　　　　139, 141
日東電機製作所　　　　　20
日東林業　　　　　　　　18
日平トヤマ　　　　276, 279
ニッポン高度紙工業　　　11
ニッポンジーンテク　　　187
ニッポンムービー大阪　　564
似鳥　昭雄　　　　　　　27
蜷川　利彦　　　　　　　327
二野瓶　徳夫　　　　　　203
二宮　克好　　　　　　　540
二宮　敏　　　　　　　　89
二宮　純　　　　　　　　378
二宮　次郎　　　　　　　343
二宮　輝雄　　　　　　　485
二宮　佑一　　　60, 447, 479
二宮　善彦　　　　　　　389
二宮産業　　　　　　　　18
仁平　憲旗　　　　　　　381
二瓶　隆　　　　　　　　336
二瓶　貞一　　　　236, 238

二瓶　直登　　　　　　　164
二瓶　博厚　　　　　　　327
二瓶　亮　　　　　　　　194
ニベックス　　　　　　　139
日本アイ・ティ・エフ　　131
日本アイテックス　　　　22
日本アイ・ビー・エム
　　　　　　　6, 8, 360, 511
日本アイ・ビー・エム大和事
　業所デザイン　　　　　299
日本アキュムレータ　　　11
日本アニメーション　　　472
日本アビオニクス　　　　136
日本アムウェイ　　　　　518
日本アルミニウム協会　　384
日本板硝子　　　　　　　312
日本インスツルメンツ　　137
日本インダストリアル・デザ
　イナー協会（JIDA）　　459
日本インテリアデザイナー
　協会　　　　　　　　　281
日本エアーカーテン　　　138
日本映画学校　　　　　　561
日本映画社　　　　　　　545
日本映画社撮影課　　　　545
日本映画社ニュース撮影班
　　　　　　　　　　　　545
日本映画新社　　477, 546, 547,
　548, 558, 559, 560, 561, 562
日本映画新社技術課　　　545
日本映画新社技術部　545, 546
日本映画新社製作スタッフ
　　　　　　　　　　　　546
日本衛星放送試験放送送出・
　送信グループ　　　　　447
日本衛星放送　　　　　　446
日本エイテックス　　　　310
日本エネルギー経済研究所
　　　　　　　　　　　　265
日本エフディ　　　　　　452
日本エヤーブレーキ建築事
　業部技術部　　　　　　297
日本エレクトロニクス　　139
日本オートマチックマシン
　　　　　　　　　　　　16
日本ガイシ　　　　　　　101
日本碍子　　　　　　　　115
日本海事科学振興財団　　518
日本海政令市にいがた　水と
　土の芸術祭2009（第1回）
　　　　　　　　　　　　580
日本開閉器工業　　　　　11
日本開閉器工業特機開発部
　　　　　　　　　　　　298
日本科学工業　　　　　　12
日本化学厚狭作業所　　　84

日本加工製紙 ............... 355
日本瓦斯化学工業 ...... 83, 87
日本ガス協会 ......... 392, 517
日本楽器製造 ............... 357
日本褐炭液化 ............... 388
日本カーバイト工業 ........ 83
日本化薬仁豊野作業所 ..... 85
日本化染染料研究部・王子染
　料工場 .................... 84
日本環境会議「小さな凸」実
　行委員会 ................. 460
日本観光協会 ............... 563
日本感光色素研究所 ........ 17
日本機械工業連合会 .. 282, 561
日本技術開発 ............... 414
日本揮発油 .................. 83
日本キャリア工業 .......... 130
日本教育楽器 ............... 148
日本教育テレビ撮影部 .... 567
日本キリスト教海外医療協
　力会 ...................... 466
日本銀行 ................... 541
日本金融通信社 ............. 42
日本空港コンサルタンツ
　.......................... 112
日本グラクソ ............... 560
日本グラフィックデザイナー
　協会（JAGDA） ......... 461
日本計画行政学会 ........... 41
日本軽金属総合研究所 .... 355
日本経済新聞社 ........... 40,
　　　　41, 42, 500, 501, 502,
　　　　505, 506, 507, 509
日本経済新聞社総合技術委
　員会 ...................... 500
日本経済新聞社ファクシミリ
　高速化研究班 ............ 501
日本経済新聞（編集局社会
　部 井上亮） .............. 508
日本経済新聞社APR製版シ
　ステム開発グループ ...... 501
日本経済評論社 ..... 40, 41, 42
日本下水道事業団 .......... 109
日本原子力研究所建設部
　.......................... 411
日本原料 ................... 144
日本高圧電気 ................ 18
日本公園緑地協会 .......... 423
日本光学工業 ...... 82, 354, 355
日本鋼管 ........ 84, 88, 92, 94,
　　　　107, 108, 115, 116, 121, 391
日本鋼管川崎製鉄所 ........ 82
日本鋼管鶴見製鉄所 ........ 86
日本鋼管水江製鉄所 ........ 85
日本工業新聞社 ............. 41

日本航空 ................... 523
日本航空電子工業
　.................... 184, 185, 186
日本工芸工業 ............... 356
日本合成紙 ................. 355
日本交通事業社 ............ 520
日本光電工業 ......... 276, 311
日本光電工業技術業務室デ
　ザイン課 ................. 292
日本光電工業共通技術部デ
　ザイン課 ................. 295
日本国際ボランティアセン
　ター ...................... 467
日本国土開発 ......... 121, 122
日本国有鉄道 ......... 114, 184
日本コープ共済生活協同組
　合連合会 ................. 286
日本コールオイル .......... 389
日本コルコート化学 ........ 12
日本コーンスターチ ........ 17
日本栽培漁業協会 .......... 560
日本サスティナブル・コミュ
　ニティ・センター ........ 543
日本産業映画センター
　............. 558, 560, 561, 564
日本シーカ ................. 122
日本色彩映画 ............... 476
日本紙業 ................... 107
日本システムウエア ....... 511
日本システム開発 .......... 145
日本システム研究所 ....... 140
日本自動車工業会 .......... 563
日本自動制御 ..... 357, 358, 450
日本自動ドア ............... 284
日本シネセル ........
　............. 559, 560, 561, 564
日本シネフイルム研究所
　.......................... 561
日本ジーブックス ........... 478
日本車輌製造 ............ 184,
　　　　276, 311, 320, 321
日本重化学工業 ...... 184, 562
日本住宅公団技術部門 .... 412
日本障害者雇用促進協会
　........... 510, 560, 561, 562, 563
日本照明器具工業会道路照
　明設備研究会 ............ 114
日本植生 .................... 14
日本触媒 ................... 122
日本触媒化学工業 ...... 88, 91
日本シリコングラフイクス
　.......................... 311
日本磁力選鉱 ................ 15
日本伸管 ................... 149
日本真空技術 ............... 136

日本新聞協会付加価値分析
　研究会 ................... 500
日本製鋼所 ........... 116, 117,
　　　120, 136, 184, 185, 279, 354
日本製鋼 ................... 388
日本精密測器 ............... 319
日本生命済生会付属日生病
　院 ....................... 115
日本生命保険 ................. 7
日本ゼオン ............. 86, 89
日本赤十字社 ............... 560
日本石油 ................... 516
日本石油精製横浜製油所
　.......................... 107
日本設計 ................... 268
日本設計事務所 ............ 415
日本ゼネラルモーターズ
　..................... 398, 399
日本セメント ......... 107, 355
日本船主協会 ..... 559, 560, 564
日本染色機械 ............... 133
日本染色協会 ............... 115
日本宣伝 ................... 564
日本宣伝美術会 ............ 458
日本専売公社 ................ 87
日本全薬工業 ................ 14
日本ソフトウエア開発 .... 514
日本損害保険協会 .......... 561
日本大学 ............. 282, 284
日本大学理工学部1号館建設
　委員会 ................... 268
日本大洋海底電線 ........... 85
日本宅配システム ........... 22
日本たばこ産業 ...... 300, 360
日本地工 .................... 17
日本通信工業 ............... 291
日本ディエムジー .... 279, 280
日本デザインコミッティー
　..................... 315, 459
日本デザインセンター .... 458
日本データパシフィック
　.......................... 511
日本鉄工所 ................. 354
日本鉄道建設公団 .......... 184
日本テレソフト ............ 141
日本テレビ ........... 448, 489
日本テレビエンタープライ
　ズ ....................... 448
日本テレビ画質改善研究グ
　ループ ................... 487
日本テレビチョモランマ特番
　グループ ................. 488
日本テレビデータ放送グルー
　プ ....................... 493

日本テレビ放送網 マージン
　測定装置開発グループ
　…………………………… 483
日本テレビ放送網 CCD光
　ブロック回転機能付きHD
　カメラ開発グループ …… 482
日本テレビ放送網 ……… 360,
　　　445, 446, 447, 481, 482,
　　　483, 494, 526, 566, 575
日本テレビ放送網映画部
　………… 478, 565, 566, 567
日本テレビ放送網衛星電話映
　像伝送開発グループ …… 492
日本テレビ放送網画質改善
　開発グループ …………… 480
日本テレビ放送網高画質テ
　レビ開発グループ ……… 480
日本テレビ放送網ソ連横断
　特別取材班 ……………… 504
日本テレビ放送網ソ連横断4
　万キロスタッフ ………… 572
日本テレビ放送網チョモラ
　ンマ取材スタッフ ……… 571
日本テレビ放送網東京マラソ
　ンCG・データ放送グルー
　プ ………………………… 494
日本テレビ放送網ヘリカル
　VTR編集器開発グループ
　…………………………… 478
日本テレビ放送網放送実施
　グループ ………………… 446
日本テレビ放送網報道局ニ
　ュースセンター ………… 571
日本テレビ放送網ワイヤレ
　スカメラ実験研究グルー
　プ ………………………… 479
日 本 テ レ ビ 放 送 網
　MUSICAL言語開発グルー
　プ ………………………… 479
日本テレビM-FITCCDカメ
　ラ開発グループ ………… 489
日本電機 ………………… 447
日本電気 …………………… 6,
　84, 85, 93, 99, 108, 114, 115,
　117, 118, 184, 185, 186, 310,
　313, 318, 354, 355, 356, 357,
　358, 359, 360, 365, 442, 445,
　447, 465, 488, 511, 521, 524
日本電気オフィスシステム
　…………………………… 134
日本電気回路部品事業部
　……………………………… 86
日本電気交換事業部 ……… 88
日本電気高感度カメラ開発
　チーム …………………… 494
日本電気市場開発 ……… 359

日本電気集積回路事業部
　………… 86, 88, 90, 91
日本電気情報処理事業グルー
　プ ………………………… 93
日本電気デザインセンター
　………………… 289, 295
日本電気電子管工業部 …… 83
日本電気電子交換製造本部
　……………………………… 87
日本電気半導体事業部 …… 85
日本電気ファクシミリ通信事
　業部 ……………………… 289
日本電気ファクシミリ通信事
　業部日本電気デザインセ
　ンター …………………… 290
日本電気部品工業部 ……… 83
日本電気放送用CCDカメラ
　開発グループ …………… 487
日本電気ホームエレクトロ
　ニクス …………………… 515
日本電気マイクロ波衛星通
　信事業部, 電子装置事業部
　……………………………… 87
日本電子 ………………… 114,
　　116, 117, 119, 354, 356
日本電子光学研究所 ……… 83
日本電子専門学校 ……… 524
日本電子測器 …………… 354
日本電信電話 ……………… 6,
　117, 118, 119, 120, 185, 186,
　309, 359, 374, 447, 519, 521
日本電信電話公社 ……… 184
日本電信電話公社電気通信
　研究所 …………………… 354
日本電信電話公社武蔵野電
　気通信研究所 …… 115, 116
日本電信電話通信機器事業
　部 ………………………… 291
日本電設工業 …………… 184
日本電装 ………… 91, 95, 97
日本電池 ………………… 184
日本電熱 ………………… 12
日本電波塔 ……………… 113
日本電波ニュース社 …… 564
日本陶器 ………………… 90
日本銅センター ………… 562
日本道路公団 …… 184, 379, 558
日本道路公団四国支社徳島
　工事事務所 ……………… 315
日本道路公団静岡建設局富
　士工事事務所 …………… 380
日本道路公団中部支社名古
　屋工事事務所 …………… 113
日本道路公団東京支社日光
　宇都宮道路工事事務所 … 377

日本道路公団東京第二管理
　局 ………………………… 113
日本道路公団東名古屋工事
　事務所 …………………… 113
日本道路公団広島建設局
　…………………………… 558
日本特殊鋼 ……………… 356
日本トムソン ………… 136, 277
日本農書全集編集委員会
　……………………………… 50
日本農薬 ………………… 84
日本バイエルアグロケム
　……………………………… 99
日本パフテム ……………… 21
日本原子力研究開発機構J-
　PARCセンター ………… 165
日本原子力研究所 ……… 185
日本原子力産業会議 …… 265
日本原子力発電 ………… 185
日本パルスモーター …… 452
日本万国博覧会協会建設部
　…………………………… 413
日本万国博覧会建設促進協
　力会 ……………………… 413
日本ビーイーイー ……… 142
日本ビクター ……………… 89,
　114, 116, 117, 120, 315, 447,
　489, 513, 515, 516, 517, 518
日本ビクターデザインセン
　ター ……………………… 307
日本ビクターDLA-M4000L
　開発グループ …………… 482
日本ビクターP&Cセンター
　…………………………… 291
日本ビクターW-VHS技術開
　発グループ ……………… 489
日本ビジネスオートメーショ
　ン ………………………… 115
日本ビズアップ ………… 512
日本ヒーターテック技術部
　…………………………… 289
日本ヒューム ……………… 122
日本評論社 …………… 40, 41
日本ファイリング開発部
　…………………………… 307
日本ファステム …… 150, 456
日本ファーネス ………… 391
日本フィジテック機器 … 138
日本フィルター …………… 23
日本フィルム ……………… 22
日本フォノグラム ……… 515
日本福祉大学 …… 282, 284
日本フネン ………………… 22
日本フライホイール …… 136
日本ブラッド・バンク …… 82

日本プロサッカーリーグ ................ 406
日本プロセスエンジニアリング ......... 141
日本分析工業 ............... 147
日本ベルパーツ ............ 452
日本ホイスト ............... 14
日本放送協会（NHK）... 316, 362, 375, 445, 446, 447, 448, 480, 481, 482, 483, 488, 489, 490, 494, 502, 503, 504, 505, 508, 509, 515, 517, 518, 520, 521, 522, 524, 525, 565, 566, 567, 568, 569
日本放送協会事業局 ......... 316
日本放送協会総合技術研究所 ............................ 90
日本放送協会BS1「デジタル・スタジアム」番組製作チーム ...................... 525
日本放送協会 ベアトス開発グループ .................. 482
日本放送協会（放送技術研究所・放送技術局）.. 445, 483
日本放送協会報道局映像部潜水グループ .............. 571
日本放送出版協会 ......... 522
日本舗道 ............... 121, 122
日本マランツIDセンター ............................ 302
日本丸天醤油 ............... 133
日本民間放送連盟技術委員会映像技術専門部会置局シミュレーションTG .... 492
日本無線 ................... 82
日本メタルガスケット ..... 23
日本メッセージサービス ............................ 518
ニホンモニター ............ 514
日本油脂 .................. 355
日本ユニシス ........ 510, 511
日本ユニット工業製作所 ............................ 12
日本林業技術協会 ......... 558
日本冷凍食品協会 ......... 559
日本レーザ電子 ............ 136
日本レック ................ 140
日本ロボット工業会 ..... 464
日本ワコン ................ 141
ニーモニックセキュリティ ............................ 146
ニューエラー ............... 310
ニュークリエイション ............... 136, 141
ニューCOARA ............ 519
仁淀川紙のこいのぼり .... 577

楡井 久 ................. 109
楡木 堯 ................. 426
枌野 実 ................. 486
丹羽 彰 ................. 132
丹羽 敦子 ............... 248
丹羽 宇一郎 .......... 8, 30
丹羽 紘一 ................ 96
丹羽 譲治 ............... 377
丹羽 正蔵 ............... 351
丹羽 太左衛門 ..... 218, 227
丹羽 雅子 ............... 222
丹羽 正幸 ............... 347
丹羽 康文 ............... 378
庭野 増三 ............... 532
人間生活工学研究センター ............................ 282
にんじんネット協議会 .... 543
任天堂 ............. 309, 320, 516, 517, 520, 524, 525, 526
任天堂開発チーム ......... 407

【ぬ】

額田 厚 ................... 92
貫名 正彦 ............... 366
温水 竹則 ............... 206
布垣 寛一 ................ 88
布谷 伸浩 ............... 158
布谷 龍司 ............... 539
布引製作所 ................ 19
布目 和也 ............... 248
布目 順郎 ............... 220
沼上 幹 .................... 5
沼口 雅徳 ............... 373
沼倉 忠男 ............... 532
沼沢 健則 ................ 60
沼沢 稔之 ................ 69
沼尻 義春 ............... 123
沼田 宇一郎 ............ 528
沼田 九里馬 ............ 442
沼田 七次郎 ............ 527
沼田 善夫 ............... 231
沼田営林署訓練システム開発グループ ............... 207
沼野 芳脩 ............... 445
沼本 実 .................. 529

【ね】

ネイチャーテクノロジー ............................ 187

ネイチャーネットワーク・プロジェクト ............ 543
ネイバージャパン ......... 330
ネオアーク ............... 146
ネオケミア ............... 187
ネオテック ............... 452
ネオレックス ............ 141
根岸 明廣 ............... 126
根岸 哲 .................. 335
根岸 明 ................... 57
根岸 巖 .................. 529
根岸 賢一郎 ............ 231
根岸 栄 ............ 547, 548
根岸 俊祐 ............... 492
根岸 俊裕 ............... 481
根岸 秀夫 ............... 341
根岸 秀臣 ............... 101
根岸 勉治 ............... 215
根岸 正光 ................ 54
ネクスタ ................... 21
ネクスト .................. 330
ネクセルトラスト ......... 330
根来 功 .................. 455
根来産業 .................. 19
祢津 孔二 ................ 93
熱帯林再生研究グループ ............................ 167
NetComさが推進協議会・鳳雛塾 ................... 543
ネットディメンション ............... 148, 512
ネトラヴァリ, アラン .... 497
ネミックラムダ ......... 446
根本 四郎 ............... 333
根本 喬 .................. 453
根本 隆 .................. 472
根本 浩臣 ............... 344
根本杏林堂 ............... 317
根本特殊化学 ............ 146
根守 孝 .................. 531
ネルソン,M.N. ............ 80

【の】

ノヴァ ................... 510
脳機能研究所 ........ 137, 145
農業・食品産業技術総合研究機構 ................... 465
能作 ..................... 318
野生司環境設計 ......... 268
能田 純隆 ................ 98
野内 勇 .................. 108
農と自然の研究所 ......... 50
納富 継宣 ............... 178

| | | | |
|---|---|---|---|
| 能丸 実 | 338 | 野崎 耕司 104, 129 | 信沢 健夫 535 |
| 農林水産省農業生態系メタ | | 野崎 慎也 481 | 信田 知希 159 |
| ン研究グループ | 167 | 野崎 隆生 156 | 野渕 輝 231 |
| 農林ピック・そばフェスタ | | 野崎 毅 528 | 信時 三郎 484 |
| 2002(第5回) | 578 | 野崎 美紀也 370 | 信正 均 160 |
| 直方川づくり交流会 | 383 | 野崎 幸雄 385 | 延吉 良介 367 |
| 直方市 | 383 | 野崎工機 133 | 昇 昭三 266 |
| 野表 昌夫 | 208 | 野沢 有 127 | 登 大遊 179 |
| 野方 誠 | 188 | 野沢 敏矩 99 | 昇 忠仁 158 |
| 野上 勇 | 428 | 野沢 宏 27 | 野間 一俊 173, 341 |
| 野上 寛五郎 | 231 | 野沢 正光 326 | 野間 重雄 549 |
| 野上 隆雄 | 82 | 野沢 量一郎 134 | 野間口 有 69, 80 |
| 野上 高弘 | 337 | 野下 清 477 | 野水機械製作所 133 |
| 野上 晴男 | 388 | 野下 泰之 575 | 野見山 ミチ子 383 |
| 野川 藍 | 442 | 野島 和夫 366 | 野村 明 453 |
| 野木 兼六 | 94 | 野杓 賢悟 481 | 野村 勇 230 |
| ノグチ, イサム 296, 314 | | 野尻 治 388 | 野村 修 160 |
| 野口 勝三 | 346 | 野尻 一男 95 | 野村 和弘 123 |
| 野口 謙也 | 530 | 野尻 重雄 215 | 野村 研二 160 |
| 野口 正二 | 233 | 野尻 知里 45 | 野村 隼一 532 |
| 野口 常介 | 244 | 野尻 裕司 60, 474, 479 | 野村 昭五郎 537 |
| 野口 伸 | 239 | ノースジャパン研機 140 | 野村 晋一 219 |
| 野口 慎一 | 159 | 野田 明 346 | 野村 信福 64 |
| 野口 聡一 | 163 | 野田 収 404 | 野村 誠治 391 |
| 野口 孝博 | 426 | 野田 小百合 463 | 野村 孝雄 437 |
| 野口 孝行 | 182 | 野田 繁 532 | 野村 隆夫 339 |
| 野口 祐 | 41 | 野田 茂 65 | 野村 孝芳 383 |
| 野口 忠男 | 53 | 野田 進 200, 457 | 野村 武史 98 |
| 野口 忠 | 224 | 野田 尚昭 372 | 野村 正 216 |
| 野口 勉 | 167 | 野田 昌宏 515 | 野村 忠弘 213 |
| 野口 哲男 | 99 | 野田 泰義 372 | 野村 民也 495 |
| 野口 照雄 | 387 | 野寺 哲二郎 331 | 野村 努 106 |
| 野口 照久 89, 92 | | 能戸 幸一 86 | 野村 哲夫 480 |
| 野口 俊武 | 66 | 能登 鉄治 81 | 野村 東太 421 |
| 野口 具信 | 38 | 能登ふるさと博 灯りでつな | 野村 俊之 163 |
| 野口 信雄 | 386 | ぐ能登半島 能登・千枚田 | 野村 信雄 455 |
| 野口 登 | 337 | あぜの万燈(第2回) 579 | 野村 誠夫 85 |
| 野口 典孝 | 135 | 野中 晶美 248 | 野村 登 65 |
| 野口 秀世 | 428 | 野中 実男 75 | 野村 晴彦 54 |
| 野口 仁志 | 127 | 野中 泰二郎 416 | 野村 寿量 7 |
| 野口 浩 | 485 | 野中 晶史 373 | 野村 平典 106 |
| 野口 博 | 422 | 野中 満宏 177 | 野村 寛 106 |
| 野口 博史 337, 338 | | 野々垣 三郎 93 | 野村 宏 470 |
| 野口 裕史 366, 507 | | 野々瀬 恵司 328 | 野村 博 159, 179 |
| 野口 昌彦 | 336 | 野々村 俊夫 422 | 野村 広正 438 |
| 野口 弥吉 | 217 | 野々村 有二 90 | 野村 正勝 385, 389 |
| 野口 泰志 | 200 | 野々山 登 179 | 野村 守 346 |
| 野口 恭延 | 380 | 野場 省一 332 | 野村 実 467 |
| 野口 悠紀雄 | 4 | 野畑 元亨 371 | 野村 洋司 59 |
| 野口 龍一 | 251 | 野原 勝明 123 | 野村 義明 569 |
| 野口製作所 | 21 | 野原 努 368 | 野村 吉利 227 |
| 野毛電気工業 | 147 | 野原 文男 326, 327, 428 | 乃村工芸社 524, 564 |
| 野坂 哲治 | 81 | 野平 知 410 | 野村総合研究所 510 |
| 野坂 秀之 | 159 | 野平 照雄 208 | 野村乳業 148 |
| 野崎 淳夫 | 429 | 野平 英隆 333, 339 | 野村ホールディングス 281 |
| 野崎 健 | 57 | 信国 弘毅 538 | 野本 明男 172 |

| | | | | | | | |
|---|---|---|---|---|---|---|---|
| 野本 健 | 438 | ハイビジョン・マガジン・プロジェクト | 445, 517 | 博報堂DYメディアパートナーズ | 320 |
| 野谷 正明 | 486 | ハイビジョン・ミュージアム推進協議会 | 446 | 博報堂プロダクツ | 330 |
| 野依 良治 | 152 | ハイビジョン用プラズマディスプレイ共同開発協議会（PDP） | 491 | 函館インフォメーション・ネットワーク | 541 |
| ノーリツ鋼機 | 12, 14 | ハイビジョン用MCP内臓I.I.CCDカメラ開発グループ（NHK） | 490 | パコと魔法の絵本製作委員会 ルーデンス | 526 |
| 則松 勇 | 123 | ハイビジョンワールド | 520 | 箱守 一昭 | 101 |
| 則元 京 | 225 | ハイビジョンPDP開発グループ | 449 | 狭田 謙一 | 438 |
| 野呂 一幸 | 268 | ハイヒル | 317 | 間 剛 | 55 |
| ノンデザイナーズ | 294 | ハイファイブ クラフトジャム事業部 | 286 | 硲 隆太 | 163 |
| ノンフレーム開発研究グループ | 209 | パイプシステムジャパン | 319 | 間組 | 122, 184, 558 |
| | | 廃プラスチック再資源化プロジェクトチーム | 168 | ハサン・アリ・レザーイー | 193 |
| 【は】 | | ハイプレインズ | 447 | 橋ヶ谷 修司 | 194 |
| 裴 哲薫 | 155 | ハイボット | 465 | 橋口 公一 | 225, 239, 241 |
| バイオ・エナジー | 186 | ハイメカ工機 | 18 | 橋口 幸雄 | 78 |
| パイオニア | 319, 321, 357, 447 | パイロット | 315 | 橋詰 源蔵 | 53 |
| パイオニア時差再生装置開発グループ | 489 | 羽賀 潤平 | 156 | 橋爪 滋郎 | 160 |
| パイオニア車載地上デジタル受信機開発チーム | 494 | 羽賀 剛 | 101 | 橋爪 伸 | 81, 91 |
| パイオニア総合研究所 | 100 | 葉木 洋一 | 94 | 橋爪 紳也 | 266 |
| パイオニア第1デザイン室 | 289 | 萩生田 秀之 | 383 | 橋詰 匠 | 192 |
| パイオニアLDC | 516, 517, 520 | 萩生田 義明 | 98 | 橋詰 隼人 | 230, 234, 243 |
| バイオニクス | 187 | 萩尾 剛志 | 172 | 橋爪 秀史 | 343 |
| バイオフィット研究会 | 379 | 萩尾 昌則 | 431 | 橋爪 誠 | 190, 195 |
| バイオーレ研究会 | 110 | 萩島 哲 | 422 | 橋詰 道則 | 455 |
| バイオ21 | 187 | 萩野 慶太 | 191 | 橋田 公雄 | 539 |
| 廃棄物対策豊島住民会議 | 50 | 萩野 敏雄 | 230 | 橋田 朋子 | 251 |
| 配島 明 | 183 | 萩野 芳夫 | 436 | 橋田 栄夫 | 366 |
| ハイテック | 137 | 萩本 和男 | 198 | 橋谷 義孝 | 215 |
| ハイネット | 143 | 生原 喜久雄 | 232 | 橋野 康雄 | 92 |
| ハイパーテック | 148 | 萩原 泉 | 557 | 橋場 昭雄 | 294 |
| 生原 喜久雄 | 232 | 萩原 一郎 | 340 | 羽柴 域三 | 98 |
| ハイバンド8開発グループ | 488 | 萩原 逸平 | 528 | 橋本 昭男 | 368 |
| ハイビジョン液晶プロジェクション開発グループ | 488 | 萩原 岳 | 383 | 橋本 晃 | 57, 378 |
| ハイビジョン小型・高性能カセットVTRの開発グループ | 490 | 萩原 憲三 | 529 | 橋本 昭 | 98 |
| ハイビジョン国際標準化グループ | 448 | 萩原 保 | 204 | 橋本 篤秀 | 429 |
| ハイビジョン・ソフト | 447 | 萩原 直樹 | 492 | 橋本 一郎 | 530 |
| ハイビジョン大河ドラマCG合成コアグループ | 491 | 萩原 貢 | 377 | 橋本 和彦 | 134 |
| ハイビジョン大画面ディスプレイ開発グループ | 487 | 萩原 嘉郎 | 424 | 橋本 和仁 | 129, 168 |
| Hi-Vision VTR一体型カメラ開発グループ | 491 | 萩原電気 | 16 | 橋本 京子 | 403 |
| ハイビジョン普及支援センター | 520 | パク・キ・ワン | 373 | 橋本 啓三 | 82 |
| | | パク・ミジン | 256 | 橋本 健治 | 387 |
| | | BAKU斉藤 | 253 | 橋本 健二郎 | 84 |
| | | 白山陶器 | 12, 313 | 橋本 謙治郎 | 78, 386 |
| | | 白鳥製薬 | 22 | 橋本 研介 | 87 |
| | | 白桃書房 | 40, 41, 42 | 橋本 恒一 | 85 |
| | | 博報堂 | 330 | 橋本 静雄 | 530 |
| | | 博報堂 生活総合研究所 | 284 | 橋本 寿朗 | 5 |
| | | | | 橋本 順義 | 89 |
| | | | | 橋本 祥子 | 574 |
| | | | | 橋本 真一 | 381 |
| | | | | 橋本 奨 | 108 |
| | | | | 橋本 省吾 | 46 |
| | | | | 橋本 誠也 | 89 |
| | | | | 橋本 大七 | 252 |

| | | | | | |
|---|---|---|---|---|---|
| 橋本 大二郎 | 380 | 長谷川 和也 | 344 | 秦 洋二 | 163 |
| 橋本 隆 | 367 | 長谷川 金作 | 218 | 秦 好孝 | 58 |
| 橋本 崇秀 | 261 | 長谷川 健 | 129, 201 | 畑 利一 | 415 |
| 橋本 正 | 478 | 長谷川 幸吾 | 207 | 幡ケ谷・西原・笹塚商店街連 | |
| 橋本 忠 | 95 | 長谷川 孝三 | 215, 228 | 合会 | 543 |
| 橋本 忠美 | 379, 382 | 長谷川 茂 | 478 | 畠山 さゆり | 35 |
| 橋本 光正 | 351 | 長谷川 実郎 | 88 | 畠山 末吉 | 231, 243 |
| 橋下 徹 | 31 | 長谷川 昇平 | 254 | 畠山 陽子 | 353 |
| 橋本 俊行 | 255 | 長谷川 伸 | 485 | パターソン, デービッド・A. | |
| 橋本 直樹 | 251 | 長谷川 新一 | 66 | | 497 |
| 橋本 尚人 | 266 | 長谷川 清善 | 109 | 畑田 明良 | 110 |
| 橋本 典明 | 123 | 長谷川 尊蔵 | 331 | 畑中 顕和 | 222 |
| 橋本 典久 | 430 | 長谷川 泰三 | 80 | 畑中 重光 | 427 |
| 橋本 春雄 | 216 | 長谷川 堯 | 418 | 畑中 節美 | 367 |
| 橋本 久雄 | 47 | 長谷川 高久 | 550 | 畑中 武利 | 455, 456 |
| 橋本 秀一 | 573 | 長谷川 武雄 | 403 | 畑中 智弘 | 370 |
| 橋本 英樹 | 346 | 長谷川 猛 | 367 | 畠中 洋行 | 421 |
| 橋本 博 | 341 | 長谷川 忠昭 | 570 | 畑中 正宏 | 71 |
| 橋本 文雄 | 550, 551, 552, 555 | 長谷川 太郎 | 82 | 波多野 純 | 423 |
| 橋本 平一 | 206 | 長谷川 勉 | 42 | 羽田野 誠 | 351 |
| 橋本 政一 | 371 | 長谷川 敏明 | 99 | 畑野 真人 | 134 |
| 橋本 政吉 | 372 | 長谷川 永税 | 111 | 畑村 耕一 | 66 |
| 橋本 真澄 | 532 | 長谷川 宏 | 388 | パターン情報処理システム | |
| 橋本 恵 | 405 | 長谷川 弘直 | 381 | 技術研究組合 | 184 |
| 橋本 泰夫 | 551 | 長谷川 浩己 | 328, 382 | 八王子市教育委員会 | 559 |
| 橋本 康 | 225 | 長谷川 房雄 | 411 | 八興 | 150 |
| 橋本 泰彦 | 296 | 長谷川 文夫 | 91 | 八光活字鋳造機製作所 | 132 |
| 橋本 雄一郎 | 129 | 長谷川 平一 | 367 | 蓮 精 | 81 |
| 橋本 義輝 | 160 | 長谷川 亮 | 344 | 蜂須賀 一郎 | 342 |
| 橋本 芳郎 | 88 | 長谷川 正男 | 229 | 蜂須賀 舜治 | 415 |
| 橋本 リサ | 256 | 長谷川 真人 | 301 | 八戸総合卸センター | 17 |
| 橋本電機工業 | 11 | 長谷川 幹夫 | 210 | 八幡製鉄 | 86, 354, 355 |
| 蓮井 淳 | 54 | 長谷川 光雄 | 85 | 八幡電機製作所 | 15 |
| ハスケル, バリー | 497 | 長谷川 閑史 | 9 | 八幡堀を守る会 | 384 |
| ハーズ実験デザイン研究所 | | 長谷川 幸久 | 188 | 蜂谷 整生 | 93 |
| | 313 | 長谷川 洋二 | 333 | バーチャル・イースト | 521 |
| 蓮沼 仁志 | 196 | 長谷川 善郎 | 72 | バーチャルスタッフ | 481 |
| 蓮見 孝雄 | 530 | 長谷川 善和 | 164 | 八海醸造 | 561 |
| 長谷 清 | 531 | 長谷川工業 | 323 | 八角 恭介 | 349 |
| 長谷 慎一 | 529 | 長谷川電機工業 | 321 | バックエム企画部 | 295, 298 |
| 長谷 泰治 | 68 | 長谷川刃物 | 321 | パッシブサンプラー開発グ | |
| 長谷 智恵子 | 251 | 長谷幸製作所 | 311 | ループ | 110 |
| 長谷 裕之 | 348 | 長谷製陶 | 318 | 八洲工業 | 452 |
| 長谷 亮平 | 251, 252 | 長谷波 一史 | 480 | 八田 克弘 | 340 |
| 長谷エコーポレーション | | 長谷部 浩一 | 174 | 初田 亨 | 424 |
| | 268 | 長谷部 新次 | 386 | 服部 敦志 | 127 |
| 長谷川 晃 | 496 | 長谷見 雄二 | 418 | 服部 修 | 455 |
| 長谷川 彰 | 204, 221 | パーソナルメディア | 511 | 服部 一成 | 350, 440 |
| 長谷川 篤彦 | 223 | 畑 和夫 | 535 | 服部 一博 | 161 |
| 長谷川 彩子 | 161 | 畑 一志 | 342 | 服部 健一 | 52 |
| 長谷川 泉 | 125 | 秦 勝重 | 173 | 服部 弘一 | 105 |
| 長谷川 逸子 | 418 | 畑 清之 | 67 | 服部 重昭 | 232 |
| 長谷川 悦雄 | 103 | 畠 桂子 | 429 | 初取 伸一 | 569 |
| 長谷川 一秋 | 132 | 畑 英之 | 161 | 服部 多栄子 | 492 |
| 長谷川 一夫 | 135 | 端 裕人 | 441 | 服部 毅 | 372 |
| 長谷川 一史 | 489 | 畑 祐志 | 346 | 服部 勉 | 225 |

| | | |
|---|---|---|
| 服部 経治 | ・・・・・・・・・・・・・・・ | 422 |
| 服部 徹 | ・・・・・・・・・・・・・・・ | 264 |
| 服部 浩明 | ・・・・・・・・・・・・・・・ | 161 |
| 服部 弘 | ・・・・・・・・・ | 344, 346 |
| 服部 宏之 | ・・・・・・・・・・・・・・・ | 347 |
| 服部 岑生 | ・・・・・・・・・・・・・・・ | 421 |
| 服部 康夫 | ・・・・・・・・・ | 556, 574 |
| 服部 泰幸 | ・・・・・・・・・・・・・・・ | 98 |
| 服部 行彦 | ・・・・・・・・・・・・・・・ | 84 |
| 服部 義昭 | ・・・・・・・・・・・・・・・ | 341 |
| 服部 敬雄 | ・・・・・・・・・・・・・・・ | 502 |
| 服部 義和 | ・・・・・・・・・・・・・・・ | 345 |
| 服部 隆二 | ・・・・・・・・・・・・・・・ | 123 |
| 服部 竜馬 | ・・・・・・・・・・・・・・・ | 472 |
| 発熱パッド使用に関する技術研究会 | ・・・・・・・・・・・・・・・ | 365 |
| 初山 圭司 | ・・・・・・ | 369, 370, 371 |
| バディ・コミュニケーション | ・・・・・・・・・・・・・・・ | 145 |
| はてな | ・・・・・・・・・・・ | 525, 526 |
| ハドソン | ・・・・・・・・・・・・・・・ | 447 |
| 鳩間島音楽祭(第12回) | ・・・・・・・・・・・・・・・ | 580 |
| 羽鳥 幸男 | ・・・・・・・・・・・・・・・ | 96 |
| 羽鳥 光俊 | ・・・・・・・・・・・・・・・ | 448 |
| ハードロック工業 | ・・・・・ | 22, 456 |
| 花井 嶺郎 | ・・・・・・・・・・・・・・・ | 176 |
| 花岡 薫 | ・・・・・・・・・・・・・・・ | 529 |
| 花岡 誠之 | ・・・・・・・・・・・・・・・ | 162 |
| 花岡 達也 | ・・・・・・・・・・・・・・・ | 262 |
| 花岡 啓文 | ・・・・・・・・・・・・・・・ | 370 |
| 花岡 正紀 | ・・・・・・・・・・・・・・・ | 345 |
| 羽中田 映夫 | ・・・・・・・・・・・・・・・ | 90 |
| 花木 充夫 | ・・・・・・・・・・・・・・・ | 536 |
| 花崎 正晴 | ・・・・・・・・・・・・・・・ | 5 |
| 花沢 国雄 | ・・・・・・・・・・・・・・・ | 91 |
| 花嶋 正孝 | ・・・・・・・・・・・・・・・ | 107 |
| パナソニック | ・・・・・・・ | 104, 282, 283, 284, 322, 364, 393, 465 |
| パナソニック電工 | ・・・・・・・ | 282, 284, 285, 286, 322, 323 |
| パナソニック ヘルスケア | ・・・・・・・・・・・・・・・ | 465 |
| パナソニックEVエナジー | ・・・・・・・・・・・・・・・ | 375 |
| 花田 章 | ・・・・・・・・・ | 223, 228 |
| 花田 勝敬 | ・・・・・・・・・・・・・・・ | 326 |
| 花田 昂樹 | ・・・・・・・・・・・・・・・ | 537 |
| 花田 春兆 | ・・・・・・・・・・・・・・・ | 468 |
| 花田 伸 | ・・・・・・・・・・・・・・・ | 190 |
| 花田 雅江 | ・・・・・・・・・・・・・・・ | 34 |
| バナナ・ペーパー・プロジェクト国際協力の会 | ・・・・・・・・・・・・・・・ | 316 |
| バナナムーン | ・・・・・・・・・・・・・・・ | 306 |
| 花野井小学校はなのい山安全プロジェクト実行委員会 | ・・・・・・・・・・・・・・・ | 285 |
| 花房 秀治 | ・・・・・・・・・ | 480, 486 |
| 花房 正義 | ・・・・・・・・・・・・・・・ | 27 |
| パナホーム | ・・・・・・・・・・・・・・・ | 285 |
| 花村 仁八郎 | ・・・・・・・・・・・・・・・ | 30 |
| 塙 琢志 | ・・・・・・・・・・・・・・・ | 53 |
| 花輪 誠 | ・・・・・・・・・・・・・・・ | 170 |
| 羽生田 忠敬 | ・・・・・・・・・・・・・・・ | 228 |
| 羽入 勇 | ・・・・・・・・・・・・・・・ | 104 |
| 羽生 寿郎 | ・・・・・・・・・・・・・・・ | 221 |
| 羽生 貴弘 | ・・・・・・・・・・・・・・・ | 64 |
| 羽生 野亜 | ・・・・・・・・・・・・・・・ | 404 |
| 羽生 道雄 | ・・・・・・・・・ | 289, 459 |
| 羽根 弘 | ・・・・・・・・・・・・・・・ | 132 |
| 羽毛 健一 | ・・・・・・・・・・・・・・・ | 574 |
| 羽田 明 | ・・・・・・・・・・・・・・・ | 91 |
| 羽田 澄子 | ・・・・・・・・・・・・・・・ | 468 |
| 羽田 清作 | ・・・・・・・・・・・・・・・ | 82 |
| 羽田 寿夫 | ・・・・・・・・・・・・・・・ | 95 |
| 羽田 正美 | ・・・・・・・・・・・・・・・ | 438 |
| 羽田 光明 | ・・・・・・・・・・・・・・・ | 134 |
| 羽田 安秀 | ・・・・・・・・・・・・・・・ | 261 |
| 羽田 祐一 | ・・・・・・・・・・・・・・・ | 537 |
| 馬場 明生 | ・・・・・・・・・・・・・・・ | 424 |
| 馬場 昭年 | ・・・・・・・・・・・・・・・ | 525 |
| 馬場 有政 | ・・・・・・・・・・・・・・・ | 385 |
| 馬場 勇 | ・・・・・・・・・・・・・・・ | 420 |
| 馬場 赳 | ・・・・・・・・・・・・・・・ | 217 |
| 馬場 研二 | ・・・・・・・・・・・・・・・ | 108 |
| 馬場 護郎 | ・・・・・・・・・・・・・・・ | 439 |
| 馬場 宰 | ・・・・・・・・・・・・・・・ | 210 |
| 馬場 璋造 | ・・・・・・・・・・・・・・・ | 426 |
| 馬場 志朗 | ・・・・・・・・・・・・・・・ | 172 |
| 馬場 剛志 | ・・・・・・・・・・・・・・・ | 347 |
| 馬場 哲也 | ・・・・・・・・・・・・・・・ | 61 |
| 馬場 輝郎 | ・・・・・・・・・・・・・・・ | 476 |
| 馬場 知己 | ・・・・・・・・・・・・・・・ | 410 |
| 馬場 直樹 | ・・・・・・・・・ | 343, 346 |
| 馬場 威彰 | ・・・・・・・・・・・・・・・ | 248 |
| 馬場 英之 | ・・・・・・・・・・・・・・・ | 126 |
| 馬場 雅裕 | ・・・・・・・・・・・・・・・ | 71 |
| 馬場 泰 | ・・・・・・・・・ | 101, 370 |
| 馬場 陽一郎 | ・・・・・・・・・・・・・・・ | 68 |
| 馬場 理紗 | ・・・・・・・・・・・・・・・ | 257 |
| 土生 英司 | ・・・・・・・・・・・・・・・ | 436 |
| パフィー | ・・・・・・・・・・・・・・・ | 44 |
| バブコック日立 | ・・・・ | 107, 108, 388, 393 |
| パブロプロダクション | ・・・・・ | 442 |
| 浜 敦智 | ・・・・・・・・・・・・・・・ | 180 |
| 浜 鉄夫 | ・・・・・・・・・・・・・・・ | 90 |
| 浜宇津 正 | ・・・・・・・・・・・・・・・ | 427 |
| 浜上 寿一 | ・・・・・・・・・・・・・・・ | 156 |
| 浜川 圭弘 | ・・・・・・・・・ | 75, 152 |
| 浜口 斉周 | ・・・・・・・・・・・・・・・ | 64 |
| 浜口 昌子 | ・・・・・・・・・・・・・・・ | 257 |
| 浜口 泰昭 | ・・・・・・・・・・・・・・・ | 373 |
| 浜崎 一郎 | ・・・・・・・・・・・・・・・ | 534 |
| 浜崎 公男 | ・・・・・・・・・・・・・・・ | 553 |
| 浜崎 敬一 | ・・・・・・・・・・・・・・・ | 369 |
| 浜崎 正信 | ・・・・・・・・・・・・・・・ | 85 |
| 浜島 和雄 | ・・・・・・・・・・・・・・・ | 368 |
| 浜島 清高 | ・・・・・・・・・・・・・・・ | 111 |
| 濱住 啓之 | ・・・・・・・・・・・・・・・ | 63 |
| 浜田 明彦 | ・・・・・・・・・・・・・・・ | 327 |
| 浜田 晃 | ・・・・・・・・・・・・・・・ | 367 |
| 浜田 恵美子 | ・・・・・・・・・・・・・・・ | 200 |
| 浜田 薫 | ・・・・・・・・・・・・・・・ | 56 |
| 濱田 一男 | ・・・・・・・・・・・・・・・ | 372 |
| 浜田 憲三 | ・・・・・・・・・・・・・・・ | 52 |
| 浜田 宏一 | ・・・・・・・・・・・・・・・ | 492 |
| 浜田 成徳 | ・・・・・・・・・・・・・・・ | 528 |
| 濱田 秀則 | ・・・・・・・・・・・・・・・ | 127 |
| 浜田 高宏 | ・・・・・・・・・ | 175, 489 |
| 浜田 毅 | ・・・・・・・・・・・・・・・ | 551 |
| 濱田 智子 | ・・・・・・・・・・・・・・・ | 125 |
| 濱田 豊秀 | ・・・・・・・・・・・・・・・ | 437 |
| 浜田 成義 | ・・・・・・・・・・・・・・・ | 216 |
| 浜田 信義 | ・・・・・・・・・・・・・・・ | 417 |
| 濱多 広輝 | ・・・・・・・・・・・・・・・ | 105 |
| 浜田 汎史 | ・・・・・・・・・・・・・・・ | 65 |
| 浜田 福三郎 | ・・・・・・・・・・・・・・・ | 95 |
| 浜田 益嗣 | ・・・・・・・・・・・・・・・ | 422 |
| 浜田 稔 | ・・・・・・・・・ | 408, 432 |
| 浜田 泰生 | ・・・・・・・・・・・・・・・ | 571 |
| 浜田 康行 | ・・・・・・・・・・・・・・・ | 42 |
| 浜田 祐二 | ・・・・・・・・・・・・・・・ | 180 |
| 濱田修建築研究所 | ・・・・・・・・・・・・・・・ | 322 |
| 浜津 享助 | ・・・・・・・・・・・・・・・ | 67 |
| ハマナカ | ・・・・・・・・・・・・・・・ | 14 |
| 浜野 尚吉 | ・・・・・・・・・・・・・・・ | 456 |
| 濱野 尚吉 | ・・・・・・・・・・・・・・・ | 456 |
| 浜野 安宏 | ・・・・・・・・・・・・・・・ | 460 |
| 浜野 義光 | ・・・・・・・・・・・・・・・ | 52 |
| 浜辺 晃弘 | ・・・・・・・・・・・・・・・ | 367 |
| 濱辺 薫 | ・・・・・・・・・・・・・・・ | 335 |
| 濱辺 孝二郎 | ・・・・・・・・・・・・・・・ | 72 |
| はままつ子育てネットワークぴっぴ | ・・・・・・・・・・・・・・・ | 543 |
| 浜松市都市計画部都市開発課 | ・・・・・・・・・・・・・・・ | 381 |
| 浜松信用金庫 | ・・・・・・・・・・・・・・・ | 43 |
| 浜松テレビ | ・・・・・・・・・・・・・・・ | 11 |
| 浜松ホトニクス | ・・・・・・・・ | 98, 358, 360, 448, 481, 490, 492 |
| 浜松ホトニクス冷却型CCDカメラ開発プロジェクト | ・・・・・・・・・・・・・・・ | 487 |
| 浜松メトリックス | ・・・・・・・ | 143, 145, 147 |

| | | | | | | | | |
|---|---|---|---|---|---|---|---|---|
| 浜村 幸一 | … | 554 | 林 志英 | … | 37 | 林崎 良英 | … | 163 |
| 浜村 保次 | … | 218 | 林 茂樹 | … | 388 | 林製作所 | … | 10 |
| 濱村 芳彦 | … | 347 | 林 周一 | … | 85 | 林田 重男 | … | 545, 546, 547 |
| 浜本 勝行 | … | 469 | 林 淳一郎 | … | 551 | 林田 秀一 | … | 377 |
| 浜本 卓司 | … | 424 | 林 潤一郎 | … | 390 | 林田 直樹 | … | 200 |
| 浜本 徹 | … | 338 | 林 昌二 | … | 414, 416 | 林田 宏之 | … | 521 |
| 濱本 将樹 | … | 191 | 林 信二 | … | 208 | 林電気 | … | 357 |
| 浜屋 邦雄 | … | 54 | 林 新二 | … | 532 | 林野 全孝 | … | 416 |
| 濱吉 繁幸 | … | 372 | 林 真二 | … | 220 | 林刃物企画室 | … | 292 |
| 羽村 滋世 | … | 481 | 林 大九郎 | … | 220 | 林原 朗 | … | 533 |
| 羽村 康 | … | 105 | 林 孝雄 | … | 90 | 林原 健 | … | 76 |
| 葉室 親正 | … | 204 | 林 貴臣 | … | 158 | 林原 茂 | … | 111 |
| パモウナ | … | 23 | 林 孝和 | … | 296 | 林原生物科学研究所 | … | 187 |
| ハーモニック・ドライブ・システムズ | … | 464 | 林 琢磨 | … | 64 | 林辺 正子 | … | 404 |
| 早川 勇夫 | … | 103 | 林 武 | … | 500 | 早瀬 鉱一 | … | 78 |
| 早川 和男 | … | 269 | 林 武志 | … | 86 | 早瀬 達郎 | … | 227 |
| 早川 要 | … | 336 | 林 忠邦 | … | 335 | 早瀬 敏夫 | … | 88 |
| 早川 匡 | … | 379 | 林 達也 | … | 268 | 早田 利雄 | … | 539 |
| 早川 邦彦 | … | 381, 421 | 林 主税 | … | 47, 52, 74 | 早田 智臣 | … | 369 |
| 早川 純一 | … | 193 | 林 千博 | … | 93 | 早戸 武 | … | 90 |
| 早川 真 | … | 327, 423 | 林 勉 | … | 95 | 早野組 | … | 301 |
| 早川 千吉郎 | … | 238 | 林 経矩 | … | 385 | 葉山 成三 | … | 326 |
| 早川 聡一郎 | … | 349 | 林 徹夫 | … | 427 | 羽山 勢隆 | … | 123 |
| 早川 貴泰 | … | 251, 252 | 林 哲也 | … | 368 | 羽山 広文 | … | 430 |
| 早川 種三 | … | 30 | 林 敏昭 | … | 333 | 葉山ハートセンター | … | 313 |
| 早川 保 | … | 367 | 林 俊成 | … | 480, 481 | 早味 宏 | … | 105 |
| 早川 徳次 | … | 25 | 林 利弘 | … | 46 | 速水林業 | … | 49 |
| 早川 尚志 | … | 182 | 林 尚孝 | … | 240 | 原 一民 | … | 548, 568, 570 |
| 早川 博 | … | 61 | 林 伸彦 | … | 557 | 原 和則 | … | 572 |
| 早川 正夫 | … | 419 | 林 暢彦 | … | 345 | 原 健一 | … | 446 |
| 早川 昌彦 | … | 177 | 林 信幸 | … | 539 | 原 研哉 | … | 461 |
| 早川 満久 | … | 9 | 林 昇 | … | 126, 182 | 原 広司 | … | 171, 176, 418 |
| 早川 良雄 | … | 458 | 林 登 | … | 85 | 原 三郎 | … | 388 |
| 早川 義久 | … | 455 | 林 久史 | … | 201 | 原 神一 | … | 193 |
| 早川電機工業 | … | 354, 355 | 林 裕市朗 | … | 254 | 原 隆士 | … | 384 |
| 早坂 宜晃 | … | 439 | 林 宏美 | … | 66 | 原 孝文 | … | 124, 427 |
| 早坂 宏樹 | … | 346 | 林 富美子 | … | 467 | 原 卓也 | … | 264 |
| 早坂 裕 | … | 439 | 林 政克 | … | 110 | 原 民夫 | … | 59 |
| 早崎 康市 | … | 344 | 林 正樹 | … | 64, 480, 481 | 原 敏幸 | … | 455 |
| 早迫 義治 | … | 384 | 林 雅子 | … | 416 | 原 富啓 | … | 56 |
| 林 厳雄 | … | 52, 495 | 林 正浩 | … | 556 | 原 智之 | … | 341 |
| 林 一太郎 | … | 476 | 林 真実子 | … | 404 | 原 信義 | … | 243 |
| 林 一郎 | … | 528 | 林 迪telah | … | 479, 481, 491 | 原 秀穂 | … | 209 |
| 林 和夫 | … | 534 | 林 守雄 | … | 332 | 原 宏 | … | 458 |
| 林 和信 | … | 240 | 林 弥栄 | … | 229 | 原 弘 | … | 458 |
| 林 一穂 | … | 531 | 林 康裕 | … | 429 | 原 文隆 | … | 311 |
| 林 一馬 | … | 317, 380, 425 | 林 泰史 | … | 505 | 原 誠 | … | 553 |
| 林 寛治 | … | 68, 381, 426 | 林 豊 | … | 56, 538 | 原 雅継 | … | 244 |
| 林 慶一 | … | 439 | 林 洋一郎 | … | 371 | 原 雅徳 | … | 369 |
| 林 建一 | … | 479 | 林 義昭 | … | 485 | 原 昌宏 | … | 45 |
| 林 謙一 | … | 529 | 林 義三 | … | 215 | 原 勝 | … | 229 |
| 林 健志 | … | 171 | 林 美孝 | … | 98 | 原 行明 | … | 109 |
| 林 憲司 | … | 371 | 林 良彦 | … | 424 | 原 裕 | … | 453 |
| 林 浩一郎 | … | 342 | 林 義正 | … | 334 | 原川 健一 | … | 127 |
| 林 実信 | … | 537 | 林 礼美 | … | 264 | 原口 研太 | … | 368 |
| | | | 林川 一史 | … | 347 | 原口 成人 | … | 85 |

| | | |
|---|---|---|
| 原口 哲朗 | 367 | |
| 原口 仁 | 573 | |
| 原口 雅人 | 210 | |
| 原口 友昌 | 371 | |
| 原澤 総 | 470 | |
| 原嶋 彰 | 572 | |
| 原島 進 | 538 | |
| 原島 博 | 60 | |
| 原園 信一 | 88 | |
| 原田 阿久利 | 533 | |
| 原田 勲 | 477 | |
| 原田 勝広 | 502 | |
| 原田 謹爾 | 97 | |
| 原田 邦行 | 437 | |
| 原田 研介 | 189, 192 | |
| 原田 浩一郎 | 347, 348 | |
| 原田 浩司 | 506, 507 | |
| 原田 耕介 | 74 | |
| 原田 淳 | 340 | |
| 原田 征喜 | 54 | |
| 原田 盛重 | 229 | |
| 原田 大三郎 | 518 | |
| 原田 拓 | 98 | |
| 原田 達男 | 55, 87 | |
| 原田 巽 | 86 | |
| 原田 達也 | 189, 195 | |
| 原田 有 | 409 | |
| 原田 登五郎 | 219 | |
| 原田 信之 | 367 | |
| 原田 憲顕 | 244 | |
| 原田 久明 | 204 | |
| 原田 久 | 135 | |
| 原田 宏 | 338 | |
| 原田 広史 | 59, 79, 165 | |
| 原田 浩 | 218, 230 | |
| 原田 洸 | 231 | |
| 原田 眞樹 | 123 | |
| 原田 雅行 | 371 | |
| 原田 安雄 | 532 | |
| 原田 泰生 | 344 | |
| 原田 泰雄 | 109 | |
| 原田 泰宏 | 438 | |
| 原田 由紀 | 328 | |
| ハラダ総業 | 121 | |
| 原野 秀永 | 87 | |
| バラバシ, アルバート・ラズロ | 498 | |
| 原藤 和敬 | 366 | |
| 原町市(福島県) | 560 | |
| 原町精器 | 11 | |
| パラマ・テック | 23 | |
| 原良 光彦 | 336 | |
| バラン, P. | 496 | |
| 播 久夫 | 41 | |
| ハリオグラス | 317 | |
| 播磨化成工業 | 14 | |

| | | |
|---|---|---|
| はりまスマートスクールプロジェクト | 543 | |
| 播磨耐火煉瓦 | 86 | |
| 針谷 賢 | 378 | |
| 張山 昌論 | 157 | |
| 春川 忠二 | 88 | |
| 春木 栄 | 476 | |
| パール金属 | 19 | |
| パルシステム生活協同組合連合会 | 330 | |
| 治多 伸介 | 242 | |
| 春田 博 | 132 | |
| 春田 昌宏 | 109 | |
| 治田 将之 | 324 | |
| バルダン | 19 | |
| パルティオソフト | 145 | |
| 春本 勉 | 204 | |
| 春山 一郎 | 412 | |
| 春山 巌 | 533 | |
| ハーレーダビッドソン ジャパン | 315 | |
| ハーレーダビッドソン モーター カンパニー | 315 | |
| バローズ研究開発部インダストリアルデザイン課 | 292 | |
| パロマ企画部 | 290 | |
| パロマ工業 | 15 | |
| パワープランニング | 330 | |
| パワーボックス | 520 | |
| 伴 潔 | 409 | |
| 坂 茂 | 430, 460 | |
| 播 繁 | 425 | |
| 坂 静雄 | 408, 432 | |
| 伴 敏三 | 238 | |
| 半谷 裕彦 | 419 | |
| バング&オルフセン | 312, 313 | |
| ハングル&コンピュータ | 375 | |
| 万国製針 | 13 | |
| 半崎 信朗 | 373 | |
| 阪神・淡路大震災記念 人と防災未来センター | 186 | |
| 阪神技術研究所 | 451 | |
| 阪神高速道路公団 | 112 | |
| バンソフィック | 510 | |
| 半田 勝郎 | 369 | |
| 半田 剣一 | 60 | |
| 半田 重雄 | 534 | |
| 半田 光 | 103 | |
| 半田 英雄 | 527 | |
| 半田 良一 | 234 | |
| バンダイ開発部 | 292 | |
| 萬代橋を愛する会 | 383 | |
| 萬代橋協議会 | 383 | |
| バンダイナムコゲームス | 526 | |

| | | |
|---|---|---|
| バンダイナムコホールディングス | 527 | |
| バンダイ プレイトイ事業部 | 286 | |
| パンタバンガン林業開発技術協力計画プロジェクト従事者グループ | 208 | |
| 坂東 未来 | 35 | |
| 半導体エネルギー研究所 | 143 | |
| ハンドーザー工業 | 451 | |
| 半貫 敏夫 | 422 | |
| ハンブルトン, ロジャー | 368 | |
| バンプレスト | 526 | |
| ハンマーキャスター | 17 | |
| 半明 正之 | 93 | |
| 飯芽 強 | 368 | |
| 万有製薬 | 562 | |
| バンライ | 541 | |

【ひ】

| | | |
|---|---|---|
| ぴあ | 515, 525 | |
| ピアノ, レンゾ | 377, 421, 422 | |
| ピアレックス・テクノロジーズ | 147 | |
| 日色 和夫 | 107 | |
| ビー・インターナショナルグループ | 286 | |
| ビーエス | 267, 285, 286 | |
| ビー・エス・エー工房 | 140 | |
| BSジャパン | 576 | |
| ビー・エー・デザイン | 309 | |
| 稗苗 慶二 | 292 | |
| BMGビクター | 519 | |
| BMW | 299, 313, 399, 400, 401 | |
| BMWジャパン | 396, 397, 398, 399 | |
| ピエロタ | 285 | |
| ビーエーワークス | 526 | |
| 日置 晃 | 353 | |
| 日置 たか子 | 352 | |
| ビオテック | 147 | |
| 比嘉 信忠 | 402 | |
| ひが やすを | 180 | |
| 比嘉 悠紀三 | 540 | |
| 檜垣 俊郎 | 68 | |
| 日笠 端 | 411 | |
| 東 勝俊 | 534 | |
| 東 健司 | 162 | |
| 東 三郎 | 231, 380 | |
| 東 俊宏 | 313 | |
| 東 利保 | 454 | |

東 博仁 ……………… 528
東岡 卓三 ……………… 54
東ガス ………………… 388
東木 裕介 ……………… 67
東田 克也 ……………… 163
東堤 秀明 ……………… 76
東日本鉄道文化財団 …… 564
東日本電信電話 ………… 564
東日本ハウス ………… 285
東日本旅客鉄道 ……… 8,
　　122, 184, 185, 186, 282, 407
東日本旅客鉄道東京工事
　事務所 …………… 112, 113
東日本旅客鉄道東北工事
　事務所 ……………… 382
東野 正 ………………… 209
東野 良 …………… 470, 571
東端 啓貴 ……………… 160
東村 禎三 ……………… 52
東森 充 ………………… 194
東山 隆司 ……………… 490
ヒガノ ………………… 310
樋上 豊 ………………… 486
光コム研究所 …… 144, 146
光磁気ディスクによるCMバ
　ンクシステム開発グルー
　プ ……………………… 488
光精工 ………………… 20
光製作所 ……………… 21
光伝送テレビ共同受信シス
　テム開発グループ …… 486
光ハイビジョン伝送システム
　開発チーム ……………… 493
檜皮 邦夫 ……………… 532
疋田 伸治 ……………… 102
ピクセラ ……………… 512
ビクター音楽産業
　……………… 513, 515, 517
樋口 明彦 ……………… 383
樋口 淳美 ……………… 127
樋口 一雄 ……………… 570
樋口 賢太郎 …………… 441
樋口 成弘 ……………… 412
樋口 勝史 ……………… 469
樋口 伸一 ……………… 347
樋口 真嗣 ……………… 526
樋口 大介 ……………… 439
樋口 隆昌 ………… 221, 230
樋口 武男 ……………… 9, 27
樋口 武 ………………… 76
樋口 忠彦 ……………… 424
樋口 哲也 ……………… 60
樋口 俊郎 ……………… 188
樋口 英生 ……………… 349
樋口 広太郎 … 26, 29, 30, 47
樋口 美雄 …………… 5, 43

日隈 薫 ………………… 200
日暮 栄治 ……………… 64
ビークル ……………… 187
肥後 大介 ……………… 530
彦坂 和志 ……………… 102
彦坂 陸 ………………… 342
彦坂 満洲男 …………… 326
彦根 アンドレア …… 328, 329
ピコ秒ストリークカメラ実
　用化プロジェクトチーム
　……………………… 485
ビゴーレ・カタオカ …… 323
久枝 雄三 ……………… 55
尾座元 俊二 (日本交通計画
　協会) ………………… 382
久田 俊彦 ……………… 409
久田 宏 ………………… 89
久田 真紀子 …………… 35
久田 嘉章 ……………… 431
久徳 敏治 ……………… 417
久富 一代 ……………… 34
久冨 輝浩 ……………… 155
久野 猛 ………………… 53
久松 広和 ……………… 325
久松 洋祐 ……………… 329
久道 卓 ………………… 83
久村 春芳 …………… 68, 342
久本 和慶 ……………… 85
樋沢 明 ………………… 523
樋澤 明 ………………… 253
ビーシーエー ………… 510
土方 三郎 ……………… 532
土方 俊樹 ……………… 57
土方 裕雄 ……………… 575
菱木 幸司 ……………… 556
菱中建設 ……………… 564
氷島 一男 ……………… 95
菱丸 敏 ………………… 80
ビジュアルサイエンス研究
　所 …………………… 520
美術出版社 …………… 524
ビジョン ……………… 12
被推薦者なし ……… 556, 557
檜作 進 ………………… 223
ピースクリエイト ……… 565
肥爪 亀三 ……………… 528
備前化成 ……………… 21
ピソネロ, ホルヘ ……… 202
ピー・ソフトハウス … 148, 511
肥田 景明 ……………… 326
飛田 正俊 ……………… 192
日高 一平 ……………… 472
日高 一孝 ……………… 485
日高 茂實 ……………… 240
ひだか しんさく ……… 373
日高 晋作 ……………… 373

日高 靖之 ……………… 241
日高 義実 ……………… 206
日高一平 ……………… 472
日高精機 ……………… 22
日高町役場 …………… 382
飛騨産業 ………… 13, 323
飛騨産業営業部商品開発課
　……………………… 290
日立アプライアンス … 284, 393
日立インダストリイズ … 130
日立エンジニアリング
　………………… 363, 511
日立オムロンターミナルソ
　リューションズ … 279, 363
日立化成工業機能性材料研究
　所 リサイクル技術グルー
　プ ……………………… 111
日立化成工業結城工場デザ
　インセンター ………… 290
日立機材 ……………… 361
日立金属 ……………… 99,
　　104, 118, 131, 358, 359,
　　360, 361, 363, 364, 365
日立空調システム …… 392
日立グローバルストレージ
　テクノロジーズ … 102, 363
日立建機 ……………… 115,
　　117, 277, 279, 280
日立工機 ……………… 119
日立国際電気 …… 277, 483, 494
日立照明 …………… 294, 296
日立住友重機械建機クレー
　ン …………………… 280
日立精機 … 81, 82, 115, 118,
　　132, 134, 183, 277, 356, 361
日立製作所 …………… 81,
　　90, 92, 96, 100, 101, 102,
　　103, 108, 114, 115, 116, 118,
　　119, 120, 130, 131, 174, 184,
　　185, 186, 276, 277, 278, 282,
　　283, 313, 315, 317, 320, 354,
　　355, 356, 357, 358, 359, 360,
　　361, 362, 363, 364, 365, 388,
　　391, 445, 447, 464, 488, 489,
　　510, 519, 522, 559, 560, 563
日立製作所笠戸工場 …… 83
日立製作所亀戸工場 …… 84
日立製作所デザイン研究所
　………………… 291,
　　294, 296, 297, 302, 307
日立製作所電子管事業部
　……………………… 89
日立製作所戸塚工場 …… 83
日立製作所半導体事業部
　……………………… 87
日立製作所日立工場 …… 83

| | | |
|---|---|---|
| 日立製作所 フルパララックス3D開発チーム ‥‥‥ | 494 | |
| 日立製作所茂原工場 ‥‥‥ | 83 | |
| 日立製作所ユビキタスプラットフォームグループ ‥‥ | 474 | |
| 日立造船 ‥‥‥‥‥‥ 86, 115, 117, 118, 120, 122, 186, 355 | | |
| 日立ソフトウェアエンジニアリング ‥‥‥‥‥ 363, 511 | | |
| 日立脱硝装置開発グループ ‥‥‥‥‥‥‥‥‥‥ | 108 | |
| 日立ツール ‥‥‥‥‥ 359, 362 | | |
| 日立テクノエンジニアリング ‥‥‥‥‥‥‥‥‥ | 136 | |
| 日立デジタル平凡社 ‥‥‥ | 522 | |
| 日立電子 ‥‥‥‥‥ 446, 488 | | |
| 日立電子超小型FPU開発グループ ‥‥‥‥‥‥‥ | 489 | |
| 日立電子放送技術開発協議会第2ディジタル機器測定法作業班 ‥‥‥‥‥ | 489 | |
| 日立電線 ‥‥‥‥‥‥‥ | 357 | |
| 日立電力機電開発研究所火力機械第1部 ‥‥‥‥ | 390 | |
| 日立東京エレクトロニクス ‥‥‥‥‥‥‥‥‥‥ | 358 | |
| 日立ハイテクノロジーズ ‥‥‥‥‥ 103, 279, 282, 362 | | |
| 日立ハイテクフィールディング ‥‥‥‥‥‥‥‥ | 103 | |
| 日立ビアメカニクス ‥‥‥ | 279 | |
| 日立フェライト電子 ‥‥‥ | 360 | |
| 日立プラント建設 ‥‥‥‥ | 109 | |
| 日立プラント建設集塵装置事業部 ‥‥‥‥‥‥ | 107 | |
| 日立プラントテクノロジー ‥‥‥‥‥‥‥ 112, 365 | | |
| 日立マイクロソフトウェアシステムズ ‥‥‥‥‥ | 519 | |
| 日立マクセル ‥‥‥‥‥‥ | 284 | |
| 日立メディコ ‥‥ 116, 117, 278, 279, 282, 283, 322, 359, 364 | | |
| 日立レントゲン ‥‥‥‥‥ | 356 | |
| 飛騨庭石 ‥‥‥‥‥‥‥‥ | 113 | |
| 飛騨フォレスト ‥‥‥‥‥ | 313 | |
| ビッグ・エッグ ‥‥‥‥‥ | 144 | |
| ビッグひな祭り(第15回) ‥‥‥‥‥‥‥‥‥‥‥ | 578 | |
| 肥爪 彰夫 ‥‥‥‥‥‥‥ | 58 | |
| ビデオステーションキュー ‥‥‥‥‥‥‥‥‥‥ | 564 | |
| ビデオチャンプ ‥‥‥‥‥ | 559 | |
| ビデオテック ‥‥‥‥‥‥ | 330 | |
| ビデオテックスセンター ‥‥‥‥‥‥‥‥‥‥‥ | 514 | |
| 秀島 誠 ‥‥‥‥‥‥‥‥ | 95 | |
| 秀島 保広 ‥‥‥‥‥‥‥ | 370 | |
| 人・自然・地球共生プロジェクト 温暖化予測第一課題研究グループ ‥‥‥‥ | 168 | |
| 一杉機械製作所 ‥‥‥‥ | 132 | |
| 人に優しいラジオ研究開発グループ ‥‥‥‥‥‥ | 492 | |
| 人吉球磨広域行政組合 ‥‥ | 543 | |
| 日永 康 ‥‥‥‥‥‥‥‥ | 86 | |
| 日向 康吉 ‥‥‥‥ 175, 223 | | |
| 日沼 州司 ‥‥‥‥‥‥‥ | 175 | |
| 日野 晃博 ‥‥‥‥‥‥‥ | 526 | |
| 日野 真吾 ‥‥‥‥‥‥‥ | 162 | |
| 日野 政典 ‥‥‥‥‥‥‥ | 192 | |
| 日野 光興 ‥‥‥‥‥‥‥ | 77 | |
| 日野自動車工業 ‥‥‥‥ 109, 116, 118, 119, 130 | | |
| 日野原 重明 ‥‥‥ 424, 468 | | |
| 樋野本 宣秀 ‥‥‥‥‥‥ | 111 | |
| ビーバ ‥‥‥‥‥‥‥‥‥ | 139 | |
| 非破壊検査 ‥‥‥‥‥‥‥ | 16 | |
| 日機装 ‥‥‥‥‥‥‥‥‥ | 278 | |
| ビバリウム ‥‥‥‥‥‥‥ | 523 | |
| 日比 将市 ‥‥‥‥‥‥‥ | 325 | |
| 日比 忠明 ‥‥‥‥‥‥‥ | 225 | |
| BBテクノロジー ‥‥‥‥‥ | 526 | |
| 日比野 克彦 ‥‥‥‥‥‥ | 460 | |
| 日尾野 隆 ‥‥‥‥‥‥‥ | 246 | |
| 日比野 武蔵 ‥‥‥‥‥‥ | 55 | |
| 日比野設計 ‥‥‥‥‥‥‥ | 285 | |
| 日比野設計+幼児の城+医療法人社団健輝会 ‥‥‥ | 286 | |
| ヒビノテルパ ‥‥‥‥‥‥ | 142 | |
| 日比谷アメニス ‥‥‥‥ | 380 | |
| 日比谷花壇 ‥‥‥‥‥‥ | 323 | |
| 日プラ ‥‥‥‥‥‥ 22, 407 | | |
| ひまわりらいふ ‥‥‥‥‥ | 286 | |
| 日昔 吉邦 ‥‥‥ 470, 557, 574 | | |
| 日村 卓也 ‥‥‥‥‥‥‥ | 332 | |
| 姫路市 ‥‥‥‥‥‥‥‥‥ | 375 | |
| 姫路タキロン加工 ‥‥‥ | 309 | |
| 姫野 真佐久 ‥‥ 547, 548, 550 | | |
| 姫野 岳彦 ‥‥‥‥‥‥‥ | 127 | |
| 姫野 富治 ‥‥‥‥‥‥‥ | 453 | |
| 姫野 明氏 ‥‥‥‥‥‥‥ | 162 | |
| 樋本 勲 ‥‥‥‥‥‥‥‥ | 53 | |
| 檜山 茂樹 ‥‥‥‥‥‥‥ | 534 | |
| 檜山 義夫 ‥‥‥‥‥‥‥ | 215 | |
| 檜山工業 ‥‥‥‥‥‥‥‥ | 24 | |
| 冷牟田 正太 ‥‥‥‥‥‥ | 237 | |
| 日向 方斉 ‥‥‥‥‥ 25, 30 | | |
| ヒューテック ‥‥‥‥‥‥ | 135 | |
| 表現社 ‥‥‥‥‥‥‥‥‥ | 519 | |
| 兵庫県住宅供給公社 ‥‥ | 381 | |
| 兵庫県立コウノトリの郷公園 田園生態研究部 ‥‥‥ | 169 | |
| 兵庫県農政環境部環境創造局環境政策課 ‥‥‥‥ | 282 | |
| 兵庫県立工業技術センター ‥‥‥‥‥‥‥‥‥‥ | 131 | |
| 兵庫県立大学 自然・環境科学研究所 田園生態系 ‥‥‥‥‥‥‥‥‥ | 169 | |
| 氷点下の森 氷祭り(第30回) ‥‥‥‥‥‥‥‥‥ | 579 | |
| 兵藤 岳郎 ‥‥‥‥‥‥‥ | 325 | |
| 表面あらさ研究会 ‥‥‥ | 114 | |
| 日吉 健二 ‥‥‥‥‥‥‥ | 241 | |
| 日吉 弘測 ‥‥‥‥‥‥‥ | 483 | |
| 日吉町 ‥‥‥‥‥‥‥‥‥ | 424 | |
| 日吉屋 ‥‥‥‥‥‥‥‥‥ | 320 | |
| 平井 ‥‥‥‥‥‥‥‥‥‥ | 143 | |
| 平井 郁人 ‥‥‥‥‥‥‥ | 135 | |
| 平井 克彦 ‥‥‥‥‥‥‥ | 75 | |
| 平井 克哉 ‥‥‥‥‥‥‥ | 224 | |
| 平井 聖 ‥‥‥‥‥ 413, 418 | | |
| 平井 啓輔 ‥‥‥‥‥‥‥ | 337 | |
| 平井 敬蔵 ‥‥‥‥‥‥‥ | 217 | |
| 平井 健一 ‥‥‥‥‥‥‥ | 94 | |
| 平井 公一 ‥‥‥‥‥‥‥ | 156 | |
| 平井 慎一 ‥‥‥‥‥‥‥ | 194 | |
| 平井 孝雄 ‥‥‥‥‥‥‥ | 261 | |
| 平井 堯 ‥‥‥‥‥‥‥‥ | 419 | |
| 平居 孝之 ‥‥‥‥‥‥‥ | 419 | |
| 平井 勤 ‥‥‥‥‥‥‥‥ | 134 | |
| 平井 敏雄 ‥‥‥‥‥‥‥ | 54 | |
| 平井 敏郎 ‥‥‥‥‥‥‥ | 340 | |
| 平井 元 ‥‥‥‥‥‥‥‥ | 92 | |
| 平井 始 ‥‥‥‥‥‥‥‥ | 529 | |
| 平井 久志 ‥‥‥‥‥‥‥ | 507 | |
| 平井 宏明 ‥‥‥‥‥‥‥ | 192 | |
| 平井 寛 ‥‥‥‥‥‥‥‥ | 548 | |
| 平井 正哉 ‥‥‥‥‥‥‥ | 123 | |
| 平井 由紀子 ‥‥‥‥‥‥ | 37 | |
| 平井 洋治 ‥‥‥‥‥‥‥ | 97 | |
| 平石 亜希子 ‥‥‥‥‥‥ | 248 | |
| 平石 哲士 ‥‥‥‥‥‥‥ | 127 | |
| 平石 はるか ‥‥‥‥‥‥ | 261 | |
| 平石 久広 ‥‥‥‥‥‥‥ | 422 | |
| 平石 順久 ‥‥‥‥‥‥‥ | 90 | |
| 平出 貴也 ‥‥‥‥‥‥‥ | 263 | |
| 平岩 外四 ‥‥‥‥‥‥‥ | 30 | |
| 平谷 淳伺 ‥‥‥‥‥‥‥ | 369 | |
| 平尾 章成 ‥‥‥‥‥‥‥ | 348 | |
| 平尾 収 ‥‥‥‥‥‥‥‥ | 334 | |
| 平尾 隆行 ‥‥‥‥‥‥‥ | 369 | |
| 平尾 知士 ‥‥‥‥‥‥‥ | 246 | |
| 平尾 守 ‥‥‥‥‥‥‥‥ | 88 | |
| 平尾 泰男 ‥‥‥‥‥‥‥ | 172 | |
| 平岡 直輝 ‥‥‥‥‥‥‥ | 125 | |
| 平岡 久 ‥‥‥‥‥‥‥‥ | 70 | |
| 平岡 比与志 ‥‥‥‥‥‥ | 537 | |

| | | | | | |
|---|---|---|---|---|---|
| 平岡 正勝 | 108 | 平野 啓二 | 182 | 広江 彰 | 41 |
| 平岡 雅哉 | 269 | 平野 敬三 | 371 | 広川 泰士 | 573 |
| 平岡 泰博 | 569, 570, 573 | 平野 公一 | 569 | 広川 類 | 192 |
| 平岡 征男 | 480, 487 | 平野 孝一 | 88 | 尋木 好幸 | 368 |
| 平岡 好泰 | 441 | 平野 光太郎 | 440 | 広崎 可也 | 207 |
| 平賀 謙一 | 409 | 平野 浩太郎 | 254 | 廣澤 清 | 454, 455 |
| 平賀 潤 | 377 | 平野 聡 | 173 | 広沢 友章 | 346 |
| 平賀 貞太郎 | 90 | 平野 進 | 531 | 広沢 雅也 | 417 |
| 平賀 信孝 | 430 | 平野 立男 | 532 | 廣重 拓司 | 328 |
| 平賀 督基 | 45 | 平野 敏右 | 389 | 広島 龍夫 | 88, 94 |
| 平賀工業デザイン室 | 296, 298, 305 | 平野 友康 | 523 | 広島 通 | 531 |
| 平川 顕名 | 53 | 平野 紀夫 | 436 | 広島建設コンサルタント | 379 |
| 平川 透徹 | 545 | 平野 均 | 91 | 広島県立総合技術研究所 | 131 |
| 平川 紀道 | 252 | 平野 雅雄 | 372 | 広島市 | 445 |
| 平川 仁 | 182 | 平野 雅親 | 92 | 広島市都市計画局建築部 | 415 |
| 平木 敬 | 59 | 平野 正人 | 105 | 広島テレビ放送 | 566, 567 |
| 平木 隆年 | 109 | 平野 正浩 | 198 | 広島電鉄 | 312 |
| 平倉 章二 | 327, 328 | 平野 恭弘 | 235 | 廣末 浩 | 539 |
| 平倉 直子 | 383, 429 | 平野 幸久 | 95 | 広瀬 修 | 471 |
| 平坂 直人 | 338 | 平野デザイン設計 | 290, 298, 299, 300, 304, 307, 310, 314 | 広瀬 喜久司 | 67 |
| 平沢 豊 | 203 | 平林 健吾 | 371 | 広瀬 啓吉 | 59 |
| 平島 覚 | 205 | 平林 茂明 | 568 | 弘世 現 | 26 |
| 平嶋 成 | 253 | 平林 集 | 99 | 廣瀬 恵 | 538 |
| 平田 晃 | 239, 241 | 平林 貞治 | 331 | 広瀬 茂男 | 188, 189, 192 |
| 平田 喜大 | 247, 248 | 平林 洋志 | 60, 479 | 広瀬 隆 | 349 |
| 平田 健二郎 | 86 | 平林 真喜雄 | 481 | 広瀬 忠継 | 67 |
| 平田 定男 | 414 | 平林 裕冶 | 123 | 広瀬 哲也 | 438 |
| 平田 哲 | 326 | 平林 由紀子 | 99 | 広瀬 輝夫 | 87 |
| 平田 信二 | 87 | 平原 功 | 205 | 広瀬 昇 | 134 |
| 平田 種男 | 206, 230 | 平松 宏造 | 404 | 広瀬 春男 | 530 |
| 平田 健 | 531 | 平松 辰夫 | 93 | 広瀬 文雄 | 553 |
| 平田 哲夫 | 453 | 平松 真知子 | 340 | 広瀬 慎 | 306, 404 |
| 平田 秀樹 | 178 | 平松 守彦 | 518 | 広瀬 真人 | 175 |
| 平田 洋 | 94 | 平松 保城 | 402 | 広瀬 昌彦 | 436 |
| 平田 昌彦 | 213 | 平本 純章 | 348 | 廣瀬 正幸 | 80 |
| 平田 正紘 | 57 | 平山 克也 | 127 | 広瀬 光康 | 454 |
| 平田 光治 | 545 | 平山 詩芳 | 253 | 広瀬 保男 | 110 |
| 平田 実 | 370 | 平山 詳郎 | 78 | 廣瀬 豊 | 178 |
| 平田 森三 | 82, 151 | 平山 季藤 | 454, 455 | 広瀬 可恒 | 219 |
| 平田 泰久 | 189, 192 | 平山 善吉 | 422 | 広瀬 敬之 | 230 |
| 平田 吉彦 | 478 | 平山 備 | 352 | 広瀬鋼材産業 | 11 |
| 平田 嘉裕 | 69, 101 | 平山 嵩 | 408, 432 | 弘田 泉生 | 159 |
| 平竹 仁士 | 330 | 平山 秀樹 | 64 | 広田 栄一 | 86 |
| 平舘 美木 | 34 | 平山 浩樹 | 328 | 広田 憲一郎 | 533 |
| 平谷 康治 | 344 | 平山 誠 | 570 | 広田 信也 | 70, 344 |
| 平地 康剛 | 58 | 平山 雄三 | 494 | 広田 泰悠 | 569 |
| 平塚 加代子 | 257 | 平山 温 | 530 | 広田 哲也 | 94 |
| 平塚 啓悟 | 195 | 平湯 竜也 | 254 | 広田 智之 | 368, 369 |
| 平塚 真彦 | 157 | 平吉 功 | 211, 243 | 廣田 宣子 | 344 |
| 平塚 喜造 | 85 | 美笠建設第二土木部 | 383 | 広田 寿男 | 334 |
| 平戸 勝七 | 216 | 比留川 博久 | 192, 194 | 広田 秀憲 | 212 |
| 平戸 瑞穂 | 387 | 蛭田 浩義 | 104 | 廣田 倫央 | 261 |
| 平沼 康彦 | 31 | 昼馬 輝夫 | 27, 96 | 広田 美穂 | 410 |
| 平野 恭子 | 505 | 広 慶太郎 | 26 | | |
| 平野 敬三 | 461 | 広井 良典 | 5 | | |

| | | |
|---|---|---|
| 広田 康人 | ……………… | 9 |
| 広田 裕一 | ……………… | 378 |
| 広田 善晴 | ……………… | 366 |
| 広田 亮 | ……………… | 571 |
| 広田 亮一 | ……………… | 52, 502 |
| 廣谷 勝人 | ……………… | 384 |
| 弘津 健二 | ……………… | 188 |
| 広津 貞雄 | ……………… | 58 |
| HILOデザイン研究所 | ……… | 303 |
| 弘中 史子 | ……………… | 43 |
| 廣中 良臣 | ……………… | 347 |
| 広根 德太郎 | ……………… | 82 |
| 広橋 敏之 | ……………… | 90 |
| 広原 陽子 | ……………… | 159 |
| 広藤 雅俊 | ……………… | 368 |
| 廣部 祐司 | ……………… | 262 |
| 廣部 義夫 | ……………… | 179 |
| ヒロボー | ……………… | 20 |
| 広光 慎一 | ……………… | 190 |
| 廣村 正彰 | ……… | 350, 461 |
| ヒロモリ企画開発室 | ……… | 299 |
| 広安 博之 | ……………… | 341 |
| びわこ学園医療福祉センター 草津 | ……………… | 286 |
| 樋渡 涓二 | …… | 476, 485, 534 |

## 【ふ】

| | | |
|---|---|---|
| ファイン・バイオメディカル | …………… | 319, 464 |
| ファシリティソリューションズ | ……………… | 286 |
| ファースト・エンジニアリング | ……………… | 310 |
| ファーストリテイリング | ……………… | 9 |
| ファッション甲子園実行委員会 | ……………… | 407 |
| ファナック | ……… | 98, 101, 103, 117, 118, 119, 131, 135, 185, 278, 358, 359, 360, 361, 362, 363, 364, 365, 464, 465 |
| ファーネス重工 | ……………… | 144 |
| ファーマフーズ研究所 | ……… | 187 |
| ファム・ナム・ハイ | ……… | 160 |
| ファンタジスタ | ……………… | 150 |
| ファンワークス | ……………… | 526 |
| フィアット・アンド・アルファロメオ・モータース・ジャパン | ……………… | 397 |
| フィアット・オート・ジャパン | ……… | 398, 399 |
| フィアット グループ オートモービルズ ジャパン | ……………… | 401 |
| フィアラックス | ……………… | 148 |
| VHS開発グループ | ……… | 485 |
| フィグラ | ……………… | 140 |
| VTR一体型ハイビジョン超高感度カメラ開発グループ | ……………… | 493 |
| VTR自動編集開発グループ | ……………… | 484 |
| VTRテープ自動倉庫システム開発グループ | ……………… | 485 |
| フィリップスエレクトロノプティックス | ……………… | 277 |
| フィールド状態検出システム開発グループ | ……………… | 492 |
| フィンガルリンク | ……… | 320 |
| 不易糊工業 | ……………… | 322 |
| フェザー | ……………… | 322 |
| フェニックスバイオ | ……… | 187 |
| フェリシモ | ……………… | 285 |
| フォーク | ……………… | 330 |
| フォーサイス, ウィリアム | ……………… | 523 |
| フォスターアソシエイツ | ……………… | 171 |
| フォティーンフォティ技術研究所 | ……………… | 150 |
| フォード自動車日本 | … | 396, 397 |
| フォード・ジャパン・リミテッド | ……………… | 398 |
| フォトニックラティス | ……… | 149 |
| フォーラムエイト | ……………… | 511 |
| フォルクスワーゲン・アウディ日本 | ……………… | 397 |
| フォルクスワーゲン・グループ・ジャパン | ……… | 397, 398, 399, 400, 401 |
| フォルマ | ……………… | 297 |
| フォンタアジュ | ……………… | 294 |
| 深尾 康三 | ……………… | 125 |
| 深尾 昌一郎 | ……………… | 167 |
| 深尾 精一 | ……………… | 425 |
| 深尾 高行 | ……………… | 471 |
| 深川 繁治 | ……………… | 527 |
| 深川 正美 | ……………… | 110 |
| フガク工機 | ……………… | 139 |
| 深作 良範 | ……………… | 177 |
| 深沢 智巳 | ……… | 481, 491 |
| 深澤 知巳 | ……… | 483, 493 |
| 深沢 直人 | ……………… | 461 |
| 深澤 裕志 | ……… | 126, 182 |
| 深沢 万左友 | ……………… | 99 |
| 深栖 邦一 | ……………… | 482 |
| 深瀬 鋭次郎 | ……………… | 536 |
| 深田 和志 | ……………… | 123 |
| 深田 次郎 | ……………… | 575 |
| 深民 浩 | ……………… | 548 |
| 深津 俊三 | ……………… | 92 |
| 深津 文雄 | ……………… | 466 |
| 深野 彰 | ……………… | 100 |
| 深堀 敏夫 | ……………… | 65 |
| 深堀 光彦 | ……………… | 338 |
| 深町 昌俊 | ……………… | 339 |
| 深町 陸夫 | ……………… | 453 |
| 深見 順一 | ……………… | 220 |
| 深海 博明 | ……………… | 265 |
| 深海 浩 | ……………… | 222 |
| 深水 六郎 | ……………… | 528 |
| 深谷 和生 | ……………… | 571 |
| 深谷 克己 | ……………… | 345 |
| 深谷 重一 | ……………… | 105 |
| 深谷 崇史 | … | 250, 491, 492 |
| 深谷 昌次 | ……………… | 216 |
| 府川 伊三郎 | ……………… | 102 |
| 布川 剛 | ……………… | 92 |
| 吹上浜砂の祭典 | ……………… | 577 |
| 福井 惇 | ……………… | 501 |
| 福井 嘉吉 | ……………… | 85 |
| 福井 一夫 | ……… | 480, 481 |
| 福井 一弘 | ……………… | 366 |
| 福井 清春 | ……………… | 470 |
| 福井 健二 | ……………… | 348 |
| 福井 重郎 | ……………… | 227 |
| 福居 正治 | ……… | 469, 575 |
| 福井 次郎 | ……………… | 125 |
| 福井 貴宏 | ……………… | 370 |
| 福井 巧 | ……………… | 173 |
| 福井 威夫 | ……………… | 9, 71 |
| 福井 武 | ……………… | 55 |
| 福井 豊明 | ……………… | 338 |
| 福井 寿男 | ……………… | 54 |
| 福井 博俊 | ……………… | 269 |
| 福井 康人 | ……………… | 159 |
| 福井 幸男 | ……………… | 43 |
| 福井県営繕課 | ……………… | 423 |
| 福井県大野の水を考える会 | ……………… | 49 |
| 福井県勝山土木事務所 | ……… | 380 |
| 福井県環境科学センター | ……………… | 541 |
| 福井県工業技術センター | ……………… | 135 |
| 福井県土木部道路建設課 | ……………… | 380 |
| 福井光器 | ……………… | 16 |
| 福井製作所 | ……………… | 24 |
| 福井鋲螺 | ……………… | 18 |
| 福尾 幸一 | ……………… | 342 |
| 福岡 薫 | ……………… | 569 |
| 福岡 克也 | ……………… | 231 |

| | | |
|---|---|---|
| 福岡 南央子 ………… 350, 440 | 福田 神郎 ……… 89, 476, 478 | 福原 一美 …………… 192 |
| 福岡 伸典 ……………… 102 | 福田 敬爾 ……………… 65 | 福原 享一 …………… 502 |
| 福岡 博次 ……………… 412 | 福田 健二 ………… 52, 233 | 福原 啓二 …………… 367 |
| 福岡 泰宏 ……………… 190 | 福田 厚 ………………… 537 | 福原 賢二 …………… 379 |
| 福岡 陽平 ………………… 97 | 福田 繁雄 ……………… 459 | 福原 千絵 …………… 345 |
| 福岡県工業技術センター | 福田 重穂 ……………… 53 | 福原 輝幸 …………… 125 |
| …………………… 143 | 福田 淳 ………………… 342 | 福原 義春 ……… 7, 26, 47 |
| 福岡県八女土木事務所 …… 379 | 福田 俊一 ……………… 344 | 福間 英明 …………… 240 |
| 福岡県立アジア文化交流セ | 福田 舜一 ……………… 528 | 福間 崇志 ……………… 85 |
| ンター …………… 282 | 福田 仁郎 ……………… 216 | 福間 知之 …………… 265 |
| 福岡市 ………………… 514 | 福田 晴慶 ……………… 423 | 福光 昭二 …………… 366 |
| 福岡市交通局 ……… 278, 384 | 福田 隆 ………………… 367 | 福村 知明 …………… 156 |
| 福岡地所 ……………… 304 | 福田 隆之 ……………… 471 | 福村 直己 …………… 456 |
| 福岡市立壱岐南小学校 …… 281 | 福田 卓司 ……………… 328 | 福元 昭彦 …………… 481 |
| 福岡大学工学部 景観まちづ | 福田 武郎 ……………… 539 | 福元 浩二 …………… 347 |
| くり研究室 ……… 285 | 福田 忠彦 ………………… 58 | 福本 寿一郎 ………… 216 |
| 福岡放送技術局技術部 …… 492 | 福田 保 ………………… 94 | 福本 千尋 …………… 110 |
| 福川 裕一 ……………… 424 | 福田 太郎 ……………… 532 | 福本 哲也 …………… 368 |
| 復建調査設計 ………… 317 | 福田 承生 ……………… 91 | 福元 敏之 …………… 425 |
| 服崎 絢子 ……………… 371 | 福田 哲久 ……………… 264 | 福本 浩士 …………… 234 |
| 福崎 良雄 ……………… 101 | 福田 輝文 ……………… 480 | 福本 安正 …………… 207 |
| 福澤 勝広 ……………… 470 | 福田 敏男 ……………… 191 | 福元 福幸 …………… 125 |
| 福沢 空也 ……………… 53 | 福田 紀文 ………… 218, 227 | 福森 幹太 …………… 124 |
| 福士 孝聡 ……………… 371 | 福田 秀志 ……………… 234 | 福森 大二郎 ………… 523 |
| 福士 貞吉 ……………… 215 | 福田 浩 ………………… 476 | ふくや ………………… 19 |
| 福祉会富士みのり保育園 | 福田 文一 ……………… 55 | 福安 賢洋 …………… 546 |
| …………………… 285 | 福田 孫多 ……………… 242 | 福山 純也 …………… 190 |
| 福島 章雄 ………………… 64 | 福田 雅之 ……………… 489 | 福山 敏男 ……… 409, 432 |
| 福嶋 昭 ………………… 123 | 福田 昌義 ……………… 42 | 福山 肇 ……………… 488 |
| 福島 E.文彦 …………… 188 | 福田 水穂 ……………… 333 | 福山 正隆 …………… 212 |
| 福島 栄一 ……………… 532 | 福田 瑞盟子 …………… 125 | 福興 智 ……………… 125 |
| 福島 和義 ……………… 539 | 福田 光伸 ………… 70, 344 | 福和 伸夫 …………… 426 |
| 福島 清彦 ………………… 37 | 福田 光信 ……………… 109 | 福家 豊 ……………… 217 |
| 福嶋 健次 ……………… 380 | 福田 光之 ……………… 85 | 藤 健嗣 ………………… 46 |
| 福嶋 賢二 ……………… 249 | 福田 実 ………………… 531 | 冨士 仁 ……………… 178 |
| 福嶋 順一 ……………… 427 | 福田 陽子 ……………… 245 | フジアール 道具開発プロジ |
| 福嶋 信一郎 ……………… 99 | 福田 恭彬 ……………… 180 | ェクト …………… 483 |
| 福島 信之助 …………… 475 | 福田 喜伸 ……………… 371 | 藤井 章 ………………… 66 |
| 福島 政澄 ……………… 82 | 福田 良一 ……………… 408 | 藤井 映志 ……………… 73 |
| 福島 隆志 ……………… 205 | 福武 総一郎 ………… 26, 47 | 藤井 一明 …………… 508 |
| 福島 敏彦 ……………… 208 | フクダ電子 …………… 451 | 藤井 一市 …………… 528 |
| 福島 博 ………………… 318 | 福谷 格 ………………… 334 | 藤井 数雄 ……………… 82 |
| 福島 正弘 ……………… 571 | 福地 紀代司 …………… 366 | 藤井 邦義 ……………… 84 |
| 福島 祐二 ……………… 328 | 福地 二郎 ……………… 532 | 藤井 恵介 …………… 431 |
| 福島 理恵子 …………… 494 | 福富 勝夫 ……………… 57 | 藤井 啓太郎 ……… 403, 404 |
| 福島県 ………………… 565 | 福富 礼治郎 …………… 535 | 藤井 憲二 …………… 109 |
| 福島市河川課 ………… 379 | 福留 恵子 ……………… 38 | 藤井 幸治 …………… 441 |
| 福島製鋼 ……………… 130 | 福永 一夫 ……………… 218 | 藤井 茂 ………………… 40 |
| 福伸工業 ……………… 135 | 福永 和二 ……………… 107 | 藤井 順子 …………… 403 |
| 福田 章子 ……………… 125 | 福永 史朗 ……………… 90 | 藤井 正一 …………… 411 |
| 福田 昭光 ……………… 436 | 福永 剛 ………………… 123 | 藤井 昭吉 …………… 535 |
| 福田 朝生 ……………… 413 | 福永 秀雄 ……………… 189 | 藤井 進 ……………… 326 |
| 福田 敦 ………………… 43 | 福永 博俊 ……………… 68 | 藤井 拓巳 …………… 368 |
| 福田 宇平 ……………… 529 | 福永 伶二 ……………… 387 | 藤井 健 ……………… 160 |
| 福田 克正 ……………… 135 | 福西 七重 ………………… 8 | 藤井 達也 …………… 370 |
| 福田 桂 ………………… 264 | 福場 清正 ……………… 574 | 藤井 保 ……………… 461 |

| | | |
|---|---|---|
| 藤井 徹也 | ............... | 57, 99 |
| 藤井 俊樹 | ............... | 471 |
| 藤井 友位 | ............... | 539 |
| 藤井 一徳 | ............... | 127 |
| 藤井 尚史 | ............... | 308 |
| 藤井 秀昭 | ............... | 266 |
| 藤居 秀男 | ............... | 173 |
| 藤井 秀紀 | ............... | 348 |
| 藤井 弘明 | ............... | 105 |
| 藤井 博之 | ............... | 512 |
| 藤井 正明 | ............... | 64 |
| 藤井 雅則 | ............... | 110 |
| 藤井 政則 | ............... | 491 |
| 藤居 正規 | ............... | 204, 451 |
| 藤井 正視 | ............... | 454 |
| 藤井 マナブ | ............... | 261 |
| 藤井 約孝 | ............... | 81, 83 |
| 藤井 康正 | ............... | 263, 266 |
| 藤井 雄一 | ............... | 341 |
| 藤井 裕二 | ............... | 159 |
| 藤井 行雄 | ............... | 89 |
| 藤井 義典 | ............... | 218 |
| 藤井 義弘 | ............... | 26 |
| 藤井 義正 | ............... | 369 |
| 藤井 芳保 | ............... | 554, 572 |
| 藤井 亮介 | ............... | 474 |
| 藤居 良助 | ............... | 94 |
| 藤家 洋一 | ............... | 266 |
| 藤井合金製作所 | ............... | 13 |
| 藤石 修 | ............... | 470 |
| 藤井精密工業 | ............... | 136, 139 |
| 藤井電工 | ............... | 13 |
| フジ医療器 | ............... | 316 |
| 藤浦 貴保 | ............... | 371 |
| 藤江 和子 | ............... | 268 |
| 藤江 邦男 | ............... | 54 |
| 藤江 勉 | ............... | 188 |
| 藤江 正克 | ............... | 175, 188, 190, 195 |
| 藤尾 孝 | ............... | 445, 485 |
| 藤岡 晃 | ............... | 190 |
| 藤岡 千也 | ............... | 325 |
| 藤岡 健彦 | ............... | 337 |
| 藤岡 通夫 | ............... | 410 |
| 富士化学工業 | ............... | 356 |
| 藤掛 一郎 | ............... | 234 |
| 藤掛 英夫 | ............... | 481, 492 |
| 藤ヶ崎 義雄 | ............... | 436 |
| 富士化水工業 | ............... | 107 |
| 富士川 濯 | ............... | 215 |
| 藤川 貞夫 | ............... | 530 |
| 冨士川 俊輔 | ............... | 124, 429 |
| 藤川 隆男 | ............... | 94 |
| 藤川 卓爾 | ............... | 368 |
| 藤川 武敏 | ............... | 338 |
| 藤川 匡 | ............... | 341 |
| 藤川 寿男 | ............... | 423 |
| 藤川 敬人 | ............... | 127 |
| 藤川 裕晃 | ............... | 46 |
| 藤木 章 | ............... | 369 |
| 藤来 義門 | ............... | 551 |
| 藤木 淳 | ............... | 251, 252 |
| 藤木 俊三 | ............... | 88 |
| 伏木 富郎 | ............... | 533 |
| 藤木 直人 | ............... | 178 |
| 藤木 良規 | ............... | 56, 75 |
| フジキカイ | ............... | 136 |
| 富士機械製作所 | ............... | 11 |
| 富士機械製造 | ............... | 359 |
| 藤木工務店 | ............... | 562 |
| フジキン | ............... | 16, 131, 139 |
| 富士金属工作 | ............... | 357 |
| 藤倉 一三 | ............... | 405 |
| 藤倉 啓次郎 | ............... | 528 |
| 藤倉 序章 | ............... | 73 |
| 藤倉 峻 | ............... | 103 |
| 藤倉電線 | ............... | 85, 355 |
| フジクリーン工業 | ............... | 108, 111 |
| 富士工業 | ............... | 313 |
| 藤崎 博也 | ............... | 53 |
| 伏崎 弥三郎 | ............... | 385 |
| 藤澤 清 | ............... | 329 |
| 藤沢 順一 | ............... | 552 |
| 藤沢 信 | ............... | 475, 476, 545 |
| 藤沢 武夫 | ............... | 30 |
| 藤沢 徳善 | ............... | 84 |
| 藤澤 秀夫 | ............... | 233 |
| 藤澤 英也 | ............... | 347 |
| 藤沢 二次夫 | ............... | 93 |
| 藤沢 昌弥 | ............... | 366 |
| 藤澤 泰士 | ............... | 210 |
| 藤澤 伱彦 | ............... | 127 |
| 藤澤 義和 | ............... | 111, 339 |
| 藤沢 義武 | ............... | 244 |
| 藤沢市 | ............... | 541, 544 |
| 藤沢野焼祭(第30回) | ............... | 578 |
| 富士産機 | ............... | 355 |
| 藤下 章男 | ............... | 209 |
| 藤下 久 | ............... | 377 |
| 富士シート | ............... | 144 |
| 藤篠 純夫 | ............... | 222 |
| 藤島 | ............... | 149 |
| 藤島 昭 | ............... | 75 |
| 藤島 亥治郎 | ............... | 432 |
| 藤島 亀太郎 | ............... | 84 |
| 藤島 喬 | ............... | 326 |
| 富士写真光機 | ............... | 448, 481 |
| 富士写真工機 | ............... | 356 |
| 富士写真光機 プレシジョンフォーカスシステム開発グループ | ............... | 482 |
| 富士写真光機4板式ハイビジョンカメラ開発グループ | ............... | 490 |
| 富士写真光機TVレンズ防振装置開発グループ | ............... | 482 |
| 富士写真フイルム | ............... | 8, 117, 311, 323, 355, 357, 359, 360, 477, 478, 559 |
| 富士重工業 | ............... | 131, 394, 395, 396, 397, 398, 399, 400, 401, 464 |
| 富士スチール | ............... | 16 |
| 富士製鉄 | ............... | 114, 354 |
| 富士製鉄室蘭製鉄所 | ............... | 81 |
| 富士ゼロックス | ............... | 7, 49, 118, 119, 120, 169, 359, 360, 361, 362, 511, 563, 564 |
| 富士ゼロックス・エコマニュファクチャリング | ............... | 169 |
| 富士ゼロックス総合研究所工業デザイン研究室 | ............... | 290 |
| 富士ゼロックスヒューマンインターフェースアンドデザイン開発部 | ............... | 302 |
| 富士総合研究所経営情報部 | ............... | 41 |
| 富士総合設備 | ............... | 108 |
| 富士ソフトウェア | ............... | 510 |
| フジタ | ............... | 121, 122, 464 |
| 藤田 章雄 | ............... | 369 |
| 藤田 明次 | ............... | 366 |
| 藤田 篤史 | ............... | 352 |
| 藤田 篤志 | ............... | 159 |
| 藤田 栄吉 | ............... | 529 |
| 藤田 修 | ............... | 176 |
| 藤田 和男 | ............... | 391 |
| 藤田 京子 | ............... | 183 |
| 藤田 金一郎 | ............... | 409, 432 |
| 藤田 賢二 | ............... | 367 |
| 藤田 憲次郎 | ............... | 340 |
| 藤田 浩二 | ............... | 344 |
| 藤田 栄 | ............... | 439 |
| 藤田 紗代 | ............... | 406 |
| 藤田 茂 | ............... | 305 |
| 藤田 順一 | ............... | 57 |
| 藤田 純二 | ............... | 480 |
| 藤田 昌次郎 | ............... | 336 |
| 藤田 史郎 | ............... | 535 |
| 藤田 慎一 | ............... | 167 |
| 藤田 晴 | ............... | 4 |
| 藤田 大介 | ............... | 64 |
| 藤田 孝雄 | ............... | 536 |
| 藤田 隆夫 | ............... | 453 |
| 藤田 孝 | ............... | 123 |
| 藤田 努 | ............... | 55 |
| 藤田 照典 | ............... | 129 |

| | | |
|---|---|---|
| 藤田 田 …………… 27 | 富士通ファナック …… 92, | 藤間 章彦 …………… 124 |
| 藤田 徳子 …………… 34 | 115, 116, 133, 134, 357 | 藤前干潟を守る会 …… 49 |
| 藤田 利夫 …… 54, 58, 487 | 富士通マニュアル開発部 | 藤巻 忠之 …………… 535 |
| 藤田 敏子 …………… 33 | ………………………… 308 | 藤巻 正生 …………… 219 |
| 藤田 弘輝 …………… 348 | 富士通TEO制作技術チーム | フジマル工業商品開発部 |
| 藤田 宏 ……………… 437 | ………………………… 521 | ………………………… 289 |
| 藤田 浩久 …… 471, 557, 574 | 藤塚 健二 …………… 369 | 伏見 千尋 …………… 264 |
| 藤田 博美 …………… 208 | 藤塚 譲二 …………… 268 | 不二見セラミック …… 18 |
| 藤田 博之 …………… 60 | フジテレビジョン …… 446, | フジミック 放送ソリューシ |
| 藤田 不二男 ………… 70 | 447, 448, 478, 489, 503, | ョン部 …………… 482 |
| 藤田 峰隆 …………… 370 | 507, 508, 518, 519, 575 | 藤村 昭造 …………… 195 |
| 藤田 誠 ………… 342, 369 | フジテレビジョン・映像技術 | 藤村 武生 …………… 386 |
| 藤田 雅俊 …………… 377 | 部CG技術グループ … 492 | 藤村 毅 ……………… 495 |
| 藤田 正敏 …………… 438 | フジテレビジョン 回線セン | 藤村 宏幸 ………… 27, 47 |
| 藤田 雅博 …………… 190 | ター更新プロジェクト | 藤村 安志 …………… 535 |
| 藤田 昌宏 …………… 45 | ………………………… 494 | 藤本 育宏 …………… 366 |
| 藤田 正弘 …………… 189 | フジテレビジョン制作技術局 | 藤本 育弘 …………… 367 |
| 藤田 茂一 …………… 52 | 映像部 …………… 479 | 藤本 勲 ……………… 88 |
| 藤田 元造 …………… 89 | フジテレビジョン美術制作局 | 藤元 薫 ………… 385, 389 |
| 藤田 要助 …………… 532 | CGセンター ……… 519 | 藤本 一壽 …………… 113 |
| 藤田 好隆 …………… 346 | フジテレビジョンMU- | 藤本 一寿 …………… 426 |
| 藤田 欣裕 …………… 480 | SIC FAIR音声担当グルー | 藤本 賢一 …………… 471 |
| 藤田 芳康 …………… 442 | プ ………………… 570 | 藤本 弘次 …………… 110 |
| 藤田 吉之 …………… 160 | フジテレビOFDMプロジェ | 藤本 好司 …………… 53 |
| 富士ダイス ……… 11, 358 | クトグループ …… 491 | 藤本 宏三 …………… 569 |
| 藤田組 ……………… 414 | フジテレビSmart MUX開 | 藤本 純司 …………… 66 |
| 藤谷 弘樹 …………… 368 | 発チーム ………… 449 | 藤本 昭三 …………… 86 |
| 藤田ワークス ………… 24 | 富士電機 …… 184, 185, 277 | 藤本 真司 …………… 264 |
| 藤津 博 ……………… 387 | 富士電機システムズ …… 186 | 藤本 卓夫 …………… 574 |
| 富士通 ………… 8, 87, | 富士電機製造 ……… | 藤本 辰雄 …………… 182 |
| 91, 92, 93, 94, 97, 102, 114, | 133, 355, 356, 357 | 藤本 元 ……… 342, 345, 347 |
| 115, 116, 117, 118, 120, 131, | 富士電線工業 ………… 12 | 藤本 敬明 …………… 92 |
| 174, 183, 184, 185, 284, 286, | 富士電波工機 ……… 354 | 藤本 ひろみ ………… 557 |
| 309, 311, 355, 356, 358, 359, | 藤富 和良 …………… 182 | 藤本 昌也 …………… 381 |
| 360, 363, 364, 365, 464, 490, | 藤寅工業企画開発課 … 307 | 藤本 勝之 …………… 442 |
| 510, 511, 512, 517, 520, 523 | 藤永 元作 …………… 215 | 藤本 光昭 …………… 109 |
| 富士通オートメーション | 藤波 宏明 …………… 344 | 藤本 光生 …………… 192 |
| ………………… 131, 464 | 藤浪 喜久 …………… 102 | 藤本 実 ……………… 255 |
| 富士通カラーPDP開発グ | 藤沼 俊勝 …………… 379 | 藤本 盛久 ……… 411, 433 |
| ループ …………… 489 | 藤根 俊之 …………… 474 | 藤本 康雄 …………… 415 |
| 富士通カンタムデバイス | 藤野 和也 …………… 556 | 藤本 幸人 ……… 111, 177 |
| ………………………… 97 | 藤野 喜一 …………… 93 | 藤本 吉幸 …………… 244 |
| 富士通研究所 ……… 92, | 藤野 健一 …………… 123 | 藤森 明 ……………… 487 |
| 93, 97, 102, 118, 464 | 藤野 純一 …………… 263 | 藤森 幹治 …………… 110 |
| 富士通研究所MUSEデコー | 藤野 正三郎 ………… 4 | 藤森 照信 ……… 423, 425 |
| ダLSI研究開発グループ | 藤野 征一郎 ………… 405 | 藤森 秀男 …………… 300 |
| ………………………… 490 | 藤野 哲也 …………… 38 | 藤森 啓安 …………… 129 |
| 富士通信機 ………… 353 | 藤野 安彦 …………… 220 | 藤山 愛一郎 ………… 29 |
| 富士通信機製造 …… 355 | 藤野 米吉 …………… 90 | 藤山 和久 …………… 80 |
| 富士通ゼネラル …… 447 | フジノン ……… 483, 494 | 藤山 浩司 …………… 125 |
| 富士通総合デザイン研究所 | 藤幡 正樹 ……… 314, 521 | 藤好 昌生 …………… 546 |
| ………………………… 308 | フジパックシステム … 134 | 藤吉 好則 …………… 129 |
| 富士通ソーシアルサイエン | 藤林 晃夫 …………… 100 | プジョー・シトロエン・ジャ |
| スラボラトリ …… 510 | 藤林 寅吉 …………… 454 | ポン ………… 400, 401 |
| 富士通半導体事業本部 … 95 | 藤林 誠 ……………… 230 | プジョー・ジャポン … 399, 400 |
| | 富士ファニチア ……… 11 | フジワラ ……………… 146 |

| | | |
|---|---|---|
| 藤原 彰夫 | 215, 216 |
| 藤原 昭喜 | 192 |
| 藤原 恭司 | 110 |
| 藤原 清司 | 192 |
| 藤原 慶太 | 488 |
| 藤原 公策 | 220 |
| 藤原 茂喜 | 189 |
| 藤原 慈 | 384 |
| 藤原 淳二 | 56 |
| 藤原 大 | 312, 461 |
| 藤原 大介 | 160 |
| 藤原 武二 | 418 |
| 藤原 達雄 | 90 |
| 藤原 鉄弥 | 371 |
| 藤原 徹 | 471, 493 |
| 藤原 敏男 | 368 |
| 藤原 利光 | 105 |
| 藤原 知哉 | 69 |
| 藤原 伸行 | 188 |
| 藤原 昇 | 224 |
| 藤原 徳仁 | 371 |
| 藤原 久男 | 71 |
| 藤原 秀次郎 | 28 |
| 藤原 弘 | 57 |
| 藤原 浩純 | 305 |
| 藤原 浩幸 | 381 |
| 藤原 博之 | 181 |
| 冨士原 文隆 | 405 |
| 藤原 正明 | 535 |
| 藤原 正雄 | 480 |
| 藤原 勝 | 82 |
| 藤原 幹夫 | 346 |
| 藤原 光輝 | 413 |
| 藤原 康之 | 368 |
| 藤原 淑男 | 485 |
| 藤原 義幸 | 207 |
| 藤原 嘉朗 | 100 |
| 藤原醸機産業 | 13, 133 |
| フジワラテクノアート | 130 |
| 普請帳研究会 | 421 |
| 毒島 龍一 | 43 |
| 布施 正 | 203 |
| 布施 昇 | 88 |
| 布施 道夫 | 500 |
| 伏谷 伸宏 | 224 |
| フセラシ | 19 |
| 扶桑工機 | 21 |
| 布田 利雄 | 206 |
| 二井 一禎 | 234 |
| 二上製作所 | 318 |
| 二上鉄工所 | 132, 133 |
| 二川 幸夫 | 459 |
| 二木 亮 | 456 |
| 双葉エレクトロニクス | 146 |
| 二葉工業 | 481 |
| フタバコンサルタント | 121 |
| 双葉電子工業 | 361 |
| 二見 格男 | 530 |
| 二見 秀雄 | 409, 432 |
| 二タ村 森 | 387 |
| 二村 典宏 | 235 |
| 渕上 拳 | 557 |
| 復刊ドットコム | 542 |
| 古巣水辺公園愛護会 | 381 |
| 不動建設 | 121, 122, 425 |
| 舩岡 正光 | 168 |
| 船川 義正 | 104, 161, 163 |
| 船木 幸子 | 269 |
| フナキサチコケンチクセッケイジムショ・細矢仁建築設計事務所設計共同体 | 282 |
| 舟久保 利明 | 371 |
| 船越 三郎 | 293 |
| 船越 徹 | 418, 420 |
| 舟崎 光則 | 367 |
| 船迫 俊雄 | 125 |
| 船田 周 | 218 |
| 船津 一滿 | 532 |
| 舩津 重正 | 530 |
| 船津 文弥 | 255 |
| 船津 勝 | 218 |
| 舟渡 征男 | 490 |
| 舟橋 巖 | 418 |
| 舟橋 国男 | 422 |
| 舟橋 進一 | 98 |
| 船山 俊幸 | 105 |
| 不二精機 | 20 |
| 不二輸送機工業 | 11, 142, 278 |
| 舟ヶ崎 剛志 | 111 |
| 布野 修司 | 419 |
| 夫馬 豊治 | 366 |
| 冬頭 孝之 | 348 |
| 武陽ガス | 15, 456 |
| ブラザー工業 | 118 |
| ブラザー工業開発部プロダクトデザイングループ | 293 |
| ブラザー工業研究開発センターデザイングループ | 299 |
| プラス・アーツ | 284 |
| プラスワン | 515, 516 |
| プラマイゼロ | 318 |
| ブランキング, ジョナス | 311 |
| フランス・モーターズ | 397, 398 |
| プランニングネットワーク | 384 |
| フリーウエイ | 541 |
| ブリヂストン | 112, 358 |
| ブリヂストン液化ガス | 90 |
| ブリヂストンサイクル | 310 |
| ブリヂストンサイクル工業 | 86 |
| ブリヂストンタイヤ | 107 |
| 降幡 健一 | 339 |
| 降幡 広信 | 419 |
| 降籏 広行 | 172 |
| ブリプレス・センター | 462 |
| プリマックス | 146 |
| 降矢 恭子 | 35 |
| 降矢 桝次 | 568, 570 |
| プリンス自動車 | 354 |
| プリンス電機 | 146 |
| 古井 甫 | 216 |
| 古市 米雄 | 533 |
| フルウチ化学 | 146 |
| 古岡 清司 | 269 |
| 古角 文雄 | 93 |
| 古川 顕 | 5 |
| 古川 郁夫 | 259 |
| 古川 梅三郎 | 528 |
| 古川 修 | 334, 336, 411 |
| 古川 久三 | 302 |
| 古川 聖 | 314 |
| 古川 健一 | 528 |
| 古川 浩一 | 41 |
| 古川 和也 | 371 |
| 古川 祥智雄 | 260 |
| 古川 純康 | 103 |
| 古河 潤之助 | 76 |
| 古川 真 | 341 |
| 古河 建純 | 171 |
| 古川 敏治 | 105 |
| 古川 直子 | 351 |
| 古川 直宏 | 72 |
| 古川 恒 | 500 |
| 古川 秀樹 | 371 |
| 古川 裕久 | 421 |
| 古川 博康 | 438 |
| 古川 浩之 | 474 |
| 古川 衛 | 125 |
| 古川 満雄 | 531 |
| 古川 保典 | 77 |
| 古川 勇二 | 195 |
| 古川 良知 | 452 |
| 古河産機システムズ | 131 |
| 古川精機製作所 | 140 |
| 古河製作所 | 16 |
| 古河電気工業 | 85, 99, 356, 357 |
| 古堅 宗勝 | 99 |
| 古郡 人士 | 135 |
| 古越 隆信 | 234, 243 |
| 古阪 秀三 | 424 |
| 古坂 澄石 | 220 |
| ふるさと 百餅祭り（第25回） | 579 |
| 古沢 貞良 | 369 |

| | | |
|---|---|---|
| 古沢 友宜 | 65 | |
| 古沢 政生 | 335 | |
| 古澤 喜一 | 179 | |
| 古島 敏雄 | 216, 227 | |
| 古庄 章子 | 441 | |
| 古庄 源治 | 54 | |
| 古庄 晋二 | 177 | |
| 古庄 宏輔 | 332 | |
| 古性 裕之 | 344 | |
| フルスペックHDハイスピードカメラ開発グループ | 493 | |
| 古瀬 溢泰 | 59 | |
| 古瀬 利蔵 | 532 | |
| 古瀬 智裕 | 263 | |
| 古瀬 彰彦 | 438 | |
| 古田 喜市 | 533 | |
| 古田 智史 | 346 | |
| 古田 成史 | 351 | |
| 古田 祐司 | 523 | |
| 古田 裕司 | 516 | |
| 古田 裕香 | 351 | |
| 古田 義久 | 456 | |
| 古田 龍司 | 261 | |
| 古野 志健男 | 343 | |
| 古野 東州 | 230 | |
| 古野電気 | 10, 115, 121, 184 | |
| 古濱 和久 | 103 | |
| 古浜 庄一 | 337 | |
| フルブラ | 294 | |
| 古見沢 浩一 | 478 | |
| ブルーミング中西 | 316 | |
| 古本 次郎 | 75 | |
| 古谷 巌 | 52 | |
| 古谷 英治 | 352 | |
| 古谷 修 | 228 | |
| 古屋 一夫 | 61 | |
| 古屋 訓男 | 134 | |
| 降矢 憲一 | 4 | |
| 古谷 茂樹 | 336 | |
| 古屋 誠二郎 | 269 | |
| 古家 大悟 | 472 | |
| 古谷 尚 | 89 | |
| 古谷 立美 | 60 | |
| 古谷 哲郎 | 134 | |
| 古谷 誠章 | 429 | |
| 古谷 正裕 | 179 | |
| 古谷 稔 | 351, 352 | |
| 古屋 隆介 | 255 | |
| 古山 光一 | 572, 574 | |
| 古山 恒夫 | 547, 548, 568 | |
| プレイスメディア | 422 | |
| ブレイン | 149 | |
| ブレインビジョン | 187 | |
| プレシジョン・システム・サイエンス | 137, 142 | |
| フレッグインターナショナル | 321 | |
| フレックス | 19 | |
| フレーベル館 | 281, 284, 285, 287 | |
| プレミヤ映画製作スタッフ | 547 | |
| フレーム倍速駆動方式液晶テレビ開発グループ | 449 | |
| ブレーンベース | 149 | |
| ブロイド | 322 | |
| フロイント産業 | 140 | |
| プロクター・アンド・ギャンブル・ファー・イースト・インク | 7 | |
| プロサイド | 146 | |
| BROSTA TV合同会社 | 527 | |
| プロステップ | 149 | |
| プロダクション・アイジー | 526 | |
| プロダクションI.G | 525 | |
| プロダクトデザイン設計事務所 | 308 | |
| プロダクトマーケティングサービス | 285 | |
| プロダクトKデザイン事務所 | 295 | |
| プロペラ・アートワークス | 518 | |
| フロンティア・ラボ | 20 | |
| 不破 勲 | 366 | |
| 不破 隆 | 125 | |
| 不破 直秀 | 347 | |
| 不破 由晴 | 293 | |
| 文化学園 | 516 | |
| 文化・芸術による福武地域振興財団 | 330 | |
| 文化工房 | 561, 562, 563 | |
| 文化工房地域情報部 | 561 | |
| 文化財建造物保存技術協会 | 564 | |
| 文化庁 | 559, 562 | |
| 文化プロダクションズ | 558 | |
| Bunkamura | 374 | |
| 粉研 | 115, 116, 356 | |
| 文真堂 | 40, 42 | |
| ぶんぶく企画部 | 289 | |
| ブンリ工業 | 19 | |

【 へ 】

| | | |
|---|---|---|
| ベアック | 130 | |
| 平安コーポレーション | 18 | |
| 平安鉄工所 | 451 | |
| 兵神装備 | 317 | |
| 平成11年度ハイビジョンシティ・ソフト共同制作実行委員会 | 448 | |
| 平成6年度ハイビジョンソフト共同制作実行委員会 | 447 | |
| ベイテックシステムズ | 145 | |
| 兵道 義彦 | 343 | |
| 平凡社 | 522 | |
| 平野金属 | 115 | |
| 平野湟太郎デザイン研究室 | 315 | |
| 平和情報センター | 510 | |
| 平和精機工業開発部 | 292 | |
| 平和テクニカ | 146 | |
| ヘインズ, ロバート・A. | 476 | |
| ヘインボルド, インジャード | 256 | |
| 日置 興一郎 | 412 | |
| ベスタクス | 324 | |
| ベストプラス | 143 | |
| ペダーソン, D. | 497 | |
| 別所 俊彦 | 124, 172 | |
| 別府市建設部 | 380 | |
| ベテル | 144 | |
| 紅谷 愃一 | 549, 550, 552 | |
| ベニート, マヌエル | 403 | |
| ベニート, ミツコ | 403 | |
| ヘネガン, トム | 421 | |
| ヘネシー, ジョン・L. | 497 | |
| ベネッセコーポレーション小学生グローバル教育開発部 商品開発セクション | 285 | |
| 歴みち事業デザイン検討委員会 | 379 | |
| 部谷 京子 | 557 | |
| 戸来 幸男 | 160 | |
| ヘリコプター簡易自動追尾システム | 491 | |
| ベリーニ, クラウディオ | 313 | |
| ベリーニ, マリオ | 289, 313 | |
| ベル開発 | 20 | |
| ベルシステム24 | 523 | |
| ヘルスケア基盤整備事業推進コンソーシアム | 544 | |
| ヘルツ | 146 | |
| ヘルツォーク, ジャック | 427 | |
| ベルマート | 15 | |
| ヘンシュ 貴雄 | 163 | |
| 編集ロボットの開発グループ | 492 | |
| ぺんてる | 321 | |

ぺんてるデザイン研究室
............ 291, 293, 307
辺見 秀逸 ............... 502

【ほ】

帆足 勝利 ............... 480
ボイジャー ...... 511, 522, 524
ボイル、ウィラード・S. ... 497
鳳 誠三郎 ................ 81
報映産業 ........... 481, 482
坊垣 和明 ............... 124
宝角デザイン ............ 301
放課後NPOアフタースクール .............. 284
寶月 岱造 ............... 226
防災科学技術研究所 ...... 282
防災科学技術研究所実大三次元震動破壊実験施設（E-ディフェンス）の開発運用チーム ........... 164
宝示戸 恒夫 ............. 377
宝珠山 治 ............... 163
宝諸 幸男 ............... 333
北城 恪太郎 ........... 27, 30
北條 泰之 ............... 440
北条 吉彦 ............... 573
北条 蓮英 ............... 40
寶角 光伸 ............... 314
寶角 睦 ................. 314
豊精密工業 ......... 114, 136
放送映像サブグループ ..... 479
放送映像の認識・合成技術開発グループ ............ 490
放送音楽文化振興会 ...... 446
放送用小形文字発生装置開発グループ ............ 485
房総IT推進協議会（NPO） .................. 543
放電精密加工研究所 .. 131, 563
報道局映像部 ............ 573
報道局取材撮影部 ........ 471
報道局取材スタッフ ...... 572
望山 洋 ................. 189
朋来鉄工所 .............. 13
法律文化社 .............. 40
法隆寺 .................. 446
豊和工業 ................ 88
朴木 実 ................. 533
ホーキイ商品企画部 ...... 296
墨運堂 .................. 285
北越工業 ................ 115
北後 寿 ................. 416
北芝電機 ................ 135

北商 .................... 16
ホクショウデザイン室 .... 303
北房ぶり市 .............. 578
北陽産業技術部技術課 .... 305
北陽電機 ................ 464
北陸化成工業所 .......... 22
北陸先端科学技術大学院大学 ............ 142, 542
呆け老人をかかえる家族の会 .................. 468
鉾井 修一 ............... 422
ホーコス ...... 21, 137, 276, 364
鉾館 俊之 ............... 72
保坂 勇 ................. 476
保坂 誠 ............. 26, 419
保志 ................... 13
星 昌 ................... 365
星 健太 ................. 522
星 忠一 ................. 453
星 冬四郎 ............... 218
星 博彦 ................. 345
星 正也 ................. 535
星合 正治 ............... 527
干川 圭吾 ............ 74, 94
星川 政雄 ............... 539
保科 幸信 ............... 436
星野 勲雄 ............... 294
星野 和夫 ............... 58
星野 和志 ............... 367
星野 一憲 ............... 188
星野 茂 ................. 313
星野 昌一 ............... 408
星野 泰三 ............... 182
星野 千里 ............... 333
星野 敏雄 ............... 82
星野 久雄 ............... 204
星野 由紀子 ............. 188
星野 佳路 ............... 382
星野 力男 ............... 538
星野楽器 ................ 21
星野物産 ................ 450
星の都絵本大賞 .......... 577
穂積 重友 ............... 388
穂積 信夫 ............... 415
細井 敬 ................. 180
細井 卓二 ............... 87
細井工作所 ...... 115, 357, 450
細内光機 ................ 481
細江 勲夫 ............... 299
細江 政弘 ............... 54
細川 功 ................. 66
細川 純 ............. 61, 108
細川 哲一 ............... 176
細川 直吉 ............... 91
細川 速美 ............... 200
細川 陽一郎 ............. 200

細川 悦利 ............... 533
細川 吉晴 ............... 213
細川工作所 .............. 132
ホソカワ粉体技術研究所 .................. 187
ホソカワミクロン ........ 120, 131, 136
細田 喜六郎 ............. 88
細田 達雄 ........... 218, 227
細田 昇 ................. 571
細田 裕美 ............... 252
細田 守 ................. 526
細野 明義 ............... 224
細野 秀雄 ...... 61, 160, 164
細野 洋司 ............... 368
細谷 克己 ............... 476
細谷 巌 ................. 459
細矢 憲 ................. 109
細谷 満 ................. 344
細谷 陽一 ............... 483
細山田 文男 ............. 212
穂高電気工事 ............ 327
保立 和夫 ............... 62
保知 昌 ................. 179
襃地 伸治 ............... 111
北海点字図書館 .......... 311
北海道雨竜町 ............ 561
北海道映像記録 ...... 559, 560, 561, 563, 564
北海道開発農機 .......... 12
北海道家庭学校 .......... 466
北海道上湧別町 .......... 520
北海道空港 .............. 286
北海道グリーンファンド .................. 49
北海道札幌土木現業所 .... 381
北海道札幌土木現業所千歳出張所 ............... 380
北海道様似町 ............ 560
北海道システム・サイエンス ..................... 187
北海道情報サービス .. 514, 517
北海道新十津川町 ........ 559
北海道新聞社 ............ 499, 503, 505, 508
北海道新聞社銀のしずく取材班 .................. 504
北海道新聞社公費乱用取材班 .................... 506
北海道新聞連絡部 ........ 499
北海道銑鉄鋳物工業組合 .................. 135
北海道治山協会 .......... 562
北海道電力 .............. 108
北海道農業研究センター・道立根釧農業試験場寒地向

## ほつか

き飼料用トウモロコシ育
　種グループ ‥‥‥‥‥ 214
北海道放送 ‥‥‥‥‥‥ 576
北海道放送技術局 ‥‥‥ 493
北海道放送報道制作局制作
　技術部 ‥‥‥‥‥‥ 489
北海道松前町 ‥‥‥‥‥ 560
北海道立林業試験場森林資
　源部育種科 ‥‥‥‥‥ 209
北海道旅客鉄道 ‥‥ 113, 321
北海道林業試験場ブナ更新
　研究グループ ‥‥‥‥ 209
北海道林木育種協会 ‥‥ 246
北海バネ ‥‥‥‥ 15, 139
北計工業 ‥‥‥‥‥‥ 314
北興化工機 ‥‥‥‥‥‥ 14
堀田 庄三 ‥‥‥‥‥‥ 25
堀田 力 ‥‥‥‥‥‥‥ 30
堀田 正生 ‥‥‥‥‥‥ 70
發田 真人 ‥‥‥‥‥‥ 508
堀田 擁喜 ‥‥‥‥‥‥ 243
堀田 泰寛 ‥‥‥‥‥‥ 552
「ホッタラケの島」制作スタ
　ッフ ‥‥‥‥‥‥‥ 473
「ホッタラケの島～遥と魔法
　の鏡～」製作委員会 ‥ 527
発地 豊 ‥‥‥‥‥‥‥ 370
保土谷化学工業 ‥‥‥‥ 87
ホットワイアード・ジャパン
　推進協議会 ‥‥‥‥‥ 522
ホテルオークラ ‥‥‥‥‥ 7
穂波 信雄 ‥‥‥‥‥‥ 240
ポニー ‥‥‥‥‥ 513, 514
ポニーキャニオン
　‥‥‥‥‥‥ 515, 516, 518
ボーネルンド ‥‥‥‥‥ 285
ホームコネクター ‥‥‥ 140
ホームメディア ‥‥‥‥ 285
梅干野 晁 ‥‥‥‥ 327, 429
ホーユー ‥‥‥‥‥‥‥ 15
ポーライト ‥‥‥‥‥‥ 140
ポーラ伝統文化振興財団
　‥‥‥‥‥‥‥‥‥‥ 563
堀 昭男 ‥‥‥‥‥‥‥ 71
堀 章男 ‥‥‥‥‥‥‥‥ 7
堀 明宏 ‥‥‥‥ 175, 480, 481
堀 勝義 ‥‥‥‥‥‥‥ 55
堀 啓二 ‥‥‥‥‥‥‥ 327
堀 憲一郎 ‥‥‥‥‥‥ 528
堀 重雄 ‥‥‥‥‥‥‥ 337
堀 澄也 ‥‥‥‥‥‥‥ 76
堀 高夫 ‥‥‥‥‥‥‥ 231
堀 武志 ‥‥‥‥‥‥‥ 471
堀 勇良 ‥‥‥‥‥‥‥ 427
堀 正 ‥‥‥‥‥‥‥‥ 529
堀 富博 ‥‥‥‥‥‥‥ 429

堀 長生 ‥‥‥‥‥‥‥ 126
堀 紀幸 ‥‥‥‥‥ 405, 406
堀 仁 ‥‥‥‥‥‥‥‥ 438
堀 浩道 ‥‥‥‥‥‥‥ 135
堀 康史 ‥‥‥‥‥ 254, 373
堀 雄一 ‥‥‥‥‥‥‥ 529
堀 隆一 ‥‥‥‥‥‥‥ 95
堀井 一夫 ‥‥‥‥‥‥ 53
堀井 清之 ‥‥‥‥‥‥ 66
堀井 将太 ‥‥‥‥‥‥ 260
堀井 光雄 ‥‥‥‥‥‥ 343
堀井 雄二 ‥‥‥‥‥‥ 525
堀内 一路 ‥‥‥‥‥‥ 558
堀内 亨一 ‥‥‥‥‥‥ 412
堀内 清治 ‥‥‥‥‥ 417, 434
堀内 奎三郎 ‥‥‥‥‥ 501
堀内 慶治 ‥‥‥‥‥‥ 436
堀内 三郎 ‥‥‥‥‥‥ 415
堀内 茂木 ‥‥‥‥ 164, 181
堀内 孝雄 ‥‥‥‥‥‥ 231
堀内 健文 ‥‥‥‥‥‥ 78
堀内 平八郎 ‥‥‥‥‥ 74
堀内 良 ‥‥‥‥‥‥‥ 84
堀江 薫 ‥‥‥‥‥‥‥ 345
堀江 悟郎 ‥‥‥‥‥‥ 412
堀江 孝男 ‥‥‥‥‥‥ 366
堀江 武 ‥‥‥‥‥‥‥ 224
堀江 恒行 ‥‥‥‥‥‥ 345
堀江 恒之 ‥‥‥‥‥‥ 71
堀江 貞治郎 ‥‥‥‥‥ 527
堀江 昇 ‥‥‥‥‥‥‥ 57
堀江 則俊 ‥‥‥‥‥‥ 368
堀江 康熙 ‥‥‥‥‥‥ 43
堀江 保宏 ‥‥‥‥‥‥ 220
堀尾 敦史 ‥‥‥‥‥‥ 491
堀尾 公秀 ‥‥‥‥‥‥ 111
堀尾 正己 ‥‥‥‥‥‥ 441
堀尾 正靭 ‥‥‥‥‥‥ 388
堀尾 光広 ‥‥‥‥‥ 240, 241
堀川 一夫 ‥‥‥‥‥‥ 535
堀川 晋 ‥‥‥‥‥‥‥ 327
堀川 昌行 ‥‥‥‥‥‥ 88
堀川 吉彦 ‥‥‥‥‥‥ 381
堀川に屋根付き橋をかくっか
　い実行委員会 ‥‥‥‥ 383
堀木 エリ子 ‥‥‥‥ 33, 441
堀切 忠義 ‥‥‥‥‥‥ 437
堀口 彰 ‥‥‥‥‥‥‥ 85
堀口 捨己 ‥‥‥‥‥ 409, 432
堀口 信 ‥‥‥‥‥‥‥ 481
堀口 真志 ‥‥‥‥‥‥ 129
堀熊 三郎 ‥‥‥‥ 74, 475
掘越 弘毅 ‥‥‥‥ 55, 58, 92
堀越 鉄蔵 ‥‥‥‥‥‥ 530
堀越 哲美 ‥‥‥‥‥‥ 420
堀越 英嗣 ‥‥‥‥‥ 381, 430

堀越 昌章 ‥‥‥‥‥‥ 41
堀篭 功 ‥‥‥‥‥‥‥ 574
堀篭 登喜雄 ‥‥‥‥‥ 76
ポリゴン・ピクチュアズ
　‥‥‥‥‥‥‥‥ 517, 520
ホリゾン・インターナショナ
　ル ‥‥‥‥‥‥‥‥ 137
ホリティック ‥‥‥‥‥ 142
堀野 文孝 ‥‥‥‥‥‥ 179
堀之内 克年 ‥‥‥‥ 338, 341
堀場 厚 ‥‥‥‥‥‥‥ 75
堀場 弘 ‥‥‥‥‥‥‥ 423
堀場 雅夫 ‥‥‥‥‥ 8, 47
堀端 治夫 ‥‥‥‥‥‥ 239
堀部 喜学 ‥‥‥‥‥‥ 372
ボルボ・カーズ・ジャパン
　‥‥‥‥ 396, 398, 399, 400, 401
ホロン ‥‥‥‥‥‥‥ 21
本阿弥光悦マルチメディア展
　示プロジェクト実行委員
　会 ‥‥‥‥‥‥‥‥ 524
本宮 達也 ‥‥‥‥‥‥ 108
本沢 養樹 ‥‥‥‥‥‥ 343
本山製作所 ‥‥‥‥‥‥ 10
本州四国連絡橋公団
　‥‥‥‥‥‥ 184, 560, 561
本州四国連絡橋公団第一管
　理局 ‥‥‥‥‥‥‥ 562
本州四国連絡橋公団第二建
　設局 ‥‥‥‥‥‥‥ 559
本州四国連絡橋公団垂水工
　事事務所 ‥‥‥‥‥ 170
本州製紙 ‥‥‥‥‥ 87, 92
本城 和彦 ‥‥‥‥‥‥ 433
本庄 正則 ‥‥‥‥‥‥ 27
ボンズ ‥‥‥‥‥‥‥ 526
本田 昭四 ‥‥‥‥‥‥ 419
本田 旭 ‥‥‥‥‥‥‥ 93
本田 一男 ‥‥‥‥‥‥ 103
本田 希美 ‥‥‥‥‥‥ 158
本田 国昭 ‥‥‥‥‥‥ 79
本田 啓二 ‥‥‥‥‥‥ 574
本多 健司 ‥‥‥‥‥‥ 345
本多 幸太郎 ‥‥‥‥‥ 156
本田 繁 ‥‥‥‥‥‥‥ 108
本多 静雄 ‥‥‥‥‥‥ 527
本田 聖二 ‥‥‥‥‥‥ 338
本田 宗一郎
　‥‥‥‥‥ 25, 28, 30, 47, 458
本田 敬 ‥‥‥‥‥‥‥ 261
本田 孜 ‥‥‥‥‥‥‥ 469
誉田 登 ‥‥‥‥‥‥‥ 72
本多 英晴 ‥‥‥‥‥‥ 570
本多 英昌 ‥‥‥‥‥‥ 386
本多 藤雄 ‥‥‥‥‥‥ 227
本田 昌実 ‥‥‥‥‥‥ 172

| | | |
|---|---|---|
| 本田 正巳 | ………… | 489 |
| 本田 守 | ………… | 388 |
| 本多 元吉 | ………… | 530 |
| 本多 庸郎 | ………… | 163 |
| 本多 洋三 | ………… | 569 |
| 本田 義信 | ………… | 467 |
| 本台 進 | ………… | 41 |
| ホンダエンジニアリング | | |
| | ……… 94, 96, 117, 118, 120 | |
| 本田技研工業 | ………… 6, 98, | |
| | 310, 312, 319, 321, 322, 323, | |
| | 356, 362, 375, 394, 395, 396, | |
| | 397, 398, 399, 400, 401, 459 | |
| 本田技研工業鈴鹿製作所 | | |
| | ………………………… | 107 |
| 本田技術研究所 | ……… | |
| | 114, 118, 289, 295 | |
| 本田技術研究所 朝霞研究所 | | |
| 第6設計ブロック | …… | 310 |
| 本田技術研究所朝霞東研究 | | |
| 所 | …………………… | 240 |
| 本田工務店 | ………… | 309 |
| 本多電子 | ………… | 23 |
| 本多プラス | ………… | 441 |
| 本藤 祐樹 | ………… | 392 |
| 本間 昭雄 | ………… | 466 |
| 本間 章彦 | ………… | 156 |
| 本間 克弘 | ………… | 379 |
| 本間 喜美雄 | ………… | 551 |
| 本間 健太郎 | ………… | 251 |
| 本間 光太郎 | ………… | 505 |
| 本間 勉 | ………… | 52 |
| 本間 秀夫 | ………… 134, 535 | |
| 本間 雅雄 | ………… | 536 |
| 本間 正剛 | ………… | 538 |
| 本間 睦 | ………… | 327 |
| 本間 保男 | ………… | 54 |
| 本間 康文 | ………… | 491 |
| 奔流中国 | ………… | 330 |

**【ま】**

| | | |
|---|---|---|
| マイウッド・ツー | ……… | 145 |
| 真家 賢治 | ………… | 528 |
| 真家 直三郎 | ………… | 528 |
| マイクロエミッション | … | 149 |
| マイクロエムズ | ……… | 145 |
| MICROMVカムコーダー開 | | |
| 発グループ | ………… | 492 |
| マイクロエレクトロニクス | | |
| 研究所 | ……………… | 479 |
| マイクロジェニックス | … | 464 |
| マイクロソフト | ……… | 510 |

| | | |
|---|---|---|
| マイクロテック・ラボラト | | |
| リー | ……………… | 149 |
| マイクロニクス | ……… | 22 |
| マイクロフィルター | …… | 141 |
| マイクロフォーサム | …… | 147 |
| マイクロブレイン | ……… | 149 |
| マイケルソフト社 | ……… | 254 |
| 米谷 美久 | ………… | 298 |
| 毎日映画社 | ………… | 508, |
| | 547, 559, 560, 561, 563, 564 | |
| 毎日新聞大阪本社「無保険の | | |
| 子」取材班 | ………… | 509 |
| 毎日新聞社 | ………… | 317, |
| | 500, 504, 505, 506, 564 | |
| 毎日新聞社旧石器遺跡取材 | | |
| 班 | ……………………… | 507 |
| 毎日新聞社東京本社 | …… | 501 |
| 毎日新聞社編集局 | ……… | 500 |
| 毎日新聞西部本社 | … 500, 508 | |
| 毎日新聞東京本社 | ……… 500, | |
| | 503, 504, 507, 508 | |
| 毎日新聞東京本社アウンサ | | |
| ンスーチー取材グループ | | |
| | ………………………… | 506 |
| 毎日新聞東京本社印刷局 | | |
| | ………………………… | 499 |
| 毎日新聞東京本社社会部 | | |
| | ………………………… | 499 |
| 毎日新聞東京本社編集局 | | |
| | ………………………… | 500 |
| 毎日世界ニューススタッフ | | |
| | ………………………… | 545 |
| 毎日放送 | ………… | 314, |
| | 446, 478, 488, 526, 568, 576 | |
| 毎日放送音声グループ | … | 480 |
| 毎日放送技術管理部 | …… | 489 |
| マウラー、ロバート D. | … | 498 |
| 前 一廣 | ………… | 389 |
| 前 孝一 | ………… 123, 125 | |
| 前川 格 | ………… | 182 |
| 前川 一之 | ………… | 219 |
| 前川 勝良 | ………… | 205 |
| 前川 清石 | ………… | 189 |
| 前川 国男 | ………… | 409, |
| | 410, 411, 412, 432 | |
| 前川 定文 | ………… | 94 |
| 前川 滋樹 | ………… | 111 |
| 前川 純一 | ………… | 412 |
| 前川 春雄 | ………… | 30 |
| 前川 英樹 | ………… | 447 |
| 前川 正雄 | ………… | 31 |
| 前川 道郎 | ………… | 416 |
| 前川 康 | ………… 124, 429 | |
| 前河 涌典 | ………… 385, 387 | |
| 前川 良雄 | ………… 81, 83 | |
| 前川製作所 | ………… 7, 137, 390 | |

| | | |
|---|---|---|
| 前川電気 | ………… | 465 |
| 前澤 隆英 | ………… | 455 |
| 前田 章 | ………… | 263 |
| 前田 格 | ………… 377, 382 | |
| 前田 和美 | ………… | 224 |
| 前田 勝之助 | ………… | 26 |
| 前田 勝己 | ………… | 572 |
| 前田 勝美 | ………… 72, 103 | |
| 前田 喜久男 | ………… | 537 |
| 前田 啓介 | ………… | 327 |
| 前田 憲一 | ………… | 151 |
| 前田 研治 | ………… | 127 |
| 前田 貢作 | ………… | 472 |
| 前田 光治 | ………… | 534 |
| 前田 悟 | ………… | 175 |
| 前田 三郎 | ………… | 531 |
| 前田 ジョン | ………… 461, 519 | |
| 前田 新造 | ………… | 27 |
| 前田 進 | ………… | 222 |
| 前田 善太郎 | ………… | 531 |
| 前田 泰三 | ………… | 86 |
| 前田 尚志 | ………… | 66 |
| 前田 隆 | ………… | 480 |
| 前田 武志 | ………… | 198 |
| 前田 忠直 | ………… | 420 |
| 前田 千秋 | ………… | 243 |
| 前田 禎三 | ………… 81, 232, 234 | |
| 前田 哲 | ………… | 327 |
| 前田 哲志 | ………… | 480 |
| 前田 照信 | ………… | 176 |
| 前田 敏男 | ………… 409, 432 | |
| 前田 俊秀 | ………… | 522 |
| 前田 敏也 | ………… | 124 |
| 前田 直彦 | ………… | 105 |
| 前田 一 | ………… | 29 |
| 前田 英樹 | ………… | 441 |
| 前田 宏 | ………… | 126 |
| 前田 弘 | ………… | 77 |
| 前田 裕史 | ………… | 189 |
| 前田 雅量 | ………… | 245 |
| 前田 正子 | ………… | 38 |
| 前田 昌之 | ………… | 192 |
| 前田 又三郎 | ………… | 300 |
| 前田 又兵衛 | ………… | 375 |
| 前田 幹夫 | ………… 59, 474 | |
| 前田 満 | ………… | 231 |
| 前田 泰史 | ………… | 168 |
| 前田 雄介 | ………… | 191 |
| 前田 行夫 | ………… | 538 |
| 前田 義秀 | ………… | 339 |
| 前田 米造 | ………… | 550 |
| 前田機工 | ………… | 143 |
| 前田建設工業 | ……… 122, 184, 442 | |
| 前田工繊 | ………… | 144 |
| 前田道路 | ………… | 121 |
| 前田土建工業 | ………… | 318 |

| | | | | | |
|---|---|---|---|---|---|
| 前野 隆司 | 190 | 牧野フライス製作所 | 101, 114, 115, 116, 117, 118, 119, 135, 136, 183, 278, 279, 280, 360, 361 | 益尾 興 | 536 |
| 前林 治郎 | 335 | | | 増尾 隆幸 | 473 |
| 前原 翔一 | 441 | | | 増尾 秀男 | 532 |
| 前原 恒泰 | 377 | | | 舛岡 富士雄 | 68 |
| 前原 秀行 | 85 | 槙原 靖 | 191 | 増岡 洋一 | 380 |
| 前本 貴宏 | 345 | 牧村 征雄 | 365 | 益川 三良 | 83 |
| 前山 光史 | 369 | 牧本 次生 | 52 | 益子 修 | 439 |
| 籠 恵介 | 483 | 牧山 武一 | 539 | 増子 孝義 | 213 |
| 真壁 英樹 | 92 | 牧山 正男 | 242 | 益子 博志 | 127 |
| 真壁 実 | 27 | 満久 崇麿 | 220 | 益子 美明 | 83 |
| マーカーレストラッキングシステム「DRAGON」開発チーム | 483 | マクシス | 521 | 増沢 力 | 219 |
| | | マクチェスニー, ジョン B. | 498 | 増沢 俊也 | 155 |
| | | | | 増沢 広朗 | 196 |
| 牧 章 | 65 | 幕張ベイタウン事業推進組織 | 312 | 増沢 広 | 536 |
| 牧 敦 | 101, 178 | | | 増沢 洵 | 415 |
| 牧 喜代子 | 404 | 幕張ベイタウン住宅事業者グループ | 312 | 増島 三樹男 | 530 |
| 牧 賢次 | 332 | | | 増田 栄二 | 368 |
| 真木 太一 | 224 | マークマン | 560 | 増田 かおり | 36 |
| 牧 隆泰 | 217 | マクロス製作委員会 | 526 | 枡田 一明 | 105 |
| 槙 文彦 | 411, 417, 433 | マコー | 23 | 増田 一眞 | 124 |
| 牧 冬彦 | 74 | 馬越 伊右衛門 | 74 | 増田 幸一郎 | 155 |
| 真木 正雄 | 529 | 馬越 龍二 | 339 | 増田 耕治 | 135 |
| 真木 芳助 | 212 | 正井 一夫 | 172 | 益田 重華 | 410 |
| 槙井 浩一 | 162 | 真坂 一彦 | 235 | 益田 穣司 | 59 |
| 牧絵 義尚 | 536 | 柾川 由紀夫 | 436 | 増田 正三 | 237 |
| マキエンタープライズ | 143 | 正木 剛太郎 | 55 | 増田 澄夫 | 227 |
| 槙尾 信芳 | 159 | 正木 進三 | 224 | 増田 閃一 | 435 |
| 牧口 一二 | 468 | 正木 徹 | 469, 569, 572, 573 | 増田 千次郎 | 424 |
| 真喜志 好一 | 420 | 真崎 尚忠 | 528 | 増田 崇雄 | 66 |
| 牧島 亮男 | 56 | 正木 信之 | 105 | 増田 孝人 | 80 |
| 槙総合計画事務所 | 417 | 真崎 仁詩 | 71 | 増田 俊夫 | 76 |
| 牧田 淳二 | 378 | 眞崎 文雄 | 435 | 増田 富雄 | 72 |
| 牧田 匡史 | 346 | 正木 萬平 | 32 | 増田 久夫 | 207 |
| 牧田 東一 | 38 | 正木 みゆき | 161 | 増田 文治 | 134 |
| 牧田 光広 | 82 | 正木 凌 | 547, 548 | 増田 美智雄 | 55 |
| 巻田 源久 | 206 | 正木 良三 | 182 | 増田 悦章 | 551 |
| 牧田 康雄 | 532 | 政國 梓 | 257 | 益田 善雄 | 51 |
| 牧野 英二 | 240 | 政田 寛 | 453 | 増田 義郎 | 332 |
| 牧野 佐二郎 | 151 | 正橋 三津夫 | 205 | 益田 芳徳 | 403 |
| 牧野 滋 | 71 | 正光 亜実 | 260 | 桝田 佳寛 | 425 |
| 牧野 詔一 | 540 | 正本 順三 | 65, 95 | マスダック | 280 |
| 牧野 純夫 | 82, 87 | 益居 健 | 92 | マスタープラン | 295 |
| 牧野 常造 | 47 | 真重 卓雄 | 87 | 増永 一三 | 435 |
| 牧野 鉄雄 | 484, 490 | 益子 佳奈 | 441 | 益永 貴広 | 462 |
| 牧野 尚夫 | 392 | 益子 稍 | 529 | 増永眼鏡 | 314 |
| 牧野 宏 | 95 | 益子 仁 | 479 | 増野 和彦 | 209 |
| 牧野 浩 | 372 | 真下 彦 | 423 | 枡野 俊明 | 379 |
| 牧野 将子 | 373 | 真下 正夫 | 93 | 増原 宏 | 200 |
| 牧野 雅哉 | 484, 494 | 間下 光行 | 438 | 鱒淵 健 | 125 |
| 牧野 正幸 | 512 | 馬島 寛治 | 92 | 増渕 忍 | 207 |
| 牧野 康夫 | 532 | 真島 恵吾 | 474 | 増淵 正三 | 52 |
| 牧野 雄一 | 87 | 真島 理一郎 | 525 | 増淵 俊夫 | 378 |
| 牧野 又三郎 | 74, 530 | 真下 育久 | 230 | 増本 健 | 129 |
| 牧野 由明 | 65 | マージン測定装置の開発グループ | 493 | 桝本 晃章 | 9 |
| 牧野竪フライス | 353 | | | 増本 安雄 | 570 |
| | | 増井 清 | 215 | 増山 和夫 | 294 |

| | | | | | |
|---|---|---|---|---|---|
| 増山 勇 | 87 | 松井 正実 | 241 | 松岡 純 | 154 |
| 間瀬 喜好 | 531 | 松井 眞澄 | 538 | 松岡 準志 | 495 |
| 間瀬 定明 | 91 | 松井 幹雄 | 377, 384 | 松岡 伸治 | 200 |
| 間瀬 拓人 | 249 | 松井 道夫 | 8 | 松岡 拓公雄 | 381, 430 |
| 間瀬 俊明 | 333 | 松井 光瑤 | 233 | 松岡 忠一 | 211, 217 |
| 間瀬 仁 | 481, 486, 491 | 松井 充 | 69 | 松岡 紀雄 | 7 |
| 間瀬 泰 | 341 | 松井 靖浩 | 346 | 松岡 敏光 | 347 |
| 間瀬田 正隆 | 574 | 松井 幸雄 | 341 | 松岡 英明 | 60 |
| 斑目 直方 | 537 | 松井 義明 | 437 | 松岡 英樹 | 344 |
| 斑目 力曠 | 27 | 松井 量 | 104 | 松岡 博 | 191 |
| 町 末男 | 78 | 松石 聡 | 159 | 松岡 信 | 334 |
| 待井 和博 | 367, 368 | 松石 秀明 | 368 | 松岡 美佳 | 371 |
| 町井 光吉 | 110 | 松井証券 | 542 | 松岡 道雄 | 87 |
| 町井 義生 | 268 | 松浦 暎志 | 487 | 松岡 行雄 | 90 |
| 町田 明登 | 80 | 松浦 邦男 | 411, 434 | 松岡 幸文 | 123 |
| 町田 和雄 | 189 | 松浦 恒久 | 124 | 松岡 讓 | 167 |
| 町田 勝太郎 | 527 | 松浦 久良 | 573 | 松岡 洋司 | 340 |
| 町田 勝彦 | 27, 47, 76 | 松浦 雅也 | 522 | 松岡 義郎 | 532 |
| 町田 勝己 | 96 | 松浦 宗孝 | 78 | 松尾橋梁 | 122 |
| 町田 恭一 | 339 | 松浦機械製作所 | 15, 185, 277, 278, 279, 280 | 松尾産業 | 136 |
| 町田 悟 | 402 | | | 松尾設計 | 384 |
| 町田 竹雄 | 436 | 松江 美枝子 | 402 | 松笠 功 | 535 |
| 町田 知誉 | 371 | 松江警察署 | 541 | 松方 正彦 | 390 |
| 町田 博祐 | 555, 557 | 松江市 | 544 | 松川 昌平 | 523, 524 |
| 町田 尚 | 342 | 松江市都市整備部街路公園課 | 378 | 松川 敏正 | 269 |
| 町田 雅雄 | 331 | | | 松木 敏行 | 99 |
| 町野 保 | 193 | マツオ アキコ | 252 | 松木 正人 | 110 |
| 町山 芳信 | 377 | 松尾 一郎 | 438 | 松木 洋忠 | 383 |
| 松井 魁 | 216 | 松尾 圭悟 | 157 | マックス開発部 | 293 |
| 松井 勇 | 86, 134, 428 | 松尾 謙一 | 56 | 松隈 正樹 | 182 |
| 松井 景明 | 161 | 松尾 浩平 | 78 | 松倉 定義 | 456 |
| 松井 和夫 | 54 | 松尾 聡子 | 250 | マッケ, ハンセン | 312 |
| 松井 勝彦 | 366 | 松尾 三郎 | 531 | 松坂 文夫 | 161 |
| 松井 今朝子 | 519 | 松尾 士郎 | 535 | 松坂 義正 | 466 |
| 松井 賢一 | 265, 266 | 松尾 真吾 | 259 | 松阪鉄工所 | 12, 139 |
| 松井 源吾 | 413, 421 | 松尾 誠太郎 | 94 | 松崎 晃 | 102 |
| 松井 駒治 | 438 | 松尾 隆 | 455 | 松崎 一彦 | 102 |
| 松井 貞良 | 88 | 松尾 孝嶺 | 216 | 松崎 純一 | 170 |
| 松井 淳一 | 500 | 松尾 高弘 | 251, 252 | 松崎 淳嗣 | 540 |
| 松井 祥記 | 134 | 松尾 伸樹 | 367 | 松崎 喬 | 377 |
| 松井 正二 | 88 | 松尾 寿之 | 172 | 松崎 幹男 | 175 |
| 松井 真一 | 176 | 松尾 舞 | 252 | 松崎 裕一 | 158 |
| 松井 新二郎 | 467 | 松尾 昌樹 | 237 | 松沢 健二 | 92 |
| 松井 隆 | 66 | 松尾 宗義 | 122 | 松沢 隆志 | 328, 382 |
| 松井 孝益 | 182 | 松尾 勇二 | 540 | 松沢 慶信 | 523 |
| 松井 健 | 222 | 松尾 雄介 | 264 | 松下 一郎 | 416 |
| 松井 千秋 | 418 | 松尾 陽 | 417 | 松下 勝昭 | 438 |
| 松井 徹哉 | 419 | 松尾 陽介 | 239 | 松下 喜一 | 410 |
| 松井 俊浩 | 190 | 松尾 芳徳 | 209 | 松下 清夫 | 433 |
| 松井 利光 | 92 | 松尾 好洋 | 557 | 松下 健太郎 | 254 |
| 松井 富雄 | 204 | 松岡 理 | 411, 434 | 松下 幸之助 | 25, 28, 30, 527 |
| 松井 信行 | 123 | 松岡 嵩 | 538 | 松下 祥子 | 157 |
| 松井 博 | 53 | 松岡 京一郎 | 58 | 松下 真一郎 | 105 |
| 松井 弘之 | 90 | 松岡 玄五 | 457 | 松下 宗一 | 341 |
| 松井 正澄 | 379 | 松岡 浩一 | 392 | 松下 卓 | 383 |
| 松井 正直 | 216 | 松岡 才二 | 158 | 松下 武幸 | 331 |

## まつし

| | |
|---|---|
| 松下　敏広 | 100 |
| 松下　英夫 | 334 |
| 松下　福松 | 51 |
| 松下　冨士雄 | 411 |
| 松下　義宣 | 336 |
| 松下技研 | 356, 357 |
| 松下寿電子工業 | 359 |
| 松下産業機器 | 133 |
| 松下住設機器商品開発センター | 289 |
| 松下住設機器デザインセンター | 291 |
| 松下エコシステムズ | 363 |
| 松下精工 | 96 |
| 松下精工換気空質事業部開発デザイングループ | 303 |
| 松下精工技術開発センターデザイン部 | 295 |
| 松下精工デザインセンター | 308 |
| 松下単管カラー撮像管ニューコスビコン開発グループ | 486 |
| 松下通信工業 | 276, 277, 321, 356, 359, 362, 510 |
| 松下通信工業デザインセンター | 300, 308 |
| 松下電器 | 447, 488, 489 |
| 松下電器アモルファスヘッド開発グループ | 487 |
| 松下電器カラー液晶開発グループ | 487 |
| 松下電器産業 | 7, 94, 96, 97, 99, 100, 102, 118, 174, 276, 309, 310, 312, 313, 315, 316, 318, 354, 355, 356, 357, 358, 359, 360, 361, 362, 363, 445, 446, 447, 481, 520 |
| 松下電器産業技術本部 | 93 |
| 松下電器産業ケーブルモデム開発チーム | 491 |
| 松下電器産業生産技術研究所乾電池事業部 | 88 |
| 松下電器産業生産技術本部 | 91, 95 |
| 松下電器産業総合デザインセンター制作部 | 308 |
| 松下電器産業中央研究所 | 356 |
| 松下電器産業テレビ本部デザイン部 | 290 |
| 松下電器産業電化デザイン部 | 302, 303 |
| 松下電気産業１／２インチディジタルVTR開発グループ | 480 |
| 松下電器産業パナソニックAVCネットワーク社システム事業グループシステムAVビジネスユニット | 482 |
| 松下電器産業パナソニックセンター東京 | 281 |
| 松下電器産業ビデオ事業部 | 95 |
| 松下電器産業無線研究所機構部品事業部 | 86 |
| 松下電器産業 メディアネットワーク事業グループ | 482 |
| 松下電器中央研究意匠部 | 458 |
| 松下電器D-5VTR開発グループ | 490 |
| 松下電器ディジタル光FPU装置開発グループ | 490 |
| 松下電器１／２インチコンポジットディジタルVTRの開発グループ | 489 |
| 松下電工 | 97, 98, 99, 101, 185, 278, 315, 321, 464, 541 |
| 松下電工IBS・配機A&Iデザイン室 | 308 |
| 松下電工住建事業本部デザイン室 | 295 |
| 松下電工住建デザイン室 | 298 |
| 松下電工照明A&Iデザイン室 | 308 |
| 松下電工設備A&Iデザイン室 | 300, 301 |
| 松下電工デザイン室 | 308 |
| 松下電子工業 | 94, 356, 360, 489 |
| 松下電子工業順次走査カメラ開発グループ | 481 |
| 松下電子工業半導体社 | 100 |
| 松下電子部品 | 97, 99, 311, 359 |
| 松下電送 | 184, 276 |
| 松下電送機器 | 356 |
| 松下電送システム | 174 |
| 松下電池工業 | 321, 363 |
| 松下電池工業デザイン室 | 290 |
| 松下電池工業デザインセンター | 300, 308 |
| 松下電池工業・無水銀アルカリ乾電池研究開発グループ | 167 |
| 松下冷機デザインセンター | 300, 305 |
| 松下冷機冷蔵庫事業部商品企画部デザイン室 | 295 |
| 松島　勇雄 | 412 |
| 松島　静雄 | 40 |
| 松島　省三 | 222, 226 |
| 松島　達男 | 123 |
| 松島　正儀 | 466 |
| 松島　正博 | 369 |
| 松島　正義 | 528 |
| 松島　稔 | 167 |
| 松島　裕一 | 200 |
| マツダ | 8, 97, 101, 117, 118, 119, 130, 131, 375, 395, 396, 397, 398, 399, 400, 401, 542 |
| 松田　明徳 | 257 |
| 松田　和雄 | 217 |
| 松田　健三郎 | 86 |
| 松田　光二 | 405 |
| 松田　考ını | 205 |
| 松田　三郎 | 435 |
| 松田　重箕 | 548 |
| 松田　修一 | 42 |
| 松田　昭一 | 57 |
| 松田　新市 | 88 |
| 松田　壽美子 | 36 |
| 松田　智明 | 226 |
| 松田　利三 | 535 |
| 松田　俊郎 | 70, 177 |
| 松田　富哲 | 529 |
| 松田　久 | 152 |
| 松田　藤夫 | 89 |
| 松田　正雄 | 371 |
| 松田　昌士 | 27 |
| 松田　貢 | 381 |
| 松田　美夜子 | 266 |
| 松田　元秀 | 155 |
| 松田　守弘 | 437, 438 |
| 松田　雄一 | 371 |
| 松田　賀勝 | 502 |
| 松田　徳巳 | 442 |
| 松田　佳之 | 348 |
| 松田　良一 | 236 |
| 松平　彩子 | 257 |
| 松谷　蒼一郎 | 416 |
| 松谷　義範 | 40 |
| 松谷製作所 | 17 |
| 松田平田 | 112 |
| 松田ポンプ製作所 | 450 |
| 松任　卓志 | 341 |
| 松永　明紘 | 462 |
| 松永　英一 | 493 |
| 松永　功介 | 478 |
| 松永　佐斗志 | 193 |
| 松中　昭一 | 221 |
| 松永　鑰助 | 81 |
| 松永　真一 | 343 |

| | | | |
|---|---|---|---|
| 松永 泰樹 | 404 | 松見 真一 | 470 |
| 松永 拓 | 325 | 松宮 敏之 | 471 |
| 松永 辰三 | 80 | 松村 勝男 | 459 |
| 松永 力 | 480 | 松村 潔 | 405 |
| 松永 俊明 | 105 | 松村 成泰 | 501 |
| 松永 宣明 | 42 | 松村 秀一 | 427 |
| 松永 久嗣 | 180 | 松村 司郎 | 52, 85 |
| 松永 久宏 | 127 | 松村 誠一郎 | 250 |
| 松永 裕之 | 420 | 松村 春記 | 99 |
| 松永 真 | 460 | 松村 秀夫 | 436 |
| 松永 誠 | 91 | 松村 英樹 | 380 |
| 松永 真理 | 497 | 松村 浩 | 55 |
| 松永 康佑 | 250 | 松村 浩司 | 384 |
| 松永 安光 | 328, 425 | 松村 浩由 | 161 |
| 松永 義憲 | 430 | 松村 文代 | 111 |
| 松永化学工業 | 15 | 松村 麻郁 | 373 |
| 松永製作所 | 142 | 松村 正幸 | 213 |
| 松波 康治 | 135 | 松村 雄次 | 389 |
| 松波 俊宣 | 190 | 松村 幸彦 | 391 |
| 松波 弘之 | 128 | 松村製作所 | 11 |
| 松沼 英雄 | 60 | 松本 功 | 336 |
| 松根 宗一 | 30 | 松本 泉 | 441 |
| 松尾 幸治 | 483 | 松本 香織 | 462 |
| 松野 清 | 477 | 松本 和宏 | 61 |
| 松野 繁 | 69 | 松本 和彦 | 61 |
| 松野 忠雄 | 473 | 松本 勝生 | 111 |
| 松野 裕二 | 370 | 松本 克成 | 111 |
| 松の木7号橋技術検討委員会 | 377 | 松本 喜十郎 | 530 |
| 松橋 章 | 454 | 松本 啓俊 | 417 |
| 松橋 達良 | 532 | 松本 敬信 | 386 |
| 松橋 常夫 | 435 | 松本 憲次 | 216 |
| 松橋 仁之 | 551 | 松本 弦人 | 520 |
| 松橋 隆治 | 262 | 松本 光平 | 419 |
| 松林 和彦 | 491 | 松本 幸輝久 | 532 |
| 松林 茂樹 | 269 | 松本 聡 | 211 |
| 松林 万里 | 477 | 松本 成樹 | 327 |
| 松林 嘉克 | 157 | 松本 繁幸 | 176 |
| 松原 出 | 439 | 松本 繁 | 454 |
| 松原 清 | 71, 74 | 松本 茂 | 469 |
| 松原 國師 | 197 | 松本 修一 | 347, 489, 492 |
| 松原 謙一 | 75 | 松本 淳一 | 383, 384 |
| 松原 健次 | 386 | 松本 俊哲 | 332 |
| 松原 悟朗 | 382 | 松本 伸 | 332 |
| 松原 茂夫 | 369 | 松本 伸一 | 8, 340 |
| 松原 滋 | 477 | 松本 誠也 | 26 |
| 松原 慎一 | 343 | 松本 高士 | 534 |
| 松原 貴明 | 473 | 松本 隆司 | 548, 549, 551, 552, 556 |
| 松原 武生 | 151 | 松本 巍 | 215 |
| 松原 利之 | 183 | 松本 達郎 | 220 |
| 松原 美義 | 532 | 松本 智汎 | 369 |
| 松藤 勝亮 | 538 | 松本 恒雄 | 574 |
| 松藤 恭介 | 332 | 松本 哲男 | 538 |
| 松藤 康司 | 107 | 松本 徹 | 477 |
| 松藤 泰典 | 419 | 松本 十九 | 435 |
| 松前 利幸 | 366 | 松本 敏一 | 370 |

| | |
|---|---|
| 松本 敏行 | 67 |
| 松本 知也 | 157 |
| 松本 直樹 | 102 |
| 松本 望 | 25 |
| 松本 展明 | 555 |
| 松本 信行 | 263 |
| 松本 元 | 59 |
| 松本 久弥 | 545 |
| 松本 英明 | 225 |
| 松本 秀夫 | 533 |
| 松本 仁 | 135 |
| 松本 洋 | 533 |
| 松本 文夫 | 523, 524 |
| 松本 誠 | 156 |
| 松本 正男 | 529 |
| 松本 正夫 | 535 |
| 松本 正義 | 77 |
| 松本 衛 | 416 |
| 松本 光昭 | 90 |
| 松本 充生 | 491 |
| 松本 満 | 539 |
| 松本 保男 | 479 |
| 松本 安太郎 | 477 |
| 松本 由衣 | 257 |
| まつもと ゆきひろ | 45, 165, 181 |
| 松本 行弘 | 170 |
| 松本 陽子 | 46 |
| 松本 吉央 | 189 |
| 松本 善臣 | 425 |
| 松本 芳郎 | 538 |
| 松本 亮一 | 182 |
| 松本機械製作所 | 132 |
| 松本公害防止工業 | 356 |
| 松本工業 | 316 |
| 松本・斎藤建設工事JV | 309 |
| 松屋 | 284 |
| 松屋銀座 | 461 |
| 松山 | 19, 240 |
| 松山 喜八郎 | 84 |
| 松山 繁美 | 351 |
| 松山 駿介 | 67, 100 |
| 松山 二郎 | 189 |
| 松山 善三 | 549 |
| 松山 崇 | 545 |
| 松山 芳治 | 81 |
| 松山 圭宏 | 538 |
| 松山石油化学 | 90, 184 |
| 松山・21世紀イベント ことばのちから2001 | 578 |
| 祭in大町・北安曇'97炎 | 577 |
| 的場 幹史 | 55 |
| 的場 ひろし | 524 |
| 的場 やすし | 524 |
| マナ | 451 |
| 間中 正雄 | 238, 239 |

| | | | | | | |
|---|---|---|---|---|---|---|
| 真鶴町立まなづる小学校 | | | マルマテクニカ | 464 | 三浦 達 | 159 |
| | | 285 | 丸茂 孝 | 545, 546 | 三浦 尚彦 | 244 |
| 学びing | | 148 | 丸本 卓哉 | 225 | 三浦 直康 | 483 |
| 真鍋 憲一 | | 155 | 丸安 隆和 | 151 | 三浦 成久 | 157 |
| 真部 高明 | | 60 | 丸山 央峰 | 192 | 三浦 登 | 332, 341 |
| 眞鍋 匠 | | 126 | 丸山 一幸 | 348 | 三浦 正勝 | 58 |
| 真鍋 達也 | | 370 | 丸山 幸平 | 231 | 三浦 道子 | 165 |
| 真鍋 恒博 | | 424 | 丸山 聡 | 404 | 三浦 光男 | 332 |
| 真鍋 勝 | | 228 | 丸山 修治 | 83 | 三浦 光雄 | 545, 546 |
| 真鍋 隆太 | | 371 | 丸山 進 | 61 | 三浦 祐貴 | 252, 373 |
| 間庭 愛信 | | 204 | 丸山 隆 | 486 | 三浦 裕二 | 108 |
| マネジメント社 | | 41 | 丸山 隆志 | 160 | 三浦 勇三 | 82 |
| 間野 重雄 | | 548 | 丸山 孜 | 436 | 三浦 洋介 | 327 |
| 真野 朝陽 | | 300 | 丸山 穀 | 235 | 美浦 義明 | 385 |
| 真野 利行 | | 134 | 丸山 照雄 | 66 | 三浦 礼 | 547 |
| 真野 利之 | | 154 | 丸山 利輔 | 224 | ミウラ化学装置 | 107, 114 |
| 間野 博行 | | 165 | 丸山 敏彦 | 110 | 三浦技術士事務所 | 140 |
| マヒンドラ アンド マヒンドラ 農業機械事業部 | | | 丸山 稔 | 40 | 三浦工業 | 186, 277, 323 |
| | | | 丸山 祐子 | 160 | 三重県 | 541 |
| | | 443 | 圓山 彬雄 | 326, 328 | 三重県環境汚染解析プロジェクトチーム | |
| 馬渕 豊 | | 346 | 丸山 好一 | 182 | | 107 |
| マミーアート商品開発部 | | | 丸山 芳治 | 222 | 三重県県土整備部住民参画室 | |
| | | 302 | 丸山 隆三郎 | 333 | | 381 |
| 間宮 清孝 | | 180 | 丸山製作所 | 239 | 三重野 陽子 | 405 |
| 真宮 靖治 | | 219, 231 | マルヨ水産 | 21 | ミカド家庭用品開発部 | 294 |
| マリーンテレコム | | 514 | マロッタ忍 | 257 | ミカドテクノス | 23 |
| 丸 淳子 | | 5 | 万永 昇 | 92 | 三上 幸一 | 62 |
| マルイ | | 144 | 万行 光男 | 86 | 三上 聡 | 384 |
| 丸池 納 | | 552 | 萬田 和彦 | 8 | 三上 隼也 | 254 |
| 丸石自転車企画部 | | 296 | 万代 治文 | 175 | 三上 進 | 232, 243 |
| 丸一 俊雄 | | 420 | マンテン | 12 | 見上 彪 | 223 |
| 丸尾 昭二 | | 189 | 政所 良行 | 346 | 三上 龍男 | 189 |
| 丸岡 啓二 | | 62 | 万年 英之 | 226 | 三神 強 | 575 |
| 丸川 一志 | | 174 | 万葉集全20巻朗唱の会 | 577 | 三上 外喜男 | 532 |
| マルキュー | | 20 | | | 三上 正弘 | 569 |
| マルコメ | | 19 | | | 三上 泰男 | 333 |
| 丸善石油 | | 90, 184 | 【み】 | | 三川 泉 | 180, 200 |
| 丸善ミシン | | 12 | | | 三川 充三郎 | 205 |
| 丸田 隆美 | | 88 | | | 三河 洋子 | 441 |
| 丸田 芳郎 | | 7, 26 | 三秋 尚 | 212 | 三木 功 | 365 |
| 丸田 好夫 | | 34 | 御池 | 563 | 三木 慶造 | 124 |
| 丸谷 武志 | | 337 | 三井所 清典 | 417 | 三木 隆雄 | 332 |
| Multi Format対応CCD Cameraの開発グループ | | | 三井田 逸朗 | 91 | 三木 正 | 308 |
| | | | 三井田 陞 | 55 | 三木 智宏 | 371 |
| | | 490 | 三浦 昭憲 | 71, 345 | 三木 則尚 | 189 |
| マルトー | | 358 | 三浦 恭志郎 | 239, 240 | 三木 文夫 | 499 |
| マルト長谷川工作所 | | 308 | 三浦 清洋 | 382 | 三木 正章 | 483 |
| マルト長谷川工作所研究開発部 | | | 三浦 邦彦 | 489 | 三木 康弘 | 45 |
| | | 292, 300, 303 | 三浦 賢治 | 424 | 美希刺繍工芸 | 147, 149 |
| 丸智工研 | | 451 | 三浦 健也 | 379 | 右田 伸彦 | 218, 229 |
| マルニ木工 | | 11 | 三浦 孝一 | 386, 391 | 三木谷 浩史 | 27, 44 |
| 丸野 真司 | | 508 | 三浦 聡 | 377, 378 | ミキハウス | 286 |
| 丸橋 大介 | | 69 | 三浦 秀一 | 66 | 三木プーリ技術部 | 303 |
| 丸八製茶場 | | 319 | 三浦 晶一郎 | 205 | 三国 宗良 | 301 |
| 丸紅 | | 563 | 三浦 真吾 | 486 | ミクニ・マキノ工業 | 130, 278 |
| マルマス機械 | | 240 | 三浦 隆未 | 347 | 御厨 健太 | 68, 101 |

| | | |
|---|---|---|
| ミクロン精密 ………… 18, 136, 141, 361 | 水下 照雄 ………… 530 | 水原 旭 ………… 408 |
| 御子柴 晃一 ………… 65 | 水島 宇三郎 ………… 216 | 水辺の会わたり ………… 379 |
| 御子柴 真澄 ………… 111 | 水島 光一 ………… 480 | 瑞穂医科工業 ………… 464 |
| 御子柴 真由美 ………… 36 | 水嶋 繁光 ………… 174 | 水町 勝利 ………… 494 |
| 御子柴 佑恭 ………… 86 | 水島 脩行 ………… 248, 249 | 水町 真砂子 ………… 404 |
| 美坂 佳助 ………… 92 | 水島 広雄 ………… 26 | ミスミ ………… 8 |
| 三崎 一郎 ………… 531 | 水島眼鏡 ………… 310 | 三角 和浩 ………… 493 |
| 見里 朝正 ………… 54, 218 | 水田 一久 ………… 440 | 三隅 説夫 ………… 8 |
| 三沢 俊司 ………… 59 | 水田 準一 ………… 341, 349 | 三角 岑生 ………… 538 |
| 三沢 千代治 ………… 47 | 水田 進 ………… 60 | 三住商事 ………… 17 |
| 三沢 輝彦 ………… 435 | 水田 泰次 ………… 370 | 水本 泉 ………… 367 |
| 三沢 誠 ………… 67, 204 | 水田 幸男 ………… 52 | 水山 高久 ………… 383 |
| 三沢 昌宏 ………… 346 | 水谷 英二 ………… 351 | 溝上 寛 ………… 95 |
| 三沢 正之 ………… 84 | 水谷 硯之 ………… 420 | 溝上 陽介 ………… 111 |
| 三沢 康彦 ………… 314 | 水谷 成彦 ………… 76 | 溝口 忠昭 ………… 387 |
| ミサワホーム ………… 284, 285, 309, 311, 321 | 水谷 集治 ………… 335 | 溝口 次夫 ………… 110 |
| ミサワホーム商品開発1部 ………… 304 | 水谷 照機 ………… 487, 494 | 溝口 寿孝 ………… 174 |
| ミサワホーム総合研究所 ………… 285 | 水谷 征機 ………… 93 | 溝下 義文 ………… 173 |
| ミサワホーム総合研究所太陽光発電研究開発グループ ………… 167 | 水谷 竜彦 ………… 346 | 溝尻光学工業所 ………… 141 |
| | 水谷 保 ………… 348 | 溝田 正志 ………… 125 |
| ミサワホーム部品開発部 ………… 304 | 水谷 七代 ………… 530 | 溝田工業 ………… 13 |
| | 水谷 浩 ………… 545, 548 | 御園生 雅郎 ………… 110 |
| 三品 和広 ………… 5 | 水谷 光男 ………… 422 | 三田 彰 ………… 430 |
| 三島 徹也 ………… 123 | 水谷 優孝 ………… 268 | 三田 勝茂 ………… 55 |
| 三島 昌彦 ………… 258 | 水谷 亮 ………… 183, 430 | 三田 繁 ………… 85 |
| 三島 松夫 ………… 82 | 水谷理美容鋏製作所 ………… 319 | 三田 修三 ………… 339 |
| 三島 康雄 ………… 203 | 水沼 守 ………… 88 | 三鷹光器 ………… 149, 407 |
| 三島 也守志 ………… 483, 556 | 水沼 勇次 ………… 99 | 三田工業 ………… 13 |
| 三島食品 ………… 17 | ミズノ ………… 8, 312, 524 | 三田出版会 ………… 42 |
| 三島ゆうすい会 ………… 379 | 水野 功 ………… 56 | 御舘 守 ………… 539 |
| 三栖 邦博 ………… 170 | 水野 一郎 ………… 309 | 三谷 明男 ………… 99 |
| 三須 俊彦 ………… 493 | 水野 要 ………… 6 | 三谷 勝哉 ………… 159 |
| 水出 喜多郎 ………… 268 | 水野 喬介 ………… 95 | 三谷 宏一 ………… 195 |
| 水内 郁夫 ………… 189 | 水野 研一 ………… 471 | 三谷 公二 ………… 62, 480 |
| 水エマルジョン燃料エンジン開発グループ ………… 168 | 水野 健二 ………… 537 | 三谷 俊彦 ………… 58 |
| | 水野 光一 ………… 109 | 三谷 典夫 ………… 122 |
| 水尾 安宏 ………… 530 | 水野 紘一 ………… 512 | 三谷 真紀 ………… 42 |
| 水落 洋行 ………… 72 | 水野 広大 ………… 248 | 三谷 誠 ………… 129 |
| 水上 洋一 ………… 205 | 水野 左武郎 ………… 529 | 三田村 一広 ………… 368, 369 |
| 水木 徹 ………… 369 | 水野 成夫 ………… 25 | 三田村 強 ………… 213 |
| 水口 将輝 ………… 158 | 水野 慎也 ………… 370 | 三田村 昇明 ………… 249 |
| 水口 俊則 ………… 72 | 水野 誠司 ………… 111 | 三田村 浩 ………… 124 |
| 水口 正昭 ………… 335 | 水野 太介 ………… 406 | 三田屋製作所 ………… 450 |
| 水口 保美 ………… 478 | 水野 武 ………… 40 | 御手洗 毅 ………… 47 |
| 水口 洋二 ………… 441 | 水野 年彦 ………… 256 | 御手洗 冨士夫 ……… 8, 27, 30, 47 |
| 水倉 泰治 ………… 239 | 水野 博司 ………… 403 | 道田 貞治 ………… 527 |
| 水越 ………… 285 | 水野 啓之 ………… 324 | 道場 信昌 ………… 124 |
| 水沢 慶太郎 ………… 532 | 水野 文夫 ………… 67 | 道寄 浩美 ………… 523 |
| 水資源開発公団 ………… 383 | 水野 史教 ………… 160 | 三井 逸友 ………… 41, 42 |
| 水資源開発公団日吉ダム建設所 ………… 424 | 水野 雅夫 ………… 480 | 三井 計夫 ………… 211 |
| | 水野 正之 ………… 70 | 三井 勝也 ………… 258 |
| | 水野 洋輔 ………… 161 | 三井 康平 ………… 75 |
| | 水野 吉一 ………… 340 | 三井 茂夫 ………… 106 |
| | 水之江 忠臣 ………… 459 | 三井 進午 ………… 217 |
| | 美津濃商品開発グラブセンター ………… 291 | 満井 喬 ………… 223 |
| | | 三井 寿雄 ………… 331 |

## みつい

| | |
|---|---|
| 三井 緑 | 311 |
| 三井 康徳 | 124 |
| 三井建設 | 121, 413 |
| 三井工作所 | 11 |
| 三石 庄一郎 | 534 |
| 三石 康志 | 344, 349 |
| 三井精機工業 | 279, 354 |
| 三井石炭液化 | 388, 389 |
| 三井造船 | 118, 122 |
| 三井東圧化学 | 94 |
| 三井物産 | 542 |
| 三井不動産 | 9, 281, 413, 428 |
| 三井不動産レジデンシャル | 281 |
| ミツウマ | 300 |
| 光岡 知足 | 219 |
| 光木 偉勝 | 108, 109 |
| ミツクラテックス | 444 |
| 光島 和子 | 404 |
| ミツトヨ | 313 |
| 光永 法明 | 191 |
| 光永 博文 | 195 |
| 光成 卓志 | 331 |
| 三成 真規子 | 256 |
| 三ツ野 真三郎 | 501 |
| 三野 徹 | 226 |
| 光野 有次 | 468 |
| 三橋 慶喜 | 56, 198 |
| 三橋 淳 | 220 |
| 三橋 規宏 | 45 |
| 三橋 龍郎 | 70 |
| 三ツ橋 徹朕 | 569 |
| 三橋 信郎 | 215 |
| 三橋 政次 | 482 |
| 光畑 由佳 | 37 |
| 三林 美雪 | 35 |
| 三菱鉛筆デザイン室 | 308 |
| 三菱化学 | 97, 99, 393 |
| 三菱化学産資 | 122 |
| 三菱ガス化学 | 97 |
| 三菱化成工業 | 83, 86, 88, 89, 91, 92, 93, 356, 388, 558 |
| 三菱化成テクノエンジニアズ | 93 |
| 三菱金属鉱業 | 114, 317 |
| 三菱広報委員会 | 8 |
| 三菱地所 | 319 |
| 三菱地所設計 | 429 |
| 三菱自動車工業 | 115, 117, 118, 119, 319, 361, 364, 394, 395, 396, 397, 398, 399, 400, 401 |
| 三菱重工業 | 6, 88, 89, 95, 98, 100, 103, 107, 114, 115, 116, 118, 122, 135, 184, 185, 186, 278, 279, 280, 321, 355, 357, 359, 363, 364, 391, 523, 558, 559, 560 |
| 三菱重工業原動機事業本部 | 390 |
| 三菱重工業高砂研究所 | 97 |
| 三菱重工業高砂製作所 | 97 |
| 三菱重工業長崎造船所艤装工作部 | 87 |
| 三菱重工地中建機 | 186 |
| 三菱重工プラスチックテクノロジー | 131, 279 |
| 三菱樹脂 | 107, 283 |
| 三菱商事プラスチック | 122 |
| 三菱スペース・ソフトウエア | 184, 186 |
| 三菱電機 | 7, 88, 89, 90, 94, 97, 101, 102, 104, 112, 115, 118, 119, 120, 130, 133, 134, 135, 174, 184, 185, 186, 276, 277, 278, 280, 282, 284, 313, 320, 322, 355, 357, 358, 359, 360, 361, 363, 364, 447, 489, 490, 515, 517, 520, 523 |
| 三菱電機稲沢製作所 | 85 |
| 三菱電機 H.264コーデック研究開発グループ | 450 |
| 三菱電機工業 | 277 |
| 三菱電機デザインセンター | 296 |
| 三菱電機特機システム | 465 |
| 三菱プレシジョン | 117, 184, 186, 363 |
| 三菱油化 | 86, 89 |
| 三菱横浜博綜合委員会 | 516 |
| 三菱レイヨン | 91, 93 |
| 三星刃物 | 298 |
| 三津間 希 | 181 |
| 三股 正年 | 211 |
| 光本 岳士 | 404 |
| 三矢 篤信 | 37 |
| 三野 昇 | 536 |
| 光山 壮志 | 177 |
| 水戸 郁夫 | 94, 199 |
| 水戸岡 鋭治 | 461 |
| 水戸菜園 | 320 |
| 三留 秀人 | 57 |
| 三友 護 | 56, 75, 171 |
| 三豊製作所 | 354 |
| 翠川 三郎 | 424 |
| ミドリ十字 | 90 |
| 緑電子企画室 | 294 |
| 緑と水の連絡会議 | 51 |
| 緑の地球ネットワーク | 50 |
| 薬袋 公明 | 422 |
| 南井 良一郎 | 413 |
| 南方 建明 | 43 |
| 南方 康 | 231, 234 |
| 三中西 信治 | 370 |
| 皆川 透 | 534 |
| 皆川 農弥 | 263 |
| 皆川 魔鬼子 | 460 |
| 皆川 正明 | 343, 348 |
| 皆川 昌紀 | 70 |
| 皆川 洋一 | 425 |
| 三奈木 義博 | 368 |
| 湊 才次郎 | 527 |
| 港 千尋 | 522 |
| 水俣フォーラム | 50 |
| ミナミ | 145 |
| 南 和夫 | 409 |
| 陽 捷行 | 108, 167, 223 |
| 南 享二 | 219 |
| 南 清志 | 337 |
| 南 兼一郎 | 173 |
| 南 宏一 | 420 |
| 南 昭三 | 89 |
| 南 真一 | 69 |
| 南 務 | 529 |
| 南 利貴 | 340 |
| 南 知幸 | 162 |
| 南 治樹 | 473 |
| 南 晴康 | 105 |
| 南 秀美 | 346 |
| 見波 弘志 | 160 |
| 南 博 | 90 |
| 南 政宏 | 325 |
| 三並 道俊 | 490 |
| 南 隆蔵 | 533 |
| 南阿蘇えほんのくに | 281 |
| 南小国町 | 320 |
| 南小国町役場 | 383 |
| 南出 昇一 | 135 |
| 南出 俊幸 | 366 |
| 南日本新聞社 | 503, 504, 506 |
| 南日本度器 | 297 |
| 南の島の星まつり(第2回) | 578 |
| 源 | 14 |
| 源 雅彦 | 190 |
| 三縄 一郎 | 545 |
| 嶺 一三 | 217 |
| 嶺 謙也 | 528 |
| 峰 久充 | 366 |
| 峰尾 芳男 | 475 |
| 峰岸 慎治 | 201 |
| 峯岸 晴正 | 337 |
| 嶺岸 義高 | 483 |
| 峯嶋 利之 | 540 |
| 峰製作所 | 13 |
| 峯田 建 | 328 |
| 峯田 宏之 | 371 |
| ミネ電業社 | 142 |

| | | |
|---|---|---|
| 峯村 陽一 ……………… 457 | 宮川 洋 ……………… 485 | 宮崎 二良 ……………… 133 |
| 峯吉 武志 ……………… 124 | 宮川工機 ……………… 133 | 宮崎 治郎衞門 ………… 133 |
| ミネルヴァ書房 … 40, 41, 42 | 宮城 角栄 ……………… 572 | 宮崎 勢四郎 …………… 84 |
| 三野 重和 ……………… 109 | 宮木 健吉 ……………… 486 | 宮崎 直 ………………… 82 |
| 三野 三夫 ……………… 479 | 宮城 俊作 ……………… 382 | 宮崎 毅 ………………… 325 |
| 美濃 羊輔 ……………… 212 | 宮城 布明 ……………… 155 | 宮崎 哲弥 ……………… 161 |
| 蓑田 泰治 ……………… 220 | 宮城 まり子 …………… 407 | 宮崎 照宣 ……………… 129 |
| 箕原 喜代美 …………… 205 | 宮城 光信 ……………… 59 | 宮崎 渚 ………………… 250 |
| 箕原 勉 ………………… 527 | 宮城県産業技術総合セン | 宮崎 駿 …………… 374, 473 |
| みのる産業 ………… 14, 240 | ター ……………… 284 | 宮崎 英樹 ……………… 190 |
| ミノルタ ………… 119, 360 | 宮城県林業試験場 ……… 243 | 宮崎 秀幸 ……………… 378 |
| ミノルタカメラ ………… 358 | 宮城島 勝也 …………… 536 | 宮崎 弘昭 ……………… 333 |
| ミノルタデザイン部 …… 308 | 宮北 啓 ………………… 237 | 宮崎 浩 ………… 268, 327 |
| 箕輪 聡 ………………… 344 | 宮北 孝敬 ……………… 478 | 宮崎 宏康 ……………… 260 |
| 美濃輪 智朗 … 109, 264, 392 | 宮木電機製作所 ………… 451 | 宮崎 宏之 ……………… 57 |
| 箕輪 光博 ……………… 225 | みやぎ村田町蔵の陶器市（第 | 宮崎 正和 ……………… 383 |
| 美濃和紙あかりアート展 | 6回）……………… 579 | 宮崎 正信 ……………… 546 |
| ……………………… 578 | 宮窪 翔一 ……………… 325 | 宮崎 正之 ……………… 482 |
| 三橋 博三 ……………… 421 | 宮窪 博史 ……………… 346 | 宮崎 政義 …………… 53, 531 |
| 三原 功雄 ……………… 156 | ミヤケ, イッセイ ……… 375 | 宮崎 松生 ……………… 95 |
| 三原 一正 ……………… 386 | 三宅 一生 …… 312, 375, 459 | 宮崎 美津恵 …………… 73 |
| 三原 昌平 ……………… 298 | 三宅 三郎 ……………… 152 | 宮崎 光治 ……………… 179 |
| 三原 種昭 ……………… 539 | 三宅 静雄 ……………… 151 | 宮崎 満 ………………… 135 |
| 三原 義秋 ……………… 217 | 三宅 醇 ………………… 418 | 宮崎県木材利用技術セン |
| 三堀 家義 …………… 477, 554 | 三宅 俊治 ……………… 410 | ター ……………… 383 |
| 美間 博 ………………… 548 | 三宅 譲治 ……………… 366 | 宮崎県油津港湾事務所 … 383 |
| 三牧 清典 ……………… 482 | 三宅 忠治 ……………… 204 | 宮崎製作所 ……………… 314 |
| 三股 隆 ………………… 369 | 三宅 哲也 ……………… 88 | 宮崎タオル ……………… 320 |
| Mi-Mi MOSCOW ……… 256 | 三宅 利雄 ………… 89, 218 | 宮崎野生動物研究会 …… 51 |
| 三村 耕 ………………… 219 | 三宅 寿英 ……………… 123 | 宮里 邦彦 ……………… 370 |
| 三村 治郎左衞門 ………… 435 | 三宅 敏明 ……………… 410 | 宮里 義秀 ……………… 571 |
| 三村 慎治 ……………… 462 | 三宅 展明 ……………… 176 | 宮沢 功 ………… 377, 382, 384 |
| 三村 忠男 ……………… 99 | 三宅 寿生 ……………… 181 | 宮沢 和夫 ……………… 125 |
| 三村 富雄 ……………… 80 | 三宅 秀治 ……………… 100 | 宮沢 健一 ……………… 4 |
| 三村 仁司 ……………… 44 | 三宅 裕幸 ……………… 109 | 宮澤 俊二 ……………… 482 |
| 三村 浩史 ………… 40, 417 | 三宅 正行 ……………… 531 | 宮沢 久雄 ……………… 476 |
| 三村 浩康 ……………… 85 | 三宅 幹夫 ……………… 387 | 宮沢 寛 ………………… 56 |
| 三村 栄紀 ……………… 66 | 三宅 道子 ……………… 404 | 宮沢 弘成 ……………… 152 |
| 宮 哲雄 ………………… 99 | 三宅 翠 ………………… 252 | 宮沢 庸介 ……………… 481 |
| 宮 伸穂 ………………… 403 | 三宅 祐史 ……………… 95 | 宮路 信広 ……………… 493 |
| 宮井 直道 ……………… 367 | 三宅 頼雄 ……………… 207 | 宮地 英敏 ……………… 370 |
| 宮井 康隆 ……………… 453 | 三宅一生デザイン事務所 | 宮地 めぐみ …………… 178 |
| 宮内 栄 ………………… 93 | ……………………… 289 | 宮地 義明 ……………… 178 |
| 宮内 聡 …………… 483, 494 | 宮後 哲夫 ……………… 54 | 宮地 義博 ……………… 206 |
| 宮谷内 旨郎 …………… 379 | ミヤコシ ………………… 149 | 宮下 ……………………… 520 |
| 宮内 貴宏 ……………… 159 | 宮坂 勝之 ……………… 75 | 宮下 明 ………………… 503 |
| 宮内 貴広 ……………… 373 | 宮坂 貞 ………………… 76 | 宮下 格之助 …………… 82 |
| 宮内 優二郎 …………… 438 | 宮崎 輝 …………… 26, 29 | 宮下 啓子 ……………… 34 |
| 宮内 義彦 ……… 8, 26, 29, 30 | 宮崎 義一 ……………… 4 | 宮下 悟 ………………… 178 |
| 宮岡 千里 …………… 88, 95 | 宮崎 源太郎 …………… 52 | 宮下 修一 ……………… 377 |
| 宮川 一夫 … 545, 546, 547, 549 | 宮崎 榊 ………………… 215 | 宮下 忠 ………………… 99 |
| 宮川 岸雄 ……………… 530 | 宮崎 茂 ………………… 54 | 宮下 勉 ………………… 100 |
| 宮川 欣丈 ……………… 539 | 宮崎 修一 ……………… 128 | 宮下 知也 ……………… 260 |
| 宮川 正威 ……………… 91 | 宮﨑 珠太郎 ……… 402, 406 | 宮下 信従 ……………… 477 |
| 宮川 太一 ……………… 529 | 宮崎 潤 ………………… 308 | 宮下 英俊 ……………… 480 |
| 宮川 豊美 ……………… 188 | 宮崎 祥一 ……………… 126 | 宮下 宏明 ……………… 371 |

| | | |
|---|---|---|
| 宮下 広樹 | ………… | 127 |
| 宮下 正幸 | ………… | 574 |
| 宮下 裕史 | ………… | 472 |
| 宮下 利平 | ………… | 52 |
| 宮地鉄工所 | ………… | 184 |
| 宮島 和浩 | ………… | 368 |
| 宮島 晋介 | ………… | 157 |
| 宮嶋 俊和 | ………… | 123 |
| 宮嶋 則義 | ………… | 342 |
| 宮島 寛 | ……… 234, | 242 |
| 宮島 洋 | ………… | 5 |
| 宮島 博文 | ………… | 181 |
| 宮島 義勇 | ……… 547, | 549 |
| 宮代 文夫 | ………… | 91 |
| 宮副 謙司 | ………… | 38 |
| 宮田 彰久 | ………… | 474 |
| 宮田 紀一 | ………… | 479 |
| 宮田 識 | ………… | 441 |
| 宮田 尚一 | ………… | 90 |
| 宮田 志郎 | ………… | 438 |
| 宮田 慎司 | ………… | 349 |
| 宮田 多津夫 | ………… | 328 |
| 宮田 利雄 | ………… | 121 |
| 宮田 なつき | ………… | 192 |
| 宮田 昌和 | ………… | 381 |
| 宮田 政 | ………… | 488 |
| 宮田 増男 | ………… | 244 |
| 宮田 学 | ………… | 344 |
| 宮田 泰彦 | ………… | 156 |
| 宮田 祐吉 | ………… | 481 |
| 宮田 嘉彦 | ………… | 486 |
| 宮田 芳彦 | ………… | 417 |
| 宮武 孝文 | ………… | 71 |
| 宮武 保義 | ………… | 172 |
| 宮田工業 | ………… | 309 |
| 宮谷 大 | ………… | 525 |
| 宮智 宗七 | ………… | 500 |
| 宮寺 達雄 | ………… | 390 |
| 宮寺 啓之 | ………… | 478 |
| ミヤノ | ……… 134, | 136 |
| 宮野 秋彦 | ………… | 414 |
| 宮野 起 | ………… | 558 |
| 宮野 英世 | ………… | 66 |
| 宮野鉄工所 | …… 132, 133, | 355 |
| 宮原 勲夫 | ………… | 366 |
| 宮原 景雄 | ………… | 533 |
| 宮原 茂春 | ………… | 557 |
| 宮原 諄二 | ………… | 96 |
| 宮原 勝 | ………… | 405 |
| みやばら 美か | ………… | 250 |
| 宮原 裕二 | ………… | 129 |
| 宮原 佳彦 | ………… | 239 |
| 宮原 元久 | ………… | 66 |
| 深山 大介 | ………… | 126 |
| 宮前 茂弘 | ………… | 388 |
| 宮本 明彦 | ………… | 506 |

| | | |
|---|---|---|
| 宮本 朗 | ………… | 154 |
| 宮本 潮 | ………… | 190 |
| 宮本 鬼外 | ………… | 81 |
| 宮本 啓史 | ………… | 205 |
| 宮本 三七郎 | ……… 211, | 215 |
| 宮本 茂 | ……… 407, | 522 |
| 宮本 修治 | ……… 248, | 249 |
| 宮本 孝 | ………… | 480 |
| 宮本 武雄 | ………… | 369 |
| 宮本 忠長 | ……… 380, | 416 |
| 宮本 尚子 | ………… | 245 |
| 宮本 久幸 | ………… | 552 |
| 宮本 仁志 | ………… | 488 |
| 宮本 博司 | ………… | 111 |
| 宮本 裕 | ………… | 200 |
| 宮本 誠 | ………… | 111 |
| 宮本 雅明 | ………… | 428 |
| 宮本 正成 | ………… | 373 |
| 宮本 裕司 | ………… | 428 |
| 宮本 欽生 | ………… | 55 |
| 宮本工業 | ………… | 356 |
| 宮森 漸 | ……… 131, | 534 |
| 宮脇 昭 | ………… | 167 |
| 宮脇 敦史 | ………… | 129 |
| 宮脇 憲 | ………… | 435 |
| 宮脇 定彦 | ………… | 207 |
| 宮脇 省二 | ……… 367, | 368 |
| 宮脇 泰一 | ………… | 410 |
| 宮脇 崇夫 | ………… | 534 |
| 宮脇 陸 | ………… | 538 |
| 宮脇 亮 | ………… | 440 |
| 宮脇 将志 | ………… | 325 |
| 宮脇 檀 | ………… | 416 |
| 幸 英昭 | ………… | 71 |
| 三代川 辰五郎 | ………… | 531 |
| 三代沢 良明 | ………… | 436 |
| 三好 健一 | ………… | 173 |
| 三好 元介 | ………… | 92 |
| 三好 誠治 | ………… | 348 |
| 三好 敬久 | ………… | 102 |
| 三好 建臣 | ………… | 336 |
| 三好 東一 | ……… 215, | 229 |
| 三好 利幸 | ………… | 263 |
| 三好 寛和 | ………… | 91 |
| 三好 保男 | ………… | 236 |
| 三吉 康彦 | ………… | 55 |
| 三好 慶和 | ………… | 346 |
| ミヨシ油脂キレート樹脂開発グループ | ………… | 108 |
| 御代田 和弘 | ………… | 379 |
| 未来工業 | ………… | 16 |
| 未来社 | ………… | 41 |
| 未利用バイオマス資源化チーム | ………… | 168 |
| 三輪 昭彦 | ………… | 344 |
| 三輪 睿太郎 | ………… | 228 |

| | | |
|---|---|---|
| 三輪 正二 | ………… | 531 |
| 三輪 昭三 | ………… | 535 |
| 三輪 晋平 | ………… | 477 |
| 三輪 泰造 | ………… | 92 |
| 三輪 洋靖 | ………… | 191 |
| 三和 将史 | ………… | 157 |
| 三輪 佳生 | ………… | 539 |
| 三輪 芳朗 | ………… | 41 |
| 民家語彙集録グループ | ………… | 422 |
| 民際センター | ………… | 431 |
| みんなで歌おう!キャラソン委員会 | ………… | 527 |

## 【む】

| | | |
|---|---|---|
| ムーア,ゴードン・E. | ………… | 497 |
| 無鉛はんだ導入推進プロジェクト | ………… | 110 |
| 向井 覚 | ………… | 533 |
| 向井 繁正 | ………… | 74 |
| 向井 孝志 | ……… 98, | 198 |
| 向井 毅 | ………… | 417 |
| 向井 恒三郎 | ………… | 333 |
| 向井 裕二 | ………… | 58 |
| 向井 譲 | ………… | 244 |
| 向山 光昭 | ………… | 151 |
| 麦プロダクション大阪 | ………… | 560 |
| 六車 煕 | ………… | 411 |
| 向田 稔 | ………… | 244 |
| 向田 吉彦 | ………… | 549 |
| 向山 新一 | ………… | 212 |
| 向山 辰夫 | ………… | 378 |
| ムサシノエンジニアリング | ………… | 22 |
| ムジ・ネット | ………… | 321 |
| 虫プロ | ………… | 566 |
| 武者 徹 | ………… | 98 |
| 牟田 俊大 | …… 555, 557, 571, | 575 |
| 武藤 糸治 | ………… | 25 |
| 武藤 一利 | ………… | 494 |
| 武藤 和也 | ………… | 229 |
| 武藤 清 | ……… 408, | 432 |
| 武藤 聡美 | ………… | 342 |
| 武藤 重幸 | ………… | 135 |
| 武藤 真理 | ………… | 333 |
| 武藤 治彦 | ………… | 208 |
| 武藤 晴彦 | ………… | 248 |
| 武藤 正子 | ………… | 33 |
| 武藤 真幸 | ………… | 455 |
| 武藤 守 | ………… | 572 |
| 武藤 善博 | ………… | 135 |
| 武藤工業 | ……… 10, | 114 |
| 武藤構造力学研究所 | ………… | 414 |
| 宗像 康充 | ………… | 155 |

| | | |
|---|---|---|
| 宗本 順三 …………… 428 | 村上 仁己 …………… 489 | 村田 卓哉 …………… 90 |
| 村井 勇夫 …………… 533 | 村上 宏 ……………… 100 | 村田 保 ……………… 534 |
| 村井 悦夫 ……… 367, 371 | 村上 房子 …………… 450 | 村田 力 ……………… 71 |
| 村井 健 ……………… 336 | 村上 文雄 …………… 366 | 村田 禎介 …………… 86 |
| 村井 航 ……………… 574 | 村上 雅人 …………… 170 | 村田 利男 …………… 238 |
| 村井 孝一 …………… 52 | 村上 松隆 …… 470, 555, 571 | 村田 俊彦 …………… 123 |
| 村井 三郎 …………… 229 | 村上 幹夫 …………… 189 | 村田 利文 …………… 171 |
| 村井 純 ……………… 521 | 村上 元一 …………… 339 | 村田 利道 …………… 439 |
| 村井 勉 ……………… 7, 26 | 村上 元夫 …………… 204 | 村田 朋美 …………… 66 |
| 村井 信仁 …………… 238 | 村上 元紀 …………… 527 | 村田 直明 …………… 527 |
| 村井 宏 ……………… 231 | 村上 由紀 …………… 112 | 村田 英幸 …………… 155 |
| 村井 正夫 …………… 336 | 村上 幸夫 …………… 108 | 村田 誠 ……………… 335 |
| 村井 康生 …………… 368 | 村上 豊 ……………… 126 | 村田 政司 …………… 366 |
| 村井 亮介 …………… 195 | 村上 洋平 …………… 105 | 村田 真巳 …………… 289 |
| 村石 忠 ……………… 110 | 村上 佳明 …………… 513 | 村田 正美 …………… 90 |
| 村石 久二 …………… 28 | 村上 義昭 …………… 43 | 村田 光弘 …………… 533 |
| 村尾 篤彦 …………… 436 | 村上 吉男 …………… 502 | 村田 充 ……………… 456 |
| 村尾 忠彦 …………… 327 | 村上 好男 …………… 111 | 村田 守康 ………… 58, 96 |
| 村尾 成文 ……… 326, 422 | 村上 良一 …………… 111 | 村田 泰隆 ……… 27, 75 |
| 村岡 久志 …………… 88 | 村川 三郎 …………… 424 | 村田 豊 ……………… 348 |
| 村垣 善浩 …………… 160 | 村木 茂寿 …………… 86 | 村田 吉男 …………… 219 |
| 村方 正信 …………… 92 | 村木 繁 ……………… 378 | 村田機械 …………… 114, |
| 村上 栄一 …………… 368 | 村木 忍 ……………… 547, | 116, 117, 131, 137 |
| 村上 永治 …………… 475 | 548, 549, 550, 551 | 村田製作所 ……… 354, 356 |
| 村上 岡三 …………… 419 | 村木 良彦 …………… 447 | 村谷 拓郎 …………… 496 |
| 村上 治 ……………… 536 | 村木 与四郎 ………… 523, | ムラタ溶研 ………… 137 |
| 村上 馨 ……………… 211 | 524, 546, 549, 550, 551 | 村椿 良司 …………… 135 |
| 村上 和雄 …………… 171 | 村木 律夫 …………… 403 | 村手 義 ……………… 532 |
| 村上 勝英 …………… 428 | 村口 正弘 …………… 60 | 村中 重夫 …………… 341 |
| 村上 金一 …………… 126 | 村越 新一 …………… 88 | 村中 成仁 …………… 463 |
| 村上 聖 ……………… 425 | 村澤 ちひろ ………… 473 | 村西 隆之 …………… 380 |
| 村上 邦睦 …………… 245 | 村嶌 由直 …………… 232 | 村野 藤吾 … 409, 410, 412, 432 |
| 村上 謙次 …………… 134 | 村杉 圭司 …………… 55 | 村野 誠 ……………… 177 |
| 村上 光一 …………… 480 | 村瀬 功 ……………… 339 | 村野 実 ……………… 177 |
| 村上 孝一 ………… 53, 74 | 邨瀬 孝彦 …………… 342 | 村松 明 ……………… 531 |
| 村上 幸雄 …………… 475 | 村瀬 正夫 …………… 92 | 村松 映一 ……… 326, 419 |
| 村上 聡 ……………… 161 | 村瀬 康治 …………… 486 | 村松 敬一郎 ………… 218 |
| 村上 静男 …………… 74 | 村瀬 有一 …………… 191 | 村松 興三 …………… 58 |
| 村上 周三 …………… 570 | 村田 彰久 ……… 454, 456 | 村松 純孝 …………… 68 |
| 村上 昭治 …………… 478 | 村田 昭 …………… 26, 47 | 村松 健彦 …………… 536 |
| 村上 正平 …………… 81 | 村田 淳 ……………… 405 | 村松 司 ……………… 403 |
| 村上 真一 …………… 347 | 村田 五雄 …………… 192 | 村松 貞次郎 …… 417, 433 |
| 村上 慎治 …………… 189 | 村田 修 ……………… 428 | 村松 俊克 …………… 344 |
| 村上 信三 …………… 82 | 村田 和美 …………… 90 | 村松 敏光 …………… 123 |
| 村上 隆 ……………… 266 | 村田 勝彦 …………… 260 | 村松 仁 ……………… 72 |
| 村上 拓也 …………… 338 | 村田 菊蔵 …………… 89 | 村松 洋三 …………… 351 |
| 村上 忠明 …………… 112 | 村田 浩一 …………… 200 | 村本 脩三 …………… 531 |
| 村上 長生 …………… 571 | 村田 聡 ……………… 391 | 村本 孜 ……………… 42 |
| 村上 輝義 …………… 289 | 村田 敏 ………… 238, 239 | 村山 晃将 …………… 435 |
| 村上 徹 ……………… 421 | 村田 重雄 …………… 369 | 村山 悦朗 …………… 55 |
| 村上 直司 …………… 437 | 村田 茂雄 …………… 341 | 村山 淳一 …………… 539 |
| 村上 憲雄 …………… 538 | 村田 茂樹 …………… 489 | 村山 正 ……………… 338 |
| 村上 則幸 …………… 240 | 村田 茂 ……………… 536 | 村山 哲 ……………… 111 |
| 村上 晴香 …………… 404 | 村田 順一 …………… 109 | 村山 利夫 …………… 568 |
| 村上 光 ………… 482, 483 | 村田 証一 …………… 372 | 村山 利幸 …………… 440 |
| 村上 英亜 …………… 373 | 村田 治郎 ……… 408, 410 | 村山 富幸 …………… 370 |

| | | |
|---|---|---|
| 村山 寛 | ················ | 57 |
| 村山 道夫 | ············ | 533 |
| 村山 由香里 | ·········· | 33 |
| 村山 洋一 | ············ | 54 |
| 村山 義彦 | ············ | 98 |
| 村山 好久 | ············ | 534 |
| 室 麻衣子 | ············ | 259 |
| 室井 一雄 | ············ | 326 |
| 室井 要 | ················ | 54 |
| 室岡 義栄 | ············ | 155 |
| 室賀 弘 | ················ | 535 |
| 室崎 益輝 | ············ | 423 |
| 室田 淳一 | ············ | 128 |
| 室田 泰弘 | ············ | 265 |
| 室谷 正芳 | ············ | 537 |
| 室伏 次郎 | ············ | 420 |
| 室伏 建明 | ············ | 478 |
| 室伏 翼 | ················ | 249 |
| 室伏 旭 | ················ | 223 |
| 室伏 稔 | ················ | 75 |
| 室山 浩 | ················ | 574 |
| ムーンスター | ·········· | 287 |

【め】

| | | |
|---|---|---|
| 名合 宏之 | ············ | 381 |
| 明光技術研究所 | ········ | 139 |
| 明治ゴム化成 | ·········· | 122 |
| 明治製菓 | ······ 95, 354, | 562 |
| 明治生命保険 | ·········· | 562 |
| 明治ナショナル工業 | ····· | 301 |
| 明治村 | ················ | 413 |
| 明治安田生命保険相互会社 | | |
| | ················ | 283 |
| 明昌堂新潟支社デザイン課 | | |
| | ················ | 462 |
| 明成化学工業 | ·········· | 12 |
| 明成高等学校調理科 リエゾ | | |
| ンキッチン | ·········· | 284 |
| 明星電気 | ·············· | 483 |
| 明大 | ·················· | 136 |
| 明電舎 | ·········· 91, | 120 |
| 明電ソフトウエア | ······· | 511 |
| メイト | ················ | 20 |
| 名南製作所 | ············ | 133 |
| 名野 隆夫 | ············ | 178 |
| 明和工業 | ·············· | 317 |
| メガオプト | ········ 23, | 144 |
| メガソフト | ············ | 511 |
| メガチップス | ·········· | 20 |
| めがねチーム | ·········· | 248 |
| メカノエレクトロニック | | |
| | ················ | 140 |
| メガバス | ·············· | 314 |

| | | |
|---|---|---|
| メクトロン | ············ | 147 |
| 廻 健三 | ················ | 532 |
| 廻 秀夫 | ················ | 371 |
| 目黒 梧朗 | ············ | 536 |
| 目黒 淳一 | ············ | 192 |
| 目黒 卓 | ················ | 67 |
| 目黒 友美 | ············ | 181 |
| 目黒 泰道 | ············ | 327 |
| メーコー工業 | ·········· | 315 |
| メジキューピクチャーズ | | |
| | ················ | 524 |
| メタデザイン | ····· 284, | 286 |
| 目次 藤三 | ············ | 529 |
| メディアヴィジョン | ····· | 511 |
| メディアエイト | ········ | 561 |
| メディアート | ·········· | 559 |
| メディアファクトリー | ··· | 522 |
| メディカル・プロテオスコー | | |
| プ | ················ | 187 |
| メディス設計機構 | ······· | 296 |
| メディディア医療デザイン研 | | |
| 究所 | ················ | 286 |
| メデュカルトリビューン | | |
| | ················ | 560 |
| メトラー・トレド | ······· | 312 |
| メトロ | ················ | 510 |
| メビオール | ············ | 187 |
| メルセデス・ベンツ日本 | | |
| | ····· 396, 397, 398, 400, | 401 |
| めんたいプロジェクト | ··· | 493 |
| 面出 薫 | ················ | 460 |
| 綿半テクノス | ·········· | 319 |

【も】

| | | |
|---|---|---|
| 茂漁川親しむ会 | ········ | 380 |
| 茂漁川水辺空間整備検討委 | | |
| 員会 | ················ | 380 |
| 毛利 佳年雄 | ······ 55, | 128 |
| 毛利 定男 | ············ | 86 |
| 毛利 武 | ················ | 233 |
| 毛利 哲也 | ······· 190, | 192 |
| 毛利 広雄 | ············ | 476 |
| 毛利 宏 | ·········· 344, | 346 |
| 毛利 文彦 | ············ | 347 |
| 毛利 保吉 | ············ | 85 |
| 最上 明矩 | ············ | 178 |
| 最上インクス | ·········· | 23 |
| 茂木 恵美子 | ·········· | 348 |
| 茂木 喜一郎 | ·········· | 528 |
| 茂木 啓三郎 | ·········· | 25 |
| 茂木 健一郎 | ·········· | 164 |
| 茂木 政 | ················ | 500 |
| 茂木 友三郎 | ····· 9, 27, 29, | 30 |

| | | |
|---|---|---|
| 睦 槙大 | ················ | 249 |
| 木馬リボン | ············ | 375 |
| モジダス | ·············· | 540 |
| 毛綱 毅曠 | ············ | 417 |
| 望月 明彦 | ············ | 382 |
| 望月 明 | ················ | 111 |
| 望月 一雄 | ············ | 93 |
| 望月 和彦 | ············ | 344 |
| 望月 聡 | ················ | 299 |
| 望月 俊二 | ············ | 455 |
| 望月 正 | ················ | 98 |
| 望月 宣義 | ············ | 95 |
| 望月 英樹 | ············ | 550 |
| 望月 秀次 | ············ | 378 |
| 望月 政嗣 | ············ | 181 |
| 望月 正己 | ············ | 478 |
| 望月 理香 | ············ | 162 |
| 持田 灯 | ················ | 427 |
| 持田 勲 | ····· 385, 387, | 389 |
| 持田 勇夫 | ············ | 480 |
| 持田 國臣 | ············ | 538 |
| 持田 照夫 | ············ | 416 |
| 持丸 正明 | ············ | 62 |
| 本 忠博 | ················ | 534 |
| 本井 和彦 | ············ | 269 |
| 本石 武夫 | ············ | 479 |
| 本江 勝郎 | ············ | 453 |
| 元尾 幸平 | ············ | 194 |
| 元岡 達 | ·········· 83, | 84 |
| 元木 顕弘 | ············ | 160 |
| 元木 健作 | ············ | 102 |
| 元木 紀雄 | ········ 57, | 479 |
| 元倉 真琴 | ············ | 421 |
| モトクロスインターナショナ | | |
| ル | ················ | 286 |
| 源栄 正人 | ············ | 423 |
| 本杉 勝彦 | ············ | 340 |
| 本橋 健司 | ············ | 431 |
| 元広 輝重 | ············ | 75 |
| 本屋敷 洋一 | ·········· | 100 |
| 本山 廉夫 | ············ | 347 |
| モナリザ | ·············· | 316 |
| ものづくり共和国 | ······· | 541 |
| 桃井 昭二 | ············ | 134 |
| 桃井 康行 | ············ | 190 |
| 百崎 満晴 | ············ | 573 |
| 百束 極 | ················ | 528 |
| 百瀬 克己 | ············ | 91 |
| 百瀬 恵夫 | ············ | 40 |
| 百瀬 晋六 | ············ | 336 |
| 百瀬 正香 | ············ | 404 |
| 百瀬 寿代 | ············ | 129 |
| 百瀬 行男 | ············ | 242 |
| 百田 真史 | ············ | 327 |
| 桃原 満紀 | ············ | 372 |
| 百代 淳一 | ············ | 127 |

| | | |
|---|---|---|
| 森 昭雄 …………… 178 | 森 満範 …………… 210 | 森田 一久 …………… 195 |
| 母里 昭一 …………… 55 | 森 稔 ………… 30, 47 | 森田 和幸 …………… 438 |
| 守 明子 …………… 424 | 森 安義 …………… 178 | 森田 慶一 …………… 432 |
| 森 享宏 …………… 495 | 森 勇介 … 61, 161, 180, 200 | 森田 賢治 …………… 348 |
| 森 淳 …………… 345 | 森 幸雄 …………… 336 | 守田 健佑 …………… 134 |
| 森 蘊 …………… 411 | 森 洋二 …………… 304 | 森田 耕次 …………… 421 |
| 森 一生 …………… 67 | 森 陽司 …………… 269 | 盛田 栄 …………… 179 |
| 森 和子 …………… 34 | 森 義昭 …………… 372 | 森田 祥子 …………… 36 |
| 森 一俊 …………… 343 | 森 芳弘 …………… 191 | 森田 茂雄 …………… 109 |
| 森 和彦 …………… 339 | 森 瞭維智 …………… 373 | 森田 稠 …………… 485 |
| 森 欣司 …………… 66 | 守井 信吾 …………… 263 | 森田 俊一 ……… 99, 205 |
| 森 邦男 …………… 238 | 森井 進 …………… 367 | 森田 正一 …………… 553 |
| 森 健一 ……… 87, 95, 96 | 森井 高之 …………… 182 | 森田 司郎 …………… 413 |
| 森 健治 …………… 178 | 森井 豊 …………… 474 | 守田 伸六 …………… 238 |
| 森 謙治 …………… 222 | 森内 清晃 …………… 105 | 森田 大介 …………… 177 |
| 森 浩一 …………… 502 | 森尾 有 …………… 378 | 守田 正 …………… 455 |
| 森 浩一郎 …………… 255 | 森岡 希世子 …………… 406 | 森田 唯助 …………… 86 |
| 森 貞人 …………… 251 | 森岡 宏次 …………… 437 | 森田 恒幸 …………… 167 |
| 森 敏 …………… 224 | 森岡 錠一 …………… 90 | 森田 敏明 …………… 135 |
| 森 滋勝 …………… 390 | 盛岡 敏夫 …………… 198 | 森田 知二 …………… 167 |
| 森 重樹 …………… 110 | 森岡 昇 …………… 231 | 森田 昇 …………… 238 |
| 森 静朗 …………… 40 | 森川 弘二 …………… 344 | 森田 弘美 …………… 34 |
| 森 周六 …………… 236 | 森川 貴広 …………… 492 | 森田 裕之 …………… 188 |
| 森 俊介 ……… 264, 266 | 森川 長 …………… 367 | 森田 富士郎 …………… |
| 森 準蔵 …………… 551 | 森口 親司 …………… 5 | 550, 551, 558, 569 |
| 森 真 ………… 382, 384 | 森口 敏生 …………… 200 | 森田 正人 …………… 152 |
| 森 省二 …………… 87 | 森口 義人 …………… 106 | 森田 昌敏 …………… 111 |
| 森 泰吉郎 …………… 26 | 森口 喜成 …………… 245 | 森田 正弘 …………… 341 |
| 森 孝夫 …………… 88 | 森崎 寿一 …………… 90 | 森田 勝 …………… 161 |
| 森 高次郎 …………… 217 | モリサワ …………… 460 | 森田 真由美 …… 162, 327 |
| 森 武俊 …………… 195 | 森沢 孝喜 …………… 41 | 森田 操 …………… 437 |
| 森 忠範 …………… 99 | 森澤 光晴 …………… 194 | 森田 充則 …………… 440 |
| 森 達司 …………… 386 | 森沢 嘉昭 …………… 135 | 森田 稔 …………… 86 |
| 森 達博 …………… 93 | 森下 淳 …………… 536 | 森田 義郎 …………… 387 |
| 森 徹 …………… 408 | 森下 征治 …………… 372 | 森田 隆一郎 …………… 76 |
| 森 俊樹 …………… 155 | 森下 照久 …………… 127 | 森田アルミ工業 … 318, 323 |
| 森 利宏 …………… 192 | 森下 政夫 …………… 366 | モリタ製作所 …………… 12 |
| 森 俊郎 …………… 574 | 森下 光晴 …………… 336 | 守時 正人 …………… 94 |
| 森 友三郎 …………… 79 | 森下 洋治 …………… 66 | 守富 寛 ……… 389, 393 |
| 森 信行 …………… 218 | 森下 竜一 …………… 44 | 守友 浩 …………… 63 |
| 森 憲朗 …………… 261 | 森島 圭祐 …………… 195 | 森永 明 …………… 377 |
| 森 肇 ………… 153, 228 | 守嶋 正太郎 …………… 237 | 森永 茂樹 …………… 182 |
| 森 英恵 …………… 26 | 森嶋 博 …………… 239 | 森永 繁 …………… 418 |
| 守 秀雄 …………… 476 | 森島 洋一 ……… 183, 430 | 森永 潤一 …………… 158 |
| 森 浩章 …………… 127 | 森商事 …………… 322 | 守永 孫江 …………… 84 |
| 森 裕紀 …………… 196 | 森住 祥宏 …………… 53 | 森永 貞一郎 …………… 30 |
| 森 浩 …………… 327 | 森精機製作所 …… 277, 278, | 森野 和馬 …………… 524 |
| 森 弘充 …………… 548 | 279, 280, 361, 362, 363, 364 | 森野 捷輔 …………… 422 |
| 森 雅志 …………… 382 | 森製作所 …………… 143 | 森原 圭二 …………… 528 |
| 森 雅人 …………… 126 | 森園 正彦 …………… 448 | 森ビル ………… 284, 316 |
| 森 雅弘 …………… 105 | 盛田 昭夫 …… 6, 28, 30, 47 | 森松工業 …………… 19 |
| 森 正洋 …………… 291, | 森田 章義 …………… 347 | 森宮 祐次 …………… 304 |
| 293, 296, 298, 300, 459 | 森田 敦 …………… 105 | 森棟 文夫 …………… 370 |
| 森 昌文 …………… 93 | 森田 逸郎 …………… 161 | 森村設計 …………… 268 |
| 森 益一 ……… 351, 352, 353 | 森田 恵美 …………… 160 | 森本 朗裕 …………… 59 |
| 森 幹男 …………… 547 | 森田 脩 ……… 213, 470 | 森本 桂 ……… 219, 231 |

| 森本 康之亮 | 132 |
| 森本 重武 | 529 |
| 森本 慎一郎 | 263 |
| 森本 隆雄 | 41 |
| 森本 辰巳 | 438 |
| 森本 達 | 91 |
| 森本 徹 | 92, 454 |
| 森本 信明 | 425 |
| 森本 宏 | 216 |
| 森本 真佐男 | 333 |
| 森本 磨瑳雄 | 89 |
| 森本 三雄 | 537 |
| 森本 友理 | 329 |
| 森谷 昭夫 | 535 |
| 守家 一夫 | 536 |
| 守谷 一彦 | 416 |
| 守屋 進 | 125 |
| 守谷 孝子 | 248 |
| 森谷 政志 | 90 |
| 守屋 弓男 | 376 |
| 森山 茂夫 | 55 |
| 森山 徐一郎 | 52 |
| 森山 彰一 | 531 |
| 森山 守 | 183 |
| 森山 光雄 | 125 |
| 森山 保彦 | 126 |
| 森山書店 | 41 |
| 森吉 泰生 | 340 |
| 森は生きている関係スタッフ | 546 |
| 森若 博文 | 105 |
| 森脇 潔 | 530 |
| 森脇 輝康 | 540 |
| 森脇 裕之 | 522 |
| 森脇 正志 | 70 |
| 森分 優太 | 260 |
| モル, ジョン | 497 |
| モルテン | 19 |
| モルフォ | 527 |
| 毛呂 邦次 | 528 |
| 師 正史 | 109 |
| 諸井 貫一 | 29 |
| 諸井 虔 | 6, 30 |
| 諸井 寿広 | 369 |
| モロオカプロダクション | 563 |
| 諸戸 脩三 | 58 |
| 師橋 洋 | 89 |
| 諸星 和夫 | 460 |
| 諸星 一信 | 126 |
| 諸星 静次郎 | 219 |
| モンジュ | 40 |
| 門条 由男 | 486 |
| モントレージャズフェスティバルイン能登2005（第17回） | 578 |

| モンノ カヅエ | 523 |
| 文部科学省 | 563 |
| 文部省宇宙科学研究所 | 119, 184 |
| 文部省国立天文台 | 313, 446 |
| 門馬 二三 | 211 |
| 門間 英毅 | 58 |

【や】

| 八重樫 武久 | 110, 174, 341 |
| 八重樫 英明 | 438 |
| 八重山上布保存会 | 564 |
| 矢尾 利夫 | 89 |
| 矢尾板 克則 | 405 |
| 八百半デパート | 7 |
| 矢ケ崎 孝雄 | 41 |
| 矢川 元基 | 153 |
| 八木 大彦 | 52 |
| 八木 一行 | 108 |
| 八木 清勝 | 124 |
| 八木 国夫 | 151 |
| 八木 重典 | 80 |
| 谷木 茂也 | 99 |
| 八木 茂 | 240 |
| 八木 正次郎 | 548 |
| 八木 忠翁 | 54 |
| 八木 庸夫 | 203 |
| 八木 信忠 | 479, 553 |
| 八木 誠政 | 218 |
| 八木 伸行 | 60, 474, 481 |
| 八木 光 | 55 |
| 八木 寿郎 | 334 |
| 八木 義順 | 551 |
| 八木 良治 | 367 |
| 八木沢 壮一 | 420 |
| 柳下 立夫 | 392 |
| 柳沼 寛 | 72 |
| 八木橋 裕美 | 257 |
| 柳生 美江 | 37 |
| 薬師寺 圭 | 127 |
| 薬師寺 厚 | 410 |
| 屋久島・ヤクタネゴヨウ調査隊 | 51 |
| 矢口 音吉 | 528 |
| 矢口 昌樹 | 370 |
| ヤクモ | 113 |
| ヤクルト本社 | 7 |
| 夜高あんどん祭り（第26回） | 578 |
| 八坂 通泰 | 210 |
| 矢崎 和彦 | 48 |

| 矢崎総業 | 392 |
| 矢澤 進 | 225 |
| 矢沢 哲夫 | 108 |
| 矢沢 俊樹 | 508 |
| 矢沢 好弘 | 161 |
| 谷敷 多穂 | 127 |
| 屋舗 裕義 | 72 |
| 矢島 聖使 | 74 |
| 矢島 忠正 | 92 |
| 矢島 達夫 | 457 |
| 矢島 敏男 | 134 |
| 矢島 富広 | 108 |
| 矢島 仁 | 556 |
| 矢島 正之 | 266 |
| 矢島 由香 | 441 |
| 矢島 亮一 | 492 |
| 八城 和敏 | 572 |
| 矢代 昇吾 | 441 |
| 野城 智也 | 428 |
| 八城 政基 | 27 |
| 矢代 隆二 | 535 |
| 矢頭 澄生 | 534 |
| 安 得三 | 51 |
| 安 文在 | 366 |
| 安居 栄蔵 | 92 |
| 安井 茂男 | 93 |
| 安居 祥策 | 8, 27 |
| 安井 妙子 | 268 |
| 安井 武史 | 439 |
| 安井 正 | 58 |
| 安井 勉 | 221 |
| 安井 弘之 | 386 |
| 安井 通宏 | 94 |
| 安井 裕司 | 343 |
| 安井器械 | 187 |
| 安恵 重遠 | 545 |
| 安岡 省 | 389 |
| 安岡 真衛 | 85 |
| 安川 昇吾 | 372 |
| 安川 祐介 | 191 |
| 安川電機製作所 | 83, 115, 116, 134, 280, 356, 464, 465 |
| 安川電機製作所省力機械部 | 90 |
| 安川電機製作所東京工場 | 89 |
| 安川電機製作所行橋工場 | 93 |
| 安木 剛 | 346 |
| 夜月 夏生 | 248 |
| 安崎 恒男 | 534 |
| 安澤 百合子 | 270 |
| 安田 篤司 | 353 |
| 安田 一次 | 532 |
| 保田 和雄 | 90 |
| 安田 敬史 | 439 |

| | | |
|---|---|---|
| 安田 幸一 …… 282, 328, 427 | 谷中 国昭 ………………… 89 | 矢野 宣行 ………………… 58 |
| 安田 聡 ………………… 124 | 弥永 努 ………………… 124 | 矢野 法生 ………………… 338 |
| 安田 丈助 ………………… 528 | 谷中 輝雄 ………………… 468 | 矢野 宏史 ………………… 301 |
| 安田 孝美 ………………… 59 | 谷中 聡久 ………………… 127 | 矢野 博丈 ………………… 27 |
| 安田 武彦 ………………… 43 | 柳川 隆之 ………………… 86 | 矢野 正人 ………………… 470 |
| 安田 修朗 ………………… 93 | 梁川 良 ………………… 220 | 矢野 末士 ………………… 207 |
| 安田 宣義 ………………… 83 | 柳川瀬 雅英 ………………… 473 | 矢野 満 ………………… 334 |
| 安田 秀夫 ………………… 536 | 柳川ソーラーボート大会 | 矢野 盛規 ………………… 487 |
| 安田 英史 ………………… 482 | ………………… 577 | 矢野 済 ………………… 455 |
| 保田 正範 ………………… 454 | 柳 孝一 ………………… 42 | 矢野口 文雄 …… 547, 550 |
| 保田 雅彦 ………………… 174 | 柳 宗理 ………………… 296 | 八馬 智 ………………… 377 |
| 安田 庸三 ………………… 476 | 柳沢 章 ………………… 366 | 矢作 昌生 ………………… 327 |
| 安田 嘉和 …… 455, 456 | 柳沢 遊 ………………… 42 | 矢作川「川会議」 ………… 381 |
| 安田 与七郎 ………………… 216 | 柳沢 孝次 ………………… 427 | 矢作川漁業協同組合 …… 50 |
| 安田 佳則 ………………… 56 | 柳澤 鴻治 ………………… 538 | 矢作川森の健康診断実行委 |
| 安田工業 …………… 11, 148 | 柳澤 郷司 ………………… 262 | 員会 ………………… 51 |
| 安田鉄工所 ………………… 19 | 柳沢 三郎 ………………… 111 | 矢作製鉄 ………………… 83 |
| 安田リサーチ ……………… 479 | 柳沢 隆 ………………… 341 | 八幡 浩暢 ………………… 251 |
| 安友 克博 ………………… 177 | 柳沢 孝彦 ………………… 423 | 八幡 茂雄 ………………… 366 |
| 安永 禎男 ………………… 478 | 柳澤 得寿 ………………… 127 | 八幡 成美 ………………… 42 |
| 安永 洋一 ………………… 340 | 柳澤 聡雄 ………………… 242 | 八幡 健志 ………………… 327 |
| 安並 三男 ………………… 114 | 柳澤 斉 ………………… 494 | 八幡 治夫 ………………… 545 |
| 安成 哲三 ………………… 166 | 柳沢 寛 ………………… 87 | 矢羽多 義和 ………………… 160 |
| 安信 誠二 ………………… 58 | 柳沢 忠 ………………… 417 | 八幡化成企画 ………………… 300 |
| 安原 秀 ………………… 418 | 柳田 昭雄 ………………… 438 | 八幡製鉄光製鉄所 ………… 85 |
| 安間 徹 ………………… 337 | 柳田 健之 ………………… 162 | 八幡製鉄八幡製鉄所条鋼部 |
| 安松 京三 ………………… 216 | 柳田 清吉 ………………… 85 | 鋼片課六分塊掛 ……… 81 |
| 保持 壮太郎 ………………… 441 | 柳田 光造 ………………… 435 | 八尋 昭人 ………………… 66 |
| 安元 健 ………………… 223 | 柳田 充弘 ………………… 153 | 藪内 由紀子 …… 256, 257 |
| 安本 東済 ………………… 556 | 柳田 由蔵 ………………… 229 | 藪内 芳彦 ………………… 203 |
| 保良 雄 ………………… 257 | 柳橋 邦生 ………………… 428 | 矢吹 昭良 ………………… 424 |
| 矢田 茂 ………………… 347 | 柳原 昊 ………………… 246 | 矢吹 万寿 ………………… 220 |
| 矢田 直樹 ………………… 86 | 柳原 良平 ………………… 458 | 矢吹 久雄 ………………… 207 |
| 矢田 美宏 ………………… 574 | 柳本 左門 ………………… 91 | 矢吹 みゆき ………………… 158 |
| 八谷 泰造 ………………… 83 | 柳本 茂 ………………… 73 | 藪崎 努 ………………… 457 |
| 谷田貝 光克 ………………… 226 | 柳本 大介 ………………… 575 | 藪下 太司 ………………… 441 |
| 矢田産業 ………………… 143 | 柳本 友弥 ………………… 200 | 藪谷 邦宏 ………………… 94 |
| 矢田部 俊彦 ………………… 533 | 柳本製作所 ………………… 13 | 矢部 彰 …………… 60, 264 |
| 谷田部 英雄 ………………… 207 | 柳谷 高公 …… 200, 457 | 矢部 一男 ………………… 550 |
| 八千代エンジニヤリング | 柳沢 忠昭 …… 91, 92, 95 | 矢部 喜堂 ………………… 427 |
| ………………… 380 | ヤナセ …… 396, 397, 398 | 矢部 春夫 ………………… 535 |
| 八束 健 ………………… 80 | 柳瀬 健嗣 ………………… 494 | 矢部 みち子 ………………… 34 |
| 八束 はじめ ………………… 377 | 柳瀬 貢 ………………… 156 | 矢部自動車 ………………… 142 |
| 八代市(熊本県) ………… 543 | 柳父 修 ………………… 85 | 山内 亮 ………………… 217 |
| 八塚 康史 ………………… 177 | 矢野 一郎 ………………… 413 | 山内 一郎 ………………… 538 |
| 宿島 悟志 ………………… 105 | 矢野 映 ………………… 104 | 山内 一睦 ………………… 308 |
| 彌富 喜三 ………………… 227 | 矢野 和之 ………………… 383 | 山内 和実 ………………… 369 |
| 柳内 崇 …… 268, 327 | 矢野 勝康 ………………… 83 | 山内 勝弘 …… 382, 491 |
| 柳内 克行 ………………… 383 | 矢野 克己 ………………… 414 | 山内 清隆 ………………… 67 |
| 梁井 潤 ………………… 554 | 矢野 健太郎 ………………… 573 | 山内 晧平 ………………… 224 |
| 柳井 宗一郎 ………………… 488 | 矢野 信三 ………………… 58 | 山内 真一 ………………… 261 |
| 柳井 泰三 ………………… 125 | 矢野 隆夫 ………………… 182 | 山内 孝樹 ………………… 341 |
| 柳井 正 …… 27, 30, 47 | 矢野 隆行 ………………… 105 | 山内 崇史 ………………… 345 |
| 矢内 万喜男 ………………… 570 | 矢野 孟彦 ………………… 88 | 山内 照美 ………………… 333 |
| 楊井 勇三 ………………… 528 | 矢野 恒臣 ………………… 58 | 山内 俊枝 ………………… 229 |
| 柳岡 洋 ………………… 387 | 矢野 利通 ………………… 87 | 山内 秀胤 ………………… 528 |

| | | |
|---|---|---|
| 山内 広志 | 55 | |
| 山内 溥 | 26, 47 | |
| 山内 博史 | 105 | |
| 山内 博文 | 336 | |
| 山内 裕之 | 126 | |
| 山内 真 | 370 | |
| 山内 正弥 | 103, 533 | |
| 山内 美雪 | 36 | |
| 山内 裕司 | 343 | |
| 山浦 悠一 | 235 | |
| 山尾 文孝 | 370 | |
| 山岡 綾史 | 162 | |
| 山岡 三郎 | 479 | |
| 山岡 士朗 | 345 | |
| 山岡 史之 | 340 | |
| 山家 公雄 | 266 | |
| 山賀 勉 | 470 | |
| 山影 征男 | 239 | |
| 山肩 邦男 | 412 | |
| 山県 研二 | 479 | |
| 山形 咲枝 | 111 | |
| 山県 保 | 535 | |
| 山形 敏博 | 59 | |
| 山県 弘忠 | 222 | |
| 山県 芳和 | 80 | |
| 山形一級建築事務所 | 301 | |
| 山形県金山町 | 426 | |
| 山形県林木育種場 | 243 | |
| 山形大学工学部 | 319 | |
| 山形富士通 | 102 | |
| 山上 義一 | 261 | |
| 山川 晃 | 251, 252 | |
| 山川 清士 | 481 | |
| 山川 肇爾 | 52 | |
| 山川 哲司 | 180 | |
| 山川 信雄 | 204 | |
| 山川 英明 | 552 | |
| 山川 博美 | 236 | |
| 山川 正樹 | 492 | |
| 山川産業 | 456 | |
| ヤマキ | 20, 145 | |
| 八巻 一幸 | 376 | |
| 山木 昭平 | 225 | |
| 山木 勝 | 455 | |
| ヤマキ工業開発部 | 303 | |
| 山岸 篤弘 | 69 | |
| 山岸 厳 | 53 | |
| 山岸 宏一 | 473 | |
| 山岸 重孝 | 530 | |
| 山岸 寿治 | 436 | |
| 山極 三郎 | 217 | |
| ヤマギワ照明開発部 | 292 | |
| 山口 昭憲 | 369 | |
| 山口 明良 | 55 | |
| 山口 敦史 | 105 | |
| 山口 篤重 | 95 | |
| 山口 育雄 | 423 | |
| 山口 郁夫 | 335 | |
| 山口 勇 | 225 | |
| 山口 巌 | 112 | |
| 山口 栄二 | 101, 345 | |
| 山口 英良 | 67 | |
| 山口 嘉一 | 127 | |
| 山口 一吉 | 573 | |
| 山口 克之 | 345 | |
| 山口 喜八郎 | 533 | |
| 山口 楠雄 | 84 | |
| 山口 健介 | 262 | |
| 山口 光一 | 42 | |
| 山口 浩一 | 346 | |
| 山口 晃司 | 162, 182 | |
| 山口 誉起 | 338 | |
| 山口 重裕 | 93 | |
| 山口 茂弘 | 165 | |
| 山口 信夫 | 29, 30 | |
| 山口 修一 | 123 | |
| 山口 翔 | 253, 373 | |
| 山口 昭一 | 418 | |
| 山口 信一 | 154 | |
| 山口 信勇 | 367 | |
| 山口 聖一 | 54 | |
| 山口 崇 | 441 | |
| 山口 多賀司 | 27, 47 | |
| 山口 武和 | 93 | |
| 山口 忠正 | 85 | |
| 山口 彊 | 530 | |
| 山口 徹朗 | 342 | |
| 山口 篤三郎 | 530 | |
| 山口 俊夫 | 572 | |
| 山口 登士也 | 372 | |
| 山口 智子 | 35 | |
| 山口 智宏 | 325, 370 | |
| 山口 猶興 | 572 | |
| 山口 弌朗 | 547 | |
| 山口 伸英 | 69 | |
| 山口 昇 | 467 | |
| 山口 光 | 325 | |
| 山口 瞳 | 458 | |
| 山口 博昭 | 231, 233 | |
| 山口 広 | 418 | |
| 山口 広嗣 | 269 | |
| 山口 二三夫 | 367 | |
| 山口 政男 | 135 | |
| 山口 昌樹 | 176 | |
| 山口 正康 | 267 | |
| 山口 昌幸 | 199 | |
| 山口 麻矢 | 462 | |
| 山口 泰博 | 572 | |
| 山口 喜教 | 60 | |
| 山口 義仁 | 525 | |
| 山口 類児 | 470, 472 | |
| 山口県自然環境保全審議会 | 378 | |
| 山口県道路建設課 | 378 | |
| 山口県豊田土木事務所 | 378 | |
| 山口県農林総合技術センター牧草育種グループ | 214 | |
| 山口県立徳山商業高等学校 | 542 | |
| 山口放送 | 576 | |
| ヤマゲ | 135 | |
| ヤマコウ企画開発部 | 302 | |
| やまこし かずよ | 257 | |
| 山﨑 朗 | 39 | |
| 山崎 勲 | 467 | |
| 山崎 何恵 | 215 | |
| 山崎 修 | 156 | |
| 山崎 要 | 534 | |
| 山崎 公俊 | 196 | |
| 山崎 恭士 | 80 | |
| 山崎 国弘 | 85 | |
| 山崎 蔵人 | 441 | |
| 山崎 啓 | 180 | |
| 山崎 元 | 38 | |
| 山崎 惟義 | 107 | |
| 山崎 滋 | 56 | |
| 山崎 繁 | 454 | |
| 山崎 忍 | 437 | |
| 山崎 淳 | 344 | |
| 山崎 順一 | 59, 481, 482 | |
| 山崎 淳司 | 180 | |
| 山﨑 舜平 | 103 | |
| 山崎 慎一 | 333 | |
| 山崎 宣悦 | 69 | |
| 山崎 貴 | 526 | |
| 山崎 隆盛 | 328 | |
| 山崎 堯也 | 550 | |
| 山崎 正史 | 384 | |
| 山崎 辰夫 | 476 | |
| 山崎 次男 | 216, 229 | |
| 山崎 伝 | 217 | |
| 山崎 庸光 | 336 | |
| 山崎 利貞 | 531 | |
| 山崎 信寿 | 348 | |
| 山崎 信行 | 190 | |
| 山崎 比紗子 | 33 | |
| 山崎 英雄 | 368 | |
| 山崎 均 | 418 | |
| 山崎 百治 | 215 | |
| 山崎 広明 | 4 | |
| 山崎 弘郎 | 85, 92 | |
| 山崎 宏樹 | 351 | |
| 山崎 真狩 | 223 | |
| 山崎 真明 | 162, 182 | |
| 山嵜 正明 | 181 | |
| 山崎 正典 | 348 | |
| 山崎 万梨子 | 441 | |

| | | |
|---|---|---|
| 山崎 充 ............ 40, 456 | 山下 哲治 ............ 573 | 山田 淳 ............ 182 |
| ヤマザキ,ミノル ......... 410 | 山下 亨 ............ 391 | 山田 俊一 ...... 123, 430 |
| 山崎 実 ............ 535 | 山下 徹 ........ 126, 512 | 山田 純造 ............ 92 |
| 山崎 稔 ............ 240 | 山下 俊彦 ........ 6, 26 | 山田 昌一 ............ 229 |
| 山崎 守正 ............ 214 | 山下 英男 ............ 495 | 山田 正一 ............ 216 |
| 山前 康夫 ............ 346 | 山下 秀樹 ............ 189 | 山田 真吾 ............ 258 |
| 山崎 泰孝 ............ 415 | 山下 英也 ...... 382, 384 | 山田 真次郎 ........... 44 |
| 山崎 安彦 ............ 377 | 山下 博文 ............ 438 | 山田 信也 ............ 488 |
| 山崎 庸行 ............ 178 | 山下 文敏 ........ 68, 80 | 山田 純男 ............ 53 |
| 山崎 洋介 ............ 182 | 山下 誠 ............ 192 | 山田 誠一 ............ 353 |
| 山崎 陽太郎 ........... 392 | 山下 正明 ... 102, 438, 439 | 山田 聖志 ............ 424 |
| 山崎 祥子 ............ 467 | 山下 政志 ............ 92 | 山田 善市 ............ 110 |
| 山崎 義人 ............ 216 | 山下 正憲 ............ 366 | 山田 隆昭 ............ 183 |
| 山崎 吉広 ............ 481 | 山下 昌彦 ............ 381 | 山田 崇臣 ............ 471 |
| 山崎 善弘 ............ 550 | 山下 靖 ............ 478 | 山田 尚志 ............ 68 |
| 山崎 六哉 ............ 74 | 山下 保博 ............ 329 | 山田 貴延 ............ 338 |
| 山崎技研 ............ 24 | 山下 雄司 ...... 481, 491 | 山田 忠郎 ............ 371 |
| 山崎金属工業企画開発部 | 山下 祐三 ............ 353 | 山田 竜男 ............ 86 |
| .................. 303 | 山下 幸利 ............ 208 | 山田 竜雄 ............ 220 |
| 山崎組 ............... 13 | 山下 義彦 ............ 80 | 山田 哲 ............ 347 |
| 山崎産業 ............. 18 | 山下 禎彦 ............ 462 | 山田 哲男 ............ 46 |
| 山崎鉄工所 ... 93, 133, 358 | 山下 誉行 ............ 62 | 山田 哲也 ............ 219 |
| ヤマザキマザック ...... 96, | 山下 律也 ...... 223, 237 | 山田 晃久 ............ 474 |
| 101, 117, 277, 278, | 山下 良平 ............ 241 | 山田 藤次郎 ........... 534 |
| 279, 280, 364, 365 | 山下設計中部支社 ...... 285 | 山田 亨 ............ 183 |
| ヤマザキマザックオプトニク | 山下電気 ............ 11 | 山田 達 ............ 368 |
| ス フェニックス研究所 | 山下寿郎設計事務所 .. 413, 414 | 山田 稔明 ............ 373 |
| .................. 169 | ヤマシタワークス ...... 456 | 山田 利男 ............ 371 |
| 山里エレクトロナイト ..... 90 | 山科 誠 ............ 27 | 山田 敏彦 ............ 368 |
| 山沢 新吾 ........ 218, 237 | 山品 正勝 ............ 172 | 山田 利博 ............ 233 |
| 山澤 弘実 ............ 111 | 山城 永盛 ............ 468 | 山田 富也 ............ 467 |
| 山路 敬三 ........ 45, 477 | 山城 隆一 ............ 458 | 山田 昇 ............ 80 |
| 山路 賢吉 ............ 84 | 山城精機製作所 ........ 144 | 山田 登 ............ 93 |
| 山地 憲治 .......... 264, | 山菅 美利 ............ 455 | 山田 憲明 ............ 124 |
| 265, 266, 267, 392 | 山角 覚 ............ 189 | 山田 紀夫 ............ 571 |
| 山地 直樹 ............ 482 | 山添 雅彦 ...... 490, 492 | 山田 憲義 ............ 572 |
| 山路 直樹 ............ 252 | 山田 明 ............ 88 | 山田 伴次郎 ........... 219 |
| 山下 彰 ........ 84, 527 | 山田 有義 ............ 83 | 山田 英雄 ............ 370 |
| 山下 淳 ............ 193 | 山田 勇 ............ 232 | 山田 秀穂 ............ 492 |
| 山下 勇 ............ 53 | 山田 岩男 ............ 211 | 山田 均 ............ 121 |
| 山下 英明 ............ 72 | 山田 大彦 ............ 420 | 山田 日登志 ........... 46 |
| 山下 興亜 ............ 222 | 山田 宰 ............ 76 | 山田 弘明 ............ 52 |
| 山下 雅丈 ............ 440 | 山田 一夫 ............ 546 | 山田 博右 ............ 68 |
| 山下 和秀 ............ 371 | 山田 勝彦 ............ 88 | 山田 裕通 ............ 32 |
| 山下 和正 ........ 268, 415 | 山田 国男 ............ 81 | 山田 浩也 ............ 194 |
| 山下 恭平 ............ 221 | 山田 敬喜 ............ 66 | 山田 浩之 ...... 257, 474 |
| 山下 清 ............ 427 | 山田 啓司 ...... 347, 348 | 山田 博之 ............ 162 |
| 山下 健 ............... 8 | 山田 謙一 ............ 378 | 山田 誠 ........ 199, 482 |
| 山下 秀一郎 ........... 135 | 山田 憲晋 ............ 160 | 山田 昌雄 ............ 222 |
| 山下 潤治 ............ 494 | 山田 浩司 ............ 441 | 山田 昌史 ............ 368 |
| 山下 大輔 ............ 347 | 山田 幸三 ............ 42 | 山田 正直 ............ 331 |
| 山下 卓也 ............ 260 | 山田 浩蔵 ............ 93 | 山田 正裕 ............ 457 |
| 山下 武 ............ 530 | 山田 茂樹 ............ 90 | 山田 雅行 ............ 333 |
| 山下 忠 ............ 54 | 山田 茂 ............ 162 | 山田 政之 ...... 366, 368 |
| 山下 直 ............ 452 | 山田 忍 ............ 217 | 山田 優 ...... 121, 428 |
| 山下 知二郎 ........... 528 | 山田 十三 ............ 529 | 山田 益雄 ............ 94 |

| | | |
|---|---|---|
| 山田 益義 ‥‥‥‥‥ 111, 129 | 山中 敦 ‥‥‥‥‥‥‥ 112 | 山内 結子 ‥‥‥‥‥ 480, 482 |
| 山田 守 ‥‥‥‥‥‥‥ 409 | 山中 勇 ‥‥‥‥‥‥‥ 239 | ヤマハ ‥‥‥‥ 285, 309, 318, |
| 山田 実 ‥‥‥‥‥‥‥ 532 | 山中 栄輔 ‥‥‥‥‥‥ 98 | 322, 323, 360, 510, 511, 521 |
| 山田 光夫 ‥‥‥‥‥‥ 347 | 山中 一司 ‥‥‥‥‥‥ 129 | ヤマハ音楽振興会 ‥‥‥ 522 |
| 山田 光穂 ‥‥‥‥‥‥ 58 | 山中 金次郎 ‥‥‥‥‥ 217 | 山端 直人 ‥‥‥‥‥‥ 242 |
| 山田 宗慶 ‥‥‥‥‥‥ 390 | 山中 俊治 ‥‥‥‥‥‥ 461 | ヤマハデザイン研究所 ‥‥ 293, |
| 山田 稔 ‥‥‥‥‥‥‥ 413 | 山中 伸弥 ‥‥‥ 129, 164, 181 | 295, 297, 304, 305 |
| 山田 基成 ‥‥‥‥‥‥ 44 | 山中 善吉 ‥‥‥‥‥‥ 67 | 山端 潔 ‥‥‥‥‥‥‥ 161 |
| 山田 泰範 ‥‥‥‥‥‥ 381 | 山中 孔 ‥‥‥‥‥‥‥ 416 | ヤマハ発動機 ‥ 119, 131, 279, |
| 山田 安幸 ‥‥‥‥‥‥ 538 | 山中 徹 ‥‥‥‥‥‥‥ 329 | 313, 314, 315, 318, 323, 562 |
| 山田 弥彦 ‥‥‥‥‥‥ 87 | 山中 徳唯 ‥‥‥‥‥‥ 491 | 山辺 知定 ‥‥‥‥‥‥ 85 |
| 山田 有一 ‥‥‥‥‥‥ 55 | 山中 浩 ‥‥‥‥‥‥‥ 529 | 山辺 正顕 ‥‥‥‥‥‥ 57 |
| 山田 雄之介 ‥‥‥‥‥ 371 | 山中 雅彦 ‥‥‥‥‥‥ 439 | ヤマムラ ‥‥‥‥‥‥‥ 312 |
| 山田 有紀 ‥‥‥‥‥‥ 463 | 山中 美香 ‥‥‥‥‥‥ 442 | 山村 清隆 ‥‥‥‥‥‥ 62 |
| 山田 行雄 ‥‥‥‥‥‥ 220 | 山中 光之 ‥‥‥‥‥‥ 56 | 山村 恵一 ‥‥‥ 479, 480, 487 |
| 山田 豊 ‥‥‥‥‥‥‥ 109 | 山中 稔 ‥‥‥‥‥‥‥ 453 | 山村 尚史 ‥‥‥‥‥‥ 251 |
| 山田 陽滋 ‥‥‥‥‥‥ 190 | 山中 隆吉 ‥‥‥‥‥‥ 489 | 山村 千草 ‥‥‥‥‥‥ 494 |
| 山田 洋輔 ‥‥‥‥‥‥ 367 | 山中 塁 ‥‥‥‥‥‥‥ 9 | 山村 浩 ‥‥‥‥‥‥‥ 475 |
| 山田 嘉昭 ‥‥‥‥‥‥ 331 | ヤマナカゴーキン ‥‥‥‥ 22 | 山村 方人 ‥‥‥‥‥‥ 439 |
| 山田 義昭 ‥‥‥‥‥‥ 134 | 山梨県工業技術センター | 山村 禮次郎 ‥‥‥‥‥ 388 |
| 山田 義明 ‥‥‥‥‥‥ 367 | ‥‥‥‥‥‥‥‥‥‥‥ 144 | 山本 章夫 ‥‥‥‥‥‥ 68 |
| 山田 芳雄 ‥‥‥‥‥‥ 227 | 山梨県林業技術センター | 山本 明彦 ‥‥‥‥‥‥ 404 |
| 山田 喜一 ‥‥‥‥ 338, 345 | ‥‥‥‥‥‥‥‥‥‥‥ 243 | 山本 晃 ‥‥‥‥‥‥‥ 81 |
| 山田 吉郎 ‥‥‥‥‥‥ 457 | 山梨市役所 ‥‥‥‥‥‥ 323 | 山本 明 ‥‥‥‥‥‥‥ 160 |
| 山田 善郎 ‥‥‥‥‥‥ 67 | 山梨日日新聞社 ‥ 500, 504, 506 | 山本 あやこ ‥‥‥‥‥ 325 |
| 山田 竜作 ‥‥‥‥‥‥ 74 | 山名製作所 ‥‥‥‥‥‥ 132 | 山本 出 ‥‥‥‥ 221, 368, 371 |
| 山田 隆介 ‥‥‥‥‥‥ 248 | 山西 健司 ‥‥‥‥‥‥ 160 | 山本 格 ‥‥‥‥‥‥‥ 76 |
| 山田 良治 ‥‥‥‥‥‥ 531 | 山西 正道 ‥‥‥‥‥‥ 457 | 山本 修 ‥‥‥‥‥ 438, 491 |
| 山高 修一 ‥‥‥‥‥‥ 183 | 山西 嘉雄 ‥‥‥‥‥‥ 413 | 山本 格也 ‥‥‥‥‥‥ 157 |
| 山武ハネウエル計器 ‥ 115, 354 | 山根 一郎 ‥‥‥‥‥‥ 212 | 山本 景彦 ‥‥‥‥‥‥ 89 |
| 山田脩二 淡路かわら房 | 山根 一真 ‥‥‥‥‥‥ 375 | 山本 佳城 ‥‥‥‥‥‥ 127 |
| ‥‥‥‥‥‥‥‥‥‥‥ 313 | 山根 克 ‥‥‥‥‥ 188, 189 | 山本 和夫 ‥‥‥‥‥‥ 478 |
| 山田照明 ‥‥‥‥‥‥‥ 295 | 山根 浩二 ‥‥‥‥‥‥ 155 | 山本 和彦 ‥‥‥‥‥‥ 254 |
| 山田照明企画室 ‥‥ 290, 291 | 山根 正次郎 ‥‥‥‥‥ 410 | 山本 勝太郎 ‥‥‥‥‥ 371 |
| 山田製作所 ‥‥‥‥‥‥ 15 | 山根 正煕 ‥‥‥‥‥‥ 57 | 山本 克彦 ‥‥‥‥‥‥ 293 |
| 山田電機製造 ‥‥‥‥‥ 20 | 山根 多恵 ‥‥‥‥‥‥ 35 | 山本 寛斎 ‥‥‥‥‥‥ 375 |
| 山田ドビー製作所 ‥‥‥ 11 | 山根 貴和 ‥‥‥‥‥‥ 337 | 山本 喜一郎 ‥‥‥‥‥ 219 |
| 山田油機製造技術部 ‥‥ 296 | 山根 孝 ‥‥‥‥‥‥‥ 78 | 山本 久米次 ‥‥‥‥‥ 492 |
| 山近 純一郎 ‥‥‥‥‥ 89 | 山根 隆志 ‥‥‥‥‥‥ 198 | 山本 恵一 ‥‥‥‥‥‥ 347 |
| 山出 保 ‥‥‥‥‥‥‥ 406 | 山嶺 忠幸 ‥‥‥‥‥‥ 250 | 山本 圭介 ‥‥‥‥‥‥ 327 |
| 山寺 順哉 ‥‥‥‥‥‥ 160 | 山根 徳太郎 ‥‥‥‥‥ 413 | 山本 健 ‥‥‥‥‥‥‥ 335 |
| 山寺 喜成 ‥‥‥‥‥‥ 232 | 山根 信幸 ‥‥‥‥‥‥ 125 | 山本 健一郎 ‥‥‥‥‥ 474 |
| 倭 周蔵 ‥‥‥‥‥‥‥ 83 | 山根 信義 ‥‥‥‥‥‥ 535 | 山本 孝一 ‥‥‥‥‥‥ 85 |
| 大和 壮一 ‥‥‥‥‥‥ 179 | 山根 久典 ‥‥‥‥‥‥ 63 | 山本 幸二 ‥‥‥‥‥‥ 73 |
| 大和 雅之 ‥‥‥‥ 129, 160 | 山根 政美 ‥‥‥‥‥‥ 80 | 山本 耕三 ‥‥‥‥‥‥ 127 |
| ヤマト運輸 ‥‥‥‥ 7, 322 | 山根 康邦 ‥‥‥‥‥‥ 179 | 山本 耕太郎 ‥‥‥‥‥ 102 |
| 大和市(神奈川県) ‥‥‥ 543 | 山野 順司 ‥‥‥‥‥‥ 347 | 山本 禎紀 ‥‥‥‥‥‥ 224 |
| 大和精機 ‥‥‥‥‥‥‥ 134 | 山野 政信 ‥‥‥‥‥‥ 535 | 山本 三郎 ‥‥‥‥‥‥ 487 |
| 大和紡績 ‥‥‥‥‥‥‥ 354 | 山野 稔 ‥‥‥‥‥‥‥ 452 | 山本 茂義 ‥‥‥‥ 327, 328 |
| ヤマトミシン製造 ‥‥‥ 137 | 山野井 恭子 ‥‥‥‥‥ 256 | 山本 修子 ‥‥‥‥‥‥ 405 |
| 大和木材 ‥‥‥‥‥‥‥ 285 | 山之上 裕一 ‥‥‥‥‥ 480 | 山本 脩太郎 ‥‥‥‥‥ 215 |
| 山名 文夫 ‥‥‥‥‥‥ 160 | 山之内 和彦 ‥‥‥‥‥ 56 | 山本 淳二 ‥‥‥‥‥‥ 162 |
| 山名 伸樹 ‥‥‥‥ 213, 239 | 山内 一也 ‥‥‥‥‥‥ 222 | 山本 順也 ‥‥‥‥‥‥ 462 |
| 山名 元 ‥‥‥‥‥‥‥ 267 | 山内 光史 ‥‥‥‥‥‥ 473 | 山本 新一 ‥‥‥‥‥‥ 335 |
| 山中 章弘 ‥‥‥‥‥‥ 347 | 山之内 達郎 ‥‥‥‥‥ 482 | 山本 進一 ‥‥‥‥‥‥ 233 |
| 山中 章 ‥‥‥‥‥ 338, 348 | 山内 正仁 ‥‥‥‥‥‥ 483 | 山本 伸司 ‥‥‥‥‥‥ 343 |

| | | |
|---|---|---|
| 山本 紳朗 … 212 | 山本 雅生 … 502 | 湯浅 次郎 … 472, 573, 575 |
| 山本 貢 … 43 | 山本 正男 … 454 | 湯浅 新治 … 63, 77 |
| 山本 純郎 … 50 | 山本 正司 … 177, 532 | 湯浅 益雄 … 351 |
| 山本（鈴木）節子 … 246 | 山元 正人 … 182 | ユアサ商事 … 121 |
| 山本 蒼美 … 374 | 山本 正登 … 452, 453, 456 | 由井 正敏 … 232 |
| 山本 泰司 … 209 | 山本 真規 … 67, 337 | 友愛福祉会おおわだ保育園 |
| 山本 隆夫 … 56 | 山本 雅幸 … 86 | … 281 |
| 山本 隆臣 … 539 | 山本 雅之 … 154, 368, 471 | 結城 良治 … 336 |
| 山本 隆一 … 58 | 山本 学 … 261 | 有機EL事業部技術部門 |
| 山本 孝 … 229, 532 | 山本 通隆 … 52 | … 492 |
| 山本 貴歳 … 472 | 山本 光義 … 53 | 夕暮 千秋 … 248 |
| 山本 高義 … 379 | 山本 元祥 … 386 | オーザックデザイン |
| 山本 卓朗 … 376 | 山本 康 … 345 | … 305, 309, 314, 316 |
| 山本 毅雄 … 54 | 山本 康弘 … 109, 416 | オーディーワークス … 314 |
| 山本 建 … 343 | 山本 泰正 … 575 | キッズスマイルカンパニー |
| 山本 武 … 204 | 山本 洋一 … 366 | … 286 |
| 山本 正 … 366 | 山本 陽禧 … 134 | ソララ … 330 |
| 山本 忠司 … 415 | 山本 善章 … 367 | ナンワ … 315 |
| 山本 忠彦 … 548 | 山本 義淳 … 65 | ビバテック … 283 |
| 山本 立行 … 177 | 山本 義隆 … 196 | モーハウス … 283 |
| 山本 為信 … 454 | 山本 善久 … 182 | ランクス・コーポレーション … 284 |
| 山本 千治 … 536 | 山本 理絵 … 439 | 有工メディアプロジェクト |
| 山本 長水 … 424 | 山本 理顕 … 418, 425 | （A.M.P) … 543 |
| 山本 努武 … 524 | 山本 渡 … 455 | 祐乗坊 進 … 376 |
| 山本 剛 … 101, 178 | 山本科学工具研究社 … 147 | 悠心 … 25 |
| 山本 哲 … 55 | 山本貴金属地金 … 21, 148 | 有人宇宙システム … 186 |
| 山本 徹夫 … 104 | 山本光学 … 139, 283, 317, 321 | 郵政省郵務局 … 118 |
| 山本 瑗夫 … 94 | 山本製作所 … 16, 240 | 郵政大臣官房建築部 … 416 |
| 山本 徹 … 379 | 山本鉄工所 … 19 | 有線ブロードネットワークス … 542 |
| 山本 時男 … 151 | 山本ビニター … 18 | 祐徳薬品工業 … 16 |
| 山本 徳次 … 31 | 山本防塵眼鏡 … 14 | 有斐閣 … 40, 41, 42 |
| 山本 俊人 … 528 | 山本理顕設計工場 … 312, 317 | 夕焼けプラットホームコンサート（25回） … 580 |
| 山本 直弘 … 488 | 山森食品醸造 … 13 | ユーエヌリミテッド … 563 |
| 山本 信幸 … 479 | やまや … 516 | 湯川 幸一 … 57 |
| 山本 登 … 85 | 山谷 賢二 … 370 | 湯川 淳一 … 226 |
| 山本 教雄 … 230 | 山谷 孝一 … 230 | 湯川 正夫 … 84 |
| 山本 久夫 … 87, 90 | ヤマヨ測定機 … 321 | 湯川記念財団 … 563 |
| 山本 尚 … 153 | 山脇 茂 … 349 | 湯川秀樹伝記映像制作委員会 … 563 |
| 山本 英雄 … 490 | 山脇 利捷 … 480 | 雪国まいたけ 生産本部 研究開発室 品質保証室 TQM推進本部 … 444 |
| 山本 秀夫 … 297, 306 | 山脇 直樹 … 254 | 雪下 勝三 … 439 |
| 山本 英樹 … 27 | 家森 信善 … 43 | 雪印乳業 … 561 |
| 山本 英也 … 529 | 野々部 幸男 … 478 | 雪だるまウイーク'98 … 577 |
| 山本 英幸 … 57 | 矢和田 勝 … 66 | 行俊 照夫 … 94 |
| 山本 弘一 … 90 | 八幡屋 正 … 83 | 行広 清美 … 531 |
| 山本 博一 … 232 | ヤーン, ケン … 376 | 行本 修 … 239 |
| 山本 広治 … 534 | ヤンマーディーゼル長浜工場 … 82 | ユケン工業 … 22, 116, 117, 357 |
| 山本 浩 … 535 | ヤンマー農機 … 136, 239 | 湯沢 勝利 … 478 |
| 山本 博徳 … 76, 183 | | 湯沢 正信 … 420 |
| 山本 宏美 … 477 | | ユーシー産業 … 139, 451 |
| 山本 博巳 … 264, 392 | **【ゆ】** | 湯嶋 健 … 219 |
| 山本 博也 … 539 | | |
| 山元 弘幸 … 182 | UID一級建築士事務所 … 318 | |
| 山本 博之 … 338 | 湯浅 健次 … 134 | |
| 山元 深 … 56, 78 | 湯浅 悟郎 … 92 | |
| 山本 福太郎 … 83 | | |
| 山本 雅章 … 205 | | |

| | | |
|---|---|---|
| ユシロ化学工業 | …………… | 10 |
| ユーシン精機 | …………… | 280 |
| 檮原町 | ………… 50, | 384 |
| 杠 順司 | ……… 342, | 343 |
| USEN | …………… | 526 |
| 油田 信一 | …………… | 192 |
| 油谷 美里 | …………… | 252 |
| UDMプロジェクト実行委員会 | …………… | 322 |
| ユーテック | …………… | 149 |
| ユトリー ウララン バウチスタ | …………… | 240 |
| ユニオンツール | …………… | 362 |
| ユニゾーン | …………… | 22 |
| ユニチカ | …………… | 115 |
| ユニックス | ……… 310, | 452 |
| UNIHI開発グループ | …………… | 488 |
| 湯の坪街道周辺地区景観協定委員会 | …………… | 384 |
| 湯橋 智昭 | …………… | 370 |
| 湯橋 行男 | …………… | 338 |
| 柚原 直弘 | …………… | 336 |
| 柚原 博 | …………… | 180 |
| ゆびとま | …………… | 542 |
| 由布市 都市・景観推進課 | …………… | 384 |
| 由布市 湯布院振興局 | …………… | 384 |
| 弓田 敦 | …………… | 261 |
| 夢工房 | …………… | 510 |
| 由本 一郎 | …………… | 333 |
| 湯本 好英 | …………… | 456 |
| 湯山 一郎 | …………… | 480 |
| 万木 豊 | …………… | 232 |
| ゆるキャラⓇまつりIN彦根〜キグるミさみっと2009〜（第2回） | …………… | 580 |

## 【よ】

| | | |
|---|---|---|
| 葉 祥栄 | …… 328, 419, | 460 |
| 八鹿鉄工 | …………… | 239 |
| 葉石 雄一郎 | …………… | 89 |
| 溶融炭酸塩型燃料電池システム技術研究組合技術部 | …………… | 390 |
| 横井 一仁 | …………… | 192 |
| 横井 茂樹 | …………… | 59 |
| 横井 秀一 | …………… | 209 |
| 横井 大亮 | …………… | 349 |
| 横井 隆 | …………… | 371 |
| 横井 利男 | …………… | 339 |
| 横井 勝 | ……… 470, | 473 |
| 横井 道治 | …………… | 344 |
| 横井 元治 | …………… | 530 |

| | | |
|---|---|---|
| 横井 弥毅男 | …………… | 86 |
| 横尾 敬三 | …………… | 370 |
| 横尾 忠則 | …………… | 459 |
| 横尾 光広 | …………… | 239 |
| 横尾 義貫 | ……… 409, | 432 |
| 横尾 嘉良 | ……… 548, | 552 |
| 横川 和夫 | …………… | 505 |
| 横川 和政 | …………… | 254 |
| 横河 健 | ……… 326, | 424 |
| 横川 隆司 | …………… | 191 |
| 横川 親雄 | …………… | 386 |
| 横川 雅則 | …………… | 69 |
| 横河アナリティカルシステムズ | …………… | 119 |
| 横河橋梁製作所 | …………… | 184 |
| 横河電機製作所 | …………… 82, | |
| | 83, 88, 115, 117, 354, | 511 |
| 横河ブリッジ | ……… 122, | 383 |
| 横河メディカルシステム | …………… | 117 |
| 横倉 章 | …………… | 537 |
| 横小路 泰義 | …………… | 195 |
| 横沢 道夫 | …………… | 94 |
| 横須賀 誠治 | …………… | 82 |
| 横須賀市（神奈川県） | …………… | 541 |
| 横田 克彦 | ……… 336, | 340 |
| 横田 幹次 | …………… | 491 |
| 横田 慶太 | …………… | 483 |
| 横田 耕一 | …………… | 483 |
| 横田 幸治 | ……… 340, | 343 |
| 横田 三郎 | …………… | 504 |
| 横田 俊一 | …………… | 230 |
| 横田 孝雄 | …………… | 224 |
| 横田 隆司 | …………… | 427 |
| 横田 考俊 | …………… | 158 |
| 横田 毅 | …………… | 163 |
| 横田 剛 | …………… | 538 |
| 横田 雄史 | ……… 268, | 327 |
| 横田 達之 | …………… | 545 |
| 横田 暉生 | …………… | 428 |
| 横田 徳郎 | …………… | 220 |
| 横田 友彦 | …………… | 371 |
| 横田 治之 | …………… | 337 |
| 横田 保生 | …………… | 384 |
| 横田 洋司 | …………… | 352 |
| 横田 善行 | …………… | 105 |
| ヨコタ工業 | …………… | 142 |
| ヨコタコーポレーション | …………… | 144 |
| 横地 泰宏 | …………… | 239 |
| 横塚 保 | …………… | 216 |
| 横テクノプラン | …………… | 315 |
| 横野 哲朗 | …………… | 386 |
| 横浜赤レンガ | …………… | 427 |
| 横浜エフエム放送 | …………… | 576 |
| 横浜機工 | …………… | 451 |

| | | |
|---|---|---|
| 横浜建設 | …………… | 285 |
| 横浜高速鉄道 | …………… | 381 |
| 横浜国際平和会議場 | …………… | 428 |
| 横浜ゴム | ……… 184, | 315 |
| 横浜市 | ……… 319, | 541 |
| 横浜市環境科学研究所 | …… | 112 |
| 横浜市芸術文化振興財団 | …………… | 427 |
| 横浜市下水道局河川計画課・河川設計課 | …………… | 379 |
| 横浜市港湾局港湾整備部南本牧事業推進担当 | …………… | 378 |
| 横浜市港湾局港湾整備部南本牧ふ頭建設事務所 | …………… | 378 |
| 横浜市（港湾局赤レンガ倉庫等担当・都市計画局都市デザイン室・市民局市民文化部） | …………… | 427 |
| 横浜市女性協会 | …………… | 515 |
| 横浜市道路建設事業団工務課 | …………… | 378 |
| 横浜市都市計画局都市デザイン室 | …………… | 380 |
| 横浜市（都市整備局・港湾局） | …………… | 428 |
| 横浜シネマ現像所 | …………… | 479 |
| 横浜市立本町小学校 | …………… | 541 |
| 横浜みなとみらい21 | …………… | 427 |
| 横林 康之 | …………… | 88 |
| 横堀 禎二 | …………… | 531 |
| 横見 治樹 | …………… | 569 |
| ヨコミゾ マコト | …………… | 428 |
| 横道 茂治 | …………… | 454 |
| 横道 匠二 | …………… | 381 |
| 横矢 雄二 | …………… | 337 |
| 横山 偉和夫 | …………… | 238 |
| 横山 一夫 | …………… | 531 |
| 横山 勝彦 | …………… | 126 |
| 横山 克哉 | …………… | 486 |
| 横山 公男 | …………… | 412 |
| 横山 公一 | …………… | 384 |
| 横山 孝治 | …………… | 268 |
| 横山 貞彦 | …………… | 110 |
| 横山 伸也 | ……… 109, | 390 |
| 横山 晋 | …………… | 388 |
| 横山 進 | …………… | 487 |
| 横山 清次郎 | …………… | 56 |
| 横山 誠太郎 | …………… | 529 |
| 横山 大毅 | …………… | 327 |
| 横山 隆邦 | …………… | 455 |
| 横山 徳衛 | …………… | 135 |
| 横山 豊彦 | …………… | 65 |
| 横山 秀夫 | …………… | 57 |
| 横山 浩 | …………… | 60 |
| 横山 浩史 | …………… | 261 |
| 横山 博志 | …………… | 439 |

| | | |
|---|---|---|
| 横山 不学 ............... 411 | 吉川国工業所商品開発部 | 吉田 順 ............... 126 |
| 横山 文友 ............... 66 | ............ 292, 293 | 吉田 潤三郎 ............ 527 |
| 横山 正雄 ............... 533 | 吉川国工業所 ...... 320, 321 | 吉田 純二 ........ 470, 575 |
| 横山 又蔵 ............... 528 | 吉木 武一 ............... 203 | 吉田 俊弥 ............... 377 |
| 横山 緑 ............... 242 | 吉阪 隆正 ............... 412 | 吉田 庄司 ............... 536 |
| 横山 弥生 ............... 516 | 吉崎 晃久 ............... 438 | 吉田 譲次 ............... 387 |
| 横山 幸夫 ............... 52 | 吉崎 康二 ............... 344 | 吉田 庄太郎 |
| 横山 裕 ............ 70, 427 | 吉崎 鴻造 ............... 84 | ...... 547, 548, 549, 550 |
| 横山 嘉彦 ............... 156 | 吉沢 一成 ............... 8 | 吉田 新 ............... 382 |
| 横山 義行 ............... 574 | 吉沢 克仁 ............... 67 | 吉田 仁 ............... 533 |
| 横山 りえ ............... 33 | 吉沢 晋 ............... 415 | 吉田 慎一 ............... 502 |
| 横山 良平 ............... 262 | 吉沢 武雄 ............... 529 | 吉田 眞一 ............... 436 |
| 與謝野 久 ............... 327 | 吉沢 透 ............... 152 | 吉田 傑 ............... 343 |
| 吉井 省三 ............... 92 | 吉澤 敏彦 ............... 455 | 吉田 進 ............... 88 |
| 吉井 正英 ............... 574 | 吉澤 徳子 ............... 392 | 吉田 聖子 ............... 441 |
| 吉江 建一 ............... 183 | 吉沢 正彬 ............... 58 | 吉田 總一郎 ............ 39 |
| 吉江 直樹 ............... 105 | 吉沢 正隆 ............... 573 | 吉田 孝侑 ............... 260 |
| 吉生 寛 ............... 328 | 吉沢 稔 ............... 369 | 吉田 孝 ............... 53 |
| 吉岡 一郎 ............... 366 | 吉沢 保夫 ............... 302 | 吉田 孝久 ............... 209 |
| 吉岡 一美 ............... 572 | 吉沢 保文 ............... 368 | 吉田 忠雄 .... 26, 47, 82, 176 |
| 吉岡 完治 ............... 167 | 吉澤 幸大 ........ 343, 346 | 吉田 正 ........ 123, 126 |
| 吉岡 拓如 ............... 235 | 吉島 忠信 ............... 485 | 吉田 忠 ............... 387 |
| 吉岡 努 ............... 427 | 吉住 恵一 ............... 69 | 吉田 忠志 ............... 528 |
| 吉岡 徳仁 ............... 461 | 吉角 荘介 ............... 552 | 吉田 忠則 ............... 508 |
| 吉岡 俊彦 ............... 68 | 吉住 夏輝 ............... 127 | 吉田 周正 ............... 532 |
| 吉岡 伸宏 ............... 366 | 吉田 昭彦 ............... 103 | 吉田 司 ............... 456 |
| 吉岡 英夫 ............... 368 | 吉田 明弘 ........ 270, 328 | 吉田 恒美 ............... 54 |
| 吉岡 斉 ............... 266 | 吉田 晃 ............... 486 | 吉田 哲郎 ............... 89 |
| 吉岡 宏輔 ............... 92 | 吉田 昭 ........ 218, 371 | 吉田 鉄郎 ............... 409 |
| 吉岡 丹 ............... 413 | 吉田 育弘 ............... 474 | 吉田 敏夫 ............... 372 |
| 吉岡 正紀 ............... 540 | 吉田 功 ........ 70, 377 | 吉田 敏弘 ............... 347 |
| 吉岡 保五郎 ............ 412 | 吉田 栄吉 ............... 72 | 吉田 俊也 ............... 235 |
| 吉形 健治 ............... 453 | 吉田 修 ........ 52, 123 | 吉田 富穂 ........ 237, 239 |
| ヨシカワ ............... 21 | 吉田 和生 ............... 55 | 吉田 知樹 ............... 156 |
| 吉川 昭男 ............... 98 | 吉田 和司 ............... 103 | 吉田 豊信 ............... 109 |
| 吉川 彰 ............... 162 | 吉田 勝臣 ............... 480 | 吉田 豊彦 ............... 439 |
| 吉川 和雄 ............... 557 | 吉田 喜平 ............... 481 | ヨシダ ナオヒロ ...... 253 |
| 吉川 勝久 ............... 368 | 吉田 清一 ............... 239 | 吉田 尚弘 ............... 168 |
| 吉川 賢 ............... 234 | 吉田 清英 ............... 390 | 吉田 尚正 ............... 72 |
| 吉川 里士 ........ 483, 556 | 由田 欣一 ............... 536 | 吉田 長行 ............... 424 |
| 吉川 正一 ............... 368 | 吉田 国雄 ............... 56 | 吉田 宜夫 ............... 213 |
| 吉川 正 ............... 126 | 芳田 奎 ............... 152 | 吉田 則人 ............... 212 |
| 吉川 勉 ............... 172 | 吉田 敬一 ........ 40, 41 | 吉田 治典 ............... 423 |
| 吉川 英雄 ............... 370 | 吉田 啓二 ........ 438, 439 | 吉田 晴彦 ............... 123 |
| 吉川 廣和 ........ 28, 48 | 吉田 桂二 ............... 420 | 吉田 晴己 ............... 51 |
| 吉川 洋 ............... 5 | 吉田 賢二 ............... 341 | 吉田 寿司 ............... 367 |
| 好川 博 ............... 413 | 吉田 鋼市 ............... 423 | 吉田 秀雄 ............... 25 |
| 吉川 正英 ............... 378 | 吉田 幸司 ............... 125 | 吉田 秀樹 ............... 68 |
| 吉川 政義 ............... 529 | 吉田 耕平 ............... 347 | 吉田 斉 ............... 438 |
| 吉川 勝 ............... 9 | 吉田 五郎 ............... 529 | 吉田 等 ............... 127 |
| 吉川 道子 ............... 404 | 吉田 貞夫 ............... 569 | 吉田 裕明 ........ 72, 349 |
| 吉川 義夫 ............... 87 | 吉田 貞史 ............... 59 | 吉田 寛 ........ 336, 338 |
| 芳川 芳一 ............... 531 | 吉田 茂男 ............... 225 | 吉田 弘 ........ 78, 478 |
| 吉川国工業所企画部 ... 303 | 吉田 茂人 ............... 177 | 吉田 博次 ............... 109 |
| 吉川国工業所商品開発課 | 吉田 重治 ............... 211 | 吉田 博通 ............... 53 |
| ............ 308 | 吉田 修三 ............... 531 | 吉田 浩哉 ............... 528 |

ビジネス・技術・産業の賞事典 715

| | | | | | |
|---|---|---|---|---|---|
| 吉田 実 | 537 | 吉野 洋雄 | 481 | 吉本 進 | 438 |
| 吉田 誠 | 345 | 吉野 博 | 420 | 好本 巧 | 532 |
| 吉田 正男 | 229 | 吉野 博之 | 371 | 吉本 武雄 | 96 |
| 吉田 雅志 | 487 | 吉野 雅士 | 97 | 吉本 雅孝 | 404 |
| 吉田 正人 | 574 | 吉野 豊 | 208 | 吉本 幸男 | 539 |
| 吉田 雅典 | 57 | 吉野 洋一 | 125 | ヨシモトポール | 305 |
| 吉田 学 | 63 | 吉野 良雄 | 386 | 吉安 登 | 501 |
| 吉田 幹彦 | 88 | 吉野 龍太郎 | 189 | 吉山 一郎 | 477 |
| 吉田 充 | 52 | 芳之内 淳 | 161 | 吉山 武敏 | 212 |
| 吉田 稔 | 294, 530 | 吉野川シンポジウム実行委員会 | 50 | 吉山 博吉 | 26, 52, 53, 55 |
| 吉田 免四郎 | 82 | | | 依田 彰彦 | 418 |
| 吉田 大和 | 161 | 吉野家ディー・アンド・シー | 8 | 依田 孝喜 | 545, 546 |
| 吉田 雄次 | 53 | | | 依田 直 | 266 |
| 吉田 雄二 | 58 | 吉原 和正 | 327 | 依田 照彦 | 383 |
| 吉田 好邦 | 263 | 吉原 潔 | 211 | 輿田 博明 | 71 |
| 吉田 好伸 | 413 | 吉原 望 | 111 | 依田 勝雄 | 377 |
| 吉田 禎允 | 536 | 吉原 昇 | 532 | 依田 幹男 | 108 |
| 吉田 淑則 | 66 | 吉原 英樹 | 40 | 依田 連平 | 74 |
| 吉田 佳弘 | 105 | 吉原 正典 | 95, 366 | 四本 彬 | 514 |
| 吉田 依子 | 252 | 吉原 道宏 | 156 | 四元 啓介 | 254 |
| 吉田 利三郎 | 54 | 吉原 稔 | 536 | 淀川メデック | 407 |
| 吉田 諒一 | 386 | 吉原 裕二 | 347 | 米子木工 | 12 |
| 吉田 六郎 | 546 | 吉松 達也 | 495 | 米川 隆 | 341 |
| 吉田オリジナル | 20 | 吉松 満 | 88 | 米川 元庸 | 89 |
| 吉田学園電子専門学校 | 373 | 吉見 克英 | 386 | 米倉 功 | 26, 28 |
| 吉田鎌ヶ迫 | 526 | 吉見 直人 | 102 | 米倉 浩司 | 367 |
| 吉田記念鉄工 | 354 | 吉見 基宏 | 439 | 米倉 為 | 368 |
| 吉武 謙二 | 125 | 吉満 伸一 | 377 | 米倉 弘昌 | 27 |
| 吉武 成美 | 219 | 吉村 克彦 | 530 | 米沢 武敏 | 100 |
| 吉武 智士 | 84 | 吉村 清孝 | 89 | 米沢 敏男 | 428 |
| 吉武 泰水 | 409, 433 | 吉村 謙二 | 535 | 米沢 敏夫 | 88 |
| 吉田工業 | 6 | 吉村 晃治 | 327 | 米澤 俊裕 | 453 |
| 吉田製作所 | 317 | 吉村 啓 | 329 | 米沢 洋之 | 478 |
| 吉田製薬 | 321 | 吉村 純一 | 382 | 米沢 康博 | 5 |
| 吉田テクノワークス | 149 | 吉村 順一 | 252 | 米沢谷 誠悦 | 380 |
| ヨシダ鉄工 | 457 | 吉村 順三 | 410 | 米代 直人 | 556 |
| 吉富 崇 | 171 | 吉村 彰治 | 218 | 米津 晋 | 110 |
| 吉留 光広 | 179 | 吉村 伸一 | 379, 382 | 米田 茂男 | 218 |
| 吉永 英一 | 86 | 吉村 進 | 69, 72 | 米田 潤 | 328 |
| 吉永 勝彦 | 190 | 吉村 隆 | 553 | 米田 伸吉郎 | 531 |
| 好永 俊昭 | 95 | 吉村 達彦 | 333 | 米田 年麿 | 101 |
| 吉永 敏一 | 206 | 吉村 智昭 | 431 | 米田 仁紀 | 165 |
| 吉永 秀明 | 571 | 吉村 直二 | 528 | 米田 道生 | 28 |
| 吉永 深 | 171 | 吉村 英祐 | 429 | 米田 保夫 | 367 |
| 吉永 義信 | 215 | 吉村 豹治 | 368 | 米田 裕 | 103 |
| 吉成 哲也 | 159 | 吉村 浩喜 | 455 | 米原 弘 | 218 |
| 吉野 彰 | 68 | 吉村 浩 | 553 | 米光 英一 | 52, 85 |
| 吉野 邦雄 | 109 | 吉村 章雄 | 533 | 米山 晁 | 573 |
| 吉野 桂子 | 553 | 吉村 雅宏 | 377 | 米山 勝美 | 225 |
| 吉野 馨治 | 545 | 吉村 正道 | 86 | 米山 滋 | 472 |
| 吉野 泰三 | 59 | 芳村 学 | 430 | 米山 恒雄 | 93 |
| 吉野 隆 | 437 | 吉本 敦 | 233 | 米山 英明 | 572 |
| 吉野 武彦 | 57 | 吉本 篤人 | 369 | 米山 正敏 | 347 |
| 吉野 知伸 | 449 | 吉本 和幸 | 342 | 米山 実 | 533 |
| 芳野 尹孝 | 550 | 吉本 聖志 | 516 | 米山 嘉治 | 391 |
| 吉野 晴夫 | 238 | 吉本 庄治 | 94 | 米山製作所 | 143 |

| | | |
|---|---|---|
| 読売映画社 | ‥‥‥‥‥‥‥‥ | 546 |
| 読売新聞大阪本社 | ‥‥‥‥ | 504 |
| 読売新聞社 | ‥‥‥‥‥ | 500, 501, 502, 503, 504, 505, 507, 508 |
| 読売新聞社技術部 | ‥‥‥‥‥ | 499 |
| 読売新聞社工務局技術部 | | 501 |
| 読売新聞社制作局技術部 | | 504 |
| 読売新聞西部本社 | ‥‥‥‥ | 503 |
| 読売新聞東京本社 | ‥‥‥‥ | 509 |
| 読売テレビ放送 | ‥‥‥‥‥ | 483 |
| 読売テレビ放送 音声チェッカー開発グループ | ‥‥‥ | 483 |
| 読売テレビ放送技術局技術部開発グループ | ‥‥‥ | 486 |
| 読売テレビAVS開発グループ | | 489 |
| 読谷山 昭 | ‥‥‥‥‥‥‥‥ | 88 |
| 与良 清 | ‥‥‥‥‥‥‥‥‥ | 220 |
| 依田 潤 | ‥‥‥‥‥‥‥‥‥ | 101 |
| 寄立 美和子 | ‥‥‥‥‥‥‥ | 305 |
| 萬 菜穂子 | ‥‥‥‥‥‥‥‥ | 348 |
| 萬谷 信広 | ‥‥‥‥‥‥‥‥ | 367 |
| ヨン, リチャード | ‥‥‥‥‥ | 376 |

## 【ら】

| | | |
|---|---|---|
| 雷害対策グループ | ‥‥‥‥‥ | 485 |
| ライス, ピーター | ‥‥‥‥‥ | 377 |
| ライテック | ‥‥‥‥‥‥‥‥ | 510 |
| ライトニング | ‥‥‥‥‥‥‥ | 322 |
| ライトパブリシティのフォトデザイングループ | ‥‥ | 459 |
| ライフコンプリート | ‥‥‥‥ | 143 |
| ライフ商品デザイン研究所 | | 292 |
| ライフデザイン | ‥‥‥‥‥‥ | 150 |
| ライフデザイン研究所 | ‥‥‥ | 308 |
| ライーマ, ケリエンヌ | ‥‥‥ | 257 |
| ラインワークス | ‥‥‥‥‥‥ | 23 |
| 楽天 | ‥‥‥‥‥‥‥‥‥‥‥ | 541 |
| ラグノオささき | ‥‥‥‥‥‥ | 20 |
| ラクーン | ‥‥‥‥‥‥‥‥‥ | 542 |
| ラサ工業 | ‥‥‥‥‥‥‥‥‥ | 122 |
| ラジオ東京テレビ技術部 | | 546 |
| ラッキーコーポレーション開発本部 | ‥‥‥‥‥‥‥ | 300 |
| ラティス・テクノロジー | ‥‥ | 147 |
| ラファエルヴィニオリ建築士事務所 | ‥‥‥‥‥‥‥ | 310 |
| ラリーアート | ‥‥‥‥‥‥‥ | 563 |
| 覧具 博義 | ‥‥‥‥‥‥‥‥ | 198 |
| ラングスジャパン | ‥‥‥‥‥ | 285 |
| ランゲード | ‥‥‥‥‥‥‥‥ | 22 |
| ランドローバー・ジャパン | | 399 |
| ランドワークス | ‥‥‥‥‥‥ | 300 |

## 【り】

| | | |
|---|---|---|
| リ・クァンソン | ‥‥‥‥‥‥ | 256 |
| 李 圭泰 | ‥‥‥‥‥‥‥‥‥ | 373 |
| 李 健省 | ‥‥‥‥‥‥‥‥‥ | 375 |
| リ・ジジャン | ‥‥‥‥‥‥‥ | 325 |
| 李 勝載 | ‥‥‥‥‥‥‥‥‥ | 26 |
| リ・ソンジン | ‥‥‥‥‥‥‥ | 256 |
| リ・テスゥッ | ‥‥‥‥‥‥‥ | 256 |
| 李 鉄 | ‥‥‥‥‥‥‥‥‥‥ | 348 |
| 李 東根 | ‥‥‥‥‥‥‥‥‥ | 254 |
| リー・ナユン | ‥‥‥‥‥‥‥ | 373 |
| 李 湧権 | ‥‥‥‥‥‥‥‥‥ | 189 |
| リー・ヨンピル | ‥‥‥‥‥‥ | 256 |
| リー, T. | ‥‥‥‥‥‥‥‥‥ | 496 |
| リアライズ | ‥‥‥‥‥‥‥‥ | 131 |
| リアルタイム字幕開発グループ | | 493 |
| リエゾンキッチン | ‥‥‥‥‥ | 284 |
| 理化学研究所 | ‥‥‥‥‥ | 83, 116, 185, 492, 562, 563 |
| リガク | ‥‥‥‥‥‥‥‥‥‥ | 279 |
| 力武 常次 | ‥‥‥‥‥‥‥‥ | 152 |
| リキッドコンサンド | ‥‥‥‥ | 139 |
| リクルート | ‥‥‥‥‥‥‥‥ | 520 |
| リケン | ‥‥‥‥‥‥‥‥‥‥ | 131 |
| 理研映画社 | ‥‥‥‥‥‥‥‥ | 545 |
| リケン柏崎工場 | ‥‥‥‥‥‥ | 91 |
| 理研軽金属工業 | ‥‥‥‥‥‥ | 356 |
| 理研光学工業 | ‥‥‥‥‥‥‥ | 82 |
| 理研製鋼 | ‥‥‥‥‥‥‥‥‥ | 451 |
| 理研ピストンリング工業 | | 82 |
| 理研ビタミン油 | ‥‥‥‥‥‥ | 85 |
| リコー | ‥‥‥‥‥‥‥ | 8, 93, 118, 119, 319, 321, 322, 510 |
| リコー機器 | ‥‥‥‥‥‥‥‥ | 267 |
| リコー経営企画室工業デザインセンター | ‥‥‥‥‥ | 293 |
| リコー研究開発本部 | ‥‥‥‥ | 111 |
| リコーシステム開発 | ‥‥‥‥ | 510 |
| リジェンティス | ‥‥‥‥‥‥ | 187 |
| リスダンケミカル | ‥‥‥‥‥ | 149 |
| Lee制作室 | ‥‥‥‥‥‥‥‥ | 284 |
| 理想科学工業 | ‥‥‥‥‥ | 15, 450 |
| リタ総合企画 | ‥‥‥‥‥‥‥ | 143 |
| リック | ‥‥‥‥‥‥‥‥‥‥ | 21 |
| 立命館大学 理工学部ロボティクス学科 川村研究室 | ‥‥‥ | 314 |
| リトルスタジオインク | ‥‥‥ | 285 |
| リトルワールド | ‥‥‥‥‥‥ | 417 |
| リバテープ製薬 | ‥‥‥ | 147, 148 |
| リハビリエイド | ‥‥‥‥‥‥ | 142 |
| リビング・デザインセンター | | 322 |
| リプチンスキー, ズビグニュー | ‥‥‥‥‥‥‥‥‥ | 446 |
| リーブル | ‥‥‥‥‥‥‥‥‥ | 130 |
| リベスト, ロナルド L. | ‥‥ | 498 |
| リベックス | ‥‥‥‥‥‥‥‥ | 144 |
| リボHDスタジオ社 | ‥‥‥‥ | 445 |
| リボスタジオ | ‥‥‥‥‥‥‥ | 447 |
| 林 維毅 | ‥‥‥‥‥‥‥‥‥ | 164 |
| リュ・ジンホ | ‥‥‥‥‥‥‥ | 373 |
| 劉 忻 | ‥‥‥‥‥‥‥‥‥‥ | 157 |
| 竜 敬一郎 | ‥‥‥‥‥‥‥‥ | 476 |
| 琉球ALIVEコンソーシアム | | 251 |
| 琉球カウボーイフィルムス製作委員会 | ‥‥‥‥‥‥ | 526 |
| 琉球漆器保存会 | ‥‥‥‥‥‥ | 563 |
| 琉球新報社 | ‥‥‥‥‥ | 506, 508 |
| 琉球放送 | ‥‥‥‥‥‥ | 447, 565 |
| 龍谷 幸二 | ‥‥‥‥‥‥‥‥ | 378 |
| 龍谷大学 | ‥‥‥‥‥‥‥‥‥ | 542 |
| 呂 言 | ‥‥‥‥‥‥‥‥‥‥ | 369 |
| リョーイン | ‥‥‥‥‥‥‥‥ | 560 |
| 菱高精機 | ‥‥‥‥‥‥‥‥‥ | 357 |
| 良知 忠明 | ‥‥‥‥‥‥‥‥ | 66 |
| 良品計画 | ‥‥ | 8, 301, 313, 321, 323 |
| リョービ | ‥‥‥‥‥ | 276, 277, 280 |
| リョービ釣具部設計課 | ‥‥‥ | 308 |
| リョービマーケティング部 | | 308 |
| リョーワ | ‥‥‥‥‥‥‥‥‥ | 141 |
| リン チョウ | ‥‥‥‥‥‥‥ | 463 |
| リンクス | ‥‥‥‥‥‥ | 516, 521 |
| リンクスデジワークス | ‥‥‥ | 470 |
| リンナイ | ‥‥‥‥‥‥‥‥‥ | 284 |
| 鱗原 晴彦 | ‥‥‥‥‥‥‥‥ | 292 |
| 林野庁業務部販売推進室 | | 561 |

## 【る】

| | | |
|---|---|---|
| ルテック | ‥‥‥‥‥‥‥‥‥ | 292 |
| ルーデンス | ‥‥‥‥‥‥‥‥ | 526 |
| ルノー・ジャポン | ‥‥‥‥‥ | 397 |

## 【れ】

| | |
|---|---|
| レアックス | 20 |
| 黎 文 | 240 |
| レイテック | 145, 146 |
| レイメイコンピュータ | 22 |
| レイル | 511 |
| レインボープラン推進協議会 | 50 |
| レオン自動機 | 11, 114 |
| 暦本 純一 | 182, 522 |
| レゴジャパン レゴ エデュケーション | 464 |
| レッキス工業 | 456 |
| レッキス工業 | 19, 313 |
| レック特販企画部 | 296 |
| レテイク | 139 |
| レベルファイブ | 525, 526 |
| レーベン販売 | 144, 284, 287 |
| レーモンド, アントニン | 409, 412 |
| レンゴー | 93 |
| 連合総合生活開発研究所 | 43 |

## 【ろ】

| | |
|---|---|
| 呂 慶昌 | 550 |
| 婁 小波 | 204 |
| ロウアンドパートナーズスタンダード | 330 |
| ロウファットストラクチュア | 382 |
| 蠟山 昌一 | 5 |
| ローカルCM送出開発プロジェクト | 492 |
| 六鹿 正治 | 422 |
| 60GHz帯ミリ波ハイビジョン伝送装置開発グループ | 449 |
| 六戸 満 | 55 |
| 碌々産業 | 132, 136 |
| ロゴジャパン | 510 |
| ロサマー, デイヴィッド | 202 |
| ロスフィー | 322 |
| ロータス | 510 |
| 六角 鬼丈 | 420 |
| ロッキングオン | 314 |
| ロッド・ワークス | 320 |
| ロードレース用ハイビジョンディジタルFPU開発グループ | 449 |
| ローバー・ジャパン | 396, 397, 398 |
| ロバーツ, ローレンス・G. | 498 |
| ロバハウス | 282 |
| ロボットスーツ | 319 |
| ロボテック | 131 |
| ローマン | 138 |
| ローム | 364 |
| ローラー, R. | 497 |
| ローランドID課 | 296, 298 |

## 【わ】

| | |
|---|---|
| ワイエス磁器管製作所 | 14 |
| ワイエス電子工業 | 144 |
| YKKアーキテクチュラルプロダクツ | 122 |
| ワイズスタッフ | 544 |
| ワイズセラピューティックス | 187 |
| 和井田製作所 | 280 |
| ワイビーエム | 137 |
| ワイヤレスAV伝送開発グループ | 492 |
| WOWOW | 448 |
| 若井 一顕 | 492 |
| 若江 治 | 90 |
| 若尾 毅 | 206 |
| 若沢 正 | 91 |
| 若杉 邦男 | 54 |
| 若林 一敏 | 128 |
| 若林 邦民 | 427 |
| 若林 啓史 | 196 |
| 若林 茂 | 569 |
| 若林 恂之助 | 537 |
| 若林 伸介 | 127 |
| 若林 英行 | 160 |
| 若林 正憲 | 126 |
| 若林 実 | 410, 433 |
| 若林 亮 | 327 |
| 若松 清志 | 340 |
| 若松 幸平 | 85 |
| 若松 孝旺 | 415 |
| 若松 仁 | 372 |
| 若松 広憲 | 349 |
| 若山 巌 | 529 |
| 若山 照彦 | 130, 165 |
| 若山 正人 | 164 |
| 和歌山県 | 522 |
| 和気 泉 | 111 |
| 脇 祐三 | 267 |
| 脇上 一也 | 371 |
| 脇坂 明 | 42 |
| 脇坂 孝行 | 572 |
| 脇田 玲 | 524 |
| 脇元 一政 | 78 |
| 脇本 哲 | 218 |
| 脇本 順郎 | 534 |
| 脇屋 栄太郎 | 156 |
| 脇谷 滋之 | 196 |
| 和久井 孝太郎 | 484, 485 |
| 涌井 貞義 | 305 |
| 涌井 学 | 237 |
| 和久井 良治 | 574 |
| ワークヴィジョンズ | 317, 322 |
| 涌島 滋 | 106 |
| 和久田 聡 | 347 |
| 涌田 充啓 | 439 |
| 和栗 明 | 84 |
| 和栗 雄太郎 | 339 |
| 和氣 泉 | 72 |
| 和気 幸太郎 | 530 |
| ワコー | 142 |
| 和工 | 140 |
| ワコム | 309 |
| ワコム研究所デザイン室 | 298 |
| ワコール | 312 |
| 鷲 勤 | 367 |
| 鷲尾 和哉 | 249 |
| 鷲尾 健三 | 409 |
| 鷲尾 司 | 158 |
| ワシノ機械 | 132, 133 |
| 鷲見 昭典 | 182 |
| 鷲見 弘一 | 85, 87, 388 |
| 早稲田大学 | 431, 464 |
| 早稲田大学アントレプレヌール研究会 | 42 |
| 和田 明広 | 343 |
| 和田 章 | 71, 421, 426 |
| 和田 顕一 | 92 |
| 和田 一夫 | 26 |
| 和田 克夫 | 388 |
| 和田 憲一郎 | 72, 349 |
| 和田 候衛 | 371 |
| 和田 光史 | 220 |
| 和田 恒輔 | 527 |
| 和田 淳 | 383 |
| 和田 俊一 | 336 |
| 和田 仙二 | 156 |
| 和田 敬 | 437 |
| 和田 隆広 | 188, 347 |
| 和田 拓也 | 382 |
| 和田 忠 | 205 |
| 和田 哲夫 | 491 |
| 和田 俊彦 | 382 |
| 和田 尚也 | 162 |
| 和田 直哉 | 453 |
| ワダ ナナヒロ | 252 |

| | | | | | |
|---|---|---|---|---|---|
| 和田　昇 | 80 | 渡辺　要 | 408 | 渡部　哲 | 345 |
| 和田　紀彦 | 188 | 渡辺　勘次 | 214 | 渡辺　哲陽 | 195 |
| 和田　典巳 | 100 | 渡辺　喜久夫 | 134 | 渡辺　鉄四郎 | 236 |
| 和田　英明 | 534 | 渡辺　公徳 | 381 | 渡部　哲也 | 248 |
| 和田　英雄 | 571 | 渡辺　潔 | 213 | 渡辺　哲郎 | 91 |
| 和田　秀徳 | 221 | 渡部　勁二 | 487 | 渡邊　敏明 | 70 |
| 和田　弘 | 207, 495 | 渡辺　兼五 | 241 | 渡辺　利夫 | 383 |
| 和田　誠 | 459, 460 | 渡邉　健太郎 | 439 | 渡辺　利隆 | 183 |
| 和田　正夫 | 479 | 渡部　康一 | 78 | 渡辺　利彦 | 376 |
| 和田　正志 | 556 | 渡辺　恒一 | 573 | 渡部　俊也 | 129, 174 |
| 和田　雅徳 | 480 | 渡辺　耕一 | 124 | 渡辺　俊行 | 420 |
| 和田　正裕 | 449, 492 | 渡辺　定夫 | 418 | 渡辺　敏之 | 343 |
| 和部　益雄 | 85 | 渡部　貞清 | 413 | 渡辺　富夫 | 110, 175 |
| 和田　通夫 | 80 | 渡邊　定元 | 232 | 渡辺　とみ・マルガリータ | |
| 和田　雄次 | 85 | 渡辺　貞良 | 106 | | 468 |
| 和田　幸信 | 426 | 渡辺　幸男 | 42 | 渡辺　智也 | 442 |
| 和田　洋一 | 571 | 渡部　悟 | 482 | 渡辺　豊和 | 418 |
| 和高　修三 | 66 | 渡邉　悟士 | 124 | 渡邊　豊徳 | 205 |
| ワタコン | 140 | 渡辺　茂樹 | 378 | 渡辺　豊博 | 379 |
| 和田実学園 | 285 | 渡部　繁則 | 79 | 渡辺　直樹 | 72 |
| 渡瀬　久朗 | 347 | 渡部　滋 | 160 | 渡辺　尚英 | 157 |
| 綿田　正治 | 70 | 渡邉　成 | 538 | 渡部　教雄 | 388 |
| 和多田　弘 | 547 | 渡部　順 | 99 | 渡辺　晴男 | 168 |
| ワダ チェ ナナヒロ | 251 | 渡辺　俊一 | 421 | 渡辺　治人 | 219, 229 |
| 渡辺　昭則 | 89 | 渡辺　俊三 | 41, 43 | 渡辺　秀男 | 478 |
| 渡辺　彰彦 | 80 | 渡部　俊太郎 | 457 | 渡邊　秀人 | 346 |
| 渡辺　昭彦 | 424 | 渡辺　正 | 52 | 渡辺　英義 | 124, 428 |
| 渡部　叡 | 485 | 渡部　正五 | 347 | 渡部　仁 | 220 |
| 渡辺　明 | 52, 55, 425, 545 | 渡部　庄三郎 | 230 | 渡邉　均 | 430 |
| 渡部　朝史 | 264 | 渡辺　志郎 | 455 | 渡辺　宏 | 234 |
| 渡辺　厚 | 71 | 渡邉　次郎 | 245 | 渡辺　啓仁 | 100 |
| 渡辺　敦 | 99, 344 | 渡辺　伸一郎 | 67 | 渡辺　博之 | 493 |
| 渡辺　穆 | 94 | 渡辺　紳也 | 347 | 渡邉　浩之 | 348 |
| 渡邉　敦史 | 246 | 渡邊　澄夫 | 63 | 渡辺　史夫 | 420 |
| 渡辺　育郎 | 478 | 渡辺　純人 | 324 | 渡部　文人 | 383 |
| 渡辺　五十春 | 438 | 渡辺　敬夫 | 367 | 渡辺　文蔵 | 26 |
| 渡辺　至 | 134 | 渡辺　孝 | 54 | 渡辺　実 | 46, 208, 467 |
| 渡辺　之 | 98 | 渡辺　多佳志 | 347 | 渡辺　誠 | 267, 425 |
| 渡辺　巌 | 222 | 渡邊　隆久 | 261 | 渡邉　信 | 165 |
| 渡辺　享 | 348 | 渡辺　高文 | 133 | 渡部　真幸 | 340 |
| 渡部　英一 | 334 | 渡辺　孝正 | 527 | 渡邊　雅己 | 557 |
| 渡辺　頴一 | 53 | 渡辺　隆行 | 345 | 渡辺　晶照 | 126 |
| 渡辺　英卉 | 53 | 渡邊　卓哉 | 534 | 渡辺　正人 | 344, 346 |
| 渡辺　栄太 | 487 | 渡辺　武雄 | 324 | 渡辺　征紀 | 109 |
| 渡辺　栄六 | 532 | 渡部　武三郎 | 529 | 渡辺　正晴 | 88 |
| 渡辺　恵理子 | 441 | 渡辺　剛 | 174 | 渡辺　雅広 | 341 |
| 渡辺　修 | 368 | 渡辺　武穂 | 531 | 渡辺　雅己 | 471, 556 |
| 渡辺　音二郎 | 528 | 渡辺　太助 | 206 | 渡辺　正義 | 155 |
| 渡辺　和明 | 482 | 渡辺　忠 | 53 | 渡辺　勝 | 86 |
| 渡部　和生 | 427 | 渡辺　忠志 | 571 | 渡辺　守 | 108 |
| 渡辺　和夫 | 209 | 渡辺　貞 | 164 | 渡辺　真理 | 268, 327 |
| 渡邉　和男 | 166 | 渡辺　達也 | 389 | 渡辺　美樹 | 9 |
| 渡辺　勝三郎 | 530 | 渡辺　千佳子 | 33 | 渡辺　光昭 | 107 |
| 渡辺　勝志 | 347 | 渡辺　亜夫 | 336 | 渡辺　貢 | 371 |
| 渡辺　勝治 | 349 | 渡辺　努 | 43 | 渡部　充彦 | 80 |
| 渡辺　勝彦 | 423 | 渡辺　力 | 371, 459 | 渡辺　靖明 | 537 |

| | | |
|---|---|---|
| 渡辺　保忠 | ……… | 411 |
| 渡邊　康晴 | ……… | 344 |
| 渡邊　保弘 | ……… | 430 |
| 渡辺　泰之 | ……… | 188 |
| 渡辺　靖之 | ……… | 248 |
| 渡辺　祐一 | ……… | 69 |
| 渡部　悠次 | ……… | 453 |
| 渡辺　祐二 | ……… | 110 |
| 渡辺　洋一 | ……… | 371 |
| 渡辺　陽一 | ……… | 345 |
| 渡邉　良重 | ……… 350, | 441 |
| 渡部　良久 | ……… | 387 |
| 渡邊　佳英 | ……… | 344 |
| 渡辺　義浩 | ……… | 194 |
| 渡辺　立 | ……… | 480 |
| 渡辺機開工業 | ……… | 451 |
| 綿貫　安則 | ……… | 257 |
| 和田原　英輔 | ……… 162, | 182 |
| 渡部　忠世 | ……… | 220 |
| 渡部　司 | ……… | 63 |
| 渡部　史生 | ……… | 453 |
| 渡部　丹 | ……… | 416 |
| 渡会　伸 … 546, 547, 549, 569 |  |  |
| わたらせ渓谷鐵道各駅イルミネーション（第4回） … 579 |  |  |
| 亘理　厚 | ……… | 334 |
| 渡　真治郎 | ……… | 74 |
| 渡　輝雄 | ……… | 529 |
| 和地　孝 | ……… | 27 |
| 和地　武雄 | ……… | 530 |
| 和知　正治 | ……… | 84 |
| ワーナー・パイオニア … 513, 514, 515, 516, 517 |  |  |
| ワープ | ……… 519, | 521 |
| 藁谷　至誠 | ……… | 428 |
| 藁科　達夫 | ……… | 92 |
| ワールドケミカル … 139, 141, 148, 450 |  |  |
| ワールドワイドシステム | ……… | 330 |
| 我戸幹男商店 | ……… | 323 |
| ワーロン | ……… | 19 |
| ワンハート | ……… | 448 |

## 【英数】

| | | |
|---|---|---|
| 4CC | ……… | 447 |
| 601FX for computer animation | ……… | 520 |
| AAF Asian Architecture Friendship | ……… | 429 |
| Aaron,Robert M. | ……… | 495 |
| Abel Images Reserch | | 513 |
| Aberle,Doug | ……… | 520 |
| Abestam,Goran | ……… | 295 |
| Adam Opel AG | ……… | 297 |
| Adam Opel AG,Product Engineering Department | ……… | 294 |
| AGAVE Images de synthese 3D | ……… | 521 |
| AGAVE S.A. | ……… 518, | 519 |
| Ahlbertz,Anders | ……… | 302 |
| AKS | ……… | 323 |
| Aloysius Yapp | ……… | 251 |
| ALTOMEDIA | ……… | 524 |
| Ambasz,Emilio | ……… | 306 |
| American Museum of Natural History | ……… | 522 |
| AMF American Athletic | ……… | 289 |
| A.M.P | ……… | 254 |
| Andersen,Bo | ……… | 289 |
| Andreas,Wingert | ……… | 347 |
| Animos | ……… | 301 |
| Animusic | ……… | 524 |
| Apple Computer, Inc. | ……… | 293 |
| Applied Biosystems | ……… | 277 |
| Arimoto,Suguru | ……… | 193 |
| Asada,Haruhiko H. | ……… | 190 |
| Audi AG | ……… 294, | 312 |
| Audi AG（Germany）／Volkswagen Group Japan KK. | ……… | 309 |
| Aune Production | ……… | 524 |
| Automobiles Citroën | ……… | 289 |
| AVL Medical Instruments | ……… | 299 |
| aya koike design | ……… | 320 |
| Bach,Jonathan | ……… | 523 |
| Baeriswyl,Florin | ……… | 312 |
| Bang & Olufsen Design Laboratory … 290, 293, 297 |  |  |
| BANZAI Films | ……… | 520 |
| Barminski,Bill | ……… | 521 |
| Barth,Gregory | ……… | 373 |
| BC Inventar | ……… 304, | 309 |
| Becker,Carsten | ……… | 309 |
| Bellini,Mario | ……… | 292 |
| BIGTOP | ……… | 520 |
| Biodegradable Packaging for Environment Co., Ltd. | ……… | 322 |
| Birgitte Borup | ……… | 309 |
| Bit Magic Productions Pty Ltd | ……… | 519 |
| BLUE SKY STUDIOS | ……… | 523 |
| BMW MINIディビジョン | ……… | 525 |
| BMW Motorrad GmbH+CO. | ……… | 290 |
| Bodum,Peter | ……… | 292 |
| BONES | ……… | 526 |
| Borenstein,Daniel | ……… | 516 |
| Boustani,Christian | ……… | 521 |
| Bovio,Michele | ……… | 302 |
| Braun AG Design Department | ……… | 293 |
| Braun Aktiengesellschaft | ……… 291, | 292 |
| Bressler,Peter | ……… | 302 |
| Brigth Ideas Design Company | ……… | 525 |
| Broderix,Kai | ……… | 302 |
| BROGENT TECHNOLOGIES INC | ……… | 525 |
| BSRジャパンコンシューマ・プロダクツ・ディビジョン | ……… | 291 |
| Busse Design | ……… | 297 |
| Calatroni,Sergio | ……… | 309 |
| Carninci, Piero | ……… | 129 |
| Carta Design Studio | ……… | 259 |
| Castelli,Design Team | ……… | 292 |
| Cattini,Simone | ……… | 324 |
| CG Computer Graphics | ……… | 520 |
| Chadwick,Don | ……… | 304 |
| Chamski,Constantin | ……… | 522 |
| Chang,Hyun-Sook | ……… | 257 |
| Chang,Tom | ……… | 524 |
| Charyk,Joseph V. | ……… | 495 |
| Chen,Jui-Ho | ……… | 251 |
| Cheng,Christiane | ……… | 523 |
| Chenyu,Hsieh | ……… | 250 |
| Cho,A Ra | ……… | 253 |
| Cho,Sang Ha | ……… | 253 |
| Cho,Youl | ……… | 253 |
| Choi,hyunmyung | ……… | 526 |
| Choi Jin Sung | ……… | 373 |
| Choi,Won Young | ……… | 253 |
| Choi,Yong-jin | ……… | 250 |
| CHRIS WEDGE | ……… | 523 |
| Chrysler Corp. | ……… | 310 |
| CIMCO Carl Jul.Müller | ……… | 305 |
| cite des Sciences et de l'Industrie | ……… | 524 |
| Cite des Sciences et de l'Industrie-La Villette | ……… | 522 |
| Citterio,Antonio | ……… 299, | 304 |
| Clouse,Daniel S. | ……… | 193 |

## 受賞者名引 INN

| | | |
|---|---|---|
| Cocke, John …… 496 | Dyson, James …… 309 | Gunter, Wagner …… 295 |
| Colonna …… 513 | Dyson Appliances Ltd. | Gyung-deukLee …… 251 |
| Colson, Wendell B. …… 305 | …… 309 | Hahne GmbH+Co. …… 309 |
| CoMix Wave Films …… 527 | E&Cプロジェクト …… 375 | Hailo Werk …… 297 |
| Computer Animation Laboratory GmbH …… 513 | ECODESIGN NETWORK teamAXIS4 | Ham, Young Yi …… 251 |
| Conn, Peter …… 515, 516 | …… 318 | Han, Byung A. …… 525 |
| Consolidated Productions Ltd. …… 514 | Eismann, Beate …… 257 | Han, SungHo …… 252 |
| Coral Bay Nickel Corporation …… 103 | Electrolux Motor AB. …… 291 | Hansen, Fritz …… 309, 310 |
| Coral Ocean Design inc. …… 312 | ELEVEN-UP …… 526 | Haque, Usman …… 251 |
| Crafoord, Carl-Göran …… 305 | Elia, Patricia …… 525 | Hashiguchi, Hiroe …… 193 |
| Cranston Csuri Productions Inc. …… 513 | Envall, Björn …… 291 | Haumann, David Roger …… 514 |
| CULBERTSON, Christopher …… 202 | EPIC SONY RECORDS …… 516 | Hawkins, Tim …… 523 |
| CYBERDYNE …… 319 | Equipment division …… 289 | Heilmeier, George H. …… 496 |
| Daimler-Benz AG …… 310 | Ergonomidesign AB …… 315 | Helmick, Daniel M. …… 193 |
| Daimler-Benz Aktiengesellschaft …… 292 | Eric Chen …… 178 | HERI GAHBLER …… 257 |
| Davis, A. …… 290 | Erickson, Arthur C. …… 413 | Hermansen, Anders …… 308 |
| D-BROS …… 314 | Escalle, Alain …… 521, 522, 524 | Herribertsson, Per …… 295 |
| Debevec, Paul …… 522, 523 | Essner, Tom …… 295 | Hesketh, Jerry …… 521 |
| Debut …… 325 | Ex Nihilo …… 524 | Hiéronimus, Annie …… 307 |
| Dell Inc., Experience Design Group …… 323 | F.A.B.R.I.CATORS …… 521 | Himbert, Hans …… 305 |
| DEM Industrial-Design Team …… 325 | Favaretto, Paolo …… 302 | Hi Star Water Solutions LLC. …… 112 |
| DeMo …… 325 | FCC …… 253 | Hohn, Bernd-Robert …… 349 |
| DeNA …… 542 | Festo Didactic KG …… 297 | Honda R&D North America …… 299 |
| Desanta, Simon …… 298 | Fiat Auto …… 301 | Hsiao Yung-Sheng Jox …… 250 |
| Design Department, Mercedes-Benz AG …… 304 | Fischnaller, Franz …… 521 | Hsieh, Wan-Chen …… 250 |
| design office A4 …… 325 | Flammarion …… 521 | Huang, Jenny …… 523 |
| Design section. N.A. Christensen & Co. …… 289 | Ford Motor Company …… 295 | Hung, Li-Chien …… 352 |
| Design section Superior S. A. …… 289 | FOREST Hunting One …… 527 | Hunter2 …… 373 |
| Development Room …… 291 | Franck, Klaus …… 304, 308 | Hyland, Lawrence A. …… 495 |
| Digital Domain …… 522, 523 | Frenkler, Fritz …… 309 | IAE (Infas Audiographios, Europe) …… 447 |
| DIGITAL PICTURES …… 518 | FREQUENCE …… 325 | IAMAS光悦プロジェクトチーム …… 524 |
| DJ HASEBE …… 524 | Frog Design …… 293, 299, 300 | Ibe GmbH+Held+Team …… 318 |
| Domino Triplano Asso-ciati …… 304 | Frohlich, Alex Anyo …… 258 | IBM …… 292 |
| Dona, Cox …… 517 | Funny Garbage …… 523 | IBM Corporation Corporate Design …… 301 |
| Double J …… 325 | Gambling, William A. …… 496 | IDEC …… 464 |
| Dozsa-Farkas, Design Team …… 295 | Garant, Simon …… 373 | IHI …… 131, 186 |
| Dr.Jahn …… 294 | Garfinkel, Tal …… 523 | IHIエアロスペース …… 186 |
| Druez, Luc …… 351, 352 | GEN CORPORATION …… 148 | IMAGICA …… 447, 470 |
| D's Garage 21 …… 524 | GE Nuclear Energy …… 185 | IMAGICAエンタテインメント …… 525 |
| Duiker, Haarm-Pieter …… 523 | GIS総合研究所 …… 282 | Inaba, Masayuki …… 191 |
| | GK …… 296, 303, 307 | index …… 521 |
| | GLOBAL ACT AB …… 311 | INDUSTRIAL LIGHT & MAGIC …… 521 |
| | GN Danavox AS …… 310 | In-House Design Team of Design Department, Miele & Cie …… 304 |
| | Gottwald, Adolf …… 290, 293 | |
| | GREEN ISLAND project team …… 259 | |
| | Grosse, Hatto …… 302 | |
| | Grundig社 …… 174 | |
| | Guen, Mi-Jung …… 525 | Innocent, Troy …… 522 |

| | | |
|---|---|---|
| Inoue,Hirochika | 191 | |
| Interactive Arts | 517 | |
| Inter Form | 293, 294 | |
| ION Inc./BMG International | 519 | |
| IshiPro | 373 | |
| ISOWA | 136 | |
| JANSSENS,Koen | 201 | |
| jellyfish-lab | 254 | |
| Jencek,Ales | 413 | |
| Jensen,Jacob | 308 | |
| Jensen,Poul Sauer | 304 | |
| jig.jp | 525 | |
| Jivetin,Sergey | 257, 258 | |
| Johnson,Mark | 295 | |
| Jonson,Jo | 297 | |
| JUKI | 119 | |
| Juliana,Vince | 302 | |
| Jung Young Sun | 373 | |
| J-WAVE | 576 | |
| KAJIMA DESIGN | 311, 313 | |
| Kalnitskaya,Mila | 257 | |
| Kawamoto,Hiroaki | 192 | |
| KDD | 447 | |
| K&FACTORY | 285 | |
| KGS | 142 | |
| Ki-choul cho | 250 | |
| Kids' Space | 521 | |
| Kim,Hwa-Jin | 257 | |
| Kim,Hyung Gyu | 252 | |
| Kim,Hyung-mo | 250 | |
| Kim,Jaein | 251 | |
| Kim,Jin-Man | 373 | |
| Kim Ki Bong | 373 | |
| Kim,Mi-Hee | 257 | |
| Kim,Mi-Jin | 373 | |
| Kim,Sunghun | 254 | |
| Kim,Sun-Young | 373 | |
| Kim,Young Hui | 253 | |
| Kim a young | 525 | |
| KIMEC STAFF | 519 | |
| King,Albert I. | 342 | |
| King,Steve | 297 | |
| KING KALAKAUA THE "MERRIE MONARCH"伊香保ハワイアンフェスティバル(第13回) | 579 | |
| Kingston Design Center | 292 | |
| KIS | 444 | |
| Kjell,Sven - Inge | 302 | |
| Knothe,Erich | 289, 290, 292, 294 | |
| KOFLACH SPORTS G.m b.H.& Co.KG | 295 | |
| Kolberg,Justus | 309 | |
| Korte,Jens | 309 | |
| Kouo Wai Chiau | 309 | |
| Kramhoeft,Line | 352 | |
| Krape,Paul | 302 | |
| K.R&D | 146, 150 | |
| KRDコーポレーション | 149 | |
| Kreil,Oliver | 349 | |
| Kuratomi,Satoshi | 289 | |
| Kwan Lok Suen | 309 | |
| Kwon,Seulgi | 258 | |
| Laber,Rudolf | 289 | |
| Lachonius,Leif | 295 | |
| Lake,Shelly | 516 | |
| Lange,Eberhard | 67 | |
| Lee,Bum | 252 | |
| Lee,ching liang | 252 | |
| Lee,Hyun Young | 253 | |
| Lee Il Ho | 373 | |
| Lee,Kwang Hoon | 255 | |
| Lee,liong joo | 373 | |
| Lee,Sung Jin | 251 | |
| Lee Yuu kyung | 250 | |
| Lepoi,Louis L.x GmbH | 297 | |
| LEUSCHNER,STEFFEN | 258 | |
| Leuschner,Steffen | 257 | |
| Levine,Robert S. | 342 | |
| Lewin,Webster | 521 | |
| Lewis,David | 299, 301, 304, 308, 313 | |
| LG Electronics Inc. | 309 | |
| Li,Kar Lung | 253 | |
| LIACOS,SARAH | 258 | |
| Libre Head | 255 | |
| LIHIT LAB.デザインプレイス | 303 | |
| Linden Lab | 320 | |
| LoiLo | 323 | |
| Lotter,Johann Christian | 289 | |
| Louis Poulsen & Co. | 309 | |
| LPL | 310 | |
| Lubs,Dietrich | 290 | |
| Lucente,S. | 290 | |
| Lunacek,Jim | 295 | |
| Lunar Design, Inc. | 310 | |
| Lunascape | 511 | |
| Lundin,Larks Erik | 298 | |
| Lussan,Edouard | 521 | |
| Magistretti,Vico | 310 | |
| Magnussen,Erik | 309 | |
| Maped S.A. | 292 | |
| MAQUET AG | 312 | |
| Maretzke,Juergen | 336 | |
| Maslennikov,Micha | 257 | |
| Massey,Geoffrey | 413 | |
| MATHRAX LLC. | 260 | |
| Matteucci,Lucia | 300 | |
| Max,Bob | 297 | |
| Mayo,John S. | 495 | |
| McBell Pte.Ltd. | 309 | |
| McGugan,Steve | 299 | |
| MEC | 142 | |
| Meda,Alberto | 311 | |
| Meng,Jay Young | 253 | |
| mental images GmbH&Co. | 514 | |
| Mettler Instrumente AG | 297 | |
| Mettler-Toledo GmbH | 312 | |
| Metzger,Sidney | 495 | |
| Miari,Nicolas | 251 | |
| Michael and Peter Zane | 293 | |
| Michaelis,Klaus | 349 | |
| Mignonneau,Laurent | 519 | |
| MIKROS IMAGE | 521 | |
| MISAWA・international | 323 | |
| MISTRAL FILM | 524 | |
| Mitschke,Manfred | 336 | |
| Miyagawa,Shigeru | 524 | |
| Mizuuchi,Ikuo | 191 | |
| mmm | 259 | |
| M.N.R | 248 | |
| moco03 | 330 | |
| MOGRA DESIGN | 330 | |
| Monaghan,Bill | 297 | |
| Mores,Brandon | 523 | |
| Moto Design | 304 | |
| Motorola Inc. | 304 | |
| MSTコーポレーション | 140 | |
| MUレーダーグループ | 167 | |
| Müller,Ruedi A. | 301 | |
| Murayama,Macoto | 253 | |
| Myers,Phillip S. | 336 | |
| Na,Sangho | 253 | |
| NALL | 285 | |
| Nannini,Giorgio | 302 | |
| Näslund,Ingemar | 299 | |
| National Center for Atmospheric Research | 519 | |
| NBN | 448 | |
| NCSA.Scientific Visualization Program | 514, 515, 516 | |
| Negrello,Lorenzo | 305 | |

| | | | | | | |
|---|---|---|---|---|---|---|
| New Media | 516 | PFU | 520 | Royal Philips Electronics 社 | 174 |
| nextstations | 324 | PFUアクティブメディア | 520 | Rudis, Viktor | 413 |
| Ng, Ying Ki | 253 | Pininfarina | 301 | Ruf International GmbH & Co.KG. | 292 |
| NHKES | 489 | Piretti, Giancarlo | 306 | Ryu, Jin-Ho | 373 |
| NicoRide | 283 | Polaroid Corporation | 295 | Ryu, Ju Young | 253 |
| Nielsen, Henrik | 310 | Polthier, Konrad | 522 | SAKOH | 318 |
| Nissan Design International, Inc. | 293 | Poorten, Emmanuel B. Vander | 194 | SANAA事務所 | 318 |
| NKK | 184 | Poul Henningsen | 309 | SANDINISTA9 | 330 |
| No.5 Animation Studio | 250 | ProductionI.G | 526 | Sankai, Yoshiyuki | 192 |
| Noh, yeon suk | 251 | Product Management Department | 299 | Sarokin, Westley | 523 |
| Nomadic Display | 310 | Product Strategy Center, Samsung Electronics | 304 | Sauer, Werner | 304 |
| Nordica S.p.A. | 299 | | | Savnik, Davorin | 289 |
| North American Design Div. | 295 | Project EUREKA | 526 | Scagnellato, Paolo | 305 |
| NOSIGNER | 442 | Promotion／Designing Department, Giotto's Industrial Inc. | 301 | Schaal, Stefan | 190 |
| NTI | 483 | | | Schett, Claudia | 301 |
| N.Y.I.T.Computer Graphics LAB | 514 | Ransom, Dean | 302 | Scheurer, Jürg | 301 |
| N.Y.SALAD製作委員会 | 472 | Rasmussen, V. Kann | 299 | Schlack, Richard | 302 |
| Oakey, David | 302 | R&D Department, AVL Medical Instruments AG | 304, 305 | Schmies, Markus | 522 |
| O'Connell, Sean | 258 | | | Schott, Gary | 257 |
| O Creation | 320 | REBOスタジオ | 518, 519, 520 | Schreyer, Peter | 312 |
| Offermann GmbH & Co.KG | 295 | REBO HIGH DEFINITION STUDIO INC. | 515 | Se, Xin | 325 |
| Oh, Erick | 254 | | | SEA TV | 519 |
| Oh, Ja-Kyun | 525 | Rechtin, Eberhard | 496 | Sebel Furniture Ltd | 310 |
| Olsson, Ove | 290 | Regie Nationale Des Usines Renault | 295 | Sebring, Ellen | 524 |
| Olympus Winter | 318 | | | Segel, Leonard | 337 |
| Omnibus Computer Graphics | 513 | RENAULT | 521 | Sekimoto, Masahiro | 193 |
| OMOCHIRI | 260 | RHYTHM & HUES STUDIOS | 521 | Sensor Task Force | 299 |
| OTA GLASS STUDIO | 405 | | | SEO, JINA | 258 |
| Outsidervoice | 330 | Riadh, Zaier | 191 | SHARPE, MIKE | 257 |
| O'Yong, Leoung | 517 | Riblett, Allen | 302 | Shift | 523 |
| Ozawa, Ryuta | 193 | RIFF PRODUCTION | 517 | Shon, K. | 253 |
| Pacific Data Images Inc. | 513, 516 | Rikky Kasso | 285 | Sieger, Dieter | 290, 295 |
| Pahm, Hoa | 297 | Rinaldi, Alessandra | 324 | Siemens AG | 297 |
| Pal, Chinmoy | 344, 346 | Ritchie, Dennis M. | 496 | Silicon Graphics, Inc. | 310 |
| Palla, Uladimir | 413 | Robert Bosch GmbH | 295, 297, 302, 304 | Sipress, Jack M. | 496 |
| Pallock, Charles | 290 | Robertson, Leslie E. | 377 | size | 325 |
| Panish, Morton B. | 495 | ROBOT | 525, 526 | Slany, Hans Erich | 297 |
| PAOS | 460 | Roericht, Nick & Schmitz, Burkhard | 297 | sleek | 324 |
| Parallax Research Pte. Ltd. | 310 | | | snack | 255 |
| Park, Jun Bum | 257 | Roericht Produkt Entwicklung | 297 | Snap-on Incorporated | 309 |
| parkmisaki | 325 | RoMT | 283 | sodatsu factory | 285 |
| Partner AG | 301 | RONES | 373 | Sommerer, Christa | 519 |
| Payne, David N. | 496 | Roper, Michael | 524 | SON, CHEY | 258 |
| Pei, I.M. | 377 | Rosen, Harold A. | 495 | sono mocci | 261 |
| Petchsuwan, Kosol | 534 | Roumeliotis, Stergios I. | 193 | SONY PICTURES IMAGEWORKS | 524 |
| Petersen, Bernt | 311 | | | Spano, Joseph S. | 190 |
| | | | | Spector, Edward | 302 |
| | | | | Sperry Marine Inc. | 295 |
| | | | | STAND | 543 |
| | | | | STAR TV | 375 |
| | | | | Steffen, C. | 290 |

| | | | | | | | | |
|---|---|---|---|---|---|---|---|---|
| Steffens,Martin | ............ | 522 | Uyehara,Otto A. | ......... | 336 | Zachow,Claudia | ...... 257, 258 |
| S.Tepic, | ................... | 309 | Vacu Products B.V. | ...... | 302 | Ziba DESIGN | ............ 311 |
| Storberg,David | ............ | 295 | Valdimar-Hardarson | ..... | 292 | ZIMA | .................... 248 |
| stripe | ..................... | 325 | VIBE PICS | .............. | 523 | ZKM | ..................... 523 |
| STUDIO 303 | ........ 251, 253 | | Vibringe BV | ............. | 323 | Zwilling J.A.Henckels AG |
| studio EOO | .............. | 285 | Victor,Walter K. | ........ | 496 | | .................... 156, 304 |
| Stumpf,Bill | .............. | 304 | Victor Hasselblad AB. |
| Sukhiashvili,David | ....... | 324 | | ......................... | 290 |
| SUM建築研究所 | .......... | 313 | VIDEOLUNE | ............ | 521 |
| Sumner,Eric E. | ........... | 495 | Visualization Services and |
| Sun Microsystems, Inc. | | | Development | ........... | 517 |
| | ......................... | 312 | Viterbi,Andrew J. | ....... | 496 |
| SUS | ...................... | 317 | Vitra International AG |
| Synertrade & Finance SA | | | | ......................... | 311 |
| | ......................... | 295 | VIVAVR TECHNOLOGY |
| Tak,Young-hwan | ......... | 253 | CO. LTD | .............. | 526 |
| Tam,Chi Kin | ............. | 253 | Volkswagen AG | .......... | 305 |
| TAMU | ................... | 322 | Voravattayagon,Kosin |
| Tandem Computers Incor- | | | | ......................... | 325 |
| porated I.D.Department | | | VT series design group |
| | ......................... | 294 | | ......................... | 289 |
| T.C.J. | ............... 566, 567 | | Vullierme S.A. | ........... | 292 |
| TCM | ............... 279, 280 | | Wagenaar,Akke | .......... | 521 |
| TDCソフトウェアエンジニ | | | Walter,Willi | .............. | 413 |
| アリング | ................ | 510 | Warden,Hans | ............ | 295 |
| TDK | ..................... 8, 359 | | Wenger SA | .............. | 309 |
| TDKコア | ....... 513, 514, 516 | | Wetzel,Guenter | .......... | 295 |
| Teitzel,Christian | ......... | 522 | Whipsaw Inc. | ............ | 320 |
| Thai Acrylic Fibre Com- | | | WIDE University School |
| pany Limited THAI- | | | of Internet | .............. | 543 |
| LAND | ................. | 443 | Wiege | ................... | 309 |
| The BERITCH | .......... | 526 | Wiesner,Jerome B. | ....... | 495 |
| The Gillette Company | | | Wilkes,Maurice V. | ....... | 495 |
| | ......................... | 302 | Wilkhahn,Entwicklungs |
| The Palladian Group | | | gesellschaft | ............. | 297 |
| | ......................... | 521 | Wilkhahn,Wilkening | ..... | 309 |
| Thevenot,Gilles | .......... | 292 | Wilkhahn,Wilkening & |
| The Welding Institute | | | Hahne GmbH & Co. |
| | ......................... | 100 | | ......................... | 297 |
| THK | ................. 362, 450 | | Willnauer,Sigmar | ........ | 299 |
| Thompson,Kenneth L. | | | Wong,Siu Ming | .......... | 253 |
| | ......................... | 496 | Wu,Tefu | ................. | 260 |
| Thomson Multimedia社 | | | Xu,Hao | .................. | 342 |
| | ......................... | 174 | yamabus | ................. | 374 |
| TO-GENKYO | ............ | 325 | Yang,Minha | .............. | 250 |
| Tomiyasu,Kiyo | ............ | 532 | Yang Cheng | .............. | 193 |
| TOTO | .............. 282, 322 | | Yap Shoon Joo | .......... | 251 |
| TRY GROUPE | ........... | 523 | Yeh,Hsin | ................. | 260 |
| TRYWARP | .............. | 544 | Yeo,Tee Youk | ............ | 525 |
| Tsvetkova,Natalia | ........ | 352 | Yokokohji,Yasuyoshi | ..... | 194 |
| TYPEQUICK PTY | ...... | 511 | Yoon,Chung Han | ........ | 253 |
| U2M | ..................... | 373 | Yoon,Dukno | .............. | 257 |
| Ueda,Edilson Shindi | ..... | 248 | Yoshida,Shigenori | ....... | 191 |
| Uredat Design | ............ | 291 | YOSHIOKA PLUS | ...... | 260 |
| USM U. Scharer Sohne | | | Yu,Seock-Hyun | ........... | 526 |
| AG | .................... | 312 | Yun,Min Chul | ............ | 251 |

## ビジネス・技術・産業の賞事典

2011年6月27日　第1刷発行

発　行　者／大高利夫
編集・発行／日外アソシエーツ株式会社
　　　　　〒143-8550 東京都大田区大森北1-23-8 第3下川ビル
　　　　　電話 (03)3763-5241(代表)　FAX(03)3764-0845
　　　　　URL http://www.nichigai.co.jp/
発　売　元／株式会社紀伊國屋書店
　　　　　〒163-8636 東京都新宿区新宿 3-17-7
　　　　　電話 (03)3354-0131(代表)
　　　　　ホールセール部(営業)　電話 (03)6910-0519

電算漢字処理／日外アソシエーツ株式会社
印刷・製本／光写真印刷株式会社

不許複製・禁無断転載　　《中性紙三菱クリームエレガ使用》
〈落丁・乱丁本はお取り替えいたします〉
ISBN978-4-8169-2325-8　　Printed in Japan, 2011

本書はディジタルデータでご利用いただくことができます。詳細はお問い合わせください。

## 日本の創業者 ―近現代起業家人名事典

A5・520頁　定価14,910円（本体14,200円）　2010.3刊

岩崎弥太郎（三菱商事）、安藤百福（日清食品）から、孫正義（ソフトバンク）まで、日本経済をリードする企業800社の創業者870人を収録した人名事典。起業家たちの詳しい経歴と業績・創業エピソードを紹介。現存者にはアンケート調査を行い、最新かつ詳細な情報を収録。

## 企業不祥事事典 ―ケーススタディ150

齋藤憲 監修　A5・500頁　定価5,800円（本体5,524円）　2007.7刊

企業の不祥事150件について、事件の背景、発端、発覚の経緯、その後の経緯、警察・検察の動き、裁判までを詳細に記述した事典。贈収賄、架空取引、異物混入、不正入札、顧客情報流出、システム障害など様々なケースを収録。

## 事典 日本の地域ブランド・名産品

A5・470頁　定価9,975円（本体9,500円）　2009.2刊

大間まぐろ、天童将棋駒、久米島紬など、特許庁登録「地域団体商標」、経済産業大臣指定の国の伝統的工芸品など、日本の地域ブランドや歴史ある伝統的な名産品2,400件のデータブック。各品には来歴などの解説も掲載。

## 日本交通史事典 ―トピックス 1868-2009

A5・500頁　定価14,490円（本体13,800円）　2010.3刊

1868年～2009年までの交通に関するトピック4,536件を年月日順に掲載した記録事典。法整備、国際交渉、技術開発、業界・企業動向、事故など幅広いテーマを収録。

## 白書統計索引2010

A5・900頁　定価29,400円（本体28,000円）　2011.2刊

2010年に刊行された104種の白書に収載されている、表・グラフ等の統計資料16,676点の総索引。主題・地域・機関・団体などのキーワードから検索でき、必要な統計資料が掲載されている白書名、図版番号、掲載頁が一目でわかる。

---

データベースカンパニー
**日外アソシエーツ**　〒143-8550　東京都大田区大森北1-23-8
TEL.(03)3763-5241　FAX.(03)3764-0845　http://www.nichigai.co.jp/